W9-AQQ-097

THEOLOGISCHES WÖRTERBUCH ZUM ALTEN TESTAMENT

Theologisches Wörterbuch zum Alten Testament

In Verbindung mit
George W. Anderson, Henri Cazelles, David N. Freedman,
Shemarjahu Talmon und Gerhard Wallis

herausgegeben von
G. Johannes Botterweck †
Helmer Ringgren
Heinz-Josef Fabry

Band V

עזב - מרד

WITHDRAWN

Kenrick
seminary library
Charles L. Souvay Memorial

Ref.
221.3
T391
V.5

Verlag W. Kohlhammer Stuttgart Berlin Köln Mainz

87157

CIP-Kurztitelaufnahme der Deutschen Bibliothek

Theologisches Wörterbuch zum Alten Testament
in Verbindung mit George W. Anderson ... hrsg.
von G. Johannes Botterweck ... – Stuttgart;
Berlin; Köln; Mainz: Kohlhammer

NE: Botterweck, Gerhard Johannes [Hrsg.]

Bd. 5. Mrd – ʿzv. – 1986.
ISBN 3-17-009680-X Gewebe

Alle Rechte vorbehalten
© der Lieferungen 1984ff.;
© dieses Bandes 1986
Verlag W. Kohlhammer GmbH
Stuttgart Berlin Köln Mainz
Verlagsort: Stuttgart
Gesamtherstellung W. Kohlhammer
Druckerei GmbH + Co. Stuttgart
Printed in Germany

Die Autoren der Artikel von Band V

Herausgeber

Botterweck, G. J., Professor Dr. Dr. †

Ringgren, H., Professor Dr.,
Cellovägen 22,
75250 Uppsala, Schweden

Fabry, H.-J., Professor Dr.,
Turmfalkenweg 15, 5300 Bonn

Mitarbeiter

Anderson, G. W., Professor,
51 Fountainhall Road,
Edinburgh EH9 2LH Schottland
Barth, Ch., Professor Dr. †
Beyse, K.-M., Dr.,
Wielandstr. 9, 402 Halle/Saale, DDR
Cazelles, H., Professor,
21, rue d'Assas, 75270 Paris VIe, Frankreich
Conrad, J., Professor Dr.,
Menckestr. 26, 7022 Leipzig, DDR
Dohmen, Ch., Dr.,
Limpericherstr. 166, 5300 Bonn 3
Eising, H., Professor Dr. †
Fleischer, G.,
Friedrichstr. 31, 5300 Bonn 1
Freedman, D. N., Professor Dr.,
1520 Broadway, Ann Arbor, Mich. 48104, USA
Fuhs, H. F., Professor Dr.,
Zehnthofstr. 10, 8700 Würzburg
García-López, F., Professor Dr.,
Universidad Pontificia, Compañía 1,
37008 Salamanca, Spanien
Groß, H., Professor Dr.,
Agnesstr. 13, 8400 Regensburg
Groß, W., Professor Dr.,
Mallestr. 24, 7400 Tübingen
Haag, E., Professor Dr.,
Guggistr. 12 a, 6005 Luzern, Schweiz
Harper, L.,
2793 Rut-Avenue Pinole, Cal., 94564, USA
Hasel, G. F., Professor Dr.,
Andrews University,
Berrien Springs Mich. 49104, USA
Hausmann, J., Dr.,
Kreuzlach 20 c, 8806 Neuendettelsau
Helfmeyer, F. J., Dr.
Venloer Str. 601–603, A 1604, 5000 Köln 30
Holmberg, B.,
Flöjtvägen 10 A, 22368 Lund, Schweden
Hossfeld, F. L., Professor Dr.,
Weimarerstr. 34, 5300 Bonn 1
Johnson, B., Dozent Dr.,
Skolrådsvägen 17, 22367 Lund, Schweden
Kaddari, M. Z., Dr.,
Bar Ilan University, Ramat Gan, Israel
Kaiser, O., Professor Dr.,
Auf dem Wüsten 10, 3550 Marburg-Cappel
Kalthoff, B.,
Gierather Str. 156,
5060 Bergisch-Gladbach 2
Kapelrud, A. S., Professor Dr.,
Rektorhaugen 15, Oslo 8, Norwegen
Kedar-Kopfstein, B., Professor Dr.,
Oren 23, Romema, Haifa, Israel
Kellermann, D., Dr.,
Melanchthonstr. 33, 7400 Tübingen
Koch, K., Professor Dr.,
Diekbarg 13 a, 2000 Hamburg 65
Kronholm, T., Professor Dr.,
Madlastokken 29, 4040 Madla, Norwegen
Lamberty-Zielinski, H.,
Breite Str. 40, 5300 Bonn 1
Lang, B., Professor Dr.,
Universität Paderborn FB 1, Warburger Str. 100,
4790 Paderborn
Lipiński, E., Professor Dr.,
Departement Oriëntalistiek,
Blijde Inkomststraat 21, 3000 Leuven, Belgien
Lundbom, J., Dr.,
84 Grove St., Thomaston, Conn. 06787, USA
Madl, H., Dr.,
Flurerweg 7, 8042 Graz, Österreich
Maiberger, P., Privatdozent Dr. Dr.,
Borngasse 1, 6500 Mainz 21

Marböck, J., Universitätsprofessor Dr.,
Bürgergasse 2, 8010 Graz, Österreich
Mayer, G., Professor Dr.,
Ruländerstr. 10, 6501 Zornheim
Meyers, C., Professor Dr.,
Departement of Religion, Duke University,
Durham, N.C. 277O6, USA
Milgrom, J., Professor Dr.,
1042, Sierra St., Berkeley, Cal. 94707, USA
Mulder, M. J., Professor Dr.,
Ampèrestraat 48, 1171 BV Badhoevedorp,
Holland
Müller, H.-P., Professor Dr.,
Rockbusch 36, 4400 Münster
Niehr, H., Dr.,
Institut für biblische Theologie, Sanderring 2,
8700 Würzburg
Ottosson, M., Professor,
Skolgatan 21, 75221 Uppsala, Schweden
Otzen, B., Professor Dr.,
Minthøjvej 18, 8210 Århus V, Dänemark
Preuß, H. D., Professor Dr.,
Kreuzlach 20c, 8806 Neuendettelsau
Reindl, J., Professor Dr. †
Reiterer, F., Dr.,
Zeisigstr. 1, 5023 Salzburg, Österreich
Reuter, E.,
Küdinghofener Str. 149, 5300 Bonn 3
Ruppert, L., Professor Dr.,
Erwinstr. 46, 7800 Freiburg i. Br.
Rüterswörden, U., Dr.,
Dammstr. 46, 2300 Kiel 1
Sæbø, M., Professor Dr.,
Lars Muhles vei 34, 1300 Sandvika,
Norwegen
Scharbert, J., Professor Dr.,
Pählstr. 7, 8000 München 70
Schreiner, J., Professor Dr.,
Institut für biblische Theologie, Sanderring 2,
8700 Würzburg
Schunck, K.-D., Professor Dr.,
Kassebohmer Weg 5, 25 Rostock, DDR
Schwienhorst, L.,
Isolde-Kurz-Str. 19, 4400 Münster
Seebass, H., Professor Dr.,
Universität Mainz, FB Evang. Theologie,
Saarstr. 21, 6500 Mainz
Seybold, K., Professor Dr.,
Bruderholzrain 62, 4102 Binningen/Basel, Schweiz
Simian-Yofre, H., Professor,
Pontificio Istituto Biblico, Via della Pilotta 25,
00187 Rom, Italien
Snijders, L. A., Dr.,
Paalsteen 3, 6852 Huissen, Holland
Stendebach, F. J., Professor Dr.,
Drosselweg 3, 6500 Mainz
Stiglmair, A., Dr.,
Hartwiggasse 8, 39042 Brixen, Italien
Wächter, L., Dozent Dr.,
Kavalierstr. 16, 1100, Berlin-Pankow, DDR
Wagner, S., Professor Dr.,
Meusdorfer Str. 5, 703 Leipzig, DDR
Wallis, G., Professor Dr.,
Georg-Cantor-Str. 22, 402 Halle/Saale, DDR
Warmuth, G., Dr.,
Niebuhrstr. 12, 2300 Kiel
Willoughby, B. E.,
Program on Studies in Religion, University
of Michigan, Ann Arbor, Mich. 48104, USA
Wright, D. P., Dr.,
4052 JKHB Brigham Young University
Trovo, Utah, 84602, USA
Zobel, H.-J., Professor Dr.,
Wilhelm-Pieck-Allee 95, 22 Greifswald, DDR

Inhalt von Band V

Spalte

Spalte

Spalte

מָרַד *māraḏ*

מֶרֶד *mæræḏ*, מַרְדּוּת *mardûṯ*

I. Etymologie – II. Belege – III. Gebrauch – IV. Bedeutung – 1. Im politischen Kontext – 2. Im theologischen Kontext – V. Zusammenfassung – VI. LXX und Qumran.

Lit.: *R. Knierim*, מרד *mrd* 'sich auflehnen' (THAT I 925–928). – *Ders.*, פשע *pæša'* 'Verbrechen' (THAT II 488–495). – *I. Plein*, Erwägungen zur Überlieferung von I Reg 11, 26 – 14, 20 (ZAW 78, 1966, 8–24). – *I. Riesener*, Der Stamm עבד im Alten Testament (BZAW 149, 1979). – *Ch. Schäfer-Lichtenberger*, Stadt und Eidgenossenschaft im Alten Testament. Eine Auseinandersetzung mit Max Webers Studie „Das antike Judentum" (BZAW 156, 1983).

I. Die Wurzel *mrd* in der Bedeutung 'sich empören' ist außer im Hebr. und Bibl.-Aram. noch im Äg.-Aram., Jüd.-Aram., Christl.-Paläst., Mand., Arab. und Safait. belegt. Im Äth. begegnet das Nomen *mĕrād* 'Aufruhr' (Dillmann, LexÄth 169), im Lihjanischen in der Bedeutung 'Rebell' (KBL³ 597); im Asarab. kommt die Wurzel als Eigenname vor (Conti Rossini 181a). Das bibl.-hebr. als *mæræḏ* und bibl.-aram. als *m^eraḏ* in der Bedeutung 'Auflehnung' belegte Nomen lautet im Jüd.-Aram. der Targume *mirdā'*, syr. *merdā* und mand. *mirda* (KBL³ 597). Bibl.-hebr. *mardûṯ* hängt mit mand. *marda/mardita 2* 'Rebellion' zusammen (MdD 253; vgl. Wagner, Aramaismen, BZAW 96, Nr. 179). Die Wurzel *mrd* liegt auch im hebr. Personennamen *Mæræḏ* (1 Chr 4, 17. 18; vgl. IPN 250) vor.

II. Das Verbum *mrd* kommt im AT 25mal vor (nur im *qal*): 5mal Jos 22, je 4mal 2 Kön, Ez; 3mal Neh, je 2mal 2 Chr, Dan 9, je 1mal Gen, Num, Jes, Jer, Ijob. Je 1mal sind die Subst. *mæræḏ* (Jos 22, 22) und *mardûṯ* (1 Sam 20, 30) belegt. Im aram. Teil sind das Subst. *m^eraḏ* 1mal (Esra 4, 19), das Adj. *mārāḏ* im Fem. 2mal (Esra 4, 12. 15) belegt.

Textlich schwierig ist Jos 22, 19b, wo *mrd qal* mit vorangehendem Akk.-Obj. verbunden ist. Noth, HAT I/7³, 130 und BHS lesen *hiph* von *mrd*. Besser ist wohl, mit Targum *ûḇānû* statt *w^e'oṯānû* zu lesen und *mrd* im *qal* beizubehalten.

III. Das Verbum *mrd* wird in den meisten Fällen (18mal) mit Präp. *b^e*, 2mal mit Präp. *'al* (Neh 2, 19; 2 Chr 13, 6) und 4mal absolut (Gen 14, 6; Ez 2, 3; Neh 6, 6; Dan 9, 5) gebraucht; 1mal steht es im St. cstr. (Ijob 24, 13). Als Objekte zu *mrd* kommen vor 10mal ein König, 9mal JHWH/Gott, 1mal die neuneinhalb Stämme (Jos 22, 19) und 1mal in einer Cstr.-Verbindung das Licht (Ijob 24, 13). Es lassen sich somit zwei verschiedene Gebrauchsweisen von *mrd* unterscheiden: eine im politischen und eine im theologischen Kontext.

IV. 1. Im politischen Kontext (Gen 14, 4; 2 Kön 18, 7; 18, 20 = Jes 36, 5; 2 Kön 24, 1; 24, 20 = Jer 52, 3; Ez 17, 15; Neh 2, 19; 6, 6; 2 Chr 13, 6; 36, 13) bezeichnet *māraḏ* den Versuch, aus politischer Abhängigkeit auszubrechen mit dem Ziel, politische Selbständigkeit zu erlangen bzw. wieder zu erlangen.

In den meisten Fällen handelt es sich dabei um die Aufkündigung eines Vasallenverhältnisses von seiten des Vasallen. Hiskija bricht aus dem Vasallenverhältnis zum assyr. König aus, das sein Vorgänger Ahas eingegangen war (2 Kön 18, 7f.), indem er die Tributzahlungen an Assur einstellt. Dieser Vorgang wird mit *māraḏ b^e* und *lo' '^aḇāḏô* „er diente ihm nicht mehr" (2 Kön 18, 7) bezeichnet. Auch aus assyr. Sicht stellt sich dieser Vorgang als *māraḏ* dar (2 Kön 18, 20 = Jes 36, 5). Die Aufkündigungen der Vasallität von Jojakim (2 Kön 24, 1) und Zidkija (2 Kön 24, 20 = Jer 52, 3; 2 Chr 36, 13) gegenüber dem babyl. König Nebukadnezzar werden in gleicher Weise mit *māraḏ* bezeichnet. Auf den in 2 Kön 24, 20 berichteten Abfall Zidkijas spielt auch Ez 17, 15 an. Als Synonyme zu *māraḏ* kommen in 2 Chr 13, 6 → קוּם *qûm* 'aufstehen', 'sich erheben' und Ez 17, 14 → נשׂא *nś'* (*hitp*) 'sich erheben' vor. Als Antonyme zu *māraḏ* kommen im politischen Kontext nur → עבד *'āḇaḏ* 'dienen' (Gen 14, 4; 2 Kön 18, 7) bzw. *hājāh 'æḇæḏ* 'Sklave/Diener sein' (2 Kön 24, 1) vor. Die Opposition von „jdm. Diener sein" und *māraḏ* wird 2 Kön 24, 1 durch → שׁוּב *šûḇ*, das hier in adverbieller Funktion steht und so „eine entgegengesetzte Bewegung zu einer vorangehenden Bewegung ausdrückt" (Joüon, Grammaire 533 Anm. 1), unterstrichen. *'āḇaḏ* und *hājāh 'æḇæḏ* bezeichnen an diesen Stellen die Abhängigkeit des Vasallen von seinem Oberherrn, die sich vor allem in Tributleistungen (→ מנחה *minḥāh*) konkretisiert (vgl. 2 Sam 8, 2. 6; Ri 3, 15. 17f.; 1 Kön 5, 1; 2 Kön 17, 3; Hos 10, 6; 2 Chr 17, 11; 26, 8; Riesener 142f.). Das Vasallenverhältnis wird durch Eid bei Gott und Vertrag eingegangen (2 Chr 36, 13; Ez 17, 13–18). Politisch besteht ein solcher Abfall in der Einstellung der Tributleistungen und dem Eingehen fremder Koalitionen (vgl. 2 Kön 17, 4; 18, 20ff.; Ez 17, 15), völkerrechtlich stellt er einen Vertragsbruch dar (Ez 17, 13–18; → ברית *b^erîṯ*).

Im politischen Kontext hat *māraḏ* somit eine ähnliche Bedeutung wie das u. a. auch in politischer Bedeutung vorkommende Verbum → פשע *pš'*. Allerdings gibt es auch Unterschiede: Subj. zu *pš'* ist nur 2mal ein König (2 Kön 3, 5. 7), jedoch 9mal ein Land (1 Kön 12, 19; 2 Kön 1, 1; 8, 20. 22a; 2 Chr 10, 19; 21, 8. 10aα) bzw. eine Stadt (2 Kön 8, 22b; 2 Chr 21, 10aβ), wohingegen Subj. zu *māraḏ* immer eine oder mehrere Personen sind, und zwar 10mal ein oder mehrere Könige (Gen 14, 4; 2 Kön 18, 7. 20; 24, 1. 20; Jes 36, 5; Jer 52, 3; Ez 17, 15; 2 Chr 13, 6; 36, 13) und 2mal ein Volk und sein Statthalter (Neh 2, 19; 6, 6). Im politischen Kontext kommen als Präpositionalobjekte zu *māraḏ* nur Könige vor, wohingegen als Präpositionalobjekte (angefügt mit *b^e^* oder *mittaḥat jaḏ*) zu *pš'* auch Ländernamen (2 Kön 1, 1; 8, 20. 22; 2 Chr 21, 8. 10) und Dynastiebezeichnungen („Haus David": 1 Kön 12, 19; 2 Chr 10, 19) stehen. Die bei *māraḏ* vorkommenden Antonyme *'āḇaḏ* 'dienen' bzw. *hājāh 'æḇæḏ* 'Diener sein' (Gen 14, 4; 2 Kön 18, 7; 24, 1) finden sich bei *pš'* nicht. Allerdings bezeichnet 2 Kön 3, 4 ebenfalls ein durch Tributabgaben konstituiertes Abhängigkeitsverhältnis, aus dem der König von Moab ausbricht (*pš'*) (2 Kön 3, 5). Wahrscheinlich trägt *pš'* immer eine negative Konnotation (vgl. Plein 10), wohingegen die Beurteilung eines mit *māraḏ* bezeichneten Vorgangs je nach politischem und theologischem Standpunkt des Verfassers unterschiedlich ist: Sie kann positiv (2 Kön 18, 7. 20ff.), negativ (2 Kön 24, 1. 20; Ez 17, 15; 2 Chr 36, 13) oder neutral (Gen 14, 4) ausfallen. Historisch weist *pš'* in die kleinstaatlichen Auseinandersetzungen des 10./9. Jh. zwischen den politisch annähernd gleich starken „Bruderstaaten" Juda, Israel, Moab und Edom. *pš'* bezeichnet hier den in der Regel erfolgreichen „Herausfall" eines Landes oder einer Stadt aus dem Herrschaftsbereich eines benachbarten oder umliegenden Landes oder dem durch Personalunion konstituierten übergeordneten politischen Verband. Es ist an den hier angeführten Stellen mit „abfallen von" zu übersetzen. *māraḏ* hingegen weist historisch in die Zeit der expansiven Großmachtpolitik Assyriens im 8./7. Jh. (Ausnahmen: Gen 14, 4; 2 Chr 13, 6). Es bezeichnet die in der Regel erfolglose gezielte politische Aktion der ihrer politischen Selbständigkeit beraubten judäischen Könige gegen den König der sie beherrschenden Großmacht. Neben der Bedeutung 'von jdm. abfallen', 'jdm. abtrünnig werden' trägt *māraḏ* somit auch die Bedeutung 'sich gegen jdn. erheben', 'sich gegen jdn. auflehnen'. Dieser Bedeutungsunterschied von *pš'* und *māraḏ* findet sich auch noch in der Chronik. Die Trennung von Nordreich und Südreich bezeichnet der Chronist einmal mit *pš' b^e^* (2 Chr 10, 19: „Und Israel fiel vom Hause David ab") und einmal mit *māraḏ 'al*, das hier am besten, wie aus dem Kontext hervorgeht (2 Chr 13, 7–20), mit „sich auflehnen gegen" zu übersetzen ist (2 Chr 13, 6: „Und Jerobeam ... erhob sich (*qûm*) und lehnte sich gegen seinen Herrn [scil.: Rehabeam] auf").

Das Autonomiestreben von Statthaltern kann ebenfalls mit *māraḏ* bezeichnet werden. Nehemia wird vorgeworfen, er betreibe durch den Wiederaufbau der Jerusalemer Stadtmauern und die Reorganisation der judäischen Gemeinde eine politische Loslösung vom persischen König mit dem Ziel, selbst König der Juden zu werden (Neh 2, 19; 6, 6). In der aram. überlieferten Anklageschrift der Gegner des Wiederaufbaus des Tempels an den persischen König Artaxerxes (Esra 4, 7–16) wird Jerusalem bezeichnet als eine aufrührerische (*mārāḏtā'*) und böse (*bi'štā'*) Stadt (Esra 4, 12; vgl. v. 15: *qirjā' mārāḏā'*). Es wird die Gefahr beschworen, der persische König werde von den Juden keine Steuern, Abgaben und Zölle mehr erhalten (Esra 4, 13. 16). Im Antwortschreiben des persischen Königs heißt es: „Die Stadt hat sich von jeher gegen die Könige erhoben (*miṯnaśś^e^'āh*). In ihr gab es immer wieder Aufruhr (*m^e^raḏ*) und Empörung (*'æštaddûṯ*)" (Esra 4, 19).

Das Nomen *mardûṯ* kommt nur 1 Sam 20, 30 in dem wahrscheinlich umgangssprachlichen Schimpfwort *bæn-na'^a^waṯ hammardûṯ* vor. Der Ausdruck, der wegen seiner doppelten Cstr.-Verbindung und des Ptz. *niph* von *'āwāh* (vgl. Spr 12, 8 *na'^a^weh-leḇ*, Stoebe 378f.) schwer zu übersetzen ist (vielleicht: „Du Sohn von Falschheit und Widerspenstigkeit/Treulosigkeit"), hat, wie aus 1 Sam 20, 30b. 31 hervorgeht, durchaus politische Bedeutung: Nach Sauls Meinung lehnt sich Jonatan durch seine Treue zu David gegen ihn und sein Königtum auf.

2. Die im politischen Kontext anzutreffende Bedeutung 'abfallen', 'abtrünnig werden' findet sich noch deutlich in dem wahrscheinlich priesterlich überarbeiteten, vielleicht auf alte Überlieferung zurückgehenden Text Jos 22 (vgl. zuletzt: Schäfer-Lichtenberger 338f.): Die neuneinhalb Stämme werfen den Rubenitern, Gaditern und dem halben Stamm Manasse vor, von JHWH abgefallen zu sein (*māraḏ b^e^ JHWH:* vv. 16. 18. 19. 29), weil sie außerhalb des Landes der Israelsöhne (v. 11) neben dem einen Altar JHWHs (in Jerusalem) einen zweiten Altar am Jordan (vv. 19. 23. 29) gebaut haben. Synonym zu *māraḏ* stehen hier die Wortverbindungen *šûḇ me'aḥ^a^rê JHWH* (→ שׁוב) „sich von JHWH abwenden" (vv. 16. 18. 23. 29) und *mā'al b^e^JHWH / be'lohê jiśrā'el* „Treubruch an JHWH / am Gott Israels begehen" (vv. 16. 20). Jos 22, 22 bezeichnet diesen Treubruch mit dem nur an dieser Stelle des AT vorkommenden Nomen *mæræḏ* und dem Nomen *ma'al*, die hier allerdings in Disjunktion zueinander stehen. Als Antonym zu *māraḏ* steht in Jos 22, 27 auch die Wurzel *'bd* in figura etymologica: *'^a^ḇoḏ 'æṯ-'^a^ḇoḏaṯ JHWH* „den Dienst JHWHs verrichten". In den typischen Murrgeschichten der Wüstenwanderungszeit (Ex 15, 22–25a; 16; 17, 1–7; Num 12–14; 16; 17; 20) kommt *māraḏ* nur Num 14, 9 (JE) vor, und zwar nicht als Bezeichnung für das Murren Israels im Kontext des Erzählablaufs, das Num 14, 2 mit → לון *lûn* bezeichnet wird, sondern als von Josua und Kaleb ausgesprochene Warnung (Vetitiv von *māraḏ*), die von JHWH ermöglichte und gewährte Landnahme durch Abfall von JHWH nicht zu verwirken. *māraḏ* trägt an dieser Stelle die oben aufgezeigte (IV. 1.) politische Konnotation, insofern sich hier die typisch jehowistische, am Königsrecht orientierte Konzeption des Verhältnisses JHWH–Israel ausspricht, die vermutlich in Auseinandersetzung mit der assyr. Königsideologie entstanden ist.

An zwei Ez-Stellen liegt eine erweiterte Bedeutung von *māraḏ* vor. Im Sendungsauftrag Ez 2, 3 bezeichnet *māraḏ* als partizipiale Apposition zu „Söhne Israels" (zum Text vgl. Zimmerli, BK XIII/1, 9) mit angefügtem Relativsatz in figura etymologica nicht mehr eine einzelne Handlung, sondern das Gesamtverhalten des Hauses Israel in Vergangenheit und Gegenwart als permanenten Abfall von JHWH. Unmittelbar parallel zu *māraḏ* steht *pšʿ b^e* 'brechen mit'. Im weiteren Kontext wird den Söhnen Israels ein „verhärtetes Herz" und ein „trotziges Gesicht" (v. 4) zugeschrieben. Sie werden als ein „Haus von Widerspenstigkeit" (*bêṯ m^{e}rî*) bezeichnet (vv. 5. 6. 7. 8). In Ez 20, 38 stehen *māraḏ* und *pšʿ* im Ptz. plur. parallel: Die Abtrünnigen (*hammor^{e}ḏîm*) und Sünder (*happôš^{e}ʿîm*) werden von JHWH ausgesondert und nicht in das Land Israel geführt.

Die hier zu beobachtende Bedeutungserweiterung setzt sich im theologischen Gebrauch des Wortes in den nachexilischen Schriften Neh, Dan und Ijob fort. Im Geschichtsrückblick des Bußgebetes Nehemias steht *māraḏ* parallel zu → מרה *mārāh* 'widerspenstig sein' und „die Weisung JHWHs verwerfen" (Neh 9, 26). Im pluralisch formulierten Sündenbekenntnis Daniels steht *māraḏ* parallel zu → חטא *ḥṭ'* 'sündigen', → עוה *ʿāwāh* 'sich vergehen', → רשע *ršʿ* 'böse sein', „von deinen Geboten und Rechtssatzungen abweichen", „nicht auf deine Knechte, die Propheten hören" (Dan 9, 5), „nicht auf die Stimme JHWHs, unseres Gottes, hören, um nach seiner Weisung zu wandeln" (Dan 9, 9f.). An diesen Stellen ist *māraḏ* eine der vielen Bezeichnungen für „Sünde". Ähnlich rechnet Ijob 24, 13 die Frevler zu den „Rebellen gegen das Licht" (*mor^{e}ḏê-'ôr*).

V. Voraussetzung von *māraḏ* ist eine asymmetrische Beziehung: Ein König ist aufgrund seiner politischen, wirtschaftlichen und/oder militärischen Schwäche freiwillig oder gezwungenermaßen in die Abhängigkeit eines anderen Königs getreten. Er ist ihm zu politischer Loyalität verpflichtet. *māraḏ* bezeichnet nun den Versuch des Unterlegenen, aus diesem Abhängigkeitsverhältnis auszubrechen. Auch das Verhältnis Israel – JHWH ist eine asymmetrische Beziehung. Durch Exodus und Landgabe ist Israel ermächtigt und verpflichtet, JHWH allein zu dienen (*ʿāḇaḏ*). *māraḏ* bezeichnet nun den Versuch Israels, aus diesem Treueverhältnis auszubrechen. Dies ist in jedem Fall zum Scheitern verurteilt.

VI. LXX übersetzt *māraḏ* 9mal mit ἀφιστάναι (politisch u. theol.: Gen 14, 4; Jos 22, 18. 19. 29; Ez 17, 15; Dan 9, 5. 9; Neh 9, 26; 2 Chr 13, 6), 5mal mit ἀθετεῖν (nur politisch: 2 Kön 18, 7. 20; 24, 1. 20; 2 Chr 36, 13), 3mal mit ἀποστάτης γίνεσθαι (nur theol.: Num 14, 9; Jos 22, 16. 19), je 2mal mit ἀποστατεῖν (politisch: Neh 2, 19; 6, 6) und παραπικραίνειν (theol.: Ez 2, 3) und je 1mal mit ἀπειθεῖν (Jes 36, 5) und ἀσεβής (Ez 20, 38).

In den Qumrantexten ist *māraḏ* 5mal belegt. 1 QpHab 8, 11 sagt vom frevelhaften Priester, daß er „raubte und Reichtum sammelte von Männern der Gewalt, die sich gegen Gott empörten ('*^{a}šær mār^{e}ḏû b^e'el*)". Z. 16 wird der frevelhafte Priester selbst mit *māraḏ* im Relativsatz gekennzeichnet (weiterer Text verderbt). CD 8, 4 gebraucht *māraḏ* absolut und bezeichnet alle Fürsten (*śārîm*) Judas als Abtrünnige/Empörer (*môr^{e}ḏîm*). In 4 Q 181, 1, 2 steht *māraḏ* par. *pšʿ* für den Abfall von (*min*) der Gemeinde. 4 Q 509, 233, 2 ist der Kontext zerstört.

Schwienhorst

מָרָה *mārāh*

מְרִי *m^{e}rî*

I. Etymologie – II. Belege – III. Gebrauch – IV. Bedeutung – 1. Grundbedeutung – 2. Bei den vorexilischen Propheten (Hos, Jes, Jer) – 3. Bei Ezechiel – 4. In der dtr Literatur – 5. In der P^G – 6. In der übrigen exilisch-nachexilischen Literatur – V. LXX und Qumran.

Lit.: *W. Dietrich*, Prophetie und Geschichte. Eine redaktionsgeschichtliche Untersuchung zum deuteronomistischen Geschichtswerk (FRLANT 108, 1972). – *F. L. Hossfeld*, Untersuchungen zu Komposition und Theologie des Ezechielbuches (FzB 20, ²1983). – *R. Knierim*, מרה *mrh* widerspenstig sein (THAT I 928–930). – *H. D. Preuß*, Deuteronomium (EdF 164, 1982). – *J. J. Stamm*, Beiträge zur hebräischen und altorientalischen Namenkunde (OBO 30, 1980). – *T. Veijola*, Die ewige Dynastie. David und die Entstehung seiner Dynastie nach der deuteronomistischen Darstellung, Helsinki 1975. – *Ders.*, Das Königtum in der Beurteilung der deuteronomistischen Historiographie. Eine redaktionsgeschichtliche Untersuchung, Helsinki 1977. – *E. Zenger*, Die Sinaitheophanie. Untersuchungen zum jahwistischen und elohistischen Geschichtswerk (FzB 3, 1971). – *Ders.*, Gottes Bogen in den Wolken. Untersuchungen zu Komposition und Theologie der priesterschriftlichen Urgeschichte (SBS 112, 1983).

I. Hebr. *mārāh* 'widerspenstig sein' hängt etymologisch zusammen mit jüd.-aram. (babyl.) *mrj* (*aph*) 'zornig machen', 'widerspenstig sein', syr. *mrj* (*paʿel*) 'wetteifern', 'provozieren' und arab. *mrj* 'anspornen', III 'sich widersetzen' (GesB 459f., KBL³ 598a, Knierim 928).

Von der Wurzel *mrj* sind wahrscheinlich die männlichen Eigennamen *m^{e}rājāh* und *m^{e}rājôṯ* „Trotzkopf" (so Rudolph, HAT I/20, 66f.) abgeleitet (vgl. IPN 250b). Zur Etymologie von *mirjām* werden vier Möglichkeiten erwogen (KBL³ 601): a) Trotzkopf (*mrh*), b) Dicksack (*mr'*), c) Geliebte (äg. *mrjt*), d) (Gottes) Geschenk (akk. Wurzel *rjm*). Stamm, Namenkunde 129, hält die Herkunft des Namens von *mrh* für unwahrscheinlich. Die Deutung als „Geschenk" paßt sprachlich und sachlich am besten. *Jimrāh* (1 Chr 7, 36) ist nach IPN 246 und Rudolph (HAT I/21, 74) in *jimnāʿ* (vgl. v. 35) zu ändern.

Die Verwendung des Ausdrucks '*æræṣ m^{e}rāṯajim*, der im Akk. als *nār marratu* nur das Mündungsgebiet des Euphrat und Tigris bezeichnet (AHw 612b), für das ganze babyl. Gebiet in Jer 50, 21 ist wahrscheinlich in Anlehnung an *miṣrajim* oder '*^{a}ram-nah^{a}rajim* eine bewußte Anspielung an *m^{e}rî* 'Trotz', 'Widerspenstigkeit' (Rudolph, HAT I/12³ 303; KBL³ 600).

II. Das Verbum *mārāh* kommt im AT 45mal vor: 22mal im *qal* (4mal Klgl, je 3mal Num, Jes, Ps, je 2mal Dtn, 1 Kön, Jer, je 1mal 1 Sam, Hos, Zef 3, 1: *mr'*, wahrscheinlich als Nebenform) und 23mal im innerlich-transitiven *hiph* mit gleicher oder ähnlicher Bedeutung wie *qal* (Bergsträßer II § 19d; GKa § 53, 2) (7mal Ps, 6mal Dtn, 4mal Ez, je 1mal Jos, 1 Sam, Jes, Ijob, Neh). Das Nomen *m^erî* kommt 22mal vor (16mal Ez, je 1mal Num, Dtn, 1 Sam, Jes, Ijob, Spr, Neh).

Bei dieser Zählung werden drei von MT abweichende Lesarten zugrunde gelegt: 2 Kön 14, 26 *hammar* (von → מרר *mrr*) statt *moræh*, Ex 23, 21 *tæmær* (*hiph* von *mārāh*) statt *tammer* (von *mrr*; vgl. BHS, GesB 460. 463, KBL³ 598) und Neh 9, 17 mit LXX *b^emiṣrājim* statt *b^emirjām*.

Die ältesten Belege sind Dtn 21, 18. 20; Hos 14, 1; Jes 1, 20; 3, 8; Jer 4, 17; 5, 23, vielleicht Spr 17, 11, mit Ausnahme von Jes 3, 8 alles *qal*. Gehäuft begegnet *mārāh* (*m^erî*) in der dtr Literatur (13mal): Ex 23, 21 (vgl. Zenger, Sinaitheophanie 70f. 165), Dtn 1, 26. 43; 9, 7. 23. 24 (wahrscheinlich DtrN, vgl. Dietrich 96); Dtn 31, 27; Jos 1, 18; 1 Sam 12, 14f. (DtrN, Veijola, Königtum 83–91); 1 Sam 15, 23 (wahrscheinlich DtrP, vgl. Veijola, Dynastie 102 Anm. 156); 1 Kön 13, 21. 26 (DtrN, vgl. Dietrich 120 Anm. 44). Wahrscheinlich gehört auch Jes 30, 9 einer exilischen Bearbeitungsschicht an (vgl. Kaiser 233f.). In der P^G ist *mārāh* 3mal belegt (Num 20, 10. 24; 27, 14).

III. Als Objekte zu *mārāh* kommen mit zwei Ausnahmen (Ex 23, 21; Jos 1, 18) nur JHWH / Gott bzw. andere Gottesbezeichnungen („Höchster" u. ä.) oder JHWHs Rechtssatzungen bzw. Worte vor. 26mal steht JHWH / Gott / Höchster als Objekt zu *mārāh*, und zwar 10mal in der Wendung *mārāh 'æṯ pî* (7mal dtr, 2mal P^G, Klgl 1, 18), 6mal mit Präp. *b^e*, 3mal mit Präp. *'im* bei vorangehendem Partizip (dtr), 3mal mit Akk.-Partikel *'æṯ*, 3mal unverbunden angeschlossen (Jes 3, 8; Ps 78, 17; 106, 7: l. *'æljôn* statt *'al-jām*) und 1mal mit unmittelbar angeschlossenem Suffix (Ps 78, 40). 3mal sind Gottes Rechtssatzungen (Ez 5, 6) bzw. Worte (Ps 105, 28; 107, 11) Obj. zu *mārāh*. 1mal ist ein Bote (JHWHs) (Ex 23, 21 m. Präp. *b^e*) und 1mal Josua (Jos 1, 18) Obj. zu *mārāh*. 14mal wird *mārāh* absolut gebraucht, davon 6mal als Ptz.

Subjekt zu *mārāh* ist in den meisten Fällen das Volk bzw. Haus Israel bzw. „unsere Väter" oder eine andere kollektive Größe wie die Städte Jerusalem, Samaria oder das Land Juda. 2mal stehen Mose und Aaron als Subjekt (Num 20, 24; 27, 14 P^G), 2mal ein Gottesmann aus Juda (1 Kön 13, 21. 26), 3mal im Klagelied in 1. sg. die „Jungfrau Zion" (Klgl 1, 18. 20), je 1mal die Ägypter (Ps 105, 28 wohl mit MT als rhetorische Frage zu lesen, vgl. Meyer, Grammatik III 87, anders Kraus, BK XV/3⁵, 890), die Feinde eines einzelnen im Klagelied (Ps 5, 11), die Freunde Ijobs (Ijob 17, 2) und der „Knecht JHWHs" in 1. sg. (in Verneinung) (Jes 50, 5).

IV. 1. Zur Angabe einer Art von Grundbedeutung von *mārāh* eignet sich gut die wahrscheinlich zum alten Kern des Dtn gehörende Stelle Dtn 21, 18–21 (vgl. Preuß 56). Dort bezeichnet *mārāh* zusammen mit *sārar* als partizipiales Attribut zu *ben* den vorsätzlichen und andauernden Ungehorsam des Sohnes gegen seine Eltern. Ein solch „störrischer und widerspenstiger Sohn" (*ben sôrer ûmôræh*) hört nicht auf die Stimme seines Vaters und die Stimme seiner Mutter (*lo' šāma' b^eqôl*) und muß deshalb gesteinigt werden (Dtn 21, 18. 20). Ausgehend von dieser Stelle und unter Berücksichtigung der übrigen Belege im AT läßt sich die Bedeutung von *mārāh* folgendermaßen umreißen: Subjekt zu *mārāh* ist immer jemand, der einem anderen aufgrund seiner natürlichen Unterlegenheit zu Gehorsam verpflichtet ist (Sohn – Eltern; Israel – JHWH). Bei *mārāh* handelt es sich immer um eine bewußt und wissentlich vollzogene Entscheidung zum Ungehorsam. Diese Entscheidung widerspricht völlig dem, was man eigentlich erwarten würde. Sie ist eine trotzige Reaktion. Sie wird immer verurteilt, zieht Strafe nach sich, und/oder führt bei Einsicht des Täters zum Schuldbekenntnis und zur Bitte um Vergebung. *mārāh* ist somit ein negatives Wertungswort und bezeichnet einen wissentlichen, grundsätzlichen und trotzigen Ungehorsam.

2. Bei den vor-exilischen Propheten (Hos, Jes, Jer) wird häufig das angesagte bzw. das als eingetroffen verkündete Unheil mit dem Hinweis auf das widerspenstige Verhalten der vom Unheil Betroffenen begründet (Hos 14, 1: „Samaria verfällt seiner Strafe, denn es war widerspenstig gegen [*mār^eṯāh b^e*] seinen Gott"; Jes 3, 8; Jer 4, 17). Im Stil der Alternativpredigt formuliert Jes 1, 19f.: „Wenn ihr willig seid (→ אבה *'āḇāh*) und hört (→ שׁמע *šāma'*) . . ., wenn ihr euch aber weigert (→ מאן *me'en*) und widerspenstig seid (*mārāh*) . . .". Widerspenstigkeit ist hier die bewußt und in freier Entscheidung eingenommene Haltung des Nicht-Hören-Wollens, deren Konsequenz der Tod ist. Jer 5, 23 bescheinigt dem Volk ein „störrisches und widerspenstiges Herz" (*leḇ sorer ûmôræh*). Parallel dazu steht *sārû wajjelekû* „sie wichen ab und liefen davon". Der Ausdruck „störrisches und widerspenstiges Herz" erhält aus dem Kontext (Jer 5, 21) eine Bedeutung, die in Richtung Verstockung tendiert.

3. Bei Ez ist Widerspenstigkeit *das* Charakteristikum des Hauses Israel. Das Nomen *m^erî* 'Widerspenstigkeit' kommt allein bei Ez 16mal vor (insgesamt im AT 22mal), davon 15mal in Verbindung mit *bajiṯ*, und zwar 8mal als indeterminiertes Prädikat in einem mit *kî* eingeleiteten Nominalsatz (*kî bêṯ m^erî hemmāh*) „denn sie sind ein Haus von Widerspenstigkeit" (Ez 2, 5. 6. 7 [LXX, S, Targ]; 3, 9. 26. 27; 12, 2b. 3) und 7mal determiniert (*bêṯ hamm^erî*: Ez 2, 8; 12, 2a. 9. 25; 17, 12; 24, 3; 44, 6 [LXX]). Ez 12, 9 steht *beṯ hamm^erî* als Apposition zu *bêṯ jiśrā'el*, Ez 44, 6 umgekehrt. So ist der Ausdruck „Haus von Widerspenstigkeit" in Analogie zu „Haus Israel" bei Ez zu

einer Art zweitem Namen für Israel geworden (vgl. Zimmerli 74; Hossfeld 75; vgl. Jes 30, 9). Die Widerspenstigkeit Israels äußert sich in völligem Unverständnis gegenüber der Rede des Propheten, die deshalb der „Auflösung" (Ez 17, 12ff.) und der drastischen Zeichenhandlung bedarf (Ez 12, 2f.). Die Widerspenstigkeit des Volkes tendiert bei Ez so zur Verstockung. Ez 12, 2 erläutert den Ausdruck *bêt hammᵉrî* im Relativsatz mit „sie haben Augen, um zu sehen, sehen aber nicht, sie haben Ohren, um zu hören, hören aber nicht" und fügt als abschließende Begründung hinzu: „denn sie sind ein Haus von Widerspenstigkeit".

Die Widerspenstigkeit richtet sich nicht zuletzt gegen den Propheten selbst. Sie kann ihn abschrecken, so daß er sich selbst der Botschaft JHWHs widersetzt. Dies wird im Sendungsauftrag Ezechiels (Ez 2, 1–3, 15) thematisiert: „Höre, was ich dir sage! Sei nicht widerspenstig (*mᵉrî*: abstractum pro concreto) wie das Haus der Widerspenstigkeit! Öffne deinen Mund ..." (Ez 2, 8).

Die hier artikulierte prophetische Berufungserfahrung (vgl. Jer 1, 6ff.) scheint auch der Hintergrund von Jes 50, 5 zu sein, wo der „Knecht JHWHs" im 3. Gottesknechtlied von sich sagt: „Der Herr JHWH hat mir das Ohr geöffnet. Ich aber widersetzte mich nicht (*lo' mārîṯî*), wich nicht zurück."

In der geschichtstheologischen Scheltrede Ez 20 wird durch dreimaliges stereotyp wiederkehrendes *wajjamrû-bî* „sie aber widersetzten sich mir" die sich daran anschließende Beschreibung des ungehorsamen Verhaltens Israels eingeleitet (Ez 20, 8. 13. 21). Die Widerspenstigkeit Israels besteht hier darin, daß es die Leben ermöglichenden Weisungen JHWHs nicht annahm. Parallel zu *mārāh* steht Ez 20, 8 „und sie wollten nicht auf mich hören", Ez 20, 13. 21 „nach meinen Satzungen wandelten sie nicht und meine Rechtsvorschriften verwarfen sie (*mā'as*) / befolgten sie nicht (*lo' šāmar*)".

4. In der dtr Literatur begegnet *mārāh* vor allem in zwei Wendungen: *mārāh 'æṯ-pî JHWH* (7mal: Dtn 1, 26. 43; 9, 23 [DtrN?]; 1 Sam 12, 14. 15 [DtrN]; 1 Kön 13, 21. 26 [DtrN] und *mamrîm hᵆjiṯæm 'im JHWH* (3mal: Dtn 9, 7. 24 [DtrN?]; 31, 27). Beide Wendungen sind vor-dtr nicht belegt.

mārāh kommt in der dtr Literatur vor allem in den Geschichtsrückblicken vor. Dort bezieht es sich in der Wendung *mārāh 'æṯ-pî JHWH* auf die Weigerung des Volkes, in das Land, das JHWH ihnen gegeben hat, hinaufzuziehen (Dtn 1, 26), um es in Besitz zu nehmen (Dtn 9, 23) oder aber auf die eigenmächtige, von JHWH nicht gewährte Inbesitznahme des Landes (Dtn 1, 43; vgl. Num 14, 39–45). In der Wendung *mamrîm hᵆjiṯæm 'im JHWH* bezeichnet Dtr die permanente Widerspenstigkeit des Volkes gegen JHWH vom Auszug aus Ägypten bis „heute" (Dtn 9, 7. 24; 31, 27). Dabei verwendet Dtr in seinem typisch plerophorischen Sprachstil zahlreiche Synonyme zu *mārāh*: Inf. + *lo' 'āḇāh* „nicht wollen" (Dtn 1, 26), *lo' šāma' (bᵉqôl JHWH)* „nicht hören" (Dtn 1, 43; 9, 23), *lo' hæ'ᵆmîn lᵉJHWH* „JHWH nicht glauben/vertrauen" (Dtn 9, 23), *rgn* (*niph*) „murren" (Dtn 1, 27), *zjd* (*hiph*) „vermessen handeln" (Dtn 1, 43).

Bei Dtr bekommt *mārāh* so – besonders in der Wendung *mārāh 'eṯ-pî JHWH* – eine deutlich nomistisch pointierte Bedeutungsnuance: Die Widerspenstigkeit Israels besteht vor allem im Nicht-Hören auf den „Mund" / das Wort / die Stimme / die Gebote JHWHs. Diese Linie setzt sich vor allem bei DtrN fort (1 Sam 12, 14f.; 1 Kön 13, 21. 26; vgl. auch Jes 30, 9).

5. Die der P^G durch die vorexilische Prophetie und die dtr Theologie vorgegebene typische Verwendung von *mārāh* als Bezeichnung für die Widerspenstigkeit des *Volkes* wird von der P^G aufgegriffen, aber gezielt *gegen* die Tradition gebraucht: Nicht das Volk, obwohl es von seinen geistigen (Mose) und politischen (Aaron) Führern so angeredet wurde (Num 20, 10: „Hört doch, ihr Widerspenstigen ..."), sondern seine geistigen und politischen Führer selbst waren widerspenstig „gegen den Mund JHWHs" (Num 20, 24; 27, 14) und haben versagt, weil sie JHWH nicht geglaubt haben (Num 20, 12; vgl. Zenger, Gottes Bogen 47).

6. In der nachexilischen Zeit begegnet *mārāh* vor allem in den in der Tradition der dtr Geschichtsschreibung stehenden lehrhaften Geschichtspsalmen 78 und 106 (insgesamt 7mal) und dem Bußgebet Neh 9. Dort bezeichnet es das widerspenstige Verhalten der Vätergeneration (Ps 78, 8: *dôr sôrer ûmoræh*) zur Zeit der Wüstenwanderung (Ps 78, 17. 40; 106, 7. 33) und der Landnahme (Ps 78, 56; 106, 43; Neh 9, 26). *mārāh* hat hier zahlreiche Synonyme bei sich; neben solche dtr Herkunft treten nun auch Termini aus dem Bereich weisheitlicher Sprache und der allgemeinen Sündenterminologie: *ḥṭ'* „sündigen" (Ps 78, 17), *nissāh-'el (bᵉleḇ)* „im Herzen Gott versuchen" (Ps 78, 18. 41. 56), *dibbær be'lohîm* „gegen Gott reden" (Ps 78, 19), *'āzaḇ (JHWH)* „(JHWH) kränken" (Ps 78, 40), *twh* (*hiph*) „betrüben" (Ps 78, 41), *lo' šāmar 'eḏûṯ JHWH* „(JHWHs) Weisung nicht beachten" (Ps 78, 56), *swr niph* „abtrünnig werden" (Ps 78, 57), *bāḡaḏ* „treulos werden" (Ps 78, 57), *bṭ'* (*pi*) „töricht reden" (Ps 106, 33), *māraḏ* „sich empören/abtrünnig werden" (Neh 9, 26).

Die Bedeutung von *mārāh* weitet sich aus zu einem der vielen Ausdrücke für Sünde. Klgl 3, 42 steht dann auch *mārāh* parallel zu *pš'* (vgl. Ps 5, 11). In Klgl 1, 18 drückt die klagende „Jungfrau Zion" ihr vergangenes Fehlverhalten in dem einen Satz aus: „Er, der Herr, ist gerecht, denn ich habe mich seinem Munde/Wort widersetzt" (vgl. Klgl 1, 20).

V. LXX übersetzt *mrh/mrj* in den meisten Fällen mit παραπικραίνειν (26mal) und ἀπειθεῖν/ἀπειθής (11mal).

In den Qumranhandschriften begegnet *mārāh* 11mal. In der Verbindung *mārāh ('æṯ) pî* steht als Objekt einmal „sein Nächster" (1 QS 6, 26), zweimal Gott

(1 QH 14, 14; 4 QDibHam 1–2, II, 8); *mārāh* meint in Qumran jedoch in erster Linie die Auflehnung gegen die Thora (4 QOrd 2–4, 5; 4 Q 185, 1–2, II, 3; 4 QDibHam 7, 14) und gegen die Umkehr als Grundbedingung der Gemeindezugehörigkeit (4 QpPs 37, 2, 3 par. *me'en* „sich weigern"). In dem *bjt hmrh* der Kupferrolle (3 Q 15, II, 3) handelt es sich nach Ausweis des Kontextes um eine obskure Ortsangabe, die nicht mit dem at.lichen *bêṯ hammerî* in Verbindung gebracht werden kann.

Schwienhorst

מַרְזֵחַ *marzeaḥ*

I. Etymologie – II. Außerbiblische Belege – 1. Ugarit – 2. bei den Aramäern – 3. bei den Phöniziern – 4. bei den Nabatäern – 5. in Palmyra – III. *marzeaḥ* im AT – IV. bei den Rabbinen.

Lit.: *D. B. Bryan*, Texts Relating to the Marzeaḥ: A Study of an Ancient Semitic Institution, Diss. Baltimore 1973. – *M. Dahood*, Additional Notes on the *MRZḤ* Text, in: L. R. Fisher, The Claremont Ras Shamra Tablets (AnOr 48, 1971, 51–54). – *M. Dietrich / O. Loretz / J. Sanmartín*, Zur ugaritischen Lexikographie XIII (UF 7, 1975, 157–169, bes. 157f.). – *M. Dietrich / O. Loretz*, Der Vertrag eines *MRZḤ*-Klubs in Ugarit (UF 14, 1982, 71–76). – *O. Eißfeldt*, Etymologische und archäologische Erklärung alttestamentlicher Wörter (KlSchr IV, 1968, 285–296). – *Ders.*, Kultvereine in Ugarit (KlSchr V, 1973, 118–126). – *Ders.*, Neue Belege für nabatäische Kultgenossenschaften (KlSchr V 127–135). – *Ders.*, מרזח und מרזחא Kultmahlgenossenschaft im spätjüdischen Schrifttum (KlSchr V 136–142). – *H.-J. Fabry*, Studien zur Ekklesiologie des AT und der Qumrangemeinde (Diss. habil. 1979, 48–130). – *T. L. Fenton*, The Claremont 'MRZḤ' Tablet, its Text and Meaning (UF 9, 1977, 71–75). – *R. E. Friedman*, The *mrzḥ* Tablet from Ugarit (Maarav 2, 1980, 187–206). – *J. Greenfield*, The *Marzeaḥ* as a Social Institution, in: Wirtschaft und Gesellschaft im alten Vorderasien (Hg.: J. Harmatta / G. Komoróczy). Acta Antiqua Academiae Scientiarum Hungaricae, Budapest XXII, 1–4, 1974, 451–455. – *O. Loretz*, Ugaritisch-biblisch *mrzḥ* „Kultmahl, Kultverein" in Jer 16, 5 und Am 6, 7 (Festschr. J. Schreiner 1982, 87–93). – *P. D. Miller Jr.*, The *MRZḤ* Text (in: L. R. Fisher [s.o.] 37–48). – *M. H. Pope*, A Divine Banquet at Ugarit (Festschr. W. F. Stinespring, Durham N. C. 1972, 170–203).

I. Die etymologische Herleitung ist nicht sicher. Die ältesten Belege weisen nach Ugarit. *marzeaḥ* ist eine Nominalbildung nach dem Typus *maqṭil* (J. Barth, Nominalbildung 240f.) einer Verbwurzel *rzḥ*, die jedoch bisher nicht nachgewiesen werden konnte.

a) *rzḥ* 'laut schreien' (W. Gesenius, Thesaurus 1280) als Wurzel für die bis dahin nur bekannten biblischen Belege trotz der „merkwürdigen" LXX-Wiedergabe θίασος in Jer 16, 5.

b) Für die außerbiblischen Belege fordert Eißfeldt ein *rzḥ* II 'sich vereinigen', da er bibl. *marzeaḥ* strikte vom kanaanäischen *mrzḥ* getrennt entstanden postuliert.

c) Für eine Trennung lassen sich jedoch keine Gründe erkennen. Deshalb erklärt man *rzḥ* mit Hilfe der Theorie vom Gegensinn (R. Meyer, UF 11, 1976, 603f.). 'Lärmen, laut sein' habe die Bedeutung 'Kultgenossenschaft', 'Lustbarkeit' und 'Trauermahl' generiert. Dies bereitet aber Schwierigkeiten (vgl. O. Loretz).

d) Entweder man fragt nach einer allen Belegen zugrundeliegenden Grundbedeutung, die wegen der älteren ugar. Belege etwa 'sich versammeln' gelautet haben könnte, oder aber man bleibt im Bereich des Belegbaren. Hier bietet sich aber nur ein arab. *razaḥa* 'niedersinken, zu Boden sinken' (H. Wehr, ArabWb 303; Lane 1075f.) an, das ein Niederfallen vor Erschöpfung, Ermüdung und Krankheit meint. *rāzaḥ* + *m* (lokales Präformativ, vgl. GKa § 85e) ist dann die Deskription eines Raumes, in dem ein Niederfallen geschieht, sei es anfänglich aus orgiastischer Ekstase (vgl. dazu weiter F. Stolz, VT 26, 1976, 170ff.) oder zur idololatrischen Proskynese. Im Laufe der Begriffsgeschichte ist diese rein lokale Konnotation verblaßt. Der Begriff geht über auf die Teilnehmergemeinde dieses Kultes und auf den Kult selbst.

II. 1. Die wahrscheinlich ältesten Belege finden sich in Ebla, wo *mar-za-u₉* in der Bedeutung „Feier des *marzeaḥ*" begegnet (vgl. G. Pettinato, Testi Amministrativi Della Biblioteca L. 2769, Neapel 1980, 46 Rs 2), dann in Ugarit. In den 15 Belegen variiert die Schreibweise: neben der Grundform *mrzḥ* (KTU 1.1, IV, 4; 1.114, 15; 3.9, 1 Rs. 3; 4.52 Rs. 12 [txt?]; 4.399, 8; 4.642, 2. 3. 4. 5. 6) begegnen *mrz'j* (KTU 1.21, II, 1. 5) und in akk.-syllabischen Urkunden *marziḫu* (RŠ 14.16, 3; 15.70, 4. 7. 10. 15; 15.88, 4. 6; 18.01, 7. 10), wobei sich trotz morphematischer Variabilität keine semantische Differenzierung festmachen läßt (vgl. Bryan 151). Ein Beleg EA 120, 21 ist trotz AHw II 617 sehr fraglich. Diese Morpheme bezeichnen eine religiös-kultische Institution, deren Ziel es ist, die Gemeinschaft mit einer Patronatsgottheit – nach der sie gelegentlich benannt ist – zu suchen und zu realisieren. Diese Gemeinschaft sollte durch das – regelmäßige (?) – Mahl mit der Gottheit erreicht werden. Der Zentralritus dieser Kultgemeinschaft war also das Kultmahl. Die hier erreichte Gemeinschaft der *bnj mrzḥ* mit der Gottheit bildete auch das verbindende Glied der Mitglieder untereinander. Diese religiöse Verbundenheit wurde zu einer sozialen weiterentwickelt. Essen und Trinken als gemeinschaftstiftende Vollzüge gewinnen im *mrzḥ* theologische Valenz. Die sakralen Speisen neben dem Wein scheinen noch nicht festgelegt. Eine gewisse Rolle spielen das Wildpret und das Öl. Schon bald zeigt sich die Gefahr exzessiver, orgiastischer Entartung, wie dies bes. durch Transponierung der *mrzḥ*-Riten in die göttlich-mythische Sphäre eines El-Gastmahles deutlich wird (vgl. bes. KTU 1.114, wo El als völlig Betrunkener dargestellt wird; vgl. u.a. S. E. Loewenstamm, Eine lehrhafte ugaritische Trinkburleske, UF 1, 1969, 71–77, und B. Margalit, The Ugarit Feast of the Drunken Gods: Another

Look at RS 24.258 [KTU 1.114], Maarav 2, 1979/80, 65–120); in diesem Text einen medizinischen Text gegen die Folgen eines üppigen Gelages zu sehen (H. M. Barstad, Festmahl und Übersättigung, AcOr 39, 1978, 23–30) erscheint abwegig. Trotzdem scheint diese *mrzḥ*-Institution mit dem Baʿal-Kult im engen Sinne inkompatibel, da sie nur im Zusammenhang mit El und auch mit ʿAnat begegnet, was ein späteres Eindringen dieser Institution in den israelitischen Bereich erheblich erleichterte.

Der ugar. *mrzḥ* besaß Eigentumsmittel, Versammlungshäuser (*bjt mrzḥ*) und regelmäßig Weinberge. Die mehrmalige Nennung des *mrzḥ* in den Rephaim-Texten (KTU 1.21, II, 1. 5; → רפא *rāpāʾ*) hat zur Vermutung geführt, *mrzḥ* sei im Zusammenhang des Totenkultes zu sehen (vgl. W. F. Albright bei P. D. Miller 47 Anm. 1; M. H. Pope 192 f.; O. Loretz, Festschr. Schreiner; M. Dietrich u.a., UF 8, 1976, 45–52). Soweit dies mit den Rephaim begründet wird, ist dies abzulehnen, da die Rephaim nicht in dieser Deutung fixierbar sind (vgl. S. B. Parker, UF 2, 1970, 243–249; UF 4, 1972, 97–104; C. E. L'Heureux, HThR 67, 1974, 265–274; bes. J. C. de Moor, ZAW 88, 1976, 323–345 und A. Caquot, Syr 53, 1976, 295–304). Der die menschliche Gemeinschaft konstituierende Kultverein hatte seine Vorbilder im Mythos vom *mrzḥ* des El-Pantheon (→ סוד *sôḏ*). Aus KTU 3.9 (Vertragsentwurf) geht hervor, daß im *mrzḥ* ein *rb* 'Vorsteher' als Leitungsfunktionär amtierte (M. Dietrich / O. Loretz, UF 10, 1978, 421 f.). „Wahrscheinlich konnten nur kapitalkräftige Männer die Leitung eines *mrzḥ* übernehmen und zugleich die gemeinsame Kasse verwalten" (M. Dietrich / O. Loretz, UF 14, 1982, 71–76). KTU 3.9 weist aus, daß es in einem *mrzḥ* Auseinandersetzungen geben konnte, da seine Struktur Raum für Verdächtigungen zuließ.

2. Im Aram. ist *mrzḥ* nur auf einem Ostracon aus Elephantine belegt (RES 1295, 3; vgl. LidzEph III 119). Das Ostracon enthält keinen Hinweis auf einen religiösen(-ekklesialen) Charakter des *mrzḥʾ*, sondern ist eine Aufforderung zur Zahlung eines (Mitglieds-)Beitrages. Der Beleg ermöglicht nicht, den *mrzḥ* eindeutig als „funerary association" zu verstehen (vgl. B. Porten, Archives from Elephantine, Berkely – Los Angeles 1968, 179–186, bes. 184).

3. Die Ausbreitung der *mrzḥ*-Institution auch über den westlichen Mittelmeerraum wird durch die phönizischen Belege dokumentiert. In den Ausführungsbestimmungen zum Opfertarif von Marseille (KAI 69) wird der *mrzḥ ʾlm* (Z. 16) genannt, der keine eigene Versammlungsstätte hat, sondern seine Opfergaben im Tempel des Baʿal Zaphon darbringt. Er wird neben *mzrḥ* (sic!) und *špḥ* genannt, zwei Bezeichnungen für schwierig zu differenzierende Personengruppen. Dabei wird der Blick von der Institution abgelenkt auf die von ihr vollzogene Kultveranstaltung (vgl. KAI 60, 1), die sich als ein mehrtägiges Fest gestaltete. So signalisieren die phön. Belege einen Wendepunkt in der Semasiologie des Begriffes.

4. Die nabat. Belege entstammen alle dem 1. Jh. n. Chr. Aus den Belegen (LidzEph III 278; A. Negev, IEJ 11, 1961, 135; 13, 1963, 113–117; J. Naveh, IEJ 17, 1967, 187 ff.) geht hervor, daß der *mrzḥ* als Vereinigung der begüterten Oberschicht des Volkes sich zwar mit seiner Schutzgottheit verbunden wußte, weitere religiöse Einzelheiten sind aber unbekannt. Die Mitglieder (*bnj mrzḥʾ* oder *ḥbrjn* [→ חבר *ḥāḇer*]) sind einem Vorsteher (*rb mrzḥʾ*) untergeordnet.

5. Der *mrzḥ* in Palmyra ist ohne Zweifel dem nabat. sehr ähnlich. Die sehr ausführlichen Quellen bestehen aus Inschriften (vgl. J. T. Milik, Dédicaces faites par des dieux [Palmyre, Hatra, Tyr.] et des thiases sémitiques à l'époque romaine, Paris 1972) und beschriebenen Terrakotta-Münzen (vgl. Comte du Mesnil du Buisson, Les tessères et les monnaies de Palmyre, Paris 1962). Mehrere palmyr.-griech. Bilinguen sehen im ϑίασος das Äquivalent für *mrzḥ*, das auch gelegentlich auf die Urkirche angewandt wurde (vgl. Eusebius, Hist. Eccl. I, 3, 12; X, 1, 8). Der *mrzḥ* ist hierarchisch klar gegliedert: der Präsident (*rb mrzḥ*), Priester oder Laie, ist auf Zeit gewählt und kann zugleich wichtige politische Ämter innehaben. Sein Aufgabenbereich umfaßte Liturgie, Divination und Versorgung. Es hat den Anschein, als konnten diese Aufgaben auch delegiert werden (vgl. J. Teixidor, CRAIBL 1981, 306–314, bes. 310). Die Mitglieder (*bnj mrzḥ*) haben z. T. wichtige Funktionen innerhalb des *mrzḥ* als Schreiber oder Hilfskräfte (vgl. H. J. Fabry, Der altorientalische Hintergrund des urchristlichen Diakonats, in: Der Diakon [Festschr. A. Frotz, [2]1981] 15–26). Der *mrzḥ* benennt sich nach seinem Patronatsgott oder – im st. determ. – nach Bêl, dem Haupt des palmyr. Pantheons. Das Gastmahl bildete den Zentralritus. Hier nun sind die Tesseren multifunktional: sie bilden die Teilnehmer der Gastmähler ab, u.a. auch Götter; sie bilden die Mahlmaterie ab: Backwerk und Wein; sie berechtigen zur Teilnahme am Gastmahl und wurden über die *mrzḥ*-Mitglieder hinaus an Bedürftige verteilt. So hatte der *mrzḥ* die Absicht, das Heil seiner Mitglieder durch Vereinigung mit der Gottheit im Gastmahl zu sichern. Dies wirkte sich dann aus in der caritativen Tätigkeit der *bnj mrzḥ*. Eine Nähe zum Totenkult oder zu Begräbnisriten ist in keinem Fall stringent gegeben.

III. Im AT begegnet *marzeaḥ* nur Am 6, 7 (LXX verliest) und Jer 16, 5 (LXX: ϑίασος). Am 6, 7 ist textkritisch schwierig. Die Versionen – bes. die LXX-Rezensionen – bezeugen eine bewegte Textgeschichte. Über eine mehrstufige – vielleicht gewollte – Verlesung ist der MT zustande gekommen, der wörtlich übersetzt „Es verschwindet das Gelage der Hingeräkelten (*mirzaḥ s*ᵉ*rûḥîm*)" ergibt. Als ursprünglicher Text ist rekonstruierbar: *lāḵen ʿattāh jiglû b*ᵉ*roʾš golîm w*ᵉ*sār mirzaḥ śarîm min ʾæprājim* „Deshalb nun gehen sie als erste in die Verbannung und es verläßt der *mrzḥ* der Führer Ephraim" (Einzelnachweise bei Fabry, Studien 108–111). Dies macht die vielen Ratereien um eine brauchbare Übersetzung überflüssig (vgl. H. W. Wolff, BK z. St.). Der Weheruf Am 6, 1–7 geht im wesentlichen auf Amos selbst zurück und richtet sich gegen die Oberschicht Samarias. Die in vv. 4–6 vom Propheten gescholtenen Verhaltensweisen gehören in der Tat zu den Grundvollzügen des heidnischen *mrzḥ* mitsamt ihren exzessiven Entartungen (vgl. oben KTU 1.114). Diesen *marzeaḥ* der Oberschicht des samarischen Volkes hält Amos für den Grund allen Übels. Der Prophet gibt nicht zu erkennen, ob er an eine Religionspolemik denkt. Seine Kritik kann auch systemimmanent verstanden werden, insofern der *mrzḥ* seiner eigenen (sozialen) Bestimmung nicht gerecht wird.

Jer 16, 5 ist textkritisch ohne größere Probleme. Die Versionen denken beim *bêṯ marzeaḥ* übereinstimmend an ein „Haus des Festmahlhaltens" o. ä.; Ausnahme Syr.: *bjt mrqwdt'* „Haus des Klagens". Der Text ist literarkritisch überladen. Nach dem wahrscheinlich ursprünglichen Textbestand (vv. 1. 5a. 8) erhält der Prophet einen vierfach gegliederten Botenauftrag zur prophetischen Zeichenhandlung: nicht in das *bêṯ marzeaḥ* gehen, keine Totenklage halten, kein Beileid bezeugen, nicht in das *bêṯ-mištæh* gehen. Dieser Botenauftrag bildet einen chiastisch strukturierten doppelten antithetischen Parallelismus, in dem inhaltlich *bêṯ marzeaḥ* und *bêṯ-mištæh* enger zusammenstehen, als ein Besuch im *bêṯ marzeaḥ* und die Totenklage. Hinzu kommt, daß *bêṯ marzeaḥ* nicht durch „Trauerhaus" (Schreiner, NEB) übersetzt werden kann, da diese Bedeutung at.lich durch *bêṯ 'eḇæl* (vgl. Pred 7, 2. 4; par. *bêṯ mištæh*! 4 Q liest *bêṯ śimḥāh*; vgl. J. Muillenburg, BASOR 135, 1954, 27) abgedeckt ist. Es sieht so aus, als wurden dem Propheten hier offensichtlich normale alltägliche Verhaltensweisen untersagt, um das Unnormale der Gerichtssituation zeichenhaft darzustellen. D. h. nach der jeremianischen Grundschicht war der Besuch eines *marzeaḥ* nicht ungewöhnlich, offensichtlich auch nicht verboten. Diese Institution war – da aus dem El-Kult stammend – adaptiert worden. Die religiöse Toleranz dem *marzeaḥ* gegenüber verschwand jedoch in dem Maße, wie diese Institution sich selbst ins Zwielicht setzte, sei es durch asoziales Verhalten (Am 6, 7), sei es durch immer heftigere Kombination mit Totenkult und Trauerriten (sek. Überarbeitungen in Jer 16, 2. 6. 7). Zur Zeit der deut/dtr Überarbeitung des Jer-Buches wurde dann der *marzeaḥ* als heidnisches Götzendienst-Institut abgelehnt (vgl. die dtr Verse Jer 16, 3. 4. 9 und 10–13; vgl. Thiel 196). Die Assoziationen „Trauer" und „Götzendienst" sind also (auch gegen Loretz, Festschr. Schreiner 89) nachgetragen und gehören nicht ursprünglich zum *marzeaḥ*. Das läßt es letztlich offen, ob der *marzeaḥ* von Anfang an in seiner frühen Form mit dem JHWH-Glauben kompatibel gewesen ist. Sicherlich bildete er „einen integrierenden Bestandteil des sozialen Lebens" (Loretz 91).

IV. Für die Rabbinen stellt der *marzeaḥ* (WTM III 247) keine kultisch relevante Größe mehr dar. Er wird zum Austauschbegriff für *śimḥāh* 'Freude' und *mištæh* 'ausschweifendes Gastmahl' und identifiziert mit dem Maioumas-Fest. Gelegentliche Trauermetaphorik läßt sich als kontextbedingt erklären. Die Identifizierung des *BHTOMAPCEA* mit dem in der Levante verbreiteten Maioumas-Fest in der Landkarte von Madeba (vgl. H. Donner / H. Cüppers, Die Mosaikkarte von Madeba 1, 1977, Abb. 17. 53–55. 105) in der ungefähren Ortslage von Ba'al Pegor zeigt eine feste lokale Fixierung einer solchen Tradition an. Auch rabbin. Kommentare zu Num 25, 1f. bezeichnen die dort abgehaltenen paganen Riten als *marzeaḥ* (z. B. Siphre Num 131). Die für diesen Ort bezeugten abstrusen Riten (vgl. M. H. Pope 196f.) weisen aus, daß sich diese *mrzḥ*-Tradition längst vom Haupttraditionsstrom abgespalten hat.

Fabry

מרר *mrr*

מַר *mar*, מֹרָה *morāh*, מָרוֹר *mārôr*,
מְרִירוּת *m^erîrûṯ*, מְרֵרָה *m^ererāh*,
מְרוֹרָה *m^erôrāh*, מֶמֶר *mæmær*,
מַמְרֹרִים *mamrorîm*, תַּמְרוּרִים *tamrûrîm*

I. 1. Etymologie – 2. Belege – II. Verwendung – 1. Geschmack – 2. Gemütszustand – 3. Ableitungen – III. 1. LXX – 2. Qumran.

Lit.: *M. Dahood*, Qohelet and Recent Discoveries (Bibl 39, 1958, 302–318, bes. 308ff.). – *D. Pardee*, *m^erôrăt – p^etanîm* 'Venom' in Job 20, 14 (ZAW 91, 1979, 401–416). – *S. u. Sh. Rin*, Ugaritic – Old Testament Affinities (BZ 11, 1967, 174–192, bes. 189).

I. 1. Es gibt in den semit. Sprachen wenigstens zwei homonyme Wurzeln *mrr*, von denen die eine in akk. *marāru* (nur EA), ugar. *mrr* (WUS Nr. 1658), 'weggehen' und arab. *marra* 'vorbeigehen' vorliegt, die andere in akk. *marāru*, arab. *marra*, aram. (einschl. syr.) *mrr*, äth. *marara*, *marra*, alle 'bitter sein', oft mit ugar. *mrr* 'stärken, segnen' (WUS Nr. 1659) und arab. *marīr* 'stark' zusammengestellt, was wohl nur unter Annahme einer Doppelsinnigkeit der Wurzel (sog. *ḍidd*) möglich ist. Die erstgenannte Wurzel hat man in hebr. *mar* 'Tropfen' (Jes 40, 15) wiederfinden wollen (vgl. D. W. Thomas, Festschr. P. Kahle, BZAW 103, 1968, 219ff.), die andere ist dagegen häufig und in vielen Ableitungen belegt.

2. Das Verbum *mrr* (*mar*) findet sich im *qal* 6mal, im *pi* ('bitter machen') 3mal, im *hiph* ('erbittern, betrüben, bitter klagen') 4mal (+ cj. Ps 4, 5; 106, 33) und im *hitp* 2mal. Daneben findet sich das Adj. *mar* 'bitter' 38mal, wobei zu bemerken ist, daß die Grenze zwischen Perf. *qal* und dem Adj. nicht immer klar

zu ziehen ist. Ferner sind folgende Ableitungen belegt: *morāh* 'Bitterkeit, Gram' 2mal, *mārôr* 'bitter' 5mal, *m^e^rerāh* und *m^e^rôrāh* 'Gallenblase' je 1mal, letzteres auch 'Gift' 1mal (vgl. P. Fronzaroli, AANLR 19, 1964, 254. 267), *m^e^rîrûṯ* 'Bitterkeit, Betrübnis' 1mal, *mæmær*, dass. 1mal, *mamrorîm* 'Bitterkeit' 1mal und *tamrûrîm* 'Bitterkeit' 3mal (zu unterscheiden vom gleichlautenden 'Wegweiser' Jer 31,21).

* Zum textlich umstrittenen *mê hammārîm* 'Bitterwasser' (v. 18) im Zusammenhang des Eifersuchtsordales vgl. J. M. Sasson, Numbers 5 and the "Waters of Judgement" (BZ NF 16, 1972, 249–251), der *mārîm* von ugar. *mrr* 'stärken, segnen' (s.o.) ableiten will (vgl. auch D. Pardee, The Semitic Root *mrr* and the Etymology of Ugaritic *mr(r)* || *brk* [UF 10, 1978, 249–288]) und G. R. Driver, Two Problems in the OT, II. The "Waters of Bitterness" (Numbers, v. 11–28) (Syr 33, 1956, bes. 73–77), der auf → מרה *mārāh* 'rebellieren' zurückgreift. → IV 864f. Dazu vgl. auch *tammer* (Ex 23,21) und die Versuche, hier *mrr* wiederzufinden: Sh. u. S. Rin, Lešônénu 32, 1968, 236f. und Y. Kutscher, ebd. 343–346. *(Fa.)*

II. 1. *mrr* bezeichnet zunächst den bitteren Geschmack und ist dann, wie Jes 5,20 und Spr 27,7 zeigen, der Gegensatz von *māṯôq* 'süß'. So war das Wasser von Mara Ex 15,23 'bitter', so daß man „es nicht trinken konnte", und nach dem Zusammenbruch der großen Stadt in der Jes-Apokalypse trinkt man nicht mehr Wein mit Freude und der Rauschtrank schmeckt bitter (Jes 24,9). Ex 12,8 und Num 9,11 bezeichnet *mārôr* die bitteren Kräuter des Passahmahls. Ebenso steht Klgl 3,15 für bittere Kräuter parallel mit → לענה *la'^a^nāh* (traditionell „Wermut"; vgl. auch Spr 5,4) zur Beschreibung der durch die Verspottung der Völker hervorgerufenen Gemütsreaktion. Dtn 32,32 ist wieder bildlich: „Ihre Trauben sind giftige (*rôš*) Trauben, bittere (*m^e^rorôṯ*) Trauben haben sie", denn ihre Weinstöcke sind derselben Art wie die von Sodom und Gomorrha. Es ist im Kontext unklar, ob sich diese Worte auf das verdorbene Israel oder auf die Feindvölker beziehen (s. die Komm.). Da aber der Weinstock auch sonst ein Bild für Israel ist (z. B. Jes 5,1–7; Ps 80,9–20), ist das wahrscheinlich auch hier der Fall; der Vers besagt also, daß Israel ebenso entartet ist wie Sodom und Gomorrha.

2. Der bittere Geschmack ruft eine negative Gefühlsreaktion hervor. Entsprechend wird *mar* häufig bildlich für Gemütszustände gebraucht.

a) *mar lî*, „es ist mir bitter" wird von Noomi, als sie ihren Töchtern ihren Kummer über sie Ausdruck gibt, gesagt, ungefähr: „Es tut mir leid um euch" (Rut 1,13). Nach 1,20 will sie statt Noomi Mara genannt werden, weil Schaddai Bitteres über sie verhängt hat (*mrr hiph*). Mit Bezug auf seine Krankheit sagt König Hiskija: „Zum Heil wurde mir sehr bitter (*mar lî mār*, Jes 38,17, wo das letzte *mar* wohl als *m^e^'oḏ* zu lesen ist). Von Zion heißt es Klgl 1,4: „Ihre Jungfrauen sind betrübt (*nûgôṯ* → יגה *jāgāh*), ihr selbst ist bitter weh."

b) Häufig wird *mar* mit *næpæš*, entweder als Attribut oder in der Cstr.-Verbindung *mar-næpæš*, zusammengestellt. Die besondere Nuance ('betrübt', 'erbittert') muß von Fall zu Fall aus dem Kontext ermittelt werden. Es kann Kummer und Leid sein: Hanna ist 'betrübt' und weint wegen ihrer Kinderlosigkeit (1 Sam 1,10), die Frau aus Schunem, die zu Elischa kommt, ist 'betrübt', weil ihr Sohn gestorben ist (2 Kön 4,27), Ezechiel schildert eine bittere Totenklage (*mispeḏ mar*) über das als gesunkenes Schiff dargestellte Tyrus, mit Weinen in tiefer 'Betrübnis' und 'bitterem' Schreien (*z'q*, Ez 27,30f.). Ganz allgemein spricht Ijob vom Leid seiner Seele (7,1, par. *ṣar rûḥî*; 10,1, vgl. auch 21,25 „betrübten Herzens sterben", Gegensatz „Glück [*ṭôḇ*] kosten"; 27,2) und Hiskija von der Betrübnis seiner Seele (Jes 38,15; Deutung im übrigen unsicher). Nach den Worten Lemuels soll man den Betrübten Wein geben, damit sie ihre Mühsal (*'āmāl*) vergessen (Spr 31,6); ebenso allgemein ist Spr 14,10: das Herz weiß seinen eigenen Kummer – Gegensatz ist hier Freude (*śimḥāh*).

Anders verhält es sich 1 Sam 30,6: das Volk ist erbittert und will David steinigen; Ri 18,5: die Daniter drohen in ihrer Erbitterung, Micha und seine Familie niederzuhauen; 1 Sam 22,2: David sammelt um sich Männer, die bedrängt, verschuldet oder 'verzweifelt' sind; 2 Sam 17,8: David und seine Männer sind 'erbittert' wie eine Bärin, die ihrer Jungen beraubt worden ist.

c) Mit *rûaḥ* finden wir z.T. dieselben Nuancen: die Nebenfrauen Esaus bereiten seinen Eltern tiefen 'Kummer' (Gen 26,35; hier *morāh*), Ezechiel wird vom Geist entrafft, „verbittert in der Glut seines Geistes" (wobei *mar*, das in LXX fehlt, vielleicht ein Zusatz ist, um den gewagten Ausdruck „in der Glut meines Geistes" zu erklären oder zu mildern, s. Zimmerli, BK XIII z.St.). Wenn es Sir 7,11 heißt: „Verachte keinen Menschen in der Bitterkeit des Geistes", ist wohl von Menschen in verzweifelter Lage die Rede, nach dem Kontext wohl von bedürftigen Armen. In Sir 4,1 ist der Text kaum in Ordnung, aber wahrscheinlich handelt es sich auch hier um den verzweifelten Armen.

d) Ez 27,30 verbindet (s.o.) *mar* mit *z'q* 'schreien, klagen'. Ähnlich finden wir es als Attribut zu *ṣ^e'^āqāh* / *z^e'^āqāh* Gen 27,34; Est 4,1.

e) 2 Kön 14,26 berichtet, wie JHWH das bittere Elend (*'^o^nî*) Israels beim Regierungsantritt Jerobeams II. gesehen und ihm durch Jerobeam geholfen hat. Der Ausdruck erinnert an Ex 1,14, nach dem die Ägypter den Israeliten das Leben verbitterten (*mrr pi*); *'^o^nî* wird ja auch von der Bedrängnis der Israeliten in Ägypten gebraucht (z. B. Ex 3,7). Ps 64,4 spricht von den 'bitteren' Worten der Feinde, die wie Pfeile den Beter treffen. In Jes 33,7 erfahren wir, wie bei dem eschatologischen Ansturm des Feindes die Krieger (Text? s. BHS) schreien (*ṣā'aq*) und die Friedensboten bitterlich weinen: der Feind will keine Friedensverhandlungen, sondern bedingungslose Kapitulation (Kaiser, ATD 18 z.St.). Nach 1 Sam

15, 32 sagt Agag, als er Saul begegnet, seine „Bitterkeit des Todes“ sei überwunden („gewichen“ *sār*); es bleibt aber unklar, ob er hier Schonung erhofft oder ironisch in Todesfurcht spricht. Von der Bitternis des Todes ist auch Sir 41, 1 die Rede (vgl. Spr 5, 4 unten und 2 Sam 2, 26 „das bittere Ende“).

In der Schilderung der Endzeitkatastrophe („an jenem Tag“) Am 8, 9f. (echt?) ist von allerlei Trauergebräuchen die Rede: Leichenklage, Sackkleid, Glatze, Trauer wie über den einzigen Sohn (→ III 600f.); es wird „ein bitterer Tag“ sein; ebenso sagt Zef 1, 14 von JHWHs Tag, daß die Helden *mar* rufen. Von bitterer Totenklage über den einzigen Sohn bzw. den Erstgeborenen ist übrigens auch Sach 12, 10 die Rede, obwohl hier das *hiph* vom Verbum gebraucht wird – vgl. *tamrûrîm* in ähnlichem Zusammenhang Jer 6, 26.

Jer 2, 13 stellt fest, daß die Bosheit (*rāʿāh*) und Abtrünnigkeit (*m^ešuḇāh*) des Volkes die Ursachen der erlebten Züchtigung sind und daß es bitter (*mar*) und böse (*raʿ*) ist, Gott zu verlassen. Die Zusammenstellung von *raʿ* und *mar* findet sich dann in 4, 18 wieder: „Dein Verhalten und Tun haben dir das eingebracht, deine bösen Taten sind schuld, daß es so bitter steht.“ Der Text ist aber hier unsicher; vielleicht ist „deine Bosheit und deine Widerspenstigkeit (*mærjeḵ*)“ zu lesen (so BHS und KBL³).

Koh 7, 26 stellt fest, daß die Frau „bitterer ist als der Tod“; „wer Gott gefällt, vermag ihr zu entrinnen, wer ihm mißfällt, wird von ihr gefangen“ (vgl. Rin und Dahood z.St.). Vom bitteren Ende des Umgangs mit dem „fremden Weib“ ist Spr 5, 4 (bitter wie Wermut) die Rede.

Ganz vereinzelt heißt es im Josefspruch des Jakobsegens (Gen 49, 23), daß Bogenschützen ihn „reizten“ (*mrr pi*); parallel steht *śāṭam* ʻanfeindenʼ.

Dan 6, 7 und 11, 11 wird das *hitp* gebraucht, um einen erbitterten Angriff zu charakterisieren, einmal der Bock gegen den Widder, das zweite Mal der König des Südens gegen den König des Nordens.

3. Die übrigen Ableitungen bringen nichts Neues. *m^erîrûṯ* besagt Ez 21, 11, daß der Prophet bitterlich seufzen soll. *m^erîrî* charakterisiert Dtn 32, 24 die grausame Pest. *mamrorîm* steht Ijob 9, 18: „er sättigt mich mit Bitterkeit“; vgl. auch 13, 26 „du hast mir Bitteres (*m^erorôṯ*) auferlegt“ und Klgl 3, 15 „er speiste mich mit bitterer Kost (*m^erorim*)“ (vgl. M. Dahood, Bibl 48, 1967, 427). *mæmær* ʻBitternis, Betrübnisʼ steht Spr 17, 25 parallel zu *kaʿas* ʻÄrgerʼ. *tamrûrîm* steht ebenso mit *kʿs hiph* zusammen in Hos 12, 15: „bitteren Groll hat Efraim erregt“. Jer 31, 15 beschreibt es Rahels bitteres Weinen in Rama.

* *m^erērāh/m^erôrāh* ʻGalle, Gallenblaseʼ, zugleich auch das ʻSchlangengiftʼ, das man sich in der Galle der Schlange dachte (vgl. A. van den Born, BL² 510f.), begegnen nur beim Ijobdichter (Ijob 16, 13; 20, 14. 25): als Bezeichnung für das denkbar schlimmste Gift (Fohrer, KAT XVI 330; vgl. Pardee), als Metapher für das Böse und seine Wirkung, dann auch zur Bezeichnung eines der innersten Organe des Menschen, das – wenn es getroffen ist – den baldigen unausweichlichen Tod ausmacht (vgl. H. W. Wolff, Anthropologie des AT, ³1977, 105; E. Dhorme, L'emploi métaphorique des noms de parties du corps en Hébreu et en Akkadien [Paris 1923 = 1963], 130). Trotz seiner griech. Wiedergabe durch χολή wird mit *m^erērāh/m^erôrāh* im AT keine Gemütsbewegung verbunden. Zur medizinischen Verwendung der Galle, bes. der Fischgalle bei Tob vgl. W. von Soden, AfO 21, 1966, 81f.; BHHW I 512, → דג *dāḡ* → II 147. *(Fa.)*

III. 1. In der LXX überwiegt als Übersetzung πικρός mit Ableitungen wie πικρία, πικραίνειν; ferner kommen vor ὀδύνη und Ableitungen, ἐλεγμός und ein großes Spektrum von Übersetzungen, die nur je 1mal belegt sind.

Ringgren

2. In Qumran ist *mrr* nur 2mal belegt (TR 64, 2. 5) und ist in beiden Fällen eine Verschreibung für → מרד *māraḏ*. Dagegen begegnet das Adj. *mārôr* 10mal, fast ausschließlich in anthropologisch gefärbten Klagen des qumranessenischen Beters. Nicht nur die Existenz der Frevler um ihn herum, auch die Einsicht in seine eigene Sündenverfallenheit sind ihm Anlaß zur „Bitterkeit“ seiner Seele (1 QH 5, 12, par. *ṣāraṯ næpæš*; 5, 32, par. *ḥāšaḵ, mašḥôr*; 8, 28, par. *k^eʾeḇ ʾānûš* „unstillbarer Schmerz“; 11, 19). Die eschatologische Situation der hochgespannten Naherwartung trägt in sich die Bitterkeit einerseits wegen der frevelnden Gegner der Gemeinde (1 QpHab 9, 11; 1 QS 4, 13; 4 QLam [179] 2, 7 [vgl. Klgl 1]), andererseits aber auch eine Bitterkeit im Beter selbst (1 QH 5, 34; 11, 22), die Existenz des hoffenden Ausharrens bis zum „Ende des Frevels“, die damit in die Nähe des paulinischen στενάζειν (vgl. Rö 8) rückt.

Fabry

מַשָּׂא *maśśāʾ*

מַשֹּׂא *maśśoʾ*, מַשָּׂאָה *maśśāʾāh*, מַשְׂאוֹת *maśʾôṯ*, מַשְׂאֵת *maśʾeṯ*, *מִשֵּׂאת *miśśeʾṯ*, שְׂאֵת *ś^eʾeṯ*, *שִׂיא *śîʾ*

I. Ableitung und Bildungstypen – II. *maśśāʾ* I ʻLastʼ – 1. gegenständlich – 2. vergleichend-metaphorisch – 3. metonymisch – III. *maśśāʾ* II ʻAusspruchʼ – 1. im allgemeinen Sinne – 2. vom Prophetenorakel – IV. Sonderfälle – V. 1. Versiones – 2. Qumran.

Lit.: *P. A. H. de Boer*, An Inquiry into the Meaning of the Term משא (OTS 5, 1948, 197–214). – *H. S. Gehman*, The „Burden" of the Prophets (JQR 31, 1940, 107–121). – *G. Lambert*, „Mon joug est aisé et mon fardeau léger" (NRTh 77, 1955, 963–969). – *W. McKane*, משא in Jeremiah 23, 33–40 (Prophecy. Festschr. G. Fohrer, BZAW 150, 1980, 35–54). – *J. A. Naudé*, *maśśā'* in the OT with Special Reference to the Prophets (Ou-Testamentiese werkgemeenskap in Suid Afrika 12, 1969 [ed. 1971], 91–100). – *G. Rinaldi*, Alcuni termini ebraici relativi alla letteratura (Bibl 40, 1959, 267–289, bes. 278 f.). – *V. Sasson*, An Unrecognized „Smoke-Signal" in Isaiah XXX 27 (VT 33, 1983, 90–95). – *F. Stolz*, נשא *nś'* aufheben, tragen (THAT II, 1976, 109–117, bes. 109 f.).

I. Daß *maśśā'* in seinen beiden Bedeutungen (I.) 'Last' und (II.) 'Ausspruch' von *nś'* 'tragen, (er)heben' abzuleiten ist, wird nicht bestritten.

In beiden Verwendungen ist *maśśā'* Verbalnomen vom Bildungstyp *maqtal*, der das von einer transitiven Verbalhandlung betroffene und durch sie bezeichnete Objekt benennt: so bedeutet *maśśā'* 'das, was man trägt', d. i. 'die Last', bzw. 'das, wozu man (die Stimme) erhebt', d. i. 'der Ausspruch'; vergleichbar sind *ma'^{a}kāl* 'Speise', *maḥmāḏ* 'Schatz', *mattān* 'Geschenk', *mar'æh* 'Anblick' (BLe § 61x^ε–p^ζ; R. Meyer, Hebr. Grammatik 2, 1969, § 40, 4a). Entsprechende „Feminin"-Bildungen nach *maqtalat*, tatsächlich wohl ursprüngliche nomina vicis für die einmalig ausgeführte Handlung (vgl. arab. *fa'lat^{un}*, dazu W. Fischer, Grammatik des klassischen Arab., 1972, § 232), sind *maśśā'āh* und *maś'et*. In der Spätzeit wird dann *maqtal* > *miqtal* – unter aram. Einfluß? – regelrecht wie ein Inf. *qal* gebraucht: so in den Wendungen *lāhæm l^e'ên maśśā'* 'so daß sie es nicht forttragen konnten' 2 Chr 20, 25 und *'ên lāḵæm maśśā' bakkāṯep* 'ihr habt nichts mehr auf der Schulter zu tragen' 2 Chr 35, 3 (vgl. mhebr. *maśśā' ûmattān* 'Nehmen und Geben' > 'Handeltreiben'), ferner mit Bildungsvarianten in den Wendungen *maśśo' pānîm* 'Parteilichkeit' 2 Chr 19, 7 und *l^{e}maś'ôṯ 'ôṯāh mišš^{o}rāšæhā* „um sie fortzureißen von ihren Wurzeln" Ez 17, 9 (vgl. *maś'ôṯ* 'Portionen' Gen 43, 34, 'Aussprüche' Klgl 2, 14), dazu nach *miqtal* + /-*t*/ in '*w^{e}miśśe'ṯô' lo' 'ûkāl* „und ihn (den Schrecken) tragen kann ich nicht" (Ijob 31, 23b; zum Infinitiv **miśśe'ṯ* vgl. W. von Soden, UF 13, 1981, 159). – Ähnlich wie infinitivisch gebrauchtes *maśśā'* I wird der substantivierte Inf. *ś^e'et* I 'Auffahren, Hoheit' und das hapax legomenon *śî'* 'Hoheit' Ijob 20, 6 verwendet.

Daß es sich bei *maśśā'* II 'Ausspruch' um eine eigenständige Bedeutung gegenüber *maśśā'* I 'Last' handelt, stellt de Boer allerdings in Frage: vielmehr sei auch in den für *maśśā'* II in Anspruch genommenen Fällen an 'Last', speziell „a heavy burden, a judgment of God" zu denken (214). de Boer beruft sich dazu auf H. Grotius, E. ben-Jehudas Thesaurus und Gehman; ihm sind u. a. Lambert, W. Maier (The Book of Nahum, St. Louis 1959, 146) und Stolz (116) gefolgt, der allerdings auf S. 109 (110) seiner eigenen Ableitung widerspricht. Dagegen denken seit K. H. Graf (Der Prophet Jeremia, Leipzig 1862, 315) die meisten an eine Ableitung von *nś'* *qôl* 'die Stimme erheben' (dazu KBL^3 s. v. *nś' qal* 8) bzw. von einem elliptischen Gebrauch von *nś'* i. S. v. 'sprechen', wie er Jes 3, 7; 42, 2 (mit Obj. *qôl* im Par.-Vers). 11; Ijob 21, 12 vorliegt; vgl. eventuell auch *nāśî'* 'Sprecher' > 'Vorsteher' (zu akk. *našû[m]* 'aussprechen' in Alalaḫ M. Tsevat, HUCA 29, 1958, 119, zu äth. *'awśe'a* 'reden' KBL^3 s. v. *nś' qal* 8). Mit dem Obj. '(Seher-)Spruch' steht *nś'* in der Wendung *wajjiśśā' m^{e}šālô* Num 23, 7. 18; 24, 3. 15. 23. *nś'* mit paronomastischem Obj. *maśśā'* 'Ausspruch' ist darüber hinaus 2 Kön 9, 25 bezeugt, wo im folgenden v. 26 ein JHWH-Wort zitiert wird, während *nś' maśśā'* Jer 7, 21. 27 allerdings unzweifelhaft 'eine Last tragen' bedeutet (Dtn 1, 12; Sir 51, 26).

Für die Ansetzung einer eigenständigen Bedeutung *maśśā'* II 'Ausspruch' und deren Herleitung von *nś' qôl* spricht (1.), daß *maśśā'* Spr 30, 1; 31, 1; Sir 9, 18 im allgemeinen Sinne von 'Spruch' gebraucht wird, ohne speziellen Bezug auf eine prophetische Unheilsankündigung, (2.) *maśśā'* auch im prophetischen Kontext nicht auf die Bedeutungen 'Unheils*last*' > '*Unheils*orakel' festzulegen ist, sondern Sach 9, 1; 12, 1; Mal 1, 1; 1 Q 27, I, 1, 8 wiederum allgemein den '(Propheten)Spruch' meint und (3.) die metonymische Bedeutung *maśśā'* 'Anstimmen' 1 Chr 15, 22. 27 (M. Gertner, VT 10, 1960, 252) nicht von *maśśā'* I 'Last', sondern allein von *nś' qôl* bzw. *nś' zimrāh* 'Gesang anstimmen' (Ps 81, 3, ähnlich Am 5, 1; Jes 37, 4) her verständlich ist (vgl. auch *nś' b^{e}ṯop' w^{e}ḵinnôr* Ijob 21, 12). Wie nahe für nordwestsemit. Empfinden die Verbindung des Verbs *nś'* mit dem Obj. „Stimme" liegt, zeigt die ugar. Wendung *nš' g* 'die Stimme erheben' (WUS Nr. 1859); vgl. dagegen akk. *rigma(m) šakānu(m)* in derselben Bedeutung (AHw, s. v. *rigmu[m]* 2).

II. 1. *maśśā'* I 'Last' wird zunächst konkret-gegenständlich verwendet: gedacht ist an die 'Last', unter der ein Esel erliegen kann (Ex 23, 5), die man am Sabbat nicht 'tragen' (Jer 17, 21. 27), d. h. weder aus Jerusalem 'herausführen' (v. 22), noch dorthin 'verbringen' darf (v. 24); vgl. Neh 13, 15. 19. Verbunden mit dem Genitiv des tragenden Lasttiers wird *maśśā'* I zur Mengenangabe: es meint dasjenige, was das betr. Lasttier tragen kann, so in *maśśā' ṣæmæḏ-p^{e}rāḏîm* „eine doppelte Maultierlast" (2 Kön 5, 17) oder in *maśśā' 'arbā'îm gāmāl* „eine vierzigfache Kamellast" (2 Kön 8, 9).

2. Stoff für einen Vergleich liefert *maśśā'* I Jes 46, 1 f., wo der verderbte Text von der 'Last' redet, die die Bilder der Götter Bel und Nabu für die Müden (Tiere?) bedeutet, die sie für deren enttäuschte Verehrer davontragen müssen (vgl. zum 'Tragen' von Götterbildern Am 5, 26), ebenso Jes 22, 25, wonach der familiäre *maśśā'*, d. i. der 'Anhang', zugleich mit dem 'Nagel' zugrunde geht, den Eljakim als emporgekommener Würdenträger (vv. 20–23) für ihn darstellt. Umgekehrt ist Weisheit für den Toren *'bn mś'* „ein lastender Stein", den er gern von sich wirft (Sir 6, 21), während Sir 51, 26 dazu auffordert, „ihre (der Weisheit) Last" zu tragen (vgl. Sir 6, 25; Mt 11, 29 f.). *maśśā'* als Vergleichsspender ist Ps 38, 5 durch *k^e* 'wie' mit der Bezeichnung des Vergleichsempfängers verbunden: die Verschuldungen des

Betenden sind „wie eine schwere Last"; d. h. „sie sind zu schwer für mich".
Metaphorisch ist *maśʾeṯ* Zef 3, 18 gebraucht: *maśʾeṯ ʿālǣhā ḥærpāh* bedeutet „die auf ihm (Jerusalem) lastende Schande"; vgl. *nśʾ* mit Obj. *ḥærpāh* Ps 15, 3. Zur Metapher wird *maśśāʾ* auch in der Wendung *hājāh lᵉmaśśāʾ ʿal* „jmd. zur Last werden" 2 Sam 15, 33; 19, 36 (lies *ʿal*). Ijob fragt 7, 20, warum er JHWH (lies *ʿālǣḵā*) zur 'Last' geworden ist. Der auf *maśśāʾ* folgende Genitiv bezeichnet Num 11, 11. 17; Dtn 1, 12 die Israeliten, die für Mose zur 'Last' werden. Die 'Last', die Israel für JHWH bedeutet, hat die Wendung *ʾattæm hammaśśāʾ* „ihr seid die Last" (Jer 23, 33 cj.) im Auge (P. Wernberg-Møller, VT 6, 1956, 415) – im Wortspiel mit der Äquivokation in der vorangehenden Frage *mah-maśśāʾ JHWH* „was ist der Ausspruch JHWHs?" v. 33, der wiederum mit „was hat JHWH (dir) geantwortet?" und „was hat JHWH geredet?" vv. 35. 37 parallelläuft. Die vv. 34. 36. 38 gebrauchen dann, in Entfaltung des Wortspiels, *maśśāʾ JHWH* mehrfach im z. T. konnotativen Sinn von Unheilslast, die JHWH seinem Volk auferlegt.

3. Aus der vergleichend-metaphorischen Verwendung von *maśśāʾ* I entwickeln sich in relativ später Zeit metonymische Bedeutungen: so sein Gebrauch für die kultische 'Dienstleistung' der Kehatiten am Begegnungszelt Num 4, 15 (vgl. vv. 19. 24. 27. 31f. 47. 49, wo *maśśāʾ* im Zusammenhang mit *ʿbd* '[kultisch] dienen' gebraucht wird), ferner der Gebrauch von *maśʾōṯ* für 'Opfer' Ex 20, 40 sowie von *maśśāʾ* 2 Chr 17, 11 und *maśʾeṯ* (KBL³ s. v. 2) für 'Tribut'.

Mit *maśśāʾ* 'Dienstleistung' wäre → מס *mas* 'Zwangsleistung, Frondienst' vergleichbar, falls es – unter allerdings schwer zu erklärender Elision des 3. Radikals /ʾ/ – ebenfalls von *nśʾ* abzuleiten ist (vgl. KBL³ s. v. *mas*); von *mas* wieder scheint im Akk. von Alalaḫ und Amarna *massu* 'Dienstverpflichteter' übernommen. Im Pun. ist *nšʾ* I 'opfern' und *nšʾ* II 'Opfer' relativ häufig (DISO 186f.); letzteres steht konkurrentiell mit *mšʾ* 'Opfer' CIS I 408, 2; DISO 169: *mšʾ* II).

III. 1. *maśśāʾ* II 'Ausspruch' findet sich entsprechend den Akzenten von MT in Spr 31, 1: parallel läuft vorangehendes *diḇrê lᵉmûʾel mælæḵ* „Worte Lemuëls, des Königs"; auf *maśśāʾ* folgt der Relativsatz *ʾᵃšær jissᵉrattû ʾimmô* „womit ihn seine Mutter belehrte". Ein Bezug dieses Relativsatzes nicht auf *maśśāʾ*, sondern auf das weit zurückliegende *diḇrê*, das zudem schon mit einer Genitivapposition versehen ist, scheidet doch wohl aus (gegen B. Gemser, HAT I/16, ²1963, 108). Dann aber ist *hammaśśāʾ* i. S. v. 'der Ausspruch' auch Spr 30, 1 wahrscheinlich, mit den vorangehenden bzw. folgenden Parallelnomina *diḇrê* ... „Worte des ..." und *nᵉʾum* ... „Eingebung des ...". – *(ham)maśśāʾ* Spr 30, 1; 31, 1 bezeichnet dann den Inbegriff des weisheitlichen „Ausspruchs": der Ausdruck hebt auf das bedeutsam-feierliche Aussprechen ab, zu dem „die Stimme erhoben" wird, wie es etwa auch für das Wirksamwerden eines Fluchspruchs nötig ist (vgl. *nśʾ ʾālāh* 'einen Fluch aussprechen' 1 Kön 8, 31; 2 Chr 6, 22; zur Lesung *wᵉnāśāʾ* statt MT *wᵉnāšāʾ* M. Noth, BK IX/1, ²1983, 173); auf einen bestimmten Inhalt wie die 'Last' ausgesprochenen Unheils legt *maśśāʾ* aber nicht fest. Negativ-wertig, nämlich parallel zu *bjṭh* 'Geschwätz' (vgl. *bṭʾ/h* 'schwatzen' Spr 12, 18; Sir 5, 13) und mit dem Prädikat *jśwnʾ* „wird gehaßt", ist *mśʾ ʿl pjhw* „Ausspruch aus (?) seinem (des Zungenfertigen) Munde" Sir 9, 18 gebraucht (vgl. G. Sauer, Jüdische Schriften aus hellenistisch-römischer Zeit III/5, 1981, 528); auch hier liegt eine Bedeutung 'Last' fern.

2. Wenn *maśśāʾ* II vom Prophetenorakel gebraucht wird, meint es freilich meist die *Unheils*ankündigung (Naudé: „verdict, sentence"), und zwar gegen fremde Völker (Jes 13, 1; 14, 28; 15, 1; 17, 1; 19, 1; 21, 1. 11. 13; 23, 1; 30, 6; Nah 1, 1 [vgl. K. J. Cathcart, BietOr 26, 1973, 36f.]; Hab 1, 1 [?]), gegen Juda (Jer 23, 33; Ez 12, 10; Hab 1, 1 [?]) oder einzelne Israeliten (2 Kön 9, 25; Jes 22, 1; 2 Chr 24, 27). Falsche *Heils*orakel sind dagegen die Klgl 2, 14 inkriminierten *maśʾōṯ šāwʾ ûmaddûḥîm* „unnützen Aussprüche und Verführungen (?)" vorexilischer Propheten.

Der Häufigkeitsbefund bei den Unheilsankündigungen mag damit zusammenhängen, daß die Bedeutung 'Last' entsprechend Jer 23, 33–38 assoziativ mitgehört wurde; deshalb aber an *allen* genannten Stellen eine Denotation 'Ausspruch' zu bestreiten, ist schon deshalb nicht angezeigt, weil so der Gegensatz *maśśāʾ* II 'Ausspruch' Jer 23, 33 gegenüber *maśśāʾ* I 'Last' vv. 34. 36. 38 hinfiele und Jer 23, 33–38 seinen sprachlich-literarischen Reiz verlöre.

Die Verwendung von *maśśāʾ* II, parallel mit folgendem *dᵉḇar JHWH* 'Wort JHWHs', in Überschriften später heilsprophetischer Sammlungen wie Sach 9, 1; 12, 1; Mal 1, 1 mit der Annahme einer Bedeutungsumkehrung aus *maśśāʾ* I 'Last' zu erklären, dürfte nicht angehen. Auch noch 1 Q 27, I, 1, 8 steht *mśʾ* parallel mit dem ganz allgemeinen Ausdruck *hdbr lbwʾ* „das auf's Zukünftige bezogene Wort", das wieder nicht speziell an Unheils*lasten* denken läßt. Zumindest auch nicht gegen eine inhaltsunspezifische Bedeutung 'Ausspruch' von *maśśāʾ* II im prophetischen Zusammenhang spricht schließlich, daß *maśśāʾ* u. ä. wie *dᵉḇar JHWH* als Subjekt von *hājāh* i. S. v. 'geschehen, ergehen' Jes 14, 28 und als Objekt von *ḥāzāh* '(visionär) schauen' Jes 13, 1; Hab 1, 1; Klgl 2, 14 gebraucht wird; in 4 Q 160, I, 4 tritt *mśʾ* 'Ausspruch' für masoretisches *marʾæh* 'Gesicht' 1 Sam 3, 15 ein (vgl. KBL³ s. v. II *maśśāʾ*).

IV. Sonderfälle liegen vor, wo *maśśāʾ* von *nśʾ* mit anderen Objekten als *qôl* 'Stimme' her zu verstehen ist. So heißen die den Jerusalemern fortgenommenen Söhne und Töchter Ez 24, 25 u. a. *maśśāʾ napšām* „das Verlangen ihrer Seele"; die zugrundeliegende Verbalwendung ist *nśʾ næpæš* „seine Seele richten auf" (vgl. KBL³ s. v. *nśʾ qal* 11), die Dtn 24, 15; Hos

4, 8 i.S.v. 'gierig sein nach', Ps 25, 1f.; 143, 8 i.S.v. 'vertrauen', Ps 24, 4; 86, 4; Spr 19, 18 unspezifisch i.S.v. 'sich mit dem Gedanken abgeben' gebraucht wird (vgl. Stolz 113). Auf *nś'* mit den betr. Objekten geht *maś'et* mit Genitiven wie ... *kappaj* „das Erheben meiner Hände (zum Gebet)", ... *jd 'l jśr'l 'l* „das Erheben der Hand des Gottes Israels gegen ..." 1 QM 18, 3 (vgl. 18, 1) oder ... *hæ'ānān* „das Aufsteigen-Lassen des Feuerzeichens" Ri 20, 38. 40; KAI 194, 10 zurück. – Elliptisch ist der Gebrauch von *maś'ôt* bzw. st. cstr. sg. *maś'at* in der Bedeutung 'Essensportion(en)' Gen 43, 34, der von *maśśā'āh* 'Erhebung' Jes 30, 27 (anders Sasson; vgl. zur Bed. 'Erhebung' aber auch *śe'et* 'Auffahren, Hoheit', *śî'* 'Hoheit' Ijob 20, 6) und des mhebr. *maśśā' ûmattān* „Nehmen und Geben" > „Handeltreiben", wo jeweils das Objekt von *nś'* nicht genannt wird.

V. 1. Die LXX gebraucht für *maśśā'* eine auffällige Fülle von Äquivalenten (de Boer 200–204). Nicht einmal ein Häufigkeitsbefund beim Verbum αἴρειν Num 4, 15. 24. 31 f. 47. 49; 2 Chr 35, 3 (bzw. ἐπαίρειν LXX[A]), seinen Nominalentsprechungen wie ἄρσις 2 Kön 8, 9 (vgl. für *maś'et* 2 Sam 11, 8), ἔπαρσις Ez 24, 25 (vgl. für *maś'et* Ps 140 LXX, 2), ἀρτά Num 4, 27 (MSS) oder deren Homonymen wie ἀναφορά Num 4, 19, βάσταγμα 2 Sam 15, 33; Jer 17, 21 f. 24. 27; Neh 13, 15. 19, γόμος Ex 23, 5; 2 Kön 5, 17, λῆμμα 2 Kön 9, 25; Jer 23, 33 f. 36. 38; Nah 1, 1; Sach 9, 1; 12, 1; Ijob 31, 23 und φορτίον 2 Sam 19, 36; Jes 46, 1; Ps 37 LXX, 4; Ijob 7, 20 u.ä. ist dabei eindeutig gegeben. Daß die LXX eine Eigenbedeutung von *maśśā'* II 'Ausspruch' gekannt haben muß, zeigen die Wiedergaben mit ῥῆμα 2 Kön 9, 25; Jes 14, 28; 17, 1; 23, 1; Jer 23, 33 (LXX[S1]), χρηματισμός (etwa: 'Urkunde') Spr 31, 1 sowie mit Derivaten von ᾄδειν 'singen' 1 Chr 15, 22. 27. – Zu Targ., Pesch. und Vulg. vgl. de Boer 204–209.

2. In Qumran ist *maśśā'* (etc.) 8mal belegt, wobei die semantische Breite sektoral der at.lichen Bedeutung entspricht. In 1 QSa 1, 19 f. wird der Aspekt 'Last' (vgl. o. II. 3.) über 'Dienstleistung' hinaus durchgezogen und wird als Terminus für 'Amt' in der Gemeinde (*'edāh*) gebraucht.

H.-P. Müller

מִשְׁבָּרִים *mišbārîm*

I. Sprachlicher Befund – 1. Wortbildung und Grundbedeutung – 2. Kontextueller Wortsinn – 3. Worterklärung in Versionen, Kommentaren und im Qumrantext – II. Gebrauch im AT – 1. Mythologische Darstellungsweise – 2. Bildlicher Sinn – 3. Theologische Aussage.

Lit.: *Ch. Barth*, Die Errettung vom Tode in den individuellen Klage- und Dankliedern des Alten Testamentes, Zürich 1947. – *O. Eißfeldt*, Gott und das Meer in der Bibel (KlSchr III 256–264). – *Th. H. Gaster*, The Dead Sea Scriptures, New York 1956, 135–137. 210. – *G. Jobes*, Dictionary of Mythology, Folklore and Symbols, New York 1962, II 1669 'Waves of the sea'. – *O. Kaiser*, Die mythische Bedeutung des Meeres in Ägypten, Ugarit und Israel (BZAW 78, ²1962). – *H. G. May*, Some Cosmic Connotations of MAYIM RABBÎM „Many Waters" (JBL 74, 1955, 9–21). – *Ph. Reymond*, L'eau, sa vie et sa signification dans l'Ancien Testament (VTS 6, Leiden 1958) 76–179. 198. – *Stith Thompson*, Motif-Index of Folk-Literature, Bloomington – London ²1966, s. Index 'Waves' (Bd. 6, 853). – *A. Wünsche*, Die Bildersprache des Alten Testaments, 1906, 171–176.

I. 1. Das Wort ist 5mal im AT belegt, stets im Pl. und im st. cstr. oder suffigiert, kommt aber auch im nachbiblischen Hebr. vor. Die Wurzel *šbr* 'brechen' findet sich mit gleicher Bedeutung in anderen semit. Sprachen (akk. *šebēru*, ugar. *ṯbr*, aram. *tbr* u.a.), doch weisen diese keine unserem Wort entsprechende Nominalbildung auf. Der Stammbildung *miqtāl* (Brockelmann, GVG I 375–378; BLe 488–492) dieser Wurzel mit der Grundbedeutung 'Brechung' kann ebensogut aktive wie passive Bedeutung beigelegt werden: Die Brandung, d.h. die 'Brechung' der Wassermengen, die das Meer aufwühlt und zu zerbrechen scheint (so Raschi zu Jon 2, 4), oder die sich brechenden Wogen (Raschi zu Ps 42, 8; Qimchi zu 2 Sam 22, 5 u.a.). Ein seinem Konsonantenbestand nach identisches Wort *mašber* (st. cstr. *mišbar*, Hos 13, 13) bezeichnet den 'Durchbruch', nämlich eines Neugeborenen. Späteres Sprachbewußtsein stellt Verbindungen zwischen den Homonymen her (s.u.).

2. Das Wort erscheint als emphatisches Synonym von *gal* 'Welle' (Ps 42, 8 und der hiervon abhängige Vers Jona 2, 4; vgl. A. Weiser, ATD 24, I 222) und als Nomen regens in Genitivverbindung mit *jām* 'Meer' (Ps 93, 4); damit ist für diese Stellen der Sinn 'Wogen' erwiesen. Nicht ganz so eindeutig scheint die Bedeutungsbestimmung bei den zwei übrigen Belegen. Ps 88, 8 steht unser Wort unmittelbar parallel zu *ḥemāh* '(JHWHs) Zorn' und bezeichnet somit die von JHWH verhängten Strafen; allerdings ist im weiteren Textzusammenhang (v. 7) von der „untersten Grube" und den „Tiefen" die Rede. *mišbᵉrê māwæṯ* (2 Sam 22, 5), 'die tödlichen *mišbārîm*', steht in Parallelismus zu „(tückischen) Bächen", doch im Textzusammenhang (v. 6) kommen „Bande (der Unterwelt)" und „Schlingen (des Todes)" vor. Es ist also mit der Möglichkeit zu rechnen, daß an den beiden letztgenannten Stellen die Bedeutung des Wortes nicht spezifiziert aufzufassen ist, dieses vielmehr noch in engerer Anlehnung an die Etymologie ganz allgemein 'Bruch, Verderben' bezeichnet. Tatsächlich steht statt *mišbᵉrê māwæṯ* im Paralleltext (Ps 18, 5) *ḥæblê māwæṯ*, wobei *ḥæblê* zwar üblicherweise mit 'Schlingen, Stricke' (→ II 703) erklärt, aber von den alten Übersetzungen (LXX, latein. Psalterien, T) und Kommentatoren (Ibn Ezra) als 'Wehen, Schmer-

zen' (→ II 716–718) verstanden wird. Dieser Auffassung entspricht die Erklärung unseres Wortes als 'Unheil'.

3. LXX übersetzt Ps und Jona μετεωρισμοί, ein Neologismus, mit dem wohl die 'hochaufsteigenden (Wellen)' bezeichnet werden sollen; Ps. romanum und Ps. gallicanum ahmen dies nach durch ihre Wiedergaben *excelsa* (Ps 42) oder *elationes* (Ps 93 und 88, wo aber Ps. gallic. *fluctus* setzt). Ps. iuxta hebraeos verbessert in *fluctus* (Ps 88; 93) und *gurgites* (Ps 42), d. h. 'Fluten' bzw. 'Strudel' (Luther: *Wogen* bzw. *Fluten*). T weist nur einmal eine eindeutig 'Wellen' bedeutende Übersetzung auf (Jona), gibt sonst etymologisierenden Wiedergaben (Wurzel *tbr*) den Vorzug oder übersetzt auslegend „böse Verhängnisse (die jem. zerbrechen)" (Ps 88, 8). Die älteren hebr. Ausleger erklären das Wort an den genannten Stellen als 'Meereswogen'. Anders liegt es 2 Sam 22, 5; hier bietet man allgemein eine auf die Etymologie gestützte Interpretation. LXX συντριμμοί (von συντρίβειν 'zerschmettern'), V *contritiones* (Luther: Schmerzen), T paraphrasierend: Die Schmerzen, die eine Frau befallen auf dem *matḇerā'* 'Geburtsstuhl' (vgl. mhebr. *mašber* mit gleicher Bedeutung, das aber auf das eingangs erwähnte at.liche *mašber* 'Durchbruch[-ort bei der Geburt]' zurückgeht); Qimchi erklärt, mit der Wortgruppe *mišberê māwæṯ* seien 'große Nöte' gemeint, welche *mišberê* hießen, da sie des Menschen Herz 'brächen' (*šbr*; er erwähnt jedoch auch die Bedeutung 'Wellen' als mögliche Erklärung); ein anderer Ausleger (Metzudat David) erläutert mit 'Todesschmerzen'.

Ein wichtiges Zeugnis für die Ambiguität der Wortbedeutung nach älterer Auffassung findet sich in den Qumrantexten. In den Hodajot ist *mišbārîm* 12mal belegt, und zwar dem Kontext nach sowohl im Sinne von 'Wellen' (1 QH 6, 23) wie auch in dem von 'Schmerzen' (1 QH 9, 4–7). Zur bewußten Anwendung kommt diese Doppeldeutigkeit in einem Abschnitt, in welchem die Bilder von Geburtswehen und stürmischem Seegang vermengt werden (1 QH 3, 6–19). *mišberê māwæṯ* (3, 6) bezieht sich auf Wehen und bedeutet demnach 'tödliche Schmerzen', *mišberê majim* (3, 16) sind die 'hohen Fluten'; *mišbārîm* der *šaḥaṯ* 'Unterwelt' (3, 12) bleibt doppeldeutig.

II. 1. Bei sämtlichen Belegstellen läßt der Textzusammenhang den ursprünglich mythologischen Hintergrund deutlich erkennen. Im Hymnus Ps 93 klingt das Motiv der aufrührerischen Chaosfluten an, wie es uns besonders aus babyl. und ugar. Mythen bekannt ist (→ ים *jām*). Im Klagelied Ps 42 handelt es sich im v. 8 um keine realistische Naturschilderung (so z. B. Staerk, SAT III/1, 220), sondern um die Vorstellung von den Urfluten (*tehôm 'æl tehôm*). 2 Sam 22 erwähnt *māwæṯ* 'Tod', *še'ôl* 'Unterwelt', *naḥalê ḇelîja'al* 'Ströme des Urbösen' (→ בליעל); Jona 2 neben *še'ôl* und *tehôm* noch → מצולה *meṣûlāh* 'Meerestiefe', *leḇaḇ jammîm* 'das Innerste der Meere', *nāhār* 'Strom'; Ps 88 spricht von Grube und Grab, Finsternis und *meṣolôṯ*-Tiefen, wobei das Totenreich mit der Chaosflut identifiziert wird. Wenn ausschließlich in dergleichen Kontexten unser Wort erwähnt wird, so darf man annehmen, daß *mišbārîm* Elemente des Urozeans darstellen und etwa als dessen Boten angesehen werden (Kaiser 66).

2. In der Bildersprache des AT werden die mythologischen Vorstellungen zu Metaphern. *mišbārîm*, die 'Sturzwellen', die über den Klagenden 'hinweggehen' (*'br* Jona 2, 4; Ps 42, 8) bzw. die ihn 'umringen' (*'pp* 2 Sam 22, 5) und in die Gefahr des Ertrinkens bringen, veranschaulichen schwerste Bedrängnis.

Ähnliche Bilder finden sich in der Literatur anderer Völker. In akk. Klagegebeten heißt es: „Du gerietest in Zorn gegen deinen Knecht ... in die tobende Wasserflut ist er geworfen" (SAHG 263), oder „dein Knecht ..., der im Sumpfwasser liegt" (SAHG 228). Ein sumerischer Hymnus preist den Gott, der „... wie eine Hochflut vernichtet" (SAHG 146). Bei Homer veranschaulichen die „schwellenden Wogen des Meeres" (Il. II 144) die Völkerversammlung vor den Toren Trojas.

3. In den Psalmen, in denen die genannten Verse erscheinen, klagt der Beter über die Not der Gottesferne, in die er versunken ist – wobei gewiß nicht nur die physische Entfernung von Tempel und Kulthandlung gemeint ist, sondern auch das hieraus erwachsene seelische Leid –, und über den Hohn der Feinde, dem er ausgeliefert scheint. Not und Drangsal, so weiß der fromme Dichter, sind aber wie alles von JHWH gesandt: *mišbārǣkā* 'deine Wogen' nennt er sie im Gebet. Damit sind die aufrührerischen Unterweltsgewalten der Mythen zu Werkzeugen JHWHs erniedrigt worden. Um aus ihrer Hand errettet zu werden, ruft der Klagende die Hilfe desselben Gottes an, der sie entfesselt hat.

Kedar-Kopfstein

מֹשֶׁה *mošæh*

1. Die religiösen Probleme in der vormonarchischen Epoche zur Zeit des (historischen) Moses – 2. Der vorprophetische Mose – 3. Mose bei den Propheten – 4. Mose im Dtn und in der dtr Literatur – 5. Mose als Mittler im nachexilischen Kult – 6. Mose in der nachexilischen Literatur – 7. Mose in Qumran und in der apokalyptischen Literatur der zwischentestamentlichen Zeit – 8. Zusammenfassung.

Lit.:

1. Generalia

E. Auerbach, Moses, Amsterdam 1953. – *H. Cazelles*, Moïse (DBS V 1308–1331). – *H. Cazelles / A. Gelin u.a.*, Moise, L'Homme de L'Alliance, Paris 1955. – *O. Eißfeldt*, Mose (OLZ 48, 1953, 490–505 = KlSchr III, 1966, 240–255). – *A. Gelin*, Moses im Alten Testament (BiLe 3, 1962, 97–110). – *M. Greenberg*, Moses (EJ 12, 1971, 371–411). – *A. H. J. Gunneweg*, Mose – Religionsstifter oder Symbol? (Der evangelische Erzieher 17, 1963, 41–48). – *S. Herrmann*, Mose (EvTh 28, 1968, 301–328). – *S. Horn*, What We Don't Know About Moses and the Exodus (BAR 4/2, 1977, 22–31). – *C. A. Keller*, Vom Stand und Aufgabe der Moseforschung (ThZ 13, 1957,

430–441). – *A. Neher*, Moses, 1964. – *H. M. Orlinsky*, Moses (Essays in Biblical Culture, New York 1974, 15–37). – *E. Osswald*, Das Bild des Mose in der kritischen alttestamentlichen Wissenschaft seit J. Wellhausen, 1963 (vgl. ThLZ 82, 1957, 391f.). – *H. Schmid*, Der Stand der Moseforschung (Jud 21, 1965, 194–221). – *W. H. Schmidt*, Exodus, Sinai und Mose (EdF 191, 1983). – *F. Stier / E. Beck*, Moses in Schrift und Überlieferung, 1963. – *R. Smend*, Das Mosebild von H. Ewald bis M. Noth, 1959. – *R. J. Thompson*, Moses and the Law in a Century of Criticism Since Graf (VTS 19, 1970). – *G. Widengren*, What Do We Know About Moses? (Proclamation and Presence, Studies G. Henton Davies, London 1970, 21–47). – *F. E. Wilms*, Die Frage nach dem historischen Mose (TrThQ 153, 1973, 353–363). – *F. Wüst / P. de Caprona / M. Faessler*, La figure de Moïse, Genève 1978.

2. Mose in religionsgeschichtlicher Fragestellung

W. F. Albright, Moses out of Egypt (BA 36, 173, 48–76). – *Ders.*, Moses in Historical and Theological Perspective (Magnalia Dei, G. E. Wright, New York 1976, 120–131). – *Ders.*, From the Patriarchs to Moses (BA 36, 1973, 5–33. 48–76). – *S. Abramsky*, On the Kenite-Midianite Background of Moses' Leadership (Festschr. N. Glueck, Jerusalem 1975, 35–39). – *M. Astour*, Les Étrangers à Ugarit et le statut juridique des Ḫabiru (RA 53, 1959, 70–76). – *R. Borger*, Das Problem der ʿapīru (ʿḪabiruʾ) (ZDPV 74, 1958, 121–132). – *J. Bottéro*, Le Problème des Ḫabiru, Paris 1954. – *P. Buis*, Qadesh, un lieu maudit? (VT 24, 1974, 268–285). – *H. Cazelles*, A la recherche de Moïse, Paris 1979. – *B. Childs*, The Birth of Moses (JBL 84, 1965, 109–122). – *E. F. Campbell*, Moses and the Foundations of Israel (Int 29, 1975, 141–154). – *D. Daiches*, The Quest for the Historical Moses, London 1974. – *J. Ebach*, Moses (LexÄg IV 210f.). – *C. H. J. de Geus*, The Tribes of Israel (Studia Semitica Neerlandica 18, 1976, bes. 182–187). – *R. Giveon*, Les bédouins Shosou des documents égyptiens (DMOA 18, 1971). – *H. Gressmann*, Mose und seine Zeit. Ein Kommentar zu den Mose-Sagen, 1913. – *J. G. Griffiths*, The Egyptian Derivation of the Name Mose (JNES 12, 1953, 225–231). – *A. H. J. Gunneweg*, Mose in Midian (ZThK 61, 1964, 1–9). – *S. Herrmann*, Israels Aufenthalt in Ägypten (SBS 40, 1970). – *J. P. Hyatt*, The Origin of Mosaic Yahwism (Waco, Texas 1964, 85–93). – *A. Jirku*, Die Wanderungen der Hebräer im 3. und 2. vorchristlichen Jahrtausend (AO 24/2, 1924). – *A. Lods*, Israël des origines au milieu du VIIIe siècle, Paris 1930. – *E. Meyer*, Die Israeliten und ihre Nachbarstämme, 1906, 41–100. – *H. Schmid*, Mose, Überlieferung und Geschichte (BZAW 110, 1968). – *W. H. Schmidt*, Jahwe in Ägypten. Unabgeschlossene historische Spekulationen über Moses Bedeutung für Israels Glauben (Kairos 18, 1976, 43–59). – *K. Schubert*, Das Problem des historischen Moses (BiLit 38, 1964, 451–460). – *E. Sellin*, Moses in seiner Bedeutung für die israelitisch-jüdische Religionsgeschichte, 1922. – *T. L. Thompson / D. Irwin*, The Joseph and Moses Narratives (ed. H. J. Hayes u. a., Israelite and Judaean History, London 1977, 148–212; vgl. JSOT 15, 1980, 51–61). – *J. R. Towers*, The Name Moses (JThS 36, 1935, 407–409). – *R. de Vaux*, Sur l'origine kénite ou madianite du Yavisme (EI 9, 1969, 28–32). – *P. Volz*, Mose und sein Werk, 1932. – *M. Weippert*, Semitische Nomaden des zweiten Jahrtausends (Bibl 55, 1974, 265–280).

3. Geschichte und Theologie

F. Baumgärtel, Der Tod des Religionsstifters (KuD 9, 1963, 223–233). – *D. N. Freedman*, Framework of Dt 33 in: The Bible World (Essays ... L. Gordan, New York 1980, 27–46). – *H. Gese*, Bemerkungen zur Sinai-Tradition (ZAW 79, 1967, 139–154). – *J. Gray*, The Desert Sojourn of the Hebrews and the Sinai-Horeb-Tradition (VT 4, 1954, 148–154). – *A. H. J. Gunneweg*, Leviten und Priester. Hauptlinien der Traditionsbildung und Geschichte des israelitisch-jüdischen Kultpersonals (FRLANT 89, 1965). – *K. Koch*, Der Tod des Religionsstifters. Erwägungen über das Verhältnis Israels zur Geschichte der altorientalischen Religionen (KuD 8, 1962, 100–123). – *R. Michaud*, Moïse. Histoire et Theologie, Paris 1979. – *E. W. Nicholson*, Exodus and Sinai in History and Tradition (Growing Points in Theology, Oxford 1973). – *G. v. Rad*, Zur Entstehung des mosaischen Monotheismus (Gottes Wirken in Israel, 1974, 163–174). – *R. Rendtorff*, Moses als Religionsstifter? Ein Beitrag zur Diskussion über die Anfänge der israelitischen Religion (ThB 57, 1975, 152–171). – *H. Ringgren*, Israelitische Religion, ²1983, 24–36. – *H. Rowley*, Moses und der Monotheismus (ZAW 69, 1957, 1–21).

4. Die Moses-Texte in der exegetischen Auslegung

W. F. Albright, Jethro, Hobab and Reuel in Early Hebrew Tradition (CBQ 25, 1963, 1–11). – *G. W. Ahlström*, Another Moses Tradition I Sam 12, 8 (JNES 39, 1980, 65–70). – *W. Beyerlin*, Herkunft und Geschichte der ältesten Sinaitraditionen, 1961. – *B. Boschi*, Il suocero di Mose (RivBibl It 23, 1975, 329–335). – *P. Buis*, Les conflits entre Moïse et Israël dans Exode et Nombres (VT 28, 1978, 257–270). – *A. Caquot*, Les énigmes d'un hémistiche biblique (in: P. Vignaux, Dieu et l'être, Paris 1978, 17–26). – *H. Cazelles*, Rédactions et traditions dans l'Exode (Studien zum Pentateuch. W. Kornfeld zum 60. Geburtstag, Wien 1977, 37–58). – *Ders.*, Pour une exégèse de Ex 3, 14 (in: P. Vignaux, Dieu et l'être, Paris 1978, 27–44). – *G. W. Coats*, Rebellion in the Wilderness, Nashville 1968. – *Ders.*, The Traditio-Historical Character of the Reed Sea Motif (VT 17, 1967, 253–265). – *Ders.*, Despoiling the Egyptians (VT 18, 1968, 450–457). – *Ders.*, A Structural Transition in Exodus (VT 22, 1972, 129–142). – *Ders.*, An Exposition for the Wilderness Traditions (VT 22, 1972, 288–295). – *Ders.*, Mose in Midian (JBL 92, 1973, 3–10). – *Ders.*, Moses versus Amalek. Aetiology and Legend in Exodus XVII, 8–16 (VTS 28, 1975, 29–41). – *Ders.*, History and Theology in the Sea Tradition (StTh 29, 1975, 53–62; JSOT 12, 1979, 2–8). – *Ders.*, The King's Loyal Opposition: Obedience and Authority in Ex 32–34 (Canon & Authority, Philadelphia 1977, 91–109). – *F. M. Cross / D. N. Freedman*, The Blessing of Moses (JBL 67, 1948, 191–210). – *D. Daiches*, Moses, Man in the Wilderness, London 1973. – *H. Dreyer*, Tradition und Heilige Stätte. Zur Geschichte der Traditionen in Israels Frühzeit (Diss. Kiel 1952). – *J. Dus*, Moses oder Josua (ArOr 39/1, 1971, 16–45). – *H. Eising*, Die ägyptischen Plagen (Festschr. H. Junker, 1961, 75–87). – *O. Garcia de la Fuente*, La figura de Mose in Ex 18, 5 y 33, 7 (EstB 29, 1970, 351–370). – *J. Finegan*, Let my People Go. A Journey through Exodus, New York 1963. – *G. Fohrer*, Überlieferung und Geschichte des Exodus. Eine Analyse von Ex 1–15 (BZAW 91, 1964). – *V. Fritz*, Israel in der Wüste. Traditionsgeschichtliche Untersuchung der Wüstenüberlieferung des Jahwisten (Marburger Theol.

Studien 7, 1970). – *W. Fuß*, Die deuteronomistische Pentateuchredaktion in Exodus 3–17 (BZAW 126, 1972). – *H. Groß*, Der Glaube an Mose nach Exodus (4. 14. 19) (Festschr. W. Eichrodt zum 80. Geburtstag, AThANT 59, Zürich 1970, 57–65). – *J. Jeremias*, Theophanie. Die Geschichte einer alttestamentlichen Gattung (WMANT 10, 1965, 90–111). – *R. Knierim*, Exodus 18 und die Neuordnung der mosaischen Gerichtsbarkeit (ZAW 73, 1961, 146–171). – *J. C. H. Laughlin*, A Study of the Motif of Holy Fire in the Old Testament (Diss. Southern Baptist Theol. Seminary 1975, 9–18. 22–29). – *I. Lissner*, The Tomb of Moses is Still Uncovered (BA 26, 1963, 106–108). – *S. L. Loewenstamm*, The Presence of Mount Sinai (Immanuel 1975, 20–27). – *D. J. McCarthy*, Moses' Dealings with Pharao: Ex 7, 8 – 10, 27 (CBQ 27, 1965, 336–347). – *S. Mittmann*, Ri 1, 16f. und das Siedlungsgebiet der kenitischen Sippe Hobab (ZDPV 93, 1977, 213–235). – *M. Mulhall*, Aaron and Moses (Diss. Washington 1973). – *E. W. Nicholson*, The Covenant Ritual in Exodus XXIV 3–8 (VT 32, 1982, 74–86). – *G. v. Rad*, Beobachtungen an der Moseerzählung, Exodus 1–14 (EvTh 31, 1971, 579–588). – *A. N. Radjawane*, Israel zwischen Wüste und Land (Deut 1–3) (Diss. 1972). – *J. M. Schmidt*, Aaron und Mose. Ein Beitrag zur Überlieferungsgeschichte des Pentateuch (Diss. 1963). – *S. Schwertner*, Erwägungen zu Moses Tod und Grab in Dtn 34, 5. 6 (ZAW 84, 1972, 25–46). – *F. Schnutenhaus*, Die Entstehung der Mose-Traditionen (Diss. 1958). – *H. Seebass*, Mose und Aaron, Sinai und Gottesberg (Abh. EvTh 2, 1962). – *Ders.*, Der Erzvater Israel und die Einführung der Jahweverehrung in Kanaan (BZAW 98, 1966). – *D. W. Skehan*, The Structure of the Song of Moses in Deuteronomy (Dt 32, 1–43) (CBQ Monograph Ser 1, 1971, 67–77). – *E. Starobinski-Safran*, Le rôle de signes dans l'episode du buisson ardent (Ex 3, 2) (Jud 35, 1979, 63–67). – *J. H. Tigay*, „Heavy of Mouth" and „Heavy of Tongue" and Moses' Speech Difficulty (BASOR 231, 1978, 57–67). – *Ders.*, Moses' Speech Difficulty (GratzColl JewishSt 3, 1974, 29–42). – *H. Valentin*, Aaron (OBO 18, 1978). – *K. H. Walkenhorst*, Der Sinai im liturgischen Verständnis der deuteronomistischen und priesterlichen Tradition (BBB 33, 1969). – *N. Walker*, The Name of „Moses", West Ewell (Epsom) 1948. – *P. Weimar* / *E. Zenger*, Exodus, Geschichten und Geschichte der Befreiung Israels (SBS 75, ²1979). – *P. Weimar*, Die Berufung des Mose. Literaturwissenschaftliche Analyse von Exodus 2, 23 – 5, 5 (OBO 32, 1980). – *W. Weinberg*, Language Consciousness in the OT (ZAW 92, 1980, 195f.). – *F. V. Winnett*, The Mosaic Tradition, Toronto 1949. – *N. Wyatt*, The Development of the Tradition in Exodus 3 (ZAW 91, 1979, 437–442). – *E. Zenger*, Die Sinai-Theophanie. Untersuchungen zum jahwistischen und elohistischen Geschichtswerk (FzB 3, 1972). – *Ders.*, Israel am Sinai, Analysen und Interpretationen zu Exodus 17–34, Altenberge 1982.

5. Verschiedene Aspekte der Mose-Gestalt

Chr. Barth, Mose, Knecht Gottes (Festschr. K. Barth, Zürich 1966, 68–81). – *D. M. Beegle*, Moses, the Servant of Yahweh, Grand Rapids 1972. – *W. Feilchenfeldt*, Die Entpersönlichung Moses in der Bibel und ihre Bedeutung (ZAW 64, 1952, 156–178). – *W. Holladay*, Jeremiah and Moses. Further Observations (JBL 85, 1966, 17–27). – *J. Jensen*, What happened to Moses? (CBQ 32, 1970, 404–417). – *T. W. Mann*, Theological Reflections on the Denial of Moses (JBL 98, 1979, 481–494). – *G. S. Odgen*, Moses and Cyrus (VT 28, 1978, 195–203). – *G. v. Rad*, Moses, London 1960. – *J. Schildenberger*, Moses als Idealgestalt eines Armen Jahwes (Memorial A. Gelin, Le Puy 1961, 71–84). – *E. Sellin*, Hosea und das Martyrium des Mose (ZAW 46, 1928, 26–33). – *A. Slosman*, Moïse l'égyptien, Paris 1981.

a) Königliche Gestalt

J. R. Porter, Moses and Monarchy, Oxford 1963. – *D. J. Silver*, „Moses our Teacher was a King" (Jewish Law Annual I, 1978, 123–132).

b) Prophet

K. Gouders, Die prophetischen Berufungsberichte Moses, Isaias, Jeremias und Ezechiels (Diss. 1971, 15–61. 190–199). – *A. Penna*, Mosè profeta e più che profeta (BibOr 12, 1970, 145–152). – *L. Perlitt*, Mose als Prophet (EvTh 31, 1971, 588–608). – *W. Richter*, Die sogenannten vorprophetischen Berufungsberichte. Eine literaturwissenschaftliche Studie zu 1 Sam 9, 1 – 10, 16; Ex 3f. und Ri 6, 11b–17 (FRLANT 101, 1970). – *D. J. Silver*, „By a Prophet the Lord Brought Up Israel" (Essays on the Occasion of the 70th Ann. of the Dropsie University [1909–1979] [Philadelphia] 423–440). – *D. L. Tiede*, The Charismatic Figure as Miracle-Worker (Diss. Harvard 1971). – *P. Volz*, Prophetengestalten des AT, 1938, 42–76.

c) Mittler und Fürsprecher

Ch. Hauret, Moïse était-il prêtre? (Bibl 40, 1959, 509–521). – *A. M. Vater*, The Communications of Messages and Oracles as a Narration Medium in the OT (Diss. Yale 1976, 78–80. 189–193).

d) Gesetzgeber

T. C. Butler, An Anti-Moses Tradition (JSOT 12, 1979, 9–15). – *Ders.*, Anti-Moses Tradition (Lexington Theol. Quarterly 14, 1979, 33–39). – *H. Cazelles*, Études sur le code de l'Alliance, Paris 1946. – *Ders.*, Die Thora des Moses und der Erlöser Christus (Conc 1, 1965, 819–830). – *M. Chigier*, Codification of Jewish Law (Jewish Law Annual 2, 1979, 3–33). – *E. Nielsen*, Moses and the Law (VT 32, 1982, 87–98). – *H. Rowley*, Moses and the Decalogue (BJRL 34, 1951, 81–118 = London 1963, 1–36). – *H. Schmidt*, Mose und der Dekalog (Festschr. H. Gunkel, 1923, 78–119). – *L. Szondi*, Moses Antwort auf Kain, Bern 1973. – *D. Timpe*, Moses als Gesetzgeber (Saeculum 31, 1980, 66–77). – *E. Zingg*, Das Strafrecht nach den Gesetzen Moses (Jud 17, 1961, 106–119). – *Ders.*, Ehe und Familie nach den Gesetzen Moses (Jud 20, 1964, 121–128). – Weitere Hinweise in den Veröffentlichungen zum Recht Israels von D. Daube, Z. Falk, S. Paul, R. Yaron u.a.

e) Lehrer

N. Lohfink, Glauben lernen in Israel (KatBl 108, 1983, 84–99, bes. 96). – *E. Schawe*, Gott als Lehrer im AT (Diss. Fribourg 1979).

6. Mose in der zwischentestamentlichen Literatur

J. Gager, Moses in Greco-Roman Paganism, New York 1972. – *R. Goulet*, Porphyre et la datation de Moïse (RHR 192, 1977, 136–164). – *S. Isser*, Dositheus, Jesus and a Moses Aretalogy (Festschr. Morton Smith, Leiden 1975, 404–417). – *M. A. Meeks*, Moses as God and

King (StHistRel 14, 1968, 554–571). – *G. W. Nickelsburg*, Studies on the Testament of Moses, Cambridge 1973. – *D. J. Silver*, Moses and the Hungry Birds (JQR 64, 1973/74, 123–153).

7. Mose in der jüdischen Tradition

A. Amar, Moïse ou le peuple séparé, Paris 1977. – *M. Buber*, Moses (Zürich 1948 = Werke II, 1964, 9–218). – *K. Haacker / P. Schäfer*, Nachbiblische Traditionen vom Tod des Mose (Josephus-Studien, Festschr. O. Michel, 1974, 147–173). – *M. Ish-Shalom*, The Cave of Machpela and the Sepulcre of Moses – the Development of an Aggadic Tradition (Tarbiz 41, 1971/72, 203–210). – *L. Landman*, Some Aspects of Traditions Received from Moses at Sinai (JQR 65, 1974/75, 111–128). – *H. W. Obbink*, On the Legends of Moses in the Haggadah (Festschr. T. C. Vriezen, Wageningen 1966, 252–264). – *N. Pavoncello*, Il 7 de Adar, nascita e morte del propheta Mosè (RivBibl 19, 1971, 233–240). – *K. & U. Schubert*, Die Errettung des Mose aus den Wassern des Nil in der Kunst des spätantiken Judentums und das Weiterwirken dieses Motivs in der frühchristlichen und jüdisch-mittelalterlichen Kunst (Festschr. W. Kornfeld, 1977, 59–68). – *A. Shinan*, Moses and the Ethiopian Woman (Scr Hier 27, 1978, 66–78). – *C. Sirat*, Un midraš juif en habit musulman: la vision de Moïse sur le mont Sinai (RHR 168, 1965, 15–28). – *A. Sur Min*, Mosesmotive in den Fresken der Katakombe der Via Latina im Lichte der rabbinischen Tradition (Kairos 17, 1975, 57–80).

8. Sonstige Traditionen

T. Rajak, Moses in Ethiopia: Legend and Literature (JJS 29, 1978, 111–122). – *E. Ullendorff*, The 'Death of Moses' in the Literature of the Falashas (BSOAS 24, 1961, 419–443). – *M. Wurmbrand*, Remarks on the Text of the Falashas (BSOAS 25, 1962, 431–437).

9. Mose in der christlichen Tradition

M. R. DiAngelo, Moses in the Letter to the Hebrews, Missoula 1979. – *P. von der Osten-Sacken*, Geist im Buchstaben. Vom Glanz des Moses und des Paulus (EvTh 41, 1981, 230–235). – *C. Perrot*, Les récits d'enfance dans la Haggada (RScR 55, 1967, 481–518). – *Tadashi Saito*, Die Mosevorstellungen im NT (EHS XXIII/100, Bern 1977).

Wenn man diese große Bibliographie betrachtet, wundert man sich nicht, sehr differente Ansichten über Mose vorzufinden. Es gibt den Mose M. Noths, von dem man nur das Grab außerhalb Israels kennt. Es gibt den Mose Wellhausens, den Befreier, der die Israeliten in die Oase Kadesch führt. Es gibt den Priester Mose von E. Meyer, den Propheten Mose von Neher und Buber, den ägyptischen Mose von Freud und Slosman, den Gesetzgeber Mose der jüdischen Tradition, den Theologen Mose des Koran und den mystischen Mose des Gregor von Nyssa und v. a. m. Da Mose in den nichtbiblischen Texten seiner Epoche unbekannt ist, entstammen alle diese Aspekte der Persönlichkeit der biblischen Tradition und dokumentieren somit deren Fülle. Die Bibelkritik erlaubt es, diese verschiedenen theologischen Aspekte der Gestalt des Mose auf verschiedene Redaktionen einander folgender Epochen zurückzuführen. Eben diese Theologie des Mose ist Gegenstand dieses Artikels, weniger das Leben des historischen Mose. Es sind aber die religiösen Probleme der mosaischen, vormonarchischen Epoche (1), dann die Skizzierung der Gestalt des Mose in den vorprophetischen Texten (2), dann nacheinander Mose bei den Propheten (3), der Mose des Deuteronomiums und der dtr Literatur (4), der Mittler Mose des nachexilischen Kultes (5), Mose in der nachexilischen Periode (6), Mose in Qumran und in der Apokalyptik (7) darzustellen.

1. Die mosaische Epoche ist um das 13. Jh. anzusetzen, bevor die äg. Armeen in Kanaan auf Israel treffen (Mernephta-Stele, um 1220); bis in die Zeit Ramses II. kannten sie nur die *ʿapiru* (keilschr. *ḫabiru*, ugar. *ʿprm*), die Hebräer der Bibel, eine Gruppe, zu der auch Mose gehörte (Ex 2, 6) (vgl. W. H. Schmidt, EdF 109, 24–31). Im Polytheismus der Umwelt sehen sich die israelitischen Stämme verschiedenen religiösen Typen gegenübergestellt:

a) Die äg. Religion, gelehrt und zugleich volkstümlich, mit theologischer Systematik (Heliopolis, Hermopolis, Memphis) und dem Pharaonenkult im Mittelpunkt. Am Hofe Pharaos wird die Einheit des Göttlichen durch die Vielzahl der göttlichen Manifestationen hindurch erkannt. Unter Amenophis IV. wird der „Gott der Weisen", oft unbenannt, als der „einzige Gott" anerkannt, dargestellt durch die Sonnenscheibe. Aber dieser Natur-Monotheismus hatte nicht lange Bestand.

b) Die semitischen Religionen sind eher kosmisch als politisch. Der oberste Gott El ist ein wohltätiger Gott und wohnt entfernt am Ursprung der Flüsse. Der aktivste Gott ist der Gewittergott Baʿal (Seth in Ägypten), der den befruchtenden Regen bringt. Wie bei El ist seine Zeugungskraft durch den Stier dargestellt. Nach einem Amarna-Brief (EA 147, 15) läßt er die Erde zittern und seine Stimme ertönen.

c) Es gibt Gottheiten, deren Wirkung den menschlichen Körper betrifft. Sie können Heilgötter sein; das Verb *rpʾ* (→ רפא) heißt 'heilen' oder sogar 'neue Kräfte geben'. Es gibt auch Gottheiten, die Krankheit bringen und oft durch Magie bekämpft werden.

d) Der Mensch hat eine Schutzgottheit, einen „Gott des Menschen", der seinen Getreuen überallhin begleitet. Dieser Gott kann zürnen, wenn sein Schützling seine Zusagen von Nachkommenschaft, Wohlstand oder Besitz des Landes nicht glaubt. Der Gott Abrahams ist ein solcher Gott des Menschen. Da sich der Schutz dieses Gottes auch auf die Nachkommen seines Getreuen ausdehnt, wird er für diese zum „Gott des Vaters" (Gen 28, 13; 31, 53; Ex 3, 6), schließlich zum Gott der Dynastie und der Nation.

All diese Züge finden sich in den biblischen Traditionen über Mose wieder. Seine Gestalt erscheint an einem Berührungspunkt der Religionsgeschichte zwischen Semiten und Ägyptern, Stadtstaaten und nomadischen Stämmen. Mose war Führer, ausgestattet mit den religiösen Vollmachten der Führer seiner Zeit; er konnte wie Noach und Abraham einfache Altäre errichten. Noch vor kurzem hatten die Stammesvorsteher in Moab ähnliche Funktionen. Aber nicht dieser Zug scheint den meisten biblischen Traditionen wichtig. Mose überläßt Jitro (Ex 18, 12) oder jungen Leuten (24, 5) und vor allem Aaron die Verantwortung für ihre Opfer. Es ist aber zu beachten, daß dieses Randgebiet zwischen Ägypten und Kanaan in den biblischen Traditionen eine andere Rolle spielt.

Der Name *mošæh* (zur literarischen Schichtung von Ex 2 vgl. W. H. Schmidt, BK II z.St.) läßt sich innerhebr. nicht herleiten trotz der volksetymologischen Verbindung mit *mšh* 'herausziehen' (v. 10; hier wäre nämlich ein Ptz. pass. erforderlich, das *māšûj* lauten müßte). Wahrscheinlich ist eine Herleitung von äg. *msj* 'gebären' (vgl. Thut-mose) in theophorer Verbindung „Der Gott X hat geboren" (vgl. W. H. Schmidt, BK II 73f. [Lit.!]). „Aus der Tatsache, daß Mose einen ägyptischen Namen trägt, hat man ganz unterschiedliche Konsequenzen gezogen ... So sagt der Name Mose zwar nichts Sicheres über die Herkunft seines Trägers; mit großer Wahrscheinlichkeit hat jedoch die Überlieferung recht, nach der ein Mann mit ägyptischem Namen im Land des Nil gelebt hat" (W. H. Schmidt, EdF 109, 34ff.). Mit M. Noth wird man diesen Mose im Rahmen der Herausführung aus Ägypten ansiedeln müssen.

Um die theologische Persönlichkeit des Mose aus den biblischen Traditionen herauszuschälen, muß man den Text traditionsgeschichtlich analysieren. Eine jahwistische vorprophetische Geschichte (judäisch) ist zentriert auf die familiären, d. h. dynastischen Probleme. Eine prophetische Redaktion (Gen 20, 6; Num 11–12) ist weniger gut erhalten und entspricht den elohistischen Texten, die oft mit dem jahwistischen eine Dublette bilden. Bei JE handelt es sich schließlich um eine Redaktion (oft mit dtr Zügen), nicht selbst ein literarisches Werk, sondern ein Versuch, zwei divergierende Texte zusammenzustellen; sie hatten schon je für sich eine so anerkannte Autorität, daß man sie nicht zu einer literarischen Einheit verschmelzen konnte.

2. Die Unterscheidung von J und E in den Berichten über Mose in Ex ist nicht unbestritten. Die Überlieferungen sind komplexer, und man sah sich veranlaßt, eine vorjahwistische (J^1, N, S etc.) Quelle anzunehmen. Die Unterscheidung zwischen den prophetischen und den vorprophetischen Überlieferungen kann ziemlich klare Resultate erbringen (z. B. Num 11–12; subtiler Ex 32–33; vgl. Cazelles, Festschr. Kornfeld; Weimar, Berufung; und Childs): JHWH begleitet Israel (J, Sinai); JHWH begleitet Israel nicht selbst, sondern der Engel (E); schließlich kann JHWH die Strafe zurückstellen (JE). Jedenfalls wäre es ein Methodenfehler, die großen Traditionen so zu isolieren, als ob sie sich selbständig entwickelt hätten (Exodus, Sinai, Wüste, Landnahme ...). Die Analyse zeigt, daß die Sinai-Texte von Ex 19–24 sich am Horeb (Ex 33) wiederfinden; die Manna-Traditionen in Ex 16 haben ihre Entsprechungen in Num 11. Die Fürsprache des Mose (Ex 33) hat ihre Parallelen in Num 14. Die Tradition entwickelt sich historisch nicht mittels literarischer Blöcke, sondern in horizontalen Schichten, eben als „Urkunden".

So enthält Ex 19–24 einige „sinaitische" Elemente, daneben sprechen andere Verse nur vom „Berg Gottes"; diese sollten gesondert analysiert werden (V. Fritz). Es geht auch nicht an, die Horebtraditionen in 3, 1; 17, 6 und 33, 6 als unpassende Zusätze zu betrachten. Die einzige Methode, die zu entscheiden erlaubt, wie die theologischen Synthesen J (J_1) und E, zusammengefaßt in JE zusammengestellt sind, besteht darin, auszugehen von den geographischen Gegebenheiten (Gosen, das Midian Gunnewegs, Amalek, Baʿal Zaphon ...), den Stämmen (Leviten, Ruben ...), den familiären Gegebenheiten (die verschiedenen Namen des Schwiegervaters des Mose: Reguël, Jitro, Hobab oder ohne Namen; die verschiedene Zahl der Söhne des Mose ...), soziologischen Gegebenheiten (Pharao oder König Ägyptens, Schreiber des Pharao oder Schreiber der Israeliten; Opfer oder *ḥag̃*, Älteste, Lager ...) und historischen Gegebenheiten (Exodus = Flucht oder = Vertreibung). Sie sind offensichtlich inkohärent, aber es scheint, daß man darin einen Zusammenhang wiederfinden kann, wenn man sich der Divergenzen im Leben und in der Geschichte der Stämme bewußt ist, die diese Traditionen weitergegeben haben. Als Funktion der theologisch-politischen Probleme hat der vorprophetische Jahwist eine Geschichte des vereinigten Israel zu zeichnen versucht (vgl. das ähnliche Vorgehen der sumerischen Königsliste).

Um die theologische Gestalt des Moses nach J zu bestimmen, muß man bemerken, 1. daß Mose überhaupt nicht in den Berichten der Samuel-Bücher über die Gründung der judäischen Monarchie erwähnt wird, 2. daß die mosaischen Traditionen viel stärker im Norden als im Süden beheimatet sind (Hos 12, 14 [vgl. E. Zenger, „Durch Menschen zog ich sie ..." (Hos 11, 4), Schreiner-Festschr. 1982, 183–201]; der Ephraimit Josua als Diener des Mose [Ex 24, 13; 33, 11; Num 11, 28]; die Priesterschaft in Dan, die von Mose abstammt [Ri 18, 30]); in Mi 6, 4 ist er Führer des Volkes wie Aaron und Mirjam und in Jer 15, 1 Fürbitter wie Samuel; Jesaja und Amos erwähnen ihn nicht, 3. daß der Jerusalemer Hof stark an Ägypten gebunden war sowohl durch die Heirat Salomos (vgl. M. Görg, BN 16, 1981, der an die Rolle der Tochter des Pharao in Ex 2, 10 und 1 Kön 3, 1 erinnert hat, vgl. 11, 1), als auch im Blick auf die Schulung seiner Schreiber. Tatsächlich gelingt es Mose nach der israelitischen Tradition nicht, in Juda einzudringen; nach der Redaktion von Ri 1 hat Juda als Verbündeter der Keniter den Negeb erobert (1, 16) und mit dem Stamm Simeon Horma eingenommen (1, 17). J kennt Mose durch die nordisraelitischen Traditionen (Efraim, Dan und Ruben) oder durch südliche Traditionen (Keniter des Negeb als Nachbarn der Amalekiter; Kalebiter von Kadesch, die bis nach Hebron vorgedrungen sind; Leviten, Verwandte des Aaron). Darüber hinaus ist es wahrscheinlich, daß durch die ägyptischen Schreiber am Hofe Salomos die Tradition des Exodus als Vertreibung (vgl. de Vaux) der Version des Exodus als Flucht hinzugefügt worden ist. Hier wurde der Exodus, der die Route der Philister vermeidet (Ex 13, 17), dem Exodus angeglichen, der die Vertreibung der Hyksos beschreibt, was besonders die Erwähnung von Baʿal Zaphon, d. i. der Mons Casios an der Mittelmeerküste, vermuten läßt: das Lager gegenüber von Baʿal Zaphon setzt einen Weg über die Philisterstraße voraus.

Schließlich sollte man im Blick auf die Besonderheit von Ex 34 im Vergleich zu Ex 20, 24 – 23, 19 und den rituellen und liturgischen Charakter dieses Gesetzbuches dem vorprophetischen Mose das zuschreiben, was mehr rituell und liturgisch ist (Ex 3, 5; vgl. v. 12b). Dennoch gibt es auch kultische Elemente in anderen Traditionen.

Die wesentliche Funktion des Mose des J ist der Bruch des erzwungenen Bündnisses mit dem Pharao und der Bundesschluß am Sinai mit JHWH, dem Gott der Väter. Der Imp. *pi šallaḥ* von Ex 5, 1 usw., der als Refrain auf die 7 Plagen Ägyptens nach J dient, heißt nicht „lasse gehen!“, sondern „schicke weg!“ oder „sende aus!“. Das Verb ist eine Abschwächung des *grš* der Vertreibung (der Hyksos). Diese Zurücksendung hat als Ziel, das Volk mit *JHWH qannāʾ* zu vereinen (Ex 34, 14), dem es „dienen“ muß durch ein Opfer auf dem Berg JHWHs (Num 10, 33), der mit dem Sinai identifiziert wird.

Das Volk bereitet sich rituell auf das Opfer vor (Ex 19, 10–13), muß aber in einer Entfernung vom heiligen Ort bleiben (19, 12; 34, 2–3), zu dem nur Mose vordringen darf. Mit ihm schließt JHWH den Bund (vgl. 34, 10 [genauer in der LXX] und 27 [außer den beiden letzten Wörtern, die syntaktisch ein Zusatz sind]).

Der vorprophetische Mose von J ist somit der Rivale des Königs von Ägypten, der klug verfahren wollte (*niṯhakkᵉmāh*), um das Volk zu vernichten (Ex 1, 9f.). Mose hat auch, ohne König zu sein, königliche (vgl. Porter) und besonders patriarchalische Züge. Er wird von einer Tochter Pharaos adoptiert (2, 10) und verheiratet sich unter Verhältnissen, die an Jakob erinnern. Sein Schwiegervater ist der Keniter Hobab (Ri 1, 16; 4, 11; Num 10, 29), der von Edom aus seinem „Nest“ gejagt wurde (Num 24, 22) und in der Wüste im Süden Judas nomadisierte. Dort „jenseits der Wüste“ findet die Theophanie des Engels JHWHs im Dornbusch statt (3, 2). Es ist ein heiliger Ort, wo Mose vom „Gott seines Vaters“ beauftragt wird, das Volk „hinaufziehen zu lassen“ ins Land der Kanaanäer und Jebusiter aus dem Einflußbereich seiner Erpresser. JHWH „steigt hinab“ (3, 7–9) und will „mit ihm“ sein (3, 12). Das Volk hält sich im Land Gosen auf, wo es nach J vom Pharao zu Zeiten Josefs angesiedelt wurde (Gen 45, 10; Ex 8, 18; 9, 26). Dieses Gosen liegt im Süden Judas, im simeonitischen Territorium (Jos 10, 41; 11, 16; 15, 51 [vgl. Cazelles]), nicht weit von Edom, jedoch entfernt von den Ägyptern und Ägypten, dennoch unter seiner politischen Kontrolle (zu Fragen der Lokalisierung vgl. anders Simons, GTTOT § 285ff. und M. Noth, HAT I/7, ³1971, 97). Schon E. Meyer, Die Mosessagen und die Lewiten (SPAW Phil-hist 31, 1905 = KlSchr I, 1910, 333–350) hat darauf hingewiesen, daß dorthin die aus Ägypten Vertriebenen geführt wurden über eine Route entlang der Mittelmeerküste. Aus Furcht vor den Hebräern und ihrem Gott erlaubte man ihnen, zum Sinai zu ziehen und dort zu opfern (6, 1f.). Es ist Mose, der in „seiner“ Hand das Insignium der Macht hat, den Stab (→ מטה *maṭṭæh*). Dank dieses in „der“ Hand des Mose erzwingt der militärische Josua nach J (Ex 17, 9; vgl. 32, 17) – im Unterschied zum Josua nach E, der das Heilige Zelt bewacht (Ex 33, 11; vgl. Num 11, 28) – den Sieg gegen die Amalekiter. Letztere bewohnen den Negeb Judas (1 Sam 15, 6 als Nachbarn der Keniter; 30, 1). Mose hat mit dem Leviten Aaron (der an der Grenze Edoms starb) an den Kämpfen gegen die Armeen des ägyptischen Königs teilgenommen (5, 3–4; 32, 26). Er hat den Sieg über das Meer mit Aarons „Schwester“ Mirjam besungen (Ex 15), er hat sie in Kadesch geheilt (Num 12, 11–16), wie er die Wasser von Mara trinkbar machte (Ex 16, 25) und wie er die Israeliten heilte, die von Schlangen gebissen worden waren (Num 21, 8–9). Von Kadesch im Süden von Beerscheba schickt er Kaleb aus, das Land zu erforschen bis Hebron, wo sich die Kalebiter niederlassen werden und wo David König werden wird. Die Einnahme von Horma (21, 1–3), der simeonitischen Stadt (Ri 1, 17; vgl. dagegen Jos 19, 2–8), bei der Mose nicht erwähnt wird, ist eine erste Etappe. Mose spielt auch keine Rolle in den Vorhersagen Bileams (Num 24), die sich auf alle Nachbarvölker Judas im Süden und Osten beziehen. Über diese Nachbarn im Süden (Keniter, Kalebiter, Gosen, der Sinai von Ri 5, 4; vgl. 5, 3, Dtn 33, 2; vgl. 16) und über ferne Erinnerungen an Kriege des äg. Königs trägt J also einige Angaben zusammen.

So ist der vorprophetische Mose (J) als umstrittener Anführer bezeugt in den Traditionen der Nordstämme wie z. B. Josef. Seine Rolle als Bundesmittler bildet im monarchischen Israel ein Gegengewicht zur Wahl einer mehr oder weniger pharaonischen Dynastie. Auf ihn geht der anikonische Kult zurück (Ex 34, 17) mit seinem Zyklus agrarischer Feste: dem Mazzotfest, das mit dem Passahopfer zusammenfiel (34, 25), dem Opfer nach drei Tagesreisen (Ex 5, 3; 10, 24–27).

3. Der prophetische Mose ist der Prophet, der nach Hos 12, 14 „Israel aus dem Land Ägypten heraufgeführt hat“ und durch den es „(in dem Bund) bewahrt“ (*nišmar*) wurde (vgl. aber gegen Wolff F. I. Andersen und D. N. Freedman, AB 24, 621f., die an einen anderen Propheten, Elija oder Samuel denken).

Nach Jer 15,1 hat Mose wie Samuel Zugang zur Gegenwart Gottes und kann für das Volk eintreten. Da der Norden komplexer ist als der Süden, sind auch die elohistischen Pentateuchtexte über Mose komplexer. Wir finden hier aus Transjordanien stammende, über Ruben und Gad eingedrungene midianitische Traditionen, efraimitische Traditionen vermittelt von dem Efraimiten Josua, einem Jünger des Mose, levitische Traditionen, die an den Heiligtümern von Dan (Ri 18, 30) und Bet-El (aaronidisch: 1 Kön 12, 28; vgl. Ex 32, 4) tradiert wurden. Die Gesellschaft im Hintergrund des prophetischen Mose ist keine Gesellschaft auf religiös-monarchischer Grundlage, sondern eine Gesellschaft, wo es Älteste gibt (manchmal 70, archaisch) oder ein Israel, das in Zeltlagern lebt. Die richterlichen Funktionen werden von Helfern des Mose durchgeführt, die zugleich militärische Funktionen haben (Ex 18, 25). In der midianitischen Tradition (östl. des Golfes von Akaba) ist Jitro der Schwiegervater des Mose; die aaronidische Tradition nennt Reguël, einen edomitischen Namen (Gen 36, 4. 10. 13. 17).

Der prophetische Mose, Sohn eines Leviten (Ex 2, 1), ist ein Richter, der fliehen mußte, als er eine Streitigkeit schlichten wollte (Ex 2, 14). Er flieht nach Midian, wo er die Kuschitin Zipporah heiratet; Kusch ist eine midianitische Sippe (Ächtungstexte nach Posener; Hab 3, 7). Nahe von Midian, am Horeb, offenbart ihm Gott seinen Namen in einem brennenden Dornbusch. „Ich bin" (*'æhjæh*; Ex 3, 14, den Namen JHWH erläuternd) schickt ihn zu den Ältesten (vv. 14. 16) im Namen des Gottes der Väter (zum Verhältnis von Vatergott- zur JHWH-Religion vgl. W. H. Schmidt, EdF 191, 45–48; BK II 147–153). Er trifft Aaron am „Gottesberg" (Ex 4, 27), und mit Hilfe von „Zeichen" (*'ôṯôṯ*, 4, 28. 30; vgl. vv. 8 und 17; J spricht von „Wundern" *niplā'ôṯ*) überzeugen sie das Volk und verlangen vom Pharao die Erlaubnis, weniger um zum Opfer für JHWH drei Tagereisen weit in die Wüste zu ziehen, sondern um ein Fest (*ḥaḡ*) zu feiern. Nach den Plagen (Verwandlung von Wasser in Blut 4, 9, unterschiedlich in den Berichten von J und P in 7, 14–25 dargestellt) lehrt Mose die Ältesten das Pascha-Ritual mit der Blut-Applikation an Türpfosten und -stürzen (12, 21–23). Das ist nun der Flucht-Exodus durch den südlichen Isthmus, der die Route der Philister umgeht (13, 17). Die Flucht steht unter dem Schutz des Engels Gottes auf Fürsprache des Mose; er erscheint in der Wolkensäule und stellt sich zwischen die Ägypter und Israel. Unmittelbar danach gibt Mose dem Volk das Gesetz (*ḥoq* und *mišpāṭ* Ex 15, 25). Das Volk wird auf die Probe gestellt (17, 7b): „Ist JHWH unter uns oder nicht?" (zu dieser Frage als Leitthema von R^P vgl. E. Zenger, Israel am Sinai, 50ff. 56ff. 67). Es ist weniger die Autorität des Mose, die am Horeb auf dem Spiel steht (17, 6a), als der Glaube an den Gott des Exodus (v. 7b). Aaron (ein Levit) und Hur (ein Midianiter, Num 31, 8) unterstützen die erlahmenden „Hände" des Mose (17, 12, nicht die „Hand") in der Schlacht gegen Amalek. Am „Gottesberg" (18, 5) trifft Mose Jitro, der aus Midian gekommen ist, und Aaron kommt ihm (12b mit den Ältesten Israels) entgegen. Dort setzt Mose auf Rat Jitros hin „tüchtige Männer" (*'anšê ḥajil*) als Richter ein (18, 25), reserviert jedoch für sich die legislative Funktion (18, 20). In der Wolke auf dem Berg stellt Gott das Volk erneut auf die Probe (20, 18–21) und offenbart seine „Worte" dem Mose allein (Ex 20, 1–17* ohne dtr und priesterliche Hinzufügung); Aaron und Hur sind am Fuß des Berges zurückgeblieben (24, 12–14), um das Volk zu richten. Während seiner Abwesenheit erzwingt das Volk von Aaron ein Fest der Verehrung des goldenen Kalbes (32, 1–5) (vgl. dazu J. Davenport, A Study of the Golden Calf Tradition in Ex 32, Diss. Princeton 1973; J. Hahn, Das Goldene Kalb, EHS XXIII 154, 1981). Nach der midianitischen Tradition vom Horeb (33, 6) tut dann das Volk Buße. Nur der Engel (→ מלאך *mal'āḵ*) Gottes wird das Volk bei der Eroberung Kanaans begleiten (33, 2; 23, 20f.). Gott hat auf Fürbitte des Mose Vergebung gewährt (vgl. Jer 15, 1), er selbst aber weilt nicht mehr inmitten seines Volkes. Das Zelt, wo er sich in der Wolke mit Mose unterhält, steht außerhalb des Lagers; vom Diener des Mose, Josua, wird das Zelt bewacht (33, 7–11).

Der prophetische Mose ist schon der Mose der Richter im geschichtsmorphologischen Viererschritt: Abfall, Schreien zu Gott, Umkehr und Errettung. Nicht mehr kommt der Geist über den König als geist-begabt verstanden, sondern er weilt „auf Mose". Gott nimmt vom „Geist" des Mose, um ihn auf die 70 Ältesten zu legen (Num 11, 16–17) und sie zu Propheten zu machen (vv. 24f.). Sie bleiben es allerdings nicht. Der Geist macht auch solche zu Propheten, die nicht zum Zelt gekommen waren (Eldad und Medad, vv. 26–30), und Mose ist damit zufrieden. Aaron und Mirjam (12, 2) gelten auch als Propheten, aber sie haben Unrecht darin getan, gegen Mose zu sprechen, denn im Unterschied zu den anderen Propheten spricht Gott zu Mose von „Mund zu Mund", und er „sieht seine Gestalt (*t^emûnāh*)" (12, 8). Er sieht sie „von hinten" (Ex 33, 18–23), denn nach E „kann niemand Gott sehen, ohne zu sterben" (33, 20), während nach J JHWH und das Volk sich von „Angesicht zu Angesicht" sehen (Num 14, 14). Horma wird nun nicht mehr mit einem Sieg verbunden. Num 14, 40–45 berichtet von einer Niederlage gegen Amalekiter und Kanaanäer. Mose spielt keine militärische Rolle, weder in der Auseinandersetzung mit Ruben (Datan und Abiram, Num 16), noch in der Eroberung des amoritischen Transjordanien (Num 21), noch in den Beziehungen zu Moab (Bileam, Num 22 und zum Teil Num 23). Aller Wahrscheinlichkeit nach hat Mose in Moab zwischen Baʿal-Pegor und Gilgal den Bund von Ex 24, 3–6. 8 geschlossen. Er umfaßt noch einen Blutritus wie das Pascha von Ex 12, 22, aber mit einem Altar am Fuß des Berges und mit 12 Stelen, die den 12 Steinen von Jos 4, 1–9 zu entsprechen scheinen. Mose schrieb die zehn „Worte" auf (24, 3b; vgl. 34, 37) als Grundlage des Bundes. Diesem Bundesritual geht voran das „Bundesbuch", das mit dem Altargesetz (20, 24) beginnt und neben den „Worten" (*d^e^ḇārîm*) Rechtssatzungen (*mišpāṭîm* 21, 1; vgl. 24, 3) umfaßt. Der prophetische Mose der elohistischen Texte ist also nicht nur Bundesmittler wie in J, sondern auch Richter, oberster Prophet, Schreiber und Gesetzgeber. Er hat keine monarchischen oder patriarchalischen Züge mehr. Wie Abraham (Gen 12, 7f.; vgl. 22, 8ff.) errichtet Mose einen Altar. Die Opfer aber werden von 12 jungen Leuten, die die 12 Stämme repräsentieren, dargebracht (Ex 24, 5).

4. Der prophetische Mose verdankt seine Komplexität den Traditionen der Stämme des Nordreiches: Vereint wurden eine midianitische Tradition (Horeb, Zippora, Gerschom [*ein* Sohn], den Mose auf der Rückkehr von Midian mitnimmt, Ex 2, 22; 4, 24–26, vgl. Ri 18, 30) und eine aaronidische Tradition (Gottesberg, kuschitische Frau, Gerschom und Eliëser [*zwei* Söhne], vgl. 1 Chr 23, 15, die Jitro zu Mose mitbringt zum Gottesberg). Daneben existiert eine eigene efraimitische Tradition, die die Erinnerung an einen Flucht-Exodus durch den Süden bewahrte (ohne genaue Ortsangabe). Sie gipfelte im Mosesegen Dtn 33: Ruben ist der Erstgeborene, aber auf dem Weg, aus der Geschichte zu verschwinden; Josef ist der „Geweihte (*nāzîr*) unter seinen Brüdern" (v. 16), die Leviten achten auf die Durchführung des göttlichen Willens. Juda ist ein Randstamm, der zu seinen Brüdern zurückkehren muß (v. 7).

Der deuteronomistische Mose ist im Gegenteil eine sehr einheitliche Gestalt, selbst wenn man sich verschiedener dtr Redaktionen bewußt sein muß. Er steht dem prophetischen Mose insofern nahe, als er der Prophet par excellence ist (Dtn 18, 15), nach dem sich die anderen Propheten richten sollen. Er ist auch der einzige Mittler des Bundes, der am Horeb und in Moab geschlossen wird (Dtn 28, 69). Er ist nur noch ausnahmsweise Richter (1, 17), aber er organisiert das Rechtswesen; die Richter rangieren vor den Königen im dtr Kodex. Diese Richter sind nicht mehr „tüchtige Männer" wie in Ex 18, 25 und Militärs, sondern „weise und erfahrene" Männer (1, 15; vgl. 16, 19). Daneben werden Schreiber (*šoṭ^e^rîm*) genannt, die die Urteile und Zählungslisten protokollieren. Nun fungieren sie als Schreiber, nicht mehr Mose (außer für ein Lied, 31, 22), denn es ist JHWH, ihr Gott, der selbst die Zehn Gebote (5, 22; 10, 4) geschrieben hat. Der dtr Mose wird vor allem als Redner, der wie die Weisheitslehrer der Schreiberschulen unterrichtet, verstanden. Das Gesetz, das er lehrt, wird auch bei den Nachbarnationen als die alles übertreffende Weisheit anerkannt werden; es wurde Israel gegeben in Form von Dekreten und Rechtssprüchen, die „gerechter" waren als alles sonst (4, 6–8). Der dtr Mose, Redner und Weisheitslehrer, lehrt besonders die Anbetung eines einzigen Gottes (vgl. N. Lohfink, Gott im Buch Deuteronomium, BEThL 41, 1976, 101–126, bes. 104). JHWH ist der einzige, den man lieben soll, wie ein Vasall seinen Landesherrn lieben soll, der einzige, den man anhören muß und den man nicht vergessen oder verlassen darf, um anderen Göttern nachzulaufen. Dieser dtr Mose formuliert den monotheistischen Grundsatz „JHWH ist der einzige Gott, und es gibt keinen anderen" (4, 35). Dieser weise Mose wird zum Historiker, der die Erinnerung wachruft, wie am Tag des *qāhāl* der Gott des Horeb ein Volk erwählt hat. Damit wurde „ganz Israel" eine „Kirche" (→ קהל *qāhāl* ἐκκλησία), um sein „Eigentumsvolk" (→ סגלה *s^e^gullāh*), ein „JHWH geweihtes Volk" zu sein (7, 6). Wie er nur ein einziges Volk unter allen, so hat er auch nur einen einzigen Kultort erwählt. Der dtr Mose stellt die Patriarchen völlig in den Schatten, von denen er nur die Verheißungen und den Eid behält, den Gott ihnen geschworen hat. Die Heiligtümer, die wegen ihrer Verbindung mit ihnen verehrt wurden, wurden als Brennpunkte der Sittenlosigkeit gebrandmarkt sowohl im Norden als auch im Süden. Mose eliminiert diese, wie er wohl auch gerne die besiegten Völker eliminiert hätte: der dtr Mose ist sehr exklusiv. Dieser Weise sieht sein Volk vor die Wahl des Lebens oder des Todes gestellt (30, 15), und er möchte alle Keime des Todes eliminieren, die von den Nationen und ihren Göttern herkommen.

Neben Prophet und Weiser ist der dtr Mose besonders Gesetzgeber. Alle Texte, die für Israel von autoritativer Bedeutung sind, Dekrete, Rechtssatzungen, Vorschriften, Worte usw. bilden die eine *Thora* (1, 5; 4, 44; 31, 12), die den levitischen Priestern anvertraut ist (18, 1–5). Mose ist es zwar nicht gelungen, das Volk zu lenken und eine Niederlage in Horma zu verhindern (1, 44), aber er hat das Land und die Asylstätte organisiert (4, 41). Er hat die Thora mündlich vermittelt, sie ist die Thora des Mose. Er selbst hat keinen Fehler begangen, aber wegen der Israeliten hat er den göttlichen Zorn auf sich herabgerufen (1, 37; 3, 26; 4, 21); nach 9, 18–20 ist Gott nur über Aaron erzürnt.

36mal wird Mose in Dtn genannt, im Buch Jos sogar 53mal, aber in der übrigen dtr Geschichte nimmt er einen sehr begrenzten Raum ein (1 Sam 12, 6. 8): 2 Kön 18, 4 erinnert daran, daß er die Eherne Schlange (→ נחשתן *n^e^ḥuštān*) gemacht hat (vgl. Num 21, 9), die von Hiskia zerschlagen wurde. 15mal wird er als „Knecht Gottes" qualifiziert, und zwar in dtr Texten, z. B. Jos 1, 7 („die ganze Thora, die Mose, mein Knecht, vorgeschrieben hat"); 1, 15; 8, 31. 33 (zum *sepær tôraṯ mošæh* vgl. Dtn 28, 61; 29, 20); 2 Kön 14, 6; 18, 12. Er wird auch „Gottesmann" (*'îš 'ælohîm*) genannt (Jos 14, 6) wie Samuel in 1 Sam 9, 6 und wie viele andere Propheten in der dtr Geschichtsdarstellung (Schemaja 1 Kön 12, 22; Elija 17, 18; Elischa 2 Kön 4, 7).

5. Im Buch Josua ist auch eine priesterliche Redaktion erkennbar. Mit aller Vorsicht lassen sich Formulierungen wie Jos 14, 2; 21, 8, die an die Macht des Mose (seine „Hand") erinnern, dem Sprachge-

brauch von P (vgl. Num 36, 13) zuweisen. In P wird Mose am häufigsten genannt.
Nach P ist Mose nicht mehr Mittler des Bundes, das ist Abraham (vgl. W. Zimmerli, Sinaibund und Abrahambund. Ein Beitrag zum Verständnis der Priesterschrift [ThZ 16, 1960, 268–280]). Aber am Sinai erneuert Mose den Bund des Abraham (Ex 16, 5) und setzt ihn durch (Lev 26, 9. 15. 42. 45) gegen die Gefahr des Bundesbruches, wie es das Deuteronomium vorhergesehen hatte (31, 16. 20) (vgl. H. Cazelles, Alliance du Sinaï, alliance de l'Horeb et renouvellement de l'alliance. Festschr. W. Zimmerli 1977, 69–79). Der Bund des Friedens, der ewige Bund, der nicht mehr gebrochen werden kann, wurde zuerst von Ezechiel genannt (16, 59; vgl. 34, 25; 37, 26; Jer 32, 40). Dahinter steht die Bundesvorstellung von P, wie sie im Bund des Noach (Gen 9, 16) und des Abraham (Gen 17, 7; Ex 6, 4; 31, 16) vorliegt. In einer Rede des Mose an Aaron wird der Unterhalt der Priester durch heilige Dinge ein „ewiger Salzbund" (→ מלח *mælaḥ*; Num 18, 19; vgl. Lev 2, 13) genannt. Nach dem Ereignis von Baʿal Pegor gibt JHWH seinen Bund des Friedens dem Pinhas, Enkel des Aaron; es soll dies ein „ewiger priesterlicher (*kᵉhunnaṯ*) Bund" sein (Num 25, 12f.). In Mal 2, 8 wird dieser „Bund des Levi" genannt: durch die geoffenbarte Liturgie können Gott und sein Volk zusammen leben dank der Sündenvergebung. Durch die Erneuerung des Abrahambundes am Sinai (Ex 6, 4–8; 19, 5) wird das Volk „ein Königreich von Priestern und ein heiliges Volk" (Ex 19, 6). Aaron und seine Söhne sind die Offizianten dieser Sühneliturgie, in der sich die Herrlichkeit Gottes manifestiert. Auch wird Aaron mit Mose eng verbunden. In den P-Texten der äg. Plagen ist er es und nicht Mose, der den Stab der göttlichen Macht hat. Es ist dieser Stab, der Knospen treibt, blüht und Früchte trägt (Num 17, 23ff.). Aaron wird sogar als der ältere Bruder des Mose (Ex 6, 20; 7, 7) dargestellt.
Dennoch ist Mose der Urheber dieses ewigen levitischen Bundes. Aaron ist nur der Prophet des Mose, um dem Pharao gegenüber zu wiederholen, was Mose ihm sagen wird (Ex 7, 2). JHWH macht Mose zum „Gott" vor Pharao (7, 1). Er hat tatsächlich Zugang zur göttlichen Sphäre und dringt ein in die Wolke auf dem Berg, wo JHWH zugegen ist in seinem *kāḇôḏ*, den die Israeliten nur von weitem sehen. Dort empfängt er von Gott das Modell des Heiligtums, wo der heiligste Gott residiert, dem sich allein die heiligen Priester nähern dürfen (M. Haran). Mose schreibt nicht, er spricht, er gibt die Anweisungen Gottes weiter, er ist Gesetzgeber und installiert Riten, durch die das Volk zur Heiligkeit aufgerufen wird. Mose spricht vor allem zu Aaron, um ihm die Vorschriften (*miṣwôṯ* Lev 27, 34; Num 36, 19) und die Rechtssatzungen zu geben, deren Ganzes die Gesetzgebung vom Sinai bildet. Das Priestertum Aarons hat sie anzuwenden, hat aber kein Recht, sie zu ändern.
Mose als einziger Gesetzgeber hat auch die Vollmacht zur Weihe. Nach der Errichtung des Heiligtums weiht Mose diese Wohnstatt Gottes und ihre Einrichtung, danach Aaron und seine Gewänder, denn Aaron soll den liturgischen Dienst versehen. Der dtr Mose war oberster Prophet, der priesterliche Mose ist ein Oberpriester. Auch nach der Weihe des Aaron und über das Funktionieren des Levibundes hinaus behält Mose seine Führungsfunktion. Als Aaron stirbt, nimmt er die Investitur Eleasars mit der Priesterkleidung vor. Kurz vor seinem Tod trennt er (vgl. die Theologie Ezechiels) die Funktionen des Priesters von denen des politischen Führers, der die Gemeinschaft „hinausgehen und eintreten läßt". Zum politischen Führer bestimmt er Josua, der den Geist wie Mose (E) hat (Num 27, 18; Dtn 34, 8). Mose hatte Eleasar zum Priester eingesetzt, vor Eleasar legt er Josua die Hände auf.
Trotz seiner Größe wird auch der priesterschriftliche Mose als fehlerhaft (wie Aaron) gezeichnet. In Num 20, 12 liegt keine Glättung vor, die den Zorn Gottes auf die Sünden des Volkes zurückführt. Es hat Mose an Glauben gefehlt, so daß er Gott behinderte, seine Herrlichkeit zu offenbaren. Der unmittelbare Kontext erlaubt es nicht, diesen Fehler auszumachen. Es könnte eine Tat sein (vgl. Dtn 1, 37: Aufgeben eines Feldzuges gegen Kanaan) oder Reden, wie es aus Ps 106, 32f. hervorgehen könnte. Wie P oft die Traditionen von J weiterentwickelt, so könnte sie auch hier eine Reminiszenz von ihm bewahrt haben, ohne jedoch auf ihre ausführliche Darstellung zu insistieren.

* Gerade die Passage Num 20, 1–13 im Vergleich zu Ex 17, 1–7 gibt einen Einblick in das sich wandelnde Mosebild im Gesamt der priesterlichen Traditionen: J sah noch in Mose wesentlich den Übermittler von JHWH-Worten, JE dagegen zeichnete Mose als prophetischen Wundertäter. P^G nun sieht in Mose und Aaron Repräsentanten des geistlichen Amtes, das nach Num 20 (v. 12) einer massiven Kritik unterworfen wird. „Diese Amts-Kritik, die als priesterschriftlich inspirierter Text eine eindrucksvoll-beißende Selbstkritik darstellt, war vermutlich . . . P^S und der Pentateuchredaktion zu einseitig und erschien der Ehre des Mose abträglich" (Zenger, Israel am Sinai, 65). Indem also nun dem Volk von P^S eine Mitschuld zugesprochen wird (v. 4), wird Mose entlastet. R^P hat in nachexilischer Zeit das Mosebild gründlich revidiert. Charakteristisch wird nun die Divinisierung des Mose (Num 20, 5aβ. 6aα; bes. Ex 4, 16; 34, 29–35). Für R^P wird Mose wesentlich ent-individualisiert und zum Medium göttlicher Offenbarung schlechthin stilisiert (vgl. Hossfeld, OBO 45, 1982, 185ff. u.ö.). *(Fa.)*

6. Der nachexilische Mose behält diese Züge. In den Psalmen ist von ihm nur wenig die Rede (8mal). Der Titel von Ps 90, 1 qualifiziert ihn als „Mann Gottes", Ps 77, 21 betrachtet ihn als Führer des Volkes mit Aaron, und Ps 99, 6 in seiner redaktionellen Endgestalt (vgl. E. Lipiński, La royauté de Yahvé, Brüssel 1965, 296) sieht in ihm einen Priester wie Aaron, der für das Volk eintritt. Die Geschichtspsalmen 103, 105 und 106 sprechen am häufigsten von ihm und nennen ihn „erwählt" (→ בחר *bāḥar*). In einer

historischen Rückschau über den Heiligen Geist und den Unglauben des Volkes in der Wüste erwähnt Jes 63, 11–12 als einziger nachexilischer Prophetentext den Mose.
Im Gegensatz dazu erscheint Mose 31mal im ChrGW. Dort ist er „Gottesmann“ (Esra 3, 2; 1 Chr 23, 14). „Knecht Gottes“ (Neh 9, 14; 10, 30; 2 Chr 24, 9). Gott hat ihm die Thora übergeben (Neh 1, 7; 1 Chr 22, 13) und sie dem Volk weiterleiten lassen durch die „Hand“ des Mose (Neh 8, 14; 2 Chr 35, 6). Man spricht aber gelegentlich auch von Abgaben, die Mose dem Volk „auferlegt“ hat (2 Chr 24, 6). Der Chronist beruft sich auf die Thora des Mose (Esra 3, 2; 7, 6; Neh 8, 1); 8mal ist die Rede von einem Schreiben (*ktb*) oder von einem Buch des Mose ohne genauere Angaben darüber, wer es geschrieben hat. Diese Zahlen signalisieren nicht eine sonderlich hohe Bewertung des Mose; denn David ist viel öfter genannt. Selbst wenn der Chronist vom Heiligtum spricht, handelt es sich nicht um das von Mose erstellte Heiligtum, sondern um den Tempel, dessen Bau von David begonnen worden war (Neh 10, 40; 1 Chr 22, 19; 2 Chr 29, 21).
Von den Sprüchen bis Prediger schweigt die Weisheitsliteratur über Mose, auch dort, wo im Buch Ijob deutlich auf die Thora angespielt wird. Die Situation ändert sich im Buch Sir und dem Salomo zugeschriebenen Buch der Weisheit. In der Linie der historischen Psalmen ruft Sir die großen Männer der Vergangenheit in Erinnerung. Das Andenken des Mose ist gesegnet, seine Herrlichkeit gleicht der der Heiligen (45, 1f.; Hamp, EB z.St. übersetzt „wie einen Gott“). Er ist der Auserwählte, der in die Wolke eindringen durfte, um das „Gesetz des Lebens und der Einsicht“ zu erhalten sowie die Vorschriften, die er Jakob und Israel zu lehren hatte (45, 4–6). Diese 6 Verse über Mose (45, 1–6) sind wenig, verglichen mit den 16 Versen über Aaron. Josua, „Nachfolger des Mose im prophetischen Amt“, wird ebenfalls mit 6 Versen bedacht. Aber die Weisheit, die vom Munde des Allerhöchsten ausgeht und in Israel eingepflanzt ist, ist identisch mit dem „Buch des Bundes Gottes, das Gesetz, das von Mose uns anbefohlen wurde“ (24, 3. 8. 23). In seinen Meditationen über den Exodus nennt das Buch der Weisheit Mose nicht, ebensowenig wie die Namen der Patriarchen und Adams. Dennoch handelt es sich wohl um Mose in 10, 16: „(die Weisheit) ging ein in die Seele des Dieners des Herrn“.
7. Die Darstellungen des Mose werden zahlreicher in der Epoche des Apokalypsen. Auch das Buch der Weisheit ist in dieser Zeit redigiert worden und beginnt mit einer Schilderung des Endgerichtes (1–4). Die Epoche der Apokalypsen beginnt mit dem Buch Daniel und der Entweihung des Tempels und wird enden nach der Zerstörung des Tempels. Im 9. Kapitel greift das Danielbuch in die Geschichte zurück und erwähnt dabei zweimal das „Gesetz des Mose“, des Knechtes Gottes (9, 11. 13), bevor es die Drangsal der letzten Jahrwochen und das Ende schildert.
In Qumran wird Mose mehr als 20mal genannt: wegen seines Gesetzes (CD 15, 2), wegen seines Buches (4 QFlor 2, 3) oder wegen seiner Fürsprache (1 QM 10, 7; 1 QH 17, 12). Ein häufiges Thema ist die im AT niemals genannte „Umkehr zum Gesetz des Mose“ (CD 15, 9. 12; 16, 1. 4; 1 QS 5, 8 ...), die – vom Kontext her – in den Bereich der Aufnahme von Novizen in die Gemeinde gehört. Diese Wendung impliziert die strenge Auslegung und exakte Befolgung der Thora des Mose wie auch der Vielzahl der Zusatzoffenbarungen und Bestimmungen (vgl. 1 QS 5, 8; 4 QpPs 37, 22 und H. J. Fabry, BBB 46, 1975, 28–32; → שוב *šûḇ*). Die „Worte des Mose“ (1 Q *Diḇrê Mošæh*, 1 Q 22 = DJD I 91–96) sind weniger ein Midrasch als ein „neues Deuteronomium“ (Carmignac). Schließlich ist es interessant, daß in der Tempelrolle niemals Mose genannt wird, obwohl die Thora im Hintergrund der Gesetzgebung steht.
In der zeitgenössischen Literatur dagegen spielt Mose eine bedeutende Rolle, nicht nur als Gesetzgeber, sondern auch als Offenbarungsmittler. In der „Himmelfahrt“ und dem „Testament“ und anderen Pseudepigraphen des Mose (vgl. A. Denis, Introduction aux pseudépigraphes grecs de A.T., Leiden 1970, 128–141) gilt Mose als der Prophet der Endzeit.
8. Der Mose des pharisäischen Rabbinertums ist der große Gesetzgeber nicht nur durch sein geschriebenes Gesetz, sondern auch durch seine mündliche Überlieferung, die zum Sinai zurückführt. Über den Mose des NT und seiner Zeit vgl. J. Jeremias, ThWNT IV 852–878; Lit.-Nachträge X/2, 1184f. und G. Fitzer, EWNT II 1109–1114.

Cazelles

מָשַׁח I *māšaḥ*

מָשִׁיחַ *māšîaḥ*

I. 1. Etymologie – 2. Vorkommen – II. Bedeutung und Verwendung von *mšḥ* I – 1. im allgemeinen Sinne – 2. im Zusammenhang der Königssalbung – a) pluralische Formulierungen – b) 1 Kön 1 – c) 1 Sam 16 – d) Saul- und Davidzyklus – e) prophetische Überlieferung – 3. im Zusammenhang von Weihehandlungen bei P – III. *māšîaḥ* – 1. Verwendung – 2. Verteilung – 3. Davidüberlieferung – 4. Psalmen – 5. prophetische Überlieferung – 6. späte Stellen (P^S, Dan) – IV. Zur Nachgeschichte – 1. LXX – 2. Sir – 3. Qumran.

Lit.: *S. Amsler*, David, roi et Messie (Cahiers théologiques 49, 1963). – *K. Baltzer*, Das Ende des Staates Juda und die Messias-Frage (Festschr. G. v. Rad, 1961, 33–43). – *P. A. H. de Boer*, De Zoon van God in het Oude Testament (Leidse Voordrachten 29, Leiden 1958). – *H. Cazelles*, Le Messie de la Bible. Christologie de l'Ancien Testament (Collection „Jésus et Jésus-Christ“ 7, Paris 1978). – *J. Coppens*, Le messianisme royal (Lectio divina 54, 1968). – *E. Cothenet*, Onction (DB Suppl 6, 701–

732). – *H. L. Ellison*, The Centrality of the Messianic Idea for the Old Testament, London 1954. – *J. A. Emerton*, Review E. Kutsch (JSS 12, 1967, 122–128). – *H. Greßmann*, Der Messias (FRLANT 43, 1929). – *F. Hahn*, Christologische Hoheitstitel (FRLANT 83, ³1966). – *F. Hesse*, משח und מָשִׁיחַ im Alten Testament (ThWNT IX 485–500). – *A. R. Johnson*, Sacral Kingship in Ancient Israel, Cardiff ²1967. – *M. de Jonge*, χρίω (ThWNT IX 502–508). – *U. Kellermann*, Die politische Messias-Hoffnung zwischen den Testamenten (PTh 56, 1967, 362–377. 436–447). – *J. Klausner*, The Messianic Idea in Israel, New York 1955. – *R. Knierim*, Die Messianologie des ersten Buches Samuel (EvTh 30, 1970, 113–133). – *E. Kutsch*, Salbung als Rechtsakt im Alten Testament und im alten Orient (BZAW 87, 1963). – *E. Lipiński*, Le poème royal du Psaume LXXXIX 1–5. 20–38 (CRB 6, 1967, 45–52). – *D. Lys*, De l'onction à l'intronisation royale (EThR 29, 1954, 1–54). – *T. N. D. Mettinger*, King and Messiah. The Civil and Sacral Legitimation of the Israelite Kings (CB.OT 8, 1976, bes. 185–232). – *H. S. Moon*, The Origins of Messianism in the OT (NEAJTh 11, 1973, 1–15). – *S. Mowinckel*, He That Cometh (tr. G. W. Anderson), Oxford ²1959. – *C. A. North*, The Religious Aspects of Hebrew Kingship (ZAW 50, 1932, 8–38). – *M. Noth*, Amt und Berufung im Alten Testament (ThB 6, ²1960, 309–333). – *G. von Rad*, Das judäische Königsritual (ThLZ 72, 1947, 211–216 = ThB 8, ⁴1971, 205–213). – *H. Ringgren*, König und Messias (ZAW 64, 1952, 120–147). – *Ders.*, The Messiah in the Old Testament (SBT 18, 1956). – *L. Schmidt*, Menschlicher Erfolg und Jahwes Initiative. Studien zu Tradition, Interpretation und Historie in Überlieferungen von Gideon, Saul und David (WMANT 38, 1970, bes. 172–188). – *Ders.*, König und Charisma im Alten Testament (KuD 28, 1982, 73–87). – *W. H. Schmidt*, Die Ohnmacht des Messias (KuD 15, 1969, 18–34). – *K. Seybold*, Das davidische Königtum im Zeugnis der Propheten (FRLANT 107, 1972). – *J. A. Soggin*, מֶלֶךְ *mælæk* König (THAT I 908–920, bes. 913f.). – *R. de Vaux*, Le roi d'Israël, vassal de Yahvé (Mél. E. Tisserant 1, Studi e Testi 231, 1964, 119–133 = Bible et Orient, 1967, 287–301). – *K. R. Veenhof*, Review E. Kutsch (BiOr 23, 1966, 308–313). – *H. Weinel*, משח und seine Derivate. Linguistisch-archäologische Studie (ZAW 18, 1898, 1–82). – *A. S. van der Woude*, Die messianischen Vorstellungen der Gemeinde von Qumran, 1957. – *Ders.*, χρίω (ThWNT IX 500–502. 508–511). → מלך *mlk*.

I. 1. Hebr. *māšaḥ* I ist auf die Wurzel *m-s*/*š-ḥ*/*ḫ* zurückzuführen, an der vor allem im Westsemitischen die Grundbedeutung 'streichen, salben' haftet. Daneben ist eine homonyme (?) Wurzel *mšḥ* II anzunehmen, die in den Bedeutungskreis 'messen' weist (vgl. G. R. Driver, JThS 41, 1940, 169f. Zu einer möglichen Verbalwurzel *mšḥ* III vgl. KBL³ sowie A. Guillaume, JBL 76, 1957, 41f.; dazu J. Barr, Comparative Philology and the Text of the OT, Oxford 1968, 284f.). Akk. begegnet *mašāḫu(m)* I m/sbabyl. mit Derivaten '(aus-)messen, vermessen', *mašāḫu(m)* II jbabyl. 'aufleuchten'. Näher beim westsemit. *mšḥ* I steht vielleicht akk. *namšāḫu(m)* „ein Salbschälchen aus Leder?" (AHw; dort Ableitung von *mašāḫu(m)* III erwogen, 1574). Doch deckt das akk. Verbum *pašāšu(m)* 'salben, einreiben' weithin den Bedeutungsbezirk von westsemit. *mšḥ* I: *paššum* 'gesalbt', *piššatu* 'Salböl', *pašīšu(m)* 'Gesalbter' (= „ein Priester" AHw II 845, vgl. J. Renger, ZA 59, 1960, 143ff.). Die amorit. Personennamen *Ma-si-ḫa-an* und *Ma-si-ḫu-un* können auf eine *qātīl*-Form des Verbums *mšḥ* I zurückgeführt werden (Huffmon, APNM 145. 232). Auch ugar. ist das Verbum *mšḥ* – wenngleich bisher selten – in der Bedeutung 'salben' belegt (UT Nr. 1561: 2mal, eine Stelle unsicher), sowie die Nominalform *mšḥt* 'Salbung' ([*šm*]*n.mšḥt. kṯpm* „Salböl der Zauberer", Ug V 574ff. 601). Andere Belege von *mšḥ* 'zerschmettern, niederschlagen' (WUS Nr. 1689) u.ä. sind noch ungeklärt. Der aram. Zweig ist stark entwickelt. *mšḥ* I begegnet mit Derivaten vom Altaram. an (Sfire A 21, KAI Nr. 222), vor allem dann in den jüngeren Dialekten (spärlicher auch *mšḥ* II 'messen'), daneben Nominalbildungen *m^ešaḥ*, *mišḥā*' 'Salböl' und als Terminus technicus zunehmend häufiger *m^ešiḥā*' (u. III) (vgl. KBL³, DISO, MdD, DJD III s.v.). Das arab. Verbum *masaḥa* umschließt offenbar alle Bedeutungsbereiche: 'streichen, wischen'; 'ausmessen'; 'berauben, entziehen' (vgl. Wehr) – möglicherweise mit der Rahmenvorstellung 'mit der Hand über etwas hinstreichen'. Die von daher nahegelegte Annahme einer Urbedeutung 'streichen' über 'salben, messen, nehmen, löschen' usw. wie die Rückführung auf ein dem Geräusch des Streichens nachgebildeten Klangverbums, bilitteral etwa *m*/*pš* oder *šḥ*/*ḫ*, bleibt spekulativ (vgl. Weinel 9ff.).

2. Von der Wortgruppe *mšḥ* I sind at.lich bezeugt: (1) das Verbum *māšaḥ* (68mal, ohne 2 Sam 1, 21 MT und ohne die beiden Inf. fem. *mŏšḥāh* s.u. 2), vor allem im *qal* und *niph*;
(2) die Infinitivbildung *mŏšḥāh* (2mal; BLe 316d);
(3) die Nominalbildung *mišḥāh* (BLe 601b: fem. Segolatform; 21mal, ohne 2 Kön 23, 13, hier cj. *har hammišḥāh* (für MT *har hammašḥîṯ*) 'Ölberg' vgl. Targ.; stets im Genitiv mit *šæmæn* 'Salböl' verbunden, nur P-Literatur, HG Lev 21, 10. 12);
(4) die Nominalbildung *māšîaḥ* (BLe 470n; Meyer § 37.4; 39mal mit 2 Sam 1, 21 MT: cj. *māšûaḥ*; mit Ausnahme von 2 Sam 1, 21 und Dan 9, 25. 26 syntagmatisch mit JHWH verbunden);
(5) das aram. Nomen *m^ešaḥ* 'Öl' (2mal).

II. 1. Das Verbum *māšaḥ* I bezeichnet Handlung und Vorgang des Begießens, Bestreichens, Schmierens, Salbens, und zwar exklusiv und meist implizit mit Öl (→ שמן *šæmæn*, Am 6, 6: „mit erstklassigen Ölen") oder wohl ölartiger Farbe (*šāšar* 'Mennige' zur Hausbemalung Jer 22, 14; vgl. Ez 23, 14) und trifft sich in dieser Verbindung mit *sûḵ* (akk. *sâku* 'ausgießen'), einer Nebenform von *nāsaḵ* (vgl. Jes 30, 1; Ps 2, 6), das aber meist mit *rāḥaṣ* 'waschen' zusammen vorkommt und sich auf kosmetisches Salben im Sinne der Körperpflege beschränkt. Profane Bedeutung hat auch das im AT seltene Verbum *māraq* I und Derivate 'reiben, polieren, scheuern, reinigen' (vgl. Est 2, 3. 9. 12; Spr 20, 30). Währenddessen kann sich *māšaḥ* mit Akk. auf Gegenstände beziehen, z. B.

auf lederbespannte Holzschilde (Jes 21, 5; vgl. 2 Sam 1, 21), Hauswände (Jer 22, 14), Brotfladen (Ex 29, 2; Lev 2, 4 u.a.), Mazzeben (Gen 31, 13), Altäre (Lev 8, 11), kultische Geräte (Ex, Num P), aber auch auf Personen (Am 6, 6), insbesondere Könige, Priester und Propheten (letzteres 1 Kön 19, 16; Jes 61, 1). Die Mehrzahl der Belege bezieht sich auf die Salbung von Königen, so daß man at.lich von einer Spezialisierung zum Terminus technicus sprechen kann. Sie manifestiert sich im Gebrauch verschiedener feststehender Redewendungen und Formeln.

2. Die häufige Verbindung mit *l^e* (bei impliziter oder expliziter Personbeziehung *l^ekohen*, *l^enābî'*, *l^enāgîd*) zeigt an, daß jener Vorgang einen Statuswechsel meint (Mettinger 191), vollends, wenn sie sich zu *l^emælæk* ergänzt (16mal) und damit Affinität zur Inthronisation des Königs verrät. Die at.lich als „gesalbt" bezeichneten Könige (außer dem Dornstrauch der Fabel in Ri 9, 15) sind: Saul (1 Sam 9, 16; 10, 1; 15, 1. 17 [11, 15 LXX]), David (1 Sam 16, 3. 12f.; 2 Sam 2, 4. 7; 3, 39; 5, 3. 17; 12, 7; Ps 89, 21; 1 Chr 11, 3; 14, 8), Abschalom (2 Sam 19, 11), Salomo (1 Kön 1, 34. 39. 45; 5, 15; 1 Chr 29, 22), Jehu (1 Kön 19, 16; 2 Kön 9, 3. 6. 12; 2 Chr 22, 7), Joasch (2 Kön 11, 12; 2 Chr 23, 11), Joahas (2 Kön 23, 30), vielleicht ein ungenannter Nordreichkönig (Ps 45, 8?) und Hasaël von Damaskus (1 Kön 19, 16). Die absolute Verwendung von *māšaḥ* erweist sich von daher als Ellipse (2 Sam 19, 11; 1 Kön 1, 39 u.a.).

Als Subj. der Salbung erscheint JHWH (1 Sam 10, 1; 15, 17; 2 Sam 12, 7; Ps 89, 21; 2 Kön 9, 3. 6. 12; 2 Chr 22, 7, vgl. Ps 45, 8; Jes 61, 1), Samuel (1 Sam 9, 16; 10, 1, vgl. 11,15 LXX; 1 Sam 16, 3. 12. 13; 11 QPs^a XXVIII [Ps 151 A 5. 7]), ein Prophet (1 Kön 1, 34. 45; 1 Kön 19, 15. 16; vgl. 2 Kön 9, 3. 12. 13), ein Priester (1 Kön 1, 34. 39. 45; 2 Chr 23, 11; vgl. 2 Kön 11, 12) und eine Mehrzahl von Akteuren (Ri 9, 8. 15; 2 Sam 2, 4. 7; 5, 3 = 1 Chr 11, 3; 2 Sam 5, 17; 19, 11; 1 Kön 5, 15; 1 Chr 19, 22; 2 Kön 11, 12; vgl. 2 Chr 23, 11; 2 Kön 23, 30).

a) Es ist anzunehmen, daß die pluralische Formulierung sich auf die älteste in Israel gebräuchliche Form der Königssalbung bezieht (Kutsch, Mettinger). Nach 2 Sam 2, 4a „kamen die Männer Judas (nach Hebron) und salbten dort David zum König über das Haus Juda". Die „Männer" sind nach 1 Sam 30, 26 wohl die Ältesten von Juda (anders Hesse 487f.). Offenbar handelt es sich um den politisch-rechtlichen Akt einer Königswahl und Königseinsetzung (vom Chr weggelassen zugunsten der Salbung über ganz „Israel"). Über die konkrete Durchführung verlautet nichts, so daß man annehmen kann, daß die Bedeutung des Ritus den Beteiligten und den Adressaten geläufig gewesen ist (v. 7). Aus 2 Sam 5, 3 geht mehr über die rechtliche Bedeutung des Salbungsaktes hervor. Hier sind es „alle Ältesten Israels", die zu dem „König nach Hebron" kommen. „Der König David schloß mit ihnen einen Vertrag (*b^erîṯ*) in Hebron vor JHWH, und sie salbten David zum König über Israel." Die Salbung erscheint hier als zweiter Teil einer vertragsrechtlichen Handlung, und zwar als Beitrag der Ältesten, der die Verpflichtung ihrerseits zum Ausdruck bringt, nachdem sich der judäische König zu einem (nicht näher erläuterten) Abkommen mit ihnen bereitgefunden hat. Wieder ist der Formulierung nur zu entnehmen, daß die Initiative von den Vertretern der beteiligten Volksgruppe ausging, die sich einen König wählt. Die Vorstellung von der Salbung als Vollzug der Königswahl liegt offenbar auch den andern pluralischen Formulierungen zugrunde, wobei die Jotamfabel als Grundmodell gelten kann: „Einst gingen die Bäume hin, einen König über sich zu salben" (Ri 9, 8, vgl. 15). Sowohl der Passus aus der Geschichte vom Aufstand Abschaloms (mit der abgekürzten und formelhaften Redeweise: „den wir über uns gesalbt haben", 2 Sam 19, 11) wie der Bericht über die Königseinsetzung des legitimen Thronerben Joasch durch die Parteigänger des Priesters Jojada („er führte den Königssohn heraus, gab ihm Diadem und Protokoll [? *hāʿeḏûṯ*], und sie [MT; LXX sing., 2 Chr 23, 11 pl.] machten ihn zum König und salbten ihn, klatschten in die Hände und sagten: Es lebe der König", 2 Kön 11, 12) und die Notiz über die Eingriffe des *ʿam hāʾāræṣ*, der freien Bevölkerung des Landes in die Thronfolge („nahm Joahas, den Sohn Joschijas, und sie salbten ihn und machten ihn zum König anstelle seines Vaters", 2 Kön 23, 30) lassen noch dieselbe, wenngleich der jeweiligen Situation angepaßte, Grundvorstellung erkennen.

1 Kön 5, 15 MT gehört nur bedingt in diesen Zusammenhang. 1 Kön 1, 45 läßt die pluralische Konstruktion (vgl. 1, 34. 39) verstehen („Zadok und Natan und ..."), doch fehlt hier ein repräsentatives Königswahlgremium. 1 Kön 5, 15 ist nach LXX und parallel zu Hos 12, 2 (auch KBo I 14, EA Nr. 34) mit Mettinger 225ff. besser auf die Ölsendung und „diplomatic anointing" als Geste der Huldigung oder Vertragsbindung zu beziehen („Öl des Friedens" *šmn šlm* KTU 1.101, 14).

Sie scheint vor allem zu Beginn und noch bis zum Ende der Königszeit eine Rolle gespielt zu haben. Über ihre Herkunft und Verbreitung läßt sich wenig ausmachen (Hesse: kanaanäisch; Kutsch: hethitisch; de Vaux: ägyptisch).

b) Eine historisch präzise Verwendung von *māšaḥ* bietet auch die Geschichte von der Thronnachfolge Davids in 1 Kön 1 (zu 2 Sam 19, 11 vgl. o. 2.a; zu 19, 22 u. II. 1. 3; 2 Sam 12, 7 ist wahrscheinlich eine dtr Formulierung u. III. 1. 3). Subjekt der Salbung Salomos ist nach Davids Anordnung der Priester Zadok und der Prophet Natan (1, 34. 45); Zadok aber ist der eigentliche Ausführende: er holte das Ölhorn (*qæræn*; nach 1 Sam 10, 1 und 2 Kön 9, 1. 3 *pak*, wohl ein Kännchen) aus dem Zelt(-Heiligtum) und „salbte Salomo" (1, 39). (Nach 1 Chr 29, 22 salbt die Volksgemeinde [*qāhāl*] Salomo zum König und Zadok zum Priester.) Das Ganze fand am Gihon statt im Beisein Benajas und der „Knechte des Königs", der Söldnertruppe der „Kreti und Pleti". Man stieß darauf ins Horn, und „das ganze Volk" rief: „Es lebe

König Salomo!“ Anschließend zog man wieder zur Residenz hinauf. *māšaḥ* bezeichnet hier den entscheidenden Akt, dessen sakrale Wirkung und rechtliche Gültigkeit stark hervorgehoben wird (1, 45ff.). In der pluralischen Formulierung deutet sich noch an, daß 1 Kön 1 die Integration des Ritus in das dynastische Erbfolgesystem rechtfertigen möchte, das ja eine freie Initiative und Wahl des Repräsentanten faktisch ausschließt. Entsprechend wird Salomo zum König über „Israel“ (so MT; LXX Ms. „und über Juda“) gesalbt (1, 34).

c) 1 Sam 16, 1–13 bietet die wohl älteste theologische Erklärung für die göttliche Königssalbung, d. h. für die Aussagen, die JHWH als Subjekt von *māšaḥ* aufweisen. Die Überlieferung von Davids Salbung durch Samuel gilt zu Recht als Hieros logos der sakralen Königssalbung, die offenbar seit Salomo zum Ritual der Thronbesteigung gehörte. *ûmāšaḥtā lî* „du sollst mir (scil. JHWH) salben“ lautet die theologische Formulierung nunmehr (16, 3, vgl. 12f.) für den sakralen Akt, dessen Bedeutung dadurch bestimmt wird, daß (1) ihm die göttliche Erwählung (*rā'āh*, *bāḥar* gegen *mā'as*) anstelle der öffentlichen Königswahl in den Ältestengremien vorausgeht: „JHWH ersieht sich seinen Gesalbten“; Salbung ist sichtbares Zeichen der göttlichen Erwählung; daß (2) ein JHWH-Repräsentant gesandt (*šālaḥ*) wird – Samuel, Elija, ein Nabi –, um die Wahl JHWHs rituell zu vollziehen, wobei das Einverständnis der Ausführenden oder eine Akklamation der Beteiligten nicht nötig ist: Salbung ist ein kultisch-symbolischer Akt göttlicher Sendung und Beauftragung (vgl. dazu 11 QPs^{a} XXVIII; LXX Ps 151 A 5. 7); daß (3) als unmittelbare Folge das Eingehen des JHWH-Geistes und die Verleihung eines besonderen Charismas geschildert wird (*ṣālaḥ* 16, 13): Salbung bedeutet die Manifestation der Geistübermittlung. *māšaḥ* wird zum Theologumenon und erhält die Würde und Bürde eines theologischen Begriffs mit mehr oder weniger festen Implikationen, und das offenbar schon beginnend mit der salomonischen Zeit.

d) Im Saul-Überlieferungskreis und im Umkreis der David-Aufstiegsgeschichte finden sich *māšaḥ*-Formulierungen, die offensichtlich von der theologischen Prägung (o. 2. c) beeinflußt sind. Die Einflüsse zeigen sich im theologischen Gebrauch des Titels *nāgîḏ* für den von JHWH designierten König: 1 Sam 9, 16; 10, 1 MT und LXX (die Stellen stehen im Zusammenhang mit *māšîaḥ* in 1 Sam 24, 7. 11; 26, 9. 11. 16. 23; 2 Sam 1, 14. 16 s. u.) sowie in der theologischen Formulierung des Herrschaftsbereichs *ʿal ʿammî jiśrā'el* u. ä. 1 Sam 15, 1. 17. Es muß von daher als fraglich erscheinen, ob Saul tatsächlich gesalbt worden ist (vgl. Mettinger 194ff.). Die restlichen Stellen zeigen den abgeschliffenen Stil dtr Herkunft (2 Sam 3, 39 corr.; 12, 7, vgl. 1 Sam 12, 3. 5; 2 Sam 2, 35).

Ps 45, 8 („darum hat dich JHWH, dein Gott, gesalbt mit dem Freudenöl vor deinen Genossen ...“) gilt wohl einem Nordreichkönig. Es ist nicht ganz klar, ob sich die Aussage auf die Königssalbung oder einen andern kultischen Festakt bezieht. Für ersteres sprechen die Theologumena, für letzteres der Ausdruck „Freudenöl“ und der Kontext (vv. 9f.).

e) In den Elija- und Elischa-Überlieferungen ist ein Wiedererwachen alter Salbungsvorstellungen erkennbar, die jedoch nunmehr in neuer Akzentuierung auftreten. Für den Akt selbst verwendet die Überlieferung die Wendung „Ausgießen des Ölkännchens auf den Kopf NNs“. *māšaḥ* erscheint gelegentlich in performativer JHWH-Rede: „Hiermit salbe ich dich zum König über Israel“ o. ä. (sog. Koinzidenzfall, 2 Kön 9, 3. 6. 12) oder in jussivischen Formen (1 Kön 19, 15ff.: „sollst du salben zu ...“). Insofern zeigt sich hier das theologische Erbe des Begriffs neu aktualisiert in prophetischer Rede und Handlung. Zugleich ist sichtbar, daß auch die Vorstellung der von dynastischer Bindung freien Königswahl, sogar über Israels Grenzen hinaus (Hasaël 1 Kön 19, 15), noch lebendig ist und von prophetischen Kreisen reklamiert und praktiziert wird.

3. In der priesterschriftlichen Literatur begegnet *māšaḥ* fast ausschließlich im Zusammenhang von Weihehandlungen, meist in Verbindung mit *qdš pi* (Weihe des Hohenpriesters Ex 29 und Lev 8; Weihe des Zeltheiligtums und der kultischen Geräte Ex 40). Dabei ist bemerkenswert, daß (1) Ausgießen (*jāṣaq*) des Öls (vielfach verwendet *šæmæn hammišḥāh* ʿSalböl'), Salben und Heiligen (*qdš pi*) und gelegentlich noch: als Priester tätig werden (*khn pi*) u. ä. sich auf ein und denselben Ritus beziehen und offenbar den technischen, explikativen und funktionalen Aspekt der Handlung zum Ausdruck bringen (vgl. z. B. Ex 29, 36; Num 8, 11 [verbunden mit Inf. *l^{e}*] und Ex 30, 29; 40, 9ff.; Num 8, 10 [verbunden mit *w^{e}*-Perf.], Hesse 486). Möglicherweise bezeichnet *māšaḥ* die verbale Seite des Vorgangs in der Art der Koinzidenz von 2 Kön 9 (vgl. Ps 2, 7ff.; 110, 1ff.), in jedem Fall aber bewirkt es eine theologische Einordnung und Beurteilung des Vorgangs im Blick auf die Geschichte des Begriffs. Daß die traditionellen Implikationen von *māšaḥ* aus der Königssalbung bei der Weihe des Hohenpriesters in nachexilischer Zeit nachwirken (vgl. 1 Chr 29, 22; Sach 4, 14), ist anzunehmen (vgl. Kutsch und Hesse); (2) Einzelbestimmungen und kultische Anweisungen im unmittelbaren Kontext stehen (z. B. Herstellung von Salböl Ex 30, 22ff.); (3) als Subjekt der Handlung ausschließlich der P-Mose und d. h. das höchstinstanzliche Priesteramt in Frage kommt (neutrales Subjekt Lev 16, 32; Num 35, 25).

III. 1. *māšîaḥ*, eine Nominalbildung *qāṭîl* mit passiver Bedeutung, wobei im Unterschied zu der Form *mašûaḥ* mit aktueller Bedeutung eine habituelle Bedeutung („dauernd mit einem Zustand behaftet“, Weinel 13f.) anzunehmen ist (GKa § 84^{a}l), hat sich zum Theologumenon verfestigt und kommt at.lich fast ausschließlich in syntagmatischer Verbindung mit JHWH vor. Nur an der späten Stelle Dan 9, 25f.

begegnet indeterminierte, absolute Verwendung im Sinne eines Terminus technicus für den Hohenpriester. Die vergleichsweise frühe Stelle 2 Sam 1, 21, wo *māšîaḥ* im MT in der Funktion eines Ptz. passiv erscheint – bezogen auf den Schild Sauls, der nach dessen Tod „ungesalbt durch Öl" bleiben muß –, läßt vermuten, falls nicht Textverlesung vorliegt (21 MSS lesen *māšûaḥ*), daß die Form noch beweglich war wie das Verbum (vgl. Jes 21, 5) und von der erwähnten Spezialisierung noch nicht erfaßt worden war. Umgekehrt begegnet das Ptz. passiv an der schwierigen Stelle 2 Sam 3, 39 im MT auf *mælæk* bezogen – offenbar ein Textfehler. *mešîaḥ JHWH* u. ä. ist als Titel theologischer Provenienz bisher ohne altorientalische Analogie. Übertragungen des zunächst dem König zugedachten Würdetitels belegen seine theologische Konsistenz wie die vor allem nach-at.lichen Lehn- und Fremdwortübernahmen in die jüdisch-christlichen Sprachbereiche (KBL[3]).

2. Überlieferungs- und literaturgeschichtlich verteilen sich die Belege auf charakteristische Weise. Ein großer Teil stammt aus den Quellenwerken der dtr Geschichtsschreibung: Geschichte von Davids Aufstieg (1 Sam 16, 6; 24, 7 [2mal]. 11; 26, 9. 11. 16. 23; 2 Sam 1, 14. 16 [21]), Thronnachfolgegeschichte (2 Sam 19, 22) und andere Davidüberlieferungen (2 Sam 23, 1), dazu dtr Texte (1 Sam 2, 35; 12, 3. 5; 2 Sam 12, 7). Einen fast gleich großen Teil bilden die Belege aus der Psalmentradition (Ps 2, 2; 18, 51 = 2 Sam 22, 51; 20, 7; 28, 8; 84, 10; 89, 39. 52; 105, 15 = 1 Chr 16, 22; 132, 10 = 2 Chr 6, 42; 132, 17; 1 Sam 2, 10; Hab 3, 13; Klgl 4, 20) – gebraucht als Königstitel, wozu auch der einzige Beleg aus der prophetischen Literatur gehört (Jes 45, 1, vgl. Hab 3, 13). Den Rest bilden die (Hohen-)Priesterstellen bei P (Lev 4, 3. 5. 16; 6, 15) und Dan 9, 25 f. Chronologisch gesehen decken die Belege etwa die Königszeit ab bis zum Exil (Klgl 4, 20), bis dahin als Königstitel einschließlich Jes 45, 1 (Kyros), dann nachexilisch als Würdetitel des (Hohen-)Priesters. Zentrum der Belege ist Jerusalem (Davidsüberlieferung und Königspsalmen). Abgesehen von Saul wird kein Nordreichkönig so genannt. Eine Übertragung stellt die Benennung der Erzväter als Gesalbte dar (Ps 105, 15 = 1 Chr 16, 22).

3. Der Vergleich mit der an das Verbum *māšaḥ* gebundenen Vorstellung einer göttlich initiierten Salbung (II. 2. c) läßt schließen, daß der exklusiv theologisch verwendete Ausdruck *mešîaḥ JHWH* im Zusammenhang mit jener Konzeption entstanden und in Gebrauch gekommen ist (Mettinger 198 ff.). Das würde bedeuten, daß der Titel in der salomonischen Zeit unter dem Einfluß einer sich entwickelnden offiziellen Jerusalemer Königstheologie und -ideologie (→ מלך *mlk*) geprägt wurde, wie dies durch das Vorkommen in der Salbungsätiologie 1 Sam 16, 6 bestätigt wird: „fürwahr vor JHWH (steht) sein Gesalbter". Dazu paßt, daß die ältere Thronnachfolgegeschichte nur einen beiläufigen Beleg bietet (2 Sam 19, 22, auf David bezogen, nach Veijola, Die ewige Dynastie, Helsinki 1975, 33 ff. dtr; zu 1 Kön 1 vgl. II. 2. b), zur Davidszeit dem Wort noch primär verbale Bedeutung zukam (2 Sam 1, 21, sofern der Text aus dieser Zeit stammt) und eine größere Gruppe von Belegen erst in den Überlieferungen von Davids Aufstieg begegnet (bei nachsalomonischer Datierung). Dann ist der Schluß unausweichlich, daß die Saul-Stellen (II. 2. d) weniger historisch als theologisch zu interpretieren sind. In der Tat erörtern die beiden parallelen Überlieferungen 1 Sam 24 und 26 wie auch 2 Sam 1 ein prinzipielles, königstheologisches Thema, nämlich die Frage der Immunität und des Character indelebilis, den die Salbung als Charisma verleiht. Die fast penetrant wiederholten Begründungsformulierungen mit *mešîaḥ JHWH* lassen erwägen, ob sie nicht erst theologischer Ausstilisierung zu verdanken sind (vgl. H.-J. Stoebe, KAT VIII/1 z. St.). Kein eigenes Gewicht ist den dtr Belegen in 1 Sam 2, 12 und 2 Sam 12, 7 zuzuerkennen, die den Titel aus dem Kontext übernommen oder ihm angepaßt haben. So wird man annehmen dürfen, daß der Titel im Zusammenhang mit der Ausbildung der Königsideologie und der Einrichtung des judäischen Königsrituals wohl unter starkem ägyptischem Einfluß entstanden ist und alsbald in Jerusalemer Kreisen Verbreitung fand (→ מלך *mlk*). Als Theologumenon konnte er folgende Aspekte vereinen:

(1) Die Bestimmung eines exklusiven Verhältnisses zu JHWH, das sich in der einlinigen Verwendung des Begriffs ausdrückt – Niederschlag wohl des traditionellen Glaubens an die Exklusivität der Bindung „Israels" an JHWH. Die Weiterentwicklung dieses Aspektes im Jerusalem der Königszeit führte zur Ausbildung der Vorstellung vom „Davidbund" (vgl. 2 Sam 23, 1 und 23, 5; Ps 89, 39. 52 und 89, 4. 29. 35. 40; Mettinger 224 ff.; 275 ff.), der das besondere Verhältnis des davidischen Herrschers zu JHWH auf einen Nenner bringen sollte.

(2) Die Definition des Status des Königs und die Legitimation des sakralen Königtums in Israel unter Zuhilfenahme altisraelitischer Erwählungsvorstellungen (1 Sam 16), aber dann auch königsideologischer Traditionen vor allem – dem Zeitgeist entsprechend – wohl ägyptischer Herkunft (Salbung hoher Beamter und Vasallen, vgl. Kutsch, de Vaux, Cothenet), so daß der davidische König als „Vasall JHWHs" proklamiert werden konnte mit allen Folgevorstellungen, die diese Festlegung enthielt (vgl. die prophetische Kritik an den judäischen Königen).

(3) Die Integration der Institution der Monarchie in die aufkommende Konzeption vom (Welt-)Königtum und Reich Gottes, in dem der Gesalbte eine singuläre und überragende Rolle bekam (vgl. die Königspsalmen), so daß der Titel als Funktionsbezeichnung sich verselbständigen und zum Inbegriff der eschatologischen Erwartung entwickeln konnte.

(4) Die Konzeption des Typos eines von Gott auserwählten und ausgezeichneten einzelnen Menschen, die zum Paradigma einer privilegierten Gottesbeziehung und zum Inbegriff des Menschseins über-

haupt – bis hin zur Imago-Dei-Vorstellung – werden konnte.

4. Einen zweiten Bereich eines dichteren Vorkommens des Begriffs bildet die Psalmenliteratur. Dabei ist nicht in allen Fällen erkennbar, welche Vorstellungselemente des *m^e^šîaḥ-JHWH*-Konzepts jeweils gemeint sind, wenn sie nicht durch den Kontext hervorgehoben werden. Unter den Belegen erscheint eine Auswahl von Stellen aus den sog. Königspsalmen (2; 18; 20; 89; 132), Texte, die sich zentral und explizit mit dem judäischen Königtum beschäftigen. Wieder andere kommen nur beiläufig auf den Gesalbten zu sprechen, sei es als Fürbitte oder Bekenntnisaussage in den Gebeten einzelner (Ps 28; 84; 1 Sam 2; Hab 3; vgl. Ps 20). Klgl 4; Ps 151 A und Ps 105 stehen für sich. Mit Ausnahme der letzten Stelle jedoch beziehen sich sämtliche Belege auf Regenten und Könige aus der davidischen Dynastie, wenngleich nur im Fall von 2 Sam 23, 1; Ps 132 und Ps 151 der Gesalbte mit Namen angegeben ist (David). Entsprechend hören die eigentlichen Psalmbelege mit dem Exil auf (Klgl 4, 20). Selbst wenn für Ps 89, Ps 132 o.a. nachexilische Abfassung anzunehmen ist, bleibt die Beziehung auf die davidischen Könige (nun der Vergangenheit) davon unberührt.

In Ps 2 erscheint der Begriff offenbar in einem Zusatz (v. 2b), der den Sinn des Psalms jedoch exakt trifft: der Aufruhr der Völker richtet sich „gegen JHWH und seinen Gesalbten". Schon die Zusammenstellung weckt die Erinnerung an das traditionelle Königskonzept (vgl. o. 2), das ja auch im Zentrum des Psalms steht und von dem königlichen Beter zitiert wird (vv. 6. 7–9). Dabei ist bemerkenswert, daß dieses Konzept als JHWH-Wort, z.T. als göttliche Proklamation (v. 6), z.T. als rezitierbarer Inhalt einer göttlichen Setzung (*ḥoq* vv. 7ff.) angesprochen wird; daß die auch für Ps 2 offensichtlich zentrale Bedeutung der rituellen Salbung mit der theologischen Metapher: „ich habe doch ausgegossen (*nāsaḵtî*) meinen König auf Zion, dem Berg meines Heiligtums" (v. 6) anklingt – Hinweis auf die faktenschaffende und rechtsetzende Wirkung des Salbungsaktes; daß der bedrohte König seine Zuflucht zu der ihm zugesprochenen universalen Position und Funktion nimmt – ausgedrückt in den Kategorien: Gottessohnschaft, Gottunmittelbarkeit, Sieg und Herrschaft über die Völker. Insofern bietet Ps 2 eine umfassende Aktualisierung des *māšîaḥ*-Konzepts.

Zum Teil gilt dies auch für Ps 18 und Ps 89. Doch spielt dort das speziell auf die Salbung des Königs zugeordnete theologische Konzept eine geringere Rolle, was sich auch daran zeigt, daß die Bezeichnung nur Ps 89, 39f. in besonderer Akzentuierung verwendet ist. Das aller Glaubenserwartung zuwiderlaufende Schicksal des Königs: „Du hast verstoßen und verworfen, bist ergrimmt über deinen Gesalbten, hast preisgegeben den Bund mit deinem Knecht, hast sein Diadem zu Boden getreten", wird hier Gott klagend zum Vorwurf gemacht, indem auf die dem Gesalbten zugesprochenen Privilegien verwiesen wird (Erwählung, Bund, Insignien), die das Handeln JHWHs als inkonsequent gegenüber den „Gnadenbeweisen, wie du sie David geschworen bei deiner Treue" (v. 50), erscheinen lassen. Am Ende steht wie bei Ps 18, 51; 132, 17; 1 Sam 2, 10 (vgl. Ps 28, 8) die Bitte um erneutes Gedenken an den Gesalbten.

Einige Male verbindet die Bitte für den König den Titel mit einem Ausdruck der Hilfe und des Heils (*jšʿ* – Ps 18, 51 par. *ḥæsæḏ*; 20, 7 [10]; 28, 8; Hab 3, 13; 1 Sam 2, 10) – offenbar in Erinnerung an die besondere Intensität der Beziehung: „JHWH ist seines (Volkes) Hort und eine rettende Festung für seinen Gesalbten" (Ps 28, 8).

Der Gesalbte ist lebenstragend und heilsfördernd für sein Volk; Ps 84, 10 gebraucht dafür die Metapher Schild (→ מגן *māḡen*, „Sieh an unsern Schild", vgl. 89, 19), während Klgl 4, 20 dafür die Worte findet: „Unser Lebensodem, der Gesalbte JHWHs wurde in ihren Gruben gefangen; er, von dem wir sagten: ‚In seinem Schatten werden wir inmitten der Völker leben.'"

Für das Festhalten JHWHs an der Heilszuwendung an den Gesalbten findet sich zweimal das Symbol des Horns (1 Sam 2, 10: „das Horn erhöhen"; Ps 132, 17: „ein Horn sprießen lassen"), einmal in Parallele zu → נר *ner* ʿLeuchteʾ („meinem Gesalbten habe ich [auf Zion] eine Leuchte bereitet", Ps 132, 17).

Wichtig scheint in späterer Zeit der Rückblick auf David geworden zu sein, in dem man das Vorbild – und in dem ihm zugewandten „Davidsbund" den Grund – für das Verhältnis des Gesalbten zu JHWH sah: „um Davids, deines Knechtes willen, weise deinen Gesalbten nicht ab" (Ps 132, 10). Und auch Ps 151 A (11 QPs^a^ XXVIII) ist als Paraphrase von 1 Sam 16 gestaltet: „Er sandte seinen Propheten, mich zu salben, Samuel" (Z. 5); „er nahm mich von der Herde weg und salbte mich mit heiligem Öl (oder: Öl des Heiligtums)" (Z. 7).

In dem schwer datierbaren – möglicherweise auch zu den Davidüberlieferungen zu rechnenden – Stück der sog. letzten Worte Davids 2 Sam 23, 1–5 begegnet der Titel in der singulären Form „der Gesalbte des Gottes Jakobs". Es scheint, daß hier zwei Theologumena, das Gottesprädikat aus der Väterzeit und der Würdetitel aus der frühen Königszeit, vereinigt worden sind, um die Gottesbeziehung beider zu parallelisieren – analog zum Begriff *b^e^rîṯ* in v. 5.

Ps 105, 15 ist in der Reihe der Psalmbelege die einzige Ausnahme, die den Würdetitel nicht auf einen König anwendet. In Ausweitung auf den Pl. und in Übertragung auf die Erzväter benützt er den inzwischen wohl zur Typenbezeichnung erstarrten Begriff, um damit die Besonderheit der Väter hervorzuheben: Sie werden nebeneinander als „meine Gesalbten" und „meine Propheten" tituliert, ersteres in einer Wendung, die an 1 Sam 24 und 26 erinnert und die Immunität des Gesalbten anspricht. Möglicherweise zeigt sich bereits der Einfluß der Bedeutungsverschiebung, die in der nachexilischen Entwicklung des Begriffs eintritt (vgl. u. 5).

5. Die prophetische Literatur kennt die Jerusalemer Königstheologie und das judäische Königsritual, ja auch die theologischen Implikationen der Salbung (vgl. Jes 11, 1 ff.; Sach 4, 1 ff.). Indessen begegnet der Terminus „der Gesalbte JHWHs" (anders *māšaḥ* 1 Kön 19, 16; Jes 61, 1) nur an einer einzigen Stelle bei DtJes (Jes 45, 1): „So spricht JHWH zu seinem Gesalbten, zu Kyros, den ich bei der Rechten ergriffen habe ..." DtJes handhabt den alten Würdetitel mit großer Freiheit und Kühnheit. (1) Er wird entgegen der ganzen gewichtigen Tradition und auch der zeitgenössischen Prophetie (Ez, Hag, Sach) der davidischen Dynastie, den einstigen oder zukünftigen davidischen Königen entrissen – wie das Privileg der Bundesgemeinschaft und ihrer Gnadengaben (55, 3ff.). (2) Er wird einem nichtisraelitischen Herrscher, der zwar in die Rechtsnachfolge der Davididen eintrat, der aber selbst solchen Anspruch nicht erhoben zu haben scheint, gleichsam in prophetischer Vollmacht zugesprochen. (3) Damit wird Kyros die Rolle zugedacht, die der Gesalbte im universalen Königskonzept übernehmen sollte (vgl. z. B. 45, 1 ff.). (4) Damit wird vom Propheten bewußt der Umstand in Kauf genommen, daß Kyros von diesen seinen Privilegien nichts wußte oder wissen wollte, weil es ihm offenbar vor allem darauf ankam, daß die Funktion des Gesalbten überhaupt wahrgenommen wurde. DtJes Vorstoß blieb wohl singulär. Die nachexilische Prophetie kehrte zur traditionellen Davidverheißung zurück, nicht ohne neue Akzente zu setzen (vgl. die beiden „Ölsöhne" – *b^e^nê jiṣhār* in Sach 4, 1 ff. – sonst immer → *šæmæn* in diesem Zusammenhang).

6. *māšîaḥ* kommt schließlich sporadisch in der priesterschriftlichen und apokalyptischen Literatur vor, und zwar nur in Beziehung auf den Hohenpriester. Die späten P-Schichten zuzuweisenden Stellen Lev 4, 3. 5. 16; 6, 15 (K. Elliger, HAT I/4, 57ff.) benützen das Wort offenbar wieder attributiv als Ptz. (vgl. 2 Sam 1, 21; dann die Normalform 2 Sam 3, 39, bei P Ex 29, 2; Lev 2, 4. 7. 12; Num 3, 3; 6, 15), ohne erkennbaren Rückbezug auf den vorexilischen Königstitel, in dem Ausdruck *hakkohen hammāšîaḥ*, der bereits zum Terminus technicus erstarrt zu sein scheint. *māšîaḥ* steht einfach für *gāḏôl*. „Die Rivalität der Davididen (Sach 4!) braucht nicht mehr beachtet zu werden" (Elliger 68) oder wird durch diese Sprachregelung bewußt mißachtet (Hesse 495). Gegenüber anderen und wohl späteren Schichten in P, welche die allgemeine Priestersalbung fordern (z. B. Ex 40, 15; Num 3, 3, Cothenet 722ff.), ist der Anspruch auf Salbung und Titel hier dem Hohenpriester reserviert.

Auch der späte Midrasch Dan 9, 1–3. 21–27 aus den Jahren 167–164 benützt den Terminus „ein Gesalbter" (ohne Artikel) für den Hohenpriester, wahrscheinlich Josua, bezeichnet als *māšîaḥ nāgîḏ* („ein Gesalbter [und] Fürst" v. 25; zu *nāgîḏ* in dieser Verwendung vgl. Neh 11, 11; 1 Chr 9, 11; 2 Chr 31, 13; Dan 11, 22). 7 Jahrwochen nach Jeremia beginnt die Zeit der aaronitischen „Fürsten" und reicht über 62 Jahrwochen bis zum Verschwinden eines Gesalbten (*jikkāreṯ māšîaḥ* v. 26), und d. h. wohl Onias III. (A. Bentzen, HAT I/19, 73ff.; vgl. 2 Makk 1, 10: Aristobul „aus dem Geschlecht der gesalbten Priester" – ἀπὸ τοῦ τῶν χριστῶν ἱερέων γένους). Nach einer weiteren Jahrwoche äußerster Not und Bedrängnis (v. 27) erwartet dann der Apokalyptiker die in seinem Sinne „messianische" Epoche, in der „Hochheiliges gesalbt", d. i. das Heiligtum der Endzeit geweiht werden wird (v. 24).

IV. 1. Die LXX übersetzt die Formen von *māšaḥ* meist präzis und konsequent mit Formen von χρίειν (χριστός, χρῖσμα), deren Bedeutungen sich entsprechen (Grundmann, ThWNT IX 484f.). Sie geht nur andere Wege, wo es sich um das Salben eines Steins (Gen 31, 13 ἀλείφειν), aber auch der Priester (Ex 40, 15; Num 3, 3), um das Einreiben eines Schilds (Jes 21, 5 ἑτοιμάζειν), das Bestreichen der Brotfladen (Lev 2, 4; 7, 2. 12 διαχρίειν) handelt, und umschreibt zu Recht 2 Sam 3, 39 mit καθιστάναι (anders A, Σ). Mit χρῖσις, χρῖσμα wird *mišḥāh* wiedergegeben; χρῖσμα steht Ex 40, 15 auch für *mŏšḥāh* und Dan 9, 26 (LXX, Θ) für *māšîaḥ*. *māšîaḥ* wird sonst immer mit χριστός übersetzt, mit Ausnahme von Lev 4, 3, wo die partizipiale Funktion des hebr. Terminus ὁ ἀρχιερεὺς ὁ κεχρισμένος hervorgehoben wird (vgl. 2 Sam 1, 21: θυρεὸς Σαουλ οὐκ ἐχρίσθη). Die Übersetzung folgt der Diktion des Hebr. ὁ ἱερεὺς ὁ χριστός ist der Hohepriester (vgl. Lev 4, 5. 16; 6, 15 [22] und Lev 4, 3). Einen sicheren Beleg für absolute Verwendung von ὁ χριστός in der LXX gibt es nicht (vgl. die Diskussion der fraglichen Stellen bei van der Woude, ThWNT IX 501 Anm. 74). An einigen Stellen führt die LXX χρίειν von sich aus ein (Am 4, 13 wohl verlesen; 2 Bas 3, 39 s.o.; 2 Chr 36, 1 für *mlk hiph*; Jes 25, 6; Hos 8, 10; Ez 43, 3 wohl ebenfalls Verlesungen, vgl. Σ zu 1 Bas 15, 11 und Ps 2, 6), ohne daß sich das Bild ändern würde.

2. Die Verwendung von *mšḥ* bei Sir entspricht in den Paraphrasen der Konvention des Vorbilds: 45, 15 „Mose salbte Aaron mit heiligem Öl"; 46, 13 „Samuel salbte Fürsten (*ngjdjm*, ἄρχοντες) über das Volk Gottes"; 48, 8 „Elija, der Könige salbte und Propheten" (*mwšḥ*, χρίων Ptz.); 46, 19 lehnt sich offenbar an 1 Sam 12, 5 an (*mšjḥw*, χριστοῦ αὐτοῦ) (vgl. de Jonge 502).

3. Auch in Qumran setzt sich offenbar die at.liche Verwendung von *mšḥ* und seinen Derivaten fort (van der Woude 508ff.). Vor allem bedeutsam ist der Gebrauch von Formen des Nomens *mšjḥ*, das im Pl. einige Male auf die at.lichen Propheten (CD 2, 12; 6, 1; 1 QM 11, 7 [umstritten]), im Sing. einmal auf den prophetischen Freudenboten der Endzeit (*mšjḥ hrwḥ*, „der mit dem Geist Gesalbte") bezogen wird, ansonsten aber an der Mehrzahl der Stellen den „am Ende der Tage" erwarteten priesterlichen und/oder königlichen Gesalbten bezeichnet. Die Erwartung zweier Messias-Gestalten, meist „Gesalbter Aarons"

und „Gesalbter Israels“ bezeichnet, ist wohl auf die von Sach 4, 14 geprägte Vorstellung einer Teilung der Funktion des Gesalbten in ein königliches und ein (hohe-)priesterliches Amt zurückzuführen (van der Woude). Der älteste Beleg der Verwendung der absoluten Form *hmšjḥ* für den/die Gesalbten der Endzeit ist möglicherweise 1 QSa 2, 12 (vgl. 4 Q Patr 3). Zum Problemkomplex des weiteren vgl. ThWNT IX 508ff.; K. Weiß, Messianismus in Qumran und im NT, in: H. Bardtke, Qumranprobleme, 1963, 353–368; R. B. Laurin, RQ 4, 1963, 39–52.
Zur Nachgeschichte des hebr. Begriffs als Lehnwort in der hellenistischen Transskription Μεσσίας (Joh 1, 41; 4, 25 [ohne Artikel]) oder in der äth. Form *Ma(s)siḥ* (äthHen 48, 10) vgl. KBL³ 608ff.; BHHW II 1197ff.

Seybold

מָשַׁךְ *māšaḵ*

1. Etymologie – 2. Verwendung: allgemein – 3. Besondere Beispiele der *qal*-Form – 4. *niph* und *pu* – 5. LXX.

1. Hebr. *māšaḵ* entspricht arab. *masaka* ʻpackenʼ (A. Guillaume, Abr Nahrain 2, 1960/61, 23f.), asarab. *msk* ʻnehmen, ergreifenʼ (Conti Rossini 179), äth. *masaka* ʻ(den Bogen) spannenʼ und jüd.-aram. *m^ešaḵ* ʻziehenʼ; ugar. *mṯk* ʻ(die Hand) reichenʼ könnte zwar zu hebr. *māšaḵ* passen, aber wegen des *ṯ* nicht zu den übrigen Vokabeln (es sollte z. B. arab. *maṯaka* und aram. *m^eṯaḵ* ergeben). Wenn hebr. *mæšæḵ* ʻLederbeutelʼ hierher gehört (von *māšaḵ* ʻabziehenʼ leitet man *mæšæḵ* ʻAbgezogenesʼ, d. h. ʻHautʼ her [vgl. Fronzaroli, AANLR 19, 1964, 252. 266]) bieten sich mehrere aram. Dialekte mit *ma/eškāʼ* ʻHautʼ (DISO 170, Brockelmann, LexSyr 407), arab. *mask* ʻabgezogene Hautʼ und akk. *mašku* mit derselben Bedeutung als Parallelen an; das ugar. *ṯ* bleibt auch dann ein Problem. Aber *mæšæḵ* ist wohl eher als Primärnomen zu fassen.
2. Hebr. *māšaḵ* ist als Verbum 36mal belegt, davon 30mal im *qal* und je 3mal im *niph* und *pu*. Es ist ein Alltagswort mit der Grundbedeutung ʻziehenʼ und verschiedenen Konnotationen, z. B. aus einem Brunnen herausziehen (Josef Gen 37, 28; Jeremia Jer 38, 13), (das Krokodil) mit der Angel heraufziehen (Ijob 40, 25), den Bogen spannen (1 Kön 22, 34 || 2 Chr 18, 33; Jes 66, 19), das *jôḇel*-Horn blasen (Ex 19, 13; Jos 6, 5), ziehen = gehen (Ri 4, 6; 20, 37; vgl. auch Ex 12, 21 *miškû uq^eḥû* „geht und nehmt (ein Lamm)“. Diese und einige weitere Belege sind kaum theologisch relevant.
3. Folgende Stellen, wo *māšaḵ* in theologisch interessanten Kontexten vorkommt, sind besonders zu beachten.
a) Mit *ḥæsæḏ* oder *ʼap̱* bedeutet *māšaḵ* ʻin die Länge ziehenʼ, d. h. lange bewahren. Ps 36, 11 wünscht der Beter, Gott möge seinen *ḥæsæḏ* erhalten denen, die ihn kennen und seine „Gerechtigkeit“ den Redlichen. Es wird also eine Gegenseitigkeit im Gottesverhältnis vorausgesetzt, indem Erkenntnis Gottes und Redlichkeit die ewige Huld und Treue Gottes zur Folge haben. Im Volksklagelied Ps 85 findet sich die ungeduldige Frage: „Willst du auf ewig zürnen (*ʼānap̱*) und deinen Zorn (*ʼap̱*) hinziehen durch alle Geschlechter?“ (v. 6). Die Dauer des Zorns wird hier durch die Ausdrücke *l^eʻôlām* und *l^eḏôr wāḏôr* pointiert. Im Fluchspruch Ps 109, 12 heißt es vom Wucherer: „Es sei niemand, der ihm *ḥæsæḏ* bewahre.“ Das Hauptgewicht liegt hier zwar nicht auf der Dauer der ausgebliebenen *ḥæsæḏ*-Erweise, es wird aber deutlich, daß *māšaḵ ḥæsæḏ* eine feste Verbindung darstellt. Deshalb gehört wahrscheinlich auch Jer 31, 3 hierher: „Mit ewiger Liebe habe ich dich geliebt, darum habe ich dir Huld bewahrt.“ Luther übersetzt zwar: „Darum habe ich dich zu mir gezogen aus lauter Güte“, faßt also *ḥæsæḏ* (mit LXX und S) als adverbiellen Akk., aber *ʼah^aḇaṯ ʻôlam* spricht für die Bedeutung ʻin die Länge ziehenʼ; „zu mir“ steht nicht im Text, und das Suff. in *m^ešaḵtîḵā* kann sehr gut dativische Funktion haben (GKa § 117x). Die Grundvoraussetzung der Wiederherstellung Israels (v. 4f.) ist also die unveränderliche Liebe und Bundestreue JHWHs.
In Neh 9, 30 liegt eine kürzere Redeweise vor: *māšaḵ ʻal* heißt ʻGeduld habenʼ und die Dauer wird durch „viele Jahre“ hervorgehoben. Der Kontext ist ein Bußgebet, wo u. a. betont wird, daß Gott zwar lange mit seinem Volk Geduld gehabt hat, es schließlich in die Hand der Feinde hat geben müssen, aber dann sich wieder über es erbarmt hat.
b) Eine besonders schwierige Stelle ist Hos 11, 4: *b^eḥaḇlê ʼāḏām ʼæmš^eḵem baʻ^aḇoṯôṯ ʼah^aḇāh*, „mit Banden von Menschen (= menschlichen, humanen Banden?) zog ich sie (die Israeliten), mit Stricken der Liebe“. Obwohl das Wortfeld hier z. T. dasselbe ist wie in Jer 31, 3 (*māšaḵ*, *ʼah^aḇāh*), deutet die Erwähnung von Banden und Stricken in eine andere Richtung. Wenn man in der folgenden Zeile das *ʻol* (ʻJochʼ) vom MT behält, scheint sich das Bild auf ein zu zähmendes Zugtier zu beziehen. Aber sonst ist im Abschnitt vom Sohn, den JHWH erzogen hat, die Rede. Ändert man *ʻol* in *ʻûl* (ʻSäuglingʼ), wird der Hinweis auf Bande und Stricke schwierig. Da aber *māšaḵ* nicht mit *ʼah^aḇāh* verbunden ist, bleibt eine Deutung nach Jer 31, 1 unsicher. Jedenfalls ist hier von der liebevollen Führung Israels durch JHWH die Rede (→ II 704).
c) Mit *ḥæḇæl* verbunden erscheint *māšaḵ* auch Jes 5, 18, wo MT lautet: „Wehe denen, die die Schuld mit Stricken der Nichtigkeit (*šāwʼ*) herbeiziehen und die Sünde wie mit Wagenseilen.“ Das scheint zu besagen, daß die Sünder durch ihren Wandel leichtsinnig und unausweichlich die Strafe herbeiziehen oder sogar, wie der folgende Vers andeutet, beschleunigen.

Der Text ist vielleicht nicht in Ordnung. Meist liest man *šôr* statt *šāw'*, also „mit Ochsenstricken". M. Dahood, CBQ 22, 1960, 75 versteht *šw'* als Gegenstück zu ugar. *t̠'t* 'Mutterschaf' und *'agālāh* als *'egæl* 'Kalb'. Kaiser, ATD 17² z.St., übersetzte deshalb: „Wehe denen, die die Schuld mit Schafstricken ziehen und die Sünde mit Kalbseilen." In der 3. Aufl. ist er zum MT zurückgekehrt.

d) In Ps 28, 3 betet der Psalmist: „Raff mich nicht weg mit den Frevlern." Der Beter sucht Zuflucht vor seinen Feinden, er ist überzeugt, daß sie ihre rechtmäßige Strafe erhalten werden und bittet nun, dann nicht mit ihnen weggerafft werden zu müssen. Nach Ps 10, 9 zieht der Feind den Armen in sein Netz hinein (oder zieht das Netz um ihn zu). Ijob 40, 25 wird gefragt: „Kannst du Leviatan (das Krokodil) an der Angel ziehen?" Die Antwort ist natürlich: Nein. Hld 1, 4 bittet die Braut den Geliebten: „Zieh mich dir nach!", d. h. nimm mich mit in deine Gemächer.

e) In Hos 7, 5 findet sich der Satz *māšak̠ jāḏô 'æt-loṣeṣîm*, „er (der König?) zog seine Hand mit Spöttern (?)". Der Kontext ist dunkel. Seit Wellhausen sieht man im Abschnitt 7, 1–7 eine Anspielung auf eine Verschwörung gegen den König: man hat ihn betrunken gemacht und dann ermordet. Er hat im guten Glauben Umgang mit den Verschwörern gepflegt (Handschlag gewechselt), was also hier als tadelnswert dargestellt wird. Das ist aber alles unsicher; fest steht nur, daß „ihm" vorgeworfen wird, daß er mit schlechten Leuten eine Handlung ausgeübt hat, die irgendwie Gemeinschaft symbolisiert.

H. S. Nyberg, Studien zum Hoseabuche, UUÅ 1935/36, 50f., sieht hier eine Anspielung auf ein Kultfest („Tag unseres Melek") mit Weintrinken und Vertragschließung mit dem Gott Melek. Über *loṣeṣîm* herrscht keine Einigkeit. Meist leitet man es von *ljṣ* (→ IV 568f.) ab und übersetzt 'Spötter' (Nyberg: 'Ausgelassene'). Andere Vorschläge sind 'Schwätzer' oder 'Trunkenbolde' (H. N. Richardson, VT 5, 1955, 166f.), 'Spione' (nach arab. *laḏlaḏa* 'ausspähen'; P. Ruben, AJSL 1935/36, 36) und 'Abweicher, Diversanten' (nach arab. *lwṣ* 'abbiegen', Th. H. Gaster, VT 4, 1954, 79).

f) Im Deboralied, Ri 5, 14b heißt es: „Aus Machir kommen Herrscher (*ḥoqeqîm*) und aus Sebulon *mošek̠îm bešebæṭ soper*." Die *mošek̠îm bešebæṭ* sind offenbar Zepterträger, also Fürsten; was *soper* heißt, ist dunkel, vielleicht ist es zu akk. *šapāru* 'schicken, schreiben' und „regieren" zu stellen, also „Herrscherstab", nach anderen akk. *siparru* 'Bronze'.

g) Am 9, 13 beschreibt die kommende Heilszeit u.a. wie folgt: „Der Pflüger drängt sich an (*māšak̠*) den Schnitter, der Traubenkelterer an den Säenden." M.a.W. die Weinlese wird wegen der reichen Ernte dauern, bis es Zeit zum Pflügen ist, und kaum hat man die Saat vollendet, so beginnt schon wieder die Erntezeit.

4. Die *niph-* und *pu*-Belege schließen sich der *qal*-Bedeutung 'in die Länge ziehen' an. Am Ende der Babelweissagung Jes 13 bezeugt v. 22, daß das Eintreffen der Katastrophe „nahe" ist und sich nicht verzögert (*jāmâhā lo' jimmāšek̠û*). Ähnlich versichert Ez 12, 25. 28, daß das, was JHWH gesprochen hat, ohne Verzögerung verwirklicht werden soll. Ein ähnlicher Gedanke begegnet im Habakuk-Kommentar aus Qumran: die Männer der Wahrheit werden nicht schlaff im Dienst der Wahrheit, wenn die letzte Zeit sich verlängert, denn Gottes Zeiten kommen in ihrer Ordnung, wie er es bestimmt hat (1 QpHab 7, 12).

Dieselbe Bedeutungsnuance liegt in den drei *pu*-Belegen vor. Spr 13, 12 ist von einem hingehaltenen (*memuššāk̠*) Hoffen die Rede, das das Herz krank macht, während ein erfüllter Wunsch „ein Baum des Lebens" ist, eine psychologische Beobachtung, die ohne weiteres verständlich ist. Jes 18, 2. 7 ist von einem hochgewachsenen (*memuššāk̠*) und glatten ([*me*]*morāṭ*, wohl = unbehaart) Volk die Rede, d. h. wohl die Ägypter.

5. Unter den LXX-Wiedergaben sind ἑλκύειν und τείνειν mit verschiedenen Präfixen vorherrschend, für *niph* μηκύνειν und χρονίζειν.

Ringgren

מִשְׁכָּן *miškān*

I. 1. Zur Etymologie – 2. Vorkommen – II. 1. Profaner Gebrauch – 2. *miškān* bei P – 3. Die Wohnstatt JHWHs außerhalb P – III. 1. Qumran – 2. LXX.

Lit.: *F. M. Cross jr.*, The Tabernacle. A Study From an Archaeological and Historical Approach (BA 10, 1947, 45–68 = The Biblical Archaeologist Reader 1, 1961, 201–228). – *V. Fritz*, Tempel und Zelt (WMANT 47, 1977). – *M. Görg*, Das Zelt der Begegnung (BBB 27, 1967). – *M. Haran*, Temples and Temple Service in Ancient Israel, Oxford 1978. – *D. R. Hillers*, Mškn' „Temple" in Inscriptions from Hatra (BASOR 207, 1972, 54–56). – *W. Michaelis*, σκηνή (ThWNT VII 369–396). – *L. Rost*, Die Wohnstätte des Zeugnisses (Festschr. F. Baumgärtel, ErF A 10, 1959, 158–165). – *W. (H.) Schmidt*, מִשְׁכָּן als Ausdruck Jerusalemer Kultsprache (ZAW 75, 1963, 91f.). – *R. Schmitt*, Zelt und Lade als Thema alttestamentlicher Wissenschaft, 1972.

I. 1. *miškān* ist ein mit *m*-Präfix gebildetes Nomen von der Wurzel *škn* 'wohnen', das den Ort der durch die Wurzel *škn* zum Ausdruck gebrachten Handlung bezeichnet, also die Wohnung, die Wohnstatt. In mehreren semit. Sprachen tauchen analoge Bildungen auf. Im Akk. bezeichnet *maškanu* (AHw 626b; CAD M/1, 1977, 369–373) eine Tenne, einen Vorratsplatz oder ein Haus. Als Lehnwort *maš-gána* findet es sich auch im Sumer. (vgl. A. Falkenstein, HO I, 2, 1. und 2. Abschnitt, Lfg. 1, 1959, 15) in der Bedeutung 'Lagerplatz' (anders A. Goetze, AJSL 52, 1936, 154–156, der darauf aufmerksam macht, daß sich die Bedeutung 'Tenne' nur schwerlich von der akk. Wurzel *šakānu* herleiten läßt, so daß eher mit einer Bedeutungsübernahme aus dem Sumer. zu rechnen ist). In den Mari-Texten (vgl. A. Finet, L'accadien des lettres de Mari, Compte-rendu des séances de la commission d'histoire, 2. Ser. 50, 1, 1956, 58) begegnet *maškanu* einmal als von einem *āpilum* bewacht, so daß A. Malamat (EI 5, 1958, 67–73) mit Hinweis auf das hebr. *miškān* die Bedeutung „Zeltheiligtum" vorschlägt.

Das akk. *maškanu* bzw. *maškattu/maškantu* (AHw 627 und CAD M/1, 1977, 375–376) ist vermutlich als Lehnwort im Hebr. als *miskᵉnôṯ* enthalten. *miskᵉnôṯ* findet sich nur im Pl.: Ex 1, 11; 1 Kön 9, 19; 2 Chr 8, 4. 6; 16, 4; 17, 12; 32, 28. In Ex 1, 11 werden die Städte Pithom und Ramses als *'ārê miskᵉnôṯ* bezeichnet. Deshalb mit H. Brugsch (Geschichte Ägyptens unter den Pharaonen, Leipzig 1877, 549) *miskᵉnôṯ* mit äg. *meskenet* (gemeint ist offensichtlich: *mšḫn.t* 'Ruheplatz, Tempel') zu vergleichen, empfiehlt sich nicht, weil die lautliche Entsprechung zu vage ist. 1 Kön 9, 10 (|| 2 Chr 8, 4. 6) wird innerhalb der Notiz über die Festungsbauten Salomos auf die *'ārê miskᵉnôṯ* hingewiesen, über die Salomo verfügte (LXX^A verwechselt hier *miskᵉnôṯ* und *miškᵉnôṯ*), und bei der Beschreibung von Josafats Reichtum werden 2 Chr 17, 12 neben den Festungsbauten auch die *'ārê miskᵉnôṯ* in Juda erwähnt. Bloßes *miskᵉnôṯ* ohne *'ārê* findet sich 2 Chr 16, 4 und 32, 28. Will man 2 Chr 16, 4 den Text nicht aufgrund von 1 Kön 15, 20 aus *kinnᵉrôṯ* – *kikkᵉrôṯ* – ersetzt durch *sᵉḇiḇôṯ* (vgl. LXX περιχώρους) und daraus *miskᵉnôṯ* entstanden sein lassen (so W. Rudolph, HAT I/21, 246), sondern sieht in *miskᵉnôṯ* nach dem Akk. ein Wort für 'Magazine', 'Vorratshäuser', so besagt der Text 2 Chr 16, 4, daß die Heeresobersten des Benhadad nicht nur Ijjon, Dan und Abel-Majim, sondern auch alle Magazine der Städte Naftalis geschlagen haben. In 2 Chr 32, 28 schließlich werden im Zusammenhang mit der Schilderung von Hiskijas Reichtum *miskᵉnôṯ* für den Ertrag an Getreide, Wein und Öl neben den Ställen für das Vieh und den Schatzhäusern (v. 27) erwähnt. Damit sind Vorratshäuser bzw. Speicher, die als Magazine und Depots dienten, gemeint (vgl. P. Welten, Die Königs-Stempel, ADPV 1969, 124f.). Das hebr. *miskᵉnôṯ* hat demnach eine spezielle Bedeutung des akk. *maškanu* aufgenommen und beibehalten.

In den ugar. Texten bezeichnet *mšknt* an zwei wichtigen Stellen (KTU 1.15, III, 18f. und 1.17, V, 32f.) die himmlische Wohnstatt der Götter (vgl. W. H. Schmidt), wobei an beiden Stellen in Parallele *'hl* 'Zelt' steht (vgl. auch RSP II, 15). Im Aram. findet sich neben jüd.-aram. und christl.-pal. Belegen syr. *maškᵉnā'* (LexSyr 776b). In den Inschriften von Ḥatra begegnet das Wort *mškn'* 281, 3 in der Bedeutung 'Zelt' (vgl. R. Degen, Neue Ephemeris für semit. Epigraphik 3, 1978, 68f. und F. Vattioni, Le iscrizioni di Ḥatra, 1981, 90) und wohl als ON für Maškēnā = Maskin = Duǧail 50, 3; 79, 10 (anders D. R. Hillers, der hier und 29, 9 als Konjektur *mškn'* liest und als Bedeutung 'Tempel' annimmt). Eine besondere Rolle spielt das Wort *maškna* bei den Mandäern. So nennt Theodor bar Kōnai die Mandäer u. a. *maškᵉnaiê*, also Maškenäer = Templer (vgl. K. Rudolph, Die Mandäer I, 31ff. 257f.), offensichtlich weil in den älteren Texten die Kultstätte *maškna* heißt. Diese Tempelchen oder besser Kulthütten, die aus Schilfrohr und Lehm als Rechteck mit Giebeldach der Form nach einer Wohnhütte gleichen, nehmen also nur durch ihre Benennung als *maškna* den at.lichen terminus technicus für das Wüstenheiligtum auf, ohne damit eine Zelt- oder Wohnstatt-Tradition fortzuführen. Schließlich muß noch arab. *maskan/maskin* in der Bedeutung 'Wohnung, Haus, Wohnsitz' erwähnt werden.

2. *miškān* findet sich im hebr. AT insgesamt 139mal, davon 103mal bei P (58mal in Ex 25–40; 30mal in Num 1–10). Die Verbindung *miškan hā'eḏuṯ* begegnet neben *'ohæl hā'eḏuṯ* (Num 9, 15; 17, 23; 18, 2) 6mal (Ex 38, 21; Num 1, 50. 53 bis; 10, 11; 16, 9). Abgesehen von 8 Vorkommen in 1/2 Chr und Jos 22, 16. 19. 29; 2 Sam 7, 6 verteilen sich die restlichen Stellen auf Jes (2mal), Jer (3mal), Ez (2mal), Hab (1mal), Ps (11mal), Ijob (3mal) sowie Hld (1mal). Außerdem steht das Wort 1mal im aram. Kontext Esr 7, 15. Eine fem. Pluralbildung auf *-ôt* ist 18mal (Num 24, 5; Jes 32, 18; 54, 2; Jer 9, 18; 30, 18; 51, 30; Hab 1, 6; Ps 43, 3; 49, 12; 78, 28; 87, 2; 132, 5. 7; Ijob 18, 21; 21, 28; 39, 6; Hld 1, 8) belegt, während eine mask. Pluralbildung auf *-îm* nur zweimal (Ez 25, 4 und Ps 46, 5) begegnet. Mit Ausnahme von Ps 43, 3; 84, 2; 132, 5. 7, wo *miškānôṯ* den Tempel als Wohnung JHWHs in Jerusalem in einer Art Majestäts- bzw. Erhabenheitsplural bezeichnet, wo also der Pl. sicher nicht gebraucht ist, weil der Tempel einen ganzen Komplex von Gebäuden umfaßt (so z. B. H. Gunkel, Die Psalmen, ⁵1968, 370), läßt sich *miškānôṯ* an den übrigen Stellen als Mehrzahl, die aus einzelnen Gliedern besteht, verstehen. Die mask. Pluralbildung läßt sich im Gegensatz dazu als Gruppenplural interpretieren. Ez 25, 4 ist die Phrase *nāṯan miškānîm* vermutlich eine ähnliche Zerdehnung von *šākan* wie unser „Wohnung nehmen" von „wohnen", und auch „bei der Ps 46, 5 vorliegenden superlativischen Konstruktion ist der Gruppenplural auf *-îm* höchst sinnvoll" (D. Michel, Grundlegung einer hebräischen Syntax 1, 1977, 47).

II. 1. Das Nomen *miškān* wird verhältnismäßig selten zur Bezeichnung der Wohnung von Menschen gebraucht. Wenig Gewicht ist Num 16, 24. 27 beizumessen, wo vom *miškān* Korachs bzw. Korachs, Datans und Abirams die Rede ist; denn in beiden Fällen handelt es sich um sekundäre redaktionelle Verquikkung zweier Erzählungsvarianten. Vermutlich war im ursprünglichen Text vom *miškān* JHWHs die Rede. In Num 24, 5; Jer 30, 18; Jes 54, 2 und Ijob 21, 28 begegnet *miškān* in Parallele zu → אהל *'ohæl*. Num 24, 5 preist Bileam in seinem dritten Segensspruch die Herrlichkeit Israels, die er beim Anblick des Lagers zu seinen Füßen wahrnimmt, mit den Worten: „wie schön sind deine Zelte, Jakob, deine Wohnungen, Israel!" *'ohālîm* und *miškānôṯ* sind hier in Parallele offensichtlich Bezeichnungen für die

Behausungen nomadischer Stämme. In der Rede Bildads über das Ende des Frevlers Ijob 18 wird in der Zusammenfassung v. 21 festgestellt: „ja, so verhält es sich mit den Wohnstätten des Frevlers und so mit der Stätte dessen, der sich nicht um Gott kümmert". *māqôm* und *miškānôṯ* stehen hier in Parallele. Es fragt sich aber, ob man *miškānôṯ* einfach als Sing. übersetzen darf (wie es z. B. G. Fohrer, KAT XVI, 297 tut). Näher liegt es, *'awwāl* mit E. König (Das Buch Hiob, 1929, 184) als Bezeichnung der Kategorie zu verstehen, so daß die Wohnungen der Frevler gemeint sind, wenn nicht der Pl. v. 14f. reflektiert und an verschiedene Standorte eines Zeltes innerhalb der Wohngegend (*nāwæh*) denkt. In der sechsten Rede des Ijob (21, 1–34), in der das scheinbar herrliche Leben des Frevlers geschildert wird, nimmt Ijob v. 28 die Frage der Freunde auf: „wo ist das Zelt, die Wohnstätten, der Frevler?", in der sie behaupten, daß Häuser und Wohnstätten der Frevler plötzlich verschwinden. *'ohæl* und *miškānôṯ* sind anscheinend Dubletten. Man kann mit Ms Kennicott 111 und V *'ohæl* streichen (so z. B. G. Fohrer), wenn nicht auch hier wieder an verschiedene Standorte eines Zeltes gedacht ist und deshalb (vgl. Ijob 18, 18 und 18, 14f.) *miškānôṯ* zu *'ohæl* hinzugesetzt ist. Nach Ps 78, 28 bestand das Lager der Israeliten aus *miškānôṯ*, womit Zelte (so z. B. auch neuere Bibelübersetzungen wie die Einheitsübersetzung von 1980) gemeint sind. Ez 25, 4 wird in dem Wort gegen die Ammoniter (25, 1–5) angedroht, daß die Ostleute, nicht näher bezeichnete Wüstenstämme, im Staatsgebiet von Ammon ihre Ringlager *ṭîrôṯ* aufschlagen werden und auf diese Weise dort Wohnung nehmen werden (*nāṯan miškānîm*). Hld 1, 8 wird Sulamit von ihrem Geliebten aufgefordert, den Spuren der Kleinviehherden zu folgen, damit sie zu den *miškānôṯ* der Hirten gelangt und dort ihre Böckchen weiden lassen kann, damit der Geliebte sie findet. Mit *miškānôṯ* sind kaum feste Unterkünfte gemeint, sondern die Aufenthaltsplätze, an denen die Hirten ihre Lagerstätten errichten, um die Nacht geschützt zu verbringen. Auch die Aufforderung an Jerusalem bei DtJes (Jes 54, 2), für die zu erwartende Menge der künftigen Bewohner die Zeltplanen (*jerî'ôṯ*) der Wohnstätten ohne Zurückhaltung weit auszuspannen, nimmt in der poetischen Ausdrucksweise die Vorstellung vom Zeltlager auf. Wenn Hab 1, 6 festgestellt wird, daß die Chaldäer auf JHWHs Geheiß hin sich Wohnstätten aneignen, die ihnen nicht gehören, dann wird hier genausowenig wie etwa Jer 9, 18, wonach der Prophet die vom Zion her schallende Totenklage hört, die die Trauer um die Zerstörung der Wohnstätten einschließt, ausdrücklich an feste Gebäude im Gegensatz zu Zelten gedacht sein, sondern es geht an beiden Stellen um menschliche Behausungen ohne nähere Definition der Art der Wohnungen. So ist auch Jer 51, 30 zu verstehen, wo für die Wohnstätten der Stadt Babel die Vernichtung durch Brand angedroht wird. Dieser allgemeinere Sinn des Wortes *miškān* liegt auch Jer 30, 18 vor, wonach JHWH sich der Zelte Jakobs und seiner Wohnstätten erbarmen will. Noch allgemeiner wird Ijob 39, 6 von den Lagerplätzen (*miškenôṯājw*) des Wildesels in der Salzgegend (*meleḥāh*) gesprochen. Die Verheißung gesicherter Wohnstätten Jes 32, 18 dagegen hat Ortschaften und Städte vor Augen. An ein wie ein kleines Haus gestaltetes Grab, an einen aus dem Fels herausgehauenen hausähnlichen Block, der innen eine Grabkammer enthält, ist Jes 22, 16 gedacht, wo das Prunkgrab des Haushofmeisters Schebna als *miškān* bezeichnet wird. Ähnlich werden Ps 49, 12 (wo doch wohl *qebārîm* statt *qirbām* zu lesen ist) die Gräber als Häuser und Wohnstätten bezeichnet. Wenn es Ps 87, 2 heißt, daß JHWH Zions Tore mehr liebt als alle Wohnungen Jakobs, dann ist hier zwar von der Erwählung des Jerusalemer Tempels die Rede, aber daraus zu schließen, daß die *miškenôṯ ja'aqoḇ* die Kultstätten außerhalb Jerusalems, also alle anderen Tempel in Israel (so H.-J. Kraus, BK XV/2, [5]1978, 767) meinen, ist angesichts von Num 24, 5 und Jer 30, 18 wenig wahrscheinlich. Die Wohnungen Jakobs sind metaphorische Umschreibung der Volksgemeinschaft und ihrer Glieder.

Es hat sich gezeigt, daß *miškān* als menschliche Behausung in seiner Bedeutung häufig verwandt mit *'ohæl* ist, an einigen Stellen aber auch feste Siedlungen und Ortschaften meint. Vielleicht kann man mit M. Görg (106ff.) auch daran denken, daß *miškān* die Wohnstätte charakterisieren kann, an der besitzrechtliches Verbleiben ausgeschlossen ist, die also nicht das dauernde Wohnen, sondern nur den vorübergehenden Aufenthalt meint.

2. Im vorliegenden komplexen Text der Priesterschrift sind zwei Vorstellungen, eine, die ein Zelt, und eine andere, die einen Holzbau vor Augen hat, miteinander verwoben. Unabhängig von der Frage, ob sich die beiden Vorstellungen auf zwei verschiedene literarische Schichten verteilen lassen (so K. Galling, HAT I/3, 1939, 132ff.) oder ob die sachlichen Schwierigkeiten der „Wohnungs"-Beschreibung auf überlieferungsgeschichtlichem Wege zu erklären sind (so M. Noth, ATD 5, [6]1978, 171ff.) oder ob man mit älteren, von P aufgenommenen Ritualen, die den Zeltbau betreffen, rechnen muß, in die die Bauvorschriften für einen Holzbau in Anlehnung an den Jerusalemer Tempel eingefügt wurden (so K. Koch, FRLANT 71, 8f. 13ff.), bleibt festzustellen, daß der jetzige Text eine Konstruktion bietet, die in Wirklichkeit nicht funktionieren kann, weil z. B. der Holzbau nicht in das Zelt hineinpaßt (vgl. K. Galling 135). Während nach Ex 26, 1. 6 der *miškān* als ein Gefüge von Zeltbahnen (*jerî'ôṯ*) erscheint, soll nach Ex 26, 15–30 ein Holzbau als *miškān* erstellt werden, der ursprünglich mit dem Zeltbau Ex 26, 1–14 nichts zu tun hat. Das Brettergerüst trägt kein Dach und ist außerdem an der Vorderseite offen, weil das Blockhaus im Zelt untergebracht werden soll, so daß das Dach durch das Zeltdach und die Vorder- bzw. Ostseite durch den am Eingang des Zeltes angebrachten Vorhang ersetzt

werden. Die Holzkonstruktion ist nicht in allen Teilen klar. Da jedes Brett eineinhalb Ellen breit sein soll, mißt die Süd- und Nordseite aus 20 Brettern (Ex 26, 18. 20) je 30 Ellen. Schwieriger ist die Bestimmung der Breitseite. Für die Westseite sollen 6 Bretter hergestellt werden, so daß in den Kommentaren meistens aufgerundet mit einer Breite von 10 Ellen gerechnet wird. Allerdings spricht der schwer verständliche und vermutlich überarbeitete Text Ex 26, 23f. von zwei Eckbrettern, wobei unklar bleibt, ob es sich dabei um zwei zusätzliche Bretter (wie v. 25 voraussetzt) oder um zwei besonders zu bearbeitende der 6 Bretter der Rückwand handelt. Versucht man nicht, die Maße des Jerusalemer Tempels (1 Kön 6, 2: 60 Ellen lang, 20 Ellen breit) in den Maßen des *miškān* halbiert wiederzufinden, so könnte der Hinweis von Y. Aharoni (AOAT 22, 1973, 1–8), daß das Größenverhältnis von 20 zu 6 Brettern dem von 20 zu 6 Ellen des Tempels von Arad entspricht, zeigen, daß in den ursprünglichen Angaben von Ex 26, 15ff. eine Bautradition zum Ausdruck kommt, die nicht mit der Jerusalemer identisch ist, sondern eine „altisraelitische Tempelbautradition" (Fritz 164) widerspiegelt, die erst sekundär mit den Maßen des Jerusalemer Tempels in Beziehung gebracht wurde.

In den sekundären Stücken von P ist *miškān* überwiegend (vgl. etwa Ex 35, 15. 18; 36, 14. 20. 22, aber auch Num 3, 23. 25. 26. 29. 35. 36. 38 u. ö.) zur Bezeichnung des komplexen Zeltheiligtums geworden und damit anders nuancierte Benennung des *'ohæl mô'eḏ*. Wenn Ex 38, 21; Num 1, 50. 53 bis; 10, 11; 16, 9 vom *miškan hāʿeḏûṯ* (neben *'ohæl hāʿeḏûṯ* Num 9, 15; 17, 23; 18, 2) die Rede ist, dann ist damit der *miškān* als Aufbewahrungsort für die Lade mit dem Zeugnis (*'ᵃrôn hāʿeḏuṯ* Ex 25, 22; 26, 33f. u. ö.) gemeint. Wenn also an den genannten Stellen das Begegnungszelt nun als „Wohnstätte des Zeugnisses" gesehen wird, dann wird hier eine Tendenz sichtbar, die das Zelt zum „Reliquienschrein" macht. „Mitten im Volk weilt dann nur noch jene Urkunde, in der Jahwe sich seinem Volk als Gott anbietet, und die Unmittelbarkeit jenes ‚Ich bin mit euch' droht zu entschwinden" (Rost 165).

3. In dem hinsichtlich Sprache und Vorstellungswelt von P abhängigen Abschnitt Jos 22, 9–34 wird im Zusammenhang mit Vorwürfen an die Oststämme (Jos 22, 19) darauf hingewiesen, daß die Wohnstätte JHWHs bereits im Eigentumsland JHWHs wohnt (*šāḵan*), daß also kein weiterer Altarbau angebracht ist (vgl. die rechtfertigende Antwort Jos 22, 29). Hier ist doch wohl das Heiligtum von Silo als *miškan JHWH* bezeichnet. Auch in den Pss wird einmal Ps 78, 60 der *miškān* von Silo genannt, während an den übrigen Stellen (Ps 26, 8; 43, 3; 46, 5; 74, 7; 84, 2; 132, 5. 7) immer das Heiligtum in Jerusalem gemeint ist, zu dem hin zu wallfahren aufgefordert wird (Ps 132, 7, vgl. auch 43, 3) und das als lieblich angesehen wird (Ps 84, 2) und das der Beter besonders liebt (Ps 26, 8), weil die Herrlichkeit JHWHs dort wohnt. Ebenso wird Ez 37, 27, wonach JHWH ankündigt, daß seine Wohnung für alle Zeiten inmitten seines Volkes sein wird und so die Völker erkennen sollen, daß JHWH Israel heiligt, mit dem Ausdruck *miškān* an den Tempel in Jerusalem gedacht.

In der Chronik ist der Sprachgebrauch von P aufgenommen. So ist 1 Chr 23, 26, wo berichtet wird, daß die Leviten die Wohnstatt früher getragen haben, unter *miškān* das Zeltheiligtum der Wüstenzeit verstanden. 1 Chr 6, 33 und 2 Chr 29, 6 ist allerdings der Tempel in Jerusalem, als Nachfolger des Wüstenheiligtums, gemeint. Die überladene Ausdrucksweise *miškan 'ohæl môʿeḏ* 1 Chr 6, 17 findet sich bereits Ex 39, 32; 40, 2. 6. 29. Auch die Bezeichnung *miškan JHWH* 1 Chr 16, 39; 21, 29 hat ihr Vorbild bei P Lev 17, 4; Num 16, 9; 19, 13. Nur die Wortverbindung *miškan bêṯ hā'ᵉlohîm* in 1 Chr 6, 33 ist nicht von Formulierungen des Pentateuchs abhängig. Diese eigene Schöpfung des Chronisten verbindet den Tempel Salomos, das „Gotteshaus", mit der Bezeichnung „Wohnstätte", dem Heiligtum der Wüstenzeit, und vollzieht damit eine auch in Ps 74, 7; 84, 2; 132, 5; Ez 37, 27; 2 Chr 29, 6 vorgenommene Identifikation (vgl. L. Rost 161).

Ein besonderes Problem stellt die Formulierung in 2 Sam 7, 6 dar, wonach JHWH die Tempelbaupläne ablehnt mit dem Hinweis, daß er niemals in einem Haus gewohnt habe seit der Herausführung der Israeliten aus Ägypten, sondern daß er *bᵉ'ohæl ûbᵉmiškān* umhergewandert sei. Es ist kaum erlaubt, den Ausdruck als Hendiadyoin im Sinne von „Zeltwohnung" (so z. B. R. Kittel in HSAT I, z. St.) zu verstehen oder das *waw* als *waw* explicativum zu interpretieren im Sinne von „mit einem Zelt als Wohnung" (so z. B. F. Stolz in ZBK, AT 9, 218). In der Parallelstelle 1 Chr 17, 5 bietet MT *me'ohæl 'æl 'ohæl ûmimmiškān*. Mit dem Targum wird der Text gerne ergänzt zu *ûmimmiškān 'æl miškān*, so daß die Meinung die ist, daß JHWH von Zelt zu Zelt und von Wohnplatz zu Wohnplatz gewandert sei. Diesen Text für ursprünglich zu halten und 2 Sam 7, 6 danach zu ändern (vgl. z. B. W. Rudolph, HAT I/21, 1955, 130ff., der als ursprünglichen Text eruiert: „ich wanderte im Zelt von Wohnplatz zu Wohnplatz" unter Hinweis auf den Targum, wo ausdrücklich Nob, Schilo und Gibeon als Stationen des die Lade bergenden Zeltes genannt sind), dürfte kaum angebracht sein und hieße dem Chroniktext zuviel Vertrauen entgegenzubringen. Mit großer Wahrscheinlichkeit steht hinter der Formulierung *bᵉ'ohæl ûbᵉmiškān* in 2 Sam 7, 6 (vielleicht ursprünglich mit dem Artikel) die Vorstellung des nach Ex 26 aus Zelt (*'ohæl*) und Brettergerüst (*miškān*) zusammengesetzten Wüstenheiligtums. Wenn also hinter der Formulierung von 2 Sam 7, 6 priesterschriftliche Traditionen und Vorstellungen zum Ausdruck kommen, dann könnte damit beabsichtigt sein, „eine Kontinuität der Existenz des Wüstenheiligtums bis zur Errichtung des Tempels (1 Kön 8, 4) herauszustellen" (R. Schmitt 302), wobei allerdings das Heiligtum von Schilo, vielleicht weil es seit seiner Zerstörung als verflucht galt, nicht in die Überlegungen einbezogen wurde.

III. 1. Das Wort *miškān* spielt in den Qumrantexten keine Rolle (auch nicht in TR). Nur in zwei fragmentarisch erhaltenen liturgischen Texten findet sich je einmal *mškn*. 4 Q 504, 12, IV, 2 (Paroles des Luminaires) wird der *miškān* im Zusammenhang mit Jerusalem erwähnt, während in einer Liturgie des Sabbatbrandopfers 4 Q *šîrôṯ ʿolaṯ haššabbāṯ* 24, 2 = VTS 7, 1959, 318–345, bes. 335ff. *miškān* zur Bezeichnung des himmlischen Tempels verwendet wird.

2. Auffällig ist die Wiedergabe von *miškān* in LXX durch σκηνή (insgesamt 93mal, einmal κατασκήνωσις und 17mal σκήνωμα). Da auch *'ohæl* mit σκηνή wiedergegeben wird, ist in LXX die in P des MT auch literarkritisch greifbare Unterscheidung zwischen *'ohæl* und *miškān* nunmehr völlig verwischt. Die Wiedergabe durch σκηνή wurde als Argument dafür angeführt, daß *miškān* ursprünglich „Zelt" bedeutet (vgl. F. M. Cross 227). Aber die LXX-Übersetzer wählten σκηνή als Wiedergabe von *miškān* wohl deshalb, weil in beiden Wörtern die drei gleichen Konsonanten *s-k-n* in gleicher Reihenfolge vorhanden waren (vgl. ThWNT VII, 1964, 372).

D. Kellermann

מָשַׁל *māšal* I

מָשָׁל *māšāl*

I. 1. Vorkommen im AT – 2. Vorkommen und Bedeutung in anderen semit. Sprachen – 3. Das Problem der Etymologie und der Homonymität der Wurzel *mšl* – II. Die Verbwurzel *mšl* I, das Nomen *māšāl* und ihr Zusammenhang – a) Die Verbwurzel *mšl* I in ihrer Grundbedeutung – b) *māšāl* als literarische Gattung im AT – c) Die Entstehung des Begriffes.

Lit.: *A. Alt*, Die Weisheit Salomos (KlSchr II, 1953, 90–99). – *O. Eißfeldt*, Der Maschal im Alten Testament (BZAW 24, 1913). – *P. Fiebig*, Altjüdische Gleichnisse und die Gleichnisse Jesu, 1904. – *Ders.*, Die Gleichnisreden Jesu im Lichte der rabbinischen Gleichnisse des neutestamentlichen Zeitalters, 1912. – *H. Fuchs*, Sprichwörter (Jüdisches Lexikon V, 1930, 580–581). – *A. H. Godbey*, The Hebrew *Mašal* (AJSL 39, 1922/23, 89–108). – *F. Hauck*, παραβολή. B. Altes Testament. Septuaginta. Spätjudentum (ThWNT V 744–748). – *P. Haupt*, Moses' Song of Triumph (AJSL 20, 1903/04, 149–172). – *J. Hempel*, Die althebräische Literatur und ihr hellenistisch-jüdisches Nachleben, 1934, Nachdr. 1967. – *A. S. Herbert*, The 'Parable' (*māšāl*) in the Old Testament (ScotJTh 7, 1954, 180–196). – *H. J. Hermisson*, Studien zur israelitischen Spruchweisheit (WMANT 28, 1968). – *A. R. Johnson*, מָשָׁל (VTS 3, 1955, 162–169). – *J. Krengel*, Maschal (Jüdisches Lexikon III, 1929, 1411–1415). – *G. M. Landes*, Jonah: A *Mašal* (Israelite Wisdom, hrsg. J. G. Gammie u.a., Missoula 1978, 137–158). – *T. Polk*, Paradigms, Parables, and *mĕšālîm*: On Reading the *Māšāl* in Scripture (CBQ 45, 1983, 564–583). – *G. Rinaldi*, Alcuni termini ebraici relativi alla letteratura (Bibl 40, 1959, 279ff.). – *D. W. Suter*, *Māšāl* in the Similitudes of Enoch (JBL 100, 1981, 193–212).

I. 1. Die Verbwurzel *mšl* kommt im AT mit zwei unterschiedlichen Bedeutungsfeldern vor, die etymologisch auf zwei verschiedene Wurzeln zurückgehen: 1. als denominiertes Verb *mšl* I (*qal* und *pi*), abzuleiten von *māšāl* 'Spruch, Sprichwort, Weisheitsspruch' (KBL³ 612) im Sinn von 'einen Spruch machen' (KBL³ 611), wobei zu beachten ist, daß es auch ein *niph* 'gleichgesetzt sein, gleich werden', ein *hitp* 'gleich werden' und ein *hiph* 'vergleichen mit' gibt, das offenbar mit einer im AT nicht mehr verwendeten Grundbedeutung 'gleich sein' zusammenhängt (ursemit. **mṯl*); 2. als *mšl* II 'herrschen' (KBL³ 611f.; ursemit. **mšl*).

2. Im Akk. ist die Verbwurzel *mšl* I als *mašālu(m)* mit der Bedeutung 'gleich sein, gleich werden' bekannt (AHw 623f.), die bis zu dem Begriff der Entsprechung von gleichen Teilen geht (AHw 661: *mišlu* 'Hälfte'; *mišlānu* 'Halbanteil'). Während die Wurzel *mšl* I (<*mṯl*) im ugar. Wortschatz bisher nicht belegbar ist, findet sie sich innerhalb der nordwestsemit. Sprachen in jüd.-aram. und syr. *meṯal* 'vergleichen' sowie in arab. *maṯala* 'gleichen' (vgl. *miṯl* 'Ähnlichkeit'), asarab. *mṯl* 'ähnlich', 'Abbild' und äth. *masala* 'gleichen'.

3. Obwohl die Wurzel *mšl* II in der Bedeutung 'herrschen' zusammen mit ihren Ableitungen zahlenmäßig gegenüber *mšl* I häufiger vorkommt (*mšl* II: 98 Belegstellen; *mšl* I: 58 Belegstellen), hat sich die wissenschaftliche Diskussion in stärkerem Maße dem mit dem Begriff „Maschal" verbundenen literarischen Genre zugewandt. Nur gelegentlich wird auf die Frage nach dem Verhältnis der beiden unterschiedlichen Bedeutungen eingegangen. Wie schon erwähnt, liegen zwei verschiedene Wurzeln vor. Alle Versuche, die beiden Wortwurzeln von einer gemeinsamen Grundbedeutung abzuleiten (WTM III 280; Hempel 44; B. Gemser, Sprüche Salomos, ²1963, 8; vgl. dazu Eißfeldt, Maschal, 1–6), beruhen in den meisten Fällen auf einer gedanklichen Abstraktion und haben dazu den lexikographischen Befund (s.o. I.2.) gegen sich.

Für die bibl.-hebr. Verbwurzel *mšl* I ist es wahrscheinlich, daß die Grundbedeutung des *qal*, wie sie sich aus den Bedeutungen des *hitp*, *niph* und *hiph* sowie aus den Parallelen der verwandten semit. Sprachen ergibt, durch die von *māšāl*, das offenbar einen literarischen Begriff darstellt und eine bestimmte Art von Sprüchen zu bezeichnen scheint, denominierte Bedeutung 'einen Spruch, ein Gleichnis machen; Spottverse sagen' (KBL³ 611) verdrängt worden ist. Sie scheint nur in dem Derivat *mošæl* 'Gleiches' (Ijob 41, 25: „Nichts ist auf dem Erdboden ihm [dem Leviatan] Gleiches") erhalten geblieben zu sein. Ob und welche Beziehung jedoch zwischen dem eine Art Spruch bezeichnenden *māšāl* und der für das Verb *mšl* I zu erschließenden Grundbedeutung „gleich sein" besteht, wird sich aus der folgenden Untersuchung ergeben (s.u. II.c).

II. a) Die ursprüngliche Bedeutung des Verbums

mšl I 'gleich sein' (Eißfeldt, Maschal 6) hat sich neben dem schon erwähnten Derivat *mošæl* nur in den abgeleiteten Stämmen *hitp*, *niph* und *hiph* erhalten. In der Mehrzahl der Aussagen findet das Gleichartig-Werden des Menschen mit den Toten in der Unterwelt und seine Nichtigkeit (Jes 14, 10 ist der König von Babylon gemeint, Ps 28, 10; 49, 13. 21; 143, 7; Ijob 30, 19 spricht der Beter von sich selbst) ergreifenden Ausdruck. Nur Jes 46, 5 redet JHWH von seiner Unvergleichlichkeit (*mšl* || *dmh pi* || *šwh hiph*).

b) Unumstritten ist die Tatsache, daß es sich bei *māšāl* um einen literarischen Begriff handelt. Das Buch der Sprüche trägt die Überschrift *mišlê šᵉlomoh* (Spr 1, 1), und diese Bezeichnung findet sich ebenfalls bei den Anfängen der in diesem Buch enthaltenen Teilsammlungen Spr 10, 1; 25, 1. Dabei zeigt Spr 1, 6 durch die Aufzählung einiger Synonyma anschaulich, welche Bedeutungsbreite das Wort *māšāl* in diesem Buch aufweist. In gleichem Sinne wird *māšāl* auch Koh 12, 9 verwendet. Inhalt und Zweck derartiger Sprüche werden in Spr 1, 2–6 dargelegt (vgl. auch Spr 26, 7. 9). Die angenommene Autorschaft des Königs Salomo für die biblischen Bücher der Sprüche und des Predigers hat ihre Grundlage in den Aussagen von 1 Kön 5, 12, wobei jedoch zu beachten ist, daß hier wohl auch an andersartige Sprüche zu denken ist, als sie in den genannten Büchern zu finden sind (vgl. A. Alt, Die Weisheit Salomos, 91, der hier an die der Naturwissenschaft näherstehende „Listenwissenschaft" nach ägyptischen Vorbildern denkt). Die Ausweitung einzelner belehrender Sprüche zur Lehrrede, wie sie Ps 49, 5 darstellt, wird ebenfalls mit *māšāl* bezeichnet, auch der Rückblick auf die Geschichte des Volkes, da dies der Belehrung dient (Ps 78, 2), und Ijobs Ausführungen allgemeiner Art (Ijob 27, 1; 29, 1) werden gleichfalls als *māšāl* bezeichnet. Es gibt jedoch auch Situationen im Leben, in denen der Wert solcher Belehrung durch kluge Sprüche zweifelhaft wird (Ijob 13, 12: „eure Denk-Sprüche sind Aschen-Sprüche").

Sprüche und Reden belehrender Art, wie sie in den Bereich der at.lichen Weisheit gehören, sind aber nicht die einzigen literarischen Gattungen, die mit *māšāl* bezeichnet werden. Das Wort gehört nicht nur in diese Sphäre, sondern hat auch seinen Platz in der prophetischen Verkündigung. Dort meint es den Orakelspruch als Ergebnis einer Vision oder Eingebung (vgl. die Bileam-Sprüche in Num 23, 7. 18; 24, 3. 15. 20f. 23). Auch die verhüllende Aussage über die Zukunft, die eher ein Rätsel (→ חידה *ḥîḏāh*) oder Gleichnis und Allegorie darstellt und von Ezechiel häufig gebraucht wird (Ez 17, 2; 24, 3; vgl. die Beschwerde seiner Hörer gegen diese Art der prophetischen Verkündigung in Ez 21, 5), heißt *mašāl*.

Um auf die Grundbedeutung des Nomens *māšāl* zu stoßen, sind diejenigen Sätze heranzuziehen, die als *māšāl* bezeichnet und danach wörtlich zitiert werden; dies sind 1 Sam 10, 12; 24, 14; Ez 12, 22; 18, 2 (s. Eißfeldt, Maschal 7f.). Man kann sie, da sie mehrfach zitiert oder auch variiert werden (1 Sam 10, 12 = 19, 24 [ähnlich Jer 23, 28b]; Ez 18, 2 = Jer 31, 29; 1 Sam 24, 14, ähnlich Ez 16, 44; Ez 12, 22 wird durch v. 23 in sein Gegenteil verkehrt), wohl als „Sprichwort" oder „geflügeltes Wort" bezeichnen.

Aus der Umkehrung des Gedankens von Gen 12, 3; 48, 20 läßt sich die Bedeutung „zum Sprichwort werden" (Dtn 28, 37) als Ausdruck für die Strafe JHWHs über sein Volk (1 Kön 9, 7 = 2 Chr 7, 20; Jer 24, 9; Ez 16, 44; Mi 2, 4; Ps 44, 15) und des Spottes über das Mißgeschick anderer (Jes 14, 4: der König von Babel in der Unterwelt; Ez 14, 8: die Götzendiener im Volk Israel; Hab 2, 6: Weheruf über die Unterdrücker des Volkes Israel; Ps 69, 12: der fromme Beter; Ijob 17, 6: Ijob selbst) ableiten. Menschen, die das Spottlied als Dichter zu handhaben wissen, werden daher auch als *mošᵉlîm* 'Spottlieddichter' (Num 21, 27 [hier ein Kampf- oder Siegeslied]; Jes 28, 14; Ez 16, 44 wird offenbar ein Sprichwort im spöttischen Sinn verwendet) bezeichnet.

c) Es stellt sich nach dieser Übersicht die Frage, wie so viele unterschiedliche literarische Formen zu dieser übergreifenden Bezeichnung *māšāl* kommen, mit welchem dieser Begriffe ursprünglich dieses Wort verbunden war und wie sie untereinander in Verbindung stehen.

Eißfeldt wird wohl im Recht sein (trotz der methodischen Einwände von Hermisson 38–49), wenn er auf der einen Seite eine Entwicklung vom einfachen, prosaischen Volkssprichwort zum Spottvers einerseits und zum poetisch geformten Weisheitsspruch andererseits sieht und auf der anderen Seite Gleichniserzählung, Orakelrede und Allegorie in Zusammenhang bringt (42f.). Für die beiden literarischen Gattungen „Sprichwort" und „Gleichnis" ist der Ausdruck *māšāl* bis in die rabbinische Zeit hinein im Gebrauch gewesen (Hauck, ThWNT V 746f.; Fiebig, Gleichnisreden 6).

Während der Gebrauch des Terminus *māšāl*, abgeleitet von der Verbwurzel *mšl* I 'gleich sein' für das Gleichnis ohne weiteres einleuchtend ist (vgl. die Einleitungsformel *'æmšol lᵉḵā māšāl: lᵉmāh haddāḇār dômæh* (Fiebig, Gleichnisse 17), trifft dies beim Sprichwort nicht zu, da die Sprichwörter weder stets aus zwei gleichen Hälften bestehen (so Haupt 150) noch in jedem Fall einen ausgeführten Vergleich enthalten, wie es zahlreiche Sprüche in Spr 25f. tun (25, 13; 26, 1f. 8. 11).

Bei genauerer Betrachtung der von Eißfeldt genannten Sprichwörter (s. oben) ergibt sich aber, daß sie alle von zwei Größen handeln, die zueinander in Beziehung gesetzt und damit verglichen werden: Saul und die Propheten (1 Sam 10, 12; 19, 24); der Frevler und seine Tat (1 Sam 24, 14); das Stroh und das Korn (Jer 23, 28b); die prophetische Rede und ihre Verwirklichung (Ez 12, 22f.); die Mutter und die Tochter (Ez 16, 44); die Taten der Väter und das Ergehen der Söhne (Ez 18, 2 = Jer 31, 29). Damit verdienen diese Sprüche zu Recht die Bezeichnung *māšāl* (was man vielleicht mit dem Wort „Gleich-Spruch" wiedergeben könnte) im Sinne eines einfachen und volkstümlichen Spruches, der das Verhältnis von Gleichem bzw. Ungleichem bildlich darstellt, und sie können vielleicht doch als die Urform des *māšāl* angesehen werden, die Eißfeldt einst als „nicht mehr erhalten" (42) bezeichnete.

Diese Art des Sprichworts hat sich bis in die nt.liche Zeit fortgesetzt. Jesus zitiert ein derartiges Sprichwort (Lk 4, 23; vgl. Hauck 746): „Arzt, hilf dir selber!", das in gleicher Weise wie die at.lichen Sprichwörter zwei Dinge miteinander in Beziehung setzt: den Arzt und seine ärztliche Kunst. Anderen Menschen kann er helfen, sich selber aber nicht.

Daraus ergibt sich, daß der Ausdruck *māšāl* ursprünglich nur ein einfaches, im Volk umlaufendes Sprichwort gemeint hat, das bildhaft, gleichnisartig und damit verallgemeinerungsfähig zwei Größen miteinander in Beziehung setzt und damit als „gleich, ähnlich" bzw. „ungleich, unähnlich" beurteilt. Der Spruchcharakter hat zum poetisch geformten Kunstspruch geführt, während das Gleichnishafte dieser Sprüche sich zur Gleichniserzählung ausgeweitet hat. Der Begriff *māšāl* in seinem Ursinn geht direkt auf die Grundbedeutung der Verbwurzel *mšl* I 'gleich sein' zurück, während die denominierte Bedeutung, wie sie jetzt im AT begegnet, eine spätere Bildung ist.

Beyse

מָשַׁל *māšal* II

מֹשֶׁל *mošæl*, מִמְשָׁל *mimšāl*, מֶמְשָׁלָה *mæmšālāh*

I. Die Wurzel *mšl* 'herrschen' – 1. Statistik – 2. LXX – II. Gebrauch im AT – 1. Allgemeiner Gebrauch – 2. Politische Verwendung – 3. 'Selbstbeherrschung' – 4. JHWH als Herrscher – 5. Die Nomina – 6. Theologische Bedeutsamkeit – III. Qumran.

Lit.: *W. H. Brownlee*, The Midrash Pesher of Habakkuk (SBL Monograph Series 24, 1979. Exkurs: „An Excursus on משל", S. 143f.). – *N. Lohfink*, *melek*, *šallîṭ* und *môšel* bei Kohelet und die Abfassungszeit des Buches (Bibl 62, 1981, 535–543). – *J. A. Soggin*, Das Königtum in Israel (BZAW 104, 1967). – *Ders.*, משל *mšl* herrschen (THAT I 930–933). → מלך.

I. Hebr. *mšl* liegen zwei verschiedene Wurzeln zugrunde: *mšl* I = ursemit. **mṯl*, 'ähnlich sein, gleichen, ein Gleichnis vortragen, einen Spottvers singen'; *mšl* II = ursemit. **mšl*, 'herrschen, regieren'. Im NW-Semit. (Phön., Pun., Altaram.) finden sich nur selten Belege in der Bedeutung 'herrschen' (DISO 171).

1. Die Wurzel *mšl* kommt als Verbum im AT insgesamt 79mal vor, 76mal *qal*, davon 24mal Ptz., 3mal *hiph*. Besonders häufig begegnet *mšl* im Pent, DtrGW, in den Ps, Spr und in Jes. Folgendermaßen verteilt sich das Verbum: Pent 10mal; DtrGW 13mal; Chr 5mal; Neh 1mal; Ps 10mal, Ijob 1mal; Spr 11mal; Koh 2mal; Klgl 1mal; Jes 9mal; Jer 5mal; Ez 2mal; Dan 5mal; Joël 1mal; Mi 1mal; Hab 1mal; Sach 1mal. – Von *mšl* sind drei Nomina abgeleitet: *mošæl*, das Dan 11, 4 und Sach 9, 10, *mimšāl*, das 1 Chr 26, 6 und Dan 11, 3. 5 vorkommt und das verhältnismäßig häufig gebrauchte *mæmšālāh*, das sich 17mal nachweisen läßt (Gen 2mal; Kön 2mal; 2 Chr 2mal; Ps 5mal; Jes 2mal; Jer 2mal; Dan 1mal; Mi 1mal). Sir hebr. wird die Wurzel 20mal gebraucht, davon sind 15 Belege Ptz.-Formen (F. Vattioni, Ecclesiastico, Testo hebraico ..., Napoli 1968; D. Barthélemy / O. Rickenbacher, Konkordanz zum hebr. Sirach ..., 1973, 243f.).

2. Die LXX überträgt *mšl* vor allem mit ἄρχειν und κυριεύειν, die ohne ersichtlichen Unterschied gebraucht werden. Spr bevorzugt κρατεῖν, während Ps die Gottesherrschaft mit δεσπόζειν wiedergibt. Daneben wird in seltenen Fällen δυναστεύειν benutzt. – Sir erweitert noch um κρίτης, ἡγούμενος, ἐξουσία.

II. 1. Über das ganze AT verstreut finden sich Aussagen mit *mšl*, die im umfassenden Ordnungsgefüge für die gesamte kreatürliche Welt gründen und die sowohl Gott als auch dem Menschen die Tätigkeit des Herrschens zuweisen. Dadurch soll der göttliche Plan den Lauf der Welt und das Leben der Menschen bestimmen. Als Basisstelle kann Ps 8, 7 gelten, wonach alle menschliche Herrschaft auf JHWH zurückgeführt wird und er allein den Menschen zur Herrschaft ermächtigt. In den hier einschlägigen Texten wird *mšl* zumeist mit b^e konstruiert. So räumt Gott dem Menschen Herrschaft über Menschen ein (Gen 3, 16 [über die Frau]; Ex 21, 8; Dtn 15, 6; vgl. Spr 22, 7; 1 QS 9, 22; CD 13, 12; 1 QH 12, 23; vgl. dagegen zum Herrschen des Menschen über die Schöpfung in Gen 1, 28 → רדה *rāḏāh*; nur noch in 1 QS 3, 17f. mit *mæmšālāh*). Dies kann als Fluch (→ ארר *'rr*) gewertet (Gen 3, 16) werden oder zum Unglück führen (Gen 37, 8; vgl. w.u.). Zur Strafe kann Gott auch den Herrscher versagen (Hab 1, 14). Schlechte Herrscher zu haben bedeutet Gericht und Strafe Gottes (Ps 106, 41; Spr 12, 24; 17, 2; Klgl 5, 8). Die Jakobsöhne nehmen es übel, daß Josef über sie herrschen (*mālaḵ*, *māšal*) will (Gen 37, 8). – Für die breite Verwendung von *mšl* spricht auch, daß Gen 24, 2 und Ps 105, 21 mit diesem Verbum die Vermögensverwaltung ausgesagt wird.

2. Diese allgemeine Bedeutung von *mšl* wird in der Mehrzahl der Belegstellen zum Ausdruck politischer und staatlicher Herrschaft spezifiziert. Damit tritt seine Bedeutung in die Nähe von → מלך *mlk*. Anders jedoch als bei *mlk* wird in der Verwendung von *mšl* nicht so sehr auf die Person des Herrschers geschaut, vielmehr wird das Herrschen und Verwalten selber in den Mittelpunkt der Aussagen gerückt. Gen 45, 8. 26 wird die Regierungstätigkeit Josefs in Ägyp-

ten unter dem Pharao mit *mšl* ausgesagt; Jos 12, 2. 5 beschreibt in gleicher Weise das Regiment von Ostjordankönigen. Ri 14, 4; 15, 11 drückt ähnlich die Oberhoheit der Philister über das Land Kanaan aus. Nach Ri 8, 22f. lehnt Gideon die Herrschaft über Israel ab, da sie ein Angriff auf das Königtum JHWHs ist; 1 Kön 5, 1; 2 Chr 9, 26 beschreiben die Ausübung des Königtums über das Großreich Israel mit *mšl* (vgl. 2 Chr 7, 18; vgl. 4 Q PB 1). – Unfähigkeit oder tyrannische Härte kennzeichnen nach Jes 3, 4. 12; 14, 5; 19, 4 das Regiment der Machthaber, die JHWH zur Strafe seinem Volk, aber auch Ägypten gibt (vgl. Jer 51, 46; Spr 29, 12; Koh 9, 17; zu letzterem vgl. Lohfink 541 ff.). Ohne Werturteil steht das Ptz. *mošel* Spr 23, 1; 29, 26; Koh 10, 4, wo Ratschläge für den richtigen Umgang mit den Herrschenden gegeben werden. Positiv dagegen weist das Verbum Jer 30, 21; Sach 6, 13 auf die Wiederherstellung des Volkes und einen neuen Herrscher aus seiner Mitte hin (zu Mi 5, 1 s. u.). Die apokalyptische Geschichtsdeutung Dan 11, 3–5. 39. 43 kennzeichnet die gewaltige Machtentfaltung der zukünftigen Könige als Weltherrscher bevorzugt mit *mšl* und seinen Derivaten.

3. In einer Spezifikation anderer Art wird *mšl* für Selbstzucht und Selbstbeherrschung verwendet. Gen 4, 7 fordert JHWH den Kain auf, seinem Gegner, der „Sünde" zu widerstehen und über sie Herr zu werden. Ps 19, 14 bittet der Beter JHWH, ihn vor der Herrschaft durch vermessene Menschen zu bewahren. Nach Spr 16, 32 ist der, der sich selbst beherrscht, dem mächtigen und siegreichen Eroberer von Städten vorzuziehen (vgl. 17, 2; 22, 7; 29, 2).

4. Die bisherigen Ausführungen sind letztlich alle auf die biblische Grundaussage bezogen, daß im eigentlichen Sinn JHWH der Herrscher schlechthin ist, wie es Ijob 25, 2 uneingeschränkt behauptet wird. An dieser Stelle ist das Ptz. abstrakt gebraucht. – In besonderer Weise gilt diese Grundaussage für Israel, das sich in der ältesten vorköniglichen Zeit als Theokratie versteht und auch in seinen irdisch-politischen Belangen JHWH als den eigentlichen König anerkennt, wie Ri 8, 23 dartut. Hand in Hand geht damit die Überzeugung, daß JHWH aufgrund seiner Schöpfungstat Universalherrscher ist. In den Gebeten Davids 1 Chr 29, 12 und Joschafats 2 Chr 20, 6 wird daher Gottes Universalkönigtum mit *mšl* beschrieben. Aus dem Bewußtsein, daß JHWH Weltherrscher ist, verheißt Jes 40, 10 das besondere Eingreifen seines Königsgottes zum Gelingen des 2. Exodus aus Babylon. Ähnlich bittet das Volk nach Jes 63, 19 um das Erscheinen Gottes zum Gericht an den Völkern. Die Glaubensüberzeugung, daß JHWH aufgrund der Schöpfung und seines absolut souveränen Handelns in der Geschichte Herrscher des gesamten Universums ist, findet mit *mšl* besonders nachdrücklich im Lobpreis der Ps ihren Niederschlag. Ps 22, 29; 59, 14; 66, 7; 103, 19 (dazu vgl. M. Dahood, Bibl 48, 1967, 434) bekennen so auf unterschiedliche Weise, daß JHWH der Herr der Völker und Herrscher des Alls ist. Ps 89, 10 wird die unüberbietbare Macht JHWHs an einem Naturgeschehen demonstriert und der Gott gefeiert, der spielend leicht sogar das gewaltigste Element Wasser in seine Botmäßigkeit bringt. – Mit dem Ptz. act. *qal* wird Mi 5, 1 der messianische Zukunftsherrscher für Israel verheißen. Die Wahl von *mšl* anstelle von *mlk* dürfte darauf hinzeigen, daß die Messias-Herrschaft nicht die Fortsetzung des jüdischen Königtums, sondern einen Neubeginn bedeutet, mit dem eine qualitativ andere Herrschaft verwirklicht wird; zur engen Einbindung der Davididen in diese Vorstellung vgl. Mi 4, 8; Jer 33, 26; Sach 9, 9f., negativ Jer 22, 30. Auch wird die eigengeartete Herrschaft des Messias so von der Theokratie JHWHs abgesetzt. Eine Verwendung von *mlk* hätte eine gewisse „Konkurrenz" zum Königtum JHWHs nahe legen können (Ps 47; 93; 96–99; vgl. jedoch Ps 22, 29; 103, 19; 145, 13, wo sowohl *mlk* als *mšl* auf Gott bezogen werden). Der gleiche Verzicht auf *mlk* und damit die Herausstellung des singulären Gottkönigtums ist in der Frühzeit Israels auch Ri 8, 22f.; 9, 2 gegeben, wo für Gott wie für den irdischen Herrscher bewußt das Verbum *mšl* gewählt ist. Die zukünftig erwartete Priestertätigkeit wird dagegen nicht mit *mšl* bezeichnet (vgl. Sach 6, 13).

5. Während das seltene Nomen *mimšāl* Dan 11, 3. 5 auf die besondere Macht der kommenden Herrscher schaut, wird es 1 Chr 26, 6 zur Bezeichnung der Familienoberhäupter verwendet. 2 Chr 23, 20 wird auch *mæmšālāh* zur Benennung der Hundertschaftsführer benutzt. In der Regel dagegen faßt es die weite Ausdehnung des angesprochenen Herrschaftsgebietes ins Auge. So wird es 1 Kön 19, 19; 2 Chr 8, 6 gebraucht, um die Reichsausdehnung Israels unter König Salomo zu betonen. 2 Kön 20, 13; Jes 39, 2 wird auf gleiche Weise das weite Herrschaftsgebiet Hiskias beschrieben; Jer 34, 1; 51, 28 ähnlich der weite Umfang des babylonischen Reichs. Israel wird nach Mi 4, 8 wieder in die frühere Herrschaft eingesetzt durch JHWH, seinen Gott, dessen Herrschaftsgebiet es durch die Befreiung aus Ägypten geworden ist (Ps 114, 2; vgl. die Parallele: Juda wird das Heiligtum [*qoḏæš*] JHWHs).

Gottes Herrschaft währt ohne Ende durch alle Zeiten von Geschlecht zu Geschlecht (Ps 145, 13). Das gleiche Nomen wird zur Beschreibung der großen 'Streitmacht' (par. 2 Kön 18, 17 *ḥajil kāḇeḏ*) Sanheribs 2 Chr 32, 9 verwendet. Aber auch das 'Amt' des Palastvorstehers Schebna wird Jes 22, 21 genau so beschrieben, was wiederum auf die breite Verwendungspalette von *mšl* hinweist.

6. Nach Ps 8, 7 nimmt alles Herrschen in der göttlichen Grundordnung für das ganze Universum, besonders für den Menschen seinen Ursprung und hat jenem übergreifenden Ordnungsgefüge zu dienen, vgl. Gen 1, 26. 28, wo jedoch *rāḏāh* gebraucht wird. Von daher wird der auffällige Gebrauch von *mšl* zur Bezeichnung der Aufgabe der Gestirne Gen 1, 16–18, nämlich die Weltuhr Gottes zu sein, verständlich.

Damit wird eine notwendige Vorbereitung des Lebensraums gegeben, ohne die keine Vegetation und kein Leben auf Erden möglich ist. Ps 136, 8f. greift diese Vorstellung auf und wendet sie im Lobpreis auf JHWH zurück. Dieser eigentümliche Gebrauch liefert zudem den Beweis dafür, daß in *mšl* vor allem auch die Komponente des Dienens enthalten ist, ein Teilaspekt, der im Gegensatz zum Gebrauch von *mlk* bei den meisten Belegen nachweisbar ist. Selten tritt er jedoch so beherrschend in den Vordergrund wie bei diesen Stellen über die Aufgabe der Gestirne.

Nach Gen 3, 16; Dtn 15, 6; Ps 106, 41 steht Herrschen direkt oder indirekt im Zusammenhang mit dem Gericht über die Sünde. Demnach kann Herrschen auch zum Vollzug der Strafe über den sündig gewordenen Menschen und das sündige Volk werden.

Ri 8, 23; Ijob 25, 2 und Ps 8, 7 führen alle Ausprägungen und Differenzierungen von *mšl* letztlich auf das absolute Herrschen Gottes zurück und leiten es von ihm ab. Er ist Ausgang und bleibt Ziel jeden „Herrschens" im Universum und unter den Menschen.

III. In Qumran wird der at.liche Sprachgebrauch weitgehend weitergeführt. Verhältnismäßig häufig findet sich die Wurzel in 1 QS, 1 QH, 1 QM, 1 QpHab (letzterer interpretiert *māšāl* 'Spottlied' Hab 2, 6 durch *māšal* 'herrschen' [8, 9]; vgl. W. H. Brownlee 143), wobei die Nomina doppelt so oft aufscheinen wie das Verbum. Ps 151, 4. 11 (11 Q) kommt zweimal das Ptz. act. *qal* vor. Auffällig ist jedoch, daß das Wort häufiger in negativen Zusammenhängen begegnet, z. B. bei der Beherrschung der Menschen durch den bösen Geist (1 QH 13, 15; CD 12, 2; vgl. 1 QS 1, 18. 23f.; 1 QM 1, 5 u.ö.).

Doch wird auch die messianische Herrschaft weiterhin mit dem Geschlecht der Davididen verbunden (vgl. 1 QSb 5, 20; 4 QpJes[a] 4, 4).

Entsprechend Ps 114, 2 versteht sich die Gemeinde von Qumran als *mæmšālāh* Gottes (1 QS 9, 24). Diese *mæmšālāh* wird letztlich den Sieg über Belial davontragen (vgl. 1 QM 18, 1. 11). Wenn von der Herrschaft (*mæmšālāh*) der Gestirne die Rede ist (in Weiterführung von Gen 1, 16ff.: 1 QS 10, 1; 1 QH 12, 6. 9; 1 Q 34, 3, 2, 3), kann man neben dem Gedanken des Herrschens auch den der Verwaltung erblicken. Besonders interessant ist hier 1 QH 1, 17, wonach alles im Weltlauf seinen Platz und seine zeitbegrenzte *mæmšālāh* hat.

H. Groß

מִשְׁמֶרֶת *mišmæræṯ*

I. Akk. *maṣṣartu* – II. *mišmæræṯ* / *šomer mišmæræṯ* – 1. in der Priesterschrift – 2. bei Ezechiel – 3. in der nachexilischen Literatur – III. Andere Formen – 1. *hājāh lᵉmišmæræṯ* – 2. *mišmæræṯ JHWH* – IV. Nachbibl. *mišmæræṯ*.

Lit.: *A. Cody*, A History of OT Priesthood (AnBibl 35, 1969). – *M. Haran*, „The Priestly Image of the Tabernacle" (HUCA 36, 1965, 191–226). – *J. Liver*, Chapters in the History of the Priests and the Levites, Jerusalem 1968. – *J. Milgrom*, „Israels Sanctuary: The Priestly ‚Picture of Dorian Gray'" (RB 83, 1976, 390–399). – *Ders.*, Studies in Levitical Terminology, Los Angeles 1970.

I. Hebr. *mišmæræṯ* hat eine Par. im akk. *maṣṣartu*, dessen Grundbedeutung in Verbindung mit dem verwandten Verb *naṣāru maṣṣarta* = *šāmar mišmæræṯ* 'achtgeben, aufpassen, beobachten' ist. Diese idiomatische Verbindung findet sich häufig mit der allgemeinen Bedeutung von 'fleißig oder aufmerksam sein' im eigenen Beruf oder bei eigener Tätigkeit (YOS 7, 156, 14; ABL 337 r. 8). Außerdem ist eine zusätzliche Nuance sichtbar, wo das Objekt der Betrachtung hervorsteht oder drohend ist, was meistens in militärischen Zusammenhängen der Fall ist, z. B.: „sie sollen die Stadt beschützen und ihre Felder bestellen" (*maṣṣarti ālam liṣṣurū u eqelšunu līpušū*; ARM 4, 10 r. 11; vgl. CAD X/1, 335b).

Die inhärenten Nuancen des Begriffs schließen viele Kontexte wegen ihrer Zweideutigkeit aus. Im allgemeinen ist man auf die vom Zusammenhang her sich ergebenden Hinweise verwiesen, z. B. auf militärische Terminologie, um die differentia spezifica von 'bewachen' zu erhalten. Für *mišmæræṯ* bedeutsam ist die Verwendung von *maṣṣartu* in bezug auf den Tempel, gelegentlich mit der Bedeutung 'Bewachung': „Um die Sicherheit des Esagila zu erhöhen, habe ich um Babylon eine Mauer gezogen" (*aššum maṣṣarti Esagila dunnuni ... dūra danna ... Bābilam ušasḫir*; VAB 4, 118, ii 57; vgl. CAD X/1, 337). Auch: „Ich baute die Stadtmauer wieder auf und machte den Tempel zu einem sicheren Ort" (*bīta šuāti ana maṣṣartim dannatim aškunšu*; YOS 1, 45, ii 17; vgl. CAD X/1, 337b).

Es gibt zahlreiche andere Beispiele, in denen *maṣṣartu* in Beziehung zum Tempel benutzt wird, aber man kann nicht mit Sicherheit 'bewachen' oder eher allgemeiner 'überwachen/beobachten' im Sinne einer sorgfältigen Verwaltung als Bedeutung festlegen. Ein Beleg setzt das akk. Äquivalent zum hebr. *ʿᵃḇoḏāh (dullu)* parallel mit *maṣṣartu* „ich will Frondienst auf meinem Lehen verrichten, ich will meine Pflicht auf meinem Lehen tun" *dulli šá bīt bēlēia eppaš maṣṣartu ša bīt bēlēia anaṣṣar*; ABL 778, 15–17; vgl. CAD III 173b). Gelegentlich tritt der Verwaltungsaspekt deutlich hervor: „sei nicht sorglos im Dienst des Eanna wegen des Landes der Bauern und dessen, was ich dir sonst anvertraut habe" (*ina muḫḫi*

KENRICK SEMINARY LIBRARY
7800 KENRICK ROAD
ST. LOUIS, MISSOURI 63119

maṣṣarti ša Eanna zēri ša ikkarāti u mimma mala apqidakku la taselli; BIN 1, 26, 6; vgl. CAD X/1, 340a).
Ein interessanter Zusammenhang, in dem die Wurzel *naṣāru* mit *maškanum* (wahrscheinlich das Äquivalent zu hebr. → משכן *miškān* 'Heiligtum') gebraucht wird, ist: „Der Weissager von Adad, Herr von Kallassu, bewacht die Tenne von Alaḫtu für Neḫlatu" (*āpilum ša Adad bēl Kallassu maškanam ša Alaḫtim ana Neḫlatim inaṣṣar*; vgl. A. Malamat, History and Prophetic Vision in a Mari Letter, EI 5, 1958).
Der Ausdruck *mišmæræṯ JHWH* (vgl. u. III.2.) hat eine Entsprechung im Akk. *maṣṣartu ša šarri* „das Einhalten der Vorschriften, Regeln oder Gesetze des Königs". Er kann ganz speziell gebraucht werden in bezug auf bestimmte Vorschriften: „Jeder, der keine Bogenschützen zum *bît kādu* bringt und nicht den Auftrag des Königs ausführt (*maṣṣartum ša šarri la inaṣṣaru*), begeht eine Sünde gegen den König" (YOS 6, 151, 16; vgl. CAD X/1, 339b). Auf der anderen Seite kann er sich ganz allgemein auf die Treue beziehen, die sich in der Betrachtung der Anordnungen des Königs zeigt: „Viele Menschen in Babylon dienen (noch in Treue) dem König" (*maṣṣarti ša šarri inaṣṣaru*; CAD X/1, 339a). Das hebr. *mišmæræṯ JHWH* wird außerdem in bezug auf den speziellen Gottesbefehl gebraucht (Num 9, 23) wie auch in einem allgemeineren Sinn der 'Treue zu' Gott (2 Chr 13, 10f.).

II. 1. In P bezeichnen *mišmæræṯ* und *šomer mišmæræṯ* in Verbindung mit dem Zeltheiligtum die Funktion der Leviten: „Die Leviten jedoch sollen sich rings um die Wohnung des Zeugnisses aufstellen, damit kein Zorngericht die Gemeinde der Israeliten treffe. So sollen die Leviten also den Wachdienst (*mišmæræṯ*) an der Wohnstätte des Zeugnisses versehen" (Num 1, 53). Diese Aufgabe des Wachdienstes obliegt lebenslang den Leviten im Gegensatz zur körperlichen Arbeit (*ʿaḇoḏāh*) (vgl. Milgrom, Studies 60f.), die darin besteht, das Heiligtum abzubauen, zu transportieren und wieder aufzubauen – ein Dienst, aus dem man im Alter von fünfzig Jahren ausscheidet: „Im Alter von fünfundzwanzig Jahren und darüber sollen sie zum Dienst kommen und ihr Amt ausführen am Offenbarungszelt, aber vom fünfzigsten Jahr an sollen sie frei sein vom Amt und sollen nicht mehr dienen, sondern nur ihren Brüdern helfen beim Dienst (*mišmæræṯ*) am Offenbarungszelt; aber sie sollen keine Arbeit (*ʿaḇôḏāh*) mehr verrichten" (Num 8, 24–26).
Diese Unterscheidung zwischen körperlicher Arbeit und Wachdienst erklärt auch die beiden Zählungen der Leviten in Num 3 und 4. Num 3 befaßt sich mit dem Wachdienst (*mišmæræṯ*), Num 4 mit körperlicher Arbeit (*ʿaḇoḏāh*). Die Musterung der Leviten zur Bestimmung der verfügbaren Arbeiter bezieht sich nur für die Dreißig- bis Fünfzigjährigen: „Sämtliche aber, die Mose, Aaron und Israels Fürsten nach ihren Sippen und Familien unter den Leviten gemustert hatten, von 30 Jahren an bis zu 50 Jahren, die sich am Zelt der Begegnung der Aufgabe eines Dienstes oder eines Trägerdienstes zu unterziehen hatten, beliefen sich auf 8580" (Num 4, 46–48).
Als Gegensatz hierzu: brauchbar für den Dienst der Leviten waren nicht nur die älteren (Num 8, 25f.), sondern theoretisch auch die sehr jungen – von einem Monat an und darüber. Der Standpunkt der Priesterschrift ist offenbar der, daß alle außer den sehr jungen Kindern Wachdienste verrichten oder dafür ausgebildet werden sollten.
Deshalb ist die Zahl der für den Wachdienst tauglichen wesentlich höher als die der körperlich Arbeitenden: „Sämtliche männliche Leviten, die Mose und Aaron auf den Befehl JHWHs hin gemustert hatten, betrugen in ihren Geschlechtern von einem Monat an und darüber 22000 Personen" (Num 3, 39).
Num 3, 5–10 spricht davon, daß die Leviten in dieser Funktion an die Stelle der Israeliten treten und den Priestern assistieren sollen: „Sie (die Leviten) sollen um seine (Aarons) Obliegenheiten und die der ganzen Gemeinde vor dem Zelt der Begegnung besorgt sein und so den Dienst an der Wohnung versehen. Sie sollen um alle Geräte des Zeltes der Begegnung und die Obliegenheiten der Israeliten besorgt sein und so den Dienst am *miškān* versehen" (Num 3, 7f.). Beide Verse sind notwendig, um den Dienst der Leviten im Ganzen: während des Lagerns (v. 7) und während des Transports (v. 8) zu definieren. Der Hinweis auf den Transport in v. 8 wird deutlich durch die Erwähnung der heiligen Geräte. Sie wurden auf der Wanderung von den Kehatitern getragen und beaufsichtigt (Num 3, 31; 4, 15). Während des Lagerns wurden sie von den Priestern bewacht (Num 18, 5), und den Kehatitern war es sogar verboten, sie uneingehüllt zu betrachten (4, 17–20).
Bei der Lagerung der Israeliten versahen die Leviten ihren Dienst am Heiligtum (Num 1, 53). Detailliertere Angaben zu den Wachgruppen der Gerschoniter, der Kehatiter und der Merariter in bezug auf die Lagerstätten der Leviten finden sich Num 3, 23. 29. 35. Es ist nicht unwahrscheinlich, daß diejenigen, die sich nördlich, westlich oder südlich lagerten, den Wachdienst für diese betreffende Seite des Heiligtums versahen. Die Priester lagerten an der Ostseite am Eingang des Heiligtums (Num 3, 38) und waren dort und innerhalb des heiligen Raumes für den Wachdienst verantwortlich (Num 3, 38; 18, 2b). Während der Wanderung beaufsichtigte jede Gruppe den Teil des Heiligtums, der ihm anvertraut worden war. Den Gerschonitern waren die Vorhänge des Zeltes in Obhut gegeben (3, 25f.), den Kehatitern die heiligen Geräte (3, 31) und den Meraritern das Rahmenwerk des *miškān* (3, 36f.).
In den altorientalischen Religionen gibt es die gemeinsame Vorstellung, daß der Wohnsitz der Gottheit geschützt werden muß gegen das Eindringen dämonischer Mächte, die den Gott von seiner Residenz

vertreiben könnten. Außerhalb Israels finden wir apotropäische Bräuche und Bilder von beschützenden Figuren, die am Eingang eines Tempels aufgestellt sind. In Israel jedoch sind die dämonischen Gewalten nicht mehr Glaubensgegenstand; an ihrer Stelle steht nun der Mensch schlechthin (vgl. Milgrom, RB, 390–399); nur die Tat eines Menschen kann Gott aus seinem Heiligtum vertreiben. Seitdem die Verantwortlichkeit für die Sünde ganz beim Menschen liegt, soll die Abwehrkette von Priestern und Leviten Gott gegen menschliche Übergriffe schützen. Im Kontext der Einsetzung der Priester und Leviten zu Bewachern ist deshalb festgesetzt, daß ein ungebührlicher Übergriff mit dem Tod bestraft werden muß (Num 1, 51; 3, 10. 38; 18, 7).

Nach der Auflehnung des Korach (Num 16; 17) erfolgt eine erneute Definition der levitischen *mišmæræṯ* in Num 18, 1–7: die *mišmæræṯ* im Heiligtum ist den Aaroniden reserviert. Nur sie dürfen das Offenbarungszelt (*'ohæl hā'eḏûṯ*) betreten. Ihnen werden die Leviten untergeordnet, die die *mišmæræṯ* am Begegnungszelt (*'ohæl mô'eḏ*), alles, was an Arbeiten am Zelt (*lekŏl 'aḇoḏaṯ hā'ohæl*) anfällt, leisten sollen (v. 3f.). Nur den Aaroniden ist die *mišmæræṯ* am Altar und mit den heiligen Geräten erlaubt. Allen anderen ist der Übergriff unter Androhung des Todes verboten (vv. 3. 7).

* Der Abschnitt Num 18, 1–7 ist so ungeordnet, „daß man an eine Folgerichtigkeit der Gedankenführung kaum große Ansprüche stellen darf" (M. Noth, ATD 7, 1966, 119). Man wird aber den Problemen dieses Abschnittes literarkritisch auf die Spur kommen können und eine Aaronidenschicht von einer Levitenschicht unterscheiden können. Die durch solche Redaktionen erhobenen Postulate sind dargestellt bei A. H. J. Gunneweg, Leviten und Priester, FRLANT 89, 1965; zur Diskussion, ob es sich bei der Leviten-*mišmæræṯ* um einen Waffendienst handelt, vgl. G. Schmitt, ZAW 94, 1982, 575–599, bes. 587 (→ IV 514ff.). *(Fa.)*

Diese Vorschriften stehen im jetzigen Kontext in Zusammenhang mit der Angst des Volkes vor einer Berührung mit dem Heiligtum (17, 28) nach der Seuche, die durch die Auflehnung Korachs ausgebrochen war (17, 11–15). Sie bilden nicht nur eine Neufassung der Vorschriften für den Dienst am Heiligtum, wie sie bereits Num 1, 53; Num 3 vorliegen, sondern enthalten als Neuerung, daß Priester und Leviten allein die Strafe für zukünftige Verfehlungen seitens der Laien und Kleriker auf sich nehmen (18, 1. 3. 23). Die Leviten sollen jetzt Verantwortung für den Wachdienst um das Heiligtum herum übernehmen und ebenfalls den Priestern beim Dienst am Eingang des heiligen Ortes assistieren. Damit wird eine grundlegende Hierarchie der Verantwortlichkeiten aufgestellt: die Priester schützen die hochheiligen Geräte im heiligen Bereich gegen unbefugte Zugriffe entweder seitens untauglicher Priester oder der Leviten (Num 3, 10; 18, 1b. 7a); die Kehatiter schirmen sie beim Transport gegen die Laien ab (18, 1a; 4, 15–20), und die Leviten beaufsichtigen das Ganze beim Aufstellen (18, 22f.).

Die Unterscheidung zwischen priesterlichem Dienst im Inneren und nicht-priesterlichem Dienst außen hat Parallelen im alten Orient.

In den hethitischen „Anleitungen für Tempeldienste" (ANET 207–210; vgl. Milgrom, Studies 50ff.) liegt eine Reihe von Vorschriften für den Tempeldienst vor. Diese Vorschriften setzen Priester für Wachdienst im Tempel und Nicht-Priester für Dienst außerhalb des Tempels ein. Zusätzlich wird der Eingang des hethitischen Tempels – wie das Zeltheiligtum – von Priestern beaufsichtigt (Num 3, 38; 18, 2b). Die nicht-priesterlichen hethitischen Wächter stehen – wie die Leviten – unter priesterlicher Kontrolle; die Merariter und Gerschoniter unterstehen Itamar (Num 4, 28. 33), während die Kehatiter unter der Leitung Eleasars stehen (Num 4, 16). Nur auf Geheiß der Priester dürfen die nicht-priesterlichen hethitischen Wächter Dienst innerhalb des heiligen Bezirks tun. Auch die Leviten dürfen ihren Posten verlassen, um die Laien in den heiligen Bezirk zu begleiten und ihnen bei den Opfervorbereitungen behilflich zu sein (Num 16, 9), aber auch, um den Priestern bei der Beaufsichtigung der heiligen Geräte gegen unbefugte Zugriffe vor allem während des Transports zu assistieren (Num 3, 6b. 7a; 18, 2–4). Wie den levitischen wird auch den nicht-priesterlichen hethitischen Wächtern bei unbefugtem Vordringen die Todesstrafe angedroht. Jedoch werden die hethitischen Wächter vom Menschen getötet, während die Leviten ihre Strafe von Gott erwarten. Nach der Auffassung von P wird die Strafe für das Vergehen auf alle Leviten gleich verteilt.

Nichtpriesterlichen Heiligtumsdienst versieht Samuel als Wächter des Heiligtums von Silo, wobei er im heiligen Bezirk schläft (1 Sam 3, 3. 9). Ähnlich wird von Josua berichtet, daß er, während Mose in das Lager zurückkehrte, „das Zelt nicht verließ" (Ex 33, 11). Beide Beispiele erinnern an den nomadisch-arabischen *sâdin* (Cody 78f.), den Wächter des Heiligtums, der notwendigerweise auch dort schlief. Mit der Entwicklung einer umfassenderen Organisation am Heiligtum, wie es in Silo der Fall war, ist die Einbeziehung nicht-priesterlicher Wächter, die auch als Torhüter fungierten, nichts Ungewöhnliches mehr.

Die Verantwortung für die Bewachung des Heiligtums erfordert die Bewaffnung der Leviten. Nach der Auffassung von P hatten sie das Recht, Unbefugte zu töten (Milgrom, Studies 21f.). Sie hatten damit nicht nur eine polizeiliche, sondern eine militärische Funktion. Dies ist nach P ein wichtiger Aspekt, da jeder unerlaubte Kontakt mit den heiligen Geräten göttlichen Zorn und Plagen hervorrief, die für die Existenz der ganzen Gemeinde gefährlich werden konnten. Der Eindringling mußte unter allen Umständen aufgehalten werden, um der Gemeinde die tödlichen Konsequenzen zu ersparen. Deshalb ist die Einrichtung der levitischen Absperrkette oft mit dem

Grund für ihr Bestehen gekoppelt: „damit der Zorn nicht auf die Israeliten komme" (Num 1, 53; 8, 19; 18, 5).
Das Neue nach dem Aufstand Korachs besteht darin, daß die Schuld für den unbefugten Zugriff sich auf den Unbefugten selbst und die Leviten, die den Übergriff nicht verhindert haben, beschränkt. Wegen des gefahrvollen Dienstes erhalten die Leviten den Zehnten als Lohn (Num 18, 22–24). Die *mišmæræṯ* ist es schließlich auch, die die Leviten zu einem Anteil an der midianitischen Beute berechtigt (Num 31, 30. 47).
2. Ezechiel behält die Bedeutung „Wachdienst" für *mišmæræṯ* / *šomer mišmæræṯ* bei, ebenso die Funktion der Heiligtumswächter für die Priester und Leviten. Ezechiel bestimmt die Leviten als Wächter an den Tempeltoren und als Tempeldiener, die die Brandopfer und die Schlachtopfer für das Volk schlachten und ihnen als Diener zur Verfügung stehen sollen (Ez 44, 11). Daß den Leviten die Aufgabe des Schlachtens zugewiesen wird, ist neu bei Ez und widerspricht der priesterschriftlichen Auffassung vom Heiligtum, in dem der Laie allein verantwortlich ist für die Darbringung seiner Opfer (Lev 1, 5. 11; 3, 2. 8. 13; 4, 24. 29. 33). Ez hält es für nötig, dem Volk in dieser Hinsicht seine Rechte zu entziehen, weil er die Laien – weniger die Leviten – tadelt dafür, daß sie Ausländer in das Heiligtum eingelassen haben (44, 6–8). Daß Ausländer als Wächter des ersten Tempels dienten, geht aus 2 Kön 11, 4 hervor. Indem Ez das rituelle Schlachten den Leviten überträgt (44, 11), bestraft er das Volk, da es nun selbst von den inneren Toren ferngehalten wird, wo das Schlachten stattfindet (40, 39–42).
Ez unterscheidet sich von P auch darin, daß er den Altardienst allein den zadokidischen Priestern zuweist (40, 45f.; 44, 15f.). Es ist anzunehmen, daß nach P der priesterliche Dienst abwechselnd geleistet wurde. Die den priesterlichen Dienst betreffenden Bereiche sind bei Ez dieselben wie bei P – der Altar und das Heiligtum (Num 18, 5a, wo *qoḏæš* sich auf das Heiligtum bezieht; vgl. Milgrom, Studies 39 Anm. 149).
3. Die Wendung *šomer mišmæræṯ*, wie sie in den Chronikbüchern gebraucht wird, behält die Bedeutung 'bewachen' bei. Dies geht aus 1 Chr 12, 30 hervor, wo die Benjaminiten genannt werden, die am Hof Sauls „Wachdienst tun" (EB: „im Dienst bleiben"). Der Chronist weiß von der Funktion der Leviten als Wächter am Tempel (1 Chr 9, 27). Dies zeigt auch die Erzählung von Jojadas Aufstand, in der der Chronist die Soldatenwache für den jungen Joasch (2 Kön 11, 5–9) nun durch die Leviten ersetzt (2 Chr 23, 4–8). Der Grund für diesen Wechsel ist unverkennbar – den Laien war der Zutritt zum Tempel nicht gestattet, wie der Chronist erklärend hinzufügt (v. 6). Bewaffnete Leviten umgeben den König, um jeden Eindringling zu töten (vv. 6f.). Da der Chronist keine Erklärung für seine Variante gibt, kann dies nur bedeuten, daß er von der ehemaligen Funktion der Leviten als Tempelwächter wußte; deshalb war keine Erklärung nötig. Aus diesem Bericht geht zusätzlich noch seine Kenntnis von der ursprünglichen Bewaffnung der levitischen Wächter, die auch in P zu finden ist, hervor.
In den vorexil. Quellen wird *mišmæræṯ* allein als Nomen im Sinne von 'Wachdienst' oder 'Aufsicht' (z. B. 1 Sam 22, 23; 'Wächterhaus' oder 'Gefängnis' 2 Sam 20, 3; 'Wachposten' Jes 21, 8; Hab 2, 1) verwendet. In dieser Verwendung ist *mišmæræṯ* offenbar ein feminines Abstraktnomen von mask. *mišmar*.
In den nachexil. Quellen ist der Gebrauch von *mišmæræṯ* unterschiedlich. Manchmal wird die übliche Bedeutung 'Wachdienst' übernommen, wie in 1 Chr 9, 27 und 25, 8. An anderen Stellen hat es eine allgemeinere Bedeutung wie 'Dienst'/'Pflicht' (Neh 12, 45; 1 Chr 23, 32; 2 Chr 13, 11; 23, 6). An keiner Stelle wird die nachbiblische Bedeutung 'Dienstabteilung', 'Wache' (als Zeiteinheit) gebraucht.
Der Pl. *mišmārôṯ* wird erst in der nachexil. Literatur verwendet, gewöhnlich in der Bedeutung 'Wachmannschaften'. In Chr jedoch ist dieser Begriff Pl. von *mišmæræṯ* 'Pflicht' (2 Chr 7, 6; 31, 16; 35, 2 und bes. 8, 14) und sollte einfach mit 'Pflichten' übersetzt werden. Wenigstens an einer Stelle bezieht es sich auf Dienstabteilungen (1 Chr 9, 23 und wahrscheinlich auch 26, 12), aber in diesem Fall bezieht es sich auf Einheiten der Wache und ist somit der Pl. von *mišmār*, nicht von *mišmæræṯ*. Das gilt auch für die Belege in Esra/Neh (Neh 4, 3. 16; 7, 3). In Neh 12, 9; 13, 30 erlaubt der Kontext keine sichere Aussage zur semantischen Valenz. Möglicherweise bezieht sich der Begriff auf 'Dienstabteilungen', im ersteren Fall vielleicht auf die Abteilung der Tempelsänger. In Neh 11f. herrscht Verwirrung (bes. im Gebrauch von *mišmār*, 12, 25) und es scheint, als seien Sänger und Türhüter vertauscht. Wenn dem so wäre, könnte man *mišmārôṯ* als Pl. von *mišmār* ansehen, was mit dem Gebrauch im übrigen Nehemiabuch übereinstimmen würde. In jedem Fall ist es zweifelhaft, ob „Dienstabteilungen" gemeint sind, da diese Bedeutung im biblischen Text sonst nicht vorzufinden ist. Es ist wahrscheinlicher, daß der Pl. abstrakt für „Pflicht" verwendet ist.

III. 1. Der Ausdruck *hājāh l^emišmæræṯ* behält den Sinn von Wachdienst und sollte mit 'unter Aufsicht gehalten oder geschützt werden' übersetzt werden. Das Lamm für das Paschaopfer soll während der vier Tage zwischen seiner Auswahl und dem Schlachten „überwacht werden", um die Erhaltung seines makellosen Zustands zu garantieren und jedem Zwischenfall vorzubeugen, der es unbrauchbar machen könnte (Ex 12, 7; vgl. Milgrom, Studies 16 Anm. 51). Aus einem ähnlichen Grund ist die Bewachung der Asche der roten Kuh erforderlich (Num 19, 9; vgl. Milgrom, Studies 12 Anm. 43). Im Zusammenhang mit der Aufbewahrung von Manna (→ מן *mān*) für den Sabbat (Ex 16, 23) ist die Notwendigkeit der Bewachung mit der Einzigartigkeit des Manna verbunden, da es sich eben um Nahrung für den Sabbat handelt. Eine Portion Manna muß für zukünftige Generationen verwahrt werden als Beweis für die Wüstenerfahrung (Ex 16, 32–34). Vermutlich aus demselben Grund erfolgt die Aufbewahrung von Aarons Stab (Num 17, 25).

2. Wenn das Objekt von *mišmæræṯ* Gott ist, enthält der Kontext immer göttliche Vorschriften und Verbote, so daß die Bedeutung 'bewachen' zwar bleibt, nun jedoch im übertragenen Sinn: es ist die Bewahrung der eigenen Person vor der Verletzung der von Gott festgelegten Vorschriften. Die unterschiedlichen Übertretungen erstrecken sich von kultischen Vergehen (Lev 8, 35; 22, 9; Num 18, 8; Ez 44, 16; 48, 11; Neh 12, 45) bis zu Überschreitungen von vertragsmäßigen oder gesetzlichen Einschränkungen (Gen 26, 5; Lev 18, 30; Num 9, 19. 23; Dtn 11, 1; Jos 22, 3; 1 Kön 2, 3; Sach 3, 7; Mal 3, 14; 2 Chr 13, 11; 23, 6). In einem Fall gilt die Übertretung der Vorschrift, daß Gott allein den Verlauf der Wüstenwanderung bestimmen soll (Num 9, 19. 23, vgl. das 7mal wiederholte „nach dem Gebot JHWHs" vv. 18. 20. 23).

IV. Der Pl. *mišmārôṯ* in der Qumranliteratur hat offenbar – wie in der späteren rabbin. Literatur – die Bedeutung 'kultische Dienste' oder Pflichten: „Die 26 Leiter der kultischen Dienste sollen die kultischen Dienste verrichten" (1 QM 2, 2).

Obwohl nicht mit *mišmæræṯ* ausgedrückt, setzt sich die Funktion der Leviten und Priester als Bewacher des heiligen Bereiches in der rabbin. Sicht des zweiten Tempels fort (Sifre Zuta zu Num 18, 2; Sifra Zav, Par 2, 12; 3, 5; M. Tam 1, 1f.). Es gab 24 Wachposten am Eingang des Heiligtums; drei wurden von den Priestern und die anderen von den Leviten eingenommen. Die Leviten werden immer noch als Wächter von außen dargestellt.

Schließlich gibt Philo in einer Abhandlung über die Funktion der Leviten als Arbeiter und Bewacher des Heiligtums eine griech. Übersetzung von Num 8, 24–26. Er scheint dem Text der LXX bis v. 26 zu folgen, wo er dann einen Teil des Verses ausläßt und für diesen seine eigene Übersetzung bringt, um die beiden Aufgaben der Leviten nebeneinanderzustellen und so den Gegensatz zwischen den beiden zu betonen: „Wenn ein Levit 50 Jahre alt wird, soll er seinem Verwandten dienen; er soll seinen Wachdienst versehen, jedoch nicht arbeiten" (vgl. Philo, Loeb Classical Library, 2, 245f.). Für weitere Belege vgl. E. E. Urbach, Tarbiz 42, 1973, 304–327 und G. Moscati-Steindler, AION NS 23, 1973, 277–282.

J. Milgrom / L. Harper

מִשְׁפָּחָה *mišpāḥāh*

I. 1. Etymologie – 2. Belege – 3. Bedeutung – 4. LXX – II. Profaner Gebrauch – 1. Definition der Sippe – 2. Sippen von Völkern und Ländern – 3. Sippen der Stadt – 4. Übertragene Bedeutung – III. Religiöser Gebrauch – 1. Rechtsbedeutung der Sippe – 2. Sippe als kultischer Verband – 3. „Sippe" in theologischen Zusammenhängen – IV. Qumran.

Lit.: *A. Causse*, Du groupe ethnique à la communauté religieuse, Paris 1937, 17ff. – *C. H. J. de Geus*, The Tribes of Israel (Studia Semitica Neerlandica 18, 1976, bes. 133–150). – *M. Haran*, *Zeḇaḥ hayyamîm* (VT 19, 1969, 11–22). – *W. Johnstone*, Old Testament Technical Expressions in Property Holding (Ugaritica VI, 1969, 308–317, bes. 313f.). – *G. van der Leeuw*, Phänomenologie der Religion, 1933, ²1957, § 33. – *A. Malamat*, Aspects of Tribal Societies in Mari and Israel (Les Congrès et Colloques de l'Université de Liège 42, 1967, 129–138). – *I. Mendelsohn*, Guilds in Ancient Palestine (BASOR 80, 1940, 17–21). – *J. M. Milgrom*, Priestly Terminology and the Political and Social Structure of Pre-monarchic Israel (JQR 69, 1978/79, 65–81). – *F. A. Munch*, Verwandtschaft und Lokalität in der Gruppenbildung der altisraelitischen Hebräer (Kölner Zeitschr. f. Soziologie und Sozialpsychologie 12, 1960, 438–458). – *R. Patai*, Sitte und Sippe in Bibel und Orient, 1962. – *J. Pedersen*, Israel, I–II, Kopenhagen 1964, 46–60. – *J. van der Ploeg*, Les „nobles" israélites (OTS 9, 1951, 49–64). – *L. Rost*, Die Bezeichnungen für Land und Volk im AT (Festschr. Procksch, 1934, 125–148 = Das kleine Credo, 1965, 76–101). – *G. Sauer*, Sippe (BHHW III, 1966, 1808f.). – *Å. Sjöberg*, Zu einigen Verwandtschaftsbezeichnungen im Sumerischen (Heidelberger Studien zum Alten Orient, 1967, 201–231). – *E. A. Speiser*, „People" and „Nation" of Israel (JBL 79, 1960, 157–163 = Oriental and Biblical Studies, 1967, 160–170). – *R. de Vaux*, LO I, 1960, 25.

I. 1. Das mit *m*-Präfix gebildete Nomen *mišpāḥāh* ist kaum mit GesB 467 von einer Wurzel *špḥ* 'ausgießen' (so arab. *safaḥa* u.a. von Samen) herzuleiten. Besser paßt asarab. *sfḥ* 'zusammenrufen' (Beeston u.a., Sabaic Dictionary, 124). Zu vergleichen sind vor allem ugar. *špḥ* (WUS Nr. 2664) und das pun. Nomen *špḥ* (DISO 316), die beide 'Sippe' bedeuten (vgl. Hoffner → I 633).

2. *mišpāḥāh* kommt 303mal im AT vor, allein 159mal in Num und 47mal in Jos, weithin Texte der P. Es folgen 1 Chr 19mal, Gen 12mal, Sach 11mal, Jer 9mal, Ri 8mal, Ex und 1 Sam je 7mal, Lev 6mal, Ps 3mal, 2 Sam, Am, Ijob, Rut und Est je 2mal sowie Dtn, Ez, Mi, Nah und Neh je 1mal. In der Qumran-Literatur findet sich unser Nomen 17mal. Dazu kommen zehn Belege von *špḥ* im Ugar. und zweimaliges *špḥ* im Pun. (CIS I, 165, 16; LidzEph I 169, 7).

3. Im Ugar. steht *špḥ* parallel mit *jrṯ* 'Erbe' (KTU 1.14, I 24), *ġlm* 'Jüngling' (KTU 1.14, III 48f.; VI 33f.) oder mit *bnm* 'Sohn' (KTU 1.16, I 10. 21; II 48). Folglich bedeutet es 'Sproß', 'Nachkommenschaft' (WUS Nr. 2664: „Geschlecht, Nachkommenschaft, Sprößling"; anders Hoffner, → I 633: „Familie, Dynastie, Herrscherhaus"). Im Pun. legt sich die

Bedeutung 'Familie', 'Sippe' (*'dr šph* 'Führer der Sippe' [?] Lidz Eph I 169, 7; dort 168 andere Deutungen) nahe. Was das hebr. *mišpāḥāh* meint, wird aus Jos 7, 14–18 ersichtlich. Um den schuldigen Achan mit Hilfe des Loses herauszufinden, wird im Ausleseverfahren erst der schuldige Stamm (*šeḇæṭ*), dann die schuldige *mišpāḥāh*, danach das entsprechende Haus ermittelt, und schließlich tritt dieses Mann für Mann vor. Ähnlich wird der Hergang bei der Findung des ersten Königs geschildert (1 Sam 10, 19–21): Stamm für Stamm, *mišpāḥāh* für *mišpāḥāh*, dann Mann für Mann. Auch 1 Sam 9, 21 läßt erkennen, daß mit *mišpāḥāh* eine Größe gemeint ist, die zwischen Stamm und Familie bzw. Haus steht. Somit legt sich die Wiedergabe mit 'Großfamilie', 'Sippe' oder 'Geschlecht' nahe.

4. Die LXX bevorzugt, vor allem bei der Übersetzung der P-Texte, das Wort δῆμος (184mal). Daneben erscheinen φυλή (39mal, vorwiegend bei P), πατριά (26mal), συγγένεια (16mal), γένεσις (7mal), γενεά (5mal), γένος (2mal) und je 1mal γενετή und εἶδος. An 27 Stellen bietet die LXX kein Äquivalent.

II. 1. *mišpāḥāh* meint keine regionale oder politische Größe, sondern eine ethnische oder engere menschliche Gemeinschaft. Wie man in Est 9, 28 Provinzen in Städte untergliedern kann, so die Geschlechter (*dôr*) in Sippen. Ähnlich verfährt P in der Völkertafel (Gen 10, 5. 20. 31. 32), indem er die Söhne Jafets, Hams und Sems nach ihren Sippen, Sprachen, Ländern und Völkern untergliedert vorführt (vgl. Speiser 159: *mišpāḥāh* „basically an administrative rubric"). Zur Sippe der Rahab gehören Vater, Mutter, Brüder und „alle ihre Angehörigen" (Jos 6, 23; vgl. Jos 2, 13. 18). Und Abimelech spricht die „Söhne seiner Mutter" und „die ganze Sippe des Hauses des Vaters seiner Mutter" an (Ri 9, 1). *mišpāḥāh* wird also durch Verwandtschaftsstrukturen bestimmt und umfaßt mehr als nur die nähere oder weitere Familie des Mannes oder der Frau. Genaueres läßt sich deshalb so schwer sagen, weil zwar verschiedene Begriffe für die unterschiedlich großen Gemeinschaften gebraucht werden, deren exakte scharfe Abgrenzung voneinander aber nicht überzeugend gelingen will. Am deutlichsten gliedert P. In Num 1, 1–43 wird jeder der zwölf Stämme Israels in Sippen und jede Sippe abermals in „Vaterhäuser" (*bêṯ 'āḇôṯ*) unterteilt. In Num 26, 5–58 „werden die 'Sippen' erklärt als die Nachkommenschaften der Jakobenkel" (Noth, ATD 7, 19; ähnlich Num 36, 12; anders Num 36, 1; vgl. auch P in Ex 6, 14ff.). Ähnlich verfährt P in der Liste über die Leviten (Num 3, 15 – 4, 49). Die Sippe wird auch hier verstanden als die Verwandtschaftsgruppe der Levi-Enkel, die in die Untergruppen von „Väterhäusern" zerfällt. In den Landverteilungslisten Jos 13–21 werden zuerst die Stämme (*maṭṭæh*) Ruben, Gad und Halbmanasse gemäß ihren Sippen bedacht (13, 15–31), dann kommen die Stämme Juda (15, 1–20), Efraim (16, 5–8) und Halbmanasse (17, 1ff.) sowie Benjamin (18, 11ff.), Simeon (19, 1ff.), Sebulon (19, 10ff.), Issachar (19, 17ff.), Ascher (19, 24ff.), Naftali (19, 32ff.) und Dan (19, 40ff.) an die Reihe, jeweils mit ihren Sippen.

Ebenso gliedert die Liste in Jos 21, 4–40. Wenn in allen Texten nicht ausdrücklich vom Vaterhaus gesprochen wird, so darf daraus nicht der Schluß gezogen werden, P setze nicht in allen Texten eine derartige weitere Untergliederung voraus. Weil es nicht notwendig erschien, braucht das nicht unbedingt gesagt zu werden. Ebenso verhält es sich wohl auch mit der Frage, ob das „Vaterhaus" mit der „Familie" identisch oder als Zusammenfassung mehrerer „Familien" zu verstehen ist. So will jedenfalls Ijob 32, 2 gedeutet werden; denn Elihu gehört zur Familie seines Vaters Barachel, diese zum Verband des Bus und dieser wiederum zur Sippe Ram (vgl. Rut 2, 1. 3).

So überzeugend diese Gliederung in Familie, Großfamilie (Vaterhaus), Sippe, Stamm, Volk auch ist (Noth, Die Welt des ATs 58f.), so scheint sie doch zumindest in dieser Perfektion der Ausgestaltung späte Theorie widerzuspiegeln (so mit Recht Pedersen 46). Daß jeder Israelit einem Stamm (*šeḇæṭ*) und einer Sippe angehört, drückt auch Ri 21, 24 aus (vgl. Dtn 29, 17). Doch nicht dieses ist das Besondere, sondern der Sachverhalt, daß sich die Sippe und das Vaterhaus in einigen Texten schwer voneinander abgrenzen lassen (vgl. noch Ex 12, 21; 1 Sam 9, 21). So wird als Herkunft des Schimi ben Gera „die Sippe des Hauses Sauls" angegeben (2 Sam 16, 5). Und in der Erzählung von der Werbung um Rebekka scheinen die Wendungen „das Haus meines Vaters" (Gen 24, 38. 40) und „meine Sippe" (vv. 38. 40. 41) Parallelen der E- und J-Version zu sein (so Eißfeldt, Hexateuchsynopse 40*; anders Noth, ÜPt 30 Anm. 90). Das würde bedeuten, daß in der Frühzeit die Organisationsstruktur Israels die Familie und die Sippe, als Zusammenfassung mehrerer Familien, war (so de Vaux 25; Hoffner → I 636).

In anderen Texten geht die Unschärfe in der Abgrenzung in die Richtung, daß sich Sippe und Stamm zu decken scheinen. Über Manoachs Herkunft heißt es, er sei von der Sippe der Daniter (Ri 13, 2). Hertzberg (ATD 9, 225) erwägt, ob sich darin die geschichtliche Wirklichkeit widerspiegele, daß nur noch Reste des als Verband aufgelösten Stammes Dan im Süden lebten. Doch dagegen spricht, daß auch andere Texte diese Unschärfe aufweisen. Nach Ri 18, 2 wurden die Kundschafter aus der Sippe der Daniter ausgesandt; Ri 18, 11 heißt es, daß 600 Gerüstete aus der Sippe der Daniter aufbrachen und den Priester des Micha fragten, was er besser finde, Priester „für das Haus eines Mannes" oder „für einen Stamm (*šeḇæṭ*) und eine Sippe in Israel" zu sein (Ri 18, 19). Und wenn der Text von Ri 17, 7 nicht zu ändern ist, demzufolge der Levit „aus der Sippe Judas" kommt, dann sind auch hier die Größen Sippe und Stamm nicht klar voneinander abgehoben (Pedersen 47). Ohne daß der Begriff *mišpāḥāh* gebraucht wird, liegt wohl auch Ri 5, 14. 17 diese Ungenauigkeit vor, weil Machir und

Gilead unter die Stämme gezählt werden (für Machir vgl. nur 2 Sam 9, 4 *bêṯ māḵîr*). Diesen Sachverhalt vermag am ehesten der Hinweis Noths zu erläutern, daß die Begriffe Volk und Stamm „in das Gebiet der Geschichte des Menschen, nicht in das seiner naturhaften Fortpflanzung" gehören (Die Welt des ATs 58), so daß wir es mit verschiedenen Aspekten zu tun haben, wenn ein und dieselbe menschliche Gemeinschaft einmal „Sippe" und ein andermal „Stamm" genannt wird.

Die Bezeichnung des Sippenoberhauptes mag *nāśî'* (Gen 17, 20; 25, 16; Num 7, 2) gewesen sein (Sauer 1808 mit Fragezeichen); de Vaux allerdings denkt an den *zāqen* (25). Dagegen spricht, daß „Älteste" mehr der Tribalverfassung zugehören (vgl. Conrad → II 645) und als Stammesälteste fungieren. Noth (59) verbindet die Ältesten mit den Großfamilien, so daß das Führungsgremium einer Sippe „das Kollegium der Ältesten" ist. Das entspricht voll und ganz der Verfassungsstruktur des frühen Israel als eines „Gemeinwesens ohne Obrigkeit" (Wellhausen). Während Sauer von Gen 36, 40–43 her noch an *'allûp̄* denkt, verbindet de Vaux diese Bezeichnung wohl richtiger mit dem Kriegsführer, gewöhnlich *śar* genannt, weil theoretisch 1000 (*'ælæp*) Mann eine Abteilung bilden.

2. Die Verwendung der Bezeichnung „Sippe" ist offenbar unter dem Einfluß der vorexilischen Prophetie weiter ausgeformt worden. So wird das Volk Israel „die ganze Sippe" genannt, die JHWH aus Ägypten heraufgeführt hat (Am 3, 1; Wolff, BK XIV/2, 212: dtr Erweiterung). Das folgende Drohwort beginnt mit der Feststellung: „Nur euch habe ich von allen Sippen des Erdbodens erkannt" (3, 2). In Jer 2, 4 stehen im Parallelismus membrorum „Haus Jakobs" und „alle Sippen des Hauses Israels". Mit Bezug auf das Nord- und Südreich spricht Jer 33, 24 von „den beiden Sippen" oder als Hinweis auf den Vollstrecker des Gottesgerichts von „allen Sippen des Nordens" (Jer 25, 9). Schließlich kann fast wegwerfend von „dieser bösen Sippe" (Jer 8, 3) oder „dieser Sippschaft" (Mi 2, 3, so nach Rudolph, KAT XIII/3, 51) gesprochen und damit Juda gemeint werden.

In Konsequenz dieser Redefigur kann *mišpāḥāh* parallel zu *gôj* (Jer 10, 25; Ez 20, 32; Nah 3, 4; vgl. Gen 10, 5. 20. 31 f.; Sach 14, 17) stehen oder von den Sippen der Kanaanäer (Gen 10, 18) bzw. von der Sippe Ägyptens (Sach 14, 18) gesprochen werden. Und in der Psalmensprache treffen wir auf die Wendung „die Sippen der Völker (*'ammîm*)" (Ps 96, 7 = 1 Chr 16, 28), und für Ps 22, 28 sind „alle Enden der Erde" identisch mit „allen Sippen der Völker (*gojîm*)".

Bleibt als letztes noch die Wendung des J von „allen Sippen des Erdbodens", die sich mit Abraham/Jakob segnen sollen (Gen 12, 3; 28, 14). Sie schließt den Kreis zu Am 3, 2.

Dieser Sachverhalt, daß in allen genannten Texten die Sippe die bevorzugte Bezeichnung für Völker oder auch Teile von ihnen darstellt, macht abermals auf das sich in diesem Wort ausdrückende „Zusammengehörigkeitsgefühl" (Sauer 1808) oder auch „Bewußtsein der Einheit" (van der Leeuw § 33, 2) aufmerksam, das aus der abstammungsmäßigen Gemeinsamkeit hervorgeht und so etwas wie „a psychic community" (Pedersen 50) darstellt. „Das Volk ist . . . einer ausgeweiteten Großfamilie gleich", formuliert Rost (Credo 86). Dabei ist wichtig, daß in diesen Texten eine ethnische und nicht eine geschichtliche oder auch politisch geprägte Vokabel verwendet wird.

3. Diese Vorstellung bestimmt wohl auch den zwar erst in der Chronik belegten, der Sache nach (vgl. u. III. 2) aber längst denkbaren Sprachgebrauch, von den Sippen einer Stadt oder Ortschaft zu reden (1 Chr 2, 53; 4, 2; vgl. auch 1 Chr 9, 3–9; Neh 11, 4–8) oder die Namen der Häuptlinge Esaus nach ihren Sippen, Orten und Namen zu gliedern (Gen 36, 40 P). Damit berührt sich in gewisser Hinsicht die Zuwendung von Freistädten an levitische Sippen (1 Chr 6, 4–56).

4. Die durch gleichartige Abstammung bedingte Zusammengehörigkeit macht den Begriff *mišpāḥāh* auch zur übertragenen Anwendung fähig. 1 Chr 2, 55 redet von den „Sippen der Schriftgelehrten" und 1 Chr 4, 21 von den „Sippen der Leinwandarbeiter". Beide Stellen setzen so etwas wie eine Zunftgliederung voraus, so daß *mišpāḥāh* den Sinn von durch gleichen Beruf bedingte Gemeinschaft erhält (vgl. hierzu Mendelsohn 18 f.). Die Gliederung nach Tierarten ist Anlaß dafür, im Blick auf Wild, Vieh, Vögel und Gewürm von den Tieren „nach ihren Sippen" zu sprechen (Gen 8, 19). Und Jer 15, 3 nennt die vier „Sippen" des göttlichen Strafvollzugs: Schwert, Hunde, Vögel, Wild.

III. 1. Wenn wir uns dem religiösen Sprachgebrauch in weiterem Sinne zuwenden, so soll an erster Stelle die Rechtsbedeutung der Sippe stehen. Nicht die Familie, auch nicht der Stamm, sondern die Sippe erscheint vornehmlich als eine eigenständige autonome Größe. So legt Lev 25, 10. 41 u. ö. fest, daß die Beisassen im Jobeljahr zu ihrer Sippe zurückkehren sollen. Auch in erbrechtlicher Hinsicht gilt die Sippe als der gegebene Rahmen, innerhalb dessen die Dinge zu klären sind (Num 27, 11); denn wenn kein Sohn oder auch kein Bruder da ist, soll der nächststehende Blutsverwandte aus der Sippe die Erbschaft antreten. Diese Rechtsvorstellung wird auch der Grund dafür sein, daß das durchs Los verteilte Land den Stämmen „gemäß ihren Sippen" gegeben wird (Num 33, 54; Jos 13 ff.). Und daß schließlich Nehemia das Volk nach Sippen antreten läßt, zeigt die Organisationsform der nachexilischen Gemeinde (Neh 4, 7), die der Kult- und Rechtsgemeinde der vorstaatlichen Zeit nachgebildet zu sein scheint.

Daß die Sippe eine geschlossene autonome Gruppe darstellt, wird auch an den Fällen deutlich, in denen die Sippe eine Haftungsgemeinschaft bildet. Wenn jemand sein Kind dem Moloch gibt, dann haben er und seine Sippe die Strafe zu tragen (Lev 20, 5). Das Umgekehrte ist der Fall, wenn von der guten Tat des einzelnen die ganze Sippe profitiert, wie das von der Hure Rahab (Jos 6, 23) und dem Mann aus Bet-El (Ri 1, 25) erzählt wird (vgl. auch der Sache nach Ex 20, 5f.; Dtn 5, 9f.). Schließlich ist auf die Wahrung der Rechtsordnung durch die Sippe hinzuweisen; denn ihr obliegt es, einen Brudermörder aus ihren Reihen zu töten (2 Sam 14, 7). Und hinter Ijob 31, 34 steht insofern eine ähnliche Vorstellung, als die Sippe auf die Sünde des einzelnen mit Geringschätzung und Verachtung seiner Person zu reagieren hat.

2. Von daher versteht es sich, daß die Sippe auch im kultischen Bereich eine eigenständige Größe darstellt. Jedenfalls gilt es gegenüber Saul als überzeugend, wenn David von Jonatan Urlaub erbittet, um am Jahresopfer seiner Sippe in Betlehem teilzunehmen (1 Sam 20, 6. 29). Auch die Anweisung hinsichtlich des Passah-Lammes besagt, daß man sich Tiere nach den Sippen nehmen solle (Ex 12, 21). Und wenn das Purim-Fest bei allen Generationen (*dôr wāḏôr*), sippenweise (*mišpāḥāh ûmišpāḥāh*), in allen Provinzen und Städten gefeiert werden soll (Est 9, 28), dann entspricht den regionalen Größen Provinz und Stadt die ethnische Gliederung in Generation und Sippe. Schließlich hören wir, daß das Volk aus Überdruß über das Manna „nach seinen Sippen, jeder vor seinem Zelt" weint (Num 11, 10); und die Volksklage in Sach 12, 12–14 erfolgt gleichfalls sippenweise und dann noch einmal getrennt nach Männern und Frauen. Daraus geht hervor, daß die Sippe so etwas wie die kleinste religiöse Gruppe innerhalb der Gemeinde Israels darstellt. In ihr funktioniert denn auch vorab der auf Gegenseitigkeit angelegte Erweis von Huld und Güte (→ חסד *ḥæsæḏ*).

Daß im Unterschied zu dieser Vorstellung von der Sippe als Kultgemeinschaft z. B. in 1 Sam 1, 21; 2, 19 „das Opfer auf eine Familie beschränkt" ist, erklärt Stoebe (KAT VIII/1, 373f.) zu recht als „die jüngere Form der Darstellung". – Haran (17) weist darauf hin, daß das Jahresopferfest der Sippe Isais von 1 Sam 20 in dem Opferfest mit Samuel von 1 Sam 9, 12 insofern eine Entsprechung haben könnte, als ebenfalls die ganze Ortsbevölkerung daran teilnimmt.

3. Theologische Inhalte sind mit dem Begriff der Sippe in mancherlei Hinsicht verknüpft worden. Vielleicht ist aus dem „Demutsmotiv" (Stoebe, KAT VIII/1, 351), wie es 1 Sam 18, 18 in den Worten Davids: „Wer bin ich, und wer ist ʿmeine Sippeʾ?" vorliegt, die Vorstellung von der Erwählung des Geringsten hervorgegangen. Jedenfalls wird Saul aus der geringsten von allen Sippen des Stammes Benjamin (1 Sam 9, 21) zum König erwählt. Ähnlich, nämlich nur mit *ʾælæp̱* formuliert, lautet Ri 6, 15 (vgl. auch Dtn 7, 6–8).

Von daher ist es verständlich, daß der Begriff Sippe auch in das Wortfeld von Heraufführung, Erwählung und Bundeszusage eingehen und somit theologisches Denken ausdrücken kann. JHWH sagt über „die ganze Sippe", die er aus Ägypten heraufgeführt hat, daß er nur diese „von allen Sippen des Erdbodens erkannt" habe (Am 3, 1f.). Ist hier auf die Erwählung des Gottesvolkes angespielt, so kann der Verlust dieses Vorzuges in der die tiefe Resignation ausdrückenden Sprache des Exilsvolkes lauten, sie seien geworden „wie die Heiden, wie die Sippen der (Heiden-) Länder" (Ez 20, 32). Auf der Zuwendung JHWHs zu dem Armen (*ʾæḇjôn*) und dem Redlichen (*jāšār*) beruht die Aussage, daß er ihre Sippen wie Kleinvieh vermehrte (Ps 107, 41f.). Das Volk klagt, daß JHWH „die beiden Sippen", die er erwählt hatte, jetzt verworfen hat (Jer 33, 24). Damit sind das Nord- und Südreich als Teile des Gottesvolkes vorgestellt. Ähnlich ist die Verheißung Jer 31, 1 formuliert; denn zu jener Zeit will JHWH „allen Sippen Israels" Gott sein, und sie werden ihm zum Volk sein. Die Bundesvorstellung betrifft das Bundesvolk Gottes, das hier als eine Kumulierung von Sippen, nicht aber von Stämmen verstanden wird. Der auf der Sippengemeinschaft basierende Gedanke verwandtschaftlicher Verbundenheit prägt die Vorstellung des Gottesvolkes. Wenn Israel diese seine Spezifik aussagen will, dann bevorzugt es in der Tat den Begriff *mišpāḥāh* (neben dem Begriff *ʿam*; Clements → I 973), weil darin die auf natürlichen, gleichsam schöpfungsmäßigen Gegebenheiten basierende Gemeinschaft stärker zum Ausdruck kommt und zugleich etwas von der durch den Schöpfungssegen Gottes begründeten Erstreckung in die Zukunft hinein mitschwingt (vgl. Westermann, BK I/1, 679).

Da es sich bei dem von Jeremia angeredeten Volk um „diese böse Sippe" (Jer 8, 3) handelt, kann unser Begriff auch in die Unheilsankündigung als „diese Sippschaft" (Mi 2, 3; s.o. II. 2) eingehen. Schließlich findet sich bei Jeremia sogar die Vorstellung, daß JHWH „alle Sippen des Nordens" zur Vollstreckung des Gerichts holen werde (Jer 25, 9; vgl. Jer 1, 15).

Nach dem Gericht wird JHWH nicht das ganze Volk, sondern nur einen Teil zurückführen, meint Jeremia; und er kleidet diese Überzeugung in die Worte, daß JHWH „je einen aus einer Stadt und je zwei aus einer Sippe nehmen" und sie zum Zion bringen werde (Jer 3, 14). Weil JHWH auf dem Zion thront und der höchste Gott ist, werden „alle Sippen der *gojîm*" (Ps 22, 28) oder „die Sippen der *ʿammîm*" (Ps 96, 7 = 1 Chr 16, 28) aufgefordert, ihn anzubeten. Und diejenigen, die „von den Sippen der Erde" nicht nach Jerusalem heraufziehen werden, werden Strafe erfahren (Sach 14, 17; vgl. v. 18). In diesen Worten schwingt die Verheißung an Abraham nach, daß sich mit ihm segnen werden „alle Sippen des Erdbodens" (Gen 12, 3 J). Diese Aussage über das einzigartige Wirken Gottes an Israel und durch Israel an der Völkerwelt wird in Gen 28, 14 (J) wiederholt und damit nachdrücklich unterstrichen, daß diese Verheißung Jakob/Israel gilt und er zugleich ihr Vermittler an die Völkerwelt ist. Der Umstand, daß in diesen verheißenden Texten der Begriff der Sippe im Blick auf die ganze Welt bevorzugt erscheint, wird wohl von der Schöpfergottvorstellung her zu interpretieren sein. Die Bevölkerung der Welt, einstmals eine große, lediglich in Sippen verzweigte Menschengemeinschaft, wird durch ihre Hinwendung zum Gottesberg oder ihre Teilhabe am Segen des Gottesvolkes wieder zu dieser einmütigen Gemeinschaft werden.

IV. In der Qumran-Literatur ist die Sippe ein Untergliederungselement des Gottesvolkes, ähnlich wie im AT bei P. Am deutlichsten wird das in 1 QM 4, 10; denn auf den Feldzeichen stehen die Aufschriften „Gemeinde Gottes", „Lager Gottes", „Stämme Gottes", „Sippen Gottes" und „Fähnlein Gottes". Der jeweilige Stamm besteht also aus Sippen, die sich ihrerseits in Fähnlein untergliedern (ähnlich auch 1 QM 3, 6; 1 QSa 1, 9. 15. 21; CD 20, 13). Auch wenn das nicht so gesagt wird, scheint doch diese Vorstellung ebenfalls „die Söhne Hams, nach ihren Sippen, in ihren Wohnsitzen" (1 QM 2, 14) oder „die Söhne Noahs und ihre Sippen" (CD 3, 1) zu betreffen, wie denn nach 1 QM 10, 14 Gott „den Wohnsitz der Sippen geschaffen hat". Daß die Sippe einen ihr eigenen Dialekt spricht, setzt CD 14, 10 voraus. Und 4 QpNah 2, 9 erwartet den Untergang von Städten und Sippen. In TR 57, 17ff. wird das Königsgesetz Dtn 17, 14–29 dahingehend erweitert, daß der König sich nur eine Frau aus der *mišpāḥāh* seines Vaters nehmen darf. Eine spezifisch theologische Wortbedeutung wird im Sprachgebrauch von Qumran nicht erkennbar.

Zobel

מִשְׁפָּט *mišpāṭ*

שֶׁפֶט *šæpæṭ*, שְׁפוֹט *šᵉpôṭ*

I. Vorkommen und Bedeutung – II. Gebrauch im AT – 1. Orakel- und Losverfahren – 2. Rechtsverfahren – a) Im allgemeinen – b) Rechtssache – c) Rechtsspruch – d) Strafe (mit Parallelen *šæpæṭ* und *šᵉpôṭ*) und Rettung – 3. a) Anspruch – b) Prinzip – 4. Gesetz – a) Gottes *mišpāṭîm* – b) *mišpāṭîm* der Menschen – c) Gebot, Vorschrift – 5. Gewohnheit, Sitte – 6. Maß, Mäßigkeit; *mišpāṭ* in negierter Form – III. LXX – IV. Qumran.

Lit.: *A. Alt*, Die Ursprünge des Israelitischen Rechts (KlSchr I, [1934] 1953, 278–332). – *J. Becker*, Das Heil Gottes. Heils- und Sündenbegriffe in den Qumrantexten und im NT (SUNT 3, 1964). – *J. Begrich*, Die priesterliche Tora (BZAW 66, 1936, 63–88). – *E. Berkovits*, The Biblical Meaning of Justice (Judaism 18, 1969, 188–209). – *O. Betz*, Rechtfertigung in Qumran (Rechtfertigung, Festschr. Käsemann, 1976, 17–36). – *H. J. Boecker*, Redeformen des Rechtslebens im AT (WMANT 14, ²1970). – *Ders.*, Recht und Gesetz im AT und im Alten Orient (Neukirchener Studienbücher 10, 1976). – *O. Booth*, The Semantic Development of the Term מִשְׁפָּט in the Old Testament (JBL 61, 1942, 105–110). – *G. Braulik*, Die Ausdrücke für „Gesetz" im Buch Deuteronomium (Bibl 51, 1970, 39–66). – *D. Cox*, Sedaqa and Mišpaṭ: The Concept of Righteousness in Later Wisdom (FrancLA 27, 1977, 33–50). – *A. Deißler*, Ps 119 (118) und seine Theologie (MüThSt I/11, 1955). – *M. Delcor*, Contribution à l'étude de la législation des sectaires de Damas et de Qumrân (RB 61, 1954, 533–553; 62, 1955, 60–75). – *H. Donner*, Die soziale Botschaft der Propheten im Lichte der Gesellschaftsordnung in Israel (OrAnt 2, 1963, 229–249). – *K. Hj. Fahlgren*, *ṣᵉdāḳāh*, nahestehende und entgegengesetzte Begriffe im AT, Uppsala 1932, 120–138. – *Z. W. Falk*, Hebrew Legal Terms (JSS 5, 1960, 350–354). – *Ders.*, „Words of God" and „Judgments" (Studi in onore di Edoardo Volterra 6, 1969, 155–159). – *H. Gese*, Lehre und Wirklichkeit in der alten Weisheit. Studien zu den Sprüchen Salomos und zu dem Buche Hiob, Tübingen 1958. – *R. Hentschke*, Satzung und Setzender. Ein Beitrag zur israelitischen Rechtsterminologie (BWANT 5/3, 1963). – *F. Horst*, Das Privilegrecht Jahwes. Rechtsgeschichtliche Untersuchungen zum Deuteronomium (FRLANT 45 [NF 28] 1930 = ThB 12, 1961, 17–154). – *Ders.*, Naturrecht im Alten Testament, in: Gottes Recht (ThB 12, 1961, 235–259). – *H. W. Hertzberg*, Die Entwicklung des Begriffes משפט im AT (ZAW 40, 1922, 256–287; 41, 1923, 16–76). – *K. Koch*, Die Entstehung der sozialen Kritik bei den Profeten (Festschr. G. von Rad, 1971, 236–257). – *Ders.*, Wesen und Ursprung der „Gemeinschaftstreue" im Israel der Königszeit (ZEE 1961, 72–90, bes. 83–87). – *L. Köhler*, Die hebräische Rechtsgemeinde (1931) in: Der hebräische Mensch, 1953, 143–171. – *H. J. Kraus*, Zum Gesetzesverständnis der nachprophetischen Zeit (Kairos 11, 1969, 122–133). – *G. Liedke*, Gestalt und Bezeichnung at.licher Rechtssätze (WMANT 39, 1971). – *Ders.*, שפט *špṭ* richten (THAT II 999–1009). – *M. Limbeck*, Die Ordnung des Heils. Untersuchungen zum Gesetzesverständnis des Frühjudentums, Düsseldorf 1971. – *R. Martin-Achard*, Brèves remarques sur la signification théologique de la loi selon l'Ancien Testament (EThR 57, 1982, 343–359). – *A. Marzal*, The Provincial Governor at Mari: His Title and Appointment (JNES 30, 1971, 186–217). – *D. A. McKenzie*, Judical Procedure at the Town Gate (VT 14, 1964, 100–104). – *J. Miranda*, Marx and the Bible, New York 1974. – *G. Östborn*, Tōrāh in the Old Testament. A Semantic Study, Lund 1945. – *J. van der Ploeg*, *Šāpaṭ* et *Mišpāṭ* (OTS 2, 1943, 144–155). – *Ders.*, Studies in Hebrew Law (CBQ 12, 1950, 248–259. 416–427; 13, 1951, 28–43. 164–171. 296–307). – *W. Richter*, Recht und Ethos. Versuch einer Ortung des weisheitlichen Mahnspruches (StANT 15, 1966). – *M. S. Rozenberg*, The Stem *špṭ* (Phil. Diss. Univ. of Pennsylvania 1963). – *Ders.*, The *Šōfᵉṭīm* in the Bible (EI 12, 1975, 77*–86*). – *N. H. Snaith*, The Distinctive Ideas of the Old Testament, London 1944, 72–78. – *L. H. M. A. Temba*, A Study of the Hebrew Root *špṭ* with Reference to Yahwe (Diss. Harvard 1978). – *H. C. Thomson*, *Shopheṭ* and *Mishpaṭ* in the Book of Judges (GUOST 19, 1961/62, 74–85). – *R. de Vaux*, Histoire ancienne d'Israel 2, Paris 1973, 80–86. – *K. Whitelam*, The Just King: Monarchial Judicial Authority in Ancient Israel (JSOT, Suppl. 12, Sheffield 1979).

I. *mišpāṭ* ist ein von → שפט (*šāpaṭ*) abgeleitetes *ma*-Nomen. Außer im biblischen und nachbiblischen Hebr. kommt das Wort im Ugar. (UT Nr. 2727; WUS Nr. 2921; W. Richter, ZAW 77, 1965, 60; W.

H. Schmidt, BZAW 80, 1961, 28) und Phön. (DISO 171; Z. S. Harris, A Grammar of the Phoenician Language, New Haven 1936, 153; T. Ishida, RB 80, 1973, 518) in der Bedeutung „Regierung, Regiment" vor.

Das Wort findet sich im AT 422mal. Die Belege sind auf die meisten Schriften verteilt; nur in Joël, Obd, Jona, Nah, Hag, Rut, Hld und Est fehlt das Wort. Die *ma*-Nomina haben im Hebr. einen weiten Verwendungsbereich. Sie können den Platz der Aktivität des betreffenden Wortstammes, die Handlung als solche, das Resultat der Handlung und das Mittel, durch das die Handlung ausgeführt wird, bezeichnen (BLe 488ff.; H. S. Nyberg, Hebreisk grammatik, Uppsala 1952, 205ff.). Auch *mišpāṭ* weist innerhalb dieses Verwendungsbereiches eine Reihe von Bedeutungsvarianten auf. Die Frage nach der „Grundbedeutung" läßt sich von der Beurteilung des Verbs (→ שׁפט [*šāpaṭ*]) in dieser Hinsicht nicht trennen (zur Diskussion siehe bes. Hertzberg, ZAW 40, 1922, 256–287; 41, 1923, 16–76; Booth, JBL 61, 1942, 105–110; Fahlgren 120–138; Liedke, Rechtssätze 73–100; ders., THAT II 999–1009). Bei *mišpāṭ* liegt der Schwerpunkt offenbar innerhalb des Bereiches „Rechtsprechung, Gericht, Recht". Es gibt aber eine Reihe von Belegen, wo die Bedeutung „Entscheidung, Beschluß, Feststellen" ausreichend ist, ohne daß die Entscheidung dabei als die positive, richtige Entscheidung verstanden werden muß. Andererseits tendieren andere Stellen nach einer von „Anspruch, Verlangen, Forderung" gefärbten Bedeutung und heben also das positive Einsetzen in eine bestimmte Richtung hervor. Dies ermöglicht verschiedene Ausgangspunkte für die Bestimmung einer Grundbedeutung. Da die meisten Belege in engem Zusammenhang mit Gericht und Gesetz stehen, lag es nahe, von einer derartigen Bedeutung auszugehen. So werden z. B. in GesB (12. Aufl.) als Bedeutungen aufgeführt: „1) Gericht; 2) das, worüber gerichtet wird; 3) was vom Richter und Gesetzgeber festgesetzt, was Rechtens ist, das Recht." Innerhalb dieser dritten Bedeutung führt dann „Gewohnheitsrecht" über zu „Sitte, Gebrauch" und „Art und Weise". Hertzberg wählt als einen neuen Ausgangspunkt die Willensrichtung, die David nach 1 Sam 27, 11 zeigt, und definiert von da aus *mišpāṭ* als „dauernde Bestimmtheit des Handelns" und „Ausdruck einer zentrifugalen Willensbestätigung" (ZAW 40, 263); „Ausdruck einer Willensrichtung" (ZAW 41, 73). Im Anschluß an K. Koch (*ṣdq* im AT. Diss. Masch., Heidelberg 1953, 35ff.) und H. W. Wolff (Amos' geistige Heimat, WMANT 18, 1964, 40–46) beschreibt Liedke *mišpāṭ* als einen Bereich (Gestalt und Bezeichnung at.licher Rechtssätze 77) und das *špṭ*-Handeln als ein Handeln, durch das die zerstörte Ordnung einer (Rechts-)Gemeinschaft wiederhergestellt wird (THAT II 1001). Hier knüpft die moderne „Befreiungstheologie" an und findet im *mišpāṭ* der Armen den Ausgangspunkt der Bibelinterpretation (Miranda 109ff.). Andere nehmen als Ausgangspunkt die Entscheidung (so L. Köhler, Deuterojesaja [Jesaja 40–55] stilkritisch untersucht, BZAW 37, 1923, 110; ders., Der hebräische Mensch, 1953, 151f.). Diese Entscheidung kann ferner in die Richtung von „Gesetzsprechen" (O. Grether, ZAW 57, 1939, 110–121) und „Urteil, Gerichtsentscheidung" (J. Begrich, Studien zu Deuterojesaja, BWANT 77, 1938, 161ff.) präzisiert werden (vgl. auch J. van der Ploeg, OTS 2, 144–155; ders., CBQ 12, 248ff.; H. C. Thomson 84; I. L. Seeligmann, Festschr. W. Baumgartner, VTS 16, 1967, 251–278, bes. 273 Anm. 1; L. Monsengwo Pasinya, La notion de *nomos* dans le Pentateuque grec, AnBibl 52, 1973, 97ff.; R. de Vaux, 2, 80–86 und KBL^3, wo „Schiedsspruch" als Ausgangspunkt aufgeführt wird). Viele betonen dabei auch, daß *mišpāṭ* auf das Ausüben der Autorität überhaupt zurückzuführen sei und nicht nur auf das richterliche Verfahren in strengem Sinn beschränkt werden soll (so z. B. Rozenberg). Fahlgren (124) weist die Grundbedeutung „Gericht" zurück und will von dem *mišpāṭ* des einzelnen ausgehen, jedoch unter Ablehnung der Annahme Hertzbergs, daß sich jeder *mišpāṭ* auf eine besondere „Willensrichtung" gründen sollte. Fahlgren zieht als Grundbedeutung „Art und Weise, Charakteristikum" vor. Ähnliche Bemerkungen finden sich auch bei Booth (107) und Berkovits (188–209).

Eine Bedeutungsentwicklung von *mišpāṭ* läßt sich beim Vergleich des Vorkommens in älteren und jüngeren at.lichen Texten kaum nachweisen, obwohl etliche Sonderbedeutungen oder spezifische Konstruktionen in den einzelnen Schriften vorliegen können (s. u.).

II. 1. Ein wichtiger Aspekt bei *mišpāṭ* ist die Entscheidung. Auch wenn man das Verb mit in Betracht nimmt, muß man aber vorsichtig sein, diese Bedeutung als „Grundbedeutung" festzustellen. Liedke (THAT II 1001) bemerkt: „*špṭ* scheint zu den Stämmen zu gehören, bei denen die Suche nach einer ‚Grundbedeutung' nicht erhellend ist." Aber mit diesem Vorbehalt läßt sich behaupten, daß diese Bedeutung einen guten Ausgangspunkt für den Zugang zu den verschiedenen Verwendungsbereichen von *mišpāṭ* bietet. Dies wird zum Anfang bei der Verwendung von *mišpāṭ* beim Losverfahren deutlich. Hier steht *mišpāṭ* für die Entscheidung des Priesters durch das Losorakel. Der Priester soll „durch den *mišpāṭ* von Urim" fragen (Num 27, 21). In Ex 28, 15. 29f. wird die Brusttasche des Hohenpriesters, wo das Losorakel Urim und Tummim aufbewahrt wurde, *ḥošæn (ham)mišpāṭ* genannt (→ חשׁן *ḥošæn*). Aaron soll in dieser Weise „den *mišpāṭ* der Kinder Israels beständig vor dem Herrn auf seinem Herzen tragen" (v. 30). Das Ergebnis eines Losverfahrens wird auch *mišpāṭ* genannt (Spr 16, 33). Als Beispiel einer Verbindung zwischen *mišpāṭ* und Orakelgeben wird außerdem noch Ri 4, 5 aufgeführt, wo Debora unter der „Debora-Palme" *mišpāṭ* gesprochen hat (Rozenberg, EI 12, 77*f.; Whitelam 66. 84). Einen weiteren

Schritt geht Hertzberg (ZAW 40, 269) mit der Annahme, die Rechtssprechung als solche sei aus dem Orakel hervorgegangen. In diesen Beispielen versteht man aber *mišpāṭ* am besten als „Entscheidung, Bescheid, Urteil". Auch wenn der Bescheid im Rahmen eines Orakelgebens erteilt würde, ist die angeführte Übersetzung ausreichend. Es könnte auch hinzugefügt werden: Der göttliche *mišpāṭ* ist unabhängig und nicht an die Orakeltechnik gebunden (Gese 48).

2. a) Wie im Orakelspruch tritt auch im Rechtsspruch der Charakter der Entscheidung hervor. Wenn der Richter seine Wahl zwischen den vorliegenden Alternativen getroffen hat, spricht er das Urteil, das als *mišpāṭ* bezeichnet wird. Aber dieses Urteil impliziert auch den Inhalt und die Folgen des Urteils. Deswegen steht *mišpāṭ* oft für das ganze richterliche Verfahren, für die Situation des Gerichtes in ihrem vollen Umfang, wie z. B. in Ps 1, 5. Vgl. dazu R. P. Merendino (VT 29, 1979, 51). Auch in den Fällen, wo *mišpāṭ* auf einen besonderen Vorgang innerhalb des rechtlichen Bereiches hinzielt, stehen andere Bedeutungsschattierungen im Hintergrund.

Die allgemeine Bedeutung „Gericht" hat *mišpāṭ* an mehreren Stellen: Man tritt vor den König oder den Richter *lammišpāṭ*, zur richterlichen Entscheidung (Ri 4, 5; 2 Sam 15, 2. 6); ein Totschläger soll vor der Gemeinde *lammišpāṭ* stehen (Num 35, 12; Jos 20, 6). Die Parteien treten miteinander *lammišpāṭ* (Jes 41, 1; 54, 17). Auch der Richter (Gott oder Mensch) kommt *l^emišpāṭ (lammišpāṭ)* (Jes 3, 14; Ez 44, 24; Mal 3, 5; Ps 9, 8; 76, 10; 122, 5). In Ijob 9, 19 steht *l^emišpāṭ* in der Bedeutung „Wenn es sich um ein Rechtsverfahren handelt". In derselben allgemeinen Bedeutung von „Gericht" geht *mišpāṭ* an mehreren Stellen die Präposition *b^e* voraus: Man soll *bammišpāṭ*, beim Rechtsprechen, im Gericht, kein Unrecht begehen (Lev 19, 15; Dtn 1, 17; Spr 24, 23); durch *mišpāṭ* verleiht der König dem Land Bestand (Spr 29, 4). Hier liegt die allgemeine Bedeutung „Recht" nahe, s. u. Auch die Präposition *'æl* wird vor *mišpāṭ* verwendet: in Dtn 25, 1 kommt man *'æl-hammišpāṭ*, zum Gericht. Hier wird die Bedeutung fast lokal, was sonst mit näheren Bestimmungen zu dem allgemeineren *mišpāṭ* ausgedrückt wird: *'ulām hammišpāṭ*, Gerichtssaal (1 Kön 7, 7); *m^eqôm hammišpāṭ*, Stätte des Gerichts (Koh 3, 16). Hierher gehört wohl auch die Konstruktion mit der Präposition *'al*: „der zu Gericht (*'al-hammišpāṭ*) sitzt" (Jes 28, 6). Auch der Ortsname *'ên mišpāṭ* (Gen 14, 7) läßt sich in dieser Weise erklären (von Rad, ThAT I^6, 25).

b) An einigen Stellen liegt die Bedeutung „Rechtssache" am nächsten. Mose legt den *mišpāṭ* der Töchter Zelofhads dem Herrn vor (Num 27, 5). Ijob will seine Sache vor Gott darlegen (Ijob 13, 18; 23, 4). Diese Bedeutung von *mišpāṭ* wird in 2 Sam 15, 4 durch Zusammenstellen mit → ריב *rîḇ*, Rechtsstreit, präzisiert. Eine ähnliche Parallele liegt in Jes 50, 8 vor, wo „wer will mit mir rechten (*jārîḇ*)?" als paralleles Glied „wer ist mein Widersacher (*ba'al mišpāṭî*)?" hat. Die levitischen Priester und der Richter werden *d^eḇar hammišpāṭ* kundtun (Dtn 17, 9). Hier wird die Rechtssache auch zum Rechtsspruch. Diese Bedeutungen fließen in derselben Weise in 2 Chr 19, 6 zusammen.

Eine Rechtssache schließt immer einen Rechtsanspruch in sich (s. u. 3). Liedke (Rechtssätze, 88–92; THAT II 1006) will im Anschluß an Boecker (Redeformen des Rechtlebens im AT, 72) in diesem Zusammenhang *mišpāṭ* in der spezifischen Bedeutung von „Urteilsvorschlag" verstehen. Dieser Urteilsvorschlag sei unter Umständen sowohl von den Rechtspartnern wie auch vom Richter vorgelegt worden. Eine solche Annahme scheint aber kaum notwendig, da die Bedeutung „Rechtssache" oder „Rechtsanspruch" auch an diesen Stellen ausreichend ist.

c) Unter den Belegen für *mišpāṭ* innerhalb des rechtlichen Bereiches im allgemeinen scheidet eine Reihe von Stellen aus, die besonderen Bezug auf den Rechtsspruch, das Urteil, nehmen. Die ganze richterliche Tätigkeit läßt sich natürlich davon nicht absondern, auch an den Stellen nicht, an denen im allgemeinen festgestellt wird, daß Gott oder der König Gerechtigkeit übt (2 Sam 8, 15; 1 Kön 3, 28; Jer 9, 23, wo als Verb *'āśāh* verwendet wird). Aber diese übergreifende Tätigkeit mündet in den Rechtsspruch, das Urteil, das also das Verfahren zusammenfaßt. Das Gericht ist Angelegenheit Gottes (Dtn 1, 17); eine Sache (*dāḇār*) kann zur Entscheidung (*lammišpāṭ*) zu schwierig sein (Dtn 17, 8); Gott überläßt den Feinden die Entscheidung (Ez 23, 24). Auch der mündliche, hörbare Charakter von *mišpāṭ* tritt bisweilen zutage: Der *mišpāṭ* wird von den Leviten „gesagt" (Dtn 17, 11); er hängt mit den Lippen des Königs (Spr 16, 10) und mit Gottes Mund (Ps 105, 5; 1 Chr 16, 12) zusammen. In Zef 3, 8 sagt der Herr: „Mein *mišpāṭ* ist es, Völker zu versammeln." Hier kann *mišpāṭ* als „Entscheidung, Beschluß" verstanden werden, läßt sich aber auch inhaltlich durch die Versammlung der Völker bestimmen. Daß *mišpāṭ* unter Umständen nur die formale Bedeutung „Entscheidung, Urteil" haben kann, wird auch dadurch klar, daß *mišpāṭ* durch andere Begriffe sowohl positiven als negativen Inhalts bestimmt wird: *mišpaṭ māwæṯ* „Todesurteil" (Dtn 19, 6; 21, 22; Jer 26, 11. 16); *mišpaṭ dāmîm* „Blutgericht, Blutschuld" (Ez 7, 23); *mišpaṭ ṣædæq* „gerechtes Urteil" (Dtn 16, 18); *mišpaṭ '^emæṯ* „wahrhaftiges Urteil" (Ez 18, 8; Sach 7, 9); *mišpaṭ šālôm* „Friedensurteil" (Sach 8, 16). In 2 Chr 19, 8 wird *mišpaṭ JHWH* „Urteil, Gericht JHWHs" mit *rîḇ* als Beschreibung der richterlichen Tätigkeit der Leviten zusammengestellt. Dies könnte die Verantwortlichkeit der Leviten vor Gott beim Rechtsprechen unterstreichen (vgl. v. 6) oder sich auf die verschiedenen Rechtssachen beziehen, die göttliche bzw. königliche Angelegenheiten waren (vgl. v. 11).

d) Das Urteil, das Gericht, kann auch den Inhalt des Gerichtes bezeichnen. Dieser Inhalt ist positiv für diejenigen, die gerecht und unschuldig sind, aber negativ für die Frevler und die Gottlosen. In bezug auf diese Letzten steht *mišpāṭ* an mehreren Stellen ohne nähere Bestimmung für „Strafgericht". Wenn *mišpāṭ* diese Bedeutung hat, liegen als Synonyma *šæpæṭ* und *š*e*pôṭ* vor, die nur in dieser negativen Bedeutung vorkommen. Die Belege von *šæpæṭ* sind alle im Pl. Der Herr wird in Ägypten mit gewaltigen Strafgerichten eingreifen (Ex 6, 6; 7, 4); für die Spötter sind Strafgerichte bereit (Spr 19, 29); der Herr wird seine vier Strafgerichte senden (Ez 14, 21). Meistens wird die Konstruktion *ʿāśāh š*e*pāṭîm b*e „an jemandem Strafgerichte vollziehen" verwendet (Ex 12, 12; Num 33, 4; 2 Chr 24, 24, und öfters in Ez: 5, 10. 15; 11, 9; 16, 41; 25, 11; 28, 22. 26; 30, 14. 19). In derselben Konstruktion wird in Ez 23, 10 *š*e*pôṭ* im Pl. gebraucht. Im Singular steht *š*e*pôṭ* in einer Reihe von Strafgerichten (2 Chr 20, 9).

Wenn *mišpāṭ* in dieser Bedeutung von Strafgericht verwendet wird, steht es meistens im Singular. Der babylonische Feind spricht *mišpāṭ* mit dem gefangenen König Zidkija (2 Kön 25, 6; im Paralleltext Jer 39, 5; 52, 9 wird aber der Pl. *mišpāṭîm* verwendet). Das Schwert des Herrn fährt auf Edom herab *l*e*mišpāṭ*, zum Strafgericht (Jes 34, 5; vgl. auch Dtn 32, 41). Wenn das Unheilsorakel über Moab in Jer 48, 47 mit den Worten „so weit Moabs *mišpāṭ*" endet, bezieht sich das nicht nur auf das Urteil, auf den über Moab getroffenen Beschluß, sondern auch auf alle die beschriebenen Unglücke, auf das ganze Schicksal Moabs. „Anteil" oder „Schicksal, Los" ist auch die Meinung von *mišpāṭ* in Jer 49, 12: „Diejenigen, deren *mišpāṭ* es nicht war, den Kelch zu trinken." Vgl. dazu auch die Beispiele in 5. unten. Das Strafgericht des Herrn trifft die Gottlosen im eigenen Volk (Jes 5, 16; Ez 5, 8; Hos 5, 1; 6, 5; Ps 1, 5); die Feinde (Jer 48, 21; 51, 9; Ez 39, 21; Ps 7, 7; 9, 17); die ganze Erde (Jes 26, 9 – hier steht *mišpāṭ* im Pl.). Beim Gericht kann sich JHWH des Feindes bedienen: er hat ihn *l*e*mišpāṭ*, zum Strafgericht, eingesetzt (Hab 1, 12). Der Mensch kann Gott bitten, mit ihm nicht ins Gericht zu gehen (Ps 143, 2). Hier wird *bô' b*e*mišpāṭ (bammišpāṭ)* verwendet (vgl. Ijob 9, 32; 22, 4; *hiph* Ijob 14, 3; Koh 11, 9; 12, 14; *hālak̲ 'æl 'el bammišpāṭ* Ijob 34, 23). In Zef 3, 15 wird zu Jerusalem gesagt, daß JHWH ihre *mišpāṭîm* weggenommen hat und (als Parallele dazu) ihren Feind abgewendet hat. *mišpāṭ* als Strafgericht kann endlich auch als eine Züchtigung mit positivem Ziel dargestellt und verstanden werden, wie aus Ijob 36, 17 in seinem Kontext hervorgeht.

Wenn Gottes Gericht die Feinde trifft, bedeutet das Heil und Rettung für die Unschuldigen und Bedrückten. So kann *mišpāṭ* als Gericht auch einen positiven Inhalt bekommen. Man wartet auf Gottes *mišpāṭ* über die Feinde (Ps 119, 84; 149, 9). Gottes Volk macht, vollstreckt, die Gerechtigkeit (*ṣidq̲aṯ*) JHWHs und seine Strafgerichte (*mišpāṭājw*, Dtn 33, 21). Deswegen wartet man auf Gottes *mišpāṭîm* und freut sich darüber (Jes 26, 8; Ps 48, 12; 97, 8). Weniger deutlich ist der Bezug auf die richterliche Situation in Ps 10, 5; 105, 7; 1 Chr 16, 14; hier rückt die Bedeutung „Gesetz, Satzungen" näher, vgl. u. 4. – Fraglich bleibt in diesem Zusammenhang Jes 53, 8 „von *ʿoṣær* und *mišpāṭ* wurde er (weg)genommen". Hat man den Knecht des rettenden Urteils oder Gerichts beraubt, oder wurde er dem Strafgericht entzogen? Soggin (ZAW 87, 347) schlägt vor, den Text so zu verstehen, daß der Knecht nach einem Urteil, gegen das formell nichts einzuwenden war, abgeführt wurde (zur weiteren Diskussion siehe Liedke, Gestalt und Bezeichnung at.licher Rechtssätze, 87).

3. a) Das positive Urteil zugunsten eines der Rechtspartner gibt ihm das Recht, das er beansprucht hat. Aber er ist schon im Recht, ehe das Urteil gesprochen wird. Obwohl das gerechte Urteil das Recht des Unschuldigen wirkt, bestätigt es andererseits nur sein schon vorhandenes Recht. In dieser Bedeutung steht *mišpāṭ* schon für den berechtigten Anspruch des Unschuldigen und Gerechten. Der Herr verhilft dem Bedrückten oder seinem Volk zu seinem Recht (1 Kön 8, 45. 49. 59; Mi 7, 9; Ps 9, 5; 140, 13; 146, 7; 2 Chr 6, 35. 39). Hier wird die Aktivität des Herrn durch *ʿāśāh mišpāṭ* ausgedrückt. In derselben Bedeutung steht *mišpāṭ* als Objekt zu *šāpaṭ* (Jer 5, 28; Klgl 3, 59) oder zu *nāṯan* (Ijob 36, 6). JHWH möge zu meinem *mišpāṭ* aufwachen (Ps 35, 23). Der *mišpāṭ* eines Menschen kann von Gott ausgehen (Ps 17, 2) wie der helle Mittag (Ps 37, 6); er ist bei Gott zu finden (Jes 49, 4; Spr 29, 26), kann sich aber verbergen (Jes 40, 27; Ijob 19, 7). Eine Sklavin, die für den Sohn des Hauses bestimmt wird, soll *k*e*mišpaṭ habbānôṯ* behandelt werden: sie kann das Recht der Töchter beanspruchen (Ex 21, 9). In Jer 30, 18 wird vom Palast gesagt, er werde auf seinem richtigen Platz (*ʿal-mišpāṭô*) stehen (vgl. van der Ploeg, OTS 2, 154). Der Platz ist der vorgeschriebene, aber auch derjenige, den der Palast beanspruchen kann.

Man kann jemanden seines Rechts berauben, ihm den ihm gehörigen *mišpāṭ* entziehen. Dafür werden verschiedene Ausdrücke verwendet. Gott fragt Ijob, ob er Gottes *mišpāṭ* für ungültig erklären oder zunichte machen wolle (*prr hiph*, Ijob 40, 8); Ijob behauptet, daß Gott ihm das Recht entzogen hat (*sûr hiph*, Ijob 27, 2; 34, 5f.). Andere Ausdrücke für das Kränken oder das Verletzen des einem zukommenden Rechts sind *gzl* (Jes 10, 2); *rṣṣ* (Hos 5, 11); *m's* (Ijob 31, 13) und vor allem *nṭh hiph* „jemandes Recht beugen" (Ex 23, 6; Dtn 16, 19; 24, 17; 27, 19; 1 Sam 8, 3; Spr 18, 5; Klgl 3, 35).

mišpāṭ bezeichnet ferner den Anspruch, das Recht, das von der Macht des Herrschers herrührt. In Ez 21, 32 spricht der Prophet vom kommenden Herrscher, dem der *mišpāṭ* gehört, und in Hab 1, 7 wird vom fremden Volk gesagt, daß es von sich selbst *mišpāṭ* ausgehen läßt oder sich selbst einen *mišpāṭ* nimmt. Hier ist der Schritt vom „Rechtsanspruch" zum „Recht, Gesetz" nicht weit. An anderen Stellen wird *mišpāṭ* in dieser Bedeutung mit einer näheren Bestimmung versehen, um ein besonderes Recht zu bezeichnen: *mišpaṭ habb*e*k̲orāh* Erstgeburtsrecht

(Dtn 21, 17); *mišpaṭ hagg^e'ullāh* Lösungsrecht (Jer 32, 7); *mišpaṭ haj^eruššāh* Besitzrecht (Jer 32, 8) – die Bedeutung „Vorkaufsrecht" ist an dieser Stelle auch möglich. Hierher gehören ferner *mišpaṭ hammælæḵ* „Recht des Königs" (1 Sam 8, 9. 11) und *mišpaṭ hamm^eluḵāh* „Recht des Königtums" (1 Sam 10, 25). In dieser Zusammenstellung kann *mišpāṭ* als der Anspruch des Königs verstanden werden oder als das in bezug auf den König und das Königtum gültige Gesetz. Eine analoge Verwendung liegt in Dtn 18, 3 vor, wo *mišpaṭ hakkoh^anîm* das Recht bezeichnet, das dem Priester als Anteil vom Opfer zukommt. Berkovits (199f.) plädiert für die Möglichkeit, *mišpāṭ* hier als „the manner of the king" zu verstehen, die Art und Weise, wie sich Könige benehmen. Besonders bei *mišpaṭ hamm^eluḵāh* liegt die Möglichkeit eines Königsvertrags oder „Grundordnung des Königtums" nahe (H. J. Boecker, Die Beurteilung der Anfänge des Königtums in den deuteronomistischen Abschnitten des 1. Samuelbuches, WMANT 31, 1969, 56; zur Diskussion siehe ferner Horst, Privilegrecht, 107ff.; A. Alt, KlSchr III, 1959, 367; H. Wildberger, Samuel und die Entstehung des israelitischen Königtums, ThZ 13, 1957, 442–469, bes. 458; Liedke, Rechtssätze, 93; T. Mettinger, King and Messiah, CB., OT 8, 1976, 80–88). Z. Ben-Barak („The Manner of the King" and „The Manner of the Kingdom", Basic Factors in the Establishment of the Israelite Monarchy in the Light of Canaanite Kingship, Diss. Jerusalem 1972) sieht in *mišpaṭ hammælæḵ* die kanaanäische Auffassung des Königtums und in *mišpaṭ hamm^eluḵāh* die spezifische Form der Entwicklung des Königtums in Israel (vgl. zum Problem auch W. I. Wolverton, The King's „Justice" in Pre-exile Israel, AnglTR 41, 1959, 276–286).

b) Der gerechte Anspruch fällt mit dem Inhalt eines richtigen Urteils zusammen. In diesem Zusammenhang bekommt *mišpāṭ* oft die Bedeutung „was recht und richtig ist, das Recht an sich". *mišpāṭ* steht als eine absolute Größe da, fast als „die Weltordnung", „the God-given norm to ensure a well-ordered society" (P. Uys, NedGTT 9, 1968, 185). Das richtige Handeln auf allerlei Gebieten soll in *mišpāṭ* oder in Übereinstimmung mit *mišpāṭ* ausgeführt werden. Der König soll *l^emišpāṭ* regieren (Jes 32, 1); „in *mišpāṭ* sollst du schwören" (Jer 4, 2); JHWH leitet die Elenden in *mišpāṭ* (Ps 25, 9); es wird gefragt, ob Ijobs Anspruch wirklich *l^emišpāṭ*, d. h. berechtigt, ist (Ijob 35, 2). Der Fromme erwartet Hilfe von seinem Gott *k^emišpāṭ* (Ps 119, 132). An einer Reihe von Stellen bekommt *mišpāṭ* in dieser Bedeutung einen Inhalt in Richtung auf das rettende Eingreifen, was durch Parallelstellung des Stammes → *ṣdq* (Jes 1, 27; 5, 7; 9, 6; Hos 2, 21; Ps 72, 2; 89, 15; 97, 2; Ijob 29, 14) oder *jš'* (Jes 59, 11) hervorgehoben wird. Dementsprechend werden die Maßnahmen des guten Hirten in Ez 34, 16 in „ich werde sie *b^emišpāṭ*, wie es recht ist, weiden" zusammengefaßt. Als *mišpāṭ* und *'^æmæṯ* werden die Werke der Hände JHWHs bezeichnet (Ps 111, 7); die Gedanken der Gerechten sind *mišpāṭ* (Spr 12, 5); *mišpāṭ* (mit Parallele *g^eḇûrāh*) kann den Propheten erfüllen (Mi 3, 8) sowie (mit *ṣdq* zusammen) die Stadt (Jes 1, 21; 35, 5). *mišpāṭ* wird als der richtige Weg mit *dæræḵ* (Dtn 32, 4; Jer 5, 4. 5), *nāṯîḇ* (Spr 8, 20) und *'oraḥ* (Jes 40, 14; Spr 2, 8; 17, 23) zusammengestellt. *mišpāṭ* kann im Lande weggerissen werden (Koh 5, 7) und nicht zu finden sein (Jes 59, 8. 15). Richtige Waage, *mo'z^enê mišpāṭ*, ist von JHWH (Spr 16, 11); vgl. *mo'z^enê ṣædæq* in derselben Bedeutung. Man fragt nach dem Gott des Gerichts *'^ælohê hammišpāṭ* (Mal 2, 17). Gott greift mit *rûaḥ mišpāṭ* ein (Jes 4, 4; 28, 6). In diesen beiden letzten Beispielen neigt sich die Bedeutung in die Richtung vom rettenden oder strafenden Eingreifen Gottes. Auch wenn *mišpāṭ* die allgemeine Bedeutung von „Recht" hat, deuten Prädikatsverben und Metaphern auf den Charakter der Aktivität. *mišpāṭ* (als Parallele zu *ṣ^eḏāqāh*) möge wie ein Wasserquell sprudeln (Am 5, 24; zur Stellung und Entwicklung von *mišpāṭ* in dieser Parallele siehe H. W. Wolff, BK XIV/2, ²1975, 309). Der (pervertierte) *mišpāṭ* sproßt wie Giftkraut auf (Hos 10, 4). *mišpāṭ* kann nicht hervortreten, sondern wird gebeugt (Hab 1, 4), wird in der Wüste wohnen (Jes 32, 16), ist fern von uns und wird zurückgedrängt (Jes 59, 9. 14); an diesen drei letzten Stellen steht als Parallele *ṣ^eḏāqāh*. In Ps 94, 15 wird gesagt, daß *mišpāṭ* zu *ṣædæq* zurückkehren wird (die Lutherbibel: „Recht muß doch Recht bleiben"). Hier wird *ṣædæq* als das übergeordnete Prinzip verstanden und *mišpāṭ* als das Prinzip der Praxis, die daran angepaßt werden soll (vgl. dazu auch Ps 119, 160). M. Weber (Jüdisches Lexikon 4, 1, 1930, 1277) definiert das Verhältnis zwischen *ṣæḏæq* und *mišpāṭ* mit Hilfe des Begriffspaares subjektiv – objektiv: *ṣædæq* ist „das subjektive Rechtsbewußtsein, Gerechtigkeit" und *mišpāṭ* „das objektive Recht, die allgemeinverbindliche Rechtsnorm".

In der Bedeutung von Recht als Prinzip steht *mišpāṭ* als Objekt zu verschiedenen Verben: JHWH oder der König liebt *mišpāṭ* (Jes 61, 8; Ps 33, 5; 37, 28; 99, 4); man kann *mišpāṭ* erwählen (Ijob 34, 4), verstehen (Ijob 32, 9; Spr 2, 9; 28, 5), suchen (Jes 1, 17; 16, 5), kennen (Mi 3, 1; Koh 8, 5), hören (1 Kön 3, 11), lernen (Spr 1, 3), davon singen (Ps 101, 1). Das Recht als übergreifendes Prinzip zeigt sich dabei auch als Vollzug einer Entscheidung in der konkreten Situation (vgl. M. Noth, BK IX/1, 51 zu 1 Kön 3, 11). *mišpāṭ* kann zur Richtschnur gemacht werden (Jes 28, 17); hier steht wieder *ṣ^eḏāqāh* als Parallele. Negativ kann man *mišpāṭ* verhöhnen (Spr 19, 28), verabscheuen (Mi 3, 9), hassen (Ijob 34, 17), beugen (Ijob 8, 3; 34, 12; 37, 23), oder in Gift und Wermut verwandeln (Am 5, 7; 6, 12). Der aktive Charakter des *mišpāṭ*-Handelns tritt oft hervor: man kann *mišpāṭ* sprechen (Jes 32, 7; Ps 37, 30; Jer 12, 1 [S. Blank, Jeremia, Man and Prophet, Cincinnati 1961, 119, versteht hier *mišpāṭîm* als „certain cases", welche der Prophet seinem Gott vorlegt]), richten (Jer 21, 12), aufrichten (Am 5, 15), ausbreiten (Jes 42, 1. 3), gründen (Jes 42, 4). Der breite Inhalt des Begriffes *mišpāṭ* in Jes 42 wird von W. A. M. Beuken (VT 22, 1972, 1–30) und J. Jeremias (VT 22, 1972, 31–42) unterstrichen. *mišpāṭ* wird als Licht gesetzt (Jes 51, 4; Zef 3, 5; vgl. Jes 59, 9; Mi 7, 9; Ps 37, 6). Hier treten *mišpāṭ* und eine Form von *ṣdq* gern zusammen auf. *mišpāṭ* als Prinzip steht vor allem als Objekt zu *ʿāśāh* 'tun' (Gen 18, 19. 25; Dtn 10, 18; 1 Kön 10, 9; Jer 5, 1; 7, 5; 22, 3. 15; 23, 5; 33, 15; Mi 6, 8; Ps 99, 4; 103, 6; 119, 121; Spr 21, 3. 7. 15; 1 Chr 18, 14; 2 Chr 9, 8). Auch hier tritt *mišpāṭ* gern mit einer Form von *ṣdq* als Parallele auf: der Gerechte übt *mišpāṭ* und *ṣedāqāh* (Ez 18, 5. 19. 21. 27; 33, 14. 16. 19; 45, 9). In Ps 106, 3 steht die Parallele „*mišpāṭ* halten und *ṣedāqāh* tun". Hier liegt die Bedeutung „Gesetz, Gebot" nahe, s. u.

4. a) Im Verwendungsbereich von *mišpāṭ* nimmt die Bedeutung „Gesetz, Gebot" einen wichtigen Platz ein. Wenn *mišpāṭ* das Festgestellte, das Gesetz bezeichnet, steht dafür meistens der Plural. Gottes *mišpāṭîm* sind die einzelnen Gebote sowie auch die Zusammenfassung des gesamten Gesetzes. Mose oder Gott selbst haben diese Gesetze geboten (*ṣiwwāh* Num 36, 13; Dtn 6, 1. 20; Mal 3, 22; 2 Chr 33, 8), gegeben (*nāṯan* Lev 26, 46; Ez 20, 25; Ps 72, 1; Neh 9, 13), gesprochen (*dibbær* Dtn 4, 45; 5, 28; Jer 1, 16; 4, 12), vorgelegt (*śîm* Ex 21, 1), verkündigt (*higgîḏ* Ps 147, 19) und gelehrt (*limmaḏ* Dtn 4, 1. 5. 14; Ps 119, 108; *hôrāh* Dtn 33, 10; *hôḏîaʿ* Ez 20, 11). Mose teilt dem Volk alle *mišpāṭîm* JHWHs mit (*sippær* Ex 24, 3; dasselbe Verb wird in Ps 119, 13 beim Zählen aller *mišpāṭîm* aus Gottes Mund verwendet). Israel soll Gottes *mišpāṭîm* hören (*šamaʿ* Dtn 5, 1; 7, 12; mit *ʾæl* Dtn 4, 1), halten (*šāmar* Lev 18, 5. 26; 19, 37; 20, 22; 25, 18; Dtn 7, 11; 11, 1; 12, 1; 26, 17; 30, 16; 1 Kön 2, 3; 8, 58; 9, 4; 2 Kön 17, 37; Ez 11, 20; 18, 9; 20, 19; 36, 27; 2 Chr 7, 17) und tun (*ʿāśāh* Lev 18, 4; Dtn 11, 32; 26, 16; 1 Kön 6, 12; 11, 33; Ez 18, 17; Neh 10, 30; 1 Chr 22, 13; 28, 7). Nach diesen *mišpāṭîm* soll gerichtet werden (Num 35, 24; Ez 44, 24; 2 Chr 19, 10); in der glücklichen Zukunft wird man in Gottes *mišpāṭîm* wandeln (Ez 37, 24). Die *mišpāṭîm* JHWHs sind in Israel im Unterschied zu den anderen Völkern vorhanden (Dtn 4, 8); sie liegen vor Augen (2 Sam 22, 23 = Ps 18, 23). Gottes *mišpāṭîm* werden auch durch Verbindung mit anderen Begriffen näher beschrieben: sie sind Wahrheit (*ʾæmæṯ* Ps 19, 10), wie die große Tiefe (Ps 36, 7), gut (*ṭôḇîm* Ps 119, 39), richtig (*jāšār* Ps 119, 137) und gerecht (*ṣædæq* Ps 119, 75). Die Cstr.-Verbindung *mišpeṭê-ṣædæq*, „Rechte der Gerechtigkeit", liegt in Jes 58, 2; Ps 119, 7. 106 vor.

Für das Verachten und Verwerfen der göttlichen *mišpāṭîm* und den Ungehorsam gegen dieselben werden verschiedene Ausdrücke verwendet: *gāʿal* (Lev 26, 15); *māʾas (be)* (Lev 26, 43; Ez 5, 6; 20, 13. 16); *mārāh hiph* (Ez 5, 6); *ḥāṭāʾ be* (Neh 9, 29); *sûr min* (Dan 9, 5); *loʾ hālak be* (Ps 89, 31); *bal jāḏaʿ* (Ps 147, 20); *loʾ (leḇiltî) šāmar* (Dtn 8, 11; Ez 20, 21; Neh 1, 7); *loʾ ʿāśāh* (Ez 5, 7; 11, 12; 20, 24).

Neben Gottes *mišpāṭîm* stehen auch andere Wörter, wie *tôrāh*, *ḥoq* und *miṣwāh* für die göttlichen Gebote und Ordnungen. Die *mišpāṭîm* wurden von Alt (KlSchr I 289) mit dem kasuistischen Recht identifiziert, aber weitere Versuche, das apodiktische Recht etwa in *ḥoq* zu finden (Liedke, Rechtssätze, 177ff.), müssen auf argumenta e silentio beruhen. Näheres darüber → חקק *ḥāqaq*. Wie S. Mowinckel (Israels opphav og eldste Historie, Oslo 1967, 215ff.) bemerkt, stehen die *mišpāṭ*-Form und die apodiktische Form unter gegenseitiger Beeinflussung. Zur Diskussion siehe ferner Östborn (45f.); E. Gerstenberger, Wesen und Herkunft des sogenannten apodiktischen Rechts im AT, Diss. 1961; Hentschke (112f.); Richter (82 Anm. 119); Braulik (61ff.); Boecker, Recht und Gesetz (bes. 166–171). – Im allgemeinen ist zu bemerken, daß der breite Verwendungsbereich von *mišpāṭ* den Bedeutungsunterschied zwischen *mišpāṭ* und den anderen Wörtern für Gebote nur sehr wenig hervortreten läßt – *mišpāṭ* überschreitet immer wieder die Grenzen der verschiedenen Sonderbedeutungen. Wenn die Synonyma aneinandergereiht werden, wird eher die Menge oder die Totalität der Gebote unterstrichen als die spezifischen Bedeutungen der einzelnen Wörter. Ein gutes Beispiel dafür ist Ps 119, wo die verschiedenen Termini der *tôrāh*-Frömmigkeit in einem kunstfertigen Muster derart verwoben sind, daß die möglichen Unterschiede zwischen *mišpāṭ* und anderen gesetzlichen Termini verblassen (s. dazu S. Bergler, Der längste Psalm – Anthologie oder Liturgie?, VT 29, 1979, 257–288).

b) Ezechiel verwendet auch den Plural *mišpāṭîm* in der Bedeutung von menschlichen Gesetzen und Verordnungen. Diese *mišpāṭîm* der Menschen stehen in negativem Gegensatz zu Gottes *mišpāṭîm*: „ihr habt nach den *mišpāṭîm* der Heidenvölker gelebt" (Ez 11, 12); „haltet nicht die *mišpāṭîm* eurer Väter" (Ez 20, 18). Aber diese *mišpāṭîm* der Menschen können auch, relativ gesehen, etwas Gutes ausmachen: „ihr habt meine Gebote nicht befolgt und habt nicht (einmal) nach den Geboten der Heidenvölker gehandelt" (Ez 5, 7); „ich will sie aufgrund ihrer eigenen *mišpāṭîm* richten" (Ez 7, 27); „sie werden dich nach ihren *mišpāṭîm* richten" (Ez 23, 24). An einigen von diesen Stellen ist auch die Übersetzung „Gewohnheit, Sitte" möglich, was zum Folgenden herüberführt, s. u. 5.

c) An einer Reihe von Stellen steht *mišpāṭ* im Singular als „Recht" in der spezifischen Bedeutung von „Gesetz, Gebot, Vorschrift". Wenn ein Rind einen Knaben oder ein Mädchen stößt, so soll man mit ihm nach demselben *mišpāṭ*, nach der im Vorhergehenden erwähnten Rechtsbestimmung, verfahren (Ex 21, 31). Ein und derselbe *mišpāṭ* soll für den Fremden wie für den Einheimischen gelten (Lev 24, 22; Num 15, 16). Man soll Gottes *mišpāṭ* tun (Zef 2, 3), halten (Jes 56, 1; Hos 12, 7), kennen (Jer 5, 4. 5; 8, 7; nach R. Albertz, ZAW 94, 1982, 41f., bezeichnet *mišpāṭ* hier eine Frühform des dtn. Gesetzes) und nicht verlassen (Jes 58, 2). Dabei hat *mišpāṭ* als Parallele *ḥoq* (Ex 15, 25; Jos 24, 25; Ps 81, 5; Esra 7, 10) oder steht

in der Cstr.-Verbindung *ḥuqqaṯ mišpāṭ* (Num 27, 11; 35, 29).
In kultischem Kontext wird oft durch ein hinzugefügtes *k^e^mišpāṭ* oder *kammišpāṭ* angegeben, daß ein Opfer oder eine Veranstaltung „nach Vorschrift" durchgeführt wird (Lev 5, 10; 9, 16; Num 9, 3. 14; 15, 24; 29, 6ff.; Esra 3, 4; Neh 8, 18; 1 Chr 6, 17; 15, 13; 23, 31; 24, 19; 2 Chr 30, 16; 35, 13). In Num 9, 3 steht in bezug auf die Passahfeier, daß sie zu ihrer Zeit gehalten werden soll *k^e^ḵŏl-mišpāṭājw* (mit *k^e^ḵŏl-ḥuqqoṯājw* als Parallele). Die Leuchter werden in 2 Chr 4, 7. 20 ebenfalls „nach Vorschrift" angefertigt. In Ex 26, 30 steht *mišpāṭ* anscheinend für das Musterbild oder das Modell der Stiftshütte. Im Vorhergehenden wird dafür zweimal (Ex 25, 9. 40) das Wort *taḇnîṯ* verwendet. Dies leitet oft zu der Annahme, daß *mišpāṭ* und *taḇnîṯ* hier dieselbe Bedeutung haben. Dabei ist aber zu bemerken, daß *mišpāṭ* hier nicht ohne weiteres als volles Synonym zu *taḇnîṯ* steht, sondern sich von der Konkretion in Richtung auf zusammenfassende Vorschrift entfernt. Die Wörter sind auch in der LXX verschieden wiedergegeben (παράδειγμα, τύπον bzw. εἶδος). Vgl. auch die Wiedergabe der beiden Wörter durch „Modell – Ordnung" (K. Galling, HAT I/3, 130. 132); „design – pattern" (B. Childs, The Book of Exodus, 1974, 513f. 523) sowie auch die Einordnung der Stelle unter „סדר ומנהג קבוע" in E. Ben Jehuda, Thesaurus, VII 3410. Dieselbe Verwendung liegt in 1 Kön 6, 38 vor (vgl. ferner Jer 30, 18; Ez 42, 11). Die Vorschrift kann auch die Ordnung in der Reihe feststellen. Die Priester wurden nach der Anordnung Davids in Dienstabteilungen eingeteilt (2 Chr 8, 14) und Gerste und Stroh wurden *k^e^mišpāṭ* von Zeit zu Zeit abgeliefert (1 Kön 5, 8).

5. In 2 Kön 17, 26f. wird von den Neusiedlern in Samaria, die von den Assyrern dort angesiedelt wurden, erzählt, daß sie den *mišpāṭ* des Gottes im Lande nicht kannten und deswegen Verheerungen durch Löwen erleiden mußten. Seitdem sie die nötige Unterweisung bekommen hatten, dienten sie zwar JHWH, aber dienten auch den Göttern nach dem *mišpāṭ* der Völker (v. 33). Sie handeln immerfort wie vorher, *kammišpāṭîm hari'šonîm*, und nicht nach Israels *mišpāṭ* (v. 34). In dieser Erzählung hat *mišpāṭ* offenbar nicht nur die Bedeutung „Gesetz, Vorschrift", sondern auch „Ordnung, Sitte, Tradition, Art und Weise". In derselben Weise wird *mišpāṭ* in Ez 16, 38 (im Pl.) und in Ez 23, 45 (im Sing.) für „das Recht der Ehebrecherinnen und Mörderinnen" verwendet. Der *mišpāṭ* wird hier nicht auf den Gesetzgeber zurückgeführt, sondern auf die Situation, und gibt die richtige Ordnung an, nach der in diesem Fall verfahren werden soll. *mišpāṭ* bekommt hier auch eine Färbung von „Schicksal, Los". In Ri 13, 12 fragt Manoach den Engel, was in bezug auf das Kind besonders zu beachten sei: „wie soll der *mišpāṭ* des Knaben sein und sein Handeln (*ma'^a^śehû*)?" Die Parallele weist hier auf die Bedeutung „richtiges Verfahren" hin. Gott hat den Landmann das richtige Verfahren (*lammišpāṭ*) gelehrt (Jes 28, 26). Jedes Vorhaben hat seine Zeit und seinen *mišpāṭ*, Weise (Koh 8, 6). Die Übersetzung „Sitte, Gebrauch, Gewohnheit, Praxis" (vgl. *dæræḵ*) liegt an einer Reihe von Stellen am nächsten: die Bevölkerung lebte sorglos nach der Weise der Sidonier (Ri 18, 7); sie ritzten sich nach ihrem Brauch mit Messern (1 Kön 18, 28); so war Davids Verfahren während der ganzen Zeit (1 Sam 27, 11); David stellte dies fest als Regel und Ordnung (*l^e^ḥoq ûl^e^mišpāṭ*, 1 Sam 30, 25); der König stand an der Säule, wie es Gewohnheit war (2 Kön 11, 14). In Gen 40, 13 wird zum Obermundschenk gesagt, daß er dem Pharao in der vorigen Weise, *kammišpāṭ hāri'šôn*, dienen wird. Hier wird die Bedeutung einfach „wie vorher". Die Kinder Israel gingen nach derselben Weise, *kammišpāṭ hazzæh*, siebenmal um die Stadt (Jos 6, 15). In 2 Kön 1, 7 wird die Frage gestellt: „Wie war der *mišpāṭ* des Mannes?" Die Antwort ist, daß er einen haarigen Mantel trug und einen ledernen Gürtel um seine Lenden. Der *mišpāṭ* des Mannes wird also als sein charakteristisches Aussehen, sein besonderes Hervortreten, verstanden.

6. An einigen Stellen hat *mišpāṭ* die Bedeutung von „Maß, Mäßigkeit". In Jer 10, 24 wird von einer Züchtigung *b^e^mišpāṭ* und in Jer 30, 11; 46, 28 *lammišpāṭ* gesprochen. An allen drei Stellen wird die Züchtigung in Gegensatz zu völliger Vernichtung gestellt; es geht um eine Züchtigung „mit Maßen, nach Billigkeit". Diese Bedeutung tritt auch in den negierten Ausdrücken zutage: „wie ein Vogel, der sich über Eier setzt, die er nicht gelegt hat (oder: und brütet sie nicht aus), so ist derjenige, der Reichtum sammelt, aber nicht *b^e^mišpāṭ*" (Jer 17, 11); „weh dem, der sein Haus ohne *ṣædæq* baut und seine Obergewänder *b^e^lo' mišpāṭ*" (Jer 22, 13). *mišpāṭ* in negierter Form bezeichnet hier die Ungerechtigkeit im allgemeinen, aber insbesondere die Maßlosigkeit, das sinnlose Anhäufen von Reichtum. Die negierte Form *b^e^lo' mišpāṭ* kommt auch in Ez 22, 29 vor: das Volk tut den Fremdlingen Gewalt an ohne Recht (oder „ohne Maß"; im Vorhergehenden wird von allerlei Gewalttätigkeiten erzählt). Ähnliche Beispiele finden sich in Spr 13, 23: „Reichliche Nahrung gibt der Neubruch der Armen, aber man kann umkommen *b^e^lo' mišpāṭ*", und in Spr 16, 8: „Besser ist ein wenig mit Gerechtigkeit, *biṣḏāqāh*, als großes Einkommen *b^e^lo' mišpāṭ*." Auch wenn die allgemeine Bedeutung „was recht und richtig ist" hier einen guten Sinn gibt, wird in diesen Beispielen eine Situation angegeben, wo es nahe liegt, an das Überschreiten des billigen Maßes zu denken. → חקק *ḥāqaq*, II 151.

III. In der LXX werden die betreffenden hebräischen Wörter für „Recht, Gerechtigkeit, Gesetz, Vorschrift" meistens mit je einer besonderen griechischen Vokabel wiedergegeben. Für *mišpāṭ* wurde dabei als Standardübersetzung κρίμα oder κρίσις gewählt. Dadurch haben die Übersetzer, bewußt oder unbewußt, an die Entscheidung als ein wichtiges

Moment innerhalb des *mišpāṭ*-Begriffes angeknüpft. In Ez 44, 24 wird dieses Moment durch die Übersetzung διακρίνειν unterstrichen. Wenn die richterliche Aktivität, die an der Wurzel κρίνειν haftet, nicht ganz paßt, werden noch etwa 20 verschiedene Übersetzungen an einzelnen Stellen dargeboten, vor allem δικαίωμα, das etwa 40mal für *mišpāṭ* in der Bedeutung „Gebot, Bestimmung, Vorschrift" verwendet wird. In dieser Bedeutung finden sich auch πρόσταγμα (7mal) und σύνταξις („Vorschrift, Ordnung"; 3mal). Die Bedeutungsnuancen von *mišpāṭ* spiegeln sich auch in vereinzelten Übersetzungen wie z. B. κατὰ τὴν ἀρχήν „wie vorher", Gen 40, 13, und εἶδος „Form, Bild", Ex 26, 30. Siehe ferner F. Büchsel / V. Herntrich, ThWNT III 920–955.

IV. Das Vorkommen von *mišpāṭ* in den Qumrantexten (ca. 260 Belege) deckt sich auf den ersten Blick wohl mit dem Gebrauch im AT. An vielen Stellen ist die Bedeutung „Gericht", insbesondere Strafgericht oder Endgericht (Näheres bei A. Dietzel, Beten im Geist, ThZ 13, 1957, 12–32, bes. 20, und Becker, der eine Entwicklung zu negativer Bedeutung von *mišpāṭ* notiert, 162f. 188f.). Hier liegt auch das Nomen *špṭ* als Synonym vor (1 QM 11, 16; 1 QH 15, 19). Häufig ist ferner die Bedeutung „Gebot, Satzungen", sowohl die göttlichen Gebote wie auch die Bestimmungen der Gemeinde als Ausdruck des Willens Gottes (Delcor, RB 61, 1954, 541; Becker 143; Limbeck 122). Wie im AT bezeichnet *mišpāṭ* auch das richterliche Verfahren, die Entscheidung, das Urteil (1 QS 6, 23; 7, 25; 9, 7. 15. 17; 1 QSa 1, 14. 20; 1 QH 1, 6; CD 8, 16; 13, 5), Recht als Prinzip oder Anspruch (1 QS 1, 5; 1 QH 4, 25), „Bund der Gerechtigkeit" (*berîṯ mišpāṭ*, 1 QS 8, 9). *mišpāṭ* kann als positive Züchtigung anerkannt werden (1 QH 9, 10). Die Bedeutung „Art, Weise" liegt in CD 12, 15 nahe: „Dies ist der *mišpāṭ* ihrer (der Heuschrecken) Natur." Auch die Bedeutung „Los, Bestimmung" paßt gut. In negierter Form steht *mišpāṭ* in der Bedeutung „ohne Grund" (1 QS 7, 4. 8. 18).

Die Bedeutung „(Straf)gericht" wird durch Parallelen mit Wörtern aus den Wurzeln *pqd* und *ngʿ* unterstrichen. Wenn *mišpāṭ* in der Bedeutung von „Gesetz, Satzungen" steht, findet man als Parallelen u.a. *tôrāh* und *ḥoq*. Beim letzteren ist zu bemerken, daß die Wurzel *ḥqq* in den Qumrantexten mit der Vorherbestimmung Gottes in enger Verbindung steht, → חקק *ḥāqaq*, II 156f. In ähnlicher Weise hat der Prädestinationsgedanke in den Qumrantexten auch dem *mišpāṭ*-Begriff seine Färbung gegeben. Betz (31) übersetzt in 1 QS 11, 12. 14 *mišpāṭî* als „das (prädestinierende) Urteil Gottes über mich" (ähnlich auch Becker 122). Vgl. auch 1 QH 5, 8f.: „da hast du mich zum Recht bestimmt (*lemišpāṭ jissaḏtanî*)".

B. Johnson

מת *mt*

I. Herkunft und Vorkommen in der Umwelt des AT – II. Der Gebrauch im AT – 1. Der profane Gebrauch – 2. Der theologisch relevante Gebrauch – 3. Die Verwendung in Eigennamen.

Lit.: *W. F. Albright*, The Babylonian Matter in the Predeuteronomic Primeval History (JE) in Gen 1–11 (JBL 58, 1939, 91–103). – *J. Barth*, Die Nominalbildung in den semitischen Sprachen, 1891 (= 1967). – *H. Bauer*, Die israelitischen Personennamen im Rahmen der gemeinsemitischen Namengebung [Bespr. d. gleichnamigen Buches von M. Noth, 1928] (OLZ 33, 1930, 588–596). – *Ders.*, Die Gottheiten von Ras Schamra (ZAW 51, 1933, 81–101; 53, 1935, 54–59). – *H. B. Huffmon*, Amorite Personal Names in the Mari Texts, 1965. – *Th. Nöldeke*, Neue Beiträge zur semitischen Sprachwissenschaft, 1910. – *M. Tsevat*, The Canaanite God Šälaḥ (VT 4, 1954, 41–49).

I. Das im AT nur im Pl. vorkommende und deshalb in den Wörterbüchern für den Sing. ohne Vokale angegebene Wort *mt* leitet sich aus dem ostsemitischen Sprachraum her, wenngleich Verbindungen zum Äg. und zum Äth. (*mĕt* ʿEhemannʾ) nicht zu fehlen scheinen (Barth 5; Brockelmann, VG I 332f.; v. Soden, AHw 690f.; dagegen Nöldeke 146 Anm. 1; äg. *mt* ist jedoch nur als Lautwert für das Determinativzeichen von *ṯ3j* ʿMannʾ bezeugt). AHw 691f. gibt für das Akk. ʿ(Ehe-)Mannʾ auch die allerdings seltener gebrauchte Bedeutung ʿKriegerʾ an. W. Eilers, WO 3, 1, 1964, 120 Anm. 3, erwägt, ob *mutum* ʿMann, Menschʾ „von der zweiradikaligen Basis *mt* ursprünglich den ʿSterblichenʾ bezeichne, wie dies auch bei den Indogermanen der Fall sei (vgl. auch J. J. Gluck, in: Papers of the VI. World Congress of Jewish Studies I, Jerusalem 1977, 121–126 [*mat-ʾnš* = „mortal"]). Im Vordergrund steht bei den akk. Belegen für *mutu* die Bedeutung ʿEhemannʾ (vgl. ARM III, 16, 7; ARM V, 8, 13: hier ist *mutu* mit „Frauen" als Antonym verbunden). Diese geschlechtsbetonte Note hat das Wort auch in einem Text aus Ugarit, in dem zwei weibliche Gottheiten dem Gott El beim Zeugungsakt mehrfach und lustbetont „oh Mann, oh Mann!" (KTU 1,23, 40. 46) zurufen.

Umstritten ist die Bedeutung von *mt* in den aram. Inschriften von Sendschirli (vgl. DISO 172; KAI 214, 12. 13. 14. 28; 215, 4, 10. 16). G. A. Cooke, A Text-Book of North-Semitic Inscriptions, Oxford 1903, 167, führt zunächst verschiedene Bedeutungen auf, die das Wort an den einzelnen Stellen haben könnte, kommt dann aber zu dem Ergebnis: „but it seems more reasonable to give *mt* the same meaning throughout". Unter Berufung auf M. Lidzbarski übersetzt er *mt* mit „surely, indeed". Donner-Röllig, KAI II 219, bezeichnet *mt* als „Hervorhebungspartikel unbekannten Ursprungs", dessen Deutung („ein Indefinitpronomen") und Herkunft „aus Mangel an eindeutigen Textzusammenhängen" im Dunkel bleiben muß. Zum umstrittenen phön. Text von Parahyba, in dem *mt* „starker Mann" bedeuten soll, vgl. C. H. Gordon, Or 37, 1968, 76.

II. 1. Der in den ostsemit. Sprachen und in Ugarit belegte Gebrauch von *mt* in der Bedeutung 'Mann, Ehemann' liegt im AT dort vor, wo die Geschlechtszugehörigkeit betont ausgedrückt wird (Jes 3, 25 parallel zu *geḇûrîm*). Deutlich wird dies im Ijob-Buch, wenn Ijob von seinen „Zeltgenossen" (*meṯê ʾöhölî* Ijob 31, 31) spricht, die auch seine Gesprächspartner sind (Ijob 11, 3; 19, 19), wobei man sich der Szene von Gen 18, 1ff. erinnern muß, wo Abraham auch allein mit seinen Gästen redet, während die Frau abwesend ist und im Zelt die Mahlzeit vorbereitet.

Ungewöhnlich ist die Wendung *ʿîr meṯim* (Dtn 2, 34; 3, 6), die vielleicht auch Ri 20, 48 vorliegt. In Verbindung mit *ḥrm hiph* (→ חרם) und *nkh hiph* (→ נכה) wird die Vernichtung einer feindlichen Stadt und ihrer Bewohner beschrieben. Dabei bleibt die Wendung stets indeterminiert. Offenbar liegt bei dieser Zusammenstellung ein einem Eigennamen ähnlicher, fester Begriff vor, der vielleicht eine Stadt mit ihrer kampffähigen Mannschaft bezeichnet, was sich aus der für das Akk. genannten Nebenbedeutung (s. o. I.) herleiten ließe (ähnlich Gesenius, Thesaurus II 830; vgl. N. Lohfink → III 200: „*ʿîr meṯîm* dürfte eine Bevölkerungsgruppe meinen").

In ähnlicher Weise könnte *meṯîm* im kollektiven Sinn („Leute") an den folgenden Stellen zu verstehen sein, deren Deutung jedoch umstritten ist. Jes 5, 13 ist wohl in Parallele zu *ṣiḥeh ṣāmā'* „ausgedörrt vor Durst" statt *meṯê* zu lesen *mezeh rāʿāḇ* „erschöpft vor Hunger" (*māzeh* kommt nur noch Dtn 32, 24 vor). In Ps 17, 14 ändern die meisten Kommentare das zweimalige *mimeṯîm* in Formen des Verbs *mwt* (Gunkel, HK) oder seine Derivate (H. J. Kraus, BK), während A. Weiser, ATD 14–15 z. St. „vor den Menschen" übersetzt. Auch Ijob 24, 12 ist die Lesart des MT *meṯîm* unsicher. Obwohl der Ausdruck *ʿîr meṯîm* an Dtn 2, 34; 3, 6 erinnert, muß hier wohl unter Berücksichtigung der folgenden Verszeile *næpæš ḥᵃlālîm tešawweaʿ* „die Seelen der Erschlagenen rufen um Hilfe" *meṯîm* in *meṯîm* geändert werden (*meʿîr meṯîm jinʾᵃqû* „aus der Stadt der Toten wehklagen sie").

2. Noch dem profanen Sprachgebrauch zuzurechnen ist die Wendung *meṯîm mispār* „Männer/Leute von (geringer) Zahl" in Gen 34, 30; Dtn 33, 6, aber sie tritt daneben in solchen Zusammenhängen auf, die von theologischer Relevanz sind. Entweder ist die „kleine Zahl von Leuten" Ergebnis und Strafe für den Abfall von JHWH (Dtn 4, 27; 28, 62), oder die Aussage rühmt dankbar und bekenntnishaft das Werden und Wachsen des Volkes unter JHWHs Führung (Ps 105, 12; 1 Chr 16, 19; vgl. Dtn 26, 5 *meṯê meʿaṭ*). Daraus resultiert der Trost für die als 'Rest' (*šeʾerît*) bezeichnete „kleine Zahl an Leuten" (Jer 44, 28); DtJes nennt sogar die *meṯê jiśrāʾel* „Würmchen Jakob" (*tôlaʿaṯ jaʿᵃqoḇ*, Jes 41, 14).

* Diese von Elliger (BK XI/1, 146) verteidigte, bereits von Ewald vorgelegte Interpretation erfordert eine Textemendation: statt *meṯê jiśrāʾel* soll *rimmaṯ jiśrāʾel* gelesen werden, um eine Parallele zu *tôlaʿaṯ jaʿᵃqoḇ* zu gewinnen. Nun kann man aber nicht die Deutung in den alten Versionen als Gelegenheitslösung und 1 QJesᵃ *wmjtj* als „keine Lösung des Problems" einfach abtun,

vielmehr stützen sie MT weiter ab. Da aber weder eine Herleitung von → מות *mwt* an dieser Stelle Sinn ergibt, noch eine Beziehung zum semantisch blassen *mt* weiterhilft, bedient man sich der Emendation. Nun liegt in 1 QH 6, 34; 11, 12 (11, 12 im Rahmen eines soteriologischen Bekenntnisses) die Cstr.-Verbindung *tôlaʿaṯ mtjm* vor. Während Kuhn, Konkordanz 118 und 138, unschlüssig ist, legt Lohse sich fest („Wurm der Toten"), ohne seine Deutung abzustützen. Aus dem anthropologischen Kolorit der Qumranbelege (vgl. Ps 22, 7; Ijob 25, 6) läßt sich für *mt* durchaus die semantische Komponente „sterblicher Mensch" ablesen, so daß man diese Belege zur Erklärung von Jes 41, 14 heranziehen sollte. *(Fa.)*

Im Unterschied zu dem quantitativen Begriff der *meṯê mispār* verbindet sich *mt* zu einem qualitativen in den Klagen eines Psalmbeters (Ps 26, 4) und in den theologischen Disputen Ijobs mit seinen Freunden (Ijob 11, 11; 22, 15). In Ps 26, 4 findet sich *meṯê šāw'* „falsche Leute" in Parallele mit *naʿᵃlāmîm* „Hinterlistige", in Ijob 11, 11 mit *ʾāwæn* „Frevel", während Ijob 22, 15 vom *meṯê ʾāwæn* spricht, die in der Zeit vor Ijob gelebt haben und für ihn kein nachahmenswertes Beispiel darstellen können.

3. Schon längst ist gesehen worden (Barth 5; Nöldeke 146; Holzinger, Genesis 53), daß die Eigennamen Metuschael und Metuschelach (Gen 4, 18; 5, 21) von *mt* abgeleitet werden müssen. H. Bauer, OLZ 33, 1930, 593f., faßt sie als „Verwandtschaftsnamen" auf, bei denen auf die Verwandtschaftsbezeichnung im st. cstr. der Name einer Gottheit folgt; es bedeutet also *meṯû-* soviel wie „Mann/Diener des Gottes NN" (anders in ZAW 51, 1933, 94ff.; 53, 1935, 54ff., wo er das Element *mt* auf die ugaritische Gottheit Mot zurückführen will). Dafür spricht der in den ugar. Texten mehrfach (KTU 4.75, V 21; 4.130, 10; 4.310, 4) belegte Personenname *mt-bʿl* (WUS Nr. 1706; weitere Belege aus dem semit. Sprachraum bei Albright 97 sowie Tsevat 41, der den Nachweis einer kanaanäischen Gottheit *Šælaḥ* zu erbringen sucht, → לח *laḥ*). Die Deutung des Namens *meṯûšāʾel* als „Mann Gottes" ist nach C. Westermann, Genesis zu 4, 18 nicht unbestritten.

Beyse

מָתַי   *māṯaj*

1. Etymologie – 2. Akk. Belege – 3. Verwendung im AT – 4. *ʿād ʾānāh*.

Lit.: *H. Gunkel / J. Begrich*, Einleitung in die Psalmen, ²1966, 230. – *E. Jenni*, מָתַי *māṯaj* wann? (THAT I 933–936). – *C. Westermann*, Struktur und Geschichte der Klage im AT (ZAW 66, 1954, 44–80, bes. 53).

1. Hebr. *māṯaj* 'wann?' hat Entsprechungen in den meisten semit. Sprachen: kanaan. (EA) *matima*, phön. *mtm* (DISO 155), syr. *ʾemmaṯ(j)*, arab. *matā*, asarab. *mt, mtm* (Conti Rossini 181, nicht bei Biella),

amhar. *matu*, akk. *mati*, alle mit derselben Bedeutung.
2. Akk. *mati* ist zunächst ein gewöhnliches Fragewort, z. B. „Wann habe ich solches getan?", „Wann wollen wir Erntearbeiter anstellen?", „Wann soll ich dir die Wohltat, die du mir erwiesen hast, vergelten?" (diese und andere Belege CAD M/1, 407). Besonderes Interesse verdient der Ausdruck *adi mati* „bis wann?", „wie lange noch?", der oft in ungeduldigen Fragen vorkommt, z. B. „Wie lange soll ich beständig Tafeln (Briefe) schicken müssen?", „Wie lange muß ich noch hier bleiben?", „Wie lange soll unter uns Streit sein?" (diese und andere Belege CAD A/1, 119). Er erscheint als Formel in Klage- und Bußgebeten und kann dann als vergleichbares Stilelement zur hebr. Psalmenliteratur gewertet werden. Von den Beispielen kommt eines in einem späten sumer. Gebet vor (akk. beeinflußt?), die übrigen in akk. Texten:

„Bis wann wird sich, mein Gott, dein zürnendes Herz beruhigen?" (SAHG 227). „Wie lange noch, o meine Herrin, sollen meine Feinde mich finster anblicken, / sollen sie mit Lüge und Betrug Schlimmes gegen mich planen, / sollen meine Verfolger und Neider über mich frohlocken? / Wie lange noch, o meine Herrin, sollen der Krüppel und der Schwachkopf (verächtlich) an mir vorbeigehen?" (RTAT 135). „Wie lange noch zürnst du, meine Herrin, und ist dein Angesicht abgewandt? / Wie lange noch bist du, meine Herrin, zornerregt und ist dein Gemüt ergrimmt?" (SAHG 333). „Bis wann, o Herrin, hast du eine Krankheit, die nicht aufhört, in mich hineingelegt?" (SAHG 267). „Bis wann, o Gott, willst du mir dieses antun?" (SAHG 270).

3. Im Hebr. erscheint sowohl einfaches *māṯaj* als auch die Verbindung *ʿaḏ māṯaj* in ungeduldigen Fragen, z. B. Ex 10, 3: „Wie lange willst du dich noch weigern ... Laß mein Volk gehen"; Ex 10, 7: „Wie lange soll uns dieser Mann noch Unglück bringen?"; 2 Sam 2, 26: „Wann endlich wirst du deinen Leuten befehlen, die Verfolgung ihrer Brüder aufzugeben?" (ferner Num 14, 27; 1 Sam 1, 14).
Diese ungeduldigen, häufig rhetorischen und als Redeeinleitung dienenden Fragen konzentrieren sich bes. in der Psalmenliteratur:

Ps 42, 3 „Wann darf ich kommen und Gottes Antlitz schauen?"
Ps 101, 2 „Wann kommst du zu mir?"
Ps 6, 4 „Meine Seele ist tief verstört. Du aber, JHWH, wie lange?"
Ps 74, 10 „Wie lange, Gott, darf der Bedränger noch schmähen, darf der Feind ewig deinen Namen lästern?"
Ps 80, 5 „Wie lange noch zürnst du, während dein Volk zu dir betet?"
Ps 90, 13 „Wende dich uns zu (*šûḇāh*), JHWH – wie lange?"
Ps 94, 3 „Wie lange noch dürfen die Frevler ... frohlocken?"
Jer 12, 4 „Wie lange noch soll das Land vertrocknen?"
Sach 1, 12 „Wie lange noch versagst du Jerusalem ... dein Erbarmen?"

Diese Fragen wollen primär als eine Bitte verstanden werden: greif doch endlich ein! Von daher sieht Jenni (934) sie mit Recht als Topos in der Volksklage und im Klagelied des einzelnen beheimatet.
Ferner findet sich die Frage „Wie lange?" in einigen Prophetensprüchen; vielleicht nach Vorbild der Psalmensprache:

Hos 8, 5 „Wie lange noch sind sie unfähig zur Läuterung?"
Jer 4, 14 „Wie lange noch wohnen in dir deine frevelhaften Gedanken?"
Jer 31, 22 „Wie lange noch willst du dich sträuben, abtrünnige Tochter?"
Jer 47, 5 „Wie lange noch ... mußt du dich wund ritzen?"

Solche ungeduldigen, vorwurfsvollen Fragen sind zugleich Mahnung zur Umkehr, hervorgegangen aus der Sorge um den verstreichenden Kairos, aber auch aus dem Ärger über die Verstocktheit des Volkes.
Aus der prophetischen Sprache ist die Formel noch in die Sprache der späteren Weisheit eingegangen: „Wie lange noch, ihr Törichten, liebt ihr Betörung?" (Spr 1, 22) und die ironische Frage Spr 6, 9: „Wie lange, du Fauler, willst du noch daliegen?".
4. In ähnlicher Verwendung wie *ʿaḏ māṯaj* kommt *ʿaḏ ʾānāh* (bzw. *ʿaḏ ʾān* Ijob 8, 2) vor, in Klagen:

Ps 13, 2f. Wie lange noch vergißt du mich ganz
wie lange noch verbirgst du dein Gesicht vor mir!
Wie lange noch muß ich Schmerz ertragen ...
wie lange noch darf mein Feind über mich triumphieren!
Hab 1, 2 Wie lange, JHWH, soll ich noch rufen, und du hörst nicht!

und in vorwurfsvollen Fragen: Ex 16, 28; Num 14, 11; Jos 18, 3; Ijob 8, 2; 19, 2. In Jer 47, 7 wird die ungeduldige Frage an JHWHs Schwert gerichtet: „Wie lange willst du noch rasten?".

Ringgren

מָתַק *māṯaq*

מָתוֹק *māṯôq*, מֹתֶק *moṯæq*, מֶתֶק *mæṯæq*, מַמְתַקִּים *mameṯaqqîm*

I. 1. Etymologie, Bedeutung – 2. Belege: Wortbildungen, kontextueller Wortsinn, Übersetzungen – 3. Semantische Parallelen in Sprachen der Umwelt – II. 1. Konkrete Verwendung – 2. Übertragung – 3. Theologische Aussage.

Lit.: *A. Jirku*, Materialien zur Volksreligion Israels, 1914, 34–40. – *B. Kedar*, Biblische Semantik, 1981, 154f. 174f. – *W. Michaelis*, μέλι (ThWNT IV 556–559). – *B. Olsson*, Die verschlungene Buchrolle (ZNW 32, 1933, 90ff.). – *J. Streitberg*, Der Mensch in der Bildersprache des Alten Testaments (Diss. Bonn 1935), 42–44. – *E.*

Struck, Bedeutungslehre, ²1954, 113–118. 131. – *G. Widengren*, Literary and Psychological Aspects of the Hebrew Prophets, Uppsala 1948, 100ff. – *A. Wünsche*, Die Bildersprache des Alten Testaments, 1906, 96. – *J. Ziegler*, Dulcedo Dei (ATA XIII/2, 1937).

I. 1. Die in den verschiedenen semit. Sprachen belegte Wurzel *mtq* ist möglicherweise onomatopoetischen Ursprungs und dürfte demnach das Geräusch des Schleckens und Schmatzens nachahmen (vgl. *mṣṣ*, *mwṣ* u. dgl.), also ursprünglich etwa 'genußvoll essen' bedeuten. Von dieser Grundbedeutung her erklären sich leicht die folgenden semantischen Verzweigungen: Akk. *matqu* 'süß', *matāqu* 'süß sein bzw. werden', *muttāqu* und *mutqû* 'süßes Gebäck' (CAD X 405. 413f.; AHw II 632f.); ugar. *mtq* 'süß' (UT Nr. 1576); syr. *m*ᵉ*taq* 'gern saugen'; jüd.-aram. *m*ᵉ*ṯaq* 'kosten, lecken'; mhebr. *māṯaq* 'süß, wohlschmeckend sein', *pi* 'saugen lassen; besänftigen' u. ä. (DictTalm 864; Levy, WTM III 301f.); arab. *mṭq* (*t* vor *q* assimiliert zu *ṭ*; s. Brockelmann, VG I 161) V. Verbalstamm 'mit Wohlgefallen kosten, schmatzen', *mtk* (*k* assimiliert an *t*) '(Saug-)Rüssel eines Wurmes' (E. Ben Jehuda, Thesaurus VII 3453ff.); äth. *mtq* 'süß' (KBL³ 619). Es soll aber nicht geleugnet werden, daß die Verbindung zwischen dem Zustandsverbum *mtq* 'süß sein' und dem Handlungsverb „saugen" unklar bleibt.

2. Im AT tritt die Wurzel 25mal auf, davon 6mal in Verbalformen, 2mal in einem Ortsnamen, im übrigen in substantivischen und adjektivischen Nominalformen. Das Verb im *qal* bedeutet 'süß werden' (Ex 15, 25) und 'süß sein', d. h. als süß empfunden werden, süß schmecken (Spr 9, 17). Ähnliche Bedeutung hat auch das *hiph* dort, wo es als innerlich-transitive Modifizierung der Grundbedeutung 'süß' anzeigt, daß dieser Geschmack am Subjekt in Erscheinung tritt (Ijob 20, 12; Sir 49, 1), doch wird in einigen Fällen der Kausativbegriff 'süßen, süß machen' deutlich (Sir 38, 5; Ps 55, 15).

miṯqāh (LXX μαδ/τεκκα, Samarit. *mtjkh*) ist der Name einer der Stationen auf der Wüstenwanderung (Num 33, 28f.), welcher wohl auf dem Vorhandensein einer Süßwasserquelle beruht (vgl. Tᴶ; Hieronymus, de nominibus hebr. „mathca, dulcedo vel saturatis").

Aus *mŏṯqî* (Ri 9, 11) läßt sich das Abstraktnomen *moṯæq* 'Süßigkeit' erschließen. Ähnliche Bedeutung hat die Cstr.-Form *mæṯæq* (Spr 16, 21), zu welcher entweder ein gleichlautender st. abs. anzunehmen ist oder aber eine Adjektivbildung **māṯeq* (vgl. cstr. *kæḇæḏ* von *kāḇeḏ*); man hat auch eine falsche Vokalisation statt *māṯoq* vermutet (Torczyner, ZDMG 64, 1910, 273). Die Annahme einer Adjektivform kann sich auf das Parallelwort in der zweiten Vershälfte (cstr. *ḥᵃḵam*) stützen. (Zu *mæṯæq* im schwierigen Vers Spr 27, 9 s. u.) 2mal findet sich die Präformativform *mam*ᵉ*ṯaqqîm* (statt *mamtaqqîm* oder *mamtāqîm*; vgl. GKa §§ 85g¹, 93ee; Barth, Nominalbildung 174c), die in dem einen Fall einen Pl. des Produktes (GKa § 124l–m) darstellt (Neh 8, 10 'süße Getränke', parallel zu *mašmannîm* 'Fettspeisen'), in dem anderen Fall jedoch einen Amplifikativ-Plural (GKa § 124e) zur Intensivierung des abstrakten Begriffes 'Süßigkeit' (Hld 5, 16, parallel zu *maḥᵃmaddîm* 'Lieblichkeit'). Das Adjektiv *māṯôq* hat neben sich die Fem.- bzw. Pl.-Form *m*ᵉ*ṯûqāh* und *m*ᵉ*ṯûqîm*, deren Abweichung sich am einfachsten aus der Senkung von *o* zu *u* in der drucklosen Silbe erklären läßt (Brockelmann, VG I 143). *māṯôq* dürfte somit als ursprüngliche *qaṭāl*-Form anzusehen sein (andere Auffassung s. Barth, op. cit., 23b; Lagarde, Übersicht ... der Nomina, 60).

Die Bedeutung ist – mit der noch zu besprechenden Ausnahme Ijob 24, 20 – überall 'süß' im eigentlichen oder übertragenen Sinne. Dementsprechend kann LXX konsequent mit γλυκύς (und Ableitungen), V meist mit *dulcis* (und Ableitungen) übersetzen; die griech. und die lat. Vokabel kommen ja auch in ihren Sprachen zur metaphorischen Verwendung (Struck). Nur bei *mam*ᵉ*ṯaqqîm* gibt V leicht abweichenden Übersetzungen den Vorzug: *suavissimus* (Hld) und *mulsum* 'Honigwein' (Neh). Das lat. Wort wird auch für andere hebr. Wörter dort eingesetzt, wo vom Festgesang (Jes 24, 8), von einer lieblichen Stimme (Hld 2, 14; 4, 3; Ez 33, 32) oder dem wohltuenden Schlaf (Jer 31, 26) die Rede ist. Es kann auch, wie das griech. Wort, Äquivalent für *'āsîs* 'Most' (Am 9, 13) sein. Schließlich ist dies auch die Wiedergabe für die 'linden (*niml*ᵉ*ṣû*)' Gottessprüche (Ps 119, 103): γλυκέα bzw. *dulcia* (Ps. gallicanum). Aufgrund dieser Übersetzung und in Verbindung mit Ps 34, 9 entwickelte sich in späterer Zeit die Vorstellung von der Süße Gottes (Ziegler), die seine Liebe und Güte verbildlicht: „*quid dulcius domino?*" (Hier. ep. 78, 25 zu den oben genannten Psalmenversen).

T übergeht das Wort *m*ᵉ*ṯîq* und bedient sich der beiden Wörter *hālê* und *bāsîm* unterschiedslos, so daß die abweichende Grundbedeutung – bei ersterem der süße Geschmack, bei letzterem der liebliche Duft – gänzlich verwischt erscheint.

3. Es hat offensichtlich seinen tiefen physiologischen Grund, daß uns der süße Geschmack angenehm ist: Der Zucker in seinen verschiedenen Formen wird vom Körper benötigt und ist für die Funktion aller Organe unentbehrlich. Da nun die einzelnen Sinnesgebiete einander beeinflussen und wir eine Verwandtschaft der durch verschiedene Sinne hervorgerufenen Eindrücke erleben, ermöglicht sich die Übertragung der Bezeichnung für den geschmacklichen Sinneseindruck 'süß' auf andere Sinnessphären und schließlich auf geistige Wahrnehmungen.

Aus den unzähligen Beispielen, die sich hierfür in den verschiedensten Sprachen finden lassen, seien einige wenige angeführt, zu denen der at.liche Sprachgebrauch besonders nahe Entsprechungen aufweist. Ein akk. Text preist die Göttin, welche „die Mädchen süß macht (*mumattiqat*)" (CAD X 405). Ugar. Verse erzählen von El, der seine Frauen küßt, und von deren „wie Granatäpfel so süßen Lippen" (*hn špthm mtqtm mtqtm klrmnm*; KTU 1.23, 50). Das äg. Wort *bnr* bezeichnet neben der 'süßen' Geschmacksempfindung auch die 'angenehme, sanfte' Rede, den 'geliebten' Menschen u. dgl.; dessen Synonym *n͟dm* bedeutet nicht nur 'süß', sondern auch 'wohlriechend', 'erquickend' und schließlich 'hübsch' und 'fröhlich' (*n͟dm ib*) (WbÄS I 462f.; II 379f.). Homer besingt „die Zunge, von der die Rede süßer (γλυκίων) als Honig strömt" (Il. 1, 249), Euripides preist das „süße Licht (ἡδὺ γὰρ τὸ φῶς)" (Iphigenia in Aulis 1, 1219). Der Rhetoriker Seneca spricht von der „süßen Farbe" (*color dulcis*; Controversiae 1, 4, 7), und Goethe von „der Töne süßem Licht" (Des Epimenides Erwachen 1, 17). Süßigkeit kann aber auch eine verführerische, nur scheinbare Annehmlichkeit darstellen, mit der Unheil und Bosheit verdeckt werden (Hieronymus: „te veneni calicem circumlinere melle voluisse, ut simulata dulcedo, virus pessimum tegeret"; contra Ruffinum I, 7).

II. 1. Es liegt im Wesen der at.lichen Schriften, daß sie sich weniger der Schilderung konkreter Lebenssituationen widmen als deren geistiger Deutung. Die Ermittlung der konkreten Bedeutung, die mit *mtq* verbunden wird, kann sich somit nur auf wenige Vorkommen stützen, und muß darüber hinaus den Blick meist auf den engsten Kontext beschränken. Sogar bei einer Aussage wie „Honigseim ist *māṯôq* für deinen Gaumen" (Spr 24, 13), aus der sich die Geschmacksqualität 'süß', d. h. die konkrete Verwendung des hebr. Wortes eindeutig ergibt, handelt es sich, wie der nachfolgende Vers zeigt, letztlich um eine metaphorische Verkleidung.
māṯôq ist in erster Linie der Bienen- und Fruchthonig (Ri 14, 18; Spr 24, 13), der ja den Alten als Zucker schlechthin diente (→ דבש *d^e^b̲aš*). Unser Wort steht somit in Kontiguitätsbeziehung mit den Bezeichnungen für Honig bzw. Sirup (Ps 19, 11; Spr 16, 24 u. ö.): Honigseim (*nopæṯ*) und *māṯôq* sind die sich entsprechenden Glieder im poetischen Parallelismus (Spr 27, 7), und in Vergleichen heißt es öfters, etwas sei süß wie Honig oder sogar noch süßer (s. II. 2). *māṯôq* ist eine Frucht (Hld 2, 3), etwa die Feige (Ri 9, 11). Das Süße ist gut (*ṭôḇ*, Spr 24, 13), als Speise angenehm (*jin'ām* Spr 9, 17) und heilsam (*marpe'* Spr 16, 24). Bei Freude und Festlichkeit trinkt man Süßmost (*mam^e^ṯaqqîm* Neh 8, 10).
Die häufig als Gegensatz zu *māṯôq* genannte Qualität ist *mar*, das 'bitter' und 'verderblich' bedeutet (→ מרר *mrr*). Das Wasser der ersten Oase auf dem Wüstenzug bei Mara war bitter (Ex 15, 23–25), bis es durch das Hineinlegen eines Holzes süß, d. h. genießbar wurde (*wajjimt^e^qû*). Die relative Bedingtheit unserer Geschmacksempfindungen ist den Weisheitslehrern nicht entgangen: Der Satte verschmäht sogar süße Kost, aber dem Hungrigen ist alles Bittere *māṯôq* (Spr 27, 7); unrechtmäßig erworbene Speise schmeckt verlockend gut, und gestohlenes Wasser scheint einem süß (*jimtāqû* Spr 9, 17).

Die ursprüngliche Bedeutung der Wurzel *mtq* 'genußvoll saugen' ist anscheinend Ijob 24, 20 erhalten: *m^e^ṯāqô rimmāh* „Es hat ihn Gewürm gesogen" (Buber-Rosenzweig: „die Made läßt ihn sich schmecken"), doch darf man hier einen Aramaismus annehmen. Der Textabschnitt ist schwierig; jedenfalls handelt der Vers vom Schicksal des Toten. V *dulcedo illius vermes* setzt die Lesart voraus: *mŏṯqô rimmāh*. Die mask. Verbform geht dem fem. Subst. voran, da dies ein tierisches Subjekt ist (GKa § 145o). Der Midrasch (*Genesis rabba* 33, 32) nimmt jedoch Gott als Subjekt an: „Der den Wurm an ihnen saugen läßt (*šæmmitteq*)."

2. Die figurative Verwendungsweise ist der in anderen Sprachen üblichen ähnlich. In synästhetischer Bedeutungserweiterung kann das Licht als *māṯôq* beschrieben werden (Koh 11, 7). Tatsächlich ist die physiologische Basis hier bereits zurückgelassen, die Synästhesie zu einer emotionalen geworden: In dem Textzusammenhang ist das Sonnenlicht Bild für das Leben überhaupt, das im Gegensatz zum dunklen Tod *māṯôq* befunden wird.
Der erquickende Schlaf des Arbeitenden ist süß (*m^e^ṯûqāh* Koh 5, 11). T bezieht den Vers auf die ewige Ruhe, was offensichtlich abwegig ist, doch ist in Ijob 21, 33 tatsächlich von der sanften Ruhe eines Toten die Rede: „Süß (*māṯ^e^qû*) sind ihm die Schollen des Schachtes."
Vor allem wird die Liebeswonne als *māṯôq* empfunden. Auch was jetzt als verschleierte Lösung des Simsonrätsels erscheint, handelt eigentlich davon: „Was ist süßer (*māṯôq*) als Honig, was stärker als ein Löwe?" (Ri 14, 18) ist wohl eine ursprünglich selbständige Rätselfrage, auf welche die Antwort lautet: die Liebe! (Gunkel, Reden und Aufsätze, 1913, 53).

Ob das Rätselwort Ri 14, 14 den Sexualakt meint (Eißfeldt, ZAW 30, 1910, 132–135), scheint zweifelhaft, ebenso die Vermutung, es sei vom Erbrechen die Rede (Gressmann, SAT 2/I 250f.). Es könnte sich aber vielleicht um ein altes Jägersprichwort handeln, in dem sich die Genugtuung ausdrückt, daß aus einem reißenden Tier wohlschmeckende Speise (*ma'^a^ḵāl* ... *māṯôq*) gewonnen wird.

In einem der Beschreibungslieder schildert die Geliebte unter den Vorzügen ihres Liebsten dessen Mund, der Süßigkeit (*mam^e^ṯaqqîm*) sei (Hld 5, 16). Es ist hier wohl weniger an die süßen Reden, als an das Küssen gedacht. Ausgeprägtere Erotik findet sich Hld 2, 3, wo der Liebste mit einem Apfelbaum verglichen wird, in dessen Schatten die Geliebte zu sitzen begehrt und dessen Frucht ihrem Gaumen *māṯôq* sei. Damit sind nicht „der Schutz und die Freuden der Ehe" gemeint (Budde, KHC XVII, 7), sondern der Liebesakt (P. Haupt, Biblische Liebeslieder, 1907, XI; zum Apfelbaum als Symbol der Liebe vgl. H. Ringgren, ATD 16³, 263).
Süßigkeit kann die Verlockung zu Leichtsinn und Missetat verbildlichen, denen dann die bittere Strafe folgt. „Der Frechgesinnte läßt sich Erbetteltes süß schmecken (*tmtjq*)" (Sir 40, 30), und doch brennt es dann in seinem Leibe wie Feuer. Der Frevler birgt die Bosheit unter seiner Zunge, da „das Böse süß schmeckt (*tamtîq*) in seinem Munde" (Ijob 20, 12); schließlich jedoch tötet es ihn wie Schlangengift. Die Torheit lockt: „Gestohlenes Wasser ist süß

(*jimtāqû*)" (Spr 9, 17); wer aber ihrem Rat folgt, verfällt der Unterwelt. Hier ist der allgemeinen Erfahrung von dem Reiz des Verbotenen Ausdruck verliehen, insbesondere aber dürfte an sexuelle Ausschweifung und Ehebruch gedacht sein.

Überwiegend jedoch dient der Begriff 'Süße' als Sinnbild für positive Werte. „Süßigkeit der Lippen (*mæṯæq śepāṯajim*)" (Spr 16, 21), d. h. anziehende Reden, werden dem Weisen anempfohlen, denn Anmut der Rede ist „süß (*māṯôq*) für das Gemüt und heilsam für den Leib" (Spr 16, 24).

Ähnliches meint wohl auch *ûmæṯæq re'ehû* (Spr 27, 9), wörtlich „Süße des Freundes", also etwa 'das liebliche Wort des Freundes' (vgl. rabbinische Kommentare), doch ist der Text unsicher. LXX liest *ein* Wort *ûmiṯkārea'* ('wird zerrissen'?).

Die freundschaftliche Verbundenheit wird als süß empfunden: „... die wir doch zusammen Gemeinschaft süß, d. h. angenehm, gestalteten (*namtîq sôḏ*)" (Ps 55, 15) mahnt der Sänger einen treulosen Freund. In den Weherufen des Propheten gegen die Verkehrung des Rechts (Jes 5, 20) ist das Unrecht als bitter gekennzeichnet, während die Gerechtigkeit gut, lichtvoll und *māṯôq* erscheint. Die Erkenntnis und Weisheit, aus denen eine sittliche Lebensführung folgt, sind für die Seele das, was der süße Honigseim für den Gaumen ist (Spr 24, 13f.).

3. Als Inbegriff des Guten und Wahren, des Nützlichen und Heilsamen kann der Begriff *māṯôq* auf die Worte JHWHs angewendet werden. Der Prophet Ezechiel nimmt die Buchrolle mit der göttlichen Botschaft wie eine Speise in sich auf; sie werden in seinem Munde „wie Honig in ihrer Süße (*lemāṯôq*)" (Ez 3, 3; vgl. Apk 10, 9). In dem zweiten Abschnitt eines Psalmes wird das Gesetz JHWHs verherrlicht (Ps 19, 8–12). Von seinen Rechtsweisungen heißt es, sie seien wahr und gerecht, köstlicher als Gold und „süßer (*meṯûqîm*) als Sirup und Honigseim" (v. 11). Für den, der sich durch sie warnen läßt, sind sie erquickend und heilsam.

Kedar-Kopfstein

נאה *n'h*

נָאוֶה *nā'wæh*

I. Vorkommen und Herleitung – 1. Vorkommen im AT – 2. Sprachliche Herleitung – II. Bedeutung von *n'h*/*nā'wæh* im AT – 1. Der profane Gebrauch – 2. a) Der ethisch-moralische Gebrauch – b) Der theologisch-kultische Gebrauch.

Lit.: *J. Barth*, Rez. von Th. Nöldeke, Neue Beiträge zur semitischen Sprachwissenschaft, Straßburg 1910 (DLZ 32, 1911, 727–732, bes. 731). – *J. Blau*, *NĀWĀ ṮHILLA* (Ps CXLVII 1): Lobpreisen (VT 4, 1954, 410f.). – *C. Brockelmann*, Zur hebräischen Lautlehre (ZDMG 58, 1904, 518–524). – *Th. Nöldeke*, Rez. von M. Hartmann, Die Pluriliteralbildungen in den semitischen Sprachen, Diss. Halle 1875 (ZDMG 30, 1876, 184–188, bes. 185). – *Ders.*, Neue Beiträge zur semitischen Sprachwissenschaft, Straßburg 1910.

I. 1. Im AT gibt es 3 Stellen, an denen herkömmlich von der Wurzel *n'h* abgeleitete Verbformen vorkommen (Jes 52, 7; Hld 1, 10 *nā'wû*; Ps 93, 5 *na'awāh*); häufiger finden sich die mask. (*nā'wæh* Spr 19, 10; 26, 1; Hld 2, 14; 4, 3) und fem. (*nā'wāh* Ps 33, 1; 147, 1; Spr 17, 7; Hld 1, 5; 6, 4) Formen im adjektivischen Gebrauch. Sowohl die verbalen als auch die adjektivischen Formen besitzen ein breites Spektrum von Bedeutungen, die den materiell-ästhetischen (II. 1), moralisch-ethischen (II. 2. a) und den theologisch-kultischen Bereich (II. 2. b) umfassen. Sir gebraucht die Wurzel in unterschiedlicher orthographischer Gestalt nur in der der Spruchdichtung eigenen ethisch-moralischen Bedeutung. In den westsemit. Dialekten sowie im Akk. ist die Wortwurzel nicht belegbar.

2. In der hebräischen Philologie ist die sprachliche Herleitung der hier unter den drei Radikalen *n'h* notierten verbalen und adjektivischen Formen umstritten. In der Mehrzahl neigt man einer Herleitung von der Wurzel *'wh* (→ אוה) zu und sieht in den vorkommenden Formen ein Perf. bzw. Ptz. *niph*. Aus dem passivischen Begriff 'erwünscht, begehrt (sein)' würde sich die Bedeutung 'schön (sein)' im materiell-ästhetischen Sinn ergeben haben, wie er im Hld begegnet, während die Bedeutung 'geziemend, passend (sein)' als moralisch-ethischer und theologisch-kultischer Terminus durch Abstraktion davon hergeleitet werden müßte. W. Gesenius dagegen sieht in den verbalen Formen ein Pilel von *n'h*, ähnlich der Hitp.-Bildung von *šḥw* = *šḥh* (dagegen erklärt KBL³ 283f. die Formen *hištaḥawāh* usw. als *hištaph'el* von *ḥwh*; vgl. die Diskussion darüber bereits bei Nöldeke, ZDMG 30, 1876, 186, und → חוה) mit den Bedeutungen 'schön, lieblich sein; sich ziemen' (GesB 477). Während Gesenius in seinem Wörterbuch zu *n'h* eine Nebenform *nwh* nennt (in Ex 15, 2 leitet er davon die Form *'anwehû* „ich will ihn verherrlichen" ab), hat er im „Thesaurus" die Bedeutungen von *n'h* und *nwh* zu vereinigen gesucht und aus *na'awāh le* „es sitzt jemandem; es steht ihm an" einerseits den Begriff „geziemend", andererseits das Prädikat „schön" abgeleitet. In diesem Fall wird man die Grundbedeutung in dem Begriff „geziemend, passend, zukommend" sehen, wie er in der Spruchweisheit durchgängig benutzt wird, und davon die ästhetischen Kategorien des Schönen und Angenehmen, aber auch die theologisch-kultischen Gegebenheiten ableiten, wie sie in den Psalmen (s. u. II. 2. b) Ausdruck finden. Die Textstellen des AT, in denen *nāwæh* als Adjektiv vorkommt (Jer 6, 2; Ps 68, 13), sind in der Überlieferung unsicher und können zur Klärung der sprachlichen Herleitung nichts beitragen.

II. 1. Entsprechend dem Charakter des Hld als Sammlung profaner Liebeslieder (vgl. O. Eißfeldt, Einleitung, ⁴1976, 659) wird in diesem Buch mit den verbalen und adjektivischen Formen der Wurzel *n'h* in ästhetischer Hinsicht die äußere Erscheinung des Mädchens beschrieben: So bezeichnet sich das Mädchen trotz seiner sonnengebräunten Haut als schön (Hld 1, 5); Hld 1, 10 beschreibt der junge Mann das Gesicht des Mädchens, dessen Wangen von Ketten und Schnüren umgeben sind, welche vom Haar oder Kopfputz herabhängen (vgl. W. Rudolph, KAT XVII 127) als lieblich, und in Hld 4, 3 rühmt er ihre angenehme Rede- und Sprechweise (vgl. Hld 2, 14).

2. a) Auf das Gebiet des moralisch-ethischen Verhaltens von Menschen führt der Gebrauch des adjektivischen *nā'wæh* in der Spruchweisheit. Durch die Negation *lo' nā'wæh* bzw. *lo' nā'wāh* wird hier das Verhalten des Narren (*nāḇāl*) oder des Toren (*k^esîl*) als unpassend, unziemlich kritisiert: „Wie Schnee im Sommer und wie Regen in der Ernte, so schickt sich für den Toren Ehre nicht" (Spr 26, 1 nach B. Gemser, HAT I/16, 92).

b) In den theologisch-kultischen Bereich gehört umgekehrt die als eine religiöse Verpflichtung formulierte Aussage, daß der Fromme JHWH das ihm zukommende Lob singen soll (Ps 33, 1; 147, 1; anders J. Blau, der *nā'wāh* in Parallele zu *zamm^erāh* als „Inf. fem" erklärt; so auch H. J. Kraus, BK XV/2⁵, 1135). Ebenfalls in die Sphäre des Kultus gehört Ps 93, 5, doch ist jetzt *na'^awāh* Ausdruck des seinsmäßigen Zusammenhangs zwischen dem Gotteshaus und dessen heiligen Charakter: „deinem Hause kommt Heiligkeit zu" (so H. J. Kraus, BK XV/2⁵, 815).

Eine Art Integration von profanem und theologischem Aspekt bestimmt die Aussagen von Jes 52, 7: die Kunde, die von den „lieblichen Füßen" (Luther) der Boten weitergetragen wird, ist wohltuend und erfreulich und verheißt dem geschlagenen Volk Frieden, Gutes und Hilfe, sie ist ein „Evangelium" (→ בשׂר *bśr*) und macht die Welt schön und heil.

Beyse

נְאֻם *n^e'um*

I. Vorkommen und Etymologie – II. Begriffsgehalt und Geschichte – III. Verwendung der Formel – IV. Theologische Bedeutung – V. Qumran, LXX.

Lit.: *F. Baumgärtel*, Die Formel *n^e'um jahwe* (ZAW 73, 1961, 277–290). – *R. Rendtorff*, Zum Gebrauch der Formel *n^e'um jahwe* im Jeremiabuch (ZAW 66, 1954, 27–37 = ThB 57, 1975, 256–266). – *G. Rinaldi*, Alcuni termini ebraici relativi alla letteratura (Bibl 40, 1959, 271–273). – *Th. Seidl*, Die Wortereignisformel in Jeremia (BZ 23, 1979, 20–47). – *D. Vetter*, Seherspruch und Segensschilderung (Calwer Theol. Monogr., Reihe A, 1974). – *Ders.*, נאם *n^e'um* (THAT II 1–3). – *C. Westermann*, Grundformen prophetischer Rede (BEvTh 31, ⁵1978). – *H. Wildberger*, Jahwewort und prophetische Rede bei Jer, Diss. Zürich 1942. – *H. W. Wolff*, Die Begründungen der prophetischen Heils- und Unheilssprüche (ZAW 52, 1934, 1–22).

I. *n^e'um* kommt im AT 376mal vor, davon 364mal als JHWH-Spruchformel und 11mal für den Ausspruch von Menschen. Häufig ist es bei Jer (175), Ez (85) und Jes (25). Bezüglich des Umfangs der Bücher sind die Zahlen bei Am (21), Hag (12) und Sach (20) beachtenswert. Zef hat 5, Hos 4, Obd, Mi und Nah haben je 2 Fälle, Joël und Mal 1. Auf die übrigen Bücher kommen 4 *n^e'um* in 2 Kön, je 2 in 1 Sam und Ps. Je einmal in Gen, Spr und 2 Chr. Num hat in den Bileamssprüchen 7 *n^e'um* und dazu noch eins.

Ein Verb *n'm* hat nur Jer 23, 31. Man vergleicht arab. *na'ama* 'brüllen, knurren, seufzen' (KBL³ 621), wohl Mischform mit *nhm* (KBL³ 599). Trotz altertümlichen Eindrucks ist eine Deutung auf 'raunen' fraglich, da das Verb wohl denominiert ist und einfach 'sprechen' bedeutet. Oft wird *n^e'um* einfach in Parallele und als Variante zu → דבר *dāḇār* gebraucht, so Jer 23, 31; Ez 37, 14; Sach 12, 1; Spr 12, 1. Jer 23, 28 spricht Gott den falschen Propheten seinen *dāḇār* ab, die nach 23, 31 (*wajjin'^amû n^e'um*) „Sprüche sprechen".

Trotzdem glaubt Rinaldi (271–273) einen Begriffsunterschied feststellen zu können: *n^e'um* bedeute die revelatio activa durch Gott, *dāḇār* die inspirierte Aussage des Propheten. Deshalb werde letztere mit *dāḇār* eingeleitet, am Ende aber stehe *n^e'um* zur Betonung ihrer Herkunft und Garantie von Gott.

II. Von den früh anzusetzenden Bileamsprüchen Num 24 her (vgl. W. Rudolph, Der „Elohist" von Exodus bis Josua, BZAW 68, 1938, 120) mit *n^e'um* im Munde eines Sehers als Selbstvorstellung sehen Westermann (135f.) und Vetter (THAT II 1) eine Entwicklung hin zum Gottesspruch, wodurch die Propheten die Herkunft ihrer Botschaft aus göttlicher Offenbarung und ihre Sendung durch Gott bezeugen (vgl. auch Wolff, Amos, BK XIV/2, ²1975, 174, der diese Entwicklung aufgrund von Am 3, 15; 9, 7 bei Amos beginnen läßt). 2 Sam 23, 1 und Spr 30, 1 dürften späte Nachahmung des „Seherspruches" sein.

III. Die häufigste und normale Verwendung der JHWH-Spruchformel ist die am Schluß einer Aussageeinheit, die mit einem *dāḇār* etwa mit „so spricht JHWH" oder „Das Wort JHWHs erging" anfängt. Da gibt es Einheiten von nur einem Vers (Jer 31, 36; 34, 17; Ez 26, 5; 30, 6 u.ö.). Ausführlicher führt etwa eine Vorbedingung zu einer Verheißung (Jer 15, 19. 20; 28, 2. 4 u.ö.). Bei größeren Einheiten umschließen *dāḇār* und *n^e'um* z. B. einen Spruch über Babel (Jer 51, 36. 39), einen über Gog (Ez 39, 1. 5). Manchmal werden im Wechsel beider Formeln kunstvoll stilistische Gebilde geformt (vgl. Ez 14, 12–20; Hag 2, 4–9; Sach 1, 3–4). Daß die JHWH-Spruchformel allein für sich die Rede als von Gott kommend kennzeichnet, kommt selten vor. Zef 1, 2 folgt auf eine redaktionelle Vorbemerkung die Drohung, als „Wort JHWHs" bezeugt (vgl. auch Jes 14, 22; 30, 1; Ps 110, 1). Mit Recht fragt Wolff zu den 6 Einlei-

tungsfällen bei Amos (BK XIV/2, 174), ob sich da nicht spätere Redaktion zeigt.
Die JHWH-Spruchformel bildet vor allem bei Ez oft den Abschluß langer Reden (Ez 22, 23. 31 u.ö.). Sie steht auch gern beim Wechsel zwischen Prosa und Dichtung (Jer 8, 3; 21, 10; Ez 14, 23; 21, 12; Jes 66, 17 u.ö.), wo sie Abschluß sein, aber auch mit der Sammlung der Prophetensprüche zu tun haben könnte. Gleiches gilt dort, wo die JHWH-Spruchformel einen Themenwechsel markiert (Jer 27, 22; 31, 14). Doch muß man auch mit der Möglichkeit rechnen, daß innerhalb einer langen Rede es dem Propheten angebracht erschien, zu betonen, daß letztlich nicht er spreche, sondern Gott. Die JHWH-Spruchformel kann auch mit einem Gedankenfortschritt zusammentreffen, etwa als Überleitung zu einer Folgerung (Jes 1, 24; Jer 23, 1f.; Ez 18, 30 u.ö.) oder zur Spezialisierung der Aussage (Jer 2, 19f.; Ez 11, 8; Zef 1, 2f.). Die Formel leitet etwa einen Gegensatz ein (Jer 22, 16; 29, 19f.), wie überhaupt die verschiedensten Aussageschritte damit zusammenhängen können, was man nicht ohne weiteres der Bearbeitung zuweisen darf. Manchmal erweist sich die JHWH-Spruchformel dadurch als original, daß sie im Zusammenhang unentbehrlich ist, weil man sonst nicht wüßte, wer eigentlich spricht. Hier und da scheint es sogar Eigentümlichkeit prophetischer Diktion zu sein, daß sie, um fragendes Interesse zu wecken, mit ungewissem Subjekt beginnt, worauf die JHWH-Spruchformel Klarheit gibt. So beginnt z. B. Jes 49, 14 mit der Frage, ob Zion von JHWH verlassen sei, um dagegen die unverbrüchliche Liebe der Mutter zu ihrem Kind geltend zu machen. Erst 49, 18 wird durch die Formel klar, daß Gott es ist, der die Frage stellt. Jer 23, 9. 10a spricht ein Ich; JHWH wird in der 3. Pers. erwähnt, dann aber klärt die Formel, daß doch JHWH der Sprecher ist (vgl. auch Sach 10, 11f.). Solcher Wechsel zwischen dem Sprechen über JHWH und daneben die JHWH-Spruchformel kann zu großartig dramatischer Aussage führen, wie etwa Am 4, 4–11.Wenn dabei manches Mal der Prophet zu sprechen scheint und doch durch die Formel die Rede auf Gott zurückgeführt wird, so wird, ähnlich der Botenrede, deutlich, wie sehr der zu seinen und durch seine Propheten sprechende Gott in Verkündigungseinheit mit diesem gedacht und dargestellt wird (vgl. Wolff 6).
Zeichen eines lebendigen Redestils ist es auch, daß die JHWH-Spruchformel als Parenthese sogar innerhalb eines Satzes stehen kann, so etwa Jer 2, 9: „Darum muß ich euch weiter anklagen – Spruch JHWHs – und gegen eure Kindeskinder Klage erheben" (vgl. bei Jer [12mal] 7, 30, bei Ez [8mal] 16, 8 und sonst noch 7mal). Übrigens ist die gleiche Stileigentümlichkeit bei *'āmar* festzustellen (Gen 3, 3a; Jes 45, 24a u.ö.).

IV. Nach den Beobachtungen, daß und wie die JHWH-Spruchformel vorkommt, ist wichtig, was im Zusammenhang mit ihrem Gebrauch ausgesagt wird. Sie ist zu vergleichen mit dem „Ich bin JHWH" in Lev 19, dort Motiv für kultische und soziale Gebote (→ II 372). Unsere Formel betont, daß die Botschaft der Propheten auf Gott zurückgeht, durch den sie wahr und wirksam ist. Daß die JHWH-Spruchformel vor allem Gottes Wahrhaftigkeit meint, zeigt die Hinzufügung bei Ez 37, 14, ähnlich 35, 8 „Ich habe gesprochen, und ich führe es aus". Gleiches beweisen 21 Stellen, wo unsere Formel einen Schwur Gottes unterstreicht (vgl. Jer 22, 5; 49, 13). Bei Ez kommt das 14mal vor (z. B. 34, 8; 35, 11). Wichtig ist die Unterscheidung „Spruch JHWHs", wenn Gottes Wort drohend ist wie bei Jes (8mal, u.a. 17, 3), Jer (29mal, u.a. 13, 25) und Ez (27mal, u.a. 23, 34), sonst noch 8mal. Noch häufiger sind JHWH-Spruchformeln mit Verheißungen: Jer (47mal, z. B. 32, 44), Ez (12mal, z. B. 18, 9), Jes (6mal, z. B. 37, 35), sonst noch 3mal, wobei man zu Verheißungen auch rechnen kann, wenn Gottes Wort sich gegen Israels Feinde richtet. Allerdings sehen manche Verheißungen aus, als stammten sie aus späterer Bearbeitung, vor allem, wenn sie an lange Drohreden unter der Spruchformel angehängt erscheinen (vgl. Jer 46, 26; 48, 47; 49, 39).
Nicht selten treffen JHWH-Spruchformeln zusammen mit dem Verweis auf „Tage werden kommen" oder „an jenem Tage". Da soll gesagt werden, daß JHWH um die Zukunft weiß, daß er das Weltgeschehen beherrscht und künftiges Geschick herbeiführt. Solche Aussagen sind häufig bei Jer (26mal), sonst noch 19mal (vgl. Jer 3, 16; 30, 8 u.ö.) und betreffen Heil und Unheil im geschichtlichen Bereich, steigern sich höchstens einmal beim Sieg über Gog (Ez 38f.) ins Eschatologische.
Manchmal steht die JHWH-Spruchformel nicht für sich allein, sondern erfährt eine wichtige Hinzufügung. Ez 16, 2f.; 20, 44; 37, 14; 43, 31 korrespondiert mit ihr „du sollst erkennen, daß ich JHWH bin" („Erkenntnisformel" → II 372. 374; III 503–507). Man denkt an Ex 3, wo der Gottesname Zeugnis für das Gesandtsein des Mose ist und Gott sich als der erweisen will, der zu seinem Volke steht und die Verheißungen an die Väter erfüllt. Jer 31, 32 und Ez 16, 62 wird zur Formel der Bundesschluß erwähnt, wozu Ez 34, 15. 31 paßt, daß Israel Gottes Herde und Gott der Hirte seines Volkes ist, daß ferner Jes 17, 6 „Gott Israels" hinzugefügt wird und Jes 1, 24 noch *'aḇîr jiśrā'el*. Endlich wird 25mal unsere Formel mit „JHWH Zebaot" gebildet (z. B. Jes 22, 25; Jer 25, 29; Hag 19, 2. 4. 8), was Gottes „königliche Herrschermacht" ausdrückt (van der Woude, THAT II 505f.).
An drei Stellen (Jer 46, 18; 48, 15; 51, 57) lautet unsere Formel „Spruch des Königs". Wie sehr es dabei aber doch auf den Gottesnamen ankommt, zeigt das jeweils hinzugefügte „JHWH Zebaot ist sein Name". Im gleichen Sinne ist *'adonāj* als Zusatz zu JHWH zu verstehen, das sich bei Ez 83mal findet (nur 4 Ausnahmen). Dadurch soll Gott als „Gebieter" bezeichnet sein (Eißfeldt → I 65). Konkretisiert wird solches

Namensverständnis bei Jes 66, 2, indem JHWH alles gehört, weil er es geschaffen hat, der nach Jer 5, 22 dem Meer seine Grenze gesetzt hat. Gott erfüllt Himmel und Erde (Jer 23, 24), so daß vor diesem „nahen Gott" sich die falschen Propheten nicht verstecken können. Sach 8, 17 ist unter der JHWH-Spruchformel ausgesagt, daß Gott Böses und verlogene Schwüre haßt; Jes 1, 24 droht er, er werde an seinen Feinden Rache nehmen. Aber auch Heilszusagen werden unter die JHWH-Spruchformel gestellt. Gott ruft die abtrünnigen Söhne zur Bekehrung auf (Jer 3, 14), er wirkt Gnade, Recht und Gerechtigkeit (Jer 9, 23), blickt auf die Bedrückten (Jes 66, 2) und wird die vertriebenen Söhne Israels wieder sammeln (Jes 56, 8). Wenn man mit Wildberger, BK X/3, 1246 Jes 31, 9 als Heilszusage verstehen darf (anders Kaiser, ATD 18, 252f.), dann dient „Spruch JHWHs" auch dazu, seine engste Verbindung mit dem Zion zu signalisieren. So ist *ne'um JHWH* mit reichen Aussagen ein Bekenntnis zu dem sich offenbarenden Gott Israels.

V. Der einzige Beleg in den qumranessenischen Schriften CD 19, 8 ersetzt das *ne'um JHWH ṣebā'ôṯ* (Sach 13, 7) durch das singuläre *ne'um 'el*.

Die LXX übersetzt fast durchgehend mit λέγειν.

Eising (†)

נָאַף *nā'aṗ*

I. Überblick – II. Die Adaption des Dekalogs bei den Propheten – III. *nā'aṗ* als Metapher für Israels Bilderverehrung – 1. Allgemein – 2. Kinderopfer – IV. LXX.

Lit.: *G. Delling*, „Ehebruch" (RAC IV, 1959, 666–677). – *A. Eberhardter*, Das Ehe- und Familienrecht der Hebräer (ATA 5, 1914). – *F. L. Hossfeld*, Der Dekalog. Seine späten Fassungen, die originale Komposition und seine Vorstufen (OBO 45, 1982). – *W. Kornfeld*, L'adultère dans l'Orient antique (RB 57, 1950, 92–109). – *Ders.*, Studien zum Heiligkeitsgesetz, 1952, 69–89. – *B. Lang*, „Du sollst nicht nach der Frau eines anderen verlangen" (ZAW 93, 1981, 216–224). – *H. McKeating*, Sanctions Against Adultery in Ancient Israelite Society. With Some Reflections on Methodology in the Study of OT Ethics (JSOT 11, 1979, 57–72). – *A. Phillips*, Ancient Israel's Criminal Law. A New Approach to the Decalogue, Oxford 1970. – *Ders.*, Another Look at Adultery (JSOT 20, 1981, 3–25). – *H. F. Richter*, Geschlechtlichkeit, Ehe und Familie im AT und seiner Umwelt (Beiträge zur bibl. Exegese und Theologie 10, 1978). – *L. Rosso Ubigli*, Alcuni aspetti della concezione della „porneia" nel tardogiudaismo (Henoch 1, 1979, 201–245). – *J. Scharbert*, Ehe und Eheschließung in der Rechtssprache des Pentateuch und beim Chronisten (Festschr. W. Kornfeld, Wien 1977, 213–225). – *H. J. Schoeps*, Ehebewertung und Sexualmoral der späteren Judenchristen (StTh 2, 1950/51, 99–102). – *S. Schreiner*, Mischehen – Ehebruch – Ehescheidung. Betrachtungen zu Mal 2, 10–16 (ZAW 91, 1979, 207–228). – *H. Schüngel-Straumann*, Der Dekalog – Gottes Gebote? (SBS 67, 1973, 47–53). – → זנה *zānāh*; → שׁכב *šāḵaḇ*.

I. Während das Verb *nā'aṗ* auch im Jüd.-Aram. und Paläst.-Aram. belegt ist, begegnen seine Derivate *na'ₐpûp* und *ni'ûp* nur in der hebr. Bibel. Die insgesamt 34 Belege im AT konzentrieren sich auf die prophetische Literatur (24mal), bes. auf Jer (9mal), Ez (7mal) und Hos (6mal). *nā'aṗ* begegnet 6mal im Pentateuch (in den Dekalogen je 1mal und 4mal in Lev 20, 20) und 4mal in der Weisheitsliteratur. Aus der Analyse der Verteilung geht hervor, daß der Begriff offensichtlich in der priesterlichen Tradition geprägt worden war zur Bezeichnung einer Verletzung des Eherechtes. Dies wurde entsprechend von den Propheten aufgegriffen, um nun gerade Übergriffe gegen den Bund JHWHs als Ehemann mit Israel als Ehefrau zu terminieren.

Da der Dekalog selbst sein 6. (7.) Gebot *lo' tin'āṗ* nicht näher erläutert, muß man die Bedeutung aus anderen Belegen gewinnen. In einer Auflistung kasuistischer Rechtssätze gegen sexuelle Vergehen (Lev 20, 10–21) heißt es in v. 10: „Wenn ein Mann mit der Frau seines Nachbarn die Ehe bricht (*jin'aṗ*), dann sollen beide, der Ehebrecher (*no'eṗ*) und die Ehebrecherin (*no'æpæṯ*) mit dem Tode bestraft werden." (Die Wiederholung von *'îš . . . 'æṯ-'ešæṯ* ist eine Dittographie.)

Da nicht angegeben wird, ob der Ehebrecher verheiratet ist oder nicht, ist dies offensichtlich für den Tatbestand unwichtig. Der Status der Frau dagegen wird genannt, stellt also einen entscheidenden Faktor dar. Der Mann verübt Ehebruch gegenüber dem Ehemann der Frau, nicht jedoch gegenüber der Frau selbst oder gegenüber seiner eigenen Frau, falls er verheiratet ist. Die Frau vergeht sich gegen ihren Ehemann und ihre gegenseitige Verbindung. Das Vorkommen der Polygamie bei den Patriarchen, seltene Fälle von Bigamie in späterer Zeit, königliche Harems, Bestimmungen bezüglich Vielehen und die Terminologie des Verheirateten-Status in Fällen von Ehebruch zeigen an, daß es sich in keinem Fall um ein Vergehen gegenüber der Ehefrau des Ehebrechers handelt (wenn er verheiratet ist). (Obwohl die meisten israelitischen Ehen monogam waren, ergab sich dies aus dem sozialen Status und den Eigentumsverhältnissen, nicht jedoch aus der Moral; vgl. dazu T. Kronholm, SEÅ 47, 1982, 45–92.)

Das Vergehen ist aber mehr als nur eine Verletzung von Eigentumsverhältnissen. Wenn ein Mann (verheiratet oder unverheiratet) mit einer unverheirateten Frau sexuellen Verkehr hatte, so hatte er nicht die Todesstrafe zu befürchten, vielmehr mußte er den Brautpreis entrichten (Ex 22, 16f.). Der Vater der Frau konnte sie diesem Mann zur Frau geben oder dies verweigern, der Brautpreis war jedoch in jedem Falle zu bezahlen, da der finanzielle Wert dieser Frau für den Vater oder Vormund durch Verlust der Jungfrauenschaft vermindert worden war. Beide

Dekaloge und Lev 20, 20 halten aber den Ehebruch für ein Kapitalvergehen. Die Ehebrecherin ist nicht ein Eigentum, dessen Wertverlust wieder ausgeglichen werden muß, sondern die Frau eines Mannes, dessen Verbindung mit ihr profanisiert wird.

Ehebruch ist schließlich zu unterscheiden von Unzucht und Prostitution. Ez 16, 1–43a beschreibt Israels Götzendienst als Prostitution (*zānāh*) und Ehebruch. Es heißt vv. 31b–34:

„Du warst nicht wie eine (gewöhnliche) Dirne (*zônāh*); denn du hast den Buhllohn verschmäht. O Ehebrecherin (*hā'iššāh hammenā'āpæṯ*) du nimmst dir statt deines (MT: ihres) Mannes fremde Männer. Jede Dirne bezahlt man; du aber hast allen deinen Liebhabern Geschenke gegeben und sie bestochen, damit sie von überall kamen, um mit dir Unzucht (*taznûṯ*) zu treiben. Bei deiner Unzucht (*beṯaznûṯajiḵ*) hast du es gerade umgekehrt gemacht wie andere Frauen: dir wurde nicht nachgebuhlt (*zûnnāh*); du hast selbst bezahlt und dich nicht bezahlen lassen. Du hast es umgekehrt gemacht wie andere."

Die Ehebrecherin ist also eine Frau, die mit fremden Männern (anstelle ihres eigenen) geschlechtlich verkehrt. Die Dirne wird für ihre geschlechtliche Zuwendung bezahlt (vv. 31b. 32). Diese terminologische Unterscheidung zwischen *nā'ap̱* und *zānāh* wird auch vorgenommen in der Warnung des Vaters an seinen Sohn Spr 6, 20–35. Der Vater weist seinen Sohn darauf hin, daß die Hure (*'iššāh zonāh*) ihre Liebesgunst „für einen Brotlaib" verkauft. Man bezahlt und die Folgen sind – wenn überhaupt – minimal. Andererseits sucht die Ehebrecherin in ihrer Leidenschaft den Mann zu verschlingen, und die Konsequenzen sind tödlich. Der empörte Nachbar sucht die Rache und gibt sich nur mit dem Tod des Ehebrechers zufrieden (v. 34), denn Entgelte oder Geschenke bewirken nichts (v. 35).

Daher ist die Prostitution (*zenûnîm*, *zenûṯ*, *taznûṯ*) die käufliche Bereitstellung des geschlechtlichen Umganges; der Ehebruch (*ni'ûp*, *na'apûp*) ist der Geschlechtsverkehr mit der Frau eines anderen Mannes, die Verletzung eines Eheverhältnisses. Das Ergebnis des letzteren ist Unehre, Ehrverlust und Tod (z. B. David und Batseba 2 Sam 11, 1 – 12, 23); der Effekt des ersten ist der Verlust des Preises für einen Laib Brot (vgl. Spr 2, 16–19; 5, 1–14; 7, 5–27; 9, 13–18).

Jedoch schließen sich die Begriffe nicht gegenseitig aus: eine Prostituierte kann verheiratet sein und folglich eine Ehebrecherin, und eine Ehebrecherin kann geschlechtliche Gunst gegen Bezahlung liefern (vgl. Jer 5, 7f.; Hos 4, 13f.). Gomer, die Frau des Hosea, ist ein Beispiel für terminologische Interaktion, denn sie ist sowohl eine Ehebrecherin als auch eine Hure (vgl. Hos 2, 4; 3, 1–3).

II. Hos 4, 2 und Jer 7, 9f. liefern Beispiele für eine flexible Adaption des Dekaloges durch die Propheten, die Israel wegen ihrer Verletzungen des Bundes anklagen. Ein Vergleich der beiden Listen mit dem Dekalog zeigt, daß die Propheten das Material in unterschiedlicher Weise zusammenfaßten und neu anordneten.

1) Beide Propheten eliminieren die vier Verbote, die am wenigsten die direkte Beziehung zwischen dem Übertreter und dem Opfer betreffen (Bilderverbot, Sabbat, Eltern, Begehren); die Anklagen, die tatsächlich vorliegen, betreffen Übertretungen des Bundes mit direkter Wirkung auf die menschlichen Rechte des Opfers.

2) Beide Propheten zählen die Vergehen Israels auf in der affirmativen (finite Verben + Inf. abs.) und nicht in der traditionellen apodiktischen Weise („Du sollst nicht ..."). Was Israel nicht tun sollte, hat sie getan.

3) Beide Aufzählungen enthalten fünf Elemente, wobei sie bei vieren übereinstimmen und im letzten differieren. Hos und Jer werfen Israel Meineid, Mord, Ehebruch und Diebstahl (Menschenraub) vor. Hoseas fünfter Vorwurf betrifft das Lügen, d. h. das falsche Zeugnis; Jeremias fünfter Vorwurf betrifft die Fremdgötterverehrung, das einzige Verbrechen, wodurch keine menschlichen Rechte beeinträchtigt werden. (Da *nā'ap̱* sowohl Götzendienst als auch die Verletzung von ehelichen Beziehungen umfaßt, und da die Riten im Ba'alskult Geschlechtsverkehr implizierten und damit den Bruch des Ehebandes notwendig zur Folge hatten, ist die fünfte Klage des Jeremia verständlich.)

4) Die Propheten zitieren nicht den Dekalog verbatim nach Ex 20. Sie benutzen die gleichen Verben für „töten" (*rṣḥ*), „ehebrechen" (*nā'ap*) und „stehlen" (*gānaḇ*) wie Ex 20, sonst aber ist die Terminologie unterschiedlich. Schließlich variieren auch die Abfolgen der Verbote in den beiden Listen: Hos 4, 2: schwören, lügen, töten, stehlen (Menschendiebstahl) und ehebrechen; Jer 7, 9f.: stehlen (Menschendiebstahl), töten, ehebrechen, schwören, dem Ba'al räuchern und hinter anderen Göttern herrennen.

Diese Stellen zeigen, daß die Propheten den Dekalog benutzen als Barometer zur Bestimmung des sozialen und religiösen Klimas der Gemeinde, aber der Text konnte interpretiert, gekürzt und adaptiert werden je nach dem Zweck des jeweiligen Autors.

Außerdem werden in anderen Kontexten *nā'ap̱* und seine Derivate zur Bezeichnung der sexuellen Untreue einer verheirateten Frau und ihres Partners gebraucht; üblicherweise begegnet *nā'ap̱* hier im Zusammenhang mit Bundesbruchterminologie, vgl. Jer 9, 1f.; Jer 29, 23; Hos 7, 1b. 4; Mal 3, 5; (*nā'ap̱* par. *šqr*); Ps 50, 18 (*nā'ap̱* par. *gānaḇ*); Ijob 24, 14f. (*nā'ap̱* par. *rāṣaḥ*, *gānaḇ*).

In allen diesen Stellen begegnet *nā'ap̱* zusammen mit *šqr* (5mal) und *gānaḇ* (5mal). Das könnte darauf hinweisen, daß beide Begriffe eine Verwandtschaft haben, d. h. wenn Ehebruch begangen wird, folgen andere Verletzungen des Bundes. Der Ehebrecher hat sich seinem Nächsten gegenüber falsch verhalten, indem er das nahm, was rechtmäßig seinem Nächsten gehörte, und er hat letztlich eine Person gestohlen und ausgenutzt, die an eine andere Person gebunden war (→ גנב *gānab̲*). Die Ehebrecherin hat falsch gehandelt in Hinsicht auf ihre Beziehung zu ihrem Ehemann und hat ihn belogen, indem sie den Eheeid gebrochen hat. In jedem Falle ist der Zusammenbruch der sozialen Integrität der Nation eine wohlbekannte Anklage gegen die Bundesgemeinde, und der Ehebruch ist eines der häufigsten Anzeichen des sozialen Chaos und der Verletzung des Bundes neben Diebstahl/Kidnapping, Meineid und Mord.

III. 1. Da die prophetische Bewegung es für angemessen hielt, die Beziehung zwischen JHWH und Israel als eine zwischen Ehemann und seiner Frau zu zeichnen, so beschreibt sie ebenfalls religiöses Fehlverhalten als Ehebruch. Dies zeigt besonders deutlich Jer 3, 8–9 (*nā'ap̲* par. *zānāh*). Jeremia spricht zu den Judäern des 7./6. Jh. und redet von der Schwesternation Israel als einer Ehebrecherin, die ihren Scheidebrief erhalten hat. Die Scheidung, bekundet durch den Untergang der Nation, war das direkte Ergebnis der Untreue Israels „auf jedem Hügel und unter jedem grünen Baum" (v. 6). Der Prophet hält Juda vor, daß es nichts gelernt hat aus dem Schicksal seiner Schwesternation und daher dieselbe fürchterliche Reaktion JHWHs zu erwarten hat (vgl. hierzu weiter G. Hall, The Marriage Imagery of Jeremiah 2 and 3 [Diss. Union Theol. Sem. Virginia 1980]).

Der Prophet beschwört deshalb Juda, umzukehren von ihrem Ehebruch „mit Stein und Baum" (v. 9) und davon, „daß sie ihre Gunst verstreut hat unter den Fremden unter jedem grünen Baum" (v. 13).

Die prophetische Verurteilung des Ehebruchs von Israel und Juda bezieht sich keineswegs nur auf den geistigen Ehebruch der Götzenverehrung, sondern auch auf den realen Ehebruch der Kultteilnehmer, die sich im kanaanäischen Fruchtbarkeitskult der kultischen Prostitution hingeben. Obwohl der Hintergrund nicht mehr zu erhellen zu sein scheint, war Gomers Verletzung der Ehe mit Hosea vielleicht das Ergebnis ihrer Teilnahme an der Kultprostitution (Hos 2, 6–13). In diesem Falle könnte es sich um einen realen Ehebruch handeln, und wir hätten hier ein Beispiel dafür, daß die Israeliten Ehebruch begingen, wenn sie an der Baʿalverehrung teilnahmen. Diese enge Verbindung zwischen dem Geschlechtsverkehr der Anhänger und der Verehrung kanaanäischer Götter mit dem Ausschluß JHWHs erklärt, warum die prophetische Bewegung *nā'ap̲* und seine Derivate benutzte, um Israels Untreue zu bezeichnen.

Die Verwendung dieses Begriffs ergab sich schon aus der Tatsache, daß der Ehebruch gegen JHWH den Ehebruch gegenüber dem eigenen Ehepartner darstellte (vgl. Jer 5, 7f.; 13, 27; 23, 9–14).

Eine weitere Schlußfolgerung könnte man aus der prophetischen Verwendung von *nā'ap̲* ziehen: Der Terminus scheint zusammengewachsen zu sein mit *zānāh*, und beide Worte wurden synonym für Israels Unmoral und Untreue gegenüber JHWH. Der Unterschied zwischen der Verletzung eines Ehevertrages und der geschlechtlichen Beziehungen gegen Bezahlung war verloren, und beide Termini hatten sich entwickelt zum Ausdruck für flagranten Ungehorsam gegenüber dem Bund zwischen Israel und Gott.

2. In der prophetischen Literatur wird an 3 Stellen Israels Ehebruch gegenüber JHWH mit dem Kinderopfer verbunden, das im Israel und Juda des 8. Jh. aufkam und bis zum Exil praktiziert wurde. Tritojesaja nennt ausdrücklich die Ehebrecherin/Hure, die ihre Kinder opfert (Jes 57, 1–6. bes. vv. 3–5, *menā'ep̲* par. *zônāh*, MT: *wattiznæh*).

Erstens wird die Verbindung von Ehebruch und Kinderopfer aus der prophetischen Vorstellung abgeleitet, daß die Verletzung der Ehe Israels mit JHWH sich am deutlichsten in der kultischen Prostitution und im Kinderopfer zeigt. Die Schwere von Israels Ehebruch mit anderen Göttern zeigt sich im eifrigen Opfern von Kindern. Zweitens kann die Verbindung auch in einer zyklischen Anordnung von kultischen Begehungen Ausdruck finden. Männer und Frauen betreten das Heiligtum und geben sich in Fruchtbarkeitsriten dem geschlechtlichen Verkehr hin; dadurch begehen sie Ehebruch gegenüber ihrem eigenen Ehepartner und gegenüber JHWH. Es ist gut möglich, daß die geopferten Kinder eben die im kultischen Geschlechtsverkehr gezeugten waren.

In zwei Belegen (Ez 16, 35–43; 23, 43–49) zeigt auch Ezechiel die Verbindung von Judas Ehebruch/Hurerei mit dem Kinderopfer. In Ez 16, 38 verkündet der Prophet die Kriterien für Gottes Gericht: „Und ich spreche dir das Urteil nach den Rechtsvorschriften für Ehebrecherinnen (*no'ap̲ôt̲*) und Mörderinnen, voll Zorn zahle ich dir heim mit Blut von Grimm und Eifersucht." V. 36 stellt klar, wessen Blut Juda vergossen hat: das Blut ihrer Kinder. *nā'ap̲* und *šāp̲ak̲ dām* stehen zusammen, nicht nur weil sie die beiden häufigsten Verletzungen des Bundes bezeichnen, sondern weil sie zusammen durchgeführt wurden innerhalb eines kultischen Rituals. Die letztendliche Erfüllung des Fruchtbarkeitsrituals war wohl die Geburt der Kinder, die dann dem Gott geopfert wurden, der diese Fruchtbarkeit gewährt hatte, oder um ihn in der Zeit einer großen Not zu besänftigen. Die Verbindung von *nā'ap̲* und *šāp̲ak̲ dām* zeigen, daß der Prophet genau diesen genannten Zyklus angreifen will.

Ezechiel verdammt diese Praktiken auch in seiner Anklage gegen Ohola und Oholiba (Ez 23, 36–49). Eine der Anklagen lautet (v. 37): „weil sie die Ehe gebrochen haben (*nā'ap̲ pi*) und weil Blut an ihren Händen ist. Mit ihren Götzen haben sie Ehebruch begangen, sogar ihre Söhne, die sie mir geboren hatten, haben sie ihnen zum Fraße dargebracht."

Ein weiteres Mal greift Ezechiel Israels und Judas Ehebruch und Blutvergießen an (vv. 43ff.). Danach ist die abstoßende Praxis der Ermordung der Kinder aus den ehebrecherischen Verbindungen am Heiligtum als Opfer für die Gottheit die letzte und unvergebbare Übertretung gegen das Eheband zwischen Gott und seinem Volk.

*IV. Die LXX übersetzt *nā'ap* in der Regel durch μοιχεύω und trennt damit durchgehend den Bedeutungsbereich von *zānah* (πορνέω) ab. Ehebruch und Prostitution sind also sprachlich hinreichend unterscheidbare Fakten (→ ThWNT IV 737f.; VI 583f.). In Qumran ist das Wort bisher nicht nachgewiesen. *(Fa.)*

Freedman-Willoughby

נָאַץ *nā'aṣ*

נְאָצָה *n^e'āṣāh*, נֶאָצָה *næ'āṣāh*

I. 1. Die Wurzel – 2. Statistik – 3. Wortfeld – II. 1. Bedeutung – 2. Theologischer Gebrauch – III. 1. Ben Sira und Qumran – 2. LXX.

Lit.: *H. Wildberger*, נאץ *n'ṣ* (THAT II 3–6). – Zu II.: *A. Geiger*, Urschrift und Übersetzungen der Bibel, (1857) ²1928. – *E. Jenni*, Das hebräische Pi'el, Zürich 1968. – *R. Meyer*, Hebräische Grammatik, II, ³1969. – *M. J. Mulder*, Un euphémisme dans 2 Sam xii 14? (VT 18, 1968, 108–114). – Zu III: *N. Peters*, Liber Jesu Filii Sirach sive Ecclesiasticus hebraice, Freiburg i. Br. 1905. – *H. Preisker* / *G. Bertram*, μυκτηρίζω, ἐκμυκτηρίζω (ThWNT IV 803–807). – *H. Seesemann*, παροξύνω, παροξυσμός (ThWNT V 855f.).

I. 1. Die Wurzel *n'ṣ* und ihre Derivate sind über das hebr. AT hinaus im West- und Ostsemitischen belegt. Im Mhebr. begegnet neben dem Verbum neu die Nominalbildung *nî'ûṣ* (= hebr. *n^e'āṣāh*), targum.-aram. dagegen nur das entsprechende Subst. *nî'ûṣā'* 'Schmähen, Schmähung' (vgl. Levy, WTM 323). Ugar. (vgl. WUS Nr. 1731, UT Nr. 1589) sind bisher 5 sichere Belege der Wurzel *n'ṣ* 'schmähen' bekannt.

Das Verbum ist 1mal in einem 'Anat-Text (KTU 1.1, IV, 23) im Narrativ belegt, 4mal als Ptz. act. (*n*ʾ*ṣ*) mit Suff. Von letzterer Form finden sich 3 Belege in Aqht (KTU 1.17, I, 29; II, 3. 18), wozu noch die rekonstruierte Stelle KTU 1.17, I, 47 zu berücksichtigen wäre, jedesmal mit Bezug auf die potentiellen Feinde Danels, die sein königliches Ansehen herabsetzen. Außerdem begegnet das Ptz. act. im Ba'al-'Anat-Zyklus in schlechterhaltenem Kontext (KTU 1.5, IV, 26).
Akk. ist *nâṣu(m)* bzw. *na'āṣu* 'geringschätzig ansehen' zu registrieren (vgl. AHw 758a). Von Interesse sind besonders zwei Verwendungsarten der Wurzel. In der Babylonischen Theodizee beklagt sich der Leidende, daß man ihn „verachte" (*i-na-a-ṣa-an-ni*: Z. 253), er muß sich aber von seinem Freund vorhalten lassen, daß er selbst die Pläne des (d. h. seines) Gottes „verachte" (*ta-na-ṣu*: Z. 79) (vgl. BWL 76, 86, übers. auch AOT 285f. und ANET³ 603f.). Die Form *na'āṣu* findet sich in der El-Amarna-Korrespondenz (EA 137, 14. 23). Dort beklagt sich Rib-Addi, der Herrscher von Byblos, daß man ihn wegen seiner militärischen Schwäche „schmähe" (*ti-na-i-ṣú-ni* bzw. *ia-an-aṣ-ni*).

Akk. *na'āsu* 'zerbeißen, zerkauen' ist mit der Wurzel (gegen KBL² 585b) nicht verwandt (vgl. arab. *nhš* 'beißen', Wehr 892a). Dagegen wäre vielleicht arab. *nwṣ* 'vermeiden' (Wehr 898a, vgl. KBL³ 622a) zu vergleichen (vgl. auch A. Guillaume, Abr Nahrain 4, 1963/64, 18).

2. Das Verbum *n'ṣ* begegnet im AT insgesamt 24mal, davon 8mal *qal*, 15mal *pi*, dazu 1mal die umstrittene Partizipialform *minno'āṣ* (Jes 52, 5, s.u. II.). An Nominalformen finden sich *n^e'āṣāh* (2 Kön 19, 3 = Jes 37, 3) sowie *næ'āṣāh* als aramaisierender Inf. *pi* (vgl. BLe 479nγ) mit 3 Belegen (Ez 35, 12; Neh 9, 18. 26). Die 8 *qal*-Belege des Verbums verteilen sich auf Spr (3mal), Jer (2mal), Dtn, Ps und Klgl (je 1mal), die 15 *pi*-Belege auf Ps (4mal), Num und Jes (je 3mal), 2 Sam (2mal), Dtn, 1 Sam und Jer (je 1mal). – Nur vom *pi* finden sich 3 Belege suffigierter pluralischer Partizipialformen, und zwar mit Suff. 1. Pers. sing. (Num 14, 23; Jer 23, 17) und mit Suff. 2. Pers. sing. fem. (Jes 60, 14), sowie ein Inf. abs. (2 Sam 12, 14).
Für das Wortfeld von *n'ṣ* sind vor allem folgende Parallelbegriffe konstitutiv: → חרף II *ḥrp pi* 'schmähen, lästern, höhnen' (Ps 74, 10. 18), → מאס *mā'as* 'ablehnen, verwerfen' (Jes 5, 24; Jer 33, 24), → עזב *'āzab* 'verlassen' (Jes 1, 4), → מרה *mārāh hiph* 'sich widerspenstig benehmen' (Ps 107, 11; Neh 9, 26), → מרד *mārad* 'sich auflehnen, empören' (Neh 9, 26), → שׂנא *śāne'* 'hassen' (Spr 1, 30), → נבל *nbl pi* 'verächtlich behandeln' (Jer 14, 21), → חמס *ḥms* 'gewalttätig behandeln' (Klgl 2, 6), → שׁחת *šḥt pi* 'vernichten, verderben' (Klgl 2, 6). Eindeutig theologischen Sprachgebrauch verraten die parallelen Wortverbindungen → פרר *prr hiph* + *b^erîṯ* „den Bund brechen" (Dtn 31, 20; Jer 14, 21), → עבד *'āḇad* mit Obj. *'ælohîm 'aḥerîm* „anderen Göttern dienen" (Dtn 31, 20), *zwr niph* + *'āḥôr* „sich nach rückwärts abwenden" (Jes 1, 4), *hālak* + *bišrirûṯ leb* „in der Verstocktheit des Herzens wandeln" (Jer 23, 17), und *šlk* + *'ah^arê gaw* „(das Gesetz JHWHs) hinter den Rücken werfen, nicht beachten" (Neh 9, 26; vgl. auch 1 Kön 14, 9; Ez 23, 35; mit *gew* Jes 38, 17). – Als Gegenbegriffe sind zu notieren: → שׁמר *šāmar* 'achten auf' (Spr 15, 5), → אבה *'āḇāh* 'wollen' (neg.: Spr 1, 30), *hištaḥ^awāh* (→ חוה *ḥwh*) 'sich niederwerfen' (Jes 60, 14), → אמן *'mn hiph* 'vertrauen, glauben' (neg.: Num 14, 11), schließlich *zākar b^erîṯ* 'des Bundes gedenken' (Jer 14, 21) und → בחר *bāḥar* 'erwählen' (Jer 33, 24). – An sinnverwandten Verben sind außerdem zu vergleichen: → קלל *qll pi* 'als zu leicht, verächtlich bezeichnen', *hiph* 'als verächtlich behandeln', *bwz*/*bāzah* (→ בזה) 'geringschätzen', → קלס *qls pi* 'verschmähen', *hitp* 'sich lustig machen', → גדף *gdp pi* 'lästern, schmähen', *gā'al* und → תעב *t'b pi* 'verabscheuen' sowie *sālāh qal* 'abweisen', *pi* 'verwerfen'.

II. 1. *qal* und *pi* lassen sich hinsichtlich der Grundbedeutung von *n'ṣ* nicht leicht unterscheiden. Nach Wildberger (4) wäre *n'ṣ qal* als „in seiner Bedeutung verkennen, mißachten" und *n'ṣ pi* als „mit Geringschätzung behandeln“ zu verstehen. Doch widerstreiten dieser Differenzierung die 3 Belege von *n'ṣ qal*, in denen JHWH Subjekt ist (Dtn 32, 19; Jer 14, 21; Klgl 2, 6); denn dort ist mehr als nur von einer Mißachtung die Rede. Vielmehr nähert sich hier *n'ṣ qal* nach dem Kontext fast der Bedeutung ‘preisgeben’ (Dtn 32, 19f.), ‘verstoßen’ (Jer 14, 21), ‘vernichten’ (Klgl 2, 6). Die Bedeutung des *qal* ist somit keineswegs ästimativ, sondern durchaus faktisch (vgl. Jenni 225). Dabei geht *n'ṣ qal* in seiner Bedeutung noch weit über die von Wildberger dem *pi* von *n'ṣ* zuerkannte hinaus. Als hinter *n'ṣ* (*qal* wie *pi*) stehende Grundbedeutung ist ‘herabsetzen, mißachten’ anzunehmen. – Es lassen sich (vgl. Wildberger 4f.) nur noch in zwei Bereichen Spuren profaner Verwendung der Wurzel und ihrer Derivate feststellen: Jer 33, 24 nimmt JHWH in einem Wort an Jeremia (die Stelle ist nicht authentisch) daran Anstoß, daß es Leute gibt, die sein Volk derart „(in seiner Bedeutung) herabsetzen“ (*n'ṣ qal*), daß es ihrer Auffassung nach kein Volk mehr ist. Freilich zeigt der theologische (!) Kontext (Jer 33, 24), daß jene Leute aus der vermeintlichen Erkenntnis, daß JHWH die zwei Stammesverbände „verworfen“ habe (*m's*), für sich in der Herabsetzung des Gottesvolkes die richtige Konsequenz ziehen. Hier ist auch auf den Gebrauch von *n*^{e}*'āṣāh* 2 Kön 19, 3 = Jes 37, 3 zu verweisen, wo von einem „Tag der Not, der Züchtigung und der ‘Schmach’“ die Rede ist. Schließlich ist hier der vom Verbum *'mr* (‘aussprechen’) abhängige Pl. von *næ'āṣāh* (mit Suff. *nā'āṣôṯækā*) Ez 35, 12 zu erwähnen; dort werden in einem Gotteswort Edom die ‘Schmähungen’ zum Vorwurf gemacht, die es „gegen die Berge Israels“ ausgesprochen habe.

n'ṣ qal kann somit ursprünglich hinsichtlich des Verhältnisses von Volk zu Volk ‘(in der Bedeutung) herabsetzen, verächtlich machen’ aber wohl auch ‘verächtlich behandeln’ heißen. Der oben genannte Beleg aus der EA-Korrespondenz zeigt, daß schon im vorisraelitischen Palästina akk. *na'āṣu* für abschätziges Urteilen über einen König verwandt wurde (vgl. auch die ugar. Belege in Aqht). Auf diesem Hintergrund sind die drei zuletzt diskutierten Belege von *n'ṣ qal* und Derivaten doch so zu interpretieren, daß hier das zunächst allgemein gebrauchte Verbum *nā'aṣ* insofern eine theologische Relevanz erhielt, als es nun mit dem Objekt Israel das Selbst- und Erwählungsbewußtsein dieses Volkes tangierte bzw. e contrario erhellte.

Die 3 Belege von *n'ṣ qal* im Spruchbuch lassen den anderen Verwendungsbereich der Wurzel erkennen: das Erziehungswesen bzw. die Weisheitslehre: Der Tor ‘verschmäht’ die Zucht (*mûsār*) seines Vaters (Spr 15, 5), und wer die Warnung (*tôkaḥaṯ*) der Weisheit ‘mißachtet’ (Spr 1, 30; 5, 12), muß nachher die schlimmen Folgen seines Tuns tragen. Die auf Lebenserfahrung (Spr 15, 5) gründende bzw. der Weisheit gemäße Ordnung des Lebens (Spr 1, 30; 5, 12) läßt sich nicht ungestraft ‘mißachten’. Während die babyl. Weisheitslehre in der oben genannten Babylonischen Theodizee von einer Verachtung der Pläne des Gottes spricht (Z. 79), wirken die Belege in Spr merkwürdig profan. Doch wird immerhin auch hier gefordert, daß sich der Mensch in die ihm vorgegebene Lebensordnung einzufügen hat, wie sie auch (über die Weisheit) auf Gott zurückgehen mag, wenn er nicht durch ihre Mißachtung Schaden nehmen will. Zudem erhält Spr 1, 30 dadurch besonderes Gewicht, daß hier die personifiziert gedachte, von Gott geschaffene Weisheit (vgl. Spr 8, 22) ausdrücklich vor der Mißachtung ihrer eigenen Warnung (*tôḵaḥtî*) warnt, einer Haltung, die mit Haß gegen Einsicht, Nicht-Erwählen der Gottesfurcht (Spr 1, 29) sowie mit dem Nicht-Wollen ihres Rates (Spr 1, 30) parallelisiert wird. Spätestens also Spr 1, 30 geht die zunächst profan weisheitliche Verwendung von *n'ṣ qal* in die theologische über.

Somit sind nur 4 Belege von *n'ṣ qal* (Jer 33, 24; Spr 5, 12; 15, 5), 2 von *n*^{e}*'āṣāh* (2 Kön 19, 3 = Jes 37, 3) sowie 1mal *næ'āṣāh* (Ez 35, 12) wenigstens im Ansatz profanem Sprachgebrauch zuzuweisen, wenngleich ihnen aufgrund des Kontextes durchaus schon „theologisches Gewicht“ (Wildberger 5) zukommt.

2. Nicht weniger als 21 Gesamtbelege verraten mit JHWH/Gott als Subjekt oder Objekt theologischen Sprachgebrauch. Bei Musterung der Belege fällt auf, daß *qal* fast durchweg für göttliches Subjekt reserviert ist, *pi* dagegen für göttliches Objekt (Ausnahmen: Ps 107, 11 *qal*; Jes 60, 14 *pi*), wohl kaum aus Zufall. Vielmehr drückt *qal* die „aktuelle Handlung und Entschließung“ aus, dagegen bezeichnet *pi* „als ästimativ-deklarativer Resultativ eine in irgendwelchen Handlungen ... sich äußernde Einstellung“ (Jenni 225). Wird *n'ṣ qal* bei Gott als direktem Objekt vermieden, so wird dadurch ein wirkliches Getroffensein von menschlichem *n'ṣ* ausgeschlossen und *n'ṣ* mit Hilfe des *pi* „auf die gesinnungsmäßige Absicht und Stellungnahme des Lästerers beschränkt“ (Jenni, ebd.).

a) Als ältestem noch vorexilischem Beleg von *n'ṣ qal* mit göttlichem Subjekt kommt Jer 14, 21 in einem wohl auf Jeremia selbst zurückgehenden Klagegebet des Volkes (Jer 14, 19–22) besondere Bedeutung zu. Der Inhalt der Bitte ist, JHWH möge um seines Namens willen nicht „verwerfen“ (*n'ṣ*), nicht „verächtlich behandeln“ (*nbl pi*) den Thron seiner Herrlichkeit (d. h. Jerusalem, vgl. Jer 3, 17), vielmehr seiner *b*^{e}*rîṯ* „gedenken“ (*zkr*), sie nicht „brechen“ (*prr hiph*). *n'ṣ* ist hier schon zum Synonym für *m's* (‘verwerfen’) geworden. Die Stelle setzt also den Glauben an die Erwählung (*bḥr*) wenigstens des Zion voraus. Klgl 2, 6 und wohl auch Dtn 32, 19 blicken auf die Jer 14, 21 nur befürchtete Verwerfung als bereits geschehen zurück: Die Verwerfung von Priester und König, wohl incl. der von ihnen vertretenen Institutionen, ist Klgl 2, 6 eine erschreckende Tatsache, zumal ihnen mit der Zerstörung des Tempels die (sakrale) Grundlage entzogen ist: JHWH hat seine Wohnstatt (*sukkāh*) „gewalttätig behandelt“ (*nbl pi*), seinen Festort (*mô'ed*) „zerstört (*šḥt pi*), Festtag und

Sabbat vergessen lassen" (*škḥ pi*). Dtn 32, 19 ist leider nicht ganz klar, ob „seine Söhne und Töchter" (*bānājw ûbenôṯājw*) Objekt von *nā'aṣ* oder von der adverbialen Bestimmung „aus Zorn" (*mikka'as*) abhängig ist. Im ersteren Fall handelte es sich um einen nach Dtn 32, 26–36 freilich wieder revidierten Plan JHWHs, Israel zu vernichten (vgl. Dtn 32, 20–25), im zweiten Fall nur um JHWHs Verachtung für Israels Untreue und Götzendienst (vgl. Dtn 32, 15–18). Doch erschiene letztere Reaktion wohl als zu milde. Zudem fordert der nachfolgende Kontext die erste Interpretation. Eine spätere Umstellung von *wajjiḵ'ās wajjin'aṣ* (BHS z. St.) empfiehlt sich schon wegen der Sinnparallele Klgl 2, 6 (*wajjin'āṣ beza'am 'appô* + Obj.) nicht. Wohl aber könnte ein späterer Glossator die ihm zu hart und Dtn 32, 26ff. widersprechend erscheinende Verwerfungsaussage durch eine bewußte Änderung von *b* in *m* (*beḵa'as*/*mikka'as*) entschärft haben. – Da sie sich gegen die Worte Gottes (*'imrê 'el*) „widerspenstig benommen" (*mrh hiph*) und „den Rat des Höchsten" (*'aṣaṯ 'æljôn*) „verachtet" hatten (*n'ṣ qal*), befand sich eine Gruppe von Teilnehmern an einer Dankfestliturgie einst im Gefängnis (Ps 107, 11, vgl. v. 10–14). Die indirekte (!) Mißachtung Gottes zeigt sich in dem Verächtlich-Finden seines wohl in den (ethischen?) Geboten erkennbaren Willens.

b) Von einer Miß- bzw. Verachtung Gottes bzw. des Göttlichen handeln 14 von 15 Belegen des *pi*. Die frühesten Stellen begegnen wohl bei J: Die rhetorische Frage JHWHs an Mose, wie lange ihn „dieses Volk" (*hā'ām hazzæh*) noch verachte (Num 14, 11a), und seine Drohung „Aber alle, die mich verachten (Ptz. *pi*), werden es (das Land) nicht sehen" (Num 14, 23b), beziehen sich auf die Kundschafter und jene Israeliten, die sich, durch den Bericht der ersteren entmutigt, entschlossen hatten, nach Ägypten zurückzukehren (vgl. Num 13, 31; 14, 4). Ihr Vergehen ist primär als Verächtlichmachung von JHWHs Zuverlässigkeit und Treue, als eine Art Unglaube im at.lichen Sinn zu verstehen, wie ihre Aussage in dem wohl redaktionellen v. 11b (*lo' ja'amînû*) interpretiert wird. Zur Strafe bleibt ihnen das Land vorenthalten, an dessen Verheißung sie gezweifelt hatten (Num 14, 23b). Ebenfalls jahwistisch ist Num 16, 30, wo Mose ankündigt, daß die Erde Dathan und Abiram verschlingen werde zum Zeichen, „daß diese Leute JHWH 'mißachtet' haben". Ihre Auflehnung gegen Mose (vgl. Num 16, 12–15 J) wird als Mißachtung JHWHs selbst verstanden und geahndet.

Gänzliche Verwerfung JHWHs durch Israel signalisiert *n'ṣ pi* in der dtr Gottesrede an Mose Dtn 31, 20. Hier wird *n'ṣ pi* mit der Zuwendung (*pānāh*) zu anderen Göttern, ihrem Dienst (*'āḇaḏ*) und dem Brechen des Gottesbundes (*prr hiph* + *berîṯ*, vgl. Jer 14, 21 mit göttlichem Subjekt!) parallelisiert. Der Kontext (Dtn 31, 16–22) dient der Einführung des Mose-Liedes von Dtn 32. Von diesem beeinflußt, dürfte Dtn 31, 20 die unterdessen in der Katastrophe von 586 v.Chr. schon erfahrene Verwerfung Israels durch JHWH (Dtn 32, 19 *n'ṣ qal*) mit der Verwerfung JHWHs durch Israel (*n'ṣ pi*) motivieren.

Ähnlich wie schon die Leviten Dathan und Abiram (vgl. Num 16) versündigten sich nach dtr Darstellung die priesterlichen Söhne Elis (Hofni und Pinhas) durch ihre JHWH treffende verächtliche Einstellung gegenüber ihrer eigenen priesterlichen Aufgabe: Sie 'mißachteten' die für JHWH bestimmte Opfergabe (*minḥāh*), was in JHWHs Augen eine sehr große Verfehlung darstellte (1 Sam 2, 17, vgl. 2, 29: *b'ṭ* 'verschmähen'). Die göttliche Ahndung wird ihrem Vater durch einen Gottesmann angekündigt (vgl. 1 Sam 2, 27–36); die beiden fallen im Kampf gegen die Philister (1 Sam 4, 17).

Das jesajanische Wort Jes 5, 24b faßt als redaktioneller Abschluß die Anklage der Weherufe von Jes 5 dahin zusammen, daß die Angesprochenen die (prophetische) *tôrāh* von JHWH Zebaoth 'verworfen' (*m's*) und das Wort (*'imrāh*) des Heiligen Israels 'verachtet' haben (*n'ṣ pi*). Gemeint ist wohl der Bruch des Gottesrechtes. Noch weiter geht der Vorwurf Jesajas ebenfalls in einem Weheruf (Jes 1, 4), der „das sündige Volk" des verderblichen Tuns zeiht, JHWH „verlassen" (*'āzaḇ*) und den Heiligen Israels „verachtet" zu haben (*n'ṣ pi*); die Fortsetzung „und sie haben den Rücken gekehrt" (*zwr niph* + *'āḥôr*) ist möglicherweise Glosse. Nach Wildberger (BK X 23) ist mit den parallelen Termini *'āzaḇ* und *ni'eṣ* nicht eigentlich wie später (dtn/dtr) der Abfall zu heidnischen Göttern gemeint, sondern „die Preisgabe des Lebenszusammenhangs mit JHWH ... und Verweigerung von Vertrauen und Gehorsam".

In einem Gotteswort wirft Jeremia (23, 17) den falschen Propheten vor, sie verkündeten „den Verächtern des Wortes JHWHs" (*limna'aṣê deḇar JHWH* cj., vgl. BHS) und jedem, „der in der Verstocktheit seines Herzens wandelt" (*hôleḵ bišrirûṯ libbô*), Heil.

In dem wohl gegen Ende der Exilszeit in Juda entstandenen, innere Nöte des Gottesvolkes widerspiegelnden Gebetslied des Volkes Ps 74 (vgl. H. J. Kraus, BK XV[5], 678f.) ringt der Psalmist mit dem Problem, daß der „Feind" (*'ôjeḇ*) bzw. „ein törichtes Volk" (*'am nāḇāl*) JHWHs Namen ungestraft „verachten" kann (*n'ṣ qal* || *ḥrp pi*, vv. 10. 18). Gedacht ist (→ נבל *nbl*) an solche „Menschen, die Gottes Wirksamkeit bestreiten" (Kraus 682). Die Ehre, der Name Gottes ist durch ihren Unglauben angetastet und geschmäht worden (vgl. Kraus 683). Ähnlich beklagt sich der Beter im Klageteil des nachexilischen akrostichischen Dankliedes Ps 9/10 darüber, daß der Frevler (vgl. Ps 10, 2) „den Frevel" (cj., vgl. BHS), die Gier seines Schlundes preisen, „den Gewinn" (cj., vgl. BHS) loben und JHWH „verachten" kann (Ps 10, 3), und er quält sich mit dem Problem, daß der Frevler überhaupt Gott „verachten" darf (Ps 10, 13), wobei die Gottesverachtung damit verdeutlicht wird, daß der Frevler bei sich spreche: „Du strafst nicht" (ebd.).

Selbst David muß sich 2 Sam 12, 14 von Nathan beschuldigen lassen, daß er durch seinen Ehebruch mit

Batseba und den Mord an Urija JHWH „verachtet" hat (*n'ṣ pi*, verstärkt durch Inf. abs.). MT bietet zwar als Objekt *'ôjᵉḇê JHWH*, doch liegt entweder eine frühe Glosse aus religiöser Scheu vor, um den frommen König nicht derart zu belasten (erstmals Geiger 267; vgl. GesB 478a, KBL³ 622a und die meisten Kommentare), oder *'ôjᵉḇê JHWH* ist aus dem gleichen Grunde als relativ früh eingebrachter Euphemismus zu verstehen, wie ähnlich etwa „die Feinde Davids" für „David" (1 Sam 25, 22), so Mulder. Letzterer weist (111, gegen Hertzberg, ATD 10, 258) nach, daß eine kausative Bedeutung von *n'ṣ pi* auszuschließen ist. Ebenfalls macht er auf die gleichfalls zur Vermeidung einer Blasphemie erfolgte Setzung des trennenden Paseq durch die Masoreten in Ps 10, 3. 13 aufmerksam. Es ist gut verständlich, daß fromme Kreise noch in at.licher Zeit daran Anstoß nahmen, daß der inzwischen zu einem frommen Idealkönig gewordene David sich einmal faktisch als Verächter JHWHs verhalten haben sollte. Als solchen aber traf ihn trotz seines Schuldbekenntnisses (2 Sam 12, 13) der Tod des im Ehebruch gezeugten Kindes der Batseba (2 Sam 12, 14, vgl. 12, 15–23).

In einem Heilswort über die Erneuerung Jerusalems und des Tempels (Jes 60, 10–16) kündigt Tritojesaja der Stadt Jerusalem an, daß die Söhne ihrer Unterdrücker (*bᵉnê mᵉ'annajiḵ*) zu ihr kommen und alle, die sie „verachtet" haben (*kŏl-mᵉna'ᵃṣajiḵ*), sich ihr zu Füßen legen werden (Jes 60, 14). Bedeutungsvoll ist hier der Gebrauch des *pi.* D. h., sowenig wie JHWH oder sein Name wirkungsvoll verschmäht, verworfen, verachtet werden kann (*n'ṣ pi*), sowenig ist dies bei seiner Stadt Jerusalem möglich. Sie kann nur wie JHWH selbst zeitweilig „als verächtlich behandelt" werden (*n'ṣ pi*), ohne daß dies ihrem Ansehen vor JHWH irgendwelchen Abbruch tut.

Von diesem theologischen Sprachgebrauch von *n'ṣ pi* fällt auch Licht auf die grammatikalisch schwer einordbare Partizipialform *minno'āṣ* (Jes 52, 5) im Kontext einer „Randglosse in Prosa" (Westermann, ATD 19, 200). Denkbar wäre ein Ptz. *hitpo* mit assimiliertem *t* (BLe 198g, KBL³ 622a), auch eine Mischform zwischen *po* und *hitp* (Meyer, Gramm. II 126), doch legen Parallelstellen, denen zufolge gleichfalls JHWHs Name „für verächtlich erklärt, als verächtlich behandelt" wird (Ps 74, 10. 18: *n'ṣ pi*) nahe, das Ptz. *minno'āṣ* mit Zorell, Lexicon 491a, als Ptz. *pu* (*mᵉno'āṣ*) zu lesen. MT scheint eine Verlegenheitslösung zu sein. Eine ähnliche Thematik begegnet Ez 35, 12 in einem „Erweiswort" (Zimmerli, BK XIII 857) gegen Edom (Ez 35, 10–13): Objekt der Schmähungen/Lästerungen Edoms sind die Berge Israels, ihr Inhalt: „Sie sind verödet, uns sind sie zum Fraß gegeben". Dieser Versuch der Annexion von JHWHs Land kann nicht ungestraft bleiben: Edom wird erkennen, daß Israels Gott JHWH ist und daß er die Lästerungen gehört hat (Ez 35, 12); es wird nun selbst zur Öde werden (Ez 35, 14. 15b, vgl. v. 3f.).

In einem Bußgebet (Neh 9, 6–37) findet sich 2mal die geprägte Wendung des Chronisten „und sie begingen große Schmähungen" (*wajja'ᵃśû nā'āṣôṯ gᵉḏôlôṯ*, Neh 9, 18. 26). Den Hintergrund bildet die vom Chronisten übernommene und zur Vorstellung vom gewaltsamen Geschick der Propheten weiterentwickelte dtr Geschichtsbetrachtung (vgl. O. H. Steck, Israel und das gewaltsame Geschick der Propheten, 1967, 60–64).

III. 1. In Ben Sira findet sich nur ein einziger, zudem textlich nicht ganz gesicherter Beleg von *n'ṣ*: Man solle nach einer Spende den Beschenkten (?) nicht „schmähen" (Sir 41, 22 HS B von Cairo, vgl. Jerusalem-Edition z. St.). Peters punktiert *pi*, Segal hingegen rekonstruiert („Schmähung"). LXX übersetzt μὴ ὀνείδιζε.

In den Qumran-Schriften ist das Verbum *n'ṣ* nach Ausweis der Konkordanz von Kuhn 5mal, das Subst. *nṣh*/*n'ṣ* 2mal belegt, außerdem das Verbum noch 1mal in einem apokryphen Prophetenzitat (1 Q 25, 4, 6). Noch ganz in at.lichen Sprachgebrauch ist CD 1, 2 von „allen Verächtern Gottes", 1 QS 5, 19 von „allen Verächtern seines Wortes" (*n'ṣ* Ptz., wohl *pi*) die Rede. CD 1, 3 findet sich hierzu der Parallelbegriff „verlassen" (*'zb*), 1 QS 5, 19 die parallele Wendung „seinen Bund nicht erkennen" (*l' jd' 't brjtw*). Gemeint sind die jüdischen Zeitgenossen der Qumran-Gemeinde, die deren Sonderweg nicht anerkannten bzw. womöglich verlassen hatten. Bemerkenswerterweise erscheint in 3 vermutlich auf den Lehrer der Gerechtigkeit selbst zurückgehenden Hodajot der Beter (d. h. der Lehrer) als Objekt von *n'ṣ*: 1 QH 4, 22 (|| *bzh* || *l' ḥšb*), 1 QH 7, 22 (|| *'nšj mlḥmtj*: „Männer des gegen mich [gerichteten] Kampfes" || *b'lj rjbj*: „Herren des gegen mich [gerichteten] Streites": 1 QH 7, 23). Während die erste Stelle Siegeszuversicht erkennen läßt, blickt die zweite bereits auf das durch Gottes Beistand erfolgte Scheitern der Gegner zurück. Als dritte Stelle ist 1 QH 6, 2 „mein Herz mit Schmäh[ungen]" (*lbj bn'ṣ*[*wt*]) in beschädigtem Kontext zu notieren.

Singulär ist die Aussage 1 QH 4, 12, daß Gott (*'dwnj*) jedes Vorhaben Belials „verschmäht" (*n'ṣ pi*) oder „verwirft" (*n'ṣ qal*), wobei sich unter dem Decknamen Belial wohl vom Lehrer abgefallene Feinde verbergen. Im Rahmen einer Neuinterpretation des sich ursprünglich auf Jericho beziehenden Zitats Jos 6, 26 auf Jerusalem in 4 QTest 28 heißt es, daß sie (wohl die eschatologischen Feinde der Qumran-Gemeinde: die Priester von Jerusalem [?]) Ruchlosigkeit (*ḥnwph*) im Lande und große Schmach (*nṣh* [korr. *n'ṣh*] *gdwlh*) unter den Söhnen Jakobs begehen werden (*'śh*, vgl. Neh 9, 18. 26).

2. LXX bietet ein breites Übersetzungsspektrum. Bemerkenswerterweise wird *n'ṣ pi* mit göttlichem Objekt in der Regel mit παροξύνειν 'herausfordern' wiedergegeben: Num 14, 11. 23; 16, 30; Dtn 31, 20; 2 Kön 12, 14; Ps 9, 25. 34 (= 10, 3. 13); 73(74), 10. 18: Jes 5, 24. D. h. die Schmähung, Verachtung Gottes wird als Herausforderung Gottes interpretiert (so auch Ps 107, 11: *n'ṣ qal*). Daneben finden sich

ἀθετεῖν ʿgeringschätzenʾ (1 Sam 2, 17), ἀπωθεῖσθαι ʿvon sich weisenʾ (Jer 23, 17) und παροργίζειν ʿzum Zorn herausfordernʾ (Jes 1, 4 sowie die Lesarten: 2 Sam 12, 14; Ps 9, 34 [= 10, 13]). – Die 3 Stellen, die eine Verwerfung Israels, Jerusalems und seiner Repräsentanten für möglich halten oder gar voraussetzen, sind sämtlich abgemildert: „Der Herr ereiferte sich (ἐζήλωσεν) und wurde aufgebracht (παρωξύνθη) durch Zorn gegen seine Söhne und Töchter" (Dtn 32, 19; Doppelübersetzung von MT *wajjinʾāṣ mikkaʿas*); „er reizte (παρώξυνεν) durch den Grimm seines Zornes König, Priester und Fürsten" (Klgl 2, 6), schließlich die Bitte Jer 14, 21: „Mäßige dich (κόπασον) mit Rücksicht auf deinen Namen..." – Außerdem finden sich die griechischen Äquivalente μυκτηρίζειν ʿdie Nase rümpfenʾ (Spr 1, 30), ὀνειδίζειν ʿverschmähenʾ (Sir 41, 22), ἐκκλίνειν ʿausweichenʾ (Spr 5, 12). *nʾṣ pu* (oder *hitpo*?) in Jes 52, 5 wird mit βλασφημεῖσθαι wiedergegeben, die Nomina *neʾāṣāh* (Ez 35, 12) mit βλασφημία ʿSchmähungʾ, *næʾāṣāh* mit ὀνειδισμός ʿSchandeʾ und ὀργή ʿZornʾ (Jes 37, 3; 2 Kön 19, 3: παροργισμός) sowie die pl. Formen mit παροργισμοί ʿZornestatenʾ (Neh 9, 18. 26).

Ruppert

נבט *nbṭ*

1. Etymologie – 2. Belege, Wortfeld – 3. Mit Menschen als Subj. – 4. Mit Gott als Subj. – 5.a) LXX – b) Qumran.

1. Die Etymologie ist wenig ergiebig. Arab. *nabaṭa* heißt ʿhervorquellenʾ, IV ʿans Licht bringenʾ (vgl. A. Guillaume, Abr Nahrain 3, 1961/62, 4f.), asarab. *nbṭ* heißt in der Kausativform „einen Brunnen graben, bis man Wasser findet", d. h. wohl ʿ(Wasser) aufquellen lassenʾ), in PN jedoch ʿhuldvoll anblickenʾ (RNP 2, 92), akk. *nabāṭu* ist ʿaufleuchtenʾ (AHw 697), jüd.-aram. *nebaṭ* ʿemporkommenʾ (fehlt im Syr.), ugar. *nbṭ* bedeutet nach UT Nr. 456 ʿerscheinen, zutage kommenʾ (WUS Nr. 607: *bṭ(w)* ʿschwatzenʾ). Gemeinsam scheint die Grundbedeutung ʿerscheinen, sichtbar werdenʾ zu sein, woraus sich die kausative Bedeutung des Hebr. ʿschauen, hinblickenʾ herleiten läßt.

2. Das Verb ist 67mal im *hiph* belegt; dazu kommen die Form *nibbaṭ* in Jes 5, 30, die entweder *pi* (so KBL³) oder *niph* (so Jenni, Das hebr. Piʿel 257 Anm.) sein kann; die ähnliche Stelle Jes 8, 22 hat *hiph*. *hibbîṭ* bedeutet ʿin eine bestimmte Richtung blickenʾ, ʿhinsehenʾ, ʿausschauenʾ u. ä. Bemerkenswert oft wird es mit *rāʾāh* ʿsehenʾ verbunden, z. B. 1 Sam 17, 42 *wajjabbeṭ wajjirʾæh*, etwa „als er aufschaute, erblickte er (David)", ähnlich 1 Kön 19, 6; dieselbe Konstruktion findet sich auch bei *šqp hiph*, z. B. 2 Sam 24, 20 *wajjašqep ʾarawnāh wajjarʾ ʾæṯ-hammælæḵ* „als Arauna hinblickte, sah er den König" (die Parallelstelle 1 Chr 21, 21 hat *wajjabbeṭ*); vgl. Klgl 3, 50. Andere Beispiele mit *rāʾāh* sind: Jes 42, 18; 63, 15; Ps 33, 13; 80, 15; 142, 5; Klgl 1, 12; 5, 1; vgl. auch Ps 91, 8. In anderen Fällen geht *rāʾāh* voran (Hab 1, 5; Klgl 1, 11; 2, 20; Ps 84, 10) oder steht mit *hibbîṭ* parallel (Ijob 28, 24; vgl. auch 2 Kön 3, 14; Jes 22, 8).

3. Als Subj. kommen sowohl Menschen wie Gott vor. Im ersteren Fall ist das Hinblicken ein ganz alltäglicher Vorgang, der aber gelegentlich in sinngeladenen Kontexten steht. Abraham blickt zum Himmel hinauf und zählt die Sterne; so weiß er, wie zahlreich seine Nachkommen sein werden (Gen 15, 5). Der Diener Elias hält Ausschau nach dem Meere hin und erblickt das siebente Mal eine kleine Wolke, die den Regen ankündigt (1 Kön 18, 43). Das Volk hält Ausschau nach Mose, wenn er sich auf das Eintreten ins Zelt vorbereitet (Ex 33, 8). Die Karawanen schauen nach den Bächen aus, finden sie aber leer (Ijob 6, 19). Die Frau Lots sieht hinter sich und wird zu einer Salzsäule (Gen 19, 17. 26). Die von den Schlangen Gebissenen blicken auf die eherne Schlange und werden geheilt (Num 21, 9). Als Gott Mose aus dem brennenden Busch anredet, verhüllt Mose sein Gesicht, „denn er fürchtete sich, Gott anzusehen" (Ex 3, 6; vgl. 2 Q 21, 1. 5) – denn wer Gott sieht, muß sterben (→ IV 776). Dessen ungeachtet heißt es Num 12, 8, daß JHWH mit Mose von Mund zu Mund redet (vgl. Dtn 34, 10) und daß Mose seine Gestalt (*temûnāh*) schaut, was jedoch nicht zu Ex 33, 18–23 paßt und hier vielleicht ein Zusatz ist (Noth, ATD 7 z. St.), aber als „sachgemäße Interpretation" (Noth) des nahen Umgangs des Mose mit Gott zu verstehen ist.

Die Richtung des Blickens wird oft mit *ʾæl* angegeben. Im Jona-Lied klagt der Beter, er werde nie mehr den Tempel JHWHs (anbetend?) anblicken können (Jona 2, 5). Die zu JHWH hinaufblicken, werden (vor Freude) strahlen (Ps 34, 6). Schwierig ist hier Sach 12, 10: „sie werden hinschauen auf denjenigen (MT: auf mich), den sie durchbohrt haben"; aus dem Kontext geht jedenfalls soviel hervor, daß man um den Toten jetzt bitter trauern wird, aber wer gemeint ist, bleibt dunkel. Liegt im Schauen hier auch eine Wertschätzung (vgl. u.)? Um ein festes Vorwärtsschauen ohne Seitenblicke und ohne Abbiegen zum Bösen geht es Spr 4, 25 (vgl. v. 27). Bei Jes 8, 22 ist zwar der Inhalt des Verses ziemlich eindeutig: Wenn man auf die Erde schaut, ist dort nur Not und Finsternis; aber die Einordnung des Verses in den weiteren Kontext ist schwierig.

Oft konnotiert *hibbîṭ* ein genaues Zusehen und Bemerken, z. B. Klgl 1, 12: „Kommt, ihr alle, die ihr vorübergeht, schauet und seht, ob ein Schmerz sei wie der meinige"; Hab 1, 5: „Seht hin (*reʾû*) unter die Völker und schaut (*habbîṭû*): ein Werk tue ich in euren Tagen"; Jes 42, 18: „Ihr Tauben, höret, und ihr Blinden, schauet her und sehet", d. h. gebt acht, was JHWH tun will; Ps 91, 8: „Mit eigenen Augen wirst du es schauen, sehen die Vergeltung der Gottlosen"; und etwas neutraler Num 23, 21: „Ungemach ist nicht in Jakob zu schauen, Unheil nicht in Israel zu sehen"; Jes 38, 11: „Ich dachte: Ich werde das Land der Lebenden nicht mehr sehen, keinen Menschen mehr schauen bei den Bewohnern der Welt". Hier wird *hibbîṭ* fast ein Parallelbegriff zu *rā'āh*.

In anderen Fällen wird eine Hochschätzung des Gesehenen impliziert, z. B. 1 Sam 16, 7, wo JHWH zu Samuel sagt: „Schaue nicht auf sein (Eliabs, des Bruders Davids) Aussehen und seinen hohen Wuchs", was dann folgendermaßen erläutert wird: „Denn Gott sieht (*rā'āh*) nicht auf das, worauf der Mensch sieht; der Mensch sieht auf den äußeren Schein (*be'ênajim*), JHWH aber sieht auf das Herz"; 2 Kön 3, 14, wo Elischa in einer kritischen Situation zum König von Nordisrael sagt: „Wenn ich nicht auf Joschafat, den König von Juda, Rücksicht nähme (*nāśā' pānîm*), würde ich dich nicht ansehen (*nbṭ hiph*) und beachten (*rā'āh*)", d. h. ich würde mich gar nicht um dich kümmern. In den Weherufen Jes 5, 12 wird das Volk gerügt, weil „sie das Werk JHWHs nicht beachten (*nbṭ hiph*) und das Tun seiner Hände nicht sehen". Ps 119 gebraucht *nbṭ hiph* für die gehorsame Beachtung der Thora (vv. 6. 15 und vgl. v. 18).

Jes 51, 1 f. mahnt DtJes seine Zuhörer, auf den Felsen, aus dem sie gehauen sind, und auf den Steinbruch, aus dem sie gebrochen sind, zu schauen, d. h. auf ihre Voreltern, Abraham und Sara, achtzugeben und aus ihrer Erfahrung des Segens zu lernen (→ מקבת *maqqæḇæṯ*).

Ps 92, 12 bedeutet *hibbîṭ be* genau dasselbe wie *rā'āh be*, d. h. „mit Lust sehen": „Mein Auge blickt mit Lust (Genugtuung, Triumph) auf meine Feinde".

Hab 2, 15 enthält einen Wehruf über denjenigen (den Chaldäer), „der seinen Nächsten einschenkt ... und trunken macht, um sich ihre Blöße anzuschauen". Es könnte ganz buchstäblich gemeint sein: der Großherr findet sein Vergnügen darin, seine Gäste in dieser unwürdigen Situation anzusehen. Aber wahrscheinlich hat der Spruch einen bildlichen Sinn und bezieht sich auf die entehrende Behandlung der Feinde durch die Chaldäer. Die Stelle wird in 1 QpHab 11, 2ff. auf den Lehrer der Gerechtigkeit angewandt, der vom ungerechten Priester verfolgt und „zur Zeit des Festes, während der Ruhe des Versöhnungstages" entehrt wurde. Diese Auslegung setzt die Lesart *mô'adêhæm* „ihre Feste" statt *me'ôrêhæm* „ihre Blöße" voraus.

4. Mit Gott als Subj. kommt *nbṭ hiph* entweder in Feststellungen oder in Bitten vor.

Festgestellt wird, daß Gott bis zu den Enden der Welt schaut und alles sieht (Ijob 28, 24), daß er im Laufe der Geschichte vom Himmel auf die Erde hinabgeschaut hat (*hišqîp* und *hibbîṭ*), um Klagen zu hören und Gefangene zu befreien (Ps 102, 20 f.; vgl. auch 33, 13), oder daß er von seiner „Höhe" ruhig (*šqṭ* – oder ist *sqp* zu lesen?) herabschauen und seine Zeit zum Eingreifen abwarten will (Jes 18, 4). Ein anderer Aspekt kommt Ps 104, 32 zum Ausdruck: wenn Gott auf die Erde schaut, bebt sie, wieder ein anderer in Hab 1, 13: JHWH vermag nicht auf Unrecht zu schauen; er duldet es nicht (par. *rā'āh*). Nach Jes 66, 2 schaut er denjenigen gnädig an, der einen zerschlagenen Geist hat, nach Am 5, 22 will er auf die Opfer des Volkes nicht schauen (par. *rāṣāh* 'Gefallen haben').

Die Bitten finden sich meist in den Psalmen und in Klgl. So heißt es z. B. Ps 13, 4: „Schaue zu, erhöre mich!" oder Ps 80, 15: „Gott Zebaoth, kehr doch zurück! Blicke vom Himmel und sieh, nimm dich dieses Weinstocks (d. h. Israel) an." Durch die Aufforderungen „Schaue" und „sieh" will der Dichter der Klagelieder die Aufmerksamkeit JHWHs auf die Notlage seines Volkes lenken (Klgl 1, 11; 2, 20; 3, 63; in 5, 1 auch *zeḵor*). Ähnliche Bitten finden sich Jes 63, 15: „Blicke herab (*habbeṭ*) vom Himmel und schaue (*re'eh*) von deiner heiligen, herrlichen Wohnstatt ... Halte dich nicht zurück, denn du bist unser Vater" und Jes 64, 8: „Zürne nicht zu sehr, JHWH, und gedenke (*zkr*) nicht für immer der Schuld! Blicke doch her (*habbæṭ-nā'*): wir sind alle dein Volk" (vgl. auch 4 QLam [501] 1, 5).

5. a) LXX übersetzt meist mit ἐπιβλέπειν, ἐμβλέπειν oder κατανοεῖν; daneben kommen ἀναβλέπειν, ἐπιστρέφειν u. ä. vor.

b) In Qumran begegnet *nbṭ* 16mal, vornehmlich in 1 QS und 1 QH. Es bezeichnet hier ein sehr intensives und existentielles Ausschauen des Gläubigen auf Gottes Werke (1 QS 11, 19; 1 QH 10, 20). Gott selbst tut dem Menschen erst die Augen auf, damit er „schauen" kann (1 QS 11, 3; 1 QH 18, 19). In einigen Belegen hat das Ausschauen deutlich den Charakter eines sicheren Erwartens: der Abtrünnige „schaut" Finsternis (1 QS 3, 3), der Reine „schaut" Licht des Lebens (3, 7) oder das Ewige (11, 6).

Ringgren

נָבִיא *nāḇî'*

נבא *nb' niph* und *hitp*, **נְבִיאָה** *neḇî'āh*, **נְבוּאָה** *neḇû'āh*

I. Semit. Isoglossen – 1. Das semit. Verbum *nbj/'* – 2. Nominale Ableitungen von *nbj/'* im Semit. – 3. Das denominative Verb *nb'* im Hebr. und anderen westsemit. Sprachen – 4. *neḇû'āh* mit Isoglossen – 5. *nb'* – II. „Prophetie" im alten Vorderen Orient – 1. in Mari – 2. in Kanaan – 3. Neuassyr. Prophetensprüche – 4. bei den Arabern – III. Gebrauch von *nāḇî'* und Derivaten im Hebr. – 1. bei Amos – 2. Prophetenerzählungen vor Amos – a) *nāḇî'* und *neḇî'āh* in älteren Erzählungen – b) Mose und die Väter als 'Propheten' – c) *neḇî'îm* in älteren Erzählungen – d) *benê hanneḇî'îm* – e) *nb'* in älteren Erzählungen – 3. Von Hosea bis zum Exil – a) Hosea – b) Jesaja – c) Micha – d) Jeremiabuch –

4. In der Exilszeit – a) Dtn 18,9–22 – b) DtrGW – c) Ezechiel – 5. In nachexilischer Zeit – a) Haggai und Sacharja – b) ChrGW und Dan 9 – c) Sach 13, 2–6 u. ä. – d) LXX.

Lit.: *P. R. Ackroyd*, Israel's Prophetic Tradition, Festschr. P. R. Ackroyd, Cambridge 1982. – *G. André*, Ecstatic Prophecy in the Old Testament (Scripta Instituti Donneriani Aboensis 11, Uppsala 1982, 187–200). – *D. E. Aune*, The Use of προφήτης in Josephus (JBL 101, 1982, 419–421). – *K. Baltzer*, Die Biographie der Propheten, 1975. – *G. Brunet*, Y eut-il un manteau de prophète? Études sur l' 'addèrèt (RSO 43, 1968, 145–162). – *M. Burrows*, Prophecy and the Prophets at Qumrân (Israel's Prophetic Heritage. Essays J. Muilenburg, New York 1962, 223–232). – *J. L. Crenshaw*, Prophetic Conflict (BZAW 124, 1971). – *J. B. Curtis*, A Folk Etymology of *nāḇîʾ* (VT 29, 1979, 491–493). – *M. Dietrich*, Prophetie in den Keilschrifttexten (Jahrbuch für Anthropologie und Religionsgeschichte 1, 1973 [1976], 15–44). – *W. Dietrich*, Prophetie und Geschichte. Eine redaktionsgeschichtliche Untersuchung zum dtr Geschichtswerk (FRLANT 108, 1972). – *B. Duhm*, Israels Propheten, 1916, ²1922. – *F. Ellermeier*, Prophetie in Mari und Israel, 1968. – *E. Fascher*, ΠΡΟΦΗΤΗΣ. Eine sprach- und religionsgeschichtliche Untersuchung, 1927. – *G. Fohrer*, Neuere Lit. zur at.lichen Prophetie (ThRu 19, 1951, 277–346; 20, 1952, 193–271. 295–361). – *Ders.*, Zehn Jahre Lit. zur Prophetie (ThRu 28, 1962, 1–75. 235–297. 301–374). – *Ders.*, Neue Lit. zur at.lichen Prophetie (ThRu 40, 1975, 337–377; 41, 1976, 1–12; 45, 1980, 1–39. 109–132. 193–225; 47, 1982, 105–135. 205–218). – *Ders.*, Studien zur at.lichen Prophetie (BZAW 99, 1967). – *M. Görg*, Der *Nāḇîʾ* – „Berufener" oder „Seher" (BN 17, 1982, 23–25). – *Ders.*, Weiteres zur Etymologie von *nāḇîʾ* (BN 22, 1983, 9–11). – *K. Goldammer*, Elemente des Schamanismus im AT (Ex orbe religionum. Studia Geo Widengren 2, Leiden 1972, 266–285). – *H. Gunkel*, Die Propheten, 1917. – *F. Haeussermann*, Wortempfang und Symbol in der at.lichen Prophetie (BZAW 58, 1932, bes. 3–28). – *J. G. Heintz*, Langage prophétique et „style de cour" selon ARM X et l'AT (Sem 22, 1972, 5–12). – *S. Herrmann*, Ursprung und Funktion der Prophetie im alten Israel (Rhein.-Westf. Akad. d. Wiss., Vorträge. G 208, 1976). – *A. Heschel*, The Prophets, New York 1962. – *G. Hölscher*, Die Profeten, 1914. – *J. A. Holstein*, The Case of "'*îš hā'ĕlōhîm*" Reconsidered (HUCA 48, 1977, 69–81). – *F. L. Hossfeld*, „Wahre und falsche Propheten in Israel" (BiKi 38, 1983, 139–144). – *F. L. Hossfeld / I. Meyer*, Prophet gegen Prophet, Fribourg 1973. – *A. Jepsen*, Nabi, 1934. – *J. Jeremias*, Kultprophetie und Gerichtsverkündigung in der späten Königszeit Israels (WMANT 35, 1970). – *Ders.*, נביא *nāḇîʾ* Prophet (THAT II 7–26). – *A. R. Johnson*, The Cultic Prophet in Ancient Israel, Cardiff ²1962. – *Ders.*, The Cultic Prophet and Israel's Psalmody, Cardiff 1979. – *O. Keel*, Rechttun oder Annahme des drohenden Gerichts? (BZ NF 21, 1977, 200–218). – *K. Koch*, Die Briefe „profetischen" Inhalts aus Mari (UF 4, 1972, 53–77). – *Ders.*, Die Profeten 1, 1978; 2, 1980. – *G. Lanczkowski*, Ägypt. Prophetismus im Lichte des at.lichen (ZAW 70, 1958, 31–38). – *B. Lang*, Wie wird man Prophet in Israel?, 1980. – *Ders.*, Prophetie, prophetische Zeichenhandlung und Politik in Israel (TüThQ 161, 1981, 275–280 [Lit.]). – *J. Lindblom*, Zur Frage des kanaan. Ursprungs des altisraelitischen Prophetismus (Von Ugarit nach Qumran. Festschr. O. Eißfeldt, BZAW 77, 1958, 89–104). – *Ders.*, Prophecy in Ancient Israel, Oxford und Philadelphia 1962. – *A. Malamat*, Prophetic Revelations in New Documents from Mari and the Bible (VTS 15, 1966, 207–227 = EI 8, 1967, 231–240 [hebr.]). – *R. Micheel*, Die Seher- und Prophetenüberlieferung in der Chronik (BETh 18, 1983). – *S. Mowinckel*, Psalmenstudien III: Kultprophetie und prophetische Psalmen, 1923. – *Ders.*, Prophecy and Tradition, Oslo 1947. – *B. D. Napier*, Prophet. Prophetism (IDB 3, 1962, 896–919). – *P. H. A. Neumann* (Hrsg.), Das Prophetenverständnis in der deutschsprachigen Forschung seit Heinrich Ewald (WdF 307, 1979). – *E. Noort*, Untersuchungen zum Gottesbescheid in Mari (AOAT 202, 1977) (Lit.). – *H. M. Orlinsky*, The Seer in Ancient Israel (OrAnt 4, 1965, 153–174). – *S. B. Parker*, Possession Trance and Prophecy in Pre-exilic Israel (VT 28, 1978, 271–285). – *L. Perlitt*, Mose als Prophet (EvTh 31, 1971, 588–608). – *A. Philipps*, The Ecstatics' „Father" (Words and Meanings, Festschr. D. W. Thomas, Cambridge 1968, 183–194). – *O. Plöger*, Priester und Prophet (ZAW 63, 1951, 157–192 = Aus der Spätzeit des AT, 1971, 7–42). – *J. R. Porter*, *bᵉnê hannᵉḇîʾîm* (JThSt N.S. 31, 1981, 423–429). – *G. Quell*, Wahre und falsche Propheten, 1952. – *G. von Rad*, ThAT 2: Theologie der prophetischen Überlieferungen Israels, ⁸1984. – *L. Ramlot*, Prophétisme (DBS VIII 811–1222). – *R. Rendtorff*, נָבִיא im AT (ThWNT VI, 1958, 796–813). – *Ders.*, Erwägungen zur Frühgeschichte des Prophetismus in Israel (ZThK 59, 1962, 145–167). – *G. Rinaldi*, Profetismo: gruppo di studio (RivBiblIt 11, 1963, 396–399). – *H. Ringgren* (Hrsg.), Israels profeter, Stockholm 1974. – *J. F. Ross*, Prophecy in Hamath, Israel, and Mari (HThR 63, 1970, 1–28). – *J. M. Schmidt*, Probleme der Prophetenforschung (VuF 17, 1972, 39–81). – *Ders.*, Ausgangspunkt und Ziel prophetischer Verkündigung im 8. Jh. (VuF 22, 1977, 65–82). – *Ders.*, Prophetie und Tradition. Beobachtungen zur Frühgeschichte des israelitischen Nabitums (ZThK 74, 1977, 255–272). – *W. H. Schmidt*, Zukunftsgewißheit und Gegenwartskritik. Grundzüge prophetischer Verkündigung, 1973. – *Ders.*, Prophetie (in: Neukirchener Arbeitsbücher AT, 1983, 114–146). – *A. Schmitt*, Prophetischer Gottesbescheid in Mari und Israel (BWANT 114, 1982) (Lit.). – *J. Schreiner*, „Prophet für die Völker" in der Sicht des Jer.-Buches (Ortskirche – Weltkirche. Festschr. J. Döpfner, 1973, 15–31). – *I. L. Seeligmann*, Die Auffassung von der Prophetie in der dtr. und chr. Geschichtsschreibung (mit einem Exkurs über das Buch Jer) (VTS 29, 1978, 254–284). – *A. van Selms*, CTA 32: A Prophetic Liturgy (UF 3, 1971, 235–248). – *P. Seidensticker*, Prophetensöhne, Rechabiter, Nasiräer (FrancLA 10, 1959/60, 65–119). – *S. Shaviv*, *nābîʾ* and *nāgîd* in 1 Samuel ix 1 – x 16 (VT 34, 1984, 108–113). – *O. H. Steck*, Israel und das gewaltsame Geschick der Propheten (WMANT 23, 1967). – *Ders.*, Überlieferung und Zeitgeschichte in den Elia-Erzählungen (WMANT 26, 1968). – *W. Thiel*, Die dtr. Redaktion von Jer 1–25 (WMANT 41, 1973). – *Ders.*, Die dtr. Redaktion von Jer 26–45 (WMANT 52, 1981). – *B. Uffenheimer*, *nāḇîʾ*, *nᵉḇûʾā* (EMiqr 5, 1968, 690–732). – *Ders.*, *nāḇîʾ šäqär* (ebd. 739–744). – *Ders.*, Ancient Prophecy in Israel (hebr.), Jerusalem 1973. – *P. Volz*, Prophetengestalten des AT, ²1949. – *N. Walker*, What is a *nābhîʾ*? (ZAW 73, 1961, 99f.). – *M. Weinfeld*, Mesopotamian Prophecies (Shnaton 3, 1978, 263–276). – *M. Weippert*, „Heiliger Krieg" in Israel und Assyrien (ZAW 84, 1972, 460–493). – *C. Westermann*,

Die Mari-Briefe und die Prophetie in Israel (Forschung am AT [1], ThB 24, 1964, 171–188). – *Ders.*, Grundformen prophetischer Rede, ^{5}1978. – *C. F. Whitley*, The Prophetic Achievement, London 1963. – *J. G. Williams*, The Prophetic „Father". A Brief Explanation of the Term „Sons of the Prophets" (JBL 85, 1966, 444–448). – *R. R. Wilson*, Prophecy and Ecstasy. A Reexamination (JBL 98, 1979, 321–337). – *H. W. Wolff*, Hauptprobleme at.licher Prophetie (EvTh 15, 1955, 146–168 = Gesammelte Studien zum AT, ^{2}1973, 206–231). – *Ders.*, Die eigentliche Botschaft der klassischen Propheten (Beiträge zur at.lichen Theologie. Festschr. W. Zimmerli, 1977, 547–557). – *W. Zimmerli*, Studien zur at.lichen Theologie und Prophetie (ThB 51, 1974). – *Ders.*, Der „Prophet" im Pentateuch (Studien zum Pentateuch. Festschr. W. Kornfeld, 1977, 197–211).

I. Das hebr. Verb *nb'*, welches im *niph* und *hitp* vorkommt, ist vom Nomen *nāḇî'* abgeleitet (vgl. Rendtorff, ThWNT VI 796; KBL^3 622; Jeremias, THAT II 7 u. a.); dagegen ist *nāḇî'* auf die westsemit. Wurzel *nb'*, ein verbum dicendi, zurückzuführen.

Eine Derivation aus dem Äg. (Walker, Görg) muß bei dem in einer semit. Sprachgruppe tief verwurzelten Begriff zumindest solange ausscheiden, wie eine semit. Ableitung möglich scheint; zu äg. *nbȝ* s. 1.

1. Der Grund- und Doppelungsstamm eines Verbs *nbj* (genauer *nbī*) ist mit der Bedeutung 'nennen, (be)rufen' zunächst nordsemit. im Eblaitischen und Amurr., ostsemit. im Akk. bezeugt.

Eblait. Vokabularien kennen die Äquation von sum. *pà(d)* 'nennen, (be)rufen, (ver)schwören' mit eblait. *na-ba-um* bzw. *na-*<*ba-*>*ù-um* (G. Pettinato, Testi lessicali bilingui della biblioteca L. 2769 [Materiali epigrafici di Ebla IV, Neapel 1982, 281, Nr. 725]). In Personennamen kommen finite G-Stamm-Bildungen vor wie *i-bí*+GN „GN nannte", auch Verbindungen mit sing. Pron.-Suffixen wie *ib-bí-ni* „nannte mich", *i-bí-ka*, *i-bi-su/sù* (H. P. Müller, in: [ed.] L. Cagni, Il Bilinguismo ad Ebla, Neapel 1984); eine finite D-Stamm-Bildung mit paronomastischem Inf. D liegt in der Kontextform *ù-na-ba-kà-ma na-bù-ù* / *'unabba'-ka-ma nabbu'u* / „und ich werde dich gewiß nennen" TM. 75. G. 1444 XIII 12f. vor (D. O. Edzard, Studi Eblaiti 4, 1981, 43. 53; vgl. M. Krebernik, ZA 73, 1983, 28).

In akk. Texten tritt für *nabā'um* > *nabû(m)* II das Wortzeichen SA$_4$, entsprechend sum. *sa$_4$* 'nennen' ein; die in Ebla bezeugte Äquation mit *pà(d)* ist in lexikalischen Listen aus Babylonien nur eine unter vielen (CAD s.v. *nabû* A). Der im Akk. häufig verwendete G-Stamm kann in einigen selteneren Fällen die Grundbedeutung '(be)nennen' auch zu '(das Schicksal) bestimmen' (CAD s.v. 4a) und 'schaffen' (ebd. 1b.1') abwandeln (vgl. auch AHw s.v. G I); das Mit-Namen-genannt-Sein wird zum Inbegriff des Existierens (AHw s.v. G I 1f., II 2); vgl. die Wendung *mala/ša šuma nabû* u.ä. „wessen Name immer genannt ist" für „alles, jedermann" (CAD s.v. 1b.2'c') und hebr. *qr' niph* + *šem* (Jer 44, 26; Rut 4, 14; Koh 6, 10). In PN begegnen die Syntagmen *i-bí*+GN u.ä. „GN nannte/berief" und *na-bí*+GN „ge-/benannt, berufen von GN" schon altakk. (I. J. Gelb, Materials for the Assyrian Dictionary 3, Chicago ^{2}1973, 194f.; AHw s.v. G II 1; CAD s.v. *nabû* adj. b). Daß mit dem 'Nennen' des Kindes durch die Gottheit hier, im Amurr. und in Ebla auch dessen Erschaffung gemeint ist, scheint mir trotz J. J. Stamm (AN 141) weiterhin erwägenswert. In Königsnamen wie Ibbisuen, in Königsepitheta (vgl. M.-J. Seux, Épithètes royales akkadiennes et sumériennes, Paris 1967, 175–179) oder in Kontextbildungen wie etwa Königsinschriften mit dem König als Objekt (AHw s.v. G Ia, N 2; CAD s.v. 3.7b; ferner zum Verbaladjektiv *na-bi-ù* u.ä. CAD *nabû* adj.) ist dessen Berufung zum Königtum durch die Gottheit gemeint; vgl. auch die Verbindung *nibīt*+GN 'Ernannter des GN' (AHw s.v. *nibītu[m]* 2; CAD s.v. 4; Seux 205–207), den Gebrauch von *nabû(m)* 'verordnen' mit Obj. *šarrūtu(m)* 'Königtum' o.ä. (AHw s.v. G II 4; CAD s.v. 4b) sowie den sum. Königsnamen *mès-an-né-pà-da* 'Jüngling, den An berufen hat' und die Königsepitheta mit *pà(d)* bei Seux 433–436. Seltener als der G-Stamm werden der akk. D- und N-Stamm gebraucht, ersterer in der Bedeutung 'klagen', für die CAD s.v. *nabû* B auch zwei G-Stamm-Belege anführt (vgl. *nubû* 'Wehklage' und *munambû[m]* als Bezeichnung eines Klagepriesters); der Š-Stamm bedeutet 'nennen lassen', mit offenbar nur *einem* Beleg. – *nabû(m)* ist teilweise mit *zakāru(m)* 'aussprechen, nennen, schwören' synonym und wird parallel mit ihm gebraucht.

Zu *nbj* in amurr. Personennamen vgl. APNM 236 und vor allem I. J. Gelb (Computer-Aided Analysis of Amorite [AS 21, Chicago 1980], bes. 26), wonach hier auch *nabi'um* 'Prophet' vorkomme; doch sind Bildungen wie *na-bi* (+GN) besser unterminologisch als 'ge-, berufen (von GN)' zu verstehen, soweit es nicht überhaupt akk. Bildungen sind. – Ein entsprechender, offenbar hypokoristischer Personenname *nb*['] *bn* [']*rš* kommt auch in der pun. Inschrift CIS I 451, 4 vor. Zu einem unsicheren ugar. Beleg vgl. 2.

Auf eine äg. Basis *nbȝ* mit der Bedeutung 'rasen, erregt sein' mit Belegen in medizinischer Literatur, wobei m. E. Entlehnung aus semit. *nbj/'* erwägenswert ist, macht Görg 1983 (dort weitere Lit.) aufmerksam.

Das nord- und ostsemit. bezeugte Primärverb *nbj* erscheint in der Form *nb'* auch im Westsemit. (gegen Görg 1982).

So ist der arab. I. Stamm *naba'a* 'he uttered a loud voice or sound, cried, barked' (Lane 2752f.; vgl. A. Wahrmund s.v.) ebensowenig wie der II. und IV. Stamm 'benachrichtigen' sowie der X. Stamm 'sich erkundigen' als Denominativ von *nabīj/'^{un}* 'Prophet' herzuleiten (gegen KBL^3); umgekehrt hat das arab. Primärverb *naba'a* in *naba'^{un}* 'Nachricht, Information' und *nab'at^{un}* 'schwacher Laut' nominale Ableitungen. Primär verbal ist wohl auch asarab. *tnb'* 'promise, vow (an offering to a deity)' (Beeston, DictSab 90; Biella, Dictionary 289f.), insbesondere wenn hier das bisherige Fehlen einer nominalen Ausgangsbasis auch dann nicht auf einem Zufall beruht, wenn wie im Arab. der V. Stamm oft denominativ ist, sowie äth. *naba'a* 'murmur, speak' (W. Leslau, Contributions 32).

In die Struktur- und Bedeutungskategorien der semit. Verbalbildung ist ein Primärverb *nbj* bzw. *nb'* leicht einzuordnen: seine zweikonsonantige Basis *bj* bzw. *b'* ist offenbar lautmalend für eine bestimmte Weise der Artikulation bzw. Geräuschbildung; ein Wurzelaugment *n-* ist gerade bei onomatopoetischen

Verben häufig (vgl. GAG § 102b; S. Segert, Altaram. Grammatik, 1975, § 4. 6. 3. 2. 1).

2. Eine nominale Ableitung von *nbj/'* nach *qatil*> *qatīl* begegnet in den meisten semit. Sprachen. Die Dehnungsstufe *qatīl* (*parīs*) steht dabei für substantivierte Adjektive des Typs *qatil* (*paris*; vgl. zum Akk. GAG § 55i [10]): das mit dem Stativ letztlich identische Verbaladjektiv *paris* hat schon im Akk. passivische (besser: ergativische) Bedeutung 'berufen'> 'Berufener'.

So erklärt sich akk. *nabīum*>*nabû(m)* I 'Berufener' (AHw 697b; CAD s.v. *nabû* adj.), das vor allem vom König, niemals dagegen von einem von der Gottheit berufenen Wortmittler, einem 'Propheten', gebraucht wird. Ein zum Gottesnamen erstarrtes Epithet liegt in ^{d}*Na-bi-um*, ^{d}*Na-bu-um*, ^{d}*Na-bu-ú* u.ä. für den relativ spät hervortretenden Schreiber- und Weisheitspatron 'Nabu' vor (vgl. hebr. *n^{e}ḇô* Jes 46, 1). Obwohl morphologisch ein aktivisches Verständnis als Ptz. G *nābiu(m)*>*nābu(m)* möglich ist (vgl. Stamm, AN 141. 218), liegt der Gedanke an das Verbaladjektiv mit stativisch-passivischer (ergativischer) Bedeutung auch hier sachlich näher: eine Volksetymologie der für den Wezir des Marduk gewählten Bezeichnung 'Berufener' liegt in einem sum. Attribut Nabus vor: ^{d}*Mu-du^{10}-ga-sa$_{4}$-a* bzw. Emesal ^{d}*Mu-zé-eb-ba-sa^{4}-a* 'der mit gutem Namen benannt ist' (F. Pomponio, Nabû [Studi Semitici 51, 1978, 6–8]).

Ugar. ist das Nomen *nb'* allenfalls in dem Personennamen *(bn) nb'm* (<**nb' 'm* 'Berufener [?] des [Gottes] 'Amm'; vgl. PNU 17. 39. 164), pun. in dem o.g. Personennamen *nb'* bezeugt.

Innerhalb der übrigen westsemit. Sprachen scheint die passivische (ergativische) *qatīl*-Bildung von hebr. *nāḇî'* (fem. *n^{e}ḇî'āh*) ausgegangen zu sein; sie bezeichnet dort wie in den Lehnsprachen den von Gott berufenen Mittler des Wortes im weitesten Sinne, einen Begriff, für den in den westeuropäischen Sprachen das griech. Fremdwort 'Prophet' zur Verfügung steht, dessen Gebrauch seinerseits an der Bibel orientiert ist und also, wenn wir von umgangssprachlichen und arbiträren Begriffsvariationen (etwa: 'Wetterprophet') absehen, für die Übersetzung wie kein anderer adäquat ist. Zur Syntagmatik von *nāḇî'* vgl. KBL^{3}.

Die für hebr. *nāḇî'* früher gern angenommene aktivische Grundbedeutung 'Sprecher, Verkünder' (vgl. die Lit. bei Rendtorff 796^{105}) empfiehlt sich m.E. weniger: nomina agentis von aram. Typ des Ptz. *qal* act. *qāṭil* kommen im Hebr. nicht vor; vollends sind *qatil* und *qatīl* zumindest nicht für das nomen agentis spezifisch (Beispiele Brockelmann, VG 1 § 138b; vgl. BLe § 61n$^{\alpha}$). Dagegen legt schon die Analyse von akk. *nabīum* u.ä. 'Berufener' nahe, auch zu hebr. *nāḇî'* an ein passivisches (ergativisches) Verbaladjektiv bzw. dessen Substantivierung mit der gleichen Bedeutung zu denken (so u.a. auch Jeremias und KBL^{3}), ohne daß eine Entlehnung aus dem Akk. erwogen werden müßte (gegen Rinaldi 398). Entsprechende hebr. *qatīl*-Bildungen sind *'āsîr* 'Gefangener', *bāḥîr* 'Erwählter (Gottes)', *jāḏîḏ* 'Geliebter', *māšîaḥ* 'Gesalbter (Gottes)', *nāzîr* 'Geweihter (Gottes)', *śāḵîr* 'Entlohnter' u.a. Neuerdings vermutet F. Werner (Die Wortbildung der hebr. Adjektiva, 1983, 131), daß *qatīl* im bibl. Hebr. besonders bei Substantiven (bzw. Substantivierungen) produktiv gewesen sei, während erst im Iwrith das reine Adjektiv nach *qatīl* das Substantiv überholt habe; dies würde unserem Befund entsprechen.

Semantisch ist mit einer solchen Ableitung von *nāḇî'* die Verwendung von *qr'* 'rufen' mit dem Subj. JHWH und dem Obj. des JHWH-Knechts Jes 42, 6; 49, 1 (vgl. 22, 20), Abrahams 41, 9; 51, 2, Israels Hos 11, 1; Jes 54, 6 zusammenzustellen; morphosemantisch vergleichbar ist der Pl. cstr. in *q^{e}rî'ê hā'edāh* 'die zur Versammlung Berufenen' Num 1, 16 K; 16, 2; 26, 9 Q (vgl. *q^{e}rû'ê hā'edāh* 1, 16 Q; 26, 9 K).

Zur Möglichkeit einer metonymischen Begriffsabwandlung von *nb'* in militärischer Sondersprache Lakiš 3, 20; 16, 5 vgl. vorläufig H. P. Müller, UF 2, 1970, 240–242 (Lit.).

Aus dem Hebr. einschließlich Mhebr. ist *nāḇî'* 'Prophet' in die aram. Sprachen und offenbar von dort ins Arab. und Äth. gewandert; obwohl das Primärverb *nb'* in der G-Stamm-Bedeutung in beiden Sprachen bezeugt ist, scheinen das arab. Substantiv *nabīj/'^{un}* bzw. äth. *nabīj* und deren Derivate dort jeweils nicht autochthon zu sein (vgl. Leslau 32).

3. Das seinerseits von einem nordwestsemit. Verb *nb'* abgeleitete hebr. Nomen *nāḇî'* hat dann im Hebr. wieder ein denominatives Verb im *niph* und *hitp* 'sich als *nāḇî'* betätigen, prophezeien' aus sich entlassen, wobei insbesondere das *hitp* gelegentlich den abschätzigen Sinn von 'sich als *nāḇî'* gebärden' annimmt (etwa 1 Kön 18, 29; Jer 14, 14; 29, 26f.; Ez 13, 17, anders Jer 26, 20; Ez 37, 10). – Zur Syntagmatik von *nb' niph* und *hitp* vgl. KBL^{3} 622f.; zur Streuung von *nāḇî'* und *nb'* Jeremias 7f.

Das *hitp* kommt Esra 5, 1 auch bibl.-aram. vor, ebenso in anderen aram. Dialekten; vgl. Levy, ChWb I 85; Jastrow 868. Das Syr. hat neben dem *etpa''al* ein selteneres *pa''el* gleicher Bedeutung gebildet (Levy, WTM III 323; Brockelmann, LexSyr 411).

Obwohl das Arab. auch primär verbale Bildungen von *nb'* im I.–IV. und X. Stamm kennt, liegen im V. Stamm denominative Formen mit der Bedeutung 'he arrogated to himself the gift of prophecy or office of a prophet' (Lane) vor, letzteres offenbar eine Lehnbildung nach dem Hebr. und Aram. (anders das o.g. asarab. *tnb'*); dagegen scheinen Bildungen des VII. Stamms, der hebr. *niph* entspricht, zu fehlen, offenbar weil die Entlehnung über das Aram.-Syr. erfolgte, das ein *niph* nicht kennt. Vgl. zum arab. II. und IV. Stamm auch F. Leemhuis, About the meaning of *nabba'a* and *'anba'a* in the Qur'ān (Akten des VII. Kongresses für Arabistik und Islamwissenschaft Göttingen, 15.–22. August 1974, hrsg. von A. Dietrich [Abhandlungen der Akademie der Wissenschaften in Göttingen, phil.-hist. Kl.: Folge 3, Nr. 98, 1976, 244–249]).

4. Vom Nomen *nāḇîʾ* leitet das ChrGW den term. techn. *n*^{e}*ḇûʾāh* ʿOrakelʾ (2 Chr 15, 8; Esra 6, 14 [aram.]; Neh 6, 12) bzw. ʿProphetenschriftʾ (2 Chr 9, 29) ab. Der Begriff wirkt Sir 44, 3; 46, 1. 13. 20 als Abstraktum ʿProphetentumʾ (par. *tbwntm* ʿihre Einsichtʾ 44, 3) nach, ferner in Qumran (KBL^3 s. v.) und bei reicher semantischer Entfaltung im Mhebr. (Levy, WTM III 324 f.). Das jüd.-aram. Pendant ist *n*^{e}*ḇûʾ*^{a}*ṯāʾ* ʿProphezeiung, Prophetieʾ (WTM III 325; ChWb II 85; Jastrow 867), das syr. *nḇīwūṯāʾ* ʿProphetieʾ und das arab. *nubūʾat*^{un} ʿprophecy, the gift of prophecy; office, function of a prophetʾ (Lane).

5. Keine Isoglosse zu *nbj*/ʾ ʿnennenʾ ist die im Akk. (*nambaʾu* ʿQuelleʾ), Hebr. (*nbʿ*), Arab. (*nbġ*) und Äth. gebrauchte Wurzel *nbʿ* ʿsprudelnʾ u. ä., da /ʿ/ gegenüber /ʾ/ und /ī/ different ist: der Begriff der ʿsprudelndenʾ Rede des Ekstatikers ist also in hebr. *nbʾ* etymologisch nicht angelegt (gegen W. Gesenius, Thesaurus II/2, 838a; Jastrow 868 u. a.); daß *nbʿ* auch metaphorisch vom Reden gebraucht wird (*qal* Sir 50, 27; *hiph* Ps 19, 3; 78, 2; 119, 171; 145, 7; vgl. Ps 71, 16), kann etymologisch nicht geltend gemacht werden.

II. Gehen wir vom Begriff des ʿPropheten' als eines Mittlers göttlichen Wortes aus, so finden wir prophetische Phänomene von mehr oder weniger deutlicher Konsistenz (1.) im Mari des 18. Jh. v. Chr., (2) im Kanaan des 15., 11. und 8. Jh., (3) im neuassyrischen Reich und (4.) bei den Arabern.

Die Terminologie für prophetische Gestalten im alten Vorderen Orient bietet in (1.)–(4.) allenfalls zu Nachbarbegriffen von *nāḇîʾ* Isoglossen; zu eblait. *nabiʾūtum* (Pettinato, BA 39, 1976, 49) läßt sich noch nichts sagen. Eine ausführliche Untersuchung des Wortfelds ʿProphetieʾ im Semit. und speziell Hebr. steht noch aus; kurze Übersichten bieten Rendtorff 809 f.; Jeremias 9 f. u. v. a.

Kritische Zurückhaltung scheint bei der Vermutung von Prophetie im übrigen Mesopotamien (M. Dietrich), in Ugarit (van Selms) und vor allem in Ägypten (Lanczkowski; dazu Rendtorff 801) geboten: in hochkulturellen Gesellschaften wird das Bedürfnis nach Divination weithin durch technische Mittel im weitesten Sinn abgedeckt, die die sakralen Institutionen bereitstellen. Geschichtsentwürfe, die an einer finalistisch aufgefaßten Gegenwart orientiert sind, und darin apokalyptische Denkart vorwegzunehmen scheinen (W. W. Hallo, Akkadian Apocalypses [IEJ 16, 1966, 231–242]), fallen allein deshalb noch nicht unter den Begriff der Prophetie.

1. Die Mari-Korrespondenz bezeichnet die Mittler einer Gottesbotschaft insbesondere mit dem schon altakk. belegten Terminus *maḫḫûm* > *muḫḫûm* ʿEkstatikerʾ (ARM III 40:9. 19; 78:12. 20. 27; A 455) bzw. fem. *muḫḫūtum* (ARM VI 45:9; X 50:22). Das Nomen ist als Funktionsbezeichnung nach *parras* von *maḫû(m)* ʿ(ekstatisch) rasenʾ abzuleiten, wobei die Etymologie dem in Mari bezeugten Befund entspricht: die Verwendung des N-Stamms von *maḫû(m)* für den inspiratorischen Zustand des Botschaftsvermittlers ARM X 7:7; 8:7 läßt an dessen ekstatischem Habitus wohl doch keinen Zweifel (gegen Noort 24 f.). Ob auch *kumrum* (ARM VIII 1:37–39. 44) entsprechend hebr. *kmr niph* ʿerregt werdenʾ (vgl. **komær* für einen Götzenpriester) den Ekstatiker bezeichnet, bleibt freilich offen (vgl. J. Renger, ZA 59, 1968, 219[1042]). Daneben wird *āpilu(m)* ʿBeantworterʾ, das Ptz. des G-Stamms von *apālu(m)*, in ARM X 9:6; 53:5; XIII 23:6. 16; A. 1121:24. 26. 30. 37. 41 bzw. fem. *āpiltum* in ARM X 81:4; A. 1121:30 gebraucht; die terminologische Verwendung von *āpilu(m)* und *āpiltum* für den/die ʿWeissager(in)ʾ scheint außerhalb Maris allenfalls selten zu sein (AHw 58a; CAD s. v. *apilu* A 1).

Der Gebrauch von *apālu(m)* ʿantwortenʾ für eine prophetische Verlautbarung hat an der Verwendung von hebr. → ענה *ʿānāh* für das Erteilen der göttlichen Orakelantwort auf die Klage eine Entsprechung, vgl. etwa *ʿ*^{a}*nîṯānî* ʿdu hast mir geantwortetʾ, d. h. mich erhört Ps 22, 22, dazu die Bitte *ʿ*^{a}*nenî* ʿantworte mirʾ Ps 13, 4 u. ö. sowie den Wortgebrauch im erzählenden Kontext (1 Sam 28, 6 u. ö.), wohingegen Malamat, 211–213, auch das zweite Glied in der rätselhaften Wendung *ʿer w*^{e}*ʿonæh* Mal 2, 12 mit akk. *āpilu(m)* vergleicht (ʿhe who is aroused and he who respondsʾ). Zu weiteren, mehr gelegentlichen oder zufälligen Bezeichnungen der Mari-Propheten vgl. u. a. Koch, UF 4, 76, zu altbabyl. Propheten-Bezeichnungen überhaupt Renger 219 ff., dort zu Mari 222.

Der *ekstatische* Charakter der Inspiration steht zu einem Selbstverständnis des Mittlers als *Boten* der Gottheit, wie er sich in den Legitimationselementen der Formensprache der Mari-Prophetie ausdrückt (Westermann, Forschung 1, 178 f.; Koch 62), ebensowenig im Widerspruch wie im Falle der hebr. Propheten: der ekstatische Impuls kann hier und dort in Reflexion umgesetzt und sodann vor dem Adressaten als Ich-Rede (des) Gottes artikuliert werden, wobei der „Weg" vom Impuls zur Artikulation als Folge einer Sendung (akk. *šapāru*[*m*] ARM II 90:19; III 40:13; XIII 114:11, vgl. hebr. → שלח *šālaḥ* vom Propheten Jes 6, 8; Jer 1, 7; 19, 14; 25, 15. 17; 26, 12. 15; 42, 5. 21; 43, 1 f.; Ez 2, 3 f.; 3, 6; Hag 1, 12; Sach 2, 12 f. 15; 4, 9; 6, 15 u. ö.) symbolisiert wird.

2. Der Brief Taʿannek 1 (15. Jh. v. Chr.; Erstpublikation: F. Hrozný bei E. Sellin, Tell Taʿannek [AWW Denkschr. 50/IV, 1904, 113 f.]) setzt einen *ú*$^{!}$*-baʾ/maʾ-an* ^{d}*A-ši-rat* ʿFingerʾ bzw. ʿ(Orakel spendenden) Gelehrten der Ascheraʾ (zur Lesung *ú-ma-an* W. F. Albright, BASOR 94, 1944, 18; ANET 490) voraus, wobei ein ʿZeichenʾ (*it-ta-am* 23) und ʿWortʾ (*a-wa-tam* 24) erwartet wird; Albright assoziierte zu *ummān Aširat* die (im Text freilich zweifelhaften) Aschera-Propheten 1 Kön 18, 19; zur Verbindung von beglaubigendem Zeichen und Orakel vgl. etwa Ex 3, 12; 4, 8 f. 17. 28. 30; Jes 7, 11–14, aber auch Dtn 13, 2, während Ps 74, 9 vielleicht die Deutung von Zeichen als Orakel durch den Kult-(?)Propheten im Auge hat (vgl. Ri 6, 17; 1 Sam 14, 10; Ps 86, 17).

Offenbar unterminologisch wird im Reisebericht des Wen-Amun von einem *ʿḏd ʿȝ* ʿalten (?) Mannʾ, einem Priester (?) beim Fürsten von Byblos, erzählt, daß er während des Opfers, von einem Gott ergriffen, in Raserei geriet, die die Nacht über dauerte; dabei – oder danach? – übermittelte er eine Weisung des Gottes, die das Verhalten des Fürsten korrigierte (Übersetzung von E. Edel im Anschluß an A. Scharff, ZÄS 74, 1938, 147, bei K. Galling, Textbuch zur Geschichte Israels, [3]1979, 41–48, bes. 43; Lit.).

Auf der Stele des Königs Zkr von Hamath und Lʿš ist von *ḥzjn* 'Sehern' und *ʿddn* 'Orakeldeutern (?)' die Rede, die ein formstrenges Unheilsorakel gegen dessen Feinde vermitteln, womit der Gott Bʿlšmjn auf sein Gebet 'antwortet' (KAI 202 A 13–15). Die Bezeichnung 'Seher' erinnert an den jetzt auch aus der Tinteninschrift von Deir ʿAllā als *'š ḥ[z]h 'lhn* „Mann, der die Götter schaut" bekannten Bileam (vgl. Num 24, 4. 16), der u. a. (?) ein Unheilsorakel gegen das eigene Volk ausbringt (vgl. H. P. Müller, ZAW 94, 1982, 214–244 [Lit.]). Das bislang rätselhafte *ʿdd* KAI 202 A 11 läßt an hebr. *ʿôḏeḏ*, den offenbar ad hoc erfundenen Namen eines fiktiven Propheten 2 Chr 28, 9 (vgl. 15, 1. 8 [Text?]), denken; vielleicht ist dieser Name aus einer halbvergessenen Standes- oder Funktionsbezeichnung gebildet. Ugar. Isoglossen zu aram. *ʿdd* haben Ross (*tʿdt* 'embassy' KTU 1.2, I 22. 26. 28. 30. 40 f. 44; vgl. hebr. *ʿwd hiph* 'warnen', *tʿdh* Jes 8, 16. 20 u. ä. [S. 5 ff.]) und J. Sanmartín (UF 12, 1980, 345–348) beigebracht; eine Verbindung mit ägypt. *ʿḏd* (s. Sp. 148) will A. Cody (The Phoenician Ecstatic in Wenamūn. A Professional Oracular Medium, JEA 65, 1979, 99–106) herstellen; vgl. J. Ebach / U. Rüterswörden, Göttinger Miszellen 20, 1977, 17 ff.; M. Görg, das. 23, 1977, 31 ff.

3. Die Spender neuassyr. Prophetensprüche werden in diesen als *rāgimu* (Ptz. G von *ragāmu* 'rufen'), fem. *rāgintu*, bezeichnet; nach AHw 942 ist der *rāgimu/raggimu* ähnlich dem *āpilu(m)* ein Orakelpriester. Vgl. zur neuassyr. „Prophetie" einstweilen Weippert, 471 ff., der einige „'spontane' Orakel, nämlich Träume oder den alttestamentlichen Prophetenworten vergleichbare Gottessprüche" im Zusammenhang mit „Heiligen Kriegen" der Assyrer benennt, und M. Dietrich, 38 ff., der auf die Überlieferung prophetischer Verlautbarungen sowohl in Briefen der königlichen Korrespondenz als auch auf Sammeltafeln wie IV R 68 (= ANET³, 605) hinweist, welche letztere den kleineren literarischen Einheiten, etwa Jes (6, 1 –) 7, 1–8. 18, entsprechen, auf die die Prophetenschriften zurückgehen.

4. Nicht eigentlich mehr Priester, sondern 'Wahrsager' ist der vorislamische *kāhin^un*, fem. *kāhinat^un* (vgl. *kahana* 'wahrsagen'). Seine mantische Fähigkeit scheint aus der priesterlichen Opferschau und Orakelverteilung am Heiligtum hervorgegangen zu sein; er wird auch für den Entscheid in Rechtshändeln herangezogen.
Zu *nabīj/'^un* im Qur'ān, etwa 6, 83 ff.; 33, 40, vgl. H. Speyer, Die biblischen Erzählungen im Qur'ān, [2]1961, 416–423, und Zimmerli, Studien 284–310; ferner Leemhuis, aaO.

III. 1. Für den zurückhaltenden Gebrauch, den die ältere vorexilische Schriftprophetie von *nāḇîʾ* und *nbʾ* macht, ist Am 7, 12–16 charakteristisch. Amazja redet Amos als *ḥozæh* 'Seher' an (v. 12) und verbietet ihm mit *niph* von *nbʾ*, in Israel weiter als *nāḇîʾ* aufzutreten (vv. 12 f.). Auf die Anrede kommt Amos in dem folgenden Gespräch nicht zurück, offenbar weil er sie nicht als Herausforderung empfindet. Dagegen nimmt er die Bezeichnung seiner Tätigkeit mit *nbʾ niph* zum Anlaß, seine Identität als *nāḇîʾ* 'Prophet' oder *bæn-nāḇîʾ* 'Angehöriger einer Prophetengenossenschaft' pathetisch abzuweisen (v. 14a). Sollte dabei an den Typos des Kultpropheten gedacht sein, so bestritte Amos dem Priester zugleich das (ähnlich auch Jer 29, 26 f. vorausgesetzte) Recht, ihn aus dem 'Königsheiligtum' und 'Reichstempel' zu verweisen. Da sich Amos aber vorwiegend gegen die Unterstellung wendet, aus der Prophetie seinen Lebensunterhalt zu beziehen (v. 12b) und mithin gewinnsüchtig bzw. bestechlich zu sein (zu diesem Vorwurf Mi 3, 5; Ez 13, 19), betont er in 14b seinen landwirtschaftlichen Broterwerb. Seine unter göttlichem Zwang ausgeübte prophetische Tätigkeit kann er in v. 15b wie in 3, 8 freilich selbst nur mit dem *nbʾ niph* bezeichnen.

Den Widerspruch zwischen *loʾ nāḇîʾ ʾānôḵî* 14a und dem Imp. *hinnāḇēʾ* 15b dadurch zu lösen, daß man 14a präterital faßt („ich war kein Prophet", nämlich ehe JHWH mich „wegholte"), widerrät – abgesehen von der Banalität einer solchen Aussage – der Tatbestand, daß der atemporale Nominalsatz auf eine forciert präteritale Aussage, wie sie auch in 14b nicht vorliegt und wofür *lôʾ hājîṯî* mit Prädikativ zur Verfügung gestanden hätte, keineswegs festgelegt werden kann (gegen H. H. Rowley, H. Graf Reventlow u. a.; vgl. die Lit.-Angaben bei H. W. Wolff, BK XIV/2, [2]1975, 360; ganz anders Z. Zevit, VT 25, 1975, 783–790; VT 29, 1979, 505–508, dazu Y. Hoffmann, VT 27, 1977, 209–212).

Die der folgenden Unheilsankündigung (7, 17) beigegebene Anklage (v. 16) legt Amazja den parallelen Gebrauch von *nbʾ niph* und *ntp hiph* 'triefen lassen' > '(ekstatisch) geifern' (vgl. Mi 2, 6. 11; Ez 21, 2. 7) in den Mund; der Priester soll noch einmal durch seine vornehme Abschätzigkeit gegenüber den *n^eḇîʾîm* gekennzeichnet werden, in die er Amos einbezieht.

In 2, 11 f. und 3, 7, wo neben *nbʾ niph* auch *nāḇîʾ* positivwertig gebraucht wird, liegt „dtr" Redaktion vor (W. H. Schmidt, ZAW 77, 1965, 168–193; vgl. Wolff, BK XIV/2, 137 f.). Nasiräer und *n^eḇîʾîm* sind 2, 12 Vertreter einer nomadisch-konservativen Lebensauffassung, wie sie die Israeliten der Vorexilszeit nicht zu Wort kommen lassen wollten (vgl. das „dtr" Urteil über die Rechabiten Jer 35, 13–17); trifft die „dtr" Rückschau ein Wesensmerkmal der Prophetie, so hätte diese, verspätet freilich, die Schwierigkeiten gespiegelt, die sich für die althebräische Religion aus dem Wechsel ins agrarisch-urbane Milieu und die höhere kanaanäische Zivilisation mit ihrer hierarchischen Gesellschaftsordnung ergab.

2. Wir schauen von diesen relativ sicher datierbaren Texten zunächst rückwärts auf literarisch z. T. jüngere Prophetenerzählungen, die aber von der Zeit vor Amos handeln.

a) Noch stärker als die Bezeichnung der ʿRichterinʾ Debora als *ʾiššāh neḇîʾāh* ʿprophetische Frauʾ (Ri 4, 4; vgl. *ʾîš nāḇîʾ* 6, 8 dtr), die neben dem kriegerischen Charisma des Barak immerhin das des Sieg ankündigenden, zum Kampf anspornenden Wortes vertritt (4, 6f. 9. 14), beruht die Benennung der Mirjam als *neḇîʾāh* (Ex 15, 20) eher auf einer Aufweichung des *nāḇîʾ*-Begriffs, der freilich Hochschätzung ausdrückt.

Letzteres gilt auch, wenn es 1 Sam 3, 20 von Samuel heißt, daß er *næʾæmān* ... *lenāḇîʾ leJHWH* „Prophet für JHWH (zu sein) gewürdigt" ist; vgl. 2 Chr 35, 18; Sir 46, 13(15)20. Sonst fehlt die Bezeichnung *nāḇîʾ* für Samuel; lediglich wird er 1 Sam 19, 22–24, innerhalb einer verhältnismäßig jungen Erzählung, für eine *neḇîʾîm*-Gruppe als Führer in Anspruch genommen. Dagegen heißt er in der sagenhaften Erzählung von Sauls Eselssuche ein *ʾîš (hā)ʾælohîm* ʿGottesmannʾ (9, 6–8. 10). In der folgenden Szene mit den Mädchen am Brunnen erscheint er als zunächst anonymer *roʾæh* ʿSeherʾ (11f.), als der er sich auch in 18f. Saul zu erkennen gibt (vgl. zu Samuel als ʿSeherʾ 1 Chr 9, 22; 26, 28; 29, 29). Merkwürdigerweise gleicht v. 9 dann zwischen den Termini *nāḇîʾ* und *roʾæh* aus, obwohl im Kontext (vv. 1–9) *ʾîš (hā)ʾælohîm* und auch im Folgetext (11–21) *roʾæh* erscheint; Curtis will in v. 7 freilich eine Volksetymologie zu *nāḇîʾ* finden. – Umgekehrt wird Gad 2 Sam 24, 11; 1 Chr 21, 9 (vgl. *ḥozeh-hammælæḵ* 2 Chr 29, 25) offenbar terminologisch genauer als *ḥozeh dāwiḏ* ʿSeher Davidsʾ bezeichnet, während die seinem Namen beigefügte Apposition *hannāḇîʾ* ohne Genitiverweiterung 1 Sam 22, 5 und vor allem 2 Sam 24, 11, wo diese im vorliegenden dtr redigierten Text redundant vor *ḥozeh dāwiḏ* steht, wieder der aufgeweichtere Begriff ist. Als fixierte Apposition wird *hannāḇîʾ* von der (einer?) dtr Redaktion – auch mit dem Namen Natans verbunden (2 Sam 7, 2; 12, 25; 1 Kön 1, 8. 18. 22ff. 32. 34. 38. 44f.; vgl. Ps 51, 2), obwohl dessen Rolle allenfalls 2 Sam 7, 2 „prophetisch" ist, ferner mit dem Namen Ahijas (1 Kön 11, 29; 14, 2. 18) und Jehus (16, 7. 12).

Elija nennt sich 1 Kön 18, 22 *nāḇîʾ leJHWH*; als solcher ist er in der Verfolgung ʿallein übriggebliebenʾ gegenüber 450 Baʿalspropheten (vgl. 19, 10). Darum auch fügt der Dtr(P?) in v. 36 dem Namen Elijas das Attribut *hannāḇîʾ* „der (wahre) Prophet" bei (vgl. ὁ προφήτης 1 Kön 17, 1 LXX mit Ausnahme der Lukian-Rezension, ferner zu Elija als eschatologischer Figur Mal 3, 23). Ähnlich ist der konnotative Gehalt der Bezeichnung *nāḇîʾ bejiśrāʾel* „Prophet in Israel" (2 Kön 5, 8 dtr; vgl. 6, 12) oder *hannāḇîʾ ʾašær bešomerôn* „der Prophet in Samaria" im Munde einer verschleppten israelitischen Sklavin in bezug auf Elischa (5, 3); vgl. Elischas Berufung *lenāḇîʾ* (1 Kön 19, 16, ferner 2 Kön 3, 11; 5, 13; 9, 1. 4). Häufiger wird Elischa freilich *ʾîš (hā)ʾælohîm* ʿGottesmannʾ genannt; von ihm wurde dieser Titel mit den entsprechenden Wundertätermotiven auf Elija übertragen (1 Kön 17, 18. 24; 2 Kön 1, 9–13). – Einen anonymen *nāḇîʾ* als Übermittler einer Siegesankündigung, der nach deren Erfüllung einen militärischen Rat gibt, kennt 1 Kön 20, 13. 22. Das feindliche Gegenüber des Unheil ankündigenden *nāḇîʾ leJHWH* Micha ben Jimla und der 400 Hof- und Heilspropheten des ʿKönigs Israelsʾ setzt 1 Kön 22, 6. 10. 12f. voraus; zu vv. 19–23 s. 2.c.

Anonym ist auch der alte *nāḇîʾ* von Bet-El in der Legende 1 Kön 13 (zu Analyse und Zeitansatz E. Würthwein, ATD 11/1, 168ff.), der einen ebenfalls anonymen, von J. Wellhausen (Die Composition des Hexateuch, ³1899, 277f.), O. Eißfeldt u.a. mit Amos identifizierten *ʾîš (hā)ʾælohîm* aus Juda zuerst unter lügenhafter Berufung auf einen *malʾāḵ* und den *deḇar JHWH* auf verbotenen Weg lockt (v. 18), um ihm dann auf frischer Tat Unheil anzukündigen, das natürlich eintrifft, so daß die Legende als Grabätiologie fungieren kann (vgl. 2 Kön 23, 16–18). Dabei werden die Bezeichnungen *ʾîš (hā)ʾælohîm* einerseits und *nāḇîʾ* andererseits streng auf die beiden Handlungsträger verteilt; lediglich in der Anrede *gam-ʾanî nāḇîʾ kāmôḵā* „auch ich bin ein Prophet wie du" an den ʿGottesmannʾ (v. 18a) mag man eine Durchbrechung dieses Prinzips sehen. Liegt also verhaltene Polemik gegen das Gottesmännertum vor, falls es sich dabei überhaupt um eine spezifische Funktion oder einen institutionellen Stand handelte (anders zuletzt Holstein)? Grundsätzlich wird freilich zugestanden, daß auch der ʿGottesmannʾ *biḏḇar JHWH* „auf Geheiß JHWHs" auftritt (v. 1), womit der Konflikt der Funktionsträger in die Gottheit verlegt zu werden scheint. Undeutlich ist auch, ob es sich bei dem „Sohn" (v. 11, Text?) und den „Söhnen" des *nāḇîʾ* (vv. 12f. 27. 31), der in v. 11 als ihr „Vater" bezeichnet wird, um seine Kinder oder um Jünger handelt (vgl. zum *ʾāḇ* einer Prophetengruppe 1 Sam 10, 12 [s. 2.c]; 2 Kön 2, 12; 6, 21, dazu Williams und Philipps).

b) Gelegentlich wird schon Mose als *nāḇîʾ* kategorisiert. Die älteste Schicht seiner Berufungserzählung Ex 3, 1–4a*. 5. 7f*. 16f*., deren Zugehörigkeit zum ursprünglichen Jahwisten freilich M. Noth, ÜPt 32[103] u.ö., in Zweifel gezogen hat (vgl. aber das vorsichtige Urteil L. Schmidts [EvTh 37, 1977, 233–236]), setzt für Mose eine Prophetenfunktion voraus: er empfängt ein typisches Heilsorakel (vv. 7f.; vgl. zur Form C. Westermann, Der Weg der Verheißung durch das AT [Forschung am AT 2, ThB 55, 1974, 230–249, bes. 231ff.]) mit dem Befehl, es weiterzugeben (vv. 16f.); da eindeutige historische Gründe für seine prophetische Kategorisierung nicht beizubringen sind (vgl. Perlitt), fragt sich, welchem geschichtlichen Anschauungsstoff der Verfasser des Textes sein Prophetenbild verdankt. Ein relativ altes Verständnis Moses als *nāḇîʾ* bezeugt auch Hos 12, 14, wo offenbar wie in Ex 3, 4b. 6. 9–14(15) E an einen politisch wirksamen Propheten vom Typ Elischas gedacht ist.

Der sowohl überlieferungsgeschichtlich als auch literarkritisch schwer festzulegende Spruch Num 12, 6–8a (mit v. 8b als Verknüpfung zu seinem sekundären Kontext) stellt Mose über die *neḇîʾîm*: zu ihm redet JHWH nicht nur durch Visionen und Träume (v. 6) und also „in

Rätseln", sondern „von Mund zu Mund" (v. 8aα; vgl. „von Angesicht zu Angesicht" Ex 33, 11; Dtn 34, 10b), wobei er nach v. 8aβ (Zusatz?) „die Gestalt JHWHs schaut"; so ist er JHWHs „Knecht" (vv. 7a. 8b; vgl. Dtr[N?]: Dtn 3, 24; 34, 5; Jos 1, 1f. 7. 13. 15; 1 Kön 8, 53. 56; 2 Kön 21, 8, ferner Ps 105, 26; Mal 3, 22), mit dessen „ganzem Hause betraut" und darin „als zuverlässig (*næ'^{æ}mān*) bewährt" (v. 7b, vgl. zu Samuel 1 Sam 3, 20b). Aber das terminologische Instrumentarium scheint bereits untauglich: das Reden „in Rätseln", d. h. in symbolischen Visionen oder Träumen, ist für Wahrträume charakteristisch (Gen 37; 40f.; Ri 7, 13f.; Dan 2; 4), nicht aber für die *n^{e}bî'îm*. Zum Prototypen aller Propheten wird Mose Dtn 18, 15. 18 (Dtr[N?] s. 4. a); doch stellt nach Dtn 34, 10a der Prototyp seine Stiftung ähnlich wie in Num 12, 6–8a wieder in den Schatten. Die junge Szene Num 11, 14–17. 24b–25. 30 (zum relativen Zeitansatz vgl. Wellhausen, Composition 99f.; M. Noth, ATD 7, 41982, 75) legitimiert '70 Älteste' zu einem nicht genau bezeichneten Führungsamt (vgl. dagegen deren Kultfunktion Ex 24, 9–11 bzw. Richterrollen Ex 18, 13–26; Dtn 1, 9–18): sie bekommen Anteil an dem auf Mose ruhenden 'Geist' und geraten in Ekstase (*nb' hitp* Num 11, 25–27). Der Abschnitt vv. 26–29 über zwei mitbetroffene, weil inskribierte (v. 26aβ Glosse?) Außenseiter ist noch einmal eine Textwucherung (Hossfeld/Meyer 19–21); v. 29 bezeichnet die Rasenden als *n^{e}bî'îm*.

Späte Begriffserweiterung liegt vor, wenn Abraham als *nābî'* Gen 20, 7 E, Aaron sogar als *nābî'* des Mose Ex 7, 1 P (vgl. 4, 16) bezeichnet wird; Ps 105, 15 nennt die Väter Israels 'Gesalbte' und 'Propheten' JHWHs. Schließlich wird selbst David, der schon im DtrGW JHWHs 'Knecht' heißt (s. 4. b), zum *'îš hā'^{æ}lohîm* Neh 12, 36 und Mittler einer in Psalmen niedergelegten *n^{e}bû'āh* 11 QPs^{a} = DJD 4, 92:11.

c) Der Plural *n^{e}bî'îm* wird in zwei parallelen Erzählungen für Saul begegnende Prophetengruppen (*ḥæbæl n^{e}bî'îm* 1 Sam 10, 5. 10; *lah^{a}qat* [?] *hann^{e}bî'îm* 19, 20) gebraucht, die Saul ebenso wie dessen Boten jeweils mit ihrer Ekstase anstecken (10, 6. 10; 19, 20f. 23f.). Die Erzählungen sollen einen Maschal erklären, der Saul unter verächtliche Leute einreiht (10, 11f.; 19, 24); 19, 23f. kolportiert dazu degoutante Umstände. Verächtlich wären die *n^{e}bî'îm* selbst insbesondere dann, wenn wir die *bāmāh* in *gib'at hā'^{æ}lohîm*, von der sie nach 10, 5 mit den Requisiten ihrer Raserei herabkommen sollen, als kanaanäische Opferhöhe verstehen müssen; die zweite Erzählung spielt, vielleicht bezeichnenderweise, *b^{e}nāwî/ôt* (?) in Rama, wo David sakrales Asyl gewährt wird (19, 19). Aber 10, 5ff. macht die Annahme kanaanäischer bzw. kanaanaisierender Kultprophetie wieder unwahrscheinlich: hier soll umgekehrt die Ätiologie des Maschal verwendet werden, um Saul als einen mit dem Geist JHWHs begabten Mann darzustellen (V. Maag, ThZ 13, 1957, 454 = Jahwe und sein Volk, 1979, 40; vgl. auch J. Sturdy, VT 20, 1970, 206–213). – Unmotiviert und den Zusammenhang störend wird in 10, 12a nach dem 'Vater', d. i. dem Führer der Prophetengruppe, gefragt, obwohl nur in 19, 19ff. eine Führergestalt erwähnt ist.

Neben 'Träumen' und den *'ûrîm* erscheinen *(han)n^{e}bî'îm* 1 Sam 28, 6 (15) als Medien einer nun freilich ausbleibenden (Orakel-)Antwort JHWHs; das Ausbleiben der Divination (vgl. 1 Sam 3, 1b) gilt dabei als Zeichen des Sich-Entziehens Gottes.

Zu den Verfolgten Ahabs und Isebels, wobei besonders die letztere gegenüber den Vertretern des Ausschließlichkeitsanspruchs JHWHs eine Antiheldenrolle verwirklicht (vgl. Steck, Überlieferung; U. Winter, Frau und Göttin, Fribourg 1983, 577–588), zählen in den Elijalegenden die *n^{e}bî'ê JHWH* (1 Kön 18, 4. 13, vgl. 19, 1. 10, ferner 2 Kön 9, 7 Dtr[P?]); der allein übriggebliebene Elija 1 Kön 18, 22 (19, 10; s. 2. a) paßt freilich schlecht zu den 100 von Obadja geretteten Propheten (18, 4. 13), so daß G. Hentschel die Verse 3b. 4. 12b. 13(14) für sekundär eingefügt hält (Die Eliaerzählungen, 1977, 67–69). – Dem oder den JHWH-Propheten stehen als Antigruppe die 450 angeblich von Isebel unterhaltenen *n^{e}bî'ê habba'al* gegenüber (vv. 19. 22. 25. 40, vgl. *hann^{e}bî'îm* v. 20), neben denen sich die ganz isolierten '400 Ascherapropheten' von v. 19 wohl sogar erst der Textgeschichte verdanken (vgl. Wellhausen, Composition 279[1] u.v.a.).

Das Bild der *n^{e}bî'ê habba'al* in 1 Kön 18, 19ff. ließe am ehesten an kanaanäische Kultpropheten denken, wenn es nicht auf die Schwarz-Weiß-Malerei zurückginge, die zur Dynamik der Legende gehört; 2 Kön 10, 19 stehen „allen Ba'alspropheten" generalisierend *köl-'ob^{e}dājw* „alle seine Verehrer" (Text?) und „alle seine Priester" gegenüber, was dem Bild der Ba'alspropheten zumindest dann seine Spezifizität nimmt, wenn der Zyklus der Elijalegenden 1 Kön 17f. (19) die Jehurevolution voraussetzt (R. Smend, VT 25, 1975, 540) und der allerdings überlieferungsgeschichtlich sekundäre Vers 1 Kön 18, 40 (vgl. E. Würthwein, ZThK 59, 1962, 134) einfach die Ausrottung des gesamten Ba'alspersonals 2 Kön 10, (14) 18–24 legitimieren soll.

Von einem *rûaḥ šæqær* 'Lügengeist' aus JHWHs Thronrat erfüllt sind nach 1 Kön 22, 19–22(23), einem judäischen Einschub in eine in sich wohl schon uneinheitliche nordisraelitische Erzählung (vgl. E. Würthwein, Festschr. L. Rost, 1967, 245–254, bes. 252; Hossfeld/Meyer 32–34; anders H. Schweizer, BZ 23, 1979, 1–19), die 400 Heils- und Hofpropheten des „Königs Israels", der in v. 20 von Dtr(P?) als Ahab identifiziert wird. Von ihnen wird der „König Israels" in ähnlicher Weise betrogen wie der „Gottesmann" 1 Kön 13 von einem *nābî'* JHWHs.

Die Beratungsszene im Thronrat JHWHs hat eine bis in die sum. Königssage zurückreichende Vorgeschichte (vgl. H. P. Müller, ZNW 54, 1963, 254–267; VTS 26, 1974, 25–54, bes. 29ff., → סוד *sôd*; zur Funktion ähnlicher Motive in mündlicher Literatur A. B. Lord, Der Sänger erzählt, 1965, 107ff.). Das Mythologem dient dazu, das Gegenüber wahrer und falscher JHWH-Propheten aus einem providentiellen Gerichtsbeschluß JHWHs abzuleiten; das dabei unterlaufende Motiv des göttlichen Betruges projiziert einen Widerspruch der Beziehung des Menschen zu seiner religiösen und gesellschaftlichen Umwelt in die Gottheit. Das irreführende

Orakel erfüllt sich, obgleich der „König Israels" seinerseits sein Schicksal durch Verkleidung zu hintergehen sucht (vv. 30ff.). – Sachlich ähnlich ist Ilias II 1ff., wonach Zeus, da er im Streit der Götter keinen anderen Rat weiß, Agamemnon durch einen als entsandte Person vorgestellten „täuschenden Traum" in einen aussichtslosen Kampf schickt.

d) Die plur. Wendung *b^e nê hann^e bî'îm* 'Prophetensöhne, Angehörige einer Prophetengenossenschaft' (vgl. *bæn-nābî'* Am 7, 14) wird 2 Kön 2, 3 – 9, 7 passim für den Kreis um Elischa gebraucht, der „vor" seinem Meister sitzt und Tischgemeinschaft pflegt (4, 38). Dessen Gegensatz zu den Hofpropheten nordisraelitischer Könige klingt 3, 13 an. Die Mitglieder des Kreises haben Frauen (4, 1ff.); unter ihnen sind *n^e 'ārîm* (5, 22), davon einer als *na'ar hannābî'* „Diener" des Elischa (9, 4). Während Propheten schon früher in Gruppen (1 Sam 10; 19), ja Massen (1 Kön 18; 22) auftraten, zeigt das Aufkommen einer neuen Kollektivbezeichnung, daß sie jetzt eng verbundene Genossenschaften bilden.
Als *'îš 'æḥād mibb^e nê hann^e bî'îm* erscheint in 1 Kön 20, 35, einer mit 1 Kön 13 verwandten späten Legende, ein Unheilsprophet, der den „König Israels", nach vv. 2. 13f. dtr (DtrP?, so W. Dietrich 121) wieder Ahab, mittels einer Beispielerzählung (vgl. dazu 2 Sam 12, 1ff.; 14, 5ff.; Jes 5, 1–7) zwingt, sich sein eigenes Urteil zu sprechen; nach einer Demaskierung seiner Augen- und Stirnpartie, die vorher verbunden war, um den Eindruck unmittelbarer Rückkehr vom Schlachtfeld zu vermitteln, erkennt ihn der König als *mehann^e bî'îm* '(einen) von den Propheten' (v. 41) – vielleicht an einer Stirnglatze (dazu Jer 9, 25; 25, 23; 49, 32; vgl. aber auch das Verbot Lev 19, 27; 21, 5) oder vielmehr an einem tätowierten (?) *tāw* auf der Stirn (dazu Ez 9, 4. 6, ferner *zikkārôn bên 'ênækā* Ex 13, 9 dtr; vgl. B. Stade, ZAW 14, 1894, 301; Lindblom, Prophecy 67f.).

e) Das *niph* von *nb'* wird im vor-dtr Bestand von 1 Sam und 1 Kön nur dreimal gebraucht: sein Ptz. bezeichnet mit einer ambivalenten Wertung, die durch das Spottwort 1 Sam 10, 11f.; 19, 24 auf Saul ausgedehnt wird, in 10, 11; 19, 20 das Bestehen des ekstatischen Zustands; ebenfalls das Ptz. meint 1 Kön 22, 12 das offenbar fortgesetzte ekstatische Reden. Zur häufigen Zurückführung der Ekstase auf *rûaḥ JHWH* bzw. *rûaḥ 'ælohîm* „göttlichen Geist" (etwa 1 Sam 10, 6. 10) vgl. schon die Äquation von sum. [lú]*an-ni-ba-tu* „one who has been entered by a divine power" mit akk. *eššebû* als Bezeichnung eines ekstatischen Priesters, die ihrerseits mit *maḫḫû* (s. II. 1.) gleichgesetzt wird (CAD E, 371).
Dagegen ist das *hitp* in der Frühzeit relativ häufig. Die Szenen 1 Sam 10, 5ff.; 19, 20ff. verwenden das Ptz. (10, 5) für das Bestehen des ekstatischen Zustands in der Gruppe und den Narrativ (bzw. das anknüpfende perf. cons.) ingressiv für das In-Ekstase-Geraten Sauls (10, 10 bzw. v. 6) oder der von ihm ausgesandten Boten (19, 20f.); ebenfalls mit *nb' hitp* wird 18, 10 das (depressive?) Toben Sauls unter *rûaḥ 'ælohîm rā'āh* „einem bösen göttlichen Geist" bezeichnet. Mit vorangehendem *wajjelæk hālôk* „während er dahinzog" meint 19, 23 der Narrativ des *nb' hitp* (gegen Inf. Targ-f, Syr) das Agieren im ekstatischen Zustand, wogegen *waj^e kal mehitnabbôt* 10, 13 dessen Abklingen im Auge hat. Ausgesprochen abschätzig im Sinne von 'sich (fortdauernd) als *nābî'* gebärden' ist der Narrativ mit folgender Zeitangabe 1 Kön 18, 29. Wie das Ptz. *niph* 1 Kön 22, 12, so bezeichnet das Ptz. *hitp* in v. 10 das fortgesetzte ekstatische Reden von falschen Heilspropheten (vgl. aber auch Schweizer 11), ohne daß dessen Abwertung in der Wahl der Verbform zum Ausdruck käme; denn im gleichen Text wird das verneinte Imperf. des *hitp* auf den rechtgeleiteten Propheten angewendet, der dem „König Israels" fortgesetzt „nichts Gutes, sondern nur Unheil weissagt" (vv. 8. 18). Positivwertig wird *nb' hitp* Num 11, 25–27 (s. 2. b) gebraucht, wobei der Narrativ wieder für die ingressive (vv. 25f.), das Ptz. für die durative oder zuständliche Aktionsart (v. 27) vorbehalten scheint.

3. a) Anders als Amos sieht Hosea sich in Kontinuität zu früheren „Propheten", durch deren Unheil bewirkendes Wort JHWH sein Volk erschlug und tötete (Hos 6, 5), nachdem er vergeblich zu (?) ihnen (*'al*[!]*-hann^e bî'îm*) gesprochen, ihre „Schauung (*ḥāzôn*) vermehrt" und „durch sie (das Künftige) abgebildet hatte" (*'^a dammæh* von *dmh* I, 12, 11). Die Heilsgeschichte Israels begann ja bereits mit dem prophetischen Mose (12, 14; s. 2. b) und setzt sich seither offenbar durch Unheils- und Umkehrprophetie fort. Wenn dem „Wächter Ephraims", den die Glosse 9, 8 richtig als *nābî'* identifiziert (vgl. Jer 6, 17; Ez 3, 17; 33, 2. 6f.), Fallen drohen, so bezeichnet die Klage darüber den Anfang eines prophetischen Selbstverständnisses als im Auftrag JHWHs Leidender. An einer positivwertigen Verwendung des Begriffs *nābî'* kann Hosea auch der Tatbestand nicht hindern, daß Gegner den *nābî'*, der auch als *'îš hārûaḥ* „Mann des (ekstatischen) Geistes" bezeichnet wird, als *'^æ wîl* 'Toren', ja als *m^e šuggā'* 'verrückt' diffamieren (9, 7; vgl. 2 Kön 9, 11; Jer 29, 26); offenbar besteht für ekstatische Kraftmobilisierungen in einer lange Zeit ungefährdeten Gesellschaft, die keine Vitalitätsreserven für den Existenzkampf zu mobilisieren brauchte, weder Bedarf noch Sinnbewußtsein, so daß ekstatische Phänomene tatsächlich ins Pathologische entarteten. Hosea weiß den Spott der Gegner zu neutralisieren: die „Schuld" und „Anfeindung" der Spötter bringt den Propheten um den Verstand (v. 7b). – Daß der (gegnerische) Prophet wie der Priester unter JHWHs Gericht strauchele, mag erst ein judäischer Glossator zu 4, 5 ergänzt haben (H. W. Wolff, BK XIV/1[3], XXVII 88. 95; vgl. W. Rudolph, KAT XIII/1, 96f., J. Jeremias, ATD 24/1, 1983, 63. 66).

b) Jesaja nennt sich trotz der Bezeichnung seiner Frau als *n^e bî'āh* (8, 3) niemals *nābî'*. Den *nābî'* und *qosem* 'Orakler' (s. 3. c) trifft mit anderen Funktionären Jerusalems und Judas die Unheilsankündigung

3, 1–3 (vgl. den Zusatz 9, 14); O. Kaiser, der im übrigen die Prophetie des Jesaja jetzt als Falsifikat aus dem 5. Jh. v. Chr. erklärt, weist die Worte *wᵉnāḇî'* *wᵉqosem* einem Glossator zu (ATD 17, ⁵1981, 25. 76). „Priester und Prophet" verfallen beim Opfermahl dem Rausch, was letztere bei der 'Schauung' (l. *bāro'āh*), erstere bei der priestergerichtlichen 'Entscheidung' (l. *biplîlijjāh*) behinderte (28, 7). Dagegen solidarisiert sich Jes mit *ro'îm* und *ḥozîm* 'Sehern', denen die Ausrichtung einer authentischen Botschaft verboten wird 30, 10f., worin wiederum Kaiser, schon in ATD 18, 1973, 233f., ein Stück späterer Prophetentheologie vermutete (vgl. Am 2, 12b „dtr"). Die Wertungen des Propheten- und Sehertums erinnern dagegen an die Abweisung der *nāḇî'*-Bezeichnung bei gleichzeitigem Durchgehen-Lassen der Anrede *ḥozæh* bei Amos (7, 12ff.), von dessen „Schule" Jesaja insbesondere in seiner Frühzeit beeinflußt zu sein scheint (vgl. R. Fey, Amos und Jesaja, WMANT 12, 1963). – Die Jesajalegende verwendet wie andere Prophetenerzählungen die Apposition *hannāḇî'* zum Namen (37, 2; 38, 1; 39, 3; vgl. 2 Kön 19, 2; 20, 1. 11. 14).

c) Als erster bringt Micha ein Unheilsorakel gegen die Gruppe der *nᵉḇî'îm* aus (3, 5–8; vgl. 2, 6–11); diese stehen auch in 3, 9–12 mit anderen Honoratioren unter der Gerichtsdrohung: ihnen wird Bestechlichkeit (v. 5) und oberflächliches JHWH-Vertrauen (v. 11) vorgeworfen (vgl. Ez 13, 19), und zwar in v. 11 zusammen mit den Priestern (vgl. Zef 3, 4), wobei die Tätigkeit der *nᵉḇî'îm* durch die Wurzel → קסם *qsm* mit technischen Orakeln verbunden zu sein scheint (zur Verbindung von *qsm* mit dem Losorakel vgl. Ez 21, 26f., zur Verbindung von *kohᵃnîm* und *qosᵉmîm* 1 Sam 6, 2, von *nᵉḇî'îm* und *qosᵉmîm* Jes 3, 2; Jer 27, 9; 29, 8 „dtr"; Ez 22, 28); die Unheilsankündigung Mi 3, 6 sagt das Ende von 'Schauung' (*ḥāzôn*) und 'Orakelspende' (*qᵉsom*) überhaupt an (vgl. *haḥozîm* || *haqqosᵉmîm* v. 7). Zu dem schon Am 7, 16 für abschätzig verbotene unheilsprophetische Verkündigung gebrauchten *nṭp hiph* vgl. Mi 2, 6. 11. – Das Verbum *nb'* fehlt bei Hos, Jes und Mi.

d) Erstmals im Jeremiabuch, in dem *nāḇî'* und *nb'* häufiger als in allen anderen Prophetenschriften verwendet werden, führt die Auseinandersetzung mit gegnerischen *nᵉḇî'îm* (bes. 14, 13–16; 23, 9–32 [–40]) zu Ansätzen einer eigentlichen Reflexion über die Funktion Jeremias als *nāḇî'*, wobei ältere Motive prophetischer Selbstverständigung gesammelt und weitergeführt werden.

Die in Unheilsorakeln gegen *nᵉḇî'îm* gerichteten Vorwürfe sind z. T. die schon früher erhobenen: oberflächlich beruhigende Heilsankündigungen (4, 10; 5, 12f., dazu „dtr": 14, 13; 23, 17; 27, 9f. 14. 16; 28, 9 und wahrscheinlich 37, 19), die die notwendige Umkehr ausbleiben lassen (23, 22b „dtr") und darum „diesem Volk" ebensowenig nutzen wie ihre Urheber (v. 32b „dtr"); Gewinnstreben, das (wie beim Priester) zum „Betrug" führt (6, 13; 8, 10 [zu *šæqær* in Verbindung mit *nāḇî'* und Derivaten 5, 31; dazu „dtr": 14, 14; 23, 25f. 32; 27, 10. 14–16; 29, 9. 21. 31b]); unsittliches Verhalten (23, 14f.; 29, 23) u. a. Neu ist die im Gegensatz zu 1 Kön 22, 19–23 unumwundene Bestreitung ihres Gesandt-Seins durch JHWH, ja einer ihnen widerfahrenen Offenbarung Jer 23, 21 (dazu „dtr": 14, 14f.; 23, 32; 29, 31 [entgegen v. 15]); sie haben nicht in der „Ratsversammlung JHWHs gestanden" 23, 22 (dazu „dtr" v. 18), obwohl ihnen v. 30 vorzuwerfen scheint, daß sie aneinander zu Plagiatoren von JHWH-Worten werden. Ihre Offenbarungsquelle ist der Traum (23, 25f., dazu „dtr": vv. 27f.; 29, 8f.). Rationalistisch wird ihr Reden auf „Betrug" (23, 26, dazu „dtr": 14, 14) bzw. „das Gesicht ihres Herzens" (23, 16) geradezu zurückgeführt (vgl. Ez 13, 2). Dagegen scheint das „Prophezeien" *babba'al* „im Namen Ba'als" der Vergangenheit anzugehören (2, 8; 23, 13). – So richtet sich an die *nᵉḇî'îm* der Herausforderungsruf JHWHs (23, 30ff.), wie sie auch zuvor schon das Schwert gefressen hat (2, 30). Die Unheilsbotschaft gilt den Priestern und ihnen (*minnāḇî' wᵉ'aḏ kohen* 6, 13; 8, 10, dazu 14, 18; 23, 11 und die Glosse 2, 26b, ferner Zef 3, 4), wobei sich andere Gruppen, speziell Honoratiorenbezeichnungen zu diesen gesellen können (4, 9; 13, 13; 26, 7; 29, 1, dazu „dtr": 8, 1; 32, 32, ferner 23, 33f.; vgl. das Zitat unerschütterter Gegnergruppen 18, 18); hier wie Jes 28, 7; Mi 3, 11 weist das häufige Nacheinander von „Priestern" und „Propheten" wohl auf Kultprophetie (vgl. *nb' niph* mit priesterlichem Subjekt Jer 20, 6 „dtr"; ferner 2 Kön 23, 2; Klgl 2, 20; Neh 9, 32).

Priester und *nᵉḇî'îm* treten 26, 11. 16 als Gegner im Prozeß gegen Jeremia auf (vgl. sonst zur Behinderung seiner Tätigkeit 11, 21; 29, 26f.; 32, 3; 37, 21). Die Apposition *hannāḇî'* zum Namen Jeremias begegnet ab 20, 2 gehäuft in der sog. Baruch-Biographie, als sollte Jeremias Prophetentum immer wieder als Ursache und zugleich Skandal seines Martyriums bezeichnet werden (ferner außerhalb der Baruch-Biographie 29, 29; 32, 2 und 25, 2; 29, 1; 34, 6); in Kap. 28 wird neben Jeremia (vv. 5f. 10–12. 15) aber auch Hananja mit dieser Apposition versehen (vv. 1. 5. 10. 15 [!]. 17).

Die singuläre Selbstbezeichnung Jeremias als *nāḇî' laggôjim* 'Prophet für die Völker' (1, 5) findet außer in *'al haggôjim wᵉ'al-hammamlāḵôṯ* v. 10 (und ähnlich 15f.) durch 25, 13; 28, 8 eine Deutung, wo jeweils an Völkerweissagungen gedacht ist und so Jeremias Kontinuität mit den früheren Propheten („die seit eh vor mir und vor dir waren" 28, 8a) unterstrichen wird. Die Kontinuität mit den seit dem Auszug aus Ägypten gesandten *nᵉḇî'îm* JHWHs, die zugleich *'ᵃḇāḏaj* „meine (scil. JHWHs) Knechte" heißen, betont „Dtr" 7, 25f. u. ö.

4. a) Nach dem Prophetengesetz Dtn 18, 9–22 in seinem jetzt vorliegenden, (mehrfach?) dtr redigierten Textbestand bildet ein *nāḇî'* wie Mose vv. 15. 18 (DtrN?) die Positivalternative zu den in vv. 10f. verbotenen Mantikern und Magiern. Der nicht durch einen Befehl JHWHs (vgl. *ṣwh pi* positiv v. 18) legi-

timierte 'Prophet' soll nach v. 20 sterben (vgl. Jer 14, 15 „dtr"); das gleiche gilt auch nach Dtn 13, 2. 4. 6 von einem „Propheten oder Träumer" (vgl. Jer 23, 25–28 [dazu „dtr": v. 32; 27, 9]), der zum Dienst an „anderen Göttern" aufruft. Sonst gilt als Kriterium echter Prophetie das Eintreffen (*hājāh, bô'*) des Angekündigten (Dtn 18, 22; vgl. 1 Sam 9, 6a, zur Heilsprophetie Jer 5, 13; 28, 9, zur Unheilsprophetie Ez 33, 33; Sach 1, 6), mit der wichtigen Einschränkung Dtn 13, 2ff. Falsche Prophetie wird auf Vermessenheit zurückgeführt (*jāzîḏ* 18, 20, *zāḏôn* v. 22), und zwar offenbar auch Unheilsprophetie, wie die Glosse *lo' tāḡûr mimmænnû* „fürchte dich nicht vor ihm" v. 22bβ zeigt.

b) Im DtrGW bzw. dessen prophetisch und nomistisch orientierten Redaktionsschichten (DtrP, DtrN; vgl. besonders W. Dietrich und R. Smend, Die Entstehung des AT, [3]1984, 122f.) wird entsprechend Dtn 18, 22 die genaue Übereinstimmung von prophetischer Ankündigung und Erfüllung betont (u.a. 1 Kön 14, 18; 16, 12; 2 Kön 14, 25, wo die Prophetennamen wieder mit der Apposition *hannāḇî'* erscheinen; vgl. zur Sache 2 Kön 17, 23). Wie schon Mose (s. 2. b) neben David häufig JHWHs Knecht heißt, so empfangen auch die Propheten, die eine lückenlose Reihe bilden, das Attribut *ʿaḇāḏaj* bzw. *ʿaḇāḏājw* 2 Kön 9, 7; 17, 13. 23; 21, 10; 24, 2 (vgl. *ʿaḇdô* o.ä. 1 Kön 14, 18; 15, 29; 18, 36; 2 Kön 14, 25); oft waren sie Verfolgte (2 Kön 9, 7, vgl. ferner Steck, Israel 110ff.). Unheilsankündigungen sind zunächst, anders als bei Amos (4, 6–12; 8, 2; 9, 1), als Umkehrforderungen gemeint, die das Gericht JHWHs in verbo vorwegnehmen, um es in re zu erübrigen (Beispiele: 2 Sam 12, 13f.; 1 Kön 21, 27–29; 2 Kön 22, 15–20): dazu sandte JHWH schon nach Ri 6, 7–10 einen *'îš nāḇî'* (vgl. die Rolle des Engels 2, 1–5) – vergeblich freilich, wie auch später immer, was 2 Kön 17, 13–23; 24, 2 mit formelhafter Verwendung des Pl. *hannᵉḇî'îm* u.ä. rückblickend zusammenfaßt. Maßstab der Theodizee bei der prophetischen Deutung der Unheilsgeschichte Israels ist die dtn Thora, für deren gleichzeitige Drohung und Verheißung die beiden Orakel der „Prophetin Hulda" 2 Kön 22, 16f. 18–20 (vgl. zur Drohung v. 13) bezeichnend sind.

Zur Zuweisung von Versteilen dieser Orakel an DtrP und DtrN bei W. Dietrich 55–59 und VT 27, 1977, 25–29 vgl. E. Würthwein, ZThK 73, 1976, 404f., M. Rose, ZAW 89, 1977, 54–57 und, mit reziproker Überschätzung der Einheit des vorliegenden Textes, H.-D. Hoffmann, Reform und Reformen (AThANT 66, 1980) 170–180.

Das Verb *nb'* fehlt in den redaktionellen Stücken des DtrGW – anders als in „dtr" Jer-Texten und Am 2, 12 „dtr".

c) Die Auseinandersetzung mit gegnerischen *nᵉḇî'îm* erfolgt im Ezechielbuch wieder in einem eigens an diese gerichteten Unheilsorakel, Kap. 13; das Paradox, daß Prophet gegen Prophet steht, ist hier bereits im einleitenden Befehl fixiert: „Menschensohn, prophezeie gegen die Propheten, die 'aus ihrem (eigenen) Herzen' prophezeien" (v. 2 cj.); die prophetischen Gegner „wandeln (?) nach ihrem Sinn und ohne daß sie etwas geschaut hätten" (v. 3). Offenbar nehmen die „Töchter (des) Volkes" in Anspruch, sich nach dem eigenen Herzen als Prophetinnen gebärden (*nb' hitp*) zu können (v. 17). An eine Normalfunktion des Propheten als Umkehrprediger, der das Gericht durch dessen Ankündigung verhindern sollte, denkt wohl der Vorwurf in v. 5; „Nichtigkeit" und „Lüge" prophetischen Schauens und Redens (vv. 6–8), d. h. die falsche Heilsankündigung (v. 16), wirken angesichts der tatsächlichen Lage wie Tünche auf einer rissigen (?) Mauer, die bei Unwetter die Gefahr vermehrt (vv. 10–15; vgl. 22, 28; Klgl 2, 14). Ez 13, 17–21 weist magische Ambitionen und Gewinnsucht einer von den Frauen offenbar für einzelne Auftraggeber betriebenen Prophetie auf. – Gegenwärtig redet JHWH nicht zu den Propheten (Ez 22, 28), so daß man „Offenbarung" (*ḥāzôn*) bei ihnen genauso vergeblich sucht wie Weisung beim Priester und Rat beim Ältesten (Ez 7, 26 als Oppositum zu dem, was Jer 18, 18 zitiert; vgl. Klgl 2, 9; Ps 74, 9). Wenn ein Prophet dennoch einen *dāḇār* spendet, so hat JHWH ihn „betört" (Ez 14, 9): der Prophet muß wie der Fragesteller (*doreš*) seinen *ʿāwon* tragen (v. 10; vgl. zur Schuld von Propheten und Priestern Klgl 4, 13); denn JHWH gibt nun unmittelbare Antwort (Ez 14, 4. 9) – nämlich im Gericht.

Dennoch nimmt Ez für sich in Anspruch, von JHWH berufener *nāḇî'* zu sein: stößt er jetzt auf taube Ohren, so werden die Israeliten doch nach dem Eintreffen des angekündigten Gerichts „erkennen, daß ein *nāḇî'* unter ihnen war" (2, 5; 33, 33; vgl. 1 Kön 18, 36; 2 Kön 5, 8 Dtr[P?]); ja, Ezechiel versteht sich als warnender *ṣopæh* 'Späher' für das „Haus Israel" (Ez 3, 17; 33, 2. 6f., vgl. Jer 6, 17), als wäre das Unvermeidliche durch seine Wachsamkeit doch am einzelnen Menschen noch verhinderbar, wobei Ez 3, 18–21 und 33, 2–9 sogar eine Strafkasuistik entwerfen.

Auffällig häufig begegnet der Imp. *niph hinnāḇe'* formelhaft in den reich entfalteten Einleitungen einzelner Redestücke (Ez 6, 2 et passim, vgl. perf. cons. 4, 7): die Wiederholung soll einer zunehmenden Legitimationsschwäche prophetischen Redens begegnen. – Daß sich Ez auf *rûaḥ* „den Geist" bzw. *jaḏ JHWH* „die Hand JHWHs" beruft (11, 4f.; 37, 1), daß er erstarrt (4, 7f.) und entrückt wird (37, 1), hat etwas Archaisch-Schamanenhaftes, das das Pathologische nicht scheut; traditionalistisch aber war auch die Einstellung der Adressaten, wenn bei ihnen für solche Erscheinungen Bedarf bestanden hat. In 21, 19 ist JHWHs Weissagungsbefehl mit der Aufforderung zum magischen In-die-Hände-Klatschen verbunden (zur magischen Wirksamkeit des 'Prophezeiens' vgl. 11, 13; 37, 7ff. und das Aussprechen der Weissagung in Blickrichtung auf deren Adressaten 6, 2; 13, 17; 21, 2. 7 u.ö., insbesondere 4, 7).

In Kontinuität zu früheren Prophezeiungen sieht die „Fortschreibung" der Gog-Weissagung 38, 17 in einer dtr klingenden Wendung eben diese Ankündigung; Apokalyptisches deutet sich an, wenn Weissagungen *l^{e}jāmîm rabbîm* und *l^{e}ʿittîm r^{e}ḥôqôṯ*, d. h. auf eine unabsehbare Zukunft, bezogen werden (12, 27).

nāḇîʾ und Derivate fehlen Ez 40–48, bei Deutero- und bei „Trito"-Jesaja.

5. a) Bei Hag und Sach wird, wie oft in Prophetenerzählungen, die Apposition *hannāḇîʾ* formelhaft mit dem Namen des Propheten verbunden (Hag 1, 3. 12; 2, 1. 10; Sach 1, 7; vgl. die Überschriften Hab 1, 1; 3, 1; Hag 1, 1; Sach 1, 1 [Ps 51, 2]). – Allein Sach zeigt auch andere Verwendungen der Wurzel. Seine Auffassung von der vergeblichen Sendung der vorexilischen Unheilspropheten als Umkehrprediger 1, 4–6; 7, 7. 12 entspricht DtrGW; erst jetzt, nach dem Gericht, antworten die Betroffenen mit einer Doxologie (1, 6b), nehmen sie Priester und Propheten für rituelle Weisungen in Anspruch (7, 3) und hören deren Trostbotschaft (8, 9), die sich von der Verkündigung der „früheren Propheten" 7, 12 abhebt.

b) Das ChrGW versteht die vorexilischen Propheten ebenfalls wie DtrGW als Umkehrprediger: finden sie Gehör, so erübrigt sich die Erfüllung ihrer Unheilsankündigungen wenigstens teilweise (2 Chr 12, 5ff.; 15, 1ff.; 28, 9ff.; vgl. 33, 10–13); meist aber bleibt die Buße aus (20, 37; 21, 12ff.; 24, 20; 36, 12), und der Prophet erleidet ein gewaltsames Geschick (24, 21). Den gesetzmäßigen Zusammenhang zwischen der Abweisung der Propheten und unheilbar entbrennendem Gotteszorn bezeichnen die rückblikkenden Zusammenfassungen 2 Chr 36, 16 und Neh 9, 26ff. Sind die Propheten schon als Umkehrprediger wie im DtrGW Exegeten der Thora, so werden sie Esra 9, 10f., wo sie wieder JHWHs „Knechte" heißen, geradezu die Geber der „Gebote" (ähnlich 1 QS 1, 3; 8, 15f. und vielleicht CD 5, 21; 6, 1a). Die von König Joschafat 2 Chr 20, 20 im Interesse eines zu bestehenden Krieges ausgesprochene Glaubensforderung (*ʾmn hiph*) bezieht sich in gleicher Weise auf JHWH wie auf sie (vgl. *ʾmn niph* mit Subj. *nbjʾjk* Sir 36, 16). – Die Stifterrolle einer mit Hag und Sach einsetzenden nachexilischen Prophetie beim Bau des zweiten Tempels betonen Esra 5, 1f.; 6, 14 (1 Esra 6, 1; 7, 3 LXX). Andererseits mag es das Absinken älterer Kultprophetie zu einem levitischen Tempelmusikantentum spiegeln, wenn das kultische Musizieren 1 Chr 25, 1–3 als *nbʾ* bezeichnet wird und Natan 2 Chr 29, 25 als Stifter der Tempelmusik erscheint. Nach Neh 6, 7 wird Nehemia von seinen Feinden unterstellt, er habe 'Propheten' gedungen, die ihn als (messianischen?) Thronprätendenten proklamieren sollen. Er selbst spricht vv. 10ff. von einem gedungenen „Orakel" (*n^{e}ḇûʾāh*) ihn im Auftrag derselben Gegner ängstigender „Propheten", darunter einer Frau (v. 14); dabei wird der prophetische Hauptgegner Nehemias, Schemaja, als *ʿāṣûr* „(durch Verbot?) verhindert" (vgl. Jer 36, 5) oder „in ekstatischer Starre" (vgl. LXX: συνεχόμενος), allenfalls auch „in (einer Art) Klausur" (vgl. *næʿṣār* 1 Sam 21, 8) bezeichnet (v. 10). – Die Schriften namentlich genannter „Propheten" (*diḇrê-*... 1 Chr 29, 29; 2 Chr 9, 29; 12, 15; 26, 22; 32, 32; *n^{e}ḇûʾaṯ ʾ^{a}ḥijjāh* ... *ḥ^{a}zôṯ jæʿdî* [K] *haḥozæh* 9, 29, *miḏraš hannāḇîʾ ʿiddô* 13, 22) gelten als Geschichtsquellen; zur Schriftlichkeit von Prophetie vgl. 2 Chr 21, 12. – Zur Forschungsgeschichte D. Mathias, Die Geschichte der Chronikforschung im 19. Jh. unter bes. Berücksichtigung der exegetischen Behandlung der Prophetennachrichten des chrGW, Diss. theol. Leipzig 1977; Selbstbericht ThLZ 105, 1980, 474f.

Dan 9 sucht die Gegenwart als eschatologische Besiegelung von *ḥāzôn w^{e}nāḇîʾ* (v. 24) mit Jer 25, 11f.; 29, 10 als dictum probatum (Dan 9, 2) zu interpretieren (ähnlich 1 QpHab 7, 8); die Rolle von *ʿ^{a}ḇāḏæ̂kā hann^{e}ḇîʾîm* (vv. 6. 10, vgl. 1 QpHab 2, 9; 7, 5) ist die aus ChrGW bekannte. Außerhalb von Kap. 9 begegnen *nāḇîʾ* und Derivate im Buch Dan nicht. – Zitierende Auslegungen einzelner Prophetensprüche im Blick auf eine endzeitlich verstandene Gegenwart finden sich auch 4 QFlor 1, 15f. (dazu A. Laubscher, JNWSL 6, 1978, 25–31); vgl. CD 4, 13f.; 7, 10ff.; 19, 7, wo die Auslegung dicta probantia für neue eschatologische Ankündigungen, z. T. ex eventu, beisteuert.

Zum Gebrauch von προφήτης in 1, 2, 4 Makk, Sir LXX, Tob und Weish vgl. Fascher 144–148, zu Philo, Josephus und den Rabbinen ebd. 152–164, zu Josephus auch Aune und W. C. van Unnik, Flavius Josephus als historischer Schriftsteller, 1978, 41–54.

c) Sach 13, 2–6 verkündet für eine eschatologische Zukunft in Jerusalem das Ende einer ihrer Sonderstellung bewußten Prophetie, welche völliger Verachtung anheimgefallen ist. Tritt dennoch ein solcher Prophet auf, so werden ihn seine Eltern dem in Dtn 13, 6; 18, 20 verordneten Tod überliefern (v. 3); was einst den Propheten auszeichnete, die Visionen und das archaische Fellkleid (dazu 1 Kön 19, 13. 19; 2 Kön 1, 8; 2, 8. 13f.; vgl. aber auch Brunet), wird nun Schande bringen (v. 4); für die aus ekstatischer Raserei verbliebenen Wundmale wird man die schmählichste Schutzbehauptung in Kauf nehmen (v. 6).

Wäre in Sach 13, 2–6 an *jede* Prophetie gedacht, so dürfte sich der Verfasser des vorliegenden Wortes wie der in v. 5 übertreibend zitierte Amos selbst nicht als Prophet verstanden haben: es wäre endgültig offenbar geworden, daß jede prophetische Erregung sich aus Funktionsverlust in selbstgefälliger Prätention erschöpfte. Da v. 2 die *n^{e}ḇîʾîm* im engeren Zusammenhang mit dem „Geist der Unreinheit", in weiterem Zusammenhang mit Götzendienst (vgl. 1 QH 4, 15f.; CD 6, 1b) nennt, könnte man aber auch auf wiederbelebtes kanaanaisierendes Ekstatikertum schließen; vgl. die Selbstverletzung 1 Kön 18, 28f. Aber wann hätte es ein so manifestes Eindringen paganen Enthusiasmus', der sich gar nach Sach 13, 3 auf JHWH beriefe, in der nachexilischen Kultgemeinde gegeben? – Danach hätte man wohl davon auszugehen, daß der „Geist der Unreinheit" (v. 2) in Opposition zu dem über die künftigen Davididen und alle Jerusalemer ausgeschütteten „Geist der Gnade und des Flehens“ (12,10aα; vgl. Ez 36,26f.; 39,29; 1 QH 7,6f.) steht (W. Rudolph, KAT XIII/4, 228, u.a.). Sach 13,2–6 bildet dann eine Gegensatzentsprechung zu der Joël 3,1f. angekündeten Geistausschüttung „über alles Fleisch“, wonach *ganz Israel* die Gabe der Prophetie empfängt, es einen *begrenzten* prophetischen Personenkreis, dazu noch mit exorbitanten Verhaltensformen, also nicht mehr geben darf. In die eschatologische Gleichheitsutopie mag sich nomistischer Rationalismus mischen, dem schwärmerische Selbstdarstellungen als *šæqær* bzw. *kaḥeš* ʻLügeʼ erscheint (Sach 13,3f., vgl. LXX zu *n^e^bî'îm* 2; doch hat LXX auch im Jer-Buch ψευδοπροφήτης für *nāḇî'* [Rendtorff, ThWNT VI 813]).

Der nach Mal 3,23f. vor dem eschatologischen JHWH-Tag wiederkehrende „Prophet Elija“ soll als (erneut an einer Thora des Mose orientierender) Umkehrprediger in Israel ein religiöses Generationenproblem lösen und so den „Bann“ an ihm erübrigen, also das vollbringen, was nach DtrGW und ChrGW den vorexilischen Propheten mißlang. Die Qumrangemeinde erwartet das Kommen eines eschatologischen *nāḇî'* vor dem Erscheinen der *mšjḥj 'hrwn wjśr'l* „Gesalbten Aarons und Israels“, d.h. eines priesterlichen und eines königlichen Messias (1 QS 9, 11).

nāḇî' und Derivate fehlen in der gesamten Weisheitsliteratur mit Ausnahme Sir's (*nbj'* 36,16; 48,1.8.; 49,7.10; *nbw'h* ʻProphetentumʼ 44,3; 46,1.13.20, fast nur im Lob der Väter). Im Psalter finden sich lediglich drei Belege: 51,2 (Überschrift); 74,9; 105,15. Ps 74,9 läßt auf Kultprophetie schließen.

d) LXX übersetzt *nāḇî'* mit προφήτης; zu ψευδοπροφήτης vgl. c). Doch tritt προφήτης in den Chronikbüchern auch für *ḥozæh*, *ro'æh* und einmal für *mal'āḵ* (2 Chr 36,15) ein; dazu *ro'æh* = προφήτης Jes 30,10. Für *n^e^ḇî'āh* steht προφῆτις, für *nb'* προφητεύειν, für *n^e^ḇû'āh* προφητεία. Vgl. zum einzelnen Fascher 102–152, Rendtorff 812f.

H.-P. Müller

נָבֵל I *nāḇel* I

נְבֵלָה *n^e^ḇelāh*, נֹבֶלֶת *noḇælæṯ*

I. 1. Etymologie und Bedeutung – 2. Verteilung und Diachronie – 3. Wortfeld – 4. Syntax – 5. LXX – II. Das Verb – 1. im uneigentlichen Sinne – 2. im eigentlichen Sinne – III. Verwendung der Nomina – 1. Menschliche *n^e^ḇelāh* – 2. Dtn 21,22f. – 3. Jes 26,19 – 4. At.liche Bestimmungen im Umgang mit tierischer *n^e^ḇelāh* – IV. Qumran.

Lit.: *J. Blau*, Über homonyme und angeblich homonyme Wurzeln II (VT 7, 1957, 98–102, bes. 99). – *M. Dahood*, Congruity of Metaphors (VTS 16, 1967, 40–49). – *E. Dhorme*, L'emploi métaphorique des noms de parties du corps en hébreu et en akkadien, Paris 1923 (= 1963). – *G. Gerleman*, Der Nicht-Mensch. Erwägungen zur hebräischen Wurzel *nbl* (VT 24, 1974, 147–158). – *A. Guillaume*, Hebrew and Arabic Lexicography (AbrNahrain 2, 1960/61, 5–35, bes. 24f.). – *P. Joüon*, Verbe נָבֵל *defluere* (Bibl 5, 1924, 356f.). – *Ders.*, Racine נבל au sens de *bas*, *vil*, *ignoble* (Bibl 5, 1924, 357–361). – *G. Rinaldi*, *nebēlâ* Dt 28,26 (BietOr 22, 1980, 30). – *W. M. W. Roth*, NBL (VT 10, 1960, 394–409).

I. 1. Da unsere Wurzel außerhalb des Hebräischen nicht sicher nachzuweisen ist – akk. Belege sind der hebr. Wurzel *npl* (→ נפל) zuzuordnen (gegen Roth) –, gestaltet sich die Frage nach der Etymologie äußerst schwierig. Die Vielzahl der Lösungsversuche läßt sich auf zwei Grundmuster konzentrieren:

a) Man nimmt eine einzige Wurzel *nbl* an, die sich semantisch in ein *nāḇel* I ʻwelkenʼ und in ein *nāḇal* II ʻtöricht seinʼ hinein differenziert habe (Barth, König, Caspari, Zorell, Caquot, Gerleman; mit Fragezeichen Joüon, Roth und KBL[2.3]). Als semantische Eigenwertigkeit des Etymons nennt man ʻwelkenʼ > ʻtöricht seinʼ (ältere Lexikographie); mit Hinweis auf akk. *nabālu* ʻherausbrechenʼ (Roth; mit v. Soden, AHw abzulehnen!) oder ʻfallenʼ (→ נפל *nāpal*, Caquot, RHR 155, 1959, 1–16) oder ʻnicht sein/werdenʼ (*bl* + Wurzelaugment *n*, Gerleman).

b) Da sich nur auf gekünstelte Weise (vgl. Gesenius, Thesaurus s.v.) eine semantische Verbindung von *nbl I* und *nbl II* konstruieren läßt, hat die Annahme zweier selbständiger homonymer Wurzeln *nbl I* ʻwelkenʼ und *nbl II* ʻtöricht seinʼ (Sæbø, Marböck → נבל II) die größte Wahrscheinlichkeit für sich. Gelegentlich vorgetragene etymologische Nachfragen (z.B. Guillaume 24f.: *n^e^ḇelāh* < arab. *nabala* ʻPfeile schießenʼ [Wehr, Arab.Wb 836], VIII ʻgetötet werden, sterbenʼ) sind solange kein Zugewinn, als nicht neue altorientalische Belege ausgewertet werden können.

2. Das Verb *nāḇel* begegnet 19mal im AT mit besonderer Dichte im Jes-Buch (11mal), 3mal in den Psalmen, 2mal im Pentateuch und je 1mal im DtrGW, Jer und Ez. Die Diachronie der Belege ist mit einigen Unsicherheiten behaftet, erscheint jedoch generell lösbar. Die ältesten Belege könnten in die frühe Königszeit zurückreichen (Ps 18,46 = 2 Sam 22,45), sind aber textkritisch nicht einwandfrei. Semantisch eigenartig sind die beiden elohistischen Belege (Ex 18,18). Die vielen Belege im Jes-Buch sind nur z.T. authentisch. Auf Jesaja selbst gehen die Belege Jes 1,30; 28,1.4 zurück, während die Belege 40,7.8 exilisch, Jes 34,4 (3mal); 64,5 nachexilisch und Jes 24,4 (2mal) weit nachexilisch sind. Jer 8,13 ist in der Zeit Jojakims (um 605) gesprochen worden; Ez 47,12 gehört zur 1. Überarbeitung der Tempelvision (um 571; vgl. Gese, Zimmerli). Die beiden Ps-Belege (1,3; 37,2) sind sicher nachexilisch, bei letzterem schon angezeigt durch das späte Verb *'umlal*. Auch die vorgeschlagenen Konjekturen von *npl* (→ נפל) zu *nbl* (vgl. M. Dahood) in Ijob 14,18 und Spr 11,28 gehören in diesen Zeitraum.

Ganz anders zeigt sich die Verteilung von *nᵉḇēlāh* (48 Belege). Es begegnet 24mal im Pentateuch, 11mal im DtrGW, 8mal bei Jer, je 2mal bei Jes und Ez und 1mal in den Psalmen. Dieses Wort zählt nicht zum alten Vokabular, da es erst kurz vor dem Exil auftaucht (Jes 5, 25; Jer-Belege und Dtn 21, 23 [vordeut.]; Ez 4, 14). Exilisch sind Ps 79, 2; Ez 44, 31 sowie die späteren Zusätze Dtn 14, 8. 21; 28, 26; die genaue Einordnung der Belege im DtrGW gestaltet sich schwierig, während alle Pentateuchbelege zu den nachexilischen Pˢ-Traditionen gehören. Der späteste Beleg liegt in Jes 26, 19 vor. *noḇǣlæṭ* begegnet nur Jes 34, 4 und ist sicher nachexilisch.

3. *nāḇēl* 'welken' wird in der Mehrzahl seiner Belege gebraucht, um den bekannten Prozeß im biologischen Bereich zu bezeichnen. Dies wird sehr bald metaphorisch appliziert auf alle möglichen Arten der Vergänglichkeitsaussage. Dadurch wird das Wortfeld erheblich ausgedehnt. Zum Grundbestand gehören die Verben → יבש *jāḇēš*, → חרב *ḥāreḇ*, → אבל *'āḇal II*, *qāmal*, *'umlal*, *mālal I*, *'āḇaš* und *ṣāmaq*, die alle im Bedeutungsfeld 'welken, verdorren, vertrocknen' angesiedelt sind. *šᵉḏepāh/šiddāpôn* steht für das 'Vertrocknen' des Getreides. *nᵉḇēlāh* 'Leichnam' ist ein Terminus, der in der konsequenten Verlängerung der Vergänglichkeitsaussage steht. Damit wird das Wortfeld → מות *mwt* 'Tod' tangiert. Als Bezeichnungen für leblose Körper begegnen im Hebr. → גויה *gᵉwijjāh*, *gûpāh*, *mappælæṭ*, → פגר *pægær* und → עצם *'æṣæm*, rein tierisch noch *ṭᵉrepāh*. (Vgl. ThWNT IX 98; VII 1042).

4. Das Verb begegnet nur im *qal*, wobei die Präfixkonjugation gegenüber der Suffixkonjugation und dem partizipialen Gebrauch signifikant überwiegt. Das intransitive Verb wird in seinen finiten Flexionen fast nur in der 3. sing./pl. gebraucht (außer Ex 18, 18; Jes 64, 5). Als Subjekte begegnen in der Mehrzahl das Laub (*'ālæh*), Blumen (*ṣîṣ*), Gras, Kräuter, aber auch Menschen, Ausländer, Mose (Ex 18, 18) und die Gestirne des Himmels. Das Nomen *nᵉḇēlāh* begegnet nie im Pl., seine Semantik muß daher umfassend angesetzt werden. Nur ein Viertel der Belege nennt *nᵉḇēlāh* im st. abs. oder als nomen regens, ansonsten als cstr. mit vielfältiger Anbindung oder suffigiert, wobei allerdings nur 1mal *nᵉḇēlāh* mit Suffix 1. sing. begegnet (Jes 26, 19). *nᵉḇēlāh* als Subjekt zieht auffallend häufig das Verb → היה *hājāh* nach sich.

5. Die Wiedergabe von *nāḇel* in der LXX ist sehr uneinheitlich, obwohl die LXX die Vokabel semantisch gefestigt vorfand. Sie übersetzt mittels Komposita von πίπτειν (7mal, sonst fast 400mal für *nāpal*), φθείρειν (3mal, meistens für *šāḥaṭ* 'verdorben sein'), βάλλειν (sonst für *nāpal*) und ῥεῖν (je 2mal; in Spr 17, 21 faßt Aquila *nbl* entsprechend auf; jedoch weisen LXX, Theodotion und MT nach *nbl II*). 2mal verwendet die LXX die Vokabel παλαιοῦν (2 Sam 22, 46; Ps 18, 46), was textkritisch zur hebr. Wurzel *blh* hinführt. *nᵉḇēlāh* wird in der Mehrzahl der Belege durch ϑνησιμαῖος (31mal), dann durch σῶμα (9mal;

sonst für *gᵉwijjāh*, *gew*, *pægær*, *gûpāh* und aram. *gᵉšem*), νεκρός (4mal) und νεκριμαῖος (1mal) wiedergegeben.

II. 1. Die wahrscheinlich ältesten Belege zeigen das Verb *nāḇel* in einer uneigentlichen Verwendung. So sagt Jitro im Blick auf das Übermaß der richterlichen Tätigkeit dem Mose: „So richten sich du und dieses Volk mit dir selbst zugrunde (*nāḇol tibbol*)", und er schlägt ihm eine Dezentralisierung der Rechtsprechung vor (Ex 18, 18). Der Text Ex 18, 13 ff. wird allgemein E zugeschrieben und ist von ihm wahrscheinlich aktuell im Blick auf die Rechtsreform Joschafats (vgl. R. Knierim, ZAW 73, 1961, 146–171; G. Chr. Macholz, ZAW 84, 1972, 322 f.) oder als Legitimationstext für eine ähnliche Reform Davids (vgl. H. Reviv, ZAW 94, 1982, 566–575) verfaßt. Während M. Noth (ATD 5, ⁴1968, 120 f.) an eine parallel zur Heerbann-Organisation strukturierte vorstaatliche Jurisdiktionspraxis denkt, sind die Angaben des Textes doch zu spärlich, um noch nomadische Rechtsverhältnisse rekonstruieren zu können (vgl. W. H. Schmidt, EdF 191, 1983, 118). Die Einbindung von *nāḇel* in eine figura etymologica sowie die uneigentliche Verwendung im übertragenen Sinne mit Menschen als Subjekt zeigen an, daß *nāḇel* im 8. Jh. v. Chr. zum gebräuchlichen Wortschatz gehörte. In 2 Sam 22, 46 = Ps 18, 46 (zur Textkritik vgl. Schmuttermayr 197 f.; Cross-Freedman, JBL 72, 1953, 16 ff. und Kraus, BK z. St.; Datierungsrahmen: von David bis DtrN) wird *nāḇel* in gleicher Weise verwendet: „Die Söhne der Fremden fallen kraftlos zusammen, sie kommen zitternd (*ḥāraḡ*) aus ihren Trutzburgen hervor." Da das hap. leg. *ḥāraḡ* zur näheren Bestimmung von *nāḇel* nichts beiträgt, weil es selbst von dort her wesentlich bestimmt wird, wird zur Deutung von *nāḇel* auf das parallele *kāḥaš* (v. 45 b) verwiesen. Diese Parallele läßt es zu, *nāḇel* im biologischen Sinne als „verschmachten, abmagern" zu deuten (Roth 400; Blau 99; EÜ), aber der weitere Kontext widerrät. Vv. 38 ff. zeigen die große militärische Übermacht des königlichen Beters über seine Feinde, denen letztlich keine andere Überlebensmöglichkeit gegeben ist, als ihm „zu dienen" (*'āḇad*, v. 44), „zu gehorchen" (*šāma'*, v. 45a), „Ergebenheit zu heucheln" (*kāḥaš*, v. 45b; → כחש IV 143), „kraftlos zusammenzufallen" (d. ḥ sich völlig zu unterwerfen, *nāḇel*, v. 46a) und „zitternd ihre Fliehburgen zu verlassen" (*ḥāraḡ*, v. 46b). Es ist also eine Klimax im Verhalten der Feinde sichtbar von der faktischen Niederlage bis zu ihrer völligen Kapitulation.

2. *nāḇel* im eigentlichen Sinne des 'Verwelkens' von Pflanzen steht in allen Belegen im Dienst der metaphorischen Aussage, die zum Topos für die Ansage der Vergänglichkeit im Drohwort wird. Die Hereinnahme von *nāḇel* in das prophetische Drohwort nimmt als erster Jesaja vor: „Wahrlich, ihr (sc. Götzendiener) werdet wie eine Eiche, deren Blätter verwelken, und wie ein Garten, dessen Wasser versiegt

ist!“ (Jes 1, 30). Dieses Bild ist ganz dem Anschaulichen entnommen und wirft ein Schlaglicht auf das vorexilische Kultverständnis. Der Kult wird als Quelle des Lebens verstanden, der Götzenkult bewirkt jedoch das Gegenteil. In Jes 28, 1. 4 ist trotz textkritischer Schwierigkeiten das Gemeinte klar. Während Samaria sich selbst als „stolze Krone“ versteht, ist es in den Augen des Propheten nichts als „welke Blumenpracht“ (*ṣîṣ noḇel*; zum schwierigen *ṣîṣaṯ noḇel* v. 4 vgl. Meyer, Grammatik § 97, 6 und P. Wernberg-Møller, ZAW 71, 1959, 63 Anm. 39), die urplötzlich vergeht.

In einem Drohwort gegen die Abtrünnigen (Jer 8, 13–17) vergleicht Jeremia sie mit einem Weinstock ohne Trauben, Feigenbaum ohne Feigen, mit welkem Laub (v. 13). Israel wird also nicht nur seiner Bestimmung nicht gerecht, ihm ist durch seine Abkehr auch jegliche Lebenskraft geschwunden. Durch die Komposition dieses Verses mit Jer 8, 12 ist eine bemerkenswerte Stichwortassoziation zum Tragen gekommen: *nāpal* 'fallen', *kāšal* 'straucheln', *nāḇel* 'verwelken'.

Das Bild vom verdorrenden Laub oder Gras wird im Exil in Ez 47, 12 in negativer Formulierung aufgegriffen: Die vom Tempelberg ausgehenden Flüsse sind so wasserreich, daß ihre Ufervegetation niemals welkt, Metapher für den vom Zion ausgehenden Segen. Nachexilisch geht der Topos in die Klage ein (Jes 40, 7. 8; 64, 5; 34, 3 [3mal] und sehr spät Jes 24, 4 [2mal]). Mit fortschreitender Zeit in Richtung der Epoche der apokalyptischen Literatur ist eine wachsende Universalisierung des Topos zu beobachten. Nach Jes 34, 4 rollt sich der ganze Himmel zusammen wie ein Blatt, die Gestirne verwelken wie Laub, das verwelkt vom Baum fällt. Die große Jesaja-Apokalypse gestaltet dieses apokalyptische Motiv noch weiter aus: „Es trauert (*'āḇal*) und verwelkt (*nāḇel*) die Erde, es verschmachtet (*'umlal*) und verwelkt (*nāḇel*) der Erdkreis“ (Jes 24, 4). Diese inhaltliche Ausgestaltung des Themas der Jesaja-Apokalypse (v. 1) malt die Konturen einer progressiven Versteppung der Erde mit ihrer Einschränkung von Lebensraum und Lebenskraft.

Zeitlich unabhängig formulierte die Weisheit Israels die Erkenntnis, daß der Gerechte einem Baum gleicht, dessen Blätter nicht welken (Ps 1, 3, vgl. die Weisheit des Amenemope; AOT 39). Im Gegensatz dazu verdorren (*mll*) die Bösen wie das Gras und wie die Kräuter verwelken sie (Ps 37, 2). Auch das textkritisch umstrittene Spr 11, 28 steht in diesem Horizont des Tun-Ergehen-Zusammenhanges. Ob man allerdings den Topos vom verwelkenden Laub als formales Kriterium zur Textrekonstruktion heranziehen darf (Belege bei M. Dahood), erscheint fraglich.

III. Die beiden Nominalformative *n^eḇelāh* und *noḇælæṯ* sind im alten hebr. Vokabular nicht nachgewiesen. *n^eḇelāh* begegnet zuerst vorexilisch bei Jesaja, gelangt im Bereich der priesterschriftlichen Reinheitsgesetze zu einer umfassenden Verwendung und steht schließlich in Parallele zu *meṯîm* in der interessanten wie umstrittenen, aber sehr späten Stelle aus der Jesaja-Apokalypse Jes 26, 19.

1. In vorexilischer Zeit steht *n^eḇelāh* fast ausnahmslos für den Leichnam von Menschen; auch dieser Begriff findet sich wieder auffällig gehäuft im prophetischen Drohwort (vgl. Jes 5, 25; Jer 7, 33; 9, 21; 16, 4; 19, 7; 34, 20; 36, 30; 1 Kön 13, 22; 2 Kön 9, 37). In diesen Drohworten zeigt sich eine gewisse Stereotypie, die die menschliche Grundangst vor dem Unbestattet-Bleiben anspricht (vgl. R. de Vaux, LO I 99–107; B. Lorenz, MüThSt 33, 1982, 308–311; L. Wächter, AzTh II/8, 1967, 171–180 spricht in diesem Zusammenhang von „verschärften Formen des Todes“): die *n^eḇelôṯ* liegen wie Kot in den Gassen den Vögeln des Himmels zum Fraß. Dies wurde als größte Schmach empfunden, so daß es nicht verwundert, daß sich solche Drohworte in den Formularen vorderorientalischer Flüche wiederfinden (vgl. Dtn 28, 26; D. R. Hillers, Treaty Curses and the OT Prophets, Rom 1964, 68f.; F. C. Fensham, ZAW 75, 1963, 155–175, bes. 161 ff.) (→ פגר *pæḡær*). Solches wünscht man seinem ärgsten Feind. Dem exilischen Beter ist dieses Schreckensbild dann kennzeichnend für die Situation der und nach der Zerstörung Jerusalems (Ps 79, 2; vgl. 4 QTanḥ 1–2, I, 3).

Das DtrGW enthält eine Reihe von Belegen, daß solche prophetischen Formulierungen durchaus realen Praktiken entsprachen; innerhalb dieser lassen sich vielleicht sogar noch Gravitätsabstufungen ausmachen: Der Leichnam eines Gottesmannes bleibt am Weg liegen (1 Kön 13, 22), wird aber von einem Löwen bewacht (vv. 24–28), bis er schließlich von einem *nāḇî'* ehrenvoll bestattet wird (vv. 29f.). Den Leichnam des gehenkten Königs von Ai warf man an den Eingang des Stadttores und bedeckte ihn mit Steinen (Jos 8, 29); den Leichnam des Urija warf man zu den Gräbern des niedrigen Volkes (Jer 26, 23); Jojakims Leiche soll auf der Straße Hitze und Kälte ausgesetzt sein (Jer 36, 30). Isebels Leiche soll schließlich wie Mist auf dem Feld liegen (2 Kön 9, 37), von den Hunden schrecklich verstümmelt (v. 35), denn sie ist eine *'^arûrāh* 'Verfluchte' (v. 34).

2. Dtn 21, 22f. ordnet die Bestattung der Hingerichteten an. Der Text sieht klar vor, daß nach der Hinrichtung der Tote an den Pfahl gehängt wird (*tālāh*). Der Leichnam darf nicht über Nacht hängen bleiben, sondern soll noch vor Sonnenuntergang begraben werden. Die parallele Bestimmung in TR 64, 10f. sieht vor, daß der Kapitalverbrecher „an das Holz gehängt werden soll, so daß er stirbt (*wajjāmoṯ*)“. Dies hat die Frage aufgeworfen, ob die TR nicht bereits von der Kreuzigung als Hinrichtungsart spricht (so bei den Römern üblich), während das Dtn eher einen abschreckenden Demonstrationsritus mit dem Leichnam meint. Dies besagt auch die Mischna (Sanh 6, 4). Doch scheint 4 QpNah 1, 6–8 auch auf eine jüdische Kreuzigungspraxis anzuspielen (Alexander Jannaios?); zur Diskussion vgl. Y.

Yadin, Megillat ham-Miqdaš I, Jerusalem 1977, 289f.; A. Dupont-Sommer, Observations nouvelles sur l'expression „suspendu vivant sur le bois" (CRAIBL 1972, 709–720); J. M. Baumgarten, „Does *tlh* in the Temple Scroll Refer to Crucifixion?" (JBL 91, 1972, 472–481); J. M. Ford, 'Crucify him, Crucify him' in the Temple Scroll (ExpT 87, 1976, 275–278).

3. Die Formulierung *jiḥjû meṯǣḵā nᵉḇelāṯî jᵉqûmûn* „Deine Toten werden leben, meine Leichen werden auferstehen" (diese Übersetzung hat aufgrund der Verbform allgemeine Anerkennung gefunden, obwohl *nᵉḇelāṯî* ein Sing. ist) Jes 26, 19 ist eine Herausforderung an den Exegeten (Lit. bei F. J. Helfmeyer, „Deine Toten – meine Leichen, Heilszusage und Annahme in Jes 26, 19 [in: Festschr. G. J. Botterweck, BBB 50, 1977, 245–258]). Hier ist die Problematik des Verses zu konzentrieren auf *nᵉḇelāṯî*. Aus der gegenwärtigen Forschung schält sich als sententia communis heraus, daß v. 19 kontextual mit dem Volksklagelied vv. 7–18 verbunden ist (vgl. H. D. Preuß, Linguistische Theologie 3, 1972, 101–133; Wildberger, BK X/2, 985. 995). Dies rechtfertigt die Beibehaltung des MT *nᵉḇelāṯî* gegen Peš *niḇloṯām* (so u.a. E. A. Leslie, Isaiah, New York 1963; W. Elder, A Theological-Historical Study of Isaiah 24–27, Diss. Baylor University 1974) oder emend. *niḇloṯǣḵā* (so u.a. W. R. Millar, Isaiah 24–27, Harvard Semitic Monograph 11, 1976; P. L. Redditt, Isaiah 24–27, Diss. Vanderbilt 1972). Der Suffixwechsel *meṯǣḵā* – *nᵉḇelāṯî* wird nun damit erklärt, daß in v. 19a ein anderer Sprecher angenommen wird als in v. 19aβ:

a) Israel – JHWH (M. L. Henry, BWANT 86, 1967, 106; Wildberger 995; Preuß; Lindblom): JHWH akzeptiert die „Toten" Israels als seine Leichen und verheißt, daß sie auferstehen werden. Eine solche Auferstehung meint dann primär eine nationale Restauration (anders G. Habets, Die große Jesaja-Apokalypse, Diss. Bonn 1974, 146f.: reale Auferstehung der Gerechten).

b) JHWH – Israel (Helfmeyer): JHWHs Zusage „Deine Toten werden leben" wird von der Gemeinde vertrauensvoll aufgenommen. Es könnte sich nun um eine kollektive Auferstehung der Toten im eigentlichen Sinne handeln.

c) JHWH – sekundärer Interpret (Wildberger 985): v. 19aβ ist Glosse eines Lesers, der sich selbst ausdrücklich in die Auferstehungshoffnung eingeschlossen wissen wollte. Diese Lösung wird dem sing. *nᵉḇelāṯî* (alle anderen Belege auch sing.!) am meisten gerecht. Gedacht ist nun an eine individuelle Auferstehung.

Alle drei Lösungsvorschläge verstehen *nᵉḇelāh* als Bezeichnung für Abgestorbenes, die mit der positiven Möglichkeit einer Auferstehungsaussage (im Gegensatz zu *gᵉwijjāh* und *pæḡær*) kompatibel ist.

4. Die at.lichen Bestimmungen im Umgang mit tierischer *nᵉḇelāh* sind ziemlich extensiv. Vor allem aus den Reinheitsbestimmungen der P^S geht hervor, daß eine grundsätzliche Unterscheidung vorgenommen wurde: *nᵉḇelāh* meint jedes tote Tier, das nicht durch rituelle Schächtung geschlachtet ist. Davon zu unterscheiden ist die *ṭᵉrep̄āh*, ein totes Tier, das aufgrund eines Fehlers oder einer Krankheit verendet ist oder von einem anderen Tier gerissen worden ist. Beide gelten in gleicher Weise als unrein und der Genuß ihres Fleisches ist dem Israeliten untersagt. In reinheitstechnischer Valenz werden allerdings unterschieden die *nᵉḇelāh* eines unreinen Tieres (Lev 5, 2; 11, 8. 11. 24. 28. 35–38; Dtn 14, 8) von der eines reinen Tieres (Lev 7, 24; 11, 39. 40; 17, 15). Erstere macht in jedem Fall unrein, während die letztere durchaus noch für bestimmte Zwecke verwendet werden kann. Die Abstinenz von jeder tierischen *nᵉḇelāh* war für Priester obligatorisch (vgl. Ez 4, 14; 44, 31 [Zadoqidenschicht]). Ein später Zusatz in Dtn 14, 21 erklärt jede tierische *nᵉḇelāh* für unvereinbar mit der Heiligkeit des Gottesvolkes. Dieses Summarium wurde für die Folgezeit grundlegend (vgl. TR 48, 6).

Das Drohwort gegen die Götzendiener Jer 16, 18 ist wohl am ehesten im Kontext tierischer *nᵉḇelāh* anzusiedeln. J. Schreiner (Jeremia 1–25, 14, NEB, S. 106) erinnert zwar an tote Götzen, die wie Leichen das Land JHWHs verunreinigen, aber die von ihm genannten Belege enthalten allesamt nicht *nᵉḇelāh*, höchstens *pæḡær* (Lev 26, 30). Der Vergleich der Götzen mit tierischem Aas ist in jeder denkbaren Hinsicht an drastischer Eindringlichkeit nicht zu überbieten. Jeremia hat dies unmittelbar vor der ersten Deportation zur Charakterisierung der entscheidenden Schuld Israels in dieser Weise formuliert.

IV. In den Qumranschriften ist das Verb nur 2mal belegt. Im Zusammenhang eines Lehrerliedes wird die Baummetapher über den Gerechten (Ps 1, 3) auf die Gemeinde appliziert, die in voller Blüte steht. Wenn Gott seine schützende Hand zurückzieht, werden die Blätter „verdorren" (1 QH 8, 26). 1 QH 10, 32 begegnet *nāḇel* in der anthropologischen Metapher im Rahmen einer Niedrigkeitsdoxologie. Der Qumranfromme sieht sich wie eine Blüte dahinwelken.

Das Substantiv *nᵉḇelāh* begegnet 4mal, wobei in allen Fällen unmittelbar at.liche Texte aufgenommen werden (4 QTanḥ 1–2, I, 3: Ps 79, 2–3; TR 48, 6: Dtn 14, 21; TR 51, 4: Lev 11, 25; TR 64, 11: Dtn 21, 22f.).

Fabry

נָבָל nāḇāl

נְבָלָה neḇālāh

I. 1. Etymologie – 2. Bedeutung – II. 1. Vorkommen im AT – 2. Verb: *qal* und *pi'el* – 3. Substantivisch-adjektivischer Gebrauch – 4. Das Abstraktum *neḇālāh* – a) Formelhafte Verwendung – b) Übrige Stellen – 5. Zusammenfassung – 6. LXX – III. Qumran.

Lit.: *O. Bächli*, Amphiktyonie im Alten Testament. Forschungsgeschichtliche Studie zur Hypothese von M. Noth (ThZ Sonderband VI, Basel 1977, 130–142). – *J. Barr*, The Symbolism of Names in the Old Testament (BJRL 52, 1969, 21–28). – *J. Barth*, Wurzeluntersuchungen zum hebräischen und aramäischen Lexikon, 1902, 28f. – *G. Buccellati*, The Amorites of the Ur III Period, Neapel 1966, 152f. – *A. Caquot*, Sur une désignation vétérotestamentaire de „l'insensé" (RHR 155, 1959, 1–16). – *W. Caspari*, Über den biblischen Begriff der Torheit (NKZ 39, 1928, 668–695). – *A. J. Desečar*, La sabiduría y la necedad en Sirach 21–22, Rom 1970. – *Y. Devir*, Nabal – the Carmelite (Leshonenu 20, 1956, 97–104 [hebr.]). – *T. Donald*, The Semantic Field of „Folly" in Proverbs, Psalms, and Ecclesiastes (VT 13, 1963, 285–292). – *K. H. J. Fahlgren*, *ṣedāḳā*, nahestehende und entgegengesetzte Begriffe im Alten Testament, Uppsala 1932, 28–32 (= in: K. Koch, Um das Prinzip der Vergeltung in Religion und Recht des Alten Testaments, 1972, 87–129). – *G. Gerleman*, Der Nicht-Mensch. Erwägungen zur hebräischen Wurzel *NBL* (VT 24, 1974, 147–158). – *W. H. Gispen*, De stam NBL (Gereformerd Theologisch Tijdschrift 55, 1955, 161–170). – *P. Joüon*, Verbe נָבֵל *defluere* (Bibl 5, 1924, 356f.). – *Ders.*, Racine נבל au sens de *bas, vil, ignoble* (Bibl 5, 1924, 357–361). – *H. W. Jüngling*, Richter 19 – ein Plädoyer für das Königtum (AnBibl 84, 1981). – *J. D. Levenson*, 1 Samuel 25 as Literature and History (CBQ 40, 1978, 11–28). – *M. Noth*, Das System der zwölf Stämme Israels (BWANT 4/1, 1930, 104–106). – *A. Phillips*, NEBALAH – a Term for Serious Disorderly and Unruly Conduct (VT 25, 1975, 237–242). – *W. Richter*, Recht und Ethos. Versuch einer Ortung des weisheitlichen Mahnspruches (STANT 15, 1966, 50f.). – *W. M. W. Roth*, NBL (VT 10, 1960, 394–409). – *M. Sæbo*, נבל *nāḇāl* Tor (THAT II 26–31). – *H. Schult*, Vergleichende Studien zur alttestamentlichen Namenkunde, Diss. Bonn 1967, 93f. – *U. Skladny*, Die ältesten Spruchsammlungen in Israel, 1962. – *J. J. Stamm*, Der Name Nabal (in: Ders., Beiträge zur hebräischen und altorientalischen Namenkunde. Zum 70. Geburtstag hrsg. von E. Jenni / M. A. Klopfenstein, OBO 30, 1980, 205–213).

I. Die nicht eindeutig geklärte, schwierige Etymologie der Wurzel *nbl* spiegelt sich in der Diskussion um eine Grundbedeutung sowie im Schwanken der Übersetzungen, von LXX und V angefangen bis in moderne Übertragungen, die wohl von dieser Tradition her *nbl* weithin dem Wortfeld „Tor / Torheit / töricht sein" zuordnen.

1. In den semit. Sprachen fehlen außerhalb des Hebr. eindeutige Belege für den Wortstamm *nbl* und seine Derivate *nāḇāl*, *neḇālāh*, ausgenommen vielleicht syr. *nabbel pa.* (Brockelmann, LexSyr 411: increpavit, obiurgavit). GesB 480 und KBL[3] 626 verweisen noch auf arab. *nabal* 'elendes Zeug'. Stamm (OBO 30, 210ff.) greift neuerdings Nöldekes Hinweis (Neue Beiträge zur semitischen Sprachwissenschaft, 1910, 94f.) auf die arabische Wurzel *nbl* mit ihrer Gegensinnigkeit (*nabal* 'elendes Zeug' und *nābil* 'edel, hervorragend') für das Verhältnis zwischen dem Namen Nabal und der Wurzel *nābal* II wieder auf. Demnach wäre im Namen Nabal 1 Sam 25 noch ein Rest des positiven Sinnes der Wurzel erhalten, während sonst der pejorative vorherrscht. – Im Ugar. finden sich bisher nur *nbl* = hebr. *neḇæl* I 'Schlauch, Krug' (UT Nr. 1598; Whitaker 441; RSP I 272f.: II. 375) sowie *nblt* 'Flamme(n)' (UT Nr. 1599; WUS Nr. 1739; RSP I 25f.: I. 19).

Einen ugar. Beleg für ein Verb *nbl* 'welken' parallel dem hebr. *nāḇal* 'abfallen, welken' von Blättern, Blumen, Früchten und dem akk. *abālu* erschließen M. Dijkstra / J. C. de Moor aufgrund einer Restitution von *jb[l]*, parallel zu *[t]hmṣ* 'sauer werden' in KTU 1.19, I, 18 (UF 7, 1975, 200; KTU liest aber *jḥ*). – DISO 173 nennt einen pun. Beleg für *neḇæl* I (RES 942[5]), möglicherweise auch für *neḇæl* II (Saiteninstrument). – In einer pun. Inschrift (3.–1. Jh. v. Chr.) von El Hofra (Constantine/Algerien) gelobt *ḥmlkt*, der Sohn des *b'šrt*, Sohn des *nbl* ein Kindesopfer an Ba'al Hammon und Tinnit (KAI Nr. 105). *nbl* wird von Noth mit dem Namen Nabal 1 Sam 25, 25 in Verbindung gebracht (IPN 228f.), ebenso von F. L. Benz (PNPPI 358; s. auch die Quellenverweise S. 33. 146). Für eine Beziehung zum Wortfeld *nāḇāl* (so anscheinend Benz 358) gibt es keinen Anhaltspunkt. Dasselbe gilt für zwei von Schult (93f.) registrierte keilschriftliche Namen: *ià-an-bu-li* sowie *sa-am-su-^{d}na-ba-la*, die nach Schult den Verdacht zulassen, daß die at.liche Erklärung des Namens nicht unbesehen zu übernehmen ist. Buccellati 152f. hält eine Beziehung dieser Namen zu Nabal 1 Sam 25, 25 für möglich, interpretiert *ià-an-bu-li* jedoch als „(God) fights for me", nach arab. *nabala* 'Pfeile schießen' (zur Diskussion um den Namen s. Barr und Stamm sowie KBL[3] 627). – Bei der Suche nach einem außerbiblischen Etymon hat Roth nach einer ersten negativen Stellungnahme von J. Barth (28f.) sowie einem Hinweis bei Caquot (13f.) die akk. Wurzel *nabālu* / *napālu* erneut in die Diskussion gebracht (VT 10, 1960, 394–397. 409). Von dem als Grundbedeutung angenommenen 'herausbrechen', 'zerstören' hält er eine direkte Verbindung zu den zwei hebr. Wortgruppen *nāḇel* / *neḇelāh* 'vom Leben trennen / Leichnam' und *nāḇāl* / *neḇālāh* 'von der Gemeinschaft trennen' für wahrscheinlich (409). – Von Soden (AHw 733f.) verweist freilich für *napālu(m)* I 'zu Fall bringen, (Gebäude) abbrechen, zerstören' bzw. in D-G 'durchwühlen, blenden', in N: 'abgleiten' (anders als Roth 397) auf ugar., hebr. und aram. *npl* 'fallen'. Der Kontext der akk. Belege ist in der Tat von dem des biblischen Wortfeldes völlig verschieden. Eine akk. Grundbedeutung scheint demnach derzeit keineswegs eindeutig genug für derart weitreichende etymologische Linien.

Gerlemans Rekurs (VT 24, 1974, 153–156) auf das durch von Soden herausgestellte Prinzip der Verbbildung aus einer zweikonsonantigen Basis mit *n* als Wurzelaugment (GAG § 102, 1.2) zur Erklärung von *nbl* (*n*+*bl* – *belî* als Element der Negation) als Nichtsein, Nichtwerden, „ein im weitesten Sinne nichtiger Mensch" (156), muß sich, von der philologischen Hypothese einmal abgesehen, in der Erklärung der biblischen Texte bewähren.

Ein eigenes Problem stellt das Hos 2,12 begegnende Hapax *naḇluṭāh* (mit suff. 3. fem.) dar. Das gewöhnlich mit 'Scham' (der Frau) (KBL³ 628) übersetzte Wort wird seit Steininger (ZAW 24, 1904, 141f.) meist vom akk. *baltu < baštu* 'Scham' abgeleitet (Rudolph, KAT XIII 64; Meyer, Hebr. Grammatik II 35 A. 1 – aber *baltu* wird jetzt als 'Würde' übersetzt, CAD, B 142–144), nach Joüon (Bibl 5, 1924, 360) von 'niedrig'; vgl. weiter Rudolph, KAT XIII 64. 70; KBL³ 628).

2. Läßt der vorangehende Befund *nbl* als einen typisch hebr. Wortstamm erscheinen, so stellt sich innerhebräisch die Frage, ob eine einzige Wurzel bzw. Grundbedeutung *nbl* II anzunehmen ist, die sowohl *nāḇel/neḇelāh* als auch *nāḇāl/neḇālāh* zu erklären vermag.

Mit einem gemeinsamen Grundstamm rechnen König („verwelken – schwächlich – töricht sein", Handwörterbuch zum AT, 1910, 261), Caspari, der *neḇelāh* „Verdorbenes" (Jes 28, 1. 4; 40, 7) mit *nāḇāl/neḇālāh* „Verderbensträger, verderblich" verbindet (668–671) sowie Caquot, der „fallen" als gemeinsames Element der Wurzel ansieht, die mit *npl* verwandt sein könnte (13 f.). – Nach Joüons vorsichtiger Formulierung könnte *nāḇāl* im Sinne von „niedrig, gemein, unedel" mit *nāḇel* „fallen (defluere)" in Verbindung gebracht werden (360). Im Anschluß daran vertritt F. Zorell (Lexicon hebraicum et aramaicum Veteris Testamenti, Rom 1968, 494) als Grundbedeutung des Verbs „marcescit … delabitur, defluit", metaphorisch „in miserum statum delabitur", davon abgeleitet „humilis, vilis", sowohl dem Stand als auch der Haltung und Gesinnung nach. Neben dieser zweifellos konsequenten und möglichen, wenn auch von den Texten her nicht immer einfachen Entwicklung (THAT II 26) stehen aber auch die Vertreter von zwei bedeutungsverschiedenen Wurzeln *nbl* I 'verwelken, fallen', *nbl* II 'verächtlich handeln' bzw. 'nichtig, töricht sein' (GesB, BDB, KBL³).

Da sich der Sinn eines Wortes weniger von einer diskutablen Etymologie als vielmehr von einer sorgfältigen Beachtung des Sprachgebrauches aus erschließt, soll die Bedeutung von *nbl* II ohne die Voraussetzung einer Verbindung mit *nbl* I vom jeweiligen Kontext her erhoben werden.

II. 1. Die Statistik der Wortgruppe *nbl* II, meist wenig zutreffend mit 'töricht (sein)', 'Torheit' wiedergegeben, ergibt folgendes Bild: der Verbalstamm *nbl* II begegnet 5mal, der substantivisch-adjektivische Gebrauch 18mal im proto-kanonischen Schrifttum, 4mal in den hebr. Sirachfragmenten, das Abstraktum *neḇālāh* 13mal, d. h. insgesamt begegnet die Wurzel 36mal (40mal mit Sir). Nicht mitgezählt sind dabei der Eigenname Nabal in 1 Sam 25 sowie *naḇluṭ* Hos 2,12.

Die verschiedenen Formen verteilen sich näherhin folgendermaßen: das Verbum findet sich je 1mal Dtn, Jer, Mi, Nah, Spr; *nāḇāl* subst./adj. 5mal Ps; 3mal Spr; je 2mal Dtn, 2 Sam, Jes, Ijob; je 1mal Jer, Ez; 4mal Sir (H). Das Abstraktum *neḇālāh* begegnet Ri 4mal; Jes 2mal; Gen, Dtn, Jos, 1 Sam, 2 Sam, Jer Ijob, je 1mal. Insgesamt ergibt dies eine ziemlich breite, ausgeglichene Streuung über das at.liche

Schrifttum (Pent 5mal, DtrG 9mal, Ps 5mal, Weisheit 7mal (11mal mit Sir), Propheten 10mal, die keine Schlüsse über eine besondere Akzentuierung bzw. Zugehörigkeit zu einer bestimmten Literaturgattung bzw. Zeitperiode möglich macht. Daß *nbl* II kein spezifischer Terminus der Weisheitsliteratur ist, wird damit bereits deutlich. Ein Vergleich mit dem Wortfeld 'Torheit' in Spr, Ijob, Koh, Ps bestätigt dies (Donald): so findet *keṣîl* von 70 Stellen 49mal Spr, 18mal Koh; *'æwîl* von 51 Stellen 42mal Spr; *pth* von 18 Stellen 14mal Spr; *leṣ* von 16 Stellen 14mal Spr. – Von diesen typisch weisheitlichen Termini begegnet außerdem nur *keṣîl* ein einziges Mal (!) parallel zu *nāḇāl* (Spr 17, 21); das einzige positive weisheitliche Oppositum ist *maśkîl* Ps 14, 2 (vgl. noch Dtn 32, 6 *lo' ḥāḵām*). Die spezifische Bedeutung der Wurzel, für die kaum eine einzige durchgehende Übersetzung zu finden sein dürfte, soll die Analyse der verschiedenen Formen in ihrem Kontext zeigen.

2. Von den 5 Verbalformen, die, wie die völlig verschiedenen Termini der LXX zeigen, sehr schwierig zu übersetzen sind (II. 6), begegnet Spr 30, 32 die einzige Form im Grundstamm (Perf.): *'im nāḇalṭā behitnaśśe' we'im zammôṯā jāḏ lepæh*. Für die Übersetzung bieten sich sowohl von der Frage des Parallelismus *nāḇalṭā/zammôṯā* (antithetisch: „als *nāḇāl* handeln / klug überlegen"; synonym: *zammôṯā* „Böses planen"; vgl. Ri 20, 6) als auch von der Syntax her mehrere Möglichkeiten: die Ergänzung der beiden synonym („als *nāḇāl* handeln / Böses planen") verstandenen Bedingungssätze durch einen Hauptsatz „nimm dich in acht" (vgl. Scott, AB 18, 180; McKane, Proverbs 260. 664f.); die Auflösung in zwei vollständige Antithesen „Wenn du ein Tor bist, (so zeigt es sich) im Sich-Erheben, aber wenn du nachsinnst, (so legst du die) Hand an den Mund" (G. Sauer, Die Sprüche Agurs 111). Man könnte aber auch *'im – 'im* als Doppelfrage verstehen, *hitnaśśe'* auch in der zweiten Vershälfte ergänzen und *jāḏ lepæh* als Nachsatz (Imperativ) verstehen (Buber, Gleichsprüche 271; Bühlmann, Vom rechten Reden und Schweigen, OBO 12, 1976, 221–228). Für die Bedeutung von *nāḇalṭā* (GesB: „verächtlich handeln"; KBL³: „nichtig, töricht sein"; Zorell: „lapsus es in defectum [non praevidens]") ist nach dem voraufgehenden Zahlenspruch 30, 29–31 über das stolze Auftreten von Hahn, Leitbock und König besonders *hitnaśśe'* (*hitp*) zu beachten, das an allen Stellen (Num 16, 3; 23, 24; 24, 7; 1 Kön 1, 5; 1 Chr 29, 11; Ez 17, 14; 29, 15; Dan 11, 14) ein überlegenes, anmaßendes oder aufständisches Sich-Erheben bedeutet; sowohl die Antithese *zmm* wie auch die Begründung v. 33 betonen den Aspekt des Streit provozierenden, die Folgen für die Gemeinschaft nicht bedenkenden Handelns (Buber: tollkühn). Beide Übersetzungen: „Wenn du unüberlegt (herausfordernd, rücksichtslos) handelst, (zeigt es sich) in (betonter) Überlegenheit, aber wenn du nachsinnst, (so legst du die) Hand an den Mund" oder „Hast du unüberlegt

(rücksichtslos) gehandelt, als du dich überlegen betrugst, oder hast du's bedacht, (so leg die) Hand an den Mund!" raten im Gegensatz zum *nbl* ein bescheiden-zurückhaltendes, besonnenes Handeln, das den *rîḇ* (v. 33) verhindert. Der Aspekt des Zornes (Bühlmann 223f.) scheint gerade von *hiṯnaśśe'* her nicht zwingend.

Unter den 4 *pi*-Formen findet sich die Suffixkonjugation nur Nah 3, 6. Innerhalb des Weherufes und der Klage über Ninives Hurerei und Zauberei unter den Völkern (vv. 1–4) kündigt JHWH als Strafgericht die Bloßstellung der Stadt unter den Völkern an (v. 5): Er selbst will sie mit Unrat bewerfen (v. 6a); *w^e^nibbaltîḵ* mit JHWH als Subjekt (vgl. Jer 14, 21) bedeutet als Synonym zu diesem starken Ausdruck wohl mehr als „für ein Nichts halten" (Gerleman, KBL³). Die Übersetzung des *pi* bei Jenni ʿverächtlich behandeln' (Das hebräische Piʿel 40f. 286) kann vom Kontext der Schande unter den Völkern (v. 5), die vor Ninives Anblick fliehen (v. 7), als von JHWH gewirkter Ausschluß aus der Gemeinschaft konkretisiert werden (vgl. Roth: „behandeln wie einen Ausgestoßenen"). – Jer 14, 21 und Dtn 32, 15 begegnet das Verb in der Präfixkonjugation, Jer 14, 21 im Rahmen der Volksklage über die Dürre nach der abweisenden Antwort Gottes auf die erste Bitte und die Fürsprache des Propheten (14, 7–9. 10–18). Nach der Frage über die Verwerfung Judas und die Verabscheuung Zions (v. 19) und dem Sündenbekenntnis v. 21 folgt mit dreifachem *'al* eine noch eindringlichere Bitte. Hatte sich das Volk bereits 14, 9, der Verheißung Jer 3, 16f. entsprechend, auf den Thron der Herrlichkeit JHWHs und seinen Namen in Jerusalem berufen und in 14, 19 fragend erneut an dessen Verbindung mit Juda und dem Zion erinnert, faßt v. 21 in einer Klimax die Bitte um den Weiterbestand dieser Gemeinschaft mit JHWH zusammen: *'al-t^e^nabbel* steht parallel (und steigernd?) zur Bitte, JHWH möge um seines Namens willen den Thron seiner Herrlichkeit (vgl. Jer 3, 16) nicht verschmähen (*n'ṣ*) und, durch *z^e^ḵor* noch herausgehoben, seine *b^e^rîṯ* mit den Bittenden nicht brechen. Es bedeutet in diesem Zusammenhang ein Handeln Gottes, das Jerusalem zum Zeichen des Bruches JHWHs mit seinem Volk der Verachtung preisgibt; es richtet sich gegen von ihm selbst gesetzte heilige Ordnungen und Zeichen dieser Gemeinschaft (vgl. Jos 7, 15 *ʿāḇar b^e^rîṯ* und *n^e^ḇālāh* für die Tat Achans).

Im wohl exilischen Moselied (Carrillo, EstB 26, 1967, 69–75. 143–185. 227–248. 327–351; Braulik, Das Testament des Mose, SKK 4, 1976, 78f.) steht das Verb Dtn 32, 15 in einer Reihe von Aussagen über Jakobs/Jeschuruns (→ ישורון) Undankbarkeit gegenüber seiner Erwählung (32, 8f.) sowie der Führung JHWHs und der Gaben des Landes (32, 9 – 14). Jakob ist nicht nur satt, fett und störrisch geworden (32, 15a). V. 15b steigert diese Unempfindlichkeit: *wajjiṭṭoš 'ᵉlôah ʿāśāhû waj^e^nabbel ṣûr j^e^šuʿāṯô*. Dem Verlassen (*nṭš*) seines Schöpfers entspricht *nbl* gegenüber dem Felsen seines Heiles, d. h. wohl mehr als „für dumm, nichtig halten" (Einheitsübers./Gerleman), zumindest „verächtlich behandeln" (von Rad, ATD 8, 137; Horst, BK XVI/1, 29); vom Verlassen und der Herausforderung des Eifers JHWHs (v. 16) durch fremde Gottheiten schiene sogar „verächtlich brechen mit, aufkündigen" denkbar (vgl. auch zu Dtn 32, 6 und 21). Das Partizip in Mi 7, 6a betont jedenfalls sehr das Brechen mit jemand, mit dem man zusammengehört (Fahlgren 28f.): im Volk, das keine Frucht bringt und mit der Heimsuchung Gottes zu rechnen hat, zerfällt nicht nur die Rechtschaffenheit in der Öffentlichkeit (Mi 7, 2–4a), sondern auch im Kreis von Nachbarn, Freunden und in der Familie: nicht nur vor Nachbarn, Freunden und der eigenen Frau hat man sich zu hüten (7, 5), im eigenen Haus steht die Schwiegertochter gegen die Schwiegermutter (7, 6b); nach 7, 6a gilt *ben m^e^nabbel 'āḇ baṯ qāmāh b^e^'immāh*, d. h. dem Sicherheben (*qwm*) der Tochter (Schwiegertochter) gegen (*b^e^*) die Mutter (Schwiegermutter) entspricht der Sohn als *m^e^nabbel 'āḇ*; „der Sohn verachtet den Vater" (Jenni 84) schildert die Verderbtheit als Brechen der fundamentalen Familienbande (Roth 407), worauf nochmals drastisch der Schluß von 7, 6 verweist „des Menschen Feinde – seine Hausgenossen".

Dieser im Kontext der behandelten Verbalformen zu beobachtende Aspekt der Störung eines Gemeinschaftsverhältnisses (JHWH/Israel: Dtn 32, 15; Jer 14, 21; JHWH/Ninive/Völker: Nah 3, 6; Vater/Sohn: Mi 7, 6) reicht über die ästimativ-deklaratorische Bedeutung des *pi* „für verächtlich halten, verachten" (Jenni) hinaus; sie scheint sich auch mit einer Herleitung von *nāḇel* mit der Grundbedeutung „vergehen, zunichte werden" (Gerleman) bzw. „fallen, verwelken ..." (vgl. Joüon, Zorell) schwierig zu verbinden.

3. Die substantivisch-adjektivische Verwendung von *nāḇāl* steht mit 18 (+ 4 Sir) Stellen an der Spitze; von daher wohl auch der Vorschlag, den Intensivstamm vom Subst./Adj. abzuleiten (Barth 29; Zorell 494a; Roth 407). Die Übersetzung ʿTor/töricht' entspricht wiederum nur in geringem Ausmaß dem je sehr verschiedenen Kontext, vor allem scheint sie zu schwach; treffender ist ʿnichtig, (sozial) wertlos, gottlos' (KBL³). Ein chronologisch wie sachlich ursprünglicher Beleg ist 2 Sam 3, 33a aus der Klage Davids über Abner, der in einem heimtückischen Anschlag (2 Sam 3, 27) der Blutrache Joabs zum Opfer gefallen war. Die in einem sehr strengen Parallelismus formulierte und gerahmte Klage vergleicht Abners plötzliches Sterbenmüssen mit dem Tod eines *nāḇāl* (v. 33a); dem entspricht nach vv. 33b. 34a „Deine Hände waren nicht gefesselt und deine Füße lagen nicht in Ketten" in v. 34b das Fallen durch Bösewichte (*b^e^nê ʿawlāh*); Abner starb nicht den (ehrenhaften) Tod eines Kriegers bzw. eines Gefangenen, sondern den ehrlosen Tod, der einem *nāḇāl* gebührt und zuteil wird (vgl. Jer 17, 11). Fahlgren spricht vom „Tod wie ein ausgestoßener Verbrecher", Roth (402) sieht hierin den ältesten Beleg für

nbl als „outcast"; zumindest 'Taugenichts' (KBL³), 'Übeltäter, Gemeiner' usw. scheint vom Kontext gefordert.
Die Erklärung, Abner werde als „richtiger Feigling" bezeichnet, da er nicht gekämpft habe (Gerleman 152), wirkt gezwungen.
2 Sam 13, 13 ist *nāḇāl* im Zusammenhang der *n^eḇālāh* Amnons an Tamar zu verstehen (s. II. 3). Tamar fügt der Bitte an Amnon, keine *n^eḇālāh* in Israel zu begehen (2 Sam 13, 12) v. 13 hinzu: „Ich aber, wohin soll ich mit meiner Schande gehen?" Dem entspricht genau die Drohung an Amnon: „Du aber wirst wie einer der *n^eḇālîm* in Israel." Die Wendung, die ohne den Bezug auf Israel auch Ijob 2, 10 begegnet, kennzeichnet den *nāḇāl* 2 Sam 13, 13 von v. 12 her als einen, der durch eine sexuelle Schandtat die Gemeinschaft Israels schwer gestört hat. Die wenigen Belege der Spruchweisheit ordnen den *nāḇāl* einer Gruppe von Menschen zu, die sowohl dem Stand als auch der Gesinnung nach gemein und niedrig sind. Spr 30, 21–23 aus den Zahlensprüchen Agurs erwähnt unter drei/vier Menschengruppen, unter denen das Land in Aufruhr kommt und unter denen es unerträglich wird, in v. 22 den *nāḇāl*. Zum Knecht, der König wird (v. 22a), kommen in v. 23 die Verschmähte (*ś^enû'āh*), wenn sie geheiratet wird sowie die Magd (*šip̄ḥāh*), wenn sie ihre Herrin verdrängt (beerbt?). Der *nāḇāl*, wenn er sich mit Brot sättigt, ist in vv. 22f. als weiteres Glied dieser unerträglichen bzw. gefürchteten Typen am ehesten als Niedriger, Gemeiner zu verstehen, der seine Grenzen überschreitet, wenn es ihm gut geht.
Spr 17, 7 betont mit der Gegenüberstellung zum Vornehmen (*nāḏîḇ*) wohl eine soziale Dimension des *nāḇāl*, eine niedrige, wenig angesehene Stellung, durch die Charakterisierung von der Rede her aber auch die Haltung; der Lügenrede (*ś^epaṯ šæqær*), die sich für den Vornehmen nicht geziemt (v. 7b), entspricht v. 7a beim *nāḇāl ś^epaṯ jæṯær*; Bühlmann (142–145) gibt den schwierigen Ausdruck als „großzügige Rede" (im Sinne von Freigebigkeit) wieder, da er *nāḇāl* als den Geizigen versteht, ebenso KBL³. Der umfassendere Gegensatz „vornehm (Plöger, KAT XVII, 198. 202: seriös, Edler) / gemein, niedrig" scheint auch Jes 32, 5 *nāḏîḇ/nāḇāl* besser zu entsprechen (vgl. noch die Synonyma *nāḏîḇ/ṣaddîq* Spr 17, 26), ebenso „anmaßende Rede" für *ś^epaṯ jæṯær*. Nicht allzu aufschlußreich ist Spr 17, 21: „Wer einen *k^esîl* zeugt, dem wird er zum Gram; der Vater eines *nāḇāl* kann sich nicht freuen." Diese einzige parallele Verwendung mit dem Haupttermin für Torheit berechtigt jedenfalls nicht zur durchgehenden Übersetzung von *nāḇāl* mit 'Tor'.
Von den weiteren Belegen im weisheitlichen Schrifttum weist Ijob 30, 8 aus der Klage Ijobs über Leute, die ihn verspotten, durch die Parallelisierung der *b^enê b^elî šem* von Leuten ohne Namen, d. h. ohne Macht und Ansehen, die aus dem Land gepeitscht wurden, mit den *b^enê nāḇāl* für *nāḇāl* wie Spr 17, 7; 30, 22 und Jes 32, 5 wieder auf „niedrig" (nach Stellung und Gesinnung), schwerlich auf dämonische Wesen der Unterwelt (Caquot 7ff. analog zum Spott über den König von Babel Jes 14, 16). Der Vorwurf Ijobs an seine Frau in 2, 10 „du sprichst wie eine von den *n^eḇālôṯ* redet", erinnert sprachlich an 2 Sam 13, 13. Der direkte Bezug auf Israel (2 Sam 13, 13) fehlt zwar; das Vergehen ist nicht geringer: Ijobs Frau ist eine der *n^eḇālôṯ*, weil sie Ijob zur Gotteslästerung herausgefordert hatte, statt im Elend an seiner Untadeligkeit vor Gott festzuhalten (Ijob 2, 9). Der Terminus meint hier wie auch Jes 9, 16; 32, 5; Ps 14, 1; 74, 18. 22 die Verletzung der religiösen Dimension: 'ehrfurchtslos, frevelhaft', ja 'gottlos' (vgl. Fohrer, KAT XVI 103 und KBL³; Tur Sinai: „one of the wicked").
Der älteste prophetische Beleg für *nāḇāl*, von Jes 9, 16 (*n^eḇālāh*) abgesehen, ist Jer 17, 11. Der Vers illustriert das JHWH-Wort 17, 10 von der Vergeltung nach den Wegen und Taten des Menschen. 17, 11b sagt vom ungerecht erworbenen Reichtum: „In der Mitte seiner Tage muß er ihn verlassen und an seinem Ende steht er da (*jihjæh*) als *nāḇāl*."
Die Erinnerung an den endgültigen Ausgang menschlichen Tuns (*'aḥ^arîṯ*) ist weisheitlich (Spr 5, 4. 11; 29, 21; Ps 73, 17); das Nichtbedenken des Endes ist Zeichen des Toren. Von 2 Sam 3, 33 und 13, 13 her ist mit dem Ende des *nāḇāl* Schande verbunden. Von der starken Betonung des Vertrauens auf JHWH in 17, 5. 6f. und 17, 13 her offenbart das Ende des *nāḇāl* nicht bloß einen ungerechten, habgierigen oder törichten Menschen, sondern auch einen Gottlosen, der durch Bauen auf falsche Sicherheiten JHWH selbst verlassen hat (17, 13). Im Sinn von „eigenmächtig", „anmaßend und JHWH geringschätzend" gehen nach dem Weheruf Ez 13, 3 die *n^eḇî'îm hann^eḇālîm* (nach Zimmerli, BK XIII/1, 281. 289 ist MT Nachinterpretation bzw. Verschreibung aus *n^eḇî'îm millibbām*) hinter dem eigenen Geist (*rûḥām*) einher, ohne daß sie etwas geschaut haben (vgl. Ez 13, 5–9; Jer 29, 23).
Ausführlich wird der *nāḇāl* in der nachexilischen Verheißung des Heilskönigs Jes 32, 1–8 beschrieben (Wildberger, BK X 1252f.). Unter den Fähigkeiten des Menschen, die dabei zur Entfaltung kommen, wird auch die Rede des Menschen wieder stimmig. Jes 32, 5 ist eine Folge: „Zum *nāḇāl* sagt man nicht mehr *nāḏîḇ* und zum Schurken nicht mehr Vornehmer." *nāḇāl* wird v. 5b bestimmt durch das nicht völlig geklärte *kîlaj* 'Schurke, Intrigant', eindeutiger durch die Opposita *nāḏîḇ* und *šôa'*, beide bezeichnen den Vornehmen, Edlen (vgl. Spr 8, 16; Ijob 34, 18f.), *nāḇāl* meint demnach wie Spr 17, 7; 30, 22; Ijob 30, 8 den sozial Niedrigen (Wildberger, BK X 1258f. mit Sæbø, Gerleman), der aber auch niedrig, gemein denkt und handelt.
Jes 32, 6–8 entfaltet die Stichworte *nāḇāl*, *kîlaj*, *nāḏîḇ*. Als Kennzeichen des *nāḇāl* begegnet chiastisch v. 6a. b die Rede: sie ist *n^eḇālāh* und besteht in Verkehrtheit gegen JHWH; Bereiten von Unheil (*'āwæn*) und gottloses Handeln (*'āśāh ḥonæp̄*) bestätigen den

Verstoß gegen die Ehrfurcht vor Gott; v. 6c fügt auch Unbarmherzigkeit gegen den Hungernden und Dürstenden hinzu (vgl. Lüge und Rechtsverdrehung gegenüber dem Armen durch den *kîlaj*). Der *nāḇāl* von Jes 32, 6, das Gegenstück von vornehmer Stellung, Gesinnung und öffentlicher Tat des *nāḏîḇ* von v. 8 steht dem *nāḇāl* von Ps 14 sehr nahe.

Ganz spezifisch wird das Adjektiv in Dtn 32, 6. 21 verwendet (vgl. auch II. 2 zu Dtn 32, 15f.). Die Frage von v. 6 „Ist das euer Dank an den Herrn?" nach der Gegenüberstellung von Treue Gottes und Abfall Israels in vv. 4f. hebt die Anrede an Israel als *ʿam nāḇāl wᵉloʾ ḥāḵām* über den Horizont von töricht/weise auf die Ebene der besonderen Beziehung zu Gott: *nāḇāl* bedeutet ohne Gespür bzw. Rücksicht auf die grundlegende Beziehung des Volkes Israel zu seinem Vater und Schöpfer (v. 6b) (vgl. auch 32, 9. 18f. 43 und N. Lohfink, Beobachtungen zur Geschichte des Ausdrucks עם יהוה, in: Festschr. G. von Rad 275–305). Die Reaktion JHWHs in den völlig symmetrisch aus Motiven von vv. 6 und 16 gebauten Halbversen von 32, 21 bestätigt dies. Genauso wie seine Söhne und Töchter (v. 19), eine aufrührerische Generation und untreue (*loʾ ʾemun*) Söhne (v. 20b) durch einen Nicht-Gott (*loʾ ʾel*) seine Eifersucht geweckt und ihn durch windige Wesen (*hᵃḇālîm*) erzürnt haben, will JHWH Israels Eifersucht wecken durch ein Nicht-Volk (*loʾ ʿam*) und sie erzürnen durch einen *gôj nāḇāl*. Beide Termini meinen eine theologische Wirklichkeit: die Provokation Jakob/Israels als Volk JHWHs und Erbe JHWHs (v. 8; vgl. vv. 6. 9. 36. 43) unter den Nationen (vv. 8. 21. 43) durch ein „Nicht-Volk", das zugleich durch einen „Nicht-Gott" bestimmt ist (vgl. 32, 12).

Darum ist *gôj nāḇāl* eine gott-lose Nation, die fremden Göttern dient (von der Situation des Liedes her vielleicht Babylon: Carrillo 243) und damit den gottvergessenen *ʿam nāḇāl* Israel herausfordert, der seine Beziehung zum Vater, Schöpfer und Retter mißachtet und gebrochen hat (vgl. auch Ps 74, 18; Sir 50, 26).

Von den beiden Aspekten in Dtn 32 (gottvergessenes, undankbares Israel / gottlose Fremdvölker) begegnet im Volksklagelied Ps 74 *nāḇāl* zweimal als Qualifikation für die Gegner JHWHs; beide Male in der Motivation für Gottes Eingreifen: v. 18 „Denk daran, der Feind schmäht JHWH, ein *ʿam nāḇāl* lästert deinen Namen" charakterisiert über v. 10 hinaus die Gegner, die JHWH bzw. dessen Namen schmähen (*ḥrp, nʾṣ pi*) als *ʿam nāḇāl*. Auch v. 22 „Erhebe dich Gott, führe deine Sache; denk an deine Schmach vom *nāḇāl*" verbindet die Schmähung Gottes (*ḥærpāh*) wieder mit dem *nāḇāl*; „ehrfurchtslos" bzw. „gottlos" trägt hier von Verben und Substantiven (*ʾôjeḇ* vv. 10. 18) her aktiven, aggressiven Charakter (vgl. Jes 32, 6). Die Bitte in Ps 39, 9 (MT) „Entreiß mich meinen Freveltaten und laß mich nicht sein *ḥærpaṯ nāḇāl*" kann v. 9b nicht nur bedeuten „laß mich nicht ein Spott sein des Narren" (Kraus, BK XV/1, ⁵1978, 451), mit einem weiten Verständnis von *nāḇāl*; auch die Deutung, Gott möge ihn ob seiner Sünden nicht als mit Schande beladenen *nāḇāl* im Sinne eines Gottlosen bzw. Frevlers hinstellen, schiene denkbar (Gerleman 152; vgl. auch v. 12 von der Züchtigung des *ʿāwôn*). Kraus korrigiert mit BHS *pᵉšāʿaj* (MT) zu *pošᵉʿaj* – die sich gegen mich erheben; auch so erscheint der *nāḇāl* in v. 9b als Widersacher bzw. Frevler.

Ps 14, 1 (53, 2) scheint *nāḇāl* nochmals stärker prophetisch als weisheitlich geprägt. In 14, 1–4 kennzeichnet ihn vor allem praktische Gottesleugnung (vv. 1. 2f. 4b). 14, 1: „Es spricht der *nāḇāl* in seinem Herzen: es gibt keinen Gott" bedeutet Leugnung der Wirksamkeit Gottes, wie es Ps 10, 4 der Frevler (*rāšāʿ*) sagt oder wie Zef 1, 12 die Bewohner Jerusalems urteilen: „JHWH tut weder Gutes noch Böses." Dem *nāḇāl*, der sich in Wort und Tat über Gottes Wirklichkeit hinwegsetzt, stellt die Prüfung der Menschen durch JHWH den Einsichtigen (*maśkîl*) gegenüber, der Gott sucht (v. 2: *dāraš ʾæṯ-ʾᵆlohîm*), bzw. Menschen, die erkennen (v. 4a; vgl. Jer 10, 21; 29, 12–14). V. 4 bekräftigt steigernd auch die Verneinung der Gebetsbeziehung „sie rufen JHWH nicht an". Der *nāḇāl* ist aber nicht bloß „gottlos", er negiert und stört auch die menschliche Gemeinschaft, 14, 1b: „Sie handeln verderblich, abscheulich, keiner ist da, der Gutes tut", erinnert an prophetische Klagen über die totale Verderbtheit Israels/Jerusalems auch im mitmenschlichen Bereich. „Verschwunden sind die Treuen im Land, kein Redlicher ist mehr unter den Menschen" (Mi 7, 2; vgl. Jer 5, 1; 8, 6; Jes 59, 4. 15). 14, 4 nennt der Sprecher unmißverständlich die Übeltäter (*poʿalê ʾāwæn*), die sein Volk auffressen (wie Brot?) (vgl. Mi 3, 3). Ähnlich Jes 32, 5f. zeichnet Ps 14 (53) ein umfassendes Bild des *nāḇāl*, der in seiner Beziehung zu Gott und zu den Menschen verkommen ist. Von den weisheitlichen Termini könnte „Narr" den böswilligen Bruch dieser Beziehungen noch am ehesten ausdrücken. Skladny (Spruchsammlungen, 33) setzt den *nāḇāl* überhaupt eher im Bereich des *rāšāʿ* an; für Fahlgren ist er „einer, der verächtlich die Gemeinschaft mit Menschen und mit Gott gebrochen hat" (28).

Eindeutig spät sind die 4 Belege in den hebr. Sirachfragmenten. Der erste substantivische Beleg Sir 4, 27a „Demütige dich nicht vor dem *nāḇāl*" stellt den *nāḇāl* offensichtlich als einen dem Stand oder der Gesinnung nach Niedrigen den Herrschern (*môšᵉlîm*) in v. 27b gegenüber, ob dieser nun nach Hebr. (vgl. Syr Lat) „Leiste den Herrschern keinen Widerstand" zu lesen oder dem Kontext in 4, 26. 28 entsprechender nach G zu korrigieren ist „Nimm keine Rücksicht auf den Herrscher!". Sir 33 (36), 5 „Wie ein Wagenrad ist das Herz des *nāḇāl*, wie ein rollendes Rad sind seine Gedanken" kennzeichnet den *nāḇāl* als haltlos und unzuverlässig (vgl. auch 33, 2b. 3b. 6). Zweimal ist adjektivisch vom *gôj nāḇāl* die Rede: Sir 49, 5 faßt, David, Hiskija und Joschija ausgenommen, die Geschichte der Könige von Juda zusammen: „Ihre Kraft geben sie (Gr, Hebr: Sing: er) anderen hin, und ihre Herrlichkeit an ein gottloses, fremdes Volk"; mit dem *gôj nāḇāl* sind zweifellos wie Dtn 32, 21 Israels fremde, gottlose Nachbarn, zuletzt die Babylonier als Strafe für die eigene Gottlosigkeit gemeint. Auch die Apostrophierung der Bewohner Sichems im Zahlenspruch 50, 26 als „Nicht-Volk" – *'ênænnû 'am* und *gôj nāḇāl* dürfte die Aspekte von „nicht erwählt, fremd und gottlos" (nach Dtn 32, 15f. 21) meinen.

4. Auffällig in der Verwendung des Abstraktums *neḇālāh* (zum Verhältnis zu *neḇelāh* 'Leichnam' s. I. 1) ist vor allem, daß es von 13 Stellen 9mal in einer geprägten Formel begegnet: die 4 Ausnahmen sind 1 Sam 25, 25; Jes 9, 16; 32, 5f.; Ijob 42, 8. Dabei sind manche Belege für die formelhafte Verwendung zweifellos ursprünglicher; vielleicht stellen einige sogar die ältesten Belege für die Wurzel *nbl* dar.

a) In der 9mal leicht variierten Formel *'āśāh neḇālāh bejiśrā'el* bzw. *'āśāh neḇālāh hazzo'ṯ* begegnet *neḇālāh* als Objekt menschlichen Handelns. Die Stellen verteilen sich auf Gen, Dtn, Jos, 2 Sam, Jer je 1mal und Ri 4mal. Bemerkenswert ist, Dtn 22, 21 ausgenommen, das Fehlen in Gesetzestexten bzw. das Vorkommen innerhalb von Erzählungen (Ri 19, 23f. und 2 Sam 13, 12 im Rahmen eines Gesprächs). Die Formel *'āśāh neḇālāh bejiśrā'el* findet sich 6mal, d. h. praktisch in jeder der verschiedenen Stellen als Begründung einer Strafsanktion bzw. einer Reaktion auf ein schweres Vergehen (Gen 34, 7; Dtn 22, 21; Jos 7, 15; Ri 20, 6. 10; Jer 29, 23). Dreimal begegnet *'āśāh 'eṯ neḇālāh hazzo'ṯ* als Warnung, zweimal als Vetitiv mit *'al* (Ri 19, 23; 2 Sam 13, 12), einmal als Prohibitiv mit *lo'* (Ri 19, 24). Zweimal folgt noch die apodiktische Feststellung „so tut man nicht" (Gen 34, 7) bzw. „denn so tut man nicht in Israel" (2 Sam 13, 12).

Bei den durch die Formel inkriminierten Vergehen handelt es sich um sehr gewichtige Tatbestände aus verschiedenen Bereichen: Gen 34, 7; Dtn 22, 21; Ri 19–20; 2 Sam 13, 12; Jer 29, 23 betreffen die sexuelle Ordnung; Ri 19–20 zuerst das Gastrecht; Jos 7, 15 den Hoheitsbereich JHWHs, auch Jer 29, 23. Die allen Vergehen gemeinsame und offenbar entscheidende Disqualifizierung besteht nicht bloß in der Verletzung fundamentaler sozialer oder religiöser Ordnungen, sondern im darin beschlossenen Verstoß, der *neḇālāh* in der bzw. gegen die Gemeinschaft Israels. Dieser Aspekt wird an einigen Stellen neben dem Wort Israel noch besonders hervorgehoben. Ri 20, 6. 10 durch die Verständigung bzw. Beteiligung von „ganz Israel", Dtn 22, 21 durch die *bi'artā*-Formel (→ I 730), ähnlich Jos 7, 12–15 durch die Wiederherstellung der Reinheit und Heiligkeit Israels; auch die Schwere der Sanktionen (Todesstrafe) in Dtn 22, 21; Jos 7, 15; Ri 20, 6. 10; Jer 29, 23 ist zu nennen.

Ein Versuch zur Geschichte der Formel muß hypothetisch bleiben. Der wohl älteste Text mit der intensivsten Verwendung von *neḇālāh* dürfte Ri 19–20, die Erzählung von der Schandtat der Männer von Gibea an der Frau des Leviten sein, die ihren Ort in der frühen Königszeit (am davidischen Hof?) haben dürfte (Jüngling 294f.), nach Noth (104f.) sogar mit einem historischen Kern aus vorstaatlicher Zeit. Die Formel scheint in der sich vom Vetitiv zum Prohibitiv verstärkenden eindringlichen Warnung des Gastgebers an die *'anšê benê belijja'al* natürlich und mit einer gewissen Beweglichkeit verankert, wobei v. 23 zunächst vor dem Bruch der bereits geschlossenen Gastfreundschaft warnt: „Nicht doch, meine Brüder, versündigt euch nicht (*'al-tāre'û nā'*) an diesem Mann, der in mein Haus gekommen ist; *'al-ta'aśû 'et hanneḇālāh hazzo'ṯ* – begeht keine solche Schandtat!" (Ri 19, 23). 19, 24b formuliert im Prohibitiv und bezieht sich (einschränkend) auf das Unrecht, das dem Gast durch die Vergewaltigung seiner Frau angetan wird: *lo' ta'aśû deḇar hanneḇālāh hazzo'ṯ* (Jüngling 214–217). Das Fehlen eines direkten Verweises auf die Größe Israels, anders als 20, 6. 10, könnte vielleicht auf die ursprüngliche Verwendung der Formel hinweisen, die einfach fundamentale Grenzen bzw. Normen für das Leben in einer Gemeinschaft (Bächli 140f.) oder den Sittenkodex einer Gruppe darstellt (Richter 50f.). Auch die Formel „so etwas tut man nicht" (Gen 34, 7) muß nicht spezifisch israelitisch sein; dies gilt auch für die Verletzung des Gastrechtes, das eigentliche Vergehen in Ri 19f. – Bereits Ri 20, 6. 10 sowie alle übrigen Stellen sprechen nur von der *neḇālāh* in Israel. So wird seit Noth (100–106) *'āśāh neḇālāh bejiśrā'el* fast durchweg als Vergehen gegen das Amphiktyonenrecht („ungeschriebenes Gewohnheitsrecht") betrachtet und der Sitz im Leben der Formel in der Amphiktyonie vermutet (Roth 405; zuletzt Gunneweg, Geschichte Israels, [3]1979, 51: „Privilegrecht des Gottes Israels"). Neben einer von Ri 19, 23 her zumindest zu erwägenden frühen Verwendung der Formel von einer „zerstörerischen Schandtat" ohne Bezug auf „Israel" bleibt auch das Problem der Konkretisierung solchen Amphiktyonenrechts bestehen (Bächli 140f. zur Diskussion). Durch die noch bewegliche Formulierung mit Gesprächscharakter sowie durch den Wechsel von Vetitiv und Prohibitiv eng mit Ri 19, 23f. verbunden scheint die Bitte Tamars an ihren Halbbruder Amnon in 2 Sam 13, 12 „Nicht doch mein Bruder, vergewaltige mich nicht (*'al*). Denn so tut man nicht (*lo'*) in Israel. Begehe diese zerstörerische Schandtat (*neḇālāh*) nicht (*'al*)." In Ri 19f. und 2 Sam 13, 12 (vgl. auch zu 2 Sam 13, 13: II. 3) setzt sich der Täter der *neḇālāh* nicht bloß über Lebensordnungen der Gemeinschaft, sondern auch über menschliche Warnung und Bitte rücksichtslos hinweg. In Gen 34, mit soziologisch vielleicht noch vor Ri 19 anzusetzenden Überlieferungen (de Pury, RB 85, 1978, 617; Westermann, BK I/2, 651–654), könnte die Bezeichnung der Vergewaltigung Dinas durch den Nichtisraeliten Sichem als *neḇālāh* in Israel auf die Zeit der Integration in israelitische Traditionen (oder auf eine Glosse?) verweisen (de Pury, Promesse divine et légende cultuelle, II, Paris 1975, 540). – Dtn 22, 21 stellt trotz formaler Berührung mit Gen 34, 7 (Formel + Inf. cstr.) den Sonderfall der Verwendung von *neḇālāh* in einem kasuistischen Rechtssatz über die voreheliche Unzucht einer Israelitin dar. Die Steinigung wird begründet „denn sie hat eine *neḇālāh* begangen in Israel" und bekräftigt „du sollst das Böse aus deiner Mitte wegschaffen". Die *bi'artā*-Formel nach der Strafangabe in einer Reihe von Gesetzen im Dtn (wie Dtn 22, 13–21. 22. 23f.) betont die Reinerhaltung der Stammes- bzw. Volksgemeinschaft (→ I 730). Gerade die nicht-dtn Prägung von *ʿāśāh n^e^bālāh* läßt einen sekundären Einbau der amphiktyonischen Formel in v. 21aβ (so Merendino, Das Deuteronomische Gesetz, BBB 31, 1969, 258ff.) eher nicht erwarten (vgl. sachlich Ri 20, 10–11. 13). – Die Erzählung von der Versündigung Achans am JHWH vorbehaltenen Banngut Jos 7 fordert in 7, 12ff. ebenfalls nachdrücklich Israels Heiligung durch die Entfernung des Banngutes sowie der Übeltäter aus seiner Mitte. Über die Störung der Heiligkeit Israels hinaus wird die *n^e^bālāh* durch die Klammer von 7, 11a und 15baα ausdrücklich als Übertretung (*ʿāḇar*) der *b^e^rîṯ JHWH* hingestellt, d.h. als direkter Bruch mit JHWH selber. Über die Frage einer alten ursprünglichen Zugehörigkeit von *ʿāśāh n^e^bālāh* zum Erzählganzen (positiv: Roth 405) ist schwer zu entscheiden, obwohl die Formel literarisch wie ein Nachtrag zum dtr Thema der *b^e^rîṯ* von 7, 11a und 15baα wirkt. Im wohl spätesten Beleg Jer 29, 23 scheinen sowohl soziale und religiöse Verfehlungen bereits zusammengefaßt. Die Begründung des Gerichtes Gottes gegen die Propheten Ahab und Zidkija erläutert das „sie haben eine *n^e^bālāh* begangen in Israel" durch „sie haben mit den Frauen ihrer Nächsten Ehebruch begangen und in meinem Namen Worte geredet, die ich ihnen nicht aufgetragen habe". Ehebruch als Störung der sozialen geschlechtlichen Ordnung in Israel wird zusammen mit Lügenprophetie, d.h. mit bewußter Mißachtung JHWHs, als *n^e^bālāh* in Israel bezeichnet. Das Wort bereitet Ez 13, 3 vor (II. 3).

Die Formel läßt keinen Zweifel darüber, daß *n^e^bālāh* von Anfang an ein Tun als eine schwerwiegende Störung der Gemeinschaft in wichtigen Bereichen (Gastfreundschaft; sexuelle Ordnung; Hoheitsrecht JHWHs) qualifiziert und dieses Tun sehr früh als Angriff auf die Gemeinschaft Israels als ethisch-religiöse Größe versteht. Dieses bereits früh (vormonarchisch?) anzutreffende Verständnis von *n^e^bālāh* als schwer schuldhafte Störung einer Gemeinschaft scheint auch für die Frage nach einer möglichen Grundbedeutung der Wurzel *nbl* bedenkenswert.

b) Von den 4 nicht formelhaft geprägten Stellen begegnet der älteste Beleg für *n^e^bālāh* in der weisheitlichen Erzählung 1 Sam 25, in der der reiche Nabal von Maon zwar nicht den Mittelpunkt der Erzählung, wohl aber eine anschauliche und starke Kontrastfigur zu Abigail und David darstellt (vgl. P. Kyle McCarter, AB 8, 389–402). 1 Sam 25, 25 will den ursprünglich kaum rein pejorativen Namen Nabal (zu den Deutungen s. I. 1 sowie Barr und Stamm) unzweifelhaft durch ein rhythmisches Wortspiel mit *n^e^bālāh* verbinden bzw. diese im Namen und Wesen Nabals begründen (vgl. Jes 32, 6). Abigail bittet David, Nabal nicht zu beachten: „Denn er ist wie sein Name, Nabal ist sein Name und *n^e^bālāh* ist mit ihm." Das Abstraktum ist vom Erzählganzen her näher zu bestimmen. Bereits v. 3 wird Nabal als „hart und bösartig in seinem Tun" dargestellt, 25, 10f. entfaltet diese Charakteristik als Hochmut und Hartherzigkeit gegenüber Davids Knechten, 25, 10. 14 als Schroffheit. Nabal ist nach 25, 17. 25 ein *bæn/ʾîš b^e^lijjaʿal*. *b^e^lijjaʿal* begegnet primär in Zusammenhängen, wo es um Zerstörung der Ordnungen des Soziallebens geht, wie auch die Charakterisierung der Männer von Gibea Ri 19, 22 zeigt (→ I 656f.; Jüngling). Mit Nabal ist nicht zu reden (25, 17. 19. 36). David gegenüber hat er sich als undankbar erwiesen (25, 4–8. 15f. 21f.). 25, 3. 21. 39 sprechen ausdrücklich vom bösartigen Handeln Nabals. Trotz der Kontrastgestalt der klugen und schönen Abigail ist *n^e^bālāh* nicht bloß Torheit, sie ist auch kaum Bruch eines Lebensverhältnisses (Roth 406) und schlimmer und umfassender als ein „Nicht-Geber" (Gerleman 150); Nabals *n^e^bālāh* als bösartiges Verhalten gegen David, seine Knechte wie gegen sein eigenes Haus (25, 17. 19. 36) liegt durchaus in Richtung der Bedeutung der formelhaften Prägung. Jes 9, 16 aus dem mittleren (9, 12–17) von drei Gerichtsworten gegen das Nordreich (Jes 9, 7–20) begründet das Gericht für alle Teile des Volkes „denn alle sind gottlos und böse und jeder Mund spricht *n^e^bālāh*". Wie Jes 32, 6 (II. 3) scheint *n^e^bālāh* von den Parallelbegriffen *ḥānep̱* 'gottlos' und *meraʿ* 'böse' her 'Bösartiges, Zerstörerisches, Gemeines' gegenüber Gott und Menschen zu bedeuten. Der eigenartigste Beleg für das Abstraktum ist Ijob 42, 8. JHWH, über Eliphaz und seine Freunde erzürnt, befiehlt ihnen, zu Ijob zu gehen, ein Brandopfer darzubringen und Ijobs Fürbitte anzurufen, „denn nur auf ihn nehme ich Rücksicht, damit ich euch nicht *n^e^bālāh* antue. Denn ihr habt nicht recht von mir geredet wie mein Knecht Ijob".

Zweimal begegnet JHWH als Subjekt des Verbums *nbl*: indem er nicht bloß Ninive Schande antut (Nah 3, 6), sondern nach Jer 14, 21 auch den Thron seiner Herrlichkeit in Jerusalem der Verachtung preisgibt. Ijob 42, 8 ist JHWH Subjekt von *ʿāśāh n^e^bālāh ʿim*; ob des Aufgebots von Brandopfer und Fürbitte Ijobs, dem allein JHWHs Gunst gilt, ist die angedrohte *n^e^bālāh* wohl schwerwiegend, so daß die Übersetzungen „Schändliches" (Buber), „Schimpfliches" (Fohrer) durchaus zutreffen. Die Analogie des Ausdrucks mit *ʿāśāh ḥæsæḏ ʿim* (Fohrer, KAT XVI 540; Tur Sinai, The Book of Job, Jerusalem 1957, 590) muß nicht unbedingt als abschwächende, verallgemeinernde Redensart verstanden werden, sondern kann auch etwas von der gemeinschaftsgefährdenden Wirkung der *n^e^bālāh* ahnen lassen (Roth 408), wenn im strafenden Handeln Gott statt *ḥæsæḏ* jemand *n^e^bālāh* antut. „Ich nehme Rücksicht auf euch und behandle euch nicht, wie es eure Verwegenheit verdient", übersetzen treffend Alonso Schökel – Sicre Diaz (Job, Madrid 1983, 601).

5. Eine Begriffsgeschichte der eher am Rande der Weisheit (II. 1) angesiedelten Wurzel ist von den zeitlich zum Teil schwer einzuordnenden Texten kaum möglich. Festzuhalten scheint, daß der weiteste Begriffsumfang vor allem in späten Texten anzutreffen ist (vgl. Jes 32, 5f.; Ps 14/53), in Verbindung mit starken religiösen Aussagen (Roth 407), wie z.B. Dtn 32, 6. 15. 21; Ijob 2, 10; Ps 14; 74, 18. 22 zeigen. Im übrigen ist *nbl* nicht auf eine Dimension profan/religiös festzulegen. Das gilt vor allem für das

Spektrum der Bedeutung bzw. Übersetzung. Von den weisheitlichen Termini entspricht der Stärke des Ausdrucks noch am ehesten „Narr" (vgl. BDB: „foolish, senseless; impious and presumptuous fool"; Caquot: „insensé"). Den Texten besser gerecht werden zumeist freilich Formulierungen, die in irgendeiner Weise Störungen oder den Bruch einer Gemeinschaft von Menschen oder mit Gott kraftvoll signalisieren, ob dies mit Stellung, Gesinnung, Wort oder Tat des Menschen zusammenhängt. Wie weit das sogenannte „Weltordnungsdenken" der Weisheit (Sæbø 31 mit von Rad, Weisheit 90f.) dahintersteht, mag offen bleiben.

6. Wie sehr bereits die Übersetzer der LXX die Wiedergabe von *nāḇāl* als schwierig empfunden haben, zeigt das dafür verwendete breite und völlig uneinheitliche Wortfeld (vgl. Bertram, ThWNT IV 838–841 s.v. μωρός; IX 221 s.v. φρήν). Als Äquivalente für das Verb begegnen ἀτιμάζειν (Spr 30, 32; Mi 7, 6), ἀφιστάναι (Dtn 32, 15), ἀπολλύναι (Jer 14, 21), τιθέναι εἰς παράδειγμα (Nah 3, 6); für den substantivisch-adjektivischen Gebrauch vor allem ἄφρων (2 Sam 13, 13; Jer 17, 11; Ps 14, 1 = 53, 2; 39, 9; 74, 18. 22; Ijob 2, 10; 30, 8; Spr 17, 7; 30, 22) sowie μωρός (Dtn 32, 6; Jes 32, 5. 6; Sir 4, 27; 33 [36], 5; 50, 26); ἀσύνετος (Dtn 32, 21); für *nᵉḇālāh* ἀφροσύνη (Dtn 22, 21; Ri 19, 23. 24; 20, 6. 10; 1 Sam 25, 25), ἄσχημον (Gen 34, 7); ἀνόμημα (Jos 7, 15); ἀνομία (Jer 29, 23); ἄδικα (Jes 9, 16); μωρά (Jes 32, 6); ἀπολλύναι (Ijob 42, 8). Einzig ἄφρων/ἀφροσύνη werden mit größerer Konstanz verwendet, allenfalls noch μωρός. Der Übergang zum weisheitlichen Verständnis ist damit klar vollzogen.

III. Nach Kuhn (Konkordanz zu den Qumrantexten) begegnet *nāḇāl* in 1 QS 7, 9. Zu den strafwürdigen Vergehen gegen die Gemeinschaft gehört auch ein *dbr nbl*; ebensowenig darf nach CD 10, 18 an einem Sabbat ein *dāḇār nāḇāl wᵉreq* gesprochen werden. 1 QS 10, 21 f. „... Belial will ich nicht in meinem Herzen bewahren und *nblwt* soll nicht in meinem Munde vernommen werden" verbindet *nᵉḇālāh* mit Belial und betont damit den (anti-)religiösen Charakter der Wurzel. 1 QH 5, 21 ist *nblwt* von Kuhn ergänzt.

Marböck

נֵבֶל *neḇæl*

I. Herkunft und Verbreitung – II. Bedeutung – III. Verwendung.

Lit.: → כנור *kinnôr*. – *P. Casetti*, Funktionen der Musik in der Bibel (FreibZPhTh 24, 1977, 366–389). – *G. Delling*, Art. ὕμνος κτλ. (ThWNT VIII 492–506). – *A. Draffkorn-Kilmer*, The Cult Song with Music from Ancient Ugarit: Another Interpretation (RA 68, 1974, 69–82). – *E. Gerson-Kiwi*, Musique (DBS 5, 1411–1468, bes. 1422–1426). – *P. Grelot*, L'orchestre de Daniel III 5, 7, 10, 15 (VT 29, 1979, 23–38, bes. 33ff.). – *R. Hammerstein*, Instrumenta Hieronymi (Arch. f. Musikwissenschaft 16, 1959, 117–134, bes. 125ff.). – *O. Keel*, Die Welt der altorientalischen Bildsymbolik und das AT. Am Beispiel der Psalmen, ^{3}1980, 323–328. 347f. – *H. P. Kümmel*, Zur Stimmung der babylonischen Harfe (Or NF 39, 1970, 252–263). – *H. Seidel*, Der Beitrag des Alten Testaments zu einer Musikgeschichte Altisraels, Leipzig 1970. – *D. Wulstan*, Music from Ancient Ugarit (RA 68, 1974, 125–128).

I. Hebr. *neḇæl*/*næḇæl*, nach KBL^3 627 נבל II, ist wahrscheinlich als einsilbiges, onomatopoetisches Primärnomen (J. J. Stamm, ZAW 90, 1978, 114) mit Grundvokal *a* von נבל I mit Grundvokal *i* zu trennen. Dafür spricht 1. das Ugar.: *nbl* 'Krug' (Ug V, 1968, 558; UT Nr. 1598) gegenüber *nbl}* 'Harfe' (UF 12, 1980, 339); 2. die griech. Umschrift in der LXX: νέβελ (z. B. 1 Sam 1, 24; Hos 3, 2 u.a. (fraglich νέβλ Sixt.) gegenüber νάβλα/η, νάβλας, ναῦλον, νάβαλ u.ä. (lat. *nablium*); 3. die Punktation des MT *neḇæl*, *niḇlê* u.a. gegenüber *næḇæl*, *nāḇæl* (E c 18 zu Ps 144, 9 z. B. *bnabal*); 4. syr. *nbl* gegenüber *nablā* (?), äth. *nēbāl*/*nēbēl* 'Krug' gegenüber *nabal* 'Flamme'; 5. 1 Sam 10, 3. 5, wo beide Nomina ohne erkennbare Differenz im Kontext ein- und derselben Redeeinheit vorkommen (urspr. **ni*/*ebl* gegenüber **na*/*æbl*, LXX B ναβαλ, A R ναβλα). Undurchsichtig ist die Beziehung zu akk. *nablu* 'Flamme' (CAD), 'Brandpfeil, Feuerstrahl, Flamme' (AHw), speziell 'Feuerschale' (UF 11, 1979, 188. 584).

Das im AT 28mal (mit Am 6, 5, ohne Sir 2mal), damit etwas weniger häufig als sein Pendant *kinnôr* (ca. 40mal) belegte Nomen *neḇæl* II verteilt sich zu gut zwei Dritteln auf die chr (12mal) und Ps- (9mal) Literatur. Es hat demnach erst verhältnismäßig spät (älteste Stellen 1 Sam 10, 5; 2 Sam 6, 5; Am 5, 23; Jes 5, 12) größere Verbreitung gefunden. Parallel oder zusammen mit *kinnôr* ist *neḇæl* ca. 20mal gebraucht, ohne *kinnôr* vor allem Am 5, 23 (Am 6, 5?); Jes 14, 11; Ps 144, 9. Qumran-Belege: 1 QS 10, 9; 1 QM 4, 5; 1 QH 11, 23; 11 QPs^a 28, 4.

II. Ist *nbl* II von *nbl* I mit der Bedeutung „(Vorrats-) Krug (für Wein und Öl)" getrennt zu halten, gilt dies auch für die Näherbestimmung des durch *nbl* II bezeichneten Musikinstruments. Aus der Verwendung des Worts lassen sich folgende Hinweise entnehmen: Es handelt sich bei *nbl* II im Unterschied zu *kinnôr* 'Leier' um eine semit. Wortbildung, was zusammen mit der Lautgestalt auf ein vielleicht einheimisches Zupfinstrument schließen läßt. Nach dem wohl ältesten Beleg 1 Sam 10, 5 ist es ein tragbares, zu einer Instrumentalgruppe mit *top* 'Handpauke', *ḥālîl* 'Doppelflöte' (?) und *kinnôr* 'Leier' gehörendes und passendes Instrument, das – an erster Stelle genannt – auffällig gewesen sein könnte. Eine ähnliche

Zusammenstellung begegnet Jes 5, 12, etwas anders dann 2 Sam 6, 5, wo aber auch Leier, Doppelflöte und Handpauke genannt werden, neben Rasseln und Zimbeln (mit *ḥālîl*-Flöte auch an den Q-Stellen). Nach 1 Kön 10, 12 konnte es aus *'almuggîm*-Holz sein wie die ganze Palastausstattung (und wie *kinnôr*). Wo es nicht paarweise mit *kinnôr* begegnet wie Ps 144, 9; Jes 14, 11; auch Am 5, 23 (6, 5?), scheint königlicher, jedenfalls höfischer Gebrauch sich nahezulegen (Keel). Die übrigen Psalmbelege ordnen die beiden Instrumente der Vokalmusik zu (häufige Verwendung mit *šîr* und *zimmer*), offenbar im Sinne der Begleitung des Gesangs des „Danklieds" (*hôḏāh*), so Ps 33, 2; 57, 9; 71, 22; 83, 3; 144, 9, auch wohl 150, 3. Vgl. die Formulierung in Ps 92, 4: Preisen und Singen „über *'āśôr* und über *nāḇæl*, über dem Klang auf *kinnôr*" (dazu Am 6, 5). In der Tempelmusik scheint das Saiteninstrument (so Sir 39, 15), zu dem es eine zehnsaitige Variante gab (Ps 33, 2; 144, 9; 92, 4), eine feste Funktion im levitischen Tempelorchester erhalten zu haben (Neh 12, 27; 1 Chr 15, 16ff. u.a.), vor allem zur Begleitung des Gesangs (*baššîr* 1 Chr 25, 6; 15, 16; 2 Chr 5, 12ff.). *kinnôr* und *neḇæl* erhielten die Bezeichnung *kelê dāwîḏ* „Davidsinstrumente" (2 Chr 29, 25; Neh 12, 36). Vgl. Josephus, Ant 7, 306, wo die zehnsaitige κινύρα und die zwölftönige νάβλα als durch David eingeführte Instrumente erwähnt werden.

Die LXX übersetzt – sofern sie nicht transkribiert wie 1 Sam 10, 5; 2 Sam 6, 5; 1 Kön 10, 12 und an allen pl. Chr-Stellen (αἱ νάβλαι, vgl. auch 1 Makk 13, 51) – die Ps-Stellen und Neh 12, 27 ψαλτήριον (Ps 71, 22 ψαλμός) und Am 5, 23; 6, 5 ὄργανον. Zu ψάλλω/ψαλτήριον vgl. Delling 494ff., zu *pesanterîn* griech. ψαλτήριον (Dan 3, 5. 7. 10. 15) vgl. Grelot 33ff., zu *psalterium* vgl. Hammerstein 125ff.

Die Identifikation ist noch nicht gesichert. Wenn *neḇæl* sich auf ein und dasselbe Instrument bezieht – Unklarheit besteht offenbar schon bei der LXX, die es *kinnôr* gleichsetzen kann –, kommt am ehesten die allerdings in Palästina noch nicht archäologisch belegte Bogenleier oder Winkelharfe in Frage, die zur Familie der Harfen zu zählen ist, mit festgestimmten Saiten nicht veränderbarer Tonhöhe, die mit den Fingern beider Hände angeschlagen werden (H. P. Rüger, BRL² 235). Vorstellbar ist auch, daß **nabl* ursprünglich das einheimische Wort für tragbare Saiten- und Zupfinstrumente war, das im Laufe der Zeit an einer bestimmten Ausformung haften blieb, als eine spezielle Differenzierung einsetzte (Leier, Kithara, Laute, Harfe, Sambyke usw., vgl. Grelot). Die gegenüber *kinnôr* etwas seltenere Bezeugung hängt vielleicht mit den höheren Ansprüchen zusammen, den *neḇæl* an den Spieler stellte (vgl. Ps 81, 3: „dazu auch mit *nāḇæl*").

III. Die religiöse Bedeutung der *neḇæl*-Harfe (des *Psalters* oder „*psaltier*", Grelot) liegt wie bei der Prozession der Nabi-Gruppe in 1 Sam 10, 5, der höfischen Feier der Einholung der Lade in 2 Sam 6, 5 wie beim Einsatz als Begleitinstrument oder im Tempelorchester in der Funktion der Musik, zu der sie beiträgt. Theologisch bedeutsam sind zwei Sachverhalte der Verwendung. Einmal die in den Psalmen bezeugte Funktion der Begleitung der Lieder einzelner im Vorgang des dankenden Lobpreises (*hôḏāh*, *hillel*, *zimmer*). Die Musik untermalt und unterstreicht mit Akkordklängen (*prṭ 'al pî* Am 6, 5?) oder sog. Borduntönen den Vortrag des Laiengesangs („neues Lied") als gottesdienstlich adäquate, „gehobene" Rede vor JHWH und der Gemeinde und hat insofern eine dienende Rolle (wie beim Tanz). Zum andern gehört sie mit Leiern und Zimbeln u.a. nach liturgischer Ordnung zur besondere Einrichtung des levitischen Tempelorchesters, das den Zweck hat, wie es die Chr belegt, den hymnischen Gesang („nach Mädchenweise"? 1 Chr 15, 20) zu unterstützen und so die Epiphanie und Präsenz Gottes im Heiligtum auf besondere Weise zu feiern (2 Chr 5, 12ff.).

Seybold

נגד *ngd*

I. 1. Etymologie – 2. Bedeutung – II. 1. Verbale Kommunikation – 2. Nicht-verbale Kommunikation – III. 1. Biblische und außerbiblische Belege – 2. Wortfeld – IV. Die bedeutsamsten Texte – 1. Prophetischer Kontext – 2. Kultischer Kontext – 3. Weisheitskontext – V. 1. LXX – 2. Qumran – 3. Jüdische Literatur.

Lit.: *M. Dahood*, Qohelet and Northwest Semitic Philology (Bibl 43, 1962, 349–365). – *Ders.*, Denominative *riḥham*, „to conceive, enwomb" (Bibl 44, 1963, 204–205). – *O. Garcia de la Fuente*, La búsqueda de Dios en el Antiguo Testamento, Madrid 1971. – *H. Haag*, „Offenbaren" in der hebräischen Bibel (ThZ 16, 1960, 251–258). – *J. Harvey*, Le plaidoyer prophétique contre Israël après la rupture de l'Alliance, Brügge – Paris – Montréal 1967. – *A. Lemaire*, Inscriptions hébraïques, I. Les ostraca, Paris 1977. – *I. L. Seeligmann*, Zur Terminologie für das Gerichtsverfahren im Wortschatz des biblischen Hebräisch (VTS 16, 1967, 251–278). – *A. Schoors*, Les choses antérieures et les choses nouvelles dans les oracles Deutéro-Isaïens (EThL 40, 1964, 19–47). – *M. Weinfeld*, Deuteronomy and the Deuteronomic School, Oxford 1972. – *Y. Yadin*, The Scroll of the War of the Sons of Light Against the Sons of Darkness, Oxford 1962. – *W. Zimmerli*, Der „Prophet" im Pentateuch (Studien zum Pentateuch, Festschr. W. Kornfeld, 1977, 197–211).

I. 1. Die Wurzel *ngd* findet sich im Phön. als mask. Eigenname, im Arab. als Verb ('überwinden, helfen', II 'ausstatten, benachrichtigen'), Subst. (*naǧdah* 'Hilfe, Mut') und Adj. (*naǧīd* 'tapfer'), im Aram. (*negaḏ* 'ziehen', syr. auch 'führen') und im Äth. (*nagada* 'reisen, Handel treiben'). Im Hebr. ist sie als Verb (im *hiph* und *hoph*), im adverbiell gebrauchten Nomen *næḡæḏ* und im Subst. → *nāḡîḏ* 'Fürst' belegt.

Man hat versucht, eine Verbindung zwischen *ngd* und akk. *naqādu* ʿin kritischer Lage seinʾ (AHw 743) herzustellen (Glück, VT 13, 1963, 144–150), aber es handelt sich um zwei etymologisch verschiedene Wurzeln (vgl. Richter, BZ NF 9, 1965, 72 Anm. 7). Dagegen kann eine gewisse Beziehung zwischen hebr. *nægæḏ*, *nāḡîḏ* und tuaregisch *nkd* ʿvorausgehen, entgegengehenʾ, das in der pun. Wiedergabe (*mjnkd*) von lat. *imperator* vorkommt (KAI II 126f.) nicht von der Hand gewiesen werden.

Das Verb *ngd* leitet sich wahrscheinlich vom Subst. *næḡæḏ* her, das eigentlich ʿVorderseite, Gesichtʾ bedeuten dürfte, aber tatsächlich nur als Adv. oder Präp. gebraucht wird: ʿangesichts, vor, gegenüberʾ (Ausnahme: *k^e^næḡdô* Gen 2, 18. 20 „als seine Entsprechung, als sein Gegenstück", d. h. zu ihm passend; vgl. W. J. Gerber, Die hebräischen Verba denominativa, 1896, 189; Westermann, THAT II 32). Diese Etymologie gewinnt eine Stütze in der allgemeinen Tendenz des Ugar. und Hebr. zur Bildung denominierter Verben aus Wörtern, die Körperteile bezeichnen (Dahood, Bibl 43, 364; 44, 204f. und Psalms, AB 16, 84. 237; 17A, 385).

2. Aus dem Gesagten geht hervor, daß die primäre und nächstliegende Bedeutung von *ngd* ʿgegenüberstellen, vor jem. hinstellen, konfrontierenʾ ist. Daraus leitet sich die gewöhnlichste Bedeutung ʿberichten, mitteilen, zeigen, erklären, kundtun, offenbarenʾ her mit einer ganzen Reihe von Nuancen, die zum semantischen Feld der Kommunikation gehören und die im Folgenden präzisiert werden sollen.

II. 1. In der Regel bezeichnet *ngd* eine verbale Kommunikation. Diese Beobachtung, die durch zahlreiche Belege gestützt werden kann, ist besonders evident in den Fällen, wo *ngd* in Verbindung mit den Ausdrücken „die Lippen öffnen" (Ps 51, 17) und „in den Ohren von" (Jer 36, 10, vgl. Jes 48, 14, s. u. III. 2) steht. Außerdem wird Jes 48, 20 ausdrücklich auf die „Stimme" (*qôl*) als Kommunikationsmittel hingewiesen, und in mehreren Texten ist das Obj. von *ngd* „die Worte" (*d^e^ḇārîm*: Gen 44, 24; 1 Sam 18, 26; 19, 7; 25, 12; 2 Kön 6, 12). Die verbale Kommunikation bezweckt die Mitteilung einer Botschaft. Diese Operation impliziert einen Referenzbezug, einen Verbindungskanal und natürlich einen Sender und einen Empfänger. In den meisten Fällen sind der Sender (Sprecher) und der Empfänger (Hörer) Menschen, wie auch der Referenzbezug (dasjenige, von dem geredet wird) im menschlichen Bereich vorzuliegen pflegt. Dies erklärt, daß sich *ngd* hauptsächlich in der profanen Sphäre bewegt. Die menschliche Kommunikation hat einen sehr breiten Umfang; daher die mannigfaltigen Beispiele, auf die sich *ngd* beziehen kann: Darlegung einer Wahrheit (Gen 3, 11), Antwort auf eine Frage (Gen 32, 30; 43, 7; Jer 36, 17; 38, 14f. 27: *šāʾal – higgîḏ*), Mitteilung einer Tatsache oder einer Nachricht (Gen 14, 13; 26, 32; 46, 31; 1 Sam 4, 13f.; Ijob 1, 15–17. 19), Deutung eines Traumes (Gen 41, 24; Dan 2, 2), Verhüllung oder Enthüllung eines Geheimnisses (Gen 31, 20; Jos 2, 14. 20; Ri 16, 6. 10. 13. 15. 17f.) oder eines Namens (Ri 13, 16), Lösung eines Rätsels (Ri 14, 12–19; 1 Kön 10, 1–3), Erklärung eines Ritus oder eines Zeichens (Ex 13, 8; Dtn 32, 7; Ez 24, 19; 37, 18) usw. Die Kommunikation kann sich aber auch auf der religiösen und supranaturalen Ebene entfalten. In einigen Fällen ist der Sprecher ein Mensch und der Hörer Gott (Ex 19, 9; Ps 142, 3), in anderen dagegen ist Gott der Sender und ein Mensch der Empfänger (Gen 41, 25; 2 Sam 7, 11; Jer 42, 3; Mi 6, 8; Ps 147, 19). Gott wird anthropomorph dargestellt, und deshalb hofft man, daß er „seine Lippen öffnen" (Ijob 11, 5f.) und „sein Wort" (*dāḇār*) mitteilen wird (Ex 4, 28; Deut 5, 5). Die göttliche Kommunikation kann direkt und unmittelbar sein (Dtn 4, 13; Jer 9, 11) oder durch Mittler oder Boten geschehen (1 Sam 3, 17f.; 9, 8; Jes 21, 10; Jer 16, 10; 42, 20f.; Ez 24, 19ff.).

Syntaktisch-stilistisch gesehen pflegen die oben dargelegten Beziehungen folgendermaßen zum Ausdruck gebracht zu werden: *ngd hiph* + indir. Obj. mit *l^e^* + gelegentlich ein direktes Obj. oder anderer Ausdruck, z. B. 1 Sam 19, 7: *wajjaggeḏ lô j^e^hônāṯān ʾæṯ-kŏl-hadd^e^ḇārîm hāʾellæh*. Selten wird das indirekte Obj. durch *ʾæl* eingeführt: *wajjaggeḏ mošæh ʾæṯ-diḇrê hāʿām ʾæl-JHWH* (Ex 19, 9; vgl. 1 Sam 3, 15). Statt des indirekten Objekts können *b^e^* + Ortsangabe (1 Sam 4, 13; 2 Sam 1, 20; Jer 4, 5; 5, 20) oder andere Adverbiale stehen.

2. Durch *ngd* wird auch die nicht-verbale Kommunikation ausgedrückt. Ohne Sprache, ohne Worte und ohne hörbare Stimme erzählt nach Ps 19, 2–4 der Himmel die Ehre Gottes und verkündet die Feste die Werke seiner Hände (vgl. auch Ps 50, 6; 97, 6; Ijob 12, 7). Es handelt sich um eine besondere „Sprache": trotz Mangel an Worten (*d^e^ḇārîm*) und Stimme (*qôl*) ist sie universell und streckt sich über die ganze Welt hin. Die Sender sind die himmlischen Räume und die Empfänger die irdischen. Die Botschaft besteht in der Verkündigung der Ehre Gottes, der Offenbarung des wirkmächtigen Gottes.

So bringt *ngd* nicht nur die Kommunikation unter Menschen, sondern auch die Kommunikation Gottes durch sein Wort und durch die Natur zum Ausdruck. In der Regel bedeutet *ngd*, daß ein anderer an etwas Unbekanntem teilhaft gemacht wird. Es geht also um ein Bekanntmachen, ein Wissen-Lassen, ein Offenbaren im weitesten Sinn. Wenn das Subj. Gott ist, kann es sich um eine Offenbarung im strikten Sinn handeln, und wenn Gott dies durch einen Boten tut, kann sein Wort eine prophetische Verkündigung sein.

III. 1. Das Verb *ngd* kommt 335mal im *hiph* vor: 48mal im Pent. (Gen 31mal, Josefsgeschichte 14mal), 138mal im DtrGW (Ri 20mal, Simsongeschichte 23mal, 1+2 Sam 80mal, 1+2 Kön 30mal), 70mal in den prophetischen Büchern (Jes 29mal, DtJes 21mal, Jer 28mal) und 78mal in den übrigen Schriften (Ps 20mal, Ijob 17mal).

Zu diesen Belegen kommen die folgenden Konjekturen hinzu: Dtn 13, 10: *hagged taggîdænnû* statt MT *hārôḡ tahargænnû* (vgl. LXX, BHS, Seeligmann 261f., Weinfeld 94–97); 1 Sam 12, 7: einfügen mit LXX *we'aggîdāh lāḵæm* (vgl. BHS, Stoebe, KAT VIII/1, 233; McCarter, AB 8, 210); Jes 41, 27: *higgadtî* statt MT *hinneh hinnām* (vgl. BHS; Whitley, JSS 2, 1957, 327f.; Elliger, BK XI/1, 174f.).

Im *hoph* ist *ngd* 35mal belegt, davon 5mal in Gen, 8mal in 1+2 Sam und 7mal in 1+2 Kön.
næḡæḏ begegnet in ziemlich gleicher Streuung im ganzen AT, wobei die 35 Belege in Ps und die 19 in Neh besonders zu nennen sind.
Das Verb *ngd* kommt auch in außerbibl. hebr. Texten vor, so z. B. in Lachisch Ostrakon 3 (KAI 193, Zl. 2 *hiph*, Zl. 13 *hoph*). Die Einleitungsformel „Dein Knecht X hat gesandt, um meinem Herrn N. zu melden (*ngd hiph*)" erinnert an Formeln in den Amarnabriefen: „Ich habe dir diese Tafel gesandt, um dir zu sagen ..." (vgl. Rainey, AOAT 8, Nr. 367, 2–4; 369, 2–4; S. 36ff.) und an einigen bibl. Stellen wie Gen 32, 6: „Ich habe gesandt, um dir zu melden (*ngd hiph*)", vgl. Lemaire 101–104.
2. Im bibl. Hebr. gehören zum Wortfeld von *ngd* vor allem *jāḏa'* (→ ידע), *šāma'* (→ שמע) und *kiḥeḏ* (→ כחד) (vgl. u. IV. 2. c). Wenn die Grundbedeutung von *higgîḏ* 'wissen lassen' ist, ist es logisch, daß das Verb enge Berührungen mit *jāḏa'* hat. Eine enge Verbindung zwischen *higgîḏ* und *jāḏa'* findet sich in Jes 19, 12; 41, 22f. 26; Ijob 11, 6; 38, 4. 18; Rut 4, 4; Koh 6, 12. In Ez 23, 26 wird *higgîḏ* statt *hôḏîa'* gebraucht (vgl. Ez 20, 4; 22, 2; ebenso ist Ex 13, 8 mit Jos 4, 22 zu vergleichen). Schließlich ist zu beachten, daß die LXX als Übersetzung von *higgîḏ* ἀναγγέλλειν gebraucht, das aber gelegentlich auch *hôḏîa'* wiedergibt (vgl. Ps 104, 1).
Die Beziehung zwischen *higgîḏ* und *šāma'* ist selbstverständlich. Es handelt sich um die Korrelation zwischen „reden" und „hören", die sich in diesem Fall auf zwei Weisen manifestiert: a) im Parallelismus *higgîḏ* – *hišmîa'*: Jes 41, 22b. 26b; 42, 9; 43, 9. 12; 44, 7a (BHS). 8; 45, 21; 48, 3. 5. 6. 20; Jer 4, 5. 15; 5, 20; 46, 14; 50, 2; b) im Verhältnis *higgîḏ* – *šāma'*: Gen 21, 26; Jes 21, 10; 48, 6; Jer 31, 10; 36, 13; 42, 21; Ez 40, 4; Spr 29, 24, s. auch Jes 40, 21 (*ngd hoph*).
Zwischen *ngd* und *kḥd* besteht ein antithetischer Parallelismus, obwohl die beiden Verben in synonymem Parallelismus stehen, wenn *higgîḏ* affirmativ und *kḥd* negiert ist (Jos 7, 19; 1 Sam 3, 18; Jes 3, 9; Jer 38, 25; 50, 2; Ijob 18, 15; vgl. Jer 38, 14f.). Eine analoge Korrelation läßt sich bei *ngd* – *'lm* (1 Kön 10, 3 par. 2 Chr 9, 2; 2 Kön 4, 27; vgl. Ijob 42, 3) und *ngd* – *ḥāšāh* (2 Kön 7, 9; Jes 57, 11f.) beobachten.

IV. Es ist nicht immer leicht, einen Text in einen bestimmten Traditionsstrom einzuordnen. Aus diesem Grund geben wir im Folgenden dem Terminus „Kontext" einen weiten Sinn. Vom theologischen Gesichtspunkt aus findet sich das Verb *ngd* vor allem in prophetischen und kultischen Kontexten, obwohl einige relevante Beispiele auch in der Weisheitsliteratur zu verzeichnen sind. Die theologische Bedeutung einer Stelle kann auf verschiedene Weise nuanciert und in verschiedenen literarischen Formen gestaltet werden. So wird *ngd* mehrmals in Texten der *rîḇ*-Gattung gebraucht (Jes 48, 14; 57, 12; 58, 1; Mi 6, 8; Ps 50, 6; vgl. Harvey 109 Anm. 2). Ohne seine theologische Ladung zu verlieren, nimmt *ngd* in diesen und anderen Texten eine gewisse juristische Färbung an. Andere Bedeutungsnuancen sind vom direkten Obj. oder von den parallelen Verben und Formen abhängig.
1. a) Die ältesten Texte, in denen *ngd* in einem prophetischen Kontext steht, finden sich wahrscheinlich im Pent. Es handelt sich nicht immer um Prophetie im strikten Sinn, aber die Verbindung mit dieser ist deutlich.
α) In der Josefsgeschichte finden wir in Gen 41, 24f., einem theologisch programmatischen Text (vgl. G. von Rad, ATD 2–4[9], 307), wiederholt das Verb *ngd*. In Form und Inhalt weisen diese Verse auf 41, 15f. und 40, 8 (vgl. 37, 5ff.) hin. Pharao erzählt dem Josef, daß er einen Traum gehabt hat und daß seine Zauberer ihn nicht haben deuten können (v. 24). In der verbalen Kommunikation kann die gesandte Botschaft nur dann eine Information vermitteln, wenn es einen dem Sender und dem Empfänger gemeinsamen Kode gibt: der Sender kodifiziert und der Empfänger dekodifiziert die Botschaft. Die Zauberer können die Botschaft nicht entziffern, weil sie den Kode nicht kennen, was in diesem Fall völlig normal ist, da es ja kein menschlicher Kode ist. Das gewöhnliche Wort für Traumdeutung in der Josefsgeschichte ist *pāṯar* (Gen 40, 8. 16. 22; 41, 8. 12. 13. 15). In 41, 24 wird statt dessen *higgîḏ* gebraucht, mit gleicher Bedeutung und in ähnlicher Formulierung: *ûpôṯer 'ên 'ôṯô* 40, 8; 41, 15 – *we'ên maggîḏ lî* 41, 24. Hier schimmert die allgemeine Vorstellung vom prophetischen Wert der Träume durch (→ חלם *ḥālam*). Sowohl die Träume als auch ihre Deutung kommen von Gott (vgl. 40, 8; 41, 25). Josef ist „kein Traumdeuter von Profession wie die Zauberer des Pharao, sondern ein Inspirierter" (Gunkel, Genesis 429), ein Charismatiker (von Rad, ATD 2–4[9], 304). Die Ereignisse der Zukunft gehören Gott und demjenigen, dem er sie offenbaren will. Die Essenz der Offenbarung liegt nicht im Traum, sondern in der göttlichen Deutung. Der Traum des Pharao ist eine Mitteilung von Gott: „Was Gott tun will, hat er dem Pharao verkündet (*higgîḏ*)" (v. 25), ja noch mehr, er ist eine Heilsbotschaft (41, 16). Dieser Traum mit seiner Deutung hat den Wert einer göttlichen Offenbarung prophetisch-heilverkündenden Charakters. Es ist eine den elohistischen Texten – zu denen Gen 40–41 gehören – gemeinsame Idee, daß Träume eine Offenbarung enthalten (vgl. Gen 20, 3ff.; 28, 12ff.). Im Kontext eines Traumes erhält Abraham den Titel *nāḇî'* (20, 7), und von Josef heißt es, daß er „den Geist Elohims" besitzt (41, 38). Josef ist nicht nur

ein Weiser oder Zauberer, sondern ein Prophet, der die göttliche Offenbarung erhält, durch die er Träume interpretiert. „Nicht der Zauberer, sondern der Prophet ist der rechte Traumdeuter" (Procksch, KAT 1, 394; vgl. Gunkel, Genesis, [9]1977, 429, Schmitt, BZAW 154, 98f.). So geht *higgîḏ* in Gen 41, 24f. weit über die einfache Deutung hinaus: es ordnet sich in die authentische prophetische Interpretation hinein, in den Kontext der Offenbarung und Verkündigung Gottes.

Im Einklang mit diesen Texten steht Hos 4, 12, wie diese nördlichen Ursprungs. Es ist die einzige Stelle bei Hosea, wo *higgîḏ* gebraucht wird und bezieht sich auf die Technik, deren man sich bedient, um in Kontakt mit der Gottheit zu kommen (vgl. J. L. Mays, Hosea, 1969, 73).

Diesen Texten nahe stehen Jes 19, 12; Jer 9, 11 und vor allem Dan 2, 2 (+2, 26ff.); letztere Stelle ist wahrscheinlich von Gen 40–41 abhängig. Allen diesen Stellen gemeinsam ist der Gegensatz zwischen den Weisen und Wahrsagern anderer Völker und den Propheten Israels (vgl. Kaiser, ATD 18, 85). Träume und Visionen kommen von Gott und übersteigen den Verstand der Weisen und der Hofwahrsager: diese geben unvernünftige Ratschläge, weil sie nicht durch den wahren prophetischen Geist geleitet sind.

β) Die in der Josefsgeschichte latente Auffassung der israelitischen Prophetie als von den magischen Interpretationen verschieden tritt offen zutage im Bileamzyklus, am konkretesten in Num 23, 3ff. (E). Der Verfasser stellt gegen die magische Auffassung des rituellen Opfers Balaks die Unterwerfung des Propheten unter das Wort Gottes (vgl. Noth, ATD 7[4], 160). Die primäre Quelle der Prophetie ist das Wort Gottes; der Prophet wiederholt die Worte, die ihm Gott mitteilt (Num 23, 5. 7. 12. 16f.; 22, 35. 38) oder die Vision, die Gott ihm zeigt (23, 3). Bileam wagt es nicht, seine eigene Meinung kundzutun, er spricht nicht voreilig, sondern er erwartet in der Begegnung mit Gott das Wortereignis. De Vaulx (Nombres 275) vergleicht Bileam mit Mose, der auf den Berg hinaufsteigt, um JHWH zu begegnen (Ex 19, 3: *higgîḏ*). Im Falle Bileams realisiert sich die Begegnung als Vision und Anrede (Num 23, 3. 5). Bileam übermittelt (*higgîḏ*) dem Balak, was Gott ihm gezeigt hat, was Gott ihm offenbart (23, 3). Der Vorrang Moses als Vermittler des Wortes tritt in zwei Texten aus der nördlichen Überlieferung hervor: Ex 4, 28 (E nach Fohrer, BZAW 91, 28ff. 124 und Hyatt, NCB 88 u. a.) und Dtn 5, 5, wahrscheinlich von Ex 4, 28 abhängig. In beiden Fällen wird die Mittlerstellung des Mose unterstrichen; die fast identische Formulierung der beiden Texte (*higgîḏ* + *l*[e] + *'eṯ* ... *d*[e]*ḇar JHWH*) läßt nicht nur an die Verbindung zwischen den beiden Texten, sondern auch an die Abhängigkeit der letzteren vom ersteren denken (gegen Seitz, BZAW 93, 49 und Mays, NCB 166). Die Beziehung einerseits zwischen dem Ausdruck *d*[e]*ḇar JHWH* und der prophetischen Offenbarung und andererseits zwischen der Mittlerstellung des Mose und der Tätigkeit der Propheten scheint unleugbar zu sein (vgl. Gerleman, THAT I 440; Zimmerli 202ff.). Diese Verwandtschaft wird noch stärker akzentuiert, wenn man die Verbindung zwischen Mi 6, 8 und Dtn 5, 5 anerkennt. Micha bezeugt, daß JHWH Israel seinen Willen bekanntgegeben hat (*higgîḏ*), d. h. das was er von ihm fordert. Weiser (ATD 24, 281) verbindet diese Stelle mit dem Dekalog und Wolff (BK XIV/4, 153) meint, daß die Terminologie von Mi 6, 8 an diejenige von Dtn 4, 13 und 5, 5 erinnert (in allen drei Fällen *higgîḏ*). Es ist jedoch zu bemerken, daß Dtn 4, 13 eine von Dtn 5, 5 verschiedene Überlieferung repräsentiert (in 4, 13 wird die Unmittelbarkeit der göttlichen Kommunikation unterstrichen). Die durch *higgîḏ* ausgedrückte Vermittlung des Mose tritt auch in Ex 19, 9 hervor, hier aber in umgekehrter Richtung: vom Volk an Gott.

Die analysierten Pentateuchtexte zeigen das Verb *ngd* in Verbindung mit primitiven Zeugnissen der prophetischen Tradition. Ohne zur klassischen Prophetie zu gehören, repräsentieren diese Texte (vorwiegend nördlichen Ursprungs) gewissermaßen die Grundpfeiler der israelitischen Prophetie. Das Verb *ngd* bewegt sich in diesen Texten einerseits auf dem Gebiet prophetischer Interpretation, Offenbarung, Inspiration und Vorhersage und realisiert andererseits die Mittlerfunktion des Mose und des Bileam, eine wesentliche Funktion sowohl in der Kommunikationstechnik als auch in der prophetischen Aktivität.

b) In den „früheren Propheten" (DtrGW) konzentriert sich die Aufmerksamkeit auf drei Punkte, wo das Verb *ngd* in einem prophetisch-theologischen Kontext vorkommt, nämlich die Berufung Samuels 1 Sam 3, die Ernennung Sauls zum *nāgîḏ* durch Samuel 1 Sam 9, 1 – 10, 16, und eine anekdotische Erzählung von Elischa 2 Kön 4. Alle diese Texte gehören dem nördlichen Überlieferungsstrom an, und man kann hier einige signifikante Berührungen mit den behandelten Pentateuchtexten beobachten.

α) Samuel ist wie Bileam ein Seher (1 Sam 9, 9) und erhält seine prophetische Berufung im Rahmen einer Vision (1 Sam 3, 15). Ebenso wie Elischa ist Samuel ein *'îš 'ᵆlohîm* (1 Sam 9, 6; 2 Kön 4, 8ff.); beide besitzen außerordentliche Kräfte, mit denen sie mit den supranaturalen Mächten in Verbindung treten können. Im Bericht über die Berufung Samuels drückt *higgîḏ* die Vermittlung der göttlichen Offenbarung an Eli aus: es geht darum, die Vision kundzutun (*haggîḏ 'æṯ-hammar'æh*, 3, 15), die Worte JHWHs mitzuteilen (*wajjaggeḏ š*[e]*mû'el 'æṯ-kŏl-hadd*[e]*ḇārîm*, v. 18). Vision und Audition sind die gewöhnlichen Kanäle der prophetischen Offenbarung (vgl. oben zu Bileam).

β) Bei der Salbung Sauls handelt Samuel als Gottes Beauftragter. Das Verb *ngd*, das in dieser Erzählung besonders häufig ist (1 Sam 9, 6. 8. 18. 19; 10, 15f. [4mal]), zeigt verschiedene Nuancen auf. Saul hofft, daß der „Gottesmann" ihm Auskunft geben soll (*higgîḏ*) über die verschwundenen Eselinnen (9, 6b).

In der Tat erwartet er mehr als eine bloße Nachricht, da er sehr wohl weiß, daß der Gottesmann mit besonderen Kräften ausgerüstet ist, so daß „alles, was er sagt, eintrifft" (9, 6a), aber er erwartet gewiß nicht so viel, wie ihm der Gottesmann tatsächlich mitteilen wird, da er nicht weiß, daß JHWH dem Samuel befohlen hat, ihn zum *nāḡîḏ* über Israel zu salben (9, 15f.; 10, 1). In diesem Kontext schillert die Bedeutung von *ngd* zwischen „benachrichtigen" und „prophetisch interpretieren" (vgl. 9, 6. 19), ja, wegen der etymologischen Verbindung mit *nāḡîḏ* könnte *haggîḏāh-nnā' lî* sogar bedeuten „designate me" (McCarter, AB 8, 179).

In 1 Sam 10, 15f. erhält *higgîḏ* einen neuen Aspekt. Affirmativ und negiert bezieht es sich auf einmal auf das Enthüllen (v. 16a) und das Verbergen (v. 16b) einer Sache. Die Haltung Sauls seinen Dienern gegenüber, indem er einen Teil der Wahrheit verschweigt, erinnert an das Benehmen Simsons gegenüber seinen Eltern; auch dort erscheint *higgîḏ* mit identischer Bedeutung (Ri 14, 4. 6. 16).

γ) Nicht nur von Simson und von Saul wird gesagt, daß sie etwas verschweigen oder enthüllen (*higgîḏ*), sondern auch von JHWH. Der „Gottesmann" Elischa sagt, daß JHWH ihm den Kummer, der die Schunemmiterin betroffen hat, verborgen und nicht kundgetan hat (*w^eJHWH hæ'ælîm mimmænnî w^elo' higgîḏ lî*, 2 Kön 4, 27). Da *hæ'ælîm* eine klar kognitive Konnotation hat, schließt der parallele Ausdruck dieselbe Bedeutung ein: JHWH hat Elischa das Ereignis nicht bekanntgegeben. Das Wort Gottes bleibt in ihm verborgen als sein „Plan" (Dtn 29, 28; Am 3, 7).

δ) Im Bericht über die Berufung Samuels 1 Sam 3 enthalten vv. 11–14 einen dtr Zusatz (Veijola, Die ewige Dynastie 38f.). In diesem Stück ist das Objekt von *higgîḏ* ein Gerichtsorakel über das Haus Elis. Dagegen hat es in 2 Sam 7, 11 (auch dtr: Veijola 79f. 132f.) ein Heilsorakel über das Haus Davids als Objekt. Diese Beobachtungen zeigen die Bedeutungsbreite von *ngd* im DtrGW. Sein Vorkommen erstreckt sich von den alten Geschichten, die durch einen prophetischen Redaktor bearbeitet wurden, bis zu ihrer Einfügung in den Rahmen der dtr Geschichte.

c) In der klassischen Prophetie begegnet *ngd* vor allem in späten Texten. Es gibt aber auch einige vorexilische Texte, die bemerkenswert sind.

α) Unter den ältesten Texten (außer Hos 4, 12 und Mi 6, 8, s.o.) sind Jes 3, 9 und Mi 3, 8 zu nennen: in beiden hat *higgîḏ* als Obj. *ḥaṭṭā'ṯ*. In Mi 3, 8 stellt sich der Prophet vor als echter Bote JHWHs, um Jakob seinen Frevel (*pæša'*) und Israel seine Sünde (*ḥaṭṭā'ṯ*) vorzuhalten (*higgîḏ*). Es ist zwar eine undankbare Aufgabe, aber für seine prophetische Tätigkeit wesentlich. Das Verb drückt hier die prophetische Anklage gegen die falschen Propheten aus (vv. 5–7). Mit einer fast identischen Formel heißt es Jes 58, 1, daß der Prophet die Aufgabe erhält, die Sünde des Volkes zu enthüllen (vgl. Ijob 21, 31). In Jes 3, 9 hat *higgîḏ ḥaṭṭā'ṯ* eine andere Bedeutung: hier wollen die Frevler selbst ihre Sünde nicht verbergen, sondern künden sie offen an; *higgîḏ* wird so zum öffentlichen Bekenntnis, das hier stolz und frech ist im Unterschied zu Ps 51, 5, wo eine ähnliche Formel der Erkenntnis und dem demütigen Bekenntnis der Sünde Ausdruck gibt (BHS schlägt *'aggîḏ* statt *nægdî* vor). Vgl. auch Am 5, 12; Jes 59, 12; Ijob 13, 23; 36, 9 (*ngd*/*jd'* + *ḥaṭṭā'ṯ*/*pæša'*).

Eine zweite Gruppe vorexilischer Texte, später als die eben genannten, findet sich im Buche Jer (4, 5. 15; 20, 10; 31, 10; 46, 14; 48, 20). In allen diesen Texten, 4, 15 ausgenommen, steht der Imp. *haggîḏû* mit folgender Ortsangabe mit *b^e* (vgl. auch 5, 20; 50, 2. 28, exilisch). Diese Konstruktion ist charakteristisch, obwohl nicht ausschließlich (vgl. Ps 9, 12), für Jeremia und steht gelegentlich in der feierlichen Einleitung eines Orakels, um ein glückliches oder unglückliches Ereignis zu verkünden. So wird 4, 5 eine unheimliche Ankündigung über Juda-Jerusalem gemacht, dagegen in 31, 10 ein Heilswort verkündigt. Jer 46, 14 und 48, 20 enthalten Orakel gegen Ägypten und Moab.

β) Unter den späten Texten ragen die deuterojesajanischen durch ihren theologischen Reichtum heraus. Einer der Lieblingsausdrücke des DtJes, besonders in Kap. 40–48, ist eben *higgîḏ* (40, 21 *hoph*). Von den 21 Belegen von *ngd hiph* haben nur drei Menschen als Subj. (42, 12; 45, 21a; 48, 20); in den meisten übrigen Beispielen ist das Subj. JHWH oder die Götter. Syntaktisch-stilistisch ist eine Anzahl mit *mî* eingeleiteter Fragesätze hervorzuheben (41, 26; 43, 9; 44, 7; 45, 21; 48, 14) sowie die zahlreichen Kombinationen mit *šāma'* (vgl. III. 2.). In Jes 40, 21 steht *ngd hoph* im Parallelismus nicht nur zu *šāma'*, sondern auch zu *bîn* und *jāḏa'*. Genau gesehen zeigt diese Reihe von Beziehungen, daß es nicht einfach um Verkünden und Hören geht, sondern auch um Verstehen im weitesten Sinn und daß die Erkenntnis Gottes aus dem Hören der Verkündigung entsteht (vgl. Elliger, BK XI/1, 82f.).

In DtJes bedeutet *higgîḏ* gewöhnlich 'voraussagen'. Diese Bedeutung wird durch nähere Bestimmungen hervorgehoben: „das Kommende" (*'ôṯijjôṯ* 41, 23; 44, 7), „was geschehen wird" (vgl. *'^ašær lo' na'^aśû* 46, 10), „die neuen Dinge" (*ḥ^aḏāšôṯ*) par. „ehe es sprießt" (42, 9), „schon längst" (*me'āz*) par. „ehe es kam" (48, 5), „von längst her" (*miqqæḏæm*, 46, 10); vgl. dazu Schoors 26. In 41, 22–27 geht es weit über die einfache Voraussage hinaus: *higgîḏ* bezeichnet zugleich die Deutung der Gegenwart und des Vergangenen (Elliger, BK XI/1, 192. 196). Zwischen dem Vergangenen und der Zukunft konstituiert das Wort den aktuellen Offenbarungsakt. In 43, 12; 48, 14f. enthält die Verkündigung implizit oder explizit die Vorstellung des Heils. In 48, 20 werden alle Israeliten aufgefordert, das durch JHWH gewirkte Heil zu verkünden (*haggîḏû*; vgl. 42, 12). Die Israeliten sollen Herolde der guten Nachricht vor den Nationen sein. Es handelt sich um eine Heroldsinstruktion, deren Mittelpunkt das Verkünden des Heilsgeschehens ist (Crüsemann, WMANT 32, 50f.; Merendino, VTS 31, 534).

Außerdem verdienen unter den späten Texten einige exilische Stellen in Proto-Jes, Jer und Ez erwähnt zu werden. In Jes 21, 1–10 erscheint *ngd* am Anfang (v. 2 *hoph*), in der Mitte (v. 6) und am Ende (v. 10) der Einheit. Obj. von *ngd* ist in v. 2 *ḥāzûṯ*, das sowohl Vision als auch Audition umfaßt (vgl. Wildberger, BK X 775). Dies erklärt den Wechsel der Formeln in vv. 6 und 10: *'ašær jir'æh jaggîḏ* und *'ašær šāma'tî higgaḏtî*. Während *ngd* in v. 2 die göttliche Offenbarung bezeichnet, ist es in vv. 6 und 10 ihre Verkündigung: Gott offenbart sich in Visionen und Worten, und der Späher meldet, was er sieht und hört (vgl. Ez 40, 4). In Jer 16, 10; 33, 3; 42, 4. 20f. hat *higgîḏ* ebenso die Bedeutung 'offenbaren' (vgl. Wildberger, BK X 771; Haag, ThZ 16, 1960, 257f.). In Jer 9, 11; Ez 24, 19; 37, 18 handelt es sich wahrscheinlich um prophetische Interpretation; *ngd* steht hier in einer Bitte um Erklärung/Deutung.

2. Im kultischen Kontext erscheint *ngd* vor allem in verhältnismäßig jungen Texten. Es gibt aber einige alte Belege, die mit der Institution der Befragung Gottes durch die Priester in Verbindung stehen.

a) Das AT bewahrt nur zwei mehr oder weniger vollständige Formulare für die Befragung JHWHs, eines in einer Befragung durch David im Krieg (1 Sam 23, 9–12), das andere in Verbindung mit der Suche nach einem Schuldigen (1 Sam 14, 41f.); vgl. García de la Fuente 214. In beiden kommt *higgîḏ* vor, im ersten Fall als Teil des Befragungsschemas (23, 11), im anderen eng damit verbunden (14, 43). In 1 Sam 23, 11 bringt *higgîḏ* die Antwort auf die Befragung durch Abjatar zum Ausdruck. Die Ersuchung eines Orakels gestaltet sich als ein förmliches Gebet, ein Teil eines im Kult verwurzelten Rituals (García de la Fuente 222f.). In 1 Sam 14, 41f. werden die Lose Urim und Tummim geworfen, um herauszufinden, wer der Schuldige ist. Es handelt sich im Kontext um eine sakrale Zeremonie, ein Gottesurteil, in dem Gott wiederholt angerufen wird (14, 38ff.). In diesem Rahmen kommt *higgîḏ* aufs neue zur Verwendung. Es genügte nicht, daß das Los auf eine Person fiel; diese mußte auch ihre Schuld bekennen.

In Jos 7, 14–19 wird ein Fall dargestellt, der mehrere Berührungspunkte mit dem vorhergehenden hat. Die Formel mit *ngd* ist fast identisch mit 1 Sam 14, 43 (*wehagged-nā' lî mæh 'āśîṯā* Jos 7, 19; *haggîḏāh lî mæh 'āśîṯāh* 1 Sam 14, 43). Das Grundproblem ist auch ähnlich. Im Rahmen der Achan-Geschichte, die eine ätiologische Sage mit starken liturgischen Elementen ist (Noth, HAT I/7, 43ff.), ist von einer unter den Israeliten begangenen Sünde die Rede (vv. 11f.). In einer kultischen Zeremonie wird nach ritueller Reinigung (v. 13) das Los geworfen, um den Schuldigen zu identifizieren (vv. 14–18). Die Zeremonie gipfelt in einer Doxologie und dem Bekenntnis des Schuldigen (v. 19; vgl. Horst, ThB 12, 162). Genau so wie das Vergehen eine doppelte Dimension hat, gegen Gott und gegen die Gemeinschaft, muß das Bekenntnis vor Gott und vor dem Volk stattfinden. Die gebrauchten Formeln sind zum Teil parallel, zum Teil komplementär: *śîm-na' kāḇôḏ leJHWH* ... *wetæn-lô tôḏāh wehaggæḏ-nā' lî mæh 'āśîṯā* (v. 19). Dieser Parallelismus wird akzentuiert, wenn wir Jes 42, 12 zum Vergleich heranziehen: *jāśîmû leJHWH kāḇôḏ ûtehillāṯô bā'ijjîm jaggîḏû*. Die Formel *śîm-nā' kāḇôḏ leJHWH* ist charakteristisch für die kultische Ehrung (vgl. Ps 66, 2; Westermann, THAT I 806). Die enge Verbindung mit der *higgîḏ*-Formel gibt diesem Verb eine besondere religiös-kultische Konnotation. In Jos 7, 19 nimmt *higgîḏ* die Bedeutung 'bekennen' an: ein quasi-sakramentales Bekenntnis von JHWH und seinem Repräsentanten vor der Gemeinde.

Im Jonabuch wird eine Geschichte erzählt, die mit den vorhergehenden zum Teil zusammenfällt. Auf hoher See entsteht ein Sturm, der den Verdacht eines Schuldigen in der Besatzung wachruft (Jona 1, 4ff.). Das Los wird geworfen und fällt auf Jona, der aufgefordert wird, zu bekennen (*ngd hiph*; v. 8). Es handelt sich hier kaum um eine kultische Zeremonie, obwohl man von einer kultischen Parodie reden könnte (Boling, AB 6, 354).

Das Vorkommen von *ngd* in diesen Texten, wo es um die Aufdeckung einer Schuld geht, ist gewiß signifikativ. Das Verb steht immer im zweiten Teil, nach der Identifizierung des Schuldigen, der nun bekennen soll, was er getan hat. In solchen feierlichen Kontexten mit einer religiös-kultischen Dimension, geht die Reichweite von *ngd* über die einfache menschliche Deklaration hinaus.

b) Im Rahmen der Darbringung von Erstlingen (Dtn 26, 1–11) sind zwei verschiedene Riten enthalten (vv. 3f. und 5ff.), deren zentrales Motiv das Glaubensbekenntnis der Israeliten ist. In vv. 3f. – priesterlicher Zusatz (s. Seitz, BWANT 93, 248) – erscheint die Formel *higgaḏtî hajjôm leJHWH 'ælohâkā* als zentrales Element des Ritus. Sie wird durch eine rituelle Anweisung eingeführt (*ûḇā'ṯā 'æl hakkohen*), die einige Parallelen hat in anderen Texten, wo das Verb *ngd* ebenso vorkommt (Dtn 17, 9; Lev 14, 35). Diese Einführung erhöht die Wichtigkeit der Formel mit *higgîḏ*, die eine feierliche, öffentliche Proklamation bezeichnet. Das liturgische „heute" ist eine Aktualisierung des historischen „heute" der Landnahme. Dieses „heute" klingt wieder in Dtn 30, 18 in einer Fluchformel, eingeleitet durch *higgaḏtî lākæm hajjôm kî*. Auch hier bezeichnet *ngd* eine feierliche Proklamation, ausgesprochen im fiktiven Rahmen der Bundesliturgie (Buis, Deutéronome 187).

c) In den Psalmen, besonders in den Hymnen, wird *ngd* wiederholt gebraucht, um die Proklamation der Heilstaten JHWHs, das Loben des sich den Menschen manifestierenden Gottes, auszudrücken. Die hymnischen Formeln sind nicht auf die Psalmen beschränkt, sondern finden sich auch in Jes 42, 12 und Am 4, 13.

α) In Ps 147, 19f. ist *ngd* synonym mit *jd'* und bedeutet 'offenbaren, bekanntmachen': Gott offenbart sein Wort, macht seine Satzungen und Rechte bekannt. Das Wort Gottes ist schöpferisch (vv. 15–18) und revelatorisch (vv. 19f.). Die Doxologie Am 4, 13 stellt JHWH unter diesem doppelten Aspekt dar: Schöpfer und Offenbarer. Gott offenbart (*higgîḏ*) dem Menschen seinen Plan mit der Welt und sein Wesen. Man kann sagen, daß Ps 147, 15–20 eine Liturgie spiegelt (Weiser, ATD 14–15, 578); ebenso ist die Doxologie in Am ein liturgischer Zusatz für die Antwort der Gemeinde auf die Vorlesung des Prophetentextes (Brueggemann, VT 15, 1965, 1–15). In Ps 111, 6 heißt es, daß JHWH die Macht seines Werkes kundtut. Hier wird das Wort *ma'aśæh* gebraucht, das auch Ps 19, 2 in Verbindung mit *higgîḏ* vorkommt: die Feste verkündet das Werk seiner Hände. Nach Ps 50, 6; 97, 6 proklamiert der Himmel die Gerechtigkeit (*ṣædæq*) Gottes (vgl. Ps 22, 32; 71, 18f., wo auch *ngd* + *ṣdq* vorkommt). Die ganze Schöpfung ist eine Sprache des Lobens Gottes und der Offenbarung an die Menschen. In diesen Texten meint *ngd* sowohl das Loben Gottes, die Verkündigung seiner Gerechtigkeit und seiner Werke, als auch die Offenbarung oder Manifestation von Gott selbst. „Die gesamte Natur steht in eines Höheren Dienst, sie ist Träger des Lobes Gottes und Vermittler seiner Offenbarung" (Weiser, ATD 14–15, 133, vgl. 433).

β) JHWH öffnet die Lippen seiner Gläubigen, und diese verkünden sein Lob (*tehillāh*, Ps 51, 17). Das Lob Gottes verkünden ist dasselbe wie ihm Ehre zu geben (Jes 42, 12), seine Wunder zu besingen (Ps 40, 6; 71, 17) und seine Größe zu verkünden (Ps 71, 19). Der Mensch soll die Barmherzigkeit und Treue Gottes verkünden (Ps 30, 10; 92, 2f.). Hier hat *ngd* als Obj. *ḥæsæḏ* und *'æmæṯ*, zwei Termini mit deutlich liturgischem Wert (Scharbert, Bibl 38, 1957, 130ff.), die in den Psalmen häufig wiederholt werden (Ps 25, 10; 40, 11f.; 57, 4; 61, 8; 85, 11; 86, 15; 115, 1; 138, 2), um eine Eigenschaft oder Aktivität Gottes zu bezeichnen. In Ps 30, 10 und 92, 2f. wird der Parallelismus intensiviert dadurch, daß die beiden Worte von demselben Verb *ngd* abhängig sind, aber auch durch die Beziehung zwischen *higgîḏ* und *hôḏāh*. Gottes *ḥæsæḏ* und *'æmæṯ* zu verkünden ist dasselbe wie ihm danken (Ps 92, 2f.).

γ) Das Lob Gottes soll von Mund zu Mund, „von Geschlecht zu Geschlecht" (Ps 145, 4; vgl. 22, 31f.; 71, 18), „von Tag zu Tag" (Ps 19, 3) gehen. Diese beiden Ausdrücke, die im Zusammenhang mit *higgîḏ* gebraucht werden, weisen auf eine lebendige Tradition, die beständig das Lob und die Taten Gottes erzählt und verkündet. Ps 145, 4–7 spezifiziert einige von diesen Taten Gottes, die wir schon in Verbindung mit *higgîḏ* gefunden haben: *ma'aśǣkā* (v. 4a), *gebûroṯǣkā* (v. 4b), *keḇôḏ hôḏæḵā* (v. 5a), *niple'oṯǣkā* (v. 5b), *geḏoloṯǣkā* (v. 6b), *ṭûḇeḵā* (v. 7a), *ṣiḏqāṯeḵā* (v. 7b). Hier finden wir die meisten Termini, die in den Psalmen als Obj. des Verbs *higgîḏ* gebraucht werden, um die Verkündigung der Taten und der Größe Gottes, seiner Ehre und Majestät zu bezeichnen. In Ps 145 bestimmen diese Termini verschiedene Verben, die alle gelegentlich synonym mit *ngd* sind: *šibbaḥ* 'rühmen' (v. 4a par. zu *higgîḏ*), *dibbær* (v. 5, synonym zu *ngd* in Ps 40, 6), *'āmar* (v. 6a, häufig als Wechselbegriff zu *ngd*) und *sippær* 'erzählen' (v. 6b, par. zu *ngd* Ps 19, 2). So bietet Ps 145 eine Synthese des Gebrauchs, der Bedeutung und der Parallelen von *higgîḏ*, ohne den Reichtum des Verbs im kultischen Kontext zu erschöpfen. Von Geschlecht zu Geschlecht, von Tag zu Tag soll die ganze Welt (*kŏl-'āḏām* Ps 64, 10) das Werk Gottes verkünden. Es ist die ewige Aktualität der göttlichen Aktivität und ihre ständige Aktualisierung in Gebet und Kult.

3. Schließlich sollen einige Texte der Weisheitsliteratur erwähnt werden.

a) In Spr 29, 24 ist von denen die Rede, die im Gericht ein Verbrechen nicht anzeigen, obwohl sie sich dadurch dem Fluch aussetzen. Die Situation ist dieselbe wie Lev 5, 1 (vgl. Ri 17, 2), und die gebrauchten Formeln sind praktisch identisch: *šāma' 'ālāh* und *lo' jaggîḏ*. Der Kontext ist rechtlich-weisheitlich mit religiösem Hintergrund, da ja der Fluch die Anrufung Gottes gegen den, der das Zeugnis verweigert, voraussetzt.

In Dtn 17, 8–13 sind zwei rechtliche Systeme kombiniert, das der Priester, das in einer *tôrāh* zum Ausdruck kommt, und das der Richter, das in einem *mišpāṭ* formuliert wird. Durch die enge Verknüpfung der zwei Begriffspaare *tôrāh – mišpāṭ* und *hôrāh – higgîḏ* erhält *ngd* eine juristisch-weisheitliche Färbung (vgl. Weinfeld 235f.).

b) In der Weisheit ist das Prinzip der Tradition grundlegend. Dieses Prinzip wird in verschiedenen Texten, wo *ngd* vorkommt, festgelegt. Die Traditionen der Alten sind Gegenstand des Unterrichts der Söhne durch den Vater (Ex 13, 8), der neuen Generation durch die älteren (Dtn 32, 7; Ijob 15, 18; Koh 6, 12). In diesem Kontext erhält *higgîḏ* die Bedeutung: alles, was das religiös-kulturelle Erbe des Volkes bildet, die Weisheit der Alten (vgl. o. IV. 2. c) zu überliefern oder lehren.

c) In Ijob 11, 6 bedeutet *higgîḏ* 'offenbaren' und hat als Obj. „die Geheimnisse der Weisheit". In diesem Text, der formal gesehen an Ps 51, 17 erinnert, drückt Zofar den Wunsch aus, daß Gott „seine Lippen öffne" (v. 5), um Ijob die Geheimnisse der Weisheit zu lehren (v. 6). Die göttliche Weisheit übertrifft die menschliche; Ijob entdeckt seine Unwissenheit durch die Fragen Gottes, die er nicht beantworten kann (38, 4 *higgîḏ*). Am Ende erkennt Ijob an, daß er von Wundern geredet hat, die seinen Verstand übersteigen: *higgaḏtî welo' 'āḇîn ... welo' 'eḏa'* (42, 3).

V. 1. In der LXX wird *ngd hiph* meist mit ἀναγγέλλω oder ἀπαγγέλλω übersetzt. Erstere Übersetzung überwiegt in den prophetischen Büchern (47mal gegen 57mal), während im DtrGW die letztere vorherrscht (95mal gegen 135mal). Andere Übersetzungen sind verhältnismäßig häufig in den späten Schriften: δείκνυμι (Gen 41, 25; Ez 40, 4; 43, 10); ὑποδείκνυμι (Est 2, 10a. 20; 3, 4; 4, 7a; 8, 1; Dan 9, 23; 10, 21; 11, 2; 2 Chr 2, 2); λέγω (2 Kön 22, 10; Jes 41, 22b; Rut 3, 16; Est 4, 8); προλέγω (Jes 41, 26b); ἀποκαλύπτω (Jos 2, 20). In den beiden letzten Verben kommt die Absicht der Übersetzer, die Bedeutung der Voraussage oder Offenbarung zu akzentuieren, zum Vorschein.

2. In Qumran ist das Verb *ngd* wenig repräsentiert; häufiger kommt *næḡæḏ* vor, und zwar in Analogie zum AT besonders in den Hodajot. Von den Belegen für *higgîḏ* sind drei besonders interessant: 1 QM 10, 1 hat Mose als Subj. und bezieht sich auf die theologischen „Anweisungen" (vgl. M. Burrows, VT 2, 1952, 255ff.; Rabinovitz, JBL 69, 1950, 45; Yadin 314). Die beiden anderen Texte stehen auch in der Kriegsrolle und beziehen sich auf frühere Offenbarungen. 1 QM 11, 5 gebraucht die Formel *ka'ᵃšær higgaḏtāh lānû me'āz le'mor*, was auf Num 24, 17–19 hinweist, und 11, 8 spricht von denjenigen, die die Orakel gesehen haben (*ḥôzê tᵉ'ûḏôṯ*), „durch die Gott uns die Zeiten der Kriege seiner Hände vorausgesagt hat (*higgaḏtāh lānû*)".

3. Das Verb *ngd hiph* und *hoph* ist auch in den Targumen, im Talmud und in der Midraschliteratur mit ähnlicher Bedeutung wie in der Bibel belegt. In dieser Literatur ist der wichtigste Terminus *haggāḏāh*, der in der späteren rabbinischen Literatur die nichtlegalen Teile der Bibelauslegung bezeichnet (Dietrich, RGG³ III 23f.).

García – López

נָגַהּ *nāḡah*

נֹגַהּ *noḡah*, נְגֹהוֹת *nᵉḡohôṯ*

I. Vorkommen – II. Bedeutung.

Lit.: *F. Schnutenhaus*, Das Kommen und Erscheinen Gottes im AT (ZAW 76, 1964, 1–22).

I. *ngh* kommt als Verb 6mal, als Subst. *noḡah* 19mal vor, dazu *nᵉḡohôṯ* Jes 59, 9 und aram. *nᵉḡoah* Dan 6, 20. Vgl. akk. *na/egû* 'fröhlich sein', ugar. *ngh* 'leuchten, strahlen', syr. 'leuchten', Subst. 'Morgenstern'.

Vorkommen zusammen mit *'ôr* (Am 5, 20; Jes 59, 9; 60, 19 u. ö.) wie auch mit *'eš* (Jes 4, 5) und *lappîḏ* (Jes 62, 1), dazu Spr 4, 18 und Dan 6, 20 zeigen, daß angesichts der *ngh*-Aussagen über religiöses Heil und Theophanien, diesen doch das natürliche Erlebnis beglückender Helligkeit zugrundeliegt.

II. Aus dem Verbgebrauch, ferner Spr 4, 18 mit *noḡah* als nomen rectum, dazu Ez 1, 4. 13. 27f. ergibt sich, daß dieses nicht so sehr die Lichtquelle, als vielmehr den von ihr ausgehenden Glanz bezeichnet. So wird es von Theophanien gebraucht, in Ez 1 ausgehend von Feuer und glühenden Kohlen (vv. 13. 27; Ps 18, 13; 2 Sam 22, 13f.). Ez 1, 18 wird der „Glanz" mit dem Regenbogen verglichen. Ez 10, 4 geht er aus von der „Herrlichkeit JHWHs"; vgl. Jes 4, 5, wo die → כבוד *kāḇôḏ* sich über Wolken- und Feuersäule, diese durch *noḡah* bezeichnet, ausbreitet. Hab 3, 4 verbirgt sich Gottes Herrlichkeit im Glänzen gleich dem Sonnenlicht. Was der Theophanie eigen ist, bedeutet auch Heil für die Menschen. Aus dem Dunkel ohne Glanz (Jes 8, 22, korr. nach LXX: *minnoḡah*) erstrahlt dem Volk ein großes Licht (Jes 9, 1). Könige strömen zu seinem Strahlen (Jes 60, 3). Gott läßt des Königs Finsternis hell werden (2 Sam 22, 29). Da bricht wie Glanz Recht hervor (Jes 62, 1) und überstrahlt Licht des Gerechten Wege (Ijob 22, 28; Spr 4, 18). Endzeitliche Erwartung geht dahin, daß weder Licht der Sonne noch Glanz des Mondes nötig sein werden, sondern Gott selbst dann Licht und „Glanz" = *tip'ārāh* sein wird (Jes 60, 19).

Durch gegensätzliche Aussagen vom Unheil, wenn der von Gott geschenkte Heilsglanz fehlt, wird dessen Bedeutung unterstrichen. Der Tag JHWHs ist Finsternis, nicht Glanz (Am 5, 20). Dann verlieren die Sterne ihren Schein (Joël 2, 10; 8, 15). Den Gottlosen strahlt nicht das helle Feuer (Ijob 18, 5). Wenn Gott zum Gericht erscheint, dann kann *noḡah* auch vom Glanz seiner Lanzen gebraucht werden (Hab 3, 11). Im Gericht über Babel lassen Sonne, Mond und Sterne ihr Licht nicht strahlen (Jes 13, 10). Doch auch da fehlt die Andeutung zum Heil nicht. „Wer in Finsternis wandelt, so daß ihm kein Lichtstrahl erglänzt, der vertraue auf den Namen JHWHs" (Jes 50, 10, vgl. auch Jes 59, 9).

* Trotz des ausgeprägten Licht-Finsternis-Dualismus in den qumranessenischen Schriften begegnet *ngh* in diesem Zusammenhang nur einmal in 4 Q 184, 1, 8, indem *nôḡah* den „lichtvollen Glanz" bezeichnet, der die Gerechten bekleidet. In 4 QS *šîrôṯ 'olaṯ haššabbat* B 6 ist vom „Glanz" des *kāḇôḏ* des Herrn die Rede (vgl. Ez 1, 27).

Die LXX hatte offensichtlich keine exakte Vorstellung von der Bedeutung des Verbs, da sie für 5 Belege 5 verschiedene Wiedergaben (u. a. λάμπειν, φωτίζειν) wählt. Das Nomen *noḡah* macht ähnliche Schwierigkeiten, wenn auch hier die Wiedergaben durch φέγγος (12mal) und φῶς (4mal) überwiegen. *(Fa.)*

Eising (†)

נָגִיד *nāḡîḏ*

I. Umwelt – 1. Aramäisch – 2. Altphönizisch – 3. Ammonitisch – 4. Arabisch – 5. Äthiopisch – 6. Mandäisch – 7. Samaritanisch – II. 1. Etymologie – 2. Statistik – 3. Streuung der Belege – 4. Verwandte Begriffe – 5. LXX – 6. Grundbedeutung – III. 1. *nāḡîḏ* im Bereich des israelitischen Königtums – 2. *nāḡîḏ* im Bereich des israelitischen Tempels – 3. *nāḡîḏ* in anderen israelitischen und außerisraelitischen Bereichen – IV. Qumran und Sir.

Lit.: *A. Alt*, Die Staatenbildung der Israeliten in Palästina (KlSchr II, 1953, 1–65). – *M. Buber*, Die Erzählung von Sauls Königswahl (VT 6, 1956, 113–173). – *G. Buccellati*, Da Saul a David: le origini della monarchia israelitica alla luce della storiografia contemporanea (BibOr 1, 1959, 99–128). – *R. A. Carlson*, David, the Chosen King, Uppsala 1964. – *F. Cross*, Canaanite Myth and Hebrew Epic, Cambridge, Mass. 1973. – *J. W. Flanagan*, Chiefs in Israel (JSOT 20, 1981, 47–73). – *J. de Fraine*, Teocrazia e monarchia in Israele (BibOr 1, 1959, 4–11). – *V. Fritz*, Die Deutungen des Königtums Sauls in den Überlieferungen von seiner Entstehung I Sam 9–11 (ZAW 88, 1976, 346–362, bes. 351–353). – *H. Gese*, Der Davidsbund und die Zionsbewegung (ZThK 61, 1964, 10–26 = Vom Sinai zum Zion, BEvTh 64, 1974, 113–129). – *J. J. Glück*, Nagid-Shepherd (VT 13, 1963, 144–150). – *S. D. Goitein*, The Title and Office of the NAGID: A Re-examination (JQR 53, 1962, 93–119). – *B. Halpern*, The Constitution of the Monarchy in Israel (Harvard Semitic Monographs 25, 1981, 1–11). – *T. Ishida*, נגיד: A Term for the Legitimation of Kingship (AJBI 3, 1977, 35–51). – *P. Joüon*, Notes de lexicographie hébraïque, X: נָגִיד „préposé“, d'où „chef“ (Bibl 17, 1936, 229–233). – *F. Langlamet*, Les récits de l'institution de la royauté (1 Sam., VII–XII) (RB 77, 1970, 161–200). – *E. Lipiński*, Nāgīd, der Kronprinz (VT 24, 1974, 497–499). – *G. Ch. Macholz*, NAGID – der Statthalter, „praefectus“ (Sefer Rendtorff. Festschr. R. Rendtorff, DBAT Beih. 1, 1975, 59–72). – *T. N. D. Mettinger*, King and Messiah. The Civil and Sacral Legitimation of the Israelite Kings (CB.OT 8, 1976). – *J. van der Ploeg*, Les chefs du peuple d'Israel et leurs titres (RB 57, 1950, 40–61, bes. 45–47). – *W. Richter*, Die *nāgīd*-Formel. Ein Beitrag zur Erhellung des *nāgīd*-Problems (BZ 9, 1965, 71–84). – *E. I. J. Rosenthal*, Some Aspects of the Hebrew Monarchy (JJS 9, 1958, 1–18). – *L. Schmidt*, Menschlicher Erfolg und Jahwes Initiative. Studien zu Tradition, Interpretation und Historie in Überlieferungen von Gideon, Saul und David (WMANT 38, 1970, bes. 141–170). – *S. Shaviv*, *nābî'* and *nāgîd* in 1 Samuel IX. 1 – X. 16 (VT 34, 1984, 108–113). – *J. A. Soggin*, Charisma und Institution im Königtum Sauls (ZAW 75, 1963, 53–65). – *Ders.*, Das Königtum in Israel (BZAW 104, 1967). – *T. Veijola*, Die ewige Dynastie. David und die Entstehung seiner Dynastie nach der deuteronomistischen Darstellung, Helsinki 1975. – *Y. Yeivin*, The Administration in Ancient Israel (The Kingdom of Israel and Judah, ed. A. Malamat, Jerusalem 1961, 47–65, Hebr. mit engl. Zusammenfassung).

I. 1. Im Altaram. wird das Wort *ngdj* in Sefire III (KAI 224), 10 gebraucht. Es wird entweder mit „meine Hohen“ (O. Rössler, TUAT I/2, 1983, 187) oder „meine Offiziere“ (A. Fitzmyer, The Aramaic Inscriptions of Sefîre, BietOr 19, 1967, 112; CBQ 20, 1958, 459; vgl. Cross 220 Anm. 5; ähnlich E. Lipiński, RTAT, 1975, 28): „Feldherren“, ders, Studies in Aramaic Inscriptions and Onomastics I, 1975, 56: „officers“) im Zusammenhang des Rächens eines begangenen Staatsmordes am Vertragspartner im Staatsvertrag des Königs Bar-Ga'yah von Ktk mit König Mati'-Il von Arpad (Mitte des 8. Jh. v. Chr.) wie folgt verwandt: „Und wenn irgendeiner meiner Brüder oder irgendeiner von meines Vaters Haus oder irgendeiner meiner Söhne oder irgendeiner meiner Hohen (*ngdj*) oder irgendeiner meiner Offiziere oder irgendeiner von den Leuten, die mir untertan sind . . ., meinen Kopf will, um mich zu töten – wenn sie mich tatsächlich töten –, so mußt du kommen und mein Blut rächen . . .“ (Sefire III 9–11). Zur Erhellung des *nāḡîḏ*-Begriffes ist der Gebrauch des *ngdj* in der Reihenfolge „Brüder – Vaters Haus – Söhne – Hohe (*ngdj*) – Offiziere“ ([*p*]*qd*, vgl. R. Degen, Altaram. Grammatik der Inschriften des 10.–8. Jh.s v. Chr., ²1978, 119; J. C. L. Gibson, Textbook of Syrian Semitic Inscriptions II, 1975, 49, u.a.) zwischen den königlichen „Söhnen“ und den „Offizieren“ (*pqd*, vgl. Sefire III 4. 10. 13; DISO 234; Degen 58; akk. *paqdu(m)* 'Beauftragter, Verwalter' AHw 827; W. Eilers, AfO 9, 1933/34, 333 mit Anm. 4) äußerst aufschlußreich, weil es zeigt, daß *ngdj* Allgemeinbezeichnung für die „Hohen“ bzw. „Erhöhten“ ist, die entweder dem weiteren Königshaus gleichgestellt zu ihm gehören, oder auch, wenn ihm untergeordnet, immer noch den militärischen und/oder zivilen Verwaltungsbeauftragten, d. h. den „Offizieren“, übergeordnet sind. Daraus darf man vorsichtigerweise schließen, daß „meine Hohen/Erhöhten“ (*ngdj*) Vornehme, Edle oder Adelige sind, die man kaum einfach als „Feldherren“ bzw. militärische „Befehlshaber/Kommandeure“ verstehen darf.

Die Lesung *ngdj* in Sefire III 10 hat man auch als *ngrj* „Offizier, Präfekt“ gelesen (A. Dupont-Sommer, BMB 13, 1956, 32, gefolgt von M. Noth, ZDPV 77, 1961, 150 mit Anm. 88; KAI I 44; Degen 21; S. Segert, Altaram. Grammatik, Leipzig 1975, 494 u.a.) und dessen Sinn durch den akk. Begriff *nāgiru(m)* 'Vogt, militärischer Kommandant, Präfekt' (Dupont-Sommer 32; ders., Sem 1, 1948, 52, gefolgt von anderen) erschlossen. Es scheint, daß *ngdj* die bessere Lesung ist (Fitzmyer, Sefîre, 112f.; DISO 174 gefolgt von vielen anderen). Zusätzlich ist zu bemerken, daß der akk. Begriff *nāgiru(m)* anhand von reichhaltigen Belegstellen über lange Zeit und breiten Raum hin die Bedeutung 'Herold, Ausrufer' (AHw II 711; CAD N/I, 11, 115–118) hat und nur in einer oder zwei Belegstellen vom Elamiterreich die Bedeutung 'hoher Beamter' (CAD N/I, 11, 117f.) hat, der u.a. auch Truppen kommandieren kann. Dadurch zeigt sich die Bedeutung der aram. Lesung *ngrj* i.S.v. 'Offizier, Präfekt' bzw. einem militärischen Führer, die durch den komparativen Sprachbeweis des akk. *nāgiru(m)* erschlossen wurde, jetzt als unhaltbar.

Im Saqqārapapyrus (KAI 266; Wende vom 7. zum 6. Jh. v. Chr., vgl. S. H. Horn, Andrews University Seminary Studies 6, 1968, 29–45), d.h. dem sog.

Adonbrief, hat man als Teil einer fragmentarischen Zeile die Worte *wngd' znh* [...] (Zeile 8) mit „und dieser Kommandant [...]" übersetzt (vgl. A. Dupont-Sommer, Sem 1, 1948, 52; J. A. Fitzmyer, Bibl 46, 1965, 45). Als Alternativlesung wurde *ngr'* 'Offizier, Kommandeur, Beamter' vom akk. *nāgiru(m)* 'Vogt, militärischer Kommandant, Präfekt' herstammend gelesen (Dupont-Sommer, Sem 1, 1948, 52; aber KAI II 314 bleibt zwischen *ngd'*/*ngr'* unentschieden). Wie oben gezeigt, stützt das akk. Wort *nāgiru(m)* 'Herold, Ausrufer' weder die vorgeschlagene Alternativlesung noch die erschlossene Bedeutung. Auch die Lesung *ngw'* 'Insel, Küstenland, Gebiet' anstelle von *ngd'* (so H. L. Ginsberg, BASOR 111, 1948, 25 Anm. 4c, gefolgt u.a. von W. D. McHardy, Documents from OT. Times, 254; Gibson, Textbook of Syrian Semitic Inscriptions II, 1975, 113. 115) empfiehlt sich kaum (vgl. Fitzmyer, Bibl 46, 1965, 55). Man darf deswegen das Subst. *ngd'* als Titel mit der Bedeutung 'Hoher, Erhöhter' verstehen, der das Recht hat, einen *pḥh* 'Statthalter, Gouverneur' (KAI II 313; vgl. II 227f.) einzusetzen und sich somit als höhergestellter Autoritätsträger dem letzteren gegenüber erweist. Ob der *ngd'* eine militärische Rolle hat, bleibt unbewiesen.

Der aram. PN *ngd* (CIS II 112; vgl. S. A. Cook, A Glossary of the Aramaic Inscriptions, Hildesheim ²1974, 80) erscheint im 7.–6. Jh. v. Chr.

Die Lesung *ngjdh* in einem Elephantinepapyrus (AP 26, 8) wird entweder als Stadtname *Negîdāh* (so E. Sachau, Aram. Papyrus und Ostraka aus einer jüd. Militärkolonie zu Elephantine, 1911, 46) oder als ein Ptz. Pass. „es ist bezeichnet" (A. Cowley 92. 94) oder weniger wahrscheinlich als Subst. i.S.v. 'Kiel (eines Schiffes)' (so R. A. Bowman, AJSL 58, 1941, 309; vgl. die aram. Wurzel *ngd* I in DISO 174) in einem fragmentarischen Zusammenhang verstanden.

In einem fragmentarischen aram. Text aus Memphis (5. Jh. v. Chr.) erscheint das Wort *ngjd*, das möglicherweise 'Leiter, Führer' (so N. Aimé-Giron, Textes araméens d'Egypte, Cairo 1931, 13f., anders Bowman 310) bedeuten kann.

Im Mhebr. und Jüd.-Aram. werden *nāḡîḏ* II bzw. *n^eḡîḏā'* 'Führer, Fürst' (Dalman, Aram.-Neuhebr. Hwb, 1938, 262; J. Levy, Chald. Wb, 89; vgl. M. Jastrow, Dict. Targ., II 871f.) und *nāḡôḏ* bzw. *nāḡôḏā'* 'Führer, Leiter' (J. Levy, WTM 332; vgl. Dalman, Aram.-Neuhebr. Hwb 262) in verschiedenen Zusammenhängen gebraucht.

2. Die altphön. Norainschrift (KAI 46; Mitte des 9. Jh. v. Chr.) enthält das Wort *ngd*, das möglicherweise als Bezeichnung der Kolonie NGD (so Z. S. Harris, A Grammar of the Phoenician Language, New Haven 1936, 123; KAI II 63 liest *NGR*) oder wahrscheinlicher als *nagīd* vokalisiert (Cross 220 Anm. 5) und entweder mit 'Kommandant' des Militärs (zuerst vorgeschlagen von F. Pili, Frontiera III/7, 1970, 270, gefolgt von B. Peckham, Or 41, 1972, 465 u.a.) oder als 'Aufseher' des Tempels (A. Dupont-Sommer, CRAIBL, 1948, 15–24; Gibson, Textbook of Syrian Semitic Inscriptions III, 1982, 27) zu übersetzen ist. Obwohl der Sinn der Norainschrift an sich nicht klar ist, hat doch das Wort *ngd* im engeren Kontext ziemlich sicher die *nagīd*-Bedeutung und bezeichnet Funktion und Titel eines „Hohen, Erhöhten", der zum Militär oder zum Tempel gehört.

3. Die Lesung *ngd*, wahrscheinlich als *nāgid* zu vokalisieren, erscheint zum ersten Mal im neuerdings gefundenen, bisher unveröffentlichten ammonit. Hesbonostrakon XIII (6. Jh. v. Chr.). Obwohl der fragmentarische Textzusammenhang dieses schwierigen Textes es nicht zuläßt, klar zu entscheiden, ob es PN *Nāgid* oder Titel i.S.v. einem militärischen 'Kommandeur' (mündliche Nachricht von F. Cross, Harvard Univ., Dez. 1983) oder mehr allgemein Würde- und Herrschaftstitel 'Hoher, Erhöhter' ist, darf dieser Text zu den wichtigen außerisraelit. Belegstellen des Wortes *nāḡîḏ* gezählt werden.

4. Im sabäischen Dialekt des Asarab. ist das Nomen *ngd* i.S.v. 'Hochland, Hochebene' (Biella, Dictionary 291) belegt. Die Verbalformen des klass. Arab. *naǧada* I 'hoch sein, sich erhöhen, überkommen, sich manifestieren' und IV 'erhöht sein' sowie auch das mod. arab. Nomen *naǧd* 'Hochland, Hochebene' (Lane I/8, 2752f.) weisen auf den langen Gebrauch der verschiedenen Wortformen der Wurzel *nǧd* hin, dessen Grundbedeutung 'hoch sein, erhöht sein' u.ä. ist.

5. Von der äth. Wurzel *ngd* 'reisen' werden im Hararidialekt das Verbum *nigdî* 'handeln (mit oder durch Karawanen)' und die Nominalformen *näggade* 'Waren' und *nugda* 'Gast' abgeleitet (W. Leslau, Etymol. Dict. of Harari, 1963, 118). Die äth. Wurzel *ngd* wird verschiedentlich mit aram. *ngd* 'ziehen, fließen' oder jüd.-aram. *ngd'* 'Führer' (KBL³ 629) verbunden.

6. Im Mand. ist das von dem Verbum *ngd* 'ziehen, hervorziehen, herausziehen, verbreiten; ausdehnen, erweitern, extrahieren, verlängern' und das davon denom. Subst. *ngada* 'Ausstreckung, Hinausziehung, Bestrafung, Züchtigung, Qual, Schmerz' (MdD 288) belegt. Es bleibt dahingestellt, ob die Wurzel *ngd* im Mand. mit den oben genannten Belegen im Aram., Phön., Ammonit. usw. direkt verwandt ist.

7. Im Samarit. erscheint aus dem Grundstamm *ngd* 'führen, leiten' das nominale Ptz. *ngwd* (vokalisiert *nāgūde*) 'Führer, Leiter' (F. Rosenthal, An Aramaic Handbook, 1967, II/2, 7).

II. 1. Das subst. Ptz. *nāḡîḏ* ist eine nominale *qaṭîl*-Bildung (E. König, Lehrgebäude der Hebr. Sprache, 1897, 141; vgl. R. Meyer, Hebr. Grammatik II, § 37.4) wobei es nicht einfach ist, nachzuweisen, ob es vom Ptz. akt. (*qaṭil>) *qaṭîl* (so Barth, Nominalbildung, ²1894, 184e i.S.v. 'Sager'; vgl. GKa § 84al; BLe 470; vgl. → נביא *nāḇîʾ* I.2) oder Ptz. pass. *qaṭîl* (E. I. J. Rosenthal, JSS 9, 1964, 7 Anm. 17, jedoch mit akt. Bedeutung) abgeleitet wird, weil im Hebr. beide Formen phonologisch zusammenfielen und deswegen die *qatîl*-Bildung entweder vom Ptz. akt. oder pass. (vgl. E. A. Speiser, CBQ 25, 1963, 114 Anm. 10; Liver 753; Richter 72 Anm. 6) stammen kann. Im letzteren Fall, d. h. Ptz. pass., ist die *qal*-Form jedoch normalerweise eine *qaṭūl*-Bildung (Meyer, Hebr. Grammatik II, § 37.5). Aus diesem Grund wird *nāḡîḏ* vom *qal* Ptz. akt. der hebr. Verbalwurzel *ngd* (so auch KBL³ 630; KBL² 592; GesB 483) abzuleiten sein.

A. Alt hat *nāḡîḏ* als Ptz. pass. von der *hiph*-Form *higgîḏ* mit der Bedeutung eines von JHWH „Kundgegebenen" (KlSchr II 23 Anm. 2) zu erklären versucht. Man kann aber kaum von der *hiph*-Bedeutung der hebr. Wurzel ausgehen (H. Gese, BEvTh 64, 1974, 115 Anm. 7). Auch der Versuch, *nāḡîḏ* als *qal* Ptz. pass. von der Wurzel *ngd* mit der ursprünglichen Bedeutung „heir-apparent designated by the reigning king" (Mettinger 71f.; ähnlich T. C. G. Thornton, JThSt 14, 1963, 8) abzuleiten, kann als unwahrscheinlich gelten, weil das *qal* Ptz. pass. normalerweise zur nominalen *qaṭūl*-Bildung führt (Meyer, Hebr. Grammatik II, § 37.5; vgl. Richter 72 Anm. 6), so daß die Form dann *nāḡûḏ* sein müßte.

Andere etymol. Deutungsversuche leiten *nāḡîḏ* von der hebr. Präp. *næḡæḏ* „angesichts, vor" i. S. v. „derjenige, der vor anderen ist" (Joüon, Grammaire 229f.: „celui qui est devant les autres"; vgl. BDB 617; Zorell 495; K. Seybold, FRLANT 107, 30 Anm. 35) ab. Als Erweiterung davon wird für *nāḡîḏ* die Bedeutung 'Vorsteher, Führer, Präfekt' (Joüon 229. 231; vgl. Macholz 65) vorgeschlagen. Es bleibt jedoch zu erweisen, wie die *qatîl*-Bildungsform *nāḡîḏ* sich aus der Präp. *næḡæḏ* oder dem dahinter liegenden ursprünglichen Subst. *næḡæḏ* 'Gegenüber, Entsprechung' (KBL³ 629; Meyer, Hebr. Grammatik II, § 87.3f.) gebildet haben soll, weil dafür bisher keine innerhebr. Entwicklung aufgezeigt werden kann (Meyer, Hebr. Grammatik II, § 34; vgl. E. Brønno, Studien über hebr. Morphologie und Vokalismus, 1943, 242f.; W. J. Gerber, Die hebr. Verba denominativa, 1896, 139).

J. J. Glück (144–150) versucht, den Titel *nāḡîḏ* etymologisch mit dem Terminus *noqeḏ* 'Hirte' zu verbinden und beide Worte aus einer semit. Wurzel *ngd/nqd* herzuleiten, so daß *nāḡîḏ* auch 'Hirte' bedeutet. Dieser Versuch hätte von H. Cazelles (VT 8, 1958, 321–326) angeregt worden sein können (vgl. C. Schedl, Geschichte des AT III, 1959, 59–61), wurde aber von Glück unabhängig vorgelegt. Es wurde gegen Glück nachgewiesen, daß der Konsonantenwechsel *g/q* anhand seiner semit. Beispiele „methodisch nicht exakt" (Richter 72 Anm. 7) ist und innersemit. völlig unbewiesen bleibt (Richter; aus anderer Richtung H. Gese, ZThK 61, 1964, 12 Anm. 7 = BEvTh 64, 115 Anm. 7; Carlson 53 Anm. 1). Die sprachlichen Stützen der vergleichenden Semitistik sind für Glücks Vorschlag nicht haltbar und deswegen hat dieser Versuch keinen Anklang gefunden (vgl. Macholz 71 Anm. 38; Ishida 49 Anm. 8; Halpern 257 Anm. 2 u. a.). Die Bedeutung 'Hirte' entspricht auch nicht den Gebrauchsweisen des *nāḡîḏ*-Begriffs im israelit. Königtum oder dem übrigen Gebrauch des AT.

Es darf anhand der vergleichenden Semitistik (s. o. I. 1.–4.) eine im AT nicht belegte (nur *hiph*) hebr. *qal*-Form *ngd* vorausgesetzt werden, die westsemit. Ursprungs ist. Die verschiedenen westsemit. Gebrauchsweisen der verbalen und nominalen Formen (s. o. I.) weisen auf die Bedeutung 'hoch sein, erhoben sein', für den hebr. Grundstamm hin (vgl. Gesenius, Thesaurus 485f.; GesB 482; Fritz 351; ähnlich J. de Fraine, L'aspect religieux de la royauté israélite, AnBibl 3, 1954, 98, der dem hebr. Grundstamm die Bedeutung „s'élever" anhand von begrenzter vergl. Semitistik zuweist). Die Bedeutung des Grundstammes *ngd* wirkt richtungweisend für den Sinn des Subst. *nāḡîḏ* (s. u. II. 6.), das vom *qal* Ptz. akt. der *qaṭîl*-Bildung abgeleitet ist.

2. Das Wort *nāḡîḏ* kommt im MT des AT 44mal vor.

Um die Schwierigkeit des MT in 1 Chr 27, 4 zu erklären, hat man die Wendung *ûmaḥ*ᵃ*luqtô ûmiqlôṯ hannāḡîḏ*, die in LXX^B und anderen LXX-Handschriften fehlt, als verderbt abgestrichen (BHK³; BHS; KBL³ 631) und verschiedentlich damit erklärt, daß es sich um eine Randbemerkung zu v. 4a handle, die sich wegen des Namens in 1 Chr 11, 12 in den Text von 27, 4 eingeschlichen hat (W. Rudolph, HAT I/21, 1955, 178; vgl. J. M. Myers, AB 12, 179 Anm. a; Mettinger 152). Es muß aber erwogen werden, ob die *lectio difficilior* nicht doch die ursprünglichere Lesung ist.

In 2 Chr 6, 6 wird anhand der Peschitta, Targum und wenigen hebr. MSS das Wort *nāḡîḏ* in die Wendung „und ich erwählte David, daß er [*nāḡîḏ*] über mein Volk Israel sei" (BHK³; BHS; J. M. Myers, AB 13, 31) eingesetzt. Weitere Konjekturversuche werden in 1 Sam 16, 6 durchgeführt, in dem die wörtliche Übersetzung „steht vor JHWH sein Gesalbter" zu „steht der *nāḡîḏ* (MT *næḡæḏ*) JHWHs, sein Gesalbter" (F. Perles, Analekten zur Textkritik des AT I, München 1895, 64; Glück 149 mit Anm. 6 u. a.; BHK³; KBL² 592, KBL³ 631 mit?) emendiert wird (vgl. mit einschränkender Kritik H. J. Stoebe, KAT VIII/1, 301 Anm. 6d). Die Emendation von 1 Sam 16, 6 scheitert schon an der Tatsache, daß *nāḡîḏ* immer in Beziehung zum Volk steht. In 2 Chr 6, 6 paßt *nāḡîḏ*, ist aber vom Kontext und Sinn der Stelle her nicht notwendig. In Spr 8, 6 hat man den Pl. *n*ᵉ*ḡîḏîm* 'Erhöhtes, Erhabenes, Edles' entweder zum Pl. *n*ᵉ*ḡāḏîm* 'Gerades, Richtiges' (von *næḡæḏ*) umpunktiert (L. H. Grollenberg, RB 59, 1952, 40f., gefolgt von W. McKane, Proverbs, London 1970, 345, BHK³, und erwogen von KBL³ 629 mit?) oder zum Pl. *n*ᵉ*ḵōḥîm* 'Gerades, Rechtes' emendiert (z. B. R. B. Y. Scott, AB 18, 1965, 66 mit Anm. b). Man darf aber auch hier beim MT bleiben und *n*ᵉ*ḡîḏîm* als Pl. abstr. „Erhabenes rede ich" (mit H. Ringgren, ATD 16/1, ³1981, 38; B. Gemser, HAT I/16, ³1963, 44; O. Plöger, BK XVII, 1983, 85f.) lesen. Es scheint angebracht zu sein, bei den 44 Belegstellen (so auch Mettinger 152 u. a.) des MT zu bleiben.

3. Das Subst. *nāḡîḏ* erscheint in 14 der at.lichen Bücher. Besondere Konzentrationen sind für die Geschichtsbücher mit 33 Belegen (1–2 Chr 21mal, 1–2 Sam 7mal, 1–2 Kön 4mal und Neh 11, 11) zu vermerken. Die Weisheitsliteratur hat 4 Belege (Ijob 29, 10; 31, 37; Spr 8, 6; 28, 16), die großen Propheten haben 3 Belege (Jes 55, 4; Jer 20, 1; Ez 28, 2), ebenso auch die Apokalyptik (Dan 9, 25. 26; 11, 22). In der Psalmendichtung erscheint ein Beleg (Ps 76, 13). Dabei ist besonders bemerkenswert, daß sich in den Geschichtsbüchern die ältesten Belege auf Saul (1 Sam 9, 16; 10, 1) beziehen und vor ihm in vorstaatlicher Zeit kein *nāḡîḏ* je Erwähnung findet (s. u. II. 4.). Die größte Anhäufung des Begriffs bezieht sich auf

Personen, die zum König wurden oder Könige sind (Saul 2mal, David 7mal, Salomo 2mal, Jerobeam, Abija, Bascha, Hiskija je 1mal), und dabei ist eine besondere Begriffskonzentration (11mal) auf die drei Könige Gesamtisraels vor der Staatstrennung zu verzeichnen. Die zweitgrößte Häufung des Begriffs (8mal) findet sich als Bezeichnung Beauftragter, die Verantwortungsträger im oder über den Tempel (1 Chr 9, 11. 20; 26, 24; 2 Chr 28, 7; 31, 12. 13; 35, 8; Neh 11, 11) sind. Die restlichen Belege beziehen sich auf verschiedene Personen innerhalb und außerhalb Israels (s. u. III. 3.).

4. Der Terminus → מלך (*mælæḵ*) erscheint im Pl. in Ps 76, 13 im parallelismus membrorum zu *n^e^gîḏîm* 'Erhöhte, Hohe' (trad. „Fürsten"); der Hoheitstitel ist aber keinesfalls identisch mit den „Königen der Erde" und steht auch, wenn die „Erhöhten" und „Könige der Erde" zu den feindlichen Mächten (vgl. Ps 46, 7; 48, 5) der Gottesstadt Zion/Jerusalem gehören. *nāḡîḏ* ist in frühstaatlicher Zeit auf keinen Fall identisch mit *mælæḵ* (gegen Rosenthal 8 u. a.). Auch die Erklärung von *nāḡîḏ* als dtr Alternative zu *mælæḵ* (so besonders Carlson 52–55) wurde mit Recht abgewiesen (Richter, BBB 18, 1963, 149ff. 215f.; ders., BZ 9, 1965, 74 Anm. 9; W. Dietrich, FRLANT 108, 1972, 15ff. 51–55. 112ff.; Mettinger 166f. u. a.). Der Terminus *nāḡîḏ* kann Personen bezeichnen, die König werden, ihm aber vor der Königsakklamation nicht gleichgestellt sind (vgl. J. A. Soggin, THAT I 913). Im Königstitel hat das politische Element Hauptbetonung, während im *nāḡîḏ*-Titel das religiös-sakrale Element im Vordergrund steht. Dem *nāḡîḏ*-Titel ist ein besonderer Hoheits- und Würdegedanke eigen (vgl. W. Eichrodt, ThAT I, [6]1959, 300), so daß *nāḡîḏ* und *mælæḵ* nicht einfach promiscue gebraucht werden können (gegen Rosenthal, Carlson, I. Lewy, VT 7, 1957, 325). Beide Titel sind in einer Person verbunden, jedoch behält jeder Titel seine Eigenheiten (vgl. 2 Sam 5, 2f.).

Das Verhältnis von *nāḡîḏ* zu → קצין *qāṣîn* muß erwogen werden, weil M. Noths Vorschlag, daß *nāḡîḏ* in vorstaatlicher Zeit „den von Gott zum kriegerischen Handeln Berufenen gemeint hat" (Geschichte Israels, [7]1969, 156), seither von verschiedener Seite aufgegriffen worden ist. Man sieht in *nāḡîḏ* z. B. den „Heerbannführer" der Richterzeit (Schmidt, WMANT 38, 91. 123. 144. 152ff.), einen militärischen Befehlshaber (Cross 220; W. F. Albright, Samuel and the Prophetic Movement, Cincinnati 1961, 15f.; Veijola 129 Anm. 16), eine mit „richterlicher Kriegscharisma ausgestattete Person" (Soggin, ZAW 75, 1963, 61) oder einen der „Amphiktyonie vorangestellten, Erhobenen" (Gese 12 = BEvTh 64, 115). Dem Problem der Existenz einer israelitischen Amphiktyonie (vgl. R. de Vaux, The Early History of Israel, London 1978, II 695–716) kann hier nicht nachgegangen werden. Auch der Versuch, den Nagidtitel allgemein dem Anführer der (heiligen) Kriege JHWHs in vorstaatlicher Zeit zuzuschreiben (Richter 82; R. Smend, Die Bundesformel, Zürich 1963, 19) bleibt problematisch. Diese verschiedenen, mit der Kriegführung vorstaatlicher Zeit verbundenen Hypothesen kommen anhand unüberwindlicher Probleme nicht wirklich zum Zuge: (1) Es wurde oft betont, daß der Begriff *nāḡîḏ* in keiner der Passagen oder historischen Texte vorstaatlicher Zeit erscheint (vgl. Ishida 41f. u. a.). (2) Der Titel *qāṣîn* wird i. S. v. 'Heerbannführer' in Jos 10, 24 (vgl. de Vaux, Early History of Israel, II 761); Ri 11, 6. 11 sowie auch in Jes 22, 3 (vgl. H. Wildberger, BK X/2, 816) und noch in Dan 11, 18 (vgl. L. F. Hartmann and A. A. Di Lella, AB 23, 268) gebraucht. Die vorstaatliche Zeit kennt also den Titel „Heerbannführer", der allerdings *qāṣîn* und nicht *nāḡîḏ* ist. (3) Der Titel *śar* bezeichnet vielfach den 'Heerführer, Heerobersten' oder 'Oberkommandierenden' und 'Feldhauptmann', besonders in der Cstr.-Verbindung *śar ṣāḇā'* (Gen 21, 22. 32; 26, 26; Jos 5, 14; Ri 4, 7; 1 Sam 12, 9; 14, 50; 17, 55 u. ö.), wird aber nie in den Zusammenhang der formelhaften Wendung „*nāḡîḏ* über mein/sein Volk" (1 Sam 9, 16; 13, 14; 25, 30; 2 Sam 6, 21; 7, 8; 1 Kön 14, 7; 16, 2 o. ä.) gebracht, so daß *nāḡîḏ* auch hier die Stütze für den Kriegsführer entbehrt. (4) Die These, daß die Bezeichnung *'am* (→ עם) in der Wendung „*nāḡîḏ* über mein/sein Volk" die „freien, waffenfähigen, besitzenden Männer" des vom Amphiktyonieverband zugebilligten Erblandes (Richter 77; ähnlich Smend, Bundesformel 11ff.) bezeichnet und damit den vorstaatlichen Sinn des Titels *nāḡîḏ* i. S. v. 'Heerbannführer' o. ä. stützt, wurde zurückgewiesen mit der Feststellung, daß in den entsprechenden Stellen die Bezeichnung *'am* 'Verwandtschaft' bzw. 'Sippe' bedeutet (N. Lohfink, Beobachtungen zur Geschichte des Ausdrucks עם יהוה, Festschr. G. von Rad, 1971, 283–286; vgl. A. R. Hulst, THAT II 303–305). Diese Probleme lassen die Hypothesen bezüglich des Nagidtitels als Bezeichnung einer vorstaatlichen militärischen Führergestalt als unwahrscheinlich und weiterhin des Beweises bedürftig erscheinen.

Dem Verhältnis von *nāḡîḏ* zu → שׂר *śar* 'Befehlshaber, Chef' muß kurze Aufmerksamkeit geschenkt werden, weil in drei Stellen beide Begriffe in semasiologischer Nähe gebraucht werden (1 Chr 13, 1; 2 Chr 32, 21; Ijob 29, 9f.). Der Gebrauch des Begriffs *śar* aus der Zeit Sauls (1 Sam 14, 50; 17, 18. 55; 18, 13; 22, 2; 26, 5) zeigt eindeutig, daß die Person, die diesen Titel trägt, militärische Führungsaufgabe als 'Befehlshaber, Offizier' ausübt (vgl. C. Schäfer-Lichtenberger, BZAW 156, 1983, 250f.). Damit wird es schwer, Saul mit dem Titel *nāḡîḏ* als militärischen Befehlshaber oder Kommandant bezeichnet zu verstehen. Der Begriff *śar* trägt diese Bedeutung, aber nicht *nāḡîḏ*. In der Heeresorganisation unter David (2 Sam 18, 1–5; 24, 1–9) wird *śar* zum terminus technicus für jedweden militärischen Befehlshaber. Nach 1 Chr 13, 1 berät sich David „mit den Befehlshabern (*śārîm*) über tausend und über hundert und mit allen Erhöhten (*n^e^gîḏîm*)" (trad. „Fürsten"). Hier erweist sich ein Unterschied zwischen den „Befehlshabern" des Heeres und den „Erhöhten“ bzw. Noblen/Erhabenen der „Versammlung“ (→ קהל *qāhāl*) Israels (v. 2), zu denen die Ältesten, Stammes- und Familienoberhäupter gehören. In Ijob 29, 9f. steht der Begriff *śar* im parallelismus membrorum zum Begriff *nāgîḏ*: „die Obersten (*śārîm*) hielten die Worte zurück ..., die Stimme der Erhobenen (*n^e^gîḏîm*) verstummte“. Beide Begriffe sind sinnverwandt aber nicht synonym. Eine Dreiteilung des Assyrerlagers zeigt 2 Chr 32, 21: „alle tapferen Helden (*kŏl-gibbôr*, sing. coll.) und Vorgesetzte (*nāgîḏ*, sing. coll.) und Befehlshaber (*śārîm*)“ wurden vom JHWH-Engel vertilgt. Die „Vorgesetzten“ gehören wie die Helden und Befehlshaber zur Führungsschicht des assyrischen Heeres.

Ein weiterer Begriff, der mit *nāgîḏ* und dessen Bedeutungsfeld im Zusammenhang steht, ist → ראש *ro'š*, der schon in alter Zeit figurativ für das 'Oberhaupt' einer sozialen Gruppe gebraucht wird (vgl. J. R. Bartlett, VT 19, 1969, 1–10; H.-P. Müller, THAT II 701–715) i. S. v. „Volkshaupt“ (*rā'šê hā'ām* Num 25, 4), „Stammeshaupt“ (*ro'š 'ummôṯ* Num 25, 15), „Haupt/Häuptling“ eurer Stämme (Dtn 1, 15; 5, 23), „Stämme-Häupter“ (Num 30, 2; 1 Kön 8, 1). Der Gebrauch des Terminus *ro'š* für das „Oberhaupt“, d. h. den Chef des Volks/Geschlechts/Stammes in vorstaatlicher und staatlicher Zeit ist von Bedeutung, weil damit die Frage, ob der *nāgîḏ* eine soziologische Führerstellung i. S. v. „Oberhaupt“ bzw. „chief“ (so Yeivin 47ff.; ders. in: The Age of the Monarchies: Culture and Society IV/2, hrsg. A. Malamat, Jerusalem 1979, 171; Flanagan 67f.) gehabt hat, mit angesprochen wird. Der Vorschlag, *nāgîḏ* als soziales „Oberhaupt“ zu fassen, scheint in den at.lichen Gebrauchsweisen und in der Umwelt Israels wenig für sich zu haben. Auch die andere soziopolitische Erklärung, die *nāgîḏ* als 'Statthalter, Präfekt' und damit als Funktionsinhaber der Regierungsgewalt über ein bestimmtes Gebiet versteht (Macholz 64), kann kaum befriedigen. Diese Hypothese baut auf 1 Kön 1, 35 auf und streicht frühere Texte als sekundär (vgl. die Kritik von Ishida 40f.). Dazu soll nicht übersehen werden, daß die Bezeichnung für den „Statthalter, Präfekt“ die Bezeichnung *śar hā'îr* war (1 Kön 22, 26; 2 Kön 23, 8; 2 Chr 34, 8; Jer 51, 59; vgl. Yeivin, The Age of the Monarchies IV/2, 167).

Dieser Vergleich at.licher Titel oder Bezeichnungen aus der soziologischen, politischen und militärischen Sphäre hat gezeigt, daß *nāgîḏ* mit keinem anderen einfach synonym gebraucht wird. Jeder der Termini hat seine eigene Bedeutungssphäre.

5. Die LXX verwendet zur Wiedergabe von *nāgîḏ* fünf verschiedene nominale Begriffe. Am häufigsten erscheint ἡγούμενος (28mal; vgl. ThWNT II 909f.). Ἄρχων erscheint 8mal (vgl. ThWNT I 486f.), wobei noch eine im MT nicht erhaltene Erweiterung des Textes von 1 Sam 10, 1 mit einem zusätzlichen Beleg dieses Wortes dazukommt. In den verschiedenen Gebrauchsweisen der griech. Termini ist kein Übersetzungsprinzip zu erkennen, das erklärt, warum der *nāgîḏ*-Titel unterschiedlich übersetzt wird auch dort, wo es sich um die gleiche Person handelt. Der Terminus βασιλεύς wird in 1 Chr 28, 4; 29, 22; Spr 28, 16 gebraucht (vgl. ThWNT I 563ff.). Hier steht die Königsidee im Vordergrund. In den anderen Termini hat die Führungs- bzw. Beamtenidee den Vorrang. In Neh 11, 11 ersetzt die Präp. ἀπέναντι das Subst. *nāgîḏ* und in drei poetischen Stellen ist die Übersetzung so periphrastisch (Ijob 29, 10; 31, 37; Spr 8, 6), daß kein griech. Subst. das Wort *nāgîḏ* wiedergibt.

6. Die Bedeutung des hebr. Grundstammes der Wurzel *ngd* ist 'hoch sein, erhoben sein, erhaben sein' (s. o. II. 1.). Die von diesem Grundstamm abgeleitete *qaṭîl*-Bildung *nāgîḏ* hat demgemäß die ursprüngliche Grundbedeutung von 'Erhöhter, Hoher' (ähnlich Gese 12 = BEvTh 64, 115: „Erhobener“). *nāgîḏ* scheint zunächst eine Funktionsbezeichnung zu sein (van der Ploeg 47 erschließt vom arab. *naǧada* den Sinn „l'homme éminent“), die dann den verschiedenen at.lichen Gebrauchsweisen entsprechend eine Erhöhungsbezeichnung und speziell Hoheitstitel für verschiedene Ernannte und Beauftragte wird. Dieser breite Ansatz der Grundbedeutung (vgl. W. Zimmerli, BK XIII/2, 666; Halpern 266 Anm. 78) wird den variierten at.lichen Gebrauchsweisen (s. u. III.) gerecht.

III. 1. Die *nāgîḏ*-Bezeichnung erscheint zum ersten Mal in 1 Sam 9, 16 und 10, 1 in Verbindung mit Saul im Bericht über die Entstehung des Königtums (1 Sam 9, 1–10. 16; vgl. die unterschiedlichen Versuche der Quellenforschung, aufgezählt in B. C. Birch, The Rise of the Israelite Monarchy, SBL Diss. 27, 1976, 29–42; T. Ishida, BZAW 142, 1977, 26–54; Halpern 152f. u. a.), dessen Ansetzung in der Zeit Sauls wahrscheinlich ist (Ishida, BZAW 142, 1977, 43; Richter 72f. u. a.). Samuel wird kundgetan, daß er einen Mann aus dem Lande Benjamin „zum *nāgîḏ* über mein Volk Israel salben“ (1 Sam 9, 16) soll. *nāgîḏ* wird traditionell als „Fürst“ (vgl. KBL³ 631: „Führer“) übersetzt, was aber weder dem Kontext noch dem philologischen Befund (s. o. II. 1. u. 6.) entspricht; deswegen übersetzt man hier besser mit „Erhöhter“ als Hoheitstitel. Saul ist von JHWH durch charismatisch-prophetische Berufung erwählt und wird zu dieser Hoheitsstellung gesalbt (1 Sam 10, 1). Die göttliche *nāgîḏ*-Erwählung ist durch das Hilfeschreien Israels (→ זעק *zā'aq*) bedingt, um dem Zweck des Retterdienstes (→ ישע *jš'*) aus Philisterhand (1 Sam 9, 16) zu dienen, der den früheren Richtern eigen war (Ri 3, 31; 6, 14f.; 31, 36f.; 10, 1; 13, 5) und auch dem König später zugeschrieben wird (1 Sam 10, 27; Hos 13, 10; Jer 23, 6; vgl. H. J. Boecker, WMANT 14, 1964, 61–66). Saul wird im privaten *nāgîḏ*-Salbungsakt von Samuel „zum Erhöhten (*nāgîḏ*) über sein Erbteil“ (1 Sam 10, 1; → נחלה *naḥ^a^lāh*) eingesetzt. Die Salbung zum *nāgîḏ*-Sein durch den Seher Samuel ist nicht identisch mit Sauls Königsakklamation vom Volk (1 Sam 10, 17–27) oder Sauls späterer Königssalbung (1 Sam 15, 1.

17, s.o. II.4.; vgl. Alt, KlSchr II, 17ff.). Die göttliche *nāḡîḏ*-Berufung und die prophetische *nāḡîḏ*-Salbung bevollmächtigt den mit dem Erhöhungstitel und der Würdebezeichnung „Erhöhter" Beauftragten, die Funktion des Rettens des Volkes aus Feindeshand auszuüben und über den JHWH-Erbbesitz (1 Sam 10, 1) eine breitgefächerte Herrscherstellung einzunehmen (s.o. II.4.). (Die LXX hat hier einen längeren Text, „Hat dich nicht der Herr zum Führer über sein Volk, über Israel gesalbt? Und du sollst herrschen unter dem Volk des Herrn, und du sollst es aus der Hand seiner Feinde retten. Und dies sei dir das Zeichen, daß dich der Herr zum Führer über sein Eigentum gesalbt hat"; vgl. Stoebe, KAT VIII/1, 197.)

Am häufigsten wird der *nāḡîḏ*-Titel auf David angewandt (1 Sam 13, 14; 25, 30; 2 Sam 5, 2 = 1 Chr 11, 2; 2 Sam 6, 21; 7, 8 = 1 Chr 17, 7). Im Kontext des Versagens Sauls wird von Samuel kundgetan, daß JHWH sich einen Mann seines Herzens gesucht und „ihn bestellt hat zum Erhöhten (*nāḡîḏ*) über sein Volk" (1 Sam 13, 14; vgl. Stoebe, KAT VIII/1, 251f.). In ähnlich formelhafter Sprache berichtet Abigajil in der Aufstiegsgeschichte Davids (1 Sam 16, 14 – 2 Sam 5), daß JHWH David „zum Erhöhten (*nāḡîḏ*) über Israel bestellt hat" (1 Sam 25, 30; das Perf. *weṣiwwekā* ist mit Halpern 5 syntaktisch als Vergangenheit zu verstehen; anders Richter 75). David spricht zu Michal über seine Erwählung zum „Erhöhten" (*nāḡîḏ*) anstelle Sauls und seinem Haus (2 Sam 6, 21). Diese Aussagen betonen die JHWH-Bestellung Davids zum *nāḡîḏ*. Andererseits wird die Königssalbung in Hebron von den Ältesten der israelitischen Stämme nach einem Bundesschluß vollzogen (2 Sam 5, 3 = 1 Chr 11, 3). Zuvor hatte Samuel aber David schon im Privaten zum König gesalbt (1 Sam 16, 13), so daß der Eindruck hinterlassen wird, als würden hier charismatische, sakrale und staatsrechtliche Begehungen nahe beieinander liegen. Es ist klar, daß die *nāḡîḏ*-Erwählung als göttliche Bestellung eine Legitimation zur Führungsaufgabe über Israel (vgl. 2 Chr 6, 5) ist, worauf die Königssalbung folgt als Handlung, die vor den Ältesten des Volkes als populäre Königsanerkennung dient.

Die Natanweissagung (2 Sam 7) zitiert das Wort JHWH Zebaoths: „Ich habe dich von der Trift genommen, hinter den Schafen weg, damit du Erhöhter (*nāḡîḏ*) über mein Volk Israel sein sollst" (v. 8; vgl. 1 Chr 17, 7). Davids Erhebung vom Weiden der Schafe (vgl. 1 Sam 16, 11f.; 17, 15–19. 34f.; Ps 78, 70f.) zum *nāḡîḏ* bzw. Erhöht-Sein über das JHWH-Volk ist seine Erwählung (→ לקח *lāqaḥ*; Ps 78, 70; vgl. K. Seybold, FRLANT 107, 1972, 30) zur Führung über JHWHs Eigentumsvolk.

Im Kontext der davidischen Thronnachfolge (1 Kön 1, 1–2. 46) und deren Gefährdung durch Adonija (1, 15–27) bestimmt David seine Nachfolge mit der Anordnung: „Dort (am Gihon) sollen ihn (Salomo) der Priester Zadok und der Prophet Natan zum König über Israel salben ... Er (Salomo) ist es, der an meiner Stelle König sein soll; und ihn habe ich hiermit zum Erhöhten (*nāḡîḏ*) über Israel und Juda bestellt" (1, 34f. Die Tempora werden von Richter 75 als Zukunftshandlung interpretiert, was aber von Mettinger 162 und Halpern 6f. mit gewichtigen Argumenten zurückgewiesen wird). Hier zeigt sich, daß das *nāḡîḏ*-Sein und das Königwerden nahe zusammenliegen, aber trotzdem nicht identisch sind (das *nāḡîḏ*-Sein wird mit Perf. ausgedrückt und das Königwerden als zukünftiges Geschehen mit Imperf.), so daß man *nāḡîḏ* hier weder als Bestellung zum „Kronprinzen" (T. C. G. Thornton, JThSt 14, 8: „Thronerbe"; Lipiński 498: „Kronprinz"; vgl. dagegen Ishida 39) noch als Einsetzung zum „Statthalter" (Macholz 64), sondern als Hoheitstitel zu verstehen hat, mit dem David sein von JHWH bestimmtes *nāḡîḏ*-Sein an seinen Thronfolger weitergibt und somit seine Thronfolge von JHWH her legitimiert und sichert (gegen Mettinger 162–167, der durch fragwürdige Datierung in 1 Kön 1, 35 von einem ursprünglichen und „normalen" bzw. profanen Gebrauch von *nāḡîḏ* spricht, von dem dann später die theologische Verwendung abgeleitet und redaktionell auf Saul und David rückbezogen wurde). Die folgende Königssalbung durch den Priester Zadok macht Salomo zum Mitregenten Davids (1 Kön 1, 39; 1 Chr 29, 28). 1 Chr 29, 22 berichtet von der Bestellung und Salbung des Salomo zum „Erhöhten" (*nāḡîḏ*) JHWHs (W. Rudolph, HAT I/21, 192f.; vgl. Halpern 7 mit Emendationsvorschlägen). Es soll nicht übersehen werden, daß die *nāḡîḏ*-Bestellung Salomos „über Israel und Juda" (1 Kön 1, 35) zugleich der Sicherung der Thronnachfolge sowie der Reichseinheit Gesamtisraels (W. Richter, BBB 18, ²1966, 291) dient. Dabei ist zu bedenken, daß die Worte „über Israel" in der *nāḡîḏ*-Bestellung Sauls (1 Sam 9, 16) und Davids (1 Sam 25, 30; 2 Sam 5, 2; 6, 21; 7, 8) kaum als Argument für einen vorstaatlichen oder nordisraelitischen Ursprung der *nāḡîḏ*-Bezeichnung gebraucht werden können (mit Halpern 6–8; Macholz 65f. u.a.) und auch nicht auf die nordisraelitischen Stämme allein und deren Gebiet während der späteren Zeit der Reichstrennung zu beschränken ist. Die drei Herrscherfiguren Gesamtisraels Saul, David und Salomo tragen je in ihrer Person die beiden Titel *nāḡîḏ* und König. Die Übertragung der *nāḡîḏ*-Stellung von David auf Salomo weist auf eine Herrscherfunktion hin, die vom *nāḡîḏ* auf seinen Nachfolger übertragen werden kann. Damit zeigt sich ein zusätzlicher Aspekt des *nāḡîḏ*-Titels, der zuvor nur von Samuel oder Natan (1 Sam 9, 16; 2 Sam 7, 8) als Bezeichnung der charismatischen Berufung und Erhöhung gebraucht wurde. Das von JHWH gesetzte *nāḡîḏ*-Sein kann im Bereich der Thronnachfolge zu dessen Sicherung weitergereicht werden. Daraus ergibt sich, daß *nāḡîḏ* nicht einfach profan „designierter König" (Ishida 39f.), „designierter Erbe" (Mettinger 160) oder „Kronprinz" (Lipiński 499) bedeutet, denn der israelitische Ausdruck für diese Begriffe ist „der Sohn des

Königs" (2 Kön 15, 5) entsprechend dem akk. *mār šarri* (AHw 615b).
Auch Rehabeam, der Sohn Salomos, setzt seinen Sohn Abija, den Sohn der Maacha (2 Chr 11, 18–20), ein „zum Haupt (→ ראש *ro'š*), zum Erhöhten (*nāḡîḏ*) unter seinen Brüdern, denn er gedachte ihn zum König zu machen" (2 Chr 11, 22). Die Brüder sind zu lokalen Statthaltern gemacht worden (v. 23), und Abija soll ihnen als „Haupt" und „Erhöhter" vorstehen. Daraus ergibt sich einerseits, daß *nāḡîḏ* nicht „Statthalter" (gegen Macholz 59 ff.), sondern ein ihnen Höhergestellter ist und andererseits, daß der Unterschied zwischen *nāḡîḏ* und „König" (*mælæk*) betont wird: Abija ist noch kein König, er ist *nāḡîḏ* und soll erst König werden. Das Königwerden hängt aber nicht unbedingt vom *nāḡîḏ*-Sein ab. Von den 43 Königen Israels sind nur sieben *nāḡîḏ* (Saul, David, Salomo, Abija, Jerobeam, Bascha und Hiskija). Jeder *nāḡîḏ* von diesen sieben ist oder wird König, aber nicht jeder israelitische König ist *nāḡîḏ*.
Der Prophet Ahija beauftragt die Gemahlin des Königs Jerobeam, ihrem Gemahl ein JHWH-Wort mitzuteilen: „Weil ich dich aus der Mitte des Volkes erhoben und dich als Erhöhter (*nāḡîḏ*) über mein Volk Israel gesetzt habe, ... du aber nicht gewesen bist wie mein Knecht David, der meine Gebote beobachtet hat, ... Darum siehe, ich will Unglück über das Haus Jerobeams bringen" (1 Kön 14, 7–10). Hier wird nicht berichtet, „wann" und „wie" Jerobeam zum „Erhöhten" wurde, sondern nur „daß" er von JHWH über das Israelvolk erhoben (→ רום *rûm*) und so zum „Erhöhten" (*nāḡîḏ*) JHWHs über sein Volk wurde.
Der Prophet Jehu verkündet ein Drohwort JHWHs gegen Bascha: „Weil ich dich aus dem Staub erhoben und dich zum Erhöhten (*nāḡîḏ*) über mein Volk Israel gesetzt habe, du aber auf dem Wege Jerobeams gewandelt bist, ... siehe, so will ich ausrotten Bascha und sein Haus ..." (1 Kön 16, 2 f.). Das „Aus-dem-Staub-Erheben" scheint mit dem akk. *mār lā mammānim* „Sohn eines Niemand" (AHw 601), d. h. einem aus einfachem Stand Kommenden, verwandt zu sein und betont die durch JHWH erfolgte Erhebung (*rûm*) Baschas, die mit seiner Erhöhung zum Stand eines *nāḡîḏ* zusammenhängt.
An den Propheten Jesaja ergeht das Wort über Hiskija, in dem der König als „Erhöhter (*nāḡîḏ*) meines Volkes" (2 Kön 20, 5) bezeichnet wird. In diesem Textzusammenhang geht es um die Erhaltung der davidischen Dynastie und der Stadt Jerusalem (v. 6) gegenüber der assyr. Kriegsnot. JHWH spricht als „Gott deines Vaters David", und Hiskija trägt den Hoheitstitel „*nāḡîḏ* meines Volkes", wobei seine dynastische Bindung als Davids Nachfolger mitschwingt.
Zusammenfassend darf gesagt werden, daß die Bezeichnung *nāḡîḏ* im alten Israel zum Anfang der Königszeit Sauls zuerst gebraucht und mit der Ausnahme von Hiskija nur in der Zeit von Saul bis Bascha für israelitische Herrscherfiguren erscheint. Die Bedeutung „Erhöhter" für *nāḡîḏ*, entsprechend der Erwählung, Einsetzung, Erhöhung und Salbung, ergibt sich aus philologischen und kontextgemäßen Gesichtspunkten. Der theologische Gebrauch ist von Anfang an durch die JHWH-Setzung gegeben und bleibt auch dann erhalten, wenn der direkt von JHWH „Erhöhte" und Erwählte die *nāḡîḏ*-Stellung und Bevollmächtigung an den Thronfolger weitergibt (David an Salomo und Rehabeam an Abija), wenn die Dynastienachfolge gefährdet ist oder in Frage steht. Jeder *nāḡîḏ* in Israel wird oder ist König, aber nicht jeder König wird oder ist *nāḡîḏ*. Die Titel *nāḡîḏ* und „König" sind nicht synonym oder auswechselbar. Die Autorität und Würde des *nāḡîḏ* beruht direkt in Gott, auch wenn sie vom Vater auf Sohn bzw. vom König auf Thronfolger übertragen wird. Der von Gott „Erhöhte" hat immer nur Herrscherstellung und Führungsposition über das Volk JHWHs, das in jedem Fall „sein/mein Volk" ist und nie zum Volk des irdischen *nāḡîḏ* wird. Das *nāḡîḏ*-Sein ist demnach immer göttliche Gabe, die ihren vollen Sinn und ihre grundsätzliche Bedeutung in dem rechten Verhältnis des Gottesbundes hat (vgl. 2 Sam 7) und bei Bruch dieses Bundesverhältnisses auch zurückgenommen (1 Kön 14, 7 f.; 16, 1–7) und anderen übergeben werden kann.
Im ChrGW erscheinen verschiedene Texte, die den *nāḡîḏ*-Titel auf den König beziehen (1 Chr 5, 2; 11, 2 = 2 Sam 5, 2; 17, 7 = 2 Sam 7, 8; 28, 4; 29, 22; 2 Chr 6, 5; 11, 22). In einer Aussage in 1 Chr 5, 2 wird *nāḡîḏ* auf einen „Erhöhten" aus Juda bezogen, der kein anderer als David sein kann. In einer Ansprache Davids über den Thronnachfolger (1 Chr 28, 1–10) bezieht sich der Sprecher auf seine Erwählung zum König und auf Judas Erwählung „zum Erhöhten (*nāḡîḏ*)" (v. 4). In dieser einzigen Aussage im AT wird Erwählung durch JHWH und Judas Erhöhung zum *nāḡîḏ* so verbunden, daß David und sein Thronnachfolger Salomo damit legitimiert werden.
2. Die Bezeichnung *nāḡîḏ* häuft sich im ChrGW als Titel von Personen, die Hauptverantwortungsträger im oder über das „Haus Gottes", d. h. den Tempel, sind. 1 Chr 9, 11 (= Neh 11, 11) gebraucht die titulare Wendung *neḡîḏ-bêṯ-hā'ælohîm* „Erhöhter des Gotteshauses" (trad. Übersetzung „Fürst im Hause Gottes"; Zürcher: „Tempelvorsteher", rev. Luth.: „Vorsteher im Hause Gottes", Elberf. „Oberaufseher des Hauses Gottes"), wahrscheinlich für den Jerusalemer Hohenpriester (Sh. Yeivin, Administration, in: A. Malamat (Hrsg.), The Age of the Monarchies: Culture and Society, Jerusalem 1979, IV/2, 171). *nāḡîḏ* ist von dem Begriff *pāqîḏ* 'Vorsteher' (→ פקד) über Priester (Neh 11, 14; vgl. 11, 22; 12, 42) zu trennen, denn der *pāqîḏ* kann Beauftragter des Hohenpriesters sein (2 Chr 24, 11; vgl. W. Schottroff, THAT II 469). In Jer 20, 1 findet sich einmalig *pāqîḏ nāḡîḏ* auf den Priester Paschhur bezogen, der damit in seiner Person die Verwaltungsaufgabe des

pāqîḏ „Aufsehers“ des Tempels und des *nāḡîḏ* „Erhöhten“ bzw. Hohenpriesters vereinigt. Der *nāḡîḏ*-Titel als Bezeichnung des Hohenpriesters ist auch in 2 Chr 31, 13 belegt. Der Titel „Erhöhter des Gotteshauses“ ist möglicherweise zum *n^e^ḡîḏ-habbajiṯ* „Erhöhten des Hauses“ in 2 Chr 28, 7 verkürzt worden und bezeichnet auch in dieser Kurzform den Hohenpriester (Yeivin a.a.O.) oder möglicherweise den „Vorsteher des [Königs-]Hauses“ (vgl. de Vaux, LO I 210). Der Pl. *n^e^ḡîḏîm* in 2 Chr 35, 8 bezieht sich auf eine Anzahl von „Erhöhten des Gotteshauses“, die Kultbeauftragte im Tempel sind. Unter diesen ist der „Oberaufseher (*nāḡîḏ*) über die Abgaben“ (2 Chr 31, 12), unter dem dann andere kultische Amtsträger als „Aufseher“ (*p^e^qîḏîm*) fungieren (v. 13). Der Oberschatzmeister des Gotteshauses wird auch als „Erhöhter“ betitelt (1 Chr 26, 24). Auch die Torhüter des Tempels hatten ihren „Erhöhten“, der als Vorsteher über ihnen stand (1 Chr 9, 20). Die Würdestellungen der „Erhöhten“ am Tempel scheint die göttliche Bestellung und den charismatischen Ursprung des *nāḡîḏ*-Titels auch in späten Texten des AT widerzuspiegeln.

3. Ein durchaus profaner Gebrauch der *nāḡîḏ*-Bezeichnung findet sich in 2 Chr 19, 11, in dem die Gerichtszuständigkeit in der Neuordnung des Gerichtswesens bestimmt wird. Der „Erhöhte (*nāḡîḏ*) des Hauses Juda“ namens Sebadja wird als „Stammesältester“ (so Rudolph, HAT I 21, 257) oder genauer als „Stammesoberhaupt“ (in KBL³ 630 unrichtig als „Hofbeamter“ bezeichnet) an die Spitze des Jerusalemer Obergerichts für Zivilfälle gestellt.

Der *nāḡîḏ* kann auch zugleich militärischer Befehlshaber sein. Der aaronitische Hohepriester Jojada ist einerseits „Erhöhter über das Haus Aaron“ (1 Chr 12, 27 [28]) und andererseits Befehlshaber des gerüsteten Heeres (1 Chr 27, 5). Miklot ist „Erhöhter (*nāḡîḏ*) seiner Ordnung“ von 24000 Mann (1 Chr 27, 4; s.o. II.2.) und dadurch ihr Befehlshaber. Der König Rehabeam setzt über die Festungsstädte Judas „Erhöhte (*n^e^ḡîḏîm*)“ ein (2 Chr 11, 11), die als Stadtkommandeure fungieren.

In einer Liste der Oberhäupter der Stämme Israels (1 Chr 27, 16–22) erscheint der Titel *nāḡîḏ* als Designation des „Stammesoberhauptes“ (v. 16; KBL³ 630 nennt ihn unzutreffend „Familienoberhaupt“).

Der *nāḡîḏ*-Begriff ist 4mal in der Weisheitsliteratur belegt (Ijob 29, 10; 31, 37; Spr 8, 6; 28, 16). Die beiden Belege im Hiobbuch sprechen vom *nāḡîḏ* als einem „Vornehmen“ bzw. „Erhöhten/Erhobenen“ und bezeichnen eine Person, die in der Gesellschaft Würde besitzt (s.o. II.4.). In Spr 28, 16 ist der *nāḡîḏ* ein in der Gesellschaft „Erhöhter“, der durch das Fehlen von Einsichtigkeit soziale Unterdrückung verstärkt (*nāḡîḏ* wird von C. H. Toy, Proverbs, ICC, 1899, z.St., Gemser, HAT I/16, 99, Scott, AB 18, 165 als Glosse getilgt; BHS streicht es metri causa; man darf jedoch mit der Mehrzahl der Ausleger beim MT bleiben). Als abstrakter Pl. erscheint *n^e^ḡîḏîm* einmal in Spr 8, 6 mit der Bedeutung „Erhabenes“ (s.o. II.2. zu den Emendationsversuchen).

Eine einzige Stelle im Jesajabuch, die zugleich die Natanweissagung (2 Sam 7; s.o. III.1.) reflektiert, gebraucht den *nāḡîḏ*-Titel theologisch in der folgenden Anreihung: „Zeuge der Völker, Erhöhter (*nāḡîḏ*) und Gebieter der Völker“ (Jes 55, 4). Der so Bezeichnete ist David (nicht das Volk, wie es durch Emendation des *nttjw* zu *nttjk* von einigen Auslegern versucht wird, vgl. J. L. McKenzie, AB 20, 141, und dagegen J. M. Vincent, Beiträge zur bibl. Exegese und Theologie 5, 1977, 84), der Zusagen erhält (J. H. Eaton, ASTI 7, 1968/69, 37), die messianische Elemente enthalten (vgl. J. Coppens, NRTh 90, 1968, 626) und zugunsten (vgl. *lāḵæm* in v. 3) des Volkes Gottes gemacht werden.

Die at.liche Apokalyptik enthält drei vieldiskutierte Aussagen, in denen der *nāḡîḏ*-Titel erscheint (Dan 9, 25. 26; 11, 22). In der einmaligen Wendung *ʿaḏ-māšîaḥ nāḡîḏ* in Dan 9, 25 werden beide Begriffe als Titel aufzufassen und exakt mit „bis zur [Ankunft] eines Gesalbten, eines Erhöhten (bzw. trad. Fürsten)“ zu übersetzen sein (die Übersetzung „einen gesalbten Fürsten/Führer“, die von O. Plöger, KAT XVIII 134, erwogen und von L. F. Hartman und A. A. Di Lella, AB 23, 240. 244, gebraucht wird, geht nicht an, weil *māšîaḥ nāḡîḏ* wegen fehlender Konjunktion nicht als Hendiadys aufgefaßt werden kann, vgl. R. J. Williams, Hebr. Syntax, Toronto 1967, 17f.). Die Hauptbetonung liegt auf dem *nāḡîḏ*, der ein von Gott „Erhöhter“ ist und in dem die dem Begriff innewohnende Erhöhungsfunktion im Führen und Herrschen zum Ausdruck kommt. Die Identifikation des „Erhöhten“ wird unterschiedlich entweder auf eine geschichtliche Figur (Kyros, Serubbabel, Josua ben Jozadak, Onias III.; vgl. Komm. z.St.) oder messianisch auf Christus (Keil, Kliefoth, Young, Walvoord, Baldwin u.a.) bezogen. Auch der *nāḡîḏ* von Dan 9, 26 ist in seiner geschichtlichen Identifikation umstritten (vgl. Komm. z.St., die ihn als Onias III., Titus, Antichrist oder Christus identifizieren). In Dan 11, 22 erscheint die ungewöhnliche Wendung *n^e^ḡîḏ b^e^rîṯ*, trad. „ein Fürst des Bundes“ oder genauer „ein Erhöhter eines Bundes“, d.h. „ein Bundeserhöhter“ (Plöger, KAT XVIII 153: „Bundesoberhaupt“), der wieder verschiedentlich identifiziert wird (vgl. Komm.).

An drei Stellen wird *nāḡîḏ* profan auf die „Fürsten“ nichtisraelitischer Völker bezogen. Ps 76, 13 scheint an *n^e^ḡîḏîm* „Erhöhte“ bzw. „Fürsten“ der Völker zu denken, aber auch feindliche Fürsten aus Juda sind unter Umständen möglich. Dies ist das einzige Vorkommen dieses Ausdrucks im Psalter.

M. Dahood schlägt für Ps 54, 5c die Emendation *lin^e^ḡîḏî-m* mit enklit. *mem* für MT *l^e^nægdām* vor und übersetzt: „Aber es ist ihnen nicht bewußt, daß Gott mein Führer ist“ (AB 17, 23f.). Die gleiche Textänderung wird von ihm in Ps 86, 14 durchgeführt, so daß er dort übersetzt: „Sie betrachten dich nicht als meinen

Führer“ (AB 17, 292). Das göttliche Epithet findet er auch durch Emendierung des MT *l^e næḡdî* zu *lin^eḡîḏî* in Ps 16, 8: „Ich habe JHWH als meinen immerwährenden Führer gewählt“ (AB 17, 24, mit Änderung seiner früheren Lesung AB 16, 86). Auch in Ps 138, 1 wird MT *næḡæḏ* zu *nāḡîḏ* geändert und JHWH als „Führer der Götter“ angesprochen (AB 17, 25). Diese Emendation wurde aber von Dahood später als „wenig wahrscheinlich“ wieder zurückgewiesen (AB 18, 276). Auch die Emendationen in Ps 54, 5; 86, 14; 16, 8 sind kaum wahrscheinlich, weil in keinem at.lichen Text je *nāḡîḏ* auf JHWH/Elohim bezogen wird, keine MSS-Stütze dafür vorliegt (auch nicht in 11 QPs) und die hebr. Wendungen nicht dem Sprachgebrauch des AT entsprechen.

In Ez 28, 2 wird der König von Tyrus auf seinen überheblichen Hochmut hin als „Erhöhter zu Tyrus“ angesprochen (W. Zimmerli, BK XIII/2, 665f.) und ihm das Gericht angesagt. Auch über Assur und deren „Erhöhten“ bzw. „Offiziere“ kam das Gottesgericht (2 Chr 32, 21; s.o. II.4.).

IV. Man würde erwarten, daß *nāḡîḏ* als Bezeichnung für militärische Befehlshaber in der Kriegsrolle (1 QM) oder als kultische Beauftragte in der Tempelrolle (TR) zu finden sei. Doch ist er bisher nur in einem Text aus der Zeit um 150 v. Chr. (DJD 7, 1982, Nr. 504) belegt. Dieser Text mit messianischem Inhalt enthält die Wendung *ngjd ʿl ʿmkh* „Erhöhter über dein Volk“ (4 Q 504 [DibHam^a] 4, 7), die sich auf David bezieht, den Gott aus dem Stamme Juda erwählte und mit dem er in ein Bundesverhältnis eintrat. Der Text spielt auf die Natanweissagung (2 Sam 7, 6–8) an und verbindet sehr prägnant die Erwählungs- und Bundesgedanken mit messianischen Zügen.

Man darf auch noch an Sir 46, 13 erinnern, wo vom „Propheten Samuel“ gesprochen wird, der das Königtum gründete und „Erhöhte (*n^eḡîḏîm*) über das Volk salbte“. Gemeint ist hier die Salbung Sauls (vgl. 1 Sam 10, 1) und Davids (vgl. 1 Sam 16, 13).

Hasel

נָגַע *nāḡaʿ*

נֶגַע *næḡaʿ*

I. Etymologie – II. Belege und Gebrauch – III. *ngʿ* in der Hauptbedeutung ʽberühren' – 1. Allgemeiner Sprachgebrauch – 2. In sakralrechtlichem Kontext – 3. In Theophanieschilderungen – IV. *ngʿ* in übertragener Bedeutung – 1. In rechtlicher Bedeutung – 2. In der Bedeutung ʽmit (Plagen/Krankheit) schlagen' – V. *ngʿ* in räumlich-zeitlicher Bedeutung – 1. In der Bedeutung ʽreichen bis' – 2. In der Bedeutung ʽerreichen, eintreffen' – VI. Das Nomen *næḡaʿ* – 1. Plage, Krankheit – 2. Aussatzbefall (Lev 13/14) – 3. Körperverletzung – VII. Qumran und LXX.

Lit.: *G. Brunet*, Les aveugles et boiteux Jébusites (VTS 30, 1979, 65–72). – *Ders.*, David et le *ṣinnôr* (VTS 30, 1979, 73–86). – *M. Delcor*, נגע *ngʿ* berühren (THAT II 37–39). – *P. Hugger*, Jahwe meine Zuflucht. Gestalt und Theologie des 91. Psalms (Münsterschwarzacher Studien 13, 1971, bes. 224ff.). – *J. Jeremias*, Theophanie. Die Geschichte einer alttestamentlichen Gattung (WMANT 10, ²1977). – *E. König*, Stilistik, Rhetorik, Poetik in bezug auf die biblische Literatur komparativisch dargestellt, 1900. – *G. Schmitt*, Zu Gen 26, 1–14 (ZAW 85, 1973, 143–156). – *H. Schulz*, Das Todesrecht im Alten Testament. Studien zur Rechtsform der Mot-Jumat-Sätze (BZAW 114, 1969). – *Th. Seidl*, Tora für den „Aussatz“-Fall. Literarische Schichten und syntaktische Strukturen in Levitikus 13 und 14, 1982. – *K. Seybold*, Das Gebet des Kranken im Alten Testament. Untersuchungen zur Bestimmung und Zuordnung der Krankheits- und Heilungspsalmen (BWANT 99, 1973). – *H. J. Stoebe*, Die Einnahme Jerusalems und der Ṣinnôr (ZDPV 73, 1957, 73–99).

I. Die Wurzel *ngʿ* ist nicht gemeinsemit. In der Bedeutung ʽberühren' ist das Verbum im Äg.-Aram. des Aḥiqar-Romans (Z. 165. 166; Cowley 218; DISO 174) und im Jüd.-Aram. (Dalman 263a) belegt. Im Mand. begegnet es in der Bedeutung ʽschlagen, verletzen' (MdD 288a) und als abgeleitetes Nomen *anga* in der Bedeutung ʽVerletzung, Leiden' (MdD 25a). Zum Äth. vgl. Leslau, Contributions 33.

II. Das Verbum *ngʿ* kommt im AT 150mal vor: 107mal im *qal* (Ex 4, 25 *hiph*, nicht *qal* wie Lisowsky 899b; s. THAT II 37; 27mal Lev, 10mal Num, 7mal Ijob, je 6mal Gen, Dan, je 5mal Ex, 1 Kön, Jer), 38mal im *hiph* (8mal Est, 6mal Jes, 4mal 2 Chr, je 3mal Ps, Koh), 3mal im *pi* und je 1mal im *pu* (Ps 73, 5) und *niph* (Jos 8, 15).

Das abgeleitete Nomen *næḡaʿ* kommt im AT 78mal vor, davon allein 61mal in Lev 13/14 und je 4mal in Dtn und Ps. Im hebr. Sirach ist das Verbum *ngʿ* im *qal* und *hiph* und das Nomen *næḡaʿ* mehrfach belegt (vgl. Barthélemy/Rickenbacher 252f.). Im *qal* wird in den meisten Fällen (80mal) das Objekt mit Präp. *b^e* angefügt, 8mal mit Präp. *ʾæl* (ʽleicht berühren' [?] vgl. Joüon, Grammaire § 125b; ʽerreichen'), 6mal mit Präp. *ʿaḏ* (ʽreichen bis', ʽerreichen') und 4mal mit Präp. *ʿal* (ʽkommen über' mit Subj. „Unheil“: Ri 20, 34. 41; ʽberühren' mit Obj. „Lippen“: Jes 6, 7; Dan 10, 16). 3mal steht direktes Objekt (Gen 26, 29; Rut 2, 9; Jes 52, 11), davon 2mal suffigiert (vgl. Joüon, Grammaire § 125b). 5mal wird *ngʿ* absolut gebraucht, 2mal im Ptz. Pass. (Jes 53, 4; Ps 73, 14: „[von Gott] geschlagen“, vgl. Jenni, Piʿel 208). Hag 2, 12 gibt das Objekt der Berührung mit Präp. *ʾæl*, das vom Subjekt unterschiedene Mittel der Berührung („Gewandzipfel“) mit Präp. *b^e* an.

Das *hiph* ist kausativ zum *qal* (vgl. Jes 5, 8; 6, 7) und innerlich-kausativ mit gleicher oder ähnlicher Bedeutung wie *qal*. Präpositionalobjekte werden bevorzugt mit Präp. *l^e* (10mal) und Präp. *ʾæl* (8mal) angefügt.

Das *pi* mit faktitiver Bedeutung ʽ(mit Plagen) geschlagen machen' (Jenni, Pi'el 208) wird nur transitiv gebraucht (Gen 12, 17; 2 Kön 15, 5; 2 Chr 26, 20).

III. 1. In der Bedeutung 'berühren' bezeichnet *nāḡaʿ* sowohl den Zustand eines Kontaktes zwischen unbelebten Gegenständen (1 Kön 6, 25 Präp. *bᵉ* bzw. '*æl*; par. 2 Chr 3, 11f. *hiph* Präp. *lᵉ*; v. 12b: *dbq*), als auch den Vorgang einfacher Berührung mit etwas Unbelebtem (2 Kön 13, 21: Toter; Jes 6, 7 ['*al*]: glühende Kohle; Ez 17, 10: Ostwind), oder aber mit einem Tier (Dan 8, 5 negiert), einem Menschen (2 Sam 23, 7; Ijob 6, 7; Est 5, 2), dem Boten Gottes (Ri 6, 21; 1 Kön 19, 5. 7), oder einer menschengestaltigen Person (Dan 8, 18; 10, 10 [Subj.: Hand]. 16 ['*al*]. 18) als Subjekt, als auch den Vorgang heftiger Berührung durch einen „starken Wind" (Ijob 1, 19; Horst, BK XVI/1, 2: „stoßen an"). In wörtlicher Bedeutung bezeichnet *nāḡaʿ* aber nie gewaltsames Schlagen (→ נכה *nkh* [*hiph*]; anders THAT II 37f.). Auch in Gen 32, 26. 33 ist *nāḡaʿ* mit „berühren" zu übersetzen. Es handelt sich hierbei nicht um ein gewaltsames Schlagen auf das Hüftgelenk, sondern um eine „magische Berührung" (Westermann, BK I/2, 625. 630; vgl. III. 3.; zu 2 Sam 5, 8 s. V. 2.). *nāḡaʿ* bezeichnet i. d. R. den *Vorgang* äußerlicher Berührung im Unterschied zu → דבק *dāḇaq*, das mehr den *Zustand* des inneren Aneinander-Haftens bezeichnet (Sir 13, 1: „Wer Pech berührt [*ngʿ*], dem klebt [*dbq*] es an der Hand"; vgl. Smend, Sirach, 1900, 15. 21). In der normal-kausativen Bedeutung des *hiph* ('berühren lassen') stehen Personen (Jes 5, 8 [Akk. + *bᵉ*] parallel: → קרב *qrb hiph*; Ex 4, 25; 12, 22 [part. *min* + '*æl*]), ein Seraph (Jes 6, 7 ['*al*]) oder JHWH (Jer 1, 9 ['*al*] mit vorangehendem „seine Hand ausstrecken") als Subjekt.

Mit „Erde" bzw. „Staub" als Präpositionalobjekt begegnet *nāḡaʿ* (*hiph*) 4mal in der Bedeutung 'jdn./ etw. zu Boden stürzen (lassen)'. Parallel steht → נפל *npl hiph* (Jes 25, 12; 26, 5; Ez 13, 14), → שחח *šḥḥ hiph* (Jes 25, 12), → הרס *hāras* (Ez 13, 14; Klgl 2, 2) und → חלל *ḥll pi* (Klgl 2, 2). Subjekt ist an allen Stellen JHWH, direkte Objekte sind Mauerbefestigung (Jes 25, 12), Wand (Ez 13, 14), hohe Stadt (Jes 26, 5) und bildlich ausgedrückt das Königtum und die Fürsten (Klgl 2, 2).

Singulär ist der Ausdruck 1 Sam 10, 26 „jdn. im Herzen anrühren" mit Gott als Subjekt (mit „Herz" als gen. obj. noch 1 Kön 8, 38, s. VI. 1., als Präpositionalobjekt Jer 4, 18, s. V. 2.).

2. Fast die Hälfte aller Belege im *qal* findet sich in den priesterlichen Opfer-, Speise- und Reinheitsvorschriften und der ihr nahestehenden Tradition. Als Subjekt zu *nāḡaʿ* steht in den meisten Fällen eine allgemeine Personenangabe („jemand"/„jeder"), Lev 15, 11f. „Kranker", Num 19, 22 „Unreiner", Lev 7, 19 „(Opfer-)Fleisch". Als Objekte kommen vor: unreine Personen (Lev 15, 7. 19), Unreines an Menschen (Lev 5, 3; 7, 21; 22, 5), Tote (Num 19, 11. 13. 16. 18; 31, 19; 2 Kön 13, 21), unreine Tiere (Lev 7, 21; 11, 26; 22, 5), das Aas unreiner (Lev 5, 2;

11, 8. 24. 27. 31. 36; Dtn 14, 8) und reiner Tiere (Lev 11, 39), unreine und verunreinigte Gegenstände (Lev 15, 5. 10. 12. 21–23. 27; Num 19, 16. 18. 21) oder allgemein Unreines (Lev 7, 19), aber auch Heiliges (Lev 12, 4; Num 4, 15 [Präp. '*æl*]), heilige Feueropfer (Lev 6, 11), heilige Speise (Lev 6, 20), heiliger Altar (Ex 29, 37) und Kultgeräte (Ex 30, 29). *nāḡaʿ* bezeichnet an diesen Stellen den unmittelbaren, Hag 2, 12f. auch den durch Kleidung vermittelten Kontakt zweier sich ausschließender Bereiche: Bereich des Lebens und Bereich des Todes, Rein und Unrein, Heilig und Profan (vgl. III. 3.). Diese beiden Bereiche dürfen nicht miteinander in Berührung kommen. Geschieht dies doch, so wirkt es sich unheilvoll aus (Gen 3, 3; Ex 19, 12b. 13 [als Erweiterung von Rᴾ? vgl. Zenger, Israel am Sinai, 1982, 131]; Num 4, 15). Die Vorschriften haben zum Ziel, die Auswirkungen solcher durch Berührung hervorgerufener Tabu-Verletzungen in Schranken zu halten. Dieses unheilvolle Miteinander-in-Kontakt-Kommen kann eine so schwache Berührung sein, daß sie von der betroffenen Person nicht sofort bemerkt wird (Lev 5, 2f.). *nāḡaʿ* wird an diesen Stellen unterschieden vom Tragen (*nśʾ*: Lev 11, 25. 28. 40; 15, 10), das eine Person – und darüber hinaus noch ihre Kleidung (Lev 11, 25. 28. 40) – stärker verunreinigt als einfache Berührung (Lev 15, 10).

3. *nāḡaʿ* in der Bedeutung 'berühren' mit Gott als Subjekt findet sich 3mal in der Gattung der Theophanieschilderung (vgl. Jeremias, Theophanie, 160–162): Im Impf. der 3. Pers. als Bestandteil einer hymnischen Preisung der Schöpfungsmacht Gottes (Ps 104, 32), als partizipiales Attribut zu „JHWH Zebaot" im hymnischen Prädikationsstil der Schlußdoxologie Am 9, 5f. und in der Anrede des Imp. einer Theophaniebitte des Königs (Ps 144, 5). Mit Präp. *bᵉ* angeschlossene Objekte sind „die Berge" (Ps 104, 32; 144, 5) und die „Erde" (Am 9, 5). Folge der Berührung durch JHWH ist Aufruhr der Natur: Rauchen der Berge (Ps 104, 32; 144, 5) und Wanken der Erde (Am 9, 5). Auch hier bezeichnet *nāḡaʿ* keine gewaltsame Berührung (so: GesB 484; KBL³ 631). Es geht vielmehr um den Kontrast, daß bereits die kleinste Berührung der Natur (Ps 104, 32 parallel: „blicken") durch JHWH Gewaltiges in ihr bewirkt (vgl. III. 2.).

IV. 1. Im rechtlichen Sinne bedeutet *nāḡaʿ* die einer Person oder Personengruppe zustehenden, ihr evtl. sogar durch Vertrag zugesicherten (Gen 26, 28f.; Jos 9, 19) Rechte verletzen (vgl. Schulz 103f.). In dieser Verwendung trägt es immer negative Konnotation und wird am besten übersetzt mit 'jdn./etw. antasten', 'jdn. bedrängen'. Die mit *bᵉ* oder direktem Suffix (Gen 26, 29; Rut 2, 9) angeschlossenen Objekte sind besonders gefährdete und schutzbedürftige Personen, wie Fremdlinge (Gen 26, 11. 29; Jos 9, 19; Rut 2, 9f.; Ps 105, 12–15 = 1 Chr 16, 19–22 parallel: *rʿʿ hiph* = Böses tun) und Witwen (2 Sam 14, 10; Rut 2, 9), aber auch das von „bösen Nachbarn" begehrte

Erbgut (Jer 12, 14; vgl. Sach 2, 12). Jos 9, 18 f. folgt *nāḡaʿ* auf → נכה *nkh hiph* = 'erschlagen' und steht in Opposition zu nachfolgendem *ḥjh hiph* = 'am Leben lassen'.

2 Sam 14, 10 folgt *nāḡaʿ* auf „gegen jdn. reden". Gen 26, 29 wird die Verneinung von *nāḡaʿ* mit den Ausdrücken „nur Gutes tun" und „in Frieden ziehen lassen" näher ausgeführt.

nāḡaʿ bezeichnet auch die unerlaubte geschlechtliche Berührung einer Frau durch einen Mann, die Gott durch sein Eingreifen verhindert (Gen 20, 6) oder vor der eindringlich gewarnt wird (Spr 6, 29). *nāḡaʿ* wird im AT aber nicht als euphemistischer Ausdruck für den Geschlechtsverkehr selbst gebraucht wie die Ausdrücke *jāḏaʿ* (Gen 4, 1 u.a.), *bôʾ ʾæl ʾiššāh* (Gen 38, 2f. u.a.), *qāraḇ ʾæl ʾiššāh* (Jes 8, 3), *šāḵaḇ* (Gen 30, 15f.) (vgl. König, Stilistik 38f.), sondern für das eine rechtlich unerlaubte (Spr 6, 29: Ehebruch) geschlechtliche Beziehung intendierende Verhalten eines Mannes gegenüber einer verheirateten Frau. In Rut 2, 9 trägt *nāḡaʿ* wohl keine – wie häufig vermutet (vgl. Rudolph, KAT XVII/1–3², 48; Würthwein, HAT I/18², 15) – sexuelle Konnotation, sondern bezeichnet wie in 2 Sam 14, 10 die Verletzung der Lebensrechte einer schutzlosen Witwe (s.o.).

2. Neben der rechtlichen hat *nāḡaʿ* eine zweite übertragene Bedeutung als 'schlagen', 'strafen', 'Leid zufügen', in der es nur mit Gott/JHWH (*qal*: Ijob 1, 11; 2, 5 mit vorangehendem „seine Hand ausstrecken"; *pi*: Gen 12, 17; 2 Kön 15, 5; 2 Chr 26, 20) bzw. Hand Gottes (1 Sam 6, 9; Ijob 19, 21) als Subjekt oder passivisch im *qal* (Jes 53, 4 [Gott als log. Subj., Joüon, Grammaire § 121 p]; Ps 73, 14), *pu* (Ps 73, 5) oder *niph* (Jos 8, 15 als Bezeichnung einer militärischen Niederlage) gebraucht wird. In dieser Verwendung kommt es der übertragenen Bedeutung von → נכה *nkh hiph* und → נגף *ngp* sehr nahe. Mit Ausnahme von Ijob 1, 11 („Besitz") und 2, 5 („Gebein") stehen als Objekte immer Personen: 1 Sam 6, 9 ein Kollektiv, an den anderen Stellen ein Individuum. Wahrscheinlich beziehen sich mit Ausnahme von Jos 8, 15 und Ijob 1, 11 alle Stellen auf eine Krankheit (vgl. Seybold 25): 2 Kön 15, 5 und 2 Chr 26, 20 ist dies ausdrücklich gesagt (*ṣrʿ* Ptz. *pu*, s. VI.2.), Gen 12, 17 (Fig. etym. mit *nᵉḡāʿîm*), 1 Sam 6, 9 (v. 4: *maggepāh*; 1 Sam 5, 6. 9. 12; 6, 5: *ʿopæl*), Jes 53, 4, Ps 73, 5. 14 (parallel: *jkḥ hoph* Txt. nach BHS u. BK XV/2, ⁵664) und Ijob 19, 21 (vgl. v. 20) aus dem Kontext zu erschließen. 1 Sam 6, 9 steht „seine Hand hat uns gestraft (*ngʿ*)" parallel mit „er hat uns großes Unheil zugefügt." Im weiteren Kontext stehen synonyme Ausdrücke: die Hand JHWHs (Gottes) lastete schwer (*kbd*: 1 Sam 5, 6. 11; *qšh*: 1 Sam 5, 7) auf den Philistern; JHWHs Hand schlug (*nkh hiph*) die Philister mit Geschwüren (1 Sam 5, 6; vgl. v. 9). Jes 53, 4 wird *nāḡaʿ* im Ptz. Pass. vom Gottesknecht ausgesagt, parallel zu *nkh* (Ptz. *hoph*: 'geschlagen') und *ʿnh* (Ptz. *pu*: 'gedemütigt').

V. 1. Nicht den Vorgang der Berührung als solchen,

sondern räumliche Erstreckung (als topographische Angabe – Sach 14, 5 *hiph*) und räumliche Nähe – vor allem in bildlicher Verwendung – bezeichnet *nāḡaʿ* (*qal* und *hiph*) in Jes 16, 8a (parallel: *tʿh*, v. 8b *nṭš* parallel: *ʿbr*); Jer 48, 32 („Deine Ranken gingen [*ʿbr*] bis ans Meer, reichten [*ngʿ*] bis nach Jaser"), Mi 1, 9 (parallel: *bôʾ ʿaḏ*), Jer 4, 10 („das Schwert reichte bis [*ʿaḏ*] an die Kehle"); Jes 8, 8 (*hiph*); Gen 28, 12 (*hiph* mit lok. Akk.); Jer 51, 9b („Denn ihr Gericht reicht bis [*ʿæl*] zum Himmel, erhebt sich [*nś* *niph*] bis [*ʿaḏ*] zu den Wolken"); Ijob 20, 6 (*hiph*); 2 Chr 28, 9 (*hiph*); Hos 4, 2 („Bluttat reiht sich an Bluttat"; vgl. Jes 5, 8 [*hiph*]); Ps 88, 4; 107, 18. Im übertragenen Sinne findet sich diese Bedeutung von *nāḡaʿ hiph* auch in dem singulären Ausdruck Lev 5, 7: „Falls seine Hand die Kosten für ein Stück Kleinvieh nicht erreicht" (Elliger HAT I/4, 56).

2. Vor allem in jungen Texten begegnet *nāḡaʿ* (15mal *hiph*, 8mal *qal*) in der Bedeutung 'jdn./etw. erreichen', 'zu jdm./etw. gelangen'. Subjekt sind Personen (1 Sam 14, 9; 2 Sam 5, 8; Jes 30, 4; Dan 9, 21 *qal*; 12, 12; Est 4, 14; 6, 14), ein Tier (Dan 8, 7), eine Nachricht (Jona 3, 6 *qal*), „Wort und Gesetz des Königs" (Est 4, 3; 8, 17; 9, 1), „Unheil" (*qal*: Ri 20, 34. 41; Ijob 5, 19 negiert), „Wasserfluten" (Ps 32, 6) und „Reihe" in der Wendung *haggîaʿ tor* mit Akk. „an der Reihe sein" (Est 2, 12. 15). Koh 8, 14 (Ptz. *hiph* mit *ʿæl*: „. . . denen es ergeht wie . . ."), Est 9, 26, Ijob 4, 5 (*qal*: „Es erreicht [trifft] dich". [*ʿaḏ* parallel: *bôʾ ʿæl*] und Jer 4, 18 (*qal*: „daß es bis [*ʿaḏ*] in dein Herz reicht") sind unpersönlich ausgedrückt. Die Objekte sind entweder mit den Präpositionen *ʿæl* (1 Sam 14, 9; Ps 32, 6; Dan 9, 21; Jon 3, 6; Koh 8, 14; Est 9, 26), *ʿal* (Ri 20, 34. 41: „Unheil kam über sie"), *bᵉ* (2 Sam 5, 8; Ijob 5, 19), *ʿaḏ* (Jer 4, 18; Ijob 4, 5), *lᵉ* (Est 4, 14; Dan 12, 12), *ʾeṣæl* (nur Dan 8, 7) oder direkt im Akk. (Jes 30, 4; Est 2, 12. 15; 4, 3; 8, 17; 9, 1) angefügt. Est 6, 14 ist *nāḡaʿ* absolut gebraucht. Das schwer verständliche *wᵉjiggaʿ baṣṣinnôr* in 2 Sam 5, 8 (vgl. Stoebe 93f.; Brunet 75–78; Wenning-Zenger, UF 14, 1982, 280) ist wohl am ehesten in der Bedeutung „auf den Ṣinnor treffen", „den Ṣinnor erreichen" sinnvoll. Möglicherweise mag hier die Vorstellung einer magischen Berührung (zu Gen 32, 26. 33 s. III.1.; zur Rolle der „Blinden und Lahmen" s. Brunet 65–72) mitschwingen.

Nur in jungen Texten findet sich *nāḡaʿ* mit einer Zeitangabe als Subjekt (*qal*: Esra 3, 1 = Neh 7, 72; *hiph*: Hld 2, 12; Koh 12, 1 [parallel: *bôʾ*]; Ez 7, 12: „Gekommen [*bôʾ*] ist die Zeit, eingetroffen [*ngʿ*] der Tag").

VI. Das Nomen *næḡaʿ* kommt in drei verschiedenen Bedeutungen vor: (1) als allgemeiner Ausdruck einer von Gott geschickten Plage oder Krankheit, (2) als sakral-medizinischer Fachausdruck einer bestimmten Art von Aussatz an Haut, Stoffen oder Häusern (Lev 13/14; Dtn 24, 8) und (3) als rechtlicher Fachausdruck für den Fall der Körperverletzung (Seybold 25f.).

1. Als allgemeiner Ausdruck für eine von Gott geschickte Plage oder Krankheit liegt das Nomen *næḡaʿ* auf der Bedeutungslinie des Verbums *nāḡaʿ* im *pi, pu* und *qal* Pass. (s. IV.2.), wie bes. aus Gen 12, 17 hervorgeht, wo *neḡāʾîm geḏolîm* als adv. Akk. zu *nāḡaʿ* (*pi*) mit JHWH als Subjekt steht. 1 Kön 8, 37 (Dtr = 2 Chr 6, 28) wird eine Aufzählung der Plagen Hungersnot (*rāʿāḇ*), Pest (*dæḇær*), Getreidebrand (*šiddāpôn*), Rost (*jerāqôn*), Wanderheuschrecke (*ʾarbæh*), Heuschrecke (*ḥāsîl*) und Feind (Krieg; *ʾojeḇ*) abschließend zusammengefaßt mit den beiden Bezeichnungen „irgendeine Plage (*næḡaʿ*), irgendeine Krankheit (*maḥalāh*)" und in einer sekundären Erweiterung (1 Kön 8, 38 bα; Noth, BK IX/1, 188) als „Not seines Herzens" (*næḡaʿ leḇāḇô*; in der Parallele 2 Chr 6, 29 steht dafür: *nigʿô ûmaḵʾoḇô*) ergänzend interpretiert. Auch Ex 11, 1 bezeichnet rückblickend die äg. Plagen mit *næḡaʿ* (vgl. Ex 9, 14: *maggepāh*). *næḡaʿ* bezeichnet den „Krankheits-Schlag" (Seybold 25f.), mit dem Gott einen Menschen trifft und von dem der Kranke um Befreiung betet (Ps 38, 12; 39, 11; Jes 53, 8). Ps 91, 10 umfaßt *næḡaʿ* zusammen mit *rāʿāh* alle Arten von den Menschen drohenden Gefahren (vv. 3. 5–7), vor denen Gott den Frommen schützt. Spr 6, 33 ist für *næḡaʿ* (par. mit *qālôn* ʿSchandeʾ) ein Krankheitsbezug nicht eindeutig aufzuweisen.

In dtr Texten wird *næḡaʿ* par. mit → שבט *šeḇæṭ* ʾZuchtruteʾ als Mittel (Präp. *be*) der göttlichen Züchtigung für das von den Geboten abweichende Verhalten angedroht (Ps 89, 33: *pqd*; 2 Sam 7, 14: *jkḥ hiph*; vgl. ähnlich [dtr] mit *maḥalāh*: Ex 15, 26; 23, 25; 1 Kön 8, 37).

2. Von den 61 Belegen in Lev 13/14 (zu den schwierigen literarkritischen Problemen dieses Textkomplexes vgl. Seidl) begegnet *næḡaʿ* 13mal als nomen regens zu → צרעת *ṣāraʿaṯ* (sonst nur noch Dtn 24, 8; Elliger, HAT I/4, 180 Anm. 2 u. 3). In Lev 13, 1–46 ist *næḡaʿ ṣāraʿaṯ* Fachausdruck für verschiedene Befallserscheinungen auf der menschlichen Haut („Aussatzbefall", Elliger, HAT I/4, 159ff. 180). Verdacht auf *næḡaʿ ṣāraʿaṯ* liegt vor, wenn sich auf der Haut eines Menschen eines der folgenden Symptome zeigt: Schwellung (*śeʾeh*), Ausschlag (*sappaḥaṯ*) oder Fleck (*baḥæræṯ*). Der Beweis für das Vorliegen von *næḡaʿ ṣāraʿaṯ* ist im Normalfall gegeben, wenn die Behaarung an der befallenen Stelle weiß wird und wenn die befallene Stelle tiefer liegt als die übrige Haut (Lev 13, 1–3. 20. 25). Die Diagnose stellt der Priester. Liegt *næḡaʿ ṣāraʿaṯ* vor, muß er den Kranken für unrein erklären, wodurch dieser aus der Gemeinschaft ausgeschlossen wird (Lev 13, 3. 45f.). Um welche Hauterkrankung(en) es sich dabei genau handelt, ist unsicher (vgl. den ausführlichen Literaturbericht bei Seidl 85–88 Anm. 56. 58).

Da zumindest einige dieser Krankheiten heilbar waren (vgl. Lev 13, 15–17), ist weniger an echte Lepra (griech. ἐλεφαντίασις) als vielmehr an eine Art Schuppenflechte (Psoriasis), Grind (Favus) oder Weißfleckigkeit (Leukoderma; vgl. Kornfeld, NEB

50) zu denken. An Stelle der vollständigen Bezeichnung *næḡaʿ ṣāraʿaṯ* kann auch einfach *ṣāraʿaṯ* („Aussatz": Lev 13, 8. 11–15. 25. 30. 42f.) oder *næḡaʿ* (Lev 13, 22, LXX, Syr.: *næḡaʿ ṣāraʿaṯ*, s. Elliger, HAT I/4, 163) stehen. An den anderen Stellen, an denen *næḡaʿ* absolut gebraucht wird, bezeichnet es den noch nicht eindeutig diagnostizierten Befall („befallene Stelle": Lev 13, 3. 5f. 17a. 29. 42 u. a.) oder – wohl als Abkürzung für *ʾîš hannæḡaʿ* – die von dem aussatzverdächtigen Symptomen befallene Person (Lev 13, 4 [nicht v. 5!]. 13. 17b, vgl. KBL³ 632). Die dieser priesterlichen Tradition zugrunde liegende Vorstellung von der Entstehung eines solchen „Aussatzbefalls" scheint nicht in erster Linie von der Erfahrung körperlicher Verletzungen in der Form eines „Einschlages" (Seybold 32f. Anm. 10; vgl. Hugger 225: „Die Ähnlichkeit einer Platzwunde, die von einem Stockschlag herrührt, und der Geschwüre der Hautkrankheiten hat wohl dazu geführt, נֶגַע auf dieses Phänomen zu übertragen"), sondern eher von der Vorstellung einer unheimlichen Berührung aus der Sphäre des Unreinen und des Todes (s. III.2.; vgl. Gen 32, 26. 33, s. III.1.) gewonnen zu sein (vgl. Elliger, HAT I/4, 180; Seybold 32f. 43f.; vgl. Lev 14, 34: JHWH gibt den *næḡaʿ ṣāraʿaṯ*). Diese Vorstellung scheint auch den Anweisungen für den *næḡaʿ ṣāraʿaṯ* an Stoffen und Leder (Lev 13, 47–59) und an Häusern (Lev 14, 33–53) zugrunde zu liegen.

3. In einer Aufzählung zusammen mit → דם *dām* („Bluttat") und → דין *dîn* („Rechtsanspruch") begegnet *næḡaʿ* in Dtn 17, 8 in Unterordnung zu den Begriffen *dāḇār lammišpāṭ* („Rechtsangelegenheit") und *diḇrê rîḇoṯ* („Streitsachen") als rechtlicher Terminus. In Dtn 21, 5 – eine im Kontext der Bestimmungen für den Fall des Mordes durch einen unbekannten Täter wohl sekundäre Erweiterung – werden „jeder *rîḇ* und jeder *næḡaʿ*" dem Spruch der levitischen Priester zugewiesen. Hier wird *næḡaʿ* als rechtlicher Fachausdruck wahrscheinlich für den von Mord und anderen Streitangelegenheiten unterschiedenen Fall der Körperverletzung verwendet.

VII. In den Qumran-Schriften kommt das Verbum *nāḡaʿ* in der Bedeutung ʾberührenʾ in sakralrechtlicher Verwendung (1 QS 5, 13; 7, 19; 8, 17; CD 10, 13; 12, 17), in übertragener Bedeutung als ʾschlagenʾ (1 QpHab 9, 1; 1 QSa 2, 3–6. 10: „mit einer Unreinheit geschlagen sein") und in der Bedeutung ʾherankommenʾ, ʾsich nähernʾ, ʾerreichenʾ (1 QM 17, 11; 1 QH 8, 29; CD 15, 5) vor. Das Nomen begegnet vor allem in den Lobliedern (1 QH) in der Bedeutung ʾPlageʾ, ʾKrankheitʾ (21mal). CD 13, 5 hat *næḡaʿ* die Bedeutung ʾAussatzʾ (s. VI.2.), in 4 QDibHam ʾSchicksalsschlagʾ (par. *nswjjm*); in der Reinigungsliturgie 4 Q 512 ist schließlich von *mngʿ hndh* „Schlag der Unreinheit" die Rede.

LXX übersetzt *nāḡaʿ* in den meisten Fällen mit ἄπτεσθαι und *næḡaʿ* mit ἀφή, 2mal mit μάστιξ.

Schwienhorst

נָגַף *nāḡap*

נֶגֶף *næḡæp*, מַגֵּפָה *maggepāh*

I. Die Wurzel und ihre Belege, Wortfeld, LXX – II. Verwendung – 1. Mit irdischen Subjekten – 2. Mit JHWH als Subjekt – 3. Derivate.

Lit.: *J. Hempel*, Heilung als Symbol und Wirklichkeit im biblischen Schrifttum, ²1965 (s. Reg.). – *K. Seybold*, Das Gebet des Kranken im AT (BWANT 99, 1973, 26). – *P. Welten*, Geschichte und Geschichtsdarstellung in den Chronikbüchern (WMANT 42, 1973, 121. 133 zum Verbum).

I. Die Wurzel *ngp* ist auch in anderen semit. Sprachen belegt: mhebr., samarit., jüd.-aram.; dann äth., arab., akk.; vgl. KBL³ 632a; AHw II 718a: *nakāpu(m)*. Belege im Kanaan., Pun. und Ugar. sind bisher nicht bekannt (vgl. auch → נקף I *nqp I*).
Das Verbum *nāḡap* findet sich innerhalb des AT 49mal. 26 Belege entstammen dem *qal* mit den Bedeutungen 'stoßen, schlagen, plagen' (Ex 7, 27; 12, 23 [2]. 27; 21, 22. 35; 32, 35; Jos 24, 5; Ri 20, 35; 1 Sam 4, 3; 25, 38; 26, 10; 2 Sam 12, 15; Jes 19, 22 [2]; Sach 14, 12. 18; Ps 89, 24; 91, 12; Spr 3, 23; 2 Chr 13, 15. 20; 14, 11; 21, 14. 18). 22mal wird das *niph* verwendet ('geschlagen werden': Lev 26, 17; Num 14, 42; Dtn 1, 42; 28, 7. 25; Ri 20, 32. 36. 39; 1 Sam 4, 2. 10; 7, 10; 2 Sam 2, 17; 10, 15. 19; 18, 7; 1 Kön 8, 33; 2 Kön 14, 12; 1 Chr 19, 16. 19; 2 Chr 6, 24; 20, 22; 25, 22) und einmal das *hitp* (Jer 13, 16; im Mahnwort 13, 15–17: „Gebt JHWH die Ehre, bevor eure Füße 'sich stoßen' an den dunklen Bergen"). – Zum Verbum finden sich im hebr. Sirach keine Belege.
Die Derivate *næḡæp* mit 7 Belegen (als 'Anstoß' nur Jes 8, 14; vgl. die Aufnahmen in 1 Q 38, 1 f. und Sir 35, 20 B+E; als 'Plage' oder 'Strafe' [Gottes] in Ex 12, 13; 30, 12; Num 8, 19; 17, 11. 12; Jos 22, 17) und *maggepāh* ('Plage, Niederlage im Krieg, plötzliches Sterben, Seuche') mit 26 Belegen (Ex 9, 14; Num 14, 37; 17, 13. 14. 15; 25, 8. 9. 18. 19; 31, 16; 1 Sam 4, 17; 6, 4; 2 Sam 17, 9; 18, 7; 24, 21. 25; Ez 24, 16; Sach 14, 12. 15 [2]. 18; Ps 106, 29. 30; 1 Chr 21, 17. 22; 2 Chr 21, 14; vgl. Sir 48, 21 B) finden sich oft mit dem Verbum zusammen im gleichen Kontext und können auch daher zusammen mit diesem verhandelt werden.
Die Qumrantexte zeigen das Nomen *næḡæp* nur in der Aufnahme von Jes 8, 14 in 1 Q 38, 1 f., das Nomen *maggepāh* nur in 1 QM 18, 1. 12 (Schlag als Niederlage), während das Verbum sowohl im *qal* (1 QM 1, 13; 3, 9) wie im *niph* (1 QM 3, 2; 9, 2. 3; 17, 15) zur kriegerischen Terminologie von 1 QM gehört (mit Gott als Subjekt dort nur 1 QM 3, 9 als Trompetenaufschrift).
Zum Wortfeld gehören vor allem die Verben → נכה *nkh* und → נגע *ngʿ* (als Opposition oft → רפא *rp'*) sowie die Substantiva → דבר *dæḇær*, *ḥºlî*, *mahªlæh* (→ חלה *ḥālāh*), *makkāh*, *næḡaʿ* und *pæḡaʿ* (→ פגע).

Die LXX differenziert erheblich stärker bei den Übersetzungen sowohl des Verbums (hauptsächlich mit πατάσσειν, dann πταίειν, θραύειν und τροποῦν; aber noch 6 weitere Verben, z. T. in nur einmaliger Verwendung) als auch der Substantiva (meist πληγή für *maggepāh*; dann θραῦσις; aber auch πτεύσις, πταίομα und anderes).

II. 1. Innerhalb des Bundesbuches regeln Ex 21, 35 den Schaden, der durch ein stößiges Rind (→ שור *šôr*) entsteht, wenn dieses ein anderes tötet (vgl. Codex Ešnunna, §§ 53–54 A IV: TUAT I/1, 38), und Ex 21, 22 den Fall, daß streitende Männer eine schwangere Frau „stoßen", so daß diese ihre Leibesfrucht verliert.
Menschen erschlagen sich im Krieg (→ מלחמה *milḥāmāh*) bzw. sie werden dort erschlagen (*niph*: 2 Sam 2, 17; 10, 15. 19; 18, 7; 2 Kön 14, 12; vgl. 1 Chr 19, 16. 19; 2 Chr 25, 22; mit Nomen: 2 Sam 17, 9; 18, 7).
2. Das Verbum begegnet im *qal* jedoch überwiegend mit JHWH als Subjekt. „Schlagen" ist vornehmlich Teil seines strafenden Handelns. Geschieht es an Feinden Israels, enthält es indirekt einen Heilsaspekt für JHWHs Volk.
So „schlägt" JHWH die Ägypter, nicht aber die Israeliten (Ex 7, 27; 12, 23 [2]. 27: wohl J; vgl. Ex 12, 23 Verbum: P; dazu den Rückblick in Jos 24, 5). Dazu kontrastierend ist das (sek.) Heilswort für Ägypten in Jes 19, 22 zu sehen (vgl. H. Wildberger, BK X/2, 742 f.). Auch die Philister werden durch JHWH geschlagen (2 Sam 7, 10; Gottesschrecken als Element des JHWH-Krieges dabei; dazu G. v. Rad, Der Heilige Krieg im alten Israel, ⁵1969, 12).
JHWH schlug auch den Nabal, so daß dieser starb (1 Sam 25, 38; vgl. 2 Chr 13, 15), und David sagt, daß JHWH Saul schlagen werde (1 Sam 26, 10). JHWH schlug das Kind Davids, so daß dieses todkrank wurde (2 Sam 12, 15).
JHWH schlug die Benjaminiten durch (!) Israel (Ri 20, 35), und die Benjaminiten schlugen sich (dabei und dadurch) untereinander (v. 29 *niph*; vgl. die Häufung des Verbums in vv. 29 ff.). Er schlug aber auch Israel vor den Philistern bzw. durch sie (1 Sam 4, 3; vgl. *niph* in vv. 2+10). Es ist JHWH, der kriegerisch Menschen durch Menschen schlägt.
Wenn JHWH nicht inmitten seines Volkes ist, wird dieses geschlagen (Num 14, 42 J als Mosewort; vgl. v. 37 mit Nomen). Dtn 1, 42 ist von Num 14, 42 abhängig und interpretiert bewußt und steigernd (JHWH-Rede in Moserede!) neu (das Verhältnis beider Texte wird auf den Kopf gestellt durch M. Rose, Deuteronomist und Jahwist, AThANT 67, 1981, 264 ff.).
Ein besonderes Interesse am „Schlagen" JHWHs hat die Chronik, die mehrmals davon in Texten spricht, die sich in den Königsbüchern nicht als Vorlage finden (2 Chr 13, 15; 14, 11; 20, 22; 21, 14. 18; dazu: Welten).

Dem Psalmbeter, der auf JHWH vertraut, gilt die Zusage des Geleits und des Schutzes, so daß sein Fuß nicht an einen Stein stoße (Ps 91, 12; vgl. Jes 8, 14 als Kontrast). Ähnliches kann aber auch die Weisheit dem verheißen, der auf sie hört (Spr 3, 23).

Es wird verheißen, daß JHWH die Hasser seines Königs schlägt (Ps 89, 24 im exilischen Verheißungsteil des Psalms), und daß JHWH die Völker schlagen wird (Sach 14, 12. 18: Verbum und Nomen; vgl. auch Sir 48, 21 B: die Assyrer).

Nach Lev 26, 17 (als JHWH-Rede; vgl. Dtn 28, 25 als Moserede; gegenteilig die Feinde betreffend: Dtn 28, 7; vgl. 1 Kön 8, 33 dtr; 2 Chr 6, 24; stets *niph*) soll Israel mittels seiner Feinde durch JHWH geschlagen werden. Auch hier begegnet theologische Reflexion der Wirklichkeit des Exils.

3. Auch die Derivate machen erneut deutlich, daß vorwiegend JHWH als Subjekt des durch *ngp* und seine Ableitungen ausgedrückten „Schlagens" gesehen wird.

maggepāh steht nur in 1 Sam 4, 17 und 2 Sam 17, 9; 18, 7 für kriegerische Niederlagen, die Menschen durch andere Menschen beigebracht werden.

Nach Jes 8, 14 wird JHWH selbst zum „Stein des Anstoßes" (*næḡæp*; → I 53) für Israel und Juda werden (vgl. Sir 35, 20 B+E; auch 1 Q 38, 1 f. und Jer 13, 16 mit dem Verbum im *hitp*), wofür neben Ps 91, 12 (dort mit Verbum; s.o. II.2.) auch Jes 28, 16 als Kontrast heranzuziehen ist.

Eine Strafe JHWHs in Form einer „Plage", als plötzlich strafender Schlag oder plötzlicher Tod wird (mit *maggepāh*) als Strafe für den Abfall des Volkes von JHWH zum Baal-Pegor bzw. für Aufruhr gegen die Führer der Gemeinde in Num 14, 37 (Kundschafter); 17, 13. 14. 15; 25, 8. 9. 18. 19; 31, 16; vgl. Ps 106, 29 bezeichnet (vgl. *næḡæp* in der Bezugnahme auf Num 25 in Jos 22, 17: „P"-Sprache!). Diese Belege sind überwiegend priesterschriftliche bzw. von diesen beeinflußte Texte. Das Nomen *maggepāh* in Zuordnung zu JHWH ist bei P (wie auch *næḡæp*) beliebt, was andererseits bedeutet, daß diese Derivate der Wurzel *ngp* sich überwiegend in jüngeren Texten des AT finden.

Hierher gehört auch 2 Chr 21, 21 als Plus der Chronik gegenüber Kön (s.o. II.2.) innerhalb eines der in der Chronik typischen „Briefe".

Von einer Plage als Strafe JHWHs über die Ägypter spricht P auch in Ex 9, 14 (*maggepāh*) bzw. in Ex 12, 13 (*næḡæp*; vgl. das Verbum in v. 23 J). Sach 14, 12. 15 (vgl. das Verbum in vv. 12. 18) sprechen (wohl in einer sek. Schicht: vgl. K. Elliger, ATD z.St., u.a.) in einem Gerichtswort von JHWHs Plagen über die Völker und ihre Tiere, die gegen Jerusalem ziehen bzw. zu ihm nicht wallfahrend kommen. In Sach 14, 18 klingt das Motiv der Völkerwallfahrt zum Zion (→ ציון *ṣijjôn*) an, aber hier mit einem Ton des Gerichts versehen.

Plötzlicher Tod durch und nach Krankheit ist in Ez 24, 26 im Blick (*maggepāh* für den plötzlichen Tod der Frau Ezechiels). Eine Seuche ist es, die nach 2 Sam 6, 4 durch die Lade JHWHs (→ ארון *'arôn*) über die Philister kommt, und die nach 2 Sam 24, 21. 25 (vgl. 1 Chr 21, 17. 22) durch einen Altarbau abgewendet wird. Wenn diese Handlung schon als eine sühnende zu verstehen sein sollte, wird hier späteres priesterschriftliches Denken vorbereitet. Die Abwendung einer Plage, die als Strafe für eine Zählung erfolgen soll, durch eine solche sühnende Handlung ist neben 2 Sam 24, 21. 25 (*maggepāh*) auch in Ex 30, 12 (*næḡæp*) angesprochen (zur Sühne → כפר *kippær*). Ähnlich und noch theologisch verstärkt argumentierend wird eine solche Plage (*næḡæp*) nach Num 8, 19 (P) bei der Annäherung an das Heiligtum durch sühnendes Handeln abgewendet (vgl. Ex 30, 12 P; Jos 22, 17 „P"?), und die Texte in Num 17 (vv. 11 ff. mit *næḡæp*; vv. 13. 15 mit *maggepāh*) führen ebenfalls in den Zusammenhang mit sühnendem Geschehen hinein (zu Num 16/17, deren Schichtung und zeitgeschichtlichen Hintergründen: F. Ahuis, Autorität im Umbruch, 1983). Das „Schlagen" JHWHs und dessen mögliche Abwendung werden Bestandteile priesterlicher theologischer Reflexion.

Preuß

נָגַשׂ *nāḡaś*

1. Etymologie, Belege – 2. Das Partizip *noḡeś* – 3. Verbale Formen von *nāḡaś* – 4. Semantische Entwicklung – 5. LXX.

Lit.: *J. Pons*, L'oppression dans l'AT, Paris 1981.

1. Die Wurzel *ngś* begegnet neben dem Hebr. noch ugar. *ngṯ* 'suchen' (UT Nr. 1612; vgl. Margulis, UF 2, 1970, 136), sonst ausschließlich im Südsemit. (KBL³ 633). Ob äth. *nagša* 'König (*něgūš*) sein' hierher gehört, ist unsicher (das Verb ist intr.!). Das hebr. Verb begegnet im *qal* 4mal, im *niph* 3mal, das Ptz. *noḡeś* 15mal.

2. Das Ptz., als Substantiv gebraucht, ist bedeutungsmäßig durchaus dem äth. *něgūš* vergleichbar (vgl. Jes 3, 12; 9, 3; 14, 2. 4; 60, 17; Sach 9, 8; 10, 4; Ijob 3, 18; 39, 7; Dan 11, 20). Entsprechend bezeichnet es Ex 3, 7; 5, 6. 10. 13. 14 die äg. Fronvögte, woraus man schließen kann, daß der Begriff semantisch jedoch wesentlich breiter als „König" ist. Der Targ⁰ übersetzt signifikant mit *maplaḥ* (Ex 3, 7) oder *šilṭôn* (Ex 5, 6. 10. 13. 14), während 11 QTgIjob mit *šallîṭ* 'Machthaber' wiedergibt (Ijob 39, 7). Targ^PsJ zu den Propheten übersetzt *noḡeś* mit *šallîṭ* (Jes 3, 12), *šilṭôn* (Jes 9, 3 [vgl. B. Kedar-Kopfstein, ZAW 93, 1981, 274]; 60, 17; Sach 9, 8) oder mit *mᵉšaʿbeḏ* 'Unterdrücker' (Jes 14, 2) und *parnās* 'Vorsteher' (Sach 10, 4). Der Terminus hat öfters eine pejorative Nuance, die sich aus der realen Erfahrung heraus erklärt, aber auch schon durch die Etymologie vorgegeben ist.

3. Das Verb *nāg̲aś* bedeutet eigentlich 'ergreifen, sich bemächtigen' besonders im juristischen Sinn. Aus 2 Kön 23, 35 ergibt sich, daß der König von Juda von seinen Untertanen Silber und Gold „ergreifen" oder eintreiben kann, um den geforderten Tribut an Pharao Necho bezahlen zu können. Nach den Vorschriften von Dtn 15, 2f., die eine Praxis analog zum *mazzazānūtu(m)* im mesopot. Bereich voraussetzen, ist unter *ngś* ein juristisches Vorgehen des Gläubigers gegen den zahlungsunfähigen Schuldner aufgrund von dessen Personalhaftung zu verstehen. Aber im Sabbatjahr kann der Gläubige bei Personalhaftung des Schuldners sein Zugriffsrecht nicht weiter geltend machen, wenn es sich um einen israelitischen Volksgenossen handelt, wohl aber, wenn es sich um einen Ausländer handelt.

Das nachexilische Orakel in Jes 58, 3 wendet sich gegen Gläubiger, die ihre zahlungsunfähigen Schuldner in Person pfänden ohne Rücksicht auf die Fasttage. An dieser Stelle werden die Schuldner mit dem hap. leg. *'āṣeb̲* bezeichnet, das dem arab. *ġāṣib* 'Usurpator' entspricht (V richtig: *debitores*). *'āṣeb̲* meint Personen, die ihre Schulden nicht rechtzeitig bezahlt haben, also „insolvente Schuldner".

Die gleiche Bedeutung findet man auch im *niph*. Nach Jes 53, 7 wird der Knecht JHWHs „ergriffen" für die Schuld des Volkes, eine Vorstellung, die man in v. 8 bestätigt findet. Und nach Jes 3, 5 manifestiert sich die Anarchie in Jerusalem besonders durch die Tatsache, daß die Volksgenossen einander „greifen" oder wie Pfändlinge verknechten. Der Ausdruck *niggaś hā'ām* (Jes 3, 5) findet sich auch 1 Sam 13, 6, wo jedoch der Sinn nur schwierig zu erfassen ist (vielleicht ist es eine Wahllesart zu *kî ṣar lô*).

4. Das Verb *ngś* scheint eine alte juristische Terminologie widerzuspiegeln. Es bezeichnet die Ausübung des Rechtes des Besitzergreifens, das der Souverän in seinem Staat (2 Kön 23, 35) oder ein Gläubiger aufgrund der Personalhaftung seines Schuldners besaß (Dtn 15, 2f.; Jes 58, 3). Das Fehlen weiterer Belege erlaubt uns nicht, weitere Präzisionen vorzunehmen und die Umstände zu bestimmen, unter denen dieses Recht angewandt wurde.

Das Ptz. *nôg̲eś* bezeichnet wohl ursprünglich den, der ein Gut einfordert kraft eines Rechtes, d. h. ein „Eintreiber". Der Gebrauch im Bibelhebr. bezeugt indessen eine semantische Entwicklung, die sich leicht aus dem sozioökonomischen Kontext des alten Orients nachvollziehen läßt. Der Steuereintreiber oder der, der zum Frondienst zwang, war zugleich der Regierende oder der Machthaber. Vgl. Dan 11, 20: „An seine Stelle tritt einer, der einen *nog̲eś* in der Zierde des Reiches auftreten läßt" (l. *ma'ªmîd̲*, s. BHS und KBL³ 796). Man nimmt allgemein an, daß sich diese Stelle auf Heliodor bezieht, der von Seleukus IV. Philopator (187–175) beauftragt worden war, den Tempelschatz zu requirieren. Aus diesem Grunde übersetzen viele das *nog̲eś* hier mit „Steuereintreiber". Es ist indessen wenig wahrscheinlich, daß *nog̲eś* noch in dieser späten Zeit diese etymologische Bedeutung hatte. Tatsächlich hat ein halbes Jahrhundert später der Verfasser von 11 QTgIjob *nog̲eś* durch *šallîṭ* 'Machthaber' (Ijob 39, 7) ersetzt. Genau diese Bedeutung findet sich auch schon Jes 14, 5, wo *nog̲eś* einen mesopotamischen Herrscher bezeichnet.

Der Terminus hat sich semantisch zur Bezeichnung des „Regierenden" schlechthin ausgedehnt, da eben der Regierende allgemein als derjenige empfunden wurde, der Steuer und Fron auferlegt und seine Autorität ausübt.

5. Die LXX hatte mit der Übersetzung offensichtlich Schwierigkeiten, da sie sich zu keiner einheitlichen Vokabel durchringen kann. Neben ἀπαιτεῖν und ἐργοδιώκτης (je 4mal) begegnen noch (ἐξ-)ἐλαίνειν, φορολόγος u.a. In Qumran ist die Wurzel bisher nicht nachgewiesen.

Lipiński

נָגַשׁ *nāg̲aš*

I. Etymologie – II. 1. Belege – 2. LXX – III. Gebrauch im AT – 1. *qal* und *niph* – 2. *hiph* – IV. Qumran.

Lit.: *R. Rendtorff*, Studien zur Geschichte des Opfers im Alten Israel (WMANT 24, 1967). – *J. Milgrom*, The Cultic Use of נגשׁ (Proceedings of the World Congress of Jewish Studies 5, 1969, 75–84. 164). – *E. Ullendorff*, Ugaritic Marginalia II (JSS 7, 1962, 340).

I. Das hebr. *nāg̲aš* 'sich nähern' hat Verwandte in ugar. *ngṯ* mit der Nebenform *ngš* (WUS Nr. 1749f.) und akk. *nagāšu* 'hingehen' (AHw 710). Ein kanaan. *nagāšu* (*ngṯ*) 'angreifen' ist in einem Ta'annekbrief belegt (BASOR 94, 1944, 22 Anm. 63).

II. 1. Das Verb ist im *qal* und *niph* belegt, wobei Perf. und Ptz. durch die *niph*-Formen, die übrigen Formen durch das *qal* vertreten sind, außerdem im *hiph*, *hoph* (2mal) und *hitp* (1mal).

Von den 84 Belegen in *qal* und *niph* entfallen auf Gen 19 Belege, auf die übrigen erzählenden und gesetzlichen Teile des Pent 20, DtrGW 22, ChrGW 5, die prophetischen Bücher 13; in Ps und Ijob gibt es nur je 1 Beleg. Vom *hiph* gibt es 37 Belege.

2. Die LXX übersetzt in der Mehrzahl der Fälle *qal* und *niph* mit ἐγγίζειν (auch προσεγγίζειν) oder προσέρχεσθαι, *hiph* mit προσάγειν, προσεγγίζειν oder προσφέρειν. Vereinzelt finden sich auch andere Wiedergaben.

III. 1. a) Die *qal*- und *niph*-Formen bedeuten zunächst ganz allgemein 'sich nähern, nahe treten', wobei das Ziel durch *'æl* ausgedrückt werden kann. Meist handelt es sich um eine Person: Jakob tritt an Isaak heran (Gen 27, 22), Juda an Josef (Gen 44, 18),

Josef an die Brüder (Gen 45, 4). Die Kinder Gads und Rubens treten an Mose heran (Num 32, 16), die Kinder Judas an Josua (Jos 14, 6), die Familienhäupter der Leviten an Eleazar und Josua (Jos 24, 1). David trat dem Philister Goliat entgegen (1 Sam 17, 40), Elija trat auf dem Karmel vor das Volk hin (1 Kön 18, 21 – und sprach das Volk an: „Wie lange wollt ihr auf beiden Seiten hinken?"), dann sagte er zum Volk: „Kommt heran!" und alles Volk trat zu ihm heran (18, 30). Ein Prophet nähert sich Ahab (1 Kön 20, 13. 22), die Prophetenjünger treten an Elischa heran (2 Kön 2, 5) usw.

Das Herantreten hat natürlich in den meisten Fällen einen Zweck, der meist aus dem Kontext hervorgeht und oft durch *l^e^* + Inf. (Beispiele unten) oder durch ein unmittelbar folgendes Verb zum Ausdruck gebracht wird, z. B. *g^e^šû w^e^šimʿû* Jos 3, 9; *g^e^šû ud^e^ʿû* 1 Sam 14, 38, *gaš p^e^gaʿ* 2 Sam 1, 15. Zu beachten ist auch der Ausdruck *nāgaš lammilḥāmāh*, s. u.

Mit sachlichem Komplement steht *nāgaš* mit Bezug auf den Altar, an den die Priester herantreten, „um Dienst im Heiligtum zu tun (*l^e^šāreṯ baqqoḏæš*)" (Ex 28, 43) oder „um Dienst zu tun, um ein Feueropfer für JHWH anzuzünden (*l^e^šāreṯ l^e^haqṭîr ʾiššæh l^e^JHWH*)" (Ex 30, 20). Im ersteren Fall handelt es sich um das Tragen von Hosen, um die Priester vor der Heiligkeit des Altars zu schützen, im letzteren Fall wird Reinigung durch Waschen gefordert, „damit der Priester nicht sterbe". In Lev 21, 16–23 findet sich eine Verbotsreihe, die das Herantreten an den Altar denjenigen Priestern untersagt, die einen körperlichen Fehler haben; als Zweck des Herantretens wird hier *l^e^haqrîḇ ʾæṯ-ʾiššê JHWH* (v. 21) bzw. *l^e^haqrîḇ læḥæm ʾ^æ^lohājw* (vv. 17. 21) angegeben. Das Herantreten wird vv. 17 ff. durch *qāraḇ* (so auch Ex 32, 19; 40, 32; Lev 9, 7 f.; Num 18, 3), in vv. 21. 23 durch *ngš* ausgedrückt (zur Literarkritik s. Elliger, HAT I/4, 283 f.). Auch 2 Chr 29, 31 ist von priesterlichem Dienst die Rede: „Tretet herzu und bringt (*hāḇîʾû*) Schlachtopfer und Lobopfer zum Tempel"; daraufhin bringt (*bôʾ hiph*) die Gemeinde (!) die Opfer.

In Num 4, 19 handelt es sich um die heiligen Geräte im Zeltheiligtum (v. 15 hat *haqqoḏæš* und *kŏl-k^e^lê haqqoḏæš*, v. 19 sagt *qoḏæš haqq^o^ḏāšîm*), die die Kehatiter, die sie tragen, nicht sehen dürfen; in Num 8, 19 heißt es, daß sich die Israeliten *haqqoḏæš* nicht nähern dürfen (was hier mit *qoḏæš* gemeint ist, bleibt dunkel; der Vers ist schwierig, da die Leviten sonst nicht mit dem Sühnen beauftragt sind). Auch wenn es Ex 34, 30 heißt, daß das Volk, als Mose mit strahlendem (→ קרן *qæræn*) Gesicht vom Berge herabstieg, sich fürchtete, ihm nahezutreten, geht es um Scheu vor dem Heiligen (vgl. v. 32, wo sie trotzdem herantreten). – Jes 65, 5 ist textlich unsicher; hier sagen die Götzendiener: „Komm mir nicht nahe, sonst mache ich dich heilig" (wenn man statt *q^e^daštîḵā* „ich bin dir heilig" (?) *qiddaštîḵā* lesen darf). Jedenfalls handelt es sich um eine Warnung vor dem Heiligen.

„Sich Gott nähern" hat mehrere Bedeutungen. Es kann einfach den priesterlichen Dienst bezeichnen, wie Ez 44, 13: (die Leviten, die Götzen gedient haben, werden ihre Schuld tragen müssen) „sie dürfen sich mir nicht nahen (*loʾ jigg^e^šû ʾelaj*), um mir Priesterdienst zu tun (*l^e^kahen lî*) und zu all meinen heiligen Dingen, den hochheiligen, heranzukommen (*lāgæšæṯ ʾæl-kŏl-qŏḏāšaj ʾæl qoḏšê haqq^e^ḏāšîm*)" – der Ausdruck ist völlig analog mit den obengenannten Stellen, die sich auf den Altar beziehen. Ähnliches gilt wohl für Ex 19, 22: „Auch die Priester, die sich (sonst) JHWH nahen dürfen, sollen sich heiligen", denn die Gottesbegegnung am Sinai wird mit kultischen Termini beschrieben, und der Satz besagt eigentlich nur, daß die Priester normalerweise kultischen Dienst verrichten. Auffallend bleibt hier nur, daß die Existenz von Priestern bereits hier vorausgesetzt wird. In Ex 20, 21 dagegen naht sich Mose „dem Dunkel (→ ערפל *ʿ^a^rāpæl*), in dem Gott war", d. h. er nähert sich dem im Wolkendunkel erscheinenden Gott, um als Mittler zwischen dem Volk und Gott zu dienen, vgl. Ex 24, 2: nur Mose, das Volk aber nicht, darf sich JHWH nahen, d. h. auf den Berg hinaufsteigen.

Nach Jer 30, 21 darf der Herrscher (*mošel*) der kommenden Heilszeit sich Gott nähern (JHWH läßt ihn sich nahen, *hiqrîḇ*), ohne das Leben zu gefährden; er hat also das Vorrecht des Priesters und funktioniert als sakraler König – oder als Mittler wie Mose? Jedenfalls vertritt er vor Gott sein Volk und hat dabei direkten Zugang zu Gott. Ganz allgemein scheint der Ausdruck dagegen in Jer 29, 13 zu stehen: „Dieses Volk naht sich mit seinem Munde und ehrt mich mit seinen Lippen, während sein Herz fern von mir ist." Obwohl hier ein stilistischer Gegensatz zwischen „sich nähern" und „fern sein" besteht, und obwohl das Volk und nicht die Priester Subjekt ist, deutet *ngš* an, daß es um eine Kultfrömmigkeit geht; diese ist nun bloßer Lippendienst, an dem die Herzen nicht beteiligt sind.

b) In Verbindung mit *milḥāmāh* meint *ngš* „zum Kampf heranrücken". So wird Ri 20, 23 die Orakelfrage gestellt: „Soll ich noch einmal zum Kampf anrücken gegen die Söhne Benjamins?" und die Antwort lautet: „Ziehet (*ʿ^a^lû*) gegen ihn!" In 1 Sam 7, 9 rücken die Philister zum Kampf gegen Israel an, in 2 Sam 10, 13 (par. 1 Chr 19, 14) Joab gegen die Aramäer. Das Drohwort gegen Ägypten Jer 46 beginnt mit einer Aufforderung, die Waffen bereit zu machen und zum Kampf heranzurücken (v. 3). In diesem Sinn ist wohl auch Joël 4, 9 zu verstehen: „Ruft den heiligen Krieg aus, ruft die Helden auf. Heran, herauf (*jigg^e^šû jaʿ^a^lû*; LXX liest Imp.) alle Männer des Kriegs" (die Fortsetzung enthält die Aufforderung, die Pflugscharen zu Schwertern zu schmieden). – In militärischem Zusammenhang kommt *ngš* auch 2 Sam 11, 20 f. vor: an die Stadt bzw. an die Mauer heranrücken.

c) *nāgaš* bedeutet auch „vor Gericht treten". In Ex 24, 14 wird verordnet, daß in der Abwesenheit des

Mose jeder, der eine Streitsache hat (*ba'al d^e^bārîm*), sich zu Aaron und Hur wenden soll (*nāğaš 'æl*). Diese werden also als Schiedsrichter eingesetzt, und „vor sie zu treten" heißt sich von ihnen richten lassen. In ähnlicher Bedeutung erscheint *nāğaš* in der grundsätzlichen Vorschrift Dtn 25, 1: „Wenn Männer Streit (*rîb*) untereinander haben und sie vor Gericht gehen (*w^e^nigg^e^šû 'æl hammišpāṭ*) und man über sie Gericht hält (*uš^e^pāṭûm*), soll man den freisprechen, der im Recht ist (*w^e^hiṣdîqû 'æt-haṣṣaddîq*) und den Schuldigen verurteilen (*w^e^hiršî'û hārāšā'*)." Dies ist, obwohl in ein Gesetz über Prügelstrafe eingeschaltet, eine allgemeingültige Beschreibung eines korrekten Rechtsverfahrens (vgl. noch Dtn 25, 9, wo ein Einzelfall erwähnt ist).

Dieser Sprachgebrauch spiegelt sich dann bei DtJes, der sich der Form einer Gerichtsverhandlung bedient. So fordert er Jes 41, 1 die „Inseln" und die Nationen auf, vor JHWH zu treten: „Sie sollen herantreten (*ngš*), dann reden (*dbr pi*), zusammen laßt uns vor Gericht gehen (*qrb lammišpāṭ*)." Interessanterweise kommt hier *qrb* als Synonym zu *ngš* vor. Auf ähnliche Weise heißt es im dritten Gottesknechtlied: „Nahe ist (*qārôb*), wer mir Recht schafft (*maṣdîqî*; vgl. Dtn 25, 1), wer will mit mir streiten (*rîb*)? Laßt uns zusammen vortreten (*'āmad*)! Wer ist mein Rechtsgegner (*ba'al mišpāṭî*)? Er trete zu mir heran (*jiggaš 'elaj*)!" Das ganze Stück ist von der Rechtsterminologie geprägt.

d) *ngš* wird auch in einem allgemeineren Sinn gebraucht. Am 9, 13 enthält die Verheißung einer Heilszeit, wo „der Pflüger nahe an den Schnitter drängt (*ngš*) und der Kelterer an den Sämann", d. h. die Fruchtbarkeit wird so groß sein, daß Saat und Ernte dicht aufeinanderfolgen. – Nach Ps 91, 7 wird an denjenigen, der unter dem Schutz des Höchsten steht, das Unglück nicht herankommen (*ngš*), wenn auch tausend und zehntausend um ihn fallen (durch die Pest sterben?); vgl. Am 9, 10 *hiph*.

2. a) Die *hiph*-Form bedeutet zunächst einfach 'herbeiführen, bringen', z. B. 1 Sam 15, 32 „Samuel sagte: Bringt Agag zu mir her!", 23, 9 „Bringt das Ephod her" (ähnlich 30, 7 mit Ausführungsbericht und wahrscheinlich auch mit LXX 14, 18, wo MT *'^a^rôn 'æ^lohîm* hat), 2 Kön 4, 5f. ein Gefäß holen (um es zu füllen).

Die Geschichte von Jakobs Erschleichung des Vatersegens in Gen 27 ist zum Teil auf ein Wortspiel mit *ngš* aufgebaut. Nachdem die Aufforderung, eine leckere Speise herzubringen, durch *bô' hiph* erfolgt ist (vv. 4f. 7. 10), wird Jakob gebeten, näherzutreten (*ngš qal*), damit Isaak ihn betaste (v. 21, Ausführungsbericht v. 22). Dann folgt eine Aufforderung, die Speise aufzutragen (*ngš hiph*, v. 25a, Ausführung v. 25b; dabei wird aber für den Wein *bô' hiph* gebraucht). Dann kommt zweimal *ngš qal* für das Nähertreten zum Küssen (vv. 26f.). Als Esau dann sein Gericht bringt, wird nur *bô' hiph* gebraucht; es kommt nicht zum Auftragen (*higgîš*). In Gen 48, 9f. ist *ngš hiph* synonym zu *lāqaḥ*: Jakob (Israel) sagt zu Josef: Bringe sie (*qāḥæm-nā'*) zu mir, damit ich sie segne! Und er führte sie zu ihm hin (*ngš hiph*), und er küßte und umarmte sie"; in v. 13 führt er sie noch einmal zu Jakob, der seinen Segen über sie spricht.

Mehrmals ist das Herbeigeführte Essen. 1 Sam 14, 34 sagt Saul: „Ein jeder bringe sein Rind und sein Schaf her zu mir, schlachte es hier und esse dann ... Da brachte alles Volk, ein jeder, was er hatte, und schlachtete daselbst." 1 Sam 28, 25: Ein Weib schlachtet ein Kalb, backt Brote und setzt es Saul und seinen Dienern vor. 2 Sam 13, 10f.: Amnon sagt zu Tamar: „Bringe (*hābî'î*) die Speise ins Gemach." Sie nahm die Kuchen und brachte sie (*bô' hiph*) und bot (*wattaggeš*) sie ihm zu essen. 2 Sam 17, 29 bringt man allerlei Speisen für David und seine Leute herbei. Auch Ri 6, 19 gehört hierher.

b) Nach 1 Kön 5, 1 werden aus allen Ländern Geschenke (→ מנחה *minḥāh*) an Salomo gebracht. In anderen Fällen heißt aber bekanntlich *minḥāh* Opfergabe. Als allgemeiner Terminus für das Darbringen von Opfern wird *hiqrîb* gebraucht (Elliger, HAT I/4, 129 Anm. 7; Rendtorff 90–92). In Lev 2, 8 werden jedoch drei Verben gebraucht: „Du bringst die *minḥāh* hin (*bô' hiph*) ... er bringt es dem Priester (*qrb hiph*), daß er es an den Altar herantrage (*ngš hiph*)." Man kann hier also drei verschiedene Stufen der Darbringung erkennen. Die abweichende Terminologie deutet vielleicht auf „die Sonderstellung von Lev 2" (Rendtorff 184). In Ex 32, 6 (in Verbindung mit dem goldenen Kalb) wird *'ālāh hiph* für das Brandopfer, *ngš hiph* für das *š^e^lāmîm*-Opfer gebraucht; Lev 8, 14 verwendet *ngš hiph* für das Sündopfer. In 1 Sam 13, 9 wird *higgîš* für das Herbeiführen der Opfertiere, *hæ'^æ^lāh* für die Darbringung als Brandopfer gebraucht. 2 Chr 29, 23 spricht vom Herbeiführen der Böcke für das Sündopfer; für die Anbringung des Blutes an den Altar wird *ḥiṭṭe'* angewendet. Am 5, 25 stellt die Frage: „Habt ihr mir Schlachtopfer (*z^e^bāḥîm*) und Gaben (*minḥāh*) in der Wüste dargebracht (*ngš hiph*)?" (zum Sinn des Verses s. die Komm.). Bei Maleachi ist *higgîš* fast zum normalen Ausdruck für die Darbringung von Opfern geworden. Er rügt das Darbringen von fehlerhaften Opfertieren (1, 7f. 3 Belege), er spricht vom Darbringen von Opfern an JHWH in der ganzen Welt (1, 11, *ngš hoph*) und von rechten Opfern (3, 3; vgl. auch 2, 12: Opfer für JHWH).

c) In der Rechtssprache bezeichnet *ngš hiph* das Vorlegen einer Sache oder Angelegenheit. So heißt es Jes 41, 21f.: „Bringet euren Streit vor (*qrb rîb*), spricht JHWH, bringt eure Beweise (*'^a^ṣumôṯ*) heran (*ngš hiph*) über das, was begegnet." Und Jes 45, 20f.: „Sammelt euch (*qbṣ niph*) und kommt, tretet hervor (*ngš hitp* „vor das Gericht treten") allzumal, ihr Entronnenen der Völker! Tut kund (*haggîdû*) und bringt vor (*haggîšû*)!" Die Völker sollen Zeugnis ablegen, daß JHWH alles schon längst kundgegeben hat.

d) Ein Sonderfall ist Am 9, 10, wo *taggîš* parallel und fast gleichbedeutend mit *taqdîm* steht: die Übermütigen meinen, das Unheil werde sie nicht treffen oder erreichen (vgl. Ps 91, 7 *qal*; vielleicht ist auch hier *qal* zu lesen).

IV. Die Qumranschriften stehen, was *ngš* betrifft, meist in der Tradition des AT. In 1 QM gibt es zwei Beispiele für *nāgaš lammilḥāmāh* (1 QM 4, 7. 11) und zwei für das Hervortreten des Hohenpriesters, um die Krieger anzusprechen (16, 13; 19, 11; von Dtn 20, 2 abhängig; ähnlich TR 61, 15). In CD ist von Priestern, die Fett und Blut darbringen, die Rede (CD 4, 2). In 1 QSa wird verordnet, daß das Mitglied mit dreißig Jahren hervortreten darf, um Rechtssachen (*rîḇ ûmišpāṭ*) zu entscheiden (*rîḇ*: 1 QSa 1, 13). Eine Sonderentwicklung liegt vor, wenn *higgîš* zusammen mit *qrb* das Einführen in die Gemeinschaft bezeichnet (1 QS 9, 16). Dieselbe Bedeutung liegt auch in einigen poetischen Stellen vor, obwohl manchmal der allgemeinere Sinn der geistigen Gemeinschaft mitklingt (1 QS 11, 13; 1 QH 12, 23; 14, 13; 18, 19; wohl auch 16, 12). TR 63, 3 ist vom priesterlichen Dienst die Rede.

Ringgren

נדב *ndb*

נְדָבָה *neḏāḇāh*, נָדִיב *nāḏîḇ*, נְדִיבָה *neḏîḇāh*

I. 1. Vorkommen – 2. Grundbedeutung – 3. Wiedergabe in der LXX – II. *ndb* und *neḏāḇāh* – 1. Das freiwillige Opfer – 2. Die freiwillige Gabe – 3. Der freiwillige Entscheid – 4. Die freie Zuwendung von seiten Gottes – III. *nāḏîḇ* und *neḏîḇāh* – IV. Die Wortgruppe in den Qumrantexten.

Lit.: *R. Albertz*, Persönliche Frömmigkeit und offizielle Religion (Calwer Theol. Monogr. A.9, 1978). – *J. Conrad*, Die junge Generation im AT (AzTh I/42, 1970). – *A. Fitzgerald*, MTNDBYM in 1 QS (CBQ 36, 1974, 495–502). – *J. A. Fitzmyer / D. J. Harrington*, A Manual of Palestinian Aramaic Texts (BietOr 34, 1978). – *S. Légasse*, Les pauvres en esprit et les 'volontaires' de Qumran (NTS 8, 1961, 336–345). – *J. Licht*, The Concept of *Nedabah* in the DSS (Festschr. E. L. Sukenik, 77–84). – *S. Nyström*, Beduinentum und Jahwismus, Lund 1946. – *J. van der Ploeg*, Les chefs du peuple d'Israël et leurs titres (RB 57, 1950, 40–61). – *C. Rabin*, Judges V, 2 and the „Ideology" of Deborah's War (JJS 6, 1955, 125–134). – *R. Rendtorff*, Studien zur Geschichte des Opfers im Alten Israel (WMANT 24, 1967). – *U. Skladny*, Die ältesten Spruchsammlungen in Israel, 1962.

I. 1. Das Verb *ndb* ist im hebr. Text des AT 17mal belegt (davon 3mal im *qal*, sonst im *hitp*), im Bibl.-Aram. 3mal (*hitpa'al*). Nur im hebr. Text sind die folgenden Derivate belegt: *neḏāḇāh* (25 Belege, außer Ps 110, 3aα, wo der LXX entsprechend *'immeḵā neḏîḇôṯ* zu lesen ist, s. H.-J. Kraus, BK XV⁵, z. St., vgl. BHK, BHS), *nāḏîḇ* (26 Belege, in Hld 6, 12 jedoch völlig unsicherer Text, s. die Komm.), *neḏîḇāh* (3 Belege, dazu cj. Ps 110, 3, s. o.). Das Verb *ndb* (Perf. *qal*) ist außerdem in den Personennamen *Nāḏāḇ*, *Jehônāḏāḇ* (*Jônāḏāḇ*), *Neḏaḇjāh*, *'aḇînāḏāḇ*, *'aḥînāḏāḇ* und *'Ammînāḏāḇ* enthalten (insgesamt 60 Belege). Es handelt sich um Satznamen mit theophorem Element (IPN 20 f.; *Nāḏāḇ* ist Kurzform, bei der das theophore Element weggefallen ist [IPN 22]; die Verwandtschaftswörter *'āḇ*, *'āḥ* und *'am* sind altertümliche Gottesbezeichnungen [IPN 66–82]). Die Wortgruppe ist auch im nachbibl. Hebr. (Sir, s. u. II. 3., III.; Qumrantexte, s. u. IV.; zu späteren Texten s. WTM III 339 f.) und in den jüd.-aram. Dialekten bezeugt (WTM III 339 f.; Fitzmyer-Harrington 256 [= A 11, 4]). Ein Beleg findet sich im Früharam. (Ja'udisch [Subst. *ndb* m. Suff.], KAI Nr. 214, 33). Außerdem ist das Verb *ndb* für den nordwestsemit. Bereich sowie für das Asarab. in Satznamen bezeugt, die in Analogie zu den obengenannten hebr. Namen gebildet sind (IPN 193, Anm. 1, und die in KBL$^{2.3}$ angeführten Parallelen zu den o. g. Namen). In den übrigen semit. Sprachen (mit Ausnahme des Nordarab., dazu s. u. I. 2.) finden sich nur unsichere Belege. Auch dabei handelt es sich wohl vorrangig um Namensformen (für das Akk. AHw II 700 b, dagegen jedoch CAD XI/1, 41; für das Ugar. WUS Nr. 1752–1754, UT Nr. 1613, vgl. auch UF 2, 1970, 326 f.; 7, 1975, 545; für das Pun. DISO 174 [*ndb* I]).

2. Für alle Belege der Wortgruppe im AT wie auch im nachbibl. Hebr. und im Jüd.-Aram. ist der Aspekt der Freiwilligkeit maßgeblich. Gemeint ist sowohl das freiwillige Geben bzw. die freiwillige Gabe als auch der freiwillige Entscheid. Danach kann die Grundbedeutung der Wurzel *ndb* mit 'sich als freiwillig erweisen' wiedergegeben werden. Diese Bedeutung entspricht der des Verbs *naduba* im Nordarab. ('bereitwillig, edel, großzügig sein', vgl. Lane I/8, 2779). Sie kann auch für das *qal* von *ndb* in den genannten Satznamen angenommen werden („die Gottheit hat sich als bereitwillig, freigebig erwiesen" [bei der Geburt des Kindes, s. u. II. 4.]). Die selbständigen Formen des *qal* haben im AT allerdings transitive Bedeutung (Subjekt ist entweder *leḇ* [Ex 25, 2; 35, 29] oder *rûaḥ* [Ex 35, 21]). Hierfür kann das wiederum im Nordarab. bezeugte Verb *nadaba* ('rufen, antreiben') zum Vergleich herangezogen werden (vgl. Lane I/8, 2778 f.; nach KAI II 222 liegt diese Bedeutung auch dem Subst. *ndb* in Nr. 214, 33 [s. o. I. 1.] zugrunde, anders DISO 174 [*ndb* II]). Möglicherweise ist hierin die ursprüngliche Bedeutung der Wurzel *ndb* überhaupt zu sehen (vgl. arab. *nadaba* VIII 'einem Ruf zum Dienst folgen, bereitwillig nachkommen', vgl. Lane I/8, 2779; diese Übersetzung wird von Rabin auch für *ndb hitp* in Ri 5, 2 vorgeschlagen). Zur Entstehung der Sonderbedeutung von *nāḏîḇ* 'Vornehmer' s. u. III.

3. In der LXX wird die Wortgruppe auf sehr verschiedene Weise und z. T. sehr frei wiedergegeben. Die Äquivalente für *ndb qal* sind δοκεῖν (Ex 25, 2;

35, 21) und φέρειν (Ex 35, 29). *ndb hitp* wird durchweg mit ἑκουσιάζεσθαι oder προθυμεῖσθαι wiedergegeben. Das häufigste Äquivalent für *n^e^d̲āb̲āh* in der Bedeutung 'freiwilliges Opfer, freiwillige Gabe' ist τὸ ἑκούσιον, für *nād̲îb̲* in der Bedeutung 'Vornehmer' ἄρχων (in Hld 6, 12; 7, 2 als Name gedeutet). Bemerkenswert ist die Wiedergabe von *n^e^d̲îb̲āh* mit ἐλπίς in Ijob 30, 15.

II. 1. Das Verb *ndb* und das Nomen *n^e^d̲āb̲āh* beziehen sich überwiegend auf den Bereich des Kultes. Deshalb sind sie auch weitaus am häufigsten in der Priesterschrift und im ChrGW bezeugt. Zur Kennzeichnung eines kultischen Vorganges im strengen Sinne des Wortes dient das Nomen *n^e^d̲āb̲āh*. In der Mehrzahl seiner Belege hat es die Bedeutung 'freiwilliges Opfer'. Gemeint sind private Opfer, die von einzelnen außerhalb des regulären Opferdienstes dargebracht werden. Vorausgesetzt ist stets, daß dies an großen Heiligtümern mit einem hoch entwickelten Kultbetrieb geschieht. Der früheste, noch vordeuteronomische Beleg ist Am 4, 5. Hier werden die Heiligtümer von Bet-El und Gilgal genannt. Alle übrigen Belege setzen Jerusalem bzw. das Zentralheiligtum (Dtn, P) als Kultort voraus. Als Opferarten werden *'ôlāh* (Lev 22, 18; Num 15, 3; Ez 46, 12; Esra 3, 5 [dazu s. W. Rudolph, HAT I/20 z. St.; hier zusammen mit *n^e^d̲āb̲āh* auch das Verb *ndb hitp*], → עלה [*'olāh*]) und *zæb̲aḥ* bzw. *zæb̲aḥ š^e^lāmîm* oder *š^e^lāmîm* (Lev 7, 16 [vgl. v. 11]; 22, 21; Num 15, 3; Ez 46, 12, → זבח [*zbḥ*]) genannt. Nach Num 29, 39 kommen offenbar *'ôlāh, minḥāh* (→ מנחה), *nesæk̲* (→ נסך [*nsk*]) und *š^e^lāmîm* in Betracht. Derartige Opfer konnten gewiß jederzeit dargebracht werden. Bevorzugte Gelegenheiten aber waren offensichtlich die großen Feste, wo sie öffentlich ausgerufen wurden und als „gute Werke" gebührend zur Geltung kamen (Am 4, 4f.).

Über konkrete Anlässe werden keine Angaben gemacht. Deutlich ist jedoch, daß vor allem Dank gegenüber JHWH zum Ausdruck gebracht werden sollte. Am 4, 5 steht die *n^e^d̲āb̲āh* in enger Beziehung zum Dankopfer (*tôd̲āh*, → ידה [*jdh*]). Dem entspricht auch die Tatsache, daß *n^e^d̲āb̲āh* und Gelübdeopfer (*ned̲ær*) eng zusammengehören. In den meisten Belegen werden beide unmittelbar nebeneinander aufgeführt, und in priesterschriftlichen Texten bilden sie z. T. deutlich ein festes Begriffspaar (letzteres in Lev 7, 16; 22, 18. 21; Num 15, 3; 29, 39, vgl. weiter Lev 23, 38; Dtn 12, 6. 17). Beide sind offenbar nicht streng voneinander zu trennen (vgl. auch Dtn 23, 24, wo von freiwilligem Geloben gesprochen wird [*n^e^d̲āb̲āh* adverbial gebraucht], ähnlich Ps 54, 8, dazu s. u.). Bei den Gelübdeopfern handelt es sich aber vornehmlich um die Erfüllung einer Dankespflicht für die in einer Notlage erfahrene und zuvor erbetene göttliche Hilfe (→ נדר [*ndr*]; dementsprechend besteht auch eine enge Beziehung zwischen *ned̲ær* und *tôd̲āh*, → ידה [*jdh*] III. 1. c). So war es wohl auch besonders häufig das Anliegen einer *n^e^d̲āb̲āh*, JHWH für erwiesene Wohltaten zu danken und sich zu ihm als dem Helfer und Retter zu bekennen (vgl. Ps 54, wo der bedrängte Beter in Aussicht stellt, daß er nach erfahrener Hilfe freiwillig [*bind̲āb̲āh*] opfern werde [v. 8]). Das Gelübdeopfer impliziert freilich zugleich die Vorstellung einer Leistung, die JHWH als Gegengabe erbracht werden soll, wobei sich von selbst versteht, daß eine solche reichlich und großzügig ist. Das gleiche dürfte auch für die *n^e^d̲āb̲āh* gelten. Ebendeshalb wurde sie bevorzugt bei großen Festen dargebracht, wo sie von einer breiten Öffentlichkeit zur Kenntnis genommen wurde und entsprechende Anerkennung erfuhr. An dieser Stelle setzt denn auch folgerichtig die prophetische Kritik ein (Am 4, 5).

Freilich ist die *n^e^d̲āb̲āh* trotz aller Überschneidungen nicht einfach mit *ned̲ær* oder *tôd̲āh* gleichzusetzen. In Lev 22, 23 wird ein deutlicher Unterschied gemacht. Ihr besonderes Merkmal ist, der Wortbedeutung entsprechend, darin zu sehen, daß ihre Darbringung grundsätzlich aus freien Stücken und spontan erfolgte und daher weniger kontrollierbar und berechenbar war als etwa die eines Gelübdeopfers. Insofern nahm sie im Rahmen des sonst streng geregelten Kultes eine Sonderstellung ein (vgl. die gesonderte Bestimmung in Ez 46, 12, vgl. auch 2 Chr 31, 14 [s. u. II. 2.]). Das ist wahrscheinlich auch der Grund, weshalb sie nach Lev 22, 23 einen geringeren Heiligkeitsgrad als andere Opfer besitzt (vgl. Köhler, ThAT, [4]1966, 181 f.). Doch war sie andererseits gerade wegen dieses Unterschiedes zu anderen Opfern ein besonders geeignetes Mittel, um JHWH in freier Zuwendung und ohne Vorbedingungen Lob, Freude und Dank zu bezeugen.

Dieses Verständnis legt sich besonders für Dtn 16, 10 nahe. Danach ist für das Wochenfest nur das freiwillige Opfer vorgesehen. Zu diesem Fest gehörte aber nach anderen Zeugnissen die Darbringung der Erstlinge, also regulärer Opfergaben (vgl. Ex 23, 16; 34, 22; Lev 23, 17). Wenn diese oder auch andere reguläre Opfer im Dtn nicht gefordert werden, dann kann das wohl nur bedeuten, daß das Feiern dieses Festes keine Pflicht sein soll, sondern ein Akt der Freude und des Dankes für JHWHs Segen (vgl. vv. 10b. 11), der nur im freiwilligen Opfer seinen angemessenen Ausdruck findet (denkbar wäre auch, daß *n^e^d̲āb̲āh* hier als eine zusammenfassende und reguläre Opfer einschließende Bezeichnung dient, um eben deutlich zu machen, daß dieses Fest nichts anderes als ein Fest der Freude und des Dankes sein soll).

In Ps 119, 108 ist eine Spiritualisierung des Opfers zu einem Gebet erfolgt.

2. In der Priesterschrift und im ChrGW dient das Nomen *n^e^d̲āb̲āh* nicht nur als Opferterminus, sondern auch allgemein zur Bezeichnung einer freiwilligen Gabe für das zentrale Heiligtum. Desgleichen kennzeichnet auch das Verb *ndb* in demselben Schrifttum und z. T. in demselben Zusammenhang wie *n^e^d̲āb̲āh* den Akt des freiwilligen Spendens von Gaben für dieses Heiligtum. Die Anlässe, bei denen von solchen Spenden berichtet wird, sind jeweils von besonderem Gewicht. Es handelt sich um die Errich-

tung der Stiftshütte (*ndb qal* Ex 25, 2; 35, 21. 29; *n^e^dāḇāh* Ex 35, 29; 36, 3) und des Jerusalemer Tempels (*ndb hitp* Esra 1, 6; 2, 68, *n^e^dāḇāh* Esra 1, 4; 8, 28) sowie um die Neuordnung von dessen Kult unter Joschija (*n^e^dāḇāh* 2 Chr 35, 8) und Esra (*ndb hitpa'al* [aram.] Esra 7, 15f., *n^e^dāḇāh* Esra 8, 28). Als Gegenstand solcher Spenden werden große Mengen Edelmetall, wertvolle Materialien für die Ausstattung des Heiligtums und beträchtliche Zahlen von Opfertieren (für reguläre Opfer) genannt. Der Hauptakzent liegt demnach weniger auf der Freiwilligkeit der Spende als darauf, daß sie besonders reichlich und großzügig ist. Es wird in erster Linie die Freigebigkeit des Spendens hervorgehoben.

Dies könnte im Vergleich zum freiwilligen Opfer das besondere Merkmal der freiwilligen Gabe sein. Allerdings ist zu bedenken, daß die genannten Belege, zumindest die aus der Priesterschrift und den Chronikbüchern, auf einer stark idealisierten Darstellung beruhen und kaum als authentische historische Zeugnisse zu werten sind. Über die Umstände, unter denen freiwillige Gaben tatsächlich erbracht wurden, und über deren Umfang lassen sich daraus keine sicheren Schlüsse ziehen. In den genannten Belegen soll vielmehr die besondere Bedeutung des zentralen Heiligtums und die nötige Bereitschaft der gesamten Kultgemeinde, es entsprechend großzügig auszustatten, zum Ausdruck gebracht werden (vgl. im Gegensatz dazu Hag 1, 2–4). In Wirklichkeit bestand hinsichtlich des Umfangs und der Intention zwischen dem freiwilligen Opfer und der freiwilligen Gabe wohl kein grundsätzlicher Unterschied. So ist auch zu fragen, ob in allen unter II. 1. genannten Belegen tatsächlich Opfer oder nur freiwillige Spenden gemeint sind (fraglich ist dies besonders in 2 Chr 31, 14, vgl. dazu W. Rudolph, HAT I/21, z. St.).

3. In einigen Fällen beinhaltet das Verb *ndb hitp* bzw. *hitpa'al* (aram.) den freiwilligen Entscheid oder Einsatz für eine bestimmte Aktion. Es handelt sich um die Bereitwilligkeit zum Kriegszug im Debora-Lied (Ri 5, 2. 9; entsprechendes gilt wohl auch für 2 Chr 17, 16), zur Rückkehr aus dem Exil unter Esra (Esra 7, 13 [aram.]) und zur Wiederbesiedlung Jerusalems unter Nehemia (Neh 11, 2). In diesem Zusammenhang ist auch Sir 45, 23 zu nennen, wo unter Bezugnahme auf Num 25 die Bereitschaft zum Eifer gegen Abgötterei gepriesen wird (*ndb qal*). Alle diese Aktionen sind von weitreichender Bedeutung und nicht ohne Risiko durchzuführen, so daß auch die Entscheidung dafür vollen Einsatz und Überwindung von Vorbehalten erfordert. Darüber hinaus ist deutlich, daß es jeweils direkt oder indirekt eine Entscheidung für JHWH ist, der diese Aktionen inauguriert bzw. in dessen Sinne sie geschehen.

4. Als Subjekt erscheint JHWH in den mit *ndb* (*qal*) gebildeten Satznamen *J^e^hônāḏāḇ* (*Jônāḏāḇ*) und *N^e^ḏabjāh* (das gleiche gilt für die Kurzform *Nāḏāḇ*, s. o. I. 1.). In diesen Namen wird jeweils auf die Geburt des Trägers Bezug genommen. Die Eltern bezeugen, daß sich JHWH als freigebig erwiesen hat. D. h., das ihnen geborene, und zwar das männliche, Kind ist ein freies und großes Geschenk JHWHs (Danknamen, s. IPN 192f.). Angesichts der Rolle der Familie in der damaligen Gesellschaft hat dies eine sehr konkrete Bedeutung. Nur durch einen Sohn konnten Name und Besitz des Vaters und damit der Bestand der Familie als der grundlegenden Lebens- und Wirtschaftsgemeinschaft erhalten bleiben (vgl. Conrad, 13–18). Durch die Namen wird also zum Ausdruck gebracht, daß JHWH der Familie als ganzer zugewandt ist und ihr mit dem Geschenk des Kindes die Zukunft sichern will. Die Namen mit einer Verwandtschaftsbezeichnung als theophorem Element lassen zugleich erkennen, daß es sich um eine sehr alte und auch außerhalb Israels verbreitete Vorstellung handelt (s. o. I. 1.; nach Albertz 49–77 sind sie Ausdruck einer generell verbreiteten persönlichen Frömmigkeit).

In zwei Belegen wird auch *n^e^dāḇāh* auf JHWH bezogen. Nach Ps 68, 10 gibt er reichlichen Regen und beweist damit, daß er seinem Volk zugewandt ist und ihm ein Leben in Wohlstand sichern will (im Gesamtzusammenhang des Psalms wird damit auf die Landnahme Bezug genommen, doch handelt es sich um eine grundlegende, auch für die Gegenwart des Psalmisten gültige Aussage; *n^e^dāḇôṯ* ist als Abstraktplural zu verstehen). Nach Hos 14, 5 liebt er Israel in freier Entscheidung und sagt ihm erneute Zuwendung zu, sofern es zu Buße bereit ist (durch *n^e^dāḇāh*, hier adverbial als Näherbestimmung zu *'hb* gebraucht [→ אהב IV. 1.], soll gewiß zum Ausdruck gebracht werden, daß er sein Volk vorbehaltlos und uneingeschränkt liebt und daß dessen Buße, so nötig sie ist [vv. 2–4], nicht als Vorleistung, die diese Liebe erst ermöglichen könnte, mißverstanden werden darf [gegen W. Rudolph, KAT XIII/1, 251]).

III. In einer kleinen Zahl von Belegen kennzeichnet das Nomen *nāḏîḇ* wie das Verb *ndb* den Akt des freiwilligen Gebens für kultische Zwecke (Materialien für die Ausstattung der Stiftshütte Ex 35, 5. 22 [s. o. II. 2.], Darbringung von *'ôlôṯ* 2 Chr 29, 31 [gemeint sind wohl freiwillige Spenden, s. o. II. 1.; allerdings sind auch die übrigen in vv. 31 ff. genannten Opfer offensichtlich freiwillig, in v. 31 bβ handelt es sich demnach um darüber hinausgehende zusätzliche Opferleistungen]) oder die (ständige) bereitwillige Hinwendung zu JHWH (Ps 51, 14). In 1 Chr 28, 21 bα sind offenbar alle diejenigen gemeint, die ihre handwerkliche Sachkenntnis (*ḥŏḵmāh*, → חכם [*ḥkm*] IV. 5.) für die Errichtung des Tempels bereitwillig zur Verfügung stellen (Textkorrektur, s. BHK, BHS).

In allen übrigen Belegen (sämtlich außerhalb P und ChrGW) ist *nāḏîḇ* eine soziale Kategorie. Gemeint ist der Vornehme, der zur Führungsschicht seines Volkes gehört. Dementsprechend treten andere Bezeichnungen für Angehörige der Führungsschicht, z. T. gehäuft, als Parallelbegriffe auf (so besonders *śar* Num 21, 18; Ijob 34, 18f.; Spr 8, 16 [→ שר *śar*], weitere Parallelbegriffe in Ps 83, 12; Ijob 12, 17–21; 34, 18f.;

Spr 8, 15f.; 25, 6f.). Der *nāḏîḇ* genießt daher besonderes Ansehen (Spr 25, 7, vgl. 17, 26; Hld 7, 2; auch Num 21, 18, wo ein Brunnen als besonders wertvoll charakterisiert werden soll [H. Greßmann, SAT I/2², 107], und Jes 13, 2b, wo besonders prächtige oder wichtige Tore bzw. die Hauptstadt oder bedeutende Städte als ganze gemeint sind [O. Kaiser, ATD 18 z. St.]). Darüber hinaus verkörpern die *neḏîḇîm* in ihrer Gesamtheit die höchste menschliche Macht in Stamm und Staat überhaupt (Ps 118, 9; 146, 3; auf fremde Völker bezogen in Ps 47, 10 [Textkorrektur in v. 10aβ mit BHK, BHS]; 83, 12; so tritt auch *mælæḵ* als Parallelbegriff auf in Ijob 34, 18; Spr 8, 15f.; 25, 6f. [mit *māḡinnê 'æræṣ* in Ps 47, 10 sind wohl ebenfalls Könige, die der fremden Völker, gemeint, vgl. H.-J. Kraus, BK XV⁵ z. St.]). Dieser Bedeutung entspricht auch das Nomen *neḏîḇāh*. Es beinhaltet die Würde oder Hoheit, die dem Vornehmen und Mächtigen zukommt (Ijob 30, 15; auf den König bezogen in Ps 110, 3 [Textkorrektur, s. o. I. 1.]).

Dieses Ansehen des *nāḏîḇ* beruht zunächst auf seinem Reichtum, der ihm weitreichende Einflußmöglichkeiten sichert (Spr 19, 6). Es besteht daher ein grundsätzlicher Gegensatz zu *dal* (→ דל) und *'æḇjôn* (→ אביון) (1 Sam 2, 8; Ps 107, 40f.; 113, 8; Sir 11, 1). Weisheitlichen Texten zufolge ist es aber vor allem sein untadeliges Verhalten, das ihn vor anderen auszeichnet. Er ist unschuldig wie der Gerechte (*ṣaddîq* Spr 17, 26) und handelt in göttlicher Weisheit wie der gerechte Richter (Spr 8, 16). Lügnerische Rede ist mit seinem Wesen unvereinbar (Spr 17, 7b → שקר [*šqr*]). Er steht daher in schärfstem Gegensatz zum „Toren" (*nāḇāl*), der der Lüge verfallen ist (Spr 17, 7 [Textkorrektur, s. BHK, BHS]), nur Verderben und Unheil verbreitet und den Bedürftigen hemmungslos unterdrückt (Jes 32, 6–8 → נבל [*nbl*]; der *nāḇāl* ist im wesentlichen mit dem „Frevler" [*rāšā'* → רשע] gleichzusetzen, der in Spr durchgängig den Gegensatz zum *ṣaddîq* bildet [zu dieser Gleichsetzung Skladny 33]). Der *nāḏîḇ* verkörpert also das weisheitliche Ideal des Gerechten und Weisen und ist damit der vollkommene Mensch schlechthin (→ צדק [*ṣdq*], → חכם [*ḥkm*]). In diesem Sinne ist auch *neḏîḇāh* in Jes 32, 8 zu verstehen.

Dieses Ideal des sozial hochgestellten und vollkommenen Menschen steht freilich im Widerspruch zur Wirklichkeit. Nicht zufällig wird das in der Ijobdichtung mit besonderer Schärfe zum Ausdruck gebracht. In der Rede Ijobs (Ijob 21) sind *nāḏîḇ* und *rāšā'* Parallelbegriffe (v. 28). Dieses Mißverhältnis aber muß hingenommen werden, weil eine göttliche Vergeltung des Bösen nicht erfolgt (vgl. nur vv. 29–31). Einer anderen Rede Ijobs zufolge kann JHWH freilich gerade die *neḏîḇîm* verächtlich machen (Ijob 12, 21 → בזה [*bzh*]). Jedoch ist auch dies kein Akt der Vergeltung, sondern ein Beweis für seine menschlicherseits unberechenbare Weisheit und Stärke (vv. 13f.). Auch in den Elihu-Reden wird vorausgesetzt, daß der *nāḏîḇ* zum „Frevler" (*rāšā'*) werden kann (Ijob 34, 18). Jedoch wird hier der Überzeugung Ausdruck gegeben, daß JHWH dies nicht anerkennt und dagegen einschreitet (vgl. vv. 19–22). Nach Jes 32, 5 wird das Mißverhältnis, daß ein „Tor" (*nāḇāl*) *nāḏîḇ* genannt werden kann, erst in einer zukünftigen Heilszeit beseitigt. Dagegen wird auch in hymnischen Texten die unberechenbare Freiheit JHWHs bezeugt, indem er gepriesen wird, daß er den „Armen" (*dal, 'æḇjôn*) dem *nāḏîḇ* gleichstellt (1 Sam 2, 8, vgl. vv. 6f.; Ps 113, 8) bzw. den letzteren verächtlich macht und den ersteren erhöht (Ps 107, 40f. [v. 40a ist identisch mit Ijob 12, 21a, dazu s. o.]). Nur wird dies hier als heilvolles göttliches Handeln erfahren. Der genuinen Weisheit steht die Aussage in Sir 11, 1 nahe, wonach ein „Armer" (*dal*) aufgrund seiner Weisheit zum Kreis der *neḏîḇîm* gehören kann.

Eine generelle Einschränkung wird in Ps 118, 9; 146, 3 gemacht. Hiernach sind auch die *neḏîḇîm* nur Menschen und als solche keines vollen Vertrauens würdig. Über die *neḏîḇîm* fremder Völker wird nur ausgesagt, daß auch sie der Herrschaft JHWHs unterstehen (Ps 47, 10) und vernichtet werden sollen, sofern sie zu Israels Feinden gehören (Ps 83, 12).

Auch für das Nomen *nāḏîḇ* als sozialer Kategorie ist der Aspekt der Freiwilligkeit als Grundvorstellung vorauszusetzen. In der Regel wird auf Verhältnisse im rezenten Beduinentum verwiesen, wo der Wohlhabende, insbesondere der Stammesführer (*šēḫ*), seinen Reichtum nicht für sich selbst nutzt, sondern der Stammesgemeinschaft sowie den Gästen zugute kommen läßt, sich also durch besondere Freigebigkeit auszeichnet (Nyström 132–134, vgl. 149). Die Bezeichnung des Vornehmen als *nāḏîḇ* ist demnach auf nomadische Vorstellungen zurückzuführen. Es kann freilich auch eine andere Herleitung erwogen werden. In allen Belegen (außer in Num 21, 18) ist mit *nāḏîḇ* ja keine nomadische Größe gemeint, sondern der Angehörige der Oberschicht in einer sozial differenzierten Gesellschaft, wie sie sich in Israel im Verlauf der Königszeit herausgebildet hatte. Als solcher aber verfügte er über ungleich größeren Reichtum und Einfluß als die Angehörigen der ärmeren Volksschichten, die in zunehmendem Maße in wirtschaftliche Abhängigkeit gerieten. Aufgrund dieser Überlegenheit auf sozialem und wirtschaftlichem Gebiet konnte er sich generell als großzügig und generös erweisen und damit ein besonderes Ideal des Vornehmen verkörpern (vgl. van der Ploeg 56f.), ein Ideal, das freilich insofern fragwürdig war, als es eben eine entsprechende Verarmung der unteren Volksschichten zur Voraussetzung hatte. Die Bezeichnung des Vornehmen als *nāḏîḇ* wäre demnach aus der Königszeit herzuleiten. Für diese Annahme spricht auch die Tatsache, daß sie vor allem in weisheitlich geprägten Texten bezeugt ist. Denn weisheitliches Denken ist in Israel ja erst in der Königszeit aufgekommen.

IV. Die Wortgruppe *ndb* ist auch in den Qumrantexten bezeugt. Der Bedeutung nach besteht teilweise eine weitgehende Übereinstimmung mit den entsprechenden at.lichen Belegen. So bezeichnet das Nomen *neḏāḇāh* einerseits das freiwillige Opfer (CD 16, 13 [als Einlösung eines Gelübdes]; in 4 Q 509, 131–132, II, 6 in Verbindung mit dem Wochenfest [s. DJD VII 203]; Spiritualisierung in 1 QS 9, 5 [Näherbestimmung durch → מנחה *minḥāh*]; s. o. II. 1.), andererseits den freiwilligen Entscheid (zum Kampf im eschatologischen Krieg 1 QM 7, 5, vgl. *nāḏîḇ* 1 QM 10, 5; s.o. II.3.) bzw. die freiwillige Hinwendung zu Gott (1 QH 14, 26; 15, 10 [als Näherbestimmung zu *'āhaḇ* wie in Hos 14, 5, hier jedoch auf den Menschen bezogen, s.o. II.4.], vgl. 1 QS 9, 24). In 1 QSb 3, 27f.; 4 Q 491, 11, I, 12 (DJD VII 27) sind *neḏîḇîm* die Repräsentanten fremder Völker, die Gott unterworfen bzw. vom Heil ausgeschlossen sind (s.o. III., vgl. auch das Zitat von Ps 107, 40; Ijob 12, 21 in 1 Q 25, 1, 7).

In anderen Belegen wird jedoch ein besonderer Akzent gesetzt. So sind die in Num 21, 18 genannten *neḏîḇîm* (und *śārîm*) nach CD 6, 2–10 die Bekehrten Israels, die aus dem Lande Juda ausgezogen sind und streng nach dem Gesetz leben, also alle, die sich freiwillig dieser neuen Gemeinschaft angeschlossen haben. Diese spezielle Bedeutung aber liegt vor allem den Ptz.-Formen des Verbs *ndb* zugrunde (*hitp* 1 QS 5, 1. 6. 8. 10. 21f.; 6, 13; 1 Q 14, 10, 7; 1 Q 31, 1, 1; *niph* 1 QS 1, 7. 11; *pu*[?] 4 Q 501, 3 [DJD VII 79]; es sind nur diese Formen des Verbs *ndb* bezeugt). Sie sind geradezu terminus technicus für die Angehörigen der Gemeinschaft, deren Zugehörigkeit eben darauf beruht, daß sie sich rigoros von allen, die unter der Herrschaft des Bösen stehen, absondern und sich freiwillig den Ordnungen der Gemeinschaft als des wahren Israel unterwerfen (vgl. Fitzgerald).

Conrad

נָדַד *nāḏaḏ*

I. Etymologie – II. LXX – III. Belegte Formen – IV. Wortverbindungen und Bedeutung – V. Verwendung von *ndd* mit belebtem Subjekt – 1. In profanem Kontext – a) Weisheitsliteratur – b) Prophetische Texte – 2. In theologischem Kontext, aber mit profaner Bedeutung – 3. In theologischer Bedeutung.

Lit.: *M. H. Gottstein*, Bemerkungen zu Eissfeldt's Variae Lectiones der Jesaja-Rolle (Bibl 34, 1953, 212–221). – *B. Grossfeld*, The Relationship Between Biblical Hebrew ברח and נוס and Their Corresponding Aramaic Equivalents in the Targum – ערק, אפך, אזל: A Preliminary Study in Aramaic-Hebrew Lexicography (ZAW 91, 1979, 107–123). – *C. Hardmeier*, Texttheorie und biblische Exegese. Zur rhetorischen Funktion der Trauermetaphorik in der Prophetie (BEvTh 79, 1978). – *E. Jenni*, „Fliehen“ im akkadischen und im hebräischen Sprachgebrauch (Or 47, 1978, 351–359). – *E. Y. Kutscher*, The Language and Linguistic Background of the Isaiah Scroll (1 Q Isa[a]) (STDJ 6, Leiden 1974). – *B. Landsberger*, Einige unerkannt gebliebene oder verkannte Nomina des Akkadischen (WO 3, 1964, 48–79. 246–268). – *E. Lipiński*, Banquet en l'honneur de Baal: CTA 3 (V AB), A, 4–22 (UF 2, 1970, 75–88). – *H. N. Richardson*, The Last Words of David: Some Notes on II Samuel 23:1–7 (JBL 90, 1971, 257–266). – *A. Salonen*, Vögel und Vogelfang im alten Mesopotamien (Annales Academiae Scientiarum Fennicae Ser. B 180, Helsinki 1973). – *M. Ṣ. Segal*, spr bn syr' hšlm. kwll kl hśrydym hʿbryym šntglw mtwk hgnyzh whḥzrt hqṭ ʿym hḥsrym, ʿm mbwʾ, pyrwš wmptḥwt, Jerusalem 1953. – *W. von Soden*, Aramäische Wörter in neuassyrischen und neu- und spätbabylonischen Texten. Ein Vorbericht. II (n–z und Nachträge) (Or 37, 1968, 261–271).

I. Außer *ndd* sind im Hebr. von derselben zweiradikaligen Basis *nd* die bedeutungsverwandten Verbalwurzeln *nd'*, *ndh*, *nwd* abgeleitet. Zu *ndd* existiert als plurale tantum nach *qaṭûl* der Abstraktplural *neḏuḏîm* ʿUnrastʾ. *ndd* begegnet in den aram. Dialekten (z. B. Bibl.-Aram., Jüd.-Aram., Mand.) wie im Arab. mit der Bedeutung ʿfliehenʾ, im Syr. zusätzlich mit der Bedeutung ʿzurückschrecken vor, verabscheuenʾ. Im Akk. ist *nadādu* G nur spätbabyl. als aram. Fremdwort bezeugt (von Soden 261 Nr. 98). Da seine Bedeutung nur vermutet wird (CAD: unsicher; AHw: „weichen?“; Landsberger 263 Anm. 57 [mit falscher Bedeutungsangabe zu hebr. *ndd*] und Salonen 359 erschließen aus einem in AHw und CAD nicht aufgenommenen Beleg die Bedeutung ʿverscheuchenʾ sc. einen Vogel), muß der etymologische und semasiologische Zusammenhang mit dem alt- und mittelassyr. bezeugten D-Stamm *nuddudu* und seinen vermuteten Bedeutungen ʿzusammenraffen, zusammentreiben, suchen, kämmenʾ offenbleiben. Für das Ugar. wird die Bedeutung von *ndd* als ʿeilig gehen oder kommen, umherschweifen, weggehenʾ (WUS, UT) bzw. als ʿhin- und hergehenʾ (Lipiński 77f.) bestimmt.

II. LXX gibt *ndd* vielfältig wieder, versucht also, sich den jeweiligen kontextbedingten Sinn-Nuancen anzupassen. Es dominieren φεύγω (4mal) mit διαφεύγω (1mal) und φυγαδεύω (1mal), ἐξίστημι/αμαι (4mal), ἀφίστημι/αμαι (3mal: für alle Wendungen mit Subjekt Schlaf); 2mal ist ἀποπηδάω belegt und je einmal: ἀνίπταμαι, ἀποξενόομαι, ἀφάλλομαι, ἐξωθέομαι, καταπετάννυμαι, κατατάττομαι, πέτομαι, εἶναι πλανῆται, πτοέομαι.

III. *ndd* ist 25mal hebr. und 1mal aram. (Dan 6, 19) sicher belegt (Spr 27, 8 fehlt bei Lisowsky); 2mal wahrscheinlich: 2 Sam 23, 6 (falls nicht von *nûḏ* abzuleiten: Richardson 265) und Jer 9, 9 (dieselbe Wendung kehrt in Jer 50, 3 wieder, dort aber mit *nûḏ*; Verwechslung? Vgl. Bergsträßer II 140, § 27q Anm.). 4mal wird *ndd* konjiziert: Jes 17, 11; 38, 15 (mit 1 QJes[a]; vgl. dazu Gottstein 218; Kutscher 263f. 301. 330); Ez 31, 12; Dan 2, 1. Wahrscheinlichkeit hat wohl nur Ez 31, 12 für sich. 1mal bezeugen es die hebr. Fragmente von Sir: 34, 20c: *wndd jšjnh*, LXX (ohne Berücksichtigung des *waw*) ἀγρυπνίας ʿSchlaflosigkeitʾ (vgl. Segal 193; Barthélemy-Rickenbacher 254).

ndd begegnet 24mal im *qal*: überwiegend Suffixkonjugation und Ptz., 4mal Präfixkonjugation (Gen 31, 40; Nah 3, 7; Ps 68, 13: 2mal), 1mal Inf. cstr. (Ps 55, 8); 1mal im *polal* (Suffixkonjugation: Nah 3, 17; so die masoretische Punktation der auch vom Numerus her verdächtigen Form. Da aber keine passivische Bedeutung erkennbar ist, dürfte die Form mit KBL[3] u.a. als aktives *polel* zu interpretieren sein), 1mal im *hiph* (Präfixkonjugation: Ijob 18, 18), 2mal im *hoph* (1mal Präfixkonjugation: Ijob 20, 8; 1mal Ptz. 2 Sam 23, 6). *ndd* wird nach verschiedenen Paradigmen konjugiert: 1) פ״ן oder ע״ע: Ptz. *qal*, Suffixkonjugation *qal* und Inf. cstr. *qal* (*n*^{e}*ḏoḏ*), 2) פ״ן bzw., falls von ע״ע, „aramaisierend": Präfixkonjugation *qal wattiddaḏ* (Gen 31, 40); *jiddoḏûn* (Ps 68, 13; Wechsel des Themavokals!) und Präfixkonjugation *hoph w*^{e}*juddaḏ* (Ijob 20, 8). 3) Wegen Pleneschreibung nur von פ״ן, kaum von ע״ע herleitbar: Präfixkonjugation *qal jiddôḏ* (Nah 3, 7; so Bergsträßer II 132 § 27a; BLe 439q′ dagegen: „späte Pleneschreibung". Diese hat sich in Qumran durchgesetzt; vgl. 1 QJes^a 38, 15: *'dwdh*; 4 QpNah 3, 5: *ydwdw*). 4) ע״י oder ע״ע (durch Bedeutungsüberlappung begünstigt), aber keinesfalls פ״ן: Suffixkonjugation *polal* (pass?) *w*^{e}*nôḏaḏ* (Nah 3, 17) und Ptz. *hoph munāḏ* (2 Sam 23, 6). 5) Nur von ע״ע, keinesfalls von פ״ן: Präfixkonjugation *hiph j*^{e}*nidduhû* (Ijob 18, 18). *w*^{e}*juddaḏ* und *munāḏ*, *wattiddaḏ* und *jiddoḏûn* stehen innerhalb desselben Teilparadigmas in Opposition: Dialektunterschiede oder lediglich innermasoretisch-orthographische Probleme? GKa § 76 ordnet *ndd* zu Recht ein unter „Verba mit doppelter Schwäche". Bauer-Leanders (§ 58q′) These, Verba mit identischem zweitem und drittem Radikal seien niemals doppelt schwach, bei *ndd* sei nur der erste Wurzelkonsonant schwach, die beiden (!) übrigen seien stark, scheitert an den Formen, die nicht nach פ״ן erklärt werden können.

IV. Die Belege von *ndd* sind mehrheitlich exilisch-nachexilisch und – abgesehen von der bildlichen Wendung, der Schlaf fliehe die Augen des Menschen – sämtlich poetisch, gehören somit einer stilistisch gehobenen Ausdrucksweise an. In Wendungen mit den Verben *bāraḥ* und *nûs*, die im Hebr. den Sinnbereich 'fliehen' dominieren, „wird ungefähr ebenso häufig gesagt, wovor und wohin man flieht" (Jenni 355; vgl. Grossfeld 108 Anm. 3 mit älterer Literatur). *ndd* weicht charakteristisch ab. Mit Ausnahme von 4 Belegen (Jes 10, 14; Hos 9, 17; Ijob 15, 23; Dan 6, 19) wird in Sätzen mit *ndd* entweder (und überwiegend) durch kein Syntagma der Sinn präzisiert, oder (in 9 Belegen) es steht lediglich eine Präpositionalverbindung mit *min*. Von der Verbverwendung und wohl auch von der Verbbedeutung her interessiert also höchstens der Ausgangspunkt, nicht das Ziel der Flucht. Die Präpositionalverbindung mit *min* nennt a) in unpolitischen Kategorien den Bereich, aus dem geflohen wird (Festland: Ijob 18, 18; Heimat: Spr 27, 8; Nest: Spr 27, 8), b) Gefahren (Schwerter: Jes 21, 15; Kriegsgetöse: Jes 33, 3) bzw. Personen (Ps 31, 12: ein Kranker / unschuldig Verfolgter; Nah 3, 7: Ninive, als Frau dargestellt; Hos 7, 13: JHWH), vor denen man flieht bzw. die gemieden werden; c) sie begegnet im bildlichen Ausdruck, der Schlaf fliehe die Augen / den Menschen (Gen 31, 40); im Bibl.-Aram. ist die idiomatische Wendung mit *'al* formuliert (Dan 6, 19). Dasselbe beweisen die Ausdrücke in Parallele zu bzw. im Kontext mit Belegen von *ndd*: Die Tätigkeit des Fliehens, durch *ndd* bezeichnet, wird vom Ausgangspunkt her betrachtet; sie zeitigt (bei perfektischem Sachverhalt) das Ergebnis, daß die geflohene Person/Gruppe verschwunden, nicht, daß sie irgendwo angekommen ist, gar sich gerettet hat. In Parallele bzw. Kontext stehen: *ndḥ niph* 'versprengt werden' (Jes 16, 3; Jer 49, 5), *brḥ* 'fliehen' (Jes 22, 3), *npṣ* 'zerstieben' (Jes 33, 3), *'ên* 'nicht (mehr) sein' (Jer 4, 25), *hlk* 'weggehen' (Jer 9, 9); der neue Aufenthaltsort ist unbekannt (Nah 3, 17); 'vergessen sein' (Ps 31, 13); *'wp* 'davonfliegen' (Nah 3, 16. 17; Ps 55, 7. 8; Ijob 20, 8; vgl. Dahood, RSP III 112 Nr. 211), *rḥq hiph* 'sich entfernen' (Ps 55, 8), *'bd* 'zugrundegehen' + *hdp* 'wegstoßen' (Ijob 18, 17. 18), 'nicht mehr finden, nicht mehr sehen' (Ijob 20, 8. 9). Es gibt nur je ein Gegenbeispiel bezüglich des Kontextes (Jes 10, 31: *'wz hiph* 'sich in Sicherheit bringen') und bezüglich der Präpositionalverbindung (Ijob 15, 23: mit *l*^{e} zur Angabe des Ziels: „Er irrt umher nach Brot"; vgl. jedoch die Kommentare, die, wie Fohrer, Pope, mit LXX übersetzen: „Er irrt umher *als* Fraß des Geiers." Dann fehlt jede Richtungsangabe in Sätzen mit *ndd*). Daher ist *ndd* besonders geeignet, das rastlose, ziellose, panische Umherirren und als Ptz. den noch auf gefahrvoller Flucht Befindlichen zu bezeichnen (vgl. Jes 16, 3; 21, 14; Jer 49, 5). Vgl. Hos 9, 17, wo die Präpositionalverbindung mit *b*^{e} nicht den Bereich angibt, in dem die fliehenden Israeliten zur Ruhe kommen, sondern die Völker, unter denen sie ständig ruhelos umherirren (LXX hier: πλανῆται). *ndd* fehlt daher z. B. im Gegensatz zu *nûs* und *nûḏ* in den prophetischen Aufforderungen zur Flucht. Abgesehen von der bildlichen Wendung des fliehenden Schlafs (Gen 31, 40; Dan 6, 19; Est 6, 1; vgl. den Vergleich Ijob 20, 8: wie ein Nachtgesicht; vgl. auch Sir 34, 20c) und der passivischen Formulierung 2 Sam 23, 6 (Dornen; eventuell Dochtabfälle) sind die Subjekte von *ndd* belebt, überwiegend menschlich (einzelne, Völker, die Bewohner eines Ortes usw.), aber auch tierisch, dann fast ausschließlich Vögel (Jes 10, 14; 16, 2; Jer 4, 25; Spr 27, 8. Jer 9, 9: von Vögeln bis Vieh; nur in passivischer Formulierung Nah 3, 17: Heuschrecken, also auch fliegende Tiere; Vögel begegnen außerdem im unmittelbaren Kontext: Hos 7, 11–13; Ps 55, 7. 8). Hierher gehört die für *ndd* singuläre Konstruktion Jes 10, 14: Das Ptz. von *ndd* regiert ohne Präposition ein indeterminiertes Nomen, das aber die Handlung im Sinn des Instruments spezifiziert (mit den Flügeln flattern, die Flügel schlagen). Das ängstliche Auf-, Hin- und Herfliegen von Vögeln scheint besonders treffend durch *ndd* bezeichnet zu werden. Motive des Fliehens sind panische Angst oder durch schrecklichen Anblick erregtes Grauen, einmal (Hos 7, 13) Empörung gegen JHWH. *ndd* kann also wie *nûs* das Davonlaufen aus einer Katastrophe (aber ohne Zufluchtsort) und wie *brḥ* das Entweichen aus dem sozialen Gefüge (vgl. dazu Jenni 355f.) bezeichnen; es fügt als eigene Nuancen hinzu die Konnotation der Eile, Panik, Ziellosigkeit.

V. 1. *ndd* wird vornehmlich in profanem Kontext mit profaner Bedeutung gebraucht.
a) In der Weisheitsliteratur steht das typische Schicksal des einzelnen im Blickpunkt. *ndd* charakterisiert die Situation des Frevlers oder des Verfolgten. Sie müssen aus ihrem sozialen Gefüge, aus ihrem Lebensbereich ohne Hoffnung auf ein bergendes Ziel fliehen, werden sogar aus der Erinnerung ihrer Mitmenschen verbannt oder veranlassen diese durch ihr Unglück zur Flucht. Zur inneren Qual des Frevlers tritt die äußere: Er irrt ruhelos und ziellos umher, verängstigt wie ein Tier, das einem Raubvogel zu entkommen sucht (Ijob 15, 23).
Die Erinnerung an den Frevler vergeht vollkommen, wie wenn er aus dem Tageslicht und von der Erdoberfläche vertrieben wäre (Ijob 18, 18). Rasch und spurlos wie ein Nachtgesicht wird er verscheucht (Ijob 20, 8). Übeltäter sind daher wie verwehte Dornen (2 Sam 23, 6).
Ein unschuldig Verfolgter und/oder Schwerkranker gilt wegen seines Unglücks als so gefährliches Unheilszeichen, daß selbst die Bekannten vor seinem Anblick reißaus nehmen (Ps 31, 12). Ein Verfolgter möchte vor seinen Feinden aus der Stadt weit in die Wüste fliehen (Ps 55, 8). Spr 27, 8 spricht von der Lage dessen, der aus seiner Heimat fliehen muß.
b) Die prophetischen Texte, wenn sie in profanem Kontext *ndd* gebrauchen, zielen dagegen, gattungsmäßig und zeitlich weit gestreut, überwiegend auf die Schrecken des Krieges: α) die Flucht einer Gruppe vor dem Feind, β) die Lage der Flüchtlinge.
α) Während der Belagerung Jerusalems durch Sanherib 701 haben die Jerusalemer Offiziere und Würdenträger feige und erfolglos zu fliehen versucht (Jes 22, 3). Vor einem Überraschungsangriff der Assyrer sind die Bewohner Madmenas geflohen (Jes 10, 31). Der Assyrer vergleicht sich als Welteroberer mit einem Eiersammler, angesichts dessen die beraubten Vögel nicht einmal mit den Flügeln schlagen (Jes 10, 14). In der Bedrohung durch einen anonymen Feind ähneln die flüchtenden Moabiterinnen davonflatternden Vögeln (Jes 16, 2).
β) Eine moabitische Gesandtschaft bittet in Jerusalem vergeblich (?) um totalen Schutz für ihre Flüchtlinge (Jes 16, 3). Die Karawanen der arab. Oase Dedan sind vor einem starken Feind in die Wüste geflohen. Dort sollen die Bewohner der Oasenstadt Tema die Flüchtlinge mit Nahrung versorgen (Jes 21, 14. 15). Eher der Verwendung in weisheitlichem Kontext nähert sich Nah 3, 17: Auf die Nachricht vom Fall Ninives sind im ganzen assyr. Reich die assyr. Überwachungs- und Verwaltungsbeamten im Nu so spurlos verschwunden wie Heuschrecken, nachdem die ersten Strahlen der aufgehenden Sonne sie erwärmt haben. *ndd* besagt hier, daß die Heuschrecken sich plötzlich und gänzlich in unbekannte Richtung davongemacht haben und endgültig dem Gesichtskreis des Beobachters entzogen sind.
2. Ohne selbst die profane Bedeutung zu verlieren, begegnet *ndd* in prophetischer Literatur auch in theologischem Kontext, wo JHWH selbst a) gegen Israels Feinde, b) gegen sein eigenes Volk kämpft.
a) JHWH wird Ninive derart schänden und verwüsten, daß jeder vor seinem Anblick zurückschreckt und flieht (Nah 3, 7). JHWH bestraft die Ammoniter dafür, daß sie Israels Land geraubt haben, und verwüstet ihr Land so gründlich, daß niemand die panisch auseinanderstiebenden Flüchtlinge mehr sammeln kann (Jer 49, 5). Eine nachexilische „Apokalypse" schildert, wie die Völker vor dem lauten Getöse kopflos fliehen, als JHWH sich erhebt, um auf den Hilferuf seines Volkes hin gegen den „Verwüster" und seine Nationen zu kämpfen und sie der Plünderung auszuliefern (Jes 33, 3). Hier ist auch Ps 68, 13 einzureihen. Die Siegesbotschaft lautet: Auf JHWHs Eingreifen während der Landnahmekriege Israels hin fliehen die kanaanäischen Heerkönige.
b) JHWH hat durch den Feind aus dem Norden Juda so verwüstet, daß nicht nur alle Menschen, sondern sogar alle Vögel verschwunden sind (Jer 4, 25). Jer 9, 9 steigert noch: Wegen der Verdorbenheit des Volkes geht JHWH gegen Judas Städte und Jerusalem vor. Die Landstädte hat der Feind bereits derartig verheert, daß von den Vögeln bis zum Vieh alle Lebewesen geflohen sind. Der älteste Beleg in solchem Kontext findet sich bei Hos 9, 17: Nach mißlungener Fürbitte stimmt der Prophet JHWHs Urteil zu und wünscht selbst bzw. kündigt an, daß JHWH Israel wegen seines Ungehorsams verwirft. Die Verwerfung bedeutet: Israel muß auf Dauer ruhe- und orientierungslos unter den Völkern als Flüchtling umherirren.
3. Bei Hos steht auch der einzige – wohl in Verbindung mit 9, 17 im Sinn des Tat-Ergehens-Zusammenhangs zu interpretierende – Beleg für *ndd* in theologischer Bedeutung (Hos 7, 13): ein Weheruf über Israel zur Androhung/Ankündigung körperlichen Schmerzes (vgl. Hardmeier 195 Anm. 82). Statt bei JHWH Hilfe zu suchen, hat Israel durch wechselnde Koalitionen mit Ägypten und Assur sich gegen JHWH empört und ist so vor ihm geflohen (Flucht vor Gott bezeichnet sonst *brḥ*, aber im Unterschied zu *ndd* zumeist mit Zielangabe: Jona 1, 3. 10; 4, 2; Ps 139, 7). Diese Flucht geschah im Gegensatz zu allen anderen Fällen von *ndd* nicht aus Angst oder Grauen, sondern aus Ungehorsam gegenüber dem, der Israel hätte befreien können, ihm nun aber die Rolle des Flüchtlings unter den Völkern als Strafe auferlegt.

W. Groß

נִדָּה *niddāh*

I. 1. Etymologie und Grundbedeutung – 2. LXX und Targ – II. Bedeutungen – 1. Unreinheit im Zusammenhang der Menstruation – 2. Unreinheit allgemein – 3. Reinigung – III. Klgl 1, 8 – IV. Qumran.

Lit.: *J. Döller*, Die Reinheits- und Speisegesetze des AT, 1917. – *H.J. Hermisson*, Sprache und Ritus im altisraelitischen Kult (WMANT 19, 1965, 84ff.). – *J. Milgrom*, The Paradox of the Red Cow (VT 31, 1981, 62–72). – *W. Paschen*, Rein und Unrein. Untersuchungen zur biblischen Wortgeschichte (StANT 24, 1970). – *S. Wefing*, Beobachtungen zum Ritual mit der roten Kuh (Num 19, 1–10a) (ZAW 93, 1981, 341–364). – *I. Zatelli*, Il campo lessicale degli aggettivi di puritá in ebraico biblico (QSem 7, 1978, 37–42. 89–100).

I. 1. Die Etymologie von *niddāh* ist noch ungeklärt. Es wurde von der Wurzel *ndd* abgeleitet (BDB 622; Rashi u.a.), die im *qal* 'verlassen, fliehen, wandern' bedeutet (vgl. Jes 21, 15; Hos 9, 17), im *hiph* 'in die Flucht schlagen, wegjagen' (Ijob 18, 18; vgl. ugar. *ndd* 'wandern, gehen', akk. *nadādu* 'weichen' [?] → נדד) oder auch von *ndh* (KBL² 596; nicht mehr KBL³ 635), das nur im *pi* begegnet in der Bedeutung 'wegjagen, zur Seite schaffen' (Jes 66, 5; Am 6, 3; vgl. ugar. *ndj* [?] 'vertreiben', akk. *nadû* 'werfen, niederwerfen'). Morphologisch stellt das Wort eine Nominalbildung einer Wurzel ע״ע dar wie *bizzāh*, *middāh* u.a. (vgl. Joüon, § 88 Bh). Im Hinblick auf die Etymologie sollte man jedoch bedenken, daß ל״ה-Verben und ע״ע-Verben mit korrespondierenden Radikalen oft ähnliche bis synonyme Bedeutungen haben (vgl. *šgg*/*šgh*, *qṣṣ*/*qṣh* u.ö.). Da *ndd* und *ndh* nahezu synonym sind, wird eine weitere semantische Differenzierung für die Herleitung von *niddāh* überflüssig.
Beiden Wurzeln *ndd* und *ndh* ist die Bedeutung 'wegjagen, vertreiben' gemeinsam. Wenn man *niddāh* die vermeintliche Grundbedeutung 'Vertreibung, Ausscheidung' zusprechen kann, dann werden die gegensätzlichen Bedeutungen des Wortes verständlich. Im Falle der menstruierenden Frau bezog sich das Wort ursprünglich auf die *Absonderung* oder *Ausscheidung* des Menstruationsblutes, die zur Bezeichnung für die Unreinheit der menstruierenden Frau im einzelnen oder generell der Unreinheit wurde. Auch in der Wendung *mê niddāh* beinhaltet das Wort die Bedeutung 'Vertreibung': „Wasser der Vertreibung (der Unreinheit)" oder einfach „Wasser der Reinigung". Diese Deutung von *mê niddāh* legt das Wort *ḥaṭṭā'ṯ* in Sach 13, 1 nahe. Auch *ḥaṭṭā'ṯ* (als Nomen vom privativen *pi* gebildet) „Reinigung" korrespondiert dem *pi ḥiṭṭe'* 'reinigen' (J. Milgrom, VT 21, 1971, 237ff.). D.h. *ḥaṭṭā'ṯ* und *niddāh* sind in Sach 13, 1 synonym und die Wendung ist zu übertragen als „für die Reinigung und für die Läuterung". Diese Bedeutung von *niddāh* zeigt sich auch in der Benennung des Wassers, das zur Reinigung der Leviten verwendet wird, als *mê ḥaṭṭā'ṯ* „Reinigungswasser" (Num 8, 7). So bezeichnen also *mê niddāh* und *mê ḥaṭṭā'ṯ* beide eine Art von Wasser, das zur Reinigung benutzt wird.

2. LXX bedient sich zur Wiedergabe von *niddāh* verschiedener Substantive: ἄφεδρος (11mal), ῥαντισμός (5mal), ἀκαθαρσία (4mal), χωρισμός (3mal) sowie ἁγνισμός (1mal). μετακινεῖν und μετακίνησις scheinen eine Form von *ndh* I gelesen zu haben. LXX und Targum übersetzen *niddāh* in Num 19 als ob von arab. *ndj* 'besprenkeln, beträufeln' abgeleitet (→ נזה *nzh*). So spricht die LXX vom ὕδωρ ῥαντισμοῦ, Targ⁰ und Targ^J sprechen von *mê 'addājûṯā'* „Wasser der Besprengung" (vgl. Targ⁰ in Num 31, 23), V von *aqua aspersionis*.

II. *niddāh* begegnet 29mal im AT, wobei *nîḏāh* in Klgl 1, 8 wahrscheinlich nicht hierher gehört. Das Wort begegnet in 3 Bedeutungsfeldern: 1. Unreinheit im Zusammenhang mit der Menstruation, 2. Unreinheit generell, Abscheu, 3. Reinigung.
1. Am häufigsten begegnet *niddāh* als terminus technicus für den unreinen Zustand der menstruierenden Frau (vgl. Lev 15, 19. 20. 33). Geschlechtliche Vereinigung mit der Menstruierenden macht den Mann unrein (v. 24; vgl. Lev 18, 19; 20, 18). Eine Frau, die einen Blutfluß außerhalb der menses erleidet, gilt gleicherweise als unrein (vv. 25–30). Nach Lev 12, 2. 5 befindet sich auch die Gebährende unmittelbar nach der Geburt in einem Zustand „wie in den Tagen der Unreinheit aufgrund der Menstruation".
Ezechiel zeigt klar, daß er im Gebrauch von *niddāh* fest in der priesterlichen Tradition steht (Ez 18, 6: die Wendung *'iššāh niddāh* besteht aus 2 Nomina in appositioneller Stellung, wobei das zweite als Attribut zum ersten fungiert; vgl. Ez 22, 10; 36, 17).
2. *niddāh* steht auch ganz allgemein für „Unreinheit". 2 Chr 29, 5 nennt ein instruktives Beispiel, wenn die Leviten die *niddāh* vom Heiligtum entfernen sollen. Im Ausführungsbericht v. 16 wird jedoch *ṭum'āh* verwendet, was für die generelle Bedeutung von *niddāh* spricht (vgl. auch Ez 7, 19f.; Klgl 1, 17; Esra 9, 11).
niddāh begegnet 1mal in der Bedeutung „Abscheu, Gräßlichkeit". Wenn einer die Frau seines Bruders heiratet, so ist er der *niddāh* schuldig (Lev 20, 21). Andere Sünden werden ähnlich beschrieben mit Ausdrücken wie *zimmāh* 'Verderbtheit' (Lev 18, 17; 20, 14), *tô'eḇāh* 'Greuel' (18, 22; 20, 13) *tæḇæl* 'Perversität' (18, 23; 20, 12) und *ḥæsæḏ* 'Schande' (20, 17).
3. In der letzten Gruppe der Belege entwickelt *niddāh* eine zum Vorherigen geradezu entgegengesetzte Bedeutung, nämlich 'Reinigung'. Wenn jemand einen Leichnam berührt hat, dann soll er mit *mê niddāh* (Wasser vermischt mit der Asche der roten Kuh) besprengt werden (Num 19, 9. 13. 20. 21; 31, 23). Eine ähnliche Bedeutung von *niddāh* liegt vor in Sach 13, 1 „eine Quelle wird sich auftun ... für *ḥaṭṭā'ṯ* und für *niddāh*". Man deutet üblicherweise *mê niddāh* als „Wasser (für die Abwendung) der Unreinheit". Aber gerade der Kontext legt für *niddāh* die Bedeutung 'Reinigung' nahe (vgl. I. 1.).

III. In Klgl 1, 8 wurde *nîḏāh* häufig als eine Form von *niddāh* verstanden (vgl. BDB 622; KBL² 596; anders KBL³ 657). Es ist jedoch besser, dieses Wort mit der Wurzel *nwd* und dem Idiom *henîḏ b^e rô'š* (Jer

18, 1; Ps 44, 15) zu verbinden, und als Bedeutung 'Gespött, Hohn, Gegenstand des Spottes' anzunehmen (vgl. D. Hillers, AB 7A, 1972, 9f. u. a.).

Milgrom/Wright

IV. In Qumran ist *niddāh* ausgesprochen häufig (40mal) belegt, wobei sich Konzentrationen der Belege in 1 QS (9mal), 4 Q 512 („Rituel de Purification", 8mal) und TR (5mal) konstatieren lassen. Es überrascht, daß *niddāh* in 1 QS nur in der literarkritisch jüngsten Schicht begegnet (100–75 v. Chr.), also in den primären Ausformulierungen qumranessenischer Grundsatzbestimmungen keinen Platz hat, während die Wortgruppe *ṭhr* (→ טהר) bereits 2mal in der 1. Überarbeitung (1 QS 8, 17. 24), dem „code pénale", dann aber häufiger in der 2. Überarbeitung, der eigentlichen Regelbildung, begegnet. Erst weit nach der Konsolidierung der Gemeinde traten also offensichtlich religiöse Schwierigkeiten im Bereich „rein – unrein" auf und eine Kodifizierung wurde notwendig. Es entstanden ein Manual für die Novizen (1 QS 3f.), das *maśkîl*-Gesetz (1 QS 4) und die Reinheitskatechese (1 QS 5, 13–20), in denen durch umfangreiche Kontrastierung Reinheit schärfer konturiert wird. Danach ist Reinheit – Unreinheit sowohl auf der anthropologischen (vgl. auch 1 QH 1, 22; 11, 11; 12, 25; 17, 19; CD 3, 17), dann erst recht auf der ethisch-moralischen Ebene (1 QS 4, 10; 5, 19; 10, 24; CD 12, 2) angesiedelt. Dabei ist die Zugehörigkeit zur Gemeinde wesentliches Kriterium für die Reinheit des Menschen (1 QS 3, 4. 9; CD 2, 1). Der Mensch kann durch Thora-Gehorsam der *niddāh* entgehen (1 QS 5, 19). Erst dann haben auch die Reinigungsriten mit *mê niddāh* (1 QS 3, 4) und *mê dôḵî* (v. 9) ihren eigentlichen Sinn erreicht. Es ist aber für den Qumranessener fundamentaler Glaubenssatz, daß die *niddāh* des Menschen durch Besprengung (*nāzāh* → נזה) mit dem „Heiligen Geist" (*rûaḥ qoḏæš*) und dem „Geist der Wahrheit" (*rûaḥ 'ᵉmæṯ*) letztlich von Gott selbst beseitigt wird (1 QS 4, 21 f.). Der hymnische Abschluß der Sektenregel formuliert es dogmatisch: „Durch seine Gerechtigkeit reinigt er mich von der Unreinheit der Menschen (*minniddaṯ 'ᵉnôš*) und von der Sünde der Menschenkinder" (1 QS 11, 14f.).

In den Hodajot findet sich *niddāh* mehrmals als einer der vielen Ausdrücke für die Sündhaftigkeit des Menschen: „Quelle der Unreinheit" (1 QH 1, 22; 12, 25, → IV 1128), „Greuel der Unreinheit und Schuld der Untreue" (1 QH 11, 11, → IV 1042), „in Unreinheit habe ich mich gewälzt" (1 QH 17, 19); vgl. auch Fragm. 3, 16.

Die Belege aus 4 Q geben keine weiteren Aufschlüsse. Die Belege in 4 Q 512 („Rituel de Purification") bieten zwar z. T. recht interessante sprachliche Kombinationen (z. B. *næḡaʿ hanniddāh* „Schlag der Unreinheit" (5, 17), *niddôṯ ṭumʾāh* „Unreinheiten der Unreinheit" (12, 9), sind aber im wesentlichen im Bereich von Num 19 anzusiedeln (vgl. auch TR 49, 18). Die Belege in der Tempelrolle beziehen sich ansonsten auf die Unreinheit, die durch sexuelle Bedingungen (Pollution, TR 45, 10; Menstruation, TR 48, 16f.) verursacht sind. TR 66, 13 greift Lev 20, 21 auf, wenn der Verkehr unter Verschwägerten mit *niddāh* bezeichnet wird. Hier gelangt *niddāh* semantisch in den Bereich der Tabu-Bezeichnungen. Vgl. weiter: G. W. Buchanan, RQu 4, 1963, 397–406; NTS 2, 1970; S. B. Hoenig, RQu 6, 1969, 559–567; B. E. Thiering, NTSt 26, 1979f., 266–277; H. Thyen, EWNT II 535–542; L. Goppelt, ThWNT VIII, 1969, 319ff.

Fabry

נָדַח *nāḏaḥ*

מַדּוּחִים *maddûḥîm*

I. Etymologie – II. Verwendung im AT – 1. Überblick – 2. *qal* – 3. *niph* – 4. *pu* – 5. *hiph* – 6. *hoph* – 7. *maddûḥîm* – III. Qumran – IV. LXX.

Lit.: *G. R. Driver*, Hebrew Roots and Words (WO 1, 1947/52, 406–415). – *H. D. Preuß*, Deuteronomium (EdF 164, 1982).

I. Früher meinte man fast allgemein, daß es im AT nur eine Wurzel *ndḥ* gibt (z. B. Gesenius, Thesaurus 854). Diese Wurzel, die in den meisten at.lichen Belegstellen eine grundlegende Bedeutung von 'stoßen', 'wegstoßen', 'versprengen' usw. trägt, ist nicht nur im Mhebr. wiederzufinden (Jastrow 878). Es ist auch im Äth. (*nadḫa* I, 'trudere, ferire, impellere', Dillmann, LexLingAeth. 679f.), Tigrē (Littmann-Höfner, Wb-Tigrē 338b) und im Arab. (*nadaḥa*, I, 'widen, enlarge'; V, 'become dispersed', Lane 2780; auch VII, Hava; KBL³ 636 unrichtig: VIII) bekannt.

G. R. Driver plädiert unter Vergleich mit arab. *nadaḥa* für die Existenz eines Verbums *ndḥ* II im AT. Er meint, daß LXX eine solche Wurzel durch die (von ihm selbst als unrichtig erklärte) Übersetzung ἐξοκέλλειν in Spr 7, 21 erkannt hatte und will die angenommene Wurzel in 3 at.lichen Stellen annehmen: Dtn 20, 19 (*qal*): *lindoaḥ ʿālājw garzæn*, „to drive, impel an axe against it"; Dtn 19, 5 (*niph*): *wᵉniddᵉḥāh* [Sam: *wndḥ*] *jāḏô ḇaggarzæn*, „his hand is laid, applied to the axe"; 2 Sam 15, 14 (*hiph*): *wᵉhiddîaḥ ʿālênû 'æt-hārāʿāh*, „he impelled, i. e. set in motion, the evil against us". Driver (409) folgert: „Thus the first verb describes turning cattle out into the open fields or driving people either into a strange country or into license to do what they ought not, while the latter describes driving a tool home; they describe the same action though carried out in opposite directions and ought therefore to be similarly kept apart in the dictionaries, even though they may be ultimately derived from a common root." Auf dieser schwachen Basis gibt es jetzt ein besonderes Verbum *ndḥ* II in Holladay 229; in KBL³ 636 (jedoch mit Fragezeichen).

Die Wurzel *ndḥ* scheint mit *dḥh/dḥj* verwandt zu sein (so schon Gesenius, Thesaurus 854), wahrscheinlich auch mit *dwḥ* und *dḥḥ* (Driver 409 Anm. 22); vgl. auch *dḥp* (*qal* 'wegstoßen' usw., KBL³ 210) und *dḥq* (*qal* 'bedrängen' usw. (loc. cit.).

II. 1. Das hebr. Verbum *ndḥ* kommt im AT 58mal vor (davon 3mal als *ndḥ* II nach Driver, KBL³ u.a.): *qal* 2mal (2 Sam 14, 14 [nicht in KBL³!]; Dtn 20, 19 [KBL³: *ndḥ* II]); *niph* 25mal (inkl. 4mal *niḏḥê jiśrā'el* [Jes 11, 12; 56, 8; Ps 147, 2; Sir 51, 12f.], was inzwischen unrichtig als *niph* von *dḥh* angesehen worden ist [z.B. Mandelkern 293]; und Dtn 19, 5 [KBL³: *ndḥ* II]); *pu* 1mal (Jes 8, 22; lies: *minnoḡah*?); *hiph* 29mal (inkl. 2 Sam 15, 14 [KBL³: *ndḥ* II]; 2 Kön 17, 21 Q; Sir 8, 19; cj. Jer 51, 34 *wᵉhiddîḥanî*?); und *hoph* 1mal (Jes 13, 14).

Die 58 at.lichen Belege vom Verbum *ndḥ* begegnen vor allem in Jer (19mal, inkl. 51, 34 cj.) und Dtn (10mal). Die übrigen Stellen verteilen sich folgendermaßen: Jes 1–39 6mal; 2 Sam 4mal; Ez und Ps je 3mal; 2 Chr und Sir je 2mal; Mi, 2 Kön, DtJes, Zef, Jos, Spr, Neh, Ijob und Dan je 1mal.

Von Wurzeln, die im AT irgendwie als Synonyme mit *ndḥ* fungieren, können u.a. *ndd* (z.B. Jes 16, 1–4; Jer 49, 5); *pwṣ hiph* (z.B. Dtn 30, 3f.; Jer 23, 2f.); *rdp* (z.B. 29, 18) genannt werden. Der Gegensatz zu *ndḥ* wird vor allem durch *qbṣ pi* ausgedrückt (z.B. Dtn 30, 3f.; Jer 29, 14; 32, 37; 49, 5; Mi 4, 6; Zef 3, 19; Neh 1, 9), aber auch durch *šwb qal* (z.B. Dtn 30, 3f.; Jer 29, 14; 43, 5); *hiph* (z.B. Dtn 22, 1; Jer 16, 15; 32, 37; Ez 34, 4. 16); *bw' hiph* (z.B. Dtn 30, 4f.; Jer 23, 8; Neh 1, 9), *lqḥ* (z.B. Dtn 30, 4). Eigenartig ist die Kombination *ndḥ niph* mit *hištaḥᵃwāh* und *'bd* (Dtn 4, 19; 30, 17).

Das einzige Derivat von *ndḥ* im AT ist das hap. leg. *maddûḥîm* (Klgl 2, 14).

2. Die beiden at.lichen Belege von *ndḥ* im *qal* lassen sich natürlich aus einer gemeinsamen Bedeutung 'stoßen', 'verstoßen' verstehen. In der alten vor-dtn Formulierung in einem der Kriegsgesetze in Dtn heißt es: „Wenn du eine Stadt lange Zeit belagern wirst, um sie zu bekämpfen und einzunehmen, sollst du nicht ihre Bäume verderben, indem du ein Beil gegen sie stößt" (... *lo'-tašḥîṯ 'æṯ-'eṣāh lindoaḥ 'ālājw garzæn*, 20, 19; vgl. Preuß 55. 139f.). In dem kunstvoll formulierten Gespräch zwischen David und der klugen Frau von Tekoa, die auf Wunsch Joabs für den von Jerusalem nach Geschur geflohenen Abschalom einzutreten versucht, wird argumentiert: „(Gott) macht sich Gedanken darüber, daß er nicht einen (von Menschen) Verstoßenen (*niddāḥ niph*) von sich stößt (*jiddaḥ qal*)" (2 Sam 14, 14; vgl. aber S. R. Driver, Notes, ²1913, 308). Es handelt sich hier nicht, wie G. R. Driver (409) annimmt, um zwei verschiedene Verben, die „describe the same action though carried out in opposite directions": in beiden Fällen geht die „stoßende" Aktion vom Subjekt aus (Israel bzw. Gott).

3. Die insgesamt 25 *niph*-Belege können alle als Reflexiv oder Pass. zum *qal* aufgefaßt werden. Das gilt auch für Dtn 19, 5 (KBL³: *ndḥ* II): in den dtn Gesetzen über die Asylstädte wird der Fall angeführt, daß einer seinen Nächsten unabsichtlich schlägt, wenn er in den Wald kommt, um Bäume zu fällen; „und seine Hand wird mit dem Beil ausgestoßen (= holt aus), um den Baum niederzuhauen" (*wᵉniddᵉḥāh* [Sam: *wndḥ*] *jāḏô ḇaggarzæn likrot hā'eṣ*; vgl. E. König, KAT III 145).

Viele *niph*-Belege machen deutlich, daß *ndḥ* in der Viehzüchtersprache beheimatet ist. So heißt es in einem alten (vor-dtn?; vgl. Preuß 56) Gesetz im Dtn, daß man das Rind oder Kleinvieh seines Bruders zurücktreiben soll, wenn „sie sich verirrt haben" (*niddāḥîm*, 22, 1). Und dieser konkrete Sprachgebrauch könnte natürlich auch metaphorisch transparent werden: Israel, die Herde JHWHs, „verirrte sich" immer wieder und „wurde versprengt". Besonders durchsichtig ist diese Verwendung in der Schelt- und Drohrede Ezechiels gegen die falschen Hirten Israels in der Exilsituation: „Das Versprengte habt ihr nicht zurückgeholt" (*wᵉ'æṯ-hanniddaḥaṯ lo' hᵃšeḇoṯæm*, 34, 4); darum, sagt JHWH, „werde ich das Versprengte zurückholen" (*wᵉ'æṯ-hanniddaḥaṯ 'āšîḇ*, v. 16). Das parallele JHWH-Wort über das neue Jerusalem (Mi 4, 6) „Ich will das Versprengte zusammenbringen" (*wᵉhanniddāḥāh 'ᵃqabbeṣ*) geht möglicherweise auf Ez 34 zurück (H. W. Wolff, BK XIV/4, 95).

Dieselbe metaphorische Viehzüchtersprache liegt, obwohl nicht immer so eindeutig, den Belegstellen im Buche Jer zugrunde. Eine Ausnahme bildet 30, 17, wo das Nordreich um 622–612 „die Verstoßene (Frau)" (*niddāḥāh*) genannt wird (zum Text W. Rudolph, HAT I/12³, 188–193). Im übrigen beherrscht also das Bild von der versprengten Herde (Juda, Ammon, Elam) das Feld: In dem (einmal selbständigen) Bericht über Gedaljas Statthalterschaft und Ermordung (40, 7 – 41, 18) wird berichtet, daß die Diaspora-Judäer „aus allen Orten, wohin sie zerstreut waren" (40, 12) in das Land Juda zu Gedalja kamen, als er Statthalter wurde. Und in Baruchs Erzählungen von der Abwanderung nach Ägypten (42, 1 – 43, 7) wird berichtet, daß Johanan, der Sohn Kareachs, und alle Heerführer den ganzen Rest Judas, „der aus all den Völkern, wohin sie zerstreut waren" (43, 5), zurückgekehrt war, nahmen und nach Ägypten führten. In der Sammlung von Fremdvölkerorakeln (46–51) heißt es im JHWH-Wort über Ammon (49, 1–6): „Ihr sollt in alle Richtungen versprengt werden und niemand wird die Flüchtenden sammeln" (v. 5); und im Wort über Elam (49, 34–39): „Es soll kein Volk geben, wohin nicht Versprengte aus Elam gelangen" (49, 36).

Derselbe Sprachgebrauch ist auch in die (spätexilischen?) dtr Schichten des Dtn eingedrungen, und zwar in die große Schlußrede des Mose (29–30): „Wenn du bis ans Ende des Himmels verstoßen bist, wird JHWH, dein Gott, dich dort sammeln und von dort holen" (30, 4; vgl. Preuß 60. 160f.), eine Stelle, die im Gebet Nehemias (Neh 1, 5–11a) frei wiedergegeben wird (v. 9; vgl. F. Michaeli, CAT XVI 309). Frühestens spätexilisch ist die verwandte Formulierung in der abschließenden Verheißung des Zef-Buches (3, 16–20): „Ich will die Verstoßene (Zion) sammeln" (v. 19). Die übrigen Belegstellen dieses Sprachgebrauchs sind fast ausnahmslos nachexilisch. Das gilt nicht nur für die Aussage Ijob 6, 13: *ha'im 'ên 'æzrātî bî weṭušijjāh niddeḥāh mimmænnî*, was vielleicht bedeutet: „Ist nicht meine Möglichkeit, mir selbst zu helfen, wie nichts, und ist nicht jedes Hilfsmittel von mir verjagt?" (vgl. E. Dhorme, Job, 1967, 83f.). Es gilt offensichtlich auch für die vier Stellen in Jes 1–39: 16, 3 von den „Verjagten" Moabs (vgl. H. Wildberger, BK X/2, 620f.) und 16, 4 (vgl. W. Rudolph, Festschr. G. R. Driver, 1963, 136); 27, 13, von „den Versprengten (Israeliten) in Ägyptenland" (vgl. Wildberger, BK X/2, 1022); nur der feste Ausdruck „die Versprengten Israels" (*niḏḥê jiśrā'el*, Jes 11, 12; hier nachexilisch, vgl. Wildberger, BK X/1, 467) kann etwas älter sein (Jes 56, 8), lebt aber auch später weiter (Ps 147, 2; vgl. Kraus, BK XV/2[5], 1134–1136), z. B. Sir 51, 12f. als Bezeichnung der Diasporagemeinden: „Danket dem, der die Versprengten Israels sammelt"; vgl. G. Sauer, JSHRZ III/5, 489. 635).

Eine eigenartige tolerative Bedeutung vom Verbum *ndḥ* im *niph*, 'sich ausstoßen, verleiten, abbringen lassen', läßt sich in zwei Dtn-Stellen belegen, beide in dtr Formulierungen (?, vgl. Preuß 47. 60). Vor Abfall vom dtn/dtr Monolatrie-Ideal wird eindringlich gewarnt: „so daß du dich (nicht) verleiten läßest, dich vor ihnen (Sonne, Mond, Sterne und Himmelsheer) niederzuwerfen und ihnen zu dienen" (*weniddaḥtā wehištaḥawîtā lāhæm wa'aḇadtām*, 4, 19), ja, „so daß du dich (nicht) verleiten läßest, dich vor anderen Göttern niederzuwerfen und ihnen zu dienen" (*weniddaḥtā wehištaḥawîtā le'lohîm 'aḥerîm wa'aḇadtām*, 30, 17).

4. Die einzige *pu*-Form von *ndḥ* im AT findet sich nach MT in Jes 8, 22, also in der sog. Denkschrift Jesajas, die sich mit der Wirksamkeit des Propheten in der Zeit des syrisch-ephraimitischen Krieges befaßt (Jes 6, 1 – 9, 6). Hier wird in einem kurzen, wahrscheinlich echt-jesajanischen Stück (Jes 8, 21–23aα) von der „bedrängenden Finsternis" (*wa'apelāh menuddāḥ*) einer nordisraelitischen Volksgruppe gesprochen (so Wildberger, BK X/1, 355–361, der mit Recht über den Deutungsvorschlag Guillaumes und G. R. Drivers sagt: „Auch hier dürfte der Rückgriff auf das Arabische zu gewagt sein", 356; möglich ist natürlich die unter Vergleich mit LXX vorgeschlagene Lesart *minnoḡah*, s. BHS).

5. Wie im *niph* wird das Verbum *ndḥ* im Kausativstamm *hiph* hauptsächlich metaphorisch gebraucht. Die dahinterliegende Viehzüchtersprache ist aber in zwei Jer-Stellen klar durchsichtig; besonders deutlich im Babel-Orakel (50, 1 – 51, 58): „Ein versprengtes Schaf war Israel, von Löwen gejagt" (*śæh pezûrāh jiśrā'el 'arājôṯ hiddîḥû*, 50, 17; lies: *hiddîḥûhû* oder *hiddîḥûhā*, vgl. BHS). In einem JHWH-Wort gegen die Könige von Juda (21, 11 – 23, 8) heißt es: „Ihr habt meine Schafe sich verlaufen und zerstreuen lassen (*wattaddiḥûm*) ... Ich selbst aber sammle den Rest meiner Schafe aus allen Ländern, wohin ich sie verstoßen habe" (23, 2f.).

Diese metaphorische Sprache wird im *hiph* vor allem, wie schon in Jer 23, 2f., ein wirksames Ausdrucksmittel für die theologische Deutung des Exils: Das Gottesvolk wurde zwar von feindlichen Löwen versprengt (Assur, Babel, Jer 50, 17; vgl. auch 51, 34, falls man *hiddîḥanî* statt MT *hædîḥanî*, Q, lesen darf; so Rudolph, HAT I/12[3], 312), aber die eigentliche Tragödie ist dies: hinter allen Verstoßungen Israels steht souverän JHWH, der Hirt Israels. In einer Reihe von Texten aus der Exilsperiode (Jer, Ez, Dtn) wird eben die wegstoßende, versprengende Aktivität JHWHs durch *hiph* von *ndḥ* ausgedrückt, entweder in der 1. Pers. (Ez 4, 13 [vielleicht Zusatz, vgl. LXX]; Jer 8, 3; 23, 3. 8; 24, 9 [Zusatz nach Dtn 28, 37?, Rudolph, HAT I/12[3], 156]; 27, 10. 15; 29, 14. 18; 32, 37; 46, 28, vgl. Jos 2, 20) oder in der 3. Pers. (Dtn 30, 1 [*hiddîḥakā*; Sam: *jdjḥk*]; Jer 16, 15). Zugleich aber wird im Kontext die Hirtentreue JHWHs gegen Israel durch eine Verheißung unterstrichen, wie z. B. in Jeremias Brief an die Deportierten von 598 (Jer 29): „Ich werde euch sammeln aus allen Völkern und von allen Orten, wohin ich euch verstoßen habe" (v. 14; noch z. B. 23, 3. 8; 32, 37; 46, 28; Dtn 30, 1–4). Diese Sprache klingt noch im Bußgebet Daniels nach (Dan 9, 4–20: *bekŏl-hā'arāṣôṯ 'ašær hiddaḥtām šām*, v. 7; zur Sprache L. F. Hartman / A. A. di Lella, AB 23, 248f.).

Dieselbe metaphorische Ausdrucksweise wird vereinzelt auch in anderen Kontexttypen gebraucht. Im vorexilischen Gebetslied Ps 5 (vgl. W. Beyerlin, FRLANT 99, 1970, 90) wird Gott aufgerufen, die Feinde des Beters wegzustoßen (*haddîḥemô*, v. 11). Im Gespräch des Königs Abija mit dem König und dem Volke des Nordreiches (2 Chr 13, 4b–12, chr Sondergut) kritisiert Abija die Zuhörer, weil sie die aaronitischen Priester und Leviten verstoßen hatten (v. 9). Und im kompilatorischen Stück Joël 2, 18 – 3, 5 wird von „dem Nördlichen" (*haṣṣepônî*, s. Aa. Lauha, Zaphon, 1943) gesagt, daß JHWH ihn ausstoßen wird in ein Land, das trocken und öde ist (v. 20, vgl. H. W. Wolff, BK XIV/2[2], 73f.). Die einzige weisheitliche Belegstelle ist Sir 8, 19: „Keinem Menschen offenbare dein Herz, damit du nicht Gutes von dir wegstößt" (G. Sauer, JSHRZ III/5, 526).

Es ist aber offenbar, daß *hiph* von *ndḥ* auch in der Liebessprache beheimatet ist. In der weisheitlichen Warnung vor der Verführerin (Spr 7) heißt es: „Sie hat ihn (den törichten Jüngling) willig gemacht mit viel Überredung, mit schmeichelnden Lippen ihn mitgerissen" (... *beḥelæq śepāṯæhā taddîḥænnû*, v. 21, vgl. O. Plöger, BK XVII/1–4, 73–81). Metaphorisch kann diese Ausdrucksweise von den verführerischen Wegen der Feinde gebraucht werden; so im Gebetslied des einzelnen: „Verführen gelüstet sie" (*jā'aṣû* *l^ehaddîaḥ*, Ps 62, 5; anders z. B. Weiser: „Sie planen ihn zu stürzen [von seiner Höhe"]; vgl. auch EÜ). Vielleicht steckt derselbe Sprachgebrauch hinter einigen Texten, die von einer religiösen Verführung sprechen (parallel mit *niph*, Dtn 4, 19; 30, 17?). Die Terminologie ist wahrscheinlich dtr. So muß nach Dtn 13, 6 der Prophet oder Träumer sterben, weil er „dich von dem Wege verleitet" (*l^ehaddîḥ^aḵā min-haddæræḵ*); der Bruder, der zum Abfall verführt, muß gesteinigt werden (13, 11, beide dtr, s. Preuß 52); ebenfalls die Leute, die „die Bürger ihrer Stadt (zur Abgötterei) verführen" (13, 14, dtn?; Preuß 53). Im DtrGW ist es Jerobeam: er „wandte Israel ab von JHWH" (2 Kön 17, 21); im ChrGW ist es Joram: er „verführte Juda" (2 Chr 21, 11; chr Sondergut).

Dagegen ist eine andere Stelle des DtrGW klar von dieser Redeweise zu scheiden. David sagt zu seinen Großen in Jerusalem über Abschalom: „Laßt uns eilends gehen, damit er uns nicht einholt, uns ergreift und Unheil über uns bringt" (*w^ehiddîaḥ ʿālênû ʾæṯ-hārāʿāh*, 2 Sam 15, 14). Das ist aber nicht (wie G. R. Driver, Holladay, KBL³ meinen) ein anderes Verbum, sondern ganz normal als „herausstoßen über" zu erklären (vgl. äth. *nadḥa*, impellere, s.o. I.).

6. Es gibt nur eine Belegstelle im AT für *hoph* von *ndḥ*. Der Gebrauch ist konkret. Im nachjesajanischen Orakel über Babels Sturz und Israels Heimkehr (von der Zeit des Endes des neubabyl. Reiches?) heißt es, daß die Babylonier fliehen werden „wie eine verscheuchte Gazelle (*kiṣḇî muddāḥ*), und gleich einer Herde, die keiner zusammenhält" (Jes 13, 14; vgl. Wildberger, BK X/2, 499–520).

7. Das einzige Derivat des Verbums *ndḥ* im AT ist *maddûḥîm* (BLe 494gη; GKa 124f.). In der Augenzeugenschilderung von der Katastrophe 587 in Klgl 2 heißt es über Zion/Jerusalem: „Deine Propheten schauten dir trügerisches Rosenrot ..., Trug und Verstoßung" (... *šāwʾ ûmaddûḥîm*, v. 14; zum Text und Kontext s. W. Rudolph, KAT XVII/1–3, 216–227). Kontextgemäß heißt *maddûḥîm* hier weder „Verführung" (vgl. S, Targ, EÜ) noch „false claims" (vgl. arab. *tanaddaḥa*; G. R. Driver 409 Anm. 22), sondern eben 'Verstoßung', 'Vertreibung' (vgl. LXX, V).

III. Die Wurzel *ndḥ* ist in den Qumran-Schriften vereinzelt belegt. In 1 QM 14, 9f. äußert sich der Rest des Gottesvolkes über die Feindschaft Belials: „Und durch alle Geheimnisse seiner Feindschaft haben sie (uns) nicht verführt (*ndḥ hiph*) von deinem Bund" (vgl. im AT bes. Dtn 13, 6, c. *min*). In 1 QH 4, 8f. stoßen wir zweimal auf die Wurzel *ndḥ* (*hoph* bzw. *niph*?). Die betende Gemeinde spricht hier als kollektives Ich von den Leuten Belials: „Denn ich wurde von ihnen verworfen, und sie achteten meiner nicht, obwohl du dich an mir mächtig erzeigst; denn sie verstoßen mich aus meinem Lande (*kjʾ jdjḥnj mʾrṣj*; vgl. im AT bes. Jer 51, 34 cj.; 2 Chr 17, 20 Q; noch Sir 8, 19; s. auch S. Holm-Nielsen, Hodayot, 1960, 81) wie einen Vogel aus seinem Nest. Und alle meine Freunde und Verwandten haben sich von mir abbringen lassen (*ndḥw mmnj*; vgl. im AT bes. Dtn 4, 19; 30, 17) und halten mich für ein untaugliches Gerät ..." Ferner kommt die Wurzel in den Texten aus Grotte 4 vor (DJD VII). Zwei von den Stellen sind beschädigt: in 4 QM^a 8–10, I, 7 haben wir eine Parallele zu 1 QM 14, 9f.; in einem halachischen Fragment (4 QOrd^b 18, 2) findet sich das Wort [*j*]*djḥn*[*w*], vielleicht als *lwʾ jdjḥnw* zu verstehen und als Anspielung auf das Freigeben der Sklaven im Sabbatjahr aufzufassen (DJD VII 293). In der liturgischen Kollektion 4 QDibHam^a 1–2, V, 11–14 wird Gott angerufen: „Du hast deinem Volk Israel Gnade erwiesen in all den Ländern, wohin du sie vertrieben hattest (*bkwl* [*h*]*ʾrṣwt ʾšr hdḥtm šmh*), damit sie sich entschließen, zu dir zurückzukehren und deine Stimme zu hören nach allem, was du durch deinen Knecht Mose vorgeschrieben hast." Schließlich gibt es in 4 QPrFêtes zwei Belegstellen: ein stark fragmentarisches Stück (12 I et 13) fängt an: „Die Verbannten (*hmnwdḥjm*), die irren, ohne daß man sie zurückführt"; und 183, 6 steht ohne auszumachenden Zusammenhang: *hdḥtw b*, was möglicherweise als „Du hast sie in ... versprengt" zu deuten ist (DJD VII 207).

IV. In LXX wird die Wurzel *ndḥ* sehr unterschiedlich wiedergegeben, doch meist mit ἐξωθεῖν (*qal* 1mal; *niph* 4mal; *hiph* 13mal); parallel wird *maddûḥîm* (Klgl 2, 14) mit ἐξώσματα übersetzt (ἐξωθεῖν steht sonst für *dwḥ hiph*; *dḥh pu*; *kʾh niph*; *lqḥ; ndʾ hiph*; *ndd hoph*; *ndp niph*; *nsḥ*; *rḥq hiph*; *tʿh hiph*). Die anderen Übersetzungen von *ndḥ*, die LXX wählt, sind: für *qal*: ἐπιβάλλειν (1); für *niph*: u.a. διασπείρειν (2), διασπορά (3), πλανᾶν (5), für *pu*: σκότος ὥστε μὴ βλέπειν (Jes 8, 22, wahrscheinlich auf einer anderen Vorlage als MT *ʾ^apelāh m^enuddāḥ* basiert: *ʾ^apelāh mer^eʾôṯ*?, vgl. H. Wildberger, BK X/1, 355f.); für *hiph*: διασπείρειν (3) u.a.; schließlich für *hoph*: φεύγειν (1). Es ist letztlich zu bemerken, daß die in KBL³ als von *ndḥ* II herrührenden Stellen von LXX folgendermaßen gedeutet werden: *qal*, Dtn 20, 19, ἐπιβάλλειν; *niph*, Dtn 19, 5, ἐκκρούειν; und *hiph*, 2 Sam 15, 14, ἐξωθεῖν, was wenigstens darauf deutet, daß LXX eine Wurzel *ndḥ* II nicht anerkannt hat.

Kronholm

נָדַר *nāḏar*

נֶדֶר *næḏær*

I. 1. Worte – 2. Beobachtungen zu Wortbildungen und
-verwendungen – 3. Wortfeld – II. 1. Religiöse Bedeutung im AT – 2. Belege – III. Gelübde als bedingtes
Versprechen – 1. Gelübde und Gelübdeopfer nach den
Psalmen – 2. a) Das Gelübde in den Gelübdeerzählungen – b) Die Form des Gelübdes – c) Die Drohung als
Afterform – d) Der Ort des Gelübdes – e) Der Anlaß des
Gelübdes – f) Die Gelübdegaben – α) Das Gelübdeopfer – β) Sonstige Gaben – γ) Exkurs: Pun. Kinder-
opferstelen – δ) Die Auslösung von Gelübdegaben –
g) Die Auflösung von Gelübden – IV. Enthaltungsgelübde – 1. Das Nasiräat – 2. Sonstige Selbstverpflichtungen – V. LXX.

Lit.: *J. Gold*, Das Gelübde nach Bibel und Talmud,
1926. – *M. Joseph*, Vow (Jewish) (ERE 12, 657–659). –
C. A. Keller, נדר *ndr* geloben (THAT II 39–43). –
B. Kötting (B. Kaiser), Gelübde (RAC 9, 1059–1066). –
J. E. McFadyen, Vows (Hebrew) (ERE 12, 654–656). –
S. B. Parker, The Vow in Ugaritic and Israelite Narra-
tive Literature (Festschr. C. F. A. Schaeffer, UF 11,
1979, 693–700). – *H. G. Perelmuter*, Gelübde (TRE 12,
304f.). – *H. D. Preuß*, Gelübde (TRE 12, 302–304). –
W. Richter, Das Gelübde als theologische Rahmung der
Jakobsüberlieferungen (BZ NF 11, 1967, 21–52). – *A.
Wendel*, Das freie Laiengebet im vorexilischen Israel
(JEOL 5/6, 1931, 100–122). – *Ders.*, Das israelitisch-
jüdische Gelübde, 1931.
Bes. zur Umwelt: a) Alter Orient und Ägypten: *J. Assmann*, Gelübde (LexÄg II 519–521). – *E. Ebeling*, Gelübde (RLA III 200f.). – *B. Kötting (B. Kaiser)*, Gelübde
(RAC 9, 1057–1059).
b) Punier: *G. Garbini*, Fenici. Storia e religione, Neapel
1980, 175ff. 191ff. – *St. Gsell*, Histoire ancienne de
l'Afrique du Nord 4, Paris 1924, 404–425.
c) Araber: *W. Gottschalk*, Das Gelübde nach älterer ara-
bischer Auffassung, 1919. – *J. Pedersen*, Der Eid bei den
Semiten, Straßburg 1914 (vgl. ders., *nadhr*, Handwörterbuch des Islam, Leiden 1941, 564f.).
d) Griechen und Römer: *W. D. H. Rouse*, Greek Votive
Offerings, Cambridge 1902. – *W. Eisenhut*, PW Suppl.
XIV 964–973. – *B. Kötting (B. Kaiser)*, RAC 9, 1072–
1084.

I. 1. Das hebr. Verb *nāḏar* 'weihen, geloben' besitzt
in den ugar. (WUS Nr. 1758; UT Nr. 1618), reichsaram., palmyr. (DISO 174f.), pun. (Tomback 210f.),
jüd.-aram. (Levy, WTM III 345f.), samar. (BCh 2,
446), syr. (LexSyr 416) und mand. (MdD 290a)
Äquivoken und Äquivalenten seine Entsprechung.
Gleiches gilt für das Nomen *næḏær*, seltener *neḏær*
(BLe 459f. 566f.), 'Weihung, Gelübde, Gelübdegabe', im Ugar. (s. o.), Phön., Pun. (Tomback 211),
Jüd.-Aram. (Levy, WTM 346f.), Syr. (LexSyr 416)
und Mand. (MdD 281b u. 297a). Altaram. *nzr* (Bar-
hadad, KAI 201, 4; TSSI II, 1, 4), arab. *naḏara* 'weihen', *naḏr* 'Gelübde, Weihegabe', *nāḏīr* 'Geweihter'
(Lane 2781f.; Wehr³ 847b), wie sab. *nḏr* I 'sühnen'
(Beeston, Sabaic Dictionary 91; Biella 294f.), führen
angesichts des hebr. → נזר *nāzar niph* 'sich enthal-

ten', *nāzîr* 'geweiht, Geweihter' und *nezær* 'Weihung'
auf das schwierige sprachgeschichtliche Problem des
Verhältnisses der Wurzeln *ndr*, *nzr* und *nḏr* (G. Garbini, Il Semitico di Nord-Ovest, Neapel 1960, 195;
vgl. C. Brockelmann, VG I 237; THAT II 39). Akk.
nazāru 'beschimpfen, verfluchen' (AHw 772b), arab.
naḏira IV 'warnen' (Lane 2781f.; Wehr³ 847b) und
sab. *nḏr* II 'warnen, drohen' (Beeston 91; Biella 290)
sollten bei der Erörterung im Auge behalten werden.

2. Im Ugar. heißt *ndr ẓtt* „eine Gabe geloben" (Parker
694f.), *ndr dbḥ* „ein Opfer geloben (s. u. III.f.α). Dagegen ist *mḏr* 'Gelübde' (KTU 1.119, 30) zweifelhaft. Auffallend ist, daß trotz des Reichtums an palmyr. Inschriften im Gegensatz zu den pun. das Nomen ganz fehlt und
das Verb nur einmal (H. Ingholt u. J. Starcky, Receuil
des inscriptions sémitiques, in: D. Schlumberger, La
Palmyrène du Nord-Ouest, Bibl. Archéol. & Hist. 49,
1951, Nr. 14, 5, 148f.) belegt ist. – Die ugar. PN *bn ndr*
(PRU II, 154, 4, vgl. Spr 31, 2) und *ndrg[d]* (PRU
II, 4, 18, vgl. Gröndahl, PNU 164 u. 402) sind angesichts
der Lesungen KTU 1.79, 4 u. 1.18, 18 als problematisch
zu betrachten. Die eindeutige Bezeugung mittels der
Wurzel *ndr*/*nḏr* gebildeter PN scheint derzeit auf nabat.
ndrw und safat. *nḏr'l* nebst den Kurzformen *nḏr* und
mnḏr (G. Ryckmans, RNP I, 1934, 236. u. 136) beschränkt. Der Befund dürfte sich mittels der Annahme
erklären lassen, daß nach einem Gelübde geborene Kinder in der Regel einen Danknamen erhielten (vgl. z. B.
M. Noth, IPN 169ff.; R. Albertz, Persönliche Frömmigkeit und offizielle Religion, CThM.A 9, 1978, 49ff. mit
der Tabelle 61f. und dazu F. L. Benz, PNPPI, 1972,
313f. 421; PNU 135f.; J. K. Stark, Personal Names in
Palmyrene Inscriptions, Oxford 1971, 89b; F. Vattioni,
Le iscrizioni di Ḥatra, AION.S 28, 1981, 114a).

3. An Formeln und formelhaften Wendungen sind
im AT zu nennen: 1) *nāḏar næḏær* „ein Gelübde geloben, ein Gelöbnis ablegen" (Gen 31, 13; Num 6, 2;
30, 3. 4 = TR 53, 16; Dtn 23, 22 = TR 53, 11; 2 Sam
15, 8; Jes 19, 21; Jona 1, 16; vgl. TR 53, 14; Ep.Jer
35; 2 Makk 3, 35); dazu die in den Gelübdeerzählungen übliche Einleitungsformel *wajjiddor næḏær* „und
er legte ein Gelübde ab" (Gen 28, 20; Num 21, 2; Ri
11, 30; 1 Sam 11, 1 [3.fem.]); 2) die rückverweisende
oder vorverweisende Aussage *næḏær 'ašær nāḏar*/
jiddor (Num 6, 21; Dtn 12, 11. 17; 2 Sam 15, 7); 3)
die in den Bereich der Kultsprache gehörenden Formeln *šillem næḏær* „ein Gelübde bezahlen, erfüllen"
(2 Sam 15, 7; Ps 22, 26; 50, 14; 61, 9; 65, 2; 66, 13;
116, 14. 18; Spr 7, 14; Ijob 22, 27; vgl. Jes 19, 21; Ps
56, 13; 76, 12; Dtn 23, 22 = TR 53, 11; Koh 5, 3f.;
'āśāh næḏær „ein Gelübde ausführen" (Jer 44, 25; Ri
11, 39; vgl. Num 30, 2; Dtn 23, 24); *heqîm næḏær*
„ein Gelübde bestätigen" (Num 30, 14. 15 = TR
54, 3; Jer 44, 25); *heper næḏær* „ein Gelübde aufheben" (Num 30, 9; vgl. vv. 13 u. 16 [TR 54, 1–3])
nebst den Wendungen *qûm næḏær* „ein Gelübde
bleibt gültig" (Num 30, 5. 8 = TR 53, 19; 54, 4) bzw.
lo' jāqûm „wird ungültig" (Num 30, 6 = TR 53, 21).
Ob man die in der priesterlichen Kultsprache beheimateten Formeln **pille' næḏær* (Lev 22, 21; Num
15, 3. 8) und *hiplî' næḏær* (Lev 27, 2; Num 6, 2) mit
„ein besonderes Gelübde erfüllen" bzw. „leisten"

(KBL³ 876b), oder nur mit „ein Gelübde erfüllen" bzw. „leisten" (GesB 641b; Zorell 649a), oder nur im *pi* zulassen und mit „geloben" übersetzen soll (D. Kellermann, BZAW 120, 1970, 83), ist kontrovers. Der Streitfall ist, wie die unterschiedlichen Übersetzungen von LXX in Lev und Num und die mit dem 2. Vorschlag übereinstimmende von V zeigen, alt. – 4) Vom Gelübde ist in der Priestersprache die mittels eines Schwurs, einer *šeḇûʿāh*, geleistete negative Selbstverpflichtung oder Bindung, *'issār*, das Enthaltungsgelübde, zu unterscheiden (Num 30, 3; vgl. Ps 132, 2ff.). Ritualisiert begegnet es als *nædær nāzîr* (Num 6, 2). – 5) Als verwandte, aber *nædær* „Gelübdegabe" nachgeordnete und daher rangmäßig tieferstehende Weihegabe erscheint Lev 7, 16; 22, 18; 23, 38; Num 29, 39; Dtn 12, 6. 17; vgl. 23, 24; die *nedāḇāh*, das „Freiwilligkeitsopfer".

II. 1. Das *Gelübde* ist ein in feierlicher Form an die Gottheit gerichtetes *Versprechen*, ihr für den Fall einer bestimmten Leistung eine bestimmte Gegenleistung zu erbringen und damit eine nachdrücklich Gottes Handeln herausfordernde Bitte. Als Sonderform ist die bedingungslose *Selbstverpflichtung* anzusehen, die den Gelobenden auf Zeit oder auf Dauer an eine bestimmte Lebensweise bindet. Beide Formen sind in den Hochkulturen verbreitet und begegnen so auch im AT (vgl. Lit.). Als ihr einzig legitimer Empfänger gilt hier JHWH. Daher ist im AT nur Jer 44, 25 von einem an eine andere Gottheit, an die *malkaṯ haššāmajim*, gerichteten Gelübde die Rede, dessen Voventen demgemäß mit der Vernichtung durch JHWH gedroht wird (zum sekundären Charakter der Stelle K.-F. Pohlmann, FRLANT 118, 1978, 181f.; zur tatsächlichen religiösen Situation in vorexilischer Zeit G. W. Ahlström, StOr 55/3, 1984). Die Hochschätzung des Gelübdes in Israel geht schon daraus hervor, daß seine ungestörte Erfüllung in Juda, Nah 2, 1 (zum exilischen Charakter der Stelle J. Jeremias, WMANT 35, 1970, 13f.), und selbst in Ägypten, Jes 19, 22 (zum spät. red. Charakter der Stelle O. Kaiser, ATD 18, 1973, 86; R. E. Clements, Isaiah 1–39, NCB 1980, 170), zu den Kennzeichen der Heilszeit gehört. Die bei der Gelübdeerfüllung zutage tretende menschliche Schwäche signalisieren und bekämpfen Mal 1, 14; Lev 22, 20; CD 16, 13ff. (vgl. 6, 15), ebenso wie die weisheitliche Warnung vor unüberlegtem Geloben, Spr 20, 25; Koh 5, 3f. (vgl. Dtn 23, 22ff.). Die kasuistische Ergänzung zu Dtn 23, 19 in 23, 22–24 (W. Richter, StANT 15, 1966, 133) prägt das Halten der Gelübde als unabdingbare Pflicht ein, da JHWH sonst strafend eingreift, stellt aber das Geloben selbst frei. Dem entspricht die Auskunft Kohelets, daß es besser sei, nichts zu geloben als das Gelübde nicht zu halten (Koh 5, 4).

2. Die Wurzel *ndr* begegnet im AT insgesamt 91mal. Davon entfallen 31 Belege auf das Verb im *qal* und 60 auf das Nomen, davon 5 auf die Form *nedær*. Schon die Statistik läßt die drei Schwerpunkte des Vorkommens in *Gelübdeerzählungen* (21mal; Gen 28, 20 mit 31, 13; Num 21, 2; Ri 11, 30. 39; 1 Sam 1, 11. 21 [vgl. Spr 31, 2]; 2 Sam 15, 7f.; Jona 1, 16; Ps 132, 2), *kultischen tôrôṯ* (44mal; vgl. Lev 7, 16; 22, 18. 21. 23 [vgl. Mal 1, 14]; 23, 38; 27, 2. 8; Num 6, 2. 5. 21; 15, 3. 8; 29, 29; 30, 3–15 [vgl. TR 53, 16–54, 7]; Dtn 12, 6. 11. 17. 26 [vgl. TR 53, 9f.]; 23, 19 [vgl. auch CD 18, 17ff.]; 23, 22–24 [vgl. TR 53, 12–14]; [Spr 20, 25; Koh 5, 3f.]) und in der *Kultlyrik* (12mal; vgl. im Danklied des einzelnen Ps 22, 26; 56, 13; 66, 13; 116, 14. 18; Jona 2, 10; in der Klage des einzelnen Ps 61, 6. 9; im Hymnus Ps 65, 2 [vgl. F. Crüsemann, WMANT 32, 1969, 199. 201]; Ps 76, 12, und in den Kultpsalmen 50, 14 [vgl. O. Loretz, AOAT 207/2, 1979, 291]; 132, 2; vgl. auch Spr 7, 14; Ijob 22, 27; Nah 2, 1; Jes 19, 21) erkennen. – Die 9 weisheitlichen (Ijob 22, 27; Spr 7, 14; 20, 25; 31, 2; Koh 5, 3f. 5mal) und die 10 prophetischen Belege (Jes 19, 21 [2mal]; Jer 44, 25 [4mal]; Jona 1, 16; 2, 10; Nah 2, 1; Mal 1, 14) bilden demgegenüber keine eigenen Gruppen, sondern ordnen sich, wie die oben gegebenen Verweise zeigen, unterschiedlich den anderen ein.

III. 1. Die Belege in den Psalmen lassen sich mit Ausnahme von Ps 132 (vgl. u. IV. 2.) von Ps 50, 14f. her deuten: v. 15 fordert JHWH seine *ḥasîdîm* auf, ihn am Tage der Not anzurufen, und verheißt ihnen, sie zu erretten. Daß die empfohlene Anrufung in Verbindung mit einem Gelübde erfolgen soll, ergibt sich aus dem Befehl v. 14, Gott eine *tôḏāh* zu opfern und ihm seine Gelübde zu bezahlen (*šillem*).

Entgegen der z. B. von A. Weiser (ATD 14, ⁹1979, 268) vertretenen Ansicht ist der Ausdruck *zeḇaḥ tôḏāh* hier nicht als bildliche, den materiell-kultischen Sinn aufhebende und das Danklied meinende Bestimmung zu verstehen, da v. 5 auf die beim *zæḇaḥ* geschlossene *berîṯ* anspielt. In den vv. 8–13, der Einleitung zu vv. 14f., geht es nicht um die Verwerfung des Opfers an sich, sondern um die Bedürfnislosigkeit Gottes, dem alles, was ihm ein Mensch opfern kann, immer schon gehört. Die Polemik richtet sich anders als das Lobgelübde Ps 51, 18f., das durch vv. 20f. nachträglich auf die normative Opferfrömmigkeit zurückgeführt ist, nicht gegen das Opfer an sich, sondern gegen eine Haltung, die aus ihrem Opfer einen Anspruch gegenüber JHWH ableiten zu können glaubt (vgl. H. J. Hermisson, Sprache und Ritus im altisraelitischen Kult, WMANT 19, 1965, 35f.).

Die Tatsache, daß sich in den Dankliedern des einzelnen, die in ihrer Opferankündigung vom Bezahlen der Gelübde sprechen (Ps 22, 26; 56, 13; 66, 13; 116, 14. 18; Jona 2, 10), ein Hinweis auf das vorausgegangene, von JHWH erhörte Gebet findet (Ps 22, 25; 66, 19f.; 116, 4; Jona 2, 10, ferner Ps 65, 3), die in den beiden erstgenannten Psalmen vorangestellten Klagen aber kein entsprechendes (Opfer-)Gelübde enthalten, läßt entweder schließen, daß die Klage bei oder nach ihrer Zusammenfügung mit dem Danklied um das Gelübde gekürzt worden ist oder ihr ritueller Vortrag selbstverständlich auf das Dankopfer bezogen war; denn in der Klage des einzelnen Ps 61, 9 ist ein entsprechendes Gelübde enthalten, auch wenn hier undeutlich bleibt, ob es sich, eventuell anders als in v. 6, nicht um ein Versprechen fortgesetzten Gotteslobes handelt (vgl. Weiser, ATD 14/15⁹, 303; A. R. Johnson, The Cultic Prophet and Israel's Psalmody, Cardiff 1979, 358. Zum Lobgelübde in den Klagepsalmen vgl. die Aufstellung bei E. Gerstenberger, Der bittende Mensch, WMANT 51, 1980, 133).

Auf den grundsätzlichen Zusammenhang zwischen Gebet und Gelübde weisen im AT auch 1 Sam 1, 10. 12 hin (A. Wendel, Laiengebet, 105f.), außerhalb des AT z. B. die Gebetsgelübde der heth. Königin Puduḫepa (ANET²⁻³ 394f.; E. Laroche, RA 43, 1949, 55ff., bes. 62). – Daß die Gelübdeerfüllung im *Opfer* bestand, belegen Ps 56, 13 und 116, 17–19. Darf man als Regelfall die Darbringung eines *zæḇaḥ* (*šᵉlāmîm*) betrachten (2 Sam 15, 8. 11; Jona 1, 16; Lev 7, 16; 22, 21), ist nach Lev 22, 18 auch die Darbringung der gewichtigeren *ʿolāh* möglich gewesen, vgl. Ps 66, 13 (zur vermutlich nachexil. Entstehung des Psalms A. Deissler, Die Psalmen, ²1979, 254f.). Der im eschatologischen Zionslied Ps 76, 12 ergehende, mit Weiser (ATD 14/15⁹, 359) die Völker einschließende Befehl, dem furchtbaren Gott Gaben zu bringen, mag freilich anderes im Sinn haben (vgl. Jes 60, 5ff.).

Ort der Gelübdeopfer war selbstverständlich das Heiligtum, nachexilisch der Vorhof des Jerusalemer Tempels (Ps 116, 19), in der Gegenwart des Gottesvolkes (Ps 116, 14. 18) bzw. einer größeren Opfergemeinde (Ps 22, 26). Auffallend ist, daß fast durchgehend von der Erfüllung einer Mehrzahl von Gelübden (*nᵉḏāraj* Ps 22, 26; 56, 13; 61, 9 [vgl. aber v. 6]; 66, 13; 116, 14. 18; *nædær* 65, 2 ist kollektiv zu verstehen) die Rede ist. Wenn man den Pl. nicht auf die Mehrzahl der Opfergaben beziehen will (Ps 66, 15), muß man eine nachträgliche Kollektivdeutung der Psalmen in Rechnung stellen. Aber es würde nicht überraschen, wenn Ritualtexte umfangreiche Votivgaben nahelegen.

Adressat der Gelübde und Empfänger der Gaben ist selbstverständlich JHWH (Ps 76, 12; 116, 14. 18; 56, 13; 65, 2; 66, 13; Jona 2, 10), der das Rufen (*šwʿ pi* Ps 22, 25), das Gelübde (Ps 61, 6), das laute Gebet (*qôl tᵉpillāh* Ps 66, 19), erhört hat (*šāmaʿ*).

Als Anlaß des Gelübdes läßt sich höchste Lebensgefahr, als solcher des Dankes die göttliche Errettung aus ihr ermitteln (Ps 56, 14; vgl. 22, 21f.; 116, 3. 8). Als Urheber der Gefahr erscheint die Bedrohung durch Feinde (Ps 56, 3; 61, 4; 66, 10ff. und 22, 13ff. [Zum Problem ihrer Identifikation vgl. H. J. Kraus, BK XV/3, 1979, 161ff. und A. R. Johnson, Cultic Prophet and Israel's Psalmody, 1979, 352ff.]). Jona 2, 3ff. ist für seinen Kontext gedichtet (O. Kaiser, EvTh 33, 1973, 97), wenn auch erst sekundär in die Jonaerzählung eingefügt (H. W. Wolff, BK XIV/3, 103ff.). Daß der Beter bei der Opferankündigung auch darauf verweist, daß es sich um die Bezahlung eines Gelübdes handelt (Ps 22, 26; 56, 13; 66, 13; 116, 14. 18; Jona 2, 10), korrespondiert mit dem Dankgelübde der Klage (Ps 61, 9) und ist so selbstverständlich, daß es auch im Hymnus konstatierend (Ps 65, 2) oder befehlend (Ps 76, 12) aufgenommen werden kann (vgl. auch 2 Sam 15, 7; Jona 1, 16).

2. a) Bleibt die Erhellung der at.lichen Gelübdepraxis anhand der Psalmen ihrer Bestimmung zu vielfältigem Gebrauch und ihrem rituellen Rahmen gemäß auf das Generelle beschränkt, ändert sich das, wenn wir uns den im AT enthaltenen Gelübdeerzählungen Gen 28, 20–22; Num 21, 1–3; Ri 11, 30–40; 1 Sam 1 und 2 Sam 15, 7–12 zuwenden. Zwar ist bei den ersten vier ihr literarischer Charakter sicher und bei der letzten nicht auszuschließen. (Zu Gen 28 E vgl. E. Otto, ZAW 88, 1976, 165ff.; P. Weimar, BZAW 146, 1977, 166 und H.-Chr. Schmitt, BZAW 154, 1980, 104ff., aber auch C. Westermann, BK I/2, 551f. und R. Rendtorff, ZAW 94, 1982, 511ff.; zu Num 21, 1ff., in der Regel zu J gestellt und von M. Noth, ÜPt, 1948, 149f.; ATD 7, 135 als Nachtrag in J angesehen, vgl. M. Rose, AThANT 67, 1981, 295ff. 304, der für spät-dtr Entstehung plädiert; bei Ri 11, 30f. 38f. hat W. Richter, Bibl 47, 1966, 503ff. Nähe zu E beobachtet; 1 Sam 1 ist neuerdings mit Kap. 2 und 3 als dtr angesprochen worden, J. van Seters, In Search of History, New Haven 1983, 153; R. K. Gnuse, The Dream Theophany of Samuel, Michigan 1983, 179f. M. E. ist mindest mit nach-dtr Bearbeitung zu rechnen. Die Thronfolgeerzählung ist vorerst im Alleingang durch van Seters, aaO., 277ff. ins 5. Jh. v. Chr. datiert.) Trotzdem dürfen wir bei ihnen zuverlässige Kenntnis der israelit. Gelübdepraxis unterstellen, so daß sie die Rekonstruktion des Gelübdeformulars ermöglichen, unser Bild von den Gelübdeanlässen konkretisieren und das von den *res votae* erweitern.

b) Der Aufbau der in ihnen enthaltenen Voten ist so gleichmäßig strukturiert, „daß es sich um eine festgeprägte Form handeln muß" (W. Richter, BZ NF 11, 22). In allen fünf Fällen (Gen 28, 20–22; Num 21, 2; Ri 11, 30f.; 1 Sam 1, 11; 2 Sam 15, 8) geht dem Gelübde die Einführungsformel *wajjiddor (X) nædær (lᵉJHWH) (leʾmor/wajjoʾmar)* (vgl. Gen 28, 20a; Num 21, 2a; Ri 11, 30a; 1 Sam 1, 11aα [3. Sing. fem.]; 2 Sam 15, 8a [Inversion mit Situationsangabe]) voraus. Fehlt ein Hinweis, daß das Gelübde an JHWH gerichtet war, ergibt es sich aus dem Wortlaut des Votums selbst (Gen 28, 20b. 22a mit den Zusätzen 21b. 22b [zu ihrem sek. Charakter zuletzt R. Rendtorff, ZAW 94, 516]). Wenn Jona 1, 16 dem *wajjiddᵉrû nᵉḏārîm* ein *wajjizbᵉḥû zæḇaḥ lᵉJHWH* voranstellt, könnte man prinzipiell an eine dem Gelübde vorausgehende, seiner Unterstützung dienende Opferhandlung denken, wie sie das at.liche Klagelied, freilich spärlichen Hinweisen gemäß, begleitet hat (vgl. E. Gerstenberger, Der bittende Mensch, WMANT 51, 149f.). Doch liegt es von v. 15b her näher, an ein Dankopfer für die erfolgte Rettung aus

Seenot und an ein Gelübde für die glückliche Vollendung der Reise zu denken (H. W. Wolff, BK XIV/3, 98f. und Ps 107, 23ff.).
Auffälligerweise ist nur das Gelübde der Hanna 1 Sam 1, 11 durch die Anrufung der Gottheit (JHWH Zebaoth) eingeleitet. A. Wendel, Laiengebet, 110f., meint darin wie in dem eigentümlichen Stilbruch zwischen der Bedingung (Rede von JHWH in 2. Sing. mask.) und dem Versprechen (Rede von JHWH in 3. Sing. mask.) eine Verwandtschaft mit der Schwurformel erkennen zu können. Obwohl sich eine wechselseitige Beeinflussung von Eid und Gelübde auch sonst feststellen läßt (Gottschalk 34f.), ist doch der grundsätzliche Unterschied zwischen beiden zu betonen: Das Gelübde wird „einseitig vom Voventen geleistet, wendet sich aber an Gott als Zeuge und Empfänger des Gelobten zugleich; der Eid verlangt dagegen einen, der ihn schwört, und einen, der ihn abnimmt, wendet sich aber an Gott nur als Zeugen, nicht als Ziel der Eideserfüllung" (Gottschalk 36f.).
Selbstverständlich ist das Fehlen der Anrede, wie die III. 1. erwähnten heth. Beispiele und das Gelübde Königs Kerets (KTU 1.14, IV, 38f.), mit seiner Anrufung der Göttin *'ṯrt.ṣrm w'ʒlt.ṣdjnm* (vgl. S. B. Parker, UF 11, 693f. und zur Problematik A. Caquot u. a., LAPO 7, 530 n. w), zeigen, nicht (vgl. auch das modern-arab. Gelübde bei P. Kahle, PJB 8, 1913, 111). Ob es Gen 28, 20b; Num 21, 2b; Ri 11, 30b (2 Sam 15, 8 ist sie nicht zu erwarten) auf die Form oder die Konzentration der Erzähler auf den Fortgang ihrer Geschichte zurückzuführen ist, wird man angesichts des geringen Textmaterials am besten offenlassen. Der reguläre Ausfall der Anrufung fände seine natürliche Erklärung, wenn dem Gelübde in der Regel ein an JHWH gerichtetes Gebet vorausgegangen wäre, wie es, Extremsituationen ausgenommen, zu erwarten ist.
Das Gelübde besteht aus dem durch *'im* 'wenn' eingeleiteten Vordersatz, der Protasis oder Paradosis, zur Nennung der Bedingung, unter der das folgende Versprechen wirksam wird, und dem Nachsatz, der Apodosis, mit dem Versprechen (umgekehrte Reihenfolge z. B. in dem äg. Gelübde, Stele Berlin 23077, 13ff.; A. Erman, SPAW 49, 1911, 1095). Die Bedingung kann einfach (Num 21, 2bα; Ri 11, 30b; 2 Sam 15, 8bα) oder mehrfach (Gen 28, 20b–21a; 1 Sam 1, 11aα) sein.

Doch reduziert sich die Bedingung in der Bet-El-Erzählung de facto auf das Beistandsverlangen *'im jihjæh 'ælohîm 'immādî*, das angesichts der Aufbruchsituation auf Bewahrung unterwegs, Versorgung und glückliche Heimkehr hin konkretisiert wird (vgl. Gen 28, 15). Noch deutlicher ergibt sich die Reduktion 1 Sam 1, 11aα, wo sich das Ansehen des Elends, das Gedenken und Nichtvergessen der Votantin durch JHWH in der Gabe des poetisch als *zæra' 'anāšîm* umschriebenen Sohnes erweisen soll, in der die eigentliche Bedingung besteht. Die vorausgeschickten Bedingungen sollen die Demut Hannas unterstreichen.

In der Bedingung ist JHWH in der Regel direkt angesprochen.
Die Ausnahme 2 Sam 15, 8bα ergibt sich aus der Wiedergabe des Gelübdes im Bericht Abschaloms, die in Gen 28, 20b zeigt, in welchem Maße das Gelübde hier Element der Erzählung geworden ist, in der es die Aufgabe erfüllt, den vom Aufbruch in die Fremde bis zu dem in die Heimat (31, 13) und der Errichtung einer Mazzebe in Bet-El (35, 7. 14) reichenden Spannungsbogen herzustellen. Der Erzvater erfährt den im Gelübde erbetenen göttlichen Beistand, erfüllt, was er versprochen hat und wird so zum Stifter des Heiligtums von Bet-El (vgl. auch Rendtorff, ZAW 94, 514), kurz: Gen 28, 20–22 ist keine Wiedergabe eines Gelübdes, wie es tatsächlich gesprochen worden ist, sondern eine literarische Bildung (C. Westermann, BK I/2, 558). Das erweist sich auch darin, daß es von der sonst in der Bedingung üblichen Verstärkung der ersten, im modalen Imperf. stehenden finiten Verbform durch den Inf. abs. absieht, welcher der Steigerung der Verpflichtungskraft dient (Wendel, Laiengebet, 107). Ansonsten sind die syntaktischen Verhältnisse bei mehrgliedrigen Bedingungen so, wie man es erwartet: einfache Verbalsätze werden im sog. Perf. consec. angeschlossen (Gen 28, 20b$\alpha_2\beta$. 21a; 1 Sam 1, 11a$\alpha_{3/1}$), Negationssätze mit *w^{e}lo'* und Imperf. eingefügt, während ein nachfolgender positiver Verbalsatz wieder in das sog. Perf. consec. zurückfällt (1 Sam 1, 11a [vgl. die Tabellen bei A. Wendel, Laiengebet, 112ff. und W. Richter, BZ NF 11, 22]). KTU 1.14, IV, 40f. zeigt, daß in der Bedingung statt von einem Handeln eines Gottes auch vom Gelingen des Votanten die Rede sein kann (vgl. auch Gen 28, 21a). Dabei wird selbstverständlich unterstellt, daß das Gelingen Folge des Handelns der angerufenen Gottheit ist.

Das Versprechen schließt sich an die Bedingung immer in der 1. Sing. des sog. Perf. consec. „im Sinne einer sicheren Zusage für die Zukunft an" (W. Richter, BZ NF 11, 23). Auch hier gibt es eingliedrige (Num 21, 2b; 2 Sam 15, 8b) und mehrgliedrige Bildungen (1 Sam 1, 11b). Dabei ist von JHWH bzw. Elohim als dem Empfänger des Gelobten außer in dem Zusatz Gen 28, 22b immer in 3. Person die Rede.

In der komplizierten Satzstruktur Ri 11, 31, die dem Doppelversprechen in b eine umständliche Bestimmung des Gelöbnisgegenstandes in a voranstellt und dabei in a eine Ergänzung zu der in v. 30b genannten Bedingung enthält, kann man mit R. Bartelmus, Münchener Universitätsschriften 17, 1982, 223 ein Stilmittel zur Darstellung der inneren Unsicherheit Jiftachs sehen. Gen 28, 21b. 22 liegt jetzt ein dreifaches Versprechen vor; durch die spätjahwistische Einfügung 21b ist das ursprünglich einzige Versprechen 22a inversiv umgeformt worden. Schließlich ist das schon durch die unvermittelte Anrede Gottes als sekundär ausgewiesene Versprechen, ihm den Zehnten zu geben, in 22b abgeschlossen; zur Sache vgl. Westermann, BK I/2, 560.
c) Als Afterform des Gelübdes ist die Drohung zu betrachten, die der Gottheit für den Fall versagter Hilfe eine Schädigung in Aussicht stellt. Es ist kaum zufällig, daß sich Beispiele dafür in äg. Pyramiden-, Sarg- und Zaubertexten finden (vgl. G. Roeder, Die äg. Religion in Text und Bild 4, 1961, 182ff. 223; A. Wendel, Laiengebet, 122). Die Doppelform eines negativen und eines positiven Gelübdes findet sich auch in dem Sargtext, den

G. Roeder, Urkunden zur Religion des alten Ägypten, 1923, 201f. mitteilt.

d) Als Ort des Gelübdes ergibt sich für 1 Sam 1, 11. 19 unmittelbar und Gen 28, 20ff. mittelbar das Heiligtum. Da der Tempel als *bêṯ JHWH* in besonderer Weise Ort seiner Anwesenheit war (R. E. Clements, God and Temple, Oxford 1965; M. Metzger, UF 2, 1970, 139ff.), ist es verständlich, daß man die und später *den* Jerusalemer Tempel nicht nur zum Opfer und Gebet (1 Sam 1, 3; 1 Kön 8, 28ff.), sondern auch zur Ablegung eines feierlichen Gelübdes aufsuchte (vgl. auch KTU 1.14, IV, 31ff.).

So läßt der Erzähler Hanna die jährliche, vermutlich auf das Herbstfest fallende Familienwallfahrt zum JHWH-Tempel in Schilo, 1 Sam 1, 3. 21 (vgl. H. J. Stoebe, KAT VIII/1, 95f.), für den Vortrag ihrer Herzensbitte und ihres Gelübdes wählen, während der Erzähler von Gen 28, 20ff. offenbar die Erweiterung des von Jakob v. 17 bereits geweihten Heiligtums der Mazzebe, die Gen 35, 7 in Gestalt eines Altarbaus unter Benennung des Platzes als El-Bet-El erfolgt, im Auge hat. Doch fällt auf, daß der Altarbau 35, 7 statt auf das Gelübde Jakobs in 35, 1 auf einen Befehl Gottes zurückgeführt wird (vgl. dazu E. Otto, ZAW 88, 178ff.; BWANT 110, 1979, 72f.; anders C. Westermann, BK I/2, 668ff.; zum El-Bet-El vgl. künftig M. Köckert, Vätergott und Väterverheißung, FRLANT. – Das Gelübde Num 21, 2 soll man sich vor dem imaginierten Angriff der Israeliten auf die kanaanäischen Städte bei Horma am Rande des Negeb gesprochen vorstellen; das Jiftachs Ri 11, 30f. ist offenbar auf dem Marsch gegen die Ammoniter situiert. Das Gelübde Abschaloms, das von ihm als Vorwand zu einer konspirativen Zusammenkunft genutzt wird, will in Geschur und mithin auf dem Gebiet des Großvaters und Aramäerkönigs Talmai abgelegt worden sein (2 Sam 15, 8, vgl. 3, 3; 13, 37). Mithin ist deutlich, daß man JHWH nicht nur im eigenen, sondern auch im fremden Lande Gelübde leisten konnte. Die Matrosen Jona 1, 16 legen ihr Votum auf See ab.

Besaß der heilige Ort ob der Anwesenheit Gottes auch seinen Vorzug (A. Wendel, Gelübde 121), so konnte sich doch jedermann jederzeit und an jedem Ort in seinen Nöten im Gelübde an Gott wenden, um ihn durch sein Leistungsversprechen zum Helfen zu bewegen.

e) Die Versprechen der überlieferten Gelübdeerzählungen konkretisieren und ergänzen das in den Psalmen gewonnene Bild der Votivanlässe und -gaben. Stießen wir dort als primären Anlaß auf die Gefährdung durch Feinde, ohne deren Charakter eindeutig bestimmen zu können, geben Num 21, 1 und Ri 11, 30f. den Auszug gegen die ihrerseits zum Angriff angetretenen Feinde des Volkes und mithin den Krieg zu erkennen. Man geht kaum fehl, wenn man ein solches Gelübde in der Königszeit dem König (vgl. u.U. Ps 56; A. R. Johnson, 1979, 331ff.) bzw. dem jeweiligen Befehlshaber und schließlich in progressiver individueller Zuspitzung dem letzten Krieger zutraut: Sieg (Num 21, 2; Ri 11, 30) und glückliche Heimkehr (Ri 11, 31aβ) bilden hier die selbstverständlichen Anliegen. In den privaten Bereich gehörte die Bitte des Landflüchtigen um glückliche Heimkehr (Gen 28, 20b). In den wiederum privatesten Bereich der Frau gehörte das bei Kinderlosigkeit abgelegte Gelübde (1 Sam 1, 11). Ihm entspricht die Anrede Lemuels durch seine Mutter Spr 31, 2 als *bar-neḏāraj* (vgl. I. 2.).

Man wird in diesem Zusammenhang auch an das Gelübde König Kerets erinnern, der unter der Bedingung der Heimführung der Prinzessin Ḥurraj ihre Aufwiegung in Gold und Silber versprach (KTU 1.14, IV, 40f.), und der nach KTU 1.15, III, 25ff. entweder selbst ein Gelübde für den Fall der Fruchtbarkeit Ḥurrajs abgelegt hatte oder doch für ihr entsprechendes Votum verantwortlich war (vgl. KTU 1.15, III, 20ff., LAPO 7, 541 n.r. und Num 30, 11ff.). – Zur Ergänzung des Katalogs können wir Ps 107 heranziehen und *Verirrte*, *Gefangene*, *Erkrankte* und, so der Zusatz, *in Seenot Geratene* in ihn aufnehmen (zur Analyse vgl. W. Beyerlin, BZAW 153, 102ff.) und im Blick auf Gesundheit und Krankheit an die Gelübde Puduḫepas für den König (III. 1.) oder an das des „Malers des Amun in der Totenstadt" Neb-re für seinen Sohn Nacht-Amun der Berliner Stele 23077, 13ff. (vgl. III. 2. 2) wie im Blick auf Errettung aus Seenot an das der Matrosen (Jona 1, 16) bzw. an Jonas Einlösungsankündigung (Jona 2, 10) erinnern (zu weiteren Anlässen in der jüd. Gelübdepraxis vgl. A. Wendel, Gelübde 115ff.).

Es liegt in der Natur der Sache, daß jede Auflistung unvollständig bleibt. Aber es läßt sich generalisierend sagen, daß in Israel das Gelübde bei allen Nöten des Volkes oder des einzelnen als Mittel galt, Gottes Hilfe herauszufordern.

f. α) Dem unter II. 2. Ausgeführten gemäß hat man bei den *Gaben* im Sinne kultisch-ritueller Observanz vor allem an das *Gelübdeopfer* zu denken.

Es begegnet 1 Sam 1, 21; 2 Sam 15, 12 als *zæḇaḥ*, Ps 116, 17; 107, 22 als *zæḇaḥ tôḏāh*. In der priesterlichen Ritualsprache wird zwischen dem *zæḇaḥ hattôḏāh* oder dem *zæḇaḥ šelāmîm* (vgl. zu ihm B. Janowski, UF 12, 1980, 231ff.) und einfachem *zæḇaḥ* unterschieden (Lev 7, 11f.; vgl. Num 15, 8, ohne daß die Differenz völlig durchsichtig ist). K. Elliger (HAT I/4, 100) vermutet, daß es sich um offizielles und inoffizielles Gelübdeopfer handelt. R. Rendtorff (Studien zur Geschichte des Opfers im Alten Israel, WMANT 24, 1967, 137) denkt an verschiedene Überlieferungsstadien bei gleichem Anlaß. Deutlich ist jedenfalls, daß zum *zæḇaḥ šelāmîm* als Dankopfer ein Speiseopfer trat (Lev 7, 11–14), das ausweislich Num 15, 1–11 später abgewandelt, durch ein Trankopfer ergänzt und je nach dem Opfertier differenziert wurde. Außerdem mußte das Opferfleisch des *zæḇaḥ šelāmîm* am Tage der Schlachtung verzehrt werden, während das anläßlich eines *nædær* oder einer *neḏāḇāh*, eines Freiwilligkeitsopfers, anfallende Fleisch des *zæḇaḥ* auch noch am folgenden Tag als genießbar galt. – Statt eines Schlacht- oder Mahlopfers, eines *zæḇaḥ*, konnte nach Ps 66, 13–15; Lev 22, 18 (zu Num 15, 3 vgl. Rendtorff, WMANT 24, 85) auch eine *ʿolāh*, ein Brand- oder Ganzopfer dargebracht werden. Da es den Verzicht des Opfernden auf das ganze Tier beinhaltete, galt das Versprechen einer *ʿolāh* gewiß gegenüber dem eines *zæḇaḥ* als das wertvollere. Als Opfertiere kamen bei der *'olāh* nur männliche Tiere von Rindern, Schafen und Ziegen in Frage, während ihr Geschlecht beim *zæbaḥ šelāmîm* freistand (Lev 22, 17–22). Dabei hatten die Opfertiere selbstverständlich ohne Fehl zu sein (v. 20). Bei der *nedābāh* waren dagegen Unter- und Überentwicklungen der Glieder zugelassen (Lev 22, 23). Daraus geht ebenso wie aus ihrer Nachordnung hinter dem *nædær* ihr geringerer Charakter hervor (Lev 7, 16; 22, 18. 21; 23, 38; Num 15, 3; 29, 39; Dtn 12, 6. 17; 23, 24).

In der Priestersprache hieß die Opfergabe *qŏrbān* 'Darbringung' (Lev 7, 16; 22, 18; Num 15, 4), eben weil man sie JHWH darbrachte (*hiqrîb* Lev 22, 18; Num 15, 4). Daß man auch das Gelübdeopfer gemäß Dtn 12, 6. 11 an die eine, von JHWH erwählte Stätte zu bringen (vgl. auch Dtn 12, 26), dort zu schlachten und zu verspeisen hatte (vv. 17f.), verstand sich in der nachexilischen Periode von selbst (vgl. Ex 29, 42ff.).

Im ugar. Opferschautext KTU 1.127, 2 erscheint ein *ndr dbḥ* unter den Monatsopfern (de Tarragon, CRB 19, 66; vgl. aber auch P. Xella, I testi rituali di Ugarit I, StSem 54, 1981, 181). Aus 1 Sam 1, 21 gewinnt man den Eindruck, daß die Gelübde einmal im Jahr anläßlich einer Wallfahrt zum Tempel eingelöst wurden (vgl. aber Ex 34, 18ff.; 23, 15ff.; Dtn 16, 16). Doch mag der Erzähler damit den Vorrang Schilos unterstrichen haben (K. Budde, KHC VIII 3f.), ohne daß sich ein Widerspruch zu Lev 23, 38 und Num 28, 39 ergeben muß, wonach das Gelübdeopfer zu den drei großen Wallfahrtsfesten gehörte. – Man wird aus diesen Angaben kaum den Schluß ziehen dürfen, daß die Darbringung von Gelübdeopfern nur an diesen Festen möglich war.

β) Sieht man von den Gelübdeopfern ab, wird ein Katalog der Vota nicht weniger selektiv als der der Gelübdeanlässe, weil die biblische Erzählung nur das Bedeutende spiegelt.

Wenn Jakob gelobt, daß die von ihm errichtete Mazzebe zum *bêt 'ælohîm* werden soll (Gen 28, 22a), handelt er unbeschadet der ätiologisch-redaktionellen Absicht des Erzählers wie in geschichtlicher Zeit der König (1 Kön 12, 31; G. W. Ahlström, Royal Administration and National Religion in Ancient Palestine, Leiden 1982, 46). Die Vollstreckung des Bannes (*ḥæræm*) an den Städten der Feinde, d. h. die Ausrottung ihrer gesamten Bevölkerung, ist Num 21, 2b. 3 (vgl. Dtn 20, 16f.) volksetymologisch aus dem Namen der Stadt Horma abgeleitet (N. Lohfink, → III 206). Daß ein entsprechendes Gelübde in geschichtlicher Zeit wiederum nur im Munde eines Königs denkbar ist, zeigt die Inschrift des Moabiterkönigs Mescha (KAI 181/TSSI I, 16, 14–18; Lohfink 202f.). Heikler wird die Sache bei Jiftachs Versprechen (Ri 11, 31), das nichts anderes als ein Menschenopfer bedeuten kann (H. Greßmann, SAT 1, 2, ²1922, 227f.), weil es ihm ins Tragische gerät, so daß er die Tochter als *'olāh* darbringen muß, was der Erzähler taktvoll in 11, 39a umschreibt (zur Sache vgl. W. Baumgartner, ARW 18, 1915, 240ff.; dazu W. Richter, Bibl 47, 511 n. 1; zum griech. Kinderopfer W. Burkert, Homo necans, Religionsgeschichtliche Versuche und Vorarbeiten 32, 1972, 77ff.; zum israelit. A. R. W. Green, ASOR. Diss. Ser. 1, Missoula 1975, 149ff.; P. G. Mosca, Child Sacrifice in Canaanite and Israelite Religion, Diss. Harvard 1975, 117ff.; O. Kaiser, Festschr. C. H. Ratschow, 1976, 24ff.). – Auch hier kommen wir mit 1 Sam 1, 11. 24ff.; 2, 1. 11 in eine alltäglichere Atmosphäre, wenn es sich auch um Samuel handelt. Der Erstgeborene einer bislang kinderlosen Frau wird JHWH übereignet, so daß er im Tempel dient. Das auf ihm liegende, lebenslänglich gültige Verbot, das Haupthaar zu scheren, gibt der Übereignung an JHWH Ausdruck (J. Henninger, OBO 40, 1981, 286ff.; H. J. Stoebe, KAT VIII/1, 96f.; zu den *netînîm* vgl. J. P. Weinberg, ZAW 87, 1975, 355ff.).

Grundsätzlich konnte der Israelit wie später der Jude wohl alles geloben, was nicht durch religiöses Herkommen oder Gesetz davon ausgenommen war (vgl. Wendel, Gelübde 121ff.; zu einem Rhyton als Votivgabe in Ugarit vgl. KTU 6.62, Xella, 295f.).

Im AT hält Dtn 23, 19 fest, daß weder Dirnenlohn, *'ætnan zônāh* (vgl. Spr 19, 13 LXX) noch „Hundelohn“ *mehîr kælæb*, nach D. W. Thomas (VT 10, 1960, 423ff.) der Lohn für den kultischen, nach W. Rudolph (ZAW 75, 1963, 68) für den nichtkultischen männlichen Prostituierten (vgl. auch M. Delcor, UF 11, 1979, 161f., → IV 164f., und zur Kultprostitution grundsätzlich Brigitte Menzel, Studia Pohl, SM 10/1, 1981, 28; 10/2, 27f.* mit n. 308) als Gelübdeopfer ans Heiligtum gebracht werden durften. Schließt man sich Rudolph im Rückblick auf v. 18 an, muß man damit rechnen, daß der Begriff im AT auf die profane männliche Prostitution übertragen worden ist (Lev 18, 22). CD 16, 13ff. verbietet, Gott etwas Erzwungenes, *'nws*, etwas von der eigenen Speise, *m'kl pjhw*, oder fremdem Eigentum (vgl. auch CD 6, 15) zu geloben oder zu weihen.

Auffallend ist, daß uns aus Israel keine Votivstelen oder -altäre erhalten sind, wie sie in der semit. und griech.-röm. Welt so zahlreich vertreten sind.

γ) Sehen wir von den ugar. KTU 6.13 und 14 (Xella, 297ff.) und dem ältesten syr. Beispiel KAI 201, TSSI II, 1 ab, fallen zumal die Tausende pun. Tophetinschriften ins Auge. Ihr Inhalt ist aufs Ganze gesehen von großer Stereotypie. Die karthagische Grundformel lautet: *lrbt ltnt pn b'l wl'dn lb'l ḥmn 'š ndr X* (vgl. z. B. CIS 3328; 3330; 3439). Sie kann durch die Nennung des Vaters, des Groß-, Ur- und Urgroßvaters (vgl. z. B. CIS 3388, 2; 3386, 3f.; 3407, 2f.; 3524, 3ff., vgl. auch 3778, 7ff. [15 Vorfahren!]) und vor allem die Begründung für die Errichtung der Stele in Gestalt eines *kšm' ql' brk'* in vollem (z. B. CIS 3390, 3; 3770, 6ff.; 4283, 3f. [*jbrk'* 3522, 3; 3911, 5 / *tbrk'* 3777, 2]) oder kurzem Formular (z. B. CIS 3263, 3; 3278, 4) erweitert werden. Dabei treten auch Frauen als Votantinnen auf (vgl. z. B. CIS 3323, 3f.; 3334, 2f.; 3356, 3; 3829, 3f.; 3456, 2; 3459, 2f.; 3460, 3). Angaben über die Berufszugehörigkeiten des Votanten oder seiner Vorfahren bis zum Sufeten (vgl. z. B. CIS 3321, 3f.; 3432, 3; 3567, 6) ermöglichen sozialgeschichtliche Einblicke. Daß sich all diese Inschriften auf Kinder- (oder Ersatz-)Opfer beziehen, sollte man heute nicht mehr bestreiten. Zur Sache → מלך *molæk* und vgl. P. G. Mosca, Child Sacrifice, 1–116; G. Garbini, Fenici, 175ff. 191ff.; O. Kaiser, Salammbo, Moloch und das Tophet, in: Nordafrika. Antike und Christentum (Die Karawane 19, 1978, 2, 3ff. 130ff.).

δ) Aus dem erst aus nachexil. Zeit stammenden Gesetz über Auslösung von Gelübde- und Weihgaben

Lev 27 (vgl. zum folgenden Elliger, HAT I/4, 386ff.) läßt sich der Katalog der Versprechen erweitern, wobei der Unterschied zwischen Gelöbnis und einfacher Übereignung an die Gottheit letztlich keine Rolle spielt.

Hier erfährt man, daß man Menschen, wenn schon nicht mehr opfern, so doch JHWH geloben (*hiplî' nædær*, v. 12) konnte (vv. 2–8). Anders als es 1 Sam 1, 11ff. voraussetzt, bestand kein Bedarf mehr an zusätzlichem Tempelpersonal, so daß die Gelübde nur noch unter dem Gesichtspunkt ihrer Geldauslösung interessant waren. Der Schätzwert, *'eræḵ*, orientiert sich mit G. B. Gray (Sacrifice in the Old Testament, Oxford 1925, 36) kaum an der Arbeitsleistung der Personen, sondern m. E. eher an dem alters- und geschlechtsgemäßen Sklavenpreis. Die Aufzählung von Klein- und Kleinstkindern (v. 6) zeigt, daß es sich nicht nur um Selbst-, sondern auch um Fremdgelübde handelt. JHWH gelobte, opferfähige Tiere durften nicht ausgetauscht, wohl aber gegen einen Aufschlag von 20% ausgelöst werden (v. 13, Elliger 387f.); unreine unterlagen der Einschätzung durch den Priester (vv. 9–13, vgl. auch vv. 26f. u. 30ff.). Bei der Weihung (*hiqdîš*) von Häusern hat man es u. U. bereits mit dem Versuch zu tun, Stadthäuser dem Zugriff der Gläubiger zu entziehen (v. 14f.). Zu gleichem Verdacht geben die Ausführungen über die Weihung von Feldern (vv. 16–24) Anlaß. Sollte eine Auslösung ausgeschlossen sein, erfolgte die Bannung (*ḥæræm*) von Mensch, Tier und Feld (v. 28; vgl. v. 29 mit Esra 10, 8).

g) In die nachexil. Kasuistik führt auch das in seiner Systematik unvollständige und daher in der rabbinischen Diskussion zu ergänzenden Auslegungen Anlaß gebende Gesetz über die Verbindlichkeit von Gelübden (*nædær*) und Bindungen (*'issār*) in Num 30 (zur jüd.-rabb. Diskussion und Praxis vgl. den Talmudtraktat Nedarim, bes. Xf., sowie A. Wendel, Gelübde 134ff.; weitere Lit. bei G. Perelmuter, TRE 12, 305). Ein Mann (*'îš*) konnte weder Gelübde noch Enthaltungsgelübde brechen (*heḥel d^ebārô*). Durch ihren Ausspruch erhielten sie Verbindlichkeit (v. 3, vgl. TR 53, 14f.). Anders verhielt es sich bei den Gelöbnissen unverheiratet im Hause ihres Vaters lebender (vv. 4–6, TR 53, 16–21) oder verheirateter Frauen, die noch aus der Zeit vor der Eheschließung unter einem Gelöbnis standen (vv. 7–9) oder ein solches nach derselben eingegangen hatten (vv. 11–16). TR 54, 1–3 generalisiert das Problem und verzichtet daher auf die Kasuistik von Num 30, 6–9. 11–16. Im ersten Fall konnte der Vater, im zweiten und dritten der Ehemann bei Kenntniserhaltung seine Gültigkeit durch Einspruch (*henî'*, vv. 6aαbβ. 9a. 12) aufheben („brechen", *heper*, vv. 9aα. 13aαbβ. 14b. 16a), so daß es ungültig wurde (*lo' jāqûm*, v. 6a), oder durch Stillschweigen bestätigen (*heqîm*, vv. 14b. 15aαbα), so daß es gültig blieb (*jāqûm*, vv. 5bαβ. 8bα. 12bαβ). Im Fall der Auflösung blieb die Frau schuldlos (*w^eJHWH jislaḥ-lāh* vv. 6bα. 9b. 13bβ), während der Mann ihre Schuld (*'^awônāh*) trug. Für die Witwe und Verstoßene galt dagegen der gleiche Grundsatz wie für einen Mann (v. 10; TR 54, 5). Ein besonderes Problem scheint zur Zeit der Entstehung von Num 30 das unbedacht ausgesprochene Gelöbnis (*mibṭā' ś^epāṯæhā*, vv. 7bα. 9aβ) dargestellt zu haben. TR übergeht es, beschließt aber 54, 5f. den Abschnitt mit der allgemeinen Mahnung zur sorgfältigen Gebotserfüllung. Dtn 23, 22–24 hatte den Grundsatz vertreten, daß jedes Gelübde zur Vermeidung einer Verschuldung gegenüber und Einforderung durch JHWH unverzüglich zu erfüllen sei, und betont, daß, was einmal ausgesprochen war, auch zu halten sei, während das Unterlassen eines Gelübdes keine Verschuldung (*ḥeṭ'*) nach sich ziehe (Koh 5, 3–4; Spr 20, 25). – TR 53, 11–13 (vgl. Y. Yadin, Temple Scroll II, 1983, 168f. 258f.) stellt Dtn 23, 22–24 in leicht abgewandelter, als Gottesrede stilisierter Form an die Spitze seines Gelübdegesetzes. CD 16, 6–8 nimmt Dtn 23, 24 auf und spezifiziert es zugleich auf die eidliche Bindung (*š^eḇû'aṯ 'issār*), ein bestimmtes Gebot der Tora zu tun, die selbst um den Preis des Todes (*bmḥjr mwt*) nicht gelöst werden darf.

Der heutige Leser sollte diese Bestimmungen wie das jüdische Ringen um Spezifikation nicht als curiosa, sondern als Ausdruck des Ernstnehmens Gottes wie des eigenen Wortes bewerten (Koh 5, 4; Mt 5, 37).

IV. 1. Das *Enthaltungsgelübde* begegnet im AT zumal in der Gestalt des zeitlich befristeten *nædær nāzîr*, das von Männern und Frauen abgelegt werden konnte und durch das man sich JHWH weihte (Num 6, 2).

Für die Dauer, *kŏl-nædær nizrô* (v. 5), unterlag der Geweihte den Verboten, irgend etwas, was vom Weinstock stammt, zu genießen (Num 6, 3f.), sich das Haupthaar zu scheren (v. 4f.), oder mit Toten oder Sterbenden in Berührung zu kommen (vv. 6ff.). Dabei zeigt v. 9, daß die Weihung der Haare das Wesentliche war. Unbeabsichtigtes Zusammentreffen mit Sterbenden machte eine Neuweihung unter Scherung der Haare und die Opferung je einer Taube als *ḥaṭṭā'ṯ* und *'olāh* erforderlich. Zum Abschluß war die Opferung eines männlichen Lammes als *'olāh*, eines weiblichen als *ḥaṭṭā'ṯ* und eines von einer *minḥāh* begleiteten Widder als *š^elāmîm* erforderlich, auf dessen Feuer das nun geschorene Haar verbrannt wurde (vv. 13ff.). – V. 21 zeigt, daß die Darbringung weiterer Gelübdegaben erwartet wurde. Zur lit. Schichtung der *tôraṯ hannāzîr* (Num 6) vgl. D. Kellermann (BZAW 120, 1970, 83ff.); zum Haaropfer J. Henninger (OBO 40, 286ff.). Im AT wird Simson schon vor seiner Geburt durch den Engel JHWHs zum lebenslänglichen *n^ezîr 'ælohîm* bestimmt (Ri 13, 4f.), und Samuel wird durch das Gelübde Hannas ebenfalls lebenslang unter das Verbot, das Haupthaar zu scheren, gestellt (1 Sam 1, 11).

Der spätexil. oder frühnachexil. Ps 132 (T. Veijola, AASF B 220, 1982, 161f.) berichtet von dem als Schwur abgelegten Gelübde Davids (v. 2) mit der dreifachen Verpflichtung (vv. 3–4a), sich bis zur Entdeckung einer Wohnung für JHWH keinen Schlummer zu gönnen, und gestaltet damit legendär das Thema der Überführung der Lade nach Jerusalem (2 Sam 6) aus. Die Bedeutung dieses Textes besteht darin, daß er auf den breiten, sonst nicht belegten Bereich außerkultischer Selbstverpflichtungen in Israel hinweist.

V. Die LXX übersetzt *nāḏar* mit εὔχεσθαι (28mal), εὐχή (2mal) und ὁμολογεῖν (1mal), *nædær* mit εὐχή (52mal), ὁμολογία (3mal) und δῶρον sowie εὔχεσθαι (je 1mal).

Kaiser

נָהַג nāhaḡ

I. *nhg* I 'treiben' – 1. Etymologie – 2. LXX – 3. Belegte Formen, Wortverbindungen und Bedeutung – a) *qal* – b) *pi* – 4. Theologische Verwendung – II. *nhg* II 'seufzen, schluchzen'.

Lit.: *G. Braulik*, Die Mittel deuteronomischer Rhetorik erhoben aus Deuteronomium 4, 1–40 (AnBibl 68, 1978). – *E. Jenni*, Das hebräische Piʿel. Syntaktisch-semasiologische Untersuchung einer Verbalform im Alten Testament, Zürich 1968. – *W. Leslau*, Observations on Semitic Cognates in Ugaritic (Or 37, 1968, 347–366). – *Ders.*, Southeast Semitic Cognates to the Akkadian Vocabulary (JAOS 89, 1969, 18–22). – *N. Lohfink*, Kohelet (NEB 1980). – *W. W. Müller*, Altsüdarabische Beiträge zum hebräischen Lexikon (ZAW 75, 1963, 304–316). – *N. Peters*, Der jüngst wiederaufgefundene hebräische Text des Buches Ecclesiasticus untersucht, herausgegeben und mit kritischen Noten versehen, 1902. – *O. Rickenbacher*, Weisheitsperikopen bei Ben Sira (OBO 1, 1973). – *O. Rößler*, Der semitische Charakter der libyschen Sprache (ZA 50, 1952, 121–150). – *S. A. Ryder II*, The D-Stem in Western Semitic (Janua Linguarum. Series Practica 131, Paris 1974). – *W. von Soden*, n als Wurzelaugment im Semitischen (Studia Orientalia in memoriam Caroli Brockelmann, Halle/Saale 1968, 175–184). – *H. Stadelmann*, Ben Sira als Schriftgelehrter. Eine Untersuchung zum Berufsbild des vor-makkabäischen Sōfēr unter Berücksichtigung seines Verhältnisses zu Priester-, Propheten- und Weisheitslehrertum (WUNT II/6, 1980).

I. 1. Im Hebr. ist von *nhg* I das Nomen actionis *minhāḡ* 'Art, einen Streitwagen zu lenken' gebildet: 2 Kön 9, 20 (in KBL³ 638 s. v. *nhg* nicht als Derivat aufgeführt). *nhg* I ist außer im Hebr. nur im Jüd.-Aram. ('führen, üben, als Brauch haben') und im Arab. (*nahǧ* / *nāhiǧ* / *manhaǧ* / *minhāǧ* 'offener, deutlicher, bequemer Weg', *nahaǧa* 'Weg einschlagen, verfahren, sich verhalten') sicher bezeugt.

Der einzige altsüdarabische Beleg *mnhg* 'Weg' (vgl. Müller 312) ist vielleicht Lesefehler für *mnhl* (Biella, Dictionary 295). Seit Dillmann wird äth. *'anhaga* 'Vieh treiben' etymologisch mit *nhg* I zusammengestellt. Es wäre der einzige Beleg dieser Wurzel im Äth. Leslau, Contributions 33, bezweifelt daher diese Erklärung. Die seit Praetorius beliebte Herleitung von amhar. *mänga* 'Herde' ist wohl zugunsten einer kuschitischen Abstammung zu verlassen (Leslau, Etymological Dictionary of Gurage 408 f.). Rößler, 1952, 136 Nr. 38, postuliert für kabylisch *inig* 'reisen' ein libysch geschwundenes, aber ursprüngliches mittleres /*h*/ und führt es auf die semitische Wurzel *nhg* zurück.

2. LXX gibt *nhg qal* wie *pi* zumeist durch ἄγω und Komposita wieder; *qal*: ἄγω/ομαι, ἀπάγω/ομαι; außerdem αἰχμαλωτεύω (1mal), ὁδηγέω (2mal), παραλαμβάνω (3mal); *pi*: ἄγω, ἀνάγω, εἰσάγω, ἐπάγω; sodann παρακαλέω (1mal), ποιμαίνω (1mal). In Sir zusätzlich je 1mal: ἀπόλλυμαι, διάγω, ἐλαύνω.

3. *nhg* ist 20mal im *qal* und 10mal im *pi* belegt. 1mal wird es ohne durchschlagende Gründe konjiziert: Klgl 1, 4 (vgl. Bergsträßer II 128 § 26 g mit Anm.: Ptz. *niph* von *jgh*. Zu konjiziertem *nhg* I *pu* vgl. u. II.). 4mal bezeugen es die hebr. Fragmente des Sir: 3, 26 b; 38, 25 c. 27 b; 40, 23 a.

a) *Qal*: Sofern nicht nur der Verbinhalt, die reine Aktion als solche gemeint ist (vgl. Sir 38, 27 b; 2 Kön 9, 20: hier ist vielleicht ein Objekt getilgt und aus dem Kontext [v. 16: *rkb*] mitverstanden: der Streitwagen bzw. die diesen ziehenden Pferde), ist *nhg qal* fast ausschließlich als zweiwertiges (Subjekt + direktes Objekt / präpositionales Objekt), selten als dreiwertiges (Subjekt + direktes Objekt + Direktiv = 3. Syntagma nach Richter, ATS 13, 1980, 40 ff.) Verb realisiert. Das Subjekt ist stets belebt, meist menschlich (1mal in bildhaftem Ausdruck das Herz des Menschen: Koh 2, 3), nur 2mal JHWH (Ps 80, 2; Klgl 3, 2). Das Objekt ist überwiegend belebt, tierisch oder menschlich. Als unbelebtes Objekt begegnet der Wagen, wobei wohl an die den Wagen ziehenden Tiere gedacht ist (2 Sam 6, 3; 1 Chr 13, 7). Das Objekt ist gelegentlich getilgt, dann aber immer unmittelbar davor genannt und hier mitverstanden (die Frauen: 1 Sam 30, 1 f.; Frauen und Kinder: 1 Sam 30, 22; Eselin: 2 Kön 4, 25. Jes 60, 11 ist wohl in aktives Partizip umzupunktieren: die Könige treiben ihre Völker bzw. die Lasttiere mit den Schätzen an). 2 Sam 6, 3 konstruiert *nhg qal* mit direktem Objekt, die Parallele 1 Chr 13, 7 dagegen mit präpositionalem Objekt. Letztere Konstruktion scheint auf junge Texte beschränkt zu sein (vgl. Jes 11, 6; Sir 38, 25): Anzeichen einer jüngeren Sprachstufe? Das spricht für Lohfinks (26) Deutung von Konstruktion und Sinn in Koh 2, 3 (die Präpositionalverbindung mit *bᵉ* ist keine freie Umstandsbestimmung der Art und Weise bzw. des Instruments, sondern durch Verbvalenz gefordertes präpositionales Objekt): „während mein Verstand das Wissen auf die Weide führte". Als dreiwertiges Verb hat *nhg* obligatorisch eine Richtungsangabe bei sich: Ex 3, 1. Andere Belege bringen die Richtungsangabe bei einem zweiten Verb im folgenden Satz (Gen 31, 18; Hld 8, 2; Klgl 3, 2; 2 Chr 25, 11), oder Direktiv / Separativ sind in der kontextbedingten Bedeutung von *nhg qal* ('mit sich wegführen, wegtreiben' usw.) bzw. des anschließenden Bewegungsverbs (vgl. 1 Sam 23, 5; 30, 2. 22; 2 Kön 4, 24; Jes 20, 4; Ijob 24, 3) generalisierend mit enthalten.

Die grundlegende Bedeutung von *nhg* tritt in den Belegen mit menschlichem Subjekt und tierischem Objekt zutage: 'Tiere / Herden treiben'; das zeigt auch der Vergleich „wie eine Herde" im andersgearteten Beleg Ps 80, 2. Die Art und Weise des Treibens ist aber durch das Verb nicht festgelegt; sie wird durch den Kontext spezifiziert: als Hirt eine Herde zu weit entfernten neuen Weidegründen treiben (Ex 3, 1), friedlich hüten (Jes 11, 6; hier ist wohl der Bildausdruck Koh 2, 3 einzuordnen), Vieh heimlich, widerrechtlich wegtreiben (Gen 31, 18; Ijob 24, 3; in Parallele v. 2: *gāzal* 'rauben, stehlen'), als Kriegsbeute gewaltsam davontreiben (1 Sam 23, 5; 30, 20), ein Reittier antreiben (2 Kön 4, 24) und – wohl in Weiterentwicklung dieser Bedeutung –: einen Lastkarren führen bzw. einen Streitwagen lenken (2 Sam 6, 3; 2 Kön 9, 20; 1 Chr 13, 7). Dieselben Nuancen kann *nhg qal* annehmen, wo Menschen Objekt sind: ein Heer ins Feld führen (1 Chr 20, 1; 2 Chr 25, 11),

Kriegsgefangene deportieren (Jes 20, 4), Menschen als Beute wegschleppen (1 Sam 30, 2), Familienmitglieder mit sich wegführen (1 Sam 30, 22; im selben Kap. 1 Sam 30 bezeichnet *nhg* die gewaltsame Verschleppung der Frauen durch die Feinde [v. 2] und die Rückführung der befreiten Frauen und Kinder durch ihre Männer [v. 22]. Das verdeutlicht: Die Nuance der Gewaltsamkeit bzw. der friedlichen, sorgsamen Zuwendung ist semantisch durch das Verb *nhg* nicht festgelegt), den Bruder/Geliebten liebevoll ins Haus der Mutter führen (Hld 8, 2). Die beiden Belege mit göttlichem Subjekt fügen sich ohne Besonderheiten ein, auch hier determiniert erst der Kontext die friedliche bzw. feindliche Nuance der Handlung: JHWH hat Israel sorgsam wie ein Hirte geleitet (Ps 80, 2), er hat den Klagenden feindselig in die Finsternis weggetrieben (Klgl 3, 2). In Sir 30, 25c bedeutet *nhg* wohl nicht „Rinder auf die Weide treiben" (so die Einheitsübersetzung), sondern in chiastischer Wortstellung und asyndetischer Fügung mit *šûḇ po*: „wer das Rind führt, wer wendet den Ochsen" (Stadelmann 285) bezeichnen beide Verben zusammen wahrscheinlich das Pflügen (Rickenbacher 180). In Sir scheint *nhg* auch für 'beschäftigt sein, sich mit etwas beschäftigen' (Sir 3, 26b? vgl. Peters 7; Sir 38, 27b) zu stehen.

b) Das *pi* bietet ein ganz anderes Bild. Mit Ausnahme von Gen 31, 26 ist stets JHWH Subjekt, Tiere kommen als Objekt nicht vor. Abgesehen von der bildlichen Wendung, JHWH habe einen Sturm losbrechen lassen (Ex 10, 13: Heuschreckenplage; Ps 78, 26: Wachtelgabe in der Wüste), und der Aussage, er habe die Räder der ägyptischen Streitwagen bzw. die Ägypter nur schwer vorankommen lassen (Ex 14, 25), sind nur Menschen Objekt von *nhg pi*, und zwar lediglich in Gen 31, 26, dem einzigen Beleg mit menschlichem Subjekt, einzelne Menschen, an den übrigen Stellen stets ein Kollektiv: Israel, das Volk JHWHs, die Exulantenschaft. JHWHs Aktion *nhg pi* an Israel ist nur im Dtn feindselig (Deportation ins Exil: Dtn 4, 27; 28, 37), sonst fürsorgend, liebevoll (Jes 49, 10; 63, 14; Ps 48, 15; 78, 52). Da mit denselben Subjekten und menschlichen Objekten dieselben Bedeutungsnuancen auch in *nhg qal* belegt sind (vgl. vor allem Ps 80, 2 [*qal*] – Ps 48, 15; 78, 52 [*pi*]), fällt es schwer, für die Fälle mit menschlichem Objekt eine spezifische semantische Funktion des *pi* anzugeben. Ausgehend von Bergsträßers (II 93 § 17a) Behauptung, „bisweilen" sei zwischen *qal* und *pi* „ein sekundärer Bedeutungsunterschied vorhanden, indem die eine der beiden Formen mehr im eigentlichen, die andere mehr im übertragenen Sinne gebraucht wird" (zitiert bei Jenni 135), behauptet Jenni (201, Nr. 198) für die Belege von *nhg pi* „eine mehr übertragene Bedeutung", vor allem insofern sie JHWH als Subjekt haben. Überzeugt schon diese These kaum, leuchtet seine Ausführung zum einzigen Beleg mit menschlichem Subjekt noch weniger ein: „In Gen. 31, 26 ‚da sprach Laban zu Jakob: Was hast du getan, daß du mich hintergangen und meine Töchter weggeführt hast wie Kriegsgefangene?' kann man statt *weggeführt* ein *'weggetrieben'* in Anführungszeichen setzen, um den uneigentlichen Gebrauch des Verbs zu markieren." Für Wegtreiben von Kriegsgefangenen wird, wie unter a) ausgeführt, *nhg qal* ebenfalls gebraucht, das Objekt vermag also keinen Unterschied zu konstituieren. Außerdem wurde wenige Verse zuvor in Gen 31, 18 durch *nhg qal* formuliert: „Er (Jakob) führte sein ganzes Vieh fort." Vielleicht bietet Jennis Hinweis auf den „anklagenden Resultativ" eine Erklärungsmöglichkeit für den Gebrauch des *pi* in Gen 31, 26.

4. In theologischem Kontext begegnet *nhg* in negativer wie positiver Bedeutung. In negativer Bedeutung dient *nhg* der theologischen Deutung des Endes Jerusalems und des Exils. Wie der assyrische Großkönig die Gefangenen aus Ägypten und die Deportierten aus Kusch wegführen, nach Art einer erbeuteten Viehherde gewaltsam ins Exil treiben wird (Jer 20, 4), so wird JHWH an Israel handeln. Infolge des Bundesbruches, speziell der Mißachtung des Bilderverbots, wird JHWH die Bundesflüche über sein Volk bringen, JHWH persönlich wird Israel aus seinem Land austilgen und zu den Völkern wegtreiben (Dtn 28, 37; 4, 27). Er wird genau entgegengesetzt zu einem Hirten handeln, sie unter die Völker zerstreuen, so daß sie zugrundegehen (4, 27; zu den drei Sprechzeilen dieses Verses und der hier erzeugten Synonymik von *nhg pi* mit *pwṣ hiph* für die Zerstreuung Israels unter die Völker vgl. Braulik 55. 130), und der verbleibende Rest Gegenstand von Spott, Hohn und Entsetzen wird (28, 37). In Klgl 3, 1. 2 klagt ein einzelner, zornig habe JHWH ihn wie ein Tier mit der Rute in den Todesbereich der Finsternis weggetrieben. Häufiger benennt *nhg* in ebenso jungen und noch jüngeren Texten JHWHs schützendes, heilvolles Handeln an Israel. JHWHs Verhältnis zu Israel wird durch *nhg* bildlich als das des Hirten zu seiner Herde geschildert. *nhg* bezeichnet sowohl einmalige vergangene Akte als auch generelle gegenwärtige und zukünftige Verhaltensweisen JHWHs. Soweit *nhg* sich auf die Vergangenheit bezieht, sind Ereignisse der Rettung am Meer und des Wüstenzugs gemeint; *nhg* ist aber nie in formelhafte Wendungen eingedrungen. In einer Volksklage wird in eigentümlichen Wendungen auf Gottes Heilstaten zurückgeblickt: JHWH hat Israel durch das Meer so sicher und friedlich geführt, wie abends eine Rinderherde zur Tränke ins Tal getrieben wird (Jes 63, 14; vgl. v. 11: seine Herde). Ps 78, 52 (wie Kleinvieh, wie eine Herde) beschreibt mit *nhg* die Wüstenwanderung als fürsorgliche und sichere Führung durch JHWH (v. 53 parallel *nāḥāh* 'führen, leiten'). Noch wunderbarer wird nach DtJes JHWH die Exulanten beim zweiten Exodus führen (Jes 49, 10) wie eine Herde auf nahrungsreichem Grund (v. 9 *rāʿāh* 'weiden, Weidegrund'; v. 10 parallel *nāhal* 'geleiten'). In Ps 48, 15 tritt *nhg* in Verbindung zur Zionstradition. Die Herrlichkeit des Zion begründet das Vertrauen, daß JHWH auf Dauer sein Volk als Hirte schützend leiten wird. Ps 80

dagegen verbindet Klage und Bitte des Volkes; in der Not erinnert Israel JHWH an seine vergangenen Wohltaten, indem es ihn als den anruft, der Josef geleitet hat wie ein Hirt seine Kleinviehherde (Ps 80, 2 *roʿæh*).

II. Die Etymologie von hebr. *nhg* II ʿseufzen, schluchzen' ist zusammen mit den verwandten Wurzeln *nʾq* ʿstöhnen' und *nhq* ʿschreien' (Wildesel) zu betrachten. Bei zahlreichen Verba I–N ist /*n*/ Wurzelaugment zweiradikaliger Basen, die u.a. „lautmalend Geräusche, die für eine Handlung kennzeichnend sind", beschreiben (von Soden 176). Dazu zählt hebr. *nhq* „haq, haq machen" = ʿschreien' (Esel). Wie das Hebr. besitzen andere semit. Sprachen diese Wurzel sowie eine oder mehrere lautlich verwandte Wurzeln, die das Schreien und Stöhnen von Menschen bezeichnen; der dritte und gelegentlich der zweite Radikal sind – bei onomatopoetischen Verben nicht verwunderlich – einzelsprachlich Veränderungen unterworfen. Für das Schreien des Esels sind zu hebr. *nhq* zu vergleichen: ugar. das Nomen *nqht* ʿEselsgeschrei' (WUS Nr. 1761; UT Nr. 1622) und als Verben jüd.-aram. *n^e^haq*, arab. *nahaqa*/*nahiqa*; Tigrē jedoch *näḥaqa* (Leslau, Etymol. Dict. of Gurage 458), akk. *nagāgu*. Die Variante mit /*g*/: *nhg* bezeichnet hebr. das Seufzen, Schluchzen von Menschen; vgl. syr. *n^e^hag̅* ʿstöhnen, brüllen' (auch von Tieren), arab. *nahiǧa* ʿaußer Atem sein, keuchen', modernes Südarabisch: Soqoṭri: *nhg* ʿschreien' (Leslau, Lexique Soqoṭri 259f.); abweichend äth.: *něhěka* ʿseufzen' (nicht *něhěqa*: Leslau, Observations 359 Nr. 1622). Zu akk. *nâqu* I ʿaufschreien' nennt AHw II 744 keine semit. Entsprechung; Leslau (Cognates 21 und Etymol. Dict. 458) stellt es dagegen mit hebr. *nʾq*, *nhq* und *nhg* sowie äth. *naqawa* ʿrufen' zusammen. Zu hebr. *nāʾaq* ʿstöhnen' vgl. mit Metathese das Verb selber Bedeutung *ʾānaq*. *nhg* II ist nur 1mal belegt, und zwar als Ptz. *pi* Nah 2, 8 (mit anderen punktiert Rudolph, KAT XIII/3, 168, entsprechend LXX, Vulgata, Targum, in *pu* von *nhg* I „werden weggeführt" um, muß aber Textausfall postulieren); es bezeichnet Laute der Trauer und Verzweiflung beim Fall Ninives: „Ihre (der assyrischen Königin) Mägde stöhnen wie Tauben." Nach Jenni (247) erscheint *nhg* II hier im *pi*, weil „eine fortgesetzte Lautäußerung" bezeichnet werden soll; skeptisch: Ryder II, 1974, 130ff., bes. 135.

W. Groß

נָהַל *nāhal*

1. Etymologie – 2. Belege – 3. LXX, Qumran.

Lit.: *Fr. Delitzsch*, Prolegomena eines neuen hebr.-aram. Wörterbuchs zum A.T., 1886, 17ff. – *W. J. Gerber*, Die hebräischen Verba denominativa, 1896, 28f. – *P. Haupt*, The Hebrew Stem *nahal*, to Rest. (AJSL 22, 1905, 195–206). – *Th. Nöldeke*, Anzeige von Delitzsch: Prolegomena (ZDMG 40, 1886, 728). – *A. Schultens*, Origines Hebrææ, 1724.

1. Das hebr. *nhl* mag eine Verwandtschaft mit dem akk. *nâlu*, *naʾālu* ʿsich niederlegen, sich zur Ruhe legen' (AHw 725) haben. Ganz sicher ist dies nicht, aber mit arab. *manhal* ʿTränkplatz, Ruheplatz' könnte eine Verbindung bestehen. Das hebr. *nah^a^lolîm* wird in Jes 7, 19 in der Bedeutung ʿTränkplätze' benutzt. – Das Verbum *nhl* ist nur in *pi* (9mal) und *hitp* (1mal) belegt.

2. Im Meereslied in Ex 15, 13 wird *nhl* parallel mit *nāḥāh* ʿleiten' benutzt, um zu schildern, wie Gott in seiner Güte sein Volk zu seiner heiligen Wohnung führte, um es dort ruhen zu lassen. Gen 47, 17 weist aus, daß das Verbum nichts mit der gewöhnlich angenommenen Bedeutung ʿleiten' zu tun hat (so schon P. Haupt: „Fr. Delitzsch's view that *nhl* means throughout *to rest* ist correct" [195]. „There ist no verb *nhl to lead* in Hebrew, only a stem *nhl to rest*" [202]). Es heißt da von Josef, daß er seine Brüder *waj^e^nah^a^lem ballæḥæm* „er brachte sie zur Ruhe mit Brot". DtJes gebraucht das Verb mehrmals. In Jes 49, 10 heißt es in einer Heilsverheißung an das aus der Gefangenschaft kommende Volk: „aus Mitleid wird er sie führen und an Wasserquellen wird er sie ruhen lassen" (*w^e^ʿal-nabbûʿê majim j^e^nah^a^lem*). In der gleichen Weise heißt es in Jes 51, 18 in einer Aussage über Jerusalem, daß es „keinen gibt, der sie zur Ruhe bringt, unter allen Söhnen, die sie geboren hat; keinen, der sie an der Hand greift, von allen Söhnen, die sie aufgezogen hat". In Jes 40, 11 wird JHWH als Hirt der Bevölkerung Jerusalems bezeichnet. Er wird seine Lämmer in seinen Armen sammeln und sie an der Brust tragen und „die Mutterschafe zur Ruhe bringen".
Wohlbekannt ist der Gebrauch des Verbums in Ps 23, 2: „Am stillen Wasser läßt er mich ruhen (*ʿal-mê m^e^nuḥôṯ j^e^nah^a^lenî*); vgl. Ps 31, 4: „Denn mein Berg und meine Burg bist du, und für die Sache deines Namens führst du mich und bringst mich zur Ruhe."
In 2 Chr 28, 15 heißt es: „Die Schwachen ließen sie auf Eseln ruhen (*nhl*) und führten sie nach Jericho, der Stadt der Palmen." Noch deutlicher ist der Gebrauch in 2 Chr 32, 22: „So rettete JHWH Hiskija und die Einwohner Jerusalems aus der Hand Sanheribs, des Königs von Assur und aus der Hand aller Feinde, und er brachte sie zur Ruhe ringsum (*waj^e^nah^a^lem missāḇîḇ*)."
Im *hitp* wird das aktive Moment stärker betont. Der einzige Beleg ist Gen 33, 14: „Mein Herr ziehe seinem Diener voraus, so will ich ruhig weiterziehen (*ʾæṯnāh^a^lāh l^e^ʾiṭṭî*)."
Die Bedeutung „zur Ruhe bringen" tritt also deutlich hervor, wenn man die Belege für sich selbst sprechen läßt.

3. Die Wiedergabe in der LXX ist völlig heterogen, nur 3mal werden Komposita von τρέφειν verwendet. Der einzige sichere Qumranbeleg 1 QH 18, 7 ist textlich verderbt.

Kapelrud

נָהָר nāhār
נָהַר nāhar

I. Umwelt – 1. Ägypten – 2. Mesopotamien – 3. Ugarit – II. Etymologie – III. Vorkommen und Bedeutung – IV. Der Fluß als Naturphänomen – 1. Der Fluß als Grenze – 2. Jenseits des Flusses – 3. Flüsse werden trockengelegt – V. Der Fluß des lebendigen, fruchtbaren Wassers – 1. Das segnende Wasser – 2. Die Flüsse des Paradieses und des Tempels – 3. Flüsse entspringen und werden trockengelegt – VI. Der Fluß als heiliger Ort – VII. Der gefährliche, verheerende Fluß – VIII. LXX, Qumran.

Lit.: *Y. Aharoni / M. Avi-Yonah*, The Macmillan Bible Atlas, New York 1968. – *R. T. O'Callaghan*, Aram Naharaim (AnOr 26, 1948). – *J. A. Emerton*, „Spring and Torrent" in Psalm 74, 15 (VTS 15, 1966, 122–133). – *N. Glueck*, Rivers in the Desert, London 1959. – *O. Keel*, Die Welt der altorientalischen Bildsymbolik und das Alte Testament, 1972. – *O. Kaiser*, Die mythische Bedeutung des Meeres in Ägypten, Ugarit und Israel (BZAW 79, ²1962). – *H. G. May*, Some Cosmic Connotations of *mayim rabbîm*, „Many Waters" (JBL 74, 1955, 9–21). – *K. H. Rengstorff*, ποταμός (ThWNT VI 595–607). – *A. Schwarzenbach*, Die geographische Terminologie im Hebräischen des A.T., Leiden 1954. – *J. J. Timmers*, Symboliek en iconographie der christelijke kunst, 1947. – *W. A. Ward*, Notes on Some Semitic Loanwords and Personal Names in Late Egyptian (Or 32, 1963, 413–436, bes. 420ff.). – *A. J. Wensinck*, The Ocean in the Literature of the Western Semites (Verhandelingen van de Koninklijke Academie der Wetenschappen, Amsterdam 1968).

*I. 1. Äg. *itrw* 'Fluß' ist vor allem der Nil, während *ḥʿpj*, der gewöhnliche Name des Nils, eigentlich die Überschwemmung bezeichnet (→ יאר *jeʾor* und vgl. Art. Nil, Nilgott, LexÄg IV 480–483 und 485–489). Hapi kann mit dem Wasser des Nun identifiziert werden und ist somit mit dem Urozean verbunden.

2. Akk. *nāru* ist teils 'Fluß' teils 'Wasserlauf, Kanal'. Der Fluß par excellence ist der Euphrat; *eber nāri*, „jenseits des Flusses" ist Syrien (AHw 181; vgl. aram. *ʿaḇar nahₐrāʾ*).

Das babyl.-assyr. Pantheon kennt einen „Gott Fluß"; der Name wird mit dem Ideogramm *ID* geschrieben und wahrscheinlich auch Id ausgesprochen, da *nāru* fem. ist. Dieser wird als „Schöpfer von allem" angerufen, als Geber alles Guten und als Richter der Menschen bezeichnet (Text AOAT 130). Er gilt als Wohnung des Ea, steht also mit Apsu in Verbindung.

In der Unterwelt gibt es den Fluß Ḫubur; diesen zu überschreiten (*ebēru*) heißt „sterben" (AHw 352). In EnEl I 133 wird dieser Fluß mit Tiamat identifiziert („Mutter Ḫubur, die alles schafft"; vgl. den Fluß als Schöpfer oben).

Eine besondere Rolle spielt der Fluß im Wasserordal (vgl. dazu A. Falkenstein, AfO 14, 333ff.). Das Gesetz Hammurabis verordnet, daß man bei Beschuldigung der Zauberei (§ 2) und des Ehebruchs (§ 132) zum (göttlichen) Fluß gehen soll, d. h. das Flußordal benutzen. Das Verfahren wird nicht beschrieben; andere Texte (Mari-Text bei J. Bottéro, L'ordalie en Mésopotamie ancienne, Annali della Scuola Saperiore di Pisa III 11, 1981, 1005–1067; BA 47, 1984, 118f.; Text bei Ebeling, Tod und Leben 99; Nabonid-Text, zuletzt bei von Soden, Archäol. Mitt. aus Iran, Erg.-Bd. 10, 1983, 65) lassen vermuten, daß der Schuldige versinkt, der Unschuldige nicht. In späterer Zeit wird die Orakelstätte am Fluß als *ḫursānu* (sumer. *ḫursag*), bezeichnet, ein Wort, das man oft mit dem gleichlautenden Wort für „Gebirge" (AHw 359f.) zusammengestellt hat, wobei man gewisse Beziehungen zur Unterwelt angenommen hat (vgl. Ebeling, RLA 3, 98; CAD N/1 374f. und P. Kyle Mac Carter, The River Ordeal in Israelite Literature, HThR 66, 1973, 403–412, wo auf mögliche Entsprechungen im AT hingewiesen wird). Die Wörter sind aber kaum identisch.

Als *nāru marratu* 'Bitterfluß' (vgl. *marratu* 'Salzmeer') wird auf einer Weltkarte (BuA II 378) das die Erdscheibe umgebende Wasser bezeichnet. Interessant ist auch die Notiz, daß Gilgameš *ina pī nārāti*, „an der Mündung der Flüsse" wohnen darf; hier ist wohl an das Land Dilmun am Rande der Welt gedacht.

3. In ugar. Texten steht *Ṯpṭ Nhr* 'Richter (oder vielmehr Herrscher) Fluß (Strom)' als Parallelbezeichnung des *Zbl Jm* ('Fürst Meer'), der von Baʿal überwunden wird (→ ים *jām* III 648). *(Ri.)*

II. Hebr. *nāhār* 'Fluß' entspricht ugar. *nhr* (WUS Nr. 1762), akk. *nāru* (AHw 749), aram. syr. *nehar*, *nahrāʾ*, arab. *nahr* mit derselben Bedeutung; asarab. *nhr* ist 'Kanal' (Biella 296), im Äth. fehlt das Wort. Es ist wahrscheinlich ein Primärnomen.

KBL³ 639 unterscheidet zwei Verba *nāhar*. Das eine (*nhr* I) wird als Denominativum von *nāhār* aufgefaßt und mit 'fließen, strömen' übersetzt (Jes 2, 2 = Mi 4, 1; Jer 51, 44). Das andere (*nhr* II) bedeutet 'leuchten' (vor Freude) und findet sich Jes 60, 5; Jer 31, 12; Ps 34, 6; es ist mit syr. *nehar* 'leuchten' und arab. *nahār* 'heller Tag' verwandt.

Bei näherer Untersuchung der betreffenden Stellen wird es aber fraglich, ob es je ein *nāhar* 'strömen' gegeben hat (ein *nahar* 'strömen' ist auch in Mischna, Talmud und Targum unbekannt). Mi 4, 1 hat im Gegensatz zu Jes 2, 2 die Präp. *ʿal* 'auf, über', was zu einem Zeitwort der Bewegung schlecht paßt. Jes 2, 2 hat *ʾæl* 'nach, zu', 1 QJesª aber *ʿal*; wenn man diese Lesart wählt, bleibt Jer 31, 12 als einzige Belegstelle übrig. Auch hier steht *nāhar ʾæl*, aber S und Targ lesen 'leuchten, erstrahlen'. B. Wiklander (SEÅ 43, 1978, 40–64) übersetzt 'sich freuen'. Jes 2, 2 und Mi 4, 1 lauten demnach: „und Völker werden sich darüber freuen, und viele Nationen werden gehen ..." (so auch H. Cazelles, VT 30, 1980, 418). Wildberger dagegen (VT 7, 1957, 62ff.) sieht in *nāhar* 'strömen' eine Anspielung auf *nāhār* im Zionslied Ps 46, 5.

Ein Derivat von *nāhar* 'leuchten' ist *nehārāh* 'Licht' (Ijob 3, 4; Sir 43, 1); meist als aram. Lehnwort beurteilt. Das hap. leg. *minhārāh* Ri 6, 2 ist problematisch. KBL³ 567 gibt es mit „Löcher (als unterirdische Wasserbehälter)“ wieder. A. J. Soggin, Judges (OTL) 110, übersetzt „hiding-places“ mit guter sachlicher Begründung aber ohne etymologische Erklärung.

Eine Verbindung zwischen *nāhar* 'leuchten' und *nāhār* 'Fluß' ließe sich herstellen, wenn man an den glänzenden Wasserspiegel des großen Flusses denkt. Es ist aber zu beachten, daß *nāhar* II der Wurzel *nwr* (akk. *nawāru, namāru* 'hell sein, leuchten' *nûru* 'Licht', arab. *nūr* 'Licht') nahesteht.

III. Das Wort *nāhār* ist im AT 110mal belegt.

Jes 43, 19 ist mit 1 QJes[a] *n^e^tîḇôṯ* statt *n^e^hārôṯ* zu lesen. In Ijob 20, 17 wird *nah^a^rê* manchmal als Randglosse gestrichen. Vielleicht hat aber Ehrlich recht, wenn er *biplaggôṯ* als Pl. abstractum („Teilung“) versteht und mit *nah^a^rê* verbindet: „Er erfreut sich nicht der Teilung seiner Ströme in Bäche von Honig und Rahm.“ Der Übeltäter beschäftigt sich mit der Verteilung der Beute nach den verschiedenen Arten von Gegenständen, doch wenn es zum Genusse kommt, wird ihm dieser versagt (Randglossen zur hebr. Bibel VI 261). Für die Metapher vgl. Ijob 29, 6.
nāhār ist mask. In der alten semit. und griech. Mythologie gibt es meistens nur Flußgötter und nicht -göttinnen. Die übliche Pluralendung ist aber *-ôṯ* (31mal); *n^e^hārîm* ist 6mal belegt. Hab 3, 8f. steht zweimal *n^e^hārîm* und 1mal *n^e^hārôṯ*. Es fragt sich, ob hier nachlässiger Sprachgebrauch vorliegt oder ob ein Unterschied gemacht wird, wobei *n^e^hārîm* als Pl. amplificationis (GKa § 124d–f) zu verstehen ist: viel Wasser, ein Meer, und *n^e^hārôṯ* (v. 9) die aus dem unterirdischen Ozean kommenden Ströme bezeichnet. Andere sehen in *n^e^hārôṯ* einen Pl. von *n^e^hārāh* 'Licht', also „Blitze“ (s. Rudolph, KAT XIII z.St.). Sonst werden nur die Flüsse Nubiens *n^e^hārîm* genannt (Jes 18, 1f. 7; Zef 3, 10). Auch hier muß ein Pl. amplificationis vorliegen; darauf weist auch das Wort *jām* hin, das hier, wie gelegentlich auch sonst (Jes 19, 5), den Nil bezeichnet. Das Verb *bāzā'* begegnet nur hier in vv. 2. 7. Die Bedeutung 'fortschwemmen' (KBL³) oder 'zerreißen, zerschneiden' (Wildberger, BK X z.St.) bleibt eine Vermutung.

Ein *nāhār* ist ein perennierender Fluß. Das Trockensein eines *nāhār* ist etwas ganz Besonderes (Nah 1, 4; Ps 74, 15; vgl. Ps 66, 6; Ijob 14, 11) im Gegensatz zum *naḥal* (→ נחל), der nur in der Regenzeit Wasser führt.
Verschiedene Flüsse werden im AT mit Namen genannt: der Abana und der Parpar, die Flüsse von Damaskus (2 Kön 5, 12), der Ahawa (Esra 8, 15), der Kebar (Ez 1, 1), der Tigris und der Eufrat (*ḥiddæqæl, p^e^rāṯ*, Gen 2, 14 usw.). Der letztgenannte Fluß heißt oft nur „*der* Fluß“ (Gen 31, 21; Ex 23, 31; Num 22, 5; Jos 24, 2 etc.) oder „der große Fluß“ (Gen 15, 18; Dtn 1, 7; 11, 2). Der Nil wird im AT immer *j^e^'or* (→ יאר) genannt (Ausnahme Gen 15, 18: „der Fluß Ägyptens“), ein Wort, das wie die Übersetzung ποταμός zeigt, von der LXX als Gattungsbezeichnung verstanden wird. Das ist auch der Fall im MT Dan 12, 5, wo *j^e^'or* den Tigris meint.
Es ist bemerkenswert, daß kein Strom in Israel als *nāhār* bezeichnet wird. Es ist nur von *n^e^ḥālîm* die Rede: Jabbok, Arnon, Kischon (Dtn 2, 36; Gen 32, 22; Ri 4, 7) usw. Auch der berühmteste Fluß Israels wird nur *jarden* (→ ירדן) genannt. Wahrscheinlich liegt auch hier eine Gattungsbezeichnung vor, denn Ijob 40, 13 steht *jarden* mit *nāhār* parallel (wie *j^e^'or* Am 8, 8; 9, 5) und Dtn 3, 27; 4, 12f.; Jos 1, 4. 11 wird von *hajjarden hazzæh* gesprochen.
An einigen Stellen wird man *n^e^hārôṯ* als ein Pl. amplificationis oder extensionis interpretieren müssen. *n^e^hārôṯ* ist der große Fluß, der See (Jes 44, 27; 50, 2; Ps 78, 16; 137, 1), das Meer (Ps 24, 2; 74, 15; Hab 3, 8). Zu vergleichen ist *j^e^'orîm* „der große Fluß“ (Nah 3, 8; Jes 7, 18) sowie *t^e^hômôṯ* für das Schilfmeer (Jes 63, 13).
Auffälliger ist es, daß der Sing. *nāhār* gelegentlich mit *jām* 'Meer' gleichgestellt wird: Jes 19, 5 (das Meer ist der Nil); Ps 66, 5 (der Fluß ist das Schilfmeer); 114, 3. 5 (das Meer ist der Jordan, vgl. Jes 48, 18). Hier ist auch der ugar. Gebrauch von *nhr* (s.o. I) zu vergleichen (vgl. M. Dahood, Bibl 48, 1967, 437 „Meeresströmung“).
In *'^a^ram nah^a^rajim* (Gen 24, 10; Dtn 23, 5; Ri 3, 8; Ps 60, 2) liegt kein Dual vor, sondern ein casus localis (O'Callaghan 131). Es bezeichnet „zunächst das von der großen Eufratschleife umgebene Gebiet von Aleppo bis zum Chabur, später auf Syrien erweitert“ (KBL³ 640), das von den Aramäern besiedelte mittlere Eufrattal, das akk. *mātu ina birit ^nār^Diqlat u ^nār^Puratti*, „das Land zwischen den Flüssen Tigris und Eufrat“ oder nur *birit nārim* heißt.

IV. 1. Ströme sind oft für Karawanen und Armeen eine Barriere (Jos 24, 11; Jes 47, 2; 43, 2) und funktionieren deshalb (wie auch ein Wadi oder ein Berg) als Grenze. In Num und Jos werden die *n^e^ḥālîm* Arnon und Jabbok sowie der Jordan als Stammes- und Landesgrenzen erwähnt (Num 34, 12; Jos 13, 23; 19, 22; Dtn 3, 16; vgl. Ri 11, 13; Jos 12, 2 etc.). Der *naḥal* Ägyptens (Wadi el-Arisch) galt als südliche Grenze von Kanaan bzw. Israel (Num 34, 5; 1 Kön 8, 65). In der Verheißung an Abraham (Gen 15, 18) aber ist die Grenzlinie der *nāhār* Ägyptens, d. h. der Nil (wohl der östlichste Deltaarm). 1 QGenApokr nennt diesen Fluß Gihon und meint damit den Nil (J. A. Fitzmyer, The Genesis Apocryphon, BietOr 18A, 131f.).
Die Könige David und Salomo herrschten „vom Eufrat bis zum *naḥal* Ägyptens“ (1 Kön 5, 1. 4; vgl. Dtn 11, 4; Jos 1, 4; 2 Sam 8, 3; Jes 27, 12; vgl. auch Ps 80, 12). Der Eufrat erscheint auch als Grenze des äg. Herrschaftsgebiets unter Necho (2 Kön 23, 29; 24, 7; Jer 46, 2). Die weltweite Herrschaft des idealen Königs wird so beschrieben: „Er herrsche von Meer zu Meer und vom Fluß (Eufrat) bis zu den Enden der Erde“ (Ps 72, 8) oder: „Seine Herrschaft reicht von Meer zu Meer und bis an die Enden der Erde“ (Sach 9, 10). Hier wird nicht nur eine westliche und eine östliche Grenze angegeben, der Eufrat und das Mittelmeer, sondern *nāhār* ist mit *jām* gleichbedeutend und bezeichnet den Ozean, der die Welt umflutet

(s.o. I.). Bei *'apsê hā'āræṣ* denkt man an das akk. *apsū*, das Urmeer am Ende des Landes (Wensinck 21f.). Das königliche Gebiet umfaßt also die ganze bewohnte Welt (→ IV 932).

2. Die Vorstellung vom Fluß als Grenze klingt auch im Ausdruck „jenseits des Flusses" (*ʿeḇær hannāhār*) mit. Es handelt sich dann um ein fremdes Land mit anderen Gesetzen (Esra 8, 36; Neh 3, 7; 7, 9). Die andere Seite ist die ferne, unheimliche, feindliche Welt (Jes 7, 20; vgl. Jer 2, 18). Josua erinnert daran, daß die Stammeltern Israels jenseits des Eufrat wohnten, wo sie andere Götter verehrten (Jos 24, 2). Die andere Seite des Flusses ist auch der grausige Ort des Exils (1 Kön 14, 15). Schauderhaft ist das Volk auf der anderen Seite der Ströme von Kusch (Jes 18, 1). Das AT kennt nicht die Vorstellung von einem *nāhār* des Todes (→ IV 783).

3. Flüsse und Meere erscheinen als Hindernisse für Mensch und Tier. Auf die Hilfeleistung JHWHs in solchen Situationen wird mehrmals Bezug genommen. Er steht den heimkehrenden Exulanten bei, wenn sie durch Wasser (oder Feuer) gehemmt werden: „Wenn du durch Wasser gehst – ich bin bei dir, und durch Ströme – sie werden dich nicht überfluten" (Jes 43, 2). Hier stehen Wasser und Feuer „für elementare Gefährdungen überhaupt" (Westermann, ATD 19, 97). Diese Hilfe kann sich im heißen Wüstensturm manifestieren („die Glut seines Hauches"), so daß der Fluß zum großen Teil austrocknet – es bleiben nur kleine Rinnsale übrig („sieben *neḥālîm*, Wadis"), die man leicht überqueren kann (Jes 11, 15; hier wird vielleicht auf das Unschädlichmachen der siebenköpfigen Schlange, Jes 27, 1, angespielt). Die Erwähnung Ägyptens am Anfang des Verses erinnert an den Exodus. Wenn dieser glühende Wind weht („das Schnaufen JHWHs" v. 14), vertrocknen die Quellen: „Ich mache die Flüsse zum Festland (*'ijjîm*, „Inseln") und Sümpfe lege ich trokken" (Jes 42, 15). So ist den Heimkehrern der Weg gebahnt (v. 16). Auch Jes 44, 27 steht im Rahmen der Heimkehr der Gefangenen aus Babylon: „Der zur Tiefe (*ṣûlāh*) sagt: Versiege! und deine Fluten (*nehārôṯ*) lege ich trocken." (Zur Vorstellung vom unterirdischen Ozean, aus dem die Quellen und die Flüsse kommen → מצולה *meṣûlāh*.) Die Flüsse Babylons oder besser: der große Fluß Babylons (Pl. amplificationis) ist ein Fluß, der aus dem unterirdischen Meere zum Vorschein gekommen ist: er wird trockengelegt zugunsten der Heimkehrenden.

In Spr 14, 11 dient das Austrocknen der Ströme als Vergleich für das Hinschwinden des Menschenlebens. Ijob 28, 11 läßt nach der üblichen Übersetzung ein Verlegen der Ströme durch menschliches Eingreifen vermuten: „Die Wasseradern verbaut er" (d. h. dämmt er ab, damit sie nicht durchsickern). Aber M. Pope (AB 15, 181) hat wohl recht, wenn er *ḥippeś* ʿuntersuchenʾ statt *ḥibbeš* liest: „The sources of the rivers he probes, brings hidden things to light."

Die Überwindung des Flusses geschieht durch ein Machtwort JHWHs (Jes 44, 27), ebenso wie durch sein Wort das Wasser zu *einem* Meer zusammenfloß und das Land zum Vorschein kam (Gen 1, 9). Jes 50, 2 und Ps 106, 9 erwähnen das Schelten oder Drohen (→ גער *gāʿar*) JHWHs. Sein Schelten macht das Meer trocken (vgl. Nah 1, 4; Ps 18, 16; 104, 7). Meer und Flüsse nehmen hier kosmisch-mythologische Dimensionen an.

Nach einer apokalyptischen Tradition werden die Quellen des Eufrat ausgetrocknet werden, um die Heimkehr der verlorenen zehn Stämme zu ermöglichen (4 Esra 3, 14ff.; vgl. auch Offb 16, 12).

V. 1. Am Fluß wachsen Gärten mit Gemüse und Obstbäumen (Num 24, 6). Der Strom ist voll Honig und Sahne (*debaš weḥæm'āh*, Ijob 20, 17; hier liegt wohl eine Umwandlung des Ausdrucks *'æræṣ zāḇaṯ ḥālāḇ ûdeḇaš* [→ דבש *deḇaš*] vor). Die Zunahme des Wohlstands (*šālôm*) kann daher mit einem Fluß oder Strom verglichen werden (Jes 66, 12; vgl. 48, 18); hier klingt die lebenspendende Kraft des Wassers mit. Die Ströme aus der Tiefe haben die Zedern des Libanon emporwachsen lassen (Ez 31, 4). Obwohl in Ex die wohltätigen Folgen der Nilüberschwemmung nicht explizit erwähnt werden, wird jedoch in der Erzählung von der ersten Plage in Ägypten indirekt darauf Bezug genommen: das Wasser wird in Blut verwandelt, der Fluß wird stinkend und die Fische sterben (Ex 7, 19ff.; vgl. 8, 5).

2. Die Paradies- und Tempelflüsse spenden Leben und Segen in der Welt. „Ein Strom entsprang in Eden, um den Garten zu bewässern; dort teilte er sich und wurde zu vier Armen (*rā'šîm*, Hauptflüssen; Gen 2, 10). Der Garten (→ גן *gan*; → עדן *ʿeḏæn*) ist eine große Oase, die durch eine gewaltige Quelle bewässert wird. Aus der Quelle entstehen vier Flüsse, die die ganze Welt durchströmen. Obwohl *ḥiddæqæl* und *perāṯ* bekannte Namen sind (Tigris, Eufrat), ist es jedoch sinnlos zu versuchen, die Paradiesflüsse auf unserer Weltkarte einzuzeichnen. Das Weltbild des alten Erzählers war ein ganz anderes als das unsrige. Außerdem sind die Flüsse Gihon und Pischon sonst nicht bekannt (Westermann, BK I 296). Wichtig ist die Vierzahl entsprechend den vier Himmelsgegenden (Jes 11, 12; Ez 37, 9; 1 Chr 9, 24). Will man präzisieren, strömt der Eufrat durch das Nordland (Jer 46, 6. 10), der Tigris ist der Fluß des Ostens (Gen 2, 14), der Pischon ist der Strom von Hawila, dem Sandland Arabien (vgl. Gen 10, 7. 29; 25, 18; 1 Sam 15, 7), also im Süden, und der Gihon wird in Ägypten-Nubien, also im Westen angesiedelt (Dillmann, Genesis, 1892, 56ff.; zu babyl. Bilddarstellungen mit vier Strömen s. Keel 104, Abb. 155a; 122, Abb. 185). Das Wasser aus dem Paradies gibt Fruchtbarkeit und Wachstum der ganzen Welt (A. van Selms, Genesis 54; vgl. Gunkel, Genesis 8). Auch im Tempel oder in Jerusalem, der Wohnung Gottes, entrinnt ein Fluß, der das Land in einen blühenden Garten verwandelt. In Ps 46, 5 ist dieser Strom ein *nāhār*, der sich in *pelāḡîm* ʿWasserläufe, Kanäleʾ spaltet. Im Psalm wird dargestellt, wie

JHWH das Wasser des Meeres, den Völkertumult (vv. 7. 11), die Welt des Chaos beschwört. In der Stadt Gottes teilt sich ein Fluß, strömt in verschiedene Richtungen in das Land, d. h. Gott rettet und segnet das Land (vgl. Ps 87, wo von Quellen die Rede ist). Mit Recht wird angenommen, daß das eherne Meer und die zehn Kesselwagen im Tempel (1 Kön 7, 23. 43) kultsymbolisch den Strom (*nāhār*) und dessen Abzweigungen repräsentieren (Keel 124; vgl. May 20). Ps 36, 9 spricht vom lieblichen Strom (*naḥal*) aus dem Tempel, aus dem die Menschen trinken; v. 10 beschreibt die Folge als Licht und Leben.

Jes 33, 21 zeigt uns das Jerusalem der Heilszeit als ein Paradies mit viel Wasser. Wo Gott wohnt, dort ist „ein Ort der Flüsse (*neharîm*) und der breiten Ströme (*je'orîm*)". Der Hinweis, daß keine Schiffe auf dem Fluß fahren, besagt, daß dieser weder für den Handelsverkehr, noch für feindliche Flotten befahrbar ist, daß er vielmehr nur ein Segen für das Land ist. In Ez 47, 6 wird der Strom *naḥal* genannt, der dem ganzen Land Leben und Segen spendet. Sach 14, 8 erzählt vom lebendigen Wasser, das von Jerusalem ausgeht; die eine Hälfte strömt nach dem östlichen und die andere nach dem westlichen Meer (vgl. Joël 4, 18 → I 1010f.).

3. Sowohl in Heilsaussagen wie auch in Gerichtssprüchen erscheint deutlich der Aspekt des Flusses als Träger des Lebens und der Wohlfahrt. JHWH züchtigt die Völker, wenn er Flüsse vertrocknen und Quellen versiegen läßt. Dadurch entzieht er den Menschen die Lebensbedingungen (vgl. o. IV. 3.). Das Austrocknen der Flüsse wird zur Katastrophe. Wenn das lebenspendende Wasser wegbleibt, wird der Garten eine Wüste. So wird Ägypten, das von der jährlichen Überschwemmung des Nils abhängig ist, mit Dürre geschlagen (Jes 19, 5ff.). Das Wasser des „Meeres", d. h. die Wasserfläche des Nils, wird austrocknen (→ חרב *ḥārab*), der Fluß wird versiegen (→ יבש *jābeš*), die *nehārôt*, die Seitenkanäle, werden trocken und stinken, die *je'orîm*, die Mündungsarme, sind leer, und Rohr und Schilf verwelken. Wenn JHWH in der Gerichtstheophanie erscheint, schilt er das „Meer", so daß es vertrocknet, und die Flüsse versiegen; dann verdorren Baschan und der Karmel, das Grün des Libanon verwelkt (Nah 1, 4), der Libanon wird in Trauer gehüllt (Ez 31, 15). Ps 107 beschreibt die helfende Macht Gottes: „Er wandelte Ströme zur Wüste und Wasserquellen zu dürrem Land, fruchtbaren Boden in salzige Steppe, wegen der Bosheit ihrer Bewohner" (vv. 33f.; v. 35 schildert das Umgekehrte). Das Meer wird trocken gelegt, die Ströme werden zur Wüste – so beschreibt DtJes Gottes helfende Macht (Jes 50, 2).

Umgekehrt sorgt JHWH auch für die Wasserversorgung der Flüsse. Das von den Propheten verkündete Heil wird nicht selten mit Wasser, Flüssen und Strömen verglichen. Das Bild erinnert an die Wunder der Wüstenwanderung (Ex 17, 6; Num 20, 8). JHWH schafft Wasser in der Wüste, Ströme in der Einöde, um sein Volk zu tränken (Jes 43, 20; vgl. Ps 78, 6; 105, 41). Er läßt Ströme hervorbrechen auf den kahlen Hügeln und Quellen inmitten der Täler, er macht die Wüste zum Teich und das ausgetrocknete Land zu einem Garten, wo die Bäume wachsen (Jes 41, 18). Es ist bekannt, daß nach tropischen Schauern flache Teile der Wüste zu Seen werden. Sie verschwinden wieder schnell, bewirken aber für längere Zeit Pflanzenwuchs (A. Parrot, Déluge et Arche de Noé, Paris 1952, 41; N. Glueck 84f.; vgl. Jes 35, 6f.).

Ps 74, 15 scheint von einer ähnlichen Wohltat in der Wüste zu reden: „Du zerspaltetest Quelle und Bachtal." Der zweite Teil des Satzes wird dann aber problematisch: „Du vertrocknetest nie versiegende Ströme", was genau das Gegenteil besagt. J. A. Emerton hat m. E. eine gute Lösung dieses Problems aufgewiesen, wenn er darauf aufmerksam macht, daß v. 15 die Schöpfungstätigkeit Gottes schildert. In mythologischer Sprache wird zunächst von der Übermacht Gottes gegenüber den Mächten des urzeitlichen Chaos erzählt (vv. 13f.). Sodann wird als Übergang zur Schöpfung von Tag und Nacht und zur Feststellung der Grenzen der Erde dargestellt, wie Gott die Erde von den dunklen Wassermassen befreit: „Er brach Löcher in den Grund", durch die das Wasser nach unten wegrinnen konnte und „er zerriß Wadis auf dem Lande", durch die das Wasser in das ferne Meer wegrinnen konnte. V. 15b schließt sich dann gut an: „Du hast das ewige Meer (*nehārôṯ*, nicht „Ströme", sondern den Ozean selber, die *majim rabbîm*) trocken gelegt."

VI. Der Fluß Kebar wird einige Mal erwähnt (2 Kön 17, 6; 18, 11; Esr 8, 21). Ezechiel hat am Ufer dieses Flusses im Lande der Chaldäer eine himmlische Vision (1, 1. 3), auf die er mit den Worten „was ich am Fluß Kebar sah" hinweist (3, 23; 10, 15; 43, 3). Der Kebar ist mit dem *nāru kabru* identisch, d. h. der *šaṭṭ el-nīl*, der den Eufrat in der Nähe von Babylon verläßt und sich bei Uruk wieder mit diesem Fluß vereinigt (BHHW III 22). Der Prophet weilt am Flusse „unter den Verbannten", als er das Gesicht empfängt. Auch Daniel hat Visionen am Ufer eines Flusses (Ulai 8, 2, Tigris 10, 4). Diese Ortsangabe kann rein topographisch gemeint sein. Zimmerli (BK XIII 45) hat aber mit Recht darauf hingewiesen, daß „das Diasporajudentum der nt.lichen Zeit seine Gebetsstellen mit Vorliebe ans Wasser verlegte". Das Beten am Meeresstrand war nach Josephus „eine von den Vätern herstammende Sitte" (Ant XIV 10, 23). Derselbe Brauch wird durch Apg 16, 13 bezeugt. Auch Ps 137, 1 spricht von gottesdienstlichen Zusammenkünften am Ufer des Eufrat (*'al nahₐrê bāḇæl*).

Es ist weiterhin merkwürdig, daß Ezechiel andere Visionen in einer *biq'āh* hat (3, 23; 37, 1ff.). *biq'āh* heißt 'Talebene'. Aber gibt es Täler zwischen Bergen in der weiten Alluvialebene Babyloniens? Nun bezeichnet *bāqa'* das Spalten der Erde, oft um Wasser hervorkommen zu lassen (Gen 7, 11; Dtn 8, 7; Jes 35, 6; Hab 3, 9; Ps 78, 15; Spr 3, 20). Es handelt sich hier wahrscheinlich um eine Senkung im Gelände mit einer Quelle, wo Gras wächst und wohin die Herde (und auch die Gemeinde!) gern kommt (Jes 41, 18; 63, 14). S. Kraus erinnert an eine

rabbinische Stelle (Midr. Mechilta ad Ex 12, 1): „So redete er mit ihnen (außerhalb des Landes Israel) doch nur an einem reinen Ort des Wassers, wie es heißt ... (Dan 8, 2; 10, 4; Ez 1, 3).“ Man benötigte Wasser wegen der vorgeschriebenen Waschungen (Synagogale Altertümer 281. 285).
Nach anderen ist diese Erklärung von Gebetsstunden am Ufer eines Flusses ungenügend. Man denkt an altertümliche Vorstellungen von Wassergottheiten. Kaiser (92–101) erinnert an Engelerscheinungen an Brunnen in der Wüste (Gen 16, 7ff.), und an den Kampf Jakobs am Ufer des Jabbok (Gen 32, 24). Es ist aber schwer zu sagen, inwiefern dieses alte völkische Naturerlebnis im Brauch der Diasporagemeinde mitspielte.

VII. Ströme können verheerende Wirkung haben. Der sichere Boden des Bösewichts wird hinweggefegt wie durch einen Fluß (Ijob 22, 16). Das Lied des Jona spricht von einem Fluß, der ihn umgibt. Dieser Fluß ist die *tehôm*, die Urflut, die *še'ol*, das Totenreich. Jona ist hinabgesunken in das Meer bis in die Tiefe (*meṣûlāh bilbab jammîm*), bis zu den Wurzeln der Berge, die in diesem Meer stehen (Jona 2, 3. 5f.). Es ist verständlich, daß Feinde als „große Wasser“ (Ps 18 = 2 Sam 22, 4. 17), tiefe Ströme und Wasserfluten (Ps 69, 15) beschrieben werden können. Der Vorstoß eines todbringenden Heeres wird mit „gewaltigen und großen Wasser des Flusses“ verglichen, der überflutet und das Land Juda überschwemmt (Jes 8, 7ff.). So kommt auch Ägypten angestürmt wie der Nil, dessen Wasser wie Ströme anrollen (*jitgā'ašû*, nicht „brausen“). Es sagt: „Ich will emporsteigen, will die Erde überschwemmen, vernichte die Städte und ihre Einwohner“ (Jer 46, 8). An anderen Stellen wird das Bild eines Orkans verwendet (Jes 4, 6; Ez 13, 13). Das Zorngericht Gottes ist wie ein Fluß (Jes 59, 19).
Aus den oben angeführten Stellen ergibt sich, daß die Begriffe Meer und Fluß parallel sind, und ferner, daß Meer/Fluß als ein gefährliches Ungeheuer betrachtet wird. Ägypten ist ein Drache, der die Flüsse aufpeitscht, das Wasser mit seinen Füßen trübt und die Fluten aufwühlt (Ez 32, 2; vgl. Jes 51, 10; Ez 29, 3). Das Meer ist das Chaosungeheuer, das von JHWH gezähmt und besiegt wird (Ps 77, 17; 78, 13; 93, 2ff.). Wie in Ugarit und in Mesopotamien begegnet im AT das Meerkampfmotiv. JHWH kämpft gegen die Chaosmacht, das Urwasser. Dieser Streit ist ein Ringen im Zusammenhang mit der Schöpfung von Himmel und Erde. So wird z. B. Ps 24, 2 verstanden, wo es heißt, daß JHWH die Erde auf Meere (*jammîm*) und dem Ozean (*nehārôṯ*) gegründet hat (s. o. III.). Ps 104, 9 hat eine ähnliche Aussage über die Wasser der Sintflut.
Dieser Kampf vollzieht sich aber auch in der Geschichte. Das Spalten des Schilfmeeres wird als ein Sieg über die Chaoswasser verstanden (*tehômôṯ* Ex 15, 8; Ps 77, 17–20, vgl. 114, 3–7). Hab 3, 8f. erinnert an diesen glorreichen Kampf: „Gilt etwa dein Zorn den Flüssen (= dem Meer, s. o.) oder dein Groll dem Meere, daß du einherfährst auf deinem Gespann, deinem Siegeswagen?“ In einem gewaltigen Unwetter offenbart sich Gott als Bezwinger des Meeres und besiegt die Feinde, um sein Volk zu retten (v. 13). Das vollzieht sich dadurch, daß die Erde sich spaltet und zerstörende Flüsse über das Land spülen (v. 9). Ein Platzregen kommt, die Urflut (*tehôm*) brüllt auf. In einem Völkerkampf, wo Gott ins Feld zieht, werden die Feinde Israels zerschlagen und sein Volk gerettet. Das Ganze wird in mythischer Sprache beschrieben, die an den ugar. Baʿal-Hadad-Mythos erinnert. So kämpft Gott, einerseits durch Trockenlegung des Meeres und der Flüsse, andererseits durch Vernichtung der Feinde mittels eines überschwemmenden Flusses (Nah 1, 4. 8). Ninive wird überspült, wenn „die Tore der Flüsse (d. h. des unterirdischen Meeres)“ sich öffnen (Nah 2, 7). So ist Gott Herr über die Feinde, die seine Schöpfung bedrohen. Sein Thron erhebt sich über ihren Thron, sein Königtum ist unangreifbar: „Flüsse erheben, o JHWH, Flüsse erheben ihr Brausen, Flüsse erheben ihr Tosen, mächtiger als das Tosen vieler Wasser; mächtiger als die Brandung des Meeres ist JHWH in der Höhe“ (Ps 93, 3f.). Und David, seinem Knecht, ist es gegeben, seine Hand auf das Meer und seine Rechte auf „die Flüsse“ (= das Meer) zu legen. David besiegt Völker, die das Chaos repräsentieren (Ps 89, 26, vgl. v. 11).

Gegen diese Chaoskampfmythologie meldet T. Veijola (ZAW 95, 1983, 9–31, bes. 22–29) Bedenken an und retardiert (mit M. Sæbø, VT 28, 1978, 85f.) wieder zur konkret-geographischen Deutung: *nehārôṯ* = Eufrat + Nebenflüsse (vgl. Ps 137, 1), wodurch v. 26 im Rahmen des analog zu altoriental. Staatsverträgen konzipierten Ps 89 zur geographischen Grenzbeschreibung werden soll.

Auch die Liebe, die stark ist wie der Tod, besiegt die Chaoswasser: „Mächtige Wasser (*majim rabbîm*) können die Liebe nicht löschen, Flüsse (*nehārôṯ*) schwemmen sie nicht weg“ (Hld 8, 7). Die bösen Mächte in der Welt können die Liebe zwischen JHWH und seinem Volk nicht vernichten (May 18; zu den kosmischen Untertönen vgl. ATD 16³, 287).

*VII. Die LXX hat mit der Wiedergabe von *nhr* keine Probleme. Die wenigen Verbbelege werden durch ἥκειν (2mal), συνάγειν und φωτίζειν (je 1mal; vgl. Etymologie) wiedergegeben. *nāhār* findet sein Äquivalent in ποταμός (131mal), *naharajim* in Μεσοποταμία.
In den Hauptschriften aus Qumran ist *nāhār* recht selten vertreten und eine bes. semantische Spezifizierung ist nicht ersichtlich. Nur 1mal findet sich *nehārôṯ* im Zusammenhang mit Reinigungsbestimmungen (1 QS 3, 5). Interessant ist die Übertragung der „Garten Eden“-Symbolik auf die Gemeinde. Sie versteht sich als großen Baum und alle *nehārôṯ* Edens tränken seine Zweige (1 QH 6, 16). In 1 QGenApokr begegnet *nāhār* 11mal, fast immer durch Eigennamen geographisch fixiert als *nāharā' tînāh*, *n. karmônāh*, *n. gîḥon* und *n. perāṯ*. In 19, 12 ist von dem „Fluß“

die Rede, der 7 „Häupter“ hat, wobei wohl nach den begleitenden geographischen Angaben der Nil mit seinen Mündungsarmen gemeint ist. Nach 1 QM 2, 10 schließlich beginnt die eschatologische Entscheidungsschlacht in Aram Nahrajim. *(Fa.)*

Snijders

נוד *nûḏ*

1. Etymologie – 2. Bedeutung, Verwendung im AT – 3. LXX.

1. Die Wurzel *nwd* ist im Jüd.-Aram. in der Bedeutung 'beweglich sein', im Syr. und Mand. als 'schwanken', im Arab. als 'schwanken', '(Kopf) nicken' belegt. Verwandt ist offenbar *ndd* → נדד 'fliehen' u.ä. Im MT werden die beiden Stämme gelegentlich verwechselt; vgl. z. B. Jer 50, 3 *nwd*, Jer 9, 9 *ndd* in sonst identischem Kontext, Spr 26, 2 *nwd* vom flatternden Vogel, Spr 27, 8 *ndd* in ähnlichem Kontext.

Das Wort ist im AT 19mal im *qal*, 3mal im *hiph* und 4mal im *hitp* belegt.

2. a) Die konkrete Bedeutung des Wortes geht aus 1 Kön 14, 15 hervor: Israel wird geschlagen werden, so daß es „'schwankt' wie das Rohr im Wasser“; vgl. auch die *hitp*-Form Jes 24, 20: „Wie ein Betrunkener taumelt (*nûaʿ*) die Erde, sie 'schwankt' wie eine wacklige Hütte“. Diese Bedeutung findet sich dann (mit derselben Zusammenstellung von *nûaʿ* und *nûḏ*) im Strafwort über Kain Gen 4, 12 *nāʿ wānāḏ tihjæh bāʾāræṣ*, „rastlos und ruhelos wirst du auf der Erde sein“ (vgl. v. 14). Hier ist also vom unsteten Umherschweifen des Nomaden als göttlicher Strafe die Rede. Zugleich liegt hier eine Anspielung vor auf das Land Nod, wo Kain sich niederläßt.

Eine ähnliche Bedeutung liegt vielleicht Ps 56, 9 vor: „Du hast mein *noḏ* gezählt; lege meine Tränen in deinen Schlauch (*noʾḏ*).“ *noḏ* könnte hier etwa „unstetes Leben“ = Elend bedeuten (so Gunkel); man hat aber auch an „Wehklage“ (Perles, D. W. Thomas), an Kopfschütteln in Bußriten (Eaton, The Psalms, Torch Comm. 149) oder an *neḏuḏîm* 'Unrast' = schlaflose Nächte (KBL³ nach Duhm) gedacht. Auf jeden Fall besagt der Vers, daß Gott sich um den Beter kümmert und sein Leiden genau kennt. Wenn der Text richtig ist, ist das Wortspiel *noḏ – noʾḏ* zu beachten (LXX liest aber *nægdækā* „vor dir“ statt „dein Schlauch“).

Auch die *hiph*-Form 2 Kön 21, 8 gehört hierher: hier wird die Verheißung JHWHs an David zitiert (2 Sam 7, 10?), er werde Israel nie aus seinem Land 'flüchten lassen', wenn es seine Gebote einhält, was offenbar einen dtr Kommentar zu Manasses Götzenverehrung darstellt.

Sonst steht das Wort oft in Verbindung mit Flucht. So werden Jer 49, 30 die Einwohner von Hazor aufgefordert: „Flieht (*nusû*), macht euch schnell davon (*nuḏû*)“ – die beiden Verben sind mehr oder weniger synonym. Es gilt, sich vor Nebukadnezzar in Sicherheit zu bringen. Ähnlich heißt es Jer 50, 8: „Fliehet (*nuḏû*) aus Babel . . . zieht aus (*ṣeʾû* Q gegen K *jṣʾw*)!“ Bezeichnenderweise werden in beiden Fällen die Imperative defektiv geschrieben (Anklang an *ndd*?). In Jer 50, 3 wird beschrieben, wie ein Volk aus dem Norden gegen Babel heranrückt und das Land verwüstet, so daß niemand mehr darin wohnt und Mensch und Vieh „fliehen (*nûḏ*) und davongehen (*hālaḵ*)“. In einem ähnlichen Zusammenhang wird Jer 9, 9 über Juda gesagt, daß dort alles verwüstet ist, Vögel und Vieh geflohen und fortgegangen (*hālaḵ*) – hier wird aber *ndd* gebraucht.

In Jer 4, 1 dagegen erhält Israel die Zusage: „Wenn du umkehren willst . . . brauchst du vor mir nicht zu 'fliehen'“ – also nicht weg von Gott, sondern zurück zu ihm.

In Spr 26, 2 wird ein grundloser Fluch mit einem wegflatternden (*nûḏ*) Sperling und einer davonfliegenden (*ʿûp*) Schwalbe verglichen – er trifft nicht ein (in Spr 27, 8 dagegen wird von einem Vogel, der „sich von seinem Nest flüchtet“, das Verb *ndd* gebraucht). Hierzu kommt die merkwürdige Aufforderung Ps 11, 1: „Fliehe in die Berge wie ein Vogel!“ Die Feinde des Betenden fordern ihn zur Flucht auf; er aber weiß, daß er bei Gott Zuflucht findet.

b) In einer anderen Gruppe von Aussagen steht *nûḏ* in der Bedeutung 'Mitleid bezeugen'. Offenbar ist dabei an die Geste des Kopfschüttelns gedacht (vgl. die *hiph*-Form Jer 18, 6 *kol ʿoḇer jānîḏ roʾšô* „Jeder Vorbeigehende schüttelt seinen Kopf“ und das *hitp* Jer 48, 27; Ps 64, 9). Die Parallelausdrücke geben einen deutlichen Hinweis auf die Bedeutung. Jes 51, 19 wird an das von JHWHs Zornesbecher getroffene Jerusalem die Frage gestellt: „Wer klagt (*jānûḏ*) um dich?“ Die Lage ist so schwer, daß niemand sich mehr um es kümmert. Dieselbe Parallele findet sich Ijob 2, 11 und 42, 11: die Freunde kommen, um Teilnahme zu bekunden (*nûḏ*) und zu trösten, und Ps 69, 21: „Umsonst habe ich auf 'Mitleid' gewartet, auf einen Tröster, doch ich habe keinen gefunden.“ Jer 15, 5 wird wieder Jerusalem angeredet: „Wer hat mit dir Mitleid (*ḥāmal*), wer 'bedauert' dich?“ – es geht um die zerstörte Stadt. Und Nahum stellt fest, daß Ninive verwüstet ist und daß niemand ihm Teilnahme zeigt (Nah 3, 7b). Im Orakel über Moab Jer 48 heißt es v. 17: „'Beklagt' es alle, ihr seine Nachbarn!“

Im Orakel gegen Schallum heißt es Jer 22, 10: „Weint nicht über den Toten, und 'beklagt' ihn nicht!“ Und als Jeremia seine Einsamkeit beklagt, sagt er 16, 5, daß Gott ihm befohlen hat, kein Trauerhaus zu betreten, an keiner Totenklage teilzunehmen und niemandem 'Beileid zu zeigen' (→ מרזח *marzeaḥ*).

3. Die LXX bietet keine einheitliche Übersetzung. Je 2mal kommen folgende Verben vor: κινεῖν, μεταναστεύειν, συλλυπεῖσθαι, τρέμειν und (für *hiph*) σαλεύειν, übrige, u. a. πλανᾶν, σείειν nur 1mal.

Ringgren

נָוֶה *nāwæh*

I. 1. Etymologie – 2. Belege – II. 1. Akk. *nawû* – 2. Gebrauch im AT – a) Weideplatz – b) Wohnung u. dgl. – c) Wohnung JHWHs – III. LXX.

Lit.: *M. Delcor*, Quelques cas de survivances du vocabulaire nomade en hébreu biblique (VT 25, 1975, 307–322). – *D. O. Edzard*, Altbabylonisch *nawûm* (ZA 53, 1959, 168–173). – *A. Malamat*, Aspects of Tribal Societies in Mari and Israel (XVe Rencontre assyriologique international, Paris 1967, 129–138). – *R. Zadok*, Babylonian Notes (BiOr 38, 1981, 547–551).

I. 1. Akk. *nawûm/namû* bedeutet 'Weidegebiet, Steppe'; asarab. *nwj* heißt 'Tränkplatz' o. ä. In arab. *nawā* 'Reiseziel, Bestimmungsort' liegt das Hauptgewicht offenbar auf der Zielbewußtheit (vgl. *nija* 'Intention' und hebr. **nāwāh* 'zum Ziel kommen', Hab 2, 5). Akk. *nawû* wie hebr. *nāwæh* wäre demnach das Ziel des Nomadenstamms, d. h. der Platz, wo es Weide gibt; daraus wäre dann die Bedeutung 'Aufenthaltsort, Wohnstätte' abgeleitet worden. Aber *nawûm/nāwæh* kann auch ein Primärnomen sein.

2. Als Pl. zu *nāwæh* dient **nāʾot̲*, das nur als St. cstr. *neʾôt̲* vorkommt. Das Wort ist im AT 45mal belegt, fast ausschließlich in poetischen Texten (Ausnahme 2 Sam 7, 8).

II. 1. Akk. *nawûm* ist vor allem in den Maritexten reichlich belegt. Es bezeichnet hier, wie Edzard gezeigt hat, „die Herden samt Hirten". In späteren, babyl. Belegen meint es „die Weidegebiete, die zu einer Stadt gehören". Wir finden also Ausdrücke wie *nawûm ša Karkamiš* „die Weidegebiete von K." oder *Sippar u nawêšu* „S. und seine Weidegebiete" (Malamat 136).

2. a) In einer Mehrzahl der at.lichen Texte ist die Verbindung mit Weide und Herden klar. So findet sich die Zusammenstellung *neweh roʿîm* (Jer 33, 12; Am 1, 2; Zef 2, 6), im Kontext stehen Formen oder Ableitungen von *rāʿāh* 'weiden' (Jes 27, 10; Jer 50, 19; *marʿît̲* Jer 25, 36; *mirʿæh* Ez 34, 14), Formen oder Ableitungen von *rāb̲aṣ* 'lagern' (Jes 27, 10; Jer 33, 12; Ez 34, 14; vgl. Spr 24, 15) sowie *ṣoʾn* 'Schafe' (2 Sam 7, 8; Jes 65, 10; Jer 23, 3; 44, 20; 50, 45; Ez 25, 5; Zef 2, 6). Auch die Kombination *neʾôt̲ mid̲bār* gehört hierher (Jer 9, 9; 23, 10; Joël 1, 19 f.; 2, 22; Ps 65, 13).

Das Weidemotiv kann auf verschiedene Weisen angewandt werden. Ganz neutral steht es 2 Sam 7, 8 (|| 1 Chr 17, 7; Natanweissagung): JHWH hat David von der Weide und von der Herde (*ṣoʾn*) weggeholt, um ihn zum König zu machen.

An mehreren Stellen ist von der Verwandlung des bebauten Landes in Weideplätze die Rede: „Rabba mache ich zum 'Weideplatz' der Kamele, und die Städte der Ammoniter zum Lager der Schafe (*mirbaṣ ṣoʾn*)" (Ez 25, 5; vgl. auch Jes 34, 13 „Trift der Schakale und Stätte der Strauße" und Jes 35, 7, wo in einem wahrscheinlich verderbten Text von der „Stätte, wo Schakale lagerten" die Rede ist). Ferner: „Ich mache dich (Land der Philister) zu 'Triften' der Hirten und zu Hürden der Schafe" (Zef 2, 6; Text nicht in Ordnung, hier nach Rudolph, KAT XIII/3 z. St.). Die Jesaja-Apokalypse klagt über die zerstörte Stadt: „Sie ist ein 'Weideplatz', entvölkert, verlassen wie die Wüste; dort weiden (*rāʿāh*) Farren, dort legen sie sich nieder (*rāb̲aṣ*)" (Jes 27, 10).

In anderen Fällen werden die Weideplätze selbst verwüstet. So heißt es z. B. in den Einleitungsworten des Amosbuches, daß die 'Auen' der Hirten welken, wenn JHWH von Zion her brüllt (Am 1, 2; ein Nachhall des Wortes hört man vielleicht Jer 25, 30: Gott brüllt aus der Höhe „über seine 'Aue' hin"). Und in der Erläuterung der Bechervision Jeremias (Jer 25), wo ein allgemeines Völkergericht angesagt wird, heißt es: „JHWH verwüstet (*šdd*) ihre Weide (*marʿît̲*), und vernichtet werden (*dmm niph*) die friedlichen Auen (*neʾôt̲ haššālôm*; vgl. Jes 32, 18) vor dem glühenden Zorn JHWHs" (vv. 36 c. 37 a). In zwei ziemlich gleichlautenden Aussagen über Edom und Babel, Jer 49, 20 und 50, 45, wird angesagt, daß die kleinsten der Schafe (*ṣeʿîrê haṣṣoʾn*, EÜ: „Hirtenknaben") weggeschleppt werden und ihr Weideplatz über sie entsetzt werden soll. In diesem Zusammenhang erscheint auch Jer 49, 19; 50, 44 der Ausdruck *neweh ʾêt̲ān* „Aue der Beständigkeit", was man wohl mit Rudolph, HAT I/12, 248 als „Oase" fassen darf (→ נחל *naḥal*).

Andere Aussagen sind positiv: Jer 23, 3 verspricht JHWH, „den Rest seiner Schafe (d. h. das Volk Israel) zu versammeln (*qbṣ pi*) und auf ihre 'Weide' zurückzubringen", und Jer 50, 19 heißt es im Spruch gegen Babel: „Israel aber bringe ich zurück auf seinen 'Weideplatz', es soll auf dem Karmel und in Baschan weiden (*rāʿāh*)". Dasselbe Bild gebraucht Ezechiel: „Auf gute Weide (*mirʿæh*) will ich sie führen, im Bergland Israels werden ihre 'Weideplätze' sein. Dann sollen sie auf guten 'Weideplätzen' lagern (*rāb̲aṣ*), auf den Bergen Israels sollen sie fette Weide (*mirʿæh*) finden" (Ez 34, 14). Das Volk ist die Herde und JHWH selbst will der Hirt sein (v. 15). In Jer 33, 12 sind die Weideplätze wörtlich gemeint: „Noch wird es an dieser Stätte ... eine 'Aue' für Hirten geben, die die Herde lagern lassen (*marbîṣê ṣoʾn*)." Dasselbe gilt für Jes 65, 10: „Für mein Volk, das nach mir fragt, wird dann Scharon zur Schafweide (*neweh ṣoʾn*) und das Achor-Tal zum Lagerplatz der

Rinder (reḇæṣ bāqār)." Eine Mittelstellung nimmt Jes 32, 18 ein: „Dann wird mein Volk auf friedlicher Aue (nᵉweh šālôm) wohnen, in sorgenfreien Wohnsitzen (miškᵉnôt miḇṭaḥîm) und sicheren Rastplätzen (mᵉnûḥôṭ šaʾᵃnannôṭ)." Zum Kontext gehören noch die Begriffe miḏbār und karmæl bzw. ṣᵉḏāqāh und mišpāṭ.

Wieder bildlich, aber mit allgemeiner Ausrichtung ist Ps 23, 2. Hier illustrieren die nᵉʾôṭ dæšæʾ „grünen Auen" und die mê mᵉnuḥôṭ „Wasser der Ruheplätze" (vgl. Jes 32, 18) die Funktion des göttlichen Hirten; zu bemerken ist auch die Wendung „er läßt mich lagern" (rbṣ hiph, vgl. oben).

Zu derselben Kategorie gehört die Zusammenstellung nᵉʾôṭ miḏbār „die Weideplätze der Steppe". In Jer 9, 9ff. wird über diese und die Berge ein Totenlied (qînāh) angestimmt, weil sie verbrannt (jṣt niph) und ohne Herden (miqnæh) sind, und in Jer 23, 10 klagt über das Vertrocknen (jāḇeš) der Weideplätze. Ähnlich begegnen die Weideplätze der Steppe in der Volksklage Joël 1, 15–20, wo es v. 19 heißt, daß sie von Feuer gefressen worden sind, und in der göttlichen Antwort in 2, 22ff.: „die Weideplätze der Steppe grünen" (dāšᵉʾû, vgl. dæšæʾ in Ps 23, 2). Hier ist dann auch an Ps 65, 13 zu erinnern, wo die fruchtbarkeitsspendende Tätigkeit Gottes u.a. im „Triefen" (? rʿp; als Par. zu gîl empfiehlt sich aber die Lesung jārîʾû „jubeln") Ausdruck findet.

b) In einigen Fällen steht nāwæh mit ʾohæl 'Zelt' oder bajiṭ 'Haus' parallel. Es scheint dann die erweiterte Bedeutung 'Lagerplatz' oder 'Wohnstätte' zu haben. Am deutlichsten ist Ijob 5, 24: „Du wirst erfahren, daß dein Zelt in Frieden steht, prüfst du deinen nāwæh, so fehlt dir nichts"; vgl. dazu Horst, BK XVI/1, 88: „die Unversehrtheit der Wohnstätte, die hier nach nomadischem Sprachschatz als 'Zelt' und 'Aufenthaltsort' (eigentlich Weidegebiet) umschrieben wird." Schwieriger ist Ijob 18, 15, wo Horst übersetzt: „Nichts mehr von ihm (dem Frevler) (mibbᵉlî lô; EÜ: „ihm Fremdes") wohnt noch in seinem Zelte, auf seine Stätte (nāwæh) streut man Schwefel aus." Spr 3, 33 spricht vom Segen über die 'Wohnung' der Gerechten (par. bajiṭ). Die Wohnung des Gerechten kehrt Spr 24, 15 wieder, hier aber mit „Ruhelager" (reḇæṣ) parallel. Ganz allgemein ist dagegen in Spr 21, 20 von der „Wohnung der Weisen" die Rede, die als kostbarer Schatz bezeichnet wird, und in Ijob 5, 3 von der „Wohnstatt des Toren", die ihn plötzlich (nach seinem Untergang) verwünschen (qbb) muß.

Etwas unsicher ist Ps 79, 7 (Jer 10, 25 zitiert), wo es heißt, daß die Heiden Jakob aufgezehrt (ʾāḵal) und seine nāʾôṭ verwüstet (šmm hiph) haben. Es kann hier sowohl um die Felder (Weidegebiete) als auch um die Wohnstätten gehen. Dasselbe gilt wohl auch für Klgl 2, 2: „JHWH hat die nāʾôṭ Jakobs vernichtet (verschlungen, blʿ) und die Festungen (mibṣār) Judas niedergerissen; der Parallelismus fördert hier vielleicht die Bedeutung 'Wohnungen'.

Ebenso unklar ist der Ausdruck nᵉʾôṭ ʾᵆlohîm in Ps 83, 13: die feindlichen Könige wollen sich der nāʾôṭ Gottes bemächtigen (jāraš). Ist hier von „Weidegebiet" i.S.v. „Land" die Rede? Oder geht es um den „heiligen Platz" (s.u. c) und vgl. LXX ϑυσιαστήριον)? Targ. liest hier „Schönheit" (= nāʾwæh?); vgl. auch Jer 25, 30 oben. – Ganz unbestimmt ist nāwæh in Ps 74, 20, wo festgestellt wird, daß „Wohnungen der Gewalttätigkeit" (nᵉʾôṭ ḥāmās) im Lande vorhanden sind; LXX hat οἴκων ἀνομιῶν.

Ein nāwoṭ oder nājôṭ (Q; K wohl nāwᵉjaṭ) findet sich 1 Sam 20, 1 und 19, 18f. als Zufluchtstätte Davids „in Rama". Das Wort wird von LXX als Ortsname verstanden, aber es handelt sich offenbar um den Aufenthaltsort der sich um Samuel scharenden Propheten, obwohl es nicht ein Kloster im eigentlichen Sinne des Wortes sein kann. McCarter, AB 8, 328 übersetzt „camps" und nimmt an, daß die Propheten in Lagern lebten, ebenso wie die Hirten (vgl. noch A. Haldar, Associations of Cult Prophets Among the Ancient Semites, Uppsala 1945, 142 Anm. 1).

In Hos 9, 13 ist der Text kaum in Ordnung. Anscheinend wird Efraim mit „Tyrus, auf der Aue gepflanzt" verglichen, aber das gibt im Kontext keinen Sinn. Wolff, BK XIV/1, 208 liest mit LXX lᵉṣajiḏ šāṭ loh bānājw „Efraim hat seine Söhne zum Jagdwild gesetzt"; dagegen spricht jedoch, daß bānājw auch in der folgenden Zeile steht. Andersen-Freedman, AB 24, 544 behalten den Text und beziehen šᵉṭûlāh bᵉnāwæh „auf einer Aue gepflanzt" auf den Feigenbaum von v. 10.

c) Es gibt einige Fälle, wo sich nāwæh deutlich oder möglicherweise auf die Wohnung JHWHs auf dem Zion bezieht. Klar ist jedenfalls 2 Sam 15, 25. Der flüchtende David sagt hier zu Zadok, daß er die Hoffnung hegt, JHWH werde ihn „zurückführen und ihn ʾoṭô wᵉʾæt-nāwehû wiedersehen lassen". Die Frage ist, ob sich ʾoṭô auf JHWH oder die Lade bezieht; jedenfalls bezeichnet nāwæh das Zeltheiligtum, wo die Lade und JHWH zugegen sind (vgl. K. Rupprecht, BZAW 144, 1977, 94).

McCarter (AB 9, 371) verweist hier auf Ex 15, das sog. Schilfmeerlied, wo v. 14 lautet: „Du leitetest (nāḥāh) in deiner Güte das Volk, du führtest (nhl) sie machtvoll zu deiner heiligen Wohnung (nᵉweh qŏdšæḵā)." nhl und z.T. auch nāḥāh ist Hirtenterminologie (vgl. Ps 23, 2f.; 77, 21). Die Wohnung könnte der Tempel auf dem Zion sein, dann aber kann das Lied frühestens aus der Königszeit stammen, was noch durch die Ausdrücke „Berg deines Erbes", „Ort deines Thronens" und miqdāš in v. 17 nahegelegt wird. Noth, ATD 5, 99f. sieht aber in „Berg deines Erbes" und „heilige Wohnung" Bezeichnungen des ganzen gelobten Landes. S. J. L. Norin (Er spaltete das Meer, CB.OTS 9, 1977, 85ff.) findet ugar. Parallelen zu har naḥᵃlāṭᵉḵā, māḵôn lᵉšiḇṭᵉḵā und miqdāš, alle mit Bezug auf die Götterwohnung auf dem Zaphon; für nᵉweh qodæš fehlen Parallelen. Eine Deutung auf Zion war nach ihm in einem dtr Kontext möglich.

Eindeutig ist dagegen Jes 33, 20, wo Bilder aus dem Hirtenleben, u.a. die Ausdrücke nāwæh šaʾᵃnan

„sichere Trift" und „Zelt, das nicht abgebrochen wird" (→ נסע *nāsa'*), die Festigkeit des zukünftigen Jerusalems zum Ausdruck bringen. Jer 31, 23 ist nicht ganz eindeutig. Es wird angesagt, daß man noch einmal in Juda sagen wird: „Es segne dich JHWH, du Aue der Gerechtigkeit, du heiliger Berg." Rudolph (HAT I/12³, 199) hält es für möglich, daß „heiliger Berg" (wie Jes 11, 9) das ganze Land meint und erklärt richtig *ṣædæq* als „Heil". Daß man „im Lande Juda und in seinen Städten" diese Redeweise gebraucht, beweist aber nicht zwingend, daß das ganze Land auch angeredet wird; es spricht eher für Jerusalem. Der Ausdruck wird dann im sekundären Stück Jer 50, 7 aufgegriffen und umgedeutet: nun ist JHWH „der Ort der Gerechtigkeit und die Hoffnung der Väter"; gegen ihn hat das Volk gesündigt.

Die *n^ewaṯ bajiṯ* Ps 68, 13, die Beute verteilt, gehört wohl nicht hierher (Hausflur? „die Schöne des Hauses"? s. KBL³ 641). – Dagegen ist *n^ewaṯ ṣiḏqæḵā* „die Wohnstatt deiner Rechtheit", d. h. die wiederhergestellte Wohnung des Bußfertigen.

III. Die Übersetzungen der LXX spiegeln die semantische Breite des hebr. Wortes wider: νομή 'Weideplatz' (7mal) bzw. νομός 'Weide' (Jer 10, 25), τόπος (4mal), ἔπαυλις 'Wohnung' (3mal + Jes 35, 7?), κατάλυμα, κατάλυσις 'Herberge' (2- bzw. 1mal), μάνδρα 'Hürde' (2 Sam 7, 5 mit Par.; Ez 34, 14), δίαιτα 'Aufenthalt' (Ijob 5, 3; 8, 6), εὐπρέπεια 'Schönheit' bzw. εὐπρεπής (2 Sam 15, 25; Ijob 5, 24; Jer 49, 20).

Ringgren

נוּחַ *nûaḥ*

מְנוּחָה *m^enûḥāh*

I. Allgemeines und Überblick – II. Verbum – 1. *qal* – 2. *hiph* A – 3. *hiph* B – III. Ruhe für Menschen (1) und für Gott (2) – IV. Apokryphen und Qumran.

Lit.: *G. R. Berry*, The Hebrew Word נוח (JBL 50, 1931, 207–210). – *G. Braulik*, Menuchah – Die Ruhe Gottes und des Volkes im Lande (BiKi 23, 1968, 75–78). – *W. Brueggemann*, Weariness, Exile and Chaos (CBQ 34, 1972, 19–38). – *J. Ebach*, Zum Thema: Arbeit und Ruhe im Alten Testament (ZEE 24, 1980, 7–21). – *O. Eißfeldt*, nûaḥ „sich vertragen" (KlSchr III, 1966, 124–128). – *J. Frankowski*, Requies, Bonum Promissum Populi Dei in VT et in Judaismo (VD 43, 1965, 124–149. 225–240). – *O. Hofius*, Katapausis. Die Vorstellung vom endzeitlichen Ruheort im Hebräerbrief (WUNT 11, 1970, bes. 22–50). – *A. R. Hulst*, De betekenis van het woord מְנוּחָה (Festschr. W. H. Gispen, Kampen 1970, 62–78). – *W. C. Kaiser Jr.*, The Promise Theme and the Theology of Rest (BS 130/518, 1973, 135–150). – *Ders.*, Toward an O.T. Theology, Grand Rapids 1981, 127–130; ferner s. Reg. – *M. Metzger*, Himmlische und irdische Wohnstatt Jahwes (UF 2, 1970, 139–158). – *G. von Rad*, Es ist noch eine Ruhe vorhanden dem Volke Gottes (Zwischen den Zeiten 11, 1933, 104–111 = ThB 8, ³1965, 101–108; vgl. *Ders.*, ThAT II⁷, 1980, 397f.). – *G. Robinson*, The Idea of Rest in the O.T. and the Search for the Basic Character of Sabbath (ZAW 92, 1980, 32–42). – *W. Roth*, The Deuteronomic Rest Theology: A Redaction-Critical Study (Bibl Res 21, 1976, 5–14). – *F. Stolz*, נוח *nû^aḥ* ruhen (THAT II, 1976, 43–46; vgl. auch Sp. 140). – *P. Welten*, Geschichte und Geschichtsdarstellung in den Chronikbüchern (WMANT 42, 1973, 17f. 49. 97. 201). – *H. W. Wolff*, Anthropologie des AT, ³1977, 198–210. – *Ders.*, The Day of Rest in the OT (Conc. Theol. Monthly 43, 1972, 498–502).

I. Die Wurzel *nûaḥ/nḥ/nḫ* ist in frühen (asarab.; kanaan.: EA 147, 56; altsinait.; äth.; vgl. ZAW 75, 1963, 312; akk.: AHw II 716) wie in jüngeren semit. Sprachen (mhebr.; jüd.-aram.; christl.-pal.; syr.; mand.; vgl. KBL³ 641; DISO 176 und KAI 58) breit belegt (vgl. auch K. Beyer, Die aram. Texte vom Toten Meer, 1984, 634). Zum Ugar. s. WUS Nr. 1772; UT Nr. 1625 (*nḥ* und *nḥt*), ferner RSP I 221f.; zu Koh 10, 4; Est 9, 17f.: RSP I 276 mit analogem Doppelbeleg; zu Ex 23, 12 vgl. RSP II 23; zu Jes 57, 2 (vgl. Jes 32, 18; 1 Chr 22, 9) vgl. RSP II 32; III 161 (Kombination mit *šālôm*).

Nach M. Dahood (Bibl 48, 1967, 437; 49, 1968, 357f.; vgl. RSP I 191f.) haben mehrere Übersetzungen an einigen Stellen *nûaḥ* mit *nḥh* verwechselt (z. B. Jes 63, 14). Zu akk. Äquivalenten vgl. auch EA 74, 27. 37 (s. auch Eißfeldt).
Ob in Est 9, 17f.; 2 Chr 6, 41 Belege für ein Substantiv *nôaḥ* vorliegen, ist umstritten. Zu Jes 57, 18 vgl. J. S. Kselman, CBQ 43, 1981, 539–542. Textlich unklar ist ferner Jes 30, 32 (H. Wildberger, BK X/3, 1209; ferner THAT II 43).
Zum Namen Noach in Gen 5, 29 (vgl. Sir 44, 17) s. C. Westermann, BK I/1, 487f. mit Lit.

Die Äquivalente der LXX sind vornehmlich ἀναπαύειν bzw. ἐπαναπαύεσθαι, für die Nomina dann ἀνάπαυσις und κατάπαυσις, für das Verbum im *qal* seltener auch ἀφίειν/ἀφιέναι, während die *hiph*-Formen des Verbums über 20 verschiedene griech. Übersetzungen finden, darunter z. B. auch καθίζω oder τίθημι.
Vom Verbum *nûaḥ* finden sich im *qal* 30 Belege mit den Bedeutungen 'sich niederlassen (zur Ruhe), zur Ruhe kommen und (folglich) ruhen'. Das *hiph* A *henîaḥ* (oft verbunden mit *l^e*) steht mit 33 Belegen für 'sich lagern lassen, ruhen lassen, zur Ruhe bringen (bzw. zur Ruhe führen oder leiten), zur Ruhe kommen lassen, Ruhe schaffen'. Der Gegensatz ist hier nicht nur die Bewegung, z. B. die Wanderung, sondern auch die (psychische) Unruhe, so daß man (wenn auch selten) 'befriedigen, Freude bringen oder beruhigen' übersetzen muß (Ex 33, 14; Spr 29, 17). Das *hiph* B *hinnîaḥ* (72 Belege) steht für 'legen, hinlegen, liegen lassen, übrig oder zurücklassen, auch für belassen' (s. näher unter II. 1.–3.). Diesem Gebrauch ordnen sich die 4 Belege des *hoph* B zu (Ez

41, 9; 41, 11 [2]: dort stets *munnāḥ* 'leerer, frei gelassener Raum'; ferner Sach 5, 11: die Tonne soll „aufgestellt, hingebracht werden"), während das *hoph* A nur in Klgl 5, 5 (Q) begegnet („man läßt uns keine Ruhe": dies als Zeichen göttlichen Gerichts).

Derivate sind vor allem *m^enûḥāh* mit seiner Bedeutungsbreite von 'Rastplatz, Ruheplatz', über 'Ruhe' im Land, 'Ort der Ruhe' Gottes bis zur (psychischen) 'Beruhigung' (s. III.; 21 Belege im AT) und *mānôaḥ* (7 Belege) als 'Ruheplatz, Rastplatz' (vgl. arab. *munāḥ* 'Rastplatz', bes. für Kamele). M. Dahood (Bibl 48, 1967, 427f.) möchte auch in Gen 49, 15 *mānôaḥ* (mit Akkusativendung) statt *m^enûḥāh* lesen.

Zu verweisen wäre noch auf 2 Chr 6, 41, wo an sich Ps 132, 8 aufgenommen wird, das dortige *m^enûḥāh* jedoch in ein *nôaḥ* umgesetzt wird (inf. *niph*?). Ferner steht *naḥat̠* (vgl. ugar. und Karatepe I 17f.: KAI Nr. 26) in Jes 30, 15 (als Gegensatz zu Rüstung und Befestigung!); vgl. auch Spr 29, 9; Koh 4, 6; Ijob 17, 16 („Gelassenheit"). Zu → ניחוח *nîḥôaḥ* s. KBL³ 657.

Daß mit dem Thema „Ruhe" ein für das AT nicht unwesentlicher Inhalt angesprochen wird, erweist (neben der Zahl und dem Gewicht der Belege; s. II.–IV.) auch das relativ breite Wortfeld. Ihm sind zuzuordnen: → שקט *šqṭ* (und Deriv.); *šalwāh* (→ שלו); *šûb̠āh* (→ שוב); → שכב *škb*; → ישן *jāšen*; und vor allem → רגע *rg'* mit seinen Derivaten und letztlich auch → שלום *šālôm* und → שבת *šbt*, obwohl letzteres nur in Ex 20, 11 und 23, 12 (und dort wohl in sek. Interpretationen) zusammen mit *nûaḥ* begegnet. Oppositionen sind z. B. → יעף *j'p*; → נשא *nāśā'*; → רגז *rgz* und → רום *rûm* (zum *hiph*).

II. 1. Nur wenige Belege des *qal* sind dem rein profanen Gebrauch zuzuordnen. Die Leute Davids warteten bzw. verharrten ruhig (1 Sam 25, 9), oder Rizpa ließ die Vögel des Himmels auf dem von ihr ausgebreiteten Sackgewand nicht zur Ruhe kommen (2 Sam 21, 10).

Ein positives Zur-Ruhe-Kommen ist dann sowohl bei der Arche (Gen 8, 4 P) wie der Lade (Num 10, 36) gemeint (vgl. auch Jos 3, 13). Negativ hingegen ist das Sich-Niederlassen der Heuschrecken (Ex 10, 14 J?) und das der Fliege und Biene (Jes 7, 19) gefüllt (Gerichtsaspekte; so auch Jes 23, 12; Hab 3, 16; vgl. *hoph* Klgl 5, 5).

Mehrfach wird das *qal* mit der Geistesgabe (→ רוח *rûaḥ*) verbunden, so in Num 11, 25f. bei den siebzig Ältesten und weiteren Männern, dann nach 2 Kön 2, 15 im Blick auf Elischa, auf dem der Geist Elijas ruht (nach Aussage der Prophetenjünger); und nach Jes 11, 2 wird auf dem Isaisproß ebenfalls der Geist JHWHs ruhen.

Das *qal* von *nûaḥ* wird auch öfter verwendet, um den weisheitlichen Tun-Ergehen-Zusammenhang zur Aussage zu bringen (Spr 14, 33; 21, 16; vgl. Koh 7, 9), so daß dieses Stichwort dann auch in der kritischen Auseinandersetzung Ijobs mit diesem Denken eine Rolle spielt. Angesichts der Unruhe des Lebens wünscht Ijob sich den Tod, denn dort hätte er Ruhe, nicht aber in diesem Leben (Ijob 3, 13. 17. 26) – ein innerhalb des AT seltener Wunsch. Vom Tod als Ruhen wird dann nur noch Dan 12, 13 gesprochen, dort allerdings mit dem sonst nicht gewagten Ausblick auf eine Auferstehung. Eine stark weisheitlich formulierte Hoffnungsaussage findet sich noch in Ps 125, 3.

Daß das Ruhen bzw. die Ruhe at.lich gesehen Heilsgut ist, machen die Verheißungen deutlich (Jes 25, 10; 57, 2: hier allerdings Text unklar; dann Jes 14, 7). Ruhe vor den Feinden (→ I 232) ist für die Juden das Erstrebte (Est 9, 16. 22; vgl. vv. 17f.), und der Geschichtsrückblick in Neh 9 kommt in v. 28 unter diesem Stichwort und damit klar von dtr Denken abhängig (vgl. unten III.) auf das Ruhen zur Zeit der Richter zu sprechen, das allerdings das Volk dann auch zum Abfall verleitete.

Bereits im Bundesbuch (Ex 23, 12) wird der Israelit aufgefordert, am siebenten Tag zu ruhen (*šbt*), „damit dein Rind und dein Esel zur Ruhe kommen" (*jānûaḥ*). Dies wird in Dtn 5, 14 weitergeführt, indem es auf Knecht und Magd bezogen wird, was doch wohl dtn/dtr Geist erkennen läßt (anders: H. Rücker, Die Begründungen der Weisungen Jahwes im Pentateuch, 1973, 108: vor-dtn). Und Ex 20, 11 spricht schließlich in diesem Zusammenhang dann sogar davon, daß JHWH selbst am siebenten Tage „ruhte" (hier *wajjānaḥ*; in Gen 2, 2 P dann – und wohl in stärkerer Ausrichtung auf den Sabbat – *wajjišbot̠*; zur Sache: F.-L. Hossfeld, Der Dekalog [OBO 45, 1982, 47ff. 247ff.]; L. Ruppert, ZDMG Suppl. V, 1983, 121–131). Nur hier wird jedenfalls das Verbum *nûaḥ* für den semantischen Gegensatz zum Arbeiten verwendet (vgl. nur Gen 49, 15!). Daß auch diese Ruhe JHWHs (wie etwa in Jes 25, 10 [*jād̠*] oder 2 Chr 6, 41) den Zion im Blick hat (so Robinson), ist unwahrscheinlich. Ruhe soll weder Privileg der Götter (d. h. Gottes) noch bestimmter Menschenklassen sein.

2. Das *hiph* A (*henîaḥ*) wird ebenfalls (wie das *qal*) überwiegend in theologischen Bedeutungszusammenhängen verwendet.

JHWH ist es, der seinem Volk bzw. dessen König Ruhe verschafft vor Feinden (Dtn 12, 10; 25, 19; Jos 21, 44; 23, 1; vgl. auch 1 Makk 14, 4; 16, 2 u.ö.; dann 2 Sam 7, 1; in 2 Sam 7, 11 analog, aber als neue Verheißung; 1 Kön 5, 18 – v. 17 in Spannung zu 2 Sam 7, 1. 11! –; 1 Chr 22, 9; 22, 18; 23, 25; 2 Chr 14, 5f.; 15, 15; 20, 30).

Schon ein kurzer Blick auf die genannten Texte macht dreierlei deutlich: Sie sind weithin dem dtr Denken und dessen Einfluß zuzuordnen. Sie meinen Ruhe als Ruhe vor Feinden und Krieg (zuweilen statt „vor den Feinden" auch ein „ringsum"). Sie füllen diese Ruhe vor den Feinden oft zugleich als ein heilvolles (vgl. *šālôm* in 2 Chr 20, 30 explizit) Sein im Land. Die dtr Prägung ist deutlich in Dtn 3, 20; 12, 10; 25, 19; Jos 1, 13. 15; 21, 44; 22, 4; 23, 1;

2 Sam 7, 1. 11 (beide Verse gehören erst zur dtr Bearbeitung des Kap.); 1 Kön 5, 18. Ruhe ist hier das friedvolle Seßhaftsein im Lande – folglich ein dtr Gut der Hoffnung und Frucht des (dtr geprägten) Gehorsams sowie Inhalt göttlicher Verheißung (anders von Rad: dtn). Daß außerdem diese Belege mehrmals sich um die Gestalt Salomos gruppieren (1 Kön 5, 4. 18; 1 Chr 22, 9; vgl. auch Sir 47, 13), stellt diesen König als König des Friedens heraus, läßt aber wohl auch eine beabsichtigte Nähe zur „Ruhe" JHWHs im Tempel (vgl. unter III.) erkennen. Daß dieser dtr Gedanke der Ruhe zwar innerhalb bestimmter Kreise der dtr Schule beliebt, nicht aber allen dtr Schichten und Richtungen gemeinsam war, zeigt sein Fehlen innerhalb der dtr bearbeiteten Partien des Jeremia-Buches. Dtr Einfluß ist dann wohl auch in Ex 33, 14 zu spüren. T. Veijola (Die ewige Dynastie, Helsinki 1975, 72f.) hat bei seinen Untersuchungen zum DtrGW folgerichtig auch die „Ruheformel" mit einbezogen, die allerdings nicht an allen dtr Belegen wirklich den gleichen Wortlaut hat. Darüber hinaus ist W. Roth der Meinung, daß besonders die Schicht DtrN an dieser Ruhezusage interessiert war (vgl. etwa Dtn 25, 19; Jos 23, 1; 2 Sam 7, 1. 11; 1 Kön 5, 18), während z. B. der Zusammenhang mit dem Schwur an die Väter (Dtn 21, 44) oder mit der Zusage JHWHs (Dtn 22, 4) eher in frühere dtr Schichten verweist (vgl. dazu auch H. D. Preuß, Deuteronomium [EdF 164, 1982, 194]). „Ruhe" ist Korrelat des Weggedankens, der Führung (ins Land) und folglich mit der Landtheologie eng verbunden und zugleich auch noch auf die theologische Wertung des Tempels in Jerusalem bezogen (vgl. Dtn 12, 9; 1 Kön 8, 56). Eine genauere Zuordnung der dtr Texte und ihrer „Bezugssysteme" untereinander zu verschiedenen dtr Schichten versucht Braulik (Freiheit und Frieden, Kongreßvortrag Salamanca 1983), wobei allerdings die von ihm herausgearbeiteten vier Phasen dtr Ruhekonzeption doch wohl noch deutlicher auf die Exilssituation der erneut so Angeredeten bezogen werden sollten. Es ist dieses exilische Israel, das „noch nicht" (wieder) zu dieser Ruhe im Land gelangt ist. JHWHs neue Verheißung und der Aufruf zu neuem Gehorsam wollen dieses ermöglichen.

Innerhalb der Wirkungs- und Auslegungsgeschichte des DtrGW stehen auch hier die Chronikbücher. Gegenüber 2 Sam 7, 1. 11 wird in 1 Chr 17, 1. 10 das Lexem zunächst bewußt ausgelassen, denn für den Chronisten sind (angesichts der „Kriege Davids") Salomo und sein Tempel, dem der Ruhegedanke hier stärker verbunden wird, wichtiger (vgl. dazu Th. Willi, Die Chronik als Auslegung [FRLANT 106, 1972, 143]; dort vgl. auch S. 11 und 1 Chr 22, 9. 18; 23, 25; 2 Chr 14, 5f.; 15, 15; 20, 30 mit Verbum und Substantiv: sämtliche Belege ohne Parallelen in den Samuel- bzw. Königsbüchern!). Der genannte Kontrast zwischen dem Kriegsmann David und dem Friedenskönig Salomo wird in Verbindung mit der „Ruhegabe" in 1 Chr 22, 9 auch direkt ausgesprochen (zu 1 Chr 22, 18 vgl. auch K. Koch, Festschr. H.-J. Kraus, 1983, 29). Keine Interpretation der Gestalten David und Salomo, sondern eine Korrektur der Geschichtsdarstellung nimmt T. Im, Das Davidsbild in den Chronikbüchern (Diss. Bonn 1984, 142ff.) an. Die Notiz von der „Ruhe ringsum" wird nach 1 Chr 22, 18 verlagert, da David nun erst (1 Chr 18–20) die Feinde ringsum besiegt hat.

In den Chronikbüchern wird dann das Ruhe-Verschaffen für das Volk durch JHWH, der „mit" seinem Volk ist (1 Chr 22, 18), mit der Zions- und Tempeltheologie verbunden. JHWH verschafft Ruhe, weil und indem er selbst in Jerusalem zur Ruhe kommt (vgl. unten III.) und in Jerusalem wohnt (*škn*) für immer (1 Chr 23, 25). Daß diese gewährte Ruhe im Gegensatz zum Krieg steht und damit dem *šālôm* verbunden ist, wird ebenfalls in 2 Chr 14, 5f.; 20, 30 u.ö. ausdrücklich gesagt, womit die Vorliebe des ChrGW für diese Gabe der Ruhe sowohl in dem Grundbestand des ChrGW wie in Zusätzen begegnet.

Für das Weiterwirken dieser Gedanken kann dann noch (neben 1 Makk; s.o.) auf Sir verwiesen werden (s.u. IV.).

Auch beim *hiph* A finden sich dann (wie beim *qal*) Belege für die Verbindung mit *rûaḥ* (Jes 63, 14; Sach 6, 8; vgl. auch Ez 37, 1? oder hier *hiph* B?). Nach Jes 63, 14 ist es der Geist JHWHs, der zur Ruhe brachte (JHWH führte sein Volk). Was nach Ez 37, 1 der Geist JHWHs bewirkt, tut nach Ez 40, 2 JHWHs Hand. Ob es sich in beiden Fällen um reale Ortsveränderungen des Propheten oder um visionäre Schau handelt, kann aufgrund des verwendeten Verbums *nûaḥ* (*hiph* A) allein nicht entschieden werden. Die Verheißung Sach 6, 8 zielt mit dem Land des Nordens wohl auf die babylonische Diaspora (vgl. 2, 10).

Wie sehr diese Ruhe Heilsgut ist, wird direkt noch dadurch deutlich, daß sie in mehreren Heilsverheißungen angesprochen wird (Jes 14, 3: wohl auch exilisch; vgl. DtrGW; 28, 12; dazu → III 716; ferner Ez 44, 30). Indirekt bestätigen dies dann auch die Gerichtsansagen, welche gegenteilig argumentieren bzw. z. B. vom „Grimm" JHWHs sprechen, den er „herunterfahren" oder „sich niederlassen" lassen will (Ez 5, 13; 16, 42; 21, 22; 24, 13; zu dieser Kombination → II 1035f.; dann wohl auch Jes 30, 32).

Isolierter Gebrauch begegnet in Ex 17, 11 (wenn Mose seine Hand „sinken läßt", siegt nicht Israel, sondern Amalek) und Spr 29, 17 („Züchtige deinen Sohn, so wird er dir *Freude machen*").

Die JHWH-Rede an Mose in Ex 33, 14 (nicht als Frage zu sehen!) verheißt schließlich, daß JHWHs Angesicht (→ פנים *pānîm*) vorangehen soll, „und ich will dir Ruhe verschaffen", was wohl betont schillernd formuliert ist: man kann und soll an die Ruhe im Land denken, aber zugleich wird durch diesen Hinweis Mose „beruhigt".

3. Das *hiph* B (*hinnîaḥ*) wird seltener innerhalb eines theologisch bedeutsamen Kontextes verwendet. Es

bezeichnet ein ʻhinlegen, belassen, liegen lassen, hinsetzen' (Gen 2, 15; 19, 16; 39, 16; Jos 4, 3. 8; 1 Sam 6, 18; 10, 25; 1 Kön 7, 47; 8, 9; 13, 29. 31; 2 Kön 23, 18; 2 Chr 1, 14; 9, 25; vgl. auch Jos 6, 23 „unterbringen"). Jemand oder etwas wird „zurückgelassen" (Gen 42, 33; 2 Sam 16, 21; 20, 3; 1 Kön 19, 3; in Ps 17, 14 und Koh 2, 18 im Sinne von „etwas einem Nachkommen hinterlassen").

Relativ häufig wird innerhalb kultischer Zusammenhänge davon gesprochen, daß etwas (z. B. vom Opfer) „übrig zu lassen" sei, daß Kleider, der Zehnte, ein Korb usw. irgendwo „hinzustellen" seien (Lev 7, 15; 16, 23; Num 17, 19. 22; 19, 9; Dtn 14, 28; 26, 4. 10; Ri 6, 18. 20; Ez 40, 42; 42, 13 f.; 44, 19; 2 Chr 4, 8). Innerhalb priesterschriftlicher Texte wird hierbei gern die Korrespondenz von Befehl und Ausführung unterstrichen (Ex 16, 23 f.; 16, 33 f.).

Mehrmals findet sich eine Bitte wie „und nun laß mich" (dies oder jenes tun oder „mich los" oder „gewähren"): Ex 32, 10 (im wohl dtr Zusatz vv. 9–14); Ri 16, 26; 2 Sam 16, 11. Mit dem Blick auf diese Belege ist wohl auch Hos 4, 17 zu interpretieren, wo es kaum wegen 2 Sam 16, 11 „laß es (nämlich Efraim in seinem Götzendienst) gewähren" heißen kann, sondern eher (auch wegen 2 Kön 23, 18; Ex 32, 10 und vor allem wegen des Kontextes, der in v. 15 eindeutig das Gericht im Auge hat) als „laß es hinfahren" zu übersetzen sein wird.

Ähnliche Gerichtsworte sind Jes 28, 2; 65, 15; Ez 16, 39; 22, 20 (hier allerdings Text unklar, vgl. W. Zimmerli, BK XIII/1 z. St.). Strafend (als „in Gewahrsam legen") wird das Verb auch in Lev 24, 12 und Num 15, 34 mit Bezug auf den einzelnen, in Num 32, 15 mit Bezug auf das Volk verwendet (es zur Strafe in der Wüste belassen).

Ein „übrig lassen" ist gemeint in Ri 2, 23; 3, 1 (JHWH ließ Völker übrig: dtr Theologie); vgl. auch Jer 43, 6. Ein „gewähren lassen" meint das Verb in Est 3, 8.

Heilsaspekte, die wieder oft mit dem Aufenthalt im Land verbunden sind, finden sich in Jes 14, 1 (hier Text zu ändern?; vgl. H. Wildberger, BK X/2, 526, dann aber Jer 27, 11; Ez 37, 14, wenn dort auch mit etwas anderen Akzenten); Jer 27, 11; Ez 37, 14. JHWH kann dann auch gebeten werden: „(Ver-)Laß uns nicht!" (Jer 14, 9 in der Gebetsklage vv. 7–9; vgl. Ps 119, 121). Was Ps 105, 14 (= 1 Chr 16, 21) positiv formuliert (JHWH ließ keinen Menschen Israel auf seinem Weg Gewalt antun), wird in Ps 119, 121 in die Form der Bitte umgesetzt.

Vom „Aufstellen" von Götzenbildern spricht 2 Kön 17, 29 kritisch, Jes 46, 7 spottend.

Das Buch Koh zeigt schließlich in Form weisheitlicher Sentenzen (5, 11; 7, 18; 10, 4b) und Mahnungen (10, 4a: Text unklar? „verlasse deinen Ort = deine Stellung nicht"? Wohl eher „bewahre die Ruhe" wegen des Kontextes in v. b; dann 11, 6) nochmals einen häufigeren Gebrauch des auch sonst innerhalb der Weisheitsliteratur nicht seltenen Lexems.

Isoliert bleibt der Gebrauch im Weheruf Am 5, 7, wo an ein „niederschlagen" bzw. „zu Boden stoßen" (vgl. Jer 28, 2) zu denken ist (z. St. auch C. I. K. Story, VT 30, 1980, 72).

III. Das Nomen *m^enûḥāh* (defektiv geschrieben in Gen 49, 15; 2 Sam 14, 37; Jes 11, 15; im Pl. Ps 23, 2) findet sich (meist als *nḥt*) auch im Aram. und Kanaan. (KAI 223 B 4: Sefire: Ruhe bei Gehorsam; KTU 1.4, I, 33; 2.11, 14; vgl. UT Nr. 1640; dann auch KAI 1, 2: Ruhe = Friede) sowie im Mhebr. und Samarit. DISO 159 nennt eine hebr. Inschrift (IEJ 7, 239), in der der Ort der Ruhe das Grab ist (vgl. KAI 34, 5; 35, 2; vgl. Dan 12, 13 Verbum und auch Ijob 3, 13). Zur Umwelt vgl. auch noch KAI 26, I A 18; 26, II 8. 13 und RSP I 221 f. und zu den dort begegnenden Wortpaaren Jes 30, 15; Spr 29, 9; Koh 4, 6; 6, 5; 9, 17; Ijob 17, 16; 36, 16.

Als Ortsname findet sich *m^enûḥāh* möglicherweise in Ri 20, 43; 1 Chr 2, 52; 8, 2.

1. Von den 21 Belegen für *m^enûḥāh* innerhalb des at.lichen Textcorpus meinen die überwiegende Mehrzahl Ruhe für den/die Menschen/Israeliten. Da wird nach Ri 20, 43 den Benjaminiten keine Ruhe gelassen im Kampf. Eine Frau findet Ruhe im Hause ihres Mannes, was man ihr dann auch wünscht (Rut 1, 9). Von Ruhe auf der Wanderung spricht Num 10, 33, und Jer 51, 59 kennt einen *śar m^enûḥāh* (Reisemarschall? Oberster Quartiermacher?).

Bereits im alten Issachar-Spruch Gen 49, 15 sind Ruhe und Wohnen im Land (hier: Freiheit zur Niederlassung) miteinander verbunden (z. St. auch M. Dahood, Bibl 48, 1967, 427 f.), was sich dann at.lich als ein wesentlicher Zug der Gabe der Ruhe für den Menschen durchhält. Gemäß der Verheißung Jes 32, 18 soll das Volk an sicheren Ruheplätzen wohnen. Der nachexilische Kontext 32, 15–18 (20) führt weiter aus, was dies bedeutet. Auch Ps 95, 11 versteht unter der Ruhe das Wohnen im Land (Kontext ein prophetisches Mahnwort vv. 7b–11, so daß wohl nicht an JHWHs Ruhe gedacht ist). Die direkte JHWH-Rede als Abschluß markiert das Gewicht der Aussage (mit → בוא *bô'* wie in Dtn 12, 9), die dann in Hebr 3, 7 – 4, 13 (v. 9!) zu einer für die Wirkungsgeschichte wichtigen Entfaltung kam (vgl. dazu ThWNT VII 34 f. und Hofius). Innerhalb eines Zitates im Prophetenspruch, aber wohl in einem später noch bearbeiteten Text (so H. W. Wolff, BK XIV/4 z. St.), sagen die angeklagten Reichen zu denen, die sie vertreiben: „Nicht ist dies die Ruhestätte" (Mi 2, 10).

Wie beim Verbum ist dann auch beim Nomen das besondere Interesse dtr und chr Texte am Ruhegedanken deutlich, und dieser wird dort als Ruhe im Land und vor den Feinden (was eine klare Tendenz auch zur inhaltlichen Füllung mit „Freiheit" hat) und als Ruhe am Heiligtum, dem Ort der Ruhe JHWHs (s. unter 2.) gefüllt. Beides ist damit zugleich als theologisches Anliegen besonders der exilischen und nachexilischen Zeit zu erkennen.

In dtr Zusammenhänge gehören Dtn 12, 9 (vgl. das Verbum in 12, 10; 25, 19; dann Jos 21, 44; 23, 1), wo das „ihr seid noch nicht zur Ruhe gekommen" durch *naḥ^{a}lāh* (→ נחל) theologisch näherbestimmt wird. Es ist das Westjordanland als Gegenstand neuer dtr (nicht dtn!) Verheißung gemeint. Als Kontrast ist Dtn 28, 65 (ebenfalls dtr!) instruktiv, dann auch Klgl 1, 3; 5, 2–6. Im Tempelweihgebet 1 Kön 8, 56 (dtr) wird JHWH als der gepriesen, der seinem Volk Ruhe gegeben hat als Erfüllung seines Wortes (zur Kombination mit dem „Mit-Sein" in v. 57 vgl. 2 Sam 14, 17 und oben unter II. 2.). Zeitlich *nach* Salomo wird im DtrGW nicht mehr von dieser Ruhe gesprochen. Es war die Landgabe, die Ruhe brachte (und als neue Landnahme der Exilsgemeinde diese neu bringen wird); es war die Zeit Josuas, die Ruhe vor allen Feinden im Land ringsum vermittelte, während die Zeit der Richter zwar diese Ruhe auch gewährte, sie aber in das Auf und Ab kriegerischer Bedrohungen geriet (Jos 1, 13. 15; 21, 43–45; 22, 4; 23, 1; Ri 3, 30; 8, 28), und es waren dann die Zeiten Davids und vor allem Salomos, die volle Ruhe vermitteln konnten (2 Sam 7, 1. 11; vgl. 1 Sam 26, 19; dann 1 Kön 5, 18; 8, 56). So wie innerhalb der genannten Texte Nomen und Verbum oft vereint sind, so ist auch für den Ausdruck des dtr (und chr) Ruhegedankens beides konstitutiv.

So ist für das ChrGW Salomo der „Mann der Ruhe" (1 Chr 22, 9; vgl. v. 8), denn JHWH wird ihm auch Ruhe verschaffen (Verbum) vor seinen Feinden, so daß dann auch nicht schon David, sondern erst Salomo das „Haus der Ruhe" für JHWH (s. unter 2.) vollenden konnte und sollte (1 Chr 28, 2). Wieder wird die Nähe zum *šālôm*-Gedanken deutlich (dazu auch: ThWNT II 402 und DISO 177 s.v. *nḥt* II).

Auf den Zion als den Ort, der Ruhe gewährt, bezieht sich wohl auch der Jes 11, 1–9 weiterführende Zusatz 11, 10, wo vom Sproß Isais gesagt wird, daß seine Ruhestätte Herrlichkeit sein werde. Ähnlich ist der explizierende Zusatz Jes 28, 12 (dort auch wieder Nomen mit Verbum) auch auf Jerusalem zu beziehen.

Daß JHWHs Wort „zur Ruhe gelangt", d. h. sich geschichtsgestaltend verwirklicht, wird (neben 1 Kön 8, 56f.) auch in Sach 9, 1 als gegenwartsbezogene Aussage gemacht (so mit K. Elliger, ATD 25 z. St., d. h. nicht in Richtung auf Zukunft und Strafe).

Wie sehr der at.liche Ruhegedanke nicht nur mit dem Land, der Verheißung und dem Tempel zusammenhängt, sondern sich in ihm auch die Führung JHWHs ausspricht, wird auch in Ps 23, 2 deutlich, wonach JHWH zu „Wassern der Ruhe" (Weideplatz mit Wasserstelle) geleitet.

Ruhe als Ruheplatz oder -ort und Ruhe als Heilsgabe sind folglich innerhalb des AT nicht klar trennbar. Heilsort und Heilsgut (Ebach) hängen zusammen. Und folglich kann „Ruhe" dann auch (wie analog schon beim Verbum deutlich wurde) nicht nur lokal, sondern auch psychisch gemeint sein. Das Wort des Königs verschafft Beruhigung (2 Sam 14, 17), und gegenteilig seufzt Baruch (Jer 45, 3), daß er keine Ruhe finde.

Ein lokaler Ruheplatz ist meist auch durch das Nomen *mānôaḥ* bezeichnet (Jes 34, 14; Rut 3, 1; 1 Chr 6, 16: hier für die Lade im Hause JHWHs; in Gen 8, 9 Ruheplatz für die ausgesandte Taube). Dann ist aber auch bei diesem Nomen das Ineinander von äußerer und innerer Ruhe (bzw. das Fehlen beider) erkennbar (Dtn 28, 65; hier im Kontext zusammen mit *m^{e}nûḥāh*; dann Klgl 1, 3), während in Ps 116, 7 allein die seelische Ruhe gemeint ist.

2. Daß der Tempel in Jerusalem als Ort der Ruhe JHWHs angesehen wurde (dazu besonders Metzger), wurde schon im Zusammenhang mit der Erörterung der Verbformen des *hiph* A angesprochen (s. o. II. 2.). Das Nomen wird für dieses Theologumenon in 1 Chr 28, 2 benutzt (vgl. auch Jes 11, 10), womit auch Aussagen aufgenommen werden, die sonst auf die Lade bezogen wurden (Num 10, 33; 1 Kön 8, 56). Natürlich läßt auch der Kontext von Dtn 12, 9 an den Tempel denken (vgl. Verbum in Dtn 12, 11). In Ps 132, 8. 14 wird (vgl. besonders den Kontext) dies noch voller ausgeführt (vgl. Ps 94, 11 LXX und die Aufnahme in Josef und Asenat [JosAs] 8, 10; zu Ps 132, 14 vgl. auch H. Kruse, VT 33, 1983, 287). 1 Chr 6, 16 und 2 Chr 6, 41 f. sowie inhaltlich auch 1 Chr 23, 25 gehören mit in diese Zusammenhänge (zum ChrGW s. auch J. P. Weinberg, VT 33, 1983, 310 und dann Th. Willi, s. o.). Zur Kombination mit → ישב *jšb* in Ps 132, 14 vgl. Klgl 1, 3 und RSP I 222; III 195.

Interessant ist bei aller Bedeutung der „Ruhe" für die israelitische Frömmigkeit, daß sie innerhalb des AT nirgends als Bestandteil eschatologischer Hoffnung begegnet.

In Jes 66, 1 wird dann sogar (in direkter JHWH-Rede) der Tempel als Ort der Ruhe JHWHs in Zweifel gezogen, was offensichtlich 1 Kön 8, 56 schon voraussetzt und wahrscheinlich als Protest gegen den nachexilischen Wiederaufbau des Tempels zu werten ist, nachdem man in exilischer Zeit JHWHs Gegenwart bei seinem Volk auch ohne Tempel geglaubt und erfahren hatte.

IV. Auf die Bedeutung des Ruhegedankens für das Sirachbuch wurde schon unter II. 2. kurz verwiesen (vgl. auch 1 Makk 14, 4; 16, 2 u. ö.; dann das Verbum im *qal* in Sir 5, 6; 32, 21; 34, 3f. 21; 40, 5; 44, 23; 46, 19; im *hiph* 5, 6; 6, 3; 12, 3; 38, 7; 39, 28. 32; 44, 9; 47, 13). Sir 33, 4 E bietet leider einen unklaren Text, so daß nicht deutlich wird, ob und wie *mānôaḥ* hier verwendet ist (oder *hiph* des Verbums). Sir 6, 28 (vgl. 4, 15; 14, 24–27; 51, 26) ist es jedoch nicht mehr das Land, das Ruhe gewährt, sondern die Weisheit, die allerdings auch selbst Ruhe sucht (vgl. 24, 7). In Sir 30, 17 (vgl. Ijob 3, 13; Dan 12, 13) meint das Nomen *nûḥāh* den Tod als ewige Ruhe.

JosAs 22, 13 nimmt (mit der Sicht der Ruhe als Heilsgut) auf Jes 66, 2 Bezug, JosAs 8, 10 auf Ps 132 (vgl. Ps 94, 11 LXX). Zu den Belegen in den Apokry-

phen s. vor allem Frankowski 225ff., dort auch noch zum rabbinischen Judentum.
Innerhalb der Qumrantexte zitiert 4QFlor 1, 7 die Verheißung 2Sam 7, 11, bezieht sie aber in neuer Aktualisierung auf die Ruhe vor den Söhnen Belials. Nach 1 QpHab 11, 6 ist der Versöhnungstag das Fest der Ruhe, in 11, 8 wird die Ruhe auf den Sabbat bezogen. Diese Kombination findet sich auch in 1 QM 2, 9. Für Qumran vgl. ferner 1 Q 56, 2; 4 QDibHam 4, 2 (Text: RB 68, 1961, 195–250) und 4 QOrd 2, 5 (Text: JSS 6, 1961, 71–73). Das Verbum (*hiph*) kann auch verwendet werden, um vom Aufhörenlassen des Kriegslärms zu sprechen (1 QM 17, 14; vgl. 1 QM 8, 7. 14 der „ruhige" Ton der Kriegsposaunen). Am Sabbat der Ruhe ist natürlich nicht zu kämpfen (1 QM 2, 9), und nach dem Krieg zieht man wieder ins Lager der Ruhe (1 QM 12, 9). 1 QH 8, 30 (wichtig für Ri 20, 43?) und 9, 5 zeigen, daß auch in Qumran die Gabe der Ruhe als auch innere Ruhe verstanden werden konnte.
In der Tempelrolle ist nur das Verbum in *hiph* B belegt (32, 10; 58, 15; wohl auch 33, 4; 43, 4) in den Bedeutungen 'hinlegen, zurücklassen', jedoch nicht in theologisch wichtigen Zusammenhängen.

Preuß

נוס *nûs*

מָנוֹס *mānôs*, מְנוּסָה *m^e^nûsāh*

I. Das Vorkommen der Basis *ns* – 1. Außerhalb des Hebr. – 2. Im AT – 3. Wiedergabe durch LXX und Targum – II. Die Bedeutung – 1. Im Grundstamm – 2. In den abgeleiteten Stämmen – 3. Nomina – 4. Abgrenzung gegenüber bedeutungsverwandten Verben – III. Die Verwendung in theologisch bedeutsamen Texten – IV. Qumran.

Lit.: *B. Grossfeld*, The Relationship Between Biblical Hebrew ברח and נוס and Their Corresponding Aramaic Equivalents in the Targum (ZAW 91, 1979, 107–123). – *E. Jenni*, „Fliehen" im akkadischen und im hebräischen Sprachgebrauch (Or 47, 1978, 351–359). – *S. Schwertner*, נוס *nûs* fliehen (THAT II 47–50).

I. Die Basis *ns* ist nicht in allen semit. Sprachen nachzuweisen; Belege aus dem Ostsemit. fehlen völlig. Außer im Hebr. ist sie sicher im Altaram., Syr. und Arab. vorhanden, im Ugar. ist sie zweifelhaft. Die Bedeutung „fliehen" hat *ns* nur im Hebr. angenommen. Für das Ugar. weist CML[3] im Glossar zwei Belege nach: In KTU 1.4, III, 5 findet sich ein ganz fragmentarisches *'l jns* (wiedergegeben: „let him not escape"); die Bedeutung ist aber dank der isolierten Stellung durchaus zweifelhaft. Gordon UT möchte es von *nsj* ableiten. In KTU 1.2, IV, 4 findet sich die Form *ꜣts* (angeblich Gt von *ns*, UT Nr. 416 ohne weitere Angabe). Auch dieser Beleg ist also unsicher. In die Nähe der Bedeutung des hebr. *nûs* kommt immerhin das in altaram. Inschriften für das Wegschleppen der Stele mehrfach gebrauchte *hns* (KAI 202 B, 20; 225, 6; 226, 8. 9, 'rauben, fortschleppen'); man vgl. hierzu die Bedeutung, die Ri 6, 11 das *hiph* von *nûs* hat. Die von KBL[3] aus dem Syr. und Arab. verzeichneten Bedeutungen 'zittern' bzw. 'sich hin und her bewegen' lassen lediglich erkennen, daß die Basis in allen semit. Sprachen, die sie verwenden, ein Verb der Bewegung repräsentiert.
2. Das Hebr. kennt von der Basis *ns* den Grundstamm *nûs*, das *hiph henîs* und das *polel nôses*; außerdem sind die Nomina *mānôs* und *m^e^nûsāh* davon abgeleitet.

Für den Grundstamm finden sich 153 Vorkommen, zu denen noch die *hiph*-Stellen Ri 7, 21 und Jer 48, 44 kommen, an denen die masoret. Punktation das *qal* zu lesen verlangt. Diese Lesung ist Jer 48, 44 durch die Parallele Jes 24, 18 abgesichert; wahrscheinlich ist auch Ri 7, 21 die masoret. Lesung vorzuziehen; die *hiph*-Schreibung könnte auf ein Mißverständnis des Subjektes zurückgehen, vgl. W. Nowack, Handkomm. z. AT, 73. Demnach bleiben für das *hiph* nur noch 3 Belege übrig. Die Form *l^e^hiṯnôses* in Ps 60, 6 dürfte eine ad-hoc-Bildung um des Wortspieles mit *nes* willen sein; selbst wenn der Verfasser dabei an *nûs* gedacht haben sollte, kann daraus für die Bedeutung kein Rückschluß gezogen werden.

3. Die LXX gibt *nûs* und seine Ableitungen ziemlich konsequent mit φεύγειν oder Zusammensetzungen wie δια-, κατα- und ἐκφεύγειν wieder. Den Infinitiv *lānûs* vertritt dabei gelegentlich ein Nomen des gleichen Stammes. Abweichende Übersetzungen (ἀναχωρεῖν, ἀποδιδράσκειν, διώκειν) sind entweder auf geprägte Wendungen oder den Wunsch nach Abwechslung zurückzuführen. Die Wiedergabe mit κινεῖν Hld 2, 17; 4, 6 und φθείρειν Dtn 34, 7 versucht, ungewohnte Bilder oder Vergleiche im Griech. zu vermeiden. Sach 14, 5 deutet das ἐμφράσσειν der LXX darauf hin, daß sie *stm niph* gelesen hat. In der einheitlichen Wiedergabe der LXX deutet sich bereits an, daß *nûs* eine nur geringe Bedeutungsskala aufzuweisen hat. Zur Wiedergabe im Targum s. B. Grossfeld, ZAW 91, 1979, 107–123.

II. Alle Vorkommen von *nûs* mitsamt seinen Ableitungen lassen die Grundbedeutung 'fliehen' erkennen, auch wenn die Bedeutungsnuancen trotz der geringen Variationsbreite nicht vernachlässigt werden sollten. Die notwendige Frage, worin sich *nûs* von den bedeutungsverwandten Verben (→ ברח *bāraḥ*, → נדד *nāḏaḏ* und *'ûz hiph*) unterscheidet, ist erst nach der genaueren Erhebung seiner semantischen Nuancen zu beantworten.
1. a) Der Grundstamm von *nûs* tritt sehr häufig dort auf, wo von Kampf und kriegerischer Auseinandersetzung die Rede ist; er bezeichnet die Flucht des einzelnen oder des ganzen Heeres vor dem überlegenen oder siegreichen Feind. Der von den Judäern

geschlagene Adoni-Besek flieht, wird aber verfolgt und ergriffen (Ri 1, 6). Damit sind die Begriffe genannt, die sich häufig mit *nûs* in diesem Zusammenhang konsoziieren, vgl. etwa die Flucht des Sisera (Ri 4, 15) oder der Midianiter (Ri 7, 21f.). Flucht vor dem Feind im Krieg gilt als schimpflich: Krieger, die vom Schlachtfeld geflohen sind, müssen sich heimlich in die Stadt stehlen (so verhalten sich Davids Krieger, als ihr König über Abschaloms Tod trauert, 2 Sam 19, 4). Erfaßt die Flucht das ganze Heer bzw. die zum Kampf ausgerückte Truppe (*nûs* kann sowohl vom Individuum wie vom Kollektivum gebraucht werden), dann kann dies das Ende der Kampfhandlungen sein: „sie flohen, ein jeder zu seinem Zelt" (1 Sam 4, 10; 2 Sam 18, 17; 2 Sam 19, 9; 2 Kön 8, 21 – hier ist zwar im überlieferten Text der eigentliche Vorgang vertuscht worden, doch bezieht sich die Redewendung wie auch sonst immer auf die Flucht Israels). Die Flucht vor dem Feind kann allerdings auch nur fingiert sein, um den Gegner in einen Hinterhalt zu locken (Jos 8, 5ff.; Ri 20, 32); auch für solchen taktischen Rückzug wird *nûs* verwendet. Ist hier die Absicht, den Feind zur Verfolgung zu verleiten, so deutet sich bereits eine weitere Nuance an, die dem Verb *nûs* zukommen kann: es kann nicht nur die Entfernung aus dem Kampfgeschehen beschreiben, sondern auch die Flucht vor dem Verfolger, der den Flüchtenden vor sich hertreibt, man könnte es dann wiedergeben mit „sich auf der Flucht befinden". 2 Sam 24, 13 sieht sich David vor die Wahl gestellt vor Hungersnot, Flucht oder Pest (*nusᵉkā lipnê-ṣārǣkā*); ebenso Spr 28, 17 „Ein Mensch, auf dem Blutschuld lastet, ist auf der Flucht bis in die Grube (*ʿaḏ-bôr jānûs*) (die von BHS vorgeschlagene Änderung ist unnötig). Das Ptz. *nās* kann darum den Flüchtling bezeichnen, unabhängig davon, welches Ereignis ihn zur Flucht getrieben hat (Jer 48, 19. 45; 50, 28).

b) Schon bei dieser letzten Bedeutungsnuance war zu erkennen, daß sich die Verwendung von *nûs* nicht auf die Situation des Kampfes beschränkt. Das Verb kann vielmehr auch dort stehen, wo ein einzelner oder eine Gruppe sich aus einer konkreten Gefahr oder einer bedrohlichen Situation schleunigst entfernen muß. Die Gefahr kann von einem Tier ausgehen: So „flieht" Mose vor der Schlange, in die sich sein Stab verwandelt hat (Ex 4, 3) oder der Mann am Tag JHWHs wie vor einem Löwen (Am 5, 19). Für Josef ist die prekäre Situation, in die ihn Potifars Frau bringt, Anlaß, aus dem Haus nach draußen zu fliehen (*nûs haḥûṣāh*, Gen 39, 12). Jotam macht sich aus dem Staub, nachdem er den Sichemiten seine Fabel vorgehalten hat (Ri 9, 21). Die Bürger der Städte jenseits des Jordan fliehen auf die Nachricht vom Tode Sauls und seiner Söhne hin und überlassen ihre Städte den Philistern (1 Sam 31, 7). *nûs* kann dabei einen deutlich erkennbaren Unterschied zu *bāraḥ* zum Ausdruck bringen. Jotam entfernt sich (*wajjānŏs*) vom Gipfel des Garizim, wo er seine Rede gehalten hat, und begibt sich ins Exil nach Beer, indem er „vor Abimelech flieht" (*wajjiḇraḥ*). Ähnlich heißt es von David, er „floh" (*nās*) vor dem tückischen Anschlag Sauls, d. h. wie sich aus dem folgenden ergibt, er bringt sich in sein Haus in Sicherheit; als Saul ihm aber auch dort nachstellt, „flieht" er (*wajjiḇraḥ*) und begibt sich zu Samuel (1 Sam 19, 10. 12). *nûs* bezeichnet hier die sofortige Entfernung aus der unmittelbaren Gefahr, während *bāraḥ* die Entfernung aus dem Machtbereich des Verfolgers zum Ausdruck bringt. Allerdings darf man diesen Bedeutungsunterschied zwischen *nûs* und *bāraḥ* nicht verallgemeinern. So wird die Flucht der Hagar vor der harten Behandlung durch ihre Herrin mit *bāraḥ* beschrieben (Gen 16, 6. 8), d. h. die Sklavin ist der Sara davongelaufen; andererseits kann *nûs* auch verwendet werden, um die Flucht an den Asylort zu bezeichnen (s. u.), wohin die Macht des Bluträchers nicht reicht. Es ist vielmehr zu beachten, daß an beiden Stellen das *bāraḥ* durch andere Verben präzisiert wird (*wajjelæḵ* ... *wajješæḇ šām*, Ri 9, 21; *wajjelæḵ wajjimmāleṭ*, 1 Sam 19, 12; *wajjimmāleṭ wajjāḇoʾ ʾæl šᵉmûʾel hārāmāṯāh*, 19, 18).

c) War bisher vorauszusetzen, daß der Grund zum Fliehen in konkreter Gefährdung zu suchen ist, so zeigt sich, daß *nûs* auch für die panikartige Flucht gebraucht werden kann. Num 16, 34 kann man noch annehmen, daß die Flucht der Israeliten beim Untergang der „Rotte Korach" von der Furcht bestimmt ist, selbst in den Abgrund gezogen zu werden. Aber was die Aramäer vor Samaria zur Flucht veranlaßt (2 Kön 7, 7), ist ein von JHWH bewirktes Geräusch „Rollen von Wagen, das Getrampel von Pferden und das Lärmen eines großen Lagers"; das versetzt sie derart in Schrecken, daß sie kopflos das Lager verlassen und um ihr Leben laufen (*wajjānusû ʾæl-napšām*). Solch panisches Fliehen ist stets von JHWH bewirkt. Er ist es, der das Lager der Ägypter in Verwirrung bringt, daß diese blindlings dem Meer entgegenlaufen (*nāsîm liqrāʾtô*, Ex 14, 27), und der im Midianiterlager das Schwert des einen gegen den anderen richtet, bis sich alles in wilder Flucht auflöst (Ri 7, 21f.; die hier genannten Orte geben nicht das Ziel der Flucht an, sondern wollen zeigen, wie weit die Panik die Midianiter versprengt hat). Nach 2 Sam 17, 2 maßt sich zwar auch Ahitofel an, über König David und sein Lager einen solchen Schrecken zu bringen, daß das ganze Volk davonläuft – doch schlägt sein Plan bekanntlich fehl. So bleibt es dabei, daß die panische Flucht immer eine gottgewirkte Flucht ist; sie gehört daher auch zur Topik der Unheilsansagen (Lev 26, 17; Jes 30, 16f.; Jer 49, 24, s. u. III. 3.).

d) Besonders dort, wo *nûs* mit einer Zielangabe (*he* locale, *ʾæl*, *lᵉ* oder *ʿaḏ*) verbunden ist, umfaßt es auch den Aspekt „sich in Sicherheit bringen", so daß man es mit „flüchten nach ..." übersetzen kann. Dieser Aspekt zeigt sich z. B. Gen 14, 10. Die Könige von Sodom und Gomorra, die sich zum Kampf gestellt hatten (v. 8), ergreifen die Flucht (*wajjānusû*); als sie ergriffen werden, flüchten die übrigen ins Gebirge (*nāsû*, v. 10). Als Lot den Befehl erhält, sich in Sicherheit zu bringen (*himmāleṭ*), schlägt er vor: „Siehe, die Stadt ist nahe (genug), um dorthin zu flüchten (*lānûs šāmmāh*) ... dorthin will ich mich retten" (Gen 19, 20); vgl. auch Ri 9, 51: die Bürger von Sichem flüchten mit allen Männern und Frauen in den starken Turm. Diese Bedeutungsvariante dürfte auch zu der Wendung geführt haben *nûs le'æzrāh* (Jes 10, 3; 20, 6): man wendet sich an jmd. um Hilfe wie ein flüchtiger Bittsteller. Allerdings ist damit nicht mehr eine wirkliche Bewegung zu einem Zufluchtsort hin gemeint; *nûs le'æzrāh* heißt einfach „jmd. um Hilfe angehen". Jes 20, 6 meint ja doch nicht, daß sich die Bewohner der Küstenstädte tatsächlich nach Ägypten oder Kusch begeben hätten (die Lesart von 1 QJes^{a}, der Wildberger in seinem Kommentar [BK X] folgt, dürfte aufgrund eines solchen Mißverständnisses zustande gekommen sein).

e) In engem Zusammenhang mit der unter d) genannten Bedeutungsvariante steht die Verwendung von *nûs* in der Rechtssprache. Die Asylstädte sind dazu bestimmt *lānûs šāmmāh hārôṣeaḥ* (Num 35, 6ff.; Dtn 4, 42; 19, 3. 10ff.; Jos 20, 3ff.; vgl. auch Ex 21, 13). Sie sollen dem Totschläger (*rôṣeaḥ* → רצח ist hier juristischer Fachausdruck; der gemeinte Tatbestand wird Num 35, 15–21 von Mord abgegrenzt und im folgenden präzisiert) vor dem Zugriff des Bluträchers Schutz gewähren, bis ihn ein ordentliches Gerichtsverfahren verurteilt oder freispricht; im letzteren Fall darf er so lange in der Asylstadt wohnen bleiben, bis ihm die Rückkehr möglich ist (v. 28). *nûs* umfaßt hier jedenfalls nicht nur das Entkommen vor dem Bluträcher, sondern auch die Absicht, an der Asylstätte zu verweilen. Das entspricht dem, was sonst durch *bāraḥ* ausgedrückt wird (→ ברח und Schwertner 47f.). Da die einschlägigen Bestimmungen die Unterscheidung von Mord und Totschlag voraussetzen, Ex 21, 13f. eine sekundäre Erweiterung ist und die ältere Fassung Dtn 19, 1–10 keinen Hinweis auf die Dauer des Aufenthaltes in der Asylstadt enthält, könnte es sich hier um jüngeren Sprachgebrauch handeln.

f) Fast immer wird *nûs* im wörtlichen Sinne gebraucht, nur gelegentlich findet sich eine übertragene Verwendung: Nah 2, 9 steht es für das Auslaufen der Wasser eines Teiches, Ps 104, 7 für das Zurückweichen der Wasser vor dem Schöpfergott, Ps 114, 3. 5 für das Zurückfluten des Meeres beim Exodus (par. *jissoḇ 'āḥôr*), Dtn 34, 7 für das Schwinden der Lebenskraft (*leaḥ*). Jes 35, 10 = 51, 11 stellt für die Rückkehr nach Zion in Aussicht, daß „Kummer und Seufzen entfliehen". Der poetische Ausdruck „die Schatten entfliehen" (Hld 2, 17; 4, 6) meint nicht, wie der entsprechende deutsche Sprachgebrauch, den Anbruch des Tages, sondern die abendliche Dämmerung, die die Schatten gleichsam auslöscht (nicht: „länger werden läßt", so Rudolph, KAT XVII, und Gerleman, BK XVIII; die Bedeutung 'wachsen, zunehmen' läßt sich kaum mit *nûs* verbinden). Eine besondere Wortprägung liegt Jes 30, 16 vor, wo um des Gleichklanges willen *nûs* für das Reiten auf stolzen Rossen verwendet wird: „Doch ihr habt nicht gewollt, sondern gesagt: Auf Rossen wollen wir reiten (*'al-sûs nānûs*), darum sollt ihr fliehen (*'al-ken tenûsûn*)."

2. Auch für die seltenen Vorkommen der anderen Stammformen von *nûs* kann man auf die Bedeutung des Grundstammes zurückgreifen.

a) Von den drei sicheren *hiph*-Formen (zu Ri 7, 21 und Jer 48, 44 s. I. 2.) hat *jānîsû* Dtn 32, 30 eindeutig kausative Bedeutung: „Wie kann ein einziger tausend verfolgen, oder wie können zwei zehntausend in die Flucht schlagen ...", entspricht also der unter 1. a) angegebenen Bedeutung des Grundstammes. Ebenfalls kausativ („zur Flucht veranlassen") ist Ex 9, 20 zu verstehen: die Bediensteten des Pharao, die auf JHWH hörten, ließen ihre Knechte und Herden „in die Häuser fliehen (*henîs ... 'æl-habbātîm*)". Wenn die alten Übersetzungen in seltener Einmütigkeit „render the Hebrew הניס ... by some word meaning 'to gather in'" (Grossfeld, ZAW 91, 113), dann haben sie keinen anderen Text gelesen, sondern versuchen nur, dem Sinn gemäß wiederzugeben. Ri 6, 11 dient das *hiph* als Kausativ zur unter 1. d) angegebenen Bedeutung „in Sicherheit bringen".

b) In der bildhaften Redeweise von Jes 59, 19 ist *nûs polel* (*nosesāh*) durch den gewählten Vergleich bestimmt: der Sturm treibt die Wasser des Baches vor sich her, wie der Verfolger den Flüchtenden. Auch hierbei wird demnach die Grundbedeutung im kausalen Sinn abgewandelt.

c) Zu Ps 60, 6 *hiṯnôses* s.o. I. 2.

3. Den beiden von der Basis *ns* abgeleiteten Nomina kommt unterschiedliche Bedeutung zu.

a) *menûsāh* bezeichnet den Vorgang des Fliehens, die Flucht. Jes 52, 12 steht es in Parallele zu *ḥippāzôn* (→ חפז *ḥāpaz*): im Rückgriff auf die Exodustradition von Ex 12–13 soll betont werden, daß der neue Auszug dem alten überlegen ist: er soll nicht einer eiligen Flucht gleichen. In Lev 26, 36 dient das *menusaṯ-ḥæræḇ* dazu, das verwendete Verb *nûs* eindeutig auf seine kriegerische Bedeutung festzulegen.

b) *mānôs* wird durch den Kontext Ps 59, 17; 2 Sam 22, 3 (an der Parallelstelle Ps 18, 3 fehlt dieser Versteil); Jer 16, 19 als „Zufluchtsort" bestimmt. Im Sinne einer Vertrauensäußerung bezeichnet es Gott als denjenigen, der dem Beter sicheren Schutz gewährt (*menûsî*). Den gleichen Sinn hat *mānôs* Ps 142, 5: der Beter findet keinen, der sich seiner annimmt und sucht seine Zuflucht bei JHWH. *mānôs* ist hier wie an den vorhin genannten Stellen Zufluchtsort im metaphorischen Sinn; es bezeichnet niemals einen wirklichen Ort wie *mā'ôz* oder *maḥsæh*. Ps 142, 5 steht es in einer offenbar festen Redewendung (auch Ijob 11, 20; Jer 24, 35 und Am 2, 14). *'āḇad mānôs min* beschreibt dabei eine aussichtslose Lage: jede „Zuflucht" ist entschwunden, d. h. jede Aussicht auf Rettung ist genommen (vgl.

Ijob 11, 20 LXX σωτηρία ... ἀπολείψει; Jer 25, 35 *p^e lêṭāh* im Parall.). *mānôs* kann aber auch im gleichen Sinn wie *m^e nûsāh* einfach die Flucht bezeichnen, so Am 2, 14, wo nicht gesagt wird, der „Schnelle" wisse nicht, wohin er sich wenden soll, sondern daß selbst ihm die Flucht nicht gelingt; auch in der paronomastischen Bildung *nûs mānôs* Jer 46, 5 liegt diese Bedeutung vor.

4. Es bleibt die Frage nach der Abgrenzung gegenüber bedeutungsverwandten Verben zu beantworten.

a) Die Wahl zwischen *bāraḥ* und *nûs* kann durchaus von sachlichen Gründen beeinflußt werden, da nur *nûs* im Kontext von Kampfgeschehen oder konkret genannter Gefahr Verwendung findet. Daneben ist aber auch zu beachten, daß *nûs* gerade von dieser Verwendung her der Beigeschmack des Schimpflichen anhaftet (2 Sam 19, 4). Daß die Erzvätererzählungen *bāraḥ* bevorzugen (*nûs* nur für Josefs Flucht vor Potifars Frau) und *nûs* auch für Davids Flucht vor Saul vermieden wird (außer 1 Sam 19, 10), könnte unter anderem auch damit zusammenhängen. *bāraḥ* scheint dagegen bevorzugt verwendet zu werden, wo die Gründe für die Flucht in familiären Auseinandersetzungen liegen (→ I 779). Im übrigen sind die Unterschiede zwischen beiden Verben nicht so deutlich zu markieren: weder ist heimliche oder offene Flucht das entscheidende Kriterium (J. Kennedy, Studies in Hebrew Synonyms, 1898, 1–7), noch läßt sich *nûs* auf das Davonlaufen vor einer Gefahr und *bāraḥ* auf das Entweichen aus angestammten Verhältnissen einschränken (Schwertner 48). Die Bedeutung beider Verben hat sich vielmehr offensichtlich angenähert und überschneidet sich.

b) *nāḏaḏ* wird i. S. v. 'fliehen, flüchten' niemals in erzählenden Texten verwendet. Die Vokabel ist poetischer und bildhafter Sprache vorbehalten; das zeigt sich auch in der häufigen metaphorischen Verwendung (der Schlaf flieht die Augen, Gen 31, 40; die Flügel regen, Jes 10, 14; verwehte Dornen [*hoph*], 2 Sam 23, 6 u. ä.). Die semantische Nuance scheint in der heftigen Bewegung an sich zu liegen; ein Ziel der Flucht wird in keinem Fall genannt.

c) Die Bedeutung von *'ûz* (*qal* und *hiph*) ist gegenüber *nûs* (und auch *bāraḥ*) viel enger und auf den Aspekt der Zuflucht festgelegt; man vgl. Ex 9, 19 *hā'ez* mit *henîs* v. 20; es läßt sich immer mit „in Sicherheit sein/bringen" wiedergeben (vgl. P. Hugger, Jahwe meine Zuflucht, 1971, 91; Y. Avishor, Shnaton 2, 1977, 11–19).

III. *nûs* ist ein Wort der Umgangssprache; es ist auch durch die Verwendung in theologisch oder kultisch geprägten Texten nicht zu einem theologischen Terminus geworden. Es fällt aber auf, daß *nûs* in bestimmten Textgattungen vorkommt und dabei auch zum Vehikel für bestimmte theologische Aussagen werden kann.

1. Fast zwei Drittel der Formen, in denen es auftritt, sind solche der 3. Pers. Pf. oder Narrativ; d. h. *nûs* begegnet überwiegend in erzählenden Texten. Sofern es dabei um kriegerische Unternehmungen geht, signalisiert das Auftauchen des Verbs die siegreiche Überwindung der Feinde bzw. die erlittene Niederlage. In den vom Rettungsschema geprägten Erzählungen gehört *nûs* daher zu den semantischen Signalen, mit denen die von JHWH geschaffene Rettung bzw. die Beseitigung der Gefahr für Israel angedeutet wird, vgl. etwa Ri 4, 15ff. (Sisera); 8, 12 (Sebach und Zalmunna); 1 Sam 14, 22 (Sauls erster Sieg über die Philister) usw. Andererseits kann auch von der Flucht Israels gesprochen werden; wenn es sich dabei um Erzählungen von der Nichteinhaltung des Banngebotes oder von einem Verstoß gegen den ausdrücklichen Willen JHWHs handelt, dokumentiert sich in der Verwendung von *nûs*, oft zusammen mit anderen Verben der Kriegsterminologie, die strafende Reaktion JHWHs (z. B. Jos 7, 4; Ri 20, 45ff.).

2. Die panikartige Flucht der Feinde ist ein charakteristisches Motiv aus dem Pattern des JHWH-Krieges (R. Smend, Jahwekrieg und Stämmebund, ²1966); in den von diesem Pattern bestimmten Erzählungen wird durch die kopflose Flucht der Feinde (Ex 14, 27; Ri 9, 21f.; 1 Sam 14, 22, vgl. v. 15) JHWHs unvergleichliche, alle Widerstände überwindende Macht dargetan. In dem alten, selbst auf die Tradition vom JHWH-Krieg zurückgehenden Ladespruch Num 10, 35 wird das auf die Formel gebracht, daß die Hasser „vor JHWH fliehen" (*w^e jānusû m^e śan'æḵā mippānæḵā*; vgl. das Echo in Ps 68, 2). Die prophetischen Völkerorakel, die auf die gleiche Quelle zurückgehen dürften, benutzen *nûs* in der gleichen Weise, um den Feinden Israels das Scheitern ihrer Pläne und den Untergang anzukündigen (Jes 17, 3; 31, 8; Jer 46, 5; 46, 21; 49, 8. 24. 30; 50, 16). Ein besonderes Stilmittel ist dabei die Aufforderung zur Flucht (Jer 48, 6; 49, 8. 30; 51, 6; hierzu R. Bach, Die Aufforderung zur Flucht und zum Kampf im alttestamentlichen Prophetenspruch, WMANT 9, 1962). Das Siegeslied des JHWH-Krieges, mit dem JHWHs Beteiligung am Kampf und der von ihm geschenkte Sieg ausdrücklich bestätigt werden, ist Sitz im Leben für die Theophanieschilderung; auch sie enthält das Motiv der Flucht der Feinde mit dem Stichwort *nûs* (neben *nāḏaḏ*, Ps 68, 13), z. B. Jes 13, 14 – hier verschmolzen mit der Vorstellung vom Tag JHWHs (→ יום *jôm*).

3. Das Stichwort *nûs* assoziiert jedoch nicht einseitig JHWHs Einschreiten gegen seine bzw. Israels Feinde. Wie schon in den erzählenden Texten kann sich auch die Ankündigung der Flucht gegen Israel selbst richten. Am 5, 19 läßt das Motiv der Flucht in metaphorischer Sprache für den Tag JHWHs als „Tag der Finsternis, nicht des Lichts" für Israel anklingen. Die Flucht vor den Feinden ist Lev 26, 17; Dtn 28, 25 in Umkehrung der Segenszusage Lev 26, 7; Dtn 28, 7 (Aufnahme der JHWH-Kriegsterminologie!) als Androhung für den Fall der Nichteinhaltung des Bundes ausgesprochen. Die prophetische Drohrede kann *nûs* in der Unheilsankündigung für Israel genauso

verwenden wie in der an die Völker (Jes 10, 29: ein ursprünglich gegen Jerusalem gerichtetes Drohwort wird zum Wort gegen Assur umgestaltet). Die eschatologische Gerichtsankündigung führt schließlich zur Verallgemeinerung der Vorstellung von der Flucht am Tage des eschatologischen Gerichts (Jes 24, 18 unter Verwendung eines ursprünglich gegen ein Fremdvolk gerichteten Wortes; Jer 48, 44). Das Sprichwort wendet schließlich die dem bundesbrüchigen Israel zugedachte Drohung allgemein auf „den Frevler" an (Spr 28, 1).

4. Das nur Ps 104, 7; 114, 3. 5 auftauchende Motiv vom Fliehen der (Chaos-)Wasser bzw. des Meeres beim Exodus könnte ein entfernter Nachklang der mythologischen Figur des „flüchtigen Leviatan" (Jes 27, 1; → I 780) sein, wenn nicht einfach die Rede von der Flucht der Feinde übertragen wurde.

IV. In den Qumranschriften ist das Verb nur 1 QM 3, 5 (Fliehen der Feinde; vgl. *mānôs* in 4 QMa [4 Q 491] 9) und 6 Q 9, 33, 3 (Reminiszenz an die Flucht Davids vor Saul) belegt. *mānôs* bringt es auf 6 Belege: 1 QH 5, 29; 6, 33 und 9, 28 sind anthropologisch geprägt und sehen den Beter in der Bedrängnis „ohne Zuflucht". Einzige 'Zuflucht' (par. *miśgāḇ* 'Burg', *sœlaʿ* 'Fels', *ʿôz* 'Kraft' und *meṣûḏāh* 'Festung') ist ihm Gott. In 3 Q 15, 1, 13 ist *mnws* vielleicht ein Ortsname.

Reindl

נוּעַ *nûaʿ*

1. Etymologie, Belege – 2. Verwendung im AT – a) *qal* – b) *niph* – c) *hiph* – 3. LXX.

1. Die Wurzel *nwʿ* ist außer im Hebr. im Jüd.-Aram. mit der Bedeutung 'sich bewegen' und in arab. *nāʿa* 'schwanken (Zweig)' belegt. Eine reduplizierte Form *nʿnʿ* findet sich im Nhebr. und Jüd.-Aram. sowie im Arab. (*naʿnaʿa* 'baumeln') und Äth. (Leslau, Contributions 33). Der in KBL3 angeführte ugar. Beleg (KTU 1.6, VI 16 *jtʿn*) ist zweifelhaft.

Belegt ist das Verb 20mal im *qal*, 2mal im *niph* und 14mal im *hiph*.

2. a) *nûaʿ* bedeutet zunächst 'sich hin und her bewegen', dann entweder 'schwanken, wanken, taumeln' oder 'unstet sein, umherirren'. Es wird vom Beben der Bäume im Sturm (Jes 7, 2), vom Taumeln eines Betrunkenen (Jes 24, 20; 29, 9; Ps 107, 27), vom Bewegen der Lippen im Gebet (1 Sam 1, 13) und vom Beben der Türschwellen bei Jesajas Tempelvision (Jes 6, 4) gebraucht. Meist kommt es in bildlichen Ausdrücken und Vergleichen zur Anwendung. Das Volk 'zittert' vor Furcht bei der Theophanie am Sinai (Ex 20, 18), die Götter Ägyptens 'zittern' vor Furcht, als JHWH auf der Wolke erscheint (Jes 19, 1, par. *mss* 'verzagen'), das Herz des Ahas zittert „wie Bäume im Sturm" vor dem Angriff der Feinde (Jes 7, 2). In der großen Katastrophe der Jesaja-Apokalypse zerbirst (*rʿʿ*) und zerbricht (*prr*) die Erde, sie wackelt (*mûṭ*) – taumelt (*nûaʿ*) wie ein Betrunkener und schwankt (*nûḏ hiph*). Hier häufen sich die Ausdrücke für die Auflösung der Weltordnung (Jes 24, 19f.). In Jes 29, 9 dagegen schildert das Taumeln (par. *škr* 'sich berauschen' – aber nicht vom Wein und nicht vom Bier!) die Ratlosigkeit der verblendeten Einwohner Jerusalems, während in Ps 107, 27 von der verzweifelten Lage der gefährdeten Seefahrer die Rede ist (zus. mit *ḥgg* 'Sprünge machen'). In Ijob 28, 4 beschreibt *nûaʿ* zusammen mit *dll*, wie die Minenarbeiter in den Stollen an ihrem Seil hängen und baumeln.

Nicht ganz eindeutig sind die drei Belege in der Jotamfabel Ri 9 (vv. 9. 10. 13). Die Bäume, denen die Königswürde angeboten wird, lehnen ab mit der Begründung: „Soll ich auf meine Eigenart verzichten, um über die Bäume zu *nûaʿ*?" Schwerlich handelt es sich hier um einen Ausdruck für „herrschen". Eher besagt das Wort, daß wenn sich die anderen Bäume im Wind bewegen, der König hoch über ihnen ragen soll. Vielleicht liegt auch in der Verwendung von *nûaʿ* eine versteckte Kritik der Monarchie.

Am 4, 9 beschreibt, wie die Bewohner der von Dürre betroffenen Orte umhertaumeln (oder -wanken), um Wasser zu suchen; in Am 8, 12 gilt das Suchen einem Wort von JHWH (bekanntlich schweigt Gott und ein Wort ist nicht zu finden). Klgl 4, 14 schildert, wie die Bewohner Zions wegen ihrer Sünden blind durch die Gassen wankten; ihre Kleider waren mit Blut befleckt, so daß man sie als unrein betrachtete. „Da flohen (*nûṣ*? l. *nûḏ*?) sie, da wankten (*nûaʿ*) sie" (v. 15). Jer 14, 10 beschreibt die Haltung des Volkes als ein ständiges Hin- und Herschwanken (vgl. Duhm, KHC XI 129: „Das eine Mal halten sie sich an ihre Baʿale, dann wieder gehen sie zu Jahwe, laufen unermüdlich vom einen zum anderen"). Spr 5, 6 ist nicht ganz eindeutig. Vom „fremden Weib" als Gegenspielerin der Weisheit heißt es: „Damit du den Pfad des Lebens nicht erkennst, 'schwanken' ihre Bahnen (*maʿgālôṯ*), ohne daß du es weißt." Es scheint zu bedeuten, daß sie sich hin und her bewegt (EÜ: „geht krumme Wege"), um den Weisheitsjünger irre zu führen.

Zusammen mit *nûḏ* steht *nûaʿ* Gen 4, 12. 14, um das Umherschweifen des Nomaden, das Kains Schicksal werden soll, zu beschreiben (→ נוד *nûḏ*). Eine ähnliche Bedeutung liegt Ps 109, 10 vor, wo der Fluchwunsch über den Feind ausgesprochen wird: „Seine Kinder mögen unstet umherziehen und betteln, aus den Trümmern ihres Hauses vertrieben."

b) Die zwei *niph*-Belege weisen beide auf ein Schütteln hin. Am 9, 9 „Ich schüttle (*nûaʿ hiph*) [Glosse: unter den Völkern] das Haus Israel, wie man (Korn) schüttelt (*niph*) in einem Sieb, und kein Stein fällt zu Boden." Das Bild ist nicht ganz durchsichtig; wahrscheinlich ist gemeint, daß die Körner durchfallen, während Steine und Erdklumpen im Sieb bleiben; vgl. Sir 27, 4: „Wenn man ein Sieb schüttelt, bleibt der Schmutz zurück; ebenso der Unrat des Menschen, wenn man darüber nachdenkt." Nah 3, 12 wird Ninive angesprochen: „All deine Burgen sind wie Feigen ..., schüttelt man (den Baum), fallen sie dem, der essen will, in den Mund." Sie fallen also wie reife Früchte dem Feinde anheim.

c) Unter den *hiph*-Belegen tritt eine Gruppe besonders hervor, wo das Obj. *ro'š* 'Kopf' ist. Das Schütteln des Kopfes ist eine Geste des Hohns. So klagt der Beter von Ps 22: „Alle, die mich sehen, verhöhnen (*l'g hiph*) mich, verziehen die Lippen und schütteln den Kopf" (v. 8). Noch deutlicher ist Ps 109, 25: „Ich wurde für sie zum Spott (*ḥærpāh*); wenn sie mich sehen, schütteln sie den Kopf." Zum assyr. König Sanherib sagt Jesaja: „Dich verachtet (*bāzāh*), dich verspottet (*lā'aḡ*) die Jungfrau, die Tochter Zion; die Tochter Jerusalem schüttelt den Kopf über dich" (Jes 37, 22 = 2 Kön 19, 21). Zu seinen Freunden sagt Ijob (16, 4): „Ich könnte schöne Worte über euch machen und meinen Kopf über euch schütteln." Und Klgl 2, 15 heißt es: „Über dich klatschen (*sāp̄aq*) alle Vorbeigehenden in die Hände; sie zischeln (*šāraq*) und schütteln den Kopf über die Tochter Jerusalem." Vgl. auch Sir 13, 7: Der Reiche ist dein Freund, solange er davon Nutzen hat, dann aber schüttelt er den Kopf und geht vorbei. In Sir 12, 18 „Er schüttelt (*nûa' hiph*) den Kopf und schwingt (*nwp hiph*) seine Hand" ist es nicht klar, ob die Gesten offene Verhöhnung oder vorgetäuschtes Mitgefühl bekunden.

Die übrigen Belege zeigen den üblichen Wechsel zwischen 'unstet machen' und 'schütteln' auf. Num 32, 13 sagt, daß JHWH das Volk 40 Jahre lang in der Wüste umherirren ließ. Ps 59, 12 drückt den Wunsch aus, Gott möge die Feinde nicht töten, sondern unstet umherirren lassen, damit man sie nicht vergesse (v. 15 ist dagegen mit K *qal* zu lesen: sie streifen umher, um etwas Eßbares zu finden). 2 Sam 15, 20 sagt David bei seiner Flucht aus Jerusalem zu Ittai aus Gat: „Sollte ich dich unstet mit uns umherziehen lassen, da ich bald hierhin, bald dorthin gehen muß?"

Zef 2, 15 ist vom Schütteln der Hand („pfeifen [*šāraq*] und die Hand schütteln") als apotropäischem Ritus die Rede – Obj. ist „die fröhliche Stadt" der Feinde; die Geste ist zugleich abwehrend und spöttisch (Rudolph, KAT z.St.).

Einen Sonderfall bietet 2 Kön 23, 18: Joschija schont das Grab eines „Gottesmanns" und befiehlt, man solle seine Gebeine nicht „aufrütteln" (der Hinweis auf Widengren, Iranische Geisterwelt 217 in KBL³ 644 ist kaum relevant, denn in Bundahišn Kap. 34 handelt es sich um das Aufrütteln der Gebeine bei der Auferstehung).

Schließlich besagt wohl Dan 10, 10 einfach, daß eine Hand Daniel nach der Vision in Bewegung setzte, so daß er sich auf Knie und Hände erheben konnte.

3. In der LXX überwiegen σαλεύειν, κινεῖν und στένειν, aber auch andere Übersetzungen wie σείειν usw. kommen vor.

In Qumran gab es einen Fond zur Unterstützung der Waisen, Elenden, Armen, Gefangenen und für den *'îš 'ašær jānûa'*, unstetigen Heimatlosen (CD 14, 15).

Ringgren

נוף *nwp*

תְּנוּפָה *tenûp̄āh*

I. 1. Etymologie und Bedeutung – 2. Belege – II. Gebrauch im AT – 1. Das Verb – 2. Das *tenûp̄āh*-Opfer – III. LXX – IV. Qumran.

Lit.: *G. R. Driver*, Three Technical Terms in the Pentateuch (JSS 1, 1956, 97–105). – *J. Milgrom*, The Alleged Wave-Offering in Israel and in the Ancient Near East (IEJ 22, 1972, 33–38). – *R. Rendtorff*, Studien zur Geschichte des Opfers im Alten Israel (WMANT 24, 1967). – *N. H. Snaith*, The Wave Offering (ExpT 74, 1962/63, 127). – *L. H. Vincent*, Les rites du balancement (tenoûphâh) et du prelèvement (teroûmâh) dans le sacrifice de communion de l'Ancien Testament (Mélanges syriens offerts à R. Dussaud I, Paris 1939, 269–272).

I. Es gibt zwei homonyme Wurzeln *nwp*. Die eine, die gewöhnlich mit 'schwingen' übersetzt wird, liegt außer im Hebr. im Jüd.-Aram. ('sich hin und her bewegen', *aph* 'schwingen'), im Syr. ('sich neigen', *aph* 'schwingen') vor; akk. *nāpu* 'sich bewegen' (AHw 742) ist unsicher und nach brieflicher Mitteilung von von Soden zu streichen. Zu vergleichen wäre auch soqotri *nwf* 'mit der Hand winken' (Leslau, Contributions 33).

Die andere Wurzel liegt in arab. *nāfa(u)* 'hoch, erhaben sein', 'übersteigen' (vgl. *nauf* 'Gipfel des Kamelhöckers', 'Überschuß'), jüd.-aram. *nôp̄ā'* 'Baumwipfel' und akk. *nūptu* 'Überschuß' vor. Ugar. *np šmm*, von einigen als 'Zenit' gedeutet, ist umstritten (WUS Nr. 1826 liest *npš mm* 'Wasserstrudel'); ein anderes *np* deutet WUS Nr. 1813 als 'Überschuß'. Diese Wurzel liegt sicher vor in hebr. *nôp̄* Ps 48, 3, wo es vom Berg Zion heißt, daß er *jepeh nôp̄* „schön an Höhe, hochragend" ist.

Driver und Milgrom stellen hebr. *henîp̄*, jedenfalls, wenn es sich auf das *tenûp̄āh*-Opfer bezieht, mit der zweiten Wurzel zusammen. Driver übersetzt „als zusätzliche Gabe absondern", Milgrom „erheben" (s. u. II. 2.). Milgrom weist darauf hin, daß *henîp̄* in Jes 10, 15 zusammen mit *herîm* und in Jes 13, 2 mit *herîm* und *nāśā'* steht. Diese Übersetzung paßt aber nicht in Kontexten, wo es deutlich um ein Hin-und-her-Bewegen geht (z. B. mit Bezug auf die Säge Jes 10, 15).

2. Belegt ist das Verb im AT 32mal im *hiph* und je 1mal im *hoph* (Ex 29, 27) und *polel* (Jes 10, 32; 1 QJes[a] *hiph*). Als Derivate kommen *tenûpāh* 'Webeopfer' (30mal) und *nāpāh* 'Schwinge' (Jes 30, 28: „um die Völker in einer Unheilsschwinge zu schwingen") vor.

II. 1. Die *hiph*-Form meint zunächst das Schwingen oder In-Bewegung-Setzen der Hand oder eines Werkzeugs (Säge, Stab Jes 10, 15; Sichel Dtn 23, 26; Meißel Ex 20, 25; Dtn 27, 5; Jos 8, 31; Speer Sir 46, 2).

Das Schwingen der Hand kann verschiedenen Zwekken dienen. Als Naaman erwartet, Elischa werde seine Hand „über die (kranke) Stelle (*māqôm*, vgl. Lev 13, 19) schwingen (oder bewegen)" (2 Kön 5, 11), wird das meist als eine heilende Geste, vielleicht magischen Ursprungs, verstanden (vgl. J. Fitzmyer, CBQ 22, 1960, 284 Anm. 27; A. Dupont-Sommer, VTS 7, 1960, 251). Milgrom (37f.) vergleicht heth. und akk. Reinigungs- und Beschwörungsriten, wobei ein Opfer hin und her bewegt wurde. A. Šanda, Die Bücher der Könige, 1911/12, z. St. versteht *māqôm* als den Platz, wo Naaman stand, und R. Kittel, HKAT z. St., faßt *māqôm* als die heilige Stätte; demnach würde Elischa JHWH anrufen und seine Hand in die Richtung des Heiligtums ausstrecken – eine Gebetsgeste.

Sonst hat die Geste meistens drohenden Charakter. Assur schwingt seine Hand gegen den Berg Zion, d. h. gibt Zeichen zum Angriff (Jes 10, 32; zum Text s. o.). Der Feind gibt mit der Hand ein Zeichen, daß man in die Tore des mächtigen Babels hineinziehen soll (Jes 13, 2). JHWH erhebt im Zorn seine Hand gegen den Eufrat (*nāhār*), um ihn in sieben Bäche zu spalten (Jes 11, 15); die Parallele „Meerzunge Ägyptens" spielt auf den Exodus an – so wird also Israel noch einmal durch göttliches Eingreifen gerettet werden. Die Ägypter werden in Schrecken geraten, wenn JHWH seine Hand gegen sie schwingt (Jes 19, 16; hier *nwp hiph* mit *tenûpāh* als inneres Obj.). Nach Sach 2, 13 wird JHWH seine Hand gegen die Völker schwingen; da im folgenden von Beutenehmen die Rede ist, ist es gewiß nicht nur eine Drohung, sondern eine Angriffshandlung (vgl. EÜ: „hole zum Schlag aus"). Ähnlich heißt es in einem Gebet Sir 36 (LXX: 33), 3: „Schwinge deine Hand gegen das fremde Volk, damit es deine Großtaten sehe!" Als Ijob sagt, er habe seine Hand nicht gegen die Waisen „geschwungen" (Ijob 31, 27), könnte es ebensogut um eine Drohung als um eine vollzogene Handlung gehen.

Wenn es sich um das Bewegen eines Werkzeugs handelt, ist zunächst das Verbot gegen behauene Altäre Ex 20, 25 zu beachten. Das Verbot ist wahrscheinlich sehr alt; es wird ausdrücklich dadurch begründet, daß das Schwingen eines Meißels (*ḥæræḇ*) über den Altar ihn profanieren (*ḥll pi*) würde. Nach D. Conrad, Studien zum Altargesetz Ex 20:24–26 (Diss. Marburg 1968), 21 ff., ist mit *mizbaḥ 'adāmāh* (v. 24) ein Altar aus sonnengetrockneten Lehmziegeln gemeint, aber das von ihm beigebrachte archäologische Material ist nicht völlig vergleichbar (→ IV 795). Ein einfacher Altar aus Erde und Steinen ist wahrscheinlicher (E. Robertson, JJS 1, 1948, 12–21; B. S. Childs, Exodus z. St.). Conrad dürfte aber recht haben, daß das Verbot gegen den kanaan. Gebrauch von behauenen Steinaltären gerichtet ist (43 ff.). Die Vorschrift kehrt Dtn 27, 5 in geänderter Form wieder: hier handelt es sich um einen Altar aus unbehauenen Steinen (statt *ḥæræḇ* steht hier auch das allgemeinere *barzæl* 'Eisen'). Jos 8, 31 bietet den Ausführungsbericht dazu (beide Stellen sind nachexilisch).

In Jes 10, 15 wird die Überheblichkeit Assurs bzw. seines Königs gerügt: er wähnt, er habe selbst die Initiative, aber das wäre, wie wenn das Werkzeug mit dem, der es hantiert, die Rolle vertauschen wollte. *henîp* wird hier teils mit *maśśôr* 'Säge', teils mit *maṭṭæh* 'Stock' verbunden, bezeichnet also verschiedene Arten des In-Bewegung-Setzens. Einen ähnlichen Gedanken drückt Jes 45, 9 f. mit anderen Worten aus.

2. Die Mehrzahl der *hiph*-Belege bezieht sich auf das sog. Webeopfer (*tenûpāh*). Beim *šelāmîm*-Opfer (Lev 7, 1–21) wurde der Hauptteil des Opfertiers in der Opfermahlzeit verzehrt (v. 15). Das Fett wird auf dem Altar verbrannt (7, 31) und die Brust fällt den Priestern zu, nachdem sie als *tenûpāh* geweiht worden ist (v. 30). „Die 'Webe' hat man sich", schreibt Elliger, „vorzustellen als ein Hinundherschwingen der Opferstücke in Richtung auf den Altar so, als wolle man die Gaben ins Feuer werfen" (HAT I/4, 102). Zu dieser Vorschrift ist dann eine andere gefügt worden, nach der auch die rechte Keule als *terûmāh* („Hebeopfer") den Priestern zufallen soll (vv. 32 f.). In Lev 9, 21; 10, 15 gilt das „Schwingen" auch der rechten Keule.

Nach Elliger ist also die Bestimmung über die Hebekeule literarisch gesehen ein Zusatz. Driver (104) hat Schwierigkeiten, das Verhältnis zwischen *tenûpāh* und *terûmāh* zu bestimmen; wenn aber *terûmāh* „Abgabe" und *tenûpāh* „zusätzliche Abgabe" sein sollte, sollte die Reihenfolge die umgekehrte sein. Milgrom sieht in der *tenûpāh* ein Erheben der Opfergabe als Darbringung derselben an Gott. Als Analogie weist er auf äg. Bilder hin, wo Opfergaben auf einer Opferplatte „vor dem Gesicht des Gottes erhoben" werden (vgl. hebr. *henîp lipnê*). Die Parallele ist aber nicht vollständig. Im äg. Opferritual werden die Spenden zunächst „auf die Erde gestellt" (*wꜣḥ r tꜣ*) und dann vor dem Gott „erhoben" (*fꜣj ḥft ḥr*), d. h. präsentiert, und wieder niedergesetzt (Bonnet, RÄR 555). Sicher bleibt nur, daß *henîp tenûpāh* eine symbolische Darbietung der Opfergaben darstellt (vgl. M. Noth, ATD 5[6], 190: „deutet das Auftragen der Speise an"). – Nicht vergleichbar scheint das im Akk. bei Reinigungsriten belegte Hinundherbewegen (*šubû'u*, AHw 117) von Räuchergefäßen und Fackeln zu sein (vgl. Milgrom 37 f.). Ein ugar. *šnpt*, das von D. R. Hillers, BASOR 198, 1970, 142, als Webeopfer gedeutet wurde, bedeutet tatsächlich „zwei Drittel" (de Moor, UF 2, 1970, 324).

In der Anweisung für die Amtseinsetzung der Priester Ex 29 (Noth: „Nachtrag zu P") wird angeordnet, daß bestimmte bevorzugte Teile des Handfüllungswidders (v. 22) und drei Brote (v. 23) durch „Schwingung" vor JHWH dargeboten (v. 24) und dann über dem bereits dargebrachten Brandopfer verbrannt werden sollen (v. 25). Dann wird die Brust des Widders „geschwungen" und fällt den Priestern zu (v. 26). Der Vollzug dieser Vorschriften wird Lev 8, 22–29 berichtet (Schwingung vv. 27. 29). Die „Schwingung" wird auch für das Schuldopfer bei der Reinigung von Aussätzigen (Lev 14, 12. 24) sowie für den Vorderschenkel eines Widders und zwei Brote bei der Beendigung des Nasiräats (Num 6, 19f.) vorgeschrieben.

In den Festvorschriften des Heiligkeitsgesetzes (Lev 23) wird verordnet, daß am Beginn der Ernte (zur Zeitbestimmung s. Elliger, HAT I/4, 314f.) die erste Garbe der Gerste durch Schwingen geweiht werden soll (v. 11); erst danach wird der Genuß der neuen Ernte freigegeben (v. 14). In v. 20 ist neben der Webegabe auch von zwei Lämmern als *šelāmîm*-Opfer die Rede; die Zeitbestimmung v. 15 weist auf das Wochenfest hin (vgl. Elliger 314).

Das Schwingen ist schließlich zu einem allgemeinen Ausdruck für Darbringen und Weihe geworden. So kann Aaron sogar bei der Levitenweihe die Leviten „vor JHWH schwingen" (Num 8, 11. 13. 15. 21); dadurch werden sie aus dem Kreise der Israeliten abgesondert (*hibdîl*) und gehören jetzt JHWH (*wehājû lî*) (v. 14). Auch Gaben von Gold und Kupfer zum Bau des Zeltheiligtums werden als *tenûpāh* bezeichnet (Ex 35, 22; 38, 24. 29).

Im übertragenen Sinn begegnet *tenûpāh* im schwierigen Text Jes 30, 32, wo es offenbar darum geht, daß JHWH „die Feinde wie ein Opfer zur Schlachtung weiht" (O. Kaiser, ATD 18, 246).

III. LXX gebraucht für das Verb ἀφορίζειν (6mal), ἐπιτιθέναι (5mal), ἀναφέρειν, ἀποδιδόναι, ἀφαιρεῖν, φέρειν, ἐπαιρεῖν u.a., für *tenûpāh* ἐπίθεμα, ἀφόρισμα, ἀφαίρεμα, ἀπόδομα und noch 4 andere Wörter je 1mal, was zeigt, daß man die beiden Wörter noch nicht als feste termini technici aufgefaßt hat. Ebenso wechselnd ist die Wiedergabe in V (s. Driver 101). S hat dagegen meist *peraš*, Targ. *'arîm* bzw. *'arāmûtā'*.

IV. In den Qumranschriften ist das Verb 3mal in Verbindung mit „Hand" belegt: 1 QM 17, 9 als allgemeiner Ausdruck für Gottes Heilshandeln, 1 QH 8, 22 um die Vorbereitung einer Handlung auszudrücken („als ich das Graben von Kanälen für die Pflanzung in Angriff nahm") und 1 QH 8, 33: „ich konnte keine Hand bewegen" in einer Reihe von Ausdrücken, die die verzweifelte Lage des Beters beschreiben. Die Tempelrolle kennt sowohl das Verb als auch das Subst. als Opfertermini: beide zusammen 15, 11f., 20, 16, das Verb 11, 10 und 18, 10 von der Garbe, *tenûpāh* allein 22, 9 (mit *herîm*!) und 60, 2. 18, 12 und 19, 4 sind beschädigt.

Außerdem ist ein anderes Verb mit der Bedeutung 'besprengen' (im AT Spr 7, 17; Ps 68, 10; Sir 47, 17) in Verbindung mit dem heiligen Geist belegt (1 QH 7, 7; 17, 26; 1 QHFragm 2, 9. 13).

Ringgren

נָזָה *nāzāh*

I. Wurzel und verwandte Wörter – II. Bedeutung von *nzh* – 1. *qal* 'spritzen, sprenkeln' (intransitiv) – 2. *hiph* 'bespritzen, besprenkeln' – a) Weihe einer Flüssigkeit – b) Weihe von Gegenständen oder Personen – c) Heiligung und Reinigung von Heiligtümern durch das *ḥaṭṭā'ṯ*-Opferblut – d) Reinigung von Personen oder Gegenständen – 3. Jes 52, 15 – 4. Eigenname *jzjh* – III. 1. LXX – 2. Qumran.

Lit.: *H. Balz*, ῥαντίζω (EWNT III 498ff.). – *C. H. Hunzinger*, ῥαντίζω (ThWNT VI 976–984). – *R. Rendtorff*, Studien zur Geschichte des Opfers im Alten Israel (WMANT 24, 1967, 218–220). – *N. Snaith*, The Sprinkling of Blood (ExpT 82, 1970f., 23f.). – *T. C. Vriezen*, The Term *Hizza*: Lustration and Consecration (OTS 7, 1950, 201–235).

I. Die Wurzel *nzh* (**nḏj*) ist auch in anderen semit. Sprachen bezeugt: akk. *nezû* 'Urin, Kot ausscheiden' (CAD N/2, 200; AHw 784); aram. *ndj/nd'* 'bespritzen, besprengen'; syr. *nedā'* 'schwächen, bespritzen, werfen'. Man hat darauf hingewiesen, daß der Beleg von *nzh* in Jes 52, 15 mit dem arab. *nazā* 'springen, hüpfen' zusammenhängen könnte (**nzw*, s.u. II. 3.). Ist dem so, so spiegelt das hebr. *nzh* zwei ursprünglich getrennte Wurzeln *nḏj* und *nzw* wider.

II. *nāzāh* begegnet 24mal im AT, 4mal im *qal*, sonst im *hiph*. Daneben findet sich ein PN mit der Komponente *nāzāh*. Das Verb wird stets im Zusammenhang mit Flüssigkeiten gebraucht, die spritzen (*qal*) oder die man zum Spritzen bringt, d. h. mit denen man etwas bespritzt (*hiph*). Eine Ausnahme bildet Jes 52, 15 (s.u. 3.).

1. Die *qal*-Form hat intransitive Bedeutung und bedeutet 'spritzen'. Die spritzende Flüssigkeit ist stets Subjekt. Da nie ein anderes handelndes Subjekt auftritt, läßt sich schließen, daß das Verb ein unbeabsichtigtes, zufälliges Spritzen bezeichnet. Das *qal* wird benutzt, um anschaulich zu schildern, wie Isebels Blut an die Wand und auf die Pferde spritzt, als sie zu Jehu hinuntergeworfen wird (2 Kön 9, 33), oder um das Spritzen des Opferblutes vom Sündopfer zu beschreiben: „und wenn vom Blut etwas auf die Gewänder spritzt, soll die Stelle an einem heiligen Ort gewaschen werden" (Lev 6, 20), ebenso wie das Spritzen des *neṣaḥ* (roter [Trauben-]Saft?) auf die Gewänder JHWHs (Jes 63, 3; hier ist *wejez* als

imperf. consecutivum zu vokalisieren, also *wajjiz*; die Punktation des MT scheint ein Versuch zu sein, dem Verb eine futurische Bedeutung zu geben, vgl. GKa § 107b, Anm. 2 und 53p, Anm. 1 und BHS; zur Form s. GKa § 76c).

2. *hizzāh* ist der Kausativ von *nzh* und bedeutet 'bespritzen, besprenkeln'. Ausgenommen Jes 52, 15 (s.u. 3.) bezeichnet das *hiph* stets das absichtliche Verspritzen einer Flüssigkeit im rituellen Kontext. Dabei lassen sich folgende vier Kategorien feststellen:

a) Das Öl, das am 8. Tag zur Reinigung eines Aussätzigen gebraucht wird, wird durch zwei rituelle Handlungen geweiht: durch den Ritus der *tenûpāh* (→ נוף *nûp̄*) (zum Darbringungsritus vgl. Lev 14, 12. 24 und J. Milgrom, „*tenûpâ*" (Studies in Cultic Theology and Terminology, Leiden 1982, 139–158; ders., „Wave Offering", IDB Suppl, 944–946) und durch das siebenmalige Verspritzen des Öls vor dem Herrn (vv. 16. 27). Da das Öl von Natur aus profan ist und dem gehört, der es bringt (im Gegensatz z. B. zum *šæmæn hammišḥāh* 'Salböl', das ab initio heilig ist und daher keines Weiheritus bedarf; vgl. Ex 30, 22–34; Lev 8, 10–12), müssen an ihm die Riten der *tenûpāh* und des siebenmaligen Verspritzens vollzogen werden, um es für den rituellen Zweck zu weihen. Diese doppelte Konsekration bedeutet jedoch nicht, daß hier Unnötiges geschieht. Die beiden Riten ergänzen sich. Der Vollzug der *tenûpāh* ist eine allgemeine Weihe des ganzen Log Öl, während das Verspritzen dazu dient, um noch einmal besonders und ausschließlich das Öl in der Hand des Priesters zu weihen (vgl. die Wiederholung von *'ašær 'al kappô* in vv. 16. 17. 18), so daß eben dieser Anteil wirksam wird für die Reinigung des Aussätzigen.

Im Ritus der „Roten Kuh" wird durch das siebenmalige Verspritzen von Blut gegen das Offenbarungszelt das Blut und das Tier geweiht, um eine reinigende Wirkung zu erzielen gegen Verunreinigungen, die durch Leichen verursacht wurden (Num 19, 4; vgl. Milgrom „The Paradox of the Red Cow [Num XIX]", VT 31, 1981, 66).

b) Besprengung findet sich im Zusammenhang mit der Weihe eines Gegenstandes oder einer Person. Am deutlichsten wird dies bei der Altarweihe am Tag der Einsetzung des Kultes. Das gesondert bereitete Salböl (Ex 30, 22ff.) wird siebenmal gegen den Altar gespritzt, dann wird er zusammen mit seinen Geräten, dem Becken und seinem Gestell gesalbt (→ משח *māšaḥ*), „um sie zu weihen" (→ קדש *qdš*; Lev 8, 11, vgl. Ex 30, 22–30; 40, 9–14).

In einem anderen Fall nimmt Mose etwas von dem Blut, das auf dem Altar ist, und Salböl und spritzt es auf Aarons Gewänder (bzw. auf Aaron und dessen Gewänder) sowie auf seine Söhne und deren Gewänder, um sie und ihre Kleidung zu weihen (Lev 8, 30; Ex 29, 21).

c) Der Versöhnungstag kennt zwei (implizit noch Lev 16, 16b) Besprengungsriten, die das Blut des Sündopfers verwenden. Einer wird am äußeren Altar vollzogen (vv. 18f.). Aaron soll Blut von dem Jungstier und dem Bock nehmen und es auf die Altarhörner streichen; danach soll er siebenmal etwas von dem Blut verspritzen. Der Grund für diesen Doppelritus wird in v. 19bα gegeben: „So soll er ihn reinigen und heiligen." Es scheint, daß das Blut auf den Hörnern Reinigung (→ טהר *ṭāhar*) bewirkt, während durch die Besprengung mit Blut eine Weihe (*qdš*) vollzogen wird (→ III 312). Der andere Ritus des Versöhnungstages ist schwieriger zu verstehen. Nachdem Aarons Jungstier geschlachtet ist, soll er dessen Blut hinter den Vorhang bringen und es einmal mit seinem Finger an der Ostseite der *kapporæṯ* (Deckplatte der Lade, → כפר) applizieren und siebenmal vor ihr (v. 14) spritzen. Das Blut kommt also bei der ersten Applikation mit der *kapporæṯ* in Berührung. In den sieben folgenden Malen wird es im Allerheiligsten einfach nur in die Luft verspritzt und landet auf dem Boden. Der gleiche Doppelritus wird mit dem Blut des *ḥaṭṭā'ṯ*-Bockes des Volkes vollzogen (v. 15). Der Zweck all dieser Blutriten ist die Reinigung (v. 16), wie das Gesamtritual des Versöhnungstages nahelegt, nach dem Allerheiligstes, Offenbarungszelt und der Brandopferaltar entsühnt werden (vgl. 16, 20. 33 und Milgrom, The Function of the *ḥaṭṭā'ṯ* Sacrifice [Tarbiz 40, 1970f., 1–8]; Sacrifices and Offerings, IDB Suppl. 766–768).

Ein anderes Beispiel dieser Kategorie ist das siebenmalige Verspritzen des Blutes im Offenbarungszelt beim *ḥaṭṭā'ṯ*-Opfer des gesalbten Priesters und der ganzen Gemeinde (Lev 4, 6. 17). Diesem folgt die Blutapplikation an die Hörner des Rauchopferaltars. Beides dient der Reinigung. Dies läßt sich aus der Ähnlichkeit des Ritus mit Lev 16, 14–16a schließen, wo Blut in Berührung mit einem heiligen Gegenstand kommt und in die Luft verspritzt wird (obgleich die Reihenfolge in den beiden Fällen verschieden ist). Ein weiteres Indiz liegt in der Wahrscheinlichkeit, daß eben der Blutritus von Lev 4, 6f. 17f. am Versöhnungstag im Offenbarungszelt vollzogen wurde (Lev 16, 16b).

Der letzte Fall, in dem *ḥaṭṭā'ṯ*-Blut verspritzt wird, findet sich beim Schuldopfer (→ אשם *'āšām*), bei dem Tauben dargebracht werden (Lev 5, 7–10). Der Priester spritzt etwas vom Blut gegen die Altarwände und preßt dann das übrige am Sockel des Altars aus. Dieses Vorgehen unterscheidet sich von der Vogel-*'ôlāh*, bei der das Blut des Vogels gegen die Altarwand ausgepreßt wird (Lev 1, 15). Der Doppelritus mit dem Blut des *ḥaṭṭā'ṯ*-Vogels gegenüber dem einfachen des *'ôlāh*-Vogels hat seine Parallelen in den Blutriten mit größeren Tieren, in denen das Blut der *ḥaṭṭā'ṯ* auf die Altarhörner aufgetragen und dann am Sockel des Altars ausgegossen wird (Lev 4, 7. 18. 25. 30. 34), während das Blut der *'ôlāh* nur gegen den Altar gesprengt wird (1, 5. 11). Das Blut des *ḥaṭṭā'ṯ*-Vogels, das verspritzt wird, ist also dem *ḥaṭṭā'ṯ*-Blut, das auf die Altarhörner gestrichen wird, gleichwertig und folglich reinigend.

d) Wasser oder wäßrige Flüssigkeiten können zur Reinigung auf Personen oder Gegenstände gesprengt werden. Mose soll Leviten mit „Entsündigungswasser" (*mê ḥaṭṭā'ṯ*) besprengen, um sie zu reinigen als Teil ihrer Weihe zum Dienst am Offenbarungszelt (Num 8, 7).

Personen und Gegenstände, die durch eine Leiche verunreinigt wurden, werden am 3. und 7. Tag mit „Reinigungswasser" (*mê niddāh*, Num 19, 18. 19. 21; → נדה *niddāh*) bespritzt. Dieser Abschnitt enthüllt einige interessante philologische Informationen über *nāzāh*. Das Verb *zāraq* (→ זרק) 'werfen' wird 2mal negiert im Passiv (*zôrāq*) gebraucht: „das Reinigungswasser war nicht auf ihn geworfen worden" (vv. 13. 20). Einige haben vermutet, der Gebrauch von *zāraq* anstatt *nāzāh* sei Anzeichen dafür, daß hier verschiedene Autoren am Werk seien. Aber es gibt eine plausible Erklärung: das AT kennt kein Passiv der Wurzel *nāzāh*, das dem *hiph hizzāh* entspricht; deswegen fungiert *zāraq* als das Passiv zu *hizzāh*.

Schließlich können der Aussätzige und das „aussätzige" Haus durch Besprengung gereinigt werden (Lev 14, 7. 51, → II 687f.). Ein Vogel wird über einem Tongefäß mit frischem Wasser geschlachtet. Ein lebender Vogel wird zusammen mit Zedernholz, Karmesin und Ysop in diese Mischung getaucht, mit der dann der Aussätzige oder das Haus 7mal besprengt wird. Der Vogel wird anschließend freigelassen.

3. Die Bedeutung von *jazzæh* in Jes 52, 15 ist nicht klar. Der Form nach liegt eine 3.m.sg. *hiph* Imperf. der Wurzel *nzh* vor. Die Syntax des Satzes mit *gôjîm rabbîm* als direktes Objekt zum Verb aber schließt die Übersetzung: „er wird viele Völker besprengen" aus, da hierfür die Präposition *'al* benötigt würde. Man hat vorgeschlagen, eine Ableitung von *nzh* beizubehalten und *jazzæh* mit direktem Objekt als 'zerstreuen, niederwerfen' zu interpretieren. Andere stimmen für eine Textkonjektur (vgl. BHS und Komm.) oder haben es in Verbindung mit dem arab. *nazā* 'springen, hüpfen' gebracht und übersetzt: „zum Springen, Aufschrecken bringen" (vgl. BDB 633). Keine dieser Lösungen ist überzeugend. Die letzte ist die befriedigendste, da sie den Text beibehält und am besten in den Kontext paßt (vgl. aber jetzt KBL³ 645).

4. *nzh* erscheint als Bestandteil des Namens, *jizzijāh* (Esr 10, 25). Es handelt sich um einen theophoren Namen, der vielleicht bedeutet: „Gott möge reinigen, besprengen." Das verbale Element des Namens zeigt eigentlich ein *qal* (Noth, IPN 245f.), aber aufgrund des Griech. (Ιαζια[ς], Αζ[ε]ια, Αδεια) kann ein *hiph* gelesen werden (vgl. BDB 633; KBL³ 387).

Milgrom/Wright

*III. 1. Die LXX verwendet im wesentlichen die Verben ῥαίνειν und ῥαντίζειν mit ihren Komposita zur Wiedergabe von *nāzāh*. In Jes 52, 15 begegnet θαυμάζειν, was den MT wesentlich zu verbessern hilft (BHS), und das κατάγειν in Jes 63, 3 zeigt an, daß der gesamte v. 3c eine freie Interpretation durch die LXX darstellt.

2. In Qumran begegnet das Verb 9mal, davon 6mal in der Tempelrolle. Die beiden Belege aus 1 QS (3, 9; 4, 21) entstammen der letzten Redaktionsphase, die der Sektenregel ein umfangreiches Introitus-Ritual für Novizen vorangestellt hat. Danach wird der Novize mit „Reinigungswasser" besprengt (3, 9), d. h. eigentlich ist es der Heilige Geist, der wie Reinigungswasser über sie gesprengt wird (4, 21). Die Belege der Tempelrolle konzentrieren sich alle auf die Beseitigung der Unreinheit, die durch Berührung mit Toten entstanden ist (TR 49, 18. 20; 50, 3. 14. 15). Im „Rituel de Purification" (4 Q 512) begegnet *nāzāh* (XII, 7) entsprechend seiner Verwendung in den Reinigungsvorschriften nach der Berührung einer Leiche (Num 19). Der Verunreinigte hat nach der qumranessenischen Regel eine nicht unkomplizierte Fülle diverser Waschungen und Besprengungen auf sich zu nehmen, in der das „Wasser der Reinigung" (*mj dwkj*), das „Wasser der Waschung" (*mj rḥṣ*) und das „Wasser der Besprengung" (*mj hzjh lṭhrw*) (*hzjh* ist über der Zeile nachgetragen; entweder korrigiert es eine Auslassung [?] oder es ist eine späthebr. Interpretation) eine wichtige Rolle spielen. Dabei steht *mj hzjh* nun für das im Num-Text genannte *mê hanniddāh*. Das von *nāzāh* abgeleitete Nominalformativ *hazzājāh* ist der späthebr. Sprache zuzuordnen und begegnet häufig in der Mischnah (vgl. WTM I 461). Zum Ritual der „Roten Kuh" in Qumran vgl. J. Bowman, RQu 1, 1958, 73–84.

Fabry

נָזַל *nāzal*

1. Bedeutung und Vorkommen in den semit. Sprachen – 2. Belege und spezielle Verwendung im AT – 3. Das Verbum im *qal* – 4. Das substantivierte Partizip *noz^e lîm* – 5. *hiph*.

1. *nzl* ist ein Verbum der Bewegung, das ursprünglich einen von oben nach unten verlaufenden Vorgang beschreibt. Den weitesten Anwendungsbereich besitzt die Wurzel im Arab., wo die Wbb. für *nazala* (1. Stamm) folgende Bedeutungen angeben: 'herabsteigen (Leiter, Schiff), fallen (Regen, Wasserstand), vom Himmel herabkommen (= geoffenbart werden, bes. Koran), niedergehen (Schläge), sinken (Wert, Preis), sich niederlassen (lagern, einkehren, wohnen), sich auf jdn. stürzen (angreifen, kämpfen), treffen (Unglück, Strafe)'. Weniger häufig begegnet syr. *n^e zal* 'sich beugen, umbiegen'; *nazzel* 'herunterlassen, herabhängen (Haar)'; seltener akk. *nazālu* 'ausgießen (Wasser, Schmelzmasse)'. Ugar. *nzl* in KTU

1.14, II, 16; III, 58 übersetzt WUS Nr. 1765 mit „für Gäste vorrätig" und verweist auf arab. *nuzl*, *nuzul*, *nazal* „Speise für den Gast reserviert", dem die Wurzel in der speziellen Bedeutung 'sich niederlassen, als Gast einkehren' zugrundeliegt. In den westsemit. Inschriften (vgl. DISO) sowie im Äth. und Asarab. ist die Wurzel nicht nachgewiesen. Verwandt ist aram. *'ᵃzal* 'weggehen' (wogegen das *nᵉzal* der Targ. vielleicht Hebraismus ist, wie die wenigen Belege bei J. Levy, Chaldäisches Wörterb. über die Targumim, ³1959, II 99 vermuten lassen).

2. Im AT ist *nzl* insgesamt 15mal belegt: 14mal im Grundstamm *qal*, und zwar 7mal in der Präfixkonj. (Num 24, 7; Dtn 32, 2; Jes 45, 8; Jer 9, 17; Ps 147, 18; Ijob 36, 28; Hld 4, 16) sowie 7mal als Ptz. act. m. pl. *nozᵉlîm* (Ex 15, 8; Jes 44, 3; Ps 78, 44; Spr 5, 15; Hld 4, 15; in Jer 18, 14 und Ps 78, 16 Pleneschreibung) und 1mal (Jes 48, 21) im *hiph* Suffixkonj. Gegenüber den anderen semit. Sprachen wird im Hebr. die Wurzel eigentümlicherweise einerseits ausschließlich im Zusammenhang mit „Wasser" (2mal übertragen) im weitesten Sinn von 'herabfließen' (so setzt z. B. die V 13mal eine von *fluere* abgeleitete Form ein) verwendet und andererseits findet man sie nur in poetischen Texten, mehrmals metaphorisch.

3. Die für das AT charakteristische Bedeutung 'herabfließen' bezeichnet im Bileamspruch Num 24, 7 das vom Schöpfeimer herabrinnende Wasser (vgl. die gänzlich andere, möglicherweise [messianisch] interpretierende Übers. [die wohl eher anzunehmen ist als die Konjektur der BH] der LXX sowie der Targ. und S), das als Bild für Fruchtbarkeit und Wasserreichtum fungiert. Ähnlich veranschaulicht das Verb in der Klage über Juda Jer 9, 17 den Tränenreichtum der Trauernden, von deren Wimpern das „Wasser" herabläuft (*nāzal* parallel zu *jāraḏ*). Am deutlichsten kommt die Grundbedeutung der Wurzel im Herabströmen des Regens vom Himmel zum Ausdruck. In dem in die vierte Elihurede eingeflochtenen Hymnus auf das Walten Gottes in der Natur Ijob 36, 28, der mit einer Schilderung von der wunderbaren Entstehung des Regens anhebt, sind (wie in Jer 9, 17 die Wimpern) die Wolken syntaktisch Subj., logisch aber Ausgangspunkt von *nāzal* (und dem parallelen *rā'ap̱* 'träufeln'). Dieselbe Konstruktion begegnet in dem kleinen Lied DtJes 45, 8, wo die Wolken als Metapher der göttlichen Welt aufgefordert werden, Gerechtigkeit herabzuströmen (vgl. Ps 85, 12). Da nach at.licher Vorstellung nicht nur der Regen, sondern auch der Tau vom Himmel fällt (vgl. Dtn 33, 28; Sach 8, 12; Spr 3, 20), sollen nach dem weisheitlichen Lehreröffnungsruf des Moseliedes Dtn 32, 2 in einem ähnlich bildhaft übertragenen Sinn seine Lehre wie Regen rieseln und seine Worte wie Tau „niederträufeln" (vgl. Jes 55, 10f.). In dem naturbetrachtenden Loblied Ps 147, 18 beschreibt *nāzal* das Herabtropfen und Zerrinnen des Schmelzwassers, wenn JHWH sein wirkmächtiges Wort aussendet und durch einen warmen Wind das Eis auftaut. Wahrscheinlich liegt die Vorstellung vom fließenden Wasser dem Verbum auch in dem Liebesgedicht Hld 4, 16 zugrunde, wenn die Winde einen Garten mit exotischen, aromatischen Pflanzen durchwehen sollen, damit die Wohlgerüche „strömen".

4. Das nur im Pl. gebräuchliche substantivierte Ptz. act. *qal* „die herabfließenden (Wasser)" ist daher poetischer Ausdruck für die Quelle oder den Bach. Mit diesem Epitheton bezeichnet Jer 18, 14 die kalt sprudelnden Quellwasser. Auch die vom Libanon „herunterlaufenden" Gebirgsbäche werden Hld 4, 15 *nozᵉlîm* genannt. Die Geliebte wird hier als Gartenquell angesprochen, deren „lebendiges" Wasser in seiner Frische, Reinheit und Fülle dem als besonders köstlich geltenden Libanonquellwasser gleichgesetzt wird. Eine ähnliche Metapher liegt Spr 5, 15 vor, wenn an den verheirateten Mann die Aufforderung ergeht, zur Wahrung der ehelichen Treue seinen Liebesdurst nur an dem aus dem eigenen Brunnen fließenden Wasser zu stillen. In den übrigen poetischen Texten erscheint *nozᵉlîm* im Zusammenhang mit den Wundertaten JHWHs. Das sonst für Quelle oder Bach gebräuchliche Wort wird im Moselied Ex 15, 8 (neben *tᵉhomoṯ*) für die Meereswogen verwendet, offensichtlich als Antonym zu *niṣṣᵉḇû*, um den erstaunlichen Gegensatz zwischen ihrer fließenden Bewegung (hier mag wegen *neḏ* 'Wall' in dichterischer Übertreibung sogar an das Sich-Aufbäumen und mit Gischt „Herab"-Stürzen hoher Wellen gedacht sein) und dem plötzlichen Erstarren stärker hervorzuheben (vgl. Targ. Onk.: *qāmû ... 'āzᵉlajjā* es standen ... „die Gehenden"). Wie Bäche, die sich über durstiges, trockenes Land ergießen (LXX τοῖς πορευομένοις), ist nach dem Heilsorakel Jes 44, 3 die belebende Ausgießung des Gottesgeistes auf das hoffnungslose Volk. In Ps 78, 44 steht das Wort neben „Flüsse", offenbar um jedes Rinnsal miteinzuschließen, für die in Blut verwandelten, untrinkbar gewordenen Wasserläufe Ägyptens (vgl. Ex 7, 19), wogegen es in v. 16 den Wasserstrom bezeichnet, den JHWH seinem durstigen Volk in der Wüste aus dem Stein quellen ließ.

In 1 QH 8, 4 begegnet *nozᵉlîm* neben anderen Synonymen in der Gemeindesymbolik.

5. Auf dieses wunderbare Ereignis spielt auch das Jubellied Jes 48, 21 an, wo *nāzal* ein einziges Mal im *hiph* mit kausativer Bedeutung erscheint: Wasser ließ er für sie aus dem Felsen sprudeln.

Maiberger

נזר *nzr*

נֵזֶר *nezær*, נָזִיר *nāzîr*

I. Sprachliches, LXX – II. Gebrauch – 1. Die charismatische Gestalt des *nāzîr* – 2. Nasiräat als frommes Werk – 3. Diadem – 4. Sonstiger Gebrauch – a) Propheten – b) H – III. Qumran.

Lit.: *K.-H. Bernhardt*, Krönung (BHHW II, 1964, 1015f.). – *J. Blenkinsopp*, Structure and Style in Judges 13–16 (JBL 82, 1963, 65–76). – *M. Boertien*, Nazir (Nasiräer), 1971. – *K. Budde*, Das alttestamentliche Nasiräat (Die christliche Welt 24, 1930, 675–680). – *S. M. Cooke*, Nazirites (ERE 9, 1917, 258–260). – *A. G. van Daalen*, Simson, Assen 1966. – *G. Delling*, Nasiräer (BHHW II 1288f.). – *W. Eichrodt*, ThAT I, ^{8}1968, 200–202. – *G. Fohrer*, Geschichte der israelitischen Religion, 1969. – *K. Galling*, Priesterkleidung (BRL^{2} 256f.). – *M. Görg*, Die Kopfbedeckung des Hohenpriesters (BN 3, 1977, 24–26). – *Ders.*, Weiteres zu *nzr* („Diadem") (BN 4, 1977, 7f.). – *H. Gunkel*, Simson (Internationale Monatszeitschrift f. Wissenschaft, Kunst u. Technik 7, 1913, 875–894). – *M. Haran*, נזיר (EMiqr 5, 1968, 795–799). – *J. Henninger*, Zur Frage des Haaropfers bei den Semiten (Die Wiener Schule der Völkerkunde. Festschr., Horn – Wien 1956, 349–368). – *S. Herrmann*, Geschichte Israels, ^{2}1980, 279f. – *M. Jastrow*, The „Nazir" Legislation (JBL 33, 1914, 266–285). – *E. Jenni*, Nasiräer (RGG^{3} IV 1308f.). – *D. Kellermann*, Die Priesterschrift von Numeri 1, 1 bis 10, 10 literarkritisch und traditionsgeschichtlich untersucht (BZAW 120, 1970). – *J. Kühlewein*, נָזִיר *nāzīr* Geweihter (THAT II 50–53). – *G. van der Leeuw*, Phänomenologie der Religion, ^{2}1956. – *J. S. Licht*, כֶּתֶר וַעֲטָרָה (EMiqr 4, 1962, 399–408). – *C. Meister*, Kranz, Krone (BHHW II, 1962, 999f.). – *J. Milgrom*, Nazirite (EJ 12, Jerusalem 1971, 907–910). – *J. Pedersen*, Israel, Its Life and Culture, 3–4, London – Copenhagen 1940 (1947 erschien ein Reprint), 77f.; 264–266. – *G. v. Rad*, Das judäische Königsritual (ThLZ 72, 1947, 211–216). – *Ders.*, ThAT I, ^{7}1978, 76f. 345f. – *H. F. Richter*, Geschlechtlichkeit, Ehe und Familie im AT und seiner Umwelt (Beiträge zur bibl. Exegese und Theologie 10, 1978). – *W. Richter*, Traditionsgeschichtliche Untersuchungen zum Richterbuch (BBB 18, 1963). – *H. Salmanowitsch*, Das Naziräat nach Bibel und Talmud, 1931. – *C. Serfass*, Naziréat, Naziréen (Dictionnaire encyclopédique de la Bible 2, 1932, 209f.). – *R. de Vaux*, LO I, ^{2}1964, 166–174; II, ^{2}1966, 319–321. – *Ders.*, Le roi d'Israël, vassal de Yahvé (Mélanges Eugène Tisserant 1, Città del Vaticano 1964, 119–133). – *Ders.*, Histoire ancienne d'Israël, Paris 1971, 590f. – *H. Weippert*, Schmuck (BRL^{2} 282–289, bes. 287f. mit Abb. 75). – *Z. Weisman*, The Biblical Nazirite, its Types and Roots (Tarbiz 36, 1967, 207–220). – *J. A. Wharton*, The Secret of Yahweh (Interpretation 27, 1973, 48–66). – *H.-J. Zobel*, Stammesspruch und Geschichte (BZAW 95, 1965). – *E. Zuckschwerdt*, Zur literarischen Vorgeschichte des priesterlichen Nazir-Gesetzes (Num 6, 1–8) (ZAW 88, 1976, 191–205).

I. Die Wurzel *nzr* bzw. *nḏr* kommt in allen Zweigen des Semit. vor (ob akk. *nazāru* 'beschimpfen' hierher gehört, ist fraglich). Grundbedeutung ist 'dem üblichen Gebrauch entziehen, aussondern' (Kühlewein 50; KBL^{3} 646). Im bibl. Hebr. begegnet das Verb *nzr* im *niph* 'sich enthalten, sich weihen' (4mal), und im *hiph* 'sich weihen' (6mal), die Substantive *nezær* in den Bedeutungen 'Weihe' und 'Diadem' (24mal) sowie *nāzîr* 'Geweihter, Naziräer' (16mal). Aus Ez 14, 5. 7 ergibt sich ein semantischer Zusammenhang von *zwr* (Jes 1, 4; Ez 14, 5) mit *nzr*, wie ja ein Übergang der Verba I-*n* zu den Verba II-*w*/*j* öfter zu beobachten ist (GKa § 77c; Bergsträßer II § 31c). Textkritisch umstritten sind Lev 15, 31, wo in Anlehnung an Sam, LXX, S, V *w^{e}hizhartæm* vorgeschlagen wird (Elliger, HAT I/4, 192; BHS), und Klgl 4, 7, wo die Konjektur *n^{e}ʿārâhā* Anklang gefunden hat (Kraus, BK XX 72; BHS).

Die Wiedergabe durch die LXX ist verhältnismäßig fest. Während sie sich an einigen Stellen auf die Transkription beschränkt (ναζιρ Ri 13, 5B; ναζιραῖος Ri 13, 5A. 7A; 16, 17A; Klgl 4, 7; νεζερ 2 Kön 11, 12) oder lediglich auf den Sinn abhebt (ὧν ἡγήσατο ἀδελφῶν Gen 49, 26; δοξασθεὶς ἐν ἀδελφοῖς Dtn 33, 16; εὐλαβεῖς ποιέω Lev 15, 31; προσέχω ἀπό Lev 22, 2; βασίλειον 2 Sam 1, 10; 2 Chr 23, 11; κείρω τὴν κεφαλήν [siehe aber Symmachus: τὴν κόμην τῆς ναζραιότητός σου] Jer 7, 29; ἀπαλλοτριόομαι Ez 14, 7; Hos 9, 10; ἰσχύς Spr 27, 24), hält sie sich in der Regel an eine Ableitung von ἁγι- (ἁγιάζω Num 6, 12; ἡγιασμένος Am 2, 12; ἡγιασμένον Lev 25, 11; ἁγίασμα Ex 29, 6; Lev 25, 5; Sach 7, 3; Ps 89, 40; 132, 18; ἁγιασμός Am 2, 11; ἅγιος Lev 21, 12; Ri 13, 7B; 16, 17B; Sach 9, 16; ἅγιον Lev 8, 9) bzw. ἁγν- im priesterlichen Nasirgesetz Num 6, 1–21 (ἁγνεία Num 6, 21; ἀφαγνίζομαι ἁγνείαν Num 6, 2; ἁγνίζω Num 6, 3; ἁγνισμός Num 6, 5). Letzterem eigentümlich ist die Verwendung von εὐχ- (εὔχομαι Num 6, 5; εὐξάμενος Num 6, 13. 21; ηὐγμένος Num 6, 18. 19. 20; εὐχή Num 6, 4. 6. 7. 8. 9. 12. 13. 18. 19. 21).

II. 1. Im 8. Jh. v. Chr. bezeichnet *nāzîr* einen Charismatiker, den sich JHWH gleich einem Propheten beruft (Am 2, 11; mit Rudolph, KAT XIII/2, 146f. gegen W. H. Schmidt, ZAW 77, 1965, 174–183, der den Vers der dtr Redaktion zuweist). Mit dem Vorwurf, man habe die Nasiräer zum Weingenuß genötigt und die Propheten nicht zu Wort kommen lassen, konkretisiert in v. 12 eine spätere Hand Israels Verhalten, das JHWHs Einschreiten herausfordert. Zwischen dem Nasir und Gott besteht eine so enge Beziehung, daß der Angriff auf die Integrität des einen den andern trifft.

n^{e}zîr 'ælohîm 'Geweihter Gottes' heißt Simson (Ri 13, 5. 7; 16, 17). Darum dürfe kein Schermesser auf sein Haupt kommen. Auch das aus Am 2, 12 bekannte Weinverbot fehlt nicht, sogar auf alle Produkte des Weinstocks und auf Bier (*šeḵār*) ausgedehnt. Da er Gottes Geweihter vom Mutterleib an bis zu seinem Tod sein soll, gilt es konsequenterweise schon seiner Mutter, der auch Enthaltsamkeit von unreinen Speisen auferlegt wird (Ri 13, 4. 7. 14), um die Heiligkeit des Kindes zu steigern, dessen Geburt der Engel ihr verkündet. Die Geburtsgeschichte in Ri 13 atmet einen Geist, der von dem im Kranz der Erzählungen Ri 14–16 anzutreffenden wesentlich abweicht. Gleichzeitig trägt sie allein, sieht man einmal von Ri 16, 17 ab, die ganze Last der Darstellung Simsons als

Nasiräer. So liegt es nahe, sie als interpretativen Zusatz zu Kap. 14–16 anzusehen (vgl. z. B. Gunkel, Simson 889f.; v. Rad, ThAT I 331f.; W. Richter 142). Eine Betrachtung der Text- bzw. Rezeptionsgeschichte der Samuelerzählungen 1 Sam 1–16 stützt diese Vermutung. Die Jugendgeschichte (1 Sam 1–3) nimmt in Kap. 1 Motive auf, die auch Simsons Nasiräat beschreiben sollen: die lebenslange Weihe und das ungebändigte Wachstum des Kopfhaars (1 Sam 1, 11. 28). Während in vv. 13–15 des MT die geforderte Enthaltsamkeit von Wein und Bier nur anklingt, hat die LXX Hannas Gelübde um dieses Kennzeichen vermehrt (1 Sam 1, 11 LXX). 4 QSam^{a} 1, 22 (F. M. Cross, BASOR 132, 1953, 15–26) und Sir 46, 13 (hebr.) titulieren dann Samuel ausdrücklich als *nāzîr* (vgl. auch Mischna Nazir 9, 5). Offenbar empfinden sie dieses Wort als angemessenen Ausdruck der Bedeutung und Gottnähe Samuels (Jer 15, 1; Ps 99, 6), den die Überlieferung bald als Priester, bald als Richter, bald als Propheten zeichnet. Demnach dürfte der *nāzîr* dadurch, daß er zwar durch seine Heiligkeit, nicht aber durch seine Funktion definiert war, sich zur Verwendung als Kategorie heroischer Gestalten angeboten haben. Diese Verwendung liegt auch in Gen 49, 26; Dtn 33, 16 vor, wo das Wort das besondere Verhältnis Josefs zu Gott im Vergleich zu seinen Brüdern charakterisiert; die Annahme einer Bedeutung „Fürst" erübrigt sich. Die Herkunft des *nāzîr* findet man teils im Heiligen Krieg, teils sieht man sie allgemeiner in einer Reaktionsbewegung auf die um sich greifende Kanaanisierung begründet. Im ersteren Fall stützt man sich auf die Erzählungen, die sich um Simson und Samuel ranken, aber auch auf den Josefsspruch in Gen 49; Dtn 33, im letzteren Fall liegen Alkoholverbot und freiwachsendes Haar der Beweisführung zugrunde. Den ersten Weg zu beschreiten, verbietet der oben dargestellte redaktionsgeschichtliche Befund, der es höchstens zuließe, die Geburtsgeschichten Simsons und Samuels heranzuziehen. Auch gegen den zweiten Weg sind erhebliche Bedenken geltend zu machen. Zwar wird gemeinhin das priesterliche Weinverbot (Lev 10, 9; Ez 44, 21) als Nachhall antikanaanäischer Haltung verstanden, doch kann es sich nicht gegen den Wein schlechthin als Kulturlanderzeugnis gerichtet haben, das im JHWH-Kult nichts zu suchen habe. Bekanntlich war mit verschiedenen Opfern eine Libation verbunden (Ex 29, 40; Num 15, 5; 28, 14; 1 Chr 9, 29), und zum Opfermahl gehörte der Wein (Dtn 14, 26). Amos (2, 8) und Jesaja (28, 7) kritisierten nur die Verwendung unrechtmäßig beschafften Weins bzw. den unmäßigen Genuß. Daß den Priestern untersagt wird, während des Dienstes Wein zu trinken, legt eher nahe, an die Abwehr künstlich herbeigeführter Ekstase zu denken, wie auch Berufung und Wortempfang der klassischen Propheten nicht in Ekstase, sondern bei gesteigertem Bewußtsein vor sich gingen. So haben auch die *n^{e}zîrîm* als zu besonderem Dienste JHWHs Berufene nüchtern zu sein. Das Schneiden der Haare unterbleibt, da sie symbolisch-real die Weihe enthalten (Henninger 365). An ihrem Wildwuchs wird die Heiligkeit offenbar. Festgelegt ist also allein das Gottesverhältnis des *nāzîr*, während man sich durchaus verschiedene Funktionen denken konnte.

2. In Num 6, 1–21 befaßt sich P eingehend mit der Regelung eines zeitlich begrenzten *nāzîr*-Gelübdes. Der erste Abschnitt (vv. 3–7), durch die vv. 2 und 8 gerahmt, nimmt die bekannten Enthaltsamkeitsgebote auf und vermehrt sie um das Verbot der Verunreinigung an Toten (vv. 6f.), mit dem in fast gleicher Formulierung Lev 21, 11f. den Hohenpriester belegt. Sowohl er als auch der *nāzîr* dürfen sich nicht einmal an ihren engsten Angehörigen wie Vater und Mutter, letzterer auch nicht an Bruder und Schwester verunreinigen, während die auf die einfachen Priester gemünzte Fassung des Verbots dies ausdrücklich zuläßt (Lev 21, 1–4; Ez 44, 25). Auch die Begründung ist für beide gleich: Es ist die auf ihnen ruhende Weihe (*nezær*: Lev 21, 12; Num 6, 7), die beim Hohenpriester als durch die Salbung gegeben angesehen wird. Beide Vorschriften dürften den nämlichen priesterlichen Kreisen entstammen. Durch die Einfügung von *kol j^{e}mê nizrô* am Ende des ersten Verbots (v. 4), von *kŏl-j^{e}mê nædær nizrô* als Einleitung des zweiten (v. 5) und von *kŏl-j^{e}mê hazzîrô l^{e}JHWH* vor dem dritten (v. 6) wird die Dauer der dreifachen Enthaltsamkeit begrenzt. Der wie der vorangehende Abschnitt (v. 2b) mit der Konjunktion *kî* einsetzende Abschnitt vv. 9–12 ordnet das Verfahren für den Fall, daß trotz beobachteter Vorsicht die Verunreinigung dennoch eingetreten sein sollte. Die bisherigen Tage des Gelübdes werden ungültig. Nach Ablauf der laut Num 19, 11. 14. 16 zur Wiedererlangung der Reinheit nötigen Siebentagefrist sind das Haar zu scheren und das Gelübde zu erneuern. Bei dieser Gelegenheit sind dem Priester zwei Turteltauben oder zwei gewöhnliche Tauben zur Darbringung als Sünd- bzw. Brandopfer zu übergeben; außerdem wird ein Lamm im ersten Lebensjahr als Schuldopfer fällig. In der Opfervorschrift sieht Kellermann einen mit *bajjôm haššeḇîʿî* v. 9 einsetzenden Zusatz eines späteren Autors, der sich an den Spezialvorschriften für die Bedürftigen unter Wöchnerinnen (Lev 12, 8), geheilten Aussätzigen (Lev 14, 22. 30) und vom Ausfluß befreiten Männern oder Frauen (Lev 15, 14. 29) ausgerichtet habe (88f. mit Tabelle 90). Dem nämlichen Autor weist er den Abschnitt vv. 13–21 zu, wo die Zeremonien bei Abschluß der gelobten Zeit geregelt werden (90–93). In Überschrift (v. 13) und Unterschrift (v. 21) als Tora bezeichnet, benennt dieser zunächst das Opfer (*qŏrbān* v. 14). Es besteht aus einem männlichen Lamm als Brandopfer, einem weiblichen Lamm als Sündopfer und einem Widder als Heilsopfer samt einem Korb mit Ringbroten und Fladen. Zum Brandopfer gehört noch ein Speiseopfer aus $^{1}/_{10}$ Epha Grieß und $^{1}/_{4}$ Hin Öl sowie eine Libation von $^{1}/_{3}$ Hin Wein; das Heilsopfer erfordert als Speiseopfer $^{2}/_{10}$ Epha Grieß und $^{1}/_{3}$ Hin Öl und als Gußspende $^{1}/_{3}$ Hin Wein (Maßangaben nach

Num 15, 1–16). Anschließend erfolgt der Desakralisationsakt durch Schur und Verbrennen der Haare (v. 18). Wein ist dem *nāzîr* aber erst erlaubt, nachdem der Priester den Weberitus (*te nûpāh*) vollzogen hat, der als Anteil vom Heilsopfer nicht nur, wie sonst, Webebrust und Hebekeule (Lev 7, 32–34), sondern auch ein gekochtes Vorderbein erhält. Es zeigt sich, daß, wie der *nāzîr* als Typ immer mehr dem Priester angenähert, so auch das *nāzîr*-Institut immer fester in das priesterliche System eingebunden wurde. Geht man davon aus, daß die Vorschriften aus der Opfergesetzgebung, auf die hier zurückgegriffen wird, aus frühnachexilischer Zeit stammen (so z. B. Elliger, HAT I/4, 158. 176 mit 67), so dürfte die vorstehende Tora die Verhältnisse der ersten Hälfte des 5. Jh.s spiegeln. Die Entwicklung ist dabei nicht stehen geblieben. Spätere Zeugnisse, besonders aus der letzten Zeit des Zweiten Tempels, lassen erkennen, daß das *nāzîr*-Gelübde zum beliebten Mittel geworden ist, seine Dankbarkeit, etwa nach der Errettung aus Krankheit oder Not, bei gesunder Heimkehr aus dem Krieg oder auch nach der Erfüllung des Wunsches nach einem Sohn, auszudrücken (Josephus Bell. 2, 313; Mischna Nazir 2, 7; 3, 6). Falls nicht länger gelobt, dauerte das Nasiräat 30 Tage (Bell. 2, 313f.; Mischna Nazir 1, 3; 6, 3; vgl. auch 1 Makk 3, 49), wohl in Anlehnung an die dreißigtägige Trauerfrist, wo den männlichen Angehörigen ebenfalls der Haarschnitt verboten war (Mischna Mo'ed qaṭan 3, 5; babyl. Talmud Mo'ed qaṭan 14b; 27b; vgl. Num 20, 29; Lev 19, 27; Dtn 14, 1). Die Übernahme der Opferkosten für einen andern galt als frommes Werk (Josephus Ant. 19, 294; Apg 21, 23f.; Mischna Nazir 2, 5; Jerusalem. Talmud Nazir 54b, 5f.). Die Namen einiger Frauen, die das Gelübde abgelegt hatten, sind in der Überlieferung festgehalten: Berenike, die Schwester des Königs Agrippa (Bell. 2, 313f.), Helena, die Königin von Adiabene, eine Proselytin (Mischna Nazir 3, 6), und eine gewisse Mirjam aus Palmyra (Mischna Nazir 6, 11).

3. Sachlich handelt es sich bei *nezær* 'Diadem' um einen Metallstreifen mit Bindelöchern und Verzierungen, wie aufgesetzten Rosetten, nachgeahmten Blütenkränzen (H. Weippert, BRL² 287f.) oder auch Edelsteinen (Sach 9, 16). Als Abzeichen der Königswürde (2 Sam 1, 10) wurde bei der Thronbesteigung dem König das Diadem zusammen mit dem Königsprotokoll vom Priester überreicht (2 Kön 11, 12; 2 Chr 23, 11; v. Rad, ThLZ 72, 211–216; vgl. S. Yeivin, 'Eduth, IEJ 24, 1974, 17–20). Seinen Symbolwert verdeutlicht der Gebrauch des Wortes in der Klage über den Abstieg des Königtums (Ps 89, 40) wie in der Erinnerung an Davids Verheißungen (Ps 132, 18). Als in nachexilischer Zeit der Hohepriester die königlichen Funktionen übernahm, gingen auch die königlichen Insignien an ihn über (Noth, ATD 5⁶, 184f.). Das Diadem erhielt seinen Platz in der hohepriesterlichen Investitur (Lev 8, 9; Ex 29, 6; 39, 30). Die Weisheit spricht von seiner Vergänglichkeit (Spr 27, 24).

M. Görg (BN 3) macht im Anschluß an M. Noth (ATD 5, ²1961, 184) auf die Differenz zwischen Etymologie ('Weihe, Weihung') und Semantik ('Diadem') aufmerksam und postuliert für *nezær* 'Diadem' eine Ableitung von äg. *nṯr.t*, eine Bezeichnung für die Schlangengöttin. Das Diadem des Königs sei demnach funktional zu vergleichen mit dem apotropäischen Uräus-Stirnband der Pharaonen.

4. a) Der sonstige Gebrauch weicht nicht vom bisher Beobachteten ab. Die prophetische Polemik gegen die verschiedenen Formen des Götzendienstes bedient sich *nzr niph* (bzw. *zwr niph*, s. o. I.) sowohl, um die Hinwendung zur fremden Gottheit (Hos 9, 10), als auch, um die Abkehr von JHWH zu bezeichnen (Jes 1, 4 [hierzu W. L. Holladay, VT 33, 1983, 235–237]; Ez 14, 5. 7). Auch wenn Jeremia mit *nezær* konkret das lange Haupthaar meint, tut er es in diesem Zusammenhang (Jer 7, 29). In Sach 7, 3 beschreibt das Verbum die Modalitäten des Trauerns, d. h. nach dem Kontext das Fasten.

b) In H häufen sich die Belege, und zwar offenbar in den Stellen, die mit Num 6 zusammenhängen (s. o. II. 2.). *nezær* steht für die Heiligkeit des Hohenpriesters (Lev 21, 12); der Weinstock, der im Sabbat- bzw. Jobeljahr nicht beschnitten wird, heißt *nāzîr* (Lev 25, 5. 11); die Mahnung, sich heiliger Speisen zu enthalten, verwendet *nzr niph* (Lev 22, 2).

III. Das Nomen *nezær* begegnet in Qumran in abstrakter und konkreter Bedeutung. Der Priester sei eine Weihe für das Allerheiligste (so, nicht „Diadem", wegen der Analogie zu Lev 21, 12), wünscht 1 QSb 4, 28. Der endzeitliche König trägt das Diadem (4 QpJesᵃ 8–10, 19 = DJD V, 1968, 14). *nzr niph* und *hiph* drückt die dem Bund gemäße Lebensweise aus. Der Angehörige enthält sich gottlosen Besitzes (CD 6, 15). Sein geheiligter Wandel verträgt keinen Umgang mit Dirnen (CD 7, 1). Den Abtrünnigen dagegen kennzeichnet die unterlassene Sonderung vom Volk (CD 8, 8; 19, 20). – Zu *nāzîr* s. o. II. 1.

G. Mayer

נָחָה *nāḥāh*

I. Wurzel – 1. Verbreitung – 2. Bedeutung – 3. Versionen – 4. Wortfeld – II. Statistik – 1. Belege – 2. Literarische Streuung – 3. Bezüge – III. Theologischer Gebrauch – 1. Umwelt – 2. Gott führt – 3. Bedeutungsvarianten.

Lit.: *L. Delekat*, Ein Septuagintatargum (VT 8, 1958, 225ff., bes. 237–240). – *J. A. Emerton*, Notes on Jeremiah 12, 9 and Some Suggestions of J. D. Michaelis About the Hebrew Words *naḥā*, *'æbrā*, and *jadā'* (ZAW 81, 1969, 182–191). – *E. Jenni*, *nḥh* leiten (THAT II 53–55). – *W. Michaelis*, ὁδηγός/ὁδηγέω (ThWNT V 101–

106). – *G. Sauer*, *dæræk* Weg (THAT I 456–460); *hlk* gehen (ebd. 486–493). – *J. F. A. Sawyer*, Semantics in Biblical Research, London 1972, 39.

I. 1. Die hebr. und neuhebr. Wurzel *nḥh* wird gewöhnlich mit arab. *naḥā* ʿnach einer Seite blicken oder gehen' und asarab. *mnḥj* ʿKanal' (der Wasser leitet, Biella 301) zusammengestellt (GesB 495; KBL³ 647). Eine semantische Beziehung könnte insofern bestehen, als sowohl beim hebr. *nāḥāh* wie beim arab. *naḥā* der Gedanke einer „Bewegung in bestimmter Richtung" maßgebend zu sein scheint. Die arab. Wurzel meint jedoch den subjektiven Akt der Wendung bzw. des Einschlagens einer Richtung (vgl. Belot 811f.), der beim Gebrauch von hebr. *nāḥāh* (ʿführen, leiten', transitiv) höchstens beiläufig anklingt. Gegenüber einer Identifikation der beiden Wurzeln ist daher Vorsicht geboten. – Die Auffassung von Sawyer, *nāḥāh* sei eine Nebenform von *nûaḥ*, wird heute nicht mehr vertreten (vgl. Jenni 53). Zur Annahme einer selbständigen Wurzel *nḥh* II s.u. II.1.c.

2. Im biblischen und nachbiblischen Hebr. (1 QS 9, 18 einziger Beleg aus Qumran!) ist die Wurzel nur in Form des Verbums *nāḥāh* (*qal* und *hiph*) belegt; weitere Derivate sowie mit der Wurzel gebildete PN fehlen. Das Verbum bedeutet in beiden Stammformen soviel wie ʿführen, leiten'. Je nach Gebrauch und Zusammenhang kommen drei Bedeutungsvarianten in Frage (s.u. III.3.). Liegt der Ton auf der „Initiative" des Führenden, so ist im Sinne von „jemanden auf den richtigen Weg führen" bzw. „jemandem den richtigen Weg zeigen" zu interpretieren. Geht es im Kontext vorwiegend um das Tun des Führenden auf der Wanderung, so kann das Wort soviel wie „auf dem Wege schützend begleiten" bedeuten. In einigen Fällen steht das Ziel des Weges so klar im Vordergrund, daß *nāḥāh* im Sinne von „jemanden sicher ans Ziel führen" zu interpretieren ist.

3. Von den alten Versionen zeigt LXX eine entsprechend, allerdings nicht folgerichtig, variierte Wiedergabe. Äquivalent von *nāḥāh* ist in der Regel ὁδηγεῖν (20mal), vereinzelt daneben εὐοδοῦν (Gen 24, 27. 48; dieselbe Wiedergabe in Gen 24 noch 5mal für → צלח *ṣlḥ hiph* und → קרה *qrh hiph*), ἄγειν (Dtn 32, 12; Ijob 38, 32), ἐπάγειν (Spr 6, 22), δεικνύειν (Ex 13, 21), μεταπέμπεσθαι (Num 23, 7), καθιζάνειν (Spr 18, 16) und παρακαλεῖν ʿtrösten' (1 Sam 22, 4; Jes 57, 18). Die Verben ὁδηγεῖν, ἄγειν und παρακαλεῖν begegnen außerdem als Wiedergabe der Parallelworte → נהל *nhl* und → נהג *nhg*; ὁδηγεῖν 3mal für → דרך *drk hiph* (Ps 25, 5. 9; 119, 35). Mit παρακαλεῖν wird im allgemeinen (ca. 60 von 80 Belegen) → נחם *nḥm* übersetzt.

V hat für *nāḥāh* in der Regel *ducere*, vereinzelt *dirigere*, *perducere* und *adducere*, recht häufig auch *deducere*. Eine deutliche Differenzierung des Wortes gegenüber *nāhal* und *nāhaḡ* ist weder in LXX noch in V zu erkennen.

4. Zum Wortfeld von *nāḥāh* gehören in erster Linie die poetisch oft parallel gebrauchten, praktisch bedeutungsgleichen Verben *nāhal pi* (Ex 15, 13; Ps 23, 2–3; 31, 4) und *nāhaḡ pi* (Ps 77, 21; 78, 52f.; Jes 63, 14 Vrs). Für *nāhal* weist das abgeleitete Nomen *nahᵃlol* ʿTränkplatz' (arab. *manhal*) eine bevorzugte Anwendung auf das Führen der Herde durch den Hirten aus; auch *nāhaḡ*, das im Unterschied zu *nāhal* (ʿsorglich geleiten', KBL³ 638) eher das energische bis gewaltsame „treiben" auszusagen scheint, wird oft vom Tun des Hirten gebraucht. Dementsprechend begegnet *nāḥāh* als Synonym des allgemeineren Wortes *rāʿāh* ʿweiden' (→ רעה; Ps 78, 72); die Herde (→ צאן *ṣoʾn*) kommt denn auch häufig in den Blick (vgl. jedoch unten II.3.b).

Zum Akt des Führens gehört die Vorstellung eines Weges (*dæræḵ*), der vom Geführten, oft auch vom Führenden, zu beschreiten und zurückzulegen ist (Gen 24, 27. 49; Ex 13, 17. 21; Ps 5, 9; 23, 3; 27, 11; 77, 20f.; 139, 24; 143, 10 Vrs; Spr 6, 22; Neh 9, 12. 19). „Führen" kann daher durch *jārāh hiph* ʿ(den Weg) weisen' (Ps 27, 11; vgl. 25, 8f. 12; 86, 11; → ירה III) erläutert werden. Als Parallelworte findet man außerdem *jāṣāʾ hiph* ʿausgehen lassen' (Ps 143, 10f.; Ijob 38, 32), *bôʾ hiph* ʿhinkommen lassen' (Ps 43, 3; 78, 53f.), *jāḇal hiph* ʿhinbringen' (Ps 60, 11; 108, 11) oder einfach *hālaḵ hiph* ʿgehen lassen' (Jes 63, 12–14 Vrs; vgl. Spr 6, 22) – selbstverständlich „auf ebener Bahn" (*bᵉmîšôr*, Ps 27, 11; 143, 10; vgl. 5, 9) und „sicher" (*lāḇæṭaḥ*, Ps 78, 53).

Die Hand als Mittel der Führung ist ein weiteres, bezeichnendes Element im Wortfeld von *nāḥāh*. Oft ist vom „fassen", „ergreifen" und „festhalten" (*ʾḥz*, *lqḥ*, *tmk*) der rechten Hand oder mit der (rechten) Hand (Ps 63, 9; 73, 23f.; 77, 21; 78, 72; 139, 10; vgl. Jes 51, 18), einmal vom Stock in der Hand des Hirten (Ps 23, 4 cj.) die Rede. Auch das schwierige *ṣoʾn jāḏô* in Ps 95, 7 bezieht sich vielleicht auf das Führen der Herde „mit der Hand" (→ יד *jāḏ* III 448).

II. 1. Das Verbum *nāḥāh* kommt im MT 39mal vor. Von diesen Belegen entfallen 11 auf das *qal* (Gen 24, 27; Ex 13, 17; 15, 13; 32, 34; Jes 58, 11; Ps 5, 9; 27, 11; 60, 11; 77, 21; 108, 11; 139, 24), 28 auf das *hiph* (Gen 24, 48; Ex 13, 21 [Lisowsky: *qal*]; Num 23, 7; Dtn 32, 12; 1 Sam 22, 4; 1 Kön 10, 26; 2 Kön 18, 11; Jes 57, 18; Ijob 12, 23; 31, 18; 38, 32; Ps 23, 3; 31, 4; 43, 3; 61, 3; 67, 5; 73, 24; 78, 14. 53. 72; 107, 30; 139, 10; 143, 10; Spr 6, 22; 11, 3; 18, 16; Neh 9, 12. 19 [Lisowsky: *qal*]). Bei den *qal*-Belegen handelt es sich überwiegend um Perf.-Formen, bei den *hiph*-Belegen um Impf.- und Inf.-Formen (GKa § 78c). Diese Aufzählung bedarf jedoch der Korrektur.

a) Die Ähnlichkeit der Formen von *nāḥāh* und *nûaḥ* im Impf. *hiph* mit Suffix hat in vielen Fällen Verwechslungen im MT verursacht (vgl. M. Dahood, Bibl 49, 1968, 357f.). – In 1 Sam 22, 4 ist *wajjanḥem* „und er führte sie" richtiger mit V (*reliquit*) als *wajjanniḥem* „und er ließ sie" zu lesen. – Das *wajjanḥem* in 1 Kön 10, 26 muß nach

LXX und 2 Chr 9, 25, ebenso dieselbe Form in 2 Kön 18, 11 nach LXX, V und S in *wajjannihem* „und er verlegte sie" bzw. „und er siedelte sie an" verbessert werden. – Die Form *we'anḥehû* in Jes 57, 18 fügt sich mit ihrer Bedeutung schlecht in den Zusammenhang. BHS schlägt (nach Marti) mit Recht die Lesung *wa'anihehû* vor (vgl. J. S. Kselman, CBQ 43, 1981, 539–542). – Auch in Ijob 12, 23 ist die Lesung *wajjanḥem* (MT) schwerlich in Ordnung. Zwar folgen ihr LXX, S und Targ, aber der Parallelismus mit *je'abbedem* läßt eher ein Verbum des Richtens oder Zerstörens erwarten. Der Vorschlag, im Anschluß an V *(in integrum restituet) wajjannihem* „und er bringt sie zur Ruhe" (Hitzig, Delitzsch) zu lesen, erfüllt diese Erwartung nicht. Eine gewagte, aber plausible Lösung bietet F. Horst: *wajjimḥem* „und er wischt sie weg". – Mehrere moderne Übersetzungen nehmen an, daß anstelle des weniger passenden *tanḥenî* in Ps 139, 10 ursprünglich *tiqqāḥenî* gestanden hat. – Das *tanḥem* „sie (sc. die Unschuld) leitet sie" in Spr 11, 3a ergibt keinen rechten Kontrast zu v. 3b „sie (sc. die Falschheit) verwüstet sie"; BHS schlägt darum vor, *tannihem* „sie schafft ihnen Ruhe" zu lesen. – Nach Analogie von 1 Sam 22, 4 (s. o.) dürfte sich auch in Spr 18, 16 für *janḥænnû* „es führt ihn" die Lesung *jannihænnû* „es läßt ihn bleiben/verweilen" empfehlen. – Schließlich verdient in Jes 63, 14 die von den Versionen vertretene Lesung *tanḥænnû* (V) oder *tanḥem* (LXX, S und Targ) den Vorrang gegenüber dem *tenîḥænnû* des MT.

b) Die Formen von *nāḥāh* im Impf. *hiph* mit Suffix 3. pl. m. geben im unpunktierten Text Anlaß zur Verwechslung mit *pi*-Formen von *nāḥam* 'trösten' (→ נחם *pi*). Das schwierige *tanḥenî* in Ps 61, 3, für das man die Lesung *tannihenî* (*hiph* von *nûaḥ*, BHS) vorgeschlagen hat, ist von S im Sinne von *wattenaḥamenî* verstanden worden; dieselbe Variante bietet S in Ps 73, 24. – Auch in Ps 43, 3 scheint S (unter Einfluß der ähnlichen Konstruktion Ps 23, 4?) *jenaḥamûnî* anstelle von *janḥûnî* (MT) gelesen zu haben, ebenso einige hebr. MSS. – In Jes 57, 18 hat LXX (καὶ παρεκάλεσα αὐτόν, s. o. I. 3.) anstelle von *we'anḥehû* (MT) möglicherweise *wa'anaḥamehû* als Vorlage benützt. – Umgekehrt möchte Gunkel (vgl. BHS) das *jenaḥamûnî* in Ps 23, 4 durch *janḥûnî* ersetzen; „dein Stecken und Stab, die führen mich" gibt in der Tat einen besseren Sinn als das überlieferte „... die trösten mich"!

c) Eine scheinbare und zwei wirkliche Perf. *qal*-Formen von *nāḥāh* bedürfen der Klärung. Das *nāḥāh* in Jes 7, 2 ist von Lisowsky zur Wurzel *nḥh* gestellt worden; in Wirklichkeit liegt eine Form von *nûaḥ* vor (zur Annahme einer Wurzel *nḥh* II 'sich stützen auf' [KBL³ 647] vgl. L. Delekat; zur Deutung von *nûaḥ* i. S. v. 'sich niederlassen, herfallen über' vgl. H. Wildberger, BK X/1, 265). Von den Versionen hat dies nur V (*requievit*) richtig erkannt. – Auch *wenāḥakā* in Jes 58, 11 ist von V als Form von *nûaḥ* gelesen worden (*et requiem tibi dabit*, für *wejanniḥakā*?). Als Form von *nḥh* in der Bedeutung '(zur Weide) führen' ergibt das Wort jedoch einen sinnvollen Parallelismus zu v. 11b (*hiśbîa' napšækā*), so daß an der Richtigkeit des MT festzuhalten ist. – In Ps 60, 11 = 108, 11 muß anstelle von *nāḥanî* „er hat mich geleitet" mit den Versionen *janḥenî* „er wird mich leiten" gelesen werden (Haplographie?).

Von den 11 *qal*-Belegen für *nāḥāh* bleiben also, nach Abzug von Ps 60, 11 (= 108, 11), nur 9 übrig. Die Zahl der 28 *hiph*-Belege vermindert sich um 9 Fälle, in denen besser eine *hiph*-Form von *nûaḥ* (1 Sam 22, 4; 1 Kön 10, 26; 2 Kön 18, 11; Jes 57, 18; Spr 11, 3; 18, 16; Ps 61, 3) oder die Form eines andern Verbs (Ijob 12, 23; Ps 139, 10) zu lesen ist; andererseits kommen 4 Fälle hinzu, in denen graphisch ähnliche Formen anderer Verben (Jes 63, 14 *nûaḥ*; Ps 23, 4 *nāḥam*) oder überlieferte *qal*-Formen von *nāḥāh* (Ps 60/108, 11) als *hiph*-Formen von *nāḥāh* zu rekonstruieren sind. Es verbleiben 23 gesicherte Belege für den Gebrauch von *nāḥāh* im *hiph*, also nur 32 Belege für *nāḥāh* insgesamt.

2. Die kritisch bereinigte Statistik des Gebrauchs von *nāḥāh* erlaubt einige Folgerungen im Blick auf dessen literarische Streuung im AT.

a) Eine erste Gruppe von 8 Belegen findet sich im Pent, und zwar größtenteils (mit Ausnahme von Num 23, 7) in seinen jüngeren Schichten. Das Thema „Führung" ist in Gen 24 novellistisch ausgestaltet (vv. 27. 48); LXX betont es noch stärker (s. o. I. 3.). Auch in zusammenfassenden Erzählungen vom Wüstenzug ist *nāḥāh* ein oft verwendetes Motivwort (Ex 13, 17. 21; 32, 34; Neh 9, 12. 19; vgl. Ps 77, 21; 78, 14. 53).

b) Bei weitem die stärkste Gruppe von Belegen (19) stammt aus dem Bereich der sakralen Poesie. Die Gattung der individuellen Gebete ist häufig vertreten (Ps 5, 9; 23, 3. 4 cj.; 27, 11; 31, 4; 43, 3; 73, 24; 139, 24; 143, 10), aber auch andere Gattungen kennen einen hervorgehobenen Gebrauch von *nāḥāh* (Ex 15, 13; Dtn 32, 12; Ps 60/108, 11; 67, 5; 77, 21; 79, 14. 53. 72; 107, 30).

c) Aus dem Bereich der prophetischen Literatur ist nur TrJes vertreten (Jes 58, 11; 63, 14 cj.; nach MT auch 57, 18).

d) Die letzte Gruppe umfaßt 3 Belege aus der späten Weisheitsliteratur (Spr 6, 22; Ijob 31, 18 und 38, 32). Die übrigen Belege (Spr 11, 3; 18, 16; Ijob 12, 23) sind im MT schwerlich korrekt überliefert.

3. Zur Statistik des Gebrauchs von *nāḥāh* gehört eine Übersicht der syntaktischen Bezüge, besonders der an der Handlung des Führens beteiligten Subjekte und Objekte.

a) Relativ selten werden Menschen als Subjekt des Führens genannt. – Balak hat Bileam weit aus dem Osten „hergeführt" (Num 23, 7). – David hat sein Volk mit weiser Hand „geführt" (Ps 78, 72; *nāḥāh* nähert sich hier, wie in 67, 5, der Bedeutung „regieren"). – Für den Feldzug gegen Edom wird ein freiwilliger, gewiß menschlicher Führer gesucht (Ps 60, 11 = 108, 11). – Textverderbnis erschwert in Ijob 31, 18 die Entscheidung, wer als Subjekt des Führens gemeint ist; im Zusammenhang eines „Reinigungseides" kommt noch am ehesten Ijob in Betracht. – Wiederum an Ijob richtet sich die ironische Frage, ob er imstande sei, die Gestirne rechtzeitig auf ihre Bahn zu leiten (Ijob 38, 32). – Die Mose aufgetragene Führung Israels nach Kanaan (Ex 32, 34; vgl. Ps 77, 21) sei an letzter Stelle verzeichnet, da sie nur als eine mittelbare, die Führung durch JHWH vollziehende Funktion verstanden werden kann.

An einigen Belegstellen scheint es sich um „abstrakte" Subjekte des Führens zu handeln: um „dein Licht und deine Wahrheit" (Ps 43, 3), um „deinen guten Geist" (Ps

143, 10), um die mütterliche Weisung (Spr 6, 22, vgl. 20). Hinter solchen Abstrakta steht jedoch der göttliche Führer selbst. Die Mehrzahl der Belege (20 von insgesamt 32, s.o. II. 1.) setzt denn auch unmittelbar JHWH als Subjekt voraus. Am stärksten ist dabei, wie zu erwarten, die sakrale Poesie vertreten (Ps 5, 9; 23, 3; 23, 4 cj.; 27, 11; 31, 4; 67, 5; 73, 24; 77, 21; 78, 14. 53; 107, 30; 139, 24; Ex 15, 13; Dtn 32, 12); ihr folgt die Pentateucherzählung bzw. deren Rekapitulation (Gen 24, 27. 48; Ex 13, 17. 21; Neh 9, 12. 19) und schließlich die prophetische Literatur (Jes 58, 11; 63, 14 cj.).

b) Objekt der Führung sind in aller Regel Menschen: Abrahams Knecht (Gen 24), Bileam (Num 23), das Volk Israel (Ex 13, 17. 21; 15, 13; 32, 34; Dtn 32, 12; Jes 58, 11; 63, 14 cj.; Ps 77, 21; 78, 14. 53. 72; Neh 9, 12. 19), einzelne Gerechte (Ps 5, 9; 23, 3. 4 cj.; 27, 11; 31, 4; 43, 3; 73, 24; 107, 30; 139, 24; 143, 10), Witwen und Waisen (Ijob 31, 18?), die Völker der Erde (Ps 67, 5; Ijob 12, 23 MT). Nur Ijob 38, 22 nennt mit den Gestirnen (Sternbildern?) ein nichtmenschliches Objekt des Führens (vgl. *jṣ' hiph* in Jes 40, 26; → כוכב *kôkāb*).

Im Unterschied zu *nāhaḡ* 'treiben' wird *nāḥāh* nie auf eine Herde als direktes Objekt bezogen. Dagegen wird Israel als Objekt von Gottes Führung gern mit einer Herde verglichen (*kaṣṣo'n* Ps 77, 21; 78, 52; vgl. 74, 1; 79, 13; 80, 2; 95, 7; 100, 3 sowie die Verwendung von *rā'āh* 'weiden' als Parallelwort, Ps 78, 71f. und Jes 40, 11).

III. 1. Die große Zahl von Aussagen über JHWHs Führung gibt Anlaß zu der Frage, ob auch in der Umwelt Israels entsprechende Aussagen üblich waren. Einige Zitate belegen dies sowohl für den ägyptischen wie für den mesopotamischen Bereich.

„Amun, der Hirte, der schon frühmorgens für die Herde sorgt ... Es treibt der Hirte die Herde zum Kraute; Amun, du treibst mich, den Hungrigen, zur Speise ..." (Hymn. Gebet an Amun, Ostrakon der Ramessidenzeit; RTAT 66). – „Heil dem, der wohl sitzt auf der Hand des Amun, der den Scheuen leitet, der den Armen rettet ..., der vollkommene Leiter für jedermann" (Hymn. Gebet an Amun, Inschrift auf Holzfigur, ca. 13. Jh.; RTAT 67). – „Gott ist es, der auf den Lebensweg führt" (Skarabäeninschrift, 14. bis 12. Jh.; RTAT 69). – „Beginn der Lebenslehre, der Unterweisung für das Heil ..., um einen recht zu leiten auf den Wegen des Lebens, um ihn heil sein zu lassen auf Erden, um sein Herz hinabsteigen zu lassen in seinen Schrein, indem es ihn fortlenkt vom Bösen ..." (Lehre des Amenemope 1, 1–10, 12. bis 11. Jh.; RTAT 75, vgl. ANET[3] 421). – „Halte dein Herz zurück und stärke dein Herz, mache dich nicht zum Steuermann deiner Zunge; die Zunge des Menschen ist (zwar) das Steuerruder des Schiffes, (doch) der Allherr ist sein Pilot" (Amenemope Kap. 18, 20, 3–6, RTAT 84, vgl. ANET[3] 423f.). – „Ich führe euch ... auf den Weg des Lebens, ich nenne euch eure (rechte) Lebensführung, die zur Stadt der Verjüngung leitet; haltet euch an meine Worte" (Inschrift im Grab des Petosiris, Ende 4. Jh.; RTAT 88). – „Herr, der im Himmel und auf Erden die Entscheidungen trifft, dessen Spruch niemand zu ändern vermag, der ... die Geschaffenen lenkt – wer unter den Göttern ist wie Du?" (Akk. Hymnus auf Schamasch, nach 1400; RTAT 129). – „Löse meine Fesseln, bewirke meine Befreiung / Leite meine Pfade recht, daß ich ... mit den Menschen (meine) Straße wandeln kann!" (Akk. Gebetsbeschwörung an Ischtar, um 1500; RTAT 135f., vgl. ANET[3] 385). – Salmanassar III. spricht in einem Kriegsbericht (um 850) von „Nergal, meinem Führer" (ANET[3] 277. 279).

Die Hirten- und Führerfunktion der Gottheit wird hier oft und klar genug ausgesprochen. In den beiden Zitaten aus Amenemope findet sich die weisheitliche Auffassung, nach der die göttliche Führung mittelbar, d. h. durch die leitende Funktion von Lehre, Unterweisung (vgl. Spr 6, 20. 22) oder „Herz" erfahren wird.

2. Die at.lichen Aussagen über JHWH/Gott als „Führer" lassen sich in zwei Gruppen teilen, von denen die erste ein abgeschlossenes Tun in der Vergangenheit, die zweite ein gegenwärtiges oder zukünftiges Tun Gottes zum Ausdruck bringt; nur der Gebrauch von *nāḥāh* ist berücksichtigt.

a) Daß JHWH sein Volk „geleitet" oder „geführt" habe, ist ein für den Hymnus in Israel bezeichnendes Motiv, zugleich eines der grundlegenden „Themen" der Pentateucherzählung (M. Noth, ÜPt 62f.). Die wunderbare Führung Israels durch die Wüste wird oft als heilsgeschichtliche Tat Gottes gepriesen (Ex 15, 13; Dtn 32, 12; Ps 77, 21; 78, 52; vgl. 136, 16; Jes 63, 14 cj.) oder erzählend beschrieben (Ex 13, 17. 21); sie wird besonders anschaulich im Voranziehen Gottes in der Wolken- bzw. Feuersäule (Ex 13, 21; Ps 78, 14; Neh 9, 12. 19).

Hat der Gebrauch von *nāḥāh* einen festen Platz in der Wüstentradition, so kann man dasselbe im Blick auf die Vätertradition nicht sagen. Daß *nāḥāh* nur marginal in Gen 24 auftaucht, verwundert um so mehr, als sowohl der Jakobszyklus wie die Josefsnovelle als eigentliche „Führungsgeschichten" gelten dürfen (vgl. für diese Gattung die Bücher Rut und Tob).

Nur ein einziges Mal (Ps 107, 30) ist von der Führung Gottes in naher Vergangenheit – also nicht in heilsgeschichtlicher Vorzeit – die Rede. Im Lauf einer Dankfestliturgie werden als letzte Gruppe von Erlösten dem Sturm entronnene Seeleute aufgefordert, JHWH dafür zu danken, daß er sie gerettet und „an das ersehnte Gestade geführt" habe. Danklieder für erfahrene göttliche Leitung auf dem Wege sind uns sonst nicht erhalten.

b) In den Psalmen überwiegt die Zahl der Belege, in denen Gott um Führung gebeten, oder in denen ihm das Vertrauen in seine Führung ausgesprochen wird. Die reine „Bitte um Führung" liegt nur selten vor (Ps 5, 9; 27, 11; 139, 24), aber auch das vertrauende Bekenntnis (Ps 23, 3. 4 cj.; 31, 4; 43, 3; 67, 5; 73, 24; 143, 10) hat oft inhärent den Charakter einer Bitte oder eines Wunsches (so bes. Ps 31, 4; 43, 3; 143, 10). Solches Bitten um Gottes Führung in der Zukunft erfolgt gern unter Berufung auf den göttlichen Namen (*l^{e}ma'an š^{e}mô/šimkā*, Ps 23, 3; 31, 4; vgl. 79, 9; 143, 10f.); die Begründung der Bitte mit dem Hinweis auf die Feinde (*l^{e}ma'an šôr^{e}raj*, Ps 5, 9; 27, 11; vgl. 69, 19) ist vielleicht in dem Sinn zu verstehen, daß gerade die Verächter des göttlichen Namens (Ps 74, 10. 18) lernen sollen, ihn zu respektieren (Ps

83, 17). Die Feinde sollen erfahren, daß JHWH dem Klagenden recht gibt (Kraus, BK XV/1, 179).
c) Die Frage, ob zwischen den Aussagen über Gottes Führung in der Vergangenheit und denjenigen über diese Führung in Gegenwart und Zukunft ein bewußter Zusammenhang besteht, läßt sich kaum eindeutig beantworten. Auf der einen Seite ist jedoch daran zu erinnern, daß die Taten Gottes am Anfang von jeher als für alle Zukunft exemplarisch rezitiert und gefeiert wurden. Auf der anderen Seite zeigt die häufige Berufung auf Gottes „Namen", „Gerechtigkeit", „Treue" usw., daß die Bitten und Vertrauensäußerungen auf bekannte Taten Gottes zurückgreifen; Ps 77 und 79 sind dafür deutliche Beispiele. Auch die – in ihrer Art einzige – prophetische Verheißung Jes 58, 11 („JHWH wird dich immerdar leiten") ist im Blick auf das nachfolgende Zitat (v. 14) aus Dtn 32, 13 als triumphale Erneuerung des heilsgeschichtlichen Wunders zu verstehen.
3. Was heißt nun aber „Gott führt" in den einzelnen Belegen? Je nach Kontext bedeutet *nāḥāh* hier vorwiegend „auf den (oder: auf dem) richtigen Weg leiten", dort mehr „auf dem Wege schützend begleiten", anderswo dagegen eher „ans Ziel des Weges führen". Stellt man gelegentliche Überschneidungen in Rechnung, so darf die folgende Verteilung gewagt werden. – Die erste, „wegweisende" Bedeutung des Wortes findet sich in Stellen wie Gen 24, 48 (Führung *bᵉdæræḵ ʾᵉmæṯ*), Ex 13, 17 (*dæræḵ hammiḏbār*), Ex 13, 21 (*haddæræḵ*), Ps 78, 14 (*bammiḏbār*, v. 15) und Ps 139, 24 (*bᵉdæræḵ ʿôlām*). Führt JHWH nach der Wüstentradition, indem er seinem Volke verhüllt und doch sichtbar vorangeht, so zeigt er dem einzelnen (Gen 24, 48; Ps 139, 24) in geheimnisvoller Weise den Weg. – Führung im Sinne „schützenden und fürsorgenden Begleitens" ist gemeint in Dtn 32, 12 (vv. 10–11. 13!) sowie in den Psalmenstellen 5, 9; 23, 3; 27, 11; 31, 4; 73, 24; 77, 21; 78, 53; 143, 10; mehr im Sinne von „regieren" ist *nāḥāh* in Ps 67, 5 (vgl. 78, 72) gebraucht. Zu dieser Seite des Führens gehört die ständige Gegenwart, das Mitsein Gottes (Ps 23, 4; 73, 23; Gegensatz: *ʿzb* 'verlassen', Neh 9, 19) bei dem sonst tödlich gefährdeten Wanderer. – Der durch nachfolgendes *ʾæl* oder *ʿaḏ* gekennzeichnete, „zielorientierte" Gebrauch von *nāḥāh* liegt umgangssprachlich in Num 23, 7; Ps 60/108, 11 vor; von der Führung Gottes zum ersehnten Ziel reden Gen 24, 27 und Ps 107, 30. Die Führung Gottes zum heiligen Bezirk oder Land hat sowohl für Israel (Ex 15, 13; vgl. 32, 34) wie für den einzelnen Frommen (Ps 43, 3) exemplarische Bedeutung.
Einzelne Stellen bringen das Bewußtsein zum Ausdruck, daß nicht irgendein Gott, sondern JHWH, der heilige und unvergleichliche Gott Israels, in Wahrheit Israels Führer ist (Dtn 32, 12). Im Kontext von Ex 15, 13 steht das hymnische *mî ḵāmôḵā* (v. 11); auch *JHWH šᵉmô* (v. 13) reklamiert die vielen Göttern nachgesagte Führerschaft für JHWH allein (vgl. F. Crüsemann, WMANT 32, 1969, 95). Die Aussage von Ps 77, 21 ist nur auf dem Hintergrund des Bekenntnisses *ʾattāh hāʾel* (v. 15) richtig zu verstehen. Prophetische Ermahnung (vgl. Ex 33, 3b–6 im Anschluß an 32, 34; die Bußliturgie Ps 78; das Mahnwort Jes 58) hat daher ihren unaufgebbaren Platz neben der tröstlichen Zusage von Gottes Führung.

Barth

נָחַל *nāḥal*

נַחֲלָה *naḥᵃlāh*

I. Semantik – 1. Eigentliche Bedeutung – 2. *nḥl* und *jrš* – 3. *naḥᵃlāh* und *ʾᵃḥuzzāh* – II. Erbteil und Erbfolge – 1. Terminologie – 2. Primogenitur – 3. Erbrecht der Töchter – 4. Aufteilung und Auslosung – 5. Erbfolge in der Seitenlinie – 6. Rechte der Witwe – 7. Aufgeteilte Güter – 8. Unveräußerlichkeit der *naḥᵃlāh* und Rechte des *goʾel* – III. Erbe der Stämme und Israels – 1. Verteilung des verheißenen Landes – 2. Die *naḥᵃlāh* der Leviten – 3. Die *naḥᵃlāh* von Israel-Jakob – 4. Die *naḥᵃlāh* des neuen Zeitalters – IV. Erbteil des Königs – V. Erbteil JHWHs – 1. Als Thema der Mythologie – 2. Doppelter Aspekt des bibl. Motivs – 3. JHWHs Land, heiliges Land – 4. „Berg des Erbes" – VI. Erbteil als Metapher – 1. *ḥlq* || *nḥlh* – 2. Essenische Theologie der Prädestination – 3. *nḥl* als Synonym von „geben".

Lit.: *Z. Ben-Barak*, Inheritance by Daughters in the Ancient Near East (JSS 25, 1980, 22–33). – *R. Bohlen*, Der Fall Nabot (TrThSt 35, 1978, 320–350). – *G. Boyer*, ARM VIII. Textes juridiques, transcrits, traduits et commentés (Paris 1958, 190–197). – *E. W. Davies*, Inheritance Rights and the Hebrew Levirate Marriage (VT 31, 1981, 138–144. 257–268). – *P. Diepold*, Israels Land (BWANT 95, 1972). – *H. Donner*, Die soziale Botschaft der Propheten im Lichte der Gesellschaftsordnung in Israel (OrAnt 2, 1963, 229–245). – *F. Dreyfus*, Le thème de l'héritage dans l'Ancien Testament (RSPhTh 42, 1958, 3–49). – *Ders.* / *P. Grelot*, Héritage (X. Léon-Dufour, Vocabulaire de théologie biblique, Paris ²1971, 532–537). – *J. Ebach*, Sozialethische Erwägungen zum alttestamentlichen Bodenrecht (BN 1, 1976, 31–46). – *D. O. Edzard*, Mari und Aramäer? (ZA 56, 1964, 142–149, bes. 146, § 16). – *Z. W. Falk*, Introduction to Jewish Law of the Second Commonwealth. Part 2 (Leiden 1978, 332–349). – *W. Foerster* / *J. Hermann*, κληρονόμος (ThWNT III 766–786). – *H. O. Forshey*, The Construct Chaine *naḥᵃlat YHWH* / *ʾᵉlōhîm* (BASOR 220, 1975, 51–53). – *Ders.*, The Hebrew Root *NḤL* and its Semitic Cognates (Summary) (HThR 66, 1973, 505f.). – *G. Gerleman*, Nutzrecht und Wohnrecht. Zur Bedeutung von אחוזה und נחלה (ZAW 89, 1977, 313–325). – *I. Gottlieb*, Succession in Elephantine and Jewish Law (JSS 26, 1981, 193–203). – *J. Guillet*, Thèmes bibliques (Paris 1951, 181–200). – *J. Halbe*, Das Privilegrecht Jahwes Ex 34, 10–26 (FRLANT 114, 1975, bes. 283f.). – *J. Henninger*, Zum Erstgeborenenrecht bei den Semiten (Festschr. Werner Caskel, Leiden 1968, 162–183). – *J. Huehnergard*, Five Tablets from the Vicinity of Emar (RA 77,

1983, 11–43). – *F. Horst*, Zwei Begriffe für Eigentum (Besitz): נַחֲלָה und אֲחֻזָּה (Festschr. W. Rudolph, 1961, 135–156). – *A. Jaussen*, Coutumes des Arabes au pays de Moab (Paris 1908, 19–24, 236–240). – *J. Klíma*, Untersuchungen zum altbabylonischen Erbrecht, Prag 1940. – *Ders.*, Untersuchungen zum ugaritischen Erbrecht (ArOr 25, 1956, 356–374). – *Ders.*, Die Stellung der ugaritischen Frau (ArOr 25, 1957, 313–333, bes. 325f.). – *Ders.*, Donationes mortis causa nach den akkadischen Rechtsurkunden aus Susa (Festschr. J. Friedrich, 1959, 229–259). – *Ders.*, Quelques remarques sur le droit successoral d'après les prescriptions néo-babyloniennes (ArOr 27, 1959, 401–406). – *Ders.*, Untersuchungen zum elamischen Erbrecht (aufgrund der akkadischen Urkunden aus Susa) (ArOr 28, 1960, 5–54). – *H. Langkammer*, Die Verheißung vom Erbe. Ein Beitrag zur biblischen Sprache (BiLe 8, 1967, 157–165). – *E. Lipiński*, La Terre promise, héritage de Dieu (ders., Essais sur la Révélation et la Bible, Lectio Divina 60, Paris 1970, 115–132). – *S. E. Loewenstamm*, *B^{e}nôṯ Ṣ^{e}lŏpḥād* (EMiqr II 170f. 948). – *Ders.*, *J^{e}ruššāh* (EMiqr III 788–791). – *Ders.*, *Naḥ^{a}lāh* (EMiqr V 815f.). – *A. Malamat*, Mari and the Bible: Some Patterns of Tribal Organization and Institutions (JAOS 82, 1962, 143–150, bes. 148–150 = Festschr. M. H. Segal, Jerusalem 1964, 19–32). – *E. Neufeld*, Ancient Hebrew Marriage Laws (London 1944, 259–265). – *M. Noth*, Das Krongut der israelitischen Könige und seine Verwaltung (ZDPV 50, 1927, 211–244 = ders., ABLAK I, 1971, 159–182). – *Ders.*, Die Ursprünge des alten Israel im Lichte neuer Quellen (Veröff. d. Arbeitsgem. f. Forschung d. Landes NRW 94, 9–40, bes. 18–20 = ders., ABLAK II 244–272, bes. 254f.). – *J. Pedersen*, Israel. Its Life and Culture I–II (Kopenhagen ^{2}1959, 89–96). – *G. von Rad*, Verheißenes Land und Jahwes Land (ZDPV 66, 1943, 191–204 = ThB 8, ^{3}1965, 87–100). – *N. H. Snaith*, The Daughters of Zelophehad (VT 16, 1966, 124–127). – *É. Szlechter*, Les lois néo-babyloniennes (II) (RIDA 3e sér. 19, 1972, 43–127, bes. 79–110). – *R. Taubenschlag*, The Law of Greco-Roman Egypt in the Light of the Papyri (Warschau 1955 = Nachdruck Mailand 1972, 137–166). – *W. Thiel*, Die Anfänge von Landwirtschaft und Bodenrecht in der Frühzeit Alt-Israels (Altorientalische Forschungen 7, Ost-Berlin 1980, 127–141). – *E. E. Urbach*, Inheritance Laws and After-Life (hebr.) (Proceedings of the Fourth World Congress of Jewish Studies I, Jerusalem 1967, 133–141. 263). – *A. Van Selms*, Marriage and Family Life in Ugarit Literature (Pretoria Oriental Series I, London 1954, 137–143). – *R. de Vaux*, LO I 96–98. 264–270. – *G. Wanke*, נַחֲלָה *naḥ^{a}lā* (THAT II 55–59). – *J. Weingreen*, The Case of the Daughters of Zelophehad (VT 16, 1966, 518–522). – *H. Wildberger*, Israel und sein Land (EvTh 16, 1956, 404–422). – *R. Yaron*, Gifts in Contemplation of Death in Jewish and Roman Law, Oxford 1960. – *Ders.*, Introduction to the Law of the Aramaic Papyri (Oxford 1961, 65–78). – *S. Zeitlin*, Testamentary Succession. A Study in Tannaitic Jurisprudence (JQR. The 75th Anniversary Volume, Philadelphia 1967, 574–581).

I. 1. Das Verb *nāḥal* erscheint im AT 59mal, das Substantiv *naḥ^{a}lāh* 220mal. Beide kommen in verschiedenen semit. Sprachen vor und sind bereits als Entlehnungen aus dem Amoritischen in den ababyl. Dokumenten von Mari belegt. Sie nehmen die juristische Sprache der Nordwestsemiten auf; das Verb drückt aus, daß ein Miterbe seinen Anteil im Fall einer Erbfolge erhalten hat, während das Substantiv den Erbteil bezeichnet, der ihm dabei zukommt. Mit anderen Worten, der mit dem Verb bezeichnete Akt besteht darin, ein Recht auf ein Gesamteigentum umzuformen in ein ausschließliches Recht auf einen Erbteil, der dann im Hebr. mit *naḥ^{a}lāh* bezeichnet wird, ugar. *nḥlt* und amorit. *neḫlatu*. Die Bedeutung von *naḥ^{a}lāh* ist daher enger gefaßt als die des Begriffes „Erbe", weil sie sich strenggenommen nicht genau auf ein ungeteiltes Vermögen anwenden läßt, worauf Dtn 25, 5 und Ps 133, 1 implizit hinweisen. Sie ist auch präziser als die Bedeutung von *ḥelæq* 'Anteil', weil *naḥ^{a}lāh* im eigentlichen Sinn nur einen Teil des väterlichen Vermögens bezeichnet. Die beiden Termini finden sich in synonymem Parallelismus (Gen 31, 14; Num 18, 20; Dtn 10, 9; 12, 12; 14, 27. 29; 18, 1; 32, 9), aber man tendiert dann dahin, *naḥ^{a}lāh* in einem metaphorischen oder bildlichen Sinn zu verwenden (2 Sam 20, 1; 1 Kön 12, 16; 2 Chr 10, 16; Ijob 20, 29; 27, 13; 31, 2).

2. Unter der Wirkung des Aram., das *jrṯ* > *jrt* in derselben Bedeutung wie hebr. *nḥl* benutzt, findet man vom 6. Jh. v. Chr. an die Verwendung des Substantivs *j^{e}ruššāh* im Sinn von „Erbteil" (Dtn 2, 5. 9. 12. 19; 3, 20; Jos 1, 15; 12, 6f.; Ps 61, 6; 2 Chr 20, 11; 1 QS 4, 24). Auch das Verb *jrš* scheint als ein Synonym von *nḥl* benutzt worden zu sein (z. B. Jes 57, 13; Ps 69, 36f.), aber es ist schwierig, etwas Sicheres für die bibl. Periode festzustellen. Das Erbe konnte normalerweise nur an einen direkten männlichen Nachkommen weitergegeben werden; *jrš* bringt aber in Wirklichkeit das Gegenteil einer regulären Erbfolge vom Vater an den Sohn zum Ausdruck und bezeichnet die Tatsache, daß man in den Besitz fremden Gutes gelangt, während *nāḥal* sich auf die Aufteilung des väterlichen Gesamteigentums bezieht. Daraus folgt, daß *jāraš* weniger im Sinn von 'jemandes Nachfolge antreten / jemanden beerben' als vielmehr im Sinn von 'sich aneignen', 'sich [einer Sache] bemächtigen', 'sich widerrechtlich aneignen', 'enteignen', 'verdrängen', 'sich an jemandes Stelle niederlassen' benutzt wird (→ ירשׁ *jrš*). So beklagt Abraham sich, daß er keine Nachkommenschaft hat und daß er fürchtet, ein Sklave werde „sich an meiner Stelle niederlassen" (*jôreš 'oṯî*) (Gen 15, 3). Sara fordert, daß Hagar und Ismael verstoßen werden sollen, „damit der Sohn dieser Magd sich nicht als Erbe niederläßt" (*lo' jîraš*) zusammen mit ihrem Sohn Isaak (Gen 21, 10). Im übrigen ist es unzulässig, „daß eine Sklavin sich an der Stelle ihrer Herrin niederläßt" (*tîraš*; Spr 30, 23). Und der Brudermörder, der in die ganze Erbschaft eintreten sollte, wird 2 Sam 14, 7 als *jôreš* bezeichnet, das man eher mit „Erb-Erschleicher" als mit „Erbe" übersetzen sollte. Wenn das Verb *jāraš* sich mitunter auf den legitimen Erben bezieht (Gen 15, 4; Jer 49, 1), geschieht dies vor allem aufgrund eines Wortspiels und der festgesetzten literarischen Opposition zwischen einem legitimen Erben und einem Usurpator. Die Vorstellung

von „jemanden beerben" oder „sich an seiner Stelle niederlassen" kann allerdings auf das eine und das andere anwendbar sein. Man bedenke, daß *jāraš* im poetischen Parallelismus mit → ישב *jāšab* 'sich niederlassen' gebraucht wird (Jer 49, 1; Ps 69, 36).

3. *naḥ*^{a}*lāh* wird oft mit *'*^{a}*ḥuzzāh* 'Eigentum' verbunden. Der Ausdruck *'*^{a}*ḥuzzaṯ naḥ*^{a}*lāh* bezeichnet infolgedessen den „Besitz eines zugeteilten Anteils" der Erbmasse (Num 27, 7; 32, 32), während *naḥ*^{a}*laṯ '*^{a}*ḥuzzāh* ein „zugeteilter Anteil" ist, „den man besitzt" (Num 35, 2). *'*^{a}*ḥuzzāh* bezieht sich meist auf Grund und Boden, kann aber auch die Sklaven bezeichnen, die man als dauerndes Eigentum besitzt (Lev 25, 45 f.). Dagegen läßt sich *'*^{a}*ḥuzzāh* juristisch nicht auf Immobilien anwenden, in deren Nießbrauch man nur zeitweilig kommt, auf die man aber kein Besitzrecht hat. Vgl. dazu Lev 27, 22–24, wo von einem Feld die Rede ist, das man für eine bestimmte Zeit erworben hat, ohne jedoch das volle Besitzrecht (*'*^{a}*ḥuzzāh*) zu haben. Diese juristische Bedeutung von *'*^{a}*ḥuzzāh* findet sich auch 2 Chr 11, 14, wo die Weideflächen (*miḡrāš*) von der *'*^{a}*ḥuzzāh* der Leviten unterschieden werden. In der Tat gelten die Weideflächen generell als Gemeingut, während die Häuser und das bestellte Land Privateigentum sind. Aus demselben Grund stellt Jos 14, 4 die bestellbaren Parzellen (*ḥelæq*) den Weideflächen (*miḡrāš*) gegenüber und macht Jos 21, 11 f. eine klare Unterscheidung zwischen den Weideflächen (*miḡrāš*) und dem Kulturland (*śāḏæh*).

nḥl bezieht sich streng genommen nur auf einen zugeteilten Anteil, auf den man per Erbfolge ein Recht hat, während *'ḥz* das ganze, tatsächlich erworbene Eigentum bezeichnet, das man durch Kauf oder einen anderen zweiseitigen Vertrag, durch Schenkung, Erbschaft, Verjährung, Ersitzung etc. erlangt hat. Aus diesem Grund hat der Levistamm eine *'*^{a}*ḥuzzāh* (vgl. jedoch Ez 44, 28), obwohl er keine *naḥ*^{a}*lāh* im eigentlichen Sinn erhalten hat. Diese Unterscheidung findet sich so deutlich bereits in Mari (ARM X, 90), wo das Verb *naḫālu* die Zuweisung eines Erbteils vom elterlichen Vermögen ausdrückt (Z. 29–31), während eine kausative Form von *aḫāzu* die Bewilligung einer liegenden Habe durch den König andeutet (Z. 33–36).

Der eigentlich juristische Gebrauch der Wurzel *nḥl* kommt relativ selten im AT vor, jedoch liegt er jeder theologischen oder metaphorischen Bedeutung zugrunde, die in einer beachtlichen Anzahl von Texten vorkommt. Es ist deshalb wichtig, zuerst den grundlegenden Sinn zu analysieren, der uns den eigentlichen semantischen Wert von *nḥl* angibt.

II. 1. Obwohl das antike Israel uns kein einziges schriftliches Testament überliefert hat, ist sicher, daß der Vater vor seinem Tod „Ordnung in seinem Haus schaffte" (2 Sam 17, 23; 2 Kön 20, 1 = Jes 38, 1), d. h. er regelte die Aufteilung der Güter, die er hinterließ (Dtn 21, 16; Sir 14, 13; 33, 24). Im übrigen konnte er noch vor seinem Tod Vorschüsse aus der Erbmasse gewähren. Dies wird nicht nur aus einigen späteren Texten deutlich (Tob 8, 21; Sir 33, 20–24; vgl. Lk 15, 12), sondern ebenso aus der Verordnung über das Krongut (Ez 46, 16–18). Dieser Text macht eine klare Unterscheidung zwischen einem Geschenk an einen Sohn, der auf diese Weise Eigentümer eines Teils des Erbes wird, und einem Geschenk an einen Diener, der nur Nutzungsberechtigter wird bis zum *š*^{e}*naṯ hadd*^{e}*rôr*, d. h. bis zum Erlaßjahr für Schulden und Lasten (vgl. jedoch Spr 17, 2). Das mag bei dem vom Sohn in Lk 15, 12 dringend erbetenen Erbteil vorliegen; darauf spielt vielleicht auch Spr 20, 21 an: „Ein Erbteil, den man im voraus begehrt (vgl. arab. *mabḫala* 'Objekt der Begierde'), wird kein glückliches Ende haben." Andererseits scheint Sir 45, 25 (lies: *nḥlt 'š lb!nj kbwdw*; vgl. Mal 1, 6) die Möglichkeit zu implizieren, einen unwürdigen Sohn zu enterben.

Der eigentliche Terminus für die Aufteilung des Vermögens war *nḥl hiph* (Dtn 21, 16; Ez 46, 18; Spr 13, 22), der mit dem doppelten Akkusativ gebraucht wird; genannt werden hierbei die Empfänger des Erbes und die verteilten Güter. Ferner werden *nḥl qal* mit Objekt im Sing. (Num 34, 17 f.; Jos 19, 49) und *nḥl pi* mit Objekt im Pl. (Num 34, 29; Jos 13, 32; 14, 1; 19, 51) im gleichen Sinn verwendet, während *nḥl hitp* als Reflexiv zum *pi* ohne nennenswerte eigene Nuance bleibt (Lev 25, 46; Num 32, 18; 33, 54; 34, 13; Jes 14, 2; Ez 47, 13). Dieselbe Bedeutung muß man der Form *inḫil* aus Mari beimessen, die jedoch eine Kausativform **janḫīl*, umgesetzt in akk. *inḫil*, sein könnte, weil das Verb *naḫālu* im Grundstamm in der Bedeutung 'in den Besitz (einer *neḫlatu*) gelangen' gebraucht wird (ARM I, 91, R. 6). Da arab. *naḥala* I 'schenken, zuteilen' bedeutet, können auch *jinḫal* (*qal*) und der Grundstamm *inḫil* im Sinn von 'zuteilen, beimessen' richtig sein. Der dem Berechtigten zugeteilte Teil bildet seine *naḥ*^{a}*lāh* und wird juristisch seine *'*^{a}*ḥuzzāh*, sein „Eigentum".

nḥl qal meint das „in den Besitz einer *naḥ*^{a}*lāh* gelangen" (Ri 11, 2); der damit in Verbindung stehende Akkusativ das zugeteilte Gut *'æræṣ* (Ex 23, 30; Jos 19, 49; Jes 57, 13; Ez 47, 14) oder *naḥ*^{a}*lāh* (Num 18, 23 f.; 35, 8; Jos 17, 6). Man beachte, daß der feste Ausdruck *naḥ*^{a}*lāh nāḥal* bereits in Mari belegt ist: *neḫlatam inaḫḫil* (ARM I, 91, R. 6) „er wird einen Erbteil erben" (wahrscheinlich von dem eben gestorbenen Sūmu-Epuḫ: ARM I, 91, 5) und vielleicht in der phön. Inschrift auf dem Bronzespatel des 'Azruba'al (Ende 11. Jh. v. Chr., KAI 3, 3 f.: *nḥl tnḥl*).

Die Verteilung des Vermögens sollte mit dem Gewohnheitsrecht und dem Gesetz übereinstimmen. Nur drei Gesetzestexte (Dtn 21, 15–17; Num 27, 1–11 mit der Ergänzung Num 36, 6–9; Ez 46, 16–18) beziehen sich auf Erbangelegenheiten und regeln lediglich spezielle Fälle. Es ist also unentbehrlich, diese beschränkten Informationsquellen mit Hilfe von gelegentlichen Rechtsauskünften zu vervollständigen; diese findet man vereinzelt im AT, aber sie lassen sich zuweilen nicht leicht interpretieren.

2. Grundsätzlich haben nur die Söhne ein Recht auf das Erbe. Unter ihnen nimmt der Erstgeborene eine Sonderstellung ein, und er bekommt nicht nur den doppelten Anteil, sondern sogar zwei Drittel der väterlichen Güter. Dies sagt ausdrücklich Dtn 21, 17 mit *pî-š^e^najim* (vgl. Mischna Bekorot VIII, 9).
Dieser Ausdruck wird in 2 Kön 2, 9 metaphorisch ohne Zusammenhang einer Erbschaft des Erstgeborenen verwendet und in Sach 13, 8, wo er deutlich „zwei Drittel" bezeichnet. Dies stimmt mit westsemit. Praktiken überein, die bereits im amoritischen Mari des 18. Jh. v. Chr. bezeugt sind.
Nach dem Adoptionsvertrag ARM VIII, 1 erfreute sich der Adoptivsohn des Erstgeborenenrechts mit seinen materiellen Konsequenzen für die Erbteilung und konnte vom väterlichen Erbe einen bestimmten Teil *šittān*, nämlich „zwei Drittel", entnehmen. Dieselbe Anordnung findet sich in einem nbabyl. Gesetz (§ 15), das die aram. oder chaldäischen Erbfolgetraditionen widerspiegelt, aber sich kollektiv anwenden läßt auf die Kinder, die aus zwei aufeinanderfolgenden Ehen eines gemeinsamen Vaters hervorgegangen sind, der nach dem Tod seiner ersten Frau zum zweitenmal geheiratet hat. Die aus der ersten Ehe hervorgegangenen Söhne erhalten zusammen zwei Drittel des väterlichen Vermögens und die in der zweiten Ehe Geborenen nur ein Drittel. Diese Vorschrift gibt den aus erster Ehe stammenden Kindern das Privileg, das an das Primogeniturprinzip anknüpft.
Das Gesetz in Dtn 21, 15–17 bewahrt das Recht des Erstgeborenen: es wird dem Vater verboten, den Sohn der bevorzugten Frau zum Nachteil des Erstgeborenen aus der Verbindung mit der weniger geliebten Frau zu begünstigen. Bei Zwillingen war derjenige der Erstgeborene, der zuerst den Mutterschoß verließ (Gen 25, 24–26; 38, 27–30). Trotz der juristischen Vorrechte des Erstgeborenen bietet das AT zahlreiche Beispiele dafür, wie jüngere Kinder den Erstgeborenen verdrängen, unabhängig vom Fall Esau, der sein Erstgeburtsrecht an Jakob verkaufte (Gen 25, 29–34). Diese Beispiele dienen besonders dazu, den Geschenkcharakter der göttlichen Erwählung zu verdeutlichen; nicht dagegen lassen sie bei den alten Hebräern die Existenz des Gewohnheitsrechts des Letztgeborenen erkennen, das bei bestimmten Völkern vorhanden ist. Dieses Motiv des Unbegründetseins göttlicher Erwählung ist bereits in Ugarit belegt, wo der Gott El Keret verkündet, daß seine Frau ihm sieben Söhne und sieben Töchter gebären wird und erklärt: „Aus der Jüngsten von ihnen werde ich die Erstgeborene machen" (KTU 1.15, III, 16).
Der Erstgeborene konnte jedoch sein Recht auf Erstgeburt infolge eines schwerwiegenden Vergehens verlieren. Dies könnte die Verteilung des versprochenen Landes unter den Söhnen Jakobs erklären, ohne daß der erstgeborene Ruben zwei Drittel erhält. Durch seinen Inzest (Gen 35, 22) hatte er tatsächlich den Verlust seines Erstgeburtsrechts bewirkt (Gen 49, 3 f.). Nach einer späteren Tradition (1 Chr 5, 1 f.) ging das Erstgeburtsrecht an die beiden Söhne Josefs, Efraim und Manasse, über, die, der eine wie der andere, den Vorteil eines vollständigen Erbes von Israel-Jakob hatten. Diese Interpretation in 1 Chr 5, 1 f. impliziert eine Entwicklung des Erbrechts, die dem Erstgeborenen nur noch einen doppelten Anteil des väterlichen Vermögens zuerkannte. In demselben Sinn wird später die Disposition in Dtn 21, 17 in LXX und Targum erklärt. Nach der älteren Erklärung (Gen 48, 5 f.) erhielt jeder der beiden Söhne Josefs einen vollen Erbanteil, weil der Großvater sie per Adoption seinen eigenen Söhnen gleichgestellt hatte (vgl. Spr 13, 22). Nach Jos 17, 14–18 schließlich rechtfertigt sich die Zuteilung eines doppelten Anteils an die Söhne Josefs wegen ihrer großen Zahl.
3. Die Töchter erben nur, wenn keine männlichen Erben da sind. Dieser Rechtsgrundsatz ist festgelegt worden hinsichtlich der Töchter Zelofhads Num 27, 1–8 (vgl. Jos 17, 3–6), aber mit der Bedingung, daß sie innerhalb des Stammes ihres Vaters heiraten, um zu vermeiden, daß das Vermögen der Familie in die Hände einer anderen Sippe gelangt (Num 36, 1–9). Diese einschränkende Bedingung ist jedoch nur in späteren Ergänzungen (Num 36, 5–9) angeführt und scheint eine Modifikation einer frühen Rechtsgewohnheit zu enthalten. Eine solche liegt etwa vor in einem ababyl. Gesetz aus Nippur: „Wenn ein Mann stirbt und er keinen Sohn hat, sollen seine unverheirateten Töchter seine Erben sein" (M. Civil, Assyr. Studies 16, 4–6). Dabei ist keine einschränkende Bedingung für ihr Recht zu heiraten gegeben. Dagegen stimmt der Fall der Töchter Eleazars, die mit ihren Vettern verheiratet sind (1 Chr 23, 22), schon mit der einschränkenden, Mose zugeschriebenen Anordnung Num 36, 5–9 überein; dies ist wahrscheinlich jenes „Gesetz des Mose", auf das auch Tob 7, 10–13 anspielt.
Es gibt jedoch zwei bemerkenswerte Ausnahmen: Rahel und Lea beklagen sich Gen 31, 14 darüber, daß sie nicht mit einer *naḥ^a^lāh* im Haus ihres Vaters rechnen können, der ebenfalls Söhne hat. Die drei Töchter Ijobs erhalten eine *naḥ^a^lāh* zusammen mit ihren sieben Brüdern (Ijob 42, 13–15). Diese beiden Ausnahmen sind nicht Ausdruck späteren Rechtes, sondern Reminiszenzen einer vergangenen Epoche, in der ein reicher Vater allen seinen Kindern einen Teil seines Erbes zukommen lassen konnte. Neues Material hierüber liefern die Urkunden von Emar aus dem 13. Jh. v. Chr. (siehe Huehnergard). Dies wird auch in einem Rechtsdokument aus Schicht VII von Alalach (17. Jh. v. Chr.) bestätigt, das einen Rechtsstreit über die Verteilung des Vermögens innerhalb der königlichen Familie regelte. Sich auf das Zeugnis eines gewissen Abi-Haddu berufend hat der König Niqmepa von Jamḫad entschieden, daß die Dame Bitt-Haddi ihren Anteil am Erbe erhält, nachdem ihr Bruder Abba'el unter den durch Gerichtsdiener bestimmten Parzellen seinen Anteil ausgewählt hat (Al.T. *7).
4. Abba'el ist demnach der bevorzugte Erbe, der zu-

erst den Anteil auswählen kann, den er bevorzugt. Dieses Recht wird normalerweise dem Erstgeborenen zuerkannt, der jedoch nicht selbst die Einteilung des Vermögens vornimmt. Dies vollziehen Schiedsrichter, Amtsdiener wie in Alalach, oder der jüngste Sohn, sofern es der Vater nicht schon zu Lebzeiten getan hat. Man kann aus den Texten, die die Zuteilung des versprochenen Landes unter den Nachkommen von Israel-Jakob betreffen, schließen, daß eine ähnliche Praxis im alten Israel vorherrschte.

Mose teilt den Stämmen Ruben, Gad und dem halben Stamm Manasse ihre *naḥ^a^lāh* zu (Jos 13, 15–32; vgl. Num 32; 34, 14f.). Man beachte, daß Ruben, obwohl man annimmt, daß er sein Erstgeburtsrecht verloren hat, sich den ersten Anteil nimmt (Num 32, 1–5). Die Zuteilung einer *naḥ^a^lāh* an die Stämme westlich des Jordans ist geregelt durch eine Gruppe Schiedsrichter: Eleasar, Josua und ein führender Mann aus jedem Stamm (Num 34, 16–29; Jos 14, 1). Obwohl die Zuteilung des Landes aus Billigkeitsgründen nach der Personenzahl der Stämme geschah (Num 26, 53–56; 33, 54), ist es letztlich doch das Los (→ גורל *gôrāl*), das über die *naḥ^a^lāh* eines jeden Volksstamms entscheidet (Num 26, 55f.; 33, 54; 34, 13; 36, 2f.; Jos 13, 6; 14, 2; 15, 1; 16, 1; 18, 6–19, 49; Ri 1, 3). Dieser Widerspruch resultiert wohl aus dem Einfluß der Bestimmungen der Aufteilung des Erbgutes zwischen Brüdern auf die Erzählungen über die Verteilung des versprochenen Landes. In den mittel-assyr. Gesetzen ist ebenfalls eine Auslosung vorgesehen, die jedem Bruder den Anteil zuweist, der ihm zukommt, nachdem der Erstgeborene einen der beiden Anteile ausgewählt hat, die ihm nach assyr. Gesetz rechtmäßig zustehen (Tafel B, § 1).

5. Stirbt ein Mann kinderlos, geht seine *naḥ^a^lāh* an seine männlichen Verwandten väterlicherseits über in der Reihenfolge: Brüder, Brüder seines Vaters, seine nächsten Verwandten aus der Sippe (Num 27, 9–11). Die *naḥ^a^lāh* konnte nicht von einer Sippe auf eine andere übertragen werden (Num 36). Diese Vorschrift ist latent in der Satzung über das Krongut enthalten (Ez 46, 16ff.), die eine alte Tradition widerspiegelt, ebenso wie in der Geschichte von Nabot (1 Kön 21, 1–19). Man hat mitunter aus 1 Kön 21, 15f. gefolgert, daß die *naḥ^a^lāh* eines zum Tode Verurteilten dem König zugefallen sei, aber die Erzählung macht eher deutlich, daß es eine willkürliche Konfiszierung ist, die die Rache des Himmels herbeiruft. Auch Mi 2, 2 verdammt diejenigen, die sich der Felder und Häuser bemächtigen und wegen Schulden „den Mann samt seiner *naḥ^a^lāh*" beschlagnahmen (vgl. Jes 5, 8). Der Fall der Noomi, die für die Zeit ihres Witwenstandes die Nutznießung der Parzelle, die ihrem verstorbenen Mann gehört hat, überläßt (Rut 4, 3–6), bestätigt nur das Prinzip der Unveräußerlichkeit des Vermögens, weil Noomi diese *naḥ^a^lāh* nicht zum Verkauf bringt; sie soll vielmehr Besitz der Nachkommen ihres Mannes bleiben, die Rut entsprechend dem Gesetz des Levirats noch gebären soll (Rut 4, 9f. → מכר *mkr*).

6. Die Witwe hatte grundsätzlich kein Anrecht auf die *naḥ^a^lāh* ihres Mannes, die das Erbe im eigentlichen Sinn darstellte. Davon weicht ein akk. abgefaßtes Testament aus Ugarit (RŠ 8.145) ab, in dem ein gewisser Jarimānu alle seine Güter seiner Frau Bidawe vererbt und sie ermächtigt, denjenigen seiner Söhne zu enterben, der ihr das Recht auf die Erbfolge streitig machen sollte, hingegen dem Sohn die Güter zu vermachen, der ihr Respekt bezeugt haben wird (ANET^3 546b). In jüdischen Kreisen gibt es das nur in den Verträgen von Elephantine aus dem 5. Jh. v. Chr., daß eine Witwe ohne Kinder sich der Güter ihres verstorbenen Mannes erfreut, aber es ist möglich, daß ihr Recht auf das bloße Nutzungsrecht des Erbes begrenzt ist. In der aus hellenistischer Zeit stammenden Erzählung der Judit erhält Judit ein ganzes Vermögen von ihrem Mann, Hausrat und Grundstücke (Jud 8, 7), das sie vor ihrem Tod an die Verwandten ihres Mannes und an die eigenen Angehörigen verteilt (Jud 16, 24). Die Tradition jedoch sah vor, daß eine kinderlose Witwe in das Haus ihres Vaters zurückkehrte (Gen 38, 11; Lev 22, 13; Rut 1, 8) unter Mitnahme ihrer Mitgift und ihrer persönlichen Dinge, es sei denn, sie blieb wegen einer Leviratsehe bei der Familie ihres Mannes (→ יבם *jbm*). Dies stimmt überein mit den babyl. Gesetzen und dem Gewohnheitsrecht in Nuzi, die ausdrücklich sagten, daß die Witwe ihre Mitgift aufbewahrt. Dies erklärt auch, wieso die Mutter Michas (Ri 17, 1–4) ein persönliches Gut, getrennt von der *naḥ^a^lāh* ihres Mannes, besitzt.

Wenn die Witwe erwachsene Kinder hatte, sicherten diese ihren Unterhalt. Waren die Kinder jedoch noch klein, so betreute sie als Vormund die ihnen zukommende *naḥ^a^lāh* (vgl. Spr 15, 25; 23, 10). So erklären sich die Erzählung 2 Kön 8, 3–6 und der Fall der Noomi, die sorgfältig mit der *naḥ^a^lāh* ihres verstorbenen Mannes umging (Rut 4).

7. Es ist wichtig zu wissen, aus welchen Familiengütern die väterliche *naḥ^a^lāh* bestand, die unter den Erben verteilt wurde, so daß dann jeder von ihnen Eigentümer einer *naḥ^a^lāh* wurde.

Man ist davon ausgegangen, daß die beweglichen Güter unter den männlichen Nachkommen aufgeteilt wurden, daß aber, um das Familiengut unversehrt zu lassen, das Haus und die Ländereien dem Erstgeborenen zugewiesen wurden oder als Gesamtgut ungeteilt blieben. Die Texte bezeugen jedoch das Gegenteil. Das Rechtsgeschäft von ARM VIII, 11 aus Mari, charakterisiert durch den Gebrauch des Verbs *naḥālum*, bezieht sich auf eine Parzelle (*eqlum*), die dem Landgut der Sippe Awins entnommen und an Jarim-Addu von seinen dreizehn „Brüdern" zugeteilt wird. Im ARM X, 90, 30f. ist das Objekt des Verbs *naḥālum* „ein Feld und ein Garten" (*eqlam u kirām*). Das Dokument RŠ 16. 251, 7 (PRU III 109) erwähnt die *eqlat*^{meš} *na-ḫa-li*, Erbländer eines gewissen Allanšerdanu. Schließlich wurde Jiftach von seinen Brüdern fortgejagt (Ri 11, 2), damit er nicht teilhabe an den väterlichen Gütern (*lo' tinḥal b^e^bêṯ-*

'*āḇînû*), wobei es sich in erster Linie um unbewegliche Güter handelt, wie es der Begriff *bajiṯ* anzeigt. Das Gesetz Dtn 21, 17 schreibt dem Vater vor, daß er dem Erstgeborenen „zwei Drittel von *allem* gibt, was ihm gehört", und zwar nicht nur bewegliche Güter. Schließlich setzen alle auf die Verteilung des Gelobten Landes bezogenen Texte voraus, daß gerade die Ländereien der Teilung unterliegen und daß jeder Stamm oder Sippe seine *naḥalāh* erhält. Einzelfälle zeigen, daß dies nicht nur Sippen, sondern auch einzelne Personen betrifft. Die Töchter Zelofhads erhalten eine *naḥalāh* bei den Brüdern ihres Vaters (Num 27, 4–7; Jos 17, 4. 6), die sogar befürchten, daß der Sippe die Anteile der Töchter verlorengehen, wenn diese ein Mitglied eines anderen Stammes heiraten (Num 36, 2–4). Josua bekommt eine eigene *naḥalāh* im efraimitischen Gebirge (Jos 19, 49f.; 24, 30; Ri 2, 9), während Kaleb Hebron bekommt (Jos 14, 9. 13f.).

Andere meinen dagegen, daß eine *naḥalāh* im eigentlichen Sinne ein Grundstück war: z. B. ein „Acker" (*ḥælqaṯ haśśāḏæh*) (Rut 4, 3), ein „Weinberg" (*kæræm*) (1 Kön 21, 1–19), „ein Feld und ein Weinberg" (*śāḏæh wāḵāræm*) (Num 16, 14; vgl. ARM X, 90) oder allgemeiner ein „Bodenbesitz" oder „Haus" (*bajiṯ*) (Ri 11, 2; Mi 2, 2; Klgl 5, 2; Spr 19, 14). Jedoch kann die *naḥalāh* auch aus „Kleinvieh" (*ṣo'n*, Mi 7, 14) bestehen, aus „Sklaven" (*'æḇæḏ we'āmāh*, Lev 25, 44–46, oder *'aḇāḏîm ûšepāḥôṯ*, Jes 14, 2), aus „Geld" (*kæsæp*, Koh 7, 11–12a), aus „beweglichen Gütern" (*hôn*, Spr 19, 14). Ein Dokument aus Elephantine regelt die Verteilung der Sklaven nach der Erbfolge (AP 28). Die *naḥalāh* scheint also bewegliche und unbewegliche Güter enthalten zu haben. Letztere bilden dabei den wesentlichen Teil des Vermögens, und der Ausdruck „in seine *naḥalāh* zurückkehren" (Jos 24, 28; Ri 2, 6; 21, 23f.; Jer 12, 15; vgl. Neh 11, 20) bedeutet „nach Hause gehen". Auch ist zu verstehen, daß man um die Erhaltung der Unversehrtheit des väterlichen Erbgutes besorgt war.

Dieses war begrenzt durch Steinhaufen oder Aufschüttungen (*geḇûlôṯ*), die man nicht verrücken durfte (Dtn 19, 14; 27, 17; CD 1, 16; vgl. Hos 5, 10; Ijob 24, 2; Spr 15, 25; 22, 28; 23, 10). Sippenbewußtsein und Gewohnheitsrecht waren darauf aus, daß dieses Vermögen nicht veräußert wurde oder daß es wenigstens der Verwandtschaft nicht abhanden kam. Es wurde den Nachkommen „für immer" (*le'ôlām*) übertragen (Ex 32, 13; Lev 25, 46; Ps 37, 18; 119, 111; 1 Chr 28, 8), d. h. daß die durch das Verb *nḥl* bekundete Handlung einen beständigen Transfer der betreffenden Sache bezeichnete. Schließlich, wie es das Beispiel des Nabot zeigt (1 Kön 21), gab der Bauer die *naḥalaṯ 'āḇôṯ*, die Parzelle, die er von seinen Vätern erhalten hat, nicht ab (Num 36, 3. 8; 1 Kön 21, 3f.; Spr 19, 14; vgl. Num 27, 7; Jes 58, 14), schon deshalb nicht, weil diese oft das Familiengrab enthielt (Jos 24, 30. 32. 33; Ri 2, 9; 1 Sam 25, 1; 1 Kön 2, 34; vgl. Gen 23).

8. Wenn die Umstände jemanden zwangen, die Nutznießung des Vermögens abzugeben (→ *māḵar*), machte einer seiner nächsten Verwandten, der *gô'el* (→ גאל), ein Vorrecht geltend, um die Veräußerung des Familienbesitzes zu verhindern. Das Gesetz ist kodifiziert in Lev 25, 25–28. Als *gô'el* erwirbt Jeremia das Feld seines Vetters Hanamel (Jer 32, 6–15). Der Text spricht von seinem „Recht der *jeruššāh*" (Jer 32, 8); *jeruššāh* ist hier noch nicht synonym zu *naḥalāh*, bezeichnet aber den Eintritt des *gô'el* in den Besitz des Gutes seines nächsten Verwandten (vgl. Num 27, 11). Derselbe Brauch liegt auch der Geschichte Ruts zugrunde, wo die Anwendung des Leviratsrechtes indessen darauf zielt, die Rechte des *gô'el* (Rut 4) auf lange Sicht hin unwirksam zu machen.

Aus diesen konkreten Beispielen, die im AT allein stehen, resultiert, daß der *gô'el* normalerweise gegen Entgelt Besitzer der *naḥalāh* wird und daß die *naḥalāh* nicht an die bedürftigen Blutsverwandten zurückgegeben wird. Das Gesetz aus Lev 25, 25–28 spiegelt jedoch eine ältere Praxis wider und geht davon aus, daß Immobilien grundsätzlich unveräußerlich sind gegen Entgelt, aber nur unentgeltlich an den „nächsten *gô'el*" übertragen werden können. Letzterer macht sein Recht geltend, wenn er „zu seinem Bruder kommt", d. h. das Eigentumsrecht über dem Sippen- oder Familienbesitz, das die Basis der Institution des *gô'el* bildet, tatsächlich ausübt. Hier kann man das Überleben eines sozio-ökonomischen Zustandes beobachten, der darin bestand, daß man das Kollektiveigentum an den Immobilien beibehielt. Lev 25, 25–28 hat deshalb entsprechend den Terminus *naḥalāh* nicht, da er ja einen zugeteilten Erbteil bezeichnet, sondern *'aḥuzzāh*, das auch einen „Kollektivbesitz" bezeichnen kann (Gen 17, 8; 36, 43; 48, 4; Lev 13, 34 usw.), der einer Sippe oder einer *mišpaḥāh* gehört (Lev 25, 10. 41).

Als sich die Lebensbedingungen änderten, wurde ein Entgelt von seiten des *gô'el* üblich, der die Übung des Gesamteigentumsrechts über eine Parzelle des Sippenboden übernahm. Besitz wurde Eigentum und die Ausübung des Rechts des *gô'el* wurde in einen Kaufvertrag verwandelt. Wenn auch Jer 32, 6–15 sich bemüht, die Terminologie des Kaufformulars zu umgehen und ein differenziertes Vokabular zu gebrauchen, so wird doch die wahre Art des Aktes offensichtlich. Darüber hinaus findet man schon einen ähnlichen Kaufvertrag in ARM VIII, 13 aus Mari, in dem die Zuteilung der Immobilien und ihres Preises durch das Verb *naḥālum* ausgedrückt wird. Das Vorgehen ist zu vergleichen mit Adoptionsvorgängen in Nuzi, wo der Verkäufer den Käufer fiktiv adoptiert, um eine Schenkung zu erhalten und so das Verkaufsverbot zu umgehen.

III. 1. Die Aufteilung des Vermögens unter den Erben hat den Autoren von DtrGW und P für die Aufteilung des Gelobten Landes unter den Nachkommen Israel/Jakobs als Leitmotiv gedient. Die

Aufteilung geschah *b^e^gōrāl*, „durch das Los" (Num 26, 55f.; 33, 54; 34, 13; 36, 2f.; Jos 14–21; Ri 1, 3), am zentralen Heiligtum von Schilo „in Gegenwart JHWHs" (Jos 18, 1–10; 19, 51; vgl. Jos 13, 6b). Dies wurde von einem Redaktor in Num 34, 29 überarbeitet: nun ist es JHWH, der die Anweisung gibt, „den Söhnen Israels ihren Anteil am Land Kanaan als Erbbesitz zuzuteilen" (vgl. v. 2). Die Zahl der *n^e^ḥālôṯ* 'Erbanteile' (Jos 19, 51; vgl. Jes 49, 8) stimmt mit denen der Söhne Israel/Jakobs überein (Num 32, 32; 34, 14f.; Dtn 29, 7; Jos 13, 8. 23. 28; 14, 2f.; 15, 20; 16, 5. 8f.; 18, 2. 4. 7. 20. 28; 19, 1–48; Ri 18, 1) mit den Ausnahmen, daß Manasse und Efraim, die Söhne Josefs, je einen vollständigen Teil bekommen (vgl. o.), während Levi (→ לוי *lewî*) keinen Anteil erhält (Num 18, 20. 23f.; 26, 62; Dtn 10, 9; 12, 12; 14, 27. 29; 18, 1f.; Jos 13, 14. 33; 14, 3; 18, 7; Ez 44, 28; Sir 45, 22; vgl. aber Ez 48, 13f.). Andererseits wurden Josua (Jos 19, 49; 24, 30; Ri 2, 9) und Kaleb (Jos 14, 9. 13f.) ein besonderer Anteil zugewiesen.

2. Der besondere Fall Levis erklärt sich dadurch, daß die Leviten tatsächlich kein eigenes Land besaßen. Die theologische Erklärung dafür ist, daß „JHWH ihre *naḥ^a^lāh*" ist (Num 18, 20; Dtn 10, 9; 18, 2; Jos 13, 33; Ez 44, 28; vgl. Ps 16, 5f.); aber diese Lage wurde auch als Strafe für den Aufruhr Korachs, eines Nachkommen Levis, gewertet (Num 18, 20; vgl. 16, 14). Als einen Ersatz der *naḥ^a^lāh* sieht man für die Leviten die Einkünfte des „Priesteramtes JHWHs" vor (Jos 18, 7), d. h. den „Zehnten" (Num 18, 21. 24. 26) und die „Opferanteile JHWHs" (Dtn 18, 1; Jos 13, 14; Sir 45, 20–22. 25), ebenso wie die Levitenstädte, die aus dem Landbesitz der einzelnen Stämme ausgegliedert wurden (Num 35, 2–8; Jos 21, 3).

3. Die Aufteilung des Gelobten Landes „unter den Söhnen Israels" setzt voraus, daß dieses Land der Anteil ihres Vaters war, das Vermögen von Israel/Jakob, *naḥ^a^laṯ jiśrā'el* (Ri 20, 6), *naḥ^a^laṯ ja'^a^qoḇ* (Jes 58, 14) oder *naḥ^a^laṯ bêṯ-jiśrā'el* (Ez 35, 15), im Unterschied z. B. zu der *naḥ^a^lāh* des Esau (Mal 1, 3), d. h. Edom (vgl. Ez 35, 15; 36, 12), oder der *naḥ^a^lāh* der Völker (Jer 12, 15; vgl. Ps 111, 6). Im Tempelweihgebet richtet Salomo die folgende Bitte an JHWH: „So höre du im Himmel ... Spende Regen *deinem* Land, das du *deinem Volk* zum *Erbbesitz* gegeben hast" (1 Kön 8, 36 [DtrH] = 1 Chr 6, 27). Israel, dessen Name sowohl den eponymen Ahnherrn als auch seine Abstammung andeutet, hatte diesen Anteil von JHWH erhalten. Und obwohl die Wörter „Vater" und „Sohn" gar nicht in der Bitte des Dtr erscheinen, impliziert das Theologumenon die Vorstellung, daß JHWH Israels Vater ist, der es gezeugt (Dtn 32, 6; vgl. Ex 4, 22f.; Jes 63, 13; 64, 7; Jer 3, 4; 31, 9; Hos 11, 1; Mal 1, 6; Sir 51, 10), wie seinen Lieblingssohn behandelt und mit einem prächtigen Erbteil beschenkt hat (Ps 47, 5), oder der es adoptieren wollte, um ihm eine ausgezeichnete *naḥ^a^lāh* zu überlassen (Jer 3, 19).

Ohne Zweifel liegt die Vorstellung der väterlichen Erbfolge diesem Thema als Vorbild zugrunde, obwohl die „historischen" Traditionen von Verheißung und Landnahme nicht ohne Einfluß blieben. So wird die Schenkung dieser *naḥ^a^lāh* an Israel als Einlösung der den Patriarchen gegebenen Verheißung dargestellt (Ex 32, 13; Ps 105, 8–11; Ez 47, 14; 1 Chr 16, 15–18), und die Ausrottung der kanaan. Bevölkerung wird zum Mittel JHWHs, sein Volk in den Besitz der *naḥ^a^lāh* kommen zu lassen (Ex 23, 30; Dtn 4, 38; 20, 16; Ps 47, 4f.; 78, 55; 135, 10–12; 136, 17–22; vgl. Ps 111, 6). Die Zuteilung Kanaans an Israel wird später zu einem Leitmotiv des Dtr (Dtn 4, 21. 38; 12, 9f.; 15, 4; 19, 3. 10. 14; 21, 23; 24, 4; 25, 19; 26, 1; vgl. Jer 3, 18; 12, 14; 17, 4; TR 64, 13), und der Auftrag an Josua besteht darin, Israel in den Besitz seiner *naḥ^a^lāh* kommen zu lassen (Dtn 1, 38; 3, 28; 31, 7; Jos 1, 6; 11, 23; 13, 6f.; Sir 46, 1). Dieser Begriff bezieht sich also auf das Land, kann aber auch die Städte der besiegten Völker (Dtn 20, 16; TR 62, 13) oder deren Einwohner (Jos 23, 4) meinen.

4. Gegen Ende des Exils wird in den Zusätzen in Ps 69, 36f. die *naḥ^a^lāh* auf Zion und die Städte Judas eingeschränkt als Erbteil für die JHWH-Treuen. Diese realistische Sicht der Dinge steht im Gegensatz zu den Hoffnungen, die in den prophetischen Schriften dieser Epoche ihren Ausdruck finden. Nach Zef 2, 9 gelangt der Rest Israels in den Besitz (*jinḥālû*) Moabs und Ammons, und nach Jes 14, 2 wird sich das Haus Israel die Völker als Erbbesitz aneignen (*w^e^jiṯnaḥ^a^lû*), um sie zu Sklaven zu machen. In Jes 49, 8 versichert JHWH dagegen nur, Israel in sein verwüstetes Erbe wieder einzusetzen.

Nach Ez 45, 1–7; 47, 13 – 48, 29 wird es nach dem Exil eine neue Aufteilung des Landes Kanaan geben. Das Land wird in parallele und gleichmäßige Streifen geteilt, ohne auf die historischen und geographischen Realitäten Rücksicht zu nehmen. Der „heilige Anteil" (*qoḏæš*) JHWHs (Ez 45, 1–6; 48, 8–21), der den Priestern vorbehalten ist (Ez 45, 5; vgl. 48, 9–12), wird den ganzen mittleren Teil des Landes einnehmen, dessen Zentrum das Heiligtum bildet (Ez 45, 2f.; 48, 8). Ein Gebiet gleichen Flächeninhalts und parallel zu dem der Priester wird den Leviten zugeteilt (Ez 45, 5; vgl. 48, 13), die auf diese Weise einen eigenen Bezirk erhalten. Die Erbländer der Stadt Jerusalem (Ez 45, 6; vgl. 48, 15–20) und des Fürsten (Ez 45, 7; vgl. 48, 21f.) werden gleichmäßig im Zentrum des Landes liegen, während die 12 Stämme sich die Gebiete im Norden und Süden der Erbländer der Priester, der Leviten, der Stadt und des Fürsten teilen (Ez 47, 13 – 48, 7. 23–29). Den Fremden, die sich seit mehr als einer Generation bei den Stämmen Israels aufhalten, wird auch das Recht auf eine *naḥ^a^lāh* zugestanden (Ez 47, 22f.).

Obwohl der Begriff *gôrāl* nicht in diesem Kontext gebraucht wird, kommt die Aufteilung durch Auslosung zustande, die semantisch von *npl hiph* impliziert wird (Ez 45, 1; 47, 22; 48, 29). Ezechiel sagt nicht, wer diese neue Verteilung des Gelobten Landes durchführen soll; er zeigt durch *nḥl hitp* (Ez 47, 13) einfach an, daß die Stämme das Land unter sich verteilen sollen. *nḥl hitp* findet sich auch Num 32, 18; 33, 54; 34, 13 (Aufteilung des Landes; vgl. Jes 14, 2) und Lev 25, 46 (Zuteilung der ausländischen Sklaven). *nḥl hitp* ist hier das Reflexiv zum *pi*, das dieselbe Bedeutung wie das *hiph* hat.

IV. Die Begriffe von Vater- und Sohnschaft werden auch mit der *naḥᵃlāh* verbunden, die durch JHWH dem Herrscher zugeteilt wird. Nach 2 Sam 7, 14 (vgl. 1 Chr 17, 13; 22, 10; 28, 6); Ps 2, 7f.; 89, 27f. ist JHWH Vater für den König, der König ein Sohn für JHWH, ja sogar der Erstgeborene (Ps 89, 28). Deshalb schenkt JHWH dem König eine *naḥᵃlāh*, die im Idealfall aus allen Völkern der Erde besteht (Ps 2, 8) oder in einer Oberhoheit über alle Könige der Erde (Ps 89, 28). Diese Auffassung ist ein Ausdruck der Königsideologie des Alten Orients, die auf der Existenz eines besonderen Verhältnisses zwischen dem König und der Gottheit basiert.
Man findet dieses Thema bereits im Dokument A 1121 aus Mari (hrsg. von G. Dossin = Studies in Old Testament Prophecy Presented to Th. H. Robinson, Edinburgh 1950, 103–106). In einem Orakel, das für den König Zimri-Lim bestimmt ist, erinnert der Gott Adad von Kallassu daran, daß er Zimri-Lim auf den Thron seines Vaters gehoben hat, daß er aber in gleicher Weise „das Erbe aus seiner Hand zurücknehmen" kann (*neḫlatam ina qātišu eleqqe* [Z. 15]). Aus der Fortsetzung des Orakels resultiert (Z. 16f.), daß dieses „Erbe" aus Thron, Land und Hauptstadt besteht. Wenn der König dem Gott die Anzahl an Vieh nicht gibt, die dieser verlangt, kann der Gott sein „Erbteil" zurücknehmen. Wenn dagegen der König gehorcht, wird Adad von Kallassu ihm „Thron auf Thron, Stadt auf Stadt und das Land des Ostens und des Westens" geben (Z. 19–23). „In Anbetracht dieses Erbes (*ana neḫlatim*ᵏⁱ) überwacht" der Kultprophet (*āpilu*) des Adad von Kallassu „das Gebiet von Alaḫtum" (Z. 27), eine Aussage, deren genaue Bedeutung jedoch unbekannt bleibt.

V. 1. Obwohl das Land Kanaan öfter als „Erbe Israels" bezeichnet wird, gibt es manche andere Texte, worin das Land oder das Volk Israel, das darin wohnt, „Erbe JHWHs" genannt wird. Dieses doppelte Motiv ist mythischen Ursprungs und geht zurück auf die Vorstellung der Aufteilung der Völker oder der bewohnten Länder unter den Göttersöhnen. Nach Dtn 32, 8f. hat der höchste Gott ʿEljôn „den Göttersöhnen (*bᵉnê ʾælôhîm*) die Völker als Erbteil übergeben" (nach 4 QDtn 32 und LXX). Die Aufteilung geschah nach der Zahl der Göttersöhne, die in Ps 82, 6 „Söhne des ʿEljôn" heißen. Das ugar. Pantheon kennt 70 Söhne der Aṯirat (KTU 1.4, VI, 46), was den 70 Völkern entspricht, die Gen 10 aufzählt. Dieselbe Zahl findet sich später in den apokryphen Texten (Test Naft 8f.; 1 Hen 89, 59ff.; 90, 22. 25), in Talmud und Midrasch (vgl. ZDMG 57, 1903, 474; ZAW 19, 1899, 1–14; 20, 1900, 38ff.; 24, 1904, 311; RÉJ 54, 1907, 54), die die Zahl der Völker, ihrer „Engel" oder „Fürsten" auf 70 (oder 72, um einen Multipel von 12 zu erhalten) festlegen (vgl. Sir 17, 17). Der Midrasch Pirqê dᵉRabbi Eliezer 24 nennt hier ausdrücklich Dtn 32, 8. Die Kriegsrolle aus Qumran weist Gott „die Verwirrung der Sprachen und die Zerstreuung der Völker, den Wohnort der Sippen und das Erbe der Länder (*nḥlt ʾrṣwt*)" (1 QM 10, 14f.) zu, erwähnt aber die „Engel" nicht.
Nach der ugar. Mythologie hat der Vater der Götter ein Land als Erbteil jedem seiner Kinder geschenkt. So ist die Stadt *Hmry* der Anteil (*ʾrṣ nḥlth*) des Môt (KTU 1.4, VIII, 11–14; 1.5, II, 15f.), während *Ḥkpt* der Anteil des Gottes Qadeš-Amrur ist (KTU 1.3, VI, 15f.). Das mythologische Motiv der Zuteilung der Erde und der Völker an die Göttersöhne hat die Jahrhunderte überdauert und taucht bei Philo von Byblos wieder auf (zit. von Eusebius von Cäsarea, Praep. Evang. I, 10, 30–39). „Als Kronos die bewohnte Welt durchreiste", schreibt Philo, „gab er seiner Tochter Athene die Herrschaft über Attika." Darauf „gab er die Stadt Byblos der Göttin Baaltis, alias Dione, und Poseidon Beirut ... Als Kronos in das Land des Südwindes kam, übergab er ganz Ägypten dem Gott Tauthos", d. h. Thoth, „damit es zu seiner Residenz würde".
Diese Tradition bei Philo, der Gebrauch von *ʾrṣ nḥlth* in Ugarit und *nḥl hiph* in Dtn 32, 8 lassen keinen Zweifel daran, daß der Mythos die Vorgehensweise eines reichen Vaters, der nach Belieben die Verteilung seines Erbes regelt, in die Welt der Götter versetzt. Nach at.licher Tradition wäre Jakob der Anteil, der JHWH zufällt (Dtn 32, 9: „Israel" nach Samaritanus und LXX), obwohl alle Völker JHWHs Anteil sein sollen, wie dies Ps 82, 8 zu behaupten scheint (*kî ʾattāh tinḥal bᵉkŏl-haggôjim*). Die Identifizierung JHWHs mit dem höchsten Gott, der die Aufteilung der Völker vornimmt (vgl. Dtn 7, 6; Sir 17, 17), verzerrt jedoch das mythologische Thema im AT.
2. Die at.lichen Schriften bezeichnen das Volk als *naḥᵃlāh* JHWHs (Dtn 4, 20; 9, 26. 29; 1 Sam 10, 1; 2 Sam 20, 19; 21, 3; 1 Kön 8, 51. 53; 2 Kön 21, 14; Jes 19, 25; 47, 6; 63, 17; Jer 10, 16; 12, 8f.; 51, 19; Joël 2, 17; 4, 2; Mi 7, 14. 18; Ps 28, 9; 33, 12; 74, 2; 78, 62. 71; 94, 5. 14; 106, 5. 40) häufiger als das Land (1 Sam 26, 19; 2 Sam 14, 16; Jer 2, 7; 12, 7; 16, 18; 50, 11; Ps 68, 10). Dieses wird zwar noch *naḥᵃlāh* in 1 QM 12, 12; 19, 4 genannt, aber die Hodajot sehen wieder im Volk Gottes seine *naḥᵃlāh* (1 QH 6, 8).
Gemäß der at.lichen Tradition hat JHWH das Volk Israel ausgewählt, um es zu seiner *naḥᵃlāh* zu machen (1 Kön 8, 53; Ps 33, 12), wie es Mose erbeten hat (Ex 34, 9). Israel ist der „Stamm seines Erbes" geworden (Jes 63, 17; Jer 10, 16; 51, 19; Ps 74, 2) und „die Herde seines Erbes" (Mi 7, 14). Der Gebrauch dieser bildhaften Ausdrücke legt den Akzent nicht auf die Übertragung des Eigentums oder die Erbfolge, son-

dern auf den beständigen, dauerhaften Charakter des Besitzes. Die Vorstellung eines dauerhaften Gutes ist in der Tat eng mit dem Begriff *naḥ*^{a}*lāh* verbunden, die also ein uraltes Eigentum und einen unbestreitbaren Besitz der Familie ausmacht, der nicht von einer Sippe auf eine andere übertragen werden konnte.

In Jer 12, 7–9 sind die beiden Formulierungen des Motivs eng miteinander verbunden: die *naḥ*^{a}*lāh* JHWHs sind sein Volk (Jer 12, 8f.) und sein Land, dargestellt als *bajiṯ* (Jer 12, 7; vgl. Hos 8, 1; 9, 15; Sach 9, 8). Der Terminus *bajiṯ* bezeichnet hier kein Haus, sondern ein unbewegliches Gut (vgl. Ri 11, 2), „das Land, das JHWHs Eigentum ist" (*'æræṣ '*^{a}*ḥuzzaṯ JHWH*, Jos 22, 19). Dieselbe Vorstellung kommt im redaktionellen Vers Lev 25, 23 zum Ausdruck: „Das Land gehört mir, während ihr nur Fremde und Gäste bei mir seid."

3. Das erste Glied dieser Phrase „das Land gehört mir" reflektiert den Text der Bundesverheißung, wie er Ex 19, 5 überliefert ist. Was den Ausdruck „Fremder und Gast (*ger w*^{e}*tôšāḇ*) bei jemandem" betrifft, so ist dies eine stereotype Formulierung (Gen 23, 4; Lev 25, 35–47; Num 35, 15; Ps 39, 13; 1 Chr 29, 15), die einen ständig in einem Nachbarland aufgenommenen Fremden bezeichnet, der jedoch nicht alle Rechte der eingeborenen Bürger besitzt. Folglich ist Kanaan nicht „das Erbe Israels". Israel soll sich als Gast verstehen, von JHWH in einem Land aufgenommen, das ihm als Eigentum gehört und das deshalb ein heiliges Land ist. Darum spricht Jeremia 2mal von Kanaan als dem „Erbteil JHWHs", wenn er gegen die Entweihung des Landes durch den Götzenkult auftritt (Jer 2, 7; 16, 18). Nach Jer 16, 18 sind die Götzen genau wie „Leichen", die – wenn nicht bestattet – das Land verunreinigen. Auch Dtn 21, 22f. begründet das Gebot, hingerichtete Verbrecher zu beerdigen, damit, daß sonst das Land als *naḥ*^{a}*lāh* unrein werden würde. Andererseits wird die Reihe der Inzestverbote (Lev 18) durch eine Ermahnung abgeschlossen, aus der hervorgeht, daß sexuelle Zuchtlosigkeit das Land entweiht; deshalb hat es die Völker ausgespien, die es vor Israel bewohnt haben (vv. 24–28). Dieser Kommentar vom Redaktor des Heiligkeitsgesetzes nimmt also an, daß das Land Kanaan JHWH bereits gehörte, bevor die Stämme Israels es eroberten.

Das Land Kanaan erscheint als Erbteil JHWHs noch in den Texten, in denen die fremden Länder für unrein erklärt werden (Am 7, 17). Ein aus dem heiligen Land Verbannter ist eben dadurch von der Gegenwart JHWHs entfernt, hat keinen Anteil mehr an der *naḥ*^{a}*lāh* und muß anderen Göttern dienen. In der Frühzeit dachte man sich JHWH als so sehr mit „seinem Land" verbunden (Hos 9, 3; 1 Kön 8, 36 = 2 Chr 6, 27), daß man glaubte, ihn in einem fremden Land nicht verehren zu können. Auch David konnte sich einen JHWH-Kult außerhalb des Gelobten Landes nicht vorstellen und beklagte sich, daß man ihn in die Verbannung hat gehen lassen, so daß er keinen Anteil an der *naḥ*^{a}*laṯ JHWH* haben kann (1 Sam 26, 19). Naaman nahm etwas israelitische Erde mit, damit er JHWH Opfer darbringen könnte (2 Kön 5, 17).

Aber nicht nur im Ausland glaubte man die Anwesenheit JHWHs nicht zu spüren. Auch die Toten waren „von der *naḥ*^{a}*lāh* Gottes abgeschnitten" (2 Sam 14, 16) und nicht mehr imstande, Gott zu preisen (Ps 6, 6; 30, 10; 88, 11f.; 115, 17; Jes 38, 18f.). Andererseits konnte die Erde Kanaans so unrein werden, daß JHWH sie aufgeben mußte. Die Vorstellung einer derartigen Preisgabe durch den Nationalgott war keineswegs Proprium der religiösen Mentalität Israels. Die moabit. Meša-Inschrift (9. Jh., KAI 181) gibt uns eine ausgezeichnete außerbiblische Parallele: Meša hält die Eroberung Moabs durch Omri letztlich durch den Nationalgott verursacht, „denn Kamosh zürnte *seinem Lande*" (Z. 5). Dieser Zorn führte dazu, daß der Gott sein Land verließ und es in die Hände Fremder fallen ließ. Im AT wird diese alte Vorstellung durch Jeremia ausgewertet, der sie in den Dienst seiner prophetischen Botschaft stellt. Er verbindet das Thema vom Land als Erbe JHWHs mit dem vom Volk als Erbe JHWHs. So verläßt nach ihm JHWH seine *naḥ*^{a}*lāh*, sein Land (Jer 12, 7), weil er eine feindselige Haltung seinem Volk gegenüber eingenommen hat (v. 8).

Diese Vorstellung findet man bei Ezechiel wieder: die Herrlichkeit JHWHs (→ כבוד *kāḇôḏ*) verläßt den Tempel von Jerusalem (Ez 9, 3; 10, 18f.; 11, 22f.), ein untrügliches Zeichen des bevorstehenden Untergangs der Stadt und des Heiligtums. Ezechiel verwendet hier zwar nicht den Begriff *naḥ*^{a}*lāh*, aber Ps 79, der sich wahrscheinlich auf dieselben Ereignisse bezieht, betrachtet den Tempel als *naḥ*^{a}*lāh* JHWHs (v. 1). Am Ende des Exils verkündet Sach 2, 16, daß JHWH wieder Besitz von seiner *naḥ*^{a}*lāh* im heiligen Land ergreift, aber seinen Teil von jetzt an auf das Gebiet Judas begrenzt.

4. Da Ps 48, 3 den Berg Zion mit dem Berg Zaphon gleichstellt, der in der ugar. Literatur als Erbteil Ba'als (*ġr nḥltj*) bezeichnet wird (KTU 1.3, III, 29f.), stellt sich die Frage, ob Ps 79, 1 nicht Echo auf diese alte kanaanäische Tradition enthält und sie auf den Tempelberg überträgt.

Wenn es auch keinen direkten Einfluß ugar. Schriften auf die israelit. Autoren gegeben hat, so war die Religion der Bewohner Ugarits doch ähnlich der der kanaan. Bevölkerung, von der Israel bis hin zum religiösen Vokabular vieles übernahm. Es ist also gar nicht verwunderlich, daß man ein exaktes Äquivalent zu *ġr nḥltj* in Ex 15, 17 findet, wo *har naḥ*^{a}*lāṯ*^{e}*ḵā* die Wohnstatt JHWHs bezeichnet. Man sieht in diesem Abschnitt im allgemeinen eine Anspielung auf „Gründung und Inbesitznahme des Heiligtums auf dem Zion durch Jahwe" (J. Jeremias, Festschr. G. v. Rad, 1971, 196). Aber es ist sehr wahrscheinlich, daß sich Ex 15, 17 auf die gebirgige Region diesseits des Jordans bezieht, da es ja heißt, daß JHWH sein Volk auf „den Berg seines Erbes" hinbrachte und es dort wohnen ließ. Der Ort nämlich, an dem JHWH sein Volk ansässig machte, ist nicht der Hügel von Zion, sondern das Land Kanaan, das der Kontext von v. 15 explizit nennt. Das Heiligtum, das JHWH bereitet hat, ist also nicht der Tempel von Jerusalem, sondern das heilige Land, in dem JHWH sein Volk unterbringt und das denen entrissen wurde, die es früher bewohnten. Überdies nennen die at.lichen Texte für das Gelobte Land die Namen „heiliger Berg" JHWHs (Jes 57, 13), „Berge" JHWHs (Jes 65, 9), „Gebiet (*g^e^bûl*) der Heiligkeit", „Berg, den seine Rechte erschaffen hat" (Ps 78, 54). Jes 57, 13 und Ps 78, 54f. verbinden sogar diese Terminologie mit dem Thema *naḥ^a^lāh*, weil ja die JHWH-Treuen seinen „heiligen Berg erben werden" (*jinḥal* || *jîraš*, Jes 57, 13), wo JHWH ihnen eine *naḥ^a^lāh* vorbereitet hat (Ps 78, 54f.). Der Berg des göttlichen Erbes in Ex 15, 17 scheint also das efraimitische Gebirge zu sein, das zuerst durch die israelitischen Sippen besetzt wurde (vgl. Jos 17, 15–18).

So lassen sich also in der at.lichen Tradition verschiedene Adaptionen des kanaan. Motivs des „heiligen Bergs" als *naḥ^a^lāh* eines Gottes erkennen. Dieses Bild läßt sich zuerst auf die gebirgigen Landschaften diesseits des Jordans, dann umfassend auf das ganze heilige Land, schließlich auf den Tempel von Jerusalem (Ps 79, 1) anwenden.

VI. 1. Der metaphorische Gebrauch von *naḥ^a^lāh* (s.o.) manifestiert sich schon im Aufruf Schebas zum Aufstand, wo sich der Parallelismus *ḥlq* || *nḥlh* (2 Sam 20, 1; 1 Kön 12, 16; 2 Chr 10, 16) findet. Der Ausdruck *lo' naḥ^a^lāh b^e^bæn-jišaj* meint, daß Israel nichts von David zu erwarten hat. Derselbe Parallelismus *ḥlq* || *nḥlh* begegnet auch bei Ijob, wo *naḥ^a^lāh* „Los" oder „Schicksal" bedeutet (Ijob 20, 29; 27, 13; 31, 2). So wird das Wort auch Jes 54, 17 und etwas später in der Regel der Qumrangemeinde benutzt (1 QS 4, 16. 24), wo der Gebrauch des Substantivs *nḥlh* mit dem des Verbs *nḥl* korrespondiert.

2. Nach 1 QS 4, 26 hat Gott den Menschen Anteil am Geist der Wahrheit und am Geist des Frevels gegeben (*wajjanḥîl*), indem er die Lose (*gôrālôṯ*) über jedermann warf, um jedermanns Geist für den Gerichtstag zu bestimmen. Damit hat Gott denjenigen, die er erwählt hat, einen Teil am Los der Heiligen verliehen (*wajjanḥîlem b^e^gôral q^e^ḏôšîm*, 1 QS 11, 7f.). Von da an treten alle Menschen in den Besitz ihres Schicksals ein (*jinḥ^a^lû*). Daraus folgt, daß jeder, der seinen Teil (*naḥ^a^lāh*) an der Wahrheit und Gerechtigkeit erhalten hat, den Frevel haßt, während der, der Anteil (*j^e^ruššāh*) am Los des Frevels hat, die Wahrheit verachtet (1 QS 4, 24f.).

Die Terminologie des Erbrechts dient hier einer Prädestinationstheologie. Das Schicksal eines jeden, durch *naḥ^a^lāh* oder *j^e^ruššāh* bezeichnet, ist von Gott festgelegt, der über alles Leben das „Los der Heiligen" (*gôral q^e^ḏôšîm*) oder das „Los des Frevels" (*gôral 'āwæl*) wirft. Man findet diesen Wortgebrauch aus dem Bereich der Erbschaft auch in 1 QH, wo *naḥ^a^lāh* die Prädestinationstheologie der Gemeinderegel vorauszusetzen scheint. Wenn der Psalmist erklärt, daß er jeden Gläubigen der Sekte lieben wird „gemäß der Fülle seiner *naḥ^a^lāh*" (1 QH 14, 19), bedeutet das, daß diese Liebe abgemessen sein wird nach dem Anteil am Geist der Wahrheit, der dem einzelnen zugefallen ist. Dem „Menschensohn", welcher der Psalmist selbst zu sein scheint, hat Gott eine besonders reiche *naḥ^a^lāh* bezüglich der Kenntnis seiner Wahrheit zugewiesen (1 QH 10, 28f.). Am Ende der Zeiten wird Gott unter seinen Erwählten „die ganze Herrlichkeit des Menschen" austeilen (*l^e^hanḥîlām b^e^ḵōl k^e^ḇôḏ 'āḏām*, 1 QH 17, 15), eine Wendung, die an Spr 3, 35 anklingt.

Wenn auch diese theologische Systematisierung der Essener sich noch nicht in der Bibel findet, so ist doch der Wortgebrauch über den Bereich des Erbrechts hinaus dort vorweggenommen. Nicht nur das Substantiv *naḥ^a^lāh* wird hier im Sinn von „Schicksal" gebraucht (Jes 54, 17; Ijob 20, 29; 27, 13; 31, 2), auch das Verb *nḥl* regiert Objekte, die positiv oder negativ Werte spiritueller oder moralischer Art bezeichnen. So hat der Gläubige JHWHs „Zeugnisse auf ewig geerbt" (*nāḥaltî 'eḏôṯæḵā l^e^'ôlam*, Ps 119, 111), denn „ihr (i.e. der Vollkommenen) Erbe hat auf ewig Bestand" (Ps 37, 18). Die Vollkommenen „erben das Gute (*ṭôḇ*)" (Spr 28, 10) und die Weisen „erben Ehre" (Spr 8, 25). Die Weisheit „setzt diejenigen als Erben ein" (*hanḥîl*), die sie lieben (Spr 8, 21), und Gott läßt die Schwachen und die Armen „einen Ehrenthron erben" (*janḥîl*, 1 Sam 2, 8). Umgekehrt „erbt Wind", wer sein Haus verkommen läßt (Spr 11, 29), und die Einfältigen „erben Torheit" (Spr 14, 18). Ijob klagt, „Monate der Enttäuschung als Erbe erhalten zu haben" (Ijob 7, 3) und die Ahnen der Völker „haben Trug geerbt" (Jer 16, 19).

3. Zwei Fälle besonderen Gebrauchs von *naḥ^a^lāh* finden sich in Sach 8, 12 und Ps 127, 3. Nach Sach 8, 12, der sich auf den Anbruch der neuen Zeit nach der Rückkehr aus dem Exil bezieht, wird Gott dem Rest seines Volkes die Frucht des Weinstocks, den Ertrag der Erde und den Tau des Himmels „zum Erbe geben" (*w^e^hinḥaltî*). Dieser Text steht in Zusammenhang mit der Landgabe des erwählten Volkes, aber das Verb *nḥl* bezieht sich nur auf die angebotenen Gaben (*kŏl-'ellæh*) und nicht auf das Land selbst.

In Ps 127, 3 sind es die Söhne, die sich als *naḥ^a^lāh* JHWHs auszeichnen. Gott ist hier nicht das besitzende Subjekt der *naḥ^a^lāh* wie in den anderen Belegen, sondern der Urheber oder Schöpfer der *naḥ^a^lāh*. In beiden Abschnitten sind Verb und Substantiv in einem so weitläufigen Sinn gebraucht, daß sie praktisch zu Synonymen von „geben" und „Gabe" werden.

Lipiński

נַחַל *naḥal*

אֵיתָן *'êṯān*

I. 1. Etymologie, Belege – 2. Bedeutung – 3. LXX – II. *naḥal 'êṯān* – III. Das Tal – 1. Unkultiviertes Gebiet – 2. Grenze – 3. Abladeort – 4. Opferstelle – IV. Der Talgrund als kultiviertes Gebiet – V. *naḥal* aus dem Tempel – VI. Qumran.

Lit.: *D. Baly*, Geographisches Handbuch zur Bibel, 1966. – *I. Eitan*, Studies in Hebrew Roots: 6) *jtn* (JQR NS 14, 1923/24, 42–44). – *L. Krinetzki*, „Tal“ und „Ebene“ im AT (BZ NF 5, 1961, 204–220). – *Ph. Reymond*, L'eau, sa vie, et sa signification dans l'Ancien Testament (VTS 6, 1958, bes. 66–71). – *C. Schedl*, Aus dem Bache am Wege (ZAW 73, 1961, 290–297). – *A. Schwarzenbach*, Die geographische Terminologie im Hebräischen des Alten Testaments, Leiden 1954.

I. 1. Hebr. *naḥal* 'Bachtal' entspricht aram., syr. *naḥlā'*, akk. *naḥlu*, *naḥallu* (AHw 712), ugar. *nḫl* und ist demnach wohl ein Primärnomen (arab. *naḫl*, asarab. *nḫl* ist 'Palme'). Man hat versucht, *naḥal* als eine Bildung mit n-Präfix von *ḥll* 'durchbohren' zu erklären (Schwarzenbach 32), aber eine solche Bildung ist sonst nirgends bezeugt.
Das Wort ist im AT 141mal belegt.

2. *naḥal* ist das oft tief eingeschnittene Bachtal. Das Wasser, das in der Regenzeit mit großer Gewalt vom Gebirge herabströmt (vgl. Dtn 9, 21), gräbt sich im Boden ein Flußbett aus. Im Unterschied zu *nāhār* (→ נהר), dem immer strömenden Fluß, ist *naḥal* ein Bach, der nur nach Regenfall fließt, dann aber sehr reichlich und gewaltig. Kohelets Betrachtung des *naḥal* ruft nicht die Vorstellung des monotonen, ständigen Strömens hervor. Er betont das nutzlose Fließen des Baches. Das Meer wird nicht voll trotz der Wassermengen, die sich in der Winterzeit durch den sonst leeren Wadi's einen Durchgang bahnen (J. v. d. Ploeg, BvOT VIII, Roermond 1952, 21).
Die Beschreibung eines *naḥal* liegt in Ijob 6, 15–17 vor:

Meine Brüder haben mich enttäuscht wie ein Winterbach (*naḥal*),
wie das Flußbett von Talschluchten (*'ªpîq neḥālîm*), die überlaufen,
die trübe sind zur Winterzeit,
wenn an ihren Rändern der Schnee schmilzt.
Wenn auf sie die sengende Glut scheint, sind sie dahingeschwunden,
wenn es heiß wird, sind sie ausgelöscht von ihrer Stelle.

Heftige Wolkenbrüche können in der Winterzeit das ganze Gelände überschwemmen, und die „Bäche“ können manchmal das Wasser nicht schlucken (Enc Jud IX 182; Baly 91; vgl. 2 Kön 3, 20).
Elija verbarg sich am Bach Kerit, weil er dort trinken konnte; als der Bach vertrocknete, mußte er sein Versteck wechseln (1 Kön 17, 4–7). In der Regenzeit füllt sich das Bachbett (2 Kön 3, 16; Jes 35, 6; Ez 47, 6; Ps 78, 20). Dann können die *neḥālîm* so anschwellen, daß man sie nicht überqueren kann (Ez 47, 5) und das Wasser bis an den Hals reicht (Jes 30, 28). Sie können alles mit sich reißen, und es ist deshalb verständlich, wenn man von Bächen des Verderbens (*naḥªlê belijja'al* Ps 18, 5 = 2 Sam 22, 5) spricht. Tränen können wie ein Bach fließen (Klgl 2, 18). Das Wort *naḥal* vermittelt hier den Eindruck des plötzlich aufkommenden und heftigen Weinens.
Wenn man hervorheben will, daß es sich nicht um ein leeres Bachtal handelt, sondern um einen fließenden Bach, sagt man *naḥal majim* (Dtn 8, 7; 10, 7; Jer 15, 18). Auf das Austrocknen eines Baches spielt Jeremia an, wenn er Gott mit „einem versiegenden Bach und unzuverlässigem Wasser“ vergleicht (Jer 15, 18). Das hier und Mi 1, 14 vorkommende Wort *'aḵzāḇ* wird meist mit „Lügenbach“ übersetzt, und wenn es auch richtig ist, daß das Wort das Bedeutungselement 'Bach' nicht enthält (→ IV 124f.), kann man sich „treuloses Wasser“ kaum losgelöst von einer Quelle oder einem Bach denken.
Andere Wörter für 'Tal' im Hebr. sind *'emæq* 'Talebene', niedrig gelegenes Land, *biq'āh*, breites Trogtal mit flachen Wänden (von *bāqa'* 'spalten, teilen') und *gaj'*, z. B. *gê' hinnom*, Hinnomtal. *'āpîq* ist die Wasserrinne eines Tales und *pælæḡ* (von *pālaḡ* 'spalten, furchen') ist der künstliche Wassergraben, der Kanal.

3. Die LXX übersetzt *naḥal* mit χειμάρρους 'Winterbach' oder mit φάραγξ 'Schlucht'. Im ersten Fall liegt der Akzent auf dem Wasser, das im Bachtal fließt, das letztere Wort betont das (gefüllte oder leere) Strombett. Diese beiden Aspekte finden wir auch in V: *torrens*, der reißende Bach und *vallis*, das Tal.

II. Ein wasserführender Winterbach wird auch als *naḥal 'êṯān* bezeichnet. *'êṯān*, das 3mal mit *naḥal* und 1mal (Ps 74, 15) mit *nāhār* verbunden ist, wird gewöhnlich mit „beständig“ oder „ständig wasserführend“ wiedergegeben. Das würde aber eine contradictio in adjecto ergeben, da es ja für einen *naḥal* charakteristisch ist, daß er nur zeitweilig Wasser führt. Es gibt in der Tat einige „Bäche“, die, obwohl sie *naḥal* genannt werden, jedenfalls in ihrem unteren Lauf permanente Ströme sind: Kischon (der in Ri 5, 21 nach MT [ob richtig?] das Attribut *naḥal qedûmîm* „der altberühmte Bach“ erhält [anders G. W. Ahlström, SEÅ 41, 1976, 5–8: *qedûmîm* ist 'Vorderseite', 'hervorspringender Teil', d. h. Überschwemmung; vgl. JNES 36, 1977, 287f.]), Jabbok (Dtn 2, 37; 3, 16; Jos 12, 2), Jarkon (der im AT nur Jos 19, 46 als *mê jarqôn* erwähnt wird) und der im AT nicht erwähnte Jarmuk.

'êṯān wird mit dem arab. *watana* 'beständig sein, immer fließen' zusammengestellt (Eitan; KBL[3]). Im Hebr. findet sich das Verb *jtn* 'immer fließen' nur Jes 33, 16 und vielleicht Spr 12, 12. Es handelt sich hier um Brot, das „beständig“, d. h. gesichert ist, und eine Wurzel, die „dauerhaft“ ist, d. h. feststeht. *'êṯān* bezeichnet einen Wohnsitz als 'ständig' (Num 24, 21), ein Volk als 'uralt'

(par. *meʿôlām*, Jer 5, 15), einen Schmerz als ʿanhaltendʾ (Ijob 33, 19). Dabei hört man aber leicht die Nuance ʿstarkʾ o.ä. heraus. Das Felsennest der Keniter Num 24, 21 ist „sicher und fest" (EÜ), das uralte Volk ist stark und mächtig (S: *ʿammāʾ ʿaššînā*, „starkes Volk", V: *gens robustus*), und der anhaltende Schmerz kann zugleich heftig oder stark sein (so Targ.). Die *ʾêṯānîm* von Ijob 12, 19 werden sehr unterschiedlich gedeutet: nach E. Dhorme, Job, London/Leiden 1967, 177, sind es diejenigen, deren Macht nicht veränderlich ist, d. h. die Machthaber (vgl. LXX: δυνάσται, V: *potentes*). N. M. Sarna, JBL 74, 1955, 272f., stellt es mit ugar. *jtnm* als Bezeichnung einer Gruppe von Tempeldienern (vgl. hebr. *n^eṯînîm*) zusammen. G. Fohrer (KAT XVI 246) assoziiert zum Bach: „In alledem ist es so, wie wenn Gott in der Natur einen ständig fließenden Bach versiegen läßt." In Gen 49, 24 übersetzt Gunkel (Genesis z. St.): „beständig bleibt sein Bogen"; andere verstehen aber *ʾêṯān* als „Kraft". In Mi 6, 2 wird nach Wellhausen oft ein Textfehler angenommen: statt *hāʾêṯānîm* liest man *haʾ^azînû* „hört" als Par. zu *šimʿû* (vgl. H. W. Wolff, BK XIV/4, 137: MT ist syntaktisch unerklärbar), aber W. Rudolph, KAT z. St., behält den Text und übersetzt: „ihr Uralten (par. Berge), ihr Grundfesten der Erde". Es ist möglich, daß hier eher die Festigkeit als das Alter der Berge betont werden soll (V: *fortia fundamenta*). Nach van der Woude (Micha, Nijkerk 1976, 206) sind die starken, unwiderlegbaren Urteile Gottes gemeint.

Da ein *naḥal* definitionsgemäß nicht *ʾêṯān* i. S. v. „ständig fließend" sein kann, ist es wahrscheinlich, daß sich der Ausdruck auf einen starken, reißenden Bach bezieht, wie einfaches *naḥal* z. B. Ri 5, 21; Ps 124, 4 (*naḥlāh* ist eine urspr. Lokativform); Spr 18, 4 und besonders Jes 30, 28; 66, 12; Jer 47, 2, wo der Bach als *šoṭep* ʿreißendʾ charakterisiert wird. In Am 5, 24 wird das mächtige Hervordrängen des Rechts und der Gerechtigkeit mit wälzendem (*gll* → II 22) Wasser und *naḥal ʾêṯān* verglichen. Hier paßt die von KBL³ angegebene Grundbedeutung „stark fließend" gut zum Kontext (vgl. Gerechtigkeit [Heil] „wie die Wogen des Meeres", Jes 48, 18). In Sir 40, 13 ist der Text nicht in Ordnung. *naḥal ʾêṯān* steht aber mit *ʾāpîq ʾaddîr* ʿmächtiger Stromʾ parallel; der Hinweis auf ein Gewitter legt hier wieder den Gedanken an einen reißenden Strom nahe.

Die *nah^arôṯ ʾêṯān* Ps 74, 15 sind die Urwasser, die aber in demselben Vers auch *naḥal* heißen (vgl. J. A. Emerton, Torrent and Spring in Ps 74, 15, VTS 15, 122–133). Die starken Wasser werden vom Schöpfergott gespalten. Derselbe Gedanke liegt wohl hinter Ex 14, 27, nach dem das Wasser nach der Spaltung des Schilfmeers *l^eʾêṯānô*, d. h. nicht „zum Normalstand" (so KBL³ 43), sondern zu seiner früheren Stärke zurückkehrt.

Dtn 21, 4 (TR 63, 2ff.) ist besonders schwierig. Es handelt sich um die Sühnung eines von unbekannter Hand verübten Mordes. Eine junge Kuh soll in (oder: an) einen *naḥal ʾêṯān* hinabgeführt und dort getötet werden. Die Bestimmung „wo nicht geackert oder gesät wird" läßt eher an ein Tal als an einen Bach denken; *ʾêṯān* kann dann weder ʿstarkʾ noch ʿständig fließendʾ bedeuten. A. Dillmann (Die Bücher Numeri – Josua, 1886, 338) erwägt die Möglichkeit, daß hier ein Bachbett gemeint sei, das immer wieder in der Regenzeit überflutet wird und deshalb nicht als Ackergrund verwendet wird, entschließt sich aber für die traditionelle Bedeutung „Bach mit perennierendem Wasser". A. Bertholet (KHC 5, 1899, z. St.) weist darauf hin, daß Bäche mit nie versiegendem Wasser beliebte Kultstätten waren. „Daß dort kein Landbau getrieben und nicht gesät wird, bestätigt die kultische Bestimmung des Ortes, der eben aller profanen Benützung enthoben, für das Numen reserviert bleibt." Festzuhalten ist mit von Rad (ATD 8 z. St.), „daß es sich ursprünglich nicht um ein Opfer, sondern um eine magische Prozedur zur Beseitigung einer Schuld handelte". P. C. Craigie, The Book of Deuteronomy (NICOT, London 1976) verweist dazu auf ugar. Parallelen. Vielleicht rechnet man damit, daß der Bach das Blut des Tieres oder sogar den ganzen Körper mit sich fortschwemmen soll. Da es einerseits unmöglich war, überall im Lande permanente Ströme zu finden, andererseits ein ödes Gelände, wo niemand sich aufhält und wo das Blut oder sogar der ganze Körper des Tieres weggespült werden konnte, für eine solche Handlung geeignet war, spricht vieles dafür, daß sich *ʾêṯān* auf den starken reißenden Strom bezieht. LXX spricht hier nur von einem rauhen oder felsigen Tal (φάραγγα τραχεῖαν); V hat *vallem asperam atque saxosam* (diese Übersetzung wird von H. Bar-Deroma, A Series of Studies on the Bible and the Land of the Bible V, Jerusalem 1968, verteidigt; s. dazu G. R. Driver in: OT Booklist 1969, 12).

Schließlich ist *ʾêṯān* ein Gattungsname für „Bach" geworden (Spr 13, 15?). Jer 49, 19 und 50, 44 ist von einem Löwen die Rede, der aus dem Dickicht des Jordan heraufkommt an den *n^eweh ʾêṯān* (KBL³: „Weideplatz am immer fließenden Bach", dagegen EÜ: „zu den immergrünen Auen").

III. 1. Nicht nur der *naḥal* von Dtn 21, 4 ist ödes Gelände. Auch 1 Sam 17, 10 und Jes 57, 6 lassen vermuten, daß es sich um steinigen Boden handelt. Ijob 22, 24 sagt, daß man hier nicht nur Steine, sondern sogar Gold finden kann. Ijob 30, 6 nennt einen solchen Ort schauderhaft.

2. Die Bachbette, oft tiefe Einschnitte im Gelände, sind profilierte Markierungen und nicht selten schwer zu überqueren. Es nimmt darum nicht Wunder, daß „Bäche" wie Arnon, Zared, Jabbok als Grenzen zwischen Völkern oder Stämmen fungieren (Dtn 2, 24; 3, 16; Jos 16, 8 u. ö.). Die bekannteste Grenze ist der *naḥal miṣrajim*, der „Bach Ägyptens" (Num 34, 5; Jos 15, 4; 1 Kön 8, 65; 2 Kön 24, 7; Jes 27, 12; akk. *naḫal ^{māt}muṣri*, GTTOT § 70), im allgemeinen mit dem Wādī el-ʿArīš identifiziert. Das Kidrontal ist offenbar eine Grenzmarkierung der Stadt Jerusalem (1 Kön 2, 37; vgl. 2 Sam 15, 23).

3. Ein *naḥal* kann als Abladeort für Schutt und Abfall aus Dorf und Stadt dienen. Das zeitweise schnell fließende Wasser kann den Müll wegspülen. So wer-

den Götzenbilder im Kidrontal verbrannt (1 Kön 15, 13; 2 Kön 23, 6. 12), und alles Unreine, was bei einer Tempelreinigung vorgefunden ist, wird in das Kidrontal gebracht (2 Chr 29, 16; 30, 16). Der Staub vom verbrannten goldenen Kalb wurde in einen *naḥal* geworfen (Dtn 9, 21). Nach 2 Sam 17, 13 wird sogar eine ganze Stadt mit Seilen ins Tal hinabgeschleppt.

4. Dtn 21, 4 (s.o.) nennt einen *naḥal 'êṯān* als Stätte einer kultischen Handlung. Das Tal Hinnom ist bekannt wegen der dort dargebrachten Kinderopfer (→ מלך *molæḵ*) (2 Kön 33, 10; 16, 21; 7, 19; vgl. Jes 57, 5). Warum dieser Platz für diesen kanaanäischen Kult gewählt wurde, ist nicht bekannt (→ תפת *topæṯ*).

IV. Die Winterflüsse bringen auch in der trockenen Zeit einem Landstrich Fruchtbarkeit. An solchen *neḥālîm* können Ackerfelder liegen. So ist denn auch die Verbindung der „Bäche" mit Ackerbau und Besiedlung im AT mehrmals bezeugt (z. B. Ri 16, 4). Man spricht vom Pappel- oder Weidebach in Moab (Jes 15, 7), man hört von einer Stadt am Abhang eines *naḥal* (2 Sam 17, 13). Berühmt sind die Trauben im Tale Eschkol (Num 13, 23). Das Land von Bächen und Quellen ist gutes Land (Dtn 8, 7). Bäche und Flüsse sind voll Honig und Sahne (Ijob 20, 17). Bileam schaut das Volk und seine Wohnungen „wie Bachtäler, die sich weithin dehnen, wie Gärten an einem Strom" (Num 24, 6). Im Talgrund kann man Brunnen graben für Hirt und Herde (Gen 26, 18f.).

V. Besonders bedeutsam ist der Bach, der nach Ez 47 aus dem Tempel hervorfließt. Der Prophet malt ein schönes Bild vom segenspendenden Wasser, das von dem Hügel ins Kidrontal herabströmt und sich wie ein immer stärker werdender Fluß ins Tote Meer stürzt. An beiden Seiten wachsen Bäume mit schönen Früchten. Durch das „lebendige Wasser" wird das Tote Meer gesund. Auffallend ist, daß der Prophet von einem *naḥal*, nicht von einem *nāhār* spricht. Deswegen ist jedoch nicht daran gedacht, daß dieser Segensstrom einmal wieder wie ein Bach austrocknen wird, vielmehr strömt er in den *naḥal qidrôn*, so daß anzunehmen ist, daß dieser Umstand die Benennung des Stromes beeinflußt hat. Wie das Kidrontal vor der Regenzeit leer und trocken ist, ist auch das Heiligtum zertrümmert und tot gewesen. Aber jetzt hat eine neue Zeit begonnen. Die Herrlichkeit JHWHs ist in das Heiligtum hineingezogen. Der Dienst am Altar hat wieder angefangen. Heil und Segen werden dem Volke aufs neue geboten (Ez 43ff.).

Auch Ps 36, 9 spricht vom lebenspendenden Wasser. Dürstende Leute trinken und werden erquickt: „Die Menschen laben sich am Fett deines Hauses (durch Teilnahme an der Opfermahlzeit), am Bach deiner Wonne tränkst du sie". Aus der Quelle im Tempel füllt sich die steinige Bachrinne des dürren Menschenlebens mit dem frischen Wasser des göttlichen Segens. Die Symbolik der Tempelquelle liegt nahe (→ גיחון *gîḥôn*).

Ps 110, 7 erwähnt ebenfalls das Trinken aus einem solchen Bach: „Aus dem Bach am Wege trinkt er; darum erhebt er das Haupt." Der Dichter weist hier auf einen sakramentalen Akt hin, der zum Krönungsritual gehört. Der *naḥal* ist wahrscheinlich die Gihonquelle, die im Lichte mythologischer Vorstellungen als Lebensquelle schlechthin galt.

Schedl liest hier Ptz. *hiph* und deutet es auf Gott als derjenige, „der ins Erbe einsetzt". Noch phantastischer mutet Gerlemans Versuch an (VT 31, 1981, 15): „Der Vers umschreibt in verhüllender Sprache die Erzählung von Gen XXXVIII 13ff." M. Gilbert / S. Pisano (Bibl 61, 1980, 343–356) verbinden den Vers mit Ri 15, 18ff. und sehen im erwählten Davididen die legendäre Rettergestalt verkörpert.

* VI. In Qumran ist *naḥal* bisher 12mal belegt, wobei gerade die Belege in 1 QH durchwegs eschatologisch-kosmologisch orientiert sind. Das unheilbringende Wirken des Bösen in der Welt wird mit den „Strömen Belials" (3, 29, s.o. I. 2.) verglichen, die wie „Ströme von Pech" (Z. 31) alle kosmischen Bereiche verzehrend durchdringen (Z. 32). Die beiden Belege in TR 63, 2. 5 entsprechen denen in Dtn 21, 1–9. Die beiden Nennungen in der Kupferrolle *naḥal hakkippā'* auf dem Weg von Jericho nach Sekaka (3 Q 15, V 12) und *naḥal gāḏôl* (X 3–4) lassen sich weder lokalisieren noch deuten (vgl. jetzt B. Pixner, RQu 43, 1984, 248. 353f.). *(Fa.)*

Snijders

נחם *nḥm*

I. 1. Etymologie – 2. Vorkommen – II. Bedeutung und theologische Verwendung – 1. *niph* – a) Die „Reue" JHWHs – b) *nḥm 'al-hārā'āh* – c) Diachronische Betrachtung – d) Sonderbedeutungen – e) Subjekt Mensch – 2. *hitp* – 3. *pi* – a) Subjekt JHWH – b) Subjekt Mensch – c) Ptz. – 4. Nominalformen – III. 1. LXX – 2. Qumran.

Lit.: *B. W. Anderson*, „The Lord Has Created Something New" – A Stylistic Study of Jer 31:15–22 (CBQ 40, 1978, 463–478). – *D. L. Bartlett*, Jer 31:15–20 (Interpretation 32, 1978, 73–78). – *P. Berthoud*, Le discours de Jérémie dans le parvis du Temple (Etudes évangéliques 36, 1976, 112–125). – *D. J. A. Clines*, Noah's Flood, 1: The Theology of the Flood Narrative (Faith and Thought 100/2, London 1972/73, 128–145). – *A. Deissler*, Psalm 119 (118) und seine Theologie (MThS I/11, 1955). – *W. Fuß*, II Samuel 24 (ZAW 74, 1962, 145–164). – *O. García de la Fuente*, Sobre la idea de contrición en el AT (Sacra Pagina 1, 559–579). –. *Gordis*, A Note on Lamentations 2:13 (Journal of Tamil Studies 34, 1933, 162f. = The Word and the Book, 1976, 358f.). – *W. L. Holladay*, The Root *ŠÛBH* in the Old Testament. With Particular Reference to its Usages in Covenantal Contexts, Leiden 1958. – *J. Jeremias*, Die Reue Gottes. Aspekte alttestamentlicher Gottesvorstellung (SBS 65, 1975). – *L. J. Kuyper*, The Repentance of Job (VT 9, 1959, 91–94). – *Ders.*, The Suffering and Repentance of God (ScotJTh 22, 1969, 257–277). – *B. Lindars*, „Rachel Weeping for her Children", Jer 31:15–22 (JSOT 12, 1979, 47–62). – *D. Lys*, L'Ecclésiaste, ou Que vaut la vie?, Lille 1973 (= Paris 1977). – *R. Mine*, Le verbe „consoler" dans le livre de Ruth (Israel Wochenblatt 69, 21, Zürich 1969, 41–43). – *J. Naveh*, The Titles *ʿD/ŚHD* [Witness] and *MNḤM* [= paráklētos] in Jewish Epigraphical Finds (Festschr. S. Loewenstamm, Jerusalem 1978, 303–307). – *P. H. Plamondon*, Sur le chemin du salut avec le IIe Isaïe (NRTh 114, 1982, 241–266). – *H. D. Preuss / E. Kamlah / M. A. Signer / G. Wingren*, Barmherzigkeit (TRE V, 1979, 215–238). – *R. Rendtorff*, Gen 8, 21 und die Urgeschichte des Jahwisten (KuD 7, 1961, 69–78 = ThB 57, 1975, 188–197). – *H. Graf Reventlow*, Gattung und Überlieferung in der „Tempelrede Jeremias" Jer 7 und 26 (ZAW 81, 1969, 315–352). – *J. Scharbert*, Der Schmerz im AT (BBB 8, 1955). – *H. J. Stoebe*, *nḥm pi*, trösten (THAT II 59–66). – *A. Tosato*, *NIḤAM*, Pentirsi. Contributo biblico alla teologia della Penitenza (Diss. Rom 1974). – *Ders.*, La colpa di Saul (1 Sam 15, 22–23) (Bibl 59, 1978, 251–259). – *P. Trible*, The Gift of a Poem: A Rhetorical Study of Jer 31, 15–22 (Andover-Newton Quarterly 17, 1977, 271–280). – *H. Van Dyke Parunak*, A Semantic Survey of *NḤM* (Bibl 56, 1975, 512–532). – *A. Weiser*, 1 Samuel 15 (ZAW 54, 1936, 1–28). – *G. Wanke*, Untersuchungen zur sogenannten Baruchschrift (BZAW 122, 1971).

I. 1. *nḥm* ist im Akk. nicht belegt. *naʾāmu(m)* ʿkühn vorgehenʾ (AHw II 694) hat keine Beziehung zu *nḥm*. *nâḫu* (semit. *nūḥ*) kann im G-Stamm ʿsich beruhigenʾ, ʿsich zufrieden gebenʾ heißen, im D-Stamm ʿberuhigenʾ, ʿpazifizierenʾ (AHw II 716), Bedeutungen, die dem hebr. *nḥm* ʿtröstenʾ, ʿsich tröstenʾ nahestehen. J. Levy (Neuhebräisches und chaldäisches Wörterbuch, 1876–1889), III 370 postuliert daher eine gemeinsame Wurzel für *nḥ* und *nḥm*, denen die Grundbedeutung ʿruhenʾ, ʿausruhenʾ zukommen soll (vgl. Van Dyke Parunak 514), was wegen der Verschiedenheit der *h*-Laute kaum zutrifft. *nḥm* ist im bibl. Aram. nicht bezeugt, wohl aber im Reichs-Aram. (DISO 176) und im westlichen Aram. (Levy, WTM s.v.).

Das syr. *nḥm pa* wird gewöhnlich mit „spirare fecit, resuscitavit, excitavit (mortuos)" übersetzt (Payne Smith, Thesaurus Syriacus II 2337; vgl. Brockelmann, LexSyr 423b), in einigen Fällen auch „consolatus est" (vgl. Sir 48, 27 [Peshiṭta Mosul], Payne Smith II 2338).

Eine ursprüngliche Bedeutungseinheit von hebr. *nḥm* und arab. *nḥm* ʿheftig atmenʾ (D. W. Thomas, ExpT 44, 1932/33, 191f.; 51, 1939/40, 252; N. H. Snaith, ExpT 57, 1945/46, 48), die KBL^3 650 und Zorell 510 noch anzunehmen scheinen, wird heute von den Experten nicht mehr gehalten, sowohl im Hinblick auf theoretische Kritik, die gegen die Dependenz Etymologie–Wortbedeutung vorgebracht wurde (Barr, The Semantics of Biblical Language, Oxford 1961, 116f.), wie auch in bezug auf das konkrete Bedeutungswortfeld, das *nḥm* im AT hat und eindeutig vom arab. *nḥm* abweicht.

Für das Ugar. belegt WUS Nr. 1770 die Wurzel mit zwei Eigennamen; UT Nr. 1634 gibt verschiedene Formen an. Zum Vorhandensein der Wurzel in Eigennamen im Ugar., Phön. und Äg.-Aram. vgl. Gröndahl, PNU 165; Huffmon, APNM 237–239; PNPPI 359f.; Vattioni, Bibl 50, 1969, 387.

2. *nḥm* erscheint 119mal im AT (die Eigennamen nicht mitgerechnet). Davon sind 108 Verbalformen (48mal *niph*, 51mal *pi*, 2mal *pu*, 7mal *hitp*) und die restlichen 11 Nominalformen. Eigennamen mit der Wurzel *nḥm* sind *M^{e}naḥem* (2 Kön 15, 14. 16. 19–23), König von Israel; *Naḥam*, ein Häuptling in Juda (1 Chr 4, 19); *Naḥûm* (Nah 1, 1); *N^{e}ḥûm*, *Naḥ^{a}mānî*, Heimkehrer aus dem Exil (Neh 7, 7); *N^{e}ḥæmjāh*, Sohn Hachaljas, Herrscher von Juda unter Artaxerxes Longimanus (Neh 1, 1; 8, 9; 10, 2; 12, 26. 47); Verwalter der Hälfte des Gebietes von Bet-Zur (Neh 3, 16); einer der 12 Volksführer, die mit Serubbabel (Esra 2, 2; Neh 7, 7) zurückkehren; *Tanḥûmæt*, ein Verwandter von Seraja, einem hebr. Truppenführer nach dem Fall Jerusalems (Jer 40, 8 || 2 Kön 25, 23) (Bibliographie zu den Eigennamen bei Stoebe, THAT II 59). Von den Eigennamen abgesehen findet sich eine größere Anzahl von Belegen nur bei Jes (13mal *pi*, davon 8 in DtJes). Bei Jer erscheint *nḥm pi* 12mal; in Ps, Ijob, Klgl je 6mal. In den anderen Büchern kommen die verschiedenen Formen, einzeln für sich genommen, nicht öfter als je 4mal vor. Die Wurzel fehlt völlig in Lev, Jos, 1/2 Kön, 2 Chr, Obd, Mi, Hab, Hag, Spr, Hld.

II. Die Wörterbücher und Kommentare schlagen für *nḥm* eine beträchtliche Anzahl von Übersetzungen vor. Für *niph* z. B. findet man ʿreuig werden, sich etwas reuen lassen, bereuen, sich leid sein lassen, jemanden leid tun, über etwas Leid, Mitleid empfinden, Trost finden, sich Trost schaffen, sich trösten lassenʾ, für *pi* ʿMitleid empfinden für jemand, trösten, sich erbarmen, vergelten, stärken, mildern (jemandes Schmerz)ʾ. Außerdem findet man einige Übersetzungen ad hoc: ʿsich rächenʾ oder ʿdie Trauerzeit haltenʾ. Die zwei umfangreichsten Bedeutungsfelder (ʿbereuenʾ für *niph*, ʿtröstenʾ für *pi*) schließen in den modernen Sprachen häufig und in erster Linie den emotionalen Bereich (Veränderung in den Empfindungen dessen, der bereut oder tröstet), verbunden mit faktischer Ineffizienz ein: Reue über etwas, was schon geschehen ist oder nicht geändert werden kann: Trost für den, dem man nicht wirksam helfen kann. Diese Bedeutungen sind in der Mehrzahl der at.lichen Belege entweder gar nicht oder nicht primär vorhanden. Das einzige, allen Bedeutungen gemeinsame Element von *nḥm* scheint die Einflußnahme auf eine Situation zu sein, indem man den Verlauf der Dinge ändert, sich von einer Verpflichtung löst oder von einer Handlung abläßt, wenn es sich um etwas Gegenwärtiges handelt; die Entscheidung wird beeinflußt, wenn es sich um etwas Zukünftiges handelt; die Konsequenzen einer Handlung nimmt man an oder hilft, sie anzunehmen, oder man löst sich im Gegenteil affektiv von ihnen, wenn es sich um etwas Vergangenes handelt. Die affektive Loslösung läßt eine Steigerung zu, angefangen von der Klage oder dem Bedauern darüber, daß etwas Bestimmtes geschehen ist, über die Gewissensbisse, wenn das Geschehene durch Entscheidung oder Teilnahme des Subjektes von *nḥm* beeinflußt wurde, ferner über Abwendung oder Sich-Distanzieren von dem Geschehenen in Absicht und Ausdruck, bis hin schließlich zum Willen, eine neue Situation herbeizuführen, die die frühere tatsächlich verändert. Dieser Wille fällt in eins mit der Entscheidung im Hinblick auf eine zukünftige Situation.

Das Moment Entscheidung – Effekt und das Moment Emotion – Affekt sind somit in *nḥm* die Regel und sind unlösbar miteinander verbunden, auch wenn in Einzelfällen eine stärkere Betonung des einen oder anderen Elementes zu bemerken ist. Die Formen *niph* und *pi* ermöglichen außerdem jeweils die Betonung der Veränderung des Subjektes selbst in bezug auf eine bestimmte Situation oder seines Willens, die Haltung von jemandem in bezug auf jene Situation zu ändern.

1. a) *nḥm niph* bezieht sich in 9 verschiedenen Texteinheiten auf das Bedauern JHWHs oder die Änderung seiner Entscheidung. Drei dieser Texte bringen *nḥm* in Beziehung mit einer Handlung, die keine Strafe ist. Gen 6, 5–8, J-Prolog für den Bericht über die Sintflut (Westermann, BK I/1, 546–547 teilt vv. 5a. 7a der alten, von J bearbeiteten Tradition zu), interpretiert den Bericht – im Unterschied zu den mesopotamischen Fassungen – als Ausdruck der geheimnisvollen Beziehung des Menschen zu Gott. Der Mensch, von Gott geschaffen, hat seine Bosheit so sehr auf der Erde vermehrt und sich darin so tiefgreifend kompromittiert („alles Dichten und Trachten ihres Herzens war nur böse"), daß JHWH es bereut, ihn geschaffen zu haben (*nḥm* Impf. cons. + *kî*, v. 6a; Perf. + *kî*, v. 7b), nicht ohne tief bewegt zu sein (*'ṣb hitp* + *'æl-libbô*, vgl. Gen 3, 16f.; 5, 29). Aber nur Gen 6, 5–8 + 8, 21 geben die richtige Proportion für die ganze Bedeutung der Erzählung. Gen 8, 21 (J) spielt in einer ersten Aussage klar auf Gen 3, 17 an, in einer zweiten nimmt sie Gen 6, 5b wieder auf. Es ist schwierig zu entscheiden, ob Gen 8, 21 sich in erster Linie auf Gen 3 bezieht oder den Bericht über die Sintflut abschließt (dieser befaßt sich in der Tat mehr mit der Bestrafung der Menschheit und der Rettung einer einzelnen Gruppe als mit dem Schicksal der Erde als Wohnstätte der Menschen, vgl. Westermann, BK I/1, 609f.). Aber es ist klar, daß die letzte Aussage von Gen 8, 21 „ich will hinfort nicht mehr alles Lebendige schlagen" sich unmittelbar auf eine nicht wiederholbare Bestrafung der ganzen Menschheit bezieht. Das Bedauern JHWHs in 6, 6a. 7b befindet sich im Anfangsstadium, ist nicht endgültig, nicht wiederholbar. JHWH bleibt trotz allem der Menschheit treu, die er geschaffen hat, wie schon Gen 6, 8 nahelegt. Die seltsame Begründung in Gen 8, 21a, eine Bestrafung der Menschheit nicht zu wiederholen („denn das Trachten des menschlichen Herzens ist böse von Jugend auf") – eine Feststellung, die JHWH schon Gen 6, 5 gemacht hatte – offenbart die tiefe Bedeutung von *nḥm* bei JHWH. JHWH hat seine Ansicht nicht geändert, weil die Menschheit nach der Bestrafung etwa besser geworden wäre, vielmehr hat er die letztlich unverbesserliche Natur des Menschen in Geduld und Erbarmen voll akzeptiert. „Angesichts der bleibenden Wesensart des Menschen ist die Geduld (JHWHs) die einzige denkbare Ermöglichung seiner (des Menschen) fortwährenden Existenz" (J. Jeremias). *nḥm* bei JHWH ist ein Akt der Identifikation mit der Schwachheit des Menschen.

1 Sam 15, 11. 35 bietet eine ähnliche Situation. JHWH bedauert (Perf. + *kî*), Saul zum König gemacht zu haben. Seine Reaktion bereitet die unwiderrufliche Verheißung der Treue gegenüber dem Haus Davids vor, auf die 1 Sam 15, 28; Ps 89, 4f. 36f.; 132, 11; 2 Sam 7, 12. 16 (einige Male das Verb *šb'*) anspielen. Die ausdrückliche Gegenüberstellung in 2 Sam 7, 15 „meine Güte soll nicht von ihm weichen, wie ich sie von Saul habe weichen lassen vor deiner Zeit" erklärt die Aussage von 1 Sam 15, 29, die in scheinbarem Widerspruch zu vv. 11. 35 steht („Der Ruhm Israels täuscht sich nicht und läßt sich nichts gereuen, er ist doch kein Mensch, daß er bereuen müßte", *nḥm* 2mal absolut gebraucht). V. 29 ist also nicht theologische Korrektur von vv. 11. 35, sondern die Bestätigung von v. 28. Die vorgeschlagene Interpretation erhält ihr volles Gewicht durch zwei Texte, die *nḥm* für JHWH negieren: Ps 110, 4 als Gegensatz zum Verb *šb'*; Num 23, 19 (*nḥm hitp*) mit einer ähnlichen Begründung wie 1 Sam 15, 29 (A. Tosato [Bibl 59, 1978, 258f.] hält jedoch 1 Sam 15, 29 für eine von Num 23, 19 abhängige Glosse). Die Reue JHWHs angesichts der Untreue Sauls ist gerechtfertigt durch dessen Schuld, verändert aber nicht radikal und endgültig seine Pläne. Der Titel JHWHs in 1 Sam 15, 29 („Everlasting One", McCarter, AB 8, 264) ist geeignet, um die Unwiderruflichkeit der Pläne JHWHs auszusagen. Man beachte: während der affirmative Gebrauch von *nḥm* mit einer konkreten Situation verbunden ist (Reue, den Menschen geschaffen oder Saul zum König gemacht zu haben), ist *nḥm* in der Verneinung absolut: JHWH bereut letzten Endes nicht.

In den übrigen Texten, in denen JHWH Subjekt ist, handelt es sich um Bedauern oder Nicht-Bedauern im Hinblick auf eine Bestrafung. In Jer 4, 28 ist die Negation von *nḥm* parallel gesetzt zu *šwb* und steht im Gegensatz zu *zmm* (entscheiden). Jer 4, 23–28 spielt auf die Schöpfung an, die zum ursprünglichen Chaos zurückkehrt (v. 23), und wahrscheinlich auch auf die Sintflut und das Verschwinden des Menschen von der Erdoberfläche (vv. 24–25). *lo' niḥamtî* führt so die strafende Haltung JHWHs bis zum Extrem, das im Bericht über die Sintflut durch die Verheißung Gen 8, 21 ausgeglichen wird. Die Gegenüberstellung von *zmm* mit der Negation von *nḥm* erscheint auch in Sach 8, 14, durch eine neue Aussage (*šabtî zāmamtî*, „die Entscheidung ändern") verschärft. Eigenartig ist die Verbindung zwischen beiden Sätzen: mit derselben Kraft, mit der JHWH zu seiner Entscheidung stand, ändert er sie jetzt (*ka'ašær – ken*). Sach 8, 14 verwandelt die Verheißung von v. 13 in ein allgemeines Prinzip und weist auf eine tiefgreifende Konsequenz bei JHWH hin, der sich gegenüber seiner eigenen früheren Entscheidung frei fühlt, und verändert das Urteil entsprechend der Reaktion des Angeklagten. Jer 20, 16 (*nḥm* absolut, negativ) ist eine adverbiale Modifikation von *pwk*. *nḥm* spezifiziert die Art und Weise, in der JHWH den Umsturz zu Ende führt: ohne seine Entscheidung zu widerrufen (ohne zu „bereuen"), bis zum Ende. Eine ähnliche Funktion hat *nḥm* (absolut, negativ) in Ez 24, 14 als Gegenüberstellung zum „Handeln" und parallel zu *prʿ* ('vernachlässigen', 'sich nicht befassen') und *ḥws* ('Mitleid haben', das Verb des technischen Ausdrucks „dein Auge soll kein Mitleid empfinden" für die nicht zu umgehende Anwendung der Strafen in Dtn 7, 16; 13, 9; 19, 13. 21; 25, 12). *nḥm* erscheint noch als Gegensatz zu einer vorausgegangenen Handlung bei Jer 15, 6 *nil'êtî hinnāḥem* (*l'h niph* + Inf., 'einer Sache müde sein, nicht mehr können' → לאה *l'h*). Es ist die Selbstrechtfertigung JHWHs im Hinblick auf die in vv. 2–5 angekündigte Bestrafung. JHWH kann nicht „bereuen", den Lauf seiner getroffenen Entscheidung anders lenken. Am 7, 3. 6 wiederholt in zwei parallel gebauten Visionen, daß *niḥam JHWH ʿal-zo'ṯ*, d. h. bezüglich der zwei Strafgerichte, die dem Volke drohten. Der Text setzt keine Veränderung im Verhalten des Volkes voraus, auch kein erneutes Überdenken von seiten JHWHs hinsichtlich einer als zu hart angesehenen Strafe. Nur die Fürsprache des Propheten („verzeih, halt ein", vv. 2. 5), die mit der Schwäche des Volkes argumentiert, das eine etwaige Bestrafung nicht überstehen wird, führt den Wechsel in der Entscheidung JHWHs herbei: „das" soll nicht geschehen. In den beiden anderen Visionen Am 7, 7–9; 8, 1–3, die miteinander parallel verlaufen, aber zu den vorhergegangenen einen Gegensatz bilden, bleibt JHWH jedoch nicht gleichgültig gegenüber den Verfehlungen. Dabei versteht der Prophet die Bedeutung der Vision nicht, JHWH muß sie ihm mit einem Wort erklären; die Vision ist nicht die eines Instrumentes für eine unmittelbar bevorstehende Bestrafung, sondern die eines begrifflich (Senkblei) oder phonetisch (*qajiṣ/qeṣ*) damit assoziierten Objektes; und schließlich läßt der Prophet nicht, wie vorher, eine spontane Fürsprache hervorsprudeln, vielmehr antwortet er gelehrig auf die didaktisch gestellten Fragen. Das Nicht-Auftreten des Propheten als Fürsprecher stellt einen radikalen Bruch zwischen den beiden Visionspaaren dar. Wenn in den beiden ersten das Eintreten des Amos zwar nicht die Verzeihung, aber doch den Erlaß der Strafe bewirkte, so läßt jetzt die fehlende Fürsprache JHWH freie Hand, um einen Beweis zu erstellen, der mit der Verurteilung endet. Ein *nḥm* JHWHs erscheint durch die Fürsprache ermöglicht. Wenn diese fehlt, begegnet JHWH keinem Hindernis, um sein Strafgericht ergehen zu lassen.

b) Die Problematik des Bedauerns JHWHs kommt 12mal in dem Syntagma *nḥm (JHWH) 'æl/ʿal hārāʿāh* (einmal *haṭṭôḇāh*) (*'ašær*) zum Ausdruck. Der Gebrauch des Syntagmas erscheint in verschiedenen Fällen in einer textlichen Einheit konzentriert (Ex 32, 12. 14; Jer 18, 8. 10; 26, 3. 13. 19; Jona 3, 10; 4, 2). Außerdem in 2 Sam 24, 16 || 1 Chr 21, 15; Jer 42, 10; Joël 2, 13. In Ijob 42, 11 handelt es sich nicht eigentlich um das Syntagma. Ex 32, 9–14 ist ein Zusatz in dtr Stil, der die Frage nach der Bestrafung Israels unpassend vorwegnimmt (Noth, ATD 5[6], 200). Mose fordert JHWH auf (er gebraucht dabei das Syntagma v. 12), ein radikales Strafgericht gegen die Israeliten nicht ergehen zu lassen. Seine Argumentation enthält den Hinweis auf den etwaigen Spott der Ägypter und auf die Verheißungen, die an die Patriarchen ergangen waren. Der Aufforderung geht voraus *wajeḥal mošæh 'æṯ-penê JHWH* (v. 11, „Mose aber besänftigte JHWH"; der Ausdruck zusammen mit *nḥm* auch in Jer 26, 19; Mal 1, 9; Ps 119, 58). Ex 32, 14 stellt die Wirkung der Vermittlung durch Mose fest. Das *nḥm* JHWHs erscheint so als Antwort auf das Besänftigen Moses. Die Reue JHWHs ist eine Änderung der Entscheidung vorgängig zu den Tatsachen, nicht eine Modifikation der Tatsachen. In 2 Sam 24, 16 streckt der Engel die Hand gegen Jerusalem aus, um es zu vernichten, aber *wajjinnāḥæm JHWH 'æl hārāʿāh* und gibt dem Engel den Befehl, seine Hand zurückzuziehen. Verschiedene Elemente in vv. 16–17 weisen darauf hin, daß es sich um einen Zusatz handelt: die Gegenwart des Engels der Vernichtung paßt nicht zur Bestrafung mittels einer Pest; die Entscheidung JHWHs, die Bestrafung zu unterbinden, kommt in v. 16 vor der Bitte Davids in v. 17; die Strafe hat schon die in v. 15 vorgesehene Dimension erreicht („bis zu dem festgesetzten Zeitpunkt"), so daß es überflüssig scheint, von einer „Reue" JHWHs zu sprechen; die Anwesenheit des Engels der Vernichtung in Verbindung mit der Tenne Araunas in v. 16 ist überflüssig, da der Engel in der Erzählung der vv. 18ff. nicht mehr beteiligt ist. Der Parallelbericht von 1 Chr 21 will in vv. 16. 18 (ohne Entsprechung in 2 Sam 24) die schwierige Aussage über die Anwesenheit des Engels im Gesamt der Erzählung rechtfertigen, indem er ihn auch in die Szene mit dem Jebusiter Ornan (Arauna) einführt. V. 15 seinerseits hat den unverwechselbaren Charakter des Abschlusses einer Erzählung, wie v. 18 den Charakter des Erzählanfangs hat. 2 Sam 24, 16f. stellen also eine theologische Interpretation dar, die einerseits die innere Größe Davids betont, der die

Schuld gänzlich auf sich nimmt, andererseits auf die Barmherzigkeit JHWHs anspielt, der „bereut" oder die Strafe zurückhält, entgegen der in v. 15 zum Ausdruck kommenden Ansicht. Jer 18, 7–10 bietet die Darlegung von der Ankündigung des Gerichts, der Bekehrung, der Zurücknahme des Urteils als allgemeines Handlungsprinzip JHWHs. Vv. 8. 10 enthalten das Syntagma in zwei parallelen Aussagen kasuistischer Prägung mit der abschließenden Erklärung: „Ich werde mich des Bösen/Guten gereuen lassen, das ich ihnen anzutun gedachte / zu vollbringen versprach." Vv. 11 ff. wenden das allgemeine Prinzip auf Juda und Jerusalem an.

Das Material, aus dem Jer 26 zusammengesetzt ist – in teilweiser Übereinstimmung mit Jer 7, wo die Tätigkeit des Propheten getreuer wiedergegeben ist – wird hier dazu benützt, um zu ermahnen und in den ins Exil Verbannten, die Zeitgenossen des Erzählers sind, Hoffnung zu wecken. Das Syntagma erscheint in Jer 26, 1–19 mit strukturierender Funktion, einmal in jedem der drei Abschnitte (vv. 2–6. 7–15. 16–19) der Erzählung. Im ersten drückt JHWH die Hoffnung aus, daß das Volk „sich bekehren möge und ablasse von seinen schlechten Wegen", damit er „sich des Übels gereuen lassen könne, das er ihnen anzutun gedachte". Im zweiten verteidigt sich Jeremia vor den Großen und vor dem Volk mit einer Ermahnung zur Bekehrung, damit es JHWH möglich sei, es sich der ihnen angedrohten (*dbr*) Strafe gereuen zu lassen. Im dritten argumentieren die Ältesten zur Verteidigung Jeremias mit einem geschichtlichen Präzedenzfall: auch Micha von Moreschet ist nicht zum Tod verurteilt worden, trotz seiner harten Botschaft, weil er „das Antlitz des Herrn besänftigte" und erreicht hatte, daß dieser sich des beschlossenen Strafgerichts gereuen ließ. Das Syntagma der Reue JHWHs bringt so den in JHWH zutiefst grundgelegten Willen zum Verzeihen zum Ausdruck, gibt der prophetischen Mission als Mission der Fürsprache ihren Sinn und begründet die von den Ältesten vorgebrachte Verteidigung. Theologisch ist die geplante/versprochene/beschlossene Strafe nicht endgültig, vielmehr läßt sie Raum für Bekehrung und Fürsprache. Das Bedauern JHWHs hat einen je verschiedenen Grad der Intensität, von der bloßen Möglichkeit, die an eine Bedingung in der Zukunft geknüpft ist, über die Zukunft, die von dem Befolgen der Ermahnung Jeremias abhängt, bis zur Feststellung desselben in der Rede der Ältesten im Bericht. Die drei Ausdrucksweisen machen deutlich, daß es zur Verwirklichung des Strafgerichts nicht gekommen ist. Jer 42, 10 sagt eine tatsächliche Zurücknahme der Strafe voraus. Das Versprechen, sein Volk wiederherzustellen und nicht auszurotten, unter der Bedingung, daß sie im Lande wohnen bleiben, hat als Grund das Bedauern JHWHs bezüglich des Übels *'ašær ʿāśîṯî lāḵæm*. Die Problematik der Reue JHWHs nimmt noch den ganzen Raum der Bußliturgie Joël 2, 12–17 ein, die als dreifache Mahnung zu Hinkehr und Umkehr aufgebaut ist: Mahnung JHWHs an das Volk, des Propheten an das Volk, des Propheten an JHWH. Die Ermahnung des Propheten an das Volk führt die charakteristischen Eigenschaften von *JHWH ḥannûn weraḥûm* an und beinhaltet in v. 13b das vollständige Syntagma der Reue JHWHs. V. 14a (nur die Verbalform von *nḥm*) gibt die Möglichkeit der Verzeihung mittels des *mî jôḏeaʿ* („wer weiß"). Die Mahnung an JHWH, barmherzig zu sein, gebraucht hingegen den Imperativ *ḥûsāh ʿal* (zusammen mit *nḥm* auch in Ez 24, 14) und argumentiert wie Ex 32, 12 mit der möglichen Verspottung durch die Völker.

Jona 3, 9. 10; 4, 2 hat mit Joël 2, 13. 14 den Ausdruck der Hoffnung („wer weiß") und die Begründung, JHWH ist ein „gnädiger und gütiger Gott ..., der das Unheil bedauert", gemeinsam. Aber der Text bleibt nicht stehen bei der Mahnung an JHWH, barmherzig zu sein, sondern er stellt fest: „JHWH bedauerte das Böse, das er ihnen zu tun angesagt hatte. Und er tat es nicht" (3, 10). Dieses Bewußtsein vom Sein und Wirken JHWHs führt Jona dazu, den Tod zu wünschen, da er seinem Gott auf dem Wege des Verständnisses und der Barmherzigkeit nicht folgen kann. *wešāḇ meḥarôn 'appô* in Jona 3, 9 ist ähnlich wie *šûḇ meḥarôn 'appæḵā* in Ex 32, 12. Während Ex und Joël sich auf Israel beziehen, wendet Jona dieselbe theologische Sicht auf die Heidenvölker an.

c) Das Thema der Reue JHWHs weist so eine klare Entwicklung auf. In den älteren Texten (Gen 6, 6. 7; 1 Sam 15) ist die Reue nur die Einführung der endgültigen Bestätigung seiner Pläne. 2 Sam 24, 16 muß nicht notwendig eine Ausnahme für diese Auffassung sein, wenn der Text ein späterer theologischer Kommentar ist (vgl. a). Vom 8. Jh. an bezieht sich die Reue JHWHs auf die Strafe. Bei Amos und Hosea ist der Beschluß, nicht zu bestrafen, nicht an die Verzeihung gebunden, sondern hat seine Begründung in der Schwachheit des Volkes, das die Bestrafung nicht aushalten könnte. Hos 11, 8 und Am 7, 3. 6 hoffen auf das *nḥm* JHWHs für die unmittelbare Zukunft. Hos 13, 14; Jer 4, 28; 15, 6 verstehen ihrerseits das *nḥm* in retrospektiver und negativer Form: JHWH nimmt sein Wort nicht zurück, weil er es so beschlossen hat und weil das Volk sich nicht bekehrt hat. Seit der Zeit der Schüler des Jeremia (Jer 26, 3. 13. 19; 42, 10) ist das *nḥm* JHWHs als Möglichkeit angeboten, die an die Bekehrung als Bedingung geknüpft ist; es wird bei den dtr Theologen zum Thema der Verkündigung, zum strukturbildenden Motiv der theologischen Reflexion über die Situation Israels als Gesamtheit (Joël) und der Heiden (Jona) gegenüber Gott, zum Wesenselement der Bußliturgie (Joël 2, 12–17). In Jer 18, 8. 10 wird die Beziehung *nḥm*-Bekehrung eine nahezu juridische Formel (vgl. Ez 14, 12–20). Das beunruhigende Thema des *nḥm* JHWHs, das in Gen 6 das Geheimnis der Beziehung zwischen göttlicher und menschlicher Freiheit auszudrücken versucht, wird mit dem Erscheinen der Formel *nḥm 'æl/ʿal hārāʿāh 'ašær* seit der Zeit der Jeremiaschüler zu einer theologischen und pastoralen Kategorie.

d) In vier Texten hat *nḥm niph* mit JHWH als Subjekt einen eigenen semantischen Inhalt, der schwer in Verbindung zu bringen ist mit der vorher festgestellten Bedeutung des Sich-Distanzierens von einer bestimmten Haltung oder Tätigkeit in Vergangenheit oder Zukunft. Es ist nicht möglich zu entscheiden, ob *wᵉhinnāḥem ʿal-ʿaḇāḏǣḵā* in Ps 90, 13 „eine Strafe zurücknehmen" (Parunak 528) als unmittelbare Anspielung auf den Zorn JHWHs (vv. 7. 9. 11) bedeutet, oder ob es „Mitleid empfinden, trösten" besagt und programmatisch die nachfolgende inständige Bitte einführt (sich freuen können, frohlocken, die Offenbarung der Werke JHWHs sehen, vv. 14–17). Die Parallele von *nḥm* mit dem Imperativ *šûḇāh* (absolut gebraucht wie Joël 2, 14; vgl. außerdem Ex 32, 12; Jer 4, 28; Jona 3, 9 mit Präpositionalobjekt) gibt keine Möglichkeit der Entscheidung über die Interpretation. Die generische Bedeutung von *šûḇ* als ʿsich-trennenʾ, ʿEmotionen modifizierenʾ (Holladay 76f.) legt eher einen weiteren, positiven Sinn, ʿMitleid habenʾ, nahe. Auch in Ps 106, 45 hat *nḥm* einen umfassenden Sinn: der Sinneswandel JHWHs gegenüber seinem Volk. So zeigt es der allgemeine Tenor des Psalmes, in dem die ganze Geschichte Israels als einziges Gericht erscheint, unterbrochen und vertagt von der Barmherzigkeit JHWHs (Kraus), der sich durch die Vermittlung Moses (v. 23), durch die von Pinhas (v. 30) und insbesondere durch die Bundestreue bewegen läßt. Der unmittelbare Parallelismus (die Not des Volkes sehen, sein Seufzen vernehmen) nötigt dazu, die Aufmerksamkeit nicht auf die Bestrafung selbst zu lenken, von der JHWH Abstand nehmen würde, sondern auf die unglückliche Situation des Volkes, vor der JHWH die Augen nicht verschließen kann.

Die dtr historisch-theologische Reflexion in Ri 2 gibt eine ähnliche Auffassung wieder. Die zyklische Folge Untreue, Zorn JHWHs, Bestrafung (vv. 11–15), wird nur unterbrochen durch die Sendung der Retter-Richter (v. 16), eine von JHWH getroffene Entscheidung beim Vernehmen des Seufzens des Volkes angesichts seiner Unterdrücker, um sich des Volkes zu erbarmen. (Die Betonung der Ähnlichkeit von Ri 2, 18 mit Dtn 32, 36 durch Van Dyke Parunak [529f.], um beide Texte in homogener Weise [„retract punishment"] zu übersetzen und zu interpretieren, scheint nicht gerechtfertigt). Eine besondere Schwierigkeit wirft Jes 1, 24 auf (*nḥm niph* + *min*), das wegen der Parallele zu *nqm* ʿden Zorn stillenʾ, ʿsich rächen anʾ, „execute wrath" übersetzt wird, wenn man auch zugibt, daß der Gebrauch singulär ist. Der Vergleich mit Dtn 32, 35 genügt nicht, da *nqm* dort auf die Gegner Bezug nimmt, während *nḥm* im Gegenteil sich auf Israel mit der entgegengesetzten Bedeutung ʿsich erbarmenʾ bezieht. Die einzige Möglichkeit, *nḥm niph* von Jes 1, 24 in einer der unbestreitbaren Bedeutungen, die das Verbum hat, unterzubringen, besteht darin, es als Reflexivum zu nehmen, ʿsich tröstenʾ auf Kosten der Gegner. Das Verb bezeichnet nicht eigentlich die Rache, sondern nur die Genugtuung des Subjektes von *nḥm*, die es erlangte mittels der Rache, die *nqm* bezeichnet. Ein ähnlicher Sinn muß für Gen 27, 42 (*nḥm hitp*) beansprucht werden: „Dein Bruder Esau *miṯnaḥem lᵉḵā lᵉhŏrḡǣḵā*", die Botschaft Rebekkas an Jakob. Mehr als „Rache sinnen" gegen seinen Bruder beinhaltet es ein Sich-Trösten beim Gedanken (v. 41), ihn zu töten (ein Trost, der nach den Tränen der Untröstlichkeit v. 38 um so nötiger erscheint). Auch Ez 5, 13 *wᵉhinnæḥāmtî* ist *hitp* mit der Bedeutung ʿsich rächenʾ, ʿRache nehmenʾ verbunden. Die Form (als einziger Fall von Assimilation des *taw* im *hitp* schon ein wenig suspekt) kann jedoch auch nur verschriebene Dublette von *wahᵃniḥoṯî* (Zimmerli, BK XIII/1, 98) sein, zu deren Gunsten die wohlbezeugte Anwesenheit des Syntagmas *henîaḥ ḥemāh bᵉ* + Suffix (Ez 16, 42; 21, 22; 24, 13) spricht. Die Bedeutung ʿsich rächenʾ hätte somit keinen Zeugen zu ihren Gunsten.

e) *nḥm niph* mit Subjekt Mensch (Individuum oder Volk) wird in verschiedener Weise gebraucht.

α) Absolut verwendet bezeichnet es die Tröstung, d. h. im Subjekt von *nḥm* das Aufhören des Schmerzes, der durch den Tod eines teuren Wesens hervorgerufen wird (Gen 24, 67, Isaak tröstet sich wegen des Todes seiner Mutter; 38, 12, Juda über den seiner Frau). Es ist nicht nötig, jede der beiden Stellen in verschiedener Weise zu interpretieren, indem man die erste auf die Beendigung der Trauerzeit bezieht, was gewöhnlich mit *ʿāśāh ʾeḇæl* ausgedrückt wird. Der Unterschied zwischen ʿTrauer habenʾ (*wajjiṯʾabbel*) und ʿsich tröstenʾ (*nḥm*) liegt auf der Hand in 2 Sam 13, 37. 39 (→ אבל *ʾbl*, wo das Verbum *nḥm* nicht als Synonym angegeben wird). Außerdem begünstigt der Gegensatz zwischen *nḥm* und „aufhören zu zürnen" v. 39 für *nḥm* die Bedeutung trösten, als Wiederherstellung des inneren Gleichgewichts. *nḥm* schließt einen Stimmungswandel ein: auf den Schmerz folgt die Ergebung und die innere Ruhe. Es ist die Verfaßtheit, die Efraim für sich voraussieht, nachdem JHWH die Situation der Zerstreuung und der Unfruchtbarkeit des Landes geändert haben wird (Jer 31, 19).

In Ijob 42, 6 könnte *nḥm* || *mʾs* (beide absolut gebraucht) auch einen Wandel der inneren Einstellung wiedergeben. Auf die Rebellion folgt die Ergebung. *mʾs* kann der Wurzel *mʾs* II = *mss* (→ מסס) zugerechnet werden (man beachte die Unsicherheit in der Zuweisung von Texten zu dieser Wurzel, indem man KBL³ s.v., Zorell s.v., Kuyper 92 zum Vergleich heranzieht), das in absolutem Gebrauch auf das Schrumpfen der Haut (Ijob 7, 5), auf die Vernichtung (Ijob 7, 16 || „ich will nicht leben"), auf die Verzweiflung (Ps 58, 8) hinweist. Im letzten Bekenntnis seines Glaubens nimmt Ijob seine Lage vor Gott an, und darin findet er den Frieden (*niḥamtî*). Die häufige Übersetzung von *mʾs* ʿwiderrufenʾ, ʿzurücknehmenʾ, „retract", „reject" (ein Objekt „meine Worte" oder Ähnliches voraussetzend) als Parallele zu „bereuen" (mit seinem Beiklang des Widerrufens eines irrigen oder sündhaften Verhaltens, eine Bedeutung, die das AT nur gelegentlich kennt, vgl. β) ist hier nicht in jedem Falle garantiert.

Jer 31, 15. 16–20 bilden die doppelte Klage Rahels, der Mutter (Symbol für die Erde), die untröstlich die Verwüstung des Landes und Ephraims und das in die Verbannung geschickte Volk, das in Bedrängnis ist, beweint. Sie erhält eine doppelte Antwort von JHWH: weine nicht; Ephraim ist ein geliebter Sohn. Die Wiederholung des Motivs der Tränen in vv. 15. 16 und der Gegensatz zwischen „verweigern *l^e hinnāḥem* in v. 15 und *niḥamtî* in v. 19 lassen davon abraten, vv. 17–19 zu isolieren und sie als prophetische Bußliturgie zu betrachten. Die Gattung paßt eher zu einem Trostspruch, der die Bekehrung voraussetzt. Rahel stellt fest, daß jeglicher Trost unmöglich ist, solange das Land weiterhin verwüstet ist, d. h. der Trost kann allein von JHWH kommen. Dem ausdrücklichen Versprechen JHWHs (vv. 16–17) folgt die Feststellung des erfolgten Wechsels. In diesem Kontext sollte v. 19aα nicht mit „nachdem ich abgewichen bin / mich entfernt habe, habe ich bereut" wiedergegeben werden, sondern als Bekenntnis der Hoffnung: „nach meiner Umkehr bin ich getröstet" (*niph* bezeichnet hier einen Zustand), was JHWH dazu bringt, den Entschluß zu fassen, sich seines Volkes endgültig zu erbarmen (*raḥem 'a raḥ a mænnû* v. 20). V. 19 verweist auf das Bekanntsein (*jd' niph*) als Element der Umkehr. Die Bedingung für die Möglichkeit zu trösten ist die Kenntnis der Not des Schwachen; die Bedingung für das Getröstet-Werden ist die Anerkennung der Situation der Kontingenz.

β) *nḥm niph* verwendet *'al*, um das Objekt zu bezeichnen, das die Trostlosigkeit bewirkt (der tote Abschalom, 2 Sam 13, 39; die Kinder Rahels, Jer 31, 15 [*hitp*]). In Ez 32, 31, Teil des Kommentars zum Basistext Ez 31, 16 und inspiriert von ihm (Zimmerli, BK XIII/2², 792), gibt *'al* den Grund an, weshalb der Pharao sich tröstet. Der Gedanke kann der von Ez 31, 16 sein, wo die Bäume in der Unterwelt sich trösten am Sturz der Zeder/Pharao in ihrer Mitte (*nḥm niph* absolut).

Wenn *nḥm niph* + *'al* mit dem Präpositionalobjekt *hārā'āh* konstruiert wird, scheint die Bedeutung „sich trösten" nicht möglich. In Jer 8, 6 „niemand *nḥm 'al rā'ātô*, indem er sagt: was habe ich getan" wird die Bedeutung auf einen Menschen angewandt, die der Ausdruck hatte, als JHWH das Subjekt war, d. h. Sich-Distanzieren von einem bestimmten Verhalten oder einer Entscheidung. *rā'āh* war im Falle JHWHs das objektive Übel für die Bestrafung, während es jetzt sich auf das subjektive Übel des tadelnswerten Betragens bezieht. In vv. 4–7 (vielleicht ein Fragment einer prophetischen Bußliturgie), die um sechs Gegenüberstellungen herum zwischen rhetorischen Fragen oder Aussagen und Verneinungen aufgebaut sind (6mal *lo'* / *w^e lo'* / *'ên* und das Verb mit negativem Sinn *m'n*), wird „niemand *nḥm*" spezifiziert durch „niemand erhebt sich, niemand kehrt um, sie weigern sich, umzukehren, sagen, was nicht recht ist, das Gericht JHWHs kennen sie nicht".

nḥm (*niph*) *'al-hārā'āh* von Ez 14, 22b setzt sich von den in II. 1. b behandelten Konstruktionen ab und fällt auch nicht zusammen mit der Bedeutung von Jer 8, 6 (das ethische Übel bereuen). Es kommt dem Sinn von Ez 31, 16; 32, 31 nahe. Jemand, hier die Deportierten, erhält Trost wegen einer Strafe, die über andere(s) (Jerusalem?) hereinbricht. Vv. 22b. 23a unterbrechen die klare Textfolge von vv. 22a. 23b und weisen auf ein anderes Niveau des Textes hin. In jedem Falle ist die Konstruktion von v. 23a „sie werden euch trösten, wenn ihr sie seht" (*nḥm pi*), der den Gedanken von v. 22b auszudeuten versucht, kaum verständlich.

γ) *nḥm niph* + *'æl* bringt ein Empfinden zum Ausdruck, das jemand hat für einen anderen, der in Gefahr oder im Unglück ist. Ri 21, 6. 15 drückt mit *nḥm* + *'æl* / *l^e* die Haltung der Israeliten / des Volkes gegenüber den Benjaminiten aus, die als Stamm zum Aussterben verurteilt waren wegen des Eides der anderen Stämme, ihnen keine Frauen zu geben. Das zum Ausdruck kommende Mitleid scheint nicht mit „suffer emotional pain" (Parunak) beschrieben werden zu können. Der Bericht betont eher ein Sich-Absetzen von den früheren Rachegefühlen. Das durch *nḥm* zum Ausdruck gebrachte „Mitleid" erscheint als Wille, eine sachliche Lösung zu finden.

δ) *pæn-jinnāḥem hā'ām b^e* + Verbum (Ex 13, 17) kann nicht in die Kategorie „suffer emotional pain" eingestuft werden. Gott fürchtet, daß das Volk bedauert, d. h. seine Entscheidung ändert angesichts der Gefahren des Zuges durch die Wüste, und daß es nach Ägypten zurückkehren will. Die Bedeutung von *nḥm* ist hier dieselbe wie bei der Änderung der Entscheidung JHWHs angesichts einer beschlossenen Bestrafung.

2. Außer den besonderen Bedeutungen von Num 23, 19 (vgl. 1. a) und von Gen 27, 42; Ez 5, 13 (1. d) bringt *nḥm hitp* die affektive und effektive Beziehung zwischen zwei Partnern zum Ausdruck, zwischen JHWH und dem Volk oder einer bestimmten Person, oder zwischen Menschen, wobei der Stärkere den Schwächeren unterstützt, sich für sein Schicksal interessiert, sich seiner annimmt und eine Lösung für seine Lage beschafft. In Ps 119, 52 fühlt man sich getröstet wegen der Erinnerung an die Heilsbeschlüsse JHWHs in der Vergangenheit. Dieselbe Beziehung zwischen erfahrener Tröstung und richterlicher und heilbringender Tätigkeit JHWHs zeigen auch Dtn 32, 36 || Ps 135, 14 (*dîn* || *nḥm*), trotz der Schwierigkeit der Interpretation von Dtn 32, 36b. In beiden Texten wird die Beziehung nicht vom Schwächeren her gesehen, der den wohltuenden Einfluß des Stärkeren erfährt, sondern vom letzteren her, der „Mitleid hat". Mitleid haben und getröstet sein erweisen sich so als die zwei Richtungen ein und desselben Tuns von seinen beiden Endpunkten her. Wenn einer der zwei Teile nicht mächtiger ist als der andere, wird die Tröstung unmöglich. Jakob weigert sich, sich trö-

sten zu lassen (Gen 37, 35), weil tatsächlich niemand fähig ist, ihn zu trösten (vgl. 3. b).

3. a) Einheitlicher und weniger nuanciert ist der Gebrauch von *nḥm pi*, für gewöhnlich mit 'trösten', 'stärken' übersetzt. Wenn JHWH das Subjekt von *nḥm* ist, bringen die Texte in manchen Fällen die flehende Bitte (Jes 12, 1 „halt ein mit deinem Zorn und tröste mich") zum Ausdruck, wobei es schwierig ist, die Grenze anzugeben zwischen flehender Bitte als solcher und der absoluten Sicherheit, daß JHWH die Seinen nicht verläßt (v. 2). Häufiger ist die eindeutige Feststellung (Perf.), daß JHWH sein Volk (Jes 49, 13; 52, 9), Zion (Jes 51, 3, zweimal) getröstet hat, oder die Gewißheit, daß JHWH Zion trösten wird (Sach 1, 17). Manchmal bekräftigt JHWH selbst, daß er die Seinen trösten wird (Jes 51, 12, vgl. auch Jer 31, 13); und die rhetorische Frage des Propheten in Jes 51, 19 (wahrscheinlich ist die 3. Pers. statt der 1. zu lesen) „wer wäre in der Lage, dich zu trösten", bestätigt, daß der Trost allein in JHWH zu finden ist. Die Diskussion um das Subjekt von „tröstet, tröstet mein Volk" Jes 40, 1 ist noch nicht abgeschlossen. Obwohl JHWH die tröstende Funktion eigen ist, scheint es schwierig, sich vorzustellen, daß eine so gebieterische Ermahnung an ihn gerichtet sein kann. Von den zwei möglichen Lösungen ist die wahrscheinlichere, daß der Prophet selbst, als hauptsächlicher Akteur des Textes, die Wachposten von Jerusalem ermahnt, eine aufgrund von Jes 52, 7–10; 62, 6f. (vgl. Merendino, VTS 31, 18–20) vertretbare Hypothese. Die Tröstung JHWHs, ausgedrückt mit *nḥm pi*, schließt konkrete Aspekte ein, die durch parallele Verben oder durch den unmittelbaren Kontext erklärt werden. In Jes 49, 12–13 ist von der Sammlung der Zerstreuten die Rede, was zur Feststellung der Tröstung durch JHWH führt; in 51, 3 sind die Ruinen Objekt des Verbums „trösten", das sodann auch die Bedeutung von „wieder aufbauen" mitzubesagen scheint; in 52, 9 wird *nḥm* parallel zu befreien (*g'l*) gebraucht; in Jes 12, 1 ist die Tröstung das Aufhören des Zornes JHWHs; in Sach 1, 17 ist es das Überfließen des materiellen Wohlstandes der Städte (Elliger, ATD 25[7], 117); in Jer 31, 13 die festliche Freude der Jungen und Alten, die sich im Tanze ausdrückt. In keinem Fall rührt die Tröstung von ermutigenden Worten her, sondern von einer Tat JHWHs, die die Situation der Trauer tatsächlich ändert. Die Tröstung der Bedrückten von Jes 61, 2 scheint die konkreten Ausdrucksweisen (Befreiung der Deportierten, Rückkehr der Gefangenen) von 61, 1 zusammenzufassen. Die Parallele von *nḥm* mit *dbr 'al leḇ* in Jes 40, 1 (vgl. Gen 50, 21; Rut 2, 13) hat, unter der Voraussetzung, daß der letztere Ausdruck „speziell in der Liebessprache zu Hause ist" (→ II 105; IV 430f.; siehe auch H. W. Wolff, Anthropologie des AT, 86), eine Interpretation von *nḥm* begünstigt, die eine stark intime Note des Affektiven enthält. *dbr 'al-leḇ* begegnet jedoch immer in einer Situation der Furcht, der Sorge, der Sünde, der Verfehlung, wovon jemand befreit wird durch jenen, der „zu seinem Herzen spricht" und „ihn tröstet" (G. Fischer, Bibl 65, 1984, 246–250).

Während in den prophetischen Texten *nḥm pi* die Beziehung der Tröstung durch JHWH in bezug auf die Gesamtheit des Volkes zum Ausdruck bringt, haben die Psalmen das Verbum auf den einzelnen Beter angewandt. Die Bedeutung von *nḥm pi* hat sich vergeistigt und verallgemeinert. In Ps 23, 4 bedeutet „getröstet sein" soviel wie „sich nicht fürchten"; in 71, 21 „wieder aufleben, nicht verlassen sein"; in 86, 17 steht es in einem Kontext, der „unterstützt werden", „nicht verlassen sein" (*'zr*) und „Kraft von JHWH bekommen" besagt; in 119, 76 geht es um die Änderung eines vorausgegangenen Zustandes der Erniedrigung; in 119, 82 geht die Sehnsucht nach Tröstung zusammen mit dem Verlangen nach Heil. Die Form *pu* (Jes 54, 11; 66, 13) zeigt keine Besonderheit gegenüber *pi*, außer daß ihm natürlich der Charakter des Passiven eignet. Zion oder die Bewohner von Jerusalem sind bzw. sind nicht getröstet worden.

b) *nḥm pi* mit einem menschlichen Subjekt wird häufig mit einem direkten persönlichen Objekt konstruiert (Gen 5, 29; 50, 21; 2 Sam 12, 24; Rut 2, 13) und im Inf. als Finalität und Endpunkt einer Bewegung und einer Handlung („das Brot brechen"), oder einer inneren Verfaßtheit („sich anstrengen für") genommen: Gen 37, 35; 2 Sam 10, 2 || 1 Chr 19, 2; 1 Chr 7, 22; Jes 22, 4; Jer 16, 7; Ijob 42, 11. Die gewöhnliche Situation, die nach menschlichem Trost verlangt, ist der Tod eines teuren Menschen: der vermeintliche Tod Josefs, der Tod von Nakasch, König von Ammon, der Tod irgendeines Menschen, der gestorben ist. Boas tröstet Rut und erleichtert ihr Elend und die Härte ihrer Arbeit; das Unglück Ijobs bringt seine Freunde dazu, zu kommen und ihn zu trösten (Ijob 2, 11); die Verwüstung in der Nation ist so groß, daß der Prophet eine Tröstung nicht für möglich hält (Jes 22, 4). Bei wenigen Gelegenheiten scheint die menschliche Tröstung ein billigendes Urteil von seiten der Schrift zu erfahren; es tritt in Erscheinung, wenn der Tröster über die nötigen Mittel verfügt, um eine Situation des Unglücks zu verändern (Boas) und/oder wenn die betreffende Person in irgendeiner Weise von JHWHs Liebe bevorzugt wird (Noach, Josef). Die Tröstung Davids für Batseba scheint nichts anderes als erotische Unterhaltung zu sein (2 Sam 12, 24), die Bemühungen der Söhne Jakobs erweisen sich als vergeblich, denn Jakob weigert sich, sich trösten zu lassen (Gen 37, 35b, vgl. Jer 31, 15 und Ps 77, 3 *niph*). Den Trost verweigern ist nicht eine freie Willensentscheidung, sondern bedeutet die Feststellung, daß die Tröstung nicht in der Hand jener liegt, die zu trösten suchen. Auch die Trostbotschaft Davids an Hanun (2 Sam 10, 3) ist verdächtig; die versuchte Tröstung Ijobs durch seine Freunde ist fehl am Platz (Ijob 16, 2), vergebens (Ijob 21, 34) und kommt zu spät (Ijob 42, 11, vgl. v. 10). Vergebens ist auch die Tröstung der Wahrsager (Sach 10, 2). Die Vergeblichkeit menschlicher Tröstung findet ihren stärksten Ausdruck in Jes 22, 4 *'al-tā'îṣû l^enaḥ^amenî* („bemüht euch nicht, mich zu trösten"), wobei das Verbum *'jṣ* Dringlichkeit besagt, mit häufig negativem Beiklang. Der Versuchung, Trost in ablenkenden Erklärungen zu suchen, stellt der Prophet die einzig richtige Haltung gegenüber: den Willen JHWHs annehmen, der sich in der tragischen Erfahrung Jerusalems zeigt. Der menschliche Trost ist unnütz, weil er nichts verändert. Nur der Trost JHWHs gibt Sicherheit (Jes 12, 1). In derselben gedanklichen Linie steht Klgl 2, 13, Dreh- und Angelpunkt von Kap. 2. Vv. 1–10 betonen, daß in Wahrheit der Herr die Bestrafung Zions ausführt, die Feinde Israels sind nur Instrument in seiner Hand. Vv. 11–12 bringen die Stimmung des Propheten zum Ausdruck. In vv. 15–29 werden die Empfindungen der Vorübergehenden und der Feinde beschrieben, der Sänger ermahnt Jerusalem, ohne Unterlaß JHWH anzuflehen, und Jerusalem entspricht dieser Mahnung. In der Mitte der Komposition sind die vv. 13–14 von unterschiedlichem Charakter: der Sänger widersteht der Versuchung, mittels rhetorischer Vergleiche eine suggestive Rede auszuarbeiten, um die Stadt Jerusalem zu überzeugen, daß ihr Schicksal nicht das schlechteste von allen ist. Im Gegensatz zu seinem eigenen Vorgehen zieht er die Propheten zur Rechenschaft, die die Schuld Jerusalems nicht aufgezeigt, sondern die Leute mit Täuschungen beruhigt haben. Der Trost, den der Sänger bieten könnte, wäre ein neuer Betrug, gleich dem, der das Unglück gebracht hat. Menschlicher Trost und offenes Aussprechen der wahren Natur der Verbindung zwischen dem Verbrechen und der Strafe, der die Stadt unterworfen worden ist, sind unvereinbar. *māh 'ašwæh-lāḵ* (Klgl 2, 13) kann in diesem Kontext übersetzt werden: „Was für einen Sinn hat es, einen Vergleich anzustellen, um dich zu trösten!"

c) Klgl 2, 13 geht bis zum Extrem mit der Aussage, die der Sänger in Klgl 1, 2. 9. 16. 17. 21 wie besessen wiederholt: „Es gibt keinen Tröster (Ptz. *pi*) für sie / für mich"; „fern von mir ist, wer mich trösten könnte". Auch dort findet ein gedanklicher Fortschritt statt. Wenn v. 2 noch eine Illusion schafft und glauben läßt, daß es sich nur um die tatsächliche Untreue der Freunde handelt, die sie trösten könnten, stellt v. 16 fest, daß der einzig mögliche Tröster weit entfernt ist. Die Wirkung, die man vom Tröster erwartet, ist in Nah 3, 7 enthalten: wenn JHWH bestraft (v. 5), gibt es keine Möglichkeit, einen Tröster zu haben. Der leidende Knecht von Ps 69 weiß, daß er nur von JHWH Heil und Schutz vor dem Feind erwarten kann, und daß er außer ihm weder Mitleid noch *m^enaḥem* (v. 21) finden wird. Wenn es offenkundig ist, daß Trost immer mehr ist als nur gute Worte, so gibt es keine brauchbaren Hinweise, um *m^enaḥem* einen ausgesprochen juridischen Charakter zuzuschreiben, nicht einmal in Koh 4, 1 (Lys übersetzt „réhabilitateur" 397–399; Lohfink, Kohelet, NEB, 36 bleibt bei der traditionellen Übersetzung „und niemand tröstet sie"). Die Ungerechtigkeit, die die Unterdrückten erleiden, ist eine weitere Konkretisierung der allgemeinen Sinnlosigkeit des Daseins, die das Los des Menschen dem des Tieres gleichsetzt (Koh 3, 18). Das Fehlen eines Trösters ist Ausdruck des Schweigens Gottes in der menschlichen Existenz. Man kann nicht ob der Parallele *nḥm* || *g'l* (Jes 52, 9) zugunsten eines juridischen Charakters von *m^enaḥem* eintreten. Die häufigste Parallele *nḥm pi* || *nwd* (wo *nwd* die Gesten der Unruhe bedeutet, die jemand macht, der eine Unglückssituation erlebt, Ijob 2, 11; 42, 11; Jes 51, 19; Nah 3, 7; Ps 69, 21) legt die Anteilnahme am Unglück nahe, wobei klar ist, daß sie nichts nützt, wenn sie von Menschen kommt. Die Ausschließlichkeit JHWHs als einziger wahrer *m^enaḥem* wird in Jes 51, 12 hervorgehoben.

Die einzige legitime Tröstung, die im Bereich des Menschen liegt, ist jene, die sich in Gesten der Trauer zeigt, wie sie in Jer 16, 5–9 beschrieben werden, insbesondere *prs læḥæm* und *šqh tanḥumîm* (über die Bedeutung und Legitimität solcher Gesten vgl. Rudolph, HAT I/12³, 107), die dem Propheten verboten sind als Zeichen dafür, daß JHWH dem Volke seine Freundschaft entzogen hat.

Eine eindeutigere juridische Note von *m^enaḥem* findet sich nur in Ez 16, 54, wo sich *b^enaḥ^amek* mit der semantischen Funktion von *ṣdq pi* der vv. 51. 52 deckt („gerecht erscheinen lassen", oder in der kühneren Übersetzung von Zimmerli, „rechtfertigen", „als gerechter erweisen"), wie es die Wiederholung von *(û)śe'î ḵ^elimmāṯeḵ* zeigt. Die Annahme der eigenen Schande durch Jerusalem bedingt die Wiederherstellung des alten Zustandes; Samaria und Sodom kehren zu ihrem alten Zustand zurück wegen der Bosheit Jerusalems. Das ist der Trost, den Jerusalem den Schwesterstädten zu bieten hat. Hingegen ist der Trost, den die (neu) Verbannten der Gemeinde im Exil bringen, nur die Feststellung, daß JHWH jenen wiederum bestrafen wird, der die Strafe verdient hat (Ez 14, 23).

4. Fünf Nominalformen erscheinen in elf Texten. *niḥumîm* in Jes 57, 18, als Objekt von *šlm*, im Kontext des vergangenen Zürnens und der schon erfolgten Bestrafung, der der Wille zu heilen (vv. 18. 19), zu lenken (v. 18) und Frieden zu gewähren (v. 19) gegenübersteht, kann keinen anderen Sinn haben als die Tröstung, die von JHWH seinem Volk gewährt wurde als belohnende Vergeltung für die Übel der Vergangenheit. Ähnlich sind die *d^eḇārîm niḥumîm* (Sach 1, 13), die JHWH dem Boten übermittelt und dieser dem Seher, de facto Worte des Trostes. In Hos 11, 8 ist *niḥumîm* Subjekt von *kmr*. Die enge Verbindung mit *kmr niph* + *raḥ^amîm* (Gen 43, 30; 1 Kön 3, 26) legt eine Übersetzung nahe, die eine intensive innere Erschütterung wiedergibt (die Milde Josefs gegenüber seinen Brüdern; der Schrecken der Mutter des Kindes beim salomonischen Urteil; Mitleid JHWHs angesichts der Konsequenzen, die die verdiente Strafe bei seinem Volk haben würde). Der Grund der inneren Bewegung JHWHs und die Begründung für seine Entscheidung, nicht zu bestrafen, lautet: „Gott bin ich, und nicht ein Mann", genauso

wie sie in Num 23, 19; 1 Sam 15, 29 die Unveränderlichkeit und Unwiderruflichkeit seiner Entscheidungen begründete (vgl. II. 1. a). Sein Gott-Sein macht es JHWH möglich, ein erbarmendes Herz zu haben und nicht gebunden zu sein, nicht einmal an die unerbittliche Verbindung, die zwischen Schuld und Strafe besteht. Seine Fähigkeit zur Barmherzigkeit ist die Kraft, die letztlich JHWHs Handeln bestimmt, ohne jedoch davon Abstand zu nehmen, Verantwortlichkeiten festzusetzen.

noḥam in Hos 13, 14 kann sowohl Zurückhaltung wie Selbstbeherrschung (Jeremias) oder einfach „Mitleid" bedeuten. Der Vers ist schwer zu verstehen. Wenn v. 14a als Aussage interpretiert wird, widerspricht er v. 14bβ; wenn er als rhetorische Frage, die eine negative Antwort erwarten läßt, genommen wird, widerspricht er v. 14bα. *noḥam jissāṯer meʿênāj* legt eine Haltung der Unbeugsamkeit bei JHWH nahe. *tanḥûmôṯ* ist die Tröstung, die das Wort JHWHs nach der Auffassung der Freunde Ijobs verschafft (Ijob 15, 11). Ijob nimmt den Ausdruck in 21, 2 polemisch wieder auf: wenn ihr einen Augenblick schweigt, um mich anzuhören, so ist das wahrer Trost. *næḥāmāh* ist der Trost, den Ijob nur bei seinem eigenen Tod zu finden hofft (Ijob 6, 10), während er für den Psalmisten an das Wort JHWHs und an das Leben gebunden ist (Ps 119, 50).

tanḥûmîm erscheint in einer St.-cstr.-Kette in Jes 66, 11, um mit einem Bild aus dem Bereich der Mutterschaft auf die Quelle des göttlichen Trostes (*šoḏ*) oder auf das Mittel menschlicher Tröstung in der Trauer (*kôs tanḥumîm*, Jer 16, 7) hinzuweisen. In Ps 94, 19 wird der Trost selbst bezeichnet, der von JHWH kommt.

III. 1. Die LXX gebraucht vorwiegend παρακαλεῖν (wenigstens 58mal), um sowohl *niph* wie *pi*, *pu* und *hitp* von *nḥm* zu übersetzen. μετανοεῖν verwendet sie nur für *niph*, häufig um sich auf die „Reue" JHWHs zu beziehen (11mal) und einige wenige Male auf die Israels. ἐλεεῖν steht 4mal für *pi*, einmal für *niph*, παύειν 5mal für *niph*. Es ist interessant zu sehen, daß die Interpretation von μετανοεῖν/μετάνοια im NT stark von der Bedeutung *šûḇ* (J. Behm / E. Würthwein, ThWNT IV 972–1004; H. Merklein, EWNT II 1022–1031) beeinflußt ist, obwohl die LXX *šûḇ* nie mit μετανοεῖν übersetzt, hingegen den möglichen Einfluß von *nḥm* (vgl. E. F. Thompson, Metanoeo and Metamelei in the Greek Literature Until 100 A.D., 1909, 348–377) vernachlässigt; vgl. C. Spicq, Notes de Lexicographie néo-testamentaire, OBO 22/3, 1982, 452– 458, mit Bibliographie. Zu παρακαλεῖν vgl. J. Thomas, EWNT III 54–64; zu παράκλητος F. Porsch, ebd. 64–67, beide mit Bibliographie.

* 2. Mit 11 Belegen begegnet *nḥm* in Qumran auffällig selten (7mal in 1 QH; 2mal in 4 QTanḥ, je 1mal in 1 QS und 4 Q 509). Der at.liche Befund wird aufgenommen, wobei nun jedoch das göttliche „Trösten" eine Parallelisierung mit der „Vergebung" (1 QH 9, 13; 11, 32; 16, 17) einerseits und eine Korrespondenz zur menschlichen „Umkehr" (→ שׁוב *šûḇ*) (1 QS 10, 21; 1 QH 6, 7; 16, 17) andererseits signifikant eingeht. Gott ist der „Tröster" der Trauernden (1 QHfragm 21, 3), der Strauchelnden (4 Q 509, 12, 1 + 13, 5) und der Bedrängten (1 QH 9, 13). Die Qumranessener kannten sogar ein eigenes Trostbuch (4 QTanḥ [176]), das als Pescher zum „Trostbuch Israels" (Jes 40–55) strukturiert ist: so werden in 1–2, I, 4 Jes 40, 1 und in 8–11, 13 Jes 54, 4–10 als *tanḥûmîm* aufgegriffen und zur Deutung der eigenen bedrängten Situation ausgewertet.

Menschliches *nḥm* ist die „Reue" über die eigene Sündenverfallenheit, die aus der Erkenntnis der Wahrheit resultiert (1 QH 9, 13). *(Fa.)*

Simian-Yofre

נָחָשׁ *nāḥāš*

נחשׁ *nḥš*, אֶפְעֶה *ʾæpʿæh*, זָחַל *zāḥal*,
עַכְשׁוּב *ʿakšûḇ*, פֶּתֶן *pæṯæn*, צֶפַע *ṣæpaʿ*,
צִפְעוֹנִי *ṣipʿônî*, קִפּוֹז *qippoz*, שְׁפִיפֹן *šepîpon*

→ לִוְיָתָן *liwjāṯān*, → שָׂרָף *śārap*, → תַּנִּין *tannîn*

I. 1. Etymologie – 2. Verteilung und Syntax – 3. Wortfeld und Parallelen – 4. LXX – II. Zoologisches – 1. Allgemein – 2. *ʾæpʿæh* – 3. *zāḥal* – 4. *ʿakšûḇ* – 5. *pæṯæn* – 6. *ṣæpaʿ* / *ṣipʿônî* – 7. *qippoz* – 8. *šepîpon* – III. Religion und Symbolik – 1. Mesopotamien – 2. Ägypten – 3. Kanaan – IV. Die Schlange im AT – 1. Gen 3 – 2. Stabwunder – 3. Num 21 – 4. Gen 49, 17 – 5. Kosmischer Frieden – 6. Mythologische Texte – 7. Metaphorischer Gebrauch in der Weisheit – 8. Im prophetischen Drohwort – 9. Im Heilswort – V. Qumran.

Lit.: *W. Baudissin*, Eherne Schlange (RE XVII, 1906, 580–586). – *Ders.*, Adonis und Esmun, 1911, bes. 325–339. – *C. H. Bowman / R. B. Coote*, A Narrative Incantation for Snake Bite (UF 12, 1980, 135–139). – *M. Dietrich / O. Loretz*, Die Bannung von Schlangengift (KTU 1.100 und KTU 1.107:7b–13a. 19b–20) (UF 12, 1980, 153–170). – *H. Egli*, Das Schlangensymbol, Olten – Freiburg i. Br. 1982. – *M. Görg*, Das Wort zur Schlange (Gen 3, 14f.). Gedanken zum sogenannten Protoevangelium (BN 19, 1982, 121–140). – *O. Grether / J. Fichtner*, Die Schlange im AT (ThWNT V, 1954, 571–575). – *J. Haspecker / N. Lohfink*, Gn 3, 15: „weil du ihm nach der Ferse schnappst" (Scholastik 36, 1961, 357–372). – *J. Hehn*, Zur Paradiesesschlange (Festschr. S. Merkle, 1922, 137–151). – *J. Hofbauer*, Die Paradiesesschlange (Gn 3) (ZkTh 69, 1947, 228–231). – *K. R. Joines*, The Serpent in the OT (Diss. Southern Baptist Theol. Seminary 1967). – *Ders.*, The Bronze Serpent in the Israelite Cult (JBL 87, 1968, 245–256). – *Ders.*, Serpent Symbolism in the OT (Haddonfield 1974). – *Ders.*, The Serpent in Gen 3 (ZAW 87, 1975, 1–11). – *P. Kjeseth*, Nehushtan (Num 21, 4–9, 2Kgs 18, 4) and Ernst Bloch (Dialog 17, 1978, 280–286). – *H. Lesêtre*, Serpent (DB 5, 1912, 1671–1674). – *H. Maneschg*, Die Erzählung von der ehernen Schlange (Num 21, 4–9) in der Auslegung der frühen jüdischen Literatur (EHS XXIII/157, 1981). – *R. G. Murison*, The Serpent in the OT (AJSL 21, 1904/05, 115–130). – *B. Piperov*, Die Symbolik der Schlange bei den biblischen Schriftstellern (Jb. der geistlichen Akademie 32, Sofia 1957, 369–390). – *B. Renz*, Die kluge Schlange (BZ 24, 1938/39, 236–241). – *H. H. Rowley*, Zadok and Nehusthtan (JBL 58, 1939, 113–141). – *O. Sauermann*, Untersuchungen zu der Wortgruppe נחש, Wien 1955. – *G. Schneemann / J. Heller*, Feuerschlangen in Num 21, 4–9 (Com Viat 20, 1977, 251–258). – *P. A. Seethaler*, Kleiner Diskussionsbeitrag zu Gen 3, 1–5 (BZ NF 23, 1979, 85–86). – *F. Thureau-Dangin*, Le serpent d'airain (RHLR 1, 1896, 151–158). – *M. Vernes*, Le serpent d'airain fabriqué par Moïse et les serpents guérisseurs d'Esculape (Revue Archéologie, Ser 5, Tom VI, 1918, 36–49). – *P. Welten*, „Schlange" (BRL² 280f.). – *Cl. Westermann*, Genesis (BK I/1, 322–327). – *H. Wohlstein*, Zur Tier-Dämonologie der Bibel (ZDMG 113, 1963, 483–492). – *S. Yeivin*, The Brazen Serpent (BMikr 72, 1977, 10–11). – *D. W. Young*, With Snakes and Dates: A Sacred Marriage Drama at Ugarit (UF 9, 1977, 291–314). – *W. Zimmerli*, Das Bilderverbot in der Geschichte des Alten Israel (Goldenes Kalb, Eherne Schlange, Mazzeben und Lade) (Schalom, Festschr. A. Jepsen, 1971, 86–96 = ThB 51, 1974, 247–260).

I. 1. Zur Konsonantengruppe *nḥš* (vgl. KBL³ 647f. 652f.) gehören im Hebr. das Verb *nḥš pi* 'wahrsagen' und die Nomina *naḥaš* 'Zauberfluch' (→ כשף *kšp*), *nāḥāš* I 'Schlange', *nāḥāš* II, *neḥûšāh*, *neḥošæṯ* I 'Bronze' mit dem Adj. *nāḥûš* 'ehern', *neḥošæṯ* II 'weibliche Scham?' und *neḥuštān* als Bezeichnung für die „Eherne Schlange". Die Etymologie hat also den sprachgeschichtlichen Hintergrund von letztlich 5 Stämmen und ihre Beziehungen zueinander zu klären.

a) Das hebr. Verb *niḥeš* 'Vorzeichen suchen und geben, wahrsagen' (→ IV 380), auch aram., syr. und mand. belegt, wird häufig mit arab. *naḥisa* 'unheilvoll, unglücklich sein', im V. Stamm 'erforschen' zusammengestellt, davon dann abgeleitet *naḥaš* 'Zauberfluch, Vorzeichen'. Eine Verbindung mit *nāḥāš* 'Schlange' ist nicht zu erkennen (wegen fehlender mantischer Einbindung der Schlange in Israel). Sauermann leitet das Verb von der zweiradikaligen Wurzel *ḥš* 'leise tönen, zischeln, flüstern' zurück, was semantisch jedoch eine Brücke schlagen könnte. E. L. Dietrich (ZDMG 113, 1963, 202ff.) schlägt dagegen vor, *niḥeš* als Denominativ von *nāḥāš* zu deuten oder von einem gemeinsemit. Stamm *nḥš* 'zaubern' herzuleiten. Letzteres ist jedoch nicht zu belegen.

b) *nāḥāš* 'Schlange' begegnet neben dem Hebr. nur noch im Ugar. (UT Nr. 1634). Es wird mit arab. *ḥanaš* 'Schlange, Insekt, Vogel' (Metathese; VG I 275; J. Barr, Comparative Philology 97) oder aber mit *lḥš* 'zischeln' (KBL³ 501; dagegen von Soden, WZKM 53, 1957, 157ff.) oder *rḥš* 'erregt, bewegt sein' (so bereits L. Herzfeld 1883) zusammengestellt. Sauermann verweist auf äg. *nḥśj* 'schwarz, dunkel, düster' (meist: 'Neger, Nubier', WbÄS II 303; vgl. hebr. *Pîneḥās* < *p3 nḥsj* „der Nubier"), muß dann aber den unwahrscheinlichen Fall in Kauf nehmen, daß das verbreitetste hebr. Wort für „Schlange" ein äg. Lehnwort ist. Bei *nāḥāš* handelt es sich deshalb wohl um ein Primärnomen.

c) *neḥûšāh* und *neḥošæṯ* 'Kupfer, Bronze' werden mit arab. *nuḥās* „Kupfer" (Lane I/8, 2775) zusammengestellt (KBL³). Dahood verweist auf arab. *ḥasana* 'schön sein', andere auf *naḥasa* 'hart, fest sein' (schwach belegt). Sauermann hält auch hier wieder eine direkte Entlehnung aus dem Äg. (vgl. b) für gegeben und sieht damit das Erz primär unter dem Aspekt seiner charakteristischen Farbe beschrieben. Der Beleg in EA 69, 28 zeigt in einer kanaan. Glosse ein *nuḫuštum* 'Kupfer' (vgl. CAD N/2 322). → נחשת.

d) *neḥuštān* als Bezeichnung für die „Eherne Schlange" (*neḥaš neḥošæṯ*) ist vielleicht nur wegen des Gleichklanges mit *nāḥāš* in Verbindung gebracht (vgl. E. L. Dietrich, ZDMG 113, 1963, 202ff.). Es scheint sich um keine im hebr. Sprachraum ursprünglich beheimatete Vokabel zu handeln (vgl. bereits P. de Lagarde, AKGW 35, 1888, 188). Dietrich verweist auf andere PN mit *nḥš*-Element und hält eine ostsemit. Herkunft für wahrscheinlich; eine Nähe zum mesopot. Heilsgott Šaḫan (Metathese! s.o.) sieht A. Jeremias 57, doch wohl kaum wahrscheinlich.

2. *nāḥāš* begegnet im AT 31mal, davon 14mal im Pentateuch (5mal J [Gen 3]; 2mal JE [Ex 4, 3; 7, 15]; 3mal P [Ex 7, 9f. 12]). Die Belege in Num 21, 5–9 und Gen 49, 17 sind schwierig einzuordnen. Dtn 8, 15 ist dtr. Weitere Belege: 2mal Am, Jer, Spr, Ps, Koh und in der späten JesApk, je 1mal in Jes, TrJes, Ijob und DtrGW.

Es geht folgende Verbindung ein: *neḥaš (han)neḥošæṯ* „eherne Schlange" (Num 21, 9; 2 Kön 18, 4), *nāḥāš śārāp̱* „Feuerschlange" (Dtn 8, 15), pl. *hanneḥāšîm haśśerāpîm* (Num 21, 6), *neḥāšîm ṣip̄ʿonîm* „Giftschlangen" (Jer 8, 17), *nāḥāš bāriaḥ* „schnelle Schlange" (Ijob 26, 13; Jes 27, 1) und *nāḥāš ʿaqallāṯôn* „gewundene Schlange" (Jes 27, 1), letztere zur näheren Charakterisierung des Lewiatan (vgl. dieselben Charakteristiken des Chaosdrachens im ugar. Baʿal-Mythos, KTU 1.5, I, 1ff.; P. Humbert, AfO 11, 1936, 235–237).
Ps 58, 5 spricht von *ḥamaṯ-nāḥāš* „Schlangengift" (vgl. *ḥamaṯ ʿaḵšûḇ*, Ps 140, 4), Jes 14, 19 von *šoræš nāḥāš* „Schlangenwurzel".

3. Das Wortfeld „Schlange" ist bereits mehrfach in der Literatur zusammengestellt (R. G. Murison, H. Lesêtre, K. R. Joines, O. Grether / J. Fichtner). Demnach gehören zum Wortfeld folgende Bezeichnungen: *nāḥāš* bezeichnet als Gattungsname die Gattung „Schlange" allgemein, dem alle anderen Bezeichnungen als Art- oder Speziesbezeichnung untergeordnet sind. Die Gattung „Schlange" wiederum gehört mit den niederen Tieren (z. B. *ʿaqrāḇ* 'Skorpion' [Dtn 8, 15]) zur Gruppe des „Gewürms am Boden" (*zoḥalê ʾæræṣ*, Mi 7, 17), allgemeiner zu den „Lebewesen des Feldes" (*ḥajjaṯ haśśāḏæh*, Gen 3, 1. 14), sogar zur *behemāh* (→ I 525; Gen 3, 14). Auch *śārāp̱* 'Feuerschlange' scheint gelegentlich (v.a. Num 21) eine Gattungsbezeichnung zu sein. Als Spezies werden genannt *pæṯæn* 'Otter', *ṣip̄ʿônî* und *ṣæpaʿ* 'Otter, Drache', *ʾæp̄ʿæh* 'Viper', *ʿaḵšûḇ* 'Natter' (Ps 140, 4), *šep̄îp̄on* 'Viper' (Gen 49, 17) und *qippoz* 'Sandschlange'.

Die Sprache greift in den mythologischen Bereich über, wenn die zoologische Reptilvorstellung überlagert wird von Mischwesenvorstellungen. Dies ist gelegentlich bei *śārāp̱* (vgl. Jes 6), immer bei *liwjāṯān*, *tannîn* (vgl. Jes 27, 1) und *rahab̠* (Ijob 26, 12) der Fall, ähnlich in Babylon.
nāḥāš zählt wie Wolf (*ze'eb̠*) und Löwe (*'arjeh*) zu den wilden Tieren (Jes 65, 25) im Gegensatz zu Lamm (*ṭālæh*) und Rind (*bāqār*). Die Art ihrer Fortbewegung regt wie der Flug des Adlers (*næšær*) den Weisen zum Staunen an (Spr 30, 19). Koh 10, 11 verwendet das Wortspiel *nāḥāš-laḥāš* 'Beschwörung', das vielleicht auch semantischen Hintergrund hat.
4. Die LXX übersetzt *nāḥāš* fast ausschließlich mit ὄφις (sonst für *śārāp̱* und *'æp̱'æh*), nur Ijob 26, 13 und Am 9, 3 (wo nach dem Zusammenhang der Übersetzer eine Seeschlange gemeint ist) verwendet sie δράκων, das sonst für *tan*, *tannîn* und *liwjāṯān*, singulär für *pæṯæn*, *'attûḏ* (Schreibfehler für ἄρχοντες, Jer 50 [27], 8) und *kᵉp̱îr* steht). Die einzelnen Schlangenspezies werden von der LXX durch ἀσπίς oder differenziert-spezifiziert durch βασιλίσκος, δράκων, κεράστης, ἐχῖνος u.a. wiedergegeben (vgl. Joines 1–8). Die aram. Targume übersetzen durchgängig mit *ḥiwjā'*/*ḥæwjā'* (vgl. M. Görg, BN 16, 1981, 57). V wechselt in der Übersetzung von *nāḥāš* zwischen den Synonymen *serpens*, *coluber* und *draco* (zu den übrigen Versionen vgl. Sauermann 5–9).

II. 1. Die zoologischen Angaben des AT über die Schlange beruhen ganz auf dem Augenschein, so daß phantastische Ausmalungen völlig unterbleiben. Die Schlange wohnt in der *miḏbār haggāḏôl* (Dtn 8, 15), im Felsen (*ṣûr*, Spr 30, 19) und am Meeresgrund (Am 9, 3). Weder explizit noch implizit unterscheidet das AT die giftigen Vipern und Ottern von den ungiftigen Nattern. Es hat den Anschein, daß die Nennung von *hannāḥāš* (vgl. Num 21, 7. 9) zugleich implizite ein Grundregister an richtigen Assoziationen mitliefert: die eigentümliche Art der Fortbewegung (Gen 3, 14; Spr 30, 19), ihr heimtückisches Sich-Verbergen (Am 5, 19), blitzartiges Hervorschnellen (Gen 49, 17), gefährlicher Biß und tödliches Gift (Gen 3, 15; Am 5, 19; Ps 58, 5; Ijob 20, 14), ihre scharfe gespaltene Zunge (Ps 140, 4) und ihr bedrohliches Zischen (Jer 46, 22; vgl. Weish 17, 9). Sie baut ein Nest und brütet dort ihre Eier aus (Jes 34, 15). Diese Eier bergen die ganze Hinterhältigkeit ihrer Tiergattung (Jes 59, 5; s.u. IV. 8). Schlangen fressen sich gegenseitig (Ex 7, 12). Auch die irrige Annahme, Schlangen würden Staub lecken oder fressen (Mi 7, 17, Jes 65, 25) geht von der Beobachtung aus, „daß manche Schlangenarten ihr Opfer mit Speichel umgeben und sich dabei Staub um ihr Maul herum ansetzt" (L. Rost, ThWNT V 572 Anm. 81). Alle diese Beobachtungen tragen dazu bei, die Schlange als häßlich, widerwärtig, unheimlich und lebensgefährlich anzusehen. In dieser Wertung äußert sich die tiefe Abneigung des aufrecht gehenden Menschen gegen alles Kriechende. Nirgendwo wird es für möglich erachtet, daß der Mensch ihr gegenüber eine positive Beziehung entwickelt, wie es etwa in Ägypten, Griechenland und Italien der Fall war (vgl. Murison 115f.). Erst recht wird kein Schlangenkult eingerichtet wie in Mesopotamien und Ägypten (→ נחשתן *nᵉḥuštān*). Dies – weniger die Einbindung der Schlange in die ugar. Mythologie – ist der Grund für die kultische Unreinheit der Schlange.

2. *'æp̱'æh* 'Viper' (Jes 30, 6; 59, 5; Ijob 20, 16) ist vielleicht eine onomatopoetische, im Südsemit. gut belegte Bezeichnung, die vom keuchenden Atem (*p'h*, vgl. KBL³ 77) dieses Reptils ausgeht. Die zoologische Denomination ist umstritten. Es handelt sich wohl um eine *echis* (*arenicola* [Joines], *arietans* [Murison], *carinata* [Bodenheimer], *colorata* [KBL³]), eine höchst gefährliche Sandviper. Nach Ijob 20, 16b ist die Zunge des *ræša'* eine Zunge der *'æp̱'æh*, die ihn selbst tötet. Die LXX-Wiedergabe durch βασιλίσκος verläßt den zoologischen Bereich, indem sie an den griech.-äg. Mythos vom Basilisken „König der Reptilien" erinnert (vgl. L. Rost, Basilisk, BHHW I 204).
3. *zāḥal* (belegt hebr., aram., syr., arab. und asarab.) ist eigentlich keine spezifische Schlangenbezeichnung, sondern bedeutet „gleiten, kriechen" (Ijob 32, 6; vgl. KBL³ 256f.). Das Ptz. *zohel* wird nur in Dtn 32, 24; Mi 7, 17 eindeutig als Reptil verstanden, läßt sich jedoch zoologisch nicht näher spezifizieren. Nach 1 Kön 1, 9 opfert Abschalom am *'æb̠æn hazzoḥælæṯ* nahe bei der Rogel-Quelle, um sich hier zum König ausrufen zu lassen. Die Bezeichnung könnte auf ein altes kanaanäisches Heiligtum hinweisen (vgl. *'ên hattannîn*, Neh 2, 13; Joines 32f.; R. Kittel, Studien zur hebr. Archäologie und Religionsgeschichte, 1908, 159–188), eine Schlange als davidisches Dynastie-Idol (vgl. R. Smith, Murison) ist dagegen nicht erkennbar. Eine Assoziation „Schlangenstein" – Wasserquelle – Eherne Schlange (Schutzgottheit) (so Baudissin, Joines 93. 98 Anm. 43) erscheint als nicht tragfähig, da bereits die Prämisse „Schlangen"-Stein nicht gesichert ist (vgl. z. B. G. Driver, ZAW 52, 1934, 51f.) (vgl. u. III. 2.).
4. Die Bezeichnung *'akšûb̠* (Ps 140, 4) 'Natter' ist etymologisch nicht weiter erklärbar und steht für die 'Hornviper' (*cerastes cornutus*, KBL³ 780, Bodenheimer, Animal Life 190), im targumischen Hebr. für eine 'Spinne'. Die Hornviper war nach Herodot dem Jupiter geweiht und genoß in Theben kultische Verehrung (vgl. Joines 6).
5. *pæṯæn* 'Otter' (vgl. Bodenheimer, Animal Life 190f.) ist eine aram. Bezeichnung (vgl. G. Garbini, Considerazioni sulla parola ebraica *peten*, Riv Bibl It 6, 1958, 263–265) für die Kobra oder Uräusschlange (*Naha haia*, *cerastes candidus*, vielleicht mit griech. πύθων etymologisch verwandt, Murison 3). Die Verbreitung der Bezeichnung im Ugar. (*b̠ṯn*, UT Nr. 546), Arab. (*baṯan*, Wagner, Aramaismen 97) sowie im Syr. (*paṯnā'*, LexSyr 618) läßt vermuten, daß wir in diesem Wort den semit. Schlangenbegriff schlechthin vor uns haben (vgl. auch akk. *bašmu*, AHw 112), der über das Aram. in die hebr. Sprache eingedrungen sein könnte (W. Eilers, Festschr. De Liagre Böhl, Leiden 1973, 134). Nach Ps 58, 5 wird diese gefährliche Schlange (Ps 91, 13) von Zauberern und Beschwörern benutzt. Ihr schreckliches Gift (Dtn 32, 33) macht krank (Ijob 20, 14) oder tötet sogar (v. 16). Sir 39, 30 sieht *pæṯæn* als Strafwerkzeug Gottes. Zum paradiesischen Bild des eschatologischen Tierfriedens vgl. Jes 11, 8 (s.u.).

6. *ṣæpa'* (Jes 14, 29) und *ṣip'ônî* scheint keine semit. Etymologie zu haben (KBL[3] 982f.) und meint wohl die größte und gefährlichste Schlange Palästinas, die *daboia/vipera xanthina* (Bodenheimer, Animal Life 187ff.). Da diese Schlange ihre Eier im Leib ausbrütet, könnte Jes 59, 5 dieser Identifikation widersprechen, aber der Prophet hat wohl nur die Gefährlichkeit dieser Schlangenart im Blick, ohne diese Spezies näher beschreiben zu wollen (vgl. H. Wildberger, BK X 581). Weitere Belege Jes 11, 8; 14, 29; Jer 8, 17; Spr 23, 32. (Zu einer möglichen Verbindung mit dem Drachennamen „Typhon" vgl. Murison 120).

7. *qippoz* (arab. *qiffazat*) begegnet nur Jes 34, 15 und könnte die (wegen ihrer blitzschnellen Bewegung sogenannte) 'Pfeilschlange' (*coluber jugularis*, Joines 6; KBL[3] 1044 und Wildberger, BK I 1328f. enthalten sich einer näheren Spezifizierung), die verbreitetste Schlangenart in Palästina (Bodenheimer, Animal Life 185) sein. Nach Jes 24, 15 wird sie einst im verwüsteten und versteppten Edom ihr Nest bauen, darin ihre Eier ablegen und sie ausbrüten.

8. *š^{e}pîpon* 'Viper' begegnet nur Gen 49, 17 und meint die ca. 50 cm lange 'Hornviper' (*cerastes hasselquistii*, Joines 6), ein äußerst giftiges, sandfarbenes Reptil. Der Bericht von Tristram (The Natural History of the Bible, New York 1867, 274) entspricht genau der Charakterisierung dieser Schlange in Gen 49, 17. Der Vergleich des Stammes Dan mit diesem heimtückischen Wesen will jedoch weniger die Daniten negativ charakterisieren, als vielmehr den siegreichen Kampf dieses kleinen Stammes gegen seine übermächtigen Feinde in Aussicht stellen.

III. 1. In Mesopotamien begegnet die Schlange ebenfalls im Mythos und ist dementsprechend häufig künstlerisch dargestellt vor allem in der Glyptik (vgl. G. Contenau, La Glyptique Syro-Hittite, Paris 1922, 87ff.; E. D. v. Buren, Fauna 97–101; Symbols 40ff.). Im Gilg.-Epos begegnet die Schlange, die dem Gilgamesch das Lebenskraut raubt (Gilg XI 304f. AOT 182). Im Adapa-Mythos sind es Tammuz und Gizzida (der Schlangengott), die Adapa die Lebensspeise gewähren, was aber Ea durch Täuschung verhindert (AOT 145; ANET 101ff.). In der Göttersymbolik sind die phantastischsten Kombinationen belegt: von der in elamischer Frühzeit belegten Mischfigur Schlangenleib mit Menschenkopf geht die Entwicklung über zum Menschenleib mit Schlangenkopf in Susa (Contenau). Schließlich wird Ningizzida als menschliches Wesen dargestellt, aus dessen Schultern Schlangen hervorwachsen. Gudea von Lagaš nannte den Schlangengott Ningizzida seinen Schutzpatron. Sein Tempel war reich ausgeschmückt mit Schlangenplastiken, die in Schachteln aufbewahrt wurden (van Buren). Über seinen Vater (Nin-azu) war Ningizzida unmittelbar mit den Bereichen Wasser, Leben, Lebensbaum, Lebenskraut verbunden und erwarb sich damit die Titulatur des „Herrn des Lebens" (Hehn 146f.), aus der sich folgerichtig der „Heilsgott" entwickelt (vgl. im Griech. Asklepios, in Palmyra Šadrapa'; vgl. Syr 26, 1949, 46 Abb. 2).
An sich gehört auch in Mesopotamien der Schlangengott zu den chthonischen Gottheiten und er wird deshalb häufig auf Grenzsteinen (Kudurru) dargestellt. Während hier zwar schon der Fruchtbarkeitsaspekt deutlich mitschwingt, wird dieser erst völlig dominierend im ab Ur I belegten Motiv von der geflochtenen Schlange, das nach van Buren (Symbols) die Paarung darstellt und damit Fruchtbarkeit und ein glückliches Vorzeichen für Menschen, Tiere und Feldfrüchte symbolisiert. Schließlich sind die chthonischen Gottheiten zugleich die Götter der Unterwelt.
Der sog. „Sündenfallzylinder" (vgl. O. Weber, Altorientalische Siegelbilder, Leipzig 1920, 2, Nr. 429) zeigt eine männliche (als Gottheit determiniert) und eine weibliche Person unter einer Dattelpalme. Unter der Frau ist eine Schlange abgebildet. Eine Verbindung mit Gen 3 ist jedoch unbegründet (Hehn).

2. Das Verhältnis der Ägypter zur Schlange war von Furcht und Verehrung gleicherweise geprägt. Gegen die im Diesseits und Jenseits gefährlichen Schlangen suchte man sich vielfältig, vor allem aber durch Schlangenzauber zu schützen. Nach äg. Anschauung schien die Schlange unmittelbar aus der Erde zu entstehen und sich selbst bei der Häutung zu erneuern. Dies machte sie für die theologische Symbolik (Regeneration, Auferstehung) wichtig. Viele Götter, bes. die Urgötter wurden in Schlangengestalt dargestellt; der Erdgott Geb erhielt einen Schlangenkopf; in Theben wurde die „Erdschöpferschlange" verehrt. Leben und Zeit galten als von Schlangengottheiten bestimmt. Man suchte sich die Gefährlichkeit der Schlangen dienstbar zu machen und hielt sich deshalb eine Schutzschlange (*'ḥ'.j*) als Haustier, damit sie als Erscheinungsform der Gottheit Leben und Eigentum beschütze. Zentrale apotropäische Funktion erhielt die aufgerichtete Uräusschlange (O. Keel, SBS 84/85, 1977, 83ff.), symbolisch auch für das allmächtige Auge des Sonnengottes, in der Schrift dann sogar Determinativ für „Göttin" (Erman, Religion 21f.). Schon seit früher Zeit ist in Ägypten der Brauch der „Schlangensteine" (vgl. o. II.3.) bekannt: vor dem Reichsheiligtum standen zwei Stelen mit dem Bild einer aufgerichteten Schlange (*'ḥ'*). Ihre Herkunft ist umstritten, ihre Schutzfunktion dagegen deutlich (RÄR 584f.); primär wohl galten sie als Instrumente der Belebung und Erneuerung des Königs aus den Kräften der Erde (vgl. weiter S. Morenz, Äg. Religion, 1960, 26. 33. 62; L. Störk, „Schlange", LexÄg V 644–652; D. Wildung, „Schlangensteine" a.a.O. 655f.).

3. In den Texten aus Ras-Shamra ist *nḥš* ca. 50mal belegt, jedoch konzentriert auf die beiden Texte KTU 1.100 und 1.107, die in der Forschung sehr umstritten sind (vgl. M. Dietrich / O. Loretz, UF 12, 1980, 153–170). Im ständig wiederholten Refrain

„Beschwörung gegen den Biß der Schlange,
gegen das Gift der schuppigen Schlange.
Von ihr vernichte der Beschwörer,
von ihr vertreibe er Gift!
Siehe, er hebe hoch die Schlange,
er füttere die schuppige Schlange ..."

wird deutlich, daß es hier um Schlangenbeschwörung geht. Das Ritual ist aber zugleich eingebettet in den Mythos von der heiligen Hochzeit (von Loretz jetzt angezweifelt) zwischen dem Unterweltsgott Ḥoron (vgl. A. Caquot, AAAS 29/30, 1979/80, 173–180) und einer ungenannten Göttin (Astarte?), die beide die Schlange als ihr Symboltier haben (vgl. D. W. Young, UF 9, 1977, 291–314). Während Young im Hintergrund einen sumerischen Mythos vermutet (308), T. H. Gaster auf äg. Beschwörungen hinweist (JANES 7, 1975, 50), D. Pardee auf indische Parallelen aufmerksam macht (ZAW 91, 1979, 401–416) und M. Tsevat schließlich kleinasiatische Traditionen vermutet (UF 11, 1979, 776f.), sehen Dietrich/Loretz den in KTU 1.100 abgebildeten Ritus mit vielleicht indo-europäischem und/oder hurrischem Hintergrund (168). Die seltene Verknüpfung von Schlangenbeschwörung und Mythos wird dahingehend erklärt, daß der Mythos dem Beschwörer im Ritus dient, Ursprung und Kraft der Beschwörung erklärt und schließlich im Gesamt von Schlangenbeschwörung und Hochzeit ein Fruchtbarkeitsritual persolviert wird.

Die gebräuchliche Vokabel für „Schlange“ in Ugarit ist *bṯn*, im Mythos Epitheton des Chaosungeheuers *Lotan* in der Bezeichnung *bṯn brḥ* „flüchtige Schlange“ und *bṯn ʿqltn* „gewundene Schlange“ (z. B. KTU 1.5, I, 1f.; vgl. Jes 27, 1; → לויתן *liwjāṯān*).

In der darstellenden Kunst ist die Schlange als eines der Symbole der Fruchtbarkeitsgöttin vom Qadšu-Typ bezeugt. Ein goldener Anhänger aus Ugarit (Ug 2, 1949, 36 Abb. 10) zeigt diese Göttin als „Herrin der Tiere“. Der Fruchtbarkeitsaspekt wird hier konzentriert durch die Addition der Schlangen-, Löwen- und Lotussymbole (vgl. ANEP 470ff.), wobei der eigene Symbolwert der Schlange nicht exakt ausgemacht werden kann.

Wenn auch im privaten Bereich die Schlange zum apotropäischen Zweck in Form von Tonplastiken (z. B. in Taanach, vgl. Welten) im Haus aufbewahrt (vgl. III. 1.) werden konnte, so müssen Schlangenplastiken in den kanaan. Tempeln nicht die gleiche Bedeutung haben, z. B. in der symbolischen Ausgestaltung des Tempelinventars (Kultstandarte aus Hazor, BRL² 79, Räucherständer aus Beth-Shean, BRL² 190). Schlangen aus Bronze begegnen unter den Votivgaben auch in Tell Mubarak und Timnaʿ (zur Technik vgl. den Schlangenkopf in Tepe Gawra mit einer aus Kupferdraht gestalteten Zunge, vgl. van Buren, Fauna 99; Joines 109f.).

IV. Im AT begegnet die Schlange mehrfach in bedeutenden Zusammenhängen:

1. Die Schlange der Sündenfallgeschichte (Gen 2f.) wird durchwegs mit *nāḥāš* bezeichnet. Obwohl nur eine Randerscheinung (*nāḥāš* begegnet nur Gen 3, 1. 2. 4. 13. 14) in der Sündenfallgeschichte, ist ihre Deutung doch wichtig. Während das Märchenmotiv von der redenden Schlange kaum Aufmerksamkeit gefunden hat, werden hauptsächlich die Symbolwerte der Schlange einerseits oder historische Allusionen des Jahwisten andererseits hervorgehoben:

a) Die Schlange als *Symbol der verjüngenden Regeneration* und des ewigen Lebens (Joines 17; weitere Lit. bei Westermann, BK I 321f.) erinnert an die Ursehnsucht der Menschen, dargestellt im Gilgamesh- und Adapa-Mythos. In der äg. Mythologie begegnet die Schlange als Hüterin des ewigen Lebens (Joines 19f.). Wenn auch dieses Thema in Gen 2f. angesprochen ist, so wird es doch nicht mit der Schlange verbunden.

Vielfach wird der Name Eva (*ḥawwāh*) mit aram. *ḥiwjāh* (syr. *ḥewjā'*) 'Schlange' zusammengestellt und beides von *ḥāwāh/ḥājāh* 'leben' abgeleitet (vgl. schon Wellhausen, wieder aufgegriffen von W. Eilers, Die vergleichend-semasiologische Methode in der Orientalistik, 1974, 53f.), um den erklärenden Zusatz in Gen 3, 20 „Mutter allen Lebens“ zu deuten. Etymologisch ist diese Erklärung möglich (vgl. DISO 84; KBL³ 284), aber nur eine unter mehreren möglichen (vgl. Westermann, BK I 365f.; → II 795–798).

b) Dem Text Gen 3 wird schon eher gerecht die Annahme der Schlange als *Symbol der Weisheit* (Th. C. Vriezen, Onderzoek naar de Paradijsvoorstelling, Utrecht 1937; Joines 21–26). Nach v. 1 wird ihr die Eigenschaft *ʿārûm* 'listig, klug, schlau' (Renz, Hofbauer; vgl. Mt 10, 16) zugesprochen, nach den vielen Belegen in Spr eine durchaus positiv gewertete Vokabel. Für die Schlange als Weisheitssymbol sind vor allem wieder äg. Belege, aber auch die mesopotamische Verbindung von Schlange und Divination (G. Contenau, La Divination chez les Assyriens et Babyloniens, Paris 1940, 222) anzuführen.

c) Die Schlange ist als *Symbol des Bösen* in der Zeit des Jahwisten noch nicht recht auszumachen, denn die Identifikation der Schlange mit dem Satan erfolgt erst in rabbinischer und christlicher Zeit, wobei jedoch späte Traditionen Israels hier bereits Vorarbeit leisteten (vgl. Weish 2, 23f.; Offb 20, 2). Die Vorstellung vom Gottesfeind als Schlange hat Parallelen in Ägypten (Murison 127).

d) Die Schlange als *Symbol des Chaos* (Joines 26–30) möchte die Schöpfungsordnung pervertieren; Joines verweist auf ähnliche mesopot., äg. und hethitische Anschauungen. In ähnlicher Weise ist Hehn zu verstehen, der in der Schlange von Gen 3 eine Reminiszenz der babyl. Unterweltsgottheit sieht (149).

Jede Deutung der Schlange als Symbol muß sich an der Aussage Gen 3, 1, daß die Schlange *auch* ein Geschöpf des *JHWH ʾᵉlohîm* ist, messen lassen.

So hat sich die gegenwärtige Forschung weitestgehend von der Annahme einer symbolischen Bedeutung der Schlange distanziert, da sie so nur allzu leicht als (anti-)göttliches Prinzip neben *JHWH ʾᵉlohîm* mißdeutet werden kann. Man vermutet daher in der Schlange eine historisch relevante Anspielung des Jahwisten.

e) Kritik an der *Heiratspolitik Salomos*, der eine heidnische Pharaonentochter in seinen Harem aufgenommen haben soll (1 Kön 3, 1; vgl. auch 1 Kön 9, 16f.; 11, 1). Aus der Betonung der Rollen von Schlange und Frau (Determination!) geht die jahwistische Aversion gegen diese Ägypterin mit ihrem nach Jerusalem importierten Renenutet-Kult hervor. „Die Schlange wird zum Symboltier einer Weisheit ohne YHWH“ (M. Görg, Die „Sünde“ Salomos, BN 16, 1981, 42–59, bes. 53; vgl.

auch schon W. von Soden, Verschlüsselte Kritik an Salomo in der Urgeschichte des Jahwisten, WdO 7, 1973/74, 228–240). Zur Identifikation Ägyptens mit einer Schlange vgl. auch Jer 46, 22.
f) Joines (31) sieht in der Sündenfallgeschichte einen Ausdruck jahwistischen Monotheismus. Eine kosmische Ordnung, in der der Mensch durch seine Weisheit zum Gott neben JHWH werden kann, ist eine Perversion.
g) Albright, Galling u.a. weisen auf die Schlange als *Symbol der Fruchtbarkeit* und sehen in der jahwistischen Vorlage eine ursprünglich positive Anspielung auf einen in Israel grassierenden kanaanäischen Fruchtbarkeitskult (vgl. O. Loretz, SBS 32, 1968, 117; E. MacLaurin, Religious Tradition 3, 1980, 1–11). Erst durch jahwistische Redaktion sei eine Negativfärbung durchgeführt worden (vgl. L. Ruppert, BZ NF 15, 1971, 185–202; P. A. Seethaler, BZ NF 23, 1979, 85f.).
h) Zur Erklärung der schwierigen Passage Gen 3, 14f. schlägt M. Görg, BN 19, 1983, 121–140 vor, in diesem Fluchwort einen Reflex auf die doppelbödige Politik *Hiskijas* zu sehen, der einerseits als entfernter Nachkomme „der Frau" (s.o. e) zwar die Eherne Schlange als Zeichen des äg. Importkultes zerstört (2 Kön 18, 4; vgl. auch schon Murison), andererseits aber aufgrund seiner politischen Liebedienerei Ägypten gegenüber Judas Existenz gefährdet und deshalb die Kritik Jesajas auf sich gezogen habe (z.B. Jes 14, 29). Es erscheint jedoch schwierig, aus diesen Versen eine Festschreibung der Erbfeindschaft zwischen Ägypten und Israel herauslesen zu können.
Andererseits ist aber auch ein Verständnis als Protoevangelium (seit Irenäus; vgl. T. Gallus) mit einer messianischen Weissagung auf Jesus und Maria exegetisch kaum festzumachen, eher schon eine Verheißung im Rahmen jahwistischer Zukunftsperspektive (vgl. bes. L. Ruppert 199–222; J. Scharbert, Genesis 1–11, NEB 58).

Die Nennung und Wertung der Schlange in Gen 3 ist weit vordergründiger, jedoch nicht weniger tiefsinnig. In vv. 1–4 verführt die Schlange als „weisheitliches" Wesen und Geschöpf von *JHWH 'ᵉlohîm* den Menschen. Der Jahwist gibt also zu erkennen, daß eine weitergehende Frage nach dem Ursprung des Bösen in dieser Welt auf „weisheitlicher" Basis kaum Aussicht auf Antwort hat (vgl. Westermann 325), vielmehr muß das Böse in der Entscheidungskraft des freiheitlichen menschlichen Individuums selbst angesiedelt werden. Es bedarf nur eines geringen Anstoßes von außen, um das Böse zur aktuellen Sünde werden zu lassen. Ob der Jahwist als „Anstoß" einen kanaan. Schlangenkult bekämpft (s.o. g), scheint aus der Randlage der Schlangennotizen nicht notwendig hervorzugehen. Vv. 14f. enthalten Ätiologien, die gut in die Wirkungsgeschichte eines solch zentralen Textes wie die Sündenfallgeschichte passen. Beide vv. stammen kaum aus derselben Hand. In der archaischen Form des Fluchspruches (W. Schottroff, WMANT 30, 1969) wird eine Erklärung für die eigenartige Gestalt und Lebensweise der Schlange gegeben (v. 14). Zusätzlich erklärt jetzt v. 15 das durativ negative Verhältnis zwischen Mensch und Schlange als Folge des Fluches: „Die Feindschaft wird sich in der Weise verwirklichen, daß Mensch und Schlange immer wieder ... sich gegenseitig zu töten versuchen werden" (Westermann 354), wobei der Mensch jedoch eine aussichtsreiche Perspektive erhält. Hier treffen wir auf den Jahwisten und seine Epigonen, die durchaus als Gesprächspartner der weisheitlichen Gelehrsamkeit am Hof verstanden werden wollten. Dieser Versuch, die von Schuld und Tod geprägte Existenz des Menschen zu erklären, ist zwar textlich keine Sammlung von Ätiologien, hat solche jedoch an sich gezogen und wird damit zu einem Kompendium ethisch orientierter Welterklärung.

2. Die beiden Erzählungen vom Stabwunder (Ex 4, 3; 7, 15 und 7, 9–12) weisen so enge Parallelen auf, daß sie einerseits nicht unabhängig voneinander sein können. Andererseits sind die Unterschiede so groß, daß diese nicht unbeabsichtigt sein können. Die Schichtzuweisung ist nicht einhellig: Ex 4, 3; 7, 15 J (Simian-Yofre → IV 820f.) oder JE-Vorlage (P. Weimar, OBO 32, 1980, 237) oder JE (W. H. Schmidt, BK II 193). Ex 7, 9f. 12 ist P.
Die ältere Fassung spricht davon, daß JHWH dem Mose ein Zeichen im Verlauf seiner Berufung gewährt. Darauf wird sein Stab in eine Schlange (*nāḥāš*) verwandelt als Zeichen der mächtigen Hilfe JHWHs. Vor Schreck ergreift Mose die Flucht. Auf Befehl JHWHs verwandelt er jedoch das Tier in den Stab zurück. Gerade das Fluchtmotiv spricht dafür, in dieser Fassung noch das Urtümliche dieser Geschichte bewahrt zu sehen. In Ex 7, 15 erhält Mose den Auftrag, dem Pharao mit dem Stab, „der sich in eine *nāḥāš* verwandelt hat", entgegenzutreten, um das Wasser zu verpesten. Diese Kategorisierung des Stabes ist als ermutigender Rückverweis auf das Beglaubigungszeichen zu werten. Es fällt auf, daß Mose hier auffällig eng mit Stab und Schlange verbunden wird (vgl. auch Num 21, 5–9; 2 Kön 18, 4; W. H. Schmidt, z.St.), wobei zu fragen ist, ob hier nicht alte Erinnerungen vorliegen.
Die Priesterschrift hat diese Tradition in einer solch unterschiedlichen Form vorgelegt, daß man sowohl Rezeption heterogener Materialien wie bewußte Modifikation vermuten muß: Mose *und* Aaron gehen zum Pharao und legitimieren sich dadurch, daß sie den Stab in eine Urschlange (*tannîn*, vgl. Gen 1, 21) verwandeln. Als daraufhin äg. Zauberer dasselbe vollbringen, werden ihre Schlangen bzw. Stöcke von Aarons Stab verschlungen. Damit ist der Vorgang der Legitimation erweitert zum Machterweis.

3. Nach Num 21, 4–9 (eigentlich eine Murrgeschichte) befiehlt JHWH dem Mose angesichts einer Schlangenplage (*hannᵉḥāšîm haśśᵉrāp̄îm*, v. 6; *nᵉḥāšîm*, v. 7; *śārāp̄*, v. 8; *hannāḥāš*, v. 9), einen *śārāp̄* zu fertigen und ihn an einer Stange (→ נס *nes*) zu befestigen (v. 8). Daraufhin fertigte Mose den *nᵉḥaš nᵉḥošæt* (v. 9a, in v. 9b determiniert!) an. Auf diese Geschichte beziehen sich 2 Kön 18, 4, wo der *nᵉḥaš hannᵉḥošæt* mit *nᵉḥuštān* (→ נחשתן) identifiziert wird, und Weish 16, 5–11. Auch Dtn 8, 15 (dtr oder später, vgl. N. Lohfink, SBS 100, 1981, 60 Anm. 133) er-

innert an diese gefährliche Situation in der Wüste und selbst Jer 8, 17 (vgl. Jes 30, 6f.) könnte diese Todesgefahr der Israeliten noch nachzeichnen (vgl. w.u.). Auffällig ist in Num 21, 4–9 die offenkundige Variabilität der Schlangenbezeichnungen. Da aus dem Inhalt der Erzählung heraus diese ständige Variation nicht gefordert ist, sie aber auch nicht literarisch erklärt werden kann, ist unser Text als Literaturprodukt der Spätzeit (R^P) aufzufassen, das jedoch durchaus alte Materialien (JE) enthalten kann (vgl. H. Maneschg 97f.).

Auffällig ist weniger eine apotropäische Wirkung der aufgerichteten Schlange (äg. Motiv), als vielmehr der Zusammenhang des Schlangenbildes mit Krankheit (genauer mit Schlangenbiß) und Heilung.

Man wird also in der ursprünglichen Fassung in dem *n^eḥaš (han)n^eḥošæṯ* ein Symbol eines Heilsgottes zu vermuten haben. „So ist JHWH hier deutlich sekundär in eine ursprünglich durchsichtige Heilsgottsymbolik hineingekommen. Daß er nie ganz eindeutig in diesem Zusammenhang stand, läßt sich wohl aus der Beseitigung des Kultbilds bei der Reform unter Hiskija erschließen" (Lohfink 42 Anm. 90). In Num 21, 4–9 geht es aber nicht mehr um eine Legitimierung des *n^eḥuštān* (im Text wird keine Identifizierung durchgeführt, zudem ist das Kultgerät von 2 Kön 18, 4 längst vergessen!), denn die heilende Wirkung wird nur dem Gehorsam JHWH gegenüber zugeschrieben (paradigmatisch im Aufblicken [zum *śārāp* vv. 8c. 9b]). Darin zeigt sich zugleich eine pragmatische Auslegung des in der Spätzeit an Bedeutung gewinnenden Bilderverbotes.

4. Im Jakobsegen wird der Stamm Dan folgendermaßen bedacht: „Dan schafft Recht seinem Volk, wie nur einer von Israels Stämmen. Zur Schlange (*nāḥāš*) am Weg wird Dan, zur zischelnden Natter (*š^epîpon*) am Pfad. Sie beißt das Pferd in die Fesseln, sein Reiter stürzt rücklings herab" (Gen 49, 16f.). Beide Dan-Sprüche harmonieren nicht sonderlich miteinander, so daß getrennte Herkunft zu vermuten ist. Eine Quellenzugehörigkeit ist nicht auszumachen, erkennbar ist eine Zwölferreihung durch JE und eine Rahmung von Gen 49 durch R^P. Für den Vergleich Dans mit einer Schlange und einer Natter (Westermann: „Hornotter"; Gunkel: „eine kleine, aber sehr gefährliche Schlangenart") ist eine Datierung unmöglich. In jedem Fall ist der Spruch jedoch vor Jer 8, 16f. anzusetzen, wo der Prophet die im Volk bekannten Assoziationen zu „Gift" zusammenstellt (Dan in v. 16). Der Vergleich mit der Schlange will Dan nicht notwendig negativ belasten, eher ist der listenreiche Überlebenswille dieses kleinen Stammes (Ri 18) das tertium comparationis, so daß eine Datierung des Spruches selbst in der Richterzeit erwogen werden kann (vgl. L. Ruppert, Das Buch Genesis II, 1984). Nach S. Gevirtz, Adumbrations of Dan in Jacob's Blessing on Judah (ZAW 93, 1981, 21–37, bes. 30ff.) enthält auch das *bāšān* des parallelen Dan-Spruches (Dtn 33, 22) eine Schlangennennung (*pæṯæn*, vgl. bereits W. F. Albright).

5. Das Motiv vom eschatologischen Tierfrieden (Jes 11, 6–8) impliziert die Schlangen, an deren Schlupfloch der Säugling getrost spielen kann. Dahinter wird man kaum eine allegorische Darstellung eines allgemeinen Völkerfriedens (Buber) sehen dürfen, vielmehr soll paradigmatisch gezeigt werden, daß nichts Böses und Gefährliches in der Welt der Heilszeit (konzentriert im *har qǒḏšî*) mehr Platz hat. Überraschend ähnlich beschreibt Jes 65, 25 diesen Zustand. Interessant ist in beiden Belegen die Tatsache, daß die prophetischen Verfasser im Eschaton zuerst einmal die Nahrungskette in der Natur unterbrochen sehen (Löwe frißt Gras, Schlange frißt Staub), was in der mesopot. Mythologie Vorbilder hat (Belege bei H. Wildberger, BK X 456).

Als Kontrastperspektive entwirft ein spät-israelitischer Apokalyptiker das Schreckensbild des zerstörten Edom in Jes 34, 9–15: Eulen, Käuze, Schakale, Hyänen, giftige Schlangen (*qippoz*) und Geier besiedeln die Ruinen.

6. Mythologisch gefärbte oder beeinflußte Texte verwenden als Vokabel für „Schlange" vornehmlich *tannîn*. im Hintergrund ist in diesen Fällen durchwegs das Chaoskampfmotiv auszumachen (vgl. Ps 74, 13; 148, 7; Ijob 7, 12; vgl. auch Jes 51, 9; Jer 51, 34). Nur Am 9, 3; Ijob 26, 13 und Jes 27, 1 verwenden *nāḥāš*; alle diese Stellen sind ziemlich sicher spätnachexilisch, wobei Jes 27, 1 überraschend Anklänge an den ugar. Mythos aufweist (s.o. III. 3.). Aus der Reihe fällt Am 9, 3, wo die Schlange zum Instrument göttlicher Strafe bestimmt wird.

7. Im Maschal der Weisheitsliteratur begegnet die Schlange häufig in metaphorischer Verwendung, wobei gerade das Schlangengift als Musterbeispiel des Verderblichen herangezogen wird. So ist der Frevler einer, in dessen Inneren sich die Speise zu Schlangengift wandelt (Ijob 20, 14), er aber letztlich auch wie durch Schlangengift umkommt (v. 18). Der Frevler ist doppelzüngig und birgt Natterngift (Ps 140, 4). Ps 58, 5 (vgl. Ps 82) zentriert solche sprichwörtlichen Gefahren auf unlautere Richter. Dtn 32, 33 charakterisiert so die Feinde Israels. Spr 23, 32 schert aus dieser Metaphorik aus, wenn hier die Nachwirkungen des Weingenusses mit Schlangengift verglichen werden. Koh 10, 8 „Wer eine Grube gräbt, kann hineinfallen, wer eine Mauer einreißt, den kann die Schlange beißen" warnt davor, fest Eingespieltes unüberlegt ändern zu wollen. Man kann sich allzuleicht die Finger verbrennen.

8. Das direkt der Realität entnommene Bild hat eine Parallele im Drohwort Am 5, 19: „Es ist, wie wenn jemand einem Löwen entflieht und ihn ein Bär überfällt; kommt er nach Hause und stützt sich mit der Hand auf die Mauer, dann beißt ihn die Schlange." Mit dieser eindrucksvollen Kausalkette, in der die Schlange das letzte Medium göttlicher Strafe ist, versucht Amos, die Sicherheit des Volkes in der Erwartung des „Tages JHWHs" (→ יום *jôm*) als trügerisch zu erweisen. Eine ähnliche Kausalkette liegt Jes 14, 29 vor im Spruch gegen die Philister. Sie freuen

sich über den Tod eines Bedrückers (Tiglat-Pilesar?), aber „aus der Wurzel der Schlange (*nāḥāš*) kommt eine Natter (*ṣæpaʿ*), und ihre Frucht ist ein geflügelter Drache (*śārāp̱ m^{e}ʿopep̱*)". „Während die Philister die Gefahr für gebrochen halten, steht ihnen und ... der ganzen Völkerwelt in Wahrheit eine Steigerung derselben bevor, vor der es keinen Ausweg gibt" (Kaiser, ATD 18, 46). Nach Mi 7, 17 bewirkt das Gericht eine sprichwörtliche Demütigung der Völker; sie werden wie die Schlange Staub fressen (vgl. Gen 3, 14; Ps 72, 9; Jes 49, 23; → עפר *ʿāp̄ār*).

In einem Drohwort gegen Ägypten vergleicht Jer 46, 22 das Land mit einer aufgescheuchten Schlange, die jedoch wie von Holzfällern mit einem gezielten Schlag niedergestreckt wird.

Und schließlich vergleicht Jes 46, 22 die Ränke der Gesetzesbrecher mit dem Ausbrüten von Schlangeneiern und dem Ausspannen von Spinngeweben. „Wer von ihren Eiern ißt, muß sterben; wenn man sie zerdrückt, schlüpft eine Otter aus" steht als Metapher für die gefährliche Differenz zwischen Schein und Sein der Intriganten.

9. Nur einmal (und auch noch ohne Verwendung von *nāḥāš*) sind Schlangen in einem Heilswort genannt: „Wer im Schutz des Allerhöchsten wohnt" wird von Engeln getragen, so daß er über Löwen (?) und Nattern (*pæṯæn*) schreiten, auf Löwen und Drachen (*tannîn*) treten kann (Ps 91, 13). JHWH ist Schutzmacht auch und gerade bei sprichwörtlichen Gefahren.

V. In Qumran ist die Schlange außerhalb von CD kein Thema. *nḥš pi* begegnet nur TR 60, 18 in der Bedeutung 'wahrsagen', eine in Qumran verbotene Tätigkeit (vgl. Dtn 18, 11), *zāḥal* begegnet 3mal, *pæṯæn* 5mal, *ṣæpaʿ* nur 1mal.

1 QH 5, 27 vergleicht die Intrigen der Gemeindegegner mit Schlangengift, das man nicht wirksam bekämpfen kann. CD 5, 14 zitiert Jes 59, 5 zur Charakterisierung der Thora-Übertreter, CD 8, 19f.; 19, 22f. dagegen Dtn 32, 33, um die Abtrünnigen zu ächten.

Fabry

נְחֹשֶׁת n^{e}ḥošæṯ

נְחוּשָׁה n^{e}ḥûšāh, נְחֻשְׁתָּן n^{e}ḥuštān

I. 1. Etymologie und Bedeutung – 2. Verteilung im AT – 3. Wortfeld – 4. Syntaktische Verbindungen – 5. LXX – II. 1. *nḥšt* in der israelitischen Umwelt – 2. Bronze/Kupfer im alten Vorderen Orient – III. Kupfer/Bronze im AT – 1. Verwendung im Alltagsleben – 2. In der Militärtechnik – 3. Zur Herstellung kultischer Gegenstände – IV. Kupfer/Bronze als Metapher – 1. Im Drohwort – 2. Im Heilswort – 3. In der Vision – V. Die „eherne Schlange" (*n^{e}ḥuštān*) und die Frage nach einem Schlangenkult in Israel – VI. Qumran.

Lit.: *A. Alt*, Hic murus aheneus esto (ZDMG 86, 1933, 33–48). – *J. Bottéro*, Métallurgie (Dict Archéologique des Techniques II, 1964, 649–657). – *Th. A. Busink*, Der Tempel von Jerusalem von Salomo bis Herodes I (Leiden 1970, 232–235, bes. 287f.). – *H. G. Conrad / B. Rothenberg*, Antikes Kupfer im Timna-Tal: 4000 Jahre Bergbau und Verhüttung in der Arabah (Israel), (Der Anschnitt, Zeitschrift für Kunst und Kultur im Bergbau, Beih. 1, 1980) (vgl. G. Mansfeld, ZDPV 99, 1983, 219–224). – *R. J. Forbes*, Studies in Ancient Technology VIII, ^{2}1971; IX, ^{2}1972. – *M. Gsell*, Eisen, Kupfer und Bronze bei den alten Ägyptern (Diss. Karlsruhe 1910). – *M. Heltzer*, Goods, Prices and the Organization of Trade in Ugarit (1978). – *K. D. Hill / I. Mundle*, Erz (RAC VI 443–502). – *I. L. Kelso*, Ezekiel's Parable of the Corroded Copper Chaldron (JBL 64, 1945, 391–393). – *J. D. Muhly*, Kupfer (RLA 6, 345–364). – *K. H. Singer*, Die Metalle Gold, Silber, Bronze, Kupfer und Eisen im AT und ihre Symbolik (FzB 43, 1980). – *M. Weippert*, Metall und Metallbearbeitung (BRL^{2} 219–224).

I. 1. Der etymologische Ursprung scheint im Westsemit. zu liegen, da bereits die kanaan. Glosse *nuḫuštum* in EA 69, 28 (zu *erû*) dieses Wort bezeugt. Eine Verbindung mit einer Verbalwurzel *nḥṣ* II bringt nichts ein, da selbige nicht belegt ist.

Sauermann stellt eine Verbindung zu äg. *nḥśi* 'schwarz, dunkel, düster' her (→ נחש *nāḥāš* I.1.) und sieht die Bezeichnung vom Farbaspekt her entstanden. Singer kehrt den Argumentationsgang um und leitet *n^{e}ḥošæṯ* von *nāḥāš* 'Schlange' her „in der Grundbedeutung 'das Schlangenartige', gemeint ist damit wohl die rötliche bis gelbliche (Kupferkies) Färbung des Kupfers, die an die Farbe der Schlangen erinnert" (47). Diese Herleitungen sind nicht sonderlich überzeugend, da alle Metallbezeichnungen die gleichen etymologischen Erklärungsprobleme aufweisen. Sie entwickeln keine Adjektive, und die Verben lassen sich gleicherweise als denominiert wie umgekehrt die Nomina als deverbal entstanden denken.

n^{e}ḥôsæṯ II 'Menstruation' (Ez 16, 36) hängt dagegen mit akk. *naḫšatu* (AHw 715b) zusammen und hat wahrscheinlich mit unserem Etymon nichts zu tun.

Das Etymon ist neben EA 69, 28 noch im Aram., Mand. (MdD 290), Arab., Äth. und den Tigre-Dialekten (WbTigre 324; hier auch das eindeutig denominierte Verb „Grünspan ansetzen") belegt, durchwegs in der Bedeutung „Kupfer, Bronze". „Da es ... nicht immer möglich ist, zu entscheiden, ob Kupfer oder Bronze gemeint ist, läßt sich doch folgende Regel aufstellen: für alle Gegenstände, die durch Festigkeit und Härte gekennzeichnet sind, ist als Material Bronze anzunehmen. Handelt es sich jedoch um n^{e}ḥosaet als Rohmaterial, als Zusatz bei Schmelzverfahren oder als Material, das ständig großer Hitze ausgesetzt ist, so ist ... Kupfer anzunehmen" (Singer 46).

2. *n^{e}ḥošæṯ* (eine Feminin-Bildung aus *nuḥušt*, vgl. BLe 609, nicht aber Bildung eines Abstraktnomens

aus *naḥaš* + *-t* nach GesKa 86k) begegnet im AT 139mal, davon 7 im Dual *neḥuštajim* (nur in dtr beeinflußter Literatur). Signifikant häufig begegnet das Wort in der priesterlichen Literatur P^G, P^S und R^P (44mal) sowie bei Ez (7mal), in der dtr Literatur, DtrGW und dtr Passagen im Dtn (41mal) sowie bei Jer (14mal), in der chr Literatur (26mal). Signifikant selten begegnet das Wort bei J (1mal), JE (? Num 21) (2mal), TrJes (2mal) und Ps, Klgl, Sach und Dan (je 1mal). Diese unterschiedliche Dichte markiert die Verwendung des Bezeichneten in Kultgeräten (P etc.), in Waffen und Tempelgeräten (DtrGW, Chr), während es in weisheitliche und/oder poetische Zusammenhänge nicht hineinpaßt. Für den letzteren Literaturbereich stand *neḥûšāh* (insgesamt 10mal) zur Verfügung (Ijob 4mal, Ps 1mal [vgl. auch 2 Sam 22, 35], DtJes 2mal, Mi 1mal und H [Lev 26, 19] 1mal). Das Adj. *nāḥûš* begegnet nur 1mal (Ijob 6, 12), wird aber von Singer (46 Anm. 3) als Verlesung des Nomens angegeben.

neḥuštān (nur 2 Kön 18, 4) wird von KBL³ 653 als Mischbildung von *nāḥāš* 'Schlange' und *neḥošæṯ* 'Kupfer, Bronze' angesehen, wobei das Afformativ nach W. von Soden (GAG § 56r) zur Hervorhebung bestimmter, oft individueller Vertreter der durch das Grundwort bezeichneten Art oder Gattung dient (vgl. *liwjāṯān*). Vielleicht ist es nur aus Gründen des Gleichklanges mit *neḥaš neḥošæṯ* in Verbindung gebracht worden (vgl. E. L. Dietrich, ZDMG 113, 1963, 202ff.). Zu bedenken ist, daß alle Nomina auf *-ān* im Hebr. etwas mit „Schlangenbezeichnungen" zu tun haben (BLe 500r) (→ נחש *nāḥāš* I. 1.).

3. Das AT hat für das Wortfeld „Metall" keinen übergeordneten Begriff, vielmehr benennt es jedes Metall einzeln: *zāhāḇ* (→ זהב) 'Gold', *kæsæp* (→ כסף) 'Silber', *barzæl* 'Eisen', *bedîl* 'Zinn', *'ôpæræṯ* 'Blei'; ob *'anāḵ* (Am 7, 11 f. in der Vision vom „Bleilot") wirklich 'Zinn' bedeutet, ist sehr fraglich, da dann die Vision unklar wird (vgl. w. u.). *sîḡ* 'Bleiglätte, Silberschaum' (KBL³ 709) meint wahrscheinlich kein reines Metall, sondern stark metallhaltige Schmelzschlacken. Gold hat als Metall und in der Symbolik in Israel die größte Bedeutung. Da es wahrscheinlich in verschiedenen Handelsformen auf dem Markt war, kennt die hebr. Sprache noch die mehr oder weniger nahen Synonyme *kæṯæm* (→ II 537f.), *paz* (→ II 536), *ḥārûṣ* (→ II 536f.), *bæṣær* (→ II 537) und *segôr* (→ II 537).

Sprachlichen Ausdruck haben auch die beiden seit Ende des 3. Jt. bekannten Legierungen gefunden, das „Elektron" (*ḥašmal*, eine natürliche Gold-Silber-Legierung) und „Bronze" (*neḥošæṯ*, eine künstliche Kupfer-Zinn-Legierung), bei dem das Hauptelement Kupfer ebenfalls mit *neḥošæṯ* bezeichnet wird. Die Legierung „Messing" (Kupfer-Zink) begegnet durchgehend erst in der Römerzeit und spielt im AT keine Rolle.

Die Zugehörigkeit zum selben Wortfeld zeigt sich durch Reihen- und Parallelbildungen: Gold-Silber-Bronze-Eisen-Zinn-Blei (Num 31, 22); Gold-Silber-Bronze (Ex 31, 4; 35, 32; 2 Chr 2, 6. 13); Silber-Gold-Bronze (Jos 22, 8); Bronze-Gold (Jes 22, 8; 60, 17); Bronze-Silber (Ex 35, 24; 2 Sam 8, 10; Ez 22, 20; 1 Chr 18, 10; 29, 2); Bronze-Eisen (Gen 4, 2; Lev 31, 22; Dtn 33, 25; Jos 6, 19. 24; Jer 1, 18; 6, 28; Ez 22, 17; 1 Chr 22, 13f. 15f.; 2 Chr 24, 12), Eisen-Bronze (Jer 15, 12).

4. Während *neḥûšāh* in Cstr.-Verbindungen nur als nomen rectum begegnet (*'apîqê n.* 'Erzröhren' [Ijob 40, 18]; *dalṯôṯ n.* 'Bronzetore' [Jes 45, 2]; *meṣaḥ n.* 'Stirn aus Erz' [Jes 48, 4]; *qæšæṯ n.* 'Bogen aus Bronze' [2 Sam 22, 35; Ps 18, 35]), hat *neḥošæṯ* durchaus auch Cstr.-Funktion, ist in dieser jedoch nur in *neḥošæṯ hattenûpāh* 'Kupfer der Weihegabe' (Ex 38, 29) belegt. Als nomen rectum geht *neḥošæṯ* eine große Fülle von Verbindungen ein: *'aḏnê n.* 'Kupfersockel' (Ex 26, 37), *'ôpannê n.* 'Bronzeräder' (1 Kön 7, 30), *berîaḥ n.* 'Bronzeriegel' (1 Kön 4, 13), *dalṯôṯ n.* (s.o. und Ps 107, 16), *hārê n.* 'Bronzeberge' (Sach 6, 1), *ḥômaṯ n.* 'Bronzemauer' (Jer 1, 18; 15, 20), *ḥôreš n.* 'Erzschmied' (Gen 4, 22; 1 Kön 7, 14; plur. 2 Chr 24, 12), *ṭabbe'ôṯ n.* 'Kupfergitter' (Ex 27, 4), *jām hanneḥošæṯ* 'ehernes Meer' (2 Kön 25, 13 u.ö.), *kîḏôn n.* 'Bronzewaffe' (1 Sam 17, 6), *kijjôr n.* 'Kupferbecken' (Ex 30, 18 u.ö.), *kelî n.* 'Kupfergerät' (Lev 6, 21 u.ö.), *māḡinnê n.* 'Bronzeschilde' (1 Kön 14, 27), *mûṣaq n.* 'aus Bronze gegossen' (1 Kön 7, 16), *maḥtôṯ hanneḥošæṯ* 'Kupferpfannen' (Num 17, 4), *mizbaḥ hanneḥošæṯ* 'Bronzealtar' (Ex 38, 30 u.ö.), *miḵbar n.* 'Kupfergitter' (Ex 35, 16 u.ö.), *miṣḥaṯ n.* 'Bronzeschienen' (1 Sam 17, 6), *meṣiltajim n.* 'Bronzezimbeln' (1 Chr 15, 19), *mar'eh n.* 'Bronzeaussehen' (Ez 40, 3), *mišqal hanneḥošæṯ* 'Bronzegewicht' (1 Kön 7, 47 u.ö.), *neḥaš (han)neḥošæṯ* 'eherne Schlange' (Num 21, 9; 2 Kön 18, 4), *sarnê n.* 'Bronzeachsen' (1 Kön 7, 30), *'ammûḏê n.* 'Bronzesäulen' (2 Kön 25, 13), *qôḇa' n.* 'Bronzehelm' (1 Sam 17, 38), *qarsê n.* 'Kupferhaken' (Ex 26, 11 u.ö.), *ræšæṯ n.* 'Kupfernetz' (Ex 27, 4), *šeqālîm n.* 'Bronzeschekel' (1 Sam 17, 5) und *terûmaṯ n.* 'Bronzeopfer' (Ex 35, 24).

Schließlich wird *neḥošæṯ* mit folgenden Adjektiven verbunden: *memorāṭ* 'geglättet' (1 Kön 7, 45), *mušḥāḇ* 'hochglänzend' (Esra 8, 27), *mārûq* 'poliert' (2 Chr 4, 16), *qālāl* 'glatt' (Ez 1, 7 u.a.), *rabbāh* 'zahlreich' (1 Chr 18, 8). Als Subjekt begegnet *neḥošæṯ* zu *ḥāmam* 'sich erhitzen', *ḥārāh* 'glühen' (Ez 24, 11) und im Zusammenhang der Reinigung zu *bô' bā'eš* 'durch das Feuer gehen' (Num 31, 22).

Als Objekt begegnet es zu *ḥāṣaḇ* '(aus den Bergen) aushauen' (Dtn 8, 9), *ṭāher* 'reinigen', *'āḇar* (*hiph*) *bā'eš* 'durch das Feuer ziehen' (Num 31, 22), *ḥāraš* 'schmieden' (Gen 4, 22), *jāra'* 'zertrümmern' (Jer 15, 12), *šāqal* 'wiegen' (1 Chr 22, 3). Man kann Gegenstände aus Bronze (Gen. materiae) herstellen (*'āśāh*) oder mit Kupfer überziehen (*ṣāpāh*, Ex 38, 2. 6).

5. Die LXX versteht *neḥûšāh*/*neḥošæṯ* durchgängig als χαλκός/χαλκοῦς/χάλκαιος.

II. 1. In der Umwelt Israels begegnet der Terminus *nḥšt* häufig vor allem in aram. Texten (DISO 177; K. Beyer, Die aram. Texte vom Toten Meer, 1984, 635f.).

a) Im Reichsaram. begegnen – dem Charakter der Urkunden gemäß – Kupfer und Bronze als Edelmetalle in den verschiedensten Arten von Verträgen und Gütertransfers. In einer Auflistung von Materialien zur Sicherung einer Darlehenssumme werden Silber, Gold, Bronze, Eisen, Sklaven, Gerste, Spelt und andere Lebensmittel genannt (AP 10, 10f.; vgl.

die ähnliche Reihe im Zusammenhang einer „Gütertrennung bei einer Ehescheidung" AP 14, 4). Kupfer und Bronze werden zur Anfertigung von Hausratsgegenständen häufig verwendet, wie die vielen Nennungen in Ehekontrakten (Brautpreis etc.) zeigen: z. B. Bronzespiegel (*mḥzj zj nḥšt*, AP 15, 11), Näpfe (*tmḥj*? *tmsʾ*?, Z. 12), Vasen (*zlwʿ*, Z. 13), Töpfe (*kp*, AP 36, 4), vielleicht sogar ein Bronzepflug (BMAP 7, 13ff.). Eine Rechnung listet neben vielen Geräten einen solchen Bronzepflug (?, *ḥršʾ zj nḥš* AP 81, 37) und Kupferbänder (*nḥšjʾ*, Z. 111) auf, wobei letztere nach dem schwierigen Textzusammenhang vielleicht beim Anbau von Palmen Verwendung fanden. BMAP 13, 5 zählt u.a. Bronzevasen (*mnj zj nḥš*) zu den Geschenken, die dem König bei der Thronbesteigung überreicht werden. Nach AP 26, 12. 15. 16 werden Bronzenägel (*msmrj nḥš*) und Bronzeplatten (*ṭsn*) zum Bootsbau verwendet. Und schließlich wissen wir aus der Petition an den Gouverneur von Judäa, daß der JHWH-Tempel von Elefantine Bronzetüren (*dššjn*) und -türangeln (? *ṣjrjn*, 'Türzapfenlöcher' KBL[3] 960) hatte (AP 30, 1; vgl. TGI[2] 84ff.).

b) Phön. Inschriften nennen *nḥšt* ausschließlich im Zusammenhang mit Dedikationen: Jeḥawmilk dediziert der „Herrin von Byblos" einen ehernen Altar (*hmzbḥ nḥšt*, KAI 10, 4, was an Ex 38, 30 einerseits und an die Bronzealtäre aus Bet-Schean und Ugarit andererseits erinnert, Syr 10, 1929, Taf. 60). Nach KAI 33, 2 werden ein Bild (*smlt*), 43, 7 ein Relief (*mš* + *pn*), 43, 12 eine beschriftete Bronzetafel (*dlt hnḥšt*) als Votivgabe dargebracht. Der schwierige Ausdruck *rʾšt nḥšt* (KAI 31, 1) bezeichnet vielleicht bes. gutes Kupfer (KAI: „Auserlesenheit des Erzes").

c) In pun. Inschriften begegnen als Weihegaben ein eherner Altar (KAI 66, 1) im Gewicht von ca. 33 kg, eine Bronzestatue auf einem Sockel (*mʾs hnḥšt ʿl mʾkn*, KAI 119, 4) und Bronzetüren (*dlht šnḥšt*, KAI 122, 2). Zu den ähnlichen Belegen aus Palmyra vgl. DISO 177. Ob nabat. *nḥš* (CIS II 158, 1) „Kupferschmied" bedeutet, ist fraglich.

2. Im gesamten Vorderen Orient ist Kupfer seit dem 5. Jt. v. Chr. bezeugt, während die Herstellung von Bronze erst gegen Ende des 3. Jt.s aufkam, vielleicht durch das zufällige Beieinander von Kupfer- und Zinnerzlager in der Nähe von Byblos (vgl. C. F. A. Schaeffer, JEA 31, 1945, 92–95). Wegen ihrer relativ leichten Verhüttung und wegen des gegenüber Gold und Silber erheblich niedrigeren Preises waren Kupfer und Bronze die am meisten verwendeten Metalle. Die frühesten Funde stammen aus Telelat Ghassul und Tell Abu Maṭar (Ende 4. Jt.), der wohl bekannteste Fund zeigt zugleich bereits eine frühe Verwendung dieses Metalls im Kult an (Naḥal Mišmar, vgl. P. Bar-Adon, The Cave of the Treasure, Jerusalem 1971; 1980; vgl. auch W. G. Dever / M. Tadmor, IEJ 26, 1976, 163–169). Große Importe während der Mari-Zeit, vor allem jedoch in der Spätbronzezeit, zeigen die Bedeutung dieser Metalle vor 1000 v. Chr. in Palästina für die Waffen-, Haushaltsgeräte- und Schmuckherstellung. Kupferbleche und Bronzeguß dienten vornehmlich zur Herstellung von kultisch relevanten Großskulpturen (zur Technik vgl. Forbes; Weippert, BRL[2] 221ff.). Die Herstellung von Großbronzen ist in Äg. spätestens seit der 18. Dyn. (Türen des Amun-Tempels in Theben), in Palästina seit Salomo (Jachin und Boas, Ehernes Meer) und in Mesopotamien spätestens seit Sanherib (Palastsäulen von Ninive) bezeugt.

Kupfer (*ḥmtj*) wurde im äg. Reich (Timnaʿ, Araba, Serabit el-Khadim) selbst gewonnen, während die Bronze (*ḥzmn* 'Legierung') aus Syrien importiert wurde. Bronzegefäße dienten zeitweise sogar als Zahlungsmittel.

In Mesopotamien waren Kupfer (*erû*, sum. *urud*) und Bronze (*siparru*, sum. *zabar*) weit verbreitet, mußten aber aus Tilmun, Oman und Zypern importiert werden. Der Wert der Metalle in Relation zum Silber schwankte erheblich zwischen 1:80 und 1:140, in Ugarit 1:200, und konnte im Umfeld bestimmter geschichtlicher Ereignisse und Teuerungen erheblich variieren (vgl. W. Röllig, RLA 6, 345–348). Neben der allseitigen Verwendung dieser Metalle begegnet nun auch Kupfer als Zusatz zur Glasherstellung (lapis-farbig) und in der Medizin zur Behandlung von Augenkrankheiten (AMT 9, 1. 34. 39) (vgl. auch RAC 6, 490f.).

Das schwierige *ʾanāḵ* (Am 7, 7f.), akk. *anāku*, häufig mit 'Zinn' übersetzt, könnte eine Kupfer-Arsen-Legierung sein, die sich durch eine besondere Härte auszeichnet (vgl. E. R. Eaton / H. McKerrell, World Archaeology 8, 1976, 169–191). Wenn dies stimmt (vgl. die vorsichtige Argumentation von J. D. Muhly, RLA 6, 360), würde dies eine neue Deutung der Bleilot-Vision des Amos ermöglichen.

Schließlich waren in der mesopot. Mantik kupferne Figurinen im Analogiezauber von Bedeutung (vgl. G. Meier, AfO Beih. 2, 1937 [= 1967], Taf. II/91), wohingegen man der Bronze, vor allem dem Spielen auf Bronze-Instrumenten eine bannlösende Wirkung zusprach (vgl. RAC 6, 481).

III. 1. Diese beiden Metalle zeichnen sich aus durch leichte Bearbeitbarkeit, hohe Nützlichkeit durch große Flexibilität (Kupfer), Härte und Festigkeit (Bronze) und ästhetisch schönes Aussehen. Da die natürlichen Ressourcen Israels knapp waren (trotz der Idealisierung des Landes Dtn 8, 9), mußten diese Metalle importiert werden oder sie wurden als Tributforderungen unterdrückten Völkern auferlegt. Das AT geht nun kaum auf den alltäglichen Gebrauch ein. Es nennt den Tubal-Kain, den Vater aller Erzschmiede (Gen 4, 22, Hinweis auf die Keniter), erwähnt den Erzschmied Hiram, der zu Bronzearbeiten am Salomonischen Tempelprojekt herangezogen wird (1 Kön 7, 14) und berichtet vom Erzhandel der Stadt Tyrus (Ez 27, 13). Ex 38, 8 weiß, daß die Frauen kupferne Spiegel benutzten. Schließlich benutzten die Tempelmusiker Instrumente aus Kupfer/Bronze (1 Chr 15, 19; zur zauberlösenden Wirkung vgl. RAC 6, 482). Daß die landwirtschaftlichen Geräte Pflugschar, Axt und Sichel (1 Sam 13, 19) ebenfalls aus Bronze gefertigt sind, ist anzunehmen.

2. Härte und Widerstandsfähigkeit machte Bronze bes. geeignet zur Herstellung von Waffen (1 Sam 17, 5f. 38; 2 Sam 21, 16; 22, 35; 1 Makk 6, 35. 39), Ketten (Ri 16, 21; 2 Sam 3, 34; 2 Kön 25, 7; 2 Chr 33, 11; 36, 6; Jer 39, 7; 52, 11; Dan 4, 12. 20; Klgl 3, 7) und Torarmierungen (Dtn 33, 25; 1 Kön 4, 13). Paradigmatisch wird die Bronzerüstung eines Kriegers an Goliat geschildert, der nach 1 Sam 17 Helm (*kôḇaʿ*), Schuppenpanzer (*širjôn*) und Beinschienen (*miṣḥāh*) aus Bronze trug. Auf dem Rücken trug er einen Spieß (*kîḏôn*) aus Bronze (vgl. die übertreibenden Nachgestaltungen in 2 Sam 21, 16. 19f.). Von einem „ehernen Bogen" (*qæšæṯ neḥošæṯ*) als Waffe berichten 2 Sam 22, 35 und Ijob 20, 24, an letzterer Stelle wohl Ellipse für „Bronzepfeil" (vgl. B. Couroyer, RB 88, 1981, 13–18). 1 Kön 4, 13 berichtet von der Befestigung der 60 ostjordanischen Städte, die einen festgefügten Mauerring und Tore mit Bronzeriegeln (*bārîaḥ*) besaßen. Befestigung und Rücklage der Staatskasse zugleich sind Schilde aus Bronze. Salomo ließ solche aus Gold anfertigen und sie im Libanonwaldhaus aufbewahren (1 Kön 10, 16f.). Nachdem Pharao Sisak sie erbeutet hatte, ließ Rehabeam Schilde aus Bronze anfertigen (1 Kön 14, 27). Im Verteidigungsfalle wurden sie an speziellen Holzgerüsten aufgehängt, um das Mauerwerk der Fliehburgen vor Beschuß zu schützen (→ מגן *māḡen*).

Silber, Gold, Bronze und Eisen sind nach der *ḥæræm*-Regel (→ חרם) des Heiligen Krieges dem JHWH-Schatz zu übergeben (Num 31, 22; Jos 6, 19. 24). Dieser Bann wurde aber nicht zu allen Zeiten regelgerecht durchgeführt (vgl. Jos 22, 8 [Silber, Gold, Bronze, Eisen und Kleider werden aufgeteilt]). Bronze als Kriegsbeute begegnet noch 2 Sam 8, 8 und 1 Chr 18, 8, als Tribut 2 Sam 8, 10; 1 Chr 18, 10. Um das bronzezeitliche Israel auf Dauer zu entwaffnen, wird ihm von den Philistern ein Schmiedeverbot auferlegt (1 Sam 13, 19–22). Dieselbe Taktik verfolgen die Babylonier, die alle Schmiede Judas verbannen (2 Kön 24, 14).

3. Härte, Festigkeit, ästhetisch schönes Aussehen und der hohe Wert der Bronze lassen dieses Metall zu einem geschätzten Rohstoff für die Herstellung kultischer Geräte werden, ungeachtet dessen, daß dieses Metall zur Waffenherstellung diente. Nur zwei Gelegenheiten werden berichtet, die dieses Metall und die aus ihnen gefertigten Geräte der kultischen Verwendung entzogen: die Metalle, die als Kriegsbeute durch die Unreinheit eines Kriegslagers selber unrein geworden waren, mußten ausgeglüht werden (Num 31, 22; vgl. 17, 4 und das Drohwort Ez 24, 11); auch jedes kultische Gefäß, das umgekehrt durch das hochheilige Sündopfer kontaminiert war, mußte ausgekocht und ausgescheuert werden (spät-priesterliche Skrupelhaftigkeit; Lev 6, 21).

a) Kupfer und Bronze fanden am salomonischen Tempel reiche Verwendung: nach 1 Chr 22, 3. 14. 16; 29, 2. 7 hatte bereits David mit der Beschaffung der Edelmetalle „in unwägbaren Mengen" für den Tempelbau begonnen. Salomo gründete im Süden des Landes eine Kupferindustrie (B. Rothenberg, PQR 94, 1962, 5–71, bes. 40), um Tempel- und Palastbau zu realisieren (vgl. 1 Kön 7, 47; 2 Chr 4, 18), und er holte in Hiram einen sachkundigen und künstlerisch begabten Kunstschmied heran (1 Kön 7, 14; 2 Chr 2, 13). Aus Kupfer oder Bronze wurden im einzelnen hergestellt: die beiden Säulen Jachin und Boas (1 Kön 7, 15) mit ihren bronzenen Kapitellen (v. 16; die chr Parallele 2 Chr 3, 15ff. ohne Materialangabe), zehn Gestelle (*mekônôṯ*) mit eingehängten Wasserbecken (1 Kön 7, 27–39; 2 Chr 4, 6 wieder ohne Materialangabe), das „eherne Meer" (1 Kön 7, 23–26 = 2 Chr 4, 2–5, jedoch unterschiedliche Angaben über das Fassungsvermögen), Töpfe, Schaufeln und Schalen (1 Kön 7, 45 = 2 Chr 4, 16). Eindeutig nachgetragen erscheint der Hinweis auf den „Bronze-Altar" (1 Kön 8, 64), der im chr Parallelbericht dann näher beschrieben wird (2 Chr 4, 1). In Num 17, 1–5 wird eine Ätiologie geliefert, warum dieser Altar einen Bronzeüberzug hat. Er ist ein Mahnzeichen dafür, daß jedes Gerät, das mit Heiligem in Berührung gekommen ist, nicht mehr profanisiert werden darf. Dieser Altar ist zu unterscheiden vom ehernen Altar vor dem Offenbarungszelt (2 Chr 1, 5f.; vgl. Ex 21, 1ff.), der aus einem Holzkern mit kupfernem Gitterwerk und kupferüberzogenen Hörnern bestand. Nach 2 Chr 6, 13 hat Salomo auch eine Tribüne aus Bronze anfertigen lassen, von der aus er vor der Gemeinde betete. Damit vermeidet der Chronist eine priesterliche Zeichnung Salomos (vgl. 1 Kön 8, 22, wo Salomo am Altar selbst betet). Zusätzlich ist beim Chronisten auch die Angabe über die bronzebeschlagenen Portale im Priestervorhof (2 Chr 4, 9). Damit ist klar, daß Kupfer und Bronze vornehmlich außerhalb des eigentlichen Tempelgebäudes Verwendung finden. Die Geräte, die im *bajiṯ* verwendet wurden, waren aus Gold (1 Kön 7, 48ff.). Könnte dies nicht ein Grund sein für das Verbot, Eisen beim Bau zu verwenden? Wird hier nicht ein Bauritual tradiert, das älter als die Eisenzeit ist?

2 Kön 16, 14ff. berichtet von Renovierungsarbeiten am Tempel z. Z. König Ahas, bei denen der Bronzealtar einem neuen Altar weichen muß, d. h. er wurde ausrangiert (v. 15). Auch das theriomorphe Podest des ehernen Meeres wurde entfernt (vgl. jedoch Busink 330f.). Hinter diesen Aktionen wird man den Versuch Ahas' sehen müssen, alle nicht notwendigen Gegenstände aus Edelmetall für Tributzahlungen an Assur zu requirieren. Zu beachten ist jedoch, daß bei der Plünderung des Tempels durch die Babylonier alle diese bronzenen Kultgegenstände wieder genannt werden (2 Kön 25, 13. 14. 16. 17; vgl. Jer 52, 17. 18. 20. 22) inklusive Podest des ehernen Meeres. Nur der Bronzealtar fehlt! Ez 9, 2 nennt ihn wieder.

In der Priesterschrift werden diese Angaben aufgegriffen und zusammen mit eigenen Traditionen zum Baubericht des Begegnungszeltes (→ אהל *'ohæl*, → מועד *mô'ed*) und seiner Einrichtung in der Form eines Idealentwurfes zusammengestellt (Ex 25, 1–31, 18), dem – dem priesterschriftlichen Verständnis von Thoragehorsam entsprechend – in Ex 35, 1–40, 38 ein exakter Ausführungsbericht (sekundär?) an die Seite gestellt wird, in dem als Differenz zum Auftrag nur geringfügige Umstellungen zu beobachten sind. Im Vergleich zu den Kupfer- und Bronzegeräten des salomonischen Tempels fallen folgende Unterschiede ins Gewicht: der Beweglichkeit des Heiligtums entsprechend wird eine umfangreiche Zeltabspanngarnitur entworfen mit Bronzeringen, -pflöcken, -haken, -häringen und -fußgestellen (vgl. Ex 26, 11. 37; 27, 10–19; 36, 18. 38; 38, 10–20); der Bronzealtar erhält Trageringe (Ex 27, 4; 35, 16; 38, 5) und die Tragestangen werden mit Kupfer überzogen (Ex 27, 6; 38, 6); zusätzlich soll er als Hörneraltar konzipiert werden (Ex 27, 2; 38, 2). An die Stelle des ehernen Meeres und der zehn Kesselwagen tritt nun ein einziger kupferner Kesselwagen (Ex 30, 18; 38, 8), was der ärmlichen Ausrüstung des nachexil. Tempels eher gerecht wird. Esra 8, 27 deutet an, daß Bronze in der nachexilischen Zeit erheblich an Wert zugenommen hatte und wie Gold behandelt wurde.

IV. Die Symbolkraft von Kupfer und Bronze ist nicht sonderlich ausladend. Der in normalen Zeiten erheblich niedrigere Wert dieser Metalle gegenüber Gold und Silber läßt Kupfer zur Metapher für das Unedle, ethisch für den Übeltäter werden. Aber Bronze symbolisiert Härte und unüberwindliche Widerstandskraft, wobei die Metapher durchaus ambivalent sein kann. In der Auflistung von Metallen im Zeitaspekt kann Bronze durchaus eine Verschlechterung der Zeitläufte meinen, im Aspekt des Vergleichs mehrerer Staaten ein minderwertiges Reich.

1. Im prophetischen Drohwort greifen die Propheten gerne auf den Vorgang des Metallschmelzens und -läuterns zurück, um ihren Gerichtsvorstellungen ein eindringliches Kolorit zu verleihen: „Wie man Silber und Kupfer und Eisen und Blei und Zinn im Schmelzofen zusammenbringt und Feuer darunter entfacht, daß es schmelze, so bringe ich euch in meinem Zorn und Grimm zusammen, lege euch hin und schmelze euch" (Ez 22, 18–20). Dabei wird in eindrucksvoller Weise deutlich werden, daß Israel nur Schlacke ist. In Jer 6, 28 fügt ein Glossator (im Blick auf die Berufung Jeremias, vgl. Jer 1, 18) ein ähnliches Bild in den Text ein: das Volk ist so grundwegs verdorben, daß selbst ein Schmelzvorgang keine Scheidung der Elemente erreichen kann, so daß alles weggeworfen werden muß (z. St. vgl. J. A. Soggin, VT 9, 1959, 95–98). Kupfer ist anfällig für Grünspan (*ḥæl'āh*), das Sünde und Verstocktheit symbolisiert und erst durch einen Ausglühvorgang vom Metall getrennt werden kann (Ez 24, 5. 11 f.). Da Bronze Härte symbolisiert, muß das Zerschlagen der salomonischen Großbronzen 587 als ein besonders hartes Gericht empfunden worden sein (vgl. 2 Kön 25, 13; Jer 52, 17; Dan 2, 34). Vielleicht nimmt das schwierig zu deutende Drohwort Jer 15, 12 (sek. im Rahmen einer Konfession) auf dieses Ereignis Bezug? Schließlich belegt das nach-dtn Drohwort den Gesetzesungehorsam mit dem Fluch: „Der Himmel über dir wird zu Bronze, die Erde unter dir wird zu Eisen!" (Dtn 28, 23; vgl. Lev 26, 19), Verkehrung des Kosmos zur Lebensfeindlichkeit (zur Vorstellung vom Himmel aus Erz in Äg., Iran und Griechenland vgl. RAC 6, 476).

2. Die eherne Kette wurde zum Sinnbild der Gefangenschaft und Unentrinnbarkeit (vgl. Klgl 3, 7), aus der letztlich Gott allein befreien kann, indem er Bronzetore sprengt und Eisenriegel zerbricht (Ps 107, 16). Im vielleicht in Einzelsprüchen vor-dtn Mosesegen erhält Ascher die Zusage: „Deine Riegel seien von Eisen und Bronze; hab Frieden, solange du lebst!" (Dtn 33, 25), Symbolik der unbesiegbaren Festigkeit (vgl. Jes 45, 2). Es wirft ein helles Schlaglicht auf die konkrete Berufserfahrung des Propheten, wenn er selbst oder sein Schüler eine Heilszusage in den Berufungsbericht einbaut wie „Ich mache dich zu einer ehernen Mauer wider das ganze Land" (Jer 1, 18; vgl. 15, 20; hier ist in der Traditionsgeschichte neben dem reichhaltigen Material auch auf reale Bezüge zu verweisen [vgl. RAC 6, 492]; vgl. weiter noch Ez 3, 8 f.). Der prophetische Mensch braucht übermenschliche Härte und Widerstandskraft, um sein Amt durchzuführen (vgl. Jes 50, 7: „Gesicht hart wie Kiesel"). Mit einer aufsteigenden Reihe der Metalle sagt das Heilswort Jes 60, 17 Jerusalem bessere Zeiten voraus: „Statt des Kupfers bringe ich Gold, statt des Eisens Silber."

3. Im prophetischen Visionsbericht begegnen Kupfer/Bronze 4mal. Poliertes Erz hat den Glanz von Überirdischem an sich und wird als Hilfsvergleich für die Beschreibung himmlischer Wesen herangezogen (Ez 1, 7; 40, 3; Dan 10, 6). Dabei mag vielleicht der Hinweis auf Tempel und Begegnungszelt Licht auf die Symbolkraft der Metalle werfen. Wie Gold nur im Innern, also in der unmittelbaren Präsenz Gottes verwendet wird, so Kupfer/Bronze im Außenbereich, also in der unmittelbaren Nähe. Wie also Gold als edelstes Metall auf Gott hinweist, so Kupfer/Bronze auf die Boten in seiner Nähe. Der Ausfall von Silber in dieser Symbolik ist noch ungeklärt.

Die zwei Kupferberge (determiniert) in der 8. Vision des Propheten Sacharja (6, 1) sind schwierig zu deuten. Hinweise auf die beiden Laibungen der Himmelspforte (Rudolph, Singer; Belege für diese Vorstellung in Äg. und Griechenland, vgl. RAC 6, 477), auf die beiden (?) Gipfel des Weltberges (Bič), erst recht auf die Tempelsäulen Jachin und Boas (Rothstein) sind nicht überzeugend. Hier soll nur das Überirdische angezeigt werden, alles andere ist unüberprüfbare Phantasie.

V. Die in der Forschungsgeschichte vorgelegten Erklärungen der Ehernen Schlange, ihrer Herkunft und Funktion sind vielfältig (Maneschg 84ff.):

a) *mosaischer Ursprung:*
– ein parallel zur Bundeslade gefertigtes und in ihr aufbewahrtes Schlangenbild (R. H. Kennett, in: ERE I 792f.);
– ein syro-phön. Ešmun-Emblem aus dem Wüstenort Obot (A. Vernes, RArch 6, 1918, 36–49);
– der Stab Moses mit sympathetischer Wirkung als Fetisch (H. Greßmann, Die Anfänge Israels 106; Eichrodt, ThAT I[8], 63);

b) *davidischer Ursprung:*
– Totemsymbol des Davidhauses (vgl. die vielen *nḥš*-haltigen PN in der David-Genealogie; W. Robertson-Smith, Journal of Philology 9, 1880, 99f.);
– militärisches Emblem der Kalebiten, durch David erobert (H. Cazelles, Les Nombres 101);

c) *ägyptischer Ursprung:*
– äg. Schlangenstab (vgl. Ex 4, 1–5; 7, 8–14; H. Wohlstein, ZDMG 113, 1963, 486);
– äg. Symbol sakraler, königlicher Souveränität (K. R. Joines, JBL 86, 1967; 87, 1968);
– Symbol des Renenutet-Kultes, dessen Einfluß es in Jerusalem z. Z. Salomos zu wehren gilt (M. Görg, BN 19, 1983, 133f.);

d) *babylonischer Ursprung:*
– apotropäischer Talisman (F. Thureau-Dangin, RHPhR 1, 1896, 151–158);
– Darstellung von schlangenartigen Schutzgenien in babyl. Tempeln (T. C. Cheyne, Enc Bibl III, 1902, 3387);
– Verbindung mit *šarrāpu* (Nergal) (J. de Vaulx, Les Nombres);

e) *kanaanäischer Ursprung:*
– Rest kanaanäischer Schlangenverehrung (F. Hvidberg, VT 10, 1960, 288) und Fruchtbarkeitskultes (K. R. Joines, JBL 87);
– nicht-jahwistisches Kultbild im jebusitischen Heiligtum von Jerusalem (H. H. Rowley, JBL 58, 1939, 113–141); BJRL 44, 1961/62, 395–431; vielleicht auch Zimmerli, ThB 51, 254ff., der an eine chthonische Gottheit denkt, von der man Heilung erwartet);

f) *phönizischer Ursprung:*
– Schlangenstab des phön. Gottes Ešmun (vgl. im griech. Bereich Äskulap) (vgl. u. a. M. H. Farbridge, Studies in Biblical and Semitic Symbolism, New York 1970, 75f.).

Nach Maneschg 93 war *neḥuštān* ein von den Israeliten übernommenes kanaan. Kultbild. Nachdem es in den JHWH-Kult Eingang gefunden hatte, wurde dessen Entstehung in die Zeit der Wüstenwanderung zurückprojiziert. Anschluß an eine Wüstenüberlieferung war leicht zu finden. Als Form wird die bekannte Gattung der „Murrgeschichte" gewählt. Das Bild wurde entschärft: nicht mehr Darstellung der Gottheit, sondern Zeichen für das rettende Eingreifen JHWHs. Da es in späterer Zeit sich als Gnadenbild zu verselbständigen drohte, wurde es 2 Kön 18, 4 in der Kultreform des Hiskija zerstört.
Siedelt man Num 21, 4–9 jedoch in die Zeit des R[P] an, so verschiebt sich die Perspektive: mit Hilfe der Notiz 2 Kön 18, 4, aber ohne Übernahme der Identifikation der ehernen Schlange mit dem *neḥuštān*, wird Num 21, 4–9 zu einer Beispielerzählung für den rettenden Gehorsam JHWH gegenüber gestaltet mit deutlich paränetischer Abzweckung in spät-nachexil. Zeit. Die Vermeidung des Terminus *neḥuštān* läßt auf eine gewisse superstitiöse Herkunft schließen, ein weiterer Hinweis, daß Num 21, 4–9 und 2 Kön 18, 4 letztlich von zwei unterschiedlichen Gegenständen reden.
Durch Analyse des Itinerars und der archäologischen Funde (vor allem durch B. Rothenberger) kommt Maneschg zu dem Ergebnis, daß als Ort der hinter Num 21 sichtbaren Schlangenplage am ehesten eine Lokalität zwischen Kadesch und dem Golf von Aqaba in Frage kommt (vgl. bereits R. de Vaux, L'itinéraire des Israélites [Festschr. A. Dupont-Sommer, Paris 1971, 331–342] 333), wobei er primär wohl an Timna' denkt. Dagegen sprechen das späte Datum von Num 21, 4–9, die späte Itinerarkomposition, die Unsicherheit in der Lokalisierung des *jam sûp* (→ סוף) und die ungelöste Frage einer Verbindung zum midianitischen Heiligtum im Timna' des 12. Jh.

VI. In Qumran ist *neḥûšāh* nur 1 QSb 5, 26 (dem Fürsten der Gemeinde werden in einem Segensspruch Hörner aus Eisen und Hufe aus Bronze zugesprochen, schon fast eine apokalyptische Apostrophierung), *neḥošæṯ* dagegen 9mal belegt. In 1 QM 5, 4. 5. 8 werden Schilde aus Bronze genannt mit Gold-Silber-Kupfer-Ornamentik. In gleicher Weise ist die Lanze gearbeitet. In TR 3, 7. 15. 16. 17 sind direkte Bezüge zum Tempelbaubericht 1 Kön 6–8 anzunehmen, und TR 49, 15 spricht von der Reinigung auch des kupfernen Geschirrs nach einem Todesfall im Hause.
Nicht uninteressant, textlich jedoch wenig hilfreich ist die Erwähnung einer Kupfertafel (TR 34, 1). Nun hat die Qumrangemeinde jedoch selbst (?) solche Kupfertafeln (3 Q 15) benutzt zur Aufzeichnung ihrer diversen Güterdependancen (Forschungsbericht von H. Bardtke, ThR 33, 1968, 185–204; „Die Rolle enthielt also ein Vermögensverzeichnis der einzelnen Vermögensteile" [189]). Da archäologische Untersuchungen in keinem Fall zu positiven Ergebnissen geführt haben, ist eine topographische Ausdeutung (so jetzt wieder B. Pixner, RQ 11, 1983, 323–361) unwahrscheinlich. Sicher ist nur, daß die Verwendung dieses ungewöhnlichen und kostbaren Schreibmaterials in Beziehung zum Inhalt stehen muß, denn Kupfertafeln wurden nur zu außerordentlich wichtigen Anlässen angefertigt (vgl. 1 Makk 8, 22; 14, 18. 26. 48).

Fabry

נָטָה *nāṭāh*

I. 1. Etymologie – 2. Belege – II. Verwendung im AT – 1. *qal* – a) Die Hand ausstrecken – b) Ausspannen: Zelt, Meßschnur; sich ausstrecken – c) Neigen – d) Richtung ändern – e) Mit abstr. Obj. – 2. *hiph* – a) Ausstrecken, ausspannen, neigen – b) Lenken – c) Das Herz lenken – d) Vom Weg abbiegen – e) Das Recht beugen – f) Abweisen – g) Sonderfälle – III. Qumran – IV. LXX.

Lit.: *M. Dahood*, Hebrew-Ugaritic Lexicography VI (Bibl 49, 1968, 355–369). – *Ders.*, „A Sea of Troubles". Notes on Psalms 55:3–4 and 140:10–11 (CBQ 41, 1979, 604–607). – *H. Gese*, Kleine Beiträge zum Verständnis des Amosbuches (VT 12, 1962, 417–438). – *N. C. Habel*, „He Who Stretches Out the Heavens" (CBQ 34, 1972, 417–430). – *P. Humbert*, „Etendre la main". Note de lexicographie hébraïque (VT 12, 1962, 383–395). – *L. Kopf*, Arabische Etymologien und Parallelen zum Bibelwörterbuch (VT 9, 1959, 247–287).

I. 1. Bibl.-hebr. *nāṭāh* 'ausstrecken' hat Verwandte in jüd.-aram. *n^eṭāh* und arab. *natā^w* mit derselben Bedeutung, während es unsicher ist, ob äth. *naṭaja* 'ermüden' und akk. *naṭû* 'schlagen' (AHw 768) hierher gehören.

2. Belegt ist *nāṭāh* im *qal* 135mal, im *niph* 3mal und im *hiph* 75mal. KBL³ verzeichnet 2 Belege für *hoph*: Jes 8, 8, wo andere *muṭṭôṯ* als Pl. von einem Subst. *muṭṭāh* 'Spannweite' ableiten, und Ez 9, 9, wo man besser *muṭṭæh* als '(Rechts-)Beugung' faßt (vgl. Ez 7, 10, wo MT *maṭṭæh* 'Stab' liest). Die Streuung der Belege ist kaum signifikant. Es handelt sich um ein Allerweltswort mit vielen Nuancen, das in sehr verschiedenen Situationen gebraucht werden kann.

Von *nāṭāh* abgeleitet sind *miṭṭāh* 'Lager, Bett' (→ ערשׂ *'æræś*) und wahrscheinlich → מטה *maṭṭæh* 'Stab'.

II. 1. a) „Die Hand ausstrecken" bedeutet, daß man sich bereit macht, eine Handlung zu vollziehen, meist im feindlichen Sinn. JHWH streckt seine Hand aus gegen die Ägypter, und sie erkennen, daß er JHWH ist (Ex 7, 5). Er streckt im Zorn seine Hand gegen sein Volk aus und schlägt es (*nkh hiph*), so daß die Berge erzittern (Jes 5, 25). Das Bild entstammt wahrscheinlich der Vorstellung von JHWH als Krieger. JHWH hat einen Plan ausgedacht, Assur zu zerschlagen (Jes 14, 24–27): „Das ist der Plan . . ., das ist die Hand, ausgestreckt gegen alle Völker" (v. 26); niemand kann den Plan vereiteln: „seine Hand ist ausgestreckt – wer will sie zurückbiegen?" (v. 27). Im Spruch gegen Tyrus Jes 23 heißt es v. 11, daß JHWH seine Hand gegen das Meer ausgestreckt hat und die Reiche erschüttert; er will Kanaans Burgen in Trümmer legen. Hinter dem Bild liegt hier vielleicht die mythologische Vorstellung vom Kampf Ba'als gegen das Meer, besonders sinnvoll in einer Aussage über die Seemacht Tyrus. Zu vergleichen ist Ex 15, 12 von JHWHs Handeln am Schilfmeer (hier jedoch *jāmîn* statt *jāḏ*).

Besonders häufig ist die Wendung bei Ezechiel: 6, 14 gegen das Volk, um dessen Land zur Wüste zu machen; 14, 9 gegen einen Propheten, der sich verleiten läßt, um ihn zu vernichten; 14, 13 gegen das Land, um Hungersnot zu senden; 16, 27 gegen das unzüchtige Volk, um „seinen Anteil zu verkürzen"; 25, 7 gegen Ammon, um das Land zur Plünderung zu geben; 25, 13 gegen Edom, um Mensch und Tier zu vernichten; 25, 16 gegen die Philister, um das Volk auszurotten; 35, 3 gegen Edom, um es zu verwüsten. Auch Zefanja kennt den Ausdruck: JHWH wird seine Hand gegen Juda ausstrecken und die Ba'alsverehrer vernichten (1, 4), gegen Assur und Ninive und sie zur Wüste machen (2, 13). Besonders schlimm ist es, wenn ein Mensch seine Hand gegen Gott ausstreckt und sich gegen ihn erkühnt (Ijob 15, 25: Elifas mit Beziehung auf Ijob).

Nur vereinzelt hat das Ausrecken der Hand positive Bedeutung, wie Spr 1, 24, wo es eine Einladung der Weisheit bezeichnet (Jes 65, 2 gebraucht in ähnlichem Kontext *pāraś*).

Im Kehrvers Jes 5, 25; 9, 11. 16. 20; 10, 4b ist die ausgestreckte Hand JHWHs Symbol seines wiederholten und andauernden Zorns (vgl. 14, 27 oben).

Ferner charakterisiert in dtr Sprache der Ausdruck *b^ejāḏ ḥ^azāqāh ûḇizroa' n^eṭûjāh* das machtvolle Handeln Gottes bei der Befreiung aus Ägypten (Ex 6, 6; Dtn 4, 34; 5, 15; 7, 19; 9, 29; 11, 2; 26, 8; 2 Kön 17, 36; Jer 32, 21; allgemeiner 1 Kön 8, 42; 2 Chr 6, 32; vgl. auch mit umgekehrter Reihenfolge Jer 21, 5). In Jer 27, 5 und 32, 17 wird der Ausdruck auf die Weltschöpfung angewandt, in Ez 20, 33f. auf das Herrschen Gottes im allgemeinen. In der Plageerzählung Ex 7, 8 – 10, 29 steht das Ausstrecken der Hand bzw. des Stabs durch Mose oder Aaron wiederholt als Zeichenhandlung mit fast magischer Wirkung (7, 19; 8, 1f. 12f.; 9, 22f.; 10, 12f. 21f.); ähnlich beim Durchzug durch das Meer (Ex 14, 16. 21. 26f.).

Man kann auch ein Schwert ausstrecken: Josua streckt sein Sichelschwert gegen Ai aus (Jos 8, 18f. 26) als Zeichen zum Angriff (oder als Machtsymbol? R. Boling, AB 6, 240f.), der König von Babel wird sein Schwert gegen Ägypten ausstrecken (Ez 30, 25); der Engel JHWHs streckt (nach der Volkszählung Davids) sein Schwert gegen Jerusalem aus, um es zu verderben (die Parallele 2 Sam 24, 16 sagt „Hand").

b) „Das Zelt ausspannen" meint zunächst ganz konkret das Aufschlagen des Lagers (Gen 12, 8; 26, 25; 33, 19; 35, 21; Ri 4, 11) und das Aufschlagen eines Zeltes für die Bundeslade (2 Sam 6, 17; 1 Chr 15, 1; 16, 1; 2 Chr 1, 4). Elliptisch ohne *'ohæl* steht *nāṭāh* Jer 14, 8 in der Klage, Gott sei wie ein Wanderer, der nur über Nacht bei seinem Volk einkehrt (hier könnte man aber auch *nāṭāh lālûn* als „vom Wege abbiegen, um zu übernachten" auffassen). Vgl. auch Jer 43, 10 mit *šap̄šîr* 'Prunkzelt' als Obj.

Dann wird das Ausspannen des Zeltes bildlich für Gottes Ausbreiten des Himmels gebraucht, vor allem bei DtJes. Die Schöpfermacht Gottes wird unterstrichen durch einen Hinweis darauf, daß er „den Himmel ausspannt wie einen Flor, ihn ausbreitet (*nāṭāh*) wie ein Zelt zum Wohnen" (Jes 40, 22; ferner 42, 5; 44, 24; 45, 12; 51, 13). Aber auch sonst begegnet derselbe Gedanke: Jer 10, 12; 51, 15; Sach 12, 1; Ps 104, 2; Ijob 9, 8; Klgl 2, 8. Nach Ijob 26, 7 hat Gott „den Norden" über dem Leeren (*tohû*) ausgespannt. Die Frage ist, ob *ṣāpôn* das nördliche Himmelsgewölbe (so Dhorme, Job z. St.) oder den Berg Zaphon als Gotteswohnung (so Pope, AB 15 z. St.) bezeichnet – aber breitet man einen Berg aus? Nach Sir 43, 12 spannt Gott den Regenbogen (nicht wie KBL³ den Himmelskreis *ḥûg*) aus.

Vom Ausspannen einer Meßschnur (*qaw*) ist einige Male die Rede, im eigentlichen Sinn vom Abmessen des Holzes bei der Verfertigung von Götzenbildern (Jes 44, 12), sonst im übertragenen Sinn: Jes 34, 11 die Meßschnur Öde (*tohû*) und das Senkblei Leere (*bohû*) werden über Edom ausgespannt; die Folge ist vollständige Verwüstung. Dasselbe Bild findet sich im Prophetenspruch 2 Kön 21, 13: JHWH spannt über Jerusalem dieselbe Meßschnur und dasselbe Senkblei wie über das Nordreich. Ähnlich steht die *niph*-Form Sach 1, 16, um Zerstörung zu versinnbildlichen. Dagegen weist die Frage: „Wer hat die Meßschnur über die Erde gespannt?" (Ijob 38, 5) auf die Macht des Schöpfers hin.

Intransitiv hat *nāṭāh* gelegentlich die Bedeutung 'sich ausstrecken, lang werden', vor allem vom Schatten, der sich abends verlängert (2 Kön 20, 10 beim Heilungswunder mit Hiskija; Ps 102, 12; 109, 23 bildlich vom Menschenleben; vgl. *niph* Jer 6, 4), aber auch von Bachtälern, die sich hinziehen (Num 24, 6; andere Deutungen KBL³ 655f.).

c) In der Bedeutung 'neigen' steht *nāṭāh* im eigentlichen Sinn im Jakobsegen über Issachar, der seine Schulter als Träger neigt und Fronarbeiter wird (Gen 49, 15; vgl. *hiph* vom Wasserkrug Gen 24, 14), übertragen vom in der Theophanie erscheinenden Gott: „er neigte den Himmel und fuhr herab" (Ps 18, 10) oder als Bitte: „Neige deinen Himmel und komm herab (Ps 144, 5 *hiph*). In beiden Fällen ist *šāmajim* Obj., und das Ergebnis wird durch *jārad* zum Ausdruck gebracht. Nach Koch, ZAW 86, 1974, 521, könnte die schon genannte Stelle Ijob 9, 8 hierher gehören.

Intransitiv bezeichnet dann *nāṭāh* die Zuneigung Gottes an einen Menschen. So bekennt der Beter von Ps 40: „Ich hoffte auf JHWH, und er neigte sich mir zu und hörte mein Schreien" (v. 2). Möglich wäre hier auch, einen elliptischen Ausdruck anzunehmen: er neigte sein Ohr; dann wäre eher *hiph* zu erwarten (s. u. 2. a).

Ob Ps 17, 11 hierher gehört, ist unsicher; die Feinde trachten danach, *linṭôṯ bā'āræṣ* „[mich] zu Boden zu strecken" (so EÜ) – dann ist aber die Konstruktion mit *b*^e^ schwierig.

d) Oft impliziert *nāṭāh* eine Änderung der Bewegungsrichtung, im eigentlichen oder übertragenen Sinn, entweder weg von oder hin zu etwas. Nach Num 20, 17 wollen die Israeliten den geraden Weg durch Edom ziehen und „weder nach rechts noch nach links abbiegen" (vgl. ähnlich vom Land Sihons Num 21, 22 und mit *lālækæṯ* 2 Sam 2, 19). Der Esel Bileams weicht aus, als er den Engel JHWHs sieht (Num 22, 23, 2mal). Die übertragene Verwendung wird Spr 4, 26f. deutlich: „Alle deine Wege seien richtig (*jikkonû*), biege nicht nach rechts oder links ab, halte deinen Fuß zurück vom Bösen!" – vgl. Spr 4, 5 „biege nicht von den Worten meines Bundes ab", Ps 119, 51 „ich bin nicht von deinem Gesetz (v. 157 „von deinen Zeugnissen") abgewichen". In Ps 44, 19 beteuern die Betenden, ihr Herz sei nicht von Gott gewichen (*swg*), ihre Schritte seien nicht von Gottes Pfad (*'oraḥ*) abgebogen. Auch Ijob 31, 7 ist vom Abbiegen der Schritte die Rede (hier mit *dæræḵ*); parallel steht „den Augen folgen". Nicht völlig vergleichbar ist dagegen Ps 73, 2, wo *nāṭāh* mit *ræḡæl* steht und *'aššûr* mit dem Verb *špk pu* („ausgegossen werden", wohl = Festigkeit verlieren) verbunden wird und es sich offenbar um ein unfreiwilliges Abbiegen oder Straucheln handelt: der Psalmist ist in eine Glaubenskrise geraten, als er über das Glück der Frevler nachgedacht hat.

Die Richtungsänderung kann auch in die Richtung *zu* etwas vor sich gehen. Juda biegt vom Wege ab zu Tamar hin (*wajjeṭ 'elǣhā 'æl haddæræḵ*, Gen 38, 16); er schließt sich einem Mann aus Adullam an (Gen 38, 1; hier *'aḏ* statt *'æl*). Joab hatte sich Adonija, nicht Abschalom angeschlossen (zweimal *nāṭāh* mit *'aḥ^a^rê*, 1 Kön 2, 28). Nach Ri 9, 8 wendet sich das Herz der Bürger Sichems Abimelech zu (*wajjeṭ libbām 'aḥ^a^rê*). Derselbe Gedanke wird 2 Sam 19, 15 mit *hiph* ausgedrückt: David beugte das Herz von ganz Juda, so daß sie wie ein Mann zu ihm hielten. Die Wendung mit *leḇāḇ* kann auch einen negativen Sinn haben: das Herz Salomos bog von JHWH ab (1 Kön 11, 9). Ps 119, 112 dagegen ist *leḇ* Obj.: „Ich habe mein Herz dazu geneigt, die Satzungen zu erfüllen (*'āśāh*)." Hier ist noch zu vergleichen Ex 23, 2: „Du sollst nicht in einem Rechtsverfahren so aussagen, daß du dich der Mehrheit fügst (*nāṭāh 'aḥ^a^rê*) und [das Recht] beugst (*nāṭāh hiph* s. u.)" sowie 1 Sam 8, 3: die Söhne Samuels neigten sich dem Gewinn (*bæṣa'*) zu und beugten das Recht.

e) Schließlich ist auf einige Stellen zu achten, wo *nāṭāh* mit einem abstrakten Obj. steht und ungefähr 'zukommen lassen' oder 'anbieten' bedeutet. Jes 66, 12 verspricht JHWH Zion, ihm Frieden (*šālôm*) zukommen zu lassen wie einen Strom; Ps 21, 12 wollen die Feinde dem Beter Böses (Unheil, *rā'āh*) zufügen, und Gen 39, 21 verschafft JHWH dem Josef den *ḥæsæḏ* des Gefängnisvorstehers (par. *nāṯan ḥen*); (vgl. *hiph* mit *ḥæsæḏ* Esra 7, 28; 9, 9). Eine ähnliche Bedeutung scheint vorzuliegen in 1 Chr 21, 10: „Ich lege dir drei (Alternativen) vor"; hier hat aber die Parallelstelle 2 Sam 24, 12 *nṭl* 'auferlegen'.

2. a) Die *hiph*-Formen stehen häufig in ähnlichen Kombinationen wie *qal*. Man streckt die Hand aus:

Jes 31, 3 (JHWH streckt die Hand aus, und der Beschützer kommt zu Fall); Jer 6, 12 (JHWH streckt die Hand gegen die Bewohner des Landes aus); 15, 6 („Ich streckte meine Hand gegen dich [Jerusalem] aus und zerstörte dich"). Man spannt ein Zelt aus (2 Sam 16, 22: für Abschalom auf dem Dach), oder die Zelttücher (Jes 54, 2; l. *haṭṭî* für *jaṭṭû*), oder man breitet Sacktuch auf dem Felsen aus (2 Sam 21, 10). Die *hoph*-Form wird nach KBL³ in Jes 8, 8 bildlich von ausgebreiteten Flügeln gebraucht (vgl. aber oben I. 2.).

Daß Gott den Himmel neigt und herabkommt, wird auch durch *hiph* ausgedrückt (Ps 144, 5, vgl. o. II. 1. c). Besonders interessant ist der Ausdruck „das Ohr neigen", d. h. besondere Aufmerksamkeit schenken. So fordert Gott die Exulanten auf, seine Heilsbotschaft zu hören und zu beachten (Jes 55, 3), der Weisheitslehrer mahnt zum Achtgeben auf seine Lehre (Spr 4, 20; 5, 1; 22, 17; vgl. Ps 78, 1 und die Mahnung an die königliche Braut Ps 45, 11). Bei Jeremia ist die Anklage, das Volk habe sein Ohr nicht zu Gott geneigt und nicht gehört, sondern sei unbußfertig geblieben, gerade zum Topos geworden (Jer 7, 24. 26; 11, 8; 17, 23; 25, 4; 34, 14; 35, 15; 44, 5). Ps 49, 5 will der Dichter sein Ohr einem *māšāl* zuwenden. Der Ausdruck wird auch in Gebeten gebraucht, um Gottes Aufmerksamkeit auf den Beter zu lenken, z. B. „Neige dein Ohr zu mir und höre, öffne deine Augen und sieh her" (2 Kön 19, 16 || Jes 37, 17); „Wende dein Ohr mir zu, vernimm meine Rede" (Ps 17, 6, ferner Ps 31, 3; 71, 2; 86, 1; 88, 3; 102, 3; Dan 9, 18 und konstatierend Ps 116, 2). Ebenso wie *qal* steht *hiph* in der Bedeutung „jemandem etwas zuwenden": Esra 7, 28; 9, 9; in beiden Fällen ist das Obj. *ḥæsæḏ*.

b) *nāṭāh hiph* bedeutet „in eine bestimmte Richtung lenken": Bileam schlägt den Esel, um ihn auf den Weg zurückzuführen (Num 22, 23), Joab führt Abner beiseite in das Innere des Tores (2 Sam 3, 27), und David führt die Lade in das Haus des Obed-Edom (2 Sam 6, 10).

c) Ziemlich oft steht *hiph* im Ausdruck „das Herz in eine Richtung hinlenken": Ps 119, 36 „Neige mein Herz deinen Vorschriften zu (*'æl 'edᵉwoṯækā*)"; Ps 141, 4 „Gib, daß mein Herz sich bösen Worten nicht zuneigt" (mit *lᵉ*); Spr 2, 2 „(wenn du) dein Herz der Einsicht zuneigst" (mit *lᵉ*); Jos 24, 23 (Schafft die fremden Götter weg), „und neigt eure Herzen JHWH zu" (mit *'æl*); 1 Kön 8, 58 „(JHWH) lenke unsere Herzen zu sich hin" (mit *'æl*); 1 Kön 11, 2 die ausländischen Frauen „könnten euer Herz ihren Göttern zuwenden" (mit *'aḥᵃrê*) – das geschah ja tatsächlich bei Salomo, wie vv. 3 f. erzählen. – Zu 2 Sam 19, 15 s. o.

Andererseits kann das Herz einen Menschen vom richtigen Weg ablenken, d. h. verführen. Der Götzenverehrer „hütet Asche", sagt DtJes, sein Herz ist getäuscht worden (*hûṯal*) und hat ihn verführt (*hiṭṭāhû*) (Jes 44, 20). Das fremde Weib verführt den jungen Mann mit seinem vielen Reden (Spr 7, 21; par. *ndḥ hiph*). Elihu warnt Ijob davor, sich durch Lösegeld (*kopær*) vom rechten Urteil abbringen zu lassen (Ijob 36, 18).

d) *hiṭṭāh* steht intransitiv i. S. v. „vom Weg abbiegen". So sagt Ijob einmal: „Ich habe seinen (Gottes) Weg beobachtet (*šāmar*) und bin nicht abgewichen" (Ijob 23, 11). Ps 125, 5 spricht von dem, „der auf krumme Wege (*'ᵃqalqallôṯ*) abbiegt", und Jes 30, 11 zitiert ironisch die Worte des Volkes an die Propheten: „Weicht vom (rechten) Wege (*dæræḵ*) ab (*sûrû*), verlaßt (*haṭṭû*) den (richtigen) Pfad (*'oraḥ*)."

e) Man kann aber auch sagen, daß man den Weg oder Pfad „beugt". So warnt Spr 17, 23 davor, Bestechung anzunehmen, „um die Pfade des Rechtes zu verkehren", d. h. die Prinzipien des Rechtes zu verletzen. Daraus ist wohl der Ausdruck „das Recht beugen" entstanden. Er findet sich schon im Bundesbuch in dem allgemeinen Verbot: „Du sollst das Recht des Armen in seinem Rechtstreit nicht beugen" (Ex 23, 6). Die folgenden Verse spezifizieren den Grundsatz: den Unschuldigen nicht schuldig erklären, sich nicht bestechen lassen (vv. 7 f.). Das Verbot wird dann von Dtn 16, 19 aufgegriffen: „Du sollst das Recht nicht beugen. Du sollst kein Ansehen der Person kennen. Du sollst keine Bestechung annehmen" (sogar die Begründung „Bestechung macht Weise blind" erinnert an Ex 23). Das Verbot wird besonders auf den *ger*, die Waisen und die Witwen angewandt: Dtn 24, 17 und in der Fluchreihe 27, 15 ff.: „Verflucht, wer das Recht der Fremden, des Waisen und der Witwe beugt" (EÜ: „Fremden, die Waisen sind" nach MT, aber die drei Begriffe sind wohl koordiniert; vgl. Joüon, Grammaire § 177o). Dann heißt es von den Söhnen Samuels, daß sie die Grundsätze ihres Vaters verließen, auf eigenen Gewinn aus waren (*nāṭāh 'aḥᵃrê habbāṣa'*; vgl. o.), sich bestechen ließen und das Recht beugten (1 Sam 8, 3). Und schließlich sagt Klgl 3, 35, daß Gott nicht ungeahndet lassen kann, daß man „das Recht des Mannes beugt vor dem Antlitz des Höchsten"; parallel steht in v. 36 „den Menschen im Rechtsstreit unterdrücken (*'awweṯ*)".

f) Etwas anders ausgerichtet ist Am 2, 7, wo die Leute von Israel gerügt werden, weil sie u. a. „den Weg der Schwachen (*'ānāw*) beugen". Es geht im ganzen Vers um die Unterdrückung der Armen, und der Ausdruck ist mit Spr 17, 23 (s. o.) verwandt. Zu vergleichen ist auch die Anklage Jes 10, 2, daß man die Armen (*dallîm*) vom Gericht (*dîn*) fernhält oder wegdrängt (*nāṭāh hiph*). Spr 18, 5 gebraucht dasselbe Verb für das Abweisen des Unschuldigen (*ṣaddîq*: wer Recht hat) vor Gericht, ebenso Jes 29, 21: „sie weisen den Unschuldigen (*ṣaddîq*) durch *tohû* (d. h. haltlose Gründe) ab". Am 5, 12 bringt eine weitere Erklärung zu 2, 7: sie bedrängen (*ṣrr*) den *ṣaddîq*, nehmen Bestechung (*kopær*) an und weisen den Armen (*'æḇjôn*) bei Gericht (eig. „im Tor", wo die Gerichtsverhandlungen stattfanden) ab. Vgl. auch Ijob 24, 4: „Vom Weg drängen sie den Armen" und Mal 3, 5: „der dem Fremden im Land sein Recht verwei-

gert (*maṭṭeh-ger*)". Hierher gehört auch das Subst. *muṭṭæh* 'Rechtsbeugung' Ez 9, 9 und wohl auch 7, 10, wo MT *maṭṭæh* liest (s. o. I.2.).
Außerhalb des Rechtslebens wird dann *hiṭṭāh* vom Abweisen eines Hilfesuchenden gebraucht. So bittet der Psalmist Ps 27, 9: „Weise deinen Knecht im Zorn nicht ab!"
g) In Sir 32, 17 heißt *jaṭṭæh tôkāḥôt* „er lehnt Zurechtweisung ab"; als Subj. ist wohl *'îš ḥāmās* „der gewalttätige Mensch" zu lesen; parallel steht „die *tôrāh* verdrehen (*mšk*)". Jer 5, 25 sagt, daß die Sünden des Volkes alles in Unordnung gebracht haben (*hiṭṭû-'ellæh*).

In Hos 11, 4 ist der Text nicht in Ordnung. Bleibt man beim MT *'ol* 'Joch', kann man mit H. S. Nyberg (Studien zum Hoseabuche, UUÅ 1935:6, 86) ein Obj. ergänzen und übersetzen: „Ich neigte [die Früchte der Bäume] zu ihm, um ihn essen zu lassen." Liest man, wie die meisten neueren, *'ûl* 'Säugling', liest man am besten *qal wā'eṭ*: „ich beugte mich zu ihm und ließ ihn essen". Eine Zusammenstellung mit *le'aṭ* 'sanft' (Ewald, Gispen) ist abzulehnen.

III. Die wenigen Qumranbelege bleiben völlig im Rahmen des at.lichen Sprachgebrauchs. TR hat 4 Belege für *hiṭṭāh mišpāṭ* „das Recht beugen" im Zusammenhang mit *šoḥad* 'Bestechung' (51, 13. 17; 57, 19f.). In der Kriegsrolle ist vom Ausstrecken der Hand zu den Kriegsgeräten die Rede (1 QM 8, 8). Das Neigen des Himmels ist 1 QH 1, 9 erwähnt, und in 1 Q 17, 1, 4 ist vom Abbiegen vom Wege die Rede.

IV. Das breite Bedeutungsfeld von *nāṭāh* kommt auch in den reich variierten Wiedergaben der LXX zutage. Für *qal* begegnen vor allem ἐκτείνειν (44mal) und ἐκκλίνειν (24mal), daneben aber auch πηγνύναι (8mal) und für *neṭujāh* ὑψηλός (20mal), außerdem eine ganze Reihe von Übersetzungen, die nur ein- oder zweimal vorkommen. Für *hiph* überwiegt κλίνειν (24mal), daneben παραβάλλειν (5mal), πηγνύναι (3mal), ἐπικλίνειν, εὐθύνειν usw.

Ringgren

נָטַע *nāṭa'*

מַטָּע *maṭṭā'*, נֶטַע *næṭa'*, נְטִעִים *neṭi'îm*, שָׁתַל *šāṭal*

I. Das Vorkommen – 1. Die Wurzeln *nāṭa'* und *šāṭal* – 2. Außerhalb des Hebr. – 3. Im AT – 4. Die alten Übersetzungen – II. Die Bedeutung – 1. Das Verb *nāṭa'* – 2. Die Nomina *maṭṭa'*, *næṭa'* und *neṭi'îm* – 3. Zum Unterschied von *nāṭa'* und *šāṭal* – III. Die Verwendung von „Pflanzen" in theologischer Terminologie – 1. Gott pflanzt – 2. Pflanzen als menschliche Tätigkeit – IV. Qumran.

Lit.: *R. Bach*, Bauen und Pflanzen (Studien zur Theologie der at.lichen Überlieferungen, Festschr. G. von Rad, 1961, 7–32). – *M. Delcor*, Le problème des jardins d'Adonis dans Isaie 17, 9–11 (Syr 55, 1978, 371–394). – *I. Engnell*, „Planted by the Streams of the Water". Some Remarks on the Problem of the Interpretation of the Psalms as Illustrated by a Detail in Ps 1 (Festschr. J. Pedersen, Kopenhagen 1953, 85–96). – *H. Ringgren*, The Branch and the Plantation in the *Hodayot* (Biblical Research 6, 1961, 2–8).

I. 1. Das hebr. Verb *nāṭa'* bezeichnet einen in der Alltagswelt des seßhaften Bauern natürlichen und sich häufig wiederholenden Vorgang; es ist daher mit einer breiten Streuung und häufiger Verwendung zu rechnen. In der Tat ist *nāṭa'* im Grundstamm 56mal belegt (dazu einmal *niph*), die davon abgeleiteten Nominalbildungen ergeben insgesamt 11 Belege. Überraschenderweise findet sich für den gleichen Vorgang noch mit *šāṭal* ein zweites Lexem, das allerdings wesentlich seltener (10mal) und in einem eng begrenzten Vorkommen Verwendung findet. Auch von *šāṭal* ist mit *šāṭîl* ein abgeleitetes Nomen zu finden. Beide Wurzeln samt ihren Ableitungen müssen Gegenstand unserer Untersuchung sein.
2. a) Das im Hebr. häufige *nāṭa'* ist in anderen semit. Sprachen nur sehr selten nachweisbar. Im Ugar. findet sich nur das Subst. Pl. *mṭ't* 'Pflanzungen' KTU 1.20, II, 7 (vgl. 9) (wahrscheinlich auch im fragmentarischen Text KTU 1.22, II, 26 danach zu ergänzen); es entspricht dem hebr. *maṭṭā'*. Gordon (UT Nr. 1643) bringt fälschlich auch das *nṭ'n* (KTU 1.10, II, 24) mit *nṭ'* in Verbindung; die Form ist vielmehr als N-Stamm von *ṭ'n* abzuleiten (WUS Nr. 1123). Als Verb ist *nṭ'* sonst nur im Asarab. belegbar (Biella 302).

b) Eine weitere Verbreitung zeigt dagegen die Wurzel *štl*. Den aram. Dialekten ist sie (mit der Grundbedeutung 'pflanzen', die aber gern in uneigentlichem Sinn gebraucht wird) geläufig (*štl pe'al*; *šæṭæl* und *šeṭîlā'* 'Steckling, Setzling'; *šattālā'* 'Gärtner'). Das Syr. hat zwar mit *nṣb* ein weitaus häufiger für 'pflanzen' gebrauchtes Verb zur Verfügung, kennt aber ebenfalls die Basis *štl* und ihre Ableitungen (neben *šeṭal* und dem *etpe.* nennt LexSyr 812a noch *šetlā'* [plantatio, *štelta'* „planta"]). Die Frage legt sich nahe, ob das Nebeneinander von *štl* und *nṭ'* im Hebr. als aram. Einfluß zu deuten ist, zumal sich *šāṭal* nur in späten Texten nachweisen läßt (Hos 9, 13 ist die Lesung *šeṭûlāh* des MT zweifelhaft; für gewöhnlich korrigiert man nach LXX in *leṣajid šāṭ loh bānājw*, so daß *štl* durch andere Abtrennung des Konsonantentextes verschwindet; anders zuletzt noch Rudolph, KAT z. St.).

3. a) Im bibl. Hebr. wird von der Basis *nṭ'* mit Ausnahme von Jes 40, 24 (*niph*) ausschließlich der akt. Grundstamm verwendet; er dient zur Bezeichnung einer objektgerichteten Tätigkeit (nur Jes 65, 22; Jer 1, 10; 18, 9; 31, 28; 45, 4; Koh 3, 2 wird *nāṭa'* absolut gebraucht). Objekt zu *nāṭa'* sind zunächst einzelne Pflanzen: die Tamariske (Gen 21, 33), die Libanonzeder (Ps 104, 16), der Lorbeer (Jes 44, 14), der Weinstock (Ps 80, 9), eine Aschere (Dtn 16, 21); zweifel-

haft ist das *'ahālîm* von Num 24, 6, das sonst (Ps 45, 9; Spr 7, 17; Hld 4, 14) neben Kassia und Myrrhe als Aromaticum genannt wird (Aloe, Aquilaria agallocha, „ein großer Baum in Hinterindien mit dunkelbraunem, hartem Holz", Feliks, BHHW I 62; KBL³ gibt dafür das Eiskraut, Mesembrianthemum nodiflorum an). Vor allem aber sind Anlagen von Kulturpflanzen Objekt des Verbs: Weinberge (Dtn 6, 11; 28, 39; Jos 24, 13 u.ö. [insges. 14mal]) bzw. ein Weinberg (Gen 9, 20; Dtn 20, 6; 28, 30; Spr 31, 16); Ölbäume (immer zusammen mit Weinbergen genannt, Dtn 6, 11; Jos 24, 13); Gärten (Gen 2, 8; Jer 29, 5. 28); Pflanzungen (*n^eṭā'îm*, Jes 17, 10; auch Jer 31, 5 cj.); allerlei Bäume (*kŏl-'eṣ*, Lev 19, 23; Koh 2, 5 [hier zusammen mit Weinbergen und Parkanlagen, *pardesîm*, erwähnt]). Im uneigentlichen Sinn wird es auch vom „Pflanzen" des Ohres (Ps 94, 9); von der Befestigung von Nägeln (als Spitze am Ochsenstachel, Koh 12, 11), vom Aufstellen von Zelten (Dan 11, 45) verwendet. Ist Gott das Subjekt der Aussage, dann bezieht sich die mit *nāṭa'* ausgedrückte Tätigkeit fast immer auf Menschen: auf das ganze Volk („mein Volk", „sie", die Israeliten, Ex 15, 17; 2 Sam 7, 10 = 1 Chr 17, 9; Jer 2, 21; 11, 17; Am 9, 15; Ps 44, 3), auf die Exulanten (Jer 24, 6; 32, 41) oder diejenigen, die in Juda nach der Katastrophe übrig geblieben sind (Jer 42, 10); einmal werden sogar die Frevler als Objekt des göttlichen Handelns genannt (Jer 12, 2). Es ist dies übrigens die einzige Stelle, an der ein individuelles Schicksal damit angesprochen wird (denn selbstverständlich bedeutet der Pl. hier nicht, daß die Frevler als Gruppe gemeint seien). Sowohl im wörtlichen wie auch im übertragenen Sprachgebrauch kann der Ort der Einpflanzung (mit *b^e*) genannt werden (z. B. Gen 2, 8; Jer 31, 5; 32, 41).

Textkritische Bedenken erheben sich nur zu Jes 51, 16. Die Wortverbindung *nṭ' šāmajim* ist singulär; dagegen ist *nṭh šāmajim* nicht nur geläufig, sondern auch im Kontext (v. 13) in gleicher Verbindung mit *jsd 'æræṣ* vorhanden. Auch LXX hat offenbar *nṭh* gelesen, denn sie verwendet hier wie Jes 40, 22 ἱστάνειν zur Wiedergabe des Verbs.

b) Die einzige Stelle, an der das *niph* von *nāṭa'* in eindeutig passiver Funktion verwendet wird, ist Jes 40, 24. Die LXX und auch Targ^J (soweit der hier stark paraphrasierende Text das erkennen läßt), haben zwar anscheinend aktive Verbformen gelesen (*nāṭ^e'û* bzw. *zār^e'û*), doch dürfte die Lesung des MT den Vorzug verdienen, da sie syntaktisch am besten dem Kontext entspricht (vgl. die Suff. in 24b, die den Vergleich der *šôp^eṭê 'æræṣ* mit einem Baum voraussetzen).

c) Von der Basis *nṭ'* werden die beiden Nomina *maṭṭā'* und *næṭa'* abgeleitet. Das erstere ist mit präfigurativem *m* nach der Form *maqṭāl* gebildet, die sowohl den Ort wie auch das Ergebnis der durch den Grundstamm bezeichneten Tätigkeit bezeichnet (Joüon, Grammaire § 88e). *næṭa'* ist Segolatnomen (*qaṭl*) und bezeichnet das Ergebnis des Pflanzens. Beide Substantive scheinen nicht der gewöhnlichen Umgangssprache anzugehören, sondern der gehobenen Sprache der Poesie und der prophetischen Wortverkündigung.

Ps 144, 12 haben die Masoreten *n^eṭi'îm* vokalisiert und setzen damit ein Nomen *nāṭîa'* voraus (KBL³ 655), das sonst im bibl. Hebr. nicht bezeugt ist. Zwar kennt das Mhebr. ein Subst. *n^eṭî'āh* (mit Pl. *-îm*); doch ist damit die Existenz dieser Nominalbildung für das bibl. Hebr. nicht sichergestellt. Die defektive Schreibung des Konsonantentextes legt eher nahe, hier an *n^eṭā'îm* als Pl. von *næṭa'* zu denken. Die alten Übersetzungen machen jedenfalls in der Wiedergabe von *nṭ'jm* Ps 144, 12 keinen Unterschied zu anderen Stellen, an denen sie *næṭa'* bzw. den Pl. davon gelesen haben (LXX νεόφυτον wie Jes 5, 7; Ijob 14, 9; S hat das auch zur Wiedergabe von *næṭa'* und *šāṯîl*, Ps 128, 3 dienende *nṣbt'*); das läßt vermuten, daß sie auch hier das gleiche Nomen *næṭa'* gelesen haben. Die Lesart des MT könnte von dem im späten Hebr. häufigeren *n^eṭî'āh* beeinflußt worden sein. Die Annahme eines eigenen Lexems *nāṭîa'*, von der noch KBL³ ausgeht, ist dann überflüssig.

4. Bei der Wiedergabe des Verbs *nāṭa'* zeigen die alten Übersetzungen wenig Neigung zur Variation. Die LXX benutzt durchgängig φυτεύειν bzw. καταφυτεύειν, letzteres besonders (aber nicht ausschließlich) dann, wenn die Bedeutung 'anpflanzen' oder 'bepflanzen' vorliegt.

Nur an drei Stellen weicht sie von dieser Praxis ab: Num 24, 6 gibt sie *nāṭa'* mit ἔπηξεν wieder, was vielleicht *nāṭāh* voraussetzt, aber jedenfalls von ihrer Übersetzung von *'hljm* mit σκηναί (für *'ohālîm*) abhängt: „wie Zelte, die der Herr festgemacht hat". Auch Dan 11, 45 übersetzt sie *w^ejiṭṭa'* (mit dem Obj. „Zelte") mit στήσει, vermeidet also (κατα)φυτεύειν. Anscheinend widerstrebte die Wortverbindung von „pflanzen" und „Zelten" ihrem Sprachgefühl. Jes 51, 16 ist das ἔστησα wohl ein Hinweis darauf, daß LXX in ihrer Vorlage *linṭôṯ šāmajim* stehen hatte (s. o.).

Auch für die Nomina *maṭṭā'* und *næṭa'* nimmt die LXX ausnahmslos Bildungen von der Wurzel φυτ- in Anspruch: für *maṭṭā'* φυτός (Ez 34, 29; 31, 4), φυτεία (Mi 1, 6; Ez 17, 7), φύτευμα (Jes 60, 21; 61, 3), für *næṭa'* νεόφυτον (Jes 5, 7; Ijob 14, 9) und φύτευμα (Jes 17, 10); Jes 17, 11 gibt sie *niṭ'eḵ* mit einer Verbalform wieder.
Eine vergleichbare Konsequenz zeigt auch S, indem sie durchgehend *nṣb* bzw. Ableitungen davon anwendet. Bei den Targumen nimmt Targ^0 durchweg *nṣb* zur Wiedergabe, während Targ^J neben *nṣb* in Jer und Ez 36, 36; Am 9, 15 *qwm pa'el* verwendet (und zwar immer dann, wenn „pflanzen" im übertragenen Gebrauch gemeint ist).
Die Wiedergabe von *šāṯal* durch die alten Übersetzer ist nicht ganz so konsequent; auch hier werden allerdings von der LXX φυτεύειν, von S *nṣb* und von den Targ. *nṣb* neben *štl* bevorzugt.

II. 1. Die fast monotone Wiedergabe durch die alten Übersetzungen läßt erkennen, daß *nāṭa'* ein Verb mit nur geringer Variationsbreite ist. Dennoch ergeben sich deutlich erkennbare semantische Nuancen. Sie sind zunächst durch die Möglichkeit bestimmt, das Verb vom Pflanzen im wörtlichen wie im übertragenen Sinn zu gebrauchen.

a) *nāṭaʿ* bedeutet ʿpflanzenʾ: das Einbringen eines Stecklings (*næṭaʿ* oder *šāṯîl*) in den Boden; es gehört somit in das Umfeld jener Verben, die unmittelbar die Tätigkeit des den Boden bearbeitenden Landmannes bezeichnen, wie → זרע *zāraʿ* ʿsäen, besäen, aussäenʾ, → חרשׁ *ḥāraš* ʿpflügenʾ, *ʿdr niph* ʿbehackenʾ (Jes 5, 6; 7, 25) u.ä. Allerdings ist die Konsoziation mit Begriffen dieses Wortfeldes bemerkenswert selten (Dtn 28, 39; Jes 5, 2; Jer 35, 7; Ps 107, 37). Auch die in direkter Opposition stehenden Begriffe treten im wörtlichen Gebrauch nur selten in Erscheinung. Hierher gehören das singuläre *ʿāqar* (Koh 3, 2), *nāṯaš* (Jer 1, 10 u.ö., aber immer im übertr. Sinn) und *kāraṯ*. Für *ʿāqôr* ist entsprechend der Bedeutung in den aram. Dialekten, Syr. und Mand. gegen M. Dahood, Bibl 47, 1966, 270 an der Bedeutung „(mit der Wurzel) ausreißen" festzuhalten (KBL[3] 827). *nāṯaš* wird nur Mi 5, 12 (eine *ʾašērāh* ausreißen, vgl. Dtn 16, 21) und Ez 19, 12 (*hoph* vom Weinstock, vgl. Ps 80, 9) im wörtlichen Sinn gebraucht; wo es als direktes Oppositum zu *nāṭaʿ* auftritt, liegt stets die übertragene Bedeutung vor (s.u.). Auch *kāraṯ* ist als Gegenbegriff von *nāṭaʿ* anzusehen, obwohl es niemals in direkter Opposition steht, da es von den gleichen Objekten ausgesagt werden kann, die auch bei *nāṭaʿ* stehen können (*ʾašerāh* Ex 34, 13, *ʿeṣ* Dtn 19, 5).

Eine semantische Nuance ergibt sich, wenn das Pflanzen nicht als Ergebnis der Tätigkeit des den Boden bebauenden Menschen, sondern als Beginn des Wachstums des gepflanzten Gewächses gesehen wird, wie in den ausgeführten Bildern von Jer 12, 2 und Ps 80, 9ff. Dann finden sich im Wortfeld Begriffe wie „Wurzeln schlagen" (*šrš*), „heranwachsen", „sich ausbreiten", „Zweige treiben" und schließlich „Frucht bringen". Entsprechend ist das Oppositum darin zu sehen, daß das Pflanzen erfolglos bleibt und nicht die erwarteten oder gar keine Früchte bringt (vgl. Jes 5, 2). *nāṭaʿ* ist in dieser Bedeutung ein affektiver Begriff; mit dem Pflanzen verbindet sich eine bestimmte Erwartung, ja sogar Hoffnung (*wajeqaw* Jes 5, 2).

b) War bisher vom Pflanzen einer einzelnen Pflanze (oder auch mehrerer Pflanzen) die Rede, so kann *nāṭaʿ* aber auch das ʿAnpflanzenʾ, die Anlage einer Plantage, eines Gartens (Gen 2, 8), eines Weinberges (Gen 9, 20; Spr 31, 16) oder von „allerlei Bäumen" (*kŏl-ʿeṣ* Lev 19, 23) meinen. Die Anlage eines Weinbergs gilt Gen 9, 20 als bahnbrechende Kulturtat, durch die sich Noach als *ʾîš hāʾadāmāh* ausweist; Spr 31, 16 ist sie Zeichen des klugen Wirtschaftens der tüchtigen Hausfrau; Koh 2, 4f. zählt sie zu den großen Taten, die sich der Reichtum des Besitzenden erlauben kann. Auch hierbei finden wie die gleichen Nuancen wieder, die sich vorhin feststellen ließen. Besonders die Pflanzung von Weinbergen gilt als so charakteristisch für das Tun des seßhaften Ackerbauern im Kulturland, daß der dem nomadischen Ideal verhaftete Rechab seinen Nachkommen das Gebot hinterläßt: „Ihr sollt kein Haus bauen, keine Saat bestellen, keinen Weinberg pflanzen oder besitzen" (Jer 35, 7). Dtn 6, 11 zählt zu den von JHWH verliehenen Kulturgütern, die Israel in Kanaan erwarten, neben Häusern und Zisternen, „Weinberge und Ölbäume, die ihr nicht gepflanzt habt". Die Verwandlung der Wüste in Kulturland wird (als Tat JHWHs) von Ps 107, 37 so geschildert: „(Dort ließ er Hungernde wohnen, so daß sie wohnliche Städte gründeten), Äcker bestellten und Weinberge pflanzten ..." Neben dem Bau von Häusern, der Bestellung der Felder ist die Anlage von Weinbergen Anzeichen für die Normalität des Lebens im Kulturland. In diesem Sinne kündigt das dem Hiskija gegebene Verheißungswort 2 Kön 19, 29 = Jes 37, 30 den Wiederbeginn des normalen Lebens nach der Assyrernot des Jahres 701 für das dritte Jahr an. „Scheinbar handelt es sich um die nüchterne Prognose, daß die von den Assyrern bedrohten Jerusalemer in dem laufenden Jahr die Ernte nicht einbringen und die Felder auch nicht für die Saat des folgenden Jahres umpflügen können, so daß sie im nächsten Jahr noch auf den Wildwuchs angewiesen sind und das normale Wirtschaftsleben erst im dritten Jahre wiederkehrt" (O. Kaiser, ATD 18, 314f.). Der unmittelbar folgende Vers will die zunächst wohl ganz realistisch gemeinte Heilsankündigung dann allerdings im übertragenen Sinn verstehen, wenn er Wurzelschlagen und Fruchtbringen als Metapher für das Wiedererstarken des Hauses Juda gebraucht. Für die exilierten Judäer bedeutet jedenfalls Jeremias Aufforderung „Baut Häuser und wohnt darin, pflanzt Gärten und eßt ihre Früchte!" (Jer 29, 5, vgl. 28b), daß sie an ihrem Verbannungsort ihr Leben so normal wie möglich führen und nicht länger auf die baldige Rückkehr in die Heimat warten sollen. Umgekehrt ist in dem an die Tyrusorakel angefügten Heilswort Ez 28, 25ff. das Häuserbauen und Weinbergepflanzen Symptom der nach der Heimkehr wieder eingetretenen Stabilisierung der Lage.

Wer einen Weinberg pflanzt, möchte von seinem Ertrag etwas haben: der Aspekt der Erwartung, der sich mit der Bedeutungsnuance ʿanpflanzenʾ verbindet, ist also der gleiche, der sich oben bereits für die Grundbedeutung ʿpflanzenʾ feststellen ließ. Es gehört dementsprechend zum Standard der Androhung künftigen Unheils der Hinweis auf die Vergeblichkeit des Mühens: „Ihr baut Häuser aus behauenen Steinen – aber wohnen werdet ihr nicht darin; ihr legt euch prächtige Weinberge an – aber ihren Wein werdet ihr nicht trinken" (Am 5, 11; vgl. Dtn 28, 30. 39; Jes 17, 10; Zef 1, 13). Umgekehrt ist es ein Anzeichen der Beendigung der Gerichtszeit und des Eintritts der Heilszeit, selbst die Früchte seiner Arbeit zu genießen: „Sie werden Häuser bauen und selbst darin wohnen; sie werden Weinberge anpflanzen und deren Früchte selbst genießen. Sie bauen nicht, daß ein anderer in ihrem Haus wohnt, und pflanzen nicht, damit ein anderer ißt" (Jes 65, 21 f., vgl. Jer 31, 5; Am 9, 14).

c) Nur an wenigen Stellen ist für *nāṭa'* die Bedeutung 'etwas bepflanzen' nachzuweisen. Das ist Jes 5, 2 durch die Konstruktion mit doppeltem Akkusativ (bzw. Suff. und Akk.) ausgedrückt: „er bepflanzte ihn (den Weinberg) mit Sorek-Reben"; Ez 36, 36 ist diese Bedeutung durch die Verwendung von *n^{e}šammāh* als Objekt gesichert: „Ich, JHWH, baue das Niedergerissene auf und bepflanze das, was verwüstet wurde."

d) Im übertragenen Sprachgebrauch von *nāṭa'* ist die wörtliche Grundbedeutung unschwer wiederzuerkennen: Wie ein Steckling in die Erde gepflanzt wird (und dort dann fest eingewurzelt ist), so sagt Ps 94, 4 vom Ohr, Gott habe es „gepflanzt", d. h. an seinen ihm zukommenden Ort angebracht. Ebenso verwendet Koh 12, 11 das Verb von den Nägeln, die an der Spitze des Ochsenstachels eingelassen sind; auch Dan 11, 45 ist ohne weiteres verständlich: die Zelte sind mit ihren Pflöcken wie in die Erde gepflanzt (eine Änderung in *nṭh* ist daher an dieser Stelle unnötig; auch aram. *š^{e}ṯal* wird gern für das Aufstellen von Zelten verwendet). Die metaphorische Anwendung von „pflanzen" bzw. dessen Oppositum „ausreißen" für das Schicksal des einzelnen oder eines Volkes läßt sich dort ohne Schwierigkeit erklären, wo sie von der Metapher selbst gefordert ist. Jes 40, 24 ist das bekannte Bild von der verdorrenden Pflanze auf die Entmachtung der Herrschenden durch JHWH angewendet: „Kaum sind sie gesät und gepflanzt, kaum hat ihr Wurzelstock sich ausgebreitet, da bläst er sie an, sie verdorren und der Sturm trägt sie fort wie Stroh." Etwas anders ist das Bild Jer 12, 2 angelegt: Das erfolgreiche, anscheinend so sichere Leben der Frevler führt den Propheten zur Vermutung, JHWH selbst habe sie gepflanzt, so daß sie Wurzeln treiben und Frucht bringen können. Hier steht das Pflanzen demnach für die scheinbar so stabile Lebensgrundlage der Frevler. Durchaus in der von der Metapher her vorgegebenen Bildsprache bleibt auch Ps 80, 9ff., wenn er Israels Landnahme in Kanaan in der bekannten Weinstockallegorie mit der Pflanzung des Weinstocks vergleicht. Auch Jer 2, 21 steht die Metapher von der Sorek-Rebe (vielleicht in Abhängigkeit von Jes 5, 2) mitten unter anderen Bildern für das unverständliche und heillose Tun Israels; die metaphorische Verwendung von *nāṭa'* geht also auch hier auf das verwendete Bild zurück, ebenso auch Jer 11, 17 (der üppige Ölbaum). Von dieser Metaphorik her ist es verständlich, daß auch das Verb *nāṭa'* allein, ohne weitere bildhafte Ausgestaltung, für die Inbesitznahme des Landes durch Israel stehen kann. Ex 15, 17 weist der Kontext dabei auf JHWH als den hin, der allein dies getan hat; 2 Sam 7, 10 = 1 Chr 17, 9 tritt stärker der Aspekt der Sicherheit in den Vordergrund; Ps 44, 3 der Gegensatz zwischen der Vertreibung der Vorbewohner und der stabilen Verwurzelung Israels. Ganz ohne die Metaphorik vom Weinstock (Weinberg, Ölbaum) kommt dagegen die typisch jeremianische Reihenbildung „bauen (und einreißen) – pflanzen (und ausreißen)" aus. Daß sie in dieser Form auf Jeremia selbst zurückgeht, hat R. Bach nachgewiesen. Seine Herleitung der Reihe Bauen – Pflanzen aus einer Glückwunschformel ist dagegen nicht so überzeugend. Die angebliche Reihe zeigt doch eine zu große Variabilität und ist auch jeweils an unterschiedlichen Aspekten interessiert, als daß sie sich auf *eine* Wurzel zurückführen ließe. Die jeremianische Reihenbildung ist dadurch gekennzeichnet, daß sie von jeder näheren Verumständung des Bauens und Pflanzens absieht. „Dieser Verlust ihres gegenständlichen Sinngehaltes verleiht den Begriffen beinahe den Charakter von Chiffren ... Sie bezeichnen so umfassend und so allgemein wie möglich das göttliche Heils- und Unheilshandeln, ohne daß die konkrete Gestalt des Heils und Unheils je ins Blickfeld träte" (Bach 26f.). Ihren Ursprung sieht Bach in der Unheilsverkündigung Jeremias (Jer 45, 4); ihre Verwendung im Rahmen der Heilserwartung ist demgegenüber sekundär (Jer 24, 6; 31, 28; 42, 10). Ihre absolute Verwendung zur Kennzeichnung der Ambivalenz der prophetischen Botschaft steht demnach am Ende ihrer Begriffsgeschichte (Jer 1, 10; 18, 9).

2. Das Nomen *næṭa'* kann die einzelne Pflanze, den Setzling, bezeichnen: Ps 144, 12 (zur Ableitung von *næṭa'* s.o.); Ijob 14, 9; an beiden Stellen verbindet sich damit der Gedanke lebenskräftigen Heranwachsens. Jes 5, 7 steht *næṭa'* im Parallelismus zu *kæræm*, ist also mit „Pflanzung, Anlage, Plantage" wiederzugeben; die gleiche Bedeutung hat es auch Jes 17, 10, wo mit den *niṭ'ê na'^{a}mānîm* die sog. Adonisgärten gemeint sein dürften (vgl. Delcor; zur fraglichen Identifizierung des Gottes, der mit *na'^{a}mān* bezeichnet wird, vgl. Wildberger, BK X 657f.). Für den Ort, an den sich eine Pflanzung befindet, wird sonst immer *maṭṭā'* verwendet, wörtlich i. S. v. Pflanzstelle (Ez 17, 7; 31, 4; Mi 1, 6) oder übertragen „JHWHs Pflanzung", Jes 60, 21 [lies *Q^{e}rê*]); 61, 3. Ez 34, 29 ist wohl mit BHS *maṭṭa' šālom* (oder *šālem*, Zimmerli, BK XIII 832) „Pflanzung des Heils" zu lesen. Als einzige Stelle mit abweichender Bedeutung bleibt Jes 17, 11: für MT *niṭ'ek* müßte hier Anpflanzung i. S. v. Gepflanztwerden postuliert werden; LXX gibt es mit einer Verbalform wieder, hat die Form demnach als inf. cstr. verstanden (vgl. BLe 343b, KBL[3]) und dürfte damit im Recht sein.

3. Von den hier ermittelten Bedeutungen von *nāṭa'* unterscheidet sich *šāṯal* sowohl seiner Verwendung wie seiner Bedeutung nach. Es kommt ausschließlich in dichterischer Sprache vor (zu Hos 9, 13 s. o. I. 2. b) und zeigt äußerst begrenzte Verbreitung (Ez 17; 19 [6mal]; Jer 17, 8 und Ps 1, 3 im Gleichnis vom Baum am Wasser; sonst nur noch Ps 92, 14 übertr.); 8 von 10 Belegen sind Formen des Ptz. Pass. *šāṯal* bezieht sich immer nur auf eine einzelne Pflanze (Ps 92, 14 auf ein Individuum). Das Interesse liegt dabei ganz auf dem (bevorzugten, wasserreichen o. ä.) Stand-

ort – ein Aspekt, der bei *nāṭaʿ* nicht ins Gewicht fällt. Das Nomen *šāṯîl* ist nur Ps 128, 3 belegt; es hat die gleiche Bedeutung wie *n^e^ṭiʿîm*.

III. „Pflanzen" ist an sich kein theologischer Terminus; erst die Verwendung in bestimmten Zusammenhängen und formelhaften Wendungen verleiht dem Verb eine theologische Qualität.

1. Sie wird am auffälligsten, wo Gott Subjekt der Aussage ist.

a) Im wörtlichen Sinn ist *nāṭaʿ* nur in mythologischer Sprechweise von Gott gesagt; Gen 2, 8 wird auf diese Weise Gottes besondere Fürsorge für sein Geschöpf hervorgehoben. Wenn Num 24, 6 und Ps 104, 16 mächtige, nicht von Menschenhand gepflanzte Bäume so beschrieben werden, liegt doch nur poetisch-bildhafte Ausdrucksweise vor.

b) Im geschichtlichen Rückblick wird Israels Einzug in Kanaan als Pflanzung eines Weinstocks (Ps 80, 9) durch JHWH dargestellt; die metaphorische Rede betont die Landgabe als JHWHs ureigenste Tat; sie kann auch benutzt werden, seine besondere Fürsorge und Liebe (Jes 5, 2; Jer 2, 21) auszudrücken oder Israels Anspruch gegenüber anderen Völkern zu untermauern (Ps 44, 3). Israel ist JHWHs Pflanzung (*maṭṭāʿ*, Jes 60, 21, oder *næṭaʿ*, Jes 5, 7). Zum Selbstverständnis der Qumrangemeinde als *maṭṭaʿaṯ ʿôlām* „ewige Pflanzung" vgl. 1 QS 8, 5; 11, 8; CD 1, 7 (vgl. Ringgren und A. S. van der Woude, VTS 9, 1963, 330).

c) Die zunächst im Blick auf die vergangene Geschichte gebrauchte übertragene Rede kann dann auf sein künftiges Handeln angewendet werden: Als Ansage von Unheil oder Heil wird besonders die Formel vom (Einreißen und Bauen), Ausreißen und Pflanzen dazu benutzt, JHWHs souveränes Geschichtswalten zu verkünden. Ambivalent ist sie allerdings nur, wo damit die prophetische Verkündigung umschrieben wird (Jer 1, 10; 18, 9); als Ansage von Gottes Tun ist sie immer eindeutig negativ (Jer 45, 4) oder positiv ausgerichtet (Jer 24, 6; 42, 10; 31, 28; 32, 41; Am 9, 15).

2. a) Pflanzen als menschliche Tätigkeit ist an sich theologisch indifferent; es kann jedoch zum Gegenstand des gebietenden Wortes werden: Das Pflanzen einer Aschere als Symbol des Fremdkultes verfällt Dtn 16, 21 dem Verdikt; Lev 19, 23 verbindet mit der Anlage einer Plantage eine alte Tabu-Regel; den Exulanten ist es geboten, Häuser zu bauen und Weinberge anzupflanzen (Jer 29, 5. 28). Als lobenswerter kultischer Akt erwähnt Gen 21, 33 die Pflanzung der Tamariske durch Abraham.

b) Die Erfahrung des Bauern, daß er mit seiner Arbeit nur Voraussetzungen schaffen, nicht aber den Erfolg herbeiführen kann, bildet den Hintergrund jener Drohungen, mit denen die Frustration jeglicher menschlicher Mühe als Sanktion für die Nichteinhaltung des göttlichen Gebotes angesagt wird (Dtn 28, 30. 39; Am 5, 11 u.ö.). Die Negation der Drohung (Jes 65, 22) bzw. deren positive Umkehrung (v. 21) kann als Heilswort das Ende der Gerichtszeit ankündigen (Jer 31, 5; Ez 28, 26; Am 9, 14). Aus einer Abwandlung des gleichen Drohwortes wird Dtn 6, 11; Jos 24, 13 die paränetische Erinnerung an die unverdiente Gabe des Landes.

Reindl

IV. In den Qumranschriften kommt das Verb *nāṭaʿ* nur in der Tempelrolle vor: 51, 20 und 52, 1 mit Bezug auf das „Pflanzen" einer Aschere (Dtn 16, 21 f.). Die Nomina *maṭṭāʿ* und *maṭṭaʿaṯ* stehen mehrmals als Metapher für die Gemeinde: sie ist „eine ewige Pflanzung, das heilige Haus (Tempel) Israels (1 QS 8, 5; vgl. 11, 8) oder „die Wurzel einer Pflanzung", die aus Israel und Aaron hervorgesprossen ist (CD 1, 7). Besonders ausführlich wird dieser Gedanke in 1 QH 8, 5ff. dargestellt (s. dazu Ringgren). Gott läßt eine Pflanzung von allerlei Bäumen (wie Jes 41, 19) aufwachsen, „Bäume des Lebens an der Quelle des Geheimnisses", die von lebendigem Wasser genährt werden. „Sie werden einen Sproß hervorsprießen lassen zu einer ewigen Pflanzung" (ähnlich auch 1 QH 6, 15). Andere Bäume (die Ungläubigen), die nur zu gewöhnlichem Wasser Zugang haben, werden in ihrer Pflanzung hoch wachsen (vgl. Jes 17, 11) und sich gegen die ewige Pflanzung erheben. Die „Pflanzung der Wahrheit" (*maṭṭaʿaṯ ʾ^æ^mæṯ*) wird sich aber, obwohl verborgen und für nichts geachtet, behaupten und ihre Frucht bewahrt werden. Die anderen Bäume werden zerstört werden, aber die „Fruchtpflanzung" wird ein Eden sein, das der Sänger (wohl der Lehrer der Gerechtigkeit) durch seine Lehre bewässern und dessen Bäume er mit der Setzwaage ausrichten wird. – Der Paradiessymbolismus erinnert an Test. Levi 18, 10f., wonach der priesterliche Messias die Tore des Paradieses öffnen und den Heiligen vom Baum des Lebens zu essen geben wird. Die Vorstellung vom Pflanzen findet sich auch 1 Hen 10, 16; 84, 6 (vgl. M. Delcor, RB 58, 1951, 537f.).

Ringgren

נָטַף *nāṭap*

נָטָף *nāṭāp*, נֶטֶף *næṭæp*, נְטִ(י)פוֹת *n^e^ṭîpôṯ*, נְטֹפָה *n^e^ṭopāh*, נְטֹפָתִי *n^e^ṭopāṯî*

I. Etymologie und Verbreitung – 1. Etymologie – 2. Das Verb *nṭp* im AT – 3. Derivate – 4. Lautverwandte Wörter – 5. LXX – II. Der Mensch als Subj. des Verbs *nāṭap* – 1. Hand – 2. Lippen – 3. Wort – 4. Das prophetische Sprechen – III. Himmel, Wolken und Berge als Subj. des Verbs – 1. Das Triefen des Himmels vor dem ausziehenden Gott Israels – 2. Ijob 36, 27: Gott scheidet die Wassertropfen – 3. Am 9, 13 und Joël 4, 18: Die Berge triefen von Süßmost.

Lit.: *M. Dahood*, Honey that Drips: Notes on Proverbs 5, 2–3 (Bibl 54, 1973, 65–66). – *K. Kob*, Noch einmal Netopha (ZDPV 94, 1978, 119–134). – *E. Lipiński*, Juges 5, 4–5 et Psaume 68, 8–11 (Bibl 48, 1967, 185–206). – *E. Vogt*, „Die Himmel troffen“ (Ps 68, 9)? (Bibl 46, 1965, 207–209). – *Ders.*, „Regen in Fülle“ (Psalm 68, 10–11) (Bibl 46, 1965, 359–361). – *W. A. Ward*, Notes on Some Egypto-Semitic Roots (ZÄS 95, 1969, 70–72).

I. 1. Außer dem bibl. Hebr. findet sich die Wurzel *nṭp* im Sinn von 'träufeln', 'tropfen', 'schmelzen' im Sam., Syr., Mand., im Arab., Äth., Tigrē (KBL^3 656) sowie etwa in 4 QEn^c 6 (J. A. Fitzmyer / D. J. Harrington, A Manual of Palestinian Aramaic Texts, Rom 1978, 10:6) im Sinn von 'Harz' (vgl. *nāṭāp*). Vermutlich begegnet die Wurzel auch im Deir 'Alla-Text (2, 35f.; ATDA 251f.) für *ṭal* 'Tau' und *šr* 'Regen' mit dem Subj. Land/Feld oder Berge als Bild für eine glückliche Zukunft. Nach Ward (70f.) ist die Wurzel eine *n*-Erweiterung eines Elements *ṭp*, das in äg. **df* (in mehreren Ausgestaltungen: *dfj* 'großer Krug', *dfdf.t* 'Tropfen', *dfdf* 'träufeln' u.a.) vorliegt. Andere Erweiterungen desselben Elements stellen z. B. Mhebr. *ṭipṭep* 'tropfen', arab. *ṭāfa*, Mhebr. *ṭûp* 'überströmen' und arab. *ṭafā* 'fließen, schwimmen' dar. – Ein Zusammenhang mit akk. *naṭāpu* 'herausreißen' (AHw 767f.) ist semantisch unmöglich.

2. Das Verb begegnet im *qal* 9mal, davon mit dem Subj. *šāmajim/ʿāḇîm* (Ri 5, 4; Ps 68, 9) und dem Obj. *majim* (Ri 5, 4); mit dem Subj. *hārîm* und dem Obj. *ʿāsîs* (Joël 4, 18); dann mit dem Subj. *jāḏ/ʾæṣbāʿôṯ* und dem Obj. *môr* (*ʿoḇer*) (Hld 5, 5); mit dem Subj. *śiptê/śiptôṯ* und dem Obj. *nopæṯ* (Spr 5, 3; Hld 4, 11); *śiptôṯ* mit dem Obj. *môr ʿoḇer* (Hld 5, 13) und Ijob 29, 22 mit dem Subj. *millāh*. Das Schwergewicht liegt auf poetischen Texten. Im *hiph* begegnet das Verb ebenso 9mal, davon 8mal (Ez 21, 2. 7; Am 7, 16; Mi 2, 6 [3mal]. 11 [2mal]) in der Bedeutung 'prophetisch reden' ohne Obj. Hinzu kommt Am 9, 13 – Joël 4, 18 (*qal*) ähnlich – mit *hārîm* als Subj. und *ʿāsîs* als Obj.

3. Unter den Derivaten ist zuerst *nāṭāp* zu nennen (Ex 30, 34), eine Art Tropfharz, das mit *š^{e}ḥelæṯ* (Seenagel) und *ḥælb^{e}nāh* (Galbanmilch) zu gleichen Teilen gemischt und mit einem Ganzteil Weihrauch (wohl nach U. Cassuto, Exodus, Jerusalem 1967, 400) zu Räucherwerk gemengt als tägliches Opfer bzw. im Allerheiligsten am Versöhnungstag verbrannt wird.

Ob der Grundstoff dieses Tropfharzes die Mastixterebinthe (AuS 1, 541; KBL^3 656), Styrax officinalis (Cassuto 399f.; dagegen J. Feliks, EncJud 15, 1971, 415f.), Myrrhenharz (vgl. A. Dillmann, KeHAT 12^3, 361) oder Balsam ist (Feliks, EncJud 4, 1971, 142f.), ist umstritten.

Zu *næṭæp* – *n^{e}ṭāpîm* als Wassertropfen Ijob 36, 27 s.u. III. 2.

Ferner sind zu erwähnen die *n^{e}ṭîpôṯ* (Ri 8, 26; Jes 3, 19), wohl Ohrgehänge, doch auch als Halsschmuck möglich, von den besiegten Midianiterkönigen und den putzsüchtigen Damen Jerusalems getragen. Sie werden jedesmal mit den *śah^{a}ronîm* 'Möndchen' zusammen genannt und können daher außer dem Putz (Jes 3, 19) auch dem Schutz (der Fruchtbarkeit) dienen (zur Sache vgl. bes. H. Weippert, Schmuck, BRL^2 285f.; H. Wildberger, BK X/1, 140–145).

Netofa als Ort wird Esra 2, 22; Neh 7, 26 zusammen mit Betlehem in der Heimkehrerliste unter Serubbabel erwähnt; Männer aus Netofa zählen zu den Helden Davids (2 Sam 23, 28. 29; 1 Chr 11, 30); zu den Männern um Gedalja (2 Kön 25, 23; Jer 40, 8); zu den Leviten und Tempelsängern (1 Chr 9, 16; Neh 12, 28); sie sind zur Versorgung des Königs zuständig (1 Chr 27, 13), „der“ Netofatiter ist Bruder Betlehems (1 Chr 2, 54). Die Bezeugung des wohl kleinen Ortes reicht hauptsächlich in die nachexil. Zeit, eine Verbindungslinie der Ortstradition mit den übrigen *nṭp*-Belegen ist kaum zu erweisen (Ps 68; Joël 4, 18?), die Identifizierung des Ortes scheint nicht gesichert (Kob 119–134; O. Keel / M. Küchler, Orte und Landschaften der Bibel 2, 1982, 662: *ḫirbet bedd fālūḥ; rāmat rāḥel; ḫirbet umm ṭūba*), der Name am Rand der Wüste Juda ist wohl sprechend.

4. Dem Lautbild *nṭp* verwandt sind *dālap/dælæp* für das rinnende Dach als Bild des Faulen (Koh 10, 18) und des ewig hadernden Weibes (Spr 19, 13; 27, 15 [AuS 1, 188ff.; 7, 50. 83]) sowie für das weinende Auge und die trauernde Seele (Ijob 16, 20; Ps 119, 28); sodann *ʿārap* (Dtn 32, 3; 33, 23; Sir 43, 22), das immer mit *ṭal* 'Tau' zusammen als Ausdruck der heilenden Fruchtbarkeit (*rāpāʾ*, *hôšîaʿ*) für das dürre Land erscheint und schließlich *rāʿap* (Ps 65, 12; Ijob 36, 28; Spr 3, 20 und im *hiph* Jes 45, 8), wie es scheint besonders als Zeichen der von JHWH gesetzten, sich wiederholenden Schöpfungsordnung, von *šāmajim/š^{e}ḥāqîm*, den *maʿg^{e}lê JHWH* und den *n^{e}ʾôt midbār* ausgesagt. Kann man in den genannten Belegen meist mit „träufeln, tropfen“ übersetzen, so meint das lautlich verwandte, doch sachlich verschiedene und häufig begegnende *šāṭap* ein starkes Fluten, Überschwemmen (→ מטר *māṭār*, 830).

5. In der LXX wird in der Mehrzahl der Fälle (13mal) die Wurzel σταγ- (στάζειν, ἀποστάζειν; σταλάζειν, ἀποσταλάζειν; σταγών, στακτή) verwendet, die wohl eine onomatopoetische Gemeinsamkeit aufweist (vgl. H. Frisk, Griech. etym. Wörterb. 2, 1973, 776). Sie hat immer die Bedeutung „träufeln, tropfen“, steht dann auch für das Harz Ex 30, 34 στακτή. Eine Besonderheit bildet die Präposition ἀπό, die mit dem Obj. Honig, γλυκασμός, lautmalerisch gebraucht wird (Spr 5, 3; Hld 4, 11; Am 9, 13; Joël 4, 18). In den Vorstellungskreis gehört auch Ijob 29, 22, ohne daß das Verb aufscheint und Mi 2, 6 mit κλαίειν; δακρύειν. Etwas an Tumulthaftem, Ungewöhnlichem haben ἐξιστᾶν Ri 5, 4 (A/οὐρανός) und ὀχλαγωγεῖν Am 7, 16 für die Prophetie des Amos („court the mob“: Liddell-Scott 1281). ἐπιβλέπειν mit Richtungsangabe steht parallel zu προφητεύειν Ez 21, 2. 7. – Ri 8, 26; Jes 3, 19 verwendet andere Wurzeln: ὁρμίσκος – στραγγαλίς; κάθεμα. Die Wortgruppe στάζειν etc. wird außer *nṭp* noch für andere hebr. Wörter gebraucht. Das griech. νέτωπον 'Öl bitterer Mandeln' (Frisk 308; Liddell-Scott 1170) ist von der Wurzel *nṭp* abgeleitet, begegnet aber nicht in der LXX.

II. 1. Die Hand der Geliebten in Hld 5, 5 („meine Hand tropfte von Myrrhe") ist Zeichen des Öffnens (*pāṯaḥ* 2mal) eines Gartens, der verschlossen ist (4, 12; 5, 5). Hier wendet sich das Bild vom Haus (vv. 2. 3) zum Garten. Es ist wohl auch der Garten des Leibes, ihres Gesamt, das auch die innersten Regungen umschließt (*me'aj-jāḏaj/'æṣbe'oṯaj* vgl. Jer 31, 20; Ps 144, 1 u.ö.; RSP I 213), und Inbegriff dieses Gartens und seines Reichtums ist die Myrrhe (4, 6; 5, 1). Hier beim Öffnen (5, 5) ist zum erstenmal vom Überströmen die Rede, was wohl auch gemeint ist, nicht nur das Flüssigsein. Alles an Wohlgeruch (4, 14) ist hier versammelt in der Hand als dem Symbol des Salbens. Der Brauch selber, die Riegel zu salben, ist allerorten belegt (Lukrez s. W. Rudolph, KAT XVII 156; Mesopotamien s. M. H. Pope, AB 7C, 522), gewiß mag die Form des Liedes auch dem Türklagelied ähneln (vgl. Pope; G. Krinetzki, BET 16, 159ff.; man sollte auch an Spr 7, 17 denken), doch darf man das Bild des Gartens nicht übersehen.

2. Die von Myrrhe tropfenden Lippen des Geliebten, sagt Hld 5, 13, sind Lilien (*šûšannîm*). Vielleicht ist ihre leuchtende Farbe gemeint, vielleicht die erlesene Form, vielleicht aber ist das Bild der Lilien (Lotos für die „Schwester" s. A. Hermann, Ägyptische Liebesdichtung, 1959, 125f.) auch Ausdruck des Lebens, der Fruchtbarkeit (vgl. die Antonyme und Synonyme: 2, 2 Dornen; 4, 5 Brüste, Zwillinge; 7, 3 Schoß, Weizenhaufen; das Weiden 2, 16; 6, 2. 3). Es wird wohl auch meinen, daß die Lippen des Geliebten all dies sind, wenn sie von ihr, der Braut, sprechen, wie das Bild der Lilie sonst immer auf sie bezogen ist. Überhaupt sind die Bilder vv. 12. 13 die des Gartens, dabei sind die Femininformen auffallend (vgl. F. Landy, Paradoxes of Paradise, Sheffield 1983, 80). Seine Locken, seine Augen, Wangen und Lippen sind wie bei der Geliebten der Garten; in ihm, in seinen Lippen findet diese Fülle, diese Fruchtbarkeit letzten Sinn und Aussage. Sein Überströmen (*'oḇer*), seine Köstlichkeit (*mamṯaqqîm* v. 16) sind seine leuchtende, lebenspendende Vollendung (vgl. A. Brenner, Aromatics and Perfumes in the Song of Songs, JSOT 25, 1983, 78f.; G. W. van Beek, Frankincense and Myrrh, BA 23, 1960, 70–95). Von den Lippen der Braut ist Hld 4, 11 die Rede, nun wo zuerst ihre Schönheit im Vordergrund stand (4, 1–10a: *jāpāh*). Als Bild ist der träufelnde Honigseim gebraucht (von 4, 8–10: 12 Anlaute mit *m-*!), nur hier begegnend. Das ist wohl nicht nur der erquickende Geschmack, der schöne Anblick (Karmesinfaden 4, 3) der Liebe, sondern auch das lauter perlende, liebliche Wort (4, 3 *miḏbārēḵ nā'wæh*; vgl. Ps 19, 11; Hermann 126; Pope 486). Auch das nächste Bild von Honig und Milch unter der Zunge weist in diese Richtung (Ps 66, 17 positiv; Ps 10, 7; Ijob 20, 12 negativ). Das Bild des Honigs für die Liebe begegnet öfter in der altmesop. Literatur, besonders für den Geliebten (vgl. ANET 645 der „Honigmann'; Ringgren, ZAW 65, 1953, 300–302; ATD 16/2[3], 274 Anm. 9).

Spr 5, 3–5 ist das Kontrastbild zu Hld 4, 10f., ausgesagt von den Lippen der Fremden (*zārāh, nŏḵrijāh*). Gleich ist der Satz von den honigträufelnden Lippen, wo der Honig sonst für die köstliche, heilende Wirkung des Wortes und selbst der Weisheit steht (Spr 16, 24; 24, 13; zu 5, 2f. verstärkend Dahood 65f.). Doch schon der nächste Passus lautet anders: statt der milden, kräftigenden Milch das glatte Öl am Gaumen, die Fülle der Worte und die Glätte der Lippen, der Rede und des Kusses, die den Jüngling verführt (7, 13–22, bes. 7, 13. 21), ihn schließlich wie ein Rind zum Schlachter führt (7, 22). Bei der Fremden ist keine Rede von Liebe, es gibt vielmehr statt der Milde von Milch und Honig die Schärfe des Gifts (→ לענה *la'anāh*), die Zunge wird zum Schwert, die Beine führen zum Tod, haften an der Unterwelt. Man wird das Bild der Fremden nicht einseitig festlegen dürfen und es wohl in erster Linie im Gegenüber zur eigenen Frau (*'iššāh* Spr 5, 18; *kallāh* Hld 4, 11) sehen können (ausgewogen zuletzt mit Literaturangabe: U. Winter, Frau und Göttin, OBO 53, 1983, 613–625).

3. Ijob 29 spricht von Glück, Ansehen, Fülle und Kraft vergangener Tage (29, 3–5. 6–7. 18–20). Auf diese Fülle der Kraft, die in Rat und Wort lebendig wird, hören die Alten und die Jünglinge, die Fürsten und Vornehmen (vv. 8–10), im besonderen die Armen (vv. 11–16). Ihnen ist Ijob Auge, Fuß, Hand, Vater und Licht (vv. 13–16. 24). Sie hören, harren und schweigen auf seinen Rat hin, wie man auf JHWH harrt und still ist (Ps 37, 7; Klgl 3, 26 → דמה II *dāmāh* 282; → יחל *jāḥal* 606. 608). Die Wartenden, die der dürren Erde gleichen, trifft das Wort Ijobs wie der Regen (v. 22: *'ālêmô tiṭṭop millāṯî*), der sonst JHWHs Werk ist (Ijob 28, 26; 37, 6; 38, 28), wie der Spätregen (*malqôš* → מטר *māṭār* 829. 832; AuS 1/2, 302–304), nach dem sie ihren Mund aufsperren wie nach JHWHs Wort (Ps 119, 131; vgl. Ijob 29, 22f. die Wortspiele *millāṯî- māṭār- malqôš*: *pîhæm pā'arû*). Und Ijob ist es auch, der JHWHs *ṣæḏæq* und *mišpāṭ* als Gewand angezogen hat (v. 14). Es mag sein, daß diese Fülle an Bildern relativ spät entstanden ist (F. Stier, Das Buch Ijob, 1954, 318f.), jedenfalls wohl Texte wie Ps 1; Jer 17, 8 u.a. (vgl. G. Fohrer, KAT XVI 410) voraussetzt.

4. Vielleicht ist Ijob 29, 22 auch etwas behilflich, die schwierigen Stellen des prophetischen Sprechens von Am 7, 16; Ez 21, 2. 6 und Mi 2, 6. 11 zu verstehen. Jedenfalls wird in diesen *hiph*-Belegen nie ausdrücklich gesagt, wie das *nṭp* gemeint ist. Der älteste Beleg dürfte Am 7, 16 (sek.) sein. Dort steht *hiṭṭîp 'al bêṯ jiśḥāq* des Amos parallel zum Prophezeien (*hinnāḇe' 'al-jiśrā'el*), desgleichen vv. 12. 13, wo das Prophezeien zusätzlich als Brotberuf (*'æḵŏl-šām læḥæm*) verstanden wird. Die LXX hat v. 16 negativ: ὀχλαγωγεῖν – „Demagoge sein", Symm. ἐπιτιμᾶν „schelten", was wohl nicht aus der Luft gegriffen ist (so auch W. Rudolph, KAT XIII/2, 251), sondern von v. 10 *qāšar 'al* eine „Verschwörung betreiben gegen" kommt. Festzuhalten ist jedenfalls, daß es sich um

eine Unheilsbotschaft handelt, die den Hörern mehr als suspekt ist, und ganz fehlt dieser Charakter auch Ez 21, 2. 6 nicht. Sicherlich gehört hier *nṭp* einmal zum vollständigen Akt prophetischen Sprechens (*śîm pānækā dæræk̲ – hattep̱ 'æl – hinnāḇe' 'æl – 'amar̲tā le*, vgl. F. Hossfeld, FzB 20, 381 f. 433; W. Zimmerli, BK XIII/1, 464), das nach allen Himmelsrichtungen geschieht und so *hinnāḇe'* parallel ist; doch umfaßt sie als Botschaft des unentrinnbaren Unheils (*lo' tik̲bæh-lo' tāšûḇ*) jeden (*kŏl-pānîm – kŏl-bāśār* vv. 3. 4. 9; *ṣaddîq werāšā'* v. 8). Die Wirkung dieses Sprechens auf die Hörer ist (*halo' memaššel mešālîm hû'*, v. 5) eine sicher negative (gegen Zimmerli; H. W. Wolff, BK XIV/2, 363). *nṭp hiph* ist nicht einfach Synonym zu *hinnāḇe'*, vielmehr dürfte das tertium comparationis in der Unverfügbarkeit (auch *mšl*) des Regens / der Witterung, freilich auch letztlich des Segens der prophetischen Botschaft liegen. Von einem ekstatischen Geifern gar (A. Jepsen, Nabi, 1934, 11) ist in unseren Belegen nichts zu verspüren, zudem begegnet das Verb nie in den Stellen vom typisch ekstatischen Sprechen (F. Ellermeier, Prophetie in Mari und Israel, 1968, 180f.). Mi 2, 6–11 ist ein Diskussionswort (E. Neiderhiser, Considerations on the Nature of the Discourse, BTB 11, 1981, 104–107), das mit der Oberschicht des Hauses Jakob geführt wird. Die Beschwerden der Hörer ergehen über dieses Prophezeien (*hiṭṭîp̱* v. 6), das dunkel ist (*māšāl* v. 4) und nur Kalamitäten (*kelimmôṯ* v. 6) ankündigt. Sie selber wollen wider JHWH rechten, prophezeien (v. 7), sich selber einen Wind- und Lügenpropheten (*maṭṭîp̱*) wünschen, der wohl weniger „die Lieblingsthemen der Offiziere und Soldaten" (Wolff, BK XIV/4, 54f.) anbietet, sondern dem Verkünder des Unheils als Heilsprophet einer idealen Zukunft (vgl. Am 9, 13; Joël 4, 18) gegenüberstehen soll. Das Bild des Lügenpropheten, der Wasser der Lüge über Israel ausgießt, begegnet dann in Qumran in der Damaskusschrift als einer, der Wind wägt (CD 8, 13; 19, 25) und in die Wüste irreführt (CD 1, 14f.), in 1 QpHab 10, 9, wo er eine Trugstadt aus Blut baut und eine Gemeinde mit Lüge errichtet, sowie im Pešer zu Mi 1, 5–7 (1 Q 14, 8–10 [DJD 1, 78]). Vielleicht ist dieser dann Vorstufe des Lügenpropheten in Offb 16, 13; 19, 20; 20, 10 (M. A. Klopfenstein, THAT I 823).

III. 1. Ri 5 ist in Form eines Hymnus gestaltet und gerade die vv. 2–9 sind eingefaßt vom Lobpreis JHWHs (*bārekû JHWH*, vgl. J. Blenkinsopp, Bibl 42, 1961, 61–76), dann auch die vv. 4f., ihn, JHWH, als den Gott Israels feiernd. JHWH zieht in einer mächtigen Theophanie aus von Seir und Edom, was wohl parallel und deckungsgleich ist (M. Weippert, Edom und Israel, TRE 9, 1982, 291) und wie der Sinai, Paran und Teman (Dtn 33, 2; Hab 3, 3) vielleicht JHWHs ursprüngliche Heimat darstellt (Weippert, Jahwe, RLA 5, 1976/80, 250f. 252; → יצא *jāṣā'* 803f.). Es ist ein Ausziehen zum Kampf (v. 8 *lāḥæm*), zu Siegestaten (*ṣiḏqoṯ* v. 11), andererseits dann ein Hinabschreiten vom Tabor wohl mit den Helden Israels (vv. 11. 13. 14), deren Schild und Speer allein JHWH ist. Es ist ein konkreter Kampf gegen die Könige Kanaans (v. 19 *nilḥam*). Bei diesem Auszug JHWHs bebt die Erde, der Kosmos gerät in Aufruhr (vgl. bes. Ps 77, 18f.; 18, 8; Jes 24, 18 → ארץ *'æræṣ* 427), die Himmel triefen, die Wolken triefen – Wasser! Es besteht kein ernsthafter Grund, den Text zu kürzen (J. Jeremias, Theophanie, WMANT 10, [2]1977, 11 u.a.) oder anders zu übersetzen (Bild des Schwankens: Lipiński 199; Vogt, Himmel 207–209), denn der wiederholende Stil ist typisch für das Deboralied (vgl. A. J. Hauser, JBL 99, 1980, 23–41; M. O'Connor, Hebrew Verse Structure, Winona Lake 1980, 220. 362f. u. ö.). Auch vom Weltbild her ist durch das Triefen von Himmel und Wolken eine unüberbietbare Fülle wie bei der Sintflut ausgesagt (Gen 7, 11f.; 8, 2; vgl. E. F. Sutcliffe, VT 3, 1953, 99–103; Ph. Reymond, L'eau, sa vie, et sa signification dans l'Ancien Testament, VTS 6, 1958, 202–207). Vor allem ist wohl v. 20f. heranzuziehen. Die Niederlage der kanaan. Koalition geschieht gerade durch das Wasser vom Himmel (die Sterne als Regenbringer, vgl. Blenkinsopp 73; R. G. Boling, AB 6A, 113) und das Wasser aus der Tiefe (*qeḏûmîm – qîšôn*, vgl. auch die gleichen *n*- und *q*-Anlaute vv. 4f. 20f.). So wird man ebenso vom „Fließen" (*nāzal*) der Berge sprechen können und *nzl* zu *nṭp* parallel sehen, zumal das Triefen der Berge (*nṭp*) auch Am 9, 13; Joël 4, 18 begegnet. JHWH wird noch sehr ursprünglich als „der vom Sinai", als Berggott dann auch am Tabor gefeiert worden sein.

Einem Prozessionshymnus gleich ist Ps 68 mit seinen Imperativen des Lobpreises (vv. 5. 33. 35), mit der Wiederholung des Segensspruches (*brk* vv. 20. 27. 36). JHWH kommt v. 8 nicht mehr wie Ri 5, 4 von einem bestimmten Ort, er ist an seinem Heiligtum in der Höhe (vv. 6. 18. 19. 25. 36) und in Jerusalem (v. 29); Sinai (vv. 9. 18) ist eher Name als Herkunft (anders M. Dahood, AB 17, 143; H. J. Kraus, BK XV/2, 632 u. ö. denkt wohl zu unrecht an den Tabor). Von dort steht er auf, dorthin kehrt er von Basan, von den Gottesfeinden, den Götter-Giebeln (vv. 16f. 23, vgl. P. A. H. de Boer, VT 1, 1951, 53f.) zurück (vgl. die Verben *qûm*, *jāšaḇ*, *šāḵan*, *'ālāh le* vv. 2. 17. 19). JHWH schreitet vor seinem Volk in der Einöde-Wüste (ohne Artikel: *ješîmôn* Dtn 32, 10; Jes 43, 19. 20 u. ö.). Ps 68, 9 hebt anders als Ri 5, 4f. nach einem *sælāh* neu an. Wie in Ri 5, 4f. steht die Erschütterung des Kosmos, von Erde und Himmel da. Der Feind soll getroffen werden, vor Gott (*mippenê*) vergehen (3mal vv. 2. 3 wie v. 9), zerstieben, entfliehen, verweht werden, zerfließen. Aber gerade durch die Verbindung von v. 9 und 10 gewinnt wohl *nṭp* auch eine positive Komponente: JHWH bringt über sein erschöpftes, dürres Erbteil (→ לאה *lā'āh* 410f., vgl. *ješîmôn*) Regen (*gæšæm*, vgl. L. Stadelmann, The Hebrew Conception of the World, AnBibl 39, Rom 1970, 115), er richtet es wieder auf (v. 10), er, der gerade der „Wolkenreiter" (vv. 15. 18. 34) ist (Vogt,

Regen 359–361 zerstört durch die Umstellung den Zusammenhang).

2. Ijob 36, 27: Gott selber (*'el*) trennt die Wassertropfen vom großen Reservoir über dem Firmament (N. Peters, EHAT 21, 415), sie, die schließlich Regen seihen (M. Pope, AB 15, 231: „distill") aus dem Himmelsozean (*'eḏ*, vgl. Pope). Dann können die Wolken Regen rieseln (*nāzal*), träufeln auf die Menge der Menschen (nicht *r^eḇîḇîm* wie E. F. Sutcliffe, Bibl 30, 1949, 82; Pope 236). Wie in Ri 5, 4f. und Spr 3, 20 sind wieder Himmelsozean und Wolken am Geschehen beteiligt, wie in Ps 68, 9f. ist dieser Regen gleicherweise zum Gericht (v. 31: *bām jāḏîn 'ammîm*) und zum Heil, zu Speise im Überfluß (v. 31b; Sutcliffe 85). Gottes Handeln am Firmament vergeht nicht (v. 26b: *mispar šānājw w^elo' ḥeqær*). Es trifft alle Menschen (*'āḏām rāḇ*) zum Heil und zum Unheil.

3. Der Text Am 9, 13–15 ist wohl eine Einheit (anders P. Weimar, BN 16, 1981, 60–100, bes. 89–94), die, später entstanden, als Gottesrede gerahmt, das Handeln JHWHs an Israel in den Vordergrund stellt. Er führt sein Volk aus der Gefangenschaft heim (v. 14a), gibt ihm seinen Boden wieder und pflanzt es darauf ein (*nāṯan*/*nāṭa'*). Feld (v. 13), Stadt und Garten (v. 14) werden durch sein Handeln neu, sein Einpflanzen des Volkes findet sein Widerspiel im Tun des Menschen (v. 13a *nāṭa'*, *'āśāh*). Der Erdboden ist in seiner Fülle wiederhergestellt, der Kreislauf nach der Zerstörung, das Bauen und Wohnen, das Pflanzen der Weinberge, Bauen der Gärten und der Genuß der Frucht (v. 14); der engere Kreislauf des Jahres: Bebauen und Ernten (v. 13a). Das Bleiben und Fruchtbringen (*jāšaḇ – šāṯāh – 'āḵal*), das Genießen ist ausgesagt, vielleicht gar nicht so sehr die stete monatliche Fruchtbarkeit (H. W. Wolff, BK XIV/2, 407). So ist das Triefen der Berge von Süßmost (v. 13 *hiph*!) Reaktion des Erdbodens (wie der Menschen) auf JHWHs Handeln. Es ist zugleich wohl Zeichen eines ungeahnten Überflusses, der die Kulturarbeit des Menschen fast in paradiesischer Ahnung erleichtert. Wie die Berge von Most triefen, wogen die Hügel, vergleichbar jenem beim Gericht JHWHs (9, 5). Aber nicht mehr Trauer ist die Folge, sondern Trunkenheit, wie man das Verb *mûḡ* hier am besten übersetzt, Schwanken (vgl. die Klammern v. 13aβ. 14b. 14aγ) vom Rauschtrank (*'āsîs*; kein Wogen des Weins: Wolff 407; Aufweichen des Bodens → מוג *mûḡ* 726; vgl. K. Koch u.a., Amos, AOAT 30, 1976, 240f.; LXX σύμφυτοι ἔσονται „fully cultivated" Liddell-Scott 1689).

Wieder wie Am 9, 13–15 ist Joël 4, 18 eingebettet in eine JHWH-Rede, wieder steht es im Zusammenhang mit der Heimführung des Volkes. Die Stätte JHWHs ist der Zion (4, 17. 21), um ihn herum gleichsam liegt das Land als neuer paradiesischer Garten (vgl. Ez 34, 13; 35, 8; 36, 6). Die Berge, früher Stätten des Gerichts (Joël 2, 2. 5), vom Feuer versehrt, sind jetzt Zeugen der Fruchtbarkeit (vgl. KTU 1.6, III, 6f. 12f. vom Auferstehen Ba'als: „Die Himmel regnen Öl, die Täler fließen von Honig"); die Hügel fließen von Milch, wo früher das Vieh stöhnte und die Rinderherden umherschwankten (1, 18). Wo die Trunkenen und Weintrinker um den Traubenmost heulen, da er von ihrem Mund vertilgt ist (1, 5), trieft er nun für alle von den Bergen. Joël 4, 18 greift wohl das Bild der üppigen Fruchtbarkeit (2, 18–27) auf, aber das lebendige, konkrete Bild verliert an Farbe, spannt sich dafür hinaus in die Zeiten. Wie die Bäche Judas immer fließen (*hālaḵ*), so ist die paradiesische Fruchtbarkeit beständig. Vom Haus JHWHs aus, das ohne Opfer war (1, 9. 13. 14. 16) wie das Land ohne Speise, vom Zion geht (wie Gen 2, 10 vom Garten Eden) eine Quelle aus, Anfang und Ende verbindend (wie Ez 47, 1–12), alles tränkend (vgl. Sach 14, 8; Ps 36, 5ff.; 46, 5; 65, 10: → הר *har* 482). Mit der Nennung des „Akazientals" führt der Text vielleicht Juda zurück an die Pforten des neuen Landes (vgl. Jos 2, 1; 3, 1; möglicherweise sind Jeschimon Ps 68, 9; Akazienta1 und Netafot verwandte Traditionen), wo es im Angesicht der unfruchtbaren Stätten der Feinde (v. 19) auf immer wohnen soll (v. 20). Von der Reaktion der Menschen ist nicht mehr die Rede, es sei denn, daß man Joël 3, 1–3, die Ausgießung des Gottesgeistes, mit Joël 4, 18 verbinden kann.

Madl

נָטַר *nāṭar*

מַטָּרָה *maṭṭārāh*

I. Etymologie und Verbreitung – 1. Etymologie – 2. Das Verb im AT und seine Synonyme – 3. Derivate – 4. LXX – 5. Qumran – II. Hüten und Bewahren – 1. Hüten des Weinbergs – 2. Bewahren des Wortes – III. Lev 19, 18: Der Zorn gegen den Volksgenossen – IV. Das Zürnen JHWHs – 1. gegen sein Volk – 2. gegen seine Feinde.

Lit.: *G. R. Driver*, Studies in the Vocabulary of the Old Testament III (JThS 32, 1931, 361–366). – *M. Held*, Studies in Biblical Homonyms in the Light of Accadian (JANES 3, 1971, 46–55). – *W. J. Odendaal*, A Comparative Study of the Proto-Semitic Root nṭr (Diss. Univ. of Stellenbosch 1966). – *G. Sauer*, נצר *nṣr* bewachen (THAT II 99–101).

I. 1. Es ist die Frage, ob hinter dem Verb *nṭr* zwei Homonyme stehen. Von ihnen wäre das eine mit akk. *nadāru* 'wild, rabiat sein' (AHw 703) verwandt (was aber phonetisch schwierig ist) und zu *šamāru* I 'toben, wüten' (AHw 1154) parallel, wie etwa Driver (361–363) und nach ihm KBL², O. Rössler (ZAW 74, 1962, 126), M. Held und K. J. Cathcart (BietOr 26,

1973, 42–44) für Jer 3, 5; Am 1, 11 corr., dann für Lev 19, 18; Jer 3, 12; Ps 103, 9; Nah 1, 2 annehmen und auch W. J. Odendaal vorauszusetzen scheint. Das zweite Homonym kommt von ursemit. *nṭr*, akk. *naṣāru*, ugar. *nǵr*, äg.-aram. *nṭr*, ältere hebr. Form *nṣr*, und begegnet in der späteren Form *nṭr* Hld 1, 6; 8, 11. 12 (+ aram. Dan 7, 28) in der Bedeutung 'bewachen, schützen, bewahren'. Aram. *nṭr* ist erst in Elephantine belegt (J. A. Fitzmyer, JAOS 81, 1961, 202; Bibl 46, 1965, 54), es ist aber nicht sicher, ob hebr. *nṭr* sich unter Einfluß des Aram. oder analog dem Aram. entwickelte (Odendaal 158). Zum Aram., Nab., Palm. vgl. DISO 178. Die gleiche Wurzel für beide *nṭr* nehmen etwa Gesenius, Thesaurus 879; GesB 502; Zorell 514; KBL³ 656f. an und sprechen Jer 3, 5. 12 u.a. von: „Zorn *bewahren*", „*dauernd* zürnen". → נצר *nāṣar*.

Für die Herleitung von *einer* Wurzel scheinen zu sprechen: die Fortdauer des Zürnens ist ausgedrückt 1. durch die Bestimmung *leʿôlām* (Jer 3, 5. 12; Ps 103, 9; vgl. Am 1, 11); 2. durch die Verbbasis *šāmar* (Jer 3, 5; Am 1, 11); *rîḇ lānæṣaḥ* (Ps 103, 9); *śāneʾ* – *ʾāhaḇ* (Lev 19, 17); das einen Zustand ausdrückende *ḥāsîḏ ʾanî* (Jer 3, 12); 3. durch die Verbalform des Ptz. act. Nah 1, 2.

2. Alle Belege stehen im *qal*. Formal unterscheiden sich die Stellen Hld 1, 6; 8, 11. 12; Dan 7, 28; Lev 19, 18 von den übrigen durch die Angabe eines Akk. obj.: *kerāmîm*; *karmî* (Hld 1, 6); *pirjô* (8, 12, vgl. *kæræm* 8, 11); *milletā*ʾ (Dan 7, 28); *ʾæṯ benê ʿammæḵā* (Lev 19, 18). Als Präp. obj. begegnet *leṣārājw* (Nah 1, 2) sonst nur noch die adverbielle Bestimmung *leʿôlām* (Jer 3, 5. 12; Ps 103, 9). Als Synonyme finden sich bei der Bedeutung 'zürnen' *nāqam* (Lev 19, 18; Nah 1, 2) – *šāmar* (Jer 3, 5; Am 1, 11) – *rîḇ* (Ps 103, 9) – *hippîl pānaj bāḵæm* (Jer 3, 12).

3. Als Derivat erscheint *maṭṭārāh* (Klgl 3, 12 *maṭṭārāʾ* nach der aram. Orthographie; s. BLe § 62x; M. Wagner, BZAW 96, 1966, 83f.: fem.; vgl. aram. *manṭerāʾ* 'Bewachung' u.ä.; DISO 159) in der Bedeutung 'Ziel(scheibe)' (1 Sam 20, 20; Ijob 16, 12; Klgl 3, 12) und 'Wache/Wachthof' (Jer 32, 2. 8. 12; 33, 1; 37, 21 [2mal]; 38, 6. 13. 28; 39, 14. 15; Neh 3, 25); 'Wachttor' (Neh 12, 39). Verwendet 1 Sam 20, 20 das Wort im konkreten Sinn der 'Zielscheibe' für Jonatans Pfeile (zur Sache vgl. H. J. Stoebe, KAT VIII/1, 387; AuS VI 330–332; BRL² 49. 89), so Ijob 16, 12; Klgl 3, 12 im übertragenen Sinn für den Leib bzw. die Nieren (→ כליות *kelājôṯ* IV 189f.) des von Gottes Geschossen schwer Getroffenen (→ חץ *ḥeṣ*). Im 'Wachthof' (Jer-Belege) ist Jeremia verwahrt (*kālûʾ* 32, 2; *ʿāṣûr* 33, 1; 39, 15; *jāšaḇ* 37, 21; 38, 13. 21; 39, 14), er scheint eine gewisse Bewegungsfreiheit zu genießen, kann Verträge schließen (32, 12), hat beschränktes Ausgehrecht (37, 11 ff.; nicht in den Tempel 36, 5), Redefreiheit (38, 1) und genügend Kost (37, 21), doch gibt es auch die Möglichkeit der Verschärfung der Haft (Gefangenenhaus 37, 11–16; Zisterne 38, 6ff.), die fast zum Tod führen kann (zur Sache R. de Vaux, LO I 258). Neh 3, 25; 12, 39 handelt es sich wohl nur mehr um reine Bautermini.

4. Die LXX verwendet für *nṭr* mehrere Wörter: φυλάσσω (Hld 1, 6); φυλάκισσα (1, 6); τηρέω (8, 11. 12); συντηρέω (Dan 7, 28). Für die Belege mit „zürnen" erscheint μηνίω, 'wüten, grollen' (Lev 19, 18; Jer 3, 12; Ps 103, 9), ἐξ-αίρω (Nah 1, 2) und δια-μένω/δια-φυλάσσω (für *nāṭar*/*šāmar*, Jer 3, 5), was auch schon die Schwierigkeiten der LXX in der Wiedergabe der Wurzel spiegelt. Für „Wachthof" steht einheitlich αὐλῇ τῆς φυλακῆς; Neh 12, 39 hat προβατική, „Schaftor". 1 Sam 20, 20 ist das unbekannte ἀμάτταρις gebraucht, Ijob 16, 12; Klgl 3, 12 σκοπός – eine Bedeutungserweiterung gegenüber *maṭṭārāh*.

5. In Qumran dient das Verb meist zur Exegese von Lev 19, 18 (1 QS 7, 8; CD 7, 2; 8, 5; 9, 2. 4; 13, 18; 19, 18), teils die Gemeindeglieder meinend (CD 7, 2; 9, 2. 4; 13, 18; 1 QS 7, 8: konkretes Strafmaß), teils die der Gemeinde Abtrünnigen (CD 8, 5; 19, 18). CD 9, 5 bezieht Nah 1, 2 auf Lev 19, 18; 1 QS 10, 20 legt Jer 3, 12 mit ähnlichen Vokabeln aus. *nṭr* 'zürnen' findet sich noch 4 QFlor 4, 2; als „bewachen/schützen" 6 Q 31 frag. 1.

II. 1. Hld 1, 6b ist stilistisch eingebunden in den Abschnitt 1, 5–8 (anders E. Würthwein, HAT I/18, 40f.; G. Gerleman, BK XVIII² 99–104), vielleicht sind die Töchter Jerusalems auch die Sprecher von v. 8 (vgl. 5, 9; 6, 1; zum Abschnitt neuerdings N. Lohfink, ThPh 58, 1983, 239–241; M. Görg, BN 21, 1983, 101–115; F. Landy, BLS 7, Sheffield 1983, 142–152), jedenfalls scheint eine Klammer zwischen der Lieblichkeit (5a *nāʾwāh*) und der Schönheit (8a *jāpāh*) des Mädchens zu bestehen (ähnlich G. Krinetzki, BET 16, 1981, 72). Die „Söhne meiner Mutter" treten parallel zu den Töchtern Jerusalems auf, auch sie in eher negativer Form. Sie lassen das Mädchen ihre („die") Weinberge hüten. Sie wird der Gartenwächterin des Pap. Anastasi I (vgl. Görg 109–111) vergleichbar, die sich dem Besucher in Liebe hingibt (zum Weinberghüter vgl. ugar. *nǵr krm* KTU 4.609, 12; 1.92, 23). Die Weinberge sind mit der gemeinsamen Liebe der Braut und ihres „königlichen" Geliebten (2, 15; 7, 13) assoziativ verbunden. Ihr Weinberg (*karmî*) ist ihr Leib (→ IV 339: *kæræm* als Bild für den Leib der Frau); in ihrer Liebe (1, 7) vermag sie ihn nicht zu hüten. – Hld 8, 11 f. sagt noch Genaueres aus. Es ist die Rede vom Weinberg Salomos. Der Bogen rundet sich zu 1, 2. 4; 2, 4, sein Weinberg (R. Tournay, CRB 21, 1982, 27) ist zugleich der ihre (*karmî šællî lepānaj*). Der Weinberg ist ja jener in *baʿal hāmôn* – jener Abrahams? (*ʾaḇ hamôn* Gen 17, 4. 5), vielleicht der JHWHs (Jes 5, 1 *kæræm hājāh lîdîdî*); der Ertrag (Jes 7, 23) jener Israels? Die Wächter hüten die Frucht, letztlich ist JHWH selber der Weinbergwächter (Jes 27, 3 *ʾanî JHWH noṣerāh*); Tournay 27 deutet die Zahl 1000 auf 1 Kön 11, 3; Würthwein und W. Rudolph, KAT XVII 184 auf Jes 7, 23; zum Bild vgl. AuS 4, 316ff. 332ff.).

2. Dan 7, 28 schließt die Vision Kap. 7 ab und ist Dan 8, 24; 4 Esra 10, 50; 12, 35; Offb 13, 9. 18 darin

vergleichbar. Das Bewahren eines Wortes (*šāmar 'æṯ haddāḇār*) begegnet für Jakob gegenüber Josef (Gen 37, 11), für das Hüten (*nāṣar*) der Gebote des Weisheitslehrers im Herzen (Spr 3, 1) und ist verwandt der Wendung „kein Wort zu Boden fallen lassen" 1 Sam 3, 19; Est 6, 10. Es meint die Worte behalten, denn sie werden dereinst eintreffen (vgl. Jos 21, 45; 23, 14; 1 Kön 8, 56; 2 Kön 10, 10). Der Mensch soll alle Worte Gottes bewahren und im Herzen bewegen, bis sie erfüllt sind (vgl. Lk 2, 19).

III. Lev 19, 17f. ist jetzt (der positive Teil als Erweiterung s. H. Reventlow, WMANT 6, 1961, 72; E. Gerstenberger, WMANT 20, 1965, 81; → לב *leḇ* IV 431f.) eine Einheit, die von den beiden Kontrasten *śāne'* 'hassen' und *'āhaḇ* 'lieben' parallel umfaßt wird. Vielleicht betrifft die Mahnung eher den persönlichen, intimen Bereich des Menschen als den forensischen (vgl. den Kontrast *bammišpāṭ* – *bilᵉḇāḇækā* vv. 15a/17a). Das Verb „hassen" wird im Parallelismus durch *lo' tiqqom* und *lo' tiṭṭor* 'sich rächen' und 'grollen', in Einzelakten und stets wiederkehrender Weise, konkretisiert. Bruder und Volksgenossen soll man nicht in innerem schwelendem Haß, sondern in steter klarer Zurechtweisung gegenüberstehen. Haß trägt Schuld bis auf den Tod davon; deshalb soll Entgegnung nur in Liebe erfolgen, die auch im Innersten beheimatet sein muß (vgl. zur Thematik F. Maass, Festschr. F. Baumgärtel, 1959, 109–113; J. L'Hour, Morale et Ancien Testament, Louvain 1976, 57f.).

IV. 1. Wahrscheinlich die ältesten Belege von *nāṭar* 'zürnen' sind Jer 3, 5. 12. 3, 5 besteht aus einer Doppelfrage des Volkes. Der erste Passus „wird er für ewig zürnen?", ist eindeutig, der zweite Stichos *'im-jišmor lānæṣaḥ* hingegen kann als Parallele oder als Antithese verstanden werden. Einmal mit Ergänzung von *'ap* (vgl. Am 1, 11; ähnlich LXX), vom Beibehalten des Zorns (parallel auch die meisten *hᵃ–'im*-Sätze bei Jer außer etwa 2, 14; *næṣaḥ* negativ Jer 15, 18; 50, 39; so meist die Komm., z. St. vgl. B. O. Long, ZAW 88, 1976, 386–390; D. Jobling, VT 28, 1978, 45–55), zum anderen im Sinn von „oder wird er für immer bewahren?" (*šāmar* Jer 5, 24; 31, 10 positiv). Es mag sein, daß vv. 6–12a später entstanden sind (überzeugend W. McKane, VTS 32, 1981, 220–237, anders J. A. Thompson, NICOT, 1980, 193; J. Schreiner, Jeremia 1–25, 14, NEB, 1981, 25f.), jedenfalls steht am Ende, Israels Frage 3, 5 aufhebend, JHWHs mächtiger Spruch von der Vergebung: er ist *ḥāsîḏ* und grollt nicht. Er läßt sein Angesicht nicht gegen sein Volk fallen (vgl. J. Reindl, Das Angesicht Gottes im Sprachgebrauch des Alten Testaments, 1970, 125f.; → פנים *pānîm*).
Die Mitte von Ps 103 ist das Bekenntnis v. 8 „barmherzig und gnädig ist der Herr, langmütig und reich an Güte". Es findet sich gleich in Ex 34, 6; Ps 86, 15, mit Umstellung Joël 2, 13; Jona 4, 2, verkürzt Num 14, 18; Nah 1, 3 (J. Scharbert, Bibl 38, 1957, 130–150). Die Negativ-Formulierungen vv. 9. 10 („er rechtet [*riḇ*] nicht auf immer, zürnt [*nṭr*] nicht ewiglich") sind gleichsam die Exegese des *raḇ-ḥæsæḏ*, Ausdruck seiner Treue (*'ᵆmæṯ* Ex 34, 6), ja v. 10 geht noch über die Vergeltung des Bösen Ex 34, 7b hinaus. Gegen Gottes Zürnen steht sein Erbarmen als Vater, gegenüber seinem Grimm währt seine Huld von immer auf ewig (v. 17, *lānæṣaḥ-lᵉ'ôlām* v. 9).
2. Es ist wahrscheinlich, daß die Theophanieschilderung Nah 1, 3b–6 mit dem Akrostichon sekundäre Elemente aufweist (für eine Einheit vv. 2–8 plädieren S. J. de Vries, VT 16, 1966, 476–481; C. A. Keller, CAT XIb, 109–114; D. L. Christensen, ZAW 87, 1975, 17–30). Nach v. 2 ist der zürnende Gott (*noṭer*) wohl der eifernde (*qannô'*), wie die Parallelen zu *noqem* ergeben, vor dessen Wüten (v. 6) niemand standhalten kann. Seiner Langmut (v. 3) kontrastiert seine Grimmglut gegen die Feinde (v. 6), die wie Feuer leckt und Felsen springen läßt. JHWHs Langmut gilt denen, die auf ihn trauen (v. 7), seine Eifersucht und Grimm den Feinden (*'ojᵉḇājw* v. 2b), vielleicht weniger den Feinden des Volkes als jenen aus den eigenen Reihen (*'el qn'*! vv. 9–11. 14).

Madl

נָטַשׁ *nāṭaš*

נְטִישָׁה *nᵉṭîšāh*

I. Bedeutung, Vorkommen – II. Konkreter Gebrauch im AT – III. Theologischer Gebrauch im AT – 1. JHWH und Israel: Das Bundesverhältnis – 2. JHWH und die Völker: Schöpfung und Chaos – 2. Weisheitsliteratur.

I. Den verschiedenen Bedeutungen des Verbs *nāṭaš* liegt eine Grundvorstellung von Trennung zugrunde. Im bibl. und nachbibl. Hebr. bedeutet *nāṭaš* 'verlassen, (aus-)breiten, herunterlassen, herunterwerfen, preisgeben' (KBL³ 657, Dalman, Aram.-Neuhebr. Wb 269). Eine Verbindung zu arab. *naṭisa* 'anspruchsvoll, peinlich genau, scharfsinnig sein', auch 'sich von etwas Unreinem entfernen' (Freytag IV 295; Lane 2810) ist unsicher. Die Wurzel ist im Ugar. unbekannt. LXX übersetzt *nāṭaš* unterschiedlich. In Abschnitten, in denen JHWH Israel preisgibt oder nicht – bes. in DtrGW und in Ps – wird normalerweise ἀπωθέω gebraucht.
a) *nāṭaš qal* kommt 33mal im AT vor (+ Sir 8, 8). Meistens bedeutet es 'preisgeben, hinwerfen', gelegentlich 'ausbreiten'. Im allgemeinen wird *nāṭaš* in der Poesie und der Prosa mit *'āzaḇ* verbunden (1 Kön 8, 57; Jer 12, 7; Ps 27, 9). Wenn man vom Kontext her urteilt, könnte *nāṭaš* ein 'aufgeben' in einem konkreten und sozusagen achtlosen Sinne meinen. Jer 7, 29 und Sir 8, 8f. stehen *nāṭaš* und *mā'as* parallel.

nāṭaš kann zugleich ein neutraleres 'verlassen' meinen (wie *'āzab*). 1 Sam 17, 20. 22 gibt David seine Schafe und seinen Proviant, die er an der Kriegsfront brauchte, nicht auf: er läßt sie bei einem Wächter zurück. Trotzdem tadelt ihn sein Bruder Eliab, daß er sich in ungebührlicher Weise von seinen Schafen getrennt habe: „Und wem hast du die paar Schafe in der Wüste überlassen?" (v. 28). In den Gesetzen zum Sabbatjahr nimmt *nāṭaš* eine positive Bedeutung an. Ex 23, 11 bedeutet *n^eṭaštāh* „du sollst (das Land) sich selber überlassen", d. h. es brach liegen lassen. Neh 10, 32 bedeutet *niṭṭoš* „wir werden verzichten" auf den Anbau von Getreide und jetzt auch auf die Schuldforderungen. Ex 23, 11 folgt *nāṭaš* als nähere Definition auf *šāmaṭ* 'fallen lassen' oder 'loslassen'. Spr 17, 14 meint *n^eṭôš* „laß ab!" (zu der inhaltlichen Übereinstimmung mit *ḥāḏal* s. u.). Spr 1, 8 und 6, 20 bedeutet *'al-tiṭṭoš* „verwirf nicht" oder „mißachte nicht". Preisgabe oder Nicht-Preisgabe könnte demnach einen moralischen Imperativ implizieren. Da Preisgabe allgemein eine willentliche und absichtliche Handlung beinhaltet – bei JHWH ist es immer eine solche – trägt derjenige, der preisgibt, die Verantwortung für seine Tat. Wenn Israel JHWH aufgibt, ist es nachlässig und wird deshalb schuldig (Dtn 32, 15ff.). Wenn JHWH Israel preisgibt, ist er aufgrund der Vergehen Israels dazu berechtigt (2 Kön 21, 14f. u. a.). Israel preisgeben bedeutet, es absichtlich in feindliche Hände geraten zu lassen (Jer 12, 7). Man kümmert sich nicht länger um das, was verlassen wurde (Ez 29, 6; 31, 12; 32, 4; vgl. *nṭš niph* Am 5, 2). *nāṭaš* erstreckt sich also von einem Denkvorgang bis zu einer tatkräftigen Handlung. Kisch, Sauls Vater, denkt nicht mehr an die „Sache mit den Eselinnen", d. h. er hat die Suche nach ihnen aufgegeben (1 Sam 10, 2). Hier nähert *nāṭaš* sich sehr stark *ḥāḏal* 'ablassen von etwas' (vgl. die Parallele *pænjæhdal 'āḇî min hæ'^aṭonôṯ*, 1 Sam 9, 5). In den meisten Texten jedoch ist *nāṭaš* handlungsorientiert. „Preisgeben" kann dann einfach „verlassen" sein oder „fallen lassen" oder „hinwerfen". Num 11, 31 bringt ein Wind, den JHWH geschickt hat, Wachteln vom Meer heran und wirft sie in das Wüstenlager (*wajjiṭṭoš 'al-hammaḥ^anæh*). Hos 12, 15 wird die Schuld nicht einfach auf Efraims Schultern „gelassen"; sie wird zurückgebracht und dort „abgeladen" (der entsprechende Terminus in v. 15c ist *jāšîḇ*). In der prophetischen Rede, in der *nāṭaš* oft 'abwerfen' oder 'hinwerfen' bedeutet, wird „Preisgabe" im Sinn einer gewaltsamen Handlung gebraucht. LXX weist auf diese Tatsache hin, indem sie mit ῥάσσω (Jer 23, 33. 39) und καταβάλλω (Ez 29, 5 und 31, 12) übersetzt (G. R. Driver, Bibl 35, 1954, 299. 301 zieht in Ez 29, 5 und 31, 12 „niederwerfen" vor; vgl. auch Zimmerli, BK XIII und KBL³, die noch Ez 32, 4 hinzufügen. Dort [*n^eṭaštîkā* par. *'^aṭilækā*] übersetzt LXX mit ἐκτενῶσε). In nur zwei Texten bedeutet *nāṭaš qal* 'vertreiben' (vgl. dagegen *niph*), im negativen Sinn 'zerstreuen', 'verwirren'. 1 Sam 30, 16 stellt eine Szene der Verwirrung dar, wo die Amalekiter „verstreut" (KBL³: „aufgelöst") sind, während sie essen, trinken und tanzen. 1 Sam 4, 2 bedeutet *wattiṭṭoš hammilḥāmāh* „und der Kampf breitete sich aus" (EÜ: „wogte hin und her").

Eine Wurzel *jṭš* mit der Bedeutung 'zusammenstoßen', die von G. R. Driver auf der Basis des arab. *waṭasa* vorgeschlagen (JThS 34, 1933, 379) wird, ist nicht belegt (vgl. H. J. Stoebe, KAT VIII/1, 129). Anders sieht M. Dahood, Bibl 49, 1968, 361 f. hier eine zweite Wurzel *nṭš* als Nebenform zu *lāṭaš* „schärfen": „der Kampf wurde schärfer". Diese Annahme ist aber unnötig.

In Gen 31, 28 fungiert *nāṭaš* als Hilfsverb mit der Bedeutung 'lassen': „Laß mich meine Söhne küssen und meinen Töchtern 'lebe wohl' sagen." Der Ausdruck *ḥæræḇ n^eṭûšāh* (Jes 21, 15) bedeutet „gezogenes Schwert" (anders Dahood).

b) *nṭš niph* kommt 6mal im AT vor. Am 5, 2 bedeutet *niṭṭ^ešāh* „aufgegeben" oder „hingestreckt". Ri 15, 9 und 2 Sam 5, 18. 22 benutzen *jinnāṭ^ešû* im Sinn von „sie haben sich verteilt (zum Kampf)". Nach Jes 16, 8 haben Ranken „sich ausgebreitet", und nach Jes 33, 23 „hängen" die Schiffstaue „schlaff" herunter.

c) *nṭš pu* begegnet nur Jes 32, 14 (par. *'āzaḇ*) mit der Bedeutung „aufgegeben".

d) Das Nomen *n^eṭîšôṯ* (nur Pl.) kommt 3mal vor (Jes 18, 5; Jer 5, 10 und 48, 32) und bedeutet 'Zweige' oder 'rankende Zweige' (eines Weinstockes).

II. Der konkrete Gebrauch von *nāṭaš* in Ri und Sam nutzt die Nuancen der hebr. Vokabel aus und erhebt Fragen, die in theologischen Abschnitten ein noch größeres Gewicht erhalten. In 1 Sam 17 geht es um Verhältnisse, die normalerweise mit einem Verlassen und Aufgeben verbunden sind, vor allem um die Spannung zwischen Sorge und Risiko. Wenn David Schafe und Proviant auf dem Weg zum Schlachtfeld zurückläßt, dann trennt er sich von Dingen, die ihm anvertraut worden sind. In beiden Fällen zeigt David Besorgnis, indem er die Schafe einem Wächter überläßt (v. 20) und den Vorrat in der Obhut des Wächters des Trosses (v. 22) läßt. Eliab dagegen rügt v. 28 die fehlende Sorgfalt. Sollte der Wächter der Schafe unwürdig sein und den Schafen etwas zustoßen, würde man David für fahrlässig halten und man könnte den Vorwurf erheben, daß er sie aufgegeben habe. Eine solche Preisgabe zeigt einen doppelten Aspekt: 1) ein Verhältnis wird irgendwie negativ beeinflußt und 2) gilt das Aufgegebene im wesentlichen als verloren. Das gespannte Verhältnis ist hier das zu einem älteren Bruder, der die Interessen der Familie vertritt. David hingegen – wie er auch die Fähigkeit desjenigen abschätzt, dem er die Schafe überlassen hat – hat einen guten Grund für sein Verhalten. Die Philister und Goliat haben Israel in ernsthafte Gefahr gebracht. Für David hat die Sorge um das Volk Vorrang vor der um die Schafe der Familie. 1 Sam 10, 2 ist die Preisgabe wiederum gerechtfertigt dadurch, daß eine Sache eine andere an Gewicht überragt. In Abschnitten, die direkte Kampfsituationen schildern, drückt *nāṭaš* Zerstreuung und Verwirrung aus. Die Philister „breiteten sich für den Kampf (gegen Israel) aus" (Ri 15, 9; 2 Sam 5, 18. 22). Vor einem Angriff kann dies Zerstreuung und Verwirrung bedeuten. Es ist auch möglich, darin eine geregeltere Verteilung der Truppen zu sehen. Ri 15, 9 wird unterschiedlich interpretiert. Die Philister marschieren zum Kampf heran, greifen jedoch noch nicht an; vielleicht: „sie breiteten sich bei Lehi aus". (Zu 1 Sam 4, 2 s.o.) In 1 Sam 30, 16 sind die Amalekiter nach dem Beutezug gegen Philistäa und Israel „über die ganze Gegend verstreut". *nāṭaš* kann demzufolge die Bereitschaft zum Kampf beschreiben, aber auch das leichtsinnige ungeordnete Verhalten nach einem Kampf, wobei man sehr leicht angreifbar wird. Und genau das geschieht den Amalekitern, wie der Text im folgenden zeigt.

III. 1. Obwohl *nāṭaš* nie in Verbindung mit *b*^{e}*rîṯ* vorkommt, setzen die theologisch wichtigsten Belege das Bundesverhältnis voraus oder treffen direkt die Wurzel des Verhältnisses. Der Gebrauch wechselt zwischen Gnade und Gericht, Bundesbejahung und -ablehnung, Verwerfung JHWHs durch Israel und Verwerfung Israels durch JHWH.

In der Wüste verschafft JHWH dem Volk einen großen Vorrat Wachteln vom Meer. Er „wirft" sie auf das Lager als Antwort auf ihre Bitte um Fleisch (Num 31, 11). Obwohl JHWH im Grunde in barmherziger Güte handelt, behandelt er Israel gleichzeitig ein wenig fahrlässig, weil er über ihr Ersuchen empört ist; so reicht die Menge an Wachteln aus, um sie krank zu machen (v. 33; vgl. vv. 18–20). Später überzieht JHWH das Nordreich mit seinem Gericht: „Efraim hat ihn bitter gekränkt, darum wird sein Heer seine Blutschuld auf ihn werfen" *w*^{e}*ḏāmājw ʿālājw jiṭṭôš* (Hos 12, 15). Menschliche Herausforderung ist der Grund für göttliche Preisgabe (vgl. die Verbindung von *kāʿas* mit *nāṭaš* Dtn 32, 15f. 19. 21; 2 Kön 21, 14f.; Ps 78, 58ff.).

Die Sabbatjahrbestimmungen verlangen die Preisgabe der Ernte und den Schuldenerlaß. Das Bundesbuch schreibt vor, das Land im 7. Jahr sich selbst zu überlassen (Ex 23, 11). Es darf nicht gesät werden, Weinberge und Obstgärten dürfen nicht kultiviert, Früchte dürfen weder geerntet noch verkauft werden. Was jedoch von allein wächst, darf gegessen werden (vgl. Lev 25, 1–7). Dieses Gesetz wurde in der nachexil. Zeit durch Nehemia bekräftigt. Zugleich verpflichtet sich das Volk, auf alle Schuldforderungen zu verzichten (Neh 10, 32; vgl. Dtn 15, 1–6).

Die Preisgabe ist im Kontext des Bundes eine sehr ernste Angelegenheit. Im Bund haben sich JHWH als Gott Israels und Israel als Volk JHWHs zueinander verpflichtet. Bricht einer von beiden den Bund, sind ernsthafte Konsequenzen zu erwarten. Israels früheres Leben unter dem mosaischen Bund ist im Moselied, Dtn 32, zusammengefaßt, eine Schlüsselpassage, die alle folgende Verkündigung der Propheten beeinflußt und zusätzlich einen theologischen Ausblick für die dtr Geschichte gibt (Lundbom, CBQ 38, 1976, 293–302). Das Gedicht datiert mindestens am Beginn der prophetischen Bewegung, das ist die Zeit Samuels, es kann aber auch älter sein. Sein Thema ist die Gnade JHWHs. JHWHs Wohltätigkeit Israel gegenüber beantwortet Israel durch Undankbarkeit und die Preisgabe JHWHs. Dies führt zur Bestrafung Israels. Aber JHWH befreit es um seines heiligen Namens willen, wonach er den Feind bestraft. *nāṭaš* kommt in v. 15 vor, wo dargelegt wird, daß Jeschurun (= Israel) den Gott, der es erschaffen hatte, aufgab. Dies ist die Herausforderung (*kāʿas*), auf die in vv. 16. 19. 21 hingewiesen wird.

* Die bereits von Mendenhall vertretene Hypothese (Festschr. J. L. McKenzie, Missoula 1975, 63–74) einer Datierung des Moseliedes in die Zeit Samuels, steht in der Forschung ziemlich allein. Meist wird Dtn 32 als weniger der prophetischen Predigt vorauslaufend als vielmehr diese voraussetzend gedeutet und eine exilisch-spätexilische Datierung vermutet. „Es steht dtr Sprache und dtr Denken nahe, und die Vielzahl sprachlicher, stilistischer und theologischer (z. B. auch weisheitlicher) Einflüsse machen eine frühere Ansetzung unmöglich" (H. D. Preuß, EdF 164, 1982, 167). *(Fa.)*

Die dtn Theologie wird im Richterbuch durch die Begriffe von Sünde, Preisgabe in die Hände der Unterdrücker, Schreien um Hilfe und Rettung ausgedrückt. Gideon sieht diesen Konnex nicht und fragt den göttlichen Boten: „JHWH hat uns doch aus Ägypten herausgeführt. Jetzt aber hat JHWH uns verstoßen (*n*^{e}*ṭāšanû*) und uns in die Hand Midians gegeben" (Ri 6, 13). Nach Ps 78, 60 gab JHWH sein erstes Heiligtum in Schilo preis; DtrGW hat diese Erinnerung als zu schmerzlich empfunden und diese Tatsache nicht erwähnt (vgl. dagegen Jer 7, 12–14). Der Psalmist begründet die Preisgabe Schilos damit, daß Israel JHWH mit Götzenanbetung provozierte (*kāʿas* v. 58). Dtr Theologie kommt zum Ausdruck, wo Samuel seine Worte an das Volk richtet und ihrer anstößigen Bitte um einen König nachgibt (1 Sam 12). JHWH jedoch will sie um seines großen Namens willen nicht preisgeben (v. 22). Auch Salomo drückt beim Tempelweihgebet die Hoffnung aus, daß JHWH Israel nicht verlassen (*ʿāzaḇ*) noch preisgeben (*nāṭaš*) wird (1 Kön 8, 57). Eine dringende Bitte um Nicht-Preisgabe – in diesem Fall von einem einzelnen – enthält Ps 27, 9: *'al-tiṭṭ*^{e}*šenî w*^{e}*'al-taʿazḇenî '*$^{\ae}$*lohê jišʿî* „Verstoß mich nicht, verlaß mich nicht, du Gott meines Heiles".

Die Botschaft, daß JHWH Israel preisgeben muß, begegnet vornehmlich bei den Propheten. Sie fühlen mehr als jeder andere, daß das Verhältnis gebrochen ist und daß Israel in die Hand von Feinden fallen wird. Amos beklagt, daß Israel wie eine gefallene Jungfrau „hingestreckt am Boden liegt und niemand sie aufrichtet" (5, 2).

Das ἔσφαλεν der LXX verstärkt das Bild eines mit Gewalt Niedergeworfenen. Preisgabe bedeutet hier, daß sich niemand länger um Israel kümmern wird; die „Leiche" liegt hilflos sich selbst überlassen und von Gott aufgegeben (Wolff, BK XIV/2, 277). Jesaja spricht in einer frühen Predigt die Verurteilung Jerusalems aus, da JHWH sein Volk wegen des Götzendienstes preisgegeben habe (Jes 2, 6; txt? vgl. anders H. Cazelles, VT 30, 1980, 412; B. Wiklander, Prophecy as Literature [CB.OTS 22, 1984, 71 f.]; vgl. auch H. Wildberger, BK X/1, 98 f.). Die dichtbevölkerte Stadt Jerusalem wird ebenfalls aufgegeben (*ʿuzzāḇ*) und der Palast preisgegeben (*nuṭṭāš*) werden, bis ein neues Zeitalter einsetzt, in dem JHWHs Geist ausgegossen wird (Jes 32, 14 f.). Die hier visionär geschaute Preisgabe Jerusalems wird Realität z. Z. Jeremias. Jeremias Wort zeigt Beziehungen zu Dtn 32 (Holladay, JBL 85, 1966, 18–21): Israel hat wiederum JHWH aufgegeben (Jer 15, 6). Deshalb will JHWH das ganze Geschlecht in die Hände der Babylonier geben (7, 29; 12, 7). Auf die törichte Frage des Volkes „Was ist der ʿLastspruchʾ des Herrn?" soll Jeremia antworten: „Ihr seid die Bürde (LXX) und ich will euch abwerfen" (23, 33). Ein ganzes Volk und eine ganze Stadt werden gewaltsam von JHWHs Angesicht weggeschleudert (v. 39). In beiden Abschnitten übersetzt LXX *nāṭaš* mit ῥάσσω „niederstrecken". In Jer 5, 10 wird das Volk mit fremden Rebenhängen (*neṭîšôṯ*) verglichen, die nicht länger zu JHWH gehören (vgl. 2, 21). Deshalb müssen sie zerstört werden.

Neben der prophetischen Ansage der sicher eintreffenden Preisgabe existiert im AT die sichere Zusage, daß JHWH sein Volk nicht preisgeben wird (vgl. Ps 94, 14 und 1 Sam 12, 22). Wenn Israel den Mosebund bricht, muß JHWH ihn den Bedingungen gemäß ebenfalls aufkündigen. Jedoch gibt es einen bedeutenden Unterschied. Israels Preisgabe Gottes geschieht aus Nachlässigkeit, während JHWH Israel nur aus einem bestimmten Grund aufgibt. Nichtsdestoweniger besteht auf zweierlei Weise Kontinuität in dem Verhältnis: 1) Der bedingungslose Abrahamsbund unterstützt das Bundesverhältnis und 2) der gebrochene mosaische Bund wird durch einen neuen Bund ersetzt, der leichter zu erfüllen und umfassender in seiner Wirkung ist (Jer 31, 31–34).

2. JHWH sorgt auch für die Preisgabe und die Zerstörung der Feinde Israels. Jesaja beklagt die Zerstörung der berühmten Weinberge Moabs, die wie ein riesiger Weinstock mit Wurzeln in Heschbon und Sibma waren, dessen Reben nach Norden bis Jaser und nach Osten bis zur Wüste reichten, dessen „Ranken sich ausbreiteten" (*šeluḥôṯæhā niṭṭešû*) bis zum Toten Meer im Südwesten (Jes 16, 8). Jer 48, 32 ist vielleicht eine andere Fassung desselben Orakels. Die sprießenden Ranken in Jes 18, 5 sind die Triebe Assyriens, die JHWH abschneiden wird, bevor sie Äthiopien ganz zerstören. Der Text ist hier unklar. Sollte hier gemeint sein, daß JHWH mit seinem Eingreifen wartet bis zu dem Zeitpunkt, an dem ein Volk dabei ist, ein anderes vollkommen zu zerstören (vv. 3 f.), dann gibt es eine Parallele zu Dtn 32, 26 ff.; dort hält JHWH sich zurück, damit Israel nicht gänzlich durch die Feinde zerstört wird, die es bestrafen sollen. In beiden Texten greift JHWH letztendlich ein, um den Feind zu vernichten. Das unwürdige Schiff mit schlaff hängenden (*niṭṭešû*) Tauen in Jes 33, 23 könnte eine fremde Macht sein, der JHWH den Zutritt zum neuen Jerusalem verweigern will (v. 21), aber auch hier ist der Text unsicher. Der Prophet oder Kompilator wollte vielleicht ausdrücken, daß Chaos keinen Platz in der neuen Schöpfung hat (vgl. Offb 21, 27). Ezechiel verkündet in drei Abschnitten die Preisgabe Ägyptens durch JHWH – ebenso die Preisgabe der Zerstörer Ägyptens. In 29, 5 plant JHWH, Ägypten und all die Fische des Nils in die Wüste zu werfen (LXX: καταβαλῶ). Früher hatte er Wachteln dorthin geworfen, jetzt aber liegt der Akzent auf der Wegnahme der Fürsorge für ein stolzes Volk. Ägypten und die Fische werden Fraß sein für die wilden Tiere und die Vögel (vgl. auch Ez 32, 4). Ägypten war wie eine Zeder vom Libanon, jetzt aber wird ein Feind sie fällen und preisgeben; das Volk, dem Ägypten Schutz bot, wird es ebenfalls preisgeben (31, 12 [2mal]). Die Preisgabe ist eine gewaltsame Handlung. LXX liest in v. 12a: καὶ κατέβαλον αὐτὸν ἐπὶ τῶν ὀρέων „und haben sie auf die Berge hingeworfen" (Zimmerli, BK XIII/2, 747).

3. Spr 1, 8 und 6, 20 wird man ermahnt, eine elterliche Belehrung nicht zu verwerfen (vgl. Sir 8, 8 *ʾl ttš šjḥt ḥkmjm* „verwirf die Rede der Weisen nicht"). Der Grund dafür ist der, daß man von seinen Eltern oder Lehrern so viel lernen kann, daß man im Leben erfolgreich sein wird. In Spr 17, 14 warnt der Weise: „Wer Streit anfängt, entfesselt eine Wasserflut, drum halt ein (*neṭôš*), ehe der Zank ausbricht."

Lundbom

נִיחֹחַ *nîḥôaḥ*

I. Formelhafter Gebrauch – II. Divergierende Deutung – III. Sintflut- und Kultbezug – IV. Spätisraelitisch.

Lit.: *P. A. H. de Boer*, God's Fragrance, Studies in the Religion of Ancient Israel (VTS 23, 1972, 37–47). – *K. Elliger*, Leviticus (HAT I/4, 1966, 35 f.). – *J. Hoftijzer*, Das sogenannte Feueropfer (Festschr. Baumgartner, VTS 16, 1967, 114–134). – *L. Köhler*, Theologie des AT, [4]1966, 176 f.

I. Im hebr. AT taucht 43mal (ein erstarrter inf. *polel*, BLe 475t) *nîḥôaḥ* auf, stets als Nomen rectum von *rêaḥ* ʿGeruchʾ abhängig und auf Opfer bezogen. Abgesehen von Gen 8, 21 (gewöhnlich J zugeschrieben) und 4 Belegen bei Ez (6, 13; 16, 19; 20, 28. 41) gehören die Stellen zu P oder zu H. Im Bibl.-Aram. taucht das Wort 2mal auf (Esra 6, 10; Dan 2, 46), beide Male im Pl. und ohne Bezug auf *rêaḥ*.

Die 38 Vorkommen bei P und H sind über die Koppelung an *rêaḥ* hinaus in Formeln eingebunden.

1) Eine Näherbestimmung als *'iššæh* steht voran (21mal) oder folgt nach (6mal). 2) Eine Zuweisung zum göttlichen Bereich schließt sich an *l^eJHWH* (33mal) oder *lipnê JHWH* (1mal). 3) Der entsprechende Satz beginnt meist mit *qṭr hiph* und priesterlichem Subjekt sowie dem Altar als Ortsbestimmung (16mal). Als einleitendes Verb kann auch das allgemeinere *'āśāh* benutzt werden (12mal) oder *qrb hiph* (4mal). Die Sätze gehen gewiß auf eine alte Opferformel zurück, die vermutlich lautete: *w^ehiqṭîr hakkohen 'æṯ ... hammizbeḥāh 'iššæh rêaḥ nîḥôaḥ l^eJHWH*. Da der Nominalsatz im jetzigen Text oft als Schlußformel einer Opferanweisung erscheint (Lev 1, 9. 13; Num 15, 7. 10 usw.), wird er schon in den P zugrundeliegenden vorexilischen Kultritualen diese Stelle eingenommen haben (anders K. Koch, Die Priesterschrift, FRLANT 71, 1959, 48).

Aus dem starren Gebrauch fallen 2 Stellen heraus, in denen ein Suffix angefügt wird. Dabei wird die Ambivalenz der Wendung erkennbar. Denn die Opfergaben können sowohl als „euer *nîḥôaḥ*" (Lev 26, 31; vgl. Ez 20, 28) wie als „mein (Gottes) *nîḥôaḥ*" (Num 28, 2) näher bestimmt werden.

Der Gebrauch in den Ezechielstellen variiert stärker, verweist aber auch in einen Bereich geprägter kultischer Sprache, indem die Zieladresse (in diesem Falle Abgötter) mit *l^e* oder *lipnê* gekennzeichnet werden (6, 13; 16, 19). Die Darbringung wird mit den Verben *nāṯan* (6, 13; 16, 19) oder *śîm* (20, 28) ausgedrückt.

II. Die Übersetzung von *rêaḥ nîḥôaḥ* ist umstritten. Targ.⁰ umschreibt „in Wohlgefallen angenommen werden" (*[hiṯ]qabbel b^era'^awā'*; Gen 8, 21; Lev 1, 9 usw.). Die LXX benutzt ὀσμὴ εὐωδιάς „Duft des Wohlgeruchs", ähnlich V *odor suavitas* und Luther „lieblicher Geruch". Dem folgen GesB 503 mit der Wiedergabe „Behagen, Wohlgefallen".

L. Köhler hingegen sieht darin „törichte Verbiegungen" und besteht auf „Beschwichtigung" als einzig möglichen Sinn. Mit Ezechiel werde es „die Grundanschauung für das Opfer", daß es Gottes Zorn begütige, und eben dem entspreche die Zweckbestimmung als Beschwichtigungsgeruch (ThAT⁴ 177; vgl. KBL² 614; KBL³ 657; Stolz, THAT II 46; Ringgren, Israelitische Religion, 1963, 154 und viele andere). Den Beweis sucht Köhler in Ez 5, 13 *wah^anihôṯî ḥ^amāṯî bām* „ich beschwichtige meinen Grimm gegen sie". Doch an dieser Stelle steht das Verb *nûaḥ*, dessen vielseitige Konnotationen nicht ohne weiteres auf das Nomen übertragen werden können, das zwar etymologisch verwandt ist, aber in völlig anderen Syntagmen auftritt.

Einen entgegengesetzten Vorschlag hat de Boer unterbreitet. Von der Beobachtung ausgehend, daß in altorientalischen Religionen ein Wohlgeruch beim Erscheinen von Gottheiten sich ausbreitet (z. B. „God's vapor" ANET 230a), sieht er in *rêaḥ nîḥôaḥ* eine heilvolle göttliche Wirkung auf menschliche Verehrer. In der ältesten Stelle Gen 8, 21 hat Noachs Opfer weder mit Versöhnung noch mit Dankbarkeit etwas zu tun. Das kausative Verb ist vielmehr zu übersetzen: „and Yhwh spread a smell of peace, reassurance, security" (47). Und die P-Formel von der Darbringung als *rêaḥ nîḥôaḥ l^eJHWH* meint mit der Präposition *l^e* nicht „für", sondern einen Ersatz für den Genetiv. Nachdem Gott das Opfer als seine eigene Handlung angenommen hat, zeigt der ausgehende Wohlgeruch seine heilvolle Gegenwart an.

III. Die akk. Sintfluterzählung, Atra-Ḫasis III, V, 34f. (Lambert-Millard 98f.) und Gilg. XI 159–161 (AOT 179; ANET 95; RTAT 122) schildern die Reaktion der Götter auf das erste Opfer nach der Flut mit den bekannten Versen: „Die Götter rochen den Duft. Die Götter rochen den süßen Duft. Die Götter sammelten sich wie Fliegen über dem Opferer." Der angenehme Geruch geht hier von einer wohlschmeckenden Speise aus. Mit Beschwichtigungen hat er kaum etwas zu tun, da der akk. Sintflutheld sich nicht versündigt hat, wohl aber mit der Überzeugung, daß Götterspeisung eine Hauptaufgabe menschlichen Daseins ist (vgl. A. L. Oppenheim, Ancient Mesopotamia, Chicago 1964, 183ff.). Die akk. Parallele beweist, daß der einzige hebr. Beleg für *nîḥôaḥ* außerhalb der Ez- und P-Texte in Gen 8, 21 tatsächlich alte Tradition widerspiegelt und zumindest an dieser Stelle auch im AT nicht an Besänftigung eines göttlichen Zornes gedacht ist, der gegenüber Noach, dem Opferer, sowieso nicht am Platz wäre (anders A. Heidel, The Gilgamesh Epic and the Old Testament Parallels, Chicago ²1949 = 1970, 255f.). Vielmehr erleichtert der angenehme Duft des Brandopfers, den JHWH einatmet, es ihm, dem Gesinnungswandel Ausdruck zu geben: „Nicht mehr will ich den Erdboden als verwünscht betrachten." Zwar taucht in akk. Gebetsbeschwörungen die geprägte Wendung auf: „dein Herz möge sich (mir gegenüber) beruhigen (*linūḫ libbaka*)", den gleichen Wortstamm *nḫ/ḥ* benutzend wie das hebr. Lexem und einige Male mit Sündenbekenntnis verbunden (W. Mayer, Untersuchungen zur Formensprache der babylonischen 'Gebetsbeschwörungen', St. Pohl Series Maior 5, 1976, 240f.; vgl. AHw 716). Vor schneller Übertragung derselben Assoziation auf den at.lichen Sprachgebrauch ist jedoch zu warnen. Denn in P wird der *nîḥôaḥ*-Geruch in erster Linie vom Brandopfer erwartet (12mal), dann auch vom Speiseopfer (6mal), vom *zæḇaḥ* (Lev 3, 5. 16; Ez 20, 28), Weiheopfer (Ex 29, 25; Lev 8, 28) oder vom Festopfer allgemein (Num 29, 6. 8. 13 u.ö.; Ez 20, 41). Auffälligerweise fehlt aber die Wendung bei Riten, die vornehmlich der Beseitigung von Schuld und Sünde dienen, nämlich den *ḥaṭṭā'ṯ*- und *'āšām*-Riten. Die einzige Ausnahme bildet Lev 4, 31, wo ausgerechnet vom Fettanteil beim Sündenritus des Privatmanns (nicht bei dem der Gemeinde oder des Hohenpriesters) ein solcher Geruch erwartet wird. Das dürfte hier eine „sekundäre Übertragung" sein (J. Herrmann, ThWNT III 305 mit Anm. 22; B.

Janowski, Sühne als Heilsgeschehen, WMANT 55, 1982, 217[176]). Für P und Ez bedeutet *rêaḥ nîḥôaḥ* demnach der „wohltuende Geruch", der beim festlichen Opfer entsteht und das rechte Klima für den segnenden Umgang Gottes mit der Kultgemeinde schafft. Deshalb erwartet Ez 20, 41 davon „Wohlgefallen" (*rāṣāh*; vgl. 1 QS 3, 11; 9, 5; 1 QM 2, 5; 11 QPs[a] 154).

IV. Erst in spätisraelitischer Zeit hat die zunehmende Ausrichtung des Tempelkultes auf Sühnung (K. Koch, Sühne und Sündenvergebung, EvTh 26, 1966, 217–239) dazu geführt, Sühnung (*kpr*) und angenehmen Geruch bei Gott miteinander zu verkoppeln. So zuerst Sir 45, 16, dann 1 QS 3, 11 (*kippûrê nîḥôaḥ*); 9, 5; 1 QM 2, 5. Hand in Hand damit erfolgt eine Spiritualisierung des Opfergedankens (vgl. dazu G. Klinzing, Die Umdeutung des Kultes in der Qumrangemeinde und im NT, SUNT 7, 1971, 62. 64ff. 93–106). Wer den Höchsten lobpreist, dem wird er wohlgefällig wie einer, der Tiere darbringt, wie beim *qᵉṭôræṯ nîḥôaḥ* 11 QPs[a] 154 (DJD IV 64f.); vgl. 1 QS 3, 11; 8, 9; 9, 5. Diese Linien werden im NT fortgesetzt (Eph 5, 2; 4, 18; vgl. ThWNT II 808–810).
Im Bibl.-Aram. hat sich *nîḥôaḥ* von der Verbindung mit „Geruch" gelöst und ist zu einem allgemeinen Ausdruck für Opfergaben geworden, deshalb Esra 6, 10; Dan 2, 46 im Pl. gebraucht.

Koch

נכה *nkh*

מַכָּה *makkāh*, נָכֶה *nāḵæh*, נכא *nk'*

I. 1. Vorkommen – 2. Wiedergabe in der LXX – II. *nkh* als menschliches Handeln – 1. Gewaltanwendung ohne tödliche Folgen – 2. Tötung – a) Mord, Totschlag, Sühnung – b) Tötung bei militärischen Aktionen – 3. Militärische Niederlage – 4. Zeichenhafte und wirkungsmächtige Handlungen – III. *nkh* als Handeln JHWHs – IV. Andere Subjekte bei *nkh* – V. *makkāh* – VI. *nāḵæh*, Derivate von *nk'*.

Lit.: *P. C. Craigie*, The Problem of War in the OT, Grand Rapids 1978. – *D. Daube*, Studies in Biblical Law, Cambridge 1947 (= New York 1969). – *H. Schüngel-Straumann*, Tod und Leben in der Gesetzesliteratur des Pentateuch, Diss. Bonn 1969. – *K. Seybold*, Das Gebet des Kranken im AT (BWANT 99, 1979, 26). – *F. Stolz*, Jahwes und Israels Kriege (AThANT 60, 1972). – *H. W. Wolff*, Anthropologie des AT, [3]1977.

I. 1. Die Wurzel *nkh* wird im AT vor allem durch das *hiph* des Verbs (480mal, dazu 16mal *hoph*) sowie durch das Nomen *makkāh* (47mal, in 2 Chr 2, 9 text. crrpt., s. Rudolph, HAT I/21, z. St.) repräsentiert. Da beide am häufigsten als Termini für Tötung bzw. Niederlage im Krieg gebraucht werden, sind sie vor allem in entsprechenden erzählenden Texten im Pent., DtrGW und ChrGW und darüber hinaus relativ häufig in prophetischen Unheilsankündigungen bezeugt. Beim *hiph* als Terminus für die Schädigung oder Tötung eines einzelnen sind die Belege zu einem Teil (ca. 25mal) auf die entsprechenden Gesetze im Pent. konzentriert. Sehr selten bzw. als hap. leg. bezeugt sind dagegen die anderen Stämme und Derivate von *nkh* (1mal *niph*, 2mal *pu*, 3mal **nāḵæh* [außerdem in Ps 109, 16, s. BHS; KBL[3] 658; *neḵîm* in Ps 35, 15 wohl text. crrpt., s. BHS, KBL[3] 659], *nāḵôn* in Ijob 12, 5 [von *kûn* abzuleiten? s. KBL[3] 660]) sowie die Nebenform *nk'* mit ihren Derivaten (je 1mal *niph* und **nāḵā'*, 3mal **nāḵe'*). Es gibt keine Belege für das Bibl.-Aram.
Außerhalb des AT sind die Wurzeln *nkh* und *nk'* bzw. deren Derivate im Alt- und Mittelhebr. (DISO 178, WTM III 392f., zu Qumran s. u.), in den meisten aram. Sprachen (vgl. DISO 178 [KAI II 269], WTM III 392f., LexSyr[2] 428, MdD 296, nicht im Reichsaram.) und im Südsemit. (KBL[3] 658; vgl. A. Jamme, CByrs 8, 1958, 165f.) vertreten, allerdings teilweise sehr spärlich. Nur ganz unsichere Belege gibt es im Akk. (AHw 724, dagegen CAD N/1, 197) und Äg. (s. Goetze, BASOR 151, 31, Nr. 7). Die Grundbedeutung ist generell 'schlagen', und zwar vornehmlich mit dem negativen Aspekt des Verletzens oder Schädigens. Dem entspricht der Befund im AT. Hier liegt jedoch insofern eine Besonderheit vor, als *nkh* am häufigsten tödliches Schlagen bedeutet.

Außer in der TR (6mal) sind *nkh* und *makkāh* in den Qumrantexten (nur hebr.) vereinzelt bezeugt (wohl auch *nāḵæh* in 1 QSa 2, 5 [wie in Ps 109, 16, s. o.]; bei *nk'jm* bzw. *nk'j* in 1 QS 10, 21; 1 QM 11, 10 [1 QH 18, 15] unsicher, ob von *nkh* oder *k'h* herzuleiten). Das Bedeutungsspektrum ist grundsätzlich das gleiche wie im AT, doch ist der Kontext teilweise nur sehr fragmentarisch erhalten.

2. Das Verb *nkh* wird in der LXX durch rund 40 verschiedene Verben wiedergegeben, am häufigsten jedoch durch πατάσσειν (344mal), daneben relativ häufig (je 20–30mal) durch andere Verben des Schlagens (τύπτειν, παίειν, πλήσσειν [so auch ausschließlich für *niph* und *pu*, 9mal für *hoph*], κόπτειν [mit Komposita]), selten (weniger als 10mal) durch μαστιγοῦν und Verben des Tötens, Vernichtens, Kämpfens sowie solche, die den hebr. Text sinngemäß übertragen bzw. abwandeln (ἐπιβουλεῖν in Spr 17, 26). Dem Nomen *makkāh* entspricht πληγή (in Jos 10, 10 σύντριψις, 10, 20 κοπή, Jer 6, 7 μάστιξ, Jes 27, 7 πλήσσειν). Die Adjektive *nāḵæh*, *nāḵe'* und *nāḵā'* werden durch verschiedenartige Äquivalente wiedergegeben. In Ijob 30, 8 (*nk' niph*) weicht die Übertragung der LXX stark vom MT ab.

II. 1. *nkh hiph* (entsprechend *hoph*) bezeichnet seiner Grundbedeutung nach das manuelle Schlagen von menschlicher Seite mit oder ohne Werkzeug. Auch das Objekt sind überwiegend Menschen (zu gegenständlichen Objekten s.u. 4.). D. h. aber, es geht vor allem darum, daß gegen andere körperliche Gewalt angewendet wird und auf diese Weise ein Eingriff in deren persönliche Existenz erfolgt. *nkh* kann daher die ungerechtfertigte Gefährdung bzw. Schädigung oder Demütigung anderer bedeuten, also Tätlichkeiten bei Streitfällen (Ex 2, 13; Dtn 25, 11; Jes 58, 4; Spr 23, 35) mit Körperschäden als Folge (Ex 21, 18f.; Sach 13, 6 [*hoph*]) oder entehrendes Schlagen auf die Wange (1 Kön 22, 24; Mi 4, 14; Ijob 16, 10, vgl. Klgl 3, 30, → לחי *leḥî* 3). Umgekehrt sind Prügel ein legitimes Mittel zur Bestrafung von Vergehen (Dtn 25, 2f.; Neh 13, 25, vgl. Hld 5, 7). Häufiger jedoch sind sie ein Mittel, um abhängige oder unliebsame Personen zu knechten bzw. deren Widerstand zu unterdrücken (Ex 2, 11; 5, 14. 16 [*hoph*]; Jes 50, 6; Jer 20, 2; 37, 15; 2 Chr 25, 16, an einem Tier vollzogen Num 22, 23ff., als Mißhandlung mit Körperschäden Ex 21, 26, als Ausdruck der Pervertierung zwischenmenschlicher Ordnungen Ex 21, 15; Spr 17, 26 [zu *nādîḇ* → נדב *ndb* III.]). Eine rein positive Bedeutung, nämlich als erzieherisches Mittel, haben sie in der älteren Spruchweisheit (Spr 23, 13f. [→ יסר *jsr* III.4.], vgl. 17, 10; 19, 25). Bei kriegerischer Auseinandersetzung kann *nkh* das Verwunden des Gegners bezeichnen (als indirekter Akt [Schuß] 2 Kön 8, 28f.; 9, 15; vgl. 3, 25). Schließlich ist der Kampf mit einem Raubtier zu nennen, dem durch Schläge die Beute entrissen wird (1 Sam 17, 35a).

Nach CD 11, 6 ist das Schlagen von Tieren am Sabbat verboten. Unklar ist die Bedeutung von *nkh* in 1 Kön 20, 35. 37 (Stigmatisierung an der Stirn [vgl. vv. 38. 44]?, ekstatischer Vorgang [vgl. 1 Kön 18, 28; Sach 13, 5. 6a]?). Zu bildhaftem Sprachgebrauch von *nkh* s.u. 3., III., IV.

2. a) Am häufigsten kennzeichnet *nkh hiph* (entsprechend *niph* und *hoph*) den tödlichen Schlag, d. h. eine von Menschen verursachte Verwundung, die bei den Betroffenen, in der Regel ebenfalls Menschen, zum sofortigen oder alsbald eintretenden Tod führt. Diese Bedeutung wird sehr oft, auch bei sofortigem Tod, durch das sich anschließende Verb → מות *mûṯ* sichergestellt. Der Sache nach ist an erster Stelle die Tötung als Delikt, und zwar als eine Tat, die Blutschuld verursacht und entsprechend gesühnt werden muß, zu nennen. Als solche ist sie Gegenstand von Rechtsbestimmungen. Dabei wird grundsätzlich kein Unterschied zwischen beabsichtigter und unbeabsichtigter Tötung, also Mord und Totschlag, gemacht (Ex 21, 12 [vv. 13f. spätere Ergänzung]; Lev 24, 17. 21, auch bei Dtn 21, 1 und 2 Sam 14, 6f. ist nicht ersichtlich, ob es sich um eine beabsichtigte oder unbeabsichtigte Tat handelt; nach Lev 24, 18. 21 ist auch die Tötung von Vieh [aus fremdem Besitz] ein strafbares Vergehen). Im kasuistischen Recht des Bundesbuches wird allerdings ein spezieller Fall von Totschlag gesondert behandelt (Ex 22, 1 [*hoph*], auch in Ex 21, 20f. geht es wohl um die Unterscheidung von Mord und Totschlag, vgl. Noth ATD 5, z.St., anders Schüngel-Straumann 61f.), und andererseits werden in apodiktischen Sätzen besonders schwerwiegende Fälle beabsichtigter Tötung eigens hervorgehoben (Dtn 27, 24f.). Weitere Fälle beabsichtigter Tötung werden in erzählenden Texten geschildert (so besonders politischer Mord 2 Sam 4, 7; 20, 10; 2 Kön 19, 37, versuchter politischer Mord 1 Sam 18, 11; 19, 10; 20, 33 [zu Mord bei Usurpationen s.u. b]; Mord aus persönlichen Gründen 2 Sam 12, 9 [in übertragenem Sinn, vgl. 11, 14ff.]; vgl. Gen 37, 21). Erst in späten Rechtstexten wird zwischen Mord und Totschlag unterschieden (Dtn 19, 4. 11; Num 35, 11. 15–18. 21. 24. 30; Jos 20, 3. 5. 9). An zweiter Stelle ist Tötung als Strafe bzw. Sühnehandlung zu nennen, nämlich Blutrache bzw. Hinrichtung nach erfolgtem Mord (2 Sam 1, 15; 3, 27 [hier zugleich als politischer Mord verstanden]; 2 Kön 14, 5f., unterbunden in Gen 4, 15b, ebenso bei Totschlag Dtn 19, 6), Strafe für andere Vergehen (Abgötterei Num 25, 14f. 18 [*hoph*], politische Gegnerschaft 2 Kön 25, 21; Jer 29, 21 [Justizmord in Jer 26, 23, vgl. 18, 18], bildlich in Jes 11, 4b [text. emend., s. BHS]) oder auch persönlicher Racheakt (Ex 2, 12; 2 Sam 13, 28). In Jes 66, 3 ist wohl Menschenopfer gemeint (→ חזיר *ḥazîr* III.3.).

In dieser Bedeutung entspricht *nkh* anderen Verben des Tötens, wie vor allem → הרג *hrg*, → מות *mûṯ hiph*, → רצח *rṣḥ*, die daher auch im gleichen Kontext als Synonyme auftreten können (für die Gesetze des Pent. s. Schüngel-Straumann). Bei *nkh* liegt das Schwergewicht der Aussage jedoch nicht auf der Tatsache der Tötung als solcher, sondern auf dem den gewaltsamen Tod verursachenden Vorgang (auch deshalb wird der Eintritt des Todes oft gesondert durch das sich anschließende Verb *mûṯ* konstatiert). D. h., der Grundbedeutung entsprechend ist in erster Linie der rasche, gezielte oder auch ungewollt treffsichere Akt gemeint, der, wenn nicht sofort, so doch unwiderruflich den Tod herbeiführt und dem Betroffenen keine Gegenwehr mehr erlaubt (vgl. Daube 111. 249f. zu der Wendung *hikkāh næpæš* Gen 37, 21; Lev 24, 17f.; Dtn 19, 6. 11; Jer 40, 14f.). Es geht vor allem darum, daß der Tod des anderen eben schlagartig ausgelöst wird und dessen Schicksal somit unversehens besiegelt ist. Bei Mord, aber auch in anderen Fällen von Tötung, bedeutet dies zugleich, daß das Opfer ein Gegner oder Rivale ist, der so auf schnellstem Wege definitiv beseitigt wird.

b) Um die Beseitigung des Gegners durch einen raschen und gezielten Akt geht es vor allem bei militärischen Auseinandersetzungen. Deshalb bezeichnet *nkh* vorrangig das Töten im Krieg. Das Objekt kann eine Einzelperson sein, die bei einem Angriff fällt (2 Sam 11, 15 [*niph*], vgl. v. 21) bzw. überfallen wird (1 Sam 13, 3f.) oder im Zweikampf unterliegt (2 Sam 2, 22f.). Im letzteren Fall handelt es sich zumeist um einen besonders gefährlichen Gegner, so daß durch dessen Beseitigung eine schwere Bedrohung schnell und definitiv abgewendet wird (2 Sam 21, 16–19. 21; 23, 20f.). Im Zusammenhang mit solchen Zweikämpfen wird auch die Tötung von Raubtieren genannt

(1 Sam 17, 35b. 36; 2 Sam 23, 20). Wird der stärkste Mann oder der Führer des feindlichen Heeres im Zweikampf oder bei einem größeren Angriff getötet, dann ist mit diesem einen Akt das Heer als ganzes geschlagen (1 Sam 17, 9. 25–27. 49f.; 1 Kön 22, 34; vgl. 2 Kön 3, 23). Werden solche Personen erst am Ende bzw. nach einer verlorenen Schlacht getötet, dann ist dies der letzte „Schlag", der die Vernichtung der gesamten gegnerischen Macht besiegelt (Jos 10, 26; 11, 17, vgl. 1 Sam 31, 2).

Weitaus häufiger aber kennzeichnet *nkh* die Tötung einer Mehrzahl von Gegnern in einer einzigen Aktion bzw. in kürzester Zeit. Es kann sich um eine kleine Gruppe oder eine größere Menge handeln, die im offenen Kampf erschlagen wird (Jos 7, 5; Ri 20, 31; 1 Sam 14, 14; 18, 27, als Tat eines einzelnen ohne militärische Ausrüstung Ri 3, 31; 15, 15f.; auch in 15, 8 dürfte Tötung gemeint sein), oder um den Großteil eines Heeres bei einer Feldschlacht (z. B. 2 Sam 8, 5; 10, 18, vgl. Jer 18, 21 [*hoph*]) bzw. um ein ganzes Heeresaufgebot (Ri 3, 29, vgl. Jer 37, 10). Den Schwerpunkt bilden jedoch zahlreiche Belege, denen zufolge nicht nur das gegnerische Heer, sondern die gesamte gegnerische Bevölkerung, überwiegend die Bewohnerschaft einer Stadt, vollständig ausgerottet wird (z. B. Num 21, 35; Jos 8, 22. 24; Ri 1, 8. 25; 18, 27; 21, 10; 2 Sam 15, 14; vgl. 2 Kön 15, 16; Jer 21, 7; Ausrottung einschließlich des Viehs Ri 20, 48; 1 Sam 22, 19; Ausrottung nur des männlichen Teils der Bevölkerung Dtn 20, 13; meist wird die Wendung *l^epî ḥæræḇ* hinzugefügt [→ חרב *ḥæræḇ* II. 1. b]; in diesem Zusammenhang sind auch Raubzüge und Racheaktionen mit militärischem Charakter zu nennen, Gen 32, 9; 34, 30; 1 Sam 27, 9; Ijob 1, 15. 17; Est 9, 5; vgl. außerdem die sprichwörtliche Wendung in Gen 32, 12bγ, die ebenfalls Vernichtung im Krieg meint [Hos 10, 14]). In dieser Bedeutung ist *nkh*, vor allem bei dtr Aussagen, häufig mit *ḥrm hiph* verbunden, zeigt also die Vollstreckung des Bannes an (vgl. nur Jos 10, 28. 35. 37. 39f.; 11, 11f.; Ri 21, 10f. [v. 11 allerdings eine spätere Einschränkung gegenüber v. 10]; auch Dtn 13, 16). Es ist daher anzunehmen, daß auch bei anderen vergleichbaren Belegen, in denen nur *nkh* vorkommt, die Vollstreckung des Bannes gemeint ist (eine ausdrückliche, jedoch künstlich-systematisierende Unterscheidung in Dtn 20, 10–18; zur Problematik des Bannes im einzelnen → חרם *ḥrm*). Faßt man alle Belege zusammen, die auf die Tötung einer Mehrzahl von Gegnern abzielen, dann ist auch hier deutlich, daß es um definitive Vernichtung geht, die, der Grundbedeutung von *nkh* entsprechend, in einem Zug erfolgt, auch wenn sie sich konkret in einer Vielzahl von Einzelaktionen vollzieht (vgl. 1 Kön 20, 20).

Auch bei Usurpationen handelt es sich um militärische Vorgänge, hier jedoch im innenpolitischen Bereich. Das Hauptziel ist freilich die Tötung einer Einzelperson, nämlich des bisherigen Königs, also ein politischer Mord. Infolge der Machtstellung des Königs kann es jedoch, wie bei dem Usurpationsversuch des Abschalom (2 Sam 14–19), zu einer kriegerischen Auseinandersetzung kommen, bei der die Tötung des Königs (17, 1f.) oder die des Usurpators (18, 11. 15) zugleich einen militärischen Sieg bedeutet (ähnlich bei der Verfolgung Davids durch Saul in 1 Sam 26 [v. 8]). An anderer Stelle geht es um eine einseitige militärische Aktion von seiten des Usurpators, der der König, seine Familie und seine Parteigänger überraschend zum Opfer fallen (so bei Jehu 2 Kön 9f. [*nkh* in 9, 7. 24. 27; 10, 9. 11. 17. 25], vgl. Notizen wie 1 Kön 15, 27. 29; 16, 9–11; daß auch dort, wo nur von der Tötung des Königs gesprochen wird [z. B. in 2 Kön 15, 10. 14f. 25. 30], weiterreichende Aktionen gemeint sind, läßt das bei Usurpationen generell bezeugte Stichwort → קשר *qšr* erkennen; eine Gegenaktion in 2 Kön 21, 24). Einer solchen Usurpation vergleichbar ist auch die Tötung Gedaljas in Jer 40, 13–41, 18 (*nkh* in 40, 14f.; 41, 2f. 9. 16. 18).

3. Im Zusammenhang mit kriegerischen Ereignissen hat *nkh hiph* häufig, wie auch das deutsche 'schlagen', die allgemeinere Bedeutung des Beibringens (im *hoph* des Erleidens) einer vernichtenden Niederlage, d. h., daß das feindliche Heer nicht völlig ausgerottet, aber dezimiert und zerschlagen wird und auch auf diese Weise definitiv vernichtet ist. Diese Bedeutung ist ganz offenkundig, wenn von einem Vertreiben, Versprengen oder einer Verfolgung bzw. Flucht der Feinde die Rede ist (Num 14, 45; 22, 6; Jos 7, 5; 10, 10; 13, 12; 1 Sam 11, 11; 19, 8; 2 Kön 3, 24a) oder wenn die Tötung bzw. Ausrottung der Feinde deutlich als Folgehandlung von einer vorhergehenden militärischen Niederlage unterschieden wird (so bei Vollstreckung des Bannes in 1 Sam 15, 7f.; vgl. auch Dtn 7, 2; ein anderer Fall in Ri 12, 4–6). Darüber hinaus ist diese Bedeutung für alle Belege vorauszusetzen, in denen nicht ausdrücklich die Ausrottung des feindlichen Heeres konstatiert wird (vgl. nur 1 Sam 23, 2. 5; 2 Sam 8, 1–3. 9f.; 1 Kön 20, 21; 2 Kön 13, 17. 19. 25; Jer 46, 2; als Tat eines einzelnen 2 Sam 23, 12). Das gleiche dürfte für das geflügelte Wort 1 Sam 18, 7 („Saul hat tausend erschlagen, David aber zehntausend"; in seiner ursprünglichen Bedeutung, s. die Komm.) gelten.

Entsprechend sind schließlich auch die Belege zu deuten, in denen *nkh* auf die Zerstörung einer gegnerischen Stadt oder die Verheerung eines ganzen Landes abzielt. Sie finden sich hauptsächlich in prophetischen Büchern. Das Subjekt von *nkh* ist hier jeweils eine Großmacht (Jer 43, 11; 46, 13; 47, 1; 49, 28; vgl. das Ptz. in Jes 27, 7a [s. u. III.]; vgl. auch 1 QpHab 3, 1; im Bilde körperlicher Züchtigung Jes 10, 20. 24; 14, 6. 29 [auch in dem Zusatz 30, 31b wohl Assur Subjekt]; *hoph* in Ez 33, 21; 40, 1; vgl. Gen 14, 7).

4. *nkh* kann auch auf gegenständliche Objekte bezogen sein. Es geht dabei jedoch fast ausschließlich (anders nur in 1 Sam 2, 14; 2 Kön 11, 12) um zeichenhafte und wirkungsmächtige Handlungen, die im Auftrag JHWHs bzw. in dessen Vollmacht vollzogen werden und die ihrerseits außergewöhnliche oder folgenschwere Vorgänge vorwegnehmen oder auslösen. So wird das Klatschen in die Hände, in 2 Kön 11, 12 Ausdruck des Jubels über den König,

zum Zeichen für den Triumph JHWHs über Israel und nimmt damit das Unheil, das dieser über das eigene Volk herbeiführen wird, voraus (Ez 6, 11; 21, 19 [s. dazu Zimmerli, BK XIII/1, 145. 477]; Vorwegnahme durch andere Zeichenhandlungen in Ez 5, 2 und Am 9, 1aα [wunderhaftes Geschehen bei visionärem Erleben, keine Textänderung, s. K. Koch u.a. Amos, AOAT 30/2, 1976, 57]), und andererseits werden durch Schlagen auf den Erdboden bzw. einen Felsen oder auf das Wasser des Nil zeichenhaft Siege vorweggenommen (2 Kön 13, 18f., → חץ *ḥeṣ*) oder sofortige Wunder zugunsten Israels bewirkt (Ex 7, 20; 8, 12f.; 17, 5f.; Num 20, 11, zum Stab Moses → נטה *nṭh*). 2 Kön 2, 8. 14 zufolge ist eine solche Handlung der Erweis für die Übertragung göttlicher Vollmacht von einem Propheten auf den anderen. Da JHWH bei allen diesen Handlungen der eigentlich Wirkende ist, kann er im gleichen Zusammenhang bzw. auf den gleichen Vorgang bezogen auch selbst als Subjekt erscheinen (Ez 21, 22; vgl. 22, 13; vgl. Ps 78, 20 mit Ex 17, 5f.; Num 20, 11).

III. So wie bei Zeichenhandlungen JHWH der eigentlich Wirkende ist, wird auch bei kriegerischen Ereignissen (s.o. II. 2. b. 3.) häufig ausdrücklich gesagt, daß er es ist, der die Vernichtung des gegnerischen Heeres oder der gegnerischen Bevölkerung bzw. die Verheerung von deren Land bewirkt, er also das indirekte Subjekt des Geschehens ist (z. B. Ri 3, 28 vor v. 29; 1 Sam 17, 45–47 vor v. 49f.; Jer 43, 10 vor v. 11). *nkh* kann aber auch, dann in übertragener Bedeutung, JHWH direkt zum Subjekt haben, so daß bei kriegerischen Ereignissen nur dessen Wirksamkeit zum Ausdruck gebracht wird (Num 32, 4; 2 Sam 5, 24 [vgl. vv. 20. 25]; Ez 32, 15; Ps 78, 66; 135, 10; 136, 17). Wird hier gleichwohl vorausgesetzt, daß Menschen die Ausführenden sind, so wird an anderer Stelle deutlich, daß JHWH auf übermenschliche Weise vernichtend oder schädigend gegen fremde Völker und Mächte eingreift, ohne sich militärischer Mittel zu bedienen, so bei der Tötung der ägyptischen Erstgeburt (Ex 12, 12f. 29; Ps 78, 51; 105, 36 u.ö.), beim „Schlagen" mit schwerer bzw. tödlicher Krankheit (Ex 9, 15; 1 Sam 4, 8; 5, 6. 9 [*hoph* in v. 12]; auch in Ez 39, 3 ist wohl Vernichtung des Heeres durch eine Seuche gemeint [Bild von der Entwaffnung des Gegners beim Zweikampf, s. Zimmerli, BK XIII, z. St.]) oder eines feindlichen Heeres mit Blindheit (2 Kön 6, 18; Sach 12, 4) und bei der Vernichtung durch Naturkatastrophen (universale Katastrophe Gen 8, 21, indirekt auf Menschen bezogen Ex 7, 25 [entsprechend v. 17, dazu s. Noth, ATD 5, z. St.]; Ps 105, 33, vgl. Jes 11, 15; Naturkatastrophe wohl auch in Sach 9, 4 [davon abhängig 10, 11, text. emend., s. BHS]), die Exodusereignisse zusammenfassend in Ex 3, 20 (→ פלא *pl'*). In den Prophetenbüchern ist vorrangig Israel das Objekt vernichtenden göttlichen „Schlagens", und zwar überwiegend in Zukunftsankündigungen, ebenso in den Fluchandrohungen in Lev 26 und Dtn 28 (allgemein Ez 7, 9; kriegerisches Geschehen mit seinen Folgen Mi 6, 13 [14f.]; vgl. Mal 3, 24; insbesondere mit Seuchen Lev 26, 24 [25f.]; Jer 21, [4f.] 6; besonders umfassend in Dtn 28, 22. 27f. 35, dazu Schüngel-Straumann 71–74; Seuche allein Num 14, 12, → דבר *dæbær*; in Am 3, 15; 6, 11 ist wohl eine Naturkatastrophe [Erdbeben] gemeint, bei der mit den Häusern die Oberschicht als deren Besitzer vernichtet wird). Nachexilischen prophetischen Aussagen zufolge handelt es sich rückblickend um eine vorübergehende Katastrophe (Jes 57, 17; 60, 10; vgl. Jer 33, 5; eine spätere Bedrängnis in Jes 27, 7 [hier zugleich Vernichtung der „schlagenden" Großmacht: *makkehû*]; in Jer 30, 14 wohl in gleichem Sinne die Katastrophe des Nordreiches verstanden [vgl. v. 16f.]). An anderer Stelle sind partielle Katastrophen in Vergangenheit und Gegenwart gemeint, die Israel zu Besinnung und Umkehr führen sollen (Jes 9, 12, schwere Katastrophe in Jes 5, 25 [Krieg? Erdbeben?], bildlich als körperliche Züchtigung Jer 2, 30; 5, 3; vgl. Jes 1, 5 [*hoph*, Kriegsgeschehen der Jahre 701 oder 587?, s. Kaiser, ATD 17⁵, z. St.], Ernteschäden in Am 4, 9; Hag 2, 17; das Bild der Züchtigung mit schweren Körperschäden auch in Jer 14, 19 [Dürre, vgl. v. 22] und Hos 6, 1 [syr.-ephraimit. Krieg]). Einen tödlichen Eingriff JHWHs löst nach 1 Sam 6, 19 (vgl. Stoebe, KAT VIII/1, z. St.); 2 Sam 6, 7 die Entheiligung der Lade aus (→ ארון *'arôn*). Nur in Ausnahmefällen sind Einzelgestalten Objekte göttlichen „Schlagens" (Krankheit Jes 53, 4 [*hoph*]; Ps 69, 27, Tötung 2 Sam 6, 7 [s.o.]; Sach 13, 7 [text. emend., s. BHS], umgekehrt wendet sich JHWH nach Ps 3, 8 gegen die Feinde eines einzelnen [bildlich, entweder entehrender Schlag auf die Wange oder Zerschlagen der Kinnlade im Kampf]). Subjekt von *nkh* können auch göttliche Wesen als Beauftragte JHWHs sein (*mal'āk̠* [→ מלאך] 2 Sam 24, 17; 2 Kön 19, 35 [Seuche], „Männer" Gen 19, 11 [Blindheit]; Ez 9, 5. 7f. [Tötung], Satan [→ שטן *śṭn*] Ijob 2, 7 [Krankheit bei Einzelperson]). In allen Fällen, in denen JHWH direkt oder indirekt Subjekt von *nkh* ist, geht es wiederum um definitive Vernichtung bzw. schwere Schädigung, die schlagartig erfolgt, wobei hier die göttliche Übermacht und Überlegenheit besonders manifest wird. Zu weiteren Belegen für ein indirektes Wirken JHWHs s.u. IV.

IV. Nur selten sind andere Größen Subjekt von *nkh*, das dann durchweg in übertragenem Sinn gebraucht ist. Zu nennen sind vor allem Tiere und Naturgewalten, die, von JHWH veranlaßt, Menschen töten (1 Kön 20, 36; Jer 5, 6; Ex 9, 25; Löwe als gottfeindliche Macht in 4 QpNah 5) bzw. lebensgefährlich erkranken lassen (Hitzeschlag Jona 4, 8, umgekehrt als von JHWH abgewendete Gefahr Jes 49, 10; Ps 121, 6 [zum Nebeneinander von Sonne und Mond → ירח *jāreaḥ* II. 1.]) oder Zerstörungen anrichten, die ihrerseits Menschen schädigen (Jona 4, 7; Ex 9, 31f. [*pu*], auch 9, 25). Außerdem werden durch Vergleich mit Vorgängen in der Pflanzen- und Tierwelt Vorgänge im menschlichen Bereich veranschaulicht, so das Leiden eines einzelnen (verglichen mit der Vernichtung von Gras durch Hitzeeinwirkung Ps 102, 5 [*hoph*]), der Abfall Israels (Hos 9, 16a [*hoph*]), JHWHs künftiges Heilshandeln (Hos 14, 6 [vgl. Rudolph, KAT XIII/1, z. St.]; vgl. die ähnliche Vorstellung in 1 QH 8, 23) und die von JHWH bewirkte militärische Niederlage einer feindlichen Macht (Dan 8, 7; ein Gegenstand als Subjekt in Ri 7, 13). Schließlich kann Subjekt von *nkh* auch das Gewissen (*leḇ*) sein, das einen Schuldigen, bildlich verstanden, verletzt oder züchtigt (1 Sam 24, 6; 2 Sam 24, 10; diese Vorstellung ist kaum auf die Beobachtung des Herzklopfens als physiologischem Phänomen zurückzuführen, → לב *leḇ* IV. 1., V. 6. b; Wolff 85).

V. Das Nomen *makkāh* hat grundsätzlich das gleiche Bedeutungsspektrum wie das Verb *nkh*. Mit rund der Hälfte seiner Belege steht es auch in unmittelbarem textlichen Zusammenhang mit diesem. Seiner Grundbedeutung nach bezeichnet es den von Menschen ausgeübten manuellen Schlag. Das Hauptgewicht liegt dabei zunächst auf dem Handlungsvorgang, so ganz deutlich bei körperlicher Züchtigung (Strafe Dtn 25, 3), Erziehung Spr 20, 30 [→ בטן *bæṭæn* II. 5]). Auch da, wo *makkāh* in figura etymologica steht und die Tötung zahlreicher Gegner bei militärischem Vorgehen bzw. das Beibringen einer vernichtenden Niederlage beinhaltet, ist vornehmlich die Aktion, die zu Tötung oder Niederlage führt, gemeint (*makkāh g̃ᵉḏôlāh* [*meʾoḏ*] Jos 10, 10. 20; Ri 11, 33; 15, 8 u. ö., *makkaṯ ḥæræḇ* Est 9, 5; vgl. Jes 14, 6). Das Hauptgewicht kann freilich auch auf dem Ergebnis liegen (Tötung 1 Sam 14, 14, Niederlage 1 Sam 4, 10; 14, 30). *makkāh* nimmt daher im Falle des verletzenden Schlages direkt die Bedeutung ʻWundeʼ an (als Kriegsfolge 1 Kön 22, 35; 2 Kön 8, 29; 9, 15, als [angebliche] Folge von Schlägerei Sach 13, 6 [in Wirklichkeit bei Ekstase verursacht; vgl. Rudolph, KAT XIII/4, z. St.]). In übertragenem Sinne führt auch JHWH selbst einen Schlag oder eine Mehrzahl von Schlägen aus, d. h. daß er schlagartig Tod, Seuchen oder allgemein Vernichtung bzw. Verheerung verursacht (vgl. o. III.). Dabei liegt das Hauptgewicht wiederum teils auf der Aktion als solcher (so besonders bei figura etymologica Num 11, 33; 1 Sam 4, 8; 6, 19; Jes 27, 7; Jer 30, 14 [auf Israel bezogen, außer in 1 Sam 4, 8]; vgl. Lev 26, 21 [Israel]; Jes 10, 26 [Midian]), teils auf dem Ergebnis der Aktion (auf Israel bezogen Dtn 28, 59. 61; 29, 21; Jer 19, 8; auf Fremdvölker Jer 49, 17; 50, 13). *makkāh* im Sinne von ʻWundeʼ kann auch, bildlich gebraucht, soziale Unterdrückung bezeichnen (Jer 6, 7), vor allem aber verheerende, durch Kriegseinwirkungen verursachte Katastrophen für Israel, die ihrerseits auf JHWH zurückzuführen sind (*makkāh naḥlāh* [→ חלה *ḥlh* II. 1.] Jer 10, 19; 14, 17; 30, 12 [in Nah 3, 19 Katastrophe für Assur]; vgl. Jes 1, 6; Mi 1, 9 [text. emend., s. BHS]; auf das Leiden eines einzelnen bezogen Jer 15, 18, Vernichtung der Feinde eines einzelnen Ps 64, 8). Umgekehrt kann JHWH solche „Wunden" wieder heilen (Jes 30, 26; Jer 30, 17; vgl. 1 QM 14, 6f.).

VI. Für die Wortgruppe *nkʾ* sowie für das Adjektiv *nāḵæh* ist der Aspekt der Züchtigung und Verletzung bestimmend (*nkʾ niph* ʻhinausgepeitscht werdenʼ Ijob 30, 8, *nāḵæh* bildlich für Gelähmtsein 2 Sam 4, 4; 9, 3; 1 QSa 2, 5). Hervorzuheben ist die bildliche Wendung vom geschlagenen Gemüt (→ רוח *rûaḥ*) im Sinne von Niedergeschlagensein (*nāḵeʾ* Spr 15, 13; 17, 22; 18, 14; *nāḵæh* mit *leḇ* [→ לב] in Ps 109, 16; vgl. *nāḵāʾ* Jes 16, 7) oder positiv als Gedemütigtsein und Offenheit für JHWH (*nāḵæh* Jes 66, 2, vielleicht auch in 1 QM 11, 10 und [einschränkend] in 1 QS 10, 21, doch dazu s. o. I. 1.). Zur Wortform in Ps 109, 16; 1 QSa 2, 5 s. o. I. 1.

Conrad

נכר *nkr*

נֵכָר *neḵār*, נָכְרִי *nŏḵrî*

I. Bedeutung, Etymologie – II. *nŏḵrî*: – 1. a) ʻandererʼ – b) ʻnicht-Verwandterʼ – c) ʻAusländerʼ – 2. Rut – 3. ʻfremde Frauʼ in Spr – 4. Adjektiv von Sachbegriffen – III. *bæn neḵār* ʻAusländerʼ – IV. *ʾælohê neḵār* ʻfremde Götterʼ – V. 1. LXX – 2. Qumran – VI. *nkr* II *hiph*.

Lit.: *G. W. Ahlström*, Joel and the Temple Cult of Jerusalem (VTS 21, 1971). – *A. Aymard*, Les étrangers dans les cités grecques aux temps classiques (Receuils de la Société Jean Bodin 9, 1958, 119–139). – *G. Bergsträsser*, Einführung in die semitischen Sprachen, 1928, 182. – *A. Bertholet*, Die Stellung der Israeliten und der Juden zu den Fremden, 1896. – *G. Boström*, Proverbiastudien. Die Weisheit und das fremde Weib in Spr 1–9 (LUÅ NF Avd. 1, 30/3, Lund 1935). – *A. Caquot*, Brève explication du livre de Malachie (I) (Positions Luthériennes 17, 1969, 187–201). – *Ders.*, La fin du livre des Douze (Annuaire du Collège de France 82, 1981/82, 529–541). – *M. Dahood*, Causal *Beth* and the Root NKR in Nahum 3, 4 (Bibl 52, 1971, 395f.). – *Z. Falk* נכרי וגר תושב במשפט העברי (Mahᵃlakim 2, Jerusalem 1969, 9–15). – *M. Fortes*, Strangers (M. Fortes, S. Patterson, Hrsg., Studies in African Social Anthropology = Festschr. I. Schapera, London 1975, 229–253). – *R. Gordis*, Some Effects of Primitive Thought on Language (AJSL 55, 1938, 270–284). – *M. Guttmann*, The Term ʻForeignerʼ (נכרי) Historically Considered (HUCA 3, 1926, 1–20). – *V. Haas*, Die Dämonisierung des Fremden und des Feindes im Alten Orient (Rocznik orientalistyczny 41, 1980, 37–44). – *E. Häusler*, Sklaven und Personen minderen Rechts im AT (Diss. Köln 1956). – *F. Horst*, Das Eigentum nach dem AT (ThB 12, 1961, 203–221). – *P. Humbert*, Les adjectives „*zār*" et „*nokrî*" et la „femme étrangère" des Proverbes bibliques (Mélanges R. Dussaud I, Paris 1939, 259–266 = Opuscules d'un hébraïsant, Neuchâtel 1958, 111–118). – *F. F. Hvidberg*, Weeping and Laughter in the Old Testament, Leiden 1962. – *A. M. Ibn Ganāḥ*, Sepher Haschoraschim, hrsg. von W. Bacher, 1896, 304f. – *O. Keel*, Das Vergraben der „fremden Götter" in Genesis XXXV 4b (VT 23, 1973, 305–336). – *F. Kramer*, Fremd und freundlich (Kursbuch 62, 1980, 17–26). – *B. Lang*, Die weisheitliche Lehrrede.

Eine Untersuchung von Spr 1–7 (SBS 54, 1972, 87–96). – *R. Martin-Achard*, נֵכָר *nēkār* Fremde (THAT II 66–68). – *R. Meyer*, Gegensinn und Mehrdeutigkeit in der althebräischen Wort- und Begriffsbildung (SSAW 120/5, 1979). – *T. Nöldeke*, Neue Beiträge zur semitischen Sprachwissenschaft, Straßburg 1910. – *L. Sabottka*, Zephanja (BibOr 25, 1972). – *R. B. Salters*, Notes on the Interpretation of Qoh 6, 2 (ZAW 91, 1979, 282–289). – *C. Schedl*, Rufer des Heils in heilloser Zeit, Wien 1973. – *S. Schreiner*, Mischehen – Ehebruch – Ehescheidung. Betrachtungen zu Mal 2, 10–16 (ZAW 91, 1979, 207–228). – *L. A. Snijders*, The Meaning of *zār* in the OT (OTS 10, 1954, 1–154, bes. 60ff.). – *J. A. Soggin*, Jezabel, oder die fremde Frau (Festschr. H. Cazelles, AOAT 212, 1981, 453–459). – *J. J. Stamm*, Fremde, Flüchtlinge und ihr Schutz im alten Israel und seiner Umwelt (A. Mercier [Hrsg.], Der Flüchtling in der Weltgeschichte, Bern 1974, 31–66). – *F. Steiner*, Enslavement and the Early Hebrew Lineage System (Man 54, 1954, 73–75). – *A. D. Tushingham*, A Reconsideration of Hosea, Chapters 1–3 (JNES 12, 1953, 150–159). – *F. Vattioni*, La 'straniera' nel libro dei Proverbi (Augustinianum 7, 1967, 352–357). – *M. Zer-Kavod*, הנכרי הגר במקרא (Sepher D. Ben-Gurion, Jerusalem 1964).

I. Während die einen Wörterbücher *zwei* homonyme Wurzeln *nkr* I 'fremd sein' und *nkr* II 'ansehen, erkennen' unterscheiden (GesB, BDB, Zorell), versuchen andere mit *einer einzigen*, bedeutungsmäßig differenziert gebrauchten Wurzel *nkr* auszukommen (DictTalm, KBL²; ebenso A. Dillmann, LexLing Aeth 666–668). Hinter der Annahme einer einzigen Wurzel steht die der arab. Grammatik entnommene Vermutung, dieselbe Wurzel könne in 'Sinn' und 'Gegensinn' verwendet werden; vgl. allgemein Meyer; zu *nkr* als bipolarer Wurzel Nöldeke 96, Gordis 278, Humbert 117, Tushingham 153f., Snijders 60f., Stamm 33. Das Ansetzen einer einzigen Wurzel führt jedoch zu einem sehr uneinheitlichen Lemma *nkr*, dessen innerer Zusammenhang durch künstliches Etymologisieren hergestellt werden muß. Daher empfiehlt sich die Unterscheidung von *nkr* I und *nkr* II.

Von der Wurzel *nkr* I werden die Wörter *nekar* 'die Fremde' und *nŏkrî* 'fremd(er)' abgeleitet, die 36mal bzw. 45mal belegt sind. Für *bæn nekār*, Pl. *benê nekār* 'Fremder, Ausländer' gibt es 19 Belege. Nur je einmal belegt sind **nokær* (Obd 12) und *nekær* (Ijob 31, 3), die beide mit 'Unglück' wiederzugeben sind. Als Verb bedeutet *nkr niph* (Spr 26, 24) und *hitp* (Gen 42, 7; 1 Kön 14, 5f.) 'sich verstellen, seine Identität verbergen', *pi* (Jer 19, 4; Sir 11, 32) 'entfremden'. Die *pi*-Form Dtn 32, 27 bedeutet 'leugnen, abstreiten' wie akk. *nakāru* G (AHw 719a, Nr. 5) und arab. *nakira* IV, die *pi*-Form 1 Sam 23, 7 'jemanden anderswohin bringen' wie akk. *nakāru* D (AHw 719b, Nr. 6).

Die Wurzel *nkr* ist in den semit. Sprachen weit verbreitet, vgl. akk. *nak(a)ru* 'fremd, Feind' und *nakāru* 'anders, fremd, feindlich sein' (AHw 718–720. 723; CAD N/1, 159–171. 189–195), ugar. *nkr* 'Fremder' (WUS Nr. 1786), aram. *nkrj'* Pl. 'Fremde' (DISO 179), äth. *nakîr* 'Ausländer', so daß sie von Bergsträsser zum gemeinsemit. Grundbestand gerechnet wird.

II. 1. *nŏkrî* bezeichnet ein Verhältnis, so daß bei der Analyse stets der Bezug deutlich gemacht werden muß.

a) *nŏkrî* kann 'ein anderer' bedeuten, der von einem *ego* verschieden ist: 'ein anderer' soll *ego* loben (Spr 27, 2), 'ein anderer' genießt *egos* Besitz (Koh 6, 2; zur Auslegungsgeschichte vgl. Salters 286–289). Ebenso ist *bêt nŏkrî* (Spr 5, 10) das 'Haus eines anderen (Mannes)' bzw. 'another man's family' (New English Bible); vgl. noch *ḥêq nŏkrijjāh* (Spr 5, 20) 'Schoß einer anderen, fremden Frau' (nicht der eigenen Frau). Diese Bedeutung ist auch im Ugar. belegt, wo es im Keret-Epos heißt: „Es ziehe aus der Neuvermählte (zum Krieg), er bringe zu einem anderen seine Frau, zu einem anderen (*nkr*) seine Geliebte" (KTU 1.14, II, 48. 50; vgl. UF 12, 1980, 194).

b) Bei anderen Belegen kommt die Familie oder der Clan in den Blick, so daß *nŏkrî* 'fremd, d. h. außerhalb einer Familie stehend' bedeutet. Wer außerhalb einer Familie steht, hat nicht nur emotional und sozial, sondern auch *rechtlich* mit ihr keine Verbindung, und im Falle des Ausschlusses keine Verbindung mehr (vgl. Steiner). Gen 31, 15 betrachten sich Rahel und Lea als von ihrem Vater Laban 'verkauft' (→ מכר *mkr*), daher ihm gegenüber 'fremd' (*nŏkrijjôt*) und nichts mehr schuldig. Ps 69, 9 und Ijob 19, 15 setzen voraus, daß man Kranke in bestimmten Fällen aus ihrer Familie ausgeschlossen hat; in diesem Fall anerkennen die Verwandten keine Versorgungspflichten mehr. Entsprechend wird Ijob sogar von seinen eigenen (ehemaligen) Sklavinnen als 'Fremder' (*nŏkrî*) angesehen und keiner seiner Verwandten achtet mehr auf ihn. Für die Familie ist er moralisch tot. Das babyl. Gedicht „Ich will preisen den Herrn der Weisheit" (*Ludlul bēl nēmeqi*) enthält einen entsprechenden Passus; dort heißt es, daß der Bruder zum Fremden geworden sei und die Familie den unglücklichen Beter nicht mehr zu sich zählt: „Mein Bruder machte sich zu einem Fremden (akk. *aḫû*) ... meine Familie behandelt mich, als wäre ich nicht von ihrem Fleisch" (Taf. 1, 84. 92 = BWL 34f.). In einem rechtlich signifikanten Zusammenhang begegnet auch der Ausdruck *'am nŏkrî* 'andere, fremde Familie' (Ex 21, 8): Eine verstoßene Sklavin-Konkubine darf nicht an eine 'fremde Familie' verkauft werden, sondern muß auf dem Weg der Auslösung zu ihrer *eigenen* Sippe zurückkehren. Als gewöhnliche Sklavin hätte sie keine Beziehung zu ihrer eigenen Familie mehr; als Konkubine ihres Herrn werden diese jedoch anerkannt. – Dieselbe, auf die Familie bezogene Bedeutung läßt sich auch für akk. *nakaru* belegen: *awīlum awīl bītija ul nakar* „der Mann ist ein Mann meines Hauses, kein Fremder" (T. Fish, Letters of the First Babylonian Dynasty, Manchester 1936, Nr. 1, 22 = CAD N/1 191a).

c) Für eine dritte Gruppe von Belegen gibt es im AT Definitionen: „ein *nŏkrî* (d. h. jemand) der nicht von deinem Volk Israel ist und aus einem fernen Land kommt" (1 Kön 8, 41) und „jemand *nŏḵrî* (d. h. jemand) der nicht dein Bruder ist" (Dtn 17, 15), also ein 'Ausländer'. In diesem Sinne ist Ittai, der Gittiter, ein *nŏḵrî* (2 Sam 15, 19), die Moabiterin Rut eine *nŏḵrijjāh* (Rut 2, 10), die moabitischen, ammonitischen usw. Frauen Salomos *nāšîm nŏḵrijjŏt* (1 Kön 11, 1), die babyl. Soldaten *nŏḵrîm* (Obd 11). Ein frühes Zeugnis für eine kritische Haltung Fremden gegenüber scheint, falls jesajanisch, Jes 2, 6 zu sein, wo der Prophet auf Überfremdung durch ausländische Beschwörer (Philister) hinweist und in diesem Zusammenhang von *jaldê nŏḵrîm* 'fremden Kindern' (H. Wildberger, BK X/1, 91: 'Gesindel') spricht.

Wenn der genaue Sinn von Jes 2, 6 auch nicht sicher zu bestimmen ist, so dürfte sich die Deutung von *jaldê nŏḵrîm* als 'Weissagebuben' (Schedl 58 f.), abgeleitet von einer anderen Wurzel *nkr* ('wissen', vgl. Dahood 396), nicht empfehlen.

Eine Abschließung gegenüber Fremden oder sogar Fremdenfeindlichkeit läßt sich jedoch noch nicht für das monarchische Israel, sondern erst für das unter Fremdherrschaft lebende und um seine Identität besorgte Frühjudentum dokumentieren. Für das Dtn (vgl. Dtn 14, 21!) scheinen die Fremden in zwei Gruppen zu zerfallen: in *gerîm* (→ גור *gûr*, → I 983–990), die sich der JHWH-Religion öffnen (Dtn 29, 10; 31, 12) und *nŏḵrîm*, die dies offenbar nicht tun. Entsprechend werden die *nŏḵrîm* 'Ausländer' auch schlechter behandelt: Man darf von ihnen im Sabbatjahr Darlehen unter Zwang eintreiben und von ihnen Zins nehmen (Dtn 15, 3; 23, 21).
Nach Dtn 15, 3 hat der Ausländer am Privileg des Erlaßjahres keinen Anteil. Das entspricht altor. Praxis. Nach dem Edikt des Ammiṣaduqa (ANET 527) wird ein Erlaß nur dem Akkader und dem Amoriter gewährt, d. h. dem autochthonen Bürger. Ein zusätzlicher Paragraph (§ 8) desselben Edikts legt fest, daß der Erlaß nicht gewährt werden kann, wenn ein Akkader oder Amoriter Kredit zu kommerziellen Zwecken aufnahm. In diesem Fall wird der einheimische Geschäftsmann dem Fremden gleichgestellt. Solcher Regelung liegt die Unterscheidung von konsumptivem und produktivem Kredit zugrunde. Erlaßfähiger Kredit sollte in einer Notlage einem Volksgenossen Konsumption und damit Überleben ermöglichen. Wurde Kredit zur Produktion gewährt, dann entfiel mit der Notlage auch die Erlaßfähigkeit.
Während man dem *ger* ein verendetes Tier zum Verzehr 'gibt', d. h. schenkt (anstatt es den Hunden vorzuwerfen, Ex 22, 33), 'verkauft' man es dem *nŏḵrî* (Dtn 14, 21). Von allen Menschen, mit denen der Jude sozialen Kontakt hat, behandelt er den *nŏḵrî* am schlechtesten. Der *ger* kann göttlicher und menschlicher (Dtn 10, 18; 14, 29) Hilfe gewiß sein; vom *nŏḵrî* wird solches nicht gesagt. In Israel gibt es keine Entsprechung zu Ζεὺς Ξένιος, dem Schutzgott nicht der Metöken, sondern der Reisenden und nicht-assimilierten Ausländer (2 Makk 6, 2; vgl. Homer, Od. 6, 20 f.; 9, 270 f.). Allerdings darf man diesem Befund wohl nicht entnehmen, der *nŏḵrî* sei völlig schutz- und rechtlos gewesen, denn Gastfreundschaft scheint man auch Ausländern gewährt zu haben (möglicher Beleg: Gen 19).

Nach Josephus unterscheidet das jüdische Gesetz zwischen Fremden, die die jüdische Lebensweise annehmen wollen, und solchen, die sich nur zufällig unter Juden aufhalten (οἱ ἐκ παρέργου προσιόντες, Contra Apionem 2, 210) – der letzte Ausdruck eine Umschreibung für den *nŏḵrî*. Diese Dichotomie von halb-assimilierten (*ger*) und nicht-assimilierten Fremden (*nŏḵrî*) hat Israel mit vielen Völkern gemeinsam (Fortes), insbesondere mit Hethitern und Griechen. So heißt es in der hethit. 'Instruktion für Kultdiener und Tempelpersonal' (KUB XIII 4/5) aus dem 13. Jh.: „Wenn aber ein Schutzbürger zu einem (von euch) kommen will, [der darf] zum Tempel hinaufgehen. Denn er darf der Götter und des Königs Schwelle überschreiten. [Man soll] ihn herauf [begleiten?] und er soll essen und trinken. Wenn er aber ein [Auslä]nder ist, wenn es kein Bürger von Hattuša ist, [der darf zu] den Göttern [nicht eintreten?. Wer ihn] aber (dennoch) hinbringt, der ist der Todesstrafe verfallen!" (RTAT 203). Der privilegierte Schutzbürger entspricht dem hebr. *ger*, der benachteiligte Ausländer dem *nŏḵrî*. Vergleichbar mit dieser Differenzierung ist die zwischen μέτοικος und ξένος in den griech. Städten der klassischen Zeit (vgl. Aymard): Als reisender Ausländer, der sich nur kurze Zeit in der Stadt aufhält, entspricht der ξένος dem hebr. *nŏḵrî*, während der μέτοικος als Ortsansässiger minderen Rechts (u. a. Verbot der Mischehe und des Grundbesitzes, Ausschluß von öffentlichen Ämtern, jedoch Recht auf Teilnahme am Staatskult) dem *ger* vergleichbar ist. Sir 29, 22–28 nennt ihn πάροικος und beklagt sein Schicksal, das von unangenehmen und erniedrigenden Pflichten einem einheimischen Patron gegenüber gekennzeichnet ist. Apg 17, 21 werden ἐπιδημοῦντες ξένοι 'sich (in Athen) aufhaltende Fremde', d. h. wohl Studenten und Bildungsreisende, von den 'Athenern' unterschieden.

Daß ein *nŏḵrî* 'Ausländer' nicht israelitischer König werden soll (Dtn 17, 15), ist aus der charakteristischen Einheit von Religion und Staat im Dtn zu verstehen. Da es Ausländer am Königshof mitunter zu respektabler Stellung bringen konnten (als persönliche Klienten des Königs?), mag das Gesetz eine mögliche Thronfolge durch einen Ausländer als illegitim kennzeichnen (Bertholet 40).
In der nachexil. Zeit wurde das Konnubium mit 'ausländischen Frauen' (*nāšîm nŏḵrijjŏt*) verpönt (Esra 10, 2–44; 13, 26 f.; vgl. Mal 2, 11).
2. Dem Buch Rut liegt die 2, 10 deutlich ausgesprochene Haltung zugrunde, die der Israelit Fremden entgegenbringt: die der Feindseligkeit. Die Novelle inszeniert einen Fall, bei dem diese Feindseligkeit überwunden und eine Ausländerin, Rut, zur Ehefrau eines Israeliten wird. Weil Rut mit Boas nicht blutsverwandt ist, besteht seinerseits keine Pflicht, ihr die Verwandtensolidarität (engl. amity) zu erweisen. Aber er erweist sie, und Rut entgegnet die bei der Getreideernte gewährte Bevorzugung durch ein erotisches Angebot, das gleichzeitig eine amity-Dimen-

sion enthält, weil Rut die ihr von Boas ermöglichte Rolle einer echten Verwandten übernimmt. Boas und Rut tun jeder einen Schritt auf den anderen zu, wodurch die konventionelle Unvereinbarkeit von fremd (*nŏkrî*) und freundlich (*nkr hiph*) aufgehoben wird. Anders als die moabitische Mescha-Stele (KAI 181) und Dtn 23, 4, aber ebenso wie 1 Sam 22, 3f. setzt die Rut-Novelle freundliche Beziehungen zwischen Moabitern und Israeliten (genauer: Leuten von Betlehem) und gegenseitiges Konnubium voraus: Die Söhne der Noomi hatten in Moab moabitische Frauen geheiratet, und eine dieser Frauen, Rut, heiratet nach dem Tod ihres israelitischen Mannes wiederum einen Israeliten. Nach der älteren Exegese ist das Buch Rut fremden Frauen gegenüber aufgeschlossen und unterscheidet sich darin vom Buch Esra (Esra 10; 13, 26f.), dessen rigorose Mischehenpolitik der Verfasser ablehne und bekämpfe. Diese Deutung von Rut als Tendenzschrift wird heute zumeist abgelehnt. Auffällig bleibt jedoch, daß die *ältere* Novelle Ehen mit Ausländerinnen kennt (Josefs-Novelle: Gen 41, 45; Rut), während die *jüngere* Novelle von einer Ehe unter Juden berichtet (Tob 7–8). Vielleicht spiegelt sich in der Novelle der Umstand, daß in der Diaspora lebende Juden Mischehen mieden, wogegen palästinische Juden solchen Ehen nicht völlig abgeneigt waren.

3. Kontroverse Deutungen hat die mehrmals als *nŏkrijjāh* bezeichnete 'fremde Frau' erfahren, vor der die Schulweisheit warnt (Spr 2, 16; 5, 20; 6, 24; 7, 5): Ist sie die Frau eines 'anderen' (Israeliten) – so Ibn Ganāḥ und Humbert, oder 'Ausländerin' – so besonders Boström? Neuere Arbeiten heben hervor, daß die Alternative falsch gestellt ist. Nach O. Plöger (BK XVII 56) ist die Warnung bewußt mehrdeutig gehalten, so daß vor der Frau des Nächsten wie der Ausländerin und Prostituierten gewarnt werden soll. Vielleicht behandelt man die Ehebrecherin, die sich außerhalb der Gemeinschaft stellt, wie eine Ausländerin (Soggin 458f.). Das entspricht auch einem verbreiteten Topos der äg., mesopot. und griech. Lebenslehren, vgl. Anii 3, 13–17 (ANET 420), Ptahhotep 277–288 (ANET 413), Counsels of Wisdom 72–79 (ANET³ 595), Hesiod, Erga 328f. 697–705 und dazu Lang 88f.

4. Mehrmals begegnet *nŏkrî* als Adjektiv von Sachbegriffen: *'æræṣ nŏkrijjāh* 'fremdes Land' (Ex 2, 22; 18, 3: Midian), *'îr nŏkrî* 'fremde (jebusitische) Stadt' (Ri 19, 12, doch vgl. BHS). Der Ausdruck *lāšôn nŏkrijjāh* (Spr 6, 24) des MT läßt an 'Fremdsprache' denken, doch ist wohl mit der syr. Version *lešôn nŏkrijjāh* 'Zunge einer fremden Frau' zu lesen. Was Zef 1, 8 mit *malbûš nŏkrî* 'fremder Kleidung (Tracht)' meint, geht aus dem Zusammenhang nicht hervor.

Soll man die vom Propheten kritisierten Anhänger ausländischer Mode in Hofkreisen oder in der reichen Oberschicht suchen, deren Tracht Symptom polytheistischer Gesinnung ist (vgl. Sir 19, 30; 2 Makk 4, 12)? Verletzt solche Kleidung das Trennungsgebot Lev 19, 19; Dtn 22, 11, das nur für im Kultbereich zu tragende Kleidung aufgehoben ist (Ex 28)? Oder ist mit Raschi und Sabottka 38 an Priester zu denken, deren heidnisches 'Kultgewand' (dies ist die Bedeutung von *malbûš* 2 Kön 22, 2) sie als nicht-orthodox ausweist?

Übertragene Bedeutung hat *nŏkrî* an zwei Stellen: Jes 28, 21 *nŏkrijjāh 'abodātô* „befremdlich (ist) sein Werk", Jer 2, 21 *haggæpæn nŏkrijjāh* 'der kranke (?) Weinstock'. Für die Bedeutung 'krank' läßt sich auf akk. *nakāru* verweisen, das auch – allerdings nur von Personen ausgesagt – 'schlecht, krank aussehen' bedeuten kann (CAD N/1, 163).

III. Während der dtn-dtr Kreis *nŏkrî* verwendet, wenn er Israel von Fremden, d. h. Ausländern, abschließen will (s. o. II. 1. c), gebrauchen der priesterschriftliche Kreis und Ezechiel *benê nekār*. Diese sind unbeschnittene Nichtjuden, die nicht zum Passah zugelassen werden können (Ex 12, 43) und die am Zweiten Tempel keine priesterlichen Funktionen ausüben dürfen (Ez 44, 7. 9). Die ezechielische Notiz wirft ein Licht auf die komplexe, sich einer Darstellung entziehende Geschichte der Jerusalemer Priesterschaft, die lange Zeit hindurch mit fremden (vorisraelitischen?), nicht-semit. Elementen durchsetzt gewesen sein muß. Den Fremden wird unterstellt, daß sie zum Opfer untaugliche Tiere an Juden verkaufen wollen (Lev 22, 25). Nach Gen 17, 12. 27 müssen von *benê nekār* gekaufte Sklaven, die selbst Ausländer sind, beschnitten werden.

Im chronistischen Werk werden *nŏkrî* (s. o. II. 1.) und *bæn nekār* nebeneinander gebraucht, wobei jedoch der sprachliche Anschluß an das Dtn überwiegt. Neh 9, 2 „der Same Israels trennte sich von allen Ausländern (*benê nekār*)" bezieht sich auf die Auflösung von Mischehen mit Nichtjüdinnen (Esra 9/10), wodurch die durch Heirat geschaffenen umfassenden affinal-verwandtschaftlichen Bande zerrissen werden. Auf denselben Sachverhalt bezieht sich der Ausdruck *kōl nekār* 'alles Fremde' (Neh 13, 30), einer deplazierten Glosse zu Neh 13, 23–27.

Der Ausschluß von Ausländern aus dem Kult- und Verwandtschaftssystem, die im Judentum miteinander eng verknüpft werden, findet eine Ergänzung in der Erwartung, eines Tages würden 'Ausländer', wohl als Fronarbeiter vorgestellt, Jerusalems Mauern aufbauen und die schwere Pflugarbeit übernehmen (Jes 60, 10; 61, 5). In eine andere Richtung weist das ausgesprochen fremdenfreundliche Orakel Jes 56, 6: Es heißt den „Ausländer (*bæn nekār*), der sich JHWH anschließt", also den Proselyten, im Jerusalemer Tempel willkommen. Durch den Fund einer griech. Inschrift (TGI³ Nr. 55) und Josephus (Ant. 15, 417) wissen wir, daß den Fremden nur ein äußerer 'Vorhof der Heiden' zugänglich war, der innere Bezirk jedoch bei Todesstrafe gesperrt blieb. Die Inschrift verwendet ἀλλογενής, einen Ausdruck, der in der LXX mehrfach *bæn nekār* wiedergibt (Ex 12, 43; Lev 22, 25; Ez 44, 7. 9 usw.), Josephus dagegen gebraucht ἀλλοεθνής (vgl. ThWNT I 266f.).

Entsprechend heißt es 4 QFlor 1, 4, daß den Tempel kein „Ammoniter, Moabiter, Bastard, Ausländer (*bn nkr*) und Proselyt (*gr*)" betreten darf. Vgl. 1 Kön 8, 41 = 2 Chr 6, 32, wo vom *nŏḵrî* als Beter im Tempel, nicht aber als Darbringer von Opfern die Rede ist.

IV. Der Ausdruck *'ᵉlohê (han)neḵār* 'fremde Götter' wurde in der Exilszeit des 6. Jh. geprägt, als weite Teile des Volkes mit der Fremde in unangenehme Berührung kamen. Der Ausdruck ist von einem strengen JHWH-allein-Standpunkt aus gebildet und impliziert, daß nur JHWH der 'eigene' Gott sein kann; Götter außer ihm, sonst fast neutral *'ᵉlohîm 'aḥerîm* 'andere Götter' genannt (→ אחר *'aḥer*, → I 219), werden mit stärker negativem Klang als 'fremde Götter' bezeichnet. Die ältesten Belege gehören ausnahmslos dem dtr Kreis zu: Dtn 31, 16; 32, 12; Jos 24, (14 LXX). 20. 23; Ri 10, 16; 1 Sam 7, 3. Das gilt auch für den Beleg Jer 5, 19, der in einem nicht-jeremianischen Abschnitt steht, und für Gen 35, 2. 4, wo es sich um einen dtr überarbeiteten älteren Text handelt.

Keel (VT 23, 1973, 327–331) hat gezeigt, daß Gen 35, 2b. 5 und in v. 4 der Ausdruck *'ᵉlohê hanneḵār* 'fremde Götter' sekundär sind. Offenbar war das Verbergen von Götterbildern (Teraphim?) bereits den antiken Lesern rätselhaft. Ein dem dtr Kreis zugehöriger Redaktor deutete es nach dem Vorgang von Ri 10, 16; 1 Sam 7, 3 als Voraussetzung für Gottes helfendes Eingreifen zugunsten Israels. Die dtr Phrase *hāsirû 'æt 'ᵉlohê hanneḵār 'ᵃšær bᵉṭoḵᵉḵæm* „entfernt die fremden Götter, die in eurer Mitte sind" (und Varianten) findet sich Gen 35, 2. 4; Jos 24, (14 LXX). 23; Ri 10, 16; 1 Sam 7, 3; 2 Chr 23, 15.

Die übrigen Belege: Mal 2, 11 („Tochter eines fremden Gottes" = Ausländerin); Ps 81, 10; Dan 11, 39; 2 Chr 33, 15 sind vom dtr Sprachgebrauch abhängig, ebenso die Ausdrücke *haḇlê neḵār* 'fremde Nichtse' (Götzen) Jer 8, 19 (nicht-jeremianischer Text!) und *mizbᵉḥôt hanneḵār* 'fremde Altäre' 2 Chr 14, 2. Vielleicht darf man hierher auch den unscheinbaren Ausdruck *'aḏmaṯ neḵār* 'fremdes Land' Ps 137, 4 stellen, für den der Kontext die Konnotation Land des Exils = 'Land fremder Götter' nahelegt.

Der ungewöhnliche Ausdruck *baṯ 'el neḵār* 'Tochter eines fremden Gottes' (Mal 2, 11) wird gelegentlich als 'Göttin' gedeutet (Hvidberg 121; Ahlström 49), jedoch dürfte es sich aufgrund der Parallele Num 21, 29 (Moabiterinnen als 'Töchter' des Kemosch) um eine poetische Ausdrucksweise für 'Ausländerin' handeln (Schreiner 215). Daß die Ehe mit einer 'Tochter eines fremden Gottes' den Tempel entweiht, ist allerdings nicht ohne weiteres einsichtig. Als Erklärung bietet sich am ehesten an, daß – nur für uns verschlüsselt, nicht aber für den Zeitgenossen des Propheten – von einer bestimmten Mischehe die Rede ist: Ein schon älterer Hoherpriester hat seine unfruchtbare israelitische Frau verstoßen, um eine Ausländerin, vielleicht eine Edomiterin, zu heiraten und so sein Geschlecht zu erhalten (Mal 2, 13–16). Dagegen protestiert der Prophet (Caquot 1969, 200; 1981/82, 538).

V. 1. Die LXX hat keine ernsthaften Probleme mit der Wiedergabe. *nkr niph* (Spr 26, 24) übersetzt sie sinngemäß durch ἐπινεύειν 'zunicken', das *pi* durch ἀπαλλοτριοῦν (3mal), das *hitp* durch ἀποξενοῦν (2mal), ἀλλοτριοῦν und διεστραμμένως (je 1mal). *neḵār* und *nŏḵrî* werden vornehmlich durch ἀλλότριος, ersteres auch durch ἀλλογενής (9mal), letzteres durch ξένος (5mal) wiedergegeben.

2. In Qumran ist die Wurzel nur selten belegt. CD 14, 15 stellt den, der bei einem „fremden Volk" (*gôj neḵār*) gefangen war (und in die Heimat zurückgekehrt ist?), als Unterstützungsbedürftigen neben Waisen, Armen, Greis und Obdachlosen. Andere Belege lassen ein deutliches Separationsbewußtsein erkennen: man trennt sich von allem 'Heidnischen'. Man läßt Ausländer als 'Heiden' nicht in den Tempel (4 QFlor 1, 4, s. o. III.). Nach der Tempelrolle ist der König vor jedem Zugriff durch Angehörige fremder Völker mittels einer Leibgarde zu schützen (57, 11); auf Hochverrat an ein „fremdes – heidnisches – Volk" (*gôj neḵār*) steht als Strafe der Tod am Holzpfahl (64, 7–8). Haben diese Gesetze mehr theoretische Bedeutung, so ist die Bestimmung CD 11, 2 praktisch und belegt die Opposition gegen einen gängigen Brauch: Das Mitglied der Qumran-Bruderschaft darf am Sabbat keinen Nichtjuden (*bæn neḵār* bedeutet hier 'Heide'!) für sich die häusliche Arbeit tun lassen; d. h. man will gerade am Sabbat nicht von 'Heiden' abhängig sein.

Lang

VI. Die *hiph*-Form von *nkr* II bedeutet zunächst 'eine Person erkennen': Isaak erkennt nicht den verkleideten Jakob (Gen 27, 23), die Brüder Josefs erkennen ihren Bruder nicht (Gen 42, 7f.; Gegensatz *jd' hitp* 45, 1), Ijobs Aussehen ist so entstellt, daß seine Freunde ihn nicht erkennen (Ijob 2, 12), im Dunkel erkennt man einander nicht (Rut 3, 14; vgl. noch 1 Kön 18, 7; 20, 41). Elifas erzählt, wie Gott ihm erschienen ist, eine Gestalt, deren Aussehen er nicht erkennen konnte (Ijob 4, 16). In der kommenden Heilszeit werden die Nachkommen Israels bei allen Nationen bekannt sein (*nôḏa'*), und man wird erkennen (*nkr*), daß JHWH sie gesegnet hat (Jes 61, 9). – Ebenso erkennt man die Stimme einer Person (Ri 18, 3; 1 Sam 26, 17).

hikkîr pānîm bedeutet wie *nāśā' pānîm* (→ נשא, → פנים) „die Person ansehen", „parteiisch sein"; das ist im Rechtsleben verboten (Dtn 1, 17; 16, 19) und wird in der Weisheitsliteratur als *lo' ṭôḇ* beurteilt (Spr 24, 23; 28, 21).

Mit *lᵉṭôḇāh* bedeutet *hikkîr* 'freundlich oder liebevoll ansehen': Gott will die nach Babylon Verschleppten gnädig ansehen, wie man gute Feigen ansieht (Jer 24, 5). Auch allein hat *hikkîr* diese Bedeutung: Boas sieht Rut gnädig an und nimmt sich ihrer an (Rut 2, 10. 19); der Psalmist hat niemand, der 'auf ihn achtet' oder „nach seinem Leben fragt" (*doreš lᵉnapšî*, Ps 142, 5).

Im Mosesegen Dtn 33 wird Levi gelobt, weil er „alle Verpflichtungen zur Loyalität der eigenen Sippe zurückgestellt" (von Rad, ATD 8 z.St.), seine Eltern nicht „gesehen", seine Brüder nicht anerkannt (*nkr*) und seine Kinder nicht „gekannt" (*jāḏaʿ*) hat (v. 9). Ähnlich heißt es Jes 63, 16, daß Abraham vom Volke nichts weiß (*nkr*) und Israel es nicht kennt (*jāḏaʿ*), m.a.W. man kann sich nicht mehr auf natürliche Abstammung berufen; nur JHWH ist der Vater des Volkes.

Wenn der Wind über die Blume fährt, ist sie dahin, und der Ort, wo sie stand, weiß (*nkr*) nichts von ihr; so vergänglich ist der Mensch (Ps 103, 16). Ohne Bild wird dasselbe in Ijob 7, 10 vom Menschen, der stirbt, gesagt. – Die Sünder sind nach Ijob 24, 17 mit den Schrecken der Finsternis 'vertraut', sie rebellieren (*mrd*) gegen das Licht und 'kennen' nicht seine Wege (24, 13), Gott dagegen 'kennt' ihre Taten (Ijob 34, 15).

In Neh 13, 21 wird *hikkîr* vom Können oder Beherrschen einer Sprache gebraucht.

Ringgren

נָמֵר *nāmer*

I. Etymologie, Bedeutung und Verbreitung – II. Alter Orient – III. Altes Testament – 1. Belege – 2. In Namen – 3. Im hebräischen Teil – 4. In Dan 7, 6 – IV. In den alten Übersetzungen.

Lit.: *F.-M. Abel*, Géographie de la Palestine II, Paris [3]1967. – *J. Aharoni*, Über das Vorkommen und Aussterben palästinischer Tierarten (ZDPV 49, 1926, 247–262). – *A. Billiq*, נמר (EMiqr. 5, 870ff.). – *S. Bochartus*, Hierozoicon, sive Bipertitum opus de Animalibus S. Scripturae (editio tertia ex rec. *Johannes Leusden*), Lugduni Batavorum/Trajecti ad Rhenum 1692, 791–805. – *F. S. Bodenheimer*, Animal and Man in Bible Lands, Leiden 1960. – *F. Frank*, Tierleben in Palästina (ZDPV 75, 1959, 83–88). – *V. Haas*, Leopard und Biene im Kulte „hethitischer" Göttinnen (UF 13, 1981, 101–116). – *F. Hommel*, Die Namen der Säugethiere bei den südsemitischen Völkern, Leipzig 1879. – *B. Landsberger / I. Krumbiegel*, Die Fauna des alten Mesopotamien nach der 14. Tafel der Serie Ḫar-ra-Ḫubullu, Leipzig 1934. – *J. A. Rimbach*, Bears or Bees? Sefire I A 31 and Daniel 7 (JBL 97, 1978, 565f.). – *A. Salonen*, Jagd und Jagdtiere im alten Mesopotamien, Helsinki 1976.

Zu III.4.: *A. Caquot*, Sur les quatre bêtes de *Daniel* VII (Sem 5, 1955, 5–13). – *Ders.*, Les quatre bêtes et le „Fils d'Homme" (*Daniel* 7) (Sem 17, 1967, 37–71). – *A. J. Ferch*, Daniel 7 and Ugarit: A Reconsideration (JBL 99, 1980, 75–86). – *J. C. H. Lebram*, Daniel/Danielbuch (TRE 8, 325–349). – *H. H. Rowley*, Darius the Mede and the Four World Empires in the Book of Daniel, Cardiff 1935.

I. Nicht nur im hebr. und aram. Teil des AT (s.u. III.) findet sich *nāmer* bzw. *n*ᵉ*mar* (*nimrāʾ*) (vgl. A. Sperber, HUCA 12/13, 1937/38, 242: Hieronymus hat *nemer*), sondern auch in vielen anderen semit. Sprachen. Fronzaroli (AANLR 365, 1968, 281) nimmt eine alte und allgemeine Wurzel *nimr* an, aus der sich das Wort in den semit. Sprachen gebildet hat: im Akk. *nimru(m)* (CAD N/2, 234f.; AHw 790); im Arab. *namir* (Hommel 294–299); im Äth. *namr* (Hommel 379); im Mand. *nimria* (sing. *namar* = *nimar*; MdD 298); im Syr. *nemrā* (LexSyr 431). Auch im phön. und pun. Sprachbereich soll das Wort bekannt gewesen sein (PNPPI 147, 361). Auch in dem Deir-ʿAlla-Text findet sich *nmr* (I 17; vgl. ATDA 219f.; H. P. Müller, ZAW 94, 1982, 214ff.) wie auch im Aḥiqar-Roman (*nmrʾ*, 118f.).

In den Sfire-Stelen aus der Mitte des 8. Jh.s v. Chr. findet sich zweimal *nmrh* (KAI 222A, 31; 223A, 9), durch Donner-Röllig und Fitzmyer (The Aramaic Inscriptions of Sefîre, BietOr 19, 1967, 15. 49. 81) mit „Panther" übersetzt. Nach Donner-Röllig (KAI II 249) ist das Wort ein Substantiv im status absolutus; Fitzmyer hält es für ein Femininum (vgl. DISO 179). Neuerdings hat Rimbach auf die unsichere Lesung und demzufolge eine andere Bedeutung des Wortes hingewiesen (*nmlh* 'Ameise'; vgl. schon D. Winton Thomas, JSS 5, 1960, 283).

Etymologisch verbindet man *nāmer* oft mit arab. *namira* „fleckig sein" (vgl. schon Bochartus 785ff. und auch die älteren Wbb sowie die neueren wie KBL[3] 662; vgl. Fronzaroli, AANLR 365, 1968, 281. 301). Freilich gibt es auch andersartige Etymologien wie von BDB, die einen Zusammenhang mit akk. *namāru* 'scheinen', 'glänzen' annehmen. *namāru* ist aber nur eine Nebenform zu *nawāru*, und *nāmer* ist sicher ein Primärnomen, akk. *nimru(m)*. Hethit. *parsana* (Sumerogramm PIRIG.TUR, UG.TUR oder PIRIG.KAL, vgl. Landsberger/Krumbiegel 76 Anm. 4. 77; Salonen 219f.; dazu K. Butz, BiOr 34, 1977, 289) ist zu griech. πάρδαλις (seit Homer), πόρδαλις, πάνθηρ (seit Herodot), πάρδος (Kaiserzeit) und λεόπαρδος (s. W. Richter, KP 4, 475) zu stellen. Die Etymologie letztgenannter Wörter ist unbekannt, doch entstammen sie möglicherweise einer nicht-indogermanischen Sprache Vorderasiens (Haas 106; vgl. F. Schwally, Idioticon des christlich palästinischen Aramaeisch, 1893, 121).

Die Übersetzung des Wortes *nāmer* in den meisten Wbb, Übersetzungen und Kommentaren ist schwankend: bald „Leopard", bald „Panther", bald „Pardel" und öfter unterschiedslos (vgl. aber T. Wittstruck, JBL 97, 1978, 100 Anm. 5). In Jer 13, 23 heißt es, daß der *nāmer* nicht imstande ist, seine *ḥ*ᵃ*ḇarburôṯ* zu wandeln. Man kann hier an „Flecken", „Fellflecken" (so schon Bochartus 786; vgl. KBL[3]) denken. Dies weist auf den „Leopard" hin, den man im palästinensischen Bereich wohl von dem „Panther" zu unterscheiden hat, übrigens durch geringe äußere und anatomische Merkmale (Hommel 294 Anm. 2).

Der Panther (*felis pantera*) findet sich hauptsächlich im sö Asien und sein Vorkommen ist, auch in älterer Zeit, in Palästina kaum nachzuweisen (Lesêtre, DB 4, 172–175; Feliks, BHHW III 1382; Wildberger, BK X/1,

438). Der Leopard oder Parder (*felis pardus tullianus*) hingegen war und ist vereinzelt noch in Vorderasien, Syrien, Palästina und N.-Afrika verbreitet. Möglicherweise deutet der sehr schnelle Leopard in Hab 1, 8 auf einen Jagdleopard oder Gepard, den „Cheetah" (*felis acinonyx jubatus*) hin (McCullough, IDB 3, 111), der in der späteren hebr. Literatur auch *bard^{e}les* heißt (Mischna Sanh. I, 4; Baba Qamma I, 4 usw.; vgl. S. Krauss, Griechische und lateinische Lehnwörter im Talmud, Midrasch und Targum II, 164; Levy, WTM I, 261f.), mit griech. πάρδαλις verwandt. Gelegentlich trifft man noch heute, etwa beim Toten Meer, auf Leoparde oder Jagdleoparde (Aharoni 251f.; Frank 83f.; Billiq 871). Im Altertum wurde der Jagdleopard gelegentlich domestiziert (Bodenheimer 100). Nicht immer ist sicher zu entscheiden, ob beim Wort *nāmer* vom Leopard, Gepard, Serval oder gar vom Luchs die Rede ist (Richter, KP 4, 475f.). Im Altertum gab es manchmal Abbildungen des Leopards, etwa in Ägypten (Billiq 871f.; ANEP Nr. 52, 297) oder in Mesopotamien (ANEP Nr. 678). Vielleicht wäre am besten, die Übersetzung „Panther" für *nāmer* zu vermeiden. Der Leopard lebt im Dickicht und zwischen Felsen (vgl. Hld 4, 8).

II. In den Religionen des Alten Orients gehört der Leopard öfter zu den Tieren, die einer Gottheit zugeordnet sind, in der heth. Religion etwa der Göttin Inar(a). In ihrem Tempel spendete man z. B. eine Schale Wein für den Leopard (Haas 107). Inar(a) war ursprünglich eine chattische Gottheit von überregionaler Bedeutung. Auch der chattischen Sonnengöttin war der Leopard geweiht: er schützte ihre Quelle. Bereits in neolithischer Zeit spielte er eine wichtige Rolle in den religiösen Vorstellungen, wie sich aus den Funden der Terrassensiedlung Çatal Hüyük (7.–6. Jt. v. Chr.) ergibt (Haas 104ff.). Später begegnet der Leopard manchmal im Zusammenhang mit den großen zentralanatolischen Göttinnen, etwa in den hethitischen Festritualen, u. a. in dem „Leopardentanz" (Haas 108f.). Nach Haas (111) geht die Zuordnung des Leopards zu den kleinasiatischen Göttinnen Kybele, Artemis und Aphrodite (Urania) auf heth. Traditionen zurück.

In der sumer. Literatur ist die Göttin Inanna mit dem Leopard verbunden (W. Heimpel, Tierbilder in der sumerischen Literatur, 1968, 331ff.) und in Assur steht das Tier in Beziehung zur Ištar von Arbela (R. Frankena, Tākultu, 1953, 95 Nr. 97). In Nordarabien ist der Leopard das heilige Tier des Dusares (M. Höfner, WbMyth I 434. 522; vgl. R. Dussaud, La pénétration des Arabes en Syrie avant l'Islam, Paris 1955, 57f.). Auch in der späteren klassischen Literatur verbindet religiöse Bedeutung den Leopard nicht nur mit Kybele, Aphrodite und Kirke, sondern auch mit Dionysos-Bakchos und seinem Gefolge (Richter, KP 4, 476). Oft gilt auch die Jagd auf Leoparde als „religiöse Tat", so im alten Südarabien (A. F. L. Beeston, Mus 61, 1948, 183–196).

III. 1. Im AT kommt *nāmer* vor in Jes 11, 6; Jer 5, 6; 13, 23; Hos 13, 7; Hab 1, 8; Hld 4, 8 (in Hab und Hld im Pl.) und in Dan 7, 6 im aram. Teil des ATs in der Form *n^{e}mar*.

2. Ein Zeugnis für das Vorkommen des Leopards in alten Zeiten in Palästina sind wohl die Ortsnamen *nimrāh* oder *bêṯ nimrāh* (Num 32, 3. 36; Jos 13, 27; s. Simons, GTTOT § 300; Abel 278), und *mê nimrîm* (Jes 15, 6; Jer 48, 34) im moabitischen Gebiet unweit des Jordans und des Toten Meeres (Simons, GTTOT §§ 1256–58; Abel 399; Billiq 871; A. H. van Zyl, The Moabites, POS III, Leiden 1960, 55ff.; vgl. auch Th. Nöldeke, ZDMG 29, 1875, 437 Anm. 3: „das 'pantherartige' gefleckte oder gestreifte Aussehn des Bodens"; KBL^3 662: arab. *namīr* 'wasserreich').

3. Im AT begegnet der Leopard weder im unmittelbaren Zusammenhang mit der Gottheit noch als „heiliges" Tier. Meistens kommt er in Bildern und Vergleichen vor (wie oft in akk. Texten, CAD N/2, 235; vgl. u.a. Butz, BiOr 34, 1977, 289; vgl. weiter für äg. Texte: H. Grapow, Die bildlichen Ausdrücke des Aegyptischen, 1924, 73). Zum Ausdruck der Skepsis über die Möglichkeit zur Umkehr des Volkes dient der Leopard als Parabel in Jer 13, 23: „Wandelt ein Kuschit seine Haut oder ein Leopard seine Flecken? So wenig könnt ihr gut handeln, die ihr gewöhnt seid ans Böse." Hier wird das Tier zum Gleichnis aus der Natur für ein „Adynaton" (G. van der Leeuw, JEOL 8, 1942, 635; Würthwein, ThWNT IV 983). In seinem Gericht über Efraim vergleicht Gott (s. L. Wächter, Der Tod im AT, 1967, 45) sich in Hos 13, 7f. mit einer Anzahl Tiere: „Ich will für sie wie ein Löwe (*šaḥal*) werden, wie ein Leopard am Wege 'nach Assur'" (so LXX, V, S und viele Ausleger). Außerdem werden noch Bärin (*doḇ*), Löwe (*lāḇî'*; vgl. jedoch Wolff, BK XIV/1; Mays, OTL und textkr. Apparat in BHK und BHS z. St.: *k^{e}lāḇîm* „Hunde") und „Feldtiere" (*ḥajjaṯ haśśādæh*) erwähnt. Solch eine Tiersammlung findet sich auch in den Sfiretexten (KAI 222 A, 30f.; 223 A, 9; s. o. I.) in einem sogenannten „Bundesfluch" (T. Wittstruck, JBL 97, 1978, 100ff.). Jer 5, 6 kündigt den Leopard mit dem Löwen (*'arjeh*) aus dem Walde und dem „Steppenwolf" (*ze'eḇ 'arāḇôṯ*) dem sündigen Volk als Bedrohung an. Auch findet sich der „Steppen-" oder „Abendwolf" (vgl. K. Elliger, Festschr. A. Bertholet, 1950, 158–175) in Gesellschaft des Leopards in Hab 1, 8. In diesem Vers wird die Schnelligkeit der Chaldäer auf Rossen der Geschwindigkeit der Leoparde an die Seite gestellt (vgl. 1 QpHab 3, 6ff.). In Hld 4, 8 wird vom Herabkommen des Mädchens vom Libanon (→ לבנון 2. b und d) gesprochen. Das Gebirge wird als „Wohnort der Löwen" und als „Berge der Leoparde" bezeichnet (Rudolph, KAT XVII/2, 147f. möchte lieber „Höhlen" der Leoparde lesen). Die Erwähnung der Löwen und der Leoparde deutet die gefährliche und unheimliche Lage an, in der sich nach des Dichters Meinung das Mädchen befindet. Freilich ist nicht ganz auszuschließen, daß die Ortsangaben in diesem Vers ursprünglich einer Verbindung mit einem Kultgott, der am Libanon seinen Sitz hatte, entstammen (Haller, HAT I/18, 35).

Das friedliche Beieinanderwohnen der Tiere untereinander und auch von Menschen und Tieren bildet eines der Motive des Gedichtes Jes 11, 1–9. Der Wolf wird beim Lamm „zu Gast sein" und „der Leopard wird sich beim Böcklein lagern" (Jes 11, 6). Wenn dies geschieht, ist das Friedensreich des Messias gekommen. Hier wird eine ganze Reihe gefährlicher

Tiere aufgezählt: Wolf, Leopard, Jungleu, Bär, Löwe, Otter, Natter. Sie alle leben in Frieden, weil der Tierfriede „eine Eigentümlichkeit des Paradieses" ist (H. Greßmann, Der Messias, 1929, 151). Die Prophetie knüpft hier an ältere volkstümliche Überlieferungen an und verwertet sie in ihrer Schilderung der eschatologischen Heilszeit. In solcher Schilderung wird der Leopard wahrscheinlich absichtlich stehen (vgl. S. N. Kramer, History Begins at Sumer, ²1961, 210; ANET 38), obgleich er auffallenderweise in Jes 65, 25 fehlt.

4. Am meisten erinnert der Leopard in Dan 7, 6 an alte mythologische und volkstümliche Motive. Eigentlich handelt es sich hier nicht um einen Leopard, sondern um ein leopardähnliches Wesen mit vier Vogelflügeln auf seinem Rücken, mit vier Köpfen und dazu noch mit „großer Macht". Er ist das dritte von vier Tieren, von denen keines der sonst bekannten Tierwelt angehört (Haller, SAT, ²1925, 296). Er folgt einem Löwen mit Adlerflügeln und einem Bären mit drei Rippen zwischen den Zähnen, die alle aus dem Meer emporsteigen. Offenbar handelt es sich hier um Züge, die als „Hinweise auf den ursprünglichen mythologischen Charakter des symbolischen Vorganges" zu betrachten sind (Lebram 332). Ob diese Mythologisierung aus dem alten Orient oder aus hellenistischer und römischer Zeit stammt, ist schwer nachzuweisen. Nach Lebram weist die Symbolisierung der Weltreiche durch Tiere weder auf einen Chaoskampf noch auf einen Schöpfungsmythus hin, sondern sie ist eine „pseudoprognostische Darstellung der Herrschaft der Weltreiche als Einbruch von Chaosmächten in die Geschichte" (334; vgl. 333 und Ferch 81). Wie in Kap. 2 die Metalle der Statue, zeigt die Darstellung der Tiere in Dan 7 eine „Depravation" an, die von gewissen menschlichen Eigenschaften des ersten Reiches zur Bestialität des vierten führt (Lebram, VT 20, 1970, 517ff.). In dieser Skala nun findet sich der „herrscherliche" Leopard als dritter. Es ist schwierig, genau zu bestimmen, welches Reich das Tier symbolisiert: das dritte Tier könnte das lydische, medopersische, persische, griechische, mazedonische, römische oder sogar das christliche Reich sein (vgl. Rowley 184f.). Meistens wird angenommen, daß das dritte Tier das persische Reich bezeichnet (Colpe, ThWNT VIII 423 Anm. 164; K. Koch, Das Buch Daniel, 1980, 187ff.; bereits Rowley 144ff.). Möglich ist immerhin, die vier Tiere als gleichzeitig anwesend aufzufassen (so B. D. Eerdmans, The Religion of Israel, 1947, 224f.; M. A. Beek, Das Danielbuch, Leiden 1935, 26f. 49), so daß die Symbole bestehende Reiche zur Zeit des Schriftstellers darstellen, wobei Rom, in der makkabäischen Zeit im Aufstieg begriffen, und durch den Leopard mit Flügeln und Köpfen symbolisiert, nicht ganz auszuschließen ist (vgl. auch Offb 13, 2, das einzige Mal, daß der Leopard im NT vorkommt).

IV. LXX übersetzt *nāmer* durch πάρδαλις (auch Sir 28, 23; vgl. παρδάλειος 4 Makk 9, 28 und TestAbrah A 19). Josephus (Ant XII § 146) ordnet das Tier den unreinen Tieren zu. Neben πάρδαλις kennt LXX auch das Wort πάνθηρ (Hos 5, 14; 13, 7) als Übersetzung von *šaḥal* (weiter noch Ps 91, 13; Ijob 4, 10; 10, 16; 28, 8 und Spr 26, 13), das gewöhnlich durch „Löwe" übertragen wird (vgl. jedoch S. Mowinckel, Hebrew and Semitic Studies [Festschr. G. R. Driver], 1963, 95–103). V übersetzt *nāmer* durch *pardus*, während sie *šaḥal* durch *leaena* wiedergibt. S übersetzt *nāmer*, ausgenommen in Hab 1, 8 (hier *nešrā*, möglicherweise eine Verwechslung mit Jer 4, 13), ständig durch *nemrā*. In 2 Chr 31, 1; 33, 3; 34, 3 hat S die Übersetzung *nemrā* für *'ašerāh*. Fraglich ist, ob dies darauf hinweist, daß den Übersetzern der Peschitta noch Bilder von Leoparden bekannt gewesen sind (Shipley-Cook, EncBibl 3, 2763).

Mulder

נֵס *nes*

נסס *nss* II

I. 1. Etymologie – 2. Verteilung im AT – 3. Wortfeld – 4. Syntax – 5. LXX – II. Profaner Gebrauch – 1. In der Militärtechnik – 2. Beim Schiffsbau – III. Theologischer Gebrauch – 1. Als Apotropaikon Num 21, 8f. – 2. Als Altarbezeichnung Ex 17, 15 – 3. In der prophetischen Metaphorik – 4. Als Zeichen – IV. Qumran.

Lit.: *B. Couroyer*, Un Egyptianisme en Exode, XVII, 15–16, *YHWH–NISSI* (RB 88, 1981, 333–339). – *J. Fichtner*, Die etymologische Ätiologie in den Namengebungen der geschichtlichen Bücher des AT (VT 6, 1956, 372–396, bes. 388). – *M. Görg*, *Nes* – ein Herrschaftsemblem? (BN 14, 1981, 11–17). – *Ders.*, Der Altar. Theologische Dimensionen im AT (Festschr. J. Plöger, 1983, 291–306, bes. 302ff.). – *K. Goldammer*, Die heilige Fahne. Zur Geschichte und Phänomenologie eines religiösen Ur-Objektes (Tribus N.F. 4/5, 1954/55, 13–55, bes. 34). – *R. Gradwohl*, Zum Verständnis von Ex. XVII 15f. (VT 12, 1962, 491–494). – *R. Krauss*, Feldzeichen (LexÄg II/9, 1975, 155–157). – *R. A. Müller*, Ex 17, 15f. in der Septuaginta (BN 12, 1980, 20–23). – *H. Schäfer*, Assyrische und ägyptische Feldzeichen (Klio 6, 1909, 393–399, bes. 396). – *E. Strömberg Krantz*, Des Schiffes Weg mitten im Meer. Beiträge zur Erforschung der nautischen Terminologie des AT (CB.OTS 19, 1982), 122–126. – *H. Weippert*, Feldzeichen (BRL² 1977, 77–79).

I. 1. Da die Wurzel außer im Hebr., Jüd.-Aram., Christl.-Paläst. nur noch im Syr., also nur in vom Hebr. abhängigen Sprachen bekannt ist, gestaltet sich die Frage nach der Etymologie als schwierig. Folgende Vorschläge wurden bisher vorgelegt:

a) *nes* wird abgeleitet von *nss* I 'schwanken, im Zickzack laufen', *hitpo* 'glitzern' (KBL² 619f.); für das Verb

ermittelte W. Gesenius auch die Bedeutung 'erhöhen' (Thesaurus II, 1840, 891). Diese Hypothese wird heute nicht mehr vertreten.
b) *nss* I 'schwanken' ist von *nss* II (nur *hitpo*) zu trennen und hat mit *nes* keine Verbindung. *nss* II dagegen ist von *nes* denominiert (GesB 508; KBL[3] 664).
c) Eine Verbindung zu *nsh* 'versuchen' ist nicht erkennbar (vgl. G. Gerleman, THAT II 69).
d) Eine nicht-hebr. Etymologie schlägt P. Haupt vor, der auf das akk. Lehnwort *nîšu* hinweist (JBL 19, 1900, 68). Dieses Nomen in der Bedeutung 'Erhebung' geht jedoch auf das Verb *našû* zurück (AHw 762) und findet sich in → נשׂא *nāśā'* (vgl. bereits Hieronymus in der V).
e) Unabhängig voneinander wurden äg. Ableitungen von B. Couroyer, RB 88, 333–339 und M. Görg, BN 14, 11–17 vorgelegt. Couroyer weist im Anschluß an N. Reich (Sphinx 14, 1910, 29) auf äg. *nś.t.* 'Sitz, Thron' und versteht dann *JHWH nissî* (Ex 17, 15) als „JHWH-Thron", wobei diese Bedeutung später von den Hebräern selbst nicht mehr verstanden wurde, was zu der Parallelisierung mit *kes jāh* (v. 16, → כסא *kisse'*) geführt habe.
Nach M. Görg läßt sich *nes* ohne Komplikationen als hebr. Fassung des äg. Titels *nj.śwt* „der zur *śwt*-Pflanze (Binse) Gehörige" darstellen, ursprünglich im Titel des oberäg. Königs, dann des Königs überhaupt. Weniger Feldzeichen, eher Königstandarte symbolisiere es die Führungsrolle des Königs als von Gott eingesetzten Regenten, wobei vor allem schützende und abwehrende Funktionen relevant sein sollen (BN 14, 16f.). Die vorgelegte Vermischung von Ikonographie und Etymologie rät jedoch zur Vorsicht.

Wenn damit eine Erhebung der Etymologie von *nes* kaum noch auf Erfolg hoffen läßt, so ist doch die Bedeutung aufgrund eindeutiger Kontexte sicher: 'Feldzeichen, Stange, Fahne, Segel' und übertragen 'Warnzeichen' (Num 26, 10; Jes 11, 10). Hier setzt auch die späthebr. und aram. Bedeutung 'Wunder' an (vgl. K. Beyer, Die aram. Texte vom Toten Meer, 1984, 637). Bei den Rabbinen und im Talmud ersetzt *nes* weitgehend den Terminus *môpeṯ* (vgl. K. H. Rengstorff, ThWNT VIII 124).
2. Das Nomen *nes* begegnet im AT 21mal, wobei bes. Häufigkeit im Jes-Buch (ProtoJes 8mal, DtJes und TrJes je 1mal) und bei Jer (5mal) zu beobachten ist. Die 4 Belege im Pent (Ex 17, 16; Num 21, 8f.; 26, 10) sind literarisch schwierig zuzuweisen. Singulär sind Ps 60, 6 und Ez 27, 7.
Ein Verb *nss* II ist nur im *hitpo* belegt (Ps 60, 6; Sach 9, 16) und ist nach KBL[3] 664 von *nes* denominiert 'sich um das Banner sammeln'. Doch schon die alten Versionen lasen überwiegend eine Form von → נוס *nws* 'Zuflucht suchen'. Einzig V und Sym (zu Sach 9, 16) bezeugen die Vorstellung einer Elevation 'sich als Zeichen erheben' (vgl. aber Rudolph z.St. *nṣṣ* 'funkeln').
3. *nes* begegnet 2mal in einem Parallelismus mit *toræn* 'Mast' (Jes 30, 17), 'Schiffsmast' (Jes 33, 23; vgl. Ez 27, 5). Eindeutig in Richtung 'Feldzeichen' ist priesterschriftliches *dægæl* festgelegt (vgl. Num 2; 10), wobei durchaus auch die Bedeutung 'Fähnlein' als militärisch-taktische Heeresabteilung als signum pro toto angezeigt ist. Eine ähnliche Bedeutung hat *dægæl* in Elephantine (vgl. AP 12) und in Qumran (vgl. 1 QM 5, 3). In Hld 2, 4 bezeichnet es wahrscheinlich – seiner ursprünglichen Bedeutung entsprechend – das 'Schild' eines Weinhauses. Nur teilweise synonym sind *môṭ/môṭāh* 'Stange', vornehmlich aber im Sinne der 'Tragstange' und des 'Joches' und *ḥibbel* 'Schiffsmast' (Spr 23, 34). In den Bereich militärischer Signalfunktion gehört auch *maś'eṯ* 'Erhebung', in Ri 20, 38. 40 'Rauchsignal' wie in Lachisch (KAI 194, 10). Zum übertragenen Sprachgebrauch → אות *'ôṯ*, → מופת *môpeṯ*.

4. *nes* begegnet nur im Sing. und steht fast durchwegs undeterminiert; eine Determination geschieht Num 21, 9; Jes 30, 17 durch den best. Artikel, in Ex 17, 15; Jes 49, 2 (beide Stellen zeigen eine große Nähe) durch Suff. 1.sg. Es begegnet als Objekt zu → נשׂא *nāśā'* 'erheben, errichten' (Jes 5, 26; 11, 12; 13, 2; 18, 3; Jer 4, 6; 50, 2; 51, 12. 27), *herîm* 'aufrichten' (Jes 49, 22; 62, 10), *pāraś* 'ausspannen', vielleicht auch 'abspannen' (Jes 33, 23), *rā'āh* 'sehen' (Jer 4, 21; Ps 60, 6). Aus dem Rahmen fällt *hišmîa'* 'hören lassen' (Jer 50, 2).
Etwas oder jemand kann zum *nes* werden (*hājāh l^e^nes*, Num 26, 10; Ez 27, 7) oder als *nes 'ammîm* stehen (*'āmad*, Jes 11, 10). Man kann zum *nes* sich flüchten (*nss hitpo*, Ps 60, 6) oder vor dem *nes* fliehen (*ḥtt minnes*, Jes 31, 9). Als Orte für die Errichtung eines *nes* werden angegeben: *har* 'Berg' (Jes 13, 2; 18, 3), *giḇ'āh* 'Anhöhe' (Jes 30, 17); *'æræṣ* 'Erdboden' (Jer 51, 27), *ḥômaṯ bāḇæl* „Stadtmauer von Babylon" (Jer 51, 12) und *ṣîjônāh* „in Richtung Zion" (Jer 4, 6).

5. Die LXX übersetzt *nes* durchwegs richtig mit σημεῖον (9mal), σημαία und σημείωσις (je 1mal) sowie σύσσημον (3mal, bei Aquila immer für *nes*, vgl. J. Ziegler, NGG N.F. 1/4, 1939, 90). Die sonstigen Wiedergaben ἄρχειν, δόξα und ἱστίον sind singulär. Zu καταφυγή in Ex 17, 15 vgl. A. R. Müller.
Die LXX hat auch *n^e^sāh-'alênû* Ps 4, 7 als Form von *nes* verstanden (σημειοῦν), *nss* Ps 60, 6 jedoch von *nws* abgeleitet (φυγεῖν).

II. Ein echter profaner Gebrauch von *nes* als technische Bezeichnung aus der Militär- und Schiffsbauer-Sprache ist nur noch zu erahnen, da alle Belege in theologischen und metaphorischen Zusammenhängen zu finden sind.
1. *nes* als militärisches Feldzeichen hat vornehmlich Markierungsaufgaben, indem es auf den Sammelpunkt des Heeres (Jes 5, 26; 11, 12) oder auf die Marsch- und Angriffsrichtung (Jer 51, 12) weist (vgl. G. Schumacher, ZDPV 9, 1886, 232). Es dient der Orientierung, weshalb es vornehmlich erhöht auf Bergen oder Anhöhen aufgestellt wird (Jes 13, 2; 18, 3; 30, 17), scheint aber auch den Besitzanspruch des Eroberers anzuzeigen, wenn es auf der Stadtmauer der eroberten Stadt Babylon errichtet wird (Jer 50, 2). Das Aufstellen dieses Paniers wird begleitet von Posaunen- (Jes 18, 3) und Hornsignalen (Jer 4, 21; 51, 27) und Kriegsgeschrei (*qôl*, Jes 13, 2). Dabei scheint *nes* als Feldzeichen, der Bundeslade (→ אהל *'ohæl*, → ארון *'^a^rôn*) vergleichbar, Füh-

rungsqualitäten als göttliches Emblem erhalten zu haben (Weippert, Görg), wie im VO die Feldzeichen die in den Kampf ziehenden Götter real symbolisieren (vgl. M. Weippert, ZAW 84, 1972, 477f.). Es muß allerdings zu denken geben, daß *nes* in keinem der at.lichen Kriegsberichte (→ מלחמה *milḥāmāh*) selbst, sondern erst in der prophetischen Wiederaufnahme dieser Berichtsform begegnet. Entsprechendes ist bei *dæḡæl* in der Priesterschrift zu beobachten. Die Funktion militärischer Feldzeichen ist uns also nur bekannt durch die metaphorisierende prophetische Rezeption des Rituales vom Heiligen Krieg.

2. In Jes 33, 23 und Ez 27, 7 scheint ein Gegenstand aus der Schiffstakelage mit *nes* bezeichnet zu sein. Ein buntgewirktes Byssus-Segel (*miprāś*) soll als *nes* dienen. Eine Deutung als 'Flagge' legt sich nahe (LXX), jedoch sind Flaggen in vorpersischer Zeit nicht nachgewiesen (Weippert 78). Die notwendige Spätdatierung von Jes 33, 23 würde eine solche Deutung schon ermöglichen, jedoch rät hier der Parallelismus mit *ḥaḇālîm* 'Taue' und *torœn* 'Mast' dazu, an ein Segel zu denken. Wenn man also in beiden Fällen der Deutung 'Segel' den Vorzug gibt, so ist damit der Faktor einer Signalfunktion nicht ausgeschlossen, da bunte (rote) Segel als Hinweise auf einen bedeutenden und reichen Schiffseigner oder Passagier bekannt waren (vgl. Strömberg Krantz 126; Driver, JSS 13, 1968, 54). Diese Deutung optimiert den Kontext beider Sprüche.

III. Einen Hinweis auf das Aussehen eines *nes* gibt der Bericht (Je) von der Errichtung der „Ehernen Schlange" (→ נחש *nāḥāš*, → נחשתן *neḥuštān*) (Num 21, 8f.). Nach diesem, von R^P noch spät nachgestalteten, Bericht erhält Mose den Auftrag, auf einen *nes* einen Saraph zu setzen, dessen Anblicken vor giftigen Schlangenbissen schützen soll. Nach v. 9 setzt Mose dann eine eherne Schlange auf diesen *nes*. Man wird sich den *nes* hier kaum anders als eine Stange vorstellen können (vgl. Jes 30, 17), wobei jedoch ihrer Trägerfunktion ausschlaggebende Bedeutung zukommt (vgl. oben II. 1.). Archäologisch sind Standarten mit Schlangenmotiven aus dem spätbronzezeitlichen Hazor belegt (vgl. Y. Yadin, BA 20, 1957, 43; vgl. auch BuA II Abb. 26).

2. Besondere Deutungsschwierigkeiten bereitet die auch textkritisch (vgl. die umfangreiche Diskussion bei B. S. Childs, The Book of Exodus, Philadelphia 1974, 311f.) unsichere Bezeichnung „*JHWH nissî*" für den Altar, den Mose nach der Amalekiterschlacht in Refidim errichten soll (Ex 17, 15f.). Zur Ableitung von → נוס *nûs* „er schafft meine Zuflucht" → III 547. Ob diese Bezeichnung traditionsgeschichtlich im vorstaatlichen Bereich der Südstämme (Weippert, ZAW 84, 1982, 489 Anm. 135) oder erst im Kulturland angesiedelt werden muß (Görg, BN 14, 1981, 14), scheint ein geringes Problem im Vergleich zu dem des Zusammenhanges von Altarnamen und Deutung in v. 16 *kî-jāḏ ʿal-kes jāh* „die Hand an den Thron JHWHs!" (→ IV 793f.). Man wird diesen Bannerspruch mit seiner ätiologischen Notiz als späteren Anhang zum Grundbestand der Erzählung zu betrachten haben. Der hinter v. 16 stehende Schlachtruf war wohl ein Text zur Vereidigung der Soldaten vor der (Amalekiter-)Schlacht, wobei diese durch Handanlegen an ein Banner (*nes*) (vgl. V. Fritz, Israel in der Wüste, 1970, 57) oder an einen als Thron (*kes*) verstandenen JHWH-Altar in gleicher Weise möglich war (→ כסא *kisse'*, → IV 267f.). Die textkritische Entscheidung für *kesjah* (v. 16) ist kaum anzuzweifeln, da sie bereits allen alten Versionen vorlag. Das Mißverständnis der LXX (sie liest eine Form von *ksh*, vgl. A. R. Müller) bezeugt dies trefflich. Umstritten ist auch der Schwurgestus (vgl. Couroyer). Deshalb denkt R. Gradwohl mit guten archäologischen Belegen an eine Votivhand auf einer Standarte als Symbol der hilfreichen Gotteshand. Eine solche Vorstellung wäre für Israel jedoch singulär.

Die Lösung der Problematik wird in folgender Richtung zu suchen sein: Wie die kastenförmige Bundeslade zum Feldzeichen und JHWH-Emblem avancieren konnte, so ist dies auch für einen ähnlich geformten Altar möglich, der wie die Throne orientalischer Potentaten auf dem Schlachtfeld aufgerichtet werden konnte (→ כסא). Deshalb ist die Bezeichnung des Refidim-Altares als *nes* und *kes* in gleicher Weise möglich, wobei das eine sogar das andere aufgrund der Assonanz erklären kann. Daß mit dieser Altarbenennung der nachjahwistische Autor einen ausgesprochenen Verweis auf JHWH intendiert, hat Görg herausgestellt (Festschr. Plöger, 302f.).

3. Der Großteil der Belege von *nes* finden sich im Bereich prophetischer Metaphorik im Jesaja- und Jeremia-Buch. In den prophetischen Sprüchen zentrieren sich die Belege a) auf die Darstellung des drohenden Endes Israels und b) auf die heilvolle Wiederherstellung Israels nach dem Exil.

a) Nach Jes 5, 26 setzt JHWH dem Volk der Assyrer (Wildberger) oder der Babylonier (Kaiser) einen *nes* als Sammelpunkt für ihren Vernichtungsfeldzug gegen Israel. Der *nes* weist den von Norden einfallenden Feinden den Weg nach Jerusalem (Jer 4, 6). Das Strafgericht wird so gewaltig sein, daß der Rest des Volkes das Aussehen eines *nes* haben wird, abgemagert wie eine Signalstange (Jes 30, 17).

b) In ähnlicher Weise fungiert der *nes* auch in den Heilsweissagungen als Orientierungssignal für die erwartete Rettung. Schon Jes 31, 9 sah durch JHWHs Einschreiten auf Assur den Gottesschrecken liegen, so daß seine Fürsten „fahnenflüchtig" werden und ihren *nes* im Stich lassen. In späteren Texten sind die Heilsweissagungen gegen Babylon orientiert (Jes 13, 2). Einen *nes* gegen Babylon aufrichten, bedeutet eine Kampfansage (Jer 50, 2; 51, 12). JHWH selbst fordert Israel auf, den *nes* gegen Babylon aufzustellen und das Kriegsgeschrei zu erheben (Jes 13, 2; vgl. auch Jer 51, 27).

Wie bei der Rettung Israels in der Rückführung aus dem Exil der *nes* durchaus reale Anwendung gefunden haben mag, so soll doch dieses Ereignis selbst ein *nes* für die Völker sein (Jes 49, 22; 62, 10). Nach Jes 11, 10 ist der erwartete Sproß aus Isais Wurzel der *nes* für die Völker, ihre Sammelstelle und Ruhestätte. „Er stellt für die Völker einen *nes* auf, um die Versprengten Israels wieder zu sammeln, um die Zerstreuten Judas zusammenzuführen von den vier Enden der Erde" (v. 12).

4. Damit ist die semantische Öffnung von *nes* in Richtung „Zeichen" (→ מופת *môpeṯ*, → אות *'ôṯ*) vorgezeichnet. Sie schwingt in den letztgenannten Stellen schon mit, wird aber vollends sichtbar in Ps 60, 6: „Denen, die dich fürchten, gibst du ein Zeichen, daß sie fliehen können vor dem Bogen." Nach Num 26, 10 ist das Geschick Korachs und seiner Rotte ein „Warnungszeichen" (vgl. Num 16; Jes 11, 10).

IV. In Qumran ist *nes* bisher nur 3mal belegt, dabei überraschend nur 1mal in 1 QM, dort nicht einmal in der Bedeutung 'Feldzeichen', wofür in 1 QM grundsätzlich *'ôṯ* eintritt. Eines dieser Feldzeichen trägt die Aufschrift *nes 'el* (1 QM 3, 15) und steht in der Bedeutungsfolge der Feldzeichen an 3. Stelle hinter *'am 'el* „Volk Gottes" und rangiert in einer solchen Reihe von Aufschriften (vgl. 1 QM 4, 6–13), die die Deutung auf eine militärisch-taktische Gruppierung einerseits (vgl. *'am*, *mišpāḥôṯ*, *qāhāl* u. a.) und auf eine Metapher andererseits (vgl. *kāḇôḏ*, *rîḇ*, *g^emûl* u. a.) ermöglicht. Nach 1 QH 2, 13 versteht sich der Lehrer der Gemeinde als *nes* für die Gemeinde (par. *meliṣ* „Deuter der Geheimnisse"). 1 QH 6, 34 könnte auf das wunderbare Zeichen der Auferstehung ansprechen: „der Wurm der Toten richtet einen *nes* auf". Über die Verbindung von *nes* und Auferstehung vgl. aber auch Didache 16, 6 und A. Stuiber (JbAC 24, 1981, 22ff.) (→ נשׂא *nāśā'*).

Fabry

נִסָּה *nissāh*

מַסּוֹת *massôṯ*, מַסָּה *massāh*

I. Umwelt – Etymologie – bedeutungsverwandte Verben – II. Profansprachlicher Gebrauch – 1. Menschen prüfen andere Menschen – 2. Menschen prüfen sich selbst – 3. Menschen prüfen etwas – 4. πειράζειν i. S. v. „etwas versuchen", „etwas unternehmen" – 5. Terminologisches Umfeld – III. Theologischer Sprachgebrauch – 1. Menschen stellen Gott auf die Probe – a) Übersicht – b) Prüfungen Gottes durch die Exodusgeneration – c) Prüfungen Gottes durch Israel im Kulturland – d) Terminologisches Umfeld – 2. Gott stellt Menschen auf die Probe – a) Übersicht – b) Die Prüfung Abrahams – c) Die Prüfungen Israels in der Wüste – d) Prüfungen Israels im Kulturland – e) Prüfungen der Gerechten – f) Terminologisches Umfeld – IV. *massôṯ* – V. *massāh* – VI. Qumran.

Lit.: *A. M. Dubarle*, La tentation diabolique dans le Livre de la Sagesse (2, 24) (Festschr. E. Tisserant I, Paris 1964, 187–195). – *G. Gerleman*, נסה *nsh pi.* versuchen (THAT II 69–71). – *M. Greenberg*, נסה in Ex 20, 20 and the Purpose of the Sinaitic Theophany (JBL 73, 1960, 30–54). – *R. Kilian*, Die vorpriesterlichen Abrahamsüberlieferungen literarkritisch und traditionsgeschichtlich untersucht (BBB 24, 1966). – *Ders.*, Isaaks Opferung: Zur Überlieferungsgeschichte von Gen. 22 (SBS 44, 1970). – *J. H. Korn*, ΠΕΙΡΑΣΜΟΣ. Die Versuchung des Gläubigen in der griechischen Bibel (BWANT 72, 1937). – *S. Lehming*, Massa und Meriba (ZAW 73, 1961, 71–77). – *J. Licht*, Testing in the Hebrew Scriptures and in Postbiblical Judaism, Jerusalem 1973. – *N. Lohfink*, Die Ursünden in der priesterlichen Geschichtserzählung (Festschr. H. Schlier, 1970, 38–57). – *Ders.*, „Ich bin Jahwe, dein Arzt" (Ex 15, 26) (SBS 100, 1981, 11–73). – *S. Lyonnet*, Le sens de peirazein en Sap 2, 24 et la doctrine du péché originel (Bibl 39, 1958, 27–36). – *E. B. Oikonomos*, Πειρασμοί ἐν τῃ Παλαιᾷ Διαθήκῃ, Athen 1965. – *L. Ruppert*, Das Motiv der Versuchung durch Gott in vordeuteronomischer Tradition (VT 22, 1972, 55–63). – *A. Sommer*, Der Begriff der Versuchung im AT und im Judentum, 1935. – ThWNT V 24–27. – EWNT III 151–158.

I. Die Bedeutung von ugar. *nsj* bzw. *jsj* (UT Nr. 1661; KTU 1.4, III, 5; 1.9, 14) ist nicht geklärt; A. v. Selms (UF 2, 1970, 264) verbindet *nsj* (KTU 1.2, IV, 4) mit hebr. *nissāh* und übersetzt „Erfahrung(en) machen".

Eine Verbindung von *nissāh* mit *nāśā'* (vgl. W. J. Gerber, Die hebr. Verba denominativa, 1896) ist trotz der Verbindung von akk. *našû*, mit *rēšu* (Haupt) als Objekt („das Haupt erheben") in der Bedeutung „sich einer Sache oder jemandes annehmen, ihn (es) (über)prüfen" (AHw II 762f.), „to check on quality or quantity of fields, materials, staples, animals" und „to inspect, to test (a medicine), to investigate (personnel, also objects)" (CAD N/2, 107) kaum wahrscheinlich.

Ein Zusammenhang mit *nes* (→ נס) 'Kennzeichen, Feldzeichen' ist denkbar, vor allem dann, wenn *nissāh* als ein militärischer Terminus verstanden werden kann (O. Eißfeldt, KlSchr III 356–358). *nes* dient der Kennzeichnung und Identifizierung eines Stammes und einer militärischen Einheit; ähnlich verfolgt *nissāh* das Ziel, eine Sache oder Person zu erkennen.

In einem Lachisch-Ostrakon (KAI 193) beteuert der Schreiber seinem Vorgesetzten, daß niemand es jemals – mit Erfolg – „versucht" habe, ihm ein für ihn nicht bestimmtes Schreiben vorzulesen.

Die wichtigsten bedeutungsverwandten Verben sind → בחן *bāḥan*, → חקר *ḥāqar* und → צרף *ṣārap*. *bāḥan* hat einen stark kognitiven Charakter, *ḥāqar* meint ein intensives Erforschen, ein durchdringendes Ergründen und führt zur Einsicht, *ṣārap* bezeichnet ursprünglich den Schmelzprozeß, in dem die Qualität von Edelmetallen geprüft wird. Mit *nissāh* haben diese Verben den teleologischen Aspekt gemeinsam: etwas bislang Verborgenes soll enthüllt und erkannt werden.

II. 1. Menschen stellen andere Menschen auf die Probe durch Rätselfragen (1 Kön 10, 1, par. 2 Chr 9, 1), durch Bedrängnis (Weish 2, 17; 4 Makk 9, 7), durch freundliche, verfängliche Reden (Sir 13, 11) und durch Überlegungen (Sir 25, 5. 7; vgl. Sir 6, 7 πειρασμός). Skepsis ist das Motiv (vgl. 1 Kön 10, 7), Erkenntnis das Ziel (vgl. 1 Kön 10, 6f.) der Prüfung. Mit ihren Fragen will die Königin von Saba die Weisheit Salomos und vielleicht auch seine Ebenbürtigkeit (E. Würthwein, ATD 11/1, 120f.) prüfen und erkennen. Wenn die Frevler durch Grausamkeit und durch Verurteilung zu einem ehrlosen Tod (Weish 2, 19f.) den Gerechten auf die Probe stellen, wollen sie seine Sanftmut erkennen (v. 19). Außerdem wollen sie herausbekommen, ob der Gerechte, wie er behauptet (v. 17), wirklich Gottes Sohn ist und göttlichen Schutz genießt (vv. 17f.).
Texte und Themen lassen erkennen, daß die Rede von der Prüfung von Menschen durch Menschen in der Weisheit mit ihren Rätselreden, mit ihren Überlegungen und mit ihrem Interesse an den Gerechten und Frevlern beheimatet ist. Angedeutet ist bereits hier auch die Eigenart der – vor allem im theologischen Sprachgebrauch feststellbaren – Rede von *nissāh* als einer „ätiologischen“ und „teleologischen“ Redeweise: Auf die Frage, warum Salomo als weise gilt, antwortet 1 Kön 10, 1–7. Die Frage, warum der Gerechte leidet, beantwortet Weish 2, 17–21. Das Ziel der Prüfung ist die Einsicht in das, was ein Mensch vermag, was wirklich in ihm ist und wer er ist.
2. Das Objekt der Prüfungen, die der Prediger (Koh 2, 1) und Jesus Sirach (Sir 37, 27) anstellen bzw. empfehlen, ist das Herz. Nach zwei mißlungenen Prüfungen (Koh 1, 14. 17) unternimmt der Prediger einen weiteren Versuch: er will sein Herz (vgl. W. Zimmerli, ATD 16^{3}, 152) mit der Freude auf die Probe stellen, d. h. er will es mit der Freude versuchen, um zu erkennen, ob das ein dauerhaftes Glück einbringt. Das Ergebnis: „Auch das ist Windhauch“ (Koh 2, 1). Die Prüfung geschieht hier nicht durch Überlegungen, sondern durch die Erfahrung. Ähnlich in Sir 37, 27: nicht in Gedanken, sondern in seiner Lebensweise soll der Mensch sein Herz prüfen, um zu erkennen, was für ihn (bzw. für sein Herz) schädlich ist und was er meiden soll. – Auch hier fällt wieder die Lokalisierung in der Weisheit, genauer in der Erfahrungsweisheit, auf. Die Prüfung dient einer für das Leben notwendigen Erkenntnis.
3. Wenn der Mensch etwas prüft, so dient das der Vergewisserung und dem Vertrautwerden mit etwas, das für sein Leben von Bedeutung ist.
Im Rahmen einer Wundergeschichte (Ri 6, 36–40), die „Gott im Wunder, nicht im gewöhnlichen Ablauf der Dinge wirken sieht“ (W. Richter, BBB 18, ^{2}1966, 213), ist vom Verlangen Gideons die Rede, der es noch einmal „mit der Wolle versuchen“ will (Ri 6, 39), ob das Wunder (vv. 36–38) sich wiederholen läßt. Wenn auch *nissāh* „hier kein theologischer Terminus“ ist (Richter, a.a.O. 216), steht im Hintergrund eine – durch Skepsis motivierte – Prüfung Gottes durch Gideon.
Wer eine Rüstung tragen will, muß es versucht haben und gewöhnt sein. Der junge David kann sich in der Rüstung nicht bewegen, weil ihm die diesbezügliche Erfahrung fehlt (1 Sam 17, 39). Ob u.a. aufgrund dieses Textes *nissāh* als ein militärtechnischer Terminus verstanden werden kann (O. Eißfeldt, KlSchr III 356–358), ist fraglich (vgl. THAT II 70).
Was der Prediger auf seiner Suche nach dauerhaftem Glück versucht hat, ist ohne Erfolg geblieben. Auch mit der Weisheit hat er es versucht, sein Suchen ist „ein Experimentieren mit der Weisheit“ (ATD 16^{3}, 207), aber sie bleibt ferne von ihm (Koh 7, 23f.).
Der Weise „bereist das Land fremder Völker und prüft Gutes und Böses unter den Menschen“ (Sir 39, 4). Die „Unterscheidung der Geister“ dient nicht nur einem theoretischen Wissen, sondern hat zum Ziel, Gott zu suchen (v. 5). Menschen, die dem Teufel angehören, müssen den Tod „erproben“, ihn kennenlernen, mit ihm vertraut werden (Weish 2, 24).
Bei diesen Prüfungen geht es darum, Erfahrungen zu machen, die der „Vergewisserung des Neuberufenen“ (Ri 6, 39; ATD 9^{4}, 194), der Kriegstüchtigkeit (1 Sam 17, 39), der Suche nach bleibendem Glück (Koh 7, 23) und der Suche nach Gott (Sir 39, 4f.) dienen. Hier wird vor allem die teleologische Eigenart der Rede von *nissāh* deutlich; Weish 2, 24 läßt eher den ätiologischen Charakter dieser Rede erkennen.
4. Intransitiv wird *nissāh* in Dtn 28, 56 und Ijob 4, 2, πειράζειν in 2 Makk 11, 9; 3 Makk 1, 25; 2, 32; 4 Makk 12, 3 (πειρασμός in 4 Makk 8, 1) verwendet i.S.v. 'etwas versuchen', 'etwas unternehmen' als Ausdruck u.a. einer Absichtserklärung (2 Makk 11, 19), einer Warnung (3 Makk 1, 25) und einer Verführung (4 Makk 8, 1; 12, 3).

Für Dtn 28, 56 ist eine transitive Verwendung von *nissāh* nicht ganz auszuschließen: die verwöhnte Frau hat ihren Fuß nicht geprüft, ihn nicht daran gewöhnt, ihn auf die bloße Erde zu setzen. Ähnliches gilt vielleicht auch für Ijob 4, 2, zumal hier der zu erwartende Infinitiv fehlt; möglicherweise ist hier – singulär – *nissāh* mit *'æl* (oder cj. *'æṯ*) verbunden: das Wort stellt Ijob auf die Probe, fordert ihn heraus.
5. Menschen prüfen andere Menschen, um zu „sehen“ (*rā'āh*: zu 1 Kön 10, 1 vgl. vv. 4. 7; vgl. Weish 2, 17) bzw. um zu „erkennen“ (γιγνώσκειν: zu Weish 2, 17 vgl. v. 19), ob das über sie Gesagte oder das von ihnen selbst Behauptete „wahr“ ist (zu 1 Kön 10, 1 vgl. v. 6: *'æmæṯ*; Weish 2, 17: ἀληθής). Es geht also um den Nachweis einer Wahrheit, die man „sehen“ kann – im Gegensatz zu einer Wahrheit, die man „glaubt“ (zu 1 Kön 10, 1 vgl. v. 7; Sir 6, 7). Synonyme wie δοκιμάζειν 'prüfen, untersuchen' (vgl. Weish 2, 19; Sir 27, 5) und ἐξετάζειν ('untersuchen, erforschen'; Sir 13, 11; vgl. Korn 10–13 Anm. 6) und die Prüfung durch (δια)λογισμός ('Berechnung, Überlegung'; Sir 27, 5. 7) charakteri-

sieren die Prüfung eines Menschen durch einen anderen als einen Vorgang, der, durch Skepsis motiviert, von dem Verlangen nach Klarheit begleitet, auf den greifbaren Nachweis einer Wahrheit aus ist.
Wenn der Prediger sein Herz mit der Freude „prüft" oder vertraut macht, so zu dem Zweck, zu „sehen", ob das gut sei (Koh 2, 1: *rā'āh*). Zu Koh 2, 1 gehören inhaltlich die vorausgegangenen mißlungenen Experimente (1, 13–15. 17; v. 13: *tûr* 'auskundschaften, erforschen'; *dāraš* 'suchen'; v. 17: *jāḏa'* 'erkennen') und der folgende Test (2, 3: *tûr*). Auch hier geht es um „sichtbare" Nachweise. Das weitverbreitete Vertrauen in die Weisheit, die Freude und in den Lebensgenuß wird „hinterfragt", einer Kontrolle unterzogen.
Der Weise, der Gutes und Böses unter den Menschen prüft (Sir 39, 4), „erforscht" (διανοεῖσθαι; 38, 34; 39, 7) und „sucht" (ἐκζητεῖν; 39, 1. 3); er begnügt sich also nicht mit der bloßen Feststellung des Vorhandenen, sondern geht ihm auf den Grund, um sein Herz daranzugeben, eifrig nach Gott zu suchen (39, 5).

III. 1. a) Texte: Ex 17, 2. 7; Num 14, 22; Dtn 6, 16; Ps 78, 18. 41. 56; 95, 9; 106, 14; Jes 7, 12; Weish 1, 2; Sir 18, 23; Jdt 8, 12.
Die Streuung läßt einen Schwerpunkt in den Psalmen erkennen. Hier handelt es sich um warnende und mahnende Erinnerungen an die Geschichte Israels, fast ausschließlich (mit Ausnahme von Ps 78, 56) der Exodusgeneration. Die Psalmen rekurrieren auf die als Herausforderung Gottes verstandene Wasser- und Nahrungsforderung Israels in der Wüste (Ps 78, 18; 95, 9; 106, 14). Zum großen Teil liegt hier die in Ex 17, 2. 7 (J) enthaltene Tradition zugrunde; das gilt auch für Dtn 6, 16. Ps 78, 18 und 106, 14 greifen auf Ex 16 (Manna) und Num 11 (Wachteln) zurück und verstehen die Brot- und Fleischforderung als eine Prüfung Gottes durch die Exodusgeneration. Ps 78, 56 blickt auf die Fortsetzung der unheilvollen „Prüfungsgeschichte" im Kulturland (vgl. auch Dtn 6, 16; Jes 7, 12; Weish 1, 2; Sir 18, 23).
Die Verbindung der Rede von der Prüfung Gottes durch Israel mit der Kundschaftergeschichte (Num 14, 22) ist singulär. Die einschlägigen Texte aus Weish (1, 2), Sir (18, 23) und Judit (8, 12) lassen – im Gegensatz zu den oben genannten Texten – keine Anknüpfung an ältere Traditionen erkennen.
b) Zuerst ist in einem jahwistischen Kontext davon die Rede, daß die Israeliten JHWH auf die Probe stellen. Der Durst veranlaßt sie zu der Frage: „Ist JHWH in unserer Mitte oder nicht?" (Ex 17, 7). Diese Frage soll entschieden werden durch die Gabe oder die Verweigerung von Wasser (vgl. Ex 17, 2). Der Streit der Israeliten mit Mose (vv. 2. 7) wird zur Erprobung der Macht und Fürsorge JHWHs, die den Mangel an Vertrauen gegen JHWH voraussetzt. Gott auf die Probe stellen heißt „die Wirklichkeit der Macht Gottes in Frage stellen ... Der Mensch mit seinen Gedanken wagt es, Gott wie einen Menschen zu behandeln ... 'Gott versuchen' bedeutet demnach nichts anderes als mit menschlichen Maßstäben Gott beurteilen, prüfen wollen" (Korn 34).
J ist hier nicht primär an der Ortsnamensätiologie interessiert, sondern an dem Unglauben des Volkes, den JHWH überwindet. In der Durchsetzung des göttlichen Heilswillens trotz menschlicher Schuld zeigt sich eine generelle Eigenart von J. Vor dem Hintergrund der Weisheit will J zum Vertrauen auf JHWH allein auffordern. Dem hochmütigen und ungeduldigen Verlangen der Weisen nach genauestem Wissen (vgl. v. 7) wird eine Grenze gesetzt. J bietet hier also eine – über die Ortsnamensätiologie hinausgehende – theologische Ätiologie und beantwortet die Frage, warum Israel schuldig geworden ist und wie JHWH trotzdem seinen Heilswillen nicht aufgibt (vgl. Korn 76 „einerseits ein Machterweis Gottes, andererseits ein Zeugnis des Unglaubens des Volkes").
Num 14, 22 (+ Kontext; Dtr?) beantwortet die Frage nach dem Grund für den langen Aufenthalt Israels in der Wüste und „warum gerade die Kalibbiter in den Besitz der ... Gegend von Hebron gelangt waren" (M. Noth, ATD 7, 91). Diese Ätiologie ist deutlich theologischer und paränetischer Natur, wie u.a. die beurteilenden Synonyme zeigen (vgl. vv. 9. 11. 22. 27. 34f.). Diese Prüfung JHWHs als Ausdruck mangelnden Vertrauens und der Mißachtung JHWHs vergißt JHWHs Taten in Ägypten und in der Wüste (v. 22; vgl. v. 11).
Dtn 6, 16 erinnert an Ex 17. In einer Gesetzesparänese (vv. 10–18), die einen Kommentar zum Anfang des Dekalogs darstellt (vgl. G. Seitz, Redaktionsgeschichtliche Studien zum Dtn, BWANT 93, 1971, 73), werden die im Lande lebenden Israeliten ermahnt, JHWH nicht – wie in Massa – auf die Probe zu stellen (v. 16). Möglicherweise soll durch diese Mahnung die im Kontext allgemein gehaltene Aufforderung zum Gehorsam „spezialisiert und vertieft" werden (G. von Rad, ATD 8^3, 46). Da Erinnerungen an geschichtliche Ereignisse in Dtn nicht selten sind (hier auch in v. 12), muß die in v. 16 genannte Erinnerung nicht nachträglich hinzugekommen sein (ATD 8, 46). Nicht jedoch diese Erinnerung steht im Mittelpunkt, sondern die Mahnung: Wer JHWH im Wohlstand vergißt (v. 12), ihn nicht fürchtet, ihm nicht dient (v. 13), wer anderen Göttern nachfolgt (v. 14), wer auf JHWHs Gebote nicht achtet (v. 17) und nicht tut, was in JHWHs Augen gut ist (v. 18), der stellt ihn auf die Probe, wie lange er seine Geduld strapazieren kann, ob JHWH tatsächlich reagiert, z. B. im Zorn (vgl. v. 15). Letztlich wird also die Zuverlässigkeit JHWHs in Frage gestellt (vgl. S. R. Driver, Deuteronomy, ICC, 95), und das kommt „einer Herausforderung Gottes" gleich (ATD 8^3, 46).
Auch Ps 95, 9 erinnert im Rahmen einer „prophetischen" Mahnrede (vv. 7b–11) an die Schuld der Väter in Meriba und Massa und warnt vor einer Wiederholung. Die Größe der Schuld wird vor allem angesichts der göttlichen Heilstaten deutlich (v. 9c). Wer JHWH auf die Probe stellt, drückt sein – unbegründetes – Mißtrauen aus und zeigt, daß er JHWHs Wege in Geschichte und Gesetz nicht kennt (v. 10).

Die Wurzel der Schuld reicht tief bis in das Herz des Menschen, das Gott gegenüber hart wird (v. 8) und in die Irre geht (v. 10). Die Folge nennt v. 11: JHWHs Zorn verwehrt den Schuldigen das Land seiner Ruhe.

Ps 78, 18 und 106, 14 erkennen in der Nahrungsforderung eine Prüfung Gottes durch die Exodusgeneration. Ps 78 bietet nicht nur eine „Rekapitulation der Geschichte" (A. Weiser, ATD 14/15[7], 366), sondern will – nach Art der Weisheit (vgl. vv. 1–8) und der dtr Geschichtsschreibung – „die Geheimnisse (Rätsel) der Vorzeit" (v. 2) aufdecken. Die Intention ist lehrhaft und paränetisch (vv. 7f.). Es geht hier um die Einsicht in die Hintergründe der Geschichte und um den Nachweis der aus der Geschichte zu ziehenden Konsequenzen. In diesem Zusammenhang sind die Erinnerungen an die Exodusgeneration zu verstehen, die Gott auf die Probe gestellt hat (vv. 18. 41. 56). Die Forderung nach Nahrung (vv. 18ff.; summarisch v. 41) und die Mißachtung der göttlichen Gebote im Lande (v. 56) sind die „Fakten", die Erhellung der „Geheimnisse (Rätsel)" deckt den Hintergrund auf: so hat Israel seinen Gott auf die Probe gestellt.

Ps 78 ist ein Schlüsseltext für das at.liche Verständnis von der Prüfung Gottes durch Israel, da er die Wurzel, den Ausdruck und die Folge dieser Prüfung zur Sprache bringt. Wer Gott auf die Probe stellt, ist ein vergeßlicher Mensch: er denkt nicht mehr an Gottes mächtige und rettende Hand (v. 42; vgl. vv. 12–16. 55). Wer vergißt, vertraut (v. 22) und bittet nicht mehr, er fordert (v. 18) und zweifelt (vv. 19f.), er mißachtet Gottes Satzungen (v. 56), indem er andere Götter verehrt (v. 58). – Die Folgen: der Zorn Gottes (vgl. vv. 21. 49. 50. 59) und dann doch wieder sein Handeln zum Heil Israels (vgl. vv. 23ff. 51ff. 65ff.). Vor allem hier werden die „Geheimnisse (Rätsel) der Vorzeit" (v. 2) enthüllt: JHWHs Heilswille und -handeln ist stärker als Israels Schuld.

Auch in Ps 106, 14 ist das Vergessen (v. 13a) eine Wurzel für die Prüfung Gottes durch die Exodusgeneration (v. 14); Israel verhält sich so, als habe es JHWHs Heilstaten nicht erfahren. Eine andere Wurzel dieser Schuld ist die menschliche Ungeduld, die dem göttlichen Heilsplan nicht traut und seine Realisierung nicht abwarten will (v. 13b). An die Stelle des Gedenkens und des Wartens setzen Israels Väter in der Wüste das Verlangen nach Nahrung (v. 14a) und stellen so JHWH auf die Probe (v. 14b). Damit geben sie den Glauben an Gottes Worte auf (vgl. v. 12).

c) Die Prüfungen Gottes durch Israel im Kulturland haben mit denen durch die Exodusgeneration gemeinsam die Mißachtung Gottes und seines Wortes (zu Dtn 6, 16 vgl. vv. 17ff.), u. a. der Ausschließlichkeitsforderung: durch die Verehrung anderer Götter stellt Israel im Kulturland seinen Gott auf die Probe (zu Dtn 6, 16 vgl. v. 14; zu Ps 78, 56 vgl. v. 58). Wer Gott auf die Probe stellt, mißtraut ihm (Weish 1, 2) und fordert seine Macht heraus (zu Weish 1, 2 vgl. v. 3).

Einen falschen Weg haben auch die Ältesten der Stadt Betulia eingeschlagen, da sie in Bedrängnis mit dem von ihnen geforderten „Gottesurteil" Gott, seine Macht, sein umgehendes Handeln herausgefordert und ihn so auf die Probe gestellt haben (Jdt 8, 12). Gott auf die Probe stellen bedeutet hier: Gott festlegen wollen (v. 11), den allmächtigen Herrn erforschen (v. 13), ihn ergründen, untersuchen (v. 14) und sich so über Gott stellen (v. 12). Das verrät mangelnde Einsicht in Gottes Art (v. 13) und Absichten (v. 14).

Auch ein „frommes Werk" wie das Gelübde kann eine Prüfung und Herausforderung Gottes durch den Menschen sein (Sir 18, 23), vor allem dann, wenn es seine Eigenart als intensivierte Bitte verliert und stattdessen als Mittel eines merkantilen „do, ut des" eingesetzt wird. Eine Prüfung und Herausforderung Gottes ist vor allem ein nicht eingelöstes Gelübde (zu v. 23 vgl. v. 22). Da der Gelobende nicht „an den Tag des Zornes am Ende der Tage" und „an die Zeit der Vergeltung" denkt (v. 24), fordert er Gott heraus und bestreitet seine Wirksamkeit.

Wahrscheinlich in Erinnerung an Ex 17 (vgl. Dtn 6, 16) will König Ahas um nichts bitten und JHWH nicht auf die Probe stellen (Jes 7, 12) – abgesehen vom Kontext ein theologisch korrektes Verhalten. Hier aber geht es nicht um eine Zeichenforderung, sondern um die Reaktion auf ein Zeichenangebot. Daß hier ein „Zeichen des Unglaubens" von Ahas gesetzt wird, machen vv. 13ff. deutlich.

d) Wenn Menschen Gott auf die Probe stellen, haben sie ihn vergessen (zu Dtn 6, 16 vgl. v. 12; zu Ps 106, 14 vgl. v. 13), sie gedenken nicht mehr seiner Heilstaten (zu Ps 78, 18. 41. 56 vgl. v. 42; zu Ps 106, 14 vgl. v. 7) und ziehen aus dieser Erinnerung keine Konsequenzen für die Gegenwart. Wer JHWH auf die Probe stellt, verweigert ihm das Vertrauen (zu Ps 78, 18. 41. 56 vgl. vv. 22. 32. 37), will seinen Ratschluß und Plan nicht abwarten (zu Ps 106, 14 vgl. v. 13), will durch sein ungeduldiges Fordern (Ps 78, 18) und durch sein Begehren (Ps 106, 14) JHWHs Handeln herbeizwingen (zu Jdt 8, 12 vgl. v. 16). Das aber ist Sünde (zu Ps 78, 18. 41. 56 vgl. vv. 17. 32; zu Ps 106, 14 vgl. v. 6; zu Weish 1, 2 vgl. v. 4) und Ausdruck der Widerspenstigkeit (zu Ps 78, 18. 41. 56 vgl. vv. 17. 40. 56; zu Ps 106, 14 vgl. v. 7), eine „grundsätzliche, bösartige Opposition gegen alles, was von Jahwe offenbar ist" (THAT I 930). Wer JHWH auf die Probe stellt, verhärtet sein Herz (zu Ps 95, 9 vgl. v. 8), sein Herz geht in die Irre (zu Ps 95, 9 vgl. v. 10), er geht verkehrten Gedanken nach (zu Weish 1, 2 vgl. vv. 3–5). Mangelndes Vertrauen und Hybris stehen im Hintergrund, wenn Menschen Gott auf die Probe stellen und sich so an die Stelle Gottes setzen (Jdt 8, 12), wenn sie versuchen, Gottes Entscheidungen zu erzwingen, ihm drohen und ihn beeinflussen wollen (zu Jdt 8, 12 vgl. v. 16). Damit schwören sie den Eifer (zu Ps 78, 18. 41. 56 vgl. v. 58) und Zorn Gottes (zu Jdt 8, 12 vgl. v. 14) herbei.

2. a) Texte: Gen 22, 1; Ex 15, 25; 16, 4; 20, 20; Dtn 4, 34; 8, 2. 16; 13, 4; 33, 8; Ri 2, 22; 3, 1. 14; 2 Chr

32, 31; Ps 26, 2; Jdt 8, 25. 26; 1 Makk 2, 52; Weish 3, 5; 11, 9; Sir 2, 1; 4, 17; 33, 1; 44, 20.

Ein Blick auf das Vorkommen der Rede von Prüfungen der Menschen durch Gott läßt Schwerpunkte im dtn/dtr Geschichtswerk und in der (deuterokanonischen/apokryphen) Weisheitsliteratur erkennen. Belastungen, z. B. Israels in der Wüste (neben den älteren Texten Ex 15, 25; 16, 4; 20, 20 vor allem in Dtn/Dtr) und der Gerechten (in Weish und Sir), werden nach ihrem Grund befragt, als göttliche Prüfungen verstanden und durch den Nachweis ihrer Ziele als sinnvoll vorgestellt. Hinter dieser Deutung steht demnach die – gewiß auch zeitgeschichtlich bedingte – Frage nach Grund und Intention solcher Belastungen. Offensichtlich wissen vor allem Dtn/Dtr und die Weisheit sich gedrängt, in Zeiten nationaler Not und religiöser Anfechtung sinngebende Antworten bereitzustellen: Dtn/Dtr angesichts der nationalen Katastrophen im Nord- (722 v. Chr.) und Südreich (587/86 v. Chr.), die Weisheit in der Konfrontation mit der Frage nach dem Sinn des Leidens der Gerechten. Vorbereitet sind diese Antworten durch die älteren Traditionen (s.o. und Gen 22, 1), die von der Prüfung Abrahams und von der Prüfung Israels in der Wüste handeln. Bereits hier wird deutlich gemacht, daß die Not Abrahams und Israels nicht blinder Zufall ist, sondern, weil von JHWH ausgehend, Sinn und Ziel hat. So bereitet die Geschichte von der Prüfung des – gerechten (vgl. Gen 15, 6) – Abraham (Gen 22, 1 ff.) die Antwort der Weisheit auf die Frage nach dem Sinn des Leidens der Gerechten vor, und auf der Spur der Prüfung durch das Gesetz (vgl. zu Ex 15, 25; 16, 4) bewegen sich Dtn 8, 2. 16; 13, 4, wahrscheinlich auch Sir 4, 17 (und Kontexte). Der mit der Prüfung verknüpfte Erziehungsgedanke (zu Dtn 8, 2. 16 vgl. v. 5) wird später von der Weisheit aufgegriffen (vgl. Weish 11, 9 f.), ebenso die Deutung der Prüfung als „Demütigung" des Menschen durch Gott (Dtn 8, 2. 16; zu Sir 2, 1 vgl. vv. 4b. 5).

b) Es entspricht der Intention des Elohisten, die Erzväter als Vorbilder herauszustellen, wenn er in Gen 22, 1–14a. 19 (vgl. Kilian, SBS 44, 21 ff.) die von Gott erprobte Gottesfurcht Abrahams darstellt. E verfolgt hier „ein paradigmatisches und in ihm ein didaktisches Ziel. Er will mit Hilfe der hehren Gestalt Abrahams zeigen, wie sich der Gottesfürchtige und Gott Gehorsame auf seinen Gott einläßt" (Kilian, SBS 44, 51); das geschieht in einer „theologischen Vertiefung und Neuinterpretation" der E vorliegenden Wallfahrts- und Kultstiftungstradition (Kilian, BBB 24, 274). Eine mögliche Herkunft für die elohistische Versuchungsgeschichte liegt im kultischen Bereich, im Ritual des Gottesurteils. Vielleicht haben die E vorliegenden Kulttraditionen dieses Ritual enthalten, an das E dann anknüpfen konnte, um die in der Anerkennung der Unverfügbarkeit über den Sohn der Verheißung bewährte Gottesfurcht Abrahams – in einem Stück „erzählter Theologie" (C. Westermann, ThB 24, 1964, 72) – darzustellen. Für E tritt allerdings diese mögliche kultische Basis in den Hintergrund. Hier handelt es sich eher um „die Anwendung der Versuchungs- und Prüfungsvorstellung auf die Paradoxien der geschichtlichen Führungen Gottes" (ATD 2–4, 190). Zu diesen „Paradoxien" gehört u.a. die göttliche Infragestellung erfüllter Zusagen.

Für die Geschichte von der Prüfung Abrahams läßt sich so etwas wie eine „Wirkungsgeschichte" in Sir 44, 20; 1 Makk 2, 52 und Jdt 8, 25–27 erkennen. Die Prüfung Abrahams gilt in Sir 44, 20 dem Nachweis der Treue des Erzvaters. Nicht zuletzt deshalb wurden seine Nachkommen zahlreich und ein Segen für die Völker (v. 21). In Jdt 8, 25–27 wird die Bedrohung der Stadt Betulia als göttliche Prüfung verstanden und mit der Prüfung der Erzväter verglichen. Neu ist hier die Rede von der Prüfung Isaaks und Jakobs durch Gott; vielleicht wird das in Gen 22 Überlieferte auch als eine Prüfung Isaaks verstanden (vgl. Korn 50 f.), für die Prüfung Jakobs bei Laban steht vielleicht die Erinnerung an Gen 29, 18–30; 31, 7 ff. im Hintergrund. Was damals den Erzvätern widerfuhr und was nun die Einwohner von Betulia belastet, ist kein Zufall, sondern kommt von Gott, der damit ein Ziel verfolgt: „um ihr Herz zu prüfen", „um sie zur Einsicht zu führen" (v. 27). Die göttliche Prüfung ist eine Läuterung wie durch Feuer und entspricht der Eigenart Gottes, der seine Freunde züchtigt (v. 27). Die Erinnerung an die Vorbilder aus der Geschichte soll zur Nachahmung anregen, zum Eifer für das Gesetz, zur Treue zum Bund (1 Makk 2, 50–64). Die Prüfung Abrahams wird „in engsten Zusammenhang mit dem Gnadenbunde gebracht, mit dem Gott das Volk Israel gesegnet hat", und erscheint so als „das erste Glied einer Aufzählung der Gnadentaten, in denen der Bund immer neu bestätigt worden ist" (Sommer 14 mit Hinweis auch auf Sir 44, 20).

c) Die Prüfungen Israels in der Wüste sind Prüfungen durch Not (Dtn 8, 2. 16 und Kontext; zu Ex 15, 25 vgl. v. 23; Dtn 33, 8), durch furchterregende Zeichen (Ex 20, 20; vgl. Dtn 4, 34) und durch das göttliche Gesetz (Ex 15, 25; 16, 4). Landgabe und -besitz sind auch abhängig von der Beobachtung des Gesetzes (Dtn 8, 1), der die Erinnerung an die Wüstenzeit dienen soll (vv. 2–5. 16). Diese Zeit war eine Zeit der Führung, der Demütigung, der Prüfung (vv. 2. 16) und der Erziehung (v. 5). Die Prüfung erscheint hier als eine göttliche Erziehungsmaßnahme. JHWH stellt sein Volk auf die Probe, um Gehorsam oder Ungehorsam Israels zu erkennen (v. 2), um Israel zur Einsicht in die göttliche Erziehung zu bringen (v. 5). Neben der gesetzesparänetischen Art werden auch hier ätiologische und teleologische Absichten deutlich: die Frage nach dem Grund der Not Israels in der Wüste wird beantwortet mit dem Hinweis auf die göttliche Prüfung, als deren Ziel die göttliche und menschliche Erkenntnis genannt wird. Auch die Wende der Not durch die Gabe des Manna dient der Demütigung und Prüfung Israels (v. 16), soll die Frage der Anerkennung menschlicher Ab-

hängigkeit von Gott und des Gottvertrauens klären und vor Hochmut bewahren (vgl. v. 14).
Auch die Prüfung Levis (Dtn 33, 8) geschieht durch Bedrängnis, ob nun Ex 17, 1–7 oder Num 20, 2–13 oder aber Ex 32, 26–29 im Hintergrund steht. Die Lokalisierung der Prüfung Levis in Massa erinnert an Ex 17, 1–7 (vgl. Num 20, 2–13), wenngleich hier Israel JHWH auf die Probe gestellt (Ex 17, 7) und mit Mose gestritten hatte (Num 20, 3). Dtn 33, 9 legt eine Verknüpfung mit Ex 32, 26–29 nahe: durch die Aufforderung in Ex 32, 26f. hat – implizit – JHWH durch Mose die Leviten auf eine schwere Probe gestellt, und sie haben sich bewährt als Priester, „die sich für den restlosen Verzicht auf alle Bindungen und für Gott entschieden haben" (S. Lehming, ZAW 73, 1961, 76).
Ex 20, 18–21 (E) beantwortet die Frage, warum Gott unter erschreckenden Begleitumständen erscheint: „um euch auf die Probe zu stellen" (v. 20) – also eine „Ätiologie", die auch das Ziel nennt: „Die Furcht vor ihm soll über euch kommen, damit ihr nicht sündigt" (v. 20). Mit Dtn 4, 10 hat Ex 20, 20 gemeinsam „the purpose of the theophany – to give Israel a direct, palpable experience of God" (M. Greenberg, JBL 79, 1960, 275). Die hier vorausgesetzte Sinaigemeinde hat diese Prüfung bestanden; sie hat „die rechte Gottes-„Furcht" bewiesen und nicht versucht, der Gotteserscheinung zu nahe zu treten" (M. Noth, ATD 5, ^{3}1965, 135).
Der Text beantwortet darüber hinaus auch die Frage, warum „bei der kultischen Rekapitulation der Sinaitheophanie nicht mehr die Stimme des erschienenen Gottes selbst, sondern statt ihrer das vermittelnde Wort eines Menschen an die Kultgemeinde ergeht" (W. Beyerlin, Herkunft und Geschichte der ältesten Sinaitraditionen, 1961, 160). Zu der oben genannten Ätiologie kommt hinzu „die Ätiologie für die Institution eines kultischen Sprechers" (Beyerlin 160), der u.a. am Großen Versöhnungstag auftritt; nicht zuletzt die Theophanie in der Wolke und mit dem Schall des Widderhorns weist in diese Richtung (vgl. Beyerlin 154–156). Auch die in Ex 20, 20 genannte „Furcht vor ihm, damit ihr nicht sündigt" spricht möglicherweise für einen Zusammenhang mit dem Großen Versöhnungstag. Die von G. von Rad (s.o. zu Gen 22) vorgeschlagene Lokalisierung der Vorstellung von der göttlichen Prüfung im Kult würde dadurch unterstützt.
Für Dtn 4, 34 wird allenthalben die – in der Rede von göttlichen Prüfungen nicht übliche – Bedeutung von *nissāh* im Sinne von „einen Versuch unternehmen" vertreten.

Nun läßt sich jedoch kaum leugnen, daß der Text überladen ist (vgl. *lāḇô' lāqaḥaṯ lô*). Klammert man zunächst einmal *lāḇô' lāqaḥaṯ lô gôj miqqæræḇ* ein, erscheint *gôj* als Objekt von *nissāh*. Der ursprüngliche Text lautet dann: *'ô hanissāh 'ælohîm bemassôṯ be'oṯôṯ gôj*. Das von Gott auf die Probe gestellte Volk sind die Ägypter. Vielleicht ist *lāḇô' lāqaḥaṯ lô gôj* an die falsche Stelle geraten und bildete ursprünglich den Abschluß von Dtn 4, 34. Gott hat das Volk der Ägypter auf die Probe gestellt – hier wird am ehesten an die Plagen zu denken sein. Auf die Probe gestellt wird der Gehorsam der Ägypter; das Ziel dieser göttlichen Prüfung nennt u.a. Ex 7, 5. Dieses Ziel konkurriert gewissermaßen mit der in Dtn 4, 35 genannten Intention, nach der *Israel* die Einzigkeit JHWHs erkennen soll. Daß JHWH auch ein anderes Volk als Israel zur „Erkenntnis" führen wollte, scheint dem für Dtn 4, 34f. verantwortlichen Redaktor fremd oder gar anstößig gewesen zu sein und ihn zur Hinzufügung oder Umstellung von *lāḇô' lāqaḥaṯ lô gôj* veranlaßt zu haben.

Durch die göttlichen Gebote wird Israel auf die Probe gestellt (Ex 15, 25); an der Reaktion auf das Gesetz entscheiden sich Vertrauen, Gehorsam und Heil des Volkes (vgl. v. 26). Daß ursprünglich die Rede von der göttlichen Prüfung mit dem „Bitterwasser" (Mara; v. 23) verbunden war, läßt sich nicht ausschließen. Für diesen Fall hat ein Späterer (Dtr?; vgl. M. Noth, ATD 5^3, 101f.) die Maratradition übernommen und aktualisiert, indem er die göttliche Prüfung mit dem Gesetz verband.
Der wahrscheinlich jahwistische Anteil in Ex 16, zunächst in vv. 1–5 (W. H. Schmidt, EdF 191, 1983, 97: vv. 4. 5), handelt vom Murren des Volkes in der Wüste Sin (vv. 2f.) und der göttlichen Zusage des Manna (v. 4a). Mit der Forderung, lediglich den täglichen Bedarf zu sammeln (v. 4b), will JHWH das Volk prüfen, „ob es nach meiner Weisung lebt oder nicht" (v. 4c), ob es JHWH vertraut.

V. 5 leitet über zu der Verbindung von Mannagabe und Sabbat (vv. 23–26 und vv. 27–30) und stellt damit die Glaubensprobe (v. 4) in einen größeren Zusammenhang: auch die gebotene Arbeitsruhe am Sabbat ist so etwas wie eine Glaubensprobe.

d) Durch falsche Propheten (Dtn 13, 4), durch die im Lande verbleibenden Völker (Ri 2, 22; 3, 1. 4), wahrscheinlich durch die Verweigerung eines Wunderzeichens (2 Chr 32, 31) und durch politisch-militärische Bedrohung (Jdt 8, 25f.; 1 Makk 2, 52) stellt JHWH sein Volk im Kulturland auf die Probe. Auch hier beantwortet die Rede von der göttlichen Prüfung die Frage nach dem Grund und dem Ziel der vielfältigen Bedrängnisse Israels. Im Kulturland wird auch die Bitte um göttliche Prüfung in Ps 26, 2 zu lokalisieren sein. Das Ziel der göttlichen Prüfungen ist in den meisten Fällen das bereits bekannte: Bewährung und Erkenntnis der Treue und Liebe Israels zu seinem Gott (Dtn 13, 4; Ri 2, 22; 3, 4; 2 Chr 32, 31; zu Ps 26, 2 vgl. vv. 1. 3–5. 11. 12; zu Jdt 8, 25f. vgl. v. 27).
In Dtn 13, 4b (zusammen mit vv. 5. 6b, einem pluralisch formulierten Text, vielleicht eine Weiterung zu der – singularisch abgefaßten – Einheit vv. 1–4a. 6a.c; vgl. H. D. Preuss, EdF 164, 1982, 113f.) wird der Grund angegeben, warum falsche Propheten und Traumseher in Israel auftreten und mit Wundern zur Nachfolge anderer Götter auffordern können. Die Begründung mit dem Hinweis auf die göttliche Prüfung stellt eine „Ätiologie" dar; auch das Ziel dieser Prüfung wird genannt: „um zu erkennen, ob ihr JHWH liebt" (v. 4).

Grund und Ziel der göttlichen Prüfung Israels durch die im Land verbleibenden Völker werden unterschiedlich genannt. Ri 2, 22 gibt – entsprechend der Absicht von Dtr, in Ri den Abfall Israels von JHWH darzustellen – im Kontext von Ri 2, 11 ff. den Zorn JHWHs wegen der Treulosigkeit Israels an (v. 20). Als Ziel dieser Prüfung nennen Ri 2, 22; 3, 4 die Ermittlung des Gehorsams bzw. Ungehorsams Israels, Ri 3, 1 die „militärische Ertüchtigung der zweiten Generation" (H. W. Hertzberg, ATD 9, [4]1959, 161).
Ohne die Vorlage 2 Kön 20, 1–11. 12–19 sind Grund und Eigenart der in 2 Chr 32, 31 genannten göttlichen Prüfung Hiskijas kaum verständlich. JHWH verläßt Hiskija (v. 31), vielleicht ohne ein Wunderzeichen – anders als damals (2 Kön 20, 8–11; 2 Chr 32, 24. 31). In dieser Situation läßt JHWH den König allein, wie jede Prüfung/Versuchung eine Situation ist, „wo Gott den Menschen sich selbst überläßt, damit er sich frei für oder gegen ihn entscheide" (HAT I/21, 315; zur „Gottverlassenheit als Moment der Versuchung" vgl. Korn 67).
In einem individuellen Klagelied oder Unschuldspsalm bittet der Beter Gott um Prüfung zum Nachweis seiner Unschuld (Ps 26, 2). Möglicherweise handelt es sich hier um eine liturgisch-rituelle Prüfung am Heiligtum (vgl. 1 Kön 8, 31 f.; Kraus, BK XV[5], 358 f.).
e) Die Weisen geben – nicht zuletzt angesichts des Prinzips vom Tun und Ergehen-Zusammenhang – eine Antwort auf die Frage nach Grund und Ziel des Leidens der Gerechten. Den Grund finden sie bei Gott selbst: er prüft die Gerechten durch Leiden. Er setzt auch das Ziel: Nachweis der Würdigkeit und Frömmigkeit der Gerechten (Weish 3, 5; 11, 9 f.; Sir 2, 1; 4, 17; 33, 1).
Das Buch der Weisheit betrachtet die göttliche Prüfung der Gerechten als eine Maßnahme göttlicher Pädagogik (Weish 3, 5; 11, 9). Die Prüfung geschieht „in Form einer vorübergehenden üblen Lage, die aber geringfügig ist gegenüber der ewigen Seligkeit der Seelen, wenn sie dann ʿin Gottes Handʾ sind" (Sommer 17). Die Leiden haben demnach zwei Aspekte: den – für die Gerechten – pädagogischen und den – für die Frevler – strafenden (vgl. Oikonomos 88).
Sir 2, 1–18 (vor allem vv. 1–5) beantwortet in Form einer weisheitlichen Mahnung die Frage, warum der Gerechte leiden muß. Die Leiden des Gerechten sind eine göttliche Prüfung (v. 1), eine göttliche Heimsuchung (v. 2; vgl. v. 4a), eine Demütigung (vv. 4b. 5); der Gerechte wird wie Gold geprüft, nur im Leiden erweist sich die Echtheit seiner Frömmigkeit (v. 5). Der Gerechte muß zwar leiden, kann aber „gerade darin Gottes gnädige Hand spüren". Sein Leiden ist, da nicht Strafe für Schuld, kein „echtes Leiden". Die Prüfung des Gerechten hat vielmehr „den Charakter des Vorübergehenden" und enthält „die Zusicherung . . ., daß Gott dem Betroffenen gnädig zugewandt sei" (Sommer 16 f.). So wird die Prüfung zum Kennzeichen der Gläubigen, nicht der Ungläubigen (Oikonomos 89).
Die Weisheit stellt ihre „Söhne" durch ihre Gesetze auf die Probe, läßt Furcht und Verzagtheit über sie kommen und unterwirft sie ihrer Zucht und Erziehung, bis sie ihnen vertraut geworden ist (Sir 4, 17). Dann erst wendet sich die Weisheit ihnen zu und enthüllt ihnen ihre Geheimnisse (v. 18).
Prüfung bleibt dem Gerechten nicht erspart, aber er wird daraus wieder befreit (Sir 33, 1). Ihm wird der Sünder gegenübergestellt, der Zurechtweisung/Züchtigung (32, 17) und Furcht (32, 18) ablehnt.
f) Wenn Menschen von Gott auf die Probe gestellt werden, geschieht das durch „Beugung/Demütigung" in Not (Dtn 8, 2 f. *ʿānāh*) und hat zum Ziel die „Erkenntnis" (*jāḏaʿ*): JHWH will den Gehorsam Israels zu seinen Geboten erkennen (Dtn 8, 2), Israel soll seine Abhängigkeit von JHWHs Wort (Dtn 8, 3) und seine Erziehung durch JHWH erkennen (Dtn 8, 5).
Weish und Sir verstehen die Prüfung des Menschen durch Gott als eine göttliche Erziehungsmaßnahme (Weish 3, 5; 11, 9; Sir 4, 17 παιδεύειν/παιδία).

IV. Mit Blick auf die Herausführung aus Ägypten ist von *massôṯ* die Rede im Zusammenhang vor allem mit „Zeichen", „Wundern", JHWHs „starker Hand" und „ausgestrecktem Arm". „Prüfungen" sind die Wunderzeichen insofern, als sie die Reaktion der Betroffenen im Blick haben. Wunderzeichen sind lediglich ein „Angeld"; da bleibt die Frage, welche Konsequenzen die Betroffenen daraus ziehen, ob sie Gott, der die Wunderzeichen wirkt, anerkennen oder nicht. Dem entspricht die Rede von *massôṯ* in Gesetzesparänesen (zu Dtn 4, 34 vgl. vv. 39 f.; zu Dtn 7, 19 vgl. vv. 17 f. 25 f.; zu Dtn 29, 2 vgl. v. 8). Das Ziel der *massôṯ* kommt vor allem in Dtn 29, 3 zum Ausdruck: Israel hätte daraus ein verstehendes Herz, sehende Augen und hörende Ohren gewinnen sollen. „Prüfungen" sind die Wunderzeichen auch deshalb, weil sie Israels Vertrauen zu JHWH „testen".

In den deuterokanonischen (apokryphen) Büchern werden mit πεῖρα und πειρασμός die Prüfung von Menschen durch Gott (Sir 2, 1; 44, 20; 1 Makk 2, 52), die Prüfung von Menschen durch Menschen (Sir 6, 7; 25, 5. 7) und das Erprobtsein/Erfahrensein im Kriegswesen (2 Makk 8, 9) bezeichnet. An die Prüfungen der Exodusgeneration erinnert Weish 18, 20. 25; der Tod und der göttliche Zorn, die auch die Gerechten berühren, sind „eine Probe des Todes" und „eine Probe des Zornes".

V. Die erste Erwähnung des Ortes Massa liegt in Ex 17, 7 (dtr, vgl. E. Zenger, Israel am Sinai, 1982, 62) vor; demnach nannte Mose den Ort, an dem er Wasser aus dem Felsen schlug, Massa und Meriba. Der Doppelname des Quellortes ist „schwerlich ursprünglich" (Noth, ATD 5[3], 111). Eine jüngere Überlieferung in Num 20, 13 (P) nennt in diesem Zusammenhang lediglich den Ort Meriba, den sie in Kadesch zu lokalisieren scheint (vgl. v. 1; Ps 106, 32); diese

Lokalisierung gilt wahrscheinlich auch für Massa (BHHW II 1159). Deshalb und weil in Ex 17, 2. 7 und in Num 20, 13 der Streit (*rîḇ*) des Volkes mit Mose und JHWH im Vordergrund steht, mag die Bezeichnung des Quellortes als Meriba ursprünglich sein (vgl. Noth, ATD 5, ^{3}1965, 111; ZAW 73, 1961, 71). Auch die weiteren Erwähnungen des Ortes Massa (Dtn 6, 16; 9, 22; Ps 95, 8) bieten keine Anhaltspunkte für die Lokalisierung von Massa. Ebensowenig führt die Lage von Massa zwischen Tabera und den Lustgräbern (Dtn 9, 22), die die Vermutung, zwischen Num 11, 3 und 11, 35 habe einmal eine Massa-Erzählung gestanden, nicht stützen kann, hier weiter (ZAW 73, 1961, 73).

Wenn „Massa" in Dtn 33, 8 nicht mit „Versuchung" wiederzugeben ist (anders ZAW 73, 1961, 76f.), und dafür spricht, daß *nissāh b^{e}massāh* nicht üblich ist, dann ist hier mit dem Ort Massa eine Prüfung Levis durch Gott verknüpft. S. R. Driver (Deuteronomy, ICC, Edinburgh 1902, 400) rechnet mit der Möglichkeit, „that another version of the incidents of Massah and Meriba was current, in which the fidelity of the tribe was in some manner tested directly by Jehovah". Diese „andere Version" liegt am ehesten in Ex 32, 26–29 vor (s.o. zu Dtn 33, 8), die mit den Ereignissen „am Wasser von Meriba" nichts zu tun hat. Massa bewahrt die Erinnerung an eine Prüfung Levis durch JHWH (Dtn 33, 8), während Meriba an einen Streit Israels mit Mose und JHWH erinnert (Ex 17, 2. 7; Num 20, 13).

VI. In Qumran begegnet *nsh* 5mal, davon 3mal als Ptz. *qal nswj* 'Geprüfter' als Selbstbezeichnung der Frommen (1 QS 1, 18; 4 QDibHam 5, 18; 6, 7). Dem Lehrer der Gerechtigkeit obliegt die Aufgabe, die „Männer der Wahrheit" zu prüfen (*bḥn*) und sie auf die Probe zu stellen (1 QH 2, 14). TR 54 = Dtn 13, 4. In 1 QH 2, 14 wird u.a. die Frage nach dem Grund und Ziel des Leidens des Gerechten beantwortet. Gott ist es gewesen, der den Beter zur Schmach gemacht hat (v. 9). Damit verfolgt er ein bestimmtes Ziel: er hat ihn zum Zeichen (*nes*) für die Erwählten der Gerechtigkeit und zum Dolmetsch der Erkenntnis in wunderbaren Geheimnissen gesetzt (v. 13). Mit diesem „Zeichen" will er die „Männer" der Wahrheit prüfen (*bāḥan*) und die Freunde der Zucht auf die Probe stellen (*nissāh*) (vv. 13f.), wahrscheinlich um sie zur Einsicht in das gottgewirkte und der Erziehung dienende Leiden des Gerechten zu führen, oder aber die Verkündigung des „Dolmetsch der Erkenntnis" ist „die entscheidende Probe, um die 'Menschen der Wahrheit' zu erkennen" (A. Dupont-Sommer, Die essenischen Schriften vom Toten Meer, 1960, 224).

Helfmeyer

נָסַךְ *nāsak̠*

נֶסֶךְ *næsæk̠*, נָסִיךְ *nāsîk̠*, מַסֵּכָה II *massekāh*, מַסֶּכֶת *massækæt̠*, סוּךְ II *sûk̠*, אָסוּךְ *'āsûk̠*

I. Verbreitung der Basis im Semit. – II. AT-Belege – 1. Verbale und nominale Ableitungen, Statistik – 2. LXX – III. Anwendungsbereiche – 1. Metallbearbeitung – 2. Libation – 3. Salbung – 4. Sonstiges – V. Qumran.

Lit.: *F. Blome*, Die Opfermaterie in Babylonien und Israel, I. Teil, Rom 1934. – *J. P. Brown*, The Sacrificial Cult and its Critique in Greek and Hebrew II (JSS 25, 1980, 1–21). – *A. Citron*, Semantische Untersuchungen zu σπένδεσθαι, σπένδειν, εὔχεσθαι (Diss. masch. Bern 1965). – *C. Dohmen*, Ein kanaanäischer Schmiedeterminus (*nsk*) (UF 15, 1983, 39–42). – *F. Graf*, Milch, Honig und Wein. Zum Verständnis der Libation im griechischen Ritual (Perennitas. Festschr. A. Brelich, Rom 1980, 209–221). – *E. Kutsch*, Salbung als Rechtsakt im Alten Testament und im Alten Orient (BZAW 87, 1963). – *O. Michel*, σπένδομαι (ThWNT VII 529–537). – *R. Rendtorff*, Studien zur Geschichte des Opfers im Alten Testament (WMANT 24, 1967).

I. Die Basis *nsk* ist sowohl im ost- als auch im westsemit. Sprachraum anzutreffen. Semasiologisch fallen die Belege der Einzelsprachen jedoch weit auseinander; so umfaßt akk. *nasāku* samt Derivaten das Bedeutungsfeld des 'Werfens' im weitesten Sinn (AHw 752f. 1579; CAD N/2, 15–20), wohingegen im Westsemit. eine dem Ostsemit. vergleichbare Verwendung nicht nachzuweisen ist. Durch die Basis *nsk* wird im Westsemit. ein doppeltes Bedeutungsfeld beschrieben; einerseits ist ein religiöser Sprachgebrauch – 'spenden, opfern u.ä.' –, andererseits ein profaner – 'gießen, bringen u.ä.' (vgl. M. Dietrich / O. Loretz, UF 11, 1979, 195 Anm. 56) – auszumachen. Zu beachten gilt es dabei, daß das Vorkommen der Basis im Südwestsemit. vornehmlich auf den erstgenannten Bereich konzentriert ist; so deckt arab. *nasaka* mit seinen Derivaten einen großen Bereich kultisch-religiöser Handlungen und Haltungen ab (*nusuk* 'Opfer'; Verb 'opfern, fromm sein', s. J. Wellhausen, Reste arab. Heidentums 114. 118. 142; nach Th. Nöldeke, ZDMG 41, 1887, 791 urspr. 'gießen'). Im Nordwestsemit. (WUS Nr. 1801; DISO 180; K. Beyer, Die aramäischen Texte vom Toten Meer, 1984, 638; WTM III 406f.; Dalman, Aram.-Neuhebr. HWb 272; KBL^{3} 664) begegnet neben diesem Sprachgebrauch von 'gießen, spenden – vor allem als Libation – etc.' *nsk* noch im Bereich der Metallverarbeitung, dies jedoch primär nur im Kanaan. und erst von dort entlehnt in jüngeren Zweigen des Aram., z. B. im Syr. (Payne Smith 342). Im Bereich der Metallverarbeitung trägt *nsk* die Bedeutung 'schmieden' und nicht 'gießen', was sich deutlich bei den ugar. Berufsgruppenbezeichnungen *nsk ksp* 'Feinschmied', *nsk ṯlṯ* 'Grobschmied' und *nsk ḥdm* 'Kleinschmied' (Dohmen 41) zeigt, oder auch in der num.-pun.

Bilingue aus Dougga (KAI 100, 7), wo pun. *hnskm š brzl* num. *nbṭn nzl'* gegenübersteht (Dohmen 42), oder auch bei den Bezeichnungen für entsprechende Fertigungsprodukte der Metallbearbeitungskunst, wie hebr. → מסכה *massekāh* oder pun. *nskh* (DISO 180).
Etymologische Abhängigkeiten zwischen ost- und westsemit. – oder auch innerhalb von westsemit. – Belegen der Basis *nsk* sind unmittelbar nicht anzusetzen, zumal die Abgrenzung zur semantisch nahe verwandten Basis *ntk* aufgrund der phonetischen Homonymie durch die Spirantisation der Verschlußlaute (vgl. K. Tsereteli, ZDMG 130, 1980, 207–216) erschwert ist. Es ist eher von einem sehr breiten Bedeutungsspektrum von *nsk* auszugehen, wie es das Akk. noch teilweise zeigt, welches sich jedoch in den Einzelsprachen zu unterschiedlichen Anwendungsbereichen eingrenzend herauskristallisiert hat. Vergleichend-semasiologisch (vgl. W. Eilers, Die vergleichend-semasiologische Methode in der Orientalistik, AAWL Mainz 10, 1973) wäre eine Verbindung von hebr. *nsk* II 'flechten, weben' (KBL³ 664; vgl. arab. *nasağa* 'weben u.ä.' und Derivate [Wehr 853f.]) und *nsk* 'schmieden, hämmern' (Dohmen 42) zu erwägen, da sich ein Parallelpaar im Äg. bei *nbḏ* 'beschlagen + flechten' (WbÄS II 246; I. Grumach-Shirun, LexÄg II 260f.; R. Drenkhahn, LexÄg V 664f.; J.J. Janssen, Commodity Prices from the Ramesside Period, Leiden 1975, 136–139) findet.

II. 1. Im AT begegnet eine Reihe verschiedener Ableitungen der Basis *nsk*. Als Verbum begegnen *nsk* I 25mal (7mal *qal*; 1mal *niph*; 1mal *pi*; 14mal *hiph*; 2mal *hoph*) mit der Nebenform *sûk* II 'sich salben, einfetten' (KBL³ 704), die 10mal begegnet, *nsk* II 'flechten' 1mal mit der Nebenform → סכך *sākak* (KBL³ 712). Als nominale Ableitungen von *nsk* I begegnen *næsæk* 'Trankopfer' 60mal und zusätzlich 4mal synonym zu *massekāh* (→ מסכה I.2.). Zur Bezeichnung des Fertigproduktes der Edelmetallarbeit begegnet *massekāh* 25mal (zu 2 Chr 28, 2; Jes 30, 1 → IV 1113f.); mit der Bedeutung 'Decke' als Ableitung von *nsk* II kommt *massekāh* 2mal (KBL³ 573) vor; als weitere Ableitung von *nsk* II kommt noch *massækæt* 'Kettenfäden' 2mal vor (KBL³ 573) und als nominale Ableitung von *sûk* II das *'āsûk* aus 2 Kön 4, 2 (KBL³ 71).
In den aram. Teilen des AT findet sich *nsk* als Verb in Dan 2, 46 in der Bedeutung 'spenden, darbringen' und als Nomen 'Trankopfer' in Esra 7, 17.
2. Entsprechend der semantischen Breite der hebr. Belege bietet die LXX eine große Palette von Übersetzungsäquivalenten an. Dabei stehen Ableitungen von σπένδειν, ποιεῖν, χωνεύειν und ἀλείφειν im Vordergrund (vgl. Michel 532–534; H. Schlier, ThWNT I 230–232).

III. 1. Für den obengenannten Verwendungsbereich der Basis *nsk* im Kanaan. im Kontext von Metallbearbeitung (s.o. I.) bietet das Hebr. einiges an Material, vor allem das Nomen → מסכה *massekāh*, das von den jeweiligen Kontexten her deutlich eingegrenzt ist zur Bezeichnung des Produkts der Goldschmiedekunst. In gleicher Bedeutung begegnet an vier exilisch-nachexilischen Stellen das Nomen *næsæk*, das sonst das Trankopfer bezeichnet (s.u. III.2.). An diesen Stellen (Jes 41, 29; 48, 5; Jer 10, 14 = 51, 17) scheint, was sich von Jes 30, 1 (→ IV 1113f.) nahelegt – eine Anspielung auf eine Sündencharakterisierung, wie sie in diesem Textbereich durch Erwähnung der Libation bezeichnet wird (s.u. III.2.), beabsichtigt zu sein, so daß auf diese Weise Bilderdienst und Fremdgötterverehrung parallelisiert werden. Auf dem Hintergrund, daß das Hebr. eine Reihe von Termini kennt, die Einzelarbeitsgänge der Metallbearbeitung beschreiben (vgl. BRL² 221f.), ist wohl zu verstehen, daß dem allgemeinen und undifferenzierten Terminus *nsk* 'schmieden' – für das eigentliche Gießen steht *jṣq* zur Verfügung (→ III 828) – keine große Bedeutung zukommt. Die nur zweimal (Jes 40, 19; 44, 10) begegnende Wendung *nsk pæsæl* hat häufig dazu Anlaß gegeben, für *nsk* eine allgemeinere Grundbedeutung wie 'formen u.ä.' anzusetzen, da die vom Etymon her inhärenten Grundbedeutungen beider Worte – 'gießen und schnitzen' – nicht zu korrespondieren schienen (vgl. K. Elliger, BK XI/1, 74f.); da *pæsæl* aber bei seiner at.lichen Verwendung nicht auf Schnitzbilder beschränkt bleibt, sondern jede Art von Kultbild bezeichnen kann (→ פסל *psl*), handelt es sich bei der vorliegenden Wendung wohl um einen allgemein gehaltenen Ausdruck „ein Kultbild herstellen (schmieden)" (Dohmen 42). Zur Verwendung von *nāsîk* in Dan 11, 8 → IV 1111.
2. Im gesamten Altertum spielt die Libation eine große Rolle bei den verschiedensten Opferbräuchen. Dabei wechselt sowohl die Art der Durchführung (teilweises oder vollständiges Ausgießen vor, bei oder nach anderen Opfern etc.), als auch die Opfermaterie (vornehmlich Wasser, Wein, Milch und Honig). Dieser Wechsel ist nicht zuletzt durch die unterschiedlichen Opfervorstellungen – Götterspeisung oder Tribut oder Sühneleistung etc. – bestimmt; es gilt dabei zu beachten, daß die Libationen fast nie als selbständiges Opfer begegnen, sondern – sofern sie nicht Teil der Göttermahlzeit sind (Blome Nr. 280ff.) – als Bei- oder Voropfer mit bestimmter Zeichenfunktion erscheinen (vgl. Graf, bes. 211. 218f.).

Sowohl im äg. Kult (J. F. Borghouts, Libation, LexÄg III 1014f.) als auch im Kult der babyl.-assyr. Religion nimmt die Libation eine besondere Stelle ein, was besonders darin zum Ausdruck kommt, daß die häufigsten Opfertermini *naqû/nīqu* (AHw 744f. 793; CAD N/1, 336–341; N/2, 252–259) vom Libieren hergeleitet sind. Zur Bezeichnung der Libation dient im AT aus dem Wortfeld des Gießens (יצק, נתך, שפך, → III 826f.) die Basis *nsk* in nominaler und verbaler Gestalt, vor allem in der Form der figura etymologica *nsk* (*hiph/hoph*) *næsæk*. Nur ein einziges Mal begegnet sie in 1 Chr 11, 18 im *pi*, wobei die Parallelstelle 2 Sam 13, 26 hier *hiph* liest (vgl. E. Jenni, Das hebr. Pi'el, 199). Für diesen Wechsel verweist R. Degen (WdO 6, 1970, 54) auf einen möglichen Sprachwandel. Zweimal findet sich *nsk qal* zur Bezeichnung der Libation; in Hos 9, 4 ließe sich eine bewußte Abweichung in Betracht ziehen, da auch der parallel gebrauchte Opferterminus *ʿrb zibḥêhæm* eine singuläre Bildung darstellt. Ähnlich verhält es sich mit dem späten Nachtrag zu P Ex 30, 9 (M. Noth, ATD 5, 192) zum Räucheraltar, da der Funktionszusammenhang der dort genannten Opfer unklar bleibt (Rendtorff 170).

Im AT werden Libationen auch entsprechend als Beiopfer genannt. In der P-Literatur findet sich dabei *næsæḵ* meist in Verbindung mit → מנחה *minḥāh* als Zusatzopfer zur → עלה *ʿolāh*. Die Überlieferung dieser Opferzusammenstellung ist jedoch schmal; sie konzentriert sich auf Num 28f. und davon abhängig Lev 23, 13. 18. 37 (vgl. Num 6, 15. 17; 15, 22ff.; Ex 29, 38ff.; Ez 45, 17; Rendtorff 170. Zur Diskussion um die Ableitung [*nsk*/*skk*?] des *jussaḵ* in Ex 25, 29; 37, 16 vgl. M. Haran, Temples and Temple Service in Ancient Israel, Oxford 1978, 216). Daneben wird die Wendung *nsk* (*hiph*) *neSāḵîm* in der dtr Phraseologie (vor allem in dtr Überarbeitung des Jer: Jer 7, 18; 19, 13; 32, 29; 44, 17. 18. 19. 25, vgl. W. Thiel, Die deuteronomistische Redaktion von Jeremia 1–25 [WMANT 41]; 26–45 [WMANT 52] z. St.; H.-D. Hoffmann, Reform und Reformen [AThANT 66] 340; M. Weinfeld, Deuteronomy and the Deuteronomic School, Oxford 1972, 322; Ez 20, 28, vgl. F.-L. Hossfeld, Untersuchungen zu Komposition und Theologie des Ezechielbuches [FzB 20, ²1984] 321 Anm. 38) zur Kennzeichnung des Synkretismus benutzt. Außerhalb dieses literarischen Komplexes ist die Wendung nur noch 2mal belegt; zum einen im Sing. (!) in Gen 35, 14, wo sie vom Redaktor wohl eingesetzt wurde, um den Anfang des Opferdienstes am Heiligtum anzuzeigen (vgl. C. Westermann, BK I/2, 674f.); zum anderen in der eigentümlichen Erwähnung von Psalm 16, 4, wo Libationen von Blut genannt werden (vgl. Rendtorff 171). Diese „Blutopfer" sind nicht vom israelitischen Blutritus (→ IV 799) her zu deuten, wie dieser überhaupt gelegentlich fälschlicherweise in den Kontext von Libation gebracht wird, zumal die Terminologie beim Blutritus eine völlig andere ist (→ זרק *zāraq*; → יצק *jāṣaq*; → שפך *šāpaḵ*), sondern stattdessen sind die *nesāḵîm middam* in Parallele zur *minḥāh dam-ḥᵃzîr* von Jes 66, 3 als falsche, illegitime Opfer zu verstehen.

3. Die verschiedensten Formen der Salbung sind aus dem Alten Orient durch materielle (vgl. P. Welten, BRL² 260–264) und literarische (vgl. Kutsch) Hinterlassenschaft bekannt. Das Verb *sûḵ* erfaßt im Hebr. dabei nur den profanen Bereich (z. B. Dtn 28, 40; 2 Sam 14, 2; Mi 6, 15; Rut 3, 3; Dan 10, 3; 2 Chr 28, 15), nicht den kultischen; für diesen steht vor allem die Basis → משח *mšḥ* zur Verfügung (vgl. J. A. Soggin, THAT I 913f.). Das kosmetische Salben ist im Alltagsleben des Alten Orients fest verwurzelt (vgl. E. Cassin, Kosmetik, RLA VI 214–218), was sich deutlich in den klassischen Texten zeigt, wie Gilg. Pennsylvania Tafel III 23–25, wo die Zivilisierung des Wildmenschen Enkidu nach seiner Begegnung mit der Dirne durch das Salben vollendet wird: *pagaršu šamnam iptašašma awēliš īwe* „seinen Körper salbte er mit Öl und wurde (so) zum Menschen", oder auch in den äg. Harfnerliedern, die das Salben des Körpers im Zusammenhang mit der zu genießenden Lebensfreude angesichts der Vergänglichkeit rühmen (vgl. M. Lichtheim, The Songs of the Harpers [JNES 4, 1945, 178–212]; H. Brunner, Wiederum die ägyptischen „Make-Merry"-Lieder [JNES 25, 1966, 130f.]), und die Salbung hat in Äg. sogar bis in die sprachliche Metaphorik hinein gewirkt (vgl. H. Grapow, Die bildlichen Ausdrücke im Ägyptischen, Leipzig 1924 = Darmstadt 1983, 146f.).

4. An einigen späten Stellen liegt ein nicht unmittelbar klarer Gebrauch von *nsk* vor, der vielleicht auf eine vom Aram. her beeinflußte Bedeutungsentwicklung zurückgeht, so wenn Jes 29, 10 die Verstockung der Führerschaft Jerusalems (H. Wildberger, BK X/3, 1114; zur Verstockung → IV 21f.) im Bild vom Ausgießen (*nsk*) einer *rûaḥ tardemāh* spricht; oder ist vielleicht an dieser Stelle von einer Ableitung von *nsk* II auszugehen, so daß gemeint ist, daß JHWH sie mit einem „Geist der Betäubung" bedeckt, da beim Geist-Ausgießen andere Verben gebraucht werden (vgl. THAT II 751)?

Eine ähnliche Vorstellung steht auch hinter dem Gebrauch von *nsk* in Jes 25, 7, wo das Bild von der Hülle gebraucht ist, die alle Völker bedeckt: *wehammasseḵāh hannesûḵāh ʿal-kŏl-haggôjim*. Dabei ist wohl kaum vom Bild von 1 Kor 3, 12ff. her an Gotteserkenntnis zu denken, sondern vielmehr an Zeichen der Trauer (H. Wildberger, BK X/2, 966). Besonders häufig sind Korrekturen für *nsk* in Ps 2, 6 vorgenommen worden (vgl. H.-J. Kraus, BK XV/1⁵, 144). Die Bedeutung von *nsk* in der Wendung *nāsaḵtî malkî* steht dabei im Vordergrund der Diskussion. Häufig wird mit LXX *niph* gelesen, das unter Hinweis auf *næsæḵ* 'Libation' und *nāsîḵ* 'Fürst' (KBL³ 663f.) als „(unter Trankopfer) geweiht, gefürstet werden" (KBL³ 664) aufgefaßt wird. H. Gese (Natus ex virgine, Festschr. G. von Rad, 1971, 81f.) hat dies in Frage gestellt und in Zusammenhang mit Spr 8, 23; Ps 110, 3; 139, 13 eine Ableitung von *skk* mit der Bedeutung „auf kunstvolle Weise wirken, bilden" (Gese 82) vorgeschlagen. Fraglich ist, ob diese Umvokalisation auf *nesakkoṯî* unbedingt nötig ist, oder ob nicht ein weiteres Bedeutungsfeld für *nsk* (s. o. I.) zu konstatieren ist (vgl. O. Plöger, BK XVII 87, der für Spr 8, 23 beim *niph* von *nsk* mit der Übersetzung „eingesetzt werden" bleibt).

V. Nur in der TR begegnen in den Schriften aus Qumran *nsk* und *næsæḵ*. In TR 19, 11 – 21, 10 wird ein eigenes Weinfest erwähnt (vgl. TR 43, 7–9, vgl. Y. Yadin, מגילת המקדש, Jerusalem 1977, I 88–90), was besonders auf dem Hintergrund, daß Weinopfer im AT keine so große Rolle spielen (→ III 619), zu beachten ist (vgl. aber die Anweisung über den Verzehr des Zehnten vom Gesäten und von Wein und Öl im Jubiläenbuch 32, 11f.). Die breite Ausgestaltung des Ritus beim Trinken des neuen Weines (Rangfolge von Priestern, Leviten ... TR 21, 4f.) fällt dabei auf und könnte einen Hinweis auf die Praxis des Gemeindemahls in Qumran geben. Sodann bietet TR 21, 12–23, 9 ein Frischölfest, das in Analogie zum Weinfest mit entsprechenden Trankopfern ausgestattet ist (vgl. Yadin I 91ff.). Demgegenüber ist zu beachten, daß das Trankopfer ansonsten in den Schriften der Gemeinschaft nicht erwähnt wird, was sich gut in die Gesamtentwicklung frühjüd. Opfervorstellungen einpaßt (vgl. Michel 534f.). Sogar in den Zentraltexten zur Spiritualisierung der Kultvorschriften (vgl. G. Klinzing, Die Umdeutung des Kultus in der Qumrangemeinde und im NT, SUNT 7, 1971, 50–93) findet es keine Erwähnung. Selbst im ältesten Text in dieser Reihe der „Spiritualisierungstexte", der zwar in die Frühzeit der Gemeinde zurückreicht, jedoch schon auf die eigentlichen Gründungstexte zurückblickt (vgl. C. Dohmen, Zur Gründung der Gemeinde von Qumran, RQu 11, 1982, 89–92), und der zum erstenmal eine Umdeutung der Forderungen des Tempelkultes expressis verbis vollzieht, wird nur erwähnt: „Zum göttlichen Wohlgefallen für das Land ist es mehr als Fleisch von Brandopfern und Fett von Schlachtopfern (und) das Hebopfer der Lippen nach der Vorschrift ist wie Opferduft der Gerechtigkeit (und) vollkommener Wandel ist ein wohlgefälliges freiwilliges Opfer" (1 QS 9, 3–5), so daß auf diesem Hintergrund der Eigencharakter der TR nochmals deutlich hervortritt.

Dohmen

נָסַע *nāsaʿ*

מַסַּע *massaʿ*, מַסָּע *massāʿ*

I. 1. Etymologie – 2. Belege – 3. Bedeutung – II. Verwendung im AT – 1. *qal* – 2. *niph* – 3. *hiph* – 4. Derivate – III. LXX und Qumran.

Lit.: *M. Delcor*, Quelques cas de survivances du vocabulaire nomade en hébreu biblique (VT 25, 1975, 307–322). – *A. Guillaume*, Hebrew and Arabic Lexicography. A Comparative Study (Abr-Nahrain 1, 1959/60, 3–35, bes. 28f.).

I. 1. Die Wurzel *nsʿ* ist außer im Hebr. im Ugar. (WUS Nr. 1803: 'herausreißen'), im Phön. (Karatepe, KAI 26 A III 15. 17: 'herausreißen, abreißen'; Obj. „Stadt", „Tor") und im Jüd.-Aram. ('fortziehen, ziehen') belegt; vielleicht gehören auch arab. *nazaʿa* 'herausziehen' und *nasaʿa* 'reisen' sowie äth. *nazʿa* 'herausreißen' hierher, dagegen nicht akk. *nesû* 'fern sein'. Wahrscheinlich ist hebr. *nāsaḥ* 'abreißen, ausreißen' eine Nebenform (4 Belege im AT).

2. Belegt ist das Verb im *qal* 135mal, im *niph* 2mal und im *hiph* 8mal. An Derivaten liegen vor: *massaʿ* 'Aufbrechen, Tagesmarsch' 12mal, *massāʿ* 'Bruch' 1mal; das 1mal belegte *massāʿ* II als Bezeichnung einer Waffe ist wahrscheinlich anderer Herleitung. Sowohl das Verb als auch die Nomina finden sich vorwiegend in erzählenden Texten (Patriarchengeschichte, Exodus, Wüstenwanderung). Dagegen sind die Belege selten in den prophetischen Büchern (2mal + 2mal in Jes 37 || 2 Kön 19, Jer 2mal) und in den Weisheitsbüchern (Ijob 2mal, Koh 1mal); in der älteren Poesie gibt es keinen Beleg.

3. Die Grundbedeutung ist 'aufbrechen', 'Aufenthaltsort wechseln', 'reisen'; es ist also ein Verb der Bewegung. Alle Bedeutungsnuancen können aus dem Kontext oder der syntaktischen Konstruktion erklärt werden.

* Gewöhnlich nimmt man als urspr. Bedeutung '(die Zeltpflöcke) herausreißen' an und leitet daraus die Bedeutungen 'aufbrechen und 'reisen' ab. *(Ri.)*

II. 1. Die *qal*-Form bedeutet a) 'sich bewegen', b) (inchoativ) 'sich in Bewegung setzen', c) (mit unbeseeltem Subj.) 'getragen oder geführt werden', d) (transitiv mit unbeseeltem Obj.) 'bewegen, tragen, führen' (zum ergativen Gebrauch der Verben der Bewegung vgl. M. Z. Kaddari, Studies in Biblical Hebrew Syntax [hebr.], Ramat Gan 1977, 87ff.).

a) Intransitiv wird das Verb meist von der Bewegung einer Gruppe von Lebewesen gebraucht, z. B. „(die Bewohner) der ganzen Erde" (Gen 11, 2), „die Kinder Israels" (Num 2, 34), die Ägypter (Ex 14, 10), Juda und all seine Städte (Jer 31, 24, falls der Text richtig ist; vielleicht ist *nosᵉʿê bāʿeḏær* „die Herden treiben" zu lesen; EÜ: „Wanderhirten"); in einem Gleichnis auch von einer Herde (Sach 10, 2: „das Volk mußte weggehen [wurde weggetrieben] wie Schafe"; Text?). Das Subj. kann auch ein Eigenname, bes. eines Führers, sein, z. B. Abram (Gen 12, 9), Lot (Gen 13, 11), Jakob (Gen 33, 17 usw.), Sanherib (2 Kön 19, 36 = Jes 37, 37). *nāsaʿ* bezeichnet die Bewegung des Engels Gottes und der Wolkensäule, als sie sich zwischen die Israeliten und die Ägypter versetzten (Ex 14, 19), eines von JHWH kommenden Winds, der die Wachteln herantreibt (Num 11, 31). Gelegentlich bringt kontextueller Parallelismus semantische Nuancen heraus, z. B. als Gegensatz zu *ḥānāh* 'sich lagern' (Num 2, 17. 34 u.ö.), zu *ʿāmaḏ* 'stehenbleiben' (Ex 14, 19), zu *hājāh* 'bleiben' oder als Synonym zu *hālaḵ* 'gehen' (z. B. Gen 12, 9 *hālôḵ wᵉnāsôaʿ*). Gewöhnlich wird das Verb durch ein Ortsadverbial ergänzt, zur Angabe des Orts, von dem man aufbricht (Num 12, 16), der Richtung, in die man fährt (Num 10, 29) oder sowohl des Ausgangspunkts als des Ziels der Bewegung (Num 11, 35); es kann auch durch einen allgemeinen Ortsausdruck (Ex 14, 19 *mippᵉnêhæm*) oder durch eine andere adverbielle Bestimmung (*lᵉdiḡlêhæm* Num 2, 31) ergänzt werden oder ohne nähere Bestimmung stehen (Num 10, 28). Der Kontext kann anzeigen, daß es sich um eine lange Reise handelt, wahrscheinlich auf Reittieren oder Wagen unternommen, wie bei Lot (Gen 13, 11) oder den Ägyptern (Ex 14, 10).

b) Das inchoative *nāsaʿ* 'aufbrechen', 'einen Ort verlassen' wird oft zusammen mit anderen Verben der Bewegung gebraucht: mit *hālaḵ* (z. B. Dtn 1, 19 „wir brachen von Horeb auf und wanderten ...“), mit *qûm* (z. B. Dtn 2, 24 „steht auf, brecht auf“), mit *qûm* und *ʿālāh* (Gen 35, 3. 5 „laßt uns aufstehen und hinaufziehen nach Bet-El ... und sie brachen auf“), mit *pānāh* (Num 14, 25 „wendet euch und brecht auf [ziehet] in die Wüste“); mit *ʿālāh niph* für den Ortswechsel der Wolkensäule (Num 9, 21); in Jer 4, 4 steht es mit *ʿālāh* parallel: „Der Löwe hat sich aus dem Dickicht erhoben, der Völkerwürger ist aufgebrochen.“

* *nāsaʿ* ist ein Leitwort in den Vätergeschichten. Abraham bricht auf und zieht zum Negeb (Gen 12, 9, vgl. 20, 1). Esau sagt zu Jakob: „Brechen wir auf und ziehen weiter“ (*nisʿāh wᵉnelᵉḵāh*, Gen 33, 12). Jakob bricht nach Sukkot auf (33, 17). Jakobs Familie bricht auf von Bet-El (35, 5. 16). Jakob (Israel) bricht auf und schlägt sein Zelt jenseits von Migdal-Eder auf (35, 21), und schließlich bricht er auf und begibt sich über Beerscheba nach Ägypten (46, 1). Das Verb spiegelt die Wanderung der nomadisierenden Patriarchen wider.

Mit dem Exodus fängt eine neue Wanderung an. Die Israeliten brechen von Ramses nach Sukkot auf (Ex 12, 37), von dort nach Etam (13, 20), von Elim in die Wüste Sin (16, 1) und von dort „zogen sie weiter von einem Rastplatz zum anderen (*lᵉmasʿêhæm*), wie es JHWH jeweils bestimmte“ (17, 1; vgl. ferner 19, 2). Die vielen Belege in Num schildern die Wüstenwanderung. Es wird hervorgehoben, daß die Israeliten lagerten und aufbrachen, wie JHWH dem Mose befohlen hatte (Num 2, 34) bzw. nach dem Befehl JHWHs (*ʿal pî*; Num 19, 20). Num 33 zählt die Stationen der Wüstenwanderung auf (42 Belege!). *(Ri.)*

c) Mit unbeseeltem Subj. wird das Verb nur mit Bezug auf Gegenstände von religiöser oder nationaler Bedeutung gebraucht („getragen werden“): so wird es im Zusammenhang mit dem *miškān* als Gegensatz zu *ḥānāh* (Num 1, 51), mit der Lade als Gegensatz zu *nûaḥ* 'ruhen' (Num 10, 35f.) und vom *'ohæl môʿeḏ* (Num 2, 17) gebraucht.

d) Transitiv steht *nāsaʿ* im Sinne von 'entfernen, herausreißen' mit Bezug auf einen Gebäudeteil oder ein Gerät: die Flügel des Stadttors (Ri 16, 3), den Webepflock mit den Kettfäden (Ri 16, 14), die Zeltpflöcke (Jes 33, 20).

* Jes 33, 20 beschreibt den Zion der Zukunft als „den Ort der Ruhe, das Zelt, das man nicht abbricht (*ṣāʿan*), dessen Pflöcke man niemals mehr ausreißt (*nāsaʿ*), dessen Stricke nie mehr zerreißen (*ntq niph*)“. Es ist an sich möglich, daß hier „das ewige Heiligtum dem tragbaren der Wüstenzeit“ gegenübergestellt wird, aber es ist ebenso wahrscheinlich, daß ein naheliegendes Bild aus dem Leben der Hirten vorliegt (O. Kaiser, ATD 18, 276). *(Ri.)*

2. Das *niph* kommt nur als Passiv zum intransitiven *nāsaʿ* vor. Es wird Jes 38, 12 von *dôrî* „meine Wohnung“ (anders H. S. Nyberg, ASTI 9, 1972–74, 90f.: „mein Volk“) ausgesagt im Parallelismus mit *niḡlāh minnî* „wurde von mir weggeführt“. „Das erwartete Lebensende wird [hier] in zwei sehr originellen Metaphern umschrieben, der vom Abbruch des Beduinen- oder Hirtenzeltes und der anderen vom Abschneiden des fertigen Gewebes von den Kette genannten Anfangsfäden durch den Weber“ (O. Kaiser, ATD 18, 321). In Ijob 4, 21 heißt es: „Wird nicht ihr (der Menschen) Zeltseil (*jæṯær*) losgerissen, so daß sie sterben ohne Weisheit.“ Das Bild vom Abbruch des Lebenszeltes ist dasselbe wie im Psalm Hiskijas (Jes 38, 11). Was *bᵉlo' ḥŏḵmāh* bedeutet, ist unklar: „aus Mangel an Weisheit“, „ahnungslos“ oder „ohne Weisheit = sinnlos“? (vgl. F. Horst, BK XVI z. St.; Dhorme, Job, verbindet 4, 21a mit 5, 5c; LXX hat einen völlig anderen Text).

3. Das *hiph* bedeutet mit beseeltem Obj. „eine Gruppe von Leuten oder Tieren in Bewegung setzen“. So wird von Gott gesagt, daß er beim Exodus sein Volk wie Schafe hinausführte (aufbrechen ließ) und es wie eine Herde durch die Wüste leitete (*nhg pi*)“ (Ps 78, 52). Mit Personifizierung wird dasselbe Wortpaar von Gottes Schicken des Ostwindes (*qāḏîm*, Anspielung auf Num 11, 31) angewandt: „Er ließ den Ostwind losbrechen ... führte in seiner Macht den Südwind herbei (*nhg pi*)“ (Ps 78, 26). Mit Ortsadverbial steht das Verb Ex 15, 22: Mose ließ Israel vom Schilfmeer aufbrechen. – Mit unbeseeltem Obj. heißt *nsʿ hiph* 'entfernen, wegnehmen': ein Gefäß (2 Kön 4, 4), einen Stein (1 Kön 5, 31; der König ließ mächtige, kostbare Steine brechen, um das Fundament des Tempels zu legen; vgl. Koh 10, 9 „wer Steine bricht, kann sich dabei verletzen“ – eine von vier lauernden Gefahren). Mit Gott als Subj. heißt es z. B. „Du hobst in Ägypten einen Weinstock aus“ (Ps 80, 9), was sich bildlich auf das Herausführen Israels aus Ägypten bezieht und durch das Bild vom Einpflanzen in Kanaan fortgeführt wird. Es kann auch mit einem abstrakten Subst. als Obj. stehen: „Er brach mich nieder (*ntṣ*) ... und riß mein Hoffen (*tiqwāh*) aus wie einen Baum“ (Ijob 19, 10).

4. *massaʿ* bezeichnet zunächst als nomen actionis das Aufbrechen oder das Reisen, dann die Etappen der Reise, vor allem die Stationen der Wüstenwanderung (Ex 40, 36. 38; Num 10, 12; 33, 1f.; vgl. auch Gen 13, 3; Ex 17, 1). Num 10, 2 dient es als Inf. und wird mit *'æṯ* konstruiert: die silbernen Trompeten sollen gebraucht werden *lᵉmiqrā'* ... *ûlᵉmassaʿ*, „um (die Gemeinde) einzuberufen ... und (den Lagern) das Zeichen zum Aufbruch zu geben“. In Dtn 10, 11 soll

Mose „zum Aufbruch an die Spitze des Volkes treten“.

Die Bedeutung von *massā*ʿ I ist unsicher. Im Zusammenhang mit Salomos Tempelbau heißt es 1 Kön 6, 7: *'æḇæn šelemāh massāʿ nibnāh*. E. Würthwein (ATD 11/1, 60) übersetzt: „(das Haus) wurde aus unbehauenen Bruchsteinen gebaut“. Vielleicht ist hier ein Hinweis auf das Altargesetz Ex 20, 25 zu sehen, wonach ein Altar nicht mit behauenen Steinen gebaut werden durfte. *massā*ʿ II steht in einer Aufzählung von Waffen Ijob 41, 18 *ḥanîṯ massāʿ weširjāh*, „Lanze, (Wurf-)Geschoß und Pfeil“. Nach Dalman, AuS 6, 333 ist *massā*ʿ der Wurfstock, den man beim Vogelfang gebraucht.

III. In der LXX wird für *nāsa*ʿ meist ἀπαίρειν (81mal) und ἐξαίρειν (37mal) gebraucht, außerdem einfaches αἴρειν und ἀναζευγνύναι, κινεῖν, στρατοπεδεύειν u.a. Das *niph* wird Ijob 4, 21 mit ἐξέρχεσθαι übersetzt, während Jes 38, 12 einen sehr verschiedenen Text bietet. Für das *hiph* kommen mehrere Zusammensetzungen mit αἴρειν zur Verwendung: ἀπαίρειν, ἐξαίρειν, ἐπαίρειν, μεταίρειν.

Qumran hat nur einen Beleg für das Verb, nämlich CD 1, 16, wo die *hiph*-Form von der Verrückung der Grenzmarkierung (Anspielung auf Dtn 19, 14, wo aber *taśśîḡ* steht) gebraucht wird, nach dem Zusammenhang wohl bildlich vom Ändern des Gesetzes. *massā*ʿ kommt 2mal vor: 1 QM 3, 5 von den „Trompeten des Aufbruchs“ und 1 QSa 2, 15 von der Rangordnung „in ihren Lagern und auf ihren Märschen“.

Kaddari

נַעַל *naʿal*

1. Etymologie und Bedeutung – 2. Kleidungsstück – 3. Symbolische Bedeutung – 4. Verb – 5. LXX.

Lit.: *C. M. Carmichael*, A Ceremonial Crux: Removing a Man's Sandal as a Female Gesture of Contempt (JBL 96, 1977, 321–336). – *H. W. Hönig*, Die Bekleidung des Hebräers, Zürich 1957, 82–88. – *E. R. Lacheman*, Note on Ruth 4, 7–8 (JBL 56, 1939, 53–56). – *L. Levy*, Die Schuhsymbolik im jüdischen Ritus (MGWJ 1918, 178–185). – *G. Rühlmann*, „Deine Feinde fallen unter deine Sohlen“. Bemerkungen zu einem altorientalischen Machtsymbol (WZ Halle, 20, 1971, 61–84). – *E. A. Speiser*, Of Shoes and Shekels (BASOR 77, 1940, 15–20). – *Th. und D. Thompson*, Some Legal Problems in the Book of Ruth (VT 18, 1968, 79–99). – *G. M. Tucker*, Witnesses and „Dates“ in Israelite Contracts (CBQ 28, 1966, 42–45).

1. *naʿal* ist aller Wahrscheinlichkeit nach ein Primärnomen, das in den meisten semit. Sprachen bekannt ist: arab. *naʿl*, syr. *naʿlā'*, mand. *nala* (MdD 283); ugar. *nʿl* (WUS Nr. 1805; KTU 1.4, I, 36) scheidet aus, da es nach dem Kontext 'Liege' o.ä. bedeuten muß (M. Dietrich / O. Loretz, UF 10, 1978, 61). Es bezeichnet eigentlich die Sandale, eine einfache Sohle aus Holz oder Leder, die mit Riemen (Gen 14, 23; Jes 5, 27) festgebunden wurde. Möglicherweise bezeichnet das Wort auch andere einfache Fußbekleidungen (Schuhe). Zu unterscheiden ist jedenfalls *se'ôn* (Jes 9, 4), der Schnürstiefel der assyr. Soldaten (*šēnu*, AHw 1213f., vgl. ugar. *s3n*, jüd.-aram. *sênā'*, syr. *se'ûnā'*, äth. *šā'en*). – Zum archäologischen Befund s. BRL2 186, BHHW II 671f.; III 1739.

2. Umgürtung, Schuhe und Stab sind Zeichen der Marschbereitschaft (Ex 12, 11). Gürtel und Schuhe, die nach 1 Kön 2, 5 mit unschuldigem Blut befleckt sind, dienen wohl ebenso als Umschreibung der gewöhnlichen Kriegerausrüstung. Wenn man mit LXXLuc. hier Suffixe der 1. Pers. lesen darf, ist also David durch Joabs Taten mit Blutschuld belastet worden.

Ebenso beziehen sich Gürtel und Schuhe in Jes 5, 27 auf die Kampfbereitschaft der anstürmenden Feinde: „Die ledernen Hüftgürtel und Sandalenriemen der Krieger sitzen straff und zwingen das Heer zu keinem Aufenthalt“ (O. Kaiser, ATD 17, 21963, 116).

Dagegen sind Kleider (*śalmāh*, nach einigen Mss *śimlāh*) und Schuhe in Dtn 29, 4 die alltägliche Bekleidung; es ist Zeichen der Fürsorge Gottes, daß diese während der 40 Jahre der Wüstenwanderung nicht abgenutzt wurden (*bālāh*). Dtn 8, 4 drückt dasselbe anders aus: die Kleider (*śimlāh*) wurden nicht abgenutzt und die Füße nicht geschwollen.

Dieselbe Kombination mit *bālāh* begegnet Jos 9, 5. 13 (zu den Pl.-Formen vgl. D. Michel, Hebr. Syntax 1, 58) in einem völlig anderen Zusammenhang: die Gibeoniter kommen zu Josua in abgenutzten Kleidern und mit geflickten Schuhen, um als von fernher kommende Schutzsuchende zu erscheinen. Da man kaum Sandalen „flickt“ (*ṭl'*), sind hier vielleicht einfache Schuhe anderer Art gemeint.

Das Beschreibungslied Hld 7, 1ff. schildert die tanzende Braut und hebt dabei die Schönheit ihrer Füße (oder Schritte, *paʿam*) in den Schuhen hervor (v. 2a); es ist sehr wahrscheinlich, daß hier besonders geschmückte Tanzschuhe gemeint sind.

3. Das Ablegen der Kopfbekleidung und das Ausziehen der Schuhe gehört nach Ez 24, 23 zu den Trauerriten: die Exulanten sollen beim Fall Jerusalems darauf verzichten, und nicht klagen oder weinen, so wie es sonst gebräuchlich war.

Nach Jes 20, 2 legt Jesaja sein Sackkleid ab, zieht seine Sandale aus und geht nackt (→ ערום *ʿārôm*) und barfuß, um die erwartete schimpfliche Behandlung Ägyptens durch die Assyrer darzustellen (zur Problematik der prophetischen Zeichenhandlungen vgl. G. Fohrer, BZAW 99, 1967, 92–112).

Ex 3, 5 und Jos 5, 15 wird vorausgesetzt, daß man an einem heiligen Ort die Schuhe auszieht (*šll*). Wahrscheinlich liegt dahinter der Gedanke, daß die Schuhe mehr als andere Kleidungsstücke mit Staub und Schmutz in Berührung kommen (anders L. Dürr, OLZ 1938, 410ff.: Leder von toten Tieren gilt als unrein, aber vgl. schon J. Pedersen, Der Eid bei den Semiten, Straßburg 1914, 97). Es ist auffallend, daß bei der ausführlichen Beschreibung der Priesterbekleidung (Ex 29; 39) nirgends von Schuhen die Rede ist (Hönig 85f.). Daß die Priester in Ijob 12, 19 barfuß weggeführt werden, ist dagegen als Entehrung gedacht.

Der Dual *naʿalajim* „ein Paar Sandalen" steht Am 2, 6; 8, 6 als Ausdruck für etwas Wertloses. Man „verkauft den Unschuldigen (*ṣaddîq*) für Geld und den Armen für ein Paar Sandalen" (2, 6), d. h. der zahlungsunfähige Arme wird wegen einer geringfügigen Schuld in Schuldknechtschaft genommen. Man sagt: „Wir wollen mit Geld die Hilflosen (*dallîm*) kaufen (*qānāh*), für ein Paar Sandalen die Armen" (8, 6). Da der Kontext hier vom Betrug im Handel spricht, fällt die Rede von Schuldknechtschaft ein wenig aus dem Rahmen und könnte ein Einschub aus 2, 6 sein; andererseits ist zu bemerken, daß es hier um Kaufen und nicht um Verkaufen geht; das Hauptgewicht liegt auf dem Eifer der Betreffenden, ihren Handel zu treiben; dieser wird dann spezifiziert. Ein ähnlicher Gedanke liegt Sir 46, 19 vor, wo von Samuel gesagt wird, er habe kein Bestechungsgeld, nicht einmal ein Paar Sandalen, angenommen. Der hebr. Text lautet hier *kôpær wenaʿal[aj]im*, was 1 Sam 12, 3 die Lesart *kopær wenaʿalajim* (statt *weʾaʿlîm*) nahelegt (vgl. LXX).

„Seinen Schuh auf etwas werfen" ist Zeichen der Besitznahme in Ps 60, 10 (doppelt überliefert: auch Ps 108, 10): JHWH beansprucht Edom als sein Eigentum. Schon Levy hat gesehen, daß das Bild „mehr als bloße Besitzergreifung" ausdrückt; „das Moment der Demütigung und Unterwerfung tritt hinzu" (Levy 180). M. Dahood (AB 17, 80) will das Verb *hišlîk* als „setzen" interpretieren und sieht hier einen Hinweis auf die Sitte, den Fuß auf den Nacken der Besiegten zu setzen (vgl. auch Rühlmann).

In Rut 4, 7 wird die Auskunft gegeben, daß man „früher" in Israel bei Lösung (*geʾullāh*) und Tausch den Akt dadurch bestätigte, daß man „den Schuh auszog (*šālap*) und seinem Partner gab". Es bleibt dabei unklar, wer den Schuh auszog und wer ihn empfing. Speiser zieht Material aus Nuzi heran, um zu zeigen, daß es sich um eine Scheinbezahlung handelt. Gerleman (BK XVIII 37) sieht in der symbolischen Handlung einen Verzicht auf Besitz im Gegensatz zur Besitzergreifung in Ps 60, 10. E. F. Campbell (AB 7, 149f.), der eine ausführliche Diskussion bietet, kommt zu dem Ergebnis, daß der erste Löser (*goʾel*) dem Boas seinen Schuh gab (v. 8), um das Übertragen seines Anrechts zu symbolisieren. Jedenfalls ist der Dtn 25, 9f. behandelte Fall nicht vergleichbar. Hier wird verordnet, daß die Frau dem Mann, der die Schwagerehe verweigert hat, den Schuh ausziehen (*ḥālaṣ*) und ihm ins Gesicht spucken soll; hier handelt es sich um eine Beschimpfung und nicht um einen normalen Rechtsakt (Rudolph, KAT XVII/1–3, 68; vgl. auch Carmichael, der in der Geste einen auf die Onan-Episode Gen 38, 8–10 anspielenden, sexuell geladenen Symbolismus findet).

4. Von *naʿal* denominiert ist das Verb *nʿl*, das im AT 2mal belegt ist. In Ez 16, 10 sagt JHWH, er habe dem als Frau dargestellten Jerusalem buntgewirkte Gewänder und Sandalen aus *taḥaš*-Leder gegeben, wobei aus dem Zusammenhang deutlich wird, daß die Kleidungsstücke besonders wertvoll waren. Die *hiph*-Form steht 2 Chr 28, 15, wo erzählt wird, wie die ins Südreich zurückgesandten Kriegsgefangenen mit Kleidern, Schuhen und allem, was sie benötigten, versehen wurden.

Von diesem denominativen Verb zu unterscheiden ist wahrscheinlich *nāʿal* ʻzubinden, verriegelnʼ (Ri 3, 23f.; 2 Sam 13, 17f.; Hld 4, 12) mit den Derivaten *manʿûl* ʻRiegelʼ (Hld 5, 5; Neh 3, 3. 6. 13. 15) und *minʿāl* ʻRiegelʼ (Dtn 33, 15).

5. *nāʿal* wird in der LXX meist mit ὑπόδημα wiedergegeben; daneben kommt 2mal σανδάλιον vor.

Ringgren

נָעַם *nāʿam*

נָעִים *nāʿîm*, נֹעַם *noʿam*, מַנְעַמִּים *manʿammîm*, נַעֲמָנִים *naʿamānîm*

I. Etymologie – II. Verwendung im AT – 1. Überblick – 2. Das Verbum im Grundstamm (*qal*) – 3. *nāʿîm* – 4. *noʿam* – 5. *manʿammîm* – 6. *naʿamānîm* – III. LXX.

Lit.: *J. Gabriel*, Die Kainitengenealogie Gn 4, 17–24 (Bibl 40, 1959, 409–427, bes. 418f.). – *K. Galling*, Die Τερπωλη des Alexander Jannäus (BZAW 77, 1958 = Festschr. O. Eißfeldt, 49–62, bes. 59–61). – *A. Jirku*, Niṭʿē naʿamanim (Jes. xvii 10, c) = niṭʿē naʿaman-ma (VT 7, 1957, 201f.). – *W. Rudolph*, Das Buch Ruth ... (KAT XVII², 38). – *J. M. Sasson*, Ruth, Baltimore/London 1979, bes. 17f. – *H. Schmökel*, Heilige Hochzeit und Hoheslied, 1956. – *J. J. Stamm*, Hebräische Frauennamen (VTS 16, Leiden 1967 = Festschr. W. Baumgartner, 301–339, bes. 323).

I. Die Wurzel, die in bibelhebr. Lexika (z. B. BDB 653b; KBL³ 666b) als *nʿm* I bezeichnet worden ist (s. auch *nʾm* und *nḥm*/*nḥm*; vgl. Noth, IPN 166. 175. 222; Harris 124; Ryckmans I 237; Vincent 406f.), findet sich sowohl in Mhebr. (Jastrow 919f.) als auch in anderen semit. Sprachen: arab. *naʿima* ʻgenießen, sich freuenʼ; amor. PN (*nḥm*, APNM 237f.); ugar. (*nʿm*, Adj., ʻlieblich, gutʼ; Subst. ʻAnmut, Anmutiges; schöner Ortʼ, ʻWohlergehen, Gesundheitʼ; *nʿmt* ʻLieblichkeitʼ; *nʿmj* ʻLieblichkeit, Wonneʼ; *nʿmn* ʻlieblich, gutʼ; auch PN; WUS Nr. 1806f.; RSP I 277,

Nr. 385; Gröndahl, PNU 163; Whitaker, Concordance, 451f.; s. ferner II. 1.); phön. und pun. (*n'm*, Adj./Subst., 'gut, freundlich, lieblich; Freude, Gütigkeit'; *n'mt*, Adj./Subst., 'gut, förderlich; Gütigkeit' usw.; DISO 180f.; KAI III 16f.; ANET 653. 656; Tomback 215–217); post-bibl. aram. (z. B. *ne'îmtā'* 'Lieblichkeit', und PN; Jastrow 919f.); und syr. (*ne'îmā'* 'lieblich, beliebt' auch PN; Payne-Smith, Thes. 2405f.).

Diese Wurzel ist also von *n'm* II zu scheiden, eine Wurzel, die nicht nur im Mhebr. bekannt ist (*hiph* 'singen, begleiten'; *ne'îmāh* 'Gesang, Ton' usw.; Jastrow 919f.), sondern auch z. B. in arab. (*naġama* 'summen, singen'; *naġma* 'Ton, Klang, Melodie', aram. (z. B. *ne'îmtā'* 'Melodie', Jastrow 920); und syr. (z. B. *na'mațānājā'* '*ad vocis modulationem pertinens*', Payne-Smith, Thes. 2406). Im AT ist diese Wurzel nur durch Deriv. zu belegen (bes. *ne'îmāh* 'Gesang, Musik', Sir 45, 9; KBL³ 666a; noch PN *Na'amāh* I, evtl. 'Sängerin'; Gabriel 418f.; doch vielleicht von *n'm* I, 'Die Liebliche/Freundliche'; Stamm 323; vgl. auch die Wurzeln *n'm* und *nhm*).

II. 1. Im AT kommt die Wurzel *n'm* I ziemlich reichlich vor. Vom Verbum ist zwar nur *qal* zu belegen (8mal, davon 3mal in Spr und je 1mal in Hld, Ez, Ps, 2 Sam und Gen). Aber sie begegnet noch im Adj. *nā'îm* (13mal; 6mal in Ps, 3mal in Spr, 2mal in 2 Sam und je 1mal in Hld und Ijob); im Subst. *no'am* (7mal; 3mal in Spr, je 2mal in Ps und Sach); im Subst. *man'ammîm* (hap. leg. Ps 141, 4) und *na'amānîm* (hap. leg. Jes 17, 10).

Ferner liegt die Wurzel in einigen PN vor, wie *Na'am* (mask., 1 Chr 4, 15, in der Genealogie Judas); *Na'amāh* (evtl. von *n'm* II, s.o. I., Tochter Lamechs, Gen 4, 22; s. M. Flashar, ZAW 28, 1908, 307f.; S. Mowinckel, ANVAO 1937, 2, 82; eine Ammoniterin, Mutter von Rehabeam, 1 Kön 14, 21. 31; 2 Chr 12, 13); *Na'amān* (mask. Name des Adonis, WbMyth I 234f.; Name eines Nachkommen von Benjamin, Gen 46, 21; Num 26, 40a [LXX: Νοεμαν]; 1 Chr 8, 4. 7 [LXX: Νοομα]; und eines Generals des Königs von Damaskus, 2 Kön 5, 1–27 [LXX: Ναιμαν, Νεεμαν]; vgl. BHHW 1279); *Nŏ'omî* (fem.; Schwiegermutter von Rut, Rut 1, 2–4, 17; IPN 166; Rudolph 38; Stamm 323; Sasson 17f.; Campbell, AB 7, 52f.; die Endung *-î* ist nicht als Pronominalsuff. anzusehen [„meine Liebliche/Schöne"], sondern als ein Hypochoristicon aus *-aja*; vgl. PNU 50. 211; ugar. *N'mj* [KTU 4.75, V, 5]; *N'mjn* [KTU 4.611, 9]; Benz, PNPPI 241–243; Glanzman 205f.; palm. *N'mj*; Stark 99f.; auch LXX: Νωεμ/ε/ιν); ferner in n. loc. *Na'amāh* (bei Lachisch, Jos 15, 41; Abel 2, 393; W. F. Albright, BASOR 18, 10; Simon, GTTOT § 318 B 15; in Arabien?, nur gntl. *na'amātî*, Ijob 2, 11 [LXX: ὁ Μιναίων βασιλεύς]; 11, 1; 20, 1; 42, 9 [LXX: ὁ Μιναῖος]; vgl. E. Dhorme, Job, tr. E. Knight, 1967, xxvf. 21); noch in gntl. *na'mî* aus *Na'amān* (Num 26, 40b) und in einigen zusammengesetzten PN, wie *'Aḇîno'am* (Vater des Barak, Ri 4, 6. 12; 5, 1. 12; KBL³ 5b) und *'Aḥîno'am* (Frau Sauls, 1 Sam 14, 50; Frau Davids, 1 Sam 25, 43; 27, 3; 30, 5; 2 Sam 2, 2; 3, 2; 1 Chr 3, 1; KBL³ 33a). Bezüglich der Verwendung von *n'm* I in at.lichen PN ist im allgemeinen auf viele mit der Wurzel *n'm* konstruierte westsemit. Appellative hinzuweisen (PNPPI 362).

In den ugar. Texten wird die Göttin 'Anat als mit *n'm* ausgerüstet aufgefaßt (KTU 1.10, II, 16; III, 10; 1.14, III, 41); und *n'm* wird als Epitheton für kanaanäische Heroen (Keret/Aqhat, UT Nr. 1665) und Götter (KTU 1.23, 1ff.; 1.5, III, 15) gebraucht (Sasson 17).

Von Wurzeln, die im AT in Parallelität mit *n'm* I fungieren können, ist besonders *ṭwb* (→ טוב) zu nennen (Gen 49, 15; Ps 133, 1; 147, 1; Ijob 36, 11; Spr 24, 25?), ferner *brk* (Spr 24, 25?), *jph* (Hld 1, 16; 7, 7); *jqr* (Spr 24, 4) und *mtq* (Spr 9, 17). Als Konträrbegriff ist am deutlichsten auf *mrr* (→ מרר) hinzuweisen (Rut 1, 20).

2. Die 8 at.lichen Belege vom Verbum *n'm* I kommen sämtlich im Grundstamm vor, und zwar meistens in poetischen oder weisheitlichen Texten, wo die exakte Bedeutungsnuance nicht immer auszumachen ist.

Klar ist allerdings, daß *n'm* I vor allem in der Liebessprache beheimatet ist, entweder in Beschreibungen von der anziehenden Schönheit der Geliebten oder in Äußerungen über die Köstlichkeit der erotischen Liebe. In dem Bewunderungslied Hld 7, 7–10a wird also die Lieblichkeit als Pendant zur im Lied ausgemalten, vollkommenen Schönheit eines Mädchens besungen: „Wie schön bist du und wie lieblich, Geliebte, Mädchen voller Wonne" (*ma-jjāpîṯ ûmannā'amt 'ahuḇāh* [MT: *'ahaḇāh*, vgl. V, LXX] *baṯ ta'anûgîm* [MT: *batta'anûgîm*, hap. leg., vgl. Aq, Sym], v. 7). Während die Lieblichkeit hier eine Parallele der Schönheit (Wurzel *jph*, vgl. auch Hld 1, 16) der geliebten Frau ist, finden wir im Kontext der späten Weisheit eine Aussage von der physischen Süßigkeit der Erotik, und zwar der verbotenen, wie Frau Torheit es formuliert: „Gestohlenes Wasser ist süß (*jimtāqû*), und verborgenes Brot ist köstlich (*jin'ām*)" (Spr 9, 17; zur Verbindung *n'm – mtq* vgl. das Gegensatzpaar *n'm – mr'*, Rut 1, 20).

Eine derartige Liebesterminologie kann natürlich auch im Rahmen einer intimen Herzensfreundschaft Verwendung finden, wie im Leichenlied Davids auf Sauls und Jonatans Tod (2 Sam 1, 17–27), wo es heißt: „Ich bin bedrückt über dich, mein Bruder Jonatan: du warst mir sehr lieb (*nā'amtā llî me'oḏ*); deine Liebe war für mich wunderbarer als Frauenliebe" (v. 26).

Metaphorisch steht *nā'am* für die Schönheit/Köstlichkeit des Landes Israel; so im Segen Jakobs (Gen 49), wo über Issachar gesagt wird: „Und er sah die Ruhe, daß sie gut (*ṭôḇ*) ist; und das Land, daß es lieblich (*n'm*) ist" (v. 15). Wahrscheinlich klingt hier auch die Idee von der Fruchtbarkeit des Landes – die „Geliebte" aller Israeliten – mit (vgl. LXX; s. E. Nestle, ZAW 26, 1906, 159f.). Im Buche Ez wird gegen den Pharao und Ägypten (29, 1 – 32, 32) über das Gepränge Ägyptens ironisch gesagt: „Bist du denn lieblicher als alle anderen?" oder wörtlich: „Wem hast du denn Liebliches voraus?" (*mimmî nā'āmtā*, 32, 19; s. W. Zimmerli, BK XIII/2, 774f.).

Eine Liebesmetaphorik steckt offensichtlich noch hinter einer Aussage der späteren Weisheit über die

Holdseligkeit des Erkennens: „Wenn du die Rede der Weisheit annimmst, dann wird Einsicht in dein Herz kommen, und Erkenntnis wird deiner Seele gefallen“ (... *wedaʿaṯ lenapšeḵā jinʿām*, Spr 2, 10; KBL[3] 666b unrichtig: Ps 2, 10; MT ist dem Vorschlag in BHS vorzuziehen; vgl. auch O. Plöger, BK XVII 12).

In einer der zwei übrigen Belegstellen des Verbums können wir eine isolierte, unpersönliche Konstruktion beobachten, nämlich in der zweiten Sammlung (Spr 24, 23–34) der Mahnworte und Belehrungen (22, 17 – 24, 34) der älteren Weisheit; hier heißt es vom Wohlergehen derer, die sich für das Recht einsetzen: „Doch denen, die für das Recht eintreten, geht es wohl (*jinʿām*) und über sie kommt die Segnung des Guten“ (24, 25; so O. Plöger, BK XVII 285–287). In der letzten Belegstelle – in einem nachexilischen Gebetslied des einzelnen – ist der Kontext sehr schwierig, der Text vielleicht auch verderbt (Ps 141). Der Beter stellt sich vor, daß die Gottlosen in die Hände ihrer Richter fallen werden: „dann würden sie hören, wie lieblich meine Worte sind“ (... *'amāraj kî nāʿemû*, v. 6; s. H.-J. Kraus, BK XV/2[5], 1107–1110). Allerdings ist die Funktion des Verbums unzweideutig mit der des Adj. *nāʿîm* in zwei weisheitlichen Mahnworten (Spr 22, 18; 23, 8; s. u.) zu vergleichen.

3. Wie das Verbum *nʿm* I ist das Adj. *nāʿîm* in der Liebessprache zu finden. So begegnet *nāʿîm* im Baumgartenlied (Hld 1, 15–17), wo es – mit *jāpāh* 'schön' verknüpft – die physische Lieblichkeit und Attraktion des Geliebten bezeichnet: „Siehe, du bist schön, mein Geliebter, und wonnig/lieblich“ (*hinneḵā jāpæh dôḏî 'ap nāʿîm*, v. 16). Im Kontext der intensiven Freundschaft heißt es auch im Leichenlied Davids (2 Sam 1, 17–27): „Saul und Jonatan, die Geliebten und Teuren (*hannæ'æhāḇîm wehanneʿîmim*), im Leben und Tod sind sie nicht getrennt ...“ (v. 23; vgl. S. R. Driver, Notes, [2]1913, 238; KBL[3] 665b unrichtig: v. 21). Mit diesem Sprachgebrauch hängt offensichtlich die Verwendung vom Adj. *nāʿîm* als Epitheton zusammen (vgl. in ugar. z. B. KTU 1.17, VI, 45; 1.15, II, 20; 1.14, I, 40, II, 8; s. noch II. 1.): David wird als *mešîaḥ 'ælohê jaʿaqoḇ ûneʿîm zemirôṯ jiśrā'el* charakterisiert (2 Sam 23, 1), was normalerweise als „der Gesalbte des Gottes Jakobs, und der Liebling der Lieder Israels“ verstanden wird (vgl. KBL[3] 665b). Die unter Hinweis auf *nʿm* II vorgeschlagene Deutung: „... der Sänger der Lieder Israels“, ist mit S. R. Driver (a. a. O. 357) als „precarious“ abzuweisen. Auch der Interpretationsvorschlag H. N. Richardsons: „the beloved of the Guardian (*zmrwt/zmrt*; vgl. ugar. *ḏmr* und amor. *zmr*) of Israel“ (JBL 90, 1971, 259–262) wird kaum überzeugen.

In einigen Fällen steht *nāʿîm* ganz einfach mit *ṭôḇ* 'gut, geziemend' parallel. So im Lehrgedicht Ps 133: „Siehe, wie gut (*ṭôḇ*), wie lieblich (*nāʿîm*) ist es doch, wenn Brüder beieinander wohnen“ (v. 1; vgl. die Zusammenstellung *baṭṭôḇ – banneʿîmîm* in Ijob 36, 11, s. u.). Von JHWH wird gesagt, daß er 'gütig' (*ṭôḇ*) ist, sein Name 'lieblich' (*nāʿîm*, Ps 135, 3); 'gut' (*ṭôḇ*) ist es, ihm zu spielen, 'lieblich' (*nāʿîm*), ihm Lobgesang anzustimmen (Ps 147, 1); vgl. die „liebliche Leier“ (*kinnôr nāʿîm*, Ps 81, 3). Ungefähr denselben Sinn trägt das Adj. *nāʿîm* in drei Kontexten der ersten Sammlung von Mahnworten und Belehrungen Spr 22, 17 – 24, 22): 'angenehm' (*nāʿîm*) ist es, wenn man die Worte des Weisheitslehrers in seinem Inneren bewahrt (22, 18); „liebenswürdige Worte“ (*deḇārǣḵā hanneʿîmîm*, 23, 8), gerichtet an einen Unfreundlichen, werden zunichte (zum Text in 23, 6–8 s. O. Plöger, BK XVII 263); auch Gut kann „wertvoll und köstlich“ sein (*jāqār wenāʿîm*, 24, 4).

Von den drei restlichen Belegstellen begegnen zwei im (vorexil.?) Gebetslied Ps 16, die eine in Pl. mask., die andere in Pl. fem. Erstere Stelle steht wahrscheinlich mit der Vorstellung von der „Lieblichkeit“ des Landes in Verbindung (vgl. Gen 49, 15; Ez 32, 19, s. II. 2.): „Mir ist die Meßschnur gefallen auf köstlichen Grund“ (*ḥaḇālîm nāpelû-lî banneʿimîm*, v. 6) – „Lieblich (נעם) ist das höchste Los: in Jahwes Nähe, in ihm selbst leben zu dürfen (Ps 84, 4–5)“ (H.-J. Kraus, BK XV/1[5], 266). Auch der Schlußvers des Liedes spricht von „der Wonne der Gottesnähe“ (Kraus 269): „Du zeigst mir den Weg des Lebens. Freude die Fülle von dir! Wonne zu deiner Rechten ewig! (*neʿimôṯ bîmîneḵā næṣaḥ*)“ (v. 11). Der dritte und letzte Beleg findet sich in der vierten Elihu-Rede (Ijob 36–37) und steht mit Ps 16, 6 sowohl formell als auch kontextuell in Verbindung. Hier wird von den Gerechten gesagt, daß „sie werden ihre Tage im Guten (*baṭṭôḇ*) vollenden und ihre Jahre in Wonne (*banneʿîmîm*)“ (36, 11).

4. Von den insgesamt 7 Belegen des Subst. *noʿam* im AT finden sich mindestens 3 in weisheitlichen Kontexten (vgl. das Verbum *nʿm* I in Spr 2, 10; 24, 25; s. noch 9, 17; Ps 141, 6; ferner das Adj. *nāʿîm* in Spr 22, 18; 23, 8; 24, 4). Hier fungiert das Subst. *noʿam* als *nomen rectum*, 2mal in der Verbindung *'imrê-noʿam*: „freundliche/anmutige Reden“ sind rein vor JHWH (Spr 15, 26), ja, sie sind Honigseim, süß für den Gaumen und heilsam für das Gebein (Spr 16, 24; LXX faßt zusammen: „und ihre [d. h. der freundlichen Worte] Süßigkeit ist ein Heilmittel für die Seele“, vgl. O. Plöger, BK XVII 187f. 194f.). Dazu kommt *darḵê-noʿam*: „Wege der Freude“ sind die Wege der Weisheit und Einsicht (Spr 3, 17).

Es bleibt sehr fraglich, ob das Wort *noʿam* noch im weisheitlichen Sinn von JHWHs 'Freundlichkeit/Güte' spricht (vgl. M. Sæbø, WMANT 34, 241 Anm. 9). In dem (vorexil.?) Gebetslied eines Verfolgten und Angeklagten (Ps 27) heißt es: „Eines habe ich von JHWH erbeten, das begehre ich: zu wohnen in JHWHs Haus alle Tage meines Lebens – zu schauen JHWHs *noʿam*“ (v. 4); gemeint ist wahrscheinlich „die liebevolle Heilszuwendung Gottes, der 1–6 entgegensieht“ (H.-J. Kraus, BK XV/1[5], 367; Theophanie oder Heilsorakel?). Wenn es in der offensichtlich nachträglichen Erweiterung vv. 13–17 des übrigens späten Gebetsliedes einer Volksgemeinde (Ps 90) u.a. so gebetet wird: „Es sei über uns die Güte/Lieblichkeit des Herrn" (v. 17; MTs *'ælohênû* ist am besten mit 2 Mss und T zu streichen, vgl. Kraus 796), scheint das Wort *no'am* das wundervolle Einschreiten JHWHs zur Neugründung des menschlichen Lebenswerkes auszudrücken.

Am schwersten ist der eigentliche Sinn des Subst. *no'am* in der parabolischen Hirtenerzählung Sach 11, 4–17 festzustellen. Im Vordergrund dieses Textes – mit einem „dichten Ineinander von anfänglicher Tat und ihrer nachträglichen Bearbeitung zu einem Bericht" (M. Sæbø, WMANT 34, 249) – steht besonders der Bericht von zwei Stäben (*šenê maqlôṯ*, v. 7, → מקל *maqqel*), der wahrscheinlich an Ez 37, 15–28 anschließt (doch *'eṣîm* in Ez 37!). Der Prophet – Sacharja selbst ist als Ich des Ursprungsberichtes nicht völlig auszuschließen (vgl. Sæbø 252) – hütet in JHWHs Auftrag die Schlachtschafe des Volkes mit zwei Stäben: „den einen nannte ich 'Huld' (*no'am*), den anderen nannte ich 'Verbindung/Eintracht' (*ḥoḇelîm*)". In der (späten?) Interpretation der Fortsetzung des Berichtes über den Propheten-Hirt, der nicht mehr hüten wollte und folglich seine zwei Stäbe zerbrach, wird erklärt, daß der Stab „Huld" zerbrochen wurde, „um meinen (JHWH/Prophet?) Bund aufzuheben, den ich mit allen Völkern geschlossen hatte" (v. 10), während „Eintracht" zerstört wurde, „um die Bruderschaft zwischen Juda und Israel aufzuheben" (v. 14; zu den verschiedenen Deutungsmöglichkeiten von 11, 4–17 s. vor allem Sæbø 71–88. 234–252. 276–278). Unter allen Umständen ist der Stab „Huld" als „symbol of the happy condition of a people under an ideal ruler" zu verstehen (H. G. Mitchell, ICC, 308).

5. Das Derivat *man'ammîm* (zur Gemination BLe 558c) kommt nur im (nachexil.?) Gebetslied des einzelnen (Ps 141) vor. Der Beter fleht um Bewahrung vor der Macht der Gottlosen und bittet um eine Wache am Tor seiner Lippen (v. 3). Den folgenden Vers faßt man normalerweise ungefähr so wie H.-J. Kraus: „Laß mein Herz sich nicht neigen zum bösen Wort, daß ich nicht frevle Taten vollführe in Gemeinschaft mit Männern, die Übeltäter sind, daß von ihren Leckerbissen ich nicht koste (... *ûḇal-'ælḥam bеman'ammêhæm*)" (BK XV/2[5], 1107). Laut der angenommenen Bedeutung (vgl. KBL[3] 570a; auch phön. *mn'm* 'friandises', DISO 159) spricht der Beter wörtlich vom köstlichen Essen der Gottlosen. Der Kontext läßt jedoch eher an eine übertragene Bedeutung denken (s. bes. v. 6, *'amāraj kî nā'ēmû*, oben II.2.). Die Möglichkeit ist also zu erwägen, daß *man'ammîm* in der weisheitlichen Tradition vom „lieblichen/süßen" Wort steht (vgl. z. B. Spr 22, 18; 23, 8; s. II.3.). Wenn das zutrifft, will der Beter in Ps 141 tatsächlich davor behütet werden, daß er die süßen, d. h. schmeichelnden Worte der Gottlosen in seinen Mund nimmt. Die Interpretation der LXX deutet eine dritte Möglichkeit an: „... und laß mich mit ihren Ausgewählten (μετὰ τῶν ἐκλεκτῶν αὐτῶν) nicht vereinigen"; danach handelt es sich also um eine Elitegruppe der Gottlosen (dann muß *'ælḥam* aus *lḥm* I hergeleitet werden und nicht – mit KBL[3] 500a u.a. – aus *lḥm* II).

6. Auch das Derivat *na'amānîm* ist im AT hap. leg. Das Wort ist weder als Pl. tantum, noch als doppelter Pl. aufzufassen (vgl. BLe 517v), sondern als unrichtig vokalisiertes *na'amān-ma* (Gottesname *Na'amān* + affigiertes *-îm* = die aus dem Ugar. bekannte, affigierte Partikel *-ma*, Jirku 201f.; vgl. im AT Dtn 33, 11; Ps 68, 17; 77, 18; 125, 1; O'Callaghan, VT 4, 170f.). Im AT begegnet *na'amānîm* im kerygmatisch einheitlichen aber kompositorisch vielschichtigen Abschnitt Jes 17, 1–11, der jetzt unter der Überschrift „Ausspruch gegen Damaskus" (*maśśā' dammāśæq*) steht. Im Abschnitt v. 10f., der wahrscheinlich jesajanisch ist, und zwar der Zeit des syrisch-ephraimitischen Krieges angehört (Wildberger 655–657), wird ein fem. Du angesprochen (Jerusalem?): „Wahrlich, den Gott deiner Hilfe hast du vergessen und an den Fels deiner Zuflucht nicht gedacht. Darum magst du Gärtchen für den Lieblichen pflanzen (*'al-ken tiṭṭe'î niṭ'ê na'amānîm*) und sie mit Rankengewächs eines fremden (Gottes) besäen ... Hin ist die Ernte am Tag der Schwachheit ..." (zum Text Wildberger, BK X/2, 634–638). Allem Anschein nach handelt es sich hier um Adonisgärten (griech. οἱ 'Αδώνιδος κῆποι), wobei *Na'amān* als Bezeichnung des Gottes Tammuz-Adonis zu verstehen ist (Schmökel 29 Anm. 4; vgl. auch H. Ringgren, UUÅ 1952:5, 67. 87). „Bei den Adonisgärtchen handelt es sich um Schalen, Kisten oder Scherben, welche mit rasch aufgehenden Sämereien bepflanzt werden. Das schnelle Aufsprossen und ebenso schnelle Verwelken soll das Erscheinen und Verschwinden (bzw. Wiederbelebung und Tod) des Vegetationsgottes symbolisieren" (Wildberger 657f.). In Jes 17, 10 ist wohl das Adonisgärtchen eine Veranschaulichung der hinfälligen und verwelkenden Charakter der (politisch-militärischen?) Macht, auf die die vom Propheten Angesprochene vertraut (s. ferner bes. W. W. Baudissin, Adonis und Esmun, 1911; Galling 59–61; W. Baumgartner, Zum AT und seiner Umwelt, Leiden 1959, 247–281).

III. Die LXX gibt die Wurzel *n'm* I sehr verschiedentlich wieder, vor allem jedoch mit καλός (*nā'îm* 4mal; *no'am* 3mal; Verb 1mal), sonst u.a. mit ἡδύνειν/ἡδύς (Verb 2mal; *nā'îm* 2mal; *no'am* 1mal), εὐπρεπής (*nā'îm* 2mal; Verb 1mal) und τερπνός/τερπνότης (*nā'îm* 3mal; *no'am* 1mal). In Jes 17, 10b (*na'amānîm*) sagt LXX ziemlich frei: διὰ τοῦτο φυτεύσεις φύτευμα ἄπιστον καὶ σπέρμα ἄπιστον und verzichtet auf eine eigentliche Wiedergabe von *na'amānîm* (über die Deutung der LXX von *man'ammîm* in Ps 141, 4 s.o. II.5.).

Schließlich ist zu bemerken, daß die Wurzel *n'm* I in den Qumrantexten nicht belegt ist.

Kronholm

נַעַר *naʿar*

נַעֲרָה *naʿ*ᵃ*rāh*, נְעוּרִים *n*ᵉ*ʿûrîm*, נְעֻרוֹת *n*ᵉ*ʿurôṯ*, נֹעַר *noʿar*

I. Etymologie – 1. *nʿr* I – 2. *nʿr* II – 3. *nʿr* III – II. Außerbibl. Belege – 1. Ägypten – 2. Ugarit – 3. Phön. Inschriften – 4. *ṣuḫār(t)u* im Akk. – III. AT – 1. Belege, sprachl. Besonderheiten, grammatisch-semantische Kontextbestimmungen – 2. Synonyme und polare Begriffe – 3. *naʿar* – a) Kind, Junge, Jugendlicher, junger Mann – b) Knappe, Berufssoldat, Waffenträger, pl. Söldnertruppe zbV – c) Knecht, Diener, Bote – d) Verwalter – e) Kultdiener (?) – 4. *naʿ*ᵃ*rāh* – a) Mädchen, junge Frau – b) Dienstmagd – c) *naʿ*ᵃ*rāh* in Am 2,7 – 5. *noʿar*, *n*ᵉ*ʿûrîm*, *n*ᵉ*ʿurôṯ*: Jugend(alter, -zeit) – IV. 1. Qumran – 2. LXX.

Lit.: *N. Avigad*, New Light on the Naʿar Seals (Festschr. G. E. Wright, New York 1976, 294–300). – *B. J. Bamberger*, Qetanah, Naʿarah, Bogereth (HUCA 32, 1961, 281–294). – *B. M. Barstad*, The Religious Polemics of Amos (VTS 34, 1984, bes. 11–36). – *F. Bron*, Notes de lexicographie ougaritique (Sem 30, 1980, ed. 1982, 13–15). – *R. L. Cohn*, Form and Perspective in 2 Kings V (VT 33, 1983, 171–184, bes. 177–180). – *J. Conrad*, Die junge Generation im Alten Testament. Möglichkeiten und Grundzüge einer Beurteilung (AzTh I/42, 1970). – *B. Cutler / J. Macdonald*, Identification of the *naʿar* in the Ugaritic Texts (UF 8, 1976, 27–35). – *A. H. Gardiner*, The Kadesh Inscriptions of Ramesses II, Oxford ²1975. – *W. L. Holladay*, The Identification of the Two Scrolls of Jeremiah (VT 30, 1980, 452–467, bes. 454f.). – *R. Kilian*, Die vorpriesterlichen Abrahamsüberlieferungen (BBB 24, 1966). – *L. Köhler*, Der hebräische Mensch. Mit einem Anhang: Die hebräische Rechtsgemeinde, 1953. – *V. Maag*, Text, Wortschatz und Begriffswelt des Buches Amos, 1951. – *J. Macdonald*, The Role and Status of *ṣuḫārū* in the Mari Correspondence (JAOS 96, 1976, 57–68). – *Ders.*, The Status and Role of Naʿar in Israelite Society (JNES 35, 1976, 147–170). – *Ders.*, The Unique Ugaritic Personnel Text KTU 4.102 (UF 10, 1978, 161–173). – *Ders.*, The Supreme Warrior Caste in the Ancient Near East (Festschr. B. S. J. Isserlin, Leiden 1980, 39–71). – *E. W. Nicholson*, The Covenant Ritual in Exodus XXIV 3–8 (VT 32, 1982, 74–86, bes. 81f.). – *I. Riesener*, Der Stamm *ʿbd* im Alten Testament (BZAW 149, 1979). – *H. Ch. Schmitt*, Elisa. Traditionsgeschichtliche Untersuchungen zur vorklassischen nordisraelitischen Prophetie, 1972. – *A. R. Schulman*, The Nʿrn at the Battle of Kadesh (Journal of the American Research Center in Egypt 1, 1962, 47–53). – *Ders.*, The Nʿrn at Kadesh Once Again (SSEAJournal 11, 1981, 7–19). – *N. Šcupak*, Some Common Idioms in the Biblical and the Egyptian Wisdom Literatures (hebr.) (Shnat Mikr 2, 1977, 233–236). – *H. P. Stähli*, Knabe – Jüngling – Knecht. Untersuchungen zum Begriff נער im Alten Testament (BET 7, 1978). – *Z. Weisman*, The Nature and Background of *bāḥūr* in the Old Testament (VT 31, 1981, 441–450). – *H. W. Wolff*, Anthropologie des Alten Testaments, 1973. – *Y. Yadin*, The Art of Warfare in Biblical Lands in the Light of Archaeological Discovery, London 1963.

I. Die Etymologie des Nominallexems *nʿr* (fem. *nʿrh*) ist ungewiß. In der Forschung werden verschiedene Ableitungen vorgeschlagen.

1. F. E. Ch. Dietrich leitet das Nomen *nʿr* von einer Wurzel *nʿr* I 'knurren, brüllen' ab. Diese gebe „schallnachahmend die aus der Kehle kommenden rauhen Töne des Knurrens und Schnarchens u. dgl." wieder; ein *nʿr* sei „eig. wohl in der Übergangszeit zur Pubertät, wo sich die Stimme verändert, der rauh redende" (GesB ⁵1857, 35; vgl. die rabbinische Auslegung von Ex 2,6: „er (Mose) war ein Kind (*jld*) und seine Stimme war die eines Knaben (*nʿr*)", so R. Jehuda, ShemR 1,24). Dem schließen sich F. Mühlau und W. Volck an (GesB ⁸⁻¹¹1878–1890). Gegenwärtig wird diese Auffassung von A. von Selms für ugar. und hebr. *nʿr* mit Hinweis auf Jer 51,38 (POS I, 1954, 95) und von L. Kopf mit Bezug auf Ri 13,5.7 (VT 8, 1958, 183) vertreten, vgl. KBL² 623a (mit unrichtiger Berufung auf H. L. Fleischer, Kleinere Schriften, I–III, 1885–1888), KBL³ 667b nicht mehr.

nʿr I ist hebr. nur in dem späten Text Jer 51,38 belegt. Es ist zu verbinden mit akk. *naʾāru(m)* bzw. *nēʾiru*, die vornehmlich das Brüllen des Löwen, das Schreien des Esels und das Kreischen von Vögeln, nie aber das Schreien eines Menschen bezeichnen (AHw 694a. 709a; CAD N 7f.), vgl. dazu aram. *ḥmr nʿr* „schreiender Esel" in den Sprüchen Aḥiqars (A. Cowley, AP S. 214) und bBer 3a. 56a sowie das Schreien des Kamels in bJeb 120b (DictTalm II, ²1950, 922a). Erst arab. *naʿara*, das ein breites Bedeutungsspektrum abdeckt, bezeichnet das Schreien von Menschen, insbesondere das Kriegsgeschrei bzw. den Schlachtruf (Lane 2815), vgl. auch *naʿʿara* 'keifendes Weib' (Lisan 5, 220b).

Hebr. *nʿr* I ist offenbar ein Aramäismus (schon B. Duhm, KHC XI, 1901, 372; von M. Wagner, BZAW 96, 1966, nicht als solcher notiert). In den übrigen nordwestsemit. Dialekten ist die Wurzel unbekannt. Im Gegensatz zum Hebr. kennen das Aram., Arab. und Akk. keine Nominalbildung von *nʿr* in der Bedeutung 'Knabe, Knecht'. Eine etymologische Verbindung zwischen hebr. *naʿar* und *nʿr* I ist somit nicht gegeben.

2. J. Buxdorf bringt *nʿr* in Verbindung mit *nʿr* II '(ab-)schütteln'. Ein *nʿr* ist ein „puer, puerulus, infans", insofern er „excussus ex utero materno" (Lexicon hebraicum et chaldaicum . . ., 1607, 477). Fr. Delitzsch geht aus von der auffallenden Verwendung von *nʿr* im Pentateuch zur Bezeichnung einer weiblichen Person und schließt daraus: „es bezeichnet ursprünglich das neugeborene Junge gleichviel welchen Geschlechts", da es „ein altes Derivat in der Bedeutung Entschüttelung, Werfung (vgl. Job 39,3) konkret: Geworfenes, Junges ist" (Pentateuch-kritische Studien VIII, ZKWL 1, 1880, 393–399).

nʿr II ist hebr. in der Bedeutung '(ab)schütteln' in verschiedenen Kontexten mit unterschiedlichen Objekten belegt: Laub (Jes 33,9), Staub (Jes 52,2), Hände (Jes 33,15), Heuschrecken (Ps 109,23), den Bausch des Gewandes (Neh 5,13), figürlich: Feinde (Ri 16,20; Ex 14,27; Ps 136,15). Im Zusammenhang mit Geburt wird *nʿr* II im AT nicht gebraucht. Auch in außerbibl. Texten findet sich dafür kein Beleg. Eine Verbindung mit *naʿar* erscheint deshalb zweifelhaft.

3. Wahrscheinlich ist *nʿr* ein Primärnomen von einer eigenständigen Wurzel *nʿr* III, deren Grundbedeutung unbekannt ist (W. Gesenius, Thesaurus . . ., 1840, 894a; E. Ben Jehuda, Thesaurus . . . Bd. 5, 1960, 3712a; BDB 654b; Stähli 37).

II. 1. In äg. Texten der Ramessidenzeit kommt *nʿrn* mehrfach vor. Es ist aber kein äg. Wort, sondern kanaan. Lehnwort zur Bezeichnung einer militärischen Einheit (WbÄS II 209; vgl. W. F. Albright, AfO 6, 1930/31, 221).

Die kommentierende Legende zu einem Relief mit Darstellung der Qadeš-Schlacht spricht von *nʿrn* des Pharao aus dem Land Amurru, deren Eingreifen Ramses vor einer Niederlage bewahrt (dazu G. A. Lehmann, UF 2, 1970, 68f.). Man hat darunter eine äg. Spezialeinheit (Gardiner 8), ein äg. Reservecorps (Schulman 48) oder eine Elitetruppe aus jungen, am Hof des Pharao erzogenen Leuten vornehmer Familien (Yeivin 13 in J. Liver, Military History of the Land of Israel in Biblical Times, Jerusalem 1964) verstehen wollen. Es handelt sich aber eher um eine im Dienst des Pharao stehende kanaanäische Kampfeinheit (Yadin 103).
Die Karnakinschrift Merenptahs (1224–1204) bezeugt *nʿrn* in einer (fragmentarischen) Auflistung militärischer Rangordnungen und dazugehöriger (?) Truppenteile. *nʿrn* steht hier in Parallele zu *iȝjw*, das etwa „Veteranen" bedeutet. Der Text läßt nicht erkennen, ob beide Termini denselben Personenkreis bezeichnen (Gardiner 37: „veterans (*iȝjw*) of the army who were Neʿārīn") oder verschiedene Truppenteile (Schulman 52; ders., Military Rank, MÄSt 6, 1964, 118: „all the veterans (lit. old ones of the army), (and) the ones who were nʿrn-troops with captures"). In jedem Fall handelt es sich um eine erfahrene, kampferprobte Einheit.
Der Pap. Anastasi I (AOT 101–105; ANET 475–479), eine satirische Streitschrift, spricht von einer Strafexpedition des Amenemope nach Djahi, einem nicht näher bekannten kanaan. Ort, um dort einen Aufstand von *nʿrn* niederzuschlagen. Wenn Hori, der Verfasser dieser Schrift, seinen Kontrahenten spöttisch „Führer der *nʿrn*, der an der Spitze der *ḏȝbw* steht" nennt (ANET 478b), so kann man fragen, ob Amenemope selbst einmal Kommandant einer kanaan. *nʿrn*-Truppe war und ob es vielleicht seine ehemalige Truppe ist, die in Djahi rebelliert. Es scheint jedenfalls möglich, daß die *nʿrn* im kanaan. Raum nicht nur militärisch, sondern auch politisch eine wichtige Rolle spielten.
In dem gegen Ende der 20. Dynastie um 1100 verfaßten Onomastikon des Amenope (Gardiner, Ancient Egyptian Onomastica I, 1947, 24ff.) findet sich in der sog. syr.-paläst. Liste (Gardiner, Onom. Nr. 250–270) der Ortsname *nʿrjn* (Nr. 259). Er ist wohl nicht mit *nʿrn* als militärische Einheit in Verbindung zu bringen, sondern mit dem hebr. nomen loci *nʿrn* = *nʿrh*, das von *nʿr* II abzuleiten ist (gegen Stähli 66; vgl. KBL³ 669a).

2. Ugar. Texte bezeugen *nʿr*, fem. *nʿrt* in einem breiten Bedeutungsspektrum.
Ähnlich äg. *nʿrn* bezeichnet *nʿrm* im sozialen Gefüge Ugarits eine Gruppe hoher militärischer Ränge, ohne daß ihre Funktionen im einzelnen präzisiert werden können (KTU 4.68, 60; 4.126, 12, vgl. Cutler-Macdonald 32ff.; Stähli 44ff.).
Daneben bezeichnet *nʿr*, *nʿrt* Personen, die zum Hausstand eines pater familias gehören. Dabei handelt es sich einmal um Bedienstete in zumeist verantwortlicher Stellung (KTU 4.102, 17; vgl. 8; 4.339, 3, vgl. UT Nr. 1666; dagegen von Selms, POS 1, 1954, 95). Je nach sozialer Stellung des pater familias kann ein(e) *nʿr(t)* von hoher Abstammung sein und ein herausragendes Dienstamt bekleiden (Cutler-Macdonald 27). Der Aspekt des Lebensalters spielt dabei keine Rolle.
Das scheint der Fall zu sein in KTU 4.360, 5 und 4.367, 7, wo *nʿr* in Parallele zu *bn* steht und gewisse Synonymität anzeigt. KTU 4.360 zählt als zur Familie des *Jrḫm* gehörig auf: *2 bnh bʿlm* und 3 *nʿrm* sowie *bt ʾḥt*. Der Text ist wohl so zu verstehen, daß *Jrḫm* 2 verheiratete (UT Nr. 493; anders PRU V Nr. 80, 4f.; Cutler-Macdonald 31) und 3 minderjährige Söhne hat. Unsicher ist KTU 4.367, ein Verzeichnis des königlichen Personals aus der Stadt *Tbq*; es heißt dort u.a.: *ṯn bn ȝwrḫz (n)ʿrm yṣr*. Stähli 49 übersetzt nach UT 284: „zwei Söhne des Iwrḫz, (nämlich) *nʿrm*, die Töpfer sind". Anders Cutler-Macdonald 31: „two sons of I. (who are) *nʿrm*. A potter ..." Danach beschreibt *nʿrm* keinen familienrechtlichen Status – Minderjährige unter der potestas ihres Vaters (Stähli 49), sondern ein bestimmtes Dienstamt, das die Söhne am Hof des Königs von *Tbq* bekleiden. Demgegenüber ist KTU 2.33, 29 ein sicherer Beleg für *nʿr* in der Bedeutung 'Kind, Jugendlicher' (Cutler-Macdonald 35). Auf die Schwachheit des jugendlichen Alters spielt KTU 1.107, 37 an, wo *nʿr* in Parallele zu *ṣǵr* 'klein' steht, wenn es heißt, der Sohn der Göttin Šapaš weine wie ein *nʿr* und vergieße Tränen wie ein *ṣǵr*, d. h. er weint wie ein kleines Kind.
Unsicher sind die Belege für *nʿr* als Bestandteil theophorer Namen. UT 10:16 liest *nʿrȝl*, „Diener Ils" (Stähli 55; vgl. PNU 80). Dagegen liest KTU 4.12, 16 jetzt *nz*rȝl*. Gröndahl (PNU 50) deutet *nʿr* in KTU 3.7, 16 als hypokoristischen theophoren Namen, während Stähli 55 unter Hinweis auf IPN 221 die Möglichkeit eines Profannamens erwägt. Vermutlich ist aber Cutler-Macdonald 28 zu folgen, die an eine Dienstbezeichnung denken.
3. KAI 37, eine bei Larnaka gefundene phön. Marmortafel aus dem 4.–3. Jh., enthält ein Ausgabenverzeichnis der Verwaltung eines Tempels in Kition. Unter den Geldempfängern, die offenbar zum Tempelpersonal gehören, werden mehrfach *nʿrm* genannt (A 8. 10? 12. B 11). Über ihre Stellung und Funktion verlautet nichts. Ob sie zum Kultpersonal gehören und als „Sakraldiener in gehobener Stellung" (Stähli 68) bezeichnet werden können, bleibt fraglich.
KAI 24, 12 ist der einzige Beleg für den von *nʿr* abgeleiteten Abstraktplur. *l.m.nʿrj* (*la-min-naʿ-ūrajju*). In der um 825 v. Chr. abgefaßten Inschrift rühmt Kilamuwa den allgemeinen Wohlstand, den seine Herrschaft gebracht hat; es heißt dort u.a.: „Wer von seiner Jugend an kein Leinen gesehen hatte, in meinen Tagen bedeckte ihn Byssos." Dieser Beleg ist insofern wichtig, als er in Verbindung mit KTU 1.107; 2.33 und 4.360 zeigt, daß *nʿr* im Kanaan. primär eine Altersbezeichnung ist, freilich mit der Konnotierung der damit naturhaft gegebenen sozialen Stellung innerhalb der Großfamilie bzw. des Hausstandes einer führenden Persönlichkeit.
4. Das Akk. kennt *naʿar* und zugehörige Femininbildung nicht. *naʾāru(m)* gehört zu *nʿr* I (AHw 694; CAD N 7f.). Das semantische Äquivalent ist *ṣuḫāru*

(CAD Ṣ 231b–235a) bzw. *ṣuḫārtu* (CAD Ṣ 229b–231b). Beide Termini sind vielfach in babyl.-assyr. Texten sowie in den Mari-Briefen in einem breiten, *nʿr(t)* fast identischen Bedeutungsspektrum belegt. *ṣuḫār(t)u* ist eine Altersbezeichnung in der Bedeutung 'Kind, jugendliche Person' (CAD Ṣ 231b–232b; ARM I 108, 6f.; II 32, 13; 99, 8; V 38, 10–14; VI 43, 8f. u.ö.). Ein als *ṣiḫru* (Adj.) bezeichneter Sohn ist nach CH noch nicht rechtsfähig. Er kann väterliches Erbe nicht antreten (§ 177), kein Lehen übernehmen (§§ 28–29), ist noch nicht heiratsfähig (§ 166), wobei nach mittelassyr. Gesetz die Heiratsfähigkeit auf 10 Jahre festgesetzt ist (ANET 184a). Jugendliche Personen beiderlei Geschlechts können im Auftrag des Königs zu Dienstleistungen herangezogen werden (ARM III 38, 5ff.).

In der Mehrzahl der Belege bezeichnet *ṣuḫāru* ein Dienstverhältnis in unterschiedlicher Stellung und Funktion. Die Abhängigkeit vom Dienstherrn dokumentiert der Ausdruck „mein *ṣuḫāru*" o.ä., der von Eltern für ihre Kinder nie verwendet wird. ARM IX 24 I, 47. 55; II, 46 zeigt den Zusammenhang zwischen Lebensalter und Dienststellung. Die Liste notiert eine Reihe von Berufsleuten und die ihnen zugeteilten Rationen. Die *ṣuḫāru* werden jeweils an letzter Stelle aufgeführt und ihre Rationen sind erheblich kleiner als die der übrigen. Es handelt sich offenbar um noch in der Berufsausbildung Stehende, um Lehrlinge (M. Birot, ARM IX S. 357). Im übrigen spielt das Lebensalter keine Rolle. *ṣuḫāru* ist ein Bediensteter. Als solcher ist er von seinem Herrn abhängig und wird von ihm zu unterschiedlichen Arbeiten herangezogen, z. B. als Korbmacher, Bauer, Fischer, Schreiber, Bote (CAD Ṣ 132ff.). Je nach Stellung des Dienstherrn kann ein *ṣuḫāru* von hoher Abstammung sein (ARM II 79, 24. 28; VI 20, 7; VII 110, 3; u.ö.) und verantwortlich bedeutende Aufgaben übernehmen (ARM I 45, 13; II 21, 15; IV 31, 13f.; V 11, 7ff.).

Ähnliches gilt von *ṣuḫārtu*. Das Femininum bedeutet zumeist „heiratsfähiges Mädchen, junge Frau" (CAD Ṣ 231). In altbabyl. Texten selten, häufiger in den Mari-Briefen und Nuzi-Texten bezeichnet es Frauen in verschiedenen Dienstfunktionen. Sie gehören zum Hauspersonal (ABBU I 21, 14. 20; 26, 6. 7; II 108, 13; III 11, 34; ARM III 38, 5–7; u.ö.) oder sind als Weberinnen tätig (ARM X 125, 11–14). Im Palast von Mari nehmen sie z.T. gehobene Stellungen ein (ARM V 7; X 100). Gelegentlich nehmen sie auch kultische Funktionen wahr, wobei diese stets mit den entspr. Termini-technici angegeben werden (ARM X 124, 4f.; 140, 16–19; vgl. ARM III 8, 6). Schon deshalb dürfte *ṣuḫārtu* ebensowenig wie *ṣuḫāru* den/die Kultdiener(in) bezeichnen (trotz ARM 8, 6f.; XIII 112).

III. 1. *naʿar* ist 239mal belegt (Stähli 72; KBL³ 668a). Davon entfällt über ein Drittel der Belege (86) auf Sam (1 Sam: 60; 2 Sam: 26), gefolgt von Kön mit 35 (1 Kön: 11; 2 Kön: 24), Gen (27, nicht in P), Ri (23), Jes (11), Neh (8). Nicht belegt ist es in Lev, Ez, Dodekapropheton (außer Hos und Sach je 1mal), Hld und Dan. Weniger als ein Viertel (57) verteilen sich auf die übrigen Bücher.

naʿᵃrāh ist 38mal belegt: Gen 24, 61; Ex 2, 5; Dtn 22, 19; Ri 19 (6mal); 21, 12; Rut 2, 6. 8. 22f.; 3, 2; 4, 12; 1 Sam 9, 11; 25, 42; 1 Kön 1, 2–4; 2 Kön 5, 2. 4; Est 2 (8mal); 4, 4. 16; Ijob 40, 29 (unsicher, vgl. D. W. Thomas, VT 14, 1964, 115f.); Spr 9, 3; 27, 27; 31, 15; Am 2, 7.

Weitere Derivate sind *neʿûrîm* (46mal), *neʿurôṯ* (Jer 32, 30) und *noʿar* (Ps 88, 16; Ijob 33, 25; 36, 14; Spr 29, 11).

Eine Besonderheit ist das Qere perpetuum נַעֲרָ *naʿᵃrā* an insgesamt 21 Stellen in Gen 24 (5mal); 34, 3. 12; Dtn 22, 15–29 (14mal). Delitzsch 399 (s.o. I.2.) hält dies für einen „sprachgeschichtlich unanfechtbaren Archaismus", der zeige, daß *nʿr* urspr. geschlechtsindifferent gebraucht worden sei. Es handelt sich aber vermutlich um eine „bizzarrerie graphique" (P. Joüon, Grammaire, § 16f., 3), um ein „Überbleibsel aus einer Periode ..., in der man auch den auslautenden Vokal ... defektiv schrieb" (GKa § 17c; vgl. § 2n).

In einer Gruppe von Texten wird *nʿr* absolut gebraucht (mit und ohne determ. *h-*; selten Pl.). Dabei weisen die semantischen Kontextbestimmungen ausschließlich in den Bereich Großfamilie (ca. 100 von 239 Belegen). *naʿar* bezeichnet den im Verband der Familie lebenden Sohn (→ בן *ben*) unterschiedlichen Alters. Der Ausdruck „mein *naʿar*" etc. findet zur Bezeichnung des Verhältnisses Eltern – Kind keine Verwendung.

Eine zweite Gruppe von Texten belegt *naʿar* (Sing. und Pl.) als Nomen regens einer St. cstr.-Verbindung oder mit Suffix. Die Kontextmerkmale lassen hier ein differenziertes Abhängigkeits- bzw. Dienstverhältnis des *naʿar* erkennen.

2. Im weiteren und engeren Kontext von *naʿar* begegnen Termini, die als Parallelbegriffe oder polare Entsprechungen eine Altersstufe bzw. Lebensphase bezeichnen (dazu Köhler 31ff. 74ff.; Wolff 179ff.; Stähli 77ff. 132ff.), z. B. *naʿar – zāqen* (Gen 19, 4; Dtn 28, 50; Jes 20, 4), vgl. *bāḥur – zāqen* (Jer 31, 13); *naʿar – bāḥûr – zāqen* (Ps 148, 12; Klgl 2, 21), vgl. *naʿar – 'îš – zāqen* (Jos 6, 21); *jôneq – bāḥûr – 'îš śêḇāh* (Dtn 32, 25), vgl. *jôneq – ʿôlel – 'îš* (Jer 44, 7); *ṭap – naʿar – 'iššāh – zāqen* (Est 3, 13), vgl. *ṭap – bāḥûr – 'iššāh – zāqen* (Ez 9, 6); *naʿar – bāḥûr – 'îš – zāqen* (Jer 51, 22), vgl. *ʿôlel – bāḥûr – 'îš – zāqen – meleʾ jāmîm* (Jer 6, 11). Die Texte bieten eine recht unterschiedliche Einteilung des menschlichen Lebens in bestimmte Lebensabschnitte. Obwohl einige Begriffe eine bestimmte Altersstufe oder Entwicklungsphase bezeichnen (*jôneq*, *ʿôlel*, *jælæḏ*, *ʿælæm*, *bāḥûr*, *zāqen*), ist es kaum möglich, sie altersmäßig genau zu fixieren und ihnen die anderen Termini entspr. zuzuordnen (Conrad 10; Stähli 84) trotz zahlreicher Stellen mit Altersangaben (Gen 17, 25; Ex 30, 14; Num 1, 3. 18; 4, 3. 23; 8, 24; 14, 29; 26, 2; 32, 11; Lev 27, 1–8;

Z14-90 Df6f

1 Chr 23, 3; 2 Chr 25, 5). Für *naʿar* gilt allerdings, daß es in allen Fällen in Opposition zu *zāqen* steht und an manchen Stellen als polare Entsprechung eine feste Wortverbindung mit *zāqen* eingegangen ist: *minnaʿar – ʿad zāqen* (Gen 19, 4; Jos 6, 21; Est 3, 13), *naʿar w*^{e}*zāqen* (Ex 10, 9; Jes 20, 4; Klgl 2, 21) bzw. *zāqen w*^{e}*naʿar* (Jer 51, 22; Ps 148, 12). Es handelt sich um die typische Form des Merismus, der in der Hervorhebung der Opposita als Extreme eine Totalität ausdrückt: jung und alt (mit der Konnotierung der damit naturhaft gegebenen sozialen Stellung) = allesamt. *naʿar* ist damit eindeutig eine Altersbezeichnung für das Jugendalter. Wie weit dies nach oben reicht, wird verschieden angegeben: bis 20 Jahre (Ex 30, 14; Num 1, 3. 18; 14, 29; 26, 2; 32, 11; 2 Chr 25, 5 u. ö.), bis 25 (Num 8, 24), bis 30 (Num 4, 3. 23; 1 Chr 23, 3). Ähnliche Unsicherheit herrscht bei den Rabbinen (vgl. Midrasch zu Spr 1, 4: *naʿar* heißt ein Mensch nach R. Meïr bis zum 25. Lebensjahr, nach R. ʾAkiba bis zum 30., nach Rabbi bis zum 20., denn vom 20. an und darüber werden ihm schon die Sünden zugerechnet, vgl. A. Wünsche, Der Midrasch Mischle, Bibliotheca Rabbinica IV, 1883–85 [Nachdruck 1967] 4). Unbeschadet dessen ist für sie *naʿar* sowie die Abstraktbildung *n*^{e}*ʿurôṯ* eine präzise Bezeichnung für das Jugendalter mit der besonderen Konnotierung Kraft und Stärke (bGit 70, a; bShab 11a, vgl. BerR 48, 19. 22 zu Gen 18, 11. 13).

Das Oppositum *ʾāḏôn* (Ri 19, 11. 12; 1 Sam 25, 14. 17; 2 Kön 5, 20. 22. 25; 6, 15; vgl. 1 Sam 20, 28; 30, 13; 2 Sam 9, 9; 2 Kön 5, 3) zeigt ein Abhängigkeits- bzw. Dienstverhältnis des *naʿar* an. Insoweit berührt es sich mit (→ עבד) *ʿæḇæḏ*. Im Unterschied zum *ʿæḇæḏ*, der nach R. de Vaux als Sklave „unter der Gewalt eines anderen steht" (LO I 132) und unfrei ist, ist der *naʿar* ein freier Mann, der ein selbstgewähltes Dienstverhältnis eingeht und u. U. selbst *ʿ*^{a}*ḇāḏîm* und *š*^{e}*pāḥôṯ* besitzt (z. B. 2 Kön 5, 20–27; vgl. Riesener 75 ff.).

3. a) Als *naʿar* wird der 3 Monate alte Säugling Mose bezeichnet. Als die Tochter Pharaos das im Schilf gefundene Kästchen öffnet, „da sah sie das Kind (*jælæḏ*), und siehe, es war ein weinender *naʿar*" (Ex 2, 6 J). Juda nennt seinen kleinen Bruder Benjamin *naʿar* (Gen 43, 8; 44, 22. 30–34 J), nach Gen 44, 20 ist er ein *jælæḏ z*^{e}*qunîm qāṭān*. Er lebt bei seinem Vater und steht unter seiner Obhut (Gen 44, 20. 30; vgl. 44, 22). Gen 25, 27 J bezeichnet die heranwachsenden Brüder Esau und Jakob als *n*^{e}*ʿārîm*. Als *naʿar* gilt auch der herangewachsene und schon in Ansehen stehende Sichem, der selbst um die Hand Dinas anhält und mit ihren Angehörigen die Heiratsverhandlungen führt (Gen 34, 19 J).

Die Erzählung von Hagars Verstoßung (Gen 21, 8–21 E) nennt Ismael bald *jælæḏ* (14. 15. 16), bald *naʿar* (12. 17 [2mal]. 18. 19. 20). Das ist kein Grund zur Quellenscheidung (gegen Kilian 228 ff. 236–249), *jælæḏ* und *naʿar* sind hier synonym. Der kleine *naʿar* Ismael ist ganz auf den Schutz und die Hilfe seiner Mutter angewiesen (21, 16). Kleine Kinder sind auch die *n*^{e}*ʿārîm* Efraim und Manasse, die Jakob segnet (Gen 48, 15 f. E). Einiges älter ist der *naʿar* Isaak (Gen 22, 5. 12 E); er geht an der Seite des Vaters und trägt das Opferholz.

Ri 13, 5. 7. 8. 12 spricht von Simson als dem *naʿar*, der geboren werden soll, Ri 13, 24 bezeichnet den Herangewachsenen als *naʿar*. Nach Ri 8, 14 greift Gideon einen *naʿar* aus Sukkot. Er ist zwar noch jung und unerfahren, weiß aber die gewünschten Informationen und kann sie aufschreiben.

Die Mutter Samuels nennt ihr Kind als Säugling (1 Sam 1, 22) und als heranwachsenden Jungen *naʿar* (1 Sam 1, 24. 25. 27). *n*^{e}*ʿārîm* heißen die Söhne Isais (1 Sam 16, 11), die noch bei ihrem Vater leben, aber schon alt genug sind, um am Opfermahl teilzunehmen (1 Sam 16, 5). In der Goliatperikope (1 Sam 17, 1 – 18, 5) wird der halbwüchsige David mehrfach als *naʿar* bezeichnet (17, 33. 42. 55. 58; 17, 56 parallel dazu *ʿælæm*, vgl. 1 Sam 20, 22). Der kleine schwerkranke Sohn Davids wird neben *jælæḏ* (2 Sam 12, 15. 18 f. 21 f.) *naʿar* (2 Sam 12, 16) genannt. *n*^{e}*ʿārîm* sind die Söhne Davids, die als junge Prinzen am Hof leben (2 Sam 13, 32). Mit besonderer Emphase nennt David seinen rebellierenden Sohn Abschalom, der nach 2 Sam 13, 23 ff. über eigenes Gut und Dienerschaft verfügt, *naʿar* (2 Sam 14, 21; 18, 5. 29; vgl. 18, 12. 32), um sein Verbrechen herabzuspielen und es als – reichlich überzogenen – Dummejungenstreich darzustellen.

Jerobeams Sohn wird 1 Kön 14, 3. 7 *naʿar* und 14, 12 *jælæḏ* genannt. 2 Kön 4, 18 ff. berichtet von einem Jungen, der zwar noch nicht arbeitstauglich ist, aber schon alt genug, um allein zu seinem Vater aufs Feld zu gehen. Parallel zu *jælæḏ* (18. 26. 34) heißt er *naʿar* (29 f. 31 f. 35). Auch hier empfiehlt der Wechsel der Termini eine Schichtenteilung nicht (gegen Schmitt 93 ff.). Schließlich berichtet 2 Kön 2, 23 von *n*^{e}*ʿārîm q*^{e}*ṭannîm* ʿLausbubenʾ, die mit Elischa ihren Spott treiben.

Mehrfach ist *naʿar* bei Jes belegt. „Bevor der *naʿar* Vater und Mutter rufen kann . . ." (8, 4) meint ein Kind von 1–2 Jahren. Wenn es 7, 16 heißt: „Ehe der *naʿar* versteht, das Böse zu verwerfen und das Gute zu erwählen", dann ist weniger an eine „auf persönliche Erfahrung beruhende Wahlfreiheit" und damit an ein Alter von 20 Jahren gedacht (Kaiser, ATD 17^{5}, 159), sondern an ein Vermögen, Schädliches von Nützlichem zu unterscheiden, was mit ca. 3 Jahren anzunehmen ist (Wildberger, BK X/1^{2}, 296 f.; Kilian, SBS 35, 1968, 42 f.). Jes 40, 30 steht *n*^{e}*ʿārîm* im Parallelismus mit *baḥûrîm* zur Bezeichnung strotzender Jugendkraft (Elliger, BK XI 100). Die Ansage der kommenden Heilszeit (Jes 65, 16 b–25, vgl. Westermann, ATD 19^{2}, 322 f.) verheißt allen langes Leben. Kein Säugling stirbt jung, und der *naʿar* wird 100 Jahre (65, 20).

Weisheitliche Texte betonen neben der Jugendlichkeit des *naʿar* besonders seine Unreife, Unmündigkeit und Unselbständigkeit (parallel *pæṯî* und *k*^{e}*sîl*). Er ist ohne Verstand (Spr 7, 7), läßt sich verführen und betören (Spr 7, 22f.), bedarf strenger Zucht (Spr 22, 6. 15), damit er erfahren und klug (*ḥākām*) (Spr 1, 4; 22, 15; 29, 15) und so vor dem Tod bewahrt bleibt (Spr 23, 13f.). Ein *naʿar* als Herrscher bedeutet den Zusammenbruch jeder staatlichen Ordnung und den Untergang des Gemeinwesens (Koh 10, 15f.; vgl. Jes 3, 4f.).

Im Kontext weisheitlichen Weltordnungsdenkens ägyptischer Provenienz und Prägung ist die Selbstprädikation Salomos als *naʿar qāṭon* zu verstehen (1 Kön 3, 7; vgl. 1 Kön 11, 14–22). Sie drückt das Eingeständnis völligen Unvermögens aus, *mišpāṭ*, Weltsinn und Daseinsordnung zu verstehen, zugleich die radikale Verwiesenheit auf göttliche Gewährung von Einsicht, ohne die der König immer ein *naʿar qāṭon* und ein *pæṯî* bliebe. Es ist eine Demuts- und Niedrigkeitsaussage, die Salomo als wahren *ḥākām* erweist.

Ähnlich dürfte die Selbstprädikation des Jeremia als Einwand gegen den göttlichen Ruf zum Propheten zu beurteilen sein: *naʿar ʾānoḵî* (Jer 1, 6). Ohne jeden Altersbezug ist sie Eingeständnis völligen Mangels an Erfahrung und Können für einen Verkündigungsauftrag dieses Ausmaßes und zugleich verdeckte Bitte um göttliche Ausrüstung und göttlichen Beistand.

b) Analog ugar. Texte bezeichnet *naʿar* eine bestimmte militärische Funktion. Auf seiner Flucht vor Saul ist David in Begleitung von *neʿārîm* (1 Sam 21, 2–10). Das sind in seinem Dienst und unter seinem Kommando stehende Söldner, die er bereits als Freischärler aus Abenteurern und Unzufriedenen aller sozialen Schichten angeheuert hatte (1 Sam 22, 2; 25, 13; vgl. 27, 2; 30, 9) offenbar schon vor dem Bruch mit Saul (Gunneweg, ThW 2, [4]1982, 73). Zehn seiner *neʿārîm* verhandeln mit Nabal über Schutzabgaben (1 Sam 25, 2ff.). Sie sind mit den *ʿanāšîm* in 25, 13. 20 identisch. Je 12 der *neʿārîm* Davids und Ischbaals führen auf Vorschlag Abners, der von Joab akzeptiert wird, einen Vertretungszweikampf (2 Sam 2, 12–17; vgl. 1 Sam 17; 2 Sam 21, 15–22; 23, 30f.; ANET 20; AOT 57f.; Yadin 266f.). Daß es sich bei einer so weitreichenden Entscheidung um ausgewählte Berufskrieger handelt, versteht sich von selbst. *neʿārîm* übernehmen die Vertrauensstellung eines Waffenträgers, z. B. bei Jonatan (1 Sam 14, 1. 6; 20, 21f. 35ff.) oder Joab (2 Sam 18, 15). In der Regel sind es bereits erfahrene Kriegsleute (vgl. aber Ri 8, 20; 1 Sam 20, 35). Der Bericht über den Krieg zwischen dem Aramäer Benhadad und Ahab (1 Kön 20) spricht von den *neʿārîm* der Bezirkskommandanten, die Ahab als Stoßtrupp in einem Überraschungsangriff gegen das Lager Benhadads einsetzt, während das Volksheer die Nachfolgeaktion übernimmt. Es handelt sich um Einheiten erfahrener Berufssoldaten, die unter dem persönlichen Kommando der Distriktgouverneure stehen. Eine solche Einheit begegnet dann erst wieder bei Neh, der im Rahmen der Wiederaufbaumaßnahmen in Jerusalem „seine *neʿārîm*“ sowohl zur Sicherung gegen feindliche Übergriffe (4, 10) – das Volksheer, „ein etwas wirrer Haufen“ (Rudolph, HAT I/20, 125), war allein dazu nicht in der Lage –, als auch zur Überwachung und Weiterführung des Mauerbaus (4, 10; 5, 16) einsetzt. Ansonsten versehen sie Polizeidienste und administrative Aufgaben (13, 19; vgl. 1 Kön 11, 28). Als Beauftragte und Vertreter des Statthalters ist ihre wirtschaftliche und soziale Stellung beachtlich (5, 1–10). Das gilt allgemein auch für die frühere Zeit.

c) *neʿārîm* gehören als Knechte und Diener zum teils umfangreichen Hausgesinde einer vermögenden Person (1 Sam 9, 1. 3; 25, 2; Rut 2, 1; Ijob 1, 2f.) und verrichten anfallende Arbeiten (Gen 18, 7; 22, 3. 5. 19), sind als Ackerknechte (2 Kön 4, 19. 22; Rut 2, 9. 15. 21; Ijob 1, 5) oder Hirten (1 Sam 25, 8. 14. 19; Ijob 1, 16f.) eingesetzt. Gelegentlich begleitet der *naʿar* seinen Herrn auf Reisen (Num 22, 22; Ri 19, 3ff.; 2 Kön 4, 24). Manchmal wird er zum persönlichen Diener und Vertrauten (Ri 7, 10f.; 9, 54; 1 Sam 9, 5ff.; 1 Kön 18, 43; 19, 3; 2 Kön 4, 12. 25; 5, 20; 8, 4). Von hoher Abstammung und in gehobener Stellung ist der *naʿar* eines Mitglieds der königlichen Familie oder des Königs selbst (2 Sam 13, 17. 23ff.; Est 2, 2; 6, 3. 5; vgl. 2 Kön 19, 6f. par. Jes 37, 6f.).

d) Der *naʿar* des Boas (Rut 2, 5ff.) und Ziba, der *naʿar* Sauls (2 Sam 9, 2) bzw. von Sauls Haus (2 Sam 19, 18) haben die Stellung eines Gutsverwalters inne. Israelitische (F. Vattioni, Bibl 50, 1969, 357–388) und ammonitische (N. Avigad, IEJ 14, 1964, 190ff.; M. F. Martin, RSO 39, 1964, 203ff.) Siegelabdrücke in der Form PN_1 *nʿr* PN_2 legen die Vermutung nahe, daß *nʿr* als Titel für den königlichen Guts- und Domänenverwalter diente (Stähli 181).

e) Einige *naʿar*-Belege weisen kultischen Kontext auf (Ex 24, 5; 33, 11; Ri 17, 7. 11f.; 18, 3. 15; 1 Sam 1, 24; 2, 11. 18. 21. 26; 3, 1. 8). Ein *naʿar* kann verschiedene Dienste an einem Heiligtum verrichten. Dennoch verbietet die schmale Basis kanaan. Parallelen (s. o. II. 2.) und at.licher Stellen, *naʿar* als Terminus technicus für Kultdiener zu vermuten (J. Becker, BZ 26, 1982, 116 gegen Stähli 184–217).

4. Beim Femininum *naʿarāh* sind mutatis mutandis die semantischen Verhältnisse ähnlich wie bei *naʿar*, freilich ohne Entsprechung im militärischen Bereich.

a) *naʿarāh* dient zur Bezeichnung einer jungen weiblichen Person (1 Kön 1, 2–4; 2 Kön 5, 2; Rut 2, 5. 6; 4, 12), näherhin eines ledigen heiratsfähigen Mädchens (Gen 24, 16. 28. 55. 57; 34, 3. 12; Dtn 22, 23–27. 28f.; Ri 21, 12; 1 Sam 9, 11; 1 Kön 1, 2ff.; Est 2, 2ff. 12f.). Die Nominalapposition *beṯûlāh* zeigt an, daß es noch Jungfrau ist (Gen 24, 16; Dtn 22, 23. 28; Ri 21, 12; 1 Kön 1, 2; Est 2, 2f.), daß es noch keinen Mann „erkannt“ (→ ידע *jādaʿ*) hat (Gen 24, 16; vgl. Ri 21, 12). Sie ist schon beschränkt rechtsfähig und kann Gelübde ablegen (Num 30, 4; TR 53, 17). Eine verheiratete Frau kann als *naʿarāh* bezeichnet werden, wenn das auch nach der Heirat in seiner Art fortbestehende Verhältnis zu ihrer früheren Familie

bzw. zu ihrem Vater angesprochen ist (Ri 19, 3–9; Dtn 22, 13–21; Est 2, 20).
b) Der Pl. mit Suffix (Gen 24, 61; Ex 2, 5; 1 Sam 25, 42; Spr 9, 3; 27, 27; 31, 15; Rut 2, 8. 22; 3, 2; Est 2, 9; 4, 16) oder mit Genitiv des PN (Rut 2, 23; Est 4, 4) bezeichnet Dienerinnen unterschiedlicher Stellung und Funktion. Als Mägde arbeiten sie auf dem Feld (Rut 2, 8. 22f.), als Hofdamen sind sie von hoher Abstammung und gehören zum persönlichen Gefolge der Tochter Pharaos (Ex 2, 5), Abigails (1 Sam 25, 42) und Esters (2, 9; vgl. 4, 4. 16).
c) Schwierig ist *naʿarāh* in Am 2, 7. Die Deutung als Kultprostituierte (Marti, KHC XIII, 167; Sellin, KAT XII 170; Weiser, ATD 24[6], 141f.; Robinson, HAT I/14[3], 79; Fosbroke, IB VI 787f.) vermutet die im alten Orient bekannte Institution für Israel (Hos 4, 14; vgl. 1 Kön 14, 24; 15, 12; 22, 17; 2 Kön 23, 7; Dtn 23, 18f.) und verweist auf hethitische Gesetze (AOT 430; ANET 196). Eine Variante verbindet *naʿarāh* mit dem sakralen Mahl einer Hausgemeinde (Jer 16, 5; Am 6, 7) und versteht sie als „some sort of a hostess attached to the *mrzḥ*" (Barstad 35). Wahrscheinlicher und dem Kontext von Am 2, 6–8 angemessener als eine kultische ist die Deutung als soziales Verbrechen gegenüber dem sozial Schwachen. Dabei hat *naʿarāh* = Sklavin (L. Dürr, BZ 23, 1935/36, 150–154; M. A. Beek, OTS V, 1948, 132–141; Maag 175f.; Rudolph, KAT XIII/2) die Schwierigkeit, daß die vorausgesetzte Beziehung zu Ex 21, 7ff. kaum besteht und *naʿar*/*naʿarāh* nie Sklav(e, -in) bedeutet. Vermutlich ist allgemein das heiratsfähige, jungfräuliche Mädchen gemeint, das nach Dtn 22, 28f. Rechtsschutz genießt (vgl. Ex 22, 15; Dtn 22, 13ff.; Ri 19, 23f.; 20, 6; 2 Sam 13, 12), dem aber das in Am 2, 7 angeprangerte Verhalten Hohn spricht.
5. Die 3 Abstraktbildungen – *neʿûrîm*, *neʿurôṯ* nach *qaṭûl* Pl. mask. (46mal) und fem. (Jer 32, 30) sowie *noʿar* nach *quṭl* (Ps 88, 16; Ijob 33, 25; 36, 14; Spr 29, 21) – bezeichnen unterschiedslos „Jugend(zeit)", wobei natürlich je nach Kontext die spezifischen Merkmale wie jung, unerfahren, unreif, ledig, aber auch frisch, blühend, Kraft strotzend die Semantik des jeweiligen Textes konstituieren.
minneʿûrîm steht als Zeitbestimmung, z. B. „von (meiner) Jugend an bis auf den heutigen Tag" (1 Sam 12, 2; vgl. 2 Sam 19, 8). „Von Jugend an" heißt so viel wie „das ganze Leben lang"; der Ausdruck bezieht sich auf das Ausüben eines Berufs (Gen 46, 34; 1 Sam 17, 33) und auf das religiöse Verhalten: das böse Wesen des Menschen (Gen 8, 21), die Sündhaftigkeit des Volkes (Jer 3, 25; vgl. Jer 22, 21), die Gottesfurcht (1 Kön 18, 12), das Gottvertrauen (Ps 71, 5) oder die Enthaltsamkeit von Unreinem (Ez 4, 14).
Besondere Beachtung verdient der Ausdruck *'ešæṯ neʿûrîm*, „Frau der Jugend". Zu der Frau der Jugend besteht ein besonders inniges Verhältnis, an sie soll man sich in Treue halten. Dies wird zum Bild für das Verhältnis zu JHWH (Mal 2, 14f.) oder zur Weisheit (Spr 5, 18) oder für die unveränderliche Liebe Gottes zum Volk (Jes 54, 6). Entsprechend ist vom „Freund (*'allûp*) der Jugend" (Jer 3, 4; Spr 2, 17), vom „Mann (*baʿal*) der Jugend" (Joël 1, 8) und von der „Liebe (*ḥæsæḏ*) der Jugend" (Jer 2, 2) die Rede.

IV. 1. In den Qumrantexten finden sich bislang ca. 20 Belege (davon die Hälfte in der Tempelrolle 65 und 66) für *nʿr* etc. Der Midrasch zu Hab 1, 17 zählt auf, wer durch das Schwert umkommen wird: *neʿārîm 'ašîšîm ûzeqenîm nāšîm weṭap* „Jungen, Männer und Greise, Frauen und Kinder", d. h. allesamt (1 QpHab 6, 11). Das Lager der zum Endkampf Gerüsteten dürfen weder *naʿar zaʿaṭûṭ we'iššāh* „Knabe, Jüngling und Frau" noch irgendein Unreiner betreten (1 QM 7, 3; 4 QM[a] 1–3, 6; vgl. Num 5, 1–4). Die Belege in der Tempelrolle befinden sich ausschließlich in rechtlichen Zusammenhängen. TR 53, 17 spricht von der Rechtsfähigkeit einer Frau *binʿûrîjāh* „während ihrer Jugend im Vaterhaus" (vgl. Num 30, 4). TR 65 (9. 10. 15) greift Dtn 22, 13–21 (Beschuldigung der Ehefrau des vorehelichen Verkehrs) auf, und TR 66 (2. 6. 8. 10) kombiniert Dtn 22, 28 mit Ex 22, 15f. (Synopse bei Y. Yadin, I 281ff.) und stellt damit eine Novellierung und Präzisierung der Rechtsbestimmungen dar, die die Vergewaltigung der *naʿarāh* betreffen. In den Fragmenten eines Hochzeitsrituals (4 Q 502) begegnet der Terminus mehrmals in einer Formulierung, die an Ps 148, 12 erinnert (9, 4; 19, 3). In 11 QPs[a] Sirach 11. 13 liegt ein hebr. Text von Sir 51, 13. 15 vor, wo Sirach sein Streben nach Weisheit „von Jugend an" betont. In 11 QPs[a] 155, 11 betet der Psalmist „Die Sünden meiner Jugend entferne von mir!" (vgl. ähnlich Ps 103, 12).
Die Texte 1 QH 17, 10; 4 Q 502, 108, 3 und 6 Q 9, 60, 2 sind beschädigt und erlauben keine Rückschlüsse.

2. Die LXX benutzt eine Vielzahl von Wörtern zur Wiedergabe von *naʿar* etc. Besonders gehäuft treten auf: für *naʿar* παιδάριον (149mal), παιδίον (28mal), παῖς (20mal), νεανίσκος (25mal), νεός (19mal), νεανίας (10mal) und νεᾶνις (8mal). Die semantische Nuance „Diener" wird richtig durch διάκονος etc. erfaßt. Auffällig ist fünfmaliges παρθένος. Für *naʿarāh* tritt νεᾶνις (19mal), κοράσιον (13mal), παῖς (10mal), παρθένος (6mal) und ἅβρα (5mal) ein. *neʿûrîm* wird vornehmlich durch νεότης (35mal) (ebenso *neʿurôṯ*), dann auch durch νηπιότης (4mal) wiedergegeben. Für *noʿar* stehen νεότης, νήπιος und παῖς.

Fuhs

נָפַח nāpaḥ

I. Bedeutung und Vorkommen in den semit. Sprachen – II. At.liche Belege – III. Verwendung im AT – 1. Hauchen Gottes – 2. *nāpaḥ næpæš* – a) *qal* – b) *hiph* – c) *mappaḥ næpæš* – 3. Feuer anblasen – a) *qal* – b) *pu* – c) *hiph* – 4. Etwas wegblasen.

I. Gemeinsemit. Wurzel mit der Grundbedeutung 'blasen' (die Radikale *pḫ* wohl onomatopoetisch, vgl. die Nebenform hebr. *pwḫ* [arab. *fāḫa*] 'wehen, hauchen'); sekundär 'aufblähen, anschwellen' (davon [?] hebr. *tappûaḥ* 'Apfel' Hld 2, 3. 5; 7, 9): akk. *napāḫu*, aram. und syr. *nepaḥ*, arab. *nafaḫa* (vgl. *nafaḥa* 'wehen'), äth. *nafḫa*; ugar. nur im Nomen (mit präformativem *mîm* instrumenti) *mpḫm* (hebr. *mappûaḥ* Jer 6, 29) 'Blasebalg'; von unklarer Bedeutung ist das asarab. Nomen (Pl.?) *mnfḫt* (Biella 309).

II. Im AT begegnet das Verb 12mal (außer dem ältesten Beleg Gen 2, 7 J) nur in exil.-nachexil., hauptsächlich prophetischen Texten, 9mal im *qal*: Gen 2, 7; Jes 54, 16; Jer 1, 13; 15, 9; Ez 22, 20. 21; 37, 9; Hag 1, 9; Ijob 41, 12; 2mal im *hiph*: Mal 1, 13; Ijob 31, 39 und 1mal im *pu*: Ijob 20, 26; vgl. noch (mit Jer 15, 9 und Ijob 31, 39) das Nomen (hap. leg.) *mappaḥ* Ijob 11, 20.

III. Wenn auch die genaue Bedeutung von *nāpaḥ* an manchen Stellen umstritten ist, so liegt doch immer, auch dem bildlichen oder übertragenen Sinn, die Vorstellung des „(Ein-, Aus-, An-, Weg-)Blasens (mit Mund oder Nase)" zugrunde. Als Subj. fungiert 3mal Gott, sonst (direkt oder indirekt) der Mensch.

1. Das „Blasen" des Menschen besteht naturgemäß und notwendigerweise zunächst einmal im Atmen, Zeichen dafür, daß er lebt (vgl. 1 Kön 17, 17). Daher bläst im jahwistischen Schöpfungsbericht Gen 2, 7 JHWH Elohim dem aus Lehm geformten Adam den Lebensodem (*nišmaṯ ḥajjîm*) in die Nase (weil der Mensch durch die Nase atmet Jes 2, 22), wodurch er zu einem lebendigen Wesen (*næpæš ḥajjāh*, auch vom Tier Gen 1, 20. 21. 24. 30 u.ö.) wird, ein im Alten Orient – gegenüber dem Formen des Menschen aus Erdstaub oder Lehm – singuläres Bild (zur Ausdrucksweise vgl. akk. *tanappaḫ ana naḫīrīšu*: hier wird zur Genesung eines Kranken ein Medikament mit einem Schilfrohr in die Nase geblasen; CAD N/1, 264). Vom belebenden Anhauchen des göttlichen Odems ist auch in der Vision Ez 37, 9 die Rede, wo der die ganze Welt durchwehende Geist (*rûaḥ*) aufgefordert wird, die vertrockneten Gebeine der Erschlagenen anzublasen, um sie zum Leben zu erwecken (vgl. arab. *nafaḫa fī rūḥihī* und *nafaḫa fī ṣūratihī* „jmd. beleben"). Nach at.licher Vorstellung beruht alles Leben in der Welt auf dem Anhauch Gottes (vgl. Jes 42, 5; Ijob 33, 4); wird den Lebewesen der Atem entzogen, sterben sie (Ps 104, 29; Ijob 34, 14f.; Jes 57, 16). Atem und Leben (*nešāmāh* und *næpæš*) sind daher synonym (vgl. Jos 10, 40 mit 10, 35 sowie Ijob 41, 13).

2. Vor diesem Hintergrund ist die Wendung *nāpaḥ næpæš* zu beurteilen: a) Im Klagelied über Jerusalem Jer 15, 9 welkt die Mutter von sieben Söhnen dahin und bläst ihre *næpæš* aus, gewöhnlich übersetzt mit: haucht ihr Leben aus, d. h. sie stirbt. KBL² versteht darunter „schwer atmen, seufzen" (vgl. akk. *napāḫu* D 'schnauben' [Nase], 'röcheln' [Luftröhre], 'zischen' [Schlange]), KBL³ 669 „keuchen", GesB „betrübt sein" (Luther: „von Herzen seufzen"; W. Rudolph, HAT I/12³, 102 „verlor ihre Sinne", d. h. wurde ohnmächtig). Da *næpæš* (→ נפשׁ) aber auch „Lebenskraft" bedeutet, könnte (im Hinblick auf die gegenteilige Vorstellung *šôḇeḇ næpæš* Ps 23, 3 und *hešîḇ næpæš* Rut 4, 15; Klgl 1, 11. 16. 19 „die Lebenskräfte wiederherstellen") ebensogut gemeint sein, daß mit dem Dahinwelken des Leibes auch die Lebenskräfte ausgehaucht werden oder dahinschwinden (dies meint vielleicht die LXX mit dem hap. leg. ἀπεκάκησεν). – b) Die im *hiph* gebrauchte Wendung beim Bild vom klagenden Acker Ijob 31, 39 läßt vom Zusammenhang her weniger an ein Sterbenlassen des Besitzers denken (B. Duhm, KHC, 1897, 150 „wenn ich seinen Herren das Leben ausblies") als vielmehr „an die Verursachung von notvollem Stöhnen" ausgenutzter Menschen (so F. Horst, BK XVI/1, 174), was ebenfalls auf eine Schädigung der seelischen und körperlichen Kräfte hinausläuft (LXX ἐλύπησα, V *afflixi*; Luther: „das Leben der Ackerleute sauer gemacht"; A. Weiser, ATD 13, 210 „der Ackerleute Seelen Kummer schuf"). – c) Ebenso unterschiedlich wird die Nominalbildung *mappaḥ næpæš* Ijob 11, 20 interpretiert: Die Hoffnung der Frevler ist entweder der Tod (A. Weiser, ATD 13, 81 „ihr letzter Hauch"; EÜ: „das Leben aushauchen") oder der allmähliche Verlust der Lebenskräfte (G. Fohrer, KAT XVI 222) bzw. Seufzen und Stöhnen, d. h. Seelenbetrübnis, Herzeleid (V *abominatio animae*; vgl. Sir 30, 12).

3. Wie in den anderen semit. Sprachen begegnet auch im Hebr. *nāpaḥ* mehrmals in der speziellen Bedeutung „ein Feuer (*'eš*: mit und ohne *be*) anblasen oder entzünden": a) So bläst Jes 54, 16 der Schmied (akk. *nappāḫu*!) das Kohlenfeuer an (*nopeaḥ be'eš pæḥām*. In der Vision Jer 1, 13 erscheint ein *sîr nāpûaḥ*, d. h. ein Kessel oder Kochtopf, unter dem ein Feuer angeblasen, d. h. so stark entfacht wurde (LXX ὑποκαιόμενος), daß sein Inhalt brodelt und dampft (vgl. Jes 64, 1; anders jetzt S. L. Harris, JBL 102, 1983, 281 f.).

Um eine deutlichere Assonanz zu *nāpûaḥ* herzustellen (ähnlich wie bei *šāqeḏ – šoqeḏ* v. 11 f.) und wegen der Übersetzung ἐκκαυθήσεται durch die LXX möchten manche anstelle von *tippāṯaḥ* v. 14 ebenfalls eine Form von *nāpaḥ* einsetzen (vgl. BHS und Driver, JQR 28, 98), etwa *tuppaḥ* (Houbigant, Graf, Duhm): das Unheil wird von Norden her „angeheizt", oder *nāpaḥtî* (P. Volz, KAT, 1922, 8): „glühender" Topf – lasse ich Unheil „glühen" bzw. *tāpûaḥ* (so F. Hitzig, KEH, ²1866, 5f. von der Nebenform *pwḥ*, vgl. *hepîaḥ* Ps 12, 6; Hab 2, 3):

„siedender Kessel" – „es wird dampfen, schnauben, entbrennen". Nach A. Weiser, ATD 20/21, [6]1969, 10 u.a. ist eine Konjektur überflüssig.

In der Bildrede Ez 22, 20 ist es das Feuer eines Schmelzofens, das JHWH in seinem Zorn anbläst (v. 21). – b) Ijob 20, 26 nennt das göttliche Zornes- oder Gerichtsfeuer, das den Frevler verzehrt (vgl. 15, 16; Dtn 32, 22; Jer 15, 14; 17, 4) „nicht angefachtes Feuer" (*'eš lo'-nuppāḥ*), d. h. ein nicht von Menschen angefachtes oder uneigentliches Feuer. – c) Wie das *hiph wehippaḥtæm 'ōṯô* Mal 1, 13 zu übersetzen ist, geht aus dem Zusammenhang nicht eindeutig hervor. Nach der EÜ auch hier: „und facht das Feuer an"; W. Rudolph, KAT XIII/4, 258 „ihr macht mich (Feuer) anfachen", d. h. „so bringt ihr [mich] in Glut" (*'ōṯô Tiqqûn sop̄erîm* für *'ōṯî*); K. Elliger, ATD 25, [7]1975, 194 „ihr erbost mich". Andere erklären nach (dem ebenfalls umstrittenen) *hep̄îaḥ be* Ps 10, 5 *hippaḥ* „anblasen" im Sinne von „geringschätzen, verachten" (GesB; LXX ἐξεφύσησα αὐτά wie Hag 1, 9) oder unterstellen ihm die gleiche Bedeutung wie in der Wortverbindung mit *næpæš* Ijob 31, 39: „zum Keuchen bringen" (KBL[2]).

4. Unproblematisch ist dagegen der metaphorische Gebrauch des Verbums (*qal*) in Hag 1, 9: JHWH hat den nur am eigenen Haus, aber nicht am Wiederaufbau des Tempels interessierten Israeliten zur Strafe die Ernte „weggeblasen", d. h. in irgendeiner Weise vernichtet oder verschwinden lassen (vgl. Jes 11, 4: der Messias tötet den Schuldigen mit dem Hauch seines Mundes, und 40, 7. 24; vgl. auch akk. *napāḫu* D vom Wegblasen der Wolken durch den Südwind; AHw II 732). Mit J. C. Matthes, ZAW 23, 1903, 123 in diesem Anblasen eine schädliche, verderbenbringende Zauberhandlung (vgl. incantare) zu sehen (so vielleicht schon Targ. Jon. „ich schicke den Fluch hinein"), ist insofern unwahrscheinlich, als im AT alle Zauberpraktiken für JHWH ein Greuel sind (vgl. Dtn 18, 9–14; Num 23, 23).

Maiberger

נָפַל *nāp̄al*

נֵפֶל *nep̄æl*, נְפִילִים *nep̄îlîm*

I. Sprachvergleich, Statistik, Verbklasse – II. 1.–7. Neutrale und positive Bedeutungen – III. 1.–9. Negativ getönte Bedeutungen – IV. Jes 26, 18. 19 – V. 1.–2. Nomina und nach-at.liche Entwicklung.

Lit.: *H. A. Brongers*, Darum, wer fest zu stehen meint, der sehe zu, daß er nicht falle. 1 Kor X 12 (Festschr. F. M. Th. de Liagre Böhl, Leiden 1973, 56–70). – *M. Delcor*, Quelques cas de survivances du vocabulaire nomade en Hébreu Biblique (VT 25, 1975, 307–322, bes. 313ff.). – *K. Elliger*, Deuterojesaja in seinem Verhältnis zu Tritojesaja (BWANT 103, 1933). – *J. C. Greenfield*, Lexicographical Notes I (HUCA 29, 1958, 203–228, bes. 215ff.). – *W. Grundmann*, Stehen und Fallen im qumranischen und neutestamentlichen Schrifttum (H. Bardtke, Qumrān-Probleme. Schriften der Sektion für Altertumswissenschaft 42, DAW Berlin-Ost 1963, 147–166). – *P. Hugger*, Jahwe meine Zuflucht. Gestalt und Theologie des 91. Psalms (Münsterschwarzacher Studien 13, 1971). – *L. Prijs*, Ergänzungen zum talmudisch-aram. Wörterbuch (ZDMG 117, 1967, 266–286, bes. 280). – *W. Wifall*, Gen 6, 1–4. A Royal Davidic Myth? (Biblical Theology Bulletin 5, 1976, 294–301).

I. *nāp̄al* hat seine nächsten Analogien im Ugar., Amarna-Kanaan. (imp. *nupul*, vom Lw *napālum* III, AHw 734), Äg.-Aram., Nabat., Palmyren., Jüdisch-Aram. sowie im Samaritanischen. Das Mittelhebr. ist eine Weiterentwicklung. Vergleichbar sind Arab. *nafala* II 'als Beute verteilen' (KBL[3] 670), das an at.liche Belege zum Losverfahren erinnert, und vor allem akk. *napālum* I (so AHw 733, nicht KBL[3]), das im G-Stamm die kausative Bedeutung 'Steine brechen, einreißen, zerstören (Auge o. ä.)' hat. *napālum* II 'Ausgleichszahlung leisten' (AHw 734; vgl. KBL[3]) hat im AT wohl kein Äquivalent (s. u. IV.). Philologisch rätselhaft sind Jes 26, 18 (*qal*). 19 (*hiph*) (s. u. IV.). Während die Nomina *mappælæṯ*, *mappālāh* und *mappāl* unproblematisch deriviert sind, erfordern *nep̄æl* und *nep̄îlîm* genauere Überlegungen (s. u. V.).

nāp̄al kommt im *qal* 367mal, im *hiph* 61mal und im *hitp* 5mal vor – das 1mal belegte *pilp* dürfte mit KBL[3] in *qal* zu emendieren sein (Ez 28, 23). Die Streuung der Belege erfolgt gleichmäßig, eine Signifikanz für engere Sprachbereiche läßt sich (bis auf ausnahmsweisen technischen Gebrauch) nicht entdekken. Wie häufig hat die Verbalwurzel eine Bedeutungsbreite, die in der Übertragung neben dem Simplex eine Reihe von Komposita verlangt. Daraus erklärt es sich, daß LXX das *qal* nur 250mal, das *hiph* gar nur 4mal mit πίπτειν wiedergibt (1mal *mappælæṯ* Spr 29, 16, 2mal *mappālāh* Jes 23, 13; 25, 2 ad sensum). Dazu kommen 25mal ἐμπίπτειν für das *qal*, 32mal ἐπιπίπτειν für das *qal* und 3mal für das *hiph* (Ijob 6, 27; Ps 78, 28; Num 35, 23).

Mit W. von Soden, GAG 137, kommt in Betracht, das *n* als Wurzelaugment in Analogie zu den a. a. O. genannten Parallelen anzusehen und die Wurzel zur Klasse der onomatopoetischen Verben zu rechnen (pul-pul machen, vgl. Deutsch *plu*ms, *pla*tsch; Hinweis von D. Michel).

nāp̄al ist so sehr ein Allerweltswort, daß man sich nur wundern kann, wie speziell und nuanciert es gebraucht werden kann. Die at.lichen Belege weisen mehrheitlich in den Bereich der Destruktion, zumal in den des Todes, aber auch in den des Abträglichen. Danach erfolgt eine grobe Gliederung in II. (freundliche, neutrale Bedeutungen) und III. (negativ bestimmte).

II. 1. Wenn man einen Baum schüttelt, fallen Früchte (Nah 3, 12). Wenn man ein Kornsieb schüttelt, sollen die Steinchen ausfallen (Am 9, 9). Die Schneide einer Axt fiel ins Wasser (2 Kön 6, 5f. [*qal*; jemand ließ sie unabsichtlich fallen v. 6, *hiph*]). Rebekka ließ sich vom Kamel fallen – die Weise des Absteigens (*qal;* Gen 24, 64). Man warf das Los zum Gottesentscheid (*hiph*; 1 Sam 14, 42; Jona 1, 7 [2mal]; Neh 10, 35; 11, 1; 1 Chr 24, 31; 25, 8; 26, 13); profaner das Los *pûr* (Est 3, 7; 9, 24); das Los fiel auf Jona (Jona 1, 7). Dabei kann man so Abscheuliches tun wie Würfel um eine Waise werfen (Ijob 6, 27) oder um das Gewand eines Sterbenden, der aber noch lebt (Ps 22, 10). Umgekehrt und übertragen gebraucht sagt Spr 1, 14: „Laß dein Los in unsere Mitte fallen", vgl. 1 QH 7, 34: „nicht hast du (Gott) mein Los in die Gemeinde der . . . fallen lassen". Ez 24, 6bα, ein in LXX fehlender Zusatz (Zimmerli), ist ungeklärt, da das Bild (Rost am Topf) nicht klar durchgeführt wird.

2. Wenn das Los für die Verteilung von Erbland verwandt wird, begegnet man einem echten technischen Gebrauch bis in die präpos. Bestimmungen hinein (5mal). Man geht am besten von Num 34, 2 aus: „Dies ist das Land, das *lāḵæm tippol b*^{e}*naḥ*^{a}*lāh* euch zufällt durch unveräußerlichen Erbbesitz." Besonders die Schlußbestimmung läßt an eine juristische Formel denken. Häufiger begegnet die Formel im *hiph*, die den Akt selbst beschreibt (Jos 13, 6; Ez 45, 1; 47, 22; 48, 29 [cj.]) – kein Beleg ist alt. Abgekürzt (Verb im *hiph* plus l^e) meinen die Formel wohl auch Jos 23, 4; Jes 34, 17; aber sie gehen zu einem freieren Gebrauch über, in dem 1mal (Ps 78, 55) JHWH als Subj. der Landverteilung erscheinen kann. Während in einem späten Zusatz zu der Grenzbeschreibung Manasse/Efraims von Landanteilen (*ḥ*^{a}*ḇālîm*) für Untergruppen Manasses die Rede ist (Jos 17, 5), findet man bekanntlich in Ps 16, 6 einen besonders schönen übertragenen Gebrauch: „Anteile fielen mir auf liebliches Land" – in einer ganz seltenen Spiritualisierung bezeichnen die Beter (Tempelsänger) Gott selbst als den Anteil. An Derartiges knüpfen an 1 QS 4, 26: um zufallen zu lassen Lose für jeden Lebenden; 1 QH 2, 29: es fiel dem Manne das ewige Los; 1 QSb 4, 26: und das Los erteilend mit den Boten des Angesichts (den Engeln).

3. Technisch wirkt auch Num 6, 12: wenn jemand die Observanz des Nasiräats unterbrach, *entfielen* die bereits abgeleisteten Tage. Ähnlich technisch wird das verunreinigende Berühren von Tierkadavern mit Kultgeräten durch *nāpal* 'fallen' ausgedrückt Lev 11, 32. 33. 35. 37. 38 – es geht um die Unabsichtlichkeit! – Zu einer Redewendung führt Rut 3, 18: Rut sollte warten, wie das Wort des Boas (aus)fiel, ob es sich also erfüllte. Ganz ähnlich findet man Est 6, 10 die Anordnung, Haman solle kein Wort seiner eigenen Vorschläge fallen lassen. Die Redewendung heißt: JHWH ließ kein Wort Samuels (1 Sam 3, 19), keine Elijas (2 Kön 10, 10) und erst recht keins seiner eigenen Worte hinfallen (Jos 21, 45; 23, 14 [2mal]; 1 Kön 8, 56). – Sprichwörtlich sagte man, es solle jemandem kein Haar vom Haupt fallen (1 Sam 14, 45; 2 Sam 14, 11; 1 Kön 1, 42) – immer im promissorischen Schwur. – Eine höchst originelle und schöne Äußerung findet man schließlich in Ijobs Reinigungseid 29, 24: die Menschen, denen er gelächelt hatte, haben „das Licht meines Angesichts nicht fallen lassen".

4. Eine ganz andere, aber nicht negative Stimmungslage findet man bei *nāpal* als Demutsbezeugung. Mehr als 25mal heißt es, jemand habe sich vor einem Höheren (u. a. auch vor Gott) auf sein Angesicht fallen lassen, 2mal auf seine Nase (1 Sam 20, 41; 2 Sam 14, 4), 3mal auf die Erde (2 Sam 1, 4; Ijob 1, 20; 2 Chr 20, 18), 4mal zu Füßen des Höheren (1 Sam 25, 24; 2 Kön 4, 37; Ps 45, 6; Est 8, 3), 3mal vor dem Angesicht des Höheren (Gen 44, 14; 50, 18; 2 Sam 19, 19) und 1mal vor der Nase des Höheren (1 Sam 25, 23). Kaum ein normales Absteigen, sondern den Übergang zur Bitthaltung meint 2 Kön 5, 21, als Naaman sich vor Elischa vom Kriegswagen fallen ließ. Im *hitp* (Dtn 9, 18. 25 [2mal]; Est 10, 1) ist nur das Niederwerfen vor Gott belegt. Nicht eindeutig läßt sich erkennen, ob Gen 50, 1 einen Trauerritus oder eine bloße Ehrfurchtsbezeugung meint, wenn Josef sich auf das Angesicht seines Vaters fallen ließ.

5. In den gottesdienstlichen Bereich führt der vor allem im Werk von Jeremias Verfolgung bei Jerusalems Untergang bezeugte Ausdruck, daß man die *t*^{e}*ḥinnāh*, das Gebet um Gnade, vor JHWH fallen ließ (Jer 38, 26; 42, 9) bzw. daß es vor JHWH hinfiel (*qal*, 36, 7; 37, 20; 42, 2). Den Terminus findet man in gleicher Situation Dan 9, 18. 20. In dem Wortlaut scheint die Demutshaltung beim Beten angedeutet.

6. Fand das Übermächtige so einen willentlichen Ausdruck, gab es auch den unwillentlichen, der eine Schwächung des Ichs ohne Negativität beinhaltet. Das geschah, wenn die Hand oder die *rûaḥ* JHWHs auf einen Propheten fiel (Ez 8, 1; 11, 5). Im Wort des Sehers bezeichnet dieser sich als durch die Vision hingesunken (Num 24, 4. 16). Peinlichkeit ergab sich freilich für König Saul, als er in Ekstase nackt hingefallen war (1 Sam 19, 24). – Aber auch ganz menschliche Freude kann eine solche Übermacht bekommen, daß sie ein Fallen herbeiführt: Esau fiel dem Jakob (Gen 33, 41), Josef dem Benjamin (45, 14) und Josef dem Vater Israel (46, 29) um den Hals.

7. Einen neutralen Sinn hat im Hebr. auch *nāpal* *'al/'æl* 'anheimfallen, die Seite wechseln' im Gegensatz zum deutschen „überlaufen". Zwar hat man Jeremia einen Kapitalprozeß wegen Unterstellung des Überlaufens gemacht (Jer 37, 13–14) – in der Endphase der Belagerung Jerusalems hört man viel von Überläufern zum babyl. Heer (2 Kön 25, 11 [Jer 52, 15]; Jer 21, 9; 38, 19; 39, 9). Aber einen ganz positiven Klang hat die Wendung in 1 Chr 12, 20 (2mal). 21; 2 Chr 15, 9, wonach Nordisraeliten zu David bzw. Juda überwechselten. Nach 2 Kön 7, 4 wechselten Bettler aus Hungersnot ins Lager der Aramäer über (sie fanden es verlassen). Eine Position nicht vorwerfbarer Schwäche mit Übergang zum

Stärkeren dürfte dieser Wendung zugrundeliegen. Ohne abschätzige Tendenz bleibt auch 1 Sam 29, 3 (Rede des Achisch von Gat zugunsten Davids, der von Saul kommend den Philistern anheimgefallen war: inf.c. *qal* ohne *'al*). *nāpal 'al* findet man schließlich in Jes 54, 15. Es kann nicht, wie MT überwiegend gedeutet wird, den Sinn haben: an Jerusalem zu Fall kommen (so z. B. KBL[3]). Nach den vorhandenen Parallelen (vgl. auch III. 8.) muß es auch in Jes 54, 15 den Parteiwechsel bezeichnen, so LXX! MT macht bekanntlich einen verderbten Eindruck, zumal *'æpæs* nicht „nicht" heißt und v. 15bα dublettenhaft auf v. 15a folgt. Mit BHS ist nach LXX zu emendieren und zu übersetzen: „Wenn man dich auch angreifen, ja angreifen wird, wird man auf meine Veranlassung hin (*me'ittî* 1 QJes[a], *me'ôtî* MT) zu dir überwechseln" (Elliger). Den Anreiz dazu bot die von JHWH so herrlich erbaute Stadt (54, 11f. 14–17aα; v. 13 MT ist Glosse zur Verbindung mit v. 10 nach Jer 31, 31–34).

III. 1. Der Übergang von der positiven Gruppe zur negativen ist nicht ohne Vermittlung. So spricht z. B. Jer 8, 4 noch wenig spezifisch: „Fällt man, ohne aufzustehen?" Koh 4, 10 führt den Beweis, daß zwei besser sind als einer, mit der Hilfe, die der eine gibt, wenn der andere fällt. Zur Weltordnung sagt Spr 24, 16, der Gerechte falle siebenmal, stehe aber wieder auf. Gehässigkeit lauert bereits hinter Mi 7, 8, weil der Feind sich über den Fall des Frommen freut; aber der steht wieder auf, jener hat sich zu früh gefreut. Jes 31, 3 illustriert Kriegswirren damit, daß, wenn der Helfer strauchelt, der fällt, dem geholfen werden sollte. Umgekehrt rühmt Ps 145, 14 JHWH, weil er Gefallene stützt, wie er Gebeugte aufrichtet; ähnlich Ps 37, 24 und vor allem berichtend im Danklied 118, 13. An mögliche Folgen eines Falles denkt 2 Sam 4, 4: das Kind war gefallen, der Erwachsene hinkt. Nach 2 Kön 1, 2 war Ahasja von Israel durch eine Dachluke gefallen und wurde bettlägerig, ohne Heilung zu finden. Jes 24, 18. 20 schildern den Fall in eine Grube, ohne noch aufstehen zu können (vgl. Jer 48, 44). Ex 21, 18 verhandelt den Fall, daß jemand beim Streit nicht tödlich, sondern so fällt, daß er bettlägerig wird (Ex 21, 33: Schadenersatzregelung für einen zu Tode gefallenen Stier). Im Reinigungseid sagt Ijob, die Schulter möge ihm vom Nacken fallen, wenn ... Jer 25, 34 verwendet als Bild für die Vernichtung von Völkern das „Zerfallen wie ein kostbarer Becher". Ein allgemein-menschliches Vergnügen ist es offenbar, wenn jemand in die Grube fällt, die er selbst anderen grub (Spr 26, 27; 28, 10; Ps 7, 16; 35, 8; 57, 7; vgl. 141, 10 [die eigenen Netze]; 5, 11 [durch eigene Ränke]). Daraus macht Koh 10, 8 das Gegenteil: es kann passieren, daß jemand sich zu gutem Nutzen eine Grube bohrt und gerade in diese fällt.

2. Waren unter den angeführten Belegen schon einige, die übertragen zu verstehen sind, so lassen sich diese leicht ergänzen. Der Frevler fällt wegen seiner Bosheit (Spr 11, 5). Der durch seine Zunge Verdrehte (17, 20), derjenige, der Wege krumm macht (28, 18); wer auf Reichtum traut (11, 28); wer sein Herz gegen JHWH verhärtet (28, 14) – sie alle fallen. Ja, ein ganzes Volk verfällt ohne Beratung (11, 14. 26; 1 Chr 5, 22; 10, 1). Der Weise freilich wird sich nicht freuen, wenn sein Feind fällt (Spr 24, 17); aber es gehört zur Hoffnung von Betern, daß Feinde straucheln und fallen (Ps 27, 6; 36, 13; vgl. Est 6, 13; Dan 11, 19). Ein besonderes Greuel ist dies: wenn JHWH jemandem zürnt, läßt er ihn in den Mund einer fremden Frau wie in eine Grube fallen, die viele mordet (Spr 7, 22). Ps 37, 14 klagt, daß Übeltäter Arme und Elende zu Fall bringen. Spr 13, 17 wird man wohl *hiph* statt *qal* lesen und übersetzen müssen (KBL[3]): „Ein gottloser Bote 'läßt' in Böses 'fallen'". Ps 69, 10 hat zugespitzt Klage darüber zu führen, daß Schmähungen, die JHWH gelten, den Beter treffen; aber der Beter von Ps 73, 18 darf erkennen, daß JHWH Gottlose in Täuschung fallen läßt. Eher übertragen als wörtlich spricht Hos 7, 7 vom Fallen der Könige. Wegen ihrer Originalität erwähnenswert sind 1 Sam 17, 32: niemandes Herz soll im Philisterkrieg auf jemand anderen fallen = Angst soll sich nicht verbreiten (David vor dem Goliat-Kampf); und 1 Sam 26, 20: Davids Blut sollte nicht Sauls wegen auf fremden Boden fallen – das klingt höfisch.

3. Das Hebr. hat eine sehr plastische Vorstellung von Übermächtigem, das Menschen zu Fall bringen kann. 1 Sam 28, 20 handelt davon, daß Saul wegen einer Botschaft des Totengeistes Samuels vor Entsetzen der Länge nach hinfiel. Noch plastischer und ganz lebensecht beschreiben Gen 15, 12; Ex 15, 16; Jos 2, 9; Ps 35, 5; 105, 38; Est 8, 13; 9, 2f.; Dan 10, 7, daß Schrecken Menschen befallen kann, der sie handlungsunfähig macht. Das gilt zumal für den Gottesschrecken 1 Sam 11, 7; Ijob 13, 11; im *hiph* Jer 15, 8 und überaus eindrücklich Jer 3, 13: JHWH wird sein Angesicht nicht fallen lassen „gegen/unter euch". Während nach Gen 2, 21 JHWH Adam in einen Tiefschlaf fallen läßt, der nur Unbewußtheit bewirkt, hat Tiefschlaf in allen übrigen Fällen große Angst bei sich (Gen 15, 12; 1 Sam 26, 12 [Gefahr mehr als Angst]; Ijob 4, 13; 33, 15). Eher die Gefahr betont auch Spr 19, 15 „Faulheit versenkt in Tiefschlaf", eben weil der Mensch in Hunger gerät. Ob es als eine Wirkung von Übermacht der bösen Taten zu verstehen ist, wenn es Ri 2, 19 ganz merkwürdig und völlig singulär heißt, die Israeliten hätten in Zeiten des Abfalls „nicht fallen lassen von ihren bösen Taten"? Der Kontext des Sich-Niederwerfens vor fremden Göttern läßt an leidenschaftliche Bindungen denken. Ganz deutlich als Wirkung übermächtiger Art versteht sich die Fluchformel über die *śôṭāh* (die des Ehebruchs verdächtige Frau), daß, falls sie schuldig ist, ihr die Hüfte einfallen, der Blutfluß nicht aufhören solle (Num 5, 21. 27 [v. 22 erklärt dies nachträglich durch *hiph* als ein Tun JHWHs!]).

4. Schaden als Folge des „Fallens" (in seiner ganzen Bedeutungsbreite) kann viel unmittelbarer zum Aus-

druck gebracht werden. Die Hauptbelege gehören ins *hiph*: einen Zahn ausschlagen (Ex 21, 17); das Schwert (Ez 30, 22) bzw. die Pfeile aus der rechten Hand schlagen (Ez 39, 3); unabsichtlich einen Stein auf jemanden fallen lassen (Num 35, 13); eine Stadtmauer zu Fall bringen (2 Sam 20, 15). Eine recht große Zahl von hier zu nennenden Belegen dient freilich als Bilder für einen totalen Zerfall (s. u. 7.). So wenn Mauern stürzen (Jos 6, 5. 20; 1 Kön 20, 30; Ez 38, 20) oder Türme (Jes 30, 25), Säulen (Jer 50, 15; Ez 13, 11. 12. 14) oder gar Felswände (Ez 38, 20; Ijob 14, 5; vgl. Hos 10, 8: man wird sich wünschen, daß Berge und Hügel auf Überlebende fallen – ein Bild des Chaos). Den Verfall bezeichnet es aber auch, wenn die Arme des Pharao fallen (Arm als Bild militärischer Macht, Ez 30, 25). Ganz merkwürdig ist der Ausdruck in Jes 30, 13: man kann sagen, daß der Bruch in einer Mauer 'fällt', so als sähe man den Bruch selber zustandekommen und wachsen. Ri 7, 13 erzählt, daß die Midianiter, die Gideon belauschte, träumten, daß ihre Zelte fielen – ebenfalls ein deutliches Bild. Umgekehrt verheißt Am 9, 11 die Wiederaufrichtung der zerfallenen Hütte Davids (zitiert in CD 7, 16; 4 QFlor 1, 12. 13). Jes 47, 11 spricht ohne Bild vom Fallen des Unheils als einer für Babylon angemessenen Sanktion. Koh 9, 12 stellt demgegenüber scharf heraus, daß Unheilszeiten ganz unberechenbar fallen und den Gerechten statt des Unheilswürdigen treffen können.

5. Fallen mit der Folge des Schadens kann auch reflexiv gebraucht werden. So verwahrt sich Ijob dagegen, daß er an Geistesstärke gegen seine Freunde abfalle (12, 3; 13, 2). Nach Neh 6, 16 fielen Nehemias Feinde wegen seiner Erfolge in ihren (eigenen) Augen zurück. Ganz anders, aber ebenfalls reflexiv denken die Belege, die von der Fehlgeburt (*nepæl*) handeln. Ps 58, 9; Ijob 3, 16; Koh 6, 3 reflektieren nicht einen Schaden für die Familie oder die Eltern, sondern sie sprechen von dem Schaden, den die Fehlgeburt dadurch hat, daß sie das schöne Licht der Sonne nicht zu schauen vermag. Koh 6, 3 kommt von da aus zu der für ihn so charakteristischen These, es sei eine noch schlimmere Nichtigkeit, wenn ein Mann hundert Söhne habe, lange lebe, großen Reichtum habe u. U. sogar entrückt werde, es aber nicht verstehe, in seiner Seele satt zu werden.

6. Ca. 115 von 434 Belegen insgesamt und ca. 105 von 367 im *qal*, also mehr als ein Viertel, bezeichnet das tödliche Fallen wie im Deutschen. Aus ihrer Menge braucht man nur wenige signifikante anzuführen, um die Bedeutungsbreite ermessen zu können. So ließ JHWH die Israeliten in der Wüste fallen (Ps 106, 26), ihre Nachkommen warf er (*hiph*) unter die Völker v. 27 (KBL³ cj. *hep̄îṣû*, m. E. graphisch bedenklich). Während es 35mal heißt: durch das Schwert fallen, findet man das *hiph* „durch das Schwert fällen" nur 2 Kön 19, 7 = Jes 37, 7; Jer 19, 7; Ez 6, 4; 32, 12; Dan 11, 12; 2 Chr 32, 21 (auffällig häufig in 1 QM). Speziell erwähnenswert ist hier Jes 31, 8: Assur wird durch das Schwert eines Nicht-Menschen (JHWH oder *mal'āk̠*?) fallen, vgl. dazu 1 QM 19, 11: sie fallen durch das Schwert Els. – Kollektiva können fallen wie z. B. das Lager Siseras (Ri 4, 16), das Aramäerheer (1 Kön 20, 25), Juda (Jes 3, 8), Edom (Jer 49, 21; die Erde dröhnt bei seinem Fall). Jer 51, 49 kann den Vergleich anführen: wie für Babel viele Völker fielen, so Babel für Israel. – Tödlich gemeint ist das „in die Hände fallen" in Ri 15, 18; Klgl 1, 7; 1 Chr 5, 10; 20, 8; im *hiph*: Saul beabsichtigte, David in die Hände seiner Feinde (der Philister) fallen zu lassen (1 Sam 18, 25). 1 Chr 2, 13 hat es ebenfalls tödlichen Sinn, in JHWHs Hand zu fallen. Gleichwohl wünschte sich David nach 2 Sam 24, 14 lieber in JHWHs Hand als in die von Menschen zu fallen. – Von Gefallenen (Ptz.) handeln etwa Jos 8, 25; Ri 8, 10; 20, 46; 1 Sam 31, 8, von gefallenen Helden ausdrücklich 2 Sam 1, 19. 25. 27; 1 Chr 10, 8. Lev 26, 36 kündigt an, daß Israeliten beim Gottesgericht aus schierer Angst fallen werden. Als Bild des Kriegsgemetzels, des reihenweise Fallens sagt Jer 46, 16, ein Mann falle hinter seinem Nächsten her. Ganz stark Jes 10, 3f.: wenn der Tag des Unheils kommt, werden die, die das Recht verdrehten, Zuflucht suchen, aber noch unter den Getöteten (als wären sie Leichen Num 14, 32; Jer 9, 21; 26, 20. 24) zu liegen kommen. – Eli, der Chefpriester von Schilo, fiel tödlich vom Sessel, als er vom Tod seiner Söhne und dem Verlust der von ihnen zu betreuenden Lade erfuhr (1 Sam 4, 18). Wenn eine winzige Giftschlange am Wege ein Pferd beißt, bäumt es sich auf, der Reiter oder Kriegswagenlenker stürzt tödlich nach hinten: eine solche Wirkung wünscht der Sprecher des Stammesspruches Gen 49, 17 dem winzigen Stamm Dan gegen riesig überlegene Mächte. – Juristische Präzision sucht wohl Dtn 21, (1.) 4. Es geht da nicht um den Fall eines Mordes durch Unbekannt ganz allgemein, sondern um den, daß ein durch Unbekannt Ermordeter auf fruchtbarem Boden lag (*śāḏæh*). Die Entweihung des Lebens im fruchtbaren Land verlangte den dazu folgenden besonderen Ritus, ganz abgesehen von dem Fluch für den im Verborgenen bleibenden Mörder (Dtn 27, 24).

7. Einschlägig sind hier eine Reihe von Bildern für den katastrophenartigen Zusammenbruch. So ist das Feuer JHWHs, das auf Elijas Altar bis zum Verzehr nicht nur des Opfers, sondern auch der Steine des Altars hinabfiel (1 Kön 18, 38), Zeichen einer tödlichen Drohung für Israel, die durch Schächtung der 450 Baʿalspropheten abgewandt werden mußte. Eine wahre Ijobspost ist in der Tat die Nachricht vom Feuer JHWHs, das Ijobs Herden vernichtete (Ijob 1, 16). Wieder unglaublich plastisch redet Jesaja: JHWH sandte sein Wort gegen Jakob, es fiel auf Israel (Jes 9, 7). Als Ragendes sollen fallen der Libanon (par. „hohe Bäume", Jes 10, 34) bzw. seine Zedern (Sach 11, 2) oder der Hohe Baum des Pharao (Ez 31, 12). Wie Fische aufs Feld fallen, so soll Ägypten fallen (Ez 29, 5). Wie der Haltepflock aus der

Wand fällt und mit ihm alles, was er hielt, wird es Juda nach Jes 22, 25 ergehen.

8. Neben dem tödlichen Fallen gibt es auch ein tödliches Sich-fallen-Lassen, den Überfall o.ä. Wenn es sich um den Einfall eines Heeres handelt, wird *nāpal* mit *b*[e] konstruiert, so Ri 7, 12: Midian, Amalek und die Söhne des Ostens waren in die Ebene (Jesreel) eingefallen. Ebenso spricht Jos 11, 7 vom Überfall Josuas an den Wassern von Merom und 1 QM 1, 9: an dem Tag, als die Kittäer bei ihm einfielen. Auf das Verb beschränkt, ohne Präp., vertritt diese Bedeutung noch Ijob 1, 15. Die Konstruktion *nāpal ʿal* bezeichnet dagegen ein Herfallen-über, die Taktik wird schön in 2 Sam 17, 12 geschildert: Nach Huschais Rat sollte Abschalom gewaltige Truppen zusammenziehen, und dann: „wir über ihm, so wie der Tau fällt auf den Ackerboden". Der Vergleich mit dem Tau muß hier den Sinn haben, daß Davids Truppen vollständig überdeckt werden können – Unauffälligkeit kann nicht gemeint sein. Jes 16, 9; Jer 48, 32 kündigen an, Hedad, der Plünderer, werde über die Ernte und Lese von Sibma herfallen. Auf kleinem Raum, nämlich in einem Haus, ist das *hitp* mit *ʿal* für das Herfallen über wenige Personen belegt (Gen 43, 18). Zu diesen Belegen wird man am ehesten Joël 2, 8 zählen können, jedenfalls wenn man mit W. Rudolph *šælaḥ* beläßt und mit „Wasserleitung" übersetzt. Demnach erfolgte der (Heuschrekken-)Angriff u.a. über die so sorgfältig gehütete Wasserleitung als Zugang. – Es scheint eine Verwechslung mit diesem *nāpal ʿal* vorzuliegen, wenn in Jes 54, 15 (MT) gegenüber LXX das unschöne *'æpæs* eingeführt wurde, welches wiederum in v. 15b (MT) die drei ersten Worte nach sich zog, um ein Verständnis von „Herfallen-über" zu verhindern (s.o. II. 7.).

9. Singulär und etwas erratisch spricht Gen 4, 5. 6 vom Fallen des Gesichts. Da in v. 6 als Gegensatz das Erheben (doch wohl des Angesichts) genannt wird und dies eine positive Beziehung zum Lebenskreis des Betroffenen hat, wird das Fallen des Angesichts die in sich gekehrte Abwendung von Menschen des Lebenskreises bezeichnen. Da „lauert an der Tür die Sünde wie ein Lagernder (Dämon)". Kain fragt JHWH nicht, warum sein Opfer nicht hatte akzeptiert werden können, sondern verschloß sich in sich selbst und wurde zum Mörder.

Dan 8, 10 zeigt religionsgeschichtliche Besonderheiten. Der Kontext erzählt von Widder (Persien) und Ziegenbock (Griechen) als Sternbildzeichen ihrer Mächte, der Ziegenbock forkelt mit seinem einen Horn den Widder nieder. V. 10 unterbricht das Bild. Ein kleines Horn an einem der vier Hörner, die nach Abbruch des ursprünglich einen (Alexander d. Gr.) aufkamen, wurde immer größer und warf (*hiph*) einige vom Sternenheer zu Boden. Wegen der Fortsetzung hat man nicht wie in Dan 10 an Kämpfe zwischen himmlischen Fürsten o.ä. zu denken, sondern an eine Freveltat des kleinen Horns, die die Weltordnung insgesamt und nicht nur irdische Mächte berührte. Dem entspricht 7, 25, wo es heißt, daß nach zehn Hörnern eines kommt, welches Festzeiten und *dāṯ* ändert – also die der Weltordnung korrelierenden kultischen Grundordnungen, das nach der Weltordnung himmlisch Festgesetzte und Verfügte. Mythologisch geht Dan 8, 10 gewiß Jes 14, 12 voraus (Sturz des Morgensterns, d. h. des Königs von Babel); aber dort bekommt die Weltordnung durch jenen Sturz gerade ihre Richtigkeit wie beim Sturz des Hochmütigen (Jer 50, 32; vgl. Ps 20, 9).

IV. Angesichts des inzwischen entfalteten Befundes bleiben Jes 26, 18. 19 rätselhaft. Zur Herleitung der ganz üblich gewordenen Übersetzung „geboren werden" (*qal*) und „gebären" (*hiph*), der auch C. F. Whitley (ZAW 84, 1982, 216) widersprochen hat, sollte man sich jedenfalls nicht auf *nepæl* 'Fehlgeburt' sowie auf mhebr. *hiph*, jüd.-aram. *aph.* (von *n*[e]*p̱al*) 'Abortus haben' berufen (so KBL[3]), da eine Geburt im AT etwas ganz und gar Erfreuliches darstellt, während die Fehlgeburt das Gegenteil bezeichnet. In v. 19 wäre es philologisch am einfachsten, eine Fortsetzung der Metapher „Tau JHWHs" anzunehmen und nach 2 Sam 17, 12 (Vollständigkeit der Überdeckung) zu lesen: „und zur Erde der Rephaim läßt du (JHWH) fallen (scil. deinen Tau)". In v. 18bβ liest die LXX die Konsonanten *wbl* nicht vor *jplw*, sie könnten also eine fehlerhafte Dittographie darstellen, so daß zu lesen wäre: „und die Bewohner des Erdkreises verfallen". Wenn man sich mit dieser Lösung nicht befreunden kann, müßte man m.E. alternativ die Ableitung von einer anderen Wurzel postulieren. Ob dann die Ableitung von *napālum* II 'Kompensationszahlung leisten, kompensieren, erstatten' (so CAD) in Betracht kommt, das an hebr. *šillem* erinnern kann? In v. 19 wäre dann die Idee, daß die Erde die Rephaim in Kompensation zu JHWHs Tau erstattet (arab. *nafilat* „Enkelkinder", so KBL[3], könnten Erstattung der Großeltern sein). In v. 18 müßte man eine Ellipse annehmen, da das Subj. dann fehlen würde, und übersetzen: „und nicht werden ersetzt die Bewohner des Erdkreises". Es bleibt jedoch m.E. bedenklich, für zwei Belege sei es eine eigene Wurzel, sei es eine unableitbare Sonderbedeutung anzunehmen (gegen Whitley kann *bal* in v. 18b kaum zwei unterschiedliche Bedeutungen haben).

V. 1. *mappāl* 'das vom Getreide Abfallende, der Abfall' (Am 8, 6) oder 'Hängebacken' des Behemot (Ijob 41, 15), *mappālāh* 'Trümmerhaufen' (Jes 17, 1) oder 'Verfall' (Jes 23, 13; 25, 2) und *mappælæṯ* 'Kadaver' (Gefallenes, Ri 14, 8), 'gefällter Stamm' (Ez 31, 13) oder 'Fall, Sturz' (Ez 26, 15–18; 27, 27; 31, 16; 32, 10; Spr 29, 16) ergänzen das bisher gewonnene Bild ohne Einschränkung. Bei *nepæl* dagegen wird man auf seinen Gebrauch zu achten haben. Das Nomen dürfte dann nicht den Geburtsvorgang (Fallen des Neugeborenen) oder das Fallen des Abortus meinen, sondern von der Hauptbedeutung des *qal* ausgehen. Es handelt sich um eine Wesenheit, die nur dazu da sein kann, zu fallen, es ist das Wesen „Todesfall". Ähnlich wird man die Nephilim (Gen 6, 4; Num 13, 33) zu verstehen haben. Für die Nominalbildung scheint die in Altisrael so charakteristische Auffassung ausschlaggebend, daß gerade das Ragende, Riesenhafte zu Fall kommen muß (vgl. H. Gese: „die im Kampf gefallenen Riesen"; L. Köhler: „vom Himmel gestürzte Überwesen", beide nach KBL^3).

2. Soweit man das bisher beurteilen kann, bleiben die Qumran-Belege ganz im at.lichen Gebrauch. Esra 7, 20 (aram.) fügt dem erschlossenen Spektrum eine neue Nuance hinzu, es erwähnt das Anfallen von Zahlungsverpflichtungen (mit l^e der verpflichteten Person und l^e des Zwecks).

Seebass

נֶפֶשׁ *næpæš*

I. Sprachvergleich – II. Benachbartes: – 1. Akkadisch – 2. Ugaritisch – III. Statistik, LXX, Grundsätzliches – IV. At.licher Gebrauch – 1. Schlund, Rachen, Kehle – 2. Verlangen, Begehren – 3. Das vitale Selbst, Reflexivpronomen – 4. Individuiertes Leben – 5. Lebewesen, Person – 6. *næpæš* Gottes – V. Nachbiblisches – 1. Mhebr. – 2. Qumran.

Lit.: *S. Abir*, „Denn im Bilde Gottes machte er den Menschen" (Gen 9, 6 P) (ThGl 72, 1982, 79–88). – *J. H. Becker*, Het Begrip *Nefesj* in het Oude Testament, Amsterdam 1942. – *N. P. Bratsiotis*, *Nepheš* – ψυχή (VTS 15, 1966, 58–89). – *C. A. Briggs*, The Use of *npš* in the OT (JBL 16, 1897, 17–30). – *H. A. Brongers*, Das Wort „*NPŠ*" in den Qumranschriften (RQu 4, 1963, 407–415). – *M. Dahood*, Hebrew-Ugaritic Lexicography VI (Bibl 49, 1968, 355–369, bes. 368). – *A. Dihle* / *E. Jacob* / *E. Lohse* / *E. Schweizer*, ψυχή (ThWNT IX 604–667). – *R. Dussaud*, La Notion d'âme chez les Israélites et les Phéniciens (Syr 16, 1935, 267–277). – *L. Dürr*, Hebr. נֶפֶשׁ = akk. *napištu* = Gurgel, Kehle (ZAW 43, 1925, 262–269). – *J. Fichtner*, Seele oder Leben in der Bibel (ThZ 17, 1961, 305–318). – *W. Gottlieb*, The Term „*nepeš*" in the Bible: A Re-appraisal (GUOST 25, 1973 f. [1976], 71–84). – *E. Guimet*, Les âmes égyptiennes (RHR, 1913 B, 1–17). – *R. D. Haak*, A Study and New Interpretation of *QSR NPŠ* (JBL 101, 1982, 161–167). – *R. Hachlili*, The *NEFEŠ*: The Jericho Column-Pyramid (PEQ 113, 1981, 33–38). – *J. Halévy*, La croyance de l'immortalité de l'âme chez les peuples sémitiques (Mélanges Halévy, Paris 1883, 365–380). – *Ders.*, L'immortalité de l'âme chez les peuples sémitiques (RA 1882 B, 44–53). – *A. R. Johnson*, The Vitality of the Individual in the Thought of Ancient Israel, Cardiff ^{2}1964. – *A. Kammenhuber*, Die hethitischen Vorstellungen von Seele und Leib, Herz und Leibesinnerem, Kopf und Person (ZA NF 22, 1964, 151–212). – *K. Lang*, Ka, Seele und Leib bei den alten Ägyptern (Anthropos 20, 1925, 55–76). – *R. Lauha*, Psychophysischer Sprachgebrauch im Alten Testament. Eine struktural-semantische Analyse von *leḇ*, *næpæš* und *rûaḥ*, Helsinki 1983. – *R. Laurin*, The Concept of Man as Soul (ExpT 72, 1960/61, 131–134; vgl. 349–350). – *M. Lichtenstein*, Das Wort *næfæš* in der Bibel, 1920. – *D. Lys*, Nèphèsh. Histoire de l'âme dans la révélation d'Israël au sein des religions proche-orientales (Études d'Histoire et de Phil. Rel. 50, Paris 1959). – *Ders.*, The Israelite Soul According to the LXX (VT 16, 1966, 181–228). – *R. Machlin*, הקוטביות במלה "נפש" (The Polarization in the Word נפש) (BethM 19/3, 1974, 401–416). – *E. W. Marter*, The Hebrew Concept of „Soul" in Pre-exilic Writings (Andrews Univ. Sem. Stud. 2, 1964, 97–108). – *E. Moreau*, La nourriture du monde-à-venir (NRTh 103, 1981, 567–570). – *A. Murtonen*, The Living Soul. A Study of the Meaning of the Word naefaeš in the OT Hebrew Language (StOr XXIII/1, Helsinki 1958). – *M. Nishi*, The Usage of נפש in the OT and the Ancient Israeli View of Humans, Tokio 1971. – *Sh. M. Paul*, An Unrecognized Medical Idiom in Canticles 6, 12 and Iob 9, 21 (Bibl 59, 1978, 545–547). – *H. F. Peacock*, Translating the Word for „Soul" in the OT (BiblTrans 27, 1975, 216–219). – *M. Philonenko*, L'âme à l'étroit (Hommage à A. Dupont-Sommer, Paris 1971, 421–428). – *M. N. Pope*, A Little Soul-Searching (Maarav 1, 1978/79, 25–31). – *F. C. Porter*, The Pre-existence of the Soul in the Book of Wisdom and in the Rabbinical Writings (OT and Semitic Studies in Memory of W. R. Harper I, Chicago 1908, 205–270). – *L. Sabourin*, Nefesh, sang et expiation (Lv 17, 11. 14) (ScE 18, 1966, 25–45). – *H. W. F. Saggs*, „External Souls" in the OT (JSS 19, 1974, 1–12). – *O. Sander*, Leib-Seele-Dualismus im AT? (ZAW 77, 1965, 329–332). – *J. Scharbert*, Fleisch, Geist und Seele im Pentateuch (SBS 19, 1967). – *Ders.*, Fleisch, Geist und Seele in der Pentateuch-Septuaginta (Wort, Lied und Gottesspruch I, Festschr. J. Ziegler, FzB 1, 1972, 121–143). – *W. H. Schmidt*, Anthropologische Begriffe im Alten Testament (EvTh 24, 1964, 374–388). – *J. Schwab*, Der Begriff der nefeš in den heiligen Schriften des Alten Testamentes. Ein Beitrag zur altjüdischen Religionsgeschichte, 1918. – *M. Seligson*, The Meaning of *npš mt* in the OT (StOr XVI/2, 1951). – *D. Silber*, ... נפש נשמה ורוח (BethM 16, 3, 1971, 312–325). – *W. von Soden*, Die Wörter für Leben und Tod im Akkadischen und Semitischen (AfO Beih. 19, 1982, 1–7). – *W. E. Staples*, The „Soul" in the Old Testament (AJSL 44, 1927/28, 145–176). – *C. Westermann*, נֶפֶשׁ *næfæš* Seele (THAT II 71–96). – *H. W. Wolff*, Anthropologie des AT, ^{3}1977, bes. 25–48. – (Zitate aus den beiden letzten Arbeiten sind normalisiert mit Bezug auf Transkription und Abkürzungen der Bibelbücher.)

I. *næpæš* ist gemeinsemitisch und wohl nicht von einer Verbalwurzel ableitbar, sondern ein ursprüngliches Nomen (KBL^3, AHw, CAD). Da es für das Verständnis ganz und gar auf den Gebrauch ankommt, hier mehr noch als generell (vgl. J. Barr), kann auf einen ausführlichen innersemit. Vergleich verzichtet werden, und nur besonders Bemerkenswertes soll Erwähnung finden. Der akk. und der ugar. Gebrauch werden freilich unter II. ein wenig näher beleuchtet, weil beide Sprachen dazu dienen können, den hebr. Gebrauch zu erschließen.

næpæš ist ein fem. Nomen – der mask. Pl. *n^{e}pāšîm* Ez 13, 20 ist mit Sicherheit fehlerhaft (vgl. W. Zimmerli,

BK XIII/1 z. St.). Nach M. Weippert, Landnahme (FRLANT 92, 1967), 80 soll die altaram. und phön. Schreibung *nbš* (vgl. auch eine Scherbe von Tel Arad nach KBL[3]) als Dialektvariante aufgefaßt werden können. Wegen seiner Altertümlichkeit (neben dem Altakk. *napaštum*, so AHw) ist erwähnenswert eblaitisch *nu-pu-uš-tu-um* (G. Pettinato, BA 39, 1976, 50). Im Mhebr. kann *næpæš* die „Seele", das Innere, eines Gewebes bedeuten (G. Dalman, AuS 5, 102). Das sieht gegenüber dem at.lichen Gebrauch nach einer Beeinflussung durch anderen Sprachgebrauch aus. Dasselbe gilt von dem KBL[3] 672ff. ausführlich nachgewiesenen aram., asarab. und mhebr. Gebrauch im Sinne von „Grabmal, Grabstelle", da die Herleitung von hebr. „Leiche" wohl nicht in Betracht kommt (s. u. IV. 5.).

II. Die äg. Seelenvorstellungen sind sehr kompliziert. Man muß wenigstens mit drei verschiedenen Begriffen rechnen. Der Ka (*k3*) ist der „Doppelgänger" des Menschen, bezeichnet aber zugleich „Lebenskraft" und „Nahrungsmittel" (L. Greven, Der Ka in Theologie und Königskult der Ägypter des Alten Reiches, ÄF 17, 1952; U. Schweitzer, Das Wesen des KA im Diesseits und Jenseits der alten Ägypter, ÄF 19, 1956). Ba (*b3*), das oft mit „Seele" übersetzt wird, bezeichnet die Fähigkeit, eine Gestalt anzunehmen, und kann deshalb auch „Verkörperung, Erscheinungsform" oder allgemeiner „Fähigkeit, Kraft" bedeuten. Der Ka verläßt im Todesaugenblick den Körper in der Gestalt eines Vogels (E. M. Wolf-Brinkmann, Versuch einer Deutung des Begriffes *b3* anhand der Überlieferung der Frühzeit und des Alten Reiches, 1968; L. V. Žabkar, A Study of the BA Concept in Ancient Egyptian Texts, Chicago 1968). Schließlich ist Ach (*3ḫ*) der „verklärte" Tote: der Verstorbene wird durch die Begräbnisriten ein Ach (G. Englund, Akh – une notion religieuse dans l'Égypte pharaonique, Boreas 11, Uppsala 1978). Trotz der genannten Untersuchungen sind diese Begriffe nach E. Hornung, Einf. i. d. Ägyptologie (1967) 64f. noch nicht endgültig geklärt; wohl aber ist deutlich, daß in Altisrael keine vergleichbaren Vorstellungen anzutreffen sind. Dagegen lohnt sich ein Blick auf den reichen akk. Gebrauch vor allem von *napištu* (nicht vom Verb abzuleiten; mit vielen Schreibvarianten), aber auch von *napāšum* I, *napīšu* 'Atem, Duft, Geruch' sowie vom Adj. *napšu* 'reichlich' (AHw 741). Die Verwandtschaft mit dem at.lichen Gebrauch erweist sich nämlich als außerordentlich eng, auch wenn der Bedeutungsumfang größer ist. Die Übereinstimmung tritt um so deutlicher hervor, als im Hethitischen das Sumero- und Akkadogramm von *napištu* tatsächlich ganz andere Vorstellungen erfaßt (vgl. Kammenhuber).
Neben akk. sollen auch einige ugarit. Belege zur Sprache kommen.
1. Nach von Soden 4 sind die beiden häufigsten akk. Wörter für „Leben" dadurch unterschieden, „daß *balāṭu* das Leben ursprünglich wohl vor allem als einen sich über eine lange Zeit erstreckenden Verlauf bezeichnet, *napištu* aber als einen dem Tod entgegengesetzten Zustand". Auch wenn von Soden dies unter den Vorbehalt stellt, daß noch keine vollständige Belegsammlung vorliegt und die Bedeutungen im engen Sinne nicht ohne Gewalt auf alle bekannten übertragen werden können, dürfte eine Tendenz erhoben sein, die für das Hebr. erhellend wirkt (s. u.). So vermerkt von Soden 5, daß *napištu* nur sehr selten mit *arāku* 'lang sein' (*balāṭu* nur neben einer seiner Ableitungen oder neben *dāru* 'andauern') vorkommt, während *balāṭu* nie mit Ausdrücken zur Kürze des Lebens verbunden wird, in denen aber *napištu* steht. Ist wie im Hebr. Vitalität (so CAD, nicht AHw) eine der akk. Grundbedeutungen (von „Atem" abzuleiten, so CAD gegen AHw), versteht sich der Gebrauch ohne weiteres (vgl. dazu noch G. Steiner, AfO Beih. 19, 1982, 149, der *napištu* mit „Lebenskraft" wiedergibt und gute Belege dafür beisteuert). Ähnlich verlangen Ausdrücke für das Beenden des Lebens *napištu* (bis hin zu *tabāku* 'ausschütten'), während „Nicht-Leben" *lā balāṭu* heißt und *napištu* hier nicht hergehört (von Soden). Bemerkenswert ist ferner, daß Verben, die „das Leben schonen, retten o.ä." bedeuten, *napištu* bei sich haben, vgl. auch den Ausdruck *ana napišti/napšāti muššuru* „ins Leben entlassen, am Leben lassen" (von Soden 5). *bēl napištim* ist daher entweder der für jemandes Leben Verantwortliche, u. U. es Gewährende oder (massyr.) der zur Vergeltung eines Totschlags Berechtigte. Wenn aber Götter oder Göttinnen als Herren/Herrinnen des Lebens bezeichnet werden sollen, heißt das *bēl/bēlet balāṭi*: „Das voll erfüllte Leben, die Lebenserhaltung und im Mythus auch ein Leben ohne Tod, wie Gilgameš es sucht, ist *balāṭu* ..." (von Soden 5). Schließlich ist es wohl bezeichnend, daß *napištu* unmittelbar den Lebensunterhalt, und zwar insbesondere in den Verbindungen *napišti māti* und *napišti nišī* „Unterhalt des Landes, der Menschen", bedeuten kann, während „Mittel zur Lebenserhaltung als Nahrung und noch viel öfter als Heilmittel" die Verbindungen *mû balāṭi* bzw. *akal balāṭi* (Wasser bzw. Speise des Lebens) verlangen (von Soden).
Umgekehrt gibt es „zu dem literarisch häufigen Ausdruck *šiknāt* (älter *šaknāt*) *napišti(m)* 'Lebewesen, Geschöpfe' (vgl. AHw 1234b) ... keine Entsprechung mit *balāṭu*. Das gleiche gilt für das in der jüngeren Sprache häufige *napšātu* 'Personen' (CAD N/1, 300f.) und für *napištum* 'selbst', das freilich in diesem Sinn viel seltener gebraucht wird als im Westsemit., weil das normale akk. Wort für 'selbst' *ramānu* ist" (von Soden).

Zur Ergänzung und Abrundung dürfen noch eine Reihe von Beobachtungen mitgeteilt werden.
a) Für das Verb *napāšum* I, dessen Bedeutungsumfang größer ist als im Hebr., geben AHw und CAD folgende Bedeutungen: „frei atmen, aufatmen; ausdehnen, überreich werden, eine gerichtliche Forderung einbringen"; im D-Stamm: „aufatmen machen, Erleichterung ver-

schaffen, lüften (Textilien), in guten Zustand (repair) versetzen"; N-Stamm: „Ausdehnung erhalten". Das hebr. *niph* „aufatmen" entspricht also dem akk. G-Stamm. Daß im Akk. andere Assoziationen herrschen als im Hebr., ergibt sich z. B. daraus, daß das Verb im G-Stamm mit *libbu* ʿHerzʾ kombiniert werden kann: „(Let her mind be calmed), let her heart respire" (CAD 289) oder die Ausdehnung des Vermögens (*mimmûšu*) bedeutet oder den guten Zustand eines Hauses bezeichnet (CAD 290).
b) Während von Soden die Bedeutung „Atem" (so CAD) für *napištum* bestreitet (AfO), gibt es jedenfalls ein eigenes Nomen *napīšu* (ababyl. und sbabyl.) ʿAtem, Geruch, Duftʾ. Nach CAD 305 hat es, auf Enkidu bezogen, die Bedeutung ʿVirilitätʾ – oder gar wie im Hebr. ʿBegehrenʾ? Freilich ist das Nomen wohl nicht häufig belegt.
c) Für *napištu* nennt CAD 296 folgende mit AHw übereinstimmende Bedeutungen: „Leben, Lebenskraft, Vitalität, Gesundheit; Lebewesen; Person, jemand (verneint „niemand"); Lebensdelikt (capital case); Personal, dienstbare Personen, Tiere in Herdenzählung; Körper, selbst; Lebensunterhalt, Vorräte; Kehle, Hals." Umstritten sind die Bedeutungen „Öffnung, Luftloch" (CAD; von Soden: „Gallengang", AfO) und „Halstuch" (CAD, von Soden verneint). Einige bemerkenswerte Belege nach CAD seien genannt.
α) *mūtu napšātu* ist ein Rechtsfall auf Leben und Tod; als Aussage eines Königs liest man: „I ... released him alive (*ana napišti*)", und „um das Leben fliehen" wird durch die gleiche Wendung ausgedrückt. *napištī uballiṭ* heißt „I escaped with my life", und ein Kranker berichtet: „I fell sick and barely escaped with (my) life (*ina napištim*)"; besonders beachtlich: „do you not know that I love (you like my own) life (*kīma napištim*)" (wie mich selbst?). – β) Wegen der rechtlichen Vorstellungen interessant sind Belege, in denen das Prinzip „Leben um Leben" behandelt wird, so z. B.: „if they do not discover the one who murdered him, they will deliver 3 persons as a fine (*umallu* „voll machen)"; beim ungeborenen Kind: „he gives restitution as for a person (*napšāte umalla*)"; als vorgerichtliche Schlichtung: „do not go to court against me, I will replace your slave with a person (*napšāti ša qallika ūšallamka*). – γ) Im Verhältnis zum at.lichen Gebrauch ist wichtig die Bedeutung „Körper, Leiche" o.ä. in: „the plain was too small for ... their bodies (= they ran out of land to bury them)". – δ) Wie hebr. *næpæš* kann *napištu* eine Intensivierung des Ich sein, z. B. *anāku napšātīa ana šarri lû paqdā* „Ich, meine *napištu*, ist dem König anheimgestellt"; vgl. analoge Eidvorstellungen: *ana lā nīš ilišu u napištišu* „without an oath sworn by his god's life and by his own". – ε) *bīt napištim* heißt „Lebensmittelhaus", und erhellend dazu der Beleg: *nakkamtī ša rēši napištija ukallu tākulā u napišti tattaksā* „you have used up my storehouse where my provisions were ready for me and thus you have cut my throat"; der Eufrat kann *napišti māti* heißen. – ζ) Der Sintflutheld Utnapischtim kann hier nicht mehr uneingeschränkt angeführt werden, da inzwischen die Lesung *Ú-ta-na-iš-tim* belegt ist (CAD 297: Gilg. M. iv 6 and 13).

Zusammenfassend läßt sich sagen, daß weder CAD noch AHw die Bedeutung „Seele" anführen, die vielmehr nach A. Kammenhuber so weit als irgend möglich im heth. Gebrauch des Sumerogramms *ZI* und des Akkadogramms *NAPIŠTUM* herangezogen werden muß (ZA NF 23, 1965, 183). Daß im Akk. bei aller Verwandtschaft mit dem Hebr. kein anthropologischer Terminus entsteht, ergibt sich nicht nur aus der seltenen Bedeutung „selbst", sondern mehr noch aus den Bedeutungen „Lebensunterhalt, Lebensdelikt, Luftloch/Gallenleitung".

2. Anhangsweise seien hier auch einige ugar. Belege nach WUS Nr. 1826 (vgl. UT Nr. 1681) angeführt, das folgende Bedeutungen nennt: „Rachen, Kehle; Appetit, Begehren (?); Seele; Lebewesen, Mensch". Freilich ist die Bedeutung „Seele" kaum gesichert. Folgender bedenkenswerte Befund läßt sich mit Sicherheit erheben. KTU 1.5, I, 7 *bnpš bn ỉlm mt* „in den Schlund des Gottessohnes Mot", vgl. 1.6, II, 17 *npš ḫsrt bn nšm* „meine (scil. Mots) *npš* hatte Mangel an Menschensöhnen = hungerte nach ...". Dazu treten KTU 1.4, VII, 48 *jqrʾ mt bnpšh* „Mot mit seinem Schlund brüllt" und 1.16, I, 35 *ṣʾt npšh* „was ihrer (scil. ʿAnats) Kehle an Geschrei entströmt". Schließlich ist *npš mm* KTU 1.3, VI, 9 der Wasserschlund/-strudel (vgl. M. Dahood, JANES 5, 1973, 85f.).
In Parallelismus mit *npš* erscheint mehrmals *brlt* (9 Belege verzeichnet UF 5, 1975, 68, ein weiterer findet sich UF 7, 1975, 537f.). Die Etymologie des Wortes ist unsicher (J. C. de Moor, JNES 24, 1965, 364: durch Dissimulation aus **ballatu*, vgl. akk. *balāṭu* ʿLebenʾ; B. Cutler / J. Macdonald, UF 5, 1973, 67–70: akk. *mēreltu* < *mēreštu* ʿVerlangenʾ; M. Pope, UF 13, 1981, 305f.: arab. *burāʾil*, *burʾūlah*, „neck feathers"), die Bedeutung wird WUS Nr. 585 als „Lebensgeist, Appetit, Begehren" angegeben; vgl. UF 7, 538: „Verlangen, Begehren". Das Wort liegt also innerhalb der Bedeutungssphäre von hebr. *næpæš*.

III. Das Nomen kommt 754mal vor, das Verb im *niph* 3mal (Ex 23, 12; 31, 17; 2 Sam 16, 14). Westermann druckt dazu folgende Liste ab:

Gen	43	Ez	42	Ps	144
Ex	17	Hos	2	Ijob	35
Lev	60	Joël	–	Spr	56
Num	50	Am	3	Rut	1
Dtn	35	Obd	–	Hld	7
Jos	16	Jona	5	Koh	7
Ri	10	Mi	3	Klgl	12
1 Sam	34	Nah	–	Est	6
2 Sam	17	Hab	3	Dan	–
1 Kön	23	Zef	–	Esra	–
2 Kön	15	Hag	1	Neh	–
Jes	34	Sach	2	1 Chr	5
Jer	62	Mal	–	2 Chr	4

Die Verteilung erweist sich also als ziemlich gleichmäßig. Eine Signifikanz des Gebrauchs kann man für die Pss und ihre Poetik (mit Seitenbelegen) beobachten. Aber das fügt sich bestens zum Sinn des Nomens, wie gleich dargelegt wird. Eine technische Verwendung des Nomens findet man bei P^G, P^S, H in Rechtssätzen und Personenzählungen, in denen das geschlechtsspezifische *ʾîš* (*ʾāḏām* ganz selten) vermieden und um so deutlicher jede beliebige Person bezeichnet werden soll. Die Ps-Poetik macht mehr als ein Fünftel, der rechtstechnische Gebrauch ca. ein Fünfzehntel der Belegzahl aus. Daneben findet man kleine Beleggruppen wie z. B. für das gut durchdach-

te dtn/dtr „mit ganzem *leḇ* und mit ganzer *næpæš*" (18mal) oder für die Wendung „die *næpæš* zur Beute haben" (4mal).
Nach Lys (VT 16, 181–228) hat die LXX in ca. 680 (je nach Zählung der MSS) von 754 Fällen *næpæš* mit ψυχή übersetzt. Sie hat den Pl. deutlich häufiger als MT, dürfte damit aber den Sinn durchaus nicht verfehlen, s.u. (Individuierung). Nach der ergänzenden Untersuchung von Bratsiotis (VTS 15, 58–89, vgl. Westermann 95) wird man nicht mehr ganz uneingeschränkt (vgl. jedoch KBL[3]) sagen können, daß die Übersetzung ψυχή völlig ungeeignet sei, da der vorplatonische Gebrauch von ψυχή überraschende Gemeinsamkeiten mit dem at.lichen aufweist. „Die Grundbedeutung von ψυχή ist ʿAtemʾ; es begegnet oft in der Bed(eutung) ʿLebenʾ und kann den Sitz des Begehrens, der Gefühle, auch das ʿZentrum der religiösen Äußerungenʾ bezeichnen . . .; es kann auch für ʿMenschʾ stehen oder statt eines Pronomens" (Westermann 95). Nach Lys wird ψυχή an 62 Stellen der LXX für andere Vokabeln als *næpæš* gebraucht. „Aber gerade hier zeigt sich, daß für die LXX-Übersetzer ψυχή eine mehr atl. als spezifisch gr(iechische) Bedeutung hatte" (Westermann 96). Da die griech. Sprachentwicklung jedoch zum platonisch-nachplatonischen Gebrauch geführt hat, wird man die Übersetzung der LXX insofern als bemerkenswert einstufen müssen, als sie in der lingua franca mit einem Gegengewicht biblischer Tradition aufwartete. Damit hat ψυχή in der LXX jedenfalls auch die Vielfalt des hebr. Nomens. Freilich wird man ihrer Übersetzung besser nicht folgen (KBL[3]), s.u. IV.2. Exkurs.
Nach den ausgezeichneten Arbeiten zumal von Johnson, Wolff, W. H. Schmidt und Westermann besteht für eine Darstellung des at.lichen Gebrauchs kein grundsätzliches Problem mehr. Der griech. Übersetzung darf man einen Tatbestand ablauschen, der überall schon anklingt, vielleicht aber nicht ganz prägnant gewürdigt worden ist. *næpæš* ist nämlich mehr als andere at.liche Wörter ein wirklich anthropologisches (vgl. Wolff, der den Rahmen solcher Begriffe vielleicht zu weit zieht), insoweit vergleichbar wohl nur mit *bāśār*, vgl. den 1mal belegten Merismus „von der *næpæš* bis zum *bāśār*" (Jos 10, 18). Anthropologisch heißt hier: es handelt sich um ein synthetisch-stereometrisches Nomen (Wolff 22f.), welches das Menschsein nach at.licher Auffassung ganz grundsätzlich zu erschließen geeignet ist (vgl. auch Johnson). Einer Beobachtung S. Kierkegaards folgend kann man den Menschen als ein Wesen interpretieren, das sich zu sich selbst verhält. Versteht man diese Definition sprachlich-präphilosophisch, so erfaßt sie das Wesen des at.lichen Nomens *næpæš* ganz vorzüglich. Der at.liche Mensch beschreibt sich jedoch nicht im Verhältnis von Subjekt und Objekt, von Geist und Seele, das Subj. insbesondere bleibt unthematisch. Vielmehr entdeckt sich der Mensch nach seiner Lebendigkeit, nach seiner Individuation von Leben, nach Leben als Rhythmus von Ein und Aus (Atmen?), als Lebens-Quantum in bezug auf *ḥajjim*: das Leben. Nicht Geist und Denken meint die *næpæš*, die at.lich keinen anthropologischen Rang haben, sondern Lebensfreude (Bedürftigkeit, so Wolff, ist ihr Ausdruck) als eine Macht wider Tod und Todessehnsucht. Die LXX mit ihrer Übersetzung ψυχή hat *næpæš* als ein Schlüsselwort des at.lichen Menschseins erkannt. Das ist ein bleibendes Verdienst, auch wenn man ihre Übersetzung m.R. aufgibt.

IV. Wenn im folgenden die einzelnen Bedeutungen von *næpæš* angeführt werden, muß man stets im Auge behalten, daß die anfangs zu erwähnenden konkreten Bedeutungen nicht ein semantisches Übergewicht haben dürfen. Typisch für den at.lichen Gebrauch ist vielmehr die ganzheitliche Auffassung, die stereometrisch den Zusammenklang aller Bedeutungen verlangt.
1. Als konkrete Grundbedeutung wird meist „Schlund, Rachen, Kehle" (als Sättigungs- und Atemorgan) angenommen. Wie die ugar. Belege (s.o. II.) spricht Jes 5, 14 vom Schlund der Unterwelt: „Die Scheol reißt ihre *næpæš* auf / sperrt auf ihr Maul ohne Maß." Hab 2, 5 überträgt das Bild auf den räuberischen Menschen, er „ist wie der Tod und wird nie satt". Die Topik geht hier eindeutig vom Schlund aus; zugleich aber ist der ganze Mensch gemeint. So auch Spr 10, 3: „JHWH läßt nicht hungern des Gerechten *næpæš* / aber die Gier (*hawwāh*) der Gottlosen stößt er zurück"; Spr 13, 25 „Der Gerechte ißt, so daß seine *næpæš* satt wird / aber der Bauch (*bæṭæn*) der Gottlosen darbt"; 25, 25 „Kühles Wasser ist der müden *næpæš* eine gute Botschaft aus fernem Land". Die Topik läßt sich leicht vermehren; aber man wird Westermann 74 darin zustimmen müssen, daß der ganz konkrete Sinn von Schlund als Sättigungsorgan eher selten belegt ist. Dieser muß freilich in Spr 28, 25 vorliegen: „Der *r*ᵉ*ḥaḇ-næpæš* erregt Zank / aber der auf JHWH vertraut, wird gut ernährt"; also: der den Schlund weit hat, der Gierschlund (Wolff). Wegen des unsicheren Textes bleibt Spr 23, 1f. unklar. *baʿal næpæš* scheint jedoch nur als „Schlundinhaber, Schluckspecht" Sinn zu geben. M.E. sollte man in v. 2 nicht *śakkîn* ʿMesserʾ und *loaʿ* ʿKehleʾ postulieren, sondern *śakkôn* und *b*ᵉ*loaʿ* lesen und übersetzen: „Du (der Schluckspecht) mögest Bedeckung deines Schlingens beschaffen."
Ähnlich selten ist die Bedeutung „Atem" bzw. *næpæš* als Organ des Atmens. Sicher belegt ist sie durch das Verb. Nach 2 Sam 16, 14 konnte David nach anstrengender Flucht vor Abschalom am Jordan ʿaufatmenʾ. Ex 23, 12 schreibt vor, daß auch der Sohn der Sklavin und der Fremdling am siebten Tage ʿaufatmenʾ sollen. Ex 31, 17 überträgt dies auf JHWH, der nach sechs Schöpfungstagen ʿaufatmeteʾ und damit dem Lebensrhythmus der Schöpfung seinen Grund gab. Ganz entsprechend heißt es in Gen 1, 30 von allen automotorischen Lebewesen, in ihnen sei *næpæš ḥajjāh*. Am ehesten hierher gehört auch Jer 2, 24: „In

der Brunst ihrer *næpæš* schnappt sie nach Luft" (anders Westermann); vgl. Ijob 41, 13: die *næpæš* des Krokodils entfacht Glühkohlen. Eine ganze Zahl von Metaphern zeigt jedoch, daß der Sprache der Zusammenhang von Atem und individuellem Leben bewußt war; so wenn der sterbenden Rahel „die *næpæš* ausging" (Gen 35, 18); wenn in 1 Kön 17, 21 f. die *næpæš* des Knaben, in dem kein Atem (*nešāmāh*) war, zurückkehrte; wenn die Mutter, die sieben gebar, ihre *næpæš* aushauchte (Jer 15, 9); wenn Jerusalem wie eine Frau, die im Gebären liegt, um Atem ringt und sagt: „meine *næpæš* ist müde für die Mörder" (Jer 4, 31). Dazu kommt die herrliche und (wohl als Neuprägung) grundlegende J-Notiz, daß der Mensch eine *næpæš ḥajjāh* wurde (nicht: hatte), als JHWH Elohim ihm seinen Atem einhauchte (Gen 2, 7). Wegen des unergiebigen Kontextes nicht ganz klar ist der Jes 3, 20 bezeugte Ausdruck *bātê næpæš*. Mit KBL³ (*bajit* I. 2.) hat die Übersetzung der V „Riechfläschchen" am meisten für sich, d. h. wohl wörtlich „Häuschen/Behälter von Lebenskraft/Atem", die durch den Atem nutzbar gemacht werden.

„Die Kehle steht somit in jener archaischen Anatomie ohne begriffliche Unterscheidung zugleich für die Luftröhre und für die Speiseröhre ... Kommen 'Wasserfluten bis zur *næpæš*', dann besteht die Gefahr des Ertrinkens (Jona 2, 6; Ps 69, 2; vgl. Ps 124, 4f. ...)" (Wolff 29f.). „Mit der Bed(eutung) 'Kehle, Schlund' ist die nur schwach bezeugte Bed(eutung) 'Atem' leicht vereinbar, entsprechend den verschiedenen Funktionen der Kehle ... Dies läßt sich dadurch bestätigen, daß in den verschiedenen Gebrauchsgruppen von *næpæš* das Nachwirken beider Funktionen der Kehle, des Verschlingens wie des Atmens, noch erkennbar ist, die eine in der Bed(eutung) 'Gier, Begier, Verlangen' (...) und in einer Reihe von Ausdrücken, die mit *næpæš* verbunden werden und die ursprüngliche Bed(eutung) 'Kehle, Rachen, Schlund' voraussetzen (z. B. *śbʿ hiph* 'sättigen' Jes 58, 11; *mlʾ pi* 'füllen' Spr 6, 30; *req* 'leer' Jes 29, 8; *šoqeq* 'lechzend' Jes 29, 8; Ps 107, 9; par. zu *pæh* 'Mund' Koh 6, 7; par. zu *gargerôt* 'Hals' Spr 3, 22; vgl. ferner Num 21, 5; 1 Sam 2, 33; Jer 4, 10; Ps 105, 18; Spr 23, 7 txt?), die andere in den drei Belegen des Verbums und in der Verbindung mit *qṣr* und *ʾrk* (...)" (Westermann 75).

Anders als H. W. Wolff 31 f. wird man besser nicht eine Bezeichnung des *äußeren* Halses in *næpæš* finden, so auch Westermann. Denn die damit verbundene Bildsprache dürfte überall an das Würgen denken wie z. B. in der für Wolff so wichtigen Wendung: „Sie zwangen in Fesseln seine Füße / 'in' Eisen kam seine *næpæš*" (Ps 105, 18; vgl. 1 Sam 28, 9 [Totenbeschwörerin zu Saul]: „Warum willst du meiner *næpæš* eine Schlinge legen, daß ich getötet werde?"). Vor allem darf man die bei Tötungsdelikten um Präzision bemühte Wendung „jemanden an der *næpæš* schlagen" o.ä. auf keinen Fall hierher ziehen (s. u. 4.).

2. Offenbar steht die Bedeutung „Verlangen, Begehren" der vorhergehenden sehr nahe. So kann *næpæš* einfach den Hunger bezeichnen wie Hos 9, 4: „ihr Brot ist nur für ihre *næpæš*". Dtn 23, 25 gewährt das Traubenessen in einem Weinberg nur für die *næpæš*, nicht zum Mitnehmen. Jes 29, 8 gebraucht als Bild, daß jemand träumt, er esse, aber seine *næpæš* ist leer; er trinke, aber seine *næpæš* ist durstig. Spr 27, 7 sagt: der hungrigen *næpæš* ist alles Bittere süß; daß man aber ständig an den ganzen Menschen zu denken hat, zeigt die adversative Zeile: „Eine satte *næpæš* tritt Honig mit Füßen" – es tritt ja der Mensch. Spr 16, 26, ein sehr gedrängter Spruch, wird wohl auch am besten konkret zu übersetzen sein: „Die *næpæš* (das Verlangen) des Arbeiters arbeitet für ihn; denn sein Mund treibt ihn an." Darf man Jes 56, 11 als Tierbeobachtung ansprechen, wenn es heißt, daß Hunde *ʿazzê næpæš* „Hungerstarke" sind, so daß man sie beim Fressen nicht stört? An feinere Gaumengenüsse denkt Jes 55, 2: „eure *næpæš* vergnüge sich am Fetten" (vgl. Jer 31, 12. 24f.: „ihre *næpæš* wird wie ein bewässerter Garten").

Während der at.liche Mensch die schiere sexuelle Begierde, die sich mit Prostitution begnügen kann, blind und daher abscheulich findet (Jer 2, 24), hat die erotische Sehnsucht den Sinn der Lebensfreude. Mit Recht betont Westermann 76f., daß die Bedeutung „Verlangen, Begierde" keine abgeleitete sei (gegen W. Eichrodt), sondern „etwas zum Menschsein Gehöriges" bezeichne und Begierde (ἐπιθυμία) nicht unter einem negativen Aspekt sehe, dieses Menschenverständnis also „der modernen Psychologie und Soziologie" nahestehe. Die synthetische Lebensauffassung meint dabei stets den ganzen Menschen als verlangenden. So heißt es Gen 34, 4, Sichems *næpæš* habe an Dina „geklebt" (*dāḇaq*), und 34, 8 stellt daneben, seine *næpæš* habe Dina geliebt. Umgekehrt Ez 4, 17f.: Oholibas *næpæš* stieß sich nach ihrer Prostitution von ihren Liebhabern ab – ebenso wird sich JHWH von Oholiba abstoßen wie bereits vorher von der *næpæš* Oholas (vgl. Ez 23, 22. 28). Erotik ist jedoch nur eine Form leidenschaftlicher Anhänglichkeit und Liebe. So erzählt Gen 44, 30, daß Israels *næpæš* an Benjamin als einzigem Vollbruder Josefs gekettet gewesen sei (*qešûrāh*). Dasselbe erzählt 1 Sam 18, 1 von Jonatan, dessen *næpæš* an David gekettet war, so daß er mit seines Vaters Politik gegen David in Konflikt geriet. Die größte Leidenschaft, die belegt ist, ist freilich die zwischen Mann und Frau, so daß Hld 1, 3; 3, 1–4 zwischen Person und sehnsüchtiger *næpæš* kaum mehr geschieden werden kann.

Nicht ganz ohne Zusammenhang mit dem Vorhergehenden wird nun auch vom Rachedurst der Feinde gesprochen, so Ex 15, 9: „Ich (Ägypten) sättige meine *næpæš*"! Ez 16, 27 „Ich gab dich der *næpæš* deiner Feindinnen preis"; vgl. Ps 27, 12 „Gib mich nicht der *næpæš* meiner Feinde preis" (so auch 41, 3). Besonders plastisch schildert Ps 35, 25 die Gier durch den begeisterten Ausruf: „Wie herrlich für unsere *næpæš* / wir haben ihn verschlungen!" Vielleicht ist in diesen Fällen *næpæš* auch abgeschwächter so etwas wie der Wunsch (so Westermann), vgl. die Redewendung *'im ješ 'æt-napšekæm* „wenn es eurem Wunsch entspricht" (Gen 23, 8; vgl. 2 Kön 9, 15). Ganz unklar scheint mir das hier meist verbuchte Dtn 21, 14: wenn ein Mann sich von einer durch Kriegsgefangenschaft erworbenen Frau trennen will, soll er sie *lenapšāh* entlassen (vgl. ähnlich Jer 34, 16). Der Wortlaut macht einen rechtstechnischen Eindruck, so als dürfe die *næpæš* der Entlassenen nicht durch offene oder geheime Verpflichtungen aus der Zeit der Abhängigkeit belastet werden, vgl. Jer 34, 16 und dazu Ex 23, 9: „du sollst einen Fremden nicht bedrücken; denn du kennst die *næpæš* (Bedürfnis, Sehnsucht) eines Fremden". Ist *næpæš* hier also so etwas wie das Verlangen nach eigener Lebendigkeit und Lebensgestaltung, die vom Vorbesitzer nicht eingeschränkt werden soll? – Eher Übereifer, nämlich dringlicher Wunsch ohne Erkenntnis als legitimes Verlangen, scheint Spr 19, 2 vor Augen zu stehen, wenn es die *næpæš* vergleicht mit jemand, der überhastet läuft.

Hier schließt sich gut die Konstruktion von *næpæš* mit *nś' qal* oder *pi* an „sich sehnen, verlangen" bzw. „sein Verlangen erheben". So schreibt Dtn 24, 15, daß man dem Tagelöhner am Tage seiner Arbeit Lohn zahlen soll; „denn er ist in Not, und seine *næpæš* erhebt sich danach". Jer 22, 27; 44, 14 (*pi*) haben die schöne Wendung geprägt: die *næpæš* nach dem Land erheben, in das man nicht zurückkehren wird; vgl. Ez 24, 25 (21: *maḥmāl* im gleichen Sinne wie *maśśā'*, so Zimmerli). Die Leidenschaft kann sich freilich auch zu Bösem, Nichtigem erheben (Ps 24, 4 [cj.]). Hos 4, 8 schildert die Verkommenheit der Priester: „Meines Volkes Sünde essen sie / nach ihrer Schuld erheben sie die *næpæš*", scil. um daran zu verdienen. Blinde Leidenschaft wie in Spr 19, 2 scheint 19, 18 vorauszusetzen: „Züchtige deinen Sohn, solange Hoffnung ist / aber ihn zu töten erhebe deine *næpæš* sich nicht!" Man kann hier geradezu das Aufwallen der Raserei heraushören. – Ps 25, 1; 86, 4 sprechen vom Erheben der *næpæš* zu Gott (*pi*), Ps 143, 8 vom Erhobensein (*qal*). 25, 1 steht es parallel zum Vertrauen, es ist also die besonders intensive Bitte am rechten Ort. Geht es da um ein Nichtzuschandenwerden, so 143, 8 um den rechten Weg, den der Beter gehen soll, und 86, 4 um neue Freude in Gebeugtheit und Schutzbedürftigkeit.

Etwas distanzierter erscheint die *næpæš*, wenn sie mit *'wh pi* oder *hitp* bzw. mit *'awwāh* oder *ta'awāh* verbunden steht, da das Verb bzw. das Nomen bereits das Begehren aussprechen. „Für *næpæš* ist daraus zu folgern, daß in dieser Verbindung mit *'wh* eine spezifische Seite der Bedeutung zu finden ist ... *næpæš* ist dann von vornherein nicht ein ruhendes Sein, sondern sie ist in Bewegung auf etwas zu" (Westermann 77). „Wenn das Gelüst der *næpæš* sich auf die Frühfeige (Mi 7, 1), auf Essen von Fleisch (Dtn 12, 15. 20; 1 Sam 2, 16) oder darüber hinaus auf das Trinken von Wein (Dtn 14, 26) bezieht, dann mag noch die Kehle als Sitz des Begehrens mitgemeint sein. Doch wenn das Böse (Spr 21, 10), das Königtum (2 Sam 3, 21; 1 Kön 11, 37) oder Gott (Jes 26, 9) zum Objekt der Wünsche werden oder wenn jedes Objekt fehlt (Spr 13, 4. 19), dann kennzeichnet *næpæš* das Verlangen als solches, den menschlichen Wunschtrieb als Subjekt des Begehrens (*'wh*)" (Wolff 33). Die dabei gern gebrauchte Übersetzung „was dein *Herz* begehrt" o.ä. zeigt jedoch bereits, daß die Ausdrucksweise eine größere Verborgenheit oder Indirektheit anstrebt, als ein Wunschtrieb erwarten läßt. In Mi 7, 1 besagt eine Distanz des Urteils, daß keine geeignete Feige mehr da ist. 2 Sam 3, 21 wäre es für den Sprecher Abner nicht ungefährlich, David einen ungehemmten Machtwillen (*næpæš*) zu unterstellen. Vielmehr ist der kalkulierte Wunsch eines überlegenen Politikers gemeint. 1 Kön 11, 37 dürfte Jerobeam I. zusprechen, daß es ganz recht war in JHWHs Augen, wenn er das JHWH-Königtum anstrebte. Ähnlich fragt Jonatan in 1 Sam 20, 4 (cj.) David nach seinen ihm verborgenen Absichten, und die Opfernden in Schilo sagten Elis Söhnen, sie sollten sich erst nach dem Opfer für JHWH das heraussuchen, was nach ihrem Urteil begehrenswert war (1 Sam 2, 16). Dtn 12, 20; 14, 26 meinen, daß es im Angesicht JHWHs am Heiligtum guten Sinn gab, Fleisch und Wein sorgfältig auszusuchen, um fröhlich zu sein vor „dem Herrn deinem Gott". Gerade in Verbindung mit Vokabeln des Begehrens scheint also *næpæš* die Urteilsfähigkeit dieses Begehrens herausstellen zu wollen. Westermann diskutiert diese Belege deshalb bereits unter dem Stichwort „Seele", obwohl er dies für nicht ganz geeignet hält. Es genügt, hier zu beobachten, daß die typisch menschliche Distanz, durch die man ein Verhältnis zu sich selbst haben kann, vorausgesetzt und gemeint ist. Das Wort „Seele" gibt hier einen falschen Ton, es sei denn, es bezeichne den *inneren* Vorbehalt des Urteils, die Indirektheit des Wunsches.

So gehören hierher wohl auch Ausdrücke wie Num 21, 5: „unsere *næpæš* ekelt sich ob des Manna"; Jer 50, 19: „Israel soll auf dem Gebirge Efraim seine *næpæš* sättigen"; Jes 66, 3: „die *næpæš* der Israeliten liebt ihre Schiqquzim"; Spr 25, 25: „eine gute Nachricht ist für eine ermüdete *næpæš* kühles Wasser" usw. Eine Fülle von Verben bezeichnet hier das Stillen des Verlangens: *śb' qal* 'satt werden' (Jer 31, 14; 50, 19; Ps 63, 6; 88, 4; 123, 4; Koh 6, 3; *pi* Ez 7, 19; *hiph* Jes 58, 10; *śābea'* Spr 27, 7; *śoba'* 'Sättigung' Spr 13, 25); *'ng hitp* 'sich laben' (Jes 55, 2); *rwh pi* 'bewässern' (Jer 31, 14; *hiph* Jer 31, 25 [par. *ml' pi*]); *dšn pu* 'fett machen' (Spr 11, 25; 13, 4). Unter diesen Belegen finden sich mit negativem Sinn Ps 88, 4 (mit Leiden gesättigt) und 123, 4 (übersatt an Spott) (nach Westermann 78f.).

Dieser Abschnitt wird am besten durch zwei entgegenlaufende, aber signifikante Anwendungen beschlossen. So darf man es charakteristisch finden, daß das Dürsten und Sehnen der *næpæš* sich auf Gott selbst (Ps 42, 2. 3; 63, 2; 119, 20. 81; 143, 6 [*næpæš* wie lechzendes Land, v. 2]) bzw. auf die Vorhöfe seines Hauses richten kann (Ps 84, 3). Das Begehren unterliegt damit nicht einer Sublimierung, sondern Vitalität (Johnson) findet auch auf diese Weise ihren Ausdruck, weil JHWH Leben schlechthin ist und die Dichter nie übersehen, daß der Mensch *næpæš* (gegen den Tod) ist. So auch Jes 26, 8. 9. – Unverbunden damit liest man beim philosophierenden Skeptiker eine Erörterung zur ungestillten Sehnsucht (Koh 6, 1–12 [schwieriger Text!]). Wahrscheinlich richtet sich die These gegen eine ungeschützte Verherrlichung von Sehnsucht als Lebensprinzip (so D. Michel).

Exkurs: Zur Übersetzung „Seele"

Bekanntlich ist es durchaus möglich, *næpæš* mit „Seele" zu übersetzen. Je unspezifischer, je naiver man dieses Wort gebraucht, um so richtiger und treffender würde die Übersetzung. In diesem Exkurs geht es lediglich darum, ob es angemessen ist, eine Bedeutung „Seele" für *næpæš* unter anderen Bedeutungen wie „Schlund", „Verlangen" usw. anzunehmen. Denn es ist inzwischen klar, daß man dem Befund zu fern bleibt, wenn man stets die Übersetzung „Seele" verwendet, so wie es z. B. J. Pedersen in seiner Arbeit „Israel, its Life and Culture" (Kopenhagen 1926) tat. Wegen der erreichten exegetischen Präzision darf man hier von Westermann 78–84 ausgehen (vgl. noch Wolff 35–37).

Westermann bemerkt immer wieder mit Recht, daß die spezielle Bedeutung „Seele" nur für einen relativ kleinen Teil von Belegen in Betracht kommen kann (abschließend 84). Im Kern ist es die „Stellengruppe, die von der *næpæš* Betrübtsein und Kummer (seltener Freudigkeit und Trost) auszusagen weiß" (79). Dazu komme das Hoffen auf JHWH (81). Wolff 35 war dem wie folgt vorausgegangen: „Ein kleiner Schritt führt von der *næpæš* als spezifischem Organ und Akt des Begehrens zu der erweiterten Bedeutung, bei der *næpæš* Sitz und Akt auch anderer seelischer Empfindungen und Gemütszustände wird." Überprüft man jedoch die Belege, die vor allem Westermann zu sichern suchte, können Zweifel nicht ausbleiben, und es scheint richtiger, das Ich oder das Selbst, wie vor allem in der Poesie gebräuchlich, als das Subj. von Kummer, Betrübtsein u. ä. anzusetzen.

Westermann 79f. beginnt mit den Belegen, die ein Bittersein oder Bittergemachtwerden der *næpæš* ausdrücken. Sie sind bei ihm seltsam überbewertet: „Es ist keineswegs zufällig, daß gerade die feste Verbindung *mar næpæš* etwas für das Verständnis von *næpæš* im AT Typisches zeigt: im Schmerz, in der Betrübnis, in der Verzweiflung, in der Verbitterung zeigt sich das Menschsein des Menschen besonders deutlich; gerade dies gehört zur 'Eigentlichkeit' (M. Heidegger) des Menschen." Die Wendung kommt jedoch gegenüber den anderen Beschreibungen viel zu selten vor, um eine solche Hervorhebung zu rechtfertigen. Sein Urteil begründet Westermann 81 damit, daß die *næpæš* viel häufiger mit Kummer etc. als mit Freude o. ä. zusammengebracht wird. Aber das reiche Belegmaterial beweist vielmehr, daß *næpæš* an sich eine lebensbejahende, lebenstrotzende Bedeutung hat. Mit Johnson handelt es sich um die Vitalität, die sprudelnde Lebensenergie, die Leidenschaftlichkeit, die die *næpæš* auszeichnet. *mar næpæš* bezeichnet daher des Menschen existentielle Uneigentlichkeit.

Die Asymmetrie zwischen Leiden und Schmerz einerseits, Empfindungen der Freude andererseits besagt also, daß die *næpæš* für sich schon Lebensfreude, Vitalität ausdrückt. Entsprechend liest man viel eher, daß die *næpæš* lobt, sich geradezu zum Loben auffordert (Westermann 81), als daß sie das Gegenteil von Kummer etc., nämlich Freude o. ä., erfährt (jedoch Lauha 81ff. mit Hinweis auf Jes 61, 10; Ps 35, 9; 71, 23; 86, 4). Die *næpæš* kann „fettgemacht werden" (*dšn*, Spr 11, 25; 13, 4), das ist für sie typisch. Ihr Wesen ist so lebensbejahend, daß sie einen selbständigen Ausdruck von Freude nur ergänzend verträgt: z. B. daß Erkenntnis für die *næpæš* süß ist (*n'm* Spr 2, 10); daß ein erzogener Sohn „deiner *næpæš* Wonne (*ma'adannîm*)" gibt. Beinahe definitorisch heißt es Ps 138, 3: „Du hast mich erhört am Tag, da ich dich rief / da du gabst meiner *næpæš* große Kraft." Und klassisch 116, 7: „Kehre zurück, meine *næpæš*, zu deiner *menûḥāh* / denn JHWH hat an dir gehandelt."

Ergänzend darf man hier die schöne Wendung vom Ausschütten der „Seele" anführen (1 Sam 1, 15; Ps 42, 5; Ijob 30, 16). Westermann 81 hat zur Erläuterung Ps 102, 1 heranziehen können, wo es heißt, daß der Beter seine *Klage* vor JHWH ausschüttet. Ist es demnach „das klagende Ich", das sich da ausschüttet, so ist unmittelbar klar, daß die Lebensenergie ihre Last durch Kummer und Plage bei JHWH abzugeben vermochte – die Erleichterung wird dem deutschen Sprachgefühl unmittelbar zugänglich. Dazu kommt Klgl 2, 12: „auf dem Schoß ihrer Mütter weinen die Kinder ihre *næpæš* aus".

Ein letzter Punkt darf hier Erwähnung finden. So wie *næpæš* nicht einfach „Leben" heißt, sondern die Individuation von Leben meint, als welches es faktisch vorkommt (s. 4.), so bezeichnet *næpæš* nicht die Seele als eine Nuance u. a., sondern die Seelenkraft, das Sprudeln von Personalität, die alle tristesse bannende Energie. Daß also gerade das Hoffen, Warten auf JHWH die *næpæš* zum Subj. hat (Ps 33, 20; 130, 5f.; Klgl 3, 25), entspricht dem ganz und gar. Mit Westermann 79 wird man hier auch die Belege für *næpæš* mit *šûb hiph/pol* anfügen: Ps 23, 3; Spr 25, 13; Rut 4, 15; Klgl 1, 11. 16. Als Beispiel mag Ps 19, 8 stehen: „das Gesetz JHWHs ... bringt wieder die Lebenskraft", so wie Noomis *næpæš* (Rut 4, 15) nach der Geburt des Sohnes Ruts aufgerichtet ist, nachdem die Kinderlosigkeit ihres Sohnes sie kraftlos gelassen hatte. Ganz bezeichnend heißt auch ein Bußritus *'innāh næpæš* (Jes 58, 3. 5; Ps 35, 13), der in Lev 16, 29. 31; 23, 27. 32; Num 29, 7; 30, 14 speziell für den Versöhnungstag angeordnet wird. Nach der Konkretion geht es um ein Herabdrücken der Lebensenergie, u.a. durch Hunger und Durst (Fasten) als Ausdrucksformen der Buße, die selbst ein *ʿinnāh-næpæš* sein dürfte. Nicht allgemein die Seele und nicht bloß der Nahrungsbedarf sind angesprochen, sondern der ganze Mensch als *næpæš*, als Lebensfreude und Vitalität.

3. Daß der Mensch ein Verhältnis zu sich selbst hat, wird nicht allein in den Fällen deutlich, wo *næpæš* das vitale Selbst bezeichnet, dort aber ganz unmißverständlich. Hierzu gibt es außerordentlich viele Belege, die nicht alle vorkommen müssen. Vielmehr genügt es, markante Beispiele zu wählen. Nach Gen 12, 13 sagte Abram zu Saraj: „Sag doch, du seist meine Schwester, damit es mir um deinetwillen gut gehe und durch dich meine *næpæš* am Leben bleibt." Sehr schön und ganz markant in der Sprachnuance redet Gen 19, 19f. (Lot zu JHWH): „Du hast mir große Gunst erwiesen, um meine *næpæš* am Leben zu erhalten ... Siehe, diese Stadt da ist nahe ..., dahin möchte ich mich retten ..., daß meine *næpæš* am Leben bleibe!" „Die Bitte: 'Laß mich doch leben!' heißt hebräisch nicht von ungefähr: 'Laß meine *næpæš* leben!' (1 Kön 20, 32)" (Wolff 45). Bileam kann nicht anders, als JHWHs Wort zu sagen, weshalb er ausruft: „Möge meine *næpæš* einen Tod der Aufrechten sterben!" Die Selbstaufforderung zum JHWH-Lob spricht für sich (Ps 103, 1. 2. 22; 104, 1. 35; vgl. Jes 61, 10; Ps 34, 3; 35, 9; 71, 23; 146, 1).

Westermann 90 zählt 86 Stellen für die Übersetzung von *næpæš* als Reflexivpronomen auf, Johnson 15 nennt zwischen 123 und 233 Stellen, je nach Interpretation. Die *næpæš* ist „das genaue Subjekt der Klagelieder des Psalters; sie ist erschrocken (6, 3), sie ist verzweifelt und ist unruhig (42, 6f. 12; 43, 5), sie fühlt sich schwach und verzagt (Jona 2, 8), sie ist erschöpft und fühlt sich wehrlos (Jer 4, 31), sie leidet unter Bedrängnissen (Ps 31, 8; vgl. Gen 42, 21), unter Mühsal (Jes 53, 11). Oft wird von der *næpæš* gesagt, sie sei 'bitter' (*mar* → מרר *mrr*), d.h. verbittert wegen Kinderlosigkeit (1 Sam 1, 10), bekümmert wegen Krankheit (2 Kön 4, 27), empört, weil gekränkt (Ri 18, 25; 2 Sam 17, 8) ..." (Wolff 36). Als eine feste Redeweise findet man die Bezeichnung „Mann/ Männer von bitterer *næpæš*" (Ri 18, 25; 1 Sam 22, 2; 2 Sam 17, 8). Es handelt sich um „outcasts" (Westermann), äußerst gefährliche Krieger, die zu allem entschlossen sind. Nicht ihre Seele, sondern ihr ganzes Wesen ist Zeuge der Verbitterung. Als eine Erhöhung der Intensität wird man es verstehen müssen, wenn die Brüder Josefs nach Gen 42, 21 sagen, sie hätten die Not seiner *næpæš* (nicht einfach *seine* Not) gesehen. Ganz ebenso wird beim Gottesknecht „die Mühsal seiner *næpæš*" (Jes 53, 11) anzusehen sein, man denke nur an den seine Qualen beschreibenden Kontext. Ganz altertümlich findet man das poetische Ich wohl schon in Ri 5, 21b („spanne, meine *næpæš*, die Kraft!").

Hierher gehört auch die dtn/dtr Wendung „lieben mit ganzer *næpæš*". Das Sprachgefühl erlaubt nur ausnahmsweise, die *næpæš* unmittelbar auf die Gottesbeziehung des Menschen anzuwenden (so Ps 63, 9 „meine *næpæš* klebt an JHWH / seine rechte Hand hält sie"). Denn „Gott ist im Himmel, du bist auf der Erde" (Koh 5, 1), d.h. der Abstand des tief vergänglichen Menschen zu dem, dessen Wort ewig steht, wäre bei direkter Beziehung verwischt. Daher schreibt die Wendung nicht vor, daß die *næpæš* Gott mit aller Kraft lieben solle. Vielmehr soll man Gott *mit* ganzer *næpæš* und mit ganzer Kraft lieben. Westermann 82 betont mit Recht, daß die Wendung durch das Wort *leḇ* „Herz als Sitz des Geistes, der Vernunft" einen reflektierten Charakter bekommen hat. Das verstärkt offenbar das Bewußtsein der Distanz. „Mit ganzer *næpæš*" ergänzt dann die Intensität des ganzen Wesens (Dtn 4, 29; 6, 5; 10, 12; 11, 13; 26, 16; 30, 2. 6. 10; Jos 22, 5; 23, 14; 1 Kön 2, 14; 8, 48 [= 2 Chr 6, 38]; 2 Kön 23, 25; vgl. 1 Chr 22, 19; 28, 9: mit williger *næpæš*). Reichlich kühn erscheint die einmalige Übertragung dieser Wendung auf JHWH Jer 32, 41: „Ich werde sie in dieses Land einpflanzen von ganzem Herzen und mit ganzer *næpæš*" (kaum leere Formel [so Westermann 83], sondern eid-artig). „Formelhaft ist die Wendung geworden, wo sie mit dem Halten der Gebote verbunden wird (2 Kön 23, 3 = 2 Chr 34, 31) ... Diese formelhafte Sprache zeigt auch Dtn 11, 18 (...): 'schreibt euch diese meine Worte ins Herz und in die Seele'. Hier ist aus *næpæš* etwas im Menschen Vorhandenes geworden ..." (Westermann).

Berücksichtigt man, daß *næpæš* das vitale Selbst ist, so bekommen die Ausdrücke des Abstoßens um so mehr Farbe (nach Westermann 83): *śnʾ* 'verabscheuen' (Lev 26, 11. 15. 30. 43; = „überdrüssig" Jer 14, 19); *qûṣ* 'Ekel empfinden' (Num 21, 5; Ps 106, 15 cj.?); *tʿb pi* 'verabscheuen' (Ps 107, 18; Spr 6, 16); *qûṭ niph* 'sich ekeln' (Ijob 10, 1); *j/nqʿ* 'überdrüssig werden' (Ez 23, 17. 18. 22. 28); *šeʾāṭ* 'Verachtung' (Ez 25, 6. 15; 36, 5).

Abschließend sei nachdrücklich daran erinnert, daß nach Gen 2, 7 der Mensch nicht ein vitales Selbst *hat*, sondern dieses *ist* (L. Köhler). Es empfiehlt sich daher nicht, das Haben bei irgendeiner der Bedeutungen von *næpæš* anzunehmen (Wolff, Scharbert), da dies zu einem Mißverständnis des anthropologischen Wesens von *næpæš* führen würde.

4. Die Bedeutung „Leben" wird allgemein angenommen. Ergänzt wird hier nur in Verfeinerung der bisherigen Arbeiten, daß nicht das Leben allgemein, sondern eben das in Individuen (Tier oder Mensch) vorkommende gemeint ist. „Ein wesentlicher Unterschied von der vorigen Gruppe ... besteht darin, daß in jener *næpæš* meist Subjekt ist, in dieser dagegen meist Objekt" (Westermann 85). Als Motto kann man gut Spr 8, 35f. voranstellen: „Wer mich (die Weisheit) findet, findet Leben (*ḥajjîm*), Wohlgefallen erlangt er bei JHWH. Wer mich verfehlt, verübt Ge-

walt (*ḥmṣ*) an seiner *næpæš*, alle, die mich hassen, lieben den Tod.“
2 Sam 23, 17 erzählt, daß David Wasser nicht trinken wollte, das seine Leute unter Einsatz ihres Lebens (*næpæš*) geholt hatten (= 1 Chr 11, 19); ähnlich Klgl 5, 9. *śîm b^ekap*, mit *næpæš* verbunden, bedeutet „das Leben riskieren“ (Ri 12, 3; 1 Sam 19, 5; 28, 21; Ijob 13, 14 [Ps 119, 109?]). Noch drastischer das sehr altertümliche Ri 5, 18: Sebulon und Naftali kämpften mit Todes-(*næpæš*!)Verachtung, vgl. Ri 9, 17 (Gideon *hišlîk napšô*). Daß es ums Leben geht, besagen Gen 19, 17; Dtn 4, 15; Jos 23, 11; 1 Kön 19, 3; 2 Kön 7, 7; Jer 17, 21; Spr 7, 23; Klgl 2, 19; Est 7, 7; 8, 11; 9, 16 (mit *'æl*, *'al*, *l^e* oder *b^e*). Daß es um individuiertes Leben geht, zeigt bes. deutlich 1 Sam 26, 21: Sauls *næpæš* war kostbar in Davids Augen, er schonte sie; vgl. 2 Kön 1, 13. 14; 1 Sam 26, 24 (*gdl*). „Weil die *næpæš* teuer und kostbar ist, muß auf sie geachtet werden (*drš* Ps 142, 5; *jd'* Ps 31, 8; Ijob 9, 21; *nṣr* Spr 24, 12; vgl. noch mit *gô'al* 'Abscheu' Ez 16, 5 'weil man dein Leben nicht achtete')“ (Westermann 86).
Viele Belege handeln vom Retten des Lebens. Fast alle Verben des Rettens können *næpæš* zum Objekt haben: *nṣl pi* (Ez 14, 14); *hiph* (Jos 2, 13; Jes 44, 20; 47, 14; Ez 3, 19. 21; 14, 20; 33, 9; Spr 14, 25; 23, 14; Subj. Gott: Jer 20, 13; Ps 22, 21; 33, 19; 56, 14; 86, 13; 116, 8; 120, 2); *niph* (Gen 32, 31); *mlṭ pi* (1 Sam 19, 11; 2 Sam 19, 6; 1 Kön 1, 12; Jer 48, 6; 51, 6. 45; Ez 33, 5; Am 2, 14. 15; Ps 89, 49; Subj. Gott: Ps 116, 4); *niph* (Ps 124, 7). Überhaupt nur mit dem Subj. Gott: *ḥlṣ pi* (Ps 6, 5); *plṭ pi* (Ps 17, 13); *jš' hiph* (Ps 72, 13); *pāḏāh* (2 Sam 4, 9; 1 Kön 1, 29; Ps 34, 23; 49, 16; 55, 19; 71, 23; Ijob 33, 28); *gā'al* (Ps 69, 19; 72, 14); *šûḇ hiph* 'wiederbringen' (Ps 35, 17; Ijob 33, 30); *šlḥ pi* 'freilassen' (Ez 13, 20); *jṣ' hiph* (Ps 142, 8; 143, 11); *'lh hiph* (Ps 30, 4 aus Totenwelt); *rp'* (Ps 41, 5); *ḥśk* 'zurückhalten' (Ps 78, 50; Jes 38, 17 cj.?) (nach Westermann 85). Besonders erwähnenswert ist der schöne Ausdruck 1 Sam 25, 29 „So möge die *næpæš* meines Herrn im Beutel der Lebendigen verwahrt sein bei JHWH deinem Gott; das Leben deiner Feinde aber soll er fortschleudern mit der Schleuderpfanne“ (dazu O. Eißfeldt, Der Beutel der Lebendigen, BSAW 105, 6, 1960).
Solchen Belegen entspricht eine außerordentlich große Zahl, die von der Lebensbedrohung handeln. Sie können und brauchen nicht alle aufgeführt zu werden. Signifikant hierfür ist die schon in frühen Texten auftauchende Formel „nach dem Leben trachten“ (*bqš pi* plus *næpæš*: 1 Sam 20, 1; 22, 23 [bis]; 23, 15; 25, 29; 2 Sam 4, 8; 16, 11; 1 Kön 19, 10. 14; Jer 4, 30; 11, 21; 19, 7. 9; 21, 7; 22, 25; 34, 20f.; 38, 16; 44, 30 [bis]; 46, 26; 49, 37; Ps 35, 4; 38, 13; 40, 15; 54, 5; 63, 10; 70, 3; 86, 14; Ex 4, 19). Von Furcht um das Leben reden Jos 9, 24; Jes 15, 4; Ez 32, 10. Wenn die Rettung aus solcher Bedrohung knapp wird, sagte man „das Leben zur Beute haben/geben“ (Jer 21, 9; 38, 2; 39, 18; 45, 5; → I 588).

Etwas genauer muß man die Belege betrachten, die von Tötung und Tötungsdelikten handeln. Am besten beginnt man bei der Talionsformel in ihrer wohl ältesten Fassung Ex 21, 23f.: Wenn ein Unfall geschieht, „sollst du geben *næpæš* anstelle von *næpæš*, Auge um Auge, Zahn für Zahn, Hand für Hand, Fuß für Fuß“. Da es sich um einen Unfall handelt und der Satz unter Schadenersatzregelungen steht, wird es sich (so mit M. Noth, ATD 5 z. St.) ebenfalls um Schadenersatz handeln. „Mit *næpæš* kann hier nicht ein Abstraktum 'Leben' gemeint sein, sondern nur das Ich in seiner Einzigkeit ...“ (Westermann 86). Nicht Schadenersatz, sondern der Tod droht, wenn jemand für eine andere *næpæš* haftet (z. B. als Wache 1 Kön 10, 24; vgl. Jos 2, 14). Einen Rechtsfall, bei dem *næpæš* um *næpæš* zur Verurteilung ansteht, erwähnt 2 Sam 14, 7, freilich mit der Bitte um eine Rechtsnormenentscheidung wegen des besonders gelagerten Falles. Während Lösegeld bei unfallartiger Tötung der *næpæš* zulässig war, wird es für Totschlag/Mord (fahrlässige Tötung) ausdrücklich untersagt (Num 35, 31). Im Falle, daß ein Rindbesitzer seinen Stier als stößig kennt und dieser eine *næpæš* tötet, war Lösegeld nach Maßgabe des von der geschädigten Familie Verlangten nur zulässig, wenn diese die Tötung nicht verlangte (Ex 21, 30). Eine allgemeine Norm nennt Lev 24, 17f.: „Wenn ein Mann eine *næpæš* erschlägt, soll er zu Tode gebracht werden. Wer die *næpæš* von Vieh erschlägt, muß es erstatten.“ Auf den jeweiligen Tatbestand wird nicht eingegangen, es scheint sich also um eine Normenklärung zu handeln. Ausführlich erörtert Dtn 19, 1–10 die Asylie bei unfallartigem Totschlag (vgl. auch Jos 20, 39). Dazu schreibt 19, 6 vor, daß der Bluträcher nicht irrtümlich den unglücklichen Verursacher in bezug auf die *næpæš* schlägt, weil er ihn schon erreicht hat. 19, 11 hat den Tatbestand des Mordes im Auge: dann soll der, der einem anderen das Leben nahm, von der Asylstadt ausgeliefert werden. Die Erwähnung der *næpæš* scheint der Präzision zu dienen und die Absichtlichkeit der Tat zu markieren. Eben dies stand Ruben vor Augen, als er Josefs Ermordung verhinderte (Gen 35, 21). Dtn 19, 21 schreibt vor, daß das Prinzip „*næpæš* für *næpæš*“ auch bei einer falschen Zeugenaussage gelten sollte, und 1 Kön 19, 2 gibt als Wort der Isebel wieder, sie werde Elijas *næpæš* setzen wie eine der Ba'alspropheten: Leben um Leben. Ijob 2, 4 bemerkt sentenzenhaft: alles tut ein Mensch für sein Leben, und Spr 13, 8 beobachtet, daß Reiche immer versuchten, mit ihrem Reichtum eine Lösegeldregelung zu finden.
Verwandt, aber wohl nicht völlig gleichartig ist die Vorstellung, daß bei einer Volkszählung/Musterung Gefahr von der Gottheit (die Leben nicht verrechnet haben will) droht, so daß ein *kopær*, eine Sühne, zu entrichten war (Ex 30, 12). Ähnlich erwähnt Num 31, 50 ein *kopær* als Abgabe an JHWH für errungene Beute. Über alle Grenzen geht Jes 43, 4, wenn JHWH dort sagt, er gebe Nationen für Israels *næpæš*. Offenbar hat man nicht an einen Rechtsakt zu den-

ken, sondern an geschichtliche Ereignisse von solchem Umfang, daß Israels Erlösung in einer Korrelation zum Untergang vieler Nationen stand, was angesichts des Großmachtgegners Babylon gewiß nicht unglaubwürdig war. Umgekehrt beteten die Jona begleitenden Seeleute zu JHWH, er möge sie nicht untergehen lassen um der *næpæš* Jonas willen, dessen Leben sie wegen seiner Schuld nehmen müßten. Dem Satan schrieb Gott im Thronrat vor, Ijob nicht die *næpæš*, das Leben, zu nehmen (Ijob 2, 6). Nur zweimal (1 Kön 19, 4; Jona 4, 3) gibt es die Bitte an JHWH, daß das Leben genommen werden möge – beidemal handelt es sich um Propheten.

Zur Begründung dessen, daß man das Blut eines Opfertiers, aber auch das profaner Schlachtungen nicht zum Verzehr freigeben kann, erklärt Dtn 12, 23: „Das Blut, das ist die *næpæš*"; Leben aber gehört JHWH allein. Ein Zusammenhang zwischen Blut und *næpæš* scheint auch Gen 37, 21 f. vorausgesetzt, da Rubens Intervention, Josef als *næpæš* nicht zu erschlagen, eine Fortsetzung findet: „Vergießt kein Blut, werft ihn vielmehr in eine leere Zisterne!" Die Identifikation Blut = *næpæš* (→ דם *dām*) ebenso wie die Anwendung auf das Verbot des Blutgenusses sind anscheinend das Neue in Dtn 12. Präziser formuliert Lev 17, 11: „Die *næpæš* des Fleisches, im Blut ist sie." Aber die Funktion ist hier eine andere; denn „ich gebe es (das Blut) für euch auf den Altar, um für eure *nepāšôṯ* Sühne zu schaffen; denn das Blut ist es, das durch die *næpæš* sühnt". Erst v. 14 kommt auf den Fall von Dtn 12, 23 zu sprechen: „Denn das Leben (*næpæš*) alles Fleisches, sein Blut (um seines Lebens [*næpæš*] willen) ist es, und so sagte ich zu den Israeliten: Das Blut allen Fleisches sollt ihr nicht essen, denn das Leben (*næpæš*) allen Fleisches ist sein Blut" (vgl. dazu B. Janowski, Sühne als Heilsgeschehen, WMANT 55, 1982) (→ כפר *kippær*). Mit dem Blutritus gehört vielleicht, wie Wolff 38 vorschlägt, das Ausgießen der *næpæš* zum Tode (Jes 53, 12; vgl. Ps 141, 8) zusammen, zumal in v. 10 ein weiteres Bild vom Opfer genommen ist: „Wenn seine *næpæš* ein Schuldopfer setzt (*'āšām*)." Es geht deutlich um eine Stellvertretung für fremde Schuld. Gen 9, 4 f. setzt das Verbot, das Fleisch mitsamt seiner *næpæš*, seinem Leben zu essen, für die ganze Menschheit fest. Man wird angesichts der gegenwärtigen Wirklichkeit gar nicht unterschätzen können, in wie hohem Maße hier *næpæš*, Leben, ausschließlich in Gottes Hand gehört, so daß sogar die Tiertötung die Respektierung der Gottzugehörigkeit des Lebens enthalten muß. Und so wird Gott nach v. 5 „euer Blut nach euren *nepāšôṯ* von der Hand eines jeden Lebewesens fordern", wenn eine Tötung erfolgt war.

Nicht ganz klar scheint mir die Einordnung der Schwurformel „So wahr JHWH lebt und meine/deine *næpæš*" (1 Sam 1, 26; 20, 3; 25, 26; 2 Sam 11, 11; 14, 19; 2 Kön 2, 2. 4. 6; 4, 30). Da der Schwur so etwas wie das Wirken der himmlischen Hand intendiert, darf man ihn hier erwähnen, obwohl seine Formulierung die vorige, die gegenwärtige und die nächstfolgende Bedeutung umfassen dürfte.

5. Hatten wir im vorigen Abschnitt *næpæš* als individuiertes Leben zu betrachten, so kann die Betonung offenbar leicht zum *lebenden Individuum*, zum Einzelwesen, zur Einzelperson übergehen. Der Sprachgebrauch hat den Vorteil, Mann und Frau zu umfassen. So ist dies auch der Sprachgebrauch der Personenaufzählung und möglichst exakter priesterlicher Rechtsvorschriften. Die Sprache knüpft an alte Rechtsvorstellungen an wie eben an die talio „*næpæš* für *næpæš*" (Ex 23, 12) und verallgemeinert die Terminologie für andere, alle Lebewesen erfassende Sachverhalte.

„Soll in kasuistischen Gesetzen, sowohl bei der Bestimmung des Tatbestandes als auch bei der Bestimmung der Tatfolge, der betreffende Täter möglichst allgemein bezeichnet werden, so eignet sich dazu weniger das ursprüngliche Kollektivum *'āḏām* (die Formel *'āḏām kî* . . . 'wenn jemand' begegnet im AT nur Lev 1, 2; 13, 9; Num 19, 4, s. Elliger, HAT I/4, 34) oder das die Frauen nicht einschließende *'îš* (vgl. Lev 17, 4. 9); als abstrakter, juristisch eindeutiger Begriff dient hier *næpæš* 'Mensch, Person, jemand'" (Westermann 89) (vgl. Gen 17, 14; Ex 12, 15. 16. 19; 31, 14; Lev 2, 1; 4, 2; 5, 1. 2. 4. 15. 17. 21; 7, 18. 20–21. 25. 27; 17, 12. 15; 18, 29 (pl.); 19, 8; 20, 6; 22, 3. 4. 6; 23, 29. 30; Num 5, 6; 9, 13; 15, 27. 28. 30. 31; 19, 13. 20. 22; 30, 3–13 sowie Ez 18, 4. 20). Ähnlich ist der Gebrauch von *næpæš* bei Personenzählungen, der freilich schon früh vorkommt (Jos 10, 28. 30. 32. 35. 37. 39; 11, 11; 1 Sam 22, 22; Jer 43, 6; 52, 30; vgl. aber auch Gen 46, 15–27; Ex 1, 5; 16, 16; Num 31, 28–46). Gen 36, 6 bezeichnet *næpæš* die engeren Familienangehörigen, 12, 5 dagegen die Abhängigen, d. h. je die, für die der Familienchef zuständig war.

Von der Bedeutung „Person, Individuum" her pflegt man (Wolff, Westermann, KBL³) neuestens abzuleiten, daß *næpæš* auch die Leiche bezeichnen soll. Da Vitalität die *næpæš* auszeichnet, muß ein solcher Gebrauch sehr überraschen. Demgegenüber hat D. Michel (in einem kommenden Artikel) darauf aufmerksam gemacht, daß Lev 21, 11 von *napšôṯ meṯ* spricht, der Tote also im Genitiv auf *næpæš* folgt. Da ferner *næpæš* fem. gebraucht wird, kann *næpæš meṯ* in Num 6, 6 nicht „tote *næpæš*", sondern nur „*næpæš* eines Toten" heißen. Der an allen Stellen (Lev 19, 28; 21, 1; 22, 4; Num 5, 2; 6, 11; 9, 6. 7. 10. 11. 13; Hag 2, 13) dieser Bedeutungsgruppe beschäftigende Vorgang der Verunreinigung wird Num 19, 11. 13 dahin präzisiert, daß die Berührung eines Toten *leḵōl-næpæš 'āḏām* bzw. *beḵōl-næpæš hā'āḏām 'ašær jāmûṯ* die Verunreinigung bewirkt. Daher kann die *næpæš* nicht die Leiche selbst, sondern nur etwas mit ihr Zusammenhängendes sein. Michel macht auf Num 19, 14 f. aufmerksam: wenn ein Mensch in einem Zelt stirbt, wird jeder, der sich im Zelt befindet oder es betritt, für sieben Tage unrein; „und jedes offene Gefäß, auf dem sich nicht ein verschnürter Deckel befindet, wird unrein" (Übers. nach M.

Noth, ATD 7). Das Beispiel des offenen Gefäßes beweist, daß *næpæš* bestimmt nicht die Leiche ist. Da *næpæš* Lebenskraft bedeutet, konnte man seinerseits fragen, was mit ihr nach dem Tode geschah. Bei der „überaus reichen Verwendung von *næpæš* für Leben bleibt zu beachten, daß der *næpæš* nie die Bedeutung eines im Unterschied zum leiblichen Leben unzerstörbaren Daseinskerns zukommt, der auch getrennt von ihm existieren könnte" (Wolff 40). Dann wird man annehmen dürfen, daß die Lebenskraft noch im Tode etwas Unheimliches, nur Gott Zugehöriges darstellt, in dessen Nähe Menschen Gottes nicht sein sollen. An den Totengeist zu denken (K. Elliger, D. Michel), empfiehlt sich wohl nicht, weil es für ihn ein eigenes Wort gibt. Ist *næpæš* hier die nicht mehr lebendig sich auswirkende, also gefährlich werdende Lebenskraft eines soeben Verstorbenen, so verstehen sich danach Lev 19, 28 (Verbot von Einschnitten); 22, 4; Num 5, 2; 6, 6. 11; 9, 6f. 10; Hag 2, 13 sprachlich mit Leichtigkeit, während Lev 21, 1 eine Überschrift bildet und nach den sie deutenden Belegen zu verstehen ist.

Priesterliche Präzision dürfte auch den Begriff *næpæš ḥajjāh* erfordert haben (Gen 1, 20 [2, 19 gl.]; 9, 10. 12. 15. 16 [*berîṯ*]; Lev 11, 10. 46; Ez 47, 9): er dient zur Bezeichnung der Tierwelt und kennzeichnet diese in ihrer Zusammengehörigkeit mit menschlichem Dasein nach der Seite der Individuation wie des Lebens – man erinnere sich an die Vorschrift, das Blut nicht zu sich zu nehmen. Bevorzugt handeln die Belege von einem lebenslustigen Wimmeln, doch wohl nicht ohne Absichten für das (nach oder in der Katastrophe des Exils) als bedroht empfundene menschliche Leben. Der Schöpfer also will Leben und nicht Tod.

6. Es muß auffallen, wie außerordentlich selten von der *næpæš* Gottes die Rede ist (nie belegt: *næpæš JHWH*) und daß *næpæš* sich nicht für eine feste Bildung wie „Angesicht, Arm, Herrlichkeit JHWHs" eignete. Möglich war nur ein sporadischer Gebrauch im Sinne dessen, daß auch Gott ein Verhältnis zu sich selbst hat. So schwört er nach Am 6, 8; Jer 51, 4 bei seiner *næpæš* (d. h. bei sich selber, → שבע *šbʿ*). Aus einer ähnlichen Wurzel kommt die schöne Wendung zur Einsetzung des Gottesknechtes: „an dem meine *næpæš* Wohlgefallen hat" (Jes 42, 1). Da spricht sich intensive Zuwendung aus. Dem folgt 1 Sam 2, 35: JHWH wird sich statt der Eliden „einen zuverlässigen Priester erwecken, der nach meinem *leḇ* und nach meiner *næpæš* tut". Der Merismus deutet wie im Dtn eine Vollständigkeit der Übereinstimmung an.

Leichter mag es gewesen sein, die Leidenschaft des Zornes Gottes, der ja nicht unbillig, sondern voller Gemeinschaftsbewußtsein war, durch *næpæš* zu verdeutlichen. So Jes 1, 14: die rigorose, bis in die letzten Tiefen der Lebendigkeit Gottes reichende Ablehnung der Feste und Gebete Jerusalems; so die Warnung an Jerusalem Jer 6, 8, „daß meine *næpæš* sich dir nicht entfremde" und die Bestätigung solcher Abwendung Jer 15, 1 (vgl. weiter Jer 5, 9. 29; 9, 8; Ez 23, 8; Sach 11, 8; Lev 26, 11. 30), die durchweg den Überdruß, die Abwendung nach großer Leidenschaft der Zuwendung artikulieren: „*næpæš* ist das Ich in seiner intensiven Intentionalität" (Westermann 92). Offenbar bleibt es dabei, daß *næpæš* nur äußerst selten von Gott ausgesagt werden kann und nur in jenem eingeschränkten Sinne.

Wenn man nun nach dem menschlichen Korrelat fragt und nicht zu sehr ins Allgemeine at.licher Religionsauffassung geht (rettendes, strafendes, segnendes Handeln Gottes an Menschen usw., so Westermann), so ist nur eine Beobachtung noch nennenswert. Bei Gottes Handeln an der *næpæš* des Menschen ist diese durchweg im Sinne von Leben verstanden, beim auf Gott gerichteten Handeln der menschlichen *næpæš* hat diese stets den Sinn des Sehnens, Verlangens (Westermann 94f.). Es entspricht der Zurückhaltung, mit der *næpæš* auf die Beziehung zu Gott angewandt wird, daß solches Verlangen und Sehnen nie auf einen Zugriff, ein Sich-Bemächtigen Gottes aus ist, sondern auf das wahre Menschsein im Angesicht Gottes. Die *næpæš* ist zweifellos gesund nur in solchem Verlangen nach Gott. Sie erschließt also menschliche Existenz nicht als ein „Vorlaufen zum Tode" (Heidegger), weil *næpæš* der Macht des Todes ganz und gar entgegensteht (s. o. II. Akkadisch). Sie erschließt die menschliche Existenz als ein Verhältnis zu sich selbst als der Lebensenergie, und diese gibt es nicht ohne ein Verhältnis zu Gott. So ist es ein zwar spätes, aber signifikantes Grundbekenntnis, das der hoch spirituelle Ps 16 anstimmt: „Du wirst meine *næpæš* nicht dem Tode überlassen!" (v. 10).

V. 1. Als Ausblick auf die weitere Entwicklung darf hier vermerkt werden, daß nachbiblisch eine erhebliche Veränderung des at.lich belegten Sprachgebrauchs erfolgt sein muß. Im Mhebr. wird man jedenfalls nicht mehr von einem anthropologischen Terminus sprechen dürfen. Zwar gibt es weiterhin die Bedeutungen „Leben, Person, Begierde, Appetit und Wunsch im Sinne von Absicht". Auch daß *dînê nepāšôṯ* „Lebens-(Kapital-)Prozesse" bezeichnen, kann nicht überraschen, selbst wenn der Ausdruck u.a. fremdbeeinflußt sein sollte (s. o. II.). Aber *næpæš* heißt nun z. B. auch „Aufmerksamkeit, Gedanke" (Dalman), es scheint also eine Annäherung an althebr. *leḇ* stattgefunden zu haben. Dies war ja bereits ganz ausnahmsweise in Dtn 11, 18 (s. o. IV. 3.) zu beobachten. *baʿal næpæš* heißt entsprechend mhebr. „sorgsam". Gegenüber dem at.lichen Gebrauch besonders überraschend scheint mir die Verbindung *næpæš rāʿāh* (aram. *nepaš bîšāʾ*) „(böse Absicht), Mißgunst". *næpæš* muß also inzwischen den at.lichen Ursinn von „Lebensfreude" verloren haben. Ähnliches gilt für die bereits 3 Q 15, I, 5 bezeugte Bedeutung 'Grabmal', die man mit KBL^3 (auch nabat. palm.) und der mhebr. Wendung *næpæš ʾaṭûmāh* 'Kenotaph' genauer als Memorialgrab im Unterschied zu aram. *qᵉḇûrā'* 'Grab' fassen muß. Da geht man wohl nicht mehr von der Anthropologie „Atem/Kehle – Verlangen – Person" aus, sondern von so etwas wie einem für die memoria bestimmten Fortleben einer Persönlichkeit. Eine gewisse Abstraktion des Nomens scheint unverkennbar.

2. Demgegenüber wird man den Befund der Qumrantexte überraschend nennen dürfen. Publiziert sind z. Z. etwas mehr als 150 Belege (unter Einschluß derer mit unsicherem Kontext). Ihr Gebrauch ist dem at.lichen relativ nahe geblieben, auch wenn in einigen Punkten Veränderungen und Erweiterungen vorliegen (s. o. zu „Grabmal"). Mit wenigen Strichen soll der bisher bekannte Befund hier nachgezeichnet werden. a) Soweit ich sehe, gibt es bisher nur einen Beleg für die Bedeutung 'Kehle/Schlund', nämlich 11 QPsᵃ 19, 8: „es brüllt (*šā'ag*; wie ein Löwe) meine *næpæš*, um zu loben deinen (Gottes) Namen". b) Zu „Verlangen, Gier, Wunsch etc.". In einem Lasterkatalog 1 QS 4, 9 erscheint der Habgierige (*rᵉḥaḇ næpæš*). Dann wird mir fraglich, ob 1 QH 12, 1 (Kontext fehlt) wirklich *tirḥa(ḇ) napšî* „weit ist mein Verlangen o. ä." zu lesen ist, das ergänzte *b* ist kaum richtig. In einem Gelübde heißt es 1 QS 10, 19, die *næpæš* des Sprechers sei nicht nach „Reichtum der Gewalttat" ausgerichtet. TR 53, 2 wird in Aufnahme von Dtn 12 das Begehren der *næpæš* nach Fleisch, TR 60, 13 das Verlangen der levitischen Priester, am Heiligtum zu sein, erwähnt. Unsicher ist leider der Text von 4 Q 499, 47, 1, in dem nur noch die Beziehung von *dbq* und *npš* erkennbar ist. Recht häufig findet man die dtn Wendung „mit ganzem *leḇ* und mit ganzer *næpæš*", meist in dtn-dtr geprägtem Kontext (1 QS 5, 9; CD 15, 9f. 12; TR 54, 13; 59, 10) und zweimal recht selbständig (1 QH 15, 10: „Mit ganzem *leḇ* und mit ganzer *næpæš* segne/rühme ich dich"; 4 QDibHam 2, 13 = 4 Q 504, 1–2, II, 13 neben der Wendung „um zu pflanzen deine Tora in unseren Herzen"). Die Verbitterung (*mrr*) kommt im Ps-Stil der Klage 1 QpHab 9, 11; 1 QH 5, 12 vor, vgl. etwa 1 QH 5, 34: die *næpæš* befindet sich in den Bitterkeiten des Tages. TR 25, 11 nimmt aus Pˢ die Jom-Kippur-Bestimmung auf „und an ihm sollt ihr demütigen eure *nᵉpāšôṯ*". Relativ häufig sind wieder Ausdrücke für das Verabscheuen der *næpæš*, so 1 QS 3, 11; 15, 18 (*tʿb pi*); CD 1, 21; TR 59, 9 (*gāʿal*) und besonders bemerkenswert 4 QDibHam 6, 7 = 4 Q 504, 1–2, VI, 7: „Wir haben nicht verachtet (*mā'as*) deine Versuchungen, und unsere *næpæš* hat nicht verabscheut (*gāʿal*) deine Schläge, so daß wir etwa gebrochen hätten deine *bᵉrîṯ* in aller Not unserer *næpæš*". c) Zu „vitales Selbst, Reflexivpronomen". Bis auf zwei Ausnahmen handelt es sich durchweg um Ps-Sprache. Die Ausnahmen seien vorweg genannt. In Aufnahme von Dtn 13 verbietet TR 54, 20 die Schonung auch des „Freundes, der wie deine *næpæš* ist". Daneben gibt es nur noch Verbote, sich zu verunreinigen (1 QS 11, 13; CD 12, 11f.; TR 51, 19) bzw. die Anordnung, daß nicht ins Heiligtum gehen soll, „wer unrein ist *lānæpæš* (am Leben, als Person?)". Wie sehr wieder *næpæš* den ganzen Menschen bezeichnet, geht etwa aus 1 QH 2, 7 hervor: „du stütztest meine *næpæš* durch Stärkung meiner Lenden". – Die Verwendung der Ps-Sprache fällt so originell aus, daß man einiges zitieren muß. In der Klage: 1 QH 2, 24 „von dir her (= mit deiner Zulassung) feinden sie an meine *næpæš*, damit du verherrlicht wirst"; 5, 17f.: „den ganzen Tag zermalmten sie (scil. die Frevler der Völker) meine *næpæš*; aber du, mein Gott, wendest den Sturm in Stille, und die *næpæš* (das Leben) des Armen hast du gerettet." Den Übergang zum Lob hat man noch deutlicher in 2, 28: „als mein *leḇ* schmolz, wurde stark meine *næpæš* in deiner *bᵉrîṯ*." Eher traditionell sind 1 QH 2, 29; 5, 39; 8, 29. 32; 10, 31; 11, 7. Nicht ganz klar scheint mir 1 QH 3, 25 „es weilte die *næpæš* des Armen in Verirrungen von Großem (*mᵉhûmôṯ rabbāh*)". In einer „apostrophe to Zion" 11 QPsᵃ 22, 15 kann es heißen „Freuen soll sich meine *næpæš* deiner (Zions) Herrlichkeit", und zum Abschluß sei als charakteristisch zitiert 1 QH 11, 30: „Erfreue die *næpæš* deines Knechtes mit deiner Wahrheit/Treue." d) Zu „Individuiertem Leben". Einmal wird die talio erwähnt, und zwar ausführlicher als in Ex. Sie lautet (TR 61, 12): „*næpæš* um *næpæš*, Auge um Auge, Zahn um Zahn, Hand um Hand, Fuß um Fuß ..." Hierhin gehören auch Aussagen über die Not und die Rettung des Lebens sowie eine Reihe zitatartiger Anwendungen, z. B. „Blut ist die *næpæš*" (TR 53, 6); in bezug auf das Leben (*næpæš*) ermorden (TR 66, 7); nach dem Leben trachten (TR 59, 19) und religionsgeschichtlich interessant 1 QH 2, 20: „Ich lobe dich, Herr, denn du hast meine *næpæš* getan in den Beutel des Lebens und abgewehrt um meinetwillen alle Wurfhölzer der Grube" (also nicht Auferstehungshoffnung). Von der Not meiner/seiner *næpæš* handeln 1 QH 9, 28; 15, 16; 4 QDibHam 6, 8 = 4 Q 504, 1–2, VI, 8. Lösegeld für die *næpæš* erwähnt 4 QOrd 2, 6 = 4 Q 159, 1, II, 6, und die Rettung wird immerhin durch *jšʿ hiph* (1 QH 2, 23); *nṣl hiph* (11 QPsᵃ 18, 15 [syr. Ps 2]); *mlṭ pi* (1 Q 27, 1, I, 4 [nicht gerettet]); *plṭ pi* (1 QH 9, 33); *ʿzr* (1 QH 7, 23 [|| aufgerichtet mein Horn!]) und *pdh* (1 QH 3, 19) ausgedrückt. Höchst originell ist schließlich wieder die Wendung 1 QH 3, 6 „(die Feinde) machten meine *næpæš* wie ein Schiff über den Tiefen (*mᵉṣôlôṯ*)". e) *næpæš* als Person, pl. „Leute" ist bisher nicht belegt. f) Einmal wird Gottes *næpæš* angesprochen, offenbar als Intensivierung des Ich: „was deiner *næpæš* gemäß ist" (1 QH 4, 21). g) Zuletzt sei als deutliche Erweiterung ein stark formelhafter Gebrauch von *ʿal næpæš* angeführt, der nach K. Beyer 640 Z. 5 eine Beziehung zu Vertragsverpflichtungen haben dürfte. So gleich in dem gewichtigen Text 1 QS 5, 8–10 („er soll auf sich nehmen [*jaqem ʿal napšô*], zum Gesetz zurückzukehren"), vgl. auch die Anspielung in 7, 3. Ins Ps-Gebet eingesetzt sagt 1 QH 14, 17: „Ich, ich habe Umgang (*jdʿ*) mit der Fülle deiner Güte, und im Schwur habe ich aufgerichtet *ʿal napšî*, daß ich mich nicht an dir versündige ..." (vgl. ferner CD

16,4–10; 16,1; TR 53,15–21; 54,4). Im gleichen Sinne rechtlicher Verpflichtung findet man *ʿl npšh* in den protokollartigen Aufzeichnungen DJD II, 24 C 19; D 20; 36,1–2. 6; 42,10; auf eine Frau bezogen: 29 verso 3. Dagegen geht es TR 48,9 um die Ablehnung einer Tätowierung (Lev 21,5) wegen der *næpæš* (im Zusammenhang abergläubischer Totenriten).

Seebass

יצב / נצב *nṣb / jṣb*

נִצָּב *niṣṣāḇ*, נְצִיב *neṣîḇ*, מַצָּב *maṣṣāḇ*, מַצָּבָה / מִ *mi/maṣṣāḇāh*, מֻצָּב *muṣṣāḇ*

I. Das Vorkommen – 1. Die doppelte Basis *nṣb/jṣb* im Hebr. – 2. Semit. Sprachen – 3. Wiedergabe durch LXX, S und Targ – II. Die Bedeutung der verbalen Formen – 1. Die Kausativstämme – 2. Das *niph* – 3. Das *hitp* – III. Die Nomina – IV. Theologische Aspekte – V. Qumran.

Lit.: *Y. Aharoni*, *neṣîḇ*, *neṣîḇîm*, *niṣṣāḇ*, *niṣṣāḇîm* (EMiqr 5, 914–966). – *D. R. Ap-Thomas*, Notes on Some Terms Relating to Prayer (VT 6, 1956, 225–241, bes. 227f.). – *A. Caquot*, Préfets (DBS 8, 273–286). – *A. Deissler*, Psalm 119(118) und seine Theologie (MThS I/11, 1955, 188–190). – *G. R. Driver*, Farewell to Queen Hussab (JThSt 15, 1964, 296–298). – *T. N. D. Mettinger*, Solomonic State Officials (CB.OT Series 5, Lund 1971). – *F. Pintore*, I dodici intendenti di Salomone (1Re 4, 7–19) (RSO 45, 1970, 177–207).

I. 1. Die in der gesamten semit. Sprachenfamilie verbreitete Basis *nṣb* (zur Ausnahme im Akk. s.u.) ist im Hebr. nur in den Kausativstämmen (*hiph* 21mal, *hoph* 2mal) und im *niph* (50mal) belegt; ein Grundstamm fehlt. Für das *hitp* wird die Wurzelvariante *jṣb* verwendet. Für diesen dem Hebr. eigentümlichen Wechsel zwischen *nṣb* und *jṣb* fehlt noch eine eindeutige Erklärung. Die Prävalenz der Basis *nṣb* in den anderen semit. Sprachen läßt vermuten, daß auch im Hebr. *nṣb* der eigentliche Bedeutungsträger ist. Brockelmann, VG I 601 und BLe § 55t halten deshalb *hiṯjaṣṣeḇ* für eine Analogiebildung zu den Verba *Iæ-jod* mit zweitem Radikal *ṣ*, die aufgrund der Formenübereinstimmung mit den Verba *Iæ-nun* zustandegekommen sei. Die Existenz der Basis *jṣb* im Aram. und vielleicht auch Arab. (s.u.) spricht allerdings dafür, daß in *jṣb* eine eigene Wurzelvariante zu *nṣb* auch im Hebr. anzunehmen ist. Die umgekehrte Erklärung, nach der *jṣb* die eigentliche Basis sei, da außer von *jāṣāʾ* von allen Verba *Iæ-jṣ* Formen gebildet werden, bei denen *j* assimiliert werde (GKa § 71; vgl. Even-Shoshan, A New Concordance of the Bible, Jerusalem 1982, 485), verbietet sich, da die Existenz der Basis *nṣb* durch das Nomen *neṣîḇ* gesichert und bei der weiten Verbreitung in den anderen semit. Sprachen auch zu erwarten ist.

2. Für die Basis *nṣb* kann KBL³ 674f. auf Belege aus fast allen Vertretern der nwest-, west- und südsemit. Sprachen verweisen. Zu ergänzen wäre noch das Asarab. mit dem Verb *nṣb* „errichten" und den Nomina *nṣb* „Grabstele" und *mnṣbt* Pl. „Säulen" (Biella 311). AHw 755a führt zwar für das Akk. das Lexem *naṣābu* II auf; dieses ist aber eine Entlehnung aus dem Westsemit.

Die mit der Basis verbundene Bedeutung läßt sich in allen Belegen auf die Grundbedeutung zurückführen „eine aufrechte Stellung einnehmen". Dem Hebr. am nächsten kommt dabei das Ugar. (im G-Stamm ʿaufstellenʾ, im N-Stamm ʿsich hinstellenʾ: UT Nr. 1685, WUS Nr. 1831); vgl. auch das Vorkommen in den Amarna-Briefen (AHw 755). Im Aram. und Syr. hat sich mit „pflanzen" für *nṣb pe.* und *pa.* und entsprechenden nominalen Ableitungen (Pflanzung, Setzling usw.) eine eigene Bedeutungsvariante herausgebildet, die sich jedoch aus der gemeinsemit. Grundbedeutung ableiten läßt. Weitere semantische Variationen besonders im Syr. (Brockelmann, LexSyr 442) sind als übertragene Anwendung der Bedeutung „pflanzen" zu verstehen.

Die Basis *jṣb* ist außer im Hebr. noch im Aram. zu belegen: bibl.-aram. im *pa. jaṣṣāḇāʾ* (Dan 7,19) und im adv. *jaṣṣîḇ* (Dan 2,8. 54; 3,24; 6,13; 7,16), im Targ Ex 12,19 mit dem Nomen *jaṣṣîḇāʾ* (für hebr. *ʾæzrāḥ*). KBL³ verweist auch auf ein arab. *waṣaba*.

3. Die alten Übersetzungen zeigen sich bei der Wiedergabe der Verben recht einmütig; Schwierigkeiten bereiten aber die Nomina. Die LXX gibt die Verben fast durchweg mit ἵστημι und seinen Komposita wieder, daneben wird nur noch στηλοῦν häufiger verwendet. Die seltene Wiedergabe durch andere Verben dient fast immer der Verdeutlichung, z. B. wenn Ps 119,89 das *niṣṣāḇ* mit (ὁ λόγος σου) διαμένει übersetzt wird. Da im Aram. und Syr. die Wurzel *nṣb* eine andere Bedeutung hat als im Hebr., benutzen Targ und S die Basis *qwm* (im Grundstamm und *pa.*, für das *hiph* das kausative *aph.*); Targ gibt *hiṯjaṣṣeḇ* ganz konsequent mit *ʿtd etpe.* wieder. Mit den abgeleiteten Nomina hat LXX die meisten Probleme: den Übersetzern sind die semantischen Unterschiede von *neṣîḇ*, *niṣṣāḇ* und *maṣṣāḇ* offensichtlich nicht mehr geläufig gewesen; sie zeigen daher Inkonsequenzen bei der Wiedergabe im gleichen Text (z. B. 1 Sam 14,1ff.) und lassen die hebr. Begriffe gelegentlich unübersetzt oder halten sie für Eigennamen (1 Sam 10,5; 13,3f.: Νασιβ ὁ ἀλλόφυλος). Targ hat sich auf *ʾisṭarṭēgaʾ* (= στρατηγός) als Standardbegriff für alle drei Nomina festgelegt und wendet es unterschiedslos an, sofern nicht eine abweichende Bedeutung vorliegt (wie zu Gen 19,26; Jos 4,3. 9; Jes 22,19; Ri 3,22). Am verständnisvollsten zeigt sich S; sie benutzt *qājemāʾ* für *maṣṣāḇ* und *neṣîḇ* (wo dieses ihrer Meinung nach für einen militärischen Posten steht) und *qājûmāʾ* (wo damit eine Person gemeint ist); im letzteren Fall wird auch *šallîṭāʾ* von ihr verwendet (1 Chr 18,6. 13; 2 Chr 17,2).

II. Wie schon der Blick auf die alten Übersetzungen zeigte, ist im verbalen Bereich eine relativ geringe semantische Variationsbreite zu erwarten. Da weder von *nṣb* noch von *jṣb* ein *qal* belegt ist, gehen wir bei der Bedeutungserhebung am besten vom kausativfaktiven *hiph* aus.

1. Das *hiph* ist zwar nur mit 21 Vorkommen vertreten, dafür in seinem semantischen Gehalt aber ziemlich eindeutig. KBL[3] gibt mit Recht nur als einzige Bedeutungsvariante 'hinstellen, aufrichten' an. Sie läßt sich recht gut an Gen 21,28f. illustrieren: Als Abraham beim Vertragsabschluß mit Abimelech die vereinbarten Tiere übergibt, stellt er sieben Lämmer abseits für sich (*l^{e}b̲add^{e}hæn*) hin. Das Verb bedeutet demnach „etwas (an einen bestimmten Ort) hinstellen". Der Ort muß nicht immer ausdrücklich angegeben werden; er kann als selbstverständlich oder nicht erwähnenswert weggelassen werden (so versteht sich z. B. von selbst, daß der Ochsenstachel an einem Stecken befestigt [*haṣṣîb̲*] wird, 1 Sam 13,21). Der Gegenstand, der „hingestellt" wird, muß nicht unbedingt aufrechtstehen. Deshalb kann *nṣb hiph* nicht nur vom Aufstellen einer Massebe (Gen 35, 14. 20; 2 Sam 18, 18; 2 Kön 17, 10), eines Denkmals (*jad̲*, 1 Sam 15, 21) oder eines Wegweisers (Jer 31, 21) verwendet werden, sondern auch für das Errichten eines Altars (Gen 33, 20; die Korrektur von *mizbeaḥ* in *maṣṣeb̲āh*, von BHS noch immer vorgeschlagen, ist jedenfalls nicht aus sprachlichen Gründen notwendig), das Aufschütten eines Steinhaufens (2 Sam 18, 17) oder das Aufstellen einer Klappfalle (Jer 5, 26) gebraucht werden. In abgeblaßtem Sinn, ohne Bezug auf „stellen", kann *nṣb hiph* schließlich soviel wie „anbringen" heißen (1 Sam 13, 21 einen Ochsenstachel; Jos 6, 26; 1 Kön 16, 34 Torflügel). Fast zum term. techn. wird die Wortverbindung *haṣṣîb̲ g^{e}b̲ûl(ôt̲)* „Grenze(n) festsetzen" (Dtn 32, 8; Ps 74, 17; Spr 15, 25). Nur zweimal ist ein Mensch Obj. von *nṣb hiph*; beidemale ist JHWH Subj. Klgl 3, 12 ist ein Vergleich verwendet: der klagende Beter fühlt sich vor JHWH hingestellt „wie eine Zielscheibe für den Pfeil". Auch Ps 41, 13 ist nur im übertragenen Sinn von „hinstellen" die Rede.

Das *hoph* als Passiv hierzu ist lediglich Gen 28, 12 sicher bezeugt. Ri 9, 6 dient das Ptz. *hoph* zur näheren Beschreibung des *'elôn*-Baumes, bei dem Abimelech zum König gemacht werden soll. Was damit gemeint ist, konnten schon die alten Übersetzungen nicht mehr herausfinden; die übliche Korrektur in *maṣṣeb̲āh* ist zwar ansprechend, aber von ihnen nicht gedeckt. Eine „crux interpretum erster Klasse" steckt in den Anfangsworten von Nah 2, 8; hierzu hat Rudolph, KAT XIII/3, 168 den zahlreichen Korrekturvorschlägen einen weiteren hinzugefügt, der zwar das *hoph* von *nṣb* beläßt, aber deswegen nicht zu überzeugen vermag, weil er eine Bedeutung dafür voraussetzt ('einstellen' i.S.v. einordnen), die sonst nicht zu belegen ist. Der Text bleibt rätselhaft.

2. Von den 50 Belegstellen für *niph* entfallen 43 auf Formen des Ptz. Das Verb dient demnach im N-Stamm vor allem der Beschreibung eines Zustandes; häufig gehen Verben des Sehens oder *hinneh* voraus (Gen 18, 2; 24, 13. 42; Ex 18, 4 u. ö.). „(Abraham) erhob seine Augen und blickte auf, siehe, da standen drei Männer vor ihm (*hinneh ... niṣṣāb̲îm*)". Es geht dabei nicht um einen dauernden Zustand, sondern um die Beschreibung dessen, was jetzt, in diesem Augenblick zu sehen ist: jmd. hat sich hingestellt und steht nun da. Der N-Stamm will gerade diese semantische Nuance betonen. Das „Stehen" kann dabei eine vorausgegangene Bewegung oder Handlung implizieren; besonders dann, wenn finite Verbformen (Befehls- oder Wunschformen) angewendet werden: „Stell dich auf den Felsen" (Ex 33,21; 34, 2); „Geh zum Pharao ... und stell dich ihm entgegen" (Ex 7, 15). Noch häufiger drückt *niṣṣāb̲* allerdings die spannungsvolle Erwartung eines Geschehens aus (Ap-Thomas 227): Der Knecht Abrahams steht (*niṣṣāb̲*) an der Quelle in der Erwartung, daß JHWH ihm ein Zeichen geben wird (Gen 24, 13. 43; vgl. auch Ri 18, 16; Am 9, 1; Spr 8, 2). *niṣṣāb̲* ist also eigentlich nicht geeignet, ein statisches Verharren in einem Zustand wiederzugeben; die semantische Nuance „feststehen" ist hier nicht zu erkennen. Das gilt auch für Ps 119, 89: „Auf ewig, JHWH, steht dein Wort im Himmel." Im Fortgang der Lamed-Strophe ist gerade von der dynamischen Wirksamkeit des *dāb̲ār* die Rede; dieser Aspekt trifft sich mit der Bedeutung von *niṣṣāb̲*: JHWHs Wort ist – einmal ausgesprochen und dadurch „hingestellt" – bereit, seine Wirkmacht zu entfalten (Deissler 188ff.). Von dieser Stelle abgesehen, wird *niṣṣāb̲* nur einmal mit nicht-personalem Subj. gebraucht: „Josefs Garbe richtete sich auf (*qāmāh*) und blieb stehen (*w^{e}gam-niṣṣāb̲āh*)" (Gen 37, 7). Hier wird zwar ein Verharren ausgedrückt, aber der Nachdruck liegt auf dem Vorgang des Sich-Aufrichtens.

Natürlich entfaltet *nṣb niph* nicht immer alle semantischen Möglichkeiten. So dient *niṣṣāb̲ 'al* Ex 18, 14 dazu, den Gegensatz zwischen dem sitzenden Mose und dem anstehenden Volk hervorzuheben. An anderer Stelle kann es aber einfach die Umstehenden (1 Sam 4, 20; Gen 45, 1: alle Anwesenden) oder fast im Sinne eines term. techn. die ständigen Begleiter des Königs Saul bezeichnen (1 Sam 22, 6f.; in v. 17 ist es dagegen nur attributives Ptz. zu *rāṣîm*).

Dem *nṣb niph* kommt jedoch in bestimmtem Zusammenhang auch passivische Funktion zu. An der zuletzt genannten Stelle wird auch der Edomiter Doëg erwähnt *niṣṣāb̲ 'al-'ab̲d̲ê-šā'ûl* (v. 9). Versteht man *niṣṣāb̲ 'al* hier ebenso wie in v. 6f., dann ist Doëg nur ein zufällig dabeistehender untergeordneter Diener Sauls (H. J. Stoebe, KAT VIII/1, 409). Nun kann aber, wie Rut 2, 5f. zeigt, das gleiche *niṣṣāb̲ 'al* auch die Stellung einem Untergebenen gegenüber bezeichnen, z. B. die des Vorarbeiters bzw. Aufsehers gegenüber den Schnittern. Es ist zu beachten, daß *niṣṣāb̲ 'al* im ersten Sinn („die Umstehenden") immer im Pl. und in Beziehung auf ein Individuum (*'ālājw*) gebraucht wird, während im zweiten Fall die Stellung eines einzelnen einer Gruppe gegenüber beschrieben wird. Das *niph* hat demnach hier passive Bedeutung: „einer, der über andere gestellt ist"; damit kommt zum Ausdruck, daß er diese Stellung einem anderen verdankt und nicht aus eigener Vollmacht ausübt. In dieser semantischen Variante ist das Ptz. *niṣṣāb̲* zur

Amtsbezeichnung geworden. In der Liste der obersten Hofbeamten Salomos (1 Kön 4, 2–6) nennt v. 5 Asarja ben-Natan als *ʿal hanniṣṣāḇîm*. Damit sind nicht die ständigen Begleiter des Königs i. S. v. 1 Sam 22, 6f. gemeint (so hat V es aufgefaßt), sondern die in 1 Kön 4, 7 bzw. 5, 7 als *niṣṣāḇîm* bezeichneten Verwaltungsbeamten, deren Amt etwa dem eines Provinzgouverneurs entspricht (vgl. die Definition ihrer Aufgabe und die Namensliste 4, 7. 8–19a; A. Caquot 273 ff.).

niṣṣāḇîm werden auch 1 Kön 5, 30; 9, 23 und 22, 48 genannt. 1 Kön 9, 23 (5, 30 ist von dieser Stelle abhängig, Noth, BK IX/1, 93) ist von der Organisation der im königlichen Auftrag durchgeführten Arbeiten die Rede; sie werden von 550 *śārê hanniṣṣāḇîm* angeleitet. Dieser Begriff läßt eine doppelte Auslegung zu: man kann „Oberaufseher" darunter verstehen (so Šanda, EHAT 9/1, 109) oder die *śārîm* als Unterbeamte der Provinzgouverneure (*niṣṣāḇîm*) verstehen (Noth, BK IX/1, 93. 219). Da *niṣṣāḇîm* an sich ein unspezifischer Ausdruck ist (vgl. unser „Vorgesetzter") und beide Bedeutungen dafür belegt sind, ist eine überzeugende Entscheidung zwischen den beiden Möglichkeiten kaum zu treffen. Die alten Übersetzer helfen kaum weiter; sie haben sich dem Problem dadurch entzogen, daß sie nur einen der beiden Begriffe wiedergeben oder *niṣṣāḇîm* als attributives Ptz. zu *śārîm* interpretieren (LXX^{Or}, V zu 9, 23; S, LXX^{A} zu 5,30); außer S zu 9, 23 (*qājûmā'*) hat offenbar keine der alten Übersetzungen in den *niṣṣāḇîm* die vorher erwähnten Provinzgouverneure wiedererkennen wollen. Kombinationen aufgrund der Zahlenangaben sollte man unterlassen, da die Zahl der den einzelnen *śārîm* unterstellten Werkleute nicht bekannt ist (gegen Šanda).

1 Kön 22, 48 *ûmælæḵ 'ên bæ'æḏôm niṣṣāḇ mælæḵ* soll nach der masoret. Akzentuierung heißen: „Einen König gab es nicht in Edom; ein *niṣṣāḇ* war König", wobei offenbar an einen Statthalter gedacht ist. Dagegen haben S, LXX^{Or}, V *niṣṣāḇ* als prädikatives Ptz. aufgefaßt, dabei jedoch das zweite *mælæḵ* zum Folgenden gezogen bzw. weggelassen. LXX 16, 28e (= MT 22, 48) liest *'arām* für *'æḏôm* und läßt νασιβ unübersetzt (was allerdings *neṣîḇ* voraussetzt); ungewiß bleibt, ob sie νασιβ als Teil des Namens Συρια verstanden hat oder als term. techn. unübersetzt (oder unverstanden) belassen hat. Es ist an sich nicht unwahrscheinlich, daß das mehrdeutige *niṣṣāḇ* hier entgegen dem sonstigen Sprachgebrauch zur Bezeichnung eines Statthalters im unterworfenen und abhängigen Gebiet benutzt wird; doch sollte man bei der unbefriedigenden textkritischen Lage darauf verzichten, aus dieser Stelle weitreichende Schlüsse über die staatsrechtliche Lage Edoms zu ziehen. Wir müssen uns damit abfinden, daß *niṣṣāḇ* keine eindeutig definierbare Amtsbezeichnung ist.

Ganz problematisch ist der Sinn des *hanniṣṣāḇāh* Sach 11, 16. Falls es nicht von einer anderen Basis *nṣb* II (KBL³, vgl. GesB mit Verweis auf arab. *naṣiba*) abzuleiten ist, muß man mit S, Targ und V („das, was steht") und vor allem LXX ὁλόκληρον dem Verb einen positiven Sinn abverlangen („das Aufrechtstehende", also Gesunde). Rudolph (KAT XIII/4, 203), der sich wieder für diese Übersetzung ausgesprochen hat, sieht wohl mit Recht hier eine Metapher, die vom Menschen her genommen ist.

3. Vom *hitp* zu *jṣb* lassen sich 47 Belege zählen, zu denen noch Ez 26, 20 hinzuzunehmen ist (text. emend. nach LXX ἀναστα9ῆς: *welô' ṯešeḇî* [al.: *tāšuḇî*] *weṯiṯjaṣṣeḇî* für *wenaṯattî ṣeḇî*). Andererseits ist Ijob 38, 14 in *weṯiṣṭabbaʿ* zu ändern (vgl. BHS, KBL³, Fohrer, KAT XVI 492). Das *teṯaṣṣaḇ* von Ex 2, 4 ist wohl eher Schreiberversehen für *tiṯjaṣṣaḇ* (so Sam.; vgl. S und Targ); dagegen will J. Blau (VT 7, 1957, 387) hier eine nicht mehr gebräuchliche t-Form des *hiph* erkennen.

In seiner Bedeutung steht *hiṯjaṣṣeḇ* dem *niṣṣāḇ* sehr nahe, ohne ganz mit ihm identisch zu sein. Die nahe Verwandtschaft zeigt sich im Wechsel der beiden Verben in der Plagenerzählung (J) (Ex 7, 15 [*niph*]; 8, 16; 9, 13 [*hitp*]). In der Bileamgeschichte (Num 22) wird ebenfalls zwischen den beiden Verben gewechselt, hier wird allerdings auch die semantische Differenz greifbar. Der Gottesbote „stellte sich auf den Weg als Widersacher für ihn" (*hitp*: Beschreibung eines Vorganges, v. 22); die Eselin aber sah ihn „auf dem Wege stehen" (*niph*: Beschreibung der Situation, v. 23, vgl. vv. 31. 34). Der gleiche Unterschied findet sich auch zwischen Num 23, 3. 15 (*hitp*) und 23, 6. 27 (*niph*). Diese Beobachtung wird dadurch gestützt, daß vom *niph* vorzugsweise das Ptz., vom *hitp*, dagegen nie das Ptz. verwendet wird, dagegen 15mal der Imperativ, fast ebenso oft Impf. cons. und narratives Impf. Ohne Zweifel haftet dem *jṣb hitp* im Unterschied zu *nṣb niph* nicht der Ausdruck des Zustandes „stehen" an, sondern der des Vorganges „sich (hin)stellen". Dagegen kann KBL³ „sich (fest) hinstellen" als erste Bedeutung nicht bestätigt werden.

Mehrmals steht *jṣb hitp* auch parallel zu *ʿmd* (2 Sam 18, 30; Hab 2, 1; 2 Chr 20, 17). Dabei zeigen sich die gleichen Differenzen: *hiṯjaṣṣeḇ* erfaßt den Vorgang des Sichstellens, während *ʿmd* den Zustand ausdrückt. „Der König sagte: Kehrt! Stell dich dorthin (*hiṯjaṣṣeḇ*)! Und er machte kehrt und blieb stehen (*wajjaʿamod*)."

Auch bei *jṣb hitp* spielt die Ortsangabe eine Rolle; doch hat man den Eindruck, daß es dabei weniger um die Lokalisierbarkeit des Geschehens, als um das Verhältnis der handelnden Personen zum Geschehen geht. Moses Schwester stellt sich von ferne hin (Ex 2, 4, natürlich um sehen zu können, ohne bemerkt zu werden); dagegen muß Mose *lipnê parʿoh* treten, weil er sich mit ihm auseinanderzusetzen hat (Ex 8, 16; 9, 13). Das Volk stellt sich am Fuß des Berges auf, weil es zwar Gott begegnen soll, aber doch die notwendige Distanz wahren muß (Ex 19, 17 usw.). Hierher gehört auch 2 Sam 18, 13, wo *tiṯjaṣṣeḇ minnæḡæḏ* soviel wie „du wirst dich (aus der Sache) heraushalten" bedeutet.

hiṯjaṣṣeḇ kann die Bedeutungsnuance „sich aufstellen" annehmen, besonders dann, wenn als Subj. ein Kollektiv oder eine Mehrzahl auftritt. Damit verbin-

det sich dann die Vorstellung einer geordneten Versammlung (Ex 19, 17; 1 Sam 10, 19 „nach euren Stämmen und Tausendschaften"; vgl. Num 11, 16; Jos 24, 1; Ri 20, 2; 2 Chr 11, 13).
Von dieser Bedeutungsnuance leitet sich die Verwendung von *hitjaṣṣeb̲* im militärisch-kriegerischen Kontext her. Der Philister Goliat kam morgens und abends und stellte sich (zum Kampf bereit) hin (*wajjitjaṣṣeb̲*, 1 Sam 17, 16). Mitten unter anderen eindeutig militärtechnischen Ausdrücken findet sich *hitjaṣṣeb̲* Jer 46, 4; es hat dann etwa die Bedeutung „antreten" (Jer 46, 14; Hab 2, 1) und ist term. techn. der militärischen Befehlssprache. Daher ergibt in Ps 2, 2 *jitjaṣṣ^eb̲û* einen durchaus passenden Sinn und bedarf keiner Korrektur (so richtig Kraus, BK XV/1⁵, 143). Die gleiche Bedeutung, nur übertragen auf die Auseinandersetzung des Beters mit den *po'^alê 'āwæn*, hat die Aufforderung *mî-jitjaṣṣeb̲ lî* Ps 94, 16.
Von der gleichen semantischen Variante „Aufstellung nehmen" her läßt sich auch die Verwendung von *hitjaṣṣeb̲* Sach 6, 5; Ijob 1, 6; 2, 1; Spr 22, 29 erklären; es nimmt dabei eine Bedeutung an, die sonst eigentlich durch *'md lipnê* ausgedrückt wird: „dienstbereit vor jmd. stehen, in jmds. Dienste stehen" (Spr 22, 29).
Besonders im dtr Sprachgebrauch (Dtn 7, 24; 9, 2; 11, 25; Jos 1, 5), aber auch Ijob 42, 2; 2 Chr 20, 6 heißt *hitjaṣṣeb̲* „standhalten vor (*lipnê/bip̄nê*)". Auch hier ist zu vermuten, daß der militärisch-techn. Gebrauch von *hitjaṣṣeb̲* den Ausgangspunkt bildet (vgl. 2 Sam 23, 12; 1 Chr 11, 14). Im übertragenen Sinn können die Gibeoniter ihre Lage so schildern „daß wir uns in den Grenzen Israels nicht halten konnten (*mehitjaṣṣeb̲ bek̲ŏl-g^eb̲ul jiśrā'el*", 2 Sam 21, 5). Ähnlich ist der Sprachgebrauch Ps 5, 6 und Ez 26, 20 (Text. emend.).

III. Nur von der Basis *nṣb* kommen im Hebr. Nominalbildungen vor.
1. *niṣṣāb̲* nach der Form *qiṭāl* mit sekundärer Gemination (BLe § 61 i β, 474) ist nur einmal (Ri 3, 22) zu belegen. Es bezeichnet das Heft des Dolches oder Schwertes, in das die Klinge eingesteckt wird (BHHW I 348, BRL² 57 ff.). – In allen anderen Fällen ist *niṣṣāb̲* Ptz. *niph* (s. d.).
2. Nach der Form *maqṭāl* ist das Nomen *maṣṣāb* gebildet (10mal), zu dem als fem. das bedeutungsgleiche *maṣṣāb̲āh* (1 Sam 14, 12) gehört (falls hier nicht ein Schreibfehler für *maṣṣāb̲* vorliegt, vgl. LXX μεσσαβ). Es bezeichnet den Ort, an dem etwas steht bzw. hingestellt ist, also die Stelle, die Stellung (Posten). Die Stelle, an der die Priester mit der Lade standen, wird Jos 4, 3. 9 als *maṣṣab̲ raḡlê k̲oh^anîm* bezeichnet. In übertragener Bedeutung (wie im Deutschen) bezeichnet *maṣṣāb̲* Jes 22, 19 den Posten des Palastvorstehers Schebna (par. *ma'^amād̲*). Alle übrigen Belege beziehen sich auf die „Stellungen", d. h. die Besatzungsposten, die die Philister im Lande eingerichtet haben (1 Sam 13, 23; 14, 1.4.6.11.15; 2 Sam 23, 14; *maṣṣāb̲āh* 1 Sam 14, 12). Genauer gesagt ist der Posten als militärische Einheit damit gemeint: man kann sich ihm zeigen (14, 11); er rückt aus (*jāṣā'* 13, 23), erschrickt (14, 15). Falls 14, 12 *maṣṣāb̲āh* mehr als ein Versehen ist, könnte hier der Posten als Einrichtung von der Mannschaftseinheit unterschieden werden.

Sach 9, 8 haben die Masoreten *miṣṣāb̲āh* vokalisiert und wollen es als *miṣṣāb̲ā'* „vor dem Heer (das ein- und auszieht)" verstanden wissen, vgl. V *ex his, qui militant mihi.* Sowohl LXX ἀνάστημα wie S *qājûmā'* weisen aber auf *maṣṣāb̲āh* als Ableitung von *nṣb* hin. Entsprechend 1 Sam 14, 12 ist JHWH dann als Sicherheitsposten vorgestellt, der sich um sein Heiligtum lagert. Trotz der von Nowack z. St. vorgebrachten Bedenken bleibt kaum eine andere Lösung (Rudolph, KAT XIII/4, 169).

3. Versteht man *muṣṣāb̲* Ri 9, 6 als Verbalform (s. o. II. 1.), dann ist Jes 29, 3 der einzige Beleg für die Verwendung des Ptz. *hoph* von *nṣb* als Substantiv. LXX mit der Übersetzung χάραξ, V mit *agger*, Targ mit *karkôm* (= χαράκωμα) sowie die parallelen Ausdrücke *dûr* („Wall"; die noch von KBL³ vertretene Korrektur nach LXX in *dwd* ist unnötig, vgl. O. Kaiser, ATD 18, 210 Anm. 4) und *m^eṣurot̲* lassen *muṣṣāb̲* als term. techn. der Belagerungstechnik erkennen, auch wenn seine genaue Bedeutung unbekannt ist.
4. Als besonders problematisch erweist sich das Nomen *n^eṣîb̲*; es ist nach *qaṭīl* gebildet (die Vokalisierung des st. abs. 1 Kön 4, 19 ist „wahrscheinlich als Aramaismus des Punktators aufzufassen", Brockelmann, VG I 357; vgl. LXX νασιφ bzw. νασειβ). Für *n^eṣîb̲(îm)* gibt es 11 Belege, von denen einige allerdings textkritischen Bedenken unterliegen.

1 Sam 10, 5 haben LXX, S und V den Sing., entsprechend der sonst im st. cstr. üblichen Verbindung mit *p^elištîm* (1 Sam 13, 3. 4; 1 Chr 11, 16); auch inhaltliche Gründe sprechen für den Sing. 2 Chr 8, 10 ist mit Q^erê und MSS das dem parallelen 1 Kön 9, 23 entsprechende *niṣṣāb̲îm* zu lesen. Andererseits dürfte das 1 Chr 18, 6 im MT fehlende Obj. mit 2 Sam 8, 6 und den alten Übersetzungen als *n^eṣib̲îm* zu ergänzen sein. Zu 1 Kön 4, 19 s. u.

Die wörtliche Bedeutung von *n^eṣîb̲* geht aus Gen 19, 26 klar hervor: „Säule" bzw. „Stele" (G. Ryckmans, Mus 71, 1957, 130–132; J. A. Fitzmyer, JAOS 81, 1961, 190). Sie ist allerdings nur an dieser Stelle gegeben; die gelegentlich (Wellhausen, Schulz, de Vaux) vertretene Übersetzung „Siegesstele" zu 1 Sam 10, 5 beruft sich zu Unrecht auf LXX und S (weder ἀνάστημα noch *qājemtā'* führen zwingend auf „Säule") und ist aufzugeben. Außer Gen 19, 26 kommt *n^eṣîb̲(îm)* immer im übertragenen Sinn vor („Säule" im Sinne einer Stütze fremder Herrschaft); es bleibt aber im Einzelfall fast immer unklar, ob damit eine Einzelperson („Vogt", militärischer Befehlshaber) oder eine militärische Abteilung bzw. Einrichtung („Posten", Garnison) gemeint ist.

Leider tragen die alten Übersetzer zur Klärung nichts bei; sie lassen vielmehr in der Wiedergabe von *n^eṣîb̲* eine deutliche Unsicherheit erkennen. Sie wechseln anscheinend willkürlich zwischen personalen Begriffen und institutionellen Bezeichnungen. Die enge Verwandtschaft mit *niṣṣāḇ* (i.S.v. Vorsteher) und *maṣṣāḇ* (i.S.v. Besatzungsposten) zeigt sich darüber hinaus in gelegentlicher Austauschbarkeit (oder Verwechslung; vgl. 1 Chr 11, 16 mit 2 Sam 23, 14; 2 Chr 8, 10 Ketîb und Qerê).

An acht von zehn Stellen dienen die *neṣîḇîm* unzweifelhaft der Herrschaftsausübung in fremdem Gebiet: der der Philister in Benjamin (1 Sam 10, 5; 13, 3f.) bzw. Juda (1 Chr 11, 16), der Davids über Aram-Damaskus (2 Sam 8, 6) und Edom (2 Sam 8, 14; 1 Chr 8, 13) und der Joschafats über „die Städte Efraims, die sein Vater Asa eingenommen hatte" (2 Chr 17, 2). Solcherart Herrschaft wird durch militärische Besatzungsposten unter dem Befehl eines Besatzungsoffiziers ausgeübt („Vogt" ist dafür eine etwas unglückliche Bezeichnung, da es sich nicht um einen Verwaltungsbeamten handelt). Posten und militärischer Befehlshaber gehören aber sachlich zusammen und können daher auch mit dem gleichen Begriff bezeichnet werden. Da mit *maṣṣāḇ* für den Posten ein eigener Begriff zur Verfügung stand, kann man vermuten, daß *neṣîḇ* ursprünglich den militärischen Befehlshaber als Besatzungsoffizier bezeichnet hat und der Begriff erst nachträglich auf die diesem unterstellte Garnison ausgeweitet wurde. Da der späteren Zeit die genaue Abgrenzung der Begriffe nicht mehr geläufig war (vgl. die Übersetzungen!), ist es kaum mehr möglich, im Einzelfall festzustellen, ob der Besatzungsposten oder sein Befehlshaber gemeint ist. So kann Jonatans Heldentat 1 Sam 13, 3f. ebensogut in einem Attentat auf den philistäischen Offizier (so LXX, die Nasib hier als Eigennamen verstand) wie auch in einem Überfall auf den in Geba stationierten Posten bestanden haben. Ein Beispiel ungenauer Begriffsanwendung bietet 2 Chr 17, 2, wo Joschafat nicht nur die Einrichtung von *neṣîḇîm* in ehemaligen Städten des Nordreichs, sondern auch „im Lande Juda" zugeschrieben wird. Das können natürlich nicht Besatzungsposten sein; wahrscheinlich ist damit die Einrichtung zusätzlicher Garnisonen gemeint. Ganz aus dem Rahmen des sonstigen Sprachgebrauchs fällt 1 Kön 4, 19b. Am Ende der Liste der *niṣṣāḇîm* und ihrer Gaue findet sich der fragmentarische Satz: *ûneṣîḇ ʼæḥāḏ ʼašær bāʼāræṣ*; er ist sicher sekundär (M. Noth, BK IX/1, 74). LXX bezeugt mit ἐν γῇ Ιουδα, daß MT unvollständig ist und „Juda" durch Haplographie (Beginn von v. 20!) ausgefallen sein muß. Es handelt sich um eine Ergänzung, mit der die in der eigentlichen Liste vermißte Verwaltung von Juda nachgetragen wurde. Die Glosse vermeidet aber den im Kontext üblichen Begriff *niṣṣāḇ*, um die Sonderstellung Judas zu betonen (M. Rehm, Das erste Buch der Könige, 1979, 54). Ihr Verfasser läßt damit aber erkennen, daß ihm die genaue Bedeutung von *neṣîḇ* nicht mehr bekannt ist.

IV. Die von der Basis *nṣb/jṣb* abgeleiteten Verba und Nomina gehören weder der religiösen Sprache an, noch sind sie gar theologische Termini. Die Verben können allerdings theologische Aspekte erhalten, wenn sie mit göttlichem Subj. gebraucht oder zu theologischen Aussagen verwendet werden.

1. JHWH/Elohim ist 8mal Subj. von *niph-* oder *hiph-*Formen; dazu kommen vier Stellen in Num 22, 22ff. mit *malʼaḵ JHWH* als Subj. (s.o. II.3.). Um in wörtlichem Sinn gebraucht zu werden, setzt diese Redeweise voraus, daß Gott in anthropomorpher Weise in Erscheinung tritt. Man findet sie daher beim Offenbarungs- oder Theophanieerlebnis (Gen 28, 13; Ex 34, 5; 1 Sam 3, 10), wo sie die Realität der vom Offenbarungsempfänger erfahrenen Gottesgegenwart unterstreicht. In zwei Visionen sieht Amos JHWH „stehend" (Ptz. *niph*); beide Male (7, 7; 9, 1) ist damit eine Gerichtsankündigung verbunden (Am 7, 7 ist *niṣṣāḇ* selbst dann auf JHWH zu beziehen, wenn man der Lesart von LXX folgen will: gegen A. Weiser, ATD 24[6], 184f., der *ʼanāḵ* für das Subj. hält). Ähnlich ist wohl auch der elliptische Satz Klgl 2, 4 gemeint, bei dem ebenfalls JHWH, und nicht *jemînô* Subj. ist: JHWH steht da, seine Rechte wie ein Feind (sc. drohend ausgestreckt). Drohend ist auch JHWHs Stehen zum Gericht (Jes 3, 13; Ps 82, 1 Ptz. *niph*). Diese Haltung scheint zwar der Praxis des Rechtslebens zu widersprechen, nach der der Richter zu sitzen pflegt (H. J. Boecker, Redeformen des Rechtslebens im Alten Testament, WMANT 14, [2]1970, 85). Die Wendung will aber kaum eine bestimmte Situation des Rechtsverfahrens wiedergeben, sondern ausdrücken, daß der richtende Gott bereit steht, seinem Rechtsspruch Geltung zu verschaffen (vgl. die häufige Aufforderung *qûmāh* im gleichen Kontext). Die singuläre Rede vom „Stehen" des göttlichen *dāḇār* (Ps 119, 89) ist nach ihrer Bedeutung oben II.2. behandelt worden; sie gehört in eine Linie mit ähnlichen personifizierenden Ausdrucksweisen (A. Deissler 299f.).

2. Nur im übertragenen Sinn wird von JHWH gesagt, er habe etwas „hingestellt" (*nṣb hiph*). Neben bildhaften Vergleichen (Ps 78, 13 in Anlehnung an Ex 15, 8; Klgl 3, 12) und der speziellen Bedeutung „Grenzen festsetzen" (Dtn 32, 8; Ps 74, 17; Spr 15, 25) ist Ps 41, 13 erwähnenswert: *wattaṣṣîḇenî lepānæḵā leʿôlām*; dafür gibt es keine Parallele (auch nicht Ps 16, 11, den man daher auch nicht zur Erklärung heranziehen darf; gegen Kraus, Deissler z.St.). Hier ist nicht der Aufenthalt des Psalmsängers am „Ort der Gegenwart Gottes" gemeint, sondern entsprechend v. 9 (*šāḵaḇ loʼ-jôsîp lāqûm*) und v. 11 (*wahaqîmenî*) die Wiederherstellung, das „Aufrichten" des darniederliegenden Kranken (*lipnê* hat dabei kausalen Sinn, vgl. J. Reindl, Das Angesicht Gottes im Sprachgebrauch des AT, ErfThSt 25, 1970, 30).

3. Berührungen mit der religiösen Sprache ergeben sich auch, wenn Menschen Subj. der Verben sind. Beim *hiph* gehört hierher das „Errichten" eines Altars (Gen 33, 20) oder einer Massebe (Gen 35, 14. 20) im Sinne der Stiftung. Stehende Haltung wird bei

bestimmten religiösen oder kultischen Akten genannt (1 Sam 1, 26; Num 23, 3. 6; Ex 17, 9). In dieses Umfeld gehört auch das Aufstellen des Volkes (oder seiner Repräsentanten) *lipnê JHWH*: zur Königswahl (1 Sam 10, 9), beim Bundesschluß (Dtn 29, 9) oder bei seiner „Erneuerung" (Jos 24, 1), bei der feierlichen Entlastung eines Amtsträgers (1 Sam 12, 7. 16). Die adverbielle Näherbestimmung *lipnê JHWH* weist dabei nur auf die göttliche Präsenz hin, ohne deren Art und Weise näher zu bestimmen (Reindl 35f.). Mit solcher „Aufstellung" des Volkes verbindet sich aber stets die Erwartung der Offenbarung eines göttlichen Machterweises oder einer Kundgabe seines Willens (vgl. Ex 14, 13; 19, 17; Dtn 31, 14; Ri 20, 2; 2 Chr 20, 17). Dem häufigeren *ʿāmad lipnê* entspricht die Verwendung von *jṣb hitp* für das ehrfürchtige, dienstbereite Stehen untergeordneter himmlischer Wesen (Sach 6, 5; Ijob 1, 6; 2, 1) ohne erkennbaren Unterschied im Sprachgebrauch. Dagegen ist es als besondere Auszeichnung des Mose zu verstehen, wenn er aufgefordert wird, sich in JHWHs unmittelbare Nähe zu stellen (*niph*, Ex 33, 21; 34, 2) – nur er erhält einen solchen Befehl.

V. In den Qumrantexten findet sich nur die verbale Verwendung; auf 25 Belege für *jṣb hitp* kommen nur zwei sichere für das *hiph* (CD 2, 3, es ist zugleich die einzige Stelle mit Gott als Subj.; 4 QTest 23, ein Zitat von Jos 6, 26). Der Sprachgebrauch umfaßt das bibl. *niph* und *hitp*, zeigt aber eine Vorliebe für übertragene Verwendung. Im wörtlichen Sinn bedeutet *hitjaṣṣeb ʿal maʿamādô* als militärischer term. techn. die Einordnung in die Schlachtreihen (1 QM 8, 3. 17 u.ö., vgl. 4 QM[a] 1–3, II, 11; 11, II, 20). Der gleiche Ausdruck wird übertragen auf die Aufnahme in die geistliche Gemeinschaft (1 QH 3, 21; 11, 13). Die Übernahme bestimmter Verpflichtungen und Funktionen wird in der Gemeindeordnung mit dem Verb *hitjaṣṣeb* bezeichnet (1 QSa 1, 11. 12 u.ö.).

Reindl

נֶצַח *næṣaḥ*

לַמְנַצֵּחַ *lamᵉnaṣṣeaḥ*

I. Philologische und semantische Fragen – II. Belege im AT und Qumran – 1. Nomen – 2. Verb – 3. *lamᵉnaṣṣeaḥ* – III. LXX.

Lit.: *P. R. Ackroyd*, נצח – εἰς τέλος (ExpT 80, 1968, 126). – *W. F. Albright*, The Early Alphabetic Inscriptions From Sinai and Their Decipherment (BASOR 110, 1948, 6–22). – *A. A. Bevan*, Review of S. Schechter and C. Taylor, Portions of the Book of Ecclesiasticus, Cambridge 1899 (JThS 1, 1899–1900, 135–143, bes. 142). – *E. R. Dalglish*, Psalm Fifty-One in the Light of Ancient Near Eastern Patternism, Leiden 1962. – *G. R. Driver*, Problems in „Proverbs" (ZAW 50, 1932, 141–148, bes. 144f.). – *S. R. Driver*, Notes on the Hebrew Text of the Books of Samuel, Oxford ²1913, 128f. – *B. D. Eerdmans*, The Hebrew Book of Psalms (OTS 4, 1947, 54–61). – *I. Engnell*, Psaltaren (SBU II, 1952, 787–832, bes. 801f.). – *J. A. Grindel*, Another Characteristic of the *KAIGE*-Recension: נצח/νῖκος (CBQ 31, 1969, 499–513). – *L. Kopf*, Arabische Etymologien und Parallelen zum Bibelwörterbuch (VT 8, 1958, 161–215, bes. 184–186). – *S. Mowinckel*, Psalmenstudien IV, Amsterdam ²1961, 17–22. – *J. J. Scullion*, Some Difficult Texts in Isaiah cc 56–66 in the Light of Modern Scholarship (UF 4, 1972, 104–132, bes. 122). – *D. W. Thomas*, The Use of נֵצַח as a Superlative in Hebrew (JSS 1, 1956, 106–109). – *Ders.*, Some Further Remarks on Unusual Ways of Expressing the Superlative in Hebrew (VT 18, 1968, 120–124, bes. 124). – *H. Torczyner (Tur-Sinai)* (Lᵉšônenû 6, 1935, 120–126).

I. Es gibt zwei Wurzeln *nṣḥ* im AT. Für *nṣḥ* I sind im Hebr. und in verwandten Sprachen fünf Hauptbedeutungen festgestellt worden; es herrscht aber Unsicherheit über ihre gegenseitigen Beziehungen. (1) 'glänzen' wie in syr. *nᵉṣaḥ* (vgl. arab. *naṣaḥa*, äth. *naṣḥa* 'lauter sein') ist nach Bevan (142) die Grundbedeutung; die gewöhnliche Bedeutung 'siegen' ist dann sekundär. Diese Bedeutung erscheint in Sir 32, 9f.; 43, 5. 13 (s. ferner S. R. Driver 128f. zu 1 Sam 15, 29). Daraus kommt (2) 'sich auszeichnen' (*hitp*, bibl.-aram. Dan 6, 4; äg.-aram.). (3) 'siegen, überwältigen' (Qumran, aram., phön.). (4) 'andauernd, beständig sein'. Dies wird oft als die Grundbedeutung betrachtet (Torczyner 120–126). (5) 'beaufsichtigen, leiten' (hebr. *pi*, auch Qumran).
nṣḥ II wird mit arab. *naḍaḥ/ḫa* 'spritzen' zusammengestellt. Albright (18 Anm. 63) leitet auch hebr. *næṣaḥ* 'Ewigkeit' (GesB 517) davon ab und erschließt die Bedeutung 'Lebenskraft, Dauerhaftigkeit'. Die beiden Belege von *næṣaḥ* in Jes 63, 3. 6 werden gewöhnlich zu *nṣḥ* II gestellt und als 'Saft' (von Trauben), d. h. im Kontext 'Blut', aufgefaßt. Scullion (122) leitet es aber von *nṣḥ* I ab und übersetzt „glory" (Bedeutung 2).

II. 1. Das Nomen steht in der Bedeutung (1) in 1 Sam 15, 29 „Glanz oder Ruhm Israels" (als Bezeichnung Gottes). S findet hier die Bedeutung (2) oder (3), während V mit *triumphator* (Bedeutung 3) übersetzt (s. S. R. Driver z.St.). Kopf (184) schlägt unter Hinweis auf arab. 'lauter, zuverlässig sein' „der Getreue Israels" vor, was dem folgenden *lo' jᵉšaqqer* entspricht. Kopf folgert daraus eine semantische Beziehung zwischen *nṣḥ* und *'mn* (→ אמן) und schlägt eine ähnliche Bedeutung für Klgl 3, 18 vor: *niṣḥî* „meine Treue" (vgl. jedoch die Konjektur von Rudolph). 1 Chr 29, 11 gibt, wie der Kontext zeigt, ein weiteres Beispiel für Bedeutung (1): „Ruhm Gottes".
Die Bedeutung (3) erscheint in einem juristischen oder quasi-juristischen Sinn an 2 Stellen: Hab 1, 4 *wᵉlo' jeṣe' lānæṣaḥ mišpāṭ* „das Recht tritt nicht wirk-

sam (überzeugend) hervor" (vgl. EÜ: „setzt sich gar nicht mehr durch"), und Spr 21, 28 *lānæṣaḥ jᵉḏabber* „spricht wirkungsvoll, überzeugend", vgl. aram. *tᵉšûḇaṯ niṣṣᵉḥaṯ* „eine überzeugende Antwort" (G. R. Driver 144f.). In 1 QM 4, 13 kommt *næṣaḥ* in der Bedeutung 'Sieg' vor (Yadin, The Scroll of the War, Oxford 1962, 277).

Die Bedeutung (4) findet sich in Klgl 3, 18, wo aber *niṣḥî* auch „mein Glanz" bedeuten könnte (EÜ: „Dahin ist mein Glanz und mein Vertrauen auf den Herrn"), ebenso in den vielen Belegen von *næṣaḥ* und *lānæṣaḥ* mit der Bedeutung „für immer" oder mit Negation „nie". Es gehört dann zu demselben semantischen Feld wie *dôr* (→ דור), *ʿaḏ* (→ עד) und *ʿôlām* (→ עולם), obwohl es nur selten im Parallelismus zu diesen vorkommt: mit *lāʿaḏ* 2mal (Am 1, 11; Ps 9, 19), mit *lᵉʿôlām* 3mal (Jes 57, 16; Jer 3, 5; Ps 103, 9), mit *lᵉʿôlāmîm* 1mal (Ps 77, 8f.) und mit *dôr* 4mal (Jes 13, 20; Jer 50, 39 *ʿaḏ dôr wāḏôr*; Jes 34, 10 *middôr lāḏôr*; Ps 77, 9 *lᵉḏor wāḏor*). Einmal steht es auch mit *lᵉʾoræḵ jāmîm* parallel (Klgl 5, 20).

Die durch *næṣaḥ* zum Ausdruck gebrachte Dauer bezieht sich immer auf die Zukunft, nie auf die Vergangenheit (im Gegensatz zur doppelten Beziehung von *ʿôlām* auf Vergangenheit und Zukunft Ps 90, 2, vielleicht auch von *dôr* Ps 90, 1). Ebensowenig wie *dôr* und *ʿôlām* beinhaltet *næṣaḥ* den Begriff „Ewigkeit". Es bezeichnet auch nicht eine bestimmte Zeitspanne, obwohl es gelegentlich in der LXX mit αἰών übersetzt wird, sondern vielmehr „Dauer", „Fortdauer". Der Plural in Jes 34, 10 (*lᵉnæṣaḥ nᵉṣāḥîm*) ist nur ein emphatischer Ausdruck, der die Dauerhaftigkeit unterstreicht, und hat nichts mit aufeinander folgenden Zeitaltern zu tun. Der häufige adverbiale Gebrauch von *næṣaḥ*, mit oder ohne *lᵉ*, verdunkelt manchmal den substantivischen Charakter des Wortes.

Die meisten Beispiele für *næṣaḥ* mit temporaler Bedeutung finden sich in Kontexten, die beschreiben, wie Gott sich abgewandt oder eine Strafhandlung vollzogen hat, oder wie Menschen um die Befreiung aus einer solchen Situation flehen: Jes 13, 20 (Babel wird nie mehr bewohnt sein, so auch Jer 50, 39); 34, 10 („der Rauch steigt unaufhörlich empor"); Jer 15, 18 („warum dauert mein Leiden auf immer?", „ist andauernd", par. „unheilbar"); Am 1, 11 (Edom behält für immer seinen Groll); Ps 9, 7 (die Feinde sind für immer erschlagen); 44, 24 („Verstoß nicht für immer!"); 49, 20 (niemand kann auf ewig leben); 74, 10 („Wie lange ... darf der Feind unaufhörlich deinen Namen lästern?"); 74, 19 („Vergiß nicht für immer den Armen!"); 77, 9 (Gottes *ḥæsæḏ* auf immer); Ijob 4, 20 („sie gehen für immer zugrunde"); 14, 20 („Du bezwingst [den Mensch] für immer, so geht er dahin"); 20, 7 (der Frevler vergeht für immer); 34, 36 („Ijob werde fortdauernd geprüft"; s. aber unten).

Die Mehrzahl der Beispiele für diesen negativen Sinn kommt in Klagen vor. Obwohl sie eine Anerkennung der Endgültigkeit des Strafhandelns Gottes oder die Realität seines Fernseins zum Ausdruck bringen, entspringen sie dem Glauben an seine Treue, aufgrund derer er der Bitte willfahren will.

Im Gegensatz dazu findet sich die Minderzahl der Belege in Kontexten mit positivem Sinn und deutet das Vorübergehen des göttlichen Zorns oder die Gewißheit seiner beständigen Fürsorge und Anwesenheit an: Jes 33, 20 (die Zeltpflöcke Jerusalems werden nie mehr ausgerissen); 57, 16 (Gott zürnt nicht für immer; ähnlich Jer 3, 5 → נטר *nṭr*; Ps 103, 9); Ps 9, 19 (der Arme ist nicht für immer vergessen); 16, 11 (in Gottes Hand ist „Wonne für alle Zeit"); 68, 17 (JHWH wird für immer auf dem Zion wohnen). Besonders wichtig ist hier Jes 25, 8 (obwohl sowohl die Echtheit als auch der Sinn der Stelle umstritten sind). Nach der herkömmlichen Interpretation besagt der Vers, daß Gott durch einen endgültigen Sieg den Erzfeind, den Tod (*māwæṯ* → מות) vernichtet hat (bzw. vernichten wird) „auf immer" (*lānæṣaḥ*; LXX ἰσχύσας; 1 Kor 15, 54 εἰς νῖκος).

An einigen Stellen, wo *næṣaḥ* früher temporal aufgefaßt wurde, ergibt die Auffassung, daß *næṣaḥ* gelegentlich superlative Kraft hat (Thomas 106ff.), die Übersetzung „äußerst" o. dgl.: Jes 28, 28; Ps 13, 2; 52, 7; 74, 1. 3 (*maššuʾôṯ næṣaḥ*, „völlig in Trümmern"); 79, 5; 89, 47; Ijob 14, 20; 20, 7; Klgl 5, 20. *ʿaḏ næṣaḥ* Ijob 34, 36 könnte dieselbe superlativische Bedeutung haben: „bis zum Äußersten".

Es ist bemerkenswert, daß νίκη, νῖκος und verwandte Ausdrücke in der LXX und anderen griech. Versionen oft vorkommen, obwohl *næṣaḥ* im hebr. AT nur selten diese Bedeutung hat: Hab 1, 4; Spr 21, 28 (s. o.) und vielleicht Ijob 23, 28, das wahrscheinlich besagt, daß Ijobs Hinwendung an seinen Richter erfolgreich sein wird (obwohl es auch möglich ist, daß Ijob meint, die Entscheidung werde „für immer", d.i. endgültig sein). Der Sinn ist hier forensisch im Gegensatz zum militärischen Sinn in 1 QM.

In 1 Chr 29, 11 findet sich *neṣaḥ* 'Glanz' in einem liturgischen Kontext, der Gott Macht und Herrlichkeit (*gᵉḏullāh*, *gᵉḇûrāh*, *tipʾæræṯ*, *neṣaḥ*, *hôḏ*) zuschreibt, in gewisser Hinsicht eine Parallele und doch auch ein Kontrast zu den Worten auf den Bannern des zurückkehrenden Heeres in 1 QM 4, 13, wo *næṣaḥ ʾel* „der Sieg Gottes" bedeutet. Zu 1 Sam 15, 29 s. o.

2. Als Verb kommt *nṣḥ* nur 7mal vor (+ 1mal Sir). Die Bedeutung (4) erscheint in Jer 8, 15 *mᵉšuḇāh niṣṣaḥaṯ* (Ptz. *niph*), „immerwährende Abkehr". Diese Bedeutung findet sich vielleicht auch im Ptz. *hitp* 1 QM 16, 8; 17, 13 „während der Krieg mit den Kittäern dauert", wo aber Yadin übersetzt „siegreich ausgekämpft wird". Die Bedeutung (5) liegt im *pi* vor (1 Chr 15, 2; 23, 4; 2 Chr 34, 12 Inf. constr.; 2 Chr 2, 1; 34, 13 Ptz.): „leiten, beaufsichtigen" (Arbeit oder Musik). Diese Bedeutung findet sich auch in den Qumranschriften, besonders mit Bezug auf das Leiten des Kampfes (1 QM 8, 1. 6. 8. 9. 12; 9, 2; 16, 6). In Esra 3, 8f. bezieht es sich auf das Leiten der Bautätigkeit, in 2 Chr 34, 12f. wahrscheinlich auf die die Arbeit begleitende Musik.

3. Ein schwieriges Problem bereitet der Ausdruck *lamᵉnaṣṣeaḥ*. Er findet sich in Hab 3, 19 und in der Überschrift zu 55 Psalmen, gelegentlich zusammen mit *lᵉdāwid*, *mizmôr lᵉdāwid*, *lᵉdāwid mizmôr*, *lᵉʿæbæd JHWH lᵉdāwid*, *libnê qorah mizmôr*. Die Schwierigkeit liegt zum Teil in der Unsicherheit über die Bedeutung von *lᵉ* („verfaßt von"? „zur Liedersammlung von PN gehörig"? „für den Gebrauch von"? oder einfach „für" in einer Bedeutung, die je nach der Auffassung von *mnṣḥ* zu bestimmen ist?). *mᵉnaṣṣeaḥ* ist gewöhnlich als Ptz. *pi* von *nṣḥ* in der Bedeutung (5) verstanden und auf den Leiter der Musik (oder des Chores?) gedeutet worden, und man hat angenommen, daß die betreffenden Psalmen zur Sammlung des Chorleiters gehörten. In 1 Chr 15, 19ff. bezieht sich *lᵉnaṣṣeaḥ* auf das Ausführen von Saitenspiel und *lᵉhašmiaʿ* auf das Traktieren von Zimbeln. Ein kultischer Zusammenhang ist möglich. Der Terminus ist auch als eine Bezeichnung des Königs in seiner kultischen Rolle und als eine nordisraelitische Alternativform von *lᵉdāwid* aufgefaßt worden (I. Engnell, A Rigid Scrutiny, Nashville 1969, 86). S. Mowinckel (Psalmenstudien IV, ²1961, 17–22) verstand das Wort als ein Nomen actionis mit der Bedeutung „um (Gottes Antlitz) leuchten zu lassen", d.h. „um zu beschwichtigen", „zur Sühne" (das würde aber im Hebr. eine Form mit assimiliertem *n* voraussetzen). Aus diesen und anderen Vermutungen ist es unmöglich, zuverlässige Schlüsse über die Bedeutung des Ausdrucks zu ziehen. Auch die wechselnden Übersetzungen der Versionen (s.u.) geben keine Anleitung zum Verständnis des Wortes.

III. Die LXX bietet eine verwirrende Vielfalt von Übersetzungen von *nṣḥ*. In Jer 8, 5 wird *mᵉšûbāh niṣṣaḥaṯ* mit ἀποστροφὴν ἀναιδῆ wiedergegeben; der Inf. *pi* wird mit ἰσχύειν oder ἐνισχύειν (2mal), ἐπισκοπεῖν (1mal) oder ἐργοδιώκτης (1mal), das Ptz. mit ἐργοδιώκτης (1mal) und ἐπιστάτης (1mal) übersetzt. In Hab 3, 19 steht für *lamᵉnaṣṣeaḥ* τοῦ νικῆσαι, in den Psalmenüberschriften aber immer εἰς (τὸ) τέλος, als ob das Wort *lānæṣaḥ* wäre (vgl. V *in finem*). Andererseits hat Aquila τῷ νικοποιῷ „für den Sieger", Symm. hat ἐπινίκιος „ein Siegeslied" und Theod. εἰς τὸ νῖκος „für den Sieg" (vgl. Hier. *victori*).
Die Schwankung zwischen „Dauer" und „Sieg" zeigt sich auch bei der Wiedergabe von *næṣaḥ*. In Klgl 3, 18 wird *niṣḥî* mit νῖκός μου, in 1 Chr 29, 11 *hannæṣaḥ* mit ἡ νίκη übersetzt. Für *ʿad næṣaḥ*, *næṣaḥ* und *lānæṣaḥ* finden wir ἐκ τοῦ αἰῶνος (1mal), εἰς τὸν αἰῶνα χρόνον (2mal), εἰς τὸν αἰῶνα (2mal), διὰ παντός (3mal), εἰς χρόνον πολύν (1mal), ἰσχύσας (1mal), εἰς νῖκος (6mal) und εἰς τέλος (21mal). In Jes 63, 3. 6 steht αἷμα. Die Bedeutung ʻsiegreich seinʼ, ʻstark seinʼ u.dgl. überwiegt also, aber die häufige Übersetzung εἰς τὸ τέλος in den Psalmenüberschriften gibt zahlenmäßig einen gewissen Vorrang für die Bedeutung ʻdauernʼ.

Mit wenigen Ausnahmen spiegeln die verschiedenen Übersetzungen der LXX die Mannigfaltigkeit der Bedeutungen des Wortes wider und beruhen nicht auf übersetzungstechnischen Erwägungen. In 1 Sam 15, 29 ist die Wiedergabe von *næṣaḥ jiśrāʾel* durch διαιρεθήσεται Ἰσραὴλ εἰς δύο wahrscheinlich durch eine Verwechslung von *nṣḥ* und *ḥṣh* entstanden oder setzt eine andere Vorlage voraus.

Anderson

נצל *nṣl*

הַצָּלָה *haṣṣālāh*

I. 1. Etymologie – 2. Vorkommen und Verteilung im AT – 3. LXX – II. Bedeutung im AT – 1. Grundbedeutung und Entwicklung – 2. Wortfeldanalyse – 3. Einzelprobleme – a) Ptz. *hiph* – b) Einzelstellen – III. Qumran.

Lit.: *Ch. Barth*, Die Errettung vom Tode in den individuellen Klage- und Dankliedern, Basel 1947. – *U. Bergmann*, Rettung und Befreiung, 1968. – *Ders.*, נצל *nṣl* hi. (THAT II 96–99). – *G. R. Driver*, Hebrew Homonyms (VTS 16, 1963, 50–65). – *Ders.*, Plurima Mortis Imago (Festschr. A. A. Neumann, Leiden 1962, 128–143). – *W. Förster*, σῴζω (ThWNT VII 981–999). – *P. Hugger*, Jahwe meine Zuflucht, 1971, 94ff. – *E. Jenni*, Das hebräische Piʿel, Zürich 1968, 240. 258. – *W. Kasch*, ῥύομαι (ThWNT VII 999–1004). – *J. F. Sawyer*, Semantics in Biblical Research (SBTh II/24, London 1972). – *I. L. Seeligmann*, Zur Terminologie für das Gerichtsverfahren im Wortschatz des bibl. Hebräisch (VTS 16, 1967, 254). – *P. Weimar*, Die Berufung des Mose. Literaturwissenschaftliche Analyse von Ex 2, 23 – 5, 5 (OBO 32, 1980). – *H. W. Wolff*, Gesammelte Studien zum AT, ²1973.

I. 1. Innerhalb des Semit. ist die Basis *nṣl* nicht sehr breit belegt.

Für das Ostsemit. sind im Akk. keine sicheren Belege auszumachen (AHw 755; 1579 leitet zwei Stellen von der Wurzel *naṣālu* ab, CAD N/2, 33. 125 registriert nur eine Stelle, leitet diese aber von *natālu* ab). Das gleiche gilt für die wenigen westsemit. Belege im Ugar. (ein Beleg UT Nr. 1688 „to get gifts from [someone]"), im Syr. (LexSyr 443a) und im Äth. (W. Leslau, Cognates 98 „detach, make single, unfold"). Breiter belegt findet sich die Wurzel für das NW-Semit. in den verschiedenen Sprachstufen des Aram. (DISO 185): 1) „sauver, delivrer" + Akk.-Objekt; 2) „retenir"; 3) „(re)prendre" + Akk.-Obj. + *min* (K. Beyer, Die aram. Texte vom Toten Meer, 1984, 640f.: Hauptbed. „entreißen" (*haph*) unterschieden in „wieder wegnehmen" + Akk + *min* und meistens „retten" + Akk; vgl. auch E. Vogt, Lexicon Linguae Aram VT, Rom 1971, 114f.) und im Hebr. (KBL³ 677), sowie für das SW-Semit. im Arab. (H. Wehr, Arab. Wb 863: „abfallen, loskommen, sich befreien").

Semantisch liegen die NW- und SW-semit. Belege offenbar dicht beieinander, so daß man auch für *nṣl* im Hebr. eine Bedeutung erwarten darf, die von einem neutralen Trennungsvorgang bis zum positiv bewerteten „befreien" reicht.

2. Im *niph* begegnet die Wurzel 15mal (Gen 32, 31; Dtn 23, 16; 2 Kön 19, 11; Ps 33, 16; 69, 15; Spr 6, 3. 5; Jes 20, 6; 37, 11; Jer 7, 10; Ez 14, 16. 18; Am 3, 12; Mi 4, 10; Hab 2, 9; in Ez 14, 14 ist statt *pi* ebenfalls *niph* zu lesen, s. u.).

Subjekt ist stets eine personale Größe, die aus (*min*, *mippenê*, *meʿim*) einer Situation gerettet wird, u. U. mit Hilfe (*be*) von etwas zu einem Zufluchtsort (*'æl*). Das Verb kann sowohl absolut als auch mit Obj. konstruiert werden, wobei nähere Bestimmungen (*be*, *'æl*) nicht zur Konstruktion nötig sind.

pi-Formen finden sich 4mal (Ex 3, 22; 12, 36; 2 Chr 20, 25; Ez 14, 14, hier ist aber *niph* zu lesen, s. u.). Subj. ist das Volk, das Ägypten etwas wegnimmt bzw. für sich selbst etwas nimmt (2 Chr 20, 25). Ex 33, 6 ist die einzige Stelle im AT im *hitp* (= refl. *pi*), wo sich die Israeliten selbst ihren Schmuck wegnehmen, ihn ablegen, um daraus das Kalb zu gießen.

Im *hiph* ist die Wurzel 191mal bezeugt, weitere 3 aram. Formen finden sich in Dan 3, 29; 6, 15. 28. Als Subjekt begegnet in ca. 65% ein göttliches Wesen, Menschen etwa 30%, sonstige Größen (Gerechtigkeit usw.) 5%. In etwa 85% regiert das Verb ein Akk.-Obj., mit und ohne *'æṯ* angeschlossen, häufig als Suff. am Verb. Ist eine Person (Gott oder Mensch) Subj., so kann das Akk.-Obj. Sachen wie Personen bezeichnen. Sind sonstige Größen Subj., so bezeichnet das Akk.-Obj. eine Person. In etwa 60% kann dem Verb noch ein weiteres Objekt mit *min* angeschlossen werden (nur Ex 18, 10 *mittaḥaṯ*, s. u.). Weitere Satzteile können angefügt werden, die den Grund des Tuns (*ke* Neh 9, 28; Ps 119, 170; *be* Ps 71, 2; Ez 14, 20; *lemaʿan* Ps 79, 9; ohne Präp. Ps 109, 21) oder den Zeitpunkt (*be* Ri 11, 26; Ijob 5, 19; Jes 57, 13; Jer 39, 17; Ez 7, 19 || Zef 1, 18; Ez 33, 12; ohne Präp. Ri 10, 15; Neh 9, 28; Ps 106, 43) nennen. Zur Konstruktion *maṣṣîl bên* 2 Sam 14, 6 und dem Vergleich (*ke*) „wie eine Gazelle" Spr 6, 5 s. u. Häufig (15mal) begegnet auch der adversative Ausdruck *we'ên maṣṣîl*, teils mit, teils ohne Objekt.

Im *hoph* tritt das Verb in den nahezu par. Stellen Am 4, 11 und Sach 3, 2 auf: „Ein Holzscheit, gerettet aus dem Brand (Feuer)" (Konjektur in Ijob 21, 30 nach KBL³ und BHK ist ungerechtfertigt; s. u.).

Die Substantivform *haṣṣālāh* begegnet nur Est 4, 14.

3. Die LXX übersetzt *nṣl* unterschiedlich. Die *pi*-Formen bis auf Ez 14, 14 werden mit σκυλεύω „dem erlegten Feind die Rüstung rauben, plündern", die *hitp*-Stelle 33, 6 mit περιαιρέομαι „sich selbst etwas Rundherumgehendes abnehmen, ablegen" (H. Frisk, Griech. Etym. Wb 1960, 1970) wiedergegeben. 5mal (Gen 31, 9. 16; 1 Sam 7, 14; 30, 18; Hos 2, 11) wird ἀφαιρέομαι „für sich jmd. etwas wegnehmen" verwandt, 6mal (1 Sam 17, 35; Am 3, 12 (bis). Hab 2, 9 und die beiden *hoph*-Stellen Am 4, 11; Sach 3, 2) das Verb ἐκσπάω „herausziehen". Neben 24 Stellen, die mit σῴζω „heil oder gesund erhalten" übersetzt sind, entspricht *nṣl* in der LXX am häufigsten ἐξαιρέομαι „sich herausnehmen, entreißen" (80mal und Dan 6, 15 [aram.]) und ῥύομαι „abwehren, schützen, retten" (85mal und Dan 3, 29; 6, 28 [aram.]; sehr oft in Ps). In Spr 2, 16; 19, 19 bietet LXX einen anderen Text; 2 Sam 20, 6 und Jona 4, 6 liest sie offenbar eine Form von *ṣll* III und übersetzt σκιάζω „Schatten werfen, in Dunkel hüllen". Jer 7, 10 findet sich ἀπέχομαι „das empfangen haben, worauf man Anspruch hat", in Ez 14, 20 ὑπολείπομαι „zurückgelassen werden" und in Ez 34, 12 ἀπελαύνω „wegtreiben".

(In Ex 5, 23 und Jes 36, 15 wird der Inf. abs. nicht über die finite Verbform hinaus wiedergegeben). Das Substantiv in Est 4, 14 wird mit σκέπη „Decke, Schutzort" wiedergegeben. Der Redewendung *we'ên maṣṣîl* entsprechen in LXX καὶ οὐκ ἔστιν ὁ ἐξαιρούμενος bzw. ῥυόμενος sowie in Ps 7, 3 σῴζοντος. Dtn 32, 39 und Spr 14, 25 werden mit finiter Verbform wiedergegeben.)

II. 1. Aufgrund der Häufigkeit gehen wir vom *hiph* aus. Stellen mit sächlichem Akk.-Objekt lassen auf eine Bedeutung von *nṣl hiph* als „wegnehmen, abnehmen" schließen (Gen 31, 9. 16 [Vieh]; Hos 2, 11 [Wolle und Lein]; Ps 119, 43 [Wort der Wahrheit]). Auch die LXX verbindet mit *nṣl* durch die Übersetzung mit ἀφαιρέομαι noch an einigen Stellen diese Bedeutung, neben 4 Stellen mit sächl. Objekt auch 1 Sam 30, 18 auf die geraubten Frauen Davids bezogen. Im Hebr. ist dabei der Ort oder Zustand, aus dem heraus oder von dem weg etwas genommen wird, zunächst ohne Wertung für den oder das Getrennte(n). Ist das Akk.-Objekt eine personale Größe, so verbindet sich mit dem Verb eine positive Wertung, weil der Zustand, aus dem herausgenommen wird, negativ für den ist, der herausgenommen wird. Dasselbe trifft auf den Ausdruck „die *næpæš* (das Leben) retten" zu (z. B. Jos 2, 13; Jes 44, 20; 47, 14; Ez 3, 19. 21; 14, 20; 33, 9; Ps 22, 21; 31, 19; 86, 3). Die Zustände lassen sich noch weiter unterscheiden: zum einen in Situationen, aus denen ein Entrinnen noch möglich ist (aus der Hand [*jāḏ*] oder Faust [*kap*] von Feinden [allgemein Ri 8, 34; 1 Sam 12, 10 f.; 2 Kön 17, 39; Ps 31, 16; vgl. auch Jer 15, 21; Ps 82, 4; 97, 10; 144, 11; mit Namen genannt Ex 3, 8; Ri 6, 9; 9, 13; 1 Sam 7, 3. 14; Jer 42, 11; Mi 5, 15; mit *kap* 2 Sam 19, 20; 22, 1 = Ps 18, 1; Esra 8, 31 bzw. 2 Kön 20, 6 = Jes 38, 6 = 2 Chr 32, 11], Fron [*ʿaboḏāh*, Ex 6, 6], Bedrängnis [*ṣārāh*, 1 Sam 26, 24; Ps 54, 9]), wo mit „retten aus" übersetzt werden kann; zum anderen in solche, aus denen für gewöhnlich kein Entrinnen mehr denkbar ist (Tod [Ps 31, 19; 56, 14; Spr 10, 2; 11, 4], Scheol [Ps 86, 3; Spr 23, 14], Schwert [Ex 18, 4; Ps 22, 21], fremde Frau [Spr 2, 16]), so daß hier eher mit „bewahren vor" zu übersetzen ist. Diese Differenzierung empfindet auch die

LXX, allerdings an anderen Stellen, wenn sie teilweise σῴζω und ῥύομαι übersetzt, die eher ein „Bewahren", „Schützen" ausdrücken, teilweise aber auch ἐξαιρέομαι, wo plastisch der Betroffene aus der Not herausgenommen wird.

Offenbar bedeutet *nṣl* ursprünglich einen Trennungsvorgang (vgl. THAT II 96; G. R. Driver, VTS 16, 63) und gewinnt dann durch die Konstruktion mit *min* die Bedeutung „herausnehmen". Auch bei den Stellen, wo *nṣl* die Bedeutung „bewahren" annimmt, ist im Hintergrund noch die Vorstellung eines Herausnehmens im letzten Moment zu erahnen (vgl. Spr 23, 17, sowie die Vorstellung von der „Unter"welt). In diese Entwicklungslinie paßt auch die Verwendung von *nṣl* in Qumran, wo ebenfalls ein „herausnehmen" bezeichnet wird, aber ein neutrales „wegnehmen" nicht mehr auftritt.

Das *niph* fungiert offensichtlich als Passiv bzw. Reflexiv der abstrakteren *hiph*-Bedeutung „retten", während das *hoph* an den beiden Stellen ein „herausgenommen werden" meint.

Das *pi* bedeutet eine Intensivierung des „Wegnehmens", ein „für sich wegnehmen, plündern" (Jenni 240); so interpretiert auch LXX. Daraus ergibt sich auch die *hitp*-Bedeutung als „sich selbst wegnehmen, sich von etwas trennen, etwas ablegen".

2. *hiṣṣîl* steht mit folgenden Zentralbegriffen in einem Wortfeld: *hôšîaʿ* (→ ישע), *ʿāzar* (→ עזר), *ḥilleṣ* (→ חלץ), *milleṭ*, *pilleṭ* (→ פלט), *pāṣāh* und *pāraq* (J. F. Sawyer 35). Darunter zeichnet sich *hiṣṣîl* durch fehlende Nominalbildung (ein Beleg Est 4, 14) und bisher nicht bekanntes Vorkommen in PN aus. Da es seltener als *hôšîaʿ*, *ʿāzar* oder *pilleṭ* in Cstr.-Verbindungen vorkommt, ist seine Verwendung nur in Zusammenhängen möglich, in denen Nominalisierung nicht nötig ist. Daraus ergibt sich aber auch für *hiṣṣîl* aus rein grammatischen Gründen ein kleineres Wortfeld als für o.g. Synonyma. Im Gegensatz zu *hôšîaʿ* (7mal) wird durch den Gebrauch von *min* bei *hiṣṣîl* (128mal) die räumliche Trennungsvorstellung deutlich (Sawyer 71).

hiṣṣîl kann nur transitiv gebraucht werden (*hôšîaʿ* dagegen etwa 9mal intransitiv). Während *hôšîaʿ* praktisch nur mit JHWH als Subjekt gebraucht wird und theolog. term. technicus für Israels Rettung durch JHWH ist (im DtrGW 37mal), ist *hiṣṣîl* nicht auf den theolog. Gebrauch festgelegt, kann also für Götter allgemein oder auch für menschliche Objekte gebraucht werden (im Sinn einer Rettung durch JHWH ist *hiṣṣîl* von insgesamt 46 Stellen in DtrGW nur 14mal gebraucht). *hiṣṣîl* nimmt damit eine Mittelstellung zwischen *hôšîaʿ* und *ʿāzar* ein, das nur im profanen Zusammenhang gebraucht wird. Besonders deutlich wird der Unterschied in 2 Kön 19: v. 11 wird die „ungläubige" Rettung mit *nṣl*, vv. 19 und 34 die Rettung durch JHWH mit *jšʿ* ausgedrückt. Das gleiche gilt für Jes 15, 20.

Zusammen mit *hæʿælāh* (→ עלה), *hôšîaʿ* und *gāʾal* (→ גאל) ist *hiṣṣîl* Terminus der Exodusbefreiung. Während bei *jšʿ* an die Beseitigung des Bedrängers, bei *pilleṭ* an ein „entkommen lassen" gedacht ist, beinhalten *nṣl* und *pdh* (→ פדה) die Entfernung aus der Bedrängnis (→ III 1040). Innerhalb der Exoduserzählung des Jahwisten spielt *hiṣṣîl* die Rolle eines Leitwortes (Ex 3, 8; 5, 23; 18, 10a), kann aber nicht vorherrschend werden und bleibt auch unter dem Blickwinkel der Schichtenzuweisung breit gestreut (vgl. z. B. dtr: Ex 18, 8; Ri 6, 9; P^G: Ex 6, 6; R^P: Ex 18, 4. 10b).

3. a) Die formelhafte Wendung *weʾên maṣṣîl* „ohne daß jemand rettet", d. i. rettungslos (Ri 18, 28; 2 Sam 14, 6; Jes 5, 29; 42, 22; Hos 5, 14; Mi 5, 7; Ps 7, 3; 50, 22; 71, 11; Ijob 5, 4; mit *mijjaḏ* Dtn 32, 39; Jes 43, 13; Ijob 10, 7) – in LXX nicht immer wörtlich wiedergegeben – ist auch in Qumran noch belegt (1 QM 14, 11). Positiv tritt das Ptz. *hiph* in Spr 14, 25 auf, wo es einen zuverlässigen Zeugen als Lebensretter bezeichnet, und in Ps 35, 10 und Ri 8, 34 mit JHWH als Subjekt. Die letzte Stelle spricht sogar von JHWH als dem *hammaṣṣîl*. (Bemerkenswert ist Hos 2, 12, wo im Gegensatz zu 5, 14 die Redewendung finit umschrieben wird: „irgendeiner rettet nicht!")

Die Vermutung, daß *maṣṣîl* ein für JHWH reservierter Begriff ist, wird noch dadurch bestätigt, daß die einzige Stelle Spr 14, 25, wo das Ptz. nicht auf JHWH bezogen vorkommt, in LXX mit einer finiten Verbform umschrieben ist. Auch in Qumran findet sich *maṣṣîl* nur mit JHWH als Subjekt (1 QM 14, 11; 11 QPs^a 18 [Syr. II], 16).

b) Die Verbindung von *nṣl* und *mittaḥaṯ* kommt nur an einer einzigen Stelle (Ex 18, 10b) vor. Im gleichen Vers geht eine normale Konstruktion mit *min* voraus. In der LXX fehlt die Wiederholung in v. 10b ganz. Die Bedeutung der Wiederholung wird wohl mit U. Cassuto (A Commentary on the Book of Exodus, Jerusalem 1974, 216) in der Betonung zu sehen sein und der Absicht von R^P entstammen, die Befreiung hervorzuheben.

In Dtn 23, 16 ist *nṣl* statt mit *min* mit *meʿim* konstruiert. Die Stelle ist der einzige Beleg für diese Konstruktion. *meʿim* wird durch die Richtungsangabe *ʾelǣḵā* und im folgenden Vers durch *beqirbeḵā* näher ergänzt.

Da in Ri 11, 26 die zu trennende Sache (Land) unbeweglich ist, nimmt Driver (63) hier eine Verwechslung von *ṣll* III und *nṣl* an. Allerdings muß er eine sonst nur im nachbibl. Hebr. belegte Bedeutung von *ṣll* „reinigen" annehmen. Dagegen sieht I. L. Seeligmann (354) hier wie in Am 3, 12 und Ex 22, 12 einen term. techn. des Hirtenrechts. Seine Übersetzung mit „an sich reißen" ist, auch ohne einen term. techn. anzunehmen, die einfachste und sinnvollste.

In 2 Sam 14, 6 hat *nṣl* sicherlich die Bedeutung von „auseinanderreißen, herausreißen". Der Sinn, den GesB 518 mit „Streit schlichten" angibt, entspricht der Textaussage, doch ist die o. g. Übersetzung wegen der größeren Nähe zum Text vorzuziehen.

Die Bedeutung von *nṣl* in 2 Sam 20, 6 ist unklar und wird kontrovers diskutiert. Für ein wörtliches Verständnis plädiert F. Crüsemann (WMANT 49, 109). Das „Herausreißen der Augen", wie auch Syr. übersetzt, beschreibe ein übliches Verfahren zu völliger Entmachtung. Das „Herausreißen der Augen" als häufige Strafe und Entmachtungsform ist vor allem im Zweistromland bekannt. Allerdings würde dieser Vorgang nur an dieser einzigen Stelle mit *nṣl* wiedergegeben (Crüsemann 109). Eine andere Interpretation scheint sich für K. Budde (KHC VIII 298) nach Berücksichtigung der LXX (σκιάζω) nahezulegen: er schließt auf *heṣal* von *ṣll* III „verdunkeln". Doch in dieser Bedeutung wird die Stelle nicht verständlicher. G. R. Driver (Festschr. Neumann 1962, 135) gibt deshalb unter Beibehaltung der Vokalisation *heṣal* als sinnvolle Bedeutung „entkommen" in Übereinstimmung mit der V-Übersetzung „ut effugiat nos" an. Diese These unterstützt Driver durch das arab. Verb *ḍalla*, das häufiger in dieser Bedeutung vorkommt.

In 2 Chr 20, 25 wird 2mal die Präp. *l^e* verwandt, die in diesem Kontext jedoch ungewöhnlich ist. *l^e'ên* + Subst. ist im ChrGW nicht ungewöhnlich im konsekutiven Sinne (vgl. Esra 9, 14; Neh 8, 10; 1 Chr 22, 4; 2 Chr 14, 10. 12; 21, 18; 36, 16). – Der Ausdruck *lāhæm* sollte nicht als Akk.-Objekt gelesen werden mit aramaisierendem Gebrauch von *l^e* anstelle von *'æṯ* (vgl. die Übersetzer der Jerusalemer Bibel; K. Galling, ATD 12, 124; J. Goettsberger, HSAT IV/1, 291; P. Welten, WMANT 42, 141 übersetzt es gar nicht), sondern mit W. Rudolph (HAT I/21, 1955, 262; vgl. EÜ; E. Kautzsch, HSAT II, ⁴1923, 647) als „sie rafften soviel an sich, daß sie es nicht transportieren konnten" übersetzt werden.

Im Buch der Sprüche begegnen uns zwei schwierige Stellen mit *nṣl*: Spr 6, 5 ist die Bedeutung von *hinnāṣel mijjaḏ* unklar: H. Strack (Kurzgefaßter Kommentar zu den heiligen Schriften Alten und Neuen Testaments A, 6, 2, ²1899) stellt deshalb die Worte um und liest: „errette dich aus seiner Hand". Mit Blick auf v. 5b ist jedoch die Interpretation von O. Plöger (BK XVII 61) vorzuziehen, der *miṣṣajjāḏ* liest und mit „Rette dich wie eine Gazelle vor dem Jäger" übersetzt (vgl. BHS). Der Sinn von Spr 19, 19 ist nur sehr schwierig auszumachen: Der Lesart *g^eḏōl-ḥemāh* (Q) ist der Vorzug zu geben. Der Vers besagt etwa, daß, wer den Jähzornigen zu beruhigen versucht, den Zorn nur noch steigert.

In Ijob 21, 30 ändern G. Fohrer (KAT XVI 338), BHK App., KBL³ ohne triftigen Grund *jûḇālû* „gebracht werden" in *juṣṣal*. Andere wollen *jukal* lesen (vgl. G. Hölscher, HAT I/17, ²1952, 54 u.a.). A. Guillaume, Studies on the Book of Job, Leiden 1968, 45. 105 setzt einfach eine arab. Bedeutung für *jbl* an und übersetzt „that they are smitten with disease on the day of wrath". Am ansprechendsten ist noch E. Königs (Das Buch Hiob, 1929, 220f.) Beobachtung, daß der Text ironisch zu verstehen sei: „daß für den Tag der Katastrophe der Bösewicht aufgespart wird, für den Tag des großen Zornausbruches sie aufgehoben werden".

Jes 20, 6 ist die einzige Stelle im AT, an der *nṣl* mit *mipp^enê* statt mit *min* konstruiert ist. Nach H. Wildberger (BK X/2, 749. 759) ist der Vers sekundär (anders Huber, BZAW 137, 1976, 107–113). Jedenfalls wird durch die Präp. an dieser Stelle betont ausgedrückt, daß die angestrebte Koalition ein Schutzbündnis gegen Assur sein sollte (vgl. LXX σῴζω).

LXX übersetzt Jer 7, 10 als einzige Stelle mit dem Verb ἀπέχειν „das empfangen haben, worauf man Anspruch hat". Damit deckt sie die theologische Unmöglichkeit der Formulierung im Hebr. auf: das Verb, das eigentlich ein außergewöhnliches Engagement Gottes dem Menschen gegenüber ausdrückt, ein Herausholen aus jeder denkbaren Not, wird hier zitiert, um zu zeigen, wie man sich auf dieser Gewißheit ausruht, dabei aber auf dieses Tun nicht entsprechend reagiert.

Die göttliche Rettung ist natürlich kein Handeln, auf das man ein Recht haben könnte, weil man Israelit ist, wie vielleicht auf das Asyl (vgl. H. W. Wolff 66), ansonsten aber Fremde, Witwen und Waisen bedrückt usw. (vgl. vv. 5ff.).

In Ez 14, 14 (s.o. in I. 2. a) ist die *pi*-Form mit LXX als *niph* zu lesen (vgl. W. Zimmerli, BK XIII/1², 316) und nicht als *hiph* (A. Bertholet, HAT I/13, 1936; G. Fohrer, HAT I/13, ²1955).

Ez 14, 20 ist die einzige Stelle, die LXX mit ὑπολείπομαι übersetzt. Im Kontext der vv. 16. 18 fällt auf, daß der Ausdruck „weder Söhne noch Töchter retten sie" bereits im Hebr. nicht einfach wiederholt, sondern jeweils variiert wird. Diese Variation spielt LXX noch weiter, indem sie *nṣl* jeweils unterschiedlich übersetzt (σῴζω, ῥύομαι, ὑπολείπομαι). LXX interpretiert damit die Stelle in der Art, daß Gerechtigkeit der Einzelnen sich in gar keiner Weise – nicht einmal als „übriggelassen, verschont werden", wenn schon nicht als aktive „Rettung" – auf andere übertragen läßt.

Im Zusammenhang der Erzählung über die Herde Israel und die Hirten begegnet *nṣl* in Ez 34, 10 (LXX: ἐξαιρέομαι) und v. 12 (LXX einziges Mal ἀπελαύνω „wegtreiben"). Damit übersetzt LXX *nṣl* dem Bild vom Hirten und der Herde entsprechend. Sieht man mit Seeligmann (254 Anm. 1) in *nṣl* einen term. techn. des Hirtenrechts, so würde im Hebr. *nṣl* an dieser Stelle auch rein in diesem Sinne verstanden sein. Aber auch ohne einen term. techn. aus dem Hirtenrecht anzunehmen, ist die Stelle verständlich, vor allem wenn vorher in v. 10 *nṣl* bereits gebraucht wurde, um die Hirten, die eigentlich die Schafe hüten sollten, mit Raubtieren zu vergleichen, aus deren Mund die Schafe herausgerissen werden müssen (vgl. 1 Sam 17, 35. 37; Am 3, 12). Dadurch, daß in *nṣl* auch in der Bedeutung „retten, bewahren" die Vorstellung des Herausreißens mitschwingt, kann hier auf drei Ebenen gearbeitet werden: auf der des Schafhirten, der dem Raubtier das Schaf entreißt, auf der der Volksführer, denen JHWH die Leitung des Volkes entzieht und auf der des Volkes als der göttlichen Herde, die aus allen Orten herausgenommen wird. Damit ist auch ausgedrückt, daß der *hammaṣṣîl* sowohl bei der Katastrophe des Exils aktiv ist, weil er das Volk den falschen Hirten entreißt, als auch bei der erneuten Sammlung des Volks nach dem Exil. Eine ähnliche Formulierung findet sich auch in 4 Q 504, 1–2, VI, 12: „Rette dein Volk Israel aus allen Ländern“, so daß diese Formulierung keine Ausnahme sein wird.

In Jona 4, 6 fällt auf, daß die Präp. *l*e anstelle von *'æṯ* gebraucht zu sein scheint, obwohl dies der einzige Fall wäre. LXX hat an dieser Stelle eine Form von *ṣll* III gelesen und greift damit zum einen den „Schatten“ des Vorverses auf, zum anderen das *l*e*jônāh*. W. Rudolph (KAT XIII/2, 361) bemerkt dazu, daß mit LXX der Vers eine reine Tautologie darstellt. Er schlägt als Lösung entweder *l*e*haṣṣilô* vor, so daß er Dittographie von *l* annimmt, oder greift mit Bezug auf E. König (Historisch kritisches Lehrgebäude der hebr. Sprache III, 1897, § 289 h) auf den aramaisierenden Gebrauch von *l*e statt *'æṯ* zurück (letztere Möglichkeit auch KBL³ und offenbar H. W. Wolff, BK XIV/3, 133 f.). Dies dürfte auch das Wahrscheinlichste sein, da das Jona-Buch insgesamt ein relativ junges Werk ist.

III. Das Verb findet sich in den Schriften von Qumran verhältnismäßig selten im Vergleich etwa zu *jš'*, nämlich 16mal *hiph* (1 QpHab 8, 2; 12, 14; 1 QM 14, 11; (4 Q [Ma] 491, 8–10, I, 9) 1 QH 2, 31; 3, 5; 5, 13; 11 QPsa 18 [Syr. II], 15. 16; 19 [Plea], 10; 4 Q 504, 1–2, II, 16; VI, 12; VII, 2; 4 QpPs 37, 3–10, IV, 21; 4 Q 158, 1–2, 8; 4 QFlor 9–10, 6; 185, 1– 2, II, 3), 5mal *niph* (1 QH 7, 17; 4 QpPs 37, 1–2, II, 9; CD 4, 18; 14, 2; 1 Q 14, 8 – 10, 8) und 1mal *hoph* (1 Q 38, 4, 5) (4 Q [M] 498, 4, 1 ?). Darunter sind zwei Stellen, die das Ptz. *hiph* belegen, 1 QM 14, 11 den Topos *'ên maṣṣîl*, und 11 QPsa 18 [Syr. II], 16 JHWH als Retter der Aufrichtigen aus der Hand der Frevler.

Die Konstruktion von *nṣl* weicht nicht wesentlich vom at.lichen Gebrauch ab, hat aber an Bandbreite verloren: handelndes Subjekt ist nur noch die Gottheit (einzige Ausnahme höchstens CD 14, 2: Bund Gottes als Garant, gerettet zu werden) und das Akk.-Objekt ist stets personal. Unter den Zuständen und Situationen, aus denen heraus genommen (gerettet) wird, kann aber entsprechend der Endzeiterwartung nun sogar die Zeit selber auftauchen (11 QPsa 18 [Syr. II], 15).

Hossfeld-Kalthoff

נָצַר *nāṣar*

I. Zu Etymologie und Bedeutung – II. Vorkommen und Gebrauch im AT – III. *nṣr* als weisheitlicher Terminus – IV. *nṣr* in den Psalmen – V. *nṣr* in Prophetenbüchern – VI. Varia – VII. Theologisches – VIII. *nṭr* als Nebenform von *nṣr* – IX. LXX.

Lit.: *A. Díez Macho*, Jesús 'ho nazoraios' (Festschr. L. Turrado, Salamanca 1981, 9–26). – *B. Hartmann*, Mögen die Götter dich behüten und unversehrt bewahren (Festschr. W. Baumgartner, VTS 16, Leiden 1967, 102–105). – *J. F. Healey*, Syriac *nṣr*, Ugar. *nṣr*, Hebr. *nṣr* II, Akkadian *nṣr* II (VT 26, 1976, 429–437). – *S. E. Loewenstamm*, Ugaritic Formulas of Greeting (BASOR 194, 1969, 52–54). – *W. J. Odendaal*, A Comparative Study of the Protosemitic Root *nṭr* (Diss. Stellenbosch 1966). – *C. Rabin*, Noṣerim (Textus 5, 1966, 44–52). – *H. P. Rüger*, ΝΑΖΑΡΕΘ / ΝΑΖΑΡΑ ΝΑΖΑΡΗΝΟΣ / ΝΑΖΩΡΑΙΟΣ (ZNW 72, 1981, 257–263). – *J. Sanmartín*, Zur ugar. Basis *nṣr* (UF 10, 1978, 451 f.). – *G. Sauer*, נצר *nṣr* bewachen (THAT II 99–101).

I. *nṣr* ist eine allgemein-semit. Wurzel, die in allen klassischen semit. Sprachen sowohl in ihren älteren als auch in ihren jüngeren Ausprägungen vorkommt (vgl. die einzelnen Angaben dazu in KBL³ 678). Für diesen Zusammenhang wichtig ist die Tatsache, daß sie nicht nur im Zweistromland (akk. *naṣāru* 'bewahren', AHw 755) und im arab. Raum (*naẓara* 'mit den Augen wahrnehmen') begegnet, sondern fest in Syrien und Palästina verwurzelt ist (ugar. *nġr* 'behüten, bewahren', 'sich hüten', WUS Nr. 1811; aram. *nṣr* 'bewachen, behüten, bewahren', KAI 222 B8. C15. 17; 225, 12. 13; 240, 2; 266, 8; als Personenname 254, spätere Form *nṭr*, vgl. S. Segert, Altaram. Gramm. 3.2.6.6 und 3.2.7.5.5; DISO 178. 185). Von den ältesten bis zu den jüngsten Sprachtraditionen hält sich die Bedeutung 'bewahren' (Parallelbegriff *šmr*), 'beachten' aufgrund eines genauen Aufmerkens (sehen), welches Konsequenzen des Handelns hat, durch. Mag die optische Wahrnehmung die ursprüngliche sein, die *nṣr* meint (so KBL³), so muß doch dazugesagt werden, daß die sinnliche Wahrnehmung eine engagierte ist, die ihre Folgen hat. Im Gebrauch sind aktive wie passive Verwendungsmöglichkeiten zu registrieren. Sowohl Götter als auch Menschen können Subjekt des durch *nṣr* zum Ausdruck gebrachten Handelns sein.

II. Angesichts der breiten Streuung dieser allgemein-semit. Wurzel überrascht die bescheidene Anzahl von Belegen im AT. Es lassen sich nur 64 Fundstellen (sieht man von einigen wenigen Stellen der hebr. Nebenform *nṭr* [→ נטר] und der einen bibl.-aram. in Dan 7, 27 ab) registrieren. Derivate sind kaum zu berücksichtigen (*n*e*ṣûrîm*, *māṣôr*), da ihre Herleitung von *nṣr* nicht zweifelsfrei ist (s. u. VII.). Bemerkenswert ist die ausschließlich verbale Ausformung der Wurzel, im AT nur im Grundstamm *qal* (passivisch im Ptz. pass.). *nṣr* findet sowohl in theologischen als auch in nichttheologischen Zusammenhängen Verwendung und ist in frühen und späten Texten vorhanden, auch wenn zugestanden werden muß, daß die späten Stellen dominieren. Nicht zu übersehen ist eine Konzentration des Gebrauchs in Spr und Ps (etwa zwei Drittel aller Belege; Spr 19mal; Ijob 2mal; Ps 24mal). Nimmt man die Prophetenstellen zusammen, so finden sich dort 14 Belege (ProtoJes

1mal; JesApk 3mal; DtJes 4mal; TrJes 1mal; Jer 3mal; Ez 1mal; Nah 1mal). Die restlichen 5 Fundstellen von *nṣr* verteilen sich auf geprägte Formulierungen in Ex (1mal); Dtn (2mal) und 2 Kön (2mal). *nṣr* fehlt demnach ganz in Erzählstücken des AT.

III. Eine ganze Reihe von *nṣr*-Stellen begegnet in der als nachexil. verstandenen Sammlung von Lehr- und Mahnreden in Spr 1–9. Typisch ist die Anrede des Schülers durch den Weisheitslehrer mit *b^enî* („mein Sohn", 3, 1. 11; 6, 20; im Pl. 4, 1 u. ö.), während der Weisheitslehrer selber als *'āḇ* („Vater") gilt (4, 1; nach 6, 20 gab es möglicherweise auch die Weisheitslehrerin, dementsprechend *'em* „Mutter"). In einer erstaunlichen Variationsbreite von Ausdrücken wird der zu Belehrende bzw. zu Vermahnende dazu aufgefordert (Imp. u. Juss.), Lehre, Weisung, Zucht, Gebot, Besonnenheit, Klugheit, Weisheit u. a. m. (u. a. *tôrāh*, *miṣwāh*, *b^erîṯ*, *mûsār*, *t^eḇûnāh*, *m^ezimmāh*, *da'aṯ* u. ä., mitunter suffig. *tôrāṯî*) wahrzunehmen, auf- und anzunehmen, zu beachten und zu bewahren, nicht zu vergessen, sich darauf zu verlassen usw., damit er Leben, Glücklichsein, Wohlstand, Gesundheit, Gunst bei Gott und den Menschen erlangen kann. Der in Aussicht gestellte vielfältige Lohn begründet die Aufforderung und wirbt für Tun und Sichverhalten gemäß der Ermahnung. Die Begründung, die inhaltlich immer eine Verheißung ist, erfolgt durch einen mit *kî* eingeleiteten Satz oder durch einen mit der copula angefügten Folgesatz (vgl. 3, 1–2 und 3, 3–4). Die Anrede kann sich auch an einen pars pro toto wenden, etwa an Lippen (5, 2) oder an das Herz (3, 1), das freilich Zentrum des Persönlichkeitsgesamts ist. *nṣr* ist eines von mehreren Verben, die die Aufforderung, die Mahnung oder Weisung zu beherzigen und zu beachten, umschreiben. Die Berücksichtigung des Gebotes hat so zu geschehen, daß diese eine entscheidende Bedeutung für das ganze Leben haben sollte, ja mehr noch, Richtschnur für Handeln und Sichverhalten sein müßte. *nṣr* meint in diesem Zusammenhang nicht nur die sinnliche Wahrnehmung (wozu auch „Hören" gehört), sondern das Tun des zu Bewahrenden. *nṣr* vollzieht sich erst, wenn das zu Beachtende auch getan ist (3, 1. 21; 4, 13. 23; 5, 2; 6, 20). Ganz abgekürzt kann alles, was Weisheit zu behüten und zu bewahren anrät, subsumiert werden unter den Begriff des „Herzens" (→ לב *leḇ*). Im Herzen fallen die Entscheidungen für oder gegen die Aufforderungen des Weisheitslehrers. Sind sie zu Herzen genommen, so folgen aus dem Herzen die „Quellen des Lebens" (*tôṣ^e'ôṯ ḥajjîm*, 4, 23 und Kontext, bes. v. 21; s. O. Plöger, BK XVII 49 und M. Dahood, Bibl 49, 1968, 368f.). Hierher gehört eine Sentenz aus einer der kleineren, vorexil. Spruchgut enthaltenden Teilsammlungen, Spr 23, 26 (falls man dem Q^ere folgt, s. BHS). Das zu Bewahrende und dann natürlich auch zu Tuende sind die *d^erāḵaj*, d. h. die vom Weisheitslehrer (= Vater) gewiesenen und angeratenen Wege (= Verhaltensweisen), für die sich der „Sohn" entscheiden soll, indem er dem „Vater" sein Herz gibt. Das K^etib gebraucht *rṣh* ('Wohlgefallen haben', hier an den genannten Wegen, so H. Ringgren, ATD 16/1 z. St. und O. Plöger, BK XVII z. St.). Umgekehrt ereilen denjenigen Unglück, Leid und Lebensbegrenzung, der Warnung, Mahnung und Weisheit verwirft und verachtet, die Ratschläge ausschlägt. Hier werden die Linien bis zur Identifikation von Weisheit = Gottseligkeit und Torheit = Gottlosigkeit ausgezogen (vgl. 4, 19; 6, 12ff. u. ö.). Unter den Gütern des „Lohns", die denen zuteil werden, welche der Aufforderung nachkommen, wird jene bemerkenswerte Koinzidenz erwähnt, nach welcher der Bewahrende durch das zu Bewahrende selber bewahrt, behütet, beschützt wird (Spr 4, 6): *ḥǒḵmāh* und *bînāh* (sie sind mit der Lehre und Rede des Weisheitslehrers identisch!) behüten und bewahren denjenigen, der sie beachtet, liebt und nicht verläßt (4, 1–9). Das gleiche gilt von Besonnenheit und Einsicht (2, 11). Verständigkeit, Weisheit und Erkenntnis gibt – wie überall im antiken Vorderen Orient – letztlich Gott (2, 6). Deswegen behütet er auch den Aufrichtigen (*jāšār*), den Frommen, den untadelig Lebenden, eben denjenigen, der Weisheit, Rat und Zucht annimmt und danach lebt (2, 8). Überall ist *nṣr* gebraucht (2, 8. 11; 4, 6) und in seiner Bedeutung sicherlich nicht weniger komplex wie in den Mahnungen. Hier geht es nicht nur um eine engagierte Wahrnehmung, sondern um Fürsorge, Erhaltung und Lebensbeglückung. Nicht außer acht gelassen werden sollte die starke Theologisierung eines an sich weisheitlich-pragmatischen Verhaltenskonzepts, die allerdings ein besonderes Merkmal dieser späten Sammlung weisheitlicher Lehrreden überhaupt ist.

In der Sentenzensammlung von Spr 10, 1 – 22, 16, deren Spruchgut allgemein in die vorexil. Zeit gesetzt wird, dominiert der kurze zweigliedrige Spruch, der den Weisen und Toren, Aufrichtigen und Frevler, Frommen und Gottlosen gegenüberstellt. Profanes Erfahrungswissen wird weitergegeben, wie z. B. in 13, 3: der seinen Redefluß im Zaum zu halten versteht, bleibt unbehelligt (*noṣer pîw šomer napšô*, „wer seinen Mund bewacht, bewahrt sein Leben"); dagegen bringt sich ins Verderben, der „seinen Mund (seine Lippen) aufreißt" (vgl. auch Ps 34, 14). Da der weisheitlich gebildete Fromme zu schwach sein könnte, Mund und Lippen zu zügeln, bittet er JHWH darum, eine „Wache" (*šmrh*, s. BHS und Komm.) für den Mund und eine „Hut" (*nṣrh*) an das Tor der Lippen zu bestellen (Ps 141, 3; dazu auch M. Dahood, Bibl 49, 1968, 368f.). Das gleiche kann auch an dem Gegensatzpaar *ṣ^eḏāqāh* und *riš'āh* durchgespielt werden (Loyalität und Illoyalität), wobei wieder die Vorstellung bemüht ist, daß die getane, vollzogene Gerechtigkeit „bewahrenden Charakter" hat (13, 6). *dæræḵ* ist ähnlich wie *leḇ* Sammelbegriff für die „weisheitsgerechte" Lebensweise, die allein Leben gewährt und erhält (16, 17 *šomer napšô noṣer darkô*, wobei v. 17a die eindeutige Richtung weist: *sûr merā'*; zu *leḇ* vgl. 4, 23). Was für den Menschen allgemein gilt, hat selbstverständlich auch Geltung für den König (20, 28): *ḥæsæḏ wæʾᵉmæṯ jiṣṣᵉrû-mælæḵ*, wobei stillschweigend vorausgesetzt ist, daß er seinerseits Güte und Wahrheit „bewahrt" (vgl. 20, 28b). Die gleiche Schutzfunktion von Güte und Wahrheit wird in einer Fürbitte für den König erbeten (Ps 61, 8). Daß letztlich Lohn und Strafe für entsprechendes Verhalten von JHWH kommen, lehrt israelitische Weisheit nicht anders als die der Israel umgebenden Nachbarvölker. Auch *nṣr* wird zum Ausdruck dieser Lehre herangezogen (22, 12), wonach JHWHs Augen achthaben auf (*nṣr*) *daʿaṯ* (dies kann sich nur auf die dem Menschen eigene Erkenntnis, wahrscheinlich auf die letztlich gemeinte Gotteserkenntnis des Menschen beziehen, anders Plöger 255f. mit LXX); die Angelegenheiten (vom Wort bis zur Tat) des Treulosen (*diḇrê boḡeḏ*) macht JHWH dagegen zunichte (*jᵉsallep*). *nṣr* birgt dabei alle Positionen der Bewahrung, der Lebenserhaltung und -steigerung in sich. Dieses Achthaben auf das Leben des Menschen (*nap̱šᵉḵā*) hat zur Folge, daß JHWH – hier ungenannt gemeint – den Menschen voll durchschaut (*bjn* und *jdʿ*), so daß dieser sich vor Gott nicht entschuldigen oder verstecken kann (24, 12: *toḵen libbôṯ hûʾ jāḇîn wᵉnoṣer nap̱šᵉḵā hûʾ jeḏaʿ*; vgl. 20, 27 cj. s. BHS). Ijob (7, 20) nennt JHWH geradezu den Menschenhüter (*noṣer hāʾāḏām*), verwundert sich aber in seiner Klage darüber, weshalb dieser nicht großzügiger sei, sondern ihm, dem einzelnen kleinen Menschen, nachstelle.

Schließlich kennt auch die salomonische Sentenzensammlung, die von den Männern Hiskijas zusammengestellt worden ist (25–29, in die mittlere Königszeit gesetzt), profanes, Erfahrungswissen festschreibendes Spruchgut. Nach 27, 18 kann derjenige, der sich um seinen Feigenbaum kümmert (*nṣr*), auch dessen Frucht genießen (vgl. C. Amoz, *nṣr* of Fig-Tree Will Eat its Fruits [BMikr 25, 1979f., 81f.]). Gerade an dieser Stelle wird deutlich, welche Aktionsbreite *nṣr* haben muß (Mühe, Pflege, Fürsorge). Grundsätzlich gewinnt derjenige den Ehrentitel *ben meḇîn* (er hat das Weisheitsschulziel erreicht!), der *noṣer tôrāh* (der Weisung bewahrt, d. h. beachtet und befolgt [28, 7], wieder ein komplexes prozessuales Geschehen).

In der Frömmigkeit, etwa im Gebet, ist das Einhalten des Gotteswillens („deine Gebote", „Gesetze" und „Befehle" usw.) oft genug als Voraussetzung für die erwartete Errettung aus der Not oder das erhoffte Wohlergehen genannt. Was in den Zeugnissen der at.lichen Frömmigkeitsgeschichte (z. B. in den Psalmen) Ausdruck zu vollziehender Frömmigkeit ist, entspricht in der Weisheitsliteratur dem weisheitlichen Wohlverhalten. Ps 119, in dem sich allein 10 der 24 Ps-Belege von *nṣr* finden, gewinnt in der Darlegung der Gesetzesfrömmigkeit gelegentlich starke weisheitliche Charakterzüge. Das beginnt schon zu Eingang (119, 1–8), wo im weisheitlichen Stil derjenige glückselig gepriesen wird, der JHWHs Zeugnisse hält (*ʾašrê nôṣᵉrê ʿeḏoṯājw*), die er zu lernen (*lmd*) erhalten hat (Ps 119, 2. 7). In 119, 33–34. 100 wird JHWH regelrecht darum gebeten, als Weisheitslehrer den Beter *dæræḵ ḥuqqæ̂ḵā* und *tôrāh* zu lehren (*jrh hiph* und *bjn hiph*), damit er sie halte (*nṣr*). Der im willigen Einhalten des Gesetzes mitgegebene Lohn (Wohlergehen, Tröstung usw.) ist in Ps 119 auf vielfältige Weise beschrieben, kann aber schon darin bestehen, daß die Erfüllung des Willens Gottes selber Glück und Wohlbefinden bedeutet. „Noch vor den Ältesten bin ich weise, wenn (denn) ich deine Anweisungen beachte" (119, 100). Mehr noch: Die Beschaffenheit der „Zeugnisse" ist so wunderbar, daß der Gesetzesfromme nicht anders kann, als sie zu halten (119, 129). In das Danklied eines einzelnen ist ein typisch weisheitlicher Passus aufgenommen (Ps 34, 12–17). Unter den Anweisungen, deren Befolgung zu Leben und guten Tagen führt, steht auch diese, Zunge und Lippe vor Bösem und Trugrede zu bewahren (Imp. *nᵉṣor*, v. 14). Weisheitliche Sentenzen sind zu Glaubensüberzeugungen geworden, etwa in einem Vertrauenslied (Ps 25, 10): JHWHs Wege sind identisch mit Güte und Wahrheit (*ḥæsæḏ wæʾᵉmæṯ*) für die, die seinen Bund und seine Zeugnisse bewahren (*lᵉnoṣᵉrê* ...). Und auch diese interdependente Zusammengehörigkeit von Bewahren und Bewahrtwerden kennt die Frömmigkeit. Der Beter ist davon überzeugt, daß Unschuld und Aufrichtigkeit (die er immer zu beachten aufgefordert ist – das bleibt zwar ungenannt, ist aber stillschweigend vorausgesetzt) ihn selber bewahren werden (mitunter auch als Bitte: mögen), denn er traut (hofft) auf diesen durch Gott garantierten Zusammenhang (Ps 25, 21).

IV. Aus dem Vorstehenden ist ersichtlich, daß konstitutive Elemente der Frömmigkeit, so wie sie sich in der Gebetsliteratur Ausdruck verschafft haben, mit Grundüberzeugungen weisheitlichen Denkens eng verwandt sind. Besonders in der Gesetzesfrömmigkeit fällt dieses auf (s. die Belege aus Ps 119 in III.). Voller Freude kann der Psalmist feststellen, daß Wert, Lohn, Sinn schon allein in der Tatsache der Befolgung von JHWHs *piqqûḏîm* (Gesetzen, Satzungen, Ordnungen usw.) liegen, darin, daß der Beter Gottes Weisung nicht verläßt, verachtet, verspottet und abweist, wie Stolze und Frevler dies tun (Ps 119, 56, vgl. den Kontext). Er läßt sich auch nicht durch Anfeindungen beirren (119, 69), tritt vielmehr den Übeltätern entgegen, weist sie von sich im Blick auf seine feste Absicht, die *miṣwôṯ ʾᵆlohaj* zu halten (119, 115: Kohortativ *wᵉʾæṣṣᵉrāh*). Dieser erklärte Sachverhalt berechtigt ihn (ist für ihn Grund, *kî*) zum Gebet um Abwendung von Schande und Beschämung (119, 22), mehr noch, im Blick auf den Kohortativ kann der Beter erwarten, daß Gott ihm auf sein dringliches Rufen antwortet. Er kann Gott geradezu bedrängen: *ʿᵃnenî JHWH* (Ps 119, 145). Umgekehrt ist mit der Gabe der Gesetze und Gebote von seiten Gottes die Erwartung mitgegeben, daß das Gottesvolk diese auch bewahre und einhalte, wie es

Geschichtssummarien im Psalter zum Ausdruck bringen können (78, 7; 105, 45). Interessant ist bei diesen beiden Belegen der unterschiedliche Aspekt, unter welchem Gebotseinhaltung gesehen wird, nämlich sowohl als Voraussetzung für die Gabe der Heilsgüter als auch als Folge der vorauslaufenden Heilszuwendung JHWHs zu seinem Volk.

In einem Teil der *nṣr*-Stellen in den Klage- oder Dankliedern des einzelnen ist der Funktionsbereich von *nṣr* ausschließlich auf JHWH bezogen, sei es, daß die Ausübung von *nṣr* direkt von JHWH ausgesagt ist, sei es, daß sie von JHWH erbeten wird. Als Vertrauensmotiv steht im Gebet eines Bedrängten der Glaubenssatz, daß JHWH die Treuen (*'ᵆmûnîm*) beständig behütet (*noṣer*, Ps 31, 24). In die gleiche Kerbe schlagen Formulierungen der Danklieder (32, 7; 40, 12). Das Bekenntnis prädiziert JHWHs Bewahrung vor Bedrängnis und die verläßliche Hütefunktion von JHWHs Huld und Treue. Dieses Begriffspaar ist aus den weisheitlichen Sentenzen (s. o.) als Subjekt für das Tun von *nṣr* bekannt (Spr 20, 28; Ps 61, 8). In 40, 12 wird die letzte theologische Fundierung für diese bemerkenswerte Redefigur ausgesprochen. Der Klagende verläßt sich auf die grundsätzliche Zusage Gottes (Ps 12, 7), zugunsten des Bedrängten tätig zu werden (Ps 12, 6), so daß der Beter die Überzeugung ausspricht, daß JHWH den Verleumdeten vor seinen Verfolgern beschützt (*nṣr*, Ps 12, 8). In Ps 64, 2 + 140, 2. 5 ist es als Bitte vorgetragen (64, 2: *mippaḥaḏ 'ôjeḇ tiṣṣor ḥajjaj*; 140, 2: *me'iš ḥᵃmāsîm tinṣᵉrenî*). Die Situation ist in beiden Zeugnissen die gleiche, auch wenn in Ps 140 neben verbalen (v. 4) gewalttätige Nachstellungen Grund der Bedrängnis zu sein scheinen. Doch können durch solche starken Veranschaulichungen auch Nachstellungen in fälschlicher Beschuldigung und Anklage zum Ausdruck gebracht werden. Alle vorstehend genannten Prädikationen und Prekationen haben konfessorischen Charakter. JHWH ist imstande und auch willens, den in Not Geratenen zu retten und zu schützen, gleich gar, wenn dieser sich an ihn wendet.

V. Eine gewisse Schwierigkeit in der Erfassung der prophetischen *nṣr*-Stellen besteht darin, daß die Palette der Belege nicht sehr groß ist, daß aber in der prophetischen Literatur mit *nṣr* sehr Unterschiedliches umschrieben wird. Ausscheiden sollte man von vornherein Jer 1, 5, weil die hier verwendete Form von *jṣr* herzuleiten ist. Der bekannte Schöpfungsterminus paßte auch sachlich besser in den Zusammenhang als *nṣr*. Zwei Jer-Belege sprechen von *noṣᵉrîm*, aber in sehr unterschiedlicher Weise. In Jer 4, 16 sind die *noṣᵉrîm* im Zuge der Unheilsankündigungen des Propheten „Hüter", „Wächter", die von weither kommen, um in und gegen Jerusalem und Juda ihre anklagende Stimme zu erheben (*'al* im feindlichen Sinne), und die im Blick auf v. 17 das Strafgericht JHWHs bereits zu vollziehen sich anschickende Fremde sind (W. Rudolph, HAT I/12 z. St. will *noṣᵉrîm* zu *ṣārîm* ändern, was aber der Parallelbegriff *šomᵉrîm* in v. 17 verhindert). *noṣᵉrîm* sind solche, die ihren Blick fest auf beabsichtigte Aktionen richten. In Jer 31, 6 sind *noṣᵉrîm* innerhalb der bekannten Sammlung von Heilszusagen 'Hüter', 'Wächter', die wie tönende Hinweisschilder auf dem Gebirge Efraim die „Heimkehrenden" (aus dem Norden und von allen Enden der Erde, v. 8) nach Jerusalem auf den Zion zu JHWH hinweisen. Auch sie sind mit einer Aktion beschäftigt, die ihre ganze Aufmerksamkeit erfordert (zu Fragen der Authentizität der Stellen s. W. Thiel, WMANT 41, 1973; 52, 1981, die für 4, 16 eindeutiger positiv zu beantworten sind als für 31, 6, doch s. die Diskussion bei W. Thiel). Da sie von JHWH als „unserem Gott" sprechen, können sie diesmal nicht Fremde sein, sondern Angehörige Israels bzw. Judas (Heilspropheten?).

Es gibt noch weitere Beispiele dafür, daß die gleiche Redefigur in der Beschreibung für Gegensätzliches Verwendung findet. Der Bewahrte (*nāṣûr*) ist eigentlich eine positive Gestalt. Wenn er aber durch das totale Gericht hindurch (die „Fernen und die Nahen" hatte es schon auf vielfältige Weise erreicht) nur dazu 'behütet' ist, daß es ihn letztlich auch noch treffen muß, dann ist er eine tragische Gestalt (Ez 6, 12, im Zusammenhang mit vv. 11–13, s. W. Zimmerli, BK XIII/1 z. St.). Demgegenüber trifft der Gottesknecht aus DtJes (49, 6) auf *nᵉṣûrê jiśrā'el* (mit dem Qᵉre), auf die in der Deportation, in der Diaspora „Aufbewahrten Israels", die zurückzubringen zu seiner Aufgabe gehört. D. h. die *nᵉṣûrîm* sind die in ihrer Identität behüteten und erhaltenen Angehörigen des Gottesvolkes. Der Gottesknecht selber könnte als *nāṣûr* bezeichnet werden, da er Objekt des Behütens und Bewahrens JHWHs ist. Freilich sind Jes 42, 6; 49, 8, auf die diese Feststellung Bezug nimmt, in Abschnitten enthalten, die den eigentlichen Gottes-Knecht-Liedern nachgestellt sind (42, 1–4. 5–9; 49, 1–6. 7–12). Sie werden als nicht mehr unbedingt dazugehörig verstanden. Für 42, 5–9 denkt K. Elliger (BK XI/1) an Kyros als Adressaten, C. Westermann (ATD 19) an den „Knecht", der aber hier kollektivisch als Israel verstanden werden soll (epexegetisch an das Gottes-Knecht-Lied [42, 1–4] angefügt). Beide wollen in v. 6 die Form von *jṣr* (nicht von *nṣr*) ableiten, aber ohne Notwendigkeit. Die Stelle ist in ihrer Deutung bis heute umstritten (s. schon die Unsicherheit im tempus [Feststellung oder Absicht?] in den alten Übersetzungen, BHS). Es spricht auch nichts Zwingendes dagegen, diese Verse auf den Gottesknecht bezogen sein lassen zu können. So sprechen vv. 6f. in einem JHWH-Orakel im Ich-Stil von der Berufung des Knechts, seiner Aufgabe und Ausstattung, wozu auch die Bewahrung JHWHs gehört (*wᵉ'æṣṣŏrkā*). In die gleiche Thematik führt 49, 8 (in einigen Passagen mit 42, 6 identisch; auch hier will C. Westermann eine Form von *jṣr* lesen). Wichtig erscheint in den beiden Stellen, daß JHWH selber von seinem bewahrenden Tun spricht.

Im „Weinberglied" der Jes-Apokalypse (Jes 27, 2–5) stellt sich JHWH als 'Hüter' des Weinbergs vor

(*noṣ^{e}rāh* – Ptz. m. Suff.), der Tag und Nacht sein Augenmerk auf ihn richtet (v. 3, *'æṣṣ^{o}rænnāh*), damit dieser keinen Schaden erleide. „Weinberg" ist wie in Kap. 5 das Gottesvolk. In einem Hymnus auf die feste Stadt (sicherlich ist Jerusalem gemeint), die ihre Tore öffnen soll, damit der *gôj ṣaddîq* einziehen kann, wird von letzterem gesagt, daß er JHWH gegenüber Treue bewahrt (Jes 26, 2, s. auch vv. 3. 4) und von diesem den *šālôm* behütet erhält (v. 3, *nṣr*). Abgesehen davon, daß hier JHWH nicht selber spricht, sondern der Hymnus JHWHs Tätigkeit prädiziert, ist ein Begründungszusammenhang zwischen dem Verhalten des Volkes zu JHWH und dem Tun JHWHs hergestellt. Vertrauen auf der einen Seite und Zuwendung von der anderen Seite entsprechen einander (zu beiden Stellen, die in der Interpretation schwierig sind, vgl. H. Wildberger, BK X/2 z. St.).
Nach Hab 2, 1 stellt sich der Prophet auf seinen Wachtturm (*mišmæræt*) und auf seinen Wachtposten (*maṣṣôrî* mit 1 QpHab), wahrscheinlich ein technischer Ausdruck für den Ort der Orakelschau (vgl. J. Jeremias, WMANT 35, 1970, 104ff.).

VI. In einer Reihe von weiteren at.lichen Belegen kann *nṣr* für sehr Verschiedenes gebraucht werden. Der Terminus findet z. B. für das Belagern bzw. Belagertsein einer Stadt oder einer Festung Verwendung (so Jes 1, 8; Nah 2, 2). Aus inneren Gründen ist in Jes 1, 8 geändert worden, da man meinte, „belagerte Stadt" passe nicht in den Zusammenhang von vv. 4–9 (die „Wiederherstellung" des Textes bei H. Wildberger, BK X/1 z. St. im Anschluß an F. X. Wutz vermag nicht zu überzeugen; auch O. Kaiser, ATD 17^5 z. St. [gegen Aufl. 1–4] bleibt dunkel; alle Versionen lesen „belagerte Stadt", s. BHS, wo A. Dillmanns Vorschlag aufgenommen ist, *n^{e}ṣôrāh* zu lesen und von *ṣwr* abzuleiten). Sollte es völlig unmöglich sein, diese Wendung sinnvoll aus dem Kontext heraus zu verstehen, was noch gar nicht ausgemacht ist, so könnte schließlich *'îr n^{e}ṣûrāh* auch als (von JHWH) beachtete, behütete Stadt verstanden werden. Doch scheint der v. 8 ein Interesse daran zu haben zu schildern, daß trotz des Überlebens der *bat ṣijjôn* Schutz und Sicherheit (noch) keineswegs garantiert und endgültig sind (vgl. v. 5).
Auch in bezug auf Nah 2, 2 gibt es unterschiedliche Auffassungen im Verständnis. Man könnte in dieser prophetischen Schilderung der Eroberung Ninives (2, 2–14, ohne v. 3) den Bericht mit der Feststellung beginnen sehen, daß der „Zerstörer" (K. Elliger, ATD 25) heraufgezogen ist gegen die Stadt und die Festung belagert (*nāṣôr m^{e}ṣurāh*; die Masoreten setzen jetzt den Atnach). Dann folgen die (ironischen) Aufforderungen (mask. Imperative!), die (vergeblichen) Verteidigungsanstrengungen zu verstärken. Aus diesem Grunde ist in der Exegese erwogen worden (K. Elliger; F. Horst, HAT I/14), auch schon die erste Bemerkung zu diesen Aufforderungen zu ziehen, z. B. F. Horst: „Los, 'Wachen' verstärken!", wobei *m^{e}ṣurāh* zu *maṣṣārāh* (= Wache, von *nṣr*) umzupunktieren ist. Ähnlich formuliert K. Elliger, nur daß dieser *m^{e}ṣurāh* (= Wall) beläßt: „Den Wall nun bewacht!"
Bei TrJes (65, 4) begegnet in einer Unheilsankündigung (vv. 1–7) die Form *n^{e}ṣûrîm*, die nach LXX mit 'Höhlen' übersetzt wird (KBL^3), in denen die von JHWH Bedrohten zur Nacht sich aufhalten (möglicherweise zum Zwekke des Vollzugs von Inkubationsriten, so C. Westermann), von denen im Kontext Abgötterei berichtet wird. B. Duhm dachte bei dem fraglichen Terminus an „Wachthütten"; BHS möchte die Form auseinandernehmen zu *bên ṣûrîm* („zwischen Felsen"). Könnte aber nicht auch nach dem Prinzip des Parall. membr. in v. 4a (v. 4b ist parallel aufgebaut) der zweite Stichos etwas zum ersten Paralleles meinen? Die in den Gräbern Hokkenden übernachten unter den „Aufbewahrten", d. h. unter den Toten.
Eine geprägte Redewendung gebrauchen 2 Kön 17, 9 und 18, 8, wenn die Vollständigkeit eines befestigten Ortes beschrieben werden soll: *mimmiḡdal noṣ^{e}rîm 'aḏ-'îr mibṣār* „vom Wachtturm bis zur befestigten Stadt (Zitadelle)". Um einen Wächter, der sich eine Hütte baut (etwa zur Zeit der Ernte auf dem Feld oder im Weinberg), die offenbar nur für eine bestimmte Zeit ihm den Schutz bieten soll, geht es in Ijob 27, 18. Die scheinbar glänzenden und glücklichen Unternehmungen des Frevlers werden mit diesem Vergleich Ijobs (*k^e*) als brüchig und hinfällig dargestellt.
nṣr im Ptz. pass. *qal* heißt an zwei Stellen „verborgen sein". Die hurerische Frau betört den unerfahrenen Jüngling (Spr 7, 10). Sie wird u. a. definiert als *n^{e}ṣurat leḇ* „Verborgene, Verschlossene in bezug auf das Herz", d. h. eine, die ihre wahre Absicht nicht zu erkennen gibt (kaum aktivisch wie O. Plöger, BK XVII: „Mit beobachtendem Herzen"). Es muß eine Negativ-Beschreibung sein!
DtJes' Verkündigung vermittelt JHWHs Absicht, unerhörtes, noch nicht gewußtes und gekanntes Heil ansagen zu lassen und dieses dann auch zu tun. Die Gottessprüche sind im Ich-Stil abgefaßt. Das zukünftige Heil heißt Neues (*ḥ^{a}ḏāšôt*) und Verborgenes (*n^{e}ṣurôt*, Jes 48, 6, Aufbewahrtes, Gehütetes).

VII. Schon in den vorangegangenen Abschnitten konnte wiederholt von einem theologischen Gebrauch der Wurzel *nṣr* die Rede sein. Sowohl in der Weisheitslit. als auch in den Dokumenten der at.lichen Frömmigkeit (Psalmen) wie schließlich in prophet. Äußerungen (etwa bei DtJes) wurde von der bewahrenden und erhaltenden Zuwendung JHWHs zu seinem Volk gesprochen. Die Aufrichtigen und um Einhaltung der Ordnungen Gottes Bemühten (sowohl hinsichtlich des Gesetzes [Ps 119] als auch in bezug auf die weisheitlichen Lebensregeln [Spr]) dürfen der Aufmerksamkeit und Bewahrung JHWHs gewiß sein. Ein theologisch besonders stark konzentrierter und gewiß aus geprägten Formulierungen stammender (Bekenntnis-)Satz ist in Ex 34, 6. 7 dem jahwist. Überlieferungsbestand hinzugefügt worden. In diesem wird JHWH als *noṣer ḥæsæḏ lā'^{a}lāpîm* bekannt (v. 7), was sich aus dem Kontext heraus als Barmherzigkeit, Gnade, Langmut und Vergebungsbereitschaft darstellt. Dieser Huldbewahrer ist der *raḇ-ḥæsæḏ wæ'^{æ}mæt* (v. 6). Eine ähnliche Formulierung findet sich im Dekalog (Ex 20, 6). Dort erfahren auch die *'^{a}lāpîm* eine nähere Bestimmung, nämlich als die *'oh^{a}ḇaj* und die *šom^{e}rê miṣwôtaj* (das Suff. bezieht sich auf JHWH). *nṣr* beschreibt hier wieder die den Menschen heilsam zugewendete Tätigkeit JHWHs. Theologisch noch dichter ist die im Mose-

Lied überlieferte Erwählungstradition, die Israels Anfänge auf den Fund JHWHs in der Wüste zurückführt (Dtn 32, 10; vgl. Hos 9, 10; Jer 31, 2–3). Zur Fürsorge für das Aufgefundene (Hilflose) gehörte u.a. auch, daß dieses gehütet und bewahrt werden mußte (wie ein Augapfel im Auge). Hier ist das erhalterische Tun JHWHs besonders sensibel und intensiv vorgestellt. *nṣr* enthält fast emotionale Züge.

Auch für den theologisch-anthropologischen Aspekt von *nṣr* gibt es ein besonders charakteristisches Beispiel im Mose-Segen (Dtn 33, 9). Innerhalb des Levi-Spruches (vv. 8–11) nehmen vv. 9b. 10 insofern eine Sonderstellung ein, als von Levi hier in plur. Form gesprochen wird, während die übrigen vv. nur den Sing. verwenden. Will man diesen „Einschub" nicht für einen Zusatz halten (v. 11 könnte sich gut an 9a anschließen! Die Änderung zum Sing. in Qumran und LXX, aber nur in v. 9b, ist sicher nicht ursprünglich, sondern will lediglich harmonisieren), dann würde er begründen, weswegen die Stammesangehörigen Levis familiäre Bindungen zurückstellten, weil (*kî*) sie nämlich Moses Rede bewahrt (*šāmar*) und Moses Recht strikt beobachtet (*nāṣar*) hätten. Als solche sollen (werden) sie ihre in v. 10 beschriebenen Aufgaben erfüllen. Die Levi-Leute würden nach diesen beiden Versen als Tradenten der durch Mose vermittelten Rechte und Gesetze gelten. Interessant ist die Tatsache, daß die menschliche Einhaltung der von Gott gegebenen Ordnungen nicht nur persönliches Wohlergehen zur Folge hat, sondern auch zum Dienst an der Gemeinde führt (oder soll man sogar sagen: befähigt?).

VIII. Im hebr. AT gibt es einige Stellen, die *nṭr* im Sinne von ʿhüten', ʿbewahren', ʿbeachten' verwenden. → נטר *nāṭar*.

IX. Den LXX-Übersetzern hat das Verb offensichtlich Schwierigkeiten bereitet, da insgesamt 26 verschiedene Begriffe z.T. singulär zur Anwendung kommen. Es dominieren ἐκζητεῖν (11mal), φυλάσσειν (10mal), dann noch τηρεῖν (6mal) und ἐξερευνᾶν (5mal).

Wagner

נֵצֶר *neṣær*

Lit.: *I. F. M. Brayley*, „Yahweh is the Guardian of His Plantation". A Note on Is 60, 21 (Bibl 41, 1960, 275–286). – *L. Moraldi*, Qumrania: *nēṣer* e *ṣemaḥ* (RSO 45, 1970, 209–216).

Das Nomen *neṣær* leitet sich von einer Wurzel her, für die im Hebr. des AT kein Verb gebildet worden ist. Sie ist im Mittelhebr., Jüd.-Aram. und Arab. ebenfalls nominal bezeugt (arab. *naḍura* heißt ʿglänzen', ʿgrünen'; KBL[3] 678). Die Bedeutung des Nomens ist durchweg ʿSproß, Blüte, Zweig, Schößling'. Ausgehend von diesem botanischen Bedeutungshintergrund wird der Begriff auf historische Sachverhalte übertragen: Zweig oder Sproß eines Geschlechtes, Neutrieb aus dem Wurzelstock einer Familie. Dieses Verständnis begegnet in dem bekannten (in seiner Echtheit umstrittenen, von H. Wildberger, BK X/1, aber mit vielen anderen Jesaja zugeschriebenen) Heilsorakel (Jes 11, 1–9), in dem davon gesprochen wird, daß aus dem Wurzelstock Isais ein neuer Schößling (*neṣær*) hervorsprießen wird (mit den Versionen ist *jipraḥ* zu lesen).

Die Vorstellung vom neuen König als *neṣær* soll mit der ähnlichen Verwendung von *ṣæmaḥ* (→ צמח) ʿSproß' (Jer 23, 5; Sach 3, 8; 6, 12) verglichen werden. G. Widengren (Sakrales Königtum im AT und im Judentum, 1955, 56; The King and the Tree of Life in Ancient Near Eastern Religion, UUÅ 1951: 4, 50) findet hier eine Anspielung auf die Vorstellung vom König als Lebensbaum bzw. vom Zepter als Zweig dieses Baumes. Daß königsideologische Nebentöne vorliegen, ist kaum zu bezweifeln. Zugrunde liegt doch wohl die bei vielen semit. Völkern vorhandene Vorstellung, daß die Familie wie ein Baum ist, dessen Stärke in den Wurzeln liegt (vgl. O. Kaiser, ATD 17[5] z.St.).

Zu vergleichen wäre auch eine Stelle in der Deir ʿAllā-Inschrift, wo von einem *nqr* (altaram. = *nṣr*) die Rede ist (II 5.14); dieser wird nach der Unheilszeit eine neue, glückliche Zeit herbeiführen (H. Ringgren, RoB 36, 1977, 88).

In Jes 60, 21 aus der großen Heilsankündigung TrJesajas, die auch eine umfängliche Beschreibung der Beschaffenheit des Heils enthält, ist das Volk als *neṣær maṭṭāʿê JHWH* verstanden, als Sproß, als Blütenzweig der Anpflanzungen JHWHs (so nach 1 QJes[a]), auf dem die heilvolle Zukunft ruht (vgl. Brayley 275ff.).

In der umfänglichen Geschichtsvision des Daniel, in der die Folgegeschichte der Perser und Alexanders des Großen unter dem Gesichtswinkel der Auseinandersetzungen zwischen Ptolemäern und Seleukiden dargelegt wird, ist auch von den erfolgreichen Unternehmungen Ptolemäus' III. Euergetes gegenüber Seleukus II. Kallinikus die Rede und davon, daß er ein Sproß seiner (gemeint ist seines Vaters) Wurzeln sei (Dan 11, 7; LXX liest *neṣær miššŏrāšājw*, s. BHS und O. Plöger, KAT XVIII).

Im eigentlichen Sinne, wenn auch als Bildvergleich, wird *neṣær* in Jes 14, 19, dem Triumphlied auf den Sturz des Königs von Babel, gebraucht. Der Sturz erfährt eine anschauliche Schilderung durch die Vorstellung, daß selbst der Leichnam des Königs noch aus dem Grab geschleudert daliegt wie ein zertretener und geknickter Zweig (*k*[e]*neṣær niṯʿāḇ*, wobei freilich *niṯʿāḇ* eine sinngemäße Bedeutungserweiterung erfahren haben muß; in der Exegese wird *neṣær* gern

zu *nepæl* ʿFehlgeburt' geändert, vgl. H. Wildberger, BK X/2 z. St.; Vergleichspunkt ist aber nicht das Begrabensein, sondern das verächtliche Weggeworfensein).
neṣær findet sich in den Lobliedern von Qumran an fünf Stellen, in denen die übertragene Bedeutung hervortritt. Dabei sind in 1 QH 6, 15 in der verwendeten Bildmaterie viele Einzelheiten des botanischen Bedeutungshintergrundes erhalten geblieben: Sproß, Laubwerk, Pflanzung. In 6, 16 ist die Pflanzung als Baum mit Geäst und Wurzeln vorgestellt (→ נטע *nāṭaʿ*). Die „ewige Pflanzung" ist wohl die Qumran-Gemeinde selber; die Zweige ihre einzelnen Glieder oder individuell (Dupont-Sommer) eine „messianische Gestalt". In 1 QH 7, 19 scheint das „Ich" der Loblieder (= der Lehrer der Gerechtigkeit?) selber durch Gott dazu befähigt zu sein, eine Pflanzung (*maṭṭaʿ*) aufblühen und den Sproß groß und stark werden zu lassen in Kraft (*l^e g̱addel neṣær*). Dabei wird es sicherlich um die Mehrung und Festigkeit der Gemeinde gehen sollen. In der gleichen Richtung liegt auch die differenzierte Verwendung von *neṣær* in 1 QH 8, 6. 8. 10, wo zunächst Bäume des Lebens zur Pflanzung gehören, die *neṣær* für die ewige Pflanzung sprossen lassen sollen (6). Der Sproß seines Laubwerkes (die Vorstellung ist unversehens übergewechselt zum Baum [bestand der Pflanzung]) soll als Nahrung für die Tiere des Waldes dienen (8). Der aber den *neṣær qoḏæš* für die Pflanzung der Wahrheit hervortreiben läßt, bleibt verborgen (10). „Heiliger Sproß" kann wiederum wie schon 6, 15 sowohl kollektivisch als auch individuell verstanden werden.
Die LXX übersetzt mit ἄνθος, φυτόν oder ἔκγονος.

Wagner

נָקַב *nāqaḇ*

נֶקֶב *næqæḇ*, נְקֵבָה *n^eqeḇāh*, מַקֶּבֶת *maqqæḇæṯ*

I. Etymologie, die Wurzel in verwandten Sprachen – II. 1. Das Verbum im AT – 2. Die Nomina im AT – 3. LXX.

Lit.: *H. Ch. Brichto*, The Problem of „Curse" in the Hebrew Bible (JBL Mon. Ser. 13), Philadelphia 1963. – *M. Dahood*, The Ugaritic Parallel Pair *qra* || *qba* in Isaiah 62, 2 (Bibl 58, 1977, 527f.). – *E. Lipiński*, Les conceptions et couches merveilleuses de ʿAnath (Syria 42, 1965, 45–73). – *J. J. Rabinowitz*, A Clue to the Nabatean Contract from the Dead Sea Region (BASOR 139, 1955, 11–14). – *J. Scharbert*, „Fluchen" und „Segnen" im AT (Bibl 39, 1958, 1–26). – *H. Schult*, Leviticus 24, 15b und 16a (DBAT 7, 1974, 31f.).– *J. Starcky*, Un contrat nabatéen sur papyrus (RB 61, 1954, 161–181). – *E. Ullendorff*, Job III 8 (VT 11, 1961, 350f.). – *J. Weingreen*, The Case of the Blasphemer (VT 22, 1972, 118–123).

I. Heute unterscheiden die Wb. in der Regel die Wurzel *nqb* von → קבב *qbb*; vgl. aber Scharbert 14f. Die Wurzel *nqb* ist in den meisten semit. Sprachen belegt. Im Arab. bedeutet das Verb ʿdurchbohren, ein Loch machen', aber auch ʿauszeichnen', von daher ʿzum Häuptling, Vorsteher machen', vgl. *naqīb* ʿVorsteher, Anführer'. DISO 185 gibt für *nqb* im Nabat. an: „(perforer>) désigner", vgl. auch Rabinowitz 14 und Starcky 179. Im Akk. ist *naqâbu* ʿdeflorieren' (AHw 743, CAD N 328); es kommt auch im Gilg.-Epos vor: „dessen Schädel den Himmel durchstößt". Die Siloah-Inschrift (KAI 189, 1. 2. 4) gebraucht das Verb in der Bedeutung ʿ(Felsen) durchbrechen' und das Nomen *nqbh* für ʿDurchbruch' oder ʿTunnel'. Demnach dürfte die Grundbedeutung von *nāqaḇ* ʿein Loch machen, durchbohren' sein. Damit wird auch *n^eqeḇāh* ʿWesen weiblichen Geschlechts, Frau' zusammenhängen. Ob auch ugar. *nqbn* ʿTeil des Geschirrs eines Reittiers' (WUS Nr. 1839) dazu gehört, ist unklar.

II. 1. Für das Verb ist die Bedeutung ʿdurchbohren' eindeutig bezeugt in 2 Kön 12, 10 (ein Loch [*ḥor*] in einen Kasten bohren), 18, 21 || Jes 36, 6 (ein geknicktes Schilfrohr durchbohrt die Hand) und Ijob 40, 24. 26 (einem wilden Tier die Nase oder die Backen mit einem Haken durchbohren, um es zu zähmen). In Hag 1, 6 ist der *ṣ^erôr nāqûḇ* ein ʿlöchriger Beutel'. In Hab 3, 14 ist kaum ʿdurchbohren', sondern ʿ(mit Stöcken) ein Loch (in den Kopf) schlagen' gemeint. In Gen 30, 28 (*nŏqḇāh ś^eḵār^eḵā* „bestimme deinen Lohn!", scil. an Tieren der Herde) ist von dem Brauch auszugehen, Tiere durch ein Loch im Ohr zu kennzeichnen. Von ʿkennzeichnen' ist, übertragen auf Menschen, die Bedeutung ʿauszeichnen' nicht weit entfernt. Die *n^equḇê reʾšîṯ haggôjîm* (Am 6, 1) sind „die Ausgezeichneten unter der Spitze der Völker", also die „Vornehmsten" (H. W. Wolff, BK XIV/2, 318; W. Rudolph, KAT XIII/2, 215f.); eine Ableitung von *qbh* ʿ(einen Namen) aussprechen' ist unnötig (gegen Dahood). Beim Menschen tritt an die Stelle der Kennzeichnung durch ein Loch im Ohr die Kennzeichnung durch einen Namen. Darum bedeutet die *niph*-Form in Verbindung mit *b^ešemôṯ* in Personenlisten „namentlich bezeichnet werden": Num 1, 17; Esra 8, 20; 1 Chr 12, 32; 16, 41; 2 Chr 28, 15; 31, 19. Dabei geht es immer um eine Berufung zu einer besonderen, ehrenvollen Aufgabe, also um eine Auszeichnung. Nach Jes 62, 2 nennt man das begnadigte Israel „mit einem neuen Namen, den JHWHs Mund prägen wird" (1: *jiqq^eḇænnû*, Übersetzung nach J. Ziegler, EB); *nāqaḇ* enthält hier die Bedeutungsnuance ʿauszeichnend einen (neuen) Namen verleihen'.
Eine neue Nuance erhält *nāqaḇ* in Lev 24, 11. 15f. in Verbindung mit dem Namen JHWH. Weil hier *qll* im *pi* in Parallele steht, übersetzt man gewöhnlich ʿ(den Namen JHWHs) lästern'. Die unterschiedliche Rechtsfolge („seine Schuld tragen" im Sinn von „mit dem durch die Tat heraufbeschworenen Fluch leben

müssen" – „mit dem Tod bestraft werden") deutet bei *nqb* auf einen gegenüber *qillel* erschwerenden Tatbestand hin; im ersten Fall handelt es sich um ein leichtfertiges abwertendes Reden über Gott; im zweiten Fall aber um ein bewußt lästerliches Reden über JHWH unter ausdrücklicher Betonung seines Namens (vgl. Schult). Ob hier das Verbot des Mißbrauchs des Namens JHWH (Ex 20, 7; Dtn 5, 11) bereits im Sinn des Verbots, überhaupt den Namen JHWH auszusprechen, verstanden ist, ist wenig wahrscheinlich. Es handelt sich vielmehr um eine negative „Auszeichnung" des JHWH-Namens.

2. Die Bedeutung der Nomina hat sich aus der Grundbedeutung der Verbalwurzel entwickelt. Das Nomen *maqqæbæṯ* (→ מקבת) liegt in zweifacher Bedeutung vor, 'Brunnenöffnung' (Jes 51, 1) und 'Hammer' (Ri 4, 21; 1 Kön 6, 7; Jes 44, 12; Jer 10, 4). Unklar ist die Bedeutung von *næqæḇ* in Ez 28, 13. Die alten und neuen Übersetzer raten nur ('Höhlungen, Vertiefungen' am menschlichen Körper des Königs von Tyrus?). Ganz unwahrscheinlich ist die Deutung von Lipiński 49–52 auf die sexuelle Körperöffnung am weiblichen Körper: „orifices (= vulva)", da es sich um einen Mann handelt, den sich Lipiński allerdings als Hermaphroditen vorstellt.

n^eqeḇāh 'weibliches Wesen' mag mit der Bedeutung 'deflorieren, entjungfern' zusammenhängen. Es steht fast immer mit → זכר *zāḵār* 'männliches Wesen' zusammen; zu Jer 31, 22 → II 771 f.

3. LXX bleibt nur an den Stellen, wo *nqb* 'durchbohren' o. ä. heißt, nahe an der hebr. Bedeutung: τετραίνειν (2 Kön 12, 10; 18, 21; Jes 36, 6; Ijob 40, 19. 24); τρυπᾶν (Ijob 40, 26; Hag 1, 6); διακόπτειν (Hab 3, 14). Sonst übersetzt sie frei je nach Zusammenhang: (ἐπ)ονομάζειν (so auch Lev 24, 11. 16), ἀνα/ἐπικαλεῖν, συνάγειν (Esra 8, 20), διαστέλλειν (Gen 30, 28). Für *n^eqeḇāh* steht θῆλυ, 1mal θηλυκός; Jer 31, 22 wird anders verstanden.

maqqæbæṯ wird mit σφῦρα und τέρετρον („Bohrer"), in Jes 51, 1 mit βόθυνος wiedergegeben.

Scharbert

נָקָה *nāqāh*

נָקִי *nāqî*, נִקָּיוֹן *niqqājôn*

I. 1. Etymologie – 2. Vorkommen – II. Das Verb *nāqāh* – 1. im *niph* – 2. im *pi* – III. Das Adj. *nāqî*. Die Wendung *dām nāqî* – IV. *niqqājôn* – V. LXX.

Lit.: *F. C. Fensham*, Das Nicht-haftbar-Sein im Bundesbuch im Lichte der altorientalischen Rechtstexte (JNWSL 8, 1980, 17–34). – *C. van Leeuwen*, נקה *nqh ni.* schuldlos sein (THAT II 101–106). – *G. Liedke*, Gestalt und Bezeichnung alttestamentlicher Rechtssätze (WMANT 39, 1971) 47 f. – *G. Many*, Der Rechtsstreit mit Gott (RIB) im Hiobbuch, 1971. – *W. Paschen*, Rein und Unrein. Untersuchung zur biblischen Wortgeschichte (StANT 24, 1970). – *W. Rudolph*, Ein Beitrag zum hebräischen Lexikon aus dem Joelbuch (Festschr. W. Baumgartner, VTS 16, 1967, 244–250, bes. 250). – *L. A. Snijders*, Psaume 26 et l'innocence (OTS 13, 1963, 112–130, bes. 121 ff.). – *I. Willi-Plein*, Vorformen der Schriftexegese innerhalb des Alten Testaments (BZAW 123, 1971, 27. 165).

I. 1. Kernproblem der Etymologie ist das Verhältnis des hebr. *nqh* (*nqj*) zu akk. *naqû* 'libieren, opfern'. Liegt keine gemeinsame Wurzel vor (so von Soden unter Hinweis darauf, daß hebr. *nqj* ein Zustandsverb ist, akk. *naqû* aber fientisch), stehen sich zwei gleichlautende, aber verschiedene Typen mit der Bedeutung '(straf)frei, schuldlos sein' (hebr.) und 'libieren, opfern' (akk.) mit den jeweiligen Ableitungen und semit. Parallelen einander gegenüber. Verbindet beide Wörter eine gemeinsame Wurzel, ist als ursprüngliche Bedeutung 'ausleeren/ausgeleert sein' anzunehmen. Damit akk. 'libieren' zu verbinden, ist möglich (vgl. das heth. Äquivalent HW I 193 und Ergänzungsheft 3, 29; Äquivalenz 311). Auf der anderen Seite spricht dafür, daß im Hebr. bzw. Aram. die Bedeutung 'ausleeren' wohl noch als polysemische Variante auftaucht: vgl. unten Am 4, 6; Joël 4, 21; Jes 3, 26; besonders Targum zu Jes 3, 26 (ausleeren) und CIS 146 (libation; anders AP 72, 15. 16, p. 183: purification); außerdem hat die Jesajarolle vom Toten Meer in Jes 65, 3 eine Form von *nqh*, wobei nur eine Übersetzung mit „entleeren" sinnvoll ist (dazu M. Tsevat, HUCA 24, 1952/53, 109 f.; vgl. auch bei Dalman, Aram.-Neuhebr. Handwörterbuch, unter *nāqî* die Bedeutung „leer"). Je nach Bewertung muß das folgende Material zwei verschiedenen Wurzeltypen oder nur einer zugeordnet werden: hebr. auch außerbibl. (KAI 200, 11 '(von Schuld) frei sein'; F. M. Cross, Festschr. N. Glueck, 1970, 302. 306 Anm. 16), akk. *naqû* 'libieren, opfern' mit Ableitungen (AHw 744 f.), aram. *nqj pa* 'reinigen', *itpa* 'gereinigt werden'; *naqjā'* (*n^eqê*) 'rein'; 'ledig, frei' (vgl. auch DISO 186), syr. *nq' pa.* 'opfern', mand. *niqia* 'Gaben' (?), *naqia* 'rein, sauber' (MdD 299 b. 286 a), im Phön. *nqt* wohl 'Freigabe, Entlastung' (KAI 50, 6), asarab. *nqj* 'rein sein' (Biella 316), neusüdarab. (Soqotri) *néqe* 'ist rein' (vgl. W. Leslau, Lexique Soqotri, 1938). Im Arabischen finden sich u. a. *naqija* 'rein sein'; II 'reinigen' und *naqīj* 'rein, sauber'.

In der Qumranliteratur kommt *nqh* in CD 5, 14 f. („ungestraft"), 5 Q 19, 2, 2 und in TR 63, 7. 8 vor. Im nachbibl. Hebräisch heißt *nqh pi* „reinigen", „schuld/straflos machen", *nāqî* „rein, klar, hell, unschuldig, leer" (Pes. 22 b zu Ex 21, 28: „frei, seines Vermögens verlustig"), *niqqājôn* „Reinheit, Klarheit, Unschuld"; vgl. *n^eqijjûṯ* (1) „Reinheit, Reinlichkeit" (mit der Bedeutung „Reinlichkeit" wird eine Abgrenzung zum Begriff der levitischen „Reinheit" vollzogen; Levy, WTM), (2) „Reinheit des Lebenswandels, Schuld/Straflosigkeit".

2. Das Verb kommt 44mal vor, davon im *qal* 1mal (Jer 49, 12), im *niph* 25mal (Spr 6, 29; 11, 21; 16, 5;

17, 5; 19, 5. 9; 28, 20; Jer 2, 35; 25, 29 [3mal]; 49, 12 [2mal]; Num 5, 19. 28. 31; Gen 24, 8. 41; Sach 5, 3 [2mal]; Ex 21, 19; Ri 15, 3; 1 Sam 26, 9; Jes 3, 26; Ps 19, 14), im *pi* 18mal (Ex 20, 7; 34, 7 [2mal]; Jer 30, 11 [2mal]; 46, 28 [2mal]; Ijob 9, 28; 10, 14; Num 14, 18 [2mal]; Nah 1, 3 [2mal]; Joël 4, 21 [2mal]; Dtn 5, 11; 1 Kön 2, 9; Ps 19, 13).

Das Adjektiv kommt 43mal vor, davon 21mal in Verbindung mit *dām* (Dtn 19, 10. 13; 21, 8. 9; 27, 25; 1 Sam 19, 5; 2 Kön 21, 16; 24, 4 [2mal]; Jes 59, 7; Jer 2, 34; 7, 6; 19, 4; 22, 3. 17; 26, 15; Joël 4, 19; Jona 1, 14; Ps 94, 21; 106, 38; Spr 6, 17) und 22mal in anderen Kontexten (Gen 24, 41; 44, 10; Ex 21, 28; 23, 7; Num 32, 22; Dtn 24, 5; Jos 2, 17. 19. 20; 2 Sam 3, 28; 14, 9; 1 Kön 15, 22; Ps 10, 8; 15, 5; 24, 4; Ijob 4, 7; 9, 23; 17, 8; 22, 19. 30; 27, 17; Spr 1, 11).

Das Substantiv *niqqājôn* steht Gen 20, 5; Hos 8, 5; Am 4, 6; Ps 26, 6; 73, 13. – Zur textkritischen Änderung in Ps 99, 8, für *w^e^noqem* besser *w^e^noqām* zu lesen, vgl. C. F. Whitley, Psalm 99, 8 (ZAW 85, 1973, 227–230, dort 230 auch zum inf. abs. *qal* beim *niph* in Jer 49, 12).

II. Gesondert stehen Jes 3, 26 (*niph*) und wohl auch Joël 4, 21 (*pi*). In Jes 3, 25f. wird Jerusalem angekündigt, daß seine Mannschaft im Kampf fallen und es als trauernde Frau am Boden sitzen werde, „beraubt“ (im Sinne von „entleert“! So z. B. M. Tsevat, HUCA 24, 1952/53, 110: „und sie sitzt entleert am Boden“. Das Anknüpfen an eine Grundbedeutung ʿausleerenʾ ist für Jes 3, 26 auch vom Kontext her sinnvoll; anders Wildberger, BK X/1² 146. 148, der „vereinsamt“ im Sinne von „der Kinder beraubt“ übersetzt, dabei aber von einer Grundbedeutung ʿblank, rein, bloß seinʾ ausgeht und das Verb primär auf die Frau bezieht). In Joël 4, 21 wird häufig für *niqqêṯî* (erstes Vorkommen) *niqqamtî* gelesen (so BHS, KBL³), was aber textkritisch (auch durch LXX) nicht begründet ist. Im Anschluß an die mögliche Grundbedeutung übersetzt man auch hier: „und ich werde ihr eigenes Blut ausgießen, das ich (bisher) nicht ausgegossen habe“ (G. R. Driver, JThSt 39, 1938, 402). Wem die Bedeutung ʿausleerenʾ als zu wenig begründet erscheint, wird *nqh pi* als ʿungestraft lassenʾ (vgl. unten) und v. 21a als Frage verstehen („Und ich sollte ihre Blutschuld ungestraft lassen? Ich lasse sie nicht ungestraft.“ W. Rudolph, Festschr. Baumgartner 250) oder als Glosse, die sich auf v. 19 bezieht (H. W. Wolff, BK XIV/2², 86. 102: „und ich erkläre straffrei ihr Blut, das ich nicht hatte straffrei erklären wollen“).

1. *nqh niph* heißt primär ʿunbestraft, frei von Strafe (bleiben)ʾ. Dies trifft daher für alle Stellen zu, in denen das Wort ohne spezifische nähere Angaben steht. Meint *nqh* ʿfrei seinʾ von etwas anderem, wird das mit Hilfe von *min* angegeben. Dabei kommt der Aspekt der Strafe meist implizit zum Tragen. Spezifische Prägung erhielt *nqh* als Rechtsbegriff, der im Anschluß an eine geschehene Tat das Freisein von der Verantwortung und den Folgen, d. h. besonders von Strafe, bezeichnet. Ein ausgeweiteter, sich überhaupt aufs Sittliche beziehender Gebrauch kommt dazu. Frei von Strafverfolgung bleibt der Täter von Ex 21, 19 (jedoch Verpflichtung zur Übernahme der Folgekosten) und Sach 5, 3 (statt dessen Strafe durch JHWHs Fluch; vgl. Rudolph, KAT XIII/4, 116). Nicht entgehen könnte der Strafe, wer sich an Saul vergriffe (1 Sam 26, 9). Ohne Schaden durch das fluchwirkende Wasser, d. h. ohne Strafe bleibt die zu unrecht verdächtigte Ehefrau (Num 5, 19. 28), deren Unschuld so sichtbar wird. In der Gerichtspredigt meint *nqh niph* ʿvom Gericht nicht betroffen, straflos seinʾ (Jer 25, 29; 49, 12). In Jer 2, 35 wird *nqh* immer mit „schuldlos sein“ übersetzt, was die zweite Vershälfte auch erfordert, aber das „schuldlos sein“ ersieht Israel an dem „straflos geblieben sein“; sonst wäre der Nachsatz nicht verständlich: „Ich bin ohne Strafe geblieben (also auch unschuldig), sein Zorn hat sich doch von mir gewandt“ (vgl. Rudolph, HAT I/12³, 23: „Weil also Jahwe auf jene Taten keine Strafe folgen ließ ..., nahm man sie leicht, aber wegen dieser Leichtfertigkeit wird Jahwe sie zur Rechenschaft ziehen“). – Die zahlreichen Proverbienstellen (Spr 6, 29; 11, 21; 16, 5; 17, 5; 19, 5. 9; 28, 20) haben eine einheitliche Form: „... bleibt nicht ungestraft“. *nqh* ist überall verneint, die Strafe bleibt aber ungenannt, es geht um die Gewißheit ihres Eintreffens (vgl. zu 6, 29 den vorangehenden v. 28). Die Schuld liegt oft nicht in einem konkret-rechtlichen Tatbestand vor, sondern im sittlichen Verhalten. Das zieht – im gegebenen Fall – folgerichtig eine entsprechende Strafe nach sich, die letztlich von JHWH bewirkt wird (11, 21; 16, 5; 17, 5). – Fünfmal wird *nqh niph* mit *min* verbunden: In Gen 24, 8. 41 meint *nqh niph* ʿfrei, ledig seinʾ von einer eidlichen Verpflichtung (v. 8: *miššeḇuʿāṯî*, v. 11: *meʾālāṯî*) und wohl auch der damit implizit verbundenen bedingten Selbstverfluchung, also Strafe. Die Zusätze *mippæšaʿ* in Ps 19, 14 (frei von großer Verfehlung) und *meʿāwon* in Num 5, 31 (frei von Schuld) beziehen *nqh* auf die Schuld, doch bleibt die Schuld-Strafe-Einheit erhalten, vielleicht geht gerade durch die Verwendung von *nqh* der Aspekt der Strafe nicht verloren. In dem späten Ps 19, 14 meint „unsträflich sein“ den ganzen Lebenswandel, im besonderen „frei sein von Schuld und Strafe“ wegen unbewußter Verfehlungen (vgl. die Beziehung des Psalms zur Thora-Liturgie und Darstellungen des *ṣaddîq*, dazu unten Ps 24 und 15 und H. J. Kraus, BK XV/1⁵, 306). Auch der Wendung *niqqêṯî mipp^e^lištîm* Ri 15, 3 muß zu ihrem Verständnis der Schuld-Strafe-Gedanke zugrundegelegt werden; oder man versteht das Verb hier im Sinne des Adjektivs (mit *min*) in Num 32, 22 („frei von Verpflichtung, von Schuldigkeit gegenüber ...“).

2. Analog zum *niph* ergibt sich für das *pi* die Bedeutung ʿungestraft lassen, straffrei machen bzw. erklärenʾ. Dies trifft wieder für alle Stellen zu, in denen das Verb allein, d. h. ohne präpositionales Gefüge, steht. Zweimal wird mit *min* ein besonderer Bezug hergestellt: Ijob 10, 14 *meʿ^a^wonî* „von meiner Schuld

freisprechen" und Ps 19, 13 *minnistārôṯ* „von unbewußten Vergehen freisprechen". Aber der Strafaspekt von *nqh* geht trotzdem nicht verloren: Wenn Ijob (10, 14) sündigt, wird Gott selbst ihn dabei behaften und ihn von seiner „Sünde nicht für straffrei erklären" (Fohrer, KAT XVI 197). Das gilt ebenso für Ps 19, 13 (vgl. außerdem das oben zu v. 14 Gesagte). Von den anderen Stellen, in denen *nqh pi* ohne Präposition steht und „ungestraft lassen" heißt, wird einzig Ijob 9, 28 oft ausgenommen und nur auf Schuld bezogen (wegen vv. 29ff.). Aber in vv. 25–28 geht es um die Folgen für den vor Gott auf jeden Fall schuldigen Ijob. In v. 28 wird der Blick schon in 28a darauf gelenkt („Ich fürchte mich vor all meinen Schmerzen ..."), so daß 28b zu verstehen ist: „... ich weiß, daß du mich nicht für straffrei erklärst" (Fohrer, KAT XVI 196). Freilich ist die Schuld in die Strafe einbezogen (vgl. Hesse, Hiob, 1978, 84: „... Gott erklärt ihn nicht für schuldlos ..., was sich daran erweist, daß er ihn wie einen Schuldigen behandelt"). – In 1 Kön 2, 9 beauftragte David Salomo, den, der ihm einst geflucht hat, „nicht ungestraft" zu lassen. An den übrigen Stellen ist es stets JHWH, der den Sünder „nicht ungestraft läßt" (Ex 20, 7; Dtn 5, 11; die restlichen 5 Stellen lauten nach dem Schema: Gott erbarmt sich, läßt aber nicht ganz ungestraft: Jer 30, 11; 46, 28; Ex 34, 7; Num 14, 18; Nah 1, 3).

Der Gebrauch von *nqh pi* ist damit recht einheitlich: Alle Formen (außer Ps 19, 13) sind verneint. Die Strafe wird nie inhaltlich beschrieben (1 Kön 2, 9 wird zumindest die Durchführung offen gelassen). Außer 1 Kön 2, 9 wird *nqh* stets mit JHWH verbunden: Nach Ex 20, 7 und Dtn 5, 11 läßt er den „nicht ungestraft", der seinen Namen mißbraucht. In Texten, die zuerst Gottes Güte preisen, folgt die Wendung *w^enaqqeh lo' j^enaqqæh* („aber er läßt nicht ganz ungestraft"), um dann sein Heimsuchen der Schuld der Väter zu bezeugen (Ex 34, 7; Num 14, 18; vgl. Nah 1, 3). Die Formel steht auch in der Anrede an Israel „ich will dich nicht gänzlich ungestraft lassen" (Jer 30, 11; 46, 28), d. h., Gott will Israel nicht vernichten, aber nach Billigkeit züchtigen.

III. Der Bedeutungsinhalt des Adjektivs hat sich stärker ausgeweitet als der des Verbums; zunächst aber ist eine analoge Verwendung festzustellen im Sinne von „frei sein von Verpflichtung oder Strafe/Schuld": Wie das Verb heißt *nāqî* auch 'ledig' mit der Ergänzung „eines Eides" (Gen 24, 41; Jos 2, 17. 20: immer mit *min* konstruiert) und „einer Verpflichtung, Schuldigkeit" gegenüber jmd. (Num 32, 22: mit *min* und der Person; vgl. *nqh niph* Ri 15, 3). – Als Begriff der Rechtssprache steht *nāqî* in Ex 21, 28 für „straflos" (Gegensatz: Todesstrafe und Buße). In diesem Sinne ist auch Gen 44, 10 zu verstehen: es geht um das Ausbleiben der Strafe für eine Tat.

nqh und *nāqî* gelten in solchem Zusammenhang als termini technici des Freispruches: *nqh* „erklärt die Haftung für einen als Schuld gewerteten Tatbestand für aufgelöst" (Liedke 47 mit Verweis auf Horst, BK XVI/1, 152 zu Ijob 9, 28; vgl. oben). „Der Mann, der freigesprochen wird, hat geschlagen (Ex 21, 19 ...); der Ochse, dessen Besitzer freigesprochen wird, hat gestoßen (Ex 21, 28). In beiden Fällen bewahrt das נָקִי des Torgerichts den Angeklagten vor dem Tod; in Ex 21, 19 genauer vor der Blutrache." Gen 44, 10 zeigt, „daß die Formulierung des Urteils durchaus nicht nur vom Gericht ausgeht" und Ex 21, 19, wie Urteile mit leichtem Widerspruch in sich zustande kommen „durch die Addition der Urteilsvorschläge beider Parteien" (Liedke 48).

In einem spezifischen, wohl auch rechtlichen Sinn sind Dtn 24, 5 und 1 Kön 15, 22 zu verstehen: Freisetzung von der Verpflichtung zu öffentlicher Dienstleistung (Kriegsdienst, Arbeitsdienst). Die Ausnahmeregelung von der bindenden Verpflichtung wird konstatiert. Der Kontext informiert zuvor, welche Verpflichtung besteht, insofern kann *nāqî* ohne Näherbestimmung stehen. Einmalig ist, daß in Dtn 24, 5 der Zweck der Befreiung angegeben wird: *l^ebêṯô* „für sein Haus". – In miteinander vergleichbaren Kontexten steht *nāqî* in 2 Sam 3, 28; 14, 9; Jos 2, 19 im Sinne „frei von der Schuld an einem Vergehen und den Folgen" (vgl. Westermann, BK I/3, 145: „So wie עון Schuld und Strafe bedeuten kann, so נקי unschuldig und straffrei"), „frei von Blutschuld": so meint *nāqî* „ohne Schuld" (2 Sam 14, 9: der Kontext impliziert „frei sein vom *'āwon*", Gegensatz: „*hæ'āwon* auf mir und dem Haus meines Vaters"), und „frei sein von der Schuld" (und Strafe) an einer nicht zu verantwortenden Tötung (Jos 2, 19; Gegensatz: sein Blut komme über unser Haupt) und an einem nicht befohlenen Mord (2 Sam 3, 28: hier steht *nāqî* zweimal mit *min* „unschuldig vor JHWH an dem Blut ..."). – Weiter heißt *nāqî* 'unschuldig' („wer kein Unrecht getan hat" oder „wer das Recht auf seiner Seite hat") ohne sich auf eine bestimmte Tat zu beziehen. Der rechtliche Aspekt bleibt zum Teil erkennbar: Ex 23, 7 (par. *ṣaddîq*, Gegensatz: *rāšā'*), Ps 10, 8 (par. *'ānî*); 15, 5; Spr 1, 11 (ausgeweiteter Gebrauch). Besonders sind es die Armen, die als „unschuldig" gelten (Jer 2, 34; Ps 10, 8). – Ps 24, 4 nennt (im Rahmen einer Liturgie) als Bedingung zum Eintritt in das Heiligtum u. a. „unschuldige Hände". Die sittliche Qualifikation wird deutlich durch die Parallele „lauteres Herz", die zweifache Konkretisierung (vgl. bes. „nicht trügerisch schwört") und die ausführliche Parallele Ps 15, 2–5, bei deren Forderungen „es sich stets um die rechte Verhaltensweise im alltäglichen Gemeinschaftsleben handelt" (Kraus, BK XV/1[5], 258; vgl. v. Rad: Bild eines „exemplarischen *ṣaddîq*"). Auch bei Ijob (4, 7; 9, 23; 17, 8; 22, 19. 30; 27, 17) bedeutet *nāqî* 'schuldlos', freilich erfährt der Begriff eine Ausweitung und Verallgemeinerung (auf die ganze Lebensführung bezogen): Der Schuldlose hält sich von der Sünde fern (vgl. 22, 23), er ist der Fromme mit reinen, von Schuld nicht befleckten Händen (22, 30); es gilt: er kommt nicht um (weisheitlich 4, 7 par. *jāšār*); aber Gott vernichtet ihn, so Ijob, wie einen Schuldigen (9, 23 par. *tām*; Gegensatz: *rāšā'*); vom schließlichen Erfolg des Schuldlosen gegenüber dem Frevler spricht 27, 17 (weisheitlich; vgl. 17, 8 par. *jāšār*; 22, 19 par. *ṣaddîqîm*). *nāqî* tritt bei Ijob auch als Subjekt zu verschiedenen Verbformen auf (17, 8; 22, 19; 27, 17).

Die naheliegende Frage, ob die verschiedenen Aspekte der Bedeutung von *nqh/nāqî* sich durch eine Begriffsentwicklung verstehen lassen, kann nur mit großem Vorbehalt beantwortet werden. Ist das festbegrenzte Bedeutungsfeld „schuldlos, straffrei (sein)" erst dem Rechtsbegriff zugewachsen und das weitere „frei, ledig (sein)" ihm vorausgegangen (und neben ihm erhalten geblieben)? Aber auch in der Bedeutung „frei, ledig (sein)" wird das Wort nur in gewissen Kontexten verwendet und mit bestimmten Ergänzungen versehen (Verpflichtung, Verantwortung, Schuld, Strafe). Gilt die Grundbedeutung „entleeren/leer sein", kann die Bedeutung „frei (sein)" – auch in der besonderen Verwendung – wohl damit verbunden werden. – Ein Verständnis von *nqh/nāqî* als „rein (sein)" – es sei denn, damit ist einfach „unschuldig" gemeint – kann im AT erst anschließen an den ins allgemein Sittliche ausgeweiteten Gebrauch (als solcher auch in gewissen kultischen Texten).
M. Tsevat, HUCA 24, 1952/53, 109f., sieht als allgemeine Bedeutung „reinigen" an und kann diese dann von „ausleeren" herleiten: „... its original meaning 'to empty' from which the common 'to cleanse' is derived" (110). Zum übertragenen Sinn dieser Bedeutung „rein (sein)" als „frei (sein) von Schuld/Verpflichtung" vgl. D. R. Hillers, JBL 97, 1978, 179.

Die Wendung *dām nāqî* „unschuldiges Blut" meint das Blut eines zu unrecht Getöteten, dessen Vergießen als Blutschuld gilt (Dtn 19, 10) und gesühnt werden muß; dazu gehört nicht die Tötung im Krieg, nach gerechtem Urteil, bei Blutrache, das Blut des ertappten Einbrechers o.ä. Die verschiedenen Bluttaten wurden unterschiedlich bewertet (vgl. → דם *dām* II 258) und die Schuldfrage differenziert (Dtn 19, 1–13; Jos 20, 1ff.). Wo unschuldiges Blut vergossen wird, kommt Blutschuld (*dāmîm*) über den Täter (Dtn 19, 10) oder auf seine ganze Familie (2 Sam 14, 9), auch über das ganze Land (Ps 106, 38) und Volk (vgl. Jos 2, 19); Volk und Land sind besonders betroffen, wenn ein Unbekannter (Dtn 21, 8) oder der König (2 Kön 24, 3f.) unschuldiges Blut vergossen hat. Wenn es zur Blutrache (oder einer anderen Todesstrafe) kam, wurde durch das Blut des Täters das Blut des unschuldig Getöteten mit seiner schicksalwirkenden Kraft aus Israel „hinweggetilgt" (Dtn 19, 13; → II 257f.). Blieb der Täter unbekannt, mußte ein Sühneritus durchgeführt werden (Dtn 21, 8f.).
Durch den jeweiligen Fall bestimmt und auf jede in Frage kommende Person anwendbar ist *nāqî* 'unschuldig' in den Gesetzestexten Dtn 19, 10. 13; 21, 8f. und 27, 25 (19, 10: einer, der versehentlich getötet hat, soll nicht der Blutrache zum Opfer fallen, es hieße unschuldiges Blut vergießen; 27, 25, wo die Tötung des Unschuldigen durch Bestechung zustande kommt, geißelt primär heimliche, nicht aktenkundige Taten), in Jer 7, 6 und Jes 59, 7 (auch hier sind wohl die Hilflosen gemeint, vgl. THAT II 104) und Spr 6, 17.

Speziell werden als unschuldig bezeichnet:
(1.) Die aufgrund von Unrechtsurteilen Getöteten, was mehrfach als Vergehen von Königen genannt wird: Ps 94, 21; 106, 38 (Textkorr. mit Kraus, BK XV/2[5], 899. 905: „Es wird auf die Bluturteile und Justizmorde hingewiesen, die eine ungerechte Gerichtsbarkeit heraufbeschworen hat ... Durch die spätere Glosse ... ist 38 fälschlich im Zusammenhang mit 37 gedeutet worden"); 2 Kön 21, 16; 24, 4 jeweils Manasse zum Vorwurf gemacht; auch Jer 22, 3 (dtr). 17 (dtr?): Da der König angeredet ist, der Kontext es nahe legt und wegen des Bezuges zu 2 Kön 21, 16, denkt man auch hier an Justizmorde oder ungestraft gebliebene Morde.
(2.) Kinder, die geopfert wurden (Ps 106, 38 im MT, was aber wohl sekundäre Deutung ist, vgl. Kraus, BK XV/2[5], 899: „Eine Glosse zu דם נקי ist hier eingeschoben. Sie sprengt deutlich das Versmaß und interpretiert דם נקי falsch." Ohne Glosse sind die Bluturteile angesprochen [vgl. o.]). Unsicher bleibt das Verständnis von *n[e]qijjîm* als Kinder in Jer 19, 4, abhängig von der Deutung von *hammāqôm hazzæh*. Ist damit das Tofet gemeint, „ist nicht an 2 R 21, 16 gedacht, sondern an die Kinderopfer (5), bei denen die Könige mit dem schlechten Beispiel vorangingen (2 R 16, 3; 21, 6)" (Rudolph, HAT I/12[3], 126). Meint *hammāqôm* aber wie sonst Jerusalem, bezieht sich „Blut von Unschuldigen" wohl wieder auf Verfehlungen im Rechtsleben, wobei hier wieder ein König Adressat wäre (Giesebrecht, Jeremia, HK III/2[2], 110). Vielleicht faßt Jer 19, 4 beides zusammen (Weiser, Jeremia, ATD 20/21[6], 163).
(3.) Judäer, deren Blut vergossen worden ist (Joël 4, 19; die Deutung hängt vom Bezug des Suffixes von *b[e]'arṣām* ab. Entweder handelt es „sich um die Tötung Unschuldiger und Wehrloser auf dem Boden Ägyptens und Edoms", also um Kolonisten bzw. um Flüchtlinge und politische Emigranten (Rudolph, KAT XIII/2, 87). Oder *b[e]'arṣām* bezieht sich auf die Judäer (d.h. Tötung durch Ägypten und Edom in ihrem Lande), dann können nur die Ereignisse von 2 Kön 23, 29 (Megiddo) oder Obd 9–14 gemeint sein (vgl. Wolff, BK XIV/2[2], 102).
(4.) Propheten, denen wohl ein Teil der Unrechtsurteile gegolten hat. Rudolph (HAT I/12) legt das auch durch eine Textkorrektur für Jer 2, 34 nahe: „Da die Erwähnung der Armen schlechterdings nicht in den Zusammenhang paßt, ist zum mindesten אביונים mit LXX zu streichen" (22). An Kinderopfer kann wegen 34b (gilt nur für Erwachsene) nicht gedacht werden, auch nicht allgemein an Justizmorde, sondern an die JHWH-Propheten, „die ihren Protest gegen den Fremdkult mit dem Tode bezahlen mußten" (23). „Jer denkt hier wohl besonders an die Zeit Manasses, wo ‚unschuldig Blut in vollen Strömen vergossen wurde' 2 R 21, 16 ..." (22).
(5.) Einzelpersonen, so der von Saul verfolgte David (1 Sam 19, 5), der bedrohte Jeremia (Jer 26, 15) und der über Bord geworfene Jona (Jona 1, 14).

Zur unterschiedlichen Deutung von *dām nāqî* in Jona 1, 14 vgl. J. Magonet, Form and Meaning (BET 2, 1976, 69–73) und H. W. Wolff, BK XIV/3, 96: „Hier ist geprägte israelitische Rechtsterminologie aufgenommen; vgl. den Wortlaut von Dtn 21, 8; Jer 26, 15 ... ‚Unschuldiges Blut' meint in jedem Fall das Blut(-vergießen) eines Getöteten oder zu Tötenden (vgl. Dtn 21, 8), hier also das Blut Jonas und nicht das Blut der Matrosen ... Unsicherheit kann nur entstehen, weil es ‚unschuldig' genannt wird. Denn Jona hat seine seit dem Loswerfen (V. 7) den Matrosen bekannte Schuld in V. 12 endgültig selbst erklärt ... Dann kann sich נקיא nur auf das Verhalten der Männer beim Blut(-vergießen) Jonas beziehen. Ihre Sorge ist, daß die Art des Tötens, die Jona nach V. 12 erwartet, als Strafe nicht seiner Schuld entspricht, daß Jahwe also eine andere Sühne als den Wurf ins Meer erwarten könnte. Dann würde er verantwortungsloses (nicht der Schuld Jonas wirklich entsprechendes) Blutvergießen als Schuld auf sie legen. דם נקיא bedeutet also ‚ungerecht vergossenes Blut'."

Von unschuldigem Blut ist in unterschiedlichen Zusammenhängen die Rede: In rechtlichen Bestimmungen (Dtn 19, 10. 13; 21, 8f.; 27, 25), in Erzähltexten (1 Sam 19, 5: Saul will David töten; 2 Kön 21, 16; 24, 4: Königsberichte; Jona 1, 14), in der prophetischen Anklage (gegen das Volk Jer 2, 34; 19, 4 [Dtr]; vgl. Jes 59, 7; gegen Jojakim Jer 22, 17 [Dtr]; gegen andere Völker Joël 4, 19), in der Klage und poetischen Geschichtsdarstellung (Ps 94, 21; 106, 38), in der Mahnung (Jer 22, 3 [Dtr]; vgl. 7, 6 [Dtr]) und Drohung (Jer 26, 15).

Die Verbindung „unschuldiges Blut" taucht in zwei Grundformen auf: *dam (han)nāqî* „(das) Blut (des) eines Unschuldigen" und *dām nāqî* „unschuldiges Blut" (zum Verhältnis der beiden → II 258). Sie war vielleicht ein vorgegebener Begriff (Dtn 19, 10; vgl. Merendino, BBB 31, 1969, 206ff.), der aber erst in deuteronomisch-jeremianischer Zeit häufig wird: Der Ausdruck wird innerhalb der Rechtstraditionen des Dtn zu einem festen Terminus und erscheint gleichzeitig (nicht so geprägt) bei Jeremia (2, 34; 26, 15) und wird dann als dtn-dtr Begriff ein gängiger Ausdruck:

2 Kön 24, 4; 21, 16 sind dtr; die jer. Stellen außer 2, 34 und 26, 15 sind D (Thiel): 7, 6; 19, 4; 22, 3; 22, 17. Ps 94, 21; 106, 38 sind nachexilisch (vgl. die dtr Struktur von Ps 106); später übernommener Gebrauch in Jes 59, 7; Joël 4, 19; Jona 1, 14 und Spr 6, 17; schwierig bleibt 1 Sam 19, 5; die übrigen Vorkommen im Dtn: 19, 10. 13; 27, 25; 21, 8f., auch hier im Sühnungsritual eines von unbekannter Hand verübten Mordes, hat *dām nāqî* keinen levitisch-kultischen Sinn (fehlt im Lev.!), sondern rechtlichen.

Das Blut des Unschuldigen wird durch JHWHs Gebot geschützt (Dtn 19, 1–3; vgl. Jer 22, 3). Es zu vergießen gilt deshalb als besonderes Vergehen (Jes 59, 7; Ps 94, 21; 106, 38; Spr 6, 17 u. a.), das JHWH nicht vergibt (2 Kön 24, 4), sondern deswegen sein Strafgericht ankündigt (Jer 19, 4 gegen Israel; vgl. Ps 106, 38; Joël 4, 19 gegen Ägypten und Edom; Jer 22, 17f.; 2 Kön 24, 3f. gegen den König). Er haßt „Hände, die unschuldiges Blut vergießen" (Spr 6, 17). Den Tätern vergilt er und vertilgt sie (Ps 94, 21ff.). Deshalb wird er auch angefleht, unschuldiges Blut nicht anzurechnen (Jona 1, 14; Dtn 21, 8f.).

Als Parallelbegriffe zu *nāqî* finden sich: *ṣaddîq* 'Gerechter' (Ex 23, 7; Ps 94, 21; Ijob 22, 19; 27, 17), *jāšār* 'Redlicher' (Ijob 4, 7; 17, 8), *ʿānî* 'Armer' (Ps 10, 8f.) und *tām* 'Unschuldiger' (Ijob 9, 22f.). Gegenbegriffe sind: *rāšāʿ* 'Schuldiger' (Ex 23, 7; Ijob 9, 22f.; 22, 18f.), *ḥānep* 'Ruchloser' (Ijob 17, 8) und *ʿæbæḏ* 'Knecht' (Gen 44, 10); in 2 Sam 14, 9 die Wendung *ʿālaj hæʿāwon weʿal-bêṯ ʾāḇî*.

IV. Das Nomen *niqqājôn* steht Am 4, 6; Hos 8, 5 und Gen 20, 5; Ps 26, 6; 73, 13, an den drei letztgenannten Stellen zusammen mit *kappaj* (Gen 20, 5 in einer Cstr.-Verbindung; Ps 26, 6 und 73, 13 in der Wendung *ʾærḥaṣ beniqqājôn kappaj*). Unterschiedliche Deutungen (bes. zu Am 4, 6 und Hos 8, 5) müssen erwogen werden. Eine für alle Stellen gültige, einheitliche Übersetzung von *niqqājôn* versucht Willi-Plein (165) mit „kultische Reinheit und Schuldlosigkeit". Für Am 4, 6 gilt in diesem Fall, daß dieser „Ausdruck der Kultsprache ... für die von Jahwe gegebene Reinheit hier zur ironischen Umschreibung der von Jahwe geschickten Not verwendet" wird (27). Im Halbvers Hos 8, 5b, der meist als Glosse gilt, paßt das Wort so auch „kaum in hoseanischen Kontext" (165). Die Randbemerkung eines Lesers fragt dann (zusätzlich wird eine Konjektur vorgeschlagen: im unverständlichen כי מ in 6a wird ein durch Haplographie ausgefallenes פ nach כ ergänzt, das entstehende כפים schafft eine Verbindung wie in Gen 20, 5): „Bis wann vermag Israel nicht Reinheit der Hände durchzuhalten?", d. h. wie lange wird es vor JHWH sündigen? (165). Diese (auch für die restlichen Stellen gültige) einheitliche Wiedergabe von *niqqājôn* als „kultische Reinheit und Schuldlosigkeit" ist gegen die Annahme von Sonderbedeutungen in Am 4, 6 und Hos 8, 5 gerichtet (so z. B. W. Rudolph, KAT XIII/1, 158, zu Hos 8, 5: „נקיון heißt hier weder Straflosigkeit noch Schuldlosigkeit, sondern Reinheit, Sauberkeit im physischen Sinn wie Am 4, 6"; H. W. Wolff, BK XIV/2² zu Am 4, 6 „Reinheit der Zähne" (248) bzw. „blanke Zähne" (247); diese Bedeutung auch nachbiblisch, vgl. oben zu *neqijjûṯ*; vgl. aram. „rein" im Gegensatz zu „schmutzig"; zuletzt KBL³ „Sauberkeit, Blankheit" mit Verweis auf C. M. Doughty, Travels in Arabia Deserta, 1936: I 366). Die Wertung von *niqqājôn* als kultischer Begriff liegt nahe aufgrund von Ps 26, 6 (so I. L. Seeligmann, Festschr. Baumgartner 1967, VTS 16, 258; N. Ridderbos, Gereformeerd Theologisch Tijdschrift 50, 1950, 92) und Ps 73, 13; aber das Wort meint immer die ethische Unschuld, die ihrerseits die kultische Reinheit zur Folge hat. (Auch die Verwendung von *nqh* und *nāqî* sprechen nicht für ein kultisches Verständnis.) In Gen 20, 5 fehlt jeglicher kultischer Kontext, *beniqjon kappaj* „mit reinen Händen“ (par. *ṣaddîq* v. 4) hat ethischen Sinn. Ps 73, 13 hat ebenfalls keinen kultischen Kontext. Es geht um den *ṣaddîq*, dessen Gehorsam gegen Gottes Ordnung ohne Lohn bleibt, trotz seines rechten Wandels. Er beruft sich auf die Handwaschung des Reinigungseides, die seine (ethische) Unschuld bewiesen hat (Kraus, BK XV/2^5, 669: „Der Psalmist hat ... durch einen Reinigungseid evident gemacht, daß sein schweres Leiden [14] nicht auf eine Verfehlung zurückzuführen ist. Er leidet unschuldig.“). Auch im kultisch-rituellen Gebrauch Ps 26, 6 meint *niqqājôn* einen ethischen Sachverhalt, die voraufgehenden Verse zusammenfassend. (Ebenso qualifizieren anschließend vv. 9f. den sachlichen Gegensatz zur „Unschuld“ des Beters ethisch: Mörder mit Händen voll Schandtat und Bestechung; dazu Snijders, OTS 13, 1963, 112–130, bes. 121 ff.) Ebenso einzustufen ist auch die parallele Wendung in der Einlaßliturgie Ps 24, 4 *n*^{e}*qî kappajim* (vgl. schon oben zu Ps 24, 4 und Ps 15) im Begriffspaar „reine Hände und ein lauteres Herz“ (vgl. → לב *leḇ* IV 443; Kraus, BK XV/1^5, 345 „... hier wird die Reinheit und Lauterkeit des äußeren Tuns und der innersten Herzensbewegung gefordert“). Ob die Verbindung von Kultus und Ethos erst durch Eindringen prophetischer Vorstellungen in die Psalmen entstanden ist (Gunkel u. a.) oder Gottesdienst und Gottesrecht ursprünglich verbunden sind (vgl. Kraus, BK XV/1^5, 256f.), ändert die ethische Qualifikation von *niqqājôn* nicht. In beiden Fällen aber kann sich die Wendung „ich wasche meine Hände in Unschuld“ auch vom kultischen Kontext gelöst haben und nur mehr metaphorisch gebraucht worden sein (Gen 20, 5; auch Ps 73, 13; die Wendung ist schon festgeprägte Sprache, vgl. Westermann, BK I/2, 395; vgl. die Tendenz zur Spiritualisierung des Begriffs beim Adjektiv in späten Texten (Ijob, Spr). Allerdings bleibt die Bedeutungsfindung für Am 4, 6 und Hos 8, 5 schwierig. Am 4, 6 muß man entweder wieder ironisch verstehen (oder man wählt die Einzelbedeutung, vgl. oben) oder man denkt im Anschluß an eine mögliche Wurzelbedeutung „ausleeren“ an „Leere“ (der Zähne) (vgl. die Etymologie). Der Sachverhalt ist durch den Kontext (par. Mangel an Brot) in jedem Fall eindeutig. Für Hos 8, 5 wird man auf die sicherste Bedeutung „Schuldlosigkeit“ und in diesem Sinne verstanden auch „Reinheit“ zurückgreifen. Sie schließt neben sittlichem Fehlverhalten auch Götzendienst aus (vgl. Kraus, BK XV/1^5, 345 zu Ps 24, 4: ‘die unschuldigen Hände und das lautere Herz’ werden zweifach konkretisiert: kein Götzendienst und kein Meineid): „Wie lange noch vermag Israel nicht ohne Schuld zu sein?“

V. In der LXX werden *nqh*/*nāqî* am häufigsten mit ἀθῷος/ἀθῳοῦν wiedergegeben, in erwähnenswertem Umfang noch mit ἀτιμώρητος (Spr 11, 21; 19, 5; 28, 20), ἐκδικεῖν (Sach 5, 3), δίκαιος (Ijob 9, 23; 17, 8; Joël 4, 19; Jona 1, 14; Spr 6, 17), ἀναίτιος (Dtn 19, 10. 13; 21, 8) und καθαρός/καθαρίζειν (diese nicht in der Bedeutung ‘rein sein / reinigen’, was der Kontext der Stellen belegt, so Ex 20, 7; Dtn 5, 11; Ex 34, 7; Num 14, 18; Gen 44, 10; 24, 8; entsprechend auch Ijob 4, 7; Ps 19, 13f.). Die Übersetzung von *nqh*/*naqî* in der LXX spricht damit für ein Verständnis im Sinne von ‘ungestraft, unschuldig’ in rechtlichem und sittlich allgemeinem Sinne.

Warmuth

נָקַם *nāqam*

נָקָם *nāqām*, נְקָמָה *n*^{e}*qāmāh*

I. Grammatik und Syntax – II. Die Pflicht zur Rache – 1. Blutrache – 2. Rache bei Vergewaltigung oder anderen schweren Vergehen – 3. Asylorte – III. Racheverbot – 1. Innerhalb der Sippe – 2. In einem Sozialgefüge – IV. Gott als Rächer – V. LXX und Qumran.

Lit.: *W. F. Albright*, Archaeological Discovery and the Scriptures (Christianity Today 12, 1968, 3–5). – *M. Buttenwieser*, Blood Revenge and Burial Rites in Ancient Israel (JAOS 39, 1919, 301–321). – *G. Cardascia*, La place du talion dans l'histoire du droit pénal à la lumière des droits du Proche-Orient ancien (Mélanges offerts à Jean Dauvillier, Toulouse 1979, 169–183). – *W. Dietrich*, Rache. Erwägungen zu einem alttestamentlichen Thema (EvTh 36, 1976, 450–472). – *G. Dossin*, *NQMD* et *NIQME-ḪAD* (Syr 20, 1939, 169–176). – *F. C. Fensham*, Das Nicht-Haftbar-Sein im Bundesbuch im Lichte der altorientalischen Rechtstexte (JNWSL 8, 1980, 17–34). – *F. Horst*, Recht und Religion im Bereich des Alten Testaments (EvTh 16, 1956, 49–75 = Ders., Gottes Recht [ThB 12, 1961, 260–291]). – *Ders.*, Vergeltung (RGG VI 1343–1346). – *K. Koch* (Hrsg.), Um das Prinzip der Vergeltung in Religion und Recht des Alten Testaments (WdF 125, 1972). – *Ders.*, Gibt es ein Vergeltungsdogma im Alten Testament? (ZThK 52, 1955, 1–42). – *H. Lammens*, Le caractère religieux du *târ* ou vendetta chez les Arabes (BIFAO 26, 1926, 83–127). – *E. Lipiński*, La Royauté de Yahwé dans la poésie et le culte de l'ancien Israël, Brüssel ^{2}1968, 289–292. – *G. E. Mendenhall*, The Tenth Generation, Baltimore 1973, 69–104. – *Ders.*, „God of Vengeance, Shine Forth!“ (Wittenberg Bulletin 45, 1948, 37–42). – *E. Merz*, Die Blutrache bei den Israeliten (BWANT 20, 1916). – *W. T. Pitard*, Amarna *ekemu* and Hebrew *naqam* (Maarav 3, 1982, 5–25). – *O. Procksch*, Über die Blutrache bei den vorislamitischen Arabern, Leipzig 1899. – *H. Graf Reventlow*, „Sein Blut komme über sein Haupt“ (VT 10, 1960, 311–327). – *G. Sauer*, נקם *nqm* (THAT II 106–109). – *J. H. Tullock*, Blood Vengeance Among the Israelites in the Light of its Near Eastern Background (Diss. Vanderbilt 1966). – *R. de Vaux*, Das Alte Testament und seine Lebensordnungen I, 1960, 31–33. 258–263. – *J. Weingreen*, The Concepts of Retaliation and Compensation in Biblical Law (Proceedings of the Royal Irish Academy 76 C, No. 1, Dublin 1976). – *C. Westermann*, Rache (BHHW III 1546). → גאל.

I. Die Verbalwurzel *nqm*, die im Amorit., Hebr., Aram., Arab., Südarab. und Äth. bezeugt ist, drückt den Gedanken der Rache aus. Das Verb *nqm* begegnet im *qal*, *niph*, *pi* und *hitp* 36mal in der hebr. Bibel. Die Substantive *nāqām* (17 Belege) und *n^e^qāmāh* (27 Belege) leiten sich davon ab. Beide bedeuten 'Rache' und sind also synonym mit amorit. *niqmu* und arab. *naqma*, *niqma*, *naqima*. In der ababyl. Epoche in Mari, Chagar Bazar, al-Rimah und in der Region von Diyala, d. h. in Gegenden amorit. Vorherrschaft, ist der Monatsname *niqmu* belegt, aber sein möglicher Bezug zu *niqmu* 'Rache' ist nicht gesichert.

nāqam qal bedeutet 'rächen' oder 'Rache ausüben' und hat oft als direktes Objekt die Substantive *n^e^qāmāh* (Num 31, 2) oder *nāqām* (Lev 26, 25; Ri 16, 28; Ez 24, 8; 25, 12. 15; CD 1, 17; 1 QS 2, 5; 5, 12). In anderen Fällen sind das Blut (Dtn 32, 43) oder die Person, die zu rächen ist (1 Sam 24, 13), direkte Objekte. In Jos 10, 13 scheint das direkte Objekt die Feinde zu bezeichnen, an denen man Rache nimmt, aber diese Konstruktion ist ungewöhnlich, und der Gebrauch des Verbs „rächen" in diesem Text ist unpassend. Stattdessen sollte man hier eine Form des Verbs *qûm* annehmen und *'aḏ-jāqûm* anstelle von *'aḏ-jiqqom* vokalisieren. Zu übersetzen wäre: „solange wie sich die Schar seiner Feinde erhob" (vgl. *gôj neḵār* in CD 14, 14). *nqm pi* ist 2mal belegt und wird genau wie das *qal* gebraucht, d. h. mit dem Substantiv *n^e^qāmāh* (Jer 51, 36) oder mit dem „Blut", das zu rächen ist (2 Kön 9, 7), als direktem Objekt. Das Passiv des *qal* bedeutet in Gen 4, 15. 24; Ex 21, 21 „gerächt werden".

niph und *hitp* haben den reflexiven Sinn von „sich rächen" oder „Rache nehmen", außer in Ex 21, 20, wo *jinnāqem* die pass. Bedeutung von „gerächt werden" haben muß, da es sich auf einen Sklaven bezieht, der zu Tode geschlagen wurde. Ebenfalls pass. Bedeutung hat der Inf. *niph* Sir 46, 1, wo *lhnqm nqmj 'wjb* mit „damit die vom Feind geübte Rache gerächt werde" übersetzt werden muß. Diese pass. Konstruktion entspricht der akt. Wendung *nāqam nāqām*. Ex 21, 20 aber stellt vor eine Reihe von Problemen. In der Tat verrät Ex 21, 20f., so scheint es, eine doppelte Redaktionsschicht: Die Verbindung vom Inf. *qal* mit dem Imperf. *niph nāqom jinnāqem* ist selten (vgl. aber GKa § 113 w). Außerdem hat der Samaritanus hier *môṯ jûmāṯ*, während Targ. und S „er soll vor Gericht bestraft werden" verstehen. Es ist möglich, daß der ursprüngliche Text im Sinn von *nôqem jinnāqem* „ein Rächer soll sich rächen" verstanden werden sollte und daß *nqm niph* hier eine reflexive Bedeutung hat.

Die Bezeichnung der Feinde, an denen man sich rächt, wird durch *min* (1 Sam 14, 24; 24, 13; Ri 16, 28; 2 Kön 9, 7; Jes 1, 24; Jer 15, 15; 46, 10; Est 8, 13; vgl. Jer 11, 20; 20, 10. 12), *me'eṯ* (Num 31, 2), *b^e^* (Ri 15, 7; 1 Sam 18, 25; Jer 5, 9. 29; 9, 8; 50, 15; Ez 25, 12; vgl. CD 8, 11 f.; 1 QpHab 9, 2) oder *l^e^* (Ez 25, 12; Nah 1, 2; CD 8, 5f.; 9, 5) eingeleitet. Diese letzte Partikel kann auch dem Namen der Person vorausgehen, für die man Rache übt (Jer 15, 15; 1 QS 7, 9); in einem Fall steht *min* vor dem Grund, weshalb man sich zu rächen wünscht (Ri 16, 28). Die Präposition *'al* wird in einer ähnlichen Bedeutung in Ps 99, 8 gebraucht, wo sie sich auf die Taten (*'^a^lîlôṯ*) Israels, die von Gottes rächender Kraft geschützt werden, bezieht.

Die Substantive *nāqām* und *n^e^qāmāh* werden mit Gen. subj. oder obj. gebraucht, wofür auch ein Pronominalsuffix stehen kann. Der Gen. subj., der den Rächenden bezeichnet, bezieht sich meistens auf Gott (Num 31, 3; Jes 50, 15; 51, 11; Jer 11, 20; 20, 12; 50, 28; Ez 25, 14. 17; 1 QS 1, 11; 1 QM 4, 12) oder auf seinen Zorn (1 QM 3, 6). In Klgl 3, 60; Sir 46, 1 und 1 QS 2, 9 bezieht er sich auf die Feinde, die die Rache ausüben. Stets wird *nqmt* gebraucht außer in Sir 46, 1, wo der einzige Beleg vom Pl. *nqmj* vorliegt. Der Gen. obj. bezeichnet denjenigen, der gerächt werden soll. Das können sein Blut (Ps 69, 10), der Tempel (Jer 50, 28; 51, 11), der Zion (Jer 51, 36), die Söhne Israels (Num 31, 2), die persönlichen Feinde Jeremias (Jer 20, 10) oder der Bund (Lev 26, 25; CD 1, 17f.) sein. Nur im letzten Fall findet man das Substantiv *nāqām*. Amor. *niqmu* ist bisher nur mit Gen. obj. (Suffix) belegt: *niqmīšu*, *niqmī*, *niqmīja*.

Der Begriff „Rache ausüben" kann mit der Wurzel *nqm* auf verschiedene Weisen ausgedrückt werden. Neben *nqm*, allein oder mit dem Inf. abs., und den idiomatischen Wendungen *nāqam n^e^qāmāh* und *nāqam nāqām* treten folgende Wendungen auf: *hešîḇ nāqām* (Dtn 32, 41. 43; Sir 12, 6), *'āśāh n^e^qāmāh* (Ri 11, 36; Ez 25, 17; Ps 149, 7; CD 8, 11f.; 1 QpHab 9, 2) und *'āśāh nāqām* (Mi 5, 14), *lāqaḥ n^e^qāmāh* (Jer 20, 10) oder *lāqaḥ nāqām* (Jer 47, 3) und *nāṯan n^e^qāmāh* (Num 31, 3; 2 Sam 4, 8; 22, 48; Ez 25, 14. 17; Ps 18, 28). Die verletzte Partei möchte „Rache sehen" (*rā'āh n^e^qāmāh* Jer 11, 20; 20, 12; vgl. Klgl 3, 60, oder *ḥāzāh nāqām* Ps 58, 11). Für sie ist der Tag, an dem sich die Rache vollzieht, in gewisser Weise ein Festtag, während der gleiche Tag ein Schreckenstag für die von der Rache betroffene Partei ist. Dieser Tag wird *jôm n^e^qāmāh* (Jer 46, 10) oder *jôm nāqām* „Tag der Rache" (Jes 34, 8; 61, 2; 63, 4; Spr 6, 34; 1 QS 9, 25; 10, 19; 1 QM 3, 7–8; 7, 5), *'eṯ n^e^qāmāh* „der Moment der Rache" (Jer 51, 6) oder auch *mô'eḏ nāqām* „Termin der Rache" (1 QM 15, 6) genannt. Man kann vermuten, daß der Monat *niqmu(m)* des amorit. Kalenders der altbabyl. Zeit die Begrenzung des Rechts auf Rache auf nur einen Monat des Jahres impliziert haben könnte.

Der Rächer wird normalerweise *go'el* (→ גאל) genannt, aber der Gebrauch des Partizips *noqem* für Gott als Rächer und für die Ausführer der göttlichen Rache (Nah 1, 2; Ps 99, 8; CD 9, 4–5; 1 QS 2, 6) scheint anzuzeigen, daß dies der alte Ausdruck für „Rächer" war. Dieses Ptz. ist vielleicht auch in Ex 21, 20 (s. o.) zu lesen. Der Name *Nāqimu(m)* „Rächer" findet sich in amorit. Personennamen (Th. Bauer, Die Ostkanaanäer, 1926, 36; APNM 241 f.). Man kann unterstellen, daß man ihn einem Kind gab, das eines Tages Rache nehmen sollte am Mörder seines Vaters oder Großvaters. Der Name *Niqmānu(m)* ist in der gleichen Zeit bei den Amoritern bezeugt (Bauer 47; ARM II 95, 5) und könnte die gleiche Herkunft haben, da er ungefähr 'rachsüchtig' bedeutet. Ein unveröffentlicher Maritext, der bei G. Dossin (Syr 20, 1939, 175 Anm. 2) angeführt wird, nennt den Rächer *bēl niqmi*, wörtlich „Herr der Rache".

II. 1. Die Verpflichtung zur Blutrache *niqmaṯ dam* (Ps 79, 10) entsteht aus der realen oder angenommenen Blutsverwandtschaft unter allen Mitgliedern einer Sippe/Stamm. Es handelt sich hierbei um ein altes Wüstengesetz, das dem *ṯa'r* der Araber entspricht und zum Ziel hat, die Achtung vor dem Leben zu sichern. Diese Verpflichtung ist durch die ganze at.liche Gesetzgebung aufrechterhalten worden: vgl. das Bundesbuch (Ex 21, 12), das Heiligkeitsgesetz (Lev 24, 17), die dtn Gesetzessammlung (Dtn 19, 11–12). Wie Gen 9, 6 es in rhythmisch-poetischem Stil ausdrückt, muß das Blut dessen, der Menschenblut vergießt, ebenfalls vergossen werden. Ein Ausgleich durch Geldzahlung ist nicht möglich (Num 35, 31–34). Der nächste Verwandte ist der *go'el*, der die Rache am Mörder zu vollziehen hat (Num 35, 19; Dtn 19, 12; vgl. 2 Sam 14, 11): der Vater muß seinen Sohn rächen, der Sohn seinen Vater (1 Kön 2, 5–9; 2 Kön 14, 5); wenn jemand keine Kinder hat, muß sein Bruder oder einer seiner nächsten Verwandten diese Aufgabe auf sich nehmen. So tötet Joab Abner (2 Sam 3, 22–27), um den Tod seines Bruders Asaël zu rächen (2 Sam 2, 22–23). „Mit eigener Hand" (*bejaḏ*; vgl. Ez 25, 14; 1 QS 2, 6) muß der Rächer die Strafe vollstrecken und das Blut des Mörders, seines Sohnes oder eines seiner Blutsverwandten (auf dem Boden) vergießen. Tatsächlich kann die Blutrache bis zur vierten Generation reichen (vgl. Ex 20, 5; 34, 7). In der Folge indessen schränkt das Gesetz die Blutrache allein auf den Mörder ein (Dtn 24, 16; 2 Kön 14, 6 = 2 Chr 25, 4; Jer 31, 29–30; Ez 18, 2–4).

Das Gesetz der Blutrache zielt darauf ab, die Achtung vor dem Leben nicht nur des freien Mannes, sondern ebenso das des Sklaven zu sichern (Ex 21, 20–21). Wenn der Sklave, Mann oder Frau, unter den Stockschlägen seines Herrn stirbt, „soll ein Rächer ihn rächen" (*noqem jinnāqem*; zur Emendation s.o.). Es ist nicht daran zu zweifeln, daß diese Strafe tatsächlich der Tod gewesen ist, da der Vergleich mit Ex 21, 18f. und der Samaritanus, welcher *nqm jnqm* durch *môt jûmāṯ* ersetzt, zeigen, daß das lex talionis hier angewandt werden muß. Der Rächer soll normalerweise ein Mitglied der Familie des Sklaven sein. Ist dieser jedoch ein Ausländer/Fremder, dessen Familie nicht anwesend ist, um die Rache auszuüben, bleibt der Mörder unbestraft. Die talmudische Gesetzgebung sieht diesen Fall vor, wenn sie die Benennung eines Rächers durch eine Gerichtsversammlung vorschreibt (b. Sanh 45b), aber diese Maßnahme ist nicht in der Bibel bezeugt und impliziert einen Vorgang öffentlichen Rechts, wohingegen das Gesetz in Ex 21, 12ff. den Mörder der privaten Rache zu überlassen scheint. Wenn man also die Hypothese eines durch einen Gerichtshof bestimmten Rächers ausscheidet, läßt sich das Gesetz von Ex 21, 20 immer noch auf zwei verschiedene Weisen interpretieren. Es kann sein, daß es sich faktisch nur auf den hebräischen Sklaven bezieht, den die Familie tatsächlich rächen kann. Das ist die wahrscheinlichste Erklärung. Bezieht es sich dagegen auf jeden Sklaven, unabhängig von seiner Herkunft, dann muß es auch die Möglichkeit einer immanenten oder göttlichen Rache in Betracht ziehen. Vielleicht interpretierte man den tödlichen Biß einer Schlange oder eines Skorpions in diesem Sinne, da ja die Schlange in Num 21, 6–7 als Vollstrecker der göttlichen Strafe erscheint und sie in der talmudischen Literatur als Rächer schlechthin dargestellt wird. Hier findet sich die Redewendung, daß jemand „sich rächt und wie eine Schlange nachtragend ist" (*nôqem wenôṭer kenāḥāš*; b. Sabb. 63a; b. Joma 23a; b. Ta'anit 8a). Hier wird Simson als „rachsüchtig wie eine Schlange" (*kešem šæ-nāḥāš naqmān* (Gen. R. 99) charakterisiert. Das Blut des Opfers schreit vom Erdboden aus (Gen 4, 10), der Wohnstätte der Schlange, des chthonischen Tieres schlechthin. Diese späteren Ausdrücke eines Volksglaubens, der auch Engel als Vollstrecker der Rache kennt (vgl. J. Naveh / Sh. Shaked, Amulets und Magic Bowls, 1985, 135. 144), lassen es nicht zu, die genaue Vorstellung der göttlichen Rache, möglicherweise in Ex 21, 20 vorausgesetzt, zu rekonstruieren. Jedenfalls kann der Sklave nicht mehr gerächt werden, wenn er nicht direkt unter den Schlägen seines Herrn, sondern erst einen oder zwei Tage später stirbt. Es muß dabei klar sein, daß die Tötung nicht intendiert oder vorsätzlich war. Man sah den Herrn durch den finanziellen Verlust, den der Tod des Sklaven und der Ausfall seiner Dienste bedeutete, als genügend bestraft an.

Die Verpflichtung zur „Blutrache" kann auch durch einen Vertrag geregelt werden, wie es die Stelen von Sfire zeigen. Nach Stele III (KAI 224), die die Verpflichtungen des Vasallen im Fall des Königsmordes regeln, muß der Vasall „das Blut" des Lehnsherrn, dessen Sohnes und dessen Nachkommenschaft „von der Hand" (*mn* oder *mn jd*) ihrer Feinde „rächen" (*nqm dm*; Z. 11f.; vgl. Dtn 32, 43; 2 Kön 9, 7). Hatte er selbst an der Verschwörung teilgenommen, mußte jemand an ihm das Blut seines Lehnsherrn rächen (Z. 22). Dieser besondere Fall der Verpflichtung, Rache am Mörder zu nehmen, war im alten Israel bekannt, da sich eine ähnliche Pflicht aus dem Bund (→ ברית *berîṯ*) zwischen JHWH und dem Volk ableitet. Wenn JHWH jedoch die Untreue gegenüber Bestimmungen des Bundes rächt (Lev 26, 25; vgl. 1 QS 5, 12; CD 1, 17f.), so verpflichtet er sich auch durch Eid, das Blut seiner Knechte zu rächen (Dtn 32, 40–43; vgl. Ps 79, 10).

2. Rache wird nicht allein im Falle eines Mordes

ausgeübt, sondern auch im Fall von Vergewaltigung und schwerer Körperverletzung. Die Brüder Dinas rächen auf diese Weise ihre Schwester und bringen Hamor und seinen Sohn Sichem um, „weil man ihre Schwester entehrt hat" (Gen 34, 1–5. 25–27). Nachdem Amnon, der Erstgeborene Davids, seine Halbschwester Tamar geschändet hatte (2 Sam 13, 1–20), wird sie zwei Jahre später von ihrem Bruder Abschalom gerächt. Dieser läßt Amnon von seinen Knechten umbringen und flieht zu seinem Großvater mütterlicherseits, dem König von Geschur, bei dem er drei Jahre lang bleibt (2 Sam 13, 23–38; vgl. 2 Sam 3, 3). Danach kann er nach Jerusalem zurückkehren (2 Sam 14, 21–24), weil das Recht der Blutrache nicht innerhalb desselben Familienverbandes gilt. Auch der eifersüchtige Ehemann übt Rache, wenn er den Ehebrecher bestraft, der mit seiner Frau die Ehe gebrochen hat (Spr 6, 34–35).

Die Geschichte von Simson erzählt einen Fall von Rache nach einer schweren Körperverletzung. Simson rächt seine Blindheit an den Philistern, indem er sie mit sich unter den Trümmern des Bauwerks begräbt, das er zum Einstürzen bringt (Ri 16, 28–30). Die Feinde Jeremias wollen Rache am Propheten nehmen wegen seiner Vorhersage, die in ihren Augen die Existenz der Stadt bedroht (Jer 20, 10; vgl. 26, 11); Jeremia selbst wünscht, daß Gott ihn am Volk rächt (Jer 11, 20; 20, 12). Der Gerechte wünscht „Rache zu sehen" und „seine Füße im Blut des Frevlers zu baden", durch den er zu leiden hatte (Ps 58, 11). Die Rachgier findet ihre Befriedigung beim Anblick der ausgeführten Rache, die auch die Feinde Israels und Judas, z. B. die Edomiter, ausüben (Ez 25, 12. 15; Klgl 3, 60; Sir 46, 1; 1 QpHab 9, 2; 1 QS 2, 9). Das Lied Lamechs (Gen 4, 23–24), in dem er sich rühmt, einen Mann für eine erhaltene Wunde zu töten, ja sogar 77fach gerächt zu werden, spiegelt keine Realität wider, sondern ist ein altes Prahllied, um die Gewalt der Kainiter darzustellen (zum Thema „Gewalt" im AT jetzt N. Lohfink u.a., Gewalt und Gewaltlosigkeit im AT [QD 96, 1983], mit reicher Lit.).

3. Das Beispiel Joabs, der Abner tötet (2 Sam 3, 22–27; vgl. 2, 22f.), zeigt, daß die heilige Pflicht der Blutrache nicht leicht in Vergessenheit geriet. So versteht man, daß die Gesetzgebung versucht hat, die Ausübung der Rache einerseits zu mäßigen, andererseits war sie durchaus geeignet, eine Präventivwirkung auszuüben. Die Gesetzgebung bezüglich der Asylstädte (Num 35, 9–34; Dtn 4, 41–43; 19, 1–13; Jos 20, 1–9) sanktioniert die Blutrache, aber sie trennt den Fall der ungewollten Tötung ab und begründet für ihn die Asylregelung. Sie unterstellt ebenfalls, daß nur der Mörder mit dem Tod zu bestrafen sei. Die Texte, die diese Institution beschreiben, sind schwierig zu interpretieren (→ מקלט *miqlāṭ*), und die Asylstädte (Jos 20, 1–9) finden sich anderswo als Levitenstädte (Jos 21, 11. 21. 27. 32. 36. 38; vgl. 1 Chr 6), als wären die Leviten (→ לוי *lewî*) ursprünglich Leute gewesen, die in die Asylstädte geflüchtet wären und dort unter dem Schutz Gottes überlebt und sich in Eiferer für seinen Kult gewandelt hätten (vgl. Gen 49, 5–7; Dtn 33, 9).

Auch die heiligen Stätten konnten als Asylstädte fungieren, und bestimmte Aussprüche in den Psalmen scheinen auf den Tempel als Asylort anzuspielen. So ist der Tempel ein Schutzort gegen die Feinde, und man verweilt dort in Sicherheit (Ps 27, 2–5), man ist dort von den Flügeln JHWHs bedeckt (Ps 61, 4–5), während der Schuldige keinen Einlaß findet (Ps 5, 5). Das ist der Grund, weshalb der Mörder selbst vom Altar gerissen werden kann, um der Strafe überliefert zu werden (Ex 21, 13f.). So war auch Joab, der Abner und Amasa ermordet hatte (2 Sam 3, 26–27; 20, 9–10; 1 Kön 2, 5–6), nicht durch das Asylrecht geschützt, und er wurde im Heiligtum getötet (1 Kön 2, 28–31).

III. 1. Das Verbot der Rache wird mit Nachdruck im Heiligkeitsgesetz eingeschärft: „Du sollst dich nicht rächen (*lo' tiqqom*) und du sollst keinen Groll hegen (*lo' tiṭṭor*) gegen die *b^{e}nê 'amm^{e}ḵā*" (Lev 19, 18). Die historische Interpretation dieses Gesetzes hängt von dem genauen Sinn des Ausdrucks *b^{e}nê 'amm^{e}ḵā* ab. Man hat diesen Ausdruck als Hinweis auf das ganze Volk Israels gedeutet, aber es ist zweifelhaft, ob dies den eigentlichen Sinn des Wortes → עם *'am* trifft, das in v. 16aα im Pl. erscheint. Mehrere Ms. haben diesen Pl. *'mjk* in einen Sing. *'mk* berichtigt, und die alten Versionen übersetzen es, als ob dort „Volk" gemeint sei. Die lectio difficilior *'mjk* enthüllt indessen die wirkliche Bedeutung dieses Ausdrucks: er dürfte noch den väterlichen „Vorfahren" bezeichnen, wie im Amorit., in der alten Bestimmung von Lev 20, 17 oder in der Wendung *næ'æsap 'æl 'ammājw* „mit seinen Vorfahren vereinigt sein", und *nikraṯ me'ammājw* „aus seinen Vorfahren ausgerottet werden" (vgl. B. Alfrink, OTS 5, 1948, 118–131). Der Ausdruck *lo'-ṯeleḵ rāḵîl b^e'ammǣḵā* (Lev 19, 16aα) meinte demnach „du sollst nicht als Verkäufer deiner Vorfahren umhergehen", in Übereinstimmung mit der ursprünglichen Bedeutung der Wurzel *rkl* 'Handel treiben'. Das Verbot zielte wahrscheinlich gegen einen Handel, der Blutsbande verletzte, indem man versuchte, das Recht, das eine Veräußerung des väterlichen Bodens untersagte, zu unterlaufen und auf diese Weise ein Grundstück außerhalb des Familienkreises zu übereignen, wie man es mittels Pseudo-Adoptionen in Nuzi erreichte.

Das Wort *'am* hat die gleiche Bedeutung 'Vorfahren' in Lev 19, 18aα, wo die Ausführung der Rache bestimmt wird. Man wird außerdem festhalten müssen, daß der Ausdruck *bn 'm* dieses Verses schon im Amorit. durch den Namen *Bin-'ammi* oder *Bunu-'ammi* (Bauer 15ff.; ARM XVI/1, 81f.; vgl. Gen 19, 38) bezeugt ist, sowie durch das Bündnis, das die Beduinen von Belqa (Moab) *ben 'ameh* nennen. Dieses Bündnis wurde nur zwischen benachbarten Stämmen geschlossen, die in ständigem Kontakt zueinander lebten und beruht auf dem feierlichen Eid, daß die Mitglieder der beiden Stämme sich untereinander wie Verwandte, Brüder verhalten. Dieses Bündnis gibt dem Stämmebündnis eine ähnliche Festigkeit, wie sie innerhalb der Familie durch die Blutsbande entsteht, und erlaubt im Fall eines Mordes keine Rache innerhalb des *ben ʿameh*. Der Mörder eines *ben ʿam* muß seinen Stamm verlassen mit all seinen Nachkommen in direkter Linie und mit den drei Generationen der Seitenlinie, die am nächsten mit ihm verwandt sind. Er ist von nun an der Rache der Verwandten des Opfers ausgesetzt, da er nicht mehr den Schutz eines *ben ʿameh* genießt; die entfernteren Mitglieder der Familie, die im Stamm verbleiben, werden nicht behelligt, und selbst die Güter des Ausgeschlossenen sind unantastbar (A. Jaussen, Coutumes des Arabes, 149–162). Diese Einrichtung erlaubt, den ursprünglichen Sinn des Verbotes von Lev 19, 18a zu begreifen: „Du sollst dich nicht rächen und du sollst keinen Groll gegen die Kinder deiner Vorfahren hegen!" Das ist ein Verbot der Rache innerhalb des Familienverbandes, was keinesfalls heißt, daß ein Mörder unbestraft bleiben soll. Die Strafe, die ihn ereilen soll, ist der Ausschluß aus der Sippe, wie man beim Brudermörder Kain sieht (Gen 4, 10–14). Wie hier JHWH, so können ein Beduinenscheich und die Stammesältesten ein gefährliches Mitglied aus der Sippe ausschließen auf Grund einer Entscheidung, die sich *infirāš ʿabātih* „seinen Mantel (aus)schütteln" nennt. Alle Mitglieder des Lagers und der benachbarten Stämme werden offiziell über diese harte Entscheidung informiert, die den einzelnen irgendeinem auf Gnade oder Ungnade ausliefert. Niemand, weder aus seinem Stamm noch aus seiner Familie, wird sein Blut rächen, wenn er ermordet wird. Darauf spielt Gen 4, 14 an. JHWH indessen macht Kain ein Zeichen, daß er siebenfach gerächt wird (*juqqam*), wenn jemand ihn tötet (Gen 4, 15), obwohl Kain der Mörder seines Bruders ist, dessen Blut vom Boden zu Gott schreit (Gen 4, 10–11). Gen 4, 15 könnte jedoch ein redaktioneller Vers sein, der sich das Lied Lamechs (Gen 4, 24) zum Vorbild nahm. Nimmt man einen redaktionellen Ursprung von Gen 4, 15 an, so ist daraus kaum auf eine bestimmte Institution zu schließen oder auf eine Praxis, die den Mörder schützte (anders F. W. Golka, Keine Gnade für Kain, Festschr. C. Westermann, 1980, 58–73).

Dem Brauch, die Rache nicht innerhalb desselben Familienverbandes auszuüben, scheint die Erzählung von der Frau aus Tekoa (2 Sam 14, 4–11), ein Märchen zur Illustration königlicher Weisheit (vgl. 1 Kön 3, 16–28), zu widersprechen. Ein Brudermörder sollte demnach von den Mitgliedern der Sippe getötet werden. Dieser Fall ist ungewöhnlich, und folglich ist es Sache des weisen und gerechten Königs, ihn zu lösen. Der Entscheid des Königs fällt tatsächlich gemäß der Sitte, was seine Weisheit in den Augen des Volkes zeigt. Noch mehr, der König versichert: „Nicht ein einziges Haar" soll vom Kopf des Brudermörders „zu Boden fallen". Dies impliziert, daß ein Eingriff der höchsten Autorität dem Streit ein Ende setzt.

2. Der Kommentar der Frau aus Tekoa (2 Sam 14, 14) gleicht einer weisheitlichen Reflexion über das Schicksal des Opfers, für das man nichts mehr tun kann, und über das des Mörders, der seiner Sippe noch nützlich sein kann. Diese Reflexion geht in die gleiche Richtung wie die Institution der Asylstädte und eine weitergefaßte Interpretation von Lev 19, 18. Obwohl die rabbinischen Kommentare im Zusammenhang mit diesem Vers die wichtigen Umstände des Mords, der Vergewaltigung oder Verstümmelung nicht bedenken (b. Joma 23a), dürften die Übersetzer der LXX an schwere Schädigungen gedacht haben, denn sie geben *loʾ tiqqom* mit οὐκ ἐκδικᾶταί σου ἡ χείρ „daß deine Hand sich nicht selbst Recht verschaffe" wieder und gebrauchen dabei das gleiche Verb ἐκδικῶ wie in Ex 21, 20–21 oder Dtn 32, 43. Mit anderen Worten: Man muß sich an das Gericht wenden.

Die Qumranessener gehen in ihrer Interpretation von Lev 19, 18 noch weiter. Nach CD 9, 2–5 kommt es allein Gott zu, Rache an seinen Feinden zu nehmen. Rache und Groll werden als Verstoß gegen das Gesetz gewertet, wenn man einen Mitbruder vor Gericht bringt, ohne ihn vorher vor Zeugen zurechtgewiesen zu haben oder seinen Zorn unter Kontrolle gebracht zu haben; man beginge denselben Fehler, wenn man ihn bei „seinen Ältesten" anklagen würde. Diese essenische Vorschrift braucht keine besonders schweren Vergehen im Blick zu haben, da der Strafkodex der Regel (1 QS 7, 8–9) eine Strafe von sechs Monaten oder einem Jahr für das Vergehen vorsieht, Groll zu hegen oder Rache zu üben. Eine der wesentlichen Verpflichtungen der Mitglieder dieses „Neuen Bundes" besteht darin, „seinen Groll von einem Tag nicht auf den nächsten zu übertragen" (CD 7, 2–3). Gott wird mit Strenge jene strafen, die „sich gerächt haben oder Groll gehegt haben" (CD 8, 5–6).

IV. Der Begriff des „rächenden Gottes" (Nah 1, 2; Ps 99, 8; CD 9, 4–5), des „Gottes der Rache" (Ps 94, 1; 1 QS 4, 12), der „Rache JHWHs" (Num 31, 3; Jer 11, 20; 20, 12; 50, 15. 28; 51, 11; Ez 24, 14. 17) oder der „Rache Gottes" (1 QM 4, 12; 1 QS 1, 10f.) entstammt einer alten semit. Vorstellung, die ihren Ausdruck bereits in den amorit. Eigennamen findet, die aus der Wurzel *nqm* und einem theophoren Element bestehen (I. J. Gelb, Computer-Aided Analysis of Amorite, 334f.). Einige dieser Namen tragen die Verbalform *jaqqim* < **janqim*, die als Indikativ oder Jussiv gedeutet werden kann. Wenn man bedenkt, daß die Namen oft eine bes. Beziehung zwischen dem Gläubigen und seinem Gott ausdrücken und sie also das Ziel haben, göttlichen Schutz auf den Gläubigen herabzurufen, kann *jaqqim* als Jussiv verstanden werden. Die Gottheit möge die Funktion eines „Rächers/Beschützers" zugunsten des Gläubigen ausüben. So kann man die Namen *Jaqqim-Ḫaddu*, *Jaqqim-ʾEl* und *Jaqqim-Liʾim* mit „Haddu räche",

„'El räche" und „Li'im räche" übersetzen. Auf diese Weise übersetzt, rufen die Namen nicht die göttliche Rache auf einen bestimmten Feind, sondern drücken den Wunsch aus, Gott möge den Neugeborenen sein ganzes Leben lang schützen. Das zeigt sich noch mehr in den theophoren Namen, die aus dem Substantiv *niqm-* (zuweilen *niqmīja* mit dem Suff. 1. sg.) gebildet werden. Dabei ist *niqm-* eine Abkürzung von *bēl niqmi*, „Herr der Rache", „Rächer". Der Ausdruck findet sich in einem Text aus Mari (Syr 20, 1939, 175 Anm. 2): *bēl niqmišu idūkšu* „sein Rächer hat ihn getötet"; das erste Suffix *-šu* bezieht sich auf den, den man rächt und das zweite auf den, an dem man die Rache vollzieht. Mindestens ein amorit. PN zeigt, daß die Gottheit als der reguläre Rächer des Gläubigen angesehen wird: *(bēl-) Niqmīja-Ḫaddu* „Mein Rächer ist Haddu". Man bringt diesen PN mit anderen zusammen, die anscheinend vom gleichen Typ sind, aber diese Namen haben eher eine andere Erklärung. So ist nicht sicher, ob ein göttlicher Vater der erwähnte Rächer im Namen *(bēl-) Niqmi-'abî* „der Rächer ist mein Vater" ist. Desgleichen läßt sich fragen, ob *japuʿ/japaʿ* und *jatar* in *(bēl-) Niqmi-Japuʿ* und *(bēl-) Niqmi-Jatar* theophore Elemente oder Verbformen sind, die eine Übersetzung „der Rächer offenbart sich" und „der Rächer ist stärker" nahelegen. Die regierende Dynastie Ugarits hat die Tradition dieser Namen bewahrt. Die Könige Niqmaddu und Niqmepa tragen solche Namen, obwohl die Wurzel *nqm* im Ugar. nicht gebräuchlich war. Andere Namen drücken keinen Wunsch aus, sondern die Dankbarkeit für einen göttlichen Eingriff, der es erlaubt hat, ein Familienmitglied als gerächt anzusehen. Die Existenz entsprechender Namen läßt keinen Zweifel zu, wie die akk. Namensgebung *Nabû-tuktê-erība* (AHw 1368a), „Nabu hat die Rache ausgeführt" zeigt. Man findet einen derartigen Namen in Ugarit, wo *Na-qa-ma-du* (PRU III 196, I, 9; PNU 168), d. h. *Naqam-Ḫaddu* „Haddu hat gerächt" bedeutet. Im Phön. findet sich der ähnliche PN *Nqm'l* „El hat gerächt" (PNPPI 363).

Wenn auch die hebr. Namengebung uns keine analogen Namen nennt, findet man im AT doch mehrere Beispiele von *nāqam*, *niqqam* oder *niqqem* mit JHWH als explizitem oder impliziten Subjekt (Dtn 32, 43; 1 Sam 24, 13; 1 Kön 9, 7; Jes 1, 24; Jer 15, 15; 46, 10; 51, 36; Ez 24, 8). Hinzuzufügen sind die synonymen Wendungen, die „die Rache ausführen" oder „die Rache vollziehen" bedeuten, in denen ebenfalls JHWH Subjekt ist: *hešîḇ nāqām* (Dtn 32, 41. 43; Sir 12, 6), *nāṯan neqāmāh* (2 Sam 4, 8; 22, 48; Ez 25, 14. 17; Ps 18, 48), *ʿāśāh neqāmāh* (Ri 11, 36; Ez 25, 17; vgl. Ps 149, 7) *ʿāśāh nāqām* (Mi 5, 14), *lāqaḥ nāqām* (Jer 47, 3). Gott kann auch ein „rachebringendes Schwert" (*ḥæræḇ noqæmæṯ*) (Lev 26, 25; CD 1, 17f.), einen „Rächer der Rache" (1 QS 2, 6) oder einen Gewaltherrscher, der „die Rache ausführen wird" (CD 8, 1f.) schicken. Gott wird angesehen als einer, der eingreift, um den entweihten Bund (Lev 26, 25; vgl. 1 QS 5, 12; CD 1, 17f.), den Zion (Jer 51, 36) oder den zerstörten Tempel (Jer 50, 28; 51, 11) zu rächen, ebenso wie sein Volk oder seine Knechte (Dtn 32, 35. 43; 2 Kön 9, 7; Jes 35, 4; Jer 15, 15; Ps 79, 10). So nimmt er Rache an Midian (Num 31, 2f.), den Ammonitern (Ri 11, 36), an Babylon (Jes 47, 3; Jer 50, 15. 28; 51, 6. 11. 36), an Edom (Jes 34, 8; Ez 25, 12–14), an den Philistern (Ez 25, 15–17) oder an den Nationen im allgemeinen (Ps 149, 7). Er rächt sich an seinen Feinden (Dtn 32, 41; Jes 1, 24; 51, 17; Jer 46, 10; Nah 1, 2; Mi 5, 14; CD 9, 5) oder für die Treulosigkeit Jerusalems (Ez 24, 8). Er kann auch in persönlichen Fällen eingreifen, um Rache an Saul zu nehmen (1 Sam 24, 13; 2 Sam 4, 8), an den Feinden des Psalmisten (2 Sam 22, 48; Ps 18, 48) oder an denen Jeremias (Jer 11, 20; 20, 12). In der eschatologischen Sicht Qumrans wird er seine Rache an den Menschen des Loses Belials (1 QS 2, 6) und an den Söhnen der Finsternis (1 QM 3, 6) ausführen. Die Weise göttlichen Eingreifens bleibt in den prophetischen Weissagungen unbestimmt, aber die erzählenden Texte zeigen an, daß er sich der Menschen und Ereignisse bedient. Auf diese Weise muß das bewaffnete Volk die Rache JHWHs gegen Midian vollziehen (Num 31, 3) und die beiden Söhne Rimmons aus Beerot halten sich für die Vollstrecker der göttlichen Rache, als sie Ischbaal enthaupten und seinen Kopf David bringen (2 Sam 4, 7f.).

Lipiński

נָקַף *nāqap̄*

I. Etymologie – II. 1. Verteilung im AT inklusive Sir – 2. Phraseologie und Synonyma – 3. LXX – 4. Qumran – III. 1. Verwendung im AT – 2. Sir.

I. Bei *nqp* II handelt es sich um eine im Ostsemitischen nicht belegte Wurzel (vgl. die Parallelisierung mit *qûp̄*; Gesenius, Thesaurus 912; Gordis, The Book of Job, New York 1978, 12: *nqp* „a metaplastic form of *qûp̄*"). Die älteste Bezeugung stammt aus Ugarit *nqpt* 'Kreislauf, Jahr'; WUS Nr. 1847; UT Nr. 1700). Vergleichbar ist auch syr. *neqep* 'anhaften', wie mhebr. *hiqqîp̄* bzw. jüd.-aram. *'aqqîp̄*, 'umgeben', äth. *waqĕf* 'Armband' und arab. *waqafa* 'stehen bleiben'.

II. 1. Im AT wird das Verb im *qal* 1mal, im *hiph* (inklusive Ptz.) 16mal belegt (Ps 17, 9 dürfte zu *nqp* I 'abhauen' zählen); zu erwähnen sind die Substantiva *niqpāh* 1mal und *teqûp̄āh* 4mal. Belege finden sich im Pentateuch 2mal, DtrGW 6mal, ChrGW 3mal, Ps 5mal, Ijob 2mal und Klgl 1mal; dazu kommt Sir 3mal.

2. Zur Konstruktion ist anzumerken, daß *ʿal* (5mal) neben *'eṯ* (4mal) das direkte Objekt einführen; Aus-

sageunterschiede sind nicht auszumachen (vgl. 2 Kön 11, 8 mit 2 Chr 23, 7). – Erwähnenswert ist die häufige Parallelsetzung mit → *sbb* (7mal), welches sich immer in der ersten Position befindet. Dazu fügen sich die im Gedankenzusammenhang erwähnten *sāḇîḇ* 3mal. Andere Parallelausdrücke sind *sph* und *bnh ʿal* (erste Position) und *šḥt hiph* (2. Position). Nur vier Vorkommen bleiben, in denen kein Parallelverb anzutreffen ist. – Als Subjekte fungieren JHWH (2mal; vgl. auch den Zorn JHWHs), Menschen (10mal), Gegenstände (3mal) bzw. abstrakte Subjekte (2mal inklusive Zorn JHWHs). – Ein erster Überblick zeigt, daß die Verwendungen im Zusammenhang mit JHWH ein „Umgeben" zur Strafe beschreiben; doch ist dieser Inhalt nicht von der Wortgrundbedeutung „umgeben", sondern vom Kontext herzuleiten.

3. Die LXX verwendet 8 Wörter zur Übersetzung: κυκλοῦν (5mal; gewöhnlich die Wiedergabe von *sbb*, wie ca. 63 Beispiele belegen), περικυκλοῦν (1mal), κύκλος (1mal), κύκλωσις (1mal), περιέχειν (4mal), περιλαμβάνειν (1mal), συνάπτειν (1mal), συντελεῖν (1mal); dazu kommt noch ποιεῖν σισόην (1mal).

4. Nur einmal (1 QpHab 4, 7) erscheint in Qumran *nqp hiph*. Die Konstruktion weicht dadurch von den übrigen at.lichen Belegen ab, daß das indirekte Objekt mit *bᵉ* eingeleitet wird: „sie lassen sie mit zahlreichem Volk einschließen". Während der kausative Aspekt deutlich erhalten ist, ist eine Mischung der Bedeutungen von *nqp* I und II gegeben, da entsprechend dem Kontext die zum Zwecke der Vernichtung veranstaltete Umkreisung durchgeführt wird.

III. 1. Der mutmaßlich älteste Beleg findet sich in Ps 48, 13 und zwar im vierten Abschnitt des Zionhymnus, in dem zu einer Prozession aufgerufen wird. Zion zu umziehen (*sbb*) und zu umkreisen (*nqp*) hat insofern religiöse Implikationen, als Zion die Stadt JHWHs ist und in ihm sich der Tempel Gottes befindet (vv. 9f.). Hierbei ist „ein uraltes Überlieferungsgut ... auf Jerusalem (wahrscheinlich schon in vorexilischer Zeit) übertragen worden. Daß hier mythische Elemente im Spiel sind, ist nicht zu bezweifeln" (Kraus, BK XV/1⁵, 511), kämpferische Konnotationen sind nicht erkennbar. Es geht um Reste von Elementen, wonach durch den (Kult-)Umzug die Kraft und Stärke gesichert werden soll.

Wenn das Heiligkeitsgesetz in der jetzigen Form auch aus relativ später Zeit stammt, finden sich in ihm doch sehr alte Elemente. Zu diesen scheint Lev 19, 27 zu zählen (Elliger, HAT I/4, 254). Das Verbot des Haarschnittes (*nqp hiph* ['um-, abrunden'] *pᵉʾaṯ roʾš*) wegen abergläubischen Inhaltes geht darauf zurück, daß man in der Frühzeit dem Haar spezielle Kraft zuordnete (vgl. Simson) und die Haare als Totenopfer gebräuchlich waren (vgl. Baentsch, Handkomm. z. AT I/2, 1903, 399 u. a.).

Einen kultkritischen Akzent bietet Jes 29, 1 – ein zumeist als jesajanisch eingestufter Text – da die Israeliten spöttisch aufgefordert werden, sie sollten weiterhin Feste „aneinanderreihen". Gemeint ist wohl der jährlich wiederkehrende Festzyklus bedeutender Begehungen. *nqp* kommt in diesem Kontext nahe an das ugar. *nqpt* (Jahr, Saison) (vgl. W. G. E. Watson, VT 22, 1972, 463), wenn auch die kultische Perspektive hervorzuheben ist. Die von Rössler (ZAW 74, 1962, 126. 137f.) betonte durative Dimension der Präfixkonj. fügt sich äußerst gut in die Absicht der Stelle, da ja immer wieder begangene Festlichkeiten der Kritik unterstellt sind.

Wenn auch aus jüngerer, nämlich knapp vorexilischer Zeit, so bezeugen Jos 6, 3. 11 für *nqp* den gleichen Inhalt. Wiederum ist *nqp* je dem synonymen *sbb* nach- und untergeordnet. Die Szene findet sich im Zusammenhang mit der glorifizierten Darstellung der Einnahme Jerichos. Man wird anmerken müssen, daß *sbb* an vielen Stellen feindliches bzw. kriegerisches Umkreisen beschreibt (Ri 16, 2; 20, 5; 1 Sam 22, 18; Ps 109, 3; Ijob 16, 13 u. ö.). Solchen Passagen stehen Beispiele entgegen, wo gegnerische Dimensionen vollständig auszuschließen sind (z. B. 1 Kön 18, 37; Ps 26, 6; 32, 10). Das zeigt, daß nicht die Wortgrundbedeutung, sondern der Kontext die Feindschaft inkludiert, das Verb aber doch nahe an einen Kriegsterminus herangebracht wird. Nun ist im Zusammenhang von Jos 6 schon festgestellt worden, daß zwei Traditionen ineinander verflochten sind, von denen eine kriegerische Implikationen zu besitzen scheint (vgl. Hertzberg, ATD IX⁴ 39f. 42). Die vv. 6. 11 finden sich in solchen Passagen, die zwar z. T. Soldaten erwähnen, doch treten diese nicht zum Kampf, sondern wie die Priester zu einem Um- bzw. Festzug an. Daher gewinnen Argumente Gewicht, die – u.a. begründet durch die Zahl 7 – alte Traditionen voraussetzen (vgl. Miller-Tucker, CBC, 1974, 54f.), die auf einen an Magie erinnernden Gotteskampf deuten, in dem mit der Angst und dem Schrecken vor dem Numinosen (Bright, IB II 578) agiert wird. Auf derlei Weise zermürbt, fällt dann die Stadt; dichterische Ausmalung ließ dann die Mauern einstürzen.

In der Prophetenlegende 2 Kön 6, 8–23, die ihre heutige Form erst um die Zeit des Exils erfuhr, liest man, daß eine Stadt, in der sich Elischa aufhielt, von aramäischen Soldaten umzingelt (*nqp*) wurde. Für das gleiche Faktum verwendet v. 15 *sbb*. – Während *nqp* in diesem Fall in einem Kontext steht, der Feindlichkeit impliziert, ist 2 Kön 11, 8 – ebenfalls in einem mehrschichtigen Text (vgl. M. Rehm, Das zweite Buch der Könige, 1982, 114) – *nqp* in Verbindung mit *sāḇîḇ* im Rahmen einer Schutzaufgabe von Tempelsoldaten verwendet. Der minderjährige Thronanwärter Joasch sollte vor den Häschern Ataljas geschützt werden. In der Parallele 2 Chr 23, 7 sind es Tempelbeamte, die den König vor unbedachtem Betreten des heiligen Bereiches hindern sollten (vgl. Rudolph, HAT I/21, 271).

Noth (BK IX/1², 147f.) nimmt an, daß 1 Kön 7, 24 (vgl. die Parallele 2 Chr 4, 3) einen Auszug aus einem alten Register darstellt. Danach wäre das Zeugnis alt, wonach das bronzene Meer mit Kunstwerken rundum (*nqp hiph* ... *sābîb*) verziert war. Dagegen fällt die Stelle als alter Beleg für *nqp* weg, wenn die These stimmt, „sie umsäumten das Meer ringsum" sei eine Glosse zu 24a (so Würthwein, ATD XI/1, 77 Anm. 1). 2 Chr 4, 3 belegt jedenfalls den Text aus 1 Kön.

Aus der späteren Königszeit dürfte Jes 15, 1–9 stammen. Darin wird die allseitige Ausbreitung des Klagegeschreis in Moab mittels *nqp hiph* in 15, 8 zum Ausdruck gebracht. Die kausative Funktion des *hiph* kommt im wirkungsvollen Ausbreiten (nicht kreisförmig Umgeben, sondern dynamischen Weiterwirken) in ursprünglicher Funktion zur Wirkung (vgl. Wildberger, BK X/2, 592).

In nachexilischer Zeit dürfte Ps 22, 17 anzusetzen sein (vgl. Briggs, ICC I 191; andere halten eine zeitliche Ansetzung für unmöglich). Inhaltlich zeigt die Notschilderung, daß eine Gruppe von Übeltätern den Beter einkreisten. Wiederum wird *sbb* synonym ergänzt. In v. 17a werden die Gegner als Hunderudel (vgl. O. Keel u. a., Orte und Landschaften der Bibel 1, 1984, 108f.) beschrieben, die um den tödlich Bedrohten streunen, bereit, den Kadaver zu zerreißen. In Ijob 1, 5 ist die Frage, ob die Kinder Ijobs (Driver-Gray, ICC II 25) oder die „Tage des Festmahles" (Fohrer, KAT XVI 70 Anm. 5) Subj. von *hiqqîpû* sind, für die zweite Möglichkeit zu entscheiden. Ob es sich jedoch um ein Jahresschlußfest (Tur Sinai, The Book of Job, Jerusalem 1967, 17f.; Hinweis auf die ugar. Querverbindung) oder gar um ein dauerndes, ausschweifendes Feiern gehandelt haben soll (Hölscher, HAT I/17², 13), ist äußerst zweifelhaft. Zurecht betont man, daß von Prasserei nichts angedeutet sei (Hesse, ZBK XIV 25f.). *nqp hiph* weist vielmehr darauf hin, daß die Festzeit zu Ende gebracht ist (gleichsam kreisförmig geschlossen; das Kausativ mag seine Funktion erhalten haben). In den Zusammenbruch des Exils führt uns Klgl 3, 5 zurück. In der zweiten Zeile der mit *bet* beginnenden, dreigliedrigen Strophe stehen *bnh ʿal* und *nqp* parallel. Inhaltlich geht es darum, daß JHWH selbst die Existenzfülle drastisch einschränkte (*billāh beśārî*; v. 4), und den Beter so gefährdete, daß er wie unter Gestorbenen dahinvegetiert (v. 6). Gegen v. 5 wurde eingewendet, daß das erste Substantiv ein Konkretum, das zweite ein Abstraktum bezeichne, was unannehmbar erscheine (Hillers, AB 7A, 54).

Neben abschwächenden Deutungen für *roʾš* als Bitternis (z. B. Kraus, BK XX 52), finden sich verschiedene Emendationsvorschläge (z. B. BHK³). Nahe am MT bleiben Praetorius (ZAW 15, 1895, 326), Rudolph (ZAW 56, 1938, 110) und BHS (mit Verweis auf LXX). Diese Lesung, die nur *j* und *w* als Lesefehler richtigstellt, kommt dem Umstand entgegen, daß alle auf den Beter bezogenen Substantive in den vv. 4–6 mit „mein" verbunden sind. *nqp hiph* fügt sich nahtlos ein, da das direkte Objekt nicht immer, das indirekte nie gesondert eingeführt wird. Der Satz heißt demnach: „Er (Gott) läßt meinen Kopf mit Mühsal (Erschöpfung) umkreisen." Als Problem bleibt, daß *bnh ʿal* sich gewöhnlich im Zusammenhang mit Krieg findet (Dtn 20, 20; Ez 4, 2; Koh 9, 14; auch die übertragene Verwendung in Hld 8, 9 ist hier anzuführen).

Nach der bisher erhobenen Verwendung von *nqp* wird man das Verb nicht als Kriegsterminus verstehen können, sondern einen fortführenden Parallelismus annehmen, der die Folgen der Existenzbedrohung beschreibt.

Der vermutlich nachexilische Text Ijob 19, 6 ist deshalb interessant, weil in v. 26 *nqp* I Verwendung findet; man mag eine stilistische Pointe in Erwägung ziehen. Wiederum ist JHWH das Subj., und wiederum handelt es sich um einen feindlichen Angriff. Gott wird gleich einem Jäger geschildert, der „sein Netz rings um mich warf". Darstellungen, wonach ein Gott seine Feinde mit einem Netz fängt, sind im Vorderen Orient schon früh bezeugt (vgl. den Netzwurf Marduks über Tiamat, ANET³ 67, den Netzzylinder des Entemena, Verweis bei Pope, AB 15², 141). Dem Wort *nqp* kommt in diesem Kontext die Aufgabe zu, das allseitige Umgriffensein auszudrükken. – In Ps 88, 17f. sind die Zornesäußerungen JHWHs und die davon ausgehenden Schrecken Subj. von *nqp*. Die Verba *sbb* und *nqp* beschreiben die von allen Seiten drohende, rundherum wie aufsteigendes Wasser herandringende Bedrohung. Dabei eignet nicht den Verba der Aspekt der Feindlichkeit, sondern dem Inhalt des Kontextes.

2. Die Schwierigkeit der Lesart in Sir 43, 12 nach der Handschrift B (*ḥôq* bzw. Randlesart *hôḏ*) rät dem Masada-Text zu folgen (vgl. G. Sauer, Jesus Sirach, JSHRZ III/5, 612), denn Gott umgreift, „kreist ein" (*hiqqîpāh*) den Erdkreis (*ḥûḡ*; vgl. Ijob 22, 14). Zur Beschreibung des Schmuckes, der die Priesterkleidung einsäumt, dient *nqp hiph* in 45, 9 (vgl. F. V. Reiterer, „Urtext" und Übersetzungen, ATS 12, 1980, 156f.). Auch in 50, 12 sind *sbb* und *nqp* parallelisiert; der Inhalt, wonach – im Bild dargestellt – die Söhne den Hohenpriester umgeben, weicht bezüglich der Wortbedeutung nicht von der überkommenen Tradition ab.

Reiterer

נֵר *ner*

נִיר *nîr*

I. 1. Etymologie – a) Belege für die Wurzel *nwr* – b) *nîr* – 2. Vorkommen und Statistik – 3. Eigennamen – II. Im AT – 1. In Haus und Zelt – 2. Im Heiligtum – 3. Metaphorisch – 4. Im Zusammenhang mit David – 5. Im Zusammenhang mit JHWH – III. Qumran und LXX.

Lit.: *S. Aalen*, Die Begriffe 'Licht' und 'Finsternis' im AT, im Spätjudentum und im Rabbinismus (SNVAO)

1951. – *K. Galling*, Die Beleuchtungsgeräte im israelitisch-jüdischen Kulturgebiet (ZDPV 46, 1923, 1–50). – *M. Görg*, Ein „Machtzeichen" Davids 1 Könige XI 36 (VT 35, 1985, 363–368). – *P. D. Hanson*, The Song of Heshbon and David's *NÎR* (HThR 61, 1968, 297–320). – *A. van der Kooij*, David, „het licht van israel" (Festschr. H. A. Brongers, Utrecht 1974, 49–57). – *W. Michaelis*, λύχνος, λυχνία (ThWNT IV 325–329). – *H. P. Rüger*, Lampe (BHHW II 1046f.). – *H. Weippert*, Lampe (BRL[2] 198–201).

I. 1. a) *ner* 'Leuchte, Lampe' ist eine von einer gemeinsemit. Wurzel *nwr* bzw. *njr* abgeleitete nominale Bildung, deren ursprünglicher Lautbestand *nawir* zu *nēr* kontrahiert ist. Die Wurzel geht auf eine Basis *nr* zurück, die verschieden aufgelöst wurde. Im Hebr. ist sie nur in nominalen Derivaten erhalten. Das Verbum → *nāhar* 'leuchten' ist die „mit nicht-etymologischem *h* erweiterte Form" (M. Wagner, BZAW 96, 1966, 81) der Wurzel, wie sie im Aram. erhalten ist. Von *ner* ist der Schreibweise nach ein Substantiv *nîr* 'Licht, Leuchte' unterschieden. Ein weiteres homonymes Wort *nîr* wird gewöhnlich als 'Neubruch' gedeutet (doch s. I.1.b). Von der Wurzel *nwr* 'leuchten', die als Verbum im AT nicht belegt ist, ist weiter abgeleitet → מנורה *m^enôrāh* 'Leuchter'. Auch einige Eigennamen sind mit *ner* gebildet (I.3.).

Im Akk. ist die Wurzel in der Form *nawāru*/*namāru* 'hell sein oder werden, leuchten' (AHw II 768b–770a; CAD N/1, 209b–218b) belegt, wozu sich das Nomen *nūru* 'Licht, Helligkeit' (AHw II 805; CAD N/2, 347b–351a) gesellt. Das Ugar. scheint die im Hebr. festzustellenden Differenzierungen bis in die Schreibweise widerzuspiegeln. So findet sich abgesehen von Verbalformen der Wurzel *nw*/*jr* im Sinne von 'leuchten' (WUS Nr. 1850) ein mask. Nomen *nr* 'Licht, Lampe' (z. B. KTU 4.284, 6: *kd.šmn.l.nr. ỉlm*, „ein Krug Öl für die Leuchte der Götter") neben einem Wort *njr* in ähnlichem Sinne (z. B. KTU 1.24, 31: *jrḫ njr šmm*, „Jrḫ, der Erleuchter des Himmels") (vgl. W. Herrmann, BZAW 106, 1968, 11; auch Sir 43, 7 wird der Mond als *nr* 'Lampe' bezeichnet), oder die fem. Bildung *nrt*, z. B. KTU 1.6, I, 8f. *nrt ỉlm.špš*, „die Leuchte der Götter, *Špš*" (vgl. Sir 39, 17, wo Syr im Zusammenhang mit der Sonne *nr* las). Für das Aram. läßt sich auf syr. *nûrā*' 'Feuer, Brand' (LexSyr 421b) sowie auf mand. *nura* 'Feuer' (MdD 294b) und auf bibl.-aram. *nûr* 'Feuer' in Dan 3 (14mal) und 7, 9f. sowie auf jüd.-aram. Belege *nûrā*' in Midrasch und Targum verweisen. Im Arab. begegnet die Wurzel in den Nomina *nūr* 'Licht', *nār* 'Feuer' und *naur* 'Blüte' (Lane I, 8, 2865; vgl. auch Fronzaroli, AANLR 20, 1965, 138. 144). – Arab. *manārat* 'Leuchter' wird von S. Fraenkel (Die aram. Fremdwörter im Arab., Leiden 1886, 270) zu den aram. Fremdwörtern im Arab. gerechnet. Da jedoch Wurzel und Form im Arab. gebräuchlich sind (vgl. D. H. Müller, WZKM 1, 1887, 30) und da auch auf asarab. *mnwrt* (RES 2869, 5) verwiesen werden kann, scheint arab. *manārat* eher eine echt arab. Bildung zu sein, während äth. *manārat* eine Entlehnung aus dem Arab. ist (vgl. W. Leslau, JSS 3, 1958, 164). Das *mnr* gelesene und als Monatsname gedeutete Wort in einer liḥjānischen Inschrift (Jaussen-Savignac Nr. 71, 5) wird von A. F. L. Beeston (Proceedings of the Sixth Seminar for Arabian Studies 1973, 69) dagegen *wšd* gelesen und scheidet dann als Beleg für die Wurzel *nwr* aus.

Im Asarab. begegnet die Wurzel (vgl. W. W. Müller, Die Wurzeln mediae und tertiae y/w im Altsüdarabischen, Diss. 1962, 107) nicht nur in dem erwähnten minäischen *mnwrt* (RES 2869, 5) im Sinne von 'Feuerstellen' (anders M. A. Ghul, BSOAS 22, 1959, 20), sondern auch in dem minäischen Monatsnamen *d̠nwr* (RES 3458, 7), sei es daß man ihn kultisch deutet und mit dem Altarfeuer in Zusammenhang zu bringen hat (so A. F. L. Beeston, Epigraphic South Arabian Calendars and Dating, 1956, 16, vgl. auch M. Höfner, Die altsüdarabischen Monatsnamen, Festschr. V. Christian, Wien 1956, 53), sei es daß man an Licht und Feuer i.S.v. Hitze denkt. Im Sabäischen (vgl. A. F. L. Beeston, M. A. Ghul, W. W. Müller, J. Ryckmans, Sabaic Dictionary, 1982, 101, und J. C. Biella 298) findet sich der IV. Stamm der Wurzel *nwr* als *hnr* '(Gott ein Opfer) anzünden' öfters belegt (RES 4906, 2 u.a.). Ein *mnrt* (CIH 276, 2) gibt Biella mit 'altar (for burnt sacrifice?)' wieder, während im Sabaic Dictionary des unsicheren Kontextes wegen keine Übersetzung gewagt wird. Schließlich begegnet die Wurzel noch in Eigennamen (vgl. I.3.). Im Mehri findet sich *kebkîb nuwîr* als Bezeichnung des Venussternes (vgl. Müller 107).

Auch im Äth. begegnet eine Wurzel *nwr*. W. Gesenius folgerte (Thesaurus 408), daß äth. *'anwara* mit der Bedeutung 'tadeln, mißbilligen, beschuldigen, beschämen' von einer Grundbedeutung 'erleuchten' abzuleiten sei, genauso wie hebr. *hizhîr* 'verwarnen' mit der Wurzel *zhr* 'erleuchten' zusammenhinge oder wie aram. *n^ehar* als Bedeutung 'illuminavit' neben 'edocuit' aufweist. Aber bei *zhr* handelt es sich um zwei verschiedene, wenn auch homonyme Wurzeln, und aram. *n^ehar* 'erleuchten' und 'belehren' liegen semantisch nahe beieinander. Schon A. Dillmann (LexLingAeth 671) hat Zweifel an der von W. Gesenius vorgeschlagenen etymologischen Herleitung des äth. *nawara* angemeldet, obwohl auch er die Möglichkeit eines Zusammenhangs mit der Wurzel *nwr* nicht ganz von der Hand weist. Vermutlich muß man (vgl. G. R. Driver, Bibl 32, 1951, 185) als Grundbedeutung von *'anwara* 'mit einem Brandmal versehen' annehmen, so daß *nawr* 'Schandfleck' (macula, labes, vitium – Dillmann, LexLingAeth 671f., vgl. auch amharisch *näwr* und tigriña *näwri*) ursprünglich ein Brandfleck war. Die einheimischen Lexika unterscheiden zwei Wurzeln, einmal *nora* 'befleckt, schändlich sein', vgl. arab. *nāwara* 'schmähen', und zum anderen *nwr* im G-Stamm *nawara* und im D-Stamm *nawwara* 'angezündet, erleuchtet sein' von arab. *nūr* bzw. *nār* abgeleitet (freundlicher Hinweis von W. W. Müller, Marburg).

b) Wenigstens an 3 Stellen (Hos 10, 12; Jer 4, 3 und Spr 13, 23) rechnet man mit einem homonymen Wort *nîr* mit der Bedeutung 'Neubruch, Brachfeld'. Als etymologischer Anhaltspunkt dient nur akk. *nīru* 'Joch, Querholz' (AHw II 793b–794a; CAD N/2, 260a–264b), das ins

Aram. als *nîrā'* (LexSyr 428a; auch mand. *nira* 'Joch' MdD 299b und als aram. Fremdwort im Arab. *nîr* 'Doppeljoch', Fraenkel 131) entlehnt wurde. Aber der semantische Weg von Joch zu Brachfeld ist zu weit, als daß die Zusammengehörigkeit beider Wörter einleuchtet. E. König (WB 276b) schließt einen Zusammenhang zwischen 'Neubruch' und 'Joch' regelrecht aus; „denn beim gewöhnlichen Pflügen hatten die Zugtiere auch Joche". Dagegen rechnet er *nîr* 'Neubruch' zur Wurzel *nwr* 'licht sein' gehörig: „die untere Schicht ans Tageslicht bringen und so einen Neubruch herstellen". Auch der Vorschlag von A. Guillaume (Abr Nahrain 2, 1962, 25), hebr. *nîr* mit arab. *bûr* 'Brachfeld' zu vergleichen, hilft nicht weiter. Immerhin ist im Ugar. (KTU 1.16, III, 10) eine Form *nrt* durch den Kontext *ksm* 'Emmer' im Sinne von Feld oder Neubruch belegt. Die Bedeutung 'Neubruch, Brachfeld' wird im AT z.T. durch die alten Versionen (Hos 10, 12 V; Jer 4, 3 LXX und V; Spr 13, 23 V: *novalis* – νέωμα) überliefert. – Wenn Hosea (10, 12) „den Begriff des Neubruchs, d. h. des Gewinnes neuen Ackerlandes durch Urbarmachung des Bodens, gebraucht, so verbindet er geschickt Landnahmesituation im Bild und aktuellen Aufruf an seine gegenwärtigen Hörer in der Sache: Es geht ... um eine völlige Neuorientierung" (J. Jeremias, ATD 24/1, 1983, 136). Kaum ist mit H. W. Wolff (BK XIV/1³, 232. 234. 241) von einem Neubruch der Erkenntnis (weil LXX und Targ *da'at* vorauszusetzen scheinen) die Rede; denn das Bild vom Neubruch wurde von LXX (und Syr) nicht erkannt, sondern mit „zündet euch eine Leuchte der Erkenntnis an" übersetzt. Etwas anders benützt Jeremia (4, 3) das dem Ackerbau entnommene Bild vom Neubruch, um zu verdeutlichen, daß die Saat nur aufgehen kann, wenn nicht auf Dornen gesät wird, sondern der Boden von neuem gepflügt wird; die radikale Änderung des Sinnes ist die wahre Buße. Große Schwierigkeiten dagegen bereitet der Sinn von Spr 13, 23: „Reichlich Nahrung trägt der Neubruch der Armen, aber ein anderer wird hinweggerafft durch Mangel an Recht." Da der Neubruch normalerweise nicht sofort reiche Ernte trägt und da der Arme „kein Ideal der Spruchdichter" ist, bleibt die Interpretation des Satzes belastet. „Vielleicht besagt der Vers, daß sogar der magere, unbearbeitete Boden, der den Armen übrig bleibt, durch Gottes Fürsorge genug trägt, daß aber die Ungerechtigkeit der Menschen die natürliche Ordnung Gottes stört, so daß Mangel und Not entstehen" (so H. Ringgren, ATD 16/1³, 58). Wahrscheinlich ist auch Spr 21, 4b *nîr* (trotz mlt Mss und der alten Versionen, die *ner* punktierten) im Sinne von 'Neubruch' zu verstehen. Da jedoch offensichtlich der zu 21, 4b gehörende Stichus ausgefallen ist, ist der Streit müßig, ob „der Neubruch" oder ob „die Lampe der Frevler ist Sünde" zu übersetzen ist. – M. Noth versuchte (OTS 8, 1950, 36 = ThB 6, ³1966, 179), auch in 1 Kön 11, 36, wo nach herkömmlicher Interpretation davon die Rede ist (vgl. II.4.), daß David allezeit einen *nîr*, d. h. eine Leuchte i. S. v. Nachkommenschaft, vor JHWH in Jerusalem haben solle, dieses Wort mit dem Hos 10, 12 und Jer 4, 3 verwendeten *nîr* 'Neubruch' gleichzusetzen. 1 Kön 11, 36 wäre dann zu übersetzen: „Damit meinem Knechte David (die Möglichkeit) eines 'Neubruchs' (Neuanfangs) vorhanden sei allezeit vor mir in Jerusalem." Da jedoch M. Noth selbst im Kommentar zu den Königsbüchern (BK IX/1, 243f. und 261) wieder zur landläufigen Übersetzung zurückgekehrt ist, ist es angebracht, nur Hos 10, 12; Jer 4, 3 und wohl Spr 13, 23 *nîr* im Sinne von 'Neubruch, neu bestellbar gemachtes Stück Land, Brachfeld' zu verstehen.

2. *ner* findet sich im AT insgesamt 44mal, davon 17mal bei P (außer Lev 24, 2 par. Ex 27, 20 immer im Pl.). Neben der üblichen Schreibweise *nr* findet sich einmal (2 Sam 22, 29) die Form *njr*. Der Pl. ist nur als fem. Bildung auf *-ôṯ* als *nerôṯ* belegt und bezeichnet „eine Mehrzahl, die aus einzelnen Exemplaren bestehend gedacht wird" (D. Michel, Grundlegung einer hebr. Syntax 1, 1977, 35. 40). Hinzu kommen vier Belege (1 Kön 11, 36; 15, 4; 2 Kön 8, 19; 2 Chr 21, 7) für *nîr* i. S. v. 'Leuchte' = dauernder Bestand (vgl. II.4.) sowie *nir* Spr 21, 4 (vgl. I.1.b). Man kann fragen, ob die Differenzierung zwischen *ner* und *nîr* auf einen allerdings kaum mehr erkennbaren Bedeutungsunterschied zurückzuführen ist, oder ob sich in der unterschiedlichen Schreibweise Dialektunterschiede fassen lassen, oder ob die Masoreten durch die Pleneschreibung *nîr* darauf aufmerksam machen wollten, daß es sich dabei immer um die Verheißung des fortwährenden Bestandes der Daviddynastie handelt.

P. D. Hanson hält *nîr* nicht für eine Nebenform von *ner*, sondern interpretiert *nîr* ausgehend von Num 21, 30 unter Beiziehung des akk. *nīru* i. S. v. Herrschaft (dominion). Akk. *nīru* (AHw II 794) erhält nach Hanson den Sinn „dominion of the king over a conquered people or his sovereignty over his own subjects" und „the suzerain's harsh subjugation of an intractable vassal, or his benign rule over obedient subjects" (312). Im AT ist nach Hanson das assyr. *nīru* als terminus technicus der Herrschaftsdiktion auf dem Wege über Rezeptionsstufen innerhalb des Nordreichs (Ahija von Schilo 1 Kön 11, 29–39; Heschbon-Lied Num 21, 30) auch im Süden heimisch geworden und ins dtr Vokabular eingegangen (vgl. 1 Kön 11, 36; 15, 4; 2 Kön 8, 19 par. 2 Chr 21, 7). Auch Ps 132, 17; 2 Sam 21, 17 und Spr 21, 4 möchte Hanson in diesem Sinne deuten. M. Görg andererseits weist darauf hin, daß äg. *nr* 'Macht' zur etymologischen Erhellung von *nîr* herangezogen werden kann. Semantisch könnte im Hebr. sowohl die assyr. Sinngebung von *nīru* wie auch die des äg. *nr* zu einer individuellen Begrifflichkeit verschmolzen sein. „Wenn der judafreundliche Deuteronomist diesem Ausdruck Geltung verschafft, kann er das 'Joch der Herrschaft' als 'Machtzeichen' deuten, das den Stamm Juda als 'Szepter Davids' vorstellt."

Die noch verbleibenden restlichen 27 Stellen für *ner* verteilen sich über das ganze AT, wobei Spr mit 6 Stellen (6, 23; 13, 9; 20, 20. 27; 24, 20 und 31, 18) sowie Ps und Ijob mit je 3 Stellen (Ps 18, 29; 119, 105; 132, 17; Ijob 18, 6; 21, 17; 29, 3) und Chr mit 7 Stellen (wobei 1 Chr 28, 15 *ner* dreimal in einem Vers vorkommt; außerdem noch 2 Chr 4, 20. 21; 13, 11; 29, 7) herausragen. Es bleiben noch 1 Sam 3, 3; 2 Sam 21, 17; 22, 29; 1 Kön 7, 49; Jer 25, 10; Zef 1, 12 und Sach 4, 2 (2mal). Schließlich findet sich *nr* noch 3mal bei Sir (26, 17a Ms C; 43, 7b und 50, 18b Ms B). *ner* fehlt in Gen, Dtn, Jos, Ri, 2 Kön, Jes und Ez sowie bei den KlProph (mit Ausnahme von Zef und Sach) und in den Megillot. Ob *sanwerîm* 'Blendung' (Gen 19, 11; 2 Kön 8, 18 und cj. Jes 61, 1) etwas mit der Wurzel *nwr* zu tun hat, ist sehr fraglich (vgl. F. Rundgren, AcOr 21, 1953, 325–331 und A. Ahuvya, Tarbiṣ 39, 1970, 90–92).

3. *ner* ist Eigenname des Vaters des Kisch (1 Chr 8, 33; 9, 36) und des Vaters des Vetters und Heerbannführers Sauls, Abner, dessen Name *'abner* bzw. *'abîner* (1 Sam 14, 50 u. ö.) als zweiten Bestandteil das Element *ner* aufweist. Erster Bestandteil ist *ner* in *nerîjāh* bzw. *nerîjāhû*, dem Eigennamen des Vaters des Baruch (Jer 32, 12. 16 u. ö.) und des Vaters des Seraja (Jer 51, 59), ein Name, der auch außerbiblisch gut bezeugt ist (Lachisch-Ostrakon Nr. 1, 5; Arad-Ostrakon Nr. 31, 4; auf einer Kruginschrift aus Tell Beerscheba, vgl. RB 79, 1972, 592 und auf Siegeln, vgl. F. Vattioni, I sigilli ebraici [Bibl 50, 1969, 357ff.] Nr. 19. 50. 56). Mit *nr* bzw. *nwr* gebildete Eigennamen sind in der semit. Onomastik verhältnismäßig weit verbreitet, vgl. z. B. akk.: d*NN-nūri*, J. J. Stamm, AN § 29, 1c; auch H. B. Huffmon, APNM 243f.; ugar.: *'mnr*, *nrjn*, *nrn*, PNU 165f., ammonit.: *mnr* auf einem Siegel, Semitica 26, 1976, 62f.; pun.: *b'lnr*, PNPPI 96. 363; palmyr.: *nwrbl*, *nwrj*, *nwr'th*, *'tnwrj*, PNPI 39. 46; ṣafā'it.: *nr*, *nr'l*, *zbnr*; thamud.: *nwr*, *nr*, *dblnr*; asarab.: *mnwr*, *dzbnr*, *dbnnr*, G. Lankester Harding, An Index and Concordance of Pre-Islamic Arabian Names and Inscriptions, Toronto 1971, 585. 603. 295 und W. W. Müller, Die Wurzeln mediae und tertiae y/w im Altsüdarabischen, Diss. 1962, 107; arab.: *Nawār*, W. Caskel, Ǧamharat an-Nasab. Das genealogische Werk des Hišām ibn Muḥammad al-Kalbī, 1966, II 447 und weitere verschiedene Bildungen bei J. J. Hess, Beduinennamen aus Zentralarabien, SHAW 1912/19, 51 und im Vocabulaire des noms des indigènes, Algier 1883, passim. Man könnte versucht sein, in diesen Eigennamen das Element *nr* bzw. *nwr* als theophoren Bestandteil zu verstehen und das Vorhandensein einer Gottheit *nr* im semit. Pantheon zu erschließen (vgl. M. Höfner, WbMyth I 457). Ein schöner Beweis dafür wäre WUS Nr. 1852, wo *nr* als Name eines Gottes in einer Götterliste aufgeführt wird. Aber wie sich gezeigt hat, steht im Text (KTU 1.47, 32) *knr* „die vergöttlichte Leier der Kultmusik" (H. Gese in: Die Religionen der Menschheit 10/2, 1970, 169) statt *nr*. Auch die Tatsache, daß *nr* in einer Aufzählung von Göttern in der aram. Inschrift von Sfīre (Stele I A, 9) vorkommt, darf trotz A. Dupont-Sommer (MAIBL 15, 1958, 32) nicht als Beleg für das Vorhandensein einer selbständigen Gottheit *nr* in Anspruch genommen werden (vgl. A. Lemaire / J. M. Durand, Les inscriptions araméennes de Sfiré, Paris 1984, 170), weil es sich dabei um eine „sekundäre Deifikation des Begriffes *nūru* 'Licht, Leuchte'" handelt, „mit der die Gemahlin des Šamaš dAja gemeint ist" (H. Donner, KAI II 245). Immerhin gibt H. Donner (AfO 18, 1957/58, 390–392) zu erwägen, ob nicht auch bei den hebr. mit *nr* gebildeten PN „eine nicht genannte konkrete Gottheit zugrunde liegt, deren tatsächliche oder gedachte Beziehung zum Licht den Ersatz durch das Element נֵר gestattete". Die von M. Noth, IPN 167f. vorgetragene Deutung, daß es sich bei diesen Namen um „Vertrauensnamen" handelt, bei denen *ner* als Bild für Glück und Heil gebraucht ist, bleibt also weiterhin vertretbar. – Zum pun. überlieferten Ortsnamen *jnr* (CIS 267, 4), der mit der Wurzel *nwr* in Verbindung gebracht und als „Feuerinsel" gedeutet werden kann, gibt es eine Parallele auf der Arabischen Halbinsel: Al-Hamdānī, al-Iklīl VIII (ed. M. al-Akwa' 135, 4) erwähnt im Jemen einen Ǧabal Janūr, was möglicherweise auf einstige vulkanische Tätigkeit schließen läßt (freundlicher Hinweis von W. W. Müller, Marburg).

II. 1. Wie Lampen beschaffen waren, zeigen die seit der Mittelbronzezeit erhaltenen Tonlampen. Sie hatten anfänglich die Form einer offenen, runden Schale. Später wurde ein kleiner Falz des Randes für den Docht angebracht. Als man den Falz vergrößerte, wurden die Schalen mit einem platten Fuß versehen. Schließlich wurden die Schalenwände zusammengefaltet, so daß zwei Öffnungen, eine für den Docht, der aus Flachsfasern *pištāh* (Jes 42, 3; 43, 17) bestand, und eine als Eingußloch in der Mitte zum Nachfüllen des Öls entstanden. In hellenistischer und vor allem in römisch-byzantinischer Zeit wurden die geschlossenen Lampen mit Hilfe von Modeln, z. T. reich verziert, hergestellt. Man stellte die Lampe zur besseren Ausnutzung der Leuchtkraft möglichst hoch auf einen Leuchter (vgl. Mk 4, 21 par.); deshalb gehörte auch zur Ausstattung eines Gästezimmers neben Bett, Tisch und Stuhl ein Leuchter, auf dem man eine Lampe befestigen konnte (2 Kön 4, 10), im Zelt dagegen hing die Lampe hoch unter dem Zeltdach (vgl. das *'ālājw* Ijob 18, 6; 29, 3). Während des Schlafes brannte wohl, wie heute noch bei den Beduinen, die damit Dämonen abwehren wollen, das Licht der Lampe. Auch bei Tage kann die Lampe nötig sein, wenn im Haus ein so kleiner Gegenstand wie eine Münze gesucht wird (Lk 15, 8); auch wenn in der Stadt etwas gesucht werden soll, muß man Lampen holen (Zef 1, 12).

2. Nach 1 Kön 7, 49 par. 2 Chr 4, 7 (vgl. 1 Chr 28, 15, wonach es sich um goldene und silberne Leuchter handelt) gab es im salomonischen Tempel insgesamt zehn Leuchter, von denen fünf rechts und fünf links im Tempel standen (vgl. auch den Pl. Jer 52, 19), wobei nicht gesagt wird, wie viele Lampen jeder Leuchter trug (vgl. C. L. Meyers, Was there a Seven-Branched Lampstand in Solomon's Temple?, BAR 5, 5, 1979, 46–57). Daß auch die Lampen aus Gold und Silber waren, wie 1 Chr 28, 15 suggeriert, ist unwahrscheinlich. Die Formulierung *ka'abôdat menôrāh ûmenôrāh* (1 Chr 28, 15) scheint darauf hinzudeuten, daß die Leuchter verschiedenen Zwecken dienten und deshalb verschieden groß waren (so W. Rudolph, HAT I/21, 189). Wenn 2 Chr 13, 11 wieder nur von einem Leuchter im Tempel die Rede ist, zeigt das, daß dem Chronisten der nachexilische siebenarmige Leuchter vor Augen steht, dessen Lampen nach 2 Chr 13, 11 von den Priestern regelmäßig angezündet werden. In der Rede des Hiskija (2 Chr 29, 7) steht mit an erster Stelle der gegeißelten Mißstände, daß die Lampen im Tempel ausgelöscht wurden.

Wenn wir auch aus den at.lichen Nachrichten (Lev 24, 3 || Ex 27, 21 „vom Abend bis zum Morgen"; 2 Chr 13, 11 „jeden Abend sollen die Lampen zugerichtet werden") nur entnehmen können, daß die Lampen des Leuchters nachts brannten (vgl. auch 1 Sam 3, 3 für Schilo), so darf man doch aus der Tatsache, daß das Heiligtum (sowohl nach der Schilderung von P als auch nach 1 Kön 6) fensterlos und daher auch bei Tage dunkel war, und aus der rabbinischen Überlieferung (Tamid III, 10; VI, 1) folgern, daß auch tagsüber wenigstens eine Lampe brannte.

Aus dem nicht einheitlichen Text der Anweisung für die Herstellung des Leuchters (Ex 25, 31–40) und dem dazugehörenden Ausführungsbericht (Ex 37, 17–24) bei P geht hervor, daß der Leuchter aus Gold hergestellt werden sollte und daß er auf seinen sechs Armen und dem Mittelstamm insgesamt sieben Lampen trug. Über das Material der sieben Lampen (Ex 25, 37) wird nichts gesagt, so daß man mit Lampen aus Ton zu rechnen hat (vgl. K. Galling, HAT I/3, 133). Es handelt sich bei diesem Leuchter um eine Vorform des vom Relief des Titusbogens bekannten siebenarmigen Leuchters. Die Lampen sollen so angeordnet werden, daß sie den vor dem Leuchter liegenden Raum beleuchten (vgl. Ex 25, 37b; 39, 37 und Num 8, 2). Die Siebenzahl der Lampen wird von Josephus (Ant. III 7; Bell. V § 217) und von Philo (De vita Mosis II 102f.) mit der Zahl der Planeten kombiniert. – Der Abschnitt Lev 24, 1–4 und die sekundär daraus nachgetragenen Verse Ex 27, 20f., deren Hauptanliegen die richtige Versorgung (mit bestem Öl) des Leuchters ist, läßt ein anderes als das Ex 25, 31 ff. || 37, 17 ff. geschilderte Gerät erkennen. Es ist nur von einer Lampe die Rede, die auf den Leuchter (hier auffälligerweise *mā'ôr* genannt) aufgesetzt werden soll. Will man *ner* nicht als Kollektiv verstehen, wozu kein Anlaß besteht, dann ist wohl an eine Form des Leuchters zu denken, die etwa dem Sach 4, 2 beschriebenen Gerät entsprochen haben könnte und die ähnlich wie die nach 1 Kön 7, 49 zweimal fünf einfachen Leuchter des vorexilischen Tempels nur eine Lampe hatte (M. Löhr, Das Räucheropfer im AT, Schriften der Königsberger Gelehrten Gesellschaft 4/4, 1927, 182, denkt an eine Ampel).

3. So wie Licht als Bild für Glück und Heil, Gedeihen und Wohlstand verwendet wird, so kann auch die Lampe, die das Licht spendet, in diesem Sinne bildlich gebraucht werden, wie ja auch *ner* Ijob 18, 6; 29, 3; Ps 119, 105; Spr 6, 23; 13, 9 in Parallele zu *'ôr* steht. Im Lob der tüchtigen Hausfrau wird Spr 31, 18 darauf hingewiesen, daß die Lampe dieser Frau auch nachts nicht erlischt, nicht etwa weil sie auch nachts noch arbeitet, sondern weil ihr Unternehmen Gewinn bringt, so daß sie es sich leisten kann, die Lampe nachts nicht auszulöschen. Die Lampe bedeutet, wenn sie hell brennt, Lebensglück, aber Tod und Untergang, wenn sie erlischt. Das Erlöschen (→ כבה *kāḇāh*, auch *d'k*) ist Sinnbild des Unglücks und des Untergangs, weil die Finsternis dem Tode gleicht und ihre Schrecken birgt.

Deshalb lassen sich archäologisch besonders viele Lampen in Gräbern nachweisen. Die brennend gedachte Lampe verstand man als Symbol für den Fortbestand der Familie oder der Sippe.

Spr 13, 9 heißt es: „Das Licht der Gerechten leuchtet klar, aber die Lampe der Frevler erlischt." Auch Spr 20, 20: „Wer seinem Vater und seiner Mutter flucht, dessen Lampe erlischt beim Anbruch (s. BHS) der Finsternis", weist im Bild darauf hin, daß ein schlechter Sohn ins Unglück gerät (vgl. noch Spr 24, 20: „Denn für den Bösen gibt es keine Zukunft, die Lampe der Frevler erlischt"). In diesem Sinne heißt es auch Ijob 18, 5f., daß das Licht im Zelt des Frevlers nicht mehr leuchtet, weil seine Lampe über ihm erlischt (vgl. Ijob 21, 17, wo das Erlöschen der Lampe der Frevler als ihr Unglück *'êḏ* bezeichnet wird). In der Strafandrohung Jer 25, 10 wird mit zwei Bildern beschrieben, daß jedes Zeichen menschlicher Anwesenheit im Lande verschwindet: das morgendliche Geräusch der Handmühle ist nicht mehr zu hören, und am Abend sieht man nirgends eine Lampe brennen.

Während die Lampe im AT verschiedentlich als Bild verwendet wird, gilt das nicht für den Leuchter. Lampe und Leuchter werden allerdings in Korrelation gesetzt, Sir 26, 17: „Eine Lampe, die aufstrahlt auf heiligem Leuchter, so ist die Pracht des Angesichts auf einer ansehnlichen Gestalt." Umgekehrt wird GenR 20, 7 in dem Satz *mnwrh šl zhb wnr šl hrs ʿl gbh*, „ein goldener Leuchter und eine tönerne Lampe, die auf ihm steht", die edle Frau mit dem goldenen Leuchter, ihr niedrig gesinnter Mann dagegen mit der tönernen Lampe verglichen.

4. Unter der Voraussetzung, daß *nîr* Nebenform zu *ner* sein kann (vgl. jedoch I. 1. und 2.), läßt sich feststellen, daß an mehreren Stellen das Bild von der Lampe auf David oder auf die davidische Dynastie angewandt wird (vgl. van der Kooij). 2 Sam 21, 17 beschwören Davids Männer diesen mit den Worten: „Zieh nicht mehr mit uns in den Kampf, damit du nicht die Leuchte Israels auslöschst!" Man fürchtet, David könnte im Kampf gegen die Philister getötet werden, so daß die „Leuchte Israels" (David als König), kaum daß sie zu brennen begonnen hatte, wieder erlischt. Auf dem Hintergrund dieses Verses wird man auch 1 Kön 11, 36; 15, 4; 2 Kön 8, 19 und 2 Chr 21, 7 sehen dürfen. 1 Kön 11, 36 wird in der Rede des Propheten Achija aus Schilo zu Jerobeam davon gesprochen, daß er (Jerobeam) zwar König über Israel werden solle, daß aber ein Sohn Salomos in Jerusalem weiter residieren werde, um die David gegebenen göttlichen Zusagen nicht ganz außer Kraft zu setzen. In ähnlicher Weise wird von einem dtr Redaktor (vgl. T. Veijola, Die ewige Dynastie, Helsinki 1975, 118f.), nachdem die Regierung des Abija (1 Kön 15, 4) und des Joram (2 Kön 8, 19 || 2 Chr 21, 7) negativ bewertet wurde, darauf hingewiesen, daß trotzdem um Davids willen eine Lampe

vor JHWHs Angesicht bestehen bleiben wird. In diesem Bild wird zum Ausdruck gebracht, daß die Dynastie Davids nicht untergehen soll. Weshalb dieser dtr Hinweis allerdings nur bei Abija und Joram erscheint, bleibt undurchsichtig. – Ps 132, 17 wird gesagt, daß JHWH dem David ein Horn und eine Lampe zubereiten werde. Man wird auch hier die Lampe als Sinnbild der fortdauernden Dynastie verstehen dürfen (das Horn könnte auf die zum Fortbestand notwendige männliche potestas hinweisen oder als Behältnis für das zum Nachfüllen der Lampe notwendige Öl zu sehen sein), so daß man deshalb nicht mit H.-J. Kraus (BK XV/2[5], 1066) die Lampe als Symbolbegriff im Königskult (unter Hinweis auf äg. Texte) interpretieren muß, sondern sehen sollte, daß es sich um eine „Segenszusage, gipfelnd in der Segnung Davids" (H. Gese, ZThK 61, 1964, 16 = Vom Sinai zum Zion, 1974, 119) handelt.

5. Von der ständig brennenden Lampe ist das Bild für die göttliche Huld genommen, wenn Ijob (29, 3) beim sehnsüchtigen Blick auf das einstige Glück davon spricht, daß Gott seine Leuchte über seinem (Ijobs) Haupt ʿleuchten ließʾ (*b[e]hillô* ist als *bahillô* i.S.v. *bah[a]hillô* zu verstehen). So ist es JHWH, der die Lampe des Menschen hell macht (Ps 18, 29), bzw. der selbst die Lampe des Menschen ist, wie es an der Parallelstelle 2 Sam 22, 29 heißt. Da JHWHs Wort und Gebot dem Menschen den rechten Weg weisen, gleichen sie der nächtlichen Weglampe (Ps 119, 105: „Dein Wort ist meines Fußes Leuchte und ein Licht auf meinem Wege"; Spr 6, 23: „Denn eine Leuchte ist das Gebot und die Weisung ein Licht"; Ps 119, 105 findet sich vielleicht abgekürzt auf einem römischen Tonlämpchen in der Aufschrift *nlt*, Spr 6, 23 auf einer jüd. Bronzelampe, vgl. J. B. Bauer, ZAW 74, 1962, 324). – In der vierten Vision des Propheten Sacharja (4, 1–6 aα. 10b–14) werden die sieben Lampen auf dem Leuchter (vgl. dazu K. Möhlenbrink, ZDPV 52, 1929, 257–286; R. North, Bibl 51, 1970, 183–206), die jeweils sieben Schnauzen haben (Sach 4, 2), so daß sieben mal sieben Flammen brennen, in der Deutung der Vision (4, 10) als die Augen JHWHs bezeichnet, die über die ganze Erde schweifen (vgl. noch K. Seybold, Bilder zum Tempelbau, SBS 70, 1974, 82f.). – Anders dagegen ist bei der Schilderung vom Tag JHWHs bei Zefanja (1, 12) davon die Rede, daß JHWH Jerusalem mit Lampen durchforschen wird, um auch noch die in einem dunklen Winkel versteckt Sitzenden zu finden, damit niemand dem Gericht entgeht. MT und V haben den Pl. *bannerôṯ*. W. Rudolph (KAT XIII/3, 263) erklärt das damit, „weil eine einzelne (Lampe) zu früh ausbrennt". Aber das trifft kaum zu, weil z. B. eine Lampe des Leuchters im Tempel, wenn sie frisch mit Öl gefüllt war, die ganze Nacht hindurch brannte und weil es einfacher gewesen wäre, Öl zum Nachfüllen einer Lampe in einem Krug bei sich zu haben (vgl. Mt 25, 3). LXX und Syr halten daher auch eine einzige Lampe in JHWHs Hand für ausreichend. Targ „empfindet das Bild für den allwissenden Gott als unangemessen und schwächt ab: ‚Ich werde Untersucher anstellen, die werden Jerusalem untersuchen'" (W. Rudolph, a.a.O.). Vielleicht verweist der Pl. an dieser Stelle auf Sach 4, 2, so daß die Lampen als Augen JHWHs verstanden werden sollen, denen nichts verborgen bleibt.

Nach MT ist auch Spr 20, 27 von der Leuchte JHWHs die Rede: „Eine Leuchte JHWHs ist die *n[e]šāmāh* des Menschen; sie durchforscht alle Kammern des Leibes." Es hat den Anschein, als sei hier *n[e]šāmāh* im Sinne von Gewissen verstanden, so daß der Vers besagt, „daß das Gewissen eine gottgegebene Fähigkeit (ist), unsere Motive zu verstehen" (H. Ringgren, ATD 16/1[3], 81 Anm. 6). Aber H. W. Wolff (Anthropologie des Alten Testaments, [3]1977, 97) weist darauf hin, daß die Bedeutung „Geist" oder gar „Gewissen" für *n[e]šāmāh* nicht zu belegen ist. Deshalb ist es nicht zu gewagt, die allgemein bevorzugte Konjektur *noṣer* statt *ner* aufzunehmen und zu übersetzen: „‚Es bewacht' JHWH den Atem des Menschen; er durchforscht alle Kammern des Leibes." Der synonyme Parallelismus flankiert die Textänderung. → נשמה *n[e]šāmāh*.

III. LXX übersetzt *ner* fast ausschließlich mit λύχνος (Ausnahme Spr 13, 9 φῶς; 20, 20 = LXX 20, 9a und 24, 20 λαμπτήρ). Auch in Num 21, 30 scheint LXX das Bild von der Lampe gefunden zu haben. Wenn schließlich LXX Spr 21, 4 *nîr* mit λαμπτήρ wiedergibt und ebenso aus *wnrgn* 16, 28 offenbar *ner* herausliest und mit λαμπτήρ übersetzt, und auch *nîr* Hos 10, 12 „Neubruch" nicht erkennt, sondern wie Spr 13, 9 durch die Wiedergabe mit φῶς zu einem völlig anderen Bild als MT kommt, so zeigt das, „daß LXX die Leuchter-Licht-Topologie jedenfalls bevorzugt" (Michaelis 327 Anm. 17).

In Qumran spielen weder *nerôṯ* noch *m[e]nôrāh* eine besondere Rolle. Nur TR 9, 12 und 22, 1 werden Lampen erwähnt.

D. Kellermann

נָשָׂא *nāśāʾ*

מַשְׂאֵת *maśʾeṯ*, מַשּׂא *maśśoʾ*, מַשָּׂאָה *maśśāʾāh*, נָשִׂיא II *nāśîʾ* II, שְׂאֵת *śeʾeṯ*, שִׂיא *śîʾ*, מַשָּׂא *maśśāʾ*

I. Grundbedeutung – II. Verbreitung in semit. Sprachen – 1. Ugaritisch – 2. Aramäisch – 3. Akkadisch – 4. Phönizisch – 5. Moabitisch – III. Verwendung im AT – 1. Allgemein – 2. „ertragen" – 3. *nāśāʾ ʿāwôn* und Synonyme – 4. Idiomatische Wendungen – a) *nāśāʾ jāḏ* – b) *nāśāʾ roʾš* – c) *nāśāʾ pānîm* – d) *nāśāʾ ʿenajim* – e) *nāśāʾ qôl* – f) *nāśāʾ næpæš* – g) Andere Wendungen – IV. 1. Qumran – 2. LXX.

Lit.: *P. R. Davies*, Ark or Ephod in 1 Sam XIV, 18? (JThSt 26, 1975, 82–87). – *W. Eichrodt*, ThAT 2/3, [7]1974,

264–345. – *M. I. Gruber*, The Many Faces of Hebrew נשא פנים 'lift up the face' (ZAW 95, 1983, 252–260). – *R. Knierim*, Die Hauptbegriffe für Sünde im Alten Testament, ²1967. – *L. Kopf*, Arabische Etymologien und Parallelen zum Bibelwörterbuch (VT 8, 1958, 161–215). – *B. Lindars*, „Rachel Weeping for Her Children" – Jeremiah 31:15–22 (JSOT 12, 1979, 47–62). – *K. D. Sakenfeld*, The Problem of Divine Forgiveness in Numbers 14 (CBQ 37, 1975, 317–330). – *G. Schwarz*, „Begünstige nicht ..."? (Leviticus 19, 15b) (BZ 19, 1975, 100). – *I. L. Seeligmann*, Zur Terminologie für das Gerichtsverfahren im Wortschatz des biblischen Hebräisch (VTS 20, 1967, 251–278, bes. 270ff.). – *E. A. Speiser*, Census and Ritual Expiation in Mari and Israel (in: ders., Oriental and Biblical Studies, Philadelphia 1967, 171–186). – *J. J. Stamm*, Erlösen und Vergeben im Alten Testament, Bern 1940, bes. 67–70. – *F. Stolz*, נשא *nś'* aufheben, tragen (THAT II 109–117). – *V. Taylor*, Forgiveness and Reconciliation, London ²1952. – *W. Zimmerli*, Die Eigenart der prophetischen Rede des Ezechiel (ZAW 66, 1954, 1–26, bes. 9–12).

I. *nś'* 'hochheben, tragen, nehmen' ist eine gemeinsemit. Wurzel. Sie bezeichnet die physische Bewegung des Hochhebens und Tragens mit allen denkbaren Assoziationen. Die große Bandbreite der Semantik wird in der gesamten semit. Literatur deutlich. Neben der Verbalwurzel begegnen Substantive, die idiomatische Ausdrücke formieren in spezifischen Kontexten. Das Hauptgewicht, sowohl materialiter als auch in emotionaler und spiritueller Hinsicht, liegt auf der Vorstellung vom Ertragen oder Aushalten: sei es von Strafe, Schmach o.ä. Im AT ist gerade die letztere Vorstellung um das Prinzip der Vergebung ausgeweitet. Vergebung wiederum ist verbunden mit dem Gedanken des Weghebens oder Wegnehmens von Schuld, Sünde und Strafe. Da der Ausdruck für Vergebung häufig gleichbedeutend ist mit „die Last der Strafe tragen", wird Vergebung häufig als „tragen, austragen usw." verstanden.

II. 1. *nš'* begegnet im Ugar. über 60mal (WUS Nr. 1859; UT Nr. 1709). Die Grundbedeutung 'eine Last tragen' zeigt sich häufig. Der Sonnengott legt den toten Baʿal auf die Schulter der ʿAnat, so daß sie seinen Leichnam in die Unterwelt tragen kann (KTU 1.6, I, 14), andererseits „hebt" ʿAnat ihre Flügel, um zu fliegen (KTU 1.10, II, 10f.). In KTU 1.19, II, 10 hebt Paġat ihren Vater (Dan'el) hoch, um ihn auf einen Esel zu setzen. Im Šaḥar-Šalim-Text steht *nš'* für das „Hochheben" eines Bogens, um einen Vogel zu schießen (KTU 1.23, 37). Gerade in diesem letzteren Text begegnen einige schwierige Belege: in KTU 1.23, 54. 65 hängt die Übersetzung von *šỉ ʿdb* davon ab, ob man *ʿdb* als Verb oder Nomen versteht. Im ersteren Fall ist die Übersetzung: „Erhebe dich und bringe das Opfer dar" angemessen; im zweiten Fall ist es eine „Darbringung (Hochhebung) eines Opfers" (vgl. 1 Chr 16, 29). Im Mythos vom Kampf zwischen Baʿal und Jam kommen zwei Boten des Jam zur Götterversammlung. Bei ihrem Eintreten senken die Götter ihre Häupter auf ihre Knie als Geste der Furcht und Unterwerfung. Darauf antwortet Baʿal: „O Götter, erhebet eure Häupter von euren Knien, vom Thron eures Fürstentums" (*šỉ ỉlm.r'štkm.l ẓr.brktkm.ln kḥṯ zblkm* KTU 1.2, I, 27f.). Darauf reagiert Z. 29: „Die Götter erhoben ihre Häupter von ihren Knien ..." Obwohl hier vom Hochheben der Häupter die Rede ist, zeigt der Kontext doch die Implikation von Kühnheit, Selbständigkeit einerseits und Wiederherstellung der Ehre andererseits an. Dem entspricht das at.liche Idiom *nāśā' ro'š* (vgl. u. III. 4. b). Im Ugar. begegnet das Hochheben des Kopfes auch allein im eigentlichen Sinn (KTU 1.16, III, 12). *nš'* begegnet häufig (30mal) in der Phrase *nš' g wṣjḥ* „die Stimme erheben und schreien" (vgl. hebr. *nāśā' qôl* + Verb [III. 4. e]). Um Baʿal aus den Mächten des Totengottes zu befreien, „erhebt" ʿAnat ihre Stimme und schreit" (KTU 1.6, II, 11f.; vgl. KTU 1.19, II, 12f. 16 und 1.4, II, 21).

Sowohl im Ugar. (12mal) wie in anderen semit. Sprachen belegt ist die Wendung *nš' ʿn wph* „die Augen erheben und sehen" (III. 4. d) (vgl. KTU 1.19, I, 29. II, 27; 1.4, II, 12; 1.10, II, 13).

„Die Hände erheben" (*nš' jd*) begegnet 2mal (KTU 1.14, II, 22; IV, 4f.), wobei es sich eindeutig um Gottesverehrung und Opfer handelt. Der Ausdruck bezeichnet also eine Haltung des Menschen beim Anrufen der Götter (vgl. II. 2.; III. 4. a).

In KTU 1.14, II, 46 begegnet *nš'* im pass. N-Stamm „ein Kranker wird in sein Bett getragen". Dagegen meint der Gt-Stamm ein „aufrecht sein, sich erheben", vgl. bes. KTU 1.17, V, 6 (ähnlich KTU 1.19, I, 21), ein Hinweis entweder auf die aufrechte Haltung beim Sitzen oder das eigene Sich-Aufrichten (vgl. KTU 1.40, 16f.). Für das AT vgl. die ähnlichen Bedeutungen von *niph* und *hitp* (Num 23, 24; Spr 30, 32; Jes 33, 10; Ps 7, 7; 94, 2).

2. *nś'* begegnet in allen Perioden der aram. Literatur in sehr verschiedenen Kontexten. Altaram. Belege liegen vor in den Panammuwa-, Zakir- und Sfire-Inschriften (KAI 214; 202 und 222–224). In ihnen begegnet die Wendung *nś' jd* 2mal in der Bedeutung „beten" (KAI 202A, 11) und „einen feierlichen Eid schwören" (KAI 214, 29). Die Wendung *nś' ʿl śptjm* „auf die Lippen heben" begegnet KAI 224, 14. 15. 16 und drückt das Äußern eines Plans aus, im gegenwärtigen Kontext das Planen von Mordanschlägen gegen den Lehnsherrn oder seinen Nachkommen. Die Bedeutung in den anderen altaram. Belegen nähert sich wieder mehr der Grundbedeutung: „wegnehmen" (Eigentum) (KAI 222B, 38f.), „hochheben" (KAI 224, 26).

In den reichsaram. Urkunden begegnet *nś'* in einem Ehevertrag aus Elephantine (BMAP 7, 19): hier findet sich in der Auflistung der Eigentümer der Braut die Bemerkung *kpn lmnś' mšḥ* „Löffel (Gefäße?) zum Tragen (Aufbewahren?) von Salbe". Nach dem Aršam-Dokument (Driver 2, 4) erhält der Sohn eines Beamten die Erlaubnis, „in Besitz zu nehmen, Verantwortung zu übernehmen" für ein Gut, das ursprünglich seinem Vater übergeben worden war.

nś' begegnet 9mal im Aḥiqar-Roman in seiner ursprünglichen Bedeutung des Hochhebens verschiedener Güter (Sand, Spreu, Aḥ 111f.), auch im *haph* „tragen lassen". Es steht für das Heben des Fußes (122f.), In-Besitz-Nehmen (121; vgl. Driver 2, 4) und für die Hochschätzung der Weisheit (95). Im Bibl. Aram. begegnet *nś'* Dan 2, 31–35. Hier trägt der Wind die zu Staub zerfallene Statue wie Spreu hinweg. Der Imp. *śe'* (Esra 5, 15) fordert Scheschbazar auf, die Tempelgeräte zu nehmen und Verantwortung für sie zu übernehmen. In Esra 4, 19 schließlich wird das Ptz. *hitp* in der Bedeutung 'sich gegen jmd. erheben' als Subst. verwendet; es steht hier in Verbindung zu *m^erad* 'Empörung' und *'eštaddûr* 'Aufruhr'.

3. Im Akk. bedeutet *našû* „hochheben, aufnehmen". Dabei wird durchaus der Bedeutungsbereich ausgeweitet, wenn vom „Wegschaffen", „Transportieren", aber auch vom „Annehmen" von Gegenständen die Rede ist. Hier wird der semantische Bereich der Inbesitznahme tangiert, wie auch die Vorstellung vom Übergeben und Tragen von Gütern zum Zweck der Zusammentragung von Steuern. *našû* steht auch für das Schwingen von Waffen und Anziehen und Tragen von Kleidung. Im übertragenen Sinne bezeichnet es das Erheben einer Person in einen höheren Status (vgl. hebr. *nāśî'* → נשׂיא). Im Š-Stamm meint *našû* „tragen lassen", im N-Stamm „erhoben, erhöht werden" oder intransitiv „sich erheben".

In Verbindung mit Substantiven werden folgende Idiome gebildet: *īna našû* „Auge(n) heben": „ausschauen, begierig anschauen", *pānī našû* „Gesicht heben": „begehren, sich sehnen, sich sorgen", *qātē našû* „Hände heben": „beten, einen Eid leisten", *libba našû* „Herz heben": „wünschen, erstreben", *rēša našû* „Haupt heben": „inspizieren, erhöhen, ehren", dann auch *arna našû* „Strafe erleiden", *ḫīṭa našû* „die Strafe für ein Verbrechen ertragen" und *piḫāta našû* „Verantwortung tragen".

4. Im Phön. begegnet die Wurzel 5mal, davon 4mal in der Ešmun-Inschrift (KAI 14, 5. 7. 10. 21) und 1mal in RES 1215, 6. Die Sarkophag-Inschrift des Ešmun möchte seine Entweihung oder „Entfernung" verhindern. In RES 1215 bezieht sich der Terminus auf die Bürger von Sidon, die Steuern zu „entrichten" haben.

5. *nś'* begegnet 2mal in der moab. Meša'-Inschrift in der übertragenen Bedeutung „führen". So hat Meša' ein Heer nach Jahaṣ geführt, um es einzunehmen (KAI 181, 20) und die Hirten (?) geführt, um das Kleinvieh zu hüten (?, Z. 30).

Freedman-Willoughby

Zu *nāśā'* 'aufheben' mehr oder weniger synonym sind *'āmas* 'heben', *sāḇal* 'tragen', *nāṭal* 'aufladen', dann auch *jbl hiph* 'bringen' und *lāqaḥ* 'nehmen'. Als Antonym kommt *šlk hiph* 'fallen lassen' in Betracht.

Das *niph* in der Bedeutung 'erhöht werden' kann auch ausgedrückt werden durch *rûm* oder *qûm* 'hoch sein, sich erheben' oder *gāḇah* 'hoch sein', antonym dazu ist *šāpel* 'niedrig sein'. Das *pi* entspricht semantisch in etwa *nṭl pi* 'aufheben' und *gdl pi* 'groß machen'.

Die Wendung *nāśā' pānîm* ist weitgehend deckungsgleich mit *ḥānan* 'gnädig sein', *rāṣāh* 'Gefallen haben', aber auch mit *knh pi* 'schmeicheln', *nkr pi* 'bevorzugen' und *nbṭ hiph* 'freundlich anblicken'.

nāśā' qôl entspricht weitgehend *qārā'* 'rufen' und *ṣā'aq* 'schreien'.

Die Wendung *nāśā' 'āwôn* i.S.v. „vergeben" hat als Synonyme die Verben → סלח *slḥ* 'vergeben' und → כפר *kippær* 'entsündigen', dann auch → נקה *nqh pi* 'für unschuldig erklären', → כסה *ksh pi* 'zudecken' und metaphorisch *'br hiph* '(Schuld) hingehen lassen'.

b) Im Hebr. werden von dem Verb folgende Nomina gebildet: *nāśî'* (→ נשׂיא) 'Erhobener, Erhabener, Fürst'; **nāśî'* II begegnet nur im Pl. in der Bedeutung „Nebelschwaden" (Jer 10, 13; 51, 16; Ps 135, 7; Spr 25, 14; zur Terminologie meteorologischer Phänomene vgl. R. B. Y. Scott, ZAW 64, 1952, 11–25, bes. 24f.), → משׂא *maśśā'* 'Last', „Erhebung (der Stimme)" = 'Ausspruch' (vgl. KBL[3] 604; BLe 490b), *maś'et* 'Erhebung, Abgabe, Spende', in der Kombination *maś'at hæ'ānān* „Rauchwolke, Rauchsignal" (Ri 20, 38. 40; Lachiš 4, 10; vgl. KAI 194, 10). Daneben begegnen noch *maśśo'* (zur Bildeform BLe 493z oder e) „Parteilichkeit", eigentlich „Erhebung des Angesichts" (2 Chr 19, 7; vgl. u. III. 3. g), *maśśā'āh* „Erhebung" (Jes 30, 27) und das textlich sehr unsichere *maś'ôṯ* (Ez 17, 9), das nach BLe 441c einen aramaisierenden Inf. darstellt (vgl. KBL[3] 605).

ś^e'eṯ begegnet in doppelter semantischer Ausprägung: als 'Erhebung, Erhabenheit' (z. B. Ijob 41, 17; Ps 62, 5) und als 'Hautfleck', eigentlich 'erhabene Stelle' auf der Haut (Lev 13, 2. 10. 19. 28. 43; 14, 56 → צרעת *ṣāra'aṯ*). Singulär ist schließlich noch **śî'* 'Hoheit, Stolz' (Ijob 20, 6), dessen Ableitung von *nāśā'* jedoch nicht unbestritten ist (vgl. C. Rabin, Scr. Hier. 1961, 399 > arab. *šā'a* 'wünschen').

Unter diesen Nominalbildungen ist → משׂא *maśśā'* 'Prophetenspruch' theologisch besonders bedeutsam.

Fabry

III. 1. a) Da es sich bei *nāśā'* mit mehr als 650 Belegen ohne auffällig signifikante Streuung (lediglich Ez hat 68 Belege) um ein at.liches Allerweltswort handelt, verwundert nicht die große Zahl der Synonyme und Antonyme. Dabei aber sind die einzelnen semantischen Bereiche getrennt aufzuführen.

c) Die Grundbedeutung von *nāśā'* 'heben' findet sich Gen 7, 17 „und sie (die Wasser) hoben die Arche hoch, und sie erhob sich (*rûm*) vom Erdboden" (vgl. Jes 5, 26; 11, 12 u.ö. von einem Feldzeichen [→ נס *nes*]; Jes 10, 26 Stab; 2, 4 Schwert). In derselben Bedeutung kann das Verb als eine Art Hilfsverb fungieren, etwa in dem Sinne „hochheben, um zu tragen oder zu halten" (Gen 21, 18; Ri 9, 48; Am 6, 10; 2 Sam 2, 32; 4, 4 u. ö.). Von hierher entwickelt sich die Bedeutung 'tragen' (Gen 37, 25; 44, 1; 45, 23; 1 Sam 10, 3; Jer 10, 5 u. ö.), dann auch 'wegtragen' (1 Sam 17, 34; vgl. Num 16, 15).

Eine semantische Ausdehnung liegt dort vor, wo *nāśā'* nicht mehr nur das physische Hochheben bezeichnet, wie etwa in den semantischen Nuancen 'wegnehmen' (vgl. Ri 21, 23; 1 Kön 15, 22; 18, 12; Klgl 5, 13; Mi 2, 2 u. ö.) und 'empfangen' (Dtn 33, 3; 1 Kön 5, 23; Ps 24, 5 u. ö.). Wenn es sich um Tribut oder Gaben handelt, kann *nāśā'* sowohl 'geben, bringen' (Ri 3, 18; 2 Sam 8, 2. 6; vgl. auch Jes 60, 6; Ps 96, 8) als auch 'empfangen' (1 Chr 18, 11) bedeuten.

* Jer 17, 21. 27 schärft das Verbot ein, etwas am Sabbat zu tragen. „Ein Joch zu tragen" ist Klgl 3, 27 Bild für die Last des Leidens. Waffenträger (*nośe' kelîm*) werden öfters erwähnt (Ri 9, 54; 1 Sam 14, 1. 6f. 12–14. 17; 16, 21; 31, 4–6; 2 Sam 18, 15).

In mehreren Fällen ist vom Tragen der Lade die Rede: in der Wüste (Ex 37, 5), beim Übergang des Jordans (Jos 3, 3. 6. 8 usw.; 4, 9f.), bei der Eroberung von Jericho (Jos 6, 6. 12. 33) und bei der Überführung der Lade nach Jerusalem (2 Sam 6, 3f. 13. 15). In der Wüste wird der *miškān* und seine Geräte getragen (Num 1, 50; 10, 17; Geräte auch Ex 37, 25; Num 37, 14f., vgl. auch Jes 52, 8). DtJes spricht verächtlich vom Tragen der Götterbilder (Jes 45, 20 und besonders 46, 1. 3. 4. 7, wonach die Tiere, die die Bilder tragen, ermüdet werden, Gott aber sein Volk alle Zeiten trägt; vgl. auch Am 5, 26).

Der Wind hebt Spreu u. ä. hoch und trägt sie fort (Jes 40, 24; 41, 16) – so sind die Menschen vor JHWH; Jes 57, 13 wird Ähnliches gesagt von den nichtsnutzigen Götzen; vgl. auch Jes 64, 5: „unsere Schuld trägt uns fort wie der Wind". Der Geist JHWHs ergreift den Propheten und trägt ihn fort (1 Kön 18, 12; 2 Kön 2, 16); von Ezechiel wird das mehrmals gesagt (Ez 3, 12. 14; 11, 1; 43, 5; s. dazu G. Widengren, Literary and Psychological Aspects of the Hebrew Prophets, UUÅ 1948: 10, 103ff.)

Die Berge Israels werden in der Heilszeit grünen und Frucht 'tragen' (*nāśā' perî*, Ez 36, 8), bildlich heißt es dann Ps 72, 3, daß die Berge und Höhen unter dem guten König *šālôm* und *ṣedāqāh* tragen. Der Weinstock Israels treibt (*'āśāh*) Zweige und trägt Früchte (*perî*) (Ez 17, 8; v. 23 tauscht die Verben). *(Ri.)*

Die häufigste Bedeutung von *nāśā' niph* ist 'hoch sein, erhoben sein', dann auch 'erhaben sein'. Das wird von Gott gesagt (Jes 6, 1; 57, 15; vgl. Jes 33, 10; Ps 94, 2), vom Gottesknecht (Jes 52, 13), vom Königtum (1 Chr 14, 2), von Hügeln und Bergen (Jes 2, 2) usw.

nāśā' meint auch das 'tragen' von Belastungen mit der Konnotation der Teilnahme und Fürsorge. Das geht dahin, daß man sich Lasten teilt, und sie gemeinsam erträgt. In dieser allgemeinen Kategorie bezeichnet das Verb das Tragen von Verantwortung. In Ex 18 empfiehlt Jitro dem Mose, sich die Führungsverantwortung mit berufenen Richtern zu teilen, „auf daß sie dich entlasten und mit dir [Verantwortung] 'tragen'" (v. 22; vgl. Dtn 1, 9–12; Num 11, 11–14). Zunächst geht es um die administrativen Pflichten, aber das Führungsamt umfaßt auch das Ertragen des Klagens und Murrens des Volkes. Zugleich aber signalisiert der Auftrag, das Volk zu tragen, wie ein Vater sein Kind trägt (Num 11), daß das Führungsamt eine warmherzige, liebende Fürsorge für das Volk impliziert. Ein Volk tragen heißt, es zu lieben, schützen, seine Sorgen mitzutragen, aber auch seine Fehler mit auszutragen (vgl. auch Dtn 14, 24; Ijob 21, 3).

Der gleiche Ausdruck kann Gottes Beziehung zu Israel ausdrücken: er hat Israel durch die Wüste getragen nicht nur im Sinne der Führung, sondern erst recht im Sinne der Unterstützung. Dies zeigt das Bild Ex 19, 4 „wie ich euch auf Adlersflügeln getragen und hierher zu mir gebracht habe" (vgl. Dtn 32, 11). Die elterliche Sorge Gottes für sein Volk, ausgedrückt durch *nāśā'*, zeigt sich in Dtn 1, 31: „Da hat JHWH, dein Gott, dich auf dem ganzen Weg, den ihr gewandert seid, getragen, wie ein Vater seinen Sohn trägt." Das Tragen hat hier emotionale Konnotationen, die vom Vater-Sohn-Verhältnis herrühren.

Im gleichen Sinne verwendet die Prophetie das Bild vom Hirten, der seine Lämmer trägt (Jes 40, 11; 46, 3; 63, 9). 'Tragen' impliziert also in Vollform die Aspekte „helfen, leiten, führen, unterstützen, sich sorgen um".

Solches „Tragen" schließt auch ein „Ertragen" ein. Mose trägt die Last des Volkes, er trägt nicht nur dessen Vorwürfe, sondern auch seine Schwierigkeiten und Schwächen. Ähnliches wird von Gott gesagt; aber auch er kann in die Lage geraten, daß er die Last des Volkes nicht mehr ertragen kann (vgl. Jes 1, 14; Jer 44, 22).

2. „Last tragen" ist semantisch nahe dem „Ertragen, Erleiden". In dieser Bedeutung begegnet *nāśā'* z. B. in Ps 55, 13; Ijob 34, 31; Spr 18, 14; 30, 21. Besonders deutlich wird dies, wenn Objekte wie *ḥærpāh* 'Schmach' (Jer 15, 15; 31, 19; Ez 36, 15; Mi 6, 16; Ps 69, 8), *kelimmāh* 'Schande' (Ez 16, 52. 54; 32, 24f. 30; 34, 20; 36, 6f.; 44, 13) und andere zum Verb treten.

In Jer 10, 19 bekennt die Nation (?), daß sie eine Krankheit zu ertragen hat, nach Jer 31, 19 die Schande ihrer Jugend. Hinter diesen Klagen steht die Reflexion um Schuld, das Bewußtsein, von Gott gezüchtigt zu sein, und das Eingestehen von Scham wegen der eigenen Verfehlungen (vgl. Ez 16, 52. 55; 32, 24f.; 36, 7 u. ö.).

Häufig liegt das Hauptgewicht auf dem Ursprung der Schande: Feinde Israels, Nationen ringsum. Das Ergebnis wird aber fast dasselbe, da der Druck von Seiten der Feinde in Verbindung zu den Sünden Israels gesehen wird. Der Untergang des Königtums ist Hauptgegenstand des Spottes, den Israel ertragen muß (als Folge eigener Schuld und als Folge äußerer Bedrängung). Dabei zeigt sich der ambivalente Charakter von *nāśā'* darin, daß es gleicherweise gebraucht wird zur Bezeichnung des Erhebens eines Vorwurfs gegen jemanden wie auch zur Bezeichnung des Ertragens von Vorwürfen von Seiten anderer. So kann vom Gerechten gesagt werden, daß er die Schmach von Seiten der Feinde erträgt, während er gegenüber seinen Nachbarn keine Anklage erhebt. So ist vom Ertragen der Schmähungen der Völker die Rede (Ez 34, 29; 36, 6f. 15); dann aber müssen diese Völker ihre eigene Erniedrigung ertragen (Ez 36, 7; vgl. Ps 89, 51) als Strafe für ihre ausgeteilten Schmähungen. Das Ertragen läßt sich also keineswegs auf den körperlichen Bereich beschränken. Tatsächlich wird mehr Aufmerksamkeit gelegt auf die Kränkung, die durch Worte geschieht, Beleidigung und Ehrverletzung in Spott und Stichelei.

Eine Reihe von Belegen berührt den Aspekt der Ungerechtigkeit bis hin zur Theodizee. Der Sprecher beteuert seine Unschuld, trotzdem muß er schwerste Nachstellungen ertragen (vgl. Jer 15, 15; Ps 69, 8). Hier herrscht der Gedanke vor, daß es möglich ist, um anderer, besonders um Gottes Willen Schmach zu ertragen. Damit ist noch nicht die Frage des stellvertretenden Leidens angesprochen, denn hier handelt es sich um Verletzungen, die von seiten der Feinde, nicht aber von Gott beigebracht worden sind. Man erträgt sie nicht anstatt eines anderen, sondern aus Treue und Loyalität zu Gott. Diese Vorstellung hängt mit dem Gebrauch der Wendung *nāśā' ʿāwôn* in der Bedeutung ,,Sündenvergebung und Versöhnung" (s.u. 3) zusammen. Ihre Implikationen sind offensichtlich wichtig für die Theologie: es gibt Leiden (Ertragen einer Schmähung), das nicht aus Sünde entsteht, sondern aus Treue und Loyalität zu Gott.

3. Die Wurzel *nāśā'*, verbunden mit Termini für Sünde → עון *ʿāwôn*, *ḥeṭ'* (→ חטא *ḥāṭā'*) und seine Verwandten, → פשע *pæšaʿ* und andere, bedeutet wörtlich ,,(Ungerechtigkeit, Sünde, Vergehen) tragen". Der Ausdruck bezieht sich auf 3 spezifische Situationen:

a) *Ertragen eigener Frevel* im Zusammenhang mit dem Eingeständnis eigener Schuld und Einsicht in die Strafe. In diesem Sinne Schuld auf sich nehmen bedeutet Einsicht in die Zusammenhänge und ihre Akzeptanz. Das kann rituelle Bestimmungen betreffen: Die Priester tragen Beinkleider, ,,damit sie keine Schuld auf sich laden" (Ex 28, 43; vgl. Num 18, 32; Lev 22, 9). Nach Num 18, 22 dürfen die Israeliten sich der Bundeslade nicht nähern, weil sie sonst den heiligen Ort entweihen und Schuld auf sich laden. Nach Lev 19, 17 darf man seinen Bruder nicht hassen, um nicht seinetwegen Schuld auf sich zu laden. Hier scheint sich zu bestätigen, daß man durch verborgenen Haß gegen den Nächsten, den man öffentlich nicht beilegt, Schuld um des anderen willen sich auflädt. Die Verantwortlichkeit für Schuld hat sowohl eine ethische als auch eine rituelle Basis, auch wenn die at.lichen Gesetzeswerke diese Unterscheidung nicht explizit treffen. Das Ritual ist wertlos, wenn es ohne innere Anteilnahme persolviert wird, zumal es die innersten Haltungen des Menschen (Demut, Anbetung, Gerechtigkeit, Bekehrung u.a.) ausdrücken soll.

Ein anderer Zusammenhang ist angesprochen, wenn Aaron verantwortlich ist für die Verfehlungen an den Weihegaben (Ex 28, 38): es geht um ständige Verantwortung, nicht um Einzeltaten. Handelt es sich hier auch um Paraphernalien, so liegen doch auch hier ethische Implikationen vor (vgl. Num 18, 1).

nāśā' ʿāwôn steht natürlich für die Verantwortung für aktuelle Vergehen. Nach dem alten israelitischen Rechtsprinzip des Tun-Ergehen-Zusammenhanges hat der Sünder für seine Vergehen selbst einzustehen. Das aktuelle Einwirken Gottes auf diesen Zusammenhang wird nur selten zur Sprache gebracht.

,,Schuld tragen" und ,,Strafe ertragen" sind zu unterscheiden, obwohl sie häufig zusammengesehen werden. Bestimmte Vergehen werden durch bestimmte Strafen geahndet, aber die Bezahlung der Strafe beseitigt nicht die Schuld. Der Gesetzesbrecher lädt eine schwere Schuld auf sich, da er sich durch sein Vergehen von Gott und der Gottesgemeinschaft entfremdet hat. Dieses Sich-Ausgliedern aus der Gottesgemeinschaft ist der drastischste Effekt der Sünde, den der Schuldige nur selbst tragen kann. Hier setzen Vergebung und Versöhnung an mit Erleichterung der Schuldenlast, Entfernung der trennenden Barriere, Überbrückung der Trennung. Davon werden jedoch die Folgen der Freveltat im natürlichen und geschichtlichen Bereich nicht berührt. Durchgängig findet sich in der at.lichen Literatur die Formel ,,Er (der Schuldige) soll seine Schuld tragen", d. h. er ist verantwortlich für seine Tat. Das ist gleicherweise eine gesetzliche Formel wie ein religiöses Prinzip.

Rituelle Vergehen (Lev 7, 18; 17, 16; 19, 8; 22, 16) entwickeln aus sich selbst heraus die Schuld, offensichtlich jedoch nicht aus der dahinter stehenden Motivation, vgl. Lev 5, 17: ,,Wenn jemand sich verfehlt und etwas tut, was JHWH verboten hat, ohne es zu bemerken, wird er schuldig, und soll [die Folgen] seiner Schuld tragen!" Diese Regel würde eher im Bereich der Kultgesetze zutreffend sein (Gesetze, die der israelitische Laie normalerweise nicht kennt), als auf grundlegende ethische Prinzipien. Gleichzeitig mag Unwissenheit auch ein Faktor sein in solch komplexen Vorschriften wie die, die sich mit den verbotenen Verwandtschaftsgraden im Sexualbereich befassen (die eher als soziologische, weniger als ethische Vorschriften anzusehen sind). In solchen Fällen ist die Last der Schuld eher eine Formalität, da zum Wesen der Schuld die vorsätzliche Verletzung und Empörung gehört. Wenn die Tat im guten Glauben oder in Unwissenheit getan wurde, dann bestand die Schuld unabhängig einer späteren Akzeptanz, und das Hauptinteresse lag etwa auf Strafzahlung oder Restitution.

Nach Lev 5, 1ff. macht die Berührung eines Leichnams unrein, also schuldig, auch wenn man ahnungslos ist, und man verunreinigt die Gemeinschaft, wenn man sich nicht reinigt. Lev 20, 17–20 behandelt die

Verletzungen des Sexualrechtes, die ebenfalls in der Terminologie der Kontamination der Heiligkeit der Gemeinde beschrieben werden. Lev 24, 15 behandelt die Blasphemie: „Wer Gott flucht, muß die Folgen seiner Sünde tragen!" Hier ist auch das Ordal zu nennen, dem sich die der Untreue bezichtigte Ehefrau zu unterwerfen hat (Num 5, 31).

Die Folgen seiner Sünde hat nach Num 9, 13 der zu tragen, der die Feier des Passah unterläßt, obwohl er nicht auf Reisen ist. Ez macht häufig Gebrauch von dieser Formel, jeweils im ethischen Kontext. So haben die Leviten die Folgen ihrer Sünden in der Vergangenheit zu tragen (Ez 44, 9–14). Das Volk muß die Folgen seines Götzendienstes selbst tragen (Ez 16, 58; 23, 35. 49; vgl. Ez 30, 26).

Nach dem Mord an Abel sagt Kain zu JHWH: „Meine Schuld ist zu groß, daß ich sie tragen könnte" (Gen 4, 13). Es wird nicht klar, ob dies echte Reue ist, ein Versuch, sich zu bessern, zusammen mit der Erkenntnis, daß die Schuldenlast zu groß ist (von Strafe ist ja noch nicht gesprochen). Es ist die Entfremdung und Trennung von Gott, die Kain nicht tragen kann. Gemeint sein kann jedoch auch seine Erkenntnis, daß sein Verbrechen jenseits jedes Ertragens (= Vergebens) liegt.

Die Konnotation von Reue spielt auch in einem Brief Hiskijas an Sanherib mit: „Ich habe gefehlt. Laß ab von mir! Alles, was du mir auferlegst, will ich tragen" (2 Kön 18, 14). Als wesentliches Element der Reue zeigt sich der Wille, die Konsequenzen der Schuld zu tragen, auch wenn es sich in diesem Fall – politisch motiviert – um Tribut handelt. Eine theologische Parallele liegt Mi 7, 9 vor: „Ich habe mich gegen JHWH versündigt, deshalb muß ich seinen Zorn ertragen". Hier erkennt das Volk in seinem eigenen Verhalten den Grund für JHWHs Zorn und erklärt die Bereitschaft, die Folgen bis zur Rekonziliation zu tragen. Reue entflieht also nicht den Konsequenzen, sondern besteht vielmehr in deren Akzeptanz.

b) *nāśā'* als Akzeptanz von Eidfolgen anderer liegt in Num 30, 16 vor: annulliert ein Ehemann nicht in einer bestimmten Frist das Gelübde seiner Ehefrau, so tritt es in Kraft und er muß die Konsequenzen akzeptieren. Darin liegt der Ausgangspunkt für die Vorstellung von *nāśā' ʿāwōn* als *Ertragen der Schuld anderer*, wenn auch noch rudimentär, da im ganzen Vorgang die ethische Verantwortlichkeit beim Ehemann liegt. Deutlicher kommt es zum Ausdruck Num 14, 33: „Sie (eure Söhne) haben so lange unter eurer Untreue zu leiden (*wenāśeʾû ʾæṯ-zenûṯēḵæm*), bis ihr alle tot in der Wüste liegt." Gott sucht die Schuld der Väter an den Söhnen heim (Ex 20, 5; Dtn 5, 9). Dies ist eine geläufige theologische Erkenntnis, die im Grunde eine Weiterführung des Tun-Ergehen-Zusammenhanges über die Generationengrenzen hinweg darstellt (vgl. Jer 31, 29f.; Ez 18, 2ff.) und im Volk als Deutung für die Strafe der Exilierung vertreten wurde. Die umfangreiche prophetische Diatribe Ez 18 geht gegen diese Sicht an und kommt zu dem Ergebnis: „Nur wer sündigt, soll sterben. Ein Sohn soll nicht die Schuld seines Vaters tragen und ein Vater nicht die Schuld seines Sohnes. Die Gerechtigkeit kommt nur dem Gerechten zugute, und die Schuld lastet nur auf dem Schuldigen" (v. 20).

c) Das AT kennt das *Tragen der Schuld eines anderen zum Zwecke der Vergebung*. Nach Gen 50, 17 soll Josef die Schuld seinen Brüdern vergeben. Auch wenn hinter dem verwerflichen Handeln der Brüder letztlich Gottes Heilsplan sichtbar wird (vgl. v. 20), die Schuld damit bereits aufgehoben ist, so hängen doch Vergebung und Versöhnung letztlich von Josefs Verhalten ab, da er von den Vergehen betroffen worden war. Aber auch für seine Brüder wird Rekonziliation erst ermöglicht durch ihre Einsicht in ihre Schuld und die Bereitschaft, Josefs Betroffensein zu akzeptieren und die Folgen zu tragen. So steht also letztlich das *nāśā' ʿāwōn* auf beiden Seiten: bei dem der *ʿāwōn* übt, und bei dem, der *ʿāwōn* vergibt (vgl. 1 Sam 25, 28).

In menschlicher Vergebung ist göttliche Vergebung schon involviert. Dies zeigt sich darin, wie Mose Gott vor dem Pharao repräsentiert (Ex 10, 17). Besonders deutlich wird es im Gegenüber von Samuel und Saul (1 Sam 15, 25). Saul hat die Bestimmungen des Heiligen Krieges nicht beachtet und wird deshalb von Samuel als dem Stellvertreter Gottes zur Rechenschaft gezogen. Auf Sauls Bitte „Darum nimm doch die Sünde von mir weg (*śā' nā' 'æṯ-ḥaṭṭā'ṯî*) und kehre mit mir zurück, damit ich JHWH anbete!" reagiert der Prophet ablehnend und verkündet damit JHWHs Verwerfungsurteil.

d) In drei Fällen redet das AT *symbolisch* vom Tragen der Schuld. Nach Ez 4, 4ff. soll der Prophet die Schuld von Israel und Juda tragen, obwohl er selbst unschuldig ist. Trotzdem handelt es sich nicht um stellvertretendes Leiden, da das Hauptelement fehlt: eigenes Leiden anstelle des Leidens des anderen oder die Bestrafung des Unschuldigen anstelle des Schuldigen. Der hier angezeigte prophetische Akt hat reinen Symbolwert und nimmt deshalb nicht die Schuld von Israel und Juda weg. Der Prophet soll als Stellvertreter Gottes Israels Schuld und seine Folgen darstellen. Zugleich repräsentiert er in seinem Rollenspiel Israel und Juda. Da der Prophet jedoch nicht Israel ist, kann er auch nicht Israels Schuld tragen. Sein Verhalten ist Demonstration.

Lev 10, 17 berichtet, daß das Sündopfer den Priestern als etwas Hochheiliges gegeben ist, „um die Schuld von der Gemeinde wegzunehmen und sie vor dem Herrn zu entsühnen". Der Anschluß durch den Inf. cstr. *lāśe'ṯ* und *leḵapper* läßt das Sinnsubjekt schillern: Sündenbock oder Priester. Elliger, HAT I/4, 139: „Das Wichtigste ist die theologische Begründung 17b. Sie ist schwerlich synergetisch zu verstehen, als hinge die Sühnewirkung des Opfers von dem Essen der Priester ab." Die Funktion des Sündopfers ist jedoch klar: Sühne als Wiederherstellung einer harmonischen Gemeinschaft von Gott und Mensch (→ כפר *kpr*). Sühne wird durch die Sünde notwendig (vgl. Lev 4, 26; 5, 6. 10; 16, 30. 34). Die vollständige Darstellung des Sündopfers findet sich Lev 9, 15–24. Mit dem Bockopfer soll der Priester das Volk entsühnen (v. 7) und damit kultfähig machen.

Ein solches kultisches Ritual entbindet das Volk jedoch nicht von der Einsicht in seine Schuld und von seiner Reue. Auch hier symbolisiert der Bock, daß das Volk seine Schuld trägt, und das Ergehen des Bockes symbolisiert das Schicksal des Volkes. Wie das Feuer das Bockopfer erfaßt (Lev 9, 24), so akzeptiert JHWH das Sündopfer. So hat der Bock die Sünden des Volkes getragen, andererseits hat Gott in der Annahme des Opfers die Sünden des Volkes getragen (= aufgehoben), d. h. sie vergeben.

Dieser Sündopferritus zeigt große Nähe zum Ritual des Versöhnungstages. Dieses Ritual ist ziemlich komplex und enthält offensichtlich archaische Elemente. Nach Lev 16 soll es am 10. 7. durchgeführt werden. Zwei Böcke werden ausgelost für das Sündopfer JHWHs und für den Wüstendämon Asasel. Der erste Bock wird geopfert zur Sühne für das Heiligtum aufgrund der Unreinheit der Israeliten. Dem zweiten Bock stemmt der Priester seine Hände auf und bekennt die Sünden der Israeliten. „Nachdem er sie so auf den Kopf des Bockes geladen hat, soll er ihn durch einen bereitstehenden Mann in die Wüste treiben lassen, und der Bock soll alle ihre Sünden mit sich in die Einöde tragen." (vv. 21 f.).

Nach dem ersten Eindruck scheinen sich die Funktionen der beiden Böcke zu überlagern, insofern sie beide die Sünden des Volkes tragen. Während jedoch der eine Bock ein Opfertier und damit eine notwendige Vorausbedingung für die Rekonziliation darstellt, ist von der Vergebung (*nāśā'*) von seiten Gottes keine Rede. Auch Gott muß die Sünden tragen. Diese Aufgabe scheint der zweite Bock zu übernehmen und in dieser Hinsicht Gott zu repräsentieren. Nun erst trifft im Ritus das doppelseitige *nāśā' 'āwôn* zusammen und Rekonziliation wird verwirklicht. Da der Priester die Sünden des Volkes über dem Kopf des Bockes bekennt, wird der Sündenbock auch im wörtlichen Sinn „Träger" der Sünden; er hebt sie auf und trägt sie in die Wüste außerhalb der Beziehungsmöglichkeit zwischen Gott und Menschen.

e) Wenn *Gott die Schuld anderer trägt*, handelt es sich um göttliche Vergebung. Hier fließen die bisherigen Konnotationen zusammen: „aufheben, tragen, ertragen, Verantwortung tragen". Gott hat viel zu ertragen von seiten der Menschen (Jer 44, 22; Jes 63, 9). Gott wird als „Vergeber der Sünden" bereits in den Glaubensbekenntnissen Ex 34, 7; vgl. Num 14, 18 bekannt (vgl. auch Mi 7, 18; zu bemerken ist hier der parallele Ausdruck *'oḇer 'al pæša'*, „der an Sünde vorbeigeht"). Alles Unrecht von Menschen gegen Menschen betrifft auch Gott, oder umgekehrt: alle Sünden gegen Gott finden ihren Ausdruck in Verbrechen gegen Menschen. Nach Mi 7, 18 (vgl. Ps 99, 8; Hos 1, 6) erträgt Gott nicht nur das Unrecht, sondern er nimmt es auch in einer positiven Weise an. Gottes Ertragen von Unrecht ist immer ein Akt der Vergebung. Das bedeutet nicht, daß er so tut, als sei kein Vergehen geschehen, sondern er vergilt nicht. Das hat zur Folge, daß Gott zwar nicht die Konsequenzen für den Sünder aufhebt, sie aber auch nicht prolongiert. Er vergibt, aber verstößt nicht. Das ist gemeint, wenn von Gottes → חסד *ḥæsæd* die Rede ist. Gott befreit den Sünder von der Last seiner Schuld, er hebt sie auf (*nāśā' 'āwôn*), indem er das Unrecht annimmt. Dies wird wörtlich verstanden, wenn Mi 7, 19 davon spricht, daß Gott alle Sünden der Menschen in die Tiefen des Meeres wirft (vgl. die Sündenbock-Analogie).

Umgekehrt kann aber auch von Gott gesagt werden, daß er nicht vergibt (Jos 24, 19). Darin liegt letztlich keine Differenz im Gottesbild zu Mi 7, 18, sondern der Vergebungswille Gottes scheitert an der Weigerung der Menschen, ihre Schuld anzuerkennen (vgl. v. 20). Nach Ex 23, 21 ist es der Engel JHWHs (→ מלאך *mal'āḵ*), der menschliche Rebellion nicht erträgt (*nāśā'*), d. h. nicht vergibt. Wieder ist das menschliche Verhalten ausschlaggebend.

Nach Ex 34, 6f. (J) ist „JHWH ein barmherziger und gnädiger Gott, langmütig und reich an Huld und Treue. Er bewahrt Tausenden Huld, trägt (*nāśā'*) Schuld, Frevel und Sünde hinweg, läßt aber (den Sünder) nicht ungestraft, er verfolgt die Schuld der Väter an den Söhnen" (vgl. Num 14, 18; Jona 4, 2). Hier begegnet das Gegensatzpaar *nośe' 'āwôn* und *poqeḏ 'āwôn*, um vereinfachte Vorstellungen vom Vorgang göttlicher Vergebung und von den Beziehungen von Sünde und Gerechtigkeit, Sünder und Gott zu korrigieren. Die Fülle der Adverbia ist ein Summarium der Erfahrung Israels mit seinem Gott in der Geschichte.

Nach der Anfertigung des goldenen Kalbes bittet Mose Gott, die Sünden vom Volk wegzunehmen (Ex 32, 32), doch er droht, ihre Sünden mit ihnen abzurechnen (v. 34, paronomastisches *pāqaḏ*), was nach Meinung des Schreibers durch den Tod der gesamten Wüstengeneration realisiert wurde.

Eine ähnliche Situation liegt Num 14 (JE) vor. Nach der Rebellion des Volkes bittet Mose: „Verzeih (*s^elaḥ*) diesem Volk die Sünde nach deiner großen Huld, wie du diesem Volk auch schon bisher vergeben hast (*ka'^ašær nāśā'ṯāh lā'ām hazzæh*) von Ägypten her bis jetzt" (v. 19). Der Gebrauch von *nāśā'* wird durch die Phrase „nach deiner großen Huld" erklärt. Es geht nicht um eine partikuläre Vergebung, sondern um die Geduld und den Langmut Gottes. In der Verwendung von *sālaḥ* zeigt sich ein anderes Verständnis der Vergebung. Hier handelt es sich nur um die Nichtausführung unmittelbar vorher Angedrohten (Auslöschung der gesamten Wüstengeneration) im Sinne einer Aufschiebung der Strafe.

Nach Hos 14, 2–3 drängt der Prophet Israel zur Umkehr, damit Gott Vergebung gewähren könne (*nāśā' 'āwôn*), Ausgangspunkt weiterer Rekonziliation und heilvoller Existenz (vv. 5ff.). Vergebung ist zu verstehen als Entfernung der Schuld und der trennenden

Barriere zwischen Gott und Mensch. In Jes 33, 24 begegnet die seltene (jedoch auch Ps 32, 1) Formulierung im Passiv: *n^eśûʾ ʿāwôn* „Dem Volk, das in Zion wohnt, ist seine Schuld vergeben". Das Interesse liegt wohl auf der Parallelisierung von Vergebung und Heilung von Krankheit (v. 24a) als Zeichen der messianischen Zeit. Zur Assoziation von Sünde–Krankheit und Vergebung–Heilung vgl. auch Ps 103, 3 (*sālaḥ–rāpāʾ*). Zur Bestreitung der dahinter stehenden Lehre vom Tun-Ergehen-Zusammenhang vgl. Ijob 7, 20f. (hier *nāśāʾ pæšaʿ* || *hæʿᵉḇîr ʿāwôn*).

In den Psalmen ist die Vergebung durch Gott ein häufiges Thema: sie zeigt sich in der Aufhebung der Strafe, Erweis der göttlichen Gnade in der Wendung des Geschicks und in der Abwehr der Feinde (Ps 25, 18; vgl. vv. 7. 11). Sie bedeutet Glück (*ʾašrê* → I 481–485), bedarf aber der menschlichen Umkehr (Ps 32, 1f. 5); sie besteht auch in der Restauration des exilierten Israel (Ps 85, 3).

Auch in den literarisch komplizierten Liedern vom Leidensknecht (→ עבד *ʿāḇaḏ*) begegnet *nāśāʾ ʿāwôn*. Nach Jes 52, 14 und 53, 1–3 wird der Knecht als ein kranker und entstellter Mensch geschildert. In seiner Gestalt zeigt sich die Verbindung von Sünde und Krankheit nach at.lichem Denken (vgl. Jes 53, 4b). Das körperliche Leiden des Knechtes erscheint als Folge der Sünde. Die bestürzende Enthüllung (durch *ʾāken* eingeleitet v. 4; antizipiert in 52, 15 – 53, 1) ist jedoch, daß er nicht für seine eigenen Sünden leidet, sondern stellvertretende Sühne leistet. Im Hinblick auf den Ritus des Sündenbock (s. o.) wird man *nāśāʾ* in unseren Texten folgende Konnotationen zusprechen müssen: der Knecht leidet infolge unserer Krankheit (vgl. v. 3), er trägt ihre Last, trägt sie weg und heilt uns davon (vgl. v. 5).

In den vv. 5ff. wird der Knecht als Opfer falscher Rechtsprechung gezeichnet: „Er wurde durchbohrt wegen (oder: infolge *min*) unserer Verbrechen, wegen (infolge) unserer Sünden zermalmt." Indem der Knecht diese Behandlung auf sich nimmt, setzt er den Prozeß der Vergebung in Gang. Nach v. 6 lud JHWH ihm unsere Schuld auf, d. h. JHWH ermöglicht ihm, „Opfer" für unsere Sünden zu sein, obwohl (auch in v. 7 nicht) keine Opferterminologie vorliegt. Die wichtigste Verantwortung des Knechtes ist es, Ziel der Angriffe und Anklagen zu sein. Der Wendepunkt liegt in v. 10: der Triumph des unschuldigen Leidensknechtes (zur Sprache vgl. Jes 52, 13; 53, 12), der einzig auf sein stellvertretendes Leiden zurückgeführt wird (vv. 11f.). Mit Recht wird in der Literatur immer wieder darauf hingewiesen, daß der Knecht in Wesen und Handlung göttliche Züge zeigt.

* Es wird meist darauf verzichtet, einen gemeinsamen Nenner für die beiden Bedeutungen von *nāśāʾ ʿāwôn* zu finden. Tatsache ist, daß die Bedeutung „Schuld tragen" ausschließlich in P und Ez vorkommt (mögliche Ausnahme Gen 4, 13), während die Bedeutung „vergeben" vorwiegend im DtrGW zu finden ist (Hos 1, 6 und 14, 3 sind nicht eindeutig). KBL[3] verbindet die Bedeutung „Schuld tragen" mit akk. *ḫīṭa našû*, „Vergehen auf sich laden" = sich straffällig machen und *arna u ḫīṭa našû*, „Schuld und Verfehlung (mit)tragen" (s. E. Weidner, AfO 17, 1956, 270 und zu den at.lichen Belegen W. Zimmerli, ZAW 66, 1954, 9–12 = ThB 19, 160ff.). Die Bedeutung „Schuld vergeben" erklärt man aus *nāśāʾ* im Sinne von „wegnehmen" und bezieht es auf das Entfernen der Schuld (s. dazu J. J. Stamm, Erlösen und Vergeben im AT, Bern 1940, 66–70; R. Knierim, Die Hauptbegriffe für Sünde im AT, [2]1967, 50ff. 114–119. 193f. 218ff.). *(Ri.)*

4. a) Der Ausdruck *nāśāʾ jāḏ* „die Hand (Hände) erheben" (→ יד *jāḏ*) bezeichnet einen Akt der Feindseligkeit (2 Sam 18, 28; 20, 21) und Machtaufwand (Ps 10, 12; 106, 26). Er steht auch für die Geste beim feierlichen Eid oder bei der Bitte zu JHWH. Deshalb kann der Ausdruck bedeuten: „einen Eid leisten" (Ex 6, 8; Num 14, 30; Dtn 32, 40; Ez 20, 5. 6. 15. 23. 28. 42; 36, 7; 44, 12; 47, 14; Neh 9, 15; → III 453). Interessanterweise ist in allen Belegen JHWH Subjekt. Wird es vom Menschen gesagt, so wird *heqîm jāḏ* gebraucht (vgl. Gen 14, 22). Das Aufheben der Hände dürfte ein affirmativer Gestus sein (vgl. G. Giesen, BBB 56, 1981, 43), weniger eine symbolische Todesdrohung im Falle des Eidbruches (A. D. Crown, Abr Nahrain 4, 1963–64, ed. 1965, 107f.). Zur Bedeutung von *nāśāʾ jāḏ* „beten" vgl. Ps 28, 2; Klgl 2, 19. Zu den mesopotam. „Handerhebungsgebeten" (*šuʾilla*) vgl. SAHG 19. Und schließlich kann *nāśāʾ jāḏ* par. → ברך *bāraḵ* einen Segensgestus bezeichnen (Lev 9, 22; Ps 134, 2; vielleicht auch Ps 10, 12, → III 439).

b) Der Ausdruck *nāśāʾ roʾš* „den Kopf heben" (→ ראשׁ *roʾš*) bezeichnet einen Akt der Frechheit oder Unabhängigkeit und Stolz (vgl. Ri 8, 28; Sach 2, 4; Ijob 10, 15 [Ausdruck des Freigesprochenen, vgl. mit *pānîm* 11, 15]; Ps 83, 3; vgl. Ps 110, 7 mit *herîm*). „Das Haupt eines anderen aufheben" kann wörtlich gemeint sein (vgl. Gen 40, 19), aber auch metaphorisch im Sinne der Wiederherstellung der Ehre (Gen 40, 13. 20; vgl. 2 Kön 25, 27). Eine technische Bedeutung liegt vor Ex 30, 12; Num 1, 2. 49; 4, 2. 22, wo *nāśāʾ roʾš* „zählen" oder „eine Volkszählung durchführen" bedeutet (zum hier vorliegenden akk. Spracheinfluß vgl. F. X. Steinmetzer, OLZ 23, 1920, 153).

c) Der Ausdruck *nāśāʾ pānîm* „das Angesicht erheben" (→ פנים *pānîm*) kann wörtlich gemeint sein (2 Kön 9, 32). Sein Angesicht erheben ist Zeichen des Wohlbefindens und des guten Gewissens (2 Sam 2, 22; Ijob 11, 15; vgl. bes. Gen 4, 7 und die Gegensatzbildung *nāpal pānîm* vv. 5. 6). Wenn Gott sein Angesicht erhebt, dann gewährt er Gnade und Segen (Num 6, 26; vgl. Ps 4, 7). „Das Angesicht eines anderen erheben" impliziert das „Gnädig-Sein" und den „Gunsterweis". Darin reflektiert sich der Gunsterweis des Herrschers gegenüber seinem Bittsteller; vgl. JHWHs Reaktion auf Abrahams Bitten um Sodom (Gen 19, 21), Davids gnädige Aufnahme der Abigail (1 Sam 25, 35) und Gottes Rücksicht auf Ijob (Ijob 42, 8f.; vgl. weiter 2 Kön

3, 14; Gen 32, 21; Dtn 28, 50; Klgl 4, 16; Mal 1, 8 f.).
Substantiviert begegnet diese Wendung als *n^eśu' pānîm* „derjenige, der erhobenen Hauptes ist" zur Bezeichnung prominenter Persönlichkeiten (2 Kön 5, 1; vgl. Jes 3, 3; 9, 14; Ijob 22, 8). Da die Bedeutung der Wendung etwas mit einer Demonstration besonderer Vorliebe oder Gunsterweis zu tun hat, ist sie positiv-negativ-ambivalent. Gerade im Bereich der Jurisdiktion ist die negative Komponente vorherrschend. Hier ist *nāśā' pānîm* identisch mit Parteilichkeit und verbunden mit Bestechung und Perversion des Rechts (vgl. Spr 6, 35). Obwohl JHWH für die Seinen eintritt, wird er charakterisiert als einer, der „kein Ansehen gelten läßt" (*lo' jiśśā' pānîm*, par. *lo' jiqqaḥ šoḥaḏ*, Dtn 10, 17). In gleicher Weise ist Parteilichkeit auch dem Armen gegenüber verboten (vgl. Lev 19, 15; vgl. Ps 82, 2; vgl. noch Ijob 13, 8. 10; 34, 19; Spr 18, 5).
d) Der Ausdruck *nāśā' 'ênajim* „die Augen erheben" ist sehr verbreitet und bezeichnet ein gespanntes Schauen, zumal es normalerweise von → ראה *rā'āh* 'sehen' gefolgt wird (35mal). Gelegentlich ist auch die Vorstellung der Verehrung damit verbunden (vgl. Ps 121, 1; 123, 1; Jes 51, 6; 2 Kön 19, 22), auch der kultischen Gottesverehrung (Ez 18, 6. 12. 15; 33, 25) und des Götzendienstes.
e) Der Ausdruck *nāśā' qôl* „die Stimme erheben" ist ebenfalls sehr verbreitet und die Bedeutung ist offensichtlich (vgl. Jes 52, 8; Ps 93, 3). Im engsten Kontext begegnen andere Verben, die noch genauere semantische Bereiche abstecken: → בכה *bāḵāh* 'weinen' (Gen 21, 16), → רנן *rānan* 'jubeln' und *ṣāhal* 'jauchzen' (Jes 24, 14) und → קרא *qārā'* 'laut sprechen' (Ri 9, 7). Im Verlauf der Verwendung dieses Ausdrucks kann das Substantiv *qôl* durchaus auch ausgelassen werden (vgl. Jes 3, 7; 42, 2. 11) oder durch andere Nomina ersetzt werden: → משל *māšāl* (Num 23, 7. 18. 24), → משׂא *maśśā'* (2 Kön 9, 25), → קינה *qînāh* (Jer 7, 29; Ez 26, 17; 27, 2; 28, 12) und andere (vgl. Jer 9, 9. 17; Ps 15, 3).
Ob in den gleichen oder ähnlichen Zusammenhang auch die Wendung *nāśā' šem* im Dekalog (*lo' tiśśā' 'æṯ-šem-JHWH laššāw'*, „Du sollst den Namen JHWHs nicht mißbrauchen!" Ex 20, 7; Dtn 5, 11; vgl. Ex 23, 1; Ps 16, 4) gehört, erscheint nicht ausgeschlossen (→ שׁם *šem*, → שׁוא *šāw'*). Auch *t^epillāh* 'Gebet' kann Objekt zu *nāśā'* sein (vgl. 2 Kön 19, 4; Jer 7, 16; 11, 14).
f) Der Ausdruck *nāśā' næpæš* (→ נפשׁ) scheint ein Wunsch, ein Interesse und eine bestimmte Anteilnahme auszudrücken (Dtn 24, 15; Spr 19, 18), eine Begierde nach Sünde (Hos 4, 8), Bedachtsein auf Betrug (Ps 24, 4; zum Text s. BHS und die Komm.), aber auch Vertrauen auf JHWH (Ps 25, 1; 86, 4; 143, 8; vgl. Klgl 3, 41). Der Ausdruck *nāśā' leḇ* (→ לב) ist ähnlich und bezeichnet Ermutigung (Ex 35, 21. 26; 36, 2), aber auch Vermessenheit und Ungestüm (2 Kön 14, 10).
g) Der Ausdruck *nāśā' ḥen* oder *nāśā' ḥæsæḏ* bedeutet „Gefallen/Gunst finden" (Est 2, 5. 9; 5, 2) und gehört in etwa zur gleichen Kategorie wie *nāśā' pānîm* (s. o.). Der Ausdruck *nāśā' 'iššāh* „sich eine Frau nehmen" (Rut 1, 4; Esra 10, 44; 2 Chr 11, 21; 13, 21; 24, 3) steht – auch ohne *'iššāh* (Esra 9, 2. 12; Neh 13, 25) – für „heiraten". Es ist ein Ausdruck aus der jüngeren Sprache, da das alte Hebr. dafür (→ לקח) *lāqaḥ 'iššāh* verwendet.

Freedman-Willoughby

IV. 1. In Qumran begegnet *nāśā'* ca. 60mal mit signifikanter Häufigkeit in der Regelliteratur: in 1 QS (5mal), 1 QSa (1mal), 1 QSb (8mal), CD (7mal), dann in 1 QH (5mal) und TR (13mal) in umfangreicher semantischer Breite. Profan gefärbte Belege sind selten: der Baum trägt Laub (1 QH 10, 25), der Wind trägt Gräser (4 Q 185, 1–2, I, 11); man trägt Kleidung (4 Q Lam 1, II, 11), Beutegut (TR 58, 12), aber auch Weihegaben (TR 43, 14; 53, 9). Wer Totengebein aufhebt, wird unrein (TR 51, 4). Am Sabbat darf man selbst keine Medikamente, auch nicht einen Säugling tragen (CD 11, 9. 11). *nāśā'* rückt auch in Qumran in die Nähe von *lāqaḥ*: eine Frau nehmen (TR 57, 15. 18), Besitz der Heiden nehmen (CD 12, 7). Ein Tor darf in der Gemeinde kein Amt übernehmen (*lāśe'ṯ māśśā'* par. *hiṯjaṣṣeḇ* 1 QSa 1, 20). Niemand darf mit Außenstehenden „Handel treiben" (*nāśā' w^enāṯan* CD 13, 14) (→ משׂא *maśśā'*).
Die Wendung *nāśā' pānîm* zeigt gleiche Bedeutungsbreite und Anwendungsbereich wie im AT (1 QS 2, 4. 9; 1 QH 14, 19; 1 QSb 3, 1. 2. 4), ebenso *nāśā' 'āwôn/ḥeṭ'*: gerade im Umgang mit Außenstehenden kann das Gemeindemitglied Schuld auf sich laden (1 QS 5, 14). Man soll seinen Nächsten zurechtweisen und nicht Schuld auf sich laden (1 QS 6, 1; CD 9, 8; vgl. Lev 19, 17). Und schließlich führt die Entweihung des Heiligtums zum *nāśā' 'āwôn* (TR 35, 7, Z. 14 *nāśā' ḥeṭ'*). Nach CD 15, 4 ist das Bekenntnis der entscheidende Schritt zur Vergebung, die Gott gewährt (CD 3, 18; 1 QH 16, 16 [?]; vgl. 4 QDib Ham 1–2, II, 7). TR 26, 13 erwähnt den Sündenbockritus.
Eine interessante Perspektive eröffnet sich aus 1 QH 6, 34. Wenn auch der Textzustand dieses Lehrerliedes (1 QH 5, 20 – 7, 5) zur Vorsicht gemahnt, so läßt sich doch folgende Aussage erkennen: „Die im Staube Liegenden richten ein Panier auf und der Wurm der Toten, sie heben hoch ein Zeichen" (*šwkbj 'pr hrjmw trn wtwl't mtjm nś'w ns*). Der anthropologische Zusammenhang des Kontextes läßt nicht klar entscheiden, ob unsere Aussage die Auferstehung von den Toten anspricht, zumal die verwandte Terminologie in den Vorstellungskreis der Kampferöffnung gehört (vgl. H. Lichtenberger, Studien zum Menschenbild in Texten der Qumrangemeinde, SUNT 15, 1980, 219–221).
2. Die mehr als 650 Belege von *nāśā'* sind von der LXX in einer ungewöhnlich extensiven semantischen

Bandbreite verstanden worden. Quantitativ dominieren für alle Stämme αἴρειν mit Komposita (ca. 230mal), λαμβάνειν mit Komposita (ca. 200mal), φέρειν mit Komposita (ca. 40mal) und ὑψοῦν κτλ. (ca. 15mal); die zusammengesetzte Wendung *nāśā' qôl* wird u.a. durch βοᾶν κτλ., *nāśā' 'ênajim* durch ἀναβλέπειν, *nāśā' næpæš* durch μιμνήσκεσθαι usw. wiedergegeben. *maśśā'* wird mehrfach verbal wiedergegeben durch αἴρειν κτλ., ἀπαιτεῖν oder θαυμάζειν, die häufigsten nominalen Übersetzungen sind λῆμμα (12mal), βάσταγμα und ῥῆμα (je 7mal), ὅραμα, ὅρασις, φορτίον u.a.
maśśā'āh wird durch λόγιον wiedergegeben. *maś'eṯ* hat den Übersetzern Probleme bereitet, da es völlig unterschiedlich wiedergegeben wird. *maśśo'* schließlich wird durch δόξα, *nāśî'* II durch νεφέλη, *śe'eṯ* durch λῆμμα, οὐλή u.a. wiedergegeben und *śî'* als τὰ δῶρα (Ijob 20, 6) mißverstanden.

Fabry

נָשַׂג *nāśaḡ*

I. 1. Etymologie – 2. Belege – II. Profaner Gebrauch – III. Religiöser Gebrauch – 1. Kultischer Kontext – 2. Sonstiger Kontext – IV. Sir – V. Qumran – VI. LXX.

I. 1. Äquivalente zur Wurzel *nśg* sind in anderen semit. Sprachen nur wenige belegt. Sie finden sich im arab. *našağa* 'jagen' (KBL³ 686; vgl. A. Guillaume, Abr Nahrain 2, 1960/61, 26) und im Samarit. Ferner sind aram. Belege bezeugt in einer aram. Inschrift der neuassyr. Zeit (A. Caquot, Hommage à A. Dupont-Sommer, Paris 1971, 9–16, dort 9) sowie Aḥiqar 133 und 200 (vgl. J. M. Lindenberger, The Aramaic Proverbs of Aḥiqar, Baltimore and London 1983, 128f.; Cowley, AP 217ff.).
2. Die Wurzel *nśg* kommt im AT nur als Verbum im *hiph* 46mal vor.

II. Im profanen Gebrauch findet das Verb Verwendung in Gen 31, 25; 44, 4. 6; Ex 14, 9; 15, 9; Dtn 19, 6; Jos 2, 5; 1 Sam 14, 26; 30, 8; 2 Sam 15, 14; 2 Kön 25, 5; Jer 39, 5; 42, 16; Hos 2, 9; 10, 9; Klgl 1, 3; 1 Chr 21, 12. Bis auf 1 Sam 14, 26; Jer 42, 16; Hos 10, 9; 1 Chr 21, 12 bezeichnet *nśg* – im Kontext von Erzählungen (außer Klgl 1, 3) – hier jeweils die Überwindung einer räumlichen Distanz zwischen zwei Menschen bzw. Personengruppen im Sinne von „einholen, erreichen". Dabei steht *nśg* mehrfach in Kombination mit *rdp* (Gen 44, 4; Ex 15, 9; Jos 2, 5; auch Dtn 28, 45, s.u.). In den vier genannten anderen Texten vollzieht sich eine Veränderung im Gebrauch insofern, als die konkrete Bedeutung aufgegeben wird zugunsten einer bildlichen: 1 Sam 14, 26 ist die mit dem Ptz. gebildete Wendung zu interpretieren als „nicht essen" (zu eventuellen, jedoch nicht notwendigen Konjekturen für *maśśîḡ* vgl. K. Budde, KHC VIII, 1902, 97; W. Caspari, KAT VII, 1926, 165). Im Rahmen eines Gerichtswortes spricht Jer 42, 16 vom Schwert, das die nach Ägypten Fliehenden dort einholen wird, während Hos 10, 9 wiederum in einem Gerichtswort vom Krieg redet, der über Israel kommen wird. Nach 1 Chr 21, 12 darf David als Strafe für die vollzogene Volkszählung u.a. wählen, daß das Schwert der Feinde ihn 'einhole'.

III. 1. Im kultischen Kontext begegnet *nśg* vor allem im Zusammenhang mit der Ableistung von Opfergaben. So ermöglichen Lev 5, 11; 14, 21. 22. 30. 31. 32 jeweils einen „reduced sacrificial tariff" (R. K. Harrison, TOTC, 1980, 152), wenn die eigentlich vorgeschriebene Opfergabe nicht aufzubringen ist: *('im lo') taśśîḡ jāḏô*. Möglicherweise spiegelt Lev 5 (und dann wohl auch 14) die ärmlichen Verhältnisse der nachexilischen Kultgemeinde wider (so W. Kornfeld, NEB, 1983, 25). Regelungen über das Einlösen von Besitz im Erlaßjahr treffen Lev 25, 25ff. Nach Lev 25, 26 kann derjenige, der keinen Löser hat, jedoch selber ausreichend aufbringen kann (*wᵉhiśśîḡāh jāḏô*), seinen Besitz selbst einlösen; ähnlich v. 49. Lev 25, 47 spricht von einem Fremdling, der zu Besitz kommt (*haśśîḡ jaḏ ger*) und an den sich ein Israelit verkauft.
Lev 27, 8 nennt die Möglichkeit, ein Gelübde abzulösen, auch wenn die eigentlich notwendige Summe nicht aufgebracht werden kann: der Priester soll schätzen, was der Arme aufbringen kann (*taśśîḡ jaḏ hannoḏer*). Um ein Gelübde geht es auch Num 6, 21, und zwar um die Regelungen, die sich beim Naziräergelübde ergeben zusätzlich zu dem, was er sonst noch vermag (*taśśîḡ jāḏô*; zur Problematik der Übersetzung des dieser Formel unmittelbar vorausgehenden Versteiles vgl. B. Baentsch, HKAT I/2, 1903, 482). Ez 46, 7 schließlich steht im Kontext der Rede vom Opfer des Fürsten im neuen Tempel: der Fürst soll als Speisopfer zu den Lämmern so viel hinzufügen, wie er vermag (*ka'ašær taśśîḡ jāḏô*).
2. An der Grenze vom profanen zum religiösen Kontext steht Gen 47, 9. Im Gespräch mit Pharao erklärt Jakob, daß seine Jahre nicht an die seiner Väter heranreichen (*hiśśîḡû*), auch qualifiziert er sein Leben als Jahre der Fremdlingsschaft unter negativem Vorzeichen. Von daher ist dieses *hiśśîḡû* nicht nur quantitativ, sondern auch qualitativ zu verstehen.
Im Kontext von Segen und Fluch stehen Lev 26, 5 wie Dtn 28, 2. 15. 45. Werden die Gebote gehalten, so will JHWH die Fruchtbarkeit des Landes unter seinen besonderen Segen stellen. Die Dreschzeit soll bis zur Weinernte 'reichen' (*wᵉhiśśîḡ*), die Weinernte bis zur Saatzeit (*jaśśîḡ*). Der räumliche Gebrauch ist hier also auch ins Temporale ausgeweitet. Dtn 28, 2 sagt bei Gehorsam gegenüber den göttlichen Geboten zu, daß die ab v. 3 genannten Segenserfahrungen den Gehorsamen erreichen, während v. 15 androht, daß die im Folgenden genannten Flüche den Unge-

horsamen treffen werden, ebenso auch v. 45, jeweils mit *hiśśîḡûḵā* konstruiert, wobei v. 45 gegenüber v. 15 mit *rdp* erweitert vorliegt. Zur Frage nach der Identität des Verfassers der drei hier angesprochenen Konditionalsätze wie ihres Kontextes vgl. die unterschiedlichen Positionen bei J. G. Plöger, Literarkritische, formgeschichtliche und stilkritische Untersuchungen zum Deuteronomium, BBB 26, 1966, 137f. und G. Seitz, Redaktionsgeschichtliche Studien zum Deuteronomium, BWANT 93, 1971, 263. 266.

Ijob 27, 20 spricht davon, daß den Gottlosen Wasserfluten wie Schrecken überfallen werden (*taśśîḡehû*). *kammajim* hier mit M. H. Pope, AB 15³, 194 in *k^emô jôm* zu verändern, ist vom Kontext trotz des *lajlāh* in v. 20b nicht notwendig (vgl. auch M. Dahood, AB 17, 163). Probleme der Übersetzung ergeben sich bei Ijob 41, 18. Die Formulierung *maśśîḡehû ḥæræḇ* weist zunächst auf einen Bedingungssatz hin als casus pendens (vgl. GKa 116w; R. Gordis, JBL 49, 1930, 199–203; G. Fohrer, KAT XVI, 1963, 527). Sowohl K. Budde, HKAT II/1², 266 als auch B. Duhm, KHC XVI, 1897, 200 sprechen sich gegen diesen Bedingungssatz aus und votieren für eine veränderte Formulierung. Die Problematik einer solchen Veränderung zeigt sich hier vor allem bei Budde, der gleich mehrere ihm möglich erscheinende Vorschläge unterbreitet, die jeweils den Konsonantenbestand erheblich verändern. Da aber – vgl. G. Fohrer 526f. – unter Beibehaltung der Formulierung durchaus ein sinnvoller Text zu erheben ist, liegt keine Notwendigkeit zur Veränderung vor. So wird also hier innerhalb der Gottesrede auf die Macht und Gewaltigkeit des Leviatan hingewiesen, dem nichts passiert, wenn man ihn mit dem Schwert 'erreicht' bzw. 'trifft'.

In den Psalmen begegnet das Verb *nśg* in Ps 7, 6; 18, 38; 40, 13; 69, 25, wobei bis auf Ps 40, 13 jeweils die Feinde im Blick sind. Innerhalb eines Klageliedes wird in Ps 7, 4–6 der „Eid des Unschuldigen" (so H.-J. Kraus, BK XV/1⁵, 194f.) gesprochen, in dem in v. 6 beschworen wird, der Feind solle den Beter ergreifen/erreichen (*jaśśeḡ*), wenn er eines Vergehens schuldig ist. Nach Ps 18, 38 will der Beter dank Gottes Hilfe den Feinden nachjagen, sie einholen (*'aśśîḡem*) und sie vernichten. Gegen die Feinde gerichtet ist auch Ps 69, 25. Im Rahmen eines Klageliedes geht die Bitte an Gott, daß sein Zorn die Feinde erreichen möge (*'app^eḵā jaśśîḡem*), eine Bitte, deren Inhalt dann noch näher konkretisiert wird durch eine genauere Beschreibung dessen, wie sich der Beter JHWHs Handeln am Feind vorstellt. Ähnlich metaphorisch redet auch Ps 40, 13. In einer an ein Danklied angeschlossenen Bitte spricht der Psalmist davon, daß seine Sünden ihn ereilt haben (*hiśśîḡûnî 'awônôṯaj*). Der vorausgehende Versteil macht deutlich, daß diese Wendung durchaus auch einen konkreten Hintergrund haben kann, denn zahllose Leiden haben den Beter umgeben. Auf den Tun-Ergehen-Zusammenhang zurückgreifend wird man hier sagen können, die Sünden haben den Beter 'eingeholt' in Form der daraus resultierenden Leiden.

In der Warnung vor der fremden Frau Spr 2, 16ff. wird in v. 19 darauf hingewiesen, daß diejenigen, die zu ihr eingehen (→ בוא *bô'*), nicht mehr Anteil haben werden am Leben (*lô' jaśśîḡû 'ŏrḥôṯ ḥajjîm*). Jes 35, 10 und 51, 11 sprechen in übereinstimmendem Wortlaut u.a. davon, daß Freude und Wonne die Erlösten JHWHs ergreifen werden (*jaśśîḡû*). Die Übersetzung der LXX veranlaßt Procksch zu folgender Überlegung: „Die Schlußzeile kann man nach M oder G übersetzen. Im ersten Falle werden die Israeliten Freude und Wonne erlangen, Kummer und Seufzen werden fliehen. Im zweiten ist שָׂשׂוֹן וְשִׂמְחָה verpersönlichtes Subjekt (cf. ψ 23, 6. 85, 11), Israel Objekt, so daß ישיגום (G καταλήμψεται αὐτούς) zu lesen ist" (KAT IX/1, 438). Diese Veränderung des Verbums ist aber keinesfalls notwendig, da vom vorliegenden hebräischen Text her sowohl *śimḥāh* als auch *śāśôn* die Funktion eines Subjekts im invertierten Verbalsatz übernehmen. Zu fragen bliebe noch, wie es zur wörtlichen Übereinstimmung der beiden Verse Jes 35, 10 wie 51, 11 kommt, doch ist eine eindeutige Aussage darüber, welcher der beiden Verse der ursprüngliche ist, nicht völlig möglich (vgl. bereits die Differenz in der Bestimmung bei Procksch 438 und bei K. Marti, KHC X, 1900, 248). Für die Interpretation des Verbums *nśg* ergeben sich daraus jedoch keine Schwierigkeiten, da sie hier nicht abhängig ist von der Datierung der beiden Verse.

In einer Klage wird Jes 59, 9 davon gesprochen, daß das Recht fern ist und Gerechtigkeit uns nicht erreicht (*lo' taśśîḡenû ṣ^eḏāqāh*). Das Verb wird also wiederum übertragen verwendet. Ähnlich ist es in Sach 1, 6, wo innerhalb der JHWH-Rede die Gemeinde gefragt wird: „Haben nicht meine Worte und meine Gebote ... eure Väter getroffen (*hiśśîḡû*)?" Die Väter haben sich also diesen Worten nicht entziehen können, sondern sind von ihnen betroffen worden.

IV. 11mal (und wiederum nur im *hiph*) begegnet das Verbum im hebr. Sirach (3, 8; 6, 4. 12. 16. 18; 7, 1; 12, 5. 12; 31/34, 22; 35, 12). Im kultischen Kontext steht *nśg* nur 35, 12, wonach Gott im Zusammenhang mit Opfern keine Bestechung annimmt. Nach 7, 1; 12, 5 wird einen Böses treffen, wenn man selber Böses tut. Ebenso wird die „Freude des Hasses" einen erreichen, d.h. sich negativ auswirken (6, 4). 6, 12 weist darauf hin, daß der falsche Freund sich abwendet, wenn einen Böses 'trifft'. 6, 18 steht *nśg* im Kontext von „Weisheit erlangen". Wer aber Gott fürchtet, wird nach 6, 16 einen treuen Freund als Unterpfand des Lebens erlangen. 3, 8 ruft zur Ehrung der Väter auf, „damit auf dich kommen alle Segnungen" (vgl. Dtn 28). 12, 12 voraus gehen Ermahnungen zum Umgang mit Feinden, Hinweise darauf, was man mit ihnen alles nicht machen soll „und danach erreiche dich mein Wort und mit meiner Klage würdest du klagen". Offensichtlich ist hier davon die Rede, daß die Mahnung einen zu spät erreichen kann. Im Zusammenhang mit Ermahnungen steht auch 31/34, 12: „Höre, mein Sohn, und verachte mich nicht, am Ende wird dich mein Wort treffen." *nśg* ist hier im Sinn von „bestätigt finden" zu verstehen (vgl. den Zusatz am Versende).

V. In den Qumrantexten finden wir sechs Belege für das Verbum, ebenfalls jeweils im *hiph*: 1 QS 6, 14; 7, 8; 1 QH 5, 29; 17, 9; CD 6, 10; 1 Q 22, 1, 10. Nach 1 QS 6, 14 kann in die Gemeinde aufgenommen werden, wer Zucht annimmt (*jaśśîg*). Die aber den Gesetzesbelehrungen nicht folgen, werden nicht (Belehrung) erlangen (*jaśśîgû*) bis zum Auftreten eines Lehrers der Gerechtigkeit (CD 6, 10). Zu den diversen Möglichkeiten im Umgang mit diesem Vers vgl. J. Maier, Die Texte vom Toten Meer, Bd. II, Anmerkungen, 1960, S. 50. An Dtn 28 erinnert 1 Q 22, 1, 10 mit der Androhung, daß Flüche kommen über Israel (*wehiśśîgûm*), wenn sie das Gesetz nicht einhalten. 1 QH 5, 29 klingt an die Psalmen an und klagt, die Widersacher „holten mich ein in Bedrängnis, so daß keine Zuflucht blieb" (vgl. Klgl 1, 3). 1 QH 17, 9 spricht sinngemäß – soweit der Text überhaupt rekonstruierbar ist – davon, daß die verdorbenen Dinge sie nicht erreicht haben (*lo' taśśîgûm*) wobei nicht ersichtlich ist, auf wen sich das „sie" bezieht. 1 QS 7, 8 nimmt die Formel aus Lev 5, 11 auf, wenn auch nicht im kultischen Zusammenhang: wer einen Verlust verursacht, soll ihn ersetzen. Kann er es nicht aufbringen (*'im lo' taśśîg jāḏô*), wird er mit 60 Tagen (Ausschluß) bestraft.
In der Tempelrolle ist *nśg* trotz der Nähe zum Dtn nicht belegt.

VI. Die Vielfalt der Verwendungsmöglichkeiten des hebr. Verbs *nśg* spiegelt sich in der griech. Übersetzung wider. Nicht weniger als 16 verschiedene Verben treten in Funktion, wobei καταλαμβάνειν mit 27mal am häufigsten vorkommt. Eine besondere thematische Zuordnung ist bei der Wahl der griech. Äquivalente nicht festzustellen außer beim Gebrauch des Verbs εὑρίσκειν, das meist bei der Übersetzung der Formel *taśśîg jāḏô* verwendet wird.

Hausmann

נָשִׂיא *nāśî'*

I. 1. Etymologie – 2. Belege und Wortverbindungen – 3. LXX – II. Vorkommen – 1. Alter Orient – 2. AT – a) Vorexilisch – b) Bei P und Ez – c) Nachexilisch – III. Qumran.

Lit.: *J. Boehmer*, מלך und נשיא bei Ezechiel (ThStKr 73, 1900, 112–117). – *O. Calderini*, Il *nāśî'* biblico nell' epoca patriarcale e arcaica (BibOr 20, 1978, 65–74). – *Ders.*, Evoluzione della funzione del *nāśî'*: il libro dei Numeri (BibOr 20, 1978, 123–133). – *Ders.*, Considerazioni sul *nāśî'* ebraico, il *naši biltim* babilonese e il *nāšû* assiro (BibOr 21, 1979, 273–281). – *Ders.*, Note su Es. 22, 27 (BibOr 22, 1980, 111–118). – *A. Caquot*, Le messianisme d'Ezéchiel (Sem 14, 1964, 5–23). – *H. Cazelles*, Études sur le Code de l'Alliance, Paris 1946. – *Ders.*, Institutions et terminologie en Deut. 1, 6–17 (VTS 15, 1966, 97–112). – *J. H. Ebach*, Kritik und Utopie, 1972. – *J. Flanagan*, Chiefs in Israel (JSOT 20, 1981, 47–73). – *H. Gese*, Der Verfassungsentwurf des Ezechiel (BHTh 25, 1957). – *M. H. Gottstein*, נשיא אלהים (Gen XXIII 6) (VT 3, 1953, 298f.). – *E. Hammershaimb*, Ezechiel's View of the Monarchy (Studia Orientalia J. Pedersen Dedicata, Hauniae 1953, 130–140). – *M. Haran*, The Law Code of Ezekiel XL–XLVIII and its Relation to the Priestly School (HUCA 50, 1979, 45–71). – *S. Japhet*, Sheshbazzar and Zerubbabel (ZAW 94, 1982, 66–98). – *W. R. Irwin*, Qrî'ê ha-ʿedhah (AJSL 57, 1940, 95–97). – *Ders.*, Le sanctuaire central israélite avant l'établissement de la monarchie (RB 72, 1965, 161–184). – *D. Kellermann*, Die Priesterschrift von Num 1, 1 bis 10, 10 (BZAW 120, 1970). – *B. Lang*, Kein Aufstand in Jerusalem (SBB 7, 1978). – *J. D. Levenson*, Theology of the Program of Restauration of Ezechiel 40–48 (Harvard Semitic Monograph Series 10, 1975, 57–107). – *J. Liver*, נָשִׂיא (EMikr 5, 1968, 978–983). – *G. Ch. Macholz*, Noch einmal: Planungen für den Wiederaufbau nach der Katastrophe von 587 (VT 19, 1969, 322–352). – *A. D. H. Mayes*, Israel in the Pre-Monarchy Period (VT 23, 1973, 151–170). – *J. M. Milgrom*, Priestly Terminology and the Political and Social Structure of Pre-Monarchic Israel (JQR 68, 1977/78, 65–81). – *M. Noth*, Das System der zwölf Stämme Israels (BWANT 4, 1930 = Nachdruck 1966). – *J. van der Ploeg*, Les chefs du peuple d'Israël et leurs titres (RB 57, 1950, 40–61). – *D. O. Procksch*, Fürst und Priester bei Hesekiel (ZAW 58, 1940/41, 99–133). – *L. Rost*, Die Vorstufen von Kirche und Synagoge im Alten Testament (BWANT 24, 1938). – *J. M. Salmon*, Judicial Authority in Early Israel: An Historical Investigation of Old Testament Institutions (Princeton 1968). – *Chr. Schäfer-Lichtenberger*, Stadt und Eidgenossenschaft im Alten Testament (BZAW 156, 1983, bes. 355–367). – *K. Seybold*, Das davidische Königtum im Zeugnis der Propheten (FRLANT 107, 1972, 145–156). – *E. A. Speiser*, Background and Function of the Biblical Nāśī' (CBQ 25, 1963, 111–117). – *F. Stolz*, נשא *nś'* aufheben, tragen (THAT II 109–117). – *J. Strugnell*, The Angelic Liturgy at Qumrân – 4 QSerek Šîrôt ʿOlat Haššabbāt (VTS 7, 1960, 318–345). – *R. de Vaux*, La thèse de „l'amphictyonie Israélite" (HThR 64, 1971, 415–436). – *E. Vogt*, Untersuchungen zum Buch Ezechiel (AnBibl 95, 1981). – *K. Weiß*, Messianismus in Qumran und im Neuen Testament (H. Bardtke [Hg.], Qumränprobleme, Berlin-Ost 1963, 353–368). – *S. Zeitlin*, The Titles High Priest and the Nasi of the Sanhedrin (JQR 48, 1957/58, 1–5). – *W. Zimmerli*, Planungen für den Wiederaufbau nach der Katastrophe von 587 (VT 18, 1968, 229–255).

I. 1. Die Substantivform *nāśî'* stellt mit der *qāṭîl*-Bildung (GKa § 84 l) ein nomen professionis des gemeinsemit. Verbs *nāśā'* mit der Grundbedeutung 'aufheben' oder 'erheben' dar (Calderini, Considerazioni 273), so daß sie als 'Erhabener' zu verstehen ist (Stolz 109; van der Ploeg, Chefs 50; Calderini, Nāśî' 65; de Vaux 431 f.). Weitere Belege dieser Nominalbildung finden sich im ostsemit. (AHw 762; CAD

N/2, 79f.) und im westsemit. (WUS Nr. 1860; DISO 187; Hoftijzer – v. d. Kooij 214) Sprachraum. Versuche, das Substantiv von Wendungen wie *nś' pānîm* (Cazelles, Études 81; Noth 162) oder *nś' qal* (Noth ebd.) abzuleiten, sind nicht überzeugend.

Strittig sind die Belege des intransitiven Verbs *nāśā' qal* in der Bedeutung 'erhaben sein', 'hoch sein'. Sie finden sich in Hos 13, 1 (vgl. H. W. Wolff, BK XIV/1, 285f.) und Ex 18, 22 (vgl. Cazelles, Études 81). Im Vergleich hierzu zeigt Num 11, 17 allerdings die Bedeutungsgleichheit von intransitivem *nāśā'* mit der Wendung *nāśā' b^e maśśā'*, was auch auf Ex 18, 22 zu übertragen ist. Bei der von Kopf (VT 8, 1958, 186f.) angeführten Stelle Nah 1, 5 liegt Ellipse von *qôl* vor (vgl. W. Rudolph, KAT XIII/3, 151) und in Hab 1, 3 ist Perf. oder Ptz. *niph* zu lesen (vgl. Rudolph, KAT XIII/3, 200), während in Ps 24, 9 Imp. *niph* zu lesen ist (vgl. Kraus, BK XV/1, 342).

Daneben existiert ein nur im Pl. belegtes Substantiv *nāśî'* II in der Bedeutung 'aufsteigender Dunst', 'Wolke' (Jer 10, 13; 51, 10; Ps 135, 7; Spr 25, 14).

2. Das Substantiv *nāśî'* (Erhabener) ist 126mal im AT belegt. Die meisten Belege finden sich im Pent. (Gen 4mal; Ex 4mal; Lev 1mal; Num 60mal). Im DtrGW ist es 14mal (Jos 12mal; Kön 2mal) belegt, im ChrGW 7mal und bei Ez 36mal.

Daß in Jos 4, 2; 9, 14 der MT ursprünglich *n^e śî'îm* für jetziges *'^a nāšîm* geboten hat (so J. Dus, ZAW 72, 1960, 124f.), läßt sich auch nicht durch Jos 9, 14 LXX ἄρχοντες stützen (vgl. J. Soggin, Judges [OTL, London 1972], 109).

Als Wortverbindungen findet sich *n^e śî' '^æ lohîm* (Gen 23, 6) und *n^e śî' hā'āræṣ* (Gen 34, 2; Ez 39, 18). In Verbindung mit Landesnamen findet sich der Titel zusammen mit Israel (Num 1, 44; 4, 46; 7, 2. 84; Ez 19, 1; 21, 17. 30; 22, 6; 45, 9. 16), Kedar (Ez 27, 21); Juda (Esra 1, 8) und Midian (Jos 13, 21), sowie mit *jām* (Ez 26, 16) als geographischem Begriff. Am häufigsten begegnet *nāśî'* in Begriffen des sozialen Zusammenlebens. So gibt es die *n^e śî'îm* der einzelnen Stämme (Num 2, 3–29; 7, 10–83), der Geschlechter (Num 3, 24. 30. 35; 17, 17), sowie die *n^e śî'ê maṭṭôṯ '^a ḇôṯām* (Num 1, 16; 7, 2; vgl. 34, 18. 22–28), die eine Kombination der erstgenannten Varianten darstellen. Des weiteren ist der Titel auf die Gemeinde (*'eḏāh*) bezogen (Ex 16, 22; 34, 31; Num 4, 34; 16, 2; 31, 13; 32, 2; Jos 9, 15. 18; 22, 30).

Um die Überordnung eines *nāśî'* vor anderen *n^e śî'îm* auszudrücken, werden die Verbindungen *n^e śî' n^e śî'îm* (Num 3, 32) und *n^e śî' rô'š* (Ez 38, 2f.; 39, 1) gewählt.

Als Parallelbegriffe zu *nāśî'* finden sich *kohen* (Num 27, 2; 31, 13; 32, 2; 34, 17f.; Jos 17, 4; 22, 13f. 30. 32), *ro'š* (Num 7, 2; 13, 2f.; Jos 22, 14. 30; 1 Chr 7, 40; 1 Kön 8, 1) sowie *zāqen* (1 Kön 8, 1; 2 Chr 5, 2) und *mælæḵ* (Ez 32, 29).

3. Zur Wiedergabe von *nāśî'* bedient sich LXX in den meisten Fällen des Terminus ἄρχων sowie an zweiter Stelle des Terminus ἀφηγεῖσθαι. Daneben treten noch auf: βασιλεύς (Gen 26, 3), ἔθνος (Gen 17, 20), ἡγούμενος (Jos 13, 21; Ez 44, 3; 45, 7; 1 Chr 7, 40; 2 Chr 5, 2), ἀνήρ (Num 32, 2), ἀρχηγός (Num 13, 2; 16, 2) und ἀντιτασσόμενος (1 Kön 11, 34). Den Beleg in 1 Kön 8, 1 läßt LXX aus. An zwei Stellen hat LXX zusätzliche *nāśî'*-Belege gelesen, so in Hos 1, 6 (ἀντιτασσόμενος) und Jos 9, 14 (ἄρχων) bzw. in Ez 28, 12; 37, 22. 24; 43, 7. 9 hat sie *mælæḵ* tendenziell mit ἄρχων oder ἡγούμενος wiedergegeben.

II. 1. Im CH §§ 36–38, 41 tritt der Titel *naši biltim* auf, wobei *biltum* eine Steuer oder Abgabe bezeichnet (AHw 126; CAD B 232–236) und der Terminus *našum* denjenigen bezeichnet, der diese Abgabe trägt (AHw 765; Calderini, Considerazioni 278). Es handelt sich beim *naši biltim* um einen Vasall, der Kronland gepachtet hat (vgl. Driver-Miles, Assyrian Laws 1, 116 „rent-payer"). Dieses Verständnis ergibt sich auch für einen weiteren Beleg aus einem Brief Hammurapis an Šamaš-Ḫāzir (vgl. F. Thureau-Dangin, RA 21, 1924, Nr. 35, 10 „locataire" und F. R. Kraus, Briefe aus dem Archiv des Šamaš-Ḫāzir, Leiden 1968, Nr. 35 „Staatspächter"). In Mari finden sich mehrere mit *nś'* gebildete PN wie *Ṣidqu Lânasî* (APNM 98f.), *Nawâr-Kanasi* (ARM VIII 88, 6) oder *Iaḫ-wi-Nasi* (ARM VII 200, 8 r. 10). In den assyr. Gesetzestexten des 11. Jh. findet sich der Titel *našu* in der Bedeutung „Herold" belegt (vgl. Calderini, Considerazioni 279f.).

Läßt sich bei diesen ostsemit. Belegen noch die aktive Bedeutung von *našû* als 'tragen' ausmachen, so ist für das nordwestsemit. Subst. *nāśî'* nicht zu unterscheiden, ob es als aktive (vgl. J. Barth, Die Nominalbildung in den semitischen Sprachen, Leipzig [2]1894, 184) oder passive (vgl. v. d. Ploeg, Chefs 50) Form zu verstehen ist.

2. a) Der älteste bibl. Beleg liegt im Bundesbuch vor (Ex 22, 27): „Gott sollst du nicht herabsetzen (→ קלל *qll*) und einen *nāśî'* in deinem Volk nicht verfluchen (→ ארר *'ārar*)." Der Grund für dieses Verbot liegt in der Autorität des *nāśî'*, die ähnlich gesehen wird wie die Autorität Gottes (Parallelismus!). Besonders zu achten ist auf die Formulierung *b^e 'amm^e ḵā*, was bedeutet, daß sich das Verbot nur auf einen israelitischen *nāśî'* bezieht (Rost 71). Es geht also letztlich um die Achtung vor einer gesetzgebenden Instanz, wobei dies mit dem Dekalog (Ex 20, 12) verglichen werden kann, da hier die Gottesfurcht gefolgt ist von der Ehrfurcht vor den Eltern (vgl. Calderini, Nāśî' 70f.). Nach Cazelles, Études 82 geht die Gefahr der Verfluchung von einem Mann aus, der einen Prozeß vor *'^æ lohîm* und seinem *nāśî'* verloren hat. Hierbei ist *'^æ lohîm* nicht in seiner manchmal vermuteten Bedeutung als 'Richter', sondern als 'Gott' zu verstehen (vgl. Calderini, Note 114 zu den Targumim; Levenson 62). Im Vergleich zu Ex 22, 27 zeigt der an Nabot gerichtete Vorwurf „*beraḵtā '^æ lohîm wammælæḵ*" (1 Kön 21, 10), daß der Titel *nāśî'* in vorexil. Zeit bereits außer Gebrauch geriet. Für den Bereich außerhalb Israels werden in Jos 13, 21 die fünf *n^e śî'ê miḏjān* erwähnt, die Vasallen des Ammoniterkönigs sind. Dieselben Personen tragen in Num 31, 8 den Titel *mælæḵ*.

Wie in Jos 13, 21 zeigt sich auch in 1 Kön 11, 34 eine Unterscheidung zwischen *mælæḵ* und *nāśî'*, da Salomo das Königtum genommen werden soll, er aber die *nāśî'*-Würde behält (vgl. zum Text der LXX Noth, IX/1, 243; zur Frage der Textbearbeitung Ebach 51).

b) P und Ez stehen beide in priesterlicher Tradition (vgl. Haran 59–71) und greifen auf den Terminus *nāśî'* zurück. Hierbei geht P Ez voraus (Haran 57 Anm. 24).

Hierbei liegt eine dergestaltige Verbindung beider Textbereiche vor, daß der *nāśî'* als Führergestalt innerhalb des Stämmesystems als literarisches Vorbild für den *nāśî'* in Ez 40–48 gedient hat. Hierfür spricht auch, daß der *nāśî'* mit dem *'am hā'āræṣ* in Verbindung gebracht wird (Ez 45, 16. 22; 46, 2–3. 8–9), um die soziale Schichtung der vorexil. Zeit abzuschaffen. In der Forschung ist die Frage der Beziehung zwischen P und Ez in bezug auf den *nāśî'* nicht eindeutig geklärt: Noth (System 156–158) behauptete die Priorität der P-Konzeption in Zusammenhang mit der Amphiktyoniehypothese, wogegen sich besonders Rost (74f.) aussprach (vgl. Ebach 56f. Anm. 41). Daß der substituierende Wortgebrauch von *nāśî'* für *mælæḵ* eine Schöpfung Ezechiels darstellt (so Lang 180), widerspricht dem Befund, daß vor Ez in Ex 22, 27 / 1 Kön 21, 10 und Jos 13, 21 / Num 31, 8 die Titel *nāśî'* und *mælæḵ* schon ausgetauscht werden.

In Ex 16, 22 sind die *neśî'îm* die Vertreter der Gemeinde und ihre Sprecher Mose gegenüber. Dies ist auch in Ex 34, 31 vorausgesetzt und in Ex 35, 27 bilden die *neśî'îm* den einzigen Rang innerhalb der Gemeinde.

Für die Musterung der Kriegstauglichen sollen Mose und Aaron aus jedem Stamm je ein Mann zur Verfügung stehen. Dieser soll das Haupt eines Geschlechts sein (Num 1, 4). Nach der Aufzählung dieser Männer (Num 1, 5–15) werden sie in 1, 16 als „aus der Gemeinde Berufene" (Calderini, Evoluzione 126; anders Irwin, Qrî'ê 97 „Festausrufer"), „die *neśî'îm* der Stämme ihrer Väter, die Häupter der Tausendschaften Israels" bezeichnet. Durch die Identifikation der *neśî'îm* mit den Häuptern der Tausendschaften werden sie zu militärischen Führern, was dem *nāśî'*-Begriff von Num 2 zugrunde liegt. Diese Identifikation verschiedener Funktionen in der Gestalt des *nāśî'* ist in Num 7, 2 ebenfalls zu erkennen. Hier werden die *neśî'ê jiśrā'el* mit den Sippen- und Stammeshäuptern in ihrer Funktion als Vorsteher über die Gemusterten identifiziert. Der hierbei auftretende Gedanke, jedem Stamm seinen *nāśî'* zuzuweisen (Num 7, 3. 10. 12–88) findet sich auch in Num 1, 4; 2. Hinsichtlich der literarkritischen Problematik von Num 1, 1–47 läßt sich feststellen, daß zunächst Mose allein den Befehl zur Musterung erhielt. Nachdem dieser Befehl auf Aaron ausgedehnt worden war, wurden in einer weiteren Textbearbeitung Männer zur Unterstützung eingeführt. Diese wurden dann in 1, 16. 44 zu *neśî'îm* gemacht. Erkennbar ist diese Textbearbeitung noch an den im Sing. stehenden Verben in 1, 19. 44 (vgl. Kellermann 4–17). Derselbe Sachverhalt liegt auch in 4, 34. 46; 31, 13 vor (vgl. Jos 22, 30. 32).

Eine leicht abweichende Sicht des *nāśî'* bietet Num 3, 14–39 hinsichtlich der Musterung der Söhne Levis. Hier ist der *nāśî'* das Oberhaupt mehrerer Geschlechter, die sich auf einen gemeinsamen Stammvater zurückführen. Für den Stamm Levi werden drei *neśî'îm* aufgezählt (Num 3, 24. 30. 35). Die einzelnen Geschlechter werden als *bêṯ 'āḇ* bezeichnet (vgl. dazu Kellermann 4f.) der Vorsteher der *neśî'îm* führt den Titel *neśî' neśî'îm hallewî* (Num 3, 32).

Die unterschiedlichen Funktionen *neśî'îm* in Num verdeutlichen das zunehmende Ansehen dieser Titelinhaber von Zählgehilfen zu Heerführern und zu Vorstehern der Levitengruppe (vgl. Kellermann 148; Rost 74f.). Höchstes Ansehen genießen die *neśî'îm*, wo sie als Vertreter der zwölf Stämme gelten (Num 1, 4; 2; 7, 2f. 10. 12–88; 17, 17. 21; 27, 2; 31, 13). Von hier aus und von Gen 17, 20; 25, 16 (zwölf *neśî'îm* der Ismaeliten) auf Abgesandte der Stämme zu schließen, die die Geschäfte eines amphiktyonischen Heiligtums zu besorgen hätten, ist zu unsicher (gegen Noth, System 162; vgl. v. d. Ploeg, Chefs 49; Mayes 162; Irwin, Sanctuaire 169. 182–184; de Vaux). Zudem muß gesehen werden, daß es sich bei der *nāśî'*-Konzeption von P um eine Retrojizierung in die Wüstenzeit handelt, die zudem bezüglich der Funktionen des *nāśî'* nicht einheitlich ist. In Num 13, 2 liegt anläßlich der Aussendung der Kundschafter wieder die Vorstellung zugrunde, jedem Stamm seinen *nāśî'* zuzuweisen, wobei es sich allerdings um andere Personen handelt als die in den *nāśî'*-Listen aufgezählten, so daß sich hier ein umfassender *nāśî'*-Begriff zeigt. Anzeichen davon sind auch in Num 16, 2, wo von 250 *neśî'îm* die Rede ist, spürbar. Hierbei handelt es sich wohl um Vorsteher einzelner Sippen (Ebach 49 Anm. 16). Dies gilt auch von dem in 25, 14 erwähnten simeonitischen *nāśî'* sowie für den v. 18 erwähnten midianitischen *nāśî'*.

In ihrer richterlichen Funktion agieren die *neśî'îm* zusammen mit Mose und dem Priester Eleasar (Num 27, 2; 31, 13), wo sie als Gremium in Erscheinung treten, vor welches eine Streitsache gebracht wird. Ebenso sind sie beteiligt an der Durchführung der Landzuweisung (Num 32, 2), wobei sie teilweise mit den *rā'šîm* identifiziert werden (so werden die *neśî'îm* von Num 32, 2 in vv. 28–30 als *rā'šîm* bezeichnet; und die *neśî'îm* von Num 34, 16–29 treten in Jos 14, 1 als *rā'šê-'āḇôṯ* auf.

Der einzige *nāśî'*-Beleg in Lev beschäftigt sich mit einem unbeabsichtigten Vergehen eines *nāśî'* (4, 22–26). Es wird unterschieden zwischen dem Vergehen des Hohenpriesters (vv. 3–12), der Gemeinde (vv. 13–21), des *nāśî'* (vv. 22–26) und des einfachen Mannes (vv. 27–35). Als Sühnopfer für die Vergehen des *nāśî'* ist ein Ziegenbock vorgesehen, d. h. das Opfer des höchsten Volksrepräsentanten in der Wüstenzeit (vgl. Elliger, HAT I/4, 72 [Elliger sieht in der Reihenfolge „bereits eine gewisse Abwertung" des *nāśî'* in nachexil. Zeit] und Ez 45, 22). Erst durch die Einarbeitung dieses Passus in den Zusammenhang des priesterlichen Geschichtswerks ist hier der höchste Volksvertreter als *nāśî'* bezeichnet worden. An dieser

Stelle steht aufgrund der Begrifflichkeit von Sühnopfer, *nāśî'* und *'am-hā'āræṣ* die *nāśî'*-Konzeption der ez. Thora, insbesondere von Ez 45, 21 – 46, 12 im Hintergrund (Zimmerli, BK XIII/2, 1229; Gese 111), allerdings mit dem Unterschied, daß in Lev der *nāśî'* ohne Artikel auftritt und er hier auf die Stammesfürsten bezogen ist (vgl. Elliger, HAT I/4, 72).
Die richterliche Funktion der *neśî'îm* findet sich noch in Jos 22, 14. 30. 32 belegt. Dieser Text ist von P überarbeitet worden, wobei die *neśî'îm* in den Text kamen, wo sie ältere Termini der Stammesvertreter ersetzten (vgl. Soggin, Judges [OTL], London 1972, 215). Eine Streitfrage bzgl. des Altarbaus durch die Ostjordanstämme wird vor den Priester Pinhas und zehn *neśî'îm* der Stämme gebracht. Durch die Hinzufügung von *bêṯ 'āḇ* (del. BHS) an die *neśî'îm* (v. 14) wird dieses Amt von der Ebene des Stammes in die der Sippe verlagert. Durch Parallelisierung mit *rā'šê 'alpê jiśrā'el* werden sie als Führer militärischer Abteilungen verstanden (v. 30). Die *neśî'îm* entscheiden den Fall und der Priester verkündigt die Entscheidung (22, 31 f.).
Die vier *nāśî'*-Belege in Gen gehören ebenfalls zu P (vgl. Calderini, Nāśî' 69 f.). In Gen 17, 20 werden Ismael zahlreiche Nachkommen verheißen; er wird zwölf *neśî'îm* zeugen und so zu einem großen Volk werden (Gen 25, 16). Abraham wird in 23, 6 durch die Hethiter, von denen er eine Grabstätte erwerben will, als *neśî' 'ælohîm* bezeichnet. Er selbst sieht sich als *ger wetôšāḇ* (23, 4), womit er seine Rechtlosigkeit als Fremder ausdrückt. Demgegenüber soll die Bezeichnung *neśî' 'ælohîm* eine respektvolle Anerkennung zum Ausdruck bringen (Calderini, Nāśî' 65 f.; Westermann, BK I/2, 457). Aus der Wurzel *nś'* läßt sich hingegen nicht schließen, daß Abraham von Gott ins Land gebracht wurde (so Gottstein 298 ff.), eher ist ein Bezug auf akk. *niš īnē* (Erhebung der Augen, AHw 797) in der Bedeutung des Erhobenseins durch die Gottheit (Ebach 54 f.) gegeben.
In der Bedeutung 'Fürst' wird *nāśî'* in Gen 34, 2 auf Hamor oder Sichem bezogen. Er trägt den Titel *neśî' hā-'āræṣ* und stellt das Oberhaupt einer kanaanäischen Stadt dar. Die Unklarheit, auf wen der Titel zu beziehen ist, liegt daran, daß in Gen 34, 1–34 zwei verschiedene Erzählungen zu einer dritten verarbeitet wurden (Westermann, BK I/2, 652 f.).
Innerhalb des DtrGW findet sich ein einem P-Redaktor zuzuschreibender *nāśî'*-Beleg in 1 Kön 8, 1. Die hier genannten *neśî'ê hā-'āḇôt* (zur Ellipse von *bêṯ* vgl. Noth, BK IX/1, 171) sind die Oberhäupter von Großfamilien, die in ihrer Parallelstellung zu den *rā'šîm* eine durch P vollzogene Interpretation der *ziqnê jiśrā'el* darstellen (vgl. Noth, ebd. 176 f. und Num 3, 30. 35).
Insgesamt lassen sich für P vier Funktionen des Titels *nāśî'* ausmachen. Er bezeichnet den Stammesführer (Num 1, 4; 2; 7, 3. 10. 12–88; 34, 18. 23–28), den Vorsteher einer Sippe (Num 3, 24. 30. 35; 4, 34; 17, 7. 21; 25, 14; 30, 25; 1 Kön 8, 1; 2 Chr 5, 2), den militärischen Führer (Num 10, 4) und allgemein den Titel eines Vornehmen (Gen 23, 6; 34, 2; Ex 35, 27; Num 16, 2; 27, 2; 32, 2; Jos 22, 30). Dabei gehen die Begriffe 'Sippenführer' und 'Stammesoberhaupt' manchmal ineinander über (Num 1, 16. 44; 4, 46; 7, 2; 17, 17. 21; 36, 1; Jos 22, 14).
Bei Ez ist die Grundbedeutung 'Erhabener' in verschiedenen Nuancen zu finden. So bezeichnet *nāśî'* in Ez 1–39 Fürsten im allgemeinen Sinn, so in 7, 27 (hier ist *mælæḵ* ergänzt und fehlt in LXX, vgl. Zimmerli, BK XIII/1, 165) und in 32, 29. Der Titel tritt in 19, 1 für Jojachin und in 34, 24; 37, 25 für den kommenden Herrscher auf. Des weiteren werden der König von Juda (7, 27; 12, 10. 12; 21, 17. 30; 22, 6) wie auch die kleineren Könige des Auslands 26, 16; 27, 21; 30, 13; 32, 29; 38, 2f; 39, 1. 18) als *nāśî'* bezeichnet. Dabei taucht auch der Titel *neśî' ro'š* auf (38, 2 f.; 39, 1), womit der erste in einer Reihe von Fürsten bezeichnet wird (Speiser 113; Zimmerli, BK XIII/2, 947 f.). Die LXX mißversteht hier *ro'š* als Eigennamen eines Landes (ἄρχοντα Ρως). Größeren ausländischen Königen kommt der Titel *mælæḵ* zu, so dem König von Assur (17, 12; 19, 9; 21, 24. 26 u. ö.) und dem Pharao (29, 3; 30, 21 f.; 31, 2 f.; 32, 2). In der nicht-ez. Stelle 30, 13 (vgl. Zimmerli, BK XIII/2, 728 f.) wird der Titel *nāśî'* dem Pharao beigelegt (vgl. auch Ebach 46 Anm. 6).
Insgesamt zeigt sich für Ez 1–39 eine deutliche Differenzierung zwischen kleinen Herrschern und mächtigen Königen (Ebach 48), wobei dem König von Juda der *nāśî'*-Titel wohl nicht aufgrund seines Vasallenstatus zukommt (vgl. Rost 72 f.; Procksch 116), sondern aufgrund der Beziehung zur P-Terminologie *neśî'ê jiśrā'el* (Num 1, 44; 4, 46; 7, 2. 84 und Ez 19, 1; 21, 17; 22, 6; 45, 9 sowie im Sing. 21, 30).
Der Herrscher der heilvollen Zukunft, dem auch der Titel *nāśî'* beigelegt ist, spielt eine besondere Rolle in der Thora des Ez (Kap. 40–48). Nur er darf sich im Osttor des Tempels zum Mahl vor JHWH niederlassen (44, 3). Hier muß wohl *'æl nāśî'* („was den *nāśî'* angeht") als Überschrift vorangestellt werden, um das textkritische Problem zu lösen (vgl. Botterweck, VT 1, 1951, 145 f.).

Der *nāśî'* darf nicht durch das Osttor den zum Gebet allgemein zugänglichen Innenhof betreten (46, 2 f.), er muß vielmehr am Torpfosten stehenbleiben, während das Volk am Eingang des Torbaus bleibt. Ebenso soll der *nāśî'* im Unterschied zum Volk durch das Tor, durch das er eingetreten ist, auch wieder hinausgehen (46, 8–10). Es ist anzunehmen, daß 44, 1–3 ein von 46, 1–12 abhängiger redaktioneller Nachtrag ist (Gese 86 f.; Procksch 112 f.; Vogt 157–160).

Bei der Neuzuteilung des Landes bekommt der *nāśî'* seinen Anteil zu beiden Seiten des JHWH-Bezirks (45, 7 f.; 48, 21 f.; vgl. dazu Zimmerli, BK XIII/2, 1222). Da der *nāśî'* für die verschiedenen Opferarten verantwortlich ist (45, 17. 22), hat das Volk ihm Abgaben für die Abhaltung des Opfers zu liefern (45, 13–16). Der *nāśî'* bringt selber keine Opfer dar, sondern wohnt den von den Priestern dargebrachten Opfern bei (46, 2. 4. 12; vgl. Procksch 117), da er

Glied der Gemeinde ist (Zimmerli, Planungen, 244f.; ders., BK XIII/2, 1245), was zur Folge hat, daß hier die Priesterschaft der zivilen Autorität nicht mehr untergeben ist (vgl. A. Cody, A History of Old Testament Priesthood [AnBibl 35, 1969, 176f.]).
Umstritten ist, um wen es sich beim *nāśî'* der Kap. 40–48 handelt. Ist hiermit der zukünftige König aus dem Haus David gemeint (Seybold 146f.) oder drückt Ez mit der Verwendung des Titels seine Ablehnung der Monarchie aus? Es läßt sich jedenfalls eine mit messianischen Hoffnungen verknüpfte (Lang 180; Levenson 67) Begrenzung der Ansprüche des Königtums feststellen. Ob Ez lediglich einen alten Titel aufgreift, um wie in 1 Kön 11, 34 die Aufrechterhaltung der davidischen Linie über dem Rest, der von Israel übrigbleibt, auszudrücken (Caquot 19f.), läßt sich nicht mehr entscheiden, wenn dies auch bei der Wahl des Titels eine Rolle gespielt haben mag.
Die Regelung der Landzuweisung (45, 8; 48, 21) und der Erbschaftsregelung (46, 18) verhindert Übergriffe des *nāśî'*, die der König vorher begangen hatte (Macholz 337f.; Zimmerli, Planungen 244). Ebenfalls nicht eindeutig zu entscheiden ist die Vermutung, daß analog zur Unterscheidung von *mælæk̠* und *nāśî'* in Ez 1–39, durch die Wahl des Titels in 40–48 zum Ausdruck gebracht werden soll, daß ein künftiger König dem Großkönig unterstellt bleibe (Procksch 116; Ebach 281 Anm. 4; anders Gese 118f.). Es scheint eher wahrscheinlich, daß Ez die letzten Könige Judas in einen bestimmten geschichtlichen Kontext hineinstellt. Auffälligerweise fungiert die Bezeichnung *n^eśî'ê jiśrā'el* in negativ geprägten Kontexten, die von Anklage (22, 6), Gericht (7, 27; 12, 10. 12; 21, 30) und Trauer (7, 27; 19, 1; 21, 17) handeln. Es geht demnach bei der Bezeichnung der Könige Israels als *nāśî'* um eine geschichtstheologische Sicht, in der die schlechten *n^eśî'îm* kontrastiert werden durch die Idealdarstellung des *nāśî'* in 40–48. Innerhalb dieser letzten Kapitel ist mit Gese (110) und Procksch (121f.) zu unterscheiden zwischen einer *nāśî'*-Schicht in 44, 1–3; 45, 21f.; 46, 1–10. 12, die den *nāśî'* positiv sieht und sekundären Stellen, die die Gewalt des *nāśî'* einschränken wollen (45, 8b. 9; 46, 16–18; anders Ebach 204f.). Hierbei ist die Bestimmung in 44, 1–3 erst nachträglich auf den *nāśî'* ausgeweitet worden (Zimmerli, BK XIII/2, 1109). Des weiteren läßt sich feststellen, daß durch den Rückgriff auf den Titel *nāśî'* eine alte vorstaatliche Sozialordnung wachgerufen wird (Zimmerli, BK XIII/2, 842; Ebach 57). Dies zeigt sich daran, daß der *nāśî'* zusammen mit dem *'am hā-'āræṣ* gesehen wird (45, 16. 22; 46, 2–3. 8–9), womit bei Ez das ganze Volk bezeichnet wird (Ebach 70f.), was geschieht, um die soziale Schichtung der vorexil. Zeit abzuschaffen.
c) In Esra 1, 8 wird Scheschbazzar als *nāśî'* für Juda bezeichnet, worunter der Herrscher der Provinz Juda zu verstehen ist (Japhet 97f.). Dies steht in Spannung zu Esra 5, 14, da Scheschbazzar hier als Gouverneur durch Nebukadnezar eingesetzt wird (vgl. Japhet 98). Nach Procksch (120f.) ist Scheschbazzar ein *nāśî'* aufgrund seiner Geburt und Gouverneur durch Ernennung, so daß er beide Titel auf sich vereinigte, was nach ihm nicht mehr der Fall war. Gegen die Erblichkeit des *nāśî'*-Titels läßt sich jedoch 1 Chr 2, 10; 5, 6 anführen, woraus sich ergibt, daß der Vater eines *nāśî'* diesen Titel nicht führte (Ebach 52 Anm. 30). Es ist also eher anzunehmen, daß die Verwendung des *nāśî'*-Titels in Esra 1, 8 zur Wirkungsgeschichte der Thora des Ez gehört, durch den Scheschbazzar zum Garanten der Hoffnungen Ezechiels gemacht werden sollte (Rost 75).
Die vier *nāśî'*-Belege in 1 Chr resümieren Stellen aus dem Pent. und bezeichnen Häupter der Geschlechter (1 Chr 4, 38; 7, 40) bzw. des Stammesoberhaupt (1 Chr 2, 10; 5, 6) als *nāśî'*. Die beiden Belege in 2 Chr 1, 2; 5, 2 bezeichnen ebenfalls die Häupter der Geschlechter.
Der Titel *nāśî'* lebte weiter in der Leitung des Sanhedrin, dessen Vorsteher ihn trug, während der zweite Vorsteher als *'āḇ bêṯ dîn* bezeichnet wurde (Zeitlin 1). Dies erklärt sich daraus, daß der Hohepriester der nachexil. Zeit bedeutende Würdezeichen des *nāśî'* an sich gezogen hatte (Zimmerli, BK XIII/2, 1229f.) und diese bei der Abschaffung der Theokratie unter den Hasmonäern auf den ersten Leiter des Sanhedrin übergingen, da er die höchste religiöse Autorität über alle Juden ausübte (Zeitlin 4f.).

III. In Qumran begegnet der Titel hauptsächlich in 1 QM. Er bezeichnet in 5, 1 den Führer der Söhne des Lichts im Krieg gegen die Söhne der Finsternis. Dabei steht ihm der *kohen hāro'š* (1 QM 2, 1; 15, 4; 16, 13; 18, 5; 19, 11) zur Seite. Es handelt sich bei diesen beiden Personen nicht um die Messiasgestalten aus David und Aaron, da der *n^eśî kŏl-hā'eḏāh* in 1 QM nur hier auftritt und sonst keine weitere Bedeutung hat (Weiß 359–362). Ebenfalls treten in 1 QM die zwölf *n^eśî'îm* als Führer der Stämme auf (3, 3. 15); diese werden auch *n^eśî'ê 'el* oder *śārîm* genannt (ebd.). Hinzu kommt noch die Vorstellung vom *nāśî'* als Führer der Zehntausend (1 QM 3, 16). Da in 1 QM 5, 1 die zwölf Führer der Stämme den Titel *śar* tragen, läßt dies auf eine prinzipielle Austauschbarkeit von *nāśî'* und *śar* in Qumran schließen (v. d. Ploeg, Rouleau 87). Dies zeigt sich auch bei den *nāśî'*-Belegen in der Tempelrolle (21, 5; 42, 14; 57, 12).
In 1 QSb 5, 20 erscheint der *n^eśî hā'eḏāh*, der als weltlicher Herrscher angesehen wird (vgl. CD 7, 20; 4 QpJes^a [4 Q 161], 5–6, 3), hier aber im Unterschied zu 1 QM 5, 1 als messianische Gestalt erwartet wird (vgl. 1 QSa 2, 11f.). Dies wird besonders an den aus Jes 11 entlehnten messianischen Attributen deutlich (vgl. Weiß 354). In CD 7, 20 wird er als *n^eśî' kŏl hā'eḏāh* gesehen und als Szepter aus Israel (vgl. Num 24, 17) verstanden. CD 5, 1 greift zurück auf Dtn 17, 17 und ersetzt den Königstitel Davids durch *nāśî'*.

Der schon in Ez 38, 2f.; 39, 1 belegte Titel *n^e^śîʾ roʾš* findet sich in 4 QS Šîrôṯ ʿôlaṯ haššabbaṯ 1, 17. 19. 21. 23. 26 für sieben verschiedene Gestalten belegt, als deren Aufgabe das Segnen der Gerechten genannt ist. Es handelt sich bei diesen *n^e^śîʾîm* um Erzengel (vgl. Tob 12, 15).
Der Titel *n^e^śîʾ jiśrāʾel*, der nur in Ez 21, 30 im Sing. belegt ist, lebt unter Bar Kochba wieder auf (DJD II, 24 D 3; F 3; G 3) und er findet sich hier auch in der Form *nāśîʾ* (DJD II, 24 B 3. 9; C 3; D 18; E 2. 7).
Insgesamt läßt sich für die Qumranbelege kein vom AT unterschiedener Sprachgebrauch feststellen. Deutlich ist der Bezug zur *nāśîʾ*-Konzeption von P in der Formulierung *n^e^śî (kŏl) hāʿeḏāh* (vgl. Num 1, 44. 46; 4, 34; Jos 22, 30 mit 1 QM 5, 1; 7, 20; 1 QSb 5, 20; CD 7, 20). Zu *n^e^śîʾ ʾel* (1 QM 3, 3) vgl. Gen 26, 3 und zu *n^e^śîʾ roʾš* (Ez 38, 2f.; 39, 1) vgl. die Belege aus der Sabbatopferliturgie.

Niehr

נשא *nšʾ* I

1. Etymologie – 2. *hiph* – 3. *niph* – 4. LXX.

1. Die Etymologie von *nšʾ* II (*hiph* ʿbetrügenʾ) ist unklar. Lagardes Vermutung, daß es aus dem Begriff ʿWucherʾ abzuleiten wäre, wurde schon von GesB 526 abgewiesen; statt dessen nimmt man es als eine Nebenform von → שוא *šw*ʾ (so auch KBL³ mit Fragezeichen). Besser ist wahrscheinlich der Vorschlag von GesB, das *hiph* direkt aus *šw*ʾ abzuleiten; die nur 1mal belegte *niph*-Form wäre dann eine sekundäre Bildung.
2. Von den 12 Belegen der *hiph*-Form beziehen sich 5 auf die assyr. Propaganda an Hiskija während des Angriffs Sanheribs auf Jerusalem. Nach 2 Kön 18, 29 par. Jes 36, 14 sagt der assyr. Feldherr Rab Schake zur Bevölkerung Jerusalems: „Laßt euch nicht von Hiskija betören (*ʾal-jaššiʾ lāḵæm hizqijjāhû*), denn er kann euch nicht retten.“ 2 Chr 32, 15 fügt als Parallelwort *swt hiph* hinzu. Er unterstellt also, daß Hiskija sein Volk in falsche Hoffnungen gewiegt hat, und er fährt fort: „Er soll euch nicht (fälschlich) Vertrauen auf JHWH eingeben (*bāṭaḥ hiph*)“ (v. 30). Etwas später schickt Sanherib Boten an Hiskija selbst und läßt sagen: „Laß nicht deinen Gott, auf den du vertraust, dich ʿverleitenʾ zu meinen, Jerusalem werde nicht dem Assyrerkönig anheimfallen“ (2 Kön 19, 10 par. Jes 37, 10). In beiden Fällen handelt es sich also um das Einreden falscher Sicherheit. Das ist auch Jer 4, 10 der Fall, obwohl in einer ganz anderen Situation. Hier klagt nämlich der Prophet Gott selber an, er habe das Volk schwer getäuscht, indem er ihm Heil versprochen hat. In Jer 37, 9 sagt der Prophet: „Täuscht nicht euch selbst mit dem Gedanken: Die Chaldäer ziehen von uns ab.“ Das sind falsche Hoffnungen: „sie werden nicht abziehen“. Auch in Jer 29, 8 handelt es sich um falsche Hoffnung: die Heilspropheten haben offenbar den Exulanten eine baldige Rückkehr vorgespiegelt, was nach dem Urteil Jeremias in v. 31 bei ihnen ein falsches Vertrauen erweckt hat (*wajjaḇṭaḥ ʾæṯḵæm ʿal-šæqær*).
Jer 49, 16 ist mit Obd 3 fast identisch. Nach der ersten Stelle haben der Schrecken, den die Edomiter ihren Feinden eingeflößt haben, und der Übermut ihres Herzens ihnen vorgetäuscht, sie seien unüberwindbar, an der letzteren Stelle ist nur vom Übermut des Herzens die Rede – also wiederum falsche Sicherheit, falsche Hoffnungen. In Obd 7 heißt es, daß die Bundesgenossen und Freunde (*ʾanšê šālôm*) der Edomiter sie betrogen und sie dann überwältigt haben. Sie haben also durch ihre geheuchelte Freundschaft ihren Partnern vorgetäuscht, daß sie nichts zu befürchten hätten.
Vor diesem Hintergrund erklärt sich der älteste Beleg, Gen 3, 18 (J) von selbst. Die Schlange hat den beiden ersten Menschen vorgetäuscht, daß sie, wenn sie vom Baum der Erkenntnis essen, Gott gleich werden würden; es hat sich aber herausgestellt, daß diese Hoffnung völlig falsch war.
3. Der einzige Beleg im *niph* fügt sich gut in dieses Bild ein. In einer Gerichtsansage über Ägypten kündet der Prophet in Jes 19, 13 die innere Auflösung Ägyptens an: Die Fürsten von Zoan sind dumm (*jʾl niph*), die Fürsten von Memphis lassen sich täuschen; die Ägypter sind von ihren Führern in die Irre geführt worden (*tāʿāh hiph*).
4. Die LXX übersetzt meist mit ἀπατάω, in 2 Kön aber mit ἐπαίρω, so auch Obd 3. Auch ὑπολαμβάνω und ἀναπείθω kommen vor. In Jes 19, 13 wird eine Form von *nśʾ* gelesen (ὑψωθῆναι), in Obd 7 wird das Verb als *nšʾ* III ʿangreifenʾ verstanden (diese Bedeutung liegt tatsächlich Ps 55, 10 und 89, 23 vor).

Ringgren

נָשָׁא *nāšāʾ* II

נשה *nšh*, מַשָּׁא *maššāʾ*, מַשָּׁאוֹת *maššāʾôṯ*, נְשִׁי *n^e^šî*

I. 1. Parallelen im Semit. – 2. LXX – 3. Qumran – II. 1. Belege in ihrer Bedeutung – 2. *nšʾ* im at.lichen Rechtszusammenhang – 3. Wortfeldanalyse.

Lit.: *H. J. Boecker*, Recht und Gesetz im Alten Testament und im Alten Orient, 1976. – *I. Cardellini*, Die biblischen „Sklaven“-Gesetze (BBB 55, 1981). – *S. Cavalletti*, Il significato di mashsheh yad in Deut 15, 2 (Antonianum 31, 1965, 301–304). – *H. Cazelles*, Études sur le Code d'Alliance, Paris 1946, 79f. – *A. Cholewiński*, Heiligkeitsgesetz und Deuteronomium (AnBibl 66, 1976). – *F. Crüsemann*, Widerstand gegen das Königtum, 1973, 139. – *L. Epsztein*, La justice soziale, Paris 1983, 200–207. – *F. C. Fensham*, Widow, Orphan and the Poor (JNES 21, 1962, 129–139). – *H. Gamoran*, The Biblical Law Against Loan on Interest (JNES 30, 1971, 127–134). – *F. Horst*, Das Privilegrecht Jahwes (FRLANT 45, 1930, 56–78). – *G. Kippenberg*, Religion und Klassenbildung im antiken Judäa, ²1982. – *E. Klingenberg*, Das israelitische Zinsverbot in Torah, Mischna und Talmud (AAWLMG. 7, 1977, 5–102). – *E. Neufeld*, The Prohibitions Against Loans (HUCA 26, 1955, 255–412). – *J. P. M. Van der Ploeg*, Les Pauvres d'Israel (OTS 7, 1950, 236–270). – *M. Schwantes*, Das Recht der Armen, Bern 1977. – *R. K. Sikkema*, De Lening in het Oude Testament (Diss. 'S-Gravenhage 1957). – *S. Stein*, The Laws on Interest (JThSt N. S. 4, 1953, 161–170). – *E. Szlechter*, Le Prêt dans L'Ancien Testament (RHPhR 35, 1955, 16–25).

I. 1. *nš'* ist in vielen semit. Sprachen belegt, wobei das Problem der Ableitung durch die Wechsel der Radikale sowohl von *s*/*ś* (vgl. S. Moscati, An Introduction to the Comparative Grammar of the Semitic Languages, 1964, 32; Fales, A Cuneiform Correspondence to Alphabetic ש, Or 47, 1978, 91) sowie von *'*/*h* (vgl. Moscati 42; K. Beyer, Die aramäischen Texte vom Toten Meer, 1984, 42) sowie von *n*/*r* (vgl. Moscati 32) erschwert wird. Im Hebr. wechseln *nš'* und *nšh* ohne Bedeutungsänderung. Trotz morphologischer Entsprechung braucht keine semantische Entsprechung vorzuliegen.

Im Arab. finden sich *nasa'a* und *nāsa'a* im Sinne von „Zahlung aufschieben", „Schuld fristen" oder „Kredit geben"; das zugehörige Nomen ist *nasi'a* (Lane s.v.). In der gleichen Bedeutung findet sich *ns'* im Asarab. (Biella 307). Im Syr. (J. Payne-Smith, Syriac English Dictionary, Oxford, 352) wie im Jüd.-Aram. (Dalman, Aram.-Neuhebr. Wb, 1922, s.v.; Levy, WTM s.v.) hat *nš'* die Bedeutung 'vergessen'. „Leihen" wird im Jüd.-Aram. mit *nšh* oder *rš'* (vgl. Dalman; M. Dahood, Bibl 50, 1969, 337f.) übersetzt. Hier deutet sich auch sprachlich der Zusammenhang zwischen „vergessen" und einem Sonderfall, nämlich dem „vergessen des Zahlungstermins" durch den Gläubiger an. KBL³ 687 gibt als akk. Äquivalent *rāšû* 'Gläubiger' mit Berufung auf AHw 962 an. Der Bezug zum Aram. ist wegen der morphologischen Entsprechung problemlos. Neben *rāšû* kennt das Akk. noch *rašû* 'bekommen, erwerben' mit der Bedeutung von „Zinsen tragen lassen" im S-Stamm und dem Derivat *rašūtu* 'Anleihe'.

2. Die LXX übersetzt *nš'* je nach Kontext mit unterschiedlichen Verben, da sie kein durchgängiges Äquivalent findet. Hierin spiegelt sich die Schwierigkeit, den Begriff eindeutig zu übersetzen. Zur Übersetzung der LXX vgl. II.1. zu den einzelnen Stellen.

3. In Qumran ist die Wurzel nicht belegt. Auch in nach-bibl. Texten findet sie sich nur im Bibelzitat. Die Vokabel für 'leihen' ist ausschließlich → לוה *lwh* (Horst 68). Dies weist darauf hin, daß das *nš'*-Verhältnis nicht mehr bekannt ist.

II. 1. Die meisten Stellen werden im allgemeinen mit 'Darlehen gewähren, leihen' übersetzt. Als Einzelbedeutung wird noch 'Wucher treiben' angegeben (vgl. GesB/KBL³). Daß diese letzte Bedeutung auf alle Stellen zutrifft und sogar noch in Richtung auf die Personenhaftung verschärft werden muß, soll anhand der Einzelbelege erarbeitet werden.

Ex 22, 24 (κατεπείγειν) handelt es sich um eins der drei Zinsverbote im Pent. (Lev 25, 35–38; Dtn 23, 20f.). Dem Gläubiger wird mit einem Prohibitiv verboten, wie ein *nošæh* zu sein. Die Konstruktion des gesamten Kasus ist ein paränetisch abgewandelter kasuistischer Rechtssatz, der Prohibitiv als Apodosis. *nš'* wird gegenüber *lwh* abgesetzt: *nš'* muß zum Schutz des Armen verboten werden. Als Motivation werden JHWHs Option für die betroffene Gruppe (*'ammî*) sowie die Gruppensolidarität (*'ānî 'immāk̲*) genannt. Die Forderung dieses Gesetzes zielt also darauf ab, dem Armen die finanzielle Unterstützung, die er dem Text zufolge als Lebenssicherung (vgl. v. 26f.) braucht, ohne *nšk*, d. h. ohne Vorteil für den Gläubiger zu gewähren (→ לוה *lwh*). Hier wie auch bei der folgenden Stelle (Dtn 15, 2) (ὀφείλειν) handelt es sich also nicht um Handelskredite, wie sie aus Mesopotamien bekannt sind (vgl. Garmoran 131), sondern um Konsumptivkredite, die den Armen ohne Spekulationsinteresse gegeben werden sollen (Horst 58). Bei Dtn 15, 2 handelt es sich um das Gesetz über das Šemiṭṭa-Jahr. Zu diskutieren ist hier vor allem die Konstruktion des *ba'al maššeh jād̲ô*. Horst (59) schlägt vor, *jād̲ô* auf den Schuldner zu beziehen und ihn als einen, der seine Hand hat beleihen lassen, zu verstehen. Durch Handschlag erhält der Gläubiger Zugriff auf Person und Vermögen. Ein Bürge (vgl. Spr 22, 26, wo in diesem Zusammenhang das von *nš'* abgeleitete Substantiv *maššā'ôt̲* vorkommt) reißt die Hand des Schuldners aus der des Gläubigers heraus und unterstellt sich selbst dem Zugriff des Gläubigers (vgl. Horst 63). Andere Autoren (Mayes, Deuteronomy, NCB, London 1979, z. St.; Thompson, Deuteronomy, London ²1976, z. St.) fügen *maššæh 'et̲* ein und kommen deshalb zur Übersetzung: „Jeder Besitzer von Pfand soll das Pfand seiner Hand loslassen" (R. P. Merendino, Das deuteronomische Gesetz, BBB 31, 1969, 108; Cavalletti 303; BHS App). In diesem Fall bezieht sich also die Hand auf den Gläubiger (vgl. im Deutschen „Faustpfand"). Diese Interpretation erweist sich im Blick auf Neh 10, 32 als die wahrscheinlichere. Als nächstes Problem ergibt sich die Frage nach der Qualität des Pfandes. Wie aus dem Gesamtkontext hervorgeht, handelt es sich um einen Armen; wie schon in Ex 22, 24 hat er aber nur noch das Lebensnotwendige oder gleich sein Leben zu verpfänden. Die Folge der Nichterfüllung der Darlehenspflicht ist also auf jeden Fall Leibeigenschaft oder Sklaverei. Dies erklärt auch die Ausgangsstellung als Legalinterpretation der Šemiṭṭa-

Vorschrift (v. 1) im Hinblick auf den Sklaven. „*Mšh* ist eine verpfändete Person, die ein Sklave, ein Familienangehöriger oder der Schuldner selbst sein kann" (Cardellini 270). Der Verdienst für den Gläubiger besteht in der Arbeitsleistung seines „Pfandes" (vgl. Cholewiński 224; Cazelles 79f.). Diese Deutung wird durch den Gebrauch von → נגשׂ *ngś* in v. 3 verstärkt, das den Sinn hat: „den Frondienst auf eine so verpfändete Person legen" (Cholewiński 219). Damit erübrigt sich die Frage nach der Art des Erlasses, es geht nicht um den Nachlaß des Darlehens (Thompson z.St.; Schwantes 66) oder den Nachlaß der Zinsen, sondern der Erlaß besteht im Verzicht auf die Verfügung über das Pfand (vgl. Kippenberg 74). Die Motivation ist die „Aufhebung aller sozialen Störung und Not" (L. Perlitt, Ein einzig Volk von Brüdern, Festschr. Bornkamm, 1980, 33), die noch durch den Bruderbegriff verstärkt wird.

Die Bestimmung Dtn 24, 10f. (ὀφείλημα/δάνειον) betrifft das Pfandrecht. Die Verse greifen über vv. 8f. inhaltlich (Thema: Eigentum) auf vv. 6f. zurück: Handmühle und Mühlstein dürfen nicht verpfändet werden und Menschenraub mit dem Ziel des Verkaufs in die Sklaverei wird verboten. In diesem Zusammenhang wird vv. 10f. dem Gläubiger das Zugriffsrecht auf seinen Schuldner beschnitten. Obwohl also bei *nš'* zunächst an Personalhaftung gedacht wird und deshalb auch der Schuldner durch die Präposition *b^e* angegeben wird (Horst 61), scheint es sich hier um Mobilien als Pfand zu handeln. Doch zeigt der Blick auf v. 13 (vgl. Ex 22, 24), daß es Pfänder sind, die Leben und Personenwürde des Schuldners tangieren. Durch diese Bestimmungen sollen die wesentlichen Grundbedürfnisse geschützt werden (Boecker 139).

Der nächste Beleg 1 Sam 22, 2 (ὑπόχρεως) gibt „solche, die *nošæ'* hatten" als Leute in Davids Truppe an. Wegen der Personalhaftung handelt es sich um „der bereits vorhandenen oder drohenden Schuldsklaverei Entflohene ..." (Crüsemann 139).

1 Kön 8, 31 (λάβῃ) muß bei *nš'* von einer Verwechslung des diakritischen Punktes ausgegangen werden, so daß man *nś' b^e* lesen muß (M. Rehm, Das erste Buch der Könige, 1979, z.St.; E. Würthwein, ATD 11/1, BHS). Das gleiche gilt für die Parallelstelle 2 Chr 6, 22.

In 2 Kön 4, 1 (δανειστής) wird die Exekutionsmaßnahme eines *nošæh* an säumigen Schuldnern beschrieben: er versklavt die Kinder des Schuldners! Hier wird sehr deutlich, daß das Zugriffsrecht eines *nšh*-Gläubigers maximal war. In v. 7 (τόκος) bezeichnet das abgeleitete Substantiv *n^{e}šî* die Schuld mit Personalhaftung.

Neh 5 kommt *nš'* bzw. *nšh* gleich dreimal vor: vv. 7. 10. 11 (ἀπαιτεῖν / ἀπαίτησις / ἐκφέρειν). Der Text zählt praktisch alle Möglichkeiten und Folgen der Darlehensnahme auf: v. 2 – Kinder werden verpfändet; v. 3 – Immobilien werden verpfändet; vv. 4f. – Immobilien werden verpfändet, die Kinder versklavt, um Abgaben bezahlen zu können, v. 8 – Volksgenossen geraten auf diese Weise in Schuldsklaverei; vv. 10f. – für Darlehen und Getreide sind die Güter des Schuldners in die Hände des Gläubigers übergegangen; der Schuldner muß weiter Abgabe leisten.

Grundlegender Tenor aller Formen der Darlehensnahme ist eine vollständige Abhängigkeit vom Gläubiger, die bis zum Verkauf der Familie und zur Selbstversklavung gehen. Auch wo „nur" die Güter des Schuldners verpfändet sind (vv. 4f. 11), handelt es sich letztlich um Leibeigenschaft, weil die Schuldner ihr ehemaliges Eigentum bearbeiten müssen, um die Schuldforderungen zu erfüllen (v. 11) (vgl. Kippenberg 57f. 73). Die Kopplung hoher Zinssätze mit der Institution der Personalhaftung führt zur Zeit des Neh auf dem Hintergrund babyl. Darlehenspraxis dazu, daß alle Darlehen die Tendenz haben, zur Leibeigenschaft des Schuldners zu führen (Sikkema 37). Die protokollarische Bestätigung der aufgelösten Schuldverhältnisse findet sich in 10, 32 (ἀπαίτησις), wobei das Derivat *maššā'* gebraucht wird. Durch die Konstruktion mit *jāḏ* wird eine Beziehung zu Dtn 15, 2 hergestellt.

In den Psalmen kommt *nošæh* in Ps 109, 11 (δανειστής) vor und wird durch das Verb *nqš* stark negativ qualifiziert: der *nošæh* ist einer, der die gesamte Habe als Beute nimmt. Jes 24, 2 (ὀφείλειν) bestätigt die Differenz, die *nš'* von *lwh* unterscheidet: in der Reihung wird zuerst „normales leihen" (*lwh*) aufgeführt, dann das *nš'*-Verhältnis. In der Kette der Vergleiche kommt in den beiden Schlußgliedern jeweils zuerst der Gläubiger, dann der von ihm abhängige Schuldner (vgl. W. Elder, A Theological Study of Isaiah, Diss. Baylor Univ. Michigan, 1974, 25; P. Reddit, Jes 24–27, Diss. Vanderbilt University Michigan, 1972, 8; W. R. Millar, Jes 24–27, Michigan 1976, 25; anders: Wildberger, Jesaja, BK X/2, z.St.).

Abschließend seien die beiden Jer-Stellen behandelt: die Unschuldsbeteuerung Jer 15, 10 (ὀφείλειν) ist nur verständlich, wenn es sich bei *nšh* eben nicht um einfaches „leihen", sondern um eine unrechte Form, d.h. Wucher bzw. Personalhaftung handelt (vgl. F. Hubmann, Untersuchungen zu den Konfessionen, FzB 30, 1978, 260).

Jer 23, 29 liegt wieder eine Verwechslung mit *nś'* vor, die durch viele Handschriften, die Übersetzung der LXX (λαμβάνειν) und den Rückbezug auf *maśśā'* (v. 38) bestätigt wird. Das v. 39a auf *nāšîṯî* folgende *'æṯkæm nāšo'* fehlt in der LXX ganz (vgl. A. Weiser, ATD 20, z.St.; W. Rudolph, HAT I/12^3, z.St.).

2. Wie der Durchgang durch die Belege zeigt, drückt *nš'/nšh* in allen Fällen eine besonders skrupellose, gewinnorientierte Form des Darlehens speziell an arme Mitbürger aus. Da der Schuldner das Darlehen für seinen Lebensunterhalt braucht (Konsumptivkredit), hat er im allgemeinen nur noch sein Land, von dessen Erträgen er sich ernährt, und sein eigenes Leben bzw. das seiner Kinder als Pfand (*maššā'*) zu bieten (Personalhaftung). Da der Gläubiger durch das *nš'*-Verhältnis ein maximales Zugriffsrecht auf

den Schuldner erhält, ist die fast unausweichliche Folge Leibeigenschaft oder Verkauf in die Sklaverei. Der Kampf gegen diese Form des Darlehens wird sozial („dein Bruder") und theologisch („einer aus JHWHs Volk") begründet.

3. Der allgemeine Ausdruck für 'leihen' im AT ist *lwh*. Mit *lwh* bedeutungsgleich ist das selten gebrauchte → עבט *ʿābaṭ hiph*. Da im AT überwiegend die Rede vom Konsumptivkredit ist, wird als Form des Darlehens zinsloses *lwh* gefordert: „leihen aus Solidarität mit dem Armen". Analog zu *lwh* findet sich im römischen Recht *mutuum* als zinsloses Solidaritätsdarlehen. Demgegenüber bezeichnet *nexum* das Darlehen, das der Reiche dem Armen gegen Zins gewährt und partiell analog zu *nšʾ* ist. Gegenüber den genannten Verben ist bei *nšʾ* das Gewinn- und Spekulationsinteresse ausschlaggebend. Eng mit *nšʾ* verbunden ist → נשך *nšk*, das „Zins nehmen" bzw. als Substantiv „Zins" bedeutet. Die Texte, die vom Zins handeln, beschreiben den Gläubiger ähnlich wie die *nšʾ*-Texte. Ex 22, 24 kommt beides in einem Beleg vor. Es ist also wahrscheinlich, daß der Darlehens-Pfand-Kontrakt (*nšʾ*) im allgemeinen durch Zinsen weiter verschärft werden konnte (vgl. Sikkema 25. 37). Die beiden Verben beschreiben das gleiche Schuldverhältnis unter verschiedenen Blickpunkten: während bei *nšʾ* das Pfand betont wird, liegt bei *nšk* der Schwerpunkt auf den Zinsen.

Die Befreiung aus dem Schuldverhältnis wird mit den Vokabeln *šmṭ* und *gāʾal* wiedergegeben.

Hossfeld – Reuter

נָשָׁה *nāšāh*

נְשִׁיָּה *nešijjāh*

1. Etymologie – 2. Belege – 3. Gebrauch im AT. – 4. LXX.

1. Hebr. *nāšāh* 'vergessen' entspricht ugar. *nšj* 'vernachlässigen' (WUS Nr. 1863), jüd.-aram. *nešāh* (altaram. KAI 223 A 4 ist unsichere Ergänzung), syr. *nešāʾ*, arab. *nasija*, äth. *tanāsaja*, alle 'vergessen'; auch asarab. liegt ein Beleg vor (ZAW 75, 1963, 312). Auch akk. *mašû* ist zu vergleichen (Brockelmann, VG 1, 160).

2. Das Verb *nāšāh* ist im AT 5mal bezeugt, je 1mal im *qal*, *niph* und *pi* und 2mal im *hiph*. Außerdem kommt 1mal das Nomen *nešijjāh* vor.

3. Der *qal*-Beleg steht in Klgl 3, 17: „Du hast meine *næpæš* aus dem *šālôm* verstoßen, ich habe das Gute vergessen." Der letzte Satz könnte umschrieben werden: „Ich habe vergessen, was Glück ist" (so EÜ). Ob man das erste Verb in 2. Pers. behält oder es in die 3. Pers. ändert, um Kongruenz mit dem Vorhergehenden herzustellen, in jedem Fall besagt der Vers, daß JHWH den Dichter vom früheren Glück abgeschnitten hat; es ist ihm, als ob das Glück nie existiert habe. „Vergessen" wäre fast mit „nicht erfahren" gleichbedeutend.

Der *niph*-Beleg (Jes 44, 21) ist sprachlich schwierig, insofern als das passive Verb ein (dativisches?) Suffix hat (vgl. GKa § 57 Anm.; § 117x). Wenn man MT behält, wäre zu übersetzen: „Israel, du wirst von mir nicht vergessen." Eine Textänderung ist kaum zu empfehlen; MT gibt einen guten Sinn. Israel ist der Knecht JHWHs, von ihm gebildet (*jṣr*) und wird deshalb nicht von ihm vergessen oder im Stich gelassen.

Das *pi* kommt nur in Gen 41, 51 vor, und zwar in der volksetymologischen Erklärung des Namens Manasse: „Gott hat mich all meine Sorge und meine ganze Familie vergessen lassen."

Für das *hiph* gibt es 2 Belege, beide in Ijob. In 39, 17 heißt es von der Straußenhenne, daß Gott sie Weisheit vergessen hat lassen, da sie ihre Eier der Erde überläßt, ohne daran zu denken, daß sie leicht zertreten werden können. Dabei wird auch das synonyme Verb *šākaḥ* gebraucht: sie vergißt, daß sie ein Fuß zerdrücken kann. M. Dahood (Bibl 50, 1969, 337f.) verweist auf das par. *ḥālaq* „Anteil geben" und möchte *nāšāh* deshalb in der Bedeutung „verleihen" verstehen.

Ijob 11, 6b ist schwierig. Es wird im Kontext der Wunsch ausgesprochen, daß Gott das Wort nehme und Ijob Belehrung schenke. Im Folgenden geht es um die Schwierigkeit, Gott zu erkennen und zu begreifen. Der Satz *wedaʿ kî-jaššæh lekā ʾælôah meʿawonækā* scheint den Zusammenhang zu brechen. Wenn aber *min* partitiv gebraucht wird und *nšh hiph* 'Vergessen gewähren' bedeutet, kann man übersetzen: „So wisse, daß Gott dir manches von deiner Schuld der Vergessenheit überläßt." Mit anderen Worten: „Wem Gott sein verborgenes weises Handeln kundmacht, der wird ... mehr erkennen, als daß Gott für alle Schuld zur Rechenschaft zieht. Vielmehr wird er inne werden, wie sehr mit allem strafenden Handeln Gottes noch viel erbarmendes Übersehen gepaart ist" (F. Horst, BK XVI/1, 169).

3. Das Nomen *nešijjāh* findet sich in Ps 88, 13, wo es heißt, daß Gottes Wunder und Gerechtigkeit im Lande des Vergessens nicht bekannt werden (*jdʿ niph*). Das Totenreich ist das Land des Vergessens (vgl. Lethe als Unterweltsfluß in der griech. Mythologie). Daß man im Totenreich sich Gottes nicht erinnert, auch nicht ihn loben kann, sagt auch Ps 6, 6. Andererseits sind die Toten, die sich dort befinden, von den Lebenden vergessen (Koh 1, 11; 2, 10 *ʾên zikkārôn*) und besonders 9, 5: die Toten erkennen (*jdʿ*) nichts, „die Erinnerung an sie (*zikrām*) ist in Vergessenheit geraten (*niškaḥ*)".

4. Die LXX gebraucht zur Übersetzung meist ἐπιλανθάνω. Ijob 39, 17 steht ἀποσιωπάω; Ijob 11, 6 wird umschrieben. Ps 88, 13 steht ἐν γῇ ἐπιλελησμένῃ.

Ringgren

נָשַׁךְ *nāšak̲*

נֶשֶׁךְ *næšæk̲*

I. Allgemeines – 1. Belege in anderen Sprachen. Etymologie – 2. Bedeutung – 3. LXX – II. Verwendung – 1. Beißen – 2. Zinsen nehmen – 3. *næšæk̲* – III. Qumran.

Lit.: *M. Fraenkel*, Bemerkungen zum hebr. Wortschatz (HUCA 31, 1960, 65ff.). – *H. Gamoran*, The Biblical Law Against Loans on Interest (JNES 30, 1971, 127–134). – *J. Hejcl*, Das alttestamentliche Zinsverbot (Biblische Studien, XII/4, 1907). – *E. Klingenberg*, Das israelitische Zinsverbot in Torah, Mišnah und Talmud (AAWLM 7, 1977, bes. 23). – *S. E. Loewenstamm*, נשך and מ/תרבית (JBL 88, 1969, 78–80). – *B. J. Meislin – M. L. Cohen*, Backgrounds of the Biblical Law Against Usury (Comparative Studies in Society and History 6, 1964, 250–267, bes. 266). – *B. Nelson*, The Idea of Usury, 1950. – *E. Neufeld*, The Rate of Interest and the Text of Nehemiah 5, 11 (JQR 44, 1953/54, 194–204). – *Ders.*, The Prohibitions Against Loans at Interest in Ancient Hebrew Laws (HUCA 26, 1955, 355–412). – *R. Salomon*, Le prêt à intérêt en législation juive, Paris 1932. – *S. Stein*, The Laws on Interest in the Old Testament (JThS 4, 1953, 161–170). – *E. Szlechter*, Le prêt dans l'Ancien Testament et dans les Codes mésopotamiens d'avant Hammourabi (RHPhR XXXV, 1955, 16–25). – *A. Weingort-Boczko*, L'Interdiction des intérêts en droit juif (Revue historique de droit français et étranger 57, 1979, 235–245). – *Ders.*, Le Prêt à intérêt dans le droit talmudique, Paris 1979. – *R. de Vaux*, Ancient Israel, London [2]1974, bes. 170–171.

→ נתן *nāṯan*.

I. 1. Die Wurzel *nšk* begegnet in den semit. Sprachen meist in der Bedeutung 'beißen'. In alten mesopotamischen Texten kommt das Wort oft vor, z. B. *šumma awīlum kalbam našik*, „wenn ein Mann einen Hund mit den Zähnen hält" (Köcher, BAM 393 r. 5 OB kt.; medizinischer Text), *šumma šapassu elīta unaššak*, „wenn er auf seine Oberlippe beißt" (AfO 11, 223:52). Im Ugar. bedeutet das Verbum *nṯk* auch 'beißen', z. B. *jnṯkn kbṯnm*, „sie bissen einander wie Schlangen" (KTU 1.6, VI, 19); vgl. *nṯk nḥš* „Biß der Schlange" (KTU 1.100, 4. 10. 20f. 31 usw.). Das Nomen *nṯk* scheint 'Auflage, Steuer' zu bedeuten (KTU 4.225, 14. 16). Im Arab. ist die Bedeutung von *naṯaka* verallgemeinert worden: 'zerstören, auflösen', während das äth. *nasaka* mehr von der Bedeutung 'beißen' behalten hat, auch aber in übertragener Bedeutung. In aram. und syr. Sprachen hat vielleicht eine Metathese stattgefunden zu *nkt* 'beißen', aber wahrscheinlicher ist, daß das Nordwestsemitische die Bezeichnung vom akk. *nks* übernommen hat.

Etymologisch läßt sich nicht viel sagen. Die Wurzel *nšk*, *nṯk*, scheint in den semit. Sprachen 'beißen, reißen, zerreißen, nagen' seit alter Zeit zu bedeuten. Die reichen Zeugnisse dieses Gebrauchs im Akk. stützen dies. Eine Schwierigkeit liegt aber in der Metathese *nšk*/*nkš*. Köhler hat angenommen, daß die hebr. Sprache eigentlich zwei *nšk* hatte: eine Wurzel mit der oben angeführten Bedeutung, eine andere, die von *næšæk̲* 'Zins, Zuschlag' abgeleitet ist. Das Nomen *næšæk̲* betrachtet er als ein Lehnwort aus dem Akk., dort vielleicht sumer. Ursprungs. Es ist aber fraglich, ob eine solche Ableitung notwendig ist. Das akk. Nomen *nikkassu* 'Abrechnung' ist zwar sumer. Lehnwort (AHw 789), aber von der Wurzel *nks* 'abschneiden' ist das Nomen *niksu* gebildet worden: „das, was abgeschnitten wird".

M. Fraenkel greift auf den alten Vorschlag von R. von Raumer zurück, der hinter *nšk* eine indogermanische Wurzel *tuk* (im Sinne von „Vermehrung") vorfindet, die auch dem griech. τόκος zugrunde liege (66f.).

2. In derselben Weise ist dies auch im Hebr. geschehen. Hier ist die Wurzel *nks* nicht gebraucht, sondern die wohlbekannte *nšk*, so daß das Nomen *næšæk̲* „das, was abgebissen wird" bezeichnet. So hat man das Zinsennehmen angesehen: es war ein Zuschlag, der von dem Kapital „abgebissen" wurde, d. h. Zuschlag für den Darlehensgeber, „beißen" für den Empfänger. In völkischer Betrachtungsweise ist Zinsennehmen immer als ein „Beißen" angesehen worden, so deutlich auch im Alten Orient. So könnte das Beißen (*nšk*) ohne weiteres auch „Zinsen nehmen" bedeuten, und diese Bedeutungen der Wurzel finden sich beide im AT.

3. Wie man hätte erwarten können, haben die zwei oben erwähnten Bedeutungen sich in der LXX voneinander geschieden und sind mit verschiedenen Bezeichnungen wiedergegeben. Das Beißen wird mit δάκνειν übersetzt (z. B. Gen 49, 17; Num 21, 6), während dort, wo es sich um Zinsnehmen handelt, das Nomen τόκος 'Zins' verwendet wird (z. B. Ex 22, 24; Dtn 23, 20).

II. 1. Schon in den ältesten Gesängen findet man die Wurzel *nšk* in der Bedeutung 'beißen' benutzt, oft in Verbindung mit Schlangen, die im alten Kanaan eine weit größere Gefahr darstellten als im heutigen Lande. In Gen 49, 17 wird Dan mit einer Schlange verglichen, „die dem Roß in die Fersen beißt, so daß sein Reiter rückwärts fällt". Vom Beißen der Schlangen ist auch in Num 21, 6–9 die Rede, wo Mose in der Wüste die Eherne Schlange anfertigte, sie auf eine Stange setzte und dadurch das Leben der Gebissenen rettete. – Mit wenigen Ausnahmen wird immer vom Beißen der Schlangen gesprochen, deutlich eine gefürchtete Gefahr (Am 5, 19; 9, 3; Koh 10, 8. 11; Jer 8, 17). Wenn etwas Drohendes ausgedrückt werden sollte, wurde das Bild vom Beißen der Schlange gern benutzt. Die Wirkung des Weins wird in Spr 23, 32 mit dem Biß der Schlange verglichen: „Am Ende beißt er wie eine Schlange und sticht wie eine Otter."

Nur einmal wird *nšk* in der Bedeutung von „Beißen der Menschen" benutzt. In einem Drohwort gegen die Propheten heißt es bei Micha: „Die Propheten, die mein Volk verführen und Frieden verkünden, wenn sie etwas mit ihren Zähnen zu beißen haben" (Mi 3, 5). *hannoš^{e}k̲îm* scheint hier neutral benutzt, aber ist doch ironisch zu verstehen.

2. Die übertragene Bedeutung „Zinsen nehmen" findet sich in verbaler Form nur Dtn 23, 20f. und Hab 2, 7. Köhler rechnet die Wurzel an diesen Stellen als von *næšæḵ* denominiert, eine Annahme, die nicht notwendig ist. Dtn 23, 20f. ist der locus classicus für die Frage des Zinsnehmens im alten Israel. In Hab 2, 7 ergeht ein Weheruf über Leute, die sich bereichern mit dem Eigentum anderer; aber auch gegen solche Menschen werden sich ihre „Beißer" (*nošeḵǽḵā*, d. h. ihre Gläubiger) erheben. Dieses Wortspiel spielt auf die beiden Bedeutungen der Wurzel *nšk* an und macht den denkerischen Zusammenhang zwischen „beißen" und „Zinsen nehmen" deutlich (vgl. M. Dahood, Bibl 50, 1969, 339).

In Dtn 23, 20f. wird sowohl das Verbum *nšk* im *qal* und *hiph* benutzt als auch das Nomen *næšæḵ*: „Du sollst von deinem Bruder keinen Zins nehmen, weder Zins für Geld, noch Zins für Speise, noch Zins für irgend etwas, was man gegen Zins verleiht. Von den Ausländern magst du Zins nehmen, aber von deinem Bruder darfst du keinen Zins nehmen, damit dich JHWH, dein Gott, segne in allem, was deine Hände schaffen, in dem Lande, in das du hineinziehst, um es in Besitz zu nehmen." – Darlehen ohne Zinsen kam gelegentlich vor im alten VO und in Dtn 23 wie in Lev 25, 35–37 ist vorausgesetzt, daß es auch in Israel so war (vgl. E. Lipiński, *Nešek* and *tarbit* in the Light of Epigraphic Evidence [OrLovPer 10, 1979, 133]; → נתן *nāṯan*). Was hier Ausdruck findet, ist ein Solidaritätsgefühl mit Leuten derselben Gemeinschaft, ein Nachleben der alten Beduinen- und Bauerngemeinschaft. Gemeinsame Hilfe war eine normale Sache, und Zinsen nehmen für eine derartige Hilfe wurde als „beißen" angesehen. Dazu trug auch die Tatsache bei, daß die Zinssätze außerordentlich hoch waren. 20 bis 50 Prozent waren nicht ungewöhnlich. Auch gab es einen deutlichen Unterschied in der Handhabung der Zinsen zwischen der Bauern- und Nomadenbevölkerung und den Stadtleuten, besonders Händlern und Kaufleuten. Die Juden aus der Kolonie Elephantine in Ägypten haben die Gewohnheit der Ägypter aufgenommen und forderten Zinsen und Zinseszinsen auch von ihren eigenen Landsleuten. Doch wird hier nicht der Terminus *nšk* benutzt, sondern *marbîṯ*, das nach und nach zum Terminus für Zins wurde (vgl. AP 10, 4. 6. 8. 11. 12. 14–16. 18; 11, 8f.; BMAP 14).

In den alten Gesetzen von Eschnunna findet man auch das Zinsnehmen, hier durch das Nomen *ṣibtum* ausgedrückt (§§ 18. 20. 21), während *našākum* nur „beißen" bedeutet (§§ 42. 56. 57) und parallel benutzt wird mit *nakāsum* „abhauen" (§§ 42. 43). In der alten babyl. Welt war das Zinsnehmen eine ganz selbstverständliche Sache, was sich deutlich in den vielen Bestimmungen des CH zeigt (§§ 48–51. 89–96. 100). Die babyl. Kaufleute hatten keine Möglichkeit, ihren Handel zu betreiben, wenn sie nicht ihr Kapital gegen Zinsen hätten einsetzen können. Daß Ausländer in Israel Handel betrieben, geht schon aus Dtn 23, 21 hervor; in Neh 12 sind Kaufleute von Tyrus genannt. Diese forderten natürlich Zinsen ein, wie von ihnen auch Zinsen abgefordert wurden (vgl. Dtn 23, 21). Es ist wahrscheinlich, daß die Bestimmungen in Dtn 23, 21 (vgl. Ex 22, 24 und Lev 25, 36) den letzten Versuch repräsentiert, alte Sitten und Gebräuche aus der Stammeszeit zu bewahren in der Hoffnung, daß die alte Solidarität sich darin zeigen würde, was sehr wohl mit den Hauptgedanken des Dtn übereinstimmt.

3. *næšæḵ* wird von Köhler als Zuschlag bei Abrechnung einer Schuld definiert und als ein Lehnwort aus dem Akk. angesehen. Seit alters her war die Verbindung mit babyl. Kaufleuten nicht unbedeutend, aber das akk. Wort ist jedoch *nikkassu* (vgl. oben). *næšæḵ* steht in der o. g. Aussage von Dtn 23, 20 für Zinsen auf Geld, Speisen und allerlei anderen Sachen, was man gegen Zinsen verleiht. Keine Art von Zinsen war erlaubt den Volksgenossen gegenüber. Das wird auch ausdrücklich unterstrichen in Ex 22, 24: „Falls du einem meiner armen Volksgenossen bei dir Geld leihst, so sollst du ihm gegenüber nicht zu einem Wucherer werden. Ihr sollt ihm nicht Zins auferlegen." Zu dieser Bestimmung sagt Noth: „So wird für Israel eine Lebensordnung vorausgesetzt und festgehalten, die von dem städtischen Wesen in den altorientalischen Kulturländern mit seinem Handels- und Geschäftsleben getrennt ist und getrennt bleiben soll" (ATD 5, 151). In Lev 25, 36–38 ist eine solche Bestimmung theologisch begründet: „Du sollst deinen Gott fürchten, so daß dein Bruder bei dir leben kann." Die Warnungen in Lev 25, 36f. sind deutlich: „Du sollst nicht Zins (*næšæḵ*) und Wucherzins (*tarbîṯ*) von ihm nehmen. Dein Geld (*kaspeḵā*) sollst du ihm nicht geben gegen Zins" (*lo' titten lô benæšæḵ*). Die Bedeutung dieses Gebotes geht aus Ps 15, 5 hervor. In diesem Psalm, in dem die Regeln für das Eintreten ins heilige Gebiet gegeben werden, fügt sich das Verbot des Zinsnehmens natürlich ein: „Sein Geld gibt er nicht gegen Zins." So tut der Mann, der untadelig wandelt (Ps 15, 2). Was mit dem geschieht, der es nicht tut, wird in Spr 28, 8 gesagt: „Wer sein Vermögen durch Zins (*næšæḵ*) und Aufschlag (*tarbîṯ*) mehrt, sammelt es für den, der sich des Armen erbarmt."

Auch in Ez ist es Kennzeichen des gerechten Mannes, daß er nicht gegen Zins (*næšæḵ*) ausleiht oder Zuschlag (*tarbîṯ*) nimmt (Ez 18, 8. 17). Wer nicht so handelt, sondern Zins und Zuschlag nimmt, soll sterben (Ez 18, 13). In seinem Urteil über Jerusalem in Kap. 22 nennt der Prophet wieder das Nehmen von Zins und Zuschlag als eine grobe Sünde, die Strafe über die gottvergessende Stadt bringen wird (Ez 22, 12ff.).

Das Verbot des Zinsnehmens konnte nicht verhindern, daß Darlehen gegen Sicherheit gewährt wurden, was wieder zur Verschuldung führte. Nehemia hielt es deshalb 445 für notwendig, einen Schuldenerlaß durchzusetzen (Neh 5, 1–13).

III. Die Wurzel *nšk* ist in 1 QpHab in einem Zitat von Hab 2, 7 bezeugt: *nošeḵǽḵā*, „deine Beißer", aber der erste Teil des Wortes fehlt in dem Text 1 QpHab 8, 14. Die Deutung der schwierigen Stelle ist hier auf den Priester angewandt, der sich empörte und die Gebote verletzte (8, 16f.).

Kapelrud

נְשָׁמָה n^{e}*šāmāh*

I. Etymologie – II. 1. Vorkommen – 2. Syntaktische Verbindungen – 3. LXX – III. 1. n^{e}*šāmāh* Gottes als lebenspendender Odem – 2. n^{e}*šāmāh* als „Leben" allgemein – 3. „Lebewesen" – 4. n^{e}*šāmāh* Gottes als nichtschöpferische Kraft – IV. n^{e}*šāmāh* im Ijobbuch – V. Qumran.

Lit.: *A. R. Johnson*, The Vitality of the Individual in the Thought of Ancient Israel, Cardiff ^{2}1964, 27f. – *T. C. Mitchell*, The Old Testament Usage of n^{e}šāmā (VT 11, 1961, 177–187). – *H. Ringgren*, Israelitische Religion, ^{2}1981, 108f. – *J. Scharbert*, Fleisch, Geist und Seele im Pentateuch (SBS 19, ^{2}1967, 22). – *O. Schilling*, Geist und Materie in biblischer Sicht (SBS 25, 1967, 42. 45). – *F. J. Stendebach*, Theologische Anthropologie des Jahwisten, 1970. – *Th. C. Vriezen*, Theologie des AT in Grundzügen, 1956. – *H. W. Wolff*, Anthropologie des AT, ^{3}1977, bes. 96–98.

I. n^{e}*šāmāh* ist ein Fem. der Bildeform *qaṭalat* (BLe 463t) von *nšm* (KBL^{3} 689) und ist außer im bibl. Hebr. noch im Mhebr., Palmyr. (DISO 187), Bibl.-Aram., Samarit., Christl.-Paläst. als *nišmā'*, weiterhin im Jüd.-Aram. als *nišm^{e}ṯā'*, im Syr. als n^{e}*šamtā'*, im Mand. (MdD 300a) als *nišimta* und Arab. (Wehr 856) als *nasamat* belegt. Die einzige Verbalform *'æššom* kommt Jes 42, 14 in der Bedeutung 'schnauben' vor (JHWH schnaubt wie eine Gebärende). Die in Dtn 33, 21 vorgeschlagene Änderung (BHS) von *šām* („dort") in *jiššom* (hier in der Bedeutung 'lechzen nach') erscheint vom Inhalt her wenig sinnvoll und nicht gerechtfertigt.
Die Grundbedeutung ist 'Atem, Wind', weiterhin 'Lebenshauch, -odem, lebendes Wesen'. Als Parallelbegriff begegnet sonst → רוח *rûaḥ* (vgl. Koh 12, 7 u.ö.).

II. 1. Das Subst. n^{e}*šāmāh* kommt im hebr. AT 24mal vor, im aram. Dan (5, 23) und in Sir (9, 13) je 1mal. Davon entfallen 3 Belege auf den Pent., 6 auf das DtrGW, 4 auf Jes (sonst nicht bei den Propheten), und 11mal findet sich das Wort in der Weisheitsliteratur (7mal bei Ijob).
2. n^{e}*šāmāh* geht verschiedene syntaktische Verbindungen ein. Im st. abs. Sing. begegnet es ohne Artikel 10mal, mit Artikel 2mal. Folgende Cstr.-Verbindungen begegnen: *nišmaṯ rûaḥ ('ap)* „Schnauben des zornigen Atems" (2 Sam 22, 16 par. Ps 18, 16); *nišmaṯ ḥajjîm* „Lebensodem" (Gen 2, 7; 7, 22); *nišmaṯ 'ælôah* „Atem Gottes" (Ijob 4, 9); *nišmaṯ 'el* „Gottes Hauch" (Ijob 37, 10); *nišmaṯ JHWH* „Atem JHWHs" (Jes 30, 33); *nišmaṯ šaddaj* „Hauch des Allmächtigen" (Ijob 32, 8; 33, 4); *nišmaṯ āḏām* „Atem des Menschen" (Spr 20, 27). Mit Suffix begegnet n^{e}*šāmāh* 2mal (Ijob 27, 3 *nišmāṯî* [vgl. dazu IV.] und Ijob 34, 14 *nišmāṯô*).
3. n^{e}*šāmāh* wird in der LXX 13mal mit πνοή wiedergegeben, 4mal mit ἐμπνεῖν, 3mal mit πνεῦμα, je 1mal mit πρόσταγμα, ἔμπνευσις, θυμός und ζωή. In Dan 10, 17 hat LXX πνεῦμα, Theodotion πνοή; Jes 2, 22 hat ἀναπνοή (dieser Vers fehlt jedoch in den meisten Handschriften).

III. 1. Ausgangspunkt für das Verständnis von n^{e}*šāmāh* im AT ist der älteste Beleg Gen 2, 7. Hier beschreibt der Jahwist die Erschaffung des Menschen in zwei Schritten: Gott formt den Menschen aus dem Staub der Erde und bläst ihm den „Hauch des Lebens" (*nišmaṯ ḥajjîm*) ein. Dabei bedeutet n^{e}*šāmāh* an sich schon „Lebensodem, Atem", durch die Verbindung mit *ḥajjîm* wird der Charakter des „lebenspendenden" Atems jedoch noch unterstrichen (→ חיה *ḥājāh*). Dieser zweite ist der entscheidende Akt, denn erst durch die n^{e}*šāmāh* JHWHs wird der Mensch zum lebenden Wesen, wird aus dem „bloßen Etwas" ein „Belebtes" (Westermann, BK I/1^{2}, 282). Diese Vorstellung von der Belebung eines aus Lehm geschaffenen Menschen war für J jedoch nicht neu; sie findet sich bereits in äg. Darstellungen, in denen die Göttin Hathor das Lebenszeichen (*'nḫ*) an die von Chnum geschaffenen Gestalten hält. „Dies ist offenbar eine stark abstrahierende Abwandlung der älteren Form, nach der der Schöpfergott dem Gebilde Lebensatem einhaucht, so schon in primitiven Darstellungen, so in der Wiedergabe einer babylonischen Menschenschöpfung bei Berossos (...) und in Gen 2, 7" (Westermann, a.a.O. 279). J übernimmt hier also eine Vorstellung, die bereits viele Jh. vor ihm vorherrschte und den Menschen näher bestimmte. Nach der Gestaltung aus dem Staub der *'^{a}ḏāmāh* macht JHWH mittels seiner n^{e}*šāmāh* aus dem stofflichen, leblosen Gebilde die *næpæš ḥajjāh* (→ נפש *næpæš*) (vgl. Wolff 43). J sieht also in der n^{e}*šāmāh* die den Menschen belebende Macht. Diese n^{e}*šāmāh* ist als Hauchbeseelung etwas anderes als das als „Seele" bezeichnete unkörperliche Wesen, das den Leib zum lebendigen Menschen komplettiert und dem Menschen Leben und Bewußtsein verleiht und als Geist den Tod überdauert (vgl. Stendebach 249). Für die Antike gibt es den Menschen nur in seinem Lebendigsein (ganzheitlich verstanden) oder als Toten (vgl. Westermann, a.a.O. 283). Ohne n^{e}*šāmāh* ist der Mensch also tot. Die n^{e}*šāmāh* als Lebensmerkmal zeigt den Menschen in unlösbarer Verbindung mit JHWH (vgl. Wolff 97). Jedoch bedeutet das Einblasen des göttlichen Atems für den Menschen nicht den Empfang einer göttlichen Seele oder eines göttlichen Geistes. Wesensmäßig unterscheidet sich der Mensch damit trotz des von Gott empfangenen Lebensatems von seinem Schöpfer (vgl. Vriezen 171). D. h.

n^e^*šāmāh* bedeutet „die Belebung des Menschen, nichts weiter" (Westermann, a.a.O. 282). Nicht einmal liegt im Empfang der *n*^e^*šāmāh* eine grundlegende Differenz des Menschen zur Tierwelt, denn Gen 7, 22 (J) nennt auch für die Tiere die *nišmat̲ rûaḥ ḥajjîm* das lebenspendende Prinzip (Stendebach 249, gegen Scharbert 22, Mitchell 181). *rûaḥ* ist in dieser Wendung eine nachträgliche Einfügung von P, da der Begriff in der Wendung *nišmat̲ ḥajjîm* in Gen 2, 7 (J) fehlt. Hingegen findet er sich in *rûaḥ ḥajjîm* (Gen 7, 15 P). Da Gen 7, 22 eindeutig J angehört, ist *rûaḥ* ein nachträglicher Einschub, dessen Grund jedoch nicht mehr ersichtlich ist (Westermann, a.a.O. 590; vgl. Stendebach, 6. Kap., 112 Anm. 12).
Diese Vorstellung der *n*^e^*šāmāh* begegnet in eindeutiger Reminiszenz an das Schöpfungsgeschehen in Jes 42, 5 und 57, 16. Nach Jes 42, 5 hat JHWH „die Erde gemacht und alles, was auf ihr wächst, er verleiht den Menschen auf der Erde *n*^e^*šāmāh* und allen, die auf ihr leben, *rûaḥ*" und in der Verheißung an die Frommen heißt es: „ihr *rûaḥ* soll vor mir nicht vergehen und nicht ihre *n*^e^*šāmāh*, die ich erschuf" (Jes 57, 16). Die Parallele *n*^e^*šāmāh* || *rûaḥ* zeigt die Bedeutungsverwandtschaft dieser beiden Begriffe. Beide sind dem Menschen als lebenspendende Kräfte von Gott gegeben. Diese Parallelisierung findet sich in dieser Form nur noch bei Ijob 4, 9; 27, 3; 32, 8; 33, 4; 34, 14 (vgl. dazu IV.).
Einen abwertenden Sinn erhält *n*^e^*šāmāh* in Jes 2, 22, wo nach der Bedeutung *des* Menschen gefragt wird, in dessen Nase „nur eine *n*^e^*šāmāh*" ist. Die Verwendung von *n*^e^*šāmāh* ist hier ungewöhnlich, da sie im Gegensatz zu Gen 2, 7 nicht als Gottesgabe betrachtet wird, sondern der Negativzeichnung eines Menschen dient. Man wird hier in diesem schwer deutbaren Vers, der als Glosse zu Jes 2, 6–21 zu verstehen ist, *n*^e^*šāmāh* im Sinne von → הבל *hæb̲æl* (Ijob 7, 16) oder von → עפר *ʿāp̄ār* (Ps 103, 14) zu verstehen haben (so Wildberger, BK X/1², 114). Dieser Bedeutungsumschwung von *n*^e^*šāmāh* läßt sich m. E. nur dadurch erklären, daß man sich angesichts des bevorstehenden „Tages JHWHs" weder auf Menschen noch auf Götzen verlassen soll, sondern nur auf Gott, um auf diese Weise dem Gericht zu entgehen (vgl. Kaiser, ATD 17⁵, 73). *n*^e^*šāmāh* charakterisiert hier also den Menschen in seinem vergänglichen Menschsein, die *n*^e^*šāmāh* JHWHs hebt ihn in keine göttliche Sphäre (vgl. oben).
2. Von der Schöpfung her bedingt ist *n*^e^*šāmāh* Kennzeichen des physischen Lebens des Menschen. Die Begegnung mit der überirdischen Welt hat Daniel so sehr betäubt, daß seine Kräfte schwanden und sein Atem (*n*^e^*šāmāh*) stockte (Dan 10, 17). Der Verfasser des Sirachbuches mahnt, sich von dem Menschen fernzuhalten, der Macht hat zu töten, „damit er dir nicht das Leben (*nišmāt̲*^e^*k̲ā*) nehme" (Sir 9, 13). Wenn vom kranken Sohn der Witwe zu Sarepta (1 Kön 17, 17) gesagt wird, daß seine Krankheit sich so verschlimmert habe, daß keine *n*^e^*šāmāh* mehr in ihm sei, dann ist damit der Tod eingetreten (vgl. vv. 18ff.).

3. Aus der Vorstellung, daß *n*^e^*šāmāh* vollwertig das Leben ausmacht, ergibt sich die Verwendung des Begriffs in der allgemeinen Bedeutung von „Lebewesen". Die Kriegsgesetze im Dtn schreiben Israel vor, aus den Städten, die JHWH ihm als Erbbesitz (→ נחלה *naḥ*^a^*lāh*) geben wird, keine *n*^e^*šāmāh* am Leben zu lassen (Dtn 20, 16). Diese Anweisung kommt zur Ausführung bei der Eroberung des verheißenen Landes, bei der Israel einerseits den Bann vollzieht „an allem, was atmet" (*kŏl-hann*^e^*šāmāh*, Jos 10, 40), andererseits die kanaan. Städte so verwüstet, daß „keine lebende Seele (*kŏl-n*^e^*šāmāh*) übrigblieb" (Jos 11, 11. 14, → III 209ff.). Als Bascha König geworden war, brachte er das ganze Haus Jerobeams um und rottete alles aus, was *n*^e^*šāmāh* hatte (1 Kön 15, 29).
Bei diesem Verständnis von *n*^e^*šāmāh* bereitet die Stelle Spr 20, 27 Schwierigkeiten. „Eine Leuchte JHWHs ist die *n*^e^*šāmāh* des Menschen, durchforschend das Innere des Leibes." Danach ist der dem Menschen eingehauchte Lebensodem eine „Leuchte" für JHWH, die JHWH selbst die dem Menschen unbekannten Geheimnisse seines (i.e. des Menschen) Inneren offenbaren (Plöger, BK XVIII 239; s. dazu → נר *ner* II.3.). In Anlehnung an Spr 24, 12; Ijob 7, 20 erscheint die von BHS an dieser Stelle vorgeschlagene Lesart *noṣer JHWH nišmat̲ ʾāḏām* einleuchtender, wobei auch das Ptz. mask. Sing. *ḥopeś* in JHWH ein grammatisch einwandfreies Beziehungswort erhält. Man wird also davon ausgehen müssen (vgl. Wolff 97 Anm. 5; gegen Plöger, a.a.O. 239), daß an dieser Stelle zu lesen ist: „JHWH wacht über den Odem des Menschen, er durchforscht das Innere des Leibes." Somit ist JHWH nicht nur Schöpfer, sondern auch Schützer des Atems. Die Funktion der *n*^e^*šāmāh* und damit die Aufgabe des Menschen ist schließlich der Lobpreis Gottes (Ps 150, 6).
4. Die *n*^e^*šāmāh* JHWHs hat nicht nur eine positive, schöpferische Kraft, sondern sie bewirkt auch die Erschütterung der Erde in ihren Grundfesten. In Ps 18, 16 (par. 2 Sam 22, 16) wird die *nišmat̲ rûaḥ* des Zornes JHWHs (par. *gaʿar* 'Grollen') als Kraft beschrieben, die die Tiefen des Meeres sichtbar macht und die Grundfesten des Universums (*teb̲el*) entblößt. Diese Vorstellung innerhalb einer Theophanieschilderung zeichnet JHWH als Herrscher und Bezwinger der Chaosmächte. Die Verwendung von *n*^e^*šāmāh* unterscheidet sich hier sehr stark von der in Gen 2, 7. Eine Datierung des Psalms bietet Probleme (vgl. die von Kraus, BK XV/1⁵, 286 aufgelisteten Meinungen dazu). Ist er als Einheit zu verstehen, wird er noch in vorexil. Zeit verfaßt worden sein (vgl. Jeremias, Theophanie 33f.). Da er formgeschichtlich und stilistisch auf ein spätes Stadium weist, ist er nachexil. anzusetzen (vgl. Deissler, Psalmen 77), zumindest das Chaoskampfmotiv ist in der Regel exil.-nachexil. (vgl. DtJes).
Die Vorstellung von der lebenspendenden Kraft der *nišmat̲ JHWH* wird verlassen im authentischen Text Jes 30, 33: Sie setzt das Holz für ein Opfer in Brand.

IV. Im Ijobbuch bietet *n^ešāmāh* die gesamte semantische Breite auf: Alle Belege stammen aus der späten Ijobdichtung (3, 1–42, 6). Ijob 33, 4 bekennt Elihu sich als Geschöpf Gottes, das durch Gottes *rûaḥ* erschaffen und durch seine *n^ešāmāh* belebt worden ist. Beide bilden „die Gewähr für das unverfälschte oder sündenlose Wissen und Reden Elihus" (vgl. Fohrer, KAT XVI 456). Als Garanten für seine Wahrhaftigkeit bezeichnet Ijob 27, 3 seine *n^ešāmāh* und die *rûaḥ* *'ælôah*. Wenn auch der Parallelismus das Verhältnis beider zueinander nicht näher spezifiziert, so ist es doch unnötig, mit Dahood (Bibl 50, 339) das Suffix der 1. Sing. von *nišmaṯî* als 3. Sing. *j* der phön. Form zu lesen, weil sonst in allen Belegen von *n^ešāmāh*, par. *rûaḥ* im Ijobbuch die *n^ešāmāh* Gottes gemeint sei. Daß Existenz und Lebensdauer allein von Gottes lebendigmachender *n^ešāmāh* abhängen, verdeutlicht Ijob 34, 14. Sie verleiht auch Weisheit (Ijob 32, 8). Andernfalls wäre Ijobs Frage (26, 4 „wem trägst du die Reden vor, und wessen *n^ešāmāh* geht von dir aus?") nicht verständlich. Eine wie bereits oben beschriebene vernichtende Kraft der *n^ešāmāh* Gottes findet sich in der ersten Rede des Elifas (Ijob 4, 8f.), wo derjenige durch Gottes *n^ešāmāh* zugrunde geht, der Unheil sät. Als Herr über Naturgewalten läßt sein Atem Eis entstehen, das weite Wasserflächen überzieht (37, 10).

V. In Qumran begegnet *n^ešāmāh* nur 2mal. Der Beleg in 11 QPs[a] 19, 4 (*nišmaṯ kôl bāśār*) nennt JHWH als den Schöpfer alles Lebendigen (vgl. Gen 2, 7). Die Sektenregel (1 QS 5, 17) zitiert Jes 2, 22 und gibt damit eine negative Konnotation von *n^ešāmāh*.

Lamberty-Zielinski

נֶשֶׁף *næšæp*

I. 1. Etymologie, Vorkommen – 2. Übersetzungen – II. 1. Die Doppelbedeutung (Morgen- bzw. Abenddämmerung) in Textzusammenhängen – 2. Theologischer Kontext.

Lit.: *A. Baumstark*, Nocturna laus, 1957. – *K. Goldammer*, Die Formenwelt des Religiösen, 1960, 59. 210ff. 297ff. – → בקר *boqær*, חשך *ḥāšak*, לילה *lajlāh*, ערב *'æræb*.

I. 1. Das Wort wird allgemein von der Wurzel *nšp* 'blasen' hergeleitet, die mit ähnlicher Bedeutung auch in anderen semit. Sprachen vorliegt (akk. *našāpu* AHw 758; CAD N/2, 56; aram. *nšp* DictTalm 941 und F. Schulthess, Lexicon Syropalaestinum, 1903, 129; Beyer 642; zu arab. *nsf* s. GesB 527 und KBL[2] 640, nicht mehr in KBL[3] 689f.) und lautlich wie sachlich mit den Wurzeln *nšb*, *nšm* und *npš* ('wehen, schnaufen, atmen' u.ä.) verwandt ist. Eine Ableitung von der homonymen Wurzel mhebr. *nšp* 'aufspringen, abdrücken' (s. Raschi zu b. Berakoth 3b und Megilla 3a; Levy, WTM III 452f.) scheint abwegig. Da die Verbalformen von *nšp* das Blasen des Windes bezeichnen (Ex 15, 10; Jes 40, 24), mit dem Nomen *næšæp* aber offensichtlich eine Tageszeit gemeint ist, so läßt sich dieses Wort ursprünglich als Bezeichnung jener Stunden verstehen, wo in der palästinischen Landschaft ein kühler Wind aufzukommen pflegt, nämlich kurz vor dem Aufgehen und nach dem Untergang der Sonne (vgl. Gen 3, 8; Hld 2, 17; O. Keel, Orte und Landschaften der Bibel 1, 1984, 51f.). *næšæp* bezeichnet somit sowohl das morgendliche wie das abendliche Dunkel. Der Doppelsinn wird bereits im Talmud erkannt und volksetymologisch erklärt („Die Nacht rückt ab, *nšp*, dann kommt der Tag; der Tag rückt ab, *nšp*, es kommt die Nacht", b. Berak. 3b), und Ibn Ezra definiert (zu Ijob 3, 9), daß *næšæp* sowohl Anfang wie Ende der Nacht bedeute. Daraus ergibt sich schließlich die umfassende Bedeutung 'Finsternis'.

næšæp begegnet im AT 12mal, und zwar, mit zwei Ausnahmen, nur in poetischer Rede. Es erscheint lediglich im Sing., geht Genitivverbindungen ein (als *Nomen regens* Jes 21, 4, als *rectum* Jer 13, 16 und Ijob 3, 9) und weist einmal ein angefügtes Possessivsuffix auf (Ijob 3, 9).

2. Die Übersetzungen spiegeln die Bedeutungsbreite des Wortes dadurch wider, daß sie es überwiegend mit allgemeinen Ausdrücken für 'Finsternis' übersetzen (LXX σκότος, V *tenebrae*, T *qbl'*, Luther und Buber-Rosenzweig „Dämmerung"). Mitunter sehen sie sich aber zu einer semantischen Spezifizierung gezwungen, wobei jedoch jede ihre eigene Auslegung zugrunde legt. So wird *næšæp* als 'Morgengrauen' ausgelegt: LXX ἑωσφόρος (1 Sam 30, 17), Luther „frue" (2 Kön 7, 5. 7; Ps 119, 147), T *šprpr'* (ib. und Ijob 7, 4), S *ṣpr'* (2 Kön 7, 5); als 'Abenddämmerung' hingegen: LXX ὀψέ (Jes 5, 11), V *vesper* (ib.; 1 Sam 30, 17; 2 Kön 7, 5), T *rmš'* (Spr 7, 9); schließlich als (Mitter-)Nacht: LXX μεσονύκτιος (Jes 59, 10), νύξ (Ijob 3, 9), T *nšp ljlj'* (Ijob 24, 15).

II. 1. Daß das Wort die frühen Morgenstunden bedeuten kann, geht aus Ijob 7, 4 hervor, wo der Leidende klagt: „Lege ich mich hin ... so bin ich mit Unrast gesättigt bis zum *næšæp*", d. h. bis der Morgen graut (so T und Raschi: *næšæp šæl jôm*).

LXX bietet 'von abends bis früh' (ἀπὸ ἑσπέρας ἕως πρωί) für *næšæp*, als solle die Doppeldeutigkeit des hebr. Wortes festgehalten werden, tatsächlich aber liegt der griech. Version eine abweichende Lesart oder Auffassung zugrunde, nach welcher der Dahinsiechende sich abends nach dem Morgen, morgens nach dem Abend sehnt.

Meist jedoch steht das Wort für 'späte Abendstunden'. Jes 5, 11 schildert die ausschweifenden Zecher, die in ihrer Sucht nach dem Rauschtrank am Morgen (*boqær*) aufstehen und sich dann beim Weingelage bis in den *næšæp* verspäten. Man mag hier an den vorgerückten Abend denken (LXX, Ibn Ezra), doch könnte sogar die späte Nacht gemeint sein (T, Raschi, Luther „bis in die nacht"), da *næšæp* andernorts in direkten Gegensatz zu *ṣŏhᵒrajim* 'Mittag' gesetzt ist (Jes 59, 10), es andererseits in Kontiguitätsbeziehung zu Ausdrücken für 'dunkel' und 'Finsternis' steht (Jer 13, 16).

Damit zeichnet sich das semantische Profil unseres Wortes ab: *næšæp* bezeichnet das in frühester und spätester Stunde herrschende Dunkel, wobei dieses nicht nur konstatiert, sondern als interimistischer Zustand beschrieben wird; es bezeichnet die eben eingetretene bzw. die schwindende Dunkelheit.

Ersichtlich wird das aus den Prosastellen, bei denen sich die Verwendung des seltenen Wortes nur aufgrund dieser spezifischen Bedeutung erklären läßt. In der Erzählung 2 Kön 7, 5ff. warten die Aussätzigen den *næšæp* ab, um den im Laufe des Tages gefaßten Plan, in das feindliche Lager überzugehen, auszuführen; im Abenddunkel können sie von den eigenen Leuten nicht mehr gesehen und aufgegriffen werden (vgl. vv. 9. 12; gegen S, Luther „in der frũe"). Im Schutz eben dieser eintretenden Dunkelheit, *næšæp* (v. 7), hatte jedoch der Feind selbst bereits die Flucht ergriffen. Schwieriger ist die Bestimmung der Tageszeit 1 Sam 30, 17, wo es heißt, David habe die Amalekiter geschlagen „von *næšæp* an bis zum Abend (*'æræb*)". Die Beantwortung der Frage, ob die Schlacht sich vom Morgengrauen bis zum Abend (so b. Berakoth 3b, LXX, S, Luther) oder aber von einem Abend zum nächsten (jüdische Ausleger wie Pesiqtha de Rab Kahana, J. Karo, Tanchum, Kimchi) hingezogen habe, hängt von einer textkritischen Entscheidung ab (s. BHK): Der uns vorliegende hebr. Text (emend. *lᵉmŏhᵒrātô*) besagt, David habe die ihren Beutezug Feiernden nach eingetretener Dunkelheit überfallen und bis zum nächstfolgenden Abend verfolgt und vernichtet. Auch in der Wortfolge „Berge des *næšæp*" (Jer 13, 16) ist unser Wort in dynamischem Sinne zu verstehen: Es sind keine Berge, die im Dunkel liegen (KBL²), sondern solche, auf die sich die Dunkelheit zu senken beginnt (vgl. den Kontext: „... bevor es dunkelt ..., bevor eure Füße sich stoßen"). Mit „Sterne des *næšæp*" (Ijob 3, 9) könnten Venus und Merkur gemeint sein, die in der Morgen- oder Abenddämmerung ihr Licht spenden, womit sich eine Entscheidung zwischen 'Abenddämmerung' (LXX, E. König, Wb 291) und 'Morgendämmerung' (GesB 527; Duhm, Hiob, KHC XVI 20; Driver-Gray, Job, ICC, 34f.) erübrigte. Doch legt der Kontext letztere Auslegung nahe: Die Verwünschung des Geburtstages und seiner Nacht besteht darin, daß er der Sterne, die den Morgen ankündigen, verlustig gehen solle. „*næšæp* meines Begehrens" (Jes 21, 4) ist die im Orient sehr willkommene Abendkühle, die aber in diesem Fall Schrecken und Angst mit sich bringt.

2. Der sich verfinsternde *næšæp* öffnet sündhaftem Treiben die Tür. Der Ehebrecher lauert auf den *næšæp* (Ijob 24, 15), der ihm eine Hülle über das Gesicht legt, so daß ihn kein Auge erblicken kann. Am *næšæp* (Spr 7, 9), nach Tagesende im Schutz der Dunkelheit, stellt sich das buhlerische Weib dem arglosen Jüngling in den Weg, um ihn zu verführen (vv. 6–21). Es legen sich des Menschen Laster und seine Sündhaftigkeit wie schwere Finsternis auf ihn (Jes 59, 9–15), so daß er am hellen Mittag strauchelt wie am *næšæp* (v. 10). Im Gegensatz zu anderen Elementen des Begriffsfeldes 'Finsternis' versinnbildlicht unser Wort keineswegs die von Gott völlig abgeschiedene Sphäre des Bösen. In der Stunde des Zwielichts und der Unsicherheit kann der Mensch seinem Gott näherkommen: Wie der Fromme noch vor der Nachtwache beginnt, über JHWHs Spruch nachzusinnen, so kommt er eifrig dem *næšæp* zuvor (Ps 119, 147), um im Gebet seine Stimme zu JHWH zu erheben.

Kedar-Kopfstein

נָשַׁק *nāšaq*

נְשִׁיקָה *nᵉšîqāh*

I. Verbreitung, Bedeutung und Etymologie – II. Die Wurzel *nšq* im AT – 1. Belege für *nšq* im AT – 2. *nšq* als Ausdruck zwischenmenschlicher Beziehungen – a) Liebe – b) Verwandtschaft – c) Freundschaft – 3. *nšq* als Ausdruck der Ehrerbietung – a) Profan – b) Religiös – III. *nšq* in übertragener Bedeutung.

Lit.: *N. Adcock*, Genesis 41, 40 (ExpT 67, 1955/56, 383). – *J. Barth*, Etymologische Studien zum Semitischen, 1893. – *A. Bertholet*, Eine crux interpretum. Ps 2, 11f. (ZAW 28, 1908, 58). – *Ders.*, Nochmals zu Ps 2, 11f. (ZAW 28, 1908, 193). – *W. H. Brownlee*, Psalm 1–2 as a Coronation Liturgy (Bibl 52, 1971, 321–336). – *J. M. Cohen*, An Unrecognized Connotation of *nšq peh* With Special Reference to Three Biblical Occurrences (VT 32, 1982, 416–424). – *G. R. Driver*, Difficult Words in the Hebrew Prophets (H. H. Rowley [ed.], Studies in Old Testament Prophecy presented to T. H. Robinson, Edinburgh 1950, 52–72, bes. 55f.). – *W. L. Holladay*, A New Proposal for the Crux in Ps II 12 (VT 28, 1978, 110–112). – *K. A. Kitchen*, The Term *NSQ* in Gen 41, 40 (ExpT 69, 1957/58, 307). – *L. Kopf*, Arabische Etymologien und Parallelen zum Bibelwörterbuch (VT 9, 1957, 247–287, bes. 265–267). – *A. A. Macintosh*, A Consideration of the Problems Presented by Psalm II 11 and 12 (JThSt 27, 1976, 1–14). – *A. Robinson*, Deliberate but Misguided Haplography Explains Psalm 2, 11–12 (ZAW 89, 1977, 421–422). – *W. Thiel*, Der Weltherrschaftsanspruch des judäischen Königs nach Psalm 2 (Theol. Versuche 3, 1971, 53–63). – *H. W. Wolff*, Die Anthropologie des Alten Testaments, ³1977, § 19.2.

I. Die Wurzel *nšq* ist in den meisten altsemit. Sprachen bezeugt (akk., ugar., hebr.) und wurde auch in

Qumran und im Jüd.-Aram. im Sinne der bibl.-hebr. Tradition verwendet. Die altaram. Belege (Achiqar 103. 222) sind nicht unumstritten (vgl. DISO 188; Cowley 237f. 248) und werden teilweise durch Konjekturen ersetzt (vgl. N. Epstein, ZAW 32, 1912, 135; H. L. Ginsberg, ANET 428). Die äg. Sprache kennt ein anders lautendes, aber die gleichen Bedeutungen aufweisendes Wort (*śn*; vgl. WbÄS IV 153f.).

Im Mittelpunkt des Bedeutungsfeldes von *nšq* steht der Begriff des Küssens mit seinen vielfachen Bedeutungen: als Bestandteil intensiver Liebesbeziehungen (Ugar.: KTU 1.23, 49. 51. 55; 1.17, I, 39), als Ausdruck für verwandtschaftliche Verbundenheit (Gilg. XII, 24. 26; in KTU 1.22, I, 4 ist „der Kleine, den die Lippen küssen" das geliebte Enkelkind) und als Zeichen der unterwürfigen Ehrerbietung (Asarhaddon, Prisma B I 84–85). Auch der religiöse Bereich ist einbezogen. So küßt der ugaritische Held Dan'el im Aqhat-Epos (KTU 1.19, II, 15. 22) die vertrockneten Ähren, um sie vom Bann der Dürre zu befreien. Diese Vielfalt in den Bedeutungen des mit *nšq* Gemeinten findet sich auch in den at.lichen Belegen (s.u. II. 2. 3.).

Die Etymologie der Wurzel *nšq* ist unklar. J. Barth 46f. leitet sie aus dem Arab. in der Bedeutung „an etwas riechen; einschlürfen des Odems" her. GesB und KBL³ führen neben der Wurzel *nšq* I „küssen" eine weitere gleichlautende Wurzel *nšq* II mit der Bedeutung „s. rüsten" bzw. „s. wappnen" auf, die auf das arab. *nasaqa* „aufreihen, aneinander fügen" zurückgeführt wird und auch in Ez 3, 13 vorliegen soll (KBL³ 690). L. Kopf stellt zu Recht fest, daß der etymologische Zusammenhang von *nšq* I und *nšq* II noch genauerer Untersuchungen bedarf. Neuerdings geht J. M. Cohen wieder auf das von KBL² 640 (in KBL³ jedoch zu *nšq* II gestellte) arab. *nasaqa* 'aneinanderreihen' zurück und erhebt für *nšq* I die Grundbedeutung „to seal (the lips [in silence])" (Cohen 416f.). Mit dieser nur noch durch den Talmud abstützbaren Deutung kann er auch den umstrittenen Belegen (z. B. Gen 41, 40; Spr 24, 26; Ijob 31, 27, vgl. unten) einen Sinn abgewinnen. – Von Soden, Bibel und Alter Orient, 1955, 110, erklärt *nāšaq* als lautmalend: *šiq* machen.

II. 1. Für die Wurzel *nšq* gibt es im AT 32 Belege. Das Verb kommt in den folgenden Stämmen mit diesen Bedeutungen vor: *qal* „küssen; s. berühren" (zu Gen 41, 40 s.u. II. 3. a); *pi* 'viel und lange küssen' (zu Ps 2, 12 s.u. II. 3. a); *hiph* 'aneinander stoßen' (vielleicht 'sich hörbar berühren'; s.u. II. 1.). Zwei Belege gibt es für das Nomen *nešîqāh*. In den Schriften von Qumran findet sich *nšq* nur 1mal, und zwar in einer dem AT entnommenen Wendung (CD 13, 3; vgl. Gen 41, 40; s.u. II. 3. a).

2. a) Vom Kuß als Zeichen für die Liebesbeziehungen zwischen Mann und Frau wird im AT selten gesprochen; im positiven Sinne nur Hld 1, 2; 8, 1, wogegen Spr 7, 13 den Kuß zu den Verführungskünsten der ehebrecherischen Frau zählt.

Die in den rabbinischen Kommentaren überlieferten Äußerungen zu Gen 29, 11 („und Jakob küßte Rahel") machen deutlich, wie es zu dieser Zurückhaltung bei der Begegnung von Mann und Frau kommt und warum deshalb im AT so selten vom Kuß in diesem Lebensbereich die Rede ist. Es heißt dort: „Das Küssen im Allgemeinen dient der Unsittlichkeit; drei Arten jedoch sind hiervon ausgenommen, nämlich das Küssen bei erlangter Ehre (1 Sam 10, 1), ferner das Küssen bei seltenem Wiedersehen (Ex 4, 27) und das Küssen beim Abschiede (Ruth 1, 14). R. Tanchuma sagte: Auch das Küssen der Verwandtschaft ist hinzuzufügen" (GenR s. 70/70a, zitiert nach J. Levy, WTM III², 453). Dieses Zeugnis einer rigoristischen, religiös motivierten Haltung wird ergänzt durch die Tatsache, daß um die Aufnahme des Hld in den Kanon der at.lichen Schriften zu dieser Zeit heftig gestritten wurde (O. Eißfeldt, Einleitung in das AT, ⁴1976, 657. 769f.). Dabei ist anzunehmen, daß im Alltagsleben und in der volkstümlichen Literatur Israels außerhalb des AT, die aber nicht erhalten geblieben ist, Wort und Sache weiter verbreitet waren, als es die Überlieferung des AT erkennen läßt.

b) Sehr breiten Raum nimmt der Kuß als Zeichen verwandtschaftlicher Verbundenheit ein, die beim Abschiednehmen und beim Wiedersehen besonders unterstrichen wird. Nach Jakobs Auseinandersetzung mit Laban und seiner heimlichen Flucht wirft ihm jener vor, er habe sich nicht einmal von seinen Töchtern Rahel und Lea mit einem Kuß verabschieden können (Gen 31, 28; vgl. 32, 1). Elischa äußert bei seiner Berufung durch Elija die Bitte, sich mit einem Kuß von seinen Eltern verabschieden zu dürfen (1 Kön 19, 20). Umgekehrt entläßt Noomi ihre beiden Schwiegertöchter Orpa und Rut mit einem Kuß (Rut 1, 9; vgl. 1, 14). Um einen Abschied besonderer Art handelt es sich bei der Erteilung des Segens vor dem nahen Tod (Gen 27, 26f.; 48, 10; vgl. Gen 50, 1: Josef küßt seinen toten Vater Jakob). Auch das Wiedersehen, meistens nach längerer Trennung, ist eine Situation, bei der man Küsse tauscht (Gen 33, 4: Jakob und Esau; 45, 15: Josef und seine Brüder; Ex 4, 27: Mose und sein Bruder Aaron; Ex 18, 7: Mose und sein Schwiegervater Jitro; 2 Sam 14, 33b: David und sein Sohn Abschalom nach dessen Flucht und Verbannung). Dagegen haben sich Rahel bzw. Laban und Jakob vor ihrer gegenseitigen Begrüßung (Gen 29, 11. 13) noch nie gesehen und bezeugen nun ihre verwandtschaftliche Verbundenheit durch den Kuß.

c) Ein Zeugnis wahrer Freundschaft stellt der Kuß beim Abschied zwischen David und Jonatan dar (1 Sam 20, 41); mit einem Kuß scheidet der König David von seinem hochbetagten Wohltäter Barsillai, der ihn während seiner Flucht vor Abschalom mit allem Lebensnotwendigen versorgt hatte (2 Sam 19, 40). Dagegen ist der Kuß, mit dem der aufrührerische Königssohn Abschalom die sich zum König begebenden Bittsteller begrüßt (2 Sam 15, 5) von politischer Taktik bestimmt. Den Kuß, den der außer Dienst gestellte Feldhauptmann Joab seinem jungen Nachfolger Amasa (vgl. 2 Sam 19, 14) bei der Begrüßung gibt (2 Sam 20, 9), ist reine Täuschung und wird zu Recht von K. Budde (KHC VIII 300) als „der alttestamentliche Judaskuß" bezeichnet.

3. a) Der Kuß gehört nicht nur in die Sphäre persönlicher Beziehungen, wie sie Liebe, Freundschaft oder Verwandtschaft darstellen, sondern wird auch zum Symbol der Ehrerbietung im profan-politischen wie im kultischen Bereich. Dabei können die Grenzen zwischen beiden nicht scharf gezogen werden. So berichtet 1 Sam 10, 1, daß Samuel den von ihm in JHWHs Auftrag gesalbten Saul als den König über Israel mit einem Kuß begrüßt. Dazu bemerken K. Budde und H. W. Hertzberg (Komm. z. St.), daß bei diesem Kuß auch die „väterliche Zuneigung“ mitschwingt.

Unklar ist der Ausdruck *w^{e}ʿal pîkā jiššaq kŏl-ʿammî* in Gen 41, 40 (in CD 13, 3 zitiert). Er wird jedoch von der LXX mit der Wiedergabe durch ὑπακούσεται sinngemäß gedeutet (ähnlich die Deutung von CD 13, 3 durch 1 QS 6, 3–5 nach E. Lohse, Die Texte aus Qumran, 290 Anm. 84). Es erübrigt sich, eine Textverderbnis anzunehmen (so C. Westermann, Komm. z. St.) oder das Verb durch *qšb hiph* „aufmerksam sein“ (so noch KBL^2 640) zu ersetzen. Vielmehr bietet sich die Herleitung dieser Wendung von der Wurzel *nšq* II an, die nicht nur ʿsich wappnenʾ, sondern auch ʿsich in eine Reihe stellen; sich fügenʾ bedeuten kann (vgl. KBL^3 nach L. Kopf, VT 9, 1959, 265ff., der Gen 41, 40 so wiedergibt: „und mein ganzes Volk soll sich nach deinen Anweisungen richten“ [267]). So interpretiert auch Cohen (417–420), der die Bedeutung ʿgehorchenʾ (wörtlich „die Lippen schließen“) zu *nšq* I rechnet (s.o.).
Zu Recht gilt Ps 2, 11f. als eine *crux interpretum*. Übereinstimmend wird das Wort *bar* (= aram. „Sohn“) als fehlerhaft betrachtet (vgl. M. Wagner, BZAW 96, 1966, 37). So ist eine Textänderung unverzichtbar (vgl. BHS). Für die Konjektur A. Bertholets *w^{e}našš^{e}qû b^{e}raḡlājw birʿāḏāh* oder *birʿāḏāh našš^{e}qû b^{e}raḡlājw* sprechen die Tendenz des Psalms, die Belege aus der altorientalischen Umwelt (Asarhaddon Prisma B I 84–85) und Jer 49, 23. Viele Exegeten folgen diesem Vorschlag (vgl. die Kommentare von H. Gunkel, F. Nötscher, H.-J. Kraus z. St.; W. Thiel 62f. Anm. 40: „Diese Konjektur . . . ist eine der glücklichsten und einsichtigsten“). Die Versuche, im Gefolge von M. Dahood (AB 16, 13f.) den Ausdruck *nšq bar* nach dem Ugar. als *nš qbr* „Männer des Grabes“ = „Sterbliche“ zu deuten, sind dagegen wenig überzeugend. G. R. Driver ergänzt *bar* zu *gibbôr* und sieht darin einen Titel des Messiaskönigs (vgl. Jes 9, 5). Dagegen deutet A. A. Macintosh das Verb *nšq* hier wie in Gen 41, 40 und kommt damit der in der Konjektur Bertholets involvierten Aussage am nächsten.

b) Der Kuß als Symbol der Ehrerbietung spielt nach dem AT auch bei der Anbetung der Götter eine Rolle. In 1 Kön 19, 18 bezieht sich diese Geste auf den kanaanäischen Gott Baʿal, nach Hos 13, 2 wohl in der Form eines Stierbildes (→ עגל *ʿeḡæl*) verehrt. Die Wendung *wattiššaq jāḏî l^{e}pî* (Ijob 31, 27) besagt, daß diese Geste auch als „Kußhand“ vollzogen werden konnte (GesB 527; KBL^3 690; G. Fohrer, Komm. z. St.). Cohen (423f.) übersetzt: „If my hand ever sealed my mouth“ und denkt an einen Schweigegestus im Rahmen religiöser Verehrung.

III. Im übertragenen Sinn wird *nšq* im AT auf zwei Ebenen verwendet: in der bildlichen Rede der Weisheitsliteratur (Spr 24, 26; 27, 6) und als synonymer Ausdruck für das Sichbegegnen.

In Spr 24, 26 wird der Kuß zum Sinnbild von Erfreulichem („Die Lippen küßt ʿwie ein Freundʾ, wer eine gerade Antwort gibt“ nach B. Gemser, HAT I/16^2, 88f.). Dagegen erinnert Spr 27, 6 an den „Judaskuß“ (s.o. II. 2. zu 2 Sam 20, 9); *naʿtārôṯ* wird zu ersetzen sein durch das Ptz. *niph n^{e}rāʿôṯ* (→ רעע *rʿʿ* ʿschlecht seinʾ oder *n^{e}ʿôṯôṯ* (von *ʿwt*) (nach KBL^3 760 cj. ʿkrumm, trügerisch seinʾ), so daß die Übersetzung lauten müßte „aber trügerisch sind die Küsse des Hassers“ (nach B. Gemser, HAT I/16^2, 96). Wiederum anders interpretiert Cohen (420–423): „He that gives forthright judgement will silence all hostile lips.“
Bei der Beschreibung der Berufungsvision der Propheten Ezechiel heißt es von den Fabeltieren, die den Thronwagen umgeben, daß ihre Flügel sich geräuschvoll miteinander berühren (Ez 3, 13: *nšq hiph*). Dies kann sowohl als die übertragene Bedeutung des Begriffes „Küssen“ verstanden werden, weil hier nach äußerlicher Betrachtung ein ähnlicher Vorgang vorliegt. Doch besteht auch die Möglichkeit, diese Form von *nšq* II im Sinne von ʿsich berührenʾ (nach KBL^3; s.o. unter II. 3. a zu Gen 41, 40) zu verstehen.
Für Ps 85, 11 wird die Korrektur der *qal*-Form *nāšāqû* in *niph niššāqû* (KBL^3 690; so auch schon H. Gunkel, Komm. z. St.) vorgeschlagen. Das Verbum steht dann in Parallele zu *pgš niph* als Ausdruck einer freundschaftlichen Begegnung.

Beyse

נֶשֶׁר *næšær*

I. Etymologie und semit. Isoglossen – II. Vorkommen im AT – 1. Überblick – 2. Zoologische Erwägungen – III. Gebrauch im AT – 1. Bei den at.lichen Propheten – a) Hos – b) Mi – c) Jer – d) Hab – e) Ez – f) Obd – g) DtJes – 2. Im Pent. – a) Rituelle Unreinheit – b) JHWH-Symbol – c) Sonstiges – 3. In der Spruchweisheit – 4. Daniel – IV. LXX – V. Qumran.

Lit.: *J. Achaj*, Der Adler und der Phönix (BethM 11, 1965/66, 144–147 [Hebr.]). – *I. Aharoni*, On Some Animals Mentioned in the Bible (Osiris 5, 1938, 461–478). – *F. S. Bodenheimer*, Animal Life in Palestine, Jerusalem 1935. – *Ders.*, Animal and Man in Bible Lands (Collection de travaux de l'Acad. Intern. d'Histoire des Sciences, 10, Leiden 1960). – *G. Cansdale*, Animals of Bible Lands, Exeter 1970. – *M. Dor*, Læqsîqôn Zôʾôlôgî, Tel Aviv 1965 (Hebr.). – *G. R. Driver*, Birds in the Old Testament (I. Birds in Law, PEQ 86, 1955, 5–20; II. Birds in Life, PEQ 87, 1955, 129–140). – *Ders.*, Once Again: Birds in the Bible (PEQ 90, 1958, 56–58). – *G. I. Emmerson*, The Structure and Meaning of Hosea VIII 1–3 (VT 25, 1975, 700–710). – Fauna and Flora of the Bible, Prepared in Cooperation with the Committee on Translations of the United Bible Societies, London – New York – Stuttgart ^{2}1980. – *J. Feliks*, The Animal World of the Bible, Tel Aviv 1962. – *Ders.*, Geier (BHHW I 533f.). – *Ders.*, Eagle (EncJud 6, 337f.). – *Ders.*, Vultures (EncJud 16, 232f.). – *W. H. Gispen*, The Distinction Between Clean and Unclean (OTS 5, 1948, 190–196). – *W. Heimpel*, Tierbilder in der sumerischen Literatur (Studia Pohl 2, Rom 1968). – *O. Keel*, Jahwes Entgegnung an Ijob (FRLANT 121, 1978, bes. 69f.). – *W. Kornfeld*, Reine und unreine Tiere im Alten Testament (Kairos 7, 1965, 134–147). – *B. Landsberger*, Materialien zum sumerischen Lexikon, VIII/2, The Fauna of Ancient Mesopotamia, 2nd part, Rom 1962 (bes. 130). – *R. Meinertzhagen*, Birds of Arabia, Edinburgh 1954 (bes. 382f.). – *A. Parmelee*, All the Birds of the Bible, Their Stories, Identification and Meaning, London 1959. – *W. Paschen*, Rein und unrein. Untersuchung zur biblischen Wortgeschichte (StANT 24, 1970). – *W. Pinney*, The Animals in the Bible, Philadelphia 1964. – *L. Prijs*, Ergänzungen zum talmudisch-hebräischen Wörterbuch (ZDMG 120, 1970, 20). – *A. Salonen*, Vögel und Vogelfang im alten Mesopotamien (AASF Ser. B 180, Helsinki 1973). – *Th. Schneider / E. Stemplinger*, Adler (RAC I 87–94). – *W. von Soden*, *aqrabu* und *našru* (AfO 18, 1957/58, 393). – *R. K. Yerkes*, The Unclean Animals of Lev. 11 and Deut. 14 (JQR 14, 1923/24, 1–29).

I. Das hebr. Nomen *næšær* ist als Primärnomen zu betrachten und läßt sich nicht durch innerhebr. Herleitung etymologisch erklären. Mhebr. *nāšar pi* 'zerfleischen, zerreißen' (Jastrow 942b) könnte denominiert sein (doch vgl. arab. *nasara* 'zerreißen'). Mhebr. *næšær* 'Tropfen' hängt etymologisch zusammen mit mhebr. *nāšar qal* 'tropfen', 'hinunterfallen'.
Zum bibl.-hebr. Nomen *næšær*, das traditionell als 'Adler' gedeutet worden ist, gibt es Isoglossen in den meisten semit. Sprachen/Dialekten. Im ostsemit. Bereich ist das nur 1mal belegte akk. *našru* wohl westsemit. Lehnwort (von Soden 393). Das normalerweise mit 'Adler' wiedergegebene *erû* (AHw 247 – etymologisch mit hebr. *'arjeh* 'Löwe' identisch!) bezeichnet vermutlich den 'Lämmergeier' (*gypaëtos barbatus*) (vgl. auch *zību*, wahrscheinlich den 'Gänsegeier' [*gyps fulvus*], Landsberger 129f.). Im Südsemit. ist zuerst auf das arab. Nomen *nasr* (*nisr/nusr*) zu verweisen, das in erster Linie als konturschwache Bezeichnung für die Gattung der Geier-Vögel (mit Ausnahme von *raḫam*, 'adlerähnlicher Geier') fungieren kann, ausnahmsweise auch für 'Adler' (Lane 2789b–2790a; s. noch Dozy II 674b; vgl. asarab. *nsr* als Gottes- und Mannesname, Conti-Rossini 188). In dem von der Bibelübersetzungstradition stark beeinflußten Äth. kann das Nomen *nesr* sowohl 'Adler' als auch 'Geier' bezeichnen (Dillmann, LexLingAeth 641).
Von den nordwestsemit. Isoglossen zu bibl.-hebr. *næšær* sollen genannt werden: das Nomen *nšr* kommt in ugar. Texten ziemlich reichlich vor (21 Stellen bei Whitaker 460); es wird gewöhnlich ohne Diskussion mit 'Adler' übersetzt (UT Nr. 1714; WUS Nr. 1868; RSP I 396, S. 282); ferner in Aaram./Baram. (*nešar*, Vogt 116a; Segert 543b; Beyer 642 „Geier"); in samarit. (*nēšōr/anšōr*); in nabat. (*nšr*, DISO 188); in palmyr. (*nšry*, nom. mask., PNPI 100); in mand. (*nišra*, MdD 300b); in Deir-ʿAlla-aram. (*nšr* [Z. 8a], *nšrt* [Z. 8b] ATDA 200. 204 im Kontext einer schwer deutbaren Vogelliste, vgl. H. u. M. Weippert, ZDPV 98, 1982, 94ff.); post-bibl. aram. (*n^ešar*, Jastrow 942b); syr. (*nešrā'*, LexSyr 451b); und Mhebr. *næšær*, Jastrow 942b).

II. 1. Im AT ist *næšær* 26mal belegt (exkl. 1 Sam 26, 20 cj.): je 4mal in Jer (4, 13; 48, 40; 49, 16. 22) und Ez (1, 10; 10, 14; 17, 3. 7); je 3mal in Dtn (14, 12; 28, 49; 32, 11) und Spr (23, 5; 30, 17. 19); 2mal in Ijob (9, 26; 39, 27) und je 1mal in Ex (19, 4), Lev (11, 13), 2 Sam (1, 23), Hos (8, 1), Mi (1, 16), Hab (1, 8), Obd (4), DtJes (Jes 40, 31), Ps (103, 5) und Klgl (4, 19). Dazu kommt das bibl.-aram. *n^ešar*: 2mal im Buche Dan (4, 30; 7, 4).
2. Bereits ein erster Überblick über die verschiedenen Attribute/Eigenschaften, die dem *næšær* im at.lichen Textmaterial zugeschrieben werden, zeigt, daß es sich normalerweise nicht um den 'Adler' handeln kann, sondern um eine Geierart.

Der *næšær* ist im AT seiner Schnelligkeit (*qll*) wegen berühmt (2 Sam 1, 23; Jer 4, 13; Klgl 4, 19). Diese Schnelligkeit hängt einerseits mit seiner Freßgier zusammen: „er eilt zum Fraß" (Hab 1, 8) und „stößt herab auf die Beute" (Ijob 9, 26; vgl. noch 39, 29f.; Hos 8, 1). Andererseits ist sie mit seiner extraordinären Flugfähigkeit verbunden: er kommt „mit großen Schwingen, mit langen Flügeln, mit vollem Gefieder, das bunte Federn hat" (Ez 17, 3); er hat „große Schwingen und viele Federn" (Ez 17, 7; vgl. den Ausdruck „*næšær*-Flügel", Dan 7, 4); ja, „er fliegt herauf und breitet seine Flügel aus im Fluge" (Jer 49, 22; vgl. Jer 48, 40; Ex 19, 4; Dtn 28, 49); so „fliegt er gen Himmel" (Spr 23, 5). So ist „des *næšær*s Weg am Himmel" (Spr 30, 19) sprichwörtlich wundersam und unbegreiflich geworden. Der Flug des *næšær*s führt ihn also in die Höhe (*gbh hiph*), und dort macht er auch sein Nest „zwischen den Sternen" (Obd 4). Über den Wohnort des *næšær*-Vogels spricht vor allem Ijob 39, 27–30 ausführlich: Auf Gottes Befehl fliegt der *næšær* hoch und „er baut ... sein Nest in der Höhe"; „er bewohnt den Felsen und nächtigt auf einer Felszacke und an einem unzugänglichen Ort. Von dort macht er den Fraß ausfindig, von fernher blicken seine Augen. Und seine Jungen möchten (schon) Blut schlürfen, und wo Erschlagene sind, da ist (auch) er" (zum Text G. Fohrer, KAT XVI, 494; jedoch sind vv. 27f. nicht als Glossen nach Jer 49, 16 anzusehen; vgl. BHS). Von dort führt er seine Jungen aus, „schwebt flatternd über seinen Jungen", breitet seine Flügel aus, nimmt sie und trägt sie auf seinem Fittich (Dtn 32, 11). Vom *næšær* wird im AT noch gesagt, daß er „kahl" ist (*qŏrḥāh*, „Glatze", Mi 1, 16). Dazu kommt die dem *næšær* zugeschriebene Fähigkeit, seine „Jugend" (*n^eʿûrîm*) zu „erneuern" (*ḥdš hitp*, Ps 103, 5). Endlich ist zu vermerken, daß der *næšær* die beiden at.lichen Listen über die rituell unreinen Vögel einleitet (Lev 11, 13; Dtn 14, 12).

Es ist unmittelbar deutlich, daß einige von den angeführten, fragmentarischen Beschreibungen des *næšær*-Vogels auf einen Adler überhaupt nicht zutreffen, z. B. daß er kahl (am Kopf und Hals) ist (Mi 1, 16) und daß er sich von Aas ernährt (Ijob 39, 29f.; vgl. noch Spr 30, 17). Das ist schon von mittelalterlichen Bibelkommentatoren notiert worden (z. B. R.

Tam, ca. 1100–1171, Tos. *ad* b Ḥul 63a). In der heutigen Forschung hat sich die Meinung durchgesetzt, daß das at.liche *næšær* normalerweise einen Geier bezeichnet, und zwar aller Wahrscheinlichkeit nach den Gänsegeier (*gyps fulvus*), die große Geierart mit fast 3 m Flügelspannweite und fahlbraunem Gefieder. Dieser Vogelart, die früher in Palästina ziemlich häufig vorkam, ist heute noch im Negev zu sehen. Auf diesen großen Aasvogel passen die meisten dem at.-lichen *næšær* zugeschriebenen Eigenschaften (vgl. z. B. Aharoni 471f.; Driver, 1955, 8f.; Feliks, 1962, 63–71; BHHW I 533f.; EncJud 6, 337f.; 16, 232f.; Keel 69f.).

Das bedeutet aber nicht, daß alle at.lichen *næšær*-Belege eindeutig vom Geier sprechen; so ist wenigstens der große *næšær* (Ez 17, 3. 7) vermutlich ein Adler (s. z. B. Feliks, BHHW I 533f.); ob auch die von Driver (1955, 9; 1958, 56) diskutierten Texte (Spr 23, 5; 2 Sam 1, 23; Jer 4, 13; Klgl 4, 19; Ex 19, 4; Dtn 32, 11) vom Adler sprechen, bleibt äußerst fraglich. Allerdings ist es richtig, daß ein hoch am Himmel kreisender Geier nicht leicht von einem Adler zu unterscheiden ist (Cansdale 142–146) und daß man folglich in der Antike nicht selten den Geier als einen Adlervogel betrachtete (z. B. Aristoteles und Plinius, s. Fauna and Flora 82f.; ferner Schneider-Stemplinger 87–91). Es ist außerdem nicht auszuschließen, daß *næšær* im AT gelegentlich einfach „den großen Raubvogel" bezeichnen mag (Keel 69 Anm. 234). Es ist aber festzuhalten, daß *næšær* als Artbezeichnung den Gänsegeier (*gyps fulvus*) meint, wogegen der in Palästina viel seltenere und wenig bekannte Adler normalerweise *ʿajiṭ* genannt wurde (s. u.).

Die von den Griechen im alten Orient eingeführte Geringschätzung des Geiers und Hochschätzung des Adlers als königlicher Vogel – ein Vorurteil, das offensichtlich bereits der konsequenten LXX-Wiedergabe zugrunde liegt (ἀετός), die durch V aufgenommen und weitergeführt worden ist (*aquila*) und bis in die Gegenwart nachwirkt – widerspricht der Umwelt des alten Israels. So finden wir sehr früh z. B. in Ägypten zwar einen Geier-Kult, aber keinen entsprechenden Adler-Kult. Nechbet, die Geiergöttin, spielte als Landesgöttin Oberägyptens eine hervorragende und durchaus positive Rolle (s. E. Brunner-Traut, Adler [LexÄg I 64f.]; Geier [LexÄg II 513–515]; RÄR 507f.). Im alten Mesopotamien, besonders in den frühesten Perioden, nahm der Geier nicht selten den Platz des königlichen Adlers ein (s. Bodenheimer, 1960, 54; vgl. das Urteil Salonens: „Es ist wahrscheinlich, daß diejenigen großen Raubvögel, die auf den frühen Siegeln und Reliefs mit ausgebreiteten Flügeln, langem Schwanz und langem Körper in antithetischen Kompositionen dargestellt sind, nicht den Adler, sondern den Geier ... wiedergeben", 81).

Folgende Geier-Arten werden im AT neben dem *næšær* genannt: *pæræs*, der zweite in den Listen der rituell unreinen Vögel (Lev 11, 13; Dtn 14, 12; nur hier im AT) wird gewöhnlich mit dem Bart-Lämmergeier (*Gypaëtus barbatus*) identifiziert (z. B. Aharoni 472; Feliks, 1962, 68–71; BHHW I 534; EncJud 16, 233; KBL[3] 912). Die *ʿoznijjāh*, dritte in den Listen der unreinen Vögel (Lev 11, 13; Dtn 14, 12; sonst nicht im AT), ist wahrscheinlich der Mönchsgeier (*Aegypius monachus*), auch als Schwarzer Geier bekannt (z. B. Aharoni 471; Feliks, 1962, 68–71; BHHW I 534; EncJud 16, 233; KBL[3] 766). Der Aasvogel *rāḥām*/*rāḥāmāh* begegnet nur in den Listen rituell unreiner Vögel (Lev 11, 18; Dtn 14, 17) und wird gewöhnlich mit dem ziemlich kleinen Schmutzgeier (*Neophron percnopterus*) identifiziert (z. B. Feliks, 1962, 68–71; BHHW I 534; EncJud 16, 233). Dagegen ist *ʿajiṭ* (vgl. ugar. *ʿṭ*, ein eßbarer Vogel, UT Nr. 1838), der im AT als Raub- und Stoßvogel beschrieben wird, wahrscheinlich Bezeichnung einer Adlerart (nur Gen 15, 11; Jes 18, 6; Jer 12, 9 [2mal, s. doch Driver, 1955, 139f.]; Ez 39, 4; Jes 46, 11; Ijob 28, 7; KBL[3] 772). Er ist Fleischfresser (Jer 12, 8f.; Jes 18, 6; Ez 39, 4; vgl. Gen 15, 11); seine durchdringende Sicht ist sprichwörtlich (Ijob 28, 7); metaphorisch wird der unbezwingbare babyl. König von DtJes (Jes 46, 11) als *ʿajiṭ* dargestellt (s. Feliks, 1962, 66; Dor 246f.; Feliks, EncJud 6, 337f.).

III. 1. a) Einer der ältesten Belege für *næšær* liegt Hos 8, 1 vor (MT?). Hier soll offensichtlich die Schnelligkeit, Entschlossenheit und Gefräßigkeit des Geiers als Metapher für die unter Tiglat-Pilesar III. heranstürmenden Assyrer im Jahre 733 angesprochen werden: „Wie ein Geier [kommt die feindliche Armee] über JHWHs Haus."

G. I. Emmerson (710) übersetzt den ganzen Vers „Set the trumpet to your lips as a herald (making a proclamation) against the house of the Lord." Dahinter steht N. H. Tur-Sinais Emendationsvorschlag: *naśśār*/*naššār* statt *næšær* (The Book of Job, Jerusalem 1957, 550), der nicht völlig abzuweisen ist (vgl. J. Barr, CPT 26–28), aber daran scheitert, daß ein Nomen *naśśār*/*naššār* nicht belegt ist, dagegen *næšær* in Streitkontexten ziemlich häufig vorkommt (z. B. Hab 1, 8; Jer 4, 13; Klgl 4, 19; Dtn 28, 49; vgl. auch 2 Sam 1, 23; Jer 48, 40; 49, 22; Ez 17, 3. 7).

b) Die eigenartige Kahlheit (Kopf/Hals) des Geiers wird in einem vermutlich echt-michanischen Wort aus der Zeit zwischen Tiglat-Pilesars III. erstem Feldzug nach Palästina (734) und der Eroberung Samarias (722) als Vergleich gebraucht (H. W. Wolff, BK XIV/4, 8–36, bes. 22f. 33f.). Angesichts des kommenden Schlages Gottes ruft Micha seinen Zuhörer zu Trauer auf: „Schere dich kahl, schneide (dein Haar) ob der Kinder deiner Wonne. Mach groß deine Glatze wie ein Geier (*næšær*), denn sie müssen von dir weg ins Exil" (1, 16). Solches Scheren der Haare begleitet die Leichenklage (Jer 16, 6) und die Klage über den Untergang eines Landes oder einer Stadt (bes. Jes 3, 24; 15, 2; 22, 12; Jer 47, 5; 48, 37; Ez 7, 18; 27, 31, → גלה II 10f.).

c) In seiner dramatischen Ankündigung des „Feindes aus dem Norden" (Kap. 4–6) beschreibt Jeremia (4, 13) die Feindarmee mit der Schnelligkeit des Geiers („schneller als Geier" *qallû minneᵉšārîm*), was an die frühere Verkündigung Hoseas erinnert (vgl. oben). Im Edom-Orakel Jer 49, 7–22 wird der Geier wieder als Bild für den angekündigten Schlag JHWHs (gegen die Edomiter) gebraucht: „Siehe, wie ein Geier steigt er auf und schwebt daher und breitet seine Schwingen über Bozra" (v. 22). Es geht hier ursprünglich um eine Aussage über die Macht Babels; nach 587 wurde sie aber wegen der Rolle Edoms neu interpretiert (vgl. W. Rudolph, HAT I/12³, 290–293); sie ist übrigens auch ins Moab-Orakel (Jer 48, 1–47) eingedrungen (v. 40, s. Rudolph 283). In beiden Fällen handelt es sich um eine ironische Ausdrucksweise: die beiden Feindvölker, die selbst als stolze Geier an hohen Stellen leben (Jer 49, 16 steht offenbar in traditionsgeschichtlicher Verbindung mit Obd 4, vgl. H. W. Wolff, BK XIV/3, 16f.), sollen bald selbst von einem übermächtigen Geier angegriffen und letztlich erniedrigt werden.

d) Ungefähr zur gleichen Zeit wie Jeremia bringt Habakuk als Antwort auf die Klage des Propheten die Ankündigung der Chaldäer (*hakkaśdîm*, 1, 5–11). „Sie fliegen herbei wie ein Geier, der sich auf seinen Fraß stürzt" (v. 8).

e) Im Buche Ez kommt das Nomen *næšær* 4mal vor, und zwar im ersten Hauptteil (Kap. 1–24). Es ist nicht mit Sicherheit auszumachen, ob Ez unter *næšær* einen Adler oder einen Geier versteht, aber die Beschreibung als ein Vogel „mit langen Flügeln, mit vollem Gefieder, der bunte Federn hat" (17, 3; s. auch v. 7) kann sich schwerlich auf einen Gänsegeier beziehen (s. Feliks, 1962, 66; EncJud 6, 337); Ez spricht vermutlich vom Adler (so auch konsequent z. B. Zimmerli, BK XIII/1).

Im Bericht über die Berufung des Propheten (1, 1 – 3, 15), näherhin in der Beschreibung von der Erscheinung der Herrlichkeit JHWHs (1, 4–28), findet sich eine Schilderung von vier Lebewesen, die sich aus einer Gewittererscheinung lösen (vv. 5–12). In v. 5 werden sie als den „Menschen gleich gestaltet" beschrieben. Diese Aussage ist dann – vermutlich in der Schule Ez's – stufenweise erweitert worden. Zunächst wird festgestellt, daß „jedes einzelne vier Gesichter und vier Flügel hatte" (v. 6). Die vier Gesichter symbolisieren unzweideutig eine allumfassende Gottmacht: vorn Mensch, Abbild und Vizeregent Gottes; rechts Löwe und links Stier, die königlichsten und stärksten Landtiere; und (hinten?) *næšær*, wahrscheinlich den königlichen Adler. Es ist durchaus möglich, daß sich hier „eine verborgene Wertskala" verrät (Zimmerli 62; zu den vier Gestalten s. L. Dürr, Ezechiels Vision von der Erscheinung Gottes [Ez Kap. 1 u. 10] im Lichte der vorderasiatischen Altertumskunde, 1917, 31–54).

Dieselbe Symbolik göttlicher Macht ist auch in die große Vision vom sündigen Gottesdienst Jerusalems (8, 1 – 11, 25) eingedrungen (10, 14), vermutlich durch Bearbeitung einer jüngeren Hand.

Im Abschnitt über Zidkijas Bundesbruch (17, 1–24) findet sich eine Bildrede von einem großen *næšær*, einer Zeder und einem Weinstock. Der *næšær* ist aufgrund der ihm zugeschriebenen Attribute als Adler zu bestimmen: „Ein großer Adler mit großen Schwingen, mit langen Flügeln, mit vollem Gefieder, der bunte Federn hatte, kam zum Libanon und nahm den Wipfel der Zeder weg" (v. 3; zum Text s. Zimmerli 373; s. auch oben II. 2.). Diesem Adler (der babyl. Großkönig) tritt in v. 7 „ein anderer Adler, groß, mit großen Schwingen und vielen Federn" entgegen, der den Ägypterkönig Psammetich II. repräsentiert (s. Zimmerli 381). – Zwischen den beiden großen Adlern steht der Weinstock Juda!

f) In der bedrängenden Situation Jerusalems nach 587 greift Obadja auf eine mündlich tradierte Aussage über den Wohnort des Geiers zurück (s. H. W. Wolff, BK XIV/3, 20–22) und verkündet gegen die im Gebirge lebenden Edomiter: „Baust du (auch) wie ein Geier in der Höhe (oder wenn zwischen Sterne gesetzt) dein Nest, so hole ich dich (doch) von dort herunter, spricht JHWH" (v. 4; zum Text s. Wolff 16f.). Die dahinter stehende mündliche Tradition taucht wieder auf in den nach-jeremianischen Edom- und Moab-Orakeln (Jer 48, 40; 49, 16; s. o. III. 1. c).

g) DtJes sagt in einem ursprünglich vermutlich selbständigen Disputationswort (Jes 40, 27–31): „Doch die auf JHWH harren, erneuern die Kraft, sie treiben Schwingen wie die Geier" (v. 31). Zwar wäre es theoretisch möglich, hinter diesem Sprachgebrauch Reste eines Phönixmotivs zu sehen – das Gefieder verjüngen (s. Achaj 144–147), aber die Aussage bezieht sich primär auf die wundervolle Kraft des Geiers: „Während die nur von ihren natürlichen Kräften Zehrenden schließlich zu Boden gehen ... schwingen sich die wie mit wunderbar gewachsenen Flügeln mit der Kraft der Hoffnung auf Jahwe Begabten empor" (K. Elliger, BK XI/1, 101, der jedoch *n^ešārîm* mit „Adler" übersetzt).

Allem Anschein nach wird dieselbe Botschaft verallgemeinert weitergeführt im späten (nachexil., vgl. H.-J. Kraus, BK XV/2⁵, 872) Psalm 103. Gelobt wird JHWH, „der mit Gutem gesättigt dein Verlangen (laut LXX, s. BHS), daß sich erneut wie beim Geier (Kraus 873: Adler) deine Jugend" (v. 5). Auch hier geht es vor allem um „ein Symbol neuer, jugendlicher Kraft".

2. a) In den priesterlichen (Ex 25 – Num 10) und dtn Gesetzen (Dtn 12–26) des Pent. wird *næšær* (Gänsegeier) zusammen mit u. a. *pæræs* (Bart-Lämmergeier), *'oznijjāh* (Mönchsgeier) und *rāḥām/rāḥāmāh* (Schmutzgeier) als rituell unrein definiert (→ טמא *ṭāme'*; dazu bes. die Studien von Yerkes; Gispen; Driver, 1955; Kornfeld und Paschen). So heißt es in der Sektion über reine und unreine Tiere (Lev 11, 1–47): „Diese müßt ihr von den Flugtieren als Greuel behandeln (*t^ešaqq^eṣû*); sie dürfen nicht gegessen werden; Greuel (*šæqæṣ*) sind sie: den Gänsegeier, den Bart-Lämmergeier, den Mönchsgeier ..." (v. 13); und in den wohl nach-dtr Zusätzen in Dtn 14 (s. H. D. Preuß, Deuteronomium, EdF 164, 1982, 53) wird geregelt: „Du sollst nicht essen, was JHWH ein Greuel ist ... Alle reinen Vögel esset. Diese aber sind es, die ihr nicht essen sollt: der Gänsegeier ..." (Dtn 14, 3. 11f.). Diese Definitionen sind natürlich vor allem theologisch-religiös bestimmt: zum Teil spiegeln sie ältere Auffassungen des Animismus und

Totemismus wider, zum Teil mögen diese Vögel bestimmten Gottheiten heilige Tiere gewesen sein, wie ein Blick in der Umwelt Israels wahrscheinlich macht (vgl. oben II. 2.); seiner Schnelligkeit wegen könnte der Geier sogar mit dämonischen Kräften verknüpft werden (vgl. Heimpel 425. 428; auch Elliger, HAT I/4, 150–152). Obwohl der Geier auch in Israel die Gottesmacht JHWHs symbolisieren konnte (s. bes. unten b), war er als Repräsentant außer-israelitischer Religionsauffassungen und Kultpraktiken dem at.-lichen Ritus ein Greuel (vgl. W. Zimmerli, Grundriß der alttestamentlichen Theologie, [4]1982, 100–103). Diese rituelle Konzeption wurde im antiken Judentum beibehalten.

b) Andere Eigenschaften machten aber den Geier auch zum Symbol der kraftvollen und sorgsamen Aktivität JHWHs. So heißt es in dem die Sinai-Theophanie (Ex 19, 1–25; 20, 18–21) eröffnenden JHWH-Wort: „Ihr habt gesehen, was ich mit den Ägyptern getan habe und wie ich euch getragen habe auf Geierflügeln und euch zu mir gebracht" (19, 4). Diese Äußerung könnte JHWH als einen auf dem Sinai lebenden Geier zeichnen, der seine im Ägypten gefährdeten Jungen – das Gottesvolk – auf seinen mächtigen Flügeln zum Gottesberg getragen hat (vgl. B. S. Childs, The Book of Exodus, OTL, Philadelphia 1974, 366f.).

Ein verwandtes Motiv findet sich im Moselied Dtn 32 (vermutlich der alten Grundlage [E?] zugehörig, s. H. D. Preuß 61. 165–169). Auch hier ist JHWH der in den Wüstengebirgen lebende Geier, der für seine Jungen, die Israeliten, Sorge getragen hat: „Er fand ihn [Israel] in der Wüste ... Wie ein Geier sein Nest behütet und über seinen Jungen flatternd schwebt, breitete er seine Flügel aus, nahm ihn und trug ihn auf seinem Fittich" (v. 11). Der souveräne Geier symbolisiert hier die überlegene Kraft JHWHs, die auch auf „seine Jungen", die gottesfürchtigen Israeliten, übertragen werden kann, wenn sie auf JHWH harren (Jes 40, 31; vgl. Ps 103, 5; s. o. III. 1. g).

c) Isoliert dringt das Motiv der geiergleichen Schnelligkeit der Feinde einmal in den Pent. ein, und zwar in einem dtr Zusatz im Dtn (28, 47–68 [69], s. H. D. Preuß 59. 157). Hier wird die babyl. Intervention retrospektivisch in eine drohende Warnung umgewandelt und verallgemeinert: „JHWH wird gegen dich ein Volk von fern, ja vom Ende der Erde bringen, (schnell und unbehindert) wie ein Geier fliegt" (v. 49).

3. In der at.lichen Weisheit wird vor allem die Schnelligkeit des Geiers genannt. Dieses Motiv, das wir im AT traditionsgeschichtlich bis zu Davids Klagelied über Saul und Jonatan verfolgen können – „sie waren (im Kampf) schneller als Geier, stärker als Löwen" (2 Sam 1, 23) – wird in der Spruchweisheit sehr unterschiedlich verwendet.

Die schnelle Flucht des Geiers gen Himmel wird in der ägyptisierenden Sammlung (Spr 22, 17 – 24, 22) als Illustration des rasch dahinschwindenden Reichtums gebraucht (23, 5). Im äg. Weisheitsbuch des Amen-em-ope werden die Reichtümer als „Gänse" geschildert, die zum Himmel geflogen sind (s. O. Plöger, BK XVII 271).

In der dritten Rede Ijobs (9, 1 – 10, 22) wird die Flucht des Geiers zu einer Metapher für die Flüchtigkeit der Tage Ijobs: „Meine Tage sind schneller als ein Läufer ... Sie fahren wie Rohrnachen dahin, wie ein Geier, der wegen Nahrung hin- und herfliegt" (vv. 25f.; zum Text s. G. Fohrer, KAT XVI 199).

In Spr 30, 17 wird die Freßgier des Geiers in einer Warnung vor Geringschätzung der Eltern angewandt: „Ein Auge, das den Vater verspottet und den Gehorsam gegenüber der Mutter verachtet – aushacken werden es die Raben am Bach und fressen werden es die Junggeier" (zur Stichwortverbindung zu v. 19a vgl. O. Plöger, BK XVII 355).

Sonst betrachtet die at.liche Weisheit den Geier als ein wundervolles Werk Gottes: den Menschen wunderbar und unverständlich bleibt „der Weg des Geiers am Himmel" (Spr 30, 19). In der ersten Gottesrede im Buche Ijob werden die hohe Flucht des Geiers und sein Nest in der Höhe als ein souveränes göttliches Wunder dargestellt (39, 27).

4. Im aram. Teil des Buches Dan begegnet das Nomen *n*[e]*šar* 2mal (4, 30; 7, 4); ob *n*[e]*šar* hier einen Geier oder einen Adler bezeichnet, ist unsicher.

Der erste Beleg findet sich im Bericht von König Nebukadnezars Krankheit (3, 31 – 4, 34) (1. Hälfte des 2. Jh. v. Chr.; vgl. J. J. Collins, The Apocalyptic Vision of the Book of Daniel, Harvard Semitic Monographs 16, Missoula 1977, 1–65). Nebukadnezar, der allem Anschein nach in der Tradition den ursprünglichen Nabonid ersetzt hat (s. L. F. Hartman / A. A. di Lella, AB 23, 168–180), wurde in der Zeit seiner Erniedrigung verstoßen, „bis daß sein Haar wuchs so groß wie Adler(federn) und seine Nägel wie Vogel(klauen) wurden" (4, 30).

Die zweite Belegstelle begegnet im Kontext der Vision von den vier Tieren und dem Menschen (7, 1–28); diese Vision zielt in ihrer jetzigen Fassung auf Antiochos IV. Epiphanes, hat aber eine sehr komplizierte Vorgeschichte gehabt (vgl. u. a. die Par. in der Erzählung von der Statue aus vier Metallen in Dan 2). In seiner vorliegenden Gestalt enthält die Vision eine symbolische Beschreibung der vier Weltreiche: der Babylonier, Meder, Perser und Griechen. Das babyl. Reich ist „wie ein Löwe und hatte Flügel wie ein Adler" (v. 4). Diese Adler-Flügel repräsentieren natürlich die souveräne Macht des babyl. Reiches, die durch die Eroberung Babylons durch Kyros endgültig weggenommen wurde.

IV. Zwar wird *næšær* (wie aram. *n*[e]*šar*) in der LXX konsequent mit ἀετός wiedergegeben (Jer 48, 40 fehlt in LXX), aber diese Übersetzung besagt nichts Definitives über die zoologische Auffassung der LXX-Interpreten, u. a. weil die Geier-Vögel nicht selten in der klassischen Antike zu den Adler-Vögeln gerechnet wurden (s. o. II. 2.).

V. In den Qumran-Schriften begegnet *næšær* 1 QpHab 3, 6–12: „Von fernher kommen sie (die

Kittäer), von den Inseln des Meeres, um alle Völker zu fressen wie ein Geier (Adler?), ohne Sättigung zu finden." In 4 QDibHam 6, 7 (2mal) liegt eine freie Zitation von Ex 19, 4 vor.

Kronholm

נְתִיבָה *n^e^tīḇāh* → דֶּרֶךְ *dæræḵ*

נָתַךְ *nāṯaḵ*

I. Etymologie – II. Allgemeine Verwendung – 1. Grundstamm – 2. *niph* – 3. *hiph* – 4. *hoph* – 5. Substantivbildung – 6. LXX – III. Theologische Bedeutung – 1. Gottes Zorn ergießt sich – 2. Gott schmilzt im Feuerofen – 3. Schöpfung – IV. Qumran.

Lit.: *O. Eißfeldt*, Eine Einschmelzstelle am Tempel zu Jerusalem (KlSchr 2, 1963, 107–109). – *J. Jeremias*, Theophanie (WMANT 10, ²1977). – *T. N. D. Mettinger*, Solomonic State Officials (CB.OTS 5, Lund 1971). – *W. Thiel*, Die deuteronomistische Redaktion von Jeremia 1–25 (WMANT 41, 1973). – *Ders.*, Die deuteronomistische Redaktion von Jeremia 26–45 (WMANT 52, 1981). – *Ch. C. Torrey*, The Foundry of the Second Temple at Jerusalem (JBL 55, 1936, 247–260).
→ אנף *'ānap*, → חמה *ḥemāh*.

I. Die Wurzel *ntk* findet sich im Akk. als *natāku* in der Grundbedeutung 'tropfen' (vgl. AHw 765b; CAD N/1, 115b), im Ugar. als *ntk* 'gießen' (KTU 1.14, 28), *jtk* 'tröpfeln' (KTU 1.19, II, 33) (vgl. UT Nr. 1716; WUS Nr. 1871) und im sogenannten Ja'udischen der Königsinschriften von Zincirli ... *hdd ḥr' ljtkh* „Hadad möge ausgießen seinen Zorn" (KAI 214, 23; vgl. DISO 188; TSSI II 13, 23).
In den hebr. Texten des AT kommt *ntk*, wenn man von allen Konjekturen absieht (vgl. zu 2 Chr 34, 9 BHS und Rudolph, HAT I/21 z. St.) 21mal in Verbalformen und 1mal als Substantiv *hittûḵ* vor. Die Grundbedeutung ist „sich ergießen", die dann im Zusammenhang von Vorgängen der Metallverarbeitung übergeht in „schmelzen". Die dem Verbum *nāṯaḵ* eigentümlichste Verbindung im semantischen Feld ist die mit Wasser oder überhaupt mit einer Flüssigkeit (wie das die akk. Belege zur Genüge verdeutlichen); doch im AT wird das Verbum nur einmal direkt vom Subjekt „Wasser" (*majim*), einmal vom Subjekt „Regen" (*māṭār*) regiert, 2mal ist für ein mit *ntk* bezeichnetes Geschehen eine Flüssigkeit als Vergleichsgegenstand herangezogen (Ijob 3, 24 Wasser; Ijob 10, 10 Milch). Es ist also auffällig, daß außer den genannten Fällen die Wurzel *ntk* immer, wo nicht die Bedeutung „schmelzen" zu lesen ist, im übertragenen Sinne verwendet wird.

II. 1. Im *qal* findet sich *nāṯaḵ* 7mal und zwar mit der Bedeutung „sich ergießen". Dabei kennzeichnet das mit dieser Wurzel gemeinte Geschehen verströmenden Wassers durchweg andere Wirklichkeiten. So ergießen sich wie Wasser die Notschreie (*š^e^'āḡāh* pl.) Ijobs (Ijob 3, 24); vor allem aber ist es der Zorn (*'ap*) und der Grimm (*ḥemāh*) JHWHs, der sich ergießt über die Judäer, die nach Ägypten ziehen wollen (Jer 42, 18), über die Städte Judas und die Gassen Jerusalems (Jer 44, 6), über Jerusalem (2 Chr 12, 7; 34, 25). Damit zusammen hängt die Verwendung des *qal* in Dan 9, 11 mit den Subjekten „Fluch" (*'ālāh*) und „Schwur" (*š^e^ḇû'āh*), die sich als unheilvolle Mächte über das Gottesvolk ergossen haben, und in Dan 9, 27 mit den Subjekten „Vernichtung" (*kālāh*) und „Beschlossenes" (*næḥ^æ^rāṣāh*), die dem mit *nāṯaḵ* angesprochenen Geschehen eine gewisse endzeitliche Note geben (vgl. Jes 10, 23; 28, 22; Wildberger, BK X/3, 1080; Kaiser, ATD 17⁵, 229 f. u. 18², 203 f.).
2. Im *niph* wird *ntk* 8mal verwendet und muß in den meisten Fällen (6mal) reflexiv mit 'sich ergießen' wiedergegeben werden. Je einmal ist *nittaḵ* den ihm semantisch ureigenen Subjekten „Wasser" (*majim*) (2 Sam 21, 10) und „Regen" (*māṭār*) (Ex 9, 33) zugeordnet, sonst ist es in der Bedeutung von 'sich ergießen' 4mal verbunden mit „Zorn" und „Grimm" (*'ap*; *ḥemāh*), die sich ergießen über „diesen Ort" (Jerusalem-Tempel), über Menschen und Tiere, alle Bäume des Feldes und Früchte des Ackerbodens (Jer 7, 20), über Joschija und die Bewohner Jerusalems (2 Chr 34, 21). Nah 1, 6 wird das Sich-Ergießen des Gottesgrimms (*ḥemāh*) mit sich ausbreitendem Feuer verglichen. Damit meldet sich die semantische Komponente an, die durch den Gebrauch der Wurzel *ntk* im Zusammenhang der Metallverarbeitung bedingt ist (so liest LXX mit τήκει in Nah 1, 6 wohl *ntk pi*; vgl. dazu Rudolph, KAT XIII/3, 152), nämlich „schmelzen" bzw. „geschmolzen werden": Ez 22, 21 die vom Hause Israel sollen im Feuer des Grimms (*'æḇrāh*) JHWHs schmelzen. Ez 24, 11 bezieht *ntk niph* auf das Schmelzen (= Vergehen) der Unreinheit (*ṭum'āh*) des Kessels, den JHWH (vgl. Zimmerli, BK XIII/1², 558) auf das Feuer stellt.
3. *ntk hiph* erscheint vor allem im Zusammenhang des Metallschmelzvorganges in der Bedeutung 'zum Schmelzen bringen' in Ez 22, 20, hier auch mit Gott als Subjekt metaphorisch auf das Haus Israel bezogen. *hittîḵ* findet sich ein weiteres Mal mit Gott als Subjekt in Ijob 10, 10 im Zusammenhang eines Schöpfungsbildes in der Bedeutung „hin-, ausschütten".
Umstritten ist die Deutung der beiden *hiph*-Formen in 2 Kön 22, 9 und 2 Chr 34, 17 als Bezeichnung des Tuns der Diener des Königs Joschija. Obwohl meistens „ausschütten" übersetzt wird, ist der Vorschlag, die Verbalformen mit 'einschmelzen' wiederzugeben, sehr zu erwägen (vgl. Eißfeldt; Torrey;

Mettinger; Würthwein, ATD 11/2, 446). Unterstützt werden diese Erwägungen durch die Übersetzung der LXX mit χωνεύω. Es wäre also am Tempel von Jerusalem eine Schmelzstelle vorauszusetzen, an der das eingeworfene bzw. gesammelte Geld in Barren oder in Stangen umgegossen wurde, von denen man nach Bedarf abschlug und fällige Auslagen bezahlte.

4. Die einzige *hoph*-Form (Ez 22, 22) ist aus dem Zusammenhang klar zu interpretieren als Passiv des kausativ verstandenen *hiph*: 'geschmolzen werden'.

5. Die substantivische Bildung *hittûk* (Ez 22, 22) bezeichnet den Schmelzvorgang. Die Bildung ist umstritten; KBL[3] 246 deutet sie als eine Sekundärform von *ntk hiph*; BLe § 61 yγ als eine vom *hiph* hergeleitete *qiṭṭûl*-Bildung und Fohrer (HAT I/13, 127) als eine Mischbildung.

6. Die LXX gibt *ntk* wieder mit στάζω (6mal); χωνεύω (7mal); Jer 7, 20 χέω; Ez 24, 11 und Nah 1, 6 τήκω; Ijob 3, 24 ist frei übersetzt; Ijob 10, 10 ἀμέλγω; Dan 9, 11 ἐπέρχομαι; Dan 9, 27 δίδωμι pass.; 2 Chr 34, 21. 25 bieten die Lesart ἐκκαίω.

III. Theologisch interessant ist die Verwendung der Wurzel *ntk* vor allem im Zusammenhang der Rede vom Gericht JHWHs.

1. Johnson (→ I 386) wies darauf hin, daß an den Stellen, wo *ntk* mit *'ap̱* bzw. *ḥemāh* oder mit beiden verbunden ist, nie gesagt wird, daß Gott seinen Zorn ausgießt, sondern Zorn und Grimm Gottes ergießen sich von selber. Es mag dahingestellt bleiben, ob diese Redeweise zum theologischen Sprachgebrauch der Dtr gehört (vgl. Thiel, WMANT 41, 121 und WMANT 52, 66. 72), jedenfalls stellt die Formel vom „Sich-Ergießen des Zornes (und des Grimms) JHWHs" eine besondere Form des Redens über das Ergehen des Gerichtes Gottes dar. Sie findet sich nur in den von Thiel als D-Redaktion eingestuften Jeremiastellen: 7, 20; 42, 18 (2mal); 44, 6; ferner in 2 Chr 12, 7; 34, 21. 25 (LXX korrigiert den Chroniktext nach 2 Kön 22, 13. 17); schließlich erscheint die Formel noch in Nah 1, 6. Hier findet sie sich in einem JHWH-Hymnus auf sein Kommen zum Gericht (vgl. Jeremias 5. 32. 169), wobei die Formel aber nicht Teil der Theophanieschilderung (Nah 1, 3b–5) ist, sondern zum interpretierenden Rahmen (vv. 2a. 6) gehört, der die eigentliche Theophanieschilderung deutet (Jeremias 169). Das Sich-Ergießen des Grimms Gottes wird mit Feuer verglichen. Diese semantische Beziehung zum Feuer findet sich ebenso Jer 7, 20; 44, 6 und 2 Chr 34, 25. Es ist schwer zu entscheiden, ob diese semantische Konnotation bedingt ist durch das Subjekt *ḥemāh*, das ebenso wie *ḥārôn* „den Zornaffekt als innere Glut beschreibt" (Eichrodt, ThAT I[8], 168) oder ob der Vorgang sich ausbreitenden Feuers als Vorstellungshintergrund fungiert oder das Ausgießen geschmolzenen Metalls (was angesichts der Verwendung des Verbums in bezug auf den Schmelzvorgang zu überlegen ist).

Bezeichnend ist, daß die Redeweise vom Sich-Ergießen des Gotteszorns nur auf Israel bezogen ist. So könnte diese Redewendung in nachexil. Zeit eine stehende Bezeichnung geworden sein für das im Untergang Jerusalems an Israel ergangene Gericht Gottes als Faktum der Geschichte, weniger als Tun Gottes; so würde sich auch erklären, daß in diesem Zusammenhang Gott nie Subjekt von *ntk* ist. Nah 1, 6 mit seinem Kontext, Jer 7, 20 mit dem Verweis auf die allgemeine Betroffenheit vom sich ergießenden Gotteszorn (Menschen, Tiere, Bäume des Feldes, Früchte des Ackerbodens) und Jer 44, 6 mit dem Vermerk von „Wüste, Öde" als Folgen des Gotteszorns könnten darauf verweisen, daß diese Formel „Gottes Zorn bzw. Grimm ergießt sich über ..." irgendwie zusammenhängt mit den Theophanieschilderungen. Daß *ntk* in der Rede vom ergehenden JHWH-Gericht eine feststehende Bedeutung hat, zeigen die Stellen Dan 9, 11. 27, wo anstelle von Gottes Zorn oder Grimm Fluch (*'ālāh*) und Schwur (*šeḇûʿāh*) bzw. Vernichtung (*kālāh*) und Beschlossenes (*næḥeraṣāh*) als Subjekte von *ntk* fungieren.

2. Ebenfalls im Zusammenhang einer Gerichtsaussage über Israel verwenden Ez 22, 20ff. und Ez 24, 11 die Wurzel *ntk*. Im Gerichtswort Ez 22, 17–22, dessen bildhafter Hintergrund der Schmelzvorgang bei Metallen ist, findet sich die Wurzel 5mal, obwohl sie nicht gerade zur Fachterminologie des Metallschmelzers gehört. Der Ezechieltext engt den Vorgang des Metallschmelzens undifferenziert ein auf den Vernichtungsvorgang des Brandes (vgl. Zimmerli, BK XIII/1[2], 518; Kaiser, ATD 17[5], 57). Das Bild ist damit sicher sekundär verwendet im Vergleich zur mehr differenzierten Darstellungsweise in Jes 1, 22. 25, wo der Vorgang des Schmelzens (*ṣrp*) das Ziel der Reinigung und der Entfernung aller das Edelmetall verschmutzenden Bestandteile verfolgt. Ez 22, 17–22 geht es dagegen einzig um die vernichtende Kraft des Brandes, so daß *ntk* in diesem Zusammenhang die semantische Note „vernichten", „vergehen lassen" bekommt. Subjekt dieses Tuns ist in Ez 22, 20 Gott selber. Daß Ez in diesem Zusammenhang gerade auf die Wurzel *ntk* zurückgreift, mag in ihrer feststehenden Bedeutung als Gerichtsterminus begründet sein. Ez 24, 11 hat *ntk* den Sinn „zum Vergehen bringen" bezogen auf die Unreinheit des Kessels, der jedoch Israel selber repräsentiert.

3. Theologisch bedeutsam ist die Wurzel *ntk* als Bezeichnung der schöpferischen Tätigkeit Gottes im Zusammenhang der bildhaften Darstellungsweise der Entstehung des menschlichen Lebens im Mutterleib in Ijob 10, 10. Dabei wird das entstehende menschliche Leben wie öfters im Alten Orient verglichen mit dem Gerinnen der Milch. Ob dabei nur abgehoben werden soll auf den allgemeinen Vergleich „des Werdens eines Dinges aus einem anderen, das den Ausgangspunkt bildet" (Fohrer, KAT XVI 217) oder ob die Bildrede den physiologischen Vorgang des Ausgießens des milchartigen Spermas, das im Leib der Frau zum Embryo gerinnt wie Käse (Driver-Gray, Job, ICC, 100; Pope, AB 15, 80) ins Auge faßt, mag in diesem Rahmen dahingestellt

bleiben. Entscheidend ist nur, daß das Entstehen menschlichen Lebens als Ergebnis des Wirkens Gottes erfaßt wird.

IV. In den Texten von Qumran findet sich die Wurzel *ntk* in CD 20, 3 im Zusammenhang der Bildrede vom Schmelzofen, in dem der geschmolzen d. h. geläutert wird, der – obwohl zu den Reihen der Männer der vollkommenen Heiligkeit zählend – zurückscheut, die Vorschriften der Aufrichtigen auszuführen.

Stiglmair

נָתַן *nāṯan*

מַתָּן *mattān*, מַתָּנָה *mattānāh*, מַתַּת *mattaṯ*, אֶתְנָה *'æṯnāh*, אֶתְנָן/אֶתְנַן *'æṯnān/'æṯnan*

I. Zur Wurzel – 1. Das Verbum – 2. Die Nomina – 3. Eigennamen – II. Geläufige Bedeutung – 1. Geben – 2. Setzen – 3. Zu etwas machen – 4. Erlauben – 5. Verschiedener idiomatischer Sprachgebrauch – III. Sprachgebrauch im Rechts- und Handelsbereich – 1. Entschädigung – 2. Arbeitsentgelt – 3. Verkauf – 4. Tauschhandel – 5. Darlehen – 6. Ehevertrag – 7. Schenkung – IV. Sprachgebrauch im kultischen Bereich – 1. Opfer – 2. Weihgaben – 3. Sklavenweihe – V. 1. LXX – 2. Qumran.

Lit.: *J. M. Baumgarten*, The Exclusion of „Netinim" and Proselytes in 4 Q Florilegium (RQu 29, 1972, 87–96). – *M. Dandamayev*, Rabstvo v Vavilonii, Moskau 1974, 273–324. – *H. J. van Dijk*, A Neglected Connotation of Three Hebrew Verbs (VT 18, 1969, 16–30). – *R. P. Dougherty*, The Shirkûtu of Babylonian Deities (YOS Res 5/2, New Haven 1923). – *C. H. Gordon*, Egypto-Semitica (RSO 32, 1957, 269–277, bes. 273f.). – *J. C. Greenfield*, *našû – nadānu* and Its Congeners (Memoirs of the Connecticut Academy of Arts and Sciences 19, 1977, 87–91). – *M. Haran*, The Gibeonites, the Nethinim and the Sons of Salomon's Servants (VT 11, 1961, 159–169). – *J. Jacobs*, Studies in Biblical Archaeology (New York 1894, 104–122). – *B. Jongeling*, L'expression *my ytn* dans l'Ancien Testament (VT 24, 1974, 32–40). – *M. Z. Kaddari*, Biṯṭūj hammiš'ālāh „*mj jtn*" (Shnaton 2, 1977, 189–195, XII). – *Ders.*, לתחביר הפועל נתן בלשון ספר יחזקאל Syntactic Features of the Verb *Ntn* in Ez (BethM 17, 1972, 493–497. 527). – *Y. Kobayashi*, A Study on the Transcription of the Old Babylonian Hypocoristic Names *i-din-ia* and *i-din-ia-tum* (Acta Sumerologica 1, 1979, 12–18). –*C. J. Labuschagne*, The *našû – nadānu* Formula and Its Biblical Equivalent (Studies M. A. Beek, Assen 1974, 176–180). – *Ders.*, נתן *ntn* geben (THAT II 117–141). – *B. A. Levine*, The Netînîm (JBL 82, 1963, 207–212). – *Ders.*, Notes on a Hebrew Ostracon from Arad (IEJ 19, 1969, 49–51). – *M. Moreshet*, Tracing *laś'ēt we-latet* (Lĕšonénu 43, 1978/79, 295–301). – *S. C. Reif*, A Note on a Neglected Connotation of *ntn* (VT 20, 1970, 114–116). – *S. Segert*, Noch zu den assimilierenden Verba im Hebräischen (ArOr 24, 1956, 132–134). – *E. A. Speiser*, Unrecognized Dedication (IEJ 13, 1963, 69–73). – *R. de Vaux*, Les institutions de l'Ancien Testament (Paris 1958–1960, I 139; II 221. 247f.). – *J. P. Weinberg*, Neṯînîm und „Söhne der Sklaven Salomos" im 6.–4. Jh. v. u. Z. (ZAW 87, 1975, 355–371). – *D. W. Young*, Notes on the Root נתן in Biblical Hebrew (VT 10, 1960, 457–459). – *C. Zaccagnini*, Lo scambio dei doni nel Vicino Oriente durante i secoli XV–XIII (Or Ant, Coll. 11, Rom 1973).

I. 1. Das Verb *nāṯan* leitet sich wahrscheinlich von einer einsilbigen Wurzel *d/tin* ab, wovon sich die augmentierten Formen *jtn* in Ugar. und Phön., *nadānu* im Akk. und *ntn* im Amor., Aram., Hebr. und den „kanaanäischen" Sprachen Transjordaniens ableiten (vgl. B. Kienast, ZA 55, 1963, 138–155; J. Macdonald, Annual of Leads Univ. Oriental Soc. 5, 1963–1965, 63–85). Die Wurzel ist im Arab. und den südsemit. Sprachen nicht bezeugt, was vermuten läßt, daß sie aus dem sprachlichen Substrat des „fruchtbaren Halbmonds" stammt.

Im bibl. Hebr. begegnet *ntn qal* etwa 1900mal. Es drückt einen besonders weiten Begriff aus, dessen Grundbedeutung nicht „geben", „ein Geschenk machen" ist, sondern die Hand ausstrecken, um einen Gegenstand an einen bestimmten Platz zu stellen oder um es einer anderen Person als Eigentum zu übergeben, gegen oder ohne Entgelt. Das Ergebnis der Aktion wird meistens als bleibend und definitiv angesehen. Für diese Aktion im Passiv stehen im bibl. Hebr. das *niph* (ca. 80mal) sowie das *qal* Passiv (8mal). Im bibl. Aram. begegnet *neṯan* 6mal, dazu 1mal das Ptz. Passiv *neṯîn* (Esra 7, 24), das in hebräisierter Form als *neṯînîm* 15mal vorkommt.

2. Drei Deverbativa sind mit dem Präformativ *ma*-gebildet: *mattān*, dessen fem. Form *mattānāh* (bibl. Aram. *mattenā'*) und *mattaṯ*. Darüber hinaus erscheint ein vorgestelltes *'ālæp* im Nomen *'æṯnān/'æṯnan*, einmal in der kurzen Form *'æṯnāh* (Hos 2, 14) belegt. Das angefügte *-ān/-an* zeigt nicht notwendig an, daß es sich um ein Lehnwort aus dem Aram. handelt. In der Tat ist die wahrscheinliche Bildungsgrundlage der Imp. *tenāh* mit paragogischem *-āh*. Die Kurzform *'æṯnāh* (Hos 2, 14) könnte daher älter sein als *'æṯnān*. Der rein prosthetische Charakter des *'æ- < 'a* zeigt sich im *hiph hiṯenû* und im korrespond. Imperf. *jtnw* Hos 8, 9f.: „Efraim aber gibt Hurenlohn für Liebesdienste. Auch wenn sie unter den Völkern Hurenlohn nehmen ..." (vgl. H. S. Nyberg, ZAW 52, 1934, 250f.). Alle Nomina *mattān*, *mattānāh*, *mattaṯ*, *'æṯnāh* und *'æṯnān/'æṯnan* bezeichnen das Objekt des Handelns als Gabe, Bezahlung, Lohn, Geschenk.

3. Das Verb *nāṯan* und die hiervon abgeleiteten Nomina bilden verschiedene Personennamen: *'ælnāṯān* und *Neṯan'el* „El/Gott hat gegeben" *Jehônāṯān*, *Jônāṯān*, *Neṯanjāhû* und *Neṯanjāh* „JH(WH) hat gegeben", *Neṯan-mælæḵ* „der König hat gegeben",

Nāṯān, ein theophorer Name, der auf das verbale Element reduziert wurde, *Mattanjāh(û)*, *Mattiṯjāh(û)* „Gabe JH(WH)s". *Mattān*, *Matt^{e}naj* und *Mattattāh* sind verkürzte oder hypokoristische Nomina gleicher Bildungsart. Darüber hinaus begegnen *'æṯnān* (1 Chr 4, 7) und *'æṯnî* (1 Chr 6, 26), möglicherweise Spitznamen, und der phön. Name *Jaṯnî'el* „El/Gott hat gegeben" (1 Chr 26, 2). Der Ortsname *Jiṯnān* (Jos 15, 23) hängt möglicherweise mit dem Imperf. von *nāṯan* zusammen.

II. 1. *nāṯan* wird oft mit Akk.objekt und der Präposition *l^{e}*, gefolgt von einem eine Person bezeichnenden Namen, gebraucht und bedeutet „geben, weitergeben, übergeben". Eva gibt die Frucht des Baums dem Adam, damit er esse (Gen 3, 6. 12); Abraham gibt seinem Knecht ein Kalb, damit er es für die Gäste zubereite (Gen 18, 7); er gibt Hagar Brot und einen Schlauch Wasser, als er sie mit dem Kind wegschickt (Gen 21, 14).
Die gleiche Konstruktion kann auch bedeuten, daß man bestimmte Güter einem anderen zur Verfügung stellt. Zum Beispiel stellt Gott dem Menschen die Pflanzen und die fruchttragenden Bäume zur Verfügung (Gen 1, 29); desgleichen die Tiere, die Vögel und Fische, damit sie ihm als Nahrung dienen (Gen 9, 3). In anderen Fällen handelt es sich mehr um eine Zuteilung. So werden die Erbteile entsprechend der Güterbestandsliste zugeteilt (Num 27, 9–11; 36, 2; Jos 17, 4. 6; 19, 49; Ez 47, 23: Ps 111, 6; Ijob 42, 15, vgl. Jos 13, 14. 33; 14, 3).
Man kann in gleicher Weise auch „schenken" (Gen 45, 22) oder „eine Gnade gewähren" ausdrücken. Gott kann den Menschen Reichtümer, Weisheit und Ehre geben (Gen 24, 35; 1 Kön 3, 9), oder auch Sieg (Ps 144, 10), Stärke oder Macht (Dtn 8, 18; Ps 29, 11; 68, 36). Er gibt einen Sohn (Gen 17, 6; 30, 6; 1 Kön 3, 6; 5, 21; 1 Chr 25, 5; 28, 5; 2 Chr 2, 11) und Nachkommenschaft (*zæra'*: Gen 15, 2f.; 1 Sam 1, 11), was gleichermaßen von einem Mann gesagt werden kann (Gen 30, 1 mit *jāhaḇ*; 38, 9). Gott erhört die Gebete und gibt, was das Herz des Beters wünscht (Ps 20, 5; 21, 3; 106, 15; Spr 10, 24). Essen und trinken und eine gute Zeit haben sind eine solche Gabe (*mattaṯ*) Gottes (Koh 3, 13; 5, 18), von dem selbst die Opfergaben kommen, die man ihm darbringt (1 Chr 29, 14). Das Substantiv *mattān* kann ein Geschenk (Spr 18, 16) oder ein Almosen (Spr 21, 14; Sir 4, 3; 40, 28) bezeichnen, genau wie *mattānāh* (Est 9, 22). Der freigebige Mensch wird *'îš mattān* (Spr 19, 6) oder *nôṯen mattānôṯ* (Sir 3, 17) genannt; „gemäß seiner Großzügigkeit" heißt *k^{e}matt^{e}naṯ jāḏô* (Dtn 16, 1).
Die Ablieferung der mittels Fronarbeit aufgezwungenen Lasten wird auch mit *nāṯan* bezeichnet. Nach Ex 5, 18 hatten die Israeliten in Ägypten täglich eine vorgeschriebene Menge von Ziegeln zu liefern (*nāṯan*). Zu ihrer Herstellung liefert (*nāṯan*) man ihnen Stroh (Ex 5, 7.10. 16. 18). Ben-Hadad verlangt bei der Belagerung Samarias vom israelit. König, ihm Silber und Gold, seine Frauen und Kinder „auszuliefern" (1 Kön 20, 5). Hiskija mußte Sanherib alles Geld des Tempels und der königl. Schatzkammer „ausliefern" (2 Kön 18, 15). Später „liefert" Jojakim Necho das Silber und Gold, das dieser als Tribut verlangte, aus (2 Kön 23, 35). In metaphorischem Sinn kann man jemanden dem Hunger (Jer 18, 21), einem Fluch (Num 5, 21) oder dem Tod (Ez 31, 14) „ausliefern".
Eine andere Bedeutungsnuance liegt vor im „von sich geben": so bezeichnet *nāṯan š^{e}ḵoḇæṯ* den Samenerguß (Lev 18, 20. 23; 20, 15; Num 5, 20), *nāṯan qôl* („Laut geben") eine stimmliche Äußerung (Gen 45, 2; Ex 9, 23; Num 14, 1; Dtn 1, 34, 1 Sam 12, 17f.; 2 Sam 22, 14; Jer 2, 15; 4, 16; 22, 20; 25, 30; 48, 34; Joël 2, 11; 4, 16; Am 1, 2; 3, 4; Hab 3, 10; Ps 18, 14; 68, 34; 77, 18; 104, 12; Spr 1, 20; 2, 3; 8, 1; Klgl 2, 7), *nāṯan tōp̄* das Schlagen der Pauke (Ps 81, 3), *nāṯan reaḥ* die Ausströmung von Wohlgeruch (Ez 6, 13; Hld 1, 12; 2, 13; 7, 14; vgl. P. A. H. de Boer, VTS 23, 1972, 37ff.), *nāṯan 'ajin* das Perlen von Flüssigkeiten (Spr 23, 31). Dem nahe steht die Bedeutung „hervorbringen", wenn Naturkräfte Subjekt sind. So geben der Weinstock, der Feigenbaum, der Obstbaum ihre Früchte (Joël 2, 22, Sach 8, 12; Lev 26, 20; Ps 1, 3); die Erde gibt ihre Produkte (Gen 4, 12; Lev 26, 20; Dtn 11, 17; Jes 55, 10; Ez 36, 8; vgl. Gen 49, 20); aber Gott gibt den Regen zu seiner Zeit (Lev 26, 4), das Wasser in der Wüste (Jes 43, 20) und den verheerenden Hagel (Ex 9, 23; Ps 105, 32). Im intellektuellen Bereich heißt „recht geben" *nāṯan ṣædæq* (Ijob 36, 3) und „unrecht geben" *nāṯan tiplāh* (Ijob 1, 22); dieser Gebrauch von *nāṯan* berührt sich mit der Bedeutung „setzen" (s. II. 2).
2. *nāṯan* hat häufig die Bedeutung „setzen, stellen, legen" etc. und wird in dieser Bedeutung oft mit den Präpositionen *b^{e}*, *l^{e}*, *'al* oder *'æl* gebraucht, die die Platzangaben einleiten. Diese Konstruktion begegnet z. B. in Gen 1, 17: Gott heftet die Sterne an (*b^{e}*) den Himmel; Gen 9, 13: Gott will einen Bogen in (*b^{e}*) die Wolken setzen. Man setzt einen Kranz auf (*b^{e}*) den Kopf (Spr 4, 9; Est 6, 8) und legt Brot auf (*'al*) den Tisch (Ex 25, 30). Man gibt eine Frau in (*b^{e}*) die Arme eines Mannes (Gen 16, 5). Die gleichen Konstruktionen benutzt man, um auszudrücken, daß man jemandem eine Verletzung zugefügt (*nāṯan b^{e}*, Lev 24, 19) oder ihn verleumdet hat (Ps 50, 20).

Die semantische Berührung mit den Verben des „Setzens" zeigt sich auch in zahlreichen idiomatischen Wendungen, die gleichermaßen mit *śîm* (→ שׂים), manchmal *šîṯ* (→ שׁית) und *nāṯan* konstruiert wurden, als seien die Verben Synonyme. Hiervon eine Auswahl: *śîm tiplāh* (Ijob 24, 12) || *nāṯan tiplāh* (Ijob 1, 22) „unrecht geben"; *śîm ḥoq* (Ex 15, 25; Jos 24, 25) || *šîṯ ḥoq* (Ijob 14, 13) || *nāṯan ḥoq* (Ez 20, 25; Ps 99, 5; 148, 6; Spr 31, 15; Neh 9, 13) „ein Gesetz promulgieren", *śîm šālôm* (Num 6, 26; Jes 60, 17) || *nāṯan šālôm* (Lev 26, 6; Jer 14, 13; Hag 2, 9; 1 Chr 22, 9) „Frieden schaffen", *śîm pānîm* (Gen 31, 21; Lev 20, 5; Jer 21, 10; Ez 6, 2; 13, 17 usw. || *nāṯan pānîm* (s. II. 5.) „sich wenden", „sich umdrehen", *śîm rûaḥ* (Jes 63, 11) || *nāṯan rûaḥ* (Num 11, 29; 1 Kön 22, 23; 2 Kön 19, 7; Jes 37, 3; 42, 1. 5; Ez 11, 19;

36, 26f.; 37, 6. 14; Neh 9, 20; 2 Chr 18, 22) „Atem geben“ oder „Geist geben“, *śîm dām* (Dtn 22, 8; Ri 9, 24; 1 Kön 2, 5; Ez 24, 7) || *nāṯan dām* (Dtn 21, 8; 1 Kön 2, 5; Jer 26, 15; Ez 16, 38; 24, 8; Joël 3, 3; TR 63, 7) „Blut vergießen“, *śîm ʾoṯôṯ ûmopeṯîm* (Jer 32, 20; Ps 78, 43; 105, 27) || *nāṯan ʾoṯôṯ ûmopeṯîm* (Ex 7, 9; Dtn 6, 22; 13, 2; 1 Kön 13, 3; Joël 3, 3; Neh 9, 10; 2 Chr 32, 24) „Zeichen und Wunder geben“, *śîm lešammāh* (Jes 13, 9; Jer 4, 7; 18, 16; 19, 8; 25, 9; 51, 29; Joël 1, 7; Sach 7, 14) || *šîṯ lešammāh* (Jer 2, 15; 50, 3) || *nāṯan lešammāh* (Jer 25, 18; 29, 18; Ez 29, 10; Mi 6, 16; 2 Chr 29, 8; 30, 7) „zur Wüste machen“, *śîm lišreqāh* (Jer 19, 8; 25, 9) || *nāṯan lišreqāh* (Jer 25, 18; 29, 18; Mi 6, 16; 2 Chr 29, 8) „der Lächerlichkeit preisgeben“, *śîm ḥærpāh* (1 Sam 11, 2; Ps 39, 9; 44, 14) || *nāṯan (le)ḥærpah* (Jer 24, 9; 29, 18; Ez 5, 14; 22, 4; Joël 2, 17. 19) „zum Gespött machen“, *śîm liṯhillāh ûlešem* (Zef 3, 19) || *nāṯan liṯhillah ûlešem* (Dtn 26, 19; Zef 3, 20) „Ruhm und Ehre verschaffen“, *śîm legôj gāḏôl* (Gen 21, 18; 46, 3) || *nāṯan legôj gāḏôl* (Gen 17, 20) „zu einem großen Volk machen“, *śîm raḥamîm* (Jes 47, 6) || *nāṯan raḥamîm* (Dtn 13, 18; Jer 42, 12; TR 55, 11f.; Meṣad Ḥaschavjahu 13f.) „Mitleid haben“.

3. *nāṯan* wird oft mit dem Akk. und der Präp. *le*, gefolgt von einem Dativobjekt, gebraucht, um anzuzeigen, daß jemand oder etwas verwandelt wird. Die Grundbedeutung ist die von „setzen“. Neben den schon erwähnten Wendungen (s. II. 2.) kann man folgende Beispiele anführen: *nāṯan legôjim* (Gen 17, 6) „zu Völkern machen“; *nāṯan leʾôr gôjim* (Jes 49, 6) „zum Licht der Völker machen“; *nāṯan lizwāʿāh* (Jer 15, 4; 24, 9; 29, 18; 34, 17) „zu einem Schreckensbild machen“; *nāṯan lemāšāl welišnînāh* (Jer 24, 9; 2 Chr 7, 20) „zum Gespött und Hohn machen“; *nāṯan liqlālāh* (Jer 24, 9; 25, 18; 26, 6) „zum Fluch machen“; *nāṯan leroʾš weloʾ lezānāḇ* (Dtn 28, 13; vgl. v. 44; Jes 9, 13f.; 19, 15) „zum Kopf und nicht zum Schwanz machen“; *nāṯan leḥômôṯ neḥošæṯ* (Jer 1, 18; 15, 20; vgl. EA 147, 53) „zu einer ehernen Mauer machen“; *nāṯan letipʾāræṯ* (Dtn 26, 19) „zur Ehre machen“; *nāṯan linweh ḡemallîm ... lemirbaṣ-ṣoʾn* (Ez 25, 5) „zum Weideplatz der Kamele, ... zum Lager der Schafe machen“; *nāṯan lişḥîaḥ sālaʿ* (Ez 26, 4) „zum nackten Fels machen“; *nāṯan leḥŏrḇôṯ* (Ez 29, 10) „zur Trümmerstätte machen“; *nāṯan leraḥamîm* (1 Kön 8, 50; Ps 106, 46; Neh 1, 11; Dan 1, 9; vgl. Gen 43, 14 ohne *le*) „Gnade finden lassen“.

Anstelle von *le* wird auch das komparativische *ke* gebraucht: *nāṯan keṯopæṯ* (Jer 19, 12) „dem Tofet gleichmachen“; *nāṯan kaʾaḇānîm* (1 Kön 10, 27; 2 Chr 1, 15) „zahlreich machen wie Steine“. Eine dritte mögliche Konstruktion besteht im Gebrauch eines doppelten Akk.: *nāṯan* PN *nāḡîḏ* (1 Kön 14, 7; 16, 2; Jes 55, 4) „jemanden zum Erbprinzen erheben“, *nāṯan* PN *niḇzîm* (Mal 2, 9) „verächtlich machen“.

4. *nāṯan* mit *le* und Inf. bedeutet „lassen“ oder „erlauben“ (Grundbedeutung „setzen“). Das Syntagma findet sich im allgemeinen mit einer Negation, also *loʾ nāṯan le* + Inf.: Gen 20, 6; 31, 7; Ex 3, 19; 12, 23; Ri 1, 23; 15, 1; 1 Sam 18, 2; Hos 5, 4; Ps 16, 10; 66, 9; 121, 3; Ijob 31, 30; Koh 5, 5; 2 Chr 20, 10. Die Konstruktion ohne *loʾ* ist seltener und findet sich in relativ späten Texten (Ijob 24, 23; 1 Chr 16, 7; 22, 19; Est 8, 11). Das direkte Objekt zu *nāṯan* wird in diesen Texten durch *le* eingeleitet (vgl. auch 2 Chr 20, 10), außer in 1 Chr 16, 7, wo sich eine Umschreibung mit *bejaḏ* findet. In einigen Texten bestimmt *nāṯan* direkt einen Infinitiv ohne *le* (mit *loʾ* Num 21, 23; Ps 55, 23; Ijob 9, 18, ohne Negation Ex 16, 3; 2 Sam 19, 1; Num 20, 21). Zwei dieser Texte (Ex 16, 3; 2 Sam 19, 1) gebrauchen die Wendung *mî-jitten*, die von B. Jongeling und M. Z. Kaddari untersucht worden ist. Sie drückt einen (un)erfüllbaren Wunsch aus, die präzise Bedeutung aber hängt von der speziellen Nuance des Verbs *nāṯan* und der Konstruktion ab.

5. *nāṯan* bildet verschiedene idiomatische Wendungen, die einerseits häufig, andererseits z. T. problematisch sind:

Der Ausdruck *nāṯan pānājw* schon für Mari (ARM II, 57, 7), Ugarit (*jtn pnm*: WUS Nr. 2230, 2) und in El-Amarna-Briefen aus Byblos (EA 73, 37f.; 117, 20f.), aus Tyros (EA 148, 9f. 26f.; 150, 4f.; 151, 19f., 23f., 69f.; 155, 27f.) und aus Jerusalem (EA 286, 53; 288, 49f.) belegt, bedeutet „sich umdrehen“ oder „sich wenden“ und wird im Ugar. mit *ʿm*, in den Briefen von ARM und EA mit *ana*, in Lev 17, 10; 20, 3. 6; 26, 17; Ez 14, 8; 15, 7 mit *be*, in Gen 30, 40 und Dan 9, 3 mit *ʾæl*, in Dan 10, 15 mit Akk. und enklitischem *-h* und in 2 Chr 20, 3 mit *le* + Inf. gebraucht.

Die Wendung *nāṯan ʿal jaḏ* bedeutet „anvertrauen“. Sie begegnet Gen 42, 37; 2 Kön 12, 16; 22, 5. 7. 9; 1 Chr 29, 8; 2 Chr 34, 10. 17; CD 14, 13. Dagegen meint *nāṯan ʿal jaḏ* in Gen 41, 42; Ez 16, 11 und 23, 42 (MSS) „(einen Ring) an die Hand stecken“ im eigentlichen und materiellen Sinn des Ausdrucks.

Das Syntagma *nāṯan jāḏ be* in Ex 7, 4; 1 QM 12, 11; 19, 3 ist zu einer einfachen Variante von *šālaḥ jāḏ be* (Gen 37, 22; 1 Sam 24, 7. 11; 26, 9 usw.) geworden, die „sich an jemanden vergreifen“ bedeutet. Der urspr. Sinn dieser Wendung dürfte indessen „sich Mühe geben“, „Hand anlegen“ gewesen sein, wie *ida nadānu* im Babyl. (AbB II 130, 14; RA 11, 1914, 147, 7; vgl. CAD N/1, 52). Andererseits meint *nāṯan jāḏ* mit *le* (2 Chr 30, 8) oder *taḥaṯ* (1 Chr 29, 24) oder mit *le* + Inf. (Esra 10, 19) „sich ergeben“ oder „sich jem. unterwerfen“ oder „sich dareingeben“. So „unterwirft sich“ Jonadab Jehu (2 Kön 10, 15) und die Mitglieder des davidischen Hofs „unterwerfen sich“ Salomo (1 Chr 29, 24). In diesen beiden Fällen zeigt das „seine Hand geben“ an, daß man sich zum Lehnsmann des Herrschers erklärt, daß man ihn akzeptiert und seine Autorität anerkennt. Desgleichen spielt Ez 17, 18 auf König Zidkija an, der sich Babylonien „unterworfen hatte“, indem er Nebukadnezzar als Herrscher anerkannte (vgl. 2 Kön 25, 17). Analog wird das Volk eingeladen, „sich JHWH zu unterwerfen“ (2 Chr 30, 8). In Jer 50, 15 meint *nāṯenāh jāḏāh* einfach, daß Babylon „sich unterworfen hat". Genauso ist *nāṯannû jāḏ* in Klgl 5, 6 zu übersetzen: „Wir haben uns Ägypten und Assur unterworfen, um uns mit Brot zu sättigen." Nach Esra 10, 19 „ergeben sich" (*wajjittenû jāḏām*) die Priester, die fremde Frauen geheiratet hatten, darein, ihre Frauen wegzuschicken. Das Syntagma erscheint auch in einem nassyr. Text, ohne Zweifel unter dem Einfluß einer westsemit. Sprache: *idēni ana mīṯūti nittidin* (ABL 1238 Rs. 18) „wir haben uns dem Tod ergeben" (vgl. Ez 31, 14). Man muß diesen idiomatischen Gebrauch von *nāṯan jāḏ* von Gen 38, 28 unterscheiden, wo es sich um die wirkliche Geste des Handreichens handelt, sowie Jes 56, 5, wo *jāḏ* eine Stele oder einen Gedenkstein meint (vgl. 1 Sam 15, 12; 2 Sam 18, 18, → יד *jāḏ*, III 450f.)

Eines der best bezeugten Syntagmen ist *nāṯan bejaḏ*, das „ausliefern" meint, meist „der Gnade oder Ungnade" eines anderen (Gen 9, 2; Ex 23, 31; Lev 26, 25; Num 21, 2. 34; Dtn 1, 27; 2, 24. 30; 3, 2f.; 7, 24; 19, 12; 20, 13; 21, 10; Jos 2, 24; 6, 2; 7, 7; 8, 1. 7. 18; 10, 8. 19. 30. 32; 11, 8; 21, 44; 24. 8. 11; Ri 1, 2. 4; 2, 14. 23; 3, 10. 28; 4, 7. 14; 6, 1; 7, 2. 7. 9. 14f.; 8, 3. 7; 9, 29; 11, 21. 30. 32; 12, 3; 13, 1; 15, 2. 12f.; 16, 23f.; 18, 10; 20, 28; 1 Sam 14, 10. 12. 37; 17, 47; 23, 4. 14; 24, 5. 11; 26, 23; 28, 19; 30, 23; 2 Sam 5, 19; 16, 8; 21, 9; 1 Kön 18, 9; 20, 13. 28; 22, 6. 12. 15; 2 Kön 3, 10. 13. 18; 13, 3; 17, 20; 18, 30; 19, 10; 21, 14; Jes 36, 15; 37, 10; 47, 6; Jer 20, 4f.; 21. 7. 10.; 22, 25; 26, 24; 27, 6; 29, 21; 32, 2f. 24f. 28. 36. 43; 34, 2f. 20f.; 37, 17; 38, 3. 16. 18f.; 39, 17; 43, 3; 44, 30; 46, 24. 26; Ez 7, 21; 11, 9; 16, 39; 21, 36; 23, 9. 28; 31, 11; 39, 23; Ps 78, 61; 106, 41; Ijob 9, 24; Klgl 1, 14; Dan 1, 2; 11, 11; Esra 9, 7; Neh 9, 24. 27. 30, 1 Chr 5, 20; 14, 10; 22, 18; 2 Chr 13, 16; 16, 8; 18, 5. 11. 14; 24, 24; 28, 5. 9; 36, 17; CD 1, 6; 1 QpHab 4, 7f.; 9, 6f. 10; TR 62, 9; 63, 10; hierzu W. Richter, Traditionsgeschichtliche Untersuchungen zum Richterbuch, 1963, 21ff.; J. G. Plöger, BBB 26, 1967, 61ff.). Der Ruf „JHWH hat ... in eure Hand gegeben" gehört zu den Sprachformen des Heiligen Krieges. Hervorgegangen aus dem Gottesentscheid wurde dieser Satz vom Heerbannführer vor der Schlacht ausgerufen (vgl. G. von Rad, Der Heilige Krieg im alten Israel, [4]1969, 7f.). Der gleiche Ausdruck kann indessen auch den Gedanken der Vermittlung oder eines erwiesenen Dienstes beinhalten und bedeutet dann „jem. etwas überlassen" (Gen 27, 17; 30, 35; 32, 17; 39, 4. 8. 22; Ex 10, 25; 2 Sam 10, 10; 1 Kön 15, 18; Jes 22, 21; Ps 10, 14; 1 Chr 19, 11; 2 Chr 34, 16; Arad Ostrakon 17, 8f.). Der idiomatische Sinn von *bejaḏ* „durch Vermittlung des" wird deutlich in Lev 26, 46 und Neh 10, 30, wo *nāṯan bejaḏ mošæh* mit „durch Vermittlung des Mose geben" übersetzt werden muß. In einigen Texten muß *nāṯan bejaḏ* im materiellen Sinn von „überreichen", fast mit der Nuance „eigenhändig" verstanden werden. Das ist der Fall in den Passagen, wo es um einen Kelch (Gen 40, 13; Ez 23, 31), um Hörner und Krüge (Ri 7, 16), um ein Schwert (Ex 5, 21; Ez 21, 16; 30, 24) oder um einen Scheidebrief (Dtn 24, 1. 3) geht.

nāṯan libbô (→ לב *lēḇ*) mit *le* und folgendem Inf. begegnet nur in sehr späten Texten (Koh 1, 13. 17; 8, 16; Dan 10, 12; 1 Chr 22, 19; 2 Chr 11, 16). Dieser Ausdruck (auch mit *šîṯ*, Spr 22, 17) meint „sich widmen" oder „sich an eine Arbeit geben" und darf nicht verwechselt werden mit dem ähnlichen *nāṯan libbô le* mit Davidobjekt (Koh 7, 27 und 8, 9): „Achtung geben", das synonym mit *šîṯ libbô le* (2 Sam 13, 20; Jer 31, 21; Ps 48, 14; Spr 27, 23; vgl. 1 Sam 4, 20; Ps 62, 11) oder *'æl* (Ijob 7, 17), mit *śîm libbô le* (Dtn 32, 46; 1 Sam 9, 20; Ez 40, 4; vgl. Ez 44, 5) oder *'æl* (Ex 9, 21; 1 Sam 25, 25; 2 Sam 18, 3; Ijob 2, 3; 34, 14), oder auch *'al* (Hag 1, 5. 7; Ijob 1, 8; vgl. Hag 2, 15. 18; Sach 7, 12), ist. Der analoge Ausdruck *nāṯan ro'š*, mit *le* + Inf. (Neh 9, 17; vgl. Num 14, 4), meint „sich entschließen", etwas zu tun.

III. 1. Im juridischen Bereich wird *nāṯan* häufig in verschiedenen Bedeutungen gebraucht. Im Bundesbuch (Ex 21, 19. 22) hat *nāṯan* den Sinn „zahlen" (vgl. Ex 21, 32: *nāṯan kæsæp*) oder besser „entschädigen". Die Gesetzesvorschriften Ex 21 betreffen einerseits Schlägereien, die eine Bettlägrigkeit oder Invalidität eines der Gegner zur Folge haben (vv. 18f.), andererseits die Fehlgeburt einer Frau, die von einem der Raufenden getroffen wurde (v. 22). In beiden Fällen ist es unmöglich, die Dinge in ihren Ausgangszustand zurückzuversetzen und den Schaden dadurch wiedergutzumachen, daß der geschädigten Person ein Äquivalent in natura verschafft wird. Der Gesetzgeber bedient sich hier nicht des Verbs *šillem*, das konstant in Ex 21, 33 – 22, 14 im Sinn von „wiederherstellen" gebraucht wird. Invalidität und der Verlust eines Fötus können nicht direkt ersetzt werden. Der Invalide und der Ehemann der Frau, die eine Fehlgeburt hatte, müssen daher als Entschädigung für die irreparablen Folgen der Gewalttaten eine Geldsumme oder Naturgüter erhalten. Im Falle des gehbehinderten Mannes muß der, der ihn geschlagen hat, *šiḇtô jitten* „seine Lahmheit zahlen" oder „entschädigen" (Ex 21, 19). Im Fall der schwangeren Frau soll sich der Täter den Forderungen des geschädigten Ehemanns beugen *wenāṯan biplilîm* „und zahlen" oder „Entschädigungen für die Straftat leisten". Die genaue Interpretation ist 4 Q 158, 9, 5 gegeben, wo *bpljljjm* als abstrakter Pl. des Worts *pelîlî* (vgl. GKa § 124f.) aufzufassen ist (vgl. Ijob 31, 11. 28). Das *be* in *bpljljjm* ist ein *be pretii*, das häufig mit *nāṯan* verbunden wird.

Das Verb *nāṯan* wird ferner mit der Präp. *taḥaṯ* gebraucht, um das Talionsgesetz (Ex 21, 23–25; vgl. Dtn 19, 21) zu formulieren. Dies zeigt an, daß *nāṯan* in diesem Fall ein „hingeben" konnotiert: „Und ist ein Schaden entstanden, so sollst du geben: Leben für Leben usw." Es ist nicht zu bezweifeln, daß der Gesetzgeber eine Wiedergutmachung fordert, die das Gleichgewicht zwischen der geschädigten Familie und der des Täters wiederherstellt.

2. Die Bezahlung für eine Arbeit oder einen Dienst wird ebenfalls mit *nāṯan* bezeichnet. Das direkte

Objekt ist dann *śāḵār* (Gen 30, 18. 28; Ex 2, 9; Dtn 24, 15; 1 Kön 5, 20; Jona 1, 3; vgl. Sach 11, 12 *jhb*) „Lohn", „Abgabe", das manchmal nicht ausdrücklich genannt ist (Gen 30, 31), aber auch *pe'ullāh* (Jes 61, 8) „Entgelt", „Lohn" oder ganz einfach *kæsæp̱* (Ri 16, 5; 17, 10; 2 Sam 18, 11) „Geld". Arbeit oder Dienst kann darin bestehen, eine Herde zu hüten (Gen 30, 28. 31; vgl. Sach 11, 12), einen Verrat zu begehen (Ri 16, 5), priesterliche Funktion zu erfüllen (Ri 17, 10), einen Feind zu ermorden (2 Sam 18, 11), einen Säugling zu stillen (Ex 2, 9), Bäume zu fällen (1 Kön 5, 20), jm. in einem Schiff überzufahren (Jona 1, 3). Der Lohn für einen Lohnarbeiter kann auch mit *mattaṯ* bezeichnet werden. Dies ist der Fall in Spr 25, 14, wo man vielleicht *mattaṯ śāḵîr* (statt *šæqær*) lesen und übersetzen muß: „so ist ein Mann, der sich der Lohnzahlung rühmt", eine Anspielung auf die magere Bezahlung eines Lohnarbeiters. In 1 Kön 13, 7 bedeutet *nāṯan mattaṯ* ebenfalls „Lohn zahlen", in diesem Fall den des Heilkundigen (1 Kön 13, 6). Ein analoger Fall liegt Gen 20, 14. 16–18 vor, wo Abimelech Abraham Schafe und Geld gibt, offenbar damit er durch seine Fürbitte ihn und die Frauen seines Harems heilen soll, die alle mit Unfruchtbarkeit geschlagen waren. Tatsächlich meint der Ausdruck *nāṯan kæsæp̱* (Gen 20, 16) oft „zahlen" (Gen 23, 13; Ex 21, 32; Ri 16, 5; 17, 10; 2 Sam 18, 11; 1 Kön 21, 2). Die *mattānôṯ* „Gaben" können auch Geschenke oder Geldsummen sein, die man jemandem gibt, um sich seines Beistands zu versichern (Spr 15, 27; Koh 7, 7). Der Lohn für die Sakralprostituierten hat einen besonderen Namen: *'æṯnāh* (Hos 2, 14) oder *'æṯnan* (Dtn 23, 19; Ez 16, 31. 34. 41), ein Ausdruck, den die Propheten auch metaphorisch auf Israel (Hos 9, 1), Samaria (Mi 1, 7) und Tyros (Jes 23, 17f.) anwenden. Die Prostituierte fragte ihren Kunden *māh-tittæn-lî* (Gen 38, 16) „Was gibst du mir?" und sie „ließ ihn bezahlen" (Hos 8, 9f.): denominiertes *hiph.* **hiṯin* (vgl. I. 2.), das 1mal, nur in diesem Zusammenhang, belegt ist.

3. Im Vertrags- und Handelsrecht kann *nāṯan* „verkaufen" bedeuten. Sicher ist diese Bedeutung im Syntagma *nāṯan bekæsæp̱* (Gen 23, 9b; Dtn 2, 28; 14, 25; 1 Kön 21, 6. 15; Ez 27, 12; 1 Chr 21, 22) „für Geld geben" eingeschlossen, aber auch *nāṯan* allein kann diese Bedeutung haben. Das ist vor allem der Fall in der Erzählung vom Grabkauf des Patriarchen in Hebron (Gen 23, 4. 9a. 11, vgl. H. Petschow, JCS 19, 1965, 103–120). Das geht deutlich aus dem Kontext hervor, denn der Vorgang spielt sich nicht nur *le'ênê ḇenê 'ammî*, d. h. im Gegenwart von Zeugen (Gen 23, 11) ab, sondern die Erzählung berichtet anschließend von der Diskussion über den Preis des Felds (vv. 12–16) und über die Bezahlung der vereinbarten Summe (v. 16). *nāṯan* ist in dieser Bedeutung schon in der alten Episode Ri 8, 5f. belegt. Das wird deutlich durch die Antwort der Oberen von Sukkot, die fürchten, nicht bezahlt zu werden, und die spöttisch fragen, ob der Kelch (*kap̱*), d. h. das Schicksal (vgl. Ps 11, 6; 16, 5) der Midianiter schon in Gideons Hand liege. Eine dritte Passage für *nāṯan* „verkaufen" (1 Kön 9, 11b–14) zeigt das Verb 3mal in dieser Bedeutung. Die zwanzig an Hiram abgetretenen Städte wurden ihm nicht als Geschenk gegeben, sondern zum Preis von 120 Talenten Gold verkauft, die der König von Tyrus an Salomo schickt (1 Kön 9, 14). Die Vorstellung von „verkaufen" oder „tauschen" liegt auch vor in 1 Kön 21, 2–4. 6, nicht nur in vv. 6 und 15, wo der Ausdruck *nāṯan bekæsæp̱* erscheint; schon in v. 2 wird klar, daß Ahab den Weinberg Nabots gegen einen besseren zu tauschen oder ihn um den Preis seines Wertes zu kaufen wünscht. Wenn *nāṯan bekæsæp̱* „verkaufen" meint, so bedeutet in Entsprechung *nāṯan kæsæp̱ be* „kaufen" (Dtn 14, 26).

4. *be pretii* wird auch dann mit *nāṯan* gebraucht, wenn dies „tauschen" bedeutet. Die durch die Präp. eingeführte Bestimmung erlaubt, den Unterschied zwischen Verkauf und Tausch festzustellen (1 Kön 21). Nach Klgl 1, 11 „tauschen" (*nāṯan*) die Leute auf der Suche nach Brot „ihre Schmuckstücke gegen Nahrungsmittel (*be'oḵæl*)". Joël 4, 3 erwähnt die Eindringlinge, die Jungen gegen Prostituierte (*bazzônāh*) tauschten (*nāṯan*). Man findet eine analoge Vorstellung in der phön. Inschrift des Kilamuwa, wo vom assyr. König gesagt wird, daß „er ein Mädchen gegen einen Hammel und einen Mann gegen ein Kleidungsstück getauscht hat" *'lmt jtn bš wgbr bswt* (KAI 24, 8).

An die Tauschpraxis im internationalen Handel von Tyrus erinnert Ez 27, 12–22, wo das Syntagma *nāṯan be* im Sinne von „tauschen gegen" erscheint. Das direkte Objekt von *nāṯan* ist hier 3mal das Wort **'izzeḇônîm* (Ez 27, 12. 14. 22), das auch 2mal mit *be pretii* eingeleitet ist (vv. 16. 19; vgl. auch vv. 27. 33). Es ist wahrscheinlich ein aus dem Phön. entliehener Ausdruck (vgl. ugar. *'db* 'bereiten'; asab. *'ḏb* 'richten' (A. F. L. Beeston / M. A. Ghul / W. W. Miller / J. Ryckmans, Sabaic Dictionary 12f.), der Fertigwaren bezeichnet. Diese werden gegen Rohstoffe, Delikatessen, wertvolle Stoffe, Edelsteine, Sklaven oder Vieh getauscht. Im selben Text ist das Wort *ma'arāḇ*, das wie im Aram. eine Schiffsladung bezeichnet (AP 2, 5), 2mal direktes Obj. zu *nāṯan* (Ez 27, 13. 17) und wird einmal durch *be pretii* (v. 19; vgl. auch vv. 9. 25. 27. 33f.) eingeleitet.

Der Tauschgedanke mit *nāṯan* liegt auch in 1 Kön 10, 10. 13 vor, Verse, die in der ursprüngl. Erzählung unmittelbar aufeinander folgten. Die Entsprechung der Gaben der Königin von Saba und des Königs Salomo stellen in Wirklichkeit einen Tauschhandel dar, wie er unter Königen auf internationaler Ebene (Zaccagnini 117–124) praktiziert wird; vgl. auch 1 Kön 5, 24f.: Hiram lieferte (*hājāh noṯen*) Salomo Zedern- und Wacholderholz zum Gegenwert von jährlich 20 000 *kor* Weizen und 20 000 *baṯ* (LXX) Olivenöl.

Das Bild vom Tausch begegnet Hld 8, 7 und Ijob 2, 4. Der Sinnspruch in Hld 8, 7 erwähnt den Mann, „der den ganzen Reichtum seines Hauses für die

Liebe (*bāʾahᵃbāh*) gibt" (ohne sie zu erlangen); und in Ijob 2, 4 behauptet Satan, daß der Mensch alles, was ihm gehört, „für sein Leben (*bᵉʿad napšô*)" gibt. Die zusammengesetzte Präp. *bʿd* ist hier nichts anderes als ein verstärktes *bᵉ pretii*.

5. *nāṯan* mit *bᵉ pretii* begegnet auch in den Wendungen *nāṯan bᵉnæšæk* (Lev 25, 37; Ez 18, 8. 13; Ps 15, 5; vgl. KTU 4.682, 3f. 12) und *nāṯan bᵉmarbîṯ* (Lev 25, 37), die beide „auf Zinsen leihen" bedeuten. *næšæk* (→ נשך) bezeichnet einen Vertrag, der die rückzuzahlende Summe festsetzt, wobei die am Zahlungstermin fälligen Zinsen schon mit eingerechnet sind. Dagegen legen *marbîṯ* oder *tarbîṯ* die Höhe des geliehenen Kapitals und den Zinssatz fest (E. Lipiński, OrLovPer 10, 1979, 133–141). Direktes Obj. von *nāṯan* in der Wendung *nāṯan bᵉnæšæk* (Lev 25, 37; Ps 15, 5) ist *kæsæp* „Geld" und in *nāṯan bᵉmarbîṯ* (Lev 25, 37) *ʾokæl* „Getreide". Da Geld und Getreide aber am häufigsten geliehen werden, darf man nicht aus dem alten Rechtsspruch Lev 25, 37 in poetischer Form schließen, daß das *næšæk*-Darlehen hauptsächlich Geld und das *tarbîṯ/marbîṯ*-Darlehen Getreide (speziell Gerste) zum Gegenstand hatte.

6. Der Ausdruck *nāṯan bittô lᵉʾiššāh lᵉ* „er hat seine Tochter jem. zur Frau gegeben" entstammt ebenfalls der Terminologie des Vertragsrechts (Gen 16, 3; 29, 28; 30, 4. 9; 34, 8. 12; 38, 14; 41, 45; Dtn 22, 16; Jos 15, 16f.; Ri 1, 12f.; 21, 1; 1 Sam 18, 17. 19. 27; 1 Kön 2, 17. 21; 2 Kön 14, 9; 1 Chr 2, 35; 2 Chr 25, 18; vgl. Gen 29, 19. 27; 34, 9. 16. 21; Ex 22, 16; Dtn 7, 3; Ri 3, 6; 1 Sam 17, 25; Jer 29, 6; Dan 11, 7; Esra 9, 12; Neh 10, 31; 13, 25). Wenn auch die Heirat nicht als ein Kauf angesehen wurde, so hatte doch die Familie der Braut das Recht auf einen Finanzausgleich (Gen 34, 12; Ex 33, 26; 1 Sam 18, 25, → מהר *mohar*), an dessen Stelle auch eine Dienstleistung treten konnte (Gen 29, 15–30; Jos 15, 16f.; Ri 1, 12f.; 1 Sam 18, 17–27; vgl. 1 Sam 17, 25; 2 Sam 3, 14).

In der Erzählung der beiden Eheschließungen des Jakob soll Laban ihm seine Tochter (Gen 29, 19) als Belohnung (*maśkoræṯ*: Gen 29, 15; vgl. 31, 7. 41; Rut 2, 12) für erwiesene Dienste geben. Am Ende von sieben Jahren, als Jakob gegen die List Labans Widerspruch erhebt, verspricht dieser ihm, ihm auch die jüngere Tochter *baʿᵃbodāh* „für die Arbeit" zu geben, die er bei ihm in sieben weiteren Jahren leisten soll (Gen 29, 27). Das *bᵉ* in *baʿᵃbodāh* ist ein *bᵉ pretii*, das zur vollständigen Formel des Ehevertrags gehört: *nāṯan bittô lᵉ*NN *lᵉʾiššāh baʿᵃbodāh/bᵉmohar* (*habbᵉṯûlôṯ*) (1 Sam 18, 25; vgl. Ex 22, 16) / *bᵉmeʾāh ʿorlôṯ pᵉlištîm* (1 Sam 18, 25; 2 Sam 3, 14).

Neben dem *mohar* oder seinem Äquivalent gibt es in *mattān* eine andere „Gabe" *ex marito* (Gen 34, 12 hinter *mohar* erwähnt). Es handelt sich vermutlich um das Äquivalent zu akk. *nudunnû*, der eine Art Morgengabe oder Wittum war (vgl. AHw 800b; CAD N/2, 310). Es ist nicht sicher, ob Gen 24, 53a sich auf diesen *mattān* bezieht, weil die der Rebekka angebotenen Schmuckstücke eher dem *dumāqū* der mittel-assyr. Gesetze (Tfl. A §§ 25. 26. 38) entsprechen. Diese Schmuckstücke sollten die Gemahlin ausstaffieren (vgl. Jes 61, 10) und waren ihr nur zur Nutznießung während der Ehe übergeben. Dagegen könnten die *miḡdānôṯ*, die Rebekkas Brüdern und ihrer Mutter gegeben wurden, *mohar* sein (Gen 24, 53b). Dieser, wie auch das Wittum und die Geschenke des Bräutigams müssen von den *šillûḥîm* unterschieden werden, die der Vater seiner Tochter als Mitgift gibt (*nāṯan*, 1 Kön 9, 16; vgl. Mi 1, 14) und im Falle einer Scheidung zurücknehmen kann (Ex 18, 3: *ʾaḥar šillûḥæhā* „neben ihrer Mitgift").

7. Verheißung und Landgabe werden in den priesterlichen Texten des Pent. mittels aus Schenkungsurkunden entliehenen Formeln ausgedrückt. Vergleicht man die Wendungen in Gen 12, 7; 13, 15. 17; 15, 18; 17, 8; 24, 7 und 48, 4 (vgl. Dtn 1, 8; Num 32, 29; 1 QS 11, 7) miteinander, so läßt sich folgende Formel rekonstruieren: *nāṯattî lᵉkā ûlᵉzarʿᵃkā ʾaḥᵃrækā ʾæṯ-(kŏl-)hāʾāræṣ hazzoʾṯ (la)ʾᵃḥuzzaṯ ʿôlām/ʿaḏ ʿôlām* „ich gebe dir und deinen Nachkommen nach dir dieses (ganze) Land zum ewigen Eigentum / auf ewig". Der eigentliche priesterliche Einfluß tritt nur zutage im Gebrauch von *zarʿᵃkā* anstelle von *bānækā*, das sich in Dtn 1, 36 und in der belegten Rechtspraxis findet. Diese Formel ist tatsächlich parallel zu der in den aram. Schenkungsurkunden aus Elephantine. Vgl. AP 8, 8f.: „Diesen Grundbesitz gebe ich (*jhbth*) dir, zu Lebzeiten und nach meinem Tod; du hast Anspruch auf ihn, von heute an und in Zukunft, ebenso wie deine Kinder nach dir" (vgl. AP 13, 7f.; 25, 8f.; BMAP 4, 4f.). Eine ähnliche Formel findet sich in einer Schenkungsurkunde aus Naḥal Ḥever: „... umsonst gebe ich (*jhbt*), PN, dir PN, alles, was mir in Maḥoza gehört ...; ich gebe (es) (*jhbt*) dir als ewiges Geschenk (*mtnt ʿlm*)" (Y. Yadin, IEJ 12, 1962, 241ff.). Die Spezifikation „umsonst" begegnet häufig in den aram. Urkunden: *brḥmn* (AP 18, 2; 25, 11. 14; 43, 3; BMAP 4, 4. 12; 7, 41; 9, 5. 12. 16f.; 10, 9), *brḥmh* (BMAP 6, 14), *rḥmt* (AP 9, 6f.; BMAP 12, 26, 31) oder *mn rʿwtj* (5/6 Naḥal Ḥever 6 ar.). Solche Formulierungen haben aber in den priesterlichen Texten bezüglich der Landübergabe kein Äquivalent.

Gen 13, 14f. 17 zeigt, daß die Landübergabe an Abraham sofort Rechtskraft erlangte. Tatsächlich spielt die betreffende Passage auf den doppelten Ritus der Inbesitznahme des Landes an, nämlich auf das Überblicken des ganzen Geländes und auf dessen Umschreiten (vgl. D. Daube, Biblical Law 25–39). 1 Q GenApokr zeigt bes. Interesse an der Durchführung dieses Ritus durch Abraham, der das verheißene Land durchzieht (21, 8–20), wie es in Gen 15, 18 beschrieben ist. Eine Variante in Ex 32, 13, wo *wᵉnāḥᵃlû lᵉʿôlām* statt *laʾᵃḥuzzaṯ ʿôlām* (Gen 17, 8; 48, 4) steht, zeigt, daß die priesterlichen Autoren ihre Formel aus Schenkungsurkunden *mortis causa* entlehnt haben. In einer solchen vermacht der Familienvater vor seinem Tod einem oder mehreren seiner Nachkommen einen Erbteil (vgl. Ez 46, 16). Dabei bleiben die priesterlichen Autoren einer älteren Tradition treu, die auch in Dtn bezeugt ist, wo man wiederholt den Ausdruck *hā'āræṣ 'ašær JHWH 'ælohækā noten lekā naḥalāh* findet: „das Land, das JHWH, dein Gott, dir als Erbteil gibt" (Dtn 4, 21; 15, 4; 19, 10; 21, 23; 24, 4; 25, 19; 26, 1; vgl. 3, 18; 4, 38; 20, 16; 29, 7; Jos 11, 23).

Die Übergabe von Land hat indessen in Gen 17, 7f. ein Gegenstück; an die Landgabe, die Gegenstand des Bundes ist (vgl. Ex 6, 4), ist die Verpflichtung geknüpft, JHWH als Gott anzuerkennen: *lihjôt lekā le'lohîm* (Gen 17, 7; Lev 22, 23; 25, 38; 26, 45; vgl. Gen 17, 8). Es ist zu fragen, ob dieser Ausdruck nicht einen ursprünglichen Bezug zur Formel der Schenkung *mortis causa* hat, wie Gen 17, 18 und Lev 25, 38 es nahelegen könnten. Bedenkt man, daß der Geist des Toten in 1 Sam 28, 13 als *'ælohîm* bezeichnet wird (zweifellos ein Hinweis auf den Totenkult, vgl. KTU 1.17, I, 26–33; II, 1–8. 16–23), dann ist es möglich, das *lihjôt lekā le'lohîm* ursprünglich für den Beschenkten die Verpflichtung beinhaltete, für die Bestattung des Donators nach dessen Verscheiden zu sorgen. Es ist indessen sicher, daß die priesterlichen Autoren diesen Ausdruck auf den Kult JHWHs, der eben das Land vergeben hatte, bezogen. So ist es selbstverständlich, daß die Beschenkten Abraham und seine Nachkommen, ihm einen Kult abstatten. Die Gabe, auf ewig gemacht, wurde deshalb zwar nicht zu einer bedingten Schenkung, aber sie implizierte Verpflichtungen, die der Beschenkte dem Donator gegenüber hatte. Im vorliegenden Fall war es die Treue zu den Bestimmungen des Bundes, die von Gott durch die Schenkung festgelegt wurden. Diese Sichtweise von Bund und Landgabe spiegelt sich in der Übersetzung von *berîṯ* in der LXX durch διαθήκη, was sowohl eine Schenkungsakte *mortis causa* als auch ein Testament im eigentlichen Sinn bezeichnen kann. Man darf daraus schließen, daß eine ununterbrochene Tradition die griech. Übersetzer mit den priesterlichen Autoren des Pentateuch verband.

Eine Schenkung zu Lebzeiten (ohne Bundeskontext) zeigt Gen 25, 6: Abraham gab den Söhnen seiner Nebenfrauen (*pîlagšîm*, vgl. J. P. Brown, JSS 13, 1968, 166–169) „Gaben" (*nāṯan mattānôṯ*). Der Text präzisiert, daß er es „zu seinen Lebzeiten" (*be'ôḏænnû ḥaj*) tat und sie „zu Schaden" (*me'al*; vgl. Ri 16, 19f.) seines Erbsohnes Isaak fortschickte. Es handelt sich dabei um eine Zuwendung von beweglichen Gütern, auf die die natürlichen Söhne Abrahams nach dessen Tod keinen Anspruch gehabt hätten. Der gleiche Ausdruck *nāṯan mattānāh* erscheint 2mal in Ez 46, 16f.: eine *mattānāh*, die der Fürst einem Sohne schenkt, ist als Vorschuß dessen Erbteils (*naḥalāh*) zu werten. Andererseits geht eine *mattānāh*, die einem Fürstendiener gegeben wird, nicht in dessen Eigentum über. Nach 2 Chr 21, 3 sind die *mattānôṯ* Gaben beweglicher und unbeweglicher Güter, die der König seinen jüngeren Söhnen anbot, während er das Königreich dem Erstgeborenen Joram gab. So scheint es, daß sich der Ausdruck *nāṯan mattānāh* überall auf vorweggenommene Gaben aus dem Erbe bezieht und eine Teilregelung des Nachlasses einschließt. Dem entgegen ist die Semantik von *mattānāh* selbst breiter; und der *nôṯen mattānôṯ* Sir 3, 17 scheint einfach ein freigebiger Mann zu sein, es sei denn, daß dessen Großzügigkeit so weit geht, daß er Erbgüter verteilen würde.

IV. 1. Der Gebrauch von *nāṯan* im kultischen Bereich im Sinn von „weihen" oder „opfern" ist sehr alt, aber die genaue Bedeutung hängt von der spezifischen Situation ab, in der es erscheint. In 1 Sam 1, 11 gelobt Hanna, ihr Kind für sein ganzes Leben JHWH zu „geben", wenn Gott ihr einen Sohn schenkt. Die Semantik wird hier durch die Wechselseitigkeit des Vorganges bestimmt: wenn Gott „einen Nachkommen gibt" (*nāṯan zæra'*, vgl. Gen 15, 3; 38, 9), „gibt" die Mutter ihn JHWH. Das Syntagma *nāṯan leJHWH* ist daher hier seiner technischen Bedeutung entfremdet, was auch die Parallelisierung mit dem doppelten Gebrauch von *šā'al* in den vv. 26f. (vgl. vv. 17. 20; 2, 20) anzeigt. Die rituelle Formel des Gelübdes der Hanna ist eher *môrāh lo' ja'alæh 'al-ro'šô* (1 Sam 1, 11) „kein Schermesser soll an sein Haupt kommen", die identisch ist mit der Formel in Ri 13, 5 (vgl. 16, 17) und synonym mit *ta'ar lo'-ja'aḇor 'al-ro'šô* (Num 6, 5). Sie bezieht sich auf das Nasiräertum, mit dem jedoch der Rest der Erzählung und die Weihe eines Nachkommen an Gott keine sichtbare Verbindung hat.

Anders verhält es sich mit *nāṯan leJHWH* im Opfergesetz Ex 22, 28b. 29b: *bekôr bānækā tittæn-lî* „du sollst mir den Erstgeborenen unter deinen Söhnen geben ... Sieben Tage soll er bei seiner Mutter bleiben, am achten Tag sollst du ihn mir geben." Die Gabe an eine Gottheit ist normalerweise das Opfer; vgl. den rituellen Text aus Ugarit *jtn š qdš*[ ] „er soll ein Schaf als heilige Opfergabe geben" (KTU 1.104, 12, vgl. 1.119, 6) oder in der phön. Inschrift aus Lapethos (KAI 43, 9) *jtt wjqdšt ḥjt šgjt ... l'dn 'š lj lmlqrt* „ich habe viele Tiere meinem Herrn Melqart gegeben und geweiht". Der zitierte Fall aus 1 Sam 1, 11 und die Weihe der *neṯînîm* (vgl. unten) zeigen indessen an, daß eine vom alten Gesetz in Ex 22, 28f. abweichende Interpretation möglich war. Man hat ihm vermutlich einen später annehmbaren Sinn gegeben oder die übliche Auslösung vorausgesetzt (vgl. Ex 13, 12f.; 34, 19f.), obwohl die Texte davon nichts sagen. Die Tradition vom Tod der Erstgeborenen Ägyptens (Ex 11, 5; 12, 12. 29f.; Ps 78, 51; 105, 36; 135, 8; 136, 10), die Opferung der männlichen Erstgeborenen der reinen Tiere (Ex 13, 15b; Num 18, 17; Dtn 15, 19–21), die mit der der menschlichen Erstgeborenen zusammenhängt, die Verpflichtung zur Auslösung (Ex 13, 13b; 34, 20b; Num 18, 15), die Wahl zwischen Freikauf und Abschlachten des Erstgeborenen des Esels (Ex 34, 20), der ungeeignet zum Opfer ist, lassen keinen Zweifel daran, daß *nāṯan* für den ursprünglichen Gesetzgeber von Ex 22, 28b. 29b die Vorstellung von Opfer und Opferung einschließt. Das gleiche gilt für *qaddæš-lî* (Ex 13, 2a, vgl. Num 3, 13), *jaqrîḇû leJHWH* (Num 18, 15), *zāḇaḥ le* (Ps 106, 37f.), sowie für *kŏl-pæṭær ræḥæm lî* (Ex 34, 19a, vgl. Ex 13, 12b), das auf lapidare Weise in dem *lî hû'* in Ex 13, 2b zusammengefaßt wird. Dies wird durch die Formel des Gelübdes Jiftachs bekräftigt, der verspricht, JHWH die erste Person, die ihm bei seiner Rückkehr begrüßen wird, zu opfern: *wehājāh leJHWH* „sie wird JHWH gehören" (Ri 11, 31, vgl. Num 3, 12f.).

Ein anderer Gebrauch von *nāṯan* im sakralen Kontext begegnet in Lev 20, 2–4 und 1 Chr 21, 23. In 1 Chr 21, 23 hat der Chronist die prägnante Formel *habbāqār lā'olāh* aus 2 Sam 24, 22 durch *nāṯattî habbāqār lā'olāh* „ich gebe das Vieh für das Brandopfer" ersetzt. Der gleiche Satzbau findet sich 3mal im Abschnitt Lev 20, 2–4, der vom priesterlichen Redaktor zugefügt sein dürfte: *nāṯan mizzar'ô lammolæḵ* „jem. von seiner Nachkommenschaft für das *molæḵ*-Opfer geben". Ein späterer Glossator, der den Sinn des Wortes *mlk* nicht mehr wußte und *ntn lmlk* im gleichen Sinn wie *ntn lJHWH* verstand, fügte in Lev 20, 5 die Glosse *lizenôṯ 'aḥarê hammolæḵ* ein. Der Ausdruck *ntn (m)zr'w lmlk*, charakterisiert durch den priesterlichen Gebrauch von *zr'* im Sinn von „Nachkommenschaft" (vgl. K. Elliger, HAT I/4, 273 Anm. 6), war indessen keine authentische Formel des *molæḵ*-Rituals. Diese zeigt sich in der Form *hæ'æḇîr benô/bittô (bā'eš) lammolæḵ* (Lev 18, 21; 2 Kön 23, 10; Jer 32, 35) oder *hæ'æḇîr benô/bittô bā'eš* (Dtn 18, 10; 2 Kön 16, 3; 17, 17; 21, 6; 23, 10; Ez 20, 31; 23, 37 [LXX, Syr]; 2 Chr 28, 3 [LXX, Syr]; 33, 6; vgl. Num 31, 23). Man kann auch die Formel *hæ'æḇîr kŏl-pæṭær-ræḥæm (lammolæḵ)* (Ex 13, 12; Ez 20, 26, wo *lmlk* als *lm'n* gelesen wurde) rekonstruieren, die sich auf die Opfergabe des Erstgeborenen bezieht.

Lev 18, 21, der von anderer Herkunft als sein heutiger Kontext ist, kombiniert den priesterlichen Ausdruck *ntn mzr'w lmlk* mit der rituellen Formel *h'bjr lmlk*: *mizzar'aḵā lô' titten leha'aḇîr lammolæḵ* „du sollst keinen deiner Nachkommen im *molæḵ*-Opfer darbringen"; vgl. das ähnliche Ez 20, 26. 31, wo *mattānāh* das Verb *nāṯan* ersetzt. In zwei parallelen Sätzen *wa'aṭamme' 'ôṯām bemattenôṯām* || *beha'aḇîr . . . lammolæḵ 'ošimem* (statt *lema'an 'ašimmem*; vgl. Ps 5, 11; GKa § 68), drückt Ez 20, 26 das Ziel aus, weswegen Gott dem Volk die unseligen Gesetze gegeben hat: „damit ich sie durch ihre Gaben verunreinige und durch die Darbringung aller Erstgeborenen im *molæḵ*-Opfer beflecke". Man findet einen ähnlichen Parallelismus in v. 31, wo klar ersichtlich ist, daß *mattānāh* das Opfer der Erstgeborenen oder von Kindern im allgemeinen bezeichnet. *nāṯan* in der Terminologie des *molæḵ*-Opfers ist also mindestens seit Anfang des 6. Jh. bezeugt, aber es ist möglich, daß eine Kontamination zweier unterschiedlicher Formeln schon in jener Epoche stattgefunden hat: eine des Opfers der männlichen Erstgeborenen, die sich in der Form *nāṯan beḵôr bānîm/kŏl-pæṭær-ræḥæm leJHWH* (Ex 22, 28b. 29b; 13, 12) präsentiert, die andere des Weiheopfers eines Sohns oder einer Tochter, dessen vollständige Form *hæ'æḇîr benô/bittô bā'eš lammolæḵ* zu sein scheint. In der ersten Formel kann *nāṯan* durch *qdš pi* (Ex 13, 2a) oder *hiph* (Num 3, 13) ersetzt werden. Zum Parallelismus *qdš* || *ntn* vgl. Jer 1, 5; 1 Kön 9, 7; 2 Chr 7, 20; Neh 12, 47; KAI 43, 9. Nach Num 18, 15 kann *nāṯan leJHWH* auch durch die Opferformel *hiqrîḇ leJHWH* (vgl. Lev 1, 2; Ez 46, 4; Esra 8, 35 usw.) ersetzt werden.

nāṯan rêaḥ nîḥoaḥ (Ez 6, 13), wörtlich „beruhigenden Duft geben" (vgl. II. 1.), gehört in den Kontext des Brandopfers (vgl. Gen 8, 20f.; Ex 29, 18. 25; Num 15, 3 usw.). Ez 20, 28 bedient sich des Verbs *śîm* statt *nāṯan* (vgl. II. 2.), obwohl letzteres noch mit *rêaḥ* als direktem Objekt in Hld 1, 12; 2, 13; 7, 14 gebraucht wird. *nāṯan* begegnet auch in den Ausdrücken *nāṯan terûmaṯ JHWH* (Ex 30, 14f.; Num 18, 28; 2 Chr 31, 14; vgl. W. von Soden, UF 2, 1970, 269–270) und *nāṯan terûmāh leJHWH* (Num 15, 21; vgl. 18, 19). Diese Verbindung mit *terûmāh* 'Hebe' ist indessen seltener als die mit den äquivalenten Verben *herîm* (Ex 35, 24; Num 15, 19; 18, 19. 26. 28f.; Ez 45, 1; 48, 20) und *heḇî'* (Ex 35, 5. 21. 24; Dtn 12, 6. 11; Neh 10, 40; 2 Chr 31, 10. 12).

2. Einige Texte laden ein, „JHWH *kāḇôḏ* zu geben" (neben *nāṯan* [1 Sam 6, 5; Jer 13, 16] begegnen hier *jāhaḇ* [Ps 29, 1f.; 96, 7f.; 1 Chr 16, 28f.; vgl. GrBar 2, 17f.] und *śîm* [Jos 7, 19; Jes 42, 12]), „JHWH *tôḏāh* zu geben" (Jos 7, 19; Esra 10, 11), ihm „*'oz* zu geben" (Ps 68, 35; vgl. Ps 29, 1; 96, 7; 1 Chr 16, 28) und „seinem Namen *kāḇôḏ* zu geben" (Mal 2, 2). Der Psalmist lädt JHWH selbst ein, „seinem Namen *kāḇôḏ* zu geben" (Ps 115, 1) und JHWH versichert seinerseits, daß er „seine *kāḇôḏ* keinem anderen geben wird" (Jes 42, 8; 48, 11). Indessen „gibt" er Salomo „Reichtum, (Güter,) *kāḇôḏ*" (1 Kön 3, 13; 2 Chr 1, 12; vgl. auch Koh 6, 2). Er „gibt" dem Vollkommenen Gnade und *kāḇôḏ* (Ps 84, 12). Andererseits verkündigt der Weise, daß es unnütz ist, einem Dummkopf „*kāḇôḏ* zu geben" (Spr 26, 8).

Diese Texte gebrauchen *nāṯan*, das in der Regel die Vorstellung eines Gütertransfers beinhaltet. Der Ausdruck *nāṯan kāḇôḏ*, immer ohne Artikel gebraucht, ist also zu einem Zeitpunkt der semantischen Evolution von *kāḇôḏ* (→ כבוד) entstanden, als dieser Begriff eine „Summe" oder „Ganzheit" bezeichnete, wie in den Verwaltungs- und Wirtschaftsurkunden aus Ugarit (M. Liverani, UF 2, 1970, 89–108). Zu *kāḇôḏ* „Gesamtbesitz" vgl. Gen 31, 1; Jes 10, 3; Nah 2, 10; Ps 49, 17. „JHWH *kāḇôḏ* geben" meint folglich, daß man sich ganz seinem Willen unterwirft und ihn als Herrn anerkennt.

Der primäre Sinn des Ausdrucks war vielleicht sehr konkret und implizierte eine Gabe aller betreffenden Güter an den Tempel oder ihre Weihe an Gott durch ein Brandopfer. Diese Erklärung scheint durch die Erzählungen von Jos 7, 19–25 und 1 Sam 6, 2–15 bestätigt zu werden. Nach dem ursprünglichen Inhalt dieser Erzählungen wurden alle Reichtümer, die Achan an sich genommen hatte, und das Kästchen mit den goldenen Gegenständen, die die Philister als Sühnegabe entrichten wollten, zum Schatz JHWHs gefügt (Jos 6, 19. 24; 7, 23; 1 Sam 6, 8. 11). Der Vergleich von Jos 7, 19 mit Esra 10, 11 zeigt außerdem, daß der entlarvte Schandtäter „JHWH *tôḏāh* geben" muß. Der Ausdruck *nāṯan tôḏāh* ist wohl synonym mit *heḇî' tôḏāh* (Jer 17, 26; 33, 11; 2 Chr 29, 31) und *qiṭṭer tôḏāh* (Am 4, 5) und bezieht sich wohl auf ein Dankopfer, im vorliegenden Fall dafür, daß Gott den Ursprung des Bösen enthüllt hat. Die beiden Sätze *śîm-nā' kāḇôḏ l*^{e}*JHWH . . . w*^{e}*ṯæn-lô tôḏāh* (Jos 7, 19) laden keineswegs den Täter ein, ein Loblied zu singen, sondern sie fordern ihn auf, alles JHWH zu überlassen und ihm ein Opfer darzubringen (vgl. Ps 51, 23a). Es ist zu fragen, ob dieser doppelte Ritus nicht letztlich der Tradition vom Heiligen Krieg entstammt. Auch hier wird die dem Feind entrissene Beute dem Schatz JHWHs zugefügt und JHWH opfert man das erbeutete Kleinvieh, um ihm für den Sieg zu danken. Diese Erklärung findet eine Stütze in 1 Sam 15, 15. 21, ungeachtet der Verdammung durch Samuel in v. 22 (vgl. auch 1 Sam 6, 14).

Die semantische Entwicklung verband *kāḇôḏ* mit der Vorstellung von „Reichtum", vgl. *nāṯan kāḇôḏ* in 1 Kön 3, 13; 2 Chr 1, 12; Koh 6, 2; Ps 84, 12; Spr 26, 8. In Ez 39, 21 ist die Wendung dagegen in der spezifischen Bedeutung Ezechiels und der priesterlichen Tradition zu sehen: *w*^{e}*nāṯattî 'æṯ-k*^{e}*ḇôḏî baggôjim* meint also: „ich werde meine Herrlichkeit mitten unter die Völker setzen".

Nach Ps 84, 12 „gibt" Gott *ḥen w*^{e}*kāḇôḏ*. *ḥen* ist direktes Objekt zu *nāṯan* in Gen 39, 21; Ex 3, 21; 11, 3; 12, 36; Ps 84, 12; Spr 3, 34; 13, 15; das läßt vermuten, daß *ḥen* mitunter eine relativ konkrete Bedeutung hat. Tatsächlich ist der *'æḇæn ḥen* (Spr 17, 8) ein „wertvoller Stein" und die *liwjaṯ ḥen* (Spr 1, 9; 4, 9) „ein kostbares Diadem". *nāṯan ḥen* hat wohl den Sinn „kostbar machen", was die Maxime Spr 3, 34 und 13, 15 verständlicher macht.

Der Ausdruck *nāṯan kāḇôḏ l*^{e}*JHWH* ist verwandt mit *nāṯan re'šîṯ l*^{e}*JHWH* „JHWH das Erste/Beste geben" (Num 18, 12; Dtn 18, 4; Ez 44, 30; vgl. Num 15, 21), eine Formel, in der *nāṯan* durch *heḇî'* (Ex 23, 19; 34, 26; Dtn 26, 10; Neh 10, 38) ersetzt werden kann; vgl. auch *nāṯan ma'*^{a}*śer* „den Zehnten zahlen" (Gen 14, 20; Num 18, 21. 24; Neh 13, 5), was jedoch häufiger mit *heḇî'* ausgedrückt wird (Dtn 12, 6. 11; Am 4, 4; Mal 3, 10; Neh 10, 38; 13, 12; 2 Chr 31, 5f. 12). Die Erstlinge und der Zehnte gehören zu den *matt*^{e}*nôṯ qŏḏāšîm* „heilige Gaben" (Ex 28, 38), oder einfach *mattānôṯ* (Lev 23, 38; Num 18, 29) oder *mattān* (Num 18, 11), die man zum Tempel bringt.

3. Unzweifelhaft verfügte der salomonische Tempel über Sklaven, die Ps 68, 19 *mattānôṯ* nennt. Indessen findet man die *n*^{e}*ṯînîm* (LXX ναθιναῖοι, ναθινιμ oder ναθινιν) nur im nachexil. Tempel. Der Ausdruck ist in 1 Chr 9, 2 wörtlich mit οἱ δεδόμενοι „die Gegebenen" übersetzt und die Funktion ist richtig mit ἱερόδουλοι bei Josephus, Ant XI, 5, 1, § 128 wiedergegeben sowie in 3 Esra 1, 3, wo die griech. Vokabel seinen ursprünglichen Sinn „Tempelsklaven" festhält.

Die *n*^{e}*ṯînîm* sind aus Babylon gekommen (Esra 2, 43–54; Neh 7, 46–56; Esra 8, 17. 20) und wurden zu den „Nachkommen der salomonischen Sklaven" gezählt. Sie bilden zusammen eine Gruppe von 392 Personen (Esra 2, 58; Neh 7, 60). Diese „Gegebenen" wohnten auf dem Ofel nahe dem Tempel (Neh 3, 26. 31; 11, 21; vgl. 1 Chr 9, 2; Esra 2, 70; Neh 7, 63). Sie bildeten die unterste Personalgruppe des Heiligtums und dienten den Leviten (Esra 8, 20). Ihre Namen verraten zum Teil eine fremde Herkunft (Esra 2, 43–54; Neh 7, 46–56). Obwohl Ez 44, 6–9 den Israeliten vorwirft, sie hätten Fremde in den Tempel geführt und auf sie einen Teil des Dienstes abgewälzt, nennt er sie nicht *n*^{e}*ṯînîm*. Es ist indessen möglich, daß sich diese Verse auf die gleiche Einrichtung im zweiten Tempel beziehen, da ja Ez 44, 6–31 in die nachexil. Epoche datiert werden muß.

Da die *n*^{e}*ṯînîm* aus Babylon kommen und einen aus dem Aram. entlehnten Namen tragen (< **naṯîn*, *n*^{e}*ṯînajjā'*, Esra 7, 24), der dann durch das hebr. *n*^{e}*ṯûnîm* in Esra 8, 17 (K); Num 3, 9; 8, 16. 19; 18, 6; 1 Chr 6, 33 übersetzt wird, ist anzunehmen, daß ihre Herkunft im chaldäischen Babylon zu suchen ist. R. P. Dougherty (90f.) hat sie mit der Institution der *šerkūtu* in Verbindung gebracht, die vor allem unter Nabonid, Kyros und Kambyses belegt ist. Der *šerku* „Geweihter, Oblate" und die *šerkatu* „Oblatin" waren Tempelsklaven, die man der Gottheit „gegeben" (*nadānu*) oder „geweiht" (*zukkû*) hatte, um ihre Gunst zu gewinnen. Die Herkunft dieser Oblaten war verschieden. Es waren Kriegsgefangene, die der König dem Tempel „gegeben" hatte, Sklaven, die von ihren Herren aus Frömmigkeit der Gottheit „gegeben" waren, Kinder von zahlungsunfähigen Schuldnern, die diese dem Tempel „gegeben" hatten, um ihre Schulden zu begleichen, und natürlich jene Kinder, die aus einer zwischen „Oblaten" geschlossenen Ehe hervorgingen. Die Herkunft der *n*^{e}*ṯînîm* dürfte die gleiche sein: einige konnten Gaben des Kyros sein, andere die babylonischer Juden, die nicht nach Jerusalem zurückkehrten, aber ihre Verbundenheit mit dem JHWH-Tempel durch ein bedeutendes Weihegeschenk bezeugen wollten (vgl. Esra 1, 6; 3 Esra 2, 9). Die 220 *n*^{e}*ṯînîm*, die Esra 458/457 v. Chr. mitbrachte (Esra 8, 17. 20; vgl. 7, 7) stammten aus dem Heiligtum (*hammāqôm*; vgl. A. Causse, Les dispersés d'Israël, 26f.) von Kasifja, das ohne Zweifel eine ähnliche Rolle wie der Tempel von Elephantine spielte, diesen aber bei weitem übertroffen haben dürfte, da es dem Zug Esras 38 Leviten und 220 *n*^{e}*ṯînîm* beschaffen konnte.

In Jerusalem bewohnten sie ein *bêṯ hann*^{e}*ṯînîm* (Neh 3, 31; vgl. das *bīt šerki* der babyl. „Oblaten"). Die *n*^{e}*ṯînîm* Jerusalems waren einem Verantwortlichen unterstellt, der den Titel *'al-hann*^{e}*ṯînîm* (vgl. *rab šerki*) trug und selbst zum Stand der „Geweihten" gehörte (Neh 11, 21). Die beiden in Neh 11, 21 erwähnten Verantwortlichen sollten mit den beiden ersten Vorstehern der *n^eṯînîm* in Esra 2, 43 und Neh 7, 46 identisch sein. Man muß daraus schließen, daß die Liste (Esra 2, 43–54; Neh 7, 46–56) nicht die Familien der *n^eṯînîm* aufzählt, sondern Gruppen oder Mannschaften, die von einem Verantwortlichen befohlen werden.

Die *šerkatu* des Ištartempels in Uruk war durch den Ištarstern auf der Hand gekennzeichnet (AHw 421 b, 1155 b); auch Jes 44, 5 erinnert an die Praxis, das Wort *l^eJHWH* „JHWH gehörend“ auf die Hand zu tätowieren. Da dieser Text in das Ende des Exils datiert und berichtet, daß Fremde sich „*l^eJHWH*“ auf die Hand tätowierten, um „mit dem Beinamen Israel genannt“ (*j^ekunnæh*, vgl. Tg und Syr) zu werden, könnte sich diese Praxis auf die *n^eṯînîm* beziehen, unter denen es viele Ausländer gab. Eine solche konnte sich bereits in Kasifja ereignen. Num 3, 9; 8, 19 und 18, 6 enthalten einen Ausdruck, der wahrscheinlich von der Weiheformel eines *n^eṯîn* herstammt. Er ist parallel zum akk. *ana šerkūti ana GN nadānu* „der Gottheit zum Tempeloblatendienst geben“ (AHw 1217 b). Num 18, 6 ist in der Tat zu verstehen: „die Leviten ... Gabe für JHWH als Geweihte“ (*hall^ewijjim ... mattānāh n^eṯûnîm l^eJHWH*). Dieser Satz wurde in Num 3, 9 und 8, 19 in *nāṯan 'æṯ hall^ewijjim n^eṯûnîm l^e'ah^arôn* „Aaron die Leviten als Geweihte geben“ geändert. Da die Leviten hier den Platz der *n^eṯînîm* und Aaron den von JHWH einnehmen (vgl. Num 18, 6), müßte die Weiheformel der *n^eṯînîm*, die auch dem priesterlichen Redaktor bekannt war, folgendermaßen lauten: *nāṯan* PN *n^eṯîn(āh) l^eJHWH* „jemanden JHWH als Geweihte(n) geben“.

Die Bezeichnung *n^eṯînîm* wurde aus der aram. Terminologie Mesopotamiens entlehnt, wo *n^eṯîn* als aram. Äquivalent zu *šerku* galt. Wenn auch der technische Gebrauch des Wortes nur in der Verordnung des Artaxerxes I. in Esra 7, 24 belegt ist, begegnen doch die aram. PN *Naṯîn*, *Naṯînā'*, *Naṯînî*, *Naṯînaṯ* häufig (R. Zadok, On West Semites in Babylonia, 124; W. Kornfeld, Onomastica Aramaica aus Ägypten, 63) und entsprechen den Namen akk. Herkunft *Šerku*, *Šerkā'* (AHw 1217 a). Der älteste Beleg des Namens *^mNa-ti₇-n[u]* stammt aus Gozan und ist in den Anfang des 8. Jh. zu datieren (AfO Beih. 6, Nr. 25, 2). Da dieser Natîn eigentlich ein Sklave ist, kann der Gebrauch dieses PN ein Indiz für die Existenz der Institution der *n^eṯînajjā'* schon in den altaram. Tempeln sein.

Das Vorhandensein von ausländischen Sklaven im Jerusalemer Tempel rief auf die Dauer Protest hervor (vgl. Ez 44, 6–9). Man versuchte dagegen, die Institution der *n^eṯînîm* David zuzuschreiben (Esra 8, 20); der entsprechende Relativsatz ist jedoch eindeutig sekundär (aram. Relativpronomen *šæ* nur hier). Ein Versuch, den Ursprung der *n^eṯînîm* dem Mose zuzuschreiben (Num 31, 30. 47), nennt ihren Namen jedoch nicht. Die Institution der *n^eṯînîm* verschwand schließlich und deren Aufgaben wurde von den Leviten wahrgenommen (Ez 44, 10–14). Dies wird in Num 3, 9; 8, 16. 19 und 18, 2–6 (vgl. 1 Chr 6, 33) bestimmt, woraus man schließen könnte, daß *n^eṯînîm*, seien es Juden von Geburt an oder durch Konversion, den Leviten gleichgestellt worden sind. Die Mischna dagegen bleibt dabei, sie von anderen Bevölkerungsgruppen zu unterscheiden, und setzt sie gemeinsam mit „Mischlingen“ und Findelkindern an das Ende der sozialen Leiter (Jeb 2, 4; 6, 2; 8, 3; 9, 3; Qidd 4, 1; Makk 3, 1; Hor 1, 4; 3, 8).

Lipiński

V. 1. Die LXX verwendet in massiver Häufigkeit zur Wiedergabe von *nāṯan* das Verb διδόναι und Komposita (*qal* ca. 1660mal, *niph* 46mal und 11mal παραδιδόναι, *hoph* 6mal). τιθέναι und Komposita begegnen mehr als 220mal; nur sporadisch werden βάλλειν und Komposita (20mal), καθ/ἱστάναι (13mal), ἀφιέιν etc. (11mal), ποιεῖν (9mal) und τάσσειν etc. (5mal) verwendet. Nominale Wiedergaben (ἀπό/δομα u.a.) sind singulär und nicht signifikant.

2. Die Zahl der Belege in den Qumranschriften ist gegenüber Kuhns Konkordanz (58 Belege; vgl. Labuschagne) inzwischen auf 128 gestiegen, wobei jedoch eine Vielzahl wegen der zerstörten Textzusammenhänge unberücksichtigt bleiben muß. Die Verwendung entspricht im wesentlichen dem Sprachgebrauch des AT. Zahlenmäßig häufig begegnen die Wendungen „Einsicht etc. geben“ (*nāṯan bînāh*, *da'aṯ*, *ḥŏkmāh*, *rûaḥ* etc. 1 QpHab 2, 8; 1 QH 10, 27; 11, 27; 12, 12; 13, 19; 14, 8; 16, 11; 17, 17; 18, 27 [?]; 1 QHfragm 3, 14; 4 Q 504, 18, 2; 4 Q 511, 48–51, II, 1; 11 QPs^a 18, 3; 27, 3); „(dem Feind etc.) ausliefern“ (*nāṯan b^ejaḏ*, 1 QpHab 4, 8; 5, 4; 9, 6. 10; CD 1, 6; 4 QpJes^a B 7; 4 QpPs 37, 2, 20; 4, 10; TR 62, 9; 63, 10; vgl. TR 59, 19). „Gericht halten“ (*nāṯan mišpāṭ*, 1 QpHab 10, 3; 2 Q 22, 2, 4; 4 Q 185, 1–2, 2, 2), „Bestimmungen geben“ (*nāṯan ḥuqqîm*, 1 QH 2, 37). Auch außerhalb dieser Wendung ist Gott fast ausschließlich Subjekt von *nāṯan*. Er gibt das Land in Besitz (1 QS 11, 7; 1 Q 22, 2, 2; 4 Q 501, 1; TR 51, 16; 55, 2. 16; 56, 12; 60, 16; 62, 13; 64, 13); er gibt Mut (1 QM 14, 6), aber auch Furcht (1 QH 11, 4), er gibt Bittgebet (1 QH 9, 10), aber auch Loblieder (1 QH 11, 4), Frieden und Königtum (1 QSb 3, 5; 4 QPB 4), Lebensatem (11 QPs^a 19, 4), ein starkes Herz (4 Q 183, 1, 2, 4), Erbarmen (TR 55, 11), Segen (TR 53, 3), aber auch Schrecken (1 QS 2, 5) u.a. Aus dieser Regel bricht massiv die Tempelrolle aus, in der entsprechend der aufgenommenen Bestimmungen aus Dtn und Lev in der Hälfte der Belege Menschen als Subjekte impliziert sind. Darin zeigt sich eine signifikante Differenz zur sonstigen qumranessenischen Regelliteratur.

Fabry

נָתַץ *nāṯaṣ*

I. Zur Wurzel: – 1. Etymologie – 2. Formen, Streuung – 3. Bedeutung – 4. Parallele Verben – 5. Alte Versionen – II. Zur Verwendung: – 1. Kultreformberichte – 2. *tôrôṯ* und Paränesen – 3. Kriegsberichte – 4. Prophetenworte – 5. Kultlyrik und Weisheit.

Lit.: *R. Bach*, Bauen und Pflanzen (Festschr. G. v. Rad, 1961, 7–32). – *J. A. Emerton*, New Light on Israelite Religion: The Implications of the Inscriptions from Kuntillet ʿAjrud (ZAW 94, 1982, 2–20). – *J. Halbe*, Das Privilegrecht Jahwes Ex 34, 10–26 (FRLANT 114, 1975, 115f.). – *S. Herrmann*, Die prophetischen Heilserwartungen im Alten Testament (BWANT 85, 1965, 165–169). – *E. Jenni*, Das hebräische Piʿel, Zürich 1968, 184. – *W. Thiel*, Die deuteronomistische Redaktion von Jeremia 1–25 (WMANT 41, 1973, 62–79). – → חרם *ḥāram*.

I. 1. Bei *ntṣ* scheint es sich um eine dem Hebr. eigene Wurzel zu handeln (äth. *nasata*?); in keiner anderen semit. Sprache ist bis dahin eine genaue Entsprechung gefunden worden. Die Wörterbücher ziehen *nts* ʿaufreißenʾ, *ntʿ* ʿausschlagenʾ und *ntš* ʿausreißenʾ (→ נתש; vgl. arab. *natasa*) zum Vergleich heran, doch läßt sich keine etymologische Verwandtschaft nachweisen. Vielleicht handelt es sich um verschiedene Erweiterungen einer Basis *nt*-, etwa ʿwegreißenʾ (vgl. unten I. 4.).

2. Im AT ist die Wurzel nur durch Verbalformen vertreten (42mal); vgl. dagegen die mhebr. Nominalbildung *^{e}tîṣāh* (Levy, WTM III 457f.). Unter den Verbalstämmen findet sich das *qal* am häufigsten (31mal), gefolgt durch *pi* (7mal), *niph* (2mal) und *pu* (1mal). Bei *nitt^{e}ṣû* in Ez 16, 39 handelt es sich um eine *pi*-Form (gegen KBL^2 und Lisowsky!). Die gewöhnlich als *hoph* bezeichnete Form *juttāṣ* (Lev 11, 35) ist mit GKa §§ 52e; 53u besser als passivisches *qal* zu verstehen (vgl. KBL^2 644; KBL^3 695). In einzelnen Büchern kommt *ntṣ* häufiger vor (Ri 8mal; 2 Kön 8mal; Jer 7mal; Ez 3mal; 2 Chr 6mal, davon 5mal *pi*), andere bieten nur wenige Belege (Ex 1mal; Lev 2mal; Dtn 2mal; Jes 1–39 1mal; Nah und Ijob je 1mal; Ps 2mal). In Gen, Num, Jos, 1/2 Sam, Jes 40–66, Zwölfpropheten (außer Nah?), Spr, Megillot, Esra, Neh, 1 Chr fehlt die Wurzel überhaupt. – Für *nitt^{e}ṣû* wird in Nah 1, 6 meistens *niṣṣ^{e}ṯû* gelesen (doch s. u. II. 5.). Umgekehrt sprechen viele Gründe dafür, anstelle des überlieferten *niṣṣ^{e}ṯû* (Q) in Jer 2, 15 ein ursprüngliches *nitt^{e}ṣû* anzunehmen, was einen weiteren Beleg für *ntṣ* in Jer ergeben würde.

3. Beim Gebrauch von *ntṣ* herrscht die Bedeutung ʿ(etwas Gebautes) abbrechen, einreißen, niederreißenʾ vor. Das Verbum bezeichnet ein gewaltsames „Niederreißen" von Häusern, Türmen, Mauern, ganzen Städten, aber auch von Altären, Höhenheiligtümern und anderen kultischen Einrichtungen. Von den wenigen Beispielen übertragenen Gebrauchs abgesehen (II. 5.) sind es durchgehend von Menschenhand errichtete Bauten oder Gegenstände, deren Zerstörung mit *ntṣ* ausgesagt wird. Die konkrete Vorstellung des „Niederreißens" ist beim Gebrauch so stark lebendig, daß mit der allgemeineren Bedeutung ʿzerstörenʾ (GesB 531) in keinem Fall gerechnet werden muß. E. Jenni versucht zu zeigen, daß in den *qal*-Stellen die Handlung an sich, in den *pi*-Stellen dagegen der Endzustand, das Ergebnis der Handlung betont sei („faktitiv/resultatives" *pi*).

4. Durch diese spezielle Bedeutung unterscheidet sich *ntṣ* mehr oder weniger scharf von den zahlreichen parallel oder ergänzend gebrauchten Verben des Zerstörens. – Semantisch am nächsten liegt das oft parallel gebrauchte *hrs* ʿniederreißenʾ (→ הרס; Jer 1, 10; 31, 28; Ez 16, 39; 26, 12; Ps 58,7; Ri 6, 25 neben *ntṣ* in vv. 28. 30–32). Bei größter Nähe zu *ntṣ* bringt *hrs* einerseits zusätzlich die Bedeutung ʿdurchbrechenʾ (Ex 19, 21. 24), andererseits häufiger die allgemeine Bedeutung „zerstören, vernichten" zum Ausdruck (Ex 15, 7; Jes 49, 17; Jer 42, 10; Ps 28, 5; Spr 29, 4). – Ein besonders gern verwendetes Parallelwort ist *šbr* ʿzerbrechenʾ (→ שבר; Ex 34, 13; Dtn 7, 5; 12, 3; 2 Kön 11, 18 mit 2 Chr 23, 17; 2 Kön 23, 15 LXX; 25, 10. 13; 2 Chr 31, 1; 34, 4; *šbr* neben *hrs*: Ex 23, 24). – Neben *ntṣ* erscheinen vereinzelt die sinnverwandten Verben *dqq* ʿzermalmenʾ (2 Chr 34, 7), *ḥth* ʿniederschlagenʾ (Ps 52, 7), *ktt* ʿzerschlagenʾ (2 Chr 34, 7) und *rṣṣ* ʿzusammenschlagenʾ (2 Kön 23, 12). – ʿAbhauenʾ oder ʿfällenʾ ist die Bedeutung zweier Verben, die ebenfalls neben *ntṣ* gebraucht werden: einerseits *krt* (→ כרת; Ex 34, 13; Ri 6, 25f. 28. 30), andererseits *gdʿ* (Dtn 7, 5; 2 Chr 31, 1; 34, 4. 7; neben *šbr*: Ez 6, 6). – Noch eine letzte Gruppe von sinnverwandten Verben findet sich in der Nachbarschaft des Gebrauchs von *ntṣ*; sowohl *ntš* (→ נתש; Jer 1, 10; 18, 7; 31, 28) wie *nsḥ* (Ps 52, 7) und *nsʿ hiph* (Ijob 19, 10) haben die Bedeutung ʿ*(her)aus*reißenʾ, markieren also einen deutlichen Kontrast zu *ntṣ* ʿ*nieder*reißenʾ.

5. Die verschiedenen Übersetzungen von *ntṣ* in LXX bestätigen die herausgearbeitete, spezielle Bedeutung der Wurzel. Am häufigsten finden sich καθαιρεῖν, κατασκάπτειν und κατασπάειν; auch das nahezu bedeutungsgleiche *hrs* wird in der Regel ebenso übersetzt. Dementsprechend bietet V häufig *destruere* (27mal), daneben *subvertere* (5mal) und *demolire* (4mal), jedoch nur selten *dissipare* (2mal), *suffodere* ʿunterminierenʾ (Ri 6, 31f.), *comminuere* ʿzerschlagenʾ (2 Kön 10, 27) u. a. m.

II. 1. Die größte Gruppe von Belegen für den Gebrauch von *ntṣ* (16mal) steht in Sammelberichten betreffend die Zerstörung und Entweihung kanaanäischer Heiligtümer und Kultgegenstände. Nach Form und Inhalt ähnliche Summarien – hier als „Kultreformberichte" bezeichnet – finden sich in allen Geschichtswerken mit Ausnahme des J. Die Formel vom „Beseitigen der fremden Götter" (*hesîr* [→ סור] in Gen 35, 3f.; Jos 24, 14. 23; Ri 10, 16; 1 Sam 7, 3f.) darf als Kurzform dieser Gattung gelten. – Ri 6, 25–32 berichtet im Rahmen einer Ätiologie des Namens Jerubbaal über Gideons Kultreform auf der Höhe bei Ofra; in 6, 28. 30–32 ist 4mal vom Niederreißen (*ntṣ*) von Baʿals Altar, 2mal vom Umhauen (*krt*) der Aschera die Rede (vgl. *hrs* in 6, 25). Zur Bedeutung von ʾ^{a}šerāh vgl. Emerton. – Von Asa wird 1 Kön 15, 12f. erzählt, er habe die Götzen beseitigt sowie das von der Königinmutter aufgestellte „Ascherabild" zerstört (*krt*, *śrp*); in 2 Chr 14, 2–4 heißt es weit umfassender, er habe die Altäre und Höhen „beseitigt" (*hesîr*), die Stelen „zerbrochen" (*šbr*) und die Ascheren „abgehauen" (*gdʿ*). – In knappster Form berichtet 2 Kön 3, 2 über die Beseitigung der Baʿalsstelen durch Joram, den Sohn Ahabs. – Der Bericht über Jehus Kultreform in 2 Kön 10, 26f. ist textlich in Unordnung geraten, läßt jedoch erkennen, daß sowohl der Tempel wie die Stelen Baʿals zerstört (*śrp*, *ntṣ*) bzw. entweiht wurden. – Auch die Zerstörung (*śrp*, *ntṣ*) des Jerusalemer Baʿalstempels mit Einschluß seiner Altäre und Bilder durch „das ganze Volk" (2 Chr 23, 17) oder den *ʿam hāʾāræṣ* (2 Kön 11, 18) nach dem Sturz der Atalja (vgl. dazu W. Rudolph, Festschr. A. Bertholet, 1950, 473–478) erweist sich als Kultreform. – Der kurze Sammelbericht über die Reformmaßnahmen Hiskijas in 2 Kön 18, 4 erwähnt die Beseitigung der Höhen, das Zerbrechen der Stelen, das Abhauen der Aschera und die Zertrümmerung des Neḥuštan (*hesîr*, *šbr*, *krt*, *ktt*); die Parallelstelle 2 Chr 31, 1 (vgl. 33, 4) verwendet z. T. andere Verben (*gdʿ*, *ntṣ*), trägt die Altäre nach, läßt den Neḥuštan weg und dehnt die Aktion auf ganz Juda, Benjamin, Efraim und Manasse aus. – Nur der letzte in der Reihe ähnlicher Berichte ist erzählerisch breit ausgestaltet. Er betrifft die Kultreform Joschijas zunächst in Juda (2 Kön 23, 4–14), dann auch in Bet-El (2 Kön 23, 15–20). Hinter und zwischen den vielen Zutaten (z. B. 23, 16–18) kommen Inhalt und Stil der kurzen Sammelberichte (Zerstörung von Höhenheiligtümern, Altären, Ascheren, Wohnungen der Tempelprostituierten, mit den Verben *ntṣ* vv. 7f. 12. 15, *ṭmʾ* v. 8, *rṣṣ* v. 12, *śrp* v. 15, *hesîr* v. 19) noch deutlich zum Vorschein. Die Parallele in 2 Chr 34, 4–7 bietet einen viel kürzeren Bericht (Zerstörung und Entweihung von Altären, Ascheren, Bildern und Räucheraltären, mit den Verben *ntṣ*, *šbr*, *ktt*, *gdʿ*), der ein älteres Stadium der Überlieferung darstellen könnte. In diese Gruppe der Belege ist auch mit TR 2, 6 der einzige Qumranbeleg einzuordnen.

2. Eine weitere Gruppe von Belegen (6mal) steht im Zusammenhang von Gesetzen und von „Predigten", die Gesetze paränetisch erläutern. Um eigentliche *tôrôt*, nämlich um priesterliche Reinheitsvorschriften (Lev 11–15) handelt es sich nur in Lev 11, 35 und 14, 45. Innerhalb der Tora über reine und unreine Tiere (Lev 11) regelt ein längerer Einschub (vv. 24–39) den Fall der Berührung von Mensch oder Hausrat durch verendete Tiere. Tongefäße, in die das Aas eines unreinen Tieres gefallen ist, müssen zerbrochen werden (*šbr* 11, 33); Backöfen und Kochherde muß man im analogen Fall abreißen (*ntṣ* 11, 35). – Der Beleg in Lev 14, 45 gehört zur Tora betreffend Unreinheit infolge von Aussatz (Lev 13–14), und innerhalb desselben zu den Anweisungen betreffend „Aussatz" an Kleid und Haus (13, 47–59; 14, 33–53). Ein unrein gewordenes Kleidungsstück ist zu verbrennen (*śrp* 13, 52. 55. 57), ein entsprechend befallenes Haus abzureißen (*ntṣ* 14, 45). Das Vorkommen von *ntṣ*, *šbr* und *śrp* in beiden Belegen bzw. in deren Kontext erinnert an den Sprachgebrauch der „Kultreformberichte" (s. o. II. 1.).

Durchgehend auf kultreformerische Maßregeln zielt denn auch der Gebrauch von *ntṣ* in Zusammenhängen, die als paränetische *Erläuterung* von Gesetzen anzusprechen sind. Ex 34, 13 (Zerstörung der kanaanäischen Altäre, Stelen und Ascheren, mit *ntṣ*, *šbr*, *krt*) ist Teil des dtr Einschubs vv. 11 b–13. Zu derselben radikalen Maßnahme wird auch in Ex 23, 20–33, dem dtr Anhang zum „Bundesbuch", aufgefordert (*hrs*, *šbr* in 23, 24). – Dtn 7 enthält in vv. 1–11 und 17–26 zwei „Predigten" (G. v. Rad, ATD 8^{3}, 48f.) über die Pflicht zur Bannvollstreckung an den Landesbewohnern; die im Stil positiver Gebote eingestreuten Aufforderungen in Dtn 7, 5 (Zerstörung von Altären, Stelen, Ascheren und Bildern, mit *ntṣ*, *šbr*, *gdʿ*, *śrp*; vgl. 7, 25 a) stimmen weitgehend mit denen in Ex 34, 13 und 23, 24 überein. – Eine weitere, fast identische Formulierung des „Bannungsgebotes", bei dem es sich in Wirklichkeit um applizierende Laienunterweisung handelt (G. v. Rad, ATD 8^{3}, 65), findet man in der ersten Fassung des dtr „Zentralisationsgesetzes" Dtn 12, 2–7 (*ntṣ*, *šbr*, *śrp* in 12, 3). – Zum letzten Mal erscheint das „Bannungsgebot" am Schluß der Einleitung zum Richterbuch (Ri 2, 1–5; hier: v. 2); erwähnt ist nur das Einreißen der Altäre (*ntṣ*), nach LXX außerdem das Zertrümmern der Bilder (*šbr*?).

Bei dem älteren Gesetz, auf das sich diese Art von Predigt bezieht, könnte an das Verbot der Bundesschließung mit den Landesbewohnern gedacht sein (vgl. das formelhafte *loʾ tikr^{e}ṯû b^{e}rîṯ* in Ex 34, 12. 15; 23, 32; Dtn 7, 2; Ri 2, 2). Aber auch diese Formel gehört wohl zum dtr Predigtstil. Viel eher ist darum eine verschärfende Auslegung des alten Fremdgötterverbotes anzunehmen (vgl. Ex 34, 14 im Kontext von v. 13; Ex 23, 24 sowie Jos 23, 7 und 2 Kön 17, 35 im paränetischen Rahmen des DtrGW). Die Radikalisierung des Verbotes antwortet auf die Baʿalisierung des JHWH-Kultes, wie diese in der Elijaerzählung erstmals geschichtlich greifbar wird. Nach dtr Konzeption sind es diese mosaischen „Bannungsgebote", die bei den je und je unternommenen Kultreformen – leider nicht konsequent genug – zur Ausführung kamen.

3. Eine ganz andere, scheinbar völlig „profane" Verwendung von *ntṣ* liegt vor, wo vom Abreißen gewöhnlicher Häuser, Türme, Mauern oder Städte die Rede ist.

7 Belege dieser Art lassen sich insofern einer besonderen Gruppe zuordnen, als sie im Kontext von Kriegsberichten stehen. Das gilt für die Nachricht von der Zerstörung des „Turms" (d. h. der Burg) von Penuel durch Gideon (Ri 8, 9. 17); sie steht im Rahmen der manassitischen Überlieferung von Gideons Feldzug gegen die Midianiter im Ostjordanland (Ri

8, 4–21). – Auch Ri 9, 45 steht im Zusammenhang einer Kriegserzählung (Eroberung von Sichem durch Abimelech, Ri 9, 22–49); die Stadt wird erobert (*lkd*), zerstört (*ntṣ*) und mit Salz bestreut (→ מלח *mælaḥ*). – Alle anderen Belege dieser Gruppe stammen aus Berichten über die Katastrophe Jerusalems 586 v. Chr., wie sie in 2 Kön 24, 18 – 25, 21 und Jer 52, 1–27, auszugsweise in Jer 39, 1–10 und stark überarbeitet in 2 Chr 36, 11–21 erhalten sind. Zum gemeinsamen Bestand der vier Berichte gehört die Angabe, die Chaldäer hätten Tempel, Palast und sämtliche Häuser verbrannt (*śrp*) und die Mauern der Stadt ringsherum abgerissen (*ntṣ*) (vgl. 2 Kön 25, 10 mit v. 9; Jer 52, 14 mit v. 13; Jer 39, 8; 2 Chr 36, 19). Zwei Berichte notieren außerdem die Zertrümmerung (*šbr*) der ehernen Geräte am bzw. im Tempel (2 Kön 25, 13; Jer 52, 17).

Im Allgemeinen entspricht diese Verwendung von *ntṣ* u. Par. durchaus dem Sprachgebrauch in den Feldzugsberichten altorientalischer Könige. Als Beispiel dafür kann der Bericht Asarhaddons (680–669) über die Eroberung von Memphis dienen: „I destroyed (it, sc. the city), tore down (its walls) and burnt it down" (ANET[3] 293). Das „Abreißen" erfolgte nach Ez 26, 9 mit Rammböcken und Spitzhacken oder Brecheisen. Darstellungen dieser Technik aus der Zeit Assurnasirpals II. (883–859) und Assurbanipals (668–631) finden sich bei Y. Yadin, The Art of Warfare in Biblical Lands, New York / London 1963, II 388–393. 446; O. Keel, Die Welt der altorientalischen Bildsymbolik und das Alte Testament, [2]1977, Taf. V; R. D. Barnett, Assyrische Skulpturen im British Museum, 1975, Taf. 27ff.

Dennoch ist die Frage berechtigt, ob der at.liche Gebrauch von *ntṣ* in Kriegsberichten – zumal dann, wenn im Kontext parallele Verben wie *śrp* und *šbr* vorkommen – nicht manchmal vom Gedanken an eine Bannvollstreckung beeinflußt sein könnte. Für Ri 9, 45 ist dies ernstlich zu erwägen, denn „der Gegensatz zwischen Kanaanitern und Israeliten steht im Hintergrund der Abimelekhgeschichte" (H. W. Hertzberg, ATD 9[4], 203). Erst recht hat man im Fall der dtr redigierten Berichte über die Zerstörung Jerusalems mit einer Einwirkung des Vokabulars der Bannvollstreckung zu rechnen.

4. 9 Belege für die Verwendung von *ntṣ* in Prophetenworten bilden eine weitere Gruppe (Jes 22, 10; Jer 1, 10; 4, 26; 18, 7; 31, 28; 33, 4; Ez 16, 39; 26, 9. 12; zu Nah 1, 6 s. u. 5.). Objekt des Niederreißens sind hier die Städte im Reich Juda (Jer 4, 26), bestimmte Häuser in Jerusalem (Jes 22, 10; Jer 33, 4) oder Tyrus (Ez 26, 12), die Wehrtürme von Tyrus (Ez 26, 9; parallel: die Stadtmauern), Stätten von Fremdkulten in oder bei Jerusalem (Ez 16, 39). Dreimal ist *ntṣ* ohne Objekt gebraucht (Jer 1, 10; 18, 7; 31, 28). Als Subjekt figurieren die „Männer von Jerusalem" (Jes 22, 10; zu Jer 33, 4 vgl. W. Rudolph, HAT I/12[3], 214), Nebukadnezar (Ez 26, 9. 12) und Jerusalems „Liebhaber" unter den großen Nachbarstaaten (Ez 16, 39). Beim objektlosen Gebrauch ist indirekt JHWH selber handelndes Subjekt (Jer 1, 10; 18, 7; 31, 28; vgl. Rudolph 7 Anm. 5); seine Urheberschaft kann sich auch aus dem Kontext ergeben (Jer 4, 26, vgl. v. 27).

Innerhalb des Orakels Jes 22, 1–14, das gewöhnlich in die Zeit unmittelbar nach der abgebrochenen Belagerung Jerusalems durch Sanherib (701 v. Chr.) datiert wird, ist in vv. 8b–11 von Maßnahmen zur Erhöhung der Verteidigungsbereitschaft die Rede, u. a. vom Abbruch bestimmter Häuser (v. 10). Was die Regierung als „Realpolitik" verstand, ist in den Augen Jesajas eine gefährliche „Utopie" und ein Zeichen des Unglaubens (vgl. H. Wildberger, BK X/2, 830). – Die Erwähnung abgerissener „Häuser der Stadt und Häuser der Könige von Juda" im Zusammenhang des Heilswortes Jer 33, 4–9 (hier: v. 4) sowie des ganzen, Jeremia meist abgesprochenen Kap. 33 scheint an den freiwilligen Abbruch von Häusern in Jes 22, 10 zu erinnern, bezieht sich aber nach dem Kontext auf den Zustand totaler Verwüstung von Jerusalem und Umgebung, wie man ihn nach 586 v. Chr. vor Augen hatte.

Die drei Belege für *ntṣ* in Ez 16, 39; 26, 9. 12 stehen im Zusammenhang von Gerichtsworten an Jerusalem und Tyrus. Die Rede von deren totaler Zerstörung (*ntṣ*, *hrs*; vgl. *šḥt* 26, 4) folgt dem Schema der „Kriegsberichte", verlegt aber den Vorgang in die Zukunft, auch handeln die Feinde hier nicht selbständig, sondern als Vollstrecker von JHWHs Gericht. Ez 16, zu dessen Grundbestand die Gerichtsankündigung in vv. 35. 37aα*. 39–41a gehört (W. Zimmerli, BK XIII/1[2], 360f. 363), ist demgegenüber nochmals insofern eigenartig, als die Zerstörung der Stadt hier zugleich, ja vorab als eine sakrales Recht vollstreckende „Kultreform" dargestellt wird.

Eine besondere Bewandtnis hat es mit der thematischen Gegenüberstellung von *ntṣ* und anderen Verben des Zerstörens (*ntṣ*, *hrs*, *ʿbd hiph*) mit den beiden positiven Verben *bnh* 'bauen' (→ בנה) und *ntʿ* 'pflanzen' (→ נטע) am Schluß von Jer 1, 4–10 (Berufungsbericht Jeremias; vgl. R. Bach). Sie findet sich in vielen Prosapartien des Jeremiabuches (Jer 18, 7–9; 31, 28; ohne Verwendung von *ntṣ* auch 12, 14f.; 24, 6; 42, 10 und 45, 4). *ntṣ* u. Par. sind hier als Symbolworte für Gericht, Zerstörung und Tod infolge der dem Propheten aufgetragenen Botschaft – *bnh* und *ntʿ* dementsprechend als Symbolworte für eine neue Zuwendung von Gnade, Leben und Wachstum gebraucht. Mit S. Herrmann und W. Thiel ist anzunehmen, daß wir es in den genannten Jeremiastellen mit Interpretamenten der dtr Redaktion zu tun haben.

5. Eine letzte Gruppe umfaßt 4 Belege aus dem Zusammenhang poetischer Texte kultlyrischer und weisheitlicher Gattungen, die von vornherein einen übertragenen Gebrauch von *ntṣ* erwarten lassen. – In dem nur zur Hälfte überlieferten, alphabetischen Hymnus Nah 1, 2–9* beschreibt v. 6 die unwiderstehliche Gewalt von JHWHs Zorn: „Sein Grimm ergießt sich wie Feuer / und die Felsen werden von ihm zerrissen (*ntṣ*)." Anstelle von *nittᵉṣû* wird seit Marti (1904) fast allgemein *niṣṣᵉṯû* gelesen, doch ergibt auch MT einen guten Sinn, vgl. „the rocks are broken asunder by him" (D. L. Christensen, ZAW

87, 1975, 22). – In Ps 52, 7 wird einem gottlosen Machthaber das Gericht angedroht: „So wird dich Gott auch niederbrechen (*jittŏṣkā*) für immer / dich packen und herausreißen aus dem Zelte / und dich entwurzeln aus dem Lande der Lebendigen." – Ps 58, 7 enthält eine Bitte um Vernichtung der Frevler im Lande: „O Gott, zerbrich (*hrs*) ihnen die Zähne im Munde / zerschlage (*neṯoṣ*), JHWH, das Gebiß der jungen Löwen." Die Klärung der vorausgesetzten Situation in Leben und Kult bereitet in beiden Psalmen (vgl. auch Ps 12; 14; 64; 75; 82) erhebliche Schwierigkeiten. Zum Versuch, hier „prophetische Klageliturgien" zu erkennen, vgl. J. Jeremias, Kultprophetie und Gerichtsverkündigung in der späten Königszeit Israels, WMANT 35, 1970, 110–127. – In Ijob 19, 6–22 beklagt Ijob das ihn von Gott her treffende Unrecht. „Rundum brach er mich ab (*jitteṣenî*), ich mußte gehen / riß meine Hoffnung aus wie einen Baum" (19, 10; Übers. F. Horst, BK XVI/1³, 277). Liegt dem zweiten Stichos das Bild vom ausgerissenen Baum, so dem ersten das Bild von der belagerten Festung zugrunde (vgl. Ijob 16, 14). Der auf den Menschen bezogene Gebrauch von *ntṣ* in Ps 52 und im weisheitlichen Ijobbuch macht die Konnotation der „Bannvollstreckung" noch einmal von einer neuen, theologisch relevanten Seite her deutlich.

Barth

נָתַק *nāṯaq*

נֶתֶק *næṯæq*

I. Etymologie – II. Vorkommen im AT – 1. Allgemeines – 2. Das Verbum *nāṯaq* – 3. Das Nomen *næṯæq* – III. LXX – IV. Qumran.

Lit.: *F. Crüsemann*, Ein israelitisches Ritualbad aus vorexilischer Zeit (ZDPV 94, 1978, 68–75). – *M. Dahood*, Hebrew-Ugaritic Lexicography VII (Bibl 50, 1969, 340f.). – *G. R. Driver*, Studies in the Vocabulary of the Old Testament III (JThS 32, 1930/31, 361–366, bes. 363f.). – *L. Köhler*, Der hebräische Mensch. Eine Skizze, 1953 (Neudruck: 1976, 42–45). – *Th. Seidl*, Tora für den „Aussatz"-Fall. Literarische Schichten und syntaktische Strukturen in Levitikus 13 und 14 (Arbeiten zu Text und Sprache im Alten Testament 18, 1982). – *K. Seybold*, Das Gebet des Kranken im Alten Testament. Untersuchungen zur Bestimmung und Zuordnung der Krankheits- und Heilungspsalmen (BWANT 99, 1973).

I. Bereits der Grammatiker Ibn Barūn (ca. 1100) erklärt die bhebr. Wurzel *ntq* (in Ri 20, 32; Jer 22, 24; Koh 4, 12 und Lev 22, 24) durch Vergleich mit arab. *nataqa* 'schütteln' (P. Wechter, Ibn Barun's Arabic Works on Hebrew Grammar and Lexicography, 1964, 104). Diese Wurzel ist in anderen semit. Sprachen belegt: äth. *nataqa* 'wegnehmen' (W. Leslau, Contributions 35; LexLingAeth 662), samarit. (Ben Ḥayyim, LOT 1957–61, II 522b. 530; vgl. KBL³ 695); Deir ʿAlla-Aram. (*ntq itp*, 5, C4, ATDA 256); nachbibl. Aram. (*neṯaq* 'zerreißen, abtrennen' usw.; *niṯqā'* = bhebr. *næṯæq*, Jastrow 945b). Die primäre Bedeutung der Wurzel *ntq* scheint 'losreißen', 'ausreißen' zu sein.

Es darf aber nicht übersehen werden, daß *ntq* in sprachgeschichtlicher Verbindung auch mit Wurzeln wie *ntḥ* und *ntk* steht (*ntḥ*, nur *pi* '[Fleisch] in Stücke schneiden'; *neṯaḥ* '[Fleisch-]Stück' [KBL³ 691]; vgl. Arab. *nataḫa* 'wegnehmen' [Lane 2761c]; äth. *nataga/natga „detrahere"* [LexLingAeth. 660f.]; *natḫa* 'ausreißen' [Nöldeke, NB 197]; *ntk* ist noch im Ugar., Jaʿud. und Akk. belegt, wobei der Grundstamm 'sich ergießen' bedeutet [KBL³ 691f.]).

II. 1. Im AT ist die Wurzel *ntq* mit Sicherheit nur im Verbum *nāṯaq* und im Nomen *næṯæq* zu belegen. Das Verbum kommt 27mal vor (exkl. Koh 12, 6 cj.): *qal* (3mal), *niph* (10mal), *pi* (11mal) und *hiph/hoph* (3mal). Die Belege: 7mal in Jer; 5mal in Ri; 3mal in Jos, je 2mal in Jes 1–39, Ez, Ps und Ijob und je 1mal in Lev, TrJes, Nah und Koh. Das Nomen *næṯæq* (s. II. 3.) findet sich nur in Lev (13mal in 13, 30–37; dazu 14, 54). Im Bibl.-Aram. kommt die Wurzel *ntq* nicht vor.

2. a) Schon die 3 Belegstellen von *nāṯaq* (*qal*) lassen verschiedene Verwendungsbereiche erkennen: konkret vom „Wegreißen", „Abreißen" eines Dinges oder eines körperlichen Organs; und in übertragener Bedeutung vom militärischen „Fortlocken" der Einwohner einer Stadt durch Hinterlist.

Vom „Abreißen" oder vielleicht sogar „Abschütteln" (vgl. oben I.) eines Siegelrings von der rechten Hand wird im JHWH-Wort über den König Jojachin Jer 22, 24 gesprochen: „Selbst wenn du Konja, der Sohn Jojakims, der König von Juda, ein Siegel(ring) an meiner rechten Hand wärest, wollte ich dich von da wegreißen" (falls nicht *'ætteqænnû* zu lesen ist, s. W. Rudolph, HAT I/12³, 144).

Eine andere konkrete Verwendung des Verbs *nāṯaq* ist allem Anschein nach in der Viehzüchtersprache bzw. der priesterlichen Opferterminologie beheimatet. In H ist es neben *kāṯaṯ*, *māʿaḵ* und *kāraṯ* einer der vier Kastrationstermini: „Ihr sollt JHWH kein (Tier zum) Opfer bringen, dem (die Hoden) zerquetscht, zerstoßen, abgerissen (*nāṯûq*) oder ausgeschnitten sind" (Lev 22, 24).

Einmal wird *nāṯaq qal* auch in einer militärisch-taktischen Bedeutung gebraucht: listig 'fortlocken'. Laut der Erzählung von der Schandtat in Gibea (Ri 19–21), planten die Israeliten, die Benjaminiten in Gibea „von der Stadt 'fortzulocken' auf (die beiden) Straßen (nach Bethel bzw. Gibeon)" (Ri 20, 32; vgl. die verwandte Funktion des Verbs in v. 31, *hoph*; noch Jos 8, 16, *niph*; Jos 8, 6, *hiph*).

b) *nāṯaq niph* meint das „Zerrissenwerden" von konkreten Gegenständen (Fäden, Riemen, Stricken):

„Wergfaden" (Ri 16, 9), „Sandalenriemen" (Jes 5, 27), „Zeltstricke" (Jer 10, 20; Jes 33, 20; auch Koh 12, 6, falls MT [*Ketib*: *jirḥaq*; *Qere*: *jerāṯeq*] zu emendieren ist: *ʿaḏ ʾᵃšær jinnāṯeq ḥæbæl hakkæsæp̱* „ehe der silberne Strick [plötzlich] zerreißt", s. BHS; A. Lauha, BK XIX 204f.) und schließlich „(dreifacher) Faden" (Koh 4, 12).
Einmal ist diese Funktion des *niph* metaphorisch verwendet: ganz wie Fäden usw. können natürlich auch 'Pläne' (*zimmoṯaj*, Ijob 17, 11) schnell „zerrissen werden".
Einmalig ist der Beleg von *ntq niph* für den Ausscheidungsprozeß beim Reinigen von Metall. Der Prophet Jeremia ist wie ein Metallschmelzer, der durch Erhitzen das genuine Metall von den Schlacken zu scheiden wünscht; aber „die Verunreinigungen ließen sich nicht ausscheiden" (*weraʿîm lo' nittāqû*, Jer 6, 29), „offenbar weil sonst überhaupt nichts mehr vom ganzen Material übrigbliebe" (W. Rudolph, HAT I/12³, 51), d. h. vom Gottesvolk.
Eigenartig, aber noch ganz konkret, wird *ntq niph* in der Erzählung von Israels Übergang über den Jordan gebraucht. „Als die Priester, die die Lade des Bundes JHWHs trugen, aus dem Jordan heraufstiegen, *nitteqû kappôṯ raḡlê hakkohanîm ʾæl hæḥārāḇāh*. Dann kam das Wasser des Jordans wieder ..." (Jos 4, 18). Der Satz will vermutlich sagen, daß „die Fußsohlen der Priester sich (aus dem Wasser) loslösten (und) auf das Trockene (traten)" (vgl. KBL³ 695b).
Auch die militärtechnische Funktion von *nāṯaq* ist im *niph* zu belegen: Bei der Eroberung von Ai wird vom DtrGW mitgeteilt, daß sich die Israeliten geschlagen stellten, flohen und von den Aiiten verfolgt wurden, „so daß (die Aiiten) aus der Stadt fortgelockt wurden" (*wajjinnāṯeqû min-hāʿîr*, Jos 8, 16; vgl. II. 2. a).
Aus dem Nomadenbereich stammt der Ausdruck Bildads, wenn er vom Gottlosen sagt: „Losgetrennt wird er von seinem verläßlichen Zelt" (Ijob 18, 14; zum Text s. G. Fohrer, KAT XVI 298).
c) *ntq pi* bedeutet meistens das '(heftige oder plötzliche) Zerreißen' von Dingen, die sich normalerweise nicht leicht zerreißen lassen. Simson zerriß (*wajnatteq*) „die (sieben noch frischen) Seile (mit denen er gefesselt war), wie ein Wergfaden zerreißt (*hinnāṯeq*), wenn er Feuer berührt" (Ri 16, 9); auch „neue Stricke riß er von seinen Armen weg als sei es ein Faden" (v. 12). Sonst ist vor allem vom Zerreißen von „Fesseln" (*môserāh*) die Rede (Jer 2, 20; 5, 5; 30, 8; Nah 1, 13; Ps 2, 3; 107, 14); es ist zu notieren, daß *môserāh* fast immer (außer Jer 27, 2; Ijob 39, 5) mit *nāṯaq* verbunden ist. In diesen Texten ist vom Zerbrechen der Gottesherrschaft JHWHs (3mal) die Rede, entweder durch das Gottesvolk Israel (Jer 2, 20; 5, 5) oder durch die Könige der Welt (Ps 2, 3). 3mal ist von den Fesseln nichtisraelitischer Herrschaft die Rede: Babel (Jer 30, 8), Ninive (Nah 1, 13) und denen des weltweiten Exils (Ps 107, 14); hier zerreißt JHWH die Fesseln, um sein Volk zu befreien.

Nach Jes 58, 6 gehört es zum rechten Fasten, die Bande der Versklavten zu zerreißen, um sie zu befreien: „Reiß jedes Joch weg" (zur Stelle noch M. Dahood, Bibl 50, 1969, 340).
In der Bildrede über den Adler, die Zeder und den Weinstock (Ez 17, 1–10) in Verbindung mit Zidkijas Bundesbruch (17, 1–24) greift der Prophet auf eine in der Weinzüchtersprache beheimatete Ausdrucksweise zurück, wenn er das JHWH-Wort über den „treulosen" Weinstock (Juda) bringt: „Wird man nicht seine Wurzeln ausreißen ...?" (*halô' ʾæṯ-šŏrāšæhā jenatteq* ..., v. 9).
Ganz eigenartig ist die Formulierung in einer von LXX und L^S nicht bezeugten Ergänzung des Wortes Ez über Ohola und Oholiba (23, 1–49), und zwar innerhalb eines zweiten Nachtrags (vv. 31–34) über den Unheilsbecher Oholas, der in die Hände Oholibas gegeben wird, so daß sie ihn trinken und ausschlürfen und seine Scherben benagen muß (MT, s. G. R. Driver, Bibl 35, 1954, 155; vgl. doch BHS; W. Zimmerli, BK XIII/1, 534); die Ergänzung lautet: „so daß deine Brüste zerreißen" (*wešāḏajiḵ tenatteqî*, v. 34), und sie will wahrscheinlich „im Rückblick auf 3 (21) zeigen, wie das Gericht gerade die einst schamlos den Ägyptern preisgegebenen Brüste der Buhlerin trifft" (Zimmerli 552).
d) Die konkrete Bedeutung des *qal* wird in den 3 Kausativbelegen aufgegriffen. Die Grundbedeutung 'ausreißen, losreißen' tritt in Jer 12, 3 besonders klar zutage. Hier betet der Prophet gegen den Treulosen: „Reiße sie heraus wie Schafe zum Schlachten und weihe sie dem Tag des Würgens!"
Der militärtechnische Gebrauch der Wurzel *ntq* ist auch im *hiph* vertreten. Nach Jos 8, 5f. hat Josua – in Verbindung mit den Vorbereitungen zur Eroberung der Stadt Ai – durch eine List die Einwohner aus der Stadt „herausgelockt". Nach Ri 20, 29ff. werden die Benjaminiten von Gibea zu einem Ausfall überlistet und so „von der Stadt fortgelockt" (*hŏnteqû min-hāʿîr*, v. 31).
3. Das Nomen *næṯæq* begegnet im AT ausschließlich in den priesterlichen Gesetzen über Aussatz (→ צרעת *ṣāraʿaṯ*) (Lev 13, 1 – 14, 57) und wird hier als eine *ṣāraʿaṯ*-Krankheit definiert (zur lit. Schichtung s. Seidl).
Die priesterliche Definition des *næṯæq*-Befalls lautet: „Wenn bei einem Mann oder einer Frau ein Befall an Kopf oder Bart auftritt, so besichtigt der Priester den Befall. Stellt er fest, daß er tiefer liegend erscheint als die Haut und rotglänzendes (*ṣāhoḇ*, KBL³ 945a), dünnes Haar auf ihm ist, so erklärt der Priester den (Betreffenden) für unrein: es ist *næṯæq*; es ist *ṣāraʿaṯ* des Kopfes oder des Bartes" (Lev 13, 29f.). Hier handelt es sich wohl um Kopf- oder Bartflechte: „Wahrscheinlich ist in erster Linie an die durch einen Hautpilz hervorgerufene, in verschiedenen Arten und Formen (Pusteln, Bläschen, Schuppen, Knötchen) auftretende Trichophytie zu denken. Diese Flechten siedeln sich gern im Bereich der Kopf- und Barthaare an" (Elliger, HAT I/4, 184).

III. *ntq* wird in der LXX sehr unterschiedlich übersetzt: das Verbum *nāṯaq* vor allem mit διαῤῥηγνύειν/διαῤῥηγνύναι/διαῤῥήσσειν (*pi* 6mal; *niph* 1mal), aber auch mit u.a. ἀποῤῥήσσειν, ῥήσσειν, ἐκσπᾶν, ἀποσπᾶν, διασπᾶν und σπᾶν; das Nomen *næṯæq* mit ϑραῦσμα (2mal jedoch τραῦμα).

IV. In den Qumran-Schriften begegnet die Wurzel *ntq* äußerst spärlich. Am bedeutsamsten scheinen die Belege des Nomens *næṯæq* in den Gesetzen über den rituellen Schutz des Heiligtums und der heiligen Stadt in der Tempelrolle (45, 7 – 48, ?). Hier wird eindeutig festgesetzt, daß durch nächtliche Pollution oder durch Beischlaf rituell Verunreinigte, Blinde, Ausflußbehaftete, Totenunreine und mit *ṣāra'aṯ* Geschlagene die Stadt nicht betreten dürfen (45, 7–18); man soll im Osten der Stadt drei voneinander getrennte Plätze für „die *ṣāra'aṯ*-Kranken, die Ausflußbehafteten und die Leute, die einen Samenerguß hatten" (47, 16–18) anlegen (vgl. auch TR 48, 14f.). Es ist der Priester, der jedem mit chronischer *ṣāra'aṯ* oder *næṯæq* Behafteten für unrein erklärt (TR 48, 17; vgl. auch B. Z. Wacholder, The Dawn of Qumran, 1983, 121–124).
In den übrigen Qumran-Schriften findet sich die Wurzel *ntq* nur 1mal, und zwar nominal in einer Bedeutung, die im AT nur für das Verb belegt ist, nämlich 'Zerrissensein'. In 1 QH 5, 36f. betet also die Gemeinde ihres Elends wegen in der Phraseologie des Klageliedes: „Denn (ich) wurde gebunden mit Stricken, die unzerreißbar waren (*l'jn ntq*) und mit Ketten, die man nicht brechen konnte". S. Holm-Nielsen vermutet (Hodayot, Aarhus 1960, 111), daß der at.liche Hintergrund in Ri 15, 13 oder auch Ez 3, 25 und Ps 2, 3 liegt. Indessen ist natürlich auch an Ri 16, 11f. zu denken: hier finden wir nicht nur das Verbum 'binden' (*'āsar*) und das Nomen 'Strick' (*'aḇoṯ*), sondern vor allem die Wurzel *ntq* (vgl. noch Ijob 36, 8).

Kronholm

נָתַר *nāṯar*

נֶתֶר *næṯær*

I. Belege im AT – II. Etymologie – 1. Grundbedeutung „springen"? – a) *qal* – b) *pi* – c) *hiph* – 2. *ntr* semit. und bibl. – a) „abfallen" – b) „wegreißen" – 3. *nāṯar hiph* in Verbindung mit „Hand" (Gottes) – III. *næṯær* – 1. Vorkommen im AT – 2. Etymologie und Wortwanderung – 3. Verwendung des Natrons – a) Umwelt – b) Israel.

Lit.: *G. R. Driver*, Difficult Words in the Hebrew Prophets (Festschr. T. H. Robinson, Edinburgh ²1957, [52–72], 70–72).

I. Das Verbum *ntr* ist im AT nur 7mal belegt: 1mal im *qal* (Ijob 37, 1), 1mal im *pi* (Lev 11, 21) und 6mal im *hiph* (2 Sam 22, 33 [?]; Ijob 6, 9; Ps 105, 20; 146, 7; Jes 58, 6; Hab 3, 6). Im Bibl.-Aram. kommt die Wurzel *neṯar* 1mal im *aph* vor (Dan 4, 11).

II. Die Grundbedeutung von *ntr* steht nicht eindeutig fest. Vielleicht muß man mit zwei (KBL[2.3]: drei) verschiedenen Wurzeln rechnen.
1. Ob die im *qal* und *pi* aus dem Kontext erhobene Bedeutung „hüpfen, springen" (die LXX übersetzt das *pi* mit πηδᾶν) als primär zu gelten hat, ist insofern fraglich, als sie in keiner semit. Sprache begegnet. Möglicherweise ist, wie J. Barth (ZDMG 43, 1889, 188) annimmt, arab. *natala* ('schleifen, schleppen'; 'ausleeren'; 'schmähen') in der speziellen und seltenen Bedeutung „hervorspringen (aus einer Reihe)" (nach J. G. Hava, Arabic-English Dictionary, Beirut 1951: „To rush forth from the lines [soldier]") wurzelverwandt. – a) Das *qal* wird Ijob 37, 1 von dem vor der Macht und Größe Gottes erbebenden (*ḥarad*) Herz verwendet, das von seiner Stelle (*mimmeqômô*) „aufspringt" (Targ. hat eine Form von *ṭepaz* 'springen, hüpfen'), d. h. heftig klopft. – b) Bezeichnet der Grundstamm eine situationsbedingte und ortsgebundene, wenn auch iterative Bewegung, so das *pi* in Lev 11, 21 offenbar als Intensivum das artspezifische, sukzessive Herumspringen der Heuschrecken von Ort zu Ort (vgl. E. Jenni, Das hebr. Pi'el, 153). – c) Das *hiph* wird von der postulierten Basis 'springen' aus im kausativen Sinn als „aufspringen lassen" oder Lösen der Fesseln (Jes 58, 6; Ps 105, 20; 146, 7, wo die LXX jeweils eine Form von λύω einsetzt) erklärt sowie als „Lösen" oder „Erheben" der Hand Gottes (Ijob 6, 9) und als erschrecktes aufspringen lassen oder „auffahren machen" (KBL[3]) bzw. als „aufbeben machen" (GesB) der Völker (Hab 3, 6) interpretiert (vgl. akk. *tarāru* 'zittern, erbeben' und arab. *tartara* 'schütteln, aufregen, aufrühren').

Umstritten ist das *hiph wajjatter* (*tāmîm darkô* / Q *darkî*) in 2 Sam 22, 33; da die Parallelstelle in dem textkritisch sonst zuverlässigeren Ps 18, 33 *wajjitten* bietet. H. W. Hertzberg (ATD 10, 321) vermutet in ihr jedoch „eine wenig passende Vereinfachung" und übersetzt „und mir frei gab den Weg ohne Tadel"; KBL[2] schlägt (unter *tûr hiph*) für *wajjatter* die Konjektur *wā'ættar* vor, eine *qal*-Form von *nāṯar* mit der Nebenbedeutung „davonspringen". Ein Überlieferungsfehler ginge jedenfalls über die LXX hinaus, da sie gegenüber ἔϑετο (Ps 18, 33) in 2 Sam 22, 33 ἐξετίναξεν (A ἐξέτεινεν, V *complanavit)* übersetzt, dasselbe Verbum (ἐκτινάσσειν), das sie auch für das *aph* von *neṯar* in Dan 4, 11 (ἐκτινάξατε) verwendet.
2. Andere semit. Sprachen liefern für *ntr* zwei semantische Informationen, die den hebr. Wortgebrauch etymologisch erklären: a) Im Aram., Syr. und Mand. (vgl. MdD 308) heißt *ntr* 'abfallen, herabtropfen'. Die gleiche Bedeutung besitzt mhebr. *nāṯar* (syn. mit *nāšar*) 'abfallen, sich ablösen'; *niph* 'sich losmachen, losgemacht werden'; *hiph* 'losmachen, ablösen'; vgl. arab. *naṯara* 'herabfallen' (Blätter: im syr. Dialekt; zu soq. *nétor*, für das

W. Leslau, Lexique Soqoṭri, Paris 1938, 279 „lâcher une parole" angibt, vgl. arab. *naṯara al-kalām*, was nach Hava so viel heißt wie „He spoke much"). Im Bibl.-Aram. begegnet *neṯar* 1mal im *aph* vom „Abstreifen" oder „Herunterschütteln" des Laubes (Dan 4, 11). Auf eine Grundbedeutung „(her)abfallen" kann in Jes 58, 6; Ps 105, 20 und 146, 7 das *hiph* von *ntr* durchaus zurückgehen, das dann im kausativen Sinn als „Abfallen lassen" der Fesseln zu verstehen wäre. – b) Im Arab. heißt *natara* 'an sich reißen, wegreißen, mit Gewalt an sich nehmen'; '(ein Kleid) zerreißen' (verwandt mit *nasara* I 'wegnehmen, abkratzen'; V 'zerrissen werden, zerreißen [intr.]' und akk. *našāru* 'abteilen, abheben, entnehmen'), im Akk. *natāru* 'aufreißen (intr.)'; D 'zerreißen (?)' (Berge, Kiefer), *nutturu* 'wegreißen' (vgl. AHw 766 a und 806 b). Hier ist vielleicht eine Erweiterung der Basis *nt-* (→ נתן I. 1.) anzunehmen. Aufgrund dieser Etymologie läßt sich hebr. *nāṯar* ohne weiteres verstehen. In Ijob 37, 1 wäre damit das heftige Pochen („bis zum Hals") des Herzens gemeint (vgl. Ps 38, 11 *libbî seḥarḥar*), wodurch es gleichsam von seiner Stelle „weggerissen" wird (LXX ἀπερρύη; V *emotum est*; vgl. Sir 43, 18 ἐκστήσεται καρδία). Das *pi* in Lev 11, 21 würde die flinken Bewegungen der Heuschrecken beschreiben, die sich mit ihren großen Sprungbeinen von der Erde „losreißen". Das *hiph* Jes 58, 6; Ps 105, 20 und 146, 7 läßt sich nicht nur von der Grundbedeutung „(her)abfallen" erklären, sondern ebensogut von der Basis „eine schnelle Bewegung machen", womit das „Ab-", „Weg-" oder „Zerreißen" der Fesseln als impulsive und dynamische Handlung qualifiziert würde, sofern am Ende nicht sogar „(her)abfallen" selbst von „eine schnelle Bewegung machen" abzuleiten ist. Das *hiph* in Hab 3, 6, das die Reaktion der Völker bei der Theophanie JHWHs schildert, interpretiert Driver 70 analog der akk. Wendung, daß Nabû durch die Sturmwinde *mâtāti unattar* „das Land zerreißt", in dem Sinn, daß JHWH die Nationen „zerreißt", d. h. „auseinandertreibt". Kommt „zerreißen" von „eine schnelle Bewegung machen", dann könnte auch gemeint sein, daß er sie zu einer schnellen Bewegung veranlaßt, d. h. entweder „erzittern" läßt, was als Parallelismus zur Erderschütterung (*mwd* [vgl. KBL³ 526]) naheläge, oder zur Flucht treibt, so daß sie „auseinanderstieben" (= „zerrissen" werden).

3. Unklar ist, welche Vorstellung dem *hiph* von *nāṯar* in Verbindung mit der „Hand" Gottes (Ijob 6, 9) zugrundeliegt, die den Lebensfaden Ijobs abschneiden soll. F. Horst (BK XVI/1, 104) geht von der angeblichen Grundbedeutung „springen lassen" aus und übersetzt „gäbe seine Hand er frei" (zum Handeln). Bei gleicher Etymologie („freigeben, zum Auffahren bringen") scheint G. Fohrer (KAT XVI 161) das Gegenteil anzunehmen, wenn er „seine Hand freigäbe, erhöbe" im Sinne von „seine Hand abzöge" (157) versteht. Die Bedeutung „lösen = abziehen" vertritt auch KBL³ unter Verweis auf eine fragmentarische äg.-aram. Verbalform [ ]*tr* in AP 15, 35, wo als Äquivalent zu *h'dt* „I remove" (*haph* von *'dj*) ['*hn*]*tr* „I take away" (*haph* von *ntr*) zu lesen sei (vgl. J. A. Fitzmyer in: Festschr. W. F. Albright, Baltimore 1971, 166).

Möglicherweise ist die Wortverbindung *ntr jd* + göttl. Subj. auch im Ugar. anzutreffen. Einziger Beleg: *jd jtr kṯr wḫss* (KTU 1.6, VI, 52 f.). Die nur hier vorkommende Verbalform *jtr* möchte WUS Nr. 1873 von *ntr* „eine flinke Bewegung machen" ableiten, wogegen sie UT Nr. 2595 ohne Bedeutungsangabe zu „*tr*(?) II" stellt. RSP II, I Suppl. 6c „may he stretch out his hand" (vgl. auch RSP III, I 147) beruft sich auf Ijob 6, 9 mit angeblich derselben Bedeutung, hält aber auch eine Ableitung von *wtr* „to be in excess", *hiph* „to make abundant" für denkbar, wonach *jd jtr* „may he be generous" bedeuten würde. Bisher liefern jedenfalls andere semit. Sprachen keine eindeutige Erklärung zu Ijob 6, 9. Zum parallelen ersten Halbvers („wollte Gott sich entschließen, mich zu zermalmen") paßt am ehesten noch die unter II. 2. b erschlossene Grundbedeutung „eine schnelle Bewegung machen", sekundär: „zerreißen": Gott möge endlich seine gleichsam „gebundene", d. h. untätige oder ruhende Hand „entfesseln" oder rasch in Bewegung setzen (K. Budde), um Ijobs Lebensfaden abzuschneiden.

III. 1. Das Nomen *næṯær* 'Natron' kommt 2mal im AT vor: Jer 2, 22 und Spr 25, 20.

2. Das Lexem ist äg. Ursprungs (vgl. M. Ellenbogen, Foreign Words in the OT, London 1962, 117) und seit den Pyramidentexten als *nṯrj* (vgl. WbÄS II 366), später als *ntrj* belegt. Von hier aus fand es als Kulturlehnwort noch vor der spät-äg. Lautverschiebung (um 1200 v. Chr.), aber nach dem Wechsel von *ṯ* zu *t*, wie T. O. Lambdin (JAOS 73, 1953, 152 f.) annimmt, seinen Weg in die semit. sowie in viele andere Sprachen: akk. *nit(i)ru*; vielleicht auch heth. *nitri*; aram. *nitrā'*, syr. *nēṯrā'*, äth. *nāṭrān*. Über arab. *naṭrûn* sowie griech. νίτρον (auch λίτρον) und lat. *nitrum* gelangte das Wort in die europ. Sprachen.

3. a) Natron wurde im alten Ägypten hauptsächlich in dem nach ihm benannten Wadi Natrun sowie bei Elkab abgebaut und diente zur Mumifizierung, rituellen Reinigung, Räucherung, als Heilmittel und bei der Glasherstellung (vgl. LexÄg IV 358 f.). In Mesopotamien wurde es gegen Hautausschläge verwendet: zur Beseitigung eines Grindes sollte man den Kopf mit einem Gemisch aus Natron und Honig waschen (RA 53, 8:34). – b) Als Reinigungs- und „Heilmittel" erscheint es auch in Jer 2, 22: Vor Gott kann Israel den Schmutz seiner Schuld mit noch so viel Natron und Laugensalz (vgl. Dalman, AuS V 155) nicht abwaschen. Auf einer bekannten chem. Reaktion des Natrons beruht der Vergleich Spr 25, 20, wonach ein singender und ein schlechtgelaunter Mensch sich ebenso vertragen wie Natron und Essig: die Mischung „braust auf" (weshalb man früher – so noch H. Lewy, Die semit. Fremdwörter im Griechischen, 1895, 53 – *næṯær* etymologisch von *nāṯar* „aufspringen" ableitete).

Maiberger

נָתַשׁ *nāṯaš*

I. 1. Etymologie – 2. Belege – II. 1. Bei Jeremia – 2. Sonstige Texte – 3. Zusammenfassung – III. LXX.

Lit.: *R. Bach*, Bauen und Pflanzen (Festschr. G. von Rad, 1961, 7–32). – *W. Thiel*, Die deuteronomistische Redaktion von Jeremia 1–25 (WMANT 41, 1973, bes. 163f.). – *H. Weippert*, Die Prosareden des Jeremiabuches (BZAW 132, 1973, 191–202).

I. 1. Außerhalb des Hebr. begegnet die Wurzel *ntš* im Mhebr., Jüd.-aram., Samarit. und Syr. (KBL³ 696). Ebenso ist sie im Äg.-Aram. als *ndš* in der Bedeutung 'zerstören' belegt (DISO 175).

2. Innerhalb des hebr. Kanons findet sich die Wurzel *ntš* nur als Verbum: 14mal im *qal*, 4mal im *niph* und einmal im *hoph*. Dazu kommen noch drei Belege jeweils im *qal* bei Sir. In den Qumrantexten (einschließlich Tempelrolle) ist *ntš* nicht belegt.

II. 1. Von den insgesamt 19 Belegen im hebr. AT stehen elf im Jeremiabuch (Jer 1, 10; 12, 14. 15. 17; 18, 7; 24, 6; 31, 28. 40; 42, 10; 45, 4), womit ein deutlicher Schwerpunkt der Verwendung markiert ist. Von diesen Belegen im Jeremiabuch ist jedoch einer zu streichen, da offensichtlich ein verderbter Text vorliegt. So ist in Jer 18, 14 nach einhelliger Meinung eine Konjektur von *jinnāṯeśû* in *jinnāšeṯû* vorzunehmen.

Das Verbum *ntš* wird nun innerhalb des Jeremiabuches meist in kontrastierender Korrelation mit *nṭ'* gebraucht. Deutlich wird dies besonders im unmittelbaren Gegenüber der beiden gegensätzlichen Verben in Jer 24, 6; 42, 10; 45, 4, wo jeweils auch noch *hrs* und *bnh* einander gegenübergestellt sind. Der Kontrast der beiden Begriffe ermöglicht dann eine genauere inhaltliche Bestimmung von *ntš* im Sinn von 'herausreißen' in semantischer Opposition zu 'einpflanzen'. Dabei wird nach Durchsicht der Texte deutlich, daß *ntš* wie *nṭ'* bei Jer immer übertragen gebraucht werden, um Landverlust (Exilierung) oder (erneute) Landgabe und Bleiben im Land zum Ausdruck zu bringen.

Es fällt auf, daß *ntš* bei Jer nirgends isoliert steht (Jer 12, 14f. auf den ersten Blick zwar schon, doch v. 17 hebt dieses Phänomen bereits auf), sondern immer in Reihenbildung mit einem, mehreren oder auch allen der folgenden Verben: *'bd*, *hrs*, *nhṣ*, *r''*. Zu dieser Reihenbildung tritt dann – abgesehen von Jer 12, 14f. 17; 31, 40 – das bereits erwähnte *nṭ'* wie auch dem zugeordnet *bnh* – auch Jer 18, 7, wo die Verbindung allerdings erst durch v. 9 hergestellt wird. Bach spricht im Zusammenhang mit dieser Reihenbildung von einer viergliedrigen Urform, in der die beiden positiven Verben *bnh* und *nṭ'* fest vorgegeben sind, die negativen Verben aber variieren (11). Eine solche Urform läßt sich jedoch nicht eindeutig nachweisen, da eine zeitliche Differenzierung der einzelnen Jeremia-Texte äußerst schwierig ist.

JHWH ist bei Jeremia jeweils Urheber des Ausreißens bzw. des Ausgerissen-Werdens (Jer 31, 40 als einziger Text mit *niph* von *ntš* abgesehen von Jer 18, 14). Objekt ist niemals eine Einzelperson, sondern eine Gruppe: Völker und Königreiche (Jer 1, 10; 18, 7), die judäische Gola (24, 6), das Haus Israel und das Haus Juda (Jer 31, 28), Jerusalem (Jer 31, 40), die die Auswanderung nach Ägypten Planenden (Jer 42, 10), selbst die „bösen Nachbarn" (Jer 12, 14–17), schließlich offen formuliert ohne konkreten Adressaten Jer 45, 4 im Wort an Baruch.

Das Verbum *ntš* findet sich sowohl im Bereich von Heilszusagen (dann meist mit *lo'*, vgl. Jer 24, 6; 31, 28. 40; 42, 10) als auch im Bereich von Unheilsankündigungen in Verbindung mit Heilszusagen (Jer 1, 10; 12, 14f. 17; 18, 7; 45, 4). Es ist also deutlich, daß der zwar eigentlich negative Begriff nirgends bei Jer in der Gerichtsankündigung allein begegnet, sondern wenn, dann immer mit dem Ausblick auf das Heilshandeln JHWHs. Dieses Fehlen in der reinen Unheilsankündigung steht „merkwürdig beziehungslos neben dem Zentrum der Verkündigung Jeremias" (Bach 10). Von daher ergibt sich die Frage, ob die Verwendung von *ntš* auf Jeremia selbst zurückzuführen ist oder ob sie auf eine andere Verfasserschaft hinweist. Nach Bach ist die Reihenbildung in der zweiten Periode der Wirksamkeit Jeremias anzusetzen (30). Auch H. Weippert ordnet den Gebrauch von *ntš* Jeremia selber zu (passim), während Thiel u.a. wohl im Blick auf den jeweiligen Kontext mit größerem Recht von einem dtr Ursprung sprechen, wie auch einige der im folgenden zu nennenden Texte erweisen.

2. Eindeutig auf das bereits Wirklichkeit gewordene Exil verweist die Verwendung von *ntš* in Dtn 29, 27, wonach das Herausreißen als Folge des göttlichen Zornes vollzogen wird und JHWH entsprechend wiederum Subjekt ist, die Israeliten Objekt. Der Schluß des Verses zeigt, daß die Aussage in die Zeit des Exils fällt, so daß auch daher ein dtr Text vorliegen muß. Wiederum innerhalb eines dtr Kontextes begegnet 1 Kön 14, 15 in der Gerichtsankündigung an Jerobeam mit der Ankündigung der Exilierung Israels durch JHWH, wobei hier wohl an die Exilierung des Nordreiches 722/721 gedacht werden muß (vgl. E. Würthwein, ATD 11/1, 1977, 178). Aus dem bisherigen Gebrauch fällt Ez 19, 12 auffallend heraus. Die Klage über das Königshaus Ez 19, 1 ff. mündet aus in ein Wort über die Königinmutter (vv. 10–14). Indem sie mit einer Weinrebe verglichen wird, wird gesagt, daß sie ausgerissen und nach Vernichtung ihrer Triebe in ein fremdes Land gepflanzt wurde. Nach W. Zimmerli (BK XIII/1, 429) steht 'Mutter' hier für das ganze davidische Königshaus. So ist an dessen Exilierung zu denken, nicht aber das Volk in den Blick genommen. Der Aussagegehalt von *ntš* bleibt somit identisch mit dem der bisherigen Texte. Eine Textkonjektur metri causa des *wattuttaš* ist auch von daher abzulehnen (vgl. Zimmerli 419).

Im Rahmen des (später zugefügten) Heilswortes Am 9, 13–15 wird Israel von JHWH her zugesagt, daß er sie in ihr Land pflanzen will und sie nie wieder daraus ausgerissen werden. Die Drohung der Exilierung wird hier umgekehrt (H. W. Wolff, BK XIV/2, 408), die Rückkehr ins Land wie der endgültige Aufenthalt dort wird zugesagt. Formulierung wie Inhalt erinnern an die Texte im Jeremiabuch und sind wohl auch von dorther beeinflußt (vgl. Weippert 199).
Die übrigen Texte haben im Blick auf ihren Gebrauch von *ntš* mehr singulären Charakter, obwohl eine semantische Nähe zum bisher Aufgezeigten erkennbar bleibt. Probleme ergeben sich angesichts Mi 5, 13 im Blick auf das Objekt, auf das *we nāṯaštî* innerhalb der Scheltrede JHWHs gegen Israel zielt. Vom Text her ist *'ašêræḵā* vorgegeben, doch schlägt H. W. Wolff vor, hier ein ursprüngliches *'oje bæḵā* zu lesen, da sonst *ntš* immer im Zusammenhang mit Deportation von Menschen steht und die Vernichtung von Ascheren sonst nirgends durch *ntš* ausgedrückt wird (BK XIV/4, 1982, 132f.). Mi 5, 11f. sprechen jedoch durchaus für ein Beibehalten von *'ašêræḵā*, so daß für Mi 5, 13 ein atypischer Gebrauch von *ntš* konstatiert werden muß. (Zur Problematik von Mi 5, 13 vgl. auch RSP I, III: 94g.)
Angesichts der Errettung von Feinden rühmt der Beter von Ps 9 in einem Danklied JHWH: *'ārîm nāṯaštā* (v. 7). Der Gebrauch von *ntš* ordnet sich hier dem bisherigen mindestens soweit zu, als hier von der Entvölkerung von Städten die Rede ist, wo wohl auch Deportation mit eingeschlossen ist.
In Dan 11, 4 geht es anders als in den bisherigen Texten stärker um eine Einzelperson. Dan 11, 2b–4 dreht sich um die Zeit und Regierung Alexanders d. Gr. sowie um das Zerbrechen seiner Macht. Ausgerissen werden nun hier nicht Menschen, sondern das Reich Alexanders (*tinnāṯeš malkûṯô*). Zwar wird *ntš* in diesem Text weiterhin im übertragenen Sinn verwendet, jedoch nicht mehr im Zusammenhang mit Menschen, sondern mit einem Abstraktum.
Im Wort JHWHs an Salomo nach vollzogenem Tempelbau 2 Chr 7, 12ff. (par. 1 Kön 9, 2–9) warnt JHWH vor dem Übertreten seiner Gebote, da er sonst die Israeliten aus seinem Land ausreißen will. Es fällt auf, daß das Verbum *ntš* in der Vorlage nicht zu finden ist (dort steht *kāraṯ*), vielmehr bewußt vom Chronisten eingebracht worden ist in Erinnerung an die Erfahrung des Exils.
Schließlich begegnet das Verbum *ntš* noch dreimal bei Sir: 3, 9; 10, 17; 49, 7. Die beiden letztgenannten Belege reihen sich in den bisherigen Befund ein. Während 49, 7 auf die Berufungserzählung Jeremias Bezug nimmt und so Jer 1, 10 nahezu wörtlich wiederbegegnet, ist Sir 10, 17 auf die Völker hin gesprochen: Gott fegt sie aus dem Land und reißt sie aus.
Sir 3, 9 hingegen steht im Kontext von Erziehungsfragen und der Diskussion des Verhältnisses von Eltern zu ihren Kindern: Der Segen eines Vaters legt den Wurzelgrund, und der Fluch der Mutter reißt die Pflanze aus. *ntš* ist hier wiederum bildlich gebraucht, doch anders als in den bisherigen Texten auf die Grundlagen der Erziehung gemünzt, die in einem Kind positiv angelegt oder auch zerstört werden können.

3. *ntš* zeigt sich als ein Verbum, das in Relation mit *nṯ'* zunächst an einen konkreten Gebrauch im Zusammenhang mit Pflanzen denken ließe, die aus der Erde wieder herausgerissen werden. Anders als bei *nṯ'* ist für *ntš* eine solche konkrete Verwendung aber nirgends im AT nachweisbar. Vielmehr wird *ntš* immer im übertragenen Sinn verwendet. Dabei ist fast durchgängig an das Herausreißen eines Volkes bzw. einer Menschengruppe aus ihrem eigenen Land gedacht und an ihre Exilierung in die Fremde. Dabei kann *ntš* als eine kommende Erfahrung angedroht wie auch im Rahmen von Heilszusagen als eine (bald) überwundene angekündigt werden. JHWH ist dabei der Urheber des Herausreißens, wenn auch die Ursache im Abweichen von den Geboten, im Erregen des Zornes JHWHs liegt. Da *ntš* in vorexilischen Texten nicht nachzuweisen ist, kann davon ausgegangen werden, daß die Verwendung des Verbums auf die Erfahrung des Exils zurückzuführen ist, die als ein Herausreißen aus dem eigenen Land in Analogie zum Herausreißen einer Pflanze aus dem für sie wichtigen Boden interpretiert worden ist. *ntš* unterstreicht dann vielleicht auch auf seine Weise die at.liche Bedeutung des Landes für das Volk.

III. Im Blick auf die Wiedergabe von *ntš* in der LXX ergibt sich insofern ein besonderer Befund, als 14 (!) verschiedene griech. Verben gebraucht werden, um das eine hebr. Verb zu übersetzen. Eine besondere inhaltliche Füllung von *ntš* läßt sich von daher für die LXX nicht festhalten.

Hausmann

סבב *sbb*

סָבִיב *sāḇîḇ*, מוּסַב *mûsaḇ*, מֵסַב *mesaḇ*, נְסִבָּה *n e sibbāh*, סִבָּה *sibbāh*

I. Außerbiblische Belege – II. Biblische Belege – III. Semantisches Feld – IV. Syntax, Stilistik und Bedeutung – V. Die wichtigsten Texte – 1. Militärisch-kriegerischer Kontext – 2. Militärisch-ritueller Kontext – 3. Kultischer Kontext – 4. Religiös-theologischer Kontext – VI. 1. LXX – 2. Qumran.

Lit.: *Y. Aharoni*, Arad Inscriptions, Jerusalem 1981. – *G. W. Ahlström*, Psalm 89, Lund 1959. – *S. E. Balentine*, A Description of the Semantic Field of Hebrew Words for „Hide" (VT 30, 1980, 137–153). – *F. M. Cross, Jr.*, Epigraphic Notes on the Ammān Citadel Inscription (BASOR 193, 1969, 13–19). – *F. Crüsemann*, Der Widerstand gegen das Königtum (WMANT 49, 1978). – *P.-E.*

Dion, Notes d'épigraphie ammonite (RB 82, 1975, 24–33). – *M. A. Dupont-Sommer*, Les inscriptions araméennes de Sfiré (Stèles I et II), Paris 1958. – *J. Dus*, Die Analyse zweier Ladeerzählungen des Josuabuches (Jos 3–4 und 6) (ZAW 72, 1960, 107–134). – *M. Éliade*, Traité d'Histoire des Religions, Paris 1949. – *J. A. Fitzmyer*, The Aramaic Inscriptions of Sefîre, Rom 1967. – *G. Gesenius*, Thesaurus Linguae Hebraeae et Chaldaeae, Leipzig 1835ff. – *J. H. Grønbæk*, Die Geschichte vom Aufstieg Davids (1 Sam 15 – 2 Sam 5), (Acta Theologica Danica 10, Kopenhagen 1971). – *S. H. Horn*, The Ammān Citadel Inscription (BASOR 193, 1969, 2–13). – *P. Humbert*, La „terou'a". Analyse d'un rite biblique, Neuchâtel 1946. – *A. Lemaire*, Inscriptions hébraïques. I Les ostraca, Paris 1977. – *O. Masson* / *M. Sznycer*, Recherches sur les Phéniciens à Chypre, Genève – Paris 1972. – *H.-P. Müller*, Magisch-mantische Weisheit und die Gestalt Daniels (UF 1, 1969, 79–94). – *G. del Olmo Lete*, Mitos y leyendas de Canaán según la tradición de Ugarit, Madrid 1981. – *B. Peckham*, Notes on a Fifth-Century Phoenician Inscription from Kition, Cyprus (CIS 86) (Or 37, 1968, 304–324). – *G. von Rad*, Es ist noch eine Ruhe vorhanden dem Volke Gottes (ThB 8, 1958, 101–108). – *W. Richter*, Traditionsgeschichtliche Untersuchungen zum Richterbuch (BBB 18, 1963). – *V. Sasson*, The Meaning of *whsbt* in the Arad Inscription (ZAW 94, 1982, 105–111). – *B. Stade*, Der Text des Berichtes über Salomos Bauten. 1 Kö. 5–7 (ZAW 3, 1883, 129–177). – *T. Veijola*, Verheißung in der Krise. Studien zur Literatur und Theologie der Exilszeit anhand des 89. Psalms (AASF B 220, Helsinki 1982). – *Ders.*, Davidsverheißung und Staatsvertrag (ZAW 95, 1983, 9–31, bes. 15). – *J. A. Wilcoxen*, Narrative Structure and Cult Legend: A Study of Joshua 1–6 (Transitions in Biblical Scholarship, ed. J. C. Rylaarsdam, Chicago – London 1968, 43–70).

I. 1. Die Wurzel *sbb* ist im Ugar. bezeugt im Grundstamm mit der Bedeutung 'um etw. herumgehen', 'sich in etw. verwandeln' und im N-Stamm mit der Bedeutung 'verwandelt werden' (WUS Nr. 1882 stellt die letztere Bedeutung zu *sjb* 'gießen'). Im Ba'al-Mythus heißt es *sb ksp lrgm ḫrṣ nsb llbnt* „Das Silber war zu Platten geworden, das Gold zu Ziegeln" (KTU 1.4, VI, 34f.), und im Keret-Epos liest man in einer Beschwörung *sb lqṣm 'rṣ* „er umkreiste die Enden der Erde" (KTU 1.16, III, 3). Im Aqhat-Epos findet sich, auch in einem Beschwörungskontext, das Verb im Ausdruck *jsb p'lth* „er ging um sein mißratenes Feld" (KTU 1.19, II, 12, vgl. Z. 19).

2. In der ammonitischen Inschrift aus der Zitadelle von Amman, einer Kultvorschrift aus dem 9. Jh. v.Chr., findet sich die Wurzel *sbb* in zwei Formen: *sbbt* und *msbb 'l* (Z. 1f.). Die erste Form entspricht hebr. *s^e^ḇîḇôṯ* und bedeutet 'Kreis' oder 'Kreislauf' um etw. Die zweite, die hebr. *missāḇîḇ* entspricht, ist umstritten, bedeutet aber wahrscheinlich 'Umkreisung'. Die Konstruktion mit *'l* läßt auf einen feindlichen Akt schließen (Horn 2–13; Cross 13–19; E. Puech / A. Rofé, RB 80, 1973, 531–546, Dion 24–33).

3. Im Phön. findet sich *sbb* in einer Inschrift aus Kition (Verwaltungsdokument, CIS 86) wo *bsbb* 'ringsum' o.dgl. bedeutet (Z. 4; vgl. Masson-Sznycer 21–68; Peckham 304–324).

4. Im außerbibl. Hebr. sind auch einige Belege bekannt. Im Lachisch-Ostrakon Nr. 4 (KAI 194, 9) steht der Ausdruck *btsbt hbqr*, wobei *tsbt* einen Kreislauf andeutet, also ungefähr: „bei der Wiederkehr des Morgens", „wenn es wieder Morgen wird" (Lemaire 110–117). Im Ostrakon Nr. 2 aus Arad findet sich der Ausdruck *whsbt mḥr*, was Lemaire (161f.) als „et tu retourneras" i.S.v. „du wirst zurückschicken", Aharoni (15f.) als militärischen Ausdruck „in the survey tour of the morning", und Sasson (105–111) als „hand over, transfer" (wie 1 Chr 10, 14; Jer 21, 4; 6, 12; Num 36, 7; Sir 9, 6) interpretieren.

5. Im Altaram. gibt es einen Beleg in einer Sfire-Inschrift, wo es heißt *whn j't' ḥd mlkn wjsbn*, „und wenn einer von den Königen kommt und mich einkreist" (KAI 222 B, 28, vgl. 34). Es handelt sich um militärische Einkreisung (vgl. Dupont-Sommer 257ff.; Fitzmyer 9ff.).

6. Schließlich hat sich im Mand. die Wurzel *sbb* in *swb* umgewandelt, jedoch mit unveränderter Bedeutung: „umgeben" (MdD 320). Es ist zu bemerken, daß im samar. Pentateuch sowohl *sbb* als auch *swb* gebraucht werden (*qal* und *hiph*).

7. Aus den angeführten Belegen geht deutlich hervor, daß die Wurzel *sbb* in der Regel die Bedeutung 'sich wenden' oder 'umkreisen' hat; nur in einen Fall (Arad) wäre 'übertragen' zu erwägen. Der Kontext ist vorwiegend kriegerisch-militärisch oder kultisch-liturgisch; in der Amman-Inschrift scheinen beide Aspekte vereint zu sein.

II. 1. Das Verb *sbb* kommt im hebr. AT 161mal vor: 90mal *qal* (Pent. 9mal, DtrGW 37mal, Propheten 8mal, Schriften 36mal), *niph* 20mal (Pent. 3mal, DtrGW 7mal, Propheten 10mal, davon 8mal Ez), *pi* 1mal (2 Sam 14, 20), *polel* 12mal (Ps 7mal), *hiph* 32mal (Pent 1mal, DtrGW 15mal, Propheten 4mal, Schriften 12mal) und *hoph* 6mal (Pent. 4mal).

2. Das Wort *sāḇîḇ* wird als Subst. ('Umkreis', 'Umgebung') oder als Adverb ('ringsum') gebraucht (vgl. R. Cook, The Neighbor Concept in the OT (Ph. Diss. South. Baptist. Theol. Seminary 1980); es findet sich 333mal: Pent. 73mal, DtrGW 50mal (1/2 Kön 27mal), Propheten 149mal (Jer 28, Ez 109mal), Schriften 61mal (Chr 23mal).

3. Andere Derivate sind: *sibbāh* 'Wendung, Fügung' (1 Kön 12, 15; die Parallele 2 Chr 10, 15 hat *n^e^sibbāh*), *mesaḇ* 'Tafelrunde' (Hld 1, 12), 'Umgebung' (2 Kön 23, 5), 'ringsum' (1 Kön 6, 29; Ps 140, 10; so auch *m^e^sibbāh* Ijob 37, 12) und *mûsaḇ* (Ez 41, 7; unsicher).

4. Außerdem hat Sir 14 Belege: Verb *qal* 3mal; *hiph* 3mal, *sāḇîḇ* 7mal, *s^e^ḇîḇah* 1mal (14, 24).

Bei diesen statistischen Daten fällt die große Häufigkeit der Belege in Ez (*sāḇîḇ* 109 von 333 Belegen, *sbb* 11 von 161 Belegen, *mûsaḇ*) in die Augen. Außerdem ist zu bemerken, daß die P-Tradition im Pentateuch, die Ez nahe steht, eine große Zahl von Belegen aufweist (von 86 Belegen im Pent. entfallen mehr als 60 auf P).

III. 1. Unter den mit *sbb* bedeutungsverwandten Wörtern ist → נקף (*nqp*) *hiph* besonders bedeutsam. Von den 15 Belegen dieses Verbs stehen 11 in Verbindung mit *sbb*/*sāḇîḇ* (Jos 6, 3. 11; 1 Kön 7, 24; 2 Kön 6, 14f.; 11, 8; Ps 17, 9–11; 22, 17; 48, 13; 88, 18; 2 Chr 4, 3; 23, 7). In den Psalmen werden die beiden Verben in synonymem Parallelismus gebraucht. In den anderen Texten handelt es sich entweder um Parallelismus oder um Verstärkung oder Ergänzung des Begriffes (vgl. u. V. 2. 1).

2. Das semantische Feld von *sbb* fällt zum Teil mit dem von *šwb* zusammen. Die beiden Wurzeln stehen zueinander in gegenseitiger Beziehung, vgl. Gen 42, 24: „Er wandte sich von ihnen ab (*wajjāšōḇ meʿalêhæm*) ... und wandte sich ihnen wieder zu (*wajjāšōḇ ʾalêhæm*).“ Besonders aufschlußreich ist ein Vergleich der parallelen Stellen 2 Sam 6, 20a und 1 Chr 16, 43b. Hier wird dieselbe Formel in einem identischen Kontext und gleicher Bedeutung gebraucht: im ersten Fall aber mit *sbb*, im zweiten mit *šwb* („David kehrte zurück, um seine Familie zu begrüßen“); die beiden Verben sind also z. T. austauschbar (s. auch Jos 6, 14; 2 Kön 9, 18–20; Jer 41, 14; Ps 59, 7. 15).

3. Andere Parallelen zu *sbb* sind: a) *ktr*, das in Ps 22, 13 mit *sbb* gleichbedeutend ist; b) *ʾpp* (2 Sam 22, 5f. = Ps 18, 5f.; Jona 2, 4. 6); c) *ʿrb* (s. u. V. 1. 2.).

4. Als Verb der Bewegung erscheint *sbb* häufig in enger Verbindung mit anderen Verben derselben Art: *pānāh* (Dtn 2, 1. 3), *hālaḵ* (Ri 11, 18; 1 Sam 7, 16; 15, 27; 2 Kön 3, 9; Jer 41, 14; Ez 10, 11. 16; 1 Chr 16, 43), *qûm* (Ri 20, 5), *jāraḏ* (1 Sam 15, 12), *ʿālāh* (2 Sam 5, 23; 1 Chr 14, 14), *ʿāḇar* (Jos 6, 7; 15, 10; 16, 6; 1 Sam 15, 12; Ez 1, 9, 12. 17; Jona 2, 4) und *nûs* (Ps 114, 3. 5). Dazu vgl. auch M. J. Gruber, Ten Dance-Derived Expressions in the Hebrew Bible (Bibl 62, 1981, 328–346).

IV. Die allgemeine Grundbedeutung der Wurzel *sbb*, die wir in den außerbiblischen Dokumenten erarbeitet haben, fällt im Grunde mit der in den biblischen Texten vorhandenen zusammen. Es ist aber zu bemerken, daß der häufige Gebrauch von *sbb* im AT ein weites Spektrum von Bedeutungen entwickelt hat.

1. Subj. von *sbb* sind Personen (z. B. Samuel 1 Sam 7, 16; Saul 1 Sam 15, 12; David 1 Sam 17, 30; Ahab 1 Kön 21, 4; Jerobeam 2 Chr 13, 13), menschliche Kollektive (z. B. *ʾanšê hāʿîr* Gen 19, 4; *benê jiśrāʾel* Dtn 2, 1. 3; *hakkenaʿanî* Jos 7, 9; *jiśrāʾel* Ri 11, 18; *benê dān* Ri 18, 23), Tiere (Ps 22, 13. 17) oder Sachen (z. B. Steine Ex 28, 11; 39, 6. 13; Räder des Wagens Jes 28, 27; eine Tür Ez 41, 24 usw.). Gelegentlich fungieren abstrakte Begriffe als Subj. von *sbb*: Frevel (Ps 49, 6), Huld (Ps 32, 10), Gewalttat und Hader (Ps 55, 11) oder geographische Realitäten, z. B. die Grenze (Jos 15, 3. 10; 16, 6; 18, 14). In Ez 1, 9. 12. 17 sind übernatürliche Wesen Subj. von *sbb*. *JHWH*/*ʾælohîm* fungiert mehrmals als Subj. von *sbb*, vor allem im *polel* und *hiph* (Ex 13, 18; Dtn 32, 10; Jer 21, 4; Ez 7, 22; Ps 32, 7; Esra 6, 22; 1 Chr 10, 14 usw.); im *qal*, *niph* und *hoph* ist es seltener (vgl. jedoch Ps 71, 21; Ijob 16, 13).

2. Auch die Objekte von *sbb* sind sehr variierend. Es kommen vor: ein Land (Gen 2, 11. 13; Num 21, 4), eine Stadt (2 Kön 6, 15; 2 Chr 17, 9), ein Haus (Gen 19, 4; Ri 19, 22; 20, 5), eine Person (Ri 16, 2; 1 Sam 17, 30; 2 Chr 13, 13), eine Sache (Jer 52, 21; Spr 26, 14) usw. Drei Objekte können hier besonders hervorgehoben werden: *pānîm*, *leḇ* und *šem*. Diese bilden mit *sbb* charakteristische Ausdrücke, die bedeutsame Veränderungen bei den betreffenden Personen zum Ausdruck bringen. a) „Das Gesicht wenden (bzw. abwenden)“ kann rein äußerlich gemeint sein oder eine Attitüdenveränderung, sogar eine starke Abneigung bezeichnen (Ri 18, 23; 1 Kön 8, 14; 2 Chr 6, 3; 1 Kön 21, 4; 2 Kön 20, 2; Jes 38, 2; Ez 7, 22; 2 Chr 29, 6; 35, 22 [*hiph*]; s. auch 2 Sam 14, 20 *pi* „der Sache ein anderes Gesicht geben“ [EÜ]); b) „das Herz wenden“ meint eine Richtungsänderung im Handeln oder Denken (Koh 2, 20; 7, 25 *qal;* 1 Kön 18, 37; Esra 6, 22 *hiph*); c) „den Namen ändern“, gewöhnlich ein Zeichen, daß eine Person eine neue Aufgabe erhält (2 Kön 23, 34; 24, 17; 2 Chr 36, 4 *hiph*; Num 32, 38 *hoph*).

Das Obj. steht, vor allem bei *qal*- und *hiph*-Formen, oft im Akk.; das Verb bedeutet dann „umgeben, umkreisen“. In derselben Bedeutung wird *sbb* gelegentlich mit *ʾæl* oder *be* konstruiert (2 Kön 8, 21; Koh 12, 5; 2 Chr 17, 9; 23, 2). Dagegen bezeichnet *sbb* + *min* vorwiegend ein „Sich Wegwenden“, in der Regel von einer Person (Gen 42, 24; 1 Sam 17, 30; 18, 11; Ez 7, 22; Hld 6, 5); *sbb* + *min* ... *ʾæl* impliziert eine Bewegung von einer Stelle zu einer anderen oder einen Übergang von einem Zustand zu einem anderen (Num 36, 7; vgl. 1 Sam 5, 8). Die Präp. *ʿal* gibt der Wurzel *sbb* eine feindliche Bedeutung (Gen 19, 4; Jos 7, 9; Ps 55, 11; vgl. oben I. 2.).

3. Das Verb *sbb* impliziert also gewöhnlich eine Bewegung, die zugleich eine Veränderung bedeutet. Diese kann verschiedener Art sein: Veränderung des Platzes, des Eigentums, der Gesinnung, des Verhaltens usw. Kurzum eine äußere Kreisbewegung oder eine innere Veränderung, eine Biegung der Sachen oder der Ereignisse, eine Biegung oder Abweichung in irgendeiner Hinsicht von einem Ort oder einer Person. Je nach der Art der Veränderung oder des verfolgten Weges profiliert sich die Grundbedeutung von *sbb*. Sowohl die Grundbedeutung als auch mehrere Nuancen können allgemein durch Zusammensetzung mit lat. *circum*-, deutsch um- oder griech. κυκλ- zum Ausdruck gebracht werden. In einigen Fällen entfernt *sbb* sich aber von dieser allgemeinen Grundbedeutung. Andererseits muß man, um die ganze Bedeutungsbreite zu erfassen, den Zweck, den Kontext und die besonderen Umstände des Textes in

Rechnung ziehen. So kann das Umkreisen einer Person, eines Gebäudes oder einer Stadt zu sehr verschiedenen Zwecken geschehen: um sie zu schützen (Dtn 32, 10; Hld 3, 3; 5, 7; 2 Chr 33, 14), um sie anzugreifen (2 Kön 3, 25; 2 Chr 18, 31), um eine kultische Prozession durchzuführen (Jos 6,3f. 7. 14f.) usw. Die Kontexte sind dabei kriegerischer und kultischer, dann auch religiös-theologischer Art, bisweilen gemischt.

V. 1. Die Wurzel *sbb* (Verb und Adverb), findet sich häufig als Bestandteil von Formeln und Texten, die für die militärischen und kriegerischen Institutionen charakteristisch sind.

a) In 1 Sam 14, 47 wird von Saul gesagt, daß er mit all seinen Feinden ringsum Krieg führte (*wajjillāḥæm sab̲îb̲ bekŏl-'ojeb̲ājw*). Eine ähnliche Aussage wird über David mit Hilfe von *sbb* und *milḥāmāh* gemacht: David konnte den Tempel nicht bauen *mippenê hammilḥāmāh 'ašær seb̲āb̲uhû* (1 Kön 5, 17). Im folgenden Vers wird der Kontrast zu Salomo unterstrichen mit den Worten: „Jetzt aber hat mir JHWH, mein Gott, ringsum Ruhe verschafft (*heniaḥ lî missāb̲îb̲*", v. 18). Diese Feststellungen sind absolut und global. Krieg und Frieden haben die Zeit der ersten Könige Israels völlig bestimmt. Durch diese Formeln will man programmatisch das ganze Leben oder wenigstens die wesentliche Autorität ihrer Regierung beschreiben.

b) Als antithetische Begriffe gehören Krieg und Frieden zu demselben semantischen Feld. Die Wurzel *sbb* steht mit beiden in Verbindung. Die alten Städte waren normalerweise von Mauern umgeben (*sbb*). Befestigungswerke, Gräben, Belagerungswälle usw. um (*sāb̲îb̲*) die Stadt dienten zur Verteidigung oder zum Angriff. Davids erste Maßnahme nach der Eroberung von Jerusalem war der Bau einer Mauer um die Stadt (2 Sam 5, 9). Ebenso beschäftigte sich Salomo seit dem Beginn seiner Regierung mit dem Bau der Mauer um die Stadt (1 Kön 3, 1). Andererseits war es eine der ersten Maßnahmen eines Angreifers, die Mauern zu zerstören, die die zu belagernde oder anzugreifende Stadt umgeben (2 Kön 25, 10; Jer 52, 14; vgl. Ez 4, 2; Koh 9, 14). Analog verhält es sich bei Personen. Während man sich um Simson versammelt (*hiph*), um ihn zu töten (Ri 16, 2; vgl. 20, 5), lagern sich die Leute Sauls um ihn (*ḥonîm seb̲îb̲ot̲ājw*), um ihn vor dem Feind zu schützen (1 Sam 26, 5. 7). Saul schlief in der Mitte des Lagers und seine Krieger legten sich ringsum. Das ist bei allen Gelegenheiten die Strategie der königlichen Eskorte (vgl. 2 Kön 11, 8. 11 „schart euch mit der Waffe in der Hand um den König *nqp hiph* + *sāb̲îb̲*)".

In der Bedeutung „feindlich umgeben" wird *sbb* ziemlich oft in Verbindung mit anderen für die militärische Sprache typischen Verben gebraucht. In solchen Fällen ist das „Umzingeln" gewöhnlich die Vorbereitung einer härteren Maßnahme. So handelt es sich in 2 Sam 5, 23 (vgl. 1 Chr 14, 14; 2 Chr 13, 13) um ein Einschließen des Feindes, um ihn mit dem Schwert anzugreifen; in 2 Chr 18, 31 ist der Zweck der folgende Angriff (*wajjāsobbû 'ālājw lehillāḥem*; vgl. 2 Chr 35, 22).

In einigen Texten ist *sbb* mit *'ārab̲* 'sich in Hinterhalt legen' (Ri 20, 29; 2 Chr 13, 13), in anderen mit *nkh hiph* (2 Sam 18, 15; 2 Kön 3, 25 || 2 Chr 21, 9) verbunden.

c) Als heilige Institution wird der Krieg in Israel von besonderen Riten begleitet. Letzten Endes führt JHWH den Krieg und bringt ihn zu Ende. Die göttliche Intervention ist so entscheidend, daß sie das Los der Streitenden wenden kann: „Ich drehe (*sbb*) in eurer Hand die Waffen um, mit denen ihr gegen den König von Babel und die Chaldäer, die euch belagern, kämpft" (Jer 21, 4). Obwohl der Sinn des Ausdrucks *sbb 'æt̲-kelê hammilḥāmāh* hier ein wenig dunkel ist (H. Weippert, ZAW 82, 1970, 405–408: „Umkehren der Waffen"), ist es deutlich, daß JHWH den Kampf lenkt.

Die Rolle JHWHs im Krieg wie im Frieden kommt in Texten mit *sbb*/*sāb̲îb̲* klar zum Ausdruck. Besonders signifikant ist der Ausdruck *'ojeb̲îm missāb̲îb̲*, der ausschließlich in der dtr und chron. Literatur gebraucht wird in Verbindung mit verschiedenen Verben. Saul führte Krieg „ringsum mit all seinen Feinden" (*sāb̲îb̲ bekŏl-'ojeb̲ājw* 1 Sam 14, 47); es wird wiederholt festgestellt, daß JHWH seinem Volk Ruhe gibt (*nwḥ hiph*) „vor allen Feinden ringsum" (Jos 21, 44; 23, 1). Solche Formeln kommen in den Überlieferungen über die Landnahme vor (Dtn 12, 10; 25, 19; Jos 21, 44; 23, 1) und in Verbindung mit den Königen David (2 Sam 7, 1b), Salomo (1 Kön 5, 18; 1 Chr 22, 9. 18), Asa (2 Chr 14, 6; 15, 5) und Joschafat (2 Chr 20, 30). Dieser Frieden vor den Feinden ist nicht auf eine politische Rettung beschränkt, sondern umfaßt das ganze Leben (von Rad 101–108). In Ri 8, 34 und 1 Sam 12, 11 steht das Verb *nṣl hiph*: JHWH rettet sein Volk „aus der Hand seiner Feinde ringsum". Umgekehrt erscheint in Ri 2, 4 die Strafe JHWHs, indem er sein Volk „den Feinden ringsum" verkauft (*mkr*).

Eine andere Wortkombination, die meist militärische Assoziationen hat, ist *māḡôr missāb̲îb̲* „Grauen ringsum". Sie ist für Jeremia charakteristisch, kommt aber auch sonst vor. Die Formel bezeichnet den Schrecken, der von einer Gefahr, aus der es keinen Ausweg gibt, verursacht wird. In Jer kommt sie vorzugsweise in Gottesorakeln vor. In 6, 25 bezieht sie sich auf den Feind aus dem Norden, in 20, 3 dagegen auf Paschhur, der als Verkörperung des Schreckens erscheint. JHWH wird seinen Namen in *māḡôr missāb̲îb̲* ändern (zum Verhältnis zwischen Paschhur und diesem Namen s. A. M. Honeyman, VT 4, 1954, 424–426; J. Bright, AB 21, 132; Eißfeldt, KlSchr V 72; zur weiteren Deutung W. L. Holladay, JBL 91, 1972, 305–320; D. L. Christensen, JBL 92, 1973, 498–502). In Jer 46, 5 und 49, 29 handelt es sich um Orakel gegen Feindvölker (vgl. auch Jer 20, 20; Ps 31, 14; Klgl 2, 22).

2. a) Jos 6 enthält zahlreiche Aussagen, die das Verb

sbb als Mittelpunkt haben (6mal *qal*: vv. 3. 4. 7. 14. 15 [2mal]; 1mal *hiph*: v. 11). In vv. 3 und 11 wird auch das semantische Äquivalent *nqp hiph* gebraucht, aber die Konstruktion läßt an einen Zusatz denken: während *nqp* sonst in Parallelismus mit *sbb* steht (Ps 22, 17; 48, 13; 88, 18), wird hier der Inf. abs. adverbial gebraucht und ist z.T. überflüssig. Jos 6 ist kein homogener Text (vgl. Noth, HAT I/7³, 40): man kann wenigstens zwei Darstellungen des Umzugs unterscheiden (vgl. Wilcoxen 43–70; Dus 108–120): erstens ein Umwandern der Stadt in Schweigen, das in einem Heergeschrei der Kriegsleute und dem folgenden Zusammensturz der Mauern gipfelt, und zweitens ein lärmender Marsch, während dessen die Priester und andere Teilnehmer die Hörner blasen. Der erste Umgang vollzieht sich in einem Tag. Dabei treten einige kriegerische Elemente, wie das Heergeschrei (*t^erû'āh*) hervor; auch *sbb* hat gewisse kriegerische Konnotationen (vgl. v. 1; LXX läßt das Verb *nqp* aus, was nach J. M. Miller und G. Tucker, CBC 56, andeutet, daß die Israeliten nicht um die Stadt herum marschierten, sondern sie belagerten). Der zweite Marsch nimmt 7 Tage in Anspruch. Hier kommen gewisse liturgische oder kultische Züge zum Vorschein. Während das Verb *sbb* für die erste Darstellung charakteristisch war, könnte *nqp* ein Zusatz sein, um die kultischen Aspekte zu unterstreichen. Diese Aspekte werden in der Anwesenheit der Priester und der Trompeten sowie in der Zahl „sieben" deutlich. Der Marsch nimmt die Form einer liturgischen Prozession an, ohne seine kriegerischen Züge einzubüßen. Wie es sich auch mit der Rekonstruktion des ursprünglichen Textes verhalten mag, evident bleibt, daß im vorliegenden Text kriegerische und liturgische Elemente miteinander gemischt werden, mit Vorzug für die letzteren. „Die Soldaten haben vor Jericho *nicht zum Kampf, sondern zur Feier* anzutreten" (H. W. Hertzberg, ATD 9, 40). Durch *nqp* verstärkt nimmt *sbb* liturgische Konnotationen an. Der Umzug wird ein militärischer Zug und zugleich eine Prozession. Der Ritus kulminiert im Blasen der Hörner, dem Heergeschrei der Soldaten und dem Sturz der Mauern. Sowohl die Hörner als auch das Geschrei haben einen kriegerisch-kultischen Wert (Dus 108–120; Richter 195f.; Humbert 29–34). Im gegenwärtigen Kontext von Jos 6 meint also *sbb* sowohl einen militärischen Marsch um die Stadt als auch (und vor allem) eine kultische Prozession als integrierenden Teil einer liturgischen Feier des durch JHWHs wunderbares Eingreifen gewonnenen Sieges der Israeliten zur Zeit der Landnahme. Die Darstellung dieser Feier und dieses Sieges erhält ein quasimagisches Kolorit: beim Geschrei und Hornblasen stürzen die Mauern ohne militärische Aktion zusammen. Aber hinter dem Ereignis steht ohne Zweifel die Intervention JHWHs.

b) Mehrere Elemente aus Jos 6 finden sich auch in anderen Texten, die z.T. denselben kriegerisch-religiösen Hintergrund haben. Das gilt vor allem für Ri 7, 16–21. Hier, wie in Jos 6 (vgl. 2 Chr 13, 13–16; 15, 14f.) treffen sich das Hornblasen, das Heergeschrei der Soldaten und der Zug um das Lager. Gideon befiehlt den Soldaten, rings um das Lager (*s^eḇîḇôṯ hammaḥ^anæh*) die Hörner zu blasen (vv. 18. 21) und zu rufen: „Für JHWH und Gideon!", um den Schrecken im Feindeslager zu verbreiten. Die Soldaten heben die Waffen nicht, aber trotzdem erfolgt in plötzlicher, wunderbarer, quasi-magischer Weise der Sieg. So wird die Rolle JHWHs, der seinem Volk den Sieg gibt, betont. Zur Rolle des „Gottesschreckens" → חרד *ḥāraḏ* → III 179ff.; → שופר *šôpar*; → רוע *rw'*.

In Ps 48, 13 wird die Kultgemeinde aufgefordert, den Zion zu umschreiten. Die Verben *sbb* und *nqp* erscheinen hier parallel. Beide beziehen sich auf eine kultische Prozession nach einem Kultakt im Tempel (v. 10). Der Kontext ist klar kultisch, aber es zeigen sich auch gewisse kriegerische Elemente: Türme, Wälle, Mauern (vv. 13f.). Nach H.-J. Kraus geht es darum, die Herrlichkeit und die Unbezwingbarkeit des Zion zu feiern. Kraus fragt sich sogar, ob nicht ursprünglich ein mit der Jericho-Episode vergleichbarer magischer Vorgang dieser Feier zugrunde liegt (BK XV/1⁵, 514). Gunkel (Die Psalmen, ⁵1968, 207) weist auf Ps 26, 6b hin, wo *sbb* von einer Prozession um den Altar JHWHs gebraucht wird (*'^asoḇ^eḇāh 'æṯ mizbaḥ^aḵā*). Gunkel bemerkt auch, daß solche Prozessionen in anderen Religionen häufig sind (vgl. Eliade 318, C. H. Ratschow, RGG³ V 668f.; L. Röhrich, RGG³ VI 1116f.). Es sollte hier an die Beschwörungsszene im Aqhat-Epos (s.o. I.1.) erinnert werden. Dort handelt es sich um eine kultisch-magische Handlung, in deren Verlauf Dan'il einen rituellen Umzug um ein Feld vollzieht (vgl. Müller 92, der *sbb* „als term. techn. für den kultischen Umzug" bezeichnet und auf Gen 37, 7; Jos 6; 1 Sam 16, 11 und Ps 48, 13 hinweist).

Die Interpretation von 1 Sam 16, 11 ist umstritten. W. Caspari (mit Zustimmung vieler anderer) erklärt den Text im kultischen Sinn (Die Samuelbücher, KAT VII 188–190). H. W. Hertzberg (ATD 10⁴, 107) übersetzt *sbb* mit „den Kreis schliessen". Der Text bezieht sich nicht auf das Opfer, sondern auf den Salbungsakt, wobei nach v. 13 die Brüder in einem Kreis stehen. Für Gen 37, 7 bietet sich eine ähnliche Deutung an. Hier wie in 1 Sam handelt es sich um den jüngsten Bruder, der über die Brüder herrschen soll (v. 18). Die Garben der Brüder umringen die Garbe des jüngsten und neigen sich tief vor ihr. Das Verb *sbb* steht in Verbindung mit *hištaḥ^awāh*, das die höfische und kultische Proskynese bezeichnet, was zu unserer Interpretation von 1 Sam 16, 11ff. gut paßt (vgl. Grønbæk 69f.; Crüsemann 146; Preuß → II 784–794).

3. In einer Reihe von Texten steht *sbb*/*sāḇîḇ* mit Bezug auf den Tempel oder auf Handlungen, die dort stattfinden.

a) Im Verlauf der Tempelweihe „wendet sich" Salomo an die zum Kult versammelte Gemeinde und segnet sie (*wajjasseḇ hammælæḵ 'æṯ-pānājw waj^eḇāræḵ* '*æṯ-kŏl-qᵉhal jiśrā'el*, 1 Kön 8, 14 || 2 Chr 6, 3). Wörtlich: „er wandte sein Gesicht" (vgl. Ri 18, 23; 1 Kön 21, 4; 2 Kön 20, 2 || Jes 38, 2), d. h. er wandte sich dem Volk zu. Der Wortlaut von 1 Kön 8, 14 spiegelt ein Ritual wider, sowohl im Umdrehen des Königs als auch im Stehen der Kultgemeinde. A. Šanda bemerkt richtig: „feierliche Stille tritt ein" (Die Bücher der Könige, EHAT 9/1, 221). Zur Zeit Salomos hatte der König einige priesterliche Privilegien. Bei der Tempelweihe handelte der König offiziell als Vertreter des Volkes, und daher erhält *sbb* einen offiziellen und rituellen Sinn (anders als 2 Sam 6, 20 || 1 Chr 16, 43, obwohl es sich auch hier um einen Segen handelt).

b) In der priesterlichen Überlieferung (bes. Ex 25; Num 10) und in Ez finden wir einen häufigen Gebrauch der Wurzel *sbb*, vor allem der adverbialen Form *sāḇîḇ*. Sie erscheint in einer Reihe von Texten mehr oder weniger mit dem Kult verbunden. So wird *sāḇîḇ* oft in Verbindung mit dem Altar gebraucht. Im Opferritual wird vorgeschrieben, daß man das Blut „ringsum an den Altar sprengen (*zāraq*)" soll (Ex 29, 16. 20; Lev 1, 11; 3, 2. 8. 13; 7, 2; 8, 19. 24; 9, 12. 18). Ebenso wird anbefohlen, Blut ringsum an die Hörner des Altars zu applizieren (Lev 8, 15; 16, 18). Es ist auch von dem Vorhang die Rede, „der ringsum die Wohnstätte und den Altar umgibt" ('*ᵃšær ʿal* ... *sāḇîḇ*, Num 3, 26; 4, 26) oder von einem Graben ringsum den Altar (1 Kön 18, 32. 35). In einem Orakel gegen die Berge Israels verkündet JHWH durch Ezechiel, daß er die Gebeine der Israeliten ringsum die Altäre verstreuen will (Ez 6, 5. 13).

In den Vorschriften für den Bau des Heiligtums findet sich mehrmals der Ausdruck *zer zāhāḇ sāḇîḇ* mit Bezug auf eine goldene Leiste um die Lade (Ez 25, 11; 37, 2), um den Schaubrottisch (Ex 25, 24f.; 37, 11. 12) oder um den Räucheraltar (Ex 30, 3; 37, 26). Ebenso wird befohlen, daß der Mantel des Hohenpriesters goldene Glöckchen ringsum haben soll (Ex 28, 33ff.; 39, 25f.)

Um den zukünftigen Tempel zu beschreiben, stellt Ezechiel dessen verschiedene Teile und die Verzierungen, die ringsum sein sollen, dar. Nur in Kap. 40–42 wird *sāḇîḇ* 50mal wiederholt, meist in der verdoppelten Form *sāḇîḇ sāḇîḇ*, so z. B. mit Bezug auf die äußere Mauer (40, 5), das östliche Tor (40, 14. 16), den äußeren Vorhof (40, 17), das südliche Tor und den inneren Vorhof (40, 25. 29f.) usw. Es ist interessant zu bemerken, wie in Ez der Bau des Heiligtums mit der Verteilung des Landes verbunden ist (45, 1f.). Analog wird im DtrGW eine Verbindung hergestellt zwischen der Errichtung des Tempels und dem Besitz des Landes. Salomo begründet den Tempelbau durch einen Hinweis darauf, daß JHWH Israel Ruhe vor allen Feinden verschafft hat (1 Kön 5, 17–18, → נוח *nûaḥ*). Die Zentralisation des Kultes wird ebenso mit der Ruhe, die JHWH dem Volk vor allen seinen Feinden ringsum verschafft hat, im Verbindung gebracht (Dtn 12, 9f.; Stade 131f.).

Also, wenn *sbb* in kultischen Kontexten gebraucht wird, ist es oft mit kriegerischen Elementen durchsetzt. Dieselben Texte, die uns den Ausgangspunkt für die Analyse von *sbb* im kriegerischen Kontext gaben, dienen uns jetzt als Hilfsmittel zum Verständnis von *sbb* im kultischen Kontext. Wie in den außerbibl. Texten sind die Texte, wo *sbb* vorkommt, kriegerisch und kultisch, ohne daß es möglich wäre, die beiden Aspekte in allen Fällen völlig auseinander zu halten.

4. a) Im religiös-theologischen Kontext ist zunächst auf die Stellen zu achten, wo JHWH den Mittelpunkt bildet. In einigen Psalmen erscheint er umgeben von Attributen oder Wesen, die seinen Hof und letzten Endes sein Wesen darstellen. Der Ausdruck *kŏl-sᵉḇîḇājw* bezeichnet die, die ihn umgeben. In Ps 76, 12 bezieht er sich auf die Israeliten: „Those who surround Yahweh on earth will form his heavenly entourage" (M. Dahood, AB 17, 221). In Ps 89, 8b steht *kŏl-sᵉḇîḇājw* parallel zu *sôḏ-qᵉḏošîm* (v. 8a), *bᵉnê-'ᵉlohîm* (v. 7b), *qᵉhal qᵉḏošîm* (v. 6) und *ṣᵉḇā'ôṯ* (v. 9). Die Parallelausdrücke zeigen, daß sich *kŏl-sᵉḇîḇājw* auf die himmlische Hofversammlung bezieht (vgl. Ahlström 59, → סוד *sôḏ*). In demselben Psalm erscheinen in v. 9 die Güte und Treue als JHWHs Diadem: *ḥasdᵉkā* (so zu lesen statt *ḥᵃsîn jāh*, s. Veijola 30) *wæ'ᵉmûnāṯᵉkā sᵉḇîḇôṯājw*. Im Zusammenhang mit den soeben genannten Ausdrücken erscheinen Güte und Treue als persönliche Attribute, die zum himmlischen Rat JHWHs gehören. An sich sind sie aber konstitutive Elemente des Wesens Gottes. Sie bilden nicht nur die Umgebung JHWHs, sondern sind Aspekte seines Wesens (vgl. Ps 32, 10 s. u. und vgl. H. Ringgren, Word and Wisdom, Lund 1947, 150–154). In anderen Stellen erscheint JHWH von theophanischen Elementen umgeben: vor ihm geht ein verzehrendes Feuer, um ihn (*sᵉḇîḇājw*) ein gewaltiger Sturm (Ps 50, 3, vgl. 97, 3 und die Erklärung von M. Dahood, AB 16, 306; 17, 361).

b) In anderen Texten ist JHWH Subj. von *sbb*. Obj. ist dann meist das Volk oder die Israeliten.

Da *ḥæsæḏ* ein integrierender Teil des göttlichen Wesens ist, umgibt JHWH mit seinem *ḥæsæḏ* die, die auf ihn vertrauen (Ps 32, 10). Derselbe Gedanke wird in Dtn 32, 10 mit anderen Bildern zum Ausdruck gebracht. Hier ist eine alte Überlieferung bewahrt, nach der JHWH Israel in der Wüste fand (vgl. Hos 9, 10; Jer 31, 2f.), „umgab" (*jᵉsoḇᵉḇænhû*), behütete und beschützte. Sprachlich gesehen findet sich eine Parallele in Jes 31, 22. Hier sind aber die Rollen vertauscht: das Weib (= Volk) umgibt den Mann (= JHWH) (*nᵉqeḇāh tᵉsôḇeḇ gæḇær*). Außerdem hat *sbb* hier eine sexuelle Färbung, die in Dtn 32, 10 nicht vorhanden ist, da dort vor allem die Vorstellung vom Schutz zu Tage tritt, obwohl der Aspekt der Liebe nicht fehlt (vgl. W. L. Holladay, VT 16, 1966, 236–239; E. Jacob, Festschr. W. Zimmerli, 1977, 179–184, → II 771f.).

Die Bildsprache von Dtn 32, 10f. ist auch mit Ps 17, 8–12 vergleichbar. In den beiden Texten werden Bilder aus der Tierwelt auf JHWH angewandt. Das Bild der „Flügel" sowie das des „Augensterns" ('*îšôn*

ʿajin) drückt Intimität aus. Gottes Schutz ist nicht fern, sondern impliziert eine fast körperliche Nähe. Demnach hat *sbb* in Dtn 32, 10 einen freundlich-liebevollen Aspekt: es erweckt die Vorstellung von einer Mutter, die ihre Kinder beschützt, von einem Vogel, der mit seinen Flügeln seine Jungen umschließt, um ihnen Wärme und Schutz zu geben. In Ps 17, 9 bezieht sich *sbb* auf die Feinde und steht im ausgesprochenen Kontrast zur Handlungsweise Gottes. Die Psalmisten klagen oft über die Feinde, die sie umringen und fesseln. In dieser Situation der Not und Bedrängnis wendet sich der Psalmist an JHWH mit der Bitte um Hilfe: er möge ihn liebevoll umschließen und beschützen (Ps 17, 11; 18, 6; 22, 13. 17; 49, 6; 88, 18; 109, 3; 118, 10–12). In allen diesen Fällen bezieht sich *sabbunî*/*seb̲āb̲unî* auf die Feinde. Diese Konstruktion kommt sonst nur in 2 Sam 22, 6 (identisch mit Ps 18, 6) und Hos 12, 1 vor. Die letztere Stelle bezieht sich wahrscheinlich auf den Propheten, der sich wie der Psalmist umringt und bedrängt fühlt (H. W. Wolff, BK XIV/1, 270f.). Das Suff. 1. Sing. deutet die persönliche Situation des Psalmisten an und erklärt seine Hinwendung zu Gott, der als tapferer Krieger (vgl. Ps 17, 13), als Fels, Burg, Zuflucht und Schild (Ps 18, 3) betrachtet wird. Der Psalmist weiß, daß sein ganzes Leben von Gott abhängig ist (Ps 22, 10–12) und deshalb wendet er sich an Gott, damit er ihn vor seinen Gegnern schütze (Ps 118, 10–14). Er fürchtet nicht die, die ihn umringen, denn Gott wird ihn retten (Ps 3, 7f.). Alle diese Psalmen atmen eine kämpferische Gesinnung. Sowohl der Feind als auch JHWH werden mit militärischen Ausdrücken und Bildern beschrieben (vgl. oben V. 1.): Ijob sieht Gott als einen Krieger (*kegibbôr*), dessen Pfeile ihn umschwirren (*jasobbû ʿālaj rabbājw*, 16, 13f.). In den Psalmen dagegen sind es immer die Feinde des Psalmisten, letzten Endes die Feinde Gottes, die ihn umringen und bedrängen, und deshalb suchen die Psalmisten Gottes schützende Hilfe: JHWH wird ihn mit Rettungsjubel (*rŏnnê pallet̲ tesôb̲eb̲enî*) und mit seiner Huld (*ḥæsæd̲ jesob̲eb̲ænnî*) umgeben (Ps 32, 7. 10). So wie Jerusalem von Bergen umgeben ist, so wird JHWH sein Volk schützend umgeben (*jerûšālem hārîm sāb̲îb̲ lāh weJHWH sāb̲îb̲ leʿammô*, Ps 125, 2). JHWH fungiert also als eine Mauer rings um Israel, oder sein Engel lagert sich rings um die, die ihn fürchten (Ps 34, 8; vgl. auch Sach 2, 9, vgl. oben V. 1. b).

Dieselbe Vorstellung vom göttlichen Schutz spiegelt sich in anderen Texten mit *sbb* wider, obwohl von anderen Gesichtspunkten aus. Ex 13, 18 versetzt uns (wie Dtn 32, 10) in die Wüstenperspektive und sagt, daß Gott das Volk nicht den direkten Weg nach Kanaan führte, sondern es einen Umweg durch die Wüste machen ließ (*wajjasseb̲ ʾælohîm ʾæt̲-hāʿām dæræk̲ hammid̲bār*).

Der dtr Erzähler, der die Wüstenwanderung rekapituliert, berichtet, daß das Volk einen Umweg machte (*wannāsŏb̲ ʾæt̲-hāhār*), wie JHWH befohlen hatte (Dtn 2, 1f.). In der Tat handelte es sich um eine umsichtige Schutzmaßnahme, die als Teil der göttlichen Führung verstanden wurde (vgl. G. W. Coats, VT 22, 1972, 292). Dieselbe Vorstellung schimmert durch in Ps 72, 28: JHWH ließ Wachteln rings um (*sāb̲îb̲*) Israels Zelte fallen.

c) Die Vorsehung Gottes impliziert nicht nur die Führung des ganzen Volkes, sondern auch die jedes Menschen, besonders derer, die das Schicksal seines Volkes lenken sollen. „Das Herz des Königs ist in der Hand JHWHs wie ein Wasserbach; er lenkt es, wohin er will" (Spr 21, 1). Nichts ist deshalb natürlicher, als daß Gott das Herz des Königs nach seinen Plänen ändert, wie Esra 6, 22 feststellt: *weheseb̲ (JHWH) leb̲ mælæk̲ ʾaššûr ʿalêhæm*). Dahinter liegt der Gedanke, daß die in Esra 1–6 erzählten Begebenheiten ein Zeugnis des göttlichen Gnadenwaltens über Israel sind (vgl. W. Rudolph, HAT I/20, 61f.). Dieselbe Vorstellung liegt in 1 Kön 18, 37 vor: *weʾattāh hasibbot̲ā ʾæt̲-libbām ʾaḥorannît̲*. JHWH erscheint als der Gott, der sein Volk zu sich zieht durch „äußere Wunder und innere Herzensleitung" (A. Šanda, EHAT 9/1, 439). Auch hier findet sich das Thema der göttlichen Vorsehung.

d) JHWH kann auch die Würde eines Königs auf einen anderen übergehen lassen. Ist die Veränderung des Herzens ein innerer Vorgang, so ist das Regieren äußerlich und juridisch. Adonija behauptet offen sein Recht auf den Thron, wenn er auch akzeptiert, daß die Königswürde auf einen anderen übergeht; er gibt aber zu, daß es eine göttliche Verfügung ist: *wattāsŏb̲ hammelûk̲āh* . . . „die Königswürde hat sich gewandt und ist meinem Bruder zugefallen, denn von JHWH ist es ihm geworden" (1 Kön 2, 15). Hier bezeichnet *sbb* den Wechsel des Schicksals, den Übergang von Eigentum an einen anderen. Etwas ähnliches spielt sich bei der Reichsteilung nach dem Tode Salomos ab. Der Dtr deutet den Übergang der Königsherrschaft in die Hände Jerobeams als Gottes Wille: „Der König hörte nicht auf das Volk, denn es war eine *sibbāh* von JHWH" (1 Kön 12, 15 || 2 Chr 10, 15). Das hap. leg. *sibbāh* bezeichnet hier eine Führung, fast im Sinne einer Prädestination, ein Wenden des Schicksals wie im Fall Adonijas. Der Übergang des Königtums von Saul an David stellt einen ähnlichen Fall dar. In der Interpretation des Chronisten erscheint er als göttliche Strafe für den Kleinglauben Sauls: „Er hatte nicht JHWH gesucht . . . (deshalb) übergab er (*wajjasseb̲*) das Königtum dem David" (1 Chr 10, 14). In diesen Fällen hat *sbb* juristische Konnotationen. Es handelt sich um Rechte, die von einer Person an eine andere übergehen (vgl. auch Num 36, 7. 9; Jer 6, 12). Es ist JHWH, der das Schicksal der Könige und letzten Endes auch des Volkes lenkt. Die durch *sbb* zum Ausdruck gebrachten Veränderungen zeigen auf die göttliche Führung der Geschichte.

VI. 1. In LXX wird die Wurzel *sbb* in der Regel durch Formen von κυκλ- wiedergegeben. Am häufigsten sind κύκλος (182mal) und κυκλόθεν (70mal).

Letzteres entspricht immer *sāḇîḇ*/*missāḇîḇ*, jedoch mit Ausnahme von Koh 1, 6; 2 Chr 33, 14 (*sbb*) und 1 Kön 6, 29 (*mesaḇ*). Das Verb wird 59mal mit κυκλοῦν übersetzt. Andere Wiedergaben sind κύκλωμα (4mal), περικυκλοῦν (15mal), ὑπερκύκλῳ (1mal). Es ist interessant zu bemerken, daß περικυκλοῦν auch für *nqp hiph* (s.o. III.1.; V.2.a) gebraucht wird. In 2 Kön 6, 14f. wird *wajjaqqipû ʿal hāʿîr ... sôḇeḇ ʾæl-hāʿîr* übersetzt: περιεκύκλωσαν τὴν πόλιν ... κυκλοῦσα τὴν πόλιν. Die Formen von κυκλ- sind wohl geeignet, die Stellen wiederzugeben, wo sich *sbb*/*sāḇîḇ* auf ein Umgeben oder Umkreisen beziehen. V hat hier meistens *circum-*.

Das Verb *sbb* kann auch durch andere Wörter wiedergegeben werden, z.B. στρέφειν (5mal), ἀποστρέφειν (20mal), ἐπιστρέφειν (30mal + 3mal *sāḇîḇ*), μεταστρέφειν (3mal), περιστρέφειν (3mal). V hat hier oft *verto* und Zusammensetzungen: *averto*, *reverto*, *converto* usw., aber auch *transfero*, *reduco* u.a. Die parallelen Formeln 1 Kön 8, 14 || 2 Chr 6, 3 werden mit ἀποστρέφειν bzw. ἐπιστρέφειν übersetzt.

Auch ἔρχεσθαι mit den Zusammensetzungen μετέρχεσθαι (3mal) und περιέρχεσθαι (7mal) werden für *sbb* gebraucht. In Jos 6, 7 dient letzteres Wort als Übersetzung von *ʿāḇar* in Verbindung mit κυκλοῦν = *sbb*: περιελθεῖν καὶ κυκλῶσαι τὴν πόλιν. Seltene Übersetzungen sind κατακλίνειν (1 Sam 16, 11) und ἐπιτιθέναι (2 Kön 24, 17).

2. In der Qumranliteratur kommt die Wurzel *sbb* ziemlich selten vor. Das Verb findet sich nur 5mal, 3mal in 1 QM (5, 5; 9, 2. 13) und 2mal in den Hodajot (1 QH 2, 25; 5, 35). *sāḇîḇ* kommt 19mal vor, 2mal in 1 QM (5, 9; 7, 7), 2mal in den Hodajot (1 QH 5, 25; fragm. 25, 2), 2mal in 1 QSb (4, 21. 25) und 13mal in TR.

In einigen Fällen tritt der at.liche Hintergrund klar zutage. In 1 QM 9, 2 ist von der führenden Funktion der Priester die Rede. Sie sollen durch ihr Hornblasen den Kampf dirigieren, „bis der Feind geschlagen ist und sie den Nacken wenden (d.h. fliehen)“. Im AT wird *sbb* nicht mit *ʿoræp*, sondern mit *pānîm* gebraucht (2 Chr 9, 6). Die angewandte Strategie erinnert an Josua (Jos 6) und Gideon (Ri 7; vgl. oben V.2.a und b).

In 1 QH 2, 25f. ist von Feinden, die einen Angriff vorbereiten, die Rede: „Die Krieger lagern sich gegen mich, sie umringen mich (*sbbwnj* zu lesen statt *sbbwm*) mit ihren Kriegswaffen.“ Der Ausdruck erinnert an Jer 21, 4. In 1 QSb 4, 24–26 wird der priesterliche Dienst im Tempel mit dem Dienst der Engel im Himmel verglichen. „Der wird wie ein Gesichtsengel sein in der heiligen Wohnung ... und der wird dienen (*šrt*) *sāḇîḇ* im Tempel des Königtums.“

Die meisten Belege für *sāḇîḇ* finden sich in der Tempelrolle im Abschnitt über den Tempel und die Opfer. Hier gibt es viele Anklänge an die priesterliche Überlieferung (P) und Ezechiel (vgl. oben V.2.c). In 56, 13 erscheint das Königsgesetz mit einer Formel, die mit Dtn 17, 14b identisch ist („wie alle Völker rings umher“).

Auch in Qumran gehört also *sbb* zur Sprache des Krieges und des Kultes genau wie im AT.

García López

סָבַל *sāḇal*

סֵבֶל *seḇæl*, *סֹבֶל **soḇæl*, סַבָּל *sabbāl*, *סְבָלוֹת **seḇālôṯ*

I.1. Etymologie – 2. Vorkommen – II. Der at.liche Textbestand – 1. Verbum – 2. **soḇæl* und *seḇæl* – 3. Lastträgerdienst – III. LXX.

Lit.: *M. Held*, The Root ZBL/SBL in Akkadian, Ugaritic and Biblical Hebrew (Essays in Memory of E. A. Speiser, 1968, 90–96 = JAOS 88, 1968, 90–96). – *T. N. D. Mettinger*, Solomonic State Officials (CB.OT 5, 1971, Excursus: The term סבל, 137–139). – *A. F. Rainey*, Compulsory Labour Gangs in Ancient Israel (IEJ 20, 1970, 191–202). – *M. Wagner*, Beiträge zur Aramaismenfrage im alttestamentlichen Hebräisch, Festschr. W. Baumgartner, VTS 16, 1967, 355–371, bes. 362–364).

I. 1. Die Wurzel *sbl* bietet in den semit. Sprachen ein buntes Bild, das dadurch noch farbiger wird, daß neben *sbl* eine Wurzel *zbl* (→ זבול *zeḇûl*) auftaucht, die durch regressive partielle Assimilation des stimmlosen *s* an das stimmhafte *b* (nach C. Brockelmann, VG I 163 ist diese partielle Assimilation in Kontaktstellung *sb* > *zb* allerdings nur für das Äthiop. belegt) entstanden sein wird. Im Akk. findet sich *zabālu* (vereinzelt auch *sabālu* bzw. *ṣabālu*) mit der Bedeutung ʻtragen; überbringenʼ (CAD Z 1–5; AHw 1500f.), auch speziell vom Ziegeltragen gebraucht (vgl. Held 92; A. Salonen, Die Ziegeleien im alten Mesopotamien, AASF 171, 1972, 199f.), wovon das Nomen *zabbīlu* ʻKorbʼ (CAD Z 6f.; AHw 1501b) kaum zu trennen ist, neben *sablum* als kanaan. Fremdwort mit der Bedeutung ʻArbeitsaufgebotʼ in den Mari-Texten (AHw 999b).

Die Einordnung von *zabbīlu* in CAD und AHw als aram. Lehnwort beruht darauf, daß *zabbīlu* keine akk. Nominalform ist, dabei ist jedoch zu beachten, daß syr. *zabīlāʾ*/*zanbīlāʾ* ʻKorbʼ ohne innersyr. Etymon ist und seinerseits von akk. *zabālu* hergeleitet wird.

Im Ugar. existiert das WUS Nr. 1886 verbuchte *sblt* ʻLastʼ nicht; statt *sblt ʿṣm. ʾrṣ* „die Last der Früchte der Erde“ ist vielmehr *sb.l qṣm ʾrṣ* „sie gingen ringsum zu den Enden der Erde“ (KTU 1.16, III, 3) zu lesen. Jedoch ist die Wurzel *zbl* gut dokumentiert als Nomen *zbl* i.S.v. ʻFürst, Fürstentumʼ und ʻKranker, Krankheitʼ sowie als Name eines Ortes (KTU 4.213, 13). Ugar. *zbl* ist das semantische Äquivalent des

hebr. *nāśî'* (Held 92), während *zbl* 'Kranker' wohl über den Weg von 'tragen' zu 'ertragen, erleiden, krank sein' erklärbar ist (Held 93).
Im Aram. findet sich einerseits syr. *zabbîlā'* bzw. *zanbîlā'* 'Korb' (Brockelmann, LexSyr 187a bzw. 201a) – doch wohl aus akk. *zabbīlu* entlehnt – neben syr. *s^e^bal* 'tragen, wegtragen, ertragen, erdulden' mit mehreren Derivaten. Mit dem Syr. deckt sich das samaritan. *sbl* (vgl. Z. Ben-Ḥayyim, The Literary and Oral Tradition of Hebrew and Aramaic Amongst the Samaritans I/II, Jerusalem 1957, 522; IV 467) und mand. *sbl/swl* (MdD 316b), während im Jüd.-Aram. (J. Levy, WTM III 466f.) und Christl.-Palästinischen (F. Schulthess, Lexicon Syropalaestinum, 130) der tropische Sprachgebrauch mit der Bedeutung 'ertragen, dulden' überwiegt. Eine auffällige Bedeutungsverschiebung zeigt das Reichsaram. (DISO 189, auch Hermopolis I 5; vgl. K. Beyer, Die aram. Texte vom Toten Meer, 1984, 643), wo *sbl* i.S.v. 'jem. unterhalten, für jemds. Lebensunterhalt aufkommen' gebraucht wird. Im Arab. findet sich *zabbala* 'düngen' neben *zabala* 'tragen', wegtragen' (Lane 1212c und J. Barth, Etymologische Studien, 1893, 50). Vielleicht darf man auch Tigrē *šabela* 'Behälter für Spezereien' (WB 215b) mit Hinweis auf akk. *zabbīlu* und syr. *zabîlā'* 'Korb' hier einordnen, wenn es sich nicht um ein kuschit. Wort handelt. W. Leslau (Contributions 36) kann noch Tigriña *sablala* 'beladen, beschweren' und *šablala* 'leicht beladen' namhaft machen, wozu noch Gurage *ašballala* bzw. *š^e^fallala* 'load an empty sack or skin (on the donkey)' verglichen werden kann.
Es läßt sich also feststellen, daß akk., ugar. und hebr. sowie arab. eine Wurzel *zbl* greifbar wird (→ זבול *z^e^bûl*), deren Grundbedeutung 'tragen, wegtragen' ist. Im Aram. erscheint diese Wurzel mit gleicher Grundbedeutung als *sbl*. Möglicherweise handelt es sich im Hebr. um einen altererbten Aramaismus (vgl. Wagner 364, eine Erwägung M. Noths aufnehmend).
2. Das Verbum *sāḇal* findet sich im *qal* 7mal im AT (davon 5mal bei DtJes); eine Ptz. *pu*-Form begegnet Ps 144, 14 und eine *hitp*-Form Koh 12, 5. Esra 6, 3 steht im aram. Text ein Ptz. *po'el* bzw. *po'al* in unklarem Zusammenhang. Von den Nominalformen lassen sich *seḇæl* 3mal (1 Kön 11, 28; Ps 81, 7; Neh 4, 11), **soḇæl* ebenfalls 3mal (Jes 9, 3; 10, 27; 14, 26), *sabbāl* 5mal (1 Kön 5, 29; 2 Chr 2, 1. 17; 34, 13; Neh 4, 4) und **s^e^ḇālôṯ* 6mal (Ex 1, 11; 2, 11; 5, 4. 5; 6, 6. 7) belegen.

II. 1. Das Verbum *sāḇal* bedeutet im *qal* 'tragen', vgl. Jes 46, 7, wo ein Götzenbild bei der Prozession herumgetragen wird. *sāḇal* findet sich auch im Jakobsegen bei der Charakterisierung Issachars Gen 49, 15, der seinen Rücken zum Lasttragen beugte (*wajjeṭ šiḵmô lisbol*; Held 95 möchte *l^e^seḇæl* lesen) und so zum Fronknecht (*mas 'oḇeḏ*) wurde (vgl. dazu A. Alt, KlSchr III, 1959, 169–175). Klgl 5, 7 weist darauf hin, daß die Kinder die Sündenschulden ihrer Väter als Strafen tragen müssen. Im sog. 4. Gottesknecht-Lied heißt es vom Knecht (Jes 53, 4), daß er unsere Krankheiten auf sich lud und unsere Schmerzen trug, und wenig später (v. 11) wird mit einer Klgl 5, 7 ähnlichen Wendung festgestellt, daß er die *'^a^wonôṯ* der Vielen trägt. M. Held (92f.) hat darauf hingewiesen, daß auch die Wurzel *zbl* im Akk. einige Male im Zusammenhang mit Krankheit vorkommt, wie es im Ugar. für *zbl* (WUS Nr. 878 II) 'Kranker' belegt ist. Im Aram. (vgl. I. 1.) ist dieser tropische Sprachgebrauch 'erdulden, erleiden' gleichfalls zu beobachten. Jes 46, 4 bestätigt JHWH, daß er sein Volk in allen Zeiten 'tragen' will (*sbl* in Parallele zu *nś'*). J. Rabinowitz (JBL 73, 1954, 237) hat darauf aufmerksam gemacht, daß hier ein Sprachgebrauch von *sāḇal* vorliegt, wie er häufig im Äg.-Aram. anzutreffen ist i.S.v. 'jem. unterhalten, für jem.s Lebensunterhalt aufkommen'.

Das Ptz. *pu m^e^subbālîm* findet sich Ps 144, 14 zur Erläuterung von *'allûpenû* (*'allûp* = Rind? wie noch Sir 38, 25). LXX παχεῖς, V *crassi* bzw. *crassae* (Hier. *pingues*) und Syr *'sjnn* denken an fette Tiere. Während F. Baethgen (GHK II/2, 1897, 423f.) an Lasttiere und H. Schmidt (HAT I/15, 250) an trächtige Rinder (trotz des mask. Plur.) denkt, weist B. Duhm (KHC XIV², 1922, 472) auf die Schwierigkeiten hin, daß *'allûp* sonst den Stammeshäuptling oder den Vertrauten bezeichnet, daß das Fem. zu erwarten wäre, wenn *m^e^subbālîm* 'trächtig' heißen sollte, und daß gerade das Wichtigste, nämlich die Angabe dessen, was die Rinder tragen, fehlt, wenn von Lasttieren die Rede sein sollte. B. Duhm sieht deshalb in *'allûpenû m^e^subbālîm* eine verdorbene Variante zu *ma'^a^lîpôṯ m^e^rubbāḇôṯ* in v. 13b. Ein neuer Vorschlag zur Textkritik von v. 14 wurde von J. Ziegler (Festschr. K. Elliger AOAT 18, 1973, 191–197) vorgelegt. Er liest *'^a^lāpenû missubbālîm* und übersetzt: „Unsere Gaue ohne Lasten, kein Durchbruch und kein Auszug, kein Geschrei auf unseren Plätzen."
Im letzten Gedicht des Kohelet (11, 9 – 12, 7) über Jugend und Alter, das weitgehend in Form einer Allegorie die Beschwernisse des Alters beschreibt, finden sich 12, 5 drei Bilder von der Mandel, von der Heuschrecke und von der Kapernfrucht, die verschieden gedeutet werden. Das *hitp* von *sāḇal* in der Wendung *w^e^jistabbel hæḥāgāḇ* könnte meinen, daß die Heuschrecke versucht, sich zu tragen, i.S.v. sich dahinschleppen. *ḥāgāḇ* wäre dann eine Heuschreckenart, die nicht fliegen kann. Oder man denkt an die unmäßige Gefräßigkeit der Heuschrecke und übersetzt 'sie belädt sich', d.h. sie belastet sich durch üppiges Fressen (H. W. Hertzberg, KAT XVII/4–5, 207: sie packt sich voll, vgl. LXX παχυνθῇ), oder man begreift mit O. Loretz (Qohelet und der Alte Orient, 1964, 190 Anm. 228) *sāḇal hitp* als Trächtigsein und übersetzt: „die Heuschrecke vermehrt sich". Die drei Bilder dieser Naturvorgänge wurden allegorisch gedeutet: das Blühen des Mandelbaumes könnte das weiße Haar des Greises (weniger wahrscheinlich: das Unvermögen, Mandeln knacken zu können) versinnbildlichen; die aufplatzende Kaper hat man auf die nachlassende Heilkraft der Pflanze beim alten Menschen oder auf die Wirkungslosigkeit aphrodisierender Mittel beim Greis bezogen. Die Heuschrecke dagegen soll die steifen Bewegungen des alten Mannes oder seine sexuelle Kraftlosigkeit andeuten (vgl. F. Delitzsch, BC 4/4, 1875, 397–

403). Neuerdings neigt man eher dazu, die drei Bilder realistisch zu verstehen (vgl. W. Zimmerli, ATD 16/1[3], 242) als Hinweis auf den Kreislauf der Natur mit Blüte und Fruchtbarkeit im Gegensatz zum Menschen, der dem Grab entgegengeht.

In der aram. wiedergegebenen Antwort des Darius mit Teilen des Kyrusedikts Esra 6, 1–12 heißt es in v. 3 hinsichtlich des Gotteshauses in Jerusalem: „das Haus ist als eine Stätte wiederaufzubauen, an der man Opfer darbringt *weʾuššôhî mesôḇelîn*". *ʾuššajjāʾ* sind die Fundamente (vgl. Esra 4, 12; 5, 16) und *mesôḇelîn* ist Ptz. *poʿel* oder *poʿal*. Daß Fundamente 'tragend' i.S.v. tragfähig sind (Ptz. *poʿel*) ist selbstverständlich, aber daß Fundamente 'getragen' i.S.v. aufgerichtet (Ptz. *poʿal*) sind, gibt wenig Sinn. Deshalb wird meist in Anlehnung an 3 Esra 6, 23 (ὅπου ἐπιθύουσιν διὰ πυρὸς ἐνδελεχοῦς) *ʾæšôhî* punktiert und übersetzt „und wo man seine Feueropfer darbringt" (*šaph*, von *jbl*). Aber das beziehungslose Suff. spricht nicht für diese Lösung. Da man eine Überleitung zur folgenden Bauanweisung erwartet (vgl. K. Galling, OLZ 40, 1937, 477 „und seine Bauanweisung *ʾšrn* soll man mitnehmen"), scheint der Lösungsvorschlag von W. Rudolph (HAT I/20, 54) *ûmišḥôhî mittekilîn* „und seine Maße sind zu bemessen" durchaus erwägenswert.

2. a) Das Nomen **soḇæl* findet sich 3mal bei Jes (9, 3; 10, 27; 14, 25). 14, 25 formuliert ein Ergänzer in Anlehnung an 10, 27a, einem Vers, hinter dem wiederum 9, 3 im Hintergrund steht, daß mit der Besiegung Assurs die Stunde der Freiheit für das eigene Volk schlägt (vgl. O. Kaiser, ATD 18[2], 42). Das Joch seiner Last (*ʿol subbolô*) wird zerbrochen (9, 3), seine Last wird von seiner Schulter weichen (10, 27; 14, 25). Die „Last" ist hier im übertragenen Sinne für die Fremdherrschaft gebraucht, die in erster Linie in Fronarbeit, im Herbeischleppen von Lasten besteht.

b) Kaum ein Unterschied ist zwischen **soḇæl* und *seḇæl* in Ps 81, 7 zu entdecken. Bei einem Rückblick auf die Knechtschaft Israels in Ägypten wird betont, daß JHWH eine Last (*seḇæl*) von der Schulter seines Volkes wegnahm und seine Hand vom Lastkorb (*dûḏ*) losmachte. – In 1 Kön 11, 28 dagegen ist *seḇæl* ein allgemeines Wort für den Lastträgerdienst. Salomo beauftragt den Grundbesitzer Jerobeam, dessen Fähigkeiten bei den Arbeiten deutlich werden, mit der Aufsicht über den gesamten Lastträgerdienst im Hause Joseph (vgl. Mettinger 136. 138).

3. Das nur als Pl. belegte **seḇālôṯ* findet sich Ex 1, 11; 2, 11; 5, 4. 5; 6, 6. 7 immer von den Fronarbeiten der Israeliten in Ägypten. Mettinger (138f.) versteht *mas* 'Fronarbeit am Bau' und **seḇālôṯ* 'Lasttragen' als Synonyma, die die gleiche Tätigkeit beschreiben, während nach M. Noth (BK IX/1, 257f.) und Rainey (200ff.) verschiedene Tätigkeiten benannt werden, nämlich mit **seḇālôṯ* der Transport der für Bauarbeiten notwendigen Güter, also der „organisierte Tragedienst", und mit *mas* allgemein der für Bauarbeiten eingesetzte Frondienst. Die Ex-Stellen lassen erkennen, daß **seḇālôṯ* allgemeiner Ausdruck für die Fronarbeiten der Israeliten in Ägypten ist, z. B. für Bauarbeiten zur Errichtung von Vorratsstädten wie Pitom und Ramses Ex 1, 11 (vgl. W. H. Schmidt, BK II/1, 35). – Lastträger bilden neben Steinbrucharbeiten ein wichtiges Kontingent der Infrastruktur in der Arbeitswelt der Königszeit. Wie es scheint, geht die Sitte, Schutzbürger (*gerîm*), in erster Linie die Überreste der vorisraelitischen kanaanäischen Bevölkerung, zu Hilfsarbeiten offiziell heranzuziehen, auf David zurück (vgl. 1 Chr 22, 2, auch 2 Sam 20, 42). Von Salomo wird berichtet, daß er neben 80000 Steinbrucharbeitern auch 70000 Lastträger (*sabbāl*; 1 Kön 5, 29 *nośeʾ sabbāl* nach M. Noth: Träger und zwar Lastträger; in der Parallele 2 Chr 2, 1 *ʾîš sabbāl*, v. 17 *sabbāl*) als Arbeiter zur Verfügung hatte. Nur mit Hilfe eines großen Arbeiterpotentials (die Zahlen sind kaum authentisch) konnte die rege Bautätigkeit unter Salomo und später unter Joschija Erfolg haben. Auch 1 Kön 5, 29 läßt erkennen, daß der Lastträgerdienst von der Fron (→ מס *mas*) unterschieden wird (vgl. Rainey 200f.). 2 Chr 34, 13 wird berichtet, daß die einzelnen Arbeiten, besonders die der Lastträger, von den Leviten mit ihren Instrumenten in Takt und Rhythmus geregelt wurden (vgl. W. Rudolph, HAT I/21, 323, der Beispiele aus der Antike und aus der modernen Zeit anführt, daß Sklavenarbeiten im Takt zum Spiel von Instrumenten ausgeführt werden mußten). Die Lastträger spielen als freiwillige Arbeitsgruppen noch einmal eine wichtige Rolle beim Wiederaufbau Jerusalems durch Nehemia. Neh 4, 11 heißt es dabei ausdrücklich, daß die Lastträger *hannośeʾîm bassæbæl* kampfgerüstet (l. *ḥamušîm*) waren und mit der einen Hand ihren Lastträgerdiensten, wahrscheinlich hauptsächlich der Schuttbeseitigung, nachkamen und mit der anderen Hand die Waffe hielten, um vor tätlichen Angriffen der Nehemiagegner gewappnet zu sein. Neh 4, 4 wird ein Arbeitslied dieser Lastträger überliefert:

kāšal koaḥ hassabbāl wehæʿāpār harbeh
waʾanaḥnû loʾ nûḵal liḇnôṯ baḥômāh –

„Dahin ist die Kraft des Lastträgers,
obwohl des Schuttes noch viel ist,
deshalb vermögen wir es nicht,
an der Mauer zu bauen."

III. LXX läßt keine einheitliche Linie bei der Wiedergabe der Wurzel *sbl* erkennen. Das Verbum wird je einmal mit πονεῖν, ἀνέχειν, ἀναλαμβάνειν, πορεύεσθαι, ὀδυνᾶν, ἀναφέρειν und ὑπέχειν wiedergegeben. In Ps 144, 14 und Koh 12, 5 denkt LXX an 'fett sein' (παχύς, παχύνειν). Für *seḇæl* steht ἄρσις und einmal (Neh 4, 11) ἀρτήρ; für *sabbāl* erscheint (Pl.) αἴροντες ἄρσιν, νωτοφόρων (2mal) und einmal (Neh 4, 4) τῶν ἐχθρῶν (entstanden aus ἀχθοφόρων?). Für **seḇālôṯ* findet sich ἔργον, πόνος und δυναστεία; **soḇæl* wird einmal mit ζυγός, Jes 10, 27 mit φόβος (entstanden aus φόρος?), Jes 14, 25 mit κῦδος (entstanden aus κῆδος?) wiedergegeben.

In Qumran ist *sbl* nicht belegt.

D. Kellermann

סְגֻלָּה *s^egullāh*

I. Verbreitung – 1. Im AT – 2. Außerhalb des AT – II. 1. Begriffs- und Wortfeld außerhalb des AT – 2. Bei den Rabbinen – III. Gebrauch im AT – 1. Alte Übersetzungen – 2. Hebräischer Text.

Lit.: *O. Bächli*, Israel und die Völker, Zürich 1962, 142–144. – *N. A. Dahl*, „A People for His Name" (NTS 4, 1957–58, 319–327). – *G. R. Driver / J. C. Miles*, The Babylonian Laws II, Oxford 1955, 221 f. – *M. Greenberg*, Hebrew *s^egullā*: Akkadian *sikiltu* (JAOS 71, 1951, 172–174). – *M. Held*, A Faithful Lover in an Old Babylonian Dialogue (JCS 15, 1961, 1–26, s. 11 f.; vgl. JCS 16, 1962, 38). – *F. Horst*, Das Eigentum nach dem Alten Testament (in: Gottes Recht, Gesammelte Studien zum Recht im Alten Testament. ThB 12, 1961, 203–221). – *S. Loewenstamm*, *ʿam s^egullāh* (Festschr. Ben-Chajjim, Jerusalem 1983). – *H. Preisker*, περιούσιος (ThWNT VI 57 f.). – *G. Rinaldi*, „Territorio" e società nell'Antico Testamento (BibOr 22, 1980, 161–174). – *E. A. Speiser*, The Hurrian Equivalent of *sikiltu(m)* (OrNS 25, 1956, 1–4). – *B. Uffenheimer*, The Semantics of סגולה (BethM 22, 1976/77, 427–434. 529 f.). – *H. Wildberger*, Jahwes Eigentumsvolk, Zürich 1960, 71–79. – *Ders.*, סְגֻלָּה *s^egullā* Eigentum (THAT II 142–144).

I. 1. Das Wort *s^eg̱ullāh* ist nur 8mal im AT bezeugt. Es bezieht sich 6mal auf das Volk, das als *s^eg̱ullāh* JHWHs (Ex 19, 5; Mal 3, 17; Ps 135, 4) oder als *ʿam s^eg̱ullāh* (Dtn 7, 6; 14, 2; 26, 18) bezeichnet wird, und 2mal auf die königlichen Reichtümer (Koh 2, 8; 1 Chr 29, 3). In 1 Chr 29, 3 besteht die *s^eg̱ullāh* Davids aus Gold und Silber, die er JHWH weiht. Die *s^eg̱ullāh* stellt seine persönliche Habe dar: auch die Würdenträger des Reiches folgen dem königlichen Beispiel und übergeben ihre Habe dem Tempelschatz (1 Chr 29, 6–8). In dem nahezu zeitgenössischen Text Koh 2, 8 wird die „königliche *s^eg̱ullāh*" hinter Silber und Gold genannt, das der Prediger sich angehäuft hat. Der Ausdruck spielt also auf einen Schatz an, den diese königliche Persönlichkeit sich geschaffen hat, und er wird wahrscheinlich als Apposition zu „Silber und Gold" benutzt (genau wie in 1 Chr 29, 3). Er wird gefolgt vom Wort *hmdjnwt*, das man allgemein mit „die Provinzen" übersetzt. Das Vorhandensein des Artikels und die unerwartete Erwähnung der Provinzen zeigen an, daß der Text hier fehlerhaft ist. Vielleicht muß man *hmdnjwt* = **hammiddānijjôṯ* lesen, einen aramäisierenden doppelten Pl. von *middāh* < *maddattu* 'Tribut' (Esra 4, 20; 6, 8; Neh 5, 4); vgl. *bîrānijjôṯ*, Pl. von *bîrāh*.

2. Das Wort *s^eg̱ullāh* erscheint sodann im Hebräisch der Mischna und des Talmud (Levy, WTM III 474 f.), wo es eine persönlich ersparte Rücklage bezeichnet. Von *s^eg̱ullāh* ist das Verb *siggel* denominiert, dessen Gebrauch mit dem des akk. Ausdrucks *sikilta(m) sakālu* identisch ist. Man kann daraus schließen, daß akk. *sikiltu* und hebr. *s^eg̱ullāh* sich der gleichen semit. Wurzel anschließen und sich auf das gleiche semantische Feld beziehen. Der Übergang vom stimmhaften *g* zu einem stimmlosen *k* ist auch in anderen Fällen bezeugt. Übrigens kommt dieses Phänomen nicht in den babyl. Dialektvarianten *šigiltu(m)*, *šagiltu(m)* und dem Verb *šagālu* vor, die dafür wiederum die bekannte Alternanz von *s* und *š* bezeugen. Folglich muß eine Untersuchung des bibl. Wortes *s^eg̱ullāh* dem Gebrauch von *s^eg̱ullāh* und *siggel* in Mischna und Talmud ebenso wie dem akk. Gebrauch von *sikiltu/šigiltu/šagiltu* und *sakālu/šagālu* Rechnung tragen. Daneben erscheint in einem Dokument von Ugarit zweimal *sklt*.

II. 1. In den akk. Rechtsdokumenten bezeichnet *sikiltu* ein bewegliches Gut, das man „sich angeeignet hat" (*sakālu* in CH § 141), sei es zu Unrecht oder zu Recht, oder das man erspart hat, wie den Gerstenvorrat, auf den sich der Nuzi-Text AO 15541, 15 (E. Cassin, RA 56, 1962, 75–78) zu beziehen scheint. Das Wort scheint in erster Linie die Rücklage zu bezeichnen, die sich eine Person niederen Standes, die unter Vormundschaft steht oder nur über eingeschränkte Rechtsfähigkeit verfügt, durch die Mittel erworben hat, die ihr vom Ehemann oder Vater zur Verfügung gestellt werden. Es geht tatsächlich in CH § 141, im ababyl. Brief CT 29, Tf. 43 = VAB VI 218, 31 f. und in den Nuzi-Texten HSS V 71, 17–19 und 74, 7–11 (cf. 66, 25–31) um bewegliche Habe, die von Frauen erworben wurde. Im Nuzi-Text JEN 435 handelt es sich um ein getroffenes Einvernehmen zwischen zwei Vätern, die ihre Kinder verheiraten.

sikiltu in den historischen assyr. Inschriften bezieht sich auf die Beute, die man sich angeeignet hat (*sakālu*) (TCL VIII 234, vgl. 245; OIP II 55, 61). In den babyl. Texten scheint der Ausdruck *šagiltu(m)* oder *šigiltu(m)* „Aneignung" oder das Gut, das man sich – oft auf unrechte Weise (UET V 16, 22; TIM II = AbB VIII 28, 13; vgl. CAD K 305) – angeeignet hat, zu bezeichnen.

Im religiösen Bereich ist der akk. Gebrauch von *sikiltu* eng verwandt mit dem der bibl. Texte, die das Volk als die *s^eg̱ullāh* JHWHs darstellen. Die Eigennamen *Sikilti-^dAdad* (VR 44, III 47d = JCS 11, 1957, 13, 47) und *Sikilti-^dUqur* (PBS II/2, 13, 36; vgl. AOAT 11, 44 Anm. 5; BiOr 30, 1973, 356 b), ebenso wie ihre abgekürzte Form *Sikiltum/ti* (PBS II/2, 59, 6; CBS 12605, angeführt in PBS II/2, S. 80; KAJ 219, 7) bezeugen den Gebrauch dieses Ausdrucks als Hinweis auf eine Beziehung zwischen dem Gläubigen und der Gottheit seit der kassitischen Epoche, d. h. von der Mitte des 2. Jt. v. Chr. an. In Alalakh schreibt das Königssiegel dem König Abbān, dem Sohn des Šarrān, die Beinamen *warad ^dIM narām ^dIM sikiltum ša ^dNI[N]*? zu „Diener Haddus, Liebling Haddus, eigenstes Gut der Da[me]?" (AOAT 27, 170 f.; vgl. M.-J. Seux, Épithètes royales, Paris 1967, 261 f.). Man vergleiche diese Aufzählung von Beinamen mit einer Stelle eines Maribriefs: *inanna anāku minûm ^{lú} ṣuḫāršа amassa ulūma šagiltum*, „Was bin ich jetzt? Sein Knecht, seine Dienerin oder ein Privateigentum?" (ARM XIV 81, 29 f.). Diese Verwendungen von *sikiltum* und *šagiltum* zeigen, daß das Wort nicht notwendigerweise ein ungebührlich erworbenes Gut meint. Die Betonung liegt auf dem *Eigen*besitz oder dem *persönlichen* Erwerb. Zu bemerken ist auch, daß die femininen Suffixe des Maritextes die *šagiltum* auf eine Dame beziehen und daß das Königssiegel von Alalakh *sikiltum* mit einer Göttin in Beziehung setzt, zumindest wenn die Lesart ^{d}*NI*[*N*] korrekt ist. Das wäre dem rechtlichen Gebrauch des Wortes konform, der oft das Eigentum einer Frau bezeichnet, die unter der Vormundschaft des Mannes steht oder nur eingeschränkt rechtsfähig ist. Die Inschrift des Königssiegels von Alalakh und die Aussage des Maribriefes müssen allerdings auch mit dem parallelen aber späteren Gebrauch von *sglt* verglichen werden, das in einer ugar. Übersetzung eines Briefes steht, dessen Original in Akk. geschrieben sein dürfte und der vom hethit. Herrscher an den letzten König von Ugarit *ʿAmmurapi* adressiert war. Der Großkönig erinnert seinen Vasallen daran, daß dieser „sein Diener (und) sein Eigentum" (*ʿ[bdh]. sglth.hw* /*ʾt*) ist (KTU 2.39, 7. 12; vgl. BASOR 184, 1966, 37 Anm. 12; UF 8, 1976, 437 Anm. 6; RSP II 24f. § 44). Der Eigentümer der *s^{e}gullāh* ist hier der König von Ḫatti. *sglt* ergänzt hier wahrscheinlich den allgemeinen Gedanken der Vasallenbeziehung (*ʿbd*) um die Nuance einer persönlichen und besonderen Bindung (vgl. M. Dahood, Bibl 50, 1969, 341).

2. Der rabbinische Gebrauch des Verbs *siggel* und des Nomens *s^{e}gullāh* scheint die aus dem akk. und ugar. Gebrauch gezogenen Schlüsse zu bestätigen. Nach EkhaR über Klgl 1, 17 (ed. Buber 79) „strengte sich" ein Hirt, der nur einen Stab und einen Turban besaß, „an, sparte (*siggel*) und erwarb sich Schafe". Allem Anschein nach hatte er als Nicht-Selbständiger gearbeitet.
Wenn ein Sohn sich unabhängig von seinem Vater zu dessen Lebzeiten seinen Lebensunterhalt verdient, „gehört ihm" nach jBB IX, 17a, „alles, was er erspart (*siggel*)". In diesem Text bedeutet *siggel*, daß der Sohn sich ein persönliches Guthaben erwirbt, das nicht Teil des elterlichen Erbteils ist, dessen Aufteilung beim Tod des Vaters stattfindet. In BerR 37b bezeichnet das Nomen *s^{e}gullāh* eine persönliche Habe, an der man Freude findet, sie wieder und wieder zu zählen, aber in bBB 52a ist die Rede von der *s^{e}gullāh* eines minderjährigen Kindes: der Vormund muß dafür Sorge tragen wie für ein vom Minderjährigen besessenes Eigentum.
Das Gleichnis in YalqDtn 873 erwähnt zwei Brüder, die „sich eine Rücklage anlegten" (*m^{e}saggelîn*), und zwar mit dem Geld, das sie von ihrem Vater erhielten; und die Parabel in ŠirR VII 17 zitiert eine Ehefrau, die zu ihrem Mann sagt: „Sieh her, was du mir anvertraut hast und was ich für dich gespart habe (*siggaltî*)." Schließlich erklärten die Rabbiner den Gebrauch von *s^{e}gullāh* in Ex 19, 5, indem sie Gott mit dem Diener verglichen oder mit dem Sohn oder der Frau, die sich mit den Gütern des Herrn, des Vaters oder des Ehemannes (PesR 11 und par.), „eine Rücklage anlegten" (*m^{e}saggel, m^{e}saggælæṯ*), genauso wie Gott sich Israel unter allen Völkern zu eigen macht.

In den Qumrantexten ist *s^{e}gullāh* bisher nicht belegt.

III. 1. Die akk. und rabbin. Angaben erlauben es, den Sinn von *s^{e}gullāh* in den Texten einzukreisen, wo es sich auf das Volk Gottes bezieht. Hieronymus gebraucht hierzu in der V *peculium* und *populus peculiaris*. Er paßt sich also dem Sinn von *s^{e}gullāh* im talmud. Hebr. an, denn *peculium* bezeichnet die persönlich besessene Habe derer, die unter Vormundschaft stehen oder nur eingeschränkte Rechtsfähigkeit haben (vgl. bBaba Batra 52a), d. h. das Eigentum der Ehefrau (vgl. ŠirR VII 17), des Sohnes, der im väterlichen Haus lebt, oder des Dieners, der bei seinem Herrn wohnt. Diese Interpretation scheint indessen gegen die Würde Gottes zu verstoßen, und die aram. Übersetzer, dann auch S haben *ḥabbîḇîn*, „Lieblinge" und *ʿam ḥabbîḇ*, „geliebtes Volk" benutzt, um so die primitiven Bedeutungen zu umgehen. Das Griech. verwendet λαός περιούσιος (Ex 19, 5; 23, 22; Dtn 7, 6; 14, 2; 26, 18; Tit 2, 14; 1 Klem 64), „auserwähltes Volk" nach der Bedeutung von περιούσιος im Pap. Genève 11, 17 (vgl. F. Preisigke, Wb. Pap. II 296), oder auch die Ausdrücke περιουσιασμός (LXX Ps 134, 4; vgl. Koh 2, 8), 'Übermaß', oder περιποίησις (Mal 3, 17; 1 Petr 2, 9) 'Ersparnis' (EÜ: „besonderes Eigentum"). Diese beiden letzten Übersetzungen sind dem Sinn von „Rücklage" nahe, ohne die genaue Bedeutung von *peculium* zu haben, die sich wiederum der des akk. *sikiltu(m)* (s.o.) bemerkenswert nähert.

2. Die *s^{e}gullāh* in Ex 19, 5; Dtn 7, 6; 14, 2; 26, 18 wird von JHWH aus der Gemeinschaft der Völker herausgenommen. Dieses Bild könnte einen gewissen Bezug zum Mythologem vom göttlichen Stammgut haben, das unter die Göttersöhne aufgeteilt werden sollte (Dtn 32, 8 → נחל *nāḥal* V. 1.). Israel wäre jedoch als persönliches Eigentum JHWHs angesehen, der es nicht geerbt, sondern durch das Anlegen einer Rücklage von den Gütern des Höchsten erlangt hätte. Doch diese Sicht einer eingeschränkten Souveränität JHWHs wird von der rabbin. Tradition beseitigt, die auf das Ende des Verses Ex 19, 5 zurückverweist: „denn mir gehört die ganze Erde!" (PesR 11 und par.; vgl. R. Mosis, Ex 19, 5b, 6a: Syntaktischer Aufbau und lexikalische Semantik [BZ NF 22, 1978, 1–25]). Was auch die genauen Züge des Anthropomorphismus sein mögen, der JHWH eine *s^{e}gullāh* zuschreibt, dieser Begriff unterscheidet sich von dem einer göttlichen *naḥ^{a}lāh* dadurch, daß er eine Initiative und einen persönlichen Einsatz von seiten JHWHs impliziert. Der Wert eines so erworbenen Gutes wird höher eingeschätzt. Das Wort wird schließlich zur Bezeichnung eines Eigentums, das man besonders hochschätzte. Daher rührt die Bedeutungsnuance „Schatz", die sich in Koh 2, 8 und in 1 Chr 19, 3 für *s^{e}gullāh* nahelegt und die für die alten aram. Übersetzer von Ex 19, 5; Dtn 7, 6; 14,2; 26, 18 eine spirituelle Bedeutung erhielt.

Lipiński

סָגַר *sāḡar*

מַסְגֵּר *masger*, מִסְגֶּרֶת *misgæræṯ*

1. Etymologie – 2. *qal* – 3. *hiph* – 4. Nomina – 5. Qumran – 6. LXX.

Lit.: *J. V. Kinnier-Wilson*, Hebrew and Akkadian Philological Notes (JSS 7, 1962, 173–183).

1. Die Wurzel kommt in zwei Varianten vor, *sgr* und *skr* (im Aram. auseinandergehalten, s.u.); beide haben im *qal* und im *hiph* unterschiedliche Bedeutung: *qal* '(ver)schließen', *hiph* 'ausliefern'. Für *sgr* ist auf ugar. *sgr* (WUS Nr. 1890; zu *sgrt* KTU 1.100, 70; vgl. M. C. Astour, JNES 27, 1968, 26; E. Lipiński, UF 6, 1974, 170. 174; D. W. Young, UF 11, 1979, 844. 867; auch M. Tsevat, ebd. 766), phön. *sgr* 'verschließen' (DISO 190), aram., syr. *s^eḡar*, akk. *sekēru* 'absperren' (AHw 1035; vgl. aber die etymologische Distinktion *sekēru* „eindämmen" von *sāḡar* „verschließen" durch Kinnier-Wilson), *sikkūru* 'Riegel' (AHw 1042), arab. *sakara* 'verschließen, verriegeln' (Wehr 380) zu verweisen. Zu *sgr/skr* 'ausliefern' vgl. altaram., reichsaram. *skr haph/'aph* 'ausliefern' (DISO 193), phön. *sgr jiph* 'ausliefern' (DISO 190; KAI 14, 21; M. Dahood, Bibl 50, 1969, 341: „einkerkern"). *skr* 'dingen, kaufen' (Esra 4, 5) ist späte Nebenform zu → שׂכר *śkr*. – *masger* begegnet im emph. im aram. Ostrakon 44 (Clermont-Ganneau), vgl. A. Dupont-Sommer, in Festschr. G. R. Driver, Oxford 1963, 53–58 A 2 in der Bedeutung „Gefängnis", verstärkt durch die Angabe von „Brot und Wasser" (Z. 3) als Nahrung des Inhaftierten.

2. Die *qal*-Form steht zunächst ganz konkret: eine Tür schließen: Gen 19, 6. 10; Ri 3, 23 (hier zusammen mit *nā'al* 'verriegeln'); 2 Kön 4, 4f. 21f.; 6, 32; Neh 6, 10 (Tempeltüren); 2 Chr 28, 24; 29, 7 (Tempel bzw. *'ûlām*), ebenso *niph* Neh 13, 19. In Mal 1, 10 ist auch von den Tempeltüren die Rede: lieber diese Türen verschließen als fremden Kult am Altar erlauben. Das Verschließen der Tempeltüren ist in 2 Chr als polemischer Akt gegen die JHWH-Religion zu werten, wie umgekehrt das Öffnen der Türen des Gotteshauses (1 Sam 3, 15) als Wiedererschließen der göttlichen Offenbarungsquelle zu verstehen ist (vgl. J. G. Janzen, JSOT 26, 1983, 89–96). In Koh 12, 4 sind die geschlossenen Türen wahrscheinlich Metapher für verschlossene Ohren als Bild der Schwerhörigkeit des Alternden (anders Lauha, BK XIX 212: die Lippen – der Alte wird schweigsam, da er nichts hört). Ebenso wie Türen werden Stadttore geschlossen (Jos 2, 5. 7; Ez 44, 1f.; 46, 1. 12); ein Sonderfall liegt Jos 6, 1 vor: Jericho war *soḡæræṯ ûm^esuggæræṯ*, „nach außen und nach innen verschlossen; niemand kam heraus oder hinein". Hier liegt, wie Noth (HAT I/7, 16) richtig vermutet, eine festgeprägte Wendung vor, eigentlich „versperrend (den Weg hinein) und versperrt (für den, der hinaus will)". Ohne explizites Objekt und mit *'al* steht *sāḡar* Ex 14, 2: Pharao meint, die Israeliten irren im Lande umher; die Wüste habe sie „eingeschlossen", ihnen den Weg versperrt. – *niph*-Formen finden sich in 1 Sam 23, 7 (Saul meint, David habe sich selbst eingeschlossen, da er sich in eine befestigte Stadt zurückgezogen hat) und Ez 3, 24 (der Prophet soll sich in seinem Haus einschließen).

In dieser konkreten Bedeutung kommt *sgr* einige Male in theologisch bedeutsamen Kontexten vor. Nach Gen 7, 6 schloß Gott die Tür der Arche hinter Noach (im Gilgamesch-Epos dagegen tut es Gilgamesch selbst, Gilg. XI 93). Wenn in Jes 26, 20 das Volk aufgefordert wird, in seine Kammern zu gehen und die Türen zu schließen, um sich zu verbergen, bis der Zorn vorübergegangen ist, liegt vielleicht eine Anspielung auf die Fluterzählung vor. In Jes 45, 1 erhält Kyros die Zusage, JHWH werde ihm alle Türen öffnen, so daß kein Tor ihm verschlossen bleibe, um ihm somit den Weg zur Weltherrschaft zu ebnen. Kyros erscheint also als das Werkzeug, mit dem JHWH sein Volk befreien wird. Jes 60, 11 sieht eine Zukunft voraus, in der die Tore Jerusalems immer geöffnet sind und weder bei Tag noch bei Nacht geschlossen werden, damit die Schätze der Völker hereingeführt werden können. In Ijob 12, 14 wird die Allmacht Gottes folgendermaßen beschrieben: wenn er niederreißt, kann niemand wieder aufbauen; wenn er schließt, kann niemand öffnen; ebenso gibt er Wasser oder hält es zurück. Auf ähnliche Weise wird die Autorität Eljakims in Jes 22, 22 beschrieben: er darf öffnen und schließen mit dem Schlüssel des Davidshauses. – Metaphorisch wird Ijob 3, 10 der Geburtstag Ijobs verflucht, da er die Türen des Mutterleibs nicht geschlossen hat (vgl. 1 Sam 1, 5f.).

Anders ausgerichtet sind Gen 2, 21 (als Gott die Rippe aus dem Körper Adams genommen hatte, „schloß er die Stelle mit Fleisch zu") und Ri 3, 22 (das Fett umschloß die Klinge im Bauch Eglons). In Ps 17, 10 ist der Text kaum in Ordnung: zu lesen ist *ḥelæḇ libbāmô*, also: „mit Fett haben sie ihr Herz verschlossen".

Beispiele mit *skr* finden sich Ps 69, 12 (den Mund verstopfen) und Gen 8, 2 (die Quellen der Tiefe und die Fenster des Himmels wurden geschlossen [*niph*]).

Ein einziges Mal (Ijob 11, 10) wird die *hiph*-Form von *sgr* mit der Bedeutung 'einsperren', 'ins Gefängnis werfen' benutzt: wenn Gott vorüberzieht (*ḥālap*), den Schuldigen festnimmt (*sgr hiph*) und die Gerichtsversammlung zusammenruft (*qhl hiph*), kann niemand ihn hindern.

b) Das Verb *sāḡar* wird auch vom Einschließen oder Absperren der Aussätzigen gebraucht; so wird Mirjam sieben Tage lang außerhalb des Lagers abgesondert (Num 12, 14f.). Im Aussatzgesetz Lev 13f. wird die *hiph*-Form benutzt (11mal); als Objekt erscheint der *næḡa'* an Personen (Lev 13, 4. 5. 31. 33), an Sachen (13, 50. 54), Personen (13, 11. 21. 26) oder ein Haus (14, 30. 46).

3. In der Bedeutung 'ausliefern, preisgeben' werden *pi* und *hiph* gebraucht. Das *pi* steht immer mit *b^ejaḏ*;

es kommt 3mal vor: 1 Sam 17, 46: David weiß, daß
JHWH Goliat in seine Hand ausliefern wird; 24, 19:
David hat nicht Saul getötet, obwohl ihn JHWH ihm
in die Hand gegeben hatte (vgl. 26, 8).

Das *hiph* steht ohne *bᵉjaḏ*, meist in der Bedeutung
'dem Feind ausliefern'. Durch Orakelbefragung
sucht David zu ermitteln, ob die Bürger von Keïla
ihn an Saul ausliefern werden, und erhält eine be-
jahende Antwort (1 Sam 23, 11 f.). Kurz danach bieten sich die Zifiten an, David an Saul auszuliefern
(1 Sam 23, 20; vgl. auch 30, 15).

Amos rügt die Einwohner von Gaza, daß sie Kriegsgefangene an Edom ausgeliefert haben, wahrscheinlich um sie als Sklaven in den Kupferminen arbeiten
zu lassen (Am 1, 6). Fast dasselbe wird dann auch
von Tyrus gesagt (1, 9 – nach H. W. Wolff, BK
XIV/2, 170 sekundär). Mit ähnlicher Bedeutung wird
skr haph in den Sfiretexten gebraucht (KAI 224, 2 f.).
Zu vergleichen ist auch Obd 14, wo die Mahnung an
Edom steht, die Entronnenen Judas nicht preiszu-
geben; parallel findet sich *krt hiph* 'vernichten'.

Nach Dtn 32, 30 ist die Niederlage Israels möglich,
weil „ihr Fels sie verkauft (*mkr*), weil JHWH sie
preisgegeben hat" (vgl. Am 6, 8; Klgl 2, 7). Hierin
ist auch Ps 31, 9 zu zählen, das von N. J. Tromp
(Primitive Conceptions of Death, BietOr 21, 1969,
155) im Anschluß an *masger* „Gefängnis" (in Ps
142, 8) als „einkerkern" gedeutet wird (vgl. M.
Dahood, Bibl 48, 1967, 428). In Jes 19, 4 wird *skr pi*
ähnlich gebraucht: JHWH wird die „Ägypter einem
harten Herrn ausliefern."

Im „Geschichtspsalm" Ps 78 heißt es, daß JHWH
das Vieh dem Hagel (v. 48), das Leben des Volkes der
Pest (v. 50) und das Volk dem Schwert ausgeliefert
hat (v. 62).

Ein entronnener Sklave soll seinem ehemaligen
Herrn nicht ausgeliefert werden (Dtn 23, 16). Ein
Mörder, der in eine der Asylstädte geflohen ist, soll
nicht dem Bluträcher ausgeliefert werden (Jos 20, 5).
Wenn Ijob klagt, Gott habe ihn den Frevlern ausgeliefert (Ijob 16, 11), meint er offenbar, daß sie mit
ihm nach ihrem Gutdünken verfahren.

4. Von *sgr* abgeleitet sind die Nomina *masger* und
misgæræt, beide 'Gefängnis' (je 3 Belege).

In Ps 142, 8 bittet der Psalmist, aus dem Gefängnis
befreit zu werden, damit er Gott preisen kann. Wenn
der Psalm ein Gebetslied eines Gefangenen ist (so
Kraus, BK XV, z. St.), könnte das wörtlich gemeint
sein, aber Gefangenschaft kann auch ein Bild für
ausweglose Not sein. Tromp (156) sieht in *masger* ein
Bild für die Unterwelt (s. o.). Nach Jes 24, 22 werden
„das Heer des Himmels und die Könige der Erde",
d. h. alle kosmischen und irdischen Gewalthaber „in
der Grube (*bôr*) gesammelt und im Gefängnis eingeschlossen (*sgr pu*) werden", um das endgültige Gericht abzuwarten. Hier ist offenbar an das unterirdische Totenreich gedacht. Nach Jes 42, 7 soll der Gottesknecht (oder Kyros, s. die Komm.) die blinden
Augen öffnen und die Gefangenen aus dem Kerker
befreien. Parallel zu *masger* steht *bêṯ kælæ'* 'Haft-

haus'. Gefangenschaft und Finsternis gehören zusammen, Gefangene ins Licht führen heißt sie zu
befreien (so von Marduk, s. Stummer, JBL 45, 1926,
180). Ob auch Blindheit als Bild für Gefangenschaft
gemeint ist, ist unsicher; auf jeden Fall erinnert
der Text an Lieder bei der Thronbesteigung eines
Königs.

Die drei Belege für *misgæræt* sind alle gleichartig.
Nach Ps 18, 46 = 2 Sam 22, 46 kommen die besiegten Feinde zitternd (*ḥrg*) aus ihren Kerkern hervor,
um dem Sieger zu huldigen. Auch in Mi 7, 17 ist von
Feinden die Rede, die zitternd (*rgz*) aus ihren Kerkern hervorkommen. An allen drei Stellen wäre es
möglich, *misgæræt* als 'Schlupfwinkel, Versteck' zu
fassen; es handelte sich dann um bedingungslose Kapitulation.

5. Die Qumrantexte bleiben meist im Rahmen des
at.lichen Sprachgebrauchs. Ziemlich häufig ist der
Ausdruck „dem Schwert überliefern" (*hiph*) (CD
1, 17; 3, 10; 7, 13; 8, 1; 19, 13); zu vergleichen ist
auch *hiph* mit *bᵉjaḏ* (1 QM 11, 2. 13; 1 QGenApokr
22, 17). *sgr qal* steht mit *dælæṯ* CD 6, 12 f. und in
einem eschatologischen Kontext 1 QH 3, 18, wo vom
Verschließen der Türen der Grube (*daltê šaḥaṯ*) die
Rede ist. Bildlich wird es 1 QH 5, 9 vom Verschließen des Mauls der jungen Löwen (= Feinde) gebraucht; vgl. auch die eigentümliche Wendung
sāḡartā bᵉʿaḏ šinnêhæm in 1 QH 5, 14. Nur CD 13, 6
wird das *hiph* mit Bezug auf das Ausschließen der
Unwürdigen aus der Gemeinde gebraucht, 4 Q 512,
67, 2 denkt an das Abschließen der Häuser bei Aussatz (vgl. Lev 14, 46) und TR 34, 5 denkt an eine
Möglichkeit zur Verriegelung von Rädern in einem
Aufzug für Opfertiere.

6. Die LXX benutzt zwar eine ganze Reihe von
Verben zur Wiedergabe von *sāḡar*, jedoch liegt das
Hauptgewicht ganz eindeutig auf κλείειν 'schließen,
abschließen' (vgl. J. Jeremias, ThWNT III 743–753;
F. G. Untergaßmair, EWNT II 732ff.) mit seinen
Komposita ἀποκλείειν und συγκλείειν. Der Aspekt
der Auslieferung im *hiph* wird durch παραδιδόναι
richtig wiedergegeben. Auch in der Wiedergabe von
masger (συγκλείειν und δεσμώτης usw.) und
misgæræt (σύγκλεισμα usw., aber auch 2mal στε-
φάνη) wird dieses Feld im wesentlichen nicht verlassen.

Ringgren

סָדֹם   *sᵉḏom*

עֲמֹרָה   *ʿamorāh*

I. Geographische Lage der Pentapolis – II. Etymologie
der Namen und Vorkommen außerhalb des AT –
III. Sodom und Gomorra in der at.lichen Tradition –
1. Belege – 2. in Gen – 3. in Ez – 4. im übrigen AT –

IV. Sodom und Gomorra in alten Übersetzungen und in der späteren jüd. Tradition – 1. in den alten Übersetzungen – 2. in der jüd. Literatur nach dem AT – a) Apokryphen und Pseudepigraphen – b) Qumran.

Lit.: *F. M. Abel*, Histoire d'une controverse (RB 40, 1931, 388–400). – *S. Ahituv*, סדום ועמורה (EMiqr 5, 998–1002). – *W. F. Albright*, The Archaeological Results of an Expedition to Moab and the Dead Sea (BASOR 14, 1924, 2–12). – *M. C. Astour*, Political and Cosmic Symbolism in Genesis 14 and in its Babylonian Sources (A. Altmann [Ed.], Biblical Motifs. Origins and Transformations, Cambridge, Mass. 1966, 65–112). – *M. Blanckenhorn*, Entstehung und Geschichte des Todten Meeres (ZDPV 19, 1896, 1–59). – *Ders.*, Noch einmal Sodom und Gomorrha (ZDPV 21, 1898, 65–83). – *Ders.*, Das Tote Meer und der Untergang von Sodom und Gomorrha, 1898. – *J. Blenkinsopp*, Abraham and the Righteous of Sodom (JJS 33, 1982, 119–132). – *F. G. Clapp*, The Site of Sodom and Gomorrah (AJA 40, 1936, 323–344). – *F. Cornelius*, Genesis XIV (ZAW 72, 1960, 1–7). – *J. A. Emerton*, Some False Clues in the Study of Genesis XIV (VT 21, 1971, 24–47). – *Ders.*, The Riddle of Genesis XIV (VT 21, 1971, 403–439). – *E. Haag*, Abraham und Lot in Gen 18–19 (AOAT 212, 1981, 173–199). – *J. Penrose Harland*, Sodom and Gomorrah (BA 5, 1942, 17–32; 6, 1943, 41–54). – *W. C. van Hattem*, Once Again: Sodom and Gomorrah (BA 44, 1981, 87–92). – *L. Heidet*, Pentapole (DB 5, 46–50). – *Ders.*, Sodome (DB 5, 1819f.). – *L. R. Helyer*, The Separation of Abram and Lot: Its Significance in the Patriarchal Narratives (JSOT 26, 1983, 77–88). – *F. L. Hossfeld*, Einheit und Einzigkeit Gottes im frühen Jahwismus (Festschr. W. Breuning 1985, 57–74). – *O. Keel / M. Küchler*, Orte und Landschaften der Bibel II, 1982, 247–257). – *R. Koeppel*, Uferstudien am Toten Meer. Naturwissenschaftliches zur Lage der Pentapolis und zur Deutung von Tell Ghassūl (Bibl 13, 1932, 6–27). – *R. Kraetzschmar*, Der Mythus von Sodoms Ende (ZAW 17, 1897, 81–92). – *M.-J. Lagrange*, Le site de Sodome d'après les textes (RB 41, 1932, 489–514). – *M. J. Mulder*, Het meisje von Sodom. De targumim op Genesis 18:20, 21 tussen bijbeltekst en haggada, Kampen 1970 [^{2}1975]. – *A. Neher*, Ezéchiel, rédempteur de Sodome (RHPhR 59, 1979, 483–490). – *E. Power*, The Site of the Pentapolis (Bibl 11, 1930, 23–62. 149–182). – *H. Shanks*, Have Sodom and Gomorrah Been Found? (BAR 6/5, 1980, 26–36). – *J. Simons*, Two Notes on the Problem of the Pentapolis (OTS 5, 1948, 92–117). – *L. H. Vincent*, Ghassoul et la Pentapole biblique (RB 44, 1935, 235–244). – *A. H. van Zyl*, Die ligging van Sodom en Gomorra volgens Genesis 14 (Hervormde Teologiese Studies 14, 1958/59, 82–87).

I. Der Name Pentapolis für die fünf in Gen 14, 2 genannten Städte im AT, von denen Sodom und Gomorra die bekanntesten sind, findet sich in Weish 10, 6, aber die genaue geographische Lage dieser Städte ist bis heute unbekannt (vgl. Heidet). Über die Lokalisierung der Orte bestehen zwei grundsätzliche Hypothesen (vgl. vor allem Simons, GTTOT §§ 404–414): die eine sucht die Städte nördl. des Toten Meeres, die andere am südl. Ende. Doch schwanken die genauen Ortsbestimmungen am südl. Teil des Meeres. Sind, wie man schon seit der hellenistischen Zeit öfter meint, vier der fünf im AT genannten Städte im untiefen Wasser südl. der *lisān*-Halbinsel versunken, oder findet man in den Trümmern alter Siedlungen s.ö. des Meeres (etwa in *bāb eḏ-ḏrā'*) noch Überreste der sagenhaften Städte, oder darf man sie am s.w. Ufer beim *ǧebel usdum* (*har s^{e}ḏom*) lokalisieren? Seit langem wurde die südl. Hypothese als zuverlässiger angesehen, weil Zoara, eine hellenistisch-byzantinische Stadt (*ḫirbet šeiḫ 'īsā*) am Rande des *ghōr eṣ-ṣāfije* (Simons, GTTOT § 411; vgl. schon die Madabakarte aus dem 6. Jh.), als das at.liche Zoar angesehen wurde, in dessen Nachbarschaft nach at.lichen Berichten die anderen Städte gelegen haben müssen. Aber die Ortsangaben im AT sind nicht eindeutig, und für oder gegen jede Hypothese sind Argumente oder Gegenargumente vorzubringen (s. etwa Power, Clapp, Harland und auch J. Simons, Opgravingen in Palestina, o.J. [1935], 125–143). Überdies steht oder fällt die Zuverlässigkeit der at.lichen Angaben mit dem geschichtlichen Wert, den man diesen Angaben beimißt. Jedenfalls hat man immer wieder versucht, nicht nur biblische, sondern auch klassische, geologische und archäologische Zeugnisse zur Lokalisierung der Pentapolis ins Feld zu führen, ohne daß es bis jetzt gelungen ist, die Lage der Städte zu identifizieren.

Für eine Lokalisierung der Pentapolis nördl. des Toten Meeres und der Mündung des Jordans ins Meer – heute *el-ghōr*, in alter Zeit *'^{a}rāḇā* (außerhalb Kanaans situiert, s. M. Weippert, IDB Suppl., 125f.) – könnte etwa Gen 13, 10ff. sprechen (anders Vincent, RB 44, 1935, 244; Ahituv, EMiqr 5, 998). Es handelt sich hier um den *kikkar hajjarden* oder *hakkikkār* (Gen 13, 10–12; 19, 17. 25. 28f.; Dtn 34, 3; 2 Sam 18, 23; 1 Kön 7, 46; Neh 3, 22; 12, 28; 2 Chr 4, 17), der manchmal auf das Gebiet des südl. Teils des Jordangrabens (etwa von *qarn ṣarṭabe* [Alexandreion] bis zur Mündung des Jordans in das Tote Meer) beschränkt wird (Simons 108–117), und in dem die Städte dann liegen sollen. Andererseits gibt es auch at.liche Texte, nach denen sich eine Ortsbestimmung der Pentapolis am südl. Teil des Toten Meeres vermuten läßt, etwa Gen 14, 3, wo der *'emæq haśśiddîm* (vgl. 14, 8. 10) in einer Glosse wohl dem seichten südl. Teil des Toten Meeres gleichgesetzt wird (s. etwa bei Lagrange, RB 41, 1932, 492f.), oder Ez 16, 46, wo „Sodom und ihre Töchter" „zur Rechten", d. h. südl. von Jerusalem wohnen, wie Samaria „zur Linken", d. h. nördl. Es leuchtet ein, daß genaue Überprüfung aller at.lichen Angaben nichts anderes einbringt als die Schlußfolgerung, daß die at.liche Tradition hierüber ungenau und schwankend ist. Sogar die Submersionshypothese (schon aus guten Gründen durch Reland, Palestina ex Monumentis veteribus I, 1714, 254–258, bestritten, jedoch noch verteidigt durch N. Glueck, AASOR 15, 1934/35, 7f.) ist schwerlich aus den at.lichen Texten herauszulesen, weil im AT immer nur allgemein über den Untergang der Städte als „Umstürzung" gesprochen wird (→ הפך *hpk*, III. 2.).

Seit der Mitte des vorigen Jh.s hat man oft versucht, die Pentapolis aufgrund der archäologischen Ergebnisse (und der Tradition) topographisch zu bestimmen, etwa bei *ǧebel usdum* (vgl. Clermont-Ganneau, RAO 1, 1888, 162: „représentant incontesté de Sodome"; Heidet 48; Abel, Une croisière autour de la

Mer Morte, 1911, 82; Van Zyl 82–87 hält eine Nord-Süd-Situierung der Städte der Pentapolis in gerader Linie westl. des Jordans und des Toten Meeres für möglich, wobei Sodom als südlichste Stadt gegenüber Jerusalem liegt). Seit den dreißiger Jahren dieses Jh.s haben die Ausgrabungen von *telēlāt ghassūl* (A. Mallon, R. Köppel und R. Neuville, für Lit.: E. K. Vogel, HUCA 42, 1971, 80) die Aufmerksamkeit auf eine nördl. Lokation der Pentapolis gelenkt (s. Power; Koeppel; vgl. Abel, Lagrange, Vincent). Albright war aufgrund der Untersuchungen von *bāb eḍ-ḍrāʿ* der Meinung, daß die jetzt versunkenen Städte Sodom und Gomorra am *sēl en-numeirā* bzw. am *sēl-ʿesāl* gelegen haben (BASOR 14, 1924, 2–12; vgl. weiter Harland, BA 5, 1942, 31f.; dens. IDB 4, 397). Die Ausgrabungen von P. W. Lapp (zwischen 1965–1967) im *bāb eḍ-ḍrāʿ* und die von W. E. Rast und R. T. Schaub (seit 1973; vgl. Shanks) im ganzen südl. *ghōr* haben früheisenzeitliche Siedlungen nachgewiesen, in denen man möglicherweise die Städte der prähistorischen Pentapolis erkennen will (Rast/Schaub, Annual of the Department of Antiquities of Jordan 19, 1974, 5– 53; Van Hattem, BA 44, 1981, 87–92; L. R. Helyer, JSOT 26, 1983, 80; für weitere Lit. zu *bāb eḍ-ḍrāʿ*: HUCA 52, 1981, 14).
Es ist ungewiß, ob man überhaupt im Stande ist, die verschwundenen Städte der Pentapolis wiederzuentdecken, weil die Erzählung vom Untergang (wie etwa Gunkel, RGG[1,2] s.v. Sodom und Gomorra; ders., Genesis[5], 214f. anführt) ein weitverbreitetes Sagenmotiv ist, wonach eine blühende, jedoch frevelhafte Gegend von erzürnten Göttern zerstört wurde, fromme Menschen hingegen aus dem Verderben errettet wurden (vgl. die phrygische Volkssage von Baukis und Philemon). „Lokalisiert sind solche Erzählungen natürlich an Orten, die durch ihre Einöde oder Sonderbarkeit die Phantasie beschäftigen ..." (Gunkel, Genesis[5], 215; weiter: Eißfeldt, RGG[3] s.v. Sodom und Gomorrha; H. Donner, Einführung in die biblische Landes- und Altertumskunde, 1976, 27; Keel/Küchler 256f.). Nicht ganz unmöglich ist auch, daß eine große etwa durch geophysische Störungen veranlaßte Katastrophe in prähistorischer Zeit in sagenhaften Erzählungen umwohnender Völker (etwa Moabiter und Edomiter) weiterlebte und von der israelitischen Tradition übernommen wurde. „Aber zu sicheren Ergebnissen sind solche geologischen Erwägungen nicht gekommen" (Eißfeldt).

II. Wie die Lokalisierung ist auch die Etymologie der Namen Sodom und Gomorra umstritten und ungewiß. Der MT liest immer *s^eḏom*; 1 QJes[a] (Jes 1, 9f.; 3, 9; 13, 9) *swdm*; 1 QGenApokr (21, 6. 24. 26. 31. 33; 22, 1. 12. 18. 20. 25) ebenfalls *swdm* (in 21, 32 aber *swdwm*; vgl. M. Mansoor, JSS 3, 1958, 44). Auch *ʿ^amorāh* von MT findet sich in 1 QJes[a] als *ʿwmrh* (Jes 1, 9f.; 13, 19), in 1 QGenApokr sogar als *ʿwmrm* (21, 24. 32). Es handelt sich bei der Schreibweise *swdm* und *ʿwmrh* wohl um eine *quṭul*-Form, wobei die Form des MT einem Inf. cstr. gleicht, weil *q^eṭôl* auf einen *quṭul*-Typ zurückgeht (D. W. Beegle, BASOR 123, 1951, 29; BLe § 43[b]; vgl. W. Baumgartner, Festschr. Eißfeldt, 1958, 29. Nach W. Borée, Die alten Ortsnamen Palästinas, [2]1968, 27 Nr. 130 wird *qiṭāl* zu *q^eṭôl*). Die Form *ʿwmrm* (mit *mem*-affix) ist nach E. Y. Kutscher ein im Mischna-Hebräischen, Galiläischen und Christlich-Palästinensisch-Aramäischen häufig verwendetes *nun*-Affix an nicht-deklinierte Wörter mit offener Schlußsilbe (ScrHier 4, 1958, 23f.). Dieses Schluß-*nun* ist öfter graphisch durch ein *mem* wiedergegeben (vgl. *šilo^aḥ* in Jes 8, 6 mit Σιλωάμ im NT und in der LXX), das tatsächlich als *nun* ausgesprochen wurde (vgl. die kritische Bemerkung hierzu bei J. A. Fitzmyer, The Genesis Apocryphon of Qumran Cave I, [2]1971, 162).
Die etymologische Herleitung der Namen Sodom und Gomorra ist ebenso umstritten wie die mutmaßliche Lokalisierung der Städte. Für Sodom nennt Gesenius (Thesaurus, s.v.) bereits zwei Möglichkeiten: 1. *šdmh*, „Feld"; 2. *šdph*, „Verbrennung" (in seinem Lexicon Manuale, 1833, s.v. nur die letzte Möglichkeit). Eine andere Herleitung ist vom arab. *sdm*, „tristis poenitens fuit" (Simonis-Winer[4], 1828, s.v.). Fürst/Ryssel nennen in ihrem Wörterbuch ([3]1876, s.v.) *sdh* oder *sdm*, „Kalkort, -stätte", „umschlossener Ort" von arab. *sdm*, „einschließen" (so etwa auch Gesenius, Handwörterbuch[9] in der Bearbeitung von Mühlau/Volck, s.v.; vgl. Borée 27 Nr. 130: arab. *sadama*, „befestigen"). Gomorra wurde von Gesenius (Thesaurus, s.v.) als *demersio* gedeutet, von arab. *ġmr* („obruit aqua"; vgl. GesB; Borée 39 Anm. 5; Th. H. Gaster, Myth, Legend, and Custom in the OT, 1969, 161). Fürst/Ryssel deuten es von einer ungebräuchlichen Wurzel *ʿmr* III, „einschneiden", her als „Riß", „Kluft", „Einschnitt". Diese und andere Deutungen der Namen gehen oft von der Ansicht aus, daß die Namen dieser Städte schon etwas vom Erzählten in den Sagen vorwegnehmen. Es ist daher verständlich, daß man sich heute nicht mehr so schnell an eine etymologische Herleitung wagt (etwa KBL[3] s.v.; Keel/Küchler 254, denkt zögernd bei den Paaren Sodom/Gomorra und Adma/Zeboim an eine Hendiadys: „bedeckte Stadt" und „Ackerland für Gazellen").

Gelegentlich hat man versucht, Sodom und andere Städte der Pentapolis in den uns erhaltenen Resten der Literatur aus der Umwelt des alten Israels zurückzufinden, ohne daß dies bis jetzt problemlos gelungen ist. In Ugarit gibt es einmal *šdmj* (KTU 4.244, 13; vgl. PNU 184: *sudumu*), das man wohl als „der Form nach ein Gentilicium von Sodom" ansehen, jedoch nicht mit Sodom des AT identifizieren darf (UT Nr. 1742; vgl. Ch. Virolleaud, Syr 30, 1953, 190). Noch weniger Anlaß gibt es, Sodom in den Ebla-Tafeln zu finden, obgleich *si-da-mu^{ki}* vorkommt (Text 6522; G. Pettinato / A. Alberti, Catalogo dei testi cuneiformi di Tell Mardikh-Ebla, Neapel 1979). Zu Beginn der Entdeckungen hat man (D. N. Freedman, BA 41, 1978, 143; Dahood, VTS 29, 1978, 99; auch G. Pettinato, RivBiblt 25, 1977, 236 [= A. Archi, Bibl 60, 1979, 562f.]; Biblical Archaeology Review 6/5, 1980, 46–52) gemeint, daß die ganze Pentapolis in den Tafeln erwähnt werde, diese Identifizierung jedoch jetzt zurückgewiesen (R. Biggs, BA 43, 1980, 82) und auch die Erwähnung von Sodom und Gomorra in Frage gestellt (s. BA 43, 1980, 134, und also Pettinato, ebd. 213, gegen Archi 563 Anm. 21). Daß Sodom und Gomorra einige Male in den viel späteren Nag-Hammadi-Kodizes genannt werden, ist allerdings nicht zu verwundern (H.-M. Schenke, NTS 16, 1969/70, 202ff.).

III. 1. Sodom findet sich 39 und Gomorra 19mal im AT, das zweite nur in Verbindung mit Sodom. Zusammen mit Gomorra kommt Sodom vor in Gen 10, 19; 13, 10; 14, 2. 8. 10f.; 18, 20; 19, 24. 28; Dtn 29, 22; 32, 32; Jes 1, 9f.; 13, 19; Jer 23, 14; 49, 18; 50, 40; Am 4, 11; Zef 2, 9. Dazu Sodom allein in Gen 13, 12f.; 14, 12. 17. 21f.; 18, 16. 22. 26; 19, 1 (2mal). 4; Jes 3, 9 (cj. 1, 7); Ez 16, 46. 48f. 53 (Q). 55f.; Klgl 4, 6. Die zwei anderen Städte der sog. Pentapolis, Adma und Zeboim, kommen nur in Gen 10, 19; 14, 2. 8 (cj. 19, 25: H. Kornfeld, BZ 9, 1911, 26); Dtn 29, 22 und Hos 11, 8 vor (in Jos 19, 36 handelt es sich wohl um eine Stadt in Naftali, s. Simons, GTTOT § 335, 5). Zoar begegnet schließlich in Gen 13, 10; 14, 2. 8; 19, 22f. 30 (2mal); Dtn 34, 3; Jes 15, 5 und Jer 48, 34 (cj. 48, 4). Hieraus ergibt sich, daß die Pentapolis nur in Gen 14, 2. 8 mit allen fünf Städtenamen erwähnt wird, von denen Zoar dort vorher auch Bela genannt wird, und die ersten vier Namen sich gemeinsam nur in Gen 10, 19 und Dtn 29, 22 finden. In Gen 10, 19 (eine J-Ergänzung der Völkertafel, Westermann BK I/1, 698f.) ist Adma und Zeboim wohl als Zusatz zu Sodom und Gomorra anzusehen, der eine Parallele dazu angeben will (so etwa Eißfeldt, Hexateuch-Synopse, 1922 (= 1973) 16*; de Vaux, Histoire Ancienne d'Israël I, 1971, 209 Anm. 179). Dtn 29, 22 ist wohl exilisch (de Vaux, ebd.). So lassen sich deutlich zwei parallele Traditionen aus den Belegen herausschälen: einerseits Sodom (und Gomorra) bei judäischen Propheten, andererseits Adma und Zeboim im nord-israelitischen Kontext (Hos 11, 8), welche nur in Gen 14, 2. 8 (s. u. 2.) kombiniert sind. Eine moabitische Stadt im *ghōr eṣ-ṣāfije* ist schließlich die Fünfte geworden.

2. Gen 14 ist nach Westermann eine Komposition, in der sich drei Einheiten unterscheiden lassen: ein Feldzugsbericht (vv. 1–11), eine Befreiungserzählung (vv. 12–17. 21–24) und die Melchisedek-Szene (vv. 18–20). Den Grundstock des Kapitels bildet die Befreiungserzählung (vv. 12–17. 21–24), in die später die Melchisedek-Szene eingefügt wurde; der Bericht des Feldzuges wurde vorangestellt (vv. 1–11). In diesem Bericht werden Abraham und Lot nicht erwähnt. Nur in diesem Teil begegnen listenartige Aufzählungen. Vielleicht handelt es sich um einen den mesopotamischen Großmächten nachgeahmten annalenartigen Bericht, der der Gattung der Königsinschriften entspricht (Westermann, BK I/2, 223f.; J. A. Emerton, VT 21, 1971, 436). In diesen Bericht sind sekundär in vv. 1f. 8f. Listen eingearbeitet. Bei der Pentapolis (nur hier vollständig im AT) handelt es sich um die nachträgliche Kombination einer nördl. und einer südl. Tradition (Gunkel, Genesis[5], 216. 280; Westermann, BK I/2, 229). Die Uneinheitlichkeit der Liste ergibt sich auch aus v. 10, wo über „den König von Sodom und Gomorra" gesprochen wird (die alten Übersetzungen ergänzen hier wohl richtig „den König" von Gomorra), die anderen drei Könige werden jedoch nicht mehr erwähnt. Mit Recht konstatiert u. a. Westermann (233), daß die Listen in vv. 2 und 8 konstruiert sind. Ob die Namen der Könige der Pentapolis, die nur in v. 2 genannt werden, erfunden sind, ist schwer zu sagen, jedoch möglich (Böhl, Opera Minora, Groningen 1953, 44). Im Targ[J] und GenR XLII z. B. werden die Namen midraschartig erklärt: Bera als *bæn raʿ*; Birscha als *bæn rāšāʿ*; Schinab als *šô'eḇ māmôn*; Schemeber als *pôreaḥ ûmebîʾ māmôn* (vgl. Astour 74f.). Auffallend ist, daß es keinen Namen des Königs von Bela (Zoar) gibt, obgleich der Midrasch auch diesen Namen zu erklären versucht: *niṯballeʿû dājôræhā*. Ebensowenig gibt die Nennung des Tales Siddim – nur in diesem Kapitel des AT – einen geographischen oder historischen Anhaltspunkt (Westermann folgt der Annahme Nöldekes und Wellhausens, der Text hätte ursprünglich die Lesung *hšdjm*, d. h. „Tal der Dämonen"; vgl. noch Astour 106, der KBL[1] beipflichtet), obwohl die Erzharzgruben in diesem Tal (v. 10) einer geologischen Wirklichkeit entsprechen könnten (Baltzer, BHHW I 141; EMiqr 3, 187ff.). In der in vv. 12–24 folgenden Erzählung (zur Redaktionsgeschichte von Gen 14, 17–24 vgl. auch M. Peter, VT 29, 1979, 114–120 und P. Theophilus, The Interpretation of Gen 14, 17–24 [Phil. Diss. Southern Baptist Theol. Seminary 1979]) entspricht der Befreiungskampf Abrahams den Erzählungen von Befreiungstaten aus der Richterzeit und ist vielleicht in der Richterzeit entstanden (so etwa Emerton, VT 21, 1971, 432ff.; Westermann, BK I/2, 239; s. auch S. Niditch, CBQ 44, 1982, 365–378). In dieser Erzählung spielen nur noch Sodom und sein König eine Rolle, weil in dieser Stadt Lot lebte und von den Ostkönigen als Gefangener mitgenommen wurde. Auf diese Weise kann zudem gezeigt werden, daß der Held Abraham kein Retter mehr wäre, „würde er sich am Ertrag des Kampfes bereichern" (Westermann 237). Sodoms König ist hier also Vertreter des kanaanäischen Stadtkönigtums. Die anderen Könige sind jetzt verschwunden (vgl. v. 10). In v. 17 hat der Kompilator versucht, die Erzählung mit Elementen des Feldzugsberichtes zu verbinden, was u. a. zur Folge hat, daß das Wort *šāweh* (v. 5, vgl. auch J. T. Milik, Bibl 42, 1961, 81ff.), das „Tal" bedeutet, hier zu einem Eigennamen geworden ist (vielleicht das „Königstal" bei Jerusalem?). Die Funktion von Sodom (und von den anderen Städten in diesem zusammengefügten Kapitel aus der nachexil. Zeit) ist deutlich eine andere als in den übrigen Kapiteln des GenBuches, worin die Stadt erwähnt wird. Zu Gen 14 vgl. noch N.-E. A. Andreasen, Gen 14 in its Near Eastern Context (in: Scripture in Context, Pittsburgh 1980).

In Gen 13 wird, nach dem Itinerar (vv. 1–5), die Trennung Abrahams von Lot erzählt (s. jetzt für die Bedeutung dieses Kapitels auch Helyer 77–88). In dieser J-Erzählung finden sich P-Zusätze. Ein Zusatz 13, 10 (Eißfeldt; Westermann) berichtet, daß der *kikkar hajjarḏen* wasserreich war, „ehe JHWH Sodom und Gomorra vernichtet hat". Nach Gunkel wurde dieser Zusatz nötig, als die Kap. 13 und 18f. getrennt wurden (Genesis[5], 175f.). In 13, 12 findet sich (wie in vv. 6 und 11b) ein P-Satz, in dem berichtet wird, daß Lot sich in den Städten des *kikkār* niederließ, „und bis hin nach Sodom zeltete" (vielleicht ist die Meinung des Textes, daß er sich außerhalb Kanaans befand, s. Helyer 79f.). Diesem Zusatz folgt die Mitteilung, die in Gen 18f. näher ausgearbeitet wird, daß die Leute von Sodom sehr böse waren und gegen JHWH sündigten. Hier wird schon die Schlechtigkeit der Sodomiten zur „Sünde vor JHWH", und das Wort *rā'îm* verweist, wie auch im Kap. 19, auf die Fluterzählung in Gen 6, 6 und 8, 21 (Westermann 208). Wenn nun die Schlechtigkeit der Sodomiten vorweggenommen ist, kann sie in Gen 18f. ein Beispiel werden, an dem die Gerechtigkeit Gottes in seinem Geschichtswalten erklärt werden kann (Westermann 349). Bereits Kraetzschmar (ZAW 17, 1897, 81–92; ebenfalls Westermann 365) hat gezeigt, daß die Erzählungen, in denen Sodom und Gomorra in Gen 18f. eine Rolle spielen, aus einem eigenen Traditionskreis stammen und nur sekundär mit den Abraham-Erzählungen verbunden wurden. Anfänglich bestand die Nachricht von einer Katastrophe Sodoms (und Gomorras), die (s.o. I.) auf Lokaltraditionen aus der Gegend des Toten Meeres zurückzuführen ist, und die in den Abraham-Lot-Erzählungen zu einem Exempel ausgeweitet wurde.

In Gen 18, 16–33 findet sich ein Gespräch zwischen JHWH und Abraham über die Frage, ob Sodom vernichtet werden soll oder nicht (für die literarkritische Analyse der Kap. 18f. vgl. jetzt E. Haag und F. L. Hossfeld). Nachdem in vv. 17–21 die Vernichtung Sodoms (und Gomorras) angekündigt wurde, erhebt Abraham freimütig Einwände gegen den göttlichen Beschluß (vv. 23–32; zum Midrasch-Charakter dieser Verse vgl. J. Blenkinsopp, 121f.; zur Spätdatierung Haag und Hossfeld). Vv. 20f. schließen sich dem Erzählten in 13, 13 gut an, und können als „älteres Gestein" (O. Procksch, KAT I, [3]1924, 116ff.), das ursprünglich nichts mit Abraham zu tun hat, gelten. Auch stilistisch weichen diese Sätze stark von ihrer Umgebung ab (vgl. zum Text auch Mulder 7ff.), die mehr von „theologischer Reflexion" bestimmt ist (Westermann 353). Das Einschreiten Gottes gegen die Städte wurde durch die Klagen über ihre Bosheit bewirkt. Wohl versucht Abraham in einem Spiel von Frage und Antwort, Klarheit zu bekommen über die theologisch wichtige Frage, ob Gott wirklich den Gerechten mit dem Gottlosen hinraffen will, aber das Strafgericht über Sodom ist fest beschlossen, und kommt im 19. Kap. zur Ausführung (s. J. Blenkinsopp 119–132). In diesem Kapitel entspricht der „Sintbrand" der Sintflut, obgleich der lokale Aspekt hervortritt (Westermann 361). Tief hat sich die Erfahrung einer prähistorischen Katastrophe eingeprägt, und sie ist auch der Kern, der zur Ausgestaltung der Erzählung beigetragen hat (anders Haag 187). Die Struktur von Gen 19 (Frevel-Gottesgericht-Bewahrung des Einen) findet sich in abgeänderter Form nicht nur innerhalb Israels (vgl. Ri 19, 15–25), sondern auch außerhalb dieses Landes. Vor allem besteht der Frevel in Gen 19 nach J in sexueller Haltlosigkeit, menschlicher Hybris und in der Verletzung der Gastfreundschaft (vgl. W. Baumgartner, Zum AT und seiner Umwelt, Leiden 1959, 368, für das Motiv der Theoxenie). Im übrigen AT (s.u. 3.4.) wird der Untergang Sodoms meist in gerichtsprophetischen Texten erwähnt, wozu die fast herkömmliche Wendung *k^{e}mahpeḵaṯ 'ælohîm 'æṯ-s^{e}ḏom w^e'æṯ-'^{a}morāh* (Dtn 29, 22; Jes 13, 19; Jer 50, 40; Am 4, 11; vgl. Jer 49, 18; vgl. unten) gehört. Auf solch eine *mahpeḵāh* weist jedoch die Darstellung in Gen 19 nicht hin. Dies zeigt, daß anderswo im AT die Autoren die Tradition, auf der Gen 19 fußt, abändern, wobei auch „die Sünde" Sodoms und Gomorras jeweils anders geschildert wird (vgl. W. Zimmerli, BK XIII/1, [2]1979, 365f.). „Daraus wird deutlich, daß der Kern der Überlieferung in dem Gottesgericht über die Städte bestand, die Begründung in einem Frevel wandelbar war" (Westermann 364). Die Nachricht vom Untergang Sodoms und Gomorras ist also eine von der Abrahamgeschichte unabhängige Überlieferung, und die vielen späteren prophetischen Erwähnungen des Gerichts setzen nicht notwendig die Überlieferung in Gen 19 voraus.

Obwohl es in Gen 19 um Verbrechen der Leute Sodoms (und Gomorras) geht, die überall auf der Welt die Menschheit bedrohen, hebt diese Erzählung vor allem zwei Verbrechen hervor: 1. die widernatürliche Unzucht (vgl. Lev 18, 22) und 2. die Verletzung des Gastrechtes. Überdies sind die Überfallenden durch ihre Zahl absolut überlegen (Westermann 367). So ergibt es sich deutlich, daß die Sodomiten „von weit und breit" (19, 4) verderbt sind. Und als dann endlich Lot und die Seinen gerettet werden, und „die Sonne über dem Land aufgegangen ist" (19, 23; nach O. Keel, ThZ 35, 1979, 10–17, ein Hinweis, daß die Erzählung ursprünglich dem Sonnengott als Wahrer der Gerechtigkeit zuzuschreiben war), wird die Vernichtung der beiden Städte dadurch bewirkt, daß *gŏprîṯ wā'eš* durch Gott „geregnet" wurde (v. 24; vgl. Dtn 29, 22; Jes 30, 33; 34, 9; Ez 38, 22; Ps 11, 6; Ijob 18, 15; auch Lang, ThWNT VI 935f. 942–946). Hier soll selbstverständlich nicht eine genaue Beschreibung eines Einzelereignisses gegeben werden, wodurch eine präzise Erklärung eines Vorganges möglich wäre (s.o. I.), sondern betont werden, daß die Vernichtung der Gegend Sodoms und Gomorras *me'eṯ JHWH min haššāmājim* verübt worden ist. Danach erst tritt auch Abraham auf, als erzählt wird, daß er am Morgen an dem Ort, wo er vor JHWH gestanden hatte, Sodom und Gomorra und den gan-

zen *kikkār* übersieht und Rauch aus dem Lande aufsteigen sieht, „wie der Rauch eines Ofens". Dieser Schluß gehört (nach Westermann 376) ursprünglich nicht zur Erzählung vom Untergang Sodoms.
Wie oben (III.1.) erwähnt, ist Gen 10, 19 eine der J-Erzählungen der Völkertafel, in der das Gebiet der Kanaanäer skizziert wird (Simons, OTS 5, 1948, 92–117). Diese Gebietsbeschreibung ist jedoch schwierig zu rekonstruieren.

3. In Ez 16 wird Jerusalem in einer Bildrede als treuloses Weib vorgeführt und dabei in vv. 44–58 mit Samaria und Sodom verglichen, den Nachbarn, die „zur Linken" und „zur Rechten" wohnen (v. 46). Vor allem der Vergleich mit Sodom ist für Jerusalem erniedrigend. „Gerade die besonders Erwählte ist besonders tief, tiefer als die Nicht-Erwählten, in die Sünde versunken" (Zimmerli, BK XIII/1, 366). Die Sünde Sodoms wird in v. 49 bezeichnet mit den Worten „Hochmut" (*gā'ôn*), „Überfluß an Brot" (*śiḇʿat-læḥæm*) und „sichere Ruhe" (*šalwaṯ hašqeṭ*), während dem Armen und Elenden (*ʿānî weʾæḇjôn*) keine Hand gereicht wird. Es gibt hier eine von Gen 19 abweichende Tradition, obwohl auch in Ez 16 Gedanken an Verletzung des Gastrechtes und an Unzucht nicht unbedingt auszuschließen sind (v. 50). Sie werden jedenfalls nicht ausdrücklich erwähnt. Zimmerli (367) hält es nicht für unwahrscheinlich, daß „lediglich die unbekümmerte Bezugnahme auf typische soziale Rechtsordnungen Israels" bei dieser Abweichung der Tradition eine Rolle spielen kann. Wahrscheinlich hat Ezechiel eine etwas andere Sodomtradition als die von Gen 19 vorgefunden und in seiner Beschreibung der Sünden Sodoms benutzt. Ezechiel erwähnt nur Sodom „und ihre Töchter" (d. h. wohl „Tochterortschaften", etwa Ri 1, 27), wie er auch über Samaria „und ihre Töchter" spricht. Gomorra erwähnt er nicht, obgleich das nicht bedeutet, daß er es nicht gekannt hätte. Überraschend ist die Wende, die sich sodann in vv. 53ff. vollzieht: JHWH wird das Schicksal Sodoms und ihrer Töchter wie das Geschick Samarias und ihre Töchter wenden, weil Jerusalem zwar schlimmer als „ihre Schwester" gesündigt hat, ihre Rehabilitation jedoch gesichert ist (s. Neher). Sodom und Samaria sollen wieder in ihren ehemaligen Zustand zurückkehren (v. 55). Aus v. 56 ergibt sich, daß Sodom einst eine Stadt der Schande gewesen ist und als solche ein Sprichwort (*šemûʿāh*) war, d. h. ein Lehrbeispiel (Zimmerli 341). Am besten ist v. 56 als eine Frage zu verstehen. Dies bestätigt nur, daß der „Ruf" Sodoms als Tradition in volkstümlichen Erzählungen weiterlebte.

4. Im übrigen AT kommen Sodom und Gomorra vor allem in gerichtsprophetischen Reden vor, die möglicherweise öfter das Material für herkömmliche Flüche bildeten (D. R. Hillers, Treaty-Curses and the Old Testament Prophets, BietOr 16, 1964, 74ff.). So in Dtn 29, 22, wo Sodom und Gomorra, Adma und Zeboim zusammen in einem Fluch genannt werden, in dem „eine künftige Generation" und „Ausländer, die aus fernem Lande kommen" die desolate Lage Israels mit den einst verwüsteten Städten vergleichen: „all ihr Land ist mit Schwefel und Salz ausgebrannt, daß es weder besät werden kann noch etwas sprießt, noch ein Hälmchen aufgeht, gleich wie Sodom usw. zerstört sind, die JHWH in seinem Zorn und Grimm zerstört hat" (vgl. M. Weinfeld, Deuteronomy and the Deuteronomic School, Oxford 1972, bes. 110–116). In dem „Lied des Mose" (Dtn 32), das theologisch gesehen dem dtr Denken sehr nahe steht (s. H. D. Preuß, Deuteronomium, 1982, 165), denken die Feinde Israels, daß nicht JHWH, sondern sie selbst Israel besiegt haben (Dtn 32, 26f.). JHWH aber vergegenwärtigt sich die Heillosigkeit dieser Völkerwelt in vv. 32f.: „Denn ihr (d. h. des Feindes) Weinstock stammt von Sodoms Ranken und von den Gefilden Gomorras; ihre Trauben sind Gifttrauben, ihre Beeren sind bitter. Ja, Schlangengeifer ist ihr Wein und verderbliches Gift der Ottern" (G. von Rad, ATD 8, 142; nach C. F. Keil, Deuteronomium², 1870, 572; Preuß 168 u. a., reden hier wohl die „Feinde"; nach E. Baumann, VT 6, 1956, 418f. die „Judäer"; vgl. die Kommentare zu diesem Problem).

In diesem Zusammenhang können noch die sogenannten „Sodomsäpfel" erwähnt werden (vgl. auch Gen 19, 25 *weṣæmaḥ hāʾadāmāh*). Bereits in Weish 10, 7 wird als Zeugnis der Bosheit der Pentapolis auf rauchendes Ödland hingewiesen mit „Pflanzen, die zur Unzeit Früchte tragen" und auch Josephus (Bell. Jud. IV §§ 484f.) erzählt von Früchten, die äußerlich gut aussehen, aber innerlich mit Rauch und Asche angefüllt sind. Ob aber Dtn 32, 32 mit seiner bildhaften Rede vom Weinstock Sodoms (→ גפן III. 2.) wirklich auf derartige Früchte aus der Gegend des Toten Meeres anspielt, ist zweifelhaft.

In den übrigen prophetischen Reden werden die „Schlechtigkeit" Judas, Jerusalems oder anderer Länder und das drohende Gericht manchmal mit der sprichwörtlichen Bosheit Sodoms und Gomorras und mit der „Umkehrung" dieser Städte verglichen. In Am 4, 11; Jes 13, 19 und Jer 50, 40 findet sich die längere Formel: *kemahpekaṯ ʾælohîm ʾæṯ-sedom weʾæṯ-ʿamorāh* (→ הפך III. 2.). Hiermit wird an das Gericht Gottes oder der Götter (*ʾælohîm*) über diese Städte in ferner Vorzeit erinnert (nach u. a. Kraetzschmar 87; B. D. Eerdmans, Alttestamentl. Studien I, 1908, 36. 71, das einzige Mal, daß Amos in seiner Schrift *ʾælohîm* absolut verwendet, sonst 52mal JHWH usw.). Eine etwas kürzere Formel findet sich, neben Dtn 29, 22, in Jer 49, 18 und Jes 1, 7 (vgl. Kraetzschmar 87f.; C. J. Labuschagne, Hervormde Teologiese Studies 14, 1958/59, 73f.). Im letztgenannten Vers liest MT zwar *kemahpekaṯ zārîm*, aber öfter ändert man den Text in *kemahpekaṯ sedom* (seit Ewald, s. Wildberger, BK X/1, 19; anderer Meinung ist etwa L. A. Snijders → II 559, → זור *zwr* III. 1. a), weil dies besser zu *kemahpekaṯ* passe. In Jes 1, 9 in einer Antwort der Gemeinde im Wir-Stil auf die Verlesung des Prophetenwortes wird auf die restlose Zerstörung Sodoms und Gomorras angespielt (vgl. *šemāmāh* in v. 7) und im folgenden Vers werden Führer und Volk Jerusalems (und Judas) als *q^e ṣînê s^e ḏom* und *ʿam ʿ^a morāh* zur kritischen Stellungnahme zu ihren Opfern aufgefordert (vgl. MartJes 3, 10, s. IV. 2. a). Wildberger (BK X/1, 37) hält es für möglich, „daß Jesaja konkretere Anspielungen machen will, als wir zu erkennen vermögen, etwa darauf, daß man dort wohl Opfern und Festen mit großem Eifer oblag, sich aber um seine sozialen Pflichten nicht kümmerte". In Jes 3, 9 wird Jerusalem vorgeworfen, daß ihre Parteilichkeit (*hakkāraṯ p^e nêhæm*) wider sie zeugt, und daß sie sich ihrer Sünde rühmt „wie Sodom". Man hält dies Wort oft für eine Glosse (etwa Wildberger 118; vgl. BHK und BHS), aber ohne genügenden textkritischen Grund. In der späteren Tradition sind Selbstbewußtsein und Stolz der Sodomiter bezeugt, hier sind sie vorausgesetzt. Die Tradition ist variabel und ändert sich, je nachdem der Kontext auf spezielle Aspekte der „Bosheit" Sodoms verweist. In Jer 23, 14 heißt es über die falschen Propheten, daß sie Greueltaten (*šaʿ^a rûrîm*) verüben: Ehebrechen, Umgehen mit Lügen und Begünstigungen der Hinterlistigen, damit sich niemand von seiner Bosheit bekehre. So gleichen diese Propheten den Einwohnern Sodoms und die Jerusalemer Bürger den Einwohnern Gomorras. In einer Weissagung gegen Edom wird eine Zerstörung verkündigt, „gleichwie Sodom und Gomorra samt ihren Einwohnern" (besser als „Nachbarn" s. Astour 73 Anm. 40) „zerstört wurden" (Jer 49, 18). Dies gilt auch den Bewohnern und dem Lande Babels (Jer 50, 40), wie den Bewohnern und dem Lande Israels (Am 4, 11). In Zef 2, 9 findet man eine Unheilsweissagung an Moab und Ammon, die nach der Legende (Gen 19, 36ff.) von Lot und seinen beiden Töchtern abstammten. Ihnen wird vorgeworfen, daß sie das Volk Gottes gelästert und geschmäht haben (*ḥærpāh* und *giddûpîm*, v. 8) und sie darum wie Sodom und Gomorra werden, ein von Unkraut überwucherter Boden (*mimšaq ḥārûl*) und eine Salzgrube (*mikreh-mælaḥ*). Diese Beschreibung Sodoms und Gomorras weist ohne Zweifel auf das Gelände hin, wo einst, nach der herkömmlichen Sage, die Städte sich befunden haben sollen. Überdies weisen alle die genannten Texte darauf hin, daß die „Umkehrung" Sodoms und Gomorras als ein „klassisches" Beispiel der Bestrafung für die Verletzung oder die Aufhebung eines Bundes mit der Gottheit betrachtet wurde, wobei die Gottheit zur Bestrafung der Bundesverletzer herkömmliche Mittel benutzte (M. Weinfeld, Deuteronomy, 111, s. auch Hillers, Treaty Curses, 52f.; zu Amos 4, 11 noch W. Brueggemann, VT 15, 1965, 1–15).

Auffallend ist, daß Sodom sich im 3. Teil des AT, in den *k^e ṯûḇîm* mit Namen nur in Klgl 4, 6 findet (anderswo wird hin und wieder auf die Öde und Einsamkeit der Landschaft Sodoms angespielt, so Ps 107, 34; vgl. auch Jer 17, 6). In Klgl 4, 6 heißt es, daß die Schuld Jerusalems größer als die Verfehlung Sodoms (*ḥaṭṭaʾṯ s^e ḏom*) war, das „plötzlich" (*k^e môrāgaʿ*) „umgekehrt" wurde, „ohne daß Hände in ihm bebten" (H. J. Kraus, BK XX³ 71. 76; vgl. KBL³ s. v. *ḥwl*: „Hände rührten sich nicht"). Dies unterstreicht die Plötzlichkeit des Gerichtes. Die Sünde wird hier im Zusammenhang mit dem Unglück, das sie den Frevlern einträgt, betrachtet (J. Renkema, „Misschien is er hoop ...", Franeker 1983, 269f.).

Im Nordreich Israel gab es wahrscheinlich eine Tradition der Katastrophe von Adma und Zeboim (Hos 11, 8), Orte, die später mit Sodom und Gomorra kombiniert und mit ihnen am Toten Meer lokalisiert wurden. Auch hier handelt es sich um eine mögliche Strafe Israels, die angesichts „der unlöslichen Schuldverstricktheit und Verstocktheit" des Volkes nur in der Vernichtung bestehen konnte (J. Jeremias, ATD 24/1, 1983, 144f.; H. S. Nyberg, Studien zum Hoseabuche, 1935, 90, schreibt die Sage von Adma und Zeboim dem *ʿal*-Kreis zu).

IV. 1. In der Übersetzung der Namen Sodoms und Gomorras in den alten Übersetzungen folgt man im allgemeinen dem MT. Neben den at.lichen Belegen (s. o. III. 1.) findet Σόδομα sich in der LXX noch in Gen 14, 16 und Γόμορρα in Gen 18, 16. V erwähnt *Sodoma* nicht in Gen 14, 22 und 19, 4 und in Gen 13, 13 liest sie *(homines autem) Sodomitae*.

2. a) In den apokryphen und pseudepigraphischen Büchern findet sich die Erwähnung Sodoms (und Gomorras) oder der Sodomiten öfter. In 3 Makk 2, 5 werden im Gebet des Hohenpriesters Simon die Sodomiten, die Übermütiges verübten (ὑπερηφανίαν ἐργαζομένους), erwähnt (vgl. hierzu auch Sir 16, 7, wo über die Stadtgenossen Lots gesprochen wird). Sie waren durch ihre Bosheit berüchtigt und wurden durch Feuer und Schwefel verbrannt, so daß sie ein warnendes Beispiel für ihre Nachkommen wurden. In der Legende TestAbr 6, 13 wird Sodom nur als Ort erwähnt, wo einst Lot wohnte und weggeführt wurde. In der grEsrApk 2, 19; 7, 12 (s. U. B. Müller, JSHRZ V/2, 1976, 93. 100) wird nur allgemein über Sodom und Gomorra gesprochen als Städte, auf die ein Feuerregen fiel und sie verbrannte. In 4 Esr 7, 106 betet Abraham für Sodom und in Weish wird neben 10, 6 (s. o. I.) in 19, 13–17 auf die Sodomiten angespielt, die den Ägyptern gegenübergestellt werden. Ein mildernder Umstand für die Sodomiten war, daß sie Unbekannte ohne weiteres nicht aufnehmen wollten, weil die Ägypter erst Freundschaft heuchelten, nachher aber Gäste zu Sklaven machten und mit schwerer Arbeit mißhandelten.

Im Jub wird das Geschick Sodoms und seiner Bewohner erwähnt. In 13, 17 wird erzählt, daß Lot sich in Sodom niederließ und daß die Sodomiten große Sünder waren; in 13, 22ff., daß die Ostkönige die Könige von Gomorra und Sodom schlugen, und daß sie den König von Gomorra töteten, während der König von Sodom floh. Sodom, Adma und Zeboim wurden erobert, viele fielen durch Verwundung im Siddimtal. Auch die Bitte des Königs von Sodom (Gen 14, 17. 21–24) wird erwähnt. In 16, 5 wird Gottes Gericht über Sodom usw. nur kurz gestreift. Das ganze Jordanland wird von der Katastrophe mitbetroffen. Diese Vernichtung ist exemplarisch für alle Orte, wo man nach Sodoms „Unreinheit" handelt (16, 6). Vor allem besteht sie in Hurerei, wie sich auch aus 20, 5 ergibt. In 22, 22 wird allen „Götzenanbetern" gesagt, daß sie hinweggerafft werden sollen, wie Sodoms Kinder von der Erde weggenommen wurden. Auch in Isaaks letzten Reden ist Sodoms „brennendes, verzehrendes Feuer" beispielhaft. In Test XII wird Gomorra nur einmal (Test L 14, 6), Sodom öfter (Test L 14, 6; Test N 3, 4; 4, 1; Test A 7, 1; Test B 9, 1) erwähnt. Im Zusammenhang mit Buhlerei usw. fällt das Erwähnen „der Verkehrung der Natur" durch die Sodomiten auf (etwa Test N 3, 4: ... ἵνα μὴ γένησθε ὡς Σόδομα, ἥτις ἐνήλλαξε τάξιν φύσεως αὐτῆς).

In Mart Jes 3, 10 wird auf Jes 1, 10 angespielt, wo Jesaja Jerusalem Sodom genannt und die Fürsten von Juda und Jerusalem für Gomorravolk erklärt hat.

b) Nur in 1 QGenApokr spielen Sodom und Gomorra (s. o. II.) eine mehr oder weniger selbständige Rolle. In 21, 5ff. wird Lots Trennung von Abraham erzählt, sowie seine Ansiedlung im Jordantal bis Sodom, wo er sich ein Haus kaufte. In 21, 23–22, 25 findet sich die Erzählung des Krieges der Ostkönige gegen die Könige der Pentapolis (Gen 14). Einige Abänderungen von Gen 14 in dieser Erzählung finden sich auch im Jub, etwa die Mitteilung, daß Sodoms König floh und Gomorras König in die Erdharzgruben fiel (21, 32, vgl. K. Beyer 178ff.; Jub 13, 22ff.). In 22, 12ff. wird mitgeteilt, daß Sodoms König Abraham in Salem, d. h. Jerusalem, begegnete, während Abraham im Schavetal, d. h. im Königstal, zeltete (vgl. jedoch Gen 14, 17). Nur noch einmal begegnet *s^eḏom* (3 Q 14) in den Qumrantexten, und in 4 Q 172, 4, 3 wird die Frechheit Gomorras (*pḥz ʿmwrh*) genannt. In beiden Fällen sind die Kontexte zerstört.

Mulder

סוּג *sûḡ*

I. Etymologie und Verbreitung – II. 1. Verteilung im AT incl. Sir – 2. Phraseologie und Synonyma – III. 1. Verwendung im AT – 2. Sir – IV. 1. LXX. – 2. Qumran.

I. Die ältesten Belege finden sich im AT. In späterer Zeit ist auch ein *sûḡ* II 'umzäunen' belegt; Gesenius, Thesaurus 940; Zorell, Lexicon 547; Dahood, CBQ 16, 1954, 17f.; Loretz, AOAT 14/1, 1971, 43 Anm. 10; als Unterstützung verweist man auf syr. *sāḡ* 'umzäunen' (LexSyr 462), mhebr. *sûḡ* II (Levy, WTM III 486) und arab. *sajjaġa* 'einzäunen' (Wehr, ArabWb 406). Neuerdings setzt man Fragezeichen (vgl. KBL³ 703).

II. 1. Im protokanonischen AT ist *sûḡ* 25mal, in Sir 1mal belegt. Die Verwendung geht quer durch das AT; Dtn 2mal, 2 Sam 1mal, Jes 4mal, Jer 2mal, Hos 1mal, Mi 2mal, Zef 1mal, Ps 7mal, Ijob 1mal und Spr 3mal. Das *qal* begegnet 4mal, *niph* 15mal (ohne das umstrittene Mi 2, 6), *hiph* – Mi 6, 14 nicht gerechnet – und *hoph* 8mal.

Die Grundaussage ist die Richtungsänderung, „wegbewegen".

2. Phraseologisch bedeutsam sind folgende Beobachtungen: Am häufigsten liest man *sûḡ ʾāḥôr* 11mal (*niph* und *hoph*), dann *sûḡ meʾaḥ^arê* 1mal und Sir, *sûḡ mîn* 1mal und *sûḡ meʾaḥar*. – Festgeprägt ist auch die Wendung *sûḡ* (*hiph*) *g^eḇûl*. Das ergibt, daß *sûḡ* ausgenommen *qal* fast ausschließlich in geprägten Verbindungen erscheint. JHWH ist nie Subj.; dies schließt religiös-theologische Relevanz jedoch nicht aus. – Leicht verständlich sind *šûḇ* und *ʿmd merāḥôq* als Synonyme, andere (*bgd*, *pšʿ*, *bôš*, *klm*, *ḥpr*, *htt*, *ktt* und *nûs*) werden erst im Kontext einsichtiger.

III. 1. a) Die Bedeutung 'zurückkehren', 'zurückweichen' für *sûḡ* wird durch 2 Sam 1, 22 belegt und ist durch das parallele *šûḇ* gesichert. Im sog. Bogenlied (2 Sam 1,19–27) wird erwähnt, daß der Bogen Jonatans nie ohne Erfolg aus dem Kampf zurückkehrte (vgl. die Variantschreibweise *śûḡ*). Die relativ alte Stelle Spr 14, 14 wird von der Grundeinstellung geleitet, daß der Gute nach seinen Taten Wohlfahrt zu erwarten hat, nach seinem Wandel (*midd^erāḵājw*) aber der sich sättigt als „Abgewandter des Herzens" einzustufen ist. Ob man behaupten kann, hier sei einer gemeint, der die Sünde liebt (G. Lawson, Exposition of Proverbs, Grand Rapids 1980, 289) oder einer, der von Gott abgefallen ist, erscheint äußerst zweifelhaft. Eher wird man in *leḇ* (→ לב) das Personzentrum sehen, das man mental („der, welcher seinen Verstand nicht gebraucht"; Ringgren, ATD 16³, 60) oder ethisch deuten kann (so Scott, AB 18, 97; Toy, ICC 290). Deutlich bleibt aber, daß *sûḡ* das Zurückweichen vom Guten, sicher das Abweichen vom eigentlich Anzustrebenden meint.

Beim letzten Gespräch zwischen König Zidkija und Jeremia (38, 14–32) spricht der Prophet eine scharfe Drohung aus, indem er ein Klagelied der Hoffrauen vorwegnimmt (v. 22). Nach diesem ist der König von seinem Beamten betrogen worden, nun haben sie sich in der hoffnungslosen Situation von ihm abgewendet. Sowohl das „Sich Zurückziehen" wie auch das „Sich Abwenden" sind hier in *nāsoḡû ʾāḥôr* eingeschlossen.

Viel stärker in Richtung des Zurückweichens, ja des kopflosen Fliehens deutet Jer 46, 5, wo man von der Flucht des ägyptischen Heeres vor den Neubabyloniern (vgl. Rudolph, HAT I/12³, 269–271) liest. Verdeutlicht wird der Inhalt von *n^esoḡîm ʾāḥôr* durch die im Kontext stehenden Verba: *ḥtt* 'erschrocken sein', *ktt* 'zersprengen' und *nûs* 'fliehen'. Auch Jes 50, 5 kommt in einem Kontext vor, in dem Feindlichkeit dominiert. Der gelehrige Schüler JHWHs (vv. 4. 5a) wird tätlich angegriffen. Der Autor rückt die Aussage, daß der Betroffene nicht zurückwich (*'āḥôr lo' n^e sûḡoṯî*), an die erste Stelle und betont so die Verläßlichkeit. Die Stelle Hld 7, 3 (Bauch „umhegt von Lilien") birgt erhebliche Schwierigkeiten. Häufig ordnet man das Wort einer Wurzel *sûḡ* II 'umzäunen' zu (vgl. I.). Nach Krinetzki (BET 16, 1981, 194; vgl. die Abweichungen zur Auslegung in Krinetzki, Das Hohe Lied, 1964, 215) unterstreicht *sûḡāh* „die Vorstellung des weiblichen Runden" und verstärkt damit die Reizwirkung der Lilien. Pope (AB 7C, 622) lehnt ein *sûḡ* II ab und sieht in der Grundbedeutung „separate" von *sûḡ* I genug der Begründung für den Wortsinn „abgrenzen". Inhaltlich kommt eine Auslegung jener Gerlemans nahe; beide weisen ein erotisches Schwergewicht zurück, es handelt sich vielmehr um „eine lyrische Überhöhung im Rahmen des Dekorativ-Gefälligen" (Gerleman, BK XVIII² 198).

b) Bei *hesîḡ g^eḇûl* handelt es sich offensichtlich um einen sehr alten term. techn., der die Grenzverrükkung bezeichnet (das kausative, aktivierende Element, das eine willentliche Aktion einschließt, bleibt stets erhalten). – Sicher scheint, daß Spr 22, 28 von der Lehre des Amenemope, Kap. 6, beeinflußt ist. Das Verbot dieses grundlegenden Mißstandes, auf dessen Bekämpfung man im gesamten Orient trifft, wird begründet durch den Hinweis, daß die schon lange gültige Grenze (*'ôlām*) nicht verrückt werden darf, weil sie die Ahnen (*'^aḇôṯæḵā*) festgesetzt haben. Die Begründung ist demnach familien- bzw. stammesrechtlich. Nicht vorschnell soll man theologische Wertungen einbringen (vgl. so z. B. McKane, Proverbs [OTL] 379). Richtig ist wohl auch die Einsicht, daß die Grenzen den notwendigen Lebensraum garantieren; widrigenfalls zerbrechen Volksverbände, Nationen, ja der Friede ist gefährdet (Lawson 613). In Spr 23, 10f. wird Grenzverrückung neben das Eindringen in das Grundeigentum – also widerrechtliche Aneignung der Existenzgrundlage – gestellt. Spr 22, 28 nimmt ausdrücklich Bezug auf die Witwen und Waisen, also typologische Sozialgruppen, die kaum Rechtsmittel besaßen, erlittenes Unrecht mit Erfolgsaussichten anzuklagen. „Charakteristisch ist hier die Berufung auf Gott als deren Rechtshelfer" (Ringgren, ATD 16³, 92). Der Löser (*gô'el*) ist jener, der den alten Familienbesitz zurückerwirbt (→ גאל *gā'al*) und als Rechtsbeistand auftritt.

Der sich wie ein Fremdkörper im Kontext befindliche Vers Dtn 19, 14a (Mayes, New Century Bible 283) ist nicht von dtn. Terminologie geprägt wie etwa der Kontext. Der Kernsatz wurde aus alter Zeit übernommen (von Rad, ATD 8³, 92; Wijngaards, BvOT II/3, 208); die angeführte Begründung erwähnt zwar die Ordnungsstrukturen der Alten, setzt den Akzent aber theologisch. Gott hat das Land als Erbbesitz und als Geschenk gegeben, „and so the misuse of it was a violation of the sacral order" (Mayes 289). Die Infragestellung des Gottesrechtes durch die Grenzverschiebung im von Gott gegebenen Land und die Beraubung der Lebensgrundlage des Volksgenossen wird in Dtn 27, 17 in einer kurzen, aber scharfen *'ārûr*-Formel verpönt. Das Spezifikum der in Dtn 27, 15–26 aufgereihten Kapitalverbrechen scheint darin zu liegen, daß sie im Verborgenen geschehen sind (*bassāṯær* in v. 15). Die Fluchform wird deswegen gewählt, „weil der Fluch als Rechtsbehelf auch dann noch eine Sicherung bzw. Verwirklichung von Rechtsansprüchen zu vollbringen vermag, wenn andere Rechtsmittel versagen" (W. Schottroff, WMANT 30, 125). Die Wirkung wird nicht durch magische Praktiken erreicht, sondern durch die im Sippendenken verwurzelte Autorität, mit der das Sippenoberhaupt wirksam ein gemeinschaftswidriges Individuum auszuschließen vermochte (ebd. 199. 206).

Die in der Grenzverschiebung eingeschlossene Existenzbedrohung appliziert Hosea (5, 10) auf den Bruderkrieg zwischen dem Nord- und Südreich, bei dem es zur wechselweisen Grenzverschiebung gekommen war. So wird der Bruderkrieg am alten Gottesrecht gemessen (Wolff, BK XIV/1³, 144; Jeremias, ATD 24/1, 81 f.). Der Zorn Gottes richtet sich gegen den Bruch der göttlichen Ordnungsgrundlage. Die Beobachtung, daß in Hos 5, 10, ebenso wie in Dtn 23, 10, das Ptz. *hiph* verwendet wird, deutet auf Abhängigkeit von dtr Tradition (Andersen/Freedman, AB 24, 408).

In Ijob 24, 2 stellt sich die Frage, ob das „Verrücken der Grenzen" nicht schon geprägtes Symbol für gravierendes Unrecht geworden ist, das vor allem von Reichen (Hölscher, HAT I/17, 61) ausgeübt wurde und den betroffenen Armen die Existenzgrundlage raubte. Die formelhafte Einleitungsfeststellung wird in 24, 2b–12 konkretisiert.

c) Eine weitere Gruppe von Texten läßt die religiösen Zusammenhänge hervortreten. Der ältere Beleg scheint Zef 1, 6 zu sein. JHWH droht für den „Tag des Herrn" die Vernichtung aller Fremdgötterverehrung z. B. Ba'al, Moloch (4f.) an. In diesem Zusammenhang könnte die Bezeichnung „die JHWH den Rücken kehren (*n^esôḡîm me'aḥ^arê JHWH*)" die Abgefallenen zusammenfassen (Krinetzki, RSTh VII 50). Doch widerraten die Parallelverba *biqqeš* bzw. *dāraš* (Westermann, THAT I 462f.). Der Vorwurf Zefanjas geht dahin, daß man JHWH als Gott in seiner Göttlichkeit zurückweist (vgl. Smith, ICC 190; Rudolph, KAT XIII/3, 266). In nachexilischer Zeit ist einige Male bezeugt, daß die Israeliten im verheißenen Land nicht die Anordnungen JHWHs beachteten (Ps 78, 56). Schon die Väter, wird argumentiert, sind abgefallen (*wajjissoḡû* v. 57). Wie schon deutlich wurde, ist öfter ein Akzent der Hinterhältigkeit der *sûḡ*-Bewegung inhärent; *wajjiḇg^eḏû*, das zweite Verb, beschreibt direkt den hinterhältigen, tückischen Treuebruch (Kraus, BK XV/2⁵, 710).

Trotz der Tatsache, daß ein Großteil der Exegeten Duhm (KHC XIV 53f.) folgt und den zu Ps 53 parallelen Ps 14 als ursprünglicher wertet, spricht der Kontext von 53, 4 bzw. 14, 3, demzufolge „keiner Gutes tut" dafür, daß *sāḡ* dem in Ps 14, 3 verwendeten *sār* vorzuziehen sein dürfte („alle sind abgewichen"). – Inhaltlich steht Jes 59, 13 letzterer Aussage nahe. Die Beter verweisen ab 59, 12 auf ihre Sünden (*pešā'îm*, *ḥaṭṭā'ôṯ* und *'awonôṯ*); vgl. die Verba in v. 13a (*pš'* und *kḥš*, nach Kissane [The Book of Isaiah II, Dublin 1943, 249] die Verneinung der Göttlichkeit JHWHs). Der Parallelstichus 13b faßt diese massive Selbstbeschuldigung zusammen und zählt die Folgen auf. Das Recht wurde zurückgedrängt (beachtenswert ist das Wortspiel zwischen *nāsôḡ me'aḥar* und *jussaḡ 'āḥôr*), was parallel gesetzt wird mit dem Fernrücken von Rechtschaffenheit bzw. Wohlverhalten (*ṣedāqāh*; vgl. Reiterer, Gerechtigkeit als Heil, Graz 1976, 147f.). Dadurch wird die von Gott angestrebte Sozialordnung zerbrochen und das ganzheitliche Heil unmöglich. Das spätvorexilische Klagelied des Volkes Ps 80 (Beyerlin, Festschr. Friedrich, Das Wort und die Wörter, 1973, 16f.) bietet in v. 19 ein Lobgelübde, das mit *welo'-nāsôḡ mimmækkā* einsetzt. Wenn man die Worte auch als Erfüllung des Willens Gottes verstehen kann (Schreiner, BiLe 10, 1969, 111), so liegt hier wohl eher der grundsätzliche Akt der Anerkennung JHWHs als schützenden Gott vor. Die Folge der Lebenshoffnung und der JHWH-Verehrung (da sie sich seinem Wesen [Namen] zuwenden, aber auch seiner Autorität unterordnen) unterstützt die Grundsätzlichkeit der Aussage. Auch im spätnachexilischen (M. Buttenwieser, The Psalms, New York 1969, 749) Volksklagelied Ps 44 erfährt man in der Notschilderung der vv. 18f., daß die Beter Gott nicht vergessen und nicht in der *berîṯ* betrogen (*šaqqer*) haben (→ I 789). Hier wird das einzige Mal *sûḡ* und *berîṯ* in einen Gedankenzusammenhang gebracht: *berîṯ* spricht vom Basisverhältnis zwischen Gott und seinem Volk. V. 19 entfaltet dieses Stehen im Gemeinschaftsverhältnis einer *berîṯ* in zwei Phasen: in der Einstellung und in der Lebensführung (*'oraḥ*).

d) Einen anderen Inhaltsakzent besitzt *sûḡ niph 'āḥôr*, wenn der passive Aspekt überwiegt. In der Einheit Jes 42, 14–17 schließt die Verheißung, derzufolge Gott für sein exiliertes Volk einschreiten wollte, mit einem theologischen Akzent. Denn Gottes Taten erweisen auch JHWHs Göttlichkeit, sie schließen die Verehrung von anderen Göttern radikal aus. Ansonsten trifft zu: *nāsoḡû 'āḥôr* (v 17a, „sie [die Götzenanbeter] haben zu verschwinden") (vgl. Elliger, BK XI/1, 265. 185). Ein besonders beschämender Aspekt ist zudem eingeschlossen (*jeḇošû bošæṯ*). Das Prophetenwort richtet sich nicht gegen Heiden, die Götter verehren (Volz, Jesaia II, 1974, 30f.; Westermann, ATD 19[4], 89) – dazu wird *sûḡ* nie verwendet –, sondern gegen Israeliten, die sich im Exil den Standbildern und anderen Göttern zugewandt hatten (Beuken, PvOT 149; Smart, History and Theology in Second Isaiah 90f.).

Das kollektive, nachexilische Klagelied Ps 129 (Anderson, New Century Bible 872) kommt in v. 5 terminologisch Jes 42, 17 am nächsten. Es nimmt die „alte Tradition, nach der die Völker den Zion bestürmen" (Kraus, BK XV/2[5], 1045) auf. Wenn JHWH der Qualifizierung als *ṣaddîq*, die ihn heilschaffend und zugleich siegreich bezeichnet, nicht standhält, ist sein Anspruch, Gott zu sein, unberechtigt. Das kann nicht sein! Daher wird als auf die Zukunft hin wirkendes Geschehen (daher das Imperf.) festgehalten, daß die Gegner Zions beschämt werden und daß sie zurückgedrängt werden (*wejissoḡû 'āḥôr*).

Den Aspekt der Schande, ein prägendes Element in ähnlichen Zusammenhängen, bringt in Ps 70, 3 bzw. 40, 13 *klm*, in 35, 4 *ḥpr* zur Sprache. Im individuellen Klagelied Ps 70 wünscht der Beter mit einem großen Aufgebot an Worten (*bôš*, *ḥpr* bzw. *klm*) die Beschämung derer, die ihm Böses antun wollen (v. 3b.d), und indirekt seine Rechtfertigung. Die Formelhaftigkeit und das Fehlen eines konkret ausmachbaren Ansatzes für die Klage spricht für die Aufnahme und Verschmelzung älterer Elemente. Für *nāsôḡ 'āḥôr* ergibt sich, daß die Wortverbindung eine den Betroffenen disqualifizierenden, vor der Öffentlichkeit beschämenden Akzent erhalten hat. Ps 40, 14–18, der von Ps 70 literarisch abhängig ist (Braulik, FzB 18, 197–200), belegt, daß die formelhafte Wendung ohne nachweisbare inhaltliche Änderung auch in später Zeit noch in der Lage war, ein grundsätzliches Anliegen des klagenden Beters in Worte zu fassen. Zu Ps 35, 4 vgl. das zu Ps 70, 3 Ausgeführte.

In Mi 2, 6 und 6, 14 ist aufgrund des Kontextes ersichtlich, daß *nśg* die Verbbasis bildet (vgl. die Komm.).

2. Im Rahmen des „Lobes der Väter" befaßt sich Sir in 46, 11f. mit den „Richtern". Erwähnt wird, daß jeder eine Persönlichkeit (*bišemô*) sei: jene gaben sich weder im Inneren hochmütig (v. 11b), noch sind sie von der Nachfolge JHWHs (v. 11c), also seiner Anerkennung, abgewichen (vgl. oben Zef 1, 6).

IV. 1. Die LXX verwendet folgende Worte, die man als Übersetzungstermini werten kann: ἀποστρέφειν (9mal), ἀφιστάναι (4mal), μετατιθέναι (3mal), ἐκκλίνειν (2mal), μετακινεῖν, μεθαίρειν, ἀποχορεῖν und ὑπερβαίνειν (je 1mal).

2. In Qumran wird die III. 1. c dargelegte Dimension verschärft. *swg niph* bezeichnet den Abfall von JHWH (1 QS 8, 12; auch *swg hiph geḇûl* wird im religiösen Sinn als „Verführung" verstanden [CD 5, 20]; dazu zählt auch das zwar wörtliche, aber in einer anderen Bedeutung verwendete Zitat aus Hos 5, 10 in CD 19, 15f.), der sich in der Hinwendung zu anderen Göttern äußern kann (1 QS 2, 11f.) und unweigerlich Fluch, Unheil und Vernichtung nach sich zieht (1 QS 2, 16–18; CD 7, 13; 8, 1).

Reiterer

סוד *sôḏ*

I. 1. Etymologie und Verbreitung – 2. Verteilung im AT – 3. Syntax – 4. LXX – II. *sôḏ* in konkreter Bedeutung im AT – 1. Die profan orientierte Versammlung – 2. Thronrat JHWHs – 3. Religiös-kultische Gemeinschaft – III. *sôḏ* in abstrakter Bedeutung – 1. Profan – 2. Theologisch – IV. Qumran – 1. Abstrakt – 2. Konkret.

Lit.: *P. A. H. de Boer*, The Counsellor (VTS 3, 1955, 42–71). – *R. E. Brown*, The Pre-Christian Semitic Concept of „Mystery" (CBQ 20, 1958, 417–443). – *G. Cooke*, The Sons of (the) God(s) (ZAW 76, 1964, 22–47). – *F. M. Cross Jr.*, The Council of Yahwe in Second Isaiah (JNES 12, 1952, 274–278). – *H. J. Fabry*, סוד. Der himmlische Thronrat als ekklesiologisches Modell (in: Festschr. G. J. Botterweck, BBB 50, 1977, 99–126). – *Ders.*, Studien zur Ekklesiologie des AT und der Qumrangemeinde (Diss. habil. Bonn 1979, 6–47). – *A. R. Hulst*, Over de betekenis van het woord *sōd* (in: Festschr. H. A. Brongers, Utrecht 1974, 37–48). – *E. C. Kingsbury*, The Prophets and the Council of Yahweh (JBL 83, 1964, 279–286). – *E. Th. Mullen Jr.*, The Assembly of the Gods. The Divine Council in Canaanite and Early Hebrew Literature (HSM 24, 1980). – *H. P. Müller*, Die himmlische Ratsversammlung. Motivgeschichtliches zu Apc 5, 1–5 (ZNW 54, 1963, 254–267). – *H. Muszyński*, Fundament, Bild und Metapher in den Handschriften aus Qumran (AnBibl 61, 1975). – *F. Nötscher*, Zur theologischen Terminologie der Qumrantexte (BBB 10, 1958, bes. 76f.). – *M. E. Polley*, Hebrew Prophecy Within the Council of Yahweh (Scripture in Context, Pittsburgh 1980). – *C. Ramirez*, El vocabulario técnico de Qumran (in: Consejo Superior de Investigaciones Cientificas, Madrid 1971, 325–443). – *H. W. Robinson*, The Council of Yahweh (JThSt 45, 1944, 151–157). – *M. Sæbø*, סוד *sōd* Geheimnis (THAT II, 1976, 144–148). – *F. J. Stendebach*, Versammlung – Gemeinde – Volk Gottes. Alttestamentliche Vorstufen von Kirche? (Judaica 40, 1984, 211–224, bes. 215). – *I. Willi-Plein*, Das Geheimnis der Apokalyptik (VT 27, 1977, 62–81, bes. 70f.).

1. Noch KBL² 651 leitet *sôḏ* von einer semit. Wurzel **swd* 'sich zusammentun' ab (vgl. Humbert 137), jedoch ist ein solches Verb nicht belegt. Vorgeschlagene Verbindungen zu *jāsaḏ* I 'gründen' (BDB 691a) oder *jāsaḏ* II 'sich zusammentun, sich verschwören' (→ יסד) sind theoretisch möglich, aber weniger wahrscheinlich. Deshalb geht KBL³ 703 (wie schon GesB 537f.) wieder dazu über, auf einen Herleitungsvorschlag überhaupt zu verzichten. Während man bisher die Wurzel im Ost- und Nordwestsemit. für nicht vertreten erachtete (vgl. Sæbø, Fabry), weist KBL³ nun auf einen ugar. Beleg, nämlich KTU 1.20, I, 4, dessen Lesung jedoch sehr unsicher ist. Virolleaud (Syr 22, 1941, 2f.) liest *wt'rb.sd*, hält aber auch ein *gd* für möglich. Er vergleicht die Wendung mit *bô' b^esôḏ* (Gen 49, 6). Sollte diese Lesung zutreffen, so zeigt sich *sd* in Parallele zu *'d* „Versammlung" (Z. 2); *hkl* „Palast" (B 1), *grn* „Tennen" (B 6), *mṭ't* „Pflanzung" (B 7. 9), alle als anvisierte Versammlungsorte der Rephaim. Caquot u.a. (Textes Ougaritiques, 477) schlagen zur Differenzierung von *sôḏ* die Übersetzung „lieu secret" vor, M. Dijkstra / J. C. de Moor (UF 7, 1975, 214) „council". Breiter scheint dagegen die Wurzel im Südsemit. vertreten zu sein. Häufig notiertes arab. *sāwada* „heimlich reden" (Sæbø 144) und *sdd* „Geheimnis" (GesB 537; KBL³ 399) stellen wahrscheinlich sekundäre Bedeutungsentwicklungen dar (von *swd* 'schwarz sein' bzw. *sdd* 'hindern'). Eine Verbindung zu arab. *sajjid* „Herr" > „princeps consilii" (LexSyr² 463; GesB 537b; vgl. *sūd* 'Häuptlingschaft') ist nicht gegeben (vgl. G. R. Driver, EThL 26, 1950, 345; J. Barr, CPT 251). Zeitlich spät, aber ohne Zweifel auf unsere Wurzel zurückzuführen sind syr. *s^ewādā' / sûwādā'* „vertrauliches Gespräch" wie auch asarab. *maśwad* „Ratsversammlung" (CIH 601, 4; RES 2959, 3; Conti-Rossini 254; W. W. Müller, ZAW 75, 1963, 312), wobei letzteres ein Gremium bezeichnet, das aus Vollbürgern des Landes oder aus Stammesfürsten zusammengesetzt ist (vgl. Brown 418). Das unsichere *swd* in der pun. Inschrift von Maktar (DISO 190; KAI 145, 4) in der Bedeutung „Gewölbe des Himmels" ist jedoch mit *jāsaḏ* 'gründen' zusammenzustellen. Talmudisches *sôḏ* bedeutet 'Geheimnis' (WTM III 486f.).

2. Neben den verbalen Belegen Ps 2, 2; 31, 14 (vgl. Humbert 137) begegnet *sôḏ* nur im Sing. 21mal im AT, davon nur 1mal im Pent. (Gen 49, 6 J?), aber 6mal in Ps, 5mal in Spr, 3mal in Ijob, dann 4mal in Jer und je 1mal in Ez, Am. Das Wort bevorzugt deutlich poetische Sprache (vgl. auch die verbalen Belege in Sir 7, 14 [*pi*]; 8, 17; 9, 3. 14; 42, 12 [*hitp*]), gehört dagegen nicht zum Wortschatz der narrativen Literatur. Entsprechend bevorzugt die apokalyptische Literatur zur Bezeichnung der Mysteria das pers. Lehnwort *rāz* (zu Synonymität und Differenz vgl. Nötscher 76f., Brown).

Als PN sind belegt: *sôḏî* (Num 13, 10), vielleicht schon ugar. *sdj* (UT Nr. 1741) und *b^esôḏjāh* (Neh 3, 6: „in JHWHs Rat", vgl. IPN 152).

3. *sôḏ* geht folgende Cstr.-Verbindungen ein: *sôḏ 'aḥer* „Geheimnis eines anderen" (Spr 25, 9), *sôḏ 'ælôah* „Rat Gottes" (Ijob 15, 8; vgl. 29, 4 und die Emendationsversuche bei Fohrer, KAT XVI 402), *sôḏ JHWH* (Ps 25, 14; Jer 23, 18), *sôḏ q^eḏōšîm* „Versammlung der Heiligen" (Ps 89, 8), *sôḏ baḥûrîm* „Kreis der Erwählten" (Jer 6, 11), *sôḏ j^ešārîm* „Kreis der Aufrechten" (Ps 111, 1), *sôḏ m^ere'îm* „Kreis der Bösen" (Ps 64, 3), *sôḏ m^eśaḥ^aqîm* „Kreis der Fröhlichen" (Jer 15, 17) und *sôḏ 'ammî* „Gemeinschaft meines Volkes" (Ez 13, 9). Als nomen rectum begegnet es nur in der Verbindung *m^eṯê sôḏî* „Männer meines Vertrautenkreises" (Ijob 19, 19).

Folgende Verben treten zum Nomen: → גלה *gālāh* „(ein Geheimnis) aufdecken", *mtq hiph* „Gemeinschaft pflegen", *'rm hiph* „eine listige Besprechung abhalten", *bô' b^esôḏ* „in den Kreis eintreten" und → ישב *jāšaḇ b^esôḏ* „im Kreis sitzen". Die Wendungen sind durchwegs singulär, so daß es im Zusammenhang mit *sôḏ* nicht zu festen Sprachformen gekommen ist. Erst Qumran zeigt einen virtuosen Sprachgebrauch von *sôḏ*.

4. Die LXX hat mit *sôḏ* ihre Schwierigkeiten. Da sie niemals μυστήριον zur Übersetzung heranzieht, konnte sie offensichtlich die semantische Komponente „Geheimnis" nicht mehr vorfinden, anders wieder die späteren LXX-Rezensionen (vgl. jedoch Th zu Ps 24, 14; Spr 20, 19; Ijob 15, 8 und Sym zu Spr 11, 13). 4mal übersetzt LXX mit βουλή, hält *sôḏ* also für synonym mit *ʿeṣāh* u.a. (vgl. auch Sir 37, 10), 3mal mit συνέδριον und 1mal mit συναγωγή, woraus eine semantische Nähe zu *qāhāl* hervorgeht.
Ansonsten hat die LXX die Spröde dieser Vokabel empfunden und je singulär noch 10 weitere Vokabeln herangezogen, die jedoch z.T. als gezielte Interpretation zu werten sind: so ist die Wiedergabe von *sôḏ* durch παιδεία in Ez 13, 9; Am 3, 7 weniger Folge einer Verlesung (*jissûr* statt *sôḏ*), als vielmehr LXX-Interpretation des prophetischen Amtes: nach ihr hat der Prophet Anteil am „Erziehungsplan" Gottes (vgl. ThWNT V 610). Ähnlich ist auch die Übertragung in Jer 23, 22 durch ὑπόστασις zu werten (vgl. ThWNT VII 580). Nach γνώμη, ἐπισκοπή, κραταίωμα, σύνταγμα, συστροφή und ὑπόστημα begegnen noch die verbalen Wiedergaben εἰδεῖν (Ijob 19, 19) und συνεδριάζειν (Spr 3, 32). Wenn auch die LXX-Rezensionen die Übersetzung vereinheitlichen, fördern sie (wie auch Sir) doch die Verwirrung durch Einfügung weiterer Vokabeln.
Jedenfalls wurde *sôḏ* von diesen Übersetzern primär intellektualistisch, weniger ekklesiologisch eingeordnet.

II. Im Sprachgebrauch des AT zeichnet sich sehr deutlich ein mehrschichtiger Bedeutungsspielraum von *sôḏ* ab.
1. Der wahrscheinlich älteste Beleg Gen 49, 6 (J) bezeichnet mit *sôḏ* die Versammlung der beiden Stämme Simeon und Levi (par. *qāhāl*). Ziel und Zweck dieser Versammlung bleiben undeutlich. Dieses konkrete, kollektive Verständnis wird in vorexil. Zeit zunehmend auf kleinere Gruppen eingeengt: „Kreis der Jugend" (Jer 6, 11), „der Fröhlichen" (Jer 15, 17), nachexil. „Kreis der Freunde" (Ijob 19, 19) oder „Kreis der Frommen" (Ps 111, 1), letzteres bereits mit deutlichem kultischen Bezug. L. Köhler (Der hebräische Mensch, 1953, 89f.) vermutet in der Feierabend-Gemeinschaft der Dorfbevölkerung als Ort der Überlieferung der alten Sippenweisheit die Urform des hebr. *sôḏ* (vgl. Jer 15, 17; Ps 55, 15; vgl. auch den *sôḏ* der Ältesten und Greisinnen 4 Q 502, 24, 4). Mit Fohrer (KAT XVI 269) drückt der Ausdruck *sôḏ* „die vertraute Gemeinschaft aus, die innerhalb einer Gruppe besteht, und begründet die Erkenntnis, die sich daraus ergeben kann". Dies zeigt an, daß die Bedeutung von *sôḏ* offensichtlich je schon bivalent ist: es bezeichnet eine Versammlung mitsamt ihren gruppenspezifischen Absichten.
2. Bereits in früher vorexil. Zeit wird *sôḏ* auch theologisch verstanden: Ps 89, 8 spricht davon, daß Gott gefürchtet ist „im Rat der Heiligen" (*b^esôḏ q^eḏôšîm*), womit die engere himmlische Gefolgschaft JHWHs gemeint ist (vgl. H.J. Fabry, BiLe 15, 1974, 135–147; O. Loretz, UF 7, 1975, 586–589). Diese Vorstellung – sonst verbunden mit den *b^enê ʾelîm* – wird Jer 23, 22 wieder aufgegriffen und findet schließlich Verwendung im dtr Am 3, 7. Nach dieser Meinung zeichnet es den wahren Propheten aus, zum *sôḏ JHWH* zu gehören und an ihm zu partizipieren; nach den LXX-Übersetzern sind Propheten zu Miterziehern in die göttliche Weltpädagogik hineingenommen (s.o. I.4.). Diese Vorstellung vom Thronrat JHWHs wird in nachexil. Zeit in Jer 23, 18 (vgl. W. Thiel, WMANT 41, 1973, 251) und Ijob 15, 8 weiter ausgezogen, wobei durch Ijob 15, 8 die Verbindung zur übrigen Terminologie für den himmlischen Thronrat (vgl. Ijob 1) und für die Vorstellung einer Versammlung göttlicher Wesen hergestellt wird. Terminologisch begegnen neben *sôḏ JHWH* der *sôḏ q^eḏôšîm*, der *q^ehal q^eḏôšîm*, die *ʿ^aḏaṯ ʾel* und der *jaḥaḏ kok^eḇê boqær* (vgl. KTU 1.10, I, 4) in Parallele zu *b^enê ʾelîm* u.a. bis hin zu *ṣ^eḇāʾ haššāmajim* (1 Kön 22, 19–21). Erst nach tiefgreifenden monotheisierenden Reinigungsprozessen sind solche ugar. und mesopot. Mythologeme von der israelitischen Tradition adaptiert worden: JHWH wird zum Monopotenten im polytheistischen Götterrat, eine Entwicklung, die terminologisch wie theologisch von heftigen Kontroversen begleitet war. Die Mitglieder dieses *sôḏ* um JHWH werden klar im terminologischen Abseits gehalten. Schließlich wird sogar durch ihre Benennung mit *q^eḏôšîm* (→ קדשׁ) die Möglichkeit eröffnet, daß auch Menschen diesem *sôḏ* angehören (vgl. Ps 89, 8; Ijob 15, 7), in erster Linie jedoch die Propheten (Jes 6; 40, 1–8; Jer 23, 18. 22; Am 3, 7; 1 Kön 22, 19–22). Im nachexil. Ps 25, 14 wird jede Beschränkung aufgehoben und der Thronrat JHWHs so weit demokratisiert, daß jeder, „der JHWH fürchtet", an seinem *sôḏ* teilnehmen kann. Diese Demokratisierung ist ein wichtiger Schritt im semantischen Übergang von *sôḏ* zur Bezeichnung der at.lichen Kultgemeinde (vgl. II.3.).
Der Thronrat JHWHs hat 3 Funktionen: a) Herausstellung der Omnipotenz JHWHs: Begleitung (Dtn 33, 2), Lobpreis (Ps 19, 2; 29, 1f.; Ijob 38, 7), Furcht (Ps 89, 7f.), Beratung in der Form obödienten Antwortens (Jes 6, 8; Ijob 1f.; vgl. in Jes 40, 13f. die Abwehrhaltung gegen polytheistische Vorstellungen); b) Vermittlung des Heilswillens JHWHs an die Menschenwelt (Jes 6; 1 Kön 22; vgl. Jer 23, 22; Dtn 32, 8f.); c) Durchsetzung sozialer Gerechtigkeit (Am 3, 7; vgl. Ps 82, 3f.).
3. Nach vorsichtigen vorexil. Ansätzen (Ps 89, 8: *sôḏ q^eḏôšîm* [vgl. 1 QH 4, 25 par. *b^erîṯ*]; Ez 13, 9: *sôḏ ʿam*) zeigt *sôḏ* erst in nachexil. Zeit den definitiven Übergang zur religiös-kultischen Gemeinschaft. Dies zeigen besonders die Ausdrücke *sôḏ j^ešārîm* (Ps 111, 1; vgl. Spr 3, 32) und *sôḏ JHWH* (Ps 25, 14 in völlig demokratisiertem Verständnis, s.o. II.2.) an. Die Vorstellung vom Thronrat JHWHs wird völlig auf die Kultgemeinde appliziert, die als Gemeinschaft der Heiligen, Gottesfürchtigen und Recht-

schaffenen am Jerusalemer Tempel ihren Kult verrichtet (vgl. Ps 55, 15; zu den Textproblemen vgl. Fabry, 1979, 26ff.); vgl. auch Kraus, BK XV/1[5], 563 „Wonne der Kultgemeinschaft im Heiligtum Jahwes"). Hier beklagt der Psalmist den Vertrauensbruch seines Freundes, der mit ihm zur selben Kultgemeinde (*sôḏ*) gehörte, als besonders üblen Verrat. Nach Ps 111, 1 will der Beter JHWH preisen „im *sôḏ* der Rechtschaffenen und in der Gemeinde (*'eḏāh*)". Nach Baethgen und Duhm meint *sôḏ* hier eine „ecclesiola in ecclesia" (vgl. Kraus 941), was aber durch den Parallelismus membrorum ausgeschlossen ist. *sôḏ j^ešārîm* meint die Kultgemeinde, in deren Mitte der Psalmist JHWHs geschichtsmächtiges Handeln preist, die zugleich die ganze Gemeinde des bekennenden Gottesvolkes (*'eḏāh*) impliziert. Zugleich wird durch *j^ešārîm* das „gemeinschaftsgemäße Verhalten" (→ ישר *jšr*) der *sôḏ*-Mitglieder als Hinweis auf die ekklesiologische Valenz des *sôḏ*-Begriffes zu werten sein. Hier also gewinnt der besonders theologische Sprachgebrauch Profil, indem *sôḏ* „im Rahmen religiöser Charakteristik menschlicher Gemeinschaft auftritt; dabei kann *sôḏ* im Sinne von „Gemeinschaft" negativ ein Hindernis für und positiv eine Durchbruchstelle zur wahren Gottesgemeinschaft, worum es letzten Endes religiös geht, meinen oder diese selbst ausdrücken" (Sæbø 146). Nicht nur ist die Vorstellung vom Thronrat JHWHs als Verständnismodell für das Besondere der *sôḏ*-Gemeinde zu werten, auch der etymologischen Konnotation der Abstraktbedeutung „Geheimnis" (s.u. III.) ist dabei zumindest eine relikthafte Perspektive zuzusprechen. Ein Konflux beider semantischen Ebenen findet jedoch erst in der Esoterik der Qumrangemeinde ihre sichtbare Realisierung. *sôḏ* bildet die religiös-kultische Gemeinschaft unter dem internen Aspekt der Vertrautheit der Mitglieder untereinander und unter dem externen Aspekt der Gottesfurcht und des Gotteslobes ab. Dies findet seinen vollständigen Ausdruck in der nt.lichen Ekklesiologie: „Im Neuen Testament ist aber vor allem die Vorstellung vom thronenden Gott, umgeben von Wesen, zum Urbild der lobpreisenden Gemeinde der Endzeit umgeprägt worden" (vgl. H. Wildberger, BK X/1[2], 261 mit Hinweis auf H. P. Müller).

III. Bereits in der Spruchweisheit der Königszeit entsteht eine weisheitlich-abstrahierende Konnotation „Ratschluß, Plan, Geheimnis", die etymologisch begründet ist, von Sæbø aber wohl zu unrecht als der „wichtigere" Sprachgebrauch bezeichnet wird.

1. In Spr 11, 13; 15, 22; 20, 19 und 25, 9 meint *sôḏ* das, was als Gegenstand der Beratung eines *sôḏ*-Gremiums gelten kann (vgl. bes. Spr 15, 22 [par. *mah^ašāḇôṯ*] und Sir 8, 17). Ein „Geheimnis" zu bewahren ist Ehrensache (Spr 25, 9; Sir 42, 1); man gibt es nicht preis, sonst gilt man als Verleumder (*rāḵîl*, Spr 11, 13; 20, 19). Man soll nur mit Weisen vertrauliche Gespräche führen (*swd hitp*, Sir 9, 14), nicht jedoch mit einem Toren (*pæṯî*), da dieser ein Geheimnis (*sôḏ*) nicht für sich behält (Sir 8, 17). *sôḏ* als bewertungsneutraler „Ratschluß, Plan" mit der Konnotation „Geheimnis" wird außerhalb der Spruchweisheit nur noch 2mal im menschlichen Bereich angesiedelt und meint hier pejorativ das listige Planen der Feinde (Ps 83, 4 [par. *j'ṣ hitp*, → יעץ]; vgl. den nachexil. Anklang in Ps 64, 3).

2. Die theologische Verwendung der abstrakten Bedeutung von *sôḏ* als „Rat, Plan JHWHs" (die Komponente „Geheimnis" fällt hier völlig weg) ist semantisch schillernd und in allen Fällen auch konkret verstehbar. Natürlich ist die Grundbedingung für den wahren Propheten, daß er im *sôḏ JHWH* steht (vgl. z. B. Jes 6; Jer 23, 18) nicht nur im Sinne der Thronratsvorstellung, sondern auch abstrakt zu verstehen als Anteilhabe am unmittelbaren Planen JHWHs. Deutlich abstrakt jedoch ist die vom Dtr aufgegriffene weisheitliche Formulierung *gālāh sôḏ* in Am 3, 7: JHWH tut nichts, es sei denn, er habe seinen *sôḏ* dem Propheten vorher eröffnet, d. h. ihm sein heilswirksames Planen offengelegt. Die Promulgation dieser Pläne auf die Menschenwelt hin ist aber zugleich Wesensfunktion des Thronrates (vgl. oben II. 2.). Im theologischen Sinne ist also der abstrakte Aspekt von *sôḏ* eine mehr oder weniger artifizielle Differenzierung des konkreten Phänomens. Beide Aspekte meinen ein und dasselbe (vgl. Brown und W. H. Schmidt, ZAW 77, 1965, 186).

Diese Bivalenz hat *sôḏ* gemeinsam etwa mit akk. *puḫru* (AHw II 876f.), ugar. *pḫr* (UT Nr. 2037; WUS Nr. 2215) und äg. *(m)sḥ* (vgl. WbÄS 3, 465).

IV. In Qumran ist *swd* 62mal belegt, alterniert aber häufig mit synonymen *jswd*. Eine besondere Dichte der Belege zeigt sich in der hymnischen Literatur, während in der Regelliteratur *swd* mit großem Abstand hinter *jaḥaḏ* (→ יחד) rangiert, also organisatorisch-ekklesiologisch an Bedeutung abgenommen hat.

1. *sôḏ* begegnet in der abstrakten Bedeutung „Geheimnis" (synonym zu *rāz* 1 QH 4, 27; 11, 9; 12, 12) und steht eindeutig in Zusammenhängen, die die anthropologische Erkenntnis(un)fähigkeit des Beters tangieren. Dabei kommt es zu ganz neuen Wortverbindungen: *swd h'mt*, *swd 'mt wbjnh*, *swd pl'kh* (vgl. Nötscher 76f.), aber auch *swd 'nšjm* „Geheimnis der Menschen" (4 Q 512, III, 13; vgl. CD 14, 10), *swd rjšjt kwl m'śj 'jš* „Geheimnis des Beginnens aller menschlichen Arbeit" (4 Q 511, 63, III, 2). Wie *rāz* weist *sôḏ* in den Bereich qumranessenischer Esoterik. Nicht näher ist auszumachen, ob die esoterische Konnotation gezielt impliziert ist, wenn *sôḏ* konkrete Bedeutung annimmt (vgl. jedoch 1 QH 14, 18. 21).

2. Konkret bringt *sôḏ* in Qumran einen spezifischen Aspekt von Gemeinde zum Ausdruck.

a) Zuerst einmal verliert es offensichtlich jeden Bezug auf eine Mehrzahl, wenn es konsequent individualisiert wird. So begegnet es innerhalb anthropologischer Zusammenhänge, wenn der Beter sich bezeichnet als: *swd bšr* „Rat des Fleisches" (1 QS 11, 7; vgl. 4 Q 511, 26, 3), *swd bšr ʿwl* „Rat des frevelnden Fleisches" (1 QS 11, 9), *swd rmh* „Rat des Gewürms" (1 QS 11, 10). Ähnlich bezeichnet er sich als *swd hʿrwh* „Ausbund der Schande" (1 QH 1, 22), *swd ršʿh* „Ausbund des Frevels" (4 Q 491, 10, II, 17) oder *swd ʿpr* „Ausbund des Staubes" (4 Q 511, 28–29, 3), der (nach 4 Q 511) von Gott selbst befähigt ist, ihn zu loben.

b) *sôḏ* bezeichnet dann verschiedene Personengruppen, die – wenn sie nicht die Gemeinde von Qumran selbst bezeichnen (vgl. c) – durchgängig negativ bestimmt sind: *swd šw'* „Versammlung des Trugs" (1 QH 2, 22, par. *ʿdt bljʿl*), *swd ḥms* „Versammlung der Gewalttat" (1 QH 6, 5, par. *ʿdt šw'*), *swd nʿlmjm* „Versammlung der Hinterhältigen" (1 QH 7, 34, par. *ʿdt šw'*). Die treibende Kraft dieser Gruppe ist Belial. Sie scharen sich um den „Frevelpriester" und bilden die Gegnerschaft der qumranessenischen Gemeinde.

c) Zur Bezeichnung der Gemeinde selbst wird *sôḏ* einerseits absolut (1 QH 14, 18. 21 f.) gebraucht, wobei die hier praktizierte Gemeinschaftsform als *jaḥad*-Lebensform näher charakterisiert wird; andererseits geht *sôḏ* signifikante Wortverbindungen ein, die an die at.liche Vorstellung vom Thronrat JHWHs anknüpfen: *swd qdwšjm* „Gemeinde der Heiligen" (1 QH 4, 25, par. *brjt*; 1 QHfragm 63, 2; 4 Q 502, 19, 1), *swd qwdš qwdšjm* „Versammlung des Allerheiligsten" (1 QS 8, 5, par. *ʿṣt hjḥd*), *swd ʿwlmjm* „Versammlung der Ewigen" (1 QS 2, 25; 1 QH 7, 34), vgl. *swd ʿwlm* (1 QH 3, 21; 11, 11) und *swd 'ljm* „Versammlung der göttlichen Wesen" (4 Q 181, 1, 2; 511, 10, 11). Noch deutlicher ekklesiologisch sind die (fast?) tautologischen Kombinationen *swd ʿm* „Gemeinde des Volkes" (CD 19, 35; 1 QHfragm 9, 10), *swd hjḥd* „Versammlung der Gemeinde" (1 QS 6, 19; vgl. 4 QS^{e} zu 1 QS 9, 18 f.). Nur an einer Stelle ist eine technische Verwendung von *sôḏ* ersichtlich: in 1 QS 6, 19 bildet der Zugang des Novizen zum *swd hjḥd* eine Zwischenstufe zwischen der äußeren Annäherung an die Gemeinde (Z. 16) und der Aufnahme in die höchste Reinheitsstufe (Z. 22). Diese Stufe wird geprägt durch die Reinigungsbäder und der Zulassung zum Gemeindekult. Ähnlich wird CD 14, 10 *swd 'nšjm* „Versammlung der Männer" als Bezeichnung für die Gemeinde selbst oder für ein spezifisches Gremium aufgefaßt werden müssen. Nach 1 QS 11, 6 ff. ist dieser *sôḏ* eindeutig kultisch ausgerichtet, versteht sich als Konnex von irdischem Heiligtum (*swd mbnjt qwdš*) mit der himmlischen Sphäre. Nach 1 QH 11, 11 ff. besteht die Funktion des *sôḏ* darin, im Verein mit den himmlischen Wesen den Gottesdienst zu üben „im gemeinsamen Jubel" (Z. 14). Die Zugehörigkeit zum *sôḏ* führt zur Erhöhung und Erneuerung der Menschen (1 QH 4, 25; 10, 5) aus seiner sündigen Hinfälligkeit zur himmlischen Einsicht (1 QH 10, 5) und zur Entsühnung des Landes (1 QS 8, 5; vgl. W. Paschen, StANT 24, 1970, 145 f.). Damit versteht sich die Qumrangemeinde letztlich als innerweltliche Realisation des himmlischen Thronrates einerseits und einzig legitime Realisation des Tempels andererseits. Der *sôḏ* ist die Gemeinde der Endzeit (1 QH 3, 21), deren Zugehörigkeit man durch Abfall und Thora-Ungehorsam verliert (CD 19, 35). Höchste ekklesiologische Valenz gewinnt *sôḏ* in 1 QH 7, 9 (vgl. 6, 26): „Du richtest mich auf wie einen starken Turm, wie eine hohe Mauer. Du hast gegründet auf dem Felsen mein Bauwerk. Und als ewige Fundamente gereichen sie meiner Gemeinde (*sôḏî*) und alle meine Wände werden zur erprobten Mauer und nichts kann sie erschüttern." Eine Verbindung zu Mt 16, 18 kann aufgrund reicher terminologischer Anklänge kaum in Frage gestellt werden (vgl. Muszyński 215; Fabry 1979, 46 f.). Das weitgehend synonyme *j^{e}sôḏ* hat sich aus der Grundbedeutung „Gründung" heraus zum ekklesiologischen Terminus (vor allem in 1 QS) entwickelt, gehört aber zu *jāsaḏ*.

Fabry

סוּךְ *sûḵ* → נסך *nāsaḵ*

סוּס *sûs*

I. Wort – II. Kulturgeschichtliches – 1. Aufkommen und Verbreitung des Pferdes – 2. Kultische Bezüge – III. AT – 1. Profaner Gebrauch – 2. In mythologisch-theologischen Zusammenhängen – 3. In theologischer Wertung – IV. Qumran.

Lit.: *W. F. Albright*, Mittanian maryannu, „chariot-warrior", and the Canaanite and Egyptian Equivalents (AfO 6, 1930/31, 217–221). – *A. Alt*, Die Herkunft der Hyksos in neuer Sicht (KlSchr III 72–98). – *D. R. Ap-Thomas*, All the King's Horses? (Festschr. G. H. Davies, 1970, 135–151). – *M. C. Astour*, A North Mesopotamian Locale of the Keret Epic? (UF 5, 1973, 29–39). – *R. Bach*, „. . ., der Bogen zerbricht, Spieße zerschlägt und Wagen mit Feuer verbrennt" (Festschr. G. von Rad, 1971, 13–26). – *M. A. Beek*, The Meaning of the Expression „The Chariots and the Horsemen of Israel" (2 Kings 2, 12) (OTS 17, 1971, 1–10). – *M. Bič*, Die Nachtgesichte des Sacharja (BSt 42, 1964). – *F. S. Bodenheimer*, Animal and Man in Bible Lands, Leiden 1960. – *B. Brentjes*, Die Haustierwerdung im Orient, Wittenberg 1965. – *Ders.*, Equidengerät. Equiden in der Religion des Alten Orients (Klio 53, 1971, 77–96). – *M. Dietrich / O. Loretz*, Die Bannung von Schlangengift (UF 12, 1980, 153–170). – *W. Dietrich*, Jesaja und die Politik (BEvT 74, 1976). – *E. Ebeling*, Bruchstücke einer mittelassyrischen Vorschriftensammlung für die Akklimatisierung und Trainierung von Wagenpferden, DAW, 1951. – *M. Ellenbogen*, Foreign Words in the OT, London 1962. – *K. Galling*, Der Ehrenname Elisas und die Entrückung Elias (ZThK 53, 1956, 129–148). – *H. Gese*, Anfang und Ende der Apokalyptik, dargestellt am Sacharjabuch (ZThK 70, 1973, 20–49 = Vom Sinai zum Zion, 1974,

202–239). – *F. Hančar*, Das Pferd in prähistorischer und früher historischer Zeit, Wien – München 1956. – *W. Heimpel*, Tierbilder in der sumerischen Literatur (Studia Pohl 2, Rom 1968). – *M. L. Henry*, Pferd (BHHW III 1438f.). – *F. Huber*, Jahwe, Juda und die anderen Völker beim Propheten Jesaja (BZAW 137, 1976). – *Chr. Jeremias*, Die Nachtgesichte des Sacharja (FRLANT 117, 1977). – *A. Kammenhuber*, Hippologica Hethitica, 1961. – *M. A. Littauer / J. H. Crouwel*, Wheeled Vehicles and Ridden Animals in the Ancient Near East, Leiden – Köln 1979. – *M. Lurker*, Wörterbuch biblischer Bilder und Symbole, [2]1978. – *M. Mayrhofer*, Die Indo-Arier im alten Vorderasien, 1966. – *W. D. Mc Hardy*, The Horses in Zechariah (BZAW 103, 1968, 174–179). – *O. Michel*, ἵππος (ThWNT III 336–339). – *P. R. S. Moorey*, Pictorial Evidence for the History of Horse – Riding in Iraq Before the Kassite Periode (Iraq 32, 1970, 36–50). – *S. Mowinckel*, Drive and/or Ride in O.T. (VT 12, 1962, 278–299). – *W. Nagel*, Frühe Tierwelt in Südwestasien (ZA NF 21, 1963, 169–222). – *M. H. Pope*, A Mare in Pharao's Chariotry (BASOR 200, 1970, 56–61). – *J. A. H. Potratz*, Das Pferd in der Frühzeit, Rostock 1938. – *Ders.*, Die Pferdetrensen des alten Orient (AnOr 41, 1966). – *A. E. Rüthy*, Reiter, Reiterei (BHHW III 1584f.). – *A. Salonen*, Hippologica Accadica (AASF B 100, 1955). – *W. H. Schmidt*, Kritik am Königtum (Festschr. G. von Rad, 1971, 440–461). – *H. Chr. Schmitt*, Elisa, 1972. – *J. van Seters*, The Hyksos, New Haven – London, 1966. – *K. Seybold*, Bilder zum Tempelbau. Die Visionen des Propheten Sacharja (SBS 70, 1974). – *L. Störk*, Pferd (LexÄg IV 1009–1013). – *H. Weippert*, Pferd und Streitwagen (BRL[2] 249–255). – *J. Wiesner*, Fahren und Reiten in Alteuropa und im Alten Orient (AO 38, 2–4, 1939). – *J. Zarins*, The Domestication of Equids in the Third Millenium B.C. in Mesopotamia (Diss. Chicago 1976).

I. Das Wort *sûs* (fem. *sûsāh*) findet sich in mehreren semit. Sprachen. Im Akk. begegnet es als *sisû* bzw. *sisāʾu* und ist als Wanderwort unbekannter Herkunft zu werten. Die lexikalischen Listen schreiben es als *anše-kur-ra* (AHw 1051f.; CAD S 328–334). Ugar. erscheint *śś/ssw* (UT Nr. 1780; vgl. dazu M. Dietrich / O. Loretz, UF 15, 1983, 301f.). Die kanaan. Glossen in EA haben *zūzima* (VAB 2, 1545). Phön. begegnet *ss*, aaram. *swsh*, äg.-aram. *swsjh* (RB 61, 594), nabat.-palmyr. *swsj(ʾ)* (DISO 145), jüd.-aram./samarit. *sûsāʾ* (LOT 2, 538a). Christl.-paläst./syr./mand. findet sich *sûsjāʾ* (MdD 322b), mhebr. *sûs*, arab./sarab. *sīsī* (Iraq 33, 1971, 24ff.). Vgl. KBL[3] 704f.

Das Äg. hat *ssm.t* (WbÄS 3, 474) und *śśm.t* (WbÄS 4, 276), was von kanaan. *sws* abzuleiten ist (Donner, ZÄS 80, 1955, 97ff., gegen Albright, AfO 6, 1931, 218 Anm. 4).

Die Etymologie ist umstritten. Weithin wurde eine Ableitung von sanskr. *aśva(s)* vertreten (Albright, AfO 6, 218; Salonen 21; Rainey, AOAT 8, 77). Driver (Aramaic Documents 73 Anm. 2) verweist auf das heth. *aššušani* 'Reiter', das hurrit. Ursprungs sei. Er gibt aber zu bedenken, daß der Verlust des initialen *a-* Schwierigkeiten bereitet, und schlägt daher vor, *sūs* von einem repetitiven *susu* oder *sisi* her zu verstehen, das entweder ein onomatopoetischer Begriff oder ein Lallwort sei. Zischlaute sind charakteristisch für Worte, die eine schnelle, stürmische Bewegung beschreiben.

sûs begegnet im AT ca. 140mal. Zum Wortfeld gehören *rækæš* 'Gespann, Wagenpferde' (1 Kön 5, 8; Mi 1, 13) bzw. 'Postpferde' (Est 8, 10. 14) sowie *pārāš* 'Reiter' (2 Sam 8, 4; 1 Kön 20, 20), 'Reitpferd' (1 Sam 8, 11; Jes 22, 6), *rakkāḇ* 'Streitwagenlenker' (1 Kön 22, 34), 'Reiter' (2 Kön 9, 17).

LXX gibt *sûs* und *sûsāh* durch ἵππος wieder. In den deuterokan. Schriften begegnet das Wort Jdt 1, 13; 2, 5; 6, 3; 7, 2. 6; 9, 7; 16, 3; Weish 19, 9; Sir 30, 8; 33, 6; 48, 9; 1 Makk 3, 39; 4, 1. 7. 28. 31; 6, 30. 35. 38; 8, 6; 9, 4.11; 10, 73. 77. 79. 81. 82. 83; 12, 49; 13, 22; 15, 13; 16, 7; 2 Makk 3, 25; 5, 3; 10, 24. 29; 11, 2; 15, 20 (Hatch-Redp. s.v.).

II. 1. Das Pferd ist in Europa und den anschließenden Zonen Asiens bis hin zu den Steppen der Mongolei beheimatet. Es ist wohl während des späten 5. oder des frühen 4. Jt.s im mittelasiatisch-südrussischen Steppengürtel domestiziert worden. Im 3. Jt. gelangte es nach Mesopotamien. Im nördl. Zweistromland ist das gezähmte Pferd um 2300 v. Chr. bekannt. Der älteste schriftliche Beleg ist das sum. Šulgi-Lied (Heimpel 275f.). Die ältesten sicheren Belege in akk. Texten finden sich in den kappadokischen Tafeln. Die frühesten Zeugnisse für das südl. Mesopotamien stammen aus ababyl. Briefen der Hammurabi-Zeit; im CH ist das Pferd nicht erwähnt (Salonen 12f.).

Das Sumerogramm *anše-kur-ra* ist in seinen älteren Belegen nicht sicher zu deuten; erst seit der Hammurabi-Zeit bedeutet es mit Sicherheit 'Pferd' (Salonen 18–21). In der ababyl. Periode war das Pferd ein seltenes, dem königlichen Hof und dem Kult vorbehaltenes Tier (vgl. dazu Noth, ABLAK II 243f.; anders Moorey 48). Erst in der kassitischen Periode findet das Pferd allgemeine Verwendung. Zum Gebrauch des Pferdes als Zugtier seit etwa 1800 vgl. Gilg. VI 20.

In das 14. Jh. gehört der Kikkuli-Text aus Boghazköy, der Vorschriften für Pflege und Training von Wagenpferden enthält (Potratz, 1938). Ihm stehen massyr. Fragmente nahe. Es handelt sich wohl um zwei verschiedene Bearbeitungen desselben Stoffes (Ebeling 57f.). Kikkuli wird als *aššušani* 'Pferdetrainer, Stallmeister' tituliert, der „aus dem Lande Mitanni" stammt. Der heth. Text enthält zahlreiche Fachausdrücke indoarischer Herkunft. Da Pferd und Wagen in Mesopotamien aber schon vor dem Beginn des 2. Jt.s bekannt waren (Moorey), der heth. Anitta-Text bereits Streitwagen kennt (Weippert 250), da es des weiteren an Zeugnissen für das Vorkommen der Arier in Vorderasien bis kurz vor der Mitte des 2. Jt.s fehlt und somit auch eine Teilnahme arischer Elemente an der Hyksosbewegung unbeweisbar ist (von Beckerath, Abriß der Geschichte des alten Ägypten, 1971, 31), da sich überdies die Herkunft des semit. Wortes für 'Pferd' aus indoarischem *aśva(s)* als äußerst zweifelhaft herausgestellt hat, ist aus dem Befund nicht mehr zu schließen, als daß den indo-arischen Gruppen, die die Oberschicht des Mitanni-Reiches bildeten, eine besondere Schätzung, Meisterung, wohl auch eine Verbesserung des pferdebespannten Streitwagens zuzusprechen ist. Diese Gruppen prägten den Adelsbegriff des *mariannu* auf der Grundlage von Wagenbesitz und Wagenbeherrschung

(Mayrhofer 15–27; Albright, AfO 6, 217–221). Der mit Pferden bespannte und mit zwei Speichenrädern versehene Streitwagen begegnet seit ca. 1600 als neue Kriegswaffe, wie zahlreiche Darstellungen aus Ägypten (ANEP 390) und schriftliche Zeugnisse aus vielen Teilen des Nahen Ostens und aus Amarna (EA 1, 5; 8, 6) zeigen. Als Reittier ist das Pferd hingegen nur selten bezeugt (Littauer/Crouwel 82–97).
Im ugar. Keret-Epos kommen Pferde als königliches Geschenk vor (KTU 1.14, VI, 8. 20), auch dies ein Hinweis darauf, daß das Auftreten des Pferdes nichts mit der Ankunft der Indo-Arier im Nahen Osten zu tun hat (Astour 39). Des weiteren wurde in Ugarit eine – hurrit. abgefaßte – pferdeärztliche Anleitung gefunden (KTU 1.71 u. 1.72). Die Anfänge der Pferdehaltung in Ägypten weisen in das ausgehende M.R. bzw. die frühe 2. Zwischenzeit. Die auf Pferd und Wagen bezügliche Terminologie wie auch die Schutzgötter ʿAnat, Astarte und Reschef lassen eine asiatische Herkunft des Gebrauchs von Pferd und Wagen vermuten; die Übertragung hat wohl zu Beginn der Hyksosherrschaft stattgefunden (Stöck 1009f.). Jedoch ist die verbreitete Vorstellung, daß die Hyksos Ägypten mit einer Streitwagenmacht überwältigten, höchst zweifelhaft (von Beckerath, Abriß 31). Die Entwicklung eines Streitwagenkorps in Ägypten ist erst im Verlauf der asiatischen Feldzüge seit Thutmose I. anzusetzen (van Seters 184).
Erst im frühen 1. Jt. wird das Pferd zunehmend als Reittier benutzt. Darauf weisen zahlreiche bildliche Darstellungen vor allem aus Assur (ANEP 360f.). Eine eigentliche Reitertruppe begegnet erstmals unter Assurnasirpal II. Reliefs Assurbanipals zeigen das Pferd als Reittier auf der Jagd (Propyl. Kunstgesch. 14, 242f. 245). Während der Perserzeit geht schließlich der Gebrauch des Streitwagens zurück zugunsten eines verstärkten Einsatzes der Kavallerie, eine Entwicklung, die sich in den hellenistischen Heeren fortsetzt. Besondere Bedeutung erhält das Pferd in dem von Darius I. eingerichteten reichsweiten Kurierdienst (Littauer/Crouwel 110ff.).

2. Das Pferd erscheint schon früh in kultischen Zusammenhängen. Es wurde zum Bild für das Dahineilen der Sonne und des Mondes (Lurker 235). Die nackte, ihre Brüste haltende Göttin begegnet häufig in Verbindung mit dem Pferd. Es handelt sich dabei von Hause aus um die Göttin des Streitwagens, die in Syrien mit Astarte verschmilzt, die nackt auf einem Pferd reitet und den Bogen trägt (ANEP 479). Sie trägt Titel wie „Gewaltig zu Pferde", „Herrin der Pferde und Wagen" (WbMyth I 230. 251). Im Ägypten der Ramessidenzeit tritt sie als ʿAnat oder Astarte auf (Helck, Die Beziehungen Ägyptens und Vorderasiens zur Ägäis bis ins 7. Jh. v. Chr., 1979, 187). Beide Göttinnen gelten – zusammen mit Reschef – als Schützerinnen der Pferde des königlichen Streitwagens (WbMyth I 333. 338). Neben Löwe, Sphinx oder Stier kann das Pferd Symbol des siegreichen Königs sein. Im Pantheon hat es allerdings kaum Spuren hinterlassen. Nur Horus weist Beziehungen zum Pferd auf (Störk 1011).
Die Babylonier und Assyrer verehrten seit dem späten 2. Jt. auf Altären stehende Pferdeköpfe. Im 1. Jt. zählten die Pferde des Tempelbereichs zu den niederen Göttern, die den Wagen Assurs zu ziehen hatten und auch selbst religiöse Verehrung genossen. Daneben treten auf Siegeln des 13. Jh.s Pferdemischwesen auf (Brentjes, Equidengerät 93–95).
Bei den Hethitern steht die Gottheit Pirwa in Beziehung zum Pferd, das ihr attributives Tier ist (WbMyth I 191). Ein Einfluß auf Ugarit ist nicht ausgeschlossen. Dort begegnet eine Göttin als „Mutter von Hengst und Stute". Es kann dabei indo-europäischer und/oder hurritischer Hintergrund vorliegen (Dietrich-Loretz, UF 12, 1980, 167–169).
In Südarabien ist das Pferd möglicherweise ein der Sonne zugeordnetes Symboltier (WbMyth I 522f.).

III. 1. Die meisten Vorkommen von *sûs* im AT zeigen das Pferd in profanen Zusammenhängen. Gen 47, 17 setzt das Vorhandensein von Pferden in Ägypten voraus (vgl. Ex 9, 3). Ex 14, 9. 23; 15, 1. 19. 21 gehören Pferde und Wagen zur Streitmacht des Pharao, deren Untergang im Hymnus besungen wird; vgl. Dtn 11, 4; Jes 43, 17; Ps 76, 7. Wo die Reihung *sûs – rækæḇ – pārāšîm* begegnet (Ex 14, 23; vgl. Ex 14, 26. 28; 15, 19; Jes 31, 1), bildet *sûs* den Oberbegriff „Pferdetruppe", die aus Kriegswagen (*rækæḇ*) mit ihren Gespannen (*pārāšîm*) besteht (Galling, ZThK 53, 1956, 133 Anm. 2).
Jos 11, 4–9; Ri 5, 22 (vgl. Ri 4, 3. 7. 13. 15f.; 5, 28) wissen von Pferd und Wagen in kanaan. Heeren. Daß Israel diese Waffe unbekannt war, zeigt der Umstand, daß Josua die erbeuteten Pferde lähmt und die Wagen in Brand steckt (vgl. 2 Sam 8, 4).
Der erste Gebrauch des Pferdes in Israel erscheint mit dem Namen Abschaloms verknüpft. 2 Sam 15, 1 berichtet, daß der Prinz sich einen Wagen und Pferde anschaffte – offensichtlich zu Repräsentationszwekken. Abschalom mochte wohl auch absichtlich mit einer Tradition brechen, für die als königliches Reittier das Maultier galt (vgl. 2 Sam 13, 29; 18, 9; 1 Kön 1, 33).
Im Heer Israels finden sich Pferde und Wagen erstmals unter Salomo. 1 Kön 5, 6 spricht von 4000 Pferde-Pferchen und 12000 Streitwagenpferden, was einem Pferch für drei Pferde, einem Streitwagengespann mit einem zusätzlichen Reservepferd, entspricht (vgl. 1 Kön 5, 8; 10, 25). 1 Kön 10, 26–29 spricht von 1400 Wagen und 12000 Pferden – ein eigenartiges Zahlenverhältnis, was die erste Zahl als unsicher erscheinen läßt –, die in eigenen Wagenstädten sowie in Jerusalem untergebracht waren. Der Kontext zeigt, daß Salomos Streitwagenmacht beurteilt wird „nicht so sehr als ein wirksames oder sogar notwendiges Mittel der Kriegführung als vielmehr als eine Darstellung königlichen Glanzes". Wir erfahren weiter über den Import von Pferden aus Musri (text. emend.), einer Landschaft in der Taurusgegend, und Kuwe (text. emend.) in der kilikischen Ebene. Abschließend wird der Preis von 600 Silberschekel für einen aus Ägypten (oder aus Musri?) eingeführten Streitwagen und von 150 Silberschekel für ein Pferd notiert. Dieser Handel, der auch die nord- und ostsyr. Kleinstaaten einbezogen haben soll, wirft im einzelnen manche Fragen auf

(vgl. dazu und zu den anderen genannten Stellen Noth, BK IX/1; z.T. anders Weippert 251).
1 Kön 18, 5 setzt Pferdehaltung in Israel zur Zeit Ahabs voraus, 1 Kön 22, 4 ein Streitwagenkorps im Heer Judas und Israels (vgl. auch 2 Kön 3, 7 [die gleiche Wendung wie in 1 Kön 22, 4]; 7, 13; 9, 17–19 [berittene Boten, dazu Mowinckel, VT 12, 278–299]; 9, 33; 10, 2; 11, 16; 14, 20). In Megiddo und Hazor wurden Baustrukturen der Omridenzeit ausgegraben, die anfänglich als „Pferdeställe" interpretiert wurden. Sie sind aber eher als öffentliche Vorratshäuser zu verstehen (Yadin, Hazor I [12–14]). 1 Kön 20, 1. 20f. 25; 2 Kön 6, 14f.; 7, 10 wissen von einer Streitwagenmacht im Heer der Aramäer (vgl. auch 2 Kön 5, 9 Q). 2 Kön 18, 23 (= Jes 36, 8) schlägt der Rabschake des Königs von Assur dem Hiskija eine Wette um 2000 Pferde vor, falls er für sie Reiter stellen kann – ein Hinweis darauf, daß zur Zeit Sanheribs eine Reitertruppe in Assur bekannt war.
Im ChrGW werden Pferde an einigen von Dtr abhängigen Stellen erwähnt (2 Chr 1, 14–17 = 1 Kön 10, 26–29; 2 Chr 9, 24–28 = 1 Kön 5, 6; 10, 25f. 28; 2 Chr 25, 28 = 2 Kön 14, 20). Esra 2, 66 notiert die Zahl von 736 Pferden bei den Heimkehrern aus dem Exil. 2 Chr 23, 15; Neh 3, 28 erwähnen ein Roßtor, das bei der Stätte des königlichen Palastes gelegen war (vgl. Jer 31, 40).
Jes 5, 28 spricht von Wagenpferden im Heer der Assyrer, Jer 4, 13; 6, 23 von Reitern in der Streitmacht des Feindes aus dem Norden, mit dem wohl das neubabyl. Reich gemeint ist (vgl. Jer 8, 16; 46, 4. 9; 50, 37a [Zusatz aus 51, 21]; 50, 42; 51, 21. 27; Ez 23, 6. 12. 23 [vv. 12. 23 sind sekundär]; 26, 7. 10f.; 38, 4. 15; 39, 20; Nah 3, 2f.; Hab 1, 8).
Jes 66, 20 erscheinen Pferde und Wagen als Transportmittel der aus dem Exil Heimkehrenden. Daß als Folge der gehorsamen Übung des Sabbat die Könige Judas und ihr Gefolge mit Pferden und Wagen in Jerusalem einziehen werden, erwartet Jer 17, 25 (vgl. 22, 4). Ez 17, 15 sagt von Zidkija, daß er Boten nach Ägypten geschickt habe, damit man ihm von dort Pferde und Krieger sende. Ez 27, 14 weiß von Zugpferden (*sûsîm*) und Reitpferden (*pārāšîm*) aus Bet-Togarma in Kleinasien im Handel von Tyrus. Joël 2, 4f. wird das feindliche Heer – im Vergleichsstil der beginnenden Apokalyptik – mit Rossen, Reitern und Streitwagen verglichen. Im Hintergrund steht die Vorstellung eines realen Heeres mit Reitertruppen und Streitwagenmacht, wie es in der Perserzeit üblich ist. Am 2, 15 spricht davon, daß im Gericht der Wagenlenker (*rokeḇ*) sein Pferd nicht rettet (Wolff, BK XIV/2, 208, mit Verweis auf Galling, ZThK 53, 1956, 131: Das Verb *rāḵaḇ* meint primär das Fahren und erst sekundär das Reiten), Am 4, 10 von Pferden als Beute der Feinde. Koh 10, 7 kennt das Pferd als fürstliches Reittier, ebenso Est 6, 8–11, während Est 8, 10 von Postpferden spricht (Bardtke, KAT XVII/4–5, 366), wie sie aus dem Perserreich bekannt sind.
Gen 49, 17 wird der Stamm Dan mit einer Schlange verglichen, die einem Pferd in die Fesseln beißt, so daß der Streitwagenfahrer zu Fall kommt (Zobel, BZAW 95, 18f.; anders Westermann, BK I/3, 267). Der Vergleich weist auf die Kleinheit des Stammes, der zu schwach ist, um die mit Streitwagen bewaffneten Kanaanäer offen angreifen zu können, wohl aber fähig, einen plötzlichen Überfall aus dem Hinterhalt zu wagen. Jes 63, 13 ist in einem Bildwort von JHWH die Rede, der Israel „durch die Fluten führte, wie Pferde in der Steppe nicht straucheln". Hinter dem Bild dürfte die Wirklichkeit der Reiterheere der persischen Zeit stehen.
Jer 5, 8 vergleicht die Jerusalemer mit Hengsten, die nach der Frau des Nächsten wiehern. Die gleiche Vorstellung von der Brünstigkeit des Hengstes steht hinter dem derben Bild Ez 23, 20, hier jedoch gewendet auf die „Kraft des politischen Konspirierens der Ägypter", dem Juda verfällt (Zimmerli, BK XIII/1, 547). Jer 8, 6 vergleicht den Abfall der Judäer mit einem im Kampf dahinstürmenden Pferd, das wild geworden in die falsche Richtung läuft. Jer 12, 5 wird der Prophet von JHWH angeredet: „Wenn schon der Wettlauf mit Fußgängern dich ermüdet, wie willst du mit Pferden um die Wette laufen?" Das meint: Wenn Jeremia schon bei einer leichten Aufgabe versagt, wie soll er dann schwere Aufgaben bestehen?
Am 6, 12 begegnet das Pferd in einem weisheitlichen Rätselwort. Vorausgesetzt ist das Pferd als Zugtier des Streitwagens, der im felsigen Gelände unbrauchbar ist. Wie es unsinnig ist, Pferd und Wagen in solchem Gelände operieren zu lassen, so absurd ist das Treiben Israels, das das Recht in Unrecht verkehrt.
Ps 32, 9 hebt in einem Warnwort auf den Unverstand des Pferdes ab, das nur mit Zaum und Zügel zu bändigen ist. Israel soll ihm nicht gleichen.
Ijob 39, 18 weist auf die Paradoxie hin, daß die Straußenhenne, die nicht fliegen kann, im Lauf dennoch schneller ist als das Pferd. Ijob 39, 19–25 bringt eine Schilderung des Schlachtrosses. Die im Kontext erwähnten Waffen weisen eher auf das Reittier der Kavallerie als auf das Zugtier des Streitwagens (Fohrer, KAT XVI 515). Spr 26, 3 begegnet das Pferd im Sprichwort. Der Tor, dem mit Vernunft nicht beizukommen ist, versteht vielleicht die Sprache der Züchtigung – wie das Pferd, das nicht gehorcht.
Hld 1, 9ff. wird die Freundin mit der Stute (der einzige Beleg für *sûsāh*) am Wagen des Pharao verglichen, wobei die geschmückten Wangen und der mit Ketten behängte Hals hervorgehoben werden. Das Motiv weist in die äg. Liebeslyrik, wo der Vergleichspunkt allerdings die Schnelligkeit ist, mit der der Freund sich seiner Geliebten nähert. Der Preis der Schönheit hat Parallelen im griech. Bereich (Gerleman, BK XVIII 106f.).
2. Mythologischen Hintergrund zeigt die Entrükkung Elijas auf feurigem Wagen mit feurigen Pferden 2 Kön 2, 11. Verbreitet ist die Deutung auf den Sonnenwagen mit seinen Rossen, der auf die Gegen-

wart Gottes hinweisen soll (Fohrer, Die Propheten des AT 7, 1977, 84). Galling verweist auf den aram. Bereich, aus dem ein Gott *rkb 'l* bekannt ist. Das Symbol dieses Gottes ist das Joch eines Pferdegespannes. Der Gott gilt als „Herr des Streitwagens". Ihm sei der vom Geist JHWHs erfüllte Prophet gegenübergestellt worden, zunächst Elischa (2 Kön 13, 14), dann Elija, die den Namen „Wagen Israels und sein Lenker" erhalten haben (2 Kön 2, 12), was zu dem Motiv der Entrückung Elijas auf feurigem Wagen geführt habe (ZThK 53, 1956, 142–148). H.-Chr. Schmidt (Elisa, 114) findet die nächste religionsgeschichtliche Parallele in Sach 6, 1–8. Für die These Gallings spricht die traditionsgeschichtlich nicht von 2 Kön 2, 11 zu trennende Schau von feurigen Wagen und Pferden rings um Elischa 2 Kön 6, 17 sowie 2 Kön 7, 6f.

2 Kön 23, 11 spricht von Pferden, die die Könige von Juda für den babyl.-assyr. Gott Šamaš aufgestellt hatten, und von Sonnenwagen, die Joschija vernichtete. Es ist unsicher, ob es sich bei den Pferden um Nachbildungen handelt oder um lebende Tiere, die den Prozessionswagen des Šamaš zogen (Würthwein, ATD 11/2, 459). Hab 3, 8 ist von Pferden und Wagen JHWHs die Rede, auf denen er bei seiner Theophanie heranstürmt. Im Hintergrund der Vorstellung steht der ugar. Mythos, in dem sich der „Wolkenreiter" Ba'al mit dem Meeresgott Jamm mißt (Horst, HAT I/14, 185). Hab 3, 15 (text. emend.) spricht hingegen von den Pferden des JHWH-Feindes, die vernichtet werden.

Sach 1, 7–15 begegnen Kundschafter auf Pferden, deren verschiedene Farben wohl mythologisch zu deuten sind. Im Hinblick auf 6, 1–8 ist eine Vierzahl von Farben anzunehmen und die schwarze Farbe zu ergänzen. Die Vierzahl der Rosse steht in Beziehung zu den vier Himmelsrichtungen und den vier Winden. Die Winde als Boten Gottes (vgl. Ps 104, 4) stellt sich der Mythos entweder in Vogel- oder in Roßgestalt vor. Die Farben beziehen sich auf die vier Welteckenplaneten: die rote Farbe auf den Merkur, die schwarze auf den Saturn, die weiße auf den Jupiter, die grüne auf den Mars. In der Vision ist an die Stelle der grünen Farbe die hellrote getreten – mit Rücksicht auf die natürliche Färbung der Pferde (Horst, HAT I/14, 220). Es ist allerdings auch eine nicht-mythologische Deutung möglich, nach der hinter der bunten Vielzahl der Pferde die Pferdehaltung des persischen Großkönigs steht, um so „die Majestät, Macht und Präsenz des universalen Gottkönigtums Jahwes" darzustellen (Seybold, SBS 70, 72f.; vgl. Chr. Jeremias 130). Eine Herleitung der Farben aus einer Wind- und einer Kontinentenlehre (Gese 33f.) ist wohl unhaltbar.

Sach 6, 1–8 sieht der Prophet vier Wagen, die nach den vier Himmelsrichtungen ausfahren sollen und von verschiedenfarbigen Pferden gezogen werden (*'amuṣṣîm* v. 3 ist als Variante zu *beruddîm* zu streichen). Die Deutung der Farben ist in der gleichen Richtung wie in 1, 7–15 zu suchen.

Hingewiesen sei noch auf 2 Makk 3, 25; 10, 29–31. Es handelt sich an beiden Stellen um aus der hellenistischen Religionsauffassung zu erklärende Epiphanien Gottes zur Rettung seines Volkes (vgl. 2 Makk 5, 2–4; 11, 8; JSHRZ I 187f.).

3. Seit dem 8. Jh. begegnet das Pferd in theologischer Wertung. Ältester Beleg ist Hos 14, 4, wo dem Vertrauen auf die eigene Kriegsmacht das Vertrauen auf JHWH gegenübergestellt wird. Bezeichnend ist die Gleichsetzung der militärischen Macht mit einem Götzen, wie wir sie auch Jes 2, 7f.; Mi 5, 9ff. finden. Hos 1, 7 ist eine judäische Glosse, die Juda JHWHs Erbarmen zuspricht, aber aus der Freiheit Gottes heraus – „nicht mit Pferden und Wagenlenkern". Das Vertrauen auf die eigene Kriegsmacht jedoch führt ins Verderben (vgl. Jes 30, 16; 31, 1). Denn auch Ägypten und seine Streitmacht gehören in den Bereich hinfälliger, ohnmächtiger Menschlichkeit (Huber 126), sind „Fleisch" (*bāśār*), nicht „Geist" (*rûaḥ*, vgl. Jes 31, 3; Sach 10, 5). Die gleiche Ablehnung militärischer Machtmittel im Gegenüber zum Vertrauen auf JHWH findet sich Ps 20, 8; 33, 17; 147, 10. In engem traditionsgeschichtlichen Zusammenhang damit steht die Vorstellung von der Vernichtung militärischer Rüstung, darunter von Pferd und Wagen, durch JHWH bzw. den messianischen König. Das Motiv begegnet Mi 5, 9; Hag 2, 22; Sach 9, 10 (das Verb ist in die 3. Sing. zu ändern); 12, 4; 14, 15. Die Wurzel der Polemik gegen die Kriegsrüstung liegt in der Überlieferung von den JHWH-Kriegen der Frühzeit, allerdings gebrochen „auf dem Hintergrund der erzählenden Überlieferung von den Jahwekriegen, in der Jahwe immer stärker zum allein Handelnden und die einstigen Kämpfer des Heerbanns zu bloßen Zuschauern des Wirkens Jahwes geworden waren". So kommt es zu der Auffassung, daß JHWH und militärisches Machtpotential als sich ausschließende Alternativen gegenüberstehen (Bach 21f.). Demgegenüber scheint Spr 21, 31 einen „realistischeren" Standpunkt einzunehmen. „Wenn auch bei einer weittragenden Entscheidung die Vorbereitungen noch so sorgfältig getroffen werden, bleibt der Erfolg doch allein Jahwe vorbehalten" (Plöger, BK XVII 250).

In diesen Zusammenhang gehören auch das Königsgesetz Dtn 17, 14–20 und das Kriegsgesetz Dtn 20. In 17, 16 wird dem König untersagt, sich zu viele Pferde zu halten und das Volk nach Ägypten zurückzubringen, um Pferde zu erhalten, wobei wohl an ein Tauschgeschäft, die Lieferung israelitischer Soldaten gegen ägyptische Pferde, zu denken ist (vgl. 1 Kön 10, 28), was als eine Rückgängigmachung des Exodus interpretiert wird (von Rad, ATD 8, 85f.). Vor allem aber wird dem König der Verzicht auf die Arroganz herrscherlicher Macht abverlangt (vgl. 2 Sam 15, 1; 1 Kön 1, 5). Denn Pferde und Wagen sind Attribute königlicher Macht. So erklärt Assurbanipal auf dem Rassamzylinder: „Wagen, Pferde, Maultiere schenkte ich ihm zum herrschaftlichen Fahren" (Wildberger, BK X/1, 101f.). Dtn 20, 1

mahnt zum Vertrauen auf JHWH – auch angesichts einer übermächtigten feindlichen Streitwagenmacht.
Es sind noch zwei eigenartige Stellen anzuführen. Sach 10, 3 ist davon die Rede, daß JHWH sich seine Herde zum Streitroß bereitet – ein kühnes Bild. Es ist damit angedeutet, daß im Endkampf zwischen Juda und seinen Feinden JHWH auf Seiten Judas kämpft. Sach 14, 20, ein Zusatz zu TrSach, spricht davon, daß es in der Endzeit nicht mehr den Unterschied zwischen heilig und unheilig geben wird. Diese Aussage wird bis ins Extrem hinein gezogen: Selbst die klingenden Metallplättchen an den Pferdegeschirren, die ursprünglich apotropäischen Zwecken dienten, werden dem Herrn heilig sein – gleich dem Kopfschmuck des Hohenpriesters (vgl. Ex 28, 36; Sach 3, 9).

IV. In Qumran ist *sûs* 8mal belegt. Während 1 QpHab 3, 10 auf Hab 1, 8f. (s.o.) und die Belege der TR fast ausschließlich auf at.liche Belege zurückverweisen (TR 56, 16f. auf Dtn 17, 14–20; TR 61, 13 auf Dtn 20, 1–18, TR 58, 7 gehört zur weiteren qumranischen Ausgestaltung des dtn Königsgesetzes), sind nur wenige Belege aufschlußreich für qumranessenische Wertung des Pferdes: nach 1 QM 6, 8ff. hat die Reiterei im eschatologischen Entscheidungskampf eine zentrale Rolle. Nach Z. 12 sollen die hier verwendeten *sûsîm* männlich (*zkr*), schnell (*ql*) weichmäulig *(rkj ph)*, langatmig (*'rwkj rwḥ*) sein. Der Beleg 6 Q 10, 15, 3 (vgl. DJD III, 1962, 125) ist zerstört.

Stendebach

סוֹף *sôp̱*

סוף *swp*

I. 1. Wurzel und Vorkommen – 2. Formen und Belege im AT – 3. Parallelwörter und Wortverbindungen – II. Allgemeine Verwendung – 1. *swp* (hebr. und aram.) – 2. *sôp̱/sôp̱ā'* – III. Theologische Aspekte – IV. Qumran – V. LXX.

Lit.: *J. Barth*, Wurzeluntersuchungen zum hebr. und aram. Lexicon, Leipzig 1902, 32. – *E. Kautzsch*, Die Aramaismen im AT, Halle a.S. 1902, 67f., 96. – *M. Wagner*, Die lexikalischen und grammatikalischen Aramaismen im at.lichen Hebräisch (BZAW 96, 1966, 87).

I. 1. Die Wurzel *swp* ist vornehmlich im westsemit. Sprachbereich verwendet worden; neben arab. *sāfa* 'schwinden' kommt sie – mit Verb und Nomen – am häufigsten im Aram. (vgl. Kautzsch; Wagner; DISO 196; K. Beyer, Die aram. Texte vom Toten Meer, 1984, 645), im Syr. (s. Payne Smith, s.v.) und Mand. (MdD 323a) sowie im at.lichen (am meisten späteren) und nachbibl. Hebr. vor, und zwar mit der Grundbedeutung 'aufhören'/'Ende' (vgl. J. Quellette, An Unnoticed Device for Expressing the Future in Middle Hebrew, HAR 4, 1980, 127ff.).
2. Die Wortsippe *swp* ist im AT sowohl hebr. wie auch aram. belegt und weist in beiden Fällen Verb und Nomen bzw. Nomina auf. Das Verb *swp* kommt im *qal* 4mal vor (Jes 66, 17; Am 3, 15 [in Mandelkern 802 unter *sāp̱āh* 'wegnehmen' aufgeführt]; Ps 73, 19; Est 9, 28), und es hat im *hiph* 6 oder eher 4 Belege (vgl. Mandelkern 794 mit Lisowsky 129. 991): Jer 8, 13; Zef 1, 2–3, doch sind diese Stellen sehr unsicher.

Die Form *'āsop̱* Jer 8, 13; Zef 1, 2 wird gelegentlich als besonderer Inf. abs. von *swp* (*hesîp̱*) verstanden, gewöhnlich aber als Inf. abs. von *'āsap̱* 'sammeln' hergeleitet, wenn nicht in *'osep̱* geändert; dabei wird öfter *'ᵃsîp̱em* (Jer 8, 13) zu *'ᵃsîp̱ām* „ihre Ernte" geändert (s. die Komm.; GesB 539; KBL³ 72); das dreimalige *'āsep̱* Zef 1, 2f. wird auch manchmal geändert, entweder in *'osep̱* (GKa § 72aa) oder in *'æ'ᵆsop̱*. Nach BDB 692 ist *'āsop̱* (von *'āsap̱*) der Assonanz wegen gewählt worden. Die Möglichkeit ist aber m.W. bisher nicht erwogen worden, daß es sich bei *'āsop̱* (von *'āsap̱*) und bei *'ᵃsîp̱em/'āsep̱* (von *hesîp̱*) um eine Kontamination zweier Wahllesarten handeln könnte, und zwar einerseits von *'āsap̱* und andererseits von *hesîp̱*.

Das Verb *swp* würde noch einen Beleg erhalten, wenn im hap.leg. *wajᵉšassep̱* in 1 Sam 15, 33 eine *šaph'el*-Form dieses Verbs anzunehmen wäre (M. Dahood, Bibl 54, 1973, 363, im Anschluß an G. J. Thierry und L. Wächter).
Das Nomen *sôp̱* 'Ende' ist 5mal belegt, und zwar nur in jüngeren Texten: Joël 2, 20 (als Objekt); Koh 3, 11; 7, 2; 12, 13; 2 Chr 20, 16.
Im aram. Teil kommen das Verb und das Nomen *sôp̱ā'* (*sôp̱* nur in st.cstr.) vor, wobei das Verb 2mal vorkommt, und zwar 1mal in *pᵉ* (Dan 4, 30) und 1mal in *haph* (Dan 2, 44) und *sôp̱/sôp̱ā'* 5 Belege hat (Dan 4, 8. 19 [mit denen noch 4, 17 zu vergleichen ist]; 6, 27; 7, 26. 28).

3. Die Wortsippe hat an einigen Stellen direkte Parallelwörter oder steht in bestimmten Wortverbindungen, die für den Sinn des Wortes aufschlußreich sind. Beim Verb ist Am 3, 15 *'āḇᵉḏû* „sie gehen zugrunde" das Parallelwort und in Ps 73, 19 *tammû* „sie gehen zu Ende", „werden vernichtet". In Dan 2, 44 ist *taddiq* 'zermalmen' Parallelwort. Beim hebr. *sôp̱* sind zwei Opposita erwähnenswert, in Koh 3, 11 *ro'š* 'Anfang', und in Joël 2, 20, wo *sôp̱* den besonderen militärischen Sinn 'Nachhut' hat, *pānîm* 'Vorhut'. Das aram. *sôp̱* zeichnet sich durch eine gewisse Formelhaftigkeit aus (s. II. u. III.).

II. 1. Das Verb drückt im Grundstamm (*qal/pᵉ*) das Aufhören der Existenz einer Sache (seien es Häuser, Am 3, 15; Menschen, Jes 66, 17; Ps 73, 19; Gedächtnis, Est 9, 28) aus, oder daß eine Sache ihr gezieltes Ende erreicht (Dan 4, 30), und im Kausativstamm (*hiph/haph*) die Handlung, einer Sache irgendwie ein Ende zu machen, was zu Bedeutungen wie 'wegraffen' (Jer 8, 13; Zef 1, 2f.) oder 'vernichten' (Dan 2, 44) geführt hat.

2. Dementsprechend hat *sôp̱* in sehr unterschiedlichen Zusammenhängen den Sinn des Endpunktes einer Sache, sei es geographisch (2 Chr 20, 16) oder gar geographisch-global (Dan 4, 8. 19 formelhaft: *l^e sôp̱ [kŏl-]'ar'ā'* [vgl. v. 17, sonst Zef 1, 2f.; hierzu noch W. C. van Unnik, Festschr. Vriezen, Wageningen 1966, 335–349]), zeitlich oder existentiell vom Ausgang des Menschenlebens, also als Ausdruck des Todes (Koh 7, 2; vgl. Jes 66, 17; Ps 73, 19), oder auch geistig-literarisch vom Abschluß einer Ausführung (Koh 12, 13; Dan 7, 28). Mit dem Gegenbegriff „Anfang" drückt es die größte Ausdehnung aus (Koh 3, 11, hier vom Schöpfungswerk Gottes). Ganz speziell ist die militärisch-technische Verwendung in Joël 2, 20.

III. Der im Verb wie im Nomen *sôp̱* ausgedrückte Abschlußaspekt legt es nahe, daß sie in der prophetischen Gerichtsrede benutzt werden konnten; doch wurde in dieser Weise nur das Verb gebraucht (vgl. Am 3, 15; Jes 66, 17; Jer 8, 13; Zef 1, 2f.), während erst das aram. *sôpā'* in apokalyptischer Rahmung die eschatologische Formelhaftigkeit einigermaßen erhalten hat (Dan 6, 27, vgl. 7, 26; auch 2, 44), die in der früheren Prophetie Nomina wie *qeṣ* 'Ende' (vgl. M. Wagner, THAT II 659–663; sonst W. Zimmerli, BK XIII 169f.) und *'aḥ^a rîṯ* (→ I 224–228; E. Jenni, THAT I 110–118) an mehreren Stellen gekennzeichnet hat, und die ihnen im Dan-Buch noch eigen ist (vgl. etwa 8, 17. 23; 11, 27. 35. 40; 12, 4. 13). Sonst gibt das „Ende" des Todes weisheitliches Erkennen (Koh 7, 2) sowie befreienden Trost in der Anfechtung der Theodizee (Ps 73, 19, vgl. v. 17).

IV. Im Schrifttum von Qumran ist die Wortsippe relativ selten vertreten, und zwar ist das Verb nicht verwendet, das Nomen *sôp̱* 'Ende' 3mal: 1 QH 18, 30; 4 QpPs37 1, 6; 2, 7 (vgl. H. Stegemann, RQu 14, 1963, 258 Anm. 127). An allen Stellen liegt ein eschatologischer Kontext vor; der Gebrauch der Wörter kommt dem des Dan-Buches am nächsten. In 11 QPs^a Sir 21, 12 liegt ein Zitat von Sir 51, 13f. vor (*sûpāh* „Lebensende"). In Mur 45, 3 bezeichnet *sûp̱* das Ausgehen eines Getreidevorrates. Das Nomen *sôp̱* wird als Endpunkt einer Zeitspanne (Pachtdauer) verwendet (Mur 24 B 14. C 12. E 9). In einem Kaufvertrag Mur 22 (1–9, 5) wird es adverbiell verwendet in der Bedeutung „definitiv".

V. In der LXX ist von einer Reihe griechischer Wörter Gebrauch gemacht. So wird das Verb durch 7 Verben wiedergegeben (Jes 77, 17: [κατ]αναλίσκειν; Zef 1, 2–3: ἐκλείπειν; Dan 4, 30: [συν]τελεῖν; Dan 2, 44: ἀφανίζειν bzw. [Th.] λικμᾶν). Das Nomen *sôp̱* hat 5 Äquivalente, von denen πέρας (Dan [Th.] 4, 8. 19; 7, 28) und besonders τέλος (Spr 3, 11; 7, 3 [2]; 12, 3; Dan 6, 26[27]; 7, 26; vgl. sonst G. Delling, ThWNT VIII 50–58, bes. 52– 54) zu erwähnen sind (vgl. noch G. Kittel, ThWNT II 694–695). Es liegt offenbar keine eindeutige Tendenz vor, von einigen bevorzugten eschatologischen Termini abgesehen.

Sæbø

סוּף *sûp̱*

יַם סוּף *jam sûp̱*

I. 1. Herleitung, Bedeutung – 2. LXX. – II. Das sog. Schilfmeer im AT – 1. Die Aqababucht – 2. Das Meer des Auszugs – 3. Der Übergang beim Auszug – 4. Überlieferungsgeschichte.

Lit.: *G. W. Ahlström*, Judges 5:20f. and the History (JNES 36, 1977, 287f.). – *B. F. Batto*, The Reed Sea: Requiescat in Pace (JBL 102, 1983, 27–35). – *G. J. Botterweck*, Israels Errettung am Meer (BiLe 8, 1967, 8–33). – *H. Cazelles*, Les localisations de l'Exode et la critique littéraire (RB 62, 1955, 321–354). – *B. S. Childs*, A Traditio-Historical Study of the Reed Sea Motif (VT 20, 1970, 406–418). – *G. W. Coats*, The Traditio-Historical Character of the Reed Sea Motif (VT 17, 1967, 253–265). – *Ders.*, The Song of the Sea (CBQ 31, 1967, 1–17). – *Ders.*, History and Theology in the Sea Tradition (StTh 29, 1975, 53–62). – *M. Copisarow*, The Ancient Egyptian, Greek and Hebrew Concept of the Red Sea (VT 12, 1962, 1–13). – *F. M. Cross*, The Song of the Sea and Canaanite Myth (Journal for Theology and Church 5, 1968, 1–25). – *Ders.*, Canaanite Myth and Hebrew Epic, Cambridge, Mass. 1973. – *G. I. Davies*, The Way of the Wilderness. A Geographical Study of the Wilderness Itineraries in the Old Testament, London 1979. – *P. Dhorme*, Le désert de la mer (Is. XXI) (RB 31, 1922, 403–406). – *H. Donner*, Geschichte des Volkes Israel und seiner Nachbarn in Grundzügen (ATD E 4/1, 1984, 84–97). – *O. Eißfeldt*, Baal Zaphon, Zeus Kasios und der Durchzug der Israeliten durchs Meer (Beitr. z. Religionsgesch. d. Altertums 1, Halle 1932). – *F. E. Eakin*, The Red Sea and Baalism (JBL 86, 1967, 378–384). – *G. Fohrer*, Überlieferung und Geschichte des Exodus (BZAW 91, 1964). – *M. Haran*, The Exodus Route in the Pentateuchal Sources (Tarbiz 40, 1970/71, 113–143). – *M. Har-El*, The Sinai Journeys. The Route of the Exodus, San Diego 1983. – *L. S. Hay*, What Really Happened at the Sea of Reeds? (JBL 83, 1964, 397–403). – *O. Kaiser*, Die mythische Bedeutung des Meeres in Ägypten, Ugarit und Israel (BZAW 78, ²1962). – *A. Lauha*, Das Schilfmeermotiv im Alten Testament (VTS 9, 1963, 32–46). – *M. C. Lind*, Yahweh is a Warrior. Theology of Warfare in Ancient Israel, Scottdale, Penn. 1980. – *D. J. McCarthy*, Plagues and Sea of Reeds: Exodus 5–14 (JBL 85, 1966, 137–158). – *P. D. Miller, Jr.*, The Divine Warrior in Early Israel, Cambridge, Mass. 1973. – *J. A. Montgomery*, Hebraica. (2) *yam sup* („the Red Sea") Ultimum Mare? (JAOS 58, 1938, 131f.). – *A. Nibbi*, The Lake of Reeds of the Pyramid Texts and the Yam Sûph (GöttMiszÄg 29, 1978, 95–100). – *E. W. Nicholson*, Exodus and Sinai in History and Tradition, Oxford 1973. – *S. I. L. Norin*, Er spaltete das Meer (CB.OTS 9, 1977). – *M. Noth*, Der Schauplatz des Meereswunders (Festschr. O. Eißfeldt, 1947, 181–190 = ABLAK 1, 1971, 102–110). – *J. Pedersen*, Israel, Its Life and Culture. III–IV, Kopenhagen 1959, 728–737. – *K. v. Rabenau*, Die beiden Erzählungen vom Schilfmeerwunder in Exod. 13, 17 – 14, 31 (Theol. Versuche I, 1966, 7–29). – *P. Reymond*, L'eau, sa vie et sa signification dans l'Ancien Testament (VTS 6, 1958, bes. 165f.). – *J. Scharbert*, Das „Schilfmeerwunder" in den Texten des AT (Festschr. H. Cazelles, AOAT 212, 1981, 395–417). – *R. Schmid*, Meerwunder- und Landnahme-Tradition (ThZ 21, 1965, 260–268). – *J. M. Schmidt*, Erwägungen zum Verhältnis von Auszugs- und Sinaitradition (ZAW 82, 1970, 1–31). – *H. C. Schmitt*, „Priesterliches" und „prophetisches" Geschichtsverständnis in der Meerwundererzählung Ex 13, 17 – 14, 31 (Festschr. E. Würthwein 1979, 139–155). – *N. H. Snaith*, ים סוף: The Sea of Reeds: the Red Sea (VT 15, 1965, 395–398). – *J. R. Towers*, The Red Sea (JNES 18, 1959, 150–153). – *R. de Vaux*, The Early History of Israel, London 1978, bes. 376ff. – *W. A. Ward*, The Semitic Biconsonantal Root *sp* and the Common Origin of Egyptian *čwf* and Hebrew *sûp*: „Marsh (Plant)" (VT 24, 1974, 339–349). – *P. Weimar / E. Zenger*, Exodus. Geschichten und Geschichte der Befreiung Israels (SBS 75, 1975). – *G. R. H. Wright*, The Passage of the Sea (Ex 13–14) (GöttMiszÄg 33, 1979, 55–68).

I. 1. Als Bezeichnung für eine Wasserpflanze wird *sûp* in der Regel als ein Lehnwort aus äg. *ṯwf* „Papyrus" betrachtet (vgl. W. H. Schmidt, BK II 70). Dieses *ṯwf* ist jedoch erst im Neuäg. belegt (WbÄS V 359). Dem stehen die Versuche entgegen, *sûp* innersemit. herzuleiten. Dabei wird durchgängig ein biliterales Etymon postuliert:

a) Copisarow nahm ein nicht belegtes **sp* in der Bedeutung „Ende" an, das sich im Laufe der Zeit morphologisch und semantisch zu *sôp* „Ende, Grenze" (→ סוֹף) verändert habe. Daneben soll ein Nomen *sûp* existiert haben, ursprünglich in der Bedeutung „Ende, Grenze", als Bezeichnung für die Ufer des Nils, in dessen Gebiet die Israeliten während ihres Ägyptenaufenthaltes lebten. In dieser Zeit habe *sûp* dann auch die Bedeutung „Sumpf, Sumpfpflanzen" angenommen. Wie es zu diesem Übergang kam, erklärt Copisarow nicht.

b) Ward nimmt Copisarows Ansatz auf und postuliert ebenfalls ein **sp* „Schale, Becken", vgl. hebr. *sap*, ugar. *sp*, phön. *sp*, akk. *s/šappu* und äg. *śp.t*. Nach Ward sei eine Beziehung zwischen einer mit einer Flüssigkeit gefüllten Schale und einem wasserreichen, sumpfigen Gebiet einleuchtend. Die Wurzel *sp* habe selbst ursprünglich die Bedeutung „erreichen, ankommen" gehabt, woraus sich die Ableitungen *sôp* „Ende, Grenze" *sp* „Schale", „Becken" und *sûp* „Sumpfpflanze" ergeben hätten. Diese Erklärung stützt Ward allerdings nicht mit etymologischen Erwägungen, sondern mit dem geographischen Argument, daß man in Ägypten am „Ende" einer nach Norden gerichteten Reise zum Nildelta gelange, das somit die Grenze des Landes bilde.

c) Eine Ableitung von *sp* 'Schale, Becken' bietet jedoch Schwierigkeiten, da einerseits das etymologische doppelte *p* (vgl. akk. *s/šappu* [AHw 1027]; arab. *suffat* [KBL³ 720]) in *sûp* nicht vorhanden ist, vielmehr jedoch in hebr. *sippîm* 'Schalen' sich wiederfindet. Das etymologische **sp(p)* ist also im Hebr. fixiert. Andererseits läßt diese Hypothese die Herkunft des als voller Konsonant zu wertende *w* in *sûp* unerklärt.

d) Ebenso läßt sich eine im Anschluß an den Samaritanus oft postulierte Punktationsänderung in *jam sôp* „Grenzmeer" (Snaith) textkritisch nicht absichern (vgl. BHK; BHS), wie zugleich eine Textänderung aus geographischen Erwägungen heraus unzulässig ist (s.o.). Auch der Hinweis auf 1 Kön 9, 26, wo die LXX mit ἔσχατα θάλασσα „das äußerste Meer" wiedergibt, hilft nicht weiter, da eine Identifikation dieses *jam sûp* mit dem des Exodus Israels aus Ägypten nicht in Zusammenhang zu bringen ist.

Lamberty-Zielinski

Die Bedeutung 'Wasserpflanze' liegt im AT vor in Ex 2, 3. 5 (Mose im Schilf); Jes 19, 6 (Binse [*qānæh*] und Schilf im Nil verwelken) und Jona 2, 6 (Schilfgras umschlingt den Kopf des Propheten). Drei von den vier Belegen sind also auf Ägypten bezogen (vgl. B. Couroyer, RB 63, 1956, 14. 73).

2. LXX übersetzt Ex 2, 3. 5 und Jes 19, 6 mit ἕλος 'Sumpfgelände' und umschreibt in Jona 2, 6. *jam sûp* wird mit ἡ ἐρυθρὰ θάλασσα wiedergegeben (zu 1 Kön 9, 26 vgl. oben I. 1.).

II. 1. *jam sûp* ist ein zweideutiger Begriff. Er bezeichnet nicht nur das Meer des Auszugswunders („Schilfmeer"), häufig auch nur *jām* „Meer" genannt, sondern auch ein östl. Meer, das wahrscheinlich mit der Aqababucht zu identifizieren ist. Nach 1 Kön 9, 26 baut Salomo eine Flotte in Ezjon-Geber, „das bei *'elôṯ* (LXX Αἰλαθ) an der Küste des *jam sûp* im Lande Edom liegt". Der Paralleltext 2 Chr 8, 17 hat nur „an der Küste im Lande Edom". Jer 49, 21 ist auch deutlich mit Edom verbunden, sonst ist die Lokalisierung mit großen Problemen verbunden. In Num 33, 10f. ist wohl von der Aqababucht die Rede; der Zug durch das Meer wird schon in v. 8 erwähnt, ohne daß ein Name genannt wird. Auch bei der Bestimmung der Grenzen des Landes in Ex 23, 31 könnte *jam sûp* die Aqababucht bezeichnen (Montgomery 132): „vom *jam sûp* bis zum Philistermeer und von der Wüste bis zum Strom" (vgl. 1 Kön 9, 26). Eine ähnliche geographische Terminologie findet sich auch in der Wegbeschreibung Ex 13, 17f.: „der Weg ins Philisterland ... der Weg durch die Wüste zum (?) *jam sûp*", die aufgrund ihrer schwierigen Syntax (*dæræḵ hammiḏbār jam-sûp*) wohl als sekundär ergänzt aufzufassen und daher geographisch unbrauchbar ist (vgl. die syntakt. richtigen Formulierungen in Num 14, 25; 21, 4; ohne expliziten Bezug zur Wüste Dtn 1, 40; 2, 1). Vielleicht gehört auch Ex 10, 19 hierher. Nach v. 13 schickte JHWH den Ostwind (*rûaḥ qāḏîm*) aus der Wüste, der Heuschrecken brachte; dann warf ein Westwind die

Heuschrecken ins *jam sûp* (Aqababucht? vgl. de Vaux 377).

Die Relation zwischen Meer und Wüste gibt gewisse Hinweise zur Lokalisierung des „Schilfmeers". Die Wüste ist die Gegend von Kadesch Barnea. In den genannten Texten liegt das Meer östl. von oder im Anschluß an die Wüste. Auch aus der Konstellation der einzelnen Exodusmotive ist keine zwingende geographische Aussage abzuleiten, da diese Motive unterschiedlich kombiniert werden können (vgl. Ps 78, 51–53). Jer 49, 21 enthält aber durch das Wort *ṣeʿāqāh* eine Andeutung auf die Ereignisse beim Auszug (vgl. Ex 14, 11; Jos 24, 7).

2. Es gibt aber auch ein anderes *jam sûp*, wenn die Wüsten Sin, Schur, Paran und Etan die Gegend von Kadesch Barnea meinen und die Wüstenwanderung logisch nach der Errettung am Meer erfolgt ist. Mehrere Texte verlegen *jam sûp* westl. von der Wüste und an die Ostgrenze Ägyptens. Durch dieses Meer ziehen die Israeliten trockenen Fußes, während die sie verfolgenden Ägypter in dem zurückflutenden Wasser ertrinken (Ex 15, 4. 22; Dtn 11, 4; Jos 2, 10; 4, 23; 24, 6; Ps 106, 7. 9. 22; 136, 13ff.; Neh 9, 9). Für die Lokalisierung dieses Meeres ist fast jedes Gewässer zwischen dem Mittelmeer und der Suezbucht in Anspruch genommen worden (s. Cazelles; Donner 92ff.). Dies resultiert aus der Gleichsetzung des äg. *pꜣ ṯwf* mit dem hebr. *jam sûp* als Bezeichnung eines Sumpfgebietes im NO des Nildeltas, für das es verschiedene Lokalisierungsvorschläge gibt (vgl. Bietak, LexÄg V 629–634). Wenn man ein „Meer" sucht, an dem Papyrus (*sûp*) wächst, kann nur ein See von geringer Tiefe oder ein Sumpf in Frage kommen, wobei an die Gegend des östl. Nildeltas zu denken ist. Dem muß nicht widersprechen, daß in den Durchzugsüberlieferungen das Meer als tief, und die Wassermassen als gewaltig dargestellt werden, weil quellenspezifisch mit unterschiedlich intensiver Mythologisierung zu rechnen ist.

Die Frage ist, wie das Meer des Auszugs den Namen *jam sûp* erhalten hat. Die Verbindung mit Ägypten, wo bekanntlich Papyrus vorkommt (Ex 2, 3. 5; Jes 19, 6), kann eine sekundäre Namenbildung und eine Verwechslung mit dem ursprünglichen *jam sôp*, dem 'Grenzmeer', verursacht haben. In einigen Texten (wie Ex 15, 4; Jes 24, 6; Ps 106, 7) steht *jam sûp* als Verdeutlichung von *jām* mit Bezug auf das Meer des Auszugs (späterer Zusatz? vgl. Norin 94. 105). Ähnlich argumentiert Batto im Anschluß an Snaith, der meint, daß *jam sûp* auf das Urmeer hinweist: es ist das *jam sôp*, das Meer am Ende (des Landes), dessen Grenzen niemand kennt (vgl. jedoch oben I. 1.). Batto (31ff.) findet eine Stütze dafür in Jona 2, 6, wo *sûp* nichts mit Vegetation zu tun hat, sondern mit „Vernichtung" zu übersetzen ist (vgl. auch Ahlström 287).

3. Der Durchzug durch das Meer ist in der Überlieferung zur alles übersteigenden Heilstat geworden. Im Unterschied zu vorexil. Texten wird das Spalten des Meeres vor allem in P (vgl. E. Zenger, VTS 32, 1981, 452–483; N. Lohfink, VTS 29, 1978, 189–225) in formelhaften, mythologischen Kategorien beschrieben. Wie in der kanaan. Mythologie stehen das Meer und der Fluß als Parallelausdrücke für die von JHWH besiegten Chaosmächte (Jes 11, 15; 50, 2; Nah 1, 4; Sach 10, 11; Ps 66, 5f.; 74, 13ff.; 89, 26; 114, 3ff.). Im allgemeinen ist eine deutliche Assoziation zum Auszugswunder vorhanden, aber das Meer wird nicht mit Namen genannt (Jes 11, 15 spricht jedoch von der „Bucht des ägyptischen Meeres"). Es ist offenbar, daß das Ereignis die Form des Mythos erhalten hat und daß es um die Schöpfung Israels, um sein Volkwerden geht. Dieselbe Bildsprache wird für die Wiederherstellung in der Zukunft gebraucht. Jes kennt nicht *jam sûp* (nur *sûp* in 19, 6, wo aber die Beziehung auf Ägypten klar ist). In 10, 26 heißt es: „Er erhebt seinen Stab über das Meer wie in Ägypten" (vgl. auch Jes 43, 2 und 43, 16f. „er bahnt einen Weg durchs Meer, einen Pfad durch das gewaltige Wasser"). Dasselbe Thema kehrt 51, 9ff. wieder, wo verkündet wird, daß die Exulanten auf dieselbe Weise aus Babel heimkehren werden. Es ist zu bemerken, daß auch der Prosabericht Ex 14, 2ff. das Meer nicht mit Namen nennt. Das Meer liegt hier westlich von der Wüste (v. 3), obwohl sich das Volk in der Wüste befindet. Das Meer als „die Mauer Ägyptens" wird Nah 3, 8 erwähnt.

In den heilsgeschichtlichen Darstellungen des Meeresdurchzugs hat das Wortfeld einen mehr oder weniger mythologischen Charakter. Das Ereignis ist über Geographie und Geschichte erhaben (vgl. Hay; Coats, StTh). Die Rolle Moses wird kaum erwähnt. JHWH ist das Subj. der Verben, die das Besiegen des Meeres (oder Flusses) beschreiben. Die Verben, die dabei gebraucht werden, sind *bāqaʿ* 'spalten' (Ex 14, 16. 21; Neh 9, 11; Ps 74, 15; 78, 13), *gāʿar* (→ גער) 'schelten' (Jes 50, 2; Nah 1, 4; Ps 106, 9), *nkh hiph* (Sach 10, 11), *ḥrm hiph* (Jes 11, 15, wohl *ḥrb* zu lesen), *jbš* (→ יבש) *hiph* 'austrocknen' (Jos 2, 10; 4, 23; Sach 10, 11), *hāpaḵ lejabbāšāh* (Ps 66, 5), *ṣwp hiph* 'fluten lassen' (Dtn 11, 4), *māšal* 'beherrschen' (Ps 89, 10), *rāgaʿ* 'erregen' (Ijob 26, 12), *šbḥ pi* 'zur Ruhe bringen' (Ps 65, 8). Ferner heißt es, daß er Wagen und Reiter ins Meer warf (*jārāh*, Ex 15, 4) oder Pharao und sein Heer ins Meer trieb (*nʿr*, Ex 14, 27; Ps 136, 5) und daß das Meer die Feinde bedeckte (Ex 15, 16; Dtn 11, 4; Jos 24, 7; Ps 78, 53; 106, 11). → ים *jām*.

Der Zweck des göttlichen Handelns, wie es auch beschrieben wird, ist immer, einen Weg oder trockenen Boden im See zu schaffen, so daß Israel durchziehen (*ʿāḇar*) kann. JHWH läßt das Volk durchziehen (*hiph*: Sach 10, 11; Ps 78, 13; 136, 14), das Volk zieht hindurch (*qal*: Ex 15, 16; Ps 66, 6). Er bahnt einen Weg durchs Meer (Jes 43, 16; 51, 10f.; Ps 77, 20) oder schafft trockenen Boden (Jes 50, 2; Ps 106, 9; Neh 9, 11; ferner, mit *jabbāšāh*: Ex 14, 16. 22. 29; 15, 19; Jos 4, 22; Ps 66, 6; 95, 5). Dabei bedient er sich des Windes (Sturmes) (*rûaḥ*, *sûpāh*, *seʿārāh*, *saʿar*), Begriffe, die oft in Theophanieschilderungen vorkommen, um die Kraft JHWHs hervorzuheben. Wie der Wind die Wasser der Flut zum Sinken bringt (Gen 8, 1), so wird das Meer durch den Ostwind gespalten (Ex 14, 21 ff.; 15, 8). Der Ostwind ist ein trockener Wüstenwind (Gen 41, 6. 23; Ex 10, 13), der „Wind JHWHs" genannt wird (Hos 13, 15). In der poetischen Version des Auszugswunders läßt JHWH seinen Wind wehen, um die Ägypter zu ertränken (Ex 15, 10; vgl. Dtn 11, 4; Jos 24, 7; Ps 78, 53; 106, 11).

Die dramatischen Ereignisse am *jam sûp̱* sind im J-Anteil von Ex 14 durch die Wucht der Elemente gekennzeichnet, dabei spielt der Sturm eine bedeutsame Rolle. Es handelt sich demnach nicht um ein mit Papyrus bewachsenes Meer. Die wenigen Angaben über *jam sûp̱* als Anspielung auf die Aqababucht charakterisieren es als ein Meer der Stürme. So wurden die Schiffe Joschafats im Hafen zerstört (1 Kön 22, 49 || 2 Chr 20, 36). Vielleicht weisen die Ortsnamen *sûp̱* und *sûp̱āh* (Dtn 1, 1; Num 21, 14) in dieselbe Richtung. Der gemeinsame Nenner für *jam sûp̱* = Aqaba und das Meer des Auszugs ist der starke Wind. Dies trifft aber auch auf andere Gegenden zu. So weist Eissfeldt auf den Sirbonischen See hin, in dem durch Wind und Treibsand in der Antike ganze Heere vernichtet worden seien (61 ff.). Aber der Durchzug auf trockenem Boden macht das Ereignis zum Schöpfungsakt, bei dem das Trockene wie bei der Weltschöpfung sichtbar wurde (Gen 1, 9). Das Meer des Auszugs ist kaum ein geographisches, sondern ein mythologisches Meer (Reymond 172 ff.).

4. Der überlieferungsgeschichtliche Befund ist unklar. Der Schilfmeerkomplex steht zwischen der Schilderung der Plagen in Ägypten und der Wüstenwanderung. Nach der allgemeinen Auffassung sind alle drei Pentateuchquellen vertreten. In Einzelheiten divergieren die Meinungen, aber im allgemeinen wird zu J gerechnet: Ex 12, 37 f.; 13, 20–22; 14, 5b–6. 10b. 13f. 20. 21a. 24. 25b. 27ab. 30. 31; zu E Ex 13, 17–19; 14, 5a. 7. 11f. 19a. 25a und zu P Ex 14, 1–4. 8–10a. 15–18. 21ab. 22f. 26. 27a. 28f. (Donner 93). Die J-Version schildert, wie der Ostwind das Meer austrocknet und Israel dabeisteht und zuschaut, während die Ägypter verwirrt werden und in den Wassermassen ertrinken. Von einem Durchzug ist bei J nicht die Rede! Nach der anderen zusammenhängenden Version von P agiert Mose mit dem Stab, so daß das Wasser sich spaltet und auf beiden Seiten wie eine Mauer steht. Nach dem Durchzug streckt Mose seinen Stab aus und die Wasser kehren zurück (Norin 21 ff.). Nach Noth bilden die Ereignisse am Meer den Kern der Exodusüberlieferung, aber der Schilfmeerkomplex gehört weder zum Passah noch zu den Plagen (gegen Pedersen). Das Wunder am Schilfmeer kommt ganz unerwartet (Noth, ATD 5[6], 82). Nach Coats gehört jedoch die Meer-Episode nicht zur Exodusüberlieferung, weil die Formel „JHWH hat uns aus Ägypten herausgeführt" mit ihr nicht verbunden ist; sie gehört dagegen zur Wüstenwanderung. Die großen Inkonsequenzen des Textes hat auch Childs (407 ff.) veranlaßt, die Meer-Episode in JE als einen Teil der Wüstenwanderung aufzufassen, während sie in P einen Teil der Exodusüberlieferung ausmacht. Nach dieser Auffassung enthält J nichts über den Durchzug durch das Meer. Demnach würde die Meer-Episode im Überlieferungsprozeß allmählich von der Wüstenüberlieferung auf den Exodus übertragen worden sein, um endlich einen zentralen Platz im Auszugsbericht zu erhalten. Das Wunder am Meer wurde zum Höhepunkt der Befreiung aus Ägypten. Den Beweis hierfür findet Childs in Ps 106, 13 ff. und Neh 9, 9 ff. Im letzteren Text ist endlich die Meer-Überlieferung mit dem Auszug vollends identifiziert worden.

Geographisch würde der Sirbonische See auf die P-Überlieferung passen (vgl. Ex 14, 2); dies bringt jedoch Schwierigkeiten mit sich, da P das Exodusgewässer nicht *jam sûp̱*, sondern nur *jām* nennt; andererseits wird nach P das *jam sûp̱* erst nach (!) der Wüstenwanderung erreicht (vgl. Num 33, 10). Trotz genauer Analyse der Texte ist es unmöglich zu entscheiden, wo das Meer des Auszugs lag. Der Überlieferungsprozeß führt zur Mythologisierung des Ereignisses, so daß es als eine Handlung, die nur JHWH allein ausführen kann, gezeichnet wird.

Ottosson

סוּפָה *sûp̱āh*

I. Vorkommen, Etymologie und Synonyme – 1. Vorkommen – 2. Etymologie – 3. Synonyme – II. Bedeutung und Verwendung – 1. *sûp̱āh* als Naturerscheinung – a) in der Naturweisheit – b) im theologischen Kontext – 2. *sûp̱āh* als Metapher – a) militärisch – b) theologisch – c) weisheitlich – III. LXX.

Lit.: *M. Dahood*, Hebrew-Ugaritic Lexicography VII (Bibl 50, 1969, 342). – *H. Lugt*, Wirbelstürme im Alten Testament (BZ 19, 1975, 195–204).

I. 1. Das Nomen *sûp̱āh* mit der Bedeutung 'Sturmwind' findet sich im AT 15mal; bei Sir gibt es einen Beleg (Sir 43, 17), ebenso in den Qumranschriften (CD 19, 25). Der Num 21, 14 vorkommende Ortsname *sûp̱āh*, eine Örtlichkeit im Lande Moab, soll hier außer Betracht bleiben (vgl. GTTOT § 441 Anm. 229).

Die nachher im einzelnen zu behandelnden Stellen, an denen *sûp̱āh* Verwendung findet, zeigen deutlich, daß dieses Wort in die poetische Sprache gehört, denn alle diese Stellen stehen in den prophetischen und weisheitlichen Schriften des AT. Dieser singuläre Gebrauch wird durch die Tatsache begleitet, daß in den verwandten semit. Sprachen *sûp̱āh* bisher nicht belegbar ist. G. Dalman, AuS I, führt das Wort *sûp̱āh* im Register der hebr. Worte nicht auf, da es offenbar keine heute mehr gebräuchliche Bezeichnung eines Windes darstellt, wiewohl Vorkommen und Wirkung verschiedener Windarten detailliert dargestellt werden. Nach H. Lugt (202) ist das Wort *sûp̱āh* an den meisten Stellen seines Vorkommens mit dem meteorologischen Begriff des „Wirbelwindes" wiederzugeben, den er auch sachkundig erklärt.

2. Die von Gesenius, Thesaurus 943, genannte Bedeutung „*turbo, quippe qui omnia abripiat*", hergeleitet von der Verbwurzel *sûp̱* I „rapere, auferre", bestä-

tigt sich in der Verwendung des Wortes (s. u. II.) und findet mit der Wiedergabe durch „raffender Sturmwind, Windsbraut“ (GesB 539) eine zutreffende Übersetzung. KBL³ stellt es mit *swp* 'zu Ende gehen' (→ סוף) zusammen.

3. Als synonyme Begriffe finden sich *saʿar/seʿārāh/śeʿārāh* (Jes 29, 6; Nah 1, 3; Ps 83, 16; Sir 43, 17), weiterhin *rûaḥ qāḏîm* 'Ostwind' (Ijob 27, 21), *mezārîm* (Ijob 37, 9) und *ʿalʿol* (Sir 43, 17) 'Nordwind' sowie *šô'āh* (Spr 1, 27) 'Donnerwetter'. Eindeutig ist, daß *sûpāh* eine heftigere Luftbewegung meint, als es gemeinhin *rûaḥ* ausdrückt, was das Sprichwort Hos 8, 7 bestätigt: „Ja, Wind säen sie, und Sturm mähen sie“ (Übers. nach H. W. Wolff, BK XIV/1³, z. St.). In 1 Kön 19, 11 wird darum auch *rûaḥ geḏôlāh* gebraucht, um die Heftigkeit des JHWHs Kommen begleitenden Sturmes zu kennzeichnen. Ein weiterer Unterschied zwischen *sûpāh* und *rûaḥ* besteht darin, daß letzterer den notwendigen Regen mit sich bringt, während dieser nur Unheil und Vernichtung nach sich zieht (→ מטר *māṭār*, IV 834).

II. 1. a) In zwei Gedichten des Ijob-Buches finden sich Belege für die Naturweisheit jener Zeit: Ijob 38, 1 – 39, 30 demonstriert JHWH mit seinen Fragen, die den Bereich der belebten und unbelebten Natur berühren, seine unergründliche Weisheit. Vorher hat bereits Elihu (Ijob 32, 2) Ähnliches versucht, wobei vor allem meteorologische Phänomene wie Regen, Wind und Gewitter genannt werden (Ijob 36, 27 – 37, 12). Diese Naturerscheinungen werden unmittelbar mit der Person JHWHs in Verbindung gebracht: „Aus der Kammer kommt der Sturmwind und vom Nordwind Kälte, aus dem Gottesatem bildet er Eis“ (Ijob 37, 9f.; zur Übersetzung von *mezārîm* vgl. KBL³ 537 und G. Fohrer, KAT XVI 481). Es sind die gleichen Vorstellungen, wie sie sich in Ps 104, 4 finden. Ähnlich äußert sich Sir 43, 17: „Der Wirbelwind des Nordens, Sturm und Wetter, wie Funken schüttelt er seinen Schnee“ (Übers. nach G. Sauer, JSHRZ III/5, 613).

b) Steht bei den bisher behandelten Stellen der Gedanke im Vordergrund, daß JHWH der Urheber dieser Naturphänomene ist, so beschreibt Nah 1, 3 diese als Begleiterscheinungen seines Kommens. „Wenn (3b) plötzlich ein Sturm- oder Wirbelwind losbricht, unheimlich durch die Urgewalt seiner Stärke, dann ist Jahwe unterwegs (vgl. Jes 29, 6; Ps 83, 16), und die ziehenden und rasch wechselnden Wolken ... sind die Wirkung seines Schreitens“ (W. Rudolph, KAT XIII/3, 155).

In diesem Zusammenhang ist aber nicht an eine Theophanie im eigentlichen Sinne zu denken; sie steht sonst im AT mit Donner, Blitz und Erdbeben, aber nicht mit einem Sturmwind in Verbindung. J. Jeremias, Theophanie (WMANT 10, 1965) führt deshalb in seinem hebr. Wortregister *sûpāh* nicht auf. Die Stelle 1 Kön 19, 11f. muß hier außer Betracht bleiben, da hier gerade betont wird, daß JHWH nicht in der *rûaḥ geḏôlāh* zu finden ist. Die Verbindung JHWHs mit den meteorologischen Naturerscheinungen macht aber deutlich, daß das at.liche Gottesbild Elemente der außerisraelit. Anschauungen von Wettergottheiten aufgenommen hat (vgl. L. Köhler, ThAT ⁴1966, 8f.; H. J. Kraus, BK XV/2⁵, zu Ps 83, 16).

2. Sieht man von diesen drei Stellen ab, so findet sich *sûpāh* sonst nur als Metapher, jedoch in den unterschiedlichsten Zusammenhängen.

a) Jes 5, 28 beschreibt die heranrückende Heeresmacht der Assyrer mit den Worten: „Die Hufe seiner Pferde sind wie harter Fels zu achten und seine Wagenräder wie der Sturmwind.“ Mit ähnlichen Worten schildert Jer 4, 13 den geheimnisvollen „Feind aus dem Norden“. In beiden Fällen ist *sûpāh* Synonym für die Kriegswagen (*mærkāḇāh*) bzw. deren Räder (*galgal*). In Jes 66, 15 sind es JHWHs eigene Kriegswagen, die dem Sturm- bzw. Wirbelwind gleichen. Mit dem Sturmwind verglichen werden auch Medien und Elam als die Mächte, die Babylon hinwegfegen werden (Jes 21, 1). Am 1, 14 schildert mit dem Bild vom verzehrenden Feuer und dem „Tag des Unwetters“ das von JHWH an Ammon zu vollziehende Strafgericht.

b) Der von JHWH ausgehende Sturmwind ist sodann ein Bild für sein rettendes Eingreifen zugunsten seines Volkes in den politischen oder eschatologischen Bedrängnissen. Jes 29, 6 retten *sûpāh* und *seʿārāh* JHWHs das mit „Ariel“ benannte Jerusalem (ähnlich Jes 66, 15); Ps 83, 16 schildert die Vernichtung der Nachbarvölker Israels Edom, Ammon und Assur unter Hinweis auf JHWHs Hilfe in der Richterzeit (v. 10, ähnlich Jes 17, 13). Dabei werden die Feinde oftmals verglichen mit Spreu (*qaš* Ps 83, 16; → מץ *moṣ* Jes 17, 13; Ijob 21, 18), Stroh (*tæbæn* Ijob 21, 18) oder den sich zu radartigen Gebilden zusammenballenden vertrockneten Disteln (*Gundelia Tournefortii* L., hebr. *galgal* Jes 17, 13; Ps 83, 16; vgl. dazu G. Dalman, AuS I 53; H. J. Kraus, BK XV/2⁵ zu Ps 83, 16; M. Zohary, Pflanzen der Bibel, 1983).

c) Wie im militärisch-politischen Bereich ist auch in der Umgebung des einzelnen der Sturmwind *sûpāh* Synonym für Unheil und Untergang. Während Ijob 27, 20; Spr 10, 15 *sûpāh* den von JHWH verursachten Untergang des Gottlosen (→ רשע *rāšāʿ*) symbolisiert, ist es in Hos 8, 7 der Mensch selber, der durch seine Untat großes Unglück über sich und andere herbeiführt. In diesem Sinn ist wohl auch CD 19, 25 zu verstehen; der von der „Gemeinde des neuen Bundes im Lande Damaskus“ Abtrünnige „geht nach dem Wind (*rûaḥ*) und trägt Sturmwinde (*sûpôṯ*) und predigt den Menschen lügnerisch“ (vgl. E. Lohse, Die Texte aus Qumran, ²1971, 102f. – Hier findet sich übrigens die gleiche Klimax von *rûaḥ* und *sûpāh* wie in Hos 8, 7).

Dagegen wird in Spr 1, 27 das Bild vom Sturmwind ausdrücklich als Vergleich gekennzeichnet: „Wenn euer Schrecken kommt wie ein Wetter, und euer Unglück wie ein Sturmwind heranzieht, wenn über euch kommen Angst und Enge ...“ (vgl. B. Gemser, HAT I/16², 22). Ijob 21, 18 führt das Bild wieder weiter aus: hier wird der Gottlose wie sonst die Feinde

Israels (Jes 17, 13; Ps 83, 14ff.) mit der Spreu verglichen, die durch den das Unglück symbolisierenden Sturmwind fortgeweht wird (*gnb* hat hier die Bedeutung von „entführen"; zum Bilde vgl. auch Ps 1, 4).

III. Die LXX gebraucht für *sûpāh* 7 verschiedene Wörter, vor allem καταιγίς (8mal), ὀργή (Ps 83, 16; vgl. ThWNT V 399. 412) und συντέλεια (2mal).

Beyse

סוּר *sûr*

סָרָה *sārāh*

I. Etymologie und Vorkommen – II. Wortfeld und konkrete Bedeutung – III. Übertragene Verwendung – 1. Abweichen vom rechten Lebenswandel – 2. Abweichen von den Geboten – 3. Abweichen von JHWH – 4. Abweichen vom Wege des Vaters – 5. JHWHs Abweichen von Personen – 6. Abweichen vom Bösen – IV. *sārāh* – V. Qumran.

Lit.: *S. E. Balentine*, A Description of the Semantic Field of Hebrew Words for „hide" (VT 30, 1980, 137–153). – *M. Dahood*, Hebrew-Ugaritic Lexicography VII (Bibl 50, 1969, 337–356, bes. 343). – *E. Jenni*, Dtn 19, 16: *sarā* „Falschheit" (Festschr. H. Cazelles, AOAT 212, 1981, 201–211). – *L. Kopf*, Arabische Etymologien und Parallelen zum Bibelwörterbuch (VT 8, 1958, 161–215). – *S. Schwertner*, סור *sūr* abweichen (THAT II 148–150). – *J. A. Thompson*, A Proposed Translation of Isaiah 8, 17 (ExpT 83, 1971/72, 376).

I. *sûr* ist in den semit. Sprachen wenig verbreitet. Es findet sich in akk. *sâru* 'kreisen, tanzen' (AHw 1031 f.), im ugar. PN *bʿlsr* (PNU 184), im Phön. und Pun. als Verb mit Akk.-Obj. in der Bedeutung 'entfernen' (DISO 191) und im asarab. *śwr* 'abtrennen' (Biella 503 f.).

Die *qal*-Form ist im AT 158mal, das *hiph* 133mal belegt. Ein *polel* liegt Klgl 3, 11 und ein *hoph* Lev 4, 31. 35; 1 Sam 21, 7; Jes 17, 1; Dan 2, 11 vor. Die Streuung des Verbs ist ziemlich gleichmäßig. Eine Konzentration finden wir in Sam, Kön, Chr und Jes.

In Jer 2, 21, wo Gott sagt, er habe Israel als Edelrebe gepflanzt, sie habe sich aber in *sûrê haggæpæn* verwandelt, liest BHS (vgl. KBL³ 707 zu *sûr* I) nach Duhm *lᵉsôrijjāh gæpæn* und verbindet es mit jüd.-aram. *sᵉrî* 'stinken' (Targ Ex 7, 18. 21; Spr 11, 22). In Jes 5, 2. 4 heißt es *bᵉʾušîm*, d. h. schlechte, saure Trauben, „Herlinge". Parallel mit *śoreq* in v. 21 a erwartet man in v. 21 b ebenfalls ein Subst. Vielleicht liegt ein sonst unbekanntes *sûr* (von *sûr* 'abweichen') vor, also „abweichende", entartete Trauben, im Gegensatz zu *zæraʿ ʾᵉmæṯ* (v. 21 a: „ein echtes Gewächs"). Das paßt zu *gæpæn nŏḵrijjāh* (v. 21 b: verwilderter Weinstock). In Jes 8, 11 sollte man mit 1 QJesᵃ *wajᵉsîrenî* (*hiph* von *sûr*) statt MT *wᵉjissᵉrenî* (von *jsr*) punktieren (H. Wildberger, BK X/1², 334).

In einzelnen Stellen werden die Buchstaben *s* und *ś* verwechselt. So ist in 1 Sam 22, 14 mit LXX und Targ *śar* 'Leiter, Befehlshaber' statt *sār* 'abweichend' zu lesen und umgekehrt in Hos 9, 12 *bᵉsûrî mehæm* statt *bᵉśûrî mehæm* (s. u. III. 5.). Dagegen braucht man nicht mit BHS die Wendung *sārê sôrᵉrîm* (Jer 6, 28) in *śarê sôrᵉrîm* zu ändern (s. u. III. 3.). M. Dahood hat vorgeschlagen, die Wendung *histîr pānîm* „das Gesicht verbergen" als ein *hiph* von *sûr* mit eingefügtem *t* zu interpretieren. Es würde sich dann um ein Abwenden des Angesichts handeln. LXX stimmt hiermit überein, denn fast ausnahmslos (außer Ijob 13, 24; 34, 29) übersetzt sie mit ἀποστρέφειν (Or 32, 1963, 498). Wenn das zutreffen sollte, würden die Belege von *sûr* um ungefähr 30 Stellen erhöht werden. J. A. Thompson (ExpT 83, 376) übernimmt diese Deutung für Jes 8, 17, sie wird aber abgelehnt von S. B. Wheeler (The Infixed -t- in Biblical Hebrew, JANES 3/1, 1970/71, 28–31) und A. S. van der Woude (THAT II 453).

sûr hat in der LXX kein spezielles Äquivalent, es finden sich mehr als 40 verschiedene Wiedergaben, vor allem ἀπέρχεσθαι, ἀποστρέφειν, ἀποσχίζειν, ἐξαίρειν, ἐπιστρέφειν, ἐκκλίνειν, ἀφιστάναι.

II. Das Verb *sûr* bedeutet 'abbiegen, abweichen (vom Wege)'. Die Kühe vor dem Wagen mit der Lade „gingen geradewegs in Richtung Bet-Schemesch, sie folgten genau der Straße und wichen weder nach rechts noch nach links ab" (1 Sam 6, 12). Gegensatz von *sûr* ist 'geradeaus gehen' (*jšr pi*), auf dem Wege wandeln (2 Kön 22, 2). Nicht weniger als 14mal begegnet die Wendung „weder nach rechts noch nach links abweichen" (Num 20, 17; 22, 26; Dtn 2, 27; 5, 32; 17, 11. 20; 28, 14; Jos 1, 7; 23, 6; 1 Sam 6, 12; 2 Sam 2, 19. 21; 2 Kön 22, 2; 2 Chr 34, 2). Mose schickt z. B. Gesandte an Sihon, den König von Heschbon, mit der Botschaft: „Ich will durch dein Land ziehen; ich werde mich genau an den Weg halten und nicht abbiegen nach rechts noch nach links" (Dtn 2, 27). Ähnlich wird → נטה *nāṭāh* gebraucht. Die beiden Verben stehen parallel in Jes 30, 11: „Weicht ab (*sûr*) vom Wege, biegt ab (*nṭh hiph*) vom Pfade!" Andere sinnverwandte Verben sind → עזב *ʿāzaḇ* 'verlassen' (Jer 17, 13 a b), → סוג *sûḡ* 'abweichen, abtrünnig sein' (Ps 14, 3; 53, 4), *śāṭāh* 'auf Abwege geraten, abweichen' (Spr 4, 15; 7, 25), → מוש *mûš* 'von der Stelle weichen' (Ex 13, 22), *jāṣāʾ min* 'ausziehen von' (Jes 52, 11), → סבב *sāḇaḇ* in seiner Grundbedeutung 'abbiegen' (z. B. Num 34, 4; Ez 1, 9; Jos 7, 9) sowie → זור *zûr* 'sich abwenden' (Ijob 19, 13; Ez 14, 5). Aram. *zûr* entspricht im Targ einige Mal hebr. *sûr* (Gen 19, 2; Num 16, 26).

Der Ausgangspunkt des Abweichens wird meist nicht genannt, wohl aber das Ziel, z. B.: „Mose sprach: Ich will doch abbiegen, um mir diese große Erscheinung anzusehen" (Ex 3, 3; vgl. Ri 14, 8). „Wer will abbiegen, um nach deinem Wohl zu fragen?" (Jer 15, 5). Das Abbiegen vom Wege hat oft mit einer Einladung, in jemandes Haus einzukehren, zu tun. Lot saß im Stadttor von Sodom, er sah die Engel und sprach: „Meine Herren, biegt doch ab in das Haus eures Knechtes ... und sie bogen ab zu ihm und kamen in sein Haus" (Gen 19, 2f.). Als der Löser vorüberkommt, lädt Boas ihn ein: „Bieg ab, setze dich hierher!" (Rut 4, 1). Ähnliche Redewendungen finden sich Ri 4, 18; 18, 3; 19, 11 f. 15; 20, 8; 1 Kön 20, 39; 2 Kön 4, 8. 10f.; Jer 15, 5; Spr 9, 4. 16. Auch das *hiph* kann diese Bedeutung haben, z. B. „David ließ nicht die Lade zu sich in die Stadt abweichen", d. h. ließ sie nicht in die Stadt bringen (2 Sam 6, 10, par. 1 Chr 13, 13). In Übereinstimmung hiermit muß im Talmud aram. *sajjer* oft mit 'besuchen' übersetzt werden: der Mann, der seinen Besitz am Sabbat besucht, sündigt (bGittin 38b, vgl. bMets 76b: Hullin 105a).

Das Ziel der Richtungsänderung wird mit *l^e* oder *'æl* angegeben, z. B. „Laßt uns doch gehen und abbiegen zu dieser Jebusiterstadt (*'æl 'îr*), um in ihr zu übernachten" (Ri 19, 11). Ri 20, 8 hat *hālak̠ l^e* als Äquivalent von *sûr l^e*: „Nicht gehen wir, jedermann zu seinem Zelt, nicht weichen wir, jedermann zu seinem Haus."

Wovon abgewichen wird, wird mit *min* angegeben: „Die Wolkensäule wich nicht von ihnen (*me'^alêhæm*), sie auf dem Wege zu leiten" (Neh 9, 19). „Die Hundsfliege wird von Pharao, seinen Dienern und seinem Volke (*mippar'oh* usw.) weichen" (Ex 8, 25). Der Prophet mahnt das Volk, das Land der Verbannung zu verlassen: „Biegt ab (*sûr*), zieht (*jāṣā'*) von dannen!" (Jes 52, 11). Es gibt eine Verheißung, daß Gott „den Fuß Israels nicht mehr weichen läßt aus dem Lande" (2 Chr 33, 8).

Nicht immer ist das Verlassen eines Weges vorausgesetzt. Sachen können von ihrer Stelle „weichen", wenn sie entfernt oder vernichtet werden. *sûr* bekommt dann die Bedeutung 'verschwinden'. Im DtrGW wird formelhaft von Königen gesagt, daß während ihrer Regierungszeit, obwohl sie gut handelten und fromm waren, die Opferhöhen nicht „verschwanden" (1 Kön 15, 14; 22, 14; 2 Kön 12, 4; 14, 4; 15, 4. 35); 2 Chr 15, 17 sagt deutlich *mijjiśrā'el* „aus Israel". Die LXX hat an verschiedenen Stellen ein *hiph* gelesen und übersetzt demnach „entfernen, beseitigen". Auch das Lärmen der Schlemmer (Am 6, 7, vgl. 5, 23), das Zechgelage (Hos 4, 18, vgl. 1 Sam 1, 14) oder die Bitterkeit des Todes (1 Sam 15, 32) können entweichen oder verschwinden.

Die Konstruktion *sûr 'al* 1 Kön 22, 32 ist einmalig. LXX und die Parallelstelle 2 Chr 18, 31 lesen *wajjāsobbû* von *sbb* 'umzingeln'. Die Verbindung *sbb 'al* ist aber auch selten (nur noch Ijob 16, 13). Es ist möglich, daß die Präp. *'al* hier die Bedeutung 'hinab auf' hat (KBL² s.v. 6). Dann wird vorausgesetzt, daß die Syrer sich in einer strategisch günstigen Lage befinden und von oben den Feind im Tale angreifen können. *'al* kann aber auch den Begriff der Last oder Übermacht ausdrücken (KBL² s.v. 8; in KBL³ wäre die Stelle s.v. 5 „gegen" einzubringen). *sbb niph* hat auch die Bedeutung 'umbiegen, Richtung ändern'. Wenn das mit feindlichen Absichten und mit überlegenen Kräften geschieht, heißt es *nāsab̠ 'al* (Jos 7, 9; Gen 19, 4: die Männer umzingeln nicht das Haus von Lot – das ist schwierig in einer Stadt, wo die Häuser dicht aneinander stehen – sondern „sie bogen gegen das Haus ab"). Dieselbe Bedeutung hat *sûr 'al* in 1 Kön 22, 32. Die 32 Obersten der Kriegswagen bogen gegen den König von Israel ab, um ihn anzugreifen.

Das *hiph hesîr* hat die Bedeutung 'beseitigen, entfernen'. Meistens steht es mit der Präp. *min*: „Aber nicht weicht (*qal*) von ihm meine Huld (*ḥæsæd̠*), wie ich sie weichen ließ (*hiph*) von Saul, den ich von dir entfernt habe (*hiph*)" (2 Sam 7, 15). „Ich werde entfernen jede Krankheit aus ihrer Mitte" (Ex 23, 25), „... den Namen des Ba'al aus ihrem Munde" (Hos 2, 19), „... den blutigen Raub aus seinem Munde" (Sach 9, 7). Ebenso werden fremde Götter (Gen 35, 2; Jos 24, 14), fremde Altäre (2 Chr 14, 2), Höhen und Sonnenbilder (2 Chr 14, 4), die Greuel (2 Chr 34, 33), Köpfe (von den Schultern, 1 Sam 17, 46; 2 Kön 6, 32), Kleidung (Dtn 21, 13; Ez 26, 16) entfernt. Aber auch immaterielle Sachen wie Schmach (1 Sam 17, 26), das Recht (Ijob 27, 2; 34, 5), Gebote (Jes 11, 15), ein Wort (Jes 31, 2; die Übersetzung „er [Gott] nahm nicht zurück" ergibt einen anderen, nicht beabsichtigten Sinn), ein Gebet (Ps 66, 2), Sünde (Jes 27, 9), die Vorhäute des Herzens (Jer 4, 4) werden beseitigt. Menschen werden vertrieben, Könige von ihrem Thron (1 Kön 20, 24; 2 Kön 15, 16), Hochmütige von ihrer Stelle (Zef 3, 11), Beschwörer und Wahrsager aus dem Lande (1 Sam 28, 3). Ein 'Entfernen' im Sinne von 'beiseite legen, absondern' (Opferstücke) ist in 2 Chr 35, 12 gemeint.

Auch das einmalige *polel* hat kausative Bedeutung: „(der Löwe) hat mich vom Weg getrieben und zerrissen" (Klgl 3, 11).

Vom *hoph* gibt es 5 Belege: Lev 4, 31. 35 (das Fett wird vom Opferfleisch 'entfernt'); 1 Sam 21, 7 (die Schaubrote werden vom Tisch 'entfernt'); Dan 12, 11 (das tägliche Opfer wird 'abgeschafft'); Jes 17, 1 (Damaskus wird beiseite getan *me'îr*, d. h. es hört auf, eine Stadt zu sein).

III. 1. Das „Abbiegen" setzt die Vorstellung eines Weges, der verlassen wird, voraus. Das trifft auch zu, wenn von Lebenswandel und Lebensführung die Rede ist. Die Leute sprechen zu den Sehern: „Wendet euch (*sûrû*) von dem Weg, biegt ab (*haṭṭû*) von dem Pfad!" (Jes 30, 11), d. h. von der Lebensweise, die Israel vorgeschrieben ist (vgl. Jer 12, 16). Als das Volk ein goldenes Kalb gemacht hat, wird Mose gewarnt: „Geh hinab! ... rasch sind sie abgebogen vom Weg, den ich ihnen gebot" (Ex 32, 8; vgl. Dtn 9, 12. 16). Ihr *dæræk̠* (→ דרך) ist nicht der Weg der aus dem Sklavenhaus Erlösten, die JHWH fürchten und auf ihn und Mose vertrauen (Ex 14, 31). Sie folgen dem „ägyptischen Weg", indem sie das Kalb verehren und sagen, es sei der Gott, der sie aus Ägypten geführt habe (Ex 32, 4). Jeremia spricht vom „Weg der Völker (*gôjim*)" (10, 2), den Israel meiden soll; im Kontext handelt es sich um Götzendienst.

Man soll nicht von dem Wege abweichen und fremden Göttern dienen (Dtn 11, 16; 31, 29). Das Königsgesetz in Dtn 17 verordnet, daß der König nicht viele Frauen nehmen soll, „damit sein Herz nicht abweicht" (v. 17). 1 Kön 11, 2 gebraucht dafür *nāṭāh*, → נטה: „sie würden euer Herz ihren Göttern zuwenden". Das Nachfolgen anderer Götter hat zur Folge, daß man von den Worten Gottes abweicht (Dtn 28, 14). Auf dem Wege, den JHWH geboten hat, soll man wandeln, man soll weder rechts noch links abbiegen (Dtn 5, 29). Dieser Weg des Gehorsams ist „der Weg, den die Väter gingen"; davon abzuweichen hängt mit der Anbetung fremder Götter zusammen (Ri 2, 17). Verflucht werden die, die nicht auf die Gebote JHWHs hören, von dem Wege abweichen und fremden Göttern nachgehen (Dtn 11, 28).

Es fällt auf, daß an diesen Stellen das Abweichen von dem Weg immer mit Götzendienst verbunden wird. Die falsche Richtungsänderung schlechthin ist die Idololatrie. Es ist ein Abbiegen hinter einer Nichtigkeit her, die nicht helfen kann (1 Sam 12, 21, → III 708).

Jes 8, 11 wird der Weg des Volkes, von dem Gott den Propheten abbringt, nicht näher spezifiziert. Es scheint sich aber nach dem Kontext um politische Bündnisse zu handeln, die einen Mangel an Gottvertrauen bezeugen. Nach Mal 2, 8 sind die Priester „vom Weg" abgewichen, indem sie durch ihren Unterricht viele zum Straucheln gebracht haben.

2. Der Weg, den JHWH geboten hat, ist der Weg der Satzungen. Deshalb wird oft vor dem Abbiegen von den Geboten „weder rechts noch links", gewarnt (Dtn 17, 20; Jos 1, 7; 23, 7). „David" sagt, daß er die Wege JHWHs gewahrt, seine Gebote vor Augen hat und von seinen Satzungen nicht abgewichen ist (2 Sam 22, 22f.; der parallele Ps 18 hat *hiph*: er hat die Satzungen nicht von sich weichen lassen; vgl. auch 1 Kön 15, 5). Man kann vom Gesetz des Herrn abweichen (Ps 119, 102; Mal 3, 7; Dan 9, 5. 11), aber auch von den Geboten des Königs (2 Chr 8, 15), von der Weisung des Lehrers (Spr 5, 7; 22, 6) oder von den Entscheidungen des Richters (Dtn 17, 11).

3. Das Abbiegen vom Weg oder von den Satzungen ist auch ein Abweichen von JHWH selbst. So heißt es: „(Frevler) sind von ihm abgewichen und haben auf alle seine Wege nicht geachtet" (Ijob 34, 27) oder: „(Hiskija) hing JHWH an, er wich nicht von ihm ab und hielt seine Gebote, die JHWH Mose geboten hatte" (2 Kön 18, 6). Amazja dagegen wich von JHWH ab (2 Chr 25, 27). „Verflucht sei der Mann, dessen Herz von JHWH abweicht" (Jer 17, 5). Wer aber JHWH fürchtet, wird nicht von ihm abweichen (Jer 32, 40). Nach 1 Sam 12, 20 ist auch das Abweichen von JHWH mit Abgötterei gleichzustellen. Samuel sagt zum Volke: „Weicht nicht mehr von JHWH ab ... weicht nicht ab nach den Nichtigen, die nichts nützen und nicht helfen können" (vgl. Dtn 7, 4; Ez 6, 9; 2 Chr 34, 33).

In Jer 17, 13 steht der schwierige Satz *jᵉsûraj bā'āræṣ jikkāṭebû*. *Qᵉrē* bietet *wᵉsûraj*, was nicht weniger problematisch ist. Vielleicht ist ein *w* an die falsche Stelle geraten und *wᵉsārājw* zu lesen: „und die von ihm abweichen, werden in der Unterwelt (?) geschrieben". Dies würde mit *kol ʿozᵉḇæḵā* in v. 13a korrespondieren.

Auch Hos 7, 14 ist problematisch. Der Text bietet *jāsûrû bî*. Da *sûr* sonst nie mit *bᵉ* verbunden ist, hat man mit LXX und Targ *jāsorû* (von *srr*) gelesen, aber auch *sārar bᵉ* ist ein Hapax. Nach Dahood (JNWSL 2, 1972, 20) liegt hier ein Ugaritismus vor: ugar. *b* bedeutet auch ʿvon', und man könnte also übersetzen: „sie sind von mir abgewichen". Es handelt sich im Kontext um Trauerriten des Baʿal-Kultes, also um Nachfolge anderer Götter.

In Jer 5, 23 und Ps 14, 3 wird *sûr* absolut gebraucht. Der Prophet sagt, daß das Volk einen widerspenstigen Sinn hat, und fügt hinzu: „sie sind abgewichen und hingegangen (*hlk*)". Nach dem Psalmisten schaut sich JHWH das Volk an und findet niemanden, der Gott sucht; „alles ist abgewichen, insgesamt sind sie verdorben (*næ'ᵆlāḥ*), niemand tut das Gute" (die Parallelstelle Ps 53, 4 hat *sāḡ* [von *sûḡ*] mit ähnlicher Bedeutung). Verdorbensein (hier *šḥt hiph*, vgl. Ps 14, 1) und Abweichen stehen auch Jer 6, 28 zusammen. Es liegt hier nahe, in *sārê sôrᵉrîm* zweimal das Verb *srr* zu finden. Viele ändern daher den Text in *sorᵉrê sôrᵉrîm*, eine Art Superlativ (GKa § 133 i) mit der Bedeutung „außerordentlich widerspenstige Leute". *sôrᵉrîm* ist aber eher ein Abstraktplural (GKa § 123 d. e) „Widerspenstigkeit"; zu übersetzen ist also „Abtrünnige mit Widerspenstigkeit". Eine ähnliche Konstruktion findet sich Spr 11, 22, wo eine schöne Frau *wᵉsāraṯ* (Ptz. fem. von *sûr*) *ṭaʿam*, d. h. abweichend mit Bezug auf Takt, ohne Zartgefühl, mit einem goldenen Ring im Rüssel eines Schweines verglichen wird.

4. Die Berichte über die Könige von Juda und Israel werden oft mit einer kurzen Beurteilung ihres Lebenswandels abgeschlossen. Im DtrGW ist die Wertung der Könige des Nordreichs meist negativ wie in der stereotypen Formel: „N. N. beharrte in der Sünde Jerobeams und ließ davon nicht ab (*sûr*)." Gemeint ist immer der Stierkult in Bet-El und Dan (2 Kön 10, 29). Die Formel wird von Jehu, Joahas, Joasch, Jerobeam II., Sacharja, Menahem, Pekachja und Pekach gebraucht (2 Kön 10, 31; 13, 2. 11; 14, 24; 15, 9. 18. 24. 38). Auch vom Volk wird gesagt, daß es von den Sünden Jerobeams nicht abwich (2 Kön 17, 22; 13, 6). Jerobeam ist der Stifter der Heiligtümer in Dan und Bet-El und wird als der „Vater" aller Abtrünnigkeit betrachtet.

In dem positiven Urteil über Joschija ist David der „Vater" der Getreuen: er ging ganz auf dem Wege seines Vaters David, „er wich nicht davon ab, weder rechts noch links" (2 Kön 22, 2; 2 Chr 34, 2). Auf ähnliche Weise heißt es von Joschafat: „er wandelte ganz auf dem Weg seines Vaters Asa und wich nicht davon ab, indem er tat, was JHWH wohlgefiel" (1 Kön 22, 43; 2 Chr 20, 32).

5. Mit JHWH als Subj. bezeichnet *sûr*, daß Gott von einer Person „weicht", sich zurückzieht und ihm nicht mehr hilft. So weicht er von Simson und Saul (Ri 6, 20; 1 Sam 16, 14; 18, 2; 28, 15; 2 Sam 7, 15). Von diesen beiden ist vorher gesagt, daß der Geist JHWHs über sie gekommen ist (Ri 13, 25; 14, 19;

15, 14; 1 Sam 10, 6; vgl. umgekehrt vom bösen Geist 1 Sam 16, 23). Ein falscher Prophet verneint, daß der Geist JHWHs von ihm gewichen wäre, um mit Micha ben Jimla zu reden (1 Kön 22, 24; 2 Chr 18, 23).

In Hos 9, 12 ist wohl *b*^{e}*śûrî* als *b*^{e}*sûrî* aufzufassen (s.o. I.): „wenn ich mich von ihnen abwende", d.h. ihnen meine Hilfe entziehe. Mehr präzisiert ist die Aussage, wenn es heißt, daß der Zorn JHWHs (Ez 16, 42) oder seine Huld (2 Sam 7, 15) von jemandem weicht.

Die Nähe Gottes kann aber auch als eine Last empfunden werden. So sagt Ijob: „Weiche von uns, deine Wege wollen wir nicht kennen" (Ijob 21, 14, vgl. 22, 17), m.a.W. wir wollen nichts mit dir zu tun haben.

6. Schließlich spricht auch die Weisheitsliteratur von der Notwendigkeit, vom Bösen abzuweichen. Der Lehrer unterrichtet seinen „Sohn" und zeigt ihm, wie er den rechten Weg gehen soll: „Fürchte JHWH und weiche vom Bösen" (Spr 3, 7). Der Weise hat Scheu und meidet das Böse (Spr 14, 16). Durch Gottesfurcht weicht man dem Bösen aus (Spr 16, 6). Das Meiden des Bösen ist Einsicht (Ijob 28, 28). Von Ijob heißt es: „Er fürchtete Gott und mied das Böse" (1, 1. 8; 2, 3). Auch das *hiph* kommt vor: „Weiche nicht ab (*nāṭāh*), rechts oder links, laß deinen Fuß abbiegen (*hāser*) vom Bösen!" (Spr 4, 27).

Das zu meidende Böse ist in boshaften Menschen verkörpert, daher der Ausruf: „Weicht von mir, ihr Übeltäter, ich will die Gebote meines Gottes befolgen" (Ps 119, 115). Anders ausgerichtet ist Ps 139, 19, wo der Psalmist die „Blutgierigen" auffordert, ihn nicht mehr zu belästigen (vgl. Ps 6, 9). Andererseits soll man die Gemeinschaft mit Frevlern vermeiden, da man sonst von derselben Strafe wie sie getroffen werden kann (Num 16, 26; vgl. 1 Sam 15, 6).

Wer auf die Lehre des Weisen achtgibt, entgeht (*sûr*) den Schlingen des Todes (Spr 13, 14) oder dem Totenreich drunten (Spr 15, 24).

Das Abbiegen vom Bösen ist positiv das Tun des Guten (Ps 34, 15; 37, 27). Wer vom Bösen abbiegt und auf seinen Weg achtet, bewahrt sein Leben (Spr 16, 17). Es ist das Zeichen einer schlimmen Zeit, daß wer das Böse meidet, ausgebeutet wird (Jes 59, 15).

Der Gedanke, daß der Gottlose nicht der Finsternis entrinnt (*sûr*), ist der Weisheit geläufig (Ijob 15, 30a). Das zweite *jāsûr* in diesem Vers ist aber problematisch: *w*^{e}*jāsûr b*^{e}*rûaḥ pîw* (EÜ frei: er schwindet dahin). M. Dahood (Bibl 50, 1969, 343) verbindet v. 30c mit der Negation *lo'* in v. 30a und übersetzt: „nor will he escape from its massive mouth". A. van Selms (Job I, 1982, 137) liest *jiššor* von einem vermuteten *nšr* (vgl. arab. *nasara* 'wegnehmen') und übersetzt: „er nimmt ihn weg durch den Atem seines Mundes".

IV. Das Subst. *sārāh*, das 8mal belegt ist, wird von vielen von *sûr* hergeleitet und mit 'Abtrünnigkeit' übersetzt. KBL^3 verbindet es aber in 7 Fällen mit *srr* 'widerspenstig sein'. Beide Verbindungen sind möglich; die Bedeutung ist ungefähr dieselbe. Der Ausdruck *dibbær sārāh ʿal* legt eine Ableitung von *srr* nahe: „Aufstand predigen gegen JHWH" (Dtn 13, 6; Jer 29, 32; 28, 16; an der letzten Stelle ist *ʿal* statt *'æl* zu lesen). In Jes 59, 13 ist von *ʿošæq w*^{e}*sārāh* die Rede; der weitere Kontext spricht von Aufruhr (*pæšaʿ*), Verleugnung (*kḥš pi*) und Abweichung (*sûḡ niph*) von Gott, was die Deutung 'Abweichen, Abfall' nahelegt. KBL^3 726 schlägt „Falschheit reden" vor (vgl. akk. *sarrātim dabābu*, „Lügen sagen" AHw 147a, 1031b). Jes 31, 6 mahnt zur Umkehr „zu dem, von dem die Israeliten so tiefe *sārāh* gemacht haben" – hier ist sowohl 'Abweichung, Abfall' wie 'Aufruhr' möglich. In Jes 1, 4 wird gesagt, daß Juda JHWH verlassen (*ʿāzaḇ*), den Heiligen Israels verschmäht hat (*n'ṣ pi*) und zurückgewichen ist (*zûr niph*). Diese Bewegung wird in v. 5 *sārāh* 'Abweichen' (von *sûr*) genannt. Dtn 19, 16 spricht von einem falschen Zeugen (*ʿeḏ ḥāmās*), der *sārāh* ausspricht; KBL^3 übersetzt im Anschluß an E. Jenni „(vor Gericht) Falsches reden", von Rad (ATD 8 z.St.) „um ihn der Widerspenstigkeit zu bezichtigen" (hier ist auch 'Abweichen, Abfall' möglich). In Jes 14, 6 wird *lo' sārāh* (von *sûr* abgeleitet) meist mit „ohne Aufhören" übersetzt, aber ebenso gut könnte man „ohne Abweichen" übersetzen: er verfehlt sein Ziel nicht.

V. In der Damaskusschrift und in der Qumranliteratur kommt *sûr* ca. 40mal vor. Hier finden sich die biblischen Redewendungen wie „abweichen vom Wege", mit oder ohne „nach rechts oder links" (1 QS 3, 10; 9, 20; CD 1, 13. 15; 8, 4; 4 QFlor 1–2, I, 14), Abweichen von Geboten (1 QS 1, 15; 8, 17), von der Thora (CD 16, 9; 1 QH 15, 11; TR 56, 7), von Ungerechtigkeit (1 QS 6, 15). Einmal ist vom Abweichen vom Wege des Volkes (wie Jes 8, 11) die Rede (CD 8, 16). 1 QSa 1, 2 spricht von Männern, die sich weigerten, den Weg des Volkes zu gehen. Wie in Jes 7, 17 wird die Spaltung des salomonischen Reiches mit *sûr* beschrieben: „seit dem Tage des Abweichens Efraims von Juda" (CD 7, 12; 14, 1: *śār* wird hier mit *ś* geschrieben). In 1 QM ist 3mal konkret vom Verschwinden der Feinde (1, 6; 9, 2; 18, 11) die Rede. In 4 Q Cat A 1–4, 14 begegnet *sārāh*, wobei die Bedeutung der von Dtn 19, 16 (s.o.) nahesteht. Mit *sûr hiph* wird TR 20, 6 die Entfernung der Eingeweide vom Opferfleisch angesprochen (vgl. Lev 4, 31. 35 *hoph*). TR 56, 19 zitiert Dtn 17, 16; TR 63, 12 ist ein freies Zitat von Dtn 21, 13.

Snijders

סות *swt*

I. Vorkommen und Etymologie – II. Grundbedeutung – III. Anwendung – 1. Subjekt – 2. Objekt – 3. Form – 4. Absicht – 5. Theologischer Gebrauch – IV. Bewertung.

Lit.: *A. Oepke*, ἀπατάω κτλ. (ThWNT I 383f.). – *W. v. Soden*, *n* als Wurzelaugment im Semitischen (WZ Halle 17, 1968, 175–184).

I. Die Wurzel *swt hiph* begegnet im AT in der dtn/dtr und in deren Gefolge in der chr Literatur sowie in den biographischen Stücken der Prophetenbücher (Jes, Jer) wie auch im Ijob-Buch.

Eine sichere Etymologie kann nicht geboten werden, da diese Wurzel in keinem anderen semit. Idiom nachweisbar ist und inner- wie außerhebr. sprachgeschichtliche Zusammenhänge nicht erkennbar werden. Ursprünglich handelt es sich um eine zweiradikalige Wurzel, die teils zu einer hohlen Wurzel (II *w*) aufgefüllt (12mal), teils durch das Augment *n* mit progressiver Assimilation im Impf. und Ptz. *hiph* erweitert (6mal) wurde.

II. Nach W. von Soden (GAG 1969, § 104d) bezeichnen die Verben II *w* „den Übergang oder die Überführung von einem Zustand in den entgegengesetzten" (*dâkum* 'töten'; *mâtum* 'sterben'; *târum* 'umkehren' usw.). *swt hiph* hat demnach die Grundbedeutung: „von einem Verlauf/Verhalten in den/das entgegengesetzte(n) überführt werden". Dieser Wortsinn tritt wohl am konkretesten in der Notiz auf: „und JHWH kam ihm (Joschafat) zu Hilfe und *wendete sie* (die angreifenden Feinde) *von ihm ab*" (2 Chr 18, 31). Eine Emendation mit BHS nach LXX (Syr, Targ, V) in *wajᵉsîrem* ist damit unnötig.

Die Wurzel mit dem Augment *n* neigt hingegen mehr zu der Bedeutungsnuance „im politischen Sinne verführen" (von Soden 181f.). Sie wird so an vier Parallelstellen auf Hiskija angewandt, der nach Meinung des Assyrers Rabschake sein Volk unter falschen politisch-religiösen Hoffnungen zum Widerstand verführt (2 Kön 18, 32 || Jes 36, 18 || 2 Chr 32, 11. 15).

Diese Wurzel mit Augment *n* wird in der LXX 5mal mit ἀπατάω (ThWNT I 383f.) wiedergegeben, welches in der Profangräzität neben ἐξαπατάω und in Verbindung mit ψεῦδος den Sinn 'betrügen, bestechen' hat. Ansonsten dient ἀπατάω der LXX als Äquivalent für *hiššî* 'täuschen' (Gen 3, 13; Jes 37, 10; Jer 4, 10). An anderen Stellen wird *swt* mit griech. ἐπισείω 'aufwiegeln' (4mal) oder mit anderen voces übersetzt.

Als Parallelbegriffe zu *swt* begegnen → נטה (*nāṭāh*) *hiph* 'abwenden, verführen' (Ijob 32, 15) und auch → נשׂא (*nš'*) II *hiph* 'betrügen, täuschen' (2 Chr 32, 15) wie auch → יכל (*jāḵol*) 'überlegen sein', hier 'nötigen' (Jer 38, 22), sogar → מכר (*mkr*) *hitp* 'sich verkaufen lassen, sich herbeilassen, hergeben zu etwas' (1 Kön 21, 25, vgl. v. 20). Die Anwendung des Verbums *swt* läuft also auf den Sinn hinaus: „jemanden gegen seinen eigenen Willen und seine ursprüngliche Absicht zu etwas bewegen, verleiten, ihn betören". Im Sinne der sexuellen Verführung wird diese Wurzel im AT nicht verwandt.

III. Die Form der verführerischen Beeinflussung ist verständlicherweise weitgehend ein zwischenmenschlicher Vorgang.

1. Das Subjekt der Einflußnahme ist in der Regel ein Mensch: ein leiblicher Bruder oder Verwandter (Dtn 13, 7), ein Ungenannter (1 Sam 26, 19), eine konkrete Person wie Achsa (Jos 15, 18 || Ri 1, 14), Hiskija (1 Kön 18, 32 || Jes 36, 18 || 2 Chr 32, 11. 15), Isebel (1 Kön 21, 25), Ahab (2 Chr 18, 2), Freunde und Berater (Jer 38, 22), Baruch (Jer 43, 3).

2. Objekte sind ebenfalls Menschen: kollektiv das Volk (Subj. Hiskija), individuell Otniël (Achsa), Saul (ein Ungenannter), Ahab (Isebel), Joschafat (Ahab), Jeremia ([vermeintlich] Baruch), Zidkija (seine Freunde und Berater).

In wenigen Fällen kann auch Gott/JHWH, anthropomorph gesehen, selbst Menschen verführen: vermutlich Saul (1 Sam 26, 19), David (2 Sam 24, 1), Joschafats Feinde (2 Chr 18, 31), Ijob (Ijob 36, 16). In 1 Chr 21, 1 übernimmt Satan die Rolle als Verführer Davids, um ihn zur Volkszählung zu verleiten. Nach Ijob 2, 3 beredet Satan sogar JHWH selbst, Ijobs Standhaftigkeit und Weisheit zu erproben. Nach Ijob 36, 18 ist es schließlich ein außergewöhnlicher Umstand, der den Menschen verleiten kann: der unbegrenzte Überfluß, das uneingeschränkte Wohlergehen.

3. Der Versuch, jemanden zu ungewolltem Verhalten zu verführen, ist stets *verbal* gestaltet. Der Verführer wendet nicht Gewalt an, erpreßt nicht, er überredet. „Wenn dich dein leiblicher Bruder oder dein Sohn oder deine Tochter ... heimlich betören wollen und sagen: ‚Wohlan, wir wollen fremden Göttern dienen, die du nicht kennst, du und deine Väter ...'" (Dtn 13, 7). Der Verführung Ahabs durch Isebel geht eine Einflüsterung durch die Königin voraus (1 Kön 21, 7. 25). Die Warnung des assyrischen Parlamentärs Rabschake gipfelt darin: „Hört nicht auf Hiskija!" Dies setzt eine politische Ansprache Hiskijas an sein Volk voraus. Die Versprechungen Rabschakes für den Fall der Kapitulation Jerusalems aber stellen ebenfalls den Versuch einer politischen Verführung dar: „... bis ich komme und euch hole in ein Land gleich dem euren, ein Land voll Korn und Most, ein Land voll Brot und Weinbergen, ein Land voll Olivenbäumen und Honig; und ihr werdet leben und nicht sterben" (2 Kön 18, 32). – Das Rededuell Satans mit JHWH in der Absicht, ihn zur Prüfung Ijobs durch Entzug und Peinigung zu überreden, wird ausführlich dargestellt (Ijob 1, 8–11; 2, 2–6). Nichtverbal allerdings ist die Verführung des Menschen, auch hier Ijobs, durch verlockende Annehmlichkeiten, wie Verschonung von Unbilden bzw. Verblendung durch Wohlergehen (Ijob 36, 10. 18). Gewalt wird auch bei einer solchen Verführung nicht angewendet, nur Worte oder verführerische Umstände, die zu einem ursächlich nicht gewollten Verhalten verleiten. Genau besehen, weist das Gespräch der Schlange mit der Frau Adams (Gen 3, 1–5) mit dem Ziel, die Menschen zum Genuß

der verbotenen Frucht zu verführen, inhaltlich alle Merkmale des Begriffes *swt* auf, ohne so gekennzeichnet zu sein (vgl. Gen 3, 13, wo der Parallelbegriff *hiššî'* verwendet wird). Der Mensch widerstrebt zunächst, wird jedoch durch die betörenden Worte der Schlange und durch das verführerische Aussehen der Frucht zum verbotswidrigen Handeln umgestimmt (→ חמד *ḥāmad* III. 1). Die Strafe folgt auf dem Fuße (Gen 3, 12–19). Auf solche Weise umfaßt der Begriff *swt* sowohl den Vorgang der Betörung, Überredung wie auch die notvolle Konsequenz.

4. Die Absicht der Verführung liegt stets darin, meist im destruktiven Interesse jemanden auf den Weg zu bringen, der jenem weder zugedacht noch gewollt und förderlich ist, vielmehr als ungut empfunden wird und sich später auch so erweisen wird. Diese Abirrung widerstrebt dem göttlichen Willen, dem frommen Ermessen und der weisen Einsicht des Menschen. Moses Predigt warnt die Hörer davor, sich von abtrünnigen Familienmitgliedern gegen JHWHs Gebot zu fremdem Kult bereden zu lassen (Dtn 13, 7). Hiskija verleitet nach Meinung des Assyrers das Volk von Jerusalem und Juda, allen politischen Einsichten zuwider und zum eigenen Schaden, zum Vertrauen auf seinen Gott JHWH (2 Kön 18, 32 || Jes 36, 18 || 2 Chr 32, 11. 15). Isebel überredet Ahab zur Verletzung des traditionellen, geheiligten israelitischen Bodenrechts (1 Kön 21, 25; vgl. A. Alt, Der Stadtstaat Samaria, KlSchr III, 1959, 258ff.). Ahab von Israel bewegt Joschafat von Juda zu einem gemeinsamen Feldzug gegen Ramot in Gilead (2 Chr 18, 2), in dem er selbst fällt, während Joschafat diese Verbindung als widergöttlicher Frevel angerechnet wird (2 Chr 19, 2). Zidkijas Freunde und Ratgeber wiegeln ihn gegen seine eigenen Bedenken sowie gegen Jeremias Empfehlung zum Widerstand gegen die Babylonier auf (Jer 38, 22), was zu des Königs Tod und zum Untergang Jerusalems und Judas sowie zum Verlust der Dynastie führen sollte (2 Kön 25, 1–21). Die judäischen Flüchtlinge unterstellen, daß Jeremias Warnung vor dem Entweichen nach Ägypten auf einer Einflüsterung Baruchs beruhe, in der Absicht, sie alle den Babyloniern in die Hände zu spielen (Jer 43, 3). In diesem Sinne bedeutet *swt* nicht allein eine Verführung zu etwas (Schlechtem), sondern auch gegen etwas (Gutes), was zerstörerisch wirken muß.

5. Nur in ganz seltenen Fällen wird *swt* auf JHWH angewandt, damit also theologisch gebraucht. So hält David zumindest für möglich, daß JHWH selbst Saul zu seinen Nachstellungen aufgewiegelt habe (1 Sam 26, 19). JHWH reizt auch David dazu auf, eine Volkszählung vorzunehmen, obwohl die Anzahl der Menschen seines Volkes zu kennen offenbar allein JHWH gebührt (2 Sam 24, 1). Diese Darstellung ist vermutlich der Versuch, eine schwere, als Strafe verstandene Pestepidemie (2 Sam 24, 10–17) auf eine unverständlich vermessene Handlung Davids zurückzuführen, während gleichzeitig damit der Heilige Ort in Jerusalem durch die Theophanie, Davids Begegnung mit dem Pestengel, ätiologisch begründet wird (2 Sam 24, 16). 1 Chr 21, 1 interpretiert dagegen eine solche als heimtückisch empfundene Verführung Davids als das Werk Satans. In ähnlicher Weise unternimmt Satan ja auch, JHWH dazu zu bewegen, Ijobs Rechtschaffenheit und Weisheit durch Leiden an Hab und Gut, wie an Leib und Ehre zu erproben (Ijob 2, 3). Der Autor der Rahmenerzählung des Ijob-Buches vermochte eine so bedenkliche Unternehmung nicht eigentlich JHWH zuzuschreiben, sondern überträgt sie auf Satan (Ijob 1, 8–11; 2, 2–6).

IV. Die theologische Korrektur durch die Übertragung der Betörung von JHWH auf Satan läßt erkennen, daß der Begriff *swt* – als Ausdruck einer verwerflichen Verführung – sowohl die Verlockung zum Verstoß gegen eine bekannte oder zumindest immanent empfundene Ordnung als auch die belastenden Folgen einschließt. Ein solches Unternehmen ist allemal negativ, die Ordnung störend, Leben zerstörend und schlägt zum Schaden des Betörten aus, sowie zum Nachteil der Gemeinschaft (Zidkija).

Wenn aber von Verführung auch durch JHWH gesprochen wird, dann nur unter der Voraussetzung, daß JHWH souverän die Geschichte der Menschen in Händen behält und am Ende auch zum Guten wenden kann (vgl. Ijob 42, 7–17). Man kann davon ausgehen, daß seine gute Absicht trotz der Anfechtungen ungebrochen bleibt (2 Sam 24, 10–17). In diesem Falle kann die Verführung durch JHWH auch im Sinne seines Heilswillens gewertet werden, womit sie der Heimsuchung durch Verstockung durch JHWH nahezustehen kommt (→ חזק *ḥāzaq* III. 5; vgl. auch THAT I 540; → כבד *kbd* II. 3. d; → קשה *qāšāh*).

Wallis

סָחַר *sāḥar*

סַחַר *saḥar*, סְחֹרָה *s^eḥorāh*, סֹחֵרָה *soḥerāh*

I. Sprachvergleich – II. *sôḥer* – III. *saḥar* – IV. Verb – V. *soḥerāh* und (aram.) Qumran-Belege – VI. LXX.

Lit.: *W. F. Albright*, Abram the Hebrew (BASOR 163, 1961, 36–54). – *C. H. Gordon*, Abraham and the Merchants of Ura (JNES 17, 1958, 28–31). – *A. A. Macintosh*, Psalm XCI 4 and the Root sḥr (VT 23, 1973, 56–62). – *E. A. Speiser*, The Verb *SḤR* in Genesis and Early Hebrew Movements (BASOR 164, 1961, 23–28). – *Th. L. Thompson*, The Historicity of the Patriarchal Narratives (BZAW 133, 1974, 172f. 183f.).

I. Sichere Analogien gibt es nur im Akk. und Aram.-Syr. In der Bedeutung unsicher sind nämlich ugar. *sḫr(n)*, ein Eigenname, und pun. *sḥr*, *sḥrt* (DISO

192). Im Akk. hat das Verb *saḫāru* eine sehr große Bedeutungsbreite (CAD zählt allein 18 Möglichkeiten), ausgehend von 'sich wenden, umdrehen, wiederholen' bzw. bei Personen 'herumgehen' (AHw 1005 ff.; CAD). *saḫ(ḫ)iru* als Nomen bezeichnet (selten) einen Herumtreiber, Hausierer – sozialgeschichtlich scheint sich das im Mhebr. *soḥer* fortgesetzt zu haben. *sāḫiru* als Ptz. heißt 'herumgehend, umgebend', *siḫru* 'Umrandung' und *siḫirtu* 'Umgebung, Umkreis, Gesamtheit'. Schließlich scheint das (seltene) *saḫi/ertum* eine Handelsware zu meinen. – Im Jüd.-Aram. heißt *sḥr* 'herumgehen, Handel treiben', im christl.-paläst. Aram. und im Syr. heißt *sḥr pa.* 'als Bettler herumgehen', im Mand. heißt *sahura* Bettler, im Syr.-Arab. meint *m^e^saḥḥer* den, der im Ramadan von Haus zu Haus zieht, um zu wecken (alles nach KBL³ 708). Erwähnt sei noch aram. *s^e^ḥôr* 'ringsum' sowie *s^e^ḥôrāh* 'Handel, Ware' (Dalman), altaram. *sḥrh* (Sefire, KAI 224, 7f.), jüd.-aram. *saḥrānûṯ* 'Umgebung' und arab. *saḥira* 'früh aufstehen, gehen' (aber *saḥara* 'zaubern', vgl. hebr. *šḥr*).

II. Wegen seiner Eindeutigkeit beginnt man am besten mit dem nominalisierten Ptz., das 16mal belegt ist (Jes 47, 15 l. mit Duhm z.St. *šoḥ^a^rajiḵ*, anders Macintosh; dafür ergänze man Ez 27, 15 cj. *soḥ^a^rôṯ*, s.u.). Das fem. Ptz. wird nur für Kollektiva verwandt (Ez 27, 12. 16. 18. 15 cj., s.w.u.). So sei zunächst die Bedeutung des mask. Ptz. ('Händler, Aufkäufer') angeführt, das unproblematisch ist. 1 Kön 10, 28 (2 Chr 1, 16) erwähnt Händler/Aufkäufer des Königs; ihre ausnahmsweise Erwähnung (!) könnte, wenn die übliche cj. *Qô'* zutrifft, mit den großen Strecken zu tun haben, die jene zurücklegen mußten. Jedenfalls gilt Entsprechendes von den midianit. Händlern Gen 37, 28, die auf dem Weg nach Ägypten bei Dotan nordwestlich von Sichem (*tell dôtān*) angetroffen wurden, und offenbar auch für die Händler/Aufkäufer von Tarschisch (Ez 28, 13, wahrscheinlich Tartessos/Südspanien, vgl. Zimmerli zu Ez 27, 12). In gleichem Sinn findet man Jes 23, 2 „den Händler von Sidon, der das Meer überschreitet" (MT, LXX Pl.; 1 QJes^a^ anders, s.u. zu *saḥar*). Geradezu als Musterbeispiel für weitgespannte Handelsbeziehungen fungiert Tyrus in Ez 27. Sozialgeschichtlich ist bemerkenswert, daß Jes 23, 8 Sidons Händler/Aufkäufer *śārîm* nennt, also entweder hohe Beamte oder hochgestellte Personen der Oberschicht. (Ob das im Israel der Königszeit so ganz anders war, vgl. 1 Kön 20, 34? Leider sind die Nachrichten zu knapp.)

Eine genauere Betrachtung verlangt Ez 27, nicht nur wegen der Vielfalt seines Gebrauchs, sondern auch wegen der Parallelität *sôḥer/rôḵel, sôḥæræṯ/rôḵælæṯ*. 1) Mit Zimmerli z.St. wird man vv. 12–24 für einen Einschub halten müssen (der weitere Zusätze verursachte). Ihm liegt eine Liste tyrischer Importe zugrunde (Exporte fehlen). Wegen der Einfügung in einen vorgegebenen Kontext ist es wohl nicht ganz sicher, daß die Liste vollständig erhalten blieb. 2) Zimmerli hat herausgearbeitet, daß in der Liste wohl nirgends eine Handelspartnerschaft, sondern stets eine Handelshilfe anderer Städte/Völker/Länder im Auftrage von Tyrus gemeint ist, daher „Aufkäufer, -schaft". 3) *sôḥæræṯ* wird stets mit einer Begründung verbunden (nicht *sôḥer*!), so v. 12 Tarschisch „wegen der Fülle allen Besitzes" (*hôn* scil. von Tyrus), v. 16 Edom „wegen der Fülle der Geschäfte" (*ma'^a^śæḵā* Produkte?), v. 18 Damaskus mit beiden Wendungen als Anreiz, sich zur Aufkäuferschaft zur Verfügung zu stellen. In v. 15 cj. fehlt eine derartige Begründung; aber sie muß fehlen, weil „Rhodos" und viele Gestade statt der sonst üblichen Waren überraschend Abgaben (*'æškār*) zu erbringen haben. Soll damit eine politische/merkantile Abhängigkeit angedeutet werden? Übrigens stoßen nur in v. 15 die beiden Wurzeln *sḥr* und *rkl* zusammen! 4) Ein semantischer Unterschied zwischen *sôḥer* und *rôḵel* ist in der Liste bisher nicht aufgefallen (KBL³ dagegen: Großeinkäufer/Kleinverkäufer). V. 3 nennt Tyrus mit seinen weitgespannten Handelsbeziehungen *rôḵælæṯ hā'ammîm* (wohl Nachtrag), so daß man besser nicht von Unterschieden im Handelsvolumen ausgeht. Aber nur in Verbindung mit *sḥr* begegnet *jāḏeḵ* (v. 21 *soḥ^a^rê jāḏeḵ*, v. 15 cj. *soḥ^a^rôṯ jāḏeḵ*). Dies könnte darauf deuten, daß *sôḥer/sôḥæræṯ* mehr von der ausgedehnten Reisetätigkeit des Händlers herkommt und *jāḏeḵ* dazu sinnvoll die Verantwortlichkeit ergänzen kann, während *rôḵel/rôḵælæṯ* mehr vom Händlerischen (Schacher/Kaufmännischen) herkommen wird. – Wegen der Besonderheiten der Liste wird man bis auf die Differenzierung zwischen *sḥr* und *rkl* ihren Gebrauch nicht ohne weiteres generalisieren dürfen.

Es bleibt zu ergänzen, daß Spr 31, 14 Händlerschiffe erwähnt und Gen 23, 16 Silber, welches unter Händlern gängig war (in seinem Wert als Zahlungsmittel festgelegt). Sollte man den Gebrauch von *sôḥer* in einem Begriff zusammenfassen, würde sich „Handlungsreisender, Transiteur" anbieten, um im Verhältnis zu *rôḵel* die spezifische Differenz zu erfassen.

III. *saḥar* (cstr. *s^e^ḥar*) bezeichnet den Handels- oder Reisegewinn (KBL³). Zu seinen Synonymen gehören *jāgîa'* und (Jes 23, 3; s.u.) *t^e^ḇû'āh*. Schön belegt dies Jes 45, 14 „Ertrag Ägyptens und Handelsgewinn Kuschs". Direkten und übertragenen Gebrauch in eins enthält Spr 3, 14: „Besser ist ihr (scil. der Weisheit) Gewinn als der an Silber" – insofern ganz passend, als auch die Weisheit ein Transitphänomen war.

Klar, wenn auch mit der Metapher „Hurenlohn" verunglimpft, ist der Gebrauch in Jes 23, 18: „Unter Aufnahme des in den vv. 15f. angebahnten Vergleichs nennt er (scil. der Ergänzer von vv. 17f.) den profitreichen Handel ein Huren ... Da der Handelslohn nur metaphorisch als Hurenlohn bezeichnet wird, findet 5. Mose 23, 19 keine Anwendung auf ihn" (Kaiser, ATD 18, 1973, 139). Tyrus soll also seine Schätze nach Jerusalem zum Genuß derer, die vor JHWHs Angesicht sind, bringen wie die Völker in Jes 60, 9–11; Hag 2, 7; Ps 96, 8; Sach 14, 21.

Problematisch sind die Belege 1 Kön 10, 15; Jes 23, 3; Spr 31, 18. Der Text von 1 Kön 10, 15 ist zwar offenbar gestört (Noth, BK IX/1, z.St.; Gray, I and II Kings, OTL, z.St. bringt ihm trotzdem viel Vertrauen entgegen, ohne auf Noths Bedenken einzugehen!), aber die Lesung *missaḥar hāroḵ^{e}lîm* dürfte trotzdem verläßlich sein „(abgesehen) vom Handelsgewinn der Kaufleute" (2 Chr 9, 14 ändert *msḥr* zu *sḥrm*, so daß *rklm* und *sḥrm* wie in Ez 27 zusammen genannt sind). Aber ohne gesicherten Kontext läßt sich wenig Sicheres erheben, so gern man Näheres über die Abgaben von Kaufleuten (*roḵ^{e}lîm*, nicht *soḥ^{a}rîm*) wüßte.

Stark korrumpiert ist auch Jes 23, 2f. Der hier wichtige v. 3b ist zwar gut übersetzbar: „Da ward sie (scil. Sidon) zum Reisegewinn von Völkern." Aber meist wird *watt^{e}hî* elidiert, da LXX es nicht belegt und es als Dittographie der Konsonanten *-th* des vorhergehenden Wortes erklärbar ist. Nur gibt diese Rekonstruktion m.E. keinen guten Sinn, da die Übersetzung „ihr Ertrag ist der Gewinn von Völkern" (Wildberger) einen Satz aus zwei Synonymen bildet und die Alternative „die Saat Schichors (des Nil Ernte) ist ihr Ertrag / der Gewinn der Völker" (Kaiser) keinen echten Parallelismus erzielt. Richtig scheint Kaisers Annahme, daß „Saat Schichors / Ernte des Nil" Dubletten sind (anders Wildberger, BK X/2, 853f. mit Lit.; LXX liest „Nil" nicht – wurde sukzessiv ergänzt?). Die zwei ersten Worte von v. 3 zieht man allgemein zu v. 2b, so daß man vv. 2f. unter Wahrung von v. 3 MT und weitgehender Wahrung der Konsonanten von v. 2 wie folgt lesen kann: „Jammert, ihr Küstenbewohner, ˹ihr Aufkäufer˺ (LXX) Sidons! / ˹Sie zogen über˺ (1 QJes^{a}) das Meer ˹als Boten˺ (*mal'āḵîm*) 3 und an vielen Gewässern. / Die Saat Schichors (des Nil Ernte) – ihr (Sidons) Ertrag! Da ward sie zum Gewinn von Völkern." (Vgl. auch Rudolph bei Wildberger.) Demnach wird als Krone weiter, auch maritimer Handelsbeziehungen das Korn Ägyptens als Sidons Gewinn genannt, auf den hin (von dem aus?) der Umschlag (vgl. v. 4) erfolgte, der Sidon zu Touristengewinn herabdrückte (zur Zeitgeschichte Kaiser; Wildberger).

In Spr 31, 18 ist zweifelsfrei übersetzbar „ihr Gewinn ist gut". Der Gewinn wird durch die im Kontext genannten Produkte der klugen Hausfrau, nicht durch Reisetätigkeit erzielt. Die Bedeutung ˹Gewinn˺ scheint hier eine vom at.lichen *sôḥer* abgelöste Selbständigkeit erlangt zu haben.

IV. Das Verb (5 Belege) hat in seiner Seltenheit eine dem Ptz. entsprechende Deutung erfahren (Gordon, Albright), die sich freilich nicht erhärten ließ (Speiser). Der Sprachvergleich vor allem mit dem Akk. macht die Grundbedeutung ˹durchwandern˺ u.ä. relativ sicher (das Aram.-Syr. könnte ja sekundär beeinflußt sein). Trotzdem war jene Debatte wohl nicht nutzlos, da sie die Aufmerksamkeit auf eine Nuance im Gebrauch lenken kann.

Bekanntlich macht Jer 14, 18b MT zu schaffen. Unter Elision eines *w* vor dem Nachsatz gibt LXX guten Sinn: „Priester und Prophet machen den Transit in ein Land, das sie nicht kannten." Die Zeile würde freilich gegenüber dem vorher beschriebenen Grauen abfallen und evtl. Glosse sein. MT kann man ohne cj. als *qal* zu *s^{e}ḥarḥar* Ps 38, 11 (starkes Herzpochen) auffassen: „Priester und Prophet wenden sich hin und her auf das Land zu (scil. weil in Jerusalem kein Gotteswort ist); aber sie haben keine Erkenntnis" (vgl. Rudolph z.St. und die Grundbedeutung von akk. *saḥāru*).

Ähnliches meint Gen 42, 34. Der von den Brüdern gefürchtete ägyptische Machthaber hatte sie der Spionage verdächtigt. Wenn sie aber zum Beweis ihrer Wahrhaftigkeit ihren jüngsten Bruder bringen – *tisḥārû*, d.h. sie konnten sich im Lande hin und her bewegen, ohne sich weiter der Spionage verdächtig zu machen. Das Durchwandern mußte nicht mehr auf festgelegter Route erfolgen, ohne Verdacht zu erwecken. Genauso ist auch Gen 34, 21 gemeint. Sichem will die Beschlußfassenden seiner Stadt davon überzeugen, daß die Jakobiten ungefährlich sind, connubium also empfehlenswert sei. Das Akk.-Objekt „Land" läßt hier eben nicht an commercium (Speiser), sondern an die Nutzung der Offenheit des „vor ihnen" liegenden Landes denken. Wären sie nicht friedlich, müßte eben dies verhindert werden.

34, 10 ist dagegen deutlich anders formuliert als v. 21 (Holzinger). Im Zusammenhang von v. 9, dessen Anklang an Dtn 7, 2f. unverkennbar ist, betont v. 10 die Ansiedlung der Jakobiten (*jšb* als Klammer, der P-Ausdruck *he'āḥ^{a}zû* als Krönung), während in v. 21 das Wohnen keinen seßhaft-verbindlichen Charakter hat und v. 23 den Herdenbesitz betont. Nur zu v. 10 war die Versuchung gegeben, ein commercium zu erwägen, da so sehr auf Grunderwerb abgestellt wird. Aber das Akk.-Objekt „Land" erlaubt auch hier keine andere Übersetzung als sonst.

V. Ps 91, 4 gibt selbst keine verläßlichen Anhaltspunkte zum Sinn von *soḥerāh*. Es steht in Parallele zu *ṣinnāh* ˹großer Schild˺ und kann damit vieles bedeuten. Auch der Kontext bietet keine Hilfe, da v. 4b isoliert steht. Nach Macintosh gibt es keinen Zweifel an der Herleitung von der Wurzel *sḥr* im Sinne von ˹umgeben, umkreisen, umzingeln˺ (vgl. akk. *saḥāru* sowie *siḥru* und *siḥirtu*). Wenn dies zutrifft, scheint es freilich richtiger, „Umgebende" (so wörtlich Aquila) nicht als einen übernatürlichen Schutz (Macintosh nach dem Kontext und Jes 47, 15, einer fragwürdigen Parallele, s.o. II.), sondern als eine ringsum einschließende, schützende Mauer zu verstehen (KBL^{3}), da der Schild eine Realie erwarten läßt.

Jedenfalls schließen sich hier einige aram. Belege aus Qumran (keine hebr. bekannt) an. So 4 Q 213 Test Levi 6, 1: Die Mauer deines Heils sei ringsherum (*s^{e}ḥôr*) um mich; 2 Q NewJerus fragm 1, 2 (2mal): ein Laubengang ringsum einen Häuserblock; 5 Q 15 1, II, 3. (4) 5 eine Wendeltreppe, die sich an einem Pfeiler wendelt (*sḥr*); vgl. auch syr. *s^{e}ḥartā'* ˹Burg, Umwallung˺ (KBL^{2}, Gunkel, Psalmen [GHK] z.St.).

Daneben bezeichnet *sḥrt* in 1 QGenApokr 21, 16–18 (3mal) eine weite Reise (dazu 2mal *msḥr* in 21, 15). Dazu das weite (kreisende?) Wandern der Sterne 4 Q EnAstr^{b} fragm 23, 6: im Norden sammeln sich die Sterne des Himmels, vollziehen eine umlaufende Wanderung (*sḥrjn*) und wenden sich zum Osten des Himmels; ähnlich 4 Q En^{c} 18, 15 und (von Feuerzungen) 4 Q En^{c} 14, 9.

VI. Die LXX hatte wohl keine Probleme mit der vorliegenden Wurzel, wenn sie die Belege durchgehend mit ἐμπορεύεσθαι und seinen Nominalderivaten wiedergibt. Auch μεταβολή κτλ. ist dem Wortfeld des Handels entnommen. In Ps 91, 4 kommt die etymologische Grundbedeutung wieder zum Vorschein, wenn sie mit ὅπλῳ κυκλώσει σε ἡ ἀλήθεια αὐτοῦ übersetzt.

Seebass

סִינַי *sînaj*

I. Belege – 1. Sinai – 2. Horeb – 3. Gottesberg – II. Etymologische Erklärungsversuche – III. Die älteste Vorstellung vom Sinai – 1. theologisch – 2. idiomatisch (*zæh sînaj*) – 3. geographisch – IV. Literarkritische und traditionsgeschichtliche Probleme – V. Das Sinaiereignis in den Pentateuchquellen – 1. Jahwist – 2. Elohist – 3. Jehowist – 4. Deuteronomist – a) Herkunft und Etymologie von Horeb – b) Gottesberg – c) Zur Lage des Horeb – 5. Priesterschrift – VI. Lokalisierungsvorschläge – 1. Sirbāltheorie – 2. Vulkanhypothese – 3. Großraum von Kadesch – 4. Traditionelle Ansicht (*Ǧabal Mūsā*).

Lit.: *Y. Aharoni*, Kadesch-Barnea und der Berg Sinai (B. Rothenberg, Y. Aharoni und A. Hashimshoni, Die Wüste Gottes. Entdeckungen auf Sinai, München – Zürich 1961, 107–171). – *L. Bäck*, סנה und סיני (MGWJ 46, NF 10, 1902, 299–301). – *C. T. Beke*, Mount Sinai a Volcano, London [2]1873. – *Ders.*, The Late Dr. Charles Beke's Discoveries of Sinai in Arabia and of Midian, ed. by his Widow, London 1878. – *W. Beyerlin*, Herkunft und Geschichte der ältesten Sinaitraditionen, 1961. – *Bönhoff*, Die Wanderung Israels in der Wüste mit besonderer Berücksichtigung der Frage „Wo lag der Sinai?" (ThStKr 80, 1907, 159–217). – *H. Cazelles*, Alliance du Sinaï, alliance de l'Horeb et renouvellement d'alliance (Festschr. W. Zimmerli, 1977, 69–79). – *G. I. Davies*, Hagar, el-Heğra and the Location of Mount Sinai (VT 22, 1972, 152–163). – *E. Dennert*, War der Sinai ein Vulkan? (GlWis 2, 1904, 298–306). – *C. Dohmen*, Das Bilderverbot. Seine Entstehung und seine Entwicklung im Alten Testament (BBB 62, 1985). – *O. Eißfeldt*, Die älteste Erzählung vom Sinaibund (ZAW 73, 1961, 137–146 = KlSchr IV, 1968, 12–20). – *Ders.*, Sinai-Erzählung und Bileam-Sprüche (HUCA 32, 1961, 179–190 = KlSchr IV 21–31). – *Ders.*, Das Gesetz ist zwischeneingekommen. Ein Beitrag zur Analyse der Sinai-Erzählung Ex 19–34 (ThLZ 91, 1966, 1–6 = KlSchr IV 209–214). – *Ders.*, Die Komposition der Sinai-Erzählung Exodus 19–34 (SSAW.PH 113/1, 1966, 5–31 = FF 40, 1966, 213–215 = KlSchr IV 231–237). – *K. Elliger*, Sinn und Ursprung der priesterlichen Geschichtserzählung (ZThK 49, 1952, 121–143 = ThB 32, 1966, 174–198). – *V. Fritz*, Tempel und Zelt. Studien zum Tempelbau in Israel und zu dem Zeltheiligtum der Priesterschrift (WMANT 47, 1977). – *J. Gabriel*, Wo lag der biblische Sinai? (WZKM 39, 1932, 123–132). – *H. Gese*, Bemerkungen zur Sinaitradition (ZAW 79, 1967, 137–154). – *Ders.*, Τὸ δὲ Ἁγὰρ Σινὰ ὄρος ἐστὶν ἐν τῇ Ἀραβίᾳ (Gal 4, 25), (Festschr. L. Rost: BZAW 105, 1967, 81–94 = Vom Sinai zum Zion: BEvTh 64, 1974, 49–62). – *M. Görg*, Das Zelt der Begegnung. Untersuchung zur Gestalt der sakralen Zelttraditionen Altisraels (BBB 27, 1967). – *H. Graetz*, Die Lage des Sinai oder Horeb (MGWJ 27, 1878, 337–360). – *J. Gray*, The Desert Sojourn of the Hebrews and the Sinai-Horeb Tradition (VT 4, 1954, 148–154). – *H. Haag*, Das „Buch des Bundes" (Ex 24, 7) (Festschr. K. H. Schelkle, 1973, 22–30). – *M. Haelvoet*, La Théophanie du Sinaï (EThL 29, 1953, 374–397). – *J. Halbe*, Das Privilegrecht Jahwes, Ex 34, 10–26 (FRLANT 114, 1975). – *P. Haupt*, Midian und Sinai (ZDMG 63, 1909, 506–530). – *G. Hölscher*, Sinai und Choreb (Festschr. R. Bultmann, 1949, 127–132). – *F. L. Hossfeld*, Der Dekalog (OBO 45, 1982). – *H. B. Huffmon*, The Exodus, Sinai and the Credo (CBQ 27, 1965, 101–113). – *J. P. Hyatt*, Were There an Ancient Historical Credo in Israel and an Independent Sinai Tradition? (Festschr. H. G. May, New York 1970). – *J. Jeremias*, Theophanie. Die Geschichte einer at.lichen Gattung (WMANT 10, [2]1977). – *E. C. Kingsbury*, The Theophany Topos and the Mountain of God (JBL 86, 1967, 205–210). – *K. Koch*, Die Eigenart der priesterschriftlichen Sinaigesetzgebung (ZThK 55, 1958, 36–51). – *Ders.*, Die Priesterschrift von Exodus 25 bis Leviticus 16 (FRLANT 71, NF 53, 1959). – *J. Koenig*, La localisation du Sinaï et les traditions des scribes (RHPhR 43, 1963, 2–31; 44, 1964, 200–235). – *Ders.*, Itinéraires sinaïtiques en Arabie (RHR 166, 1964, 121–141). – *Ders.*, Le Sinaï montagne de feu dans un désert de ténèbres (RHR 167, 1965, 129–155). – *Ders.*, Le problème de la localisation du Sinaï (Acta Orientalia Belgica: Correspondance d'Orient 10, 1966, 113–123). – *Ders.*, Aux origines des théophanies jahvistes (RHR 169, 1966, 1–36). – *Ders.*, Le site de Al-Jaw dans l'ancien Pays de Madian, Paris 1971. – *E. Kramer*, Die Wanderung durch den Sinai als Weg durch eine vulkanische Landschaft – Biblische Texte in der Sicht des Mineralogen (DBAT 20, 1984, 159–168). – *E. Lohse*, Σινᾶ (ThWNT VII, 1966, 281–286). – *P. Maiberger*, Topographische und historische Untersuchungen zum Sinaiproblem (OBO 54, 1984). – *B. Moritz*, Der Sinaikult in heidnischer Zeit (AGWG.Phil.Hist. NF 16/2, 1916, 1–64). – *M. L. Newman jr.*, The Sinai Covenant Traditions in the Cult of Israel, New York 1960. – *E. W. Nicholson*, Exodus and Sinai in History and Tradition, Oxford 1973. – *D. Nielsen*, The Site of the Biblical Mount Sinai (JPOS 7, 1927, 187–208). – *M. Noth*, Der Wallfahrtsweg zum Sinai (4. Mose 33), (PJ 36, 1940, 5–28). – *Ders.*, Geschichte Israels, Göttingen [7]1969 (120–130). – *E. Oberhummer*, Die Sinaifrage (Mitteilungen der k.k. Geographischen Gesellschaft 54, Wien 1911, 628–641). – *L. Perlitt*, Bundestheologie im AT (WMANT 36, 1969). – *Ders.*, Sinai und Horeb (Festschr. W. Zimmerli, 1977, 302–322). – *W. J. Phythian-Adams*, The Mount of God (PEFQS, 1930, 135–149; 192–209). – *Ders.*, The Volcanic Phenomena of the Exodus (JPOS 12, 1932, 86–103). – *J. Pirenne*, Le site préislamique de al-Jaw, la Bible, le Coran et le Midrash (RB 82, 1975, 34–69). – *G. von Rad*, Das formgeschichtliche Problem des Hexateuchs (BWANT 78 = IV/26, 1938 = ThB 8, 1958, 9–86). – *Ders.*, ThAT I, [8]1982, 200–293. – *A. Reichert*, Der Jehowist und die sog. deuteronomistischen Erweiterungen im Buch Exodus, 1972. – *R. Rendtorff*, Die Gesetze in der Priesterschrift. Eine gattungsgeschichtliche Untersuchung (FRLANT 62, NF 44, 1954). – *H. Graf Reventlow*, Das Heiligkeitsgesetz formgeschichtlich untersucht (WMANT 6, 1961). – *L. Rost*, Sinaibund und Davidsbund (ThLZ 72, 1947, 129–134). – *W. Rudolph*, Der Aufbau von Exodus 19–34 (BZAW 66, 1936, 41–48). – *H. H. Schmid*, Der sogenannte Jahwist. Beobachtungen und Fragen zur Pentateuchforschung, Zürich 1976. – *J. M. Schmidt*, Erwägungen zum Verhältnis von Auszugs- und Sinaitradition (ZAW 82, 1970, 1–31). – *W. H. Schmidt*, Exodus, Sinai und Mose (EdF 191,

1983). – *H. Seebass*, Mose und Aaron, Sinai und Gottesberg (AET 2, 1962). – *R. Smend*, Jahwekrieg und Stämmebund (FRLANT 84, [2]1966). – *R. L. Smith*, Covenant and Law in Exodus (Southwestern Journal of Theology 20, 1977, 33–41). – *J. J. Stamm*, Elia am Horeb (Festschr. T. C. Vriezen, 1966, 327–334). – *J. A. Thompson*, The Cultic Credo and the Sinai Tradition (RefTR 27, 1968, 53–64). – *K.-H. Walkenhorst*, Der Sinai im liturgischen Verständnis der deuteromistischen und priesterlichen Tradition (BBB 33, 1969). – *E. Zenger*, Die Sinaitheophanie. Untersuchungen zum jahwistischen und elohistischen Geschichtswerk (FzB 3, 1971). – *Ders.*, Israel am Sinai. Analysen und Interpretationen zu Exodus 17–34, Altenberge 1982. – *Ders.*, Psalm 87, 6 und die Tafeln vom Sinai (Festschr. J. Ziegler II, 1972, 97–103). – *W. Zimmerli*, Sinaibund und Abrahambund (ThZ 16, 1960, 268–280 = Gottes Offenbarung: ThB 19, 1963, 205–216). – *Ders.*, Erwägungen zum „Bund". Die Aussagen über die Jahwe-בְּרִית in Ex 19–34 (Festschr. W. Eichrodt: AThANT 59, 1970, 171–190). – *B. Zuber*, Vier Studien zu den Ursprüngen Israels. Die Sinaifrage und Probleme der Volks- und Traditionsbildung (OBO 9, 1976).

I. 1. Der Name *sînaj* begegnet als freies Morphem lediglich 5mal in der BH (Ex 16, 1; Dtn 33, 2; Ri 5, 5; Ps 68, 9. 18; griech. noch Sir 48, 7), häufiger dagegen in dem Determinativkompositum *har sînaj* „Berg Sinai", das 16mal (außer Neh 9, 13) nur im Tetrateuch vorkommt (Ex 19, 11. 18. 20. 23; 24, 16; 31, 18; 34, 2. 4. 29. 32; Lev 7, 38; 25, 1; 26, 46; 27, 34; Num 3, 1; 28, 6). Doppelt so oft steht statt dessen einfach *hāhār* „der Berg" (Ex 3, 12; 19 [12mal]; 20, 18; 24 [7mal]; 25, 40; 26, 30; 27, 8; 32, 1. 15. 19; 34, 2. 3a. b. 29). Ferner findet sich der Name, wiederum nur in Ex-Num, in der Appositionsverbindung *miḏbar sînaj* „Wüste Sinai" (Ex 19, 1. 2; Lev 7, 38; Num 1, 1. 19; 3, 4. 14; 9, 1. 5; 10, 12; 26, 64; 33, 15. 16).

Die Targume schreiben, wie das Hebr., den Namen mit *jôḏ* am Ende, von Onkelos (sowie von der Peš.) als Diphthong *'ai'* vokalisiert, wogegen ihn die LXX mit vokalischem Auslaut als Σινα transkribiert. In dieser monophthongisierten Form erscheint er auch 3mal im NT (Apg 7, 30; Gal 4, 24. 25; ebenso bei Philo, Quis Her. 251). A, Σ u. Θ bezeugen mit der korrekteren Form Σιναι bereits für das 2. Jh. die masoretische Aussprache. Auf sie deutet auch schon im 1. Jh. die von Josephus gebrauchte gräzisierte Form Σίναιον (Ap. 2, 25) oder Σιναῖον (Ant. 2, 264).

2. Im Buch Dtn dagegen wird der Sinai ausschließlich *ḥoreḇ* 'Horeb' genannt (1, 2. 6. 19; 4, 10. 15; 5, 2; 9, 8; 18, 16; 28, 69). Dieser spätere Ersatzname taucht auch auf in Ex 3, 1; 17, 6; 1 Kön 8, 9 = 2 Chr 5, 10; 1 Kön 19, 8; Mal 3, 22; Ps 106, 19 (Sir 48, 7 Χωρηβ). Einmal ist in Ex 33, 6 vom *har ḥoreḇ* „Berg Horeb" die Rede. Wie im Tetrateuch *sînaj*, so wird auch in Dtn *ḥoreḇ* des öfteren durch *hāhār* „der Berg" substituiert (1, 6; 4, 11a. b; 5, 4. 5. 22. 23; 9, 9a. b. 10. 15aα. β. 21; 10, 1. 3. 4. 5. 10; 1 Kön 19, 11).

3. Die Bezeichnung *har hā'ᵆlohîm* „Gottesberg" (vgl. dagegen den hl. „Götterberg" *har 'ᵆlohîm* [ohne Artikel] Ez 28, 16 [+14]; Ps 68, 16) trägt er in Ex 3, 1; 4, 27; 18, 5; 24, 13; 1 Kön 19, 8. Singulär ist der Gebrauch des sonst nur (Jes 2, 3; 30, 29; Mi 4, 2; Sach 8, 3; Ps 24, 3) den Zionsberg bezeichnenden Kompositums *har JHWH* „Berg des Herrn" für den Sinai in Num 10, 33.

II. Die Etymologie von *sînaj* ist ebensowenig bekannt wie die genaue geographische Lage. Es steht nicht einmal fest, ob es sich um einen hebr. oder wenigstens semit. Namen (nomen proprium oder appellativum?) handelt. Eine Ableitung aus dem Hebr. bereitet insofern Schwierigkeiten, als nicht eindeutig zu entscheiden ist, welches der beiden *jôḏ* zur zu postulierenden dreiradikaligen Basis gehört. Das *jôḏ* an zweiter Position kann Radikal oder Pleneschreibung sein, das *jôḏ* an vierter Position Radikal oder Afformativ. Eine in Frage kommende Wurzel *sjn* (bzw. *swn*) oder **snj*>*snh* ist jedoch im Hebr. nicht belegt. Vergleichbare Derivate wären syr. *sînā* 'Mond'; aram. *s^ejān*, syr. *s^ejānā* 'Schlamm, Lehm'; aram. und syr. *sanjā'*, hebr. *s^enæh* 'Dornbusch'; arab. *sanā* 'Sennastrauch'; *sanā* 'glänzen, strahlen, leuchten'; *sanā'* 'Glanz, Strahlen, Leuchten'; *sanīj* 'hoch, herrlich, erhaben'; *sînā* 'Stein'. Dementsprechend wurden schon viele etymologische Erklärungen vorgebracht.

J. Fürst, Wb [2]1863, II 74 und 79 (vgl. Concordantiae Hebraicae, 1840, 1285) wollte aus der mit *sjn* verwandten, aber im AT ebenfalls ungebräuchlichen Wurzel *swn* II, die er mit 'zackig, spitzig sein' ansetzte, die Bezeichnung „Felsenklüftiger, Klippenvoller, Zackiger" eruieren. Auch A. Frhr. v. Gall (Altisraelitische Kultstätten: BZAW 3, 1898, 16) trat für die Bedeutung „der Zackige" ein, indem er auf die Zusammenstellung von Σινὰ ὄρος mit 'Αγάρ in Gal 4, 25 verwies, das mit arab. *ḥağar* 'Stein' in Verbindung zu bringen sei.

Am plausibelsten erscheint heute noch vielen die von F. Baethgen (Beiträge zur semitischen Religionsgeschichte, Berlin 1888, 106) aufgestellte These, der Berg Sinai verdanke seinen Namen dem Mondgott Sin (vgl. GesB und BL [2]1968, 1594).

Von der Wüste Sin (die andere ebenfalls auf den Mondgott bezogen) wollte ihn R. Lepsius (Reise von Theben nach der Halbinsel des Sinaï, Berlin 1846, 46) ableiten und als Nisbeform *Sînî*, d. h. „der Berg von *Sîn*" erklären.

Die sekundäre Zusammenlegung von Dornbusch und Gottesberg Horeb in Ex 3, 1 (vgl. M. Noth, ATD 5, 27; W. H. Schmidt, BK II/2, 116) begünstigte die etymologische Verknüpfung von *sînaj* und *s^enæh*, die traditionell eine große Rolle spielt und heute noch gelegentlich erwogen wird (vgl. KBL[2]).

Sie findet sich schon bei den frühen jüd. Exegeten (vgl. Str.-B. III 572, wo weitere volksetymologische Deutungen des Namens Sinai angeführt sind). Nach R. El'azar aus Modi'im (gest. um 135) hieß der Berg urspr. Horeb, nachdem sich aber Gott dem Mose im *s^enæh* geoffenbart hatte, sei er *sînaj* genannt worden.

Diese auch von Hieronymus vertretene Etymologie blieb bis in das 18. Jh. vorherrschend. Auch für E. Auerbach (Moses, Amsterdam 1953, 168) ist *sînaj* nicht von *s^enæh* zu trennen, so daß er geradezu „Berg des Dornbuschs" oder „der Dornberg, der spitzige Berg" bedeute, womit die 1 Sam 14, 4 *sænnæh* „Dornfels" zu übersetzende Felsklippe (*šen hassæla*ʿ) etymologisch verwandt sei. Nach P. Haupt (509 und PAPS 48, 1909, 364) heißt Sinai so viel wie „Sennastrauchberg" und komme daher, weil auf ihm viele Sennasträucher (arab. *sanāʾu*, *sanā* ʿCassia angustifolia', seiner Meinung nach der *s^enæh* von Ex 3) wuchsen.
Da jedoch nicht feststeht, mit welchem Berg der Sinai zu identifizieren ist, lassen sich all diese Erklärungsversuche weder sachlich-topographisch noch philologisch rechtfertigen.

Eine etymologische Anspielung findet sich auch in Gal 4, 25, wo Paulus mit τὸ δὲ ῾Αγὰρ Σινὰ ὄρος ἐστὶν ἐν τῇ ᾿Αραβίᾳ die Verbindung zwischen den von Haus aus nicht zusammengehörigen Hagar und Sinai (tertium comparationis dieser Allegorie ist die Sklaverei) aus der Identität des Namens oder Wortes (τό!) Hagar mit dem des Berges Sinai begründet: „weil nämlich Hagar Sina(i) bedeutet". In den national-arab. Wörterbüchern existiert tatsächlich ein Wort *sīnā* mit der Bedeutung ʿStein' = *ḥaǧar*! (vgl. auch Lane I/4, 1487: *sīnāʾ^u* „Certain stones"). Offenbar spielt Paulus auf diese arab. Gleichung *Sīnā* = *Ḥaǧar* („Stein") an, so daß er volksetymologisch den (in der LXX) homophonen Berg Σινα (den er von daher wohl als „Felsiger" deutete) mit Hagar in Verbindung bringen konnte.

III. 1. Die älteste Vorstellung vom Sinai begegnet in den poetischen Texten Dtn 32, 2; Ri 5, 4f. und Ps 68, 8f. Hier erscheint der Sinai nicht als Ziel der Wüstenwanderung und Schauplatz von Offenbarung, Bundesschluß und Gesetzgebung, sondern lediglich als Wohnsitz JHWHs. Nicht Israel kommt zum Sinai, sondern nach dem Prolog des Mosesegens „kommt" (*bāʾ*) gerade umgekehrt JHWH (betont vorangestellt) „vom" (*min*) Sinai zu Israel. Da in dem psalmartigen Rahmentext Dtn 32, 2–5 und 26–29 eine ältere, einmal selbständige Überlieferung vorliegt (die nach I. L. Seeligmann, VT 14, 1964, 90f. keine spezielle Sinaierzählung als Vorlage benutzte), in die das eigentliche Korpus der Stammessprüche (vv. 6–25) eingebettet wurde (vgl. G. v. Rad, ATD 8, 147), kommt nach dem urspr. Zusammenhang JHWH, der Gott Jeschuruns, vom Sinai seinem Volk zu Hilfe, um dessen Feinde zu vernichten (vv. 26f.; vgl. Jes 59, 20; Hos 10, 12; Hab 3, 3; Ps 18 = 2 Sam 22). Die Theophanie erfolgt im Lichtglanz (*zāraḥ*; vgl. Jes 60, 1f.) und Erstrahlen (*hôpîa*ʿ; vgl. Ps 50, 2; 80, 2; 94, 1; Ijob 10, 3; ferner Hab 3, 3f. 11. – Könnte von daher ein etymologischer Zusammenhang von *sînaj* mit der arab. Wurzel *snj* ʿglänzen, strahlen, leuchten' bestehen?). Als Ausrücken gegen den Feind wird auch das Kommen JHWHs in Ri 5, 4 und Ps 68, 8 geschildert (*jāṣāʾ* im militärischen Sinn mit JHWH als Subj.: Ex 11, 4; Ri 4, 14; 2 Sam 5, 24 = 1 Chr 14, 15; Hab 3, 13; Ps 44, 10; 60, 12; 108, 12; *ṣāʿad* par. zu *jāṣāʾ* auch in 2 Sam 5, 24 = 1 Chr 14, 15; vgl. auch Mi 1, 3). Hier aber geht die Theophanie einher mit Erdbeben (*rāʿaš*; vgl. 2 Sam 22, 8 = Ps 18, 8; Jes 24, 18f.; Ps 77, 19), Bergezittern (*zālal niph*; vgl. Jes 63, 19; 64, 2; ferner Hab 3, 6. 10) und Wolkenbrüchen (*nāṭap* nur hier; vgl. Ps 77, 18; Hab 3, 10).
2. Da JHWH nach Dtn 32, 2 aus Seïr vom Sinai kommt und auch nach Ri 5, 4 aus Seïr auszieht, erklären manche das unmittelbar neben JHWH (in Ps 68, 9 neben Elohim) stehende, gewöhnlich als Glosse angesehene *zæh sînaj* in v. 5c als Epitheton JHWHs, das A. Globe (Bibl 55, 1974, 171) wegen der Parallele zum Epitheton „Gott Israels" (v. 5e) aus metrischen Gründen zum originalen Text rechnet. Nachdem H. Grimme (ZDMG 50, 1896, 573) auf die vergleichbare Namensform der nabatäischen Gottheit *ḏû-Šarâ* (Dusares) hingewiesen hatte, erklärten auch W. F. Albright (JBL 54, 1935, 204; BASOR 62, 1936, 30; HUCA 23/1, 1950/51, 20) und andere (H. S. Nyberg, Hebreisk grammatik, Uppsala 1952, § 84j, n. 2; J. M. Allegro, VT 5, 1955, 311; Brockelmann, Synt. § 75; J. Jeremias 8f. 105) *zæh sînaj* nach dem Vorbild der arab. Konstruktion mit *ḏû* als „der (Herr, Besitzer, Inhaber) vom Sinai" (vgl. V Ps 67/68, 9 *Dei Sinai*). Den Einwand von H. Birkeland (StTh 2, 1949, 201f.; ablehnend auch W. Richter, BBB 18, 1963, 69 Anm. 35 und H.-J. Kraus, BK XV/2^5, 627), diese Funktion des Demonstrativpronomens sei spezifisch arab., aber nicht hebr. (vgl. jedoch *zæh šālôm* Mi 5, 4) entkräftet J. Jeremias (9; ebenso M. Dahood, AB 17, 139) durch ugar. Parallelen, in denen *d* ganz ähnlich verwendet wird (Gordon, UT, Gram. § 13. 75). Vergleichbar sind auch akk. Namen wie *Šu-Sin* ʿder des Sin' oder *zu-ḫatni(m)* in Mari. Daher hält É. Lipiński (Bibl 48, 1967, 198f.) analog der mit dem Demonstrativum *ḏ-/dt-* kombinierten südarab. Götternamen (vgl. A. Jamme, Mus 60, 1947, 64f. und M. Höfner: Festschr H. v. Wissmann, 1962, 181–185) *zæh sînaj* für eine archaische Namensbildung. Die aufgrund der Grammatik postulierte Übersetzung „das ist der Sinai" (LXX τοῦτο Σινα) besitzt jedenfalls als Glosse keine syntagmatische Relation, da JHWH (bzw. Elohim) als Beziehungswort nicht in Frage kommt, und kann (obgleich, wie A. B. Ehrlich, Randglossen III 82 zu bedenken gibt, *zæh* nach vorn, und nicht, wie *hûʾ*, nach rückwärts zeigt; vgl. Ri 7, 4b und 7, 1 u. a.) sinngemäß nur in Ri 5, 5 auf das zurückliegende (plurale!) *hārîm* ʿBerge' bezogen werden (V *Montes fluxerunt ... et Sinai*), aber nicht in Ps 68, 9, da es dort nicht steht (vgl. EÜ Ri 5, 5 mit Ps 68, 9!).

Ps 68, 8f. ist offensichtlich von Ri 5, 4f. abhängig (nach Jeremias 10f. fußen beide auf der gleichen mündlichen Überlieferung). Die Ortsangabe *miśśeʿîr* (vgl. Dtn 33, 2) wurde durch *lipnê ʿammækā* ersetzt (eine präpositionale Verbindung, die sonst nur beim JHWH-Krieg Ri 4, 14; 2 Sam 5, 24 = 1 Chr 14, 15 erscheint), *miśś^edeh ʾ^ædôm* durch (das Dtn 32, 10; Ps 78, 40; 106, 14; 107, 4 die Wü-

stensituation umschreibende) *bîšîmôn*, wodurch das machtvoll-rettende Zuhilfekommen JHWHs als Geleitschutz während der Wüstenwanderung uminterpretiert wurde. Die Versteile 4b und 5aα entfielen (als Doppelung zu 4aγ), zumal sie nur als Begleitumstände der Theophanie am Platz sind, anstelle von JHWH trat Elohim, so daß das dreimalige Elohim in v. 9 – gegen H.-J. Kraus – nicht als Überfüllung anzusehen ist.
Die unklare Stelle v. 18b *'ᵃdonāj „bām sînaj" baqqodæš* (ebenso LXX ὁ κύριος „ἐν αὐτοῖς ἐν Σινα" ἐν τῷ ἁγίῳ) versucht BHS nach Dtn 33, 2 durch die Konjektur *„bā' missînaj"* „der Herr ‚kam vom Sinai' in das Heiligtum" (vgl. Kraus 627f.) zu beheben. (M. Dahood, AB 17, 131. 143 liest *'ᵃdon jābam* „who created Sinai as his sanctuary"). Nach diesem Verständnis hätte der Sinai noch in der frühen Königszeit als Wohnort JHWHs gegolten, da Kraus (632) als Sitz im Leben von Ps 68 ein „Erscheinungsfest" des Sinaigottes auf dem Berg Tabor zur Zeit Sauls annimmt.

Offenbar besaß diese älteste literarisch faßbare Sinaitradition, die nach J. M. Schmidt (22) stark von kultverwurzelten Überlieferungen geprägt worden ist, eine geographisch (Nordreich?) und gattungsmäßig (Umkreis: Theophanie) begrenzte Bedeutung. Ursprünglich handelte es sich wohl nur um die spezielle Gottesvorstellung einer bestimmten (mit den in äg. Texten erwähnten Schasu-Beduinen von Seïr in Beziehung zu bringenden?; vgl. R. Giveon, Les bédouins Shosou des documents égyptiens: DMOA 22, Leiden 1971, Document 6a und 16a sowie S. 267–271) protoisraelitischen Gruppe, nämlich um die Verehrung des auf dem Sinai wohnenden und von dort zu Hilfe kommenden JHWH, die allmählich auf Gesamtisrael ausgedehnt wurde und erst durch die Verknüpfung mit dem Exodusgeschehen und der darin verankerten Gestalt des Mose eine immer größere Rolle zu spielen begann.

3. Nach Dtn 33, 2 und Ri 5, 4 liegt der Sinai in Seïr. Ob das hier (neben Ps 68, 9. 18; Ex 16, 1) als freies Morphem gebrauchte „Sinai" einen Berg, einen Gebirgszug oder eine Region im Bergland Seïr bezeichnet, geht daraus nicht hervor, doch wird man aufgrund der späteren Tradition und analog den Götterbergvorstellungen an einen bestimmten Einzelberg denken dürfen. Der Parallelismus von Seïr und dem Berg/Gebirge Paran in Dtn 33, 2 (der nach M. Noth, Geschichte 124 „von dem heutigen *dschebel fārān* auf der Westseite des *wādi el-ʿaraba* kaum getrennt werden kann") scheint in die weitere Umgebung von Kadesch zu weisen, da dieser Ort nach Num 13, 26 (vgl. 13, 3) in der vermutlich nach dem Gebirge benannten Wüste Paran (Gen 21, 21; Num 10, 12; 12, 6; 1 Sam 25, 1; vgl. auch Gen 14, 6 „vom Gebirge Seïr bis nach El-Paran am Rand der Wüste") liegt.

Dies spräche in Dtn 33, 2 für die Konjektur Meribat Kadesch (so BHS und G. von Rad, ATD 8, 144) anstelle von MT *meribᵉbot qodæš* (LXX σὺν μυριάσιν Καδες), doch begegnet diese Ortsbezeichnung sonst immer nur in Verbindung mit *mê* 'Wasser' (Num 27, 14; Dtn 32, 51; Ez 48, 28; cj. 47, 19). Auch in Ps 68, 18 möchte B. Margulis (Tarbiz 39, 1969/70, 1ff.) statt *qodæš* Kadesch lesen („The Lord comes from Sinai, God from Qadesh"). In Ri 5, 4 steht Seïr zu Edom in Parallele (ebenso Num 24, 18; Jes 21, 11; Ez 35, 15). Nach Gen 32, 4 lebte Esau in Seïr, im Gebiet von Edom (vgl. Gen 36, 8f.; Dtn 2, 12. 22. 29). Nach Hab 3, 3 kommt Gott vom Gebirge Paran und aus der Gegend von Teman, die sonst zusammen mit Edom genannt wird (Jes 49, 7. 20; Ez 25, 13; Am 1, 12), da Teman ein Enkel von Esau war (Gen 36, 11. 15. 42; Obd 9), der auch Edom hieß (Gen 36, 1).

Wenn auch Seïr und Edom beiderseits der Araba liegen, so deutet doch der Parallelismus von Seïr und Paran darauf hin, den Sinai (und damit die Heimat JHWHs) südwestl. des Toten Meeres in der weiteren Umgebung (wohl östl.) von Kadesch zu suchen.

IV. Im Gegensatz zur älteren, archaischen Vorstellung, nach der JHWH seinem Volk „von" seinem Wohnsitz „Sinai" zu Hilfe „kommt", redet das klassische Sinaimodell immer von dem „Berg Sinai", „auf" den JHWH unter dem Schleier der Naturgewalten als mysterium tremendum vom Himmel „herabsteigt" und zu Mose, dem charismatischen Führer und Vermittler, der allein sich Gott nähern darf, redet, während das Volk in ehrfurchtsvoller Entfernung am Fuß des Berges verweilt. Dieser Kern wurde im Laufe der Zeit, bes. was die Worte JHWHs und sein Verhältnis zu den Israeliten betrifft, durch verschiedene Quellen, Gesetzeskorpora und Kommentare angereichert und ist in einem allmählichen Wachstumsprozeß durch das Verschachteln dieser verschiedenartigen Texte von den Redaktoren zu jener komplexen und monströsen Sinaiperikope gestaltet worden, die nun von Ex 19 bis Num 10 reicht. Dadurch, daß man nachträglich fast sämtliche rechtlichen und kultischen Satzungen auf den Sinai zurückführte, errichtete man ein großartiges, längst nicht mehr auf historischen oder topographischen Erinnerungen beruhendes theologisches Lehrgebäude. Der Sinai war immer mehr zu einem die irdischen Regionen überragenden ideellen Berg geworden, in dem Israel den „Gipfel" seiner Lebensordnung und Weisheit verehrte.

Die Literar- und Traditionskritik hat den mit dem Topos „Sinai" verwickelten Überlieferungsknäuel, „einen scheinbar unheilbaren Wirrwarr" (H. Greßmann, Mose und seine Zeit, 1913, 181), bei aller Mühe und Geduld noch nicht vollends entwirren können – wenn auch wesentliche Strukturen der einzelnen Quellen und Bearbeitungsschichten (wie verschiedene Theophanievorstellungen, Bundesschlußkonzeptionen, Relationen zwischen JHWH – Mose – Volk, Tafelmodelle und Gesetzeskorpora) mehr oder weniger klar erkannt wurden – so daß die Zuweisung vieler Stücke (dies betrifft natürlich auch die hier referierten Ansichten) immer noch umstritten ist (bezügl. Ex 19. 23f. 32–34 zeigt dies deutlich ein Blick auf die Tabelle bei Zenger, Sinaitheophanie 206–231) und viele Fragen offen bleiben.
An erster Stelle steht hier das Problem, ob (nach G. von Rad, Hexateuch 11ff.) Sinaitradition und Auszugsgeschehen ursprünglich separate Überlieferungskomplexe mit einem je eigenen Sitz im Leben (Kult) waren (weil z. B. Jos 24, 2–13 Auszug, Wüstenwanderung und

Landnahme, aber nicht das Sinaiereignis erwähnt [vgl. auch Dtn 26, 5–9; Ps 78; 105; 135; 136] und durch den Einschub der Sinaiperikope die Kadescherzählungen Ex 17–18 und Num 10–14 auseinandergerissen wurden), und wenn ja, wann und wo es zur Verbindung der Exodus- mit der (nach Noth, ÜPt 65f. und Gese, ZAW 79, 139ff. älteren, nach Smend 84f. dagegen jüngeren) Sinaitradition gekommen ist, d. h. auf welche Weise Mose und „Israel" an den Sinai gelangten. Literarisch faßbar ist diese Verbindung frühestens beim Jahwisten, der nach G. von Rad (Hexateuch 48ff.) erstmals Exodus und Sinai miteinander verknüpfte, wogegen dies nach M. Noth (ÜPt 43) bereits in einer ihm vorliegenden (erschlossenen) Grundschrift (G) der Fall war. Während Zenger (Israel am Sinai 125) in dem nach der Landnahme einsetzenden Prozeß der Stämmebildung den Auslöser für diese Verbindung vermutet, möchten sie W. Beyerlin (165ff.) und J. M. Schmidt (23) bereits in Kadesch, dem Sammelpunkt der Sinai- und Exodusgruppe, stattfinden lassen.

Obwohl die Sinaitradition bei J und E eine besondere Rolle spielt, wird seltsamerweise im ganzen vorexil. Prophetenkanon kein einziges Mal – weder explizit noch implizit – auf den Sinai und die Sinaitradition angespielt. Nie wird mit der Offenbarung am Sinai der Anspruch JHWHs auf Israel begründet, nie die Sünde des Volkes als Übertretung seines dort proklamierten Rechtswillens getadelt. Dieses befremdliche „Sinaischweigen" erklärt G. von Rad (Hexateuch 49) damit, daß man sich lange nicht an „die Verschmelzung der Sinaitradition in die Landnahmeüberlieferung" „gewöhnen" konnte – erst um die Exilszeit sei diese „populär" geworden – wogegen H. H. Schmid (157) diese Traditionslücke durch einen Spätansatz des J (in dtn-dtr Zeit) zu begründen versucht.

Hatte G. von Rad (Hexateuch 14ff.), ausgehend von der „Festlegende" einer vorstaatlichen (amphiktyonischen) Bundesfeier in Sichem, und im Anschluß an ihn M. Noth (ÜPt 33; Geschichte 121) für die jahwistische Sinaiperikope bereits alle wesentlichen Elemente (Theophanie, Bundesschluß, Gebotsverkündigung, Dekalog, Tafeln) – die nach Beyerlin (165–171) in Kadesch verwurzelt sind – wenn auch in gestraffter Form, angenommen, so daß sie sich in ihrer Grundkonzeption bis zur Endredaktion im wesentlichen durchgehalten hätten und nur weiter ausgeschmückt worden wären, so zeigen neuere Untersuchungen (Perlitt, Zenger, Reichert) – trotz mancher Abweichungen im einzelnen – daß die Basis der jahwistischen Darstellung doch viel schmäler ist.

V. 1. Die jahwistische Sinaigeschichte gliedert sich nach Zenger (Israel am Sinai 156f.) in drei Akte mit jeweils wechselnder Szenerie: der erste Akt (Gipfel des Berges) schildert das Herabsteigen JHWHs auf den Sinai vor dem lagernden Volk, der zweite Akt (unterhalb des Berges) berichtet von den Opfern für JHWH, der dritte Akt (Gipfel des Berges) von einer feierlichen Verheißung JHWHs für das Volk.

JHWH, der im Himmel wohnt, muß – wie auch sonst bei J – zur Erde (Gen 11, 5. 7), auf den Gipfel des Sinai „herabsteigen" (*jārad* Ex 19, 20a; vgl. Ex 34, 5; Mi 1, 3), wobei der „ganze" (*kullô*!) Berg raucht, d. h. in Rauch gehüllt ist, und sein Rauch wie der Rauch eines Schmelzofens aufsteigt (Ex 19, 18aαbα; „Feuer" 18aβ Zusatz von JE). Der aufsteigende (aber nicht der den ganzen [!] Berg verhüllende) Rauch erinnert zwar an eine vulkanische Erscheinung, beweist aber nicht, daß der Sinai ein Vulkan gewesen wäre (nach M. Noth, ATD 5, 125. 128; J. Jeremias 104. 207 und J. M. Schmidt 16 sind bei J, D und P die Begleitumstände der Theophanie vulkanischer Natur), zumal andere vulkanische Phänomene bei J völlig fehlen, sondern will lediglich (ähnlich wie die Rauchsäule Ex 14, 20 J oder der raucherfüllte Tempel Jes 6, 4; vgl. auch Gen 15, 17; 2 Sam 22, 9 = Ps 18, 9; Ps 104, 32; 144, 5) die Gegenwart JHWHs signalisieren; der Vergleich mit dem Schmelzofen soll besagen, daß Israel am Sinai geläutert wird (vgl. Jes 1, 25; 48, 10; Ps 17, 3; 66, 10).

In der Konzeption von J wird am Sinai Israels Gottesdienst begründet: Auf die Theophanie erfolgen Altarbau (wie in Gen 12, 7!) sowie Brand- und Schlachtopfer (Ex 24, 4aβ.b. 5 [und 6?]), das Opferfest in der Wüste, das wie ein roter Faden die jahwistische Exodusgeschichte durchzieht (3, 18; 5, 3. 8. 17; 7, 16. 26; 8, 4. 16. 24; 9, 1. 13; 10, 3; 12, 31). „Israel" begibt sich zum Sinai, zum Ursprung des JHWH-Glaubens, um dort „seinen" Gott zu verehren. Allerdings ist nach J JHWH nicht mehr an den Sinai gebunden, sondern dieser „Berg" ist nur noch ein altehrwürdiger heiliger Ort, auf den er herabsteigt und wo er sich gleichsam „im Vorübergehen" (Ex 34, 6) Mose als Repräsentanten des Volkes offenbart (vgl. 1 Kön 19, 11f.). In einem Dialog mit Mose verpflichtet sich JHWH (der absolute, präpositionslose Gebrauch von *kāraṯ bᵉrîṯ* im Präsentativ zur Bezeichnung eines individuellen, zukünftigen Sachverhalts, fortgeführt mit *x-jiqṭol*, meint eine einseitige Selbstverpflichtung) gegenüber seinem Volk zu unerhörten Wundertaten (34, 10).

Das Herabsteigen JHWHs auf einen bestimmten Berg, wo er sich zugleich den Blicken der Menschen entzieht, der Altarbau mit der Opferfeier und die besondere Zuwendung JHWHs zu seinem Volk an diesem Ort deuten wohl auf den Zion, der die Rolle des alten Sinai übernommen hat (weshalb eine spätere „Wallfahrt" zum Sinai, wie sie M. Noth, PJ 36, 8 vermutete, überflüssig war).

2. Die elohistische Sinaitheophanie in Ex 19 ist (nach Zenger, Israel am Sinai, 130–138. 179–195) wegen der Zusammenarbeit von J und E zu JE (die nach dem Untergang des Nordreiches 722 v. Chr. erfolgte) nur noch fragmentarisch faßbar. Das Sinaigeschehen hatte jedoch, bei gleichbleibender narrativer Grundgestalt, eine bedeutsame theologische Vertiefung erfahren. E orientierte seine in drei Szenen (Vorbereitung Ex 19, 2f. 10f. 14f. – Theophaniezeichen 19, 16–18 – Theophanie 19, 19; 20, 20) gegliederte Gotteserscheinung stärker am Volk und gestaltete sie nach dem Modell einer Festversammlung (hinter der aufgrund von Gemeinsamkeiten mit Am 4, 4. 12; Hos 6, 2 W. Brueggemann, VT 15, 1965, 1–15; J. Wijngaards, VT 17, 1967, 226–239 und Chr. Barth, EvTh 28, 1968, 521–533 ein dreitägiges Bundesfest

im Nordreich vermuteten). Generalisierend spricht E vom „Berg", auf dem „der Gott" (*hā'ᵉlohîm*) (permanent oder punktuell?) gegenwärtig ist: Mose steigt hinauf zu Gott und wird vom Berg her angerufen (19, 3 a b α). Die Theophanie (19, 16), die nach der Heiligung des Volkes am Morgen des dritten Tages erfolgt, geht unter den Begleiterscheinungen eines heftigen Gewitters einher: Donnerschläge, Blitze und eine schwere Wolke (*ʿānān*) „auf dem Berg" (*ʿal-hāhār*) sind eine traditionelle, dem kanaanäischen Raum entlehnte Trias, die vor allem das Kommen des in seinem Königspalast auf einem hl. Berg wohnenden Baʿal anzeigt (Jeremias 199), wogegen der laute Schall des Widderhorns an eine Kultfeier erinnert (vgl. Lev 25, 9; Jes 27, 13; Joël 2, 15; Ps 81, 4). Mose führt das vom Gottesschrecken befallene Volk aus dem Lager heraus (vgl. *hôṣîʾ* Ex 3, 10f. E) Gott entgegen an den Fuß (*taḥtîṯ*: späte Nominalbildung?) des Berges (19, 17), damit es dort wie vor einem Königsthron dienstbereit zu stehen kommt. Während das Volk (MT „der Berg" *hāhār*! LXX ὁ λαός; ebenso 9 hebr. Hss) immer mehr zittert (*ḥāraḏ* wird nur von Personen, nicht von einem Erdbeben gesagt; vgl. 1 Sam 14, 15), redet Mose als dessen Repräsentant und Vermittler mit Gott, der, wie Mose dem Volk mitteilt, „gekommen" (*bāʾ*) ist, um es auf die Probe zu stellen und zur Gottesfurcht anzuhalten (vgl. diesen für E charakteristischen Zug bes. in Gen 22), damit es nicht sündigt (20, 20).

3. Das jehowistische Geschichtswerk führte (nach Zenger, Sinaitheophanie 200. 228–230; Israel am Sinai 186–195) in die bisherige Sinaitheologie einen grundlegend neuen Aspekt ein, nämlich die Gesetzesverkündigung. An die in der jahwistischen Sinaiperikope kulminierende Verheißung Ex 34, 10a knüpfte JE ein kleines, z.T. auf alte Rechtsüberlieferungen der vorstaatlichen Zeit zurückgehendes Gesetzeskorpus (Ex 34, 11a. 12–15a. 18–21*. 25–27*), den sog. „Kultischen Dekalog" oder das „jehowistische Privilegrecht" (das nach Perlitt, Bundestheologie 228f. jedoch erst dtr ist). Inspiriert durch das bei E bestimmende Motiv der „Gottesfurcht" leitete er es mit einem programmatischen Fremdgötterverbot ein, was ihn dazu bewog, im Hinblick auf den am Untergang des Nordreiches schuldigen Stierkult von Bet-El, die gegen falsche JHWH-Verehrung polemisierende Geschichte vom Goldenen Kalb (Ex 32*) einzufügen (vgl. Dohmen 144f.). Die bei J (Ex 34, 10a) einseitige Selbstverpflichtung JHWHs deutete JE um zu einem zweiseitigen Bund (34, 27), der „kraft dieser Worte" (*ʿal-pî haddᵉḇārîm hāʾellæh*) geschlossen wird zwischen (*kāraṯ bᵉrîṯ*: *x-qāṭal* zur Bezeichnung der Koinzidenz bzw. sog. perf. declarativum mit Präp. *ʾæṯ*) JHWH und Mose („und mit Israel" syntaktisch sekundär; vgl. Jer 31, 31) als Repräsentanten des Volkes. In diesem lehensrechtlich konzipierten Bundesverhältnis beansprucht JHWH aufgrund des verheißenen Privilegs der Landgabe bestimmte Lehenspflichten von Israel. Somit wurde aus dem Sinai als Ort der Verheißung (J) der Ort der Verpflichtung Israels und die für die gesamte biblische Tradition so wichtige Verbindung von Geschichte und Gesetz, von *evangelium* und *lex*, grundgelegt.

Maiberger

Für die theologische Konzeption der JE-Sinaitheophanie spielt das Motiv der Tafeln eine überaus wichtige Rolle. Die ältesten Belege der Tafeln finden sich bei JE, und zwar in Ex 24, 12* und 31, 18*; beide Male ist dort – löst man die späteren Überarbeitungen ab (Dohmen 133f.) – von *luḥoṯ ʾæḇæn* die Rede. Der Terminus *luḥoṯ ʾæḇæn* stellt eine Übertragung des assyr. Rechtsterminus *ṭuppu dannu/dannatu* dar, was besonders im Hinblick auf die fehlende Angabe eines Inhalts dieser Tafeln wichtig ist; denn *ṭuppu dannu* bezeichnet eine bestimmte Publikationsform eines Rechtsaktes, nämlich dessen öffentliche Beurkundung. Von hierher erklärt sich erst der Sinn dieser bei JE erwähnten Tafeln „ohne Text". Mittels der hier gewählten juristischen Terminologie gibt JE der Vorstellung Ausdruck, daß JHWH selbst es ist, der das Geschehen vom Sinai – Theophanie und Opfer – öffentlich beurkundet und somit ihm verbindlichen Charakter verleiht.

Diese Konzeption ist vor allem im Hinblick auf die Einführung der Grunderzählung von Ex 32 und auch besonders der des Privilegrechtes von Ex 34 durch JE bedeutsam: denn im ersten Fall ist das Sichtbarmachen des Verhältnisses JHWH – Volk ein Akt JHWHs (durch die Tafeln), im zweiten Fall ein Akt des Volkes (durch Gebotsgehorsam). Schnittpunkt zwischen beiden Formen ist die Geschichte von Ex 32, die deutlich machen will, daß das Volk dem Angebot JHWHs nicht entsprechen konnte, es wandte sich von dem Sich-hinwendenden-Gott ab und veranstaltete quasi eine Gegenveranstaltung zur Sinaitheophanie. Dies wird besonders deutlich durch den juristischen Akt des Zerbrechens der Tafeln durch Mose in Ex 32, 20.

Diese „Gegenveranstaltung" paßt sich aber ganz der Konzeption der Sinaitheophanie des JE ein, denn sie findet auch an drei Tagen statt, was der expliziten Drei-Tage-Sinaitheophanie von E (Ex 19, 11. 14ff.) und der impliziten bei J (Ex 19, 2ff.; 24, 4; 34, 2. 4) entspricht. Insgesamt komponiert JE daraus eine Drei-Phasen-Dramaturgie: JE übernimmt: 1. Den gesamten Entwurf der drei Tage von E samt der ersten beiden Tage von J. (Die erste Phase endet mit der Übergabe der *luḥoṯ ʾæḇæn* in Ex 31, 18.) 2. Die dreitägige Gegenveranstaltung in Ex 32 mit dem sinnfälligen Zerbrechen der Tafeln in Ex 32, 20. 3. Den Höhepunkt bildet die Übergabe des Privilegrechtes am dritten Tag der ursprünglichen Sinaitheophanie des J. Den Abschluß bildet dann der Befehl, dies (das Privilegrecht) als Bundesurkunde aufzuschreiben (Ex 34, 27).

Damit ist ein dauerndes Verhältnis geschaffen in der Verbindung von Sinai und Gesetz von JE, die Voraussetzung für die Kumulation von Gesetzesmaterialien durch spätere Bearbeiter in der Sinaiperikope. (Vgl. zum Ganzen Dohmen 132–141.)

Dohmen

4. Eine dtn Redaktion (z. Z. Joschijas?), die den Gebotskern des sog. Urdeuteronomiums (12–25*) überarbeitete und im wesentlichen die Einleitungsreden 5–11* hinzufügte, verlegte Bundesschluß und Gesetzgebung an den „Horeb", wie im Buch Dtn der Sinai ausschließlich genannt wird.

a) Woher die Bezeichnung *ḥoreḇ* (LXX Χωρηβ) kommt, ist unklar. Nach M. Noth, ÜSt 29 stammt der Name jedenfalls nicht, wie früher allgemein angenommen, aus E, sondern ist einer älteren, nicht mehr erhaltenen Überlieferung entlehnt, von der sich ein Fragment in der Glosse Dtn 1, 2 erhalten haben könnte. Die Annahme, der Horeb sei ursprünglich ein eigener, mit irgendeiner Gesetzesverkündigung im Zusammenhang stehender Berg gewesen, der von dtn-dtr Kreisen mit dem Sinai verschmolzen wurde, wäre nur dann plausibel, wenn erst der Dtr die Idee einer Gesetzgebung, die bereits von JE, wenn auch auf recht schmaler Basis, mit dem Sinaiereignis verknüpft worden war, eingebracht hätte (so Perlitt, Bundestheologie 228f.). Cazelles hatte die beiden Bergnamen auf zwei ursprünglich getrennte „Bundes"-Traditionen zurückführen wollen. Nach Perlitt (Sinai und Horeb 310–322) ist jedoch Horeb kein quellenmäßiger geographischer Primärname, sondern ein von dtr Kreisen für den traditionellen Sinai geschaffener Ersatzname, eine (von der Wurzel → חרב *ḥāraḇ* 'trocken sein, austrocknen'; 'wüst liegen, verwüstet sein' abzuleitende) mit „Wüstengebiet" zu übersetzende Chiffre, welche wegen der Lage des Sinai in Seïr (vgl. Ri 5, 4f.) die Assoziation mit dem damals verhaßten Edom (und vielleicht auch mit dem Mondgott Sin) verdrängen und einfach nur an die südl. oder südöstl. von Palästina gelegene Wüste denken lassen sollte. Ältere Etymologien (z. B. Haupt 509, Horeb = „Kahlenberg" sei ein späterer Name für den unbewaldeten Kegel des „Sinaivulkans"; A. Frhr. von Gall, Altisraelitische Kultstätten, BZAW 3, 1898, 19, Horeb heiße wohl der „Dürre"; E. Auerbach, Moses, Amsterdam 1953, 168 „Schwertfels") beruhen auf anderer Quellenscheidung und daraus konstruierten geographischen und topographischen Vorstellungen.
Die Bezeichnung „Horeb" taucht nicht vor der dtn-dtr Literatur auf. Sie findet sich nur in den sekundären Teilen des Buches Dtn (1, 2. 6. 19; 4, 10. 15; 5, 2; 9, 8; 18, 16; 28, 69) sowie darüber hinaus in davon abhängigen Texten: 1 Kön 8, 9 = 2 Chr 5, 10 ist von Dtn 9, 7b–10, 11 beeinflußt, Ps 106 setzt die dtr Geschichtstheologie voraus, Mal 3, 22 bietet ein spät-nachexil. Mahnwort in dtn Wortlaut.

b) Bei der Ortsangabe „zum Gottesberg, nach (dem) Horeb" (*'æl-har hā'ælohîm ḥoreḇāh*) in Ex 3, 1 wird wegen der auffälligen Doppelung der Richtungsangabe (Präp. *'æl* und *he* locale) das nachhinkende „nach (dem) Horeb" als Glosse beurteilt von M. Noth, ÜSt 29 Anm. 4; ATD 5, 20; H. Seebass 5; L. Perlitt, Sinai und Horeb 309 und W. H. Schmidt, BK II/2, 137. Gegen die Auffassung, „Horeb" sei ein redaktioneller Zusatz, der den unbenannten „Gottesberg" näher bestimmen soll, wenden sich G. Fohrer (BZAW 91, 1964, 39), W. Richter (FRLANT 101, 1970, 103 Anm. 1) sowie P. Weimar (OBO 32, 1980, 32f.; vgl. auch 368 und 374), der Ex 3, 1bβ (von Fohrer und Richter E zugeschrieben) als redaktionellen Verbindungssatz von R^P ansieht. Jedenfalls unterstützt die Doppelung der Richtungsangabe – ob man nun „zum Gottesberg, nach (dem) Horeb" auf eine Hand oder auf zwei Hände zurückführt – die Annahme einer Zusammenstellung zweier ursprünglich getrennter Größen, die in 1 Kön 19, 8 zum „Gottesberg Horeb" verschmolzen sind, da nämlich die Richtungsangabe (Präp. *'aḏ*) nur einmal steht, womit Horeb (das nach M. Noth, ÜSt 29, Anm. 5 und ÜPt 65 den Eindruck einer dtr Glosse erweckt) zur Apposition wird. Der in seiner zeitlichen Einordnung umstrittene Text der Horebszene 1 Kön 19 datiert nach H.-Chr. Schmitt (Elisa, 1972, 126) frühestens aus exil. Zeit. So führt denn P. Weimar (32f.; 338f.) auf einen zeitgenössischen, vielleicht sogar nachexil. Redaktor (und nicht, wie üblich, auf E) in 1 Kön 19, 8, ebenso wie in Ex 3, 1; 4, 27; 18, 5 u. 24, 13, den Namen „Gottesberg" zurück, der keine geographische, sondern eine theologische Bezeichnung darstelle, welche die religiöse Bedeutsamkeit der mit ihm verknüpften Ereignisse, wie im Rahmen der Moseberufung ersichtlich, hervorheben will.

Wenn nach obiger Auffassung sowohl „Horeb" als auch „Gottesberg" literarisch späte, fiktive Namen sind und daher die in Midian spielende jahwistische Dornbuschszene (Ex 3*) erst sekundär an den Gottesberg/Horeb = Sinai verlegt wurde, dann dürfen nicht, wie dies bisher zuweilen geschah, Sinai-Horeb-Gottesberg als drei verschiedene, geographisch oder topographisch zu differenzierende Berge angesehen und keiner von ihnen in Midian lokalisiert werden.

c) Welche Vorstellung der späte dtr Glossator mit seinem Hinweis „Elf Tage sind es vom Horeb auf dem Weg zum Gebirge Seïr bis nach Kadesch-Barnea" (Dtn 1, 2; vgl. dagegen die 40 Tagereisen von der Nähe Beerschebas nach dem Horeb in 1 Kön 19, 8 sowie die Strecke Sinai – Kadesch im Stationenverzeichnis Num 33, 16–36) von der geographischen Position des Horeb besaß, ist unklar. Jedenfalls ist diese Angabe für eine Lokalisierung so gut wie unbrauchbar, da wegen der nicht genau zu umgrenzenden Lage des Gebirges Seïr und mangels weiterer Ortsangaben der Verlauf der angegebenen Wegstrecke (die von Kadesch Richtung Seïrgebirge nach Osten führt) nicht bestimmbar ist. Offensichtlich suchte er den Horeb nicht, wie die älteste Sinaivorstellung, im Gebirge Seïr selbst, sondern weit davon entfernt. Während nach Perlitt (Sinai und Horeb 314) der Berg einfach nur von dem durch das verhaßte Edom in Mißkredit gebrachten Seïr „durch Tagereisen [aber warum gerade elf?] getrennt" werden sollte, errechnete Gese (BZAW 105, 1967, 84 = BEvTh 64, 1974, 52) aus den elf Tagen eine Entfernung von 560 km, womit man zur Ḥallat al-Badr in Nordwestarabien komme, wogegen nach Y. Aharoni (153f.) diese Strecke in das Hochgebirge der südl. Sinaihalbinsel führe. Vermutlich hatte man z. Z. des Dtr keine geographische Kenntnis mehr vom einstigen Sinai, da er im Lauf der Zeit immer mehr theologisiert und der Welt entrückt worden war. Wenn in der (nicht als historisches Geschehen zu deutenden) Lehrerzählung vom Goldenen Kalb Mose in Ex 32, 20 (dtr) den Staub des zermalmten Idols „ins Wasser" streut und zu trinken gibt, in Dtn 9, 21 (dtn) jedoch „in den Bach wirft, der vom Berg herunterfließt", so spricht dies wohl weniger für genaue Ortskenntnis (eines konkreten, vom Dtr für den Horeb gehaltenen Berges) als vielmehr für ein unterschiedliches Aufgreifen von Vernichtungs- bzw. Gerichtssymbolik (vgl. Dohmen 131f.).

Typisch für die Horebtheophanie des Dtr ist der „im Feuer brennende Berg" (*w^ehāhār bo'er bā'eš* Dtn 4, 11; 5, 23; 9, 15), der terminologisch an den „im Feuer brennenden Dornbusch" (*hass^enæh bo'er bā'eš* Ex 3, 2) erinnert (und nach W. H. Schmidt, BK II/2, 119 von dort übertragen wurde) sowie das Reden JHWHs „mitten aus dem Feuer" (*mittôḵ hā'eš* Dtn 4, 12. 15. 33; 5, 4. 22. 26; 9, 10; 10, 4).

Die Bundestheologie tritt bei den dtr Redaktoren am stärksten und ausgeprägtesten in den Vordergrund, was schon kompositorisch durch das Vorschalten der den Bundesgedanken reflektierenden Verse Ex 19, 4–8 vor die JE-Sinaitheophanie zum Ausdruck kommt. Mose fungiert als Vermittler zwischen den beiden Bundespartnern JHWH und Israel (vgl. Ex 24, 3), insofern er von dem „Bund, den JHWH ʿmit euch' (*ʿimmāḵæm*) geschlossen hat", spricht (Ex 24, 8; Dtn 4, 13. 23; 9, 9; 31, 16; vgl. dagegen „mit uns" Dtn 5, 2f., wo Mose auf der Seite des Volkes steht). In Ex 19–24; 32–34 entfaltet die dtr Redaktion ihre Bundestheologie in dem Dreischritt Bundesschluß (19–24*) – Bundesbruch (32*) – Bundeserneuerung durch Vergebung (34*). Anders als der Verpflichtungsbund von Ex 34, 27 wird dieser Bund dem Volk zur freien Annahme vorgelegt und – im Anschluß an die jahwistische Opferszene (Ex 24, 4. 5*) – durch einen Blutritus („das Blut des Bundes" *dam-habb^{e}rîṯ*) besiegelt (Ex 24, 6–8). Der Bund wird geschlossen „aufgrund aller dieser Worte" (*ʿal kŏl-hadd^{e}ḇārîm hāʾellæh* 24, 8), womit das (24, 7) ausdrücklich genannte „Buch des Bundes" (*sep̄ær habb^{e}rîṯ* Ex 21, 2 – 23, 33*) gemeint ist, ein in seinem Grundbestand wohl aus der frühen Königszeit stammendes Gesetzeskorpus, das im Verlauf der dtr Redaktion als Vertragsdokument in die Sinaiperikope eingefügt und dabei bearbeitet wurde (Ex 20, 22aα. 24–26; 21, 1), so daß man diesen Bund am besten als „Vertragsbund" interpretiert, der die Heilsgaben JHWHs vom vertragsgemäßen Verhalten abhängig macht und Israel vor die Alternative Segen oder Fluch stellt.

Die Lebens- und Steintafeln des JE wurden im Grundtext von Dtn 9, 7b – 10, 11 zu „Bundestafeln" (*lûḥoṯ habb^{e}rîṯ* Dtn 9, 9. 11. 15) in den Händen des Mose, durch deren Zerbrechen (9, 17) die Erzählung vom Goldenen Kalb zum Paradigma des Bundesbruchs weiterentwickelt wurde (Hossfeld 159).

Im Rahmen einer Revision der JE-Sinaitheophanie für das Dtn (Grundtext von Dtn 5 und 9 f.) hatte ein früh-dtr Autor den Dekalog-Grundtext (Dtn 5, 6–8a*. 9b*. 10a. 17–21*) als universales und allzeit gültiges Grundgesetz komponiert und dem paränetisch eingeleiteten dtn Gesetz vorangestellt. Dieser Grundtext wurde von einem späteren (für die Einfügung des Bundesbuches verantwortlichen) dtr Redaktor zu den „Zehn Geboten" erweitert (5, 9a. 11–16) und mit den Tafeln in Verbindung gebracht. Der Dekalog, der nun zum Inhalt des Bundes avanciert, wird von JHWH auf nunmehr „*zwei* Steintafeln" (*š^{e}nê luḥoṯ ʾ^{a}ḇānîm* Dtn 5, 22; 4, 13; vgl. 9, 10. 11; 10, 1. 3; Ex 34, 1. 4) geschrieben, die Mose nur noch in einer Hand hält (Hossfeld 160. 283).

Eine dtr Redaktion, die bei der Verbindung des Dtn mit dem Tetrateuch das Verhältnis des Privilegrechts innerhalb des JE-Verpflichtungsbundes (Ex 34) zum Dekalog des Horebbundes klären mußte, gestaltete Ex 34 mit Hilfe von Dtn 9f. und Ex 32 um zu einer Bundeserneuerung (Ex 34, 1. 4aα. b. (9b). 11b. 17. 27*. 28), wodurch dem Privilegrecht die Funktion eines zweiten Dekalogs zufiel (Hossfeld 210. 212).

5. Von P und ihren redaktionellen Erweiterungen stammen die umfangreichsten Passagen der Sinaiperikope. Über den Bestand von P herrscht weitgehend Einmütigkeit, wenn auch die Meinungen zuweilen darin auseinandergehen, was zu P^{g} und was zu P^{s} bzw. R^{P} gehört. Die Vielfalt der von P an den Sinai verlegten Ereignisse und Aktivitäten findet ihren Ausdruck auch darin, daß nach P-Chronologie die Israeliten fast ein Jahr lang dort lagern, bis sie nach Kadesch weiterziehen (Num 10, 11 ff.).

Nach P^{g} kommen die Israeliten im dritten Monat nach dem Auszug aus Ägypten in die Wüste Sinai (Ex 19, 1). Dort erfolgt die Theophanie entsprechend der transzendenten Gottesvorstellung von P dergestalt, daß sich die „Herrlichkeit JHWHs" (vgl. C. Westermann, Festschr. W. Eichrodt, 1970, 227–249, 230ff.), deren Anblick „wie fressendes Feuer" (vgl. Dtn 4, 24; 9, 3) war, auf dem Gipfel des Berges Sinai niederläßt und „die Wolke" sechs Tage lang den Berg bedeckt (vgl. Ex 40, 34), bis dann am 7. Tag (vgl. Gen 1, 1 – 2, 4a) Gott aus der Wolke heraus Mose anruft und dieser in das geheimnisvolle Dunkel hineingeht (Ex 24, 14–18aα).

Hier am Sinai wird in drei Offenbarungen der Herrlichkeit JHWHs (Ex 24; 40; Lev 9) Israels Kult begründet und damit „die Gemeinde" (→ עדה *ʿeḏāh*) konstituiert. Dafür hat P Bund und Bundesverpflichtung sowie Gesetzgebung, die spezifischen Elemente der alten Sinaitradition, radikal eliminiert. Zimmerli (ThZ 16, 278f.) sieht darin eine bewußte Reaktion auf das Scheitern Israels am Gesetz. Daher verlegt P die Begründung des Bundesstandes von dem unter dem Gesetz stehenden Sinaibund in den stärker akzentuierten Abrahamsbund (Gen 17), der jedoch insofern kein „reiner Gnadenbund" (Zimmerli, ThZ 16, 279) war, als der programmatische Aufruf zur Vollkommenheit („Geh deinen Weg vor mir und sei rechtschaffen!" Gen 17, 1) wie „eine Vorwegnahme des Dekalogs" (Elliger 197) wirkt. Anstelle der Gesetzesproklamation erfolgt die Stiftung des sühneschaffenden und apotropäischen Kultus (vgl. K. Koch), dessen Herzstück gemäß der Bundesformel: Israel ist JHWHs Volk, JHWH ist Israels Gott (vgl. Gen 17, 8) die Gegenwart Gottes in seinem Heiligtum inmitten seines Volkes ist (Ex 29, 45). Mose erhält daher während eines 40tägigen Aufenthaltes auf dem Berg präzise Anweisungen, wie er das „Zelt der Begegnung" (eine Verbindung von Zelt, Lade und Jerusalemer Tempel) mit den dazugehörigen Kultgeräten herzustellen und Aaron samt seinen Söhnen durch Salbung und andere königliche Symbole als Priester einzusetzen hat (Ex 25–31*). Sobald das Heiligtum errichtet war (Ex 35–40* [P^{s}?]) „verhüllte die Wolke das Offenbarungszelt, und die Herrlichkeit des Herrn erfüllte die Wohnstätte" (Ex 40, 34). Nachdem Aaron und seine Söhne zu Priestern geweiht sind (Lev 8), bringen sie für sich und das Volk erstmals ein Sünd- und Brandopfer dar (Lev 9, 1–21).

Auf die Segnung des Volkes durch Mose und Aaron hin erscheint die Herrlichkeit des Herrn zum drittenmal, was (nicht, wie bei E Ex 20, 18ff. Furcht und Schrecken, sondern) Jubel und Anbetung bewirkt (Lev 9, 23). Die starke Betonung der Transzendenz Gottes bei P, die keinen unmittelbaren Zugang mehr erlaubt, machte ein spezielles Priestertum nötig. Symbolisch findet diese Mittlerfunktion des Klerus in der Lagerordnung Num 2, 17 ihren Ausdruck, als nämlich Priester und Leviten wie ein Trenn- und Schutzwall zwischen Heiligtum und Volk zelten. Nach Musterung des Volkes (Num 1*) und der Leviten (Num 3f.*) brechen die Israeliten vom Sinai auf.

In diese P^g wurden im Lauf der Zeit – neben vielen anderen Erweiterungen – drei umfangreiche, fast das ganze Buch Lev einnehmende Textblöcke kultisch-rituellen Inhalts eingeschaltet: Die Opfertora Lev 1–7*, die Reinheitsthora Lev 11–15* und das Heiligkeitsgesetz Lev 17–26*. Diese Stücke sind keineswegs einheitlich, sondern besitzen eine lange und vielfältige Vor- und Nachgeschichte. So ist das Heiligkeitsgesetz nach H. Graf Reventlow (WMANT 6, 1961) ein ursprünglich eigenständiges, sukzessiv entfaltetes Gesetzeskorpus, wogegen es nach K. Elliger (HAT I/4) eine von vornherein für P konzipierte Sammlung war, die dem Mangel einer außerkultischen Sinaigesetzgebung abhelfen sollte.

In der Schlußredaktion des Pentateuch wurde die Rolle des Mose gesteigert (Ex 19, 3bβ. 9) und die Heiligkeit des Offenbarungsberges (des „Thora-Berges") verschärfend kommentiert (19, 12b–13. 15b. 22. 24 = R^P). Der Sinaigipfel wird ins Transzendente entrückt und zu einer lapislazuliglänzenden Platte (Ex 24, 9–11*. Den gemeinhin als „sehr alt" angesehenen Text rechnet jetzt Zenger, Israel am Sinai 134 zu R^P und nicht mehr, wie in Sinaitheophanie 178. 216f., zu JE. Nach Haelvoet 389 gehört das Stück zu den ältesten Partien der Sinaiperikope, wogegen es nach H. H. Schmid 111 als eigenständige, nicht quellenmäßige Überlieferung der Sinaiperikope weder ursprünglich angehört hat, noch sie in irgendeiner Weise voraussetzt. Vgl. auch E. Ruprecht, Festschr. C. Westermann, 1980, 138–173).

Da durch die Pentateuchredaktion der Dtn-Dekalog an die Peripherie geraten war, hatte ihn wegen seiner Dignität ein priesterlicher Redaktor in einer leicht überarbeiteten Fassung (vgl. Sabbatgebot) als Inbegriff aller kultischen und sozialen Vorschriften dem ganzen Sinaiereignis in Ex 20, 1–19. 21 vorangestellt (Hossfeld 212f.). Er sah im Dekalog die „Grundordnung", die JHWH seinem Volk unmittelbar, ohne prophetischen oder kultischen Vermittler, vom Himmel her mitteilt (Ex 20, 22). Im Hinblick auf den Exodusdekalog übernimmt R^P in Ex 34, 29 die dtr Tafelvorstellung und macht daraus die „beiden Tafeln des ‚Zeugnisses'" (*šᵉnê luḥoṯ hāʿeḏuṯ* Ex 31, 18; 32, 15; 34, 29), wobei er ihre beiderseitige Beschriftung (Ex 32, 15b) und göttliche Autorschaft (Ex 32, 16) hervorhebt (vgl. Hossfeld 146. 212).

Somit gehört die primär gewordene Vorstellung vom Sinai als Berg, auf dem Mose die beiden Gesetzestafeln empfing, zur literarisch letzten Schicht, d. h. mit der historisch geringsten, theologisch aber größten Aussagekraft.

VI. 1. Bis um die Mitte des vergangenen Jh.s hatte niemand daran gezweifelt, daß der traditionelle Ǧabal Mūsā beim Katharinenkloster der Sinai der Bibel sei.

Nachdem J. L. Burckhardt (Reisen in Syrien, Palästina und der Gegend des Berges Sinai, 2 Bde., Weimar 1823–24, II 964f.) die Vermutung geäußert hatte, der weiter westl. im sinaitischen Zentralmassiv imposanter aufragende Sirbāl (2070 m) könnte, wegen seiner zahlreichen nabatäischen Inschriften als heiliger Berg ausgewiesen (vgl. B. Moritz), der Sinai gewesen sein, verfochten am entschiedensten die beiden Ägyptologen R. Lepsius 1846 und G. Ebers 1872 diese heute aufgegebene Theorie. Die zuletzt von Hölscher aufgefrischte Hypothese Burckhardts, die Verehrung des Sirbāl als Sinai sei im 6. Jh. auf den Ǧabal Mūsā übertragen worden, ist durch die 1884 entdeckte Peregrinatio Aetheriae (Egeriae) längst widerlegt.

2. Die Vulkanhypothese hat dagegen bis heute Anhänger gefunden (zuletzt B. Zuber und E. Kramer).

Schon 1634 von A. Rivet bekämpft, war sie typisch für die Aufklärung, konnte sich aber nicht durchsetzen, da der kritiklos als Sinai verehrte Ǧabal Mūsā kein Vulkan war. Daher suchte der engl. Geograph C. T. Beke den Sinai, dessen vulkanischen Charakter er wieder betonte (Mount Sinai 8–14. 39–44), außerhalb der nach ihm benannten Halbinsel und glaubte ihn 15 km nordöstl. von Aqaba in dem 1592 m hohen „Gebel en-Nur" oder „Gebel Baǧir" gefunden zu haben (Discoveries 387–488), gab aber, als er erfuhr, daß dies nie ein feuerspeiender Berg war, die Vulkanhypothese wieder auf. Neubelebt wurde sie durch die Pentateuchkritik, seitdem J. Wellhausen (Prolegomena, [6]1905, 348f. 350 Anm. 1) unterschieden hatte zwischen dem Gottesberg in Kadesch (dem „wahren Schauplatz der mosaischen Geschichte") und dem irgendwo anders liegenden Sinai, den G. F. Moore (Judges, ICC, 1895, 140) und B. Stade (Die Entstehung des Volkes Israel, Gießen 1897, 12) auf der mit Midian zu identifizierenden Ostseite des Golfes von Aqaba lokalisierten. Der (im Gegensatz zur Sinaihalbinsel) teilweise vulkanische Ursprung dieses Gebietes (arab. *ḥarrāt* genannt; vgl. O. Loth, ZDMG 22, 1868, 365–382) unterstützte die Ansicht von H. Gunkel (DLZ 24, 1903, 3058f.), der Sinai müsse aufgrund der Theophanieschilderung Ex 19, 16–19 ein Vulkan gewesen sein.

Es fehlte in der Folgezeit nicht an Lokalisierungsvorschlägen, die sich z. T. auf die dubiose Ähnlichkeit heutiger arab. Namen stützten. McNeile (Exodus, WC, London 1908, [2]1917, CV) suchte den Sinai bei Kadesch, den Horeb dagegen in NW-Arabien im Ǧabal „Ḥarb" (2350 m). A. Musil (AAWW.PH 48, 1911, 154) gab den Vulkan Ḥallat al-Badr in der Ḥarrāt-Region als Sinai aus, während er später (The Northern Ḥeǧâz, New York 1926, 269. 296–298) den Horeb = Sinai in der Nähe des Šeʿīb al-„Ḥrob" vermutete. J. Koenig blieb bei der Ḥallat al-Badr, weil die arab. Bezeichnung al-Badr („Vollmond") genau dem biblischen Namen Sinai entspreche, der vom Mondgott Sin abzuleiten sei, weshalb er als anstößig von E und D durch Horeb ersetzt worden wäre. Zu demselben Berg führt nach den Berechnungen von Gese (ZAW 79) auch der in Dtn 1,2 angegebene (Wallfahrts-)Weg von elf Tagen.

Die sich hartnäckig behauptende Vulkanhypothese ist mit der ältesten Überlieferung vom Sinai (s.o. III.), die von einem Berg in Seïr spricht, nicht vereinbar und beruht, ebenso wie die Lokalisierung in Midian, auf zweifelhaften, z.T. überholten literar- und traditionskritischen Analysen, vor allem aber auf einer unzulässigen naturalisierenden Kombination theologisch unterschiedlich zu deutender Theophaniephänomene in den einzelnen Pentateuchquellen.

3. Der ursprünglichen Lage am nächsten kommen bestenfalls jene, die – wenn auch mit unterschiedlichen Begründungen – den Sinai im Großraum von Kadesch suchen.

So hält G. Hölscher (128f.) einen der Berge südöstl. von Kadesch für den Sinai, verlegt aber den Horeb aufgrund von Dtn 1,2 nach Midian. H. Graetz (357f.) identifiziert den Sinai mit dem 32 km südl. von ʿAin Qadeš aufragenden Ǧabal ʿArāʾif, dem auch R. Kittel (Geschichte des Volkes Israel, 31916, I 535) zuneigt, und den G. Westphal (BZAW 15, 1908, 42f.) für den Horeb, den geschichtlichen Gottesberg des Mose in Edom, ansieht. Den südwestl. von Kadesch gelegenen, weithin sichtbaren und monumental aufgebauten Ǧabal „Jelek" (Yaʿallaq; 1075 m) faßt T. Wiegand (Sinai, 1920, 53f.) ins Auge.
Weiter weg von Kadesch verlegen den Sinai C. S. Jarvis (PEFQS, 1938, 32. 37: der Ǧabal Hilāl [914 m], etwa 40 km westlich) und M. Harel (Masaʿê Sînai, Tel Aviv 1969, 274ff.: Ǧabal Sin Bišr [618 m], etwa 40 km südöstl. von Suez). H. Grimme (Althebr. Inschriften vom Sinai, 1923, 87–90) und S. Landersdorfer (Könige, HSAT 1927, 118f.) vermuteten ihn in Sarābiṭ al-Ḫādim, wogegen ihn D. Nielsen nach Petra verlegte.

4. Die traditionelle Ansicht, daß der 2285 m hohe Ǧabal Mūsā (diesen arab. Namen trägt der Berg seit dem 16. Jh.) der Sinai sei, geht auf christl. Eremiten zurück, die sich um das Jahr 320 dort ansiedelten. Wie der Bericht der Pilgerin Egeria (Aetheria) beweist, hatten sie schon um das Jahr 400 alle mit dem Sinai verknüpften biblischen Schauplätze ringsumher „lokalisiert". Da Eusebius (Onomastikon, ed. Klostermann, 1904, 172) in Sinai und Horeb zwei verschiedene, aber nebeneinanderliegende Berge sah, wurde vom 14. bis zum 17. Jh. meistens der Katharinenberg (2638 m) für den Sinai und der Ǧabal Mūsā für den Horeb gehalten, manchmal auch umgekehrt. E. Robinson (Palästina und die südl. angrenzenden Länder, Bd. I, Halle 1841, 176. 195) erklärte den dem Ǧabal Mūsā vorgelagerten und von der Ebene ar-Rāḥa aus gut sichtbaren Rās aṣ-Ṣafṣāfa (2085 m) zum eigentlichen Gesetzesberg.
Worauf die Identifizierung des Ǧabal Mūsā mit dem Sinai beruht, ist nicht bekannt. Jedenfalls waren schon im 2. und 3. Jh. Nabatäer dorthin gepilgert, wie zahlreiche Inschriften beweisen. Möglicherweise führten die Anachoreten diese Verehrung bis in mosaische Zeiten zurück. Denkbar ist auch eine andere Erklärung. Da nach dem arab. Geographen Yāqūt (1179–1229) die Nabatäer (d.h. aram. sprechenden Völker) jeden mit Bäumen und Büschen bewachsenen Berg Ṭūr „Sīnā" nannten, besteht die Möglichkeit, daß sie dem dortigen Gebirgsmassiv aufgrund der zahlreichen, seit dem Hohen Mittelalter von Pilgern immer wieder beschriebenen und als wunderbares Andenken an den Brennenden Dornbusch angesehenen Dendriten (aus Manganoxyd entstandene pflanzen- und strauchartige Kristallisationen im Gestein) diesen Namen gegeben hatten, weshalb die Einsiedler der Meinung waren, dies sei der Sinai (LXX „Sina"!) der Bibel (vgl. Maiberger 82–84).

Maiberger

סָכַךְ *sāḵaḵ*

*מְסֻכָּה **mesuḵāh*, *סָךְ **sāḵ*, *סֹךְ **soḵ*, סֻכָּה *sukkāh*, סֹכֵךְ *soḵeḵ*

I. Etymologie – II. Vorkommen im AT – III. Das Verbum *sāḵaḵ* I–III – 1. *qal* – 2. *niph* – 3. *po* – 4. *hiph* – IV. Das Nomen *sukkāh* – 1. Hütte – 2. Das Laubhüttenfest – a) Zur Einführung – b) Das kanaan. Herbstfest – c) Das israelit. Herbstfest in vorköniglicher Zeit – d) Das israelit. Herbstfest in der Königszeit – e) Das israelit. Laubhüttenfest in nachexil. Zeit – V. Die Nomina **mesuḵāh*, **sāḵ*, **soḵ* und *soḵeḵ* – VI. LXX – VII. Qumran.

Lit.: *S. Aalen*, Laubhüttenfest (BHHW II 1052f.). – *A. Alt*, Zelte und Hütten (Festschr. F. Nötscher, BBB 1, 1950, 16–25 = KlSchr 3, 1959, 233–242). – *N.-E. Andreasen*, Festival and Freedom: A Study of an Old Testament Theme (Int 28, 1974, 281–297). – *E. Auerbach*, Das Fest der Lese am Abschluß des Jahres (VT 3, 1953, 186f.). – *I. Benzinger*, Hebräische Archäologie (Angelos-Lehrbücher 1, 31927, bes. 310). – *O. Bischofberger / E. Otto / D. Mach*, Feste und Feiertage I–III (TRE 11, 1983, 93–115). – *G. Braulik*, Die Freude des Festes (ThJb Leipzig 1983, 13–54 = Festschr. Kardinal F. König, Wien 1980, 127–179). – *H. Cazelles*, La fête des tentes en Israël (Bible et Vie Chrétienne 65, 1965, 32–44). – *D. J. A. Clines*, The Evidence for an Autumnal New Year in Pre-Exilic Israel Reconsidered (JBL 93, 1974, 22–40). – *K. Elliger*, Sukkoth (BHHW III 1887f.). – *I. N. Fabricant*, A Guide to Succoth (Jewish Chronicle Publications, London 1958, 2nd impr. 1962). – *M. Flashar*, Exegetische Studien zum Septuagintapsalter. VI (ZAW 32, 1912, 241). – *Th. H. Gaster*, Festivals of the Jewish Year: A Modern Interpretation and Guide, New York 1953. – *H. Haag*, Das liturgische Leben der Qumrangemeinde. II. Feste und Festkalender (Ders., Das Buch des Bundes, Kommentare und Beiträge zum Alten und Neuen Testament, 1980, 127–133). – *B. Halper*, The Participial Formations of the Geminate Verbs. III (ZAW 30, 1910, 207). – *E. Kutsch*, Das Herbstfest in Israel (Diss. Mainz 1955). – *Ders.*, Feste und Feiern. II. In Israel (RGG^3 2, 1958, 910–917). – *Ders.*, „... am Ende des Jahres". Zur Datierung des israelitischen Herbstfestes in Ex 23_{16} (ZAW 83, 1971, 15–21). – *Ders.*, Von den israelitisch-jüdischen Hauptfesten (Im Lande der Bibel 20, 1974, 22–26). – *Ders.* / *I. Jakobovits* / *A. Kanof*, Sukkot (EncJud 15, 1972, 3rd pr. 1974, 495–502). – *R. Martin-Achard*, Essai biblique sur les fêtes d'Israël, Genève 1974. – *J. C. de Moor*, New Year With Canaanites and Israelites (Kamper Cahiers 21, Kampen 1972). – *S. Mowinckel*, Psalmenstudien II. Das Thronbesteigungsfest Jahwäs und der Ursprung der Eschatologie, Kristiania 1925 (= 1966). – *E. Otto*, Sigmund Mowinckels Bedeutung für die gegenwärtige Liturgiedebatte (JLH 19, 1975, 18–36). – *H. N. Richardson*, *SKT* (Amos 9:11): „Booth" or „Succoth"? (JBL 92, 1973, 375–381). – *S. Safrai*, *Sukkôṯ bîrušālajim bîmê bêṯ šenî* (Maḥ^{a}najim 51, 1961/62, 20–22). – *Ders.*, Die Wallfahrt im Zeitalter des Zweiten Tempels (Forschungen zum jüdisch-christlichen Dialog 3, 1981). – *G. Sauer*, Die Tafeln von Deir ʿAllā (ZAW 81, 1969, 145–156). – *Ders.*, Israels Feste und ihr Verhältnis zum Jahweglauben (Festschr. W. Kornfeld, Wien 1977, 135–141). – *N. H. Snaith*, The Jewish New Year Festival: Its Origins and Development, London 1947. – *S. Springer*, Neuinterpretation im Alten Testament. Untersucht an den Themenkreisen des Herbstfestes und der Königspsalmen in Israel, SBB 1979. – *J.-M. de Tarragon*, Le culte à Ugarit d'après les textes de la pratique en cunéiformes alphabétiques (CRB 19, 1980). – *P. Volz*, Das Neujahrsfest Jahwes, 1912. – *L. Wächter*, Der jüdische Festkalender: Geschichte und Gegenwart (Die Zeichen der Zeit 34, 1980, 259–267). – *A. Weiser*, The Psalms: A Commentary (OTL, London 1962, 3rd impr. 1971, bes. 23–52). – *F.-E. Wilms*, Freude vor Gott. Kult und Fest in Israel, 1981. – *H. Zimmern*, Das babylonische Neujahrsfest (AO 25/3, 1926). – *Sh. J. Zevin*, *Hammôʿ^{a}ḏîm bah^{a}lāḵāh*, Tel-Aviv 1963.

I. Während man früher in der Regel nur mit einer einzigen Wurzel *skk* im bibl. Hebr. rechnete (z. B. W. Gesenius, Thesaurus, 951a–953a), sind nach dem heutigen Stand der Forschung die at.lichen Vorkommnisse von *skk* auf drei verschiedene Wurzeln zu verteilen (zuletzt KBL^3 712). Andere Wörterbücher nehmen zwei Wurzeln *skk* an (z. B. BDB 696b–697b; Holladay 256a).

Laut KBL^3 hat die Wurzel *skk* I, zu der die meisten at.lichen Belege gezählt werden, im Grundstamm vor allem die Bedeutung 'schirmend absperren'; vgl. arab. *sakka* 'zustopfen', 'reparieren' etc. (Lane 1386c); mand. *skk* I, *pe* 'verhindert sein'; *pa* 'verhindern' (MdD 330b–331a); akk. *sakāku(m)* 'verstopft, verschlossen sein (Ohr, Sinn etc.)' (AHw 1010b); tigr. *šækšæka* 'verstopft sein' (Wb 223b; Leslau, Contributions, 36); jüd.-aram. *s^{e}kaḵ* 'einhegen' (Jastrow 990ab); syr. *sakkeḵ*, *pa* 'abschließen' (Brockelmann, LexSyr 464ab). Die beiden hap. leg. **sāḵ* (Ps 42, 5) und *sokeḵ* (Nah 2, 6) werden dabei als denkbare Derivate betrachtet (s. u. V.).

Von dieser Wurzel *skk* I scheidet nun KBL^3 zwei andere aus: erstens *skk* II, für die man im *qal* (nur Ps 139, 13) die Bedeutung 'weben, formen' annimmt (sonst nur *niph*, Spr 8, 23, falls nicht von *nsk* II, vgl. KBL^3 664b; dazu cj. Ps 2, 6; endlich *po*, Ijob 10, 11); die angenommene Wurzel ist nach KBL^3 sonst nur im Mhebr. und Aram. belegt (vgl. Jastrow 990ab: hebr. *sāḵaḵ* I, *pi* und *hiph* 'weben'; aram. *s^{e}ḵaḵ*, *pa* 'weben'); kein Nomen im AT läßt sich auf diese Wurzel zurückführen; zweitens noch *skk* III, die man im AT nur im *hiph* (Ri 3, 24; 1 Sam 24, 4), möglicherweise auch im *qal* (cj. Klgl 3, 43. 44; cj. Ijob 29, 4), festzustellen meint, und zwar in der Bedeutung 'bedecken' bzw. 'verhüllen'; vgl. arab. *sakka*, VIII 'dicht werden (Vegetation)' (Lane 1387a) und mhebr. *pi* 'bedecken' (Jastrow *skk* I, 990a); mit dieser Wurzel verbindet KBL^3 die Nomina **soḵ* 'Dickicht', 'Hütte', *sukkāh* 'Dickicht'; 'Hütte'; 'Laubhüttenfest' und **m^{e}suḵāh* 'Decke' (?) (s. u. V.), außerdem die *nomina loci Sukkôṯ* und *S^{e}ḵāḵāh* (s. u.). – *sukkāh* ist vielleicht nicht deverbal, vgl. akk. *sukku* 'Kapelle' (AHw 1055b).

Bereits diese Durchsicht indiziert, daß die in KBL^3 vorgenommene Aufteilung der at.lichen *skk*-Belege auf drei verschiedene Wurzeln nicht ohne weiteres als endgültig zu betrachten ist. Die Unsicherheit wird noch größer, wenn man bedenkt, daß die Grenzen zwischen *skk* (I–III) und beispielsweise *swk* I (KBL^3 704a) und *nsk* I–II (KBL^3 664ab) nicht immer eindeutig zu ziehen sind; außerdem muß man u.a. auf die enge Verbindung zwischen *skk* und *śkk* achten (vgl. Holladay 352a).

II. Der schwer bestimmbare Charakter der bibl.-hebr. Wurzel *skk* läßt sich am besten illustrieren, wenn man die exakte Anzahl der at.lichen Vorkommnisse zu registrieren sucht. Nach KBL^3 findet sich das Verbum *sāḵaḵ* in AT 13mal im *qal*: 3mal in Ex (25, 20; 37, 9; 40, 3); 2mal in Ez (28, 14. 16), Ps (139, 13; 140, 8), Ijob (1, 10; 40, 22) und Klgl (3, 43. 44) und je 1mal in 1 Kön (8, 7) und 1 Chr (28, 18). Von diesen 13 Stellen werden 12 zu *skk* I gestellt (obwohl Klgl 3, 43 irrtümlich weggefallen ist) und 1 zu *skk* II (Ps 139, 13); dazu kommt cj. Ijob 29, 4 (*skk* I oder III); schließlich kann Klgl 3, 43f. cj. möglicherweise zu *skk* III gestellt werden (vgl. *skk* I). In *niph* kommt *skk* laut KBL^3 nur 1mal vor (Spr 8, 23, *skk* II; vgl. jedoch *niph* von *nsk* II, KBL^3 664b!); außerdem cj. Ps 2, 6 (*skk* II). Im *hiph* ist *skk* nach KBL^3 7mal zu belegen: 5mal als *skk* I (Ex 40, 21; Ps 5, 12; 91, 4; Ijob 3, 23; 38, 8) und 2mal als *skk* III (Ri 3, 24; 1 Sam 24, 4). Endlich ist eine *po*-Form belegt (Ijob 10, 11, *skk* II). Insgesamt macht das 22 at.liche Belegstellen vom Verbum *skk* (I–III).

Indessen haften aber viele Unsicherheitsmomente dieser Aufzählung an. So stellt KBL^3 *śaḵtā* in Ijob 1, 10, obwohl mit *ś* geschrieben, zu *skk* I; Gesenius (Thesaurus 1323a) und Mandelkern (1116b) fassen es aber mit Recht als *qal* von *śwk* (so auch Holladay 349b). Andererseits registriert KBL^3 *w^{e}śakkoṯî* in Ex 33, 22 nicht *s. v. skk*, was merkwürdigerweise Gesenius (951ab) und Mandelkern (797b) tun (Holladay wieder richtig *s. v. śkk*, 352a). Weitere Unklarheiten betreffen z. B. *sokeḵ* in Nah 2, 6, das KBL^3 (712b) und Holladay (256a) als ein Nomen verstehen, Gesenius und Mandelkern aber als *qal* Ptz. act.; *j^{e}sukkuhû* in Ijob 40, 22, das KBL^3 zwar unter *skk* I *qal* aufführt (712a), aber tatsächlich als cj. von **soḵ* sehen will (711a); *nissaḵtî* in Spr 8, 23, das

KBL³ teils als *niph* von *skk* II (712a), teils als *niph* von *nsk* II (664b) bestimmt. Außerdem ist zu notieren, daß Gesenius und Mandelkern in Formen wie *jᵉsakseḵ* und *wᵉsiḵsaḵtî* (Jes 9, 10; 19, 2) *pilpel*-Bildungen von *skk* sehen, wogegen KBL³ (704a) und Holladay (254a) sie wohl richtig als *pilpel* von *swk* I auffassen; die erstgenannten verstehen *jussaḵ* (Ex 25, 29; 37, 16) als *hoph* von *skk*, die letzteren dagegen mit Recht als *hoph* von *nsk* I (664a bzw. 239b).

Die genannten Derivate von *skk* I–III verteilen sich laut KBL³ im AT so: **sāḵ* und *soḵeḵ* (von *skk* I) je 1mal (Ps 42, 5 bzw. Nah 2, 6); **soḵ* (von *skk* III) 5mal (Jer 25, 38; Ps 10, 9; 27, 5; 76, 3; Klgl 2, 6; dazu cj. Ps 42, 5; Ijob 40, 22); *sukkāh* (von *skk* III) 30mal (vgl. w.u.) und **mᵉsuḵāh* (von *skk* III oder *swk*) 1mal (Mi 7, 4).

Im AT ist *Sukkôṯ* auch Ortsname. Wir müssen dabei vom äg. Sukkot, dem ersten Lagerplatz beim Auszug aus Ägypten (Ex 12, 37; 13, 20; Num 33, 5. 6) absehen, denn dieser Name ist offensichtlich nur eine Hebraisierung von äg. *Ṯkw* (s. W. F. Albright, JBL 58, 1939, 186f.; W. H. Schmidt, BK II 36) und vermutlich mit *Tell el-Masḫuta* im W. Tumilat ö. von Pitom zu identifizieren (Simons, GTTOT § 420). Das transjordanische Sukkot im Mündungsgebiet des Jabbok (= *Tell Deir ʿAllā* oder *Tell Akṣaṣ*) wird dagegen vom AT selbst mit *sukkāh* 'Hütte, Laubhütte' in Verbindung gebracht (so explizit in Gen 33, 17; s. ferner Jos 13, 27; Ri 8, 5. 6. 8. 14 [bis]. 15. 16; 1 Kön 7, 46; 2 Chr 4, 17; BHHW III 1887; H. J. Francken, Excavations at Tell Deir ʿAllā I, Leiden 1969, 8f.; Encyclopaedia of Archaeological Excavations in the Holy Land I, London – Jerusalem 1975, 321ff.; M. Wüst, Untersuchungen zu den siedlungs-geograph. Texten des ATs I, 1975, 131; vgl. auch F. M. Abel, Géographie de la Palestine 2, Paris 1938, 470; GTTOT § 415). Das 'Tal von Sukkoth' (*ʿemæq sukkôṯ*, Ps 60, 8 = 108, 8) bezeichnet wohl das Gebiet zwischen *ed-Dājme* und *Tell Deir ʿAllā* (s. H.-J. Kraus, BK XV/2⁵, 588).
Mit *skk* (III) hängt möglicherweise auch der Ortsname *sᵉḵāḵāh* (Jos 15, 61) zusammen (vgl. */h/skk'* in 3Q 15, 4, 13; 5, 2. 5. 13; DJD III 263. 288f.), das entweder mit *Chirbet Qumrān* oder – am wahrscheinlichsten – mit *Chirbet es-Samra* zu identifizieren ist (s. bes. GTTOT § 320; F. M. Cross, BASOR 142, 1956, 6. 9ff.).

III. 1. Die 12 (13?) Belege vom Verbum *skk qal*, die KBL³ (712a) unter *skk* I aufführt (dazu kommen im *qal* Ps 139, 13 [KBL³: *skk* II, 712a] und einige Konjekturvorschläge [Klgl 3, 43. 44; Ijob 29, 4] hinzu), begegnen bes. in den folgenden Verwendungsbereichen: zum Ausdruck der absperrenden / schirmenden / bedeckenden Funktion der Keruben bei der Lade im Jerusalemer Tempel sowie über der Deckplatte der Lade im Zelt (→ אהל *'ohæl*) der Begegnung (→ מועד *môʿeḏ*) von P. Vgl. auch die Funktion der Keruben im Heiligtum (Ez).
Ein profaner Gebrauch von *skk* läßt sich im AT nur ausnahmsweise illustrieren. Tatsächlich ist das einzige Beispiel in Ijob 40, 21f. zu finden, wo es vom Nilpferd heißt: „Es lagert unter Brustbeerbäumen, im Versteck von Rohr und Sumpf. Brustbeerbäume bedecken ihn mit Schatten (*jᵉsukkuhû ṣæ'ᵉlîm ṣilᵃlô*), die Pappeln am Bach umgeben es." Da aber 'Schatten' sich am besten als Subjekt des Satzes auffassen läßt, wird der Text oft emendiert (z. B. mit Duhm u. a. in *soḵ naʿᵃṣûṣîm*, „Das Laubdach von Kameldorn [ist sein Schatten]", s. G. Fohrer, KAT XVI 522).
Die Mehrzahl der at.lichen Belegstellen von *skk qal* beziehen sich aber auf die Keruben (→ כרוב *kᵉrûḇ*; dort weitere Lit.).
Aus dem Bericht im DtrGW (genauer: DtrH) über den Tempelbau (1 Kön 5, 15 – 8, 66) geht hervor, daß die Priester bei der Einweihung des Heiligtums die Bundeslade JHWHs an ihren Platz im Allerheiligsten (Debir) „unter die Flügel der Keruben" brachten. Die Relation von Keruben und Lade wird dabei folgendermaßen geschildert: „Die Keruben breiteten die Flügel aus zum (*'æl*-, oder 'über', *ʿal*-, mit 2 Chr 5, 8 und LXX) Ort, wo die Lade stand; und sie bedeckten / sperrten (schirmend) die Lade und ihre Stangen von oben her ab" (*wajjāsokkû* [2 Chr 5, 8 hat *wajḵassû*; vgl. LXX], 8, 7). Vielleicht dürfen wir mit O. Keel annehmen, daß die beiden ihre Flügel ausbreitenden Keruben tatsächlich den Thronsitz JHWHs ausmachten (Die Welt der altorientalischen Bildsymbolik und das Alte Testament, Zürich etc. ³1980, 149; vgl. auch T. N. D. Mettinger, The Dethronement of Sabaoth, CB.OT 18, Lund 1982, 20–24). Die beiden Keruben im Debir standen parallel: die zwei äußeren Flügel berührten die Wand, die beiden inneren berührten sich gegenseitig und bildeten so eine Sitzfläche; dadurch bedeckten sie die Lade (so auch in der chr Parallele, 2 Chr 5, 7f.; vgl. noch 1 Kön 6, 23–28; 2 Chr 3, 10–13). Diese Funktion der Keruben taucht in Verbindung mit den letzten Verfügungen Davids an Salomo über den Tempelbau wieder auf: David hat ein Modell (*taḇnîṯ*) des Thron-/Kerubenwagens (*hammærkāḇāh*) entwickelt mit goldenen Keruben, „die (die Flügel) ausbreiteten und die Bundeslade JHWHs bedeckten / abschirmten" (*lᵉporᵉśîm* [scil. *kᵉnāpajim*; vgl. 1 Kön 8, 7; 2 Chr 5, 8] *wᵉsoḵᵉḵîm ʿal-'ᵃrôn bᵉrîṯ-JHWH*, 1 Chr 28, 18).
Eine verwandte Konzeption von den abschirmenden/ bedeckenden Kerubenflügeln tritt auch beim Begegnungszelt der Wüstenzeit auf (Ex 25, 1 – 31, 18 bzw. 35, 1 – 40, 38), wo P offensichtlich mehrere ältere Zelttraditionen aufgegriffen hat (vgl. B. S. Childs, Exodus, London 1974, 529–543. 633f.). In den Anweisungen heißt es nun, daß „die Keruben ihre Flügel nach oben ausbreiten sollten, daß sie mit ihren Flügeln die Deckplatte (schirmend) absperren / bedecken" (... *soḵᵉḵîm bᵉḵanpêhæm ʿal-hakkapporæṯ*, 37, 9).
Ein davon abweichender Gebrauch von *skk* ist aus Ex 40, 3 ersichtlich: „Du (Mose) sollst die Lade mit den Bundesbestimmungen hineinstellen, und du sollst die Lade mit dem Vorhang schirmen/absperren" (*wᵉsakkoṯā ʿal-hā'ārôn 'æṯ-happāroḵæṯ*, 40, 3). Es ist aber nicht auszuschließen, daß auch dieser Text ursprünglich von dem die Lade deckenden Sühnedeckel handelte (vgl. Sam: *hakkapporæṯ*).

skk qal begegnet auch in der Klage über den König von Tyrus, wo vom Kerub als dem 'bedeckenden' (*hassokek*) Bewohner des Gottesgartens gesprochen wird (Ez 28, 11–19). Der Text ist sehr schwierig, möglicherweise sogar in Unordnung geraten oder mit Glossen interpoliert. Allem Anschein nach wird hier der König von Tyrus als ein Kerub dargestellt: die Emendationen (bes. von W. Zimmerli, BK XIII/2, 671–689), die die Gestalt des Keruben von der des Königs trennen, sind kaum im Recht (s. H.J. van Dijk, Ezekiel's Prophecy on Tyre, BietOr 20, 1968, 113ff.; zu traditionsgeschichtlichen Berührungen mit dem Adapa-Mythos, der Enkidu-Episode im Gilg., mit Gen 2–3 und Ijob 15, 7–8 vgl. Westermann, BK I/1, 334–337). Doch der Kerub von Tyrus zeigt eigene Züge, wie es das Gotteswort von seinem Sturz (vv. 14–16) anzeigt. Dieser eindrucksvolle Text besagt nicht, daß der Kerub mit dem ersten Menschen identisch ist, nur daß er einmal auf einem mit Edelsteinen besetzten Gottesberg gewesen ist. Die 'bedeckende/beschützende' Aufgabe des Kerubs könnte der Tempeltradition entnommen sein (vgl. o.), kann aber auch implizieren, daß der Kerub von Tyrus einmal „der Beschützende" des Gottesberges gewesen ist; vgl. W. Zimmerli: „Das Heilige, das er 'absperrt' (*skk*), ist, anders als in Ex 25, 20; 37, 9, nicht die Deckplatte der Lade, über welcher Jahwe erscheint, sondern der hohe, der Menschennähe entrückte Bergwohnsitz Gottes" (BK XIII/2, 684). Ezechiel ist zudem mit der Vorstellung von den Keruben als Hüter der Lade und als Thronträger/Thron JHWHs vertraut (10, 1–3). Inwieweit der Prophet auch auf Vorstellungen tyrischer Königsideologie baut, läßt sich nicht mit Sicherheit feststellen.

skk qal kann auch JHWH als Subj. haben. In Klgl 3, 40–47 wird zum *deus absconditus* gebetet: „Du hast dich (vom Gottesvolk) in Zorn abgegrenzt (*sakkotāh bā'ap*), uns verfolgt und ohne Erbarmen getötet. Du hast dich mit einer Wolke (von uns) abgesperrt (*sakkotāh bæ'ānān lāk*), daß kein Gebet hindurchdringen kann" (3, 43f.; zu *lāk* s. B. Albrektson, Studies in the Text and Theology of the Book of Lamentations, Lund 1963, 157; zum Emendationsvorschlag W. Rudolphs s.u.).

Die Israeliten kannten aber JHWH nicht primär als den zürnenden und sich verhüllenden Gott, sondern vor allem als den Herrn, der sein Volk vor allen feindlichen Mächten beschirmt, so wie es in dem Gebetslied eines Einzelnen ausgedrückt wird: „JHWH, mein Herr, mein hilfreicher Hort, du beschirmst mein Haupt am Tag des Kampfes" (... *sakkotāh lerō'šî bejôm nāšæq*, Ps 140, 8).

Dieser Schutz JHWHs vor allen Feinden Israels ist natürlich auch im Alltagsleben der Frommen spürbar. So sagt der Satan im Ijobprolog: „Hast nicht du (JHWH) ihn (Ijob) umhegt (d.h. den [feindlichen] Zugang zu ihm versperrt, *saktā ba'adô* mit einigen Mss.), und sein Haus und alles, was sein ist, ringsum?" (Ijob 1, 10; MT liest: *śaktā* von *śwk*, mit verwandter Bedeutung; vgl. G. Fohrer, KAT XVI 79f.).

Der einzige Beleg der von KBL³ angenommenen Wurzel *skk* II im *qal* findet sich in Ps 139. In einem Abschnitt (vv. 13–18), der deutlich von priesterlichem Wissen um die Schöpfung des Menschen geprägt ist (vgl. M. Sæbø, Salme 139 og visdomsdiktningen, TTK 34, 1966, 167–184), wird zu JHWH gesagt: „Ja, du bist es, der meine Nieren geschaffen hat (*qānitā*)", par.: *tesukkenî bebætæn 'immî*, was jetzt gern als „mich gewoben im Leib der Mutter" gedeutet wird (v. 13; z.B. H.-J. Kraus, BK XV/2⁵, 1091). Diese Deutung bleibt aber unsicher; natürlich ist es auch von der Auffassung des parallelen *qnh* als 'schöpfen, schaffen' abhängig (s. THAT II 655ff.; vgl. noch Spr 8, 23; hier bestimmt KBL³ das mit *qnh* parallele *skk* eigentümlicherweise als *skk* III). Indessen weist u.a. die LXX in eine andere Richtung: ἀντελάβου μου ἐκ γαστρὸς μητρός μου; vgl. S).

Die Existenz einer bes. Wurzel *skk* III 'verhüllen' ist fragwürdig. Erstens kann man dafür im Grundstamm nur Konjekturen bieten, zweitens sind diese rekonstruierten Texte inhaltlich durchaus mit Belegstellen von *skk* I vergleichbar. So liest W. Rudolph in Klgl 3, 43 *'appækā* statt MT *bā'ap* und übersetzt: „du verhülltest (dein Angesicht) und verfolgtest uns, tötetest schonungslos, hülltest dich in Gewölk, daß kein Gebet hindurchdrang" (vv. 43f.; KAT XVII/1–3, 229f.); auch eine Deutung nach *skk* I ist kaum plausibel; außerdem sollte man MT beibehalten. Die andere von KBL³ angeführte Belegstelle ist Ijob 29, 4. Zwar ist es wahrscheinlich, daß *besod* hier ein Schreibfehler ist und mit LXX, Sym und S *besok* (Inf.cstr. *qal* von *skk*) zu lesen ist (so u.a. Houbigant, Döderlein, Dathe, Fohrer, vgl. BHS). Das ist aber (mit Hinweis auf z.B. Ps 140, 8; s.o.) zu deuten: „(Wäre ich doch) wie ich in den Tagen meiner Frühzeit war, als Gott mein Zelt beschützte", d.h. vor Feinden allerlei Art „sperrend abgrenzte", was mit „schützend einhüllte" identisch ist.

2. *skk niph* kommt möglicherweise 1mal im AT vor. Die Stelle (Spr 8, 23) ist nicht eindeutig. *me'ôlām nissaktî* ist im Kontext des Selbstzeugnisses der Weisheit über ihre Herkunft (vv. 22–31, MT?) im Blick auf vorangehendes *qānānî* (v. 22 'erwerben' [vgl. THAT II 654–656], 'erschaffen' [ibid., 655ff.; H. Gese, Von Sinai zum Zion, 1974, 139], oder – vielleicht am besten – 'erzeugen, hervorbringen' [O. Plöger, BK XVII 85. 87]) zu deuten (vgl. Ps 139, 13; s.o.); vgl. auch das nachfolgende *ḥôlāltî* (v. 24 „[unter Kreißen] hervorgebracht werden" [Gese, Plöger]). Falls man nun *nissaktî* als *niph* von *skk* II „geformt, gebildet werden" versteht, sagt die Weisheit: „Vor der Zeit bin ich gebildet worden, vor Beginn, vor den Anfängen der Erde" (vielleicht cj. *nesakkotî*, Gese); vgl. jedoch auch *nsk* II *niph* (KBL³ 664b, mit Hinweis auf Gemser und Keel). Die natürlichste Auffassung bleibt aber eine Deutung von *nissaktî* als *niph* von *nsk* I (so zuletzt Plöger 86f.: „Vor der Zeit bin ich eingesetzt worden"). Trifft dies zu, ist ein weiteres Argument für eine Wurzel *skk* II im AT weggefallen.

3. Die dritte Belegstelle für vermutetes *skk* II (Ijob 10, 11) enthält die einzige *po*-Form von *skk* im AT. Ijob fragt, ob es denkbar ist, daß der Schöpfer sein kunstvoll gestaltetes Geschöpf (den Menschen) vernichten will (10, 8–12). Laut Fohrer sagt Ijob: „Deine Hände haben mich gestaltet und geschaffen ... Mit Haut und Fleisch hast du mich bekleidet, mit Knochen und Sehnen mich durchflochten" (... *ûba'aṣāmôt wegîdîm tesokekenî*)" (KAT XVI 197; vgl. 200). Es fragt sich aber, inwieweit Ijob hier den Schöpfer als kunstfertigen Weber des Menschen darstellt. Denkt Ijob nicht vielmehr an Gott als

den Aufrichter der körperlichen Hütte (vgl. Weish 9, 15; ferner St.-B. III 517 zu 2 Kor 5, 1). Vielleicht versteht Ijob den Menschenkörper als *sukkāh*; dann ist zu übersetzen: „Du hast mich gekleidet mit Haut und Fleisch, du hast mich gedeckt [als *sukkāh* aufgerichtet] mit Knochen und Sehnen." Damit sind alle drei von KBL³ angeführten Belegstellen der Wurzel *skk* II im AT sehr fragwürdig.

4. Im *hiph* ist nach KBL³ *skk* I 5mal und *skk* III 2mal zu belegen (s. I.).
Von den erstgenannten 5 Stellen ist Ex 40, 21 ohne Schwierigkeit deutbar: Als Ausführungsbericht zu 40, 3 (s. III. 1.) heißt es: „und (Mose) deckte (mit dem Vorhang) die Lade der Bundesurkunde (schirmend) ab" (*wajjāsæḵ ʿal ʾarôn hāʿedûṯ*; Sam liest hier *qal: jissoḵ*). Die 4 anderen Stellen drücken eine positiv beschirmende/abgrenzende oder negativ sperrende Aktivität Gottes aus.
Von der Freude der Gerechten im Schutzbereich JHWHs spricht der Psalmist in Ps 5, 12: „Freuen mögen sich alle, die dir vertrauen, beständig jubeln ... du beschirmst sie (*wetāseḵ ʿālêmô*), so daß sie jauchzen in dir, die deinen Namen lieben" (die Emendation *wetāseḵ ʿālājw* mit Transposition in v. 13 [H.-J. Kraus, BK XV/1⁵, 174] ist wenig überzeugend).
In Ps 91, 4 wird beschrieben, daß JHWH wie ein Vogel mit ausgebreiteten Schwingen (zum Motiv → נשר *næšær* III. 2. b) den Verfolgten schützt: „Mit seinen Schwingen schirmt er dich (*beʾæḇrāṯāw* [MT *beʾæḇrāṯô*, Haplographie?] *jāsæḵ lāḵ*), unter seinen Flügeln findest du Zuflucht ..." Vielleicht wird hier die Kerubenvorstellung assoziiert: „Die Flügel der Keruben sind Symbol der Schutzsphäre, in die der *deus praesens* den Hilflosen hineinnimmt" (H.-J. Kraus, BK XV/2⁵, 806).
Ijob 38, 8 nennt eine schöpferisch abgrenzende Aktivität JHWHs: „(JHWH) sperrte (am Anfang) das Meer mit zwei Toren ab, als schäumend es dem Mutterschoß entquoll" (*wajjāsæḵ bidlāṯajim jām beḡîḥô meræḥæm jeṣeʾ*; die häufig vorgeschlagene Lesart *mî sāḵ* 'wer sperrte ab' [s. G. Fohrer, KAT XVI 487f.] ist unbegründet [vgl. BHS]). Möglicherweise steht im Hintergrund der ugar. Mythus von der Bezwingung des Urmeers (→ ים *jām*). Hier liegt jedoch keine Anspielung auf einen Chaoskampf vor, weil JHWH der allmächtige Schöpfer ist. In seiner unerforschlichen Weisheit hat er urzeitlich das gerade aus seinem Mutterschoß hervorbrechende Meer sogleich mit zwei Toren abgegrenzt, und diese Tore fungieren dabei – etwa wie altorientalische Türgötter (vgl. Keel 110), aber jeder Autonomie beraubt – als unbestechliche Wächter (vgl. A. S. Kapelrud, The Gates of Hell and the Guardian Angel of Paradise, JAOS 18, 1950, 151–156).
Die erste Rede Ijobs (3, 1–26) kennt auch eine durchaus negative göttliche Abgrenzung. Hatte der Satan im Prolog gegen Ijob angeführt, daß JHWH selbst ihn einmal eingehegt hatte (1, 10, s. III. 1.), fragt seinerseits Ijob in 3, 23, warum Gott das Leben schenkt „dem Manne, dem sein Weg verborgen ist, und den Gott eingehegt hat" (... *wajjāsæḵ ʾælôah baʿadô*; vgl. auch *sgr beʿaḏ*, Ri 3, 22; 1 Sam 1, 6; *ḥtm beʿaḏ*, Ijob 9, 7 und *gdr beʿaḏ*, Klgl 3, 7). Gott hat dem Ijob den Weg abgeschnitten, nicht um ihn vor Feinden zu schützen, sondern um ihm den Zugang aller helfenden Kräfte abzuschneiden.
Zwei *hiph*-Belege im DtrGW schreibt KBL³ der vermuteten Wurzel *skk* III zu. In beiden Fällen (Ri 3, 24; 1 Sam 24, 4) handelt es sich um den euphemistischen Ausdruck „seine Füße (mit einem Gewand) bedecken/abschirmen" (*hāseḵ ʾæṯ-raglājw*), d. h. seine Notdurft verrichten (vgl. Josephus, Ant. 6, 12, 4; H. J. Stoebe, KAT VIII/1, 434). Ausdrücke dieser Art indizieren kaum die Existenz einer besonderen Wurzel *skk* III: die bedeckende Aktivität läßt sich nicht von der (schützend) absperrenden scheiden.

IV. 1. Das mit *skk* (III, nach KBL³ 712b) zusammenhängende Nomen *sukkāh* kommt im AT 30mal vor (s. II.). In etwa der Hälfte der Stellen bezeichnet *sukkāh* eine aus laubreichen Zweigen oder Schilfmatten gebaute 'Hütte' (s. Alt 233–242; BHHW II 754; BRL² 202), 1mal einfach das natürliche 'Laubdach', 'Dickicht', als Lager der Löwen (Ijob 38, 40; vgl. *soḵ, Jer 25, 38; Ps 10, 9; s. u. V.), parallel zu *meʿonāh* (→ מעון *māʿôn*). Sonst wird das Nomen in Verbindung mit dem 'Laubhüttenfest' (*ḥaḡ hassukkôṯ*) gebraucht (s. IV. 2.).
Dem AT zufolge spielte die 'Hütte' im alten Israel eine mannigfache Rolle. Die grundlegende Funktion der *sukkāh* war es, temporären Schutz zu bereiten (für Wanderer, Nomaden, Feldarbeiter, Soldaten, Festpilger etc.).
Eine deutliche Illustration der alltäglichen Verwendung einer *sukkāh* liegt in Jes 4, 5f. ins Theologische übertragen vor. Auf der Grundlage einzelner Elemente der Auszugstradition ist hier vom absoluten Schutz die Rede, dessen sich die Zionsgemeinde erfreuen kann. Hier wird dieser Schutz (von einem Glossator?; s. H. Wildberger, BK X/1, 159–161) so beschrieben: „Denn über allem wird die Herrlichkeit (JHWHs) ein Schutzdach (*ḥuppāh*) sein, und eine Laubhütte (*sukkāh*) als Schatten am Tag vor der Hitze und als Zuflucht (*maḥsæh*) und Obdach (*mistôr*) bei Wetterguß und Regenflut." Die beiden explizierenden Termini *maḥsæh* (→ חסה *ḥāsāh*) und *mistôr* (→ סתר *str*) unterstreichen gerade die schützende Funktion der *sukkāh*; so auch par. *ḥuppāh*, das in diesem Text (wie in Sir 40, 27) vermutlich 'Schutzdach' bedeutet, obwohl die Bedeutung 'Brautgemach' mitklingen kann (vgl. Joël 2, 16; Ps 19, 6).
Den Gebrauch einer *sukkāh* als Schirm gegen die Sonnenhitze läßt sich auch in Jona 4, 5 illustrieren: Jona machte sich außerhalb Ninives eine Hütte, um sich in ihrem Schatten (*ṣel*, vgl. Jes 4, 6) niederzulassen.
Schutzhütten verschiedener Art fanden im alltäglichen Arbeitsleben eine mannigfache Verwendung: vgl. Jes 1, 8, wo die Tochter Zion mit einer „Hütte

(*sukkāh*) im Weinfeld" und einem „Nachtschutz (*melûnāh*) im Gurkenfeld" verglichen wird. Solche Hütten wurden für die Hüter der Feldfrüchte aufgerichtet, um diese vor Diebstahl zu schützen (vgl. Dalman, AuS II 55f.; zu *melûnāh* Jes 24, 20).

Solche Hütten waren ihrer begrenzten Verwendungszeit wegen naturgemäß von einer zufälligen Konstruktion, so daß „die Hütte, die der Wächter macht" (*sukkāh ʿāśāh noṣer*, Ijob 27, 18; vgl. Dalman, AuS II 61; IV 333f.) folglich als Metapher des nicht dauerhaften Hauses des Frevlers (in einem Lied über das Ende des Gottlosen) dienen kann.

Die *sukkāh* könnte natürlich auch als temporäre Wohnstatt / Verwahrungsplatz für Viehbesitz (*miqnæh*) aufgerichtet werden, wie es aus der geographisch-ätiologischen Notiz zum transjordanischen Sukkot hervorgeht (s. II.) (Gen 33, 17, J?).

Kultätiologischer Natur ist auch die Anmerkung in H, daß das Laubhüttenfest (s. IV.2.) gefeiert werden soll, „damit eure Nachkommen wissen, wie ich (JHWH) die Israeliten in Hütten wohnen ließ (*bassukkôṯ hôšaḇtî*), als ich sie aus Ägypten führte" (Lev 23, 43). Diese Notiz besagt aber auch etwas vom normalen Gebrauch solcher Hütten: sie wurden von Wanderern und Nomaden als zufällige Wohnstätten aufgeschlagen. Dem steht jedoch entgegen, daß alle altisraelitischen Wüstenüberlieferungen besagen, daß die wandernden Israeliten in Zelten lebten (→ אהל *'ohæl*) (Alt 241f.).

Solche Hütten wurden auch im altisraelitischen Feldlager gebraucht (vgl. auch im Feldlager z. B. im äg. Neuen Reich [äg. *ỉmȝw*] bzw. assyr. Großreich [Alt 235–239] sowie im aram. Lager auf israelit. Boden [vgl. 1 Kön 20]). In diesen „Hütten" hält Benhadad mit seinen Verbündeten ein Symposion (vv. 12. 16). Die Annahme von J. Gray, I & II Kings, London ³1977, 423f., es handele sich um den Ort 'Sukkot', ist u.a. im Hinblick auf v. 1 unwahrscheinlich. Schließlich gehören zum Feldlager auch Zelte (*'ohālîm*, 2 Kön 7, 7ff.).

Nach 2 Sam 10–12 lagerten die Lade, Israel und Juda in Hütten, der Heerführer Joab und seine Sklaven jedoch auf offenem Feld (11, 11). Die Quellen besagen nichts über die Herstellung dieser Hütten für den Heerbann.

Ob man im israelit. Feldlager – wie bei den Nachbarvölkern – besondere Hütten für den König gebrauchte, ist nicht bekannt. Zumindest jedoch bildete die Lade JHWHs noch zur Zeit Davids den sakralen Mittelpunkt im Lager des Heerbannes (vgl. 1 Sam 4, 3ff.) und entsprach somit zum Teil den Königshütten der Nachbarn Israels. Ob die Hütte mit der Lade JHWHs außerhalb des Lagers aufgestellt war, wie „das Zelt der Begegnung" (*'ohæl môʿeḏ*) nach der älteren Tradition (Ex 33, 7–11), oder innerhalb, wie nach jüngerer Auffassung (Num 2), wird nicht angegeben.

Von der Königshütte spricht auch die sonst schwer verständliche Aussage JHWHs über die *sukkaṯ Dāwîḏ* in Am 9, 11 (nachinterpretierend?; vgl. H. W. Wolff, BK XIV/2, 403–410): „An jenem Tage richte ich die zerfallene Hütte Davids auf, vermauere ihre Risse, richte ihre Trümmer auf und will sie bauen wie in alten Tagen". Eine Verbindung mit einer Sukkot-Tradition (H. N. Richardsons 375–381) ist nicht erkennbar. Was aber konkret unter „der zerfallenen Hütte Davids" zu verstehen ist, bleibt unklar. Es kann sich um eine Restauration der davidischen Dynastie handeln (vgl. 2 Sam 7, 11–16), um eine Wiederaufrichtung der Stadt Davids (vgl. Jes 1, 8; 58, 12), um eine Restitution des von Edom befeindeten Reiches Juda (vgl. Klgl 4, 21f.) oder sogar um eine erwartete Wiederherstellung des davidischen Großreiches (vgl. 2 Sam 12, 28). Deutlich ist allerdings, daß die aufzurichtende Hütte Davids „die Mitte der kommenden Weltherrschaft Jahwes werden würde" (Wolff 407), d. h. eine Visualisierung der Königshütte JHWHs inmitten der Heer- und Kultgemeinde Israels.

In der Theophanieschilderung des alten Königsdankliedes Ps 18 (= 2 Sam 22) ist auch von einer 'Hütte' JHWHs die Rede: „Er machte Finsternis zu seiner Verhüllung ringsum, zu seiner Hütte (*sukkāṯô*) Wasserdunkel, Wolkendichte" (v. 12, MT; vgl. 2 Sam 22, 12; die von H.-J. Kraus, BK XV/1⁵, 283, vorgenommenen Textkorrekturen sind nicht zwingend; vgl. BHS): „als der *revelatus* bleibt er (JHWH) der *absconditus*" (Kraus 289; vgl. Ex 19, 16. 18; Ps 97, 2; Ez 1, 4).

Ähnlich kosmologisch-theophanisch geprägt ist der Hymnus Ijob 36, 27 – 37, 13. Wenn die Rekonstruktionsvorschläge N. H. Torczyners (Die Bundeslade und die Anfänge der Religion Israels, ²1930, 26f.) und G. Fohrers (KAT XVI 480) zutreffen, besagt der schwierige Text: „Wer gar versteht das Schweben des Gewölks, des Polsterlagers seiner Hütte" (v. 29, nach Fohrer 478), d. h. die Wolken dienen als 'Polsterlager' (*taswîṯ*, hap. leg.) unter der himmlischen Hütte JHWHs.

Diese überirdische Hütte Gottes kann sich aber herabsenken, vor allem über das Heiligtum Jerusalems und die Frommen. So heißt es im (vorexilischen?) Ps 27, 1–6: „(JHWH) birgt mich in seiner Hütte (*besukkô*, mit Q, Aq, Hier, T, S; gegen *besukkāh* in K; vgl. LXX^B, Sym) am Tage des Unheils. Er schirmt mich im Schutz seines Zeltes (*beseṯær 'ŏhºlô*) ..." (v. 5). In Vergegenwärtigung altisraelitischer Kulttraditionen gilt der Tempel Jerusalems als JHWHs 'Zelt' (*'ohæl*; vgl. Ps 15, 1; Klgl 2, 6) und 'Hütte' (*sukkāh*, vgl. **soḵ*, Ps 76, 3). Im Kontext weisen die beiden Termini vor allem auf die Asylfunktion des heiligen Bereiches, in dem JHWH der *deus praesens* ist. Diese Funktion kann auch generalisiert werden auf JHWHs Schutz der Frommen, wie Ps 31 wahrscheinlich macht: „Du birgst (die dich fürchten) im Schutz deines Angesichtes vor den Verleumdungen (unsicher: *roḵæm*, hap. leg.) der Leute. Du birgst sie in einer Hütte (*besukkāh*) vor dem Hader der Zungen" (v. 21). Die beschirmende Hütte JHWHs wird hier durch par. *seṯær* 'Schutz', 'Versteck', 'Hülle' definiert.

2. a) In den übrigen at.lichen Kontexten fungiert das Nomen *sukkāh* im Plur. als terminus technicus für das israelit. 'Laubhüttenfest' (*ḥaḡ hassukkôṯ*, Lev 23, 34. 42f.; Dtn 16, 13. 16; 31, 10; Sach 14, 16. 18f.; Esra 3, 4; Neh 8, 15–17; 2 Chr 8, 13; zur Einführung s. bes. Kutsch; Cazelles; Aalen; K. Elliger, HAT I/4, 321ff.; R. de Vaux, LO 2, 354ff.; Kutsch / Jakobovits / Kanof; Martin-Achard; Springer; Wilms 355–371; Bischofberger / Otto / Mach 100f. 105f.).

Das Laubhüttenfest ist aus dem altisraelitischen Herbstfest hervorgegangen. Neben dem Mazzotfest (Ex 23, 15; 34, 18; vgl. Dtn 16, 3f.) und dem Wochenfest (Ex 34, 23; Dtn 16, 9–12) ist dieses Fest das dritte und wichtigste 'Wallfahrtsfest' (bes. Dtn 16, 13–15; → חג *ḥaḡ*); und diese Feste waren alle von Haus aus Bauernfeste, an den durch die Erntezeiten bestimmten Jahreszyklus gebunden (vgl. *ḥgg* 'sich drehen'; *ḥwg* 'einen Kreis machen'). Neben Neumond und Sabbat (Ez 45, 17) sowie dem Tag des Lärmblasens und dem Versöhnungstag (Lev 23, 4. 24. 27) können diese drei Hauptfeste auch dem umfassenderen Begriff „festgesetzte Zeit“ (*môʿeḏ*) zugeordnet werden (s. *jʿd*, THAT II 742–746; → מועד *môʿeḏ*).

Das Herbst-/Laubhüttenfest war seit alters her das bedeutendste Fest in Israel, 'das Fest' schlechthin (*hæḥaḡ*, 1 Kön 8, 2. 65; 12, 32; Ez 45, 25; Neh 8, 14; 2 Chr 5, 3; 7, 8) oder 'das Fest JHWHs' (*ḥaḡ-JHWH*, Ri 21, 19; Lev 23, 39; s. bes. Sauer 1977).

In der ältesten Gebotsüberlieferung wird dieses Fest als „das Fest des Einsammelns“, d. h. „das Lesefest“ (*ḥaḡ hāʾāsîp*) definiert und mit der „Jahreswende“ (*teqûpaṯ haššānāh*, Ex 34, 22) bzw. „dem Herauskommen des Jahres“ (*ṣeʾṯ haššānāh*, Ex 23, 16), d. h. „dem Jahresanfang“ (KBL³ 406b–407a) oder eher „dem Jahresende“ (s. bes. Kutsch 1974) verknüpft. Das Fest richtete sich offensichtlich nach dem Stand der Ernte von Wein und Baumfrüchten, oder in dtn Fassung, „wenn du von deiner Tenne und von deiner Kelter eingesammelt hast“ (Dtn 16, 13). Gleich wie das Mazzot- und Wochenfest ist das Herbstfest in Israel kanaanäischen Ursprungs (Ri 9, 27).

Leider lassen die spärlichen und manchmal schwer zu interpretierenden at.lichen Quellen eine Menge Fragen nach Herleitung und Charakter des altisraelitischen Herbst-/Laubhüttenfestes offen. Die früher diskutierten Beziehungen zum Adonis-Osiris-Kult oder zum Bacchuskult bei der Weinlese werden heute nur ausnahmsweise erörtert (Wilms 356). Aber auch Herleitungen aus einem angenommenen Zeltfest der Wüstennomaden (H.-J. Kraus, Gottesdienst in Israel, ²1962, 82. 152ff.) oder aus einem rekonstruierten vorstaatlichen Bundeserneuerungsfest (M. Noth, BWANT 52, 66ff.; G. von Rad, GesSt [TB 8], 41ff.) werden jetzt als unwahrscheinlich und unbegründet betrachtet. Die Hauptfrage ist vielmehr die Relation zwischen Herbstfest und Neujahrsfest. Aufgrund älterer Studien (de Moor 5, Anm. 3) haben vor allem Volz (1912) und Mowinckel (1922, 83ff.) die These vertreten, daß das altisraelitische Laubhüttenfest, das in späterer Zeit am 15.–22. Tischri gefeiert wurde, ursprünglich das Neujahrsfest am 1. Tischri war. In Analogie zum mesopot. *akītu*-Fest (Zimmern) rekonstruierte Mowinckel dieses herbstliche Neujahrsfest als israelit. Thronbesteigungsfest JHWHs, voll mythischer und heilsgeschichtlicher Themen, die Segenserneuerung und Schicksalswende für Menschen und Natur bewirken sollten. Die englische (vor allem S. H. Hooke) und skandinavische Schule (z. B. G. Widengren, I. Engnell) entwickelten Mowinckels These vom Kult als der bedeutendsten Institution der israelit. Religion weiter, und die mythischen Aspekte des durch den irdischen König dargestellten sterbenden und auferstehenden Gottes wurden fokussiert. In der deutschsprachigen Forschungstradition wurde indessen das spezifisch Israelitische am Jerusalemer Thronbesteigungsfest JHWHs betont unter Hervorhebung alter vorisraelit. am Zion haftender Mythologumena. Einerseits wurde die Thronbesteigung JHWHs bei der Einholung der Lade (Ps 47) als das historische Datum der davidischen Inbesitznahme des Zion zum Segen für die ganze Welt aktualisiert (Otto; Bischofberger/Otto/Mach; E. Otto / T. Schramm, Fest und Freude, 1977, 50ff.). Andererseits konnten auch andere Aspekte in die Mitte des Festes rücken, z. B. das die Zionserwählung und Dynastieverheißung vergegenwärtigende, königliche Zionsfest (Kraus) oder die Erneuerung des Bundes (Weiser; Wilms 359–401).

Gegen die von Volz, Mowinckel und ihren Nachfolgern angenommene Identifizierung von Herbstfest und Neujahrsfest behaupten andere, daß das altisraelit. Herbstfest anfänglich nicht an einem besonderen Datum gefeiert wurde, sondern ausschließlich von der Wein- und Baumfruchternte bestimmt war, was eine lokale Variabilität impliziert (z. B. L. I. Pap, Das israelit. Neujahrsfest, Kampen 1933, 34–41; J. Ridderbos, GThT 57, 1957, 80f.; G. Fohrer, Geschichte der israelit. Religion, 1969, 201f.). In der Regel lehnt man dabei jede besondere israelit. Festfeier am Anfang des Jahres ab. Bisweilen wird die Existenz zweier Neujahrsfeste angenommen, das eine im Herbst, das andere im Frühling (z. B. Pap 18–32), oder man meint, das vorexil. Fest am 1. Etanim sei mit dem nachexil. am 15. Tischri identifiziert worden (Snaith 9ff. 88ff.; H. Cazelles, DBS 6, 1960, 635ff.; A. Caquot, RHR 158, 1960, 1–18).

Tatsächlich erlauben die at.lichen Quellen keine sichere Entscheidung in diesen Fragen. Wir wissen nicht, ob der vorexil. Kalender in Israel im Herbst begann, auch nicht, ob der babyl. Kalender ca. 605 v. Chr. eingeführt wurde (s. Diskussion bei Clines). Darum läßt es sich auch nicht entscheiden, ob das altisraelit. Herbst-/Laubhüttenfest mit dem Neujahrsfest lokal/generell identisch war. Klar ist nur, daß das von den Kanaanäern übernommene Herbstfest viele Berührungspunkte mit dem ugar. Neujahrsfest aufweist.

b) Ein ugar. Herbstfest ist uns nur aus Spuren innerhalb der mythisch-epischen Literatur aus Ras-Shamra bekannt. Während J. C. de Moor u. a. in den Mythen des Wettergottes Baʿal-Hadad eine Beschreibung des jahreszeitlichen Ablaufes mit Regen- und Trockenzeiten („seasonal pattern“) vorfinden, entsprechend eine Fülle an Einzelinformationen dann auch für ein Herbstfest herauslesen wollen, sind andere (z. B. C. H. Gordon, OrNS 22, 1953, 79ff.;

H. Gese, RdM 10/2, 68f. 79; J. M. de Tarragon, Le culte à Ugarit, CRB 19, 1980, 17–20. 26 u.a.) wesentlich vorsichtiger. In Frage kommen die Texte, die die Monatsangabe *rỉš jn* „Erstling des Weins" enthalten (KTU 1.41; UT Nr. 173). Am 1. Tag (Neumond) dieses Monats sollte ein Traubenopfer stattfinden, am 13./14. Tag ein Königsritual an einem geweihten Ort. Nach de Moor (UF 14, 1982, 161) war dabei dem König als Ort für die Darbringung des Opfers und für die Reinigungsriten ein Platz auf der Tempelterrasse zugewiesen, auf der *'r(bʿ.)'rbʿ.mṯbt zmr* „vier und vier Wohnungen aus abgeschnittenem Laubwerk" (KTU 1.41, 50) errichtet waren. Ein Vergleich mit den *sukkôṯ* der Israeliten ist reizvoll, aber hypothetisch zugleich.

c) Im AT erfahren wir sehr wenig über das Herbstfest in vormonarchischer Zeit. Die Notiz in Neh 8, 17, daß die aus der babyl. Gefangenschaft zurückgekommenen Israeliten am Anfang des 7. Monats ein Fest feierten und dabei Hütten (*sukkôṯ*) machten und darin wohnten, was „sie nicht getan hatten seit der Zeit Josuas, des Sohnes Nuns, bis auf diesen Tag" (vgl. 2 Kön 23, 22; 2 Chr 30, 26; 35, 18), repräsentiert wohl eine Bestrebung, das Laubhüttenfest mit der israelit. Wüstentradition zu verknüpfen und es gleichermaßen vom ursprünglichen bäuerlichen, kanaan. Herbstfest zu lösen (J. M. Myers, AB 14, 157).

Vom kanaan. Hintergrund zeugt in der Tat Ri 9, 26–29: in Sichem wurde das Fest nach dem Keltern der Trauben am Heiligtum unter gemeinsamem Essen und Trinken gefeiert. Aus Ri 21, 19–21 geht hervor, daß das kanaan. Lese-/Kelterfest bald von den Israeliten übernommen wurde und als ein „Fest JHWHs" abgehalten wurde: in Schilo wurde es alljährlich bei der Weinlese mit Tanz der jungen Mädchen gefeiert, d.h. als Herbstfest. Von Laubhütten ist keine Rede, obwohl viele Teilnehmer am herbstlichen Freudenfest in zufällig aufgerichteten Erntehütten wohnen mochten. Ob das alljährliche Wallfahrtsfest, von dem 1 Sam 1 berichtet, etwas mit dem Herbstfest zu tun hat, bleibt fraglich (Springer 18f.; anders de Moor 12).

d) In der Königszeit wurde das Herbstfest in bewußter Opposition gegen das kanaan. Baʿal-Herbstfest enger mit dem JHWH-Glauben verknüpft (vgl. Hos 2, 16–25; Springer 29–33). Es wurde als eines der drei Wallfahrtsfeste institutionalisiert (Ex 34, 18–26; 23, 10–19, s. a). Vor allem wird aber unter Salomo – von Davids Zionspolitik vorbereitet – das Herbstfest am Jerusalemer Tempel mit dem Dreifestzyklus übernommen und (in Weiterführung schilonischer Tradition?) zum Hauptfest gemacht (1 Kön 9, 25). Das im Agrarrhythmus verhaftete bäuerliche Erntedankfest wird ein Königsfest mit religionspolitischen Perspektiven und kosmischen, teilweise gemeinorientalischen Dimensionen (1 Kön 8, 1–13. 62–66). Sogar die salomonische Tempelweihe wird vom vor-dtr 1 Kön 8, 2 auf das Herbstfest plaziert. Die regelmäßige Feier des königlich orientierten Herbstfestes am salomonischen Tempel ist seinem Charakter nach stark umstritten (s. a). Einige Psalmen (z. B. 24; 29; 47) lassen sich jedoch im Hinblick auf 1 Kön 8, 1–13 möglicherweise im Kontext des Herbstfestes interpretieren (Prozession, Theophanie und Weltherrschaft JHWHs, Bitte um Orakel/Priesterthora, Segen, Forderung der Reinheit etc.). Klar ist allerdings, daß in der Periode des Großreiches das Herbstfest nicht nur zum Hauptfest, sondern auch zum königlichen Fest mit theologischen Vorzeichen wurde: mit Bekenntnis zum Nationalgott (JHWH), repräsentiert in seinem irdischen König und erwählten Volk. Nach der Reichsteilung knüpfte Jerobeam I. an die Politik Salomos an: auch er benutzte das Herbstfest, um sein Königtum zu stärken und machte es – obwohl nicht so durchgreifend wie Salomo – zum königlichen Fest (1 Kön 12, 25–33).

Im dtn Festkalender (Dtn 16, 1–15, v. 16f. wohl sekundär, vgl. H. D. Preuß, EdF 164, 1982, 53) wird die Bezeichnung 'Laubhüttenfest' (*ḥaḡ hassukkôṯ*, vv. 13. 16) gebraucht. Sie wird gern als eine gegen das Jerusalemer Herbstfest gerichtete und an dem festlichen Brauchtum der lokalen Heiligtümer anknüpfende Wendung gedeutet (z. B. Bischofberger / Otto / Hahn 101). Es handelt sich indessen eher um einen Ausdruck, der, an ältere Kalender anknüpfend (bes. Ex 34 und 23), die lokalen Herbstfeste einander angleichen und als Wallfahrtsfeste definieren will und in dem von JHWH erwählten Heiligtum zu zentralisieren wünscht. Dabei wird das Hüttenfest (durch die Ausweitung auf sieben Tage?) dem Passah-Mazzot-Fest angeglichen (v. 13); der Teilnehmerkreis wird entschieden ausgeweitet auch auf die sozial Abhängigen und die Bedürftigen (Braulik 1980, 153. 167; 1983, 33. 45) und die festliche Freude hervorgehoben. Die Aufforderung zur Freude ist im Dtn überall mit Wochen- und Laubhüttenfest verbunden (→ שׂמח *śāmaḥ*, Braulik, passim). Vor allem aber werden die drei großen, von Haus aus agrarischen Hauptfeste mit der Geschichte des Gottesvolkes stärker verbunden (Preuß 135). Für die beiden Erntefeste ist es entscheidend, daß sie nach der dtn Festtheorie als einzige explizit *l^{e}JHWH* (vv. 10. 15), nicht jedoch *lipnê JHWH* (Kultformel) gefeiert werden sollen, sich damit also von allen anderen Kultakten unterscheiden sollen (Braulik 1980, 159). Die auch im Buche Dtn erhaltene, als mosaisch vorgestellte Anweisung für eine Thoralesung am Laubhüttenfest (31, 9–13) muß als dtr oder sogar nach-dtr bewertet werden (Preuß 60) und ist vermutlich aus der nachexil. Verbindung Laubhüttenfest – Wüstenwanderung (Lev 23, 39–44) und Herbstfest – Thoralesung (Neh 8, 13–18) zu interpretieren.

e) In der exil. oder eher nachexil. Festtheorie in den jüngeren Schichten des Verfassungsentwurfes Ez 40–48 (W. Zimmerli, BK XIII/2, 1240–1249) behält das Herbstfest seine Sonderrolle als „das Fest" (*hæḥāḡ*, 45, 25). Das Fest wird aber von der Erntethematik gelöst und erhält eine sühnende Funktion. Das Festdatum wird auf den 15. 7. (bei Jahresanfang im Frühjahr) festgelegt.

Dieser Festtermin wird von H aufgenommen (Lev 23, 33–36; noch in Num 29, 12–38), wo das Herbstfest auch von der Erntethematik gelöst ist (anders im ergänzenden Abschnitt Lev 23, 39–44; zur Literarkritik K. Elliger, HAT I/4, 302–324). Das erst mit der Kultzentralisation vorgeschriebene (Dtn 16) siebentägige Fest wird aufrechterhalten (so auch Neh 8; Num 29), aber durch die Ausdehnung des Festes auf einen 8. Tag wird sein Vorrang markiert (noch Neh 8; Num 29). Der Name „Laubhüttenfest" (*ḥaḡ hassukkôṯ*) wird aus Dtn 16 übernommen. Arbeitsruhe wird vorgeschrieben (auch Num 29). Der Charakter eines Wallfahrtsfests (*ḥaḡ*) wird unterstrichen (Dtn 16; Num 29). In den Mittelpunkt tritt aber in Lev 23, 33–36 das tägliche Feueropfer (vgl. Ez 45; Num 29). Im Nachtrag (Lev 23, 39–44) wird der ursprüngliche Ernteaspekt in das priesterliche Hüttenfest reintegriert: „wenn ihr den Ertrag des Landes einheimst" (v. 39). Zu weiteren Konkretisierungen vgl. Elliger 322. Dabei wird die Festfreude betont (vgl. Dtn 16; Neh 8). Einzigartig im AT ist aber die Deutung vom Brauch der Laubhütten auf JHWHs Heilshandeln beim Exodus: er ließ die Israeliten „in Hütten" (*bassukkôṯ*) wohnen, was – abgesehen von den „Zelten" der übrigen Wüstentradition – offenbar als Hinweis auf eine göttliche Legitimation der priesterlichen Gestaltung des Festes aufzufassen ist (Springer 83 f.).

Die Vorschriften in Num 29, 12–38 heben die sühnende Funktion der zum Fest gehörenden Opfer deutlicher hervor; die Zahl der Opfer ist bedeutender als die der anderen Hauptfeste.

Zeitlich wohl in der Nähe von P behandelt ChrGW das Laubhüttenfest mit etwa denselben Voraussetzungen: in Neh 8, 13–18 wird wie in Lev 23 die Festfreude hervorgehoben, das siebentägige Zusammensein der Gemeinde, die abschließende Versammlung am 8. Tage usw. Neu ist das mit dem Fest verknüpfte, eifrige Anhören der Weisungen Gottes (v. 16; s. o. zu Dtn 31, 10) und der Gebrauch von aus den Bergen geholten Oliven-, Kiefern- (LXX: Zypressenzweigen), Myrten- und Palmzweigen sowie von dichtbelaubten Bäumen (LXX: Föhrenzweigen), um Hütten zu fertigen, „ein jeder auf seinem Dach, in seinem Hof . . ." (v. 16), das bedeutet ein vorgeschriebenes, allgemeines Wohnen in der Sukkah. Der Forderung nach den spezifischen Zweigen aus dem judäischen Bergland wird keine ausgesprochene Symbolik beigemessen. Einzigartig ist der Bezug zu den Tagen Josuas (s. o. a). Die Verbindung des nachexil. Hüttenfestes mit den älteren Traditionen wird in Esra 3, 4 und 2 Chr 8, 13 retrospektivisch angedeutet: die aus dem Exil heimkehrenden Juden waren bestrebt, die vorgeschriebenen Feste zu halten, auch vor dem Wiederaufbau des Tempels (Esra 3, 4; W. Rudolph, HAT I/20, 30); bereits von der Einweihung des ersten Tempels an hat der König Salomo am Laubhüttenfest nach dem mosaischen Gesetz geopfert (2 Chr 8, 13).
Von den at.lichen Texten der Spätzeit nennt nur Sach 14, 16–21 ausdrücklich das Laubhüttenfest (nach 333?; vgl. etwas früher Hag 2, 1–9; Jes 66, 18–24), gibt aber keine Anweisungen für die äußere Gestaltung des Festes. Während nach Lev 23 (v. 42) Nichtisraeliten von dem Fest ausgeschlossen waren, wird in Sach 14 eine alljährliche Völkerwallfahrt nach Jerusalem zum Laubhüttenfest prophetisch erwartet: „Alle Überlebenden aus allen Völkern, die gegen Jerusalem zogen, werden Jahr für Jahr hinaufziehen, um sich vor dem König, JHWH der Heerscharen, niederzuwerfen und um das Laubhüttenfest zu feiern" (. . . *weʿālāhoḡ ʾæṯ-ḥaḡ hassukkôṯ*, v. 16). Das Laubhüttenfest wird hier ein universales Anliegen (zum Völkerwallfahrtsmotiv vgl. Jes 66, 18–22; ferner Jes 2, 3–4; 60; Mi 4, 1; Hag 2, 1–9): alle Völker sollen unter Androhung von harter Strafe nach Jerusalem kommen, nicht um allgemeine religiöse und politische Angelegenheiten im Rahmen des Herbstfestes zu behandeln (vgl. Ri 9, 26–29; 1 Kön 8, 1–13; 2 Kön 23, 1–3), sondern zur Huldigung des Königs JHWH, des Weltherrschers. Dieser Text bezeugt eine zu dieser Zeit existierende Konkurrenz der Diasporakultstätten mit dem Tempel in Jerusalem; er zeigt auch, daß es Jerusalemer Kreise gab, die aus der freiwilligen Völkerwallfahrt eine auferlegte Tributverpflichtung zu machen wünschten (de Moor 28; Springer 101–104).

In der hellenistisch-römischen Zeit bewahrt das Laubhüttenfest seine alte, führende Position im Festkalender: es ist „das heiligste und größte Fest bei den Hebräern" (Josephus, Ant. 8, 4, 1; vgl. 2 Makk 10, 1–8). Auch die ursprüngliche Fruchtbarkeitsthematik setzt sich wieder durch (Wasserausgießung auf dem Altar, Umkreisen des Altars, Schütteln des Feststraußes, Aufrichten und Schlagen der Bachweide am 7. Tag usw.; D. Flusser, Ḥag hassukkôṯ babbajiṯ haššenî, Mahanajim 50, 1960/61, 28–30; Safrai; Bischofberger / Otto / Mach 110; Lit. 114 f.). Die bedeutende Rolle des Festes im antiken Judentum wird auch vom NT bezeugt (K. Hruby, La fête des Tabernacles aux Temple, à la synagogue et dans le N.T., L'Orient Syrien 7/2, 1962, 163–174; ThWNT VII 369–396). Die rabbin. Vorschriften und Diskussionen über das Laubhüttenfest sind vor allem in den großen halakischen Traditionswerken im Traktat Sukkah (Sedær Moʿed) konzentriert (vgl. St.-B. II 774–812; Fabricant; Gaster; Kutsch / Jakobovitz / Kanof; Snaith; Zevin).

V. Die übrigen Derivate der Wurzel *skk* spielen im AT keine theologisch bedeutsame Rolle.
Das hap. leg. **mesukāh* (Ez 28, 13) fungiert offensichtlich als eine leitwortartige Vorbereitung zum folgenden *kerûḇ hassôḵeḵ* (vv. 14. 16; s. III. 1.): „Der bedeckende" (*hassôḵeḵ*) Kerub – der König von Tyrus – war selbst ein wunderbar „Bedeckter": „Von kostbaren (Edel-)Steinen aller Art war dein Gewand/ Umhegung" (zu den Deutungsversuchen der alten Versionen W. Zimmerli, BK XIII/2, 673).
Auch **saḵ* ist im AT hap. leg. (Ps 42, 5). Im Lichte des par. *bêṯ ʾælohîm* ist es entweder als *soḵ* zu vokalisieren oder sonst als Äquivalent anzusehen (vgl. LXX, S). Das damit verbundene *ʾæddaddem* („ich ließ wandeln") ist wohl eher als Gottesprädikat

'addîr zu lesen (vgl. noch LXX). Im (vorexil.?) Gebetslied erinnert sich also der Sänger, wie er einst „in die Hütte des Herrlichen einzog", d. h. in den Tempel (vgl. Ps 5, 12; 91, 4; III.4.; Ps 27, 5; 31, 21; IV.1.; zum Text H.-J. Kraus, BK XV/1⁵, 470–472).

Das Nomen *soḵ ist mit sukkāh bedeutungsmäßig und funktionell verwandt. Es bezeichnet das natürliche 'Laubdach', 'Dickicht', als Lager der Löwen (vgl. sukkāh in Ijob 38, 40). Im (nachexil.?) Lob- und Gebetslied Ps 9/10 wird vom Frevler gesagt, daß er „wie ein Löwe im Dickicht versteckt lauert" (10, 9); und in einer nachexil. Interpretation von Jer 25, 34–37 wird vermutlich Nebukadnezzar als ein sein Dickicht verlassender und das judäische Land verheerender Löwe beschrieben (v. 38 nach W. Rudolph, HAT I/12, 166–168; nach MT ist der Löwe JHWH!). Sonst bezeichnet das Nomen das Jerusalemer Heiligtum als 'Hütte' JHWHs, wobei „alte Heiligtumstraditionen der vorköniglichen Zeit Israels auf das von David gegründete Heiligtum übertragen" werden (H.-J. Kraus, BK XV/2⁵, 690; vgl. sukkāh in Ps 27, 5; IV.1.). So heißt es im Zionslied Ps 76: „Es entstand in Salem seine Hütte (sukkô), seine Wohnstatt (mᵉʿônātô) auf dem Zion" (v. 3). Möglicherweise taucht dieselbe Vorstellung in ein Leichenlied nachahmenden Klgl 2 auf (wenn mit vielen Mss. sukkô statt śukkô in MT zu lesen ist): JHWH „hat seine Hütte wie einen Garten (LXX: wie einen Weinstock) zerstört" (v. 6; für alternative Deutungen s. O. Plöger, KAT XVII/1–3, 219; zu *soḵ in Ps 27, 5 Qᵉre s. IV.1.; zu cj. Ijob 40, 22, s. III.1.; zu cj. Ps 42, 5 s.o.).

Das hap. leg. soḵeḵ kommt in Nah 2, 6 vor (KBL³ 712 b unrichtig: Neh 2, 6). Der feindliche Ansturm wird geschildert: „sie eilen zur Mauer, und aufgerichtet wird das Sturmdach (hassoḵeḵ)" (Benzinger 310; vgl. hassoḵeḵ in anderer Bedeutung Ez 28, 14. 16; III.1.).

VI. Die LXX faßt meist das Verbum skk in der Meinung „bedecken", „überschatten" etc. auf; die Ausdrucksmittel sind aber stark verschieden (z. B. δια- / ἐπι- / συ- / σκιάζειν; δια- / ἐπι- / σκεπάζειν; περικαλύπτειν; κατασκηνοῦν). Das Nomen sukkāh wird 26mal mit σκηνή wiedergegeben (sonst u.a. mit σκηνοπηγία/-εία; σκήνωμα); *soḵ u.a. mit σκηνή, κατάλυμα.

VII. In Qumran wurde die für die nachexil. Gemeinde maßgebende Festordnung von Lev 23 und Num 29 eingehalten. Das ersehen wir aus einem von J. T. Milik publizierten Festkalender (VTS 4, 1957, 25; vgl. E. Vogt, Kalenderfragmente aus Qumran, Bibl 39, 1958, 72–77). In diesem Kalender, der einen reinen Sonnenkalender von 364 Tagen vertritt (wie Jub; 1 Hen), wird für jedes Fest ein Wochentag angegeben. Am Mittwoch 15. 7. wird die Runde der Feste durch das Laubhüttenfest beschlossen. Daß es als letztes Fest erwähnt wird, deutet an, daß der Jahresanfang im Frühling lag (mit Pesach als erstem Fest;

vgl. Ex 12, 2). Datum und Name des Hüttenfestes (ḥg hskwt) sind dieselben wie in Lev 23, 34. Der Kalender sagt nichts über die Feier des Festes in der Qumrangemeinde (Haag 127f. 132). In der Tempelrolle werden aber Vorschriften für das Laubhüttenfest gegeben (TR 27, 10–29, 2/3; vgl. 11, 13; 42, 10ff.; 44, 6ff.; s. Y. Yadin, Mᵉḡillaṯ hammiqdāš, Jerusalem 1977, I 108f.). Im Vergleich mit Lev 23, 33–36, Num 29, 12–38 und Ez 45, 25 enthalten diese Texte kaum etwas Auffälliges, abgesehen von einem für TR bezeichnenden Vorzug des Sündopfers vor dem Brandopfer (J. Maier, Die Tempelrolle vom Toten Meer, 1978, 89).

Aus exegetischem Gesichtspunkt ist die Auslegung von sikkûṯ (Am 5, 26) in CD 7, 14–17 von Interesse. Der Kontext spricht von den Standhaften, die sich in das Land des Nordens (d. h. in das Gebiet von Damaskus) gerettet haben, mit Hinweis auf Am 5, 26f.: „Und ich will verbannen Sikkut, euren König, und Kijjun, euer Bild, fort über die Zelte von Damaskus hinaus" und Am 9, 11: „Die Bücher des Gesetzes, die sind die Hütte des Königs (swkt hmlk), wie (der Prophet) gesagt hat: Und ich will aufrichten die zerfallene Hütte Davids. Der König, das ist die Gemeinde ..." 'Sikkut' wird hier zu 'Hütte' (sukkāh), und 'König' (mælæḵ) wird zu 'Gemeinde' (qāhāl). Die Voraussetzung dieser Exegese ist in der at.lichen Verbindung Laubhütte(nfest) – Wüsten-/Sinaitradition zu finden (s. IV.2.). „Mit Hilfe von Am 9, 11 wird die Exilierung der Thora (und der Gemeinde) als Aufrichtung des Gesetzes interpretiert. Die Gemeinde wird ... mit messianischen Zügen versehen. Sie versteht ihr Exil als Heilsexil und die Tora als den ihr in diesem Exil gewährten Existenzraum" (P. v. d. Osten-Sacken, ZAW 91, 1979, 422–435, bes. 435). Das Zitat von Am 9, 11 findet sich auch in 4 Q Flor 1, 12f., das eschatologisch/messianisch ausgelegt wird auf den in Zion am Ende der Tage auftretenden Erforscher des Gesetzes: „Das ist die zerfallene Hütte Davids, die stehen wird, um Israel zu retten." In den Sabbat-Vorschriften in CD endlich wird gesagt, daß man, wenn man sich am Sabbat „in einer Hütte (bswkh) befindet, nichts aus ihr hinausbringen und nichts in sie hineinbringen soll" (11, 8f.).

Kronholm

סכל   sḵl

סָכָל sāḵāl, סִכְלוּת siḵlûṯ, סֶכֶל sæḵæl

I. Etymologie, außerbibl. Belege – II.1. Bibl. Belege – 2. LXX – III. Bedeutung – 1. des Verbs – 2. des Adj.s und Nomens – IV. Qumran.

Lit.: *T. Donald*, The Semantic Field of „Folly" in Prov, Job, Pss and Ecclesiastes (VT 13, 1963,285–292). – *M. Held*, Studies in Comparative Semitic Lexicography (Festschr. B. Landsberger, Chicago 1965, 395–406). – *S. A. Mandry*, There is no God! A Study of the Fool in the Old Testament, Particularly in Proverbs and Qohelet (Pars Diss. Rom 1972). – *W. M. W. Roth*, A Study of the Classical Hebrew Verb ŠKL (VT 18, 1968, 69–78). – *G. Vos*, Fool (A Dictionary of the Bible II, 1900, 43 f.).

I. Die Basis *skl* ist vor-at.lich nur im Akk. durch das Adj. *saklu* 'einfältig, schwerfällig, töricht' (AHw 1012) belegt, das nach Ausweis einiger Kudurrus (z. B. R. Borger, AfO 23, 1970, 2, II 8f.; 14, II 15ff.) auf jem. angewendet wird, dessen intellektuelles Unvermögen eine richtige Einschätzung des eigenen Handelns und seiner Konsequenzen ausschließt. Ihm entspricht im Hebr. → כסל *ksl* (B. Landsberger, Mededelingen der KAWA Afd. Letterkunde N.R. 28/6, 1965, 61 Anm. 114; Held 406) und *skl*. Eine metathetische Bildung von *skl* aus *ksl* ist aufgrund der akk. Konsonantenfolge nicht anzunehmen (gegen Vos 43; vgl. Roth 78 Anm. 1). Delitzsch nimmt ein Stammwort *sāk̲al* an, „welches zusammenflechten bedeutet und teils auf Komplikation, teils auf Konfusion der Vorstellungen übertragen wird" (BC IV/4, 238). Darauf könnte das von ihm angeführte arab. Verb *šakala* 'fesseln, zweifelhaft sein' (Wehr 438f.) deuten (vgl. KBL[3] 712), das auch mit *śkl* II 'kreuzweise legen' in Verbindung zu bringen ist (GesB 786).

Da KTU 3.1.38 statt *skl* (Whitaker 464) *skn* zu lesen ist und der einzige aram. Beleg Aḥ 147 meistens nicht mit 'töricht sein' (mit A. Ungnad: W. Baumgartner, ZAW 45, 1927, 102) übersetzt, sondern im Sinne der hebr. Wurzel *śkl* I 'einsichtig, klug sein' interpretiert wird (THAT II 824; DISO 192), bleibt nur auf die Übernahme von *skl* in das Jüd.-Aram., Chr.-Pal., Syr. und Mand. hinzuweisen, wo das Verb die Bedeutung 'töricht handeln, sündigen' hat und, außer im Mand. (MdD 312), graphisch mit *śkl* I zusammenfällt.

II. 1. Von den 23 Belegen der Wurzel *skl* im AT entfallen 8 auf das Verb (4mal *niph*; je 2mal *pi/hiph*), die sich auf 1/2 Sam (4mal), 1/2 Chr (2mal), Gen 31, 28 und Jes 44, 25 (*śkl* = *skl*: vgl. Elliger, BK XI/1, 454; KBL[3] 712) verteilen. Das Adj. *sāk̲āl* (7mal) sowie die Subst. *sik̲lûṯ* (7mal; Koh 1, 17: *śik̲lûṯ* = *sik̲lûṯ*, vgl. BHS; Lauha, BK XIX, 41; anders: LXX [ἐπιστήμη]; Galling, HAT I/18[2], 87; Koh 10, 13 nach BHK) sind Lieblingswörter des Koh und kommen mit Ausnahme von 2 *sāk̲āl*-Belegen in Jer nur bei ihm vor. In Ijob 12, 17 wird von manchen *śkl* = *skl pi* konjiziert (z. B. Fohrer, KAT XVI[2], 237; anders: Horst, BK XIV/1[4], 180). Außerhalb des hebr. Kanons begegnet das Adj. in Sir 51, 23.

2. LXX übersetzt das Verb uneinheitlich mit ματαιόομαι, μωραίνω (zu 2 Sam 24, 10 s. ThWNT IV 480), διασκέδω, ἀγνοέω und ἀφρόνως (πράττω). Adj. und Nomen werden meistens mit ἄφρων bzw. ἀφροσύνη wiedergegeben, anders Jer 5, 21 (μωρός), Koh 7, 17 (σκληρός) und 7, 25 (σκληρία).

III. 1. Die Bedeutungsgehalte des Verbs sind nach den 3 Stämmen zu gruppieren. Das *pi sikkel* zielt auf die Disqualifizierung dessen, was die menschliche Ratio hervorbringt, wie die Zusammenstellung mit den Objekten *'eṣāh* (2 Sam 15, 31) und *da'aṯ* (Jes 44, 25, par. zu *'eṣāh* in v. 26) eindeutig zeigt. So bittet David in 2 Sam 15, 31 JHWH, er möge Aḥitofels Rat „töricht sein lassen". Umstritten ist, ob der Vers redaktionell ist und den ersten Rat A.s (16, 21ff.) als gegen das altisraelit. Ethos verstoßend und damit „töricht" im „wesentlich, wenn nicht ausschließlich religiösen und moralischen Sinne" verächtlich machen soll (F. Langlamet, RB 84, 1977, 161–209. 195f.; E. Würthwein, ThSt 115, 1974, 37ff.), oder ob 15, 31 zur alten Grundschicht gehört (z. B. J. Kegler, Polit. Geschehen und theol. Verstehen, 1977, 179f.) und die Bitte um einen „ungeeigneten" Plan (vgl. Roth 72) ist, die mit der Bevorzugung des besseren (*ṭôḇ*) Plans Huschais in 17, 14a erfüllt wird (vgl. RB 84, 185 Anm. 69). Einer Übersetzung von *skl* in 15, 31 mit „vereiteln" (KBL[3] 712; EÜ) ist zu widersprechen, da sich *sikkel* auf die Qualität, und nicht auf die Realisierung eines Rats bezieht. Dies bestätigt Jes 44, 25, wo JHWH von sich sagt, daß er das Wissen der Weisen „zur Torheit macht" und damit deren Ratschläge „für das zweckmäßige Verhalten sich als unnütz erweisen läßt" (Elliger 469).

Das *hiph hiskîl* charakterisiert eine konkrete Handlung als Fehlentscheidung, die mit Blick auf die Konsequenzen für die Betroffenen, die dem „Täter" im Augenblick des Handelns noch nicht bewußt sind, den Charakter einer Schuld gewinnt (Stoebe, KAT VIII/1, 465). In Gen 31, 28 (E) kann Laban dem Jakob vorwerfen „Da hast du töricht gehandelt" (*'attāh hiskalṯā 'aśô*, zur Konstruktion: Joüon, Grammaire § 124 Anm. 1; Brockelmann, Synt. 93k), weil dieser durch seine Flucht die üblichen Verabschiedungsbräuche (vgl. Gen 32, 1) mißachtet hat. Ch. Mabee (VT 30, 1980, 192–207) sieht das Versäumnis Jakobs darin, daß dieser sich von Laban nicht hat offiziell die Autorität über dessen Töchter übertragen lassen. In 1 Sam 26, 21 erkennt Saul seine Verfolgung Davids als Fehlentscheidung an, entschuldigt sie aber zugleich als Folge menschlichen Irrens (zu *šgh* vgl. ThWNT I 274 → שגה).

Das *niph niskal*, vorexil. nicht belegt, betont durch den reflexiven Aspekt das übergroße Vertrauen in sich selbst und in die Richtigkeit eigener Entscheidungen als dem Wurzelgrund für törichtes Verhalten. Es wird gebraucht im Rahmen prophetischer Anklagen eines Königs, der eigenmächtig und gegen den Willen JHWHs gehandelt hat (1 Sam 13, 13 DtrN), der mehr auf ein Bündnis mit Menschen als auf Gott vertraut (2 Chr 16, 9); David hat mit seiner Volkszählung Schuld (*'āwôn*) auf sich geladen und „sich töricht verhalten" (2 Sam 24, 10 DtrP = 1 Chr 21, 8; zur Bewertung der Volkszählung vgl. Rudolph, HAT I/21, 143f.). Die Torheit der einzelnen Fehlentscheidungen besteht darin, daß der Handelnde (hier immer der König) im Augenblick der Entscheidung sich nicht im Klaren darüber ist, daß er sich gegen JHWH entscheidet und deshalb auch die Konsequenz seines Tuns, nämlich JHWHs Strafe, nicht sieht. Diese Torheit wiegt um so schwerer, als die Strafe nie den König selbst trifft. Vielmehr muß er Verantwortung tragen für das Unheil, das letztlich

Unschuldige ereilt. *niskal* oszilliert also zwischen „töricht handeln" und „sündigen".

2. Sehr viel stärker wird der voluntative Aspekt der Entscheidung gegen Gott in Jer 5, 21–25 betont. Hier gilt das Adj. *sāḵāl* dem Volk, das an Gott trotz seiner Erkennbarkeit in der Schöpfung vorbeisieht (v. 21) und sich offensichtlich nicht der strafenden Konsequenz seiner Verweigerung bewußt ist (vgl. v. 25). Jer 4, 22 setzt Torheit (*sāḵāl*, par. → אויל *'ᵉwîl*, antonym → בין *bîn niph*) und Unfähigkeit zum Guten gleich, die aus mangelnder Gotteserkenntnis wächst (→ III 330).

In ähnlicher Weise stellt Koh 7, 17 *rš'* und *hājāh sāḵāl* nebeneinander (vgl. auch *siḵlûṯ* Koh 7, 25) gemäß der alten Weisheitstheorie, daß derjenige vorzeitig stirbt, der sich nicht an das Gesetz hält. *siḵlûṯ* 'Unwissen' steht im Gegensatz zur *ḥŏḵmāh* als jenem Wissen und Können, das sich in Technik und Herrschaft umsetzen läßt, und jener Bildung, die gesellschaftliche Stellung verleiht (vgl. Koh 1, 17; 2, 3. 12f.; auch 2, 19; vgl. Lohfink, Kohelet, NEB, 1980, 24). Auffällig ist dabei die dreimalige Parallele von *siḵlûṯ* und *hôlelôṯ* (→ הלל *hll* III), die sich noch ein weiteres Mal in 10, 13 findet. In diesem Kapitel benutzt Koh Subst. (10, 1. 13) und Adj. (10, 3.14) zur Verurteilung menschlicher Dummheit, der es an jeglicher rationalen Basis und Selbsterkenntnis mangelt und die einfach geschwätzig daherredet. Insofern Bildung zur Zeit des Koh ein Privileg der Reichen war (Lohfink 75), kann er den Dummen und Ungebildeten (10, 6 *sækæl* abstr. pro concr., M. Dahood, Bibl 47, 1966, 278) dem Reichen (*'āšîr*, → עשר) gegenüberstellen. Daß die Wurzel *skl* hier und an den übrigen Stellen in Koh Machtstreben und Habgier bezeichnen soll, geben die Texte nicht her (gegen Mandry 83f.).

Mangel an Weisheit im Sinne von Lebenswissen zeichnet die *sᵉḵālîm* (ἀπαίδευτοι) in Sir 51, 23 aus, die vom Weisheitslehrer zum Besuch des Lehrhauses aufgefordert werden.

IV. Die Qumran-Literatur bezeugt einmal das Nomen *siḵlûṯ* in 1 QS 7, 14: „Wer in Torheit laut schallend lacht, der büßt 30 Tage." In 11 QTarg Ijob 5, 2 findet sich das Nomen סכל (aram.) „Tor".

Fleischer

סָלַח *sālaḥ*

סַלָּח *sallāḥ*, סְלִיחָה *sᵉlîḥāh*

I. Etymologie – II. Verwendung im AT – 1. Verweigerung von Vergebung – 2. Zusage der Vergebung – 3. Vergebungsbereitschaft als Eigenschaft JHWHs – 4. Bitte um Vergebung – III. Sir und Qumran – IV. LXX.

Lit.: *S. Böhmer*, Heimkehr und neuer Bund (Göttinger theol. Arbeiten 5, 1976, 74–79). – *R. Bultmann*, ἀφίημι (ThWNT I 506–509). – *D. Daube*, Sin, Ignorance and Forgiveness in the Bible, London 1960. – *W. Eichrodt*, ThAT 2/3, 51964, 308ff. – *Ch. Göbel*, „Denn bei dir ist die Vergebung . . ." – *slḥ* im Alten Testament (Theologische Versuche VIII, 1977, 21–33). – *A. H. J. Gunneweg*, Schuld ohne Vergebung? (EvTh 36, 1976, 2–14). – *G. F. Hasel*, Health and Healing in the Old Testament (Andrews Univ. Sem. Studies 21, 1983, 191–202). – *S. Herner*, Sühne und Vergebung in Israel, Lund 1942. – *B. Janowski*, Sühne als Heilsgeschehen (WMANT 55, 1982). – *B. Kedar*, Biblische Semantik, 1981, 107f. – *J. Köberle*, Sünde und Gnade im religiösen Leben des Volkes Israel bis auf Christum, 1905. – *L. Köhler*, ThAT 41966, 208f. – *K. Koch*, Sühne und Sündenvergebung um die Wende von der exilischen zur nachexilischen Zeit (EvTh 26, 1966, 217–239). – *Ch. Levin*, Die Verheißung des neuen Bundes in ihrem theologiegeschichtlichen Zusammenhang ausgelegt (FRLANT 137, 1985). – *M. McKeating*, Divine Forgiveness in the Psalms (ScotJTh 18, 1965, 69–83). – *K. D. Sakenfeld*, The Problem of Divine Forgiveness in Numbers 14 (CBQ 37, 1975, 317–330). – *A. Schenker*, Versöhnung und Sühne (Bibl. Beiträge 15, 1981). – *J. J. Stamm*, Erlösen und Vergeben im Alten Testament, Bern 1940. – *Ders.*, סלח *slḥ* vergeben (THAT II 150–160). – *Ch.-H. Sung*, Sündenvergebung Jesu bei den Synoptikern und seine Voraussetzungen im Alten Testament und frühen Judentum, Diss. masch. Tübingen 1984. – *W. Thiel*, Die deuteronomistische Redaktion von Jeremia 26–45 (WMANT 52, 1981), 26. – *H. Thyen*, Studien zur Sündenvergebung (FRLANT 96, 1970). – *F. E. Wilms*, Du bist ein Gott voller Vergebung (Neh 9, 17). Gedanken über Sühne und Versöhnung im Alten Testament (LebZeug 30, 1975, 5–21). – Weitere Lit. s. ThWNT X/2 996–997; → כפר *kippær*.

I. Außer im Hebr. begegnet die Wurzel *slḥ* im Arab. als *slḥ* im Sinne von 'abstreifen', im Syr.-Arab. in der Bedeutung 'Lösegeld auflegen', im Mhebr., Jüd.-Aram. und Samarit. als 'verzeihen'. Das akk. *salāḫu(m)* (AHw 1013) bietet wohl die ursprüngliche, konkrete Bedeutung des Verbs 'besprengen'. Dabei werden sowohl Wasser und Öl als auch Urin und Tränen als Mittel des Besprengens genannt, Objekt können auch Kultgegenstände sein. Anders als im Hebr. wird die Wurzel *slḥ* im Akk. besonders im nicht-religiösen Kontext gebraucht (Genaueres bei Stamm, Erlösen 57f.).

In Ugarit begegnet die Wendung *slḥ npš* im Ritualtext KTU 1.46, in dem J. Gray, The Legacy of Canaan, VTS 5, 21965, 193 „the Canaanite counterpart to the Hebrew Day of Atonement" sieht und entsprechend „forgiveness of soul" übersetzt (vgl. C. H. Gordon, Ugaritic Literature, Rom 1949, 113). Der unklare Kontext schließt jedoch ein eindeutiges Verständnis der Wendung aus (vgl. M. Dahood, AB 17, 293). So werden sowohl von Gordon (UT Nr. 1757) unter Aufnahme des Akk. als auch von Gray (VTS 15, 1966, 191) unter Rückgriff auf ein arab. *slḥ* mit „besprengen" bzw. „entkleiden", „zu Ende kommen" andere Übersetzungsmöglichkeiten vorgeschlagen (vgl. dazu Stamm, THAT II 150f.). Zum in

den Elephantine-Papyri begegnenden Namen *Jslḥ* vgl. Stamm, THAT II 151.
Die wohl zu *slḥ* dazugehörende Wurzel *zlḥ* findet sich – ebenfalls im Sinn von 'besprengen' – im Mhebr., Jüd.-Aram. und Syr.-Mand. wie auch im Äth. als *zalḥa* in der Bedeutung 'schöpfen' (Dillmann, LexLingAeth 1034).

II. Innerhalb des AT begegnet die Wurzel *slḥ* in der Bedeutung 'Vergeben von Schuld' (oft im Kontext von → פשע *pšʿ* und → חטא *ḥṭ'*) 46mal als Verb, davon 33mal im *qal* und 13mal im *niph*, einmal als Verbaladjektiv *sallāḥ* (Ps 86, 5) und dreimal als Substantiv *s^e^lîḥāh* (Ps 130, 4; Neh 9, 17; Dan 9, 9). Nahezu alle Belege sind in die exilisch-nachexilische Zeit zu datieren. Es fällt auf, daß kein profaner Gebrauch festzustellen ist. Vielmehr ist durchgängig JHWH der *slḥ* Gewährende. Für Vergebung der Menschen untereinander wird *slḥ* nicht verwendet. Die Belege für die Wurzel lassen sich nach folgenden Hauptverwendungsbereichen zusammenfassen: Verweigerung von Vergebung – Zusage von Vergebung – Vergebungsbereitschaft als Eigenschaft JHWHs – Bitte um Vergebung.
1. Relativ selten wird *slḥ* innerhalb des AT gebraucht, wenn es um die Verweigerung von Vergebung geht (Dtn 29, 19; 2 Kön 24, 4; Jer 5, 7; Klgl 3, 42 – alles [früh]exilische Texte). Dtn 29, 19, das wie Dtn 29 überhaupt (mit L. Perlitt, Bundestheologie im Alten Testament, WMANT 36, 1969, 23) in den „Bereich einer frühen theologischen Herausarbeitung der Schuld Israels in Korrespondenz zur Entschuldigung Jahwes" gehört, lehnt wie auch Jer 5, 7 die Vergebung ab, wo die Schuld in der Nachfolge fremder Götter besteht. Ebenso rechnet Klgl 3, 42 nicht mit Vergebung, weil das Volk von JHWH abgefallen ist. Nach 2 Kön 24, 4 versagt JHWH die Vergebung, weil durch Manasse Blut Unschuldiger vergossen worden ist. Dtn 29, 19 wie 2 Kön 24, 4 stellen dabei nicht nur das Faktum nicht gewährter Vergebung fest, sondern betonen, daß JHWH nicht den Willen zu *slḥ* hat (*lo'* + *'āḇāh*).
2. Die Zusage der Vergebung findet sich besonders in kultischen Texten. Ein Schwerpunkt liegt in den Sünd- und Schuldopfervorschriften Lev 4; 5 (Lev 4, 20. 26. 31. 35; 5, 10. 13. 16. 18. 26). Bis auf Lev 5, 26 geht es jeweils um die Vergebung versehentlicher, unbewußt begangener Sünden, deren sich der schuldig Gewordene später bewußt wird. Lev 4, 20 sagt der ganzen Gemeinde Israel die Vergebung einer nur allgemein genannten Schuld nach vollzogenem Opferritus zu, während die folgenden Belege jeweils Einzelpersonen betreffen. Lev 4, 26 gewährt dem Fürsten *slḥ* für die unwissentliche Übertretung irgendeines der Gebote JHWHs, vv. 31. 35 werden im Blick auf ein unbestimmtes Glied des Volkes ausgesagt, wiederum angesichts einer nicht näher qualifizierten Übertretung eines göttlichen Gebotes. Lev 5, 1 ff. regeln die Möglichkeit der Sühne bei einem Vergehen, das im Unterlassen der Aussage über eine gehörte Verfluchung besteht oder im Berühren von etwas Unreinem oder auch im Vollziehen eines unbedachten Schwures durch irgendein Glied des Volkes. V. 16 sagt demjenigen nach abgeleistetem Sühneritus Vergebung zu, der sich unwissentlich an einem JHWH geweihten Gut vergreift; v. 18 spricht noch einmal die Vergebung allgemein an für den, der unwissentlich ein Gebot JHWHs übertreten hat. Nach vv. 20–26 ist Vergebung auch für den möglich, der sich am Eigentum des Mitmenschen vergreift, wenn er den entsprechenden Sühneritus durch den Priester vollziehen läßt. Lev 19, 20–22 regeln den Fall, daß ein Mann mit einer noch nicht freigelassenen Sklavin verkehrt. Auch ihm wird nach vollzogenem Sühneritus vergeben werden. Num 15, 22 ff. bieten die Möglichkeit der Vergebung nach einem entsprechenden Ritus an, wenn versehentlich eines der in vv. 1 ff. genannten Opfer nicht erbracht worden ist. Diese Vergebung wird der ganzen Gemeinde zugesagt wie auch dem Fremden in ihr (vv. 25 f.). Sie gilt aber auch dem Einzelnen, der sich versehentlich versündigt (v. 28). (Zum Verhältnis von Num 15, 22 ff. zu Lev 4 vgl. D. Kellermann, Bemerkungen zum Sündopfergesetz in Num 15, 22 ff., Festschr. K. Elliger, AOAT 18, 1973, 107–113).
All den hier genannten Texten ist gemeinsam, daß der erforderliche Sühneritus durch den Priester vollzogen wird, wobei jeweils das Verbum → כפר *kpr* eine Rolle spielt (vgl. Janowski). Abgeschlossen wird jeder einzelne Fall mit der Formel *w^e^nislaḥ lô* bzw. *lāhæm*. *slḥ* steht also im *niph*, so daß ein direktes Subjekt für das Verb nicht genannt wird. Vom sonstigen Gebrauch der Wurzel her ist aber rückzuschließen, daß das Subjekt der Vergebung auch hier JHWH ist. Der Priester hat möglicherweise in diesem Zusammenhang die Funktion, die Vergebung in Form einer deklaratorischen Formel zuzusprechen, die aber nicht unmittelbar erschlossen werden kann. Die in den einzelnen Belegen begegnende Formel selbst hat keinerlei deklaratorischen Charakter (vgl. dazu jedoch Göbel 24, die hier eine deklaratorische Formel postuliert und eine Nähe zur Vorstellung von ex opere operato feststellt). In eine ähnliche Richtung wie die bisherigen Texte weisen auch Num 30, 6. 9. 13 als einzige Belege „im kasuistisch formulierten sakralen Recht" (Göbel 24). Es geht jeweils um das Nicht-Einhalten eines Gelübdes (→ נדר *ndr*) durch eine Frau. Anders als in den vorhergehenden Belegen wird dieses Gelübde nun aber *bewußt* nicht eingehalten. JHWH wird aber trotzdem vergeben, wenn der Grund im väterlichen Widerspruch liegt (v. 6), ein Einspruch des Ehemannes vorliegt (v. 9) oder dieser das Gelübde aufhebt (v. 13). So wird letztlich doch die von der Frau begangene Schuld zu einer nicht absichtlich vollzogenen. Ein Sühneritus ist in diesen Fällen nicht gefordert.
Abgesehen von diesen im priesterschriftlichen Bereich zu findenden Belegen hat die Zusage der Vergebung einen weiteren Schwerpunkt im Jeremiabuch (Jer 5, 1; 31, 34; 33, 8; 36, 3; 50, 20). Hier ist jeweils

das Volk im Blick mit Ausnahme von Jer 33, 8, wo aber auch wieder ein Kollektivum – Jerusalem – angesprochen ist. An Gen 18, 22ff. erinnert der wohl authentische Vers (W. Thiel, WMANT 41, 120) Jer 5, 1, wonach JHWH bereit ist, der Gemeinschaft/Juda zu vergeben (*'æslaḥ*), wenn ein Mann gefunden wird, der Recht tut. Eine grundsätzliche Bereitschaft JHWHs zur Vergebung wird also sichtbar, wenn auch die Möglichkeit zu ihrer Ausführung nicht gegeben ist (v. 7). Auf der Grundlage der Exilserfahrung zeigt der dtr Text Jer 31, 31ff. (W. Thiel, WMANT 52, 26; Böhmer 74ff.) die Vergebung als Basis des neuen Gottesverhältnisses auf. Wenn JHWH den neuen Bund mit Israel schließt, wird das Erkennen JHWHs im Vordergrund stehen, weil er die Schuld vergibt und der Sünden nicht mehr gedenkt (*'æslaḥ la'^{a}wonām ûl^{e}ḥaṭṭā'ṯām lo' 'æzkŏr-'ôḏ*). Die Vergebung bewirkt also, daß die das Volk und JHWH trennende Schuld keine Rolle mehr spielt, sondern daß ein *neues* Miteinander ohne Berücksichtigung der Schuld möglich ist. Die Verheißung der Vergebung findet sich ähnlich im (nach W. Thiel, WMANT 52, 37) post-dtr Kapitel Jer 33: JHWH will das Geschick Israels und Judas wenden, sie von der Schuld reinigen und ihre Sünde vergeben (*w^{e}sālaḥtî*). „Die Vergebung der Schuld ist die Voraussetzung für die Gewährung von Heil" (J. Schreiner, NEB 197). Im wiederum dtr Beleg Jer 36, 3 wird die Hoffnung zum Ausdruck gebracht, daß Juda umkehrt von seinem bösen Weg, damit JHWH ihm vergeben kann (*w^{e}sālaḥtî*). Jer 50, 20 nimmt Jer 31, 31–34 auf mit der Zusage, daß man nach dem Fall Babels die Schuld Israels und Judas vergeblich suchen wird, weil JHWH vergeben will (*'æslaḥ*) denen, die er übrig läßt. Vergeben wird hier also deutlich im Sinn von Schuld Auslöschen verstanden, von Schuld Beseitigen, so daß „Israel's future would be one of perfect harmony with God, when never again would rebellion and sin separate her from him" (E. W. Nicholson, CBC, 209). Nach Num 14, 20 schließt Vergebung Strafe nicht aus. Aufgrund der Fürbitte Moses will JHWH zwar dem Volk seinen Abfall vergeben, aber ohne Aussetzung der Strafe (vv. 21ff.). Worin die Vergebung sichtbar wird, führt der Text nicht weiter aus. Anders ist dies in der chronistischen Version der Antwort JHWHs auf die Tempelweihe unter Salomo 2 Chr 7, 12ff., in der Vergebung unter der Bedingung der Umkehr zugesagt wird (v. 14 – ohne Parallele in 1 Kön 9, 2–9!). Nach der Abkehr von seinen bösen Wegen will JHWH dem Volk vergeben (*'æslaḥ*) und das Land heilen. Vergebung äußert sich demzufolge in konkreten Vollzügen, hier in der Wiederherstellung des zuvor verwüsteten Landes.

3. Die Vergebungsbereitschaft als Eigenschaft JHWHs steht stärker in Gebetstexten im Vordergrund. So greift Nehemia in seinem Bittgebet Neh 9 auf die in der Geschichte gemachten Erfahrungen mit JHWH zurück und erinnert ihn daran (v. 17), wie er trotz ständigen Abfalls Israel nicht gänzlich aufgegeben hat: „denn du bist ein Gott der Vergebung" (*w^{e}'attāh '^{æ}lôah s^{e}lîḥôṯ*). Der Begriff *s^{e}lîḥôṯ* steht für die Summe der gemachten positiven Erfahrungen. „So meint er die immer erneute Zuwendung Jahwes zu seinem Volk – in seinem innersten Wesen begründet" (Göbel 25). Ähnlich erinnert das Gebet Dan 9 an die Vergebung JHWHs, wiederum mit dem pl. Subst. *s^{e}lîḥôṯ* in v. 9. Diesem Vergeben JHWHs wird der Abfall des Volkes kontrastierend gegenübergestellt. V. 19 greift dann noch einmal mit der Bitte *s^{e}lāḥāh* auf die angesprochene Vergebungsbereitschaft JHWHs zurück. Auch hier steht die Rede von *slḥ* wieder im Zusammenhang der Aufhebung von Schuld und der daraus resultierenden Not. Während Ps 25, 11 mehr um die Vergebung bittet, ordnen sich Ps 86, 5; 103, 3; 130, 4 mit ihrem Gebrauch von *slḥ* stärker dem Aspekt der Benennung der Vergebung als Eigenschaft JHWHs zu. Zwar geht es in Ps 86 (wie in Neh 9 und Dan 9) letztlich auch um eine Besserung des gegenwärtigen Zustandes des Beters (bzw. des Volkes in Neh 9 und Dan 9), doch erfolgt keine direkte Bitte um Vergebung. Vielmehr wird JHWH wieder daran erinnert, daß er ein gütiger Gott ist und ein vergebender (*sallāḥ*). Die an dieser Stelle das einzige Mal gebrauchte Form des Verbaladjektivs in der *qaṭṭāl*-Form unterstreicht durch ihre grammatische Bildung, „daß hier ein göttliches Attribut und nicht nur eine Handlungsweise beschrieben wird" (Kedar 107f.). Das Andauern der Eigenschaft Gottes als Vergebender wird betont.

Im Hymnus Ps 103 wird unter den Wohltaten JHWHs, deretwegen er zu preisen ist, auch seine Sündenvergebung genannt. Im Rahmen des hymnischen Partizipialstiles begegnet *slḥ* als Ptz. *hassoleaḥ* neben dem Ptz. *hārope'*. Vergebung und Heilung stehen im par. membr. nebeneinander, so daß Vergebung im Sinn von Heilung interpretiert werden muß (vgl. dazu auch N. Lohfink, „Ich bin Jahwe, dein Arzt" [Ex 15, 26], SBS 100, 1981, 11–73). Vergebung äußert sich also wiederum in einem konkreten Geschehen der Veränderung hin zu einer positiven Zukunft. (Zum Ineinander von Vergebung und Heilung vgl. auch Hasel 201.) Analog zu Ps 86 zeigt sich die Erinnerung an die Vergebung JHWHs in Ps 130, 4 innerhalb eines Klageliedes. Der Beter weiß, daß angesichts der Schuld des Menschen niemand vor Gott bestehen kann, doch er weiß auch von der Vergebung (*s^{e}lîḥāh*), die Gott zu eigen ist (*'imm^{e}ḵā*) und zur Gottesfurcht führt. Damit ist deutlich, daß die *s^{e}lîḥāh* nicht eine Größe ist, auf die ein Anrecht besteht, sondern eine Gabe aus dem freien Willen Gottes heraus.

Außerhalb von Gebetstexten findet sich die Rede von der Vergebungsbereitschaft JHWHs noch in Jes 55, 7, wo wieder Vergebung und Umkehr miteinander verbunden sind: der Aufruf zur Umkehr und die Hoffnung auf das Erbarmen JHWHs haben ihren Grund in JHWHs Reichtum an Vergebung (*kî-jarbæh lislôaḥ*). Ebenso zeigt sich wie in Jer 31, 31ff. eine Verbindung von Vergebung und neuem Bund (nach

Jes 55, 3 als *b^erît ʿôlām*), wobei Jes 55 die Davidsberit, Jer 31 hingegen eine überhöhte Sinaiberit vor Augen hat. Eine solche neue Beziehung zu Gott ist nach der Erfahrung des Exils als Strafe nun nur noch denkbar, wenn die Vergebung des Abfalls durch JHWH vorausgeht.

4. Ein weiterer Bereich, in dem *slḥ* Verwendung findet, ist eine Weiterführung des vorher Verhandelten mit der direkten Bitte um Vergebung. Angesichts der Schuld des Volkes bittet nach Ex 34, 9 Mose anläßlich des Erhalts der zweiten Gesetzestafeln JHWH um Vergebung (*w^esālaḥtā*) sowie darum, daß JHWH das Volk zu seinem Eigentum macht. Dieser literarkritisch nicht klar zuzuordnende Beleg (sekundär nach M. Noth, ATD 5, 215; zu R^je zugehörig nach Baentsch, HKAT I/2, 282) steht wie Jer 31, 31 ff. im Kontext eines Bundesschlusses. *b^erît* und *slḥ* sind aneinander gekoppelt, so daß es scheint, als sei auch hier *slḥ* die Vorgabe für *b^erît*. Num 14, 19 enthält ebenso eine Bitte des Mose um Vergebung für das Volk angesichts dessen mangelnden Vertrauens während der Wüstenwanderung. JHWH wird gebeten zu vergeben (*s^elaḥ-nāʾ*), wie er schon von Ägypten her verziehen hat (hier mit → נשא *nāśāʾ*). Diese Bitte findet vor JHWH Gehör und Erfüllung (v. 20). Die prophetische Fürbitte wie die Zusage ihrer Erhörung steht im Rahmen eines dtr Einschubs (vgl. W. Thiel, WMANT 52, 26; Göbel 23), der mit seiner Bitte um Vergebung und damit um Verschonung des Volkes abhebt auf die Ehre Gottes, die gewahrt werden soll (vv. 15f.). Der Ermöglichungsgrund für die Vergebung ist der göttliche *ḥæsæḏ* (vv. 18f.; vgl. Ex 34, 6f.). Das Konkretwerden der Vergebung wird nicht im Aufheben der einzelnen Strafen gesehen, sondern primär in der Erhaltung der Beziehung zwischen JHWH und seinem Volk (vgl. Sakenfeld 327). Auch die Fürbitte des Amos um Vergebung angesichts der Vision vom Heuschreckeneinfall Am 7, 1–3 (*s^elaḥ-nāʾ*) wird erhört. Im unmittelbaren Kontext ist zwar von Schuld keine Rede, so daß Göbel (21f.) den Schluß zieht, daß *slḥ* hier nicht der Sünde gelte, doch vom weiteren Kontext des Amosbuches her ist der in der Vision geschaute Heuschreckeneinfall als zu erwartende Strafe für Schuld zu verstehen, deren Vergebung nun von Amos erbeten und erreicht wird, indem der nur geschaute Heuschreckenschwarm auf das Wort JHWHs hin nicht zur Realität wird. G. Bartczek (Prophetie und Vermittlung, EHS.T 120, 1980, 129) schließt aufgrund des energischen *ḥdl* in Am 7, 5, daß Amos mit seiner Bitte in 7, 2 „hart an die Grenze eines geforderten Anspruchs auf Vergebung" kommt. Das verstärkende *nāʾ* verleiht zwar der Bitte des Propheten Nachdruck, doch kann weder daraus noch aus dem *ḥdl* in der folgenden Vision eine Forderung nach Vergebung abgeleitet werden. An den Namen JHWHs und damit an seine Ehre appelliert der Beter in Ps 25, wenn er JHWH um die Vergebung seiner großen Schuld bittet (v. 11). Die von L. Ruppert (ZAW 84, 1972, 576–582) vollzogene Gliederung des Psalms zeigt deutlich auf, daß v. 11 im Mittelpunkt des Gebets steht und die Sündenvergebung so zum Inhalt der Hoffnung des Beters wird. Eine nähere Konkretisierung der Vergebung erfolgt nicht; sie ist aber wohl mit vv. 4. 5. 12 in der Ermöglichung des Gehens auf den Wegen JHWHs denkbar. Einen Schwerpunkt hat die Bitte um Vergebung im dtr Teil des Tempelweihgebets des Salomo in 1 Kön 8 (vv. 30. 34. 36. 39. 50; dazu G. Braulik, Bibl 52, 1971, 20–33) mit den Parallelen in 2 Chr 6 (vv. 21. 25. 27. 30. 39). 1 Kön 8, 30 bittet bereits im voraus um Vergebung (*w^esālaḥtā*) im Blick auf diejenigen, die fernerhin zum Tempel kommen, um angesichts ihrer Schuld zu JHWH zu flehen. Vv. 34. 36. 39 schließen die ebenfalls im voraus geäußerte Bitte um Vergebung jeweils an einen konkret genannten möglichen Fall von Straferfahrung angesichts begangener Schuld an (ebenfalls *w^esālaḥtā*), wobei in v. 39 noch das Problem des Verhältnisses von Vergebung und individueller Vergeltung aufgeworfen (dazu M. Noth, BK IX/1, 186) wird, ohne es einer Lösung zuzuführen. V. 36aβ ist als Zusatz anzusehen, da das darin genannte Motiv für die Vergebung den Zusammenhang mit v. 36b zerreißt und auch sachlich nicht in den Kontext paßt (vgl. M. Noth, BK IX/1, 187). Vv. 46ff. nennen – im Blick auf die eigene gegenwärtige Situation – den Fall, daß das Volk sich gegen JHWH versündigt und zur Strafe von Fremdvölkern deportiert wird. Erfolgte in solch einer Lage eine Bekehrung hin zu JHWH, so möge doch dieser auch dann das Flehen des Volkes hören und ihm vergeben (*w^esālaḥtā* v. 50). Die Funktion dieser häufigen Rede von Vergebung im Vorgriff ist wohl die Eröffnung einer positiven Zukunft angesichts der eigenen not- und schuldvollen Vergangenheit (vgl. Göbel 23 und Braulik).

Am Schluß der Untersuchung der Einzelbelege kommt nun noch ein Text in den Blick, der sich von allen anderen dadurch abhebt, daß er Vergebung für einen Nichtisraeliten (!) erbittet. Nach 2 Kön 5, 18 bittet der Syrer Naaman JHWH – auch im Vorgriff – um Vergebung (*jislaḥ JHWH*) für ein nach seiner Heimkehr sich wiederholen werdendes Vergehen, das noch dazu im Niederfallen vor einer fremden Gottheit im Dienst seines Herrn bestehen wird. Hentschel, NEB z. St. 24, sieht in dieser Bitte den Nachtrag eines nachexilischen Bearbeiters: „Naaman ringt jetzt mit einem Problem der späteren Proselyten: wie läßt sich das Bekenntnis zum Monotheismus mit den Berufspflichten eines hohen Staatsbeamten vereinbaren?" (vgl. Levin 134 Anm. 2). Die Erfüllung dieser Bitte wird zwar nicht expressis verbis zugesagt, doch ist aus der Antwort des Elischa indirekt eine vorsichtige Zustimmung zu entnehmen, so daß nicht nur die Bitte innerhalb des AT eine singuläre ist, sondern auch die Antwort im Zusammenhang mit der Verehrung fremder Gottheiten.

III. Bei Sir finden sich drei Belege für die Wurzel *slḥ*: Sir 5, 5. 6; 16, 11. Sir 5, 5. 6 warnen beide vor der Vorstellung, daß Vergebung ohne Umkehr möglich sei, daß die Sünde automatisch vergeben werde (*s^elîḥāh* v. 5, *jslḥ* v. 6). Sir 16, 11 spricht hingegen positiv von Vergebung als Eigenschaftsaussage im Blick auf JHWH: Erbarmen und Zorn sind bei ihm; er verzeiht (*wnwś*ʾ) und vergibt (*wswlḥ*), über Übeltäter gießt er seinen Zorn aus. Die Problematik um Vergebung und individuelle Vergeltung wird hier wieder aufgenommen. Eine genauere Konkretisierung der Vergebung erfolgt bei Sir nicht.

In den Qumrantexten begegnet *slḥ* als Verb wie als Substantiv. Die Tempelrolle bietet durchweg den verbalen Gebrauch. Im sehr problematischen Text 18, 8 ist wohl in Analogie zu Lev 23, 14 *w^enislaḥ* zu rekonstruieren. 26, 10 hat die *niph*-Form *w^enislaḥ l^ehemāh* (vgl. Lev 4, 20) im Kontext der Zusammenfassung der biblischen Texte zum Themenbereich Versöhnungstag. 53, 21 wie 54, 3 greifen zurück auf Num 30 in der Problematik, wie mit dem Schwur einer Frau umzugehen ist, wenn Vater oder Ehemann diesem nicht zustimmen. Hier ersetzt die Tempelrolle jeweils das in der biblischen Vorlage stehende *jislaḥ* mit JHWH als Subjekt durch eine JHWH-Rede in der 1. Sing. Außerhalb der Tempelrolle ist der verbale Gebrauch noch in 1 QS 2, 8 (*jislaḥ*) und 1 QH 14, 24 (*hassoleaḥ*) belegt. Die übrigen Belege weisen das Nomen *s^elîḥāh* auf (1 QS 2, 15; 1 QH 5, 2; 6, 9; 7, 18. 30. 35; 9, 13. 34; 10, 21; 11, 9. 31; CD 2, 4). Der Wunsch nach Verweigerung von Vergebung für die Abtrünnigen wird in 1 QS 2, 8 (14). 15, vielleicht auch in dem unklaren Text 1 QH 7, 18 thematisiert. Ihren Schwerpunkt hat die Rede von der Vergebung allerdings in den hymnischen Texten. Sie ist dort einer der Ermöglichungsgründe, aus denen heraus JHWH gepriesen wird und findet sich im Kontext der Rede von *ḥæsæḏ* und *raḥ^amîm*. Es fällt auf, daß das Nomen bis auf 1 QS 2, 14; 1 QH 6, 9; 7, 18 immer im Pl. gebraucht wird und so eine Verstärkung der Aussage mitsetzt.

IV. Die Vielfalt der bei der Verwendung der Wurzel *slḥ* begegnenden Aspekte zeigt sich in besonderer Weise bei der Wiedergabe in der LXX. Es wird auf eine Fülle von Übersetzungsmöglichkeiten zurückgegriffen, aus der heraus besonders ἀφιέναι, ἐξιλάσκεσθαι und ἵλεως εἶναι mit ihren abgeleiteten Formen zu nennen sind.

Hausmann

סָלַל *sālal*

סֹלְלָה *sol^elāh*, מְסִלָּה *m^esillāh*, מַסְלוּל *maslûl*

I. Etymologie – II. Verbreitung im AT – III. LXX – IV. Bedeutung und theologische Verwendung – 1. Verb – 2. Nomina – V. Qumran.

Lit.: *I. Eph*ʿ*al*, The Assyrian Siege Ramp at Lachish: Military and Lexical Aspects (Tel Aviv 11, 1984, 60–70). – *A. Schulten*, Masada: Die Burg des Herodes und die römischen Lager (ZDPV 56, 1933, 1–185). – *H. Strobel*, Das römische Belagerungswerk um Machärus (ZDPV 90, 1974, 128–184). – *R. de Vaux*, LO II, 1962, 41–45. – *H. Weippert*, Belagerung (BRL[2] 37–41). – *Y. Yadin*, The Art of Warfare in Biblical Lands in the Light of Archaeological Discovery, London 1963. – *Ders*., Masada, [3]1967.

I. Die Wurzel *sll* (mit ihrer samarit. Variante *swl*) ist primär nur im Hebr. belegt. Sie begegnet als Verb 12mal (*qal* 10mal, *pilp*. Spr 4, 8, *hitpol*. Ex 9, 17 [vgl. Sir 40, 28]), wobei bei allen Belegen die gemeinsame Bedeutungskomponente ʿhochheben, aufhäufenʾ zu beobachten ist, die entweder konkret verstanden ist oder im übertragenen Sinne vorliegt: ʿhochhaltenʾ im Sinne von ʿlobenʾ, ʿhegenʾ, reflexiv ʿsich hochfahrend/frech benehmenʾ. Dem entsprechen auch der semantische Befund aus dem nachbibl. Hebr. ʿspringen, sich erhebenʾ, im *pil.*/*pol*. ʿUnzucht treibenʾ (Dalman 291; WTM III 532f.) sowie die Bedeutung der deverbalen Nomina *sol^elāh* ʿSturmrampeʾ (11mal), *m^esillāh* ʿStraßeʾ (27mal, → דרך *dæræḵ*, → II 296f.) und *maslûl* ʿStraßeʾ (1mal) im Sinne einer „aufgeschütteten" Fahrtrasse. Umstritten ist, ob auch *sullām* ʿStufenrampe, Stiegeʾ (Gen 28, 12) zur fraglichen Wurzel zu stellen ist (zur Diskussion vgl. KBL[3] 715; W. Baumgartner, ThZ 7, 1957, 465ff.). Einzig *m^esillāh*/*maslûl* ist auch in anderen semit. Sprachen nachgewiesen: so vielleicht akk. *mušlālu* „ein Tempel- oder Palasttor mit Freitreppe in Assur" (AHw 684; CAD M/II 277) und ugar. *msl* (KTU 1.10, III 28) in der Verbindung *mslmt* als Name eines mythischen Berges (WUS Nr. 1612; vgl. M. Dietrich u. a., UF 5, 1973, 84f.; von UT Nr. 1761 mit hebr. *sullām* in Verbindung gebracht), moab. *hmslt* „die Straße" (KAI 181, 26) sowie im Südsemit.: tigre *salal* ʿSaumpfadʾ (WbTigre 167), amhar. *masalal* ʿLeiterʾ (Leslau, Contr. 37).

II. Die Streuung des Verbs ist wenig signifikant. Schon sehr früh begegnet das Wort in der hebr. Dichtung (Ps 68, 5), um dann über J (Ex 9, 17), dem Spruchgut der Königszeit (Spr 4, 8; 15, 19) und Jer (18, 15; 50, 26), dem nachexil. TrJes (Jes 57, 14; 62, 10) bis zur spätnachexil. Ijobdichtung (19, 12; 30, 12) zu reichen. In der Bedeutung „(einen Weg) aufschütten" ist es semantisch ähnlich dem → פנה *pānāh* „(einen Weg) bahnen" (vgl. Jes 40, 1; par. zu *sālal* Jes 57, 14) und wird näher erklärt durch *siqqel min* „von Steinen säubern" (Jes 62, 10). Als Objekte begegnen paronomastisch *m^esillāh* (Jes 62, 10), *dæræḵ*, ʾ*oraḥ* und ʾ*ŏrḥāh*, in übertragener Bedeutung die Weisheit. Mit *sol^elāh* liegt wie *dājeq* (vgl. KBL[3] 212) ein Terminus vor, der primär in die Schilderung kriegerischer Ereignisse gehört (2 Sam 20, 15; 2 Kön 19, 32; par. Jes 37, 33) und von hierher hauptsächlich Eingang in die prophetische Gerichtsschilderung im Bild der Eroberung einer Stadt Eingang gefunden hat

(Jer 3mal; Ez 4mal; Dan 1mal). Es begegnet 9mal im Sing. und ist dabei grundsätzlich Objekt zu → שפך *šāpak̠* (vgl. nassyr. *eprī šapāku* CAD E 187, wörtlich übersetzt in Hab 1, 10; zur Wendung vgl. weiter Eph'al 64), anders *dājeq*, das nur als Obj. zu *nātan* oder *bānāh* begegnet.

III. Die LXX hatte offensichtlich Probleme mit dem Verb. Mit ὁδοποιεῖν (Jes 62, 10; Ps 68, 5; Ijob 30, 12) und τρίβειν (Spr 15, 19) gibt sie die konkrete, mit περιχαρακοῦν (Spr 4, 8), ἐμποιεῖν (Ex 9, 17) und ἐπαιτεῖν (Sir 40, 28) die übertragene Bedeutung wieder. In den anderen Belegen muß sie zu Umschreibungen greifen. *m^esillāh* wird als ὁδός (12mal), τρίβος (9mal) und ἀνάβασις (4mal) gedeutet. Vielfältig sind wieder die Deutungen von *sol^elāh*: χάραξ (4mal), πρόσχωμα (3mal) (vgl. die unterschiedlichen Übersetzungen in den Stellen Jes 37, 33 par. 2 Kön 19, 32), χαρακοβολία und ὄχλος (je 1mal), umschrieben Jer 6, 6 (δύναμις) und offensichtlich militärtechnisch verwechselt Dan 11, 15 (δόρυ). Es scheint, als habe die LXX keine klare Vorstellung von *sol^elāh* gehabt. Nach 2 Sam 20, 15 handelt es sich eindeutig um ein πρόσχωμα, das an die Stadtmauer heranreicht (Sturmrampe), während sie nach Ez 26, 8 darunter eine circumvallatio (κυκλῷ χάρακα) versteht. Ebenso ist χάραξ für die LXX unsicher (vgl. Ez 21, 27). In Jes 35, 8 schließlich hat sie – wie 1 QJes^a (*mswll*) – das Hap.leg. *maslûl* nicht mehr verstanden und von *ṭhwr* (Wildberger) oder *brwr* (BHS) verlesen (vgl. die ähnliche Verlesung des Verbs in Jes 57, 14).

IV. 1. Schon im ältesten Beleg könnte das Verb im übertragenen Sinn verwendet werden. Im Hymnenintroitus Ps 68, 5 (altisraelitische Tabor-Tradition, Kraus) steht die Aufforderung, Gott zu singen (*šîrû*) und seinen Namen zu preisen (*zamm^erû*) parallel zum Imperativ: *sollû lāroke̱b bā'^arābôt*, der in diesem Zusammenhang kaum anders als „jubelt dem Wolkenreiter!" gedeutet werden kann. Eine wörtliche Bedeutung (wie LXX ὁδοποιεῖν) ist durch die Parallelen nicht angezeigt. Aber auf Vorschlag von M. Weippert ist hier auf akk. *sullû* 'anrufen' (AHw 1056; CAD S 366ff.; akk. Lehnwort?) zu verweisen. Der zweite Beleg, der *sll* übertragen verwendet, ist eher in die späte Königszeit zu datieren: Spr 4, 8 „Halte sie (sc. die Weisheit) hoch (*sll pilp.*), dann wird sie dich erhöhen (*rwm pilp.*); sie bringt dich zu Ehren (*kibbed*), wenn du sie umarmst". Die chiastische Struktur des Verses stellt *sll pilp.* mit *ḥbq pi* „umarmen" in Korrelation. Plöger (BK XVII 45) sieht die Wahl des Letzteren in einer Klangähnlichkeit begründet. Da v. 8a darauf jedoch nicht achtet, scheint hier doch eher eine Sprache mit seltenem Vokabular gewählt zu sein zur Hieratisierung der weisheitlichen Rede. Auch der einzige protokanon. Beleg des *hitpol.* Ex 9, 17 (J) kehrt die übertragene Bedeutung ins Reflexive im Sinne von „sich selbst hochhalten, sich aufspielen". Der Versuch von C. F. Keil, in der Drohung Moses an den Pharao „Wenn du dich weiterhin als den großen Herrn über mein Volk aufspielst ..." die Grundbedeutung von *sll* „sich aufdämmen = sich widersetzen" gewahrt zu wissen, ist zwar instruktiv, aber durchgängig nicht übernommen worden. Auch Sir 40, 28 weist in die Richtung: „Mein Sohn, lebe nicht vom Betteln! Besser sterben, als 'aufdringlich' sein" (EÜ).
Alle übrigen Belege verbleiben bei der wörtlichen Bedeutung „(einen Weg) aufschütten". Spr 15, 19 vergleicht den Weg des Faulen mit Dorngestrüpp, während der Pfad der Redlichen gebahnt (Ptz. pass.) ist. Dieselbe Vorstellung greift Sir 39, 24 auf: die Pfade Gottes sind für den Redlichen eben (*tmjm*), für die Frechen entsprechend gebahnt (*jstwllw*). Wie die LXX (προσκόμματα) anzeigt, ist hier mit *sll hitp* eine negative Qualifikation verbunden. Das ist sonst in den Belegen mit wörtlicher Bedeutung (s. w. u.) nicht zu beobachten, so daß wir in diesem späten Hebr. eine negativ qualifizierende Rückkopplung der übertragenen Bedeutung (vgl. Ex 9, 17) auf die wörtliche Bedeutung beobachten können.
In einem Drohwort gegen das gottvergessene Israel verkündet Jeremia, daß JHWH sie straucheln läßt auf ihren Wegen, den eingefahrenen Bahnen, so daß sie auf „ungebahntem Weg" (*dæræk̠ lô' s^elûlāh*) gehen müssen, eine nicht erst aus dem Kontext erkennbare Anspielung auf den Zug der Exulanten (Jer 18, 15). Damit ist aber eine Terminologie fixiert, die erst in der Jesaja-Tradition umgekehrt zur Bezeichnung der Heimkehr der Exulanten (Jes 40, 3f., *pānāh dæræk̠*, → פנה), dann aber – terminologisch differenziert – fortgeschrieben wird zur Bezeichnung der Bereitung des zukünftigen Heilsweges (mit *sll* Jes 57, 14; 62, 10; vgl. Westermann, z. St. und w. u. IV. 2.).
Im sicher nachjeremianischen Drohwort gegen Babel (Jer 50, 26) liegt eine singuläre Verwendung von *sll* im Sinne des Aufschüttens von Getreide zum Zweck des Verbrennens vor. Erst in der spätnachexil. Ijobdichtung wird *sll* in seiner ureigenen Grundbedeutung verwendet. Ijob beklagt, daß seine Bedränger Wege (d. h. hier im Bild militärischer Bedrohung: Belagerungsrampen) gegen ihn aufschütten (Ijob 19, 12; 30, 12). Dieses Bild verbreitet an sich schon den Schrecken unmittelbar bevorstehender Erstürmung, es wird hier noch gesteigert dadurch, daß Gott selbst der Bedränger Ijobs ist.

2. Das durch *sll* Aufgeschüttete schlechthin ist die dammartig angelegte *m^esillāh* (→ דרך *dæræk̠*), im militärischen Bereich die *sol^elāh*, eine Sturmrampe, die gegen eine Stadtmauer aufgeschüttet wurde, um Belagerungsmaschinen und Mauerbrecher heranzuführen. Der klassische Beleg einer Belagerung mit *sol^elāh*, die „bis an die Stadtmauer heranreichte" (*'āmad̠ baḥel*) ist der Bericht über die Belagerung von Abel-Bet-Maacha durch Joab (2 Sam 20, 14f.; zur Terminologie der Belagerung → חנה *ḥānāh* III 7ff.; מצור *māṣôr* → צור *ṣwr*). Danach wird während der Belagerung die Stadt hermetisch abgeriegelt (vielleicht durch Palisaden; vgl. die Belagerung

Megiddos durch Thutmosis III. [TGI 19–21]). Hebr. *dājeq* (KBL[3] 212) bezeichnet eine solche Umschließung (vgl. mit *sāḇîḇ* 2 Kön 25, 1 u.ö.), die jedoch nicht näher beschrieben wird. In röm. Zeit (vgl. schon KAI 202 A 10, wo für das 8. Jh. bereits eine circumvallatio genannt sein könnte) wird die Einschließung durch einen Ringwall üblich; vgl. die 2 km lange circumvallatio vor Machärus (vgl. Strobel) und die 4,5 km lange um Masada (vgl. Yadin, Weippert u.a.). Die eigentliche Erstürmung wird vorbereitet durch das Aufschütten einer *solᵉlāh* und durch die Unterminierung der Stadtmauer. Diese Technik ist auch bei Sanherib 701 zu beobachten (BRL[2] 39). Eine solche Sturmrampe bestand aus statischen Gründen aus aufgeschütteten (*špk*) Steinen mit eingebautem (*bnh*) Holzgerüst (vgl. Yadin, Masada; Ephʿal 65). Besondere archäologische Aufmerksamkeit hat neben Masada die assyr. Stadtrampe Sanheribs in Lachisch gefunden. Überraschung löste jedoch die jüngst gemachte Entdeckung (freundl. Hinweis von H. u. M. Weippert) einer Gegenrampe an der Stadtseite der Mauer aus (Ephʿal 67ff.). Sie diente offensichtlich zur Verstärkung der Stadtmauer und zur Heranführung einer größeren Zahl von Verteidigern für den Augenblick der Erstürmung. Da man zum Bau einer solchen Gegenrampe Breschen in die bestehende Bebauung schlagen, aber auch Häuser abreißen mußte, um Füllmaterial zu erhalten, wirft die Existenz solcher Gegenrampen neues Licht auf manche Bibelstelle.

Jer 6, 6 fordert in einem Drohwort auf, Bäume zu fällen und eine *solᵉlāh* aufzuschütten gegen Jerusalem, da in ihr Unterdrückung herrsche. Diese Aufforderung steht im Gegensatz zu der Bestimmung Dtn 20, 19f., daß die Belagerer die Bäume im Umkreis der belagerten Stadt zu schützen haben (vgl. dazu weiter Ephʿal 65). Völlig realistische Beobachtungen des Propheten stehen hinter den Aussagen Jer 32, 24 und 33, 4, wobei letztere Stelle exakt sich auf den Bau einer Gegenrampe beziehen muß. Damit ist aber ihre Datierung während der Belagerung Jerusalems unmittelbar nach dem babyl. Baubeginn der Sturmrampe gesichert.

Auch Ez 4, 2; 17, 17 und 21, 27 spielen auf die Belagerung Jerusalems durch Nebukadnezzar an, wobei der Prophet genau die militärisch-taktischen Elemente wiedergibt: Belagerung (*māṣôr*), Einschließung (*dājeq*), Sturmrampe (*solᵉlāh*), vorgelagerte Truppenlager (*maḥᵃnôṯ*), Sturmböcke (*kārîm*). Im Drohwort gegen Tyrus scheint der Prophet 26, 8 die spektakuläre Belagerung und Erstürmung dieser Inselfestung durch Alexander d. Gr. proleptisch zu beschreiben. Mit einem Belagerungswall (*dājeq*) wird jeder Landgang abgeriegelt. Dann werden eine 600 m lange Sturmrampe vorgetrieben, ein Schilddach (*ṣinnāh*, → מגן *māgen*) errichtet, ein Sturmbock (*mᵉḥî qāḇāl*) angesetzt und Brecheisen (*ḥᵃrāḇôṯ*) an die Türme angelegt. Da das Vokabular dieser Stelle erheblich gegenüber dem der anderen Belagerungsschilderungen Ezechiels variiert (vgl. auch Jes 37, 33; 2 Kön 19, 32), wird man hier eine spätere Hand am Werk sehen müssen (vgl. Zimmerli, BK XIII/2, 613).

Der Text Jes 35, 8 ist überladen. Gerade das später nicht mehr verstandene *maslûl* (vgl. 1 QJes[a] *mswll*) hat nähere Erklärungen angezogen. In der wahrscheinlich sekundären Heilsverheißung wird das Motiv von Jes 40, 3 mit der Fortschreibung Jes 57, 14; 62, 10 (s.o. IV. 1.) kombiniert und im Sinne eines universalen kosmischen Friedens ausgezogen. Diese aufgeschüttete Fahrtrasse, ein Weg, ein heiliger Weg, ist einzig und allein für die Heimkehrer bestimmt, Unreine und wilde Tiere werden von ihr ferngehalten (vv. 9f.). Die Annahme einer solchen Motivkombination erspart unsichere textkritische Operationen.

V. In den Schriften aus Qumran begegnet die Wurzel nur 5mal, davon nur 1mal das Verb in 4 Q 177 (Catena A) 1–4, 10 in einem unsicheren Kontext vielleicht in der Bedeutung ʿerhöht werdenʾ. 4mal begegnet *mᵉsillāh*, 1 QS 8, 14 im fundamentalen Zitat Jes 40, 3; 4 Q 185, 1–2 II 2 und 4 Q 511, 2 I 6 scheinen auf diese Gründungsurkunde der qumranessenischen Bewegung anzuspielen. Der Beleg 2 Q 23, 6, 2 ist zerstört.

Fabry

סֶלַע *sælaʿ*

I. Etymologie – II. AT – 1. Geographische Bedeutung – a) Landschaftsformen – b) Eigennamen – 2. Metaphorische Bedeutung – a) Bildvergleiche – b) JHWH als Fels – III. LXX – IV. Qumran.

Lit.: *F. M. Abel*, Géographie de la Palestine I–II, Paris 1933/38. – *C. M. Bennett*, Fouilles d'Umm el-Biyara (RB 73, 1966, 372–403). – *G. Bertram*, Der Sprachschatz der Septuaginta und der des hebräischen Alten Testaments (ZAW 57, 1939, 85–101). – *O. Cullmann*, πέτρα (ThWNT VI 94–99). – *H. Donner*, Der Felsen und der Tempel (ZDPV 93, 1977, 1–11). – *D. Eichhorn*, Gott als Fels, Burg und Zuflucht (EHS XXIII/4, 1972). – *K. Elliger*, Sela (BHHW III 1761). – *M. Lindner* (Hrsg.), Petra und das Königreich der Nabatäer, [4]1983. – *H. Schmidt*, Der heilige Fels in Jerusalem, 1933. – *A. Schwarzenbach*, Die geographische Terminologie im Hebräischen des Alten Testamentes, Leiden 1954. – *J. Simons*, GTTOT, Leiden 1959. – *E. Vogt*, Vom Tempel zum Felsendom (Bibl 55, 1974, 23–64).

I. Das Nomen *sælaʿ* ʿFels, Felsen (koll.)ʾ begegnet auch im Samarit. (*sīla*), Jüd.-Aram. (*salʿā*), Syr. (*sa/elʿā*) und Äth. (*ṣōlāʿ*). Im Arab. erscheint die Wurzel *slʿ* in dem Verb *saliʿa* I ʿRisse bekommen, rissig werdenʾ, VII ʿsich spalten, berstenʾ und in dem Nomen *salʿ* ʿSpalt, Rißʾ (KBL[3]; H. Wehr, Arab.Wb. s.v.). Im Ugar. begegnet die Wurzel *slʿ* in den Ortsnamen *sila* und *silḫana* sowie in den Personennamen *silʿānu* und *slʿj/n* (Gröndahl, PNU 185).

Im Mittelhebr. bedeutet *slʿ* ʿFels, Steinʾ, aber auch ʿGewichtsteinʾ (bibl.-hebr. *ʾæḇæn* Dtn 25, 13), ʿGewicht' (das häufig aus Steinen bestand), und „Sela" als Name einer Münze im Wert des bibl. Schekel (J. Levy, WTM). Als Münzbezeichnung begegnet „Sela" auch im Aram., Nabat. und Palmyr. (Levy s.v. und DISO 193).

II. Das im AT 63mal belegte Nomen *sæla'*, das mit dem häufiger gebrauchten Nomen → צור *ṣûr* sinnverwandt ist, erscheint in geographischer und metaphorischer Bedeutung.

1. a) Felsen und Felsspalten bieten Tieren verschiedener Art Lebensraum und Unterschlupf. So gehören die hohen Berge mit ihren Felsen dem Steinbock (Ijob 39, 1), während die Felsspalten dem Klippdachs Wohnung (Ps 104, 18) und Zuflucht bieten (Spr 30, 26). An steilen Felswänden nistet die Taube (Hld 2, 14), vor allem aber der Adler, der auf den Felsen der Berge wohnt (Ijob 39, 28). Auf die Gewohnheit von Fliegen und Bienen, sich in den Schluchten der Täler und in den Ritzen der Felsen niederzulassen, spielt das Gerichtswort eines Propheten mit dem Bildvergleich an, daß JHWH am Tag der eschatologischen Neuordnung den Fliegen an der Mündung des Nils in Ägypten und den Bienen in Assur wie ein Imker pfeift (Jes 7, 18f.). Das Wort hat in seiner jetzigen Gestalt (zur Literarkritik vgl. Wildberger, BK X/1², 303) ein gewaltiges, das Land bis in seine letzten Schlupfwinkel besetzendes Heer im Blick, das wie der ebenfalls auf JHWHs Geheiß herbeigerufene endzeitliche Völkersturm (vgl. Ez 38–39; Sach 12–14) Jerusalem und den Zion bedroht.

Felsen und Felsspalten dienen auch als Versteck für Menschen und Sachen. So holt JHWH im Gericht an Juda Jäger mit dem Auftrag herbei, die Frevler bis in die von ihnen als Versteck aufgesuchten Felsenklüfte hinein zu verfolgen und dort wie ein Wild zu erlegen (Jer 16, 16). Im Rahmen einer offenbar nur visionär vollzogenen Zeichenhandlung verbirgt der Prophet Jeremia einen Gürtel, den er auf Geheiß JHWHs gekauft hat, in einer Felsspalte am Eufrat, wo er nach längerer Zeit verfault (Jer 13, 4). Die Zeichenhandlung weist auf die Verschleppung der Bevölkerung von Juda nach Babel hin, wo der Ruhm des einst so stolzen Volkes vergeht.

In diesen Zusammenhang gehört wohl auch das in textlicher Hinsicht nur schwer zu verstehende Psalmwort, daß sich während einer Verfolgung die Anführer der Gerechten, ihre „Richter", vor ihren Feinden zurückziehen und in Felsenhöhlen verstecken mußten (Ps 141, 6). Die in dem Psalmwort verwendete und als unverständlich empfundene Ausdrucksweise, daß sich die Richter „in die Felsen (*bîḏê sæla'* nach einem Verb der Bewegung: in die Felsen hinein) gestürzt haben" (reflexives *niph* von *šmṭ*, das dem *qal* von *nāpal* in der Bedeutung 'fliehen, sich flüchten zu' entspricht), erklärt sich aus dem Sprachgebrauch des Psalmes selbst (vgl. *mîḏê paḥ* in v. 9) und aus den Gewohnheiten der Bevölkerung Israels, sich in Gefahrenzeiten in Felsenhöhlen zu verstecken (vgl. 1 Sam 13, 6; 23, 25 u.a.). Der ganze Vers lautet dann: „Haben sich ihre Richter auch in die Felsen hineingestürzt, sie sollen hören, daß meine Worte freundlich (für sie) sind." Die Bedrohten sollen demnach hören, daß der Beter für ihr Heil und ihre Rettung freundliche Worte, Wünsche und Gebete hat (so unter Beibehaltung von MT Junker, Bibl 30, 1949, 204–206; anders mit Korrektur des Textes: Tournay, RB 90, 1983, 321–333).

Aus dem *sæla'* hat sich der von Jesaja als Emporkömmling eingestufte Hofbeamte Schebna ein prunkvolles Grab herstellen lassen (Jes 22, 16). Gemeint ist damit nicht ein Höhlengrab, sondern ein aus der Felswand herausgehauener hausähnlicher Block, der eine durch Aushöhlung geschaffene Grabkammer enthält (so Wildberger, BK X/2, 837–839, der in diesem Zusammenhang auf das Grab eines Haushofmeisters in Silwān bei Jerusalem verweist, weil diese Anlage eine gute Anschauung für das Grab eines vornehmen Mannes aus der Zeit des Jesaja darstellt).

Als Opferstätte erscheint in der (gegenüber dem Kontext jüngeren) Nachricht von Gideons Berufung (Ri 6, 20) der *sæla'*, auf dem Brot und Fleisch von der aus dem Stein (v. 21: *ṣûr*; vgl. auch Ri 13, 19) herausschlagenden Flamme aufgezehrt werden. Die Darstellung hat die Zuordnung von Altar und Opfer im Blick. Denn in Palästina opferte man auf der natürlichen Oberfläche des Felsens, aber auch auf einem behauenen Felsen, einem einzelnen Felsblock oder auf einem aus Steinen gebauten Altar. Daß die aus dem Stein herausschlagende Flamme Brot und Fleisch verzehrt, ist hier ein Ausdruck für den Vollzug des Opfers (R. de Vaux, LO II, 1962, 248–250). Unter den überhangenden Felsen (*taḥaṯ s^e'îpê hass^elā'îm*; vgl. KBL³ s.v. סעיף) in den Tälern dagegen bringen die Götzendiener Kinderopfer dar (Jes 57, 5). Die (wohl von Ez 16, 21 abhängige) Notiz spielt auf den im Heiligkeitsgesetz (Lev 18, 21) verbotenen Molechdienst an, bei dem die im Verlauf eines Fruchtbarkeitskultus gezeugten Kinder dem Gott wieder geopfert wurden (Zimmerli, BK XIII/1, 357; → מלך *molæḵ*). Unter den Felsen dieser Opferstätten suchen die Götzendiener daher vergeblich Zuflucht am Gerichtstag JHWHs (Jes 2, 21).

Bei dem Wasserwunder von Meriba erhält Mose von JHWH den Auftrag, vor der Versammlung des Gottesvolkes zu dem *sæla'* zu reden (im Unterschied zu Ex 17, 1. 7, wo er mit dem Stab an den *ṣûr* schlagen soll), damit der Felsen bereitwillig Wasser gibt (Num 20, 8. 10f.). Nach dieser für P^G typischen Darstellung vermag das von dem Inhaber des geistlichen Amtes bezeugte Wort JHWHs die steinerne Wirklichkeit dieser Welt zu verwandeln (E. Zenger, Israel am Sinai, 1982, 65). Das Echo auf diese Wasserspende aus dem *sæla'* findet sich in einem offenbar schon geprägten Traditionselement des Berichtes über die Heilstaten JHWHs bei der Führung seines Volkes (Ps 78, 16; Neh 9, 15). Auf die wunderbare Führung Israels durch JHWH verweist auch die poetisch-hymnische Aussage des Moseliedes, daß Gott sein

Volk Honig aus dem *sæla'* saugen ließ und Öl aus dem harten *ṣûr* (Dtn 32, 13). Gemeint ist, daß Gott seinem Volk den Ertrag des Verheißungslandes in reicher Fülle verliehen hat.
b) Mehrfach erscheint *sæla'* als Bezeichnung eines Ortes oder einer Landschaft im Land der Edomiter. So hat Amazja, der König von Juda (797–769), nach einem Sieg über 10000 Edomiter im Salztal *hassæla'* erobert und den Ort Jokteel genannt (2 Kön 14, 7). Da der Feldzug der Judäer die Erkämpfung des Zugangs nach Elat zum Ziel gehabt hat und daher mit dem Salztal offenbar die Araba gemeint ist, hat man *hassæla'* mit Umm el-Biyara, dem Berg mit dem Gipfelplateau, gleichsetzen wollen, der sich 300 Meter über dem Westen der Felsenstadt Petra erhebt und der zum Wahrzeichen der späteren Metropole der Nabatäer geworden ist. Nun haben Ausgrabungen auf dem Gipfel von Umm el-Biyara gezeigt, daß dort tatsächlich eine Siedlung der Edomiter bestanden hat; ihre von der Archäologie vorgenommene Spätdatierung in das 7.–5. Jh. v. Chr. ist jedoch nicht mehr mit der bibl. Darstellung in Einklang zu bringen (Bennett, RB 73, 1966, 372–403). Auch liegt für eine Bezeichnung Petras mit dem Namen Jokteel sonst keinerlei Anhaltspunkt vor. Gleichwohl ist eine geographische Beziehung der bibl. Nachricht zu den Bergen von Petra und der Landschaft von Edom grundsätzlich nicht auszuschließen. Auch wenn die archäologischen Ausgrabungen in diesem Raum noch in den Anfängen stecken, so hat man doch außer der eisenzeitlichen Besiedlung von Umm el-Biyara in dem Dorf Seyl Aqlat in der Gegend von el-Beda, ein paar Kilometer nördl. von Petra, eine präkeramisch neolithische Siedlung aus dem 7. Jt. v. Chr. entdeckt, in deren Nähe sich eine noch ältere Siedlung, nämlich eine Felsenunterkunft aus dem oberen Paläolithikum befindet (Parr, Vierzig Jahre Ausgrabungen in Petra: 1929 bis 1969, in: Lindner 139–149). Starke Beachtung verdient auch die etwa 50 km nördl. von Petra gelegene Bergsiedlung oder Fliehburg von es-Sela', wo sich eine vollständige Besiedlungsfolge von FB I (3. Jt. v. Chr.) bis zur Mameluckenzeit (14.–15. Jh. n. Chr.) nachweisen läßt (Lindner, Es-Sela': Eine antike Fliehburg 50 km nördlich von Petra, in: Lindner 258–271). Allein schon aufgrund dieser wenigen archäologisch gesicherten Daten ist die Vermutung gestattet, daß der bibl. Hinweis auf *hassæla'* (2 Kön 14, 7) entweder das schon seit langem immer wieder besiedelte Bergland von Edom schlechthin oder, was näher liegt, dort eine der vielen als Festungen und Fliehburgen geeigneten Felsenorte östl. der Araba meint, wozu auch Umm el-Biyara gehört haben kann. Jedenfalls hat der Chronist später das in seiner Vorlage stehende *hassæla'* als Bezeichnung für ein felsiges Bergmassiv verstanden, von dessen Gipfel (*ro'š hassæla'*) man die gefangenen Edomiter in den Tod gestürzt hat (2 Chr 25, 12).
Auch Obadja hat offenbar das Bergland im Osten der Araba im Blick, wenn er die Überheblichkeit Edoms mit dessen Wohnsitz in der Höhe und den dortigen unangreifbaren Felsenschluchten (*ḥag̃wê-sæla'*) begründet (Ob 3). Für diese Deutung spricht jedenfalls die Paralleltradition im Buch Jeremia (Jer 49, 16), wo die bei Obadja erwähnten Felsenschluchten in betonter Verallgemeinerung mit Artikel (*ḥag̃wê-hassæla'* wie in Hld 2, 14) erscheinen.
Ebenfalls hat der an die Bewohner von *sæla'* gerichtete Aufruf des Propheten zum Lobpreis JHWHs (Jes 42, 11) nicht eine Stadt dieses Namens, sondern das bereits erwähnte edomitische Bergland im Osten der Araba im Blick. Denn für das Verständnis von *sæla'* als Appellativum mit der Bedeutung „Felslandschaft" oder „Gebirge" spricht hier unübersehbar die Parallelität zu dem Synonym „Berge" (*hārîm*) in demselben Vers sowie die im Zusammenhang offenbar beabsichtigte Steigerung: Küste – Steppe – Gebirge (Elliger, BK XI/1, 248). Um dieselbe Landschaft handelt es sich wohl auch bei der in textlicher Hinsicht nicht eindeutig bestimmbaren Auskunft des Richterbuches, wonach sich das Gebiet von Edom (so statt MT: Amoriter) von der im Süden Judas gelegenen Skorpionensteige (vgl. Jos 15, 3) bis zu dem *sæla'* (Dittographie des *m*) und darüber hinaus erstreckt hat (Ri 1, 36).
Schwierigkeiten bereitet die Bestimmung von *sæla'* in der Aufforderung eines uns unbekannten Propheten, man solle Widder zum Landesherrscher von *sæla'* aus in die Wüste zum Berg der Tochter Zion senden (Jes 16, 1). Mit dieser Aufforderung beginnt der mittlere Abschnitt einer Spruchkomposition, die sich mit Moab und seinem Schicksal im Gericht JHWHs befaßt (Jes 15, 1 – 16, 14). Der Abschnitt (Jes 16, 1–5), der sich sowohl in der Form (Anrede Moabs und seiner Bewohner) wie auch in der Thematik (Konzentration auf den Zion und die Residenz Davids) von seiner Umgebung (Reden über Moab und seine Städte) abhebt und der in der Paralleltradition im Buch Jeremia (Jer 48, 1–47) keinerlei Entsprechung hat, ist wohl das Werk des Redaktors der ganzen Spruchkomposition. Inhaltlich hat dieser mittlere Abschnitt die Restauration der Theokratie Davids im Blick, wie die Rahmenaussagen verraten (vv. 1. und 4b. 5). Denn dort ist von dem Herrscher des Landes (zur Verwendung von *mšl* vgl. Ri 8, 22f.; 2 Sam 23, 3; Jer 30, 21; Mi 5, 1; Sach 6, 19) die Rede, der in Jerusalem den Thron seines Ahnherrn David einnimmt (vgl. Jes 9, 6) und als Herr seines Volkes für Recht und Gerechtigkeit sorgt (vgl. Jes 11, 3–5). Mit offensichtlichem Rückbezug auf den Herrschaftsanspruch des alten davidischen Reiches auf Moab (vgl. Ps 60, 10) und in Anspielung auf einen früher einmal geleisteten Tribut (vgl. 2 Kön 3, 4) fordert daher der Prophet in der Rahmenaussage zur Huldigung vor diesem neuen David auf. Im Horizont der so aufgebauten messianischen Erwartung richtet die Kernaussage des Abschnitts sich an das im Gericht JHWHs gedemütigte Moab (v. 2), sich der Herrschaft des neuen David mit Überzeugung zu öffnen und dem bei dem Zusammenbruch Judas ver-

sprengten Volk Gottes (vgl. v. 4: „meine Versprengten") Schutz und Hilfe zu gewähren (vv. 3. 4a). Unter der Voraussetzung, daß diese Deutung die Aussageabsicht des Redaktors trifft, löst sich die Schwierigkeit bei der Bestimmung von *sæla'* am Anfang (v. 1). Die Richtungsangabe „von *sæla'* aus in die Wüste zum Berg der Tochter Zion" faßt dann einerseits den für Juda noch andauernden Gerichtszustand ins Auge (zum Begriff „Wüste" in diesem Sinn vgl. Jes 40, 3; 41, 18; 43, 19) und bringt andererseits den Berg Zion in Gegensatz zu dem anfangs genannten *sæla'*. Gemeint ist daher hier, analog zu der Verwendung von *sæla'* bei Edom (2 Kön 14, 7; Ob 3; Jer 49, 16) das Bergland von Moab als solches (wie auch in Jer 48, 28).

Die Felsenhöhle bei Etam (*s*ᵉ*'îp sæla' 'êṭām*), in der Simson sich vor den Philistern verborgen hielt (Ri 15, 8. 11. 13), ist wohl in dem heutigen 'Araq isma'in östl. von 'Artuf bei Bet Schemesch zu suchen. Noch heute hängt diese Überlieferung von Simson an einer hochgelegenen Höhle, die man bald nach dem Eintritt ins Gebirge zur Linken sieht, wenn man mit der Bahn von Jaffa nach Jerusalem fährt (Hertzberg, ATD 9, ⁴1969, 231 f.).

Nach der verlorenen Schlacht von Gibea flohen die Benjaminiter nach Sela Rimmon (*sæla' rimmôn*), dem heutigen Rammūn östl. von Bet-El (Ri 20, 45. 47), wo sie auch das Friedensangebot der Volksversammlung Israels entgegennahmen (Ri 21, 13).

Jonatan erreicht den Vorposten der Philister bei den Felszacken (*šen hassæla'*) Boses (*bôṣeṣ* „der Schlüpfrige") und Senne (*sænnæh* „der Dorn, der Stachlige"), die beide im Wadi es-Suweinit bei Michmas und Geba zu suchen sind (1 Sam 14, 4).

Auf der Flucht vor Saul versteckte sich David in der Steppe von Maon an einem nicht näher identifizierbaren Ort Sela Hammaḥlaqot (*sæla' hammaḥl*ᵉ*qôṯ*), der nach dem Zusammenhang als „Fels der Trennung" gilt (1 Sam 23, 25. 28). Der ursprünglich wohl von *ḥlq* I 'glatt sein' abgeleitete und auf die Beschaffenheit des Felsens hinweisende Name wird im Kontext mit *ḥlq* II 'teilen' in Verbindung gebracht, weil Saul sich an diesem Ort entschloß, von der Verfolgung Davids abzulassen und gegen die in Juda eingefallenen Philister zu ziehen.

In dem Kenitерspruch des Bileam liegt dem ungewöhnlichen Vergleich der Keniter mit Raubvögeln, die auf Felsen (*sæla'*) ihr Nest (*qen*) bauen (Num 24, 21), offenbar ein Wortspiel zugrunde; denn der Vergleich erfaßt sowohl den Namen der Keniter wie auch die topographische Eigenart ihres Wohnbereichs im Negeb.

Wenn es heißt, daß sich die Israeliten vor den Philistern in dem höhlenreichen Ostabfall des *sæla'* von Benjamin bis zum Jordan hin versteckt haben (1 Sam 13, 6), dann ist hier ebensowenig wie bei dem *sæla'* von Edom und Moab ein bestimmter Ort, sondern ganz allgemein die an Schlupfwinkeln und Zufluchtsstätten reiche Felslandschaft des betreffenden Gebietes gemeint.

2. a) Als Bild dient *sæla'*, wenn Jeremia die Stirn des verstockten Volkes mit der Härte eines Felsens vergleicht (Jer 5, 3) oder von dem Wort JHWHs sagt, daß es wie ein loderndes Feuer ist und wie ein Hammer, der Felsen zerschlägt (Jer 23, 29; vgl. auch 1 Kön 19, 11). Bildhaft ist die Verwendung von *sæla'*, wenn Amos die für die Gesellschaft tödliche Verkehrung von Recht und Gerechtigkeit mit der Behandlung von Rossen vergleicht, die man auf Felsengelände treibt und dabei zugrunderichtet (Am 6, 12). Im Hintergrund steht die für die Zeit des Amos gültige Erfahrung, daß man Pferde hauptsächlich als Zugtiere für die Streitwagen kannte, die vor allem in der Ebene operierten. Der Fels hingegen ruiniert das Pferd (Wolff, BK XIV/2², 331).

In dem gegenüber Jerusalem erhobenen Vorwurf Ezechiels, daß man das in der Stadt vergossene unschuldige Blut *'al ṣ*ᵉ*ḥîaḥ sæla'* getan habe (Ez 24, 7), und in der sich daran anschließenden Bestätigung JHWHs, daß er das Blut dort nicht bedeckt und somit dessen Ruf nach einem rächenden Eingreifen seinerseits nicht zum Schweigen gebracht habe (Ez 24, 8), unterstreicht das Bild des „nackten (wörtlich: glänzenden) Felsens" die gefährliche Lebendigkeit der nach Sühne verlangenden Gewalttat (Zimmerli, BK XIII/1, 565 f.). Dasselbe Bild erscheint auch in dem Drohwort des Propheten gegen Tyrus, wonach JHWH bei der Vollstreckung seines Gerichtes an dieser Stadt alle Erinnerung an sie wegschwemmt, so daß nur noch der „nackte Felsen" als Trockenplatz für die Netze der Fischer bleibt (Ez 26, 4. 14).

Die Drohung des Propheten, daß JHWH im Gericht Babel von den *s*ᵉ*lā'îm* herabwälzen wird (Jer 51, 25), hat offensichtlich bildhaften Charakter, insofern sie nämlich die bei der Hauptstadt am Eufrat topographisch nicht zutreffende Lage auf einem Felsmassiv als Umschreibung für deren allgemein angenommene Uneinnehmbarkeit gebraucht.

Als ein Bild für tödliche Härte erscheint der *sæla'*, wenn ein Beter denjenigen selig preist, der die Kinder Babels packt und sie am Felsen zerschlägt (Ps 137, 9).

Auf die im Unterschied zu der Vergangenheit heilvolle Bedeutung der verantwortlichen Führer im Gottesvolk verweist der Prophet, wenn er sie mit einem schützenden Dach beim Gewitter, mit einem Zufluchtsort vor dem Sturm und mit dem Schatten eines mächtigen *sæla'* in der Wüste vergleicht (Jes 32, 3). Ähnlich erscheint dem Propheten die in Gott gegründete Sicherheit des Gerechten wie der Schutz einer Fliehburg auf hochragendem Felsen (Jes 33, 16). Ebenfalls in bildhafte Rede kleidet ein Beter seinen Dank, wenn er bekennt, daß Gott ihn aus der Grube herausgezogen und auf einen sicheren Felsen gestellt hat (Ps 40, 3).

Bei der Errettung Jerusalems durch JHWH vor dem Ansturm des gottwidrigen Assur wird der Feind nach den Worten des Propheten erfahren, daß sein *sæla'* vor Grauen umkommt und seine Fürsten voll Schrecken ihre Feldzeichen verlassen (Jes 31, 9).

Vom Parallelismus membrorum und vom Kontext her legt es sich nahe, in *sælaʿ* hier ein Bild für den König von Assur zu sehen, der dadurch als Widerpart JHWHs, des *sælaʿ* all seiner Frommen (Ps 18, 3; 31, 4; 42, 10; 71, 3) erscheint.

b) In einigen Vertrauens- und Dankgebeten des Psalters begegnet als Anrede und Bezeichnung JHWHs der Begriff *sælaʿ*, der in Verbindung mit dem Begriff *ṣûr* (→ צור) eine durch die Zusammenordnung sich noch steigernde Umschreibung der Schutzmacht JHWHs für seine Frommen darstellt (Ps 18, 3 = 2 Sam 22, 2; Ps 31, 4; 42, 10; 71, 3). Angesichts der Tatsache, daß der mit *sælaʿ* offenbar gleichbedeutende Begriff *ṣûr* nicht nur als Anrede und Bezeichnung JHWHs, sondern auch als Hinweis auf den in kultischer Hinsicht hervorgehobenen Ort des Zion gebraucht wird (vgl. Ps 27, 5; 61, 3–5), hat man schon seit langem in der Verwendung der beiden Begriffe *sælaʿ* und *ṣûr* eine Anspielung auf den heiligen Felsen des Jerusalemer Tempelberges gesehen (H. Schmidt). Mit diesem Felsen, so glaubt man, habe sich in vorisraelitit. Zeit die Vorstellung von einem seit Urzeit fest bestehenden und hochragenden Weltengrund verbunden. Nach der Begründung des davidischen Großreiches und dem Bau des Tempels auf dem Zion habe Israel diese spezifisch Jerusalemer Sakraltradition von dem heiligen Felsen als dem Offenbarungsort des Gottes der Jebusiter übernommen und für JHWH beansprucht. In Kultakten, die fortan die Offenbarungen JHWHs am heiligen Felsen zu Jerusalem vermittelten und die nur einem von der Institution her berechtigten Personenkreis (König, Kultprophet, levitische Tempelsänger und Prediger sowie gesetzestreue Weisheitslehrer) zugänglich waren, sei dann die Anrede und Bezeichnung JHWHs als *sælaʿ* seiner Frommen entstanden (D. Eichhorn). Diese Auffassung läßt sich jedoch wegen der nach wie vor bestehenden Unklarheit über die Bedeutung des heiligen Felsens für den Tempel von Jerusalem (vgl. Th. A. Busink, Der Tempel von Jerusalem, 1970, 1–20) und besonders wegen des Fehlens eindeutiger Zeugnisse über seine Einschätzung in vorisraelit. Zeit nicht beweisen. Gleichwohl ist eine Nachwirkung kultischer Vorstellungen aus der Sakraltradition des Jebusiterheiligtums auf dem Zion nicht grundsätzlich zu verneinen. Zur Erklärung der Anrede und Bezeichnung JHWHs als *sælaʿ* und der Umschreibung des heiligen Ortes mit *ṣûr* legt sich jedoch eher die nicht unbegründete Vermutung nahe, daß man in Jerusalem, vor allem unter dem Eindruck der Ereignisse von 701 v.Chr. (Bewahrung des Zion vor dem Angriff der Assyrer) und 515 v.Chr. (Einweihung des zweiten Tempels nach dem Exil), die für Jerusalem nicht ungewöhnliche Vorstellung eines Felsens auf JHWH und seine im Gottesvolk manifestierte Rettermacht rein metaphorisch übertragen hat.

III. Das Äquivalent für *sælaʿ* in der LXX ist vorwiegend πέτρα, das in der Profangräzität meist den gewachsenen, festen Felsen bezeichnet. In übertragener Bedeutung dient πέτρα dort auch als Bild sowohl für Festigkeit und Unbeweglichkeit wie auch für Hartherzigkeit und Gefühllosigkeit (Cullmann, ThWNT VI 94f.). Die Wiedergabe von *sælaʿ* mit κρημνός (2 Chr 25, 12) und λεωπετρία (Ez 24, 7f.; 26, 4. 14) hat offenbar in der Eigenart des gemeinten Felsens ihren Grund. Bei der Übersetzung von *sælaʿ* als Anrede und Bezeichnung JHWHs erscheint überraschenderweise nicht πέτρα (Ausnahme: 2 Sam 22, 2), sondern die jeweils verdeutlichende Ausdrucksweise στερέωμα (Ps 18, 3; 71, 3), κραταίωμα (Ps 31, 4) und ἀντιλήμπτωρ (Ps 42, 10). Im Hintergrund steht hier die Abwehr des in der hellenistischen Welt möglichen Mißverständnisses, den Felsen als Sitz einer Gottheit oder gar als ihre Verkörperung anzusehen (Bertram, ZAW 57, 1939, 85–101).

IV. Der Gebrauch von *sælaʿ* im Schrifttum von Qumran lehnt sich im allgemeinen an den des AT an. So erscheint die Vertiefung im gewachsenen *sælaʿ* als Auffangbecken für Wasser (CD 10, 12). In der Anordnung, daß man in seinem Wohnhaus am Sabbat weder *sælaʿ* noch *ʿāpār* aufheben darf (CD 11, 11), ist allem Anschein nach der Gegensatz von „Stein“ und „Erde“ gemeint (E. Lohse, Die Texte aus Qumran. Hebräisch und deutsch, [2]1971, 89). Mit Bezug auf Gott bekennen die Beter, daß ihre Schritte sich auf dem *sælaʿ* der Wahrheit Gottes bewegen (1 QS 11, 4f.), daß Gott den Bau (der Gemeinde) auf *sælaʿ* gegründet hat (1 QH 7, 8) und daß Gott schließlich der *sælaʿ* ihrer Kraft ist (1 QH 9, 28).

E. Haag

סָמַךְ *sāmak̠*

שְׂמִיכָה *śᵉmîk̠āh*

I. Wurzel und Verwandte – II. Bedeutung des Verbs – 1. *sāmak̠* mit dem Akkusativ ʿunterstützen, helfenʾ – 2. *sāmak̠ ʿal* (intrans.) ʿanlehnen, angreifenʾ – 3. *sāmak̠* mit Akk. + *ʿal* ʿaufsetzen, aufrichtenʾ; rituelle Handauflegung – 4. Ptz. pass. *sāmûk̠* – 5. *niph* + *ʿal* – 6. *pi* – 7. Das Nomen *śᵉmîk̠āh* – 8. LXX – 9. Qumran.

Lit.: Allgemein: *F. Stolz*, סמך *smk* stützen (THAT II 160–162).

Zur Handaufstemmung: *K. Bähr*, Symbolik des mosaischen Cultus II, 1839, 288–293. 304–307. 338–343. – *J. Behm*, Die Handauflegung im Urchristentum, Leipzig 1911 / Darmstadt 1968, 121ff. – *M. Bernoulli*, Vocabulaire biblique, Neuchâtel/Paris 1954, 130f. – *J. Coppens*, L'imposition des mains et les rites connexés dans le Nouveau Testament, Paris 1925. – *B. S. Easton*, Jewish and Early Christian Ordination (AThR 5, 1922f., 308–319; 6, 1923f., 285–295). – *P. A. Elderenbosch*, De Oplegging der Handen, 'S-Gravenhage 1953, 13–28. – *J. Fitzmyer*, The Genesis Apocryphon of Qumran Cave I, Rom 1966, 140f. – *H. Gese*, Die Sühne: Zur biblischen Theologie (BEvTh 78, 1977, 85–106). – *B. Janowski*,

Sühne als Heilsgeschehen (WMANT 55, 1982, 199–221). – *H. Lesêtre*, Imposition des mains (DB 3, 1903, 847–850). – *J. Licht*, סמיכה (EMiqr. V, 1968, 1052–1055). – *E. Lohse*, Die Ordination im Spätjudentum und im NT, 1951, 19–27. – *J. A. MacCulloch*, Hand (Encyclopedia of Religion and Ethics, ed. J. Hastings, 6, 1913, 492–499). – *H. Mantel*, Ordination and Appointment in the Period of the Temple (HThR 57, 1964, 325–346). – *J. C. Matthes*, Der Sühnegedanke bei den Sündopfern (ZAW 23, 1903, 97–119). – *A. Médebielle*, L'expiation dans l'Ancien Testament, Rom 1924, 147–158. – *B. J. van der Merwe*, The Laying on of Hands in the OT (Die Ou Testamentiese Werkgemeenskap in Suid-Afrika 5, 1962, 34–43). – *A. Metzinger*, Die Substitutionstheorie und das alttestamentliche Opfer mit besonderer Berücksichtigung von Lev 17, 11 (Bibl 21, 1940, 159–187. 247–272. 353–377). – *L. Moraldi*, Espiazione sacrificali e riti espiatori nell'ambiente biblico e nell'AT, Rom 1956, 253–261. – *J. Newman*, Semikhah (Ordination): a Study of its Origin, History and Function, Manchester 1950, 1–12. – *R. Péter*, L'imposition des mains dans l'Ancien Testament (VT 27, 1977, 48–55). – *R. Rendtorff*, Studien zur Geschichte des Opfers im Alten Israel (WMANT 24, 1967, 92f. 214–216. 232). – *Ders.*, Zur Bedeutung der Handaufstemmung bei den Opfern, in: BK III/1, 1985, 32–48. – *A. Rothkoff*, EJ 14, 1972, 1140–1147. – *M. C. Sansom*, Laying on of Hands in the OT (ExpT 94, 1982/83, 323–326). – *M. H. Shepherd*, Hands, Laying on of (IDB 2, 1962, 521f.). – *H. P. Smith*, The Laying on of Hands (AJTh 17, 1913, 47–62). – *R. de Vaux*, Studies in Old Testament Sacrifice, Cardiff 1964, 28f. – *P. Volz*, Die Handauflegung beim Opfer (ZAW 21, 1901, 93–100). – *S. Wefing*, Untersuchungen zum Entsühnungsritual am Großen Versöhnungstag (Leviticus 16), (Diss. Bonn 1979). – *H. D. Wendland*, Handauflegung (RGG 3, ³1959, 53f.). – *D. P. Wright*, The Gesture of Hand Placement in the Hebrew Bible and in Hittite Literature (JAOS, im Erscheinen begriffen).

I. Die Wurzel begegnet in den semit. Sprachen in ähnlichen Bedeutungen wie im bibl. Hebr.: akk. *samāku* 'überdecken' (AHw 1017), anders CAD 15, 109 „to dam a canal" mit den verwandten Formen *samku* 'zugedeckt', *simku* (?) und *sumuktu* 'Überdekkung' (AHw 1058), reichsaram. *smk* 'unterstützen, aufstützen', palmyr. *smk'* 'Stütze' (vielleicht eine Altarbasis), nabat. und palmyr. *smk'* 'Fest, Bankett' (DISO 194), jüd.-aram. *s^emak̠* 'aufpressen (die Hände), stützen, zusammenfügen', mand. *samka* „support base" (MdD 313), syr. *s^emak̠* 'auflegen, stützen, bedrücken u.a.', *samkā* 'Basis, Stütze u.a.', *s^emāk̠ā'* 'Lager, Tischgesellschaft' (LexSyr 480), arab. *samaka* 'hoch erhaben sein' (Lane 1430), *samk* „Hausdach o.ä.", asarab. *śmk* 'stützen' (Conti-Rossini 255); äth. *'asmaka* 'auflegen', *s^emkat* 'das Sich-Anlehnen', *masmaka* 'Basis, Unterstützung', *m^esmak* 'Ort des Anlehnens' (LexLingAeth 335f.). Das Nomen *smkt* begegnet auch im Ugar., allerdings mit unklarer Bedeutung (UT Nr. 1771).

II. Das Verb *sāmak̠* begegnet 48mal im AT, 41mal im *qal* (incl. Ptz. akt. + pass., s.w.u. 1.–4.), 6mal im *niph* (s.w.u. 5.) und 1mal im *pi* (s.w.u. 6.). Das Nomen *ś^emîk̠āh* (verwandt?) begegnet ebenfalls 1mal (s.w.u. 7.). Schließlich findet *sāmak̠* sich noch in den PN *S^emak̠jāhû* (1 Chr 26, 7), *Jismak̠jāhû* (2 Chr 31, 13) und *'Aḥîsāmāk̠* (Ex 31, 6; 35, 34; 38, 33). Das verbale Element bedeutet in allen Fällen 'helfen, unterstützen' (vgl. IPN 176). Die Bedeutung des Verbs schillert zwischen 'sich aufstützen' und 'unterstützen'. Der genaue Aspekt wird erst durch die begleitenden Substantive ersichtlich. Drei unterschiedliche Konstruktionen des Verbs (im *qal*) mit verschiedenen Nominalverbindungen zeigen diese Doppeldeutigkeit: das Verb hat einen Akkusativ bei sich (1); das Verb wird intransitiv ohne direktes Objekt verwendet, hat aber eine Ortsbestimmung mit *'al* (2); das Verb steht mit direktem Objekt und lokativem *'al* (3). In den beiden letzten Konstruktionen signalisiert *'al* die Bedeutungsdifferenzierung.

Daneben zeigt *sāmak̠* einen Bedeutungsspielraum vom physischen Unter-/Aufstützen bis hin zum abstrakteren Helfen und Stützen. Als konkrete Bedeutung von *sāmak̠* liegen vor: die Fallenden stützen (Ps 145, 14); an der Hand halten, damit jem. nicht stürzt (Ps 37, 24); sich gegen oder an etwas lehnen (Säulen: Ri 16, 29), sich abstützen (Jes 36, 6; 2 Kön 18, 21; Am 5, 19); die Hand auf etwas legen (s.u. 3.). Diese wörtliche Bedeutung ist leicht zu übertragen: helfen, moralisch unterstützen. Das *niph* ist wieder abstrahiert zum Sich Verlassen/Vertrauen auf (s.u. 5.).

1. *sāmak̠* mit direktem Obj. bedeutet 'etwas oder jem. stützen' im konkreten und auch übertragenen Sinne (Gen 27, 37; Ps 3, 6; 51, 14; 119, 116; Jes 59, 16; 63, 5b). Das Ptz. akt. – weit häufiger nominal als partizipial gebraucht – begegnet als nomen regens in einer Gen. obj.-Konstruktion (Jes 63, 5a; Ez 30, 6; Ps 37, 17. 24; 54, 6), einmal in der ein Gen.-Verhältnis umschreibenden Konstruktion *somek̠ l^e* (Ps 145, 14).

sāmak̠ in der Relation Gott–Mensch: a) Gott „stützt alle, die fallen und richtet auf (*zôqep̄*), die stürzen" (Ps 145, 14). Der Fallende kommt nicht um, weil JHWH seine Hand stützt (Ps 37, 24). b) Ein mehr abstraktes „Helfen" liegt vor, wenn Gott dem bedrängten Beter hilft (*'āzar*) und ihn unterstützt (Ps 54, 6). Der Böse wird zugrundegehen (Ps 37, 10. 15. 17. 20), weil JHWH den Gerechten stützt (v. 17).

sāmak̠ in der Relation Mensch–Mensch begegnet als „sich verbünden" bei Ez. Er läßt die konkrete Bedeutung 'unterstützen' und das abstrakte 'sich verbünden' durchscheinen, wenn er erklärt: „Alle, die Ägypten stützen, müssen fallen" (30, 6). Der wörtliche Sinn wird unterstrichen durch das *jārad̠* des 2. Versteiles. Die Verbindung mit dem Verb *nāpal* ermöglicht dem Propheten schließlich ein Wortspiel mit der Phrase *nāpal b^eḥæræb̠* (vv. 4–6). Andererseits wird die abstraktere Bedeutung durch *'ôzer* (v. 8) aufgegriffen.

sāmak̠ bezeichnet schließlich auch, daß jemand Gott „hilft". Gott zertrat die Kelter Edoms und niemand war da, der ihm dabei half (*'āzar*) oder ihn unterstützte (*sāmak̠*, Jes 63, 5a) als letztlich er selbst: „Da mußte mein Arm mir helfen, und mein Zorn stand

mir bei (s^emā*ḵ*ā*ṯ*nî)" (v. 5b). Ähnlich wird JHWH bei der Aufhebung der Ungerechtigkeit durch seine eigene „Gerechtigkeit" unterstützt (s^emā*ḵ*ā*ṯ*hû, Jes 59, 16). Hier begegnen die Parallelverben *pāḡa' hiph* (→ פגע) 'sich jem. annehmen' und *jš'* (→ ישע).
c) *sāmaḵ* mit Gott als Subjekt bezeichnet auch das rettende Eingreifen für das Leben angesichts des Todes. Der Psalmist weiß sich selbst im Schlaf von JHWH gehalten (Ps 3, 6 [Inkubationsorakel?]). In Ps 119, 116 erbittet er JHWHs Beistand (par. *'āzar* v. 117), „damit ich lebe".
d) Die Konstruktion *sāmaḵ* mit direktem Obj. kann erweitert werden durch ein zweites Obj. (doppelter Akkusativ), wobei das eine Obj. sich auf die Person bezieht, die unterstützt wird, das andere die Art der Unterstützung inhaltlich qualifiziert (vgl. GKa § 117ff.).
Isaak expliziert den Segen über Jakob: „Ich habe ihn versorgt (s^e*maḵtîjw*) mit Korn und Wein" (Gen 27, 37). Eine ähnliche Konstruktion findet sich Ps 51, 14 „Rüste mich aus (*tism^{e}ḵenî*) mit einem willigen Geist!". Das *pi* hat eine ähnliche Bedeutung (vgl. w.u. 6.).
2. Intransitives *sāmaḵ* mit *'al* findet sich 2mal. Da im Kontext von Feinden gesprochen wird, ist für *sāmaḵ 'al* eine „feindliche" Konnotation zu erwarten: 'Druck ausüben, angreifen'. Nach Ez 24, 2 übt der babyl. König auf Jerusalem Druck aus (*sāmaḵ 'æl* [bei Ez ist *'æl* gleichbedeutend mit *'al*, vgl. Zimmerli, BK XIII zu Ez 1, 17]). Nach Ps 88, 8 beschreibt der Beter sein Leiden mit den Worten: „Dein Grimm lastet auf mir."
3. *sāmaḵ* mit direktem Obj. und lokativem *'al* bedeutet 'aufstemmen' im konkreten Sinne und begegnet ausschließlich im Zusammenhang ritueller Handauflegung mit der Ausnahme Am 5, 19. Amos zeichnet die Unmöglichkeit, vor den Auswirkungen des Tages JHWHs (→ יום *jôm*) zu fliehen, in einem Bild: „Es ist wie wenn jemand einem Löwen entflieht und ihn dann ein Bär überfällt; kommt er nach Hause und stützt sich mit der Hand auf die Mauer, dann beißt ihn eine Schlange!"

Wright / Milgrom

Der Gestus der Handauflegung (besser: „Handaufstemmung", da sie nach rabbin. Ansicht mit ganzer Kraft zu geschehen hat; vgl. bChagiga 16b) ist in verschiedene rituelle Vorgänge eingebettet (→ יד *jāḏ* III 425). Da das AT den Gestus selbst nicht erklärt, sind in der Forschungsgeschichte unterschiedliche Deutungen vorgelegt worden, die sich nach J. Licht und R. Rendtorff wie folgt untergliedern lassen:
(a) *Übertragungshypothese:* Durch den Gestus überträgt Mose seine Autorität seinem Nachfolger (s. w. u.), der Priester überträgt die Sünden dem Sündenbock, der Opferer dem Opfertier (jüd. Tradition; P. Volz; K. Elliger [HAT I/4]; Rendtorff, Opfer; K. Koch; Medebielle [147ff.]). Die Hypothese kann nach Janowski und Rendtorff (BK) jetzt nur noch beim Sündenbockritus akzeptiert werden, nicht jedoch beim Opfer.
(b) *Identifikationshypothese:* Bei der Handaufstemmung geschieht eine „Übertragung des eigenen Selbst des Opfernden auf das Opfertier" (M. Noth, ATD 6, ²1966, 13; vgl. auch W. Robertson Smith; A. Bertholet; R. K. Yerkes; H. H. Rowley; R. Péter). Nach H. Gese (97) geschieht Sühne „durch die Lebenshingabe des in der Handauflegung mit dem Opferherrn identifizierten Opfertieres".
(c) *Modifizierte Stellvertretungshypothese:* (B. Janowski 215–221) setzt bei Noth und Gese an: „das Wesentliche bei der kultischen Stellvertretung (ist) nicht die Übertragung ... der *materia peccans* auf einen rituellen Unheilsträger und dessen anschließende Beseitigung, sondern *die im Tod des Opfertieres,* in den der Sünder hineingenommen wird, indem er sich mit diesem Lebewesen durch die Handaufstemmung identifiziert, *symbolisch sich vollziehende Lebenshingabe des homo peccator*" (Janowski 220f.).
Nach Rendtorff (BK III/1, 43) geben diese Hypothesen (häufig vermischt vertreten) eine mögliche Theorie über Herkunft (*ḥaṭṭā'ṯ*-Opfer) und ursprüngliche Bedeutung des Gestus, können allerdings nicht alle Belege (z. B. *zæḇaḥ-š^{e}lāmîm*) erklären. Die von S. Wefing vorgelegte Erklärung, die Handaufstemmung geschehe, um das Tier beim Opfervorgang festzuhalten, ist als kurioser Sonderfall zu notieren.
(d) *Deklarations-/Demonstrationshypothese:* Diese Hypothese setzt beim Opferritus an und erklärt die Handaufstemmung damit, daß der Opfernde zum Ausdruck bringen will, daß das Opfertier sein Eigentum ist, welches er im Opfervollzug der Gottheit darbringt und daß die Früchte des Opfers ihm zugute kommen sollen (J. C. Matthes, W. Eichrodt; H. Ringgren; L. Moraldi und bes. R. de Vaux). Hier setzt auch die folgende Darstellung an.

Fabry

(e) Ausschlaggebend für eine neue Deutung ist die von Milgrom (IDB Suppl 1976, 765) vorgelegte Untersuchung zweier Typen: die Handaufstemmung mit *zwei* Händen (außerhalb der Opferrituale) (α) und die Handaufstemmung mit *einer* Hand (β). Diese Unterscheidung – bei Stolz nicht notiert – wurde von Péter ausgearbeitet und von Janowski und Rendtorff ausdrücklich übernommen. Diese Unterscheidung ist jedoch nur an Stellen mit sing. Subj. (12 von 23) stringent durchführbar.
(α) Die mit zwei Händen durchgeführte Handaufstemmung ist prinzipiell ein Demonstrationsgestus zur Bezeichnung des Empfängers oder des Brennpunktes einer rituellen Handlung. So zeigt beim Sündenbockritual dieser Gestus an, welchem Bock die Sünden aufgelegt (*nāṯan*) werden (Lev 16, 21). Aaron soll *dem* Bock, der zu Asasel in die Wüste geschickt werden soll, zwei Hände auflegen. Dabei werden dem Bock die Sünden zwar übertragen, aber es ist nicht eindeutig, daß diese Übertragung durch die Handaufstemmung selbst erfolgt. Eine wörtlich verstandene Übertragung der Sünden durch die Hände Aarons ist schon deshalb ausgeschlossen, weil Aaron selbst nicht vorheriger Träger von Sünden sein kann. Vielmehr werden die Sünden übertragen durch das Bekenntnis zusammen mit der Handaufstemmung als Demonstration, wohin sie transferiert werden sol-

len (vgl. D. Hoffmann, Sepher wayyiqrā', 89). Josua erhält durch die Handauflegung die Autorität des Mose übertragen (Num 27, 18. 23; Dtn 34, 9). Num 27, 18 besagt, daß Mose seine Hand (Sing.) dem Josua auflegt, während er nach v. 23 und Dtn 34, 9 ihm beide Hände auflegt. Vielleicht ist Num 27, 18 *jdk* als scriptio defectiva einer Pl.-Form (vgl. LXX und Péter 50f.) zu werten. Das praktische Ergebnis des vollständigen Ritus, Moses Hoheit (*hôḏ*, → הוד Num 27, 20) und den Geist der Weisheit (Dtn 34, 9) Josua zu übertragen, scheint aber durch die Handauflegung selbst nicht zu geschehen, da die Segnungen nicht „durch die Hand" Moses an Josua überfließen. Vielmehr dient die Handauflegung auch hier dazu, Josua als den Empfänger des Ritus vor Priester und Gemeinde zu designieren. Die diesen Gestus begleitenden Worte dienten der eigentlichen Übertragung der Amtsvollmachten.

In ähnlicher Weise ist auch Jakobs Handauflegung bei den Söhnen Josefs mit Segensformel zu deuten (Gen 48, 13ff.; sie werden zu Söhnen Israels bestellt v. 5), obwohl hier die Verben *šîṯ* (→ שית, vv. 14. 17) und *śîm* (→ שים, v. 18) gebraucht werden.

Nicht ganz deutlich wird der Gestus der Auflegung beider Hände im Falle des Gotteslästerers, vor dessen Steinigung die Zeugen ihm ihre Hände (Pl.) auflegen sollen (Lev 24, 14).

Dieser Gestus wurde häufig interpretiert als Übertragung einer Entweihung, hervorgerufen durch den Mißbrauch des Gottesnamens, von den Hörern auf den Gotteslästerer. Andere haben den Gestus interpretiert als einen Akt, durch den die Zeugen den Gotteslästerer eindeutig und legitim für schuldig erklären. Dieser Gestus impliziert also die symbolische Bekräftigung ihres Zeugnisses und ihrer Verantwortung für die Hinrichtung des Delinquenten. Die juristische Interpretation scheint also aus mehreren Gründen die richtige zu sein:

a) Die Interpretation des Gestus als Übertragung der Entweihung ergab sich aus der herkömmlichen Übertragungshypothese.

b) An keiner Stelle gibt die Bibel einen Hinweis darauf, daß der Mißbrauch des Gottesnamens eine Entweihung bewirkt.

c) Bei der Steinigung eines Götzendieners hatte der Zeuge den ersten Stein zu werfen (Dtn 17, 7; vgl. 13, 10). Das weist hin auf die hohe Verantwortung des Zeugen gegenüber dem Angeklagten resp. Verurteilten. In ähnlicher Weise wird nach Lev 24 der Schuldige aus dem Lager geführt, dort legen die Zeugen ihm ihre Hände auf, dann steinigt ihn die Gemeinde.

d) Schließlich beschuldigen die beiden Alten die Susanna des Ehebruches durch ihre Handauflegung (Dan 13, 34), woraus hervorgeht, daß der späte Schreiber der Susanna-Erzählung die Handauflegung von Lev 24 her als juristischen Akt kannte.

β) Völlig anderer Art ist die Auflegung nur *einer* Hand (Sing.), die nur im Zusammenhang eines Opferrituales erfolgt (Lev 1, 4 [LXX 1, 10]; 3, 2. 8. 13; 4, 4. 24. 29. 33). Diese Handauflegung zeigt an, daß das Opfertier dem Opferer gehört und der aus dem Opfer resultierende Gnadenfluß diesem Opferer zufließen soll. Fungieren mehrere als Opferer, so legen sie alle dem Tier ihre Hand auf (Ex 29, 10. 15. 19; Lev 4, 15; 8, 14. 18. 22; 2 Chr 29, 23). Dieser Ritus ist bezeugt für die privaten Brand- (→ עולה *'ôlāh*), Schlacht- (→ זבח *zāḇaḥ*) und Sündopfer (→ חטאת *ḥaṭṭā'ṯ*). Nicht erwähnt werden sie beim Schuldopfer (→ אשם *'āšām*), wohl weil das zugehörige Opfertier am ehesten durch eine Geldgabe substituiert werden konnte (vgl. Milgrom, Cult and Conscience, Leiden 1976, 15 Anm. 48). Ebenso entfiel die Handauflegung bei Vogel- und Getreideopfern (s. w. u.) sowie bei den öffentlichen Gemeinschaftsopfern (*tāmîḏ*, Festopfer; vgl. MMen 9, 7; vgl. aber auch 2 Chr 29, 23); Ausnahme: Sündopfer der Gemeinde (Lev 4, 13ff.). Unmittelbar nach Einbringung des Opfertieres in den Tempelhof (MKel 1, 8) und vor der Schlachtung wurde der Ritus vom Opfernden durchgeführt (vgl. MMen 9, 9).

Man hat vermutet, dieser Ritus sei von einem Sündenbekenntnis begleitet gewesen. Dies ist aber abzulehnen:

a) Eine solche Kombination ist at.lich nicht bezeugt.

b) Die Verbindung vom Auflegen der Hände (Pl.!) und Sündenbekenntnis beim Sündenbock-Ritus Lev 16, 21 f. kann nicht als Beleg herangezogen werden.

c) Bekenntnisse werden vor dem Opfer abgelegt (Lev 5, 5; Num 5, 7; Moraldi 258f.).

d) Die häufig angeführte Substitutionshypothese ist keine gültige Opfertheorie in Israel (vgl. Metzinger). Es ist jedoch möglich, daß der Opferer bei der Handauflegung eine Erklärung über die beabsichtigte Opferart abgab.

Gleich ob man die Substitutionshypothese als Transfer der Sünden vom Opferer auf das Opfertier (Volz; Medebielle 147ff.; Elliger, HAT I/4, 34) oder Transfer der Person und ihrer Emotionen (Lesêtre 848; Moraldi 262; Behm 136ff.; Riehm nach Elderenbosch 21) versteht, sie ist als Erklärung des Opfers und der Handauflegung fraglich (Metzinger; Eichrodt, ThAT I 165f.; H. Th. Vriezen, Theologie des AT in ihren Grundzügen, Wageningen 1958, 258f.; R. de Vaux 28 Anm. 5). Die Funktion der Handauflegung beim Opfer besteht darin, die Beziehung zwischen Opferer und Opfertier zu zeigen. Durch das Auflegen der Hand zeigt der Opferer an, daß dieses Opfertier *sein* Opfer ist, daß dieses Opfer vom Priester in *seinem* Namen dargebracht wird und daß die Opfergnade *ihm selbst* zufließen möge (vgl. de Vaux 28f.). Diese Handauflegung ist offensichtlich neben der Bereitstellung des Opfertieres die einzige Aktivität des Opferers, wodurch dieser Ritus in besonderer Weise die „Handschrift" des Opferers trägt und sie dem gesamten Opfervorgang aufprägt. Das erklärt, warum die Handauflegung beim Vogel- und Getreideopfer fehlt (vgl. Péter 52); hier bleibt die Opfergabe bis zur eigentlichen Opferung in der Hand des Opferers, so daß der persönliche Bezug zum Opferer ständig sichtbar bleibt.

Die Handauflegung bei der Dedikation der Leviten entspricht der Handauflegung beim Opfer. Die Leviten werden ins Heiligtum geführt (*qrb hiph* Num 8, 9) und vor JHWH gebracht (*qrb hiph*, v. 10). Dann legen ihnen die Priester die Hände auf (v. 10) und dedizieren sie vor JHWH als *t^e^nûpāh* (v. 11; vgl. vv. 13. 15, → נוף *nwp*). Die Israeliten signalisieren durch ihre Handauflegung, daß die Leviten *ihre* Gabe (anstelle der Erstgeborenen) an JHWH sind.

Exkurs: Die Handauflegung bei den Hethitern zeigt wesentlich die gleichen Aspekte:

KBo IV, 9, ii, 51 f. (vgl. ANET 359); KUB XX, 83, iii, 10–12; iv, 8; XXV, 1, iii, 6 f.; KBo XI, 51, rs. iv, 12 f.; StBoT 12, i, 51 f.; ii, 1 f., 7 f., 19–21, 24 f., 38 f.; iii, 2' f.; StBoT 13, i, 20 f.; Mastigga (L. Rost, MIO 1, 1953, 345 ff.) i, 18'; iii, 49–53, 54–58; KBo II, 3, iii, 12–14 (vgl. ANET 351); Ašḫella KUB IX, 32+, vs. 18 ff. (Übersetzung der wichtigsten Teile bei H. Kümmel, ZAW 80, 1968, 310 f.; O. R. Gurney, Some Aspects of Hittite Religion, Oxford 1977, 48 f.); Muršilis Sprachlähmung KBo IV, 2, iii, 54, 60; iv, 21 (hrsg. A. Goetze / H. Pedersen, Muršilis Sprachlähmung, Kopenhagen 1934); StBoT 25, S. 94, vs. II, 1; S. 108, Nr. 46, vs. 7' f.; S. 116, Nr. 52, i, 12'–14'; S. 150, Nr. 73, rs. col. 4'; S. 169, Nr. 89, vs. ii, 6' f.; S. 212, Nr. 127, rs. ?iii, 8'; S. 213, Nr. 129, vs. ii, 4'; S. 233, Nr. 147, rs. ?12'; KUB II, 13, ii, 49 (zitiert in StBoT 12, 75); Bo 2708, i, 5 ff. (zitiert ebd.); KUB II, 15, v, 22.

Der heth. Ritus wurde nur mit einer Hand durchgeführt (*ŠU-an*, *QATAM* oder *QATIŠUNU*, im Sing.), die auf den Opfergegenstand gelegt oder „in Distanz" (*tuwaz*) davon gehalten wurde. Ansonsten sind alle Einzelzüge des Rituals dem at.lichen sehr ähnlich. Die Handauflegung begegnet ausschließlich im Opferkontext, nicht jedoch bei Heilungen, Segnungen oder Übertragungen von Autorität oder Sünden. Meistens werden die Hände Lebensmitteln aufgelegt, die geopfert werden sollen, z. B. Brot und Käse, die danach geteilt und verschiedenen Gottheiten zugeteilt werden, Wein und anderen Getränke, die danach libiert werden.
Die Geschehensfolge zeigt die Bedeutung der heth. Handauflegung. Der König, ein Kultfunktionär oder ein Kranker legten ihre Hände auf die Lebensmittel, die ihnen entgegengehalten wurden. Darauf besorgte der Kultdiener Zerteilung, Libation oder Verteilung. So dient auch hier die Handauflegung, die Beziehung von Opfermaterie und Opferer zu dokumentieren, so daß die anderen Teilriten von Kultdienern durchgeführt werden können. Die Handauflegung in „Muršilis Sprachlähmung" und im Ašḫella-Ritual hat dieselbe Absicht. Muršili legt seine Hand auf den Opferstier, um ihn als den seinen zu dokumentieren, da er beim eigentlichen Opfervorgang nicht anwesend sein kann. Ein Offizier legt im Ašḫella-Pest-Ritual seine Hände auf die Opferböcke und betet, die für die Plagen verantwortliche Gottheit möge diese Tiere akzeptieren (vgl. den Text bei Kümmel und Janowski 211). Da nichts auf eine Übertragung von Sünden hinweist, geht es auch hier um einen Dokumentationsritus.

4. Das Ptz. pass. *sāmûḵ* weicht in seiner Bedeutung vom Verb ab: 'fest, standhaft, sicher'. Gottes Vorschriften sind beständig (*næ'^æ^mānîm*), auf ewig festgesetzt (*s^e^mûḵîm*), in Treue (*bæ'^æ^mæṯ*) durchgeführt und aufrichtig (*jāšār*) (Ps 111, 7 f.). Das Herz des Gerechten ist unverzagt (*nāḵôn*) und vertrauend (*boṭeaḥ*) auf JHWH, d. h. es ist standhaft (*sāmûḵ*) (Ps 112, 7 f.). Im Siegeslied Jes 26, 1–6 kann es ähnlich verstanden werden: „Wer festen Sinnes (*jeṣær sāmûḵ*) ist, dem bewahrst du Frieden, denn er vertraut auf dich."

5. Das *niph nismaḵ ʿal* entspricht *sāmaḵ* + Obj. in reflexiver/passiver Hinsicht. Die konkrete Bedeutung liegt vor Ri 16, 29, wo Simson die Säulen des philistäischen Tempels umfaßt und sich gegen sie stemmt, um sie zum Einsturz zu bringen (v. 30). In Jes 36, 6 = 2 Kön 18, 21 wird Ägypten mit einem geknickten Rohrstab verglichen, der dem in die Hand sticht, der sich auf ihn stützt. Die Israeliten „stützen sich" auf Gott (Jes 48, 2). Das Volk „verließ sich" auf die Worte Hiskijas (2 Chr 32, 8). Nach 11 QPs^a^ XIX (Plea) 13 stützt der Beter sich auf Gottes Gnadenerweise.

6. Das *pi simmeḵ* begegnet nur Hld 2, 4 und hat ähnliche Bedeutung wie *sāmaḵ* in Gen 27, 37 „unterstützen". Im Unterschied zu dort steht das Verb hier mit *b^e^* instrumentalis.

7. Das Nomen *ś^e^mîḵāh* ist nicht mit letzter Sicherheit mit *sāmaḵ* zu verbinden (vgl. KBL² 925). In Ri 4, 18 bedeckt Jaël den Sisera mit seiner *ś^e^mîḵāh*. Targ^J^ hat *gûnkā'* 'Bettdecke', LXX^A^ hat δέρρις 'Lederdecke', LXX^B^ ἐπιβόλαιον 'Kleidung', V *pallium* 'Kleidung', wobei durchaus eine Verlesung von *m^e^sukāh* vorliegen könnte. In gleicher Bedeutung könnte es 4 QpHos^b^ 3, 3 vorliegen (?).

Wright / Milgrom

8. Die LXX verwendet eine ganze Reihe von Verben zur Wiedergabe des Wortes. Für das *qal* dominiert das Verb ἐπιτιθέναι (21mal), das sonst für *śîm* und *nāṯan* eintritt, aber auch für *nûp* an der interessanten Stelle 2 Kön 5, 11, wo die Handauflegung (einziger Beleg!) eine Krankenheilung bewirken soll (→ III 452). 10mal verwendet die LXX στηρίζειν + Komposita, ebenfalls an allen *niph*- und *pi*-Stellen. Konkret weitestgehend mit *sāmaḵ* bedeutungsgleich, bezeichnet es übertragen die „feste unabänderliche Absicht" (G. Harder, ThWNT VII 653–657, bes. 655; vgl. G. Schneider, EWNT III 660 f.).

9. In Qumran ist *sāmaḵ* ca. 20mal belegt, in den Rollen aus 1 Q fast ausschließlich im Ptz. pass. in der Wendung *jeṣær sāmûḵ* zur Bezeichnung der festen Standhaftigkeit des Qumranesseners (1 QS 4, 5; 8, 3; 10, 25; 1 QH 1, 35; 2, 9 [Opp. *nimh^a^rê leḇ*]. 36 [Opp. *hôlāl*]. Zum Gegensatz vgl. H. Bardtke, Acedia in Qumran, in: ders., Qumran-Probleme, DAW Berlin-Ost 1963, 29–51). In 1 QM 8, 7. 14 steht *sāmûḵ* in der Charakterisierung des eschatologischen Lärmblasens „fester Ton". Bei den finiten Verbformen (*qal*) begegnet fast ausschließlich Gott als Subjekt, der den Lehrer stützt (1 QH 2, 7, par. *ʿāmaḏ hiph*) durch Ausgießung seines Heiligen Geistes (7, 6), durch Wahrheit (9, 32) und Kraft (18, 13). Im Eschaton wird er

den wiederkehrenden David stützen (4 QpJes[a] 4, 2). Die Einbindung des Verbs in einen Gestus der Handaufstemmung ist nicht bezeugt, was dem Gesamt des qumranessenischen Rituales entspricht. Die Zitation eines at.lichen Opferritus liegt vielleicht vor in TR 15, 18, wo eine Handaufstemmung durch die Ältesten der Priester (am Weihfest nach Neujahr) vorgesehen ist. Hier – wie auch 1 Q 22, 4, 9 sind die Textzusammenhänge zerstört. Besonders interessant ist der Beleg 1 QGenApokr 20, 22. 29, in dem die Handaufstemmung im Zusammenhang einer Krankenheilung begegnet (s. o. 8.) und damit eine sprachliche Vorlage für nt.lichen Sprachgebrauch darstellen könnte (vgl. Fitzmyer 140; → III 452).

Fabry

סָעַד *sāʿaḏ*

מִסְעָד *misʿāḏ*

I. Etymologie – II. Vorkommen, Bedeutung – III. Gebrauch im Alten Testament – 1. Allgemein – 2. Spezifisch – IV. LXX und V – V. *misʿāḏ*.

Lit.: *Chr. Barth*, Die Errettung vom Tode in den individuellen Klage- und Dankliedern des Alten Testaments, 1947, 136f. – *W. Beyerlin*, Die Rettung der Bedrängten in den Feindpsalmen der Einzelnen auf institutionelle Zusammenhänge untersucht, 1970, 32. 75ff. – *F. Stolz*, סמך *smk* stützen (THAT II 160–162). – *R. Weiss*, Textual Notes (Textus VI, 1968, 130).

I. Die Wurzel *sʿd* ist auch im Mhebr. gebräuchlich. Außerhalb des Hebr. taucht sie vor allem im Aram. auf: so im bibl. Aram. (Esra 5, 2), schon ja'udisch (KAI 214, 15. 21), auch in aram. PN (NESE 2, 67f.; vgl. KBL[3] 719), äg.-aram. (DISO 195), jüd.-aram. (K. Beyer, Die aram. Texte vom Toten Meer, 1984, 647 und 1 QGenApokr 22, 31); wohl vom Aram. aus im Akk.: *sêdu* (AHw 1034), *saʾdu* I (AHw 1002). In der Behistuninschrift ist akk. *sêdu* das Äquivalent zu aram. סעד. Unterschiedlich beurteilt wird die Beziehung zu ugar. *sʒd* (zusammengehörig bei KBL[3], anders K. Aartun, WdO 4, 1967/68, 295; unentschieden J. C. de Moor, AOAT 16, 69 mit Lit. Im anderen Fall wird ugar. *sʒd* mit arab. *sʿd* und *sāda* II, *sajjid* verbunden). Auch im Samar., Christl.-Paläst. und Nabat. (J. Cantineau, Le Nabatéen II 152f.) kommt die Wurzel vor. Einige der gleichlautenden Wurzeln haben eine besondere Bedeutung, so mand. (vgl. arab.) *saʿad* 'glücklich' (MdD 313). Asarab. *sʿd* 'Gunst erweisen' (Conti-Rossini 198b; Biella 339f.), arab. *saʿida* III 'helfen, unterstützen', IV 'glücklich machen, helfen' (Wehr 374) und tigre *saʿd* 'Glück' (Wb 195a) sind auch verwandt.

II. Das hebr. Verb *sāʿaḏ* kommt im AT 12mal vor, ausschließlich im *qal*. Die Stellen lassen sich auf zwei Gruppen verteilen; 7mal wird *sāʿaḏ* allgemein in seiner Bedeutung 'stützen, stärken, helfen' gebraucht, 5mal in spezifischer Verwendung, davon 4mal (Gen 18, 5; Ri 19, 5. 8; Ps 104, 15) mit dem Obj. *leḇ* in der Wendung „das Herz stärken" = „essen", einmal ohne Obj. (1 Kön 13, 7) im Sinne von „sich stärken" = „essen, laben".
Im bibl. Aram. steht *sʿd* 'unterstützen, stärken, helfen' in Esra 5, 2 im *pa* Ptz. pl.

III. 1. Der Gebrauch von *sʿd* innerhalb der ersten Gruppe (Jes 9, 6; Ps 18, 36; 20, 3; 41, 4; 94, 18; 119, 117; Spr 20, 28) ist recht einheitlich. Es kommt durchwegs in Texten gebundener Sprache vor. Ferner ist kennzeichnend, daß in den Psalmenstellen überall JHWH (bzw. in der Anrede an ihn „deine Rechte" in 18, 36 und „deine Gnade" in 94, 18) Subj. zu *sʿd* ist, in Jes 9, 6 der verheißene Herrscher und in Spr 20, 28 der König. Alle Formen haben also ein ehrwürdiges Subj. Wegen der geringen Zahl der Belege wird man freilich nicht mit Sicherheit folgern können, ein andersartiger Gebrauch sei unüblich gewesen. Es scheint aber ein Wort gehobenen Stiles zu sein. – Die Objekte des Verbs stammen aus zwei Bereichen: (a) in Ps 18, 36 und 20, 3 ist es der König, in Spr 20, 28 sein Thron und in Jes 9, 6 seine Herrschaft; (b) in Ps 41, 4; 94, 18; 119, 117 ist es der Hilfsbedürftige, dem sich JHWH zuwendet oder der darum bittet. – Geht man von der Grundbedeutung 'stützen' aus, läßt sich im AT nur übertragener Gebrauch feststellen. Unsicher bleibt, ob ein konkretes Bild des Stützens noch im Hintergrund stand bzw. wie weit es mitempfunden werden konnte (vielleicht beim Stützen des Thrones Spr 20, 28, vgl. die Stützfiguren an Thronen bei M. Metzger, AOAT 15/2, 211, Tafel 100A, Abb. 1019 und C und D, → IV 263f.; beim Stützen des Königs durch JHWHs Rechte Ps 18, 36 oder im Anschluß an das Bild vom ausgleitenden Fuß in Ps 94, 18). In der durchwegs übertragenen Verwendung ist die Bedeutung inhaltlich geprägt von der jeweiligen Art des „Stützens", zusammenfassend ist sie am besten mit 'stützen' = 'stärken, helfen' wiederzugeben (wobei die Bedeutung 'stärken' auch für die spezifische Verwendung zutrifft, vgl. u.).
Während in allen Psalmenstellen eine Person (König, Hilfsbedürftiger) gestützt wird, ist es in Jes 9, 6 und Spr 20, 28 die Königsherrschaft bzw. der Thron. Wird in Jes 9, 6 zugesagt, daß „des Friedens kein Ende sein wird über dem Throne Davids und über seinem Königreich", drücken die beiden mit *l*[e] anschließenden Infinitive von *kwn* und *sʿd* aus, wie und wodurch dies geschehen soll (Wildberger, BK X/1[2], 384): weil der König Thron und Herrschaft „durch Recht und Gerechtigkeit gründet und stützt". Dieses Begründen und Stützen, Festigkeit und Beständigkeit (dieser Aspekt kommt auch durch *sāʿaḏ* zum Ausdruck), sind die wesentlichen Zusagen für eine Herrschaft (2 Sam 7, 16; 1 Kön 2, 12. 45). Ebenso sind *ṣ*[e]*ḏāqāh* (→ צדק) und *mišpāṭ* (→ משפט) als Mit-

tel der Gründung und Bewahrung traditionell (vgl. Ps 89, 15; auch 97, 2; Spr 16, 12; Jer 23, 5; 33, 15. Königs- und Gottesthron [→ כסא *kisse'*] brauchen dabei nicht unterschieden zu werden. Zur Tradition der Vorstellung vgl. auch die äg. Darstellungen des Thrones auf der *mȝʿt*-Hieroglyphe, H. Brunner, VT 8, 1958, 426–428, und die zwei Maʿat-Figuren, die hinter dem Thron stehen, M. Metzger, AOAT 15/1, 89 und 15/2, 78f., Abb. 271). In Spr 20, 28 stützt der König seinen Thron durch *ḥæsæḏ* (LXX ἐν δικαιοσύνῃ). *sāʿaḏ* steht in Jes 9, 6 und Spr 20, 28 dem in diesem Zusammenhang häufigeren Wort *kwn* nahe, es wird in Spr 20, 28 deshalb auch oft mit ʿgründen' übersetzt (Plöger, BK XVII 239), hat aber wohl ʿaufrecht halten, beständig machen, stärken' zum Bedeutungsinhalt (vgl. umgekehrt zur Übersetzung von *kwn* mit „stützen" → IV 107).

In den Psalmen ist die gestützte Person zweimal der König: Ps 18, 36; 20, 3. In Ps 18, 36 gilt der mittlere Teil des Verses *wîmîn^{e}ḵā tisʿāḏenî* allgemein als Zusatz, da er in 2 Sam 22, 36 fehlt (Kraus, BK XV/1^{5}, 283). Er schließt sich wohl an die Beschreibung vom König als Kämpfer an, so daß in der Bedeutung das (konkrete) Bild sehr zum Tragen kommt: Deine Rechte stützt mich, d. h. sie hält mich aufrecht, sie macht mich stark. In Ps 20, 3 meint die Bitte für den König „Vom Zion her stütze er dich!" Hilfe, Beistand und Schutz (vgl. die par. erste Vershälfte „Er sende dir Hilfe vom Heiligtum ..." und den par. vorangehenden Vers).

In Ps 41, 4; 94, 18; 119, 117 hat *sāʿaḏ* den bedrängten Einzelnen als Objekt und meint ein umfassendes Helfen. Den Kranken (Ps 41, 4) stützt JHWH, d. h. er hilft ihm durch, stärkt, heilt ihn (vgl. die par. zweite Vershälfte). Ps 94, 18 wird durch den Kontext verdeutlicht: Gottes Eingreifen, seine Hilfe rettet den Bedrängten vor den Frevlern und damit vor seinem Tode (v. 17). Wenn er sich schon gefährdet sieht, stützt ihn JHWHs Huld (vgl. den par. v. 19; zu *ḥæsæḏ* vgl. Spr 20, 28, wo der König damit den Thron festigt). Es „klingt das, was der Sprecher des Psalms in vv. 18f. berichtet, weniger nach einer einzigen durchgreifenden Gottestat in entscheidender Stunde als vielmehr nach einem mehrfach wiederholten Helfen und Stützen in fortdauernder Not". „Gemeint ist augenscheinlich eine andauernde Durchhilfe ..." (Beyerlin 32; vgl. auch Barth 136).

Ps 119, 117 bittet der Beter „stütze mich", d. h. halte mich, fördere, stärke mich, hilf mir. Die Folge wäre seine Rettung (*jšʿ niph*). Auch hier geht es um bleibende Lebenshilfe und -rettung (der vorangehende v. 116 hat par. *sāmaḵ* und als Folge Lebenserhaltung). *sāʿaḏ* kann so eine vielfache, ganzheitliche Lebenshilfe meinen.

Parallel zu *sāʿaḏ* werden also *šālaḥ ʿezær* (Ps 20, 3) und *sāmaḵ* (Ps 119, 116) gebraucht. Die übrigen par. Satzteile beleuchten *sāʿaḏ* durch ihre Aussage (Ps 41, 4: helfen, heilen; Ps 18, 36: helfen).

Im bibl. Aram. in Esra 5, 2 werden die Unterstützung und Hilfe, die die Propheten Haggai und Sacharja beim Tempelbau Serubbabel und Jeschua gewähren, durch *sāʿaḏ* (mit *l^{e}*) ausgedrückt.

2. An den 5 Stellen spezieller Bedeutung von *sāʿaḏ* (Gen 18, 5; Ri 19, 5. 8; Ps 104, 15; 1 Kön 13, 7) ist 4mal *leḇ* Objekt zu *sāʿaḏ*, so daß das Bild „das Herz stärken" als Wendung für „essen, laben" gelten muß, die in 1 Kön 13, 7 (*sāʿaḏ* ohne *leḇ* oder anderes Objekt) elliptisch verwendet wird (oder *sāʿaḏ* konnte auch ohne Einbindung in eine feste Phrase die Bedeutung „stärken = essen, laben" haben). In der Verbindung „das Herz stützen, stärken" steht das Herz wohl für das ganze vegetative System und die Lebenskraft des Menschen (→ IV 426f.; THAT I 862); deshalb wird Gen 18, 5 (entsprechend Ri 19, 5. 8) statt „stärkt euer Herz" treffender „stärkt euch" zu übersetzen sein. Besonders vor oder nach anstrengender Reise wird zum „Stärken des Herzens" aufgefordert (Gen 18, 5; Ri 19, 5. 8). Stärkungsmittel ist Brot (*læḥæm*, Gen 18, 5; Ri 19, 5; Ps 104, 15). Gott gewährt es durch die Natur (Ps 104, 14). So ist es ein Teil seiner Schöpfung und eine Grundbedingung menschlichen Lebens, daß „das Brot das Herz des Menschen stärkt", d. h. die Nahrung ihm leiblich-seelische Kraft bewahrt (vgl. 1 Kön 21, 7).

IV. In der LXX wird *sāʿaḏ* durch ἀντιλαμβάνεσθαι (Jes 9, 6; Ps 18, 36; 20, 3), περικυκλοῦν (Spr 20, 28) und βοηθεῖν (Ps 41, 4; 94, 18; 119, 117) wiedergegeben, d. h. die drei erstgenannten Stellen haben ein Verb, das bildhaft ist, während das Stützen des Bedrängten in den Psalmen allgemein als Helfen verstanden wird. Das „Stärken des Herzens" wird übersetzt mit φαγεῖν (Gen 18, 5), στηρίζειν (τὴν) καρδίαν (Ri 19, 5. 8; Ps 104, 15); in 1 Kön 13, 7 steht ἀριστᾶν. – Die Vulgata hat für *sāʿaḏ* der ersten Gruppe 5 verschiedene Wörter: *roborare* (Spr 20, 28; Ps 20, 3), *corroborare* (Jes 9, 6), *confortare* (Ps 18, 36; 41, 4), *adiuvare* (Ps 94, 18) und *auxiliari* (Ps 119, 117). *sāʿaḏ* wird also im Sinne von ʿstärken, helfen' verstanden. An den übrigen Stellen wird *sāʿaḏ leḇ* übersetzt mit: *confortare cor* (Gen 18, 5), *confortare stomachum* (Ri 19, 5), *paululum cibi capere* (Ri 19, 8), *confirmare cor* (Ps 104, 15) und *sāʿaḏ* in 1 Kön 13, 7 mit *prandere*.

V. *misʿāḏ*, vermutlich ein terminus technicus, begegnet nur in 1 Kön 10, 12 und läßt sich nicht sicher deuten. Aus den eingeführten Almuggim-Hölzern (v. 11) wurden Musikinstrumente (Lyren und Harfen) für die Sänger und *misʿāḏ* für Tempel und Palast gemacht. Sind vv. 11f. sekundär, gehen sie auch davon aus, daß es in Jerusalem *misʿāḏ* und Instrumente aus diesem Holz gab (vgl. auch bezügl. der Almuggim-Hölzer Noth, BK IX/1, 227f.; J. C. Greenfield / M. Mayrhofer, VTS 16, 1967, 83–89). Im Parallelvers 2 Chr 9, 11 steht *m^{e}sillāh* ʿ(aufgeschütteter) Weg', in 1 Chr 26, 16. 18 ein Aufgang an der Westseite des Tempels, aber als bautechnischer Terminus doch unsicher (*m^{e}sillôt* von 2 Chr 9, 11 in LXX ἀναβάσεις, V: *gradus*). Die LXX übersetzt *misʿāḏ* mit ὑποστηρίγματα (untergesetzte Stützen?, *p^{e}qāʿîm* in 1 Kön 7, 24 wird auch mit diesem Wort übersetzt: koloquintenartige Verzierungen!). Die V hat *fulcra* (n. Pl.).

Die jüd. Kommentatoren verstehen *misʿāḏ* als „eingelegten Boden“ (*riṣpāh*, so Rashi), als „Pfeiler, um die Balken zu stützen“ oder als „Decke“ (Kimchi), auch als „Geländer“ (*maʿᵃqæh*, Levi ben Gershon) (vgl. dazu Weiss 130).
Allen Erklärungen liegt wohl nur der Kontext zugrunde oder der Parallelvers 2 Chr 9, 11; auch die Kombination mit der etymol. Deutung bringt keine Gewißheit. Als Textänderung wird vorgeschlagen, *miṣʿāḏ* 'Gehweg' zu lesen (Weiss 130 im Anschluß an W. Mayer). So bleibt Unsicherheit. – Man kann als vorläufige Übersetzung von *misʿāḏ* vielleicht 'Vertäfelung' vorschlagen; eine Verkleidung oder Beschichtung auch ohne Stützfunktion könnte so bezeichnet werden; *mᵉsillāh* wäre dann ein ausgelegter Weg; vielleicht spricht dafür auch die Art des Holzes, vgl. J. A. Montgomery / H. S. Gehman, The Books of Kings, ICC 1951, 219. Freilich könnte das nur eine begrenzte, nachträgliche Baumaßnahme sein, denn in Kap. 6. 7 „ist von der Verwendung von Almuggim-Hölzern nirgends die Rede“. Sind deshalb eher Einrichtungsgegenstände zu vermuten? (vgl. Noth, BK IX/1, 228).

Warmuth

סָעַר *sāʿar*

סַעַר *saʿar*, סְעָרָה *sᵉʿārāh*, שָׂעַר *śāʿar* II,
שַׂעַר *śaʿar*, שְׂעָרָה *śᵉʿārāh*

I. 1. Etymologie und Verbreitung – 2. Syntax – 3. Meteorologisches Wortfeld – 4. LXX – II. Meteorologische Phänomene im Dienst der theologischen Aussage – 1. Als Metapher – 2. Im Kontext der Entrückung – 3. Im Kontext der Theophanie – 4. In der Metaphorik des Heiligen Krieges.

Lit.: *M. Dahood*, *śʿrt* „Storm“ in Job 4, 15 (Bibl 48, 1967, 544f.). – *J. Jeremias*, Theophanie. Die Geschichte einer at.lichen Gattung (WMANT 10², 1977). – *H. Lugt*, Wirbelstürme im AT (BZ NF 19, 1975, 195–204). – *L. Schmidt*, De Deo (BZAW 143, 1976, 65).

I. 1. Das Verb *sāʿar* geht wahrscheinlich auf eine altsemit. Wurzel *śʿr* zurück, die in ihren ältesten Belegen nominal bezeugt ist. Akk. *šāru* 'Wind, Atem, Hauch', auch 'Nichts, Nichtigkeit, Lüge' (AHw 1192f.) könnte onomatopoetischen Ursprungs sein und das Sausen des Windes nachahmen. Das Wort kann aber aus lautlichen Gründen nicht hebr. *saʿar* entsprechen. Auf westsemit. Gebiet ist die Wurzel im Hebr., Aram. (vgl. K. Beyer 647: 'sturmbewegt sein', *itp* 'auffliegen'); und Mand. (MdD 314 'erschreckt sein') belegt. Das KBL³ 719 angeführte arab. *saʿara* 'entzünden, entfachen', VII 'rasend werden', VIII 'entbrennen' (Wehr 374), *suʿr* 'Wahnsinn, Raserei' ist zweifelhaft, da es *s* statt erwarteten *š* hat. Dagegen ist die Wurzel wahrscheinlich als Lehnwort auch von der äg. Onomastik aufgenommen worden, wie der PN *jasʿar-kuna* „Es stürmt dahin ...“ in den Ächtungstexten zeigt (vgl. A. Goetze, BASOR 151, 1958, 32). Außerhalb des Hebr. ist die Wurzel auffällig schwach bezeugt, was jeden etymologischen Herleitungsversuch fragwürdig macht, so auch den von Gesenius (GesB 790), der *s*/*śʿr* mit *śʿr* I 'Schauder empfinden' zusammenbringt, was für *sʿr* so etwas wie „schauderhaftes Wetter“ abwerfe. Barth (Wurzeluntersuchungen 50) fixierte das Etymon in arab. *šǵr* 'wegbringen', von wo die Bedeutung „Sturm“ dann abzuleiten sei.
Im hebr.-aram. Sprachbereich dürfte die Form *śʿr* die sprachgeschichtlich ältere sein, wobei die 4 Verbbelege (Ps 50, 3; 58, 10; Ijob 27, 21; Dan 11, 40) und die Nominalbelege (*śaʿar*, Jes 28, 2; *śᵉʿārāh*, Nah 1, 3; Ijob 9, 17) zwar unterschiedlich alt, aber überwiegend sehr jung sind. Eine zusätzliche alte Femininform auf *-t*, die M. Dahood (auch Bibl 53, 1972, 401) in Ijob 4, 15 postuliert, ist nicht nachgewiesen. Es handelt sich aus kontextuellen Gründen um eine Form von *śaʿᵃrāh* 'Haar'.
Das sprachgeschichtlich jüngere *sʿr* begegnet als Verb 8mal (incl. Ijob 15, 30 cj.; zuerst wahrscheinlich Hos 13, 3 [zwischen 725 und 722], doch auch hier ist die überwiegende Mehrzahl der Belege nachexil.), als Nomen *saʿar* 8mal (sicher vorexil.) und *sᵉʿārāh* 21mal (incl. Ps 55, 9 cj. und Sir 48, 12; weitgehend exil. und nachexil.).
Das hebr. Ostrakon Arad 31, 4 enthält den PN *sʿrjhw*, nach A. Lémaire (Inscriptions Hébraïques 200) zu deuten als „Yhwh a agité violemment, a provoqué la tempête“. Drei Qumranbelege: 1 QH 5, 18 preist der Lehrer den Herrn, weil er den Sturm (*sʿrh*) zur Windstille (*dmmh*) gekehrt habe, Metapher für die Abwehr von Bedrängnissen (vgl. 1 QHfragm. 3, 6; vgl. auch Ps 107, 29); 11 QTarg Ijob 39, 26 (aram.) stellt die Frage: „Flieht durch deine Weisheit der Habicht auf?“ (par. *gāḇah hitp* 'sich erheben').

Verb und Nomina zeigen keine auffälligen Konstruktionsmerkmale. *sāʿar* 'stürmen' (auch militärisch; vgl. Hab 3, 14; Dan 11, 40), begegnet im *qal*, *niph* 'unruhig werden' (2 Kön 6, 11), *pi* 'verwehen, wegraffen' (vgl. Jenni, Hebr. Piʿel 200), *pu*, *śāʿar* zusätzlich noch im *hitp*. Die von den Verben beschriebene Tätigkeit ist nicht auf bestimmte Subjekte beschränkt. Das *niph* in Ps 50, 3 „es stürmt“ ist als passivum divinum zu verstehen (vgl. anders M. Dahood, Bibl 53, 1972, 400f.). Die Nomina gehen an einigen Stellen Cstr.-Verbindungen ein: *rûaḥ sᵉʿārāh* (Ps 107, 25; 148, 8; Ez 1, 4); *rûaḥ sᵉʿārôṯ* (Ez 13, 11); *saʿar bælaʿ* „Sturm des Verderbens“ (Ps 55, 10 cj.); *saʿᵃrôṯ têmān* „Stürme des Südens“ (Sach 9, 14) und *saʿᵃraṯ JHWH* (Jer 23, 19; 30, 23). *śaʿar qāṭæḇ* „Sturm des Verderbens“ (Jes 28, 2) bereitet der Erklärung Schwierigkeiten (vgl. KBL³ 1020f.).
Das Nomen *saʿar* ist Subjekt folgender Verben: *hājāh* 'entstehen', *jāṣāʾ* 'losbrechen', *ḥwl* 'hinwegbrausen', *ʿwr* II 'geweckt werden, aufbrechen' und *gwr hitp* (Jer 30, 23: Bedeutung umstritten). Eine *sᵉʿārāh* kann *ʿāmaḏ* 'aufstehen', *bôʾ* 'kommen', *bāqaʿ* 'losbrechen', *nāśāʾ* 'wegtragen' und *pwṣ hiph* 'wegwehen'.

3. Eine Fülle von Parallelen weist *saʿar* als meteorologischen Terminus aus: in seinem Umkreis werden *gæšæm* 'Wolkenbruch' und *bārāḏ* / *ʾælgāḇîš* 'Hagel'

(Ez 13, 11), *šælæḡ* 'Schnee' und *qîṭôr* 'Nebel' (Ps 148, 8), *'āḇ* / *'ānān* 'Wolke' und *qæšæṯ* 'Regenbogen' (Sir 43, 17), aber auch *sûpāh* 'Sturm' (Am 1, 4), *ra'am*, *šā'aḡ* und *šā'ôn* 'Donner und Gedröhn' (Jer 25, 32) und *bārāq* 'Blitz' (Sach 9, 14) genannt. Daneben treten die weniger differenzierten Bezeichnungen *qôl gāḏôl* „lautes Geräusch", *'eš* 'Feuer' und *lahaḇ* / *læhāḇāh* 'Flamme'. Als Synonyme sind die verschiedenen Windbezeichnungen anzusehen: *næpæš*, *rûaḥ*, *rûaḥ zal'āpāh* „wütender Sturm" (Ps 11, 6; Sir 43, 17), *sûpāh* und *ra'aš*, die durch Angaben von Himmelsrichtungen oder sonstiger Herkunftsbezeichnungen (mythologisch?) näher charakterisiert werden können: *ṣāpôn* 'Norden', *qāḏîm* 'Süden', *têmān* 'Südland'; *rûaḥ jām* „Westwind", *qæṭæḇ* 'Dämon des Verderbens?' u.a. Das Antonym schlechthin ist die Windstille (*d^emāmāh*, → II 282f.). Dieses meteorologische Wortfeld wird mehr oder weniger geschlossen übertragen zur Beschreibung der Theophanie (II. 3.).

4. Das breit entfaltete griech. Vokabular für das meteorologische Phänomen „Wind" entspricht den zahlreichen Variationen dieses Phänomens in den z.T. subtropischen Klimaverhältnissen der östl. Mittelmeerländer. Während in der semit. Terminologie eine Differenzierung weniger durch Phänomenbeschreibung (vgl. I. 3.), vielmehr durch andere Absichten veranlaßt wird, ist dies im Griech. grundsätzlich anders. Hier stehen die verschiedenen Termini für verschiedene Phänomene. Die außerordentlich differente Wiedergabe von *s'r* in der LXX ist deshalb als weiterführende Deutung zu werten. Eine summarische Auflistung der griech. „Äquivalente" ist deshalb obsolet.

Die mächtige und eindrucksvolle Aufwärtsströmung in einer Windhose findet die LXX in 2 Kön 2, 1. 11; Jer 23, 19; Nah 1, 3 (συσσεισμός) und Jer 25, 32; Ijob 38, 1; Sir 48, 9. 12 (λαῖλαψ) vor. In Ez 1, 4 dagegen, wo man aufgrund der feurigen Begleiterscheinungen unbedingt einen Wirbelsturm mit elektrischen Entladungen vermuten muß, spricht sie vom vergleichsweise sanften πνεῦμα ἐξαῖρον. Entsprechend verbessert dann auch Aq. in πρηστήρ, den Terminus für die katastrophalste Form der „Trombe" (vgl. Aristoteles, Meteorologica 371 a). Die Abweichung in Ez 1, 4 hat ihren Grund jedoch in der Spracheigentümlichkeit des Übersetzers, der nur in Ez alle *s'r*-Belege in dieser Weise wiedergibt (vgl. noch Ez 13, 11. 13). Als häufigstes Übersetzungswort begegnet καταιγίς (10mal; davon 7mal in Ps), das nach Lugt (200) die Winde in der Anfangsphase einer Windhose bezeichnen soll. Des weiteren begegnen κλύδων 'Brandung' (nur Jon 1, 4. 12), dem verbal das verhältnismäßig schwache ἐξεγείρω (Jon 1, 11. 13) an die Seite gestellt wird. Spekulative Ausdeutungen liegen im singulären γνόφος 'Dunkelheit' (Ijob 9, 17), νέφος 'Nebel' (Ijob 40, 6), σεισμός 'Erdbeben, Sturm' (Jer 23, 19; vgl. verbal Am 1, 14) und σάλος 'Schwall' (Sach 9, 14), theologische Ausdeutung in ὀργή 'Zorn' (Jer 30, 23) vor. Das Verb wurde als Bewegungsverb verstanden: ἐκκινέω, ἐκβάλλω, ἐκπίπτω; näher der Grundbedeutung stehen σείσμω 'anstürmen' (Hab 3, 14) und λικμάω 'worfeln' (Ijob 27, 21; vgl. ThWNT IV 283f.).

II. Die Schilderung der meteorologischen Phänomene geschieht nirgends aus naturwissenschaftlichem Interesse. So hat auch die durchaus realistische Beschreibung des gewaltigen Seesturmes Jon 1 bereits eine metaphorische Perspektive auf die Theophanie JHWHs. JHWH wirft eine *rûaḥ g^eḏôlāh* auf das Meer (v. 4a α), worauf im Meer ein *sa'ar gāḏôl* „hoher Wellengang" entsteht (v. 4a β), der Schiffe zerbrechen (*šbr*) und untergehen (*'bd*) läßt (vv. 4b. 6). *sa'ar* ist hier ganz als Wasserphänomen verstanden, das „auf" (*'al*) jemand kommen kann (v. 12). Das Meer wird immer stürmischer (*holeḵ w^eso'er*, vv. 11. 13; zur Konstruktion vgl. GKa § 113u; Brockelmann, Synt. § 93g), wie es sich umgekehrt wieder beruhigen kann (*šāṯaq*, v. 11) und zu toben (*zā'ap*) aufhört (v. 15).

1. Während → סופה (*sûpāh*) eher metaphorisch die Schnelligkeit eines Vorganges anzeigt (vgl. Lugt 201), signalisiert *sa'ar* eine Gefahr, die vom Unbeständigen ausgeht. Vor ihr möchte man sich retten (*plṭ*, Ps 55, 9f.). Schon Hosea vergleicht die Götzendiener mit ihren Bildern mit dem schlechthin Unbeständigen, dem Tau und dem verwehenden Rauch (Hos 13, 3). Entsprechend wird des Frevlers Los gedeutet: er schwankt wie ein Schiff im Sturm (Sir 33, 2), der ihn hochhebt und wegweht (Ijob 27, 21). Selbst seine Frucht wird der Wind verwehen (Ijob 15, 30, txt emend.). DtJes appliziert in einer Heilsbotschaft dieses Bild auf Jerusalem: „Du Ärmste, vom Sturm Gepeitschte, die ohne Trost ist" (Jes 54, 11; vgl. die interessante Verlesung in 1 QJes^a *s^eḥûrāh* „die [von Händlern] Aufgekaufte") und Sach 7, 14 deutet das Exil als Strafe, da JHWH Israel unter unbekannte Völker verweht hat (zur aramaisierenden Form *'esā'^arem* vgl. GKa § 23h. 52n).

2. Viermal spricht das AT von der Entrückung des Elija *bas^e'ārāh* „in dem (!) Sturm" (2 Kön 2, 11; v. 1 sekundär; darauf bezogen Sir 48, 9. 12). Die Determination von *s^e'ārāh* ist (wenn nicht nach GKa § 126n zu erklären) auffällig und als Hinweis darauf zu werten, daß der Schreiber in dieser *s^e'ārāh* ein bekanntes theophanisches Motiv aufnahm. In der Paarung mit dem *ræḵæḇ 'eš* „Feuerwagen" und den *sûsê 'eš* „Feuerpferde" findet sich die altorientalische Vorstellung von der Himmelfahrt verschiedener Götter im Sturmwind wieder (vgl. J. Jeremias 76ff.; A. Schmitt, FzB 10, 1973, 108f.). In der Übertragung dieser Vorstellung auf Elija wird keine Götzenpolemik artikuliert (vgl. die Par. *rûaḥ JHWH*, v. 16), vielmehr soll positiv die Ausnahmestellung dieses großen Propheten dokumentiert werden. Dies signalisiert auch die stark formelhafte Sprache dieser Stelle, sowie der motivgeschichtliche Einfluß aus der Moses-Tradition (vgl. R. P. Carroll, VT 19, 1969, 410f.).

3. Der Sturmwind ist ein beständiges Motiv in den Theophanieschilderungen. Das Kommen JHWHs wird begleitet von numinosen und kosmischen Erscheinungen, die in den Schilderungen feste Motivbündel bilden. J. Jeremias hat die Herleitung dieser Motivbündel aus den altorientalischen Mythologien ausführlich dargestellt (73–117). Signifikant ist dabei die Übertragung alter Wettergott-Mythologeme auf JHWH (vgl. Ps 18; L. Köhler, ThAT⁴ 8f.; → עָנָן *'ānān*). Die Schilderung der Theophanie mit Sturm- und Gewitter-Metaphorik ist eine verbreitete Form in Israel und hat vielleicht schon früh Eingang in den Kult gefunden. Es fällt jedoch auf, daß daneben die von vulkanischen Motiven geprägte Sinai-Theophanie (→ סִינַי *sînaj*) (Ex 19; Ri 5, 4f.; Dtn 33, 2; Hab 3; äth. Hen 1, 3–7) vollständig auf das Sturmmotiv verzichten kann. Darin wird man eine Distanzierung vom Wettergott-Mythologem zu sehen haben. Die theologisch hochinteressante Elija-Theophanie (1 Kön 19) mit ihrem *d^e^māmāh*-Motiv („Windstille") (→ II 282f.; Jeremias 112–115; vgl. Chr. Macholz, Festschr. C. Westermann, 1980, 329–333) stellt schließlich einen Einzelfall dar und hebt sich so demonstrativ von den gängigen Theophaniedarstellungen ab, daß man dahinter eine radikal monotheisierende Polemik vermuten muß.

Im wahrscheinlich alten Ps 50, 3 ist JHWHs Kommen begleitet von Feuer und Sturm. Dieses Erscheinen Gottes zum Gericht wird von den Propheten aufgegriffen und z.T. weiter ausgestaltet (Jer 25, 32), wobei durch nachträgliche Redaktionen noch weitere traditionelle Materialien angelagert werden können (vv. 30f.). Ezechiel schildert seine Berufungsvision mit theophanischem Kolorit (Ez 1, 4). Mit dem Exil kippt jedoch die Gerichtstheophanie um zur Rettungstheophanie (vgl. Jes 29, 6 [von Wildberger jedoch auf 701 datiert]; Nah 1, 3; Sach 9, 14). Nur der Ijob-Dichter verbleibt in der alten Diktion, wenn er JHWHs Andrängen in der Terminologie der Gerichtstheophanie schildert (Ijob 9, 17; 38, 1; 40, 6).

In den nachexil. Schöpfungspsalmen dient dieser Vorstellungsbereich dazu, Gottes Macht über die Schöpfung zu zeigen: er läßt den Sturmwind aufstehen (Ps 107, 25), dann gebietet er ihm, so daß er sich zur Windstille kehrt (v. 29; vgl. Mt 8, 26); Sturm und Wind werden schließlich jeder numinosen Restvalenz entkleidet, wenn sie zu Boten JHWHs gemacht werden (Ps 148, 8; 104, 3f. → מלאך *mal'āk*).

4. Manche dieser Motive begegnen auch in den Schilderungen des Heiligen Krieges (vgl. Zimmerli, BK XIII/1, 51; Wildberger, BK X 1109). Der Beter ruft Gott um den ganzen Einsatz seiner kosmischen Macht zur Vertreibung der Feinde an: „Wie das Feuer, das ganze Wälder verbrennt, wie die Flamme, die Berge versengt, so jage sie davon mit deinem Sturm und schrecke sie mit deinem Wetter!" (Ps 83, 16). Am 1, 14 nennt Wind und Sturm neben dem Kriegsgeschrei (*t^e^rû'āh*); Jes 28, 2 schildert die Zerstörung Samarias im Bild der Kriegstheophanie. Der Zorn JHWHs braust wie ein Wirbelsturm über die Köpfe der Frevler (Jer 23, 19; 30, 23; vgl. Ps 58, 10) und schlägt sie mit Hagelschlossen (Ez 13, 13; vgl. v. 11 und Jos 10, 11), so daß ihre Mauer zusammenstürzt. Sein Sturm trägt die Mächtigen der Erde wie Spreu fort (Jes 40, 24). Derselbe Prophet spricht in einem Heilsorakel den Exulanten Anteil an dieser göttlichen Macht zu zur Überwindung der Schwierigkeiten bei der Heimkehr: Berge und Hügel werden sie zu Spreu machen und der Wind wird sie verwehen (Jes 41, 16).

Fabry

סַף *sap*

I. Etymologie, außerbibl. Belege – II. At.liche Belege, Bedeutung und Synonyme – III. Symbolik und Sonderbedeutungen.

Lit.: *W. Dever / S. Paul*, „Architectural Elements" (Biblical Archaeology, Jerusalem 1973, 30–42). – *K. Galling / H. Rösel*, „Tür" (BRL² 348f.). – *A. van Gennep*, „The Territorial Passage" (Rites of Passage, Chicago, trans. 1960, 15–25). – *J. Ouelette*, „The Shaking of the Thresholds in Amos 9:1" (HUCA 43, 1972, 23–27). – *A. Salonen*, Die Türen des Alten Mesopotamien (AASF B 124, 1961, bes. 62–66). – *H. C. Trumbull*, The Threshold Covenant, Edinburgh 1896. – *H. Weidhaus*, „Der *bīt ḫilāni*" (ZA 45, 1939, 123–125). – *O. Wintermute*, „Threshold" (IDB Suppl., 905).

I. Das mask. Nomen *sap* findet sich in den meisten semit. Sprachen. Akk. *sippu* ist in den unterschiedlichsten Texten bezeugt (AHw 1049). Es handelt sich wahrscheinlich um eine semit. Wurzel, obwohl eine Verbindung mit sum. *zib* nicht auszuschließen ist (Salonen 63). Belegt sind noch jüd.-aram. *sippā'*, syr. *seppā'* (LexSyr 489; Payne-Smith 385), mand. *sîppā* (MdD 329) und vielleicht phön. *sp* (LidzNE 230). Auch im Nabat. wird die Wurzel vermutet (KBL³ 720; DISO 196).

Der Terminus gehört zum Vokabular der altsemit. Architektonik und bezeichnet einen Gegenstand im Bereich eines Hauseinganges, eines Tores oder eines Türrahmens. Eine genauere Differenzierung ist jedoch recht schwierig. So wurden bereits für akk. *sippu* verschiedene Deutungen vorgeschlagen incl. „Türschwelle" (so auch für hebr. *sap*), daneben „Schwellenstein, Türangel", aber auch „Türangelstein, Steinsockel" u.ä. (vgl. R. S. Ellis, Foundation Deposits in Ancient Mesopotamia, New Haven 1968, Weidhaus und bes. Salonen).

Die Bandbreite der unterschiedlichen Übersetzungen entspringt ohne Zweifel den technischen Variationen in den Ausgestaltungen von Tür- und Torrahmen, abhängig von der Art des betreffenden Hauses und seiner Bewohner; z. B. enthielten manche Monumentalbauten in Mesopotamien an beiden Seiten der Portale Türangelpfannen, die in den Schwellenstein eingelassen waren. Entsprechend enthielten die Torflügel Angelzapfen (*'ammôṯ*). Die ausgehöhlten Steine, die als Angelpfannen dienten, waren nicht identisch mit der durchgehenden Schwelle und entsprechend versteckt untergebracht. *sippu* bezeichnet wohl manchmal solche Angelpfannen, vgl. auch *sap̱* in Ex 12, 22, wo es üblicherweise mit „Becken" (für das Blut) übersetzt wird (vgl. KBL³ 720 sub I סף), obwohl es mit *meẓûzôṯ* 'Türpfosten', *mašqôp* 'Oberschwelle' und *pæṯaḥ* 'Tür' zusammensteht (vgl. A. M. Honeyman, Hebrew סף 'Basin Goblet', JThS 37, 1936, 56–59).

II. Das Nomen *sap̱* begegnet 24mal im AT: 11mal bei den Propheten, 6mal im DtrGW, 5mal im ChrGW und 2mal im Esterbuch. Das denominierte Verb *spp* begegnet nur Ps 84, 11 im *hitpo* „an der Schwelle stehen". Im AT wird das Wort hauptsächlich im Zusammenhang mit dem Eingang zum Tempel verwendet; an 3 Stellen ist das Palastportal (1 Kön 14, 17; Est 2, 21; 6, 2; vielleicht auch Zef 2, 14 vom Palast in Ninive) und an 2 Stellen die Tür eines Privathauses gemeint (Ri 19, 27; Ez 43, 8). In den meisten Belegen paßt die Bedeutung 'Türschwelle', bes. Ez 43, 8, wo *sap̱* parallel zu *meẓuzôṯ* 'Türpfosten' steht. Jes 6, 4 verwendet *sap̱* in Verbindung mit dem schwierigen *'ammôṯ*, das auch 'Türpfosten' bedeuten könnte. Der tragische Ausgang des Geschehens Ri 19 zeigt eine Frau, die an der Haustür liegt, „ihre Hände auf der Türschwelle" (v. 27). Die Bedeutung 'Türschwelle' ist zu sehen im Blick auf die palästinische Hauskonstruktion, nach der die Schwelle aus Stein gefertigt war – entweder aus einem Monolithen oder aus Einzelsteinen gemauert – und das umliegende Niveau des Eingangsbereichs leicht überragte (um Eindringen von Wasser zu verhindern).

Obwohl die LXX sich mit diesem Wort schwer tut und zur Übersetzung viele Begriffe anführt (am häufigsten πρόθυρον und σταθμός), so zeigen doch die Belege in Qumran in Zusammenhang mit anderen architektonischen Termini, daß die horizontale Türschwelle als das „grundlegende" Element des Pfortenbereichs gemeint ist. Nach TR 49, 13 ist bei der Verunreinigung des Hauses eine Reinigung des Portals incl. Türschlössern (*mn'wljm*), Türpfosten (*mzwzwt*), Schwellen (*'spjm*), und Oberschwellen (*mšqwpjm*) vorgesehen (differenzierende Explizierung von Num 19, 14ff.); zur Terminologie vgl. auch TR 36, 9 und 5 Q 15, 1, I, 16ff. in der Beschreibung des neuen Jerusalem. Auch 3 Q 15, 2. 12; 12, 2 sind Türschwellen gemeint. Die einzige abweichende Bedeutung könnte in der allerdings unklaren Stelle Ez 40, 6f. vorliegen, wo der Türraum gemeint sein könnte.

III. Die Schwelle spielt eine große Rolle in der allgemeinen Phänomenologie von Grenzbereichen zwischen menschlichen Aktivitäten. Die wichtigste Abgrenzung ist dabei die zwischen den Bereichen des Privaten und des Öffentlichen, wobei die „Schwelle" die neutrale Zone zwischen beiden Bereichen markiert. In vielen Kulturen wird eine Großzahl magisch-religiöser Riten mit der Überschreitung der Schwelle verbunden. Der Boden unter der Schwelle ist oft Ort bestimmter Opfer bis hin zum Schwellenzauber (vgl. B. Rehfeldt, RGG³ 1620). In Ugarit gefundene beschriftete Hacken könnten ein solches Schwellenopfer mit apotropäischer Zielsetzung sein (vgl. H. Weippert, BRL² 132; vgl. UF 6, 1974, 463). Dem Licht sprach man ebenfalls eine apotropäische Kraft zu, weshalb man Lampen unter der Schwelle deponierte (R. H. Smith, BA 27, 1964, 2–31; 101–124, bes. 13).

Besondere Bedeutung liegt solchen Riten dann zugrunde, wenn es sich um eine Schwellenüberschreitung zwischen dem profanen und heiligen Bereich handelt. Dem entspricht folgerichtig, daß *sap̱* im AT primär genau diese „Schwelle" bezeichnet. Im Dagontempel zu Aschdod scheint es den Brauch des Überspringens der Tempelschwelle gegeben zu haben, worauf 1 Sam 5, 4f. anzuspielen scheint. Hier wird allerdings nicht *sap̱*, sondern das Synonym *miptān* gebraucht (vgl. die Deutungsversuche bei H. Donner, „Die Schwellenhüpfer". Beobachtungen zu Zephanja 1, 8f. [JSS 15, 1970, 42–55]).

Die religiöse Bedeutung der Trennung zwischen dem profanen und dem sakralen Bereich im Tempelkomplex wird verstärkt dadurch, daß viele wirtschaftlich und national bedeutende Vorgänge sich innerhalb der Schwelle abspielten, weil sie hier den nötigen Schutz fanden. So suchten auch die Bewohner im Innern eines Hauses Schutz vor den Gefahren von außen. Das Portal eines Hauses war von daher ein kritischer Bereich, dem besondere Aufmerksamkeit zukam, um die Bewegung von Leuten und Gütern über die Schwelle zu kontrollieren.

Aus diesen Gründen sind die drei „Schwellenhüter" (*šomerê hassap̱*, Jer 35, 4; 52, 24; 2 Kön 12, 10; 22, 4; 23, 4; 25, 18; 27, 4; 2 Chr 34, 9) wichtige Beamte in der Tempelhierarchie. Jer 52, 24 = 2 Kön 25, 18 zeigt ihren genauen Rang hinter dem Oberpriester und dem zweitobersten Priester. Ihr Dienst an der Tempelschwelle in fiskalischer und religiöser Hinsicht geht aus ihrer Rolle im Zusammenhang der Kultreform Joschijas (2 Kön 22, 4; 2 Chr 34, 9) und Joahas' (2 Kön 12, 10), aber auch aus Joschijas Tempelreinigung (2 Kön 23, 4) hervor. Ihre Dreizahl rührt daher, daß es 3 Haupttorbereiche zum Tempel gab (Ez 40, 6. 24. 35), dem je ein „Schwellenhüter" vorstand, der den Handelsverkehr durch dieses Tor überwachte (vgl. W. McKane, A Note on 2 Kings 12, 10 [Evv 12, 9], [ZAW 71, 1959, 260–265], der den Aufgabenbereich der Schwellenhüter anders beschreibt). Diese hohen Beamten sind nicht zu verwechseln mit dem rangniedrigeren Amt der levitischen *šo'arê-hassap̱*, die zu Hunderten in der nachexil. Periode Dienst taten, die als „Torwächter" im wörtlichen Sinne amtierten (1 Chr 9, 22; 2 Chr 23, 4; vgl. auch 1 Chr 9, 19, wo *šʿr* durch *šmr* ersetzt ist).

C. Meyers

סָפַד *sāpad*

מִסְפֵּד *misped*

I. 1. Etymologie, Umwelt – 2. Bedeutungsfeld – 3. Valenz – II. Primärer Gebrauch: Totenklage – III. Übertragener Gebrauch – IV. Allgemeiner Gebrauch: Notklage – V. Zusammenfassung – VI. Qumran.

Lit.: *F. Ahuis*, Der klagende Gerichtsprophet. Studien zur Klage in der Überlieferung von den at.lichen Gerichtspropheten (Calwer Theol. Monographien A/12, 1982). – *M. Ayali*, Gottes und Israels Trauer über die Zerstörung des Tempels (Kairos 23, 1981, 215–231). – *E. Feldmann*, Law and Theology in Biblical and Postbiblical Defilement and Mourning Rites, Diss. Emory University 1971 (Microfilm). – *E. Gerstenberger*, Der klagende Mensch. Anmerkungen zu den Klagegattungen in Israel (Festschr. G. von Rad, 1971, 64–72). – *Ch. Hardmeier*, Texttheorie und biblische Exegese. Zur rhetorischen Funktion der Trauermetaphorik in der Prophetie (BEvTh 79, 1978). – *E. Kutsch*, „Trauerbräuche" und „Selbstminderungsriten" im AT (ThSt 78, 1965). – *N. Lohfink*, Enthielten die im AT bezeugten Klageriten eine Phase des Schweigens? (VT 12, 1962, 260–277). – *M. S. Moore*, Human Suffering in Lamentations (RB 90, 1983, 534–555). – *J. Morgenstern*, Rites of Birth, Marriage, Death and Kindred Occasions Among Semites, Chicago 1966. – *H.-P. Müller*, Gilgameschs Trauergesang um Enkidu und die Gattung der Totenklage (ZA 68, 1978, 233–250 bes. 234f.). – *G. S. Ogden*, Joel 4 and Prophetic Responses to National Laments (JSOT 26, 1983, 97–106). – *H. R. Rabinowitz*, Terms for Eulogies in the Bible (BethM 17, 1971/72, 235f. 255). – *G. Rinaldi*, מִסְפֵּד (Bibl 40, 1959, 278). – *J. Scharbert*, Der Schmerz im AT (BBB 8, 1955, 60–62). – *G. Stählin*, κοπετός, κόπτω (ThWNT III 829–860). – *E. F. de Ward*, Mourning Customs in 1, 2 Samuel (JJSt 23, 1972, 1–27. 145–166). – *C. Westermann*, Struktur und Geschichte der Klage im AT (ThBü 24, 1964, 266–305). → אבל *'āḇal*.

I. 1. Die Wurzel *spd* ist im Akk. (*sapādu* ʿklagen, trauernʾ, *sipdu*, *sipittum* ʿTrauerʾ AHw 1024. 1048), im Ugar. (*mšspdt* ʿKlagefrauenʾ WUS Nr. 1944), im Aram. (*s^epad* ʿan die Brust schlagen, Totenklage haltenʾ, *sipdā'* ʿTotenklageʾ, *sāp^edā'* ʿKlagesängerʾ), im Syr. (*s^epad* ʿan die Brust schlagen, klagenʾ) und wahrscheinlich im Äth. (*sadafē* ʿKlageʾ) belegt. Die Grundbedeutung scheint, wie Jes 32, 12 und die Wiedergabe in LXX mit κόπτεσθαι bzw. κοπετός nahelegen, ʿ(die Brust) schlagenʾ zu sein. Überall bezeichnet es zunächst die rituelle Totenklage, dann aber auch Klagegesten und Klagerufe in anderen Notlagen. Im Hebr. kommen neben dem Grundstamm nur der N-Stamm (Jer 16, 4; 25, 13) und das abgeleitete Nomen *misped* vor.

2. Das häufige Vorkommen des Verbs und des Nomens in Nachrichten über den Tod eines Menschen (Gen 23, 2; 50, 10; 1 Sam 25, 1; 28, 3; 2 Sam 1, 12; 3, 31; 11, 26 u.a.) und die enge Verbindung *sāpad – qāḇar* (1 Kön 13, 29; 14, 13; Jer 16, 4; 25, 33) zeigen, daß Verb und Nomen einen wesentlich zur Trauer um einen Toten gehörenden Brauch oder Ritus bezeichnen. Das damit bezeichnete Verhalten wird begleitet von anderen Zeichen der Trauer: → בכה *bāḵāh* ʿweinenʾ (2 Sam 1, 12; Jes 22, 12; Ez 24, 16. 23), fasten (2 Sam 1, 12; Jo 2, 12; Sach 7, 5), Sackleinwand anlegen, Kleider zerreißen (2 Sam 3, 31; Est 4, 1), schreien oder „heulen" (Jer 4, 8; 49, 3; Mi 1, 8), das Leichenlied (*qînāh*) anstimmen (Ez 27, 32). Am häufigsten steht das Verb oder das Nomen in Parallele zu *'āḇal*, *'eḇæl* (Gen 50, 10; 2 Sam 11, 26; Jer 6, 26; Mi 1, 8; Est 4, 3; Sir 34, 17). Aus Gen 50, 10 geht hervor, daß *'āḇal* und *sāpad* nicht einfach Synonyma sind: *misped* ist hier die anscheinend nur einen Tag dauernde rituelle Trauerfeier, die als „groß und sehr ehrenvoll" bezeichnet wird, während *'āḇal* die durch sieben Tage andauernde Trauerhaltung ist. – Verb (Koh 3, 4) und Nomen (Ps 30, 12) stehen in Opposition zu Äußerungen der Freude, vor allem zum „Tanz" (*rāqad*, *māḥôl*).

3. Das Verb steht oft absolut im Sinn von „eine Trauerfeier halten" (2 Sam 1, 12; 1 Kön 13, 29; Jer 4, 8; 49, 3; Ez 24, 16; Jo 1, 13; Mi 1, 8; Koh 3, 4; Sach 7, 5; 12, 12). Auf die Person oder Sache, um die man trauert, wird mit *l^e* (Gen 23, 2; 50, 10; 1 Sam 25, 1; 28, 3; 1 Kön 14, 13. 18) oder *ʿal* (1 Sam 11, 26; 1 Kön 13, 29f.; Jes 32, 12; Sach 12, 10) hingewiesen, unabhängig davon, ob der Leichnam oder die Sache, um die man trauert, gegenwärtig oder abwesend ist. Wenn ausdrücklich betont werden soll, daß der Leichnam bei der Trauerfeier gegenwärtig ist, konstruiert man das Verb mit *lipnê* (2 Sam 3, 31: „vor Abner"). Die *figura etymologica sāpad misped* kommt nur Gen 50, 10 vor; sonst sagt man für „eine Leichenfeier veranstalten" *ʿāśāh misped* (Jer 6, 26; Mi 1, 8). Mit doppeltem *ʿal* ist das Verb konstruiert in Jes 32, 12: *sāpad ʿal šādajim ʿal* „(durch Schlagen) auf die Brust klagen über ..." Daß man beim Verb bzw. Nomen nicht nur an bestimmte Gesten, sondern auch an artikulierte Laute denkt, beweisen Stellen wie 1 Kön 13, 29f.; Jer 22, 18; 34, 5 und Am 5, 16. Ein *misped* besteht u.a. darin, daß man ruft: „Wehe, wehe!" (*hô – hô*), „Wehe, mein Bruder, wehe, Schwester!", „Wehe, Herr, wehe, Majestät!" o.ä. – Beim N-Stamm des Verbs steht als Subjekt die Person, deren Tod man beklagt, also ʿjemand ist Gegenstand der Totenklage, jemandem wird die Totenklage gehaltenʾ o.ä.

II. Verb und Nomen werden am häufigsten gebraucht zur Bezeichnung der Trauerfeier, die bald nach Eintritt des Todes eines Menschen oder bei Eintreffen der Todesnachricht für den Verstorbenen veranstaltet wird. In der Regel findet die Trauerfeier in Gegenwart der Leiche unmittelbar vor der Beisetzung statt (Gen 23, 2; 1 Sam 25, 1; 2 Sam 3, 31; 1 Kön 13, 29f.). Wenn es von einer bedeutenden Persönlichkeit (Samuel: 1 Sam 28, 3; königlicher Prinz: 1 Kön 14, 13. 18; die makkabäischen Helden: 1 Makk 2, 70; 9, 20; 13, 26) heißt, daß „ganz Israel" um sie Totenklage hält, dann bedeutet das wohl, daß man zunächst am Sterbe- und Beisetzungsort in Gegenwart der Leiche, dann aber auch im ganzen Land, sobald sich die Nachricht vom Tod verbreitet, die Totenklage in der Öffentlichkeit abhält. David und seine Leute (2 Sam 1, 12) und die Frau des Urija (11, 26) halten die Totenklage um den gefallenen Saul und seine Söhne bzw. um den im Krieg gefallenen Gatten, sobald sie die Nachricht aus der Schlacht erhalten. Ein längerer Zeitraum zwischen dem Eintritt des Todes und der öffentlichen Trauerfeier liegt in Gen 50, 10 vor: Jakob war in Ägypten gestorben, wurde dann erst einbalsamiert, was nach v. 3 vierzig Tage in Anspruch nahm, und dann in einem feierlichen Leichenzug in das Land Kanaan gebracht. Noch auf ägyptischem Boden, bevor die Leiche in das Land der Väter gebracht wird, veranstalten die Ägypter um Jakob „eine große, ehrenvolle Trauerfeier". Diese Feier wird eigens unterschieden von dem „Beweinen" Jakobs in Ägypten, das nach v. 3 siebzig Tage dauerte. Zwar nicht ausdrücklich gesagt, aber wohl vorausgesetzt ist hier, daß die Söhne Jakobs unmittelbar nach dem Tod ihres Vaters in Ägypten privat die übliche Totenklage halten. Aus Jer 34, 5 geht hervor, daß man zumindest in der späteren Königszeit beim Tod eines Königs die Trauerfeier in enger Verbindung mit der Verbrennung der Leiche hält.

Jeremia droht dem König Jojakim (22, 18) und den Bewohnern Jerusalems (16, 4. 6; 25, 13) an, man werde sie nicht begraben und ihnen keine Leichenfeier veranstalten, weil die Leichen infolge der Kriegswirren unbestattet bleiben. Zum Zeichen dafür soll auch der Prophet kein Trauerhaus betreten und sich an keiner Totenfeier beteiligen (16, 5, → מרזח *marzeaḥ*). Ezechiel soll sich nicht einmal an der Totenfeier seiner plötzlich verstorbenen Frau beteiligen und um sie nicht „weinen", ebenfalls zum Zeichen dafür, daß seine Mitbürger infolge der Kriegswirren keine Trauerfeiern für ihre gefallenen Söhne werden halten können (24, 16. 23). Aus Koh 12, 5 kann man schließen, daß die durch *sāp̄aḏ* bezeichneten Trauerriten auch während des zum Grab sich bewegenden Trauerzugs vollzogen wurden („Die Klagenden ziehen auf der Straße dahin"). Ben Sirach hält nichts von übertriebenen, zu lange dauernden Totenfeiern, sondern rät, *mispeḏ* und *'eḇæl* innerhalb von zwei Tagen zu beenden und sich dann wieder über den Verlust hinwegzutrösten (34, 17).

Eine nachträgliche Totenfeier, anscheinend nachdem man sich zuerst um den Tod des betreffenden Menschen nicht gekümmert und man ihm die übliche Trauerfeier verwehrt hat, erwähnt Sach 12, 10–14. Erst nachdem JHWH seinen „Geist des Mitleids und des Flehens" über sie ausgegossen hat, werden die Bewohner Jerusalems und das „Haus David" über einen „Durchbohrten" eine „Totenklage halten wie die Klage um den einzigen Sohn" (→ יחד *jāḥaḏ*), und diese wird so feierlich sein „wie die Totenklage um Hadad-Rimmon in der Ebene von Megiddo". Daraus erfahren wir, daß man beim Tod des einzigen Sohns besonders eindrucksvoll Klage hielt und daß man in der Umgebung von Megiddo eine Klagefeier um Hadad-Rimmon, wohl Jahr für Jahr, zu halten pflegte. Die meisten Exegeten nehmen an, daß es sich dabei um die Totenklage um eine Vegetationsgottheit handelt. Auf dem Gebiet des ehemaligen Nordreichs dürfte es heidnische Bevölkerung gegeben haben, die solche rituellen Klagefeiern innerhalb ihres Fruchtbarkeitskultes abhielt. Charakteristisch für die durch *sāp̄aḏ* bzw. *mispeḏ* bezeichnete Trauerfeier ist, wie oben festgestellt, das Schlagen auf die Brust und das Ausstoßen von kurzen Ausrufen mittels der Interjektionen *hô-hô* (Am 5, 16) und *hôj* 'wehe!', denen man eine Verwandtschaftsbezeichnung bzw. den Titel „Herr" (*'āḏôn*) hinzufügt, also: „Wehe, mein Bruder!" (1 Kön 13, 30); „Wehe, Herr!" (Jer 34, 5). Aus Jer 22, 18 ersehen wir, daß solche Ausrufe zum Cliché geworden sind: Beim Tod eines Königs ruft man aus: „Wehe, mein Bruder, wehe, Schwester, wehe, Herr, wehe, seine Hoheit (*hoḏoh*)!" Diese Ausrufe sind nicht Bestandteil des Leichenlieds (*qînāh*); sie begleiten es jedoch wahrscheinlich (vgl. 2 Sam 1, 19–27; 3, 33f.). Die häufig bezeugte Verbindung von *sāp̄aḏ* und *mispeḏ* mit anderen Äußerungen des Schmerzes lassen erkennen, daß die Teilnehmer an einer solchen Trauerfeier sich dabei die Kleider zerrissen, sich Staub auf das Haupt streuten, weinten und auch unartikuliert „heulten", manchmal auch fasteten. Diese Zeichen der Trauer dauerten aber offensichtlich über die eigentliche Totenklage am Tag der Beisetzung der Leiche bzw. des Eintreffens der Todesnachricht hinaus und gehörten zu der über mehrere Tage sich erstreckenden „Trauer" (vgl. o.). Wir haben also zwischen der mit der Anstimmung des Leichenlieds verbundenen Trauerfeier (*mispeḏ*) und der über eine längere Zeit einzuhaltenden „Trauer" (*'eḇæl*) zu unterscheiden, bei denen sich aber einige Traueräußerungen überschneiden.

III. In doppelter Übertragung wird das Nomen in Ez 27, 31f. gebraucht: Die Stadt Tyrus wird als untergegangenes Schiff dargestellt, über das wie um einen Toten die Kaufleute Totenklage halten. Sie scheren sich Glatzen, ziehen das Sackkleid an, weinen, halten „bittere Totenklage" (*mispeḏ mar*) und stimmen das Leichenlied an (*w^{e}qôn^{e}nû qînāh*). Die Totenklage um eine Stadt wird auch in akk. Texten erwähnt, um ein Schiff aber m. W. nirgends.

Übertragene Bedeutung liegt auch vor in dem Vergleich der Totenklage des Propheten um sein Volk mit dem *mispeḏ* der Schakale und dem *'eḇæl* der Strauße. Der Vergleichspunkt kann hier nur das an Klagelaute erinnernde Geheul oder Geschrei der genannten Tiere sein (Mi 1, 8).

IV. Ähnlich wie bei der Totenklage verhalten sich Menschen, wenn sie über ein schweres Unglück, über große Not klagen. Daher werden Nomen und Verb auch relativ häufig in solchen Zusammenhängen gebraucht. Dabei ist manchmal schwer zu entscheiden, ob nicht doch Totenklage im eigentlichen Sinn vorliegt. So könnte „große Trauer, Fasten und Weinen, *misped* in Sackgewand und Staub" (Est 4, 1–3), die Mordechai und die Juden im ganzen Perserreich halten, nicht nur die allgemeine Klage in der großen Gefahr sein, in der man sich wegen des Erlasses des Königs befindet, sondern vorweggenommene Totenklage über sich selbst, weil niemand anderer mehr sie über die ermordeten Juden halten wird. Auch in den prophetischen Gerichtsreden, in denen dem eigenen Volk oder fremden Völkern Gemetzel im Krieg angedroht wird, kann Verb oder Nomen zusammen mit anderen Äußerungen der Klage sowohl die Klage über die allgemeinen schrecklichen Nöte ausdrücken, die der Krieg mit sich bringt, wie auch die eigentliche Totenklage über die gefallenen Krieger und die von feindlicher Soldateska Ermordeten (Jer 4, 8; 6, 26; 48, 38; 49, 3; Am 5, 16f.; Mi 1, 8.11). Die Verwüstung der Felder und Weingärten aber wird Ursache dafür sein, daß man „klagend auf die Brüste schlägt" (Jes 32, 12). Joël 1, 13 fordert die Priester auf, sich mit Sackleinwand zu bekleiden, zu „heulen" und „einen Klageritus abzuhalten" (*sāpad*), weil Heuschrecken die Weinstöcke und Felder verwüstet haben. Hier ist offensichtlich eine kultische, durch eine Naturkatastrophe veranlaßte Klageliturgie gemeint, bei der die Priester als liturgisches Personal fungieren.

Eine liturgische Klagefeier verbunden mit Fasten zu bestimmten Terminen im Verlauf des Jahres, nämlich im 5. und 7. Monat, fand nach Sach 7, 5 „siebzig Jahre lang" in Jerusalem zur Erinnerung an die Tempelzerstörung im Jahr 586 v. Chr. statt.

Das Nomen kann u. U. auch Bußriten bezeichnen. So fordert nach Jes 22, 12f. JHWH die Bewohner Jerusalems auf „zum Weinen, zu *misped*, zur Glatze und zum Sackleinwand-Anlegen", muß aber feststellen, daß man sich ausgelassenen Vergnügungen und ausgedehnten Gelagen hingibt. Nach Joël 2, 12f. fordert JHWH angesichts des Unheils, das das Volk mit der Heuschreckenplage getroffen hat, die hier offensichtlich als Strafe für die Sünden gesehen wird, das Volk auf, „von ganzem Herzen mit Fasten und Weinen und *misped* zu mir umzukehren" und nicht die Kleider, sondern die Herzen zu zerreißen.

V. Das vom Stamm *spd* gebildete Verbum und Nomen bezeichnet im AT also einen Komplex von Äußerungen großen Schmerzes, der vorwiegend aus dem Gestus des auf die Brust Schlagens und aus mehr oder weniger durch Herkommen standardisierten oder auch spontanen Klagerufen und Klagelauten besteht. Das entsprechende Verhalten ist nicht immer deutlich von *'āḇal* zu unterscheiden. Primärer Ort der durch Verb und Nomen bezeichneten Schmerzäußerungen ist die Klage um einen Toten; dann gehört dazu das Leichenlied (*qînāh*), jedoch ist dieses damit nicht identisch, sondern ist Teil des *misped*, also der „Trauerfeier". Daß die durch den Stamm *spd* bezeichneten Äußerungen des Schmerzes stark rituell gebunden sind, zeigt sich daran, daß Nomen und Verb auch liturgische Feiern zur Erinnerung an schmerzliche Ereignisse (Tempelzerstörung) und von Priestern geleitete Feiern zur Bekundung der Buße und religiösen Umkehr ausdrücken. *misped* kann hier das Zusammenströmen zu gemeinsamer Klagefeier andeuten, wie vor allem Am 5, 16 nahelegt. In dichterischer Sprache kann man von der „Totenfeier" über eine zerstörte Stadt oder um ein gesunkenes Schiff reden, wie man darüber auch eine „Leichenklage" anstimmen kann. Sach 12, 10–14 bestätigt, daß *spd* rituell streng geordnete Klagefeiern bezeichnet: Hier klagen um den „Durchbohrten" die Teilnehmer getrennt nach Sippen und diese wiederum streng getrennt nach Männern und Frauen. Die rituelle Ordnung mag nicht jedesmal so streng eingehalten worden sein, sie wird insbesondere bei der Klage über Kriegsnot oder andere Katastrophen nicht immer beobachtet worden sein, aber sie scheint auch nicht jeder Formalität entbehrt zu haben.

VI. In Qumran ist nur *misped* ein einziges Mal in 1 QH 11, 22 belegt, wobei dieser Beleg den Begriff in das Repertoire der Synonyme hineinstellt. Der Beter führt nahezu das ganze Wortfeld von Klage und Trauer an, wenn er angesichts seiner anthropologischen Erkenntnisse in bittere Trauer (*'eḇæl m^erôrîm*) und in kummervolle Trauer (*'eḇæl jāḡôn*) verfällt. Sein Sinnen ist voller Kummer (*'ᵃnāḥāh*) und er bricht in bittere Wehklage (*misped mᵉrôrîm*) aus.

Scharbert

סָפָה *sāp̄āh*

1. Etymologie – 2. Gebrauch im AT – 3. LXX und Qumran.

1. Die Wurzel *spj* findet sich außer im Hebr. im Jüd.-Aram. ('sammeln, vernichten, umkommen'), Syr. ('sammeln') und Arab. ('Staub aufwirbeln und forttragen', vom Wind), während asarab. 'zerstören' (Conti-Rossini 198b) zweifelhaft ist (vielleicht minäisches Kausativ von *f'j*). Aram. und syr. 'sammeln' ist bedeutungsgleich mit hebr. *'āsap̄*, das übrigend auch 'wegnehmen, ausrotten' bedeuten kann. Die Form *sāp̄û* Am 3, 15 (par. *'āḇᵉdû*) könnte auch von *sûp̄* 'ein Ende nehmen' abgeleitet werden, aber Jer 12, 4 hat ein intrans. *sāp̄ᵉṯāh* „schwindet dahin", das nur aus *sāp̄āh* hergeleitet werden kann. Statt *sᵉp̄ôṯ* Num 32, 14; Jes 30, 1 ist wohl *sæpæṯ* (von *jāsap̄* 'hinzufügen') zu lesen; ebenso ist die *hiph*-Form *'aspæh* Dtn

32, 23 wahrscheinlich *'osipāh* zu lesen und von *jāsap* abzuleiten (oder liegt eine Form von *'āsap* vor? vgl. LXX συνάξω). Möglicherweise handelt es sich um verschiedene Erweiterungen einer Basis *sp*, aber die semantische Entwicklung bleibt dann unklar. Eher sind graphische Varianten anzunehmen.

Es bleiben somit für *qal* 6 sichere Belege (+ Am 3, 15) und für *niph* 9 (+ 2mal Sir).

2. Zunächst ist das Wegraffen ganz konkret gemeint. David schont Saul mit den Worten: „JHWH möge ihn schlagen, ob nun der Tag kommt, an dem er sterben muß, oder ob er in den Krieg zieht und dort umkommt ('hinweggerafft wird')" (1 Sam 26, 10). Die Worte *jômô jāb̲ô' wāmet̲* beziehen sich auf den natürlichen Tod, *bammilḥāmāh jered̲ wᵉnispāh* auf den gewaltsamen Tod im Krieg. Sowieso wird ihn das Gericht JHWHs treffen. Ein anderes Mal befürchtet David, daß er „durch die Hand Sauls weggerafft (d. h. umgebracht) werde" (1 Sam 27, 1). Jes 13, 15 schildert die Auflösung des babyl. Heeres: sie werden fliehen, und „wer eingeholt ('gefunden' *māṣā'*) wird, wird durchbohrt, und jeder, der erfaßt ('weggerafft', aus der Schar der Fliehenden aufgegriffen) wird (*sāp̄āh niph*), fällt durch das Schwert. – Ps 40, 15 spricht von Feinden, die nach dem Leben des Beters trachten, „um es wegzuraffen". Schließlich ist 1 Chr 21, 12 mit der Parallele 2 Sam 24, 13 *nusᵉk̲ā(h)* („du mußt fliehen") statt *nispæh* zu lesen.

Von den theologisch interessanten Belegen beziehen sich 4 auf die Zerstörung von Sodom. In der Fürbitte fragt Abraham Gott: „Willst du auch den Gerechten mit dem Gottlosen wegraffen?" (Gen 18, 23). Die Alternative „vergeben" (*nāśā'* v. 24) zeigt an, daß das Wegraffen oder Vernichten als Sündenstrafe gemeint ist. Am Morgen des Tages der Zerstörung wird dann Lot von Gott aufgefordert, mit seiner Familie in die Berge zu fliehen, damit er nicht weggerafft werde (*niph*, Gen 19, 15. 17). Um Sündenstrafe handelt es sich auch ausdrücklich in Num 16, 26. Bei dem Aufruhr von Korach fordert Mose die Gemeinde auf, sich von ihm und seinen Anhängern fern zu halten; „sonst werdet auch ihr wegen aller ihrer Sünden weggerafft". Und in Samuels Abschiedsrede (1 Sam 12) heißt es: „Wenn ihr wieder Böses tut, dann werdet sowohl ihr als auch euer König dahingerafft werden" (v. 25).

Der Text von Spr 13, 23 ist dunkel; vielleicht ist zu übersetzen: „Speise in Menge trägt der Neubruch (?) des Armen, aber Besitz (*ješ*) geht verloren ('wird weggerafft') durch Mangel an Recht (*bᵉlo' mišpāṭ*)". Klar ist nur, daß ein Kausalzusammenhang besteht zwischen Mangel an Recht und Wegraffung. In der Strafankündigung von Jes 7, 18–20 wird angedroht, daß JHWH „mit dem Messer, das er jenseits des Eufrat gekauft hat" (dem König von Assur), Israel „den Kopf kahlscheren wird", „und auch den Bart schneidet er ab (*sāpāh qal*)". Ein konkretes Bild bringt die völlige Verwüstung des Landes zum Ausdruck. In Jer 12, 4 wird *sāp̄āh* intrans. verwendet: „Weil die Bewohner [des Landes] Böses tun, schwinden Vieh und Vögel dahin (*sāp̄ᵉṯāh*)." Hierher könnte, wie schon angedeutet, auch Am 3, 15 gerechnet werden: die schönen Häuser von Samaria werden zugrunde gehen (*'āb̲ᵉd̲û*) und verschwinden (*sāp̄û*) oder, wenn man *sāpû* von *sûp̲* ableitet: „es wird mit ihnen zu Ende sein" (vgl. *sāp̄û tammû* Ps 73, 19).

Dtn 29, 18 ist nicht eindeutig. Es handelt sich um den Götzenanbeter, der für sich einen Segen spricht und sagt: „Mir wird *šālôm* zuteil, ich kann in der Verstocktheit meines Herzens wandeln *lᵉma'an sᵉp̄ôṯ hārāwāh 'æṯ-haṣṣᵉme'āh*. Erstens ist nicht klar, ob *lᵉma'an* seine eigene Absicht oder die tatsächliche Folge ausdrückt. Zweitens kann *sᵉp̄ôṯ* entweder trans. ('wegschaffen') oder intrans. ('verschwinden') sein. Drittens kann *'æṯ* nota acc. oder Präp. 'mit' sein (EÜ wählt hier die erste Alternative: „damit Wasserfülle die Dürre beendet" – das würde also seine sorglose Absicht sein). Erwägenswert scheint der Vorschlag von Bertholet, KHC 5, 1899, 90, nach dem „das Bewässerte mitsamt dem trockenen [Land] (= alles ohne Unterschied) wegraffen" etwa wie ein Wildbach, eine sprichwörtliche Redensart ist. Der Götzenanbeter bewirkt also durch seine Hybris, daß Gerechte und Ungerechte zugleich vom Untergang betroffen werden (anders J. Blau, VT 7, 1957, 99f., der hier die Wurzel *šph* [vgl. arab. *šafā* 'heilen'] findet: Durst stillen).

Sir 5, 7 sagt, daß der Zorn JHWHs plötzlich losbricht, so daß der Mensch am Tage der Rache (Vergeltung) weggerafft wird. Sir 8, 15 warnt vor Gemeinschaft mit einem Gewalttätigen, „denn durch seine Torheit wirst du weggerafft", d. h. er wird dich mit sich ins Unglück ziehen.

3. Die LXX zieht als Übersetzung (συν)απολλύναι vor (6mal), danach προστιθέναι 'ausliefern' (3mal in 1 Sam), außerdem begegnet ἀφαιρεῖν, ἐξαιρεῖν, ἀφανίζεσθαι, συμπαραλαμβάνειν und συνάγειν.

Die zwei Qumranbelege stehen beide mit Dtn 29, 18 in Beziehung. 1 QpHab 11, 14 heißt es vom bösen Priester, daß er auf den Wegen der Trunksucht wandelte *lᵉma'an sᵉp̄ôṯ haṣṣᵉme'āh*, was hier bedeuten muß „um den Durst zu beseitigen (löschen)". 1 QS 2, 14 zitiert mit einigen Veränderungen die Dtn-Stelle und bezieht sie auf denjenigen, der ohne Buße die Vorteile des Bundes genießen will; er sagt: „Möge mir *šālôm* zuteil werden, wenn ich auch in der Verstocktheit meines Herzens wandle." Und der Verfasser fährt fort: „Sein Geist wird weggerafft werden, der durstige (Geist?) mit dem gesättigten, ohne Vergebung."

Ringgren

סָפַק *sāpaq*

סֶפֶק *sæpæq*, שָׂפַק *śāpaq*

1. Etymologie – 2. *sāpaq* ʿschlagen, klatschenʾ – 3. *śāpaq* ʿgenügen, überfließenʾ – 4. LXX.

1. Hebr. *sāpaq* (Ijob 27, 23 und in einigen Hdschr. 34, 37 *śāpaq* geschrieben) ʿklatschen, schlagenʾ, hängt offenbar mit arab. *safaqa* ʿklatschend schlagenʾ, ʿHandschlag gebenʾ zusammen; es findet sich auch im Jüd.-Aram. Daneben gibt es ein *śāpaq* ʿgenügen, überfließenʾ, das auch in mehreren aram. Dialekten belegt ist (als aram. Lehnwort auch im Akk., AHw 1026) und mit asarab. *šfq* ʿgenügen, reichlich seinʾ (Biella 522) zusammenhängt; arab. *šafiqa* ʿMitleid habenʾ (II. und IV. Form ʿverminderʾ) gehört wohl nicht hierher.

2. „Die Hände (*kappajim*) klatschen" steht in Ijob 27, 23 und Klgl 2, 15 parallel zu *šāraq* ʿzischen, pfeifenʾ als Ausdruck der Schadenfreude oder der Verachtung. In einer längeren Ausführung (Ijob 27, 13–23) stellt Zofar das endgültige Schicksal des Gottlosen dar und schließt mit den Worten: „Man klatscht über ihn die Hände und zischt (spottet) über ihn, wenn er davongeht (? *mimmeqômô*)". Nach Klgl 2, 15 klatschen alle Vorübergehenden die Hände über Jerusalem, zischen und schütteln (*nûaʿ*) ihren Kopf. Der Sinn der Geste kommt in den geäußerten Worten zutage: „Ist das die Stadt, die man ʿVollendung der Schönheitʾ nannte?" Es geht wohl weniger um Leid und Entsetzen als um Schadenfreude und Triumph. Die Geste könnte ursprünglich auch einen apotropäischen Sinn gehabt haben. Zef 2, 15 bietet eine andere Kombination mit Bezug auf „die fröhliche Stadt" der Feinde: *šāraq* und *heniaʿ jād* „die Hand schütteln", eine Geste, die zugleich abwehrend und spöttisch ist. Mit *kappajim* verbindet sich das Verb auch Num 24, 10. Als Bileam schon dreimal Israel gesegnet hat, „entbrannte der Zorn Balaks, und er schlug seine Hände zusammen". Die Geste drückt hier zunächst „die Gemütsbewegung des Unwillens" aus (M. Noth, ATD 7, 107).

Ijob 34, 37 ist umstritten. Elihu sagt von Ijob, daß er verdient, bestraft zu werden, „denn er fügt Missetat (*pæšaʿ*) zu seiner Sünde (*ḥaṭṭāʾṯ*), unter uns schlägt er (*bênênu jispôq*) und mehrt seine Worte gegen Gott". Entweder ergänzt man hier *kappajim*: er schlägt seine Hände zusammen als Ausdruck seiner spöttischen Einstellung zu Gott, was mit dem Mehren rebellischer Worte gut vereinbar ist, oder stellt man *spq* mit aram. *spq pa* ʿZweifel veranlassen, Zweifel erhebenʾ zusammen und nimmt *pæšaʿ* als Obj.: „er zieht seine Sünde in Zweifel".

Zweimal ist *jāreḵ* ʿLendeʾ Obj. zu *sāpaq*. Nach Jer 31, 19 wird das zu JHWH umkehrende Efraim (Nordreich) sagen: „Nach meiner Umkehr (*šûḇ*) fühle ich Reue (*nḥm*), nachdem ich zur Einsicht gekommen bin (*jdʿ niph*), schlage ich mir auf die Lende, ich schäme mich (*bôš*) und bin beschämt (*klm niph*)." Nach dem Kontext drückt die Geste hier das Gefühl der Beschämung aus; vielleicht könnte es eine herkömmliche Klagegeste sein. Nach Ez 21, 17 soll der Prophet, als er die Nachricht von JHWHs Schwert erfährt, sich auf die Lende schlagen; der Vers enthält auch die Aufforderung: „Schreie und klage (*zeʿaq wehêlel*)." Es handelt sich also wieder um eine Klagegeste oder einen Ausdruck des Entsetzens. Zu bemerken ist, daß in vv. 19. 22 vom Zusammenschlagen der Hände (*hikkāh kap ʾæl-kap*) die Rede ist.

Um ein Schlagen im Sinn der Strafe geht es Ijob 34, 26. Elihu sagt: „Wie Frevler schlägt er sie an einem Ort, wo man es sieht." Der folgende Vers gibt den Grund an: „weil sie von ihm wichen, nicht achteten auf alle seine Wege".

3. Die *hiph*-Form Jes 2, 6 ist umstritten. Der Prophet rügt „das Haus Jakob", weil sie „voll von Orakelwesen (l. *miqsām*) sind, Wahrsagerei treiben und „Kinder von Fremden *jaspîqû*". Meist hat man mit Hinweis auf arab. *safaqa* ʿHandschlag gebenʾ (vgl. Wildberger, BK X/1², 91 ff.) an Bündnisschließen mit Ausländern gedacht; viel wahrscheinlicher liegt jedoch *śpq* ʿreichlich seinʾ zu Grunde, was auch als Par. zu *māleʾ* ʿvoll seinʾ paßt: das Land ist übervoll von Fremden (vgl. J. Barr, Comparative Philology 232f.). Dasselbe *śpq* liegt dann auch 1 Kön 20, 10 vor. Der Aramäerkönig Ben-Hadad schwört, der Staub von Samaria soll nicht ʿausreichenʾ, um die Hände seines Gefolges zu füllen.

Dieses Verb findet sich auch an einigen Sir-Stellen. „Die Weisheit JHWHs ist reich, er ist stark an Macht und sieht alles", heißt es Sir 15, 18. In Sir 31, 12 ist *spwq* der „Überfluß" des Tisches, und in 31, 30 schafft der Wein viele Wunden (*mspq pṣʿ*).

Ein Nomen *sæpæq* kommt zweimal in Ijob vor. Einmal heißt es, der Reiche gerät trotz der Fülle seines Überflusses (*melôʾṯ sipqô*) in Not (20, 22). Ijob 36, 18 ist zweifelhaft. MT lautet: „Der Zorn (Textfehler?) soll dich nicht verleiten im *sæpæq*". Heißt *besæpæq* „beim Schlag (Gottes)", „im Überfluß" oder „beim höhnischen Zusammenschlagen der Hände"? Der zweite Halbvers spricht jedenfalls von reichlicher Bestechung.

4. Die LXX übersetzt 2mal κροτεῖν (τὰς χεῖρας) (Ijob 37, 23; Klgl 2, 15; so auch Ez 21, 17, was *jādeḵā* statt *jāreḵ* voraussetzt) und Num 24, 10 συγκροτεῖν ταῖς χερσίν. Im übrigen wird umschrieben oder ein anderer Text gelesen.

Ringgren

סָפַר *sāpar*

מִסְפָּר *mispār*

I. 1. Grundbedeutung, Vorkommen – 2. Wiedergabe in der LXX – II. Das Verb *spr* – 1. *qal* und *niph* – 2. *pi* und *pu* – III. Das Nomen *mispār* – IV. Die Wortgruppe in den Qumrantexten.

Lit.: *M. Dahood*, Hebrew-Ugaritic Lexicography (Bibl 48, 1967, 428f.). – *E. Jenni*, Das hebräische Piʿel, Zürich 1968. – *J. Kühlewein*, ספר *sēfær* Buch (THAT II 162–173). – *S. Ö. Steingrimsson*, Att räkna upp Herrens under (SEÅ 44, 1979, 68–73). – *S. Wagner*, ידע in den Lobliedern von Qumran (Bibel und Qumran. Festschr. H. Bardtke, 1968, 232–252).

I. 1. Das Verb *spr* hat die Grundbedeutung ʿzählen'. Bezeugt ist es 27mal im *qal* (davon 2mal das Ptz. *soper* [dazu s.u.]; außerdem ist in Num 23, 10 *mî sāpar* statt *mispār* zu lesen [s. BHS]), 8mal im *niph* (als Passiv zum *qal*), 67mal im *pi* (mit resultativer Bedeutung ʿaufzählen, erzählen', davon 30mal in den Psalmen, in Ps 69, 27 jedoch text. crrpt. [s. BHS], ebenso wohl auch in Ps 64, 6 [s. BHS; Kraus, BK XV/2, 605]), 5mal im *pu* (als Passiv zum *pi*). Davon abgeleitet ist das Nomen *mispār* ʿZahl', das 133mal vorkommt (jedoch fraglich in 1 Chr 11, 11 [s. BHS; Rudolph, HAT I/21, 96] und fälschlich in 1 Chr 27, 24bβ [statt *sepær*, s. BHS] und in Num 23, 10 [dazu s.o.]; außerdem einmal in der dem *pi* entsprechenden Bedeutung ʿErzählung' in Ri 7, 15), sowie das hap. leg. *sᵉpār* ʿZählung' (2 Chr 2, 16, aramaisierende Vokalisation, s. M. Wagner, BZAW 96, 1966, 88f.). Unklar ist *sᵉporôṯ* in Ps 71, 15 (ʿZahl'? denom. von *soper* oder text.crrpt.? s. L. Delekat, VT 14, 1964, 32f.; E. Würthwein, ZAW 79, 1967, 218; KBL³ 725). Die Wortgruppe ist auch in den hebr. erhaltenen Teilen des Sirachbuches bezeugt (7mal das Verb, 8mal *mispār*).

Außer im Hebr. (zum Mhebr. s. WTM III 573f. [Verb], 174. 578 [Ableitungen]; zu den Qumrantexten s.u. IV.) ist die Wortgruppe im Ugar. (UT Nr. 1793, WUS Nr. 1947 [in den Kolophonen jedoch nicht, wie hier angenommen, das Perfekt eines Grundstammes ʿschreiben', sondern das Nomen *spr* ʿSchreiber', s. UT]) und im Phön.-Pun. (*mspr*, DISO 161) bezeugt, abgewandelt auch im Äth. (*safara* ʿmessen', Dillmann, LexLingÄth 404; WbTigre 201a) und im Asarab. (*sfrt* ʿMaß', Biella 342). Sie fehlt in den meisten aram. Sprachen (auch im Bibl.-Aram.). Erst in einigen jüngeren ist sie bezeugt (*spr* im Samar. [*pᵉʿal* und *paʿel*] und Syr. [*pᵉʿal*] ʿerzählen', s. J. L. Palache, Semantic Notes on the Hebrew Lexicon, Leiden 1959, 52; Brockelmann, LexSyr 493). Das genuin-aram. Äquivalent ist die Wortgruppe *mnj*, die auch im Hebr. des AT vertreten ist, so daß sich im *qal* und *niph* Überschneidungen ergeben (→ מנה *mānāh*).

Umstritten ist, ob zwischen der hier zu behandelnden Wortgruppe und dem Nomen → ספר *sepær* sowie der Partizipialform → ספר *soper* ein etymologischer Zusammenhang besteht. Auf alle Fälle ist die erstere von den letzteren semantisch zu trennen. Lediglich das zweimalige *soper* in Jes 33, 18 ist als Ptz. direkt von *spr qal* abzuleiten. In Ps 56, 9; 87, 6 ist allerdings die auch im Mhebr. (s. WTM III 573f.) und im späten Aram. (vgl. MdD 335a) bezeugte Bedeutung ʿ(auf)schreiben' für *spr qal* wahrscheinlich oder zu erwägen (s.u. II.1.). Hier dürfte es sich jedoch um eine sekundäre Bedeutungsentwicklung unter Einfluß von *sepær* oder *soper* bzw. um eine sekundäre Ableitung von diesen handeln. Die Annahme anderer Bedeutungsinhalte der Wortgruppe bzw. einer anderen Herleitung bei einzelnen Belegen (vgl. F. Zimmermann, JQR 29, 1938/39, 241f.; L. Kopf, VT 9, 1959, 268) ist nicht gerechtfertigt.

2. Das *qal* und *niph* von *spr* wird in der LXX, von wenigen Ausnahmen abgesehen, mit ἀριθμεῖν bzw. ἐξαριθμεῖν wiedergegeben, das *pi* und *pu* überwiegend mit διηγεῖσθαι, seltener mit ἐξηγεῖσθαι, ἐκδιηγεῖσθαι sowie verschiedenen Komposita von ἀγγέλλειν, vereinzelt mit anderen Verben. In Ps 48, 13; 87, 6 wird das *qal* durch διηγεῖσθαι, in Ps 56, 9 durch ἐξαγγέλλειν, in Ijob 38, 37; Ps 22, 18 dagegen das *pi* durch ἀριθμεῖν bzw. ἐξαριθμεῖν wiedergegeben (für *soper* in Jes 33, 18bα γραμματικοί). Das Äquivalent für das Nomen *mispār* ist ἀριθμός, nur vereinzelt treten dafür andere Nomina oder Verbalformen ein (z. B. ἀναρίθμητος für *'ên mispār*; in Ri 7, 15 διήγησις [ἐξήγησις]).

II. 1. Im *qal* und *niph* bezeichnet *spr* das Abzählen gleicher Größen für einen bestimmten Zweck. So sollen Tage, Wochen oder Jahre abgezählt werden, um einen Zeitraum abzugrenzen bzw. einen Zeitpunkt zu bestimmen (Lev 15, 13. 28; 23, 15f.; 25, 8; Dtn 16, 9; Ez 44, 26). Vor der Rückgabe der Tempelgeräte an Scheschbazzar werden diese gezählt (Esra 1, 8), d. h. ihr Bestand wird überprüft und erfaßt (vgl. vv. 9–11a, vgl. auch die Überprüfung eines Depositums nach Sir 42, 7 [B]). Dies ist zugleich der offizielle Akt, durch den die Geräte dem ursprünglichen Eigentümer wieder zur Verfügung gestellt werden. Der Gesichtspunkt des Verfügens bzw. Verfügtwerdens ist auch für die meisten anderen Belege im *qal* und *niph* maßgeblich. So werden die Häuser Jerusalems gezählt, um zu überprüfen, wie viele bei einer Belagerung abgerissen werden können, um Baumaterial für die Ausbesserung der Stadtmauer zu gewinnen (Jes 22, 10). Es geht also speziell darum, alle die Häuser zu erfassen, über die zwecks Abbruch verfügt werden kann, um eine wirksame Verteidigung zu sichern (→ נתץ *nṯṣ* II.4.). Nach 1 Chr 23, 3 erfolgt eine Zählung der Leviten, um sie dann verschiedenen Dienstbereichen zuzuweisen (v. 4f.). Der Akt des Zählens ist daher vor allem ein Ausdruck von Verfügungsgewalt und Macht. Durch Zählen und Wiegen von Kontributionen beweist ein Fremdherrscher seine Macht über das ihm unterworfene Volk (Jes 33, 18abα). Salomo läßt Zählungen durchführen, um sich Arbeitskräfte für den Tempelbau zu verschaffen (2 Chr 2, 1. 16). Dabei sollen die enorm hohen Zahlen zugleich deutlich werden lassen, wie groß seine Verfügungsgewalt ist. Umgekehrt wird beim Zählen der Befestigungstürme die Unangreifbarkeit und Macht Jerusalems manifest (Ps 48, 13, davon abhängig der Zusatz Jes 33, 18bβ, → מגדל *miḡdāl* II.2.). Entsprechend sind die Aussagen über Unzählbarkeit zu verstehen (zu den Vergleichen mit Sand und Sternen → חול *ḥôl* II., → כוכב *kôḵāḇ* II.2.). Durch die

Feststellung, daß Josef eine unzählbare Menge von Getreide bereitstellen läßt (Gen 41, 49), wird zum Ausdruck gebracht, daß Ägypten nun über geradezu grenzenlose wirtschaftliche Sicherheit und Stärke verfügt, um die kommenden Dürrejahre zu überstehen. Wird ein Volk als unzählbar groß bezeichnet, dann bedeutet das, daß es überaus mächtig ist und keine andere Macht der Welt darüber verfügen kann. Dies gilt für die Mehrungsverheißung an die Erzväter im Blick auf das künftige Israel (Gen 15, 5; 32, 13; vgl. Hos 2, 1; in Gen 16, 10 auf die Ismaeliten und in Jer 33, 22 auf die Davididen und Leviten übertragen). Der Gesichtspunkt der Nichtverfügbarkeit wird besonders an zwei Stellen deutlich, bei denen die Erfüllung der Mehrungsverheißung vorausgesetzt wird, nämlich in Num 23, 10 (text. emend., s. o. I. 1.) im Zusammenhang mit v. 7 sowie in 1 Kön 3, 8, wonach ein so unzählbar großes Volk von einem unerfahrenen König nicht zu regieren ist.

Die Mehrungsverheißung wird von JHWH gegeben. Er ist es, der Israel so unermeßliche Größe verleiht. Die Verheißung und ihre Erfüllung ist daher zugleich ein Zeugnis dafür, daß er über Möglichkeiten verfügt, die menschliches Vorstellungs- und Handlungsvermögen bei weitem übersteigen. Entsprechendes gilt für die beim Zählen der Befestigungstürme sich bekundende Unangreifbarkeit Jerusalems (Ps 48, 13, dazu s. o., vgl. bes. vv. 2–9). Handelt es sich hier um Aussagen, die indirekt auf JHWHs unerhörte Verfügungsgewalt schließen lassen, so wird dies in Ps 139, 17f. direkt angesprochen: seine Gedanken sind unergründlich (*jāqār*, → יקר *jāqar* III.) und nicht zu zählen. Das bedeutet im Gesamtzusammenhang des Psalms, daß der Mensch ihm völlig ausgeliefert ist und dies als Zuwendung und Belastung zugleich erfährt. Ganz allgemein und andeutend wird auch durch die Erwähnung zahlloser Opfer bei der Einweihung des Tempels (1 Kön 8, 5; 2 Chr 5, 6) auf die Größe und Macht JHWHs hingewiesen.

Nur vereinzelt ist JHWH selbst Subjekt von *spr*. Auch dabei geht es letztlich um Verfügungs- und Entscheidungsgewalt. So zählt er die Schritte Ijobs, d. h. er überprüft sie und erfaßt dabei seine Verfehlungen bis ins einzelne, um dann entsprechend über ihn zu entscheiden (Ijob 14, 16 [dazu s. Fohrer, KAT XVI 259]; 31, 4), und Ps 56, 9 zufolge „zählt" er das Elend des Psalmisten, erfaßt es also auf das genaueste, um dann helfend einzuschreiten. Im letzteren Falle könnte *spr* freilich auch die Bedeutung 'aufschreiben' haben (vgl. die Glosse v. 9b, zur Entstehung dieser Bedeutung s. o. I. 1.). Sehr wahrscheinlich ist diese Deutung für Ps 87, 6, da es sich dort offensichtlich um Eintragung in ein himmlisches Verzeichnis handelt (*k^{e}tāb* [text. emend., s. BHS], → כתב *kātab* IV. B. 3.). Logisches Subjekt ist JHWH in Ijob 39, 1f.: Er kümmert sich um die Wurfzeit von Wildtieren (→ ידע *jāda'* III. 1. f., → שמר *šāmar*) und zählt die Monate ihres Trächtigseins. Das ist Ausdruck seiner Zuwendung zu ihnen, im Gesamtzusammenhang der Gottesrede (Ijob 38f.) aber vor allem Beweis für die Souveränität, mit der er auch über die dem Menschen nicht zugänglichen Bereiche der Natur verfügt.

Ein unerlaubter menschlicher Eingriff in seine Verfügungsgewalt über Israel ist die von David veranlaßte Zählung der wehrfähigen Männer (2 Sam 24, 10; 1 Chr 21, 2; dazu → מנה *mānāh* II. 1.).

2. Im *pi* und *pu* hat *spr* resultative Bedeutung im Sinne von 'abzählen, nachzählen' einer in ihrer Gesamtzahl bereits bestimmten Menge (s. Jenni 128f.). Sofern ein echter Zählvorgang gemeint ist, sind grundsätzlich die gleichen Aspekte wie für die Belege im *qal* und *niph* maßgeblich. Der von Feinden Bedrängte zählt seine Gebeine ab, d. h. er erfaßt das eigene Leiden in seinem vollen Ausmaß (Ps 22, 18). Wenn andererseits JHWH die Wolken abzählt (Ijob 38, 37) und die dem Menschen unzugängliche Weisheit ermißt (Ijob 28, 27, → חכם *ḥākam* VI. 2.) oder wenn umgekehrt seine Wunder und Pläne für den Menschen nicht nachzuzählen sind (Ps 40, 6, → פלא *pl'*, → חשב *ḥāšab* III. 3.), dann wird dadurch die Unbegrenztheit seiner Verfügungsgewalt erwiesen.

An anderer Stelle liegt das eigentliche Gewicht nicht auf dem Vorgang des Aufzählens selbst, sondern auf den Inhalten, die dabei mitgeteilt werden. So führt Haman seine Reichtümer und Vergünstigungen auf, um seine einflußreiche Stellung zu dokumentieren (Est 5, 11). Mose teilt dem Volk alle Anordnungen JHWHs mit und macht damit deutlich, welche Verpflichtung es dem letzteren gegenüber einzugehen hat (Ex 24, 3). Der Fromme zählt alle diese Anordnungen selbst auf als Zeichen seiner Treue zu JHWH (Ps 119, 13, vgl. dagegen Ps 50, 16). Im Rechtsstreit mit JHWH soll Israel (alle) seine Argumente vorbringen, um zu beweisen, daß es ihm gegenüber im Recht ist (Jes 43, 26).

Bei allen übrigen Belegen geht es ausschließlich um ein (der Reihe nach erfolgendes und vollständiges) Mitteilen bestimmter Inhalte, so daß das *pi* generell mit 'erzählen' wiederzugeben ist (entsprechend auch das *pu* in allen Belegen). Als Inhalte werden persönliche oder gemeinsame Erlebnisse (Gen 24, 66; 29, 13; Num 13, 27; Jos 2, 23) bzw. besondere Vorfälle (1 Sam 11, 5; 1 Kön 13, 11) genannt (dazu gehört auch die fälschliche Wiedergabe von Vorfällen bei Anklage vor Gericht, Ps 59, 13, → אלה *'ālāh* II. 2., → כחש *kāḥaš* II. 2.). Spezielle und besonders bedeutsame Erlebnisse sind Träume, die erzählt werden, um ihre Deutung zu erfahren (Gen 40, 8f.; 41, 8. 12) oder die als geheimnisvolle Eingebungen (Gen 37, 9f., vgl. auch *mispār* in Ri 7, 15 [dazu s. o. I. 1.]) bzw. als (vermeintliche) göttliche Offenbarungen weitergegeben werden (Jer 23, 27f. 32, → חלם *ḥālam* III. 2. 4.). Ps 2, 7 zufolge proklamiert der König das an ihn ergangene Gottesorakel (→ חקק *ḥāqaq* III. 7.). In umfassenderem Sinne erzählt ein Klagender seine Lebenswege JHWH, um von diesem Antwort, d. h. Hilfe, zu bekommen (Ps 119, 26, → דרך *dæræk* V.).

Am häufigsten jedoch, und zwar hauptsächlich in den Psalmen, sind JHWHs machtvolle Heilstaten der Inhalt menschlichen Erzählens. Hierbei handelt es sich nun nicht um ein einfaches Weitererzählen im Sinne eines Erlebnisberichts (so in Ex 18, 8). Vielmehr soll durch das Erzählen erlebter und durch Überlieferung bekannter Heilstaten das heilvolle Wirken JHWHs generell vergegenwärtigt und verkündet werden. Solches Erzählen aber bedeutet, daß JHWH gelobt wird. Bezeugt ist es daher speziell in hymnischen Aussagen, z.T. wohl eschatologischen Charakters (Ps 75, 2; 96, 3 [1 Chr 16, 24]; 145, 6 [text. emend., s. BHS], ausdrücklich als Zukunftsaussage Ps 102, [19.] 22, vgl. Jes 43, 21) und vor allem im Lobgelübde des einzelnen als Element des Dankliedes und damit verwandten Aussagen (Kohortativ im Sing. Ps 9, 2. 15; 22, 23; 66, 16; Sir 51, 1, vgl. Ps 26, 7; 71, 15; 73, 28 [hier zugleich die Abwehr der Versuchung, frevlerisch über Gott zu reden, v. 15, vgl. vv. 8–11]; 118, 17, Jussiv im Pl. Ps 107, 22; anders dagegen in der Klage Ps 88, 12). Dementsprechend steht *spr pi* in Parallele zu Verben wie *jāḏāh hiph* (Ps 9, 2, vgl. *tôḏāh* Ps 26, 7; 107, 22, → ידה III. 1.) und *hll pi* (Ps 22, 23, → הלל III. 2., zu weiteren Verben s. besonders Ps 145, 4–7), oder es hat seinerseits das Nomen *t^{e}hillāh* zum Objekt (Ps 9, 15; 102, 22; Jes 43, 21, → הלל *hll* VI.). Die Heilstaten selbst werden zusammenfassend als *niplā'ôṯ* (Ps 9, 2; 26, 7; 75, 2; 96, 3 [1 Chr 16, 24], → פלא *pl'*) oder *ma'^{a}śîm* (Ps 107, 22; 118, 17, vgl. *'āśāh* Ps 66, 16, → עשׂה) bezeichnet bzw. mit dem Nomen *šem* als Ausdruck für die sich in ihnen manifestierende Größe und Macht JHWHs umschrieben (Ps 22, 23; 102, 22; Sir 51, 1 [→ שׁם *šem*], vgl. *g^{e}ḏullāh* Ps 145, 6 [→ גדל *gāḏal* II. 3. b.], *kāḇôḏ* Ps 96, 3 [1 Chr 16, 24, → כבוד], der Aspekt der Zuwendung JHWHs besonders bei den Nomina *ṣ^{e}ḏāqāh* und *t^{e}šû'āh* Ps 71, 15 [→ צדק *ṣāḏaq*, → ישׁע *jāša'* IV. 4.], *ḥæsæḏ* und *'^{æ}mûnāh* Ps 88, 12 [→ חסד *ḥæsæḏ*, → אמן *'āman* VII. 2.]). Erzählt werden diese Heilstaten, weil sie von bleibender Bedeutung sind, nämlich als Zeichen dafür, daß JHWH denen, die zu ihm gehören und die ihm vertrauen, zugewandt ist und dies auch durch Nöte und Bedrohungen nicht in Frage gestellt werden kann. So sind sie von Generation zu Generation weitererzählt worden und weiterzuerzählen, um diese Zuwendung immer erneut zu bezeugen (Ps 22, 31 [text. crrpt.?, s. BHS]; 44, 2; 48, 14; 78, 3f. 6; 79, 13, vgl. Ex 10, 2; Ri 6, 13, auch Joël 1, 3 [als Schilderung einer Heilstat, vgl. 2, 18–27 und Rudolph, KAT XIII/2, 41 f.]). Ein solches Zeugnis gilt aber nicht nur Israel. JHWH ist Herr der ganzen Welt. So ist sein Handeln an Israel und dem einzelnen von universaler Bedeutung, und darüber hinaus ist er überall wirksam. Seine Heilstaten sollen daher in aller Welt erzählt werden (Ps 96, 3 [1 Chr 16, 24], ausdrücklich als zukünftiges Geschehen Ps 102, 22f., vgl. Ex 9, 16). Als des Schöpfers der Welt sind auch seine Schöpfungswerke Gegenstand des Erzählens (Ps 19, 2, hier jedoch nichtmenschliche Geschöpfe als Subjekt, menschliches Subjekt dagegen in Sir 42, 15. 17; 43, 24).

Prophetischen Ankündigungen zufolge kann JHWH freilich auch so handeln, wie es bisher nicht erzählt wurde, bzw. so, daß ein Erzählen davon auf Unglauben stoßen muß (das Geschehen am Gottesknecht Jes 52, 15, die Unterwerfung durch die Chaldäer Hab 1, 5 [zur Deutung von *ta'^{a}mînû* → אמן *'āman* V. 4., doch vgl. Rudolph, KAT XIII/3, 203]). Dagegen wird er Ez 12, 16 zufolge die von ihm verursachte Katastrophe Judas vor aller Welt überzeugend rechtfertigen, indem er Überlebende ihre eigenen Greuel (*tô'eḇôṯ*, → תעב *tā'aḇ*) weitererzählen läßt.

Bei einigen Belegen im Buch Ijob wird durch den Gebrauch von *spr* der besondere Konflikt Ijobs mit JHWH widergespiegelt. Elifas erzählt Ijob das böse Geschick, das (nur) den Frevler trifft, und gibt das als eigene und durch Überlieferung bestätigte gängige Erfahrung wieder (15, 17, vgl. vv. 18–35). Elihu zufolge ist JHWH so erhaben, daß Menschen ihm nichts erzählen können, sich also auch Ijob in seinem Konflikt vergeblich an ihn wenden würde (37, 20). Andererseits können die Tiere den Menschen über die sein Verständnis übersteigende Schöpfermacht JHWHs belehren (12, 8, vgl. vv. 7. 9f., wohl ein sekundäres Stück innerhalb der Rede Ijobs, s. Fohrer, KAT XVI 244f.).

Nur vereinzelt sind Taten von Menschen in göttlicher Vollmacht oder deren Verhalten im Geiste JHWHs Gegenstand des Erzählens (*g^{e}ḏôlôṯ* Elischas 2 Kön 8, 4–6) bzw. lobenden Verkündens (Sir 31, 11 [34, 11]; 44, 15).

III. Das Nomen *mispār* beinhaltet, die Grundbedeutung des Verbs aufnehmend, das Ergebnis eines Zähl- bzw. Rechenvorgangs, bei dem eine bestimmte Größe quantitativ genau und vollständig erfaßt wird (zu Ri 7, 15 s.o. I. 1., II. 2.). Es kann daher, mit der Präp. *b^{e}* konstruiert, geradezu die Bedeutung '(genau) abgezählt' bekommen (2 Sam 2, 15; 1 Chr 9, 28; Esra 8, 34). Vor allem aber bezeichnet es häufig den (z.T. in Einzelsummen aufgeschlüsselten) Ertrag offizieller Zählungen bestimmter Personenkreise oder anderer Größen, sei es, daß ausdrücklich von einer vorangehenden Zählung gesprochen wird (Personen: 2 Sam 24, 2. 9; 1 Chr 21, 2. 5; 23, 3; 2 Chr 26, 11 f., andere Größen: Num 31, 36 [vgl. vv. 25. 31]; Esra 1, 9 [vgl. v. 8]) oder daß eine solche vorauszusetzen ist (Personen: Ri 7, 6; 1 Chr 7, 2. 40; 12, 24 [pl.]; 25, 7; Esra 2, 2 [Neh 7, 7]; Est 9, 11). Es markiert also deutlich den Abschluß einer Zählung sowie deren Vollständigkeit und Genauigkeit. Das gleiche gilt auch für die mit der Präp. *b^{e}* konstruierten und schematisch wiederholten Formen in Num 1 und 3 (1, 2. 18 u.ö.; 3, 22 u.ö.). Derartige Zählungen aber werden zu einem bestimmten Zweck durchgeführt (überwiegend Erfassung der wehrfähigen Männer [dem entspricht auch das Auftreten der Wortgruppe → פקד *pāqaḏ* in diesen Zusammenhängen]; zu 1 Chr 23, 3; Esra 1, 8f. s.o. II. 1.; umstritten ist der Zweck der Liste in Esra 2 [Neh 7], vgl. dazu K. Galling, Studien zur Geschichte Israels im persischen Zeitalter, 1964, 89–108). D. h., der Ertrag soll sicherstellen, welche Größenordnungen jeweils vorliegen, um dann entsprechend über sie verfügen bzw. über weitergehende Maßnahmen entscheiden zu können (zum letzteren vgl. Est 9, 11 ff.). Insofern spiegelt das Nomen *mispār* zugleich die Verfügungs- und Entscheidungsgewalt einer höheren Instanz wider (darin dem Verb im *qal* und *niph* entsprechend, s.o. II. 1.). Als eine solche Instanz fungiert überwiegend der König als Repräsentant des Staates. Das ist nicht zufällig, vielmehr Ausdruck dessen, daß umfassende und exakte Erhebungen, vor allem solche mit hohen Größenordnungen, nur in einem staatlich organisierten Gemeinwesen mit einer entsprechenden Bürokratie möglich sind.

Das Vorbild solcher staatlich autorisierter Erhebungen ist auch für die genannten Belege aus dem Buch Numeri maßgeblich (sämtlich P^G und P^s). Sie erfolgen hier jedoch auf einen Auftrag JHWHs hin. Somit ist dieser der eigentlich über Israel Bestimmende. Darüber hinaus ist 1 Chr 27, 23f. zufolge der König als menschliche Autorität überhaupt nicht befugt, eine derartige Erhebung durchzuführen und ihr Ergebnis festzuhalten (zu v. 24bβ s.o. I. 1.). Es bleibt vielmehr JHWH allein vorbehalten, die Größe Israels zu bestimmen und zu ermessen. D. h. aber, daß er die uneingeschränkte Verfügungsgewalt über dieses Volk besitzt (es handelt sich um eine nachträgliche Interpretation von 1 Chr 21, die ihrerseits durch v. 23aβ ergänzt worden ist, dazu s. Rudolph, HAT I/21, 183; zu 1 Chr 21 [2 Sam 24] s.o. II. 1.).

In einer Reihe von Belegen ist mit *mispār* speziell eine geringe Anzahl gemeint. Auf Personen bezogen (so besonders in der Konstruktion *m^e^tê* bzw. *'anšê mispār*) bedeutet dies Machtlosigkeit und Existenzgefährdung (Gen 34, 30; Dtn 33, 6). In prophetischen Ankündigungen ist das Übrigbleiben eines zahlenmäßig geringen Restes sogar Anzeichen für die völlige Vernichtung einer bestehenden Macht als Folge einer von JHWH herbeigeführten Katastrophe (Jes 10, 19; 21, 17 [→ שאר *šā'ar*], vgl. Dtn 4, 26f., nach Jer 44, 27f. [zur redaktionsgeschichtlichen Problematik s. Rudolph, HAT I/12³, 263, dagegen W. Thiel, WMANT 52, 1981, 77–80] und Ez 12, 16 zugleich Beweis für das Eintreffen des göttlichen Wortes bzw. die Berechtigung der Katastrophe). Andererseits kann ein solcher von JHWH bewahrter Rest auch Zeichen des Überlebens nach der Katastrophe und damit Zeichen der Hoffnung sein (Ez 5, 3). Darüber hinaus wird in Ps 105, 12 (1 Chr 16, 19) für die Anfänge Israels bezeugt, daß sich JHWH nur wenigen, in unsicherer Existenz lebenden Männern zugewandt hat und durch sie seine ganze Macht wirken läßt (vgl. vv. 13–15; das gleiche gilt für Ri 7, 6 im Vergleich zur Überzahl der Feinde vv. 9ff.).

In einem größeren Teil der Belege geht es um unzählbare Mengen (meist in der Formulierung *'ên mispār*) bzw. um übermäßig hohe Zahlen. Hier wird generell zum Ausdruck gebracht, daß die betreffende Größe eine außergewöhnliche Bedeutung hat oder auf die besondere Bedeutung einer anderen Größe schließen läßt. So spiegelt die Menge der Teilnehmer bei einem Begräbnis das Ansehen des Verstorbenen wider (Ijob 21, 33); umgekehrt wird in Hld 6, 8 durch den Kontrast zur Üppigkeit eines königlichen Harems die Einzigartigkeit der einen Geliebten herausgestellt. Das Hauptgewicht liegt jedoch auch hier wieder auf dem Aspekt der Macht und Verfügungsgewalt. An der Menge des Getreides ist die ungeheure wirtschaftliche Stärke Ägyptens zu ersehen (Gen 41, 49, dazu s.o. II. 1.). Zahllosigkeit von Feinden bedeutet existenzbedrohende Übermacht (Ri 7, 12; auch die abnorme Zahl in 2 Sam 21, 20 soll eine besondere Gefährlichkeit anzeigen). Als von JHWH verhängtes Unheil ist sie zugleich Beweis für dessen Übermacht (Ri 6, 5; Jer 46, 23; 2 Chr 12, 3, vgl. den jeweiligen Kontext; dasselbe gilt für die wie ein Kriegsereignis geschilderte Heuschreckenplage in Joël 1, 6, vgl. auch Ps 105, 34). Umgekehrt ist die bildhaft veranschaulichte Unzählbarkeit des künftigen Israel der Erweis für dessen außergewöhnliche Größe und Stärke und als göttliche Verheißung wiederum zugleich Erweis für die unermeßliche Macht JHWHs (Hos 2, 1, dazu s.o. II. 1.; die gleichen Aspekte dürften auch durch die fiktiv hohen Zahlen in Num 1 und 3 [dazu s.o.] zum Ausdruck gebracht werden).

Direkte Aussagen über diese Macht JHWHs, und zwar als des Schöpfers und Herrn der Welt, werden in hymnisch geprägten Texten gemacht: unzählbar bzw. unermeßlich sind seine „Scharen“, d. h. die ihm zu Gebote stehenden überirdischen Mächte (*g^e^dûdîm* Ijob 25, 3), seine Schöpfungswerke (Ps 104, 25, vgl. v. 24, Unzählbarkeit [Sterne] auch in Jes 40, 26; Ps 147, 4 gemeint), seine Einsicht (Ps 147, 5, → בין *bîn* II. 6.), seine Wunder (Ijob 5, 9; 9, 10, → פלא *pl'*), aber auch die Erweise seiner Zuwendung und Hilfe, die keine Grenzen kennt (*t^e^šû'āh* Sir 39, 20, vgl. v. 18, → ישע *jāša'* II. 2. a). Als andeutende Hinweise auf seine Größe und Macht sind schließlich noch die chronistischen Angaben über die Unermeßlichkeit der von David für den Tempelbau bereitgestellten Materialien (1 Chr 22, 4. 16) und über die Masse der von Joschija für das Passafest gestifteten Opfertiere (2 Chr 35, 7, vgl. 29, 32) zu werten.

Um Macht anderer Art geht es in den folgenden Stellen. Einerseits sind es Ps 40, 13 zufolge unzählige Leiden (*rā'ôt*) als Folge selbstverschuldeter Gottesferne (vgl. *'āwôn* in v. 13aβ), die den einzelnen wie eine feindliche Macht zu vernichten drohen. Andererseits ist die kaum vorstellbare Zahl von Göttern, die Israel verehrt (Jer 2, 28; 11, 13), ein Zeichen dafür, wie sehr es von JHWH abgefallen ist und sich fremden Mächten unterworfen hat.

Ein besonderes Thema, für das das Nomen *mispār* ebenfalls Bedeutung gewinnt, ist das der Zeit, denn auch diese ist eine zählbare Größe (vgl. 1 Sam 27, 7; 2 Sam 2, 11). Hier dominieren Belege aus der Weisheitsliteratur, insbesondere aus dem Buch Ijob. In ihnen geht es um das Leben des Einzelmenschen als einer begrenzten Zeitspanne, die unwiderruflich zu Ende geht (Ijob 16, 22; 21, 21; Sir 33, 24 [30, 32]).

Dessen Länge aber wird von JHWH bestimmt, und das bedeutet für den angefochtenen Ijob, daß es vergänglich, voll unbegreiflicher Mühsal und ohne Erfüllung ist (Ijob 14, 5, vgl. vv. 1–4. 6–14). Entsprechend vermag auch Kohelet nicht zu erkennen, was denn für den Menschen in der ihm bemessenen (kurzen) Lebenszeit gut ist, von einigen kleinen Freuden abgesehen (Koh 2, 3; 5, 17; 6, 12). JHWH dagegen kennt keine zeitlichen Grenzen und ist daher unerreichbar und unkontrollierbar (Ijob 36, 26, vgl. die ironische Aussage Ijob 38, 21). Es ist nur ein ohnmächtiges Aufbäumen, wenn Ijob behauptet, er könne die Zahl seiner Schritte kundtun, also Rechenschaft über sein ganzes Leben ablegen und sich faktisch mit JHWH gleichstellen bzw. über ihn stellen (Ijob 31, 37, zum Zählen der Schritte s. auch o. II. 1.; ebenso ist es Ausdruck ohnmächtiger Verzweiflung, wenn Ijob seinen Geburtstag streichen und so den Kalender als eine numerisch festgelegte Größe ändern will, Ijob 3, 6). Im Widerspruch zu Ijob selbst betont freilich Elifas, daß nur dem Frevler ein (kurzes) Leben voller Schrecken bevorsteht (Ijob 15, 20), und setzt damit die geläufige Auffassung voraus, daß richtiges Verhalten zu einem langen, erfüllten Leben führt (vgl. Ex 23, 26). Andererseits betont Sirach zwar auch, daß die Zeit des Menschen begrenzt ist und somit nur begrenzt erfüllt werden kann. Er fügt jedoch sogleich hinzu, daß der, der sich einen angesehenen Namen macht (Sir 41, 13), oder der, der seine Weisheit nicht nur für sich nutzt, sondern dem ganzen Volk zugutekommen läßt (Sir 37, 25, vgl. v. 22f.), zeitlich unbegrenzt weiterwirken wird (unter günstigen Umständen kann auch das Leben selbst außergewöhnlich lang sein, Sir 26, 1).

Nur vereinzelt bezieht sich *mispār* als Zeitbegriff auf Israel als ganzes. Dan 9, 2 zufolge hat JHWH die Dauer des Exils bestimmt, und Israels Abfall von JHWH ist deshalb so schwerwiegend, weil er sich seit undenkbar langer Zeit vollzieht (Jer 2, 32). Eine qualitative Wertung liegt in Sir 33, 8f. (36, 8f.) vor, wo Festtage und (nur) gezählte, also normale Tage unterschieden werden. Dieser Unterschied ist von JHWH bestimmt, der sich auch darin als Herr der Zeit erweist.

Vielfach schließlich wird durch *mispār* die zahlenmäßige Übereinstimmung oder Entsprechung zweier Größen angezeigt. Hier ist der Gesichtspunkt der Genauigkeit entscheidend (vgl. 2 Chr 26, 11). Dabei können zugleich bestimmte Maßstäbe gesetzt werden. Die einzusammelnde Menge an Manna soll der Kopfzahl entsprechen, d. h. es ist (nur) der lebensnotwendige Bedarf der Israeliten zu decken (Ex 16, 16, vgl. auch Ri 21, 23). Der Kaufpreis für Grundstücke oder Sklaven ist nur dann gerecht, wenn die Zahl der Jahre bis zum Erlaßjahr, also die für die Nutzung verfügbare Zeit, berücksichtigt ist (Lev 25, 15f. 50). Für die Wirkung eines Analogiezaubers ist die zahlenmäßige Entsprechung zwischen den Abbildern der geschilderten Plage und den Betroffenen wesentlich (1 Sam 6, 4. 18a, im einzelnen s. die Kommentare, z. St.). Opfer sind sachgemäß und wirksam, wenn auch die Zahl den geltenden Vorschriften entspricht (Esra 3, 4, eine andere notwendige Entsprechung in Num 15, 12; 29, 18ff., vgl. auch Ijob 1, 5). Einer Schuld, als quantitativ meßbare Größe verstanden, entspricht ein bestimmtes Strafmaß (Num 14, 34; Dtn 25, 2; eine umgekehrte Entsprechung in Ez 4, 5: an der Zahl der Tage, die Ezechiel liegen muß, läßt sich das Ausmaß der Schuld Israels ablesen [zu Ez 4, 4–8 im einzelnen s. Zimmerli, BK XII/1, z. St.]). Zum Teil werden auch bestimmte Zusammenhänge aufgedeckt. Die Zahl der Völker entspricht der der Gottessöhne, d. h. jedes Volk ist einem von ihnen unterstellt (Dtn 32, 8 [text. emend., → בן *ben* IV. 2. c]). Aus der Gleichzahl von Steinen und den Stämmen Israels ist zu schließen, daß das im Kontext geschilderte Geschehen für alle Stämme von Bedeutung ist (Jos 4, 5. 8; 1 Kön 18, 31, entsprechend ist nach Sir 45, 11 Aaron für alle Stämme zuständig).

IV. In den Qumrantexten kommt das Verb *spr* nur vereinzelt im *qal* (abzählen von Tagen 4 QOrd[c] 1, 1, 3 [DJD VII 296]; TR 18, 10. 12; 19, 13 u. ö.), jedoch rund 40mal im *pi* vor (davon 17mal in 1 QH, hier auch einmal im *pu*). Dabei geht es, wie im AT, durchweg um ein hymnisch-preisendes Verkünden der Heilstaten und der Größe Gottes. Als Inhalte werden daher auch hier Gottes *niplā'ôṯ* (1 QH 1, 30. 33; 3, 23 u. ö.; 4 QShir[b] 63–4, 2 [DJD VII 247]), *kāḇôḏ* (1 QH 11, 6; 12, 30; 13, 11; f. 2, 4), *ṣᵉdāqôṯ* (1 QS 1, 21; 10, 23; 1 QH 17, 17), *ḥᵃsāḏîm* (1 QH 11, 28) sowie *gᵉḇûrôṯ* (1 QH 18, 23; 4 QDibHam[a] 1–2, 6, 9 [DJD VII 148]) genannt. Im Vergleich zum AT haben diese Begriffe allerdings z. T. einen anderen Stellenwert bzw. eine besondere Akzentuierung bekommen (s. dazu die entsprechenden Artikel). Ein für die Qumrantexte spezifischer Begriff ist *rāz* 'Geheimnis' (als Objekt von *spr* in 1 Q 30, 4, 1 [DJD I 133]; zu *nhjwt ʿwlm* CD 13, 8 → היה *hājāh* II. 3.). Bemerkenswert ist die enge Verbindung mit der Wortgruppe *jādaʿ* (vor allem in 1 QH, z. B. 10, 20; 11, 28; 12, 29f.; 18, 23, vgl. 1 QS 10, 24 [in der Handschrift *'str* zu *'spr* korrigiert]; 4 QShir[b] 63–4, 2–4 [DJD VII 247], s. dazu Wagner 248f., → ידע III. 5.). Hervorzuheben ist aber vor allem, daß das „Erzählen" universale Bedeutung hat. Subjekt ist grundsätzlich der Kreis der Qumrangemeinschaft, häufig durch ein „Ich" repräsentiert (so besonders in 1 QH, z. B. 10, 20; 11, 6; 17, 17, vgl. 4 QShir[b] 63–4, 2 [DJD VII 247]), gelegentlich auch durch Vertreter bestimmter Ämter (Priester, Leviten 1 QS 1, 21f., der *mbqr* CD 13, 7f. [zu diesem s. KBL^3 144b]; in 1 QH 18, 23 dagegen himmlische Wesen [*ṣb' dʿt*, → צבא *ṣāḇā'*]). Die Adressaten sind aber keineswegs nur die Glieder der Qumrangemeinschaft (so die „Vielen" in CD 13, 7f., → רבב *rāḇaḇ*), sondern die Menschen überhaupt (1 QH 11, 6; 18, 23, vgl. *kwl mʿśjkh* 1 QH 1, 33; 3, 23, auch *dwrwt ʿwlm* in 1 QH 6, 11; 4 QDibHam[a] 1–2, 6, 9; 7, 3 [DJD VII 148. 160] ist wohl in universalem Sinne zu verstehen, s. Wagner

249). Als Kontrast zu Gottes Heilstaten und Größe ist auch menschliche Sünde und Schuld Inhalt des „Erzählens“ (1 QS 1, 22f.; 10, 23f., vgl. 1 QH 1, 25).

In 1 QpHab 2, 9 bezeichnet *spr* das Offenbarungsgeschehen von seiten Gottes (desgleichen das *pu* in 1 QH 1, 23). Das Nomen *mispār*, das in den Qumrantexten rund 15mal vorkommt, hat hier das gleiche Bedeutungsspektrum wie im AT.

Conrad

סֹפֵר *sop̱er*

I. Umwelt – 1. Ägypten – 2. Mesopotamien – 3. Ugarit – 4. Phön.-pun., aram. und moabit. Belege – II. Etymologie und Vorkommen im AT – III. At.liche Verwendung – 1. Frühe Königszeit – 2. Späte Königszeit – 3. Exil. Zeit – 4. Nachexil. Zeit – IV. LXX.

Lit.: *J. Begrich*, Sofer und mazkir, ihre Herkunft und Bedeutung für das Reich Davids und Salomos (ZDMG 86, 1933, 10*). – *Ders.*, Sōfēr und Mazkīr (ZAW 58, 1940/41, 1–29 = ThB 21, 67–98). – *H. Brunner*, Altägyptische Erziehung, 1957, 10–55. 66–69. 71–74. – *G. Castellino*, „Scriba velox“ (Ps XLV, 2) (Festschr. J. Ziegler = FzB 2, 1972, 29–34). – *A. Cody*, Le titre égyptien et le nom propre du scribe de David (RB 72, 1965, 381–393). – *P. Colella*, Baruch lo scriba e Jerahmeel il figlio del re (BibOr 23, 1981, 87–96). – *A. D. Crown*, Messengers and Scribes: The ספר and מלאך in the OT (VT 24, 1974, 366–370). – *M. Dietrich* / *O. Loretz*, Ämter und Titel des Schreibers ILMLK von Ugarit (UF 12, 1980, 387–389). – *R. P. Dougherty*, Writing Upon Parchment and Papyrus Among the Babylonians and Assyrians (JAOS 48, 1928, 109–135). – *W. Eilers*, Keilinschriften und antike Rechtsgeschichte (OLZ 34, 1931, 922–937, bes. 931– 933). – *A. Falkenstein*, Der „Sohn des Tafelhauses“ (WO 1, 1947/52, 172–186). – *Ders.*, Die babylonische Schule (Saeculum 4, 1953, 125–137). – *K. Galling*, Die Halle des Schreibers (PJB 27, 1931, 51–57). – *Ders.*, Tafel, Buch und Blatt (Festschr. W. F. Albright, Baltimore 1971, 207–223, bes. 222f.). – *M. Heltzer*, The Internal Organization of the Kingdom of Ugarit, 1982, 156–161. – *H.-J. Hermisson*, Studien zur israelitischen Spruchweisheit (WMANT 28, 1968, 97–136). – *W. J. Horwitz*, The Ugaritic Scribe (UF 11, 1979, 389–394). – *J. Jeremias*, γραμματεύς (ThWNT I 740–742). – *J. Klíma*, L'apport des scribes mésopotamiens à la formation de la jurisprudence (Folia Orientalia 21, 1980, 211–220). – *S. N. Kramer*, Schooldays: A Sumerian Composition Relating to the Education of a Scribe (JAOS 69, 1949, 199–215). – *J. Krecher*, Schreiberschulung in Ugarit: Die Tradition von Listen und sumerischen Texten (UF 1, 1969, 131–158, bes. 131– 133). – *J. Kühlewein*, ספר *sēfær* Buch (THAT II 162–173). – *B. Landsberger*, Babylonian Scribal Craft and its Terminology (Proceedings of the 23rd International Congress of Orientalists, Cambridge 1954, 123–126). – *Ders.*, Scribal Concepts of Education (C. H. Kraeling / R. M. Adams, City Invincible. A Symposion on Urbanization and Cultural Development in the Ancient Near East, Chicago 1960, 94–102). – *B. Lang*, Monotheism and the Prophetic Minority, Sheffield 1983, 138–156. – *B. Maisler*, The Scribe of King David and the Problem of the High Officials in the Ancient Kingdom of Israel (Bull. of the Jew. Palestine Exploration Soc 13, 1946/47, 105–114). – *W. McKane*, Prophets and Wise Men (SBT I/44, London ²1966, 23–47). – *T. N. D. Mettinger*, Solomonic State Officials (CB, OT Series 5, Lund 1971, 7–51). – *R. Meyer* / *K. Weiß*, φαρισαῖος (ThWNT IX 11–51, bes. 22f.). – *J. Muilenberg*, Baruch the Scribe (Festschr. G. H. Davies, London – Richmond 1970, 215–238). – *J. P. J. Olivier*, Schools and Wisdom Literature (JNWSL 4, 1975, 49–60). – *A. L. Oppenheim*, A Note on the Scribes in Mesopotamia (Festschr. B. Landsberger. Assyriological Studies 16, Chicago 1966, 253–256). – *H. Otten*, Hethitische Schreiber in ihren Briefen (MIO 4, 1956, 179–189). – *E. Otto*, Bildung und Ausbildung im Alten Ägypten (ZÄS 81, 1956, 41–48). – *O. Procksch*, Der hebräische Schreiber und sein Buch (Festschr. E. Kuhnert, 1928, 1–15). – *A. F. Rainey*, The Soldier-Scribe in Papyrus Anastasi I (JNES 26, 1967, 58–60). – *Ders.*, The Scribe at Ugarit. His Positions and Influence (Proceedings of the Israelite Academy of Sciences and Humanities III/4, Jerusalem 1968). – *R. Rendtorff*, Esra und das „Gesetz“ (ZAW 96, 1984, 165–184). – *E. Rivkin*, Scribes, Pharisees, Lawyers, Hypocrites: A Study in Synonymity (HUCA 49, 1978, 135–142). – *U. Rüterswörden*, Die Beamten der israelitischen Königszeit (BWANT 117, 1985, 85–89). – *H. H. Schaeder*, Esra der Schreiber (BHTh 5, 1930, 39–59). – *W. Schenkel*, Schreiber (LexÄg 5, 698–700). – *N. Schneider*, Der dub-sar als Verwaltungsbeamter im Reiche von Sumer und Akkad zur Zeit der 3. Dynastie von Ur (Or 15, 1946, 64–88). – *J. A. Soggin*, Note on Two Derivatives of the Root SPR in Hebrew (Old Testament and Oriental Studies, Rom 1975, 184–187). – *H. Stadelmann*, Ben Sira als Schriftgelehrter (WUNT 2/6, 1980, 216–293). – *R. de Vaux*, Titres et fonctionnaires égyptiens à la cour de David et de Salomon (RB 48, 1939, 394–405). – *M. Weinfeld*, Deuteronomy and the Deuteronomic School, Oxford 1972, 158–171. – *R. J. Williams*, Scribal Training in Ancient Egypt (JAOS 92, 1972, 214–221).

I. 1. In Ägypten muß die Gesamtheit der Bildung auf Schreiberschulen zurückgeführt werden, an deren Anfang im A. R. die königliche Schule für die Erziehung der Prinzen stand. Außerdem wurde die Tätigkeit der Schreiber für die Entwicklung zu einem umfassenden Staatsapparat benötigt (Williams 214; Mettinger 140–143). In ihren Aufgabenbereich fielen das Berechnen und Aufschreiben der Steuern, das Aufstellen der Zensuslisten für Militär- und Fronarbeiten sowie die Berechnungen für die Großbauprojekte (Williams 214). Im M. R. gab es eine Regierungsschule zur Ausbildung von Sekretären am Hofe, während in späterer Zeit eine zentrale Schule am Palast nicht mehr erwähnt wird, wohingegen jene Berufsgruppen, innerhalb derer man schreiben und lesen mußte, ihre Nachfolgegenerationen selber ausbildeten (Olivier 55; Hermisson 103–107). Vom N. R. an sind Tempelschulen belegt (Otto 41), woraus auch wieder zu schließen ist, daß jede Berufsgruppe, wie hier die Priester, ihren Nachwuchs selber ausbildete (Otto 42).

Der Schreiber des Königs verfaßte Gesetze und Erlasse des Königs vielleicht nach dessen Diktat, wobei im Unterschied zu Mesopotamien der König in Ägypten des Schreibens mächtig war (Williams 215; Brunner 50; Rüterswörden 87f.). Außenpolitisch war der Schreiber des Königs zuständig für die diplomatische Korrespondenz (Mettinger 45–47), wozu er sich des Akk. bediente (Williams 219). In den EA-Briefen begegnet ein *ṭupšar šarri* (EA 286, 61; 287, 64; 288, 62; 289, 47) als Vertreter der äg. Verwaltung.

Den Titel 'Schreiber', der in der Form *sš* oder *sḫ* (WbÄS III 475. 479–481) belegt ist, erwarb der Schreiberschüler nach vier Jahren Ausbildung (Williams 216). Die kanaan. Bezeichnung *sù-pur(a)* drang als Fremdwort ins Äg. ein (Rüterswörden 87), ebenso tritt in Pap. Anastasi I der Titel *sù-pu-ur ja-di-ʿa* auf (Rainey, Soldier-Scribe 58f.; A. Malamat, Festschr. A. Robert, Paris 1957, 115 Anm. 10).

2. Im Akk. führte der Schreiber den aus dem sum. *DUB.SAR* entlehnten Titel *ṭupšarru(m)* (Landsberger, Scribal Craft 123–126; AHw 1395f.), und seine Tätigkeit erstreckte sich auf Tempel und Palast, Gemeinschaft und Gelehrsamkeit, so daß der *ṭupšarru(m)* zu den zentralen Figuren der mesopot. Zivilisation gehörte (Oppenheim 253). In den lexikalischen Listen werden 15 Kategorien von *DUB.SAR* gemäß Ausbildung und Spezialisierung unterschieden (Landsberger, Concepts 97; ders., Craft 125f.). Dieser sum. Schreibertitel konnte auch Ehrentitel der Könige sein (Falkenstein, Schule 133; ders., Sohn 172). Da zudem die ein- und ausgehende Korrespondenz des Königs durch die Hand des Schreibers ging, hatte er als Sekretär des Königs eine Schlüsselstellung am Hofe inne (Oppenheim 253; Olivier 50f.). Deshalb wenden sich auch einige Briefe direkt an den Schreiber (ARM II 132; XIII 47–52; EA 286–289; vgl. dazu Oppenheim 254f.) bzw. enthalten Postscripte an die Adresse der Schreiber (vgl. Oppenheim 256 zu ABL 1250, 17–22; 688, 15–17).

Zur Ausbildung der Schreiber existierten schon in sum. Zeit Schreiberschulen (*É.DUB.BA*), die der auszubildende Schreiber als „Sohn des Tafelhauses" (*DUMU.É.DUB.BA*) besuchte (Falkenstein, Sohn 183; Kramer, Schooldays 199), eine Tradition, die in der akk. Schreiberausbildung fortgeführt wurde (Olivier 49). Entstanden diese Schulen in sum. Zeit im Rahmen der Tempelwirtschaft (Falkenstein, Sohn 186), so gelangte nach der ababyl. Zeit die Schreiberausbildung in die Hände einzelner Familien (Landsberger, Concepts 97).

In der Palastverwaltung wird unterschieden zwischen dem *ṭupšar ekalli*, der zu den Würdenträgern gehört, und den einzelnen Sekretären, die verschiedenen Intendanten zugeordnet sind (P. Garelli, Hofstaat, RLA 4, 449. 451). Bemerkenswert ist, daß die Könige, Priester, Provinzgouverneure und Richter meistens des Schreibens unkundig waren (Landsberger, Concepts 98).

Neben den Schreibern am Hofe gab es in der ababyl. Zeit Straßenschreiber, die jeder für Geld in seine Dienste nehmen konnte (Landsberger, Concepts 99). Der Schreibertitel findet sich vor allem auf Siegeln belegt, woraus hervorgeht, daß der Schreiber auch die Funktion des Notars innehatte (Schneider 64–79). Altbabyl. gab es in Sippar und Mari auch Schreiberinnen (*ṭupšarratum*, AHw 1395b). Im Neu- und Spätbabyl. gibt es auch das aram. Lehnwort *sepīru/sepirru* 'Übersetzer – Schreiber' (AHw 1036b).

Vgl. zum Schreiber in Mesopotamien bes. Krückmann, Beamter (RLA 1, 451 § 22); Ebeling, Beamter (RLA 1, 452 §§ 7. 15); Opitz, Beamter (RLA 1, 458 § 4; 463 § 20; Garelli, Hofstaat (RLA 4, 449 § 4); H. Hunger, Babylonische und assyrische Kolophone (AOAT 2, 1968); Otten 181–189.

3. Im Ugar. ist die Wurzel *spr* mit den Derivaten *spr* G/D 'schreiben/erzählen', *spr* 'Schrift, Brief', *spr* 'Aufzählung, Liste, Zahl' und *spr* 'Schreiber, Notar' belegt (WUS Nr. 1947). Der Titel *spr* tritt vor allem in den Kolophonen der Dichtung auf (KTU 1.16, VI, 59; 1.4, VIII, 49; 1.6, VI, 54; 1.17, VI, 56). Aus dem Kolophon KTU 1.6, VI, 54–58 geht hervor, daß der Schreiber der Epen, Ilmlk, Schüler des Oberpriesters war. In Ugarit hatte sich also im Unterschied zu Mesopotamien die Schule nicht vom Tempel gelöst (Rainey, Scribe 128; Rüterswörden 126).

Der in den Kolophonen KTU 1.16, VI, 59; 1.4, VIII, 49 in Parallele zu *spr* verwendete Titel *ṯʿj* bezeichnet kaum denjenigen, der die Texte durchgemustert hat (WUS Nr. 2908), noch stellt er eine Sippenbezeichnung dar (Rainey, Scribe 128), eher ist hierbei an einen Titel für einen Höfling zu denken (Dietrich-Loretz 387f.).

Die Schreiberschulung erfolgte auf dem Weg der babyl. Schreiberschulung, weswegen der ugar. Schreiber auch akk., sum. und heth. Texte verfaßte (Krecher 133). Der Terminus *spr* bezeichnet sowohl den als Kopisten tätigen Schreiber als auch den eigenständig arbeitenden Schriftsteller (Horwitz 390f.). Der durch die Kolophone mehrfach bekannte Ilmlk ist nach dieser Unterscheidung als Kopist und nicht als Schriftsteller einzuordnen (Horwitz 391–394).

Als Zusammensetzung mit dem Titel *spr* findet sich *rb spr* (KTU 1.75, 10) zur Bezeichnung des obersten Schreibers (vgl. bes. KAI 37 A, 15). Neben der Bezeichnung des Schreibers durch den Titel *spr* treten in Ugarit auch die Titel *ṭupšarru* und *sukallu* auf (Heltzer 156f.). Der ugar. Schreiber erfüllte – abgesehen von der Abfassung größerer Texte – eine öffentliche Funktion als Notar durch die Abfassung von Rechtsdokumenten, Listen und Verwaltungstexten sowie diplomatischer Korrespondenz (Rainey, Scribe 139–141; Heltzer 157). Was die Übernahme des Schreiberamtes angeht, so läßt sich mehrfach die Kontinuität von Vater und Sohn ersehen (Rainey, Scribe 128f. 144f.).

4. In KAI 37 A, 15 begegnet im Verzeichnis der Tempelverwaltung von Kition der Titel *rb sprm* „Oberschreiber"; er steht im Dienst des Tempels, da

er aus der Tempelkasse bezahlt wird. Der in Ugarit (KTU 1.75, 10) und in pun. Inschriften (RES 891, 4; Delcor [UF 11, 1979] 160 Anm. 101) erwähnte Titel *rb spr(m)* zeigt, daß die Tempelschreiber hierarchisch gegliedert waren (Delcor 160). In aram. Inschriften (DISO 196) tritt der Titel *spr* häufiger auf. Der *spr* fungiert im Kontext von Rechtsdokumenten (KAI 227 Rs. 6; 236 Rs. 6) und nimmt notarielle Aufgaben wahr.
Läßt sich aus dem Vorkommen des Titels in KAI 266, 9; 249, 3 nichts für dessen Bedeutung und Funktion ersehen, so wird die Verwendung des Titels *spr* im Aḥiqarroman deutlicher, in dem Aḥiqar sich selbst als *spr ḥkm wmhjr* (Aḥ I 1.12) sowie gleichzeitig als Siegelbewahrer (Aḥ I 1.7) bezeichnet. Ebenso nimmt sein Neffe diese Positionen ein (Aḥ II 18–20). Des weiteren wird die Stellung des Aḥiqar als *j'ṭ wspr ḥkm* (Aḥ II 27–28; III 35–36. 42; vgl. 1 Chr 27, 32) beschrieben.
In Elephantine sind die *sprj 'wṣr'* (AP 2, 12. 14) und die *sprj mdjnt'* (AP 17, 1. 6) belegt. Außerdem findet sich die Formulierung PN + *spr'* als Kolophon in den Dokumenten des 5. Jh. (vgl. G. R. Driver, Aramaic Documents of the Fifth Century B.C., Oxford ²1957, 4, 4; 6, 6; 7, 10; 8, 6; 9, 3; 10, 5). Für weitere aram. Belege vgl. K. Beyer 648.
Auf zwei moabit. Siegeln ist der Titel *spr* ebenfalls erwähnt (Colella 92): auch hier scheint der Schreiber notarielle Funktionen wahrgenommen zu haben.

II. Das Substantiv *soper* ist eine *qôṭel*-Bildung des Verbs *sāpar* (Soggin 186) und hat aufgrund seiner Radikale im akk. *šāpirum* 'Anweisunggebender' ein morphologisches Äquivalent (Soggin 186f.; McKane 25f.; Schaeder 39. 45f.; KBL² 1104, nicht mehr in KBL³ 723). Zu beachten ist jedoch die mangelnde semantische Entsprechung (Mettinger 43), da *šāpirum* nicht den Schreiber bezeichnet (Dougherty 115f.; Eilers 932; AHw 1172f.). Insofern legen sich unterschiedliche Möglichkeiten der Etymologie von *soper* nahe: a) *soper* stammt denominativ von → *sepær*, so daß der *soper* als Verfasser einer Liste anzusehen ist (Mettinger 45); b) es stammt deverbal von → *sāpar* 'zählen' oder 'schreiben', wobei anzumerken ist, daß *sāpar* als 'schreiben' selten und erst spät belegt ist (Mettinger 44f.; GesB 550f.; Kühlewein 163; Dougherty 114); c) es stammt etymologisch von *šāpirum* (McKane 25–27), wobei mit einem historisch oder soziologisch bedingten Bedeutungswandel zu 'Schreiber' zu rechnen ist. Diese Auffassung hat den Vorteil, daß die morphologische Äquivalenz von *soper* und *šāpirum* und die semantische Differenz beider Lexeme berücksichtigt werden. Eine derartige Beziehung von *soper* zu *šāpirum* zeigt sich auch in Ri 5, 14, wo der *šebæṭ soper* als „Führerstab" zu verstehen ist (J. A. Soggin, Judges [OTL, London 1981] 82. 89).
Der Titel *soper* findet sich an seinen 53 at.lichen Belegstellen nicht im Pentateuch, aber im DtrGW (13mal), Jes (3mal), Jer (12mal), Ez (2mal), Est (2mal), Ps (1mal) und im ChrGW (20mal). Hiervon ist der *soper*-Beleg in Ri 5, 14 zu unterscheiden (Soggin 82. 89; M. Tsevat, HUCA 24, 1952, 107).
Über den at.lichen Befund hinaus läßt sich eine Anzahl von *soper*-Belegen auf Siegeln anführen (P. Bordreuil, Inscriptions sigillaires ouest-sémitiques II [Syr 52, 1975] 107–118; N. Avigad, Bullae and Seals from Post-Exilic Judean Archives, Jerusalem 1976, 7–8, Nr. 6; A. Lemaire, Sem 27, 1977, 33; N. Avigad, IEJ 28, 1978, 53).

III. 1. Die in die frühe Königszeit zu lokalisierenden *soper*-Belege in 2 Sam 8, 17; 20, 25; 1 Kön 4, 3 sind Bestandteil der davidisch-salomonischen Beamtenlisten. In der ersten dieser Listen wird das Amt des *soper* hinter dem Heerführer, dem Kanzler und den Priestern genannt. In der zweiten davidischen Beamtenliste (2 Sam 20, 23–26) werden die militärischen Ämter dem *soper* dagegen nachgeordnet. Demgegenüber haben sich in der salomonischen Beamtenliste (1 Kön 4, 1–6) mehrere Veränderungen vollzogen, deren wichtigste darin bestehen, daß zunächst der Priester genannt wird, dann zwei *sopᵉrîm* und dann erst der Kanzler. Die hier genannten *sopᵉrîm* sind Söhne des in 2 Sam 8, 17; 20, 25 genannten *soper*, worin eine Kontinuität des Schreiberamtes innerhalb einer Familie wie auch schon außerhalb Israels zu beobachten ist. Wie die zu *soper* in Parallele genannten Ämter ist auch der *soper* ein *śar* (→ שׂר), d. h. ein hoher Beamter des Königs (Rüterswörden 85ff.). Insofern ist der *soper*, auch wenn über seinen Aufgabenbereich aus den Quellen der frühen Königszeit kein Aufschluß gewonnen werden kann, nicht als einfacher Schreiber, sondern als Vorsteher der königlichen Kanzlei zu verstehen (Procksch 2; Mettinger 42; Rüterswörden 88f.). Ob die unter David und Salomo arbeitenden Vorsteher der königlichen Kanzlei Ägypter waren, was ihre PN vielleicht nahelegen (de Vaux 398–400; Cody 387–393), oder der äg. Schreibertitel fälschlicherweise als PN aufgefaßt wurde (Cody 387–393), läßt sich nicht entscheiden.
Die in 2 Sam 20, 24f.; 1 Kön 4, 3 vorliegende Parallele von *soper* und *mazkîr* hat zur Annahme einer engen Verbindung dieser beiden Ämter geführt (de Vaux 394–400; Crown 369f.; H. Eising, זכר, → II 584f.). Beide Beamten nahmen in der Zivilverwaltung die höchsten Ämter ein; erst in der Zeit Hiskijas wurden diese vom Amt des *'ᵃšær 'al habbajiṯ* übertroffen (Mettinger 13).
2. Auch in der späten Königszeit läßt sich die Tradition des *soper* als des Leiters der königlichen Hofkanzlei weiterverfolgen. Nach 2 Kön 18, 18. 37 (vgl. Jes 36, 3. 22) gehört der *soper* mit dem Palastvorsteher und dem Kanzler zur Gesandtschaft des Königs Hiskija an Sanherib und in 2 Kön 19, 2 (vgl. Jes 37, 2) zur Gesandtschaft an den Propheten Jesaja. Hierzu lassen sich in bezug auf die Stellung des *soper* Vergleiche mit Wen-Amon II 64. 68 ziehen (Rüterswörden 88 Anm. 127), so daß der *soper* in diesem Kontext nicht als Abgesandter zu verstehen ist

(gegen Crown 368). Dagegen spricht auch die Parallele von *soper* und *mazkîr* an diesen Stellen, die auch schon in der frühen Königszeit belegt war (2 Sam 8, 16f.; 20, 25; 1 Kön 4, 3). Der in 2 Kön 18, 18. 37 als *soper* genannte Schebna wird teilweise mit dem in Jes 22, 15–19 auftretenden Schebna identifiziert, der hier mit dem Titel *'ašær 'al habbajit* versehen ist, so daß er, da in 2 Kön 18, 18. 37 ein anderer Inhaber dieses Amtes genannt wird, zum *soper* degradiert worden sein soll (vgl. H. Wildberger, BK X/2, 836). In Jer 36, 10. 20 ist die „Halle des Schreibers", d. h. die königliche Kanzlei genannt, in der der Sekretär des Königs seinen Amtspflichten nachging und wo auch die Archive aufbewahrt wurden (Mettinger 33; Galling, Halle 51–57; Muilenberg 228f.). Nach Jer 37, 15.20 ist im Hause des *soper* ein Gefängnis eingerichtet (Rüterswörden 86). Ist an diesen Stellen der *soper* wie schon in der frühen Königszeit als Leiter der königlichen Hofkanzlei zu verstehen, so läßt sich in bezug auf den als „Schreiber" zu verstehenden *soper* aufgrund der in diese Zeit einzuordnenden Siegel ersehen, daß dieser ein öffentlicher Beamter mit Siegelvollmacht ist (Colella 93). Ob aus Jer 8, 8 ein Kreis der *ḥakāmîm soperîm* zu ersehen ist (Weinfeld 158; W. Rudolph, HAT I/12³, 61; J. Lindblom, VTS 3, 1955, 195f.) und dieser Ministerämter (P. A. H. de Boer, VTS 3, 1955, 61f.) oder Priesterämter innehatte (Hermisson 131), ist fraglich. Allenfalls läßt sich von hier an die didaktische und religiöse Funktion der *soperîm* ersehen (Weinfeld 162), die dann besonders in der nachexil. Zeit aufgegriffen wurde.

Zweimal belegt findet sich im 7. Jh. der Terminus *ṭipsār* (Nah 3, 17; Jer 51, 27), der ebenfalls den Schreiber bezeichnet und als Lehnwort von akk. *ṭupšarru* zu betrachten ist (M. Ellenbogen, Foreign Words 78f.; Mettinger 51). Ist an der ersten Stelle ein Verwaltungsbeamter gemeint (Nah 3, 17), so steht der in Jer 51, 27 erwähnte Schreiber im militärischen Kontext und meint hier den Einberufungsbeamten.

3. Die in die exil. Zeit einzuordnenden *soper*-Belege in 2 Kön 12, 11; 22, 3. 8. 9. 10. 12 spiegeln den vorexil. Sprachgebrauch wider, demzufolge der Titel *soper* den Leiter der königlichen Hofkanzlei meint. In Ez 9, 2. 3 ist im allgemeinen Sinne vom Schreiber die Rede und der hier genannte *qæsæt hassoper* bezeichnet das Gefäß des Schreibers bzw. die Schreiberpalette (GesB 719), das Schreibzeug (KBL³ 1042).

4. Erst für die nachexil. Zeit läßt sich ein Bedeutungswandel des Terminus *soper* ersehen. Innerhalb des aram. Textes Esra 7, 12–26 wird der Titel Esras als *kāhanā' sāpar dāṯā' dî-'ælāh šemajjā'* (vv. 12. 21) genannt. Hierbei ist der im Stat. determinatus verwendete Priestertitel als unmittelbar auf Esra bezogen erkennbar, während sich der Titel *sāpar* auf das folgende bezieht. Der Terminus *dāṯ* ist nicht als Parallele zu *tôrāh* zu werten, vielmehr stellt er einen Fachausdruck aus dem Bereich des königlichen Rechts dar (Rendtorff 167–169), und der *sāpar dāṯā'* gibt einen persischen Amtstitel wieder (Rendtorff 172f. 182). Dieser Sachverhalt gilt auch für die Verwendung des hebr. Titels *soper* in bezug auf Esra (Neh 8, 1. 4. 9. 13; 12, 26. 36), zu dem teilweise der Titel *kohen* in Parallele steht (Neh 8, 1f. 9; 12, 26), zumal in Esra 7 kein Zusammenhang zwischen der Verwendung des Titels *soper* und der Verlesung der Thora besteht.

Von dieser Verwendung von *soper* / *sāpar* zur Wiedergabe eines persischen Amtstitels sind die Belege zu unterscheiden, die das Bewandertsein in den heiligen Schriften zum Ausdruck bringen. So wird Esra beschrieben als *soper māhîr beṯôraṯ mošæh* (Esra 7, 6) und als *soper diḇrê miṣwôṯ-JHWH weḥuqqājw 'al jiśrā'el* (Esra 7, 11). Der Zusammenhang des Titels *soper* an diesen Stellen mit dem sonst auf Esra bezogenen *soper*-Titel im Sinne eines persischen Amtstitels ist nicht zu übersehen, so daß die kompositorische Funktion von Esra 7, 6. 11 deutlich wird, durch die das Bild des Amtsträgers Esra aus Neh 8, 1. 4. 9. 13 mit dem Esra-Bild aus Esra 7 in Zusammenhang gebracht wird (Rendtorff 182). Der Text Esra 7, 6. 11 bringt die Deutung des Titels *soper* als „Schriftgelehrter" mit sich, der in der rabbinischen Literatur aufgegriffen wird (Lang 144; Rendtorff 181f.).

Daneben hatte Esra 7, 6 Auswirkungen auf das Ideal des messianischen Herrschers in Jes 16, 5, da dieser als *doreš mišpāṭ* (vgl. Esra 7, 10) und *mehîr ṣædæq* (vgl. Esra 7, 6) in Analogie zum *soper* der nachexil. Zeit verstanden wurde (H. Wildberger, BK X/2, 623).

Zur Bezeichnung der Schriftkundigkeit wurde der Titel *soper* in nachexil. Zeit parallel zu *jo'eṣ* auch in 1 Chr 27, 32 in einer Beamtenliste verwendet, die keine Entsprechung im DtrGW hat und insofern als chron. Eigengut anzusehen ist.

Die in Esra 7, 6 im Stat. cstr. belegte Formulierung *soper māhîr*, die hier die Kenntnis der heiligen Schriften bezeichnet, findet sich in absoluter Stellung in Ps 45, 2, wo der Titel *soper māhîr* den Schnellschreiber meint. Ihr Vorbild hat diese hebr. Formulierung im akk. Titel *ṭupšarru emqu* (Rüterswörden 87). Zur vermeintlichen Lesung dieses Titels in Pap. Anastasi I vgl. Rainey, Soldier-Scribe 58–60.

Daneben findet sich in nachexil. Zeit die Verwendung von *soper* als „Staatsschreiber" (2 Chr 24, 11; 26, 11; 34, 15. 18. 20) sowie „Schreiber" (Neh 13, 13; 1 Chr 24, 6; 34, 13; Est 3, 12; 8, 9), die sich auch im Titel *soper* in der talmud. Zeit weiterverfolgen läßt (E. Levine, ZAW 94, 1982, 99f.; Levy, WTM III 574f.).

Zweimal ist in nachexil. Zeit der PN *sopæræṯ* belegt (Esra 2, 55, Neh 7, 57), welcher ebenfalls im intensiven Sinn den Schreiber bezeichnet (Mettinger 51). In Sir 38, 24 – 39, 11 wird der Beruf des *soper*, der dem Gesetz hingegeben und ganz von der Gottesfurcht eingenommen ist, mit handwerklichen Berufen verglichen. Es ist dabei die Rede von der Weisheit des *soper* (38, 24), die dem Bauern, Handwerker und Künstler aufgrund deren Arbeitsbelastung verschlossen bleibt. Die Tätigkeit des *soper* ist bestimmt durch die Erforschung des Gesetzes (38, 24b) und der Weisheit der Vorfahren (39, 1f.). Dies verschafft dem *soper* Ansehen bei den Mächtigen, den Großen und den Nachfahren (39, 4–11; vgl. Meyer-Weiß 23; Castellino 30f.; Stadelmann 216–293; Lang 148–152).

In Qumran ist der Titel *soper* nicht belegt.

IV. Die LXX übersetzt *soper* mit γραμματεύς, wobei dieses sowohl den Sekretär und Schreiber, wie auch im Sprachgebrauch des ChrGW den Thora- und Gesetzeskundigen bezeichnet (Jeremias 740; Rivkin 138–142). Das NT ist der letzte Zeuge für diesen Sprachgebrauch von *soper* – γραμματεύς, da Philo und Josephus γραμματεύς nicht mehr als Bezeichnung für den Schriftgelehrten kennen.

Die Verbindung *soper māhîr* wird in Ps 45, 2 mit γραμματεύς ὀξύγραφος und in Esra 7, 6 mit γραμματεύς ταχύς wiedergegeben. An den Stellen 2 Kön 22, 9; Jer 36, 20. 21 (= LXX 43, 20. 21) wird der Titel *soper* in der Übersetzung der LXX ausgelassen (Mettinger 21 Anm. 7).

Niehr

סֵפֶר *sepær*

I. 1. Etymologie – 2. Verteilung – 3. LXX – II. Allgemeines – 1. Das Buch als Schriftträger – 2. Das Buch als Überlieferungsträger – III. AT – 1. Brief – 2. Geschichtsaufzeichnung – 3. Prophetische Bücher – 4. Buchwerdung des Gesetzes – a) JE – b) dtn/dtr – c) P – d) Chr – 5. Himmlische Bücher – 6. „Schrift" – IV. Qumran.

Lit.: *S. Amsler*, Loi orale et loi écrite dans le Deutéronome (N. Lohfink [Hrsg.], Das Deuteronomium, Bibl EThL 68, 1985, 51–54). – *H. Balz*, βιβλίον (EWNT I, 1980, 521–524). – *Ders.*, βίβλος (EWNT I, 1980, 524f.). – *A. Baumgarten*, The Torah as a Public Document in Judaism (Studies in Religion 14, 1985, 17–25). – *G. Braulik*, Die Ausdrücke für „Gesetz" im Buch Deuteronomium (Bibl 51, 1970, 39–66). – *V. Burr*, Bibliothekarische Notizen zum Alten Testament, 1969. – *W. Dietrich*, Josia und das Gesetzbuch (2 Reg. XXII) (VT 27, 1977, 13–35). – *Ch. Dohmen*, Das Bilderverbot (BBB 62, 1985). – *H. Donner*, Jes 56, 1–7. Ein Abrogationsfall innerhalb des Kanons (VTS 36, 1985, 81–95). – *K. Ehlich*, Text und sprachliches Handeln. Die Entstehung von Texten aus dem Bedürfnis nach Überlieferung (A. u. J. Assmann / Chr. Hardmeier [Hrsg.], Schrift und Gedächtnis – Archäologie der literarischen Kommunikation I, 1983, 24– 43). – *K. Galling*, Tafel, Buch und Blatt (Festschr. W. F. Albright, Baltimore – London 1971, 207–223). – *S. Greidanus*, The Universal Dimension of Law (Studies in Religion 14, 1985, 39–51). – *A. H. J. Gunneweg*, Mündliche und schriftliche Tradition, 1959. – *H. Haag*, Die Buchwerdung des Wortes Gottes in der heiligen Schrift (Mysterium Salutis I, 1965, 289–427. 440–459). – *Ders.*, Das „Buch des Bundes" (Ex 24, 7) (Das Buch des Bundes, hrsg. von B. Lang, 1980, 226–233). – *H. D. Hoffmann*, Reform und Reformen (AThANT 66, Zürich 1980). – *F.-L. Hossfeld*, Der Dekalog (OBO 45, 1983). – *L. Koep*, Das himmlische Buch in Antike und Christentum, 1952. – *Ders.* / *S. Morenz* / *L. Leipoldt*, Buch (RAC II, 1954, 664–731). – *J. Kühlewein*, סֵפֶר *sēfær* Buch (THAT II, 1976, 162–173). – *G. Lanczkowski* / *P. Welten* / *D. Fouquet-Plümacher*, Buch/Buchwesen (TRE VII 270–290). – *B. Lang*, From Prophet to Scribe: Charismatic Authority in Early Judaism (in: ders., Monotheismus and the Prophetic Minority, Sheffield 1983, 138–156). – *A. Lemaire*, Vom Ostrakon zur Schriftrolle. Überlegungen zur Entstehung der Bibel (ZDMG, Suppl. 6, 1985, 110–123). – *Ch. Levin*, Joschija im deuteronomistischen Geschichtswerk (ZAW 96, 1984, 351–370). – *G. Liedke*, Gestalt und Bezeichnung alttestamentl. Rechtssätze (WMANT 39, 1971). – *J. Liver*, The Book of the Acts of Solomon (Bibl 48, 1967, 75–101). – *N. Lohfink*, Die Bundesurkunde des König Josias (Bibl 44, 1963, 261–288. 461–498). – *Ders.*, Die Bibel: Bücherei und Buch (Jahrbuch Deutsche Akademie für Sprache und Dichtung, 1983, 50–64). – *Ders.*, Die Sicherung der Wirksamkeit des Gotteswortes durch das Prinzip der Schriftlichkeit der Tora und durch das Prinzip der Gewaltenteilung nach dem Ämtergesetz des Buches Dtn (Festschr. W. Kempf, 1971, 143–155). – *W. McCready*, A Second Torah at Qumran? (Studies in Religion 14, 1985, 5–15). – *A. R. Millard*, La prophétie et l'écriture – Israël, Aram, Assyrie (RHR 65, 1985, 125–145). – *F. Nötscher*, Himmlische Bücher und Schicksalsglaube in Qumran (RQu 1, 1958, 405–411 = BBB 17, 1962, 72–79). – *L. Perlitt*, Bundestheologie im Alten Testament (WMANT 36, 1969). – *H. D. Preuß*, Deuteronomium (EdF 164, 1982). – *G. Rinaldi*, Alcuni termini ebraici relativi nella litteratura 45 (Bibl 40, 1959, 282f.). – *W. Röllig*, Die altorientalischen Literaturen (in: ders. [Hrsg.], Altorientalische Literaturen = Neues Handbuch der Literaturwissenschaft 1, 1978, 9–24). – *H. P. Rüger*, Schreibmaterial, Buch, Schrift (BRL² 289–292). – *G. Schrenk*, βίβλος, βιβλίον (ThWNT I 613–620). – *H. H. Schaeder*, Esra der Schreiber, 1930 (= 1968). – *R. Smend*, Das Gesetz und die Völker (Festschr. G. v. Rad, 1971, 494–509). – *H. Spieckermann*, Juda unter Assur in der Sargonidenzeit (FRLANT 129, 1982). – *M. Weinfeld*, Deuteronomy and the Deuteronomic School, Oxford 1971. – *C. Wendel*, Die griech.-röm. Buchbeschreibung verglichen mit der des Vorderen Orients, Halle 1949. – *Th. Willi*, Die Chronik als Auslegung (FRLANT 106, 1972). – *I. Willi-Plein*, Vorformen der Schriftexegese innerhalb des AT (BZAW 123, 1971). – *W. Wimmel*, Die Kultur holt uns ein. Die Bedeutung der Textualität für das geschichtliche Werden, 1981. – *E. Zenger*, Ps 87, 6 und die Tafeln vom Sinai (Festschr. J. Ziegler, FzB 2, 1972, 97–103). – *Ders.*, Israel am Sinai, ²1985.

I. 1. Der gesamtsemit. belegten Basis *spr* ist kein einheitliches Bedeutungsfeld zuzuweisen. Bedeutungsunterschiede lassen sich aber nicht nur zwischen den einzelnen Sprachgruppen ausmachen, sondern mehr noch zwischen unterschiedlichen verbalen und nominalen Anwendungen innerhalb einzelner Sprachen bzw. Sprachgruppen. Die Streuung dieser semantischen Differenzen geht soweit, daß lineare etymologische Ableitungen – selbst innerhalb einer Sprachgruppe – abzulehnen sind; statt dessen ist es angeraten, im Einzelfall nach möglichen Verbindungen zu anderen semit. Sprachen zu suchen.

Semantisch lassen sich zwei Schwerpunkte der Verwendung der Basis *spr* im Semit. ausmachen: zum einen die Bedeutung ʽzählen u.ä.', zum anderen ʽSchriftstück/Schreiber u.ä.'. Im Bibl.-Hebr. sind beide Bedeutungen nachweisbar, erstere beim Verbalstamm → ספר *sāpar* samt Derivaten (GesB 550f.; KBL³ 723) und → ספר *soper* (GesB 550 als Ptz. von *sāpar*; KBL³ 724 als eigenes Lemma).
Außer im Bibl.-Hebr. begegnen Belege der Basis *spr* mit den beiden genannten Bedeutungen nebeneinander in einer Einzelsprache nur noch im Ugar. (WUS Nr. 1947; UT Nr. 1793). Die häufig genannten südsemit. Belege der Basis verbleiben in bezug auf die Einzelsprachen semantisch im Bereich der einen oder anderen Bedeutung, so z.B. asarab./äth. (ʽmessen, Maß') oder arab. (ʽBuch etc.'). Diese Beobachtung rechtfertigt jedoch noch nicht den Versuch einer internen etymologischen Ableitung im Nordwestsemit. in dem Sinne, daß ein Nomen *sep̄ær* mit der Grundbedeutung ʽAufzählung, Liste' vom Verbalstamm *spr* ʽzählen' herzuleiten sei (so T. N. D. Mettinger, Solomonic State Officials, Lund 1971, 42–45); vielmehr ist die Sonderstellung des Ugar. als kanaan. Sprache mit starken fremdsprachlichen (auch ostsemit.) Einflüssen (vgl. D. Kinet, Ugarit – Geschichte und Kultur einer Stadt in der Umwelt des AT [SBS 104] 47–58) zu beachten, so daß festgehalten werden kann, daß die bei hebr. *spr* zu findende Doppelbedeutung ursprüngl. schon im Ugar. vorkommt. Entweder ist diese Doppelbedeutung als Eigengut des Ugar. oder als Vermittlung verschiedener anderer sprachlicher Einflüsse zu werten. Es wäre möglich, daß hier ost- und westsemit. Lexeme mit unterschiedlicher Semantik bei morphologisch gleicher Basis zusammentreffen.
Da – abgesehen von jüngeren semit. Sprachen – auch die übrigen westsemit. Sprachen vornehmlich das Wortfeld „Schreibmaterial – Schreiber" mit *spr* abstecken (vgl. im Phön.-Pun.: KAI 1, 2; 24, 14f., 37A 15; 50, 6 – Aram.; DISO 196f.; K. Beyer, Die aram. Texte vom Toten Meer, 1984, 648), zumal für die Bedeutung „zählen" das gemeinsemit. *mnw/j* (→ מנה *mānāh*) vorliegt, kommt der seit F. Hommel (NKZ 1, 1890, 69) immer wieder vorgetragenen Rückführung von hebr. *sep̄ær/soper* auf akk. *šipru/šāpiru* die größte Wahrscheinlichkeit zu (zu den einzelnen Vorschlägen seit Hommel vgl. Kühlewein, THAT II 163, sowie KBL³ 723f.; W. Eilers, WO 3, 1964/66, 127; S. A. Kaufmann, The Akkadian Influences on Aramaic, Chicago 1974, 29). Im Akk. finden sich neben dem Verbum *šapāru* ʽschicken, schreiben' (AHw 1170f.) auch die entsprechenden nominalen Ableitungen *šipru* ʽSendung, Botschaft, Arbeit' (AHw 1245f.) und *šāpiru* ʽAnweisungsgeber' (AHw 1172f. 1589); als aram. Fremdwort begegnet dann auch in einigen sbabyl. Texten *sipru* „Dokument" (AHw 1049). Der Lautwechsel *š – s* bildet dabei kein Problem, er kann sogar bereits auf die assyr. Zischlautverschiebung (ca. 1100 v.Chr.) zurückgehen (vgl. auch amor. *śpr* „to send, to be beautiful"; I. J. Gelb, Computer-Aided Analysis of Amorite [AS 21], Chicago 1980, 32), die sich in der keilschriftl. Schreibung nicht durchgängig niedergeschlagen hat (vgl. K. Beyer 100f. Anm. 1; G. Garbini, The Phonetic Shift of Sibilants in Northwestern Semitic in the First Millenium B.C. [JNWSL 1, 1971, 32–38]).
Die in diesem Ableitungsvorschlag zugrundeliegende Bedeutungsentwicklung von Sendung, Botschaft über Dokument, Inschrift bis hin zu Buch stellt keine Probleme dar, wenn man die grundsätzliche kulturgeschichtliche und kommunikationstheoretische Entwicklung auf dem Wege des Verschriftlichungsprozesses (s.u. II.2.) in Betracht zieht.

Dohmen

2. *sep̄ær* findet sich 185mal im AT; davon entfallen 52 Belege auf dtn/dtr Texte (Dtn 11; Jos 7; 1 Sam 1; 2 Sam 3; 1 Kön 16; 2 Kön 14) und auf Parallelen in 2 Chr (23 Belege).
Daneben spiegelt sich in der häufigen Verwendung von *sep̄ær* in der prophetischen Literatur (Jes 12; Jer 26; Ez 1; Nah 1; Mal 1) der Verschriftlichungsvorgang prophetischen Sprechens. Dabei sind auch in diesem Bereich zahlreiche Belege dtr Hand zuzuordnen (s.u.).
Die Statistik weist darüber hinaus folgende Vorkommen auf: Gen 1; Ex 4; Num 2; Ps 3; Ijob 2; Koh 1; Est 11; Dan 5; Neh 1.

3. Fast durchweg übersetzt die LXX *sep̄ær* mit βιβλίον bzw. βίβλος, wobei zwischen βίβλος ʽBuch' und der ursprünglichen Deminutivform βιβλίον ʽBüchlein' wie auch im zeitgenössischen Griech. (vgl. Schrenk, ThWNT I 614) nicht unterschieden wird. Nur vereinzelt wählt die LXX zur Übersetzung von *sep̄ær* unter Berücksichtigung des jeweiligen Kontextes andere griech. Termini wie γράμμα, γραμματικός, ἐπιστολή, λόγος oder συγγραφή.

II. 1. Die verschiedenen Schriftsysteme des Alten Orients – vor allem die mesopot. Keilschrift und äg. Hieroglyphenschrift – haben auch je nach ihrer Art unterschiedlichen Schriftträgern den Vorzug gegeben (vgl. W. Röllig 16ff.; I. J. Gelb, A Study of Writing, London 1952, 60ff.).
Die Entstehung und Entwicklung der Konsonantenschrift in Palästina (vgl. K. Beyer, Die aram. Texte vom Toten Meer, 1984, 72–76) hat dem Buch in Form der Leder- oder Papyrusrolle für das Hebr. schnell den Vorrang eingeräumt, wenn es um die schriftliche Fixierung längerer Texte – wie es vor allem für die Entstehung der Bibel anzunehmen ist – geht (vgl. H. P. Rüger 291). Die Tafel (→ לוח *lûaḥ*) wird im AT zwar als Schreibmaterial erwähnt, jedoch muß beachtet werden, daß von den 45 Belegstellen allein 35 auf die Tradition der Gesetzestafeln vom Sinai entfallen (s.u. 4.a; → סיני *sînaj* V.3.). Hebr. beschriftete Siegel oder Ostraka sind zwar archäologisch in Palästina nachweisbar (vgl. A. Lemaire

110ff.), finden aber über den Alltagsgebrauch hinaus wohl keine Verwendung im Prozeß der Verschriftlichung biblischer Überlieferung.
2. Gerade für die sogenannte Buchreligion spielt – sofern nach dem Entstehen der jeweiligen hl. Bücher gefragt wird – der Prozeß der Verschriftlichung eine entscheidende Rolle. Abgesehen von der Problematik der Beurteilung der Möglichkeiten und Grenzen von Mündlichkeit und Schriftlichkeit (vgl. Wimmel) muß sich jede Untersuchung des Phänomens der Buchreligion den Fragen nach Herkunft und Entstehung von Texten stellen.

Entgegen der in der modernen Linguistik gängigen Definition von Texten als jede Form von sprachlicher Handlung versucht Ehlich (32) weiter zu differenzieren und schlägt vor, als Text nur solche Sprechhandlungen zu bezeichnen, die für eine weitere – gegenüber der ursprünglichen – Sprechsituation gespeichert sind. Charakteristikum des Textes ist demnach die „sprachsituationsüberdauernde Stabilität“ (37), d.h. die Überlieferungsqualität der sprachlichen Handlung. Ausgangspunkt eines so erfaßten Textverständnisses ist die Institution des Boten, da durch den Boten ein diatopes und damit auch ein diachrones Sprechsituationshindernis überwunden wird (vgl. Ehlich 31 sowie die Überlegung zur Etymologie von hebr. *sepær*, s.o. I.1.).

Fragt man nun nach den Bedürfnissen zur „Überlieferung“, dann findet sich, abgesehen von alltäglichen, vor allem aus dem Bereich des Wirtschaftslebens stammenden Registraturen (hier liegen vermutlich auch die Anfänge der Schrift – vgl. die Bedeutung der sogenannten „Zählsteine“ in Mesopotamien: D. Schmandt-Besserat, The Earliest Precursor of Writing, Scientific America 6, 1978, 38–47), ein starkes Traditionsbedürfnis im Bereich von Recht und Kult (vgl. z.B. für Äg. W. Schenkel, Wozu die Ägypter eine Schrift brauchten, in: A. Assmann u.a. [Hrsg.], Schrift und Gedächtnis, 1983, 45–63). Die aus diesem Bedürfnis nach Überlieferung entstandenen Texte bilden die Grundlage weiterer Traditionsbildung, und ihre schriftliche Fixierung erlaubt nachträglich, den kreativen und konstruktiven Umgang mit dem Überlieferungsgut nachzuvollziehen und damit den Stellenwert des Buches als Überlieferungsträger in dem Sinne genauer zu fassen, daß es die bedeutendste Form der Zusammenfassung unterschiedlicher sprachlicher Handlung ist und im Fall der Bibel als hl. Buch im Gegensatz zu gesondert gesammelten Kultrubriken, Gesetzestexten oder Erzählungen ein markantes Zeugnis der theologisch motivierten Traditionsverflechtung darstellt.

III. 1. An einigen Stellen (2 Sam 11, 14. 15; 1 Kön 21, 8. 9. 11; 2 Kön 5, 5. 6. 7; 10, 1. 2. 6. 7; 19, 14; 20, 12; 2 Chr 32, 17; Jes 37, 14; 39, 1; Jer 29, 1. 25. 29; Est 1, 22; 3, 13; 8, 5. 10; 9, 20. 25. 30) läßt sich *sepær* am ehesten als Brief übersetzen, was sich aus dem Kontext erschließen läßt. Er wird geschrieben (→ כתב *kāṯaḇ*) und an jemanden geschickt (→ שלח *šālaḥ ʼæl*), von dem er dann gelesen (*qr'*) wird. In dieser Bedeutung findet sich *sepær* auch außerbibl. auf den Lachisch-Ostraka KAI 193; 195; 196. Die im AT vorkommenden Briefe werden bis auf die jeremianischen stets von Königen oder höheren Beamten geschrieben und verschickt. Die Erklärung Gallings: „Galt ein Brief mehreren Empfängern (...), so wird von Briefen gesprochen“ (220) trifft zu, erklärt aber den Pl. in 2 Kön 19, 14; 20, 12; Jes 37, 14; 39, 1 nicht. Da an diesen Stellen der Brief von Assyrern geschrieben und Briefe in Keilschrift häufig über mehrere Tafeln (→ לוח *lûaḥ*) geschrieben werden (vgl. AHw III 1395), liegt es auch hier nahe, *s^{e}pārîm* als mehrere Schriftstücke aufzufassen.
In Dtn 24, 1. 3; Jes 50, 1; Jer 3, 8 wird speziell der Scheidebrief erwähnt, in Jer 32, 10. 11. 12. 14. 16. 44 der Brief als Kaufvertrag. *sepær* bezeichnet somit in diesen Fällen ein Rechtsdokument.
2. 1/2 Kön nennen als Abschluß ihrer Berichte über die Ära eines Königs Bücher, in denen sich weitere Einzelheiten über den König finden. Dabei gebrauchen sie weitgehend formelhafte Wendungen. Ihr Grundbestand lautet: *w^{e}jæṯær diḇrê N* (*w^{e}ḵōl*) *'^{a}šær ʻāśāh h^{a}lô'-hem k^{e}ṯuḇîm ʻal-sepær diḇrê hajjāmîm l^{e}malḵê jiśrā'el* bzw. *j^{e}hûḏāh* (1 Kön 11, 41; 14, 19. 29; 15, 7. 23. 31; 16, 5. 14. 20. 27; 22, 39. 46; 2 Kön 1, 18; 8, 23; 10, 34; 12, 20; 13, 8. 12; 14, 15. 18. 28; 15, 6. 11. 15. 21. 26. 31. 36; 16, 19; 20, 20; 21, 17. 25; 23, 28; 24, 5).
Nur bei Salomo fallen die letzten 3 Worte weg; bei ihm heißt es einfach: *diḇrê š^{e}lomoh* (1 Kön 11, 41). Diese Bezeichnung weist darauf hin, daß ein eigenes Buch über die Geschichte Salomos bekannt war.
In 4 Fällen (1 Kön 14, 19; 2 Kön 15, 11. 15. 31) kann das *h^{a}lo'-hem* ausgelassen werden. Die meisten Variationen finden sich nach *'^{a}šær ʻāśāh*: hier kann nach dèn Taten des betreffenden Königs ein Einschub erfolgen. Der Begriff des *sepær diḇrê hajjāmîm* begegnet außer in Kön noch in Est 2, 23; 6, 1; 10, 2 und Neh 12, 23 und bezeichnet die Aufzeichnungen der Tagesereignisse, also Königsannalen (→ דבר *dāḇār*). 1/2 Kön benutzt diese zugleich als Quelle und als Literaturverweis. Die Verschiedenheit der Titel läßt auf 2 verschiedene Bücher an den Königshöfen schließen (M. Rehm, Das zweite Buch der Könige, 1982, 257).
Die Chr verarbeitet die Angaben aus Kön weiter im Sinne ihrer eigenen Theologie: sie berichtet nur die Geschichten der Südreich-Könige. Dabei werden die Quellenverweise aus 1/2 Kön zweifach verändert: zum einen durch die Apposition von „frühere und spätere“ (2 Chr 16, 11; 20, 34; 25, 26; 28, 26; 35, 27; ohne diese Apposition nur 2 Chr 24, 27; 27, 7; 32, 32), zum anderen durch inhaltliche Differenzierung der Taten der Könige (Willi 108). Die Bedeutung der Könige Salomo (2 Chr 9, 30), Rehabeam (2 Chr 12, 15), Abija (2 Chr 13, 22) Joschafat (2 Chr 20, 34), Usija (2 Chr 26, 22) und Hiskija (2 Chr 32, 32) soll durch Nennung prophetischer Quellen 2 Chr 13, 22 betont werden. In all diesen Fällen handelt es sich um Könige, die im Verständnis des Chr

besondere Nähe zu David auszeichnet (bes. auffällig durch den Einschub von 2 Chr 12, 5f.). Auch wenn mehrere Propheten als Autoren der jeweiligen Königsgeschichte genannt werden, erhält nur jeweils einer, dem dadurch besondere Autorität zugesprochen wird, den Titel des *nāḇî'* (R. Micheel, Die Seher- und Prophetenüberlieferungen in der Chronik, BET 18, 1983, 79). So ersetzt Chr die Quellenangaben aus 1/2 Kön in den genannten Fällen durch Angaben der prophetischen Quellen. Auch in den restlichen Abschlußsätzen zu den einzelnen Königsgeschichten weist Chr mehr Variabilität auf als Kön. Nur Beginn (*wᵉjæṯær diḇrê N*) und Schluß (*'al sepær malḵê jᵉhûḏāh wᵉjiśrā'el*) sind relativ konstant. Obwohl nur von den Südreich-Königen berichtet wird, versteht Chr sie doch als Könige des ganzen Volkes und spricht deshalb von *jiśrā'el wîhûḏāh.* Bei den Topoi „Geschichte der Könige von Israel" und „Buch der Könige von Israel und Juda" handelt es sich um die gleiche Quelle (Micheel 75). Das gleiche gilt von den Midraschim 2 Chr 24, 27, die nicht (wie S. Mowinckel, Erwägungen zum chronistischen Geschichtswerk [ThZ 85, 1960] 1–8, und F. Michaeli, Les livres des chroniques, d'Esdras et de Néhémie [CAT XVI, 1967] 207, annehmen) eine eigene, von den kanonischen Königsbüchern verschiedene Quelle des Chronisten darstellen (Willi 231ff.). Die Quellenverweise dienen der Auslegung der dtr Quellenangaben und geben dadurch der ganzen Chronik den Charakter eines Midrasch (Willi 233; O. Kaiser, Einleitung in das AT, ⁵1984, 189).

Geschichtsaufzeichnungen in einem *sepær*, die militärische Ereignisse zum Inhalt haben, werden in Ex 17, 14; Num 21, 14; Jos 10, 13 und 2 Sam 1, 18 erwähnt. Es handelt sich in diesem Fall am ehesten um Siegeslieder in der Art des Debora- oder Mirjamliedes, in denen JHWH als kriegführender und siegreicher Gott gefeiert wird (N. Lohfink, Die Schichten des Pentateuch und der Krieg, in: ders., Gewalt und Gewaltlosigkeit im AT, QDisp 96, 1983, 58f.).

Von chronologischem Interesse zeugen die Belege von *sepær* in den Listen Gen 5, 1; Jos 18, 9 und Neh 7, 5. Hier wird auch wieder der Bezug zu den Anfängen schriftlicher Fixierung in Form von Registern deutlich (vgl. II. 2.).

3. Auch wenn prophetische Verkündigung immer in erster Linie ein Sprechen des Propheten in eine bestimmte Situation hinein bedeutet (vgl. die Bedeutung von *dāḇar* [→ דבר] für die Propheten) hat doch auch für die Propheten Schriftlichkeit eine besondere Funktion. Die Niederschrift erfolgt nicht aus schriftstellerischen Ambitionen, sondern stellt eine Notlösung dar (vgl. K. Koch, Die Profeten I, 1978, 177–181).

Eine älteste Notiz über Niederschreiben liegt Jes 8, 1 vor: auch wenn es sich nur um ein äußerst kurzes Orakel handelt, zeigt sich hier wie in Jes 8, 16 ein Grund für die schriftliche Fixierung. Die Verkündigung des Propheten hat keinen Erfolg gehabt, und so ist er gezwungen, seine Botschaft in der Hoffnung auf aufgeschlossenere Zuhörer für die Zukunft zu konservieren. Dabei ist die Schriftlichkeit die sicherste Möglichkeit, für den Fortbestand der Botschaft zu sorgen (vgl. Gunneweg 34). Explizit angegeben wird diese Absicht Jes 30, 8ff., wo Jes seine Botschaft auf eine Tafel und in einen *sepær* schreibt zum Zeugnis für die folgende Zeit. Dies bedeutet auch, daß die Kraft und Wirkung der JHWH-Botschaft, als deren Mittler sich der Prophet versteht, nicht an die Verkündigungssituation gebunden ist (vgl. G. v. Rad, ThAT II, ⁷1980, 51), sondern von bleibender Bedeutung ist (vgl. auch Hab 2, 2).

Besonders ausführlich ist die Beschreibung der Buchwerdung prophetischen Wortes bei Jer. Indem er seine Audition seinem Schreiber Baruch in eine Buchrolle (*mᵉgillaṯ sepær*) diktiert (Jer 36, 4), will er ihr Wirkung über die Gegenwart hinaus verschaffen. Auf diese Weise bemüht sich Jer in einem letzten Versuch, die Umkehr Israels zu bewirken (Jer 36, 3).

Durch die schriftliche Festlegung soll das Wort eine objektive, von seinem Sprecher unabhängige Wirkung bekommen (vgl. Gunneweg 38).

Die folgende Schilderung der Schicksale des Buches läßt so „das Jeremiathema von dem großen Scheitern" (v. Rad 53) noch dramatischer werden. Doch die Zerstörung von JHWHs Wort wird durch die erneute, erweiterte Niederschrift (Jer 36, 32; vgl. 45, 1) zur Unmöglichkeit erklärt. Daran kann selbst das Versenken des Buches im Eufrat nichts ändern (Jer 51, 63). Auch bei Jer findet sich die Überzeugung, daß die *dᵉḇārîm* wie die *tôrāh* (s.u.) „zu grundsätzlichen Weisungen bleibender Art werden können" (Gunneweg 44) und aus diesem Grund in einen *sepær* geschrieben werden (Jer 25, 13; 30, 2; 51, 60. 63).

Wie das wörtliche Zitat von Mi 3, 12 in Jer 26, 18 zeigt, lag Jer bereits eine schriftliche Fassung des Michabuches vor.

Wenn die Weissagungen der Propheten nicht sofort in Erfüllung gehen, ist die Niederschrift die einzige und wichtigste Möglichkeit, die Wahrheit des Wortes später zu beweisen (vgl. Millard passim).

Bei Ez erlangt der *sepær* bereits bei der Berufungsvision große Bedeutung. Ez muß die Gerichtsbotschaft (Klagen, Seufzer und Weherufe) in Form einer Buchrolle (*mᵉḡillaṯ sepær* Ez 2, 9) im wahrsten Sinne des Wortes verinnerlichen (Ez 2, 8 – 3, 3). Im Unterschied zu Jes und Jer, die ihre mündliche Verkündigung später aufschreiben bzw. aufschreiben lassen, wird also Ez das Buch gleich zu Beginn seiner Sendung mit auf den Weg gegeben.

Durch die Prophetenschüler, die sich um die Anerkennung ihres Meisters bemühten, wurden die einzelnen Texte, Sprüche und Visionen, die z.T. bereits durch den Propheten selbst aufgeschrieben worden waren, zu den Büchern zusammengestellt, die uns heute vorliegen (vgl. Nah 1, 1; vgl. F.-L. Hossfeld / I. Meyer, Prophet gegen Prophet, Biblische Beiträge 9, 1973, 162).

Das Jer-Buch wird bereits inner-at.lich in Dan 9, 2 rezipiert. Diesem späten Werk liegen bereits mehrere

Prophetenbücher vor, die als *s^epārîm* bezeichnet werden können. Das gleiche gilt für Sir, der bereits den gesamten Prophetenkanon vorliegen hat (z. B. Sir 49, 10).

4. In diesem zentralen Abschnitt geht es darum, wichtige Spuren der Verschriftlichung, wie sie im AT vor allem im Bereich des Pentateuch zu finden sind, zu erfassen.

Diese Entwicklung läßt sich zum Teil an den Vorkommen von *sepær* in Verbindung mit gesetzlichen Bestimmungen zeigen. Zum Teil müssen jedoch auch *kātab* (→ כתב) und *lûaḥ* (→ לוח) zu Hilfe genommen werden.

a) Die älteste Schicht, die im Pentateuch Schriftlichkeit erwähnt, ist JE. Er bringt die steinernen Tafeln in die Sinaitheophanie ein (Hossfeld 145ff.). Ex 24, 12* und 31, 18* dienen sie bei JE zur „Beurkundung von Theophanie und Opfer" (vgl. Dohmen 138). Die durch die Theophanie ausgelöste Gesetzesmitteilung des Privilegrechts Ex 34, 11–26 schreibt Mose Ex 34, 27 im Auftrage JHWHs nieder und macht sie zur Grundlage eines Bundesschlusses. JE kennt damit im Privilegrecht die älteste schriftliche Fixierung eines Gesetzestextes im Rahmen seiner Sinaitheophanie Ex 19–34* (Dohmen 140). Da die Gesetzestafeln bei JE nur die Funktion der Beurkundung haben, wird über ihren Inhalt nichts gesagt.

Erst dtr/P-Redaktionen, die das Motiv der steinernen Tafeln aufnehmen und sie als Bundestafeln, Gesetzestafeln u. ä. bezeichnen, verbinden damit den Dekalog. Für den R^P in Ex 24, 12* ist es die Thora, die auf den Tafeln aufgeschrieben ist. Inhalt und Umfang dieser *tôrāh*, die auch im *sepær* aufgeschrieben ist (s. u.), zu bestimmen ist das entscheidende Problem.

b) Der Bereich der dtn/dtr Literatur ist numerisch und bedeutungsmäßig der ergiebigste in bezug auf Gesetzestexte. Dabei fällt dem Reformbericht 2 Kön 22f. eine besondere Bedeutung zu. Hier fällt das häufige Vorkommen von *sepær* (11mal) sowie die zentrale Rolle des Buches für den Verlauf der Erzählung auf. Es wird vom Fund des Buches berichtet, das in v. 8 als *sepær hattôrāh* eingeführt und damit als bekannt vorausgesetzt wird. Das „gefundene Buch" enthält Aussagen, die den König erschrecken lassen (v. 11), weil „die Worte dieses Buches" (v. 13) nicht befolgt wurden. Folge des Buchfundes ist die Reform des Joschija (2 Kön 23, 4–27), in deren Zentrum die Kultzentralisation steht. In diesem Zusammenhang dienen „die Worte der *tôrāh*", die im *sepær* stehen, zur Legitimation für die Beseitigung der „Fremdkulte" (v. 24). In 2 Kön 23 wird das gleiche Buch zum verpflichtenden Inhalt eines Bundesschlusses. Der *sepær* wird in diesem Zusammenhang als *sepær habb^erîṯ* (v. 2) bezeichnet.

Diese Bezeichnung ist insgesamt nur 3mal belegt: in 2 Kön 23, 2 ist *sepær habb^erîṯ* die Bundesurkunde. Nur hier ist *sepær habb^erîṯ* organisch mit dem Geschehen verwoben, daher ursprünglich und bereits der Vorlage zuzurechnen (Spieckermann 73). Von hierher wird er durch späte Dtr in v. 21 eingefügt, wonach er die Vorschrift für das Paschafest enthält. Inhaltlich sind beide Stellen im Zusammenhang mit dem Buchfundbericht zu klären.

Der dritte Beleg ist Ex 24, 7. Hier ist er in Analogie zu bekannten altorientalischen Verträgen Urkunde eines Vertragsbundes mit zwei Partnern (JHWH und Israel), Mose als Mittler und einem Ritual der Besiegelung v. 8 (Perlitt 195). Inhalt des Buches sind „die Worte JHWHs" (v. 4). Der Text, den Mose in den *sepær habb^erîṯ* schreibt, ist also Ex 20, 22 – 23, 33 (Hossfeld 194; anders Haag 227). Dies ergibt sich vor allem auch aus redaktionskritischen Erwägungen: Ex 24, 6–8 entspricht dtr Bundestheologie und stammt von denselben dtr Redaktoren, die das gesamte Bundesbuch an ihrer heutigen Stelle eingefügt haben (Zenger, Israel 154, vgl. auch Spieckermann 77f.).

Durch die Einfügung des Bundesbuches machen diese Redaktoren das Bundesbuch zum vornehmsten Gesetzestext der Sinai-Horeb-Theophanie. Der Dekalog von Dtn 5 bleibt als Grundgesetz in seiner Position unangetastet, während das Dtn nun im wörtlichen Sinne zum zweiten Gesetz eingestuft wird und in dieser Position Bundesbuch und Dekalog auslegt (Hossfeld 194).

In 2 Kön 22f. werden *sepær hattôrāh*, *sepær habb^erîṯ* und einfaches *sepær* frei variiert, ohne literar- oder redaktionskritisch voneinander abgetrennt werden zu können (Spieckermann 51). Diese Variabilität spiegelt einerseits ein Ringen um den richtigen Namen für das vorgestellte Werk wider, beinhaltet andererseits aber die doppelte Gleichsetzung von gefundenem Buch mit dem Gesetzbuch und dem Bundesbuch des Joschija-Bundes.

Aufgrund der erwähnten Inhalte und weiterer Indizien wird angenommen, daß es sich hier um das Dtn oder Teile davon handelt (Preuß 5, dort Lit.). Der Terminus „Gesetzbuch" (2 Kön 22, 8. 11) läßt an Dtn 12–26 denken. Auch der Dekalog Dtn 5 läßt sich nicht ausschließen. 2 Kön 22, 11 legt nahe, daß auch Dtn 28 in den *sepær* gehört (anders: Levin 369, der das „Buch der *tôrāh*" in 2 Kön 22f. mit dem Pentateuch identifiziert). Der Begriff des *sepær hattôrāh* setzt voraus, daß das Gesetz als genau abgegrenzter Text verstanden wird. Bei der Entstehung dieser Vorstellung eines abgeschlossen niedergelegten JHWH-Willens muß ein als kanonisch angesehener Text vorliegen. Wenn sich also herausfinden läßt, seit wann, in welchem Umfang und mit welchem Bezug diese Vorstellung belegt ist, werden Aussagen über die Verschriftlichung im Bereich des Gesetzes möglich.

Die Identifizierung vom joschijanischen Gesetzbuch mit dem Dtn im vorexil. Reformbericht legt nahe, als nächstes die Belege im Dtn zu betrachten.

Ein erster Überblick über das gesamte Dtn zeigt, daß vielen Texten eine mündliche Überlieferungsform zugrunde liegt: Mose redet (z. B. Dtn 1, 1; 5, 1; 29, 1); das Volk hört (z. B. Dtn 4, 1; 26, 16–19) und soll weitersagen (z. B. Dtn 6, 7). Vor allem die Fiktion der Moserede hat große Bedeutung für die Komposition des Dtn. Die gesamte Grundschicht von Dtn 5–28 kennt nur die Mündlichkeit.

Dem scheint Dtn 6, 4–9 und die davon abhängige Stelle Dtn 11, 18–21* zu widersprechen (vgl. Donner, Geschichte des Volkes Israel 2, 1985, 355). Doch ist in Dtn 6, 6 ein anaphorisches Verständnis mit Rückverweis auf die Worte von 6, 4f. und damit der Bezug von 6, 8f. ausschließlich auf 6, 4f. angebracht.

In v. 7 fällt die Bedeutung von mündlicher Tradition trotz der Existenz schriftlicher Bekenntnissätze auf. Das Lesen des einzelnen Gläubigen reicht nicht! Die mündliche Weitergabe hat den Vorrang, wie es sich vor allem beim Vorlesen hl. Texte im Gottesdienst zeigt.

Innerhalb des dtn Kerngesetzes (Dtn 12–26) findet sich nur eine einzige Erwähnung eines Gesetzbuches. Im Königsgesetz Dtn 17, 14–20 wird eine Abschrift des Gesetzes zur ständigen Lektüre des Monarchen bestimmt (v. 18); dabei handelt es sich jedoch um einen spät-dtr Einschub in das dtn Königsgesetz. Da sich das Gesetz selbst in Obhut der levitischen Priester befindet, erhalten diese Kontrollfunktion über den König. Die Rede von einer *mišneh hattôrāh ʿal sepær* setzt die Kenntnis von Dtn 31, 9. 26 voraus (s. u.). Auch die Forderung des Gehorsams gegenüber dem verschrifteten Dtn ist typisch für späte Dtr. Die Stelle Dtn 17, 18 kann daher nicht als Beweis für die ursprüngliche Schriftlichkeit des Dtn herangezogen werden (so Donner, Geschichte 353f.).

Der Übergang von der Mündlichkeit zur Schriftlichkeit wird an der Eintragung der Tafelvorstellung (Dtn 4, 13; 5, 22; 9, 10. 15; 10, 1–5) in Anlehnung an JE (s. II. a) durch einen späten Dtr und vor allem in Dtn 31, 9aα deutlich. Dtn 31, 9aα ist Teil folgender Konzeption des DtrH (M. Noth, ÜSt I, 1943, 39f.; Perlitt 41): Mose verkündet die *ʿeḏôṯ*, *ḥuqqîm* und *mišpāṭîm* in Bet-Pegor (Dtn 4, 45. 46a). Die Gesamtheit dieser Worte wird abgeschlossen (31, 1f.), als *tôrāh* aufgeschrieben (v. 9aα) und den Leviten anvertraut. Diese auffallend einfache Beschreibung des Verschriftungsvorganges enthält genau den Übergang von Mündlichkeit zu Schriftlichkeit. „Dtn 31, 9a zieht die letzte Konsequenz aus der dtn Fiktion der Moserede: Mose hat nicht nur geredet, sondern auch geschrieben" (Perlitt 117). Möglicherweise wirkt bei dieser Konsequenz die Bearbeitung von 2 Kön 22f. durch denselben DtrH nach.

In den *sepær* gelangt die *tôrāh* allerdings erst durch die weiteren dtr Redaktoren. Kennzeichnend hierfür ist das Faktum, daß alle Belege für *sepær* im Dtn (neben den Vorkommen von *sepær* als nomen regens in Cstr.-Verbindungen mit *tôrāh* als nomen rectum Dtn 28, 61; 29, 20; 30, 10; 31, 26 sind die benachbarten vv. 28, 58; 29, 19. 26; 31, 24 zu berücksichtigen) sich in spät-dtr hinteren Rahmentexten befinden.

Damit ist die Entstehungszeit eines *sepær hattôrāh* geklärt: die Vorstellung eines abgeschlossenen, niedergelegten JHWH-Willens ist für späte Dtr charakteristisch (vgl. Perlitt 42; Spieckermann 56). Problematisch ist jedoch noch immer die Frage nach dem Umfang des als Thorabuch bezeichneten Werkes. Sie kann nur durch die genaue Analyse der einzelnen Stellen beantwortet werden, wie sie im folgenden versucht werden soll.

In Dtn 28, 58 fällt die umständliche Formulierung auf: statt wie in 2 Kön 22f. einfach von dem Gesetzbuch zu sprechen, heißt es hier: *kŏl-diḇrê hattôrāh hazzoʾṯ hakkeṯûḇîm bassepær hazzæh*. Durch diese Wortwahl will der Autor sehr präzise den Zusammenhang zwischen *sepær* und *tôrāh* klären und die Verbindung des *sepær hattôrāh*, die in den folgenden Texten bereits als term. techn. verwendet wird, einführen. Die Formulierung mit *sepær hazzæh* läßt annehmen, daß der Autor diesen Text selbst (Dtn 28, 58) als zur *tôrāh* gehörend ansieht.

In Dtn 28, 61 ist die Betonung von *tôrāh* durch den Gebrauch von *hazzoʾṯ* als Demonstrativpronomen einzig unter allen Belegen für die Wendung *sepær hattôrāh*. Möglicherweise soll so auf einen entfernter liegenden Gesetzestext verwiesen werden und gleichzeitig deutlich gemacht werden, daß der Vers selbst nicht im *sepær* steht. Da diese Überlegung sich jedoch nur auf einen einzigen Vers stützen kann, ist hier keine Sicherheit zu erlangen.

Der textkritische Apparat der BHS zeigt, daß die Differenzierung zwischen *hazzæh* und *hazzoʾṯ* bereits in manchen hebr. Handschriften sowie in LXX und V nicht mehr wahrgenommen wird. Während LXX das Demonstrativpronomen überall dem Gesetz zuordnet (τοῦ νόμου τούτου) und so die Ausnahme von Dtn 28, 61 zur Regel macht, ändern hebr. Mss *hazzoʾṯ* in *hazzæh* und tilgen so die Differenz.

In allen weiteren Belegen (Dtn 29, 19. 26; 30, 10; 31, 24. 26) sind Gesetz und Buch eine einzige zusammengehörige Größe. Der Bezugstext ist Dtn 5–28*. Die Worte dieser *tôrāh* schreibt Mose Dtn 31, 24 in ein Buch und vertraut dieses den Leviten an. Diese spät-dtr Schilderung der Verschriftlichung unterscheidet sich von der bei DtrH durch eine gewisse Umständlichkeit, die Länge und Gewichtigkeit des Textes hervorheben soll. Gleichzeitig wird durch diese Notiz das Ende des Gesetzbuches in Dtn 30 angezeigt. Da von gleichen spät-dtr Redaktoren auch Dtn 4 und 29f.* stammen, zählen diese also ihren eigenen Text zur *tôrāh*.

Die Anweisung, das Buch, das Mose geschrieben hat, neben die Lade zu legen, entspricht der spät-dtr Vorstellung, daß in der Lade der von JHWH auf zwei Tafeln geschriebene Dekalog liegt (vgl. III. 4. a).

In Jos 1, 8 werden die Imperative von 1, 6, die durch 1, 7 auf Gesetzesgehorsam hin interpretiert werden, mit dem *sepær* verbunden. Der Autor von v. 8 assoziiert mit dem Stichwort *tôrāh* automatisch den *sepær hattôrāh*. Diese Identifikation von *tôrāh ʾašær ṣiwweḵā mošæh* (v. 7) mit *sepær* und Dtn ist typisch spät-dtr (Smend 496f. weist aufgrund der je verschiedenen Intentionen Jos 1, 6 DtrH, Jos 1, 7. 8 zwei nacheinander arbeitenden Redaktoren der Schicht DtrN zu).

Dem Redaktor von Jos 1, 8 ist auch Jos 23 zuzuweisen (Smend 501–504). Er hat das gesamte Kapitel dem Text von DtrG als Rückblick aus der Zeit des Exils in die Landnahmezeit mit ihren Chancen und vor allem auch Gefahren eingefügt.

c) Der Text Jos 8, 30–35 bildet eine Unterbrechung der Eroberungserzählung. Josua baut in Erfüllung des *sep̱ær tôraṯ mošæh* einen Altar. Als Bezugstexte bieten sich durch den Kontext des Altarbaues Ex 20, 25 und Dtn 27, 5–8 an. Da Jos 8, 32 die Erfüllung von Dtn 27, 2–4 durch die Erstellung der *mišneh tôraṯ mošæh* beschrieben wird, muß dem Autor von Jos 8, 30–35 vor allem an Dtn 27 gelegen sein. Besonders die Betonung der Zugehörigkeit der Gebote von Dtn 27 zur *tôraṯ mošæh* läßt auf ein Interesse der Verankerung von Dtn 27 im *sep̱ær hattôrāh* schließen. Diese Vermutung wird durch Jos 8, 34 bestätigt: daß „Segen und Fluch“ (Dtn 27) mit der *tôrāh* vorgelesen werden, wird besonders betont. Die Gesetzesverlesung Jos 8, 34 hat eine Parallele in 2 Kön 23, 3 (vgl. Perlitt 43). Geht man davon aus, daß die Gesetzesverlesung 2 Kön 23 aufgrund des Zusammenhangs mit dem Buchfund in die Vorlage gehört (Spieckermann 74), so hat diese Stelle als Vorbild für Jos 8, 34f. gedient. Der Begriff der *q^{e}hal jiśrā'el* (Jos 8, 35) als Terminus exilischer Ekklesiologie legt jedoch sogar den Gottesdienst des Esra (Neh 8f.) als Parallele nahe und spricht für eine sehr späte Datierung von Jos 8, 30–35 (mit H.-J. Fabry, Noch ein Dekalog, in: Festschr. W. Breuning, 1985, 75–96, ist eine Datierung um 400 angezeigt).

Die Konstruktion von *sep̱ær tôraṯ-mošæh* 2 Kön 14, 6 ist durch den Zusatz von *'^{a}šær ṣiwwāh JHWH* und durch das wörtliche Zitat von Dtn 24, 16 besonders auffällig. Sie verrät nach-dtr Theologie: das Gesetzbuch des Mose ist fester Terminus für den gesamten Inhalt des Dtn. Indem dieses auf das Gebot JHWHs zurückgeführt wird, erhält es höhere Dignität. Das Dtn ist die Auslegung des JHWH-Willens (vgl. Levin, FRLANT 137, 1985, 42f.).

Eine andere Betonung wird im chr Buchfundbericht 2 Chr 34, 14 deutlich: aus dem Gesetzbuch des Moses, das JHWH befohlen hat, ist das Gesetzbuch JHWHs, das Mose tradiert hat, geworden. Möglicherweise verstand der Chr ein umfangreiches Werk unter *sep̱ær tôraṯ-JHWH* (2 Chr 17, 9 und 2 Chr 34, 14), während das Dtn weiterhin *tôrāh*, *sep̱ær-mošæh* (2 Chr 25, 4 und Neh 13, 1) bezeichnet wurde.

Da in 2 Chr 35, 12 ein Rückgriff auf Lev 3, 8–11 vorliegt und trotzdem von *sep̱ær mošæh* gesprochen wird, hat der Chr hier nicht genau differenziert und versteht hier unter *sep̱ær mošæh* den Pent.

Eine besondere Betonung der Gesetzgebung JHWHs findet sich in Neh 8f. Der *sep̱ær tôraṯ ha'^{æ}lohîm* (8, 18) und der *sep̱ær tôraṯ JHWH* (9, 3) wird in einem Zeitraum von 7 Tagen durch Esra vorgelesen. Trotz der Notwendigkeit von Übersetzung und Auslegung (8, 8) muß es sich um ein relativ umfangreiches Werk handeln. Zeitliche Entstehung und Zitate aus Lev 23, 40–42 und Lev 23, 33–36 lassen durchaus an eine Verlesung des Pent. denken. Indem für diesen Text die Autorschaft JHWHs (vgl. 2 Chr 17, 9; 34, 14) angenommen wird, entsteht eine Theologie, die die Schrift als Offenbarung des göttlichen Willens für alle späteren Generationen versteht (vgl. B. S. Childs, Introduction, London 1979, 648).

Die Entwicklung der gesamten hl. Schrift als Willenserklärung Gottes wird in Jos 24, 26 durch den Gebrauch von *sep̱ær tôraṯ '^{æ}lohîm* angedeutet. Der Handlungsverlauf ist parallel zum Dtn (vgl. 31, 1. 9. 24, s.o.). Josua hält eine Rede vor dem Volk und schreibt anschließend das Gesprochene in ein Buch, das wie das Dtn *sep̱ær hattôrāh* genannt wird. Jos 24, 26f. ist ein sehr später Zusatz, der durch das Stichwort *b^{e}rîṯ* provoziert wurde. „Das Gesetz gehört ins Buch, und beide zusammen gehören zur ברית“ (Perlitt 269). Die *d^{e}ḇārîm* sind auf Gesetz und Recht in Sichem von v. 25b bezogen (H. Mölle, Der sogenannte Landtag zu Sichem, FzB 42, 1980, 97). Die Worte Josuas werden wie die Worte des Mose aufgeschrieben und in vv. 26f. als „Worte JHWHs“ kanonisiert. Diese hl. Schrift scheint sogar mehr als den Pent. (Jos 24, 26 rechnet das DtrGW dazu) zu umfassen (vgl. Levin, Verheißung 114ff.).

d) Bei P ist ein großes Bedürfnis zu beachten, weitere Texte als schriftlich tradiert einzufügen. So läßt R^{P} in Ex 17, 14 (vgl. Zenger, Israel 28f. 76f.) Mose die Amalekiterschlacht in ein Gedenkbuch schreiben. Auffällig ist die sprachliche und inhaltliche Nähe zu Dtn 25, 19. Die vollständige Vernichtung der Amalekiter wird zum Gesetz und die Erinnerung an ihren Angriff und ihre Niederlage erhält durch die Aufzeichnung in einem *sep̱ær* ebenfalls Gesetzescharakter.

Die Bedeutung von Geschriebenem wird auch Num 5, 23 deutlich: Flüche, die beim Eifersuchtsopfer in einen *sep̱ær* (hier wohl am besten mit „Blatt“ zu übersetzen) geschrieben werden, haben magische Kraft, wenn das Blatt ins Wasser geworfen wird. Num 11, 26 liegt die Vorstellung zugrunde, daß selbst die Ältesten, die als Leiter des Volkes ausgewählt werden, gleich in eine Liste eingetragen werden. Die Vorliebe für solche Listen ergibt sich auch aus den ebenfalls priesterschriftlichen Stellen Num 17, 17 und 33, 2.

Alle diese Stellen können nur als Beispiel für diese Tendenz in der P-Literatur betrachtet werden, da die Terminologie keineswegs einheitlich ist und sich vor allem nicht immer auf *sep̱ær* beschränkt.

5. In den Religionen des Alten Orients und auch der Antike begegnet häufig die Vorstellung von sogenannten „himmlischen Büchern“ (→ IV 394f.); dabei lassen sich bei genauerer Betrachtung unterschiedlichste Vorstellungen voneinander abgrenzen: 1. Das Schicksalsbuch – 2. Das Buch der Werke – 3. Das Buch des Lebens (vgl. L. Koep, RAC II 725). Die erstgenannte Vorstellung hat ihren Ursprung in Mesopotamien. Dort begegnen Schicksalstafeln, in denen die Götter das vorausbestimmte Leben der Menschen verzeichnet haben, in zahlreichen Zusammenhängen (vgl. B. Meissner, BuA II, 1925, 125). Im

AT begegnet – außer vielleicht in Ps 139, 16 (vgl. G. Ravasi, Il libro dei Salmi III, Bologna 1984, 819f.) – diese Vorstellung nicht (vgl. Koep, RAC II 726; G. Lanczkowski, TRE VII 270). Zusammen mit der Vorstellung vom göttlichen Gericht (vgl. K. Seybold, TRE XII 460–466 [Lit.]; H. Cazelles, Le jugement des morts en Israël, Sources Orientales 4, 1961, 103–142) begegnen auch die unterschiedlichsten Anschauungen über eine himmlische Buchführung der menschlichen Werke. Der Gedanke klingt im AT beispielsweise in Jes 65, 6 oder Dan 7, 10 an. Zurückzugehen scheint die Vorstellung auf äg. Gedankengut, denn in der äg. Religion findet sich die Idee eines Jenseitsgerichts am ausgeprägtesten und ist von hier her auch in andere Religionen des Mittelmeerraumes eingedrungen (vgl. H. Brunner, Grundzüge der altägyptischen Religion, 1983, 130ff. 150).

Eng mit der vorgenannten Vorstellung verbunden und oft gar nicht randscharf abzutrennen ist der letzte Bereich himmlischer Bücher: das sogenannte Lebensbuch. In Anlehnung an weltliche Bürgerlisten entsteht der Gedanke himmlischer Bürgerlisten, in denen die vom Gericht Verschonten, ein hl. Rest von Geretteten, die zum Leben Bestimmten u.a. verzeichnet sind (vgl. E. Zenger, FzB 2, bes. 100f.; zur Diskussion um die Verbindung mit den Tafeln vom Sinai vgl. C. Dohmen 132–141). Die auch in akk. Texten zu findende Vorstellung (vgl. z. B. die Nennung einer „Lebenstafel" *lē'ušu ša balāṭe* in ABL VI, 545, 8), begegnet im AT mehrfach, ohne daß eine direkte Abhängigkeit festgestellt werden könnte, da sowohl inhaltliche Bezüge als auch terminologische Beziehungen fehlen (vgl. Ps 69, 29; Jes 4, 3; Dan 12, 1; 1 Sam 25, 29; dazu H. Wildberger, BK X/1, 157f.; F. Nötscher, Altorientalischer und Alttestamentlicher Auferstehungsglaube, 1970 = 1926, 162f. 315f.).

In der späten Ergänzung Ex 32, 32f. (R^P) wird der Gedanke eines solchen himmlischen Buches aufgenommen und in den Dienst des in nachexil. Zeit wichtigen Themas des Verhältnisses vom Gerechten zum Ungerechten beim Gerichtshandeln Gottes gestellt (vgl. C. Dohmen 118ff.).

Zu trennen von dieser Vorstellung eines „Lebensbuches" ist das „Gedenkbuch" *sepær zikkārôn*, wie es Mal 3, 16 erwähnt; vgl. auch die Ergänzung in Ps 56, 9 (H. J. Kraus, BK XV^5, 568). In den gleichen Vorstellungshorizont – wenn auch nicht als himmlisches Buch – gehören wohl auch die beiden späten Erwähnungen in Ijob 19, 23 (vgl. A. Weiser, ATD 13, 147ff.) und Ex 17, 14 (R^P – vgl. E. Zenger, Israel, 76ff.).

Aus all dem erhellt, daß die wachsende Bedeutung des Buches in zahlreichen Lebensbereichen dazu geführt hat, daß diese Form des fixierten Wortes gerade in den Gedanken über Himmel bzw. Jenseits Einzug hielt, was die unterschiedlichen Nachwirkungen bestätigen.

6. Dan 1, 4. 17 hat *sepær* die Bedeutung von Schrift/Schriftart. An dieser Stelle wird *sepær* synonym zu den Substantivformen von *kāṯab* (→ כתב), *keṯāḇ* und *miḵtāḇ* gebraucht.

IV. In den Schriften aus Qumran kommt das Nomen *sepær* über 20mal vor, jedoch sind zahlreiche Stellen aufgrund des desolaten Textzustandes nicht mehr exakt zu lesen oder andernorts läßt sich der Sinn des Kontextes nicht mehr ermitteln. Auf eigene Schriften der Gemeinschaft von Qumran wird vielleicht an 3 Stellen in 1 QS (6, 7; 7, 1. 2) mit absolut gebrauchtem *spr* Bezug genommen; ebenso könnte hinter dem *[s]pr srk* von 1 QM 15, 5 eine Gemeinschaftsschrift stehen. Bei den Hinweisen auf das AT fällt auf, daß nur einmal der Begriff *spr htwrh* (CD 5, 2) begegnet; in Parallele zu den *sprj hnbj'jm* (CD 7, 17) werden dann einmal die *sprj htwrh* (CD 7, 15) genannt, ein Begriff, der im AT nicht begegnet, da sonst durchgängig die Vorstellung der *einen* Thora zu finden ist (s. zu *sepær hattôrāh*), der aber Niederschlag der lang anhaltenden Kontroverse, ob der Pent. in eine Rolle oder in fünf Einzelstellen zu schreiben sei, ist (vgl. St.-B. IV/1, 133f.). At.liche Bücher werden aber auch direkt genannt, so der *spr jš'jh* (4 QFlor 1, 15) oder der *spr jḥzq'l* (4 QFlor 1, 16).

Der mehrfach erwähnte *spr hhgw* (CD 10, 6; 13, 2; 14, 7(?); 1 QSa 1, 7) könnte sprachlich zuerst als „Buch der Meditation" (KBL^3 228) gedeutet werden (von *hgh* I 'lesen, nachsinnen, rezitieren'; Maier, Texte II 55). Es wurden verschiedene Identifizierungen vorgeschlagen: 1 QS (Dupont-Sommer), 1 QH (Bardtke), die Halakha (Rabin; Ginzberg; Baumgarten [Studies in Qumran Law, Leiden 1977, 16]); die Thora (Licht; Schiffman [The Halakha at Qumran, Leiden 1975, 53]); eine Sammlung spezifischer Gemeindebestimmungen (Maier). Goshen-Gottstein (VT 8, 286ff.) spricht von einem *sepær hāhægæh* „Buch der Seufzer" (vgl. Ez 2, 10); abwegig wohl J. Schonfield (Secrets of the DSS, 2ff.: *hgw* = Geheimcode für *ṣrp* [Umkehrung des Alphabets]) „Buch der Läuterungen".

Sachlich könnte sich aber auch ein Bezug zum at.lichen Buch Haggai nahelegen, dann nämlich würde die häufige Nennung dieses Buches vor allem mit der von diesem Buch inspirierten Erwartung eines doppelten Messias (vgl. 1 QS 9, 11), einem priesterlichen und einem königlichen, in der Gemeinschaft von Qumran zusammenhängen (vgl. K. Koch, Die Profeten II 167f.; K. Schubert, Die Messiaslehre in den Texten von Chirbet Qumran, BZ 1, 1957, 177–197), zumal die obengenannten Texte im Kontext dieses Problem reflektieren.

CD 16, 3 erwähnt noch einen *spr mḥlqwt h'tjm* („Buch der Einteilung der Zeiten"), von dem häufig vermutet wurde, daß es sich bei ihm um das in Qumran durchaus bekannte Jubiläenbuch handelt.

Durch Zitation von Mal 3, 16 begegnet in CD 20, 19 noch ein *spr zkrwn*, wobei hier und vielleicht auch bei dem in 1 QM 12, 2 erwähnten *spr šmwt* an die Vorstellung der sogenannten „himmlischen Bücher" gedacht werden kann (vgl. Nötscher; Koep; s.o. III. 4. c). In der TR begegnet das Nomen *spr* 'Buch' nur 2mal (56, 4. 21) in Zitationen aus Dtn 17.

Hossfeld – Reuter

סָקַל *sāqal*

I. Die Wurzel *sql* – II. Gebrauch im AT und Mischna – III. Zusammenfassende Übersicht – IV. LXX.

Lit.: *A. Alt*, KlSchr 1, 313. – *H. J. Boecker*, Redeformen des Rechtslebens im AT (WMANT 14, ²1970, 148f.). – *Clemen*, Islamica 10, 170ff. – *D. Daube*, Studies in Biblical Law, Cambridge 1947 = New York 1969. – *J. Gabriel*, Die Todesstrafe im Lichte des Alten Testaments (Festschr. T. Innitzer, Wien 1952, 69–79). – *R. Hirzel*, Die Strafe der Steinigung, 1909. – *G. Liedke*, Gestalt und Bezeichnung alttestamentlicher Rechtssätze (WMANT 39, 1971, bes. 49f.). – *H. Schüngel-Straumann*, Tod und Leben in der Gesetzesliteratur des Pentateuch, Diss. Bonn 1969, bes. 131ff. – *R. de Vaux*, Ancient Israel, London ²1974, 158f.

I. Die Wurzel *sql* ist nur im Hebr. und (daraus entlehnt) im Jüd.-Aram. belegt. Das Fehlen dieser Wurzel, mit der eine gewöhnliche Hinrichtungsmethode bezeichnet wird, in anderen semit. Sprachen hängt mit dem Fehlen der Steinigung in Mesopotamien, Syrien und Kleinasien zusammen; dagegen hat das semantisch nahestehende → רגם *rāḡam* arab. und äth. Entsprechungen.

II. Das Verb wird im *qal* und *niph* in einer formelhaften Weise verwendet, um eine spezielle Strafmethode anzugeben. Wie weit diese Anwendung der Wurzel zurückgeht, läßt sich nicht konstatieren, aber das AT kennt auch eine nicht-technische Anwendung (vgl. *pi*). Es gibt hier zwei Bedeutungsgruppen, eine, die alt sein mag, und eine, die in der exil.-nachexil. Zeit benutzt worden ist. Die erste ist in dem Bericht über Schimi und sein Verhältnis zu David zu finden. Es wird erzählt, daß Schimi „Steine nach David und allen Dienern des Königs David warf" (2 Sam 16, 6; *pi* mit Akk. der Person, vgl. v. 13 ohne Obj.). Die Steine werden geworfen, um David zu schmähen, vielleicht auch um ihm zu schaden, aber es handelt sich nicht um eine Hinrichtung, wenn nicht Schimi dies symbolisch andeuten wollte.

Ein anderer Gebrauch der Wurzel findet sich in zwei aus unterschiedlicher Zeit stammenden Belegen. Im Weinberglied Jes 5 heißt es: „Einen Weinberg hatte mein Freund auf einem fetten Horne. Und er grub ihn um und entsteinte ihn (*wajᵉsaqqᵉlehû*) und bepflanzte ihn mit Edelreben" (vv. 1b–2a). Das Entsteinen meint hier das Wegwerfen der Steine, die im Felde ausgegraben wurden, also auch hier ein Werfen von Steinen. Diese Bedeutung spiegelt auch der viel jüngere Text Jes 62, 10: „Legt, legt eine Straße an und säubert sie von Steinen (*saqqᵉlû me'æḇæn*)!" Dieser nur im *pi* belegte Gebrauch ist jedoch nicht der gewöhnliche.

Die Wurzel wird in der Regel benutzt, um ein Strafmittel zu bezeichnen: „Wenn wir, was für die Ägypter ein Greuel ist, vor ihren Augen opfern, werden sie uns dann nicht steinigen (*wᵉlo' jisqᵉlunû*)?" (Ex 8, 22). Als Reaktion aus dem Affekt war die Steinigung gefürchtet: „Darauf schrie Mose zu JHWH um Hilfe und sagte: Was soll ich diesem Volke tun? Es fehlt nur noch wenig, so steinigen sie mich" (Ex 17, 4). Auch für Rinder war vom Bundesbuch Steinigung als Strafmethode vorgesehen, was in gewissen Fällen nicht ganz unverständlich ist: „Wenn ein Rind einen Mann oder eine Frau stößt, so daß er stirbt, so muß das Rind unbedingt gesteinigt werden" (Ex 21, 28). Und wenn der Besitzer gewarnt worden war: „So soll das Rind gesteinigt, aber auch sein Besitzer getötet werden" (v. 29); oder: „Falls das Rind einen Sklaven oder eine Sklavin stößt, so soll er seinem Herrn dreißig Schekel Silber zahlen, und das Rind soll gesteinigt werden" (Ex 21, 32). Diese Gesetze sind strenger als die Parallelen in Hammurapis Gesetz, wo der Besitzer nur bezahlen mußte, wenn er gewarnt war, sonst keine Schuld hatte, und wo vom Töten des Tieres nichts gesagt wird (CH §§ 250–252).

Während die meisten der oben zitierten Belege in Ex dem Alltagsleben angehören und Gesetze für denkbare Fälle darstellen, ist die Sachlage in Ex 19 eine andere. „Zieh um das Volk eine Grenze; und sage: Hütet euch, auf den Berg hinaufzusteigen oder auch nur seinen Rand zu berühren. Jeder, der den Berg berührt, soll unbedingt getötet werden. Keine Hand darf ihn berühren; wer es aber tut, soll gesteinigt oder mit Pfeilen erschossen werden; ob Tier oder Mensch, niemand darf am Leben bleiben" (Ex 19, 12f.). Es war die Heiligkeit des Berges, die den Menschen oder das Tier durch die Berührung so gefährlich machte, daß keine Hand den Schuldigen berühren durfte. Dies machte eine berührungslose Art der Hinrichtung notwendig.

In Dtn wird die Steinigung deutlich als die strengste Strafe für die abscheulichsten Verbrechen angesehen. Für die Anbetung fremder Götter oder Wesen irgendwelcher Art reichte eine direkte Anzeige aus, um den Schuldigen der härtesten Strafe zu übergeben: „Zu Tode sollst du ihn steinigen, weil er darauf ausging, dich von JHWH, deinem Gott, abzubringen, der dich aus dem Lande Ägypten, aus dem Sklavenhaus, herausgeführt hat" (Dtn 13, 11). In Dtn 17 wird eine genaue Untersuchung empfohlen: auf die Aussage von zwei oder drei Zeugen „sollst du jenen Mann oder jene Frau, die so Schlimmes getan haben, zu deinen Toren herausführen und sie zu Tode steinigen" (Dtn 17, 5).

Neben diesem Abfall von JHWH gab es auch andere Vergehen, die die Steinigung verlangten, nämlich auf sexuellem Gebiet. Wenn ein Mann eine Frau nahm, und bei dem Mädchen keine Jungfrauschaftszeichen gefunden wurden, „so soll man das Mädchen an die Tür ihres väterlichen Hauses führen und die Männer ihrer Stadt sollen sie zu Tode steinigen, denn sie hat eine Schandtat in Israel verübt, indem sie im Haus ihres Vaters Unzucht betrieb. So sollst du das Böse aus deiner Mitte wegschaffen" (Dtn 22, 21). Anders lag die Sache, „wenn ein jungfräuliches Mädchen einem Mann verlobt ist, und es trifft sie in der Stadt

ein Mann und legt sich zu ihr, so sollt ihr die beiden zum Tor jener Stadt herausführen und sie zu Tode steinigen, das Mädchen, weil es in der Stadt nicht um Hilfe gerufen hat, den Mann aber, weil er die Frau seines Nächsten gedemütigt hat. So sollst du das Böse aus deiner Mitte wegschaffen. Wenn aber der Mann das verlobte Mädchen auf dem Feld antrifft und der Mann ihr Gewalt antut und sich zu ihr legt, dann soll der Mann, der sich zu ihr gelegt hat, allein sterben“ (Dtn 22, 23–25). Im letzten Falle ist die Wurzel *sql* nicht benutzt, aber der vorhergehende Vers macht es wahrscheinlich, daß die Todesstrafe auch hier durch Steinigung vollzogen wurde. Während die Steinigung in diesen Fällen dem Personenrecht angehört, ist sie im Falle Achan (Jos 7) von sakralem Charakter. Der Judäer Achan hatte sich am Banngut vergriffen, wurde durch Losorakel ausfindig gemacht und darauf gesteinigt. „Und was ihm gehörte, haben sie verbrannt und gesteinigt“ (Jos 7, 25). Aber auch Enttäuschung und Raserei konnten in der Steinigung zum Ausdruck kommen. Als die Amalekiter Ziklag verbrannt und die Frauen und Kinder weggeführt hatten, sagten die Leute, daß sie David steinigen wollten, weil er ihnen nicht hatte helfen können (1 Sam 30, 6).
Vom Mißbrauch der Steinigung wird in 1 Kön 21 erzählt. Der Grundstückbesitzer Nabot in Jesreel weigerte sich, seinen Weinberg in der Nähe des königlichen Palastes dem König Ahab abzugeben. Die Königin ließ ihn anklagen, Gott und dem König geflucht zu haben, und forderte, ihn zu steinigen (1 Kön 21, 10), wie es dann auch geschah (v. 13; weitere Belege für das Verb vv. 14. 15). Die Hinrichtung durch Steinigung wurde hier benutzt, weil das angebliche Verbrechen Nabots von sehr ernsthaftem Charakter war, Lästerung von Gott und König. Die Steinigung als Strafe für Gottes- und Königslästerung ist hier deutlich zur Institution geworden, so wie es auch später der Fall war.

Im Mischna-Hebr. wird das Verb in derselben Weise wie im Bibl.-Hebr. benutzt: ʿsteinigen' (*qal*), ʿgesteinigt werden' (*niph*) und ʿSteine entfernen' (*pi*). In Sanh VI, 1, 46a heißt es: „Und sie verurteilten ihn zur Steinigung (*ûs^{e}qālûhû*); vgl. 42b: „Sie führen ihn heraus, um ihn zu steinigen (*l^{e}sŏqlô*).“ Daß die Strafe der Steinigung auch in übertriebenem Maße benutzt werden konnte, davon zeugt Tos. Sabb. VI (VII), 5: „Wenn jemand sagt: steinigt (*siqlû*) diesen Hahn, denn er kräht am Abend, ist das eine abergläubische Handlung.“
Dieselbe Bedeutung, nur in passivem Sinne, hat das *niph*. In Sanh VI, 1 heißt es: „Er wird herausgeführt, um gesteinigt zu werden (*lissāqel*)“, und in VI, 3: „Der verurteilte Mann wird nackt gesteinigt, so aber nicht die Frau“, ferner in VI, 4: „Alle Gesteinigten (*hannisqālîn*) werden danach gehängt“, und in 43a: „Der Stein, mit dem er gesteinigt wurde (*šænnisqel*) ...“ Wie in Ex 21, 28 konnte auch ein Ochs gesteinigt werden: „Der Ochs, der zu steinigen ist (*hannisqāl*), weil er einen Menschen getötet hat.“ Infolge VI, 1, 4 konnte dies doch von 23 Richtern überprüft werden.
Im *pi* bedeutet das Verb wie im AT ʿSteine entfernen', z. B. Sheb II, 3: „Du darfst Steine aus dem Felde entfernen bis zum Beginnen des Sabbatjahres.“ Tosefta B.Qam II, 12 macht klar, daß man nicht Steine aus dem Felde entfernen darf, um sie auf den Weg hinzulegen. Wenn jemand Steine entfernt, muß er sie wegtragen. Ebenso darf man nicht Steine von fremden Feldern entfernen, um sie selbst zu benutzen (II, 13).

III. Parallel mit *sql* wird → רגם *rgm* in derselben Bedeutung benutzt, so daß eine vollständige Übersicht über das Phänomen Steinigung nicht in Anknüpfung an die Wurzel *sql* gegeben werden kann. Die ursprüngliche Bedeutung der Wurzel *sql* scheint ʿSteine werfen' zu sein, später ausgeweitet zu ʿSteine werfen, um zu töten'. Es handelte sich dabei um eine unmittelbare Reaktion, einem Feinde zu begegnen, eine Person oder ein Tier zu strafen, oder eigene Raserei auszudrücken. Letzteres kann man z. B. in Ex 8, 22; 17, 4; 2 Sam 16, 6. 13 finden. Dabei handelt es sich nicht um das, was man Lynchjustiz nennen könnte, sondern um einen Ausdruck des Affektes.
Bei Dtn und Dtr hat die Wurzel *sql* ihre technische Bedeutung erhalten: „Steinigen als Strafe für ein ernstes Verbrechen.“ Solche sind Gotteslästerung, Berührung des heiligen Berges, Anbetung fremder Götter, sexuelle Vergehen oder Verbrechen von sakralem Charakter. Gelegentlich konnte die Strafe auch gegen Tiere verwendet werden.

IV. In der LXX wird *sql* gewöhnlich mit λιϑοβολέω ʿsteinigen' wiedergegeben. Im Bericht über Schimi in 2 Sam 16, 6. 13 wird aber λιϑάζω benutzt, wie auch mehrmals im NT, z. B. Joh 8, 5; 19, 31 ff. Dreimal begegnet καταλιϑάζω (Ex 17, 4 [*sql*]; Num 14, 10 [*rgm*]; Lk 20, 6).

Kapelrud

סָרִיס *sārîs*

I. 1. Semantische Ambivalenz, Etymologie – 2. Übersetzungen – 3. Eunuchenwesen im Alten Orient – II. 1. Verwendung im AT – 2. Theologische Bewertung.

Lit.: *Th. K. Cheyne*, Eunuch (EncBibl 1427). – *T. L. Fenton*, *sārîs* (EMiqr V 1126f.). – *J. G. Frazer*, Adonis – Attis – Osiris, London 1907, bes. 221–237. – *L. H. Gray / Th. W. Juynboll*, Eunuch (ERE V 579–585). – *M. Heltzer*, On the Akkadian term *rēšu* in Ugarit (Israel Oriental Studies 4, 1974, 4–11). – *A. Hug*, Eunuchen (PW Suppl. III 449–455). – *W. Th. In der Smitten*, Der Tirschātā' in Esra-Nehemia (VT 21, 1971, 618–620). – *G. E. Kadish*, Eunuchs in Ancient Egypt? (Studies in Honor of John A. Wilson, Chicago 1969). – *K. A. Kitchen*, Alter Orient und Altes Testament, 1965, 69–70. – *E. Neufeld*, Ancient Hebrew Marriage Laws, London 1944, bes. 220–223. – *A. D. Nock*, Eunuchs in Ancient Religion (ARW 23, 1925, 25–33). – *U. Rüterswörden*, Die Beamten der israelitischen Königszeit (BWANT 117, 1985). – *J. Schneider*, εὐνοῦχος (ThWNT II 763–767). – *E. Sehmsdorf*, Studien zur Redaktionsgeschichte von Jesaja

56–66 (ZAW 84, 1972, 517–576, bes. 556–558). – *R. de Vaux*, Les institutions de l'Ancien Testament I, Paris 1958, 186. – *J. Vergote*, Joseph en Egypte, Leuven 1959, bes. 40–42. – *E. Weidner*, Hof- und Harems-Erlasse assyrischer Könige aus dem 2. Jahrtausend v. Chr. (AfO 17, 1956, 257–293). – *E. M. Yamauchi*, Was Nehemiah the Cupbearer an Eunuch? (ZAW 92, 1980, 132–142).

I. 1. *sārîs* bezeichnet den Angehörigen einer von zwei sozial gegensätzlich bewerteten Menschenklassen, einerseits diejenige vornehmer Beamter am Königshof (1 Chr 28, 1), andererseits die der von der Volksgemeinschaft ausgeschlossenen Kastraten (Jes 56, 3). Ob hier echte Homonymie vorliegt oder aber eine durch starke Auseinanderentwicklung der Bedeutungen entstandene Polysemie, kann deshalb nicht endgültig entschieden werden, da sich weder zwei gesonderte Etymologien noch ein Bedeutungswandel in der einen oder anderen Richtung überzeugend nachweisen lassen.

Wo man von einer Wurzel *srs* 'kastrieren' und ihrem Derivat *sārîs* 'Eunuch' ausgeht (E. Ben Jehuda, Thesaurus V 4217 f. 4223 f.), von dem das Lehnwort *sārîs* 'Hofbeamter' zu trennen sei (Cheyne), bringt man jene in Zusammenhang mit *šrš pi* 'entwurzeln, zerstören' (Gesenius, Thesaurus 973), mit *nsr* 'absägen, -hobeln' und der daraus entstandenen Reduplikation *srsr* (J. Fürst, Wb 97 f., arab. *šršr* 'zerschneiden') oder sieht in ihr eine *šaphʿel*-Bildung zu *rss* 'zermalmen'. Doch hat keiner dieser prekären Vorschläge viel Anklang gefunden, vielmehr neigt man gegenwärtig im allgemeinen dazu, die mhebr., aram., syr. und arab. Verbalformen mit der Bedeutung 'kastrieren' bzw. 'impotent sein' als Denominativderivate von *sārîs* anzusehen (altaram. und äg.-aram. *srs*, jüd.-aram. und syr. *srjs*', arab. *sarîs*; s. KBL³ 727), das wiederum von akk. *ša rēši* (pl. *šūt rēši*) abzuleiten sei. So durchsichtig nun aber die akk. Wortbildung ist (*ša rēši* heißt wörtlich 'der des Hauptes'), so unklar bleibt dessen ursprüngliche Bedeutung und nicht genau erfaßbar die spätere Verwendung (AHw 974). Das akk. Wort könnte ursprünglich jemand bezeichnen, der selbst an der Spitze steht, Häuptling (vgl. H. Zimmern, ZDMG 53, 1899, 116; das sum. Ideogramm in mittelassyr. wie in akk. Texten aus Ugarit lautet *SAG* 'Haupt'), oder aber es meint den, der sich zu Häupten des Königs befindet, d. h. der persönliche Diener. Für letztere Auffassung spräche die anscheinend vollständigere Wortfolge *ša rēš šarri* (*šarru* 'König'; vgl. hebr. *ro'ê pᵉnê hammælæk̠* „die Vertrauten des Königs", Jer 52, 25), doch ist diese nicht sehr häufig belegt, auch ließe sich ihr die Wortfolge *ša rēši ekallim* (*ekallu* 'Palast') entgegenhalten, mit der der Verwalter des Palastes bezeichnet wird; *ša rēš šarri* bedeutet demnach möglicherweise lediglich 'der königliche *ša rēši*'.

Auf jeden Fall stellt das akk. Wort den Titel eines hohen Hofbeamten dar. Nun werden jedoch diese *šut rēši* in nicht wenigen Dokumenten den *šut ziqni*, den 'Bärtigen', gegenübergestellt; sie sind demnach die Bartlosen, die Entmannten. In diese Richtung weisen auch die Redewendung *ana ša rēšēn ta''uru* „zum *ša rēši* machen", d. h. kastrieren, und der gegen einen Feind gerichtete Fluch, seine Nachkommenschaft solle verdorren wie bei den unfruchtbaren *šut rēši* (Fenton). Schließlich kann elliptisch *rēšu* allein 'Eunuch' bedeuten (Heltzer). Diese begriffliche Verknüpfung von 'Höfling' und 'Verschnittener' läßt sich für das späte 2. Jt. v. Chr. aus Urkunden des mittelassyr. Reiches erkennen (Weidner), doch scheint sie nicht ursprünglich gegeben zu sein bzw. für alle Sprachperioden Gültigkeit zu besitzen. So darf man eine auch anderwärts belegte Bedeutungsverengung von 'Hofbeamter' auf 'Eunuch' annehmen, wobei sich aber die frühere Allgemeinbedeutung gelegentlich erhalten zu haben scheint (Kitchen).

Mit dieser Bedeutungsambivalenz, über das Mittelassyr., in dem *š* zu *s* geworden war, wurde *ša rēši* zum hebr. *sārîs*. Die hebr. Form ist demnach nicht als genuines *qaṭṭîl* zu betrachten (gegen E. Ben Jehuda op. cit.), wie auch aus der schwankenden sprachlichen Überlieferung erhellt: Der Pl. lautet *sārîsîm*, der st. cstr. sing. *sᵉrîs*, pl. *sᵉrîsê* neben *sārîsê* (BLe § 68 h).

2. Die LXX übersetzt überwiegend (31mal) mit εὐνοῦχος, nur 2mal mit σπάδων (Gen 37, 36; Jes 39, 7, aber die Parallelstelle 2 Kön 20, 18 weist die Standardübersetzung auf). Letzteres Wort bedeutet zweifellos 'Verschnittener'; auch bei εὐνοῦχος ist das die gebräuchliche Bedeutung, doch erlaubt die herkömmliche Etymologie εὐνή + ἔχω 'Betthüter' (dagegen Jensen, ZA 1, 1886, 20) einen größeren Spielraum. (In den Berichten des Ktesias bezeichnet das Wort auch den 'Lagergenossen', d. h. den nahen Freund des persischen Jünglingsherrn [F. W. König, Die Persika des Ktesias von Knidos, AfO Beih. 18, 1972, 33]). Das könnte seine nicht differenzierte Verwendung erklären. Auch das einzige Mal, wo *sārîs* semantisch erläuternd mit δυνάστης 'Herrscher' übersetzt zu sein scheint (Jer 34, 19), ist die Gleichsetzung nicht erwiesen: Das griech. Wort könnte *śārê²* 'Fürsten' des hebr. Textes widerspiegeln, das in der LXX ausgelassen zu sein scheint. Wichtige Hss (Vaticanus, Sinaiticus) haben auch Neh 1, 11 εὐνοῦχος, die bessere Lesart ist aber οἰνοχόος für *mašqæh* 'Mundschenk'. Das Amt des Mundschenks wurde nicht unbedingt von Eunuchen ausgefüllt (Yamauchi). V folgt der griech. Übersetzungsweise blindlings: *eunuchus*.

Demgegenüber findet sich in den Targumim die semantische Disambiguierung, wenngleich das Kriterium unklar bleibt: *gwz*' (auch *srjs*) 'Kastrat' (z. B. 2 Kön 8, 6) gegenüber *rbrb*' (auch *rb, šljṭ, gbr*) 'Fürst' (Jer 41, 16). Überhaupt wird in der jüdischen Tradition die Doppeldeutigkeit des Wortes betont (Sanh 93 b; Ibn Ezra zu Dan 1, 3; Qimḥi zu 2 Kön 20, 18 u. dgl.).

3. Unter Eunuchoismus im weiteren Sinne ist der körperliche Zustand eines Menschen zu verstehen, der ihn infolge eines Entwicklungsdefekts oder einer durch Unfall oder Operation verursachten Schädigung der Geschlechtsteile fortpflanzungsunfähig macht (Mt 19, 12; Mischna Jebamoth VIII, 4). Im engeren Sinn ist die willkürliche Kastration von

männlichen Personen gemeint, eine Erscheinung, die vom kulturhistorischen und soziologischen Standpunkt Beachtung verdient.
Die Gesellschaft beurteilte den Zustand des Eunuchen – wie andere körperliche Anomalitäten – als Zeichen der Minderwertigkeit und betrachtete ihn als Schande. Die Eunuchen galten als wollüstig (der Geschlechtstrieb, wenn auch vermindert oder verändert, schwindet nicht unbedingt gänzlich; vgl. Sir 30, 20; Hieronymus, epist. 107, 11) und hinterhältig. Sie wurden verspottet (Terenz, Eunuchus 357) und mit Meidungsbann belegt (Gray). Die Kastration diente als Bestrafung oder war zugefügte Schmach. Man entmannte Kriegsgefangene und Sklaven (Herodot, Historiae 6, 32) und – nach mittelassyr. Recht – wer sich des Ehebruchs, der böswilligen Verleumdung einer Ehefrau oder einer homosexuellen Handlung schuldig gemacht hatte (ANET 181).
Andererseits bahnt sich eine Wertschätzung des Eunuchen an. Der kastrierte Sklave, der keine eigene Familie begründete und sich etwa als Fremder einleben mußte, hing gänzlich von seinem Herrn ab und war ihm ergeben und verläßlich (Herodot, Historiae 8, 105; Xenophon, Kyropädie VIII 5, 60ff.). Eunuchen waren für Aufseherdienste im Harem geeignet und wurden oft zu vertraulichen Ratgebern der Herrscher. So stiegen sie zu verschiedenen Zeiten und in verschiedenen Ländern zu politischem Einfluß auf, wie etwa bei den persischen Achämeniden, am chinesischen Kaiserhof, unter einigen römischen Kaisern, im byzantinischen Reich und der Ostkirche. Mesopotamische Herrscher verpflichteten hochgestellte Eunuchen durch Grundstückschenkung zu Dank; das Eigentum verfiel beim Tod des Besitzers, da keine Erben vorhanden, wieder der Krone. In ägyptischen Urkunden werden Eunuchen so gut wie nie erwähnt, doch hat man auf Grabgemälden Eunuchen als Begleitpersonen von Frauen ausmachen können (Vergote).
Erwähnung verdient noch die Entmannung als religiöser Akt, wie er vor allem aus kleinasiatischen Religionen bekannt ist. Der Mythus erzählt von Göttern, die sich selbst kastrierten (Eschmun, Attis), im Kult findet man Eunuchen als Priester (die Galli, die Priester im ephesischen Artemision). Auch wenn die Motive für dergleichen Selbstverstümmelung nicht ganz durchsichtig sind, scheint es doch, daß hier sowohl naturmythische Vorstellungen (Hinsterben der Natur; Fruchtbarkeitsritus) wie auch der Drang zur asketischen Selbstquälerei ihren übersteigerten Ausdruck fanden. Im AT, das jede Selbstverletzung in Kultekstase ablehnt (1 Kön 18, 28), findet die religiöse Entmannung, auch im fremden Bereich, keinerlei Erwähnung, wenn Dtn 23, 2 nicht eine solche im Sinn hat.

II. 1. Im AT steht das Wort *sārîs* in enger Kontiguitätsbeziehung zu den Termini der königlichen Hoftitulatur; als Bezeichnung eines lediglich physischen Eunuchoismus dient es nur in einem einzigen Textzusammenhang (Jes 56, 3f.). Es gilt festzustellen, daß sich unter den Stellen, an denen *sārîs* einen Hofbeamten bezeichnet, keine einzige findet, aus der sich schlüssig beweisen ließe, daß der betreffende Würdenträger kein Kastrat gewesen sei. Dafür läßt sich weder anführen, daß ein *sārîs* als verheiratet (Gen 37, 36), noch daß ein anderer als Kriegsoberster erwähnt wird (2 Kön 25, 19): Alte Quellen berichten davon, daß Eunuchen mitunter Ehefrauen hatten bzw. Heer- oder Flottenführer waren. Dennoch findet die Annahme, in einigen Bibelversen bedeute das Wort nichts anderes als einen Hoftitel und bezeichne keinen Verschnittenen, die berechtigte Zustimmung der meisten Lexikographen und Kommentatoren. Für sie spricht in erster Linie die Tatsache, daß – abgesehen von dem Wort *sārîs* selbst – im at.lichen Schrifttum das politische Eunuchenwesen keinerlei Erwähnung findet. Weder Gesetz noch Geschichtserzählung, weder Prophetenrede noch Weisheitsspruch kennen die Kastrierung eines Höflings, seine Impotenz oder seine Kinderlosigkeit. Die Sprache besitzt kein Verb mit der Bedeutung 'zum *sārîs* machen'. Andererseits macht sich in späteren Berichten über lang zurückliegende Ereignisse eine Neigung bemerkbar, das Wort bei Aufzählungen von Hofleuten auch da hinzuzufügen, wo nicht die Erwähnung von Kastraten erforderlich ist, wohl aber die Ausstattung eines Königshofes mit hochgestellten Titelträgern (1 Sam 8, 15; 1 Chr 28, 1; Gen 40, 2). Das Wort war demnach den Erzählern, wohl seit der Zeit assyr. Einflusses in Juda und Israel, als bloßer Titel bekannt, was allerdings nicht ausschließt, daß einige dieser Höflinge, besonders wenn es sich um Nicht-Israeliten oder Haremswächter handelt, tatsächlich Eunuchen waren. Daraus ergibt sich die Aufgabe, in dem betreffenden Textzusammenhang die jeweilige Bedeutung, 'Kastrat' oder 'Hofeunuch' oder 'Höfling', genauer zu ermitteln.
Von einem jüdischen Kastraten schlechthin, gleichviel welcher sozialen Schicht er angehört, spricht Jes 56, 3f.; dieser *sārîs* betrachtet sich, da ihm keine Nachkommenschaft beschieden ist, als verdorrter Baum. Bei den im Esterbuch erwähnten *sārîsîm* wird man immer an Eunuchen zu denken haben, was sich bei den Haremswächtern (Est 2, 3. 14. 15), den in das Frauenhaus entsandten Boten (1, 10ff.) sowie den persönlichen Bediensteten der Königin (4, 4) von selbst versteht. Aber auch andere Höflinge, die so genannt werden (7, 8, vgl. den Namen mit 1, 10), unter ihnen die Verschwörer unter den Leibwächtern (2, 21), will der Erzähler, der über die Verhältnisse am persischen Hof gut unterrichtet zu sein scheint (Herodot, Historiae 3, 92; E. Meyer, Geschichte des Altertums III 41), in dieselbe Kategorie einstufen.
Das an Hiskija gerichtete Drohwort, seine Söhne würden dereinst *sārîsîm* im Palast des Königs von Babylon sein (Jes 39, 7 = 2 Kön 20, 18) muß wörtlich aufgefaßt werden; das Wort hier im Sinne von 'Kämmerer' zu verstehen (T, Luther, Buber-Rosenzweig), hieße eine furchtbare Strafe beinahe in eine

Vergünstigung verwandeln. In der talmudischen Tradition werden beide Auffassungen vertreten (Sanh 93b). Die Gegner der wörtlichen Auslegung nahmen an ihr Anstoß, da sie einen zu dem Schluß zwänge, Daniel und seine Gefährten, an denen sich die Prophezeiung erfüllt habe (Dan 1, 3ff.), seien Hämlinge gewesen (so später der qaräische Kommentator Jafet ben Ali, vgl. Ibn Ezra z.St.). Das sei aber durch den nachfolgenden Vers „... Jünglinge ohne Makel ...“ widerlegt. Tatsächlich werden die jungen Judäer der Obhut des *raḇ sārîsîm* (ib., gleichbedeutend mit *śar hassārîsîm* v. 7; LXX ἀρχιευνοῦχος) übergeben.
Der Verfasser dieses geraume Zeit nach dem Exil verfaßten Werkes dürfte hier einen ihm als für das neubabyl. Reich passend erscheinenden Titel eingesetzt haben. Ob er sich dabei einen Obereunuchen oder den Palastvorsteher vorgestellt habe, muß offen bleiben; keineswegs aber hat er die judäischen Jünglinge als Eunuchen darstellen wollen. Der Titel ähnelt dem des *raḇ-sārîs*, den einer der babyl. Heerführer trägt (Jer 39, 3. 13; 2 Kön 18, 17, wo der Titel einem Assyrer beigelegt wird, ist wahrscheinlich eine Glosse, vgl. Jes 36, 2). Diesem entspricht *rbsrs* auf einer akk.-aram. Inschrift aus Ninive, der Amtsbezeichnung einer hochgestellten Persönlichkeit und ähnelt der Siegelabdruck *mrsrsj Sargon*, „Oberster der *sārîsîm* des Sargon“. Auch wenn das Amt und seine Funktionen uns nicht genau bekannt sind, so ist doch deutlich, daß hier an einen hohen militärischen oder diplomatischen Funktionär zu denken ist, nicht an den Obereunuchen.
Bei den *sārîs* genannten Personen am judäischen und israelitischen Hof dürfte das Wort bei Ebed-Melech (Jer 38, 7) und Netan-Melech (2 Kön 23, 11) einen verschnittenen Höfling meinen; dafür sprechen in dem einen Fall die fremde Herkunft wie auch die Apposition *'îš sārîs* (doch vgl. Ex 2, 14; Ri 6, 8 u. dgl.), bei dem anderen der Name mit dem gleichen theophoren Element und die Determination *hassārîs*.
Unter den Flüchtlingen, die das Massaker in Mizpa überlebt hatten, werden Männer, Frauen, Kinder und *sārîsîm* aufgezählt (Jer 41, 16; zum Text s. BHS); die Reihenfolge und Kategorisierung bei der Aufzählung legen es nahe, bei letzteren an untergeordnete Eunuchen zu denken, die vorher bei der babylonischen Garnison Dienst geleistet hatten.
Um verschnittene Haremswächter handelt es sich bei den *sārîsîm*, die sich als persönliche Bedienstete in Isebels Gemächern befinden, als die Aufrührer eintreffen (2 Kön 9, 32), oder die die Mutter und Frauen des Königs in die Verbannung begleiten (2 Kön 24, 15; Jer 29, 2). Sonst aber, auch z. B. Jer 34, 19, bezeichnet das Wort einfach Hofleute.
Besonders deutlich wird dies bei der anachronistischen Erwähnung von *sārîsîm* in Berichten über Samuels bzw. Sauls und Davids Zeiten (1 Sam 8, 15; 1 Chr 28, 1), durch welche der alte Königshof etwas üppiger ausgestaltet werden sollte. Der mit der politischen Lage und der Stimmung am Hof gut vertraute *sārîs*, der zu dem Propheten Micha ben Jimla in wichtiger Mission entsandt wird (1 Kön 22, 9), wie auch der *sārîs*, der – mit königlicher Verfügungsgewalt ausgestattet – ein altes Besitzrecht wiederherstellt (2 Kön 8, 6), gehören beide zu dem gehobenen Hofpersonal. Gleichfalls kein Eunuch, sondern ein hoher Funktionär ist der über die Kriegstruppe eingesetzte *sārîs* (2 Kön 25, 19 = Jer 52, 25).
Auch die Frage der *sārîsîm* in der Josefeerzählung (Gen 37, 36; 40, 2. 7) ist nicht von den Verhältnissen am ägyptischen Hof her zu beantworten, sondern aus den Kenntnissen und Erfahrungen der Erzähler heraus. Bei allem ägyptischen Kolorit der Geschichte im allgemeinen spiegelt die Titulatur assyrisch-babylonischen Gebrauch wider (vgl. Gen 37, 36 *śar haṭṭabbāḥîm*, 2 Kön 25, 8 *raḇ haṭṭabbāḥîm*), wie sie in Israel bekannt war. Die Erzählung will hohe Titel einführen, nicht vom Eunuchenwesen berichten.
2. Wie bei anderen Völkern, galt auch im alten Israel nur der unversehrte Körper als sakral vollwertig. Opfertiere mußten fehlerlos sein; kastrierte Tiere wurden ausdrücklich als Opfergabe verboten (Lev 21, 20; 22, 24). Da den Fortpflanzungsorganen besondere Wichtigkeit beigemessen wird, umgibt man sie mit Schutztabus (vgl. Dtn 25, 11 mit dem Mittelassyr. Codex § 8, ANET 181). Ein Mann, bei dem sie verletzt sind (*p^eṣûa' dakkā'* ... *k^erûṯ šŏpkāh* 'mit zerstoßenen Hoden ... abgeschnittener Harnröhre', Dtn 23, 2), soll von der Gemeinde JHWHs ausgeschlossen werden. Das Wort *sārîs* wird hier nicht verwendet, doch V übersetzt und erläutert: „non intrabit *eunuchus* adtritis vel amputatis testiculis et absciso veretro ecclesiam domini“. Da die zufällige Verletzung wohl nicht so häufig war, daß ihr das Gesetz besondere Aufmerksamkeit hätte schenken müssen, darf man annehmen, daß die Bestimmung mindestens zum Teil gegen kultische Selbstverstümmelung gerichtet ist.
Im babyl. Exil konfrontierte die Juden das Problem des Eunuchenwesens in quantitativ und qualitativ neuer Dimension; nicht wenige von ihnen mögen Opfer des blutigen Brauchs geworden sein. Andererseits ermöglichte die Vergeistigung der religiösen Auffassung, über körperliche Äußerlichkeiten hinwegzusehen und zu einer Wesen und Gesinnung des Menschen beurteilenden Wertung zu gelangen. So verkündet der Exilsprophet *dem* Eunuchen, der den Sabbat hüte und Willen und Bund JHWHs einhalte, daß auch dieser nicht vom Volke JHWHs abgesondert sei, er vielmehr in Tempel und Mauern des Herrn einen Namen und Andenken, wertvoller als Söhne und Töchter, haben werde (Jes 56, 3–5). Der Weise schließlich lehrt, daß der Entmannte, so er in Tat und Gesinnung aufrecht sei, selig werde und einen Anteil am Heiligtum habe (Weish 3, 14).

Kedar-Kopfstein

סרן *srn*

I. 1. Etymologie, Bedeutung – 2. LXX – II. Profane Verwendung – 1. als technische Bezeichnung – 2. als Personenbezeichnung – III. Religiös-kultischer Bezug.

Lit.: *F. Bork*, Philistäische Namen und Vokabeln (AfO 13, 1939–1941, 226–230). – *M. Ellenbogen*, Foreign Words in the Old Testament, London 1962, 126f. – *V. Georgiev*, Sur l'origine et la langue des Pélasges, des Philistins, des Danaens et des Achéens (Jahrbuch für kleinasiatische Forschung 1, 1950, 136–141). – *W. Helck*, Ein sprachliches Indiz für die Herkunft der Philister (BN 21, 1983, 31). – *A. H. Jones*, Bronze Age Civilisation. The Philistines and the Danites, Washington 1975, 130. 154. – *K. A. Kitchen*, The Philistines (Peoples of Old Testament Times, hrsg. von D. J. Wiseman, Oxford 1973, 53–78). – *G. A. Lehmann*, Die „Seevölker"-Herrschaften an der Levanteküste (Jahresbericht des Inst. f. Vorgesch. d. Univ. Frankfurt/M. 1976, 78–111; ed. München 1977, 36–56). – *T. C. Mitchell*, Philistia (Archaeology and Old Testament Study, hrsg. von D. W. Thomas, Oxford 1967, 405–427). – *F. Perles*, סרנים *šarrâni* (OLZ 8, 1905, 179–180). – *F. Pintore*, Seren, tarwanis, tyrannos (Studi orientali in ricordo di Franco Pintore, hrsg. von O. Carruba u. a., Pavia 1983, 285–322). – *A. Strobel*, Der spätbronzezeitliche Seevölkersturm (BZAW 145, 1976, 262f.). – *H. Tiktin*, Kritische Untersuchungen zu den Büchern Samuelis (FRLANT N.F. 16, 1922, 10). – *G. A. Wainwright*, Some Early Philistine History (VT 9, 1959, 73–84).

I. 1. Die Wurzel *srn* tritt im AT nur als Nomen auf (22mal sowie 1mal in Sir), wobei allein Pl.-Formen belegt sind. Aus diesen ist für den Sing. die Form **særæn* zu erschließen. Über das Hebr. hinaus begegnet die Wurzel auch in ugar. sowie jüd.-aram. und syr. Texten (WUS Nr. 1952; UT Nr. 1797; KBL³ 727). Dabei ist jedoch zwischen den beiden Bedeutungen 'Achse' und 'Herrscher' zu unterscheiden. Während das Ugar. die Wurzel (als Nomen und als Verbum) nur in der Bedeutung 'Herr', 'Fürst' kennt (vgl. J. C. de Moor, ZAW 88, 1976, 332 Anm. 68), findet sich die Bedeutung 'Achse' auch im Jüd.-Aram. und Syr. Wahrscheinlich hat so die personenbezogene Bedeutung 'Herrscher' als die ältere und ursprüngliche zu gelten, aus der sich die technische Bedeutung 'Achse' erst sekundär durch Übertragung der Grundbedeutung auf den materiellen Bereich entwickelte, insofern eine Achse zwei Räder zusammenhält und damit diese auch beherrscht, führt und regiert (vgl. analog im Deutschen die Übertragung des Wortes 'Mutter' auf einen Gegenstand des materiell-technischen Bereichs).

Da die Anwendung der Wurzel in der Bedeutung 'Herrscher' im AT ausnahmslos auf die Herrscher der Philister beschränkt ist (vgl. u. II. 2.), hat man das Nomen *s^e rānîm* immer wieder als ein echt philistäisches Wort, das die Israeliten dann als Fremdwort übernahmen, verstehen wollen. Im Zusammenhang damit wurde ihm indo-europäischer Ursprung zugeschrieben und es aus dem westanatolisch-ägäischen Raum abgeleitet, indem man es mit dem heth. Titel *kuriwana* (= *tarwana*) (Kitchen 67; Mitchell 413; Strobel 262f.) bzw. dem wohl aus dem Lydischen stammenden griech. Wort τύραννος in Verbindung brachte (so erstmals A. Klostermann, Kurzgefaßter Kommentar, hrsg. Strack-Zöckler, 3, 1887, 17; vgl. E. C. B. MacLaurin, VT 15, 1965, 472ff.). Oder aber man dachte an einen Zusammenhang mit dem kaukasischen Sprachbereich (Bork 228. 230). Vielfach wird auf kleinasiatisches *ser* 'oben' (vgl. „Obrigkeit") hingewiesen (vgl. E. Laroche, BSLing 53/1, 1957f., 178; G. Garbini, RicLing 5, 1962, 178f.; R. Gusmani, AION-Ling 4, 1962, 45ff.; A. Heubeck, Orbis Christianus 13, 1964, 264ff.), wobei das *n* als Suffix Schwierigkeiten bereitet. Garbini (Atti Congr. Int. di Micenologia 1/2, 1967, 73 Anm. 32) wies darauf hin, daß *n* häufig als Abschluß phryg. oder lyk. Regentenbezeichnungen begegnet.
I. Eitan, REJ 82, 1926, 223, verweist auf äg. *śrn(.t)* „high officer of a city" (vgl. Ellenbogen).

Alle diese Hypothesen dürften in Anbetracht der ugar. Belege für die Wurzel jedoch als abwegig gelten (Lehmann 104); das Wort *s^e rānîm* ist semit. Ursprungs und entspricht in der Bildung dem Hebr. *mælæk̠*, Pl. *m^e lāk̠îm*.
2. Die LXX übersetzt *s^e rānîm* in der Bedeutung 'Herrscher' überwiegend mit σατράπαι, doch gebraucht Kodex B in Ri 16 statt dessen ἄρχοντες, was darüber hinaus auch 1 Sam 6, 4 und Sir 46, 18 steht, und 1 Chr 12, 20 zieht στρατηγοί zur Übersetzung heran. Für die Übersetzung des Nomens in der Bedeutung 'Achsen' findet τὰ προσέχοντα Verwendung.

II. 1. Das AT wendet die Wurzel nur 1mal auf einen Gegenstand des materiellen Bereichs an; sie dient 1 Kön 7, 30 zur Bezeichnung der aus Bronze bestehenden Achsen der sog. Kesselwagen im salomonischen Tempel, die Fahrgestelle für große Wasserbecken waren, jedoch nur selten bewegt wurden (M. Noth, BK IX/1, 157f.; A. Reichert, BRL² 194). Ob darüber hinaus auch die Achsen von Streitwagen sowie Last- und Planwagen, die von Tieren gezogen wurden (vgl. H. Weippert, BRL² 356) als *s^e rānîm* bezeichnet wurden, ist nicht mehr feststellbar.
2. Als Personenbezeichnung in der Bedeutung 'Herrscher' findet das Nomen *s^e rānîm* im AT (einschließlich Sir) 22mal Verwendung, wobei es nur auf die Regenten der fünf philistäischen Stadtstaaten Palästinas angewendet wird (anders, aber nicht überzeugend Tiktin 10). Dabei ist die Verwendung dieser Bezeichnung jedoch auf die Zeit bis zum Ende der Regierung König Sauls beschränkt; danach werden die Regenten der Philister durchweg als „Könige" bezeichnet, wie 1 Kön 2, 39; Jer 25, 20; Sach 9, 5 sowie die assyr. und babyl. Königsinschriften seit Sargon II. (vgl. ANET 284–286. 291. 308) erkennen lassen. Da der Königstitel aber auch schon vor dem Ende der Regierung Sauls für den philistäischen Herrscher Achisch von Gat begegnet (1 Sam 21, 11. 13; 27, 2), ist der Abbruch im Gebrauch der Bezeichnung *s^e rānîm* schwerlich aus einer seit der Regierung König Davids veränderten politischen Situation für die

Philisterstädte zu erklären (so Jones 130. 154). Vielmehr dürfte es sich bei dieser Bezeichnung, die deutlich von der Bezeichnung *śārîm* unterschieden wird (vgl. 1 Sam 29, 2–9, dazu H. J. Stoebe, KAT VIII/1, 498), um eine von den Philistern in ihrer Frühzeit bevorzugt gebrauchte allgemeine Bezeichnung ihrer Regenten gehandelt haben, die den Titel „König" für diese nicht ausschloß.

Die Herrscherfunktion bzw. Königswürde war erblich (vgl. 1 Sam 27, 2; 1 Kön 2, 39 für Gat sowie ANET 289f. für Asdod und Askalon). Eine Vorrangstellung im Kreis der *s^erānîm* ist für keinen Herrscher bzw. keine Stadt mit Sicherheit auszumachen; offenbar bildeten die einzelnen Herrscher ein Kollegium gleichberechtigter Regenten (vgl. 1 Sam 6, 1–12), dem vor allem die Entscheidung in politischen und militärischen Fragen oblag (vgl. 1 Sam 5, 8. 11; 7, 7; 29, 6; 1 Chr 12, 20).

III. Die Wurzel *srn* weist nur indirekt einen religiös-kultischen Bezug auf. Bezeichnet das Nomen in der Bedeutung 'Achse' einen Teil der sog. Kesselwagen, die zum Inventar des Jerusalemer Tempels gehörten (1 Kön 7, 30) und hier symbolisch die kosmische Macht des Ozeans darstellten oder aber kultischen Waschungen dienten (M. Noth, BK IX/1, 161f.), so kommt es als Bezeichnung der Philisterherrscher insofern mit dem religiös-kultischen Bereich in Berührung, als diese über das Schicksal der Lade JHWHs nach deren Erbeutung durch das philistäische Heer entscheiden (1 Sam 5, 8. 11). Dabei erweist sich die Stärke und Überlegenheit JHWHs, die die *s^erānîm* anerkennen müssen (1 Sam 6, 12. 16).

Schunck

סרר *srr* I

סָרָה *sārāh*, סַר *sar*

I. 1. Etymologie – 2. Vorkommen im AT – II. Allgemeiner Gebrauch – III. Theologischer Gebrauch – 1. *sārar* – 2. *sārāh* – IV. Qumran – V. LXX.

Lit.: *A. B. Ehrlich*, Randglossen zur Hebräischen Bibel II, 1909, 288. 306; IV, 1912, 211f. – *E. Jenni*, Dtn 19, 16: *sarā* „Falschheit" (Festschr. H. Cazelles, AOAT 212, 1981, 201–211). – *A. Jepsen*, Gottesmann und Prophet (Festschr. G. v. Rad, 1971, 171–182. 179f.: zu *mārāh*). – *R. Knierim*, מרה *mrh* widerspenstig sein (THAT I 928–930). – *J. van der Ploeg*, Notes lexicographiques (OTS 5, 1948, 142–150, bes. 142ff.). – *M. Schorr*, Einige hebräisch-babylonische Redensarten (MGWJ 53, 1909, 432f.).

Zu I.: *A. Caquot / M. Sznycer / A. Herdner*, Textes ougaritiques, mythes et légendes, I., Paris 1974, 218 Anm. t. – *M. Dahood*, Ugaritic and Phoenician or Qumran and the Versions (AOAT 22, 1973, 53–58). – *A. Guillaume*, Hebrew and Arabic Lexicography. A Comparative Study III (Abr-Nahrain 3, 1961/62, 1–10, bes. 6). – *C. de Moor / K. Spronk*, Problematical Passages in the Legend of Kirtu (I) (UF 14, 1982, 153–171, bes. 161).

Zu II: *G. R. Driver*, Problems in „Proverbs" (ZAW 50, 1932, 141–148, bes. 141f.). – *M. Rotenberg / B. L. Diamond*, The Biblical Conception of Psychopathy. The Law of the Stubborn and Rebellious Son (Journal of the History of the Behavorial Sciences 7, 1 Durham, N.C., 1971, 29–38).

Zu III: *F. Hesse*, Das Verstockungsproblem im Alten Testament (BZAW 74, 1955).

I. 1. Die Lexeme *sārar* I 'störrisch sein', *sārāh* II 'Widerspenstigkeit, Falschheit' und *sar* 'mißmutig' sind sämtlich von der Wurzel *srr* ableitbar, die im Hebr. 'störrisch, widerspenstig sein', im Akk. 'unbeständig, falsch, unwahr, lügnerisch sein' (AHw 1028; vgl. K. Deller, Or 30, 1961, 255ff.) bedeutet (vgl. Jenni) und mit dem arab. Verb *šarra* 'schlecht, schlimm, böse, boshaft sein' (Wehr 420b) sprachverwandt sein wird (vgl. AHw 1028a; KBL³ s.v. *srr* I). Im Ugar. ist *srr* 1mal in der Bedeutung „to be rebellious" (Dahood 58) bezeugt: *jstr-n* (KTU 1.4, VII, 48; vgl. aber G. Del Olmo Lete, Mitos y Leyendas de Canaan, Madrid 1981, 597, der das Wort als Gt-Form von *sr[j]* erklärt und mit „exaltarse" [eifrig, begeistert werden] übersetzt). Nur der Beleg Jes 14, 6, *sārāh* I 'Aufhören' ist von → סור *sûr* 'weichen' abzuleiten. Die entsprechende Deutungstendenz im Sam., Jüd.-Aram. (vgl. DictTalm, KBL³ s.v. *sārāh* II) ist etymologisch sekundär. Die ursprüngliche, ganz konkrete Bedeutung von *srr* 'störrisch sein' (vgl. Hos 4, 16: störrische Kuh) wandelte sich offenbar im Akk. mehr ins Abstrakte zur Bezeichnung eines unbeständigen, falschen Verhaltens, um im Arab. die ganz allgemeine Bedeutung 'schlecht sein' anzunehmen.

Das Synonym schlechthin für *srr* ist → מרה *mārāh*, ebenfalls 'widerspenstig sein', vgl. die formelhafte Wendung *sôrer* (*sorer*) *ûmôræh* (*ûmoræh*): Dtn 21, 18. 20; Jes 5, 23; Ps 78, 8. – 1mal ist das Ptz. *qal* fem. von *hāmāh* Parallelbegriff (Spr 7, 11). Gegenbegriff schlechthin ist → שמע *šm*ʿ 'hören, gehorchen' (vgl. Dtn 21, 18. 20, auch Sach 7, 11). Zum Wortfeld von *srr* gehören weiterhin: *qšh* (*hiph*) *ʿoræp* „den Nacken versteifen" (Neh 9, 29), *hālak̲ baddæræk̲ lo' ṭôb̲* „den Weg gehen, der nicht gut ist" (Jes 65, 2); *sûr* „abweichen" (Jer 5, 23); *hālak̲ rāk̲îl* „verleumden" und *šḥt* (*hiph*) „verderbt handeln" (Jer 6, 28). – In der Bedeutung „Widerspenstigkeit" ist *sārāh* II Obj. der Verben *jsp hiph* „hinzufügen, weiterhin tun" bzw. *ʿmq hiph* „vertiefen" (Jes 1, 5 bzw. 31, 6). Synonym für *sārāh* II, „Falschheit", ist → שקר *šæqær* „Lüge, Trug" (vgl. Dtn 19, 18; Jer 28, 15; 29, 31). In dieser Bedeutung erscheint *sārāh* als Obj. der *verba dicendi*: *ʿnh b^e* „aussagen gegen jem." (Dtn 19, 16), *dibbær ʿal* bzw. *'æl* „reden gegen jem." (jeweils gegen JHWH) (Dtn 13, 6; Jer 29, 32 bzw. 28, 16; vgl. noch Jes 59, 13 mit dem Parallelobj. *ʿošæq* [zu korr. in *ʿiqqeš*, vgl. KBL² 744b bzw. *ʿoqæš*, BHS z.St.]). Das Adj. *sar* findet sich 2mal in der Wendung *sar w^ezāʿep̲* „mißmutig und wütend" (1 Kön 20, 43; 21, 4), 1mal als Attribut zu *rûaḥ* (1 Kön 21, 5).

2. Das Verb ist im AT (MT!) 17mal belegt: Dtn 2mal, Jes 3mal, Jer 2mal, Hos 3mal, Sach 1mal, Pss 4mal, je 1mal in Spr und Neh. Dazu kommt eine Konj. Hos 7, 14. Mit der Ausnahme Hos 4, 16 (*sārar*) und der Konj. Hos 7, 14 (*jāsorû*) sind es Formen im Ptz. *qal*, die attributivisch oder auch als Prädikat im Nominalsatz auftreten. Das Verb *srr* beschreibt somit einen Zustand bzw. ein Verhalten.

Die 2 Belege von *sārāh* II in der Bedeutung „Widerspenstigkeit" finden sich in Jes, von den 5 in der Bedeutung „Falschheit" kommen 2 in Dtn vor, die restlichen 3 (Jes 31, 6; Jer 28, 16; 29, 32) sind als Zusätze verdächtig (vgl. Wildberger, BK X/3 bzw. BHS z. St.). *sar* „mißmutig" ist nur in Prophetenerzählungen belegt (1 Kön 20, 43; 21, 4. 5).

Der teils als Ptz. *qal* von *sûr* (vgl. Rudolph, HAT I/12[3], z. St.) verstandene, teils vom Adj. *sar* (KBL[2] 667a) hergeleitete st. cstr. *sārê* (Jer 6, 28) ist *śārê* (von *śar*) zu lesen (KBL[3] 726a) oder zu streichen (vgl. KBL[2] ebd., BHS z. St.).

II. Die übertragen gebrauchte Wendung *wajjitt^enû kāṯep sorārœṯ*, „und sie zeigten eine störrische Schulter" (Sach 7, 11; Neh 9, 29) verweist noch auf die „störrische Kuh" (Hos 4, 16), die sich gegen das Anlegen des Joches wehrt, sich nicht in Zucht nehmen lassen will. Auf entsprechendes Verhalten im familiären Bereich verweisen die Belege in Dtn 21, 18–21 (vgl. TR 64, 2ff.): Wenn ein (erwachsener) Sohn unverbesserlich „störrisch" ist (vv. 18. 20), haben die Eltern als letzte Möglichkeit das Recht, gegen ihn vor dem Ortsgericht zu klagen, das bei Schulderweis auf Todesstrafe zu befinden hat (v. 21). Hartnäckige Widerspenstigkeit gegen das Familienoberhaupt ist potenzierter Ungehorsam (vgl. das wiederholte *lo' šm' b^eqôl*: vv. 18. 20) und damit ein todeswürdiges Verbrechen, das freilich zur Entstehungszeit des Dtn nicht mehr vom *pater familias* selbst geahndet werden konnte. Das Motiv des ungehörigen Verhaltens der verheirateten Frau („unruhig und unbändig") gegenüber dem jungen Mann (Spr 7, 11) sieht der Weisheitslehrer in ihrer „sexuellen Zügellosigkeit" (O. Plöger, BK XVII z. St.).

Für den profanhistorischen Gebrauch von *sārāh* II 'Falschheit' gibt es nur den Beleg Dtn 19, 6 (vgl. TR 61, 8). Die Stelle setzt einen Verdacht auf einen Tatbestand (böswillige Falschaussage des Zeugen, vgl. Jenni 205) voraus, der seinerseits im folgenden Gerichtsverfahren erst als zu Recht bestehend erwiesen werden muß (vv. 17ff.).

Die beiden Belege von *sar* 'mißmutig' in 1 Kön 21 (vv. 4f.) charakterisieren die Gemütsverfassung eines Königs (Ahab), der in der Ablehnung seines Kaufansinnens durch einen freien Israeliten an die Grenzen seiner königlichen Macht gestoßen ist. Der 3. Beleg (1 Kön 20, 43) geht wahrscheinlich auf die gleiche Hand wie 2 Kön 21, 4 zurück: Die mißmutige Stimmung Ahabs in der von Joasch auf Ahab übertragenen Kriegserzählung erklärt sich bei einem König, der, durch die erdichtete Geschichte eines Propheten provoziert (1 Kön 20, 35–42), ein Todesurteil gefällt hat, das ihn eigentlich selbst treffen müßte.

III. Die Masse der Belege weist theologischen Sprachgebrauch auf.

1. Erstmals dürfte Hosea das vergeblich zur Abkehr vom ba'alisierten JHWH-Kult ermahnte Israel (vgl. Hos 4, 15) wegen seiner Unbelehrbarkeit in seinem Verhalten mit demjenigen einer „störrischen Kuh" (*pārāh sorerāh*) verglichen haben (Hos 4, 16). „Unser Bild gehört in den Anschauungsbereich der Verstokkungsterminologie" (H. W. Wolff, BK XIV/1, z. St.).

In dem begründenden Drohwort Hos 7, 13–16 beschuldigt JHWH Israel: „Und sie sind (ganz?) widerspenstig gegen mich" (Hos 7, 14: cj. *jāsûrû* nach Targ., Syr und Kontext in *jāsôrû*: BHS; KBL[3]: *sārôr jāsôrû*). Während der Prophet den verdorbenen Kult des Volkes (vgl. die Fruchtbarkeitsriten v. 14) eher als Undankbarkeit (vgl. v. 15) und Unbotmäßigkeit (vgl. v. 16 den Vergleich mit dem schlaffen Bogen) gegenüber JHWH versteht, interpretierten die Massoreten dieses Verhalten als Abfall (*sûr*).

Als Motiv für das bei JHWH beschlossene Gericht über Efraim, die Vertreibung aus JHWHs Haus, d. h. Land (vgl. Hos 9, 11–13), wird Hos 9, 15 angegeben, daß „alle ihre Führer widerspenstig" sind (*kŏl śorêhœm sor^erîm*). Damit sind die königlichen Beamten gemeint, die durch ihr Versagen bei der Durchsetzung des Gottesrechtes JHWH und dem Propheten gegenüber widerspenstig sind; sie verfälschen damit ihre Aufgabe, wie die bewußte Assonanz *śorêhœm* (Cod. L.!) *sor^erîm* andeutet. Da ebenfalls in einem (jesajanischen) Gotteswort Jerusalems Führer (*śārajiḵ* „deine Führer") als „widerspenstig" qualifiziert werden (Jes 1, 23), wird ein „geflügeltes Wort" (Wildberger, BK X/1, z. St.) vorliegen: Anstatt ihre Pflicht zu tun, etwa für den Rechtsanspruch von Waise und Witwe zu sorgen, vollbringen sie als „Gesellen der Diebe" (*ḥaḇrê gannāḇîm*) und Bestechliche (vgl. *'oheḇ šoḥaḏ* || *roḏep šalmonîm*) das Gegenteil (ebd.). In den außenpolitischen Bereich gehört der als Gotteswort formulierte Weheruf Jes 30, 1 (vgl. vv. 2–5) gegen „die störrischen Söhne" (*bānîm sôr^erîm*), die einen JHWHs Willen widersprechenden (antiassyrischen Bündnis-)„Plan" (*'eṣāh*) schmieden und Schuld auf Schuld „häufen" (BHS z. St.). Unter „Söhnen" sind hier nur die Führer Judas gemeint (vgl. Jes 28, 14; 29, 15, anders: Jes 1, 2). Ihre Politik bedeutet Aufruhr gegen JHWH, weil sie dem geforderten alleinigen Vertrauen in JHWH (Jes 7, 9a) widerspricht. Welche Strafe solchen störrischen Söhnen droht, ist Dtn 21, 18–21 erkennbar. In dem JHWH-Wort Jer 5, 20–25 heißt es, daß „dieses Volk ‚ein störrisches und widerspenstiges Herz'" (*leḇ sôrer ûmôrœh*) hat (Jer 5, 23). Diese widerspenstige Willenshaltung zeigt sich im Abfall (*sārû wajjeleḵû*), so daß die Widerspenstigkeit (*srr*) im Abfall (*sûr*) offenbar wird: eine schöne Assonanz. Jer 6, 28 muß der Prophet bilanzieren, daß alle „widerspenstig" (*sôr^erîm*), „Verleumder" (*hol^ekê rāḵîl*) sind, „verderbt handeln" (*mašḥîṯîm*). Nach der nachexilischen Weissagung Jes 65, 1–16a breitet JHWH den ganzen Tag seine Hände aus zu „einem störrischen und widerspenstigen Volk" (*ʿam sôrer ûmôræh* nach 1 QJes[a]), „die den Weg gehen, der nicht gut ist, hinter ihren eigenen Gedanken her" (Jes 65, 2), womit auf verbotene Kulthandlungen (vgl. Jes 65, 3b–5a. 7a) angespielt ist. Nach einem Geschichtsrückblick im Rahmen einer JHWH-Antwort (Sach 7, 4 – 8, 23) „zeigten" die von den früheren Propheten Angesprochenen „eine störrische Schulter" (*wajjitt^enû kāṯep sorāræṯ*: Sach 7, 11). Der Kontext („nicht achten", „nicht hören", das „Schwerhörig-Machen" der Ohren, das „Hart-Machen" der Herzen: vv. 11 f.) charakterisiert letztlich die Verstocktheit des vorexil. Israel als bewußt und selbstverschuldet. In einem chr. Gebet (Neh 9, 5b–37) wird die Ablehnung der prophetischen Botschaft durch das Volk mit der gleichen Wendung wie Sach 7, 11 umschrieben (Neh 9, 29), durch die bildhafte Aussage „und sie versteiften ihren Nacken" ergänzt sowie mit „und sie hörten nicht" zusammengefaßt. Damit soll nicht nur das „Scheitern" der vorexil. Propheten erklärt, sondern auch Übermut (*zîḏ hiph*), das Nicht-Hören des Volkes auf JHWHs Gebote und sein „Sündigen" (*ḥṭ'*) gegen seine Vorschriften (Neh 9, 29a) auf bewußte Verstocktheit zurückgeführt werden. Noch deutlicher als Sach 7, 11 ff. ist hier dtr Geschichtstheologie zu vernehmen. Ähnlich stellt der dtr geprägte Geschichtspsalm Ps 78 dem zu belehrenden Volk (vgl. vv. 1 f.) die Väter als abschreckendes Beispiel vor Augen: als „ein störrisches und widerspenstiges Geschlecht" (*dôr sôrer ûmoræh*), „ein Geschlecht, das sein Herz nicht gefestigt" (*dôr lo' heḵîn libbô*) „und dessen Geist sich gegenüber Gott nicht festgemacht hat" (*w^elo' næ'æmnāh 'æṯ-'el rûḥô*) (v. 8). Wankelmut und Glaubensschwäche werden v. 10 mit der negativen Haltung der Väter gegen den „Bund" (*b^erîṯ*) und die Thora Gottes sowie v. 11 durch das Vergessen der Großtaten Gottes beim Exodus erhärtet. Nach Ps 66 (A) können sich „die Widerspenstigen" angesichts der Herrlichkeit und Macht Gottes „nicht erheben" (*'al jārûmû* [Q], v. 7), ursprünglich (vgl. v. 3) wohl Gottes, nun (vgl. vv. 7–12) Israels Feinde. Nach Ps 68, 7 bleiben nur „Widerspenstige in der Dürre", d. h. der Heillosigkeit.

Ps 68, 19b „und auch Widerspenstige – um zu wohnen, Jah, Gott!" ist unverständlich, wohl Glosse nach v. 7b (vgl. H.-J. Kraus, BK XV/2[5], 626).

2. Nach der Einschließung Jerusalems fragt Jesaja seine Landsleute, wohin man sie noch weiterhin schlagen soll, indem sie „Widerspenstigkeit" (*sārāh*) „hinzufügen" (*jsp hiph*), d. h. sich weiterhin widerspenstig verhalten, in Widerspenstigkeit verharren (Jes 1, 5). Ihre Sünde ist das Verharren in dem Jes 1, 4 ausgesagten Abfall von JHWH (*ʿzb* || *n'ṣ pi*). Jes 31, 6f. wird zur Umkehr (*šûḇ*) zu dem aufgefordert, „dem gegenüber" die Israeliten „die Widerspenstigkeit tiefgemacht haben" (*la'^ašær hæʿmîqû sārāh*, v. 6), d. h. so tief in Widerspenstigkeit verfallen sind, was etwas anderes ist als „tiefer Abfall". Die v. 7 verheißene Umkehr ist Umkehr vom Götzendienst, worin also Israels Widerspenstigkeit nach dem Ergänzer zu sehen wäre; nach Jesaja beruht sie eher auf mangelndem Glauben.

Nach Dtn 13, 2–6 (vgl. TR 54, 15) soll derjenige Prophet, der – unter Wunderzeichen – zur Nachfolge anderer Götter auffordert (v. 3), mit dem Tod bestraft werden, „weil er über JHWH, euren Gott, Falsches (eigentlich: Falschheit) ausgesprochen hat" (*kî dibbær sārāh ʿal JHWH* . . .: v. 6). Schon wegen der Konstruktion kann hier keineswegs von „Aufruhr" die Rede sein. Das Falsche über JHWH besteht darin, daß der Prophet verneint hat, daß JHWH und kein anderer es ist, dem Israel als seinem Gott nachzufolgen hat.

Nach gleichlautender Formulierung Jer 28, 16 (hier: *'æl*) und Jer 29, 32 (*ʿal*), deutliche Glossierungen nach Dtn 13, 6, haben die Falschpropheten Hananja bzw. Schemaja durch ihre verhängnisvollen Heilsweissagungen JHWHs Geschichtsplan verfälscht. Das Sündenbekenntnis des Volkes Jes 59, 12–15a zählt neben Abfall, Untreue gegenüber JHWH und Abweichen von seiner Nachfolge (v. 13a) folgende Vergehen auf: „Verkehrtes" (cj. *ʿoqæš* bzw. *ʿiqqeš*) und „Falsches" (*sārāh*) „reden" (*dbr pi*) sowie „Worte des Trugs" (*diḇrê-šāqær* v. 13b). Diese Sünden sind Folge des Abfalls und Ursache für das Schwinden von Recht und Gerechtigkeit (v. 14).

IV. Im qumraneigenen Schrifttum konzentrieren sich die Belege auf CD (*srr*: 4mal, davon 2mal Zitat; *dbr srh*: 2mal). CD 1, 13f. wird Hos 4, 16 zitiert und eigenartig auf diejenigen, „welche vom Weg abweichen" (*srj drk*) bezogen. Doch liegt kaum ein von *sûr* ʿabweichenʾ beeinflußtes Verständnis von *srr* vor, da *srj ḏrk* sachgerecht das unmittelbar vorausgehende *ʿdt bwgdjm* („Gemeinde der Abtrünnigen", CD 1, 12) interpretiert. Der Verfasser hat vielmehr assoziativ das Hosea-Zitat angefügt, um das „Abtrünnig-Sein", d. h. das „Sich-Verweigern" der Mehrheit gegenüber der Qumrangemeinde mittels frühjüdischer Exegese als schriftgemäß zu begründen. Die gleiche Gruppe wird CD 2, 6 klar als *srrj drk*, „die dem Weg widerstreben", und *mtʿbj ḥq*, „die die Satzung verabscheuen" qualifiziert. Nach 1 QS 10, 20f. muß der Unterweiser bekennen, daß er sich über alle, „die dem Weg widerstreben" (*swrrj drk*; Maier: „die vom Wege abweichen", Lohse: „die den Weg verlassen") nicht erbarmen und die „Geschlagenen" (*nk'jm*) nicht trösten will. Die Gemeinderegel gebietet also Abgrenzung statt Mission. In 1 QH 5, 24f. bekennt der Beter (der Lehrer der Gerechtigkeit?) u. a.: „Die Männer meines [Anhang]s waren störrisch (*swrrjm*)" und „murrten (*mljnjm*, von *lûn hiph*) ringsum". Hier bezieht sich nach dem Suff. der 1.Sg. das Störrisch-Sein offenbar auf Gemeindemitglieder. – Nach CD 11, 7 soll man ein Stück Vieh, das „störrisch" ist (*swrrt*), am Sabbat nicht aus dem Haus führen. – Gegen den Anschein (Maier, Lohse) kommt auch in Qumran der aus dem AT bekannten Wendung *dbr srh* (*ʿl*) nicht die Bedeutung „abreden (von)" oder gar „Aufruhr predigen (gegen)" zu, sondern ebenfalls die Bedeutung „Falsches aussagen (über)", so CD 5, 21 (über die Gebote Gottes), wie die Parallelaussage „und sie weissagten Lüge" (*wjnbʾw šqr*) in CD 6, 1 nahelegt. Gleichfalls ist CD 12, 3 (in Anlehnung an Dtn 13, 2–6) schwerlich von Abfall-Predigt (Maier, Lohse), sondern von „falschen (lügnerischen) Aussagen" eines Mannes, über den die Geister Belials herrschen (Z. 2), die Rede. Somit dienen *srr* und *srh* in Qumran – angesichts der Verweigerung, der „Abtrünnigkeit" der Mehrheit – dem sektenspezifischen Verständnis des überkommenen Verstockungsproblems.

V. In LXX finden sich für *srr* und *sārāh* mannigfache Äquivalente, vor allem Formen von ἀπειθέω ʿungehorsam seinʾ (Dtn 21, 18. 20; Ps 67 [68], 19; Jes 59, 13; Hos 9, 15); daneben παραπικραίνω ʿerbitternʾ (Ps 67 [68], 7; 77 [78], 8); παροιστράω ʿaufreizen, herausfordernʾ (Hos 4, 16 [2mal]); die Nominalformen ἀνήκοος ʿungehorsamʾ (Jer 5, 23; 6, 28); ἀποστάτης ʿabtrünnigʾ (Jes 30, 1); ἄσωτος ʿsittlich verdorbenʾ (Spr 7, 11). Sehr freie und ganz abweichende Übersetzungen finden sich Dtn 13, 6 (πλανάω); Jes 1, 5 (ἀνομία); 31, 6 (βουλὴ ἄνομος). Die Tendenz ist somit theologisierend (auch moralisierend), besonders deutlich zu erkennen an der Wiedergabe der anschaulichen Wendung Neh 9, 29 (bzw. Sach 7, 11): ἔδωκαν νῶτον ἀπειθοῦντα (bzw. παραφρονοῦντα). Das Adj. *sar* wird mit Partizipialformen wiedergegeben: συγκεχυμένος (1 Kön 21 [20], 43) und τεταραγμένος (1 Kön 20 [21], 4. 5).

Ruppert

סָתַם *sāṯam*

שָׂתַם *śāṯam*, שָׁתַם *šāṯam*

I. Etymologie, Vorkommen – II. Wörtliche Bedeutung: ʿverstopfenʾ (Wasserlauf u. ähnl.) – III. Übertragene Bedeutung: ʿgeheimhaltenʾ (Botschaft u. ähnl.) – IV. *šāṯam* in den Bileamsprüchen – V. Qumran und LXX.

Lit.: *W. F. Albright*, Yahweh and the Gods of Canaan, London 1968. – *J. M. Allegro*, The Meaning of the Phrase ŠEṮŪM HĀʿAYIN in Num. XXIV 3, 15 (VT 3, 1953, 78f.). – *E. R. Dalglish*, Psalm Fifty-One in the Light of Ancient Near Eastern Patternism, Leiden 1962. – *S. Mowinckel*, טחות und שכוי. Eine Studie zur Astrologie des Alten Testaments (Acta Orientalia 8, 1929, 1–44). – *D. Vetter*, Seherspruch und Segensschilderung (Calwer Theol. Monogr. 4), 1974.

I. Die Wurzel *stm* mit der Bedeutung ʿverstopfen, verschließenʾ ist offenbar auf das at.liche Hebr. und auf die späteren Entwicklungsformen des Hebr. (Mhebr.) und des Aram. (jüd.-aram., syr., mand.) begrenzt. Die Verbindung zu akk. *šutummu* ʿSpeicherʾ, und zu den arab. Verben *sadama* und *saṭama* ʿ(Tür) schließenʾ ist nicht sichergestellt (*šutummu* ist sumer. Lehnwort). Das Vorkommen der Wurzel im Reichsaram. (Passahpapyrus von Elephantine, AP 21, 9) wird beanstandet (die meisten lesen nach Sachau und Cowley *wḥtmw* „versiegelt"; nur P. Joüon, MUSJ 18, 1934, 65f. und P. Grelot, VT 4, 1954, 382f. lesen *wstmw* „haltet verschlossen"; vgl. DISO 98). Neben der Normalform kommt im AT die orthographische Variantform *śāṯam* (Klgl 3, 8) vor. Dagegen sind die beiden Belege des Verbs *šāṯam* (Num 24, 3. 15) nicht ohne weiteres mit *sāṯam* oder *śāṯam* zu identifizieren oder zu korrigieren (s. u. IV.). Insgesamt kommt die Wurzel etwa 15mal im AT vor. Sie ist einmal in Sir, 3mal in den Qumranschriften zu finden.

II. In der ätiologisch ausgerichteten Erzählung über die Brunnenstreitigkeiten zwischen den Leuten Isaaks und Abimeleks (Gen 26) werden Schikanen der Philister berichtet: sie schütten die Brunnen der Gegner zu (*stm pi*) und füllen sie mit Erde auf (vv. 15. 18).
Im Bericht über den gemeinsamen israelitisch-judäischen Feldzug gegen Moab (2 Kön 3, 4–27) erfahren wir von einem ähnlichen Verfahren im Krieg: „Jede Wasserquelle verstopften sie (*stm qal*), und alle guten Bäume fällten sie" (2 Kön 3, 25; dieselben Ausdrücke im Prophetenspruch v. 19).
Umgekehrt versuchen die Verteidiger Jerusalems beim Angriff Sanheribs dem Feind die Sache so schwierig wie möglich zu machen, indem sie das Wasser der außerhalb der Stadt liegenden Quellen und „den Bach, der im Erdboden fließt" verstopfen (2 Chr 32, 3f.). Gemeint sind offenbar die älteren Schächte zur Gihonquelle, vielleicht in Verbindung mit der Anlage des Siloahtunnels, die 2 Chr 32, 30 mit ähnlichen Worten (*stm qal*) und detaillierter geschildert wird (vgl. 2 Kön 20, 20). In einem anderen historischen Zusammenhang werden die Risse in der Stadtmauer verstopft (*stm niph*), also zugemauert (Neh 4, 1).
Schwieriger ist Sach 14, 5: am Tage des Endkampfes wird JHWH auf dem Ölberg stehen; der Berg wird gespalten, und die beiden Teile rücken nach Norden und Süden, wobei „das Tal meiner Berge (Hinnom) verstopft wird" (*stm niph*). Diese Lesung fordert allerdings eine Korrektur, da MT *nastæm* („ihr werdet fliehen", von *nûs*) liest (vgl. Rudolph, KAT XIII/4, 231). Dieselbe Form findet sich zweimal später im Vers, wo sie wahrscheinlich nicht korrigiert zu werden braucht (weitere Lösungsversuche bei B. Otzen, Studien über Deuterosacharja, Kopenhagen 1964, 267f. und M. Sæbø, Sacharja 9–14, WMANT 34, 1969, 110–115). Ohne at.liche Vorlage ist der

Ausdruck Sir 30, 18 *ph stwm* „verschlossener Mund".

III. Wieder in apokalyptischem Kontext, aber in übertragener Bedeutung, findet *stm* 3mal im Buche Daniel Verwendung. Es handelt sich um „das Verschließen", d. h. das Geheimhalten einer Botschaft bis zu einer bestimmten Zeit. Nach der Deutung der Vision vom Widder und Ziegenbock sagt der Engel zu Daniel: „Du sollst die Vision geheimhalten (*stm qal*), denn sie bezieht sich auf ferne Zeiten" (Dan 8, 26). Die „fernen Zeiten" sind die Endzeit (vgl. vv. 17. 19) und die Idee ist typisch apokalyptisch: die Botschaft soll schriftlich geheimgehalten werden. Im Schlußabschnitt des Buches heißt es: „Du, Daniel, halte die Worte geheim (*stm qal*) und versiegele das Buch bis zur Endzeit" (Dan 12, 4); ähnlich v. 9: „geheimgehalten (*stm qal* Ptz. pass.) und versiegelt bleiben diese Worte bis zur Endzeit". *stm* und *ḥtm* werden in der apokalyptischen Literatur zu term. techn. (→ חתם *ḥāṯam* V.).

Diese Ideen, die auch in anderen apokalyptischen Schriften auftauchen (s. z. B. äthHen 1, 2), können teilweise auf Ezechiel zurückgeführt werden (vgl. Ez 12, 27), und auffallenderweise verwendet das Ezechielbuch das Wort *sāṯam* eben in einer Verbindung, wo von einer Danielgestalt die Rede ist. Dem Fürsten von Tyrus wird gesagt: „Du bist weiser (*ḥāḵām*) als Daniel; nichts Geheimes (*sāṯûm*) ist dir zu dunkel" (Ez 28, 3; zum letzten Verbum s. W. Zimmerli, BK XII/2, 663; KBL[3] 800). Die Weisheit Daniels und des Tyrusfürsten umfaßt die Beherrschung eines Wissens, das dem gewöhnlichen Menschen unzugänglich ist (vgl. H.-P. Müller, VTS 22, 1972, 277f.), und vielleicht die Einsicht in esoterische Lehre (Albright 216).

Eine ähnliche Verbindung von *ḥkm* und *stm* liegt Ps 51, 8 vor. Die traditionelle Übersetzung des Verses lautet: „An Wahrheit im Verborgenen (*baṭṭuḥôṯ*) hast du Gefallen, und im Geheimen (*b^{e}sāṯum*) lehrst du mich Weisheit (*ḥŏḵmāh*)" (H.-J. Kraus, BK XV/1[5], 539). Der Vers sollte demnach in Verbindung mit v. 7 gedeutet werden und von „der Einsicht in die verborgenen Tiefen der Schuldverfallenheit" sprechen (Kraus 545) oder die beiden Wörter bezeichnen „das verborgene Innere", d. h. das Gewissen des Menschen (R. Kittel, KAT XIII[5-6], 191). Ein besseres Verständnis erreicht Dalglish (67–69. 123–127): in Verbindung mit v. 7 bezeichnet sowohl *ṭuḥôṯ* als auch *sāṯum* den Mutterleib; d. h. schon als Embryo hat der Mensch den göttlichen Willen erfahren und ist demnach bereits vor der Geburt verantwortlich. Diese Deutung stützt sich auf Ps 139, 15 vgl. Niddah 30b, wonach der Mensch als Embryo die Thora kennenlernt (Dalglish 124f.); Ps 139 wird aber JHWHs Fähigkeit, auch das Verborgene zu erkennen, herausgestellt.

Andere Deutungen von Ps 51, 8 gehen – z.T. unter Einfluß von Ijob 38, 36 – mehr in die Richtung der Mythologie und Astrologie, wobei *ṭuḥôṯ* mit dem äg. Weisheitsgott Thot verbunden wird und *sāṯum* als Decknamen für dessen Stern, Saturn, verstanden wird (Mowinckel 8–14. 28–43). Teilweise andere Wege gehen Albright (212–216) und M. Dahood (AB 17, 4f.).

Die übertragene Bedeutung Klgl 3, 8 ist ohne weiteres durchsichtig: „Wenn ich auch riefe und schrie, verschloß er mein Gebet" (*śtm*, eine Nebenform zu *stm*; viele Mss haben *sāṯam*; s. jedoch GesB 795; J. Blau, On Pseudo-Corrections in Some Semitic Languages, Jerusalem 1970, 121). Den Worten des Beters hat Gott den Weg zum Himmel versperrt, so wie es deutlicher v. 44 zum Ausdruck kommt.

IV. In der 2mal im Bileamzyklus vorkommenden Formel (Num 24, 3. 15) wird Bileam mit dem Ausdruck *haggæḇær š^{e}ṯum hā'ajin* bezeichnet. Die Behandlung der Wurzel *štm* berührt die Probleme der Wurzel *stm*. Die Versionen deuten den Ausdruck verschieden und entsprechend gehen die modernen Kommentatoren und Übersetzer in verschiedene Richtungen:

a) V verbindet offenbar *štm* mit *stm* und übersetzt *obturatus* „verstopft, geschlossen". Einige Exegeten erreichen eine ähnliche Übersetzung: „dessen Auge geschlossen ist", entweder durch die Auffassung von *štm* als Nebenform von *śtm* oder *stm* (C. F. Keil, BCAT I/2, 1870, 334; G. Hölscher, Die Profeten, 1914, 119), oder durch die Änderung der Form zu *ś^{e}ṯum* (A. Dillmann, KeHAT 3, 1886, 156; KBL[1] 1015; BHK).

b) LXX und Targ. haben den Text anders verstanden. LXX übersetzt ὁ ἄνθρωπος ὁ ἀληθινῶς ὁρῶν und Targ.: *gaḇrā' d^{e}šappîr ḥāzê*, beide: „der wahrhaftig sehende Mann". Hiervon ausgehend schlägt J. Wellhausen (Composition des Hexateuchs, [4]1963, 351) vor, *šættammāh 'ajin* (*šæ* = *'^{a}šær* + die Wurzel *tmm*) „dessen Auge vollkommen ist" zu lesen. Mit kleineren Modifikationen (s. BHK und BHS) und mit Hinweis auf KAI 27, 16 (Albright 13) und auf *šhtm* in dem Qumran-Testimonium 4 Q 175, 10 (DJD V, 1968, 58), ist diese Lesung beliebt geworden (S. Mowinckel, ZAW 48, 1930, 246; K. Seybold, ThZ 29, 1973, 2; Vetter 27. 101; M. O'Connor, Hebrew Verse Structure, Winona Lake 1980, 190 u. a.).

c) Peschitta übersetzt *d^{e}galjā' 'eneh* „dessen Auge geöffnet ist" und repräsentiert damit eine alte jüdische Tradition. Rashi, Ibn Ezra, Kimchi und andere mittelalterliche rabbinische Quellen behalten die Form *š^{e}ṯum* bei und verstehen die Stelle von verschiedenen mischnaischen und talmudischen Vorkommen einer Verbalform *šāṯam* aus (s. Allegro 78). Das Verb bedeutet im Mhebr. und Jüd.-Aram. 'durchbohren, (ein Weinfaß) öffnen' (G. Dalman, Aram.-Neuhebr. Wb., 1901, 415). Diese Auffassung (vgl. auch Luther) ist vorzuziehen (vgl. M. Noth, ATD 7, 149; N. H. Snaith, Leviticus and Numbers, Century Bible, London 1967, 296f. und H.-P. Müller, ZAW 94, 1982, 240). Die Parallelität mit der Formulierung am Ende von v. 4 und 16 („mit enthüllten Augen") spricht dafür, ebenso wie der apokalyptische Ausdruck „Henoch, ein gerechter Mann, dessen Augen von Gott geöffnet worden waren" (äth Hen 1, 2 nach JSHRZ V, 6, 507).

d) Die Versuche A. B. Ehrlichs (Randglossen II, 1909, 203) und Allegros (78f.), *štm* Num 24, 3. 15 vom arab. Verb *šatama* „maliziös sein" oder vom Adjektiv *šatīm*

„austere, grim-faced“ aus zu verstehen, überzeugen nicht.

*V. In Qumran begegnet *stm* 3mal (davon ist 4 Q 503, 75, 1 zerstört). Nach 3 Q 15, I 7 meint *stwm* eine „verstopfte“ Zisterne als Deponie eines sehr hohen Geldbetrages. In 4 Q 503 III 7 wird ein Gebet zitiert: „Gesegnet sei der Gott Israels, der (den Mond?) zu *verbergen* pflegt ...“
Die LXX übersetzt das Verb meistens mit φράσσειν oder Komposita. Vereinzelt begegnen καλύπτειν/κατακαλύπτειν, σφραγίζειν und κρύφιος. *(Fa.)*

Otzen

סָתַר *sāṯar*

סֵתֶר *seṯær*, סִתְרָה *siṯrāh*, מִסְתּוֹר *mistôr*, מַסְתֵּר *master*, מִסְתָּר *mistār*

I. Etymologie – II. Vorkommen und Gebrauch im AT – III. Der verbale Gebrauch von *str* im AT – 1. Die *niph*- und *hitp*-Belege – 2. Die *hiph*-Belege und der eine *pi*-Beleg – IV. Nominale Ausprägungen von *str* – 1. *seṯær* und *siṯrāh* – 2. *mistār*, *mistôr* und *master* – V. Qumran und LXX.

Lit.: *S. E. Balentine*, A Description of the Semantic Field of Hebrew Words for „Hide“ (VT 30, 1980, 137–153). – *Ders.*, The Hidden God. The Hiding of the Face of God in the OT, Oxford 1983. – *E. R. Friedman*, The Biblical Expression *mastîr pānîm* (Hebrew Annual Review 1, 1977, 139–148). – *J. G. Heintz*, De l'absence de la statue divine au „Dieu qui se cache“ (Jes 45, 15) (RHPhR 59, 1979, 427–437). – *P. Hugger*, Jahwe meine Zuflucht (Münsterschwarzacher Studien 13, 1971), 58–116. 147ff. – *L. Perlitt*, Die Verborgenheit Gottes (Festschr. G. v. Rad, 1971, 367–382). – *H. Schrade*, Der verborgene Gott. Gottesbild und Gottesvorstellung in Israel und im Alten Orient, 1949. – *G. Wehmeier*, סתר *str* hi. verbergen (THAT II 173–181).

I. *str* ist eine Wurzel, die offenbar vornehmlich in jüngeren semit. Sprachen belegt ist, auch wenn sie nicht ganz in den älteren fehlt. Vielleicht hat akk. *šitru* 'Schleier' (AHw 1252a) mit ihr etwas zu tun (vgl. syr. *setrā* und mand. *sitara* 'Schleier') und äg. *mśtrt* 'Schurz'. Ugar. *ztr* ist unsicher (s. KBL[3] mit Lit.). Im Asarab. heißt *str* 'schützen' (Biella 347), während sam., jüd.-aram., syr., mand., arab., äth., tigre *str* mit 'verbergen' übersetzt wird. Die Grundbedeutung 'verbergen' scheint sich überall durchzuhalten. Abwandlungen wie 'schützen' (asarab.), 'bedecken' (mand.) lassen sich leicht darauf zurückführen. *śtr* 'zerstören', 'aufgebrochen werden' (hebr., vielleicht auch sam.) ist eine eigene Wurzel. Außer im AT begegnet *str* auch relativ häufig in Qumran, einige Belege finden sich im hebr. Sir.

II. Im Hebr. des AT kommt *str* als Verb und als Nomen vor. Es lassen sich insgesamt 128 Fundstellen (+3 bei Sir) registrieren, wobei das Verbum allein mit 81 Belegen vertreten ist. Hinzu tritt eine bibl.-aram. Stelle im *pa* (Dan 2, 22). Im *niph* ist es 30mal, im *hiph* 44mal, wenn man *master* (Jes 53, 3) als derivates Nomen versteht, im *hitp* 5mal und im *pi* und *pu* je 1mal belegt. Die transitive Bedeutung 'verbergen' kommt mit dem *hiph* und *pi* zum Ausdruck, für reflexivische und passivische Bedeutung 'sich verbergen', 'verborgen sein' treten *niph*, *hitp* und *pu* ein. Umstandsbestimmungen nehmen *min* (verbergen / sich verbergen vor jem.) und *b*^{e} (in einem Versteck) vor. 'Verbergen / sich verbergen' kann verstanden werden einmal im Sinne des 'Entnommen-Seins' bzw. 'Sich-Entziehens' und zum anderen im Sinne der 'Zufluchtnahme', des 'Schützens / Sich-Schützens'. Alle Bedeutungsnuancen lassen sich von der Grundbedeutung 'verbergen' ableiten. Als nominale Ausprägung begegnet 34mal *seṯær* 'Versteck', 'Schutz', außerdem 10mal *mistār* in der gleichen Bedeutung und je 1mal *siṯrāh* 'Schutz', *mistôr*, vielleicht 'Obdach', und *master* 'Verhüllen', falls man dieses Derivat nicht für ein Ptz. *hiph* hält. Zweimal scheinen von der Wurzel PN gebildet zu sein, *siṯrî* (Ex 6, 22; vgl. dazu den Hinweis von G. Rinaldi, BibOr 3, 1961, 129 auf amorit. *sitrê baḫlum* [ARM VIII 40, 12], „mein Schutz ist Ba'al“) und *s*^{e}*ṯûr* (Num 13, 13; vgl. M. Noth, IPN 158; APNM 253f.).
Immer geht es bei dem Gebrauch von *str* um den Ausdruck eines personalen Beziehungsverhältnisses, wobei das Subjekt fast ausschließlich eine Person (Ausnahmen: Ijob 3, 10; Jes 59, 2) und die anderen Beziehungselemente (Objekt bzw. Umstand oder beides) sowohl eine Person als auch ein Sachverhalt (mitunter im übertragenen Sinne) sein können. Die Mehrzahl der Belege wird zur Beschreibung theologischer Zusammenhänge verwendet, doch gibt es auch den profanen Gebrauch der Wurzel im AT. Die Mehrzahl der Belege steht in der jüngeren Literatur des AT. Auffällig ist die Häufung in Pss (37mal), in Weisheitsbüchern (Ijob 13mal, Spr 8mal) und bei Dt+TrJes (11mal). Auffällige Parallelbegriffe sind → חבא *ḥb'*, → טמן *ṭmn*, → כחד *kḥd*, → עלם *'lm*, → צפן *ṣpn*. Für bestimmte Redefiguren (z. B. Gott verbirgt sein Antlitz vor jem.) gibt es eine breite Skala von Parallelvorstellungen je nach Bericht und Situation: Gott verstößt, hört nicht u. a. m. Das gleiche gilt auch für die Oppositionsbegriffe. Auch hier gibt es keinen charakteristischen, wenn man nicht an → גלה *glh* 'offenbaren', 'enthüllen', denken will.

III. 1. Wenn es so etwas wie einen Thronaufstiegsbericht Davids gegeben hat, dann liegen in den Berichten über die Verfolgung des David durch Saul (in 1 Sam) die ältesten Zeugnisse für den profanen Gebrauch von *str niph* und *hitp* vor. David vermochte sich immer wieder vor Saul zu verbergen (*baśśāḏæh*, *šām*, „auf dem Felde“, „dort“, 1 Sam 20, 5. 19. 24 [*niph*] gemäß den Abmachungen mit Jonatan; oder in der Spiegelung der Denunziation des David bei Saul in Gibea durch die Siphiter, 1 Sam 26, 1; 23, 19 [*hitp*], vgl. Ps 54, 2, wobei die Lokalität mit *b^e* angegeben wird, z. B. *bamm^eṣāḏôṯ* ʻin den Bergklüftenʼ, 1 Sam 23, 19). In kriegerischen Auseinandersetzungen versteckt sich der Schwächere vor dem Stärkeren (Dtn 7, 20, hier die Völker des Kulturlandes vor den durch JHWH gestärkten zugewanderten Israeliten; die profane Vorstellung wird für die dtn-dtr Predigt genutzt).

Auch wenn Elija den Befehl von Gott erhält, sich am Bach Kerit zu verbergen, ist der Vorgang ein rein profaner (1 Kön 17, 3). Auch Jeremia und Baruch sollen sich vor den Nachstellungen Jojakims verbergen (Jer 36, 19). In der Klage des hilflos Bedrängten wüßte der Beter schon sich vor den Verfolgungen des Feindes und Hassers zu schützen (Ps 55, 13: *w^e'æssāṯer mimmænnû*) und könnte Schmähungen ertragen (*w^e'æśśā'*), aber dem zum Frevler gewordenen Freund vermag er nicht standzuhalten. ʻSich-Verbergenʼ muß hier im Sinne von ʻSich-Schützenʼ verstanden werden.

Praktisches Erfahrungswissen zeigt sich in der Antithese von Spr 22, 3 (vgl. 27, 12): „Der Kluge sieht das Böse und verbirgt sich“ (lies Ketib), während der Einfältige sich dem Bösen geradezu ausliefert. Die gleiche Thematik behandelt Spr 28, 28, ebenfalls in einer Antithese: „Wenn die Frevler aufkommen, verbirgt sich der Mensch, gehen sie aber unter, vermehren sich die Gerechten.“ Schöpfungshymnik gepaart mit weisheitlichem Erfahrungswissen zeigt sich in der allgemeinen Sentenz, daß vor der Sonnenglut sich niemand und nichts (letztlich) verbergen kann (Ps 19, 7: *w^e'ên nistār meḥammāṯô*, ebenfalls alt). Als problematisch im Verständnis ist Spr 27, 5 empfunden worden: „Besser ist offengelegte (*m^eḡullāh*) Zurechtweisung als verborgen gehaltene (*m^esuttæræṯ*, einzige *pu*-Stelle) Liebe“ (vgl. W. Bühlmann, OBO 12, 113–116; s. auch BHS, in der statt *me'ah^abāh me'êḇāh* „als verborgen gehaltene Feindschaft“ zu lesen vorgeschlagen wird, leider ohne Textzeugen; zu Spr 27, 5 vgl. Sir 41, 14: „verdeckte (*ṭmn*) Weisheit und verborgener [Ptz. *pu*] Schatz“ nutzen nichts). Das zweite, antithetische Glied müßte gegenüber dem ersten eine Negation darstellen (falsche oder nicht ernstgemeinte, nur halbe Liebe).

Um (profane) Sachverhalte aus dem täglichen Leben geht es auch in (sakral abgesicherten) rechtlichen Regelungen. In dem Verfahren zur Herbeiführung eines Gottesurteils bei Ehebruchsverdacht (Num 5, 11–31) wird die dem Ehemann gegenüber verborgen gebliebene Untreue der Frau vorausgesetzt (5, 13, neben *str ʻlm niph* und mit präpos. Bestimmung: *meʻênê 'îšāh*, eigentlich: „und sie bleibt vor den Augen ihres Mannes unentdeckt und verborgen, nachdem sie sich verunreinigt hatte ...“ [es ist mit Sam^Mss. *næ'ælmāh* zu lesen], vgl. BHS). Bei dem Vertragsabschluß zwischen Laban und Jakob soll ein äußerliches Zeichen die Gültigkeit des Vertrages im Falle der Abwesenheit der Vertragspartner bezeugen (Gen 31, 49, vgl. den Kontext: *kî nissāṯer 'îš mereʻehû* „wenn wir einer vor dem anderen verborgen sein sollten“). Auch diese rechtlichen Bestimmungen sind gewiß schon sehr alt. So kann der profane Gebrauch von *str* (*niph*, *hitp*, *pu*) vornehmlich in relativ alten Traditionen des ATs beobachtet werden.

Für die Erfassung der theologischen Verwendung von *str* (*niph*, *hitp*) kann man von einer weisheitlich formulierten Grundüberzeugung ausgehen, nämlich daß Weisheit grundsätzlich nur Gott zugänglich ist (Ijob 28, 23–27), während sie dem Menschen (*kŏl-ḥaj*) wie dem Tier verborgen ist (v. 21, *ʻlm niph* und *str niph*, beide Male mit *min*); auch die Vögel unter dem Himmel vermögen nicht der Weisheit zu begegnen, so wie auch die personifiziert gedachten Größen des Todes und der Unterwelt nicht, v. 22). An JHWHs Weisheit beim Gerichts- und Heilshandeln reichen menschliche Weisheit und Klugheit nicht heran. Sie müssen zugrundegehen und sich verstekken (*str hitp*), so wie es ein Jes-Spruch als begründete Ansage des Unheils zum Ausdruck bringt (Jes 29, 14, vgl. v. 13). Nicht nur das Tun, sondern auch das Sein JHWHs ist so beschaffen, daß man sich letztlich nirgends vor diesem Gott verstecken kann, auch auf dem Grund des Meeres nicht (Am 9, 3, *str niph* mit *b^e* und *meʻênaj*) oder in irgendwelchen nicht näher bezeichneten Schlupfwinkeln (Jer 23, 24, *'im jissāṯer 'îš bammistārîm*), daß JHWH ihn nicht sähe. Diese Durchdringlichkeit des Blickes JHWHs (Ijob 34, 21) trifft den Übeltäter, für den es vor JHWH kein Dunkel (*ḥošæḵ*) noch irgendeine Finsternis (*ṣalmāwæṯ*) gibt, in der er sich verbergen könnte (*l^ehissāṯer šām*, Ijob 34, 22; vgl. auch Jer 16, 17, neben *str niph ṣpn niph*). Diese bemerkenswerte Beschaffenheit von JHWHs Sein und Tun hat auch eine tröstliche Seite, denn auch das Seufzen (*'^anāḥāh*) des Klagenden ist vor JHWH nicht verborgen (Ps 38, 10). So ist auch das Schicksal (*dæræḵ*) der Exulanten JHWH gegenwärtig und ihr Recht (*mišpāṭ*) ihm nicht gleichgültig (Jes 40, 27, *nist^erāh darkî meJHWH*). Wo JHWH selber vergessen und verbergen will, da stehen auch frühere Bedrängnisse und Nöte als Gericht für Sünde und Abfall nicht mehr vor seinen Augen (Jes 65, 16bff.), da schafft er Neues, Heil (vgl. vv. 17ff.). Will er aber strafen, dann verbirgt sich selbst Mitleid (*noḥam*) vor seinen Augen (Hos 13, 14). Ijob muß darüber klagen, daß Gott auch (Lebens-)Wege zu versperren imstande ist, so daß dem Elenden und Verbitterten (v. 20) der *dæræḵ* verborgen ist (Ijob 3, 23). Wohl muß der Totschläger Kain aus der Gegenwart und aus dem Schutze Gottes hinaustreten, sich vor ihm verbergen (Gen 4, 14, *mippānæ̂kā 'æssāṯer*), aber auch der fromme Weise empfindet Grauen vor der Rätselhaftigkeit Gottes, so daß er sich vor seinem Angesicht schützen („verstecken“) muß (Ijob 13, 20, *str niph*). Gerade die Kaingeschichte macht deutlich, daß JHWH für diejenigen, die ihn suchen und nach seiner Ordnung handeln, selber Zuflucht im Unheil ist, in die man sich bergen kann (Zef 2, 3, *niph* passivisch: „vielleicht werdet ihr dann geborgen sein am Tage des Zorns JHWHs"). Umgekehrt haben Frevler und Spötter unter der Jerusalemer Oberschicht Lug und Trug (*kāzāḇ*, *šæqær*) zu ihrer Zufluchtsstätte gemacht, in die sie sich vor dem Gericht bergen wollen (Jes 28, 15). Demgegenüber bittet der Gesetzesfromme darum, daß ihm auch die verborgenen (ihm unbekannten) Verfehlungen (*nistārôṯ*) vergeben werden möchten (Ps 19, 13). Zwei interessante theologische Aussagen mögen diesen Abschnitt beschließen. Ein die Botschaft DtJes' zusammenfassender Satz findet sich in Jes 45, 15: „Fürwahr, du bist ein sich verbergender (oder: verborgener) Gott (*'el mistatter*), Gott Israels, ein Retter (*môšîaᶜ*)." In diesem Bekenntnissatz ist die ganze Freiheit des Gottes Israels zur Aussage gekommen, eines Gottes, der sich entzieht, verbirgt, nicht greifen läßt und der sich zugleich als Heiland engagiert. Nicht minder dicht ist der Satz von Dtn 29, 28, der sich formal weisheitlicher Rede bedient: „Das Verborgene (*hannistārôṯ*) gehört JHWH, unserem Gott, aber das Offenbarte (*hanniḡlôṯ*) uns und unseren Kindern für immer." In dem Offenbarten wird die *tôrāh* gesehen, alles übrige, auch das Schicksal des in alle Lande zerstreuten Gottesvolkes, aber sicherlich nicht nur das, muß und darf JHWH überlassen bleiben. Das Offenbarte genügt zum Leben und zum Sterben. Sir 3, 22 mahnt deswegen zu Demut und Bescheidenheit, sich nicht um „Verborgenes" zu bemühen, und das zu lassen, was die Kräfte übersteigt. Nur wo Gott selber „verborgene Dinge" offenbart, lichtet sich das Dunkel (Sir 42, 19; vgl. auch Dan 2, 22: „er enthüllt [*gāle'*] tief verborgene Dinge [*m^esatt^erāṯā'*]").

2. Der transitive Gebrauch des Verbums *str* wird durch das *hiph* (*pi*) vertreten. Auch hier ist eine breite profane Verwendung vorauszusetzen, obwohl es dafür nur wenige Beispiele gibt. So wird berichtet, daß Joscheba ihren Neffen Joasch vor der Tötungsabsicht Ataljas rettet und ihn vor der Königin versteckt (2 Kön 11, 2, vgl. 2 Chr 22, 11). Jonatan ist gegenüber David sicher, daß sein Vater Saul ihm hinsichtlich des Verhältnisses zu David nichts verheimlichen werde (1 Sam 20, 2, *jastîr mimmænnî haddāḇār hazzæh*; Oppositionsbegriff ist *glh*). Vielleicht gehört auch Ijob 3, 10 in diesen Zusammenhang, wo Ijob darüber klagt, daß die Empfängnisnacht das Leid nicht vor ihm verborgen habe (*wajjaster ᶜāmāl meᶜênāj*, im Satz davor steht *lo'*). Alle anderen Belege sind theologisch ausgerichtet.

Als Akk.-Obj. zu *str hiph* ist oft *pānîm* verwendet. So verhüllt Mose (zeremoniell) sein Angesicht, nachdem er von der Gottheit angesprochen worden war (Ex 3, 6 E). Das Angesicht verbergen heißt seine Gegenwart einer anderen personalen Größe entziehen. Der Gottesknecht könnte sich den Schmähungen entwinden, aber er verbirgt nicht einmal sein Angesicht davor (Jes 50, 6). Demgegenüber versagen die ihn Umgebenden ihm ihre Zuwendung, indem *sie* vor ihm das Angesicht verbergen (Jes 53, 3, *ûḵ^emaster pānîm mimmænnû*, entweder Ptz. *hiph* oder deriv. Nomen). Nach dem Kontext muß dieses Tun als Ausdruck der Verachtung verstanden werden, als Aufkündigung von Gemeinschaft.

Allein 25mal ist davon die Rede, daß Gott sein Angesicht verhüllt. Die negative Auswirkung einer solchen unterschiedlich begründeten (Balentine 152) Verhaltensweise ist dabei unübersehbar. Jes 8, 17 ist vielleicht eine der ältesten Stellen in diesem Zusammenhang. Jesaja will auf eben den Gott hoffen, der sein Antlitz vor Jakob (Nordreich?) verborgen hat, der sein Volk dem Feind ausliefert. Die gleiche Redefigur verwendet Micha in einer Unheilsansage (3, 4, *w^ejaster pānājw mehæm*), wobei die bösen Taten die Begründung für das so ausgedrückte Unheil sind. Interessant ist hier auch der Zusammenhang zwischen Verweigerung der Gebetserhörung durch JHWH und seiner „Gesichtsverborgenheit". JHWHs Gericht an Jerusalem wird in der Heilsansage von Jer 33 (v. 5) ebenfalls so umschrieben. Das Verbergen des göttlichen Gesichts ist konkret identisch mit der babyl. Bedrohung Jerusalems (zur zeitlichen Ansetzung vgl. W. Thiel, WMANT 52, 34. 49. 66 post-dtr, W. Rudolph, HAT I/12, 199 echt jer). Auch Ez 39, 23. 24. 29 nimmt mit dieser Redewendung Bezug auf die bedrückenden geschichtlichen Ereignisse, die als Gericht und Strafe für Sünde und Vergehen ganz aktiv von JHWH seinem Volk zugewendet worden sind (v. 29 im Rahmen einer Heilsankündigung; zur Schichtung des Passus vgl. W. Zimmerli, BK XIII/2, 924. 968–971). Dt+TrJes schauen auf die Katastrophe zurück und kündigen im wesentlichen Heil an. Die Zeit des Gerichts gilt als „kleine Zeit" (*ræḡaᶜ*), der gegenüber nunmehr auf unabsehbare Zeit JHWHs Huld und Barmherzigkeit Bestand haben werden (Jes 54, 8: in der „kleinen Zeit" „verbarg ich in überwallendem Zorn mein Gesicht vor dir"). Das gleiche sagt TrJes (57, 17, ohne *pānîm*). Gleichsam dogmatisch verfestigt wird die zwangsläufige Entsprechung von Untreue und Abfall des Volkes und JHWHs Strafgerichtshandeln in einem dtr Abriß theologischer Geschichtsanschauung (Dtn 31, 17f.). Auch im Moselied werden die Verfehlungen gegen JHWH im Laufe der Geschichte von JHWHs Seite her damit beantwortet, daß er vor ihnen sein Antlitz verbergen wolle (Dtn 32, 20), was sich in natürlichen und geschichtlichen Katastrophen auswirken wird.

Die Rede- und Denkfigur von dem verborgenen Angesicht Gottes spielt in den Psalmen, besonders in der Klage, eine große Rolle. In der kultischen Prädikation ist deutlich, daß die Zuwendung des Angesichts Gottes Leben, Gedeihen und Gesundheit ermöglichen (Num 6, 24–26; Ps 31, 17; 67, 2; 80, 4. 8. 20; 119, 135), während das Verbergen des Antlitzes Schrecken und Bestürzung hervorrufen (Ps 104, 29, *tastîr pānæ̂ḵā jibbāhelûn*, vgl. Ps 30, 8). Wenn auch grundsätzlich Gott die Freiheit zugestanden werden muß, daß er sich „still verhält" (*jašqîṭ*) und das Angesicht verbirgt (wer darf ihn deswegen beschuldigen!?, Ijob 34, 29), so fragt in der Klage doch der (unschuldig) Bedrängte und Verfolgte, warum Gott sein Angesicht (vor ihm) verberge und weswegen er der Not ausgeliefert bleiben müsse, wie z. B. in Ps 13, 2 (indiv. Klagelied), wo als Parallelen zu JHWHs Verbergen des Angesichts das Vergessen Gottes, der Kummer beim Beter, die ihn treffende Feindschaft von seiten anderer beklagt werden (vgl. Ps 89, 47 [*niph*: JHWH selbst verbirgt sich in brennender Zornesglut] und Ijob 13, 24: der Klagende empfindet im Selbstentzug JHWHs [wieder mit *pānîm*] die ihm widerfahrende Feindschaft Gottes) oder in Ps 44, 25 (Volksklagelied), wo neben der Warum-Frage (*lāmmāh*) hinsichtlich der Verborgenheit Gottes auch nach dem Vergessen Gottes gefragt wird. Ein anderes Volksklagelied gesteht im Sündenbekenntnis die Berechtigung des Sich-Entziehens Gottes zu (Jes 64, 6, vgl. 63, 15 – 64, 11; vgl. Jes 59, 2, „eure Verfehlungen verbergen sein Angesicht [BHS] vor euch, daß er nicht hört"). Der Bußwillige kann sogar darum bitten, daß Gott sein Angesicht vor den Verschuldungen des Sünders verbergen und die Sünden tilgen möge (Ps 51, 11). In dem indiv. Klagelied von Ps 88 (v. 15) steht im Parallelstichos der Warum-Frage die Frage nach dem Grund des Verstoßen-Werdens (*tiznaḥ napšî*). Der Psalmist bittet JHWH, sein Gesicht nicht mehr zu verbergen (Ps 27, 9; 69, 18; 143, 7) und damit alle mitgenannten konkreten Nöte abzuwenden. In diesem Zusammenhang kann gerade die Redefigur von dem Verbergen des Angesichtes Gottes soviel bedeuten wie die Weigerung, Gebet zu erhören (Ps 102, 3; vgl. Jes 59, 2; Ps 69, 18, vgl. mit v. 17; 143, 7; positiv formuliert Ps 22, 25: „denn nicht hat er verachtet noch verabscheut das Schreien [s. BHS] des Armen und nicht hat er vor ihm sein Angesicht verborgen, sondern hat gehört, als er zu ihm rief"). Das indiv. Danklied schildert häufig die erlittene Not (Ps 30, 8: „da du dein Antlitz verbargst, war ich bestürzt"; vgl. Ps 104, 29). Im Blick auf die in Klage- wie Dankliedern gebrauchte Redewendung sowie auf die in Opposition dazu stehende Vorstellung von der heilsamen Zuwendung des Angesichtes Gottes könnte angenommen werden, daß diese geprägte Formulierung in gottesdienstlichen Zusammenhängen ihren Sitz im Leben gehabt hat.

Der Frevler spekuliert (letztlich irrigerweise) darauf, daß Gott das Angesicht verbirgt und nicht sieht, was der Gottlose (*rāšā'*) treibt, vor allem in der Bedrükkung des Armen und Elenden. Auf alle Fälle ist das Grund zur Klage (Ps 10, 11). Jesaja belegt solche mit dem Weheruf, die offenbar als politische Führer ihres Volkes der Auffassung sind, daß sie niemand, auch JHWH nicht, sehe, noch um sie wisse, wenn sie „in der Tiefe ihren Plan (*'eṣāh*, d. h. ihre autonome Geheimdiplomatie) vor JHWH verbergen" (Jes 29, 15).

Neben *pānîm* begegnen auch andere Objekte zu JHWHs *str*-Handeln. So verbirgt er Baruch und Jeremia vor dem Zugriff Jojakims (Jer 36, 26). Der Gottesknecht weiß sich durch JHWH in dessen Köcher wie ein Pfeil geborgen (aufgehoben), um später seine Funktion zu erfüllen (Jes 49, 2, Parallele *ḥb' hiph*: „unter den Schatten seiner Hand hat er mich versteckt"). Der Bedrängte wünscht sich, daß Gott ihn bei sich selber bergen möchte, im Schatten seiner Flügel (Ps 17, 8), „im Versteck deines Angesichts (*beseṯær pānækā*)", d. h. in der Sicherheit der Anwesenheit Gottes (Ps 31, 21); da im Parallelstichos davon gesprochen wird, daß Gott die ihm Vertrauenden in der Hütte (*sukkāh*) vor den streitenden Zungen versteckt (*ṣpn*), könnte an die Geborgenheit im Tempel und an Gottes Gegenwart im Kult gedacht werden (vgl. Ps 27, 5). Ganz allgemein ersehnt sich der Beter Schutz vor den Bösewichtern und Übeltätern (Ps 64, 3, *tastîrenî min* ...). Ungewöhnlich ist die Bitte Ijobs, daß Gott ihn für die Zeit, da er zürne, in der *še'ôl* verbergen möchte, um sich dann seiner wieder zu erinnern und ihm eine Lebensmöglichkeit zu setzen (Ijob 14, 13, in Parallele *ṣpn hiph*). Der Gesetzesfromme ist darum besorgt, daß JHWH seine Gebote vor ihm verbergen könnte (Ps 119, 19; *miṣwāh* steht anstelle von *pānîm*, die heilvolle Anwesenheit JHWHs ist durch die unverborgenen Gebote garantiert). Ehre, Freiheit und Größe Gottes erlauben es, daß Gott eine Angelegenheit verborgen halten kann (Spr 25, 2), ein König muß um seines Prestiges willen an die Enthüllung gehen.

Nur wenige Stellen haben Menschen zum Subjekt. Die Jerusalemer werden dazu aufgefordert, bei der über Moab hereinbrechenden Katastrophe Flüchtende und Versprengte bei sich zu verbergen und ihnen Schutzbürgerschaft zu gewähren (Jes 16, 3f., *satterî* und *hæwî seṯær*; im übrigen ist der Text schwierig, vgl. H. Wildberger, BK X/2, 587ff. 621–624).

IV. 1. Alle Funktions- und Bedeutungseigentümlichkeiten von *str* finden sich im Nomen *seṯær* wieder. Es kann 'Versteck', 'Zuflucht', 'Geborgenheit', 'Schutz', 'Hülle', 'Unzugängliches', 'Verborgenes' heißen und ebenfalls mit *min* konstruiert werden. Die Parallelbegriffe gehören den gleichen Wurzeln an wie beim Verbum. Das Nomen wird oft ohne theologischen Hintergrund gebraucht: bei der Taube in den Felsklüften, im Versteck an der Felswand (Hld 2, 14) als Bild für die begehrte und ersehnte, aber offenbar noch unerreichbare Geliebte, beim Nilpferd, das sein Versteck im Schilf hat (Ijob 40, 21), bei dem Ehebrecher, der den Schleier vor das Gesicht zieht (Ijob 24, 15), um nicht erkannt zu werden. Jonatan rät David, im Versteck (vor Saul) zu bleiben (1 Sam 19, 2). Abigail steigt, durch den Berg versteckt, David entgegen hinab (1 Sam 25, 20, *beseṯær hāhār*). Verstecke müssen fest sein, daß Wassermassen sie nicht wegschwemmen können (Jes 28, 17b, hier als Drohung gegen Notable in Jerusalem und deren verfehlte Politik, mit welcher sie sich noch brüsten, v. 15; vgl. auch das parallele *maḥseh kāzāḇ*). In der Heilszeit werden der gerechte König und seine Beamten den Untertanen Zuflucht vor dem Sturm und Schutz vor dem Unwetter sein (Jes 32, 2, *maḥbe'-rûaḥ* und *seṯær-zæræm*).

Die Form *basseṯær* („im Versteck", „im Verborgenen") ist manchmal zum Adverb 'heimlich' erstarrt. In gesetzlichen Bestimmungen des Dtn werden Sünden, die heimlich begangen werden, gebrandmarkt bzw. verflucht (Dtn 13, 7 heimliche Verführung zum Abfall von JHWH; 27, 15 heimliche Aufstellung eines Götterbildes; 27, 24 heimlicher Totschlag). In der konkreten Ausdeutung des Fluchthemas durch Schilderung der „gnadenlosen Preisgabe an grausame Feinde" (G. v. Rad, ATD 8, 126) werden Elemente prophetischer Verkündigung adaptiert, u. a. der Topos des heimlichen Kannibalismus in der belagerten Stadt (Dtn 28, 57). Nach der Königsregel von Ps 101, 5 will der Regent denjenigen zum Schweigen bringen, der den Nächsten heimlich verleumdet. Die Weisheit weiß darum, daß die heimlich redende Zunge (*l^ešôn seṯær*; dazu vgl. F. Vattioni, Bibl 46, 1965, 213–216) verdrießliche Mienen schafft (Spr 25, 23). Natans Bußrede legt Davids heimlichen Ehebruch bloß (2 Sam 12, 12). Der judäische König befragt Jeremia heimlich nach JHWHs Wort (Jer 37, 17) und schwört heimlich, Jeremias Leben zu schützen (Jer 38, 16). Jochanan ben Qareachs heimliches Sprechen zu Gedalja wurde tragischerweise von diesem nicht ernstgenommen (Jer 40, 15). Dagegen gelangte Ehuds (hinterlistiger) *d^eḇar-seṯær* an den Moabiterkönig Eglon zu seinem Ziel (Ri 3, 19). Ijob verurteilt die Freunde, weil sie vorzeitig schon insgeheim (*basseṯær*) für Gott und gegen ihn Partei ergreifen (Ijob 13, 10). Im Reinigungseid kann er bekennen, daß sein Herz sich auch nicht heimlich hat betören lassen (Ijob 31, 27). 'Heimlich' ist je nach dem Zusammenhang positiv oder negativ besetzt. Unklar ist Spr 21, 14, wo *mattān basseṯær* den Zorn beschwichtigen soll (heimliche Gabe steht offener Bestechung gegenüber). Die „Frau Torheit" behauptet: „Gestohlenes Wasser ist süß, und verborgenes Brot (*læḥæm s^eṯārîm*) ist köstlich" (Spr 9, 17). „Brot der Verborgenheiten" kann in Analogie zum 'gestohlenen Wasser' nur negativ gemeint sein: unrechtmäßig erlangtes Brot. Für DtJes hat JHWH nicht im Verborgenen geredet, d. h. er hat von Anfang an klar gesagt, was die Angesprochenen erwartet (Jes 45, 19, *lo' basseṯær*; Jes 48, 16, in bezug auf die Beauftragung des Kyros). Vorausgesetzt ist an beiden Stellen ein Negativverständnis von *seṯær*. *seṯær* im Sinne von Unzugänglichkeit und Geheimnis ist in Ps 139, 15 gemeint, wo der Beter sich persönlich von Gott geschaffen weiß (par. *taḥtijjôṯ 'æræṣ*; nach M. Dahood, Bibl 50, 1969, 344f., ist *seṯær* hier Metapher für die Scheol wie Jes 48, 16). Das Geheime ist JHWH nicht verschlossen.

Schließlich ist JHWH selber als *seṯær*, d. h. 'Zuflucht', 'Schutz', 'Geborgenheit', verstanden worden. Zu beachten sind Bekenntnissätze wie dieser: *siṯrî umāḡinnî 'attāh* (Ps 119, 114) oder: *'attāh seṯær lî* (Ps 32, 7, Par.: *miṣṣar tiṣṣ^erenî*). Der Klagende flüchtet sich zuversichtlich (*ḥāsāh*) in den *seṯær k^enāpæ̂ḵā* („Schutz deiner Flügel", Ps 61, 5, Par.: „laß mich Schutzbürger sein in deinem Gezelt"; der kultische Bezug ist unverkennbar). Und wer im Schutz (*seṯær*) des Höchsten wohnt und im Schatten des Allmächtigen nächtigen kann, der darf JHWH gegenüber bekennen: „meine Zuflucht (*maḥsæh*), meine Felsenburg, mein Gott, auf den ich traue" (Ps 91, 1; vgl. Hugger 147ff.).

Der einzige Beleg für *siṯrāh* steht im Moselied (Dtn 32, 38) und heißt dort 'Schutz' oder 'Schirm'. In dem sicherlich erst in die exil. Zeit zu setzenden Lied wird die Machtlosigkeit der Götzen ironisiert: *sie* hätten aufstehen, helfen und Schutz sein sollen.

seṯær hat seinen Platz in der Schilderung theophanischer Phänomene. Das Dunkel ist wie eine Umhüllung, in der Gott sich verbirgt, finstere Wasser und dichte Wolken sind wie eine ihn einschließende Hütte (Ps 18, 12; in 2 Sam 22, 12 fehlt *seṯær*). Doch dieses göttliche 'Versteck' der Wolken beeinträchtigt nicht den göttlichen Blick für die Vorgänge auf Erden, wie Elifas Ijob vorhält (Ijob 22, 14). In der kultisch-liturgischen Spiegelung heilsgeschichtlicher Ereignisse wird an die Erhörung des Notschreis durch JHWH erinnert, die *b^eseṯær ra'am* („im/durch das Versteck des Donners") erfolgte (Ps 81, 8, möglicherweise Anspielung auf die Sinai-Ereignisse oder auf Heilserfahrungen während der Wüstenwanderung [im Blick auf v. 9], jedenfalls auf eine Theophanie).

2. Die 10 Belegstellen für *mistār* führen inhaltlich über die Bedeutungsnuancen von *seṯær* nicht hinaus. Es zeigt sich, daß *mistār* ebenfalls profan, theologisch und adverbial (im Sinne von 'heimlich') gebraucht werden kann. So muß Jeremia um sein Volk im Verborgenen (heimlich) weinen, weil es unweigerlich dem Gericht JHWHs verfällt, wenn es dem göttlichen Wort nicht gehorcht (Jer 13, 17, wobei *b^emistārîm* zu Unrecht als Fehlüberlieferung für *b^emisrārîm* < *srr* oder für *b^emisrāḇîm* < *srb*, 'widerspenstig sein', verstanden wird; vgl. BHS). Der unschuldig Verfolgte klagt darüber, daß der Frevler ihn heimlich (*bammistārîm*) erwürgen wird, offenbar ohne daß er zur Rechenschaft gezogen wird (Ps 10, 8). Dabei verhält er sich wie ein Löwe, der im Versteck (*bammistār*) auf seine Beute lauert (v. 9; vgl. Ps 17, 12: der im Versteck liegende Junglöwe). Ein Klagelied beklagt die Heimlichkeit der Verleumdung gegen den Untadeligen (Ps 64, 5: die giftigen Worte der Verleumder sind wie heimlich abgeschossene Pfeile). Eine besondere Konzentration der Not besteht für den Klagenden darin, wenn er JHWH selber als einen Löwen erfahren muß, der im Versteck auf ihn lauert (Klgl 3, 10).

Die Unmöglichkeit, sich vor JHWH verstecken zu können, ist ein bekanntes Theologumenon (Jer 23, 24, fig. etymolog.). Nach Jer 49, 10 deckt JHWH selber die Schlupfwinkel auf, in die sich Edom (Esau) vor JHWH verbergen zu können glaubt.

Unverständlich bleibt *mistār* in Hab 3, 14, aber wahrscheinlich hat W. Rudolph (KAT XIII/3, z. St.) darin recht, daß er v. 14b für sekundär hält und v. 15 an v. 14a anschließt. V. 14b könnte inhaltlich gut zu v. 16b gehören, oder aber der Versteil ist eine Glosse, die aus dem Klagelied stammt (vgl. Ps 10, 9b). Schließlich ist auch hier *bammistār* in adverbialer Funktion denkbar: der Gottlose (v. 13b) sinnt darauf, den Armen heimlich zu verzehren.

Ganz profan sind die *maṭmunê mistārîm* im Kyros-Orakel von Jes 45, 3 zu denken, die JHWH dem Kyros übergibt, sie stehen in Parallele zu den „verborgenen Schätzen", deren Erbeutung zum unaufhaltsamen Siegeszug des jungen Perserkönigs gehört.
Die einzige Fundstelle für *mistôr* findet sich in Jes 4, 6. Leider ist der ganze Passus schwer verständlich. Nur aus dem Kontext heraus läßt sich einigermaßen das Klima dieses (vermutlich nachexilischen) Heilswortes erfassen, nämlich daß auf dem Zion auf JHWHs Veranlassung hin allseitiger Schutz vor zerstörerischen Potenzen aus Geschichte und Natur vorhanden sein wird (vgl. H. Wildberger, BK X/1, 151ff.; Parallelbegriff ist *maḥsæh*).
master in Jes 53, 3 hat als Nomen noch eine ganz starke verbale Rektion („Verhüllen des Angesichts vor ihm"), weswegen diese Wendung häufig wie ein Verbalsatz übersetzt wird („gleichwie man das Angesicht vor ihm verbarg").

V. In den Qumran-Handschriften ist *str* als Verbum und als Nomen gut belegt, wobei der Bedeutungsbereich des at.lichen Wortes eingehalten wird (vgl. TR 54, 20 im Vergleich zu Dtn 13, 7; TR 66, 4 als verdeutlichende Ausgestaltung zu Dtn 22, 25). Interessanterweise findet sich hier neben *niph* und *hiph* auch *qal* (1 QH 5, 11. 26; 8, 10) in der transitiven Bedeutung (5, 11: *s^etartanî nægæḏ b^enê 'āḏām*). Der Topos „Angesicht verbergen vor" (*hiph* + *min*) kommt ebenso vor (CD 1, 3; 2, 8; TR 59, 7) wie das Ptz. *niph nistārôṯ* (1 QS 5, 11; CD 3, 14; 1 QH 17, 9, vermutlich auch 17, 22), wobei die „verborgenen Dinge" (vgl. 4 Q 508, 2, 4 mit Dtn 29, 28) in engem Zusammenhang mit dem Gesetz, mit dem „Bund", mit den Geboten gesehen werden. Sie erschließen sich in der Erforschung und Einhaltung des Gesetzes. Als Nomen scheint nur *seṯær* verwendet zu werden (1 QS 9, 22, *b^erûaḥ hasseṯær* „im Geist der Verhüllung"; E. Lohse, 34, will allerdings *haster* lesen; 1 QH 8, 18, Wasser, die plötzlich hervorsprudeln, nachdem sie *m^eḥubbā'îm basseṯær*, im Verborgenen versteckt waren). *swtr* in 1 QH 8, 10 wird wie die beiden nachfolgenden Partizipien (*niph*) adverbial gebraucht sein und ein verkürztes Ptz. *pu* (*[m^e]suttār*) darstellen. In 4 Q 512, 1. 5 bittet der Beter um Vergebung der verborgenen (*nstrwt*) Sünden (vgl. Ps 19, 13).
Die LXX schließlich verwendet zur Wiedergabe fast ausschließlich die Wurzel κρύπτειν, dagegen nur 7mal σκεπάζειν.

Wagner

עָב *'āḇ*

I. Bedeutung, Wortfeld, Etymologie – II. Belege, Streuung – III. *'āḇ* in profanem Kontext: Bilder und Metaphern – IV. *'āḇ* in theologischem Kontext – 1. Gottes Weisheit und Schöpfermacht – 2. Theophanien – V. LXX – VI. Qumran.

Lit.: *F. M. Cross*, Canaanite Myth and Hebrew Epic. Essays in the History of the Religion of Israel, Cambridge, Mass. 1973. – *M. Dahood*, Hebrew-Ugaritic Lexicography IV (Bibl 47, 1966, 403–419, bes. 414ff.). – *G. Garbini*, Note linguistico-filologiche (Henoch 4, 1982, 163–173). – *B. Holmberg*, Herren och molnet i Gamla testamentet (SEÅ 48, 1983, 31–47). – *J. Jeremias*, Theophanie (WMANT 10, 1965). – *P. D. Miller, Jr.*, The Divine Warrior in Early Israel (Harvard Semitic Monographs 5, 1975). – *J. Luzarraga*, Las tradiciones de la nube en la Biblia y en el Judaismo primitivo (AnBibl 54, 1973). – *J. C. de Moor*, Cloud (IDB Suppl. 168f.). – *S. Mowinckel*, Drive and/or Ride in the O.T. (VT 12, 1962, 278–299). – *L. Sabourin*, The Biblical Cloud, Terminology and Tradition (Bibl. Theology Bulletin 4, 1974, 290–312). – *R. B. Y. Scott*, Meteorological Phenomena and Terminology in the Old Testament (ZAW 64, 1952, 11–25). – *L. I. J. Stadelmann*, The Hebrew Conception of the World (AnBibl 39, 1970). – *E. F. Sutcliffe*, The Clouds as Water-Carriers in Hebrew Thought (VT 3, 1953, 99–103).

I. Das AT kennt eine beträchtliche Anzahl von Wörtern für 'Wolke', 'Nebel' u. dgl. Die häufigsten sind → ענן *'ānān* (87mal + *'^anān* 1mal und *'^anānāh* 1mal), *'āḇ* (30mal), → שחק *šaḥaq* (21mal) und → ערפל *'^arāpæl* (15mal). Seltener sind *nāśî'* (4mal), *qîṭôr* (4mal), *ḥāzîz* (3mal) und *'eḏ* (2mal).
Als Bezeichnung für Wolke meint *'āḇ* in der Regel dichte Regenwolken und entspricht am ehesten den meteorologischen Termini *stratocumulus*, *cumulonimbus* und *cumulus* (de Moor). *'āḇ* schützt vor der Hitze des Sommers (Jes 25, 5), wird aber vor allem mit starken Wolkenbrüchen (Ri 5, 4; 1 Kön 18, 44f.; Jes 5, 6; Ps 77, 18; Ijob 26, 8; Koh 11, 3) oder mit dem Frühregen (Spr 16, 15) verbunden (vgl. Scott und Stadelmann).
In der Hälfte der Belegstellen steht *'āḇ* im Sing., in der anderen Hälfte im Pl. (13mal *'āḇîm* „Wolkenansammlungen" [D. Michel, Hebr. Syntax 1, 1977, 51], 2mal *'āḇôṯ* „einzelne Wolken"). 2mal steht das Wort mit Suff. 3. m. Sing. (Ijob 26, 8; Ps 18, 13). 3mal wird es als Cstr. mit einem anderen Wort für „Wolke" verbunden: *'āḇ hæ'ānān* (Ex 19, 9) und *'āḇê š^eḥāqîm* (2 Sam 22, 12 = Ps 18, 12).
'āḇ kommt auch 1mal in der Bedeutung 'Dickicht' vor (Jer 4, 29 – Aramaismus? vgl. BDB s. v.). Außerdem begegnet das Graphem *'āḇ* als Bezeichnung eines Bauteils, vielleicht „Durchgang" (KBL³ 730; M. Görg, BN 11, 1980, 10ff. [kaum etymol. verwandt]). In diesem Fall ist die Wurzel *'bb* vorauszusetzen, während es sich bei 'Wolke' und 'Dickicht' um *'wb* handelt (vgl. arab. *ġāba* 'dunkel, verhüllt sein', syr. *'āḇā'* 'Wald'; zu ugar. *ġb* s. RSP I S. 132.

142). Luzarraga (22f.) nimmt ein ursprüngliches *ʿb/ʿp* an, das dann verschiedentlich erweitert und entwickelt worden ist.
Zu unterscheiden ist *ʿaḇoṯ* 'Strick, Schnur'. Für die Pl.-Form *ʿaḇoṯîm* Ez 19, 11; 31, 3. 10. 14 lesen aber viele *ʿāḇôṯ* 'Wolken' (vgl. BHS; an den drei letzten Stellen wird diese Lesung durch LXX νεφέλη gestützt).

II. Von den 30 Belegstellen für *ʿāḇ* 'Wolke' kommen nur 3 in Prosatexten vor (Ex 19, 9; 1 Kön 18, 44f.), die restlichen 27 Belege stehen also in poetischen Texten. *ʿāḇ* ist das in der Poesie häufigste Wort für 'Wolke' im Vergleich mit *ʿānān* (Poesie 20mal, Prosa 67mal), *šaḥaq* (Poesie 21mal) und *ʿarāpæl* (Poesie 11mal, Prosa 4mal).
ʿāḇ kommt im Pent. und in den Geschichtsbüchern spärlich vor (1mal Pent.: Ex 19, 9; 5mal DtrGW: Ri 5, 4; 2 Sam 22, 12; 23, 4; 1 Kön 18, 44f.). In der prophetischen Literatur ist das Wort nur in Jes belegt (7mal), dazu 5mal in Ps und 12mal in der Weisheitsliteratur.

III. Ohne spezifisch theologische Bedeutung wird *ʿāḇ* vor allem metaphorisch gebraucht. Nur vereinzelt tritt die konkret meteorologische Bedeutung hervor (1 Kön 18, 44f.; vgl. Sutcliffe).
In metaphorischer Verwendung vermittelt *ʿāḇ* verschiedene Vorstellungen. Es steht für etwas Positives und Angenehmes. Wolken können ja lebenspendenden Regen bringen. Folglich kann man vom König sagen: „Sein Wohlwollen gleicht der Regenwolke im Frühjahr" (Spr 16, 15). Das Gericht des Weinbergbesitzers über den Weinberg/Jerusalem bedeutet u.a., daß die Wolken keinen Regen senden dürfen (Jes 5, 6). Wolken können auch Schatten geben zum Schutz gegen die Sonne. Wie die Hitze durch den Schatten der Wolken gedämpft wird, so wird das Siegeslied der Gewaltigen gedämpft (Jes 25, 5). Andererseits kann *ʿāḇ* etwas Negatives bedeuten. Wolken verbergen die Sonne und verhindern die lebenspendende Wärme. So erhält die Wolkenlosigkeit positive Qualifikation. Der gottesfürchtige Herrscher ist wie das Licht „an einem Morgen ohne Wolken, wenn die Erde grünt durch Sonnenschein nach Regen" (2 Sam 23, 4). In Koh 12, 2 werden die Wolken mit den „bösen Tagen" des hohen Alters in Verbindung gebracht und in Koh 11, 4 bezeichnen sie störende und ablenkende Elemente: „Wer nach dem Wind schaut, kommt nicht zum Säen, wer die Wolken beobachtet, kommt nicht zum Ernten". Ebenso wie *ʿānān* bezeichnet *ʿāḇ* gelegentlich etwas Flüchtiges und Vergängliches im positiven oder negativen Sinn. JHWH fegt die Vergehen Israels hinweg wie eine Wolke (Jes 44, 22). Der leidende Ijob klagt, daß sein Heil wie eine Wolke verschwunden ist (Ijob 30, 15). Auf ähnliche Weise steht *ʿāḇ* für etwas Schnelles. In Zusammenhang mit der zukünftigen Herrlichkeit Jerusalems heißt es, daß man „wie eine Wolke heranfliegen" wird (Jes 60, 8).
In Jes 18, 4 veranschaulichen die flimmernde Glut der Sommerhitze und die dahinfahrenden Tauwolken die erhabene Ruhe JHWHs und deuten zugleich die Ernte, d. h. das Strafgericht, an. In Koh 11, 3 sind die Wolken und ihre Funktion ein Beispiel unentrinnbarer Gesetzmäßigkeit: „Wenn die Wolken voll Regen sind, schütten sie ihn auch über das Land aus" (zum Gedanken vgl. Jes 55, 10).
Gelegentlich bezeichnet *ʿāḇ* im Parallelismus mit „Himmel" etwas außerordentlich Hohes: „Steigt auch sein Übermut zum Himmel, und rührt ein Kopf bis ans Gewölk ..." (Ijob 20, 6). „Ich (der König von Babel) steige weit über die Wolken hinauf, mache mich dem Höchsten gleich" (Jes 14, 14).

IV. Theologische Bedeutsamkeit gewinnt *ʿāḇ* in Aussagen über die Schöpfermächtigkeit JHWHs und in Theophanieschilderungen.
1. Gegenüber Ijobs Festhalten an seiner Gerechtigkeit weisen die Freunde und auch Gott auf die Geringheit und den Unverstand Ijobs im Vergleich zur Allmacht und Weisheit Gottes hin. In diesen malerischen Beschreibungen der Herrschaft des Schöpfers ist seine Macht über die Wolken ein häufiges Motiv. „Er bindet das Wasser in seinem Gewölk (*ʿāḇ*), doch birst darunter die Wolke (*ʿānān*) nicht" (Ijob 26, 8). „Er belädt die Wolken (*ʿāḇ*) mit Naß, streut umher die leuchtenden Wolken (*ʿānān*)" (Ijob 37, 11). „Weißt du um der Wolke Schweben, um die Wunderwerke des Allwissenden?" (Ijob 37, 16). „Erhebst du zu den Wolken deine Stimme, daß sie die Woge des Wassers bedeckt?" (Ijob 38, 34). „Wer versteht der Wolke Schweben, den Donnerhall aus seinem Zelt?" (Ijob 36, 29). Auch *šaḥaq* und *ʿānān* kommen in solchem Zusammenhang häufig vor. Vgl. auch Ps 147, 8, wo von der Herrschaft JHWHs über die Natur die Rede ist („er bedeckt den Himmel mit Wolken").
2. Die Theophanieschilderungen bestehen grundsätzlich aus zwei Gliedern: 1) Gott kommt, 2) die Reaktion der Natur wird beschrieben. Im zweiten Glied spielt das Unwetter mit Donner, Blitzen und Regen eine wichtige Rolle: Ri 5, 4f.; 2 Sam 22, 8–16 (Ps 18, 8–16); Jes 19, 1ff.; Ps 77, 17–20; vgl. Ijob 36, 29–33). Die Wolken können hier verschiedene Funktionen haben. Manchmal ergießen sie sich in mächtigem Regen (Ps 77, 18; Ri 5, 4). In Ps 18, 13 weichen (*ʿāḇar*; 2 Sam 22 hat wohl richtiger *bāʿar* 'brennen' = erstrahlen) die Wolken vor dem Glanz JHWHs und Hagel und glühende Kohlen fallen. Im vorhergehenden Vers hüllt sich Gott in Finsternis und Gewölk (der Wortlaut in 2 Sam 22, 12 ist verschieden, aber der Sinn ähnlich). Vgl. Ijob 22, 14. Übrigens ist auch in den Sinai- und Wüstenüberlieferungen die Wolke als Ausdruck der Offenbarung und Verborgenheit Gottes ein charakteristischer Zug (→ ענן *ʿānān*). Die epische Beschreibung der Gottesoffenbarung auf dem Sinai (vgl. *ʿāḇ* Ex 19, 9, → סיני *sînaj*) kann übrigens als eine Historisierung der alten

poetischen Theophanieschilderungen betrachtet werden (Cross 163–169).

Das Gottesbild der Theophanien ist am ehesten das des göttlichen Kriegers (Miller). Mehrere mit der Wolke verbundene Motive assoziieren mit dem Krieg, z. B. die Wolke als der Streitwagen Gottes (Ps 104, 3f.; vgl. Jes 19, 1), wobei auch die Winde als seine Boten (*mal'ākîm*) oder Diener (*mešārᵉtîm*) dargestellt werden. Ferner sind die aus den Wolken kommenden Blitze die Pfeile JHWHs (2 Sam 22, 15 = Ps 18, 15; Ps 77, 18; Sach 9, 14). Daß die Theophanie ihren ursprünglichen Sitz im Leben in der Siegesfeier des israelitischen Heeres gehabt hat (Jeremias 136–150), schließt jedoch eine Verbindung mit dem Jerusalemer Tempelkult nicht aus, wodurch die Wolke mit dem Weihrauch verknüpft werden kann (Holmberg 45f.).

Mit der Vorstellung vom göttlichen Krieger hängt auch der Ausdruck *rokeḇ ʿal ʿāḇ* („der auf der Wolke dahinfährt", Jes 19, 1) zusammen. Auch sonst wird gesagt, daß JHWH auf den Wolken (Dtn 33, 26 *šaḥaq*), über den uralten Himmel (Ps 68, 34) oder auf dem Kerub (2 Sam 22, 11 = Ps 18, 11) dahinfährt. Am deutlichsten ist Ps 104, 3: „Er nimmt sich die Wolken zum Wagen" (*haśśām ʿāḇîm rᵉkûḇô*), vgl. Jer 4, 13.

Umstritten ist hier Ps 68, 5 *rokeḇ bāʿarāḇôṯ*, was meist mit ugar. *rkb ʿrpt* 'Wolkenreiter' als Epitheton Baʿals zusammengestellt wird (obwohl auch „der durch die Steppen dahinfährt" im Kontext möglich wäre). Es ist zu bemerken, daß *rāḵaḇ* eher das Fahren eines Streitwagens als das Reiten eines Pferdes bezeichnet (Mowinckel).

Mit den Theophanien verwandt sind die Schilderungen vom Tag JHWHs (→ יום *jôm*). Auch hier kehrt die Wolke wieder; dagegen wird in diesen Texten *ʿāḇ* nicht gebraucht, sondern vor allem *ʿānān* (Ez 30, 3; Joël 2, 2; Zef 1, 15) und *ʿarāpæl* (Joël 2, 2; Zef 1, 15).

V. In der LXX werden sowohl *ʿāḇ* als auch *ʿānān* und *šaḥaq* gewöhnlich mit νεφέλη oder νέφος übersetzt. Dagegen wird *ʿarāpæl* nur ausnahmsweise durch νεφέλη, in der Regel aber durch γνόφος wiedergegeben. νεφέλη ist das häufigste Wort für Wolke in der LXX; νέφος wird mit Vorliebe in der Weisheitsliteratur gebraucht (von den 9 Belegen für νέφος = *ʿāḇ* finden sich 8 in der Weisheitsliteratur und 1 in Ps); νεφέλη steht 19mal, davon 4mal in weisheitlicher Literatur. *ʿāḇê šᵉḥāqîm* (2 Sam 22, 12 = Ps 18, 12) wird mit νεφέλη ἀέρων und *ʿāḇ hæʿānān* (Ex 19, 9) mit στύλος νεφέλης 'Wolkensäule' übersetzt.

VI. Die Belege in Qumran bringen grundsätzlich nichts Neues. In 1 QM 10, 12 ist der Text verderbt, der Zusammenhang spricht aber von der Macht und Weisheit des Schöpfers. Interessant ist 1 QM 12, 9f.: „Und der Held des Krieges ist in unserer Versammlung und das Heer seiner Geister mit unserem Fußvolk, und unsere Reiter (sind wie) Wolken (*ʿanānîm*) und wie Tauwolken (*ʿāḇê ṭal*), um die Erde zu bedeken, und wie heftige Regenschauer, um alle ihre Pflanzen mit Gericht zu bewässern" (zu *ʿāḇê ṭal* vgl. Jes 18, 4, auch hier in Verbindung mit Gericht). Daß die Reiter mit Wolken verglichen werden, erinnert an at.liche Stellen, wo Wolken u.ä. als Gottesboten erscheinen (Ex 14, 19; Ps 104, 3f.; Ijob 37, 12; 38, 35).

Holmberg

עָבַד *ʿāḇaḏ*

עֶבֶד *ʿæḇæḏ*, עֲבֹדָה *ʿaḇoḏāh*

I. 1. Etymologie – 2. Umwelt – a) Ugar. – b) Asarab. – c) Akk. – d) Amarnabriefe – e) Phön. und aram. Inschriften – 3. Belege im AT – 4. LXX – II. Das Verb *ʿāḇaḏ* – 1. Ohne Obj. – 2. Mit *bᵉ* – 3. Mit sachlichem Obj. – 4. *ʿāḇaḏ ʿaḇoḏāh* – 5. Mit persönlichem Obj. – 6. JHWH und Göttern dienen – III. Das Subst. *ʿæḇæḏ* – 1. Sklave – 2. Exkurs: Sklaverei in der Umwelt – 3. Die Israeliten in Ägypten – 4. Vasallenverhältnis – 5. *ʿæḇæḏ* des Königs – 6. Selbstbezeichnung als Ausdruck der Unterwürfigkeit – 7. Selbstbezeichnung in den Psalmen – 8. Knecht JHWHs – 9. Propheten als JHWHs Diener – 10. *ʿæḇæḏ* in DtJes – a) Der *ʿæḇæḏ* Israel – b) Der anonyme *ʿæḇæḏ* – c) Die Identität des anonymen Knechtes – IV. *ʿaḇoḏāh* – 1. Arbeit – 2. Kultischer Dienst – V. Qumran – VI. Judentum.

Lit.: *C. Barth*, Mose, Knecht Gottes (Festschr. K. Barth, 1966, 68–81). – *W. W. Graf Baudissin*, Zur Entwicklung des Gebrauchs von ʿebed in religiösem Sinne (BZAW 34, 1920, 1–9). – *W. Brandt*, Dienst und Dienen im Neuen Testament (Neutestamentliche Forschungen II/5, 1931). – *F. Coblenz*, Über das betende Ich des Psalters, 1896. – *J. P. Floß*, Jahwe dienen – Göttern dienen (BBB 45, 1975). – *K. Galling*, Beschriftete Bildsiegel des ersten Jahrtausends v.Chr. vornehmlich aus Syrien und Palästina (ZDPV 64, 1941, 121–202). – *H.-J. Kraus*, Gottesdienst in Israel, 1962. – *I. Lande*, Formelhafte Wendungen der Umgangssprache im Alten Testament, Leiden 1949. – *C. Lindhagen*, The Servant Motif in the Old Testament, Uppsala 1950. – *J. Milgrom*, Studies in Levitical Terminology. I. The Encroacher and the Levite, the Term ʿAboda, Berkeley 1970. – *J. P. M. van der Ploeg*, Slavery in the Old Testament (VTS 22, 1972, 72–87). – *G. von Rad*, Das Werk Jahwes (ThB 48, 1973, 236–244). – *K.-H. Rengstorf*, δοῦλος (ThWNT II, 1935, 264–283). – *I. Riesener*, Der Stamm עבד im Alten Testament (BZAW 149, 1979). – *U. Rüterswörden*, Die Beamten der israelitischen Königszeit (BWANT 117, 1985). – *H. Strathmann*, λατρεύω (ThWNT IV, 1942, 58–66). – *Ders.*, λειτουργέω (ThWNT IV, 1942, 225–229). – *N. L. Tidwell*, My Servant Jacob, Is. xlii 1 (VTS 26, 1974, 84–91). – *R. de Vaux*, LO I, bes. Kap. III. – *Z. Zevit*, The Use of עֶבֶד as a Diplomatic Term in Jeremiah (JBL 88, 1969, 74–77). – *W. Zimmerli*, Der עֶבֶד יְהוָה im AT (ThWNT V, 1954, 655–672).

Zu III.2.: *A. el-M. Bakir*, Slavery in Pharaonic Egypt (Annales du Service des Antiquités de l'Egypte, Suppl. 18, Kairo 1952). – *J. Klíma*, Gesellschaft und Kultur des alten Mesopotamien, Prag 1964. – *I. Mendelsohn*, Slavery in the Ancient Near East, New York 1949. – *A. Y. Oppenheim*, Ancient Mesopotamia, Chicago – London 1964, bes. 75ff.

Zu III.10.: *K. Baltzer*, Zur formgeschichtlichen Bestimmung der Texte vom Gottesknecht im Deuterojesaja-Buch (Festschr. G. von Rad, 1971, 27–43). – *H. M. Barstad*, Tjenersangene hos Deuterojesaja (NoTT 83, 1982, 235–244). – *J. Begrich*, Studien zu Deuterojesaja (BWANT 77, 1938 = ThB 20, 1963). – *K. Budde*, Die sogenannten Ebed-Jahwe-Lieder und die Bedeutung des Knechtes Jahwes in Jes. 40–55. Ein Minoritätsvotum, 1900. – *H. Cazelles*, Les poèmes du Serviteur. Leur place, leur structure, leur théologie (Recherches de Science Religieuse 43, 1955, 5–51). – *E. W. Conrad*, The „Fear Not" Oracles in Second Isaiah (VT 34, 1984, 129–152). – *J. Coppens*, La Mission du Serviteur de Yahwé et son statut eschatologique (ETL 48, 1972, 343–371). – *P.-E. Dion*, Les chants du Serviteur de Yahweh et quelques passages apparentés d'Is 40–55 (Bibl 51, 1970, 17–38). – *O. Eißfeldt*, Der Gottesknecht bei Deuterojesaja (Jes. 40–55) im Lichte der israelitischen Anschauung von Gemeinschaft und Individuum (Beiträge zur Religionsgeschichte des Altertums 2, Halle 1933). – *I. Engnell*, The ʿEbed Yahweh Songs and the Suffering Messiah in „Deutero-Isaiah" (BJRL 31, 1948, 54–93). – *N. Füglister*, Kirche als Knecht Gottes und der Menschen (BiKi 1984, 109–122). – *G. Gerleman*, Studien zur alttestamentlichen Theologie, 1980, bes. 38–60. – *P. Grelot*, Les poèmes du serviteur; de la lecture critique à l'herméneutique (Lectio Divina 103, 1981). – *H. Gressmann*, Der Messias, 1929. – *E. Haag*, Die Botschaft vom Gottesknecht – ein Weg zur Überwindung der Gewalt (in: N. Lohfink [Hrsg.], Gewalt und Gewaltlosigkeit im AT [QDisp 96, 1981, 159–213]). – *H. Haag*, Der Gottesknecht bei Deuterojesaja (EdF 233, 1985). – *H.-J. Hermisson*, Der Lohn des Knechts (Festschr. H. W. Wolff, 1981, 269–287). – *Ders.*, Israel und der Gottesknecht bei Deuterojesaja (ZThK 79, 1982, 1–24). – *Ders.*, Voreiliger Abschied von den Gottesknechtliedern (ThR 49, 1984, 209–222). – *J. A. Hyatt*, The Sources of the Suffering Servant Idea (JNES 3, 1944, 79–86). – *O. Kaiser*, Der königliche Knecht (FRLANT 70, [2]1962). – *A. S. Kapelrud*, The Identity of the Suffering Servant (Festschr. W. F. Albright, Baltimore 1971, 307–314). – *Ders.*, Second Isaiah and the Suffering Servant (Festschr. A. Dupont-Sommer, Paris 1971, 297–303). – *J. Lindblom*, The Servant Songs in Deutero-Isaiah (LUÅ 47, 5, 1951). – *R. P. Merendino*, Der Erste und der Letzte. Eine Untersuchung von Jes 40–48 (VTS 31, 1981). – *T. N. D. Mettinger*, A Farewell to the Servant Songs. A Critical Examination of an Exegetical Axiom, Lund 1983. – *Ders.*, Die Ebed-Jahwe-Lieder. Ein fragwürdiges Axiom (ASTI 11, 1977/78, 68–76). – *K. Nakazawa*, The Servant Songs – A Review After Three Decades (Orient 18, 1982, 65–82). – *C. R. North*, The Suffering Servant in Deutero-Isaiah, Oxford – London [2]1956. – *H. M. Orlinsky*, The So-called „Servant of the Lord" and „Suffering Servant" in Second Isaiah (VTS 14, 1967, 1–133). – *A. Richter*, Hauptlinien der Deuterojesaja-Forschung von 1964–1979 (in: C. Westermann, Sprache und Struktur der Prophetie Deuterojesajas [Calwer Theologische Monographien 11, 1981, 89–131]). – *H. Ringgren*, The Messiah in the OT (SBT 18, London 1956, bes. 54–67). – *L. Ruppert*, Der leidende Gottesknecht (Conc 12, 1976, 571–575). – *E. Ruprecht*, Die Auslegungsgeschichte zu den sog. Gottesknechtliedern im Buche Deuterojesaja unter methodischen Gesichtspunkten bis zu Bernhard Duhm, Diss. Heidelberg 1972. – *R. Schwager*, Brauchen wir einen Sündenbock?, 1978, 134–142). – *A. Schoors*, I am God your Saviour. A Form-critical Study of the Main Genres in Is XL–LV (VTS 24, 1973). – *O. H. Steck*, Aspekte des Gottesknechts in Deuterojesajas „Ebed-Jahwe-Liedern" (ZAW 96, 1984, 372–390). – *J. M. Vincent*, Studien zur literarischen Eigenart und zur geistigen Heimat von Jesaja, Kap. 40–55 (BET 5, 1977). – *C. Westermann*, Sprache und Struktur der Prophetie Deuterojesajas (ThB 24, 1964, 92–170). – *L. E. Wilshire*, The Servant City: A New Interpretation of the „Servant of the Lord" in the Servant Songs of Dt-Is (JBL 94, 1975, 356–367).

Zu Jes 42, 1–7: *J. M. Bernal Giménez*, El Siervo como promesa de *mišpāṭ*: estudio bíblico del término *mišpāṭ* en Is 42, 1–4 (Festschr. J. A. Díaz = Miscelánea Comillas 41, 1983, 77–85). – *W. A. M. Beuken*, *Mišpāṭ*: The First Servant Song and Its Context (VT 22, 1972, 1–30). – *F. Frezza*, Annotazioni sperimentali su Is 42, 1–4 (Riv BiblIt 19, 1971, 307–320). – *D. R. Hillers*, *Bĕrît ʿām*: „Emancipation of the People" (JBL 97, 1978, 175–182). – *J. Jeremias*, *mišpāṭ* im ersten Gottesknechtslied (Jes 42, 1–4) (VT 22, 1972, 31–42). – *J. Koenig*, L'allusion inexpliquée au roseau et à la mèche (Isaïe XLII 3) (VT 18, 1968, 159–172). – *A. Lauha*, „Der Bund des Volkes". Ein Aspekt der deuterojesajanischen Missionstheologie (Festschr. W. Zimmerli, 1977, 257–261). – *R. Marcus*, The „Plain Meaning" of Isaiah 42, 1–4 (HThR 30, 1937, 249–259). – *F. V. Reiterer*, Das geknickte Rohr zerbricht er nicht (Heiliger Dienst 35, 1981, 162–180). – *H. Simian-Yofre*, „Manifesterá su destino ante las naciones" (Is 42, 1 b) (Simposio Bíblico Español, Madrid 1984, 309–324). – *J. J. Stamm*, *Berît ʿam* bei Deuterojesaja (Festschr. G. v. Rad, 1971, 510–524). – *M. Wada*, Reconsideration of *mišpāṭ* in Isaiah 42, 1–4 (Seisho-Gaku Ronshū 16, 1981, 46–79; vgl. OT Abstr. 5, 1982, 168).

Zu Jes 43, 8–13: *H. Simian-Yofre*, Testigo y servidor (II Simposio Biblico Español, im Druck).

Zu Jes 49, 1–7: *N. Lohfink*, „Israel" in Jes 49, 3 (FzB 2, 1972, 217–229). – *R. P. Merendino*, Jes 49, 7–13: Jahwes Bekenntnis zu Israels Land (Henoch 4, 1982, 295–329).

Zu Jes 50, 4–9a: *R. P. Merendino*, Allein und einzig Gottes prophetisches Wort: Israels Erbe und Auftrag für alle Zukunft (Jesaja 50, 4–9a. 10) (ZAW 97, 1985, 344–366).

Zu Jes 52, 13 – 53, 12: *D. J. A. Clines*, I, He, We and They: A Literary Approach to Isaiah 53 (JSOT Suppl. 1, Sheffield 1976). – *M. Dahood*, Phoenician Elements in Isaiah 52, 13 – 53, 12 (Festschr. W. F. Albright, Baltimore 1971, 63–73). – *Ders.*, Isaiah 53, 8–12 and Massoretic Misconstructions (Bibl 63, 1982, 566–570). – *J. Day*, *Daʿat*, „Humiliation" in Isaiah 53 in the Light of Isaiah 53, 3 and Daniel 12, 4, and the Oldest Known Interpretation of the Suffering Servant (VT 30, 1980, 97–103). – *K. Elliger*, Nochmals Textkritisches zu Jes 53 (FzB 2, 1972, 137–144). – *G. Fohrer*, Stellvertretung und Schuldopfer in Jes 52, 13 – 53, 12 (in: ders., Studien zu at.lichen Texten und Themen [1966–72], BZAW 155, 1981, 24–43). – *E. Haag*, Das Opfer des Gottesknechts (Jes 53, 10) (TrThZ 86, 1977, 81–98). – *E. Kutsch*, Sein

Leiden und Tod – Unser Heil. Eine Exegese von Jes 52, 13 – 53, 12 (BSt 52, 1967). – *R. Martin-Achard*, Trois études sur Isaïe 53 (RThPh 114, 1982, 159–170). – *D. F. Payne*, Recent Trends in the Study of Isaiah 53 (Irish Biblical Studies 1, 1979, 3–18). – *F. V. Reiterer*, Stellvertretung – Leid – Jenseitshoffnung. Die Botschaft des vierten Gottesknechtsliedes (Jes 52, 13 – 53, 12) (Heiliger Dienst 36, 1982, 12–32). – *L. G. Rignell*, Isa. lii 13 – liii 12 (VT 3, 1953, 87–92). – *L. Ruppert*, Schuld und Schuld-Lösen nach Jesaja 53 (in: G. Kaufmann [Hrsg.], Schulderfahrung und Schuldbewältigung. Schriften zur Pädagogik und Katechetik 31, 1982, 17–34). – *J. A. Soggin*, Tod und Auferstehung des leidenden Gottesknechtes Jes 53, 8–10 (ZAW 87, 1975, 346–355). – *O. H. Steck*, Aspekte des Gottesknechts in Jes 52, 13 – 53, 12 (ZAW 97, 1985, 36–58). – *Th. C. Vriezen*, The Term *hizza*: Lustration and Consecration (OTS 7, 1950, 201–235). – *R. N. Whybray*, Thanksgiving for a Liberated Prophet. An Interpretation of Isaiah Chapter 53 (JSOT Suppl. 4, 1978; vgl. die Besprechung von H.-J. Hermisson [ThLZ 106, 1981, 802–804]). – *W. Zimmerli*, Zur Vorgeschichte von Jes 53 (VTS 17, 1969, 236–244).

I. 1. Die Wurzel *ʿbd*, die in den meisten semit. Sprachen vorkommt, ist semantisch differenziert, so daß ugar. *ʿbd*, hebr. *ʿāḇaḏ*, arab. *ʿabada*, asarab. *ʿbd* ʿdienenʾ bedeutet (hierher gehört vielleicht äth. *ʿabaṭa* ʿFrondienst auferlegenʾ, vgl. jedoch asarab. *ʿbt* „exaction, compulsion", Biella 350), während aram., syr. *ʿaḇaḏ*, phön. *ʿbd* ʿtun, machenʾ heißt. Das Subst. *ʿæḇæḏ*, ugar. *ʿbd*, phön. *ʿbd*, aram. *ʿaḇdāʾ*, arab. *ʿabd*, asarab. *ʿbd* heißt dagegen durchgehend ʿSklave, Dienerʾ; es fehlt im Äth. und erscheint im Akk. nur als Lehnwort (*abdu*); das echt akk. Wort ist *(w)ardu* (AHw 1464f.).

2. a) Ugar. *ʿbd* heißt ʿdienenʾ (KTU 1.3, I 2: „diene dem Alijan Baʿal", par. *sʿd* ʿals Herrn verehren, huldigenʾ, sonst par. zu *kbd*; der Kontext ist nicht völlig klar, die folgenden Zeilen scheinen die Bedeutung ʿbedienenʾ nahezulegen). Für das Subst. *ʿbd* gibt es zahlreiche Belege. Die Zusammenstellung *ʿbd ʿlm* (vgl. hebr. *ʿæḇæḏ ʿôlām* Dtn 15, 17; 1 Sam 27, 12; Ijob 40, 28) wird meist als „Sklave auf Lebenszeit" aufgefaßt; C. F. Fensham (UF 11, 1979, 269) denkt aber an ein Vasallenverhältnis. In einer Liste von Berufsleuten (KTU 4.126, 11. 12) steht *ʿbdm* zusammen mit *nʿrm* ʿDienerʾ (→ נער *naʿar*), *kzjm* ʿWagenlenkerʾ u.a., in einer anderen (KTU 4.71, III 5) mit *kbśm* ʿWalkerʾ (zu *ʿbdm* als Bezeichnung einer Gilde oder Innung vgl. RSP II 62 [II 27b]). Ein *bt ʿbdm* wird in einer Liste von Lieferungen zu einem Bau erwähnt („eine Tür für das Sklavenhaus"; KTU 4.195, 9). Der *ʿbd mlk* (KTU 2.45, 14) ist wohl ein Beamter des Königs. Besondere Bedeutungsnuancen des Wortes werden durch die Zusammenstellung mit *sglt* ʿEigentumʾ (KTU 2.39, 7; vgl. Bibl 50, 1969, 341) und *mlʾk* ʿBoteʾ (KTU 1.14, 137. 138; vgl. 2.23, 3) zum Ausdruck gebracht. Von der Freilassungsurkunde (*spr tbrrt*) eines Sklaven ist KTU 2.19, 9f. die Rede (vgl. 2.12; 2.11). In Briefen korrespondiert *ʿbdk* „dein Knecht" als Selbstbezeichnung des Absenders mit *mlk* ʿKönigʾ (KTU 2.33,2; vgl. 1.49, 15) oder *mlkt* ʿKöniginʾ und *ʾdt* ʿHerrinʾ (KTU 2.16, 4) für den Empfänger. Im Zusammenhang mit dem Tempelbau für Baʿal sagt Luṭpan: „Soll ich ein *ʿbd* der Athirat sein, soll ich ein *ʿbd*, der die Kelle hantiert, sein?" (KTU 1.4, IV 59f.) – ein *ʿbd* kann also ein Maurer sein. Als Jam den Baʿal besiegt hat, sagt El zu ihm: „Baʿal ist dein *ʿbd* (Sklave, Untertan), o Jam; o Richter Fluß, Dagans Sohn ist dein *ʾsr* (Gefangener? Höriger?)" (KTU 1.2, I 36f.). Und als Baʿal von Mot überwunden worden ist, kapituliert er mit den Worten: „Ich bin dein Knecht und dein auf immer (*dʿlmk*)" (KTU 1.5, II 12). *ʿbd* ist also einer, der einem Stärkeren unterworfen ist. Dreimal wird Keret *ʿbd ʾil* „Knecht Els" genannt (KTU 1.14, III 49. 51; VI 34f.); ebenso wird von Danʾel gesagt: „El nahm seinen Knecht ... segnete Danʾel ... und stärkte (*mr*, auch ʿsegnenʾ) den Helden" (KTU 1.17, I 34f.). Es scheint sich hier um eine geprägte Wendung zu handeln, die das nahe Verhältnis zwischen Gott und König zum Ausdruck bringt.

Eine große Anzahl von PN bezeichnen den Betreffenden als Diener eines Gottes (PNU 80. 105).

b) Asarab. *ʿbd* scheint ʿverknechten, zum Sklaven machenʾ zu bedeuten, in der *-t*-Form ʿsich unterwerfenʾ. Das Subst. *ʿbd* ist deutlich ʿSklaveʾ: „wer einen Sklaven oder eine Sklavin (*ʾmt*) kauft", „die Kinder und die Gemeinde des Almaqah, seine Freien (*ḥr*) und seine Sklaven"; es bezeichnet aber auch einen Menschen als ʿKnechtʾ seines Gottes („möge Almaqah seinen Knechten Glück geben") oder als Untertan eines Königs (Belege Biella 349). Als Pl. dient in allen Bedeutungen *ʾdm* (Biella 5; vgl. hebr. *ʾāḏām*).

c) Akk. *(w)ardu* hat ein breites Bedeutungsspektrum. Es bezeichnet den unfreien Sklaven (Kriegsgefangener, gekauft, kann freigelassen werden; s.u. III. 2.), den Untertan von Königen usw., den „Königsdiener" als Beamten, und wird als devote Selbstbezeichnung in Briefen und in Gebeten gebraucht (vgl. u. III. 6.); es bezeichnet auch Menschen als Diener von Göttern (auch als Königsepithet, vgl. M.-S. Seux, Epithètes royales akkadiennes et sumériennes, Paris 1967, 360–363).

d) In den Amarnabriefen bezeichnet sich der Absender gern als den *ardu* des Pharao, seines Herrn (*bēlu*), wobei seine Unterwürfigkeit oft durch Ausdrücke wie „der Staub deiner Füße, der Erdboden, auf den du trittst" u.ä. unterstrichen wird (Lindhagen 13–17). Im Korpus des Briefes nennt er sich selbst *aradka* „dein Knecht", „dein getreuer Knecht" u.ä. (Lindhagen 17ff.). Durch *ardu* und das denominierte Verb *arādu* ʿdienenʾ wird die Unterwerfung und die Loyalität des Briefschreibers zum Ausdruck gebracht. Er hört und gehorcht, er nimmt das Joch des Königs auf sich; der König kann mit ihm tun, was er will usw. (Lindhagen 22ff.). Besonders charakteristisch ist ein Brief von Abimilki (VAB II 147, 41–51):

„Wer auf den König, seinen Herrn, hört
und ihm dient an seinem Ort,
über ihn wird der Sonnengott aufgehen,
und ein schöner Hauch aus dem Munde seines Herrn
wird sich ihm zuwenden.

Wer aber nicht auf das Wort des Königs, seines Herrn, hört,
seine Stadt ist verloren, sein Haus ist verloren,
sein Name wird im ganzen Lande nie mehr existieren.
Sieh, der Knecht, der auf seinen Herrn hört,
seiner Stadt wird es wohl ergehen, seinem Haus wird es wohl ergehen,
sein Name wird auf immer existieren."

(Lindhagen 25)

e) Von den inschriftlichen Belegen sind, was das Verb betrifft, nur die phön. von Belang, da ja aram. *ʿbd* 'tun, machen' heißt. Hier gibt es in der Karatepe-Inschrift 3 Belege, in denen von Leuten die Rede ist, die dem König Azitawadda und seinem Haus *mpš* untertan bzw. nicht untertan gewesen sind (KAI 26A I 15; A III 10; C IV 11). Vom Subst. *ʿbd* gibt es in den phön. und pun. Inschriften mehrere Belege. Meist werden Personen als Diener eines Gottes bezeichnet. König Azitawadda ist Diener des Baʿal (KAI 26A I 1), die Bürger von *Ḥmn* sind Diener des Milk-ʿAštart (KAI 19, 3), ebenso das Volk von Cadiz (KAI 71, 2). Ein gewisser *ʿbdʾsr* ist Diener des Melkart (KAI 47, 2); Harpokrates soll seinem Diener ʿAbd-Ešmun Leben schenken (KAI 52, 2). Andererseits hören wir auch in einer Inschrift aus Zypern von einem Statthalter als Diener des Königs *Ḥrm* von Sidon (KAI 31, 1) und in Kartago von einem Diener des Ešmunʿazar.

In aram. Inschriften finden wir, daß König Barrakib von Samʾal als *ʿbd* des Tiglatpileser gilt (KAI 216, 3; 217, 4); hier liegt wahrscheinlich ein Vasallenverhältnis vor. In einer der Sfire-Inschriften fordert Bargaʿjā, daß sein Vertragspartner jeden, der ihn angreift, vernichten soll, sei es „einer meiner Brüder, einer meiner Diener (*ʿbd*; Zl. 10 hat in einer sonst ähnlichen Reihe *ngr* 'Beamter'), einer meiner Offiziere (*pqd*) oder einer vom Volk, das in meiner Hand ist" (KAI 224, 13). Im Assur-Ostrakon (KAI 233) findet sich der Satz: „Sklaven sind sie, die mein sind (*ʿbdn zlj*); sie sind entflohen(?)" (Zl. 13). Die Geflüchteten sind offenbar Sklaven im eigentlichen Sinn (vgl. Zl. 7: „Mein Herr, der König, schenkte sie mir").

Zu den phön. und aram. Eigennamen mit *ʿbd* vgl. KAI III 50f. 55; zu amorit. PN s. APNM 189.

3. Vom Verb *ʿāḇaḏ* gibt es im *qal* 271 Belege; von den anderen Stämmen kommt *niph* 4mal, *pu* 2mal, *hiph* 8mal und *hoph* 4mal (jedoch zweifelhaft, s.u.) vor. *ʿæḇæḏ* ist 805mal, *ʿᵃḇoḏāh* 145mal belegt. Auffallend ist die schwache Bezeugung in Ps und den prophetischen Büchern. Mit Ausnahme von Jer (36 Belege) kommt das Verb nur 27mal in den prophetischen Büchern, 8mal in Ps, 3mal in Ijob, 2mal in Spr und 2mal in Koh vor. Auch *ʿæḇæḏ* ist in der prophetischen Literatur schwach bezeugt (Ausnahme Jes mit 40 und Jer mit 32 Belegen); hier bilden die Psalmen eine Ausnahme (57 Belege, u.a. die Selbstbezeichnung *ʿaḇdeḵā*). Zur Streuung im übrigen vgl. Riesener 107f.

Je 3 Belege gibt es für *ʿaḇdûṯ* 'Knechtschaft' (Esra 9, 8f.; Neh 9, 17) und *ʿᵃḇuddāh* 'Dienerschaft' (Gen 26, 14; Ijob 1, 3 und cj. Ps 104, 14).

Eigennamen, die die Wurzel *ʿbd* enthalten, sind *ʿæḇæḏ-mælæḵ*, *ʿaḇdeʾel*, *ʿaḇdîʾel*, *ʿaḇdî*, *ʿaḇdāʾ*, *ʿoḇeḏ ʾᵉdom*, *ʿaḇdôn* (auch Ortsname) und *ʿoḇadjāh* sowie aram. *ʿᵃḇeḏ-neḡô*. Siehe weiter IPN 91; Riesener 13ff.

4. Die LXX gebraucht für *ʿāḇaḏ* im *qal* meist δουλεύειν (114mal) oder λατρεύειν (75mal), außerdem ἐργάζεσθαι (37mal), λειτουργεῖν (13mal) und vereinzelt andere Verben; entsprechend werden die anderen Stammformen übersetzt. Für *ʿæḇæḏ* begegnet δοῦλος 314mal, παῖς 336mal und θεράπων 42mal. *ʿᵃḇoḏāh* wird meist mit λειτουργεία oder ἔργον, daneben mit δουλεία, ἐργασία und λατρεία wiedergegeben.

II. 1. Ohne Obj. bedeutet *ʿāḇaḏ* meist 'arbeiten'. So wird es z.B. im Sabbatgebot (Ex 20, 8ff.; Dtn 5, 12ff.) durch *ʿāśāh kŏl-meläʾkāh* „allerlei Geschäfte verrichten" näher bestimmt (vv. 9f. bzw. 13f.); als Gegensatz erscheint *šāḇaṯ* 'aufhören, feiern' (Floß 12). In dem kürzeren Sabbatgebot Ex 34, 21 scheint *ʿāḇaḏ* vor allem landwirtschaftliche Arbeit zu bezeichnen (Riesener 112 Anm. 1). In Ex 21, 2 geht es um die Arbeit des Sklaven, in Ex 5, 18 um die harte Arbeit der Ziegelherstellung. Koh 5, 11 definiert nicht die Arbeit; der Ausdruck „süßer Schlaf" und die Kontrastierung mit den „Reichen" deuten aber an, daß es um schwere Arbeit geht (Floß 12f.). – Für die Veranlassung zu schwerer Arbeit wird Ex 1, 13; 6, 5 die *hiph*-Form gebraucht; vgl. auch 2 Chr 2, 17. – Zu *mas ʿoḇeḏ* → מס *mas*.

Unsicher ist Ijob 36, 11: „Wenn sie hören und *ʿbd*, werden sie ihre Tage in Glück vollenden." Meist wird hier „ihm (Gott) dienen" übersetzt; möglich wäre vielleicht, *ʿbd* absolut als 'tun', d.h. gehorchen, zu verstehen. Ein ähnlicher Fall liegt Jes 19, 23 vor. Hier wird angekündigt, daß in der Zukunft Ägypten samt Assur *ʿbd* wird, was am wahrscheinlichsten doch „JHWH dienen" meint. Die Versionen übersetzen aber „Ägypten wird Assur dienen". In Jer 2, 20 bedeutet *loʾ ʾæʿᵉḇoḏ* soviel wie „ich will frei sein". Israels „Freiheit" ist aber nur trügerisch: man wird von den Baʿalen abhängig.

In Jes 43, 23f. gewinnt dieser Sprachgebrauch theologische Bedeutung. JHWH hat nicht Israel durch auferlegte Opfer „arbeiten lassen" (d.h. Mühe bereitet, belastet), Israel dagegen hat JHWH durch seine Sünden Mühe bereitet (par. *jgʿ hiph*; beachte das Wortspiel).

2. Im Sinne von 'arbeiten, dienen' steht *ʿāḇaḏ* 6mal mit dem sog. *bᵉ* pretii, das den Preis, um den man arbeitet, bezeichnet. Jakob arbeitet „um Rahel" (Gen 29, 18. 20. 25; vgl. 30, 26; 31, 41 und die Anspielung Hos 12, 13: „Israel arbeitet um eine Frau"). Ägypten wird dem Nebukadnezzar gegeben als Entgelt, „worum er gearbeitet hat" (Ez 29, 20). Nebukadnezzar führt also JHWHs Werk aus und wird dafür mit der Eroberung Ägyptens belohnt. Zu ver-

gleichen ist auch der Ausdruck *ʿāḇaḏ ḥinnām*, „umsonst arbeiten (dienen)" (Gen 29, 15; Jer 22, 13).
In anderen Fällen hat die Präp. b^e instrumentale Bedeutung: „durch jemanden eine Arbeit ausführen", was aber in der Regel so viel bedeutet wie „ihn arbeiten lassen" (Ex 1, 14; Lev 25, 39. 46; Dtn 15, 19; 21, 3 [*pu*]; Jes 14, 3 [*pu*]; Jer 22, 13; 25, 14; 27, 7; 30, 8; 34, 9f.; Ez 34, 27). Es ist zu fragen, ob hier nicht eine Konstruktion vorliegt, die mit dem Arab. *bāʾ at-taʿdija* oder „transitivierenden *bi*" vergleichbar ist (Reckendorf, Arabische Syntax § 129, 4); *ʿāḇaḏ* b^e ist tatsächlich dem *hiph hæʿæḇîḏ* bedeutungsgleich (Lindhagen 51 Anm. 4; vgl. Floß 23f.).
3. Mit sachlichem Obj. bedeutet *ʿāḇaḏ* 'bearbeiten, bebauen' o.ä. Meist ist *ʾadāmāh* Obj. Nachdem Adam nicht mehr den Garten bebauen (*ʿbd*) und behüten (*šmr*) darf (Gen 2, 15), muß er mit großer Mühe den Ackerboden bebauen (Gen 3, 23). Als Fluchwort gegen Kain wird ihm angesagt, daß der Ackerboden den Ertrag verweigern wird (Gen 4, 12). *ʿoḇeḏ ʾadāmāh* heißt 'Ackerbauer' (Gen 4, 2 [Gegensatz Hirte]; Sach 13, 5 [Gegensatz *nāḇîʾ*]; Spr 12, 11 || 28, 19; die beiden letzten Stellen preisen den Ackerbauer im Vergleich mit dem, „der nichtigen Dingen nachjagt"). Andere Sachobjekte sind Weinberge (Dtn 28, 39, par. „Pflanze" *nāṭaʿ*) und Flachs (Jes 19, 9). *ʿoḇeḏ hāʿîr* Ez 48, 18f. ist wohl *ʿoḇeḏ ʾadāmāh* nachgebildet = Stadtbewohner, in der Stadt Arbeitender und kaum „Arbeiter der Stadt". Koh 5, 8: „ein König für das bebaute (*niph*) Feld" ist inhaltlich dunkel; nur soviel wird klar, daß es um etwas Vorteilhaftes geht.
4. Die figura etymologica *ʿāḇaḏ ʿaḇoḏāh* kann die Ausführung eines profanen Dienstes bezeichnen (Gen 29, 27; Lev 25, 39; Ez 29, 18), häufiger aber die Ausführung bestimmter kultischer Handlungen, z. B. die Darbringung eines Opfers (Jes 22, 27), das Befolgen bestimmter Gebräuche (Ex 13, 5 Passahfeier) oder die verschiedenen Tätigkeiten am Begegnungszelt (z. B. Num 3, 8; 4, 23. 27; 7, 5; 8, 22 usw., vgl. J. Milgrom, Levitical Terminology, Berkeley 1970, 60; Floß 19).
Besondere Beachtung verdient hier Jes 28, 21, wo *ʿāḇaḏ ʿaḇoḏāh* parallel mit *ʿāśāh maʿaśæh* steht und die beiden Substantive mit *nŏḵrijjāh* bzw. *zār* charakterisiert werden. JHWH hat vor, „eine artfremde Tat" und „ein fremdartiges Werk" (Kaiser, ATD 18 z. St.) auszuführen, nämlich wie früher am Berg Perazim (2 Sam 5, 17ff.) und bei Gibeon (Jos 10, 9ff. oder 1 Chr 14, 16 = 2 Sam 5, 25, wo die beiden Orte zusammengestellt werden) seine Feinde zu vernichten; aber diesmal wird sich sein Handeln gegen sein eigenes Volk richten. Es ist ein fremdartiges Werk, ein opus alienum, das zum Wesen JHWHs eigentlich nicht paßt und ihm fremd ist.
5. Mit persönlichem Obj. heißt *ʿāḇaḏ* 'dienen' und drückt dabei das Verhältnis eines *ʿæḇæḏ* zu seinem *ʾāḏôn* 'Herrn' aus. Dieses Verhältnis kann verschiedentlich bestimmt werden: als Unterwerfung und Abhängigkeit, als totale Inanspruchnahme oder als Loyalität. In der Tat schwingen alle diese Nuancen mit, in bestimmten Fällen wird die eine oder andere stärker betont. Die Abhängigkeit kann rechtlich-sozial sein, wie wenn ein Sklave seinem Herrn dient (Ex 21, 6), oder politisch, wie wenn ein Vasall seinem Oberherrn dient (2 Kön 18, 7; vgl. Floß 24ff.; Riesener 112ff.; Lindhagen 62–71).
Der „hebräische" (→ עברי *ʿiḇrî*) Sklave dient seinem Herrn lebenslang (Ex 21, 6) oder auf bestimmte Zeit (Dtn 15, 12. 18; Jer 34, 14). Jakob dient Laban (Gen 29, 15. 30; 30, 26; 29; 31, 6. 41); dabei kann der Lohn (die Töchter) durch b^e angegeben werden (vgl. o. 2.). Ein Sohn kann seinem Vater „dienen" (Mal 3, 17). Huschai will Abschalom dienen, wie er früher seinem Vater David gedient hat (2 Sam 16, 19); hier handelt es sich um Gefolgschaftstreue (Floß 26). Sogar ein Tier kann dienen (Ijob 39, 9: domestizierte Tiere, anders der Wildstier).
Um ein regelrechtes Vasallenverhältnis handelt es sich in Gen 14, 4 (fünf Könige gegenüber Kedorlaomer) und 2 Kön 18, 7 (Hiskija gegenüber Assur); in beiden Fällen erscheint → מרד *māraḏ* 'abtrünnig werden' als Gegenbegriff. Zum Dienen gehörte dann auch das Tributgeben (*minḥāh*, 2 Sam 8, 2. 6 || 1 Chr 18, 2. 6). In anderen Fällen wird „das Abhängigkeitsverhältnis eines oder mehrerer Völker von einem König oder Volk" (Floß 27) ganz allgemein durch *ʿāḇaḏ* bestimmt (Ri 3, 8: Israel dient dem König von Aram; Ri 3, 14: dem König von Moab; Ri 9, 28: Sichemiten – Abimelech, vgl. v. 38). Im Orakelspruch Gen 25, 23 wird die Abhängigkeit Edoms von Israel vorausgesetzt („der ältere soll dem jüngeren dienen"), und im Vatersegen über Jakob wird ihm verheißen, daß Völker ihm dienen (unterwürfig sein) und Nationen ihm huldigen (*hištaḥawāh*) werden (Gen 27, 29). Um politische Abhängigkeit eines Volkes von einem anderen handelt es sich auch 1 Sam 4, 9; 17, 9, während wohl in Gen 15, 13f. und Ex 14, 5. 12 der Gedanke an die Sklavenarbeit in Ägypten mitklingt.
Dieser Sprachgebrauch kehrt in zwei Königspsalmen wieder: 2 Sam 22, 44 = Ps 18, 44 (David wird zum Haupt [*roʾš*] von Völkern, und diese werden ihm dienen) und Ps 72, 11 („alle Könige sollen ihm huldigen [*hištaḥawāh*], alle Völker ihm dienen"); vgl. auch die idealisierende Angabe 1 Kön 5, 1, wonach alle Reiche vom Strom bis zur Grenze Ägyptens Salomo Geschenke (Tribut) brachten und ihm dienten. So wird der Anspruch des israelitischen Königs auf Weltherrschaft zum Ausdruck gebracht.
Bei Jer wird oft die Abhängigkeit Judas oder anderer Völker vom König von Babel angesagt (Jer 25, 11; 27, 6. 7. 8. 9. 11. 12. 13. 14. 17; 28, 14; vgl. 40, 9 || 2 Kön 25, 24). In Dtn 28, 48 und Jer 5, 19 wird das „Dienen" fremder Völker als Folge ausgebliebenen Dienens für JHWH dargestellt, und in Jer 17, 4 veranlaßt JHWH in seinem Zorn, daß Juda ihren Feinden „dienen" muß (*hiph*). Nach dem Kriegsgesetz Dtn 20, 11 sollen die Einwohner einer belagerten Stadt, die kapitulieren, zu Fronarbeitern gemacht

werden und dem Sieger „dienen", d. h. untertan sein. Nach 1 Sam 11, 1 bieten sich die von Nahasch von Ammon angegriffenen Bürger von Jabesch an, ihm zu dienen, und in 2 Sam 10, 19 || 1 Chr 19, 19 bieten die von Hadad-Eser abhängigen Könige David Frieden an und wollen ihm dienen.

Eine eigenartige Ausprägung erfährt der Sprachgebrauch im Bericht über die Reichsteilung (1 Kön 12, 1–19). Die Vertreter der Nordstämme fordern, von dem Joch (*ʿol*) und der Arbeit (*ʿᵃḇoḏāh*), die Salomo ihnen auferlegt hatte, befreit zu werden; dann sind sie bereit, Rehabeam zu „dienen" (v. 4). Als sich dann Rehabeam mit den Ältesten berät, erhält er die Antwort: „Wenn du diesem Volke Knecht (*ʿæḇæḏ*) wirst und ihnen dienst (*ʿāḇaḏ*) ... werden sie dir Knechte sein." Bekanntlich folgt er dem Rat nicht. *ʿbd* bezeichnet hier ein gegenseitiges Loyalitätsverhältnis, an dem Chr Anstoß genommen und deshalb das Dienen des Königs in „gut sein" geändert hat. – Zu diesem ganzen Abschnitt vgl. Floß 24–32; Riesener 142–149.

6. Theologisch besonders bedeutsam sind natürlich die Stellen, wo *ʿāḇaḏ* mit JHWH bzw. mit „anderen Göttern" oder „fremden Göttern" als Obj. gebraucht wird.

a) Eine erste Kategorie bilden dabei die Stellen, die einen kultischen Dienst implizieren. Bei der Berufung des Mose erhält er den Auftrag, das Volk aus Ägypten herauszuführen, damit sie „auf diesem Berg Gott 'dienen' sollen" (Ex 3, 12). Darauf wird dann im folgenden mehrmals Bezug genommen (Ex 4, 23; 7, 16. 26; 8, 16; 9, 1. 13; 10, 3. 7. 8. 11. 24. 26; 12, 31). Die kultische Bedeutung ist durch die in ähnlichen Kontexten gebrauchten Parallelwörter *ḥgg* 'Fest feiern' (Ex 5, 1; vgl. 10, 9) und *zāḇaḥ* 'opfern' (Ex 3, 18; 5, 3. 8; 8, 4. 21. 22. 23. 24. 25) sichergestellt (zur Quellenscheidung s. Lindhagen 93). Ähnliches gilt für Ez 20, 40: im Gegensatz zu dem früheren Dienen der Götzen durch Opfergaben (v. 38) soll das künftige Israel JHWH auf seinem heiligen Berg 'dienen', und JHWH wird die Opfer (*tᵉrûmôṯ*, *maśśāʾôṯ*) akzeptieren (*rāṣāh*, *dāraš*).

Ebenso dürfte Dtn 28, 47 kultischen Dienst meinen, da er *bᵉśimḥāh* stattfinden soll und *śimḥāh* grundsätzlich im kultischen Leben zu Hause ist. Jes 19, 21 sagt ausdrücklich, daß die Ägypter JHWH mit Opfern (*zæḇaḥ*, *minḥāh*) dienen werden. Zef 3, 9 stellt den Dienst der Fremdvölker an JHWH mit der Anrufung seines Namens zusammen und v. 10 erwähnt das Darbringen von Opfergaben. Mal 3, 14 ist nicht eindeutig: Man sagt: „Es ist sinnlos (*šāwʾ*), Gott zu dienen"; dabei ist vom Einhalten seiner Anordnungen (*mišmæræṯ*) die Rede. Riesener (254) schließt aus der Erwähnung von Gerechten und Gottlosen in v. 18 (ersterer „dient" Gott, letzterer „dient" ihm nicht), daß wir uns auf dem kultisch-religiösen Gebiet befinden, aber ein kultisches Dienen ist stringent nicht erwiesen.

Ps 100, 2 fordert zum Gottesdienst auf: „Dienet JHWH mit Freude, tretet vor ihn mit Jubel." Ebenso kultisch ist Ps 22, 31: „Nachkommen werden ihm dienen, es wird erzählt werden von JHWH dem (künftigen) Geschlecht." In Ps 102 spricht die Zusammenstellung mit Lobpreis und Erzählen (vv. 19. 22) dafür, daß das Dienen in v. 23 kultischen Dienst meint. In Ps 2, 11 „Dienet JHWH mit Furcht" könnte es sich um die Unterwerfung der rebellischen Könige handeln, aber vieles spricht dafür, daß das kultische Verehren JHWHs gemeint ist (Riesener 233). 2 Chr 35, 3 besteht das Dienen im Feiern des Passahfestes.

Im Gegensatz zum JHWH-Dienst steht die Verehrung anderer Götter. Nur vereinzelt findet sich dieser Sprachgebrauch außerhalb des dtn-dtr Schrifttums und des davon beeinflußten Jer-Buches. In Ps 97, 7 heißt es aber: „Es werden zuschanden alle, die ein Götzenbild verehren (*ʿoḇᵉḏê pæsæl*), die sich der Götzen rühmen (*hammiṯhalᵉlîm bāʾᵉlîlîm*)", und in Ps 106, 36 wird der Abfall der Israeliten u. a. folgendermaßen beschrieben: [v. 35 sie vermischten sich mit den Heiden ...], „sie dienten ihren Götzen (*ʿāṣāḇ*)".

Der Ausdruck „anderen Göttern dienen" kommt zunächst im Dekalog vor: „Du sollst dich nicht vor anderen Göttern niederwerfen (*hištaḥᵃwāh*) und ihnen nicht dienen" (MT *toʿŏḇdem* sieht wie *hoph* aus, ist aber wohl als *qal* aufzufassen) (Ex 20, 5 = Dtn 5, 9; ähnlich Ex 23, 24). Warnungen vor der Verehrung (*ʿbd*) anderer Götter finden sich häufig in Dtn, oft in Verbindung mit *hištaḥᵃwāh* als Bezeichnung der kultischen Verehrung (Dtn 4, 19; 8, 19; 11, 16; 17, 3; 29, 25; 30, 17) oder mit *hālak̲ ʾaḥᵃrê* (Dtn 28, 18), „das sich häufig auf die kultischen Festprozessionen bezieht" (Riesener 207, vgl. F. J. Helfmeyer, BBB 29, 1968, 190f. 210ff.). Im DtrGW finden wir die Zusammenstellung mit *hištaḥᵃwāh* Jos 23, 16; 1 Kön 9, 9; 2 Kön 10, 18; 21, 2. 21; 22, 54 (Riesener 219), während Ri 2, 19 *hālak̲ ʾaḥᵃrê* hinzufügt. Derselbe Sprachgebrauch findet sich im Jer-Buch: *ʿāḇaḏ* allein (16, 13; 44, 3) oder zusammen mit *hištaḥᵃwāh* und/oder *hālak̲ ʾaḥᵃrê* (11, 10; 13, 10; 16, 11; 22, 9; 25, 6; 35, 15). Bemerkenswert ist die Verbindung mit „den Bund brechen" oder „verlassen" (11, 10; 22, 9), was eine theologische Deutung der Götteranbetung impliziert.

Andere Ausdrücke für fremde Götter als Obj. von *ʿāḇaḏ* sind „ihre (der Heidenvölker) Götter (*ʾᵉlohêhæm*)" (*ʿāḇaḏ* allein Dtn 7, 16; 12, 2. 30; Ri 3, 6; 2 Kön 17, 33; mit *hištaḥᵃwāh* und/oder anderen Synonymen Ex 23, 24; Jos 23, 7), *ʾᵉlohê nek̲ār* „fremde (ausländische) Götter" (Jos 24, 20; Jer 5, 19, beide Mal mit „JHWH verlassen [*ʿāzaḇ*]"), *baʿal*/*bᵉʿālîm* (Sing. Ri 2, 13; 1 Kön 16, 31; 22, 54; 2 Kön 10, 18f. 21–23; 17, 16 – also vorwiegend in Verbindung mit dem Kampf gegen die Baʿals-Religion in der Zeit der ausgehenden omridischen Dynastie – Pl. Ri 2, 11; 3, 7; 10, 6. 10; 1 Sam 12, 10 als Rückprojizierung in die ältere Zeit, s. Floß 163), „Himmelsheer" (*ṣᵉḇāʾ haššāmajim*) und andere Gestirnbezeichnungen (Dtn 4, 19; 2 Kön 21, 3 || 2 Chr 33, 3; Jer 8, 2), ferner *gillulîm* (2 Kön 17, 12; 21, 21; Ez 20, 39), „Werke von Menschenhänden, Holz und Stein" (Dtn 4, 28), *pæsæl* (Ps 97, 7) und *ʿaṣabbîm* (s.o.). Nur vereinzelt ist *ʿāḇaḏ* hier mit anderen kultisch verankerten Verben verbunden, obwohl die Ausdrücke sonst meist in kultischen Zusammenhängen stehen. Wahrscheinlich hat aber *ʿāḇaḏ* hier eine weitere Bedeutung: „verehren", „anhängen" (Floß 164).

b) Fast ausschließlich in Dtn und DtrGW findet sich *ʿāḇaḏ* mit JHWH als Obj. in einer Bedeutung, die, wie die Synonyme zeigen, weit über den kultischen Bereich hinausreicht. So heißt es z.B. Dtn 6, 13: „JHWH, deinen Gott, sollst du fürchten, und ihm sollst du dienen und bei seinem Namen schwören" (ähnlich 10, 20). Hier wird also die rechte Haltung gegenüber JHWH durch die Verben *jāreʾ*, *ʿāḇaḏ* und *šbʿ niph* umschrieben. Es geht also um „die alleinige und treue Verehrung" JHWHs (Riesener 205). In Dtn 13, 5 ist die Reihe der beschreibenden Verben noch mehr erweitert: *hālaḵ ʾaḥᵃrê* (s.o.), *šāmar miṣwôṯ* „Gebote einhalten", *šmʿ beqôl* „auf die Stimme hören", *dāḇaq* „anhängen", *jāreʾ* und *ʿāḇaḏ*. Es geht also um eine das ganze Leben umfassende religiös-ethische Haltung, die besonders in der gehorsamen Befolgung der Gebote zum Ausdruck kommt. Dies geht auch aus Dtn 10, 12f. hervor: „Was verlangt JHWH, dein Gott, anderes von dir, als daß du JHWH, deinen Gott, fürchtest, so daß du auf all seinen Wegen gehst, daß du ihn liebst, indem du JHWH, deinem Gott, dienst mit deinem ganzen Herzen und deiner ganzen Seele und die Gebote JHWHs und seine Satzungen befolgst." Hier kommt also noch *ʾāhaḇ* „lieben" hinzu; zu bemerken ist, daß „von ganzem Herzen und von ganzer Seele" sonst meist zusammen mit diesem Verb vorkommt (Dtn 6, 5 usw.). Aus einer Stelle wie Dtn 29, 24f. geht hervor, daß „anderen Göttern dienen" zugleich ein „Verlassen der *beriṯ* JHWHs" ist (vgl. o. zu Jer 11, 10); umgekehrt bedeutet dann das Dienen die Erhaltung des Bundes.

In der Erzählung vom Landtag zu Sichem (Jos 24) stellt *ʿāḇaḏ* ein zentrales Motiv dar. Das Kernstück ist v. 15: „Wählt heute, wem ihr dienen wollt: den Göttern, denen eure Väter jenseits des Flusses dienten oder den Göttern der Ammoniter. Ich aber und mein Haus, wir wollen JHWH dienen." Das Volk wird vor eine Wahl gestellt, und es trifft die Entscheidung, JHWH zu dienen (vv. 18. 21. 24). Diese Entscheidung wird dann die Grundlage des Bundes (v. 25a). Das Dienen wird als Wegschaffen (*hesîr*) der fremden Götter, die Herzen JHWH zuneigen (*hiṭṭāh*) (v. 23) und „auf seine Stimme hören" (v. 24) näher bestimmt. Andererseits heißt „anderen Göttern dienen", daß man JHWH „verläßt" (*ʿāzaḇ*) (Ri 10, 10. 13; vgl. Ri 3, 7: JHWH „vergessen" [*šāḵaḥ*]).

In Ri ist mehrmals davon die Rede, daß die Israeliten fremden Göttern dienen und daß JHWH deshalb ihnen seine politische Hilfe entzieht (Ri 2, 19–21; 3, 7f.; 10, 13: „ihr habt mich verlassen und anderen Göttern gedient, darum will ich euch nicht helfen"). Wenn sie aber die fremden Götter entfernen und JHWH dienen, erbarmt er sich über sie (Ri 10, 16; vgl. 1 Sam 7, 3f.; Riesener 214).

In der großen Rede, die Samuel im Zusammenhang mit der Einführung des Königtums hält (1 Sam 12), ist *ʿāḇaḏ* wieder ein Leitwort. Zunächst zitiert Samuel das Sündenbekenntnis des Volkes aus Ri 10, 10: „Wir haben gesündigt, denn wir haben JHWH verlassen und den Baʿalen und Astarten gedient; nun aber rette uns aus der Hand unserer Feinde, so wollen wir dir dienen" (v. 10). Im folgenden kehren die aus Dtn bekannten Motive wieder: man soll JHWH fürchten, ihm dienen und auf seine Stimme hören (v. 14), von JHWH nicht abweichen (*sûr meʾaḥᵃrê*), sondern ihm dienen mit ganzem Herzen (v. 20), ihn fürchten und ihm wahrhaftig (*bæʾæmæṯ*) und mit ganzem Herzen dienen (v. 24).

In 1/2 Kön ist eigentlich nur von Dienst an anderen Göttern die Rede (s.o.). Ein einziges Mal wird zwischen *ʿaḇḏê* (!) *JHWH* und *ʿoḇeḏê habbaʿal* unterschieden (2 Kön 10, 23).

Auch bei Jer geht es fast ausschließlich um Dienst an anderen Göttern. *ʿāḇaḏ JHWH* kommt nur einmal vor: in der kommenden Heilszeit wird Israel „JHWH, seinem Gott, und David, seinem König" dienen (Jer 30, 9). Mal 3, 14 setzt Gleichheitszeichen zwischen „Gott dienen" und „seine Anordnungen befolgen".

Ijob 21, 15 sagen die Gottlosen: „Was ist schon Schaddaj, daß wir ihm dienen, und was nützt es uns, daß wir ihn bitten?" „Dienen" steht hier offenbar ungefähr gleich „verehren". In der schon oben genannten Stelle Ijob 36, 11f. stehen „hören" und „dienen" zusammen und beinahe synonym; *ʿāḇaḏ* steht aber hier ohne Obj.

III. Das Subst. *ʿæḇæḏ* bezeichnet jemanden, der einem anderen untergeordnet ist. Diese Unterordnung kann sich aber auf verschiedene Weisen realisieren, entsprechend hat *ʿæḇæḏ* mehrere Bedeutungen: Sklave, Diener, Untertan, Beamter, Vasall, „Diener" oder Verehrer eines Gottes.

1. *ʿæḇæḏ* als 'Sklave' (mit der fem. Entsprechung *ʾāmāh* / *šipḥāh*, vgl. Ex 21, 7) wird deutlich von *śāḵîr* 'Lohnarbeiter' unterschieden (so Lev 25, 38f.). Nach Ex 21, 21 ist der Sklave „das Geld" (*kæsæp*), d.h. der Besitz, seines Herrn. Nach Lev 25, 46 ist er *ʾᵃḥuzzāh* 'Besitz'; er kann gekauft (Ex 21, 2; Lev 25, 44; Koh 2, 7 [beachte → סגלה *segullāh* in v. 8]) oder verschenkt (Gen 20, 14) werden. Sklaven werden in „Besitzformeln" neben Vieh, Gold und Silber als Eigentum eines Mannes erwähnt (Gen 12, 16; 20, 14; 24, 35; 30, 43; 32, 6; 1 Sam 8, 16; 2 Kön 5, 26; Koh 2, 7). Die Sklavengesetze finden sich in Ex 21, 2–11, Dtn 15, 12–18 und Lev 25, 39–55. Im Bb geht es um den „hebräischen" (→ עברי *ʿiḇrî*) Sklaven; dieser soll sechs Jahre dienen und im siebenten Jahr freigelassen werden, wenn er aber bleiben will, soll er *leʿôlām*, d.h. lebenslänglich „dienen" (Sklave sein).

Die Sklavin wird eine Art Konkubine ihres Herrn und soll nicht im siebenten Jahr freigelassen werden; sie kann aber unter gewissen Bedingungen losgekauft (*pāḏāh*) werden (S. M. Paul, Studies in the Book of Covenant in the Light of Cuneiform and Biblical Law, VTS 18, 1970, vergleicht ähnliche Bestimmungen in Nuzi).

Auch Dtn 15 sieht die Freilassung eines „hebräischen" Sklaven (der hier außerdem als „Bruder" bezeichnet wird) im 7. Jahr vor. Dabei soll der Herr durch Gaben seine Versorgung erleichtern. Diese Vorschrift wird durch einen Hinweis auf die Sklaverei Israels in Ägypten begründet (v. 15); außerdem wird der Sklavenbesitzer zur Freilassung motiviert durch einen Hinweis darauf, daß der Sklave sechs Jahre lang den Dienst eines Lohnarbeiters geleistet hat. Wahrscheinlich sollte auch die Sklavin im 7. Jahr freigelassen werden. Jer 34, 14 zeigt, daß diese Freilassungsbestimmungen nicht immer befolgt wurden (hier ist wie in Dtn wieder vom *'āḥ*, d. h. Volksgenossen, die Rede.

In H findet sich die Bezeichnung „hebräisch" nicht mehr; hier ist nur vom „Bruder" die Rede. Zum eigentlichen Besitz gehören nur die ausländischen Sklaven (Lev 25, 44–46). Die einheimischen Sklaven (hier geht es um Schuldsklaverei, v. 39) sollen als Lohnarbeiter (*śāḵîr*) behandelt werden (vv. 39–41). Als Begründung wird darauf hingewiesen, daß die Israeliten eigentlich JHWHs *ʿaḇāḏîm* sind, die er aus Ägypten befreit hat. Dies läuft streng genommen darauf hinaus, daß „ein Israelit überhaupt nicht Sklave eines anderen Israeliten sein darf" (Riesener 127).

Ein Fall von Schuldsklaverei wird Neh 5, 5 erwähnt. Amos rügt den Kauf bzw. Verkauf von Armen (2, 6; 8, 6), ohne das Wort *ʿæḇæḏ* zu gebrauchen; tatsächlich liegt wohl auch hier Schuldsklaverei vor.

Was die Beurteilung der Sklaverei betrifft, finden sich einerseits Texte, die „das beschwerliche Dasein und die Unterordnung des Sklaven als das 'Normale' voraussetzen" (Ijob 7, 2; 19, 16; Koh 10, 7; vgl. auch Spr 29, 19. 21 – Riesener 132), andererseits Aussagen, die damit rechnen, daß das Dasein eines Sklaven verbessert werden kann (Spr 17, 2 „er kann Herr werden"; vgl. 30, 10). Ijob 31, 13–15 bezeugt, daß der Sklave auch von JHWH erschaffen worden ist und daß JHWH deshalb für die Wahrung seiner Rechte eintritt (Riesener 133). Ferner ist zu beachten, daß der Sklave Abrahams in Gen 24 als Abrahams vollwertiger Vertreter handelt und daß die Sklaven an Beschneidung (Gen 17, 12f. 23ff.) und Sabbatfeier (Ex 20, 9f.; 23, 12; Dtn 5, 14f.), an Passah (Ex 12, 48f.) und anderen Festen (Lev 25, 6; Dtn 12, 2. 18; 16, 11. 14) beteiligt sind. Daß nach Joël 3, 2 auch Sklaven und Sklavinnen an JHWHs Geist teilhaben werden, zeigt die Umwertung der sozialen Werte. – Interessant ist, daß der Sklavenbesitzer in Israel *'āḏôn* 'Herr, Gebieter' ist, nicht *baʿal* 'Besitzer' (wie in Babylon *bēlu*; vgl. Jepsen, BWANT III/5, 25).

2. a) Die Sklaven im alten Mesopotamien (sumer. *ùr*, akk. *wardum/ardu*, nbabyl. meist *qallu*) waren zunächst Kriegsgefangene, die für schwere öffentliche Arbeiten eingesetzt wurden. Eine zweite Quelle der Sklaverei war die Verschuldung freier Personen; man verkaufte Kinder oder sich selbst in Knechtschaft, wenn man eine Schuld auf andere Weise nicht bezahlen konnte. Im CH wird vorgeschrieben, daß ein Schuldknecht 3 Jahre dienen soll, um im 4. Jahr freigelassen zu werden. Ein Schuldknecht (*nipūtum*) ist aber kein Sklave und hat einen weit besseren Status.

Der Sklave war grundsätzlich ein Gegenstand in den Händen seines Herrn. Im Sumer. werden die Sklaven nach *sag* 'Kopf', d. h. 'Stück' gezählt. Ein Schaden, der einem Sklaven zugefügt wurde, galt als ein Verlust seines Besitzers. Jedoch konnte ein Sklave in beschränktem Maße Besitz erwerben. Man unterschied zwischen den privaten Haussklaven und den Sklaven, die in öffentlichen Diensten (z. B. des Palastes oder des Tempels) standen. Die Hof- oder Palastsklaven (*arad ekalli*) scheinen eine etwas bessere Stellung gehabt zu haben, ebenso die Tempelsklaven (Oblaten, akk. *šerku*), die der Gottheit geschenkt wurden, aber nicht Sklaven im eigentlichen Sinn waren. Die Zahl der Privatsklaven war verhältnismäßig gering, da im alten Mesopotamien keine Großwirtschaft oder Industrie bekannt war; erst später stieg die Zahl.

Im allgemeinen scheinen die Sklaven ziemlich gut behandelt worden zu sein. Die andauernde Abhängigkeit wird aber betont: „Freundschaft dauert nur einen Tag, aber Gesindschaft ewig" (BWL 259, 9). Die Sklaven wurden durch eine besondere Marke gekennzeichnet, trotzdem wird die Flucht von Sklaven häufig berichtet. Sklaven konnten durch Adoption oder Loskauf (*ipṭiru* 'Lösegeld') Freiheit erlangen, im ersten Fall war der Freigelassene verpflichtet, seinem Herrn lebenslänglich Unterhalt zu gewähren. Die Freilassung geschah durch symbolische Handlungen „am Ufer des Flusses, an der Gerichtsstätte". An gewissen Festen wurden die Klassengrenzen aufgehoben; Herren und Sklaven feierten zusammen, am Neujahrsfest wurden die Rollen sogar vertauscht.

b) Die äg. Sklaventerminologie ist fließend, und es gab offenbar verschiedene Formen von Abhängigkeit (Leibeigenschaft, Fronarbeit, regelrechte Sklaverei). Ursprünglich gehörte alles Land dem König, und alle waren verpflichtet, für ihn zu arbeiten. Im A. R. entwickelte sich allmählich der Privatbesitz an Feldern und Leuten. Als Bezeichnungen für Sklaven kommen u. a. folgende Wörter in Frage: *b3k* 'Arbeiter', *ḥm* 'Diener, Sklave' (auch von Untertanen des Königs und „Dienern" eines Gottes, WbÄS 3, 87f.), *mr.t/mrj.t* kollektiv für 'Sklaven', *ḏt*, eig. 'Körper' und davon abgeleitet *n-ḏ(j)t*. Als Sklavenbesitzer treffen wir neben Tempeln und Königen seit dem A. R. auch Beamte, Priester, Offiziere und andere. Die Zahl der Privatsklaven war verhältnismäßig gering.

Die Sklaven gehören zum Besitz ihres Herrn und werden oft zusammen mit Feldern und Vieh genannt; sie können als *tp* 'Kopf' gezählt werden. Im N. R. wurden oft Kriegsgefangene den Offizieren zugeteilt; das sind „die Leute, die mein Arm erwarb". Sklaven aus Syrien-Palästina und aus Punt werden erwähnt; einheimische Sklaven sind verhältnismäßig selten.

Trotz allem hatten die Sklaven gewisse menschliche Rechte: sie konnten Besitz erwerben und als Zeugen auftreten. Im allgemeinen wurden sie gut behandelt.

Kauf oder Verkauf von Sklaven wurde von Beamten registriert und gebilligt. Von Freilassung durch einen einfachen Willensakt des Besitzers ist nur einmal die Rede, und zwar in Verbindung mit Adoption (JEA 26, 23ff.). Tageweise Ausleihung von Sklavinnen ist in der 18. Dyn. bezeugt. Sklaven konnten vererbt werden. Die Kinder eines Sklaven wurden selbst Sklaven. Wenn ein Sklave entfloh, konnte sein Besitzer ihn zurückfordern, wo er auch war.

3. Eine besondere Färbung erfährt der *ʿæḇæḏ*-Begriff, wenn die Israeliten in Ägypten als *ʿæḇæḏ* oder *ʿaḇāḏîm* bezeichnet werden (Dtn 5, 15; 6, 21; 15, 15; 24, 18. 22; in Ex wird nur das Verb *ʿāḇaḏ* gebraucht: 1, 13; 5, 18; 6, 5; 14, 5. 12; vgl. Gen 15, 13f.). Die Arbeit der Israeliten in Ägypten wird als *ʿaḇoḏāh qāšāh* bezeichnet (Ex 1, 14; 6, 9; nur *ʿaḇoḏāh* 1, 14; 2, 23; 5, 11; 6, 6), aber auch als → מס *mas* 'Frondienst' (Ex 1, 11). Als Samuel in seinem „Königsrecht" (1 Sam 8, 11–18) sagt, die Israeliten werden dem König *ʿaḇāḏîm* sein, könnte natürlich Frondienst gemeint sein (Riesener 139), aber wahrscheinlich ist nur die völlige Abhängigkeit der Untertanen gemeint. – Vgl. o. zum Verb.

4. Wie das Verb *ʿāḇaḏ* bezieht sich auch *ʿæḇæḏ* gelegentlich auf ein Vasallenverhältnis. So sagt Ahas zu Tiglat-Pileser: „Ich bin dein *ʿæḇæḏ* und dein Sohn", sendet Tribut und erwartet den Beistand des Assyrerkönigs (2 Kön 16, 7f.). Hoschea wird Salmanassars Vasall und gibt Tribut (2 Kön 17, 3). Jojakim ist 3 Jahre lang Vasall des Nebukadnezzar, fällt dann aber von ihm ab (2 Kön 24, 1). Von Rehabeam und den Fürsten Israels heißt es 2 Chr 12, 8, daß sie *ʿaḇāḏîm* des Pharao Schischak wurden. Die zurückgekehrten Exulanten nennen sich *ʿaḇāḏîm* des Perserkönigs (Esra 9, 10). Wenn aber die nach Babel Deportierten nach 2 Chr 36, 20 *ʿaḇāḏîm* des Nebukadnezzar werden, geht es um eine Abhängigkeit anderer Art.

Ringgren

5. Der *ʿæḇæḏ* des Königs ist sowohl im AT als auch in Inschriften in Palästina gefundener Dienstsiegel belegt, und zwar als *ʿbd hmlk* oder als *ʿbd* + Königsname (Lindhagen 36–39).

ʿæḇæḏ ist ein dynamischer Relationsbegriff (Riesener 268ff.); in dieser Titelbildung gibt das nomen regens an, welchem Herrn der *ʿæḇæḏ* untersteht. Hier liegt ein Unterschied zu den *śārîm*, den Ministern (1 Kön 4, 1ff.), vor; *śar* in dieser Bedeutung ist ein Statusbegriff.

Eine Identifizierung beider Gruppen von Funktionsträgern in dem Sinne, daß auch die *śārîm* als Diener des Königs gelten, läßt sich weder innerhalb des AT noch in den epigraphischen Zeugnissen Palästinas nachweisen (s. dazu Rüterswörden 4ff.). Wenn ein Minister in einer Anrede an den König als dessen *ʿæḇæḏ* bezeichnet wird (2 Sam 14, 19f.; 15, 34; 18, 29), ist dies eine im AT und im Alten Orient (s. o. I. 2. d und u. III. 6. 7) übliche Konvention, die nicht bedeutet, daß der Sprecher wirklich ein Sklave des Angeredeten ist. Die Bezeichnung von Ministern als *ʿaḇāḏîm* in 2 Kön 19, 5 || Jes 37, 5 und Num 22, 18 beruht auf deren Funktion als Boten; der Bote ist immer *ʿæḇæḏ* seines Auftraggebers.

In einer Anzahl charakteristischer Reihenbildungen werden die *ʿaḇāḏîm* des Königs neben dem König (bzw. Pharao), in einem Teil der Belege auch in Zusammenhang mit dem Volk genannt (Gen 41, 37; Ex 5, 21; 7, 28; 8, 20; 10, 6; Dtn 29, 1; Jer 22, 2; 25, 19). Reihen dieser Art umschreiben den Herrschaftsbereich eines Königs; dagegen liegt den Aufzählungen, in denen die *śārîm* erscheinen, eine andere Perspektive zugrunde: die *śārîm* sind neben den Königen, Priestern und Propheten Funktionsträger Israels (Jer 1, 18; 2, 26; 8, 1; 32, 32; 44, 17. 21; Dan 9, 6. 8; Neh 9, 32. 34), ein Konzept, das schon dem deuteronomischen Verfassungsentwurf Dtn 16, 18 – 18, 22 zugrundeliegt.

Eine Mittelstellung nehmen jene Beamten ein, deren Titel zwar mit dem Element *śar* gebildet wird, die aber dennoch nicht zur Gruppe der Minister gehören. Meist handelt es sich um militärische Befehlshaber, die auch als *ʿaḇāḏîm* des Königs bezeichnet werden können (1 Kön 16, 9; 2 Kön 9, 5. 11; 25, 8).

Als Angehörige des Hofes (vgl. Gen 40, 20) gehören die *ʿaḇāḏîm* des Königs zu dessen Haus (2 Sam 9, 2; 15, 14ff.); *bajiṯ* bezeichnet die Anhängerschaft eines Herrschers, die auch den militärischen Bereich mit einschließt (2 Sam 3, 1. 6); es legt sich von daher nahe, für *bajiṯ* im Zusammenhang mit dem Königtum nicht allein die zu enge Bedeutung „Dynastie" zugrunde zu legen. Ein vergleichbares Phänomen findet sich im Aramäertum Nordsyriens (Rüterswörden 15ff.).

Die Funktionen der königlichen *ʿaḇāḏîm* sind durch eine enge Bindung an den König bestimmt, die nach Max Weber ein Charakteristikum des patrimonialen Beamtentums darstellt (Wirtschaft und Gesellschaft, 1976 [5], 580ff.). So treten sie als Boten oder Gesandte des Königs in 2 Sam 10, 2; 1 Kön 5, 15 auf. Eindringlich besorgt zeigen sich die *ʿaḇāḏîm* um das Wohlergehen des Königs in 1 Sam 16, 14ff. mit dem Vorschlag, einen Saitenspieler zur Überwindung von Sauls psychischer Erkrankung zu engagieren; die Anteilnahme am Schicksal ihres Herrn kommt in 1 Sam 28, 23 darin zum Ausdruck, daß sie – nachdem Saul eröffnet wurde, daß er am nächsten Tag sterben werde – den König nötigen, doch zu essen. Um die Steigerung der Lebenskraft des Königs zeigt sich diese Gruppe in 1 Kön 1, 2ff. bemüht. Die Verbundenheit mit dem König kommt nicht zuletzt darin zum Ausdruck, daß die *ʿaḇāḏîm* ihren König begraben (2 Kön 9, 28; 23, 30). Als Angehörige des „Hauses" des Königs sind die *ʿaḇāḏîm* in die Familienverhältnisse ihres Herrn mit einbezogen; sie wirken mit bei der Brautwerbung (1 Sam 25, 39ff.; vgl. 18, 20–26), nehmen Anteil, wenn der König trauert (2 Sam 13, 31. 36), beglückwünschen ihn bei einem freudigen Anlaß (1 Kön 1, 47).

Der König regelt den Unterhalt seiner *ʿaḇāḏîm* durch

die Belehnung mit Land (1 Sam 8, 14; vgl. 22, 7) oder durch Steuereinkünfte (1 Sam 8, 15). Dabei können sie zu einem gewissen Reichtum kommen (1 Kön 20, 6). Den Empfang von Lehen gesteht auch der Verfassungsentwurf des Buches Ezechiel den *ʿaḇāḏîm* des Herrschers zu (Ez 46, 17). Bei der engen Verbundenheit des *ʿæḇæḏ* mit dem König muß es in besonderer Weise verdammenswert erscheinen, wenn sich ein *ʿæḇæḏ* gegen seinen Herrn erhebt, verschwört oder ihn umbringt (1 Kön 11, 26 || 2 Chr 13, 6; 2 Kön 12, 21f.; 2 Kön 14, 5 || 2 Chr 25, 3; 2 Kön 21, 23 || 2 Chr 33, 24).

Die Wortstatistik (Rüterswörden 12f.) zeigt, daß im Vergleich zum DtrGW der *ʿæḇæḏ* des Königs im Parallelbericht der Chronik auffällig zurücktritt; eine mögliche Erklärung mag darin gesehen werden, daß der Chronist die These, daß Salomo von den Israeliten niemanden zum *ʿæḇæḏ* machte, übernommen (2 Chr 8, 9) und seiner Darstellung zugrunde gelegt hat. Von daher sind wahrscheinlich die gelegentlichen Angaben der Chronik zu verstehen, ein *ʿæḇæḏ* des Königs sei ausländischer Herkunft (2 Chr 24, 25f.). Zudem insinuiert das ChrGW, daß die Anzahl der *ʿaḇāḏîm* Salomos vergleichsweise sehr gering war (Esra 2, 43–58), wobei auffällt, daß sie in Zusammenhang mit dem Tempelpersonal erscheinen. Im Jeremiabuch werden die Fraktionsbildungen am Königshof an den beiden Titeln *śar* und *ʿæḇæḏ* festgemacht; während in Jer 36 die *śārîm* für Jeremia Partei ergreifen, reagieren die *ʿaḇāḏîm* wie der König.

Rüterswörden

6. In manchen Fällen ist *ʿæḇæḏ* zu einem formelhaften Ausdruck der Unterwürfigkeit geworden: Untertanen dem König gegenüber, Vasallen dem Lehnsherrn gegenüber und Personen, die in einem Abhängigkeitsverhältnis stehen, nennen sich *ʿaḇdeḵā* „dein Diener": so Jakob nach seiner Rückkehr aus Haran seinem Bruder Esau gegenüber (Gen 32, 5. 19. 21; 33, 5; vgl. *ʿaḇdî* 33, 14); dabei nennt er Esau *ʾaḏonî* (32, 5. 19; 33, 8. 13f.). Das ist natürlich ein Höflichkeitsausdruck, aber zugleich bekennt Jakob seine Abhängigkeit und sucht die Gunst seines Bruders zu gewinnen. In 2 Sam 9, 11 nennt sich Natan *ʿaḇdeḵā* und redet David als *ʾaḏonî hammælæḵ* an; hier liegt wohl zunächst „höfischer Stil" vor. Hier, wie sonst oft, findet sich die Selbstbezeichnung *ʿaḇdeḵā* im Zusammenhang mit einer Bitte (vgl. 1 Sam 12, 19; 20, 8; 22, 15; 25, 8; 26, 19f.; 2 Sam 13, 24; 2 Kön 16, 7; 18, 26). Einerseits ist die Formel Ausdruck der Demut und der Unterwerfung (Lande 68ff.), andererseits klingt der Gedanke mit, daß der *ʿæḇæḏ* auf ein gewisses Wohlwollen von seiten seines *ʾāḏôn* hoffen kann (Lindhagen 56–60). Auf ähnliche Weise kann sich ein König einem anderen König gegenüber als *ʿæḇæḏ* bezeichnen (1 Kön 20, 9. 32). In den Arad- und Lachisch-Briefen sowie im Brief aus Yabne-Yam gibt es zahlreiche Beispiele für diesen Sprachgebrauch (Arad 40, 4; Lachisch 2, 3. 5; 3, 1. 5. 7; 4, 1; 5, 3. 6. 10; 6, 3. 13; 8, 6; 12, 4; Yabne-Yam 2. 3. 4. 6. 8. 9. 13; s. D. Pardee, Handbook of Ancient Hebrew Letters, Chico 1982).

7. *ʿæḇæḏ* als Selbstbezeichnung wird nun auch in religiösen Kontexten gebraucht, vor allem in den Psalmen. Von den 27 Belegen in Ps finden sich 14 in Ps 119 (vv. 17. 23. 38. 49. 65. 76. 84. 91. 122. 124. 125. 140. 176). Sonst stehen sie meist in Klageliedern des einzelnen (Ps 27, 9; 31, 17; 35, 27; 69, 18; 86, 2. 4. 16; 89, 51; 102, 15. 29; 109, 28; 143, 2. 12), besonders in Bitten (so auch Ps 19, 14 und öfter in Ps 119), vereinzelt auch in einem Danklied (Ps 116, 26; vgl. auch 35, 27). Meist erbittet der Beter die Zuwendung und die Hilfe Gottes. Er will sich durch diese Selbstbezeichnung als einen auf die Güte JHWHs angewiesenen Menschen darstellen (Riesener 224f.), vielleicht auch sein *ʿæḇæḏ*-Sein als Grund für Gottes Eingreifen anführen (vgl. das *kî* in Ps 143, 12 „denn ich bin dein Knecht" und wohl auch Ps 116, 16; Lindhagen 262–275). In Ps 119 ist *ʿæḇæḏ*, wie die Synonyme zeigen, vor allem einer, der das Gesetz erfüllt (Lindhagen 263 Anm. 2).

Vergleichbar ist hier der sog. *aradka*-Stil der akk. Bußpsalmen, in dem der Büßende als „dein Knecht" eingeführt wird (mit Verben in 3. Pers.). B. Landsberger (MAOG 4, 1928–29, 309) sieht hier „eine verkappte erste Person". Da aber in einigen Fällen *aradka* mit gewöhnlichen Ich-Formen wechselt, hat man angenommen, die *aradka*-Stücke stellten die Fürbitte des Priesters dar (vgl. SAHG 270ff.). In den meisten Fällen steht aber ausdrücklich *anāku aradka* „ich, dein Knecht" (SAHG 272. 320. 336. 342. 344. 348), was zeigt, daß *aradka* eine Ich-Bezeichnung ist (vgl. N. Mayer, Untersuchungen zur Formensprache der babyl. Gebetsbeschwörungen, Rom 1976, 49f.; M.-J. Seux, Epithètes royales, 362).

Außerhalb der Psalmen findet sich dieser Sprachgebrauch im religiösen Sinn nur selten. Dreimal steht *ʿaḇdeḵā* in Verbindung mit *māṣāʾ ḥen* „Gnade finden" (→ חן *ḥen*): von Abraham Gen 18, 3, in der Bitte Lots, in die Berge fliehen zu dürfen (Gen 19, 19, vgl. v. 2) und in Moses vorwurfsvoller Frage an Gott: „Warum handelst du so übel an deinem Knecht, und warum finde ich keine Gnade in deinen Augen?" (Num 11, 11); m.a.W. mit dieser Selbstbezeichnung ist ein Erhörungsmotiv verbunden, wie auch Dtn 3, 24 zeigt. Nach Gen 32, 10 hat Gott dem Jakob, seinem Knecht, *ḥæsæḏ* und *ʾæmæṯ* erwiesen. Ex 4, 10 nennt sich Mose bei seiner Berufung *ʿaḇdeḵā*, und 1 Sam 3, 9 sagt Samuel: „Rede, JHWH, denn dein Knecht hört"; in beiden Fällen spielt die Bezeichnung auf das künftige Prophetenamt an (vgl. u. 9.). David nennt sich in Gebeten mehrmals „dein Knecht" (1 Sam 23, 10f.; 25, 39; 2 Sam 7, 19. 21. 25. 27 || 1 Chr 17, 17. 19. 23. 27; 2 Sam 24, 10 || 1 Chr 21, 8). Schließlich gebraucht Salomo diese Selbstbezeichnung bei seiner Begegnung mit JHWH in Gibeon und bei der Tempelweihe (1 Kön 3, 7–8 [vgl. v. 6 *māṣāʾ ḥen* in Verbindung mit David als *ʿæḇæḏ*]; 8, 28–30. 32). Im ersten Fall handelt es sich um Dank und Bitte, im letzten Fall nur um Bitte.

8. Genau wie *ʿāḇaḏ* das Verehren eines Gottes bezeichnet, können Menschen als *ʿæḇæḏ* JHWHs (nie dagegen eines fremden Gottes, Floß 45f.; ein Baʿals-Verehrer heißt *ʿoḇeḏ baʿal*, 2 Kön 10, 23) bezeichnet werden. Nur vereinzelt heißt dabei *ʿæḇæḏ* einfach 'Verehrer' (vgl. Gen 50, 17, wo sich die Brüder Josefs „die *ʿaḇāḏîm* des Gottes deines Vaters" nennen).
Als *ʿæḇæḏ JHWH* (bzw. *ʿaḇdî*, *ʿaḇdeḵā*) werden folgende Einzelpersonen bezeichnet: Abraham, Isaak, Jakob, Mose, Kaleb (Num 14, 24), Josua (Jos 24, 29; Ri 2, 8), David, Eljakim (Jes 22, 20), Ijob (1, 8; 2, 3), Hiskija und Serubbabel (Hag 2, 24). Im Falle Abrahams verheißt JHWH Isaak Segen und zahlreiche Nachkommen „um Abrahams, meines Knechtes willen" (Gen 26, 24, Zusatz zu J). Der Satz kann sich entweder auf Abraham als Empfänger der Verheißung oder auf seine besonderen Verdienste beziehen (vgl. die ähnliche Formel bei David 1 Kön 19, 34; 20, 6). Dazu kommt Ps 105, 6. 42. Isaak wird im Gebet seines Sklaven „dein (JHWHs) Knecht" genannt (Gen 24, 14). Jakob wird Ez 28, 25; 37, 25 als Verheißungsträger „Knecht JHWHs" genannt. Außerdem werden die drei Patriarchen zusammen JHWHs *ʿaḇāḏîm* genannt (Ex 32, 13; Dtn 9, 27), beidemal im Gebet und beidemal im Ausdruck *zeḵor le* als Erhörungsgrund.
Wenn Mose *ʿæḇæḏ JHWH* genannt wird, ist es meist in formelhaften Hinweisen auf ihn als Gesetzgeber und Vermittler von Gottes Befehlen (Jos 1, 7. 13; 8, 31. 33; 11, 12. 15; 22, 2. 4. 5; 2 Kön 18, 12; 21, 8; Neh 1, 7f.; 9, 14; 10, 30 [hier *ʾælohîm*]; Mal 3, 22; 1 Chr 6, 34 [*ʾælohîm*]), als Befreier (Ps 105, 6, par. Aaron), als Anführer in der Wüste (Jos 14, 7) und als Verteiler des Ostjordanlandes (Jos 1, 15; 9, 24; 12, 6; 13, 8; 18, 7), außerdem bei der Erwähnung seines Todes (Dtn 34, 5; Jos 1, 2). In Jos erscheint Mose vor allem als die Autorität, die für die weitere Tätigkeit Josuas maßgebend ist. Auch Ex 14, 31 (J?) ist ziemlich formelhaft: die Israeliten glaubten an JHWH und seinen Diener Mose; er steht hier sozusagen als Repräsentant Gottes. Num 12, 7f. (J^R) gibt eine nähere Begründung für die Bezeichnung: mit den Propheten redet JHWH in Traumgesichten, mit Mose, seinem Diener, aber unvermittelt „von Mund zu Mund". Er ist sozusagen der Prophet, der alle anderen Propheten übertrifft, der Offenbarungsmittler par excellence. Als solcher erscheint er auch 1 Kön 8, 53. 56: er hat die Erwählung Israels verkündet, und die Worte, die JHWH durch ihn gesprochen hat, haben sich erfüllt. *ʿæḇæḏ JHWH* ist also ein Ehrentitel des Offenbarungsmittlers eher als ein Amtstitel und weist auf seine Sonderstellung im Verhältnis zu Gott hin.
Wenn David als *ʿæḇæḏ JHWH* bezeichnet wird, ist fast immer von der Erwählung und vom ewigen Bestand der Dynastie die Rede. JHWH will Rehabeam einen Stamm behalten lassen, weil JHWH David erwählt hat (1 Kön 11, 13. 32), die Stadt Jerusalem wird um Davids willen gerettet werden (2 Kön 19, 34 || Jes 37, 15; 2 Kön 20, 6), der Bund JHWHs mit David wird nie vergehen, seine Dynastie wird auf immer Bestand haben (Jer 33, 21f. 26 in einem sekundären Stück, das in LXX fehlt). Gott hat mit seinem Erwählten (vgl. Ps 78, 70) einen Bund geschlossen und David die Zusage gegeben, daß seine Nachkommen immer in Israel herrschen werden (Ps 89, 4, vgl. v. 21 Gott hat ihn gesalbt). Darum handelt es sich letztlich auch in der Einleitung der Natan-Weissagung 2 Sam 7, 5. 8 („Sage meinem *ʿæḇæḏ*", vgl. par. 2 Chr 17, 4. 9), während 2 Sam 3, 18 (wie 2 Kön 19, 34) von Rettung aus Feindesnot die Rede ist (vgl. Ps 144, 10). Interessant sind die Schlußworte vom Tempelweihgebet Salomos in 2 Chr 6, 42 (z.T. parallel Ps 132, 10): „Gedenke der Hulderweise an David, deinen Knecht"; an dieser Stelle erscheint in 1 Kön 8 ein Hinweis auf die Erwählung Israels durch „deinen Knecht Mose" (v. 53; zu den *ḥasdê dāwîḏ* → III 64f.). Nur 2mal tritt die dtr Hervorhebung des Gehorsams zum Vorschein, indem David als der *ʿæḇæḏ*, der die Gebote einhält, bezeichnet wird (1 Kön 11, 34; 14, 8). Dazu kommen die Psalmenüberschriften (Ps 18, 1; 135, 1), die jedoch wenig aufschlußreich sind.
Auffallend ist, daß Salomo weder vom DtrGW noch vom ChrGW *ʿæḇæḏ* genannt wird. Von den übrigen Königen erhält nur Hiskija ein einziges Mal den Titel (2 Chr 32, 16) als derjenige, der auf Gott vertraute und nicht kapitulierte. Ein charakteristisches Königsepithet (Lindhagen 280–284) ist also *ʿæḇæḏ JHWH* nicht, noch liegt das Hauptgewicht auf dem besonderen Gehorsam (Davids); eher erscheint David als der Erwählte und besonders Begnadete. – Sach 3, 8 ist *ʿæḇæḏ* Epithet des erwarteten *ṣæmaḥ* („Sproß"; wohl messianisch gemeint).
9. Obwohl Mose einmal im Vergleich mit den Propheten im besonderen Grad als *ʿæḇæḏ JHWH* erscheint, werden die Propheten im allgemeinen auch so bezeichnet. Nur in einigen Fällen ist dabei von einem einzelnen Propheten die Rede (1 Kön 14, 18; 15, 29 Ahija von Schilo; 2 Kön 9, 36; 10, 10 Elija; 2 Kön 14, 25 Jona ben Amittai; Jes 20, 3 Jesaja). Ein einziges Mal nennt sich ein Prophet selbst *ʿæḇæḏ*, nämlich Elija in seinem Gebet auf dem Karmel (1 Kön 18, 36: das erbetene Feuer vom Himmel soll zeigen, daß JHWH Gott ist und daß Elija sein Knecht ist, der in seinem Auftrag tätig ist). Ein wahrer Prophet und ein wahrer *ʿæḇæḏ JHWH* tut alles im Auftrag seines Gottes (vgl. das Verb *ʿāḇaḏ* Jer 15, 19).
Sonst werden die Propheten von JHWH selbst als *ʿaḇāḏaj hanneḇîʾîm* bezeichnet. Als solche sind sie die Wortführer JHWHs, durch die er Israel warnt und seinen Willen verkündet. Er hat sie wiederholt zu seinem Volk gesandt (Jer 7, 25; 25, 4; 26, 5; 29, 19; 35, 15; 44, 4), und er spricht durch sie sein Wort an Israel (1 Kön 14, 18; 15, 29; 2 Kön 9, 36; 10, 10; 14, 25; 17, 23; 21, 10; 24, 2; alles DtrGW, und Ez 30, 17). Sie reden im Namen JHWHs (Dan 9, 6; vgl. Jer 35, 15; 44, 4; Esra 9, 11). JHWH gibt seine Gebote durch sie kund (2 Kön 17, 13; Dan 9, 10; Esra

9, 11). Sie haben Zutritt zum *sôḏ* JHWHs, so daß sie alles, was er tun will, verkünden können (Am 3, 7). Wenn er seine Worte und Entschlüsse durch sie verkündet, geschieht es auch (Sach 1, 6), und er rächt ihr Blut (2 Kön 9, 7; vgl. Lindhagen 277–280).

Ringgren

10. In DtJes erscheint *ʿæḇæḏ* 19mal im Sing., davon 12mal mit Suff. der 1. Pers.; 2mal mit Suff. der 3. Pers.; 2mal mit Präp. *le*; 1mal mit *ke*; 2mal ohne weitere Bestimmung; und 2mal im Pl.: 54, 17 und 44, 26a (vgl. BHS; anders H.-J. Hermisson, ZThK 79, 1982, 7–9). In einigen Texten wird *ʿæḇæḏ* durch eine Apposition mit Israel (41, 8; 44, 1. 21 [2mal]; 45, 4; 49, 3), mit Jakob (41, 8; 44, 1. 2. 21; 45, 4; 48, 20) oder Jeschurun (44, 2) identifiziert. Der Knecht-Israel wird in 41, 8. 9; 44, 21; 49, 3 von JHWH direkt mit *(we)ʾattāh* angesprochen und in 45, 4 mit „mein Erwählter" betitelt. Die Erwählung wird in 41, 8. 9; 44, 1. 2 mit dem Verb *bḥr* ausgedrückt.

a) α) Jes 41, 8–13 ist ähnlich konstruiert wie die Heilsorakel an den König in Situationen der Gefahr (vgl. z. B. die Orakel an Asarhaddon ANET³ 449–450). Mit ihnen hat es gemeinsam: Anrede (Name, Rolle und Titel des Empfängers; vv. 8–9); die Formel „fürchte dich nicht" (vv. 10a. 13b; in Jes von der Beistandsformel „ich bin mit dir" begleitet, vv. 10. 13a); die Zusage eines die Niederlage der Feinde bewirkenden Eingreifens Gottes (vv. 11–12) und die Selbstvorstellung Gottes (v. 13a) mit Hinweis auf die für seinen Beschützten vollbrachten Handlungen (vv. 8b. 9. 10b; vgl. Vincent 124–176). In der exil. Situation wendet sich das Orakel nicht an den König, sondern an das Volk in seiner – obwohl nun den Platz des Königs einnehmend – gedemütigten Lage (*jiśrāʾel ʿaḇdî*, v. 8; *ʿaḇdî ʾattāh* v. 9), sei es im babyl. Exil oder in den Schwierigkeiten beim Wiederaufbau des Landes. Es scheint nicht möglich, den Sitz im Leben des Orakels präziser zu benennen. Die verwendeten Ausdrücke *ḥzq hiph min* (v. 9; *ʾmṣ* in v. 10b; vgl. Dtn 31, 6. 7. 23 und van der Woude, THAT I 540) und *tmk* (vgl. Ps 16, 3; 17, 5; 41, 13; 63, 9) bestätigen diesen Eindruck. Eine Bestimmung von Jes 41, 8–13 als Heils- oder Siegeszusage (Merendino, Bibl 53, 1972, 1–42) trifft den Texttyp genauer als der problematische Versuch, ihn an ein priesterliches Heilsorakel anzunähern (vgl. Conrad 151).

β) Jes 44, 1–2 ist Teil eines Heils- oder Erhörungsorakels (43, 22 – 44, 5), auch wenn v. 1 „eine erst später hinzugefügte Überleitung ist" (Elliger, BK XI 369). Der Text ähnelt Jes 41, 8–13 auch im Vokabular: „mein Knecht" (44, 1. 2), die Verben *bḥr*, *ʿzr*, die Formel „fürchte dich nicht".

γ) Jes 44, 21–22 ist ein Trost- und Mahnwort (Elliger, BK XI 443), von den vorausgehenden und den folgenden Versen unabhängig. „Du bist mein Knecht", daran sollen Jakob und Israel denken (v. 21a); es ist die Begründung der Israel gegebenen Sicherheit: sein Gott wird es nie verlassen (v. 21b). Mit 44, 2 ist der Ausdruck *jṣr* gemeinsam.

δ) In Jes 45, 4 erklärt „Jakob mein Knecht und Israel mein Erwählter" in einem Nominalsatz (*lemaʿan*: „Es ist wegen ..., daß ich dich rief ...") den Zweck der Wahl und der Sendung des Kyros.

ε) „Erlöst hat JHWH seinen Knecht Jakob" (Jes 48, 20) soll das Volk beim Aufbruch aus dem Exil in die Heimat verkünden (vgl. Merendino, VTS 31, 533).

ζ) In Jes 49, 1–6(7) ist die Identifizierung des Knechtes umstritten. Das Wort „Israel" in v. 3 ist von allen Manuskripten (mit Ausnahme von Kenn. 96, das von zweifelhaftem Wert ist) und von allen alten Übersetzungen bezeugt.

Die Schwierigkeit einer Sendung Israels zu Israel (v. 5) wird gelöst durch die Annahme eines „Restes" als Subjekt der Sendung. Die Identifizierung des Knechtes mit Israel ist kaum abwegig, zumal sie bereits zuvor in 41, 8; 44, 1. 2. 21; 45, 4; 48, 20 behauptet wird (Lohfink 218–228). Das Vokabular bestätigt, daß es sich wirklich um Israel handelt und erklärt die Funktion des Textes weiter. Die Berufung „von Mutterleib/-schoß an" (vv. 1. 5) (vgl. Jer 1, 5 wegen *jṣr*) wird von einer Einzelperson verstanden und hat eine deutliche Beziehung zu Israel in Jes 44, 2. 24 (*jṣr*). *ḥbʾ* (49, 2; verbergen) kommt noch in 42, 22 (*hoph*) vor. Das „Verbergen" wird in Jes 51, 16 mit dem Verb *ksh* beschrieben und vom Ausdruck „meine Worte in deinen Mund legen" begleitet; beide Ausdrücke beziehen sich auf das Volk. *pʾr* (49, 3) kommt auch in Jes 44, 23 (*hitp*) vor, wo JHWH sich an (*be*) Israel verherrlicht; und in 55, 5: JHWH verherrlicht Israel. *tohû* (v. 4) bezeichnet in DtJes Nationen (40, 17) und ihre Herrscher (40, 23), Götter (41, 29) und ihre Bildner (44, 9). *jgʿ* (v. 4) bezieht sich in Jes 40, 28. 30. 31; 43, 22. 23. 24 auf Israel und in 47, 12. 15 auf die „Chaldäer". Die Müdigkeit ist das Zeichen des Getrenntseins von JHWH.

In Jes 49, 1–4a bekennt der Knecht-Israel, seine Kräfte hinter *tohû* und *hæbæl* vergeudet, seine Erwählung und den Schutz JHWHs vergessen zu haben. *ʿaḇdî ʾattāh* ist in diesem Zusammenhang der Ehrentitel, dem Israel untreu geworden ist. V. 4b drückt den Vorsatz Israels aus, sich zu bessern: „Fürwahr, mein Schicksal muß mit JHWH sein, mein Tun mit meinem Gott." *pʿl* bezeichnet sonst in DtJes das Handeln JHWHs (Jes 41, 4; 43, 13; 45, 9. 11), so daß auch hier „seine *peʿullāh*" in den Bereich JHWHs gehört (40, 10). Die Götter sind nämlich unfähig zu „handeln" (41, 24).

Die vv. 5–6 bilden einen Fremdkörper innerhalb von 49, 1–6. *weʿattāh* unterbricht nicht wie gewöhnlich (Jes 43, 1; 44, 1; 47, 8; 48, 16; 52, 5) die Beziehung zum Vorausgehenden, noch führt es den Nachsatz innerhalb derselben Einheit ein. Die angekündigte Rede JHWHs wird in v. 5b durch eine Aussage des Knechtes in der 1. Pers. unterbrochen und erst in v. 6 mit *wajjoʾmær* aufgenommen; außerdem fehlt eine syntaktische Entsprechung zwischen dem finalen Inf. *lešôḇeḇ* und der Präfixkonj. *niph* von *ʾsp*; auch muß die Negation *loʾ* in *lô* geändert werden, um einen einheitlichen Sinn zu ergeben.

V. 5 würde eine hypothetische Lösung erlauben, wenn

man *'āmar* als *'omar* vokalisiert und „JHWH, der mich gebildet hat" als Teil der Aussage anschließt. *w^e jiśrā'el* wird so auch zum Objekt von *l^e šôḇeḇ*, und *lo' je'āsep* muß übersetzt werden: „Er (JHWH) wird sich nicht verbergen" (*'sp niph* als 'verbergen' scheint möglich: Ps 104, 22; Jer 8, 2; Ijob 27, 19). Diese Auslegung enthält das Problem der Entfernung zwischen dem Subjekt JHWH und dem Prädikat „wird sich nicht verbergen", doch erlaubt sie, vv. 1–5 als Einheit zu lesen, in der der Knecht-Israel in der 1. Pers. spricht.

V. 6 ist wohl ein Zusatz: Sprachliche Verbindungen mit vv. 1–5 fehlen; *n^e ṣûrê* (Q) ist semantisch eigenartig; v. 6b ist theologisch unwahrscheinlich (JHWH scheint sein exklusives Attribut, Heil zu schaffen, zu delegieren); es fehlt in v. 6b eine Entsprechung zur emphatischen Behauptung v. 6a; schließlich ist der zusammengesetzte Ausdruck „Bund fürs Volk / Licht für die Nationen", der in 42, 6 seinen ursprünglichen Kontext hat, hier auf die vv. 6. 8 verteilt.

V. 6 will eine zu politisch gefärbte Auslegung der Rolle des Knechtes-Israel korrigieren, indem er ihm Züge des Knechtes von Jes 42, 1–7 zuschreibt. Jes 49, 7 ist redaktionell (vgl. 48, 17), mit Anklängen an 52, 15 und 53, 3, um den Übergang zu 49, 8–12(13) zu schaffen.

Der Knecht von 49, 1–5(6) ist demnach zweifellos mit dem Volk identisch. Ihm wird eine Sendung zur Wiederherstellung des Landes und zur Befreiung der Exilierten (vv. 8–9) übertragen, zum Erschrecken und Erstaunen der Könige der Erde (v. 7), die seine Demütigung angesehen hatten.

b) α) Jes 42, 1–7 ist eine Einheit (Cazelles), auch wenn einige vv. 5–9 (wie auch 49, 7–12) als Übergang zwischen dem „Lied" und dem prophetischen Korpus auffassen (vgl. North, Second Isaiah 113). JHWH beschreibt seinen Knecht als seinen Erwählten, den er unterstützt (*tmk*), an dem er Gefallen findet (*rṣh*) und auf den er seinen Geist gelegt hat. Der ungewöhnliche Ausdruck *hôṣî' mišpāṭ* bedeutet: das Recht, das Gesetz, die Gerechtigkeit, das Urteil darlegen, durchsetzen oder bekannt machen, hier aber auch: seine eigene Sache (vgl. 1 QJes^a *mišpāṭô*) offenlegen. V. 2 bestätigt, daß eher der Knecht selbst gemeint ist. Er schreit nicht um Hilfe. Sein Schweigen wird Jes 53, 7 aufgenommen, doch schon hier eingeführt (Simian-Yofre, „Manifestará su destino" 311–320). Die Metaphern vv. 3f. beschreiben Handeln und Ergehen des Knechtes (vgl. Gressmann, Der Messias, 290; und ANET³ 385). Wie der Knecht das geknickte Rohr nicht zerbrechen und den verlöschenden Docht nicht auslöschen wird, so wird es ihm selbst ergehen (vgl. die Wiederholung der Wurzeln *khh* und *rṣṣ* in v. 4). Trotz seiner Schwäche wird der Knecht seine Sendung zu Ende führen, den göttlichen Plan auf Erden durchführen (*mišpāṭ* hier in einem etwas verschiedenen Sinn als in vv. 1. 3). Auf dem Fundament der Berufung des Knechtes erklärt sich seine Sendung in vv. 6–7: Zum Bund fürs Volk bestimmt zu sein, ist Teil des Geschenkes Gottes (*b^e rîṯ* hier als Verpflichtung JHWHs, → ברית) an die Menschen. Licht für die Nationen ist eng mit v. 7 verbunden. Das Vokabular von v. 7 befürwortet nicht eine wörtliche Auslegung als „aus dem Gefängnis herausführen". Obwohl *masger*, *'assîr* und *beṯ kælæ'* konkret als „Gefängnis" o. ä. aufgefaßt werden können, ist hier eine metaphorische Bedeutung wahrscheinlicher (vgl. *masger* in weitem Sinn: *rerum angustia* [Ps 142, 8 par. *š^e'ol*] Zorell, Lexicon, 451). Jes 24, 22 (par. *bôr*) erlaubt eine Übersetzung mit „Gefängnis" nur durch *petitio principii*. *'assîr* stellt vor eine ähnliche Situation. Jes 10, 4 ist ein schwieriger Text (Wildberger, BK X/1², 175ff.). *bêṯ kælæ'* läßt vielleicht eher an einen Lagerraum als an ein Gefängnis im eigentlichen Sinn denken (anders KBL³ 453 und 1 Kön 22, 27; 2 Kön 17, 4 u. ö.); Gefängnisse für größere Gruppen waren im Altertum unbekannt (M. Foucault, Sorvegliare e punire. La nascita della prigione [1976]). Das Betonen der Finsternis läßt bei „Licht für die Völker sein" an die Befreiung aus der Finsternis, die eigene Situation nicht zu verstehen, denken. Diese Auffassung stimmt mit der Sendung zur Teilhabe an der Blindheit von Jes 42, 18–23 (*bāṭê k^e lā'îm* in v. 22) und zur Erleuchtung (verstehen und verstehen machen) von Jes 43, 8–13 überein.

β) Jes 42, 18–23 ist ein JHWH-Wort an eine Gruppe über seinen Knecht. Der blinde Knecht (Sing. v. 19) kann nicht einfach mit den Blinden und Tauben (Pl.) identifiziert werden, die in v. 18 zum Hören und Sehen aufgefordert und in v. 23 rhetorisch befragt werden. *mal'āḵ* (parallel zu *'æḇæḏ*) wird nämlich niemals für Israel gebraucht (anders → IV 903f.). *m^e šullām* (Ptz. *pu* „der bestraft worden ist") entspricht dem Ptz. *pi* (5mal im AT, wobei Jer 32, 18 die Bestrafung für Vergehen heraushebt).

Die Verbformen im Sing. in v. 20 bestätigen diese Auslegung. Die Vokalisation des MT von *lm'n* kann schwerlich richtig sein, da *ḥpṣ* gewöhnlich mit *'æṯ/b^e* + direktem Objekt oder mit *l^e* + Inf. konstruiert wird. Ein finaler Gebrauch mit *l^e ma'an* ist sonst nicht belegt. Es scheint möglich, *lim'unnæh* (Ptz. *pu* + *lamed relationis*: „JHWH hat Gefallen gefunden an seinem Gedemütigten"; vgl. Jes 53, 4, auch Ptz. *pu*, und 53, 7, *niph* von *'nh*, „elend, gedemütigt sein") zu lesen. Wenn vv. 20–22 sich auf den Knecht (Sing.) beziehen, wird wohl auch *hû'* in v. 22 ihn meinen, der zwar nicht selbst das ausgeraubte und geplünderte Volk ist, aber sich mit ihm identifiziert. Das Volk dagegen wird aufgefaßt als eine Gruppe von *baḥûrîm*, müde und matt (v. 22; vgl. 40, 30).

Der Text ist folglich eine Auseinandersetzung JHWHs mit einem blinden und tauben Volk, das unfähig ist zu verstehen, daß niemand es aus seiner Situation der Beraubung und Plünderung retten kann (es sei denn JHWH). Der Knecht JHWHs, in besonderer Weise blind (*kî 'im* mit seinem stark einschränkenden Sinn hebt seine Gestalt heraus), findet einerseits das Gefallen JHWHs, andererseits identifiziert er sich mit dem Volk. Der Text schließt mit einer rhetorischen Frage, die die angeredete Gruppe von v. 18 auffordert, auf das, was geschieht, zu achten.

γ) Jes 43, 8–13 ist eine Auseinandersetzung JHWHs mit den Göttern (vgl. 41, 1–5; 41, 21–29; 44, 6–8; 45, 20–22; vgl. Simian-Yofre, „Testigo y servidor"

[im Druck]). Der Disput geht um die Fähigkeit, die mit *ngd hiph* (→ נגד) ausgedrückt wird. Wenn JHWH Subjekt von *higgîḏ* ist, hat das Verb eine offenbarende Funktion, die sich auf zukünftige Ereignisse erstreckt (vgl. Jes 42, 9; 44, 8; 46, 10; 48, 3. 5), aber auch auf gegenwärtige Situationen und Verhaltensweisen des Menschen, die in einem neuen Licht gesehen werden, wenn JHWH sie erhellt (Jes 45, 19 [→ V 196]; 43, 9. 12).
Die Überlegenheit JHWHs zeigt sich darin, daß er Zeugen hat (→ עוד *'wd*), die den Sinn der von JHWH interpretierten Ereignisse (*zo'ṯ/ri'šonôṯ* v. 9) verstanden haben (umgekehrt in Jes 41, 26).
„Mein Knecht, den ich erwählt habe" (43, 10) wird häufig als 2. Prädikat zu „ihr" angesehen: „ihr seid meine Zeugen und mein Knecht ...".

Diese Lesart bereitet aber Schwierigkeiten beim folgenden Finalsatz *lᵉmaʿan*. Ein vorausgegangenes Verständnis ist die Bedingung und das Wesen des Zeugeseins, nicht dessen Zweck. Außerdem ist die Verbindung des Pl. „meine Zeugen" mit dem Sing. „und mein Knecht" schwierig. Deswegen korrigieren manche *ʿaḇdî* zu *waʿᵃḇāḏaj* (vgl. Hermisson, ZThK 79, 1982, 4f.). Mit MT kann *ʿaḇdî* jedoch in Parallele zu „meine Zeugen" als Subjekt eines unvollständigen Nominalsatzes gelesen werden: „ihr seid meine Zeugen, und mein Knecht (ist auch meine Zeuge)" (vgl. auch Gerleman 59). *lᵉmaʿan* hängt dann von „den ich erwählt habe" ab.

Der Knecht ist ein erwählter Zeuge, damit andere wissen, verstehen und Vertrauen haben, damit wirkliche Zeugen sind, daß „Ich bin". Diese geheimnisvolle Gestalt des Knechtes soll also blinde Augen öffnen (vgl. 42, 7).
δ) *ʿaḇdô* in 50, 10 sichert die Identifizierung der anonymen Gestalt von Jes 50, 4–9a. Der Text, in der 1. Pers. Sing., legt das Bild eines Gefangenen in Erwartung des Gerichts nahe (man beachte das gerichtliche Vokabular der vv. 8–9a: *ṣdq, rjb, mišpāṭ, ršʿ hiph*), der bereits Verfolgung erlitten hat (v. 6), aber von JHWH befähigt worden ist, den Feinden standzuhalten (vv. 4–5).

lāḏaʿaṯ lʿwt bedeutet in diesem Kontext „um beugen/besiegen zu können, wer schwach/müde ist" (gemeint sind die Feinde JHWHs, die als solche schwach sind, vgl. Jes 40, 28. 30. 31 und oben 2. b). *lʿwt* könnte als *leʿawweṯ/leʿawwôṯ* Inf. *pi* von *ʿwt/ʿwh* vokalisiert werden: „von der Norm abweichen lassen, beugen, krümmen", im physischen oder ethischen Sinn, wird zu „strafen", wenn JHWH Subjekt ist. Dieser Sinn kommt dem vorgeschlagenen nahe. Die Sicherheit, die Feinde im Gericht schlagen zu können, wird auch Jes 54, 17 ausgedrückt. Sie wird jedoch in Jes 53, 7–8 grausam enttäuscht werden.

ε) *ʿaḇdî* in Jes 52, 13; 53, 11 und die Abgrenzung des MT bis 53, 12 als *setuma* rechtfertigen, 52, 13 – 53, 12 als Einheit aufzufassen. Der Text hat drei Abschnitte: Im ersten (wenigstens in 52, 13) und im dritten (53, 11–12) spricht JHWH; in 53, 1–6 spricht ein „wir".

Es gibt keinen Grund, für die vv. 7–10 einen weiteren Sprecher einzuführen, um so mehr als in v. 10 von JHWH in der 3. Pers. gesprochen wird. Trotz philologischer Schwierigkeiten ist es möglich, 52, 14–15 als Teil der Wir-Rede aufzufassen: JHWH kann Subjekt von *mšḥ* („du hast gesalbt", vgl. 1 QJes[a]) und von *jazzæh* (von *nzh* ʿbesprengenʾ) sein.

Die Beziehung zwischen dem Knecht und den Vielen ist diesem Text eigen. Einige Ausdrücke sprechen nur von einer gewissen Verbundenheit/Solidarität des Knechtes mit den „Wir": „unsere Krankheiten hat er getragen, unsere Schmerzen hat er auf sich geladen" (v. 4); „die Strafe für unsere Versöhnung war auf ihm" (v. 5bα); „er ward unter die Übeltäter gezählt", „er trat für die Sünder ein" (v. 12). Andere Ausdrücke lassen dagegen eine wirkliche Stellvertretung erkennen:

nś' ḥeṭ' + Suff. im Nachsatz eines kasuistischen Gesetzes (Lev 20, 20; 34, 15; Num 9, 13) bedeutet „die Folgen *seiner* Schuld tragen" (Elliger, Leviticus [HAT I/4, 259 Anm. 38]). Hier aber unterstreicht *ḥeṭ' rabbîm nāśā'* (Jes 53, 12), daß der Knecht die Folgen der Vergehen *anderer* trägt, sogar den ganzen Prozeß ihrer Strafe auf sich nimmt.
sbl ʿāwôn + Suff. (Jer 53, 11) findet sich nur noch in Klgl 5, 7: Die Israeliten müssen die *ʿāwôn* ihrer Väter tragen. *ʿāwôn* ist ein umfassender Begriff und beinhaltet zugleich Sünde, Strafe und Schuld (R. Knierim, THAT II 243–249). Offensichtlich denkt der Autor hier auch an *nś' ʿāwôn*, das die Stellvertretung in der Schuld, wenigstens in Lev 16, 22 (der Sündenbock, vgl. Elliger, HAT I/4, 216) und Ex 28, 38 (Aaron), und in der Strafe in Num 14, 33 beschreibt.
ûḇaḥᵃḇurāṯô nirpā'-lānû (53, 5) führt eine theologische Korrektur ein am Do-ut-Des-Prinzip (vgl. 4, 23f.; Ex 21, 25). Die Strieme des Knechtes wird zur Heilung für andere, für den ganzen Leib Israels, an dem nichts ohne *ḥᵃburāh* (Jes 1, 6) geblieben ist.
Trotz der syntaktischen Schwierigkeiten drückt *'im-tāśîm 'āšām napšô* (53, 10) aus, daß der Knecht *'āšām* (→ אשם) wird. Wie *ʿāwôn* umfaßt auch *'āšām* verschiedene Aspekte; es bezeichnet zuerst das Schuldverpflichtetsein/-werden, dann die Schuldableistung und zuletzt das Mittel der Schuldableistung (Knierim, THAT I 244–246).
Ohne gänzlich die Auslegung Kellermanns (→ I 470) zu unterschreiben, läßt sich nicht leugnen, daß der Knecht vor JHWH eine besondere Aufgabe als Stellvertreter der Vielen und zu ihren Gunsten erhält. Sein Tod und seine Verklärung unterstreichen diese Besonderheit.
niḡzar me'æræṣ ḥajjîm (53, 8) kann den physischen Tod eines Menschen meinen (vgl. Ez 37, 11b; 1 Kön 3, 25–26; → גזר *gzr*). „Land der Lebenden" steht im Gegensatz zum Reich des Todes (Ez 26, 20; 32, 23–27; Jer 11, 19; Ijob 28, 13). Die Auslegung von 53, 10 „Samen wird er sehen, seine Tage verlängern" und von 53, 12 (vgl. Hermisson, ZThK 79, 1982, 21–24) muß 53, 8bα berücksichtigen.

Sicher ist, daß das Handeln Gottes am Knecht ein Handeln nach dessen Tod und jenseits von ihm ist (Westermann, ATD 19², 214), auch wenn diese Erhöhung oder Verklärung des Knechtes nicht mit Auferstehung gleichzusetzen ist (für gegenteilige Meinungen vgl. H. Haag, EdF 223, 193ff.).

c) Der anonyme Knecht ist eine Gestalt, von der andere (JHWH, „Wir") in der 3. Pers. sprechen. Nur in 42, 6–7 wird er angeredet und nur in 50, 4–9a spricht er in der 1. Pers. Die Texte interessieren sich besonders für das harte Schicksal des Knechtes (s. o.). Seine Sendung besteht in Passivität und Identifikation: Weder kündigt der Knecht Befreiung an, noch führt er das Volk (Aufgaben, die bei DtJes dem Propheten oder Gruppen innerhalb des Volkes zukommen). Als „Bund fürs Volk" ist der anonyme Knecht Teil des Geschenkes JHWHs ans Volk; als Zeuge ist er fähig, zu verstehen. Er ist Licht, um blinde Augen zu öffnen und um herauszuführen, die in der Finsternis sind, weil er selbst an der Blindheit Anteil hat. Der Auftrag für den Knecht, „den Heilsplan JHWHs auf Erden durchzuführen" (42, 4), steht immer in Beziehung zu einer Gruppe, die nicht als Israel identifiziert wird, sondern *gôjim*, *ʿām* (ohne Suffix), *leʾummîm*, *ʾijjîm*, *rabbîm* genannt und als blind, taub, in der Finsternis gefangen beschrieben wird. In Jes 42, 1–7 wird der Knecht wenigstens bildlich einer anonymen Gruppe vorgestellt. In Jes 42, 18–23 wird die Gruppe zu Beginn mit einem Imperativ und am Ende mit einer Frage angeredet; in 43, 8–13 wird sie näher vorgestellt. Im Monolog Jes 50, 4–9a ist ihre Gegenwart verborgen und drohend. Im „Vierten Lied" treten Könige als qualifizierte Zuschauer auf, und die „Wir" erscheinen als handelnde Personen. Die Beziehung zwischen Knecht und Gruppe wächst vom Instrumentsein zugunsten der Gruppe (42, 1–7) über die Teilnahme als Blinder und Zeuge (42, 18–23; 43, 8–13) bis zur Stellvertretung (52, 13–53, 12), die eine Verbundenheit in der Sünde, eine Ersatzleistung in der Strafe und eine Anwesenheit in der Versöhnung einschließt. Die Identifizierung mit der Gruppe führt dazu, ein von JHWH gewolltes Leiden nicht abzulehnen (42, 21; 53, 10), physisches Leiden und geistige Blindheit mit eingeschlossen. Die schweigende, stellvertretende Annahme des Leidens (42, 2; 53, 7) unterscheidet den anonymen Knecht grundlegend vom „verfolgten Gerechten" der Psalmen, von Ijob, vom Jeremia der Konfessionen und vom *ʿæbæd* Israel des DtJes. Zusammen mit den zahlreichen liturgischen und gerichtlichen Anspielungen im Vokabular (Rignell, VT 3, 1953, 89; R. J. Thompson, Penitence and Sacrifice in Early Israel Outside the Levitical Law, Leiden 1963, 224) machen die vorhin genannten Züge es wahrscheinlich, daß der Autor eine außerordentliche Gestalt und „Aufgabe" vorstellen wollte. Weder Israel noch ein Prophet (z. B. DtJes), noch sonst eine Gestalt des AT erfüllen alle Züge des anonymen Knechtes. Der anonyme Knecht ist ein offenes theologisches Bild, das sich mit keiner geschichtlichen Gestalt vollständig deckt, sei sie individuell oder kollektiv, das aber jedem, der seine Züge annimmt, erlaubt, diese wenigstens teilweise zu verwirklichen. Die Texte stellen sich so dar als theologische und dramatisierte Meditation über das Schicksal jedes Menschen und seine Fähigkeit, den unausweichlichen Leiden und der Versuchung zu begegnen, indem er sie mit den anderen und, bis zu einem gewissen Grad, für die anderen, annimmt. Israel scheint keine privilegierte Beziehung zum anonymen Knecht zu haben. Vielmehr erscheint dieser als Vorbild für einen weiteren Kreis, der auch Israel einschließt. Die Verwendung von *ʿæbæd* auch für Israel unterstreicht eher seine Verschiedenheit vom anonymen Knecht.

Die Texte vom anonymen Knecht haben zahlreiche Ausdrücke mit dem Corpus von DtJes gemeinsam und fügen sich harmonisch darin ein (zuletzt Mettinger 18–28). Das kann auch für die Einheit des Verfassers des ganzen Jes 40–55 sprechen, erlaubt aber nicht, die theologische Besonderheit der Aussagen über den anonymen Knecht zu streichen.

Simian-Yofre

Über die Identität des „anonymen Knechtes" herrscht in der Forschung kein Konsensus. Nachdem Duhm (HKAT III/1, [5]1968) die vier Knechtlieder (einschl. 49, 1–4) isoliert hatte, betrachtete man sie im allgemeinen als sekundär im Kontext des DtJes. Gegen diese Auffassung sind immer wieder Einsprüche erhoben worden. Danach wären die Lieder ein integrierender Teil des dtjes Buches (zur Forschungsgeschichte zuletzt H. Haag, EdF 233, 15–24).

Dies hat die kollektive Deutung des Knechtes als Israel gefördert, nachdem eine Vielzahl von individuellen Interpretationen (Mose, Hiskija, Jeremia, der Prophet selbst) als gescheitert erscheinen mußten. Messianisch interpretieren u. a. von Rad (ThAT II[5], 260–288), der im Knecht den neuen Mose, der den neuen Exodus leitet, und Gerleman (38–69), der in ihm den neuen David vorfinden will.

Kaiser richtete die Aufmerksamkeit auf die königlichen Züge des Knechtes (Erwählung, Berufung im Mutterleib, Geistesbegabung, Verantwortlichkeit für das Recht, Befreiung von Gefangenen) und sieht eine Strukturähnlichkeit zwischen 49, 1–4 und dem Königspsalm Ps 2. Schwierigkeiten bereitet hier das Leiden des Knechtes in Kap. 53, da von einem stellvertretenden Leiden des Königs im AT nichts bekannt ist. Engnells Hinweis auf gewisse Tammuzlieder überzeugt nicht, da diese Lieder jetzt anders verstanden werden (vgl. J. Scharbert, BZ NF 2, 1958, 190–213). Einige Psalmen, die das Thema „durch Tod zum Leben" haben und in denen der Beter als verachtet, leidend, sterbend und wieder ins Leben gerufen dargestellt wird, könnten eine gewisse Parallele bieten (Ringgren, Messiah, 63f.; RdM 26, [2]1982, 215f.). Sie lassen sich aber nur indirekt mit dem König in Verbindung bringen, und es ist zweifelhaft, ob sie eine selbständige Gruppe bilden (I. Ljung, Tradition and Interpretation, CB.OTS 12, 1978). Die tatsächlich vorhandenen königlichen Züge könnten dadurch erklärt werden, daß der anonyme Knecht „das mit Hilfe königlicher Kategorien umschriebene (ideale) Israel" wäre (Ringgren, RdM 26, 270). Israel hat ja nach DtJes die Rolle des Königs übernommen (vgl. Jes 55, 3–5 und Lindhagen 215; auch oben zu 41, 8ff.). – Eine endgültige Lösung scheint z. Z. nicht erreichbar zu sein.

IV. 1. *ʿaboḏāh* ist teils 'Arbeit' im allgemeinen, teils profaner oder kultischer 'Dienst'. Er kommt sehr oft in der figura etymologica *ʿāḇaḏ ʿaboḏāh* „Arbeit ausführen", „Dienst verrichten" (s.o. II.4.) vor. Es handelt sich um „schwere Arbeit" (Ex 1, 14; 6, 9), um „die Arbeit des Tragens" am Begegnungszelt (Num 4, 47; von *ʿaḇoḏaṯ ʿaḇoḏāh*, dem eigentlich kultischen Dienst, unterschieden, vgl. Milgrom, JQR 61, 1970–71, 132–154), um Feldarbeit (1 Chr 27, 26 *ʿaḇoḏaṯ hāʾaḏāmāh*; Ex 1, 14 *ʿaḇoḏāh baśśāḏæh*), um die tägliche Arbeit des Menschen (Ps 104, 23, par. *poʿal*), um die Arbeit eines Lohnarbeiters (Gen 29, 27; 30, 26 Jakob bei Laban) oder Soldaten (Ez 29, 18), ja sogar um „Sklavenarbeit" (Lev 25, 39). Ferner bezeichnet *ʿaḇoḏāh* die Fronarbeit der Israeliten in Ägypten (Ex 1, 14; 2, 23; 5, 9. 11; 6, 9; Dtn 26, 6), die als Sklavenarbeit empfunden wurde. Um Dienst oder Arbeit unter einem König handelt es sich 1 Kön 12, 4 || 2 Chr 10, 4; vgl. o. II.5.). Jes 14, 3 scheint es um Fronarbeit unter feindlichen Völkern zu gehen (vgl. auch *ʿaḇoḏaṯ mamlāḵôṯ* 2 Chr 12, 8). In 1 Chr 26, 30 werden die Hebroniter für *melæʾḵæṯ JHWH* und *ʿaḇoḏaṯ hammælæḵ* bestimmt. 2 Chr 12, 8 hebt den Unterschied zwischen *ʿaḇoḏāṯî* (d.h. Gott zu dienen) und *ʿaḇoḏaṯ mamlāḵôṯ* hervor: die Israeliten werden Schischaks *ʿaḇāḏîm* sein. Zum *melæʾḵæṯ ʿaḇoḏāh* → IV 908f.

Die „fremdartige" *ʿaḇoḏāh* Gottes steht Jes 28, 21 mit *maʿaśæh* parallel (s.o.); derselbe Parallelismus findet sich Jes 32, 16, aber hier geht es um die Wirkung oder den „Ertrag" der Gerechtigkeit (ähnliche Bedeutungsentwicklung bei *peʿullāh*).

2. In der Mehrzahl der Belege ist aber von kultischem Dienst die Rede. *ʿaḇoḏaṯ JHWH* wird Jos 22, 27 näher bestimmt als Darbringen von verschiedenen Opfern. Num 8, 11 wird die Aufgabe der Leviten als JHWH-Dienst definiert. 2 Chr 35, 10. 16 ist die ganze Kultordnung gemeint. Ex 12, 25f.; 13, 5 wird die Passahfeier eine *ʿaḇoḏāh* genannt, die man „einhalten" (*šmr*) bzw. „verrichten" (*ʿbd*) soll; am besten übersetzt man hier „Kultbrauch".

Viele Belege beziehen sich auf den Dienst am Begegnungszelt (Num 4, 33. 35. 39. 43; 8, 24; 18, 4. 33 usw.) oder am „Haus Gottes" (Neh 10, 33; 1 Chr 23, 28. 32; 25, 6 usw.). Die *kelê hāʿaḇoḏāh* (1 Chr 9, 28) sind die gottesdienstlichen Geräte. Der Ausdruck *ʿaḇoḏāh waʿaḇoḏāh* (Num 4, 47) bezieht sich auf die einzelnen Kulthandlungen.

ʿaḇoḏāh bezieht sich nie auf den Dienst fremder Götter.

V. Die Qumranschriften bleiben meist im Rahmen des Sprachgebrauchs des AT. Das Verb wird für die Verehrung Gottes („in Treue" 1 QH 17, 7; 17, 14) wie auch der Götzen (1 QpHab 12, 13; 13, 2f.; CD 5, 4) gebraucht. CD 20, 20f. unterscheidet zwischen *ṣaddîq* und *rāšāʿ*, d.h. „die Gott dienen und die ihm nicht dienen". In der Tempelrolle wird mehrmals in Anlehnung an Dtn das Dienen anderer Götter erwähnt (54, 10; 55, 4. 7; 59, 3); daneben steht *ʿāḇaḏ* für „dienstbar sein" (62, 8 aus Dtn 20, 11), vom nicht bebauten Tal von Dtn 21, 4 (63, 2), mit *be* in der Bedeutung „(einen Stier) arbeiten lassen" (52, 8, vgl. Dtn 15, 19) und zusammen mit „fürchten", „hören" und „anhangen" als Beschreibung des rechten Gottesverhältnisses (54, 14).

ʿæḇæḏ steht als Selbstbezeichnung des Beters der Hodajot (5, 15. 28; 7, 16; 9, 11; 10, 29; 11, 30. 33; 13, 18; 14, 8. 25; 16, 10. 12. 14. 18; 17, 11. 23. 25f.; 18, 6. 10, ferner 1 QS 11, 16). Viermal ist von „seinen (Gottes) Dienern, den Propheten" die Rede (1 QpHab 2, 9; 7, 5; 1 QS 1, 3; 4 QpHos^{b} 2, 5), einmal wird „David, dein Knecht" genannt (1 QM 11, 2). Auf den Gegensatz Sklave – Herrscher (*mošel*) wird 1 QS 9, 22 Bezug genommen. Der Verkauf eines Sklaven oder einer Sklavin wird CD 12, 10 verboten, ebenso das Bedrängen (*mr'*) der Sklaven (CD 11, 12). TR 54, 17 gebraucht den Ausdruck *bêṯ ʿaḇāḏîm* für Ägypten.

ʿaḇoḏāh findet sich mehrmals in der Tempelrolle in der Kombination *kol melæʾḵæṯ ʿaḇoḏāh* „die Verrichtung jeglicher Arbeit" (14, 10; 17, 11. 16; 19, 8; 25, 9, vgl. Ex 35, 24). Die Damaskusschrift spricht von Arbeit im allgemeinen (CD 10, 19) und am Sabbat (10, 20). Die Aufgabe der Vollmitglieder wird als *ʿaḇoḏaṯ hāʿeḏāh* „Dienst in der Gemeinde" beschrieben (1 QSa 1, 13. 19, vgl. auch 1, 22; 2, 1; in CD 11, 23; 14, 16 steht *ʿbdt hḥbr*). Gemeinschaft mit Außenstehenden „in Besitz und Arbeit" soll vermieden werden (CD 20, 7; 1 QS 6, 2 hat *melāʾḵāh wemāmôn*). Sonst entwickelt *ʿaḇoḏāh* hier eine weitere Bedeutung als in den bibl. Texten. Man kann also vom Dienst der Wahrheit (1 QpHab 7, 11), der Falschheit (*šāw* 10, 11), der Gerechtigkeit (1 QS 4, 9; 1 QH 6, 19), der Unreinheit (1 QS 4, 10, vgl. 1 QM 13, 5) oder der Gewalttat (1 QSa 1, 22) sprechen. Die „Werke" (*ʿaḇoḏāh*) des Menschen sind „auf den Wegen" der beiden Geister gegründet (1 QS 3, 26, vgl. 1 QH 1, 16). In der Kriegsrolle kann das Wort „Kriegsdienst" bedeuten (1 QM 2, 9. 15, vgl. 1 QSa 1, 18). Ein paarmal ist vom Dienen Gottes die Rede (*ʿaḇoḏāṯeḵā* 1 QH 2, 33. 36). Schließlich hat Gott den Naturerscheinungen ihre Aufgabe gegeben, „und sie erfüllen nach seiner Bestimmung ihren Dienst" (1 QH 1, 12).

VI. Im Judentum hat die Gestalt des Gottesknechtes besondere Aufmerksamkeit gefunden, da sie hier häufig mit dem jüdischen Volk identifiziert wird (Loewe, Segal, Kaufmann, Friedländer, Berkovits, M. Brocke, I. Greenberg u.a.). Zur Diskussion vgl. u.a. J. Jeremias, ThWNT V 676–698; M. Rese, Überprüfung einiger Thesen von Joachim Jeremias zum Thema des Gottesknechtes im Judentum (ZThK 60, 1963, 21–41); H. Haag, EdF 233, 34–66; ders., Der „Gottesknecht" bei Deuterojesaja im Verständnis des Judentums (Jud 41, 1985, 23–36).

Ringgren

עָבַט *ʿāḇaṭ*

עֲבוֹט *ʿaḇôṭ*, עַבְטִיט *ʿaḇṭîṭ*

I. Etymologie und Vorkommen – 1. Etymologie – 2. Vorkommen – a) im Vorderen Orient – b) im AT – II. Bedeutung und Verwendung im AT – 1. Bedeutung – 2. Verwendung – III. LXX.

Lit.: *J. Barth*, Die Nominalbildung in den semitischen Sprachen, 1891 (= 1967). – *F. Buhl*, Die socialen Verhältnisse der Israeliten, 1899. – *M. David*, Deux anciens termes bibliques pour le gage (עבוט, חבל) (OTS 2, 1943, 79–86). – *G. Eisser / J. Lewy*, Die altassyrischen Rechtsurkunden von Kültepe (MVÄG 33; 35, 1, 1930. 1935). – *I. B. Gottlieb*, ʿAbōt, ʿAbīt, Nʿbṣn (Bar Ilan Ann. 16, 1979, 166–170). – *J. C. Greenfield*, Studies in Aramaic Lexicography I (JAOS 82, 1962, 290–299, bes. 295f.). – *A. Guillaume*, Hebrew and Arabic Lexicography. A Comparative Study. II (Abr Nahrain 2, 1960f., 5–35, bes. 27). – *F. Horst*, Das Privilegrecht Jahwes (Gottes Recht [ThB 12], 1961, 17–154). – *J. Jeremias*, Kultprophetie und Gerichtsverkündigung in der späten Königszeit Israels (WMANT 35, 1970) (zu Hab 2, 6). – *D. Leibel*, יערבון - יעבטון (Leshonenu 29, 1965f., 222–225). – Weitere Literatur s. unter → חבל *ḥāḇal* II.

I. 1. Bei der Wortfamilie *ʿaḇôṭ*/*ʿbṭ* handelt es sich im Akk. wie im Bibl.-Hebr. um die Denominierung eines Verbs von dem Nomen; von *ḫubutt(āt)u(m)* / *ḫubuttūtu* (AHw 352; auch *ebuttum* [AHw 184]) ʿ(anfangs) zinsloses Darlehenʾ wird *ḫabātu(m)* II ʿzinslos entleihenʾ (AHw 304) abgeleitet. Nach J. C. Greenfield 295 ist das Nomen aus dem Aram. herzuleiten, wobei eine proto-semit. Verbwurzel **ʿbṭ* mit der Bedeutung ʿbindenʾ den Ausgangspunkt bilden könnte.

2. a) Außer den Belegen für die Wurzel *ʿbṭ* im Akk. und Bibl.-Hebr. sind solche in den westsemit. Sprachen einschließlich des Ugar. nicht bekannt geworden. Das Aram. folgt in seiner Verwendung von Nomen und Verb dem biblischen Sprachgebrauch (J. Levy, WTM² III 608).

b) Für das Nomen *ʿaḇôṭ* gibt es 4 Belegstellen (Dtn 24, 10. 11. 12. 13), während das Verb *ʿbṭ* jeweils 2mal im *qal* (Dtn 15, 6; 24, 10) und 2mal im *hiph* (Dtn 15, 6. 8) gebraucht wird. Die im *pi* belegte Form *jeʿabbeṭûn* Joël 2, 7 ist in ihrer Bedeutung unsicher und wird entweder ersetzt (J. Wellhausen, Die kleinen Propheten, 207; F. Horst, HAT I/14³, 61) oder von einer homonymen Wurzel *ʿbṭ* II hergeleitet (so KBL³; Lisowsky; ähnlich auch Greenfield 295 Anm. 51) und bleibt deshalb außer Betracht. Für *ʿaṣṣeḇêḵæm* Jes 58, 3 wird als Konjektur das Ptz. pl. im *qal* *ʿoḇeṭêḵæm* „eure Schuldner" vorgeschlagen (KBL³ 735). Ein weiteres Derivat ist das hap. leg. *ʿaḇṭîṭ* Hab 2, 6, dies wiederum von dem denominierten Verb *ʿbṭ* abgeleitet.

J. Barth, § 144, S. 115, ordnet das Wort unter die „Nomina mit Wiederholung von Radikalen" vom Typ *qatlil* ein und nennt als Bedeutung „wohl ‚Pfand' Habq. 2, 6".

II. 1. Um die Bedeutung der von *ʿbṭ* gebildeten Formen zu bestimmen, geht man von dem Begriff *ʿaḇôṭ* ʿPfandʾ aus. Er bedeutet in jedem Fall einen Gegenstand, den der Schuldner beim Empfang eines Darlehens als Sicherheitspfand für dessen Rückgabe benennt oder übergibt und das der Gläubiger im Fall der Zahlungsunfähigkeit des Schuldners behalten und benutzen kann (F. Horst, Gottes Recht, 92).

F. Buhl, 99f., versteht dagegen unter den Begriffen *ḥaḇôl*/*ʿaḇôṭ* stets das „Exekutionspfand", da er die zeitweise Rückgabe eines Sicherheitspfandes (nach Dtn 24, 12f.) für widersinnig hält. Eisser und Lewy, MVÄG 33, 302d, benutzen als Übersetzung des akk. *e-bu-ṭu*, die sie auch für Dtn 24, 10ff. als zutreffend ansehen, den Begriff des „Treugutes", den sie aus den Verhältnissen ableiten, die die von ihnen publizierten altassyr. Rechtsurkunden (Nr. 269. 281) voraussetzen.

Die für Pfand und Darlehen geltenden Bestimmungen sind in Dtn 24, 10–13 (in Ex 22, 25; Dtn 24, 6. 17 unter Verwendung von → חבל *ḥbl*) enthalten.

H. A. Hoffner hat → II 707–712 die „Terminologie der Pfandleihe" im AT behandelt (→ נשׂא *nāšāʾ*; → ערב *ʿrb*) und über die weiterführenden Bestimmungen der Mischna über Pfand und Bürgschaft informiert, so daß dies hier nicht ausgeführt zu werden braucht.

Zum besseren Verständnis des Verbs *ʿbṭ* empfiehlt es sich, mit KBL² den Begriff „in ein Pfandverhältnis treten" zugrunde zu legen, weil sich dann erklären läßt, warum *ʿbṭ* in Dtn 15, 6 ʿleihenʾ und in Dtn 24, 10 (mit dem Akk. *ʿaḇoṭ*) ʿein Pfand nehmenʾ bedeutet; es sind zwei unterschiedliche vermögensrechtliche Maßnahmen, die beide unter dem Begriff des Pfandes zusammengefaßt werden.

2. Über die unter Verwendung von *ḥbl* formulierten Bestimmungen zum Pfand- und Darlehensrecht hinaus findet sich unter dem Stichwort *ʿaḇôṭ* das Verbot, daß der Gläubiger sich nicht selber den Pfandgegenstand aus dem Hause des Schuldners holen soll, sondern vor dem Hause die Übergabe des Pfandes erwarten muß (vgl. dazu die Diskussion in Bab M IX, 13, ob der Gerichtsdiener das Haus betreten darf, um das Pfand zu holen). Die in Ex 22, 25 ausgesprochene Anweisung, dem armen Mitbürger das am Tage als Pfand genommene Gewand in der Nacht zurückzugeben, wird Dtn 24, 12. 13 unter Verwendung des Nomens *ʿaḇôṭ* wiederholt.

Bemerkenswert ist die Aussage von Dtn 15, 6; hier stehen die Verben *ʿbṭ* und → משל *mšl* I in Parallele: ein Darlehensverhältnis beinhaltet stets eine Abhängigkeit, zumal wenn es – anders als gegenüber den Angehörigen des eigenen Volkes (vgl. Ex 22, 24b; Dtn 23, 20; Ps 15, 5; Ez 18, 8. 17) – durch die Forderung von Zinsen zur drückenden Last wird (nach R. de Vaux, LO I 275 gab es im Alten Orient Zinssätze von 12–50%!). Die folgenden Sätze enthalten den eindringlichen Appell, den Armen (→ אביון *ʾæḇjôn*) im Volk die benötigte Hilfe nicht zu versagen (Dtn 15, 8: *haʿaḇeṭ taʿaḇîṭænnû*). Natürlich ist auch hier an das Leihen gegen Pfand gedacht, doch soll man mit dem Armen seines Volkes schonend verfahren, wie es Dtn 24, 10. 13 verlangt.

Während für das Nomen *ʿaḇôṭ* die Übersetzung mit „Pfand" gesichert ist, läßt das Verständnis von *ʿaḇṭîṭ* Hab 2, 6 unterschiedliche Deutungen zu. F. Horst, HAT I/14³, 181, versteht darunter die „Pfandschuld" der Assyrer gegenüber anderen Völkern; J. Jeremias dagegen sieht in Hab 2, 6 einen der prophetischen Sozialkritik entsprechenden Weheruf über die Reichen, die die kleinen Bauern durch „das harte Pfand, das vor dem lebensnotwendigen Besitztum des Schuldners nicht halt macht" (a.a.O. 70), bedrücken und denen deshalb der Aufstand der Schuldner angedroht wird (Hab 2, 8 hält er für eine spätere Nachinterpretation).

III. In der LXX wird *ʿbṭ* meistens mit δανείζειν wiedergegeben. *ʿaḇôṭ* findet seine Wiedergabe in ἐνέχυρον, nur 1mal ἱμάτιον. *ʿaḇṭîṭ* schließlich wird mit κλοιός übersetzt.

Beyse

עָבַר *ʿāḇar*

עֵבֶר *ʿeḇær*, עֲבָרָה *ʿaḇārāh*, מַעֲבָר *maʿaḇār*, מַעְבָּרָה *maʿbārāh*, עֲבָרִים *ʿaḇārîm*, עֲבַר נַהֲרָא *ʿaḇar naharāʾ*

I. Etymologie – II. Außerbiblische Belege – 1. Äg. *ʿpj* – 2. Kanaanäische Inschriften – 3. Ugarit – 4. Akk. *ebēru* – III. AT – 1. Belege, sprachliche Besonderheiten, Synonyme – 2. Verb *ʿbr* (*qal* und *hiph*) – a) Ausdruck räumlicher Bewegung – b) Übertragener Gebrauch – c) Geprägte Wendungen, Termini technici – d) Theologischer Gebrauch – α) Durch das Feuer gehen lassen – β) In die Reihe der Gemusterten eintreten – γ) Vorangehen JHWHs im sog. Heiligen Krieg – δ) Durchzug durch den Jordan – ε) Vorübergehen Gottes in der Theophanie – ζ) Schuldigwerden des Menschen im Übertreten von Gottes Gebot und Ordnung – η) Gottes strafendes Einherschreiten – ϑ) Vorübergehen = vergeben – ι) In den Bund eintreten – 3. *ʿeḇær* – 4. *ʿaḇārāh* – 5. *maʿaḇār* – 6. *maʿbārāh* – 7. *ʿaḇārîm* – 8. *ʿaḇar naharāʾ* – IV. Qumran – V. LXX.

Lit.: *B. Gemser*, Beʿēber hajjardēn: In Jordan's Borderland (VT 2, 1952, 349–355). – *R. Kümpel*, Die „Begegnungstradition" von Mamre (Festschr. G. J. Botterweck, BBB 50, 1977, 147–168). – *D. Leibel*, עבר בשלח (Tarbiz 33, 1963/64, 225–227). – *J. P. U. Lilley*, By the River-Side (VT 28, 1978, 165–171). – *G. S. Ogden*, Qoheleth XI 7 – XII 8: Qoheleth's Summons to Enjoyment and Reflection (VT 34, 1984, 27–38, bes. 32f.). – *M. A. van den Oudenrijn*, ʿĒber Hayyardēn (Bibl 35, 1954, 138). – *L. Prijs*, Ergänzungen zum talmudisch-hebräischen Wörterbuch (ZDMG 120, 1970, 6–29, bes. 20f.). – *C. Rabin*, Lexical Remarks (Festschr. S. E. Loewenstamm, Jerusalem 1977, 397–407). – *Y. Ratosh*, "עבר" במקרא או ארץ העברים (BethM 16, 4, 549–568). – *W. H. Simpson*, Divine Wrath in the Eighth Century Prophets, Diss. Boston 1968. – *N. H. Snaith*, Time in the OT (Festschr. S. H. Hooke, Edinburgh 1963, 175–186). – *H.-P. Stähli*, עבר *ʿbr* vorüber-, hinübergehen (THAT II, 1976, 200–204). – *E. Vogt*, ʿēber hayyardēn = Regio finitima Iordani (Bibl 34, 1953, 118–119). – *N. M. Waldman*, On הפליג, עבר, and Akkadian Parallels (Gratz College Annual of Jewish Studies 2, 1973, 6–8). – *M. Weinfeld*, Burning Babies in Ancient Israel. A Rejoinder to Morton Smith's Article in JAOS 95 (1975), 477–479 (UF 10, 1978, 411–413). – *H. Yalon*, ללשון המשנה (Tarbiz 37, 1967/68, 131–134). – *E. Zolli*, Sintesi delle note esegetiche (Sefarad 20, 1960, 295–318).

I. Die Etymologie von *ʿbr* ist nicht gesichert. Eine Beziehung zu → *ʿiḇrî* wird gelegentlich angenommen (z. B. J. Lewy, HUCA 28, 1957, 1–13), ist aber eher unwahrscheinlich (z. B. R. Borger, ZDPV 74, 1958, 121–132). Dasselbe gilt für einen vermuteten Zusammenhang mit → *ʿæḇrāh* „Überströmen > Zorn" (z. B. E. König, Hebr. u. aram. Wb zum AT, 1910, ⁵1931, 312). J. Barth, Etymologische Studien, 1893, 5, verbindet *ʿæḇrāh* zutreffender mit arab. *ġbr*, vgl. *iġbirār* „Groll" (Wehr 595; J. A. Emerton, ZAW 81, 1969, 189). Man wird deshalb von zwei selbständigen Wurzeln auszugehen haben: *ʿbr* II 'zornig sein'; dieser Wurzel sind die Nominalderivate *ʿæḇrāh* I 'Zorn' und *ʿæḇrāh* II 'Aufwallung, Übermaß' (Jes 16, 6; Jer 8, 30; Spr 21, 24; 22, 8; vgl. Wildberger, BK X/2, 625) zuzuordnen (KBL³ 738; anders GesB 561; O. Grether / J. Fichtner, ThWNT V 393 Anm. 62; G. Sauer, THAT II 205), vermutlich auch *ʿbr pi* in der Bedeutung 'den Samen übergehen lassen, bespringen' (Ijob 21, 10; anders GesB 559, KBL³ 736) und *hitp* 'sich ereifern, aufbrausen' (Spr 14, 16; 20, 2; vgl. Sir 5, 7; 7, 10. 16; 38, 9; dazu N. Peters und R. Smend zu Sir 5, 7). Ob altaram. *jʿbrnh* (KAI 224, 17, vgl. DISO 202) von *ʿbr* II abzuleiten ist (R. Degen, Altaram. Grammatik, 1969, 68), bleibt fraglich. *ʿbr* I bezeichnet allgemein eine zielgerichtete Orts- bzw. Stellungsveränderung von A nach B. Die Position des Sprechers definiert diesen Bewegungsablauf als Hinüber-, Vorüber- oder Herübergehen bzw. -kommen. Daraus ergibt sich eine Fülle von Bedeutungsaspekten im wörtlichen und übertragenen Sinn. *ʿbr* I ist in allen semit. Sprachen belegt: akk. *ebēru* (AHw 182; CAD E 10–13), ugar. *ʿbr* (WUS Nr. 1990; J. C. de Moor, AOAT 16, 1971, 156), kanaan. *ʿbr* (DISO 202), asarab. und arab. *ʿbr* (Biella 350f.; Wehr 529), vgl. äth. *ʿadawa* (Dillmann, Lex LingAeth, 1011) und äg. *ʿpj* (WbÄS I 179).

II. 1. Äg. *ʿpj* ist seit Pyr in Königsgräbern vielfach belegt. Es bezeichnet mit direktem Obj.: „durchqueren (einen Fluß), hindurchschreiten (durch einen Ort)"; mit *ḥr*: „eintreten (in einen Raum), hindurchgehen (durch ein Tor), auf einem Weg gehen"; mit *m*: „eintreten, betreten, einsteigen (in ein Schiff)"; mit *m ḫt*: „hinter jem. hergehen, nachfolgen". Gelegentlich steht es als Variante für *ʿḳ* „eintreten". Die meisten Belege für *ʿpj* finden sich in den sog. Unterweltsbüchern (Amduat, Pfortenbuch, Sonnenlitanei), die dem Verstorbenen den Weg zu seinem Ziel, der Einswerdung mit Osiris, weisen wollen. Dieser Weg ist beschwerlich und voller Gefahren. Zunächst muß der Verstorbene den Unterweltsfluß *überqueren*. Dazu muß er sich der Dienste des unwirschen Fährmanns bedienen oder, was geratener erscheint, in der „Schiffswerft der Götter" selber ein Boot zimmern (Amduat, Spruch 99 „Spruch vom *Herbeiholen* der Fähre" bzw. Spruch 136 A). So gelangt der Verstorbene zum „Tor des Urgewässers", durch das er *hindurchgehen* muß, um den Raum der Unterwelt zu *betreten*. Dieser Raum ist gegliedert in 7 bzw. 21 durch mächtige Tore abgeschlossene Bereiche (Amduat, Spruch 144 bzw. 145). Die Tore sind von furchterregenden Dämonen mit Messern in den Händen bewacht, „an denen niemand *vorbeizugehen* wünscht, aus Furcht vor ihrer Pein". Allerdings muß der Verstorbene auf dem Weg zu seiner Vollendung durch alle diese Tore *hindurchgehen*, muß er alle Bereiche der Unterwelt *durchqueren*. Nur der Pharao kennt die bedrohlichen Wächter und „*geht vorbei* an ihnen in Frieden" (Amduat). Die zyklische Nachtfahrt des Sonnengottes ist für die Leiber der Verstorbenen und alle Wesen der Unterwelt bedeutsam. Wenn das Licht der strahlenden Sonne die starr in ihren Grüften daliegenden Mumien erreicht, werden sie auferweckt und mit Atemluft erfüllt. Wenn der Sonnengott zum nächsten Stundenabschnitt *weiterzieht*, kehrt sich dies alles um und alle Wesen versinken klagend wieder in Todesschlaf:

„Sie jammern um Re und klagen um den höchsten Gott, nachdem er an ihnen *vorbeigezogen* ist.
Wenn er enteilt, umhüllt sie Finsternis, und ihre Höhlen werden über ihnen verschlossen"
(Amduat; Zitat nach E. Hornung, Tal der Könige, ²1983, 141).

2. Unter den mehrfachen Bezeugungen von *ʿbr* in kanaan. Inschriften dominieren die übertragenen Bedeutungen.

In KAI 27 (7. Jh. v. Chr.) heißt es: „(19) An die Fliegerin, (die) in einem dunklen Gemach (wohnt?): (20) Geh vorüber Schritt für Schritt(?), LLJ!" *ʿbr* bedeutet hier: 'übersehen, nicht beachten, verschonen'.
In KAI 224 (8. Jh. v. Chr.) steht: *lk*(17)*l ʾlhj ʿdjʾ zj b-sprʾ znh w-hn jrb br(j) zj jšb ʿl khsʾj ḥd ʾḥwhʾ w jʿbrnh l-tšlḥ* ... Bei der Form *jʿbrnh* dürfte es sich um eine 3. Pers. m. Sing. Imp. *haph* mit Suffix der 3. Pers. Sing. m. (*n*-energ.) handeln: „er entfernt, d. h. er beseitigt ihn" (vgl. Jona 3, 6; Sach 13, 2; 2 Chr 15, 8). Die syntaktischen Beziehungen des Satzgefüges sind nicht eindeutig. Es gibt 2 Möglichkeiten: *ḥd ʾḥwh* ist Subj. zu *jšb* und *jʿbrnh* und *zj jšb* ... Kausalsatz: „und wenn mein Sohn einen Rechtsstreit hat, weil einer seiner Brüder sich auf meinen Thron setzen oder ihn beseitigen will ..." Oder: *brj* ist Subj. zu *jʿbrnh* und *zj jšb* Attributsatz: „und wenn mein Sohn, der auf meinem Thron sitzt, einen Rechtsstreit (mit) einem seiner Brüder hat oder ihn beseitigen will ..." In beiden Fällen bleiben gewisse Schwierigkeiten.
In KAI 256 (1.–2. Jh. n. Chr.) begegnet eine ungewöhnliche Metapher: „Und Gebet an 'Unseren Herrn' für jeden (7) unter allen Menschen, der *lʿbwr b-gwph*". *gwph* entspricht hebr. „Leichnam", *lʿbwr* ist 3. Pers. Sing. m. Imp. *qal* mit Präformativ *l*: „in seinen Leichnam hinübergehen = sterben".

KAI 215 (8. Jh. v. Chr.) verwendet *ʿbr haph* „hinüberbringen" im Sinne von „(einen Leichnam) überführen": ... *w-hqm lh mskj b-ʾrḥ w-hʿbr ʾbj mn DMSQ l-ʾSWR* „und er errichtete für ihn ein Denkmal am Wege und überführte meinen Vater von Damaskus nach Assur" (18).
Unsicher ist die Deutung von *ʿbrtm* in KAI 162, 4: „du hast sie geschwängert" (?), vgl. *ʿbr* II.

3. Im Ugar. sind bislang wenige Belege für *ʿbr* bekannt geworden: KTU 1.3, VI, 7. 8 (3mal); 1.4, VII, 7 (Textverbesserung von *ʿdr* in *ʿbr* nach J. C. de Moor, AOAT 16, 156); 1.22, I, 15 (Ptz. Pl. 2mal), 4.116, 14.
Nach KTU 1.3, VI sendet El, der Baʿal eine Wohnung verschaffen will, eine Botschaft an den Götterbaumeister Kušaru-Ḫasisu in Kaphtor. El schickt zwei Boten der Göttin Aschirat mit dem Auftrag: *(ʿb)r gbl ʿbr qʿl ʿbr ỉht np šmm šmšr ldgj aṯrt mǵ l qdš amrr* ... (7–11): „Zieht durch Gubal, durchquert Qaal, geht durch Ihat-Nop Šamim, beeilt euch, ihr beiden Fischer der Aschirat, geht, o Qadeš-Amurru!" *ʿbr* begegnet hier in seiner Grundbedeutung (vgl. KTU 1.22, I, 15).
Ähnlich liegt der Fall in KTU 1.4, VII, 7–12, allerdings mit einer kleinen durch den Kontext bedingten Nuance: *ʿbr l(ʿr) ʿrm ṯb lpd(r) pdm ṯṯ lṯṯm ʾḥd ʿr šbʿm šbʿ pdr ṯmnjm bʿl m(ḫṣ) tšʿm bʿl mr* „he marched from city to city, turned from town to town. Sixty-six cities he took, seventy-seven towns. Eighty Baʿlu beat, ninety Baʿlu expelled" (J. C. de Moor 156). Der im gestaffelten Zahlenspruch dargestellte Triumphzug Baʿals führt ihn als siegreichen Kriegshelden von Stadt zu Stadt in sein Heiligtum.
4. Akk. *ebēru* deckt wie hebr. *ʿbr* ein breites Bedeutungsspektrum ab. Mit direktem Obj. bedeutet es „überqueren":
ᴵᴰZaʾibam e-bi-ir-ma ana māt Tabrā aḫḫabit „ich überquerte den Zāb und machte einen Einfall in das Land Tabra" (RA 7 155 II, 15); *Idiqlat e-te-bir ina šēp ammāte ša Idiqlat maddattu maʾattu attaḫar* „ich überquerte den Tigris und empfing reichen Tribut (aus dem Gebiet) jenseits des Tigris" (AKA 346 III, 1); *u mamma ša ultu ūm ṣât iksudu la ib-bi-ru tâmta e-bir tâmti ᵈŠamaš qurādummu alla ᵈŠamaš ib-bir mannu* „und niemand, der seit fernen Tagen eintraf, konnte das Meer überqueren; Überschreiter des Meeres ist allein der Krieger Šamaš. Wer außer Šamaš kann überqueren?" (Gilg. X 2, 22f.); *šamê i-bi-ir ašrātum iḫîṭamma* „(Marduk) durchzog den Himmel und inspizierte die Örtlichkeiten" (EnEl IV, 141).
Ohne Obj. bezeichnet *ebēru* auch im übertragenen Sinne „vorüberziehen, herübergehen, vorbeikommen u. ä.", als term. techn. bei der Leberschau „hinausreichen (über)":
šumma padānu ana imitti u šumēli maqit u elītum ṣīr ḫašî ša imitti i-bir (TCL 6 5, 45) „if the 'path' is sunken to the right and the left, and the upper part extends beyond the back of the right lung" (CAD E 12). Der Š-Stamm weist die dem Grundstamm entsprechenden kausativen Bedeutungen auf: „überschreiten lassen, hinüberführen, -bringen".

An Nominalderivaten sind zu nennen: *ebertu* als Nomen bezeichnet das (gegenüberliegende) Ufer bzw. die andere Seite (des Flusses): *ālam* ON *ina aḫ Purattim e-bi-ir-tam annītam īpuš* „er nahm die Stadt X am Ufer des Eufrat ein, an diesem Ufer" (ARM II 131, 12); *ālānû kalûšunu ša e-bi-ir-tim ša māt* ON „alle Städte auf dem anderen Ufer im Lande X" (ARM II 131, 31); *ašar inandinakkumūši u lu ana e-be-er-ti ša a-qa-a-wa lu e-be-erta ša e-ša-a-wa ša bit PN muḫrannišu* „nimm (die Gerste) von ihm, wo immer er sie dir gibt, sei es auf (dieser?) Seite oder auf der (anderen?) Seite (des Flusses vom) Haus des PN" (HSS 9, 5, 12. 14). *ebertu* bedeutet offenbar nur in Mesopotamien „jenseitiges Ufer, gegenüberliegende Seite", während es in Mari, Bogh. und Nuzi nur das Ufer bezeichnet, worauf die Spezifikationen „diesseitig bzw. jenseitig" hinweisen. Im präp. Gebrauch bedeutet *ebertu* „jenseits, gegenüber", vgl. die Adv. *eberta* und *ebertān* (CAD E 8f.).

Bei *eber nāri* handelt es sich um einen fest geprägten geographischen Terminus. Er bezeichnet in einem späten Text (möglicherweise) ein bestimmtes Gebiet jenseits des Eufrat in der Nähe von Babylon und Uruk: *mērištu ša eber nāri* (YOS 7 63, 3. 5). Ansonsten bezeichnet er das Land westlich des Eufrat: Transpotamien, Syrien: *šarrâni māt Ḫatti u e-ber nâri* „die Könige vom Hethiterlande und von Transpotamien" (R. Borger, AfO Beih. 9, 60, V 54), d. h. von Tyrus, Juda, Edom, Moab, Gaza, Askelon, Ekron, Byblos, Arwad, Samsimuruna, Ammon und Asdod; vgl. *Gubarra* LÚ *piḫat Bābili u* KUR *e-ber nāri* „Gubarra, der Gouverneur von Babylon und Transpotamien" (AnOr 8, 45, 4). Der Ausdruck *eber nāri* findet sich zuerst bei Asarhaddon; alle übrigen Belege sind früh-achämenidisch.

III. 1. Das Verb *ʿbr* ist insgesamt 547mal (Stähli 201: 548mal) belegt.

Davon entfällt auf *qal* 465mal (KBL³ 735): Gen 20mal; Ex 12mal; Lev 26, 6; 27, 32; Num 31mal; Dtn 46mal; Jos 53mal; Ri 23mal; 1 Sam 21mal; 2 Sam 39mal; 1 Kön 10mal; 2 Kön 14mal; Jes 34mal; Jer 25mal (inkl. 2, 20 Q, K: *ʿbd*); Ez 22mal; Hos 6, 7; 8, 11; 10, 11; Joël 4, 17; Am 6mal; Jona 2, 4; Mi 6mal; Nah 4mal; Hab 1, 11; 3, 10; Zef 2, 2. 15; 3, 6; Sach 4mal; Ps 25mal; Ijob 15mal; Koh 11mal; Rut 2, 8; 4, 1; Hld 5mal; Klgl 4mal; Est 5mal; Dan 9, 11; 11, 11. 40; Neh 2, 14 (2mal); 9, 11; 1 Chr 12, 16; 19, 17; 29, 30; 2 Chr 6mal; auf *niph* 1mal: Ez 47, 58; auf *pi* 1mal: 1 Kön 6, 21; zu Ijob 21, 10 s.o. I. (*ʿbr* II), auf *hiph* 80mal: Gen 8, 1; 32, 24; 47, 21; Ex 13, 12; 33, 19; 36, 6; Lev 18, 21; 25, 9 (2mal); Num 6mal; Dtn 2, 30; 18, 10; Jos 4, 3. 8; 7, 7; 1 Sam 5mal; 2 Sam 9mal (inkl. 19, 41 Q); 1 Kön 15, 12; 2 Kön 4mal; Jer 15, 14; 32, 35; 46, 17; Ez 13mal (inkl. 48, 14 Q).

Die Statistik zeigt eine ziemlich gleichmäßige Verteilung des Verbs über das ganze AT.

An Nominalderivaten von *ʿbr* sind zu nennen: *ʿebær* 90mal: Gen 50, 10. 11; Ex 4mal; Num 7mal; Dtn 12mal; Jos 24mal (inkl. 22, 7 Q); Ri 4mal; 1 Sam 7mal; 2 Sam 10, 16; 1 Kön 7mal; Jes 4mal; Jer 25, 12; 48, 28; 49, 32; Ez 1, 9. 12; 10, 22; Zef 3, 10; Ijob 1, 19; Esra 8, 36; Neh 2, 7. 9; 3, 7; 1 Chr 4mal; 2 Chr 20, 2; *ʿaᵃbārāh* 2mal: 2 Sam 15, 28 (K); 19, 19; *maʿᵃbār* 3mal: Gen 32, 23; 1 Sam 13, 23; Jes 30, 32; *maʿbārāh* 8mal: Jos 2, 7; Ri 3, 28; 12, 5. 6; 1 Sam 14, 4; Jes 10, 29; 16, 2; Jer 51, 32; dazu als Ortsname *ʿᵃbārîm* (Num 27, 12; 33, 47f.; Dtn 32, 49; vgl. Ez 39, 11); aram. *ʿᵃbar nahᵃrā'* 14mal in Esra: 4, 10f. 16f. 20; 5, 3. 6; 6, 6. 8. 13; 7, 21. 25; vgl. akk. *eber nāri* (o. II. 4.).

Im engeren und weiteren Kontext von *ʿbr* begegnen folgende Synonyme: par. *ʿbr qal*: *gûz* 'vorübergehen' (Num 11, 31; Ps 90, 10); *ḥlp* I 'weiterziehen, vorüberfahren, dahinfahren, vergehen' (Jes 8, 8; 24, 5; Hab 1, 11; Ijob 9, 11; Hld 2, 11); *ʿtq* 'weitergehen, vorrükken, altern' (Ijob 14, 18; 18, 4; 21, 7; Ps 6, 8); *klh* 'zu Ende sein' (Jer 8, 20); *mûṯ* 'sterben' (Ijob 34, 20); par. *ʿbr hiph*: *sûr hiph* 'entfernen' (Sach 3, 4); *nāśā' pæšaʿ* 'Verfehlung wegnehmen' (Ijob 7, 21). Schließlich stehen die allgemeinen Verben der Bewegung häufig in Parallele zu *ʿbr*: → הלך *hlk* (z. B. Am 6, 2); → בוא *bô'* (z. B. Am 5, 5); → נגע *ngʿ* 'reichen bis' (Jer 48, 32; vgl. 1 Sam 14, 1).

2. *ʿbr* bezeichnet ganz allgemein eine Orts- bzw. Stellungsveränderung. Die einzige Konnotation scheint zu sein, daß die ausgedrückte Bewegung zielgerichtet ist. Diese Unbestimmtheit der Wurzel ermöglicht die Aufnahme differenzieller Kontextbestimmungen und so die Repräsentation einer Fülle von Bedeutungsaspekten.

a) Zunächst sind die Bedeutungen zu notieren, die eine räumliche Bewegung ausdrücken. Art und Ziel der Bewegung wird durch den Gebrauch von Präpositionen und Objekten bestimmt.

α) *des Weges ziehen, hindurchgehen*: Nach Gen 12, 6 zieht Abraham durch das Land bis zur Orakeleiche von Sichem. Jakob geht durch die Herden seines Verwandten, um geeignete Tiere für sich auszusondern (Gen 30, 32). Von Jiftach heißt es Ri 11, 29: „er zog durch das Gebiet von Gilead und Manasse und kam nach Mizpe-Gilead, und von Mizpe zog er gegen die Ammoniter". Der Verlauf einer Grenze, die gewissermaßen von Ort zu Ort sich erstreckt, wird mit *ʿbr* beschrieben (Jos 15, 6. 7. 10. 11; 16, 2. 6; 18, 13. 18. 19; 19, 13; vgl. O. Bächli, ZDPV 89, 1973, 6). Mi 2, 12f., eine sekundäre Heilsankündigung von der Rettung Israels, spricht von einem Vorkämpfer, der vor dem Rest Israels hinaufzieht (→ עלה *ʿālāh*), „und sie durchbrechen das Tor und gehen durch es hindurch (*āḇar*), ziehen durch es hinaus (*jāṣā'*)"; vgl. Th. Lescow, ZAW 84, 1972, 46–85. Die nachexil. Heilsankündigung Mi 5, 4–13 zeichnet den Rest Jakobs im Bild des Löwen, der unter die Schafe im Pferch einbricht, d. h. so wird Israel die Völker vernichten. Die abschließende Botschaft TrJes (62, 10–12), die unter Aufnahme von Worten DtJes formuliert ist, wendet sich an die Bewohner Jerusalems: „Zieht durch die Tore ein und aus, räumt die Steine beiseite", d. h. die Hindernisse, die der Heimkehr der Exilierten noch im Weg stehen. In der Klage über die Verödung des Landes heißt es Jes 33, 8: „die Wege sind verödet, die Straßen leer (wörtlich: aufhört, der die Straße 'einherzieht')". Dem entspricht dann im

Kontrastmotiv die Ansage: „eine Straße wird es geben, man nennt sie: Heiliger Weg. Kein Unreiner darf darauf ʿgehenʾ" (Jes 35, 8). In dem späteren Zusatz: „Nur sein Volk (?) darf darauf gehen" steht *hālak̲* in Parallele. Nach Ps 8, 9 gehört zum Schöpfungswerk, das JHWH dem zum Herrscher eingesetzten Menschen übergibt, auch „alles, was auf den Pfaden des Meeres dahinzieht".

β) *über etwas bzw. jemanden hin(aus)gehen*: Eine Bestimmung im Nasiräergelübde besagt, daß für die Dauer des Gelübdes kein Schermesser über das Haupt des Nasiräers hingehen (*ʿbr*) darf (Num 6, 5). Im Drohwort Jes 8, 5–8 wird die Bedrohung des Volkes im Bild der gewaltigen Wasser des Eufrat dargestellt, die über die Ufer treten „und gegen Juda wogen, fluten und schwemmen" (v. 8; zur Lesung *šāṭop̲ weʿāb̲or* vgl. H. Wildberger, BK X/1², 321). In der Klage über die Verderbnis des Volkes, an der die Propheten besonderen Anteil und Schuld haben (Jer 23, 9–15), gibt der Prophet seiner persönlichen Betroffenheit im Bild eines Mannes Ausdruck, der vom Wein überwältigt (*ʿāb̲ar*) ist (v. 9). Die Elendsschilderung im sekundär eingefügten Danklied des Jona (2, 3–10) spricht davon, daß alle Wogen des Meeres über den Beter hinweggegangen sind (v. 4). Der Beter von Ps 88 dagegen klagt vor JHWH, daß die Glut seines Zornes über ihn hinweggegangen sei (v. 17). Die Vergänglichkeitsklage von Ps 103, 14–16 schließlich beschreibt das Schicksal des Menschen im Bild der Feldblume, über die der Wind (→ רוח *rûaḥ*) hergeht (*ʿāb̲ar*) und sie verweht.

γ) *hinübergehen, überschreiten, weitergehen*: Mit *ʿāb̲ar* wird das Überschreiten eines Flusses bezeichnet: Jakob überlistet Laban, macht sich heimlich mit seiner ganzen Habe auf und überquert den Eufrat in Richtung Gilead (Gen 31, 21); auf dem Weg zu seinem Bruder Esau überschreitet er die Jabbokfurt (Gen 32, 13); die meisten Stellen, etwa ein Drittel aller Belege, betreffen den Jordan (s.u. III. 2. d. δ). *ʿāb̲ar* wird sodann für das Überschreiten einer Grenze gebraucht: Als sichtbares Zeugnis ihrer Vereinbarung errichten Jakob und Laban einen Steinhügel und versichern einander: „Nie will ich diesen Steinhügel in böser Absicht gegen dich überschreiten, und nie sollst du diesen Steinhügel oder dieses Steinmal in böser Absicht gegen mich überschreiten" (Gen 31, 52). Der vielleicht sekundäre Einschub Jer 5, 22–25 (P. Volz, KAT X², 66; anders J. Schreiner, Jeremia, NEB 1981, 46) in die große Scheltrede Jer 5, 1–31 erinnert das widerspenstige und aufbegehrende Volk an die Grenze, die JHWH dem Chaosmeer gesetzt hat, so daß es sie trotz wütendem Toben nicht überschreiten und die gesicherte Ordnung der Natur in ihren geregelten Abläufen nicht zerstören kann.

Ohne direktes Obj. bedeutet *ʿāb̲ar* hin(über)gehen: Jonatan sagt zu seinem Waffenträger: „Komm, wir wollen zu dem Posten der Philister hinübergehen, der da drüben (*meʿeb̲ær*) steht" (1 Sam 14, 1); nach erneuter Schonung von Sauls Leben geht David hinüber (*ʿāb̲ar*) auf die andere Seite (*hāʿeb̲ær*) sc. des Tales, um einen gebührenden Abstand zwischen sich und Saul zu halten (1 Sam 26, 13); nach der Bluttat Jischmaels an Gedalja und seinen Getreuen (Jer 41, 1–3. 8. 10–15) „zog er ab (*hālak̲*), um hinüberzugehen (*ʿāb̲ar*) zu den Ammonitern" (41, 10); die umgekehrte Perspektive hat Ri 9, 26: „Gaal, der Sohn Ebeds, kam (*bôʾ*) mit seinen Brüdern, und sie kamen herüber (*ʿāb̲ar*) nach Sichem (d. h. sie siedelten sich in Sichem an)". In der Anklage Jer 2, 9–11 wird Israel aufgefordert: „Geht hinüber zu den Inseln der Kittäer und seht euch um, schickt (*šlḥ pi*) nach Kedar und forscht nach ..." (2, 10), ob je ein Volk im Osten oder Westen seinen Gott vertauscht hätte mit hilflosen Wesen, die keine Götter sind. Ähnlich ist der Gebrauch von *ʿāb̲ar* in Am 6, 2, einer im Disputationsstil gefaßten Erweiterung des prophetischen Weherufes gegen die Oberschicht Samarias (vv. 1. 3–6 a): „Geht hinüber (*ʿāb̲ar*) nach Kalne (vgl. Jes 10, 9) und schaut, geht (*hālak̲*) von dort nach Groß-Hamat, steigt hinab (*jārad̲*) nach Gad der Philister! Seid ihr besser als diese Reiche?" Der Amosschüler unterstreicht die im Grundwort angeprangerte Selbstsicherheit und Sorglosigkeit und aktualisiert sie für seine Generation.

δ) *weitergehen, überholen, vorausgehen, nachfolgen, unter etwas hergehen*: Spr 22, 3 sagt: „Der Kluge sieht das Unheil und verbirgt sich, die Unerfahrenen gehen weiter und müssen es büßen" (vgl. Spr 27, 12). Die Boten, die sich auf den Weg machen, um David die Nachricht vom Tode Abschaloms zu überbringen, laufen um die Wette. Dabei überholt Achimaaz den Kuschiter und trifft als erster bei David ein (2 Sam 18, 23). Mit den Präp. *lip̲nê* und *ʾaḥ*ᵃ*rê* bezeichnet *ʿāb̲ar* ʿvorausgehenʾ bzw. ʿnachfolgenʾ, synonym zu den entsprechenden Bildungen mit *hālak̲*: Zur Vorbereitung der Begegnung mit seinem Bruder Esau schickt Jakob Knechte mit Herden als Geschenk voraus und sagt zu ihnen: „Zieht vor mir her!" (Gen 32, 17). Unmittelbar vor dem Zusammentreffen setzt sich Jakob an die Spitze seines Trosses und geht vor ihm her, Esau entgegen (Gen 33, 3). Nach dem für Jakob günstigen Ausgang der Begegnung bittet er seinen Bruder: „Ziehe doch vor deinem Knecht her ... bis ich zu meinem Herrn nach Seïr komme" (Gen 33, 14). Mose erhält nach Ex 17, 5 von JHWH den Befehl: „Geh vor dem Volk her und nimm einige von den Ältesten Israels mit." In 1 Sam 9, 27 läßt Samuel Saul, dem er ein Gotteswort ausrichten will, seinem Knecht befehlen, „er soll uns vorausgehen". Nach 2 Kön 4, 31 geht Gehasi dem Propheten Elischa voraus, um den Zustand des erkrankten Kindes der Schunemiterin festzustellen. Um Scheba zu verfolgen, der einen Aufstand gegen David gemacht hat, sammeln sich die Davidgetreuen um Joab und ziehen hinter ihm her (*ʿāb̲ar ʾaḥ*ᵃ*rê*) (2 Sam 20, 13). Dasselbe wird anschließend mit *hālak̲ ʾaḥ*ᵃ*rê* ausgedrückt: die Bichriter sammeln sich um Scheba und folgen ihm nach (2 Sam 20, 14). Bei der Zehnterhebung von den Erträgen der Viehzucht bezeichnet *ʿāb̲ar* mit Präp. *taḥat̲* „unter (dem Hirtenstab) hindurchgehen" (Lev 27, 32); dies dient Ez 20, 37 mit *ʿbr hiph* als Bild für die Aussonderung derer, die zur neuen JHWH-Gemeinde gehören.

b) Im engen Anschluß an die unter a) vermerkten Bedeutungen wird *ʿāḇar* im übertragenen Sinn gebraucht.

α) *vorübergehen, vergehen*: Über die Einbalsamierung des verstorbenen Jakob-Israel vergehen 40 Tage (Gen 50, 4); nachdem die Trauerzeit vorüber ist, holt David die Frau des Urija in sein Haus (2 Sam 11, 27); nach 1 Kön 18, 29 fallen die Baʿals-Propheten in Ekstase, als der Mittag vorüber war; die Ernte geht vorüber (Jer 8, 20 par. *kālāh* „zu Ende sein"); das der Amosschule zugehörige Gerichtswort Am 8, 4–7 läßt die Ausbeuter fragen: „Wann geht das Neumondfest vorüber ... wann ist der Sabbat vorbei?", um endlich wieder Geschäfte machen zu können (v. 5); das kleine Gedicht Hld 2, 10–13 preist den Anbruch neuen Lebens- und Liebesglücks im Bild des beginnenden Frühlings: „der Winter ist vergangen (*ʿāḇar*), die Regenzeit vorbei (*ḥālap*)" (v. 11). TR 63, 15 dehnt die Bestimmungen von Dtn 21, 10–14 dahingehend aus, daß eine zur Ehefrau genommene Kriegsgefangene erst dann das Reine berühren darf, wenn 7 Jahre „vorübergegangen" (*ʿāḇar*) sind.

β) *verrinnen, versiegen, erlöschen*: in der Klage Ijobs über seine Freunde (Ijob 6, 14–30) vergleicht sie der Dichter mit Wasserläufen, die verrinnen (*ʿāḇar*) und zur Zeit der Hitze versiegen (*ṣāmaṯ niph*) (vv. 15. 17); der Belehrung Zofars zufolge wird Ijob, wenn er sein Herz in Ordnung gebracht, d. h. seine Schuld erkannt und bekannt hat, das ihn getroffene Ungemach vergessen wie Wasser, das verrinnt (Ijob 11, 16; vgl. Ps 58, 8 par. *hālaḵ*); nach Est 1, 19 soll der König gegen Waschti ein Edikt erlassen, das nicht erlischt, d. h. unwiderruflich ist; nach der Vereitelung des Plans, die Juden auszurotten, feiern diese das Purimfest, und „diese Tage sollen bei ihren Nachkommen nicht erlöschen", d. h. nicht vergessen werden (Est 9, 20).

γ) *zerstieben*: Die in apokalyptischem Stil gefaßte Heilsankündigung Jes 29, 1–8 vergleicht die Fremden (*zārîm* mit O. Kaiser, ATD 18², 210) mit feinem Staub und den Schwarm der Tyrannen mit zerstiebender Spreu; dieses Bild bezieht das Drohwort Jer 13, 24 auf die Bewohner Jerusalems: da, wie im vorausgehenden Scheltwort (13, 23) festgestellt, ihre Verderbnis unheilbar ist, wird JHWH sie zerstreuen wie Spreu, die der Wind zerstiebt. Das Scheltwort Zef 2, 1–3 ruft das gleichgültige Volk zur Sammlung auf, ehe es wie Spreu zerstiebt und der glühende Zorn JHWHs über es kommt (v. 2). Die Vergänglichkeitsklage Ps 144, 4 schließlich vergleicht des Menschen Tage mit zerstiebenden Schatten.

δ) *vergehen, sterben*: In der Elendsschilderung Ijob 17, 11–16 spricht der Dichter davon, daß seine Tage vorübergegangen sind (v. 11). Im Kontext von v. 13 („die Unterwelt ist mein Haus") kann das nur heißen, daß er das Ende seines Lebens gekommen sieht. Der Behauptung Ijobs, Gott tue ihm Unrecht, stellt Elihu Gottes unwandelbare Gerechtigkeit und seine Macht, sie zu verwirklichen, entgegen: auf Gottes Geheiß sterben (*mûṯ*) ganz plötzlich die Mächtigen und vergehen (*ʿāḇar*) die Vornehmen (34, 20). Wenn also Gott Leid schickt, dann will er den Menschen zur Umkehr bewegen, damit er nicht umkommt (33, 18). Nach erfolgter Umkehr schenkt ihm Gott auf die Fürbitte des Mittlers hin neues Leben, so daß der so Begnadete Gott preisen kann: „Er hat meine Seele vor dem Sterben bewahrt (txt. emend.), mein Leben darf schauen das Licht" (v. 28). Der Ausdruck *ʿāḇar baššælaḥ* bedeutet nach KBL² 976; G. Fohrer, KAT XVI 454 unter Hinweis auf ugar. *šlḥ* „in den Spieß rennen", nach M. Tsevat (VT 4, 1954, 43) und Leibel 226f. wohl richtiger „den Unterweltsfluß überschreiten".

ε) *überströmen*: Die Schilderung des (scheinbaren) Glücks der Frevler Ps 73, 3–12 spricht davon, daß ihr Herz überläuft von bösen Plänen (v. 7). Demgegenüber beteuert der Beter von Ps 17, 3, daß er kein Unrecht getan hat und sein Mund davon nicht überströmte.

ζ) *entgehen, sich entziehen*: Im Schlußteil der Disputationsrede Jes 40, 12–31 nimmt die Gottesrede in einer rhetorischen Frage in indirekter Rede die Klage der Exilierten auf: „Mein Weg ist JHWH verborgen, mein Recht entgeht meinem Gott" (v. 27). Dem stellt DtJes im ebenfalls in einer rhetorischen Frage eingeleiteten beschreibenden Gotteslob JHWHs Schöpferwalten entgegen, in dessen unerforschlichem Plan die Möglichkeit einer neuen Zukunft auch für die Exulanten beschlossen liegt (vv. 28–31). Die im Stile dtr Geschichts- und Gerichtspredigt gefaßte prophetische Verkündigung in Ps 81, 6–13 kontrastiert Israels Verstockung und Ungehorsam (vv. 12–13) mit JHWHs Befreiungstat am Anfang der Geschichte des Volkes: „Ich habe seinen Nacken von der Bürde befreit, seine Hände kamen los (*ʿbr*) vom Lastkorb" (v. 7).

η) *abwenden, entfernen* (*ʿbr hiph*): Der Beter richtet an JHWH die Bitte, seine Augen von Nichtigem abzuwenden und die Schmach der Verleumdung durch günstigen Rechtsspruch zu beseitigen (Ps 119, 37). In Koh 11, 10 schließlich ergeht die Aufforderung, den Sinn von Ärger freizuhalten und die kurze Zeit der Jugend zu genießen.

ϑ) *erschallen lassen* (*ʿbr hiph*): mit Obj. *qôl* „Stimme" (Ex 36, 6; Esra 1, 1; 10, 7; Neh 8, 15; 2 Chr 30, 5; 36, 22; vgl. 1 Sam 2, 24); mit Obj. *šôp̄ār* „Horn" (Lev 25, 9).

c) Bei einigen Wortverbindungen mit *ʿāḇar* handelt es sich offenbar um geprägte Wendungen bzw. Termini technici: Im vermutlich alten Ritual zur Durchführung eines sog. Gottesurteils bei Verdacht auf Ehebruch (Num 5, 10–31) begegnet 3mal die Wendung: *ʿaḇār ʿālājw rûaḥ-qinʾāh* (vv. 14 [2mal]. 30) „der Geist der Eifersucht kommt über ihn (sc. den Mann)". Der präzise Sinn dieser Formulierung, die jeweils in Parallele zu „und er wird eifersüchtig" steht, ist nicht mehr auszumachen. An eine bedingte

Selbstverwünschung erinnert *jaʿa̱bor ʿālaj māh* „es komme über mich, was immer" (Ijob 13, 13). Im Zusammenhang der kriegerischen Auseinandersetzung zwischen dem Saulsohn Ischbaal und David berichtet 2 Sam 2, 12–17 von einem Vertretungszweikampf zwischen je 12 Elitesoldaten beider Seiten, die antreten, um *ʿāḇar beॢmispār* (v. 15). Der Ausdruck wird in der Regel mit „es wurde abgezählt" wiedergegeben, was allerdings fraglich erscheint. Vermutlich geht es hierbei um das Auslosen der Zweikampfpaare (zum Ganzen vgl. ANET³ 20; AOT 57f.; Y. Yadin, The Art of Warfare in Biblical Lands in the Light of Archaeological Discovery, London 1963, 266f.). In Jes 23, 2 begegnet *ʿoḇer jām* „seefahrend bzw. seeerfahren", von den sidonischen Kaufleuten ausgesagt. In den Bereich Handel gehört auch die Wendung *kæsæp ʿoḇer lassoḥer* „für den Kaufmann gangbares Geld" (KBL³ 736; Stähli 202). Damit ist entweder die landesübliche Währung gemeint oder der übliche Handelswert (EÜ). Technische Bedeutung hat *ʿibber* (*pi*) in 1 Kön 6, 21: einen Raum mit goldenen Ketten „durchziehen", d. h. verzieren.

d) Der theologische Gebrauch von *ʿbr qal* und *hiph* ist, gemessen an der hohen Gesamtzahl der Belege, nicht sehr häufig, dafür aber reich nuanciert. Auch hier schließen die Bedeutungen eng an die unter a) notierten an.

α) Im Zusammenhang mit den sog. Kinderopfern (so zuletzt M. Smith, JAOS 95, 1975, 477–479; Stähli 202f.) begegnen verschiedene Wortverbindungen mit *ʿbr hiph*: *hæʿæḇîr bāʾeš* (Num 31, 23; Dtn 18, 9f.; 2 Kön 16, 3 par. 2 Chr 26, 3; 2 Kön 17, 17; 2 Kön 21, 6 par. 2 Chr 33, 6; Ez 20, 26. 31); *hæʿæḇîr lammolæḵ* (Jer 32, 35; vgl. Lev 18, 21: *nāṯan* + Inf. *haʿaḇîr*); *hæʿæḇîr bāʾeš lammolæḵ* (2 Kön 23, 10); *hæʿæḇîr leʾoḵlāh* (Ez 23, 37). Nach Num 31, 23 soll Israel „alles, was Feuer nicht verbrennen kann, durch das Feuer gehen lassen, damit es rein wird". Es handelt sich dabei ganz offensichtlich um einen kultischen Reinigungsakt. Dtn 18, 10 schreibt vor: „Es soll bei dir keinen geben, der seinen Sohn oder seine Tochter durch das Feuer gehen läßt, keinen, der Losorakel befragt, Wolken deutet . . ., der so etwas tut, ist JHWH ein Greuel" (vgl. TR 60, 17). Durch-das-Feuer-gehen-Lassen steht hier wie in den dtr Rahmenstücken von 2 Kön und par. 2 Chr (s.o.) im Zusammenhang mit Magie, Zauberei und Götzendienst. Das legt nahe, bei dem Durch-das-Feuer-gehen-Lassen nicht an eine Form von Kinderopfer durch Verbrennen zu denken, vielmehr wird es sich um eine Art magischer Weihung handeln (O. Procksch, ThAT, 1950, 188, dachte an ein Ordal). Diese Vermutung wird bestätigt durch Ez 20, 26. 31: JHWH verweigert seine Befragung durch das Haus Israel mit Hinweis auf dessen Idolatrie, die in Opfern an fremde Götter *und* im Durch-das-Feuer-gehen-Lassen ihrer Kinder besteht. Dem steht Ez 23, 37 nicht entgegen, auch wenn man die Formulierung „sie haben sie (ihre Kinder) zu ihnen gehen lassen zum Fraß" immer wieder im Sinne eines Kinder*opfers* verstanden hat. Es ist vielmehr ein für Ezechiel typisch drastischer Ausdruck dafür, daß Israel seine Kinder JHWH entfremdet und sie Fremdkulten zugeführt und anderen Göttern geweiht hat. Ez 15, 4. 6 (vgl. Jer 12, 9) spricht davon, daß JHWH den Weinstock (Israel) bzw. das Schwert Nebukadnezzars „dem Feuer zum Fraß geben (*nāṯan*)" werde. Auch hier ist nicht an ein tatsächliches Verbrennen gedacht, es handelt sich vielmehr um eine Metapher für die Vernichtung. Wenn Israel seine Kinder zu anderen Göttern gehen läßt, dann gibt es sie dem Untergang preis. Formgeschichtlich ist Ez 23, 37 verwandt mit der Wendung *hæʿæḇîr lammolæḵ* von Jer 32, 35 und diese mit *hæʿæḇîr leJHWH* in Ex 13, 12. Dieser Text hängt wiederum von der Erstgeburtforderung für JHWH ab, die in unterschiedlicher Fassung in Ex 22, 28f.; 34, 19f.; 13, 2. 12f. vorliegt. Die Texte sprechen von „JHWH geben (*nāṯan*)", „ihm gehören", „ihm weihen (*qiddeš*)", „zu ihm gehen lassen (*hæʿæḇîr*)". In keinem Fall ist von einem Opfer die Rede, sondern von Angebot, Gabe und Weihe des erstgeborenen Kindes an JHWH. Wenn es um das Opfer des Erstgeborenen vom Tier geht, wird das Verb *zāḇaḥ* gebraucht (Ex 13, 15). Dann dürfte Jer 32, 35 im Horizont von Ex 13, 12 zu interpretieren sein als Gabe und Weihe für Moloch. Daraus folgt, daß die Formeln *hæʿæḇîr leJHWH* / *hæʿæḇîr lammolæḵ* bzw. *nāṯan leJHWH* / *nāṯan lammolæḵ* (Lev 20, 2ff.) formgeschichtlich zusammengehören und als synonym zu betrachten sind. Die Formulierungen *hæʿæḇîr bāʾeš lammolæḵ* (2 Kön 23, 10) und *nāṯan lehaʿaḇîr lammolæḵ* (Lev 18, 21) sind dann sekundäre Bildungen unter Verwendung vorgegebener Formelemente (zum Ganzen: D. Plataroti, Zum Gebrauch des Wortes *mlk* im AT, VT 28, 1978, 286–300; → מלך *molæḵ*, → IV 967).

β) Die Wortverbindung *ʿāḇar ʿal happequḏîm* ist 3mal belegt: Ex 30, 13. 14; 38, 26. Das Ptz. pass. *pequḏîm* „Gemusterte" ist 75mal belegt. Es ist ein Begriff aus der Heeres- und Verwaltungssprache. Bei den Gemusterten handelt es sich um die wehrfähigen Männer, die bei regelmäßigen Erhebungen in Konskriptionslisten eingetragen wurden, um einen Überblick zu haben über die Zahl der für einen aktuellen Kriegszug zur Verfügung stehenden Leute. In der Frühzeit waren es die Wehrfähigen, die zum Heerbanndienst auszogen. In Ex 30, 11–16 greift P auf diese alten Heerbannvorstellungen zurück, um für die nachexilische Kultgemeinde eine regelmäßige Prokopfsteuer für die Bedürfnisse des Kultus (v. 16a!) zu begründen. Auch die Motivierung mit der Gefährlichkeit einer damit verbundenen Zählung, insofern sie einen Gottesschlag nach sich ziehen könnte (vgl. 2 Sam 24), der nur durch die Zahlung einer „Sühne für das Leben" abgewendet werden kann, ist reichlich antiquiert. *ʿāḇar ʿal happequḏîm* bedeutet demnach, „in die Zahl der Kultsteuer Zahlenden eintreten", d. h. zur Kultgemeinde gezählt werden. In letzterem Sinne wird die Formulierung in Qumran gebraucht (s. u. IV.).

γ) In Zusammenhang mit der Landnahme wird an zwei Stellen davon gesprochen, daß JHWH vor seinem Volk herzieht und die Völker besiegt. Dtn 9, 3 sagt: „Heute wirst du erkennen, daß JHWH, dein Gott, wie verzehrendes Feuer selbst vor dir herzieht. Er wird vernichten." Der Vers gehört zur Einheit 9, 1–7, die zwar sprachlich und gedanklich an Dtn 7–8 anschließt, zugleich aber Einleitung und hermeneutischer Schlüssel für die Erzählung 9, 8 – 10, 11 ist. Sie stammt vom Schlußbearbeiter von Dtn 5–11. Der Verfasser stellt die Landnahme als JHWH-Krieg dar. Nach alter Vorstellung ist das ein Rechtsstreit, der durch Gottesurteil entschieden wird. Die Landnahme ist unverfügbare Tat JHWHs und Einlösung seiner Zusage an die Väter. In diesem Horizont ist dann auch Dtn 31, 3 zu verstehen, selbst wenn man für sie einen anderen Verfasser annimmt. Die Vorstellung vom kriegerischen Handeln JHWHs hat in den jüngeren dtr Schichten nichts mehr zu tun mit dem politischen Geschehen jener Tage, sie ist vielmehr zu einer von der Realität unabhängigen Theorie vom Handeln Gottes geworden.

δ) In etwas anderer Weise ist das Überschreiten des Jordan zum Theologumenon geworden. In *ʿāḇar ʾæṯ-hajjarden* haben wir eine für die dtn/dtr Literatur typische Formulierung vor uns (vgl. H.-J. Fabry, BEThL 68, 1985, 351–356, bes. 353). Die dabei vor allem in Dtn 1–34 vorliegende Variationsbreite der *ʿāḇar*-Formulierungen ist bisher literarkritisch noch nicht ausgewertet worden und könnte neue Einsichten in die literarische Genese des Dtn geben. In der dtn/dtr Literatur zeigt sich *ʿāḇar* als term. techn. für die Landnahme (vgl. P. Diepold, Israels Land, BWANT 95, 1972, 29. 57. 62; G. Braulik, AnBibl 68, 1978, 93ff.). Daraus erklärt sich, daß *ʿāḇar* keinen Eingang in die Exodus-Terminologie gefunden hat. Nur P spricht vom „Durchgang" durch das Meer (→ ים *jām*, סוף *sûp*), verwendet aber nur *bôʾ* und *hālaḵ*. Jos 3–5 schildert den Durchzug durch den Jordan als quasi gottesdienstlichen Akt. Das Volk soll sich heiligen (3, 5), als würde es sich vorbereiten auf ein hl. Geschehen im Tempelgottesdienst. Leitwort der Texteinheit ist *ʿāḇar*, das 22mal vorkommt. Das 5malige *ʿāmaḏ* bildet dazu den Gegenpol. Wir haben eine klar konzipierte theologische Erzählung vor uns. Sie will den Durchzug durch den Jordan darstellen im Zusammenhang der großen Planung Gottes, die von der Patriarchenzeit an über Auszug und Landnahme bis in die Gegenwart reicht, als einen Erweis der gnädigen und machtvollen Führung JHWHs. Daher rücken Überschreiten des Jordan und Durchzug durch das Schilfmeer theologisch zusammen (4, 23). Mit dem Überschreiten beginnt etwas ganz Neues, eröffnet sich heilvolle Zukunft. So wird der Durchzug durch den Jordan bzw. das Schilfmeer zu einem Theologumenon und zugleich zum hermeneutischen Schlüssel für jedes Überschreiten in neue Zukunft. So ist das aktualisierende „Heute" in Dtn 9, 1 u.ö. zu verstehen. In Jos 3–5 zeigt sich ein theologisches Gesamtkonzept, das dtr geprägt ist. In diese Konzeption eingegangen ist eine Fülle älteren Materials, das im einzelnen nur schwer zu orten ist (vgl. G. Kuhnert, Das Gilgalpassah, Diss. Mainz 1981). Vielleicht hat es in alter Zeit eine gottesdienstliche Begehung etwa am Heiligtum von Gilgal gegeben, bei der der Durchzug durch den Jordan kultisch vergegenwärtigt wurde (H.-J. Kraus, Gottesdienst in Israel, ²1962, 181–193; H. Wildberger, Jahwes Eigentumsvolk, AThANT 37, 1960, 59–62; vgl. jedoch bes. E. Otto, Das Mazzotfest in Gilgal, BZAW 107, 1975, passim; für Qumran vgl. u. IV.). Die näheren Umstände dieser Begehung bleiben im Dunkeln. Jedenfalls hat diese Begehung, wie sie durch Jos 3–5 hindurchscheint, einen Nachhall gefunden in Ps 114 (vgl. Ex 15, 1–21).

ε) Die Texte Gen 18, 3. 5; Ex 33, 19; 34, 6; Ez 16, 6. 8; Hos 10, 11; 1 Kön 19, 11 können, wiewohl sie ganz verschiedenen Traditionen entstammen, zusammengesehen werden, da sie vom Vorübergehen JHWHs in der Theophanie sprechen. Alle tun dies in der gleichen formelhaften Wendung: GN – *ʿāḇar* – PN. Gen 18, 1–16 ist möglicherweise der Ausgang für diese Theophanievorstellung. Der Einheit könnte eine alte Heiligtumslegende zugrunde liegen, die von einer Theophanie der Göttertrias im Festkult von Hebron erzählte (zum Charakter von Gen 18 vgl. E. Haag [Festschr. H. Cazelles, AOAT 212, 1981, 173–199] und F. L. Hossfeld [Festschr. W. Breuning, 1985, 57–74, bes. 63ff.]). Diese Lokaltradition wurde von der Abrahams-Sippe, als sie sich im 13. Jh. v. Chr. in der Gegend ansiedelte, ihren Sippentraditionen assimiliert und auf ihren Ahnherrn Abraham aktualisiert. Bei der Jahwesierung des Traditionsstücks im Zusammenhang mit der Komposition der Vätergeschichte (vgl. E. Blum, Die Komposition der Vätergeschichte, WMANT 57, 1984, 271ff.) tritt die Sohnesverheißung hinzu. Damit wird das Vorübergehen JHWHs an Abraham zu einer segenspendenden und verheißungsvollen Begegnung JHWHs mit Abraham im Rahmen eines Theophaniegeschehens.

In dem schwer zuzuordnenden Stück Ex 33, 18–23, das in sich uneinheitlich ist, geht es um die kultische Gegenwart JHWHs, die sich in der Anrufung seines Namens erschließt, und um die Zusage seiner grenzenlosen, aber gänzlich unverfügbaren Barmherzigkeit. Beide Aspekte betont die Paronomasie im Relativsatz: „ich bin gnädig, dem ich gnädig bin und erbarme mich, dem ich mich erbarme". Diesem Text in manchem ähnlich und vielleicht von ihm beeinflußt (J. Jeremias, WMANT 10, ²1977, 112) ist die singuläre Theophanieschilderung 1 Kön 19, 11f. Die traditionellen Theophaniemotive Sturm, Erdbeben, Feuer werden zwar genannt als Begleiterscheinungen beim Kommen JHWHs, aber in geradezu polemischer Schärfe wird sogleich festgestellt, daß JHWH nicht in ihnen war, vielmehr eine „Stimme verschwebenden Schweigens" (M. Buber) kündigt ihn an. Diese analogielose Theophanievorstellung, hinter der ein bestimmter Tradentenkreis stehen mag, der von der kultischen Theophanie JHWHs als von seinem Kommen in der „(Wind-)Stille“ sprach, weist mit Nachdruck die ins JHWH-Lob des Jerusalemer Kultes transformierte Baʿal-Hadad-Theophanie (vgl. Ps 29; Chr. Macholz, Festschr. C. Westermann, 1980, 325–333) zurück. Für diesen Kreis, zu dem Elija gehört, ist die kultische Theophanie JHWHs ohne jede Analogie, unvergleichlich und unaussprechlich. Das Vorüberziehen JHWHs an Mose und die Proklamation seines gnädigen Handelns dient Ex 34, 6–7 als kompositorisches Gelenkstück zwischen der Theophanie Ex 19 und der Mitteilung der Bundesworte in Ex 34, 10ff. (vgl. J. Halbe, FRLANT 114, 1975, 279–286). Hos 10, 11 und Ez 16, 6. 8 tritt das Theophanieelement ganz in den Hintergrund. Das Vorübergehen JHWHs dient bei Hosea als Chiffre für die Erwählung Efraims und bei Ezechiel für die gnädige und Leben spendende Zuwendung JHWHs an Israel.

ζ) Verschiedene Wortverbindungen mit *ʿāḇar* bezeichnen das Schuldigwerden des Menschen vor Gott: *ʿāḇar b^e^rîṯ* „den Bund übertreten“ (Dtn 17, 2; Jos 7, 11. 15; 23, 16; Ri 2, 20; 2 Kön 18, 12; Jer 34, 18; Hos 6, 7 par. *bāḡaḏ* „treulos handeln“; 8, 1 par. *pāšaʿ ʿal* „freveln gegen“). Der Ausdruck stammt von Hosea. In seiner Antwort auf die Bußklage des Volkes (6, 1–3), die im Ich-Stil der Gottesrede gefaßt ist, klagt der Prophet das Volk an, es habe den Bund übertreten und treulos gehandelt (v. 7). Im Kontext (v. 8) wird Gilead als eine Stadt von *poʿ^a^lê ʾāwæn* „Frevlern“ genannt. In dieser Bezeichnung schwingt immer der Unterton des Fremdkultischen mit, so daß *ʿāḇar b^e^rîṯ* das „Hinübergehen zu anderen Göttern“ meint (vgl. 8, 1). In diesem Sinne gebrauchen es die dtr Autoren, auf deren Konto die übrigen Belege gehen (zu Dtn 17, 2 vgl. P. Merendino, BBB 31, 1969, 173).

ʿāḇar pî JHWH „den Befehl JHWHs übertreten“ (Num 14, 41; 22, 18; 24, 13; 1 Sam 15, 24); *ʿāḇar miṣwāh* „das Gebot übertreten“ (Dtn 26, 13; 2 Chr 24, 20); *ʿāḇar tôrāh* „die Weisung, das Gesetz übertreten“ (Jes 24, 5 par. *ḥālap ḥoq* und *pārar b^e^rîṯ*; Dan 9, 11). Der Beter von Ps 38 bringt in der Elendsschilderung (vv. 3–11) sein körperliches Leiden in Verbindung mit seinen Verfehlungen, die gleichsam nach außen manifest geworden sind. Er begreift seinen schlimmen Zustand als Strafe JHWHs für seine Schuld, die derart angewachsen ist, daß sie wie eine Flut über seinem Kopf zusammenschlägt (*ʿāḇar ʿ^a^wonôṯ*) und ihn wie eine schwere Last erdrückt (v. 5). Die tiefste Not besteht für den schuldig gewordenen Menschen allerdings darin, daß Gott sich von ihm abgewandt hat, daß er ihm fern ist, daß er sich „in Wolken gehüllt“ hat, so daß kein Gebet sie durchdringen kann (*ʿāḇar t^e^pillāh*, vgl. Klgl 3, 44). Deshalb wird nach Spr 19, 11 der Einsichtige alles daransetzen, ein Schuldigwerden zu vermeiden (*ʿāḇar ʿal pæšaʿ*).

η) Die Folge menschlicher Verfehlung ist Gottes strafendes Eingreifen. Mit *ʿāḇar* wird es Ex 12, 12. 23 und Am 5, 17 ausgedrückt. Im Stil der Leichenklage schildert Am 5, 16f. den Anbruch des Tages JHWHs. Sein Hindurchschreiten durch das Volk, seine Gegenwart inmitten seiner Gemeinde bedeutet aber nicht heilvolle Zuwendung, sondern Kommen zum Gericht, das sich allein durch seine Präsenz vollzieht. Der Heil spendenden Theophanie JHWHs, die im Kult vergegenwärtigt wird, entspricht im Kontrastmotiv seine Theophanie zum strafenden Gericht. In diesem Sinne wird das Vorübergehen JHWHs in Ex 12, 12. 23 von P und Dtr gebraucht. Allein JHWHs Gegenwart bedeutet für die Erstgeburt der Ägypter den Tod, für Israel aber Verschonung.

ϑ) Als Terminus für gnädiges Verschonen bzw. Vergeben von Schuld wird *ʿāḇar* mehrfach gebraucht: *ʿāḇar l^e^* (Am 7, 8; 8, 2); *ʿāḇar ʿal pæšaʿ* „an der Schuld vorbeigehen“ (Mi 7, 18 par. *nāśāʾ ʿāwôn*); *hæʿ^æ^ḇîr ʿāwôn* „die Verfehlung entfernen“ (2 Sam 24, 10 par. 2 Chr 21, 8; Sach 3, 4 par. *sûr hiph* „entfernen“; Ijob 7, 21 par. *nāśāʾ pæšaʿ* „Schuld wegnehmen“); *hæʿ^æ^ḇîr ḥaṭṭāʾṯ* „Sünde entfernen“ (2 Sam 12, 13). Gerade mit Blick auf die Parallelausdrücke wird man der Meinung J. J. Stamms (Erlösen und Vergeben im AT, Bern 1940, 72) nicht zustimmen können, *ʿāḇar* sei „nur ein unvollkommenes und daher nicht verbreitetes Bild für Vergebung; denn es sagt nur das Übersehen und Nicht-beachten, aber nicht das Aufheben der Schuld aus.“

ι) Singulär ist der Ausdruck *ʿāḇar biḇ^e^rîṯ* in der Bedeutung „in den Bund eintreten“ (Dtn 29, 11) mit angeschlossener Bundesformel (v. 12). Mit diesem Bund ist der Moabbund gemeint, der in der dtr Theologie ein Gegenstück, vielleicht sogar Ersatz (A. Philips, Deuteronomy, CBC 1973) für den durch Ungehorsam Israels gebrochenen Sinai-/Horebbund darstellt. Nur hier im AT steht Horeb-Verpflichtung gegen Moab-Verpflichtung, d. h. „der Dekalog ist die Urkunde des ersteren, das gesamte Dtn die des zweiten als Auslegung des Dekalogs, als Entfaltung der Grundgebote“ (H. D. Preuß, EdF 164, 1982, 158). In diese (neue) Verpflichtung gilt es „einzutreten“. Inwieweit Dtn 29, 1–20 das Ritual einer Bundeserneuerungsfeier reflektiert (N. Lohfink, BZ 6, 1962, 32–56; u. ö., vgl. G. Braulik, SKK AT 4, 1976, 72) oder zusammen mit 29, 21–27 ein Stück spät-dtr Theologie von Schuld Israels und Entschuldung JHWHs (L. Perlitt, WMANT 36, 1969, 23) darstellt, kann hier unentschieden bleiben. Ähnlich liegt das Problem in Gen 15. Handelt es sich bei dem Hindurchfahren des rauchenden Ofens und der Feuerfackel mitten durch die zerteilten Tiere um die Reminiszenz eines Rituals, das die eidliche Zusage JHWHs an Abraham (N. Lohfink, SBS 28, 1967, 101ff.) oder eine Selbstverpflichtung JHWHs (E. Kutsch, BZAW 131, 1973, 6ff., → עגל *ʿeḡæl*) zum Inhalt hatte, oder wiederum um spät-dtr Bundestheologie (E. Blum 271ff.)? Greifbarer ist die Sache in dem zu einer dtr Predigt ausgestalteten Gerichtswort Jer 34, 13–16. 18. Der Prophet bezieht sich auf einen Ritus der Selbstverfluchung, der bei Übernahme einer feierlichen Verpflichtung vollzogen wurde (J. Schreiner, Jeremia II, NEB 1984, 202f.; vgl. Kutsch 8f.).

3. *'ebær* bezeichnet als Nomen das Sich-Erstreckende > Gelände > Gebiet; in Verbindung mit Fluß > Ufergelände; bei Näherbestimmung als das eine oder andere Ufer; abgeblaßt: Seite: auf der einen oder anderen Seite (1 Sam 14, 4); gegenüberliegende Seite (1 Sam 26, 13; 31, 7 MT; 1 Kön 4, 12; Ijob 1, 19) → dort drüben (1 Sam 14, 1); nach allen Seiten (1 Kön 5, 4; Jer 49, 32); nach seiner Seite hin (Jes 47, 15); auf ihren beiden Seiten (Ex 32, 15); an den Wänden einer Schlucht (Jer 48, 28); der dem Ephod zugekehrte Rand (Ex 28, 26; 39, 19); gerade vor sich hin (Ez 1, 9. 12; 10, 22).
'ebær in Verbindung mit präp. Elementen *min*, *b^e*, *'al*/*'æl* und selbst zur Präposition hintendierend macht die Mehrzahl der Belege aus. Dabei besteht häufig Unsicherheit, welche Seite gemeint ist und ob der präp. Ausdruck mit „diesseits" oder „jenseits" wiederzugeben ist.
b^e'ebær ist in der Regel mit „diesseits" zu übersetzen: Gen 50, 10. 11; Dtn 3, 8. 20; Jos 1, 14; 9, 1; 1 Sam 31, 7 (2mal); Jer 25, 22. Für Jos 1, 15; 5, 1; 12, 7; 22, 7 wird „diesseits" durch den Kontext gefordert, vgl. auch Dtn 4, 41; Jos 12, 1; 13, 8. An 2 Stellen bedeutet *b^e'ebær* aufgrund des Kontextes „jenseits": Dtn 3, 25; Jos 7, 7. *me'ebær* bedeutet allgemein „jenseits": Dtn 30, 13; Jos 14, 3; 17, 5; Ri 7, 25; 1 Kön 4, 12; 14, 5; 2 Chr 20, 2; Jes 18, 1; Zef 3, 10; Ijob 1, 19. An 3 Stellen fordert der Kontext „diesseits": Num 32, 19; 34, 15; 1 Chr 26, 30.
In Num und Teilen von Jos werden *b^e'ebær* und *me'ebær* synonym gebraucht.
'æl/*'al 'ebær* bezeichnet Ex 25, 37; 28, 26; Dtn 30, 13; Jos 22, 11; Ez 1, 9. 12; 10, 22 die gegenüberliegende Seite.

Häufig belegt ist die Wortverbindung *b^e'ebær hajjarden*, wobei je nach Standort des Sprechers das Westjordanland (Num 32, 19; Dtn 3, 20. 25; 11, 30 u.ö.) wie das Ostjordanland (Gen 50, 10f.; Num 22, 10; 32, 32; Dtn 1, 1. 5; Jos 1, 14; 2, 10 u.ö.) gemeint sein kann. Allerdings dominieren die Belege für das Ostjordanland. Das mag siedlungsgeographische Gründe haben (Lilley 170).

4. *'^abārāh* bezeichnet 2 Sam 15, 28; 17, 16 „Übergang > Furt", hier: die Furten der Wüste, d.h. die tief eingeschnittenen Wadis (vgl. 2 Sam 19, 19); die gelegentlich angenommene Bedeutung „Floß, Fähre" mit Hinweis auf arab. *'brt* ist nicht zu erweisen.
5. *ma'^abār* bedeutet Gen 32, 32 die Furt (des Jabbok) und 1 Sam 13, 23 den Übergang im Gebirge: Paß. In anderer Bedeutung ist es Jes 30, 32 belegt. Die im apokalyptischen Stil gefaßte Heilsankündigung spricht im Zusammenhang mit der endgültigen Vernichtung der Feinde von: *kŏl ma'^abar matteh mûsādāh* (vgl. BHS) „Jeder Schlag des Stockes wird ihn (Assur) treffen".
6. *ma'bārāh* ist eine weitere Bezeichnung für Furt (Jos 2, 7; Ri 3, 28; 12, 5f.; Jes 51, 32) bzw. für einen durch eine Schlucht oder über eine Gebirgsscharte führenden Pfad (Jes 10, 29; 1 Sam 14, 4).
7. *'^abārîm* ist Ortsname (Jer 22, 20); vollständig *har hā'^abārîm* (Num 27, 12; Dtn 32, 49) und *hārê hā'^abārîm* (Num 33, 47f.). Mit diesem Namen wird der nordwestliche Teil der moabitischen Hochebene mit dem Berg Nebo bezeichnet.

8. *'ebær hannāhār* ist die geographische Bezeichnung für das Land westlich des (Eufrat-)Stromes, Transpotamien (1 Kön 5, 4; Esra 8, 36; Neh 2, 7. 9; 3, 7), vgl. *'^abar nah^arāh* in den aram. Teilen des Esra-Buches (4, 10f. 16f. 20 u.ö.) und akk. *eber nāri* (s.o. II. 4.). In einigen Texten wird damit noch das Land östlich des Eufrat benannt (Jos 24, 2f. 14f.; 2 Sam 10, 16 par. 2 Chr 19, 16; 1 Kön 14, 15; Jes 7, 20).

IV. In den Qumrantexten wird *'br* ähnlich gebraucht wie im AT. Der theologische Aspekt tritt allerdings stark in den Vordergrund, während das breite profane Bedeutungsspektrum von entsprechenden Synonymen abgedeckt wird. Die Nominalbildungen von *'br* fehlen ganz, es sei denn, mit Yadin ist in TR 37, 7 *mšnj 'brj hš'r* „auf beiden Seiten des Tores" zu lesen.
Aus dem „profanen" Bereich ist nur die Bedeutung „überschreiten (des Jordan)" belegt (1 Q 22, 1, 9; 2, 2; vgl. 1 Q 14, 6, 4; 4 Q 173, 5, 1). Gerade die Erinnerung daran nahm einen bedeutenden Raum ein im Zusammenhang mit der folgenden Thematik (vgl. W. H. Brownlee, The Ceremony of Crossing the Jordan in the Annual Covenanting at Qumran [in: Festschr. J. P. M. van der Ploeg, AOAT 211, 1982, 295–302]). In den übrigen Texten geht es um den Beitritt zur Gemeinde und das Übertreten der Gemeinschaftsordnung.
„Alle, die in die Ordnung der Gemeinschaft (*jḥd*) kommen (→ בוא *bw'*), sollen eintreten (*'br*) in den Bund (*brjt*) vor Gott" (1 QS 1, 16). *brjt* ist hier wie auch sonst Synonym für Gemeinde (→ יחד *jḥd*) (vgl. H.-J. Fabry, Die Wurzel *šûb* in der Qumran-Literatur, BBB 46, 1975, 25f. 290f., → III 602f.). Diese *brjt* wird häufig näher bezeichnet als Bund Gottes (1 QS 5, 8; 10, 10; CD 13, 14), neuer Bund (CD 6, 19; 8, 21; 19, 33f.), Bund Abrahams (CD 12, 11), Bund der Umkehr (CD 19, 16). Im liturgischen Vollzug des Aufnahmeritus verkünden Priester und Leviten zunächst die Großtaten Gottes bzw. die Vergehen Israels. Die neu in den Bund Eintretenden (*h'brjm bbrjt*) respondieren: Amen (1 QS 1, 18. 20). Dann legen sie ein Sündenbekenntnis ab (1 QS 1, 24). Diesem folgt die Vergebung und die Proklamation von Segen und Fluch durch Priester bzw. Leviten, die durch das Amen der *h'brjm bbrjt* bekräftigt wird (1 QS 2, 10). Jeder aber, der sich weigert, „in den Bund Gottes zu kommen (*bw'*), soll nicht eintreten in die Gemeinschaft seiner Wahrheit (*l' j'br jḥd 'mttw*)" (1 QS 2, 25f.) (zu diesem Bundeseintritts- und -erneuerungsritual vgl. M. Delcor, Le vocabulaire juridique, cultuel et mystique de l'„initiation" dans la secte de Qumrân, in: H. Bardtke, Qumrān-Probleme, Berlin-Ost 1963, 109–134). Nach 10jähriger Unterweisung in den Ordnungen des Bundes kann der Novize, sofern er das 20. Lebensjahr vollendet und entsprechende Fortschritte erzielt hat, in den Kreis der Gemusterten eintreten (*'br hpqwdjm*) (1 QSa 1, 8f.; CD 10, 1f.; 15, 6; vgl. Ex 30, 13f.; 38, 26; vgl. oben III. 2. d. β). Jedes Gemeindemitglied hat im heiligen Rat seinen ihm zugewiesenen Platz.

Entsprechend dieser Rangfolge tritt die Gemeinde zusammen (*ʿbr*, vgl. 1 QS 2, 19–21). Als Synonym zu *ʿbr bbrjt* begegnet häufig *bwʾ bbrjt* (1 QS 2, 12. 18. 25f.; 5, 20; 6, 14f. [*hiph*]; CD 2, 2; 3, 10; 6, 11 [*hoph*]; 8, 1; 9, 2f.; 19, 13f.; 1 QH 5, 23; 18, 28 [*hiph*]) bzw. *ḥšb bbrjt* (1 QS 5, 11. 18). Im Kontext von Verstößen gegen die Bundesordnung bedeutet *ʿbr* „übertreten": absolut (CD 15, 3f.), sein (Gottes) Wort (1 QS 5, 14; CD 10, 3; 1 QH 12, 24), den Bund (CD 16, 12; 1 Q 22 1, 8 txt. emend.; TR 55, 17).

V. Die LXX gibt *ʿbr* in der allgemeinen Bedeutung „überschreiten, hindurchziehen" in der Regel mit διαβαίνειν und παρέρχεσθαι wieder. Daneben benutzt sie häufig διέρχεσθαι, nicht selten an Stellen, wo ihr die präzise Bedeutung von *ʿbr* in ihrer Vorlage nicht mehr geläufig war (z. B. Ps 42, 5; 48, 5; 73, 7; 88, 17; 103, 10). Ansonsten ist sie um differenzierende Übersetzung bemüht. Im einzelnen gebraucht sie für die verschiedenen Nuancen von „hindurchgehen, -ziehen" διαπορεύεσθαι (Ps 8, 8), διοδεύειν (Gen 12, 6), „vorübergehen" παράγειν (Ps 128, 8; 143, 4), παραπορεύεσθαι (Gen 18, 5; Ex 12, 12), παρέρχεσθαι (Gen 18, 3; Ps 36, 36; 56, 2), „vorübergehen = vergehen" παράγειν (Ps 143, 4), παρέρχεσθαι (Gen 50, 4; 2 Sam 11, 27; 1 Kön 18, 29; Ps 140, 10). Der theologische Aspekt: Schuldigwerden des Menschen im Überschreiten bzw. Übertreten göttlicher Gebote und Ordnungen wird ausgedrückt mit παραβαίνειν: τὸ ῥῆμα κυρίου (Num 14, 41; 22, 18; 24, 13), τὸν λόγον κυρίου (1 Sam 15, 24), τὴν διαθήκην (Jos 7, 11; 23, 16; Ri 2, 20; 2 Kön 18, 12; Hos 6, 7; 8, 1) und παρέρχεσθαι: τὴν διαθήκην (Dtn 17, 12), τὸν νόμον (Jes 24, 5). *ʿbr* in der Bedeutung „übergehen, unbeachtet lassen = vergeben" gibt LXX mit ὑπερβαίνειν wieder: τίς θεὸς ὥσπερ σύ; ἐξαίρων ἀδικίας καὶ ὑπερβαίνων ἀσεβείας (Mi 7, 18; vgl. Ijob 9, 11); vgl. Symm.: καὶ ἀγλάϊσμα αὐτοῦ ὑπερβαίνων ἀδίκημα (Spr 19, 11 für MT: *tpʾrtw ʿbr*). Das Vorübergehen Gottes im Kontext von Theophanie wird durch παρέρχεσθαι ausgedrückt. In diesem Sinne könnte dann auch das Vorübergehen Jesu des Nazoräers in Lk 18, 37 verstanden werden als epiphanes Zeichen seiner sich enthüllenden messianischen Macht und Hoheit.

Fuhs

עֶבְרָה *ʿæb̲rāh*

עָבַר II *ʿāb̲ar* II

I. 1. Etymologie, Belege – 2. Bedeutung – 3. LXX – 4. Qumran – II. Menschliche Überheblichkeit – III. Menschlicher Zorn – 1. Seine Begründung – 2. Seine Äußerungen – 3. Seine Wertung – IV. Göttlicher Zorn – 1. Sein Anlaß – 2. Seine Äußerungen – 3. Seine Beurteilung.

Lit.: *J. Barth*, Etymologische Studien zum Semitischen, insbesondere zum Hebräischen Lexicon, 1893. – *R. Degen*, Altaramäische Grammatik der Inschriften des 10.–8. Jh. v. Chr. (AKM 38, 3, 1969). – *G. R. Driver*, Some Hebrew Roots and Their Meanings (JThS 23, 1922, 69–73). – *Ders.*, Problems in the Hebrew Text of Proverbs (Bibl 32, 1951, 173–197). – *J. A. Emerton*, Notes on Jeremiah 12, 9 and on Some Suggestions of J. D. Michaelis About the Hebrew Words *naḥā*, *ʿæbrā* and *jadăʿ* (ZAW 81, 1969, 182–191). – *J. Fichtner* / *O. Grether*, ὀργή (ThWNT V 392–413). – *J. Gray*, The Wrath of God in Canaanite and Hebrew Literature (JMUOS 25, 1947/53, 9–19). – *H. Ringgren*, Einige Schilderungen des göttlichen Zorns (Festschr. A. Weiser, 1963, 107–113). – *G. Sauer*, עֶבְרָה *ʿæbrā* Zorn (THAT II 205–207). – *R. V. G. Tasker*, The Biblical Doctrine of the Wrath of God, London 1951. → אנף *ʾānap*.

I. 1. Das Nomen *ʿæb̲rāh* ist von einer verbalen Wurzel *ʿāb̲ar* abzuleiten. Obwohl dabei mehrfach an die Wurzel *ʿāb̲ar* I ʿdahingehenʾ, ʿhinübergehenʾ, ʿüberschreitenʾ gedacht wurde, da *ʿæb̲rāh* an einigen Stellen die Bedeutung ʿÜberheblichkeitʾ hat (Jes 16, 6; Jer 48, 30; Spr 21, 24; 22, 8) und das *hitp* von *ʿāb̲ar* auch mit der Bedeutung ʿsich überheblich zeigenʾ belegt ist (Spr 20, 2; 24, 21 cj.), hat doch mit großer Wahrscheinlichkeit eine selbständige Wurzel *ʿāb̲ar* II ʿzornig seinʾ als Grundlage zu gelten (KBL³ 738b; Driver, JThS 69; Sauer 205). Diese Wurzel begegnet auch im Arab. (*ġabira* ʿböswillig seinʾ, *ġibr* ʿBosheitʾ sowie *iġbirār* ʿGrollʾ; vgl. Emerton 189. Mit Sauer 205 sind jedoch *ġarb* ʿLeidenschaftʾ, ʿHeftigkeitʾ und *ġariba* ʿmißbilligenʾ nicht unter Vertauschung des 2. und 3. Radikals mit dieser Wurzel zu verbinden); ob sie auch in altaram. *jʿbrnh* (Sefîre-Stele III, KAI 224, 17; vgl. DISO 202 sowie Degen 68) und in jüd.-aram. *taʿab̲ûrāʾ* ʿZornʾ (vgl. DictTalm 1683b) vorliegt, ist nicht eindeutig zu entscheiden.

2. Das Substantiv *ʿæb̲rāh* tritt 34mal im AT auf (mit Ausnahme von Gen 49, 7 nur bei den Propheten und in den Weisheitsschriften sowie in Ps und Klgl), dabei 3mal im Pl. (Ps 7, 7; Ijob 21, 30; 40, 11). Es hat 30mal die Bedeutung ʿZornʾ, ʿZornesäußerungʾ (letztere Bedeutung vor allem in den Pl.-Formen) und 4mal die Bedeutung ʿÜberheblichkeitʾ. Entsprechend ist das Verhältnis zwischen diesen beiden Bedeutungen bei dem Verbum *ʿāb̲ar* II, das nur im *hitp* begegnet und 8mal im AT vorkommt (außer in Dtn 3, 26 nur in den Weisheitsschriften und in Ps), jedoch nur 6mal sicher belegt ist (Spr 14, 16 und 26, 17 ist eine von *ʿrb* gebildete Form anzunehmen; vgl. B. Gemser, HAT I/16², 67. 95), wozu noch eine Textstelle tritt, an der *ʿāb̲ar* II aufgrund cj. anzunehmen ist (Spr 24, 21 l. *titʿabbār*): Während es 5mal die Bedeutung ʿsich erzürnt zeigenʾ hat, steht es 2mal in der Bedeutung ʿsich überheblich zeigenʾ. Die beiden somit für das Substantiv wie für das Verbum belegten Bedeutungen stehen wahrscheinlich insofern in einem inneren Zusammenhang, als beiden die Beschreibung eines Handelns in einem ungezügelten Affekt, in dem man sich zu Worten oder Taten von unvorhersehbaren Folgen hinreißen läßt, zugrunde liegt (vgl. da-

zu H. Wildberger, BK X/2, 625). Innerhalb des noch durch weitere Vokabeln ('ap, ḥemāh, ḥārōn, za'am, za'ap, qæṣæp, ka'as) ausgefüllten Wortfeldes 'Zorn' im AT hat 'æḇrāh so wohl speziell das Element des Affektvollen und Unbeherrschten im Zorn, das sich in einem entsprechenden Handeln manifestiert, zum Ausdruck gebracht.

3. Die LXX übersetzt das Subst., sofern es die Bedeutung 'Zorn' trägt, mit ὀργή oder θυμός bzw. mit beiden Worten in einer Genitiv-Verbindung (so Jes 9, 18; 13, 13), während sie für das Verbum in der Bedeutung 'sich erzürnt zeigen' die Vokabeln ἀναβάλλω und ὑπεροράω verwendet. Demgegenüber zeigt sie bei der Übertragung der Stellen, bei denen die Bedeutung 'sich überheblich zeigen' bzw. 'Überheblichkeit' anzunehmen ist, Unsicherheit; wird das Verbum mit παροξύνω (Spr 20, 2) oder ἀπειθέω (Spr 24, 21 cj.) wiedergegeben, so wird das Substantiv gar nicht übersetzt (Jes 16, 6), mißverstanden (Spr 21, 24) oder durch ein anderes Nomen ersetzt (Spr 22, 8).

4. In den Schriften aus Qumran begegnet 'æḇrāh ebenfalls als Bezeichnung für 'Zorn', ist dabei jedoch auf den göttlichen Zorn beschränkt (1 QM 4, 1; 14, 1; 1 QS 4, 12; CD 8, 3; 19, 16).

II. Der Gebrauch des Substantivs 'æḇrāh wie des Verbums 'āḇar II in der Bedeutung 'Überheblichkeit' bzw. 'sich überheblich zeigen' ist auf Spr (20, 2; 21, 24; 22, 8; 24, 21 cj.) sowie je 1 Stelle in Jes (16, 6) und Jer (48, 30) beschränkt. Da alle diese Stellen zu exil. bzw. nachexil. Texten gehören, wobei Jer 48, 30 von Jes 16, 6 abhängig ist (vgl. H. Wildberger, BK X/2, 601) und das Vorkommen in Spr auf zwei Teilsammlungen konzentriert ist, liegt die Annahme nahe, daß diese Bedeutung sich erst in der Exilszeit in einem begrenzten, wohl von der Weisheit bestimmten Kreis herausgebildet hat.

Die durch 'æḇrāh bzw. 'āḇar bezeichnete Überheblichkeit bezieht sich stets ausschließlich auf menschliche Überheblichkeit; dementsprechend steht 'æḇrāh auch gern in Verbindung mit ga'ᵃwāh, gā'ôn, ge'æh (Jes 16, 6; Jer 48, 29f.) sowie zeḏ, zāḏôn und jāhîr (Spr 21, 24). Wer in Überheblichkeit handelt, wird als Schwätzer bezeichnet (Spr 21, 24), weil er die von der Weisheit vermittelte Belehrung eingebildet und großsprecherisch mißachtet. Ja, Überheblichkeit wird nicht Bestand haben, da sie ein unrechtes Verhalten darstellt; aus Unrecht aber folgt nach dem Gesetz der Vergeltung immer Unheil (Spr 22, 8). Das bedeutet ganz konkret, daß derjenige, der sich dem König gegenüber überheblich zeigt, sein Leben in Gefahr bringt (Spr 20, 2), weshalb dann auch der Rat erteilt wird, niemals dem König, und schon gar nicht JHWH, mit Überheblichkeit zu begegnen (Spr 24, 21 cj.; l. šᵉnêḥæm).

Dieser Zusammenhang zwischen Überheblichkeit und Unheil gilt ebenso auch für das Verhalten von Völkern. Nachdem schon Propheten des 8. Jh.s v.Chr. Israel und Juda wegen ihres Hochmuts das Gericht angekündigt hatten (Am 6, 8; Hos 5, 5), brei-

tete sich bald darauf die allgemeine Vorstellung aus, daß gerade auch die fremden Völker wegen ihrer Überheblichkeit und ihrem unaufrichtigen Geschwätz, die sich letztlich gegen Israel und seinen Gott richten, zugrunde gehen werden (Jes 16, 6; Jer 48, 30f.).

III. Im AT wird 'æḇrāh 7mal zur Bezeichnung von menschlichem Zorn bzw. menschlicher Zornesäußerung gebraucht (Gen 49, 7; Jes 14, 6; Am 1, 11; Ps 7, 7; Ijob 40, 11; Spr 11, 23; 14, 35), wobei eine Verwendung im exil.-nachexil. Texten vorherrscht. Zugleich ist die häufige Verbindung mit dem Parallelwort 'ap (→ אנף) im par. membr. (Gen 49, 7; Jes 14, 6; Am 1, 11; Ps 7, 7) oder in Cstr.-Verbindung (Ijob 40, 11) auffällig.

1. Die menschliche 'æḇrāh wird sowohl Einzelpersonen (Gen 49, 7: Simeon und Levi; Ijob 40, 11: Ijob; Spr 14, 35: dem König) als auch Gruppen von Menschen bzw. Völkern (Ps 7, 7: Feinden; Spr 11, 23: Frevlern; Am 1, 11: Edom) zugeschrieben; sie kann dazu auch bildlich von einem von menschlicher Hand geführten Gegenstand ausgesagt werden (Jes 14, 6). Sie ist stets gegen einen anderen Menschen (Spr 14, 35) oder eine andere menschliche Gemeinschaft (Gen 49, 7; Jes 14, 6; Am 1, 11; Ps 7, 7; Ijob 40, 11) gerichtet. Dementsprechend wird der Grund für die 'æḇrāh der Menschen darin erblickt, daß diese sich durch einen anderen Menschen betrogen glauben (Spr 14, 35), daß sie das Verhalten eines anderen Volkes als ungerecht empfinden (Am 1, 11), daß sie sich durch das Wohlergehen der Frevler verletzt fühlen (Ijob 40, 11) oder aber daß sie sich als mächtige Tyrann einer Großmacht von kleineren Völkern nicht hinreichend respektiert glauben (Jes 14, 6).

2. In engem Zusammenhang mit dem jeweiligen Anlaß für die menschliche 'æḇrāh steht die Form, in der diese sich äußert. Eindeutig erkennbar ist dabei die Vorstellung, daß sich die Zornesäußerungen ergießen (Ijob 40, 11). Das Wesen des Zornes aber ist Grausamkeit (Gen 49, 7), ja, der Zorn kann sogar töten (Spr 14, 35 l. taḥᵃroḡ oder tæḥᵃḡæh). Bemerkenswert ist dabei jedoch, daß die 'æḇrāh niemals einer Frau zugeschrieben wird oder andererseits speziell gegen diese gerichtet erscheint. Ebensowenig wird eine 'æḇrāh von Dienern bzw. Untergebenen ausgesagt.

3. Die 'æḇrāh des Menschen wird grundsätzlich und so auch überwiegend negativ beurteilt, doch ist eine positive Wertung auf der Grundlage einer bestimmten Situation im Einzelfall möglich. Ein eindeutig negatives Verständnis liegt in der Charakterisierung des Zornes als grausam (Gen 49, 7) vor, das durch die Verfluchung des Zornes (Gen 49, 7) noch erhärtet wird. Ebenso basiert Ps 7, 7 auf einer negativen Bewertung, wenn hier das Auftreten JHWHs gegen den Zorn von Feinden erbeten wird, wie auch Spr 11, 23 von dieser negativen Wertung ausgehen, wenn dort der Zorn mit dem Frevler verbunden wird und diesem der Gerechte samt dem Guten gegenübergestellt wird.

Dagegen erscheint in Spr 14, 35 der Zorn des Königs über den schändlich handelnden Diener berechtigt, und ebenso sind in Ijob 40, 11 die Zornesäußerungen Ijobs gegenüber den anscheinend stets Glück habenden Frevlern, zu denen Ijob von JHWH selbst aufgefordert wird, verständlich.
Sowohl für die negative als auch für die positive Wertung des Zornes gilt jedoch, daß dieser immer zu Bestrafung und Verderben führt. So sollen nach Gen 49, 7 Simeon und Levi wegen ihres Zornes in Israel zerstreut werden, und nach Am 1, 11f. wird JHWH Edom mit Feuer bestrafen, weil es von seinem Zorn auf Israel nicht abgelassen hat. Ein analoges Gerichtshandeln JHWHs gegen ein Weltreich (vgl. H. Wildberger, BK X/2, 538) als Reaktion auf von Zorn bestimmtes Handeln kündigt auch Jes 14, 4b–8 an und wird in Ps 7, 7 gegen ungenannte Feinde erbeten. Andererseits führt aber auch der berechtigte Zorn des Königs in Spr 14, 35 zum Verderben des schändlichen Dieners, und ebenso zielen die verständlichen Zornesäußerungen Ijobs in Ijob 40, 11 auf die Vernichtung der Frevler.

IV. Überwiegend gebraucht das AT *ʿæḇrāh* bzw. *ʿāḇar* II als Bezeichnung für den göttlichen Zorn; das Substantiv *ʿæḇrāh* begegnet in dieser Bedeutung 23mal, das Verbum *ʿāḇar* II, das in der Bedeutung 'sich erzürnt zeigen' ausschließlich für den göttlichen Zorn steht, tritt 5mal auf. Am häufigsten werden *ʿæḇrāh*/*ʿāḇar* in den Prophetenbüchern (15mal) sowie in Ps und Klgl (10mal) herangezogen. Dabei ist eine Verbindung mit weiteren Nomina für Zorn beliebt; außer einer Zusammenordnung mit *ʾap* (Hos 13, 11; Hab 3, 8; Ps 78, 21; 90, 11) bzw. *ḥᵃrôn ʾap* (Jes 13, 9. 13; Ps 78, 49; 85, 4) findet sich eine Zusammenstellung mit *zaʿam* (Ez 21, 36; 22, 31; Ps 78, 49). Zu einem besonderen theologischen Begriff wird die Verbindung *jôm ʿæḇrāh* (*ʿᵃḇārôṯ*) (Ez 7, 19; Zef 1, 15. 18; Ijob 21, 30; Spr 11, 4; der Sache nach auch Jes 13, 9. 13). Auffällig ist die Vorliebe des Ez für die Wendung *ʾeš ʿæḇrāṯî* Ez 21, 36; 22, 21. 31; 38, 19).
1. Das Aufkommen und Sich-Äußern der *ʿæḇrāh* JHWHs wird – sofern eine Begründung gegeben wird – stets als eine Reaktion JHWHs auf menschliches Fehlverhalten verstanden. Dabei erscheint sein Zorn in vorexil. Zeit überwiegend durch das falsche Handeln des eigenen Volkes (Jes 9, 18; 10, 6; Ez 22, 21) bzw. seiner Führer (Hos 5, 10; 13, 11) veranlaßt und somit gegen diese gerichtet, während in exil.-nachexil. Zeit darüber hinaus auch fremde Völker (Ez 21, 36; 38, 19; Jes 13, 9. 13) sowie einzelne Sünder (Klgl 3, 1; Ijob 21, 30) bzw. der sündige Mensch ganz allgemein (Ps 90, 9. 11; Spr 11, 4) als Verursacher und Empfänger des göttlichen Zorns hervortreten.
Die Begründungen für die Zornesäußerungen sind unterschiedlich. Als Hauptgrund gilt der Ungehorsam gegenüber JHWH und seinen Willensoffenbarungen (Dtn 3, 26; Jes 9, 18; Ez 22, 21; Ps 78, 21. 49), wobei teilweise ganz konkrete Einzelvergehen wie Höhen- und Bilderdienst (Ps 78, 59; Jer 7, 29) oder soziales Unrecht (Hos 5, 10; Ez 22, 31) genannt werden. Aber auch die Überheblichkeit von fremden Völkern (Ez 21, 36; 38, 19; Jes 13, 9. 13) oder sündiges Verhalten überhaupt (Ps 90, 9. 11) rufen JHWHs Zorn hervor.
2. Bei der göttlichen *ʿæḇrāh* steht hinsichtlich der Form, in der sie sich äußert, die Vorstellung vom Entbrennen (Hab 3, 8; Ps 78, 21) bzw. Verbrennen (Jes 9, 18), und damit eng verbunden das Bild vom Brennen wie Feuer (Ez 21, 36; 22, 21. 31; 38, 19; der Sache nach auch Jes 9, 18; Zef 1, 18), im Vordergrund. Daneben treten die Bilder vom Ausschütten wie Wasser (Hos 5, 10) und vom Zuschlagen wie ein Stock (Klgl 3, 1; der Sache nach auch Jes 10, 6). Die Aussagen dieser drei Bildkreise werden ergänzt durch Ausführungen über die Auswirkungen der *ʿæḇrāh*: Der Zorn JHWHs läßt das Leben des Menschen so kurz sein und so plötzlich vergehen (Ps 90, 9), er führt für den Einzelnen (Dtn 3, 26; Hos 5, 10; Ps 89, 39; Ez 22, 31; Klgl 3, 1) wie für ein Volk (Jes 9, 18; Jer 7, 29; Ez 21, 36; Ps 78, 21. 59. 62), ja, für die ganze Erde (Zef 1, 18; Jes 13, 9) zu Not bzw. Vernichtung, er läßt Himmel und Erde erbeben (Jes 13, 13; Ez 38, 19). Der göttliche Zorn hat eine Wucht und Stärke (Ps 90, 11), gegen die Reichtum, Silber und Gold nichts vermögen (Zef 1, 18; Ez 7, 19; Spr 11, 4).
Die Schilderungen der *ʿæḇrāh* JHWHs kulminieren in den Ausführungen über den *jôm ʿæḇrāh*. Als Wechselbegriff zu *jôm ʾap* und vor allem *jôm JHWH* gebraucht, umschreibt dieser Begriff den Tag JHWHs (→ יום *jôm*) als von JHWH herbeigeführten Gerichtstag, wobei dieser teils eschatologisch (Zef 1, 15. 18; Ez 7, 19; Ijob 21, 30; Spr 11, 4), teils nicht-eschatologisch (Jes 13, 9. 13) verstanden ist. Er kann sowohl einem fremden Volk (Jes 13, 9. 13) gelten, wobei er nicht-eschatologisch verstanden ist und Heil für Israel impliziert, als auch auf Israel sowie die ganze Welt (Zef 1, 15. 18; Ez 7, 19) bezogen sein.
3. Im Gegensatz zum menschlichen Zorn wird der Zorn JHWHs durchgehend positiv beurteilt. Das ergibt sich bereits daraus, daß dieser eine Reaktion auf falsches, JHWHs Willensoffenbarungen zuwiderlaufendes menschliches Verhalten ist, die JHWHs Heiligkeit, Hoheit und Macht entspricht. Deshalb ist es selbstverständlich und ein Zeichen von JHWHs Gerechtigkeit, daß seine *ʿæḇrāh* den einzelnen Sünder (Ps 90, 9) ebenso wie die von sündigem Verhalten bestimmten Führer und einflußreichen Stände des Volkes (Hos 5, 10; Ez 22, 31), ja, das ganze eigene sündige Volk (Jes 9, 18; 10, 6; Jer 7, 29; Ez 22, 21; Ps 78, 21. 59. 62) trifft. Als ebenso berechtigt gilt es dann aber auch, daß sich der göttliche Zorn gegen die Feinde Israels, die damit die Feinde von JHWHs Volk sind, richtet (Jes 13, 9. 13; Ez 21, 36; 38, 19; Ps 78, 49).
Diese prinzipielle Bejahung des Zornes JHWHs wird auch dadurch nicht eingeschränkt, daß sein Zorn nicht immer den Bösen, den Frevler, zu treffen

scheint, so daß man geradezu an eine Bewahrung des Sünders vor dem Zorn JHWHs denken könnte (Ijob 21, 30). Eine echte Abwendung des göttlichen Zorns ist jedoch immer ein Akt von JHWHs Gnade und Vergebung, da der Zorn eine aus der menschlichen Sünde resultierende Strafe impliziert (Ps 85, 3). Eine solche Zurücknahme des Zornes JHWHs wird ebenfalls positiv bewertet (Ps 85, 4).

Schunck

עִבְרִי *ʿiḇrî*

I. Allgemeines – II. Etymologie – III. Akk. *SA.GAZ/ ḫapiru* – 1. Sumer – 2. Alishar – 3. Mari – 4. Alalaḫ – 5. Nuzi – 6. El Amarna – 7. Boghazköi – IV. Ugar. *ʿpr(m)* – V. Äg. *ʿpr(.w)* – VI. Zusammenfassung – VII. AT: *ʿiḇrî* – VIII. Schlußfolgerung – IX. LXX.

Lit.: *W. F. Albright*, Yahweh and the Gods of Canaan, London 1968. – *A. Alt*, Bemerkungen zu den Verwaltungs- und Rechtsurkunden von Ugarit und Alalaḫ. 5. Die *ḫabiru* = SA.GAZ in Alalaḫ und Ugarit (WO 2, 1954/59, 237–243). – *Ders. / S. Moscati*, Hebräer (RGG III³, 1959, 105f.). – *M. Anbar*, *ʾereṣ hāʿibrîm* „le pays des Hébreux" (Or 41, 1972, 383–386). – *M. Astour*, Les étrangers à Ugarit et le statut juridique des Ḫabiru (RA 53, 1959, 70–76). – *Ders.*, Habiru (IDB Suppl., 1976, 382–385). – *F. Böhl*, Kanaanäer und Hebräer (BWAT 9, 1911). – *R. Borger*, Das Problem der ʿapīru („Ḫabiru") (ZDPV 74, 1958, 121–132). – *J. Bottéro*, Le problème des Ḫabiru à la 4e Rencontre Assyriologique Internationale (Cahiers de la Société Asiatique 12, Paris 1954). – *Ders.*, Ḫabiru (RLA 4, 1972/75, 14–27). – *Ders.*, Entre nomades et sédentaires: les Ḫabiru (Dialogues d'histoire ancienne 6, 1980, 201–213). – *Ders.*, Les Ḫabiru, les nomades et les sédentaires (J. S. Castillo [Hg.], Seminar: Nomads and Sedentary People, Mexico-City 1981, 89–107). – *G. Buccellati*, *ʿApirū* and *Munnabtūtu* – The Stateless of the First Cosmopolitan Age (JNES 36, 1977, 145–147). – *E. Cassin*, Nouveaux Documents sur les Ḫabiru (JA 246, 1958, 225–236). – *H. Cazelles*, Hébreux, ubru et ḫapiru (Syr 35, 1958, 198–217). – *Ders.*, The Hebrews (D. J. Wiseman [Hg.], Peoples of Old Testament Times, Oxford 1973, 1–28). – *E. Chiera*, *Ḫabiru* and Hebrews (AJSL 49, 1932/33, 115–124). – *E. P. Dhorme*, Les Ḫabiru et les Hébreux (JPOS 4, 1924, 162–168). – *Ders.*, La question des Ḫabiri (RHR 118, 1938, 170–187). – *Ders.*, Les Habirou et les Hébreux (RH 211, 1954, 256–264). – *S. R. Driver*, Notes on the Hebrew Text and the Topography of the Books of Samuel, Oxford ²1913. – *R. Follet*, Ḫabiru (Enciclopedia cattolica 6, 1951, 1324f.). – *Ders.*, Un défi de l'histoire: Les Ḫabiru (Bibl 36, 1955, 510–513). – *R. Giveon*, Hapiru (LexÄg 2, 1977, 952–955). – *A. Goetze*, The City Khalbi and the Khapiru People (BASOR 79, 1940, 32–34). – *N. K. Gottwald*, The Tribes of Yahweh, New York 1979. – *M. P. Gray*, The Ḫabirū-Hebrew Problem in the Light of the Source Material Available at Present (HUCA 29, 1958, 135–202). – *M. Greenberg*, The Ḫab/piru (American Oriental Series 39, New Haven 1955). – *Ders.*, Ḫab/piru and Hebrews (The World History of the Jewish People 2, Jerusalem 1970, 188–200. 279–281). – *Ders.*, Ḫabiru (Ḫapiru) (EncJud 7, 1971, 1033f.). – *A. Guillaume*, The Ḫabiru, the Hebrews and the Arabs (PEQ 78/79, 1946/47, 64–85). – *A. Gustavs*, Der Gott Ḫabiru (ZAW 40, 1922, 313f.). – *Ders.*, Was heißt *ilâni Ḫabiri*? (ZAW 44, 1926, 25–38). – *Ders.*, Der Gott Ḫabiru in Kerkuk (ZAW 58, 1940/41, 158f.). – *J. Halévy*, Les Habiri et les inscriptions de Taʿannek (RS 12, 1904, 246ff.). – *F. H. Hallock*, The Ḫabiru and the SA.GAZ in the Tell El-Amarna Tablets (S. A. B. Mercer, The Tell El-Amarna Tablets II, Toronto 1939, 838–845). – *J. Haspecker*, Hebräer (LThK 5², 1960, 44f.). – *J. W. Jack*, New Light on the Habiru-Hebrew Question (PEQ 72, 1940, 95–115). – *A. Jepsen*, Die „Hebräer" und ihr Recht (AfO 15, 1945/51, 55–68). – *A. Jirku*, ^iluḪa-bi-ru = der Stammesgott der Ḫabiru-Hebräer? (OLZ 24, 1921, 246–267). – *Ders.*, Götter Ḫabiru oder Götter der Ḫabiru (ZAW 44, 1926, 237–242). – *Ders.*, Zur Chabiru-Frage (ZAW 46, 1928, 208–211). – *Ders.*, Neues über die Ḫabiru-Hebräer (Jahrbuch für Kleinasiatische Forschung 2, 1952/53, 213f.). – *M. G. Kline*, The *ḫa-BI-ru* – Kin or Foe of Israel? (Westminster Theological Journal 18/19, 1955/57, 1–24. 170–184; 20, 1957/58, 46–70). – *K. Koch*, Die Hebräer vom Auszug aus Ägypten bis zum Großreich Davids (VT 19, 1969, 37–81). – *E. König*, On the Ḫabiri Question (ExpT 11, 1899/1900, 238–240). – *Ders.*, Zur Chabiru-Frage (ZAW 46, 1928, 199–208). – *E. G. Kraeling*, Light from Ugarit on the Khabiru (BASOR 77, 1940, 32). – *Ders.*, The Origin of the Name „Hebrews" (AJSL 58, 1941, 237–253). – *J.-R. Kupper*, Sutéens et Ḫapiru (RA 55, 1961, 197–200). – *M.-J. Lagrange*, Les Khabiri (RB 8, 1899, 127–132). – *S. Landersdorfer*, Die Boghazköi-Texte und die *Ḫabiru*-Frage (ThQ 104, 1923, 75–83). – *Ders.*, Über Name und Ursprung der Hebräer (ThQ 104, 1923, 201–232). – *B. Landsberger*, Ḫabiru and Lulaḫḫu (Kleinasiatische Forschungen 1, 1930, 321–334). – *S. H. Langdon*, The Ḫabiru and the Hebrews (ExpT 31, 1919/20, 324–329). – *N. P. Lemche*, „Hebrew" as a National Name for Israel (StTh 33, 1979, 1–23). – *Ders.*, „Hebraeerne". Nyt lys over habiru-hebraeerproblemet (DTT 43, 1980, 153–190). – *J. Lewy*, Ḫabiru und Hebräer (OLZ 30, 1927, 738–746. 825–833). – *Ders.*, Ḫābirū and Hebrews (HUCA 14, 1939, 587–623). – *Ders.*, A New Parallel between Ḫābirū and Hebrews (HUCA 15, 1940, 47–58). – *Ders.*, Origin and Signification of the Biblical Term „Hebrew" (HUCA 28, 1957, 1–13). – *M. Liverani*, Farsi Ḫabiru (Vicino Oriente 2, 1979, 65–77). – *O. Loretz*, Zu LÚ.MEŠ SA.GAZ.ZA *a-bu-ur-ra* in den Briefen vom Tell Kāmid el-Lōz (UF 6, 1974, 486). – *Ders.*, Habiru-Hebräer (BZAW 160, 1984). – *P. Kyle McCarter*, I Samuel (AB 8, Garden City 1980). – *G. E. Mendenhall*, The Tenth Generation, Baltimore 1973, bes. 122–141. – *W. L. Moran*, Habiru (Habiri) (New Catholic Encyclopedia 6, 1967, 878–880). – *R. T. O'Callaghan*, Aram Naharaim, Rom 1948. – *D. Opitz*, Zur *Ḫabiru*-Frage (ZA 37, 1927, 99–103). – *H. Otten*, Zwei althethitische Belege zu den Ḫapiru (SA.GAZ) (ZA 52, 1957, 216–223). – *H. Parzen*, The Problem of the *Ibrim* („Hebrews") in the Bible (AJSL 49, 1932/33, 254–261). – *F. E. Peiser*, Ḫabiru (MVAG 4, 1897, 16. 311ff.). – *A. Pohl*, Einige Gedanken zur Ḫabiru-Frage (WZKM 54, 1957, 157–160). – *G. v. Rad*, Israel, Juda, Hebräer im AT (ThWNT III 357–359). – *G. A. Reisner*, The Ḫabiri in the El Amarna Tablets (JBL 16, 1897, 143–145). – *I. Riesener*, Der Stamm עבד im

AT (BZAW 149, 1978, 115–135). – *H. H. Rowley*, Ras Shamra and the Ḫabiru Question (PEQ 72, 1940, 90–94). – *Ders.*, Ḫabiru and Hebrews (PEQ 74/75, 1942/43, 42–53). – *Ders.*, Recent Discovery and the Patriarchal Age (BJRL 32, 1949/50, 44–79). – *M. B. Rowton*, The Topological Factor in the Ḫapiru Problem (AS 16, 1965, 375–387). – *Ders.*, Dimorphic Structure and the Problem of the *ʿapirû-ʿibrîm* (JNES 35, 1976, 13–20). – *T. Säve-Söderbergh*, The ʿprw as Vintagers in Egypt (Orientalia Suecana I, 1952, 5–14). – *A. H. Sayce*, On the Khabiri Question (ExpT 11, 1899/1900, 377). – *Ders.*, The Khabiri (ExpT 33, 1921/22, 43ff.). – *V. Scheil*, Notules. VII. Les Ḫabiri au temps de Rim Sin (RA 12, 1915, 114–116). – *W. Spiegelberg*, Der Name der Hebräer (OLZ 10, 1907, 618–620). – *E. Täubler*, Ḫabiru-ʿIbhrim (Festschr. A. Marx, Vol. I, New York 1950, 581–584). – *R. de Vaux*, Les Patriarches hébreux et les découvertes modernes (RB 55, 1948, 321–347). – *Ders.*, Le problème des Ḫapiru après quinze années (JNES 27, 1968, 221–228). – *R. Weill*, Les *ʿpr-w* du Nouvel Empire sont des Ḫabiri des textes accadiens; ces Ḫabiri (exactement Ḫapiri) ne sont pas des „Hébreux" (RÉg 5, 1946, 251f.). – *H. Weinheimer*, Hebräer und Israeliten (ZAW 29, 1909, 275–280). – *M. Weippert*, Abraham der Hebräer? (Bibl 52, 1971, 407–432). – *Ders.*, Die Landnahme der israelitischen Stämme in der neueren wissenschaftlichen Diskussion (FRLANT 92, 1967, bes. 51–102). – *A. L. Williams*, Hebrew (in: J. Hastings, Dictionary, Edinburgh 1900, 325–327). – *J. A. Wilson*, The *ʿEperu* of the Egyptian Inscriptions (AJSL 49, 1932/33, 275–280). – *H. Winckler*, Die Hebräer in den Tel-Amarna-Briefen (Festschr. A. Kohut, 1897, 605–609).

I. *ʿiḇrî* „Hebräer" ist ein Name, der im AT zur Bezeichnung eines Volkes gebraucht wird, das von Eber (*ʿeḇær*) abstammt; er unterscheidet die so benannten Proto-Israeliten von anderen Semiten in Syrien-Palästina. Der Ausdruck definiert eine ethnische Gruppe ohne negative Wertung. Allgemein wurde er von Fremden verwandt mit Bezug auf Proto-Israeliten oder von diesen selbst zur Eigenbezeichnung gegenüber Fremden. *ʿiḇrî* kam aus dem Gebrauch (außer in archaischen Passagen) bei der israelit. Staatengründung. Es zeichnet sich also eine Entwicklung in der Terminologie der Beschreibung der Vorfahren, des Volkes und der Nachkommen des Alten Israel ab von *ʿiḇrî* (ethnische Bezeichnung) über *jiśrāʾel* (ethno-sozio-politische Bezeichnung z.Z. der Monarchie) bis hin zu *jehûḏāh* (ethnischer Ausdruck nach dem Untergang der Monarchie). Das Volk des Eber, das Palästina eroberte, ist aber nicht deckungsgleich mit „Israel" (→ ישראל). Die bibl. Autoren gebrauchen den Terminus nur für Proto-Israeliten. JHWH ist der Gott der *ʿiḇrîm* (Ex 7, 15).

II. Das Gentiliz *ʿiḇrî* verbindet mit dem PN Eber (Gen 10, 24), wird aber vielfach vom geographischen Terminus *ʿiḇr-* (MT: *ʿeḇer*) „das Land jenseits des Flusses" hergeleitet. Dem liegt vielleicht das Etymon *ʿbr* I 'vorüber-, hinübergehen, überschreiten' zugrunde (Nachweise bei Loretz 243). Schon die augenscheinlichen phonetischen wie kulturellen Ähnlichkeiten von *ʿiḇrî* zu anderen Ausdrücken der semit. und nichtsemit. Literatur des Alten Orients führte zu vielen etymologischen Herleitungsversuchen (vgl. Loretz 235–248).

Im 2. Jt. v.Chr. stand eine Gruppe von Menschen, bekannt als *SA.GAZ* (Var. *SA.GAZ.ZA*, *SA.GA.AZ*, *SAG.GAZ*, *GAZ*) im Sumer., *ḫapiru* (weniger zutreffend *ḫabiru*) im Akk., *ʿprm* im Ugar. und *ʿpr.w* im Äg., auf der Höhe der Macht am Rande der Gesellschaften des gesamten Vorderen Orients. Die semantischen und phonetischen Ähnlichkeiten zwischen *ʿiḇrî* und den diese Volksgruppe beschreibenden Termini wie auch historische Parallelen zwischen den bibl. *ʿiḇrîm* und den nichtbibl. Gruppen, die durch diesen Terminus bezeichnet wurden, sind Gegenstand vieler Diskussionen gewesen. Einige nahmen eine Verwandtschaft der bibl. Hebräer mit diesen Gruppen an, während andere zwei unterschiedliche ethnische Gruppen mit ähnlichen Charakteristika zu erkennen glaubten. Das sumer. Ideogramm *SA.GAZ* kann eine Entlehnung von akk. *šaggāšu* 'Mörder, Angreifer' (AHw 1124) sein und wurde gelegentlich als *ḫabbātu* 'Räuber, wandernder Nomade' gelesen. Schon die heth. Götterlisten (KBo I 1, 50; 2, 27 passim) und die Steuerlisten von *Nqmd* in Ugarit (KTU 4.48, 1; 4.73, 12; 4. 346, 7; 4.380, 16; 4.610, 27) zeigen, daß die allgemeine Lesung von *SA.GAZ* akk. *ḫap/biru* war. Da die lokalen Dialekte sowohl *ḫabiru* als auch *ḫapiru* (auch phonetisch *ḫa-BI-ri* oder defektiv *ḫa-ʾ-BI-ru* oder *ḫa-AB-BI-ri*) bieten, wurden zwei grundlegende etymolog. Ableitungen vorgeschlagen: einige lesen *ḫabiru* und nehmen an, daß es entweder von **ḥbr* 'binden, verbinden' oder von **ʿbr* 'überschreiten, vorbeigehen' abzuleiten ist, was *ḥbrjm* 'Verbündete' oder *ḥbrjm* 'wandernde Nomaden' ergibt. Die, die *ḫabiru* aus **ʿbr* ableiten, behaupten auch eine Verbindung zu westsemit. *ʿiḇrî* und finden in den *ḫabiru* die „Hebräer" wieder.

Aber das Ugar. und das Äg. schließen diese Etymologie aus. Beide Sprachen bezeugen mittleres *p*, nicht *b*. Da das Äg. normalerweise ein urspr. *b* enthält, verleiht die Erscheinung von *ʿpr* der Lesart *ḫapiru*, nicht *ḫabiru*, Gewicht. Dies wird gestützt durch ugar. *ʿpr*. Daraus ist zu schließen, daß 1. der mittlere Konsonant ein *p*, nicht ein *b* war, 2. das akk. *ḫapiru* einen westsemit. Ursprung hat. Die zweite Folgerung basiert auch auf der Tatsache, daß der Anfangskonsonant *ḫ* im Akk. auf ein ursprünglich westsemit. ʿ hinweist.

Die so rekonstruierte Etymologie leitet die westsemit. Termini und ihre ostsemit. Verwandten von **ʿpr* her. Allerdings gibt es keine Übereinstimmung in der Semantik. **ʿpr* kann keine westsemit. Entsprechung von akk. *epēru* 'versorgen' sein, da das verwandte westsemit. Wort *ḥbr* lautet (AHw 223 setzt *wpr* an). Es ist möglich, daß die westsemit. Wurzel auf *ʿāp̄ār* 'Staub' zurückgeht, also 'Staubiger, Wanderer' bedeutet (KTU 1.2, IV, 2; 1.3, III, 15; 1.5, VI, 15; 1.17, I, 28; II, 17).

Ungeachtet der verschiedenen vorgeschlagenen Etymologien von *ʿiḇrî* (**ʿbr*) und *ḫapiru*, *ʿpr* (**ʿpr*) besteht z. B. Mendenhall auf eine gemeinsame Herlei-

tung. Die Grundlage dafür liegt in der Annahme eines *b/p*-Austauschs, besonders unter Einfluß des stimmhaften *r*. So mag hebr. *b* mit ugar. *p* korrespondieren, indem das letztere stimmlos wurde. Mendenhall hält die Vokalverschiebung von *ʿapir* zu *ʿibr* für problemlos (vgl. kanaan. *malik* zu *milk* 'König').
Es gibt also keine sichere Etymologie und keine sichere Lösung der semantischen Probleme. Aber der philologische Befund anbetracht des historischen Gebrauchs des Wortes legt nahe, daß *ʿiḇrî* und *ḫapiru* (*ʿapiru*) etymologisch und semantisch nicht in Beziehung stehen. *ḫapiru*/*ʿapiru* ist ein Verbaladjektiv von **ʿpr*. *ʿiḇrî* ist ein Gentiliz von Eber, **ʿbr*. Letztlich ist jedoch die Möglichkeit einer Beziehung nicht auszuschließen dergestalt, daß das bibl. Gentiliz eine postmonarchische Entwicklung des Wortes ist, das einmal einen „outlaw", einen *ḫapiru*, bezeichnete (s.u.).

III. 1. *SA.GAZ* begegnen in Sumer zuerst in der Ur III (2050–1930 v.Chr.) und der Isin-Larsa-Zeit (1930–1697 v.Chr.). Die wenigen Texte verweisen auf *SA.GAZ*, die ihren Lebensunterhalt in Form von Rindern, Schafen (z.B. RUL 51; 52) oder Kleidung (RA 12, 115) empfangen. Der Kontext zeigt an, daß *SA.GAZ* vom Staat bezahlte Söldner oder Hilfstruppen waren.
2. *ḫapiru* erscheint in einem Text (Gelb, 5, III) aus dem kleinasiatischen Alishar. Es ist der früheste Beleg für die syllabische Schreibweise *ḫa-pi-ru* und zeigt das weitverbreitete Auftreten dieser Gruppe im Vorderen Orient des frühen 2. Jt. Ihre Stellung ist die gleiche wie in Sumer: sie sind vom Staat abhängig.
3. In der 1. Hälfte des 2. Jt. finden wir die *ḫapiru* in Mari, wo sie einerseits als Krieger des Staates (ARM II, 131), dann auch als Banditen (Dhorme, RHR 118, 1938, 175) beschrieben werden. Augenscheinlich bezeichnet der Terminus *ḫapiru* teils Söldner des Staates, teils auch solche, die unabhängig agieren, indem sie Städte plündern.
4. In Alalaḫ erscheinen die *ḫapiru* in einem Text des 18. Jh. (AT 58, III) und zahlreichen Texten des 15. Jh. (z.B. AT 180; 181). Der erstere ist ein Vertrag, als dessen Datum das Jahr notiert ist, in dem die „*ḫapiru*-Soldaten Frieden schlossen". Der Text zeigt die *ḫapiru* als unabhängige Gruppe, die mächtig genug war, den König zur Unterzeichnung eines Friedensvertrages zu veranlassen. Die jüngeren Dokumente sind Listen der *ḫapiru*-Streitkräfte verschiedener Städte unter der Oberherrschaft Alalaḫs. Ein Text (Smith, pl. 9f.) bildet eine Ausnahme, insofern er das Exil des Königs Idrimi und die Gastfreundschaft beschreibt, die ihm von den *ḫapiru* entgegengebracht wird. Wiederum erscheinen die *ḫapiru* gleichzeitig als unabhängig wie abhängig. Die Namen der *ḫapiru*-Soldaten sind meist lokalbezogene hurritische Namen. Als ihre früheren Berufe werden Dieb, Sklave, Bürgermeister und Priester genannt. Sie scheinen eher einen urbanen als ländlichen Ursprung zu haben.

5. Die Nuzi-Tafeln des 15. Jh. schildern die *ḫapiru* als Menschen, die sich selbst in die Abhängigkeit von Einzelpersonen oder vom Staat gegeben haben. Wo frühere Texte die *ḫapiru* als autonome Gruppen zeigten, die sich gelegentlich selbst in staatliche Dienste als Söldner „verkauften", so zeigen die Nuzi-Texte die *ḫapiru* auch als Sklaven im Haushalt. Öffentliche Dokumente (z.B. SMN 1120; 3199) beurkunden die *ḫapiru* als Lebensunterhaltsempfänger des Staates in ähnlicher Weise wie in Sumer. Eine Reihe von Texten aus der Hofhaltung von Teḫiptilla (z.B. JEN V 453. 459. 488) zeigt, daß *ḫapiru* ihre Dienstverträge selbst lösen konnten. Sie waren also nicht Sklaven, d.h. sie verkauften nicht ihre Person, sondern nur ihre Arbeitskraft. Die Beziehung ist eher als Adoption zu umschreiben; entsprechend hatten *ḫapiru* mehr Freiheit als gewöhnliche Sklaven. Außerdem waren die *ḫapiru* von Nuzi, im Gegensatz zu denen von Alalaḫ, von denen die meisten ortsansässig waren, meist Fremde. Während die Hurriter die Mehrheit der Bevölkerung darstellten, rekrutierten sich die *ḫapiru* zu zwei Dritteln aus Ostsemiten.
6. Die Argumente für die Gleichsetzung der *ʿiḇrî* mit den *ḫapiru* gründeten auf der politischen Situation in Palästina vor der israelit. Landnahme, wie man sie den El-Amarna-Tafeln entnahm. Sie schildern die *SA.GAZ* als feindliche Gruppen, von denen eine von Abdi-Aširta von Amurru und seinen Söhnen angeführt wurde. Abdi-Aširta zettelte einen Aufstand gegen Rib-Addi von Byblos an, der den Pharao um Entsendung von Truppen ersucht, um die *SA.GAZ* zu unterwerfen (EA 71; 75). Da der Pharao zögerte, übernahmen die *SA.GAZ* erfolgreich die Kontrolle über alle Städte in Rib-Addis Bereich (EA 79; 81; 90; 91; 104; 116). Die Bevölkerung schloß sich den *SA.GAZ* in der Hoffnung an, wieder Landeigentümer zu werden (EA 74) durch Sturz der Stadtstaaten-Fürsten. Dieselbe Situation bestand in ganz Syrien (vgl. EA 144; 148).
In diesen Texten repräsentieren die *SA.GAZ* die Feinde Ägyptens und seiner Vasallen. Sie setzten sich zusammen aus Fürsten, Stadtbewohnern und anderen, die gegen den Wohlstand und die Macht derer rebellierten, die das Land so lange kontrolliert hatten. *SA.GAZ* sind also keineswegs nur Nomaden und Halbnomaden. In Palästina war die Lage ähnlich, aber mit einem zu beachtenden Unterschied. Die Briefe von Biridija von Megiddo (EA 243), Labaia (EA 254), Milkilu von Gezer (EA 271), ÈR-Ḫeba von Jerusalem (EA 286; hier *ḫaBIru* anstelle von *SA.GAZ*) und anderen ersuchen den Pharao von Ägypten um Truppenhilfe und Niederschlagung des Rebellenaufstandes. Diese Texte zeigen aber auch, daß es sehr viele Gefechte zwischen den Vasallen gab, und die *SA.GAZ* wurden öfters von dem einen Stadtstaatenfürsten angeheuert, um den anderen zu stören (EA 287; 289). Der Terminus meint also nicht nur Rebellen, sondern auch die Söldner eines rivalisierenden Herrschers.
Die *ḫapiru* in Syrien und Palästina des 15./14. Jh.

v. Chr. waren also eine heterogene Gruppe, zusammengesetzt aus Rebellen und Ausgestoßenen (aus der Sicht des Schreibers). In Syrien begegneten sie als Rebellen gegen das politische System, in Palästina auch als Söldner und Gelegenheitssoldaten (dem örtlichen Militärführer, der sie angeheuert hatte, unterstellt) und als plündernde Terroristen. Der Ausdruck *SA.GAZ* war kein ethnisches Merkmal, sondern eine Status-Bezeichnung. Einzelne konnten sich dieser Gruppe anschließen, sogar ganze Gemeinden und Städte. *SA.GAZ* und ihre Führer wurden oft als „Hunde" (*kalbu*; EA 71; 76; 79; 85; 91) oder „streunende Hunde" (*kalbu ḫalqu*; EA 67) bezeichnet. Der abwertende Ausdruck bezieht sich auf solche, die außerhalb des Gesetzes stehen, die ihren Herren weggelaufen sind (→ כלב *kælæḇ*).

7. *SA.GAZ* und *ḫapiru* signalisieren in den hethit. Texten von Boghazköi eine geachtete Stellung der Benannten. In den Götterlisten der Verträge von Šuppiluliuma (1375–1335 v. Chr.) und Ḫattušiliš III. (1275–1250 v. Chr.) erscheinen sie als geachtete Mitglieder der Gesellschaft (KBo I, 1, 50; 2, 27; V, 3, I, 56; 9, IV, 12; IV, 10, 3) neben den Lulaḫi. In einer Beschwörung gegen Streit (KUB IX, 34, IV) erscheinen die *ḫapiru* zwischen Adel und Bürgern. Sie sind weder Sklaven noch Mitglieder der höheren Schichten der Gesellschaft noch eine ethnische Gruppe.

IV. Die *ʿapiru* der ugar. Steuerlisten sind nicht mehr mit dem Stigma von „Ausgestoßenen" und „Rebellen" gezeichnet. Der Ausdruck begegnet in den Steuerlisten von *Nqmd* ziemlich oft im Ortsnamen *ḫlb ʿprm* „Aleppo der ʿApiru" (KTU 4.48, 1; 4.73, 12; 4.346, 7; 4.380, 16; 4.610, 26), was auf eine friedliche, städtische Ansiedlung schließen läßt. *ʿprm* finden sich vielleicht auch in einer Liste der Anteile für die Stadt *Mȝḫd* (KTU 4.611, 8 [Lesung unsicher]). Der Brief KTU 2.47, 7 (an Hammurapi [?]) nennt 400 *ʿprm*, die in der königlichen Politik eine gewisse Rolle gespielt haben (Loretz 85), vielleicht waren sie an einem Aufruhr beteiligt, der zum Untergang von Ugarit führte.

Der Ausdruck *ʿprm* bekommt in Ugarit eine neue Bedeutung. Unklar ist seine ethnische Valenz. Der Ausdruck, der in den El-Amarna-Tafeln Rebellen und Ausgestoßene beschrieb, bezieht sich jetzt auf fest angesiedelte Menschen, die Steuern an den Staat bezahlen, in der Politik eine gewisse Rolle spielen und deren Vorsteher (*rb ʿprm*, KTU 4.752, 1) innerhalb der königlichen Verwaltung eine hohe Stellung einnahm.

V. *ʿpr(.w)* kommt in äg. Texten des 16.–12. Jh. v. Chr. vor (Belege bei Giveon 953f. und Loretz 35ff.) und bezieht sich einerseits auf einen Teil der palästin. Bevölkerung, andererseits auf deportierte Sklaven und Arbeiter in Ägypten. Drei Texte sind von besonderer Bedeutung. Die Memphis-Stele des Amenophis II. (2. Hälfte des 15. Jh.) zählt die *ʿpr.w* unter die Gefangenen, die er nach Ägypten gebracht hat. Sie werden nach den „Fürsten" und „Brüdern der Fürsten" und vor den Schasu und Hurritern genannt. Ob diese Anordnung auf ihren Status weist, wie möglicherweise der hethit. Beschwörungstext, ist fraglich. Die Bet-Schean-Stele Sethos' I. beschreibt die *ʿpr.w* als Streitkräfte, die gegen die „Asiaten" kämpfen. Im Pap. Harris 500, dem Bericht von der Eroberung Joppes durch einen General Thutmosis' III., bittet der General des Pharao die Führer von Joppe darum, den *marijannu*-Kriegern zu erlauben, ihre Pferde in der Stadt einzustellen, damit nicht „ein *ʿpr* vorbeikommt und sie stiehlt". Diese Texte charakterisieren die *ʿpr.w* ähnlich wie die akk. Texte. Sie sind unabhängige Plünderer und Banditen, die die Bevölkerung terrorisieren, Heere eingeschlossen. Sie agieren in der Umgebung von Städten, nicht notwendig in Wüsten- oder Randgebieten.

VI. In der nicht-bibl. Literatur werden *SA.GAZ*, *ḫapiru* und *ʿapiru* also nicht als ethnische Begriffe oder zur Bezeichnung eines geographischen oder rassischen Ursprungs gebraucht. Sie bezeichnen sozial und politisch ungebundene Gruppen. Wenn sie als untergeordnete Gruppe auftauchen, dann nur militärisch als freiwillige Söldner. Ansonsten zeigen sie eine gewisse Autonomie durch Verdingung ihrer Arbeitskraft an Einzelpersonen und/oder den Staat. Vor allem waren sie eine opportunistische Gruppe. Im Falle eines politischen Aufruhrs nutzten die *ḫapiru* die Gelegenheit als Söldner des Staates oder als Räuber und Banditen. Die Berichte über sie sind subjektiv gefärbt, abhängig davon, ob der über ihre Aktivitäten Berichtende für oder gegen sie eingestellt war.

Definitiv steht fest, daß die *ḫapiru*-Gruppen keine Bauern oder Hirten waren. Sie lebten in Städten, nicht in ländlichen Gebieten, und erhielten Haustiere zum Lebensunterhalt. Als Landbesitzer begegnen sie nicht, und wenn sie wie in Ugarit als Siedler erscheinen, leben sie in einer Stadt. Die *SA.GAZ*, *ḫapiru* und *ʿapiru*-Gruppen bestanden daher wohl aus solchen, die mit den Landbesitzverhältnissen unzufrieden waren. Sie waren nicht daran interessiert, Land für andere zu bearbeiten. Sie waren Opportunisten, und so mußten sie das unabhängige Leben als Söldner wesentlich lohnender empfinden, sowohl sozial als auch finanziell, als das Leben als Bauern oder Hirten in den Randgebieten.

Eine Einteilung in Gruppen muß rein spekulativ bleiben: einige waren Flüchtlinge, Vagabunden, Diebe, ehemalige Sklaven und Kriegsgefangene; andere waren Fürsten, Priester, Ex-Bürgermeister, Musiker und möglicherweise pensionierte Militärs, die nicht zur Bearbeitung des Stückchens Land, das ihnen bei ihrer Entlassung zugeteilt worden war, zurückkehren konnten oder wollten.

VII. *ʿiḇrî* 'Hebräer' begegnet 34mal im AT als Adjektiv (*'îš ʿiḇrî*, Gen 39, 14) oder als nomen gentilicium. Es kommt vor bei J und E, niemals aber in P.

Meistens wird es von Fremden (Ägyptern oder Philistern) benutzt, um die Nachkommen von Eber und Abraham als bestimmte ethnische Gruppe von den Kanaanäern, Hurritern und anderen Bewohnern des Landes Syrien/Palästina zu unterscheiden.

Die Bedeutung von *ʿiḇrî* wird bereits in seinem ältesten Beleg im AT eng gefaßt. In Gen 14, 13 wird Abraham ein „Hebräer" genannt. Obgleich das Wort eigentlich ein Gentiliz vom PN Eber (Gen 10, 24f.) ist, sind nicht alle Nachkommen Ebers (Hebräer, Aramäer und die arab. Stämme) „Hebräer". Der Terminus ist im ganzen AT auf die Israeliten beschränkt, die Nachfahren des Stammvaters Abraham und seiner Söhne Isaak und Jakob (vgl. 1 Sam 13, 3f. und den Wechsel zwischen „Hebräer" und „Israeliten" in Verbindung mit JHWH, Ex 5, 1–3). *ʿiḇrî* ist also ein frühes Appellativ für die Nachkommen Abrahams, synonym mit *b^enê jiśrāʾel* und *j^ehûḏāh* in späterer Zeit.

Aufgrund von Gen 14 sind viele geneigt, für eine Verbindung zwischen den *ʿiḇrîm* und den *SA.GAZ/ḫapiru/ʿapiru* einzutreten – wenn nicht eine ethnische, dann zumindest eine sozio-politische. D.h., *ʿiḇrî* als Volks- und Familienbezeichnung setzt einen sozialen Status ähnlich dem der *ḫapiru* voraus, der aber z.Z. der bibl. Schreiber längst nicht mehr aktuell war. Abraham ist ein fremder Einwanderer in einem Land, wo er keinerlei Rechte hat; es ist eine politisch und militärisch unruhige Zeit im 2. Jt. v.Chr. In dieser Zeit waren *ḫapiru*-Gruppen überall im Alten Orient vorhanden.

Obwohl die Argumentation plausibel erscheint, sind Zweifel möglich:

(1) Abraham als ein Vieh- und Schafhirte meidet die Städte Sodom und Gomorra zugunsten eines ländlichen Lebens. Das steht in direktem Gegensatz zu den *ḫapiru*, die eine starke Neigung zu städtischen Gebieten hatten und die Hirtenarbeit mieden.

(2) Die *ḫapiru*-Gruppen verdingten sich als Söldner oder lebten als Räuber und Plünderer in Zeiten militärischer und politischer Umwälzung. Aber ungeachtet kriegerischer Banden im Negeb bleibt Abraham ein Hirte. Er wird nur dann aktiv, als sein Verwandter Lot (Gen 14, 14) gefangengenommen wird. Nachdem er Lot, seine Familie und die vom König von Sodom gestohlene Habe wiederbekommen hat, gibt er das Erbeutete zurück (vv. 21–24). Das ist nicht die Tat eines *ḫapiru*, dessen opportunistisches, eigennütziges Verhalten überall in den altorientalischen Texten beschrieben wird. Abraham reagierte mit Rücksicht auf eine Sippe, nicht aufgrund einer Dienstverpflichtung einem König gegenüber.

(3) Schließlich ist Abraham ein Fremder und von dem Schutz, der den „Bürgern" dieser Königreiche gewährt wird, ausgeschlossen. Wenn ihn dies auch den *ḫapiru* vergleichbar macht, so schlossen diese doch auch Ortsbewohner ein, von denen manche einstmals ein politisches Amt innegehabt hatten. Die Charakterisierung der Patriarchen als wandernde Aramäer verbindet sie nicht notwendig mit den *ḫapiru*. Demnach ist *ʿiḇrî* in Gen 14, 13 ein ethnischer Terminus, der Abraham und seine Sippe von anderen Volksgruppen (Hurritern, v. 6; Amalekitern und Amoritern, v. 7) unterscheidet.

ʿiḇrî kommt dann (5mal) vor in der Josefsgeschichte bei J und E. 3mal wird das Wort von einem Fremden gebraucht, um die ethnische Identität Josefs zu bezeichnen (Potifars Frau Gen 39, 14. 17 [J]; der Obermundschenk Gen 41, 12 [E]). Daß das Wort eher als ethnische denn als soziale Bezeichnung verwendet wird, ist aus Gen 39, 17 ersichtlich. Im Ausdruck *hāʿæḇæḏ hāʿiḇrî*, „der hebräische Sklave", zeigt *hāʿæḇæḏ* Josefs soziale Stellung an, während *hāʿiḇrî* ihn ethnisch von anderen Sklaven unterscheidet. Dieser ethnische Gehalt von *ʿiḇrî* wird eindringlich demonstriert durch seine antithetische Beziehung zu *miṣrî* 'Ägypter' in Gen 43, 32 (beides Pl. [J]; vgl. Ex 1, 19).

Zum letztenmal in der Josefserzählung begegnet *ʿiḇrî* in Gen 40, 15 (E): Josef legt dar, daß er entführt wurde „aus dem Land der Hebräer" (*meʾæræṣ hāʿiḇrîm*). Josef betrachtet sich als einen, der aus einem Land kommt, das den Hebräern gehört. Das spricht gegen die Position derer, die die Patriarchen und die *ḫapiru* in Verbindung bringen, indem sie argumentieren, beide Gruppen seien Nomaden, Flüchtlinge und Fremde in einem Land, das anderen gehört. Josef wird eindeutig identifiziert mit einem geographischen Gebiet, von dem gesagt wird, es sei das Land seines Volkes. Außerdem stammt das einzige Zeugnis für die Verwendung von *ḫapiru/ʿapiru* als Ortsname aus Ugarit (13. Jh.). Der ugar. Ausdruck *ḫlb ʿprm* „Aleppo der *ʿapiru*" meint eine Stadt und keinen unbestimmten Landstrich, wo Vieh und Schafe weiden. *ḫapiru/ʿapiru* wird im allgemeinen nie assoziiert mit Landeigentum oder Landbesitz; die Wendung *ʾæræṣ hāʿiḇrîm* aber steht als Bezeichnung für das Gebiet, das die „Hebräer" beherrschen.

Als nächstes erscheint *ʿiḇrî* in der jehowistischen Mosesbiographie (Ex 1, 15 – 2, 22) als ethnischer Terminus, um die „Hebräer" von den „Ägyptern" und anderen Gruppen im damaligen Ägypten zu unterscheiden. Der Pharao wandte sich an die „hebräischen Hebammen" (*lam^ejall^eḏoṯ hāʿiḇrijjoṯ*, Ex 1, 15) und befahl ihnen, alle Knaben zu töten, die die „Hebräerinnen" (*hāʿiḇrijjôṯ*, vv. 16. 19, als Substantiv) gebaren. Die Hebammen aber gehorchten dem Pharao nicht und ihre Antwort auf seine „Warum"-Frage hebt die ethnische Konnotation des Wortes heraus: „Wie bei den ägyptischen Frauen (*hannāšîm hammiṣrijjoṯ*) ist es nicht bei den Hebräerinnen (*hāʿiḇrijjoṯ*), sondern wie bei den Tieren: Wenn die Hebamme zu ihnen kommt, haben sie schon geboren" (Ex 1, 19). Ob Wahrheit oder Ausrede, die Antwort zeigt auf jeden Fall den ethnischen Gebrauch von *ʿiḇrijjoṯ*. Die Hebammen argumentieren, daß die Fähigkeit der Hebräerinnen, schnell zu entbinden, in ihrer Natur als „Hebräer" liege, die anders als die der Ägypter sei. Das hat mit sozialer Stellung überhaupt nichts zu tun.

Die anderen Belege von *ʿiḇrî* in diesem Abschnitt sind im wesentlichen den bisher genannten gleich: Mose wird vorgestellt als ein Hebräerkind (*mijjalḏê hāʿiḇrîm*, Ex 2, 6), und eine Hebräerin (*min hāʿiḇrijjoṯ*, v. 7) wird von der Tochter des Pharao als Amme angestellt. In der Schilderung von Moses Verbrechen und Flucht aus Ägypten stehen wiederum *ʿiḇrî* und *miṣrî* gegenüber, beide eindeutig mit ethnischer Bedeutung (vv. 11. 13). Die restlichen Stellen von *ʿiḇrî(m)* in den Kapiteln von Moses Berufung und seiner Konfrontation mit dem Pharao finden sich in der Redewendung *'ælohê hāʿiḇrijjim* (Ex 3, 18 J) oder *'ælohê hāʿiḇrîm* (Ex 5, 3; 7, 16; 9, 1. 13; 10, 3 J), „der Gott der Hebräer". Das ist der Gottesname, unter dessen Autorität dem Mose geboten wird, zum Pharao zu gehen (3, 18).

Auf Gottes Geheiß sollen Mose und die „Ältesten Israels" (*ziqnê jiśrā'el*) zum Pharao sagen: „JHWH, der Gott der Hebräer (*JHWH 'ælohê hāʿiḇrijjîm*), ist uns begegnet. Und jetzt wollen wir drei Tagesmärsche weit in die Wüste ziehen und JHWH, unserem Gott (*JHWH 'ælohênû*), Schlachtopfer darbringen" (Ex 3, 18 J). JHWH und *'ælohê hāʿiḇrijjîm* sind synonyme Namen derselben Gottheit. Auch der erweiterte Ausdruck „der Gott der Hebräer" ist synonym zu „der Gott Israels" (vgl. Ex 5, 3). Im Zusammenhang der Erzählung wird schließlich „der Gott der Hebräer" mit „dem Gott deines (Moses) Vaters, dem Gott Abrahams, dem Gott Isaaks und dem Gott Jakobs" (v. 6 E) identifiziert. Dem entspricht die Selektion (s.o.), daß nicht alle Nachkommen Ebers, sondern nur die Nachkommen Abrahams, Isaaks und Jakobs, für „Hebräer" gehalten werden. Die ethnische Bedeutung von *ʿiḇrî* wird ersichtlich aus der Antithese mit den Ägyptern, deren Land die Hebräer verlassen, und den Kanaanitern, Hethitern, Amoritern, Perisitern, Hiwitern und Jebusitern, deren Land die Hebräer bewohnen werden (vv. 8. 17). *ʿiḇrî* meint hier weder soziale Stellung noch Klasse, sondern das hebr. Volk, das bald Volk und Staat Israel bilden wird.

Der Jahwist weist Ex 5 die Verbindung von „dem Gott Israels" und „dem Gott der Hebräer" auf. Mose wendet sich an den Pharao im Auftrag von *JHWH 'ælohê jiśrā'el* (v. 1) und *'ælohê hāʿiḇrîm* (v. 3). Diese Identifikation intensiviert J in den Schilderungen der Begegnung zwischen Mose und dem Pharao (7, 16; 9, 1. 13; 10, 3) durch die Kombination von „Gott der Hebräer" als Apposition mit JHWH.

So spiegelt sich bereits beim Jahwisten ein Verwischen der Differenz zwischen *ʿiḇrîm* und *jiśrā'el* wider. Das erstere ist eine ethnische Bezeichnung zur Unterscheidung der Proto-Israeliten von anderen Gruppen im syrisch-palästinischen Raum, letzteres ist ein religiös-politisches Wort für die *ʿiḇrîm*, die dabei sind, einen politischen Verband, der durch den Bund am Sinai geschlossen wird, zu bilden. Die Ausdrücke werden allmählich austauschbar. Der Terminus *ʿiḇrîm* wird jedoch auch weiterhin gewählt, um die Ethnizität Israels zum Ausdruck zu bringen.

Schließlich begegnet *ʿiḇrî* in den Sklavenbestimmungen des Bundesbuches (Ex 21, 2; vgl. Dtn 15, 12; Jer 34, 8–17, bes. vv. 9. 14; vgl. dazu Lev 25, → עבד *ʿaḇaḏ* III. 1.). Wenn ein Hebräer einen hebräischen Sklaven kauft (*kî tiqnæh ʿæḇæḏ ʿiḇrî*), muß er ihn nach sechs Jahren als freien Mann entlassen (vgl. Lev 25, 40); er soll so gehen, wie er gekommen ist (Ex 21, 1–3; Lev 25, 41). Wenn er will, darf er aber Sklave seines Herrn bleiben (21, 3–6).

Ungeachtet der Tatsache, daß der Herr einen Sklaven kauft (*tiqnæh ʿæḇæḏ*) oder der Sklave sich selbst verkauft (*nimkar*; Lev 25, 39), ähnelt die Situation mehr einer vertraglich vereinbarten Dienstleistung, d. h. man kauft die Dienste eines Hebräers für eine gewisse Zeit: „Wenn ein Bruder bei dir verarmt und sich dir verkauft, darfst du ihm keine Sklavenarbeit auferlegen; er soll dir wie ein Lohnarbeiter oder ein Halbbürger gelten und bei dir bis zum Jubeljahr arbeiten" (Lev 25, 39 f.). Die Zeit der Sklaverei ist für hebräische Sklaven begrenzt, aber eine freiwillige lebenslange Bindung ist möglich. Das Heiligkeitsgesetz entwickelt die Sklavengesetze weiter in Richtung zunehmender Humanisierung unter Aufgreifen der dtn/dtr „Brüder"-Qualifikation (→ אח *'āḥ*). Der Terminus *ʿiḇrî* wird von H konsequent vermieden (Lev 25, 43. 46).

Die Behandlung eines „hebräischen Sklaven" ist von der eines Kriegsgefangenen oder eines „nichthebräischen" Sklaven völlig verschieden. Diese gesetzlich festgelegten Umstände rühren daher, daß die Versklavung eines Hebräers durch einen anderen von einer völlig anderen Bedeutung ist als die Versklavung einer Person, die einer anderen ethnischen Gruppe angehört. Der hebräische Sklave ist ein „Bruder" (*'āḥ*, Dtn 15, 12; vgl. Lev 25, 35. 39), einer, der teilhatte an der gemeinsamen Erfahrung der Sklaverei in Ägypten. Dieses ethnische Band und das vergangene Erbe liefern die Grundlage für diese Gesetzgebung (Dtn 15, 15; vgl. Lev 25, 42. 55).

Auch für die hebr. Sklavin sind ähnliche erleichterte Bedingungen vorgesehen (vgl. Ex 21, 7–11; Dtn 15, 12). Die Gesetzgebung, die die Behandlung von „hebräischen" Bediensteten bestimmt, erinnert an die *ḫapiru*, die im Haushalt des Teḫiptilla in Nuzi Dienst taten. Dort lassen die Dokumente erkennen, daß das Verhältnis zwischen Herr und Sklave mehr einer Adoption als einer Sklaverei ähnlich war. Gläubiger mögen die Schuldentilgungen bei Fremden fordern, aber die Verbindlichkeiten von Hebräern sind nach sechs Jahren erloschen (Dtn 15, 1–3). Somit besteht eine klare Unterscheidung zwischen hebräischen Bediensteten und Fremden oder Sklaven aus fremden Nationen (vgl. Lev 25, 44–46), und das ist direkt bezogen auf das hebräische Volk. Der Hauptunterschied liegt in der Dauer des Dienens, die für einen Nichtisraeliten unbestimmt war und für einen Israeliten maximal sechs Jahre betrug mit der Möglichkeit, sich jederzeit loszukaufen. Außerdem behandelt man Angehörige des eigenen Volkes mit größerem Mitgefühl als einen Fremden.

Im Jeremia-Buch (Jer 34, 8–22) wird wiederum ausdrücklich der hebräische Sklave (*ʿæbæḏ ʿiḇrî*) Objekt der Betrachtung, wobei die Abhängigkeit zu Dtn 15, 12–18 weitgehend akzeptiert ist (vgl. Loretz 161–165; vgl. aber auch die Gegenpositionen von H. Weippert, BZAW 132, 1973, 86–106 und I. Cardellini, BBB 55, 1981, 312–323): Jeremia deutet z. B. an, daß die Zerstörung Jerusalems durch Nebukadnezzar die Strafe Gottes dafür sein wird, daß Juda die Bestimmungen über die Freilassung der hebr. Sklaven nicht beachtete. Verspätet stimmten die Besitzer zu, ihre Sklaven auf dem Höhepunkt der Belagerung freizulassen (zweifellos aus eigennützigen Gründen). Nach der Freilassung der Sklaven zog Nebukadnezzar seine Truppen ab (um einen ägyptischen Angriff zu kontern). Danach versklavten die jüdischen Besitzer ihre früheren Sklaven wieder. Jeremia brandmarkt diese Tat als heuchlerisch und als Bundesbruch gegenüber JHWH.

Jeder hebräische Sklave muß, wenn die Freilassung (→ דרור *d^erôr*) ausgerufen ist, freigelassen werden und darf nicht wieder versklavt werden (34, 9. 14), außer wenn er sich freiwillig einer lebenslangen Knechtschaft unterwirft. In Jer 34, 9 sind *ʿiḇrî* und *j^ehûḏî* synonym, und somit vervollständigt sich die Entwicklung der Terminologie, die die Nachkommen Abrahams bezeichnet: von *ʿiḇrî* über *jiśrāʾel* zu *j^ehûḏî*.

Bei alledem sind große Ähnlichkeiten sichtbar zwischen der wirtschaftlichen Bewertung hebr. Sklaven gegenüber ihren hebr. Herren und den *ḫapiru*, die dem Staat oder, in Nuzi, dem Haushalt des Teḫiptilla dienen. Der bedeutsame Unterschied liegt in der Tatsache, daß das biblische Material eine spezifische Verbindung zwischen Leuten derselben ethnischen Gruppe herstellt.

Die Gesetzgebung bezüglich der Kriegsgefangenen und „Fremden" ist unterschiedlich. „Brüder" und „Schwestern" haben mehr Freiheit und gewiß mehr Schutz in der Sklave/Herr-Beziehung. Im Gegensatz dazu findet sich dieses ethnische Element in den Sklavenbestimmungen von Nuzi nicht; die *ḫapiru* waren in erster Linie Fremde und ethnisch nicht mit denen verbunden, denen sie dienten. Ähnlich aber sind die *ḫapiru* in Nuzi und die *ʿiḇrî*-Sklaven in der Bibel darin, daß ihre Versklavung mehr eine vertragliche wirtschaftliche Angelegenheit als einen völligen Verlust ihrer persönlichen Freiheit darstellt. Im AT existiert diese Übereinkunft nur unter den Hebräern und resultiert aus ethnischer Zusammengehörigkeit, nicht aus dem sozialen Status.

Die restlichen Belege von *ʿiḇrî(m)* (außer Jona 1, 9) begegnen in 1 Sam. In jedem dieser Fälle (4, 6. 9; 13, 3. 7. 19; 14, 11. 21; 29, 3) wird das Wort neben *b^enê jiśrāʾel* benutzt zur Bezeichnung der Nachkommen Abrahams, Isaaks und Jakobs, die unter dem Bund mit JHWH, ihrem Gott, leben. Alle Belege stehen im Kontext von Philisterkämpfen, der letzte in 1 Sam 29 (Sauls Tod). Es ist bedeutsam, daß die biblischen Schreiber von nun an *ʿiḇrî(m)* nicht mehr verwenden, sondern vom Volk JHWHs als den *b^enê jiśrāʾel* oder von *jiśrāʾel* sprechen. Das deutet an, daß, selbst wenn diese Ausdrücke oft synonym gebraucht werden, *ʿiḇrî(m)* zuerst ethnische Bedeutung hat, während *jiśrāʾel* ein religiös-politischer Begriff ist, der erst dann die ethnische Gruppe bezeichnete, als sie JHWHs Bundesvolk und die Nation Israel wurde.

Diejenigen, die weiterhin für eine Identität von *ʿiḇrîm* und *ḫapiru/ʿapiru* eintreten, behaupten, daß die in 1 Sam auftretenden Hebräer sozial und kulturell den *ḫapiru* in den außerbibl. Texten ähnlich sind. D. h. die Hebräer erscheinen als eine Randgruppe der philistäischen Gesellschaft. In ganz Palästina herrscht politische Unruhe und steter Kampf zwischen Philister- und Hebräerbanden. So gleicht z. B. die Situation eines David mit seiner Truppe von „outlaws" den Schilderungen in außerbibl. Texten, besonders den El-Amarna-Tafeln, wo die *ḫapiru* als Söldner auftreten. Allerdings wird David niemals „Hebräer" genannt. Des weiteren wird in allen Belegen von 1 Sam *ʿiḇrîm* mit *jiśrāʾel* oder *b^enê jiśrāʾel* gleichgesetzt; alle diese Ausdrücke werden gebraucht, um diese ethnische Gruppe, die ihre Wurzeln bis auf Abraham zurückführt, zu unterscheiden von den Kanaanäern und den anderen einheimischen Volksgruppen, den Philistern und Fremden.

Auch andere Gegensätze zwischen den *ḫapiru*-Söldnern und den *ʿiḇrîm* lassen sich in 1 Sam finden. Die *ḫapiru* wollten Söldner bleiben; dieser Lebensstil gefiel ihnen besser als Ackerbau oder andere Lebensformen. David hingegen wollte König werden und seine Aktionen schildern das Zusammenziehen und den Aufbau einer loyalen Truppe. Das Ziel Israels ist die Inbesitznahme Kanaans und die Verdrängung der einheimischen Bewohner. Die *ḫapiru* auf der anderen Seite sind nicht erpicht auf Landerwerb oder Besiedlung. Nur die ugar. Texte über die *ḫapiru/ʿapiru* deuten eine Besiedlung und ein friedvolles Nebeneinander an.

Insbesondere drei Stellen aus 1 Sam werden von den Befürwortern einer Verbindung zwischen den *ḫapiru* und den „Hebräern" vorgebracht. (1) In 1 Sam 13, 3 benutzt Saul den Begriff *ʿiḇrîm* als Anrede an seine eigenen Leute: „Die Hebräer sollen es hören (*jišm^eʿû hāʿiḇrîm*)". In allen anderen Fällen wird das Wort entweder von Fremden benutzt, die Hebräer anreden, oder von Hebräern, um sich bei der Anrede Fremder ethnisch abzuheben. Diese Stelle scheint jene Regel zu durchbrechen und zum mindesten einen Beleg für das Fehlen einer ethnischen Konnotation aufzuzeigen. Da aber das Wort *ʿiḇrîm* im ganzen Buch Ex und 1 Sam als Synonym zu *jiśrāʾel* benutzt wurde, ist dieses Argument – wenn überhaupt – schwach. Zudem lesen einige Komm. (z. B. P. K. McCarter, AB 8, 225) *pāš^eʿû* statt *jišm^eʿû* (vgl. LXX ἠθετήκασιν) „Die Hebräer haben revoltiert" und stellen den Versteil „Saul aber ließ im ganzen Land das Widderhorn blasen" hinter *hāʿiḇrîm*. Somit stammt der Ausruf „Die Hebräer haben revoltiert" aus dem Mund der Philister, und die Stelle entspricht den anderen im AT (vgl. 1 Sam 4, 6; 13, 19; 14, 11; 29, 3). Das Problem bei dieser Textveränderung liegt aber darin, daß die

LXX darüber hinaus noch οἱ δοῦλοι „die Sklaven" für Ἑβραῖοι liest (*ʿbdjm* statt *ʿbrjm*; vgl. auch 14, 21 und 4, 9, wo Ἑβραῖοι und δοῦλοι gemeinsam auftreten; die Philister betrachten die Hebräer als ihre Sklaven).

In keinem Fall, gleich ob Saul oder die Philister von „den Hebräern" sprechen, kann das Wort gleichgesetzt werden mit *ḫapiru*. Die sozio-politische Stellung der Hebräer ist zu dieser Zeit zwar in mancher Hinsicht der der *ḫapiru* ähnlich, doch der ethnische Gehalt von *ʿib̲rîm* verhindert eine Verbindung.

(2) In 1 Sam 13, 7 scheint MT zwischen *ʾîš jiśrāʾel* und *ʿib̲rîm* zu unterscheiden, was über den Unterschied zwischen einem grundsätzlich ethnischen Begriff hinausgeht. Nach Jonatans Angriff auf die philistäische Garnison in Geba starteten die Philister eine Offensive, der die Israeliten nicht standhalten konnten. Der MT hält dies fest, wenn der *ʾîš jiśrāʾel* erkannte, „daß sie in Gefahr gerieten und daß das Volk (*hāʿām*) bedrängt wurde"; da „versteckten sie sich ... und die Hebräer gingen über den Jordan (*weʿib̲rîm ʿāb̲erû ʾæt̲-hajjarden̲*, vv. 6f.). Die Unterscheidung zwischen „den Israeliten" und „den Hebräern" rührt nach der Meinung einiger Gelehrter möglicherweise daher, daß das Wort *ʿib̲rîm* von einer Gruppe spricht, die sich zwar *jiśrāʾel* angeschlossen hat, aber kein Teil davon ist, möglicherweise eine Söldnergruppe am Rand der israelitischen Gesellschaft.

Viele halten die Stelle für verderbt und lesen *wajjaʿab̲rû maʿberôt̲ hajjarden̲* (vgl. LXX οἱ διαβαίνοντες διέβησαν τὸν Ἰορδάνην). Das eliminiert die Bezugnahme auf die Hebräer und macht *hāʿām* zum Subjekt. Somit versteckt sich das Volk entweder im Land oder flieht über den Jordan, um den Philistern zu entkommen.

Auch ohne Annahme eines verderbten Textes lassen sich die Probleme des MT lösen: *ʾîš jiśrāʾel*, *hāʿām* und *ʿib̲rîm* könnten nämlich dieselbe Gruppe, die Israeliten, meinen. Auch *ʿib̲rîm* als ethnische und *jiśrāʾel* als religiös-politische Bezeichnung können nach einer gewissen Zeit zusammenwachsen, da politische Gruppen häufig dazu neigen, die gemeinsame Abstammung als zusätzliche Bindung, sei diese echt oder nur erfunden, zu betonen. Religiös-politisches *jiśrāʾel* hat also allmählich die ethnische Komponente in den Begriff einverleibt, wodurch der politische Staat genauer beschrieben wird. Dieser Prozeß beginnt in Ex und erreicht seinen Höhepunkt in 1 Sam. Endgültig verliert *ʿib̲rîm* seine Eigenständigkeit, indem der ethnische Aspekt des älteren eingeschlossen wird durch den jüngeren. So wird für die biblischen Schreiber *jiśrāʾel* die Bezeichnung für den politischen Staat, aber Verwandtschaft und Verbindung zum früheren bleiben, denn JHWH ist trotz allem der Gott Abrahams.

(3) 1 Sam 14, 21 lautet: „Auch die Hebräer (MT: *hāʿib̲rîm*; LXX: οἱ δοῦλοι, vgl. 13, 3), die bis zu diesem Zeitpunkt auf seiten der Philister gestanden und mit ihnen in den Kampf gezogen waren, wandten sich nun (von ihnen) ab, um auf seiten Israels zu sein, das zu Saul und Jonatan hielt." Der Vers scheint oberflächlich betrachtet ein ähnliches Problem aufzuweisen wie 1 Sam 13, 7, d. h. „die Hebräer" und Israel sind zwei verschiedene Gruppen: die Hebräer sind entweder Nicht-Israeliten, die sich Saul und seinem Sohn angeschlossen haben, oder eine den *ḫapiru*/*ʿapiru* ähnliche Gruppe oder beides.

Eine moderierende Interpretation betrachtet jedoch *hāʿib̲rîm* und *jiśrāʾel* als austauschbar und sieht in ihnen Repräsentanten derselben religiös-politischen Gruppe. Nun waren die Israeliten in ihrer politischen Reaktion auf die philistäische Herrschaft gespalten; die einen wehrten sich kriegerisch, die anderen blieben neutral, wieder andere, wie David, agierten auf beiden Seiten. Jene Israeliten (hier: Hebräer), die es bisher vorgezogen hatten, die Herrschaft der Philister zu akzeptieren, änderten jetzt ihre Haltung und schlossen sich Saul an. Es sind keine anderen als die Israeliten, die aus ihren Verstecken kamen, als die Bedrohung durch die Philister vorüber war (v. 22). Dann sind die Hebräer in v. 21 Israeliten, die dann Saul gegenüber loyal sind, wenn dies für sie von Vorteil ist. Obwohl ihr Handeln mit dem der *ʿprm* der außerbibl. Quellen vergleichbar erscheint, wird doch das ethnische Element der *hāʿib̲rîm* beibehalten.

Der Gebrauch von *ʿib̲rî(m)* in der Bibel als Bezeichnung für das Volk JHWHs hört nach 1 Sam 29, 3 auf. *jiśrāʾel* und später die politischen Staaten *jiśrāʾel* und *jehûdāh* ersetzen *ʿib̲rî(m)*, denn die politischen Begriffe werden in der Zeit der Monarchie viel wichtiger als die ethnischen. Nach Jona 1, 9 weist sich Jona gegenüber den Bewohnern von Ninive als „ein Hebräer" aus. Daß sich Israeliten selbst als Hebräer Fremden gegenüber ausweisen, haben wir schon in Ex erlebt. Der späte Gebrauch von *ʿib̲rî* kann nur als Archaismus erklärt werden.

VIII. Die biblischen Belege unterstützen die Ansicht, daß *ʿib̲rî* und seine Varianten ethnische Begriffe sind für die Nachkommen Abrahams, Isaaks und Jakobs. Mit der Bildung eines politischen Staatswesens durch diese Nachkommen – gründend auf dem Sinaibund – wurde der ethnische Begriff *ʿib̲rî* neben dem religiös-politischen Wort *jiśrāʾel* benutzt, ersteres hauptsächlich in Zusammenhängen, wo sich die Israeliten ethnisch von Nicht-Israeliten unterscheiden wollten. Die Sklavengesetze zeigen die Bedeutung der unterschiedlichen Behandlung von Israeliten und anderen.

Mit der Staatwerdung wurde der ethnische Aspekt des *ʿib̲rî* weniger wichtig und dem Begriff *jiśrāʾel* einverleibt (oder ganz aufgegeben). *ʿib̲rî* wurde ab da von den biblischen Schreibern nicht mehr verwendet.

Neben philologischen Problemen bei der Verbindung von *ḫapiru*/*ʿapiru* mit *ʿib̲rî* gibt es ethnische und soziale Differenzen zwischen den beiden Begriffen. Die *ḫapiru* bestehen aus verschiedenen ethnischen Gruppen; *ʿib̲rî* definiert eine bestimmte ethnische Gruppe. *ḫapiru* ist in erster Linie eine soziale Klassifizierung für ein Element in der Gesellschaft; bei *ʿib̲rî* wird keine soziale Schicht oder Funktion konnotiert.

Auch ein Vergleich der hebr. Landnahmegruppen mit den *ḫapiru*-Gruppen der El-Amarna-Zeit veranschaulicht die eindrucksvollen Gegensätze zwischen beiden. Israel tötet oder versklavt (wie im Fall der Gibeoniten) die ansässige Bevölkerung und schont gelegentlich Städte, um am Ende das Land zu besiedeln. Die *ḫapiru* auf der anderen Seite waren einzig auf Kriegsbeute aus.

Obgleich manche behauptet haben, die ethnische

Konnotation von ʿiḇrî sei eine sekundäre Entwicklung des ursprünglichen sozialen Status eines *ḫapiru* bei Abraham (z. B. Mendenhall), läuft diese Theorie dem Befund zuwider. Das Handeln Abrahams bei der Rettung Lots ist nicht das eines *ḫapiru*, sondern das eines Verwandten, zum mindesten in den Augen der bibl. Schreiber. So kann man die Hypothese aufstellen, daß die Essenz des Begriffs *ḫapiru* einstmals die Grundlage für das Wort *ʿiḇrî* gebildet haben mag, aber diese Verbindung den bibl. Schreibern schon lange verlorengegangen war. Doch dabei werden etymologische und philologische Möglichkeiten überzogen und das vorhandene Material ignoriert. Wir folgern daraus, daß die zwei ohne Beziehung zueinander sind. *ʿibr-* ist ein ethnischer Begriff für Proto-Israeliten, Nachkommen Ebers, und ein Gentilizium von *ʿeḇær*, „jenseitiges Gebiet", d. h. Mesopotamien, der ursprünglichen Heimat Abrahams.

* In mancherlei Hinsicht weichen die Ergebnisse der Loretz-Monographie von dem hier vorgelegten Befund ab: nach Loretz (181f.) sind alle bibl. Belege von *ʿiḇrî(m)* in die nachexil. Zeit zu datieren und bezeichnen damit die „Angehörigen der nachexilischen-jüdischen Gemeinschaft". Der Bezug zum PN „Eber" (Gen 11, 14–17 P) ist das Resultat eines Versuches, das Gentiliz und seine Verwurzelung im nachexil. Sprachgebrauch zu erklären. Dem muß eine Verwendung des Eponyms „Eber" durch J in Gen 10, 21. 25 nicht unbedingt widersprechen. Etymologisch kann *ʿiḇrî* zwar von *ḫapiru* abstammen, aber aufgrund der gewaltigen Zeitdifferenz ist weder eine unmittelbare Beziehung denkbar noch eine semantische Nähe vernünftigerweise postulierbar.
In seiner Besprechung von Loretz' Buch (UF 16, 1985, 364ff.), wo er die Spätdatierung in Frage stellt, weist W. von Soden darauf hin, daß *ʿibrî* in Gen 14, 13 (LXX: περάτης) „der Mann von jenseits (des Jordans)" bedeuten kann, wodurch diese Stelle aus der Hebräerdiskussion ausscheidet. *(Fa.)*

IX. 34mal begegnet *ʿiḇrî* im AT und 28mal übersetzt die LXX das Wort mit Ἑβραῖος/α, „Hebräer", je nach Kontext als Adjektiv oder als Substantiv.

Was die verbleibenden sechs Stellen betrifft, so treffen wir auf die Verwechslung von *ʿbdjm* οἱ δοῦλοι „die Sklaven" für *ʿbrjm* (1 Sam 13, 3; 14, 21). Zu 1 Sam 29, 3: MT „Was sollen diese Hebräer hier?" (*māh hāʿiḇrîm hāʿellæh*) wird in der LXX mit „Was sollen diese Passanten hier?" (τίνες οἱ διαπορευόμενοι οὗτοι) übersetzt. Die Frage wurde gestellt von den Obersten der Philister, als sie David und seine Männer mit Achisch am Schluß vorüberziehen sahen (παρεπορεύοντο für das Ptz. *ʿoḇerîm*), gerade als sie selbst auf dem Marsch waren (παρεπορεύοντο, wieder für das Ptz. *ʿoḇerîm*). Die Übersetzer von 1 Sam 29, 2f. haben wohl *ʿiḇrîm* (*ʿbrjm*) in v. 3 mit *ʿoḇerîm* (*ʿbrjm*) in v. 2 (2mal) verwechselt und einfach ein anderes Präfix (δια-) bei der Wurzel (πορεύω) ergänzt, die schon 2mal im engeren Kontext aufgetreten war.
Eine Variation der *ʿiḇrî*/*ʿæḇæḏ*-Verwechslung begegnet in Jona 1, 9. Der MT *ʿiḇrî ʾānoḵî weʾæṯ-JHWH ʾælohê haššamajim ʾanî jāreʾ*, „Ich bin ein Hebräer und verehre JHWH, den Gott des Himmels", wird zu Δοῦλος κυρίου ἐγώ εἰμι καὶ τὸν κύριον θεὸν τοῦ οὐρανοῦ ἐγὼ σέβομαι, „Ich bin ein Diener des Herrn und verehre den Herrn, den Gott des Himmels". *ʿbr* wird gelesen als *ʿbd* (δοῦλος), aber nun muß der Übersetzer κυρίου ergänzen, um klarzustellen, wem der Dienst erwiesen wird. Die Verwechslung wird wohl auch durch die theologische Popularität des Ausdrucks „Diener des Herrn" zur Zeit der Übersetzung mitbeeinflußt worden sein.

Zuletzt und am wichtigsten wird Gen 14, 13 „der Hebräer Abram" übersetzt mit Ἀβραμ τῷ περάτῃ, „der Wanderer Abram (der Emigrant Abram)". Dies kann ein bewußter Versuch sein, die Etymologie von *ʿiḇrî* zu erklären (von *ʿbr* 'über-, durchschreiten') und so ein Appellativum zu liefern, das auf der Auswanderung Abrahams und dem Hirtenleben der Patriarchen gründet. Da der Hebräer Abraham niemals einem Ausländer gegenüber hörig war, mag der Übersetzer das Unübliche dieser Stelle berücksichtigt und sie deshalb anders übersetzt haben.

Freedman – Willoughby

עֵגֶל *ʿeḡæl*

עֶגְלָה *ʿæḡlāh*

I. 1. Etymologie – 2. Belege – II. Außerbibl. Belege – 1. In Ugarit – 2. In Inschriften – III. *ʿeḡæl* im AT – 1. Konkret – 2. In Metaphern und Vergleichen – 3. Goldenes Kalb und Stierkult im Nordreich – IV. *ʿæḡlāh* – V. 1. Qumran – 2. LXX.

Lit.: *M. Aberbach / L. Smolar*, Aaron, Jeroboam and the Golden Calves (JBL 86, 1967, 129–140). – *L. R. Bailey*, The Golden Calf (HUCA 42, 1971, 97–115). – *W. Beyerlin*, Herkunft und Geschichte der älteren Sinaitraditionen, 1961. – *J. Debus*, Die Sünde Jerobeams (FRLANT 93, 1967). – *C. Dohmen*, Das Bilderverbot. Seine Entstehung und seine Entwicklung im AT (BBB 62, 1985, bes. 147–153). – *O. Eißfeldt*, Lade und Stierbild (ZAW 58, 1940/41, 190–215 = KlSchr II 282–305). – *F. C. Fensham*, The Burning of the Golden Calf and Ugarit (IEJ 16, 1966, 191–193). – *R. Gnuse*, Calf, Cult and King: The Unity of Hosea 8:1–13 (BZ 26, 1982, 83–92). – *J. Hahn*, Das Goldene Kalb. Die Jahwe-Verehrung bei Stierbildern in der Geschichte Israels (EHS 23/154, 1981). – *S. Lehming*, Versuch zu Ex xxxii (VT 10, 1960, 16–50). – *J. Lewy*, The Story of the Golden Calf Reanalysed (VT 9, 1959, 318–322). – *S. E. Loewenstamm*, The Making and Destruction of the Golden Calf (Bibl 48, 1967, 481–490). – *H. Motzki*, Ein Beitrag zum Problem des Stierkultes in der Religionsgeschichte Israels (VT 25, 1975, 470–485). – *M. Noth*, Zur Anfertigung des goldenen Kalbes (VT 9, 1959, 419–422). – *H. Schmid*, Mose, Überlieferung und Geschichte (BZAW 110, 1968, bes. 81–85). – *H. Seebass*, Mose und Aaron, Sinai und Gottesberg, 1962, bes. 33ff. – *H. Utzschneider*, Hosea, Prophet vor dem Ende. Zum Verhältnis von Geschichte und Institution in der alttestamentlichen Prophetie (OBO 31, 1980). – *M. Weippert*, Gott und Stier (ZDPV 77, 1961, 93–117). – *W. Zimmerli,* Das Bilderverbot in der Geschichte des alten Israel (Festschr. A. Jepsen, 1971, 86–96 = ThB 51, 1974, 247–260).

I. 1. Das hebr. Wort *ʿegæl* 'Kalb' (oder vielleicht eher 'Jungrind', 'Jungstier' [KBL³ 741]) ist aller Wahrscheinlichkeit nach ein Primärnomen und ist also nicht von *ʿgl* 'rund sein' (GesB) oder arab. *ʿağila* 'eilen' (Eilers, WdO 3, 1964, 132) herzuleiten. Ihm entsprechen ugar. *ʿgl* (WUS Nr. 1995), phön., altaram. *ʿgl* (DISO 202), syr. *ʿeglā*, arab. *ʿiğl*, äth. *ĕgʷĕl* und vielleicht asarab. *ʿgl* (Biella 351). Nur im Akk. fehlt das Wort.

2. Für *ʿegæl* gibt es im AT 35 Belege, für das Fem. *ʿæḡlāh* 'Jungkuh, Färse' 12. *ʿegæl* wird Lev 9, 3 als *bæn-bāqār* bestimmt; für einfaches *ʿæḡlāh* steht einigemal *ʿæḡlaṯ bāqār* (Dtn 21, 3; 1 Sam 16, 2; Jes 7, 21).

II. 1. In den ugar. Texten steht *ʿgl* im konkreten Sinn in dem 3mal belegten Vergleich: „Wie eine Kuh (*'rḫ*) zu ihrem Kalb brüllt" (KTU 1.15, I, 5) bzw. „Wie das Herz einer Kuh zu ihrem Kalb (wie das Herz eines Mutterschafs zu ihrem Lamm, so war das Herz Anats zu Baʿal)" (KTU 1.6, II, 7. 28). Ebenso konkret steht *ʿgl* KTU 1.22, I, 13 (vgl. KTU 1.4, VI, 42), wo vom Töten von Ochsen, Schafen, Stieren, Widdern und einjährigen Kälbern die Rede ist. KTU 1.5, V, 4 ist beschädigt und unverständlich; es ist jedenfalls von *npš ʿgl* die Rede.

Ferner kommt *ʿgl* zusammen mit Jam, Nahar, dem Drachen (*tnn*) und der flüchtigen Schlange als Feind(e) Baʿals vor in KTU 1.3, II, 44, wo nicht völlig klar wird, ob es sich um mehrere Namen desselben Feindes oder um verschiedene Feinde handelt.

Schließlich steht das Fem. *ʿglt* in der rätselvollen Passage KTU 1.5, V, 18f., wo es von Baʿal heißt, daß er kurz vor seinem Tod „eine Kuh (*prt*) in der Wüstensteppe (*dbr*), eine Färse am Rande der Wüste (*bšd šḥl mmṯ*) liebgewann" (Übers. nach Kj. Aartun, UF 16, 1984, 46); das Ergebnis ist, daß „sie schwanger wird und einen Sohn (*mt*) gebiert". Möglicherweise repräsentiert die Färse die Göttin Anat und der Text weist auf eine *hieros-gamos*-Zeremonie hin.

2. Inschriftlich wird *ʿgl* im Opfertarif aus Marseille als Opfertier erwähnt (KAI 69, 5), und in einem der Sefiretexte (KAI 222 A 40) ist von einem Kalb die Rede, das zerschnitten (*gzr*) wird, um das ähnliche Schicksal des Vertragsbrüchigen zu symbolisieren und (magisch) herbeizuführen; ebenda Zl. 23 wird eine Situation beschrieben, wenn sieben Kühe ein Kalb und sieben Schafe ein Lamm säugen, ohne daß das Junge satt wird. Es handelt sich offenbar um Strafe wegen Vertragsbruchs.

III. 1. Im AT sind zunächst die Stellen zu beachten, wo *ʿegæl* ganz konkret gebraucht wird. In 1 Sam 28, 24 wird erzählt, daß die Totenbeschwörerin in En-Dor ein Mastkalb hatte, das sie schlachtete und Saul und seinen Knechten zu essen gab. In Am 6, 4 werden die Sorglosen und Selbstsicheren gerügt, weil sie bei ihren Gastmahlen Lämmer und Mastkälber essen. Unter den Opfertieren beim ersten Opfer Aarons wird Lev 9, 2. 8 ein Kalb als Sündopfer erwähnt, außerdem ein Bock, ein Kalb und ein Lamm als Opfer des Volkes (v. 3). Sonst werden Kälber in den Gesetzen nicht als Opfertiere genannt, nur nach Mi 6, 6 bieten sich die Zuhörer an, einjährige Kälber als Opfer zu bringen, was der Prophet bekanntlich ablehnt, da JHWH nur ethisches Handeln fordert (v. 8).

Jer 34, 18f. ist von einem Abkommen über die Freilassung von Sklaven die Rede. Das Abkommen ist nicht eingehalten worden, und Jeremia sagt als Strafe an, daß JHWH die Männer, die das Abkommen übertraten, „wie das Kalb, das sie entzweischnitten (*kāraṯ*) und zwischen dessen Stücken (*bæṯær*) sie hindurchgingen", machen will (Übers. nach Rudolph, HAT I/12 z. St.). Jeremia scheint auf einen Brauch ähnlich dem in der Sefire-Inschrift beschriebenen (s. o.) hinzuweisen. Zugleich könnte auf Gen 15, 9–11. 17f. angespielt werden: Abraham zerteilt (*btr pi*) ein dreijähriges Rind (*ʿæḡlāh*, eig. Jungkuh), eine Ziege und einen Widder und legt je eine Hälfte der anderen gegenüber. Im folgenden geht nicht Abraham, sondern ein rauchender Ofen und eine lodernde Fackel zwischen den Stücken (*bæṯær*) hindurch. So verpflichtet sich JHWH, der offenbar im Ofen und in der Fackel gegenwärtig ist, zum Bund mit Abraham (zu dieser Stelle auch → עז *ʿez*).

2. Ferner wird *ʿegæl* in Vergleichen und Metaphern verwendet. Die Söldnertruppen Ägyptens sind nach Jer 46, 21 wie gemästete Kälber, die sich in dem wohlhabenden Lande vollgefressen haben (Rudolph, HAT I/12³ z. St.); trotzdem werden sie beim Angriff des babyl. Feindes nicht standhalten können. Der Vergleich hängt mit der Bezeichnung Ägyptens als prächtiger Jungkuh (*ʿæḡlāh*, v. 20) zusammen. Mit Kälbern, die aus dem Stall kommen und Freudensprünge machen, vergleicht Mal 3, 20 die Menschen der kommenden Heilszeit. Anders ausgerichtet ist das Bild von Ps 29, 6: Libanon hüpft wie ein Kalb und Sirjon wie ein Wildstier bei der Manifestation JHWHs im Gewittersturm. Ganz prosaisch vergleicht Ezechiel die Füße der Lebewesen um JHWHs Thron mit den Füßen eines Jungstiers (Ez 1, 7). In Jer 31, 18 klagt Efraim, JHWH habe es gezüchtigt, wie man ein ungezähmtes (*lo' lummāḏ*) Kalb züchtigt. Ein ähnlicher Ausdruck, aber mit anderer Verwendung, liegt Hos 10, 11 vor: Efraim ist hier „ein gelehriges Kalb (bzw. Jungkuh, *ʿæḡlāh meḷummāḏāh*), willig zum Dreschen", das JHWH vergebens für seine Zwecke gebrauchen wollte.

Als Bild für den Frieden unter dem kommenden Heilskönig erscheint u. a. das Zusammenwohnen von Kälbern und Löwen (Jes 11, 6): die Raubtiere werden nicht mehr die Haustiere fressen. Um die Verwüstung der Weltstadt zu veranschaulichen, sagt Jes 20, 10, daß dort Kälber weiden werden: sie ist „entvölkert und verlassen wie die Steppe". Völlig dunkel ist dagegen Ps 68, 31: Das Tier im Schilf, die Rotte der Stiere (Starken? *'abbîr*), und die Kälber der Völker sollen bedroht (*gāʿar*), niedergetreten und zerstreut werden. (Vielleicht liest man am besten *baʿalê ʿammîm*, „die Herren der Völker" statt *beʿæglê ʿammîm*.)

3. Die übrigen Belege beziehen sich auf das „goldene Kalb" (Ex 32) und den „Stierkult" im Nordreich (1 Kön 12; Hos). → שור *šôr*.

Während sich Mose auf dem Berg Sinai aufhält, machen die Israeliten ein goldenes Kalb (aus Holz mit Gold überzogen?), das sie als „die Götter (!), die sie aus Ägypten heraufgeführt haben" (Ex 32, 4) begrüßen und dem sie Opfer darbringen (vv. 4–6). Als Mose zurückkehrt und das Geschehene erfährt, erzürnt er, zerbricht die Gesetzestafeln, die er mitbringt, und zerstört das Kalb (vgl. dazu Fensham). Auf dieses Ereignis wird Dtn 9, 16. 21 sowie Ps 106, 19; Neh 9, 18 Bezug genommen.

Durch den Satz „Das sind deine Götter usw." wird eine Verbindung mit 1 Kön 12, 28 hergestellt, d. h. mit der Erzählung vom kultischen Bruch Jerobeams mit Jerusalem, der durch die Aufstellung von zwei „Kälbern" (d. h. Stierbilder) in Bet-El und Dan zum Ausdruck kommt. (Darauf wird noch 2 Kön 10, 29; 17, 16 Bezug genommen; vgl. 2 Chr 11, 15; 13, 8.)

Über die Verbindung zwischen Ex 32 und 1 Kön 12 vgl. Dohmen. In der jetzigen Textgestalt werden sowohl das goldene Kalb als auch die Stierbilder Jerobeams negativ bewertet, weshalb man oft angenommen hat, Ex 32 sei geschaffen worden, um den späteren Stierkult zu verurteilen. Ex 32 ist aber kaum einheitlich. In v. 8 erhält Mose durch JHWH Nachricht über das Geschehene, in vv. 17. 19 erfährt er davon erst, als er vom Berg herabsteigt (anders B. Childs, The Book of Exodus [OTL], 1974, 559). Der Grundbestand des Kapitels wird entweder J (Noth, Childs) oder E (Beyerlin; J. Ph. Hyatt, Exodus [NCB], 1971) oder einer JE-Vorlage aus dem Nordreich (Dohmen 127) zugeschrieben (vgl. auch J. Loza, VT 23, 1973, 31–55: R^{JE}). Vv. 7–14 haben dtr Klang, weichen aber von Dtn 9, 25ff. ab. Auch vv. 21–34 scheinen heterogene Elemente zu enthalten.

Nach Hyatt ist das Kap. wie folgt entstanden: Die älteste Erzählung war die Kultlegende des Stierkultes in Bet-El, in der Aaron eine positive Rolle spielte. Diese Kultlegende ist wahrscheinlich älter als die Zeit Jerobeams; dieser hat jedenfalls einen älteren Kult in Bet-El übernommen. Die jetzige Erzählung ist wahrscheinlich von der Jerobeamerzählung beeinflußt worden (nur in der letzteren, v. 28, geht es tatsächlich um zwei Kälber/Götter, in Ex 32, 4 paßt der Pl. nicht). In ihrer jetzigen Form ist die Erzählung kritisch gegen Aaron und muß aus einer Zeit stammen, nachdem Propheten wie Hosea den Stierkult in Bet-El kritisiert hatten. Vv. 21–24 versuchen Aaron zu rehabilitieren, repräsentieren aber noch nicht den Standpunkt von P. Vv. 25–29 begründen die priesterliche Funktion der Leviten durch die Feststellung ihrer Loyalität zu JHWH; das Stück hängt entweder mit Dtn zusammen oder stammt aus levitischen Kreisen im Nordreich. Moses zweite Fürbitte (vv. 30–34) hat nichts mit der ersten (vv. 11–14) zu tun; v. 34 könnte auf den Fall des Nordreichs anspielen, die Idee der individuellen Verantwortung erinnert an Ezechiel, könnte aber auch älter sein. Vv. 7–14 ist dtr Redaktion.
Nach Dohmen (126ff. 141–153) thematisierte eine alte, aus dem Bereich der Nordreichprophetie stammende Grundschrift als JE-Vorlage einen Führungskonflikt zwischen Mose und einem gegen JHWH gerichteten Führungssymbol. JE intensiviert die Aufnahme prophetischer Kritik (Hosea) und identifizierte dieses Symbol mit dem Kalb von Bet-El (vv. 4aβ. 19. 24bβ. 35). JE also gestaltete die Erzählung um zur fundamentalen Negativqualifikation der Stierbildverehrung, in der er die Ursache für den Untergang des Nordreiches sieht. Ein (von Dtn 9f. und vom dekalogischen Bilderverbot inspirierter) dtr Redaktor stellt die Verbindung her zu 1 Kön 12 und zum Bundesbuch (vv. 7–14. 20. 31b) und wertet die „Sünde Jerobeams" als Fortsetzung und Steigerung der Grundsünden Israels. Eine abschließende Bearbeitung im priesterlichen Geist durch R^{P} (vv. 15b–18. 26–29. 32. 33*–35*) besorgt die Aufwertung und Rehabilitation Aarons.
Kritisch zu bewerten ist der Versuch von J. Vermeylen, L'affaire du veau d'or (ZAW 97, 1985, 1–23), Ex 32 als 4mal dtr bearbeitete frühexilische Erfindung darzustellen.

Was 1 Kön 12 betrifft, ist es also möglich, daß Jerobeam nicht einen neuen Kult schuf, sondern (jedenfalls in Bet-El) einen schon vorhandenen übernahm. Angesichts des archäologischen Befunds ist es weniger wahrscheinlich, daß die „Kälber" als Götterbilder aufgefaßt wurden, eher als Postamente für den (hier wohl unsichtbar gegenwärtigen) Gott (Weippert; Stiere als Postamente des heth. Wettergottes; Gott auf Stier in Hazor, s. Y. Yadin, Hazor III–IV, Jerusalem 1961, pl. CCCXXIV f.). Die Absicht Jerobeams war offenbar, seinen Untertanen einen Ersatz für den jerusalemischen Kult zu bieten, nicht einen neuen Gott einzuführen. Im DtrGW wird aber dieser Kult als Abfall von JHWH beurteilt und als „die Sünde Jerobeams" bezeichnet (vgl. Debus).

Eine heftige Opposition gegen diesen Kult vertritt Hosea. Er klagt das Volk an, daß sie aus ihrem Silber und Gold (Gottes Gaben, s. 2, 10) Götterbilder (*ʿaṣabbîm*) angefertigt haben (8, 4) und fährt fort: „Verworfen (s. J. Jeremias, ATD 24/1 z. St.) ist dein Kalb, Samaria; mein Zorn ist über sie entbrannt ... denn zu Splittern wird das Kalb Samarias" (vv. 5a. 6b; v. 6a, der die Götzen als Menschenwerk und Nicht-Gott bezeichnet, ist vielleicht theologisierender Zusatz). Beachtenswert ist die Verbindung mit dem Königtum (v. 4a) und die Assoziation von „verworfen" mit v. 3a: Israel hat das Gute verworfen, nun verwirft JHWH das Kalb. Die Worte des Propheten atmen leidenschaftliche Verzweiflung: „sie sind unfähig zur Reinheit" (v. 5c). In 10, 5f. dagegen ist der Ton spöttisch: „Beim Kalbszeug (*ʿæḡlôṯ*, kaum Pl. von *ʿæḡlāh*, vielleicht *ʿæḡlûṯ* zu vokalisieren, so Rudolph, KAT XIII/1, und Jeremias, ATD 24/1 z. St.) von Bet-Awen (d. h. Bet-El) suchen die Einwohner Samarias Schutz (*gûr*)"; es gibt Trauer und

Jubel, wohl über den Tod und die Auferstehung des als Ba'al aufgefaßten Gottes, aber die Pracht (*kāḇôḏ*) des Gottes(bildes) wird nach Assur als Tribut gebracht, und Efraim trägt Schmach davon (vv. 5f.). Auch hier tritt die Verbindung mit dem Königtum zutage (vv. 3. 7). In Hos 13, 2 ist von einem Gußbild (→ מסכה *massekāh*) und von Götterbildern (*'aṣabbîm*) die Rede, die als fortgesetzte Sünde Israels gekennzeichnet werden. Ein Zusatz bezeichnet sie als Handwerkerarbeit. Der Vers schließt mit dem höhnischen Ausruf: „Menschen küssen Kälber!" Der letzte Satz bezieht sich wahrscheinlich nicht auf das große Kultbild, sondern auf kleine Statuetten für Privatgebrauch (Jeremias z. St.). V. 4 stellt die Götzenverehrung in Gegensatz zu JHWH, der seit dem Auszug aus Ägypten der einzige Gott Israels ist (beachte den Anklang an den Anfang des Dekalogs).

IV. Das fem. *'æglāh* steht im konkreten Sinn Dtn 21, 3. 4. 6, wonach im Falle eines Mordes durch unbekannten Täter eine Jungkuh, „die noch nicht zur Arbeit verwendet worden ist", in ein unbebautes Bachtal geführt und dort getötet werden soll, um die Schuld in fast magischer Weise wegzuschaffen (→ נחל *naḥal*). Eine Jungkuh als Opfer wird 1 Sam 16, 2 erwähnt (zu Rind als Opfertier → בקר *bāqār*, → פר *par*).
Nach Jes 7, 21 machen eine Jungkuh und zwei Schafe den Viehbestand eines Mannes aus; sie sollen aber reichlich Milch liefern. Jer 50, 11 wird die Freude über die Plünderung Chaldäas folgendermaßen veranschaulicht: „Hüpft wie Kälber (*'æglāh*), und wiehert wie Hengste!" In einem Rätselspruch sagt Simson zu den Männern des Trinkgelages, die mit Hilfe seiner Frau die Lösung seines Rätsels gefunden haben: „Hättet ihr nicht mit meiner Jungkuh gepflügt, dann hättet ihr mein Rätsel nicht erraten." *'æglāh* steht hier also für eine junge Frau. Jer 46, 20 wird Ägypten als eine stattliche Jungkuh bezeichnet, auf die sich die Bremse vom Norden (Babylonien) stürzt – ein anschauliches Bild aus der Tierwelt. Ob eine Anspielung auf die Kuhgöttin Hathor vorliegt, ist unsicher; dagegen enthält der Vergleich der Söldnertruppen mit Mastkälbern (s. o.) sicher ein Wortspiel auf *'æglāh*. Zu Gen 15, 9 und Hos 10, 15 s. o.

V. 1. In Qumran kommt *'egæl* nur einmal vor, und zwar in der Bedeutung 'Bienenlarve' (*'gl hdbwrjm*), die nicht gegessen werden dürfen (CD 12, 12). *'æglāh* steht TR 63, 2 in einem Zitat aus Dtn 21.
2. LXX übersetzt normalerweise *'egæl* mit μόσχος oder μοσχάριον, *'æglāh* mit δάμαλις. Auffallenderweise werden die „Kälber" Jerobeams mit δάμαλις bezeichnet (jedoch 2 Chr 11, 15; 13, 8 μόσχος). Für *'æglāh* steht Jer 50, 11 βοΐδιον.

Ringgren

עֲגָלָה *'agālāh*

I. 1. Etymologie – 2. Vorkommen – II. Im AT – 1. Lastwagen – 2. Transportwagen im Kult – 3. Erntewagen – 4. Metaphorischer Gebrauch – III. Qumran und LXX.

Lit.: *G. Prausnitz*, Der Wagen in der Religion; seine Würdigung in der Kunst (Studien zur deutschen Kunstgeschichte, Heft 187, Straßburg 1916). – *M. Rodinson*, 'Adjala (Encyclopaedia of Islam, New Edition, I, 1960, 205f., franz. ed. 211f.). – *A. Salonen*, Die Landfahrzeuge des alten Mesopotamien (AASF 72, 3, Helsinki 1951). – *H. Weippert*, Wagen (BRL ²1977, 356). – *J. Wiesner*, Wagen (BHHW III, 1966, 2127–2130).

I. 1. *'agālāh* ist fem. Nominalbildung von einer Wurzel *'gl*, die im AT nur in nominalen Derivaten (*'āgîl* Bezeichnung eines runden Schmuckstücks, *'āgol* 'rund', *ma'gāl* 'Wagenburg' und 'Geleise, Wagenspur' sowie ***'agilāh* 'Rundschild', dazu s. u. zu Ps 46, 10) belegt ist, deren Grundbedeutung 'rund sein, einen Kreis ziehen' ist. *'agālāh* 'Wagen' ist demnach synekdochisch von den Rädern als Hauptteil benannt. Da im Hebr. zwischen dem von Pferden gezogenen Streitwagen (*mærkāḇāh* und *rækæḇ*, → רכב *rkb*) und dem von Rindern gezogenen Lastwagen (*'agālāh*) unterschieden wird, darf man annehmen, daß bei der Benennung des Lastwagens neben der Wurzel *'gl* auch der Anklang an *'æglāh* 'Jungkuh' und *'egæl* 'Jungstier' eine Rolle spielte.
In einer fragmentarisch erhaltenen phön. Inschrift aus Kition auf Zypern (RES 1207) findet sich in der 2. Zeile die Verbindung *ḥrš 'glt*, die als Berufsbezeichnung (vgl. *ḥrš 'rnt* CIS 3333) i. S. v. 'Stellmacher, Wagner' zu verstehen ist. In einer pun. Inschrift aus Karthago (CIS 346) folgt in der 3. Zeile nach dem Namen des Stifters der Inschrift die Wendung *'glt 'ṣ*, also 'hölzerner Wagen'. Da es sich dabei, wie die Analogie pun. Inschriften zeigt, nicht um eine Opfergabe handeln kann, liegt der Schluß nahe, auch hier wie in der zitierten phön. Inschrift die Berufsbezeichnung des Stifters zu finden, sei es daß *ḥrš* ausfiel, sei es daß das Wort für 'Hersteller' singgemäß zu ergänzen ist, so daß auch hier ein Stellmacher oder Wagner für Holzwagen genannt ist.
Im aram. Sprachraum ist der Wagen gut bezeugt: syr. *'āgaltā* (Brockelmann, LexSyr 510), christl.-paläst. (F. Schulthess, Lexicon Syropalaestinum 142b; Nebenform *'āgeltā*), mand. *'gla* (MdD 341a) und jüd.-aram. *'agaltā* (J. Levy, Wb über die Targumim, 201b). Im Samarit. lautet die entsprechende Form *'āgela* (vgl. Z. Ben-Ḥayyim, The Literary and Oral Tradition of Hebrew and Aramaic Amongst the Samaritans IV, Jerusalem 1977, 201). In der Mischna (Kelim XXIV, 2) werden drei Wagenarten unterschieden: der sesselartig geformte, der wie ein Bett geformte und der für Steine bestimmte Wagen. Das in der Mischna (Schabbat V, 4) und im Talmud (bSchabbat 54b) erwähnte Wägelchen *'glh* der Widder, das den herabhängenden schweren Fettschwanz vor Verschmutzung und Verletzungen bewahren

sollte, ist auch bei Herodot (III, 113 ἁμαξίς) als Merkwürdigkeit Arabiens erwähnt. – Im Arab. sind 3 homonyme Wurzeln *ʿǧl* zu unterscheiden: 1. Eile, 2. Kalb, 3. Rad. *ʿaǧalatun* in der Bedeutung 'Rad' und dann davon weiterentwickelt 'Karren, Wagen' oder auch 'Wasserrad' ist relativ selten belegt. Als Kulturwort für einen Gegenstand, den die Beduinen nicht kannten, ist es Lehnwort aus dem Nordwestsemit. (vgl. Rodinson). – Kopt. *aǧolte* (W. E. Crum, Dictionary 26) 'Wagen' bewegt dazu, ein äg. Wort als Vorläufer des kopt. zu suchen. In dem neu-äg. *ʿagarata* (vgl. WbÄS I 236) dürfte der gesuchte Kandidat gefunden sein. W. F. Albright (The Vocalization of the Egyptian Syllabic Orthography, AOS 5, 1934, 38) vermutet eine Verschreibung aus ursprünglichem *ʿa-ga-ar-ta*. Der Lastwagen, Wort und Gegenstand sind aus Syrien importiert (A. Erman / H. Ranke, Ägypten und ägyptisches Leben im Altertum, 1923, 615), wurde mit Ochsen bespannt zum Transport der Lebensmittel nach den Bergwerken benutzt (J. H. Breasted, Ancient Records of Egypt IV, 1906, 227).

2. *ʿagālāh* findet sich insgesamt 25mal im AT, davon in 5 Versen je 2mal (Num 7, 3; 1 Sam 6, 7. 14; 2 Sam 6, 3 par. 1 Chr 13, 7). Die Belege reduzieren sich weiter auf bestimmte Textkomplexe (Gen 45f. – 4mal; Num 7 – 5mal; 1 Sam 6 – 7mal; sonst noch 2 Sam 6, 3 par. 1 Chr 13, 7; Jes 5, 18; 28, 27. 28; Am 2, 13 und Ps 46, 10).

II. 1. Ägyptische Lastwagen (vgl. P. Montet, So lebten die Ägypter vor 3000 Jahren, 1960, 171, und A. Erman / H. Ranke, a.a.O. 584) sind Gen 45, 19. 21. 27; 46, 5 gemeint. Josef sendet seinem Vater Jakob zur Erleichterung des Umzugs von Kanaan nach Ägypten Transportwagen. Auf ihnen sollen vor allem Kinder, Frauen und der greise Vater (45, 19; 46, 5) fahren (vgl. auch ANEP 167). Zur literarkritischen Frage einer „Wagen-Fassung" neben einer „Esel-Fassung" (45, 17. 23) ist H. Donner (Die literarische Gestalt der alttestamentlichen Josephsgeschichte, SHAW 1976/2, 20f. 24) sowie H.-C. Schmitt (BZAW 154, 1980, 55 Anm. 225) zu Rate zu ziehen. Auch Jdt 15, 11 werden Maultier und Wagen nebeneinander als Transportmittel für die Beute erwähnt.

2. a) Transportwagen sind auch Num 7, 3 (bis). 6. 7. 8 gemeint. Von den zwölf Stammesfürsten werden insgesamt sechs Wagen gestiftet, die näher charakterisiert werden als *ʿæg̱loṯ ṣāḇ* (7, 3), und die von je zwei Rindern gezogen werden. Sie sollen den Leviten zum Transport des Wüstenheiligtums zur Verfügung gestellt werden, und zwar gehen die Kehatiten leer aus, weil sie die hochheiligen Geräte auf den Schultern tragen müssen (vgl. Num 4, 4ff.), während die Gersoniten zwei Wagen für die Zeltdecken, Vorhänge und Behänge (vgl. Num 4, 25f.), die Merariten vier Wagen für die Bretter mit allem sonstigen Zubehör (vgl. Num 4, 31f.) erhalten sollen. Das Wort *ṣāḇ*, das die Wagen genauer bestimmt, wird mit akk. *ṣumbu* bzw. *ṣubbu* (CAD Ṣ, 244f.; AHw 1111b) 'Wagen, Wagenrad' – spätbabyl. ist es Bezeichnung für den ochsengezogenen zweirädrigen elamitischen Lastwagen – zusammengestellt. Der Pl. *ṣabbîm* Jes 66, 20 steht in einer Reihe von Transportmitteln nach Pferden und Streitwagen und vor Maultieren und den *kirkārôṯ* (weibliche Kamele? Dromedare? oder eine bestimmte Wagenart?) und wird von LXX (λαμπήναι), Aq. und Th. als 'bedeckte Wagen' verstanden, während V, Sym. und Targ. an Sänften denken. Die Deutung 'überdachter Wagen' wird für Num 7, 3 auch von LXX, Aq., V und Targ[O] sowie von Raši angeboten.

Ps 46, 10 wird JHWH als derjenige gepriesen, „der Bogen zerbricht, Speere zerschlägt und Wagen mit Feuer verbrennt". Da *ʿagālôṯ* hier nicht die Kriegswagen (so H.-J. Kraus, BK XV/1[5], 500) bezeichnen kann, denn dafür wird *markāḇôṯ* gebraucht (zum Verbrennen von Streitwagen vgl. Jos 11, 6. 9), wird seit F. Baethgen (HK II/2, [2]1897, 132) gerne *ʿagilôṯ* vokalisiert, da LXX θυρεούς und Targ *ʿgjljn* offensichtlich hier ein sonst im Bibl. Hebr. nicht erhaltenes *ʿagilāh* 'Rundschild' lasen (vgl. 1 QM 6, 15 *mgnj ʿglh* 'Rundschilde'). Will man MT *ʿagālôṯ* beibehalten, so kann man mit H. Schmidt (HAT I/15, 88) an die für den Troß jeden Heeres wichtigen Lastwagen denken (vgl. auch R. Bach, Festschr. G. von Rad, 1971, 16 Anm. 11).

b) Nach Jos 3, 3. 6. 8. 13. 14. 15. 17; 4, 9. 10. 18 tragen Priester (nach 3, 3 levitische Priester) die Lade, und nach Num 4, 5f. 15 dürfen nur die Kehatiten unter den Leviten die Lade mittels Stangen, ohne sie zu berühren, tragen, nachdem sie von den Priestern sorgfältig verpackt wurde. Bei der Rücksendung der Lade durch die Philister dagegen wird ein neuer Wagen verwendet, der von zwei noch säugenden Kühen, auf die noch kein Joch gekommen ist, gezogen wird (1 Sam 6, 7). Die jungen Kühe, deren Kälber im Stall zurückgelassen werden, ziehen zwar brüllend (1 Sam 6, 12), aber doch ungeachtet der Schwierigkeiten, ohne vom Weg nach rechts oder links abzubiegen, die Straße nach Bet-Schemesch. Dort angelangt, wird das Holz des Wagens gespalten und zusammen mit den Zugtieren als Opfer für JHWH verbrannt (1 Sam 6, 14). Auch nach 2 Sam 6, 3 par. 1 Chr 13, 7 wird die Lade bei der Überführung von Kirjat-Jearim nach Jerusalem auf einen neuen, also noch nicht durch Arbeit profanierten, Wagen (*ʿagālāh ḥadāšāh*) gestellt, der von Rindern gezogen wird (2 Sam 6, 6). Bei einem Unfall kommen die Rinder ins Wanken und drohen zu stürzen. Ussa, der Sohn Abinadabs, des bisherigen Wächters der Lade, der neben der Lade hergeht, fürchtet, die Lade könnte vom Wagen herabfallen, greift nach ihr, um sie zu halten, wird vom Schlag gerührt und stirbt tödlich getroffen. Erst nach einem dreimonatigen Zwischenaufenthalt der Lade bei Obed-Edom in Gat wird dann die Lade von Trägern (2 Sam 6, 13), ohne daß sie noch einmal auf einen Wagen gestellt wird, nach Jerusalem gebracht.

3. In dem kunstvoll komponierten Weisheitsgedicht

Jes 28, 23–29, das aufzeigt, wie wunderbar JHWH den Bauern belehrt, alle seine Tätigkeiten in der richtigen Reihenfolge und mit den angemessenen Mitteln zu tun (vgl. O. Kaiser, ATD 18, 206), ist im Zusammenhang mit Drescharbeiten vom Wagenrad *'ôpan ʿᵃḡālāh* (v. 27) in Parallele zum Dreschschlitten *ḥārûṣ* und wieder vom Rad seines Wagens und seiner Pferde *gilgal ʿæḡlāṯô ûpārāšājw* (v. 28) die Rede. Man hat aus diesem Text erschließen wollen, daß es im Altertum neben dem Dreschschlitten *ḥārûṣ*, der Schleife, einem auf der Unterseite mit scharfen Steinen oder Eisenmessern gespickten Brett, auf dem der Bauer steht und die vorgespannten Tiere lenkt, auch einen Dreschwagen gegeben hat in Analogie zu dem komplizierten, erst in neuerer Zeit aus Ägypten nach Palästina importierten (Dalman, AuS III 88–91, Abb. 21–24). Die Erwähnung der Wagenräder läßt an die von A. Salonen (Agricultura Mesopotamica, AASF 149, 1968, 170–183) für Mesopotamien aufgestellte These denken, „daß man die Scheibenräder des Lastwagens, der das Getreide vom Acker zur Tenne gefahren hatte, abmontierte, flach auf die ausgebreiteten Ähren legte und von Zugtieren wie einen Dreschschlitten ziehen ließ" (H. Weippert, BRL² 64). Aber trotz KBL³ und H. Wildberger (BK X/3, 1094) ist mit H. Gese (VT 12, 1962, 419. 421 f.) daran festzuhalten, daß *ʿᵃḡālāh* nur den Lastwagen als Erntewagen, nicht jedoch einen Dreschwagen oder eine Dreschwalze bezeichnen kann. Schließlich scheint der Text auch davon zu reden, daß ein zur Feldarbeit benötigter Lastwagen von Pferden gezogen wurde. Die Erwähnung der Pferde ist insofern auffällig, als man im Altertum Pferde nicht zu landwirtschaftlichen Arbeiten gebrauchte. Der Hinweis, daß in neuerer Zeit in Palästina manchmal Pferde zum Dreschen verwendet werden (F. A. Klein, ZDPV 4, 1881, 77), ist nicht ohne weiteres auf das Altertum übertragbar. Wahrscheinlich denkt MT nicht an Zugpferde (denn dafür steht in aller Regel *sûs*), sondern unabhängig vom Wagen an Reitpferde (wie der Ausdruck *pārāš* nahelegt). Freilich dürfte der Text nicht unversehrt sein, so daß vielleicht *ûpᵉrāśô* zu lesen ist (vgl. H. Wildberger, BK X/3, 1084 f.).

4. Auch in bildlicher Redeweise wird der Wagen verwendet. Am 2, 13 wird in der Strafandrohung JHWHs Eingreifen mit dem Aufspalten der Erde durch den übervollen Erntewagen verglichen. „Das von dem schwer beladenen Wagen verursachte Zerfurchen und Aufreißen des Bodens wird von Amos als Bild für die entsprechenden Erscheinungen bei dem Erdbeben benutzt, das die Israeliten heimsuchen wird" (H. Gese, VT 12, 1962, 422). Auch hier ist wie in Jes 28, 27 unter *ʿᵃḡālāh* ein Erntewagen und nicht ein Dreschwagen, wie KBL³ möchte, gemeint. – Jes 5, 18 wird das Verhalten der Grundstückspekulanten (5, 8) und der Zecher (5, 11) verglichen mit dem von Leuten, die Schuld und Versündigung wie mit einem Wagenseil *kaʿᵃḇôṯ hāʿᵃḡālāh*, mit dem die Zugtiere zusätzlich zum Joch mit dem Wagen verbunden sind, unweigerlich herbeiziehen. – Das Herz eines Toren wird Sir 33, 5 (LXX 36, 5; der Text ist nach LXX ergänzt) mit dem Rad eines Wagens verglichen, seine Gedanken mit der sich drehenden Achse (zu den Textproblemen vgl. V. Ryssel in: E. Kautzsch, Die Apokryphen des AT I, 1900 [= 1962], 395).

III. LXX gibt *ʿᵃḡālāh* 22mal mit ἅμαξα 'Lastwagen' wieder. Jes 5, 18 bietet LXX δάμαλις = *ʿæḡlāh*; Jes 28, 28 fehlt ein Äquivalent und Ps 46, 10 deutet die Wiedergabe mit θυρεοί 'Rundschilde' auf die Lesart *ʿᵃḡilôṯ* statt *ʿᵃḡālôṯ* (s.o.). V hat mit Ausnahme von Ps 46, 10, wo sich im Gefolge von LXX *scuta* 'Schilde' findet, immer *plaustrum* als Wiedergabe von *ʿᵃḡālāh*.

An drei weiteren Stellen steht in LXX das Wort ἅμαξα, und zwar Jes 41, 15 und 1 Chr 21, 23 als Wiedergabe von *môraḡ*, dazu Jes 25, 10 in einer freien Wiedergabe des MT. Diese drei Stellen werden gerne zur Begründung der These von der Existenz eines „Dreschwagens" zusätzlich in die Diskussion gebracht (vgl. Dalman, AuS III 88 f.; J. Ziegler, Untersuchungen zur Septuaginta des Buches Isaias, ATA XII/3, 1934, 185 ff.). Versucht man jedoch, die griech. Sätze ohne Hilfe der hebr. Vorlage zu verstehen, so ergibt sich ein anderes Bild. 1 Chr 21, 23 können die bei der Tenne stehenden Erntewagen gemeint sein, Jes 25, 10 ist vom Niedertreten des Getreides durch Wagen als Bild der Vernichtung die Rede, und Jes 41, 15 könnte der Zusatz „sägenartig" πριστηροειδής vielleicht auf die z. B. 2 Makk 13, 2 für das seleukidische Heer belegten Sichelwagen hindeuten. An keiner der drei Stellen ist mit Sicherheit von einem Dreschwagen die Rede.

In den Qumrantexten spielt das Wort *ʿᵃḡālāh* keine Rolle.

D. Kellermann

עַד *ʿaḏ*

I. Etymologie – II. AT – 1. Vorkommen – a) In präpositionalen Verbindungen – b) Als adverbieller Akkusativ – c) In St.-Cstr.-Verbindungen – 2. Parallele Ausdrucksweisen – 3. Theologische Bedeutung – III. LXX – IV. Qumran.

Lit.: *J. Barr*, Biblical Words for Time, London ²1969. – *M. Dahood*, Hebrew-Ugaritic-Lexicography VII (Bibl 50, 1969, 337–356). – *E. Jenni*, עד *ʿad* immer (THAT II 207–209). – *Ders.*, עולם *ʿôlām* Ewigkeit (THAT II 228–243). – *O. Loretz*, *ʿd mʾd* „Everlasting Grand One" in den Psalmen (BZ 16, 1972, 245–248).

I. Das Nomen *ʿaḏ*, das nur in Verbindung mit Präpositionen (*lāʿad*, *ʿᵃḏê-ʿad*, *ʿaḏ-ʿôlᵉmê ʿad*, *minnî-ʿaḏ*), als adverbieller Akkusativ (*ʿôlām wāʿæḏ*: besondere Pausalform, vgl. BLe 548) und in St.-Cstr.-Verbindungen (*harᵉrê-ʿad*, *ʾᵃḇî-ʿaḏ*, *gᵉḇæræṯ ʿaḏ*, *šōḵen ʿaḏ*) vorkommt, hat die Bedeutung 'immerwährende

Fortdauer, dauernde Zukunft', aber auch (mit Blick in die Vergangenheit) 'seit jeher'. Etymologische Beziehungen ergeben sich im Hebr. zu der Präposition *'ad* und der Wurzel *'dh* 'weitergehen, vorübergehen' sowie zu arab. *ġad* 'morgiger, folgender Tag'.

Die Verbindung des Nomens *'ad* mit ugar. *'d* 'Thronraum, Thronsitz', wie sie Dahood vorgeschlagen und mit Ps 60, 11; 89, 30. 38; 93, 5; 94, 15; 110, 1; Jes 47, 7; 57, 15; Jer 22, 30; Zef 3, 8 zu belegen versucht hat (AB 17, 81), ist sprachlich weder gesichert noch für eine der angegebenen Belegstellen gefordert (KBL[3] 744f.). Auch die von Dahood erwogene Annahme einer Gottesbezeichnung *'ad* 'Ewiger' in der durch Umpunktation (in Anlehnung an ugar. *m'd*, vgl. hebr. *me'od*) gewonnenen Verbindung *'ad mā'ed*, die in Ps 119, 8. 43. 51 vorliegen soll (AB 17A, 174), hat sich als unbegründet erwiesen (Loretz, BZ 16, 1972, 245–248), nicht zuletzt wegen der im Ugar. nicht nachweisbaren Bedeutung 'groß' für *m'd* (D. Marcus, Bibl 55, 1974, 404–407).

II. 1. a) Im Rahmen der Völkersprüche des Amos macht ein Prophet der Exilszeit den Edomitern zum Vorwurf, daß sie ihr Brudervolk – gemeint sind die nach dem Fall Jerusalems 587 v. Chr. wehrlos gewordenen Judäer – mit dem Schwert verfolgt und hierbei unaufhörlich (*lā'ad*) geraubt haben, ohne von ihrer Feindschaft abzulassen (Am 1, 11). Daß dagegen der Zorn JHWHs nicht für immer (*lā'ad*) währt, sondern zeitlich begrenzt ist, weil Gott die Güte liebt, betont ein Vertrauensbekenntnis des Gottesvolkes aus frühnachexilischer Zeit (Mi 7, 18). Aus diesem Grund hat schon das Gottesvolk der Exilszeit zu JHWH gefleht, er möge doch nicht im Übermaß zürnen und nicht für immer (*lā'ad*) an die Schuld seines Volkes denken (Jes 64, 8).

Ähnlich hebt ein Psalmist in seinem Gebet hervor, daß Gott nicht für immer den Armen vergißt und daß darum des Elenden Hoffnung nicht auf ewig (*lā'ad*) entschwindet (Ps 9, 19). Im Gegenteil: die Furcht JHWHs, die sich in der Beachtung der göttlichen Weisung bewährt, verleiht dem Frommen auf ewig (*lā'ad*) Bestand (Ps 19, 10). Den messianischen König jedoch hat Gott aufgrund seiner Heilsplanung zum Segensmittler für alle Ewigkeit (*lā'ad*) bestimmt (Ps 21, 7). Mit Bezug auf die Gottesgemeinschaft beim Opfermahl wünscht daher ein Beter den Armen JHWHs, daß ihr Herz für immer (*lā'ad*) aufleben möge (Ps 22, 27). Ein anderer Beter bekennt im Hinblick auf die Vollendung des Heils, daß die Gerechten das Land der Verheißung besitzen und dort für alle Zeit (*lā'ad*) wohnen werden (Ps 37, 29). Bei der Danksagung im Tempel äußert ein Beter den Wunsch, auf ewig (*'ôlāmîm*, v. 5) im Zelt Gottes Gast zu sein und dort bei der Erfüllung seiner Gelübde den Namen JHWHs für immer (*lā'ad*) zu loben (Ps 61, 9). Im Rückgriff auf die Natanverheißung erinnert das Volk JHWH im Exil an sein früheres Versprechen, daß er die Nachkommen Davids für immer (*lā'ad*) in ihrem Herrschertum bestätigen und ihren Thron (so beständig) wie die Tage des Himmels machen werde (Ps 89, 30). Schließlich bekennt das Gottesvolk in einem Lobpreis auf das Walten JHWHs in der Geschichte, daß die Offenbarung seiner Gerechtigkeit ebenso wie sein Ruhm auf immer und ewig (*lā'ad le'ôlām*) bestehen (Ps 111, 8; vgl. auch vv. 3. 10). Ähnliches gilt auch für die Werke der Schöpfung, die Gott für immer und ewig (*lā'ad le'ôlām*) ins Dasein gerufen hat (Ps 148, 6).

Mit einem eisernen Meißel in den Felsen gehauen und mit Blei ausgegossen, gut lesbar für alle, will Ijob seine Worte für immer (*lā'ad*) aufbewahrt sehen, damit sie seine Unschuld bezeugen (Ijob 19, 24). Die Feststellung der Spruchweisheit, daß die wahrhaftige Lippe auf die Dauer (*lā'ad*) Bestand hat, während die lügnerische Zunge nur für den Augenblick ihre Wirkung tut (Spr 12, 19), verdeutlicht gut den immerwährenden Wert der Wahrheit. Ähnlich stellt die Spruchweisheit mit Bezug auf den König fest, daß sein Eintreten für die Geringen seinem Thron auf ewig (*lā'ad*) Bestand verleiht (Spr 29, 14; vgl. o. Ps 89, 30). Für Salomo, den Sohn Davids, dagegen gilt, daß er mit ungeteiltem Herzen JHWH dienen soll, um so der ewigen (*lā'ad*) Verwerfung zu entgehen (1 Chr 28, 9).

Weil Israel sich weigert, auf die Weisung JHWHs, seines Gottes, zu hören, und eine gefährliche Neigung zeigt, sich durch die Lüge falscher Propheten in seiner Verkehrtheit bestätigen zu lassen, erhält Jesaja den Auftrag, das Wort Gottes in Gegenwart seiner Hörer auf einer Tafel, gleichsam wie in einer Inschrift, für künftige Zeiten, für immer (*lā'ad*), ja ewig festzuhalten (Jes 30, 8; vgl. o. Ijob 19, 24). Entgegen der vorgeschlagenen Lesart *lā'ed* ist hier mit MT (und wohl auch sinngemäß in Übereinstimmung mit LXX) *lā'ad* zu lesen, weil die dreifache Zeitbestimmung eine vom Inhalt her geforderte Klimax darstellt (F. Delitzsch, Jesaja, [3]1879, 328).

Im Anschluß an die Ankündigung JHWHs, daß er einen neuen Himmel und eine neue Erde erschaffen werde und daß man an das Vergangene nicht mehr zu denken brauche, ergeht an die Erlösten die von Gottes Heilswalten getragene Aufforderung zu immerwährendem (*'adê-'ad*) Jubel (Jes 65, 18). Im Hinblick auf die Vollendung des Heils bekennt daher das Gottesvolk auch sein immerwährendes (*'adê-'ad*) Vertrauen auf JHWH, den ewigen Fels (Jes 26, 4).

Angesichts der erwarteten Offenbarung von JHWHs Herrschaft über die ganze Erde, wünscht das bedrängte Gottesvolk, daß seine Feinde für ewig (*'adê-'ad*) beschämt seien und in Schande zugrunde gehen (Ps 83, 18). Aufgrund der gleichen Heilserwartung tröstet sich ein Beter mit dem Gedanken, daß die Frevler zwar aufsprießen wie junges Gras, jedoch nur, damit Gott sie für immer (*'adê-'ad*) vernichtet (Ps 92, 8). Andererseits sollen die Nachkommen Davids, wenn sie den Bund JHWHs beachten, für immer (*'adê-'ad*) den Thron ihres Vaters besitzen; denn JHWH hat sich den Zion für immer (*'adê-'ad*) zum Ort seiner Ruhe auserwählt (Ps 132, 12. 14). Auf dem Hintergrund der Ankündigung von JHWHs Heil für sein Volk Israel ergeht darum die Frohbotschaft an die Erlösten, daß sie für immer und ewig (*'aḏ 'ôlᵉmê 'aḏ*) keine Schande und keine Schmach mehr zu befürchten brauchen (Jes 45, 17).

In der Frage Zofars an Ijob, ob er nicht von Urzeit her (*minnî-'aḏ*) wisse, seit nämlich Gott Menschen auf die Erde gesetzt hat, daß die Freude der Frevler immer nur einen Augenblick währt (Ijob 20, 4), erscheint *'aḏ* auf die Vergangenheit bezogen, jedoch nicht als ein feststehender Begriff, sondern nur zur Umschreibung einer unbegrenzten Zeit, die in diesem Fall von dem Standpunkt des Betrachters aus nach rückwärts berechnet wird.

b) Nach der Darstellung des Hymnus hat JHWH als Schöpfer die Erde auf Pfeiler gegründet, so daß sie in Ewigkeit (*'ôlām wā'æḏ*) nicht wankt (Ps 104, 5). In der Geschichte ist er, nachdem er als Chaoskämpfer die Widersacher seiner Herrschaft besiegt hat, König auf ewig (*'ôlām wā'æḏ*) (Ex 15, 18). Unter Berufung auf diese heilsgeschichtliche Tat, durch die Gott seine Feinde grundsätzlich überwunden und ihren Namen für immer (*lᵉ'ôlām wā'æḏ*) gelöscht hat (Ps 9, 6), bekennt das Volk, daß JHWH König in alle Ewigkeit (*'ôlām wā'æḏ*) ist und daß im Bereich seiner Herrschaft die Heidenvölker vernichtet werden (Ps 10, 16). Diesem Gott JHWH, der sein Königtum für alle Ewigkeit geoffenbart hat, gebührt darum auch ein ewiges (*lᵉ'ôlām wā'æḏ*) Lob seiner Frommen (Ps 145, 1. 2. 21).

Als Repräsentant der ewigen Herrschaft JHWHs nimmt der messianische König teil an der Heilsfülle seines Gottes: JHWH hat darum, wie es in einem Danklied auf die Erwählung des Königs heißt, die Bitte des Herrschers erfüllt und ihm Leben für immer und ewig (*'ôlām wā'æḏ*) gewährt (Ps 21, 5). Auch der Thron dieses Herrschers hat für immer und ewig (*'ôlām wā'æḏ*) Bestand, da die Gerechtigkeit JHWHs seine Regierung prägt (vgl. o. Ps 89, 10; Spr 29, 14); dementsprechend währt auch das Lob der Völker in alle Ewigkeit (*'ôlām wā'æḏ*) für JHWH (Ps 45, 7. 18).

Im Anschluß an die Ankündigung der endzeitlichen Völkerwallfahrt zum Zion tritt nach der Darstellung des Buches Micha das Gottesvolk der Völkerwelt mit einem Bekenntnis gegenüber als das Volk Gottes, das seinen Weg im Namen JHWHs für immer und ewig (*lᵉ'ôlām wā'æḏ*) gehen will (Mi 4, 5). Ähnlich bekennt das auf dem Zion versammelte Gottesvolk, daß JHWH sein Gott für alle Ewigkeit (*'ôlām wā'æḏ*) ist (Ps 48, 15). Im Hinblick auf die Führung des Gottesvolkes durch JHWH zum Heil, darf der Gerechte von sich sagen, daß er im Haus Gottes wie ein grünender Ölbaum ist und daß er auf die Huld JHWHs immer und ewig (*'ôlām wā'æḏ*) vertraut (Ps 52, 10). Dazu gehört auch, daß er die Weisung JHWHs auf immer und ewig (*lᵉ'ôlām wā'æḏ*) befolgt (Ps 119, 44). Bei der Offenbarung der ewigen Königsherrschaft JHWHs werden dann die Verständigen strahlen, wie der Himmel strahlt, und die Männer, die ihr Volk zum rechten Tun geführt haben, werden in Ewigkeit (*lᵉ'ôlām wā'æḏ*) wie die Sterne leuchten (Dan 12, 3).

c) In dem Segenswunsch für den Stamm Josef stellt der Jakob-Segen die Tatsache heraus, daß die Segnungen des Vaters reicher sind als die Segnungen der uralten Berge (*harᵉrê 'aḏ* mit LXX) und der ewigen (*'ôlām*) Hügel (Gen 49, 26). Gemeint ist mit diesem Bild die Mächtigkeit und Beständigkeit der Schöpfung, deren Segnungen die Grundlage für ein gedeihliches Leben im Land der Verheißung sind. Wie jedoch ein Vergleich dieses Segenswunsches mit der Paralleltradition im Mose-Segen des Dtn ergibt, wo von dem Besten der uralten Berge (*harᵉrê qæḏæm*) und dem Köstlichen der ewigen (*'ôlām*) Hügel die Rede ist (Dtn 33, 15), liegt in dem Jakob-Segen über Josef die allem Anschein nach bewußt abgewandelte Form der offenbar älteren Paralleltradition aus dem Mose-Segen vor. Der Grund für die Umgestaltung liegt auf der Hand: Dadurch daß der Jakob-Segen die Segnungen des Vaters über die Segnungen der Berge und Hügel stellt, vollzieht er deutlich eine Abgrenzung gegenüber einer denkbaren Vergöttlichung der Naturkräfte; denn die Berge und Hügel wurden, wie die Texte aus Ugarit belegen, häufig als die Wohnstätten der Götter betrachtet (C. Westermann, BK I/3, 274).

In Jes 9, 5 erscheint als Bezeichnung des messianischen Herrschers der Name *'aḇî-'aḏ*, der sprachlich als eine St.-cstr.-Verbindung erscheint. Da jedoch *'āḇ* verschiedene Inhalte bezeichnen kann und zur Erklärung von *'aḏ* sich hier zwei Wortstämme mit einander fremder Bedeutung (1. „unbegrenzte Dauer, Ewigkeit" und 2. „Beute") anbieten, ist unter den Erklärern die Deutung des Namens umstritten (vgl. die Übersicht bei M. Rehm, Der königliche Messias, Kevelaer 1968, 156–160).

Geht man von der Stellung des Vaters als Oberhaupt des Familienverbandes aus und sieht man in *'āḇ* den Träger einer Befehlsgewalt, der für eine Gemeinschaft Entscheidungen zu treffen hat, dann hat der Name *'aḇî-'aḏ* die Bedeutung, daß sein Träger im dauernden Besitz der ihm verliehenen Herrschaft bleibt. Stellt man dagegen in Rechnung, daß der Vater die Verantwortung für das Wohl seiner Angehörigen trägt, dann ist in dem Namen *'aḇî-'aḏ* mehr die Sorge des Herrschers für das Wohlergehen seines Volkes ausgedrückt, das von ihm Hilfe in Ewigkeit erwarten darf. Auch mit der Grundbedeutung des Begriffes „Vater" als „Erzeuger, Urheber und Schöpfer" hat man den Namen des messianischen Herrschers zu erklären versucht, so daß *'aḇî-'aḏ* als Schöpfer und Hervorbringer der Jahre im Sinn der Natanverheißung als Begründer eines ewigen Königtums Davids angesehen werden muß. Doch leiden diese Erklärungsversuche alle an der zu großen Allgemeinheit des jeweils zugrunde gelegten Vaterbegriffs, die durch den ebenfalls ungeklärten Bezug zur Ewigkeit noch verstärkt wird. Angesichts dieser Schwierigkeit hat man die ebenfalls vom Hebr. her mögliche Übersetzung des Namens *'aḇî-'aḏ* mit „Beute-Vater" vorgeschlagen und zur Begründung auf die Tatsache verwiesen, daß die Vorstellung einer ewigen Herrschaft des Heilbringers erst in v. 6 ausdrücklich entfaltet werde und daß sie in v. 5 die in den beiden ersten Namen *pælæ' jô'eṣ* und *'el gibbôr* erkennbare logische Entwicklung vom Plan über den Sieg zu

dessen Folgen unsachgemäß unterbrechen würde (O. Kaiser, ATD 17, ⁵1981, 205). Doch spricht gegen diese Deutung, daß die Folgen der Vollendung jener Planung, dessen Inbegriff der messianische Herrscher ist, schwerlich in einer Kriegsbeute bestehen und daß zudem das Bild von der Verteilung der Beute schon vorher in v. 2 und dazu noch mit einem anderen Begriff (*šālāl*) zur Sprache gekommen ist.
Beachtet man jedoch, daß in Jes 9, 5 *'āḇ* nicht primär den Heilbringer selbst, sondern JHWH meint, dessen Herrschaft der Heilbringer repräsentiert, und daß in diesem Zusammenhang *'āḇ* auf die auch im Gericht Gottes an Israel durchgehaltene Konsequenz der Erwählung von seiten JHWHs verweist, und zwar mit Betonung der hierbei offenbar gewordenen Vaterliebe Gottes bei der Verzeihung der Sünden (Hos 11, 1–9; Jes 63, 16; 64, 7), dann ergibt sich für den Namen *'aḇî-'aḏ* mit der Übersetzung „Vater in Ewigkeit" ein der Eschatologie des Prophetenwortes angemessenes Verständnis. Gemeint ist dann, daß der messianische Herrscher in seiner Person die nicht mehr aufhebbare Offenbarung der Vaterschaft JHWHs für alle Erwählten in Ewigkeit darstellt.

Liest man in Jes 47, 7 (mit BHS und KBL³) *geḇæræṯ 'aḏ*, dann hat der Prophet hier der personifizierten Großmacht Babel ein Wort in den Mund gelegt, das in Angleichung an den Stil der Selbstrühmung in den Inschriften altorientalischer Herrscher, aber auch im Gegensatz zu der Offenbarung JHWHs als Rettergott für sein Volk Israel (Ex 3, 14) formuliert ist: „In Ewigkeit (*le'ôlām*) bin ich da, bin Herrin für immer." Die Aussage verdeutlicht die auf Erfolg gegründete Hybris einer sich selbst verabsolutierenden politischen Großmacht.
In Jes 57, 15 erscheint in der Botenformel JHWH als „der Hohe und Erhabene, der ewig thront (*šôḵen 'aḏ*) und dessen Name der Heilige ist". Die Aussage von JHWHs ewiger Herrschaft gehört offenbar zu der in Jerusalem beheimateten Tradition vom Königtum Gottes, die auch in dem Berufungsbericht des Propheten Jesaja ihren Niederschlag gefunden hat (Jes 6, 1–5).
In einer Theophanieschilderung des Buches Habakuk heißt es, daß bei dem Kommen JHWHs die Erde erschüttert wird und vor dem Anblick Gottes die Völker erzittern, ja, daß die uralten Berge (*harerê-'aḏ*) zerschmettert werden und die ewigen Hügel sich ducken müssen (Hab 3, 6). Das Motiv der bebenden Erde, das ein konstitutives Element der Theophanieschilderung ist, um die Reaktion der Natur auf das Kommen JHWHs zu beschreiben (J. Jeremias, Theophanie, ²1977, 48f.), hebt hier am Beispiel der uralten Berge (vgl. o. Gen 49, 26), die zerschmettert werden, die Unwiderstehlichkeit der Macht Gottes hervor.
2. Aufschlußreich für das Verständnis der Bedeutung von *'aḏ* ist die nicht unbeträchtliche Zahl der Parallelausdrücke. An erster Stelle ist der Begriff *'ôlām* (→ עולם) zu nennen, der in *'aḏ-'ôlemê 'aḏ* zur Verstärkung einer präpositionalen Verbindung mit *'aḏ* (Jes 45, 17), in *(le)'ôlām-wā'æḏ* zur Hervorhebung des adverbiellen Akkusativs *'aḏ* (Ex 15, 18; Mi 4, 5; Ps 9, 6; 10, 16; 21, 5; 45, 7. 18; 48, 15; 52, 10; 104, 5; 119, 44; 145, 1. 2. 21; Dan 12, 3) sowie im Parallelismus membrorum zu *'aḏ* (Gen 49, 26; Jes 26, 4; 45, 17; 47, 7; Hab 3, 6; Ps 92, 8f.; 111, 8; 148, 6) begegnet. Als Parallelausdrücke zu *'aḏ* fungieren sodann: → נצח *næṣaḥ* (Am 1, 11; Ps 9, 19); *bekŏl-dor wādor* (Ps 45, 18); *jôm jôm* (Ps 61, 9); *kîmê šāmājim* (Ps 89, 30); *tāmîḏ* (Ps 119, 44) und *bekŏl-jôm* (Ps 145, 2). Semantisch unterstreichen diese Parallelausdrücke die Bedeutung von *'aḏ* als „immerwährende Fortdauer" und „Zeit ohne Ende".
3. Der zunächst in profaner Bedeutung auftauchende Begriff *'aḏ* (Am 1, 11; Spr 12, 19) hat seine theologische Aussagekraft erst im Horizont einer Eschatologie erhalten, deren Mittelpunkt die für alle Ewigkeit geltende Manifestation der universalen Königsherrschaft JHWHs und im Zusammenhang damit die Bestellung eines messianischen Heilsmittlers ist. So erfolgt diese endzeitliche Offenbarung JHWHs mit Betonung der Ewigkeit ihres Bestandes auf dem Zion im Land der Verheißung (Ex 15, 18), wo Gott seinem Volk nach der vergleichsweise kurzen Zeit seines Zorngerichts (Jes 57, 15; 64, 8; Mi 4, 5) unwiderruflich und auf ewig Rettung und Heil (Jes 45, 17) sowie den entsprechenden Lebensraum gewährt (Ps 37, 29); auf dieses Geschehen, das einmal die gesamte, von Anfang an auf Dauer hin angelegte Schöpfung (Ps 104, 5; 148, 6; Jes 65, 18) umfaßt, führt bereits in der Gegenwart die Beachtung der göttlichen Weisung hin (Mi 4, 5; Ps 119, 44). Ähnlich ergeht die Ankündigung des messianischen Heilsmittlers, der für alle Ewigkeit die Vaterliebe JHWHs bezeugt (Jes 9, 5) und in Erfüllung der David gegebenen Verheißung (Ps 89, 30; 132, 12) ein von JHWHs unwiderruflicher Heilsoffenbarung getragenes Königtum (Ps 45, 7. 18) repräsentiert. Im Hinblick auf diese für alle Ewigkeit manifestierte Königsherrschaft JHWHs hat der Glaube des Gottesvolkes von einem immerwährenden Heil aller Gerechten (Dan 12, 3) gesprochen, das auf dem Hintergrund eines entsprechenden ewigen Scheiterns aller Frevler (1 Chr 28, 9; Ps 83, 18; 92, 8) sein Profil entfaltet.
Zu der hier festgestellten Verbindung zwischen der theologischen Bedeutung des Begriffes *'aḏ* und zentralen Themen der at.lichen Eschatologie paßt auch die formgeschichtliche Beobachtung, daß *'aḏ* vorwiegend in einer liturgisch-hymnischen Redeweise begegnet. Zweifellos hängt dieser Befund zunächst damit zusammen, daß die Manifestation des universalen Königtums JHWHs ein Geschehen ist, das die Anerkennung und den Lobpreis des gläubigen Gottesvolkes provoziert. Gleichwohl reicht die Verwurzelung dieser hymnisch-liturgischen Redeweise höchstwahrscheinlich schon in das Vorfeld der eschatologischen Prädikation, nämlich in die Begründung der hierfür in Frage kommenden jeweiligen heilsgeschichtlichen Tradition. So hat die Erwählung des Zion zum Thronsitz JHWHs für alle Ewigkeit (Jes 57, 15), wie sie durch die Überführung der Lade nach Jerusalem und den Bau des Tempels zu einer Wohnstätte Gottes (Ps 132, 14) erfolgt ist, wohl

auch zur Rezeption einiger bereits in der vorisraelitischen Kultpoesie enthaltenen Bilder wie dem von einem ewigen Felsen (Jes 26, 4) geführt, das allem Anschein nach in Analogie zu dem Bild der uralten Berge und ewigen Hügel (Gen 49, 26; Hab 3, 6) zu sehen ist. Desgleichen hat die Ankündigung der ewigen Herrschaft des Messias (Jes 9, 5; Ps 45, 7) ebenso wie schon die Erwähnung des ewigen Lebens und der Segensmittlerschaft für das Volk bei dem davidischen König (Ps 21, 5. 7) sich auf Vorstellungen des altorientalischen Hofstils berufen können, wie sie zum Teil auch schon in die Natanweissagung Eingang gefunden hatten.

Auch wenn es stimmt, daß bei den angeführten Belegen zu dem Begriff *ʿaḏ* im AT nirgendwo ein durchreflektierter Zeit- und Ewigkeitsbegriff anzutreffen ist, sondern oft nur in einer emphatischen Redeweise die Endgültigkeit und Unabänderlichkeit einer Sache betont wird (Jenni, THAT II 208), so hat doch in der Mehrzahl der Fälle der Glaube Israels an JHWH und die Vollendung seiner Offenbarung als Schöpfer und Erlöser den Begriff *ʿaḏ* inhaltlich so bestimmt, daß hierbei die biblische Vorstellung von Zeit und Ewigkeit auch an theologischer Relevanz nicht unbeträchtlich gewonnen hat.

III. Die LXX übersetzt *ʿaḏ* in der Regel mit αἰών. Ausnahmen sind: εἰς τέλος (1 Chr 28, 9); ἐν καιρῷ (Jes 64, 8) und ἀπὸ τοῦ ἔτι (Ijob 20, 4). An vier Stellen hat die LXX *ʿeḏ* statt *ʿaḏ* gelesen: εἰς μαρτύριον (Am 1, 11; Mi 7, 18; Spr 29, 14) und μαρτυρίαν (Spr 12, 19). Die Verwendung von *ʿaḏ* in St.-Cstr.-Verbindungen hat in der LXX meist zu Umschreibungen geführt: ὀρέων μονίμων (Gen 49, 26); ἐγὼ γὰρ ἄξω εἰρήνην ἐπὶ τοὺς ἄρχοντας (Jes 9, 5); εἰς τὸν αἰῶνα ἔσομαι ἄρχουσα (Jes 47, 7); κατοικῶν τὸν αἰῶνα (Jes 57, 15). Keine Wiedergabe liegt vor in Jes 30, 8; 65, 18; Hab 3, 6.

IV. In Qumran wird das Nomen *ʿaḏ* mit theologischer Bedeutung ähnlich wie im AT gebraucht. Man preist die Heiligkeit Gottes, die von Urzeit an bis in alle Ewigkeit (*leʿôlemê ʿaḏ*) währt (1 QH 13, l. 13) und spricht im Zusammenhang mit der Offenbarung von Gottes ewiger Herrlichkeit auch von einer ewigen Freude (*śimḥaṯ ʿaḏ*) und einer ewigen Heimsuchung (*pequddaṯ ʿaḏ*) der Schöpfungswerke Gottes (1 QH 13, 6. 10). Während Gott im Endgericht die Bösen für immer verwirft, werden die Gerechten, die nach dem Herzen Gottes sind, vor ihm für immer (*lāʿaḏ*) stehen (1 QH 4, 21); denn Gott selbst hat sie dorthin für alle Ewigkeit (*leʿôlemê ʿaḏ*) hingestellt (1 QH 7, 31). Gott wird die Frevler für immer (*lāʿaḏ*) ausrotten, weil er das Unrecht auf ewig (*lāʿaḏ*) haßt (1 QH 14, 16. 25). Die Auserwählten dagegen werden seine Huld in alle Ewigkeit (*leʿôlemê ʿaḏ*) erfahren (1 QH 17, 28). Auch die Segenssprüche heben die Tatsache hervor, daß Gottes ewiger Bund mit dem gläubigen Volk für immer (*lāʿaḏ*) bestehen wird (1 QSb 1, 3) und betonen im Zusammenhang mit dem Segen für die Priester, daß Gott den Frieden des Hohenpriesters für alle Ewigkeit (*leʿôlemê ʿaḏ*) gegründet (1 QSb 3, 21) und daß er den Söhnen Zadoqs einen Dienst für alle Zeit (*kŏl-qiṣṣê ʿaḏ*) übertragen hat (1 QSb 5, 18). Durchweg erscheint *ʿaḏ* im Horizont eschatologischer Aussagen und mit Bezug auf Dinge und Vorgänge, die mit der endzeitlichen Offenbarung der Herrlichkeit Gottes gegeben sind.

In der Tempelrolle, die von einem „Wohnen Gottes inmitten der Söhne Israels für immer und ewig (*leʿôlām wāʿæḏ*)" spricht (TR 45, 14), sind noch drei weitere Belege für das Nomen *ʿaḏ* zu verzeichnen (TR 29, 8; 35, 9; 46, 4), deren Aussagegehalt sich im Kontext jedoch nur schwer bestimmen läßt.

E. Haag

עָדָה *ʿāḏāh*

עֲדִי *ʿaḏî*

I. Etymologie und Verbreitung – 1. Etymologie und Eigennamen – 2. Verb und Nomen im AT, Objekt und Synonyme – II. Die konkrete Verwendung – III. Das Bild für Israel/Jerusalem als Braut und Hure – IV. Das neue Israel; der Gesalbte in JHWHs Schmuck – V. Hochmut als Zierat – VI. Die Fülle des Lebens – VII. LXX und Qumran.

Lit.: *G. Castellino*, Psalm XXXII 9 (VT 2, 1952, 37–42). – *E. Feucht*, Schmuck (LexÄg V, 1984, 668–670). – *A. A. Macintosh*, A Third Root עדה in Biblical Hebrew (VT 24, 1974, 454–473). – *Y. Shaviv*, עדין, עדנה, עד (BMikr 22, 1977, 295–299. 399f.). – *J. A. Thompson*, Expansions of the עד Root (JSS 10, 1965, 222–240). – *H. Weippert*, Schmuck (BRL² 282–289). – *U. Winter*, Frau und Göttin (OBO 53, 1983, 302–312. 588–598 u.ö.).

I. 1. Während Gesenius, Thesaurus 990f., noch von *einem* Verb *ʿāḏāh* spricht, werden heute allgemein wohl mit Recht zwei verschiedene Wurzeln angenommen. *ʿāḏāh* I ist eine Erweiterung von *ʿd* und meint in der Grundbedeutung „go forward" (Thompson 227–229), Ijob 28, 8 in Parallele zu *hiḏrîk*. Im *hiph* ist die Bedeutung 'abstreifen' (ein Kleid) Spr 25, 20 belegt (vgl. UF 7, 1975, 122. 125). Dieses Verb findet sich öfter in Dan, im Targ., Syr., Äth. und Arab. Als Nomen vermutet man es Ps 32, 9 (Thompson 227). *ʿāḏāh* II hat die Grundbedeutung 'sich schmücken', 'schmücken' (KBL³ 745f.). Ein Derivat ist das Nomen *ʿaḏî* (zur Bildung BLe 457p'), meist in der Bedeutung 'Schmuck'. Umstritten ist die Herleitung von Ez 16, 7; Ps 32, 9; 103, 5 (Sir 31, 28). Macintosh vermutet eine dritte Wurzel, die er von arab. *ġd'* herleitet in den Bedeutungsnuancen „gallop", „sustenance" und „menstruation".

Eigenartig ist, daß im semit. Umfeld nie Verb und Nomen in der Bedeutung 'Schmuck', nur PN begegnen;

im Ugar., Assyr., Neupun., Edomit. und Asarab. (Belege KBL³ 745f. 748), oft als Frauennamen. Im Hebr. finden sich als PN *ʿādāh*; *ʿadājāʾ*, *ʿadîʾel*, *ʿadājāh* und vielleicht *ʿiddô*. Von der Berufsbezeichnung her ist für die Bedeutung interessant, daß Königinnen (APN 12), Sänger(innen) und Musikanten (KAI II 136; Gen 4, 19f. 23; 1 Chr 6, 26), Priester (1 Chr 9, 12; Neh 11, 12) sowie Schatzmeister (1 Chr 27, 25) mit diesen Namen genannt werden. Die Herkunft reicht bes. in das südpaläst. Gebiet (Gen 4, 19f. 23; 36, 2. 16; 1 Chr 4, 36; Arad 58, 1 u. ö.), die Mehrzahl der Belege ist nachexilisch.

2. Das Verbum begegnet 8mal, nur im *qal*, davon Jer 4, 30; Ez 16, 11; 23, 40 in Paronomasie mit dem Nomen *ʿadî*. Das Nomen findet sich 13mal, zusätzlich Sir 6, 30; 31, 28; 43, 9. Die Mehrzahl der Belege (14) steht im proph. Schrifttum. Das Subjekt des Schmückens ist öfter fem., 2 Sam 1, 24 schmückt Saul die Töchter Israels, Ez 16, 11 JHWH Jerusalem. Im mask. begegnen Ex 33, 4. 5. 6; Ijob 40, 10; Ez 7, 20; Ps 32, 9 und die Sir-Belege. Beim Nomen stehen Verben des An- und Ablegens (*šîṯ* Ex 33, 4, *ʿālāh hiph* 2 Sam 1, 24, *lāḇeš* Jes 49, 18 – *jāraḏ hiph* Ex 33, 5; *nāṣal hitp* Ex 33, 6), des Vergessens (*šāḵaḥ* Jer 2, 32) und des Strahlens (*śrq* Sir 43, 9). Der Schmuck besteht in *zāhāḇ* (2 Sam 1, 24; Jer 4, 30; Sir 6, 30), *zāhāḇ wākæsæp* (Ez 16, 13), direkte Objekte sind *næzæm*, *ḥæljāh* (Hos 2, 15), *kelî* (Jes 61, 10) und *top̱* (Jer 31, 4).

Synonyme Objekte illustrieren die Art des Schmucks: Spangen an der Hand, Halskette, Nasenring, Ohrgehänge, Diadem (Ex 16, 11f.; 23, 42; Sir 6, 31) und Bänder (? Jer 2, 32). Das Anlegen des Geschmeides gehört zur Schönheitspflege neben Waschen (Ez 16, 10; 23, 40), Salben (Ez 16, 10), Bekleiden mit erlesenen Stoffen (2 Sam 1, 24; Jer 4, 30; Ez 16, 10. 13), Anlegen prächtigen Schuhwerks (Ez 16, 10), Schminken der Augen (Jer 4, 30; Ez 23, 40). Der Zweck solchen Tuns mag von einer Siegesfeier (2 Sam 1, 24) zum Brautschmuck (Jes 61, 10; Jer 2, 32), zur Krönung als Königin (Ez 16, 10ff.) bis zum bunten Glanz der Dirne (Hos 2, 15; Ez 23, 40) reichen (zu den Realien und zur religionsgeschichtlichen Bedeutung vgl. Weippert, Winter, Feucht mit Lit. sowie AuS 5, 340–353; S. Krauss, Talmudische Archäologie I, 1966, 198–206).

Mit der Vergleichspartikel *ke* ist *ʿadî* Jes 49, 18 als Bild gekennzeichnet, der ganze Satz Jes 61, 10. Das Objekt *gāʾôn* verbindet Ijob 40, 10 und Ez 7, 20 miteinander.

II. Ex 33, 4–6 und 2 Sam 1, 24 werden Subj. und Obj. im konkreten Sinn verwendet: Ex 33, 4 legt das Volk in einem Trauerritus (ähnlich Num 14, 39; Neh 8, 9) den Schmuck aus Ägypten (Ex 12, 35f.) ab, der zum Widersinn (Goldenes Kalb) verwendet war (Ex 32, 2f.). Mit W. Beyerlin, Herkunft und Geschichte der ältesten Sinaitraditionen, 1961, 128f., wird man dahinter einen festen Brauch sehen können. Erst das Abtun der „Requisiten Ägyptens" (E. Zenger, Geistliche Schriftlesung 7, 237f.) ermöglicht das neue Gespräch JHWHs mit Mose (vv. 4. 11); nicht zufällig mag das Wortspiel *ʿadî–jādaʿ*–*ʾohæl môʿeḏ* vv. 5. 6. 7 sein. 2 Sam 1, 24 in der Totenklage Davids auf Saul beinhaltet den Trauergesang der Frauen. Abgesehen vom übertreibenden Stil des Nachrufes auf Saul (v. 23b) wird man die Notiz wegen Übereinstimmungen mit Jer 4, 30 (*šānî*, *ʿadî zāhāḇ*) und des völligen Fehlens von *šānî* in Belegen der Königszeit nicht zu alt veranschlagen dürfen (gegen F. Stolz, ZBK 9, 189; P. Kyle Mc Carter, AB 9, 66–79; D. L. Zapf, Grace Theol. Journal 5, 1984, 95–126; vgl. W. H. Shea, BASOR 221, 1976, 141–144).

III. 1. Hos 2, 15 ist die Summe der Abrechnung JHWHs gegen seine Hurenfrau Israel. Immer wieder (Impf.) hat Israel den Baʿalen geräuchert und geopfert (4, 13; 11, 2) und die Hurenmale (v. 4; als Zugehörigkeitszeichen zu Baʿal, vgl. Winter 595) angelegt, wo doch JHWH der Spender der Lebensmittel und von Gold und Silber (v. 10) ist. Israel hat seinen Mann und Lebensspender vergessen, durch das Anlegen seines Schmuckes (*ḥæljāh* und *næzæm*) sich JHWH entfremdet (v. 15). JHWH entzieht ihm deshalb alles, gibt es nackt den Liebhabern preis (v. 12) wie am Tag der Geburt, als Wüste (vgl. 13, 5f.).

2. Jer 2, 32 greift zurück auf die Rede von der Brautzeit Israels (v. 2) in der Wüste. Es ist unmöglich, daß eine *beṯûlāh* (Israel) ihren Schmuck vergißt, die Braut ihren Gürtel (vgl. 13, 11). Ähnlich schwer wie Hos 2, 15 hat aber das Volk JHWH vergessen. Die Liebhaber sind nun die Fremdmächte (vv. 33–36), für die sich dann 4, 30 die Tochter Zion schön macht (wie Isebel 2 Kön 9, 30). Aber dem Sehen des Glanzes folgt der Schrei der Nackten, Kreißenden, Schund Gebärenden. Statt Schönheit (*jph*) letztes Schnaufen (*jpḥ*), Ausbreiten der Hände gegen die, die ihr an die Kehle (*næpæš*) wollen.

3. Ez 16, 11 berichtet vom Findling Jerusalem, dessen lebensnotwendiger Versorgung (vgl. das Bild Hos 2, 10f.) durch JHWH, dessen prächtiger Kleidung und leuchtendem Geschmeide, das die Braut JHWHs anlegt. Die von JHWH Geschmückte ist überaus schön und erreicht die Würde einer Königin. Doch die vv. 15–19 (Umkehrung der Gaben JHWHs: Kleidung, Schmuck, Lebensmittel) zeigen die in ihrer Schönheit vermessen Gewordene, die sich jedem Vorübergehenden hingibt. Die Strafe der Ehebrecherin ist wie Hos 2: Bloßstellen vor den Liebhabern, dann in Anreicherung Wegnahme des Schmucks, Tod durch Steinigung und Schwert, Verbrennen der Häuser.

Die schwierige Stelle 16, 7 *wattāḇoʾî baʿadî ʿadājîm* wird ganz verschieden wiedergegeben. Die LXX hat εἰς πόλεις πόλεων; V *ad mundum muliebrem*, ähnlich Zimmerli unter Verwendung von *ʿiddîm* Jes 64, 5 (zur Auslegungstradition Macintosh 460–463. 469–471). Nun besteht m. E. aber kein Grund, von einer Intensivbildung der Wurzel *ʿdh* II „ornatus" abzugehen. Die Wortwahl ist parallel zu v. 8 *wāʾāḇôʾ biḇerîṯ*, dann ist die Parallelität zum zweimaligen *ḥaj* anzumerken, schließlich die Dreierreihe *tirbî – tiḡdelî – tāḇoʾî*. Im Vordergrund steht nicht so sehr die körperliche Reife (v. 7b) als die Lebensfülle (v. 7a), der dann Ehebund und Königtum gegenüberstehen (vgl. M. Greenberg, AB 22, 276–279). Dieser Bedeutung stehen auch Ps 103, 5 und Sir 31, 28 nahe.

Ez 23, 36–49 ist im Passus, wo Ohola/Oholiba sich selber schmückt, textlich z.T. schwierig und von Jer 4, 30f.; Ez 16, 11–14 abhängig. Weitere Motive erinnern an Spr 7, 15ff.; 9, 2 und Hos 4, 18; Jes 56, 12; 57, 3. Das Bild gilt in vv. 48f. als Mahnung für jede Ehebrecherin.

IV. 1. Jer 31, 2–6 greift mit dem Bild der Wüste und JHWHs bräutlicher Liebe zurück auf Hos 9, 10; 13, 5, bes. Jer 2, 2f. Doch ist die Wüste nicht nur Symbol der unvergänglichen Treue JHWHs (Perf.), sondern zugleich Erinnerung an die gegenwärtige Not (*śᵉrîḏê ḥāræḇ*, vgl. 30, 12–15), die Liebhaber, die Israel vergessen haben (30, 14), die Wüste des geschenkten Landes (4, 11. 26; 9, 1. 11; 22, 6; 33, 10. 12). Doch Neues ist im Anbruch, dem Alten gleichend (3mal *ʿôḏ*). JHWH selbst baut die *bᵉṯûlāh* auf (Paron.; vgl. 24, 6; 31, 28; 33, 7; 42, 10); die Jungfrau ist aber hier weniger die geschmückte Braut (gegen J. A. Thompson, NICOT, 567), sondern ähnlich Ex 15, 20 Herold der Rettung durch JHWH (vgl. 30, 19; 31, 7).

2. Jes 49, 14–23 (vgl. R. P. Merendino, RB 89, 1982, 321–369) gebraucht das Bild der geschmückten Braut (v. 18) für Zion, die ihre Söhne aus der Diaspora wie Schmuck anlegt. Wieder ist es JHWH selber, von dem alles Geschehen ausgehen soll. Es ist wie ein neuer Brautstand Zions, der scheinbar von JHWH Vergessenen (vv. 14f. nicht nur das Vergessen der Mutter, gegen Merendino 327–329), der Kinder Beraubten (vgl. 2 Sam 17, 8; Hos 13, 8), Vertriebenen (*glh* 49, 9), dem „Bastard“ (Jer 2, 21). Ihr ist der Brautschmuck des Lebens, der Kinder, der Weite der Welt verheißen (vgl. 52, 9; 54, 1), welche die Könige der Völker (vv. 22f.) herbeitragen.

3. Jes 61, 9f. redet vom Geistbegabten, Gesalbten, Künder der Herrlichkeit JHWHs und der Freude an Zion (vv. 1–3). Er ist im Bild von Bräutigam und Braut Symbol des Volkes und JHWHs im bräutlichen Bund und Schmuck (62, 3–5). Sein Amt ist priesterlich (v. 6) und herrlich (oft *pʾr* Kap. 60; 61), bräutlich in königlichem Geschmeide (vgl. 62, 3). JHWH kleidet ihn in Gewänder von Heil und Gerechtigkeit (vgl. 62, 1. 2). Vielleicht ist auch das Kommen der Söhne und Töchter in diesem Schmuck mitgemeint (vgl. 61, 9. 11 und 62, 11f.).

4. Ein königlich-priesterlicher Schmuck ist das Joch der Gottesfurcht (Sir 6, 18–37, bes. 30f.) für den, der Weisheit annimmt. Ihr Joch wird zur Herrlichkeit (*kāḇôḏ* 51, 17. 26), ihre Bande zum Anteil an der priesterlichen Würde eines Moses oder Simon (45, 10. 12; 50, 11. 12).

Vielleicht ist auch die eigenartige Lesart Sir 43, 9b Bm *wʿdj mśrjq kmrwmj ʾl* hier anzuführen; der ganze Vers würde dann lauten: „Die Schönheit und Pracht des Himmels ist der Stern (LXX: die Sterne); [sein] Schmuck (Var. ‚sein Licht‘) leuchtet wie die (Var. ‚in den‘) Höhen Gottes.“ *kôḵāḇ* (vgl. CD 7, 18f.) und *maśrîq* begegnen sonst 50, 6f. für den Hohenpriester Simon – ist er auch hier gemeint? Die LXX glättet den Text.

V. In den folgenden Belegen ist eine immer weitergehende Abstraktion des Begriffes zu beobachten.

1. Ez 7, 20 (sek., Zimmerli, BK XIII/1, 182f.) bezieht sich *ṣᵉḇî ʿædjô* wohl einmal auf Silber und Gold (v. 19), meint dann aber etwa das ganze Land (vgl. 20, 6. 15) und seine Güter. Zum Hochmut ist der Schmuck des Landes mißbraucht worden, zu Götzenbildern (vgl. Ez 16, 17). JHWH macht diesem Stolz ein Ende (7, 24; 33, 28 *šbt*); der Tempel wird hier nicht primär gemeint sein (gegen Fuhs, NEB 47f.).

2. Ijob 40, 1–14 dürfte ein einheitlicher Text sein (V. Kubina, FThSt 115, 1979, 120–123). JHWH fordert Ijob selber zum Rechtsstreit. Der *gāʾôn* JHWHs, Ausdruck seiner Donnermacht (37, 4f.), seines Königtums (Ps 93, 1) steht der Hoffart der Bösen (vv. 11f.; 33, 17; 22, 29) gegenüber. JHWH ist himmelhoch (*gbh* 22, 12). Ijob soll sich nur mit dieser Hoheit und Pracht JHWHs schmücken (Ijob 40, 10; vgl. 37, 21f.)! Dann aber muß er auch JHWHs Zornamt gegen die Frevler und Stolzen (vv. 11ff.; 20, 23. 28; 21, 17) ausfüllen.

3. Ps 32, 9 ist *ʿæḏjô* schwer zu verstehen. Das zeigt die Fülle der Lesarten und Interpretationen. Die LXX hat τὰς σιαγόνας „Kinnbacken“, ähnlich V *camus* „Maulkorb“. Targ. schreibt *tjqwn*ʾ „ornatus eorum“, Macintosh 468, P. C. Craigie, WBC 19, 265 „Lauf, Galopp“ nach arab. *ġadā*; Castellino 41 *ʿdh* I „approached“, Kraus, BK XV/1⁵, 401 korr. *ʿuzzô*, S. Mowinckel, PsStud I, 52f. *ʿaḏî* im Sinn von „Leidenschaft, Wildheit, Lebenskraft“. Nun scheint es berechtigt, an *ʿaḏî* im negativen Sinn von „Hochmut, Stolz“ festzuhalten. Es bezeichnet den Frevler gegenüber dem Frommen (v. 2; vgl. auch die Par. vv. 8f.). Das Bild dürfte den Frevler in seiner blinden, hoffärtigen Wildheit meinen (vgl. das Tierbild 2 Kön 19, 28), seinen Schmuck, der dem des Rosses gleicht, aber auch den Toren (→ כסל *ksl* Spr 26, 3), der sich im Trotz gegen JHWH viele Schmerzen (*kʾb*) einhandelt (→ IV 11f.).

VI. 1. In Ps 103, 5 hat *ʿæḏjeḵ* wieder viele Interpretationen erfahren (vgl. BHS; KBL³ 748). LXX übersetzt mit ἐπιθυμία, ähnlich V, Targ. *jwmj sjbwtjjkj* „Tage deines Greisenalters“, vielleicht im Zusammenhang mit *ʿaḏ* „dauernd“; Macintosh 469 „sustenance“ u.a. Nun steht *ʿaḏî* einerseits parallel zu *ḥajjājᵉḵî* (v. 4), dann zum Bild der sich erneuernden Jugend des Adlers (v. 5b; vgl. Jes 40, 31). Schließlich wird es interpretiert durch das Verb des Schmückens (→ עטר *ʿāṭar*, vgl. Ps 8, 6; 65, 12). Von den Belegen des Sättigens durch JHWH (81, 17; 91, 16; 105, 40; 107, 9; 132, 15; 145, 16; 147, 14) her ist *ṭôḇ* weniger Schönheit als die Fülle des Köstlichen. Damit zeigt sich (vgl. das Fem.) eine leichte Linie zu Hos 2 und Ez 16, 7. JHWH sättigt das „Wertvollste“ des Menschen – sein Leben – mit der Fülle (Reichtum?).

2. Hier reiht sich dann auch Sir 31, 28 ein. Der Wein – in Maßen getrunken – gereicht zur *śmḥt lb* „Herzensfreude", *śśwn* „Freude" und *ʿdwj*, im Übermaß zu *kʾb rʾš* „Kopfweh", *lʿnh* „Wermut" und *qlwn* „Schimpf". Aber *qlwn* kontrastiert nicht *śśwn* (Macintosh 471 ff.), sondern *ʿdwj* (vgl. 3, 10; 5, 13 zu *kbwd*). Im Wein, recht genossen, ist nicht Schimpf, er ist Freude, Zier des Herzens, Leben (*ḥajjîm* v. 27). Zu ihm passen nicht Schmähung und Tadel (31), sein Geschmeide ist ein „göttliches" Lied (32, 5)!

VII. Die LXX gibt das Verb *ʿdh* II meist mit κοσμέω, κατακοσμέω, dann im weiteren Sinne mit περιτίθημι (Hos 2, 15) und (ἀνα)λαμβάνω (Jer 31, 4; Ijob 40, 10) wieder. Als Nomen begegnet meist κόσμος (14mal), wohl als „Schmuck" zu verstehen (vgl. ThWNT III 880. 886f.), als Prachtkleidung περιστολή Ex 33, 6 und στολαὶ τῶν δοξῶν, 33, 5, als Trauerkleidung πενθικοί 33, 4. Daneben begegnen interpretierende Belege Ez 16, 7 πόλεις πόλεων; Ps 31, 9 τὰς σιαγόνας und Ps 102, 5 ἐπιθυμία. Sir 31, 28 hat ψυχή; Sir 43, 9 übersetzt mit κόσμος φωτίζων; στολὴ δόξης verbindet Ex 33, 5 mit Sir 6, 29. 31 (vgl. ThWNT VII 689f.).

2. In Qumran findet sich das Wort in der Kriegsrolle (1 QM 12, 15 = 1 QM 19, 7), in Anklängen an Jes 60–62, im Passus des Schmuckes an Jes 49, 18 erinnernd. Das Bild der Söhne, die aus der Diaspora kommen, fehlt freilich, die Töchter (?) Jerusalems werden zur Herrschaft aufgerufen. Sonst steht *ʿaḏî* noch in einem liturgischen Gebet 1 Q 34, I, 4 für den Schmuck des Himmels (vgl. Sir 43, 9) und 4 Q 148, 1, 5 wohl in Auslegung von Spr 5 für den Zierat der Dirne.

Madl

עֵדָה *ʿeḏāh*

I. Etymologie, Verbreitung, LXX – II. Begriffsbestimmung – 1. Allgemeine Versammlung – 2. „Primitive Demokratie" – 3. Gemeinschaft der wehrfähigen Männer – 4. Juristische Funktion der *ʿeḏāh* – 5. Rituelle Funktion der *ʿeḏāh* – 6. Organisation der *ʿeḏāh* – 7. Umfang der *ʿeḏāh* – 8. In übertragener Bedeutung: die *ʿaḏaṯ ʾel* – 9. Ansammlung von Tieren u. a. – III. Sonderbedeutungen – IV. Zusammenfassung – V. Qumran.

Lit.: *G. W. Anderson*, Israel: Amphictyony: *ʿam*; *ḳāhāl*; *ʿeḏāh* (Festschr. H. G. May, Nashville 1970, 135–151). – *J. M. Casciaro*, El concepto de „Ekklesia" en el A. Testamento (EstB 25, 1966, 317–348; 26, 1967, 4–38). – *G. Evans*, Ancient Mesopotamian Assemblies (JAOS 78, 1958, 1–11. 114f.). – *Z. Falk*, „Those Excluded From the Congregation" (BethM 20, 3 [62], 1974/75, 342–351. 432, bes. 346). – *R. Gordis*, „Democratic Origins in Ancient Israel – The Biblical *ʿedāh*" (A. Marx Jubilee Volume, Engl. Section, New York 1949, 369–388). – *J. M. Grintz*, The Treaty of Joshua With the Gibeonites (JAOS 86, 1966, 113–126). – *Ders.*, Early Terms in the Priestly Torah (Leshonenu 40, 1976/77, 18f.). – *H. G. Güterbock*, Authority and Law in the Hittite Kingdom (JAOS Suppl. 17, 1954, 16–24, bes. 18f.). – *H. W. Hertzberg*, Werdende Kirche im AT (Theol. Existenz heute, NF 20, 1950). – *A. Hurvitz*, Linguistic Observations on the Priestly Term *ʿedah* and the Language of P (Immanuel 1, 1972, 21–23; vgl. Tarbiz 40, 1971, 261–267). – *T. Jacobsen*, Primitive Democracy in Ancient Mesopotamia (JNES 2, 1943, 159–172). – *Y. Kaufmann*, Joshua, Jerusalem 1966, bes. 265f. – *P. Korngruen*, עדות ועדה (Sefer E. Urbach, Jerusalem 1955, 19–26). – *S. N. Kramer*, „Vox Populi" and the Sumerian Literary Documents (RA 58, 1964, 149–156). – *J. D. W. Kritzinger*, Qᵉhal Jahwe, Kampen 1957. – *J. Liver*, "עדה" (Enc Bibl VI, 1971, 83–89). – *S. Loewenstamm*, "עדת אל" (EncBibl VI, 1971, 96–98). – *J. Milgrom*, Priestly Terminology and the Political and Social Structure of Pre-Monarchic Israel (JQR 69, 1979, 65–81). – *L. Rost*, Die Vorstufen von Kirche und Synagoge im Alten Testament (BWANT IV/24, 1938 = ²1967). – *J. M. Shaw*, The Concept of „The People of God" in Recent Biblical Research (Diss. Princeton Theol. Seminary 1958). – *F. J. Stendebach*, Versammlung – Gemeinde – Volk Gottes. Alttestamentliche Vorstufen von Kirche? (Judaica 40, 1984, 211–224). – *J. A. Wilson*, The Assembly of a Phoenician City (JNES 4, 1945, 245). – *C. U. Wolf*, Traces of Primitive Democracy in Ancient Israel (JNES 6, 1947, 98–108). – *W. P. Wood*, The Congregation of Yahweh: A Study of the Theology and Purpose of the Priestly Document (Diss. Union Theol. Seminary Richmond, Virginia 1974).

Lit zu V.: *H. J. Fabry*, Studien zur Ekklesiologie des AT und der Qumrangemeinde (Diss. habil. Bonn 1979, bes. 200–212). – *L. E. Frizzell*, The People of God. A Study of the Relevant Concepts in the Qumran Scrolls (Diss. Oxford 1974, bes. 223–226). – *E. Koffmahn*, Die Selbstbezeichnungen der Gemeinde von Qumran auf dem Hintergrund des AT (Diss. Wien 1959, bes. 150–158). – *J. Maier*, Zum Gottesvolk- und Gemeinschaftsbegriff in den Schriften vom Toten Meer (Diss. Wien 1958). – *C. Ramirez*, El vocabulario técnico de Qumran (in: Consejo Superior de Investigaciones Cientificas, Madrid 1971).

I. Das Nomen *ʿeḏāh* geht zurück auf die Verbalwurzel *jʿd* (→ יעד) 'bestimmen', im *niph* 'sich versammeln'. Schon früh hat diese Verbalwurzel Nomina ausgebildet, z. B. im Ugar.: *ʿdt* und *mʿd* zur Bezeichnung der „Versammlung (der Götter)" (WUS Nr. 1195; UT Nr. 1816). Gerade das Nominalformativ *ʿeḏāh* ist sehr verbreitet (Joüon, Grammaire § 75m). Da Görg (→ III 697f.) bereits der Etymologie nachgegangen ist, sollen hier nur einige Belege nachgetragen werden, vor allem aus Elephantine. BMAP 2, 7 liest: „Morgen oder am nächsten Tag soll Anani sich *bʿdh* erheben und sagen ..." Mehrmals begegnet *ʿdh* in identischen Scheidungsklauseln der Ehe-Verträge (BMAP 7, 21; AP 15, 22. 26). Cowley übersetzt „in the assembly" und deutet den Begriff somit als Entlehnung aus dem Hebr., während Kraeling darin eine Präpositionalverbindung „on her account (um ihretwillen)" sieht (weitere Diskussion bei R. Yaron, JSS 3, 1958, 1–39, bes. 14ff.).

Die LXX übersetzt *'eḏāh* meistens mit συναγωγή. Daneben begegnen vereinzelt παρεμβολή „Kriegslager", ἐπισύστασις „ausgelassenes Treffen" und βουλή „Rat". Das zeigt, daß der Begriff z. Z. der LXX ekklesiologisch bereits erheblich an Valenz verloren hatte. Eine weitere Einengung wird von den Rabbinen vorgenommen, wenn *'eḏāh* nun nur noch die lokale Versammlung in der Synagoge bezeichnet, während die Gesamtgemeinde nun durch *kᵉništā'* bezeichnet wird (vgl. Fabry 203; Dahl 66f.).

'eḏāh begegnet in seinen verschiedenen Formen 149mal im AT, davon konzentrieren sich 129 Belege auf den Hexateuch, hier wiederum fast ausschließlich auf die Priesterschrift und von ihr abhängigen Schriften. Es begegnet nicht in Dtn, außerhalb Jos nur 7mal in DtrGW (die letzte Stelle ist 1 Kön 12, 20, die „Versammlung" der abtrünnigen Nordstämme; 2 Chr 5, 6 ist ein Zitat aus 1 Kön 8, 5). *'eḏāh* begegnet noch 3mal bei den Propheten (Jer; Hos) und 13mal in den Schriften (10mal in Ps).

Die Bedeutung des Nomens konzentriert sich auf zwei Schwerpunkte: 1) allgemeine Versammlung, die Volks-, Rechts- und Kultgemeinde; 2) ein Schwarm von Tieren, abwertend auch auf Menschen angewandt: Mob, Schar, Rotte (KBL³ 746).

II. 1. Die *'eḏāh* wird in Num 1, 2f. explizit bestimmt: „Ermittelt die Gesamtzahl der ganzen *'eḏāh* der Israeliten nach Sippen und Großfamilien; zählt mit Namen alle Männer; alle wehrfähigen Männer in Israel von 20 Jahren an ...!" (vgl. auch die Zählung von Num 26). Das Ergebnis der Zählung lautet nach v. 46: 630550; die Leviten waren von der Zählung ausgenommen, da sie von der Militärpflicht befreit waren. Mit dieser Ausnahme umschließt *'eḏāh* also jeden erwachsenen Mann, ohne Klassen- oder Vermögensunterschiede zu machen. Nach Ex 12, 43–48 umfaßt die *'eḏāh* jeden Eingeborenen (*'æzrāḥ*), möglicherweise einschließlich der beschnittenen *gerîm*. Zumindest eine ihrer Funktionen ist militärischer Art. Ri 20–21 redet vom Stämmeheer als der *'eḏāh* (20, 1; 21, 10. 13. 16). Dies widerspricht Rost, der behauptet, daß die *'eḏāh* unmilitärisch sei. In 1 Kön 12, 20 hat die *'eḏāh* die Macht, Jerobeam I. zum König zu krönen. Obwohl die *'eḏāh* niemals bei der Absetzung eines Herrschers mitwirkt, könnte eine solche Fähigkeit in Num 14, 1–4 impliziert sein. Als die *'eḏāh* den Bericht der Kundschafter hört, beginnt sie gegen Mose und Aaron zu murren und sagt: „Wir wollen einen neuen Anführer wählen und nach Ägypten zurückkehren" (v. 4). Zwar ist Mose kein König und die *'eḏāh* führt ihre Drohung auch nicht aus, aber sie ist sich doch klar bewußt, daß ihr Anführer nur nach eigenem Gutdünken zu dienen hat und abgesetzt und ersetzt werden kann. Solch eine Machtfülle spricht für eine sehr alte Institution der Vorkönigszeit. Die *'eḏāh* ist demnach die „allgemeine Versammlung" aller freien, erwachsenen Männer und bevollmächtigt, Entscheidungen zu fällen, die die ganze Nation betreffen.

2. Ein Analogon, mesopotam. *puḫrum*, ist seit langem bekannt (Wolf; Gordis). Jacobsen war der erste, der *puḫrum* detailliert beschrieb. Er nannte es ein Beispiel „ursprünglicher Demokratie". Diese mesopotam. Versammlung bestand neben dem ababyl. Königtum. Nach Jacobsen ist es unwahrscheinlich, daß ein solches Gebilde unter einer starken Zentralgewalt entsteht, die gerade in dieser Zeit sehr an Stärke gewann. *puḫrum* muß deshalb beträchtlich ältere Wurzeln haben. Jacobsens Untersuchungen haben zur Suche nach ähnlichen Einrichtungen im Alten Orient angeregt. Dies führte zur Identifikation von sum. *unkin* und akk. *puḫrum* (Evans; Kramer) mit hethit. *pankuš* (Güterbock 18f.), phön. (Byblos) *moʿeḏ* (Wilson), ugar. *mʿd* und *pḫr* (zum Ganzen vgl. J. A. Soggin, BZAW 104, 1967, bes. 136–147) und röm. *comitia centuriata* (Korngruen).

Jacobsens Argument gilt auch für die *'eḏāh*. Im Südreich wuchs die Monarchie und konsolidierte ihre Macht seit der davidischen Zeit. Da war wenig Platz für die *'eḏāh*, und sie wird nach der salomonischen Zeit nicht mehr in Zusammenhang mit dem Jerusalemer Königtum erwähnt. 1 Kön 8, 5 (= 2 Chr 5, 6) beruft Salomo die *'eḏāh* als Zeugin bei der Übertragung der Bundeslade in den neuen Tempel. Jerobeams Krönung (1 Kön 12, 20) zeigt, daß das Konzept der *'eḏāh* im Nordreich nach Salomos Tod noch lebendig war (dazu vgl. A. Malamat, JNES 22, 1963, 247–253). Doch auch hier haben die sich ausbreitende Monarchie und Aristokratie die *'eḏāh*, vielleicht endgültig, geschwächt. Es ist undenkbar, daß die Idee einer *'eḏāh* in dieser Zeit aufkam. Ihre Existenz in der Königszeit schließt eine Entstehung in späterer Zeit, wie etwa der nachexil., aus. Die *'eḏāh* muß eine alte Einrichtung sein, die sicher vor die Königszeit zu datieren ist und vielleicht sogar vor die Landnahme.

Dieses Ergebnis hat wichtige Konsequenzen für die relative Datierung der Priesterschrift. Wie oben erwähnt, begegnet das Wort *'eḏāh* am häufigsten im Hexateuch, hier vornehmlich in P-Materialien und gar nicht in Dtn. Bis in jüngster Zeit war der Konsens der, daß *'eḏāh* erst durch eine nachexil. Priesterschrift eingeführt wurde (Rost). Das Vorkommen von *'eḏāh* war ein klares Zeichen für eine späte Autorschaft oder Redaktion. Nun jedoch wurde gezeigt, daß P in seinem Gebrauch von *'eḏāh* mit dem Sprachgebrauch der frühen Geschichte übereinstimmt (Hurvitz; Milgrom). Es kann gezeigt werden (Milgrom), daß spätere Texte (Esra, Neh) routinemäßig *qāhāl* anstelle des priesterlichen terminus technicus *'eḏāh* benutzen. *qāhāl* erscheint zwar auch in P, hat aber nicht den technischen Sinn von *'eḏāh*, sondern bezeichnet eher eine Versammlung im allgemeinen. So kann P von *qᵉhal 'aḏat jiśrā'el*, der „Versammlung der Volksversammlung Israels" sprechen (Ex 12, 6; Num 14, 5). Erst spät, wie in Dtn, erhält *qāhāl* eine technische Bedeutung (z. B. Dtn 31, 30), besonders auffallend in Esra und Neh (vgl. Esra 10, 12; Neh 8, 2).

3. Welche Vollmachten besaß die *'eḏāh*? Die Macht, einen Führer zu ernennen und abzusetzen, wurde be-

reits genannt. Die *ʿeḏāh* konnte Krieg führen und Kriegsentscheidungen fällen. Num 32, 4 wird Gilead erwähnt als das „... Land, das der Herr für (*lipnê*) die *ʿeḏāh* Israels erobert hat ...“ Jos 22, 12. 16 droht die *ʿeḏāh* den Stämmen jenseits des Jordans mit Krieg, wenn sie einen Altar außerhalb Kanaans errichten. Jos 9, 18f. will die *ʿeḏāh* Krieg gegen die Gibeoniter führen, ungeachtet der Tatsache, daß ihre Führer (*neśîʾîm*) einen Friedensvertrag mit ihnen abgeschlossen hatten. Hier zeigt sich aber auch die Einschränkung der kriegführenden Macht der *ʿeḏāh*. Der Eid der *neśîʾîm* bindet die ganze *ʿeḏāh*.

In einem besonderen Fall, dem Krieg gegen die Midianiter (Num 31) zieht die *ʿeḏāh* nicht in ihrer Gesamtheit in den Krieg. Sie sendet nur eine Abteilung (*ṣāḇāʾ*), zusammengestellt aus den verschiedenen Stämmen (vv. 3–5). Als diese Kämpfer mit der Beute zurückgekehrt sind, wird sie in zwei gleiche Teile geteilt: die eine Hälfte gehört den Kriegsteilnehmern, die andere der restlichen *ʿeḏāh* (vv. 27. 43). Dieses Vorgehen hat nur dann Sinn, wenn die *ʿeḏāh* normalerweise gemeinsam in den Krieg zieht und die Kriegsbeute selbstverständlich erhält.

4. Die Versammlung hat auch juristische Funktionen. In Mesopotamien scheint dies die wichtigste Aufgabe des *puḫrum* gewesen zu sein, zumindest in ababyl. Zeit (Jacobsen). Lev 24, 10–16 ist die *ʿeḏāh* dafür verantwortlich, daß der Gotteslästerer hingerichtet wird, nachdem Gott den Urteilsspruch verkündet hat. Num 15, 32–36 wird der Sabbatbrecher vor Mose, Aaron und die *ʿeḏāh* gebracht, damit er gerichtet werde. Gott setzt die Strafe fest, die die *ʿeḏāh* ausführt. Auch wenn Gott das Urteil fällt, so wird hier doch erwartet, daß die *ʿeḏāh* juristische Vollmacht besitzt. Gott wird nur in sehr schwierigen Fällen zu Rate gezogen. Ähnlich Num 27, 2, wo die Töchter Zelofhads zu Mose, Eleasar, den *neśîʾîm* und der ganzen *ʿeḏāh* kommen, um einen Rechtsspruch zu erbitten. Wieder ist der Fall zu schwierig und Gott fällt das Urteil, nicht die *ʿeḏāh*. Die Rubeniter und Gaditer (Num 32, 2) bringen ihre Bitten vor Mose, Eleasar und die *neśîʾîm*. Hier wird nicht die *ʿeḏāh* als Ganze konsultiert, sondern nur ihre Anführer. Das letzte Beispiel aus P ist das Asylstädtegesetz (Num 35, 9–28 und Jos 20, 1–9). Hier ist der Text eindeutig: der Totschläger, der eine Zuflucht sucht, soll vor die *ʿeḏāh* treten (Num 35, 12. 24f.; Jos 20, 6. 9), die entscheidet, ob er in der Asylstadt bleiben darf oder ob er dem Bluträcher überlassen wird. Dieser Fall ist deshalb besonders bedeutsam, weil dies das einzige Gesetz ist, das explizit die *ʿeḏāh* zur Rechtsprechung bevollmächtigt. Im Gegensatz dazu setzt Dtn voraus, daß die Rechtsprechung in der Asylstadt stattfindet und der Asylant – falls für schuldig befunden – den Ältesten seiner Stadt ausgeliefert wird, die ihn der Gewalt des Bluträchers übergeben (Dtn 19, 12).

Außerhalb P finden sich nur wenige Hinweise auf die *ʿeḏāh*, die die juristische Funktion der Versammlung reflektieren. Ps 1, 5 liest: „Darum werden die Frevler sich nicht an der Gerichtstätte erheben, noch die Sünder in der *ʿeḏāh* der Gerechten.“ (Für diese Interpretation von *mišpāṭ* vgl. Dtn 25, 1 und Koh 3, 16, die vielleicht auf den Psalm anspielen.) *ʿeḏāh* begegnet hier in einem juristischen Kontext, der an die Texte aus Elephantine erinnert, wo der betrogene Gatte sich in der *ʿeḏāh* erhebt, um seine oder ihre Scheidungsklage vorzutragen (s. o.).

Eng verknüpft mit ihrer juristischen und militärischen Macht dient die *ʿeḏāh* als Entscheidungsinstanz neben den Führern Mose oder Josua. Num 25, 6f. steht die *ʿeḏāh* mit Mose außerhalb des Begegnungszelts und beweint die Taten Simris und der midianitischen Frau in Baal-Pegor. Im midianitischen Krieg von Num 31 legt die rückkehrende Abteilung die Kriegsbeute Mose, Eleasar und der *ʿeḏāh* vor. Die Anführer der *ʿeḏāh* begrüßen zusammen mit Mose und dem Hohenpriester die Abteilung außerhalb des Lagers. Jos 18, 1 versammelt sich die *ʿeḏāh* in Schilo, um den Stämmen Land zuzuweisen, die noch keinen Anteil zugemessen bekommen haben. Josua kündigt das Vorgehen an, das die *ʿeḏāh* ausführt.

Im Kundschafterbericht Num 13–14 spielt die *ʿeḏāh* eine auffallende Rolle. Die Kundschafter geben Mose, Aaron und der *ʿeḏāh* (13, 26) ihren Bericht. 14, 1–10 rebelliert die *ʿeḏāh* und versucht (erfolglos), ihre Autorität gegen Mose und Aaron zu behaupten.

Es ist interessant zu sehen, wie Dtn den Kundschafterbericht darstellt. Dtn gebraucht nie den Ausdruck *ʿeḏāh*, kennt aber dennoch das Gemeinte. Dtn 1, 22–40 unterscheidet sich in seiner Konzeption der Rebellion auffallend von Num (z. B. entscheidet das Volk, Kundschafter auszusenden, nicht Gott); sie basiert jedoch klar auf der Erzählung von Num (v. 39 ist ohne Bezug zu Num 14, 3 unverständlich). In 1, 35 schwört Gott, daß „diese verdorbene Generation (*dôr*)“ in der Wüste sterben wird und gibt so den Ausdruck „diese böse *ʿeḏāh*“ von Num 14, 35 wieder. Nach 2, 14 besteht „diese Generation“ explizit aus den „waffenfähigen Männern“. Dies ist genau das, was die *ʿeḏāh* konstituiert – alle waffenfähigen Männer. Das Wort *dôr* bezeichnet hier möglicherweise mehr als nur 'Generation'. Im Ugar. findet man *dr* parallel zu *(m)pḫr(t)* (KTU 1.40, 17), das oben schon im gleichen semantischen Bereich wie *ʿeḏāh* begegnet ist. Offenbar kennt Dtn also das Konzept der *ʿeḏāh*, benutzt diesen Ausdruck aber nicht. Wie läßt sich das erklären? Wenn die *ʿeḏāh* zu der Zeit, als Dtn geschrieben wurde, keine funktionierende Institution mehr war, so mußte der Ausdruck *ʿeḏāh* auf die Hörer archaisch wirken. Daher umschreibt Dtn z. B. mit „waffenfähige Männer“ oder verwendet ein Synonym wie *dôr* oder *qāhāl* (vgl. Milgrom).

5. Die *ʿeḏāh* hat eine wichtige Aufgabe als kollektive Zeugin wichtiger Ereignisse. Lev 8, 3–5 ist die *ʿeḏāh* anläßlich der Priesterweihe versammelt. Sie übernimmt keine aktive Rolle bei den Ritualien, aber ihre Anwesenheit legitimiert die Vorgänge. Lev 9, 5 nähert sich am achten Tag der Einsetzung die *ʿeḏāh* dem Begegnungszelt, spielt aber immer noch keine

aktive Rolle. Da die Priester im Namen des Volkes tätig sind, ist es logisch, daß die offizielle Versammlung des Volkes aufgerufen werden muß, der Einsetzung Vollmacht zu verleihen.
Ähnlich verhält es sich Num 8, 9–20, wo die *ʿedāh* bei der Reinigung der Leviten anwesend ist. Hier jedoch hat sie eine aktivere Rolle. V. 10 legen die Israeliten (oder ihre Repräsentanten) ihre Hände auf die Leviten. Handauflegung mit beiden Händen überträgt eine Autorität von einer Person auf eine andere (Num 27, 23; → יד *jād*; → סמך *sāmak*). Obwohl es hier nicht ausdrücklich gesagt wird, geht es wahrscheinlich um solche Handauflegung. Die Leviten sollen im Namen der *ʿedāh* agieren; die *ʿedāh* gibt dazu den Leviten via Handauflegung ihre Vollmacht und Bestätigung.
In zwei Fällen wird die *ʿedāh* aufgerufen, einen Transfer von Macht und Vollmacht zu bezeugen. Num 20, 27–29 ist die *ʿedāh* Zeugin für den Tod Aarons und die Übertragung seines Hohenpriesteramtes auf Eleasar. Num 27, 19–22 wird die Übertragung von Moses Amt auf Josua im Angesicht der *ʿedāh* ausgeführt. Beides sind Handlungen, deren Ergebnisse die Interessen der *ʿedāh* wesentlich berühren.

V. 21 scheint zwischen den „Israeliten" und der „Versammlung" zu unterscheiden. Es ist vorstellbar, daß diese Unterscheidung zwischen dem ganzen Volk, wobei Frauen und Kinder eingeschlossen sind, und der Versammlung der männlichen Erwachsenen trennt. Eine andere Möglichkeit wäre, *ʿedāh* als Kürzel für die Leiter der Versammlung aufzufassen, die der Versammlung als ganzer, d. h. den „Israeliten" gegenüberstehen. Eine weitere Erklärung, die neue Übersetzungen annehmen, ist die, daß es sich um ein explikatives *waw* handelt. Dann wäre *ʿedāh* synonym mit *b^enê jiśrāʾel* wie in Num 8 (s.o.). Das ist das wahrscheinlichste, da jede andere postulierte Unterscheidung im folgenden nicht mehr begegnet.

Zum letzten Mal wird die *ʿedāh* in dieser Eigenschaft aufgerufen anläßlich der Weihe des salomonischen Tempels (1 Kön 8, 5; 2 Chr 5, 6). Hier handelt es sich um die Übertragung der Bundeslade in den Tempel. Die Leiter der *ʿedāh*, d. h. hier die Ältesten, Stammesführer und Sippenoberhäupter (vv. 1. 3) begleiten die Bundeslade von der Davidstadt, während Salomo und die *ʿedāh* opfern. Wieder einmal ist die bezeugte Handlung eine, die als wesentlich für das Interesse des ganzen Volks anzusehen ist.
6. Wie war die *ʿedāh* organisiert? Num 1 wählt Mose 12 Männer, einen von jedem Stamm, damit sie bei der Volkszählung helfen. In v. 16 werden sie „Berufene der *ʿedāh*, Anführer (*n^eśîʾîm*) der Stämme ihrer Väter, Sippenoberhäupter Israels (*rāʾšê ʾalpê jiśrāʾel*)" genannt. Das Wort für Stamm ist hier *maṭṭæh* (→ מטה), das sich als sehr früher Ausdruck erwiesen hat (Milgrom) und hier *ʿedāh* beigeordnet ist. *ʾælæp* ist terminus technicus von P und entspricht *bêṯ ʾāḇôṯ* und steht in anderen Quellen *mišpāḥāh* gegenüber (in P ist *mišpāḥāh* kein präziser terminus technicus, vgl. Milgrom). Dieser Abschnitt scheint zu implizieren, daß die Stammesanführer (*n^eśîʾîm*) und die Sippenoberhäupter (*rāʾšîm*) dieselben sind; möglicherweise beziehen sich die beiden Benennungen nacheinander auf ihre Funktionen außerhalb und innerhalb des Stammes. So scheint es, daß es zwölf Leiter der *ʿedāh* gibt, die *n^eśîʾîm* „Anführer" oder *q^erîʾîm* „Berufene" genannt werden.

Der Ausdruck *ziqnê hāʿedāh* begegnet zweimal (Lev 4, 15; Ri 21, 16). Dies wurde als eine von den *n^eśîʾîm* verschiedene Gruppe interpretiert (Liver, EncBibl; Wolf; Gordis), ohne sich darüber einig zu sein, wer die *z^eqenîm* (→ זקן *zāqen*) sind. Einige halten sie für äquivalent mit den *ziqnê jiśrāʾel* oder den sieben Ältesten von Num 11. Gordis beschreibt sie als *primi inter pares* ohne offizielle Funktion. Liver hält sie für die Sippenoberhäupter, während Wolf zu zeigen sucht, daß *z^eqenîm* eine andere Bezeichnung für die Mitglieder der *ʿedāh* ist und in Ex 19, 7f. und Jos 24, 1f. dem ganzen Volk entspricht. Was immer die *z^eqenîm* sein mögen, es gibt keinen Beweis dafür, daß *ziqnê hāʿedāh* etwas anderes ist als ein Synonym für *n^eśîʾîm*.

Von Num 1, 44–47 her scheint deutlich zu werden, daß die *ʿedāh* primär in Stämmen (*maṭṭæh*) und sekundär in Sippen (*bêṯ ʾāḇôṯ*) organisiert wurde. Ob die Anführer der einzelnen Sippen eine offizielle Stellung in der *ʿedāh* hatten oder nicht, ist problematisch – sie wurden aber nicht unbedingt zu den *n^eśîʾîm* gezählt. Ein interessanter Fall ist Jos 22, 30. Hier scheinen die Sippenoberhäupter im Gericht neben den Stammesoberhäuptern zu stehen. Sie sind jedoch nicht notwendig verschieden; das *waw* könnte explikativ sein, so daß die Lage der von Num 1, 16 entspricht.
Eine wichtige Aufgabe der Stammesoberhäupter war, die *ʿedāh* dort zu repräsentieren, wo ihre volle Anwesenheit entweder unmöglich oder unnötig war. Ex 16, 22 berichten die *n^eśîʾîm* Mose, daß das Volk am Tag vor dem Sabbat die doppelte Menge Manna sammeln konnte. Als Mose zum zweiten Mal vom Sinai herabsteigt, fürchtet sich das Volk, sich ihm zu nähern. Als Mose sie jedoch ruft, gehen Aaron und die Stammesoberhäupter zu ihm (Ex 34, 31). Die Stammesoberhäupter gehen der *ʿedāh* mit gutem Beispiel voran. Wenn die ganze Versammlung ein Sündopfer darbringen soll, legen die Ältesten (*z^eqenîm*) der Versammlung ihre Hände auf das Opfer. Diese Handlung legt fest, daß das Tier zugunsten der *ʿedāh* geopfert wird (Lev 4, 15). Da es praktisch unmöglich wäre, jeden Israeliten seine Hand auf den Stier legen zu lassen, übernehmen die Ältesten als Repräsentanten des Volkes diese Aufgabe. Und schließlich: Als das Kriegsheer aus dem midianitischen Krieg zurückkehrt (Num 31, 13), verlassen die Stammesoberhäupter neben Mose und Eleasar das Lager, um ihnen entgegenzugehen.
Die *n^eśîʾîm* fungieren auch als verantwortliche Vertreter der Versammlung mit nicht viel weniger Vollmacht als der, die Mose oder später Josua besitzt. Wie oben deutlich wurde, helfen sie Mose, die Volks-

zählung Num 1 durchzuführen. Sie leisten ebenfalls Hilfe bei der Bestandsaufnahme der midianitischen Kriegsbeute (Num 31, 26) und bei der Zählung der Leviten Num 4 (v. 34). Num 27, 2 sitzen die Stammesoberhäupter, von der *ʿedāh* getrennt, über den Fall der Töchter Zelofhads zu Gericht. Jos 9 ist der Vertrag, den Josua mit den Gibeonitern schließt, erst bindend, als die *neśîʾîm* auf ihn schwören (v. 15). Als der Betrug der Gibeoniter aufgedeckt wird, ist die *ʿedāh* aufgebracht über ihre Stammesoberhäupter, nicht über Josua, vermutlich deshalb, weil einzig der Eid der *neśîʾîm*, der im Namen der Versammlung gegeben wurde, das Volk an den Vertrag bindet. So ist es möglich, die Mitwirkung der Stammesoberhäupter als wichtiger zu sehen als die Josuas, zumindest insofern es um Verträge geht. Jos 22, 13–34 entbinden die Stammesoberhäupter neben Pinhas (und möglicherweise den Sippenoberhäuptern) die Stämme jenseits des Jordans von ihrer Verpflichtung, für die Besitzergreifung Kanaans zu kämpfen. Josua selbst hat an dieser Entscheidung keinen Anteil. Auch in Num 32, 2 sind es die *neśîʾîm* der *ʿedāh*, die die Petition der Rubeniten und Gaditen entgegennehmen.

7. Nicht immer bezieht sich *ʿedāh* auf die gesamte Versammlung der Stämme. Da diese vielfältige Aspekte haben kann, verwundert es nicht, daß sich *ʿedāh* häufig auf das Volk als Ganzes ohne Unterscheidung von Alter und Geschlecht bezieht (vgl. z. B. Ex 12, 19). Nach Ex 12, 3 soll die ganze *ʿedāh* die Passah-Bestimmungen hören, nach Num 19, 9 wird das Reinigungswasser für die gesamte *ʿedāh* aufbewahrt, vgl. auch die Bestimmungen für den Sabbat und für das *terûmāh*-Opfer (Ex 35, 1. 4. 20).

In Ex 16, 1; 17, 1; Num 20, 1. 22 bezeichnet *ʿedāh* das Wüstenlager der Israeliten; auch hier also umfaßt der Begriff mehr als die Kultgemeinde (vgl. auch Num 20, 2. 8b. 11).

In einigen Belegen begegnet die *ʿedāh* als Objekt des göttlichen Zornes: um die *ʿedāh* vor dem Zorn JHWHs zu schützen, bewachen die Leviten das Heiligtum (Num 1, 53). Der Vorfall in Baal-Pegor brachte Zorn über die *ʿedāh* (Num 31, 16; Jos 22, 17f.), ähnlich die Taten Nadabs und Abihus (Lev 10, 6). Während des Aufruhrs des Korach (Num 16, 22. 24 und 26) bittet Mose Gott, die Gemeinde nicht zu vernichten um einiger weniger willen, und er mahnt die *ʿedāh*, von Korach Abstand zu nehmen. Schließlich bestraft Gott die *ʿedāh* wegen der Übertretung Achans (Jos 22, 20).

Lev 19, 2 erklärt Gott die *ʿedāh* für heilig kraft ihrer Beziehung zu ihm. Korach spielt darauf, vielleicht mit ironischen Untertönen, an (Num 16, 3): „Alle sind heilig, die ganze *ʿedāh …;* warum erhebt ihr (Mose und Aaron) euch über die ganze *ʿedāh*?" Mose tadelt die Leviten, daß sie sich dem Aufstand Korachs angeschlossen haben (Num 16, 9), obwohl sie für ihren Dienst aus der *ʿedāh* herausgehoben sind. Wenn die Gemeinde sündigt, wird sie oft *ʿedāh* genannt (so Lev 4, 13 und Num 15, 24–26 für nicht vorsätzliche Sünden oder Lev 16, 5, wo sie an der Entsühnung des Heiligtums mitwirkt). Aarons Söhne sollen die Sünde von der *ʿedāh* wegnehmen (Lev 10, 17); die *ʿedāh* rebellierte bei Meriba (Num 27, 14).

Jer 30, 20 ist nicht ganz eindeutig; aber innerhalb des Kontextes der Wiederherstellung des Volkes scheint sich *ʿadātô* auf das ganze Volk zu beziehen.

Num 27, 16 redet Mose Gott an als einen, der den einzelnen wie die Gemeinde beachtet. Hier ist *ʿedāh* in einem sehr allgemeinen Sinn gebraucht, mit Bezug auf Israel. Im nächsten Vers teilt er Gott mit, daß die *ʿedāh*, die Gemeinde Israels, einer Schafherde gleicht, die keinen Hirten hat. Er nennt hier die Gemeinde Gottes *ʿedāh*. Dies erscheint wieder in Ps 74, 3, wo Gott aufgefordert wird, sich seiner *ʿedāh* zu erinnern, die er vor Zeiten erworben hat. So kann sich *ʿedāh* auf die ganze Gemeinde beziehen, wenn die besondere Beziehung zu Gott betont werden soll.

Kann sich der Ausdruck *ʿedāh* auf eine Unterabteilung, kleiner als die allgemeine Versammlung, beziehen? Er wird tatsächlich gebraucht, um Korachs rebellischen Anhang zu bezeichnen (Num 16, 5. 6. 11). Es mag sein, daß der Gebrauch von *ʿedāh* hier impliziert, daß Korach praktisch ein neues Volk gebildet hat mit eigener *ʿedāh* (Milgrom). Wenn dies der Fall ist, umfaßt der Ausdruck wohl immer eine ganze Nation (eine andere Erklärung weiter unten). Kaufmann nimmt an, daß *ʿedāh* gebraucht wird, um die rechtsprechende Versammlung jeder einzelnen Ansiedlung zu bezeichnen. Er führt den Fall des Gotteslästerers (Lev 24, 10–23) und den des Sabbatbrechers (Num 15, 32–36) an, bei denen die Strafe von der *ʿedāh* vollzogen wird. Wenn dies realistische Gesetzgebung ist, muß die lokale Versammlung gemeint sein. Es wäre zu unpraktisch, alle diese Fälle vor die allgemeine nationale Versammlung zu bringen. Die entscheidende Bedingung bei dieser Sicht ist, daß P wirklich Gesetze aus der Zeit der Seßhaftwerdung wiedergibt (Milgrom). Die priesterschriftliche Gesetzgebung geht nämlich davon aus, daß das Leben des Volkes wesentlich geeint und um ein zentrales Heiligtum organisiert ist und von der nationalen *ʿedāh* geleitet wird. Das Faktum, das dieses System nicht durchführbar war, ändert nichts an dem Ergebnis, daß *ʿedāh* in diesen Abschnitten die nationale und nicht die lokale Versammlung meint. P zeichnet einen Idealentwurf.

In den Gesetzen über die Asylstädte ist die *ʿedāh* möglicherweise ebenfalls begrenzt aufzufassen (Num 35 und Jos 20). Nachdem der Totschläger in eine der Asylstädte geflohen ist, muß er sich der *ʿedāh* stellen. Ist es die nationale oder die lokale Versammlung? Im ersteren Falle wäre ein kompliziertes Hin und Her zu erwarten: Zuerst flieht der Totschläger zur Asylstadt, dann wird er zum Ort der *ʿedāh* gebracht, dann (sofern als unschuldig befunden) wird er zur Asylstadt zurückgebracht. Vermutlich mußte die Versammlung für jeden einzelnen Fall von fahrlässiger Tötung einberufen werden. Die zweite Möglichkeit besteht darin, daß die lokale Versammlung der Asylstadt den Fall prüft. Die Sachlage wäre damit viel einfacher, da eine nationale Versammlung nicht einberufen zu werden brauchte. Das System wäre praktischer. Auch hier zeigt sich wieder, daß P weniger eine Realität als vielmehr ein Programm bietet. Die Annahme, daß das Gericht tatsächlich vor der nationalen Versammlung stattfinden sollte, wird bestärkt durch Num 35, 25, wo die *ʿedāh* den Totschläger zur Asylstadt bringt – dies schließt ein, daß der Prozeß selber irgendwo anders stattfand. Andererseits wird der Angeklagte niemals explizit für den Prozeß aus der Stadt geführt, in Jos 20, 4 gibt es eine erste Anhörung durch die Stadtältesten. Der Fall bleibt strittig, obwohl es wahrscheinlicher ist, daß es sich bei der fraglichen Versammlung um die allgemeine nationale handelt.

8. Ps 82, 1 ist der einzige Beleg, der die menschliche juristische Versammlung in den Himmel überträgt durch den Ausdruck *ʿadat-'el*: „Gott steht in der göttlichen *ʿedāh*, unter den himmlischen Wesen richtet er." Die himmlischen Wesen bilden also eine juristische Versammlung, die die Rechtsfälle der ganzen Welt hören, so wie die *ʿedāh* von P alle Rechtsfälle Israels anhört. Gott leitet die himmlische *ʿedāh*, wie Mose die irdische. Eine ähnliche Konzeption findet man in Ugarit. Der Ausdruck *ʿdt ʾlm* erscheint dort 2mal (KTU 1.15, II, 7. 11); er könnte gleichbedeutend sein mit *pḫr (bn) ʾlm* (KTU 1.4, III, 14; 1.47, 29). Der letzte Ausdruck hat seine Parallele im akk. *puḫur ilāni* „die Versammlung der Götter" (AHw 876; Jacobsen; vgl. auch W. H. Schmidt, BZAW 80, 1966, 26ff.). Die Übertragung der Institution der *ʿedāh* auf den göttlichen Bereich spricht für ein frühes Entwicklungsstadium israelitischer Vorstellungen. Die Mitglieder der himmlischen *ʿedāh* werden im Psalm *'ælohîm* „Götter" genannt. Loewenstamm (EncBibl) hält sie für die Götter der Völker, die unter Gottes Kontrolle stehen (vgl. anders H. J. Fabry, BiLe 15, 1974, 135ff.). Das ist vielleicht die ursprüngliche Konzeption, die sich jedoch durch Degradierung der Götter zu einer *ʿedāh* von himmlischen Wesen, die alle Gottes Geschöpfe sind, gewandelt haben könnte (weiteres s. u. V.).

9. Ri 14, 8 findet Simson einen Bienenschwarm (*ʿedāh*) im Kadaver des Löwen, den er einige Zeit vorher getötet hat. Ps 68, 31 lautet: „Wehr ab die Untiere im Schilf, die *ʿedāh* der Stiere, mit den Kälbern der Völker ..." Hier muß *ʿedāh* mit 'Herde' übersetzt werden. In Ps 22, 27 ist die beste Übersetzung 'Rotte': „Denn Hunde umkreisen mich, eine Rotte von Bösen umlagert mich." Wie verhält sich diese Bedeutung von *ʿedāh* zu der von „allgemeiner Versammlung"? Wahrscheinlich sind beide Bedeutungen Spezialfälle einer allgemeineren Bedeutung von 'Gruppe, Ansammlung'. *ʿedāh* hat sich in zwei verschiedene Richtungen entwickelt, die beide spezifische Arten von „Gruppen" bezeichnen.

Eine Menschengruppe, die keine offizielle institutionalisierte Einrichtung darstellt, kann auch mit *ʿedāh* bezeichnet werden. Hierbei ist die Konnotation aber einheitlich negativ. Ps 7, 8 liest: „Eine *ʿedāh* der Völker umkreist dich ..." Dies ähnelt der Hundemeute in Ps 22, 17. Die Völker werden als Tiere angesehen oder auch als eine Menschengruppe, die sich wie Tiere benimmt – d. h. wie Gesindel. Ps 86, 14 erwähnt eine „*ʿedāh* der Gewalttätigen". Dieser Gebrauch ist nicht auf poetischen Kontext beschränkt. „Diese böse *ʿedāh*" in Num 14, 27. 35 bezieht sich auf die Versammlung (s. o.), aber zugleich begegnet die Konnotation, daß die Versammlung um nichts besser ist als ein aufrührerisches Gesindel, mit dem Gott nicht länger Geduld hat. Ähnlich Num 17, 10, wo Gott Mose befiehlt, „diese *ʿedāh*" zu verlassen. Die Bezeichnung *ʿedāh* für Korachs Rebellen impliziert vielleicht, daß Korach ein eigenes separates Volk mit eigener Versammlung gegründet hat. Im Hinblick auf die Bedeutung „Gesindel" jedoch ist eine andere Erklärung möglich. Die abwertende Konnotation paßt gut zu Korachs Gruppe. Es wird von ihr fast immer als von der „*ʿedāh* Korachs" oder der „*ʿedāh* Abirams" erzählt (Ps 106, 17). Dies impliziert, daß Korach diese *ʿedāh* gebrauchte und für sich nutzte, eine nicht unpassende Beschreibung für das Handeln eines Demagogen. Weiterhin setzt der Gebrauch des Possessivs einen Gegensatz zwischen Gottes *ʿedāh* und der Korachs. Die *ʿedāh* Gottes ist dies kraft ihrer besonderen Bundesbeziehung zu ihm. Obwohl Korach sich auf diese Beziehung bezieht, um seine Handlungen zu rechtfertigen (Num 16, 3), hat er sie faktisch abgebrochen und sich und sein Gesindel von der wahren *ʿedāh* abgespalten. Der einzige Beleg von „Abirams *ʿedāh*" (Ps 106, 17) ist interessant. Graphisch und phonetisch zeigt er große Nähe zu der Bullenherde von Ps 68, 31 (*ʿadat 'abîrām* bzw. *ʿadat 'abbîrîm*). Der Vers vergleicht Korachs Gesindel implizit mit einer Rinderherde, stark, aber nicht sehr klug.

III. Es bleiben einige Fälle, die schwer einzuordnen sind, meist aufgrund der Unklarheit der entsprechenden Abschnitte.

Ijob 16, 7 heißt es: „Du hast meine ganze *ʿedāh* verwüstet." Ijob spricht zu Elifas und beschuldigt ihn, seine Klage wert- und sinnlos zu machen. Hier ist *ʿedāh* möglicherweise von der Wurzel *ʿwd* abzuleiten und bedeutet „Zeugenaussage, Zeugnis": Ijobs Worte mußten Zeugnis für ihn ablegen, aber Elifas hat seine Klage für wertlos gehalten und so seinen Fall zerstört. Andererseits könnte es sich auch auf Gott beziehen, der Ijobs ganzen Besitz genommen hat: seine Kinder und seine Tiere (Ijob 1, 13–19). Dann wäre ein metaphorischer Gebrauch von *ʿedāh* angemessen aufgrund der häufigen Belege für Gottes Zorn, der die ganze *ʿedāh* verschlingt (z. B. Num 16, 22; 17, 11).

Spr 5, 14 ist ebenso unklar: „Fast hätte mich alles Unheil getroffen in der *qāhāl* und *ʿedāh*". Der junge Mann bemerkt zu spät, wie töricht es ist, sich mit der fremden Frau (*'iššāh zārāh*) einzulassen. Seine Sünde ist wohl im Privaten verübt worden, nicht in der gesamten Gemeinde oder der Versammlung, dennoch kann er als einer betrachtet werden, der sich selbst öffentlich entehrt hat. Es scheint sich um eine unklare, geprägte Wendung zu handeln, die ohne weiteren Kontext nicht vollständig zu analysieren ist. Wie auch immer: im Hinblick auf die oben entworfene Theorie, daß *qāhāl* in Texten außerhalb P *ʿedāh* ersetzt, könnte diese Wendung eine Art Hendiadyoin widerspiegeln, das diesen Wechsel ausdrückt.

Ps 111, 1 scheint sich auf eine Art beratendes Gremium zu beziehen, obwohl der genaue Bezug nicht klar ist. Der Vers lautet: „Hallelujah! Den Herrn will ich preisen von ganzem Herzen im *sôḏ* der Aufrichtigen und *ʿeḏāh*." *ʿeḏāh* scheint von der Bedeutung her *sôḏ* (→ סוד) nahezustehen, aber die exakte Bedeutung ist schwer zu fassen. Es ist gut möglich, daß es sich, gleich *qāhāl* *weʿeḏāh* (Spr 5, 14), bei *sôḏ weʿeḏāh* um eine geprägte Wendung handelt.

Hos 7, 12 könnte man übersetzen: „... Ich werde sie strafen, wie es ihrer *ʿeḏāh* angekündigt wurde." Der *ʿeḏāh* wurde ja schon in der Wüste Strafe angedroht für ihren Ungehorsam. Dieser Deutung steht aber entgegen, daß *šemaʿ le* „Nachricht *über* (etwas)" bedeuten sollte. Mit Andersen/Freedman (AB 24, 471) ist deshalb zu lesen *ʿeḏuṯām* (Wurzel *ʿwd*) „ihr Bündnis, Vertrag" anstatt *ʿaḏāṯām*, also: „Ich werde sie strafen gemäß der Nachricht über ihre Verträge." Dies paßt in den Kontext, wo Israel dafür gerügt wird, daß es lieber dumme Verträge mit umgebenden Großmächten abschließt, als auf Gott zu vertrauen. Vgl. dagegen anders H. W. Wolff, BK z.St.: „Ich züchtige sie entsprechend der Kunde ihrer Bosheit (*rāʿāṯām*)."

Die letzte dunkle Stelle ist Jer 6, 18: „Daher hört, ihr Völker, und erkenne, du *ʿeḏāh*, was gegen sie ist" (zum textlich schwierigen *ûḏeʿî ʿeḏāh* vgl. BHS und die Kommentare). Vom Parallelismus her scheint es klar zu sein, daß eine *ʿeḏāh* angesprochen wird, die aus fremden Nationen zusammengesetzt ist. Sie werden zusammengerufen, um Judas Strafe zu bezeugen. Hier liegt eine Ausweitung der juristischen und bezeugenden Funktion der *ʿeḏāh* vor. Die Völker sind dabei weder Richter noch Geschworene, obwohl sie den Urteilsspruch vollziehen werden. Sie sind primär anwesend als Zeugen für Gottes Gericht über Juda, so daß es zu einer öffentlichen Angelegenheit wird und nicht zu einer privaten.

Alternativ könnte *ʿeḏāh* Israel sein, *ʾæṯ-ʾašær bām*, „die unter ihnen (d. h. den Völkern) wohnen". Gott würde dann die Nationen ansprechen, dann Israel und schließlich den ganzen Erdkreis (v. 19). Eine andere Lösung ergibt sich, wenn man *ûḏeʿû deʿāh* liest: „Hört, ihr Völker, und erkennet, was ich ihnen antun will." Damit wird eine singuläre Ausdehnung von *ʿeḏāh* auf die Völker unnötig.

IV. Die ursprüngliche Bedeutung von *ʿeḏāh* war wahrscheinlich „Gruppe, Ansammlung" (vgl. Ijob 15, 34). Diese Grundbedeutung wurde in zwei Richtungen ausdifferenziert. Das Wort wurde zum einen auf verschiedene Gruppen von Tieren angewandt. Eine einfache Ausdehnung dieses Gebrauchs führte zur abwertenden Bezeichnung einer Menschengruppe, die einer Tierhorde gleicht. Schließlich ging das Wort in den politischen Bereich über im Gebrauch von P und in der frühen Geschichte. Hier bezieht es sich spezifisch auf die allgemeine Versammlung der israelitischen Stämme. Die *ʿeḏāh* (wenn sie mit mesopot. *puḫrum* vergleichbar ist) war wahrscheinlich eine wesentlich demokratische Einrichtung, die allen männlichen Erwachsenen zugänglich war. Sie war unter anderem für Kriegsführung, Anhörung juristischer Fälle, Bestrafung bestimmter Vergehen und Bezeugung wichtiger Ereignisse im Leben der Nation verantwortlich. Die *ʿeḏāh* als System könnte aus der Zeit der Landnahme stammen. Sie war das führende Gremium des Volkes bis zur Königszeit. Unter dem antidemokratischen Druck von Monarchie und Aristokratie brach die *ʿeḏāh* zusammen. Dtn erwähnt sie nicht mehr namentlich, obwohl es mit dem Konzept noch vertraut zu sein scheint. Die nachexil. Literatur vermeidet *ʿeḏāh* völlig, außer wenn sie aus älteren Werken zitiert (2 Chr 5, 6 = 1 Kön 8, 5). Wenn in der späteren Literatur von einer israelitischen Versammlung berichtet wird, ist der benutzte Ausdruck *qāhāl*. Ezechiel verwendet ebenfalls *qāhāl*, wo *ʿeḏāh* angemessen wäre. Drei der zwölf Belege von *qāhāl* in Ez sind besonders erhellend, da sie sich mit der Todesstrafe durch Steinigung (16, 40; 23, 46–49) aufgrund von Ehebruch und Mord (16, 38; 23, 44f.) beschäftigen. Obwohl in P die Steinigung durch die *ʿeḏāh* ausgeführt wird (Lev 24, 16; Num 15, 35), gebraucht Ez doch den Ausdruck *qāhāl*. Für diese Änderung kann es nur einen Grund geben: *ʿeḏāh* gehörte nicht zum Sprachgebrauch Ezechiels (vgl. Milgrom).

Levy/Milgrom

Die hier gezeichnete Entwicklung baut auf die von vielen jüdischen Forschern vertretene Frühdatierung von P auf (schon Y. Kaufmann, The Religion of Israel, Chicago 1960, 175ff., vgl. Hurvitz, Milgrom; auch M. Haran, Temples and Temple Service in Ancient Israel, Oxford 1978, 146ff.) oder setzt jedenfalls voraus, daß P sehr alten Stoff bewahrt hat. Bei der üblichen Datierung von P würden die Dinge anders liegen. Das Wort *ʿeḏāh* ist nach Rost (38f.) eine Neuschöpfung von P, was nach der Entdeckung der ugar. Belege als eine unnötige Annahme erscheint. Dagegen ist der technische Gebrauch des Wortes für P typisch. Nach der genaueren Analyse von Elliger (HAT I/4, 70) gebraucht nur die jüngere Schicht von P den „modernen" Ausdruck *ʿeḏāh*, „während die ältere das von der deuteronomistischen Schule theologisch umgeprägte, alte Wort → קהל (*qāhāl*), das ursprünglich das ʿAufgebotʾ der Männer bedeutet, gebraucht". Unter diesen Voraussetzungen zeichnet P nicht ein realistisches Bild der Verhältnisse der ältesten Zeit, sondern stellt ein Programm dar und zeichnet ein Idealbild für die nachexil. Gemeinde.

Ringgren

V. In Qumran begegnet *ʿeḏāh* ca. 100mal; dabei zeigen die reichhaltigen Konstruktionsbezüge, daß *ʿeḏāh* keineswegs nur im von P vorgezeichneten Sinne verstanden wird, obwohl es weitgehend so übernommen wird, wie P es verstanden hat: als Volksgemeinde, Rechtsgemeinde und Kultgemeinde. Während in den älteren Rollen *ʿeḏāh* noch Selbstbezeichnung der Qumrangemeinde „heilige Gemeinde" ist (CD 20, 2; 1 QS 5, 20; 4 Q 181, 1, 2), aber schon bald völlig von *jaḥaḏ* (→ יחד) verdrängt wird, zeigt die stark eschatologische Schrift 1 QSa wieder eine retardierende Tendenz (1 QSa 1, 9; 2, 8. 21). Hier ist *ʿeḏāh* die Gesamtgemeinde, der der *jaḥaḏ* als Teilbereich ein(*be*)geordnet ist. Nach 1 QSa 1, 1 ist der *jaḥaḏ* die zur Versammlung versammelte *ʿeḏāh* (vgl. auch 1 QM 2, 9). Mit dem Begriff verbindet die Gemeinde ihre Armentheologie (4 QpPs 37, 1, 5; 2, 5. 10) und sieht eine Verbindung irdischer und himmlischer Gemeinde im Kult (1 QM 1, 10 [*ʿaḏaṯ ʾelîm* par. *qehillaṯ ʾanāšîm*]; 4, 9; 1 QH 3, 22; 12, 7; 13, 8; vgl. oben II. 8.).

Deutlich wird die Distanz zur P-Konzeption, wenn *ʿeḏāh* auch gegnerische Gruppen bezeichnen kann (1 QM 15, 9: *ʿdt ršʿh*; 1 QH 2, 22: *ʿdt bljʿl*; 6, 5; 7, 34: *ʿdt šwʾ*; 1 QS 5, 1: *ʿdt ʾnšj hʿwl* u.a.). Schließlich ist *ʿeḏāh* der ekklesiologische Terminus in Qumran, der sich durch Suffix an eine Person oder an Personen binden läßt (1 QSb 3, 3: Hauptpriester; 1 QM 12, 9: Qumranessener; CD 8, 13: Lügenpriester).

Doch auch andere Aspekte sind möglich: nach 4 Qp Jes[d] 1, 2 (zu Jes 54, 11 f.) bilden die *ʿaṣaṯ hajjaḥaḏ*, die Priesterschaft und der *ʿam* zusammen die *ʿeḏāh* der Erwählten. Umgekehrt könnte die Cstr.-Verbindung *ʿaḏaṯ hajjaḥaḏ* andeuten, daß die *ʿeḏāh* Teilaspekt des *jaḥaḏ* sein könnte (1 QSa 2, 21; 4 QpPs[a] 1–10 IV 19). Jedenfalls ist diese Wendung „seltsam" (vgl. J. Maier 108; Fabry 207).

Es entspricht ganz den Beziehungen der Tempelrolle zum Dtn, wenn auch TR *ʿeḏāh* kaum verwendet. Die Belege finden sich im Sondergut (gegenüber Dtn). Nach TR 22, 02ff. hat beim Frischölfest die ganze *ʿeḏāh* vor JHWH zu agieren. Nach TR 42, 14 sollen zum Laubhüttenfest (→ סכך *sāḵaḵ*) auf dem Tempeldach Laubhütten errichtet werden für die Ältesten der *ʿeḏāh*, für die Vorsteher, Häupter der Vaterhäuser und Befehlshaber der Tausend- und Hundertschaften (vgl. Num 1, 16; vgl. oben II. 6.).

Fabry

עֵדֶן *ʿedæn*

עָדָן *ʿāḏan*, עֲדִינָה *ʿaḏînāh*, עֲדָנִים *ʿaḏānîm*, עֶדְנָה *ʿæḏnāh*, מַעֲדַנִּים *maʿaḏannîm*, מַעֲדַנֹּת *maʿaḏannoṯ*

I. Etymologie; Übersetzungen – II. Verwendung im AT – 1. Verb; Adjektiv; Adverb – 2. Nomen appellativum – 3. Nomen proprium – III. 1. Eden – 2. Paradiesesgärten in antiker Vorstellung – 3. Der Wonnegarten im AT – 4. Die theologische Aussage – IV. Qumran.

Lit.: *W. Andrae*, Der kultische Garten (WO 6, 1952, 485–494). – *J. Begrich*, Die Paradieserzählung (ThB 21, 1964, 11–38). – *A. Bertholet*, Die Gefilde der Seligen (SgV 33, 1933). – *Ders.* / *H. Gunkel*, Paradies (RGG[2] IV 947–952). – *F. M. Th. de Liagre Böhl* / *A. Jepsen* / *F. Hesse*, Paradies (RGG[3] V 95–100). – *K. Budde*, Die biblische Paradiesgeschichte (BZAW 60, 1932). – *U. Cassuto*, Biblical and Canaanite Literature (hebr.), Jerusalem 1972, 86–89. – *Ders.*, A Commentary on the Book of Genesis I, Jerusalem 1961, 71–177. – *E. Cothenet*, Paradis (DBS VI 1177–1220). – *F. Delitzsch*, Wo lag das Paradies?, Leipzig 1881. – *Th. H. Gaster*, Myth, Legend, and Custom in the Old Testament, New York 1969, bes. 24–50 (mit Lit.). – *K. Galling*, Paradeisos (PW 18/3, 1949, 1131–1134). – *R. Gordis*, The Significance of the Paradise Myth (AJSL 52, 1935/36, 86–94). – *H. Gunkel*, Schöpfung und Chaos in Urzeit und Endzeit, [2]1921. – *F. Hommel*, Die Insel der Seligen in Mythe und Sage der Vorzeit, 1901. – *P. Humbert*, Études sur le récit du paradis et de la chute dans la Genèse, Neuchâtel 1940. – *B. Jacobs-Hornig*, גן *gan* (ThWAT II 35–41 mit Lit.). – *A. Jeremias*, Das Paradies, der Sündenfall (ATAO [4]1930, 79–111). – *J. Jeremias*, παράδεισος (ThWNT V 763–771). – *H. J. Kraus*, Die Verherrlichung der Gottesstadt (BK XV/1[5], 104–108). – *G. Lambert*, Le drame du jardin d'Eden (NRTh 76, 1954, 917–948. 1044–1072). – *J. Morgenstern*, The Sources of the Paradise Story (Journal of Jewish Lore and Philosophy I, Cincinnati 1919, 105–123. 225–240). – *J. A. MacCulloch* (Hrsg.), The Mythology of all Races, New York 1964 (s. Index 'Paradise'). – *J. L. McKenzie*, Mythological Allusions in Ezek 28, 12–18 (JBL 75, 1956, 322–327). – *A. R. Millard*, The Etymology of Eden (VT 34, 1984, 103–106). – *H. Schmidt*, Die Erzählung von Paradies und Sündenfall (SgV 154, 1931). – *A. Schulz*, Eden (ZAW 51, 1933, 222–226). – *J. Skinner*, Paradise and the Fall (Genesis, ICC, [2]1930, 51– 97). – *E. A. Speiser*, *ʾEd* in the Story of Creation (BASOR 140, 1955, 9–11). – *W. Watson*, Paradise in the Apocrypha and Pseudepigrapha (International Journal of Apocrypha, 1914, 74ff.). – *C. Westermann*, Exkurs „Eden" (BK I/1, [3]1983, 284–287).

I. Zur Erklärung der verschiedenen Wortformen aus den Konsonanten *ʿdn* im biblischen Hebr. werden von den Philologen Lexeme mit entsprechender Konsonantenfolge und doch recht unterschiedlicher Herkunft und Bedeutung aus anderen semit. Sprachen herangezogen. Die Entscheidung über die etymologische Verwandtschaft im einzelnen Fall bleibt oft strittig; darauf wird noch zurückzukommen sein. Zunächst gilt es diejenigen Sprachgebilde in den verwandten Sprachen aufzuzeigen, welche mit der Grundbedeutung der hebr. Wurzel *ʿdn* übereinstimmen. Arab. *ġadan* 'Weichheit, lässiges Wohlleben', XII 'üppig, reichlich sein'; palmyr. *ʿdnʾ* 'günstiges Geschick'; mhebr. *ʿiddûnîm* 'Ergötzlichkeiten', *ʿdn pi* und syr. *pa* 'ergötzen, angenehm machen' (BDB 726f.; KBL[3] 748f.; GesB 566f.; E. Ben-Jehuda, Thesaurus V 4337–4343). Für das frühe Aram. liegt jetzt der Beleg *ʿdn pa* 'gedeihen lassen, fruchtbar machen, Überfluß spenden' vor (Millard). Eine ähnliche Bedeutung muß mhebr. *ʿdn pi* in einigen Textzusammenhängen zugeordnet werden (Ketuboth 10b; Sifre zu Dtn 32, 2), wo es heißt, der Regen *meʿadden* die Felder. Das Verb kann hier nicht 'bewässern' bedeuten (Cassuto), da dies bereits vorher mittels anderer Verben ausgesagt wurde, sondern 'Fruchtbarkeit bewirken'. Zum *ʿadnāh* aus Kuntillat ʿAjrud vgl. M. Weinfeld, Studi epigrafici e linguistici 1, 1984, 121–130.

Äußerst unklar bleibt ugar. *ʿdn* (KTU 1.4, V, 68; 1.12, II, 53f.; vgl. CML[2] 154, WUS Nr. 2011f.). Da diese

Sprache zwischen ʿ und ġ unterscheidet, wäre für die hier besprochene Bedeutung eine Wurzel **ġdn* zu erwarten (aber s. CML² 144).
Die LXX und die jüngeren griechischen Übersetzungen geben die hebr. Wortformen der Basis *ʿdn* beinahe ausnahmslos mit τρυφή bzw. dessen Derivaten (τρυφᾶν, τρυφερός u.ä.) wieder. Diese griech. Bezeichnung für 'Schwelgerei, üppiges Leben, Verzärtelung', ja auch für 'Hochmut, Stolz' hat offensichtlich dem Sprachempfinden der Späteren nach keinerlei negative Konnotation mehr, wie aus ihrer Verwendung z. B. für das sabbatliche Wohlbehagen (Jes 58, 13 σάββατα τρυφερά, *ʿng*) hervorgeht. Lediglich wo es sich bei *ʿeḏæn* infolge der voranstehenden Präpositionen eindeutig um eine Ortsbestimmung handelt (Gen 2, 8. 10; 4, 16), gibt die LXX der Umschrift ἔδεμ (sic!) den Vorzug. V bietet nur Gen 4, 16 die Transkription *eden*, übersetzt meist mit *voluptas*, selten mit *deliciae* (Ez 28, 13), *teneritudo* (Jer 51, 34) oder einmal mit *paradisus* (Ez 31, 9; vgl. LXX. Zu παράδεισος vgl. III. 1.). Targ. transkribiert in vielen Fällen und bietet sonst Derivate der Wurzel *pnq* mit der Bedeutung 'Zartheit, Verwöhnung, Wohlleben'.

II. 1. Die Bedeutung 'schwelgen, ein Wohlleben führen' läßt sich mit Sicherheit lediglich bei der je nur einmal belegten Verbal- bzw. Adjektivform feststellen.
In dem Bußgebet der nachexil. Gemeinde (Neh 9, 5a–37) wird für die mit göttlicher Hilfe zustandegekommene Besitznahme des fruchtbaren Landes Kanaan gedankt. Dann heißt es: „... sie (d. h. die Israeliten) schwelgten (*wajjiṯʿaddᵉnû*) in deiner großen Güte" (v. 25). Die letzten Worte können direkt auf die von Gott verliehenen materiellen Güter bezogen werden oder aber, was wahrscheinlicher ist, die göttliche Gewährung ihres Genusses bezeichnen. Dazu läßt sich der Vers aus dem Loblied von Qumran vergleichen: „In deinem (d. h. Gottes) Glanz verschönst du auch ihn (d. h. den Menschen) ... mit reichlichen Kostbarkeiten, *ʿdnjm*, bei dauerndem Frieden und langem Leben" (1 QH 13, 17f.). Es wäre jedoch verfehlt, hieraus eine uneingeschränkte Billigung des Ergötzens (*ʿdn*) an irdischen Gütern zu entnehmen. Vielmehr bezweckt der Ausdruck im Bußgebet, die sich im Verleihen des Wohllebens manifestierende göttliche Gnade mit der ihrer unwürdigen menschlichen Sündhaftigkeit zu kontrastieren. Die vorangehenden Worte „sie aßen und wurden satt und fett" wie auch die nachfolgenden „und widersetzten und empörten sich gegen dich" (v. 26), welche an Dtn 32, 15 anklingen, enthüllen das üppige Wohlleben als den ersten Schritt zum Abfall von Gott. In dem Spottlied auf das dem Untergang geweihte Babel (Jes 47) wird dieses als zarte und verwöhnte (*rkh*, *ʿngh*) Jungfrau dargestellt (v. 1), die sich als Herrin und von Leid unberührt aufführt (vv. 5–8). Der Prophet tadelt sie in der Anrede als *ʿaḏînāh* (v. 8). Das kann dem Kontext nach weder die 'Verzärtelte' (V *delicata*) noch die 'Wollüstige' (Buber-Rosenzweig) (von *ʿæḏnāh* [s.u.] abgeleitet) bezeichnen. (Auch Ibn Ezra leitet es von *ʿæḏnāh* 'Jugendfrische' her; vgl. P. Joüon, Notes de lexicographie hébraique, 1910, 7: pleine de vigueur vitale.) Vielmehr macht die Parallelaussage „die in sorgloser Sicherheit Thronende" deutlich, was mit *ʿaḏînāh* gemeint ist, nämlich die 'an Wohlleben gewöhnte Genießerin'.

Unklar bleibt 1 Sam 15, 32, wo es von dem gefangenen Amalekiterkönig heißt, er sei seinem Richter *maʿaḏannoṯ* entgegengegangen (*accusativus adverbialis*; GesK § 118q). Will man mit Übersetzern (Aquila, Targ.) und Auslegern (s. Biblia Rabbinica) an der üblichen Bedeutung festhalten, so muß man diese zumindest leicht modifizieren, wie es dies z. B. Sym. (ἁβρός 'zierlich') und Buber-Rosenzweig („heiter") unternehmen. Letztere Haltung ließe sich aus des Königs Würde und Mut erklären oder aber aus seinem Irrtum, seine Begnadigung bestehe bevor (vgl. rabbinische Kommentare). Einfacher aber ist es, von der Wurzel *mʿd* auszugehen und das Wort mit 'zitternd' (LXX; vgl. S. R. Driver, Notes on the Hebrew Text and the Topography of the Books of Samuel, Oxford 1913, 130) wiederzugeben. Wenig hilfreich ist die Annahme einer Metathesis der Wurzel *ʿnd* 'binden': Daß der Gefangene 'in Fesseln' seinem Richter entgegengegangen sei, wäre keiner ausdrücklichen Erwähnung wert. – Geschickt übersetzt V *pinguissimus*, womit einerseits die Grundbedeutung der Wurzel widergespiegelt wird, während andererseits das lat. Wort auch 'ruhig, gefaßt' bedeuten kann.

2. Die Pl.-Form *ʿaḏānîm* bezeichnet das mit dem Wohlleben Verknüpfte, entweder als Ausdruck einer Vielheit von Köstlichkeiten oder, als Amplifikativ-Plural (GesK § 124e), die 'höchste Wonne'.

Ob hier ein *plurale tantum* vorliegt oder der Sing. zufällig nicht belegt ist, muß dahingestellt bleiben. Die von den Wörterbüchern postulierte Singularform **ʿeḏæn*, also gleichlautend mit der Benennung des Garten Eden, ist eine unzulässige *petitio principii*; rein sprachlich ließe sich der Pl. auch von Sing. **ʿāḏān*, **ʿaḏān* oder **ʿæḏæn* herleiten.

Der Beter, der in Ps 36 von den Segnungen der Gottesgemeinschaft Kunde gibt, spricht dabei davon, daß Menschen sich laben „am Fett deines (d. h. Gottes) Hauses und dem Bach deiner Labungen (*ʿaḏānǽkā*)" (v. 9). Mit letzterem Wort muß dem Kontext, dem Parallelismus und der sonstigen Verwendung nach etwas Materielles, also ein erquickender Trunk gemeint sein. Die Auslegung 'wohlbewässerte Auen' (Cassuto) ist demnach wenig überzeugend, jedoch ist es auch nicht statthaft, die Metapher in der Übersetzung zu entschlüsseln, also etwa „Wonnen" zu schreiben, während man wortgetreu *dšn* mit „Fett" übersetzt (Kraus 431, aber W. Staerk, SAT III/1, ²1920, 208: „Mahl ... Wonnen"). Allenfalls ist das Wort als Genetivus explicativus zu verstehen, also 'dein erlabender Bach'. In dem Bild vom sättigenden Haus und erquickenden Bach mag man den Umriß der auf Jerusalem übertragenen Paradiesesvorstellung von Fülle und dem Segensstrom entdecken, der durch die Wahl der an Eden anklingenden Vokabel noch unterstrichen wird. (Vgl. Farmer, The Biblical Archaeologist Reader 1, 1961, 284f.; vgl. auch R. J. Tournay, RB 90, 1983, 5–22, bes. 16f.)

Ähnlich auch H. P. Chajes in seinem Psalmen-Kommentar (hebr., Jitomir 1903, 79), der das betreffende Wort, unter Berufung auf arab. *ʿdn*, akk. *adnatu* und das Parallelwort „Haus", als „Wohnstätte" interpretiert: der Bach dieser Stätte wäre dann die Tempelquelle (Ez 47, 1).

In dem Orakelspruch Jer 51, 33–44 werden im Namen Jerusalems schwere Anschuldigungen gegen den König Nebukadnezzar vorgebracht: „Gefressen hat er mich ... mich verschlungen ..., angefüllt seinen Bauch *meʿaḏānāj*, mit meinen Köstlichkeiten" (v. 34). Hier meint das Wort offensichtlich ʿLeckerbissen'.

Da die Verwendung der Präposition *min* nach dem Verb *mlʾ* belegt ist (Lev 9, 17), bedarf unser Wort keiner Änderung in *maʿadannāj* (gegen BHK, BHS, J. Bright, AB 21, 350 u.a.). Einige Ausleger verbinden das Wort gegen die Akzente mit dem nachfolgenden Verb: „... vom Ort meiner Wonnen vertrieb er mich" (vgl. Stenzel, Die Heilige Schrift, 1957, 988; Bright, ebd.). Damit findet der Vers aber einen sehr blassen Abschluß.

In dem Klagelied auf Saul und Jonatan (2 Sam 1, 24) wird von ersterem gesagt, er habe die Töchter Israels stets in Purpur mit *ʿaḏānîm* gekleidet und Goldschmuck (*ʿaḏî zāhāḇ*) auf ihr Gewand geheftet. Das Wort in diesem Kontext hat Übersetzern und Auslegern Schwierigkeiten bereitet; lediglich Targ. hat hier an der Bedeutung ʿFeinkost' festgehalten (*tapnûqîn*). Sonst möchte man das kurz darauf folgende Wort *ʿaḏājîm* ʿSchmuck' auch hier lesen (vgl. LXX; Ben Jehuda; Driver 238). Wenn man aber für *ʿaḏānîm* die allgemeinere Bedeutung ʿKöstlichkeiten' ansetzt, läßt sich die Verwendung des Wortes auch für ʿkostbare Kleidungsstücke' leicht verstehen (vgl. Qimhi z.St.).

Sprachlich kaum zu rechtfertigen ist die adverbiale Auffassung „auf liebliche Weise" (Buber-Rosenzweig: „zu Prunke"), da die Präposition *ʿim* sonst nicht so verwendet wird.

Der Pl. der *maqṭāl*-Nominalbildung hat eindeutig den Sinn „auserlesene Speisen", wie aus dem Segensspruch für den auf besonders fruchtbarem Gebiet angesiedelten Stamm Ascher (Dtn 33, 24) hervorgeht, in dem es heißt, er werde *maʿadannê mælæḵ* liefern, d.h. Leckerbissen, wie sie für die königliche Tafel passen (Gen 49, 20).

Die Auslegung eines mittelalterlichen Kommentators (Raschbam), es sei mit dem Wort das für den König bestimmte Salböl gemeint (vgl. b. Menachot 86a), verfehlt den Parallelismus.

Der Abschnitt Klgl 4, 1–12, der die grauenvolle Wende im Schicksal der Bewohner Jerusalems schildert, beklagt, daß nun auf den Straßen die verschmachteten, die früher *maʿadannîm*, ʿfeinste Kost', zu essen gewöhnt waren (v. 5; vgl. Targ.; V qui vescebantur voluptuose). Dieselbe Bedeutung hat unser Wort auch Spr 29, 17, wo den Eltern eingeprägt wird: Ein in strenger Zucht aufgezogener Sohn „gibt Leckerbissen deiner Seele" (B. Gemser, HAT I/16², 100). Auch hier darf man die Lebendigkeit des Bildes nicht durch eine abstrakte Wiedergabe (LXX κόσμος ʿZierde, Pracht'; Buber-Rosenzweig „Wonne") abschwächen.

Unklar bleibt die Verwendung des Wortes in dem schwierigen Vers Ijob 38, 31, der von den *maʿadannôṯ* eines Sternbildes spricht. Aufgrund des Parallelwortes *mošeḵôṯ* „Seile" hat man hier eine Metathesis von *ʿnd* ʿbinden' vermutet und „Bande, Fesseln" übersetzt bzw. erklärt (LXX; Targ.; Raschi u.a.). Doch halten der Midrasch (Gen.r. s. 10) und einige frühe Kommentatoren an der üblichen Wortbedeutung fest: Das mit dem Frühjahr zusammenhängende Sternbild lasse die Früchte „reifen" (*ʿdn*). Nach Ibn Ezra steht das Wort für das in dieser Jahreszeit gereifte Obst selbst.

Das hap. leg. *ʿæḏnāh* bezeichnet etwas einem alten Menschen abhanden Gekommenes. So weigert sich Sara, der Verheißung eines Sohnes Glauben zu schenken: „Nachdem ich welk geworden bin, sollte mir nun noch *ʿæḏnāh* werden?" (Gen 18, 12). Man hat dem Kontext zuliebe eine Bedeutung ʿJugendkraft' (Targ.; Sym.; Joüon: „vigueur") oder in Anlehnung an das mhebr. Wort *ʿiddôn* die Bedeutung ʿPeriode, Menstruation' angenommen (Gen.r. s. 48; Raschi). Im Hinblick auf aaram. *ʿdn* ʿfruchtbar sein' könnte man als Sinn gut „Fruchtbarkeit" ansetzen, jedoch scheint es im Textzusammenhang (das Perf. weist eher auf einen einzelnen Akt als auf einen bleibenden Zustand) passender zu sein, von *ʿdn* ʿschwelgen, genießen' auszugehen und *ʿæḏnāh* als Bezeichnung für sexuelle Lust zu verstehen und etwa mit „Liebeswonne" zu übersetzen (V *voluptatem operi dabo*). In diese Richtung weist auch Saras weitere Begründung ihres Unglaubens: „... wo doch mein Herr (d.h. Abraham) schon ein Greis ist ...".

Es ist etymologische Spielerei, geboren aus dem Wunsch, die Stammutter Sara vom Stigma des Alterns zu befreien, wenn der Midrasch (loc. cit.) das Wort in *ʿaḏî nāʾæh* „feines Schmuckstück" zerlegt und dementsprechend interpretiert.

3\. Die vor allem in den späteren Büchern anzutreffenden Eigennamen mit dem Wurzelmorphem *ʿdn* (*ʿeḏæn* 2 Chr 29, 12; *ʿaḏnaʾ* Neh 12, 15; *ʿāḏîn* Esra 2, 15 u.dgl.) verdienen hier insofern erwähnt zu werden, als aus ihnen die mit der Wurzel verbundene positive Konnotation deutlich wird. In dem Namen *jehôʿaddān* (2 Chr 25, 1, so auch das vorzuziehende *qerê* 2 Kön 14, 2) tritt das theophore Element zur Wurzel, wobei die *qaṭṭāl*-Bildung, je nach unserer Auffassung von der Wurzelbedeutung in diesem Fall, JHWH entweder als Spender der Lebensfreude oder als Bewirker des Gedeihens ausweist (M. Noth, IPN 166. 223; Loewenstamm, EMiqr III 536).

III. 1. Die Form *ʿeḏæn* wird 14mal verwendet im Zusammenhang mit dem wundersamen Garten der Urzeit, und zwar meist als dessen Bezeichnung, wie dann auch der Name Eden in den Sprachgebrauch vieler Völker übergegangen ist. In dieser Bedeutung erscheint das Wort lediglich im Sing. und undeterminiert; es steht 9mal als Nomen rectum in Genitivverbindungen, davon 5mal nach dem Regens *gan* 'Garten'.

In *'dn brkh* Sir 40, 27 könnte es Regens sein: 'Eden des Segens', d. h. ein gesegnetes Eden; vgl. 2 Chr 20, 26. Doch ist die andere Auslegung zulässig, wie sie der LXX zugrunde liegt: '(die Gottesfurcht) ist, wie Eden, ein Segen'.

Dies dürfte darauf hinweisen, daß wir es mit einem Eigennamen zu tun haben, sei es der eines Gartens oder der einer Landschaft, in der sich jener befindet. Für ersteres spricht die überwiegende Anzahl der Belege, vor allem der Ausdruck „der Garten *'eḏæn*" (Gen 3, 23), für letzteres die Verskonstituente „... einen Garten in *'eḏæn*" (Gen 2, 8; vgl. v. 10, der aber in einem von jenem Vers abhängigen Zusatz steht; anders Schulz: „Garten in Wonne").

Diese Ortsbestimmung wird dann noch adverbial erläutert: *miqqæḏæm*, was rein sprachlich doppeldeutig ist, nämlich entweder räumlich: „im Osten" (vgl. Gen 12, 8) – so, richtig, die meisten Ausleger – oder zeitlich: 'in fernster Vergangenheit' (vgl. Ps 143, 5) – so die jüngeren griech. Übersetzer, die rabbinische und die kirchliche Tradition, womit die Präexistenz des Eden nahegelegt wird: „... *quod prius quam caelum et terram deus faceret, paradisum ante condiderat*" (Hieronymus, quaest. hebr. in libro Geneseos, z. St.).
Bereits die rabbinische Auslegung sieht sich gezwungen, aufgrund von 2, 8. 10 zwischen Garten und Eden zu unterscheiden (b. Ber. 34b), wobei die Frage entsteht, welches als der umfassendere Terminus angesehen werden solle: „Die Eden-Bäume im Garten" (Ez 31, 9) weise darauf hin, daß das Gebiet des Gartens größer war als das des Eden, während aus dem Ausdruck „Garten im Eden" (Gen 2, 8) das Gegenteil gefolgert werden müsse (Gen. r. s. 16). In jedem Fall ist Eden das geheimnisvoll überweltliche Gebiet, das sogar dem Blick des ersten Menschen, der nur in dem Garten weilen durfte, verschlossen blieb (Ber. a.a.O.).

Seit den Tagen der panbabylonischen Bibelerklärung (Delitzsch 79f.) ist vielfach die Herleitung des Wortes *'eḏæn* vom sumero-akk. *edinu* 'Steppe, Wüste' (AHw 187, CAD E 33) angenommen worden, wobei der semantische Werdegang etwa wie folgt beurteilt wurde: „'Eden', das die volkstümliche hebr. Tradition sich nach dem hebr. Wort *Eden* = Wonne gedeutet hat, ist wohl ursprünglich nach dem Babyl. als „Steppe" zu verstehen ..., die ungeheure Steppe, von deren furchtbaren Gefahren der kanaan. Bauer sich mit Grauen erzählt ... Der Gottesgarten erscheint um so herrlicher, wenn er sich in der schaurigen Wüste befindet" (H. Gunkel, SAT I/1, 21920, 57f.; vgl. E. A. Speiser, AB 1, 16). Diese Etymologie unterliegt jedoch schweren Bedenken. Nicht nur, daß die Einsetzung des Laryngals ' in ein auf sum. *e* zurückgehendes Wort schwer erklärbar bleibt, läßt sich überdies die Übertragung in der hebr. Tradition von einer Bezeichnung für eine karge Landschaft auf den in sie absichtlich von eben dieser Tradition versetzten blühenden Garten kaum nachvollziehen (zur Landschaft *edin* vgl. T. Jacobsen, Festschr. W. F. Albright, London 1961, 272f.). Vor allem wäre es verwunderlich, hätte dieser Prozeß, mit Ausnahme eines vereinzelten Bibelverses, keinerlei Spuren hinterlassen. So ist vielmehr anzunehmen, daß dieser isolierte Lokalisierungsversuch eine sekundäre Entwicklung darstellt, veranlaßt durch eine Neigung zur Entmythologisierung oder falsche Gelehrsamkeit, wobei entweder an *edinu* oder an die aram. Ortsbezeichnung *bīt adini* (vgl. *bêt 'æḏæn* Am 1, 5) gedacht sein mag.
Das Wort *'eḏæn*, seine Etymologie und semantische Entwicklung, bedarf demnach einer anderen Erklärung (vgl. auch M. Görg, BN 12, 1980, 7–12), auch wenn diese hypothetisch bleiben muß. *'eḏæn*, in konträrer Antonymie zu *miḏbār* 'Wüste' (Jes 51, 3), bezeichnet ursprünglich wohl ein üppig fruchtbares Gebiet, ein „Fruchtland" (etwa wie *'æræṣ p^erî* Ps 107, 34). (Die Erklärung „wohlbewässertes Gebiet" [Cassuto], mit *mašqæh* [Gen 13, 10] gleichzusetzen, ist sachlich zutreffend, wenn auch sprachlich nicht genau.) An diese Sprachstufe erinnert vielleicht die feste Redewendung *'^aṣê 'eḏæn* (Ez 31, 9. 16. 18), die – ebenso wie *'^aṣê majim* (v. 14) – im Sinne von „für eine wohlbewässerte, fruchtbare Gegend typische Bäume" steht. Zu diesem Begriff gesellen sich leicht jene aus einem benachbarten Vorstellungsbereich: ein Göttergarten bzw. eines Gottes Garten, der Garten JHWHs, da ein fruchtbares Gelände nicht nur als Geschenk einer Gottheit, sondern als ihr Besitz angesehen wird. Heiligtümer und sie umgebende Gärten gehören zusammen, wie denn auch, durch die Übertragung irdischer Umstände auf die himmlische Götterwelt, die Vorstellung von mythischen, in unerreichbarer Ferne liegenden Lustgärten der Götter aufkommt. Das altertümliche *gan 'ælohîm*, ein Relikt aus polytheistischem Mythus, wurde später auf den einen Gott übertragen und mit dem Namen JHWH verbunden (Gen 13, 10; Jes 51, 3; vgl. etwa die Abänderung der alten Formel *mahpekaṯ 'ælohîm* Am 4, 11 u.ö. in Dtn 29, 22). Mit diesem wurde *'eḏæn* gleichgesetzt (Ez 28, 13), was die Zusammenstellung *gan 'eḏæn* ergab (Gen 2, 15); der elliptische Eigenname *'eḏæn* (Gen 4, 16) kehrt gewissermaßen zu frühem Sprachgebrauch zurück.
2. Erzählungen über Gefilde unbeschwerter Seligkeit haben weltweite Verbreitung. In diesen Erzählungen von Gottesnähe, üppigem Naturreichtum, ewiger Jugend, mühelosem Dasein, Frieden unter allen Geschöpfen findet die tiefe Sehnsucht des Menschen nach Befreiung von seinen existentiellen Bedrängnissen – Ohnmacht und Entbehrung, Leiden und Tod – ihren Ausdruck, wobei die Unerfüllbarkeit durch die Verlegung dieser Gefilde in unerreichbare zeitliche oder räumliche Fernen symbolisiert wird, nämlich in die Ur- oder Endzeit bzw. in einen durch unüberwindbare Schranken geschützten Raum, eine Insel, einen hohen Berg, den Himmel. Es kann hier auf die Ausgestaltung dieser Vorstellung in den verschiedenen Kulturen nicht eingegangen werden, doch verdienen einige Motive aus der Literatur der Nachbarvölker Israels kurze Erwähnung. Im sumerischen Mythus vom Herrn der Wasser Enki wird das dem

Sonnenaufgang zugewandte Land Dilmun gepriesen (ANET 37–41), in dem Krankheit und Alter unbekannt sind, die Tiere, z. B. Wolf und Lamm, friedlich nebeneinander leben, schönste Früchte sprießen und ein Gärtner – wohl ein untergeordnetes Götterwesen – seines Amtes waltet. Da Enki von neuerzeugten Pflanzen gekostet hat, wird er von der Göttin des Gebirgslandes verflucht. Im akk. Gilgamesch-Epos (ANET 88f.) durchschreitet der Held, auf der Suche nach dem ewigen Leben und nach Überwindung der hohen Berge und der furchterregenden Wächter, einen Göttergarten, dessen Bäume auserlesene Früchte und Edelsteine tragen. In der Adapa-Erzählung (ANET 101f.), die vom Götterland Eridu berichtet, ist dem Helden vom Gott Ea Erkenntnis, aber nicht die Unsterblichkeit verliehen worden. Falsch beraten, schlägt er das ihm angebotene Lebensbrot und Lebenswasser aus. – Die ugar. Literatur erzählt von der abertausende von Meilen entfernt gelegenen Götterdomäne, die sich an der Quelle der beiden Ströme (*nhrm*) und Urmeere (*thmtm*) befindet (KTU 1.6, I, 5f.). Im hohen Norden (*ṣpn*) ist der Sitz Baʿals (KTU 1.4, IV, 19); der jugendliche Aqhat verscherzt die Gelegenheit, das ewige Leben zu erwerben, als er nicht Baʿals Speise einnimmt (ANET 151f.).

In den ägyptischen Pyramiden- und Sargtexten sowie dem Totenbuch verbinden sich die Vorstellungen von Gefilden einer üppigen Fruchtbarkeit der Natur und eines seligen Wohlbefindens des Menschen mit dem Jenseitsglauben. Der Verstorbene kann, wenn er die Prüfungen der Unterwelt besteht, das von Flammen und Ungeheuern bewachte „Feld des Friedens" (*sḫt ḥtp*) erreichen, wo ihm die Götter vom Baum des Lebens zu essen erlauben, von dem auch sie genießen (RÄRG 169f.). In der von Flüssen durchkreuzten Region speist, trinkt und kleidet sich der Mensch wie die Götter (Totenbuch Kap. 110).

3. Nicht wenige Stellen im AT geben mittelbar Auskunft über die Vorstellungen bei den alten Hebräern von glücklichem Land und glücklicher Zeit. So etwa, wenn die Fruchtbarkeit des Landes (Dtn 32, 13f.) und die Erhabenheit Jerusalems (Ps 48, 3) in überschwenglichen Farben geschildert oder aber Wohlstand und Frieden unter Menschen und im Tierreich für künftige Zeiten angekündigt wird (Jes 2, 4; 11, 6–8; 65, 25; Hos 2, 20–23; Joël 4, 18; Am 9, 13f. u. dgl.). Für uns kommen gegenwärtig nur diejenigen Berichte in Betracht, die namentlich von *ʿeḏæn* sprechen. Der Prophet Ezechiel bedient sich in zwei Gleichnissen einiger dem alten Vorstellungsschatz entnommenen Motive zur Veranschaulichung zeitgenössischer Begebnisse (Kap. 28 und 31), wobei jedoch das Herausschälen dieser Motive durch die brüsken Übergänge vom Bild zu dessen Aufschlüsselung (z. B. 28, 16–18; 31, 11f.) erschwert wird. Es läßt sich auch nicht entscheiden, inwieweit hier israelit.-jüd. Traditionen vorliegen. Da die Gleichnisse auf fremde Könige gemünzt sind, wäre das Einflechten von fremdländischen, insbesondere phön. Elementen durchaus verständlich; das würde die stark mythologische Färbung der Gleichnisse erklären. Trotzdem darf man annehmen, daß der Prophet seinen Hörern kein ihnen gänzlich unbekanntes Material unterbreitet.

Wenn man von den realhistorischen Andeutungen absieht, erzählt Ez 28 von einem durch Schönheit und Weisheit ausgezeichneten Wesen, das im Göttersitz – inmitten der Meere (v. 2) oder auf dem Götterberg (v. 16) – seinen Wohnsitz hatte, im *ʿeḏæn* des Götter- oder Gottesgarten. Juwelen und feurige Steine umgaben es, ein Kerub war ihm zugesellt (mit LXX, Syr. gegen MT; vv. 12–14). Jenes Geschöpf war götterähnlich (v. 14, gegen die Akzente zu lesen: „. . . ich setzte dich auf den heiligen Berg, ein *'ælohîm* warst du . . ."), sein Wandel makellos (v. 15). Dann wurde sein Sinn überheblich (v. 17), es stellte sich Gott gleich (v. 7), und so schleuderte es JHWH auf die Erde und machte es zu Asche (vv. 17f.). In dem gegen den Pharao gerichteten Ausspruch (Kap. 31) wird dieser mit dem mythischen Weltbaum verglichen, der, vom Wasser des Urmeers genährt (v. 4), seinen Wipfel bis in die Wolken streckt (v. 3; s. BHS). Vögel und Tiere finden bei dem Baum Zuflucht; es beneiden ihn alle anderen Eden-Bäume im Gottesgarten (v. 9). Da sein Sinn hochfahrend wurde, übergab ihn JHWH der Gewalt grausamer Fremder, die ihn fällten (vv. 11f.) und ihn mit den Eden-Bäumen in die Unterwelt hinabstießen (v. 18).

Die eigentliche Paradieserzählung (Gen 2f.) weist genügend Berührungspunkte mit den Darstellungen im Ezechielbuch auf, um sie alle als Variationen auf das Grundthema Eden zu betrachten, wie sie offensichtlich in Israel im Umlauf waren, doch weist die Paradieserzählung, im Rahmen der vorgegebenen Möglichkeiten, eine erkennbare Tendenz auf zur Entmythologisierung: Der Garten wird nie Gottesgarten genannt, obwohl er als solcher aufgefaßt wird (Gen 3, 8); er besteht nicht von Urzeit an, sondern wird gepflanzt, um den eben erschaffenen Menschen hineinzusetzen (Gen 2, 7f.). Außer dem Lebensbaum und dem Baum der Erkenntnis gibt es keinerlei wundersame, sondern lediglich schöne und nutzbare Bäume (v. 9). Der Bewohner des Eden-Gartens ist keine halbgöttliche Gestalt, sondern der erste Mensch, der für dessen Pflege sorgen muß (v. 15); eine Frau wird ihm zugesellt, womit eine Ätiologie der Entstehung der Menschheit vorbereitet wird (vv. 23f.). Die Schlange trägt eher märchenhaften als mythologischen Charakter; sie ist es, und nicht eine pseudogöttliche Vermessenheit des Menschen, die diesen zu Fall bringt (Gen 3, 1–13). Die Vertreibung aus dem Eden-Garten wird zur Ätiologie des Menschenloses, gekennzeichnet einerseits durch die Erhabenheit des Daseinsbewußtseins, andererseits durch die Tragik der Mühsal und des Todes.

4. Die Wandlungen der mit *ʿeḏæn* verbundenen Vorstellung lassen sich – nicht chronologisch, sondern gedankengeschichtlich – etwa so bezeichnen: *ʿeḏæn*, das Fruchtbarkeitsgebiet, wird mit dem aus fremden

Ausführungen entliehenen Göttergarten gleichgesetzt, in dem ein halbgöttliches Wesen thront. Im Zuge der monotheistischen Deutung treten die mythologischen Elemente in den Hintergrund; der Garten *ʿeḏæn* wird zum Symbol eines für den Menschen unerreichbaren Zustandes von Unschuld und Sorglosigkeit. Die Entmythologisierung nimmt dann ihren Fortgang in zwei diametral entgegengesetzten Richtungen: Im nachbiblischen Judentum (2 Hen 8f.); Chagigah 15a; Cant.r. zu Hld 6, 9) und im Christentum (Lk 23, 43; 2 Kor 12, 2–4) wird Eden zum himmlischen Jenseits für die verstorbenen Gerechten, während im AT selbst der Garten *ʿeḏæn* zur bloßen Bezeichnung eines sehr günstigen, aber völlig irdischen Zustandes verblaßt: Vor der Verwüstung war das Land wie der Garten *ʿeḏæn* (Joël 2, 3); JHWH verspricht, nach der Reinigung des Volkes von seinen Sünden, das Land wieder besiedelt, bearbeitet und befestigt und wie *ʿeḏæn* (Jes 51, 3; Ez 36, 35) sein zu lassen. Damit wird, in religiöser Sicht, durch die göttliche Gnade das Eden – im Jenseits oder im Diesseits – für den Menschen wieder zugänglich.

IV. In Qumran begegnet *ʿdn* nur 5mal, ausschließlich in 1 QH. Dabei ist nach Aussage der Texte nur in 6, 16 von Eden die Rede: in Anspielung an Ps 1 wird der Gerechte verglichen mit einem Baum, dessen Zweige von den „Strömen Edens" getränkt werden. Ansonsten empfängt er von Gott die „herrliche Wonne" (*ʿdn kbwd*; 8, 20), die „Fülle der Wonnen" (*rwb ʿdnjm*; 13, 17; vgl. 10, 30; QHfragm 5, 7).

Kedar-Kopfstein

עֵדֶר *ʿeḏær*

I. Vorkommen in der Umwelt – II. Vorkommen im AT und in den Qumran-Schriften – 1. Belege im AT – 2. Belege in den Qumran-Schriften – 3. Versuch einer Etymologie – III. Verwendung im AT – 1. Die Herde in erzählenden Texten – 2. Die Herde als Bild – 3. Personen- und Ortsnamen – IV. Qumran, NT und LXX.

Lit.: *G. J. Botterweck*, Hirt und Herde im Alten Testament und im Alten Orient (Festschr. J. Kardinal Frings, 1960, 339–352). – *G. Dalman*, AuS VI 146–287: Die Viehwirtschaft. – *J. Jeremias*, ποιμήν, ποίμνη (ThWNT VI 484–501). – *I. Seibert*, Hirt – Herde – König. Zur Herausbildung des Königtums in Mesopotamien, 1969. – *M. Wagner*, Die lexikalischen und grammatikalischen Aramaismen im alttestamentlichen Hebräisch (BZAW 96, 1966).

I. Für das Wort *ʿeḏær* 'Herde' gibt es in den semit. Sprachen der at.lichen Umwelt Entsprechungen; spätbabyl. *ḫadiru* 'Schafhürde' (AHw I 307) ist Lehnwort; die phön. Kilamuwa-Inschrift (KAI 24, 11) verwendet das Nomen in der Verbindung „Schafherde"; das Jüd.-Aram. kennt folgende Verwendungsmöglichkeiten: 1. Herde; 2. übertr. = Menschenschar (s.u. III. 2. c zu Jer 13, 17); 3. Hürde (Levy, WTM III 624). Die Belege im Ugar. (WUS Nr. 2013. 2014; UT Nr. 1800. 1826) enthalten *ʿdr* in einem schwer zu deutenden Zusammenhang (KTU 1.4, VII, 7) und den Personennamen *bn ʿdr* (s.u. III. 3.).

II. 1. Das Nomen *ʿeḏær* kommt im AT 39mal vor und bezeichnet vornehmlich die aus Schafen und Ziegen bestehende Kleinviehherde, so daß *ʿeḏær* und → צאן *ṣoʾn* häufig synonym gebraucht werden (Gen 29, 3; 1 Sam 17, 34; Ez 34, 12; Mi 2, 12; Ps 78, 52 u.ö.), während nur einmal der Ausdruck *ʿeḏær bāqār* (Joël 1, 18) vorkommt (2 Chr 32, 28 und Mi 5, 7 steht *ʿeḏær* in Parallele zu → בהמה *behemāh*).

Noch immer eindrucksvoll ist deshalb die bei G. Dalman, AuS VI 246 Anm. 2, mitgeteilte Statistik über den Viehbestand des Westjordanlandes im Jahre 1920: 531 479 Schafe und Ziegen wurden damals gezählt, aber nur 108 500 Rinder!

Während die Ortsbezeichnung *miḡdal-ʿeḏær* Gen 35, 21; Mi 4, 8 mit „Herdenturm" wiederzugeben ist, werden die Personennamen *ʿeḏær* und *ʿaḏrîʾel* auf die Wurzel *ʿdr* = *ʿzr* (KBL³ 749f.; vgl. S. Segert, Altaram. Gramm., 1975, 545) zurückgeführt werden müssen (s.u. III. 3.).

2. Die Qumran-Schriften enthalten zwei Belege für *ʿeḏær* (4 QpPs 37, 3, 6 und CD 13, 9); während der erste Beleg durch die Lückenhaftigkeit des Textes keine klare Aussage ergibt, wird der zweite im Anschluß an die Verwendung von *ʿeḏær* im AT behandelt (s.u. IV.).

3. Die Etymologie von *ʿeḏær* ist nicht sicher zu bestimmen. GesB 567 leitet *ʿeḏær* von *ʿdr* III 'zurückbleiben' ab, nennt aber auch die von R. Ružička vertretene Deutung als ein „vom größeren Ganzen Getrenntes". Des weiteren führt GesB ein Verb *ʿdr* I mit der Bedeutung 'ordnen' an (1 Chr 12, 34. 39), das nach Gesenius, Thesaurus II 996 als Wurzel für *ʿeḏær* gilt. In der neueren Diskussion wird *ʿdr* an diesen Stellen durch eine Konjektur ersetzt (BHS z.St.) oder als aram. Form von → עזר *ʿzr* (KBL³ 749f.; Wagner Nr. 217) erklärt. Doch könnte die Herleitung von KBL² 684 im Recht sein, die *ʿdr* in 1 Chr 12, 34. 39 mit der Bedeutung 'sich scharen' von *ʿeḏær* 'Herde' denominiert, was durchaus auch im Grundstamm *qal* vorkommen kann (vgl. BLe § 38v').

III. 1. Überschaut man die Stellen, an denen das Wort *ʿeḏær* 'Herde' verwendet wird, so ergibt sich ein anschauliches Bild von einem speziellen Zweig des landwirtschaftlichen Erwerbslebens im AT, der Viehwirtschaft.

Gen 29, 2. 3 beschreibt den Vorgang des Tränkens am Brunnen (→ באר *beʾer*); Joël 1, 18 den Verlust der Nahrung für die Herden durch den Einfall von Heuschrecken. Für den Schutz der Herden tragen die Hirten Sorge, die in der Regel zu mehreren diese Aufgabe wahrnehmen (Hld 1, 7; vgl. 1 Sam 17, 34).

Durch besondere Geräusche, das sogenannte „Herden-Zischen" (Ri 5, 16) treiben sie die Herde in die schützenden Hürden (vgl. dazu O. Eißfeldt, KlSchr III 65f.). Obwohl es bei den Unterkünften der Herden wohl auch Wacht- oder Beobachtungstürme (→ מגדל *miḡdāl*, Gen 35, 21; Mi 4, 8; vgl. auch 2 Chr 26, 10) gibt, kommt es auch vor, daß Herdentiere entwendet werden (Ijob 24, 2). Eine ebenso frevelhafte Handlung bedeutet es, wenn ein Herdenbesitzer für das Dankopfer ein fehlerhaftes, minderwertiges Tier zur Verfügung stellt (Mal 1, 14). Ein ordentliches Betreuen und Pflegen der Herde ist eine sichere Kapitalanlage (Spr 27, 23), weshalb auch Hiskija von Juda für die Herden auf seinen Besitzungen Stallungen und Futterkrippen beschaffen läßt (2 Chr 32, 28). Wer sich auf dem Gebiet der Viehzucht auskennt, kann zu Reichtum kommen, was die Erzählung von Jakob und Laban (Gen 30, 25–43) in kenntnisreicher und humorvoller Weise beschreibt. Vor den befürchteten Racheakten seines Bruders Esau weiß Jakob seinen zahlreichen Herdenbesitz zu schützen (Gen 32, 17–20). Ackersmann und Herdenbesitzer werden als Landesbewohner geschildert, die sich entweder eines friedlichen Lebens erfreuen dürfen (Jer 31, 24) oder von dem einmarschierenden Feind ausgerottet werden (Jer 51, 23).

2. Diesem gegenständlichen Wortsinn, der für die Hälfte der Belegstellen zutrifft, steht die metaphorische Bedeutung gegenüber, die sich in mehrere Bereiche untergliedern läßt.

a) Weidende Herden als Symbol für kommendes Unheil: Weidende Herden auf Gefilden, in denen sich vordem große, blühende und befestigte Städte befunden haben, sind ein mehrfach gebrauchtes Bild in der prophetischen Verkündigung, um einer Stadt den bevorstehenden Untergang anzuzeigen. So wird diese Gerichtsandrohung den Städten Damaskus (Jes 17, 2), Jerusalem (Jes 32, 14; Jer 6, 3: hier ist der Urheber des Unheils der geheimnisvolle „Feind aus dem Norden" v. 1) und Ninive (Zef 2, 4) zuteil.

b) Das Weiden der Herde als Bild für JHWHs Fürsorge: JHWHs Fürsorge erlebte Israel bereits beim Auszug aus Ägypten. So schildert der Geschichtspsalm 78 die Wanderung durch die Wüste im Bilde des Hirten, der seine Herde durch die Steppe leitet (v. 52). Entsprechend nehmen die Verheißungen vom „neuen Exodus" dieses Bild wieder auf (Jes 40, 11; Jer 31, 10; Ez 34, 12; Mi 2, 12).

c) War bisher das Weiden der Herdentiere das Vergleichsmoment, so gibt es auch den Gebrauch des Begriffs Herde als Bild oder gar Synonym für JHWHs Volk (vgl. Seibert 10–15). Das ist deutlich Sach 10, 3 der Fall, wo die leitenden Persönlichkeiten des Volkes bildlich mit Hirten (*rôʿæh*, → רעה *rāʿāh*) gleichgesetzt werden. In Jer 31, 10; Mi 2, 12 wird diese Gleichsetzung nur durch das Verb → קבץ *qbṣ* angedeutet und jeweils in der zweiten Vershälfte durch das Bild vom Weiden der Herde (s.o. III. 2. b) ergänzt. Nur einmal (Jer 13, 17. 20) wird das Bild von Israel als Herde in einer Gerichtsandrohung benutzt. V. 20 nennt speziell Juda als die Herde, die der Stadt Jerusalem anvertraut war (vgl. W. Rudolph, HAT I/12, z. St.); v. 17 wird im Midrasch Threni rabba aufgenommen: „als sie aber in die Gefangenschaft gingen, so bildeten sie bloß ʿeine Herde (Gottes)'" (Levy, WTM 624).

d) Die Herde als Bild in unterschiedlichen Zusammenhängen: Ungewöhnlich und befremdend zugleich, vor allem in der unmittelbaren Nachbarschaft zu dem vorhergehenden v. 6, erscheint die Aussage von Mi 5, 7, daß der Rest Jakobs in der Völkerwelt auftreten wird „wie ein Löwe unter den Tieren des Waldes, wie ein Jungleu in Schafhürden" (Übers. nach Th. H. Robinson, HAT I/14, z. St.), die an Zef 2, 7. 9 erinnert und sicher aus nachexil. Zeit stammt (vgl. H. W. Wolff, BK XIV/4, 126f.).

Ganz anderer Art sind die Aussagen aus Hld, die die schwarze Lockenpracht des Mädchens mit den Ziegenherden, die von den waldreichen Bergen Gileads herabspringen, vergleicht (Hld 4, 1 || 6, 5) oder die fehlerlose Reihe seiner weißen Zähne im Bild der geschorenen Schafe, die aus der Schwemme heraufsteigen (Hld 4, 2 || 6, 6), beschreibt.

3. Personen- und Ortsnamen, die mit *ʿeḏær* gebildet werden, finden sich mehrfach im AT und auch in Ugarit. Den Namen *ʿeḏær* trägt ein Benjaminit (1 Chr 8, 15) sowie ein Levit aus der Familie Merari (1 Chr 23, 23; 24, 30); *ʿaḏrîʾel* heißt einer der Schwiegersöhne Sauls (1 Sam 18, 9; 2 Sam 8, 9); in Ugarit gibt es den Namen *bn ʿdr* (UT Nr. 1826). Dabei ist anzunehmen, daß diesem Namen die aram. Form *ʿdr* = *ʿzr* zugrunde liegt (vgl. M. Noth, IPN 63; Wagner Nr. 215–217; F. Gröndahl, PNU 107).

Für den Ortsnamen *ʿeḏær* Jos 15, 21 wird von J. Simons, GTTOT § 317 die Änderung in Arad vorgeschlagen (so auch O. Odelain / R. Séguineau, Lexikon der biblischen Eigennamen, 1981, 86).

Unsicher ist die Bedeutung der Gen 35, 21; Mi 4, 8 vorkommenden Ortsbezeichnung *miḡdal-ʿeḏær*. Zum Schutz der Viehherden in den Hürden hat es wohl „Herdentürme" gegeben (vgl. I. Benzinger, Hebr. Archäologie, [3]1927, 142; C. Schick, Die Baugeschichte der Stadt Jerusalem in kurzen Umrissen (ZDPV 16, 1893, 237–246), der 238f., Fig. 1+2, eine Skizze derartiger Bauwerke entwirft). D. Kellermann, (→ IV 644) denkt eher an Wacht- oder Befestigungstürme und vermutet in dem Neh 3, 27 genannten *hammiḡdāl haggāḏôl* den gleichen wie in Mi 4, 8. Möglicherweise hält der Name dieses Turmes in der Stadtbefestigung von Jerusalem (par. *ʿopæl*) die Erinnerung an einen früheren Wachtturm fest, wie es einen solchen auch als „Herdenturm" in der Nähe von Bet-El (Gen 35, 21) gegeben hat (hierzu vgl. M. Burrows, Neh 3, 1–32 as a Source for the Topography of Ancient Jerusalem, AASOR 14, 1934, 115–140; vgl. M. Avi-Yonah, IEJ 4, 1954, 239ff.). Von manchen wird *miḡdal-ʿeḏær* in Mi 4, 8 als Synonym für Jerusalem erklärt (O. Odelain / R. Séguineau 244; von J. Simons [GTTOT § 540] erwogen, aber dann wie in Gen 35, 21 als „outpost of the Holy City near Bethlehem" gedeutet). Nach den Aussagen des Targums Pseudo-Jonathan zu Gen 35, 21 wird bei dem als Ortsangabe verstandenen Migdal-Eder – wohl unter Berücksichtigung von Mi 4, 8 – der Messias auf die Erde herabkommen (Jeremias 490).

IV. Von den oben (III. 2.) genannten Verwendungen von *ʿeḏær* im AT ist nur das Bild vom Volk Gottes als der Herde unter der Obhut JHWHs als Hirten in theologischen Aussagen weiter benutzt worden. In CD 13, 9 heißt es von dem Aufseher des Lagers: „und er soll Erbarmen mit ihnen haben wie ein Vater mit seinen Söhnen und alle ihre Verstreuten zurückbringen wie ein Hirt seine Herde". Dieses Bild von der Gemeinde als Herde wird im NT dann weiter verwendet (vgl. Mt 15, 24; Lk 12, 32; Joh 10, 16; 1 Petr 5, 2 u. ö.).

An den meisten Stellen (25mal) wird *ʿeḏær* in der LXX durch ποίμνιον wiedergegeben; 8mal, davon 6mal in weisheitlichen Texten (Koh, Hld) wird ἀγέλη gebraucht. 2mal erscheint als Übersetzung ποίμνη, je 1mal μάνδρα (2 Chr 32, 28) und βουκόλιον (Joël 1, 18).

Beyse

עוּד *ʿwd*

עֵד *ʿeḏ*, עֵדוּת *ʿeḏûṯ*, תְּעוּדָה *teʿûḏāh*

I. 1. *ʿwd/ʿhd/wʿd* in den semitischen Sprachen – a) Allgemein – b) Aram. – c) Akk. – d) Ugar. – e) Hebr. – 2. Etymologie und allgemeine Bedeutung – 3. Verbreitung im AT – 4. Syntaktische und semantische Angaben – a) *ʿwd hiph* – b) *ʿeḏ* – 5. LXX – II. *ʿeḏ* / *ʿeḏîm* / *ʿeḏāh* – 1. Im gerichtlichen Prozeß – a) Begriffsbestimmung – b) Qualität des Zeugen – c) In den Sprüchen und Psalmen – d) In Sir – 2. Außerhalb eines Prozesses – 3. Im religiösen Bereich – 4. JHWH als Zeuge – 5. Gegenstände als Zeugnis im juridischen Bereich – 6. Im religiösen Bereich – III. 1. *ʿwd hiph* in Verbindung mit *ʿeḏ* – 2. *ʿwd hiph* in Verbindung mit *ʿeḏûṯ*/*ʿeḏ(ᵉw)ôṯ* – a) Gebieten – b) Verbieten – c) Ermahnen – d) Drohen – e) Vorwürfe machen – 3. Formen außer *hiph* – IV. Andere Nominalformen – 1. *ʿeḏûṯ* – a) In den legislativen Texten – b) 2 Kön 11, 12 – c) In den Psalmen – 2. *ʿeḏ(ᵉw)ôṯ* – a) Innerhalb einer Reihe – b) Ps 119 – 3. *teʿûḏāh* – V. Qumran.

Lit.: *S. Aḥituv*, עֵדוּת (EMiqr 6, 89–91). – *J. Beutler*, Martyria. Traditionsgeschichtliche Untersuchungen zum Zeugnisthema bei Johannes (Frankfurter Theol. Studien 10, 1972). – *H. J. Boecker*, Redeformen des Rechtslebens im AT (WMANT 14, ²1970). – *P. Bovati*, Ristabilire la giustizia. Procedure giuridiche dell'Antico Testamento (AnBibl 110, 1986, 240–280). – *G. Braulik*, Die Ausdrücke für „Gesetz" im Buch Deuteronomium (Bibl 51, 1970, 39–66). – *W. Bühlmann*, Vom rechten Reden und Schweigen. Studien zu Proverbien 10–31 (OBO 12, 1976). – *A. Deissler*, Psalm 119 (118) und seine Theologie (MThS I/11, 1955). – *M. Delcor*, Les attaches littéraires, l'origine et la signification de l'expression biblique „Prendre à témoin le ciel et la terre" (VT 16, 1966, 8–25). – *B. W. Dombrowski*, The Meaning of the Qumran Terms „TʿWDH" and „MDH" (RQu 7, 1969–71, 567–574). – *Z. W. Falk*, Hebrew Legal Terms (JSS 5, 1960, 350–354). – *Ders.*, Hebrew Law in Biblical Times, Jerusalem 1964. – *C. F. Fensham*, *ʿd* in Exodus xxii 12 (VT 12, 1962, 337–339). – *J. A. Fitzmyer*, The Aramaic Inscriptions of Sefîre (BietOr 19, 1967). – *E. D. Freudenstein*, A Swift Witness (*ʿed memaher*, Mal 3, 5) (Tradition 13, 3, 1974, 114–123). – *M. J. Geller*, The Šurpu Incantations and Lev V. 1–5 (JSS 25, 1980, 181–192). – *H. Gese*, Ps 50 und das alttestamentliche Gesetzesverständnis (Festschr. E. Käsemann, 1976, 57–77). – *J. M. Grintz*, עֵדֻת, עֵדוּת (Lešonenu 39, 1974/75, 170–172). – *M. Haran*, Temples and Temple Service in Ancient Israel, Oxford 1978. – *R. Hentschke*, Satzung und Setzender (BWANT 83, 1963). – *F.-L. Hossfeld*, Der Dekalog. Seine späten Fassungen, die originale Komposition und seine Vorstufen (OBO 45, 1982). – *B. S. Jackson*, „Two or Three Witnesses" (in: ders., Essays in Jewish and Comparative Legal History [Studies in Judaism and in Late Antiquity 10, Leiden 1975], 153–171). – *M. A. Klopfenstein*, Die Lüge nach dem AT, 1964. – *C. van Leeuwen*, עֵד *ʿēd* Zeuge (THAT II 209–216). – *A. Lemaire* / *J. M. Durand*, Les inscriptions araméennes de Sfiré et de l'Assyrie de Shamshi-Ilu (École pratique des hautes études, 4ᵉ section II 20, Paris 1984). – *G. Liedke*, Gestalt und Bezeichnung alttestamentlicher Rechtssätze (WMANT 39, 1971). – *M. A. Losier*, Witness in Israel of the Hebrew Scriptures in the Context of the Ancient Near East (Diss. Univ. of Notre Dame 1973). – *Ch. Mabee*, Jacob and Laban. The Structure of Judicial Proceedings (Genesis xxxi 25–42) (VT 30, 1980, 192–207). – *J. W. McKay*, Exodus xxiii 1–3, 6–8: A Decalogue for the Administration of Justice in the City Gate (VT 21, 1971, 311–325). – *R. P. Merendino*, Die Zeugnisse, die Satzungen und die Rechte. Überlieferungsgeschichtliche Erwägungen zu Deut 6 (Festschr. G. J. Botterweck, BBB 50, 1977, 185–208). – *J. Naveh*, The Titles ʿD/ŠHD and MNḤM in Jewish Epigraphical Finds (Festschr. S. E. Loewenstamm, Jerusalem 1978, 303– 307). – *M. Parnas*, ʿĒdūt, ʿĒdōt, ʿĒdwōt in the Bible. Against the Background of Ancient Near Eastern Documents (Shnat Miqr. 1, 1975, 235–246). – *J. van der Ploeg*, Studies in Hebrew Law. I. The Terms (CBQ 12, 1950, 248–259). – *A. Phillips*, Ancient Israel's Criminal Law. A New Approach to the Decalogue, Oxford 1970. – *W. Rudolph*, Zu Mal 2, 10–16 (ZAW 93, 1981, 85–90). – *I. L. Seeligmann*, Zur Terminologie für das Gerichtsverfahren im Wortschatz des biblischen Hebräisch (VTS 16, 1967, 251–278). – *S. Sharviṭ*, יעידת עד (Lešonenu 41, 1976–77, 302 f.). – *H. J. Stoebe*, Das achte Gebot (Exod. 20 v. 16) (Wort und Dienst 3, 1952, 108–126). – *J. A. Thompson*, Expansions of the *ʿd* Root (JSS 10, 1965, 222–240). – *G. M. Tucker*, Witnesses and „Dates" in Israelite Contracts (CBQ 28, 1966, 42–45). – *T. Veijola*, Zu Ableitung und Bedeutung von *heʿid* I im Hebräischen. Ein Beitrag zur Bundesterminologie (UF 8, 1976, 343–351). – *B. Volkwein*, Masoretisches *ʿēdût*, *ʿēdwōt*, *ʿēdōt* – „Zeugnis" oder „Bundesbestimmungen"? (BZ 13, 1969, 18–40). – *K. Watanabe*, Die *adê*-Vereidigung anläßlich der Thronfolgeregelung Asarhaddons (Bagd. Mitt., Beih. 3, 1986).

I. 1. a) Die etymologischen Verhältnisse bei der Basis *ʿwd* sind ziemlich kompliziert. Arab. *ʿāda(u)* ʻzurückkehrenʼ und äth. *ʿōda* ʻherumgehen, umkreisenʼ kommen aus semantischen Gründen kaum in Frage für hebr. *ʿwd*. Asarab. *ʿwd* heißt ʻzurückkehrenʼ, kausativ ʻwiederherstellenʼ (oft mit „friedliche Beziehungen", „Bündnis" o.ä. als Obj.; s. Biella 307). Spuren dieser Wurzel finden sich wahrscheinlich auch im Hebr. (KBL[3] 751 עוד I) und in syr. *ʿejāḏā*, palmyr. *ʿjd* (DISO 207) ʿGewohnheitʾ (vgl. arab. *ʿādat* mit derselben Bedeutung). Arab. *waʿada* ʿversprechenʾ, III ʿsich verabredenʾ korrespondiert mit hebr. → יעד *jāʿaḏ*. Es handelt sich hier wahrscheinlich um verschiedene Erweiterungen einer Basis *ʿd* (Thompson). Wie sich dann syr. *ʿhd* ʿsich erinnernʾ, arab. *ʿahida* ʿkennenʾ, ʿanvertrauenʾ (*ʿahd* ʿBündnis, Vertragʾ) und asarab. *ʿhd* ʿein Bündnis machen, sich verpflichtenʾ (Biella 356) dazu verhalten, bleibt unklar (vgl. KBL[3] 744 s.v. *ʿēḏ*).

b) Aram. erscheint *ʿdj* ʿVertrag, Paktʾ, ʿAbmachungen eines Vertragesʾ (Fitzmyer 23), ʿEid, durch Eid bekräftigte Abmachungʾ (Lemaire-Durand 95) in den Inschriften von Sefire (KAI 222–224, um 750 v.Chr.), etwa 33mal belegt. Sonst ist das Wort im Aram. unbekannt.

c) Akk. erscheint *adû* zum ersten Mal im Abhängigkeitsvertrag, der von Ashur-nirari V Mati-ilu von Arpad um 755 v.Chr. aufgezwungen wurde („die Ashur-nirari, König von Assyrien, gegenüber geschworenen Treueide") (vgl. H. Tadmor, RAI XXV [1982] 456). *adû* ʿEidʾ (AHw 14; vgl. Tadmor 468 Anm. 113) ist eine schriftlich festgehaltene Weise der Übereinkunft zwischen einem Partner höheren Ranges und Dienern oder Untergebenen. Der Vertrag wurde mit magischen oder religiösen Bräuchen (Zeremonien, Verwünschungen, Beschwörungen) (CAD A/1, 131. 133b) bekräftigt. *adû* ist ein Gesetz oder Gebot, das in Gegenwart von göttlichen Zeugen unter Bezeugung vom Lehensherrn in feierlicher Weise einem Individuum oder einem Volk aufgezwungen wird. Es beinhaltet eine aufgrund eines Eides feierlich übernommene Verantwortung oder Verpflichtung (je nach dem Gesichtspunkt von Lehensherr oder Vasall) (vgl. D. J. Wiseman, Iraq 20, 1958, 22–23. 27. 28).

d) WUS Nr. 1999 setzt ugar. *ʿd* III mit arab. *ʿāda* ʿwiederkehrenʾ, *ʿādat* ʿGewohnheitʾ; äth. *ʿōda* ʿherumgehenʾ in Verbindung und übersetzt mit ʿWiederholungʾ, ʿZeitwendeʾ, ʿGesellschaftʾ. Gordon (UT Nr. 1817) erkennt versuchsweise in einigen Eigennamen *ʿd* = hebr. *ʿēḏ* und übersetzt *tʿdt* ʿBoteʾ (ähnlich wie *teʿûḏāh* ʿZeugnis, Botschaftʾ; UT Nr. 1832). Für *ʿdk* (KTU 1.6, VI, 48f., UT Nr. 1815), schlägt er *ʿd* mit Fragezeichen vor. G. del Olmo Lete, Mitos y leyendas de Canaán según la tradición de Ugarit, Madrid 1981, 235, übersetzt „rings um dich her" (vgl. äth. *ʿōda*).

e) Hebr. wird *ʿēḏ* ʿZeuge, Zeugnisʾ als von *ʿwd* abgeleitetes *qaṭil* mit Kontraktion aufgefaßt (BLe § 61c''') oder als Ptz. *qal* (Zorell 573). *ʿēḏāh* ʿZeugin, Zeugnisʾ ist fem. von *ʿēḏ*. *teʿûḏāh* mit präfig. *t* ist Zeichen dafür, daß die Substantive von einer Verbalwurzel *ʿwd* stammen. *ʿēḏûṯ* ist von *ʿēḏ* mit dem Abstraktaffix (Joüon § 88 Mj) gebildet; es hat zwei Pl.-Formen, *ʿēḏewôṯ* und *ʿēḏôṯ*, ohne daß man irgendeinen semantischen Unterschied zwischen beiden feststellen könnte (vgl. 2 Kön 23, 3 mit 2 Chr 34, 31; cf. Volkwein 19; Lemaire-Durand 96).

2. Entgegen der herkömmlichen Meinung kann man augenblicklich schwerlich am aram. Ursprung des akk. *adû* (von *ʿdj*, s.o. und vgl. Tadmor 455) zweifeln. Über dessen Etymologie läßt sich eher streiten. Eine Verbindung zu *ʿwd* (KAI 222 B 4) ʿbezeugenʾ (aber vgl. Fitzmyer *jʿwrn*, „die wachsam sind") wahrscheinlich im Hinblick auf die Götter, die bezeugen (vgl. die Götter als „Zeugen" KAI 222 A 12, Lemaire-Durand 94f.), ist nicht unmöglich. Hebr. *ʿēḏûṯ* scheint aus dem Aram. hergeleitet (Lemaire-Durand 102).

Die semantischen Entsprechungen zwischen aram., akk. und hebr. *ʿēḏûṯ* sind jedenfalls evident und helfen zur Erklärung der häufigen Nebenbedeutung ʿBestimmungen, Geboteʾ der hebr. Begriffe (IV.2.). Die Bedeutung von *ʿēḏûṯ* ʿVertragsbestimmungenʾ in bestimmten Einzelfällen (III.2.) hat von da aus mit höchster Wahrscheinlichkeit ihren Ursprung. Der Aspekt „sich mit einer anderen Person mittels einer formalen Aussage in Verbindung setzen" ist mit dem Begriff *ʿēḏ* (Person, die aussagt oder in der Lage ist auszusagen, um einen Tatbestand innerhalb eines Prozesses zu beleuchten) verbunden geblieben. Die Bedeutungen von *ʿwd hiph* enthalten eine breite Skala und stellen sich in zwei großen Gruppen dar, je nachdem, ob sie – implizit oder explizit – in engerer Verbindung zu *ʿēḏ* oder *ʿēḏûṯ* (III.1.2.) stehen.

Es scheint also nicht nötig zu sein, die verschiedenen Bedeutungen von *ʿwd hiph* von arab. *ʿāda* ʿzurückkehrenʾ oder äth. *ʿōda* ʿherumgehenʾ her zu erklären, wobei ʿermahnenʾ, ʿwarnenʾ als „wiederholt und eindringlich sagen" aufgefaßt wird und „bezeugen" als Akt, durch den man etwas „zurückbringt", d.h. mittels des Wortes auf ein geschehenes Ereignis verweist (vgl. van Leeuwen, THAT II 210–211; Seeligmann 265–266; Thompson 223–225; und die Kritik von Veijola 343f.).

3. Die Belege der Wurzel *ʿwd* verteilen sich im AT folgendermaßen:

	ʿēḏ	*ʿēḏîm*	*ʿēḏûṯ*	*ʿēḏ(ew)ôṯ*	*ʿwd hiph*
Gen	4				2
Ex	3		21		2
Lev	1		2		
Num	2	1	12		
Dtn	9	5		3	5
Jos	3	2	1		
Rut		3			
1 Sam	3				2
1 Kön				1	3
2 Kön			1	2	2
1 Chr				1	
2 Chr			2	1	1
Neh				1	6
Ps	1	2	7	27	2
Spr	11				
Ijob	2	1			1
Klgl					1
Jes	1	1			1
DtJes	1	5			
Jer	2	4		1	8
Am					1
Mi	1				
Sach					1
Mal	1				1
	45	24	46	37	39

Hinzuzufügen ist noch *ʿēḏāh* 4mal (Gen 21, 30; 31, 52; Jos 24, 27 [2mal]; *teʿûḏāh* 3mal (Jes 8, 16. 20; Rut 4, 7) und ein Beleg für *hoph* (Ex 21, 29). In Sir gibt es 2 Belege für *ʿwd hiph* und 3 für *ʿēḏûṯ*.

Eigennamen der Wurzel *ʿwd* sind wahrscheinlich *jôʿēḏ* (Neh 11, 7; vgl. IPN 162f.); *galʿēḏ* (Gen 31, 47). Un-

sicher ist die Bestimmung von *ʿôḏeḏ* (2 Chr 15, 1. 8; 28, 9) als Eigenname oder als Beiname des Propheten (Verwarner?) und die Verbindung von *ʾælʿāḏ*/*ʾælʿāḏāh* (1 Chr 7, 21. 20) mit *ʿwd*.
Jes 33, 8 (vgl. 1 QJes^a *ʿdjm*) ist wahrscheinlich *ʿeḏîm* (BHS) oder *ʿāḏîm* (ʻVerträgeʼ, Fitzmyer, CBQ 20, 1958, 456) zu lesen.

4. a) Im Bedeutungsfeld von *ʿeḏ* erscheint *ʿwd hiph* mit direktem Obj. *ʿeḏîm* (Jes 8, 2; Jer 32, 10. 25. 44) oder „Himmel und Erde" (Dtn 4, 26; 30, 19; 31, 28): „sich Zeugen suchen oder bestellen", „als Zeugen aufstellen". Der Adressat des Zeugnisses wird durch *b^e* (Dtn 4, 26; 30, 19; 31, 28; Ps 50, 7) oder *ʾeṯ* (1 Kön 21, 13) eingeführt: Zeugnis „gegen jemanden". Der juridische Aspekt des Zeugnisses kommt durch *ʿwd hiph* + *bên* ... *ûḇên* (Mal 2, 14) zum Ausdruck. Sowohl JHWH wie auch Menschen erscheinen als Subjekt. Im Bedeutungsfeld „benachrichtigen" (vgl. III. 2.) führt *b^e* den Adressaten der durch *ʿwd hiph* ausgedrückten Handlung ein (einzige Ausnahme Jer 6, 10, *ʿal*; zweifelhaft Neh 13, 15). Das Verb wird konstruiert: absolut (2 Chr 24, 19; Neh 9, 30; 13, 15; Jer 11, 7; 42, 19; Am 3, 13; Ps 81, 9); koordiniert mit einem anderen Verb als Hendiadyoin (1 Sam 8, 9, *higgîḏ* + direktes Obj.; Neh 13, 21, *ʾāmar*; Jer 6, 10, *dibbær*; 11, 7, *hiškîm* + *leʾmor*); mit direktem durch *ʾ^ašær* vorausgenommenem und wieder aufgenommenem Obj. (Dtn 32, 46; 2 Kön 17, 15; Neh 9, 34); führt einen Satz parataktisch mit *leʾmor* ein (Gen 43, 3; Ex 19, 23; 1 Kön 2, 42; 2 Kön 17, 13; Sach 3, 6); führt einen Objektsatz mit *kî* (Dtn 8, 19) oder einen untergeordneten Satz mit *pæn* (Ex 19, 21) oder einen Finalsatz (Neh 9, 26. 29) ein. – Häufiges Subj. von *ʿwd hiph* in dieser Gruppe ist JHWH, der unmittelbar (Ex 19, 23; 2 Kön 17, 15; Neh 9, 29. 34; Jer 11, 7; 42, 19; Sach 3, 6, „Bote von JHWH"; Ps 81, 9) oder durch Mose (Ex 19, 21; Dtn 8, 19; 32, 46), durch Samuel (1 Sam 8, 9) oder durch die Propheten (2 Kön 17, 13; Neh 9, 26. 30; 2 Chr 24, 19) sein Volk „ermahnt". Auch Josef (Gen 43, 3), Salomo (1 Kön 2, 42), Nehemia (Neh 13, 15. 21) und ein nicht näher definierter Pl. (Am 3, 13) sind Subj. von *ʿwd hiph*. Ob Jer 6, 10 JHWH selbst oder der Prophet Subj. ist, bleibt zweifelhaft.
b) *ʿeḏ* erscheint mit der Präp. *b^e*, „Zeuge gegen" (Dtn 31, 19. 26; 1 Sam 12, 5; Jer 42, 5; Mi 1, 2; Jos 24, 27 [*ʿeḏāh*]); oder mit *bên* ... *ûḇên* (Gen 31, 44. 48. 50; Jos 22, 27. 28. 34; es wird auch mit *kî* [dafür, daß] konstruiert, um den Inhalt des Zeugnisses zu bezeichnen: Jos 24, 22; 1 Sam 12, 5; Jes 19, 20). *hājāh l^eʿeḏ* (Gen 31, 48; Dtn 31, 19. 21. 26; Jes 19, 20; Jer 42, 5; Mi 1, 2; Ijob 16, 8) bzw. *l^eʿeḏāh* (Gen 21, 30; Jos 24, 27) bringt die Voraussicht, das Verlangen und die Feststellung zum Ausdruck, daß jemand oder etwas sich als Zeuge gegen jemand erweist oder sich als solchen hat bestimmen lassen. Die Verben, die häufiger in Verbindung mit *ʿeḏ* auftreten, sind *heʿîḏ* + *ʿeḏîm*, „zum Zeugen nehmen" (Jes 8, 2; Jer 32, 10. 25); *ʿeḏ* + *qwm* + *b^e*, „gegen jemanden als Zeuge auftreten" (Dtn 19, 15. 16; Ps 27, 12; 35, 11; Ijob 16, 8); *ʿānāh b^e*, „anklagen" (Ex 20, 16; Num 35, 30; Dtn 5, 20; 19, 16. 18; Spr 25, 18, vgl. *ʿānāh l^epānājw*, Dtn 31, 21); *hepîaḥ*, „äußern" (im allgemeinen „Lügen", Spr 6, 19; 12, 17; 14, 5; 19, 5. 9; vgl. D. Pardee, VT 28, 1978, 204–213). Das Vorbringen eines Beweises wird durch *heḇîʾ* + *ʿeḏ* (Ex 22, 12) angezeigt und die Anspielung auf eine Aussage des Zeugen kommt durch *l^epî*/*ʿal-pî ʿeḏîm* (Num 35, 30; Dtn 17, 6; 19, 15) zum Ausdruck. – *śāheḏ* (par. zu *ʿeḏ*, Ijob 16, 19) ist aram. Lehnwort.
5. LXX übersetzt alle Lexeme der Wurzel *ʿwd* meist mit Ausdrücken, die zum Grundverb μαρτυρεῖν gehören; διαμαρτύρεσθαι 19mal, ἐπιμαρτύρεσθαι 7mal, διαμαρτυρεῖν 3mal; auch καταμαρτυρεῖν, μαρτυρεῖν und ποιεῖν μάρτυρας. *ʿeḏ* wird 45mal mit μάρτυς, 9mal mit μαρτύριον, 6mal mit μαρτυρεῖν, 2mal mit μαρτυρία wiedergegeben. Die Übersetzungen von *ʿeḏ* durch ἄνθρωπος (Jes 8, 2), ἐγγυᾶν (Spr 19, 28) und ἔτασις (Ijob 10, 17) haben wahrscheinlich stilistische Gründe oder erklären sich aus Schwierigkeiten mit dem hebr. Text. – *ʿeḏûṯ* wird 36mal mit μαρτύριον (das auch *t^eʿûḏāh* wiedergibt) übersetzt, 4mal mit διαθήκη und 1mal mit μαρτυρία. – *ʿeḏāh* und *ʿeḏ(^ew)ôṯ* zusammen werden 41mal mit μαρτύριον übersetzt. Zu den Nuancen dieser Ausdrücke s. H. Strathmann, μάρτυς, ThWNT IV 477–520; Beutler 106–118.

II. Je nachdem, ob *ʿeḏ* sich auf einen einzelnen, eine Gruppe, eine Sache oder auf JHWH bezieht und eine im eigentlichen Sinn juridische (in einem Prozeß vor Gericht oder außerhalb eines Prozesses) oder übertragen religiöse Bedeutung hat, kann man sechs verschiedene Bedeutungsfelder unterscheiden.
1. a) Die am genauesten identifizierbare Kategorie ist die des Zeugen vor Gericht. Lev 5, 1 gibt beinahe eine Definition von *ʿeḏ*: er ist die Person, die eine Tat gesehen oder irgendwie erfahren hat, bezüglich deren die Verpflichtung besteht, auszusagen. Diese Verpflichtung wird mittels eines bedingten Fluches auferlegt (vgl. Elliger, HAT I/4, 73f.). *qôl ʾālāh* wäre nicht notwendigerweise der Fluch, der vom Geschädigten gegen den Schuldigen ausgesprochen wird, sondern eher die öffentliche Vorladung durch die „gerichtliche Autorität" (Älteste usw.). Lev 5, 1 beschreibt somit den Zeugen, der gesehen oder erfahren hat und verpflichtet ist zur Bekanntgabe *wegen* der Vorladung. Indes ist nicht jeder, der Augenzeuge war, *eo ipso* Zeuge im gerichtlichen Sinne (vgl. die unterschiedliche Beurteilung von J. Scharbert [→ I 280]). Die Schwere der Verpflichtung des Zeugen geht aus der Schuld hervor, die er auf sich lädt, wenn er die Bekanntgabe verweigert (*nāśāʾ ʿăwônô* → עון).
Die Wichtigkeit des Zeugen für die Gerechtigkeit wird durch das Gesetz bezüglich der Eifersucht unterstrichen (Num 5, 11–31), das die des Ehebruchs verdächtige Frau dem Gottesurteil unterstellt für den Fall, daß der Ehemann keine Zeugen aufbringen kann (v. 13). Das Fehlen von Zeugen bedeutet un-

mittelbare Einschaltung Gottes im gerichtlichen Prozeß. Das potentielle Vermögen des Zeugen machte es notwendig, zu einem bestimmten Zeitpunkt seine Kompetenzen abzugrenzen und moralische Garantien zu fordern: man verlangt wenigstens zwei Zeugen im Falle einer Verurteilung zum Tod für Mord (Num 35, 30) oder Götzendienst (Dtn 17, 6). Im letzteren Fall müssen die Zeugen als Vollstrecker der Todesstrafe fungieren, damit sie die volle Verantwortung für ihr Zeugnis wahrnehmen (Dtn 17, 7). Dtn 19, 15 dehnt die Norm von „zwei oder drei Zeugen" auf alle Fälle aus; sie werden sogar verlangt, um für irgendein Delikt (*leḵŏl-ʿāwôn ûleḵŏl-ḥaṭṭā'ṯ*) ein Verfahren einzuleiten (*qûm dāḇār*). Die Norm bezüglich mehrerer Zeugen fehlt in den ältesten Texten (vgl. Dtn 19, 16–19).

b) Das Anliegen, die ethische Qualität des Zeugen zu sichern, kommt in vielen Texten zum Ausdruck. In der apodiktischen Aussage Ex 20, 16 *lo' taʿanæh bereʿaḵā ʿeḏ šāqær*, „du sollst gegen deinen Nächsten nicht als Lügenzeuge aussagen", weisen die technischen Ausdrücke *ʿānāh-be* und *ʿeḏ* auf eine spezifische Vorschrift hin, das Lügenzeugnis vor Gericht zu unterbinden. Dtn 5, 20 wiederholt die Vorschrift, gebraucht aber *ʿeḏ šāw'*.

Der Unterschied ist oft als Korrektur von seiten des Dtn interpretiert worden, das die Vorschrift von Ex erweitert und präzisiert: jegliche Art von falschem Zeugnis werde verboten, sowohl das beabsichtigte wie das nachlässig abgelegte, und nicht nur im gerichtlichen Bereich, sondern in jeglicher Beziehung. *ʿeḏ šæqær* soll mehr die Beziehung des Zeugen zum *reaʿ* betonen, während *ʿeḏ šāw'* das Wesen des Zeugen selbst deutlicher charakterisiere (Klopfenstein 18–21, mit Hinweis auf J. J. Stamm, Der Dekalog im Lichte der neueren Forschung, 1962). Für Hossfeld 75–78 (vgl. J. F. A. Sawyer, THAT II 882–884) zeigen die Parallelen von Dtn 5, 20 (Ex 23, 1–9, *šāw'* und *šqr* kommen in den vv. 1a. 7a vor; Hos 4, 2; 10, 4; 12, 12 u.a.), daß die beiden Begriffe im Kontext der Rechtsprechung Synonyma sind. Die Verbindung mit dem Bundesbuch und Hos spricht zugunsten des Alters von Dtn 5, 20. Ex 20, 16 hätte also Dtn 5, 20 korrigiert, um die Beziehung des Namensmißbrauchverbotes (das *šāw'* gebraucht) zum Bereich der Rechtsprechung zu dämpfen. Zugleich wird die theologische Komponente dieses Verbotes betont (S. 85).

Dtn 19, 16–19 erläutert in kasuistischen Formulierungen die für die Vermeidung des Mißbrauchs des Zeugnisses notwendigen Vorsichtsmaßnahmen. *ʿeḏ ḥāmās* (v. 16) darf nicht in einer objektiven Bedeutung genommen werden als der, „der Anklage wegen eines Gewaltverbrechens erhebt, das einen Abfall (*sārāh*) von JHWH darstellt" (Stoebe 120); auch nicht einfach als „falscher Zeuge" oder „Zeuge einer Gewalttat", vielmehr, entsprechend dem Bedeutungsspektrum von *ḥāmās* (→ II 1058), als der Kläger, der einen Mordanschlag im Sinne hat (Seeligmann 263, mit Hinweis auf G. R. Driver / J. C. Miles, The Babylonian Laws, I, 21956, 62). Eine Anspielung auf die Falschheit des Zeugnisses scheint im Ausdruck *ʿānāh be* X *sārāh* „(vor Gericht) Falsches aussagen" (E. Jenni, AOAT 212, 1981, 201–211) enthalten zu sein. Aber erst nach der Konfrontation des Klägers mit dem Angeklagten vor Gericht und vor den Priestern, und nach sorgfältiger Untersuchung wird der Zeuge als falscher (*ʿeḏ šæqær*) bezeichnet, weil er den Nächsten in lügenhafter Weise (*šæqær ʿānāh be'āḥîw* v. 18) verklagt hat, und man erklärt ihn des Todes schuldig. Diese Gesetzgebung schließt sich eng an den Inhalt von CH 1–4 (vgl. Driver/Miles 62) an.

Die Interpretation von *ʿeḏ ḥāmās* in Ex 23, 1b weist leichte Unterschiede auf, je nachdem, ob man v. 1b als Erläuterung von v. 1a „du sollst kein leeres Gerücht (*šemaʿ šāw'*) verbreiten" oder v. 1a.b als zwei Parallelsätze eines Dekalogs für die Handhabung der Rechtspflege faßt. Im ersten Fall würde sich die Mahnung, nicht „ein Zeuge zugunsten von Gewalttat" (Noth, ATD 5, 138) zu werden, an alle Mitglieder der Gemeinschaft richten, die in einen rechtlichen Prozeß verwickelt sind (Cazelles, Noth, Cassuto, Childs). Im zweiten Fall würde sich v. 1b an die Richter und/oder an die Zeugen wenden. Aber das AT liefert keine positiven Daten, die diese Hypothese stützen würden.

c) Die anderen Texte, die den Zeugen kennzeichnen, mahnen zur Vorsicht gegenüber seinem Tun und kündigen Strafe für falsches Zeugnis an. Der Zeuge wird als *ʿeḏ šæqær* (Spr 6, 19; 14, 5; 25, 18; Ps 27, 12) oder als *ʿeḏ šeqārîm* (Spr 12, 17; 19, 5. 9) „falscher Zeuge, Lügenzeuge" bezeichnet. *ʿeḏ kezāḇîm*, „lügenhafter Zeuge", erscheint Spr 21, 28. Als Parallelbegriffe oder Synonyma kommen vor *jāp̄îaḥ kezāḇîm* (Spr 6, 19; 14, 5. 25; 19, 5. 9), „der Lügen vorbringt/aushaucht" (oder, wenn man *jāp̄îaḥ* als Subst. = ugar. *jpḥ* 'Zeuge' auffaßt, „Lügenzeuge") „Lügenmaul" (Bühlmann 93–99. 161–169); *jepeaḥ ḥāmās* (Ps 27, 12) und *ʿeḏ ḥāmās* (pl. Ps 35, 11, s. o.); *ʿeḏ ḥinnām* (Spr 24, 28; LXX liest *ʿeḏ ḥāmās*), der Zeuge, der den gerichtlichen Prozeß mißbraucht, indem er zur persönlichen Befriedigung seiner Rache aussagt, oder der im allgemeinen sich darauf verlegt, eine Aussage zu machen, die Bestrafung zur Folge hat (W. McKane, Proverbs [OTL], 574); *ʿeḏ belijjaʿal* (Spr 19, 28, vgl. 1 Kön 21, 10. 13), der Zeuge, dessen Aussage destruktiv ist, weil er die Tatsachen willentlich verfälscht (McKane 529). – Als Gegenbegriffe erscheinen *ʿeḏ 'æmæṯ* (Spr 14, 25) und *ʿeḏ 'æmûnîm* (Spr 14, 5), zuverlässiger, wahrhaftiger, treuer, verläßlicher Zeuge (vgl. auch *jāp̄îaḥ 'æmûnāh* Spr 12, 17). Spr 25, 18 scheint eine unmittelbare Anspielung auf das achte Gebot zu sein: *'îš ʿônæh bereʿehû ʿeḏ šæqær*, „wer gegen seinen Nächsten als Lügenzeuge aussagt", ist ein Hammer, Schwert und scharfer Pfeil. – Spr 14, 5 ist nicht leicht zu entscheiden, ob das Sprichwort den *ʿeḏ šæqær* definieren will oder den Lügner im allgemeinen charakterisiert: ein solcher ist so schlecht wie ein *ʿeḏ šæqær* (Bühlmann 164–167). – Nach Spr 14, 25 ist der *jāp̄îaḥ kezāḇîm* Trug, Falschheit (*mirmāh*) in Person. Die Erwähnung des *ʿeḏ 'æmæṯ* in v. 25a als Lebensretter bereitet den Gegensatz vor. Spr 12, 17 kehrt die Struktur und die

Akzente von 14, 25 um. Spr 21, 28 ist ebenfalls antithetisch: der lügenhafte Zeuge, dessen Aussagen unwahr sind oder für die ein Beweis nicht erbracht werden kann, geht zugrunde, er kann seinen Betrug nicht aufrechterhalten. Aber der *'iš šômea'*, der zuhört, sich informiert und das Gewicht seiner Aussagen abschätzt, dessen Rede hat Bestand. Seinen Worten wird man beständig Rechnung tragen. Das Sprichwort gilt also nicht nur für den gerichtlichen Bereich.

Spr 6, 19 schließt die einheitliche Versgruppe 16–19 ab; der *'eḏ šæqær* wird aber durch die Aufzählung von Augen, Zunge, Händen, Herzen, Füßen, d. h. von den Körperteilen, die am Akt des falschen Zeugnisses beteiligt sind, beschrieben. Die ausdrücklichen Verbindungen von Mund und *'eḏ* (Num 35, 30; Dtn 17, 6; 19, 15; Spr 19, 28), von Hand und *'eḏ* (Ex 23, 1, was vielleicht an den Brauch erinnert, im Augenblick der Anklage die Hände auf den Angeklagten zu legen), und von „Hand" und „Mund" (Ps 144, 8. 11), um die Tätigkeit des Gegners in einem fingierten Prozeß zu beschreiben, stützen diese Annahme (Bovati 259).

Der Gegensatz zwischen *'eḏ šæqær* und *'eḏ 'æmûnîm/ 'æmæt* (Spr 14, 5. 25) charakterisiert den lügenhaften, falschen Zeugen nicht als einen, der Lügen ausspricht (*kezāḇîm* indes bezieht sich nur auf die falschen Aussagen): es geht dabei um eine Beurteilung des Zeugen als unzuverlässig, als vertrauensunwürdig, auch im Hinblick auf sein menschliches Verhalten zu den anderen, im rechtlichen (der Ausdruck ist hier am stärksten) oder im mehr privaten Bereich (Klopfenstein 26).

Ps 27 bezieht sich auf einen gerichtlichen Prozeß, der vielleicht vor dem Priester stattfindet. Die Erwähnung der *'eḏê-šæqær*, „die wider mich aufgestanden sind (*qāmû ḇî*)" und Gewalttätiges vorbringen (v. 12), faßt die Liste der Gegner des Psalmisten (*mere'îm, ṣārāj, 'ojeḇāj, šôrerāj*) zusammen und zeigt konkret, wie die Feinde eines einzelnen innerhalb der organisierten Gesellschaft sich verhielten.

Die Ausdrücke des Vertrauens auf JHWH (vv. 1–6 im Vertrauenslied, aber auch vv. 7–13 im Klagelied, vgl. H. J. Kraus, BK XV/1⁵, 364) weisen darauf hin, daß es sich nicht mehr um eine gerichtliche Begegnung des Beters handelt. Vv. 12b. 13 müssen sodann als irrealer Bedingungssatz interpretiert werden, bei dem die Protasis (v. 13) auf die Apodosis folgt: „Falsche Zeugen würden sich wohl gegen mich erheben …, hätte ich nicht die Gewißheit …" (vgl. J. Niehaus, JBL 98, 1979, 88f.; anders Kraus).

Eine noch größere Ansammlung von Begriffen, die die Gegner bezeichnen, findet sich in Ps 35. Die *'eḏê ḥāmās* von v. 11 nehmen auf der Liste in etwa einen zentralen Platz ein. Einige technische Ausdrücke aus dem gerichtlichen Prozeß („ungerechte Zeugen erheben sich [*qûm*]; sie befragen mich über Dinge, die mir nicht bekannt sind" [v. 11]; „sie erfinden Verleumdungen" [*diḇrê mirmôt*, v. 20], indem sie behaupten, „unsere Augen haben ihn gesehen" [v. 21])

legen die Vorstellung nahe, daß der Psalmist sich vor Gericht befindet und sich der dort möglichen Korruption gegenübersieht. Die anderen Ausdrücke bezeichnen vielleicht metaphorisch die Zeugen und ihre Verhaltensweise. Solche Schilderungen des ungerechten Gerichtsverfahrens finden sich besonders in den Klagen des einzelnen in den Psalmen.

2. *'eḏîm* (pl.) bezeichnet in zwei prophetischen Texten außergerichtliche Zeugen. Jesaja erhält von JHWH den Befehl, einen sonderbaren Satz (den künftigen Namen seines Sohnes) niederzuschreiben (Jes 8, 2). Dabei zieht er zwei bedeutende Zeugen hinzu, damit der Text mit seiner Botschaft in das öffentliche Leben der Stadt Eingang finden soll, und damit man Jesaja keine nachträgliche Fälschung vorwerfen kann (O. Kaiser, ATD 17, z.St.). Ähnliche Bedeutung hat die Gegenwart von Zeugen im Geschäftsvertrag Jer 32. Die ins einzelne gehende Beschreibung der verschiedenen Dokumente des Vertrages, die dreimal an wichtigen Stellen des Berichtes wiederholt wird (vv. 10. 25. 44; *'eḏîm* auch v. 12), zeigt die Wichtigkeit des juridischen Vorgangs bei der symbolischen Handlung von Jeremia. Seine Geste soll so amtlich wie möglich sein, die die Verpflichtung JHWHs einschließt, sein Volk wiederherzustellen (→ II 285). Nur in diesen beiden Texten erscheint *'eḏîm* (pl.) (vgl. III. 1.) als direktes Objekt von *'wd hiph*.

Die Unterscheidung zwischen Vorladung und notarieller Aktion der Zeugen tritt in der alten Erzählung von Rut klar in Erscheinung. Boas nimmt (*lāqaḥ*) zehn Älteste mit zum Gericht und fordert sie mit der Formel *'eḏîm 'attæm hajjôm*, „ihr seid heute Zeugen" (Rut 4, 9. 10) auf, zu bezeugen, daß er sowohl das Eigentum von Elimelek wie auch das Recht, Rut zu heiraten, erworben hat. *'eḏîm* „(wir sind) Zeugen" (v. 11) ist die formelle Erklärung der Zeugen, die die Übereinstimmung des Kaufvertrages mit dem üblichen Recht bestätigen.

Die Funktion der Zeugen ist klar, trotz einer gewissen Zweideutigkeit des Textes, der die Tradition des Levirats (Dtn 25, 5–10) mit der des *go'el* (Lev 25, 25–34, → גאל *gā'al*) zu verbinden scheint und die Geste des Ausziehens und Übergebens der Sandalen in einer von Dtn 25, 9 verschiedenen Weise erklärt, indem er sie als eine *te'ûḏāh* definiert (G. Gerleman, BK XVIII², 37; vgl. J. J. Stamm, THAT I 386). – H.-F. Richter (ZAW 95, 1983, 123–126) betrachtet die Ehe zwischen Boas und Rut als Leviratsvertrag und nicht als Funktion des *go'el*. Die Unterschiede zu Dtn 25 würden auf eine vor-dtn Redaktion von Rut hinweisen.

3. Der Formel des Zeugenaufrufs (ohne *hajjôm* und mit Präp. *be*: „zeugen gegen") begegnet man auch in der dtr Bearbeitung von Jos 24 (v. 22); ihr folgt die Formel der Annahme der Zeugenschaft. Die Erklärung des Volkes wird im Falle der Untreue JHWH gegenüber zum Zeugen gegen es selbst. Der Gebrauch der Formeln ist nicht mehr streng juridisch, sondern im eigentlichen Sinne religiös. Er schließt das volle Bewußtsein des Volkes bezüglich seiner

Verpflichtungen ein, als es sich entschloß, JHWH als einzigen Gott anzunehmen.
Dieselbe religiöse Bedeutung von *'eḏ* erkennt man in einigen Texten von DtJes wieder. Jes 43, 8–13 gibt in freier Nachahmung einen gerichtlichen Prozeß (vgl. W. Zimmerli, VT 32, 1982, 104–124) zwischen JHWH und den Göttern (auf die nur das *bāhæm* von v. 9aβ anspielt) wieder (→ עבד *'āḇaḏ*). JHWH hat ein blindes und taubes Volk der Gesamtheit der Nationen gegenübergestellt. In der Auseinandersetzung geht es darum, die Fähigkeit oder Unfähigkeit JHWHs oder der Götter „anzukündigen" (*ngd hiph*) und Gegenwart-Vergangenheit zu „interpretieren". 3mal werden die Zeugen erwähnt: v. 9bα *'eḏêhæm* („ihre [der Götter] Zeugen"); vv. 10. 12 *'attæm 'eḏaj* („ihr seid meine [JHWHs] Zeugen"). JHWH fordert die Götter heraus, Zeugen zu bestellen, die zeigen, ob sie etwas von der „Geschichtslektion" (die Ankündigung und Interpretation von *zo'ṯ* und *ri'šonôṯ*, d. h. Gegenwart-Zukunft und Vergangenheit) ihrer Beschützer gelernt haben. Den nicht vorhandenen Zeugen der Götter werden die Zeugen JHWHs gegenübergestellt („ihr"), die bezeugen, *kî 'anî hû'* (v. 10; vgl. vv. 11. 12ab, → II 366f.) „daß ich es bin". Die Funktion dieser Zeugen ist nicht, eine Aussage zugunsten eines Angeklagten zu machen (eine Bedeutung, die das AT fast nicht kennt), was JHWH nicht nötig hat. Sie sind auch keine Belastungszeugen und keine notariellen Zeugen, die bei einem bestimmten Ereignis zugegen waren und dies vor Gericht bekunden. Die „Zeugen" JHWHs sind ein Argument durch ihre bloße Gegenwart. Jes 43, 10. 12 kehrt die Formel des Zeugenaufrufes um. Die Voranstellung von *'attæm* vor *'eḏaj* (vgl. Rut 4, 9. 10) lenkt die Aufmerksamkeit auf die Qualität von „ihr". Daß gerade dieses blinde und taube Volk fähig sein soll, das Handeln Gottes inmitten seines Volkes zu erkennen, das ist das entscheidende Argument, daß die Aussage „ich bin" wirklich zutrifft. Die Götzen bieten keine Interpretation der Geschichte, darum haben sie keine „Zeugen"/Jünger: „Niemand hört eure Worte" (Jes 41, 26b).
Dieselbe Argumentation wie Jes 43, 8–13 findet sich Jes 44, 6–9 als polemische Einführung für den Spott gegenüber den Anfertigern von Götzenbildern: JHWH ist der einzige, der das, was in der Vergangenheit geschehen ist und in der Zukunft geschehen wird, interpretieren bzw. ankündigen kann (v. 7). Dafür „seid ihr meine Zeugen" (v. 8). „Ihre Zeugen" (d. h. der Götzen, v. 9) jedoch verstehen („sehen") nichts.
Jes 55, 4 wendet den Titel *'eḏ le'ummîm*, „Zeuge für die Völker" (oder *'eḏ le+'ummîm*, „Zeuge für die Stämme", was vorzuziehen wäre, da der st. cstr. von *'eḏ* für gewöhnlich die Eigenschaft des Zeugen und nicht den Adressaten seines Zeugnisses bezeichnet) auf den König an.

J. H. Eaton hat in dem Titel *'eḏ* die Zusammenfassung der Aufgaben des Königs gesehen, als einer, der aufmuntern und ermahnen soll; als einer, der Heil und Offenbarung von JHWH her erfahren hat und dies vor den Völkern kundtut; und als einer, der ein Zeichen ist. Diese charakteristischen Züge kommen in zahlreichen Psalmen zum Ausdruck („The King as God's Witness", ASTI 7, 1970, 25–40, bes. 26–27). Offen bleibt die Frage, warum *'eḏ* nur hier sich auf den König beziehen soll, wenn die Nuancierungen des Titels so zahlreich und offenkundig waren.

Wenn man Jes 55, 1–5 als Text der Demokratisierung der messianischen Hoffnung und als Übertragung der früher im König gegebenen Erwartungen auf das Volk versteht (vgl. von Rad, Theologie II 250), dann müssen vv. 4. 5a als betonte Gegenüberstellung von *hen* gelesen werden: JHWH hatte David als seinen Zeugen bestellt, aber jetzt „wird ein Volk, das du (Israel) nicht kennst, zu dir eilen".

Ijob 10, 17 erfordert das militärische Kolorit des Bildes für *'eḏæḵā* eine Übersetzung wie „Ansturm, Angriff" (wobei man sich auf arab. *'dw* stützt) oder „Kämpfer" (vgl. ugar. *'dn*, KTU 1.14, II, 32–34; W. G. E. Watson, Bibl 63, 1982, 255–257), indem man die immer noch häufigere Übersetzung „Zeugen" ausschließt.

4. In fünf oder sechs Texten ist JHWH selbst „Zeuge". 1 Sam 12, 5 bekräftigt Samuel seine Unschuldserklärung mit einer Art Verwünschung, indem er das Zeugnis JHWHs und seines Gesalbten gegen das Volk (*bāḵæm*) anruft. Bei einer etwaigen Anklage gegen Samuel wegen Ungerechtigkeit werden sich also JHWH selbst und der König für die Verteidigung des Angeklagten einsetzen. Das Volk nimmt mit der Erklärung *'eḏ* („ist/sind Zeuge(n)", vgl. oben zu Rut 4, 9. 11) den Zeugen an. In v. 6 muß mithin *'eḏ* mit LXX eingefügt werden (vgl. P. K. McCarter, AB 8, 210) als Erläuterung der Erwähnung JHWHs. (Auf dieses Ereignis nimmt Sir 46, 19 mit *he'îḏ* Bezug: Samuel „bezeugt", d. h. erklärt, beteuert, daß er nichts unrecht erworben hat.)
Ähnlich in der Formulierung, aber verschieden in der Funktion sind Mi 1, 2 *wîhî* ... *JHWH bāḵæm le'eḏ* und Jer 42, 5 *jehî JHWH bānû le'eḏ 'æmæṯ wenæ'æmān 'im lo'*. In Mi führt der (redaktionelle?, vgl. H.-W. Wolff, BK XIV/4, 14f.) Vers in feierlicher Weise ein gegen Israel gerichtetes Orakel in Gegenwart der Völker ein. JHWH selbst ist der Zeuge, es ist keine Vorladung von Zeugen durch JHWH. *bāḵæm* muß „unter euch" und nicht „gegen euch" verstanden werden. – Jer 42, 5 ruft das Volk JHWH gegen sich selbst in einer Eides- und Selbstverfluchungsformel an, wenn es dem durch Jer übermittelten Gebot JHWHs nicht entspricht. Der Ausdruck erweist sich so als dem häufigeren *ḥaj JHWH 'im / 'im lo'* gleichwertig.
Es ist schwer zu entscheiden, ob *baššāmajîm 'eḏî* Ijob 16, 19 sich auf JHWH bezieht oder nicht. Die Funktion dieses Zeugen (v. 20 ist Parenthese) kommt in streng juridischer Sprache zum Ausdruck: er verteidigt den Menschen gegenüber Gott (*wejôḵaḥ le+'im*, v. 21). Der Zeuge kann nicht mit Gott identifiziert werden. Aber wer kann als Zeuge/Richter zwischen

Mensch und Gott auftreten (vgl. 9, 33)? Denkt Ijob an einen „Sohn Gottes" nach der Art von 1, 6; 2, 1 oder an einen fürsprechenden Engel wie 33, 23–24 (vgl. TOB z.St.)? Oder stellt er einen persönlichen Gott dem höchsten und transzendenten Gott der Theodizee von DtJes (vgl. J. B. Curtis, JBL 102, 1983, 549–562) gegenüber? Die Behauptung scheint berechtigt, daß in Ijob zwei verschiedene Auffassungen über Gott im Streit liegen, die er als gegensätzlich objektiviert (→ I 889f.).

Jer 29, 23 bezeichnet sich JHWH am Ende der Strafankündigung gegen die falschen Heilspropheten als „Zeuge, der weiß" (*hajjôḏeaʿ*, Q), was eine Anspielung auf die Lev 5, 1 aufgestellten Bedingungen für einen Zeugen sein könnte, oder es handelt sich um eine Dittographie (vgl. BHS).

Mal 3, 5 verkündet JHWH seine Ankunft zum Gericht (*lammišpāṭ*) als *ʿeḏ memaher*, „schnellhandelnder Zeuge" (gegen Zauberer, Ehebrecher usw.). Die Funktion des Zeugen innerhalb des Prozesses ist hier nicht sekundär, sondern identisch mit der des Richters, der schnell handeln kann, weil er selbst Zeuge gewesen ist (vgl. W. Rudolph, KAT XIII/4, 280).

5. Verschiedene Objekte können als juridische Zeugnisse für eine Abmachung vorkommen. Gen 21, 30 dienen die sieben Lämmer, die Abraham Abimelek übergibt, als Zeugnis (*hājāh leʿeḏāh*) dafür, daß er die Brunnen gegraben hat. In der Erzählung über den Vertrag Jakobs mit Laban (Gen 31, 43 – 32, 1, wahrscheinlich bedeutend überarbeitet) wird *ʿeḏ* 4mal erwähnt. Was in v. 44 mit *hājāh leʿeḏ bênî ûḇênǽḵā* gemeint ist, ist unklar; die Abmachung kann nicht als *ʿeḏ* angesehen werden. Vv. 48. 52 gilt der Steinhaufe als *ʿeḏ*. V. 52 fehlt *bênî ûḇênæḵā*, *ʿeḏ* steht vor *haggal hazzæh* und ist parallel zu *weʿeḏāh hammaṣṣeḇāh*. Die Bedeutung von *ʿeḏ* v. 48 wird durch v. 50 *ʾælohîm ʿeḏ bênî ûḇênæḵā* erläutert. Der Steinhaufe wird Stellvertreter und Mahner für den Willen der Beteiligten sein, wenn sie voneinander entfernt sind (v. 49b). Und Gott selbst wird wirksam die Stellvertretung des Zeugen übernehmen, wenn einer der Beteiligten sich nicht an die Abmachung hält, indem er sich die Tatsache zunutze macht, daß „keiner ihn sieht" (v. 50).

Die komplexe Formulierung von v. 52 verrät die Absicht, zwei verschiedene Funktionen, die auf verschiedenen Stufen des Textes sowohl den Steinhaufen wie auch die *maṣṣeḇāh* umfaßten, zu verbinden. Sind sie „Zeuge(n)", wäre die Formulierung eine Bedingung mit *ʾim*. Die Apodosis vereinbart, daß der Gott Abrahams und der Gott Nahors richten sollen. Wenn man Steinhaufe und *maṣṣeḇāh* als „Grenze" auffaßt, würde die Formulierung mittels einer Negation den Willen der Partner festlegen, die festgesetzten Grenzen nicht zu überschreiten. Während die Beschäftigung mit den Grenzen eine Stammesproblematik ausdrückt, bringt die Abmachung zwischen Laban und Jakob ihrerseits eine Problematik zwischen den Familien zur Sprache.

Ex 22, 12 gehört zu den Gesetzen des Bundesbuches, die für bestimmte Fälle die Dispens vom Schadenersatz festlegen (vgl. F. C. Fensham, JNWSL 8, 1980, 17–34). Es ist der einzige Text des AT, in dem *ʿeḏ* einen gerichtlichen Beweis bezüglich einer begangenen Tat bezeichnet. Wenn jemand ein Tier ausgeliehen hat und dieses von einem wilden Tier zerrissen wird, soll er die Überreste (vor das Tribunal) bringen (*jeḇiʾehû ʿeḏ haṭṭerepāh*) und ist so von jeder weiteren Wiedergutmachung entbunden. – Jos 22, 27. 28. 34 bezieht sich *ʿeḏ* auf einen Altar.

Der Bericht greift eine vorexilische Tradition über einen jahwistischen Altar wieder auf, der nahe am Jordan stand und als Grenzheiligtum diente (vgl. J. S. Kloppenborg, Bibl 62, 1981, 370). Eine gewisse Spannung wird deutlich zwischen der (jahwistischen?) Formulierung v. 27, die an einen Altar für den Kult denkt, und der priesterlichen Formulierung v. 28, wo der Altar offensichtlich und ausschließlich Zeuge der Verbindung ist, die zwischen Ruben und Gad und den übrigen Stämmen Israels besteht (vgl. vv. 24–25), ohne daß der Anspruch erhoben wird, ein neues Kultzentrum einzurichten. In beiden Formulierungen bemerkt man das Anliegen, die ethnische und religiöse Verbindung mit den „neuneinhalb Stämmen" durch die physische Distanz und die natürliche Grenze (Jordan) nicht abreißen zu lassen. V. 34, der die Erzählung beschließt, scheint verstümmelt. „JHWH ist Gott" kann nicht die Erklärung des Nomens „Zeugnis/Zeuge" sein.

6. Das Lied Moses, ein Denkmal, eine *maṣṣeḇāh*, ein nicht näher identifizierter „Zeuge in den Wolken" und der Schmerz Ijobs sind die „Objekte", die in der Funktion des religiösen Zeugnisses erscheinen.

JHWH befiehlt Mose, das Lied aufzuschreiben und es die Israeliten zu lehren *lemaʿan tîhjæh-lî haššîrāh hazzoʾṯ leʿeḏ biḇnê jiśrāʾel* (Dtn 31, 19) und sieht vor, daß bei einem Bruch des Bundes durch das Volk *weʿāneṯāh haššîrāh hazzoʾṯ lepānājw leʿeḏ* (v. 21). Die beiden Ausdrücke unterstreichen die zwei sich ergänzenden Aspekte von *ʿeḏ*: auf der einen Seite ist er ein Entlastungszeuge zugunsten JHWHs gegen Israel. Israel, eingedenk der Geschichte JHWHs mit seinem Volk, wird kein Recht haben, JHWH anzuklagen, wenn alles sich erfüllt hat. Auf der anderen Seite wird der Inhalt des Liedes (v. 21) zum ständigen Belastungszeugen gegen das Volk werden. Das Lied als *ʿeḏ* hat dieselbe Autorität wie das Buch des Gesetzes, das seinen Platz neben der Bundeslade *leʿeḏ beḵā* (Dtn 31, 26) hat, als Belastungszeuge gegen Israel. – Auch der von Josua errichtete Stein (Jos 24, 27, 2mal *hājāh leʿeḏāh bānû/bāḵæm*) ist Zeuge gegen das Volk, weil er alles gehört hat, was JHWH mit seinem Volk gesprochen hat.

Jes 19, 19–22 erklärt nicht, in welchem Sinne der Altar und die *maṣṣeḇāh* Zeichen und Zeuge für JHWH (v. 20) in bezug auf die Ägypter sein können. Handelt es sich um ein für die Ägypter errichtetes Denkmal, um JHWH an sein Heilshandeln in Ägypten (zugunsten der Hebräer in früher Zeit) zu erinnern? Oder um ein durch die Eingebung JHWHs erbautes Denkmal, um der Beständigkeit seiner Absichten Nachdruck zu verleihen? Die Vieldeutigkeit von → אות *ʾôṯ* gibt auch keinen Anhaltspunkt zur Lösung der Frage.

Der *ʿed baššaḥaq* von Ps 89, 38 ist auch nicht eindeutig zu identifizieren. Der Zeuge wird nicht ausdrücklich mit der Sonne und dem Mond (vv. 37f.) identifiziert, es sind Vergleiche, die die beständige Gültigkeit der Verheißungen im Hinblick auf Thron und Nachkommenschaft zum Ausdruck bringen, aber es könnte auf eines von beiden oder allgemeiner auf einen der *b*ᵉ*nê ʾelîm* (v. 7; dort auch *baššaḥaq*) angespielt sein. Die Anwesenheit dieses Zeugen im himmlischen Hof (vgl. Ijob 16, 19–21) sichert „gesetzlich" die Aufrechterhaltung der Verheißungen an den König und bietet ihm zugleich einen Anwalt, der seine Sache vor Gott vertritt (vgl. E. Th. Mullen [Jr.], JBL 102, 1983, 207–218, mit Hinweis auf relevante ugar. Texte).

In Ijob 16, 7 ist *ʿ*ᵃ*ḏāṯî* nicht in *rāʿ*ᵃ*ṯî* zu verändern. V. 7b + *wattiqm*ᵉ*ṭenî* wendet sich an Elifas: „Du bringst mein Zeugnis zum Schweigen und klagst mich an"; v. 8: „mein Leiden erhebt sich als Zeuge gegen mich und sagt mir die Anklage ins Gesicht" (vgl. L. Alonso Schökel / J. L. Sicre Díaz, Job, Commentario teológico y literario, Madrid 1983, 248. 250). So ergibt sich wieder die Gegenüberstellung von *ʿeḏāh* und *ʿeḏ*. Die Reden Ijobs sind das durch die scharfe Argumentation seiner Freunde gedämpfte Zeugnis; wenn sein Schmerz in der theologischen Darlegung keine Rechtfertigung findet, so verwandelt er sich zum Belastungszeugen gegen das ganze Leben Ijobs.

III. Der Gebrauch von *ʿwd hiph* umfaßt zwei große Bedeutungsfelder.

1. Als denominatives Verb von *ʿeḏ* erscheint *ʿwd hiph* in gerichtlichem (innerhalb oder außerhalb eines Prozesses) oder religiösem Kontext, wobei eine gerichtliche Situation nachgeahmt wird. Es drückt einerseits das Vorladen oder Vorstellen von Zeugen, andererseits ihre Aktivitäten: Zeuge sein, bezeugen, aus. Jes 8, 2; Jer 32, 10. 25. 44 hat *ʿwd ʿeḏîm* als direktes Objekt und muß verstanden werden als „Zeugen vorladen/einsetzen", wobei die Tätigkeit oder die Möglichkeit des Bezeugens eingeschlossen ist. Das Suchen von Zeugen ist im Befehl JHWHs in keinem der beiden Fälle eingeschlossen, aber Jer 32, 25 weist dies JHWH zu, obwohl nach v. 12 die Gegenwart „aller Judäer, die im Wachthof saßen" als Zeugnis genügt hätte.

1 Kön 21, 1–16, die Nabot-Novelle (vgl. E. Würthwein, ZThK 75, 1978, 375–397) bringt genaue Angaben über die Verfahrensweise eines bestimmten Typs gerichtlicher Versammlung. Eine Bußversammlung wird einberufen, um ein Fasten zu halten. Dadurch wird das Auftreten der zwei Zeugen vorbereitet. Wenn man herausfinden kann, durch welche Schuld das Volk in eine Notlage geraten ist, kann man den Schuldigen bestrafen und so die ungünstige Situation beseitigen. Das Volk ist so durchaus bereit, jegliches Zeugnis entgegenzunehmen, das es der Verantwortung enthebt. Vv. 10. 13 unterscheiden zwischen der Wahl von zwei falschen Zeugen (*w*ᵉ*hôšîḇû š*ᵉ*najim ʾ*ᵃ*nāšîm b*ᵉ*nê-ḇ*ᵉ*lijjaʿal*) und dem Akt des mündlichen Bezeugens (*waj*ᵉ*ʿiḏuhû* [*ʾæṯ* X *næḡæḏ* Y] *leʾmor*: „gegen jemand vor jemand eine Zeugenaussage machen"). Die Aussage von zwei Zeugen ist unwiderlegbar. Da das gerichtliche Verfahren im AT vom Interessenten selbst oder seiner Familie ausgeht, ist die Zeugenaussage als Anklage Mittel der gemeinsamen Verteidigung von Gesetz und Institution und deswegen willkommen. Dadurch erklärt sich, daß die *praesumptio* immer zugunsten des Kläger-Zeugen steht. Dieselbe Bedeutung von „bezeugen" (ausnahmsweise zugunsten von jemand) findet sich auch im sehnsüchtigen Monolog von Ijob 29, 11.

Die Formel *ʿwd hiph b*ᵉ X *ʾæṯ-haššāmajim w*ᵉ*ʾæṯ-hāʾāræṣ* („Himmel und Erde als Zeugen gegen jemand einsetzen/vorstellen") kommt Dtn 4, 26; 30, 19; 31, 28 vor, in den beiden ersten Fällen im Kontext von Verfluchungen gegen Israel im Falle von Untreue gegenüber dem Bund mit JHWH (vgl. v. 23). Wenn Dtn 31, 28–29 durch 32, 45ff. fortgesetzt wird und „Worte" sich nicht auf das Lied Moses, sondern auf die Gesetze bezieht, würde die Formel (in Parallele zur Unterbringung des Gesetzbuches in der Nähe der Bundeslade „als Zeuge" [v. 26]) die Verkündigung der Gesetze unterstreichen helfen (31, 28b). Die Formel scheint durch die Erwähnung von Gottheiten und Naturelementen, die als Richter bei Verträgen der Hethiter und Aramäer angerufen wurden, inspiriert zu sein (Delcor 11–14). Ihre Funktion ist aber eindeutig anders. In Dtn sind Himmel und Erde Zeugen der Gewißheit Moses bezüglich der Strafe, die JHWH für den Fall des Bundesbruches beschlossen hat (4, 26; 30, 19), bzw. der künftigen Übertretung der Gesetze (31, 28). Der Sinn des Ausdrucks ist: „So sicher wie Himmel und Erde existieren, so sicher ..."

Himmel und Erde werden außerdem als Zeugen (ohne Erwähnung von *ʿeḏ*) bei den Orakeln JHWHs in den prophetischen Gerichtsreden (z. B. Jes 1, 2ff.) als Garanten der absoluten Gewißheit der herannahenden Strafe bestellt. Mal 2, 14 bezeichnet *ʿwd hiph* JHWH als Zeugen zwischen (*bên*) Juda und der Frau seiner Jugend, konkret zwischen den Judäern, wahrscheinlich Bewohnern von Jerusalem (vgl. v. 11), und den legitimen Frauen, die durch den ehelichen Vertrag (*ʾešæṯ b*ᵉ*rîṯækā*) geschützt waren (Horst, HAT I/14³, 268; R. Althann, Bibl 58, 1977, 418–421). Weil JHWH „Zeuge" dieses „Bundes" ist, bedeutet dies, daß Untreue gegenüber letzterem Untreue gegenüber JHWH ist. Die Wahl der Terminologie kann sehr wohl von der Wichtigkeit diktiert sein, die das Thema des Bundes Mal 1, 1 – 3, 12 hat (vgl. S. L. McKenzie / H. N. Wallace, CBQ 45, 1983, 549–563).

*w*ᵉ*ʾāʿîḏāh bāḵ* Ps 50, 7 kann denominativ verstanden werden: „Ich werde gegen dich zeugen", d. h. „ich klage dich an". Vv. 1–7 legen in der Tat die Vorstellung eines Gerichtes nahe, mit der Bestellung von Himmel und Erde (als Zeugen? vv. 1. 4), um sein Volk (v. 4) in Gegenwart seiner Getreuen zu richten (*lādîn*). JHWH ist Richter (v. 6) und gleichzeitig Belastungszeuge (v. 7). Die Erwähnung von *b^erîṯ* in vv. 5. 16 rechtfertigt für v. 7 nicht eine Übersetzung „Bundessatzungen vortragen". Es handelt sich tatsächlich nicht um eine Darlegung der Bedingungen für den Bund, sondern um eine gerichtliche Beschuldigung wegen deren Verletzung.

2. Das zweite Bedeutungsfeld von *ʿwd hiph* ist an den Sinn von *ʿeḏûṯ/ʿeḏ(ᵉw)ôṯ* gebunden. Hier wird noch oft mit „bezeugen" oder dgl. übersetzt, was aber eine Verwendung neutraler Ausdrücke bedeutet, die mit dem Kontext keine Verbindung haben. Die Übersetzung „hinweisen" könnte in den meisten Fällen passen, aber ihre semantische Ungenauigkeit bringt die Schattierungen des Verbs für jeden einzelnen Fall nicht ans Licht. Folgende Elemente sind allen Texten dieser Gruppe gemeinsam: eine Autoritätsperson (JHWH, ein Prophet oder eine öffentliche Behörde) verkündet autoritativ eine Norm oder ein Gesetz, um deren oder dessen Befolgung zu erreichen. Je nach der vermeintlichen Disposition des Empfängers, die Botschaft aufzunehmen, und je nach dem Inhalt der Botschaft (Gebot, Verbot), muß übersetzt werden: a) 'befehlen', 'gebieten' (autoritativ eine Norm verkünden, die befolgt werden muß, ohne daß dabei auf die Disposition der Hörer hingewiesen wird). Während 'befehlen' sich auf den Inhalt des Gebotes bezieht, faßt 'verkünden' die Gesetze als Corpus ins Auge; b) 'verbieten' (autoritativ ein Verbot verkünden, ohne auf die Disposition der Hörer hinzuweisen); c) 'ermahnen' (autoritativ verkünden – beschwören – ein Gesetz, dessen Befolgung für die Hörer schwer sein wird und an dessen Erfüllung der Gesetzgeber besonderes Interesse hat); d) 'drohen' (autoritativ ein Gesetz verkünden und dabei für dessen Übertretung eine Strafe vorsehen); e) 'Vorwürfe machen' (autoritativ eine schon bekannte Norm, die die Hörer nicht befolgt haben, wiederum verkünden). Die Grundlage für diese Übersetzungen ist die etymologische und semantische Beziehung, die zwischen *ʿwd* und *ʿeḏûṯ* (vgl. I.1. und III.1.) besteht und die in der *figura etymologica* 2 Kön 17, 15; Neh 9, 34 (vgl. unten) offenkundig ist. In verschiedenen Texten dieser Gruppe ist ein häufiges Vorkommen des juridischen Vokabulars deutlich zu sehen, während auf einen gerichtlichen *Prozeß* nicht angespielt wird. Eine ausdrückliche Erwähnung von *b^erîṯ* findet man im unmittelbaren Umfeld von Dtn 8, 19 (v. 18) und Jer 11, 7 (vv. 2. 3. 6. 8). Aber eine Beziehung zur Bundes- oder Vertragsterminologie scheint nicht in *allen* Texten zu bestehen. Mit Ausnahme von Jer 6, 10 ist *ʿwd hiph* in allen Texten dieser Gruppe mit *b^e* konstruiert, um jenen zu bezeichnen, dem das Handeln gilt.

a) Ex 19, 23 wiederholt Mose in positiver Formulierung das Verbot JHWHs (v. 21) vom Besteigen des Berges: „Du selbst hast uns geboten, den Berg abzugrenzen ..." – 1 Sam 8, 9 hat *ʿwd hiph* als direktes Objekt *mišpaṭ hammælæḵ*, „Recht/Handlungsweise" des Königs. *hāʿeḏ tāʿîḏ bāhæm w^ehiggaḏtā lāhæm* muß als Hendiadyoin verstanden werden: „Verkünde und lehre sie die Rechte des Königs." – Dtn 32, 46 lädt Mose, nachdem er sein Lied beendet hat, das Volk ein, alle diese Worte, *'^ašær 'ānoḵî m^eʿîḏ bāḵæm*, „mit denen ich euch autoritativ ermahne", zu beachten. Die Argumentation Nehemias in seiner Rede (Neh 9) stellt die Treue JHWHs zu seinem Bund (v. 32) der Untreue „unserer Könige" und Behörden gegenüber. Im Kontext einer amtlichen Untreue gegenüber der Thora und den Geboten (*miṣwôṯ*), ist *ʿeḏ^ewoṯæḵā '^ašær haʿîḏôṯā bāhæm* (v. 34) mit „deine Bundesbestimmungen, die du ihnen auferlegt hattest" (Veijola 349) zu übersetzen und nicht als bloße Anspielung auf „Mahnungen" zu verstehen. – Die dtr Reflexion über den Fall des Nordreichs (2 Kön 17, 7–18) faßt die Schuld der Verwerfung der Gesetze (*ḥuqqājw*) zusammen, weist auf den mit „den Vätern" geschlossenen Bund (*b^erîṯô*) hin, *w^e'æṯ ʿeḏ^ewoṯājw '^ašær heʿîḏ bām* (v. 15), was auch hier die Übersetzung „und seine Bundesbestimmungen, die er ihnen auferlegt hatte", nahelegt.

b) „Verbieten" (Gegensatz zu „befehlen") ist die Bedeutung im Befehl JHWHs an das Volk, der durch Mose übermittelt wird: „Steige hinab und verbiete dem Volk, daß (*pæn*) es auf JHWH hin durchbricht, um ihn zu sehen" (Ex 19, 21) und Jer 42, 19: „Betretet nicht Ägypten! Bedenkt, daß ich es euch heute verbiete."

c) „Ermahnen" ist die am häufigsten vorkommende Bedeutung in dieser Gruppe. JHWH hat selbst (Jer 6, 10; 11, 7; 42, 19; Neh 9, 29; Ps 81, 9) oder durch die Propheten (2 Kön 17, 13; Neh 9, 26. 30; 2 Chr 24, 19), durch seinen „Geist" (Neh 9, 30) oder durch seinen „Boten" (Sach 3, 6) Israel (Ps 81, 9) und Juda (2 Kön 17, 13; 2 Chr 24, 19), die Generation, die in das gelobte Land einzog (Neh 9), den Hohenpriester Jeschua (Sach 3, 6), das Haus Jakob (Am 3, 13) ermahnt, zu ihm (Neh 9, 26; 2 Chr 24, 19) oder zu seinem Gesetz (Neh 9, 29) zurückzukehren, die Gebote, die Verordnungen und das ganze Gesetz (2 Kön 17, 13) zu beobachten, auf seinen Wegen zu wandeln und seine Gesetze zu befolgen (Sach 3, 6), auf seine Stimme zu hören (Ps 81, 9. 12; Jer 11, 7), was soviel bedeutet wie „auf die Worte des Bundes zu hören" (vgl. vv. 2. 3. 6. 8). Die Weisheit „ermahnt" und belehrt (*lmd pi*) alle, die auf sie achten (Sir 4, 11; LXX ἐπιλαμβάνεται weist auf die im folgenden erwähnte Belohnung hin). – Jer 6, 10 bleibt eine gewisse Unklarheit bezüglich des Adressaten der Ermahnung (Präp. *ʿal* statt *b^e*) und Am 3, 13 bezüglich des Subjektes.

d) Josef droht seinen Brüdern, sie sollen nicht vor ihm erscheinen, wenn sie nicht mit Benjamin zurückkehren (Gen 43, 3); Mose droht dem Volk im Fall der Untreue mit dem völligen Untergang (Dtn 8, 19). Obwohl es sich formal um eine Drohung handelt, ist es doch schwierig, in den modernen Sprachen das Verb „drohen" präsentisch anzuwenden. *haʿîḏôṯî bāḵæm hajjôm* ... könnte man deswegen übersetzen: „Seid heute dessen sicher ..." Das Problem ist nicht vorhanden, wenn es sich um den Bericht über die Drohung: „Der Mann drohte uns ..." (Gen 43, 3) oder um die Erinnerung daran handelt. Salomo erinnert Schimi: „Hatte ich dir nicht ... gedroht ...?" (1 Kön 2, 42); und Nehemia (Neh 13, 21) erzählt, er habe den Kaufleuten von Tyrus, die ihre Waren am Sabbat verkauften, gedroht, Hand an sie zu legen, wenn sie weiterhin die Sabbatruhe nicht beachteten.

e) Derselbe Nehemia hatte vorher den Kaufleuten die Nichterfüllung des Sabbatgebotes „vorgeworfen" (Neh 13, 15). *ʿwd hiph* hat v. 17 in *rîḇ*, „rechten mit", „Vorwürfe machen" eine Parallele.

Es scheint, daß man Klgl 2, 13, *māh-ʾaʿîḏeḵ ... lāḵ*, in keine der für *ʿwd hiph* vorgeschlagenen Bedeutungsgruppen einordnen kann. Der Vorschlag von H.-J. Kraus, „zuzureden", „aufzumuntern" (BK XX, 36. 38), der sich auf eine angebliche „Grund"-Bedeutung von *ʿwd* „Worte immer wiederholen" stützt, trifft auf Schwierigkeiten in der Etymologie (vgl. I.1.). Die Parallele zu *ʾaḏammæh* legt die Korrektur *ʾæʿæroḵ* nahe.

3. Ex 21, 29 *ʿwd hoph* (als Passivform von *hiph*) hat eine Bedeutung, die jener von „ein Gesetz verkünden" (vgl. III. 2. a) ähnlich ist, und beschränkt sich hier auf den privaten Bereich: „Wenn man" den Besitzer eines stößigen Rindes „benachrichtigt", aufmerksam gemacht hatte.

IV. 1. a) *ʿeḏûṯ* erscheint (außerhalb des gesetzlichen Kontextes) vor allem im Pentateuch, besonders in Konstruktionen als *nomen regens*. *lûḥôṯ hāʿeḏûṯ* (→ לוח *lûaḥ*) erscheint Ex 31, 18; 32, 15; 34, 29, priesterliche Ergänzungen der literarkritisch und traditionsgeschichtlich komplexen Erzählung vom goldenen Kalb (Ex 31, 18–34, 35; vgl. C. Dohmen, BBB 62, 1985, → סיני *sînaj*). Die Identifizierung der *lûḥôṯ ʿeḏûṯ* mit den steinernen Tafeln (Ex 31, 18; 34, 1. 4), mit den „zwei Tafeln" (31, 18; 34, 1. 4. 29) oder mit „den Tafeln" (32, 19; 34, 1. 28) nötigt dazu, *ʿeḏûṯ* als schriftliches Dokument, das in einer Truhe aufbewahrt wird, zu verstehen. Dadurch wird es möglich, in Texten, die den *miškān*, seine Weihe oder die Aufgabe der Leviten beschreiben, von *ʾarôn hāʿeḏûṯ* (Ex 25, 22; 26, 33. 34; 30, 6. 26; 31, 7; 39, 35; 40, 3. 5. 21; Num 4, 5; 7, 89) zu sprechen – der Ausdruck Jos 4, 16 ist wohl priesterliche Überarbeitung. – *ʾohæl hāʿeḏûṯ* (der Ort des *ʾarôn hāʿeḏûṯ*) wird Num 9, 15 mit *miškān* identifiziert und 18, 2 *miqdāš* gegenübergestellt; er wird in der Geschichte von Aarons Stab (Num 17, 22. 23 – man beachte vv. 19. 25 *ʿeḏûṯ* zur Bezeichnung des *ʾarôn hāʿeḏûṯ*) und 2 Chr 24, 6 (Verfügung über die Abgaben für das Heiligtum) erwähnt. – *miškan hāʿeḏûṯ* präzisiert Ex 38, 21 den Begriff *miškān* näher. Num 1, 50. 53 beschreibt die Aufgaben der Leviten bezüglich des *miškan hāʿeduṯ* und Num 10, 11 das Aufbrechen der Wolke von der Wohnung des Gesetzes.

Mose erhält den Befehl, die *ʿeḏûṯ* in den *ʾarôn* zu legen (*nāṯan*) (Ex 25, 16. 21) und führt ihn aus (40, 20). – Es wird gesagt, daß eine Lampe (Ex 27, 21 || Lev 24, 3) und der Räucheraltar (Ex 30, 6) unmittelbar vor dem Vorhang, der die *ʿeḏûṯ* birgt, angebracht sind; hingegen befinden sich Manna (Ex 16, 34) und Räucherwerk (Ex 30, 36) vor der *ʿeḏûṯ*. Nach Ex 30, 6; Lev 16, 13 ist die Deckplatte (*kapporæṯ* → IV 312f.) über der *ʿeḏûṯ*. – In allen diesen Texten, die allgemein P zugeschrieben werden, scheint es ein systematisches Anliegen zu sein, *ʿeḏûṯ* zu verwenden, wo die dtn-dtr Tradition *berîṯ* gebraucht hätte (*lûḥôṯ habberîṯ*, Dtn 9, 9. 11; *ʾarôn berîṯ JHWH*, Dtn 10, 8; Num 10, 33 → ברית *berîṯ*). Die Annahme scheint berechtigt, daß man mit dieser Terminologie sowohl den Charakter von Bundesbestimmungen (vgl. I. 1.), den die Gesetze haben, wie auch (wegen der Verbindung zwischen *ʿeḏûṯ* und *ʿeḏ* wenigstens hinsichtlich der Volksetymologie) den des Zeugnisses unterstreichen wollte. Die Bundesbestimmungen sind Zeugnis der Treue JHWHs zu seinem Bund und Zeugnis gegen eine mögliche Untreue von seiten Israels.

b) Sehr umstritten ist die Bedeutung von *ʿeḏûṯ* 2 Kön 11, 12 || 2 Chr 23, 11. Der Priester Jojada macht Joasch zum König, indem er ihm *ʿeḏûṯ* und *nezær* (das Diadem) übergibt. Den weniger plausiblen Vorschlag, den MT in *haṣṣeʿāḏôṯ* „Armspangen" als Parallele zu 2 Sam 1, 10 (A. R. Johnson, Sacral Kingship in Ancient Israel, Cardiff ²1967, 23–25; Dhorme, Bible de la Pléiade) abzuändern, hat von Rad aufgegeben und *ʿeḏûṯ* als Königsprotokoll verstanden, wobei er es mit äg. *nḫb.t* vergleicht und *ḥoq* Ps 2, 7 gleichstellt. Die zwei Begriffe seien ein Dokument für die Legitimation des Königs als Herrscher im Auftrag der Gottheit. Die Identifizierung ist vom Ägyptologen K. A. Kitchen (Ancient Orient and Old Testament, London 1966, 107) abgelehnt worden. Andere haben vorgeschlagen, *ʿeḏûṯ* im selben Sinne wie P (?) als legislatives Dokument (Zusammenfassung des Gesetzes, die „Gesetzestafeln" selbst eingeschlossen, G. Widengren, Sakrales Königtum, 1955, 29), als Symbol für den Bund (Falk) oder als Dokument, das die Hauptpunkte des Bundes JHWHs mit dem Hause David (Johnson, Sacral Kingship 23–25) umfaßt, zu verstehen. S. Yeivin schlägt einen „Kopfschmuck" vor, „der aus kostbarem Material gearbeitet und als mit Flügeln und Schwanz versehene Sonnenscheibe geformt ist" (IEJ 24, 1974, 17–20). Die größere Wahrscheinlichkeit scheint für ein schriftliches Dokument zu sprechen.

c) *ʿeḏûṯ* Sing. erscheint in den Psalmen in weisheitlichem Kontext. Parallel zur *tôrāh* bezieht es sich Ps 19, 8 auf die Gesamtheit der Verordnungen JHWHs (vgl. v. 9 *piqqûḏîm* und *miṣwāh*), während es Ps 78, 5 auf die Verordnung Bezug nimmt, die Lehren der Vergangenheit an die nachfolgenden Generationen weiterzugeben (vv. 2. 5–6). Ps 81, 6 (parallel zu *ḥoq* und *mišpāṭ*) und Ps 122, 4 sagt *ʿeḏûṯ* nur etwas über liturgische Vorschriften zur Feier eines nicht näher beschriebenen Festes bzw. der Wallfahrt nach Jerusalem (die Übersetzung „Unterweisung" scheint für alle vier Texte zuzutreffen).

Das singuläre Vorkommen von *ʿeḏûṯ* Ps 119, 88 legt nahe, es als Pl. *ʿeḏ(ew)ôṯ* (22mal) zu nehmen, wie Qumran, LXX und V lesen. – Ob die Bedeutung der Überschriften *ʿal šûšan ʿeḏûṯ* (Ps 60, 1) und *ʾæl šôšannîm ʿeḏûṯ* (Ps 80, 1) im selben Sinne zu nehmen ist („nach Lilie/Lilien, ein Zeugnis" – oder „Lilie des Zeugnisses"?), bleibt eine dunkle Frage. Die erste Version „nach Lilie" würde auf eine Melodie hinweisen; „ein Zeugnis" könnte ein *genus litterarium* bezeichnen.

d) Zweimal in Sir bedeutet *ʿeḏûṯ* 'Zeugnis': das Lob des Volkes ist Zeugnis für die Größe des Edelmütigen (31/34, 23), und JHWH wird aufgefordert, von seinen Werken „des Anfangs" „Zeugnis zu geben" (33/36, 20).

2. a) *ʿeḏ(ᵉw)ôṯ* Pl. erscheint nur in gesetzlichem Kontext von Dtn und in Texten mit dtn/dtr Einfluß. Außerhalb der Psalmen findet man es im allgemeinen in dreigliedriger Folge: mit *ḥuqqîm* und *mišpāṭîm* (Dtn 4, 45; 6, 20); zwischen *miṣwôṯ* und *ḥuqqîm* (Dtn 6, 17; 1 Chr 29, 19; 2 Chr 34, 31); nach *ḥuqqôṯ*, *miṣwôṯ*, *mišpāṭîm* (1 Kön 2, 3, viergliedrige Reihe); nach *ḥuqqîm* – *bᵉrîṯ* (2 Kön 17, 15, vgl. III. 2. a); mit *bᵉrîṯ* – *miṣwôṯ* – *ḥuqqôṯ* (2 Kön 23, 3, viergliedrige Reihe); nach *tôrāh* – *miṣwôṯ* (Neh 9, 34) und nach *tôrāh* – *ḥuqqôṯ* (Jer 44, 23); vgl. auch Sir 45, 5. Ps 25, 10; 132, 12 erscheint es als Parallele zu *bᵉrîṯ*; Ps 99, 7 parallel zu *ḥoq*. Ps 78, 56; 93, 5 erscheint es allein. In den Texten von Dtn bezeichnet *ʿeḏ(ᵉw)ôṯ* wahrscheinlich das ganze „Gesetz", den paränetischen Teil samt dem Gesetzeskorpus (Braulik 64). *ḥuqqîm ûmišpāṭîm* in Dtn sollen Synonyma von *ʿeḏ(ᵉw)ôṯ* und im Prozeß der Texterweiterung späteren Datums sein (Merendino 207). Jedenfalls „übernehmen Dtn und Chr den Ausdruck nur noch formelhaft" (Liedke 185). *miṣwôṯ* scheint, wenigstens Dtn 5, 10. 29; 6, 17; 7, 9; 8, 2; 13, 5, für die Dekaloggebote (Braulik 60; vgl. Liedke 194) vorbehalten zu sein. Die fließende und austauschbare Bedeutung von solchen Begriffen an vielen Stellen von Dtn und dtr Literatur (→ III 152. 154; Hentschke 91; Liedke 16) und die Tatsache, daß *ʿeḏ(ᵉw)ôṯ* (wie auch *mišmæræṯ*, *ʾemær*, *ʾimrāh*, *piqqûḏîm*) keine technische Bedeutung zur Bezeichnung von juridischen Gattungen (Liedke 17 Anm. 3) haben, verhindert eine genauere Festlegung der Bedeutung. So bezeichnet *ʿeḏ(ᵉw)ôṯ* im allgemeinen Gesetzbestimmungen. In unmittelbarer Verbindung mit *bᵉrîṯ* scheint die Bedeutung „Bundesbestimmungen" wahrscheinlich (vgl. III. 2. a), aber vgl. 2 Kön 23, 3, wo nach *ʿeḏôṯ* ausdrücklich von *diḇrê-habbᵉrîṯ* die Rede ist. Mit Ausnahme von Dtn 4, 45 (*ʿeḏôṯ* ... *ʾᵃšær dibbær mošæh*) handelt es sich in allen übrigen Texten um „Gebote" JHWHs oder *ʾᵃšær ṣiwwāh JHWH* (Dtn 6, 17). Die Reihen von Begriffen, in denen *ʿeḏ(ᵉw)ôṯ* enthalten ist, erscheinen in allgemeinen (Dtn 6, 17) oder besonderen Ermahnungen (1 Kön 2, 3), in Reden (1 Chr 29, 19), bei Entscheidungen (2 Kön 23, 3 || 2 Chr 34, 31), Beschuldigungen (Jer 44, 23), Feststellungen (Ps 78, 56; 99, 7) oder Verheißungen (Ps 132, 12), die an Beobachtung (*šāmar*) oder Ablehnung (*māʾas* 2 Kön 17, 15; vgl. *hiqšîḇ ʾæl* Neh 9, 34; *hālaḵ bᵉ* Jer 44, 23) solcher „Gebote" geknüpft sind.

b) Ps 119 kommt *ʿeḏ(ᵉw)ôṯ* 23mal vor, wenn man die mutmaßliche Korrektur v. 88 (*ʿeḏûṯ*) mitzählt, in Abwechslung mit sieben anderen Lexemen, die zum „legalen" Vokabular gehören (*tôrāh*, *mišpāṭîm*, *piqquḏîm*, *ḥuqqîm*, *miṣwôṯ*, *ʾimrāh*, *dᵉḇārîm*), von denen jedes zwischen 19- und 25mal erscheint. Besser als die Hypothese, acht ursprünglich unabhängige Texte, von denen jeder sich um einen der genannten Begriffe zentrierte, die dann später (schlecht) in eine einzige Komposition eingefügt wurden (vgl. S. Bergler, VT 29, 1979, 257–288), ist das Verständnis des Psalmes als Lobpreis des Wortes Gottes (und nicht nur der Gesetze). Von den genannten Begriffen gehen vielleicht nur drei nicht über den Bereich legaler Bedeutung hinaus (*ḥoq*, *ʿeḏûṯ*, *piqquḏ*). Die anderen hingegen werden manchmal im legalen Sinne gebraucht, häufiger jedoch mit umfassenderer Bedeutung: als Verheißung JHWHs, oder als sein Wort, seine Offenbarung oder seine Entscheidung, die in die konkrete Geschichte der Welt und der Menschen eingreifen. *tôrāh*, das häufiger vorkommt und die Bedeutung der anderen Begriffe zusammenfaßt, ist mit dtn, prophetischen und weisheitlichen Nebenbedeutungen beladen, die den fundamentalen Charakter der ethisch-religiösen Forderung des „Gesetzes" hervorheben.

3. Rut 4, 7 bezeichnet und erläutert der Verfasser die alte Geste des Ausziehens und Übergebens der Sandale an einen anderen als *tᵉʿûḏāh*, Symbol der Übertragung von Eigentum oder eines Kaufvertrages (→ נעל *naʿal*). Die *tᵉʿûḏāh* 'Zeugnis/Bestätigung' ist in Jes 8, 16. 20 eindeutig ein schriftliches Dokument, das wahrscheinlich das gesamte Tun und Sprechen des Propheten von Kap. 7–8 enthält. Die ganze Botschaft von Jes ist in diesen beiden Kapiteln zusammengefaßt, weshalb der Prophet die schriftliche Aufzeichnung und versiegelte Aufbewahrung verlangt. Die Parallele zu *tôrāh* 'Unterweisung' weist auch (entsprechend dem häufigen Gebrauch des Begriffes [→ תורה] durch den Propheten) auf die Einheit von Botschaft und Entschluß, Verkündigung und Gebot, und in einem noch weiteren Sinne auf die Verwandtschaft mit dem Wort JHWHs (vgl. Jes 1, 10; 2, 3; 5, 24; 30, 9) hin. Jes 8, 20 mahnt, zum Wort JHWHs zurückzukehren und jedes andere okkultistische Mittel, seine Wege zu erkunden, beiseite zu lassen (vgl. J. Jensen, The Use of *tôrâ* by Isaiah. His Debate With the Wisdom Tradition, CBQ Mon. Series 3, Washington 1973, 110–112).

Simian-Yofre

V. Die Belege für *ʿeḏ* in Qumran haben meist einen juridischen Sinn. Der fehlende Gemeindebruder soll „vor Zeugen" zurechtgewiesen werden (1 QS 6, 1; CD 9, 3). Bei Eigentumsverbrechen sind zwei glaubwürdige (*næʾᵉmān*) Zeugen erforderlich (CD 9, 23), und für die Zeugen bei einem Todesurteil sind besondere Qualifikationen vorgeschrieben (CD 10, 1; 1. *ʿjd* statt *ʿwd*). Ein Übertreter soll nicht als glaubwürdiger Zeuge akzeptiert werden (CD 10, 3). Vier Belege in der Tempelrolle (61, 6. 7. 9) finden sich in einem Zitat aus Dtn 19, 15–21, zwei weitere im Gesetz über Kreuzigung (64, 8) mit Zitat aus Dtn 17, 6 („zwei oder drei Zeugen"). Eine erweiterte Bedeutung liegt 1 QS 8, 5f. vor: die Gemeinde ist „eine ewige Pflanzung, ein heiliges Haus, ein hochheiliger *sôḏ* und Zeugen der Wahrheit für das Recht".

Das Verb *heʿîḏ* steht einmal in einem Satz, wo es um das „Einschärfen der Rechtsregel der *tôrāh*" geht (1 QSa 1, 11); merkwürdigerweise tut das eine Frau gegenüber ihrem Mann. CD 9, 20 heißt *heʿîḏ* „Zeugnis ablegen", „zeugen" im juridischen Sinn. CD 19, 30 ist von den von Gott geliebten Vätern die Rede, die „gegen das Volk über ihn Zeugnis ablegten" (*heʿîḏû*; Ms. A 8, 17 liest *hôʿîrû*).

ʿeḏûṯ kommt 3mal vor: 1 Q 22, 2, 1 (Israel soll die [Satzungen], „Zeugnisse" und [Gebo]te einhalten); CD 3, 15 („die 'Zeugnisse' seiner Gerechtigkeit", par. „die Wege seiner Wahrheit", d. h. seine gerechten Bestimmungen und seine wahren Wege) und CD 20, 31 („seine heiligen Satzungen [*ḥoq*], seine gerechten Rechtsregeln [*mišpāṭ*] und seine wahren *ʿeḏewôṯ*").

Eine besondere Bedeutungsentwicklung liegt bei *teʿûḏāh* vor. Es steht mehrmals in der Kombination *môʿaḏê teʿûḏôṯ* (1 QS 1, 9; 3, 10; 1 QM 14, 13; 4 QMa 11) und wird offenbar wie *môʿeḏ* aus *jāʿaḏ* 'vereinbaren, eine Zeit bestimmen' hergeleitet; gemeint ist somit „die göttliche Vorherbestimmung" (vgl. H. Ringgren, The Faith of Qumran, Philadelphia 1963, 53f.). Man kann also sagen: „Wenn sie (die Menschen) nach ihren *teʿûḏôṯ* ins Dasein getreten sind, erfüllen sie ihre Werke" (1 QH 3, 16) oder: „In der Kenntnis deiner Weisheit hast du ihre *teʿûḏôṯ* festgesetzt, bevor sie waren" (1 QH 1, 19) oder: „Und gibt es eine *teʿûḏāh* von etwas, was geschehen soll, so geschieht es" (1 QH 12, 9). Ebenso soll die Gemeinde Gott loben und preisen zu den aus Ewigkeit bestimmten Zeiten (*môʿaḏê teʿûḏôṯ ʿôlāmîm*), abends und morgens (1 QM 14, 13f.). In Übereinstimmung damit sind die gesalbten Propheten „Schauer der vorherbestimmten Ereignisse (*ḥôzê teʿûḏôṯ*)" (1 QM 11, 8). Hierher gehört wohl auch der Ausdruck *qeṣ teʿûḏāh* (1 QH fr. 5, 11; 59, 3), denn *qeṣ* bezeichnet ja in Qumran einen vorherbestimmten Zeitpunkt. Die „*teʿûḏôṯ* deiner Herrlichkeit (*kāḇôḏ*)" sind nach 1 QM 13, 8 zusammen mit *zkr* Kennzeichen der Gegenwart Gottes in seinem Volk. Bei *teʿûḏaṯ ješûʿāh* (14, 4) könnte man auch eine Bedeutung „Kundgebung" erwägen. Bei *teʿûḏôṯ milḥāmāh* 1 QM 2, 8 geht es vielleicht um eine feierliche Kriegserklärung (so sicher 1 QSa 1, 26, da dasselbe Wort in der vorhergehenden Zeile offenbar eine Kundgebung an die ganze Gemeinde bezeichnet, Barthélemy, DJD 1, 116 übersetzt „convocation"). Wenn *teʿûḏôṯ*, wie 1 QH 2, 37, mit *ḥuqqîm* verbunden wird, liegt die Bedeutung 'Kundgebung' besonders nahe, man könnte es sogar mit *ʿeḏewôṯ* i.S.v. 'Gesetzesbestimmungen' gleichsetzen. Ebenso sind wohl die *niṣmeḏê teʿûḏāṯî* (1 QH 6, 19) diejenigen, die sich der Verkündigung des Lehrers angeschlossen (bzw. sie auf sich genommen) haben, aber sich davon haben weglocken lassen. – Unklar bleibt, warum die neun Gemeinden, die dem Gruppenführer unterstehen, „Männer seiner *teʿûḏāh*" heißen (1 QM 4, 5). 1 Q 36, 12, wo *teʿûḏaṯ šālôm* steht, ist zu verstümmelt, um eine Übersetzung zu ermöglichen.

Ringgren

עוז *ʿwz*

Lit.: *Y. Avishur*, Biblical Words and Phrases in the Light of Their Akkadian Parallels (Shnaton 2, 1977, 11–19). – *P. Hugger*, Jahwe meine Zuflucht, 1971, bes. 91. – *G. Rinaldi*, *Reqîaʿ ʿōz* (BibOr 25, 1983, 104). → עזז.

Hebr. *ʿwz* entspricht etymologisch arab. *ʿāḏa(w)* 'Zuflucht suchen' (z. B. in der wohlbekannten Formel *ʾaʿûḏu billāhi* „ich nehme Zuflucht bei Gott"); vgl. auch *maʿāḏ* 'Zuflucht(sort)'. Außerdem kommt die Wurzel in nabat., lihjan., thamud., safaten. und asarab. PN vor (W. W. Müller, Die Wurzeln mediae y/w im Altsüdarab., 1962, 82).

Im Hebr. ist die Wurzel 2mal im *qal* (beidemal im Imperf. *jaʿoz* nach *ʿzz* gebildet) und 4mal im *hiph* belegt. Die *qal*-Form heißt 'Zuflucht nehmen', 'sich in Sicherheit bringen' und steht Jes 30, 2 parallel mit → חסה *ḥāsāh*: man sucht Zuflucht und Schutz in Ägypten, ohne JHWH gefragt zu haben, was nur Schande und Schmach einbringen kann. *ʿwz* steht hier mit *māʿôz* in einer figura etymologica. In Ps 52, 9 ist von einem Mann die Rede, der nicht Gott zu seiner Zuflucht (*māʿôz*) macht, sondern sich auf seinen Reichtum verläßt (*bāṭaḥ*) und in seiner Bosheit (*hawwāh*; oder ist mit S, Targ *hônô* „sein Vermögen" zu lesen?) Sicherheit sucht (*ʿwz*; oder ist *jāʿoz* von *ʿzz* 'stark sein' abzuleiten?).

Die *hiph*-Form bedeutet 'in Sicherheit bringen' und steht Ex 9, 19 mit *miqnæh* 'Vieh' als Obj. In 3 anderen Fällen steht *hiph* absolut in der Bedeutung „sich" oder „seine Habe in Sicherheit bringen". An allen drei Stellen handelt es sich um feindliche Bedrohung: Jes 10, 31 in der Beschreibung des assyr. Anmarsches gegen Jerusalem, wobei Städte der Reihe nach eingenommen werden, und Jer 4, 6; 6, 1 im Zusammenhang mit dem Feind aus dem Norden.

Die beiden *qal*-Belege sind mit *māʿôz* verbunden. Äußerlich gesehen könnte *māʿôz* von *ʿwz* hergeleitet sein und 'Zuflucht(sort)' bedeuten, die Suffixformen mit doppeltem *z* weisen aber auf *ʿzz* hin. Wahrscheinlich sind hier zwei urspr. verschiedene Ableitungen zusammengefallen, und da sie im tatsächlichen Sprachgebrauch semantisch nicht getrennt werden können (vgl. KBL³ 576), wird *māʿôz* unter → עזז *ʿzz* behandelt.

Ringgren

עול *ʿwl*

עוּל *ʿûl*, עֲוִיל *ʿ^{a}wîl*, עוֹלֵל / עוֹלָל *ʿôlel/ʿôlāl*

I. Wurzel und Verbreitung – II. 1. Formen und Belege im AT – 2. Parallelwörter – III. Allgemeine Verwendung – 1. Verb *ʿwl* II – 2. Nomen *ʿûl* – 3. Nomen *ʿ^{a}wîl* – 4. Nomina *ʿôlel/ʿôlāl* – IV. Theologische Aspekte – V. Nachgeschichte in der Qumran-Lit. und in der LXX.

Lit.: 1. Allgemeines: *G. Bertram*, νήπιος κτλ. (ThWNT IV 913–925, bes. 915–918).

2. Besondere Hinweise: *R. Degen*, Altaramäische Grammatik der Inschriften des 10.–8. Jh. v. Chr. (AKM 38, 3, 1969, 45). – *J. Hoftijzer / G. van der Kooij*, Aramaic Texts from Deir ʿAlla (DMOA 19, Leiden 1976, 239). – *W. W. Müller*, Die Wurzeln mediae und tertiae *y/w* im Altsüdarabischen, Diss. Tübingen 1962. – → ינק *jānaq*.

3. Besonderes zu Ps 8, 3: *W. Beyerlin*, Psalm 8. Chancen der Überlieferungskritik (ZThK 73, 1976, 1–22). – *M. J. Dahood*, Questions disputées de l'AT, Louvain 1974, bes. 27. – *H. Donner*, Ugaritismen in der Psalmenforschung (ZAW 79, 1967, 322–350, bes. 324–327). – *V. Hamp*, Ps 8, 2b. 3 (BZ 16, 1972, 115–120). – *J. Hempel*, Mensch und König. Studien zu Psalm 8 und Hiob (FF 35, 1961, 119–123). – *J. Leveen*, Textual Problems in the Psalms (VT 21, 1971, 48–58, bes. 48 f.). – *O. Loretz*, Psalmenstudien: II. Poetischer Aufbau von Psalm 8 (UF 3, 1971, 104–112). – *H. Graf Reventlow*, Der Psalm 8 (Poetica 1, 1967, 304–332). – *H. Ringgren*, Psalm 8 och kristologin (SEÅ 37/38, 1972/73, 16–20). – *W. Rudolph*, „Aus dem Munde der jungen Kinder und Säuglinge ...“ (Psalm 8, 3) (Festschr. W. Zimmerli, 1977, 388–396). – *J. J. Stamm*, Eine Bemerkung zum Anfang des achten Psalms (ThZ 13, 1957, 470–478). – *R. Tournay*, Le Psaume VIII et la doctrine biblique du nom (RB 78, 1971, 18–30).

I. Die Wurzel *ʿwl* scheint im ganzen semit. Sprachbereich verbreitet zu sein (vgl. etwa arab. *ʿwl* ʿnähren'; akk. *ulaltu*, AHw 1407 gehört nicht hierher; sonst KBL^{3} 753), ist aber im (Nord-)Westsemit. vornehmlich bezeugt. Oft liegt eine Kurzform vor, wobei med. *w* (bzw. *j*) nicht zum Vorschein kommt, so ugar. *ʿl* ʿKind' (KTU 1.16, VI, 48; 1.19, IV, 40; vgl. CML^{2} 154; KBL^{3} hat hier „junges, säugendes Tier“, mit Hinweis auf Ugaritica V 551, Nr. 2, Z. 9; UF 7, 1975, 115. 118; vgl. sonst WUS Nr. 2028 sowie UT Nr. 1853), altaram. *ʿl* ʿKind' (DISO 154, 37; 210, 55; vgl. Sfire, KAI 222, 22) oder pun. *ʿl* ʿSäugling' (KAI 61, 2; vgl. 98, 2; 99, 2). Wie schon angezeigt, kann med. *w* gelegentlich mit med. *j* wechseln (vgl. arab. *ʿajjil* ʿKleinkind', s. sonst oben; syr. *ʿîlā'* ʿFohlen' neben *ʿawlā'* ʿSäugling/Kleinkind', s. Payne Smith, z. W.; vgl. noch samarit. *ʿjlws*, s. Z. Ben-Ḥayyim, LOT 2, 550; sonst KBL^{3}). Die Grundbedeutung dürfte ʿsäugen' sein; sie ist aber bei den Nomina, die am häufigsten vorkommen, mehr oder weniger abgeschwächt worden.

II. 1. Im AT ist das Verb *ʿwl* II 5mal belegt, und zwar nur als *qal* Ptz. Pl. fem. *ʿālôṯ* (Gen 33, 13; 1 Sam 6, 7. 10; Jes 40, 11; Ps 78, 71). Unter den Nomina sind *ʿûl* und *ʿ^{a}wîl* selten und spät. So kommt *ʿûl* nur 2mal vor (Jes 49, 15; 65, 20), wozu aber Ijob 24, 9 durch die Konjektur *ʿul* für die hier schwerverständliche Präp. *ʿal* noch mit hinzugerechnet werden darf (vgl. etwa Fohrer, KAT XVI 368; sonst GesB 210a; KBL^{3} 274a. 754). Das Wort *ʿ^{a}wîl*, das sowohl als eine aramaisierende Form (vgl. R. Meyer, HGr § 37, 4) wie auch als ein Fremdwort (vgl. BLe 471 f.) erwogen worden ist, dürfte kaum mit 3 Belegen (vgl. GesB; Lisowsky), sondern eher mit 2 Belegen vertreten sein; denn in Ijob 16, 11a wird man aus inhaltlichen und textgeschichtlichen Gründen das (homonyme) *ʿ^{a}wîl* nicht von *ʿwl* II (vgl. GesB 570a) – oder gar von einer noch anderen Wurzel *ʿwl* (vgl. BDB 732a) – herleiten, um es sodann in *ʿawwāl* zu ändern (s. etwa BHK^{3}; KBL^{3}), sondern es vielmehr von *ʿāwal** ʿunrecht tun' als eine Sonderform ableiten können (vgl. Verss; Mandelkern 833; Zorell 578b). Auch in bezug auf die Herleitung von *ʿôlel/ʿôlāl* gehen seit langem die Meinungen auseinander.

Während einige (vor allem ältere) Forscher diese Nomina von *ʿll* ʿtätig sein' (vgl. Zorell 579a, mit Hinweis auf E. König) bzw. von einer sonst unbekannten Wurzel *ʿll* II (vgl. etwa B. Stade, HGr, 1879, § 233; mit Vorbehalt BDB 760b) ableiten, werden die Nomina doch von den meisten von *ʿwl* II nach einer Bildung *qaṭlīl* hergeleitet (vgl. R. Meyer, HGr § 39, 1; KBL^{3} 754b; Mandelkern 833; Lisowsky 1031; GesB gibt unentschieden beide Auffassungen an, 571a. 593a). Besonders umstritten ist die Form *m^{e}ʿôlel* Jes 3, 12, die gelegentlich mit *ʿôlel* ʿKind' verbunden wird (vgl. Mandelkern 833; GesB 593a), die aber anders geklärt werden kann (vgl. KBL^{3} 789a; sonst Wildberger, Jesaja, BK X/1^{2}, 129) und die hier unberücksichtigt bleiben darf.

Mit ihren 20 Belegen (davon *ʿô/olel* 11mal und *ʿôlāl* 9mal) von insgesamt 30 Vorkommen der Wurzel *ʿwl* II beherrschen diese Nomina das Profil der Wortsippe.

2. Die Parallelwörter wechseln mit den verschiedenen Nomina der Wortsippe und können für ihren Gebrauch und Sinn aufschlußreich sein (s. u. III.). Durch das parallele *bæn-biṭnāh* „ihr (d. h. der Mutter) leibliches Kind“ (Jes 49, 15, nach Westermann, ATD 19 z. St.) und durch die Verbindung mit *jāmîm* „Tage“ (Jes 65, 20, d. h. „Kind von [einigen/wenigen] Tagen“) wird deutlich, daß sich *ʿûl* auf ein neugeborenes bzw. ganz kleines Kind, einen Säugling, bezieht (vgl. noch Ijob 24, 9). Demgegenüber steht *ʿ^{a}wîlîm* parallel zu *j^{e}lāḏîm* in Ijob 21, 11 und dürfte dabei „Kinder“ im allgemeinen Sinne meinen (vgl. Ijob 19, 18). Das häufigste Parallelwort zu *ʿôlel/ʿôlāl* ist *jôneq* „Säugling“ (→ ינק *jnq*), das so 7mal vorkommt (1 Sam 15, 3; 22, 19; Jer 44, 7; Joël 2, 16; Ps 8, 3; Klgl 2, 11; 4, 4), wobei aber die Wörter zweimal (1 Sam 15, 3; 22, 19) nicht direkt parallel stehen, sondern im Rahmen einer *min-ʿaḏ*-Formel; das zeigt, daß sich die Wörter inhaltlich nicht ganz decken (s. III. 4.). Andere Parallelwörter sind *bānîm* „Söhne“ (Ps 17, 14; → בן *ben*) sowie *baḥûrîm* „junge

Männer“ (Jer 6, 11; 9, 20); hier handelt es sich um unterschiedliche Gruppen, die nebeneinander gestellt werden (s. u. III. 4.).

III. Der Befund der Parallelwörter (II. 2.) hat schon Einiges zum Gebrauch und Sinn der Wortsippe beitragen können; dabei fehlte aber das Verb.

1. Das Verb wird nominal gebraucht. Die fem. Ptz.-Formen *ʿālôṯ* meinen zunächst säugende Muttertiere von sowohl Großvieh wie Kleinvieh (Gen 33, 13; 1 Sam 6, 7. 10); das ist am deutlichsten in Ps 78, 71, wo das Ptz. allein steht (in Verbindung mit der Erwählung Davids wird es von Gott gesagt: „von den Säugenden / Muttertieren nahm er ihn [d. h. David] weg“, *meʾaḥar ʿālôṯ hᵃḇîʾô*). Allein steht die Ptz.-Form auch in Jes 40, 11, nun aber nicht im wörtlichen, sondern im klar übertragenen Sinn, und zwar in einem Kontext, wo von Israel als Herde Gottes die Rede ist (s. u. IV.).

2. Das Nomen *ʿûl* 'Säugling' wird nur in späten Prophetentexten verwendet: einmal in einer Trostrede (Jes 49, 15) und sodann in einer Verheißungsrede (Jes 65, 20). Die Verwendung ist an sich eine wörtliche, hat aber in einem zum Teil bildhaften, theologischen Kontext ihren Platz (s. IV.).

3. Das Nomen *ʿᵃwîl* 'Knabe' kommt nur in Ijob vor, und zwar in den Reden Ijobs (19, 18; 21, 11). Die Verwendung ist wörtlich und dient zu einer gewissen Verschärfung seiner Aussagen; es wird dabei ein „sogar“ ausgedrückt.

4. Die Nomina *ʿôlel* und *ʿôlāl* sind ebenfalls in wörtlicher Bedeutung verwendet. Öfter werden sie mit *jôneq* 'Säugling' verbunden (s. II. 2.). Besonders erwähnenswert ist dabei eine Konstruktion mit den Präp. *min* 'von' und *ʿaḏ* 'zu' in 1 Sam 15, 3; 22, 19, wo es in einer Aufzählung (*meʿôlel weʿaḏ jôneq*) „vom Kleinkind zum Säugling“ heißt, nachdem davor „von Mann zu Frau“ gesagt ist (und danach verschiedene Tierarten erwähnt sind). Diese Art von Erwähnung nahestehender und doch verschiedener Gruppen dient zum Ausdruck des Umfassenden eines Geschehens: alle, bis zu den Kleinsten, sind betroffen. Das Geschehen ist bei sehr vielen der Belege dieser Nomina kriegerisch; die Erwähnung von „Kleinkind“ (bzw. „Kleinkind und Säugling“, *ʿôlel wᵉjôneq*) scheint eine Redeweise in Kriegs- und Notschilderungen zu sein, die die Grausamkeit des Krieges und die tiefe Not des Volkes unterstreicht. Mehrmals werden sie verbunden mit Verben wie *rṭš* 'zerschmettern' (mit *pi* als Objekt 2 Kön 8, 12; mit *pu* als Subjekt Jes 13, 16; Hos 14, 1; Nah 3, 10), *ʿṭp* II *niph* 'verschmachten' (Klgl 2, 11), *hiḵrîṯ* 'ausrotten' (als Obj.; Jer 9, 20; 44, 7 → כרת *krt*) oder *npṣ pi* 'zerschlagen' (Ps 137, 9, als Obj.). Die letzte Stelle gehört zu einem Rachegebet; so ist auch der Fall in Ps 17, 14. Im übrigen kommen sie in prophetischer Anklagerede (Mi 2, 9), in einem Schöpfungshymnus (Ps 8, 3) sowie in einer Prophetenstelle vor, in der *ʿôlāl* mit dem Oppositum *zᵉqenîm* „die Alten“ einen Ausdruck der Vollständigkeit ausmacht (Joël 2, 16, mit *ʾsp* 'versammeln').

IV. Wie aus dem Obigen hervorgeht, ist die Verwendung der Wortsippe fast ausschließlich an ihren wörtlichen Sinn gebunden; so ist auch ihre theologische Bedeutung. Die Ausnahme ist Jes 40, 11 (s. III. 1.); hier wird nicht nur vom Volk im kollektiven Sinne als „Herde“ und individualisierend als „Lämmer“ und „Mutterschafe“ gesprochen, sondern diese Bildrede dient dazu, den theologischen Sinn der Aussage hervorzuheben, daß Gott für sein Volk nun sorgen wird. Das Nomen *ʿûl* wird im wörtlichen Sinn in Jes 49, 15 in einem theologisch ähnlichen Kontext verwendet (vgl. noch den heilseschatologischen Zusammenhang desselben Nomens in Jes 65, 20).

Die meisten Vorkommen der Nomina *ʿôlel* und *ʿôlāl* stehen in Kontrast zum positiven theologischen Kontext dieser Stellen. Wie schon erwähnt, sind sie ganz überwiegend in Schilderungen von Krieg und tiefer Not belegt (s. III. 4.). Theologisch bedeutsam dürfte dabei sein, daß der Krieg bzw. die Not nicht ohne Beziehung zu Gott sein mag, zumal es sich um den Fall Jerusalems handelt, was in den Klageliedern das dominierende Thema ausmacht (und nicht weniger als 5 von total 20 Belegen dieser Nomina sind hier vorhanden: 2, 11. 20 sowie 1, 5; 2, 19; 4, 4; vgl. noch Jer 9, 20; 44, 7). Es gibt wohl in diesen und entsprechenden Stellen, wo *ʿôlel*/*ʿôlāl* vorkommen, kaum ein besonderes Interesse an den „Kleinkindern“ als solchen; doch ist ihre Erwähnung, insbesondere die Erwähnung ihres Todes, ein Ausdruck der völligen Ausrottung einer Bevölkerung oder des Volkes, was wiederum ein Ausdruck des göttlichen Zorns als Strafe sein kann (vgl. etwa 1 Sam 15, 3; Jes 13, 16; Hos 14, 1; Ps 17, 14; 137, 9; auch Klgl 2, 17. 22). Umgekehrt drückt das Gebet um Gottes Erbarmen in Klgl 2, 19: „Hebe deine Hände zu ihm auf um des Lebens deiner Kinder willen“ die Hoffnung auf eine Wende in der Not und auf die Restitution des Volkes aus, und zwar aufgrund der Gnade Gottes allein.

Vielleicht wäre auch noch die schwierige Stelle Ps 8, 3 aus dieser Perspektive am besten zu verstehen. Ohne hier auf ihre vielerlei textlichen und exegetischen Probleme einzugehen (s. die oben erw. Lit. sowie → III 667), läßt sich nämlich fragen, ob nicht v. 3 als eine geschichtsbezogene Unterbrechung des sonst schöpfungstheologisch geprägten Psalms einzuschätzen sei (wenn nicht umgekehrt: daß der Vers die aktuelle Mitte des Psalms darstelle, um die herum eine schöpfungstheologische Begründung herumgelegt worden sei, so wie etwa DtJes seine Heilsbotschaft zum Teil schöpfungstheologisch begründet hat; vgl. R. Rendtorff, ZThK 51, 1954, 3–13 = ThB 57, 1975, 209–219).

Im Gegensatz zu den Feinden des Volkes, deren Mund zum Verschlingen aufgerissen ist (vgl. Klgl 2, 16; 3, 46; auch Ps 22, 14; 35, 21; Ijob 16, 10), fängt der mächtige Schöpfergott Israels mit dem Mund der wehrlosen Kleinkinder und Säuglinge an, wenn er gegen die Feinde „ein Bollwerk erbaut" (so Kraus, BK XV/1[5], 203), um so seinem Volk Heil und neues Leben zu bereiten (eine weitere Begründung dieser Deutung wird noch veröffentlicht werden).

V. Im Schrifttum von Qumran ist die Wortsippe selten. Das Nomen *ʿûl* wird gelegentlich zum Vergleich in theologisch wichtigen Vertrauensaussagen verwendet, so in 1 QH 9, 36 und wohl auch in 7, 36 (sowie 7, 21, s. E. Lohse, Die Texte aus Qumran, [2]1971, 140, der hier *ʿôlel* liest; vgl. sonst KBL[3] 753b).
In der LXX ist die Wortsippe recht verschieden wiedergegeben worden. Abgesehen von 1 Sam 6, 7. 10 (mit πρωτοτοκέω) wird das Verb von trächtigen Tieren benutzt (λοχεύειν, Gen 33, 13; Ps 78, 71, und ἐν γαστρὶ ἔχειν, Jes 40, 11). Das Nomen *ʿûl* wird sinngemäß wiedergegeben (παιδίον, Jes 49, 15, und ἄωρος, Jes 65, 20), während *ʿawîl*, Ijob 19, 18; 21, 11, wohl nicht verstanden worden ist (vgl. Bertram 916). In 18 von insgesamt 20 Fällen werden *ʿôlel*/*ʿôlāl* durch ein Einzelwort übersetzt, und zwar 16mal durch νήπιος, sonst durch τέκνον (Jes 13, 16) und durch das hap. leg. ὑποτίτθιον (Hos 14, 1). Am wichtigsten für die ganze Wortsippe bleibt damit νήπιος (s. Bertram 915f.). Im übrigen hat LXX Ps 8, 3 stärker in den Kontext integriert, indem sie das *ʿoz* von MT („Bollwerk", s.o.; vgl. KBL[3] 761f.) durch αἶνος „Lob" wiedergegeben hat (so auch Mt 21, 16).

Sæbø

עָוֶל *ʿāwæl*

עַוְלָה *ʿawlāh*, עול *ʿwl*, עַוָּל *ʿiwwāl*

I. 1. Etymologie – 2. Vorkommen – II. Bedeutung – 1. Im Wortfeld – 2. Die Grundbedeutung – 3. Im Gerichtsverfahren – 4. Taten des Unrechts – 5. Gesamtbild menschlichen Tuns – 6. Vergeltung für das Unrecht – III. JHWH und das Unrecht – IV. Qumranschriften.

Lit.: *E. Beaucamp*, Péché I, dans l'AT (DBS VII, 1966, 407–471). – *K. H. Fahlgren*, Ṣ[e]dāḳā, nahestehende und entgegengesetzte Begriffe im AT, Uppsala 1932. – *A. Jepsen*, ṣdq und ṣdqh im AT (Festschr. Hertzberg, 1965, 78–89). – *R. Knierim*, עָוֶל *ʿāwæl* Verkehrtheit (THAT II 224–228). – *Ders.*, Die Hauptbegriffe für Sünde im AT, [2]1967. – *K. Koch*, *ḥāṭāʾ* (ThWAT II 857–870) (Lit.). – *Ders.*, Gibt es ein Vergeltungsdogma im AT? (ZThK 52, 1955, 1–42). – *Ders.*, Das Prinzip der Vergeltung in Religion und Recht des AT (WdF 125, 1972). – *F. Nötscher*, Zur theologischen Terminologie der Qumran-Texte (BBB 10, 1956). – *J. Pedersen*, Israel, its Life and Culture, I–II, London – Kopenhagen 1926. – *St. Porúbčan*, Sin in the OT. A Soteriological Study, Rom 1963. – *G. Quell*, ἁμαρτάνω κ.τ.λ. (ThWNT I 267–288). – *H. H. Schmid*, Gerechtigkeit als Weltordnung. Hintergrund und Geschichte des alttestamentlichen Gerechtigkeitsbegriffs (BHTh 40, 1968). – *G. Schrenk*, ἄδικος κ.τ.λ. (ThWNT I 150–163).

I. 1. Die Wortwurzel ist jüd.-aram., syr., äth. (*ʿlw*) bezeugt. Man bringt sie wohl zurecht mit arab. *ʿwl* „vom rechten Weg abweichen" in Zusammenhang. Eine Ableitung von *ʿwh* „sich vergehen" (mhebr. „verkehrt handeln", vgl. arab. *ʿwj* „beugen") mit nominalbildendem Element *l* (so Porúbčan 16) ist unwahrscheinlich. Vom Nomen (*ʿāwæl*) ist *ʿwl pi* abgeleitet, das das Tun von *ʿāwæl* bezeichnet, ebenso das nomen agentis *ʿiwwāl*. – GesB und KBL[3] geben für *ʿāwæl* die Übersetzung 'Unrecht, Unredlichkeit, Verkehrtheit' an, für *ʿawlāh* 'Verkehrtheit, Ungerechtigkeit, Schlechtigkeit, Bosheit', für *ʿwl pi* 'verderben, unrecht, treulos, schurkisch handeln, rebellieren', für *ʿiwwāl* „der Ungerechte, Niederträchtige, Übeltäter, Frevler". Die LXX übersetzt meist mit ἀδικία(-κημα Ez 28, 15) bzw. ἄδικος, mit ἀνομία Ps 36(37), 1; 52(53), 1; 57(58), 2; 63(64), 7; 88(89), 23; 106(107), 42; 124(125), 3; Ez 33, 13. 18; bzw. ἄνομος Ijob 27, 4. 7 (Σ) und Ps 42(43), 1 mit δόλιος. Sie versteht also *ʿwl(h)* als Verletzung des Rechts (Unrecht) bzw. des Gesetzes; Ps 42, 1 folgt sie dem Kontext.
2. *ʿāwæl* steht im AT 21mal (Ez: 10; Ps: 3), *ʿawlāh* 33mal (Ijob: 10; Ps: 9, mitgerechnet *ʿwlth*: 4, *ʿlth*: Ijob 5, 16, *ʿwlt*: 2), *ʿawwāl* 5mal (Ijob: 4), *ʿwl pi* 2mal (Ps 71, 4; Jes 26, 10). *ʿwl(h)* wird „getan" (*ʿśh*: Lev 19, 15. 35; Dtn 25, 16; Ez 3, 20; 18, 24. 26; 33, 13. 15. 18; Zef 3, 5. 13; Ps 37, 1; *pʿl*: Ps 58, 3; 119, 3; Ijob 34, 32; 36, 23; *tʿb hiph*: Ps 53, 2), „geredet" (*dbr pi*: Ijob 13, 7; 27, 4; vgl. auch Jes 59, 3; Mal 2, 6; Ps 107, 42; Ijob 5, 16; 6, 30), „ersonnen" (*hgh*: Jes 59, 3), „geplant" (? *ḥpś*: Ps 64, 7), „geschieht im Gericht" (*špṭ*: Ps 82, 2). Der Frevler ist ein „Mann (*ʾîš*) des *ʿāwæl*": Spr 29, 27; Ps 43, 1; ein „Sohn (*bæn*) der *ʿawlāh*": Ps 89, 23; 2 Sam 3, 24; 7, 10; 1 Chr 17, 9; Hos 10, 9. – In den Qumranschriften kommen *ʿāwæl* ca. 40mal und *ʿawlāh* ca. 30mal vor.

II. 1. Mit *ʿwl(h)* parallel gesetzt werden Sünde (*ḥaṭṭāʾṯ*: Ez 3, 20; 18, 24; 28, 15f.; Ijob 24, 19f.; *ʿwn*: Ez 18, 16), abscheuliche (*tôʿeḇāh*: Dtn 25, 16; Ez 18, 24; vgl. Ps 53, 2; Spr 29, 27), unheilvolle Taten (*ʾāwæn*: Ijob 11, 14; Spr 22, 8), Böses (*rʿh*: Ijob 24, 20f.), das Schlechte (*hawwôṯ*: Ijob 6, 30), Unrecht (*ræšaʿ*: Ijob 34, 10; vgl. 34, 12; Hos 10, 13; Ps 125, 3), Treulosigkeit (*maʿalāh*: Ez 18, 24), Blutschuld (*dāmîm*: Mi 3, 10; Hab 2, 12; vgl. Jes 59, 3), Gewalttat (*ḥāmās*: Ez 28, 15f.; Ps 58, 3), Lüge (*r[e]mijjāh*: Ijob 13, 7; 27, 4; *kaḥaš*: Hos 10, 13; *kazāḇ*: Zef 3, 13). *ʿwl(h)* vollbringt der Schuldiggewordene (*rāšaʿ*: Ez 18, 24. 27; 33, 15. 19; Spr 29, 27; Ijob 27, 7), der Ruhelose (*ḥānep*: Ijob 27, 8), der Böse (*meraʿ*: Ps 37, 1), der „Mann des Trugs" (*ʾîš mirmāh*: Ps 43, 1), der Feind (*ʾojeḇ*: Ps 89, 23), ein Mensch, der treulos ist (*loʾ-ḥāsîḏ*: Ps 43, 1), der Gott nicht kennt (*jāḏaʿ*: Ijob 18, 21), der Schlechtes tut (*pʿl ʾāwæn*: Ijob 31, 3), andere unterdrückt (*ʿnh*: 2 Sam 7, 10; Ps 89, 23). Ein solcher Mensch wird von Gott verabscheut und gilt bei ihm als verdorben (Ijob 15, 16). – Im Gegensatz zu *ʿwl(h)* stehen das Richtige (*ṣædæq*: Lev 19, 15. 35, vgl. Dtn 25, 15f.; Hos

10, 12f.; Ps 58, 2; Ijob 6, 29), Gerechtigkeit (*ṣᵉdāqāh*: Ez 3, 20; 18, 24. 26; 33, 13. 18; Hos 10, 12), was in Ordnung, rechtens ist (*mišpāṭ*: Dtn 32, 4; Zef 3, 5; Ijob 34, 12, vgl. Ps 58, 2), Verläßlichkeit (*ʾᵉmûnāh*: Dtn 32, 4), zuverlässige Weisung (*tôraṯ ʾᵉmæṯ*: Mal 2, 6). Mit *ʿwl(h)* hat der Redliche (*jāšār*: Dtn 32, 4; Ps 92, 16; 107, 42; Spr 29, 27), der Untadelige (*tāmîm*: Dtn 32, 4; Ez 3, 20; Ps 119, 1), der Gerechte (*ṣaddîq*: Dtn 32, 4; Ez 3, 20; 18, 8. 24. 26; 33, 13. 18; Zef 3, 5; Spr 29, 27), wer Gutes tut (*ʿśh ṭôḇ*: Ps 53, 2, vgl. Ijob 24, 21), zu Gott umkehrt (*šûḇ*: Ijob 22, 23), nichts zu tun.

2. Wenn das Wortfeld einen Hinweis auf die ursprüngliche inhaltliche Füllung von *ʿāwæl* und *ʿawlāh* gibt, dann zeigt sich, daß sie weniger eine bestimmte Tat meinen, sondern eher ein negatives generelles Urteil über Verhalten und Tun eines Menschen aussprechen. Damit hängt wohl auch die Tatsache zusammen, daß kaum zwischen *ʿāwæl* als Bezeichnung für die zugrundeliegende Haltung und *ʿawlāh* als Urteil über ein bestimmtes Tun unterschieden wird. Beides wird schon an der vermutlich ältesten Stelle 2 Sam 3, 34 erkennbar. David bringt in seiner Totenklage über Abner, wenn auch nur vorsichtig im Vergleich, zum Ausdruck, daß dessen Tötung nicht richtig war, weil er kein Verbrecher war und nicht in einem Gerichtsverfahren verurteilt wurde. Die Männer (so v. 30), die ihn töteten, haben nicht richtig gehandelt; sie sind „nicht in Ordnung". Ihre falsche Einstellung und Tat ist kein bloßer Irrtum, sondern „un-richtig" im ethischen Sinn, ein Unrecht. Es ist ein Vergehen; denn sie sind vom rechten Weg, von der Rechtsordnung, die man einhalten muß, abgewichen, haben sich vergangen. Das schuldhaft Unrichtige und Falsche ihres Verhaltens und Tuns haftet nun an ihnen; sie sind mit Unrecht infiziert, gehören zur Gruppe der „Unrechten" (*bᵉnê ʿawlāh*), der Unrechttäter. So muß man nach Hos 10, 9 (lies *ʿawlāh* statt *ʿalwāh* BHK) auch die Israeliten bezeichnen, die seit der Richterzeit (zu Gibea, vgl. Ri 19–21) sündigen. *ʿawlāh* erweist sich hier, inhaltlich wie zeitlich, als generalisierender Begriff: Das Kennzeichen, die Art dieser Menschen ist, daß sie sich nicht an den kundgegebenen Willen Gottes halten. Dasselbe gilt für die Feinde, die den König bezwingen wollen (Ps 89, 23), für alle, die Israel unterdrücken (2 Sam 7, 10). Sie wenden sich gegen das, was JHWH verfügt hat: den „ewigen" Bestand des Davidshauses bzw. das Wohnen Israels im verliehenen Land.

3. Einen allgemein gültigen Grundsatz spricht Lev 19, 15 aus, der ursprünglich wohl innerhalb eines altüberlieferten Dekalogs (Elliger, HAT I/4, 251f.) ohne weitere Entfaltung stand: „Ihr sollt in der Rechtsprechung (*bammišpāṭ*) kein Unrecht tun!": Jedes Verfahren muß korrekt, in rechter Weise abgewickelt werden. V. 15aβ konkretisiert das generelle Verbot: Parteilichkeit darf nicht sein, weder der Geringe noch der Große darf begünstigt werden. V. 15b wendet den Grundsatz ins Positive: „In Gerechtigkeit (*bᵉṣædæq*)", entsprechend der Ordnung, die Gott der Welt und in besonderer Weise durch die Erwählung und die Thora seinem Volk gegeben hat, „sollst du deinem Stammesbruder Recht sprechen". V. 16 fügt noch eine Näherbestimmung hinzu: Unrecht geschieht in der Rechtsprechung durch falsche Anklage, der die Verleumdung vorausgeht und die zum Blutvergießen, zur Hinrichtung führen kann (Ez 22, 9), und durch falsche Zeugenaussage (vgl. Dtn 19, 16–21). Angeschlossen sind in v. 17f. die Verbote, seinen Bruder zu hassen und sich zu rächen, die nicht direkt im Zusammenhang mit dem Gerichtsverfahren stehen, aber den Hintergrund unrichtiger Anschuldigungen bilden können. Im chron. Bericht über König Joschafats Sorge für das Recht (2 Chr 19, 4–11) wird auf den Grundsatz von Lev 19, 15 samt seiner Erläuterung in v. 15b zurückgegriffen: Begünstigung einer Rechtspartei wäre Unrecht; dasselbe gilt für die Bestechlichkeit (v. 7, vgl. Dtn 16, 18–20: „. . . gerechte Urteile fällen . . . das Recht nicht beugen, kein Ansehen der Person kennen, keine Bestechung annehmen . . . Gerechtigkeit, Gerechtigkeit – ihr sollst du nachjagen!"). Dabei wird auf das Beispiel JHWHs (s. u.) und so auf die gültige Ordnung verwiesen, die er nicht nur gegeben hat, sondern auch selber zum Wohl der Menschen einhält. Aber, so fragt einer, der unter falscher Anschuldigung leidet: „Sprecht ihr wirklich Recht, ihr Mächtigen (*ʾelîm* statt *ʾelæm*)? Richtet ihr die Menschen gerecht?" (Ps 58, 2). Er antwortet selbst: „Nein, ihr schaltet im Land mit ungerechtem (*ʿāwæl* mit Syr. Targ statt *ʿôlôṯ*) Herzen; die Gewalttat eurer Hände wägt ihr ab" (v. 3). Der unschuldig Verfolgte befürchtet, daß ihm bei einer Anklage im Gericht Unrecht geschieht, weil *ṣædæq* nicht gewahrt wird, das auf „die richtige Ordnung" zielt (A. Jepsen, Festschr. Hertzberg, 80). Der frevlerische Ankläger müßte bestraft, der beschuldigte Gerechte gerettet werden. Der Bedrängte hofft auf JHWH, „einen Gott, der auf Erden Gericht hält" (v. 12). Es gibt diesen Richter (Ps 82, 8), der die Götter zur Verantwortung zieht: „Wie lange noch wollt ihr ungerecht richten und die Frevler begünstigen?" (v. 2). Sie werden mit dem Tod bestraft (v. 7). Ein späterer Einsatz in den mythologisch gefärbten Text (vv. 3. 4) sagt, worin rechtes Richten besteht: den Unterdrückten, Waisen, Gebeugten und Bedürftigen zum Recht verhelfen, die Geringen und Armen aus der Hand der Frevler retten. Ihnen im Gerichtsverfahren nicht zu helfen wäre Unrecht. Tatsächlich haben Beter in den Pss darüber zu klagen, daß ihnen im Gericht Unrecht zu geschehen droht: durch einen ehemaligen Freund, der im Rechtsstreit hinterlistig handelt (43, 1), durch Menschen, die Unrecht ersinnen, um plötzlich eine vernichtende Anklage zu erheben (64, 7), von seiten solcher, die als Unrechttäter selbst schuldig sind und andere unterdrücken (71, 4). Wer aber gerecht ist und sich vom Unrecht fernhält, verhält sich im Rechtsprozeß richtig: „Rechtes Gericht hält er zwischen Mann und Mann" (Ez 18, 8).

4. Wie es scheint, werden einzelne Taten in besonde-

rer Weise oder vorzüglich als *ʿāwæl* oder *ʿawlāh* bezeichnet. Lev 19, 35 wird das Verbot, kein Unrecht zu tun, auf „Längenmaß, Gewicht und Hohlmaß" angewendet. Der Begriff *bammišpāṭ*, der die Maße qualifiziert, ist entweder versehentlich von 19, 15 her übernommen oder soll zum Ausdruck bringen, daß es bei der Anwendung von Zahl und Maß um eine Angelegenheit geht, bei der gerecht entschieden und gehandelt werden muß. V. 36 sagt positiv, daß die Maße richtig (*ṣædæq*) sein, mit der von der Gemeinschaft festgesetzten und in ihr geltenden Norm übereinstimmen müssen. Schon Amos (8, 5) und Hosea (12, 8) klagen über verkleinerte Hohlmaße, falsche Gewichte und Waagen. Dtn 25, 13–16 verbietet, zweierlei Maße, ein größeres, d. h. ein volles und richtiges, und daneben ein kleineres, zu benutzen. Wer so verfährt, tut *ʿāwæl*, handelt nicht recht, nimmt den Mitmenschen weg, worauf sie innerhalb der geltenden Ordnung (vgl. die Festsetzung Ez 45, 10) ein Anrecht haben und verstößt gegen den Willen Gottes, ist ein Betrüger und ein Greuel (*tôʿeḇāh*) für JHWH. Ez 28, 18 verurteilt unredliche Handelsgeschäfte. Als eine Unrechtstat wird indirekt die Tötung Abners (2 Sam 3, 34, s. o.) durch das negative Urteil über die Täter bezeichnet. Es handelte sich (v. 30) um eine zu Unrecht vollzogene Blutrache. Zion und Jerusalem mit Blutschuld zu bauen, ist *ʿawlāh* (Mi 3, 10). Bei der regen Bautätigkeit unter König Hiskija sind anscheinend Arbeiter durch Ausbeutung, Mißhandlung oder Bestrafung ums Leben gekommen (vgl. auch Jer 22, 13). Dasselbe stellt Hab 2, 12 in einem Weheruf gegen den Babylonier Nebukadnezzar fest, wobei auch der vorausgehende Weheruf (vv. 9–11) das Unrecht anprangert, das er gegenüber den ausgeplünderten Völkern beim „Ausbau" der Dynastie und beim Festungsbau begeht. In beiden Fällen handelt es sich nicht um direkten Mord, sondern um Gewaltanwendung, die zum Tod führen konnte. Ähnlich verhält es sich Jes 59, 3, wo wohl mit Bezug auf Jes 1, 15 („eure Hände sind voller Blut") die blutbefleckten Hände als mit Unrecht befleckt verstanden und im Sinne der falschen Anklage vor Gericht (vv. 3b. 4) interpretiert werden (s. o.). Wie Jes 1, 15 zeigt sich, „daß der Prophet 'Blutschuld' nicht nur dort findet, wo Blut vergossen wird, sondern jede Verkürzung des Rechtes des Bruders als solche betrachtet" (H. Wildberger, Jesaja, BK X/1, 46).

„*ʿawlāh* tun" bedeutet nach Zef 3, 13 „Lüge reden". Hier ist nicht an falsche Anklage gedacht, sondern an Untreue und Täuschung im täglichen Umgang der Menschen miteinander und im Verhältnis gegenüber JHWH (vgl. Hos 7, 13). Die „lügnerische" oder „trügerische Zunge" „kann als pars pro toto das Verhalten, ja das Wesen eines Menschen offenbaren" (M. A. Klopfenstein, THAT I 819). „Trug" nennt Jer 8, 5 die Abkehr von Gott und die Verweigerung der Umkehr (Ps 78, 36f.: Trug und Lüge des Volkes ist, daß sein Herz nicht fest bei JHWH bleibt und nicht treu seinen Bund hält). Gewaltanwendung ist sicherlich der Grund, weshalb Unterdrücker als *b^enê ʿawlāh* (2 Sam 7, 10) bezeichnet werden. Damit sind die Völker und Machthaber Kanaans während der Richterzeit, vielleicht auch die Ägypter gemeint, die Israel in Knechtschaft hielten. In seinem Reinigungseid (Ps 7, 4) beteuert ein Angeklagter, daß an seinen Händen kein Unrecht ist: Er hat seinem Freund nichts Böses getan (v. 5), dessen Vertrauen nicht mißbraucht und ihn nicht beraubt, wobei wohl an Übergriffe auf das Hab und Gut des anderen gedacht ist. Um Wegnahme fremden Eigentums, die besonders verwerflich ist, wenn sie Armen widerfährt, handelt es sich Ijob 29, 15f. Der Übeltäter (*ʿawwāl*) wird hier mit einem Raubtier verglichen. Ijob selbst beteuert seine Unschuld und sagt dabei, daß er ein Frevler geworden wäre, wenn er lüsternen Blicken nach einem Mädchen nachgegeben hätte (31, 3). Auch die unrechte, der sittlichen Ordnung zuwiderlaufende Einstellung fällt unter die Kategorie des *ʿāwæl*. Schließlich wird mit ihr (Mal 2, 6) die falsche und fehlerhafte Ausübung des Berufs bezeichnet, deren sich die Priester schuldig machen: Sie erteilen dem Volk nicht, wie es eine ihrer Hauptaufgaben wäre und wie Levi es getan hat, zuverlässige Belehrung (*tôraṯ ʾæmæṯ*). – So werden einzelne und verschiedenartige Taten als Unrecht charakterisiert. Sie geschehen im sozialen Kontext und beziehen sich auf das Zusammenleben in der Gemeinschaft. Wenn sie auf diese Weise unter einen gemeinsamen Oberbegriff gestellt werden, zeigt sich eine generalisierende Tendenz, die mit der Interpretation von Taten und Verhaltensweisen als „Unrecht" zum Vorschein kommt.

5. Die Kennzeichnung eines Menschen unter dem Stichwort „Unrecht" trifft seine Taten und seine Einstellung insgesamt (vgl. Ez 28, 15). Dies ist der Fall, wenn Ez 18, 24 (vgl. 33, 15) eine ganze Reihe von bösen Taten, die in vv. 5–18 aufgezählt sind, unter dem Ausdruck „Unrecht tun", d. h. all diese genannten Greueltaten begehen, zusammenfaßt. Zweifellos will der Prophet keine vollständige Liste der Übeltaten vorlegen, sondern an wichtigen Beispielen zeigen, wie sich ein Unrechttäter verhält. So kennzeichnet er den Gerechten denn auch mit der Aussage: „Er hält seine Hand vom Unrecht zurück" (v. 8), die zwar in Verbindung mit dem rechten Verfahren im Gerichtsprozeß auftaucht, aber nach vv. 24. 26 doch im umfassenden Sinn verstanden werden darf. Das Gegenteil ist beim Schuldigen (*rāšāʿ*) festzustellen (Ez 33, 13); er tut, ganz allgemein gesagt, Böses. *ʿāwæl* faßt also eine Lebensführung im Sinn eines negativen Gesamturteils zusammen. Dabei ist zu bedenken, daß schon das eine oder andere der angeführten Vergehen dieses Urteil rechtfertigt (vgl. Ez 18, 10, wenn der verderbte Text richtig gedeutet ist; siehe aber auch I. 4.). In die gleiche Richtung wie Ez 18 weist auch Ijob 31, wo im Reinigungseid Ijobs das Bild eines Übeltäters hinsichtlich seiner verkehrten und sündhaften Gesinnung gezeichnet ist. Wie eine zusammenfassende, der Einzelerörterung vorangestellte Überschrift wird der Ausdruck „Unrecht

tun" in Ps 37, 1 verwendet. Hier schildert der Psalmist, sicherlich aufgrund eigenen Erlebens, die Bösen und ihr Geschick im Gegensatz zum Gerechten. Sie tun das Gute nicht, lehnen Gott ab und halten sich nicht an die von ihm gegebene Ordnung (Ps 53, 2); sie gehen nicht auf seinen Wegen (Ps 119, 3). Daß die Feinde des davidischen Königs JHWHs Verfügung, der dem Davidshaus „ewigen Bestand" zugesichert hat, ablehnen, ist auch der Grund dafür, sie des Unrechts zu zeihen (Ps 89, 23). Mehr noch, sie sind Übeltäter. Zu diesen gehört, wer auch nur einen Teil der göttlichen Anordnungen mißachtet; sie werden *b^enê ʿawlāh* genannt. Irgendeine verborgene böse Tat vermuten die Freunde bei Ijob (11, 14). Sie macht ihn insgesamt zu einem sündigen Menschen. Noch schlimmer wäre es, wenn Schlechtigkeit in seinem Zelt wohnen würde (11, 14; 22, 23). Dann wäre ihm das Böse sogar vertraut wie ein Hausgenosse, ja es hätte, seiner Natur gemäß, Gewalt über ihn gewonnen und sein Leben würde von Unrecht beherrscht. Ijob weist dies weit von sich; auch sein Reden zu seiner Verteidigung ist in keiner Weise unzutreffend (6, 30; 27, 4). Er sieht sich selbst angesichts der Angriffe seiner Freunde „dem Ungerechten", jedem von ihnen, die alle ungerecht urteilen und deshalb Unrechttäter sind, ausgeliefert (16, 11). Elifas geht sogar, auf Ijob zielend, so weit, daß er den Menschen geradezu mit Unrecht durchtränkt sieht. So sehr sei der Mensch verdorben, daß Unrechttun für ihn zu einem Bedürfnis geworden sei; er trinke es wie Wasser in sich hinein (15, 16). Wenn das auch übertrieben erscheint, so muß doch Hosea (10, 13) sagen, daß selbst Gottes Volk, aufs Ganze gesehen, mit seinem Tun und Verhalten nur Unrecht begangen, dem göttlichen Willen nicht entsprochen und JHWH nicht gedient hat. Erst in der kommenden Heilszeit „wird der Rest von Israel kein Unrecht mehr tun" (Zef 3, 13). Dann soll, wie das Volk Ps 125, 3 erbittet, die gottlose Fremdherrschaft nicht auf dem Land lasten, „damit die Gerechten ihre Hände nicht nach Unrecht ausstrecken", also in Versuchung geraten, die rechte Lebensführung gemäß der Weisung JHWHs aufzugeben. Es gibt allerdings Menschen, Frevler, die, auch wenn Gott Gnade erweist, nicht „lernen, was gerecht ist", sondern selbst „im Land der Gerechtigkeit noch Unrecht tun" (Jes 26, 10). Immer wird ein Gegensatz zwischen dem Gerechten und dem unredlichen Menschen, zu dessen Bild und Wesen das Unrecht gehört, bestehen (Spr 29, 27). *ʿāwæl* ist das Kennzeichen dessen, der nicht in Ordnung ist und zurückgewiesen („verabscheut") werden muß. Der Rechtschaffene muß sich davon distanzieren.

6. Grundsätzlich gilt: „Wer Unrecht (*ʿawlāh*) sät, erntet Unheil (*ʾāwæn*)" (Spr 22, 8): Tun und Ergehen entsprechen sich. Hosea (10, 13) verwendet das Bild von Saat und Ernte, um zu sagen, daß aus Schlechtigkeit (*ræšaʿ*) Unrecht (*ʿawlāṯāh*) und daraus Trug (*kaḥaš*) folgt, und zeigt so, daß eine Haltung, die in Gottes Augen nicht in Ordnung ist, Taten des Unrechts hervorbringt und nicht zum erwarteten Erfolg führt. Darin, daß Unrecht von selbst Unheil nach sich zieht, sind sich Ijob und seine Freunde einig. Beide argumentieren mit dem Tun-Ergehen-Zusammenhang. Nur setzen sie mit der Beweisführung verschieden an. Die Freunde schließen von der Krankheit Ijobs, daß er, wie es die Art der Menschen ist (15, 16), Unrecht begangen haben müsse; das ergebe sich eindeutig aus dem Schicksal dessen, der solches getan habe (18, 21). Unrecht werde wie Ijob zerbrochen (24, 20). JHWH greift ein und wendet sich gegen jede unrechte Tat (vgl. 5, 16; Ps 107, 42). So ergibt sich als Folgerung die Mahnung, zu Gott umzukehren und jegliches Unrecht aus Haltung und Tun zu entfernen (11, 14; 22, 23). Dann wird Gott sich Ijobs, der sich für das Rechttun entschieden hat, wieder annehmen, die Folgen seines unrechten Handelns beseitigen und ihn wiederherstellen (22, 21–30). Ijob, der selber, wie sein Reinigungseid (31; vgl. Ps 7, 4–6) zeigt, vom Tun-Ergehen-Zusammenhang ausgeht, argumentiert umgekehrt: weil er sich keinerlei Unrechts schuldig gemacht, ihm vielmehr gewehrt hat (29, 17), kann er eine Schuld nicht eingestehen (6, 29f.; 27, 4), leidet er zu unrecht und muß er wieder in den früheren Zustand zurückversetzt werden. Die Freunde haben nicht recht, begehen Unrecht (6, 29; 13, 7), werden dadurch seine Feinde (27, 7). Das Buch Ijob löst den Zusammenhang von Unrecht und den sich von selbst und notwendig daraus ergebenden Folgen nicht auf. Er bleibt bestehen. Wohl also denen, die JHWHs „Vorschriften befolgen und ihn suchen von ganzem Herzen, die kein Unrecht tun" (Ps 119, 2f.); sie werden niemals scheitern (v. 6).

III. Nur Gott ist imstande, die bösen Tatfolgen, wenn der Mensch umzukehren bereit ist, abzuwenden (Ez 18; Ijob 11, 13ff.; 22, 21–30). Wer aber Unrecht tut, wird seine Erhabenheit nicht sehen (Jes 26, 10), das heilvolle Wirken seiner königlichen Macht nicht an sich erleben. JHWH hat mit dem Unrecht nichts zu tun, ist davon völlig frei. Elihu nimmt ihn vor jedem Verdacht in Schutz (Ijob 34, 10ff. 32; 36, 23): Gott vergilt gerecht, beugt nicht das Recht, irrt sich nicht und muß nicht sagen: Wenn ich es nicht richtig gemacht habe, tue ich es nicht wieder. Niemand muß ihn darüber belehren, was recht ist. Im Danklied Ps 92 steht betont am Schluß (v. 16), daß an JHWH „kein Unrecht ist": Er macht es recht, handelt gerecht, straft seine Feinde, die Frevler und Übeltäter, und läßt den Gerechten gedeihen. Er ist zuverlässig, fest in seiner Huld und Treue wie ein Fels. Darauf kann sich der Gerechte verlassen. Von der gerechten Vergeltung JHWHs, der „kein Unrecht tut", spricht auch Zef 3, 1–5. Hier werden die bösen Taten Jerusalems und der einzelnen maßgebenden Gruppen (Fürsten, Richter, Propheten, Priester) gerügt, und JHWHs Rechttun im Gericht wird gerühmt. Im Gegensatz zu ihnen, die das Gegenteil von dem tun, was ihre Stellung und

Aufgabe verlangt, die Menschen ausbeuten, ihre eigene Person zu ihrem Nutzen in den Vordergrund stellen und JHWHs Willenskundgabe verfälschen, tritt er für das Recht ein (v. 5). JHWH handelt immer richtig. Aber der Übeltäter (*ʿawwāl*) läßt sich auch vom strafenden Handeln Gottes, das stets berechtigt ist, nicht beeindrucken. Im hymnischen Gotteslob wird (Dtn 32, 4) JHWH als „ohne Unrecht" gepriesen, womit umfassend alles Böse und Falsche von Gott abgewehrt wird. Ihm wird sein Volk als „verkehrtes, verdrehtes Geschlecht" gegenübergestellt. Positiv wird herausgehoben, wie er ist und handelt: Er ist Fels, also Schutz, Geborgenheit, Hilfe, Rettung, von unerschütterlicher Treue. Sein Tun ist vollkommen (*tāmîm*), alle seine Wege sind in Ordnung (*mišpāṭ*). Er ist gerecht (*ṣaddîq*) und gerade (*jāšār*). Es gibt nichts in ihm, in seinem Planen, Verhalten und Tun, was nicht recht und richtig wäre. Darum ist es völlig unberechtigt, von ihm abzufallen (Jer 2, 5) und das Heil bei nichtigen Göttern zu suchen; darauf verweist JHWH in seiner Anklagerede gegen ein treuloses Volk.

IV. *ʿwl* kommt in Qumran ca. 40mal, *ʿwlh* ca. 30mal vor (davon *ʿwl* in 1 QS 13mal, in 1 QH 5mal, *ʿwlh* in 1 QS 9mal, in 1 QH 10mal). Zusammen sind es mehr Belege als jeweils für *ḥṭʾh(t)*, *ʾwn*, *pšʿ*. Wesen, Haltung und Tun der Menschen, von denen sich die Gemeinde abgrenzt, werden vorzüglich mit *ʿwl*, *ʿwlh* gezeichnet. Schwerpunktmäßig geschieht dies in der Lehre über die beiden Geister (1 QS 3, 13 – 4, 26). Die Geister der Wahrheit und des Unrechts (3, 19) sind dem Menschen „gesetzt" von Gott, „um in ihnen zu wandeln bis zur festgesetzten Zeit seiner Heimsuchung" (18). Sie wohnen und kämpfen im Herzen des Menschen (4, 23), und je nach dem Anteil, den er von dem einen oder dem anderen hat, handelt er. Ein Lasterkatalog umschreibt (4, 9–11), was zum „Geist des Unrechts" gehört: „Habgier und Trägheit der Hände im Dienst der Gerechtigkeit, Bosheit und Lüge, Stolz und Hochmut des Herzens, Betrug und Täuschung, Grausamkeit und große Gottlosigkeit, Jähzorn, Übermaß an Torheit und stolze Eifersucht, Greueltaten im Geist der Hurerei und Wege des Schmutzes im Dienst der Unreinheit und eine Lästerzunge, Blindheit der Augen und Taubheit der Ohren, Halsstarrigkeit und Hartherzigkeit". Dabei überwiegen Vergehen, die sich gegen die Gemeinde und die Befolgung ihrer reinen Lehre richten. Gott hält für die, die er „zum ewigen Bund erwählt hat" (4, 22) ein Läuterungsgericht „durch heiligen Geist" (20f.), für die anderen aber das vernichtende Endgericht (4, 11–14) bereit. Die „Männer der Gemeinschaft" grenzen sich von den „Männern des Frevels" ab (5, 2. 10; 6, 15; 8, 13; 9, 9. 17. 21; 10, 20), um nach dem Willen Gottes zu leben (5, 10; 1 QH 6, 6f.), gemäß der Weisung der Zadokiten (5, 2ff.). Ihre Taten müssen von allem Unrecht gereinigt sein und bleiben (8, 18). Der Betende klagt über seine Verstrickung in die sündige Menschheit (11, 9), distanziert sich von jedem Unrecht (10, 20; 1 QH 16, 11; 14, 25f.), verlangt das Gleiche von den Gerechten (1 QH 1, 36), erwartet Gottes Hilfe (1 QH 11, 22. 26) und Gericht (1 QH 14, 15. 25; vgl. 1 QM 4, 3) gegenüber jeglichem Unrecht und bekennt sich lobpreisend zum wahrhaftigen Gott (15, 25).

Schreiner

עוֹלָה *ʿôlāh* → עֹלָה *ʿolāh*

עוֹלָם *ʿôlām*

עָלַם *ʿālam*

I. Allgemeines (Etymologie; Belege; Umwelt, LXX; Wortfeld) – II. Die (lange) vergangene Zeit – III. Die (ferne) Zukunft – IV. Schwerpunkte der theologischen Verwendung – V. Apokryphen, frühes Judentum, Qumran.

Lit.: *J. Barr*, Biblical Words for Time, London ²1969. – *Chr. Barth*, Diesseits und Jenseits im Glauben des späten Israel (SBS 72, 1974). – *Th. Boman*, Das hebräische Denken im Vergleich mit dem griechischen, ⁷1975, 104–160, bes. 131ff. – *G. Gerleman*, Die sperrende Grenze. Die Wurzel *ʿlm* im Hebräischen (ZAW 91, 1979, 338–349). – *E. Jenni*, Das Wort *ʿōlām* im AT (ZAW 64, 1952, 197–248; 65, 1953, 1–35 = Berlin 1953). – *Ders.*, עוֹלָם *ʿōlām* Ewigkeit (THAT II 228–243). – *B. Kedar*, Biblische Semantik, 1981, 25. 92. 176. 179f. – *B. Long*, Notes on the Biblical Use of עד־עולם (Westminster Theol. Journal 41, 1978, 54–67). – *C. von Orelli*, Die hebräischen Synonyma der Zeit und Ewigkeit genetisch und sprachvergleichend dargestellt, 1871. – *K. Schubert*, Bibl. Endzeiterwartung und bibl. Fortschrittsglaube (BiLit 51, 1978, 96–100). – *S. J. De Vries*, Yesterday, Today and Tomorrow, Grand Rapids 1975, 31f. 38–40. – *J. R. Wilch*, Time and Event, Leiden 1969, 17–19. – *H. W. Wolff*, Anthropologie des AT, ³1973, 136. 138.

I. Das im hebr. AT fast 440mal, in den aram. Texten des AT (dort *ʿālam* bzw. *ʿālmāʾ*; in den aram. Teilen auch öfter im Pl. als in den hebr.) 20mal begegnende Wort עולם *ʿôlām* (als עלם *ʿolām* 22mal in BHK³/BHS: s. Jenni, ZAW 64, 222; vgl. etwa Ps 45, 7 + 18) ist in seiner Etymologie nach wie vor umstritten bzw. ungewiß. Während meist auf die Wurzel *ʿlm* I verwiesen wird (Jenni, ZAW 64, 199. 202; THAT II 228), bei der *ʿôlām* dann einem Adverb auf *-ām* ähnlich wäre, zeigen die Debatte zwischen C. F. Whitley und St. C. Reif (VT 32, 1982, 344. 347) mit ihrem offenen Ergebnis sowie der nicht überzeugende Versuch von G. Gerleman, aufgrund einer zu engen Übersetzung mit „uralt“ sowie einem Ausgang von 1 Sam 27, 8 (wo wahrscheinlich sogar der Text noch geändert werden muß; vgl. H. J. Stoebe, KAT VIII/1, 474) eine Grundbedeutung ʿHorizont, Grenzeʾ (übertragen – etwa bei der Kombination mit *b^e^rîṯ* – dann als „Exklusivität“) zu erschließen, daß hier noch kein Fortschritt der Forschung erzielt werden konnte.

Im Anschluß an Jenni wird *ʿôlām* meist mit „ferne bzw. fernste Zeit“ wiedergegeben (vgl. K. Koch, TRE 12, 573: „unbegreiflich ferne Zeit“). Hier wird dann aber (vgl. unter II+III) je nach Kontext zu differenzieren und zu nuancieren sein (zur Problematik dieser Übersetzung[en] vgl. auch H. M. Kuitert, ThLZ 107, 1982, 404).

Die Zahl der Belege wird öfter (Jenni; KBL³) mit genau 440 (+20 aram.) angegeben. Hierbei muß jedoch beachtet werden, daß es eine ganze Reihe von (hebr.) Textbelegen gibt, die aufgrund von Textunklarheiten nicht mit letzter Eindeutigkeit herangezogen werden können. Dabei handelt es sich um die Belege 1 Sam 27, 8; 2 Sam 13, 18; Jes 44, 7; 57, 11; 64, 4; Jer 49, 36; Ez 32, 27; Ps 73, 12; 87, 5; Spr 23, 10 (vgl. 22, 28) und 2 Chr 33, 7. Zur Streuung der Belege s. THAT II 229 (nicht verwendet in Nah, Hag, Rut, Est). Die aram. Belege verteilen sich auf Esra (4, 15. 19) und Dan (dort neben 5 Belegen in Hebr. weitere 18 in Aram.; s. III+IV). Mit Artikel begegnet *ʿôlām* (13mal) erst seit Jer, ohne daß sich dadurch eine Bedeutungsverschiebung erkennen läßt, mit Suff. nur Koh 12, 5. Der Pl. erscheint innerhalb der aram. Texte des AT prozentual häufiger als in den hebr. Texten (aram. Dan 2, 4. 44; 3, 9; 5, 10; 6, 7. 22. 27; 7, 18; vgl. 9, 24 hebr.), wobei der hebr. Pl. nur in Jes 45, 17b im st. abs., sonst nur im st. cstr. sich findet (Jes 26, 4; 45, 17a; 51, 9; Ps 77, 6; 145, 13; Dan 9, 24; mit *l^e^*: Ps 77, 8; als adv. Akkusativ: 1 Kön 8, 13 = 2 Chr 6, 2; Ps 61, 5). Daß *ʿôlām* überhaupt einen Pl. bildet, könnte zu der Annahme verleiten, daß es auch einen „Zeitraum“ bezeichnen kann (pl. dann „Zeitabschnitte, Zeitalter“ o. ä.). Dies trifft jedoch nur für den späteren Sprachgebrauch des Frühjudentums und der anschließenden Zeit zu (vgl. V.; vielleicht schon ab Dan; s. IV.). Ein numerischer Pl. findet sich innerhalb des hebr. AT höchstens in Koh 1, 10 (s. IV.), während es sich sonst um den iterativen, extensiven Steigerungsplural handelt (Jenni, ZAW 64, 244. 247; dort auch „intensiver Gefühlsplural“).

Was schon bei den wenigen Pluralbelegen zu beobachten war, wird durch die zahlreichen Singularbelege überdeutlich: Innerhalb des AT wird *ʿôlām* (wie auch in den Ugarit-Texten!) nicht als selbständiges Subjekt oder Objekt verwendet (zu Koh 1, 10; 3, 11 s. IV. 10 und Jenni, ZAW 65, 22ff.), sondern es findet sich vorwiegend innerhalb von Cstr.-Verbindungen bzw. als adverbieller Akkusativ (dazu Brockelmann, Synt. §§ 89ff.). So ist *ʿôlām* dann (s. u. II.–IV.) in Verbindung mit Liebe (Jer 31, 3), Zeichen (Jes 55, 13), Freude (Jer 35, 10 u. ö.), Schmach/Schande (Jer 23, 40; Ps 78, 66), Schutthügel (Jos 8, 28; Dtn 13, 17), Setzung/Bestimmung (Ex 29, 28; 30, 21; Lev 6, 11. 15 u. ö.), Besitz (Gen 17, 8; 48, 4 u. ö.), *b^e^rîṯ* (16mal) u. a. m. belegt. Daß *ʿôlām* hierbei zum Ausdruck einer möglichst großen Steigerung verwendet wird („immerwährender Besitz“, „nicht endende Freude“ usw.), wird durch die ebenfalls häufige Kombination mit anderen Lexemen unterstrichen, die ebenfalls in die Zukunft verweisen und durch ihre Verbindung mit *ʿôlām* auch gesteigert werden (vgl. z. B. die Verbindung mit → עד *ʿaḏ*, mit → חיים *ḥajjîm* oder mit → דור *dôr*, dies dann auch noch im Pl.; s. u. II. und III.).

Während außerhalb des AT *ʿôlām* in hebr. Texten (Ostraka, Inschriften) bisher nicht belegt ist (zu Sir und Qumran s. V.), finden sich die entsprechenden Äquivalente in Texten der Umwelt des AT relativ häufig (vgl. KBL³ 754; DISO 213f.; Jenni, ZAW 64, 202–221).

Hierbei ist zuerst auf die Ugarittexte zu verweisen (vgl. UT Nr. 1858; WUS Nr. 2036; dann RSP I, Nr. 27+48 zu Ps 21, 5; ferner I 80 und Nr. 413 zu Ps 48, 9. 15; weiter RSP I, Nr. 363. 405. 411. 413. 425; weiteres s. u. II.–IV.), wobei die Verbindungen mit den Präpositionen *l^e^* und *ʿaḏ* auch hier bereits begegnen (vgl. KTU 1.2, IV, 10; 1.4, IV, 42; 4.360, 2; 2.19, 5.15; 3.5, 14; 2.42, 9 „König der Welt“?).

Im Altaram. ist zu den Texten von S^e^fire (III 24f.; dort auch I C 9 und I B 7? vgl. KAI Nr. 224, 24f. und J. A. Fitzmyer / D. J. Harrington, A Manual of Palestinian Aramaic Texts, BietOr 34, 1978, 352b) und Aḥiqar (95?) ein Beleg aus Deir ʿAllā hinzugekommen (Z. 7; andere Zählung: Z. 9); vgl. auch K. Beyer, Die aramäischen Texte vom Toten Meer, 1984, 658f.

Häufig sind Belege im Phön. (Harris, Gramm. 133; Friedrich, Gramm.² § 78a+ 79b, S. 30; THAT II 236; WbMyth I 309; Gese, RdM 10/2, 148. 203; vgl. KAI 1, 1; 14, 20. 23; 18, 8; 19, 11; vgl. zu KAI 1, 1 Aḥiram: Koh 12, 5? s. Jenni, ZAW 64, 207f. 211). Im Pun. findet sich auch die Schreibweise אולם (KAI 128, 2).

Umstritten ist der Befund im Asarab. (ZAW 64, 1952, 220f.), während das Moabit. in der Mešaʿ-Inschrift (Z. 7. 10; KAI 181) sowohl bei *ʿlm* das „für immer“ als das „seit jeher“ als Bedeutungen erkennen läßt.

Nach dem Bibl.-Aram. (zu Elephantine vgl. Cowley 304a) sind es dann zahlreiche jüngere semit. Sprachen, welche *ʿlm* (o. ä.) kennen (nabat., jüd.-aram., christl.-pal., sam., syr., mand., äth., palm., äg.-arab., arab.; zu Hatra vgl. DISO XIX+213). In manchen dieser Sprachen wird etwa vom 1. Jh. n. Chr. an *ʿlm* in einer gegenüber dem AT veränderten Bedeutung verwendet („Welt“ bzw. „Äon“; s. u. V. und Jenni, THAT II 242f.).

Das Akk. kennt nur das sachlich parallele Lexem *dārû(m)* (AHw I 164).

Daß auch im Äg. eine klare Unterscheidung zwischen „Zeit“ und „Ewigkeit“ nicht gemacht wurde, ist erneut durch J. Assmann herausgestellt worden (ders., Ägypten, Urban-TB 366, 1984, 90ff. 132f.; vgl. ders., Das Doppelgesicht der Zeit im altägyptischen Denken, in: Die Zeit, Hg. A. Peisl / A. Mohler, 1983, 189–223). Dort stehen sowohl *nḥḥ* (als Zeitfülle, mehr mit dem Blick auf das jeweils Kommende und den Wandel) als auch *ḏ.t* (als Vollendung, mehr mit dem Blick auf das Bleibende, die Fortdauer; beide Wörter kommen oft gemeinsam vor) jeweils für einen langen, aber begrenzten Zeitraum als für etwas „Unendliches“, so daß auch hier bei der

Übersetzung mit „Zeit" oder „Ewigkeit" jeweils von Fall zu Fall im Blick auf den Kontext entschieden werden muß.

Die LXX gibt *ʿôlām* meist (236mal) mit αἰών bzw. αἰώνιος (95mal) wieder, selten aber auch mit ἀεί, ἀρχή und 4mal mit χρόνος (s. ThWNT I 197–209; X/2, 962f. und EWNT I 105–115).
Das bereits erwähnte und (unter II.–IV.) noch weiter zu verfolgende Auftreten von *ʿôlām* in Wortverbindungen und Kombinationen führt dann auch zu der Erkenntnis, daß das *ʿôlām* zuzuordnende Wortfeld nicht klein sein kann. Hierher gehören folglich *bāʾôṯ* → בוא, → דור *dôr*, → יום *jôm* (→ III 567), *hakkol* (→ IV 148), → נצח *neṣaḥ*, → עד *ʿaḏ*, → עת *ʿēṯ*, → קדם *qæḏæm* und → תמיד *tāmîḏ*.

II. Knapp 60 Belege mit *ʿôlām* (und diese über 20mal mit der Präp. *min*) meinen eine lange vergangene Zeit, etwas Uraltes, wobei dieses verschieden fern vom Sprecher/Schreiber als dem Betrachter sich befinden kann.
Ein *meʿôlām* kann ein „seit jeher" ausdrücken (Jer 2, 20; 31, 3; Ez 35, 5; Ps 25, 6; Jes 64, 4: hier ein isoliertes *ʿôlām*?; wohl auch Jos 24, 2 und Meša KAI 181, 10; vgl. das „seit alters" Joël 2, 2; vgl. auch Ijob 22, 15: Weg der Frevler „seit jeher" und die aram. Belege Esra 4, 14. 19).
„Uralt" sind Berge oder Höhen (Gen 49, 26; Hab 3, 6), auch Pforten (Ps 24, 7. 9; vgl. noch Jer 5, 15; Ez 36, 2). Wie alt oder vergangen genau das Angesprochene jeweils ist, bleibt hier meist offen. Es geht nur darum, den Blick oder den Gedanken so weit wie möglich (!) zurückzulenken. Die fernste Zeit (Ps 93, 2) kann dann auch eine sonst nicht näher bestimmte „Vorzeit" meinen (Gen 6, 4; vgl. KAI 181, 10?) oder auch die längst Verstorbenen kennzeichnen (Klgl 3, 6; Ps 143, 3; vgl. Ez 26, 20), aber auch schlicht ein „früher" (Jos 24, 2; vgl. das „wie früher" in Mi 7, 14; Mal 3, 4).
Aus den übrigen Belegen (1 Sam 27, 8; Jes 44, 7; 51, 9; 63, 9. 11; Jer 5, 15; 6, 16; 18, 18; 28, 8; Ez 25, 15; 26, 20; Dtn 33, 15; vgl. Sir 16, 7; 44 Überschrift; 44, 2; 48, 25; vgl. auch 42, 21 mit Art. „einer ist von Ewigkeit [?] her"; dann 51, 8, – oder „schon seit früherer Zeit"?; ferner Ps 41, 14) ragen noch Mi 5, 1; Am 9, 11 heraus, welche diese Vergangenheit auf die Zeit Davids als Idealvergangenheit beziehen (s. u. IV. 2.). Es ist wegen Spr 22, 28 zu fragen, ob in 23, 10 nicht eher → אלמנה *ʾalmānāh* statt *ʿôlām* zu lesen ist (vgl. aber RSP I, S. 78).
In Spr 8, 23 (Kontext: vv. 22–31) spricht die Weisheit als Person in einer Ich-Rede davon, daß sie bereits vor der Schöpfung der Welt von JHWH erschaffen und bei der Weltschöpfung dann dabei gewesen sei (→ נסך *nsk niph*; zur Stelle M. Dahood, CBQ 30, 1968, 515; zu ihrer Interpretation und theol. Relevanz bes. O. Plöger, BK XVII 91ff.; vgl. Sir 1, 1. 4).
Die bereits genannte Tendenz zur Steigerung wird durch die Kombination *min (me) (hā) ʿôlām (w^e) ʿaḏ-ʿôlām* belegt, die in meist jüngeren Texten (vgl. mit *meʿattāh* in Jes 9, 6; 59, 21; Mi 4, 7; Ps 113, 2; 115, 18; 121, 8; 125, 2; 131, 3 und dazu S. E. Loewenstamm, AOAT 204, 1980, 166–170) und in feierlicher, liturgisch gehobener Sprache der Gebete und Doxologien die „Ewigkeit" Gottes hymnisch besingt bzw. das jetzt erschallende Lob als eines qualifizieren möchte, das bereits schon viel früher und auch noch viel später und damit letztlich „für alle Zeit" (Jenni, ZAW 64, 234) erschallt ist und erschallen wird (mit Artikel: Ps 41, 14; 106, 48; Neh 9, 5; 1 Chr 16, 36; ohne Artikel: Ps 90, 2; 103, 17; 1 Chr 29, 10; aram. in Dan 2, 10; dann auch Sir 39, 20: hier schon „Weltzeitalter"?; ferner in den Qumrantexten; s. u. V.).
Wird in Richtung auf die Vergangenheit ein *ʿôlām* (mit *min*) negiert (Jes 63, 19; 64, 3; Joël 2, 2), so wird dadurch ein „nie" ausgedrückt (vgl. das analoge Vorkommen im Blick auf die Zukunft unter III.: dort auch als „nie").

III. Über 260mal wird *ʿôlām* im Blick auf Zukünftiges verwendet. Hierbei wird (etwa 160mal) ein *l^e*, das mehr bei etwas Statischem, Unabänderlichem auftritt (vgl. schon DISO 213: „für immer"), oder (etwa 80mal) ein *ʿaḏ*, das mehr dynamisch auch die zeitliche Progression im Blick hat; so mit Jenni, ZAW 64, 236f.; zu den jeweils zugeordneten Verben ausführlicher: 237ff.) dem Substantiv vorangestellt. In vielen Verbindungen und als adv. Akk. bei vorwiegend konkreten und nicht selten im Pl. stehenden Bezugsworten wird, wie z. B. auch die Parallelausdrücke erweisen (vgl. 1 Sam 1, 11. 22. 28; Ps 34, 1; 71, 15; 89, 2; 104, 33; dazu auch: Long), deren „Dauer" als eine „für immer", „immerwährend" (so besonders mit *l^e*) ausgesagt. Daß diese Dauer nicht unbedingt ein „für immer" meinen muß, zeigt 1 Sam 2, 30f., wo die angesprochene Zeit auch ein Ende haben kann.
Diese auch (schon) in Texten der Umwelt begegnende Verwendung (z. B. KAI 14, 20. 22; 18, 8; 19, 11; 26 A IV 2; C V 6; 27, 14 [?]; 34, 5; 35, 2; 181, 7 [ohne *l^e*]; 165, 8; dann mit *ʿaḏ*: KAI 43, 12; 78, 1; zum Ugar.: THAT II 235 und RSP I, Nr. 411+413; zu Deir ʿAllā Z. 7 s. H. u. M. Weippert, ZDPV 98, 1982, 93) zieht sich durch die unterschiedlichsten Textsorten und Zeitabschnitte at.licher Literatur (Gen 3, 22; 6, 3; 13, 15; Ex 3, 15; 14, 13; 15, 18; 19, 9; 40, 15; Dtn 5, 29; 23, 4. 7; 28, 46: wie hier und in Gen 13, 15 auch noch in 1 Sam 20, 42; 2 Sam 22, 51 par. u.ö. zusammen mit → זרע *zæraʿ* oder → דור *dôr* bzw. letzteres im Pl.); dann 1 Sam 1, 22; 20, 15; 20, 23. 45; 2 Sam 23, 5; Jes 30, 8; 35, 10; 55, 3; 60, 19f.; Jer 20, 7; 23, 40; Ez 25, 15; Jona 2, 7; Ps 30, 13; 49, 9; 61, 8; 66, 7; 73, 12; 89, 2. 3. 38; 90, 2; 106, 31; Spr 27, 24 „auf Dauer"; Esra 9, 12). Ijob lebt nicht „für immer" (7, 16), so daß auch analog im Blick auf die Propheten gefragt werden kann (Sach 1, 5). Die Steine im Jordan sollen eine „bleibende" Erinnerung sein (Jos 4, 7). Von kommenden Zeiten (Pl.!) sprechen Ps 77, 8; 1 Kön 8, 13; 2 Chr 6, 2.

Steht bei diesem *ʿôlām*, sofern es etwas Zukünftiges anspricht, eine Verneinung, kann dies sowohl ein „nicht mehr" (Ex 14, 13) als auch ein „nie" beinhalten (1 Sam 20, 15; Jes 25, 2; Jer 35, 6; Ez 26, 21; 27, 36; 28, 19; Neh 13, 1; vgl. Dtn 23, 4–7; vgl. DISO 213f.: häufig auf Grabinschriften).

Daß in Ex 21, 6; Dtn 15, 17; 1 Sam 27, 12 (vgl. Lev 25, 46; 1 Sam 1, 22; Ijob 40, 28) *ʿôlām* offensichtlich nur als „Lebenszeit" (z. B. des Sklaven „auf Lebenszeit") gemeint sein kann, steht zum sonstigen Gebrauch nicht in unbedingtem Widerspruch (vgl. THAT II 236; dort auch ugar. Belege für diese Verwendung; s. auch RSP I 53 und M. Dahood, Bibl 50, 1969, 345), denn auch, wenn der König mit „der König lebe ewiglich" gegrüßt wird (s. unter IV. 2.), beinhaltet dies (trotz „Hofstil") nicht den Wunsch ewigen Lebens, sondern meint ein „so lange wie möglich" (Kontrast: Ijob 7, 16).

Mit auf langandauernde Zukunft verweisendem *ʿôlām* werden dann naturgemäß gern und oft andere Lexeme verbunden und dadurch gesteigert oder verstärkt. So wird *ʿôlām* mit *dôr* (bzw. dessen Pl. oder Doppelung; dazu meist mit *l*^{e}) verbunden (Gen 16, 7; Ex 3, 15; 31, 16; Dtn 32, 7; Jes 34, 10. 17; 51, 8; Ps 33, 11; 45, 18; 49, 12; 61, 7f.; 77, 8f.; 79, 13; 85, 6; 100, 5; 102, 13; 106, 31; 119, 89f.; 135, 13; 146, 10; Spr 27, 24; Koh 1, 4; Dan 3, 33; 4, 31; Sir 45, 26). Analoges findet sich auch schon in Ugarit (RSP III, Suppl. 81: vgl. Ex 3, 15; dann RSP Suppl. II/3 und RSP I, Nr. 425; s. auch Jenni, ZAW 64, 203).

Eine weitere Kombination mit verstärkendem Charakter ist die Wendung *(l*^{e}*) ʿôlām wāʿæḏ* (Ex 15, 18; Mi 4, 5; Ps 9, 6; 10, 16; 21, 5; 37, 27 LXX, 45, 7. 18; 52, 10; 104, 5; 119, 44; 145, 1. 2. 21; Dan 12, 3; Sir 40, 17) als „feierliche Abschluß- und Bekräftigungsformel" (Jenni, ZAW 64, 239); vgl. ferner das Nomen → עד *ʿad* bei *ʿôlām* in Ps 111, 8; 148, 6; Jes 45, 17.

Ähnlich „feierlich" ist die Formel *meʿattāh (w*^{e}*) ʿaḏ-ʿôlām* zu beurteilen (Jes 9, 6; 59, 21; Mi 4, 7; Ps 113, 2; 115, 18; 121, 8; 125, 2; 131, 3; vgl. Sir 51, 30: wohl durchweg jüngere Texte).

Und schließlich ist noch auf die Formel „denn seine Güte währet ewiglich" hinzuweisen (*[kî] l*^{e}*ʿôlām ḥasdô*), die sich – abgesehen von Ps 136 – noch 16mal innerhalb des AT (dazu in Sir 51, 12) findet (Jer 33, 11; Ps 100, 5; 106, 1; 107, 1; 118, 1–4. 29; 136 – hier allein 26mal –; Esra 3, 11; 1 Chr 16, 34. 41; 2 Chr 5, 13; 7, 3. 6; 20, 21; zu ihr: K. Koch, EvTh 21, 1961, 531–544).

In diesen Rahmen (Steigerung, Verstärkung) gehört auch der Gebrauch von *ʿôlām* innerhalb eines Schwurs (Dtn 32, 40 als Gottesrede; vgl. Jos 14, 9; Jer 49, 13; Zef 2, 9; Dan 12, 7; vgl. dazu S. Kreuzer, Der lebendige Gott, BWANT 116, 1983, 141f.) oder einer Beteuerung (2 Sam 3, 28; 7, 26. 29).

Über 120mal erscheint *ʿôlām* dann in Cstr.-Verbindungen, die sich vor allem auf Zukünftiges bezogen innerhalb theologisch wichtiger Bereiche finden (s. u. IV.).

IV. 1. Innerhalb der erzählenden Texte des Pent. kann Ex 19, 9 kaum als vorexil. angesehen werden. Die Datierung von Gen 6, 3f. hängt einerseits mit dem Alter des hier verwendeten Materials, andererseits mit der Frage zusammen, ob der Text dem Jahwisten zuzuordnen und wann dieser zu datieren ist. Dies gilt auch für Gen 3, 22; 21, 33 (? s. 3.); Ex 14, 13. Bei der Landverheißung *ʿaḏ-ʿôlām* Gen 13, 15 ist darauf zu verweisen, daß dieser Text entweder mit seiner Thematik isoliert ist, wenn er alt sein sollte, oder darauf, daß ähnliche Aussagen (Ex 32, 13; Jos 14, 9; Esra 9, 12; 2 Chr 28, 8; Ps 37, 27–29) aus anderer Zeit stammen (vgl. außerdem noch unten zur Bedeutung von *ʿôlām* bei P). Als Kontrast sind Jer 25, 5f. von Interesse.

Die Bedeutung des Landbesitzes „für immer" ist ferner noch thematisiert in den ebenfalls nicht (!) vorexil. Texten Jes 34, 17; 61, 7; Jer 7, 7; 25, 5; Ez 37, 25; Joël 4, 20; 2 Chr 20, 7.

2. Ältere Texte innerhalb der historischen Bücher sind wahrscheinlich 1 Sam 1, 21; 20, 15. 23; 2 Sam 3, 28; 2 Kön 5, 27. Späteren und d. h. meist dtr Bearbeitungsschichten gehören an: Jos 4, 7; 14, 9; Ri 2, 1; 2 Sam 2, 30; 3, 13f.; 7, 13. 16. 24. 25. 26. 29; 1 Kön 1, 31; 2, 33. 45; 9, 3. 5; 10, 9; 21, 7; auch Jos 24, 2 (?), und innerhalb dieser späten Texte nimmt die Verwendung von *ʿôlām* deutlich zu.

Schon ein kurzer Blick auf die zuletzt aufgeführten Texte zeigt, daß in ihnen überwiegend von der „ewigen" Dauer der Daviddynastie die Rede ist. Dieses Thema wird innerhalb des AT recht häufig unter Verwendung von *ʿôlām* (+ *l*^{e} oder *ʿaḏ*) angesprochen.

Da ist zuerst der Gruß an den König zu nennen, welcher „Der König lebe ewig!" (o. ä.) lautet (1 Kön 1, 31; Neh 2, 3; Dan 2, 4; 3, 9; 5, 10; 6, 7. 22; vgl. Ps 21, 5; 61, 7f.; Ps 110, 4; vgl. auch 1 Kön 3, 11. 14; Ps 72, 5; 18, 51 par.; 45, 3. 7. 18; 72, 17; 89, 5. 37f.). In diesem Gruß und Wunsch sollte man (gegen Jenni, ZAW 65, 5ff.) nicht zu viel suchen. Es geht kaum um Vergöttlichung des Königs, sondern eher schlicht um den Wunsch, daß er so lange wie möglich und außerdem „gut" leben möge. Der Gruß/Wunsch (vgl. EA 21, 22f. 39; 149, 24ff.) ist Bestandteil des Hofstils (besonders am persischen Hof?; vgl. die Häufung der Belege in Dan; vgl. zur Sache auch H.-J. Kraus, BK XV/1^{5}, 318). → II 888.

Dann spielt *ʿôlām* die typisch verstärkende und betonende Rolle in den Verheißungen an David und die Daviddynastie (vgl. schon an Saul: 1 Sam 13, 13). Dies wird dann bis zur → *b*^{e}*rîṯ ʿôlām*, die der Daviddynastie gilt, theologisch ausgebaut (1 Sam 20, 42; 2 Sam 7, 13. 16; vgl. vv. 24f. 29; dann 2 Sam 23, 5 *b*^{e}*rîṯ*; vgl. ferner: 1 Kön 2, 33. 45; 2 Sam 22, 51 = Ps 18, 51; 1 Kön 8, 25; 9, 4f.; 10, 9; Jes 9, 6; 55, 3 [vgl. dazu 2 Chr 9, 8 mit der Ausweitung auf Israel]; ferner: Ez 37, 25f.; Ps 89, 3–5. 29. 37f.; 45, 3. 7. 18; 132, 11f.; 1 Chr 17, 12. 14. 22–24. 27; 2 Chr 22, 10; 28, 4). Es ist damit offensichtlich ein typisches dtr Theologumenon und dessen Weiterwirken angesprochen (vgl. T. Veijola, Die ewige Dynastie, Helsinki 1975; zu den Verheißungen mit *ʿôlām* und *b*^{e}*rîṯ ʿôlām* s. auch M. Tsevat, HUCA 35, 1963, 71–77).

Analog spricht die Priesterschrift von einer *b^e^rîṯ ʿôlām*, bezieht diese aber auf die Väter-*b^e^rîṯ* (vgl. Ps 105, 8. 10 = 1 Chr 16, 15. 17; allgemeiner wohl in Ps 11, 5. 9; → זכר *zkr*); s. u. 7.

Zur *b^e^rîṯ ʿôlām* vgl. aber auch schon einen Beleg aus Arslan Tash (KAI 27, 9f.; dort *ʾlt* und als Verb → כרת *krt*; vgl. Dtn 29, 11); ausgeweitet: Jes 24, 5 (vgl. auch M. S. Smith, *Berit ʿam / Berit ʿolam*, A New Proposal for the Crux of Isa 42, 6, JBL 100, 1981, 241–243).

In einer weiteren, kleinen und auch doch wohl jüngeren Textgruppe wird die Zeit Davids als Idealzeit qualifiziert und dann von ihr als den *j^e^mê ʿôlām* gesprochen (Am 9, 11; Mi 5, 1; Neh 12, 46; vgl. sonst Mi 7, 14; Jes 45, 21; 46, 10; 63, 9. 11; Mal 3, 4).

3. In Gen 21, 33 ist ein *ʾel ʿôlām* genannt, dessen Verehrung an Beerscheba gebunden ist (vgl. dazu Jenni, ZAW 65, 1 ff.; O. Eißfeldt, KlSchr 4, 1968, 193–198 und → I 259 ff.). *ʿôlām* ist hier mit „immerwährend mächtig" zu übertragen. Dies führt (vgl. Aḥiqar 95?; Sir 36, 22) auf die Titulierung eines Gottes als „Ewiger", die – wie vor allem die außerbiblischen Belege zeigen – mit dem „Königtum" dieser Gottheit oft eng zusammenhängt. Götternamen (z. B. *šmš* oder *šḥr*) sind öfter mit *ʿôlām* verbunden (vgl. F. M. Cross / D. N. Freedman, JBL 67, 1948, 201 f.; Jenni, THAT II 236 f. mit Lit.); vgl. dazu KAI 26 A III 19 (zur Sache KAI II, 43; Jenni, ZAW 64, 208 f.); KTU 3.5, 15; 2.42, 7; dann KTU 1, 108, 1 und RSP III, S. 466; zur Kombination von (Gott-) König und „Ewiger" auch RSP I, Nr. 363 (zur Sache: W. H. Schmidt, BZAW 80, ²1966, 53 f.; J. Woziniak, Ugar. Parallel of *Jahwe melek ʿôlam*, FolOr 20, 1979, 171 ff.).

Für das AT ist noch auf folgende Texte zu verweisen: Ps 145, 13 (vgl. KTU 1.2, IV, 10); Ps 9, 6. 8; 10, 16; 66, 7; 146, 10; Jes 26, 4; 33, 14; 63, 16; Dtn 32, 40; 33, 27; Klgl 5, 19; Dan 2, 44; 3, 33; 4, 31: hier auch liturgischer Hofstil; Ps 29, 10; Jer 10, 10; Ex 15, 18; Mi 4, 7b; auch Ps 66, 7. Innerhalb der bei DtJes (s. u. 6.) festzustellenden besonderen Bedeutung von *ʿôlām* ist Jes 40, 28 hier noch zu nennen, wo JHWH als *ʾ^æ^lohê ʿôlām* apostrophiert wird, was aber weder mit Gen 21, 33 (oder Dtn 33, 7) wirklich identisch ist noch von dorther interpretiert werden sollte. Der Kontext legt vielmehr nahe, hier an JHWH als den Gott und Herrn der Schöpfung zu denken (vgl. Chr. North, The Second Isaiah, Oxford 1964, 89 f.), d. h. vielleicht schon der „Welt" (s. IV.).

Zu dem hier angesprochenen Themenbereich („ewiger Gott"; *ʿôlām* als Gottestitulatur) gehören dann noch die Texte Ps 90, 2; 92, 8 f.; 102, 12 f. Vielleicht ist auch Ps 75, 10 hinzuzurechnen, und für den Fall, daß in Ps 31, 2; 71, 1; 86, 12 (und öfter?!) ein sog. „*l* vocativum" belegt ist, wären auch diese Belege noch für einen Gottestitel *ʿôlām* heranzuziehen.

4. Innerhalb des Dtn wird *l^eʿ^ôlām* bzw. *ʿaḏ ʿôlām* innerhalb der dtn/dtr Paränese zur wiederum verstärkenden Motivation in Dtn 5, 29 und 12, 28 verwendet (vgl. noch 23, 4. 7). Zum *tel ʿôlām* in 13, 17 vgl. Jos 8, 28 (beides dtr); zu 15, 17 (Sklave auf Lebenszeit) vgl. oben III. Das im Dtn Offenbarte gilt für Israel *ʿaḏ ʿôlām* (29, 28).

In 28, 46 wird *ʿôlām* innerhalb eines Fluchwortes zu dessen Verstärkung verwendet; vgl. dazu auch 2 Sam 12, 10; 1 Kön 2, 33a und ferner die Gerichtsworte der Propheten mit oft zu den Flüchen ähnlichem Inhalt (vgl. u. 5.; ferner Jer 7, 20; 17, 27; 25, 12).

5. Prophetische Gerichts- und Heilsworte erhalten auch durch *ʿôlām* ihr Gewicht. Das angesagte Gericht bzw. Heil wird damit der Kurzfristigkeit entnommen. Es erhält andauernden Charakter. Zu den so bestimmten Gerichtsworten gehören (neben 2 Sam 12, 10; 2 Kön 5, 27): Jes 14, 20; 25, 2; 32, 14; 34, 10; vgl. 30, 8; dann Mi 2, 9; Obd 10, wobei als authentisch wohl nur Mi 2, 9 und Obd 10 angesehen werden können.

Besonders in den Gerichtsansagen Jeremias (17, 4; 18, 16; 20, 11; vgl. 3, 5; 25, 9 und Ps 78, 66) sowie in denen späterer (dtr) Bearbeitungen dieses Buches (10, 10; 23, 40; 33, 11; 49, 13. 33; 50, 5; 51, 26. 39. 57. 62) wird durch *ʿôlām* eine gewisse Endgültigkeit dieses Gerichtes unterstrichen. Sieht man diesen Endgültigkeitsaspekt als konstitutiv für die so umstrittene „Eschatologie" des AT an, kann man (mit Jenni, ZAW 65, 14) davon sprechen, daß sich hier insofern ein neuer Inhalt für *ʿôlām* anbahne, als es immer mehr „zum Kennwort für das eschatologische Handeln Jahwes" werde (zur Problematik: H. D. Preuß [Hg.], Eschatologie im AT, WdF 480, 1978; R. Smend, Art. Eschatologie II: AT, TRE 10, 256–264).

In die genannten Zusammenhänge gehören dann noch Zef 2, 9; Ez 27, 36; 28, 19; 35, 9; 36, 2.

Analog wird *ʿôlām* dann auch in prophetischen Heilsworten verwendet, über deren Authenzität hier nicht zu handeln ist (Jes 9, 6; 32, 17; 34, 17; 35, 10; Jer 3, 12; 17, 25; 25, 12; Hos 2, 21; Am 9, 11 f.; Mi 4, 5. 7; 5, 1). Daß die durch Texte des Jeremiabuches mehrfach angedrohten „dauernden Trümmer/ Ruinen" dann wiederum auch nicht so endgültig sind, daß sie nicht durch ein neues Heilswort ihren Wiederaufbau verheißen bekommen können, zeigen Jes 58, 12; 61, 4 (vgl. dagegen Jer 18, 16; 25, 9. [12]; 49, 13. 33; 51, 26).

6. Ob mit den 15 Belegen bei DtJes wirklich eine neue Stufe in der Geschichte des Wortes erreicht wird (so Jenni, ZAW 65, 15), erscheint fraglich. In 40, 8; 45, 17; 51, 6. 8; 54, 8 (vgl. auch 47, 7; 55, 13) wird durch das *ʿôlām* ein auch schon sonst und früher ausgedrücktes „für immer" ausgesagt. In 51, 9 (pl.; so öfter bei DtJes, was aber nichts mit einer Begriffswandlung zu tun hat) wird auf entfernte Vergangenheit zurückgegriffen, die aber durch die Parallelisierung vom Kampf mit der → *rahaḇ* und dem Durchzug durchs Meer bei der Rettung aus Ägypten entmythisiert ist und damit keine mythische Vorzeit mehr meint (vgl. 42, 14 „seit langem"; 46, 9; 44, 7 corr. „von Anfang an"). Zur Umprägung der David-*b^e^rîṯ* auf das Volk (Jes 55, 3) s. IV. 2. Daß es bei DtJes jedoch nicht mehr nur um ein weiteres Andauern,

sondern um eschatologisches, jetzt anbrechendes und auf Vollendung zielendes Heil geht, läßt sich aus einer Analyse seines Gebrauchs von *ʿôlām* allein nicht erweisen.

Zu Jes 40, 28 und der dortigen Benennung JHWHs als *ʾælohê ʿôlām* vgl. o. IV. 3. Hier jedoch kann man fragen, ob mit diesem Titel JHWH nicht doch schon als „Weltenkönig" bezeichnet werden soll (vgl. Jer 10, 10) und ob damit nicht auch das Lexem *ʿôlām* sich in seinen Bedeutungen hin zu dem zu entwickeln scheint, was dann in nachexil. Texten und besonders in der Apokalyptik für *ʿôlām* deutlich erkennbar wird („Welt": vgl. auch Ps 104, 5; 148, 6).

7. Besonders gern und mit theologischem Gewicht, da in theologisch bedeutsamen Verbindungen, verwendet P *ʿôlām* (vgl. Jenni, ZAW 64, 240f.; 65, 21f.; THAT II 235f. 241; Chr. Feucht, Untersuchungen zum Heiligkeitsgesetz, 1964, 59; Chr. Levin, Die Verheißung des neuen Bundes, FRLANT 137, 1985, 222ff.; nach Levin 231 zielt P auf die jüd. Diaspora des 4. Jh.s!).

Da ist im Blick auf das Land von „ewigem Besitz" die Rede (*ʾaḥuzzaṯ ʿôlām*: Gen 17, 8; 48, 4; Lev 25, 34; vgl. schon eine Landschenkungsurkunde aus Ugarit, die eine Schenkung „auf Dauer/ewig" erwähnt: KTU 3.5, 14. 15. 20; s. auch TUAT I/3, 212); dann von *geʾullaṯ ʿôlām* (Lev 25, 32), von *dôrôṯ ʿôlām* (Gen 9, 12), von *kehunnaṯ ʿôlām* (Ex 40, 15; Num 25, 13; vgl. dazu Ps 110, 4; 1 Chr 15, 2; 2 Chr 23, 13 und RSP II, S. 407ff. = X/3; nach 1 Sam 2, 30; 3, 13f. ist aber auch wiederum eine Beendigung dieses Priestertums auf „ewig" möglich), sowie um ein *ʾôṯ leʿôlām* (Ex 31, 17; vgl. Jes 55, 13; Gen 9, 12; nur in Ex 31, 17 und Lev 25, 46 bei P ein *ʿôlām* mit *le* innerhalb der Cstr.-Verbindungen; *ʿaḏ ʿôlām* nie bei P).

Ferner ist es für P wichtig, daß die Satzungen und Bestimmungen JHWHs (*ḥoq* bzw. *ḥuqqāh*, → חקק *ḥqq*) solche von Dauer sind (Ex 29, 9. 28; 30, 21; Lev 3, 17; 6, 11. 15; 7, 34. 36; 10, 9. 15; 16, 29. 31. 34; 17, 3; 23, 14. 21. 31. 41; 24, 3. 9; Num 10, 8; 18, 8. 11. 19. 23; 19, 10. 21; vgl. Ex 12, 14. 17. 24; Ez 46, 14; 2 Chr 2, 3; s. auch → III 153f.).

Von besonderer Bedeutung ist, daß die Rede von einer *berîṯ ʿôlām*, die innerhalb der dtr Literatur und deren Nachwirkungen für David und die David-Dynastie reserviert war (s. o. IV. 2.), durch P zwar nicht auf die Sinai-*berîṯ*, wohl aber auf die Noah-*berîṯ* (Gen 9, 16; vgl. v. 12.) und vor allem auf die Väter-*berîṯ* übertragen wird (Gen 17, 7. 13. 19; Ex 31, 16; Lev 24, 8; auch Num 18, 19 „Salz-*berîṯ*" mit *ʿôlām*). Hierbei ist das besondere theologische Interesse an der Dauer dieser überwiegend als Gabe und Verheißung interpretierten *berîṯ* noch dadurch verstärkt zu erkennen, daß die Cstr.-Verbindungen noch gern weiterführende und die Dauerhaftigkeit mehr unterstreichende Zusätze – wie etwa mit → זרע *zæraʿ*, → דור *dôr* (bzw. Pl.) oder etwa *bānîm* – erhalten, die dann noch durch „nach dir" ausgeführt werden (vgl. etwa Gen 17, 7–9), weil eben die Gültigkeit göttlicher Heilssetzungen auch für „Nachkommen" Abrahams ein wichtiges theologisches Anliegen von P ist.

Zu diesen Texten von P sind (neben den in IV. 2. genannten) betr. *berîṯ ʿôlām* noch zu vergleichen: Jer 32, 40; 50, 5; Ez 16, 60; Jes 24, 5; 61, 8; Ps 105, 10 (vgl. v. 8), dann aber auch Ri 2, 1, das jedoch mit dem „Brechen" der *berîṯ ʿôlām* (!) in dtr Theologie und Terminologie auf die Sinai-*berîṯ* zielt.

In alledem geht es für P nicht nur um das ewig Gleichbleibende (so Jenni, ZAW 65, 21; THAT II 241), sondern mehr um das weiterhin Gültige, auch die „Nachkommen" noch Tragende.

8. Nachexil. Texte (dazu Jenni, ZAW 65, 18ff.; THAT II 239ff.) fragen, ob JHWHs in der Strafe des Exils manifest gewordener Zorn noch weiterhin oder gar „für immer" andauert (Jes 57, 16; Ps 77, 8; 85, 6; 103, 9; vgl. schon Klgl 3, 31). Sie fragen nach der Zukunft (Jes 56, 5; 58, 12; 59, 21; 61, 4) und versuchen, neues, andauerndes Heil neu zu verheißen (Jes 60, 15–22; 61, 7f.; auch 35, 10; 51, 11; 32, 17, dazu Joël 2, 26f.). Und wo anderen Völkern Unheil angedroht wird, da geht es letztlich auch um das daraus folgende Heil Israels „für immer" (Jes 14, 20; 25, 2; 34, 10; Obd 10; Mal 1, 4; vgl. Ps 9, 8).

9. In den Psalmen (vgl. Jenni, THAT II 240f.) taucht das *leʿôlām* bzw. *ʿaḏ ʿôlām* (und die Kombination mit *meʿôlām*) zunächst in den das Psalmenbuch gliedernden Doxologien auf (Ps 41, 14; 72, 19; 89, 53; 106, 48). In diese konnte es hineingenommen werden, weil es auch sonst und zuvor in doxologischer oder hymnischer Sprache bzw. in stark assertorischer Rede besonders verwendet wurde (Ps 5, 12; 9, 8; 30, 13; 33, 11; 44, 9; 52, 10f.; 75, 10; 79, 13; 81, 16; 89, 2. 3; 90, 2; 92, 9; 93, 2; 102, 13; 104, 31; 106, 48; 111, 8; 113, 2; 115, 18; 119, 44. 93. 98. 111f.; 125, 2; 131, 3; 135, 13; 145, 1f. 13. 21); zu diesem „fortwährenden Lobpreis" vgl. W. Beyerlin, Festschr. K. Elliger (AOAT 18, 1973, 17–24); vgl. ferner Neh 9, 5; 1 Chr 16, 36; 29, 10; Dtn 33, 27; Jes 26, 4; Dan 2, 20; 3, 33; 4, 31; 6, 7 u. ö.

Es sind besonders JHWHs → חסד *ḥæsæḏ* und seine *ʾæmæṯ* (→ אמן *ʾmn*), die „seit jeher" wirksam waren und folglich gepriesen werden bzw. die auch dauernd erhofft und daraufhin vertrauend gelobt werden (Ps 25, 6; 33, 11; 89, 3; 100, 5; 103, 17; 105, 8. 10; 111, 5. 8f.; 117, 2; 119, 89. 142. 144. 152. 160; 125, 2; 135, 13; 138, 8; 146, 6; 148, 6; 136; dann Jer 33, 11; Ps 106, 1; 107, 1; 118, 1. 2–4. 29; 1 Chr 16, 34. 36. 41; 2 Chr 5, 13; 7, 3. 6; 20, 21).

Es ist dann der Zion, der „seit Urzeiten" besteht und dies für immer tut bzw. tun soll, und folglich gepriesen wird in seiner Dauer, denn dort hat doch JHWH seine Wohnung „für immer" genommen bzw. seinen „Namen" dort hingelegt oder ruhen lassen (→ שם *šem*; → נוח *nûaḥ*; → ישב *jšb*; Ps 48, 9. 15; 78, 69; 125, 1; 133, 3; 1 Chr 23, 25; 2 Chr 30, 8; 33, 4. 7; vgl. 1 Kön 8, 13; 9, 3; dann auch Jes 26, 2–4; Ps 31, 4; 42, 10; Jer 31, 40; Ez 37, 26. 28; 43, 7. 9; vgl. Jer 7, 7; 2 Chr 6, 2; 7, 16).

Daß die Verwendung von *ʿôlām* (mit *le*, *ʿad* und *min*) in vielen Texten (nur) steigernde Funktion hat, wird z. B. erneut an Ps 119 deutlich. JHWHs → תורה *tôrāh*, sein → דבר *dāḇār* (bzw. Pl.) und sein → משפט *mišpāṭ* (pl.; ferner noch *miṣwāh* und *ʿeḏûṯ*) will der Beter „für immer" bewahren, an sie denken usw., denn diese Worte usw. sind selbst auch „auf Dauer" angelegt, sind immer gültige Ordnungen (vgl. Ps 119, 44. 52. 89. 93. 98. 111. 112. 142. 144. 152. 160).

Schließlich äußern zahlreiche Beter bekennend und vertrauend, daß sie (als Gerechter, Frommer o.ä.) „für immer" geleitet sind, nicht wanken, nicht zuschanden werden (→ בוש *bôš*; → מוט *mûṭ*; vgl. Ps 15, 5; 30, 7; 31, 2; 37, 18. 27; 41, 13; 55, 23; 61, 5. 8; 71, 1; 73, 26; 112, 6; 121, 8; 125, 1; 139, 24), bzw. sie äußern ähnliche Bitten (Ps 12, 8; 28, 9; 61, 5; 75, 10; 77, 8; 85, 6; 1 Chr 29, 18) im Blick auf sich selbst oder auf die Gegner, welche „für immer" vergehen sollen (Ps 9, 6; 37, 28; 81, 16[?]; vgl. 73, 12).

Daß es dem Guten und Gerechten gemäß dem Tun-Ergehen-Zusammenhang „immer" gut gehen wird, konstatieren neben den weisheitlichen Sentenzen Spr 10, 25. 30 auch der Weisheitspsalm 37 (vv. 18. 27–29) sowie Ps 41, 13; 55, 23; 112, 6, während der „Ijob-Psalm" 73 seine gegenteilige Erfahrung zur Sprache bringt (v. 12; vgl. auch M. Perani, Sulla terminologia temporale nel libro di Giobbe, Henoch 5, 1983, 1–20).

10. In die kritische Auseinandersetzung mit der (auch selbstdurchlebten) Weisheitstradition, wie sie sich in Spr 10, 25. 30 u. ö. äußert (s. IV. 9. Ende) gehört auch der eigenständige Gebrauch des Wortes *ʿôlām* bei Kohelet (dazu: Jenni, ZAW 65, 22ff.; THAT II 241f.; aus der dort aufgeführten Lit. ist vor allem der Exkurs bei Ellermeier von Bedeutung; zusätzlich ist als Lit. zu nennen: M. Dahood, Bibl 33, 1952, 216; CBQ 14, 1952, 232; Bibl 39, 1958, 316. – Dann: Gerleman 341f. und W. Zimmerli, Festschr. H.-J. Kraus, 1983, 108f.).

Schon in Koh 1, 4 wird ein *leʿôlām* zwar wie üblich als ein „für immer" verwendet (vgl. 2, 16; 9, 6: dort aber beide Male negiert), aber der Zusammenhang zeigt deutlich die kritische Absicht der Aussage auf: Es geht alles eben „immer" seinen Gang (vgl. 1, 5ff.), und folglich gibt es eben nichts Neues unter der Sonne, keine Möglichkeit der Veränderung, keine Chance, dem gesetzten Lauf der Dinge zu entkommen. Genau dies sagt auch 1, 10 aus, wo das *leʿôlāmîm* folglich (mit Ellermeier gegen Jenni) als Intensivplural, nicht aber als Ausdruck für eine Abfolge von Zeitaltern anzusehen ist: es war alles schon einmal da, und die Gegenwart ist deswegen keineswegs aufregend. In der Zukunft wird der Weise wie der Tor vergessen sein (2, 16; vgl. 9, 6 nach 9, 5).

Innerhalb der Belege bei Kohelet hat dann zunächst 12, 5 eine Sonderstellung. Nur hier wird innerhalb des AT *ʿôlām* mit Suff. gebraucht, und nur hier hat *ʿôlām* die eindeutige Bedeutung „Grab" (vgl. aber Ps 49, 12). Daß diese Bedeutung in Texten der Umwelt des AT jedoch nicht selten war, hat Jenni (ZAW 65, 27ff.; THAT II 242) erwiesen (vgl. z. B. Aḥiram-Inschrift KAI 1, 1; aber auch KAI II 3 z. St.; vgl. oben unter I.).

Koh 3, 11 (→ IV 433f.) mit *hāʿôlām* sollte unbedingt im Kontext der übrigen Belege bei Kohelet interpretiert werden. Folglich sollte man sich vor einem zu schnellen Seitenblick auf Gen 1, 26ff. hüten. Auch Koh 3, 14 kann nur unterstreichen, daß es in v. 11 schlicht darum geht, daß die „Dauer", die Gott dem Menschen in seinen Sinn gelegt hat, nicht das Bewußtsein von seinem Dasein als solchem ist und sein kann, sondern eben wieder das Erlebnis der Qual des Daseins durch den Zeitablauf als Mühsal, durch das Erleben der mühseligen und nicht beeinflußbaren Unaufhörlichkeit. Damit liegt auch in 3, 11 eine kritische (!) Auseinandersetzung mit dem vorgegebenen Menschenbild vor, nicht aber eine positive Entgegnung (so mit Ellermeier gegen Jenni und Zimmerli; vgl. auch M. Filipiak, Kairologie dans Ecl. 3, 1–15, Roczniki Teologiczno-Kanoniczne 20/1, 1973, 83–93).

11. Im Danielbuch finden sich neben 5 Belegen in Hebr. (9, 24; 12[2]. 3. 7) weitere 18 in Aram. (2, 4. 20[2]. 44; 3, 9. 33; 4, 31[2]; 5, 10; 6, 7. 22. 27; 7, 14. 18[3]. 27), davon 9, 24 bzw. 2, 4. 44; 3, 9; 5, 10; 6, 7. 22. 27 und einmal in 7, 18 im Pl.

Die Belege 2, 4; 3, 9; 5, 10; 6, 22 gehören zu den Königsgrüßen (s. IV. 2.; vgl. auch Dan 6, 7).

In 2, 44; 3, 33; 4, 31 und 6, 27 wird außerdem deutlich, daß es hier (wie damit im Danielbuch überhaupt) nicht nur etwa um die kommende Gottesherrschaft „auf immer" geht, sondern es werden die gegenwärtige wie zukünftige als immerwährende gleichzeitig gerühmt.

Daß „ewige Gerechtigkeit" (9, 24) über Volk und Stadt gebracht wird (vgl. 11 QPs^a 16) ist dann schon deutlicher auf die neue Zukunft ausgerichtet, und nach 2, 44; 7, 14. 18; 12, 2f. wird klar erkennbar, daß und wie die gegenwärtige „Weltzeit" zu Ende geht und die neue – und diese auch als eine endgültige! – anbrechen wird. In sie hinein wird es die Auferstehung „vieler" zum „ewigen Leben" geben (12, 2), anderer aber auch zu ewiger Schmach und Schande – Auferstehung also als Lösung der Theodizeefrage und zum Ausgleich für die Guten wie die Bösen, die beide nicht allein mit dem Tode ihr Ende finden sollen und dürfen (vgl. dazu H. D. Preuß, „Auferstehung" in Texten at.licher Apokalyptik, in: U. Gerber / E. Güttgemanns [Hg.], „Linguistische" Theologie, 1972, 101–133). *ʿôlām*/*ʿālam* erhalten damit auch die Bedeutung von „Welt/Weltzeit" (vgl. schon Jes 40, 28?; Ps 104, 5; 148, 6?), was dann in der frühjüdischen Literatur weiter ausgebaut wurde (s. dazu V.; zu Daniel: Chr. Barth 82ff.; K. Koch u.a., Das Buch Daniel [EdF 144], 1980, 214ff.).

V. 1. Innerhalb der Apokryphen (dazu: Jenni, ZAW 65, 29–35; THAT II 242f.) ist bes. das Buch Sirach wegen seiner hebr. Urgestalt von Bedeutung. Während die Texte Sir 1, 1. 4, welche von der Weisheit

sprechen, die „in Ewigkeit" bei bzw. von Gott war (vgl. Spr 8, 22–30), nur in der griech. Übersetzung vorliegen, enthält der hebr. Textbestand knapp 40 Belege für *ʿôlām*, die sich jedoch meist schon erhobenen Befunden aus dem AT zuordnen (vgl. zur Sache: O. Rickenbacher, Weisheitsperikopen bei Ben Sira, OBO 1, 1973, 22ff.; H. Stadelmann, Ben Sira als Schriftgelehrter, WUNT II/6, 1980, 149ff.).
ʿôlām steht hier zunächst (und dies auch wieder in verschiedenen Kombinationen, z. B. mit *ḥoq*) für die Bedeutung „bleibend, auf Dauer" (11, 33; 14, 17; 15, 6; 16, 13; 30, 17 [Ruhe]; 41, 9 M B; 43, 6 B; 44, 13; 45, 13; 47, 11; 49, 12; 51, 30c; zu 44, 7 vgl. Ex 28, 43). Ob zuweilen oder gar allgemein mit dem „immerwährend" schon ein wirklich eschatologisches „ewig" gemeint ist, ist nicht pauschal entscheidbar. In 37, 26 ist jedenfalls (analog zu Dan 12, 2) vom „ewigen Leben" die Rede (zu dieser Kombination vgl. aber auch RSP III, Nr. I 239); in Sir 43, 6 steht *ʿôlām* außerdem zusammen mit → קץ *qeṣ*, in 7, 36 zusammen mit → אחרית *ʾaḥarîṯ*.
Beim Rückbezug auf Gen 17 wird in 44, 18 nicht die *berîṯ*, wohl aber *ʾôṯ ʿôlām* genannt, während die *berîṯ ʿôlām* in 45, 15 (vgl. 45, 24 und Num 25, 12–13a) sich auf den Priesterbund für Aaron und Pinehas bezieht (dazu Stadelmann).
In 4, 23 steht *ʿôlām* allgemein für „Zeit", in 42, 18 M; 48, 25; 51, 30 für „Zukunft" (= „Ewigkeit"?), die nach 48, 25 Jesaja schaute, in 39, 20 wohl für „Weltzeit". In 3, 18 A bedeutet *ʿôlām* (vgl. o. IV. 11. zu Dan) soviel wie „Welt", und der *ʾel ʿôlām* von 36, 22 B (Text aber unsicher) ist dann auch eher der „Gott des Weltalls" (vgl. 36, 1) als der „ewige Gott" (vgl. o. IV.). Zu vergleichen ist wahrscheinlich noch 42, 21 („einer ist von Ewigkeit her"; vgl. 51, 8), wobei wiederum nicht eindeutig entscheidbar ist, ob es sich nicht (nur) um ein „seit früherer Zeit" handelt (vgl. 16, 7; 44 Überschrift; 44, 2; 48, 25). Mit allem steht Sirach deutlich in einer Situation des Übergangs im Blick auf die Füllung des Begriffes *ʿôlām*, wobei altes weiterwirkt, neues sich anbahnt, und manche Textbelege deutlich zwischen alt und neu schillern und nicht eindeutig bestimmbar sind.
2. In der frühjüdischen Literatur bildet sich dann beim Gebrauch von *ʿôlām* (mit Deriv.) immer mehr der im Danielbuch zuerst auftretende (und durch einige andere Texte des AT bei deren Gebrauch von *ʿôlām* als „Welt" vorbereitete?; vgl. IV. 11.) Gegensatz zwischen „dieser Welt" und „kommender Welt" heraus.
In griech. Texten findet sich diese Entwicklung in Weish 13, 9; Tob 3, 2S; 13, 18 BA; vgl. Sir 3, 18 A.
Eine ausführliche Besprechung aller in Frage kommenden Belege bietet Jenni, ZAW 65, 29ff.; vgl. ferner Chr. Barth; St.-B. IV/2, 799–976 und H. Merklein, Die Gottesherrschaft als Handlungsprinzip (FzB 34), 1978, 112ff.; zu syrBar und IV. Esra s. W. Harnisch, Verhängnis und Verheißung der Geschichte, FRLANT 97, ²1969, 90ff.
3. Daß und wie der Gebrauch von *ʿôlām* in der nachexil.-frühjüdischen Literatur zunimmt, zeigen schließlich nochmals eindringlich die Qumrantexte (zu ihnen: Jenni, ZAW 64, 247f.; THAT II 242; Barr 67. 118; A. Mertens, Das Buch Daniel im Lichte der Texte vom Toten Meer, SBM 12, 1971, 161f.). Zu den fast 170 Belegen in den früher bekannten Texten sind nun noch fast 30 innerhalb der Tempelrolle hinzuzunehmen, die in den bisherigen Überblicken noch nicht herangezogen werden konnten.
Bruchstückhafte Belege mit Textlücken o. ä. (wie etwa 1 QH 1, 3. 7f.; vgl. Spr 8, 23?; 1 QH 3, 4; 12, 29 bleiben hierbei unberücksichtigt.
Um Zitate handelt es sich in 4 QFlor I, 3 (Ex 15, 18) und I, 4 (Dtn 23, 4ff.).
Besonders in 1 QM (außer Kol. 7) und 1 QS 2–4 wird *ʿôlām* viel häufiger als im AT und häufiger auch als in den übrigen Qumrantexten im Pl. verwendet, ohne daß dadurch eine Bedeutungsveränderung festzustellen wäre.
Wie im AT wird durch *(le) ʿôlām* öfter ein „für immer" ausgedrückt (1 QSb 5, 21; 1 QH 1, 24; 9, 29; 14, 23; 1 QM 11, 14; 12, 16; 4 QpPs 37, 3, 2 u. ö.), was bei Verneinung wiederum auch „nie" meint (4 QDibHam 4, 4; 6, 11). In 1 QM 7, 4 kann man *ʿôlām* dann auch mit „auf Dauer" übersetzen. Es tritt wie im AT zusammen mit *dôr* (4 QDibHam 2, 11) oder auch mit dem Subst. *ʿaḏ* auf (1 QS 4, 1; 1 QSb 3, 21; 1 QH 13, 6. 13; 17, 28), und auch das „von Ewigkeit zu Ewigkeit" findet sich hier weiterhin (4 QDibHam 6, 10; 1 QS 2, 1 u. ö.). Die Verbindung mit → קדם *qæḏæm* meint wieder eine längst vergangene, uralte Zeit (CD 2, 7; 1 QH 13, 1. 10), bezieht sich dann aber innerhalb des Glaubens der Gruppe auf den innerhalb dieser „Urzeit" gefaßten göttlichen Ratschluß.
Vielfach werden durch *ʿôlām* in Cstr.-Verbindungen wieder Betonungen oder Verstärkungen bewirkt, wobei diese Verbindungen in weiten Bereichen innerhalb der durch das AT vorgegebenen Sprachwelt verbleiben (ewiger Bund, Besitz, Friede, Freude, Treue, Herrlichkeit usw.; 1 QS 2, 3. 4. 8; 4, 3. 7; 8, 10; 9, 4; 10, 4; 11, 7; 1 QSb 1, 3; 2, 25. 28; 3, 4. 5; 4, 3; 1 QH 1, 18; 3, 18. 20. 21; 6, 11; 6, 31 [vgl. Ps 24, 7]; 9, 25f.; 13, 5f. 18; 14, 6; 18, 6. 15; CD 1, 15 [vgl. Hab 3, 6]; 3, 4. 13; 15, 5 u. ö.). Die Erwähnung des „Priesterbundes für immer" (1 QM 17, 3) hat ebenfalls ein at.liches Vorbild (s. IV. 7.).
Daß diese Verbindungen nun aber stärker als im AT eschatologisch ausgerichtet sind und sich dann gerade in diesen Zusammenhängen und aus diesem Grund besonders gehäuft in den Qumrantexten finden, wird besonders durch die in diesen Texten gegenüber dem AT neu auftretenden Cstr.-Verbindungen mit *ʿôlām* deutlich. Da gibt es nicht nur für Israel eine ewige Herrschaft (1 QM 19, 8), sondern auch eine ewige Hilfe, Rettung oder Erlösung (1 QM 12, 7; 15. 1; 18, 1. 11. 12) bzw. ewige Vernichtung für die Gegner (1 QM 1, 5; 9, 6; 18, 1; 4 QpPs 37, 3; 13). Es ist von einem ewigen Los die Rede (1 QH 3, 22), ewigem Feuer (1 QS 2, 8), ewig Verfluchten (1 QS

2, 17), ewigem Verderben und Vernichtung (1 QS 4, 12; 5, 13), ewigem Licht (1 QS 4, 8; 1 QH 7, 25; 12, 15; 1 QM 13, 6 u. ö.), ewigem Weg (1 QH 4, 4); vgl. etwa die Häufungen in 1 QS 4, 7f.
Während die hymnisch-doxologische Verwendung wiederum ihre Vorbilder im AT hat (1 QS 10, 12; 11, 5; 1 QH 1, 31; 11, 25. 27; 17, 20; 1 QM 13, 7), gibt es eine Gruppe von Texten, die das Interesse an den Problemen der „Zeit" innerhalb der Qumrangruppe erkennen lassen (1 QSb 4, 26; 5, 18; CD 13, 8; 2, 10; 1 QM 12, 3; 14, 13; 1 QS 4, 16; vgl. das häufige „ewiges Sein bzw. Geschehen": 1 QS 11, 4; vgl. CD 2, 10; 13, 8; 1 QH 18, 27; 1 QM 17, 5). Wie der Kontext zeigt, erhält dann auch ein *'el ʿôlām* (1 QH 7, 31; vgl. IV. 3.) einen anderen Sinn.
Sowohl im Zusammenhang mit der Angelologie (1 QH 1, 11) als auch der Anthropologie (1 QH 1, 15) wie auch im für Qumran typischen Dualismus (1 QS 4, 1. 17; 9, 21) wird *ʿôlām* als sprachliches Ausdrucksmittel verwendet.
Und einen besonderen Ort erhält das Lexem schließlich innerhalb der zahlreichen Selbstbezeichnungen und Qualifizierungen der Qumrangemeinde (ewige Erkenntnis; ewiger Rat; ewige Ordnung; ewige Versammlung, Gemeinschaft des ewigen Bundes, ewige Pflanzung, ewiger Bau mit ewigen Fundamenten und an ewiger Quelle u. a. m.; vgl. 1 QS 2, 23. 25; 3, 12; 4, 16. 22; 5, 5f.; 8, 5; 11, 8; 1 QH 3, 35; 6, 15; 1 QM 17, 8; 1 QS 2, 3; 1 QM 13, 9; auch 1 QH 3, 21; 8, 6. 8. 12. 14. 20; 6, 17f. 10. 31, → סוד *sôd*, → יחד *jaḥaḏ*).
ʿôlām dient folglich insgesamt dazu, sowohl den allgemein stark eschatologisch ausgerichteten Glauben der Qumrangemeinschaft auszusagen, als auch besonders diese Gruppe selbst als eschatologische Größe zu qualifizieren (vgl. H.-W. Kuhn, Enderwartung und gegenwärtiges Heil, StUNT 4, 1966; dort das Reg. betr. *ʿôlām*; ferner nochmals K. Beyer [s. unter I.] und H. Lichtenberger, Studien zum Menschenbild in Texten der Qumrangemeinde, StUNT 15, 1980; s. Reg. s. v. *ʿôlām*).
Die Belege in der sog. Tempelrolle bringen gegenüber dem bisher Erhobenen nichts Neues hinzu. Sie verbleiben so gut wie völlig innerhalb des at.lichen Sprachgebrauchs, lassen nur erkennen, daß dieser Text besonders an den „ewigen Satzungen" (vgl. IV. 7.: priesterschriftlich beliebt!) und auch sonst daran interessiert ist, daß vor allem kultische Bestimmungen, die z. B. den Altar oder den Tempel insgesamt betreffen, sowie göttliche Zusagen, die auf ihn zielen (45, 14) „für immer" gelten (8, 13; 9, 14; 17, 3; 18, 8; 19, 9; 20, 14; 21, 04. 05?; 23, 01?; 24, 8; 25, 8; 27, 4; 29, 7f.; 35, 9; 45, 14; 46, 3?; 47, 3; 50, 19; 53, 7; 55, 10; 59, 15. 18).

Preuß

עָוֹן *ʿāwon*

עָוָה *ʿāwāh*, עַוָּה *ʿawwāh*, עִוְעִים *ʿiwʿîm*, עִי *ʿî*, מְעִי *meʿî*, aram. עֲוָיָה *ʿawājāh*

I. Verbreitung, Verb und verwandte Nomina – II. Bedeutung des Verbum und der Derivate außer *ʿāwon* – 1. Verbum – 2. Derivate – III. Geschichtsbücher und Psalmen – 1. Ältere Werke – 2. Dtr – 3. Chr – 4. Ps – IV. Propheten – 1. Vorexil. – 2. Exilszeit – V. Priesterschrift – VI. Qumran – VII. Bibl.-Aram. – VIII. LXX.

Lit.: *R. Knierim*, Die Hauptbegriffe für Sünde im AT, ²1967, 185–256. – *K. Koch*, Die ganzheitliche Wirklichkeitserfassung des alttestamentlichen Sündenbegriffs (Parola e Spirito, Festschr. S. Cipriani I, Brescia 1982, 585–598). – *C. A. Ben-Mordechai*, The Iniquity of the Sanctuary (JBL 60, 1941, 311–314). – *L. Rost*, Die Schuld der Väter (Studien zum AT, BWANT 101, 1974, 66–71). – *R. Youngblood*, A New Look at Three OT Roots for „Sin" (Biblical and Near Eastern Studies, Festschr. W. S. LaSor, Grand Rapids 1978, 201–205). → חטא (*ḥāṭā'*), → II 857f.

I. Das 231mal im AT belegte Nomen *ʿāwon* wird ab der exil./nachexil. Zeit im prophetischen und kultischen Schrifttum zum zentralen Begriff für menschliche Schuld und Verhängnis. Am häufigsten (44mal) taucht es in Ez auf; 31mal in Ps, 24mal in Jer, 15mal in DtJes und TrJes, 27mal in P, 15mal bei Ijob. Auffällig ist der relativ frühe mehrfache Gebrauch bei Hos (11mal).
Morphologisch liegt eine Bildung mit dem „Abstrakt"-Suffix *-ān* vor (BLe 498). Der Pl. wird verhältnismäßig selten angewandt und dann überwiegend (43mal) mit femininer Endung *ʿawonôṯ* (in Ez z. B. 5mal), nur ausnahmsweise bei Suffixen mit mask. pl. (5mal; 1mal in Ez), vgl. D. Michel, Grundlegung einer hebr. Syntax, 1977, 48f. – Als nordisraelitische, kontrahierte Variante möchte M. Dahood *ʿn* (mit Suff. *j*) Ez 18, 17; Klgl 1, 3 einstufen (Bibl 50, 1969, 351).
Sprachgeschichtlich handelt es sich um eine Ableitung der Wurzel *ʿwj/w*. Das entsprechende Verb *ʿāwāh* ist mit 17 Stellen relativ selten belegt, freilich von den alten Schichten an (wie 1 Sam 20, 30) bis zu den Qumranschriften. Der Bedeutungsumfang reicht, grob gesprochen, von 'sich vergehen, schuldig werden' gegenüber Menschen oder Gott bis zu 'verstört, vernichtet sein' (vgl. GesB 569f.; KBL³ 752f.). Eine sondersprachliche Spezialisierung wird nur bei dem 9mal benutzten *hiph* erkennbar, das dem rituellen Sündenbekenntnis zugeordnet wird (s. u.).
Andere nominale Derivate der Wurzel wie *ʿî* (5mal, meist im Pl.); *ʿawwāh* (3mal); *ʿiwʿîm* (1mal und Sir 37, 31?) sowie *meʿî* (1mal) treten noch mehr zurück (zu deren Inhalt s. u.). עינת Hos 10, 10, nach Targ. „Furchen" (K sinnlos), wird heute allgemein als *ʿawonôṯ* punktiert (GesB 572).

Das Vorkommen der Wurzel außerhalb des Althebr. ist abgesehen von der Verwendung des Nomens *ʿjn* in der

Meschainschrift (KAI 181, 27) nicht gesichert. Für das Akk. weist zwar v. Soden auf *iwītu(m)* „böswillig falsche Behauptung" (AHw 408) und führt dieses Nomen auf ein Verb *ewû(m)* II zurück, das einmal mit „Sünde" (*arnu*) als Objekt nachzuweisen ist und danach analog hebr. *ʿwj* „etwa ʿbelasten mitʾ" bedeute (AHw 266f.). CAD E 413ff. rechnet jedoch nur mit einer einzigen Wurzel *ewû* „to change, turn into", leitet *iwītu(m)* daher ab und verzichtet auf eine Verbindung zum Hebr.

Unter Einfluß wahrscheinlich bibl.-at.licher Sprache haben das Verb und ein Nomen *ʿawājāh* sich später im Bibl.-Aram. (Dan 4, 24), Jüd.-Aram. und Mhebr. durchgesetzt, wenngleich nur begrenzt. Bezeichnenderweise setzen die Targume für hebr. *ʿāwon* gewöhnlich aram. *ḥôḇāh* im Sing. oder Pl. (Gen 4, 13; 15, 16; 19, 15 usw.). Wo es sich jedoch um eine geprägte kultische Formel wie Lev 16, 21f. handelt oder wo im Kontext der aram. zentrale Begriff *ḥôḇāh* für einen parallelen Ausdruck wie hebr. *ḥaṭṭāʾṯ* benötigt wird, neigen die Übersetzer dazu, aram. *ʿawājāh* (Ex 34, 7) einzusetzen. In Qumran werden zwar Verb und Nomen *ʿāwon* fleißig benutzt (7- bzw. 40mal nach Kuhn, Konkordanz 158), doch wird das Nomen anscheinend dem etwa ebenso häufigen *ʾšm/ʾšmh* als neuem zentralen Schuldbegriff untergeordnet (s.u.).
Aus dem Bestreben der älteren Lexikographie heraus, jedes hebr. Wort auf eine sinnliche Grundbedeutung zurückzuführen, haben GesB (569) in *ʿwh* eine Vereinigung der beiden arab. belegten Verben *ʿwj* ʿbeugen, drehenʾ und *ġwj* ʿabweichen, vom Weg irrenʾ gesehen. Dem letzten entspricht äth. *ʿawawa* ʿ(ab)irren, nicht wissenʾ (LexLingAeth 1008). Knierim (THAT II 244) schließt deshalb auf eine Grundbedeutung ʿbeugen, krümmen, verkehren, verdrehenʾ. Mag die etymologische Ableitung zutreffen, bleibt dennoch offen, ob der Ursinn einem bibl. Schriftsteller bekannt war.

Die beiden dafür angeführten „wörtlichen" Stellen lassen sich auch anders verstehen. Ps 38, 7 läßt sich zwar wiedergeben: „Ich bin gebeugt", dem Zusammenhang angemessen wäre ebenso „ich bin vernichtet". Und daß nach Jes 24, 1 JHWH das Angesicht der Erde „verdrehen" wird (Knierim), erscheint nicht undenkbar, schwächt aber die vermutliche Zielaussage dennoch ab, daß er die Oberfläche der Erde unbewohnbar machen will. Wie bei manchen anderen at.lichen Begriffen trägt auch hier das Etymologisieren mit einer sinnlichen Grundbedeutung für das Verständnis wenig aus.
Wegen der arab. Parallelen unterscheiden BDB 730 zwei hebr. Wurzeln. Zu *ʿwh* I „to bend, twist" gehören *ʿawwāh*, *ʿiwʿîm* und *ʿî* als Derivate. Von *ʿwh* II leitet sich nur *ʿāwon* her und die denominierten *qal-* und *hiph-*Formen des Verbs.

II. 1. Der Grundstamm von *ʿāwāh* wird nur an 2 späten Stellen (Est 1, 16; Dan 9, 5) für „*ʿāwon* tun" gebraucht, so daß sich fragen läßt, ob er nicht vom Nomen denominiert ist (vgl. GesB 569). Auch das *pi* ist nur 2mal, mit göttlichem Subjekt, exil./nachexil. belegt mit den Aussagen, daß JHWH den schuldigen Menschen entweder das „Angesicht der Erde" oder ihre „Pfade" (= Lebenswege) unheilvoll werden läßt (Jes 24, 1; Klgl 3, 9; „ungangbar macht" GesB 570).
Das 9mal benutzte *hiph* gehört zur Sprache der Bußbekenntnisse und zum Rückblick im Danklied (mit *šûḇ* verbunden 1 Kön 8, 47 = 2 Chr 6, 37; Jer 3, 21f. vgl. 4, 9 LXX – s. BHS; zum Danklied Ijob 33, 27). Das Bekenntnis stellt seit alters die Dreierreihe *ḥāṭāʾṯî* – *hæʿæwêṯî* – *hiršaʿtî* (oder pl.) voran (2 Sam 24, 17; 1 Kön 8, 47 = 2 Chr 6, 37; Ps 106, 6, mit *ʿāwāh qal* Dan 9, 5). Es stellt die Erweiterung der einfacheren Form des individuellen oder kollektiven Schuldeingeständnisses vor einer menschlichen oder göttlichen Autorität dar, das allein sich mit dem Verb *ḥāṭāʾ* ausdrücken läßt (Knierim 20f. 28f.). Die Erweiterung der Formel läßt sich so erklären, daß *ḥāṭāʾ* die sündigen Akte betrifft, *hæʿæwāh* „(dadurch) Schuld auf sich ziehen" (*hiph* „innerlich-kausativ", aber kaum nur „sich als verkehrt erweisen"; THAT 243) und *hiršîaʿ* „sich selbst böse machen = sich ein böses Ergehen zuziehen" bedeutet (vgl. unten zur Reihung der entsprechenden drei Nomina).
Einen vom Nomen *ʿāwon* relativ unabhängigen umgangssprachlichen Gebrauch weist das 4mal (und Sir 13, 3) vorkommende *niph* auf. Ein Beter, dem seine *ʿawonôṯ* über das Haupt gehen, findet sich „*naʿawāh* und sehr gebeugt" vor (Ps 38, 7), wobei das erste wohl „(von Schuld) niedergedrückt" meint. Während das Haus eines Gemeinschaftstreuen Bestand hat und er von jedem wegen seiner Einsicht gelobt wird, wird der Frevler, der sein Herz „schuldhaft gemacht / niedergedrückt" hat, zur Beute für andere (Spr 12, 7f.). Schwer deutbar ist 1 Sam 20, 30, wo Saul die Mutter Jonatans als *naʿawaṯ hammardûṯ* beschimpft, was „eine durch Aufsässigkeit unglücklich Gewordene" heißen könnte, wenn man nicht mit BHK, KBL² 686 u.a. konjizieren will. Einzig Jes 21, 3 taucht das Verb ohne erkennbaren Bezug zu einem schuldig gewordenen Subjekt auf. Hier stöhnt der Prophet, daß ihn Wehen wie eine Gebärende ergreifen, er „vom Hören *naʿwîṯî* und vom Sehen erschüttert ist". Hier paßt „ich bin verstört" (KBL³) sicher besser als „mir schwindelt" (GesB). Doch bleibt offen, ob der zerrüttete Zustand den Propheten nicht infolge der Schuld derer heimsucht, die er anzuprangern hat und die das in seiner Person vorweggenommene Unheil demnächst heftiger noch treffen wird. Sollte das zutreffen, gibt es keinen at.lichen Beleg, der beim Gebrauch des Verbes *ʿwh* nicht an schuldhafte Verflechtung denkt. In jedem Falle zeigt sich hier schon am Gebrauch der einzelnen Konjugationsstämme, daß die Wurzel einem „dynamistischen Ganzheitsdenken" Ausdruck gibt, welches „die verschiedenen Stadien eines Untat-Geschehensablaufes (Tat – Folgesituation – Vollendung)" in eins zu denken sich bemüht (THAT 244f.).

2. Andere nominale Derivate – außer *ʿāwon* – finden sich im AT so verstreut und selten, daß eine genauere Bestimmung unsicher bleibt. Herkömmlicherweise wird ohne nähere Erörterung für drei Formen die

Übersetzung „Trümmer" gegeben: so für das vom Grundstamm abgeleitete, 5mal belegte *ʿî* (GesB 581, KBL³ 771 f.; meist pl. *ʿijjîm* oder aramaisierend *ʿijjîn* BLe 517t; vgl. aber M. Wagner, BZAW 96, 1966, 135; RSP II 31 f. [Nr. 61]), wie für das nur Jes 17, 1 auftauchende, von den Wörterbüchern nicht anerkannte *meʿî* (dazu Wildberger, BK X/2, 635), aber auch für die Intensivbildung *ʿawwāh*, die Ez 21, 32 3mal wiederholt wird (GesB 570, KBL³ 753). Die Bedeutungsspanne von der angenommenen Grundbedeutung „gebeugt, verkehrt sein" zur Referenz auf Ruinen ist freilich beträchtlich, zumal wenn man für *ʿî* mit KBL² 699 eine Bedeutungsentwicklung postulieren will von „Steinhaufen ... die in d[er] Wüste bei Wasserrinnen die Übergänge anzeigen" zu gewaltsam zerstörtem Gebäude. Moran (Bibl 39, 1958, 420) führt deshalb *ʿî* und *meʿî* nicht auf *ʿwj* zurück, sondern auf eine hebräisch nicht belegte Wurzel *ʿjj*; *ʿawwāh* hingegen deutet er als „Verdrehung, Verkehrung (twisting)".

Die nur Jes 19, 14 auftauchende reduplikative Bildung *ʿiwʿîm* wird durchweg als „Verwirrung, Taumel" eingestuft (GesB 527, KBL³ 756 [Abstraktplural, D. Michel, Grundlegung einer hebr. Syntax, 1977, 88]).

Beachtet man den Kontext der Derivate, so beziehen sich alle vier auf Größen, die sich schuldhaft vergangen haben. Wenn nach der berühmten Prophezeiung Mi 3, 12 = Jer 26, 18 der Zion umgepflügt, Jerusalem zu *ʿijjîn* und der Tempelberg zu (Kult-)Höhen werden, erscheint zwar die Übersetzung „Trümmer" nach den Wechselgliedern möglich, ebenso denkbar wäre aber „gemiedene Unheilsstätte". Denn vorher war gesagt, daß die Stadt „in *ʿawlāh*" gebaut worden war (Mi 3, 10). Schwieriger wird die Wiedergabe Mi 1, 6 bei der Weissagung, daß JHWH Samaria als Folge des *pæšaʿ* Jakobs (v. 5) zum „*ʿî haśśāḏæh*, zur Weinbergspflanzung" machen wird „und seine Steine zu Tal schütten". Fallen die Steine ins Tal, bleiben oben keine Trümmer übrig. Die vorgeschlagene Streichung der Cstr.-Verbindung (z. B. Wolff, BK XIV/4, 11) offenbart die Verlegenheit der gängigen Übersetzung. Bei Ijob 30, 24; „Er (Gott?) streckt nicht die Hand aus beim *ʿî* oder bei seinem Untergang ..." versagt die hergebrachte Wiedergabe so sehr, daß man seit Dillmann eine tiefgreifende Textkorrektur vornimmt (GesB 581; KBL³ 772; Fohrer, KAT XVI 414). Das erübrigt sich, wenn man nach dem Wechselglied *pîḏ* auf „(verschuldeten) Untergang" schließt. J. Reider (VT 2, 1952, 129) denkt an eine Entsprechung zu arab. *ʿajj* 'schwach', was aber sonst nicht belegt ist. Ps 79, 1 beklagt, daß die Feinde Jerusalem zu *ʿijjîm* gemacht haben, parallel dazu wird ausgesagt, daß sie den heiligen Tempel verunreinigt haben; vv. 5 f. führen dies auf Gottes Zorn zurück. Die Koppelung mit *ṭāmeʾ* läßt hier wie Mi 3, 12 an eine *ʿāwon* verwandte Bedeutung denken. – Für *ʿawwāh* Ez 21, 32 schließlich gilt, daß es durch das Suff. des zugehörigen Verbs *ʾaśîmænnāh* auf eine feminine Größe verweist. Dafür eignet sich kaum das weitab (v. 27) genannte Jerusalem (Bertholet, HAT I/13, 76) noch ein beziehungsloses Neutrum (Zimmerli, BK XIII/1², 483), sondern am ehesten Turban und Krone (hebr. beides fem.) des von *ʿāwon* gezeichneten (v. 29) *nāśîʾ*, die beide im vorhergehenden Vers genannt sind. Die heilvolle Funktion dieser Königsinsignien wird künftig in ihr Gegenteil verkehrt, sie werden zur Unheilsquelle. – Schließlich meint *rûaḥ ʿiwʿîm* Jes 19, 14 nicht nur den Taumelgeist, der die Ägypter mit ihren Handlungen fehlgehen lassen wird, sondern eine Verblendung, die Verschuldung heraufführt. Das Nomen kehrt in Qumran wieder (anders Wallenstein, VT 7, 1957, 212) als ein Faktor, der die Umkehrung (*šûḇ hiph*) der *næpæš* hindert (1 QH 6, 23) oder die Sünder verschlingt wegen ihrer Auflehnungen (*pæšaʿ* pl., 1 QH 7, 5); an beiden Stellen dürfte die Übersetzung „Wirbelwind" (Lohse, Texte 136 f.; Maier/Schubert, Qumran-Essener 211. 213) zu harmlos sein (vgl. auch Sir 37, 31, dazu aber JSHRZ III/5, 596[A]).

Zu erwägen ist, ob das Nomen *māʿôn* Ps 90, 1, wo die an sich naheliegende Wiedergabe „Versteck" auch in der erratenen Weiterung „Zuflucht" zum Klageton des Liedes wenig paßt, mit S. D. Goitein, als Ableitung von *ʿwj* und deshalb als „reminder of sin" zu verstehen ist (JSS 10, 1965, 52 f.).

Vermutlich hat die at.liche Überlieferung Ortsnamen, die an die Wurzel *ʿwh* anklingen, als unheilsbedeutend empfunden; so die zerstörte Kanaanäerstadt *hā-ʿaj* (Jos 7 f. u.ö.) und die assyr. Stadt Awa (LXX), aus der die Einwohner nach Palästina deportiert worden sind (2 Kön 17, 24 u.ö.); die masoretische Punktation *ʿawwāh* gibt vielleicht einer Disqualifikation Ausdruck (GesB 570).

III. 1. In älteren geschichtlichen Überlieferungen taucht *ʿāwon* etwa 20mal auf als ein „durch das dynamistische Wirklichkeitsverständnis qualifizierter ... Begriff der Umgangssprache" (Knierim 193). In der Mehrzahl der Fälle bezieht er sich auf das Vergehen von Menschen an Menschen, das seine unabwendbaren schlimmen Folgen für den Täter nach sich zieht. Typische Verwendungsweisen scheinen das Schuldeingeständnis 1 Sam 25, 24; 2 Sam 14, 9, vgl. Gen 4, 13; 44, 16 und das Ersuchen um Schulderlaß 2 Sam 19, 10; 24, 10 zu sein. *ʿāwon* entsteht durch Verbrechen wie Brudermord (Gen 4, 13, vgl. 44, 16), Untreue des *ʿæḇæḏ* gegenüber dem König (1 Sam 20, 1; 25, 24; 2 Sam 3, 8; 19, 20) und durch Kultfrevel (1 Sam 3, 13 f., unbeabsichtigt 14, 41 LXX), zu denen auch die Volkszählung (2 Sam 24, 10) gehört. Im semantischen Paradigma ist nächstverwandt *ḥāṭāʾ* (1 Sam 20, 1; 2 Sam 24, 10). Entgegengesetztes Verhalten gilt als *ḥæsæḏ* (2 Sam 3, 8). *ʿāwon* meint mehr als ein abstraktes Werturteil, vielmehr wird eine dingähnliche Substanz bezeichnet. Er ist „vorhanden auf" (*ješ bᵉ*) dem Täter, wie eine geprägte Wendung lautet (1 Sam 20, 8; 14, 41 [LXX]; 2 Sam 14, 32), und zwar als eine eigenwirksame, zurückschlagende Macht, die nach einiger Zeit das auslösende Subjekt „findet" (2 Kön 7, 9) oder ihm „widerfährt" (*qārāh*, 1 Sam 28, 18) und nicht eher ruht, als bis es getötet, d. h. durch andere Menschen hingerichtet (1 Sam 20, 8; 2 Sam 14, 32; 1 Kön 17, 8) oder im *ʿāwon* „hinweggerafft" (Gen 19, 15) wird. Gemeint ist also eine durch frevelhaftes Vergehen entstandene Schuld als Verhängnis; weder „Schuld" noch „Strafe" bieten eine hinreichende Übersetzung (THAT II 245).

Vom semantischen Umfeld her läßt sich der alte Streit klären über die erste Stelle, an der das Lexem in der Bibel auftaucht, nämlich Kains Klage *gāḏôl ʿᵃwonî minnᵉśo'* (Gen 4, 13). Während eine frühere Auslegungstradition *ʿāwon* als „Sünde" begriffen und als Subjekt zum Inf. *nᵉśo'* JHWH ergänzt und ihn deshalb mit „vergeben" übersetzt hatte (schon Targ.), hat sich seit Ewald mehr und mehr die Auffassung durchgesetzt, daß *ʿāwon* hier Strafe heiße und Kain als Subj. zu *nś'* gedacht sei: „Meine Strafe ist größer, als daß ich sie tragen könnte." Doch die hinter *ʿāwon* stehende hebr. Vorstellung läßt eine Scheidung zwischen Verbrechen und Strafe nicht zu. Das „Tragen" kommt selbstverständlich Kain zu, der deshalb seinen Tod vor sich sieht (v. 14, vgl. Knierim 193; Westermann, BK I/1³, 420f. → נשׂא *nāśā'*). Die Wendung *nāśā' ʿāwon* zeigt nur insofern eine leichte Verschiebung gegenüber der übrigen Verwendung, als sonst *nāśā' ʿāwon* heißt, dem Tod mit Sicherheit entgegengehen, während hier deren „Tragen" vom Betroffenen zwar als bleibende Belastung, aber noch nicht notwendig als Todesverhängnis begriffen wird. Dieses trifft erst ein, wenn der Träger nicht mehr zum Tragen fähig ist, also unter der Last zusammengebrochen ist.

Gen 15, 16 wird Abram gesagt, daß der *ʿāwon* der Amoriter noch nicht *šālem* ist. Gewöhnlich wird der Satz dahin erklärt, daß den Amoritern noch Zeit eingeräumt wird, größere Sünden zu begehen, weil die Summe ihrer bösen Tat noch nicht zur Verurteilung ausreiche. Von dem bei *ʿāwon* stets vorausgesetzten Tun-Ergehen-Zusammenhang her ist aber wahrscheinlich hier die Ergehensfolge akzentuiert: Die amoritische Schuldenlast ist noch nicht ausgereift, hat noch nicht ihren unabwendbaren Untergang gezeitigt, also hat Abrams Same noch zu warten.

Der Verweis auf *ʿāwon* läßt in vielen Fällen keinen direkten Gottesbezug erkennen. Denn der Zusammenhang von Untat und Untergang gilt als selbstverständlicher Erfahrungssatz, bei dem vor allem die Frage nach dem näheren Wie und Wann interessiert. Dennoch weiß der Hebräer von Anfang an um Institutionen, die solchen Lebenszusammenhang stärken und bekräftigen. Dazu gehört auf Erden der König, welcher *ʿāwon* in Erinnerung ruft, anrechnet, heimsucht (2 Sam 3, 8; 19, 20). Die gleichen Ausdrücke werden auch für die unsichtbare göttliche Kraft verwendet (Ex 20, 5; Hos 8, 13; Ps 32, 2), welche *ʿāwon* „findet" (Gen 44, 16) oder eine Familie richtet (*šāpaṭ*) „im *ʿāwon*" (1 Sam 3, 13; dazu Stoebe, KAT VIII/1, 122). Ebenso wie die negative göttliche Wirkweise bekannt ist, welche den durch *ʿāwon* angezeigten Untat-Unheil-Zusammenhang zum unausweichlichen Ende beschleunigt führt, tritt eine nur Gott mögliche positive Abwendung der Schuldenlast vom Täter hervor. Gott läßt *ʿāwon* am Sünder vorübergehen (*ʿbr hiph*, 2 Sam 24, 10), oder er kann Sühne geschehen lassen; was freilich ausgeschlossen wird für einen *ʿāwon* „an Schlacht- und Speiseopfer" (*bᵉzæbaḥ ûḇᵉminḥāh* [1 Sam 3, 14] beziehen sich auf *ʿāwon*, nicht auf *kpr* – gegen die übliche Übersetzung z. B. bei Stoebe, KAT VIII/1, 121. Sühne durch Schlachtopfer gibt es in vorchronistischen Texten nie).

Eine alte, womöglich vorisraelit., göttliche Selbstprädikation, die wohl in den Zusammenhang einer kultischen Theophaniefeier hineingehörte, hat die schuldentilgende wie die schuldenahndende Absicht als in gleicher Weise für El bezeichnend gefeiert:

> Ich bin JHWH/El . . .
> Vollbringend / bewahrend / reich an Gemeinschaftstreue (*ḥæsæḏ*),
> tragend (*nośe'*) Schuldverhängnis und Auflehnungsfolge (*pæšaʿ*),
> aber gewiß nicht frei ausgehen lassend (*nqh pi*),
> heimsuchend (*poqeḏ*) das Schuldverhängnis der Väter (noch) an den Kindern"

(vgl. J. Scharbert, Bibl 38, 1957, 130–150). Die Formel ist Ex 34, 7; Num 14, 18 in den J-Zusammenhang hineingestellt worden und in erweiterter Form dem (Fremdgötter- und) Bilderverbot des ethischen Dekalogs angefügt worden (Ex 20, 5; Dtn 5, 19). Dabei wurde die Formel umgestellt, der Verweis auf die ahndende Wirkweise vorangestellt und die Aussage vom *'el raḥûm wᵉḥannûn* auf den *'el qannā'* übertragen (anders Rost).

2. Die Hinweise auf unheilwirkenden *ʿāwon* haben die dtr Redaktoren in den von ihnen aufgenommenen Überlieferungen beibehalten, ohne sich anscheinend den Begriff selbst anzueignen. Denn überraschenderweise taucht *ʿāwon* in Dtn, abgesehen vom übernommenen Dekalog, nur ein einziges Mal (19, 15) auf. Als Neuformulierung eines dtr (?) Redaktors kommt höchstens Jos 22, 17. 20 (Gen 15, 16) in Betracht. Es ist noch nicht untersucht, warum die dtn/dtr Kreise einen Begriff offensichtlich meiden, der in ihrer Zeit im prophetischen und kultischen Umkreis immer gebräuchlicher wird (anders Rost).

3. Noch stärker hält sich das chronistische Werk zurück. In Chr wird *ʿāwon* nur einmal als Zitat übernommen (1 Chr 21, 8 = 2 Sam 24, 10). Darüber hinaus taucht es im Zusammenhang der beiden Bußgebete Esra 9, 6f. 13 und Neh 9, 2, gewiß aus kultischem Brauch übernommen, und einmal in den Nehemiamemoiren (3, 37) auf.

4. Über den kultischen Gebrauch des Lexems gibt der Psalter Aufschluß, wo es 31mal vorkommt. Etwa in der Hälfte der Fälle handelt es sich um Klagelieder oder Danklieder des einzelnen, bei denen es um Abwendung individuellen Leidens geht, das durch *ʿāwon* hervorgerufen wird. Im Hymnus wird *ʿāwon* selten erwähnt, es sei denn als Lob des Gottes, der sein Volk in Geschichte und Gegenwart von Schuldverhängnis befreit hat (65, 4; 78, 38; 85, 3; 106, 43–45). Synonym erscheinen im par. membr. die beiden ver-

wandten Sündenbegriffe *ḥaṭṭā'ṯ* 6mal (32, 5; 38, 19; 51, 4; 59, 4f.; 85, 3; 109, 14) sowie die Abwandlungen *ḥaṭā'āh* und *ḥeṭ'* je einmal (51, 7 bzw. 32, 1), *pæša'* 4mal (32, 5; 59, 4f.; 89, 33; 107, 7). Damit wird nicht völlige Austauschbarkeit gesetzt. Da *ḥaṭṭā'ṯ* im Pl. neben *'āwon* im Sing. erscheint (85, 3) oder im Cstr.-Verhältnis von *'awon ḥaṭṭā'ṯî* (32, 5) die Rede ist, meint *ḥaṭṭā'ṯ* vermutlich die Einzeltat, die konkrete Sünde, deren Summe dann *'āwon* als bleibende Folge hervorruft.

Welche Vergehen oder Verbrechen zu *'āwon* führen, wird nicht entfaltet. Nur an einer einzigen Stelle wird *'āwon* mit der Übertretung göttlicher Satzungen in Zusammenhang gebracht, nämlich 89, 32f., doch dabei handelt es sich um spezielle Richtlinien für den König, nicht um ein mosaisches Gesetz. Es ist deshalb mehr als gewagt, *'āwon* im vorexil. Gebrauch mit Gesetzesübertretung gleichzustellen. Deutlich wird, daß die Ursache zu *'āwon* nicht nur im falschen Verhalten zu Gott, sondern auch in Untaten gegen die Mitmenschen zu suchen ist. Der *'āwon*, den ein Frevler hervorbringt, umringt (*sbb*) den unschuldigen Menschen und schädigt ihn (49, 6). Schon an dieser Stelle wird es deutlich, daß *'āwon* auch im kultischen Gebrauch nicht als abstrakter Begriff verstanden wird, sondern als vorfindliche, wenngleich unsichtbare, substanzhafte Sphäre. Stärker als am Objekt der Tat wirkt *'āwon* sich an deren Subjekt aus. Die Psalmen malen den „Rückstoßeffekt" wieder und wieder aus. Damit es zur Übeltat kommt, findet (*māṣā'*) der Frevler den *'āwon* und macht ihn zur Triebkraft seines Verhaltens (36, 3). Hat er dann böse gehandelt, werden seine *'awonôṯ* über sein Haupt gehen und ihn niederdrücken (38, 5), sich stärker erweisen, als er selbst ist (65, 4) und so sein verderbliches Schicksal bewirken. Er wird in seinem *'āwon* niedergebeugt (107, 17), strauchelt in ihm (*kšl bᵉ*, 31, 11) oder versinkt in ihm (106, 43). Da *'awonôṯ* zahlreicher sein können als die Haare seines Hauptes, vernichten sie ihn unausweichlich (40, 3). Eine besondere Ausweitung erhält die Auffassung des mit dem Lexem verbundenen Tun-Ergehen-Zusammenhangs im „Bußpsalm" 51. Die Unheilssphäre des *'āwon* hat den Sänger schon vor seiner Geburt umringt gehabt: „Siehe, in *'āwon* bin ich gekreißt und in Sündenlast (*ḥeṭ'*) hat mich meine Mutter begehrt" (v. 7).

Um dem Schuldverhängnis zu entgehen, bewahrt sich der Fromme vor *'āwon* (*šāmar min*, 18, 24). Ist er ihm aber verfallen, bedeckt er ihn nicht vor seinem Gott, sondern bekennt ihn (32, 5; 38, 19).

Obwohl *'āwon* also eine dingähnlich wirkende Wesenheit auf Erden ist, wird sie zugleich von Gott wahrgenommen und verfolgt, indem er die Wirkung der Untat-Unheils-Sphäre am Täter aktiviert und deren verderbliches Wirken beschleunigt. Er stellt den menschlichen *'āwon* vor sein Angesicht, um ihn ja nicht zu übersehen (90, 8; 109, 14f.). Sein Gedenken (*zāḵar*) von *'āwon* stellt nicht bloß einen kognitiven, sondern einen dynamischen Akt dar (79, 8), ebenso sein planendes Anrechnen (*ḥāšaḇ*, 32, 2). Entsprechend dem *'āwon* bringt er das Geschick des Betreffenden zur Reife (*gāmal*, 103, 10). Wo Gott *'āwon* für einen Menschen bewahrt (*šāmar*), gibt es kein Aufleben mehr (130, 3); u. U. gibt (*nāṯan*) Gott zum *'āwon* als Tatfolge neuen *'āwon* als übles Ergehen hinzu (69, 28). Oder er gedenkt der Väter Schuld und läßt sie über die Nachfahren kommen (109, 14). Die Hülle der Untat am Übeltäter wird durch Gottes heimsuchendes Herannahen (*pāqaḏ*) sofort als Verderben wirksam (89, 33).

Nicht in jedem Falle ist Gott darauf aus, den durch *'āwon* umrissenen Untat-Unheils-Zusammenhang zu seinem bitteren Ende zu führen. Seine zeitweise Unterstützung der Unheilskraft von *'āwon* kann von der Absicht geleitet sein, den Sünder zu züchtigen (*jsr*), d. h. durch ein vorübergehendes Leiden ihn wieder zu heilvollem Leben tüchtig zu machen (39, 12). Vor allem aber sorgt Gott für Befreiung der Schuldigen durch Sühne. Seine positive Hilfe an Menschen, damit diese von ihrer Sündenlast freikommen, wird im Psalter ebenso herausgestrichen wie seine negative Ahndung von *'āwon*. Deshalb wird das Heiligtum auf dem Zion gerühmt; denn „Alles Fleisch kommt zu dir um der *'awonôṯ*-Tatbestände willen. Unsere Auflehnungen (*pᵉšā'îm*) sind zu stark für uns. Du sühnst sie" (65, 3f., vgl. 78, 38).

Da Sühne am Tempel geschieht, meint sie – wie in P (s. u.) – eine rituelle Handlung, durch die die Schuldenlast vom Menschen auf ein ihn vertretendes Tier (*ḥaṭṭā'ṯ*) übertragen wird. Das gleiche gilt wahrscheinlich von der parallelen Aussage des „Entsündigens" (→ סלח *sālaḥ*) von *'āwon* (25, 11; 103, 3; 130, 3f.), was kein rein spirituelles „Vergeben" meint, wie es die modernen Übersetzungen suggerieren. Denn bei solchem Anlaß trägt JHWH selbst den menschlichen *'āwon* weg (*nāśā'*, 32, 5; 85, 3), wäscht (*kibbæs*) oder wischt (*māḥāh*) ihn ab (51, 4. 11) und löst ganz Israel auf diese Weise aus (*pāḏāh*, 130, 8; vgl. Lev 27, 27; Ex 13, 13).

Das göttliche Handeln erhält seine Begründung aus den „Eigenschaften" und metahistorischen Wirkungsgrößen, die in die Umgebung Gottes gehören. Dazu zählen Zorn und Grimm, die erwachen, wo *'āwon* in der menschlichen Gesellschaft erzeugt wird (38, 4f.; 78, 37f.; 90, 7f.). Häufiger noch wird Gottes positive Hilfe durch sühnende Befreiung des unter der *'āwon*-Last gebeugten Menschen oder Volkes auf seine besondere Bundestreue (*ḥæsæḏ*) zurückgeführt (89, 33f.; 103, 3f. 10f.; 106, 43f.; 107, 17–21; 130, 7f.), gelegentlich ausdrücklich auf die mit *ḥæsæḏ* verbundene *bᵉrîṯ* (25, 10f.; 89, 33–35; 106, 43–45). Auffälligerweise wird in diesem Zusammenhang nie von Gottes *ṣᵉḏāqāh* geredet, höchstens in der Weise, daß dieser Sphäre derjenige fernbleibt, der „in" seinem *'āwon* gefangen ist (69, 28).

IV. 1. Von den vorexilischen Schriftpropheten verzichten überraschenderweise außer Hosea die im Dodekapropheton vereinten auf den Begriff *'āwon*.

Bei Amos findet sich zwar in 3, 2 eine Stelle, die von vielen Auslegern als Inbegriff der Verkündigung des historischen Amos betrachtet wird: „Euch allein habe ich erkannt von allen Geschlechtern des Erdbodens, deshalb suche ich an euch heim (*pāqad*) all eure Schuldvergehen (*ʿawonot*)". Der Spruch stellt in der Tat im Unterschied zum Selbstverständnis des vorexil. Israels die paradoxe Weise heraus, in der Gott gerade beim erwählten Volk *ʿāwon* verschärft ahndet. Doch der Sprachgebrauch ist nicht amosisch, sondern er entspricht eher dem J-Vokabular des Pent., gehört also wohl zur redaktionellen Komposition des Amosbuches (K. Koch, Amos, AOAT 30/2, 1976, 15, vgl. 30/1, 126). – Mi 7, 18f. (Gott ist *nośeʾ ʿāwon*) gehören, wie allgemein anerkannt, zum jüngeren Michaschluß.

Sonst findet sich das Lexem nur bei Hosea; hier allerdings häufig und betont, leider nicht immer in durchsichtigem Kontext. Erkennbar wird, daß *ʿāwon* durchweg eine kollektive, das Gesamtvolk betreffende Angelegenheit ist. *ʿāwon* entspringt einem illegitim gewordenen Königtum (13, 2) und dem entarteten Kult, den die Zeitgenossen eifrig betreiben (8, 13; 9, 8f.; 10, 10 cj.). In diesem Zusammenhang werden 4, 8 Priester kritisiert, welche „die *ḥaṭṭāʾṯ* meines Volkes verzehren und nach seinem *ʿāwon* gieren".

Seit langem ist umstritten, ob hier *ḥaṭṭāʾṯ* technisch gebraucht wird für Sünd„opfer" (besser für Entsündigungsritus mittels eines Tieres → II 865ff.) wie in P (Lev 4) und analog dazu ad hoc *ʿāwon* gestellt wird; dann erklärt sich leicht der widersinnige Wunsch von Priestern, das Volk möge möglichst oft sündigen (Weiser, ATD 24 z.St.). Als Alternative bietet sich, daß *ḥaṭṭāʾṯ* wie *ʿāwon*, untechnisch verwendet, hier den Zweck des gängigen Kultes, der u.a. den Priestern den Lebensunterhalt sichert, sarkastisch in sein Gegenteil verkehrt (so z.St. Marti, Robinson, ähnlich Rudolph, unentschieden Wolff). Da aber P bei seinem Gebrauch von *ḥaṭṭāʾṯ* auf ältere kultische Rituale zurückgreift und noch für diese Schrift sich damit das Bewußtsein verbindet, daß die *ḥaṭṭāʾṯ* des schuldigen Menschen realiter als eine Art Schuldsubstanz auf das Tier übergeht, das die *ḥaṭṭāʾṯ* von da an trägt (→ II 865f.), spricht nichts dagegen, daß Hosea ebenso das Lexem *ʿāwon* für diese Übertragungshandlung benutzt hat.

Auch für Hosea meint das sing. *ʿāwon* das Ergebnis von sündigen Einzelakten (*ḥaṭṭāʾôṯ* pl. 8, 13; 9, 9). Es lastet „eingeschnürt" (*ṣrr*) 13, 12 auf dem schuldig gewordenen Volk, das an sein Schuldverhängnis „gefesselt" (*ʾāsar*) bleibt (10, 10 cj.), bis es „in ihm" strauchelt (*kšl*, 5, 5; 14, 2). Aus diesen Par. erklärt sich wohl auch die oft konjizierte Aussage 12, 9. Danach brüstet sich Efraim gegenüber den notorischen Betrügereien Kanaans (v. 8), (sittlich gegründeten, deshalb dauerhaften?) Reichtum (*ʾôn*) gefunden zu haben; „all meine Arbeitserträge werden nicht gefunden (*jmṣʾw*, punkt. *niph*?) als einen *ʿāwon* für mich, der tödlich wirkende Sünde ist" (*ḥeṭʾ* → II 865f.). Denkvoraussetzung ist offenbar, daß ein *ʿāwon* nicht nur den Täter selbst belastet, sondern zum unsichtbar erschwerenden Bestandteil seiner Werke wird (*jᵉgîaʿ* bedeutet hier nicht die mühevolle Tätigkeit, sondern ihr Produkt, vgl. KBL³ 369).

Nach Hosea trifft JHWH fast wie eine unpersönliche Dynamik auf das schuldbeladene Volk und beschleunigt das in ihm angelegte Unheil: „Als ich Israel heilen wollte, wurde (gegen die göttliche Absicht!) der *ʿāwon* Efraims offenbart" (7, 1, vgl. 5, 5). Gottes theophanes Heimsuchen (*pqd*) ruft „verrückte" Weissagung hervor (9, 7) und zwingt Israel zurück nach Ägypten (8, 13). Am Ende der Katastrophenzeit jedoch wird er sich anrufen lassen, um den (Rest des) *ʿāwon* selbst hinwegzutragen (*nśʾ*) und Umkehr zu ermöglichen (14, 2f.).

Bei Protojesaja wird auf *ʿāwon* 5mal verwiesen. Das Volk zieht die Unheilsmacht unvernünftigerweise wie mit Seilen an sich (5, 18); ist deshalb von ihr beladen (1, 4, vgl. 30, 13) und wird dafür den Tod ernten (22, 14). Andererseits weiß Jesaja um die Möglichkeit einer kultischen Sühne zur Beseitigung des *ʿāwon*. Er erfährt sie an sich selbst (6, 7), schließt aber für die gegenwärtige Volksgemeinschaft ihre Wirkung aus (22, 14).

2. Bei den Propheten der Exilszeit gewinnt das Lexem größere Bedeutung. Aus dem Jeremiabuch spricht die Überzeugung, daß der abartig und unsinnig gewordene Kult seiner Zeitgenossen *ʿāwon* hervorgerufen hat (2, 22; 16, 10. 18). Zu einem beträchtlichen Teil ist er darüber hinaus als geschichtliches Erbe von vergangenen Generationen hinterlassen worden (14, 20; 32, 18). *ʿāwon* haftet wie unabwaschbarer Schmutz an den Tätern (13, 22), beugt sogar die Naturgesetze in ihrem Umkreis (5, 25); oder er lockt auswärtige Mächte zur Vergewaltigung, indem er „antwortend zurückschlägt" (→ ענה *ʿānāh*) auf die Verursacher (13, 22). Denn wer sich *ʿāwon* zuzieht, kommt darin eines Tages um (31, 30; 51, 6).

Wo auf JHWHs Walten im Zusammenhang mit *ʿāwon*-Tatbeständen verwiesen wird, erscheint er als derjenige, der *šillem ʿāwon* (16, 18; 32, 18); das Verb wird gewöhnlich mit „vergelten" übersetzt, meint aber eigentlich das „Vollständig-Machen" einer schicksalwirkenden Tatsphäre. In Gang gesetzt wird das zur Schuld gehörende Verhängnis durch das göttliche Nahen zur Heimsuchung (*pqd*, 25, 12; 36, 31). Um des Bundes willen gibt es jedoch bei Gott auch entgegengesetztes Verhalten, nämlich das Wegwischen einer *ʿāwon*-Befleckung von den Schuldigen durch (kultische) Sühne (*kippær*, *sālaḥ*, 18, 23; 33, 8; 36, 3; 50, 20). In Stellen, die meist jünger hinzugesetzt sind, wird eine endgültige Beseitigung des in der Geschichte angehäuften *ʿāwon* durch JHWHs Bundestreue bei der Wende zur Heilszeit verheißen (31, 30. 34; 30, 8; 36, 3; 50, 20).

Auf das Buch Ezechiel entfallen fast ein Fünftel aller Vorkommen des Begriffs. Für den aus priesterlichem Geschlecht stammenden Propheten bildet *ʿāwon* „das große Problem . . ., um welches das Leben kreist"

(Zimmerli, BK XIII/1, 309). Als Synonyme tauchen ein einziges Mal *ḥaṭṭā'ṯ* und *pæša'* auf, doch so, daß dabei *'āwon* Sing. als umfassendes Resultat der beiden anderen, im Pl. verwendeten, Ausdrücke erkennbar wird (21, 29). 36, 31 steht „Abscheulichkeiten" (*tô'eḇôṯ*) parallel, als Antonym taucht *ṣ^edāqāh* (18, 20) auf.

Selbst im par. membr. wird sonst *'āwon* ohne Wechselglied gebraucht. Doch erscheint häufig der Frevler (*rāšā'*) als auslösendes Subjekt für *'āwon* (3, 18f. u. ö.). Mustert man die Texte durch, so fällt auf, daß ausgerechnet bei diesem Propheten Gott kaum je als Subjekt eines mit *'āwon* befaßten Handelns erscheint. Die einzig klare Aussage findet sich in der Weissagung 36, 31, daß JHWH das errettete Israel reinigen (*ṭhr*) wird von der Schuldenlast seiner Vergangenheit. Notfalls lassen sich in 7, 19 der Tag des göttlichen Zorns und in 39, 23 das Verbergen des göttlichen Angesichts mittelbar mit der im weiteren Kontext angesagten Beseitigung von *'āwon* in Beziehung setzen. Die seltsame Aussage 21, 29, daß die Frevler ihre Schuld selbst „ins Gedächtnis rufen" (*zkr hiph*), ist doch wohl mit den meisten Kommentatoren reflexiv zu verstehen (anders Zimmerli, BK XIII z.St., der eine unpersönliche Übersetzung bevorzugt: „weil man euch anzeigt"). Zu ergänzen ist in jedem Falle an der Stelle „vor Gott". Das aber sind schon alle Belege, die Gott ins Spiel bringen.

In den übrigen *'āwon*-Äußerungen ist es zwar immer Gott, der auf geschehenes Schuldverhängnis hinweist und dessen Ahndung oder Beseitigung ankündigt, doch nicht in der Weise eines göttlichen Eingriffs, sondern als Auswirkung des vom Täter selbst angelegten Tun-Ergehen-Zusammenhanges.

Ein *'āwon*-Verhängnis erwächst aus Götzendienst (14, 3f.; 44, 10) und unwahrer Heilsprophetie (14, 10) ebenso wie aus Rücksichtslosigkeit gegenüber den Armen (16, 49), unredlichem Handeln (28, 8) und anderen Untaten, welche das Land mit Blut füllen (9, 9) oder das zentrale Heiligtum untauglich werden lassen (28, 28). Wieder und wieder wird herausgestrichen, daß der für einen *'āwon* Verantwortliche seine Tatsphäre hinfort zu tragen hat (*nāśā'*, 14, 10; 44, 10. 12). Der Schuldige verfault (*mqq niph*) in seinem *'āwon*, d. h. ihm wird kein Wasser und Brot mehr zuteil, und er geht zugrunde (4, 17; 24, 23). Oder abgekürzt gesagt: Der Frevler wird in seiner Schuldsphäre sterben (*ba'^awonô jāmûṯ*) und die Fähigkeit zu leben (*ḥājāh*) verlieren (3, 18f.; 18, 17f.; 33, 8f., vgl. 7, 13). Allerdings macht Ezechiel (für die Zeit nach der Wende zur Halbzeit?) die wichtige Einschränkung, daß sich eine solche Last nicht über die Generationen hinweg vererbt (18, 19f.) (individuelle Begrenzung des Tun-Ergehen-Zusammenhanges; K. Koch, Die Profeten II, 1980, 110–114).

Um den Zusammenhang von Schuld und Untergang zu unterstreichen, prägt Ezechiel die eigentümliche Wendung von *mikšôl 'āwon* „der Gegenstand des Strauchelns der Schuld". Dazu tragen bei die Gier nach Besitz von Silber und Gold (7, 19), auch die Götzen, welche ihre Verehrer als *mikšôl* vor ihr Angesicht setzen (14, 3f.; vgl. 44, 12). Infolge der in *'āwon* liegenden schwebenden Zweideutigkeit von Schuld einerseits, Strafe bzw. Untergang andererseits, bieten sich für die Erklärung von *mikšôl 'āwon* zwei Möglichkeiten. Einmal läßt es sich als „Anlaß zu Verschuldung" (KBL³ 551 nach Zimmerli) und „Einfallstor der Versuchung" (Zimmerli, BK XIII/1, 309) deuten. Dagegen spricht jedoch, daß *'āwon* kaum je aktuelle Sünde, sondern deren Folge für den Täter bedeutet, so daß eine geschehene Auflehnung (*pæša'*) zum *mikšôl 'āwon* wird, nicht aber von einem *mikšôl* des *pæša'* oder der *ḥaṭṭā'ṯ* die Rede sein kann. So ist wohl die Möglichkeit vorzuziehen, daß die Wendung die in der Schuldensphäre eingeschlossene Kehre des Geschicks zum Unheil bedeutet, also den in *'āwon* verborgenen „Stolperstein" zum Untergang.

Eine andere bei Ezechiel 3mal auftauchende Wendung lautet *'eṯ '^awon qeṣ* „Zeit der Schuld des Endes". Eine apokalyptische Endphase kann nicht gemeint sein, da nach dem Kontext für das zeitgenössische Israel diese *'āwon*-Zeit mit der Katastrophe von 587/586 schon eingetreten war (35, 5) und für den gewöhnlichen Frevler der entsprechende Termin mit „seinem Tag" (21, 30. 34) anhebt, an dem sich das Schwert an seinen Hals legt. Es handelt sich also um „die Zeit des Schuld-Endes", also den Termin, an dem sich die Schuldsphäre über dem Täter in einem endgültigen Schicksal vollendet.

Gerade Ezechiel, der wie kein anderer Prophet auf das Individuum und sein je eigenes Geschick den Ton legt, stellt andererseits heraus, daß in der bisherigen Geschichte *'āwon* eine zeitübergreifende, weiter wirkende kollektive Macht oder Unmacht gewesen ist. Das wird besonders deutlich an der Zeichenhandlung 4, 4–6. Ezechiel liegt unbeweglich auf einer Seite seines Körpers am Boden. Das wird dahin gedeutet, daß JHWH auf ihn legte (*nāṯan*), bzw. der Prophet sich seinerseits selbst zuzog (*śîm*) die 390 Jahre *'āwon* des Nordreichs und die entsprechenden 40 Jahre des Südreichs, so daß Ezechiel während einer bemessenen Frist die Schuld beider Volksteile „trägt" (*nāśā'*).

Er sammelt in seiner zeichenhaften Gebundenheit die Schuld Israels als Last auf sein eigenes Leben (Zimmerli 117). Freilich zielt die vielfältig benutzte Redeweise vom Tragen der Schuldsphäre, *nāśā' 'āwon*, hier auf keine wirksame Übertragung. An eigentlich stellvertretendes Leiden ist nicht gedacht, denn um dieses *'āwon* willen ist Israel deportiert worden (39, 13). Ägypten früher und Nebukadnezzar später sind zu Mächten geworden, die in JHWHs Auftrag die israelit. Schuld in Erinnerung gerufen haben (*mazkîr 'āwon*) und damit im geschichtlichen Prozeß durch militärische Aktionen die in *'āwon* liegende Unheilskraft aktiviert und zu ihrem logischen Ziel gebracht haben.

DtJes kommt an 4 zentralen Stellen auf das völkische Schuldverhängnis zu sprechen. Seine Schrift wird mit dem jubelnden Ruf eröffnet, daß Jerusalems *ʿāwon* abbezahlt ist (*rāṣāh* II, vgl. Lev 26) bzw. als eine Art Schuldritus wohlgefällig von Gott angenommen wurde (Jes 40, 2; H. J. Stoebe, ThZ 40, 1984, 104–113). Davor jedoch lag die lange Spanne, in der *ʿāwon* sich unheilvoll ausgewirkt hatte, und dies, obwohl JHWH durch die Sühneinstitution am Jerusalemer Tempel sich abgemüht hatte, die Menge von Sünden im Volk und ihre Folgen durch Übertragungsriten zu beseitigen (43, 40). Nicht Gott war es, der die Israeliten unter Fremdherrschaft und wirtschaftliche Not verkauft hatte, vielmehr haben sie sich durch ihren *ʿāwon* selbst verkauft (*mkr niph*, 50, 1). An der bevorstehenden Wende zum Heil hat der geheimnisvolle Knecht JHWHs besonderen Anteil. Er war zerschlagen um der Schuldenlasten der Gemeinde willen, deren unheilvolle Wucht Gott auf ihn, den Unschuldigen, hat treffen lassen (53, 5f.); durch sein Tragen (*nāśāʾ*) von *ʿāwon* – hier anders Ez 4 eindeutig entlastend – hat er „die vielen" *ṣaddîq* werden lassen (53, 11). – Tritojesajanische Aussagen wenden die deuterojesajanischen Ideen auf die angeredeten Zeitgenossen an. Wo *ʿāwon* ist, wird göttlicher Zorn geweckt (57, 17; 65, 7). Doch JHWH steht vor allem zu entlastender Hilfe bereit, wenngleich er nicht immer vermag, wie er möchte, „denn eure Schuldverhängnisse sind trennend (*bdl hiph*) zwischen euch und eurem Gott" (59, 2). Deshalb werden die Menschen ihre *ʿawonôṯ* noch erkennen (*jāḏaʿ*) müssen (59, 12); der hebr. Erkenntnisbegriff meint wie anderwärts hier „eine Sache an sich selbst erfahren" (vgl. 53, 3 von der Krankheit).

Bei Sacharja steht in der (nachgetragenen?) Vision vom Kleiderwechsel des Hohenpriesters Joschua das göttliche Tilgen der Schuld im Mittelpunkt: „Siehe, ich lasse hinweggehen (*ʿbr hiph*) von dir deinen *ʿāwon*" (3, 4). Strittig ist, ob an persönliche Verfehlungen des Hohenpriesters oder an den *ʿāwon* derer, die aus dem Exil heimgekehrt sind und im unreinen Land befleckt wurden, oder an die das Exil auslösende Kollektivschuld Israels gedacht ist (vgl. C. Jeremias, FRLANT 117, 1977, 208). Zu der Aktion an Joschua tritt 3, 9 ein Handeln Joschuas selbst, der an einer Art eschatologischem Versöhnungstag im göttlichen Auftrag den *ʿāwon* „dieses Landes" weichen läßt mittels eines geheimnisvollen Steins mit sieben Augen (dazu W. Rudolph, KAT XIII/4, 100–103).

V. Die Priesterschrift (einschließlich H) verbindet *ʿāwon* meist mit dem Verb *nāśāʾ* 'tragen' (18 von 27mal). Demnach handelt es sich um eine Art Last, die auf menschlichen Tätern ruht und sie im Laufe der Zeit niederdrückt. Solches Unheil droht bei schweren Sünden unausweichlich, muß jedoch nicht unbedingt den Täter selbst treffen. Denn in der Sprache von P wechselt das Subjekt von *nāśāʾ ʿāwon* (→ נשׂא). Von Haus aus bezieht sich die Wendung auf Menschen, die sich vergangen haben (12mal), genauer auf ihre Lebenskraft (*næpæš*, Lev 5, 1. 17; 7, 18; 17, 16; Num 15, 31). Doch gehört es zum Amt von Priestern und Leviten, daß sie Israel oder dem Heiligtum den *ʿāwon* abnehmen, ihn stellvertretend „tragen" und kraft der ihnen innewohnenden Qualität dadurch unschädlich machen (Ex 28, 38; Lev 10, 17; Num 18, 1. 31). Der Hohepriester vermag zudem, durch Bekenntnis und Handaufstemmung auf den Kopf eines Tieres den *ʿāwon* auf es zu legen, so daß hinfort der „Sündenbock" ihn trägt (Lev 16, 21 f.). Überhaupt sind bei schwerwiegenden Vergehen *ḥaṭṭāʾṯ*- oder/und *ʾāšām*-Tiere das wirksame Mittel, um *ʿāwon*-Verhängnis Menschen abzunehmen und durch den Tod eines Tieres, das an ihrer Stelle in den Tod geschickt wird, zu sühnen (Lev 5, 1–6. 17–19). Wo *kpr* (→ כפר) gültig vollzogen wird, ist die Last eines *ʿāwon* für immer erledigt (Lev 10, 17).

Ein *ʿāwon* ist dann entstanden, wenn sich jemand am Heiligen oder am Ritus vergangen hat (Ex 28, 38; Lev 7, 18; 19, 8) oder sich irgendwie verunreinigt hat (*ṭāmeʾ*, Lev 5, 2; 17, 16; 18, 25; 26, 43). In einem bestimmten Umfang zählen dazu auch unbeabsichtigt widerfahrene Verunreinigungen und bestimmte unwissentliche Verletzungen von göttlichen Satzungen (Lev 5, 2. 17), während jedoch Irrtumssünde (*šᵉgāgāh*) in Lev 4 nicht unter *ʿāwon* eingeordnet wird; eine gewisse Verantwortlichkeit des Betroffenen scheint also vorausgesetzt zu werden. Allerdings kann *ʿāwon* auch von den Vätern ererbt sein (Lev 26, 39 f.) oder durch den Zusammenhang der Volksgemeinschaft vorgegeben werden (Lev 16, 21 f.). Solche Schuld wird substantiell gedacht, sie begleitet den Täter(kreis) fortan und verfolgt ihn.

Wie sonst betrifft auch in P *ʿāwon* nicht den Akt des Vergehens selbst. Dieser wird als Treulosigkeit (*maʿal*) oder als Sünden (*ḥaṭṭoʾṯ*) vorausgesetzt (Lev 26, 40; 16, 21). Darüber hinaus taucht Lev 5, 17 so etwas wie eine logische Folge auf: „sich versündigen (*ḥāṭāʾ*) – sich verschulden (*ʾāšem*) – *ʿāwon* tragen", während an anderer Stelle *ʾāšem* als ein Oberbegriff zu *ʿāwon* benützt zu sein scheint (Lev 5, 1, vgl. mit v. 5; 22, 16).

Wer *ʿāwon* trägt, ist an sich dem Untergang geweiht. In seiner Schuldsphäre wird er „verfaulen" und „sterben" (Lev 26, 39; Ex 28, 43). Nur wer frei von *ʿāwon* ist (*nqh*), vermag unbeschwert zu leben (Num 5, 31). Da *ʿāwon* darüber hinaus auf die Umgebung unheilvoll ausstrahlt, hat die Kultgemeinde um ihrer Selbsterhaltung willen die Pflicht, jede schuldbeladene *næpæš* „aus ihren Volksgenossen auszurotten" (*krt niph*, Lev 19, 8; 20, 17; Num 15, 31; → IV 362). Die Auffassung von schicksalwirkender Tatsphäre liegt also auch dem P-Sprachgebrauch zugrunde. Dementsprechend kennt P gelegentlich auch die göttliche Mitwirkung, welche den Schuldtatbestand am Täter aktiviert und ihn dem verdienten Ende zutreibt. Das von JHWH gewährte Eifersuchtsopfer ruft bei Verdacht eines Ehebruches möglicherweise einen *ʿāwon* in Erinnerung (*zkr*) und macht dadurch den vom Priester geweihten Trank fluchbringend (Num 15, 15). JHWH ist es auch, der das von den

Völkern verunreinigte Land mit seinem *ʿāwon* heimsucht (*pqd*) mit der Folge, daß das Land selbst seine Bewohner ausspeit (Lev 18, 25); bezeichnenderweise sucht Gott nicht den Täter direkt heim, sondern die Schuldsphäre, die sich auf dem von ihnen bewohnten Land ausgebreitet hat.

Weitaus häufiger als die Ahndung von *ʿāwon* wird die Abwendung von *ʿāwon* als göttliches Handeln herausgestellt. Dies ermöglicht allein die am Sinai gestiftete Kultordnung, zu deren wesentlichen Aufgaben die Befreiung der Volksgemeinde vom Schuldverhängnis durch Sühnehandlungen gehört (K. Koch, Sühne und Sündenvergebung um die Wende von der exilischen zur nachexilischen Zeit, EvTh 26, 1966, 217–239; B. Janowski, Sühne als Heilsgeschehen, WMANT 55, 1982). Schon die Heiligkeit des priesterlichen Ornats bewahrt nicht nur den Priester selbst beim Altardienst vor den Auswirkungen von allfälligem *ʿāwon* (Ex 28, 43), sondern vermag den *ʿāwon* der Vergehen von Israeliten aufzuheben und statt dessen der Gemeinde Wohlgefallen zu erwirken (v. 38, vgl. Num 18, 1. 31). Der Entsündigungsritus (*ḥaṭṭāʾṯ*) ist dem Priester anvertraut, um den *ʿāwon* der Gemeinde an ihrer Statt zu tragen und dadurch „sie zu sühnen vor JHWH" (Lev 10, 17, vgl. 5, 1–6. 17–19). Besonders einprägsam tritt das schuldtilgende Gotteshandeln heraus durch den Auftrag an den Hohenpriester, am großen Versöhnungstag die Schulden des Volkes in seinem Sündenbekenntnis zusammenzufassen und sie auf den „Sündenbock" zu übertragen, der sie dann in die Wüste davonträgt (Lev 16, 21 f.). Der Gebrauch des Begriffes *ʿāwon* ist ein Beispiel von vielen, daß die Gesetzgebung der Priesterschrift alles andere als einen Nomismus zum Ziel hat, sondern das schuldtilgende Gotteshandeln institutionalisieren will.

Lev 26, 40–45 ist von Gliedern des Volkes die Rede, die ihr unbeschnittenes Herz demütigen und ihren *ʿāwon jirṣû* mit der Folge, daß JHWH wieder seines Bundes gedenken wird. Gewöhnlich wird für diese Stelle (wie Jes 40, 2) eine besondere Wurzel *rāṣāh* II 'bezahlen, abtragen' angesetzt (GesB 772; KBL[2] 906; Elliger, HAT I/4, 362), während Gerleman (THAT II 811) an *rṣh* I denkt; sie haben ihre Schuld/Strafe angenommen.

VI. In den Qumranschriften nimmt die Rede vom menschlichen *ʿāwon* einen wichtigen Platz ein. Nach wie vor drückt der Begriff das Resultat von *ḥaṭṭāʾṯ* und *pæšaʿ* aus (1 QS 11, 9), wird jedoch dem anscheinend umfassenderen Schuldbegriff *ʾašmāh* untergeordnet (1 QS 5, 15; 1 QH 8, 12, vgl. 1 QS 1, 23; TR 26, 11 f.). Für die anthropologisch verstandene Sündhaftigkeit, welche im Herzen die Neigung zu *ʿāwon* hervorruft, wird ein besonderes Substantiv *naʿ^{a}wijāh* gebildet (1 QS 5, 24; 10, 11; 11, 9; 1 QH 17, 19). Gelegentlich wird erkenntlich, wodurch *ʿāwon* entsteht, so durch unrechtmäßige Bereicherung oder Verfolgung des Lehrers der Gerechtigkeit (1 QpHab 8, 12; 9, 9). Doch schon eine unterlassene Zurechtweisung eines Bundesmitglieds kann *ʿāwon* heraufführen (1 QS 6, 1). Die Auffassung von der Untat-Unheil-Verstrickung wird festgehalten, etwa im Hinweis auf das unausweichliche Straucheln (*kšl* bzw. Nomen *mikšôl*) des Frevlers in seinem *ʿāwon* (1 QS 2, 12. 17; 11, 12; 1 QH 4, 15). Wie schon bei den Propheten gehört zu den Folgen eines völkischen *ʿāwon* die Verwüstung durch auswärtige Feinde (1 QpHab 4, 8).

Stärker noch als in Psalmen und Propheten wird jedoch das geschichtliche Erbverhängnis betont. Bei allen Menschenkindern herrscht Dienst (*ʿ^{a}bodāh*) des *ʿāwon* (1 QH 1, 27); der Beter weiß sich in *ʿāwon* von Mutterleib an (1 QH 4, 29). Letztlich rührt der metahistorische Ursprung solcher Schuld aus dem Geist der Finsternis oder von Belial selbst (1 QS 3, 22; 1, 23).

Deutlicher als in jeder at.lichen Schrift wird Gottes Beistand zur Abwendung der *ʿāwon*-Sphäre vom schuldbeladenen einzelnen oder Volk betont und gerühmt. Gott ist darauf bedacht, *ʿāwon* zu sühnen (*kpr*), zu reinigen (*ṭhr*), wegzuwerfen (*šlk hiph*) oder wegzutragen (*nś*ʾ, 1 QS 2, 8; 3, 7 f.; 1 QH 1, 32; CD 3, 18), wie er es bereits durch Mose zugesagt hat (1 QH 17, 12. 17). Solches Verhalten gründet in seinem Bund und seiner Treue (*ḥsd*, *ṣdqh*, CD 4, 10; 1 QH 4, 37; 1 QS 11, 14).

Daß es – abgesehen vom Priester, der im Auftrag Gottes kultisch tätig wird – Menschen möglich sein könne, den eigenen oder den fremden *ʿāwon* von sich abzuwälzen und so dem Untergang zu entgehen, läßt sich allenfalls aus 1 QS 8, 3 herauslesen. Danach soll der Rat der Einung im Land Treue bewahren *wlrṣt ʿwwn bʿwśj mšpṭ*. Die Wendung pflegt man zu übersetzen „Schuld zu sühnen, indem sie Recht tun" (Lohse, Texte 28 f.; Maier/Schubert, Die Qumran-Essener 158). Die Partikel vor *ʿôśê* wird also als b^{e}-essentiae verstanden, obwohl die geprägte Verbindung *rāṣāh* b^{e} sonst „Gefallen haben an jem." bedeutet (KBL[2] 906). Liegt vielleicht *rāṣāh* II vor (wie Lev 26, 41. 43; Jes 40, 2): „um *ʿāwon* abzutragen bei denen, die (nunmehr) *mišpāṭ* tun"? (Andere Vorschläge bei J. Strugnell, CBQ 29, 1967, 580–582).

VII. Biblisch-aramäisch taucht *ʿ^{a}wājāh* nur ein einziges Mal auf, aber an einer durch Jahrhunderte viel verhandelten Stelle (Dan 4, 24). Der israelitische Weise gibt dort dem von Hybris und Untergang bedrohten Nebukadnezzar den Rat: „von deiner Sündensphäre (K *ḥṭjk*, äquivalent zu hebr. *ḥeṭ*'? Montgomery, ICC z.St.) reiße dich los (*prq*) durch Gemeinschaftstreue (gegenüber den Untertanen) und von deiner Schuldenlast (*ʿwjtk*) durch Barmherzigkeit gegenüber den Armen." Der Ausdruck *prq* wird analog dem „Wegreißen seines Joches" Gen 27, 40 zu verstehen sein. Die Trennung von der eingefahrenen Gewohnheit königlicher Überheblichkeit bedarf eines Entschlusses zur grundlegenden Neuorientierung und künftigen Selbstbescheidung. Dadurch wird das Schuldverhängnis sistiert. Doch wird man kaum so weit gehen können und der Aussage den Sinn einer völligen Kompensation zuschreiben können, wonach die bisher aufgeladene *ʿawājāh* dadurch „gesühnt" wäre, daß nunmehr gute Werke geschehen (so in Nachfolge von LXX, V viele Kommentatoren).

VIII. Die LXX übersetzt *ʿāwon* vorwiegend mit ἀδικία (79mal), ἁμαρτία (68mal + 10mal Sir) oder ἀνομία (64mal), ausnahmsweise mit ἄγνοια (Dan 9, 16), αἰτία (Gen 4, 13), κακία (3mal), ἀσέβεια (Ez 33, 9) und παρανομία (Spr 5, 22).

Koch

עוּף *ʿûp*

עוֹף *ʿôp*

I. Etymologie – II. Allgemeine Verwendung – 1. der Verbalform – 2. des Substantivs – 3. LXX – III. Theologische Bedeutung – 1. der Verwendung des Verbums – 2. der Verwendung des Substantivs – a) im Schöpfungskontext – b) im Zusammenhang der geschichtlichen Heilstaten – c) im Zusammenhang der Gerichtsrede – IV. Qumran.

Lit.: *J. Feliks*, The Animal World of the Bible, Tel Aviv 1962. – *F. D. Hubmann*, Untersuchungen zu den Konfessionen Jer 11, 18–12, 6 und Jer 15, 10–20 (FzB 30, 1978). – *P. Hugger*, Jahwe meine Zuflucht, 1971, bes. 198. – *C. Jeremias*, Die Nachtgesichte des Sacharja (FRLANT 117, 1977). – *J. Jeremias*, Theophanie (WMANT 10, ²1977). – *K. R. Joines*, Serpent Symbolism in the OT, Haddonfield 1974. – *O. Keel*, Jahwe-Visionen und Siegelkunst (SBS 84/85, 1977). – *Ders.*, Vögel als Boten (OBO 14, 1977). – *M. A. Murray*, The Serpent Hieroglyph (JEA 34, 1948, 117–118). – *A. Ohler*, Die Offenbarung des verborgenen Gottes. Die Berufungsvision des Ezechiel II (BiLe 11, 1970, 159–168). – *W. Thiel*, Die deuteronomistische Redaktion von Jeremia 1–25 (WMANT 41, 1973). – *H. Weippert*, Die Prosareden des Jeremiabuches (BZAW 132, 1973). – *D. J. Wiseman*, Flying Serpents? (TynB 23, 1972, 108–110).

I. 1. Die Wurzel *ʿwp* ist vor allem im westsemit. Sprachbereich anzutreffen als ugar. *ʿp* (UT Nr. 1833; WUS Nr. 2068; RSP I, S. 162 Nr. 146; S. 230 Nr. 292), ferner in einem kanaan. Beschwörungstext des 7. Jh. v. Chr. als *ʿpt* (Ptz. „Fliegerin"), Name einer wohl als Dämonin gedachten Gottheit (KAI Nr. 27, 1. 19). Im Arab. bezeichnet die Wurzel *ʿwf* (*ʿāfa*) das Schweben über etwas speziell des Vogels (vgl. GesB). Sie läßt sich in asarab. Eigennamen nachweisen (vgl. W. W. Müller, Die Wurzel mediae und tertiae y/w im Altsüdarabischen, Diss. Tübingen 1962, 83), ebenso als äg. *ʿpj* (WbÄS I 179).

2. Im hebr. AT erscheint *ʿwp* in 26 Verbal- und 71 Substantivbelegen, in den aram. Texten des AT 2mal als Subst. (Dan 2, 28; 7, 6). Die Grundbedeutung der Wurzel ist 'fliegen' bezogen auf die typische Art der Fortbewegung geflügelter Wesen; daher ist die Grundbedeutung der subst. verwendeten Wurzel 'Flugtiere', 'Geflügel' (KBL³ 757; Westermann, BK I/1, 190) und fungiert somit als „die Vögel mit den Insekten zusammenfassender Oberbegriff" (Elliger, HAT I/4, 144).

II. 1. *ʿwp qal* erscheint 18mal; in Dtn 4, 17; Jes 31, 5; Nah 3, 16; Spr 26, 2 bezeichnet die Form die für Flugtiere typische Art der Fortbewegung in der Luft. Dabei sind aber typische Merkmale dieser Bewegung anvisiert: Jes 31, 5 zielt ab auf das Über-etwas-Schweben, um zu schützen und zu bewachen (vgl. Dtn 32, 11); Spr 26, 2 spricht die scheinbare Ziellosigkeit hin und her fliegender Vögel an, von der auch der grundlose Fluch gezeichnet ist (vgl. Plöger, BK XVII 309). Die meisten Stellen verwenden *ʿwp qal* metaphorisch, jedoch Bezug nehmend auf die typischen Merkmale der Vogelflugbewegung: Die Bewegung durch die Luft bezeichnet *ʿwp* mit JHWH (Ps 18, 11; cj. 2 Sam 22, 11) und *ḥeṣ* (Pfeil) (Ps 91, 5) als Subjekt. Als Bewegung in die Höhe ist *ʿwp* in Verbindung mit dem Subjekt *b^enê-ræšæp* (Brandfunken) (Ijob 5, 7) zu deuten (wobei mit Fohrer, KAT XVI 132. 148f. *ræšæp* in der Grundbedeutung 'Brand, Flamme, Blitz' zu übersetzen ist, da ein mythologischer Hintergrund die Gottheit *ræšæp* betreffend an dieser Stelle nicht greifbar ist); dabei soll die steigende Bewegung durch die Luft als die den Brandfunken natürliche Bewegungsrichtung hervorgehoben werden. Die Bewegung des Raubvogels, der im Flug seine Beute erhascht, ist in Jes 11, 14; Hab 1, 8 angesprochen, wo das Verb die Beutezüge Efraims und Judas in der Heilszeit bzw. die der Chaldäer bezeichnet. Es soll damit wohl das überraschend Andrängende, gegen das man sich nicht wehren kann, betont werden. Das Dahinschwebende der Flugbewegung mit dem Stimmungsgehalt der Freude spricht aus Jes 60, 8, wo die Bewegung zu ihren Schlägen heimkehrender Tauben wohl auf die Heimkehr der Israeliten aus der Diaspora anspielt. Das für den Beobachter schnell Vorüberhuschende kommt in Ps 90, 10 zum Ausdruck, wo die Vergänglichkeit des menschlichen Lebens in den Blick genommen wird, und in Ijob 20, 8, wo der Sprecher betont, es gehöre zum Geschick des Frevlers, „daß er wie ein Traum und Nachtgesicht verfliegt ..., ohne eine Spur in der äußeren Wirklichkeit zu hinterlassen" (Fohrer, KAT XVI 329). Fliegen als schnelles und weites Forttragen meint der Klagende in Ps 55, 7f., wenn er sich Taubenflügel wünscht, die ihn weit weg in Sicherheit bringen könnten. In unerreichbare Höhe sich bewegen meint *ʿwp* mit dem Subjekt „Reichtum" in Spr 23, 5b (Q^ere), eine rätselhafte Stelle (vgl. Plöger, BK XVII 271), die von der Lehre des Amenemope 10, 4f. ihre Erklärung bekommt: „... sie (die Schätze) haben sich Flügel gemacht wie Gänse und sind zum Himmel geflogen" (RTAT 80).

ʿwp qal Ptz. verwendet Sach 5, 1. 2 die dem Seher erscheinende Schriftrolle beschreibend. Das „Fliegen der Rolle ... wird zu verstehen sein als bildhafter

Ausdruck dafür, daß der Fluch ... selbständig den von ihm zu Verfolgenden überall und ohne weiteres erreichen kann" (Jeremias 192; vgl. Rudolph, KAT XIII/4, 117). Daß die Buchrolle fliegt, dürfte mit den geflügelten Mischwesen in Sach 5, 9 zusammenhängen, die die Gottlosigkeit im Flug aus dem Land wegtragen. In Sach 5, 1–4 (sek.) wird die Ausrottung der im Land verbliebenen Übeltäter durch den verbrieften Fluch mit derselben fliegenden Bewegung beschrieben wie die Ausrottung der Gottlosigkeit.
ʿwp hiph findet sich nur in Spr 23, 5a (Q^{e}re) und beschreibt die Bewegung der Augen nach dem Reichtum als eine Bewegung ins Unerreichbare. *muʿāp̱* in Dan 9, 21 ist sehr schwierig zu deuten: Nach Hasel (→ III 711) stellt die Form ein Ptz. *hoph* der Wurzel *jʿp* II dar, die eine Nebenform der Wurzel *ʿwp* I ist; die Wendung in Dan 9, 21 wäre dann mit LXX, Θ, V und S zu übersetzen mit „fliegende Eile" (vgl. Plöger, KAT XVIII 133f.; Montgomery, Daniel ICC, 372).
ʿwp pol Ptz. ist in Jes 14, 29; 30, 6 Attribut zu → שׂרף *śārāp̱*. Feliks (107) identifiziert den fliegenden Serafen mit der außerordentlich giftigen Kobra, Murray (117f.) spezifiziert diese Angabe durch den Hinweis auf die Naja nigricolis, die Gift (= Feuer) speit. Nach Feliks soll sich die Kobra mit großer Leichtigkeit von Baum zu Baum schwingen, was die Vorstellung des Fliegens bewirkt haben könnte. Joines (8) möchte jedoch die fliegende Kobra auf die äg. Darstellungen von geflügelten Schlangen zurückführen. Wie immer mag für die mythologische Vorstellung das Fliegen die unberechenbare und überall präsente Macht dieser Wesen unterstreichen (vgl. Wildberger, BK X/2, 581). Mit Recht betont Keel (SBS 84/85, 73 Anm. 106), daß mit diesen geflügelten Wesen nicht unbedingt dämonische Wesen gemeint sein müssen. Die unheimliche Wüste ist „in altorientalischen Darstellungen und Schilderungen mit Wesen bevölkert, die wir als Fabeltiere oder dämonische Wesen bezeichnen". Auf dem Hintergrund der Bedeutung, die Darstellungen von geflügelten Serafen in der Siegelkunst des 8. Jh. v. Chr. in Juda hatten, und der Tatsache, daß in Num 21, 6. 8; Dtn 8, 15; Jes 14, 29; 30, 6 von einer (geflügelten) Schlange die Rede ist, muß man wohl auch für Jes 6, 2 diese Vorstellung voraussetzen.
In Gen 1, 20 bezeichnet *ʿwp pol* die Daseinsgestalt, „die dem Fluggetier von nun an ständig eigen ist. Die Flugtiere werden in den Blick genommen, wie sie im Luftraum zwischen Erdscheibe und Himmelsfeste fliegen (!) ..." (Steck, FRLANT 115, 61). In Ez 32, 10 bezeichnet *ʿwp pol* Inf. das die Völker und Könige mit Schrecken erfüllende Schwingen des Gerichtsschwertes durch JHWH. Hos 9, 11 verwendet *ʿwp hitpol* zur Kennzeichnung des Auseinanderstiebens eines Vogelschwarms.
2. Das Subst. *ʿôp̱* bezeichnet zunächst einmal als Oberbegriff (Elliger, HAT I/4, 144; Steck, FRLANT 115, 61 Anm. 217) alles Fluggetier, Vögel und Insekten (vgl. Gen 1, 20; 6, 20; 7, 8. 14; 8, 17. 19; 9, 10; Lev 11, 13; Dtn 14, 20; 1 Kön 5, 13). Gen 1, 21 erfaßt mit dem Ausdruck *ʿôp̱ kānāp̱* das Fluggetier unter der Bedingung, die die typische Daseinsform der Flugtiere ermöglicht, Getier mit Flügeln. Als Oberbegriff fungiert *ʿôp̱* im Zusammenhang der Reinheitsbestimmungen (Lev 11, 13. 46; 20, 25; Dtn 14, 20; Ez 44, 31), ferner in den Verboten des Genießens von Blut (Lev 7, 26; 17, 13) und in Vorschriften die Opfer betreffend (Gen 8, 20; Lev 1, 14). Durch die Verbindung mit *šæræṣ* wird der Oberbegriff eingeengt zum Bedeutungsgehalt 'Kleingetier, Geziefer' (Lev 11, 20f. 23; Dtn 14, 19; TR 48, 3ff.). Besonders auffällig ist die semantische Verbindung *ʿôp̱-haššāmajim* (38mal). Alleinstehend findet sich die Wendung nur in Jer 4, 25; Hos 7, 12; Ps 104, 12; Koh 10, 20; Dan 2, 38. Sonst ist die Wendung meist kombiniert mit „die Tiere des Feldes (der Erde), bzw. die Lebewesen der Erde und die Fische des Meeres". Demnach leitet sich der Ausdruck aus jenen Zusammenhängen ab, wo meristisch die Gesamtheit der Tiere durch den Verweis auf die drei denkbaren Lebensräume Luft, Erde und Meer bezeichnet wird; so im Zusammenhang des Herrschaftsauftrages an den Menschen (Gen 1, 26. 28; 9, 2), in der Rede vom Bund, den Gott mit allen Lebewesen bzw. mit den Tieren zugunsten Israels (Gen 9, 10; Hos 2, 20) schließt. Von allen drei Lebensbereichen ist auch die Rede in Zusammenhängen der Verschuldung Israels, der Auswirkung des Gerichtshandelns Gottes (Hos 4, 3; Ez 38, 20; Zef 1, 3). Gen 2, 19 erwähnt nur die Vögel des Himmels und die Lebewesen der Erde als von JHWH Elohim gebildet, weil in diesem Zusammenhang die Schöpfung geschildert wird aus der Perspektive von Menschen, für die das Meer keine Lebensbedeutung hat. In Gen 1, 30; 6, 7; 7, 23 ist die Auslassung der Wassertiere bedingt durch ihre grundsätzlich andere Lebensweise.
Eine geprägte Redetopik zeigt sich im Zusammenhang der Gerichtsterminologie des Jer-Buches: die Leichen werden *l^{e}maʾ^{a}ḵāl l^{e}(ḵōl)-ʿôp̱ haššāmajim ûl^{e}ḇæh^{æ}maṯ hāʾāræṣ* (Dtn 28, 26; Jer 7, 33; 16, 4; 19, 7; 34, 20). Nach Thiel (130) liege ein dtr Topos vor und die Stellen in Jer seien von Dtn 28, 26 abhängig. Doch ist mit Weippert (BZAW 132, 183ff.) ernsthaft zu überlegen, ob hier nicht eine typische Redeweise des Buches Jer vorliegt, die in Dtn 28, 26 sekundär eingefügt worden ist. Sie erscheint in Jer als Fortführung der Plagentrias *ḥæræḇ rāʿāḇ dæḇær* (→ II 134), um die völlige Ausrottung der von den Plagen Betroffenen zu bezeichnen.

Ps 79, 2 ist durch den Par. membr. gezwungen, zu *n^{e}ḇelāh* die Parallele *bāśār* einzuführen; ebenso ist *bæh^{æ}maṯ hāʾāræṣ* durch *ḥajṯô-ʾāræṣ* ersetzt, so daß wirklich ein poetisches Seitenstück des Topos vorliegt (vgl. Thiel 130 Anm. 73). Die vorjeremianischen Stellen weisen uneinheitlichen Sprachgebrauch auf: 1 Sam 17, 44 verwendet *bāśār* für „Leiche" und *bæh^{æ}maṯ haśśāḏæh* für die Tiere; 1 Sam 17, 46 *pæḡær* für „Leiche", *ḥajjaṯ hāʾāræṣ* für die Tiere; für *l^{e}maʾ^{a}ḵāl* findet sich nichts Entsprechendes.
1 Kön 14, 11 wird zwischen jenen Mitgliedern der Familie Jerobeams unterschieden, die in der Stadt, und denen, die auf dem Feld sterben. Erstere werden von den

Hunden gefressen und die letzteren von den Vögeln. Nach Noth (BK IX/1, 311) hat Dtr die Ausdrucksweise von 1 Kön 14, 11 für 1 Kön 16, 4; 21, 14 übernommen, was nach Weippert (186) zeigt, daß er für dieses Motiv keine eigene Formel gehabt hat. Vielmehr hätte erst ein Späterer in Dtn 28, 20–25a Anklänge an die aus Jer bekannte Trias erkannt und die vv. 25b. 26 nach dem Vorbild von Jer ergänzt (Weippert 152). Die Wendung ist dann aufgelöst bei Ez in den Gerichtsworten gegen Ägypten und den Pharao (Ez 29, 5; 32, 4) und gegen Gog (Ez 39, 4): *n^ebelāh* fehlt; in Ez 32, 4 finden sich durch den Parall. bedingt zwei Verben; die Landtiere werden in Ez 29, 5; 32, 4 mit *ḥajjaṯ hā'āræṣ* bezeichnet und mit *ḥajjaṯ haśśāḏæh* in Ez 39, 4; statt „Vögel des Himmels" steht in Ez 39, 4 die Wendung *'êṭ ṣippôr kōl-kānāp*.

3. LXX verwendet für die Wurzel *'wp* fast durchgehend πέτομαι und πετεινόν bzw. meist den Pl. πετεινά.

III. 1. Im Zusammenhang der Theophanieschilderung (Ps 18, 8–16 = 2 Sam 22, 8–16) findet sich neben anderen Vorstellungen des Kommens Gottes auch diese: JHWH fliegt (*'wp*), schwebt (*d'h*, das eigentlich das Herabstoßen des Raubvogels meint) auf den Flügeln des Sturmwindes (*rûaḥ*) und fährt (*rkb*) auf dem Kerub (v. 11 → IV 327). Ohne die umstrittene Frage, ob der Kerub eine Personifikation der Gewitterwolke darstellt (vgl. Kraus, BK XV/1⁵, 289), entscheiden zu können, hängt die Verwendung von *'wp* hier auf jeden Fall zusammen mit *kan^epê-rûaḥ*. Das machtvolle souveräne Herannahen JHWHs aus seiner himmlischen Wohnung soll hervorgehoben werden. „Der Prozessionsweg der Lade ... wandelt sich in einen 'wahnsinnigen Flug' durch den Kosmos, wobei die Keruben sich in mächtige Winde verwandeln ..." (G. Ravasi, Il libro dei Salmi I, Bologna 1981, 329f.).

Im Kontext der Theophanie muß nun auch das Fliegen der Serafen in Jes 6, 2 gesehen werden. Sie verwenden die 4 Flügel, mit denen sie nach altorientalischen Vorstellungen die thronende Gottheit schützen sollten, sich selber vor der unheimlichen Mächtigkeit JHWHs zu schützen. Die restlichen 2 Flügel verbleiben ihnen, um schwebend ihren Platz über der Gottheit beizubehalten, was aber sinnlos ist, da JHWH ihres Schutzes nicht mehr bedarf. In Jes 6 haben die Serafen nur den Sinn, die Heiligkeit JHWHs über die Maßen hervorzuheben (vgl. Keel, SBS 84/85, 113; Ohler 161).

Mit der Wendung „Er läßt Wolken fliegen wie Vögel" hebt Sir 43, 14 Gottes Mächtigkeit im Rahmen der Schöpfung hervor. Daß Gott um den Schutz Jerusalems aufs Intensivste bemüht und besorgt ist, betont Jes 31, 5 durch das Bild von den schwebenden Vögeln. JHWH schützt Jerusalem, wie Vögel über dem Nest schwebend ihre Jungen schützen (vgl. Wildberger, BK X/3, 1243).

Im Zusammenhang der Gerichtsrede begegnet das Verbum *'wp* in Hos 9, 11, wo mit dem Bild des auseinanderstiebenden Vogelschwarms die Konsequenz der Hingabe Efraims an Ba'al qualifiziert wird: so wie ein Vogelschwarm auseinanderstiebt, verfliegt Efraims *kāḇôḏ*, d.h. seine Lebensqualität und sein Lebenswert durch die Hingabe an Ba'al. Die einmalige Ausdrucksweise „beim Fliegenlassen meines Schwertes" in Ez 32, 10 hebt das unheimlich Drohende des sich von Gott her vollziehenden Gerichtes hervor.

2. a) Gen 1, 20–22; 2, 19 kennzeichnen das Fluggetier als Schöpfung Gottes, was bedeutet, daß es wie die übrige Schöpfungswelt total ihm zugeordnet ist (Ps 50, 9–11); daher ist es unmöglich, einen Kult in dem Sinn zu feiern, als wäre dieser die Regenerationsmöglichkeit Gottes, die man ihm zukommen lassen muß bzw. kann (vgl. Kraus, BK XV/1⁵, 533f.; G. Ravasi 907). Die Repräsentation der Herrschaft Gottes in der von Gott dem Menschen übertragenen Herrscherposition umfaßt auch die Welt der Flugtiere (Gen 1, 26. 28; 2, 19. 20; 9, 2). Entsprechend dem Idealkonzept Gottes von der Welt als Lebenshaus, in dem Leben geschützt ist, bekommen nach P auch die Flugtiere wie alle übrigen Lebewesen die Pflanzen als Nahrung zugewiesen (1, 30).

Wie alles Leben sind auch die Flugtiere von der Bedrohung erfaßt (6, 7; 7, 21. 23) und können nur überleben aufgrund der schöpferisch rettenden Lebenszuweisung Gottes (6, 20; 7, 3. 8. 14; 8, 17. 19), die nach P in der Zusage Gottes (9, 9. 10) für alle Bewahrten ausdrücklich gemacht wird. „Diese Zusage bedarf keiner Annahme, keiner Bejahung ... Sie wird existent im bloßen Existieren der Tiere in ihren Arten" (Westermann, BK I/1², 631).

b) Für die dichterische Geschichtsrekapitulation von Ps 78 konkretisiert sich JHWHs Geschichtsführung unter anderem: „Er ließ Fleisch auf sie regnen wie Staub, fliegende Vögel wie Sand am Meere" (v. 27). Das Ende dieser Führung, die sich in Gericht und Wiederherstellung vollzieht, qualifiziert Hos 2, 20 als einen paradiesischen Tier- und Völkerfrieden für das Land Israels und ein Leben in absoluter Sicherheit und Geborgenheit für Israel selber. Feierlich wird unter den anderen Tieren auch den Flugtieren zugunsten Israels die vertragliche Verpflichtung auferlegt, sich friedlich zu verhalten (vgl. Jeremias, ATD 24/1, 49f.).

c) Hos 7, 12 verdeutlicht die Unausweichlichkeit von JHWHs Gericht für Efraim mit dem Vorgehen des Vogeljägers. Wo JHWHs Gericht zur Auswirkung kommt, da ist die Rat- und Hilflosigkeit der von der Katastrophe Betroffenen nur mit dem Bild „fliehender Vögel" zu fassen, so betont die Glosse von Jes 16, 2 mit Bezug auf die Moabiter (vgl. Kaiser, ATD 18², 59). Die Vögel können Werkzeuge des vernichtenden Gerichtes sein bzw. die Vollständigkeit der Vernichtung dokumentieren, insofern niemand mehr da ist, der die Getöteten beerdigt (1 Kön 14, 11; 16, 4; 21, 24; Dtn 28, 26; Jer 7, 33; 15, 3; 16, 4; 19, 7; 34, 20; Ez 29, 5; 32, 4; Ps 79, 2). Als selber vom Gericht Betroffene in Schicksalsgemeinschaft mit der ganzen Lebenswelt erscheinen die Vögel in Zef 1, 3.

Die gesamtkosmische Erschütterung im Zusammenhang der Gerichtstheophanie JHWHs zeigt sich im Fliehen der Vögel (pars pro toto der gesamten Tierwelt) (Jer 4, 25) bzw. im Erbeben der Vögel mit der gesamten Tierwelt (Ez 38, 20).
Im Kontext der geprägten Wendung vom „Trauern des Landes" (vgl. Hubmann 139–143) erscheint neben der übrigen Tierwelt auch das Fluggetier in einer intensiven Schicksalsgemeinschaft mit dem Menschen (Hos 4, 3; Jer 9, 9; 12, 4). Verstößt der Mensch gegen das rechte Verhalten, dann wird die gesamte Lebenswelt und Lebensumwelt aus ihren Bahnen geworfen: Vögel verschmachten (*'umlal*, Hos 4, 3), fliehen (*ndd*, Jer 9, 9), werden hingerafft (*sāpāh*, Jer 12, 4). Diese Umstände können nun Warnung oder Symptom für den sündigen Menschen sein oder aber bereits Ausdruck des hereingebrochenen Gerichtes.
d) Koh 10, 20 warnt davor, auch in geheimsten Gedanken die gesetzte Ordnung durch Verfluchung zu zerschlagen, „denn die Gedanken haben die Tendenz, zu Worten zu werden, und dem Worte wohnt die Eigenheit inne, ein Ohr zu finden" (Keel, OBO 14, 97). Das Besondere an dieser Stelle ist nun der Umstand, daß die Vögel das heimlich gesprochene Wort verraten. Es ist zwar im AT die Vorstellung anzutreffen, daß die Vögel mehr wüßten als andere Geschöpfe (Ijob 28, 21; vgl. dazu 28, 7; 35, 11), was wohl mit ihrer Fähigkeit zu fliegen zusammenhängt, die ihnen ungewöhnliche Beweglichkeit und somit Multipräsenz ermöglicht. Ausdrücklich aber findet sich sonst nirgends im innerbibl. Bereich die Aussage, daß die Vögel ihr Wissen ausplaudern. (Für die außerbibl. Belege vgl. Keel 99–102.)

IV. In den Texten von Qumran bezeichnet *'wp hitpol* die gefährliche und treffsichere Bewegung der Pfeile der Grube (= des Todes), von denen sich der Klagende bedroht sieht (1 QH 3, 27), und das unheimliche Herannahen der vernichtenden Wellen (Chaosmächte) (1 QH 8, 31). Das Substantiv findet sich in der bildhaften Beschreibung des Lebensbaumes des Frommen, der den Vögeln Wohnung bietet (1 QH 8, 9), und in einem Verbot, reine Tiere, darunter auch die Vögel, an Heiden zu verkaufen (CD 12, 9).
Die Tempelrolle verwendet *'wp* in den Reinheitsbestimmungen (TR 48, 3–6) entsprechend Lev 11 und Dtn 14 (s. o. II. 2.). Die Reinerhaltung des Heiligtums wird auch auf den Luftraum über dem Tempel ausgedehnt, in den kein unreiner Vogel eindringen darf (TR 46, 1 f., vgl. Josephus, Bellum V 224). Schließlich läßt TR 30, 15 an eine bes. Vorrichtung für Vogelopfer im Heiligtum denken. Von Vögeln als Opfergabe ist nur in den Bestimmungen über die Abgaben im 4. Jahr (*hillûlîm*) neben Wild und Fischen die Rede (TR 60, 4. 8).

Stiglmair

עור *'wr*

I. Etymologie, Vorkommen, Abgrenzung – II. Bedeutung – 1. Grundbedeutung – 2. Situationsbezogen – III. Theologischer Gebrauch – 1. Im (JHWH-)Krieg – 2. Erweckung – IV. Qumran.

Lit.: *R. Bach*, Die Aufforderung zur Flucht und zum Kampf im at.lichen Prophetenspruch (WMANT 9, 1962). – *H. Bardtke*, Der Erweckungsgedanke in der exilisch-nachexilischen Literatur des AT (BZAW 77, 1958, 9–24). – *H. Fredriksson*, Jahwe als Krieger, Lund 1945. – *B. Hartmann*, Mögen die Götter dich behüten und unversehrt bewahren (Festschr. W. Baumgartner, VTS 16, 1976, 102–105). – *H.-M. Lutz*, Jahwe, Jerusalem und die Völker (WMANT 27, 1968). – *A. Oepke*, ἐγείρω (ThWNT II 332–337). – *J. J. Stamm*, Ein ugaritisch-hebräisches Verbum und seine Ableitungen (ThZ 35, 1979, 5–9). – *A. Weiser*, Das Deboralied (ZAW 71, 1959, 67–97).

I. Die Wurzel *'wr* ist in den semit. Sprachen reich bezeugt, vgl. ugar. *'r* bzw. *'rr* 'bewachen, erregen', *ġr* 'erregt sein' (?); akk. *êru(m)* 'wach'; arab. *'arra* VI 'unruhig sein' (auf dem Lager), *ġjr* 'eifern' (s. KBL³ 758b). *'wr* 'aufwachen, erregt werden', caus. 'wecken' kommt im AT nach der Konkordanz 77- bzw. 78mal vor, je nachdem, ob man Hab 3, 9 dazuzählt oder auf *'rh* 'entblößen' schließt: nach Lisowsky im *qal* 21, *niph* 7, *pil* 12, *hiph* 32, *hitp* 4 Belege und *pilp* 1 Beleg; ca. 25mal ist JHWH Subjekt. – Von dieser Wurzel ist abzugrenzen *'wr* 'blind sein' (→ עור *'iwwer*) und *'ôr* 'Haut', das wohl mit *'rh* 'sich entblößen' zusammenhängt. – Jedoch sind 3 Vorkommen, die meist *'wr* 'aufwachen' zugeschrieben werden, problematisch: Dtn 32, 11: „Wie ein Adler, der sein Nest aufstört (*jā'îr*), über seinen Jungen schwebt". LXX übersetzt σκεπάσαι, was im Parallelismus einen guten Sinn ergibt: JHWH hütet und bewacht Israel (v. 10) wie ein Adler sein Nest und seine Jungen. Deswegen vermutet man (Stamm) in v. 11 eine Wurzel *'ûr*/*'îr*, die wie im Ugar. (s.o.) 'bewachen' bedeutet, vgl. auch CD 2, 18 *'jrj* 'Wächter' (des Himmels) und bibl.-aram. *'îr* 'Wächter = Engel' (Dan 4, 10. 14. 20; auch 1 QGenApokr 2, 16). Auch MT (*hiph* von *'wr*) ist nicht unsinnig: Wenn der Adler zum Horst kommt, versetzt er die Jungen, die Futter erwarten, in Aufregung. – Ijob 8, 6: „Wenn du rein bist und recht, ja dann wird er sich deinetwegen regen und deine Stätte wiederherstellen, wie es recht ist." Für „erregen" (*jā'îr*) übersetzt man häufig „wachen" nach der ugar. bezeugten Wurzel: JHWH wacht über den Gerechten. Doch im Kontext paßt „sich regen, aktiv werden" ebensogut: JHWH wird einen bittenden (v. 5) gerechten Ijob sicher wiederherstellen (s. Fohrer, KAT XVI z. St.). – Mal 2, 12 ist schwer verständlich: „JHWH versage dem Mann, der so etwas tut, *'er we'onæh*", wörtlich: „einen Wachenden und Antwortenden". Rudolph (KAT XIII/4 deutet nach *'îr* ('bewachen'): „Beschützer und Gesprächspartner". Es geht Ende v. 11 um die Mischehen mit Fremdgläubigen. Wer eine solche Ehe eingeht, soll völlig isoliert werden. Bleibt man bei MT und der Wurzel *ʿwr*, was durchaus möglich ist, dürfte der Text wohl so zu verstehen sein: Für einen solchen Mann soll sich niemand in Israel finden, der aktiv wird und im (Gerichts-)Verfahren für ihn spricht (als Verteidiger). Eine Deutung an den 3 genannten Stellen im Sinn von „schützen" ist möglich, aber nicht zwingend. Eine entsprechende Wortbedeutung von *ʿwr* muß nicht postuliert werden.

II. 1. Überblickt man die Belege von *ʿwr*, so legt sich als allgemeine Grundbedeutung nahe: ʿerregen', im Sinn von ʿaktiv werden bzw. machen, so daß jemand oder etwas in Tätigkeit kommt und darin verbleibt'. Die Aktivierung setzt im Inneren der betreffenden Person an. Sie selber wird aktiv oder wird veranlaßt, es zu sein. Letzteres überwiegt (vgl. *pil*, *hiph*; im *qal* steht weniger als ein Drittel der Stellen). Meist ist es JHWH, der jemand (oder etwas) tätig werden läßt.

2. In einer Reihe von Fällen ist die Situation des Schlafes vorausgesetzt, also vom Erwachen die Rede. Im Volksklagelied Ps 44, 24 ist Gott angesprochen: „Wach auf (*ʿûrāh*), warum schläfst du, Herr? Erwache (*hāqîṣāh*), verstoß nicht für immer!" Hier wird das Tätigwerden Gottes gefordert. Hab 2, 19 wird die gleiche Forderung an die Götter aus Holz und Stein gerichtet; sie sollen aufwachen (*qîṣ hiph*) und erwachen (*ʿwr qal*). Ps 73, 20 sagt über den jähen Untergang der Frevler, daß sie wie beim Aufwachen (*qîṣ hiph*) aus einem Traum vergehen, dessen Bild beim Aktivwerden (*ʿwr hiph*) verblaßt. Der Visionär empfängt das Offenbarungsbild im Traum und Schlaf, von dem ihn der angelus interpres aufweckt (*ʿwr hiph*; Sach 4, 1). Darauf wird ihm die Vision gedeutet. Vom Schlaf des Todes scheinen Jes 14, 9 und Ijob 14, 12 zu sprechen. Ijob spricht über das Todesschicksal des Menschen. Für ihn gibt es keine Auferstehung (*qûm*) und solange die Welt besteht, d. h. in der Sicht des Autors nie, ein Aufwachen (*qîṣ hiph*), nie eine Erweckung (*ʿwr hiph*) aus dem Todesschlaf. Nach Jes 14, 9 gerät das Totenreich, wenn der König von Babel hinabkommt, in Erregung, und die Schattenwesen werden aktiv (*ʿwr pil*). An allen zitierten Stellen wird *ʿwr* nicht vom bloßen Aufwachen aus dem Schlaf verwendet. Dafür stehen die Wurzeln *qîṣ hiph* und *jqṣ* (→ יקץ). Mit *ʿwr* wird ein Zustand der Erregung oder das Aktivwerden bezeichnet, eine zweite Stufe also des Wachwerdens oder Wachseins nach dem bloßen Erwachen. Für diese Sicht spricht auch Hld 5, 2, wo die Braut sagt: „Doch mein Herz war wach, in Erregung (*ʿer*)"; sie wartete auf die Nähe des Bräutigams. Rein bildlich ist der Ausruf „Nordwind, erwache" (Hld 4, 16) zu verstehen; der Wind schläft in poetischer Sprache. Gemeint ist, daß er tätig werden, wehen soll. Auch Hld 2, 7; 3, 5; 8, 4 ist nicht an den Schlaf im eigentlichen Sinn gedacht, sondern an das Zusammensein der Liebenden beim Vollzug der Liebe. *ʿwr* ist hier sicherlich sinngemäß mit „stören" zu übersetzen. Hld 8, 5 besagt „wecken" wohl, daß der Partner in (sexuelle) Erregung versetzt wird, kaum das Aufwecken aus dem Schlaf.

Untätigsein, das nun beendet wird, ist an einer Reihe von Stellen vorausgesetzt oder bildet den Hintergrund. Leviatan, das Chaosungeheuer, ist besiegt durch den Schöpfergott und zur Untätigkeit verdammt; es soll aber, so Ijob 3, 8, Beschwörer geben, die ihn aktivieren können, so daß das Chaos hereinbricht. Ijob, der seine Existenz ausgelöscht sehen möchte, greift in seiner Klage zu diesem gewagten Bild. Furchtbar ist auch das Krokodil, selbst wenn es ruhig daliegt: Keiner ist so kühn, es aufzustören (Ijob 41, 2; l. mit K *hiph* von *ʿwr* statt *qal*). Auch von Gegenständen und Sachen, die man in Tätigkeit versetzt, wird *ʿwr* gebraucht. So wird berichtet, daß Abischai seinen Speer in Aktion setzte und mit ihm 300 Mann erschlug (2 Sam 23, 18). Nach 1 Chr 11, 11 tat Jaschobam dasselbe. Mit einem ähnlichen Bild wird in einem Heilswort für Zion gesagt, daß JHWH gegen Assur die Peitsche aktiviert, um es zu bestrafen (Jes 10, 26). Gewöhnlich übersetzt man hier: „den Speer (die Peitsche) schwingen". Es ist aber eher an das gedacht, was diese Waffen dann tun, wenn sie in Bewegung gesetzt werden, sozusagen veranlaßt werden zu handeln. Diese Auffassung legt Sach 13, 7 nahe, wo dem Schwert befohlen wird: „Schwert, erheb dich (*ʿûrî*) gegen meinen Hirten!" Das Schwert handelt dann selbständig. Vom Feuer im Backofen spricht Hos 7, 4. Der Bäcker „erregt", schürt es nicht, wenn er den Teig zum Backen vorbereitet. Es tritt erst dann in Aktion, wenn der Teig fertig ist. Mit dem angeheizten Backofen werden die Ehebrecher verglichen, in denen die Begierde brennt und die auf die Gelegenheit warten.

Im eigentlichen Sinn und nicht in bildlicher Redeweise wird *ʿwr* bei Personen verwendet. Ijob (17, 8) bringt in einer grundsätzlichen weisheitlichen Erklärung, die wohl ein Zusatz ist (vv. 8–10) die Rede darauf, daß der Schuldlose sich über den Frevler aufregt (*jiṯʿorār*). Nach MT beteuert er in seiner Unschuldserklärung (31, 29: *hitpal* von *ʿwr*), daß er sich nicht erregte, weil seinen Feind Unglück traf. Dem Kontext entsprechend muß freudige Erregung gemeint sein (vielfach wird in das *hitpal* von *rwʿ* ʿjauchzen' korrigiert). Im Heilswort bei DtJes (51, 17) wird Jerusalem, die personifizierte Stadt als Gemeinde des Herrn aufgefordert, sich aufzuraffen (*ʿwr hitpal*) und aufzustehen (*qûm*), nachdem sie, weil sie den Zornbecher des göttlichen Strafgerichts trinken mußte, wie betäubt am Boden lag. Sie soll sich wieder erheben (52, 1 mit doppeltem Imp. *ʿûrî*) und das Gewand ihrer Macht anziehen, also aktiv werden nach der Heilszuwendung durch Gott. TrJes mahnt das Volk (64, 6), indem er im Gebet bekennt, daß keiner sich aufrafft, an JHWH festzuhalten. Der Psalmist ruft (Ps 57, 9; 108, 3) sich selbst (*keḇôḏî* → IV 24) wie auch Harfe und Zither dazu auf, Gottes Lob zu singen, eine Aussage, die am Beginn des hymnischen Lobpreises steht und besagt, daß er nun damit anfangen will. Auch die Lautstärke und Dauer einer Äußerung können anscheinend mit einer Form von *ʿwr* zum Ausdruck gebracht werden. Nach Jes 15, 5 halten die geschlagenen Moabiter das Klagegeschrei über das Unglück rege. Ri 5, 12 wird Debora (mit viermaligem Imp. *ʿûrî*) aufgefordert, das Siegeslied nach dem Sieg der Stämmekoalition unter Führung Baraks zu singen. Vielleicht handelt es sich um den Aufbruch zum Siegeszug in kultischer Feier. Barak wird dabei mit dem Imp. *qûm* aufgerufen. Daß im Kult (vgl. Ps 57, 9) bei der Dankliturgie eine entsprechende Aufforderung erging, ist dem Text nicht zu entnehmen.

Im Zusammenhang mit dem Krieg und im kriegerischen Kontext wird davon gesprochen, daß die Völker aktiv werden und sich zum Kampf aufmachen. Jer 6, 22 sieht den Feind vom Norden aufbrechen und kündigt seinem Volk das Unheil an. Ebenso vom Nordland, aber auch von den Grenzen der Erde her macht sich ein großes Volk zusammen mit vielen Königen auf, um das Gericht an Babel zu vollziehen (Jer 50, 41). Der Engel teilt dem Visionär Daniel in einem vaticinium ex eventu (Dan 11, 2) mit, daß der vierte König von Persien Krieg gegen die Griechen beginnen wird: Er bietet alles, seinen Reichtum und seine Macht auf (*jāʿîr*) gegen das Reich von Jawan. Nach LXX das *qal* zu lesen, würde die Korrektur in *hakkoṯ* (um das Reich von Jawan zu schlagen) erfordern. Daß es sich um einen Krieg handelt, ist dem Leser klar.

Schließlich ist noch ein Text zu erwähnen, der das Verhältnis von Menschen zueinander ganz allgemein betrifft und aus weisheitlicher Erfahrung formuliert ist: „Haß weckt Streit, Liebe deckt alle Vergehen zu" (Spr 10, 12). Durch Haß kommt es zu Auseinandersetzungen; er erst macht sie heftig und sucht die Gelegenheit dazu.

III. Im eigentlich theologischen Gebrauch, also mit JHWH als dem Handelnden, wird *ʿwr* häufig (etwa 25mal) verwendet.

1. Meist ist dabei die Situation des Krieges gegeben, oder sie steht erkennbar im Hintergrund. Wenn Israels Gott in das kriegerische Geschehen verwickelt ist, denkt man unwillkürlich an die Thematik des JHWH-Krieges, den sog. Heiligen Krieg, in dem JHWH beim Exodus, bei der Landnahme und in der Richterzeit für sein Volk kämpft. Joël 4, 9 bietet einen entsprechenden Kontext: „Ruft dies unter den Völkern: Ruft den Heiligen Krieg aus (*qaddešû milḥāmāh*)! Bietet die Kämpfer auf (*hāʿîrû*)!" Vielleicht kann man aus den Imp. in Joël 4, 9ff. auf eine Gattung „Aufforderung zum Kampf" schließen (Bach). Ob sie aus dem Heiligen Krieg herkommt oder aus dem profanen Gebrauch dorthin übertragen ist, bleibt unsicher. Hier aber hat der Aufruf, aktiv zu werden (*ʿwr*) seinen Platz, und bei JHWH liegt die Initiative. Wieweit Propheten beteiligt waren und die Aufforderung schon in der klassischen Zeit des JHWH-Krieges aussprachen, ist nicht zu sagen. Debora (s.o.) ist kein Beweis. Der späte Text Joël 4, 9 wendet Aussagen älterer Prophetie über die kriegerische Aktivität des Herrn in die Heilszusage. JHWH läßt verkünden, daß die Völker aufbrechen (*ʿwr niph*) und zum Tal Joschafat hinaufziehen sollen (v. 12), wo er sie richten will. Sie werden nicht aufgeboten, um zu kämpfen, sondern um vernichtet zu werden.

Die Auffassung, daß Israels Gott im JHWH-Krieg auf der Seite seines Volkes steht, sich aufmacht (*ʿwr*) und für es kämpft, kommt im Kultlied zum Ausdruck. Ps 80, 3, vielleicht nach dem Untergang des Nordreichs gedichtet, bittet den Herrn, daß er seine gewaltige Macht aufweckt und seinem Volk zu Hilfe eilt. Im Volksklagelied wird er nach einer schweren Niederlage gebeten (Ps 44, 24), selber aktiv zu werden und sein Volk nicht durch Untätigkeit zu verstoßen und der Vernichtung auszuliefern. Jes 10, 26 erwartet sein Vorgehen gegen Assur und erinnert daran, daß er einst Midian am Rabenfelsen schlug (vgl. Ri 7, 25). DtJes hofft in seinem Siegeslied über den heilwirkenden Gott, daß er wie ein Held in den Kampf zieht und seine Leidenschaft wie ein Krieger erweckt (Jes 42, 13). Hinter dieser allgemeinen Kriegsterminologie steht die Ankündigung des neuen Exodus, die mit diesem Lied eingeleitet wird. Mit Bezug auf die Thematik des kämpferisch gegen die Feinde auftretenden Gottes spricht auch der einzelne seine Bitten um Rettung aus. Dabei geht er davon aus, daß seine Gegner auch die Feinde JHWHs sind, der sich des bedrängten Schuldlosen annimmt. Er soll tätig werden im Gericht (Ps 7, 7). Der Hinweis auf die Völker (vv. 7f.; vgl. Ps 59, 5f., wo sich der einzelne Angefochtene ebenso von Völkern bedroht sieht), wie auch die Verwendung des in die Kriegsterminologie gehörenden Begriffs *ʿwr* zeigen, daß die Betroffenen an den heilswilligen Gott appellieren, der für die Seinen aktiv wird und kämpft.

In der Gerichtsprophetie wird nun der JHWH-Krieg in sein Gegenteil verkehrt. Gott tritt dann nicht mehr für sein Volk ein, wird nicht zu seinen Gunsten aktiv, sondern aktiviert fremde Völker, die jetzt auf seiner Seite gegen Israel kämpfen. Das geschieht schon immer dann, wenn sie sich mit seiner Billigung aufmachen und zum Sturm anrücken (Jer 6, 22; 25, 32). Er stachelt die Feinde gegen das treulose Juda auf (Ez 23, 22), wie er auch andere Völker zum Kampf gegen Babel aktiviert (Jer 50, 9; 51, 1. 11). So wird auf eine direkte Weise ausgesagt, daß die Anregung und der Plan, den Israels Feinde fassen, wenn sie zum Krieg heranziehen, auf JHWH zurückgeht. Er hat in der Aufstachelung der Feinde ein Mittel in der Hand, um sein Volk zu strafen. Chr nützt diese Sicht, um 2 Chr 21, 16 zu sagen, daß JHWH König Joram wegen seiner Verbindung zum Haus Ahab strafte, und um 1 Chr 5, 26 das Verschwinden der ostjordanischen Stämme zu erklären. Natürlich kann Gott dieses Mittel auch anderen Völkern gegenüber einsetzen (Babel). Er ist bis in die geheimen Vorgänge in den Herzen der Mächtigen der Herr der Geschichte, ein

kämpferisch verfügender Gott von Anfang an (vgl. Jes 51, 9).
Dies gilt auch im Fall des Persers Kyros, wenngleich der durchaus vorhandene (Jes 41, 2) kriegerische Kontext hier zugunsten der Aktivierung des Heilbringers für Israel zurücktritt. JHWH hat ihn erweckt (41, 2), ihn in einem weltweiten Rahmen (41, 25) auf den vorgezeichneten und für ihn bestimmten Weg gebracht. Aber es geht in dieser Heilsprophetie darum, daß die Verschleppten in Babel wieder in Freiheit gesetzt und Jerusalem, das zerstört ist, aufgebaut wird. Deshalb hat der Herr den Kyros zum Aufbruch veranlaßt; es ist eine Tat seiner heilschaffenden Gerechtigkeit (45, 13).
In die Heilsverkündigung gehören auch zwei gegensätzliche Texte aus Sach. Nach 2, 17 bricht JHWH auf (*ʿwr niph*) aus seiner heiligen Stätte, aus seiner himmlischen Wohnung, sicherlich um seine Herrschaft anzutreten durch eine friedliche Inbesitznahme seines Volkes und Landes. Sie erfolgt zum Heil seines Volkes, in dessen Mitte er nun wohnt, aber auch der Heidenvölker. Der späte, wohl aus der Diadochenzeit stammende Text 9, 13 greift auf das Bild von 2 Sam 23, 18 zurück. JHWH benützt im entscheidenden Kampf des Gottesvolkes mit seinen Gegnern Juda als Bogen, Efraim als Pfeil und Zion als Lanze, die er schwingt (*ʿwr pil*), oder als Schwert (vgl. 13, 7). Die feindliche Weltmacht steht im Hintergrund. Wie der Herr sein Volk aktiviert und mit seiner Hilfe den Sieg erringt, wird nicht klar. Terminologie des JHWH-Krieges ist nur noch uneigentlich und bildhaft verwendet. Dasselbe ist Ps 78, 38 der Fall, wenn mit MT *jāʿîr* zu lesen ist. JHWH erregt seinen Zorn nicht, mit dem er durch die Feinde sein Volk straft; er ist so sehr der heilswillige Gott, daß er seinen Zorn erst aktivieren muß, wenn er richtet.
2. JHWH aktiviert die Menschen, die er als Werkzeuge gebraucht, in ihrem Innern. Er erregt die *rûaḥ* der betreffenden Menschen: eines Verderbers (Jer 51, 1), der Könige von Medien (Jer 51, 11), Serubbabels (Hag 1, 14), Tiglat-Pilesers (1 Chr 5, 26), des Kyros (2 Chr 36, 22; Esra 1, 1. 5). So bringt er sie zum Handeln, je nachdem er jeweils Unheil oder Heil plant, das die in Pflicht genommenen dann ausführen. Man mag bei diesem innerlichen Vorgang von Erweckung sprechen. Doch sie ist, auch bei Kyros, nicht von religiöser Art, ausgenommen etwa die Erweckung Serubbabels und seiner Mitarbeiter (Hag 1, 14), weil sie den Tempel bauen, sich also dem prophetisch verkündeten Willen Gottes stellen. Im religiösen Sinn aber ist sicher die Erweckung bei dem Schüler JHWHs (Jes 50, 4) zu verstehen: Der Herr weckt jeden Morgen sein Ohr, offensichtlich zum Wortempfang, so daß dieser Prophet die Mutlosen durch Gottes Wort erwecken kann.
Angemerkt sei, daß *ʿwr* im AT nicht im Zusammenhang der Auferstehung der Toten verwendet wird. In Jes 26, 19; Dan 12, 2, den einzigen klaren Aussagen, steht *qûm* und *qîṣ*.

IV. In Qumran wird *ʿwr* ʿaufwachen, erregenʾ wenig verwendet. Zu CD 2, 18 s.o. In 1 QM kommt es nicht vor, obwohl man es nach at.lichem Gebrauch erwarten möchte. CD 19, 7 steht es im Zitat aus Sach 13, 7. CD 8, 17 ist nach 19, 30 *hʿjdw* zu lesen („die Zeugnis ablegten"). 1 QH 6, 29; 9, 3 verbleiben in der Terminologie des JHWH-Krieges, wobei Sinn und Bezug 9, 3 unsicher sind.

Schreiner

עִוֵּר *ʿiwwer*

עור *ʿwr* I, עַוֶּרֶת *ʿawwæræt*, עִוָּרוֹן *ʿiwwārôn*, סַנְוֵרִים *sanwerîm*

I. 1. Etymologie – 2. Belege im AT – 3. LXX – II. Verwendung im AT – 1. Konkrete Verwendung – 2. Übertragene Bedeutung – 3. Blindheit als Folge göttlichen Zorns – 4. Das Verb עור – 5. *sanwerîm* – III. Qumran – IV. Verstockung.

Lit.: *A. Ahuvya*, On the Meaning of the Word סַנְוֵרִים (Tarbiz 39, 1969/70, 90–92). – *F. C. Fensham*, Note on Keret in CTA 14:90–103a (JNWSL 8, 1980, 35–47). – *K. Galling*, Der Ehrenname Elisas und die Entrückung Elias (ZThK 53, 129–148, bes. 136f.). – *G. Gerleman*, Bemerkungen zur Terminologie der „Blindheit" im AT (פִּקֵּחַ - עִוֵּר) (SEÅ 41/42, 1976/77, 77–80). – *W. Herrmann*, Das Wunder in der evangelischen Botschaft. Zur Interpretation der Begriffe blind und taub im Alten und Neuen Testament (AVThR 20, 1961, 7–14). – *H. Holma*, Die Namen der Körperteile im Assyrisch-Babylonischen; eine lexikalisch-etymologische Studie, Helsinki 1911, 15. 171. – *Ders.*, Die assyrisch-babylonischen Personennamen der Form *quttulu* mit besonderer Berücksichtigung der Wörter für Körperfehler, Helsinki 1914, 28. 56f. – *A. Jirku*, Materialien zur Volksreligion Israels, 1914, 65–78. – *C. Rabin*, A Note on the Article „On the Meaning of the Word סַנְוֵרִים" (Tarbiz 39, 1969/70, 214f.). – *G. Rinaldi*, *ʿawwéret* (BibOr 9, 1967, 196). – *W. Schrage*, τυφλός, τυφλόω (ThWNT VIII 270–294). – *H. J. Stoebe*, Blendung (BHHW I 256f.). – *Ders.*, Blind, Blindheit (BHHW I 257f.).

I. 1. Die Wurzel *ʿwr* I im Sinne von ʿblindʾ oder ʿeinäugigʾ ist belegt: im Ugar. (*ʿwr* ʿblind, einäugigʾ; *ʿwrt* ʿBlindheitʾ: WUS Nr. 2020), im Arab. (*ʿawira* ʿeinäugig seinʾ), im Aram. (Adj.; Verb im *paʿel*), dazu im Äth. (*ʿōra* ʿblind seinʾ). Im Akk. tritt der Stamm nicht auf. H. Holma suchte ihn gleichwohl nachzuweisen: erst in *tûrtu*, das in der Wendung *tûrti ênā* soviel wie „Blindheit" heiße (Körperteile, 15. 171) und auf eine Vorform *taʿawartu* zurückginge (Personennamen, 57), dann in dem ababyl. PN *ḫummuru*, der eine Anspielung auf Blindheit enthalte (Personennamen, 56f.). Doch *ḫummuru*, als Adj. im Akk. vielfach belegt, heißt nicht ʿblindʾ, sondern ʿverkrüppeltʾ (AHw 355), und *tûrtu* ist nach AHw 1373 von *târu* ʿsich umwenden, umkehrenʾ (AHw 1332ff.) abzuleiten.

* Die für *sanwerîm* übliche Ableitung von der semit. Wurzel *nwr* ist nicht haltbar, weil es für die angenommene Nominalform keinerlei Analogie gibt und die Wortbedeutung zu *nwr* nicht paßt. Tatsächlich liegt ein Fremdwort aus einer nichtsemit. Sprache im hebräischen Pl. vor, das vielleicht besser als *sinnūrîm* zu vokalisieren ist. Es ist zusammenzustellen mit den akk. Wörtern ebenfalls fremder Herkunft für empfindliche Sehbehinderungen *sillurmû* mit der künstlich gebildeten Nebenform *Sîn-lurmâ* 'schwachsichtig' oder '(stark) nachtblind', wohl auch 'Nachtblindheit', und etwa gleichbedeutendem *sinnurbû(m)* mit den Nebenformen *sinnūru* und *Sîn-nurmiātim* (s. AHw 1044a und 1048a sowie, mit Verbesserungen, CAD S 285b und 294a). Obwohl man *sanwerîm* später als „Blindheit" mißverstanden hat, weisen die Belege und ἀορασία in der LXX auf eine vorübergehende schwere Sehbehinderung, die zur Orientierungslosigkeit führte. Welche Grundbedeutung für die Wörter anzusetzen ist, entzieht sich unserer Kenntnis. *(von Soden)*

2. *ʿiwwer* 'blind' ist im AT 26mal belegt, das Verb *ʿwr pi* 5mal, das Nomen *ʿawwæræṯ* 1mal und das Nomen *ʿiwwārôn* 'Blendung' 2mal. Das jenem in der Bedeutung nahestehende Nomen *sanwerîm* findet sich 3mal.

3. In der LXX wird das Adj. *ʿiwwer* fast immer mit τυφλός übersetzt; verbale Derivate hiervon stehen in Jes 42, 19 und Jes 56, 10. Völlig abweichend ist der Text in Jer 31, 8 und Klgl 4, 14. Das Nomen *ʿawwæræṯ* wird mit τυφλός übertragen. *ʿwr pi* wird mit ἐκτυφλόω übersetzt. Für *ʿiwwārôn* steht einmal (Sach 12, 4) ἀποτύφλωσις und einmal (Dtn 28, 28) ἀορασία. Letztere Übersetzung wird auch für *sanwerîm* gewählt. Belege für ἀορασία sind in der LXX auch 2 Makk 10, 30 und Weish 19, 17.

II. 1. Blindheit ist eine Körperschwäche neben anderen, und in den Gesetzen des AT wird aufgefordert, darauf Rücksicht zu nehmen, so Lev 19, 14: „Du sollst einen Tauben (*ḥereš* → דמה II) nicht verfluchen, und vor einem Blinden sollst du kein Hindernis aufstellen." Letzteres wird in Dtn 27, 18 besonders hervorgehoben. Ijob (29, 15) rühmt sich seiner Hilfsbereitschaft gegenüber Blinden und Lahmen (*pisseaḥ*). Der Rücksichtnahme im täglichen Leben entsprach eine Zurücksetzung im kultischen Bereich: Unter den Körpermängeln, die vom Priesterdienst ausschließen, werden in Lev 21, 18 Blindheit und Lahmheit als erste genannt. Auf der gleichen Linie liegt es, wenn Blindheit bei einem Tier als Makel angesehen wurde, der es vom Opfer ausschloß (Lev 22, 22; Dtn 15, 21; Mal 1, 8; vgl. TR 52, 10).
Mehrfach wird in 2 Sam 5, 6–8 von Lahmheit und Blindheit als Körperschwäche bzw. Makel gesprochen. Die letzte Stelle (v. 8), „ein Blinder und Lahmer komme nicht ins Haus!", dürfte sich auf den Palast oder besser den Tempel beziehen. Das läßt sich durch die LXX stützen, die mit εἰς οἶκον κυρίου überträgt, und durch Schriftstellen, wo *bajiṯ* für „Tempel" steht (Ez 41, 5ff.; Mi 3, 12; Hag 1, 8). Der Spruch besagt dann, Lev 21, 18 entsprechend: Blinde und Lahme dürfen keinen Priesterdienst leisten.
Auf der anderen Seite sollen nach Jer 31, 8 Blinde und Lahme unter denen sein, die in der Heilszeit von JHWH zurückgeführt werden.

2. JHWH kann „stumm (*ʾillem*) oder taub ... oder blind" machen (Ex 4, 11). Genauso gut kann es heißen (Ps 146, 7c–8a): „JHWH befreit die Gefangenen, JHWH macht sehend die Blinden" (*poqeaḥ ʿiwrîm*). Geht hier das äußerliche Sehen in das innerliche, geistliche über, so ist das erst recht in jüngeren Abschnitten des Buches Jesaja der Fall, angefangen mit 29, 18: „Es hören an jenem Tage die Tauben Worte der Schrift, und aus Dunkel und Finsternis können die Augen der Blinden sehen." Von geistlicher Blindheit und Taubheit sprechen auch Jes 35, 5; 42, 18. 19; 43, 8. Gott kann von geistlicher Blindheit befreien (Jes 42, 7. 16). Etwas anderes – Nichtsehenwollen und Nichtredenwollen – liegt vor, wenn in Jes 56, 10 die Späher als Blinde und stumme Hunde bezeichnet werden.

3. Blindheit und Orientierungslosigkeit kann als Folge der Strafe oder des Zornes Gottes aufgefaßt werden (Dtn 28, 29; Jes 59, 10; Zef 1, 17; Klgl 4, 14). Von den so geschlagenen Menschen wird ausgesagt, daß sie am Mittag umhertappen wie Blinde im Dunkeln (Dtn 28, 29). In den Bereich dieser Aussagen gehören die beiden Belege für *ʿiwwārôn*. In Dtn 28, 28 heißt es: „JHWH wird dich schlagen mit Verrücktheit (*šiggāʿôn*), Blindheit (*ʿiwwārôn*) und Geistesverwirrung (*timhôn leḇāḇ*)." Flankiert von Verrücktheit und Geistesverwirrung meint *ʿiwwarôn* hier eine völlige Orientierungslosigkeit, wie sie dann auch in v. 29 beschrieben wird. Die gleichen Nomina, nun auf die Feinde Israels bezogen, begegnen auch in dem von Dtn 28, 28 abhängigen Stück Sach 12, 4.

4. *ʿwr pi* 'blenden, blind machen' hat übertragenen Sinn in Ex 23, 8 und Dtn 16, 19, zwei fast identischen Stellen: Bestechungsgeld macht die Augen (so Dtn) bzw. Sehende (so Ex) blind. Direkte Bedeutung hat das Verb im Bericht über die Blendung Zidkijas durch den König von Babel (2 Kön 25, 7; Jer 39, 7; 52, 11): „Die Augen Zidqijas machte er blind." Dieses Blenden der Augen wird anderwärts mit dem Verb *nqr* 'ausstechen' konkret benannt, entweder im *qal* (1 Sam 11, 2; Spr 30, 17) oder im *pi* (Num 16, 14; Ri 16, 21).

5. *sanwerîm* ist wohl ein Abstraktplural (D. Michel, Hebr. Syntax 88) und meint, ähnlich wie *ʿiwwārôn*, Orientierungslosigkeit und Verblendung. In Gen 19, 11 wird geschildert, wie die Gottesboten die Männer, welche Lot ergreifen wollen, mit *sanwerîm* schlagen, „so daß sie sich vergeblich mühen, das Tor zu finden". Ähnlich steht es in 2 Kön 6, 18: Der Prophet Elischa bittet Gott, als eine Aramäerschar sich seiner bemächtigen will, er möge sie mit *sanwerîm* schlagen. Als es geschieht, sind die Leute völlig orientierungslos, sie erkennen den Propheten nicht,

und es gelingt ihm, sie nach Samaria fehlzuleiten (v. 19).

III. Die Qumrantexte haben einen im wesentlichen dem AT entsprechenden Gebrauch der Wurzel *ʿwr*. In 1 QM 7, 4 steht, kein Lahmer oder Blinder dürfe in den (heiligen) Krieg ziehen; die insgesamt genannte Personengruppe entspricht der, die nach dem AT vom Priesterdienst ausgeschlossen ist. Lahme, Blinde, Taube und Stumme gehören nach 1 QSa 2, 6 zu denen, die nicht zur Gemeinde der angesehenen Männer zugelassen werden (vgl. TR 45, 12). In CD 1, 9 findet sich eine übertragene Verwendung des Begriffs *ʿiwwer* (Anspielung auf Jes 59, 10).
In 1 QS 4, 11 wird unter dem, was zum Geist des Frevels gehört, Verblendung der Augen (*ʿiwrôn ʿênajim*) und Verstopfung der Ohren (*kibbûḏ ôzæn*) aufgeführt. Nach CD 16, 2–3 ist die Verblendung Israels (*ʿiwrôn jiśrāʾel*) zeitlich genau vorherbestimmt.

* IV. Ausschließlich in der jesajanischen Tradition des Verstockungsauftrages (Jes 6, 10; 29, 9) begegnet das Verb *šʿʿ*, das ein Blindsein unter dem Aspekt der Schuld bezeichnet. Der Prophet erhält den Auftrag: „Verhärte das Herz dieses Volkes, verstopf ihm die Ohren, verkleb (*hāšaʿ*) ihm die Augen, damit es mit seinen Augen nicht sieht und mit seinen Ohren nicht hört!"
Die Semantik dieses Wortes hängt wesentlich von der Deutung des Verstockungsauftrages ab (→ לב *leḇ*, → IV 441 f.; vgl. R. Kilian, EdF 200, 1983, 112–130). *(Fa.)*

Wächter

עֵז *ʿez*

I. 1. Etymologie – 2. Belege – 3. Bedeutung – 4. LXX-Übersetzung – II. 1. Profaner Gebrauch – 2. Vergleich und Symbol – III. Religiöser Gebrauch – 1. Speisegebote – 2. Opfertier – 3. Gen 15, 9 – IV. Qumran.

Lit.: *F. S. Bodenheimer*, Animal Life in Palestine, Jerusalem 1935, 124 f. – *B. Brentjes*, Die Haustierwerdung im Orient (Neue Brehm-Bücherei 344, 1965, 22–29). – *J. Clutton-Brock*, The Early History of Domesticated Animals in Western Asia (Sumer 36, 1980, 37–41). – *G. Dalman*, AuS V 1. 4 f. 17 f. u. ö.; VI 196–203. – *P. Ducos*, Les débuts de l'élevage en Palestine (Syr 44, 1967, 375–400). – *G. F. Hasel*, The Meaning of the Animal Rite in Genesis 15 (JSOT 19, 1981, 61–78). – *M.-L. Henry*, Ziege (BHHW III 2237). – *A. S. Kapelrud*, The Interpretation of Jeremiah 34, 18 ff. (JSOT 22, 1982, 138–141). – *R. Rendtorff*, Studien zur Geschichte des Opfers im Alten Israel (WMANT 24, 1967). – *G. J. Wenham*, The Symbolism of the Animal Rite in Genesis 15 (JSOT 22, 1982, 134–137).

I. 1. „Das Wort ist ... allgemein semitisch" (Noth, ABLAK II 269) und im Bibl.-Aram., Pun. und Palm. (*ʿz*), Syr. (*ʿezzā*) und Amor. (*ḫazzum*, AHw 339) bezeugt (KBL³ 760 f.). Die nicht assimilierte Form *ʿnz* kommt im Arab. (*ʿanz*), Äg.-Aram. (DISO 206), Akk. (*enzu* neben *ezzu*, AHw 221), vielleicht auch im Äth. und Äg. (*ʿnḫ*) vor. Ob es auf ein ursprüngliches *ʿanzu* (R. Meyer, Hebr. Gramm. § 51, 2a) oder eher *ʿinzu* (J. Friedrich, Phön.-pun. Gramm.² § 195a) zurückgeht, ist ebenso strittig wie die Frage, ob das Nomen von der postulierten Wurzel *ʿnz* (E. König, Lehrgebäude II 38) oder von *ʿzz* 'stark sein' (KBL³), 'frech sein' (Dalman, AuS VI 196) herzuleiten ist. Eher ist *ʿez* ein Primärnomen.
2. *ʿez* kommt 74mal im hebr. und Esra 6, 17 im aram. Teil des AT vor. In Num ist es 25mal, Lev 12mal, Gen 11mal, Ex 7mal, Ri und 1 Sam je 4mal, Ez, Hld, Dan und 2 Chr je 2mal sowie Dtn, 1 Kön, Spr und Esra je 1mal belegt.
Dazu kommen ein Beleg im Ugar. (KTU 1.80, 4; vgl. WUS Nr. 2022 und Eißfeldt, KlSchr II 399) und mehrere Bezeugungen in pun. (CIS I 165, 7 = KAI 69, 7; 167, 4 = 74, 4; 3915, 2) und aram. Texten (AP 33, 10; Aḥiqar 118 [2mal]; 119 u. ö.; vgl. DISO 206).
3. Der Sachverhalt, daß in dem kleinen ugar. Text *ʿz* zusammen mit *š* 'Schaf' und *ṯʾt* 'Mutterschaf' vorkommt, legt die Bedeutung 'Ziege' einhellig fest, wie denn auch im AT das Kleinvieh in Schafe und Ziegen (Lev 1, 10; Num 15, 11; vgl. Dtn 14, 4; 1 Sam 25, 2) untergliedert wird. Im Unterschied zum Schaf, für das es mehrere differenzierende Bezeichnungen gibt, kann *ʿez* unterschiedslos männliche wie weibliche Tiere bezeichnen (vgl. Gen 31, 38; Lev 4, 28; 5, 6; Num 15, 27; 18, 17; Spr 27, 27 sowie auch zum folgenden Dalman, AuS VI 196 f.). Will man genauer sein, werden zusätzliche Wörter herangezogen: Verbindungen mit → גדי *geḏî* 'Ziegenböckchen' (Gen 27, 9. 16; 38, 17. 20; Ri 6, 19; 13, 15. 19; 15, 1; 1 Sam 16, 20), mit *śeʿîr* 'Ziegenbock' vorab in P-Texten (Gen 37, 31; Lev 4, 23; 9, 3; 16, 5; 23, 19; Num 7, 16. 22. 28. 34. 40. 46. 52. 58. 64. 70. 76. 82. 87; 28, 15. 30; 29, 5. 11. 16. 19. 25; Ez 43, 22; 45, 23) bzw. mit *śeʿîraṯ* 'Ziegenweibchen' (Lev 4, 28; 5, 6; vgl. auch *śāʿîr* III 'Bocksdämon' → שעיר und N. H. Snaith, The Meaning of *śeʿîrîm* [VT 25, 1975, 115–118]), mit *ṣepîr* 'Ziegenbock' (Dan 8, 5. 8; 2 Chr 29, 21; Esra 6, 17) und mit *benê* 'Ziegenlämmer' (2 Chr 35, 7). *ʿattûḏ* heißt sowohl 'Widder' als auch 'Ziegenbock'. Schließlich meint unser Wort auch 'Ziegenhaar' (Ex 25, 4; 26, 7; 35, 6. 23. 26; 36, 14; Num 31, 20).
4. Dieser Vielfalt der Bedeutungsmöglichkeiten wird auch die LXX-Übersetzung weithin gerecht. Die häufigste Entsprechung für *ʿez* ist αἴξ; in Ex 12, 5; Lev 1, 10 findet sich dafür ἔριφος, das als ἔριφος αἰγῶν für *geḏî ʿizzîm* (Gen 38, 17. 20; Ri 3, 15. 19; 6, 19; 15, 1; 1 Sam 16, 20) und für *śeʿîr ʿizzîm* (Gen 37, 31; Ez 43, 22; 45, 23) steht. Letzteres wird freilich in der Regel durch χίμαρος (χίμαιρα) ἐξ αἰγῶν übersetzt (z. B. Lev 4, 23. 28 u. ö.). Nur in Gen 27, 9. 16

wird *gedî ʿizzîm* mit einfachem ἔριφος übersetzt. Für *ṣepîr ʿizzîm* findet sich Dan 8, 5. 8 τράγος (τῶν) αἰγῶν, und τέκνα τῶν αἰγῶν ist die Wiedergabe von *benê ʿizzîm* (2 Chr 35, 7). Die Bedeutung 'Ziegenhaar' wird durch αἴγεια (Num 31, 20), θρίξ αἴγεια (Ex 25, 4; 35, 6. 23), δέρματα αἴγεια (Ex 35, 23) oder durch die Umschreibung δέρρις τριχίνη (Ex 26, 7) wiedergegeben. Spr 27, 27 wird von LXX anders übersetzt, und Ex 36, 14 fehlt in LXX.

II. 1. Die Ziegen gehören zum Kleinvieh (Gen 31, 38) und sind ein Teil des Besitzes eines Israeliten. So wird Nabals ungewöhnlicher Wohlstand daran gemessen, daß er 3000 Schafe und 1000 Ziegen besitzt (1 Sam 25, 2). Im Vertrag zwischen Jakob und Laban spielen ebenfalls neben Schafen auch die Ziegen insofern eine besondere Rolle, als in leicht abgewandelter Form zweimal erzählt wird, wie Jakobs Wohlstand besonders durch die erhebliche Vermehrung der gefleckten und gesprenkelten Ziegen zunahm (Gen 30, 32f. 35, → לח *laḥ*). Ihr Wert geht auch daraus hervor, daß zu den Geschenken Jakobs für Esau noch 200 Ziegen gehören (Gen 32, 15). Und als Lohn schickt Juda das verlangte Ziegenböckchen an Tamar (Gen 38, 17. 20); als Gastgeschenk nimmt es Simson seiner Frau mit (Ri 15, 1), als zusätzliches Geschenk erhält es Anna (Tob 2, 12. 14) und David wird zu Saul geschickt „mit einem Esel, dazu Brot, ein Schlauch Wein und ein Ziegenböckchen" (1 Sam 16, 20).
Wird ein Ziegenböckchen als Speise angeboten, so gilt das als Zeichen besonderer Ehrerbietung für einen geschätzten Gast (Ri 13, 15). Zwei als Wildpret zubereitete Böckchen dienen der Täuschung Isaaks (Gen 27, 9). Daß auch sonst Ziegenfleisch gegessen wurde, zeigt die Vorschrift, das Böckchen nicht in der Milch der Mutter zu kochen (Ex 23, 19; 34, 26; Dtn 14, 21, → I 924f.; vgl. O. Keel, Das Böcklein in der Milch seiner Mutter und Verwandtes, OBO 33, 1980 [Tabuvorstellung]; dagegen M. Haran, ThZ 41, 1985, 135–159 [humanistische Sensitivität auf moralischer Basis]). Damit ist die Ziegenmilch gemeint. Auch sie ist ein wesentlicher Teil der Nahrung der Israeliten gewesen (Spr 27, 27; vgl. Dalman, AuS VI 199f.). Aus dem gesponnenen schwarzen Ziegenhaar (Ex 35, 26) webten die Frauen die Zelttücher für die Stiftshütte (Ex 25, 4; 26, 7; 35, 6. 23; 36, 14, → אהל *'ohæl*), wie sie wohl auch die eigenen Zeltdecken und Teppiche hergestellt haben (vgl. Hld 1, 5). Num 31, 20 deutet an, daß noch andere persönliche Gegenstände aus Ziegenhaar gefertigt wurden (vgl. Dalman, AuS V 1. 4f. 17f.; VI 30, der außerdem darauf hinweist, daß der *śaq* als Trauergewand [V 165. 202] und der Prophetenmantel [V 248] aus Ziegenhaar gewebt wurden). Durch geschickt verwendete Ziegenfelle wird Isaak getäuscht (Gen 27, 16), und bei der Bekleidung des Teraphims zur Täuschung von Sauls Boten wird Michal wohl auch ein Stück Ziegenfell verwendet haben (1 Sam 19, 13; so Stoebe, KAT VIII/1, 356–358; anders Dalman, AuS VI 200: „Geflecht aus Ziegenhaar"). Schließlich wird Josefs Tod durch das Tränken seines Kleides mit dem Blut eines geschlachteten Ziegenböckchens vorgetäuscht (Gen 37, 31).
2. Zwei Bildvergleiche mit Ziegen finden wir im AT. In 1 Kön 20, 27 wird die erschreckende Minderzahl der israelitischen Krieger gegenüber den zahlreichen Aramäern in den Vergleich mit einem „Häuflein Ziegen" (KBL³ 345) eingebracht. Das üppig wachsende, herabwallende schwarze Lockenhaar der Geliebten wird verglichen mit „einer Herde Ziegen, die vom Gebirge Gilead herabsteigt" (Hld 4, 1; 6, 5).
Als Symbol der hellenistischen Macht erscheint ein Ziegenbock in Dan 8, 5. 8. Er wird als ein von Westen her über die ganze Erde schreitendes, den Widder überwindendes mächtiges Tier geschildert (vgl. A. Wünsche, Die Bildersprache des AT, 1906, 53).

III. 1. Wie die Ziege eines der ersten domestizierten Tiere im Vorderen Orient war (vgl. Brentjes, Ducos und Clutton-Brock), so gehörte sie auch, wie die alten Überlieferungen in Gen 27; 38 sowie die Bezeugungen in Ri lehren, seit eh und je zu den Haustieren, die die Israeliten und deren Vorfahren als Herdentier hielten, schlachteten und verzehrten. Wenn Dtn 14, 4 nach Rind und Schaf die Ziege nennt und damit die Reihe der eßbaren Tiere beginnt, wird hier in der „Stilform der imperativischen Torabelehrung" (v. Rad, ATD 8³, 72) das gesagt, was längst bekannt war, und das gleichsam zum Gesetz erhoben, was längst Brauch war. Das gilt wohl auch vom Schlachtgesetz zu Beginn des Heiligkeitsgesetzes (Lev 17, 3). Es führt in gleicher Reihenfolge Rind, Schaf und Ziege auf. Diese Folge findet sich auch bei den Opfergesetzen (Lev 7, 23; 22, 27; Num 18, 17; vgl. die Reihenfolge der Opfertiere in den pun. Opfertarifen [KAI 69; 74]: Rind, Kalb und Widder, Hammel und Ziege, Lamm und Zicklein und Jung-Widder) und weist stets P-Einfluß auf. Inhaltlich allerdings verlangt Lev 17, 1–7, daß die Schlachtung opferbarer Tiere nicht mehr profan, sondern gleichsam kultisch vollzogen und das Blut an JHWHs Altar gebracht werden solle, also nicht länger „auf die Erde wie Wasser fließen" gelassen werde (Dtn 12, 15f. 20–27). Daß sich eine derartige Forderung hätte durchsetzen können, ist mit Recht zu bezweifeln (Elliger, HAT I/4, 226). Ähnlich auffällig ist das Verbot, das Fett dieser Tiere zu essen (Lev 7, 23). Möglicherweise steht auch dieses Verbot in innerer Verbindung zu Lev 17, 6, wo das Fett der opferbaren Tiere als Opfer für JHWH dargebracht werden soll, was in früherer Zeit offenbar nicht in dieser Grundsätzlichkeit galt (vgl. Gen 4, 4; Dtn 32, 14; Ps 63, 6 und → II 952f.).
2. Wie eng sich in der Frühzeit Israels der Gedanke der Ehrerbietung dem Gast gegenüber mit dem des Opfers an JHWH verflocht, ist aus Ri 6 und 13 ersichtlich. Manoach will dem von ihm noch nicht als Engel JHWHs erkannten Gast ein Ziegenböckchen zubereiten (Ri 13, 15); doch dieser weist Manoach

an, es doch als Brandopfer JHWH darzubringen, was dann geschieht (v. 19). In der Gideon-Erzählung ist dieser Vorgang gleich als Opferhandlung mit Zeichencharakter dargestellt (Ri 6, 19–21; ähnlich 1 Kön 18, 38). Von daher ist die Vermutung H. J. Stoebes begründet, daß das u.a. aus einem Ziegenböckchen bestehende Geschenk Davids für Saul (1 Sam 16, 20) auf das Opfer zurückgehe, weil „das, was früher Gott unmittelbar dargeboten wurde, jetzt zuerst dem König gegeben wird" (KAT VIII/1, 312; vgl. Stoebe, VT 4, 1954, 183).

Zur Pascha-Feier, wo immer ihr Ursprung gelegen haben mag, gehörte offenbar von Anfang an der Verzehr eines Tieres der Kleinviehherde. Während Ex 12, 21 noch allgemein von „einem Stück Kleinvieh" spricht, wird bei P differenziert und exakt festgelegt, daß das Pascha-Lamm ein makelloses, einjähriges, männliches Tier von Schafen oder Ziegen sein soll (Ex 12, 5). Demgemäß spendet Joschija nach 2 Chr 35, 7 dem Volk zur Pascha-Feier „Kleinvieh, Schaflämmer und junge Ziegen".

Anders legt Ez 45, 21–25 das zukünftige Pascha-Fest nach der Rückkehr aus dem Exil fest: An jedem der sieben Festtage soll u.a. je ein Ziegenbock dargebracht werden, und zwar als Sündopfer (→ II 857–870). Ebenso lautet die Weisung des Propheten für die Weihe des Brandopferaltars: Am zweiten Tag soll ein makelloses Ziegenböckchen als Sündopfer dargebracht werden (Ez 43, 22). W. Zimmerli (BK XIII/2^2, 1104) bemerkt zu Recht, daß die Sühne des Altars im Grunde der Ordnung von Lev 16, 18f. entspricht, wo der Altar durch das Blut von zwei Opfertieren von der Unreinheit der Israeliten gereinigt und für den normalen Opferdienst geweiht wird. Jedenfalls läßt auch der Chronist den König Hiskija in Begleitung seiner Obersten nach der Reinigung des Tempels zu diesem hinaufgehen und dort je sieben Stiere, Widder, Lämmer und Ziegenböcke als Sündopfer darbringen, womit der normale JHWH-Kult wieder möglich ist (2 Chr 29, 21). Und nach Abschluß des Baus vom zweiten Tempel werden zur Einweihung außer Stieren, Widdern und Lämmern auch zwölf Ziegenböcke gemäß der Zahl der Stämme Israels als Sündopfer dargebracht (Esra 6, 17).

Überhaupt fällt auf, daß in den von P beeinflußten oder P nahestehenden Texten auch die Ziege zum Sündopfer gehört, wie denn die priesterliche „Schultheologie ... den gesamten Opferkult einheitlich als Sühneinstitut begreift" (Elliger, HAT I/4, 51). Das hindert nicht, andere Gesetzesvorstellungen wie die von Num 18, 17, daß Aaron die Erstgeburt von Rind, Schaf und Ziege nicht auslösen solle oder daß zum privaten Brandopfer auch ein Stück Kleinvieh von Schaf oder Ziege, freilich männlich und makellos, verwendet werden könne (Lev 1, 10), weiterhin zu bewahren.

So werden nach der Fertigstellung der „Wohnung" von je einem Vertreter der israelitischen Stämme Opfergaben entgegengenommen, worunter jedesmal auch ein Ziegenbock als Sündopfer ist (Num 7, 16–82), also insgesamt zwölf Böcke (Num 7, 87). Genaue Opfervorschriften für die Zeit des Wohnens Israels im Lande werden auch bezüglich Rind, Widder und Lamm von Schaf und Ziege erlassen (Num 15, 11) und für unbewußte Verfehlung der Gemeinde ein Ziegenbock als Sündopfer (Num 15, 24) oder eine einjährige Ziege (Num 15, 27; vgl. Lev 4, 28) gefordert. Aus einem Vergleich von Num 15 und Lev 4 schließt Elliger (HAT I/4, 58), „daß der Ziegenbock ursprünglich das Sündopfer der *Gemeinde* ist". In gleicher Weise fungieren Ziegenböcke als Sündopfer (Lev 9, 3) beim Monatsopfer (Num 28, 15), Wochenfest (Num 28, 30; Lev 23, 19), zum 1., 10. und 15. Tag des 7. Monats sowie bei dem damit beginnenden 7tägigen Fest (Num 29, 5. 11. 16. 19. 25; vgl. auch vv. 22. 28. 31. 34. 38) und zum großen Versöhnungstag (Lev 16, 5). Während die Versündigung eines Fürsten durch einen männlichen, makellosen Ziegenbock gesühnt wird (Lev 4, 23), ist für die unbewußte Versündigung eines Angehörigen des gemeinen Volkes eine weibliche, makellose Ziege vorgesehen (Lev 4, 28; vgl. Num 15, 27), wie es ebenfalls beim Sündopfer (Lev 5, 6) gilt. Auch beim Heilsopfer kann eine Ziege verwendet werden (Lev 3, 12). Schließlich bietet Lev 22 noch die Festlegungen, daß Rind, Schaf und Ziege als Opfertiere makellos und männlich sein müssen (v. 19) und daß die Jungtiere erst ab achtem Lebenstag opferfähig sind (v. 27).

Zu beachten gilt schließlich, daß sich noch Lev 3, 13; 4, 24. 29 der nach Lev 3, 12 für die Opfer ganz allgemein geltende Passus findet, der Opfernde habe seine Hand auf den Kopf der Ziege zu stützen (→ סמך *sāmak̲*) und sie dann vor JHWH zu schlachten. Im jüngeren Text von Lev 5, 5f. heißt es statt dessen, der Sünder habe seine Schuld zu bekennen und JHWH „seine Buße" darzubringen. Und von den beiden Ziegenböcken am großen Versöhnungstag wird durch Losentscheid der eine Bock als Sündopfer dargebracht und der andere für Asasel in die Wüste geschickt (Lev 16, 5–10).

3. Ein eigenes Problem stellt Gen 15, 7–21 dar. Daß diese Erzählung einen komplizierten Wachstumsprozeß durchgemacht hat, steht außer Zweifel. In der Grundschicht wird der Vorgang als solcher eindeutig erzählt: Der an JHWHs Zusage zweifelnde Abraham holt auf Geheiß seines Gottes eine dreijährige Kuh, eine dreijährige Ziege und einen gleichaltrigen Widder, zerteilt die Tiere, legt die Teile einander gegenüber, dazu noch zwei Tauben, verscheucht Geier, und dann zur Nacht, als Abraham längst im Tiefschlaf lag, geht JHWH in Gestalt eines rauchenden Ofens und einer Feuerfackel zwischen den Tieren hindurch. Das wird abschließend als „Bundesschluß" gewertet, der die Landzusage JHWHs an Abraham bekräftigt (vv. 7f.; anders v. 18b).

Die erste Frage, ob das Zerteilen der Tiere eine Opferhandlung ist, läßt sich noch einigermaßen klar beantworten. Da von keinem Altar erzählt wird, scheint dieser für den Vorgang auch nicht erforderlich zu sein (Zimmerli, ZBK 1/2, 53). Das spricht gegen Opfer.

C. Westermann allerdings verweist darauf (BK I/2, 267), daß die Szene „durch Nennung der opferfähigen Tiere" nachträglich einer Opferhandlung angeglichen worden sei. Auch das dreimalige „dreijährig" entspreche „der Opferpraxis" (268). Was zunächst die Tiere angeht, so begegnen „Widder" und „Taube" in der Tat in Opferritualen. Aber *ʿæḡlāh* wird als Opfertier nur 1 Sam 16, 2 (zu Dtn 21, 1–9 vgl. v. Rad, ATD 8³, 97: man muß fragen, „ob es sich hier überhaupt um ein Opfer handelt") erwähnt, und *gôzāl* überhaupt nicht. Dieser Sachverhalt läßt es fraglich erscheinen, daß Gen 15 zur Opferhandlung uminterpretiert wurde oder daß eine nachträgliche Auffüllung durch die beiden Vögel den Zweck verfolgt habe, alle opferbaren Tiere zu nennen (Westermann 267). Das bestätigt auch eine Überprüfung des *mešullāš*. Schon A. Dillmann vermerkt (KeHAT 11, ⁶1892, 249): „in diesem Sinn nur hier u. 1 S. 1, 24 LXX". Auch dieses Wort findet sich nicht in den at.lichen Opferritualen. Aufgrund der Anklänge an Jer 34, 18f. und der außer-at.lichen Analogien liegt es immer noch näher, bei dieser Zeremonie von Haus aus an einen den Vertragsabschluß bekräftigenden Ritus zu denken. Und weil es hier JHWH allein ist, der seine Zusage an Abraham mit diesem Vorgang als unverbrüchlich kennzeichnet, wird man gewiß nicht von einem Vertrag sprechen dürfen. Aber auch der Begriff „Schwurritus" (Westermann 271) scheint unangemessen zu sein, weil weder in den Vergleichstexten noch hier ein Schwur angezeigt wird.

IV. In Qumran konzentrieren sich die Belege von *ʿez* fast ausschließlich auf die Tempelrolle. „Ziegen" gehören zur Opfermaterie am Neujahrsfest (TR 15, 2), Mazzotfest (17, 14; 18, 4), Frischölfest (23, 4), Holzfest (23, 11), Versöhnungstag (25, 14) und Laubhüttenfest (28, 4. 8. 11). Die schwierig zu lesende Textrekonstruktion 4 Q 502, 8, 2 spricht vielleicht vom Paschalamm. Interessant sind die verschärfenden Bestimmungen der TR gegenüber parallelen Angaben im Dtn. So bestimmt TR 52, 5 über Dtn 17, 1 hinaus, daß trächtige Tiere in bezug auf ihre Opferbarkeit fehlerhaften Tieren gleichzustellen sind. Die Bestimmungen zur profanen Schlachtung (Dtn 12, bes. v. 21) werden präzisiert: Rinder, Schafe und Ziegen dürfen nicht geschlachtet werden in Städten, die weniger als 3 Tagereisen von Jerusalem entfernt sind (52, 13). In der Nähe des Heiligtums darf kein Fleisch gegessen werden, es sei denn, die Schlachtung ist im Tempel erfolgt (52, 19f.).
Nur einmal begegnet *ʿez* in der Bedeutung „Ziegenhaar"; Gewebe aus diesem Material können wie Kleider und Häute im Falle einer verunreinigenden Berührung (mit einer Totgeburt) durch Waschung wieder gereinigt werden (TR 50, 17).

Zobel

עָזַב *ʿāzaḇ*

עִזְּבוֹנִים *ʿizzeḇônîm*

I. Stammverwandtes – 1. Semitische Sprachen – 2. Homonyme Wurzeln? – 3. Ableitungen – 4. Übersetzungen – II. Bedeutungen – 1. Formen und Streuung – 2. Mit Sachobjekt – 3. Mit Personobjekt – 4. Mit Abstraktobjekt – 5. Passivformen – 6. Problemstellen – 7. Wortfelder – III. Spezielle Lebenssitze – 1. Recht – 2. Gebet – 3. Geschichtstheologie – 4. Weisheit – IV. Nachwirkungen.

Lit.: *L. Alonso Schökel*, Materiales para un diccionario biblico hebreo – español, Rom 1985. – *J. Barr*, Comparative Philology and the Text of the Old Testament, Oxford 1968. – *M. Dahood*, The Root עזב II in Job (JBL 78, 1959, 303–309). – *E. S. Gerstenberger / W. Schrage*, Leiden, 1977. – *H. B. Huffmon*, Exodus 23, 4–5: A Comparative Study (Festschr. J. M. Myers, Philadelphia 1974, 271–278). – *O. Loretz*, Ugaritische und hebräische Lexikographie (II) (UF 13, 1981, 127–135, bes. 131–134). – *H. Seidel*, Das Erlebnis der Einsamkeit im Alten Testament (Theol. Arbeiten 29, 1969). – *H.-P. Stähli*, עזב *ʿzb*, verlassen (THAT II, 1979, 249–252). – *I. N. Vinnikov*, L'énigme de „*ʿāṣûr* et *ʿāzûb*" (Festschr. A. Dupont-Sommer, Paris 1971, 343–345). – *T. Willi*, Die Freiheit Israels (Festschr. W. Zimmerli, 1977, 531–546). – *H. G. M. Williamson*, A Reconsideration of עזב II in Biblical Hebrew (ZAW 97, 1985, 74–85).

I. 1. Die Wurzel *ʿzb* ist im Akk., Ostkanaan., Äth., Arab. und Ugar. nachweisbar. Weitverbreitetes akk. *ezēbu* hat mit Derivaten (*ezbu/uzību* 'ausgesetztes Kind'; *izbu* 'Mißgeburt'; *ezib* 'abgesehen von'; *izibtum* 'Pfand'; *uzubbû* 'Ehescheidung'; *mušēzibu* 'Retter'; *šūzubu* 'gerettet') und Stämmen (vor allem G: 'verlassen'; Š: 'retten'; N: Passiv zu G) einen ähnlichen Bedeutungsumfang wie *ʿzb* (vgl. AHw 267–269; CAD E, 416–426). Das ostkanaan. *ḥzb* 'retten' schließt bedeutungsmäßig an den Š-Stamm an (APNM 192). Im Arab. existieren Verb 'fern sein' und Adj. 'ledig' (Wehr 548b; Lane 5, 2033f.); äth. *maʿsab* ist wurzelverwandt (LexLingAeth 973f.). Vom Konsonantenbestand her gehört möglicherweise ugar. *ʿdb* 'legen, machen' zur Verwandtschaft (WUS Nr. 2002; UT Nr. 1818; Dahood), aber das Verb deckt sich mit hebr. *ʿāśāh*, *ʿāraḵ*, *šîṯ* usw., keineswegs mit *ʿzb*. Asarab. *ʿḏb* 'machen' (Biella 354: „repair") gehört in dieselbe semantische Kategorie (E. Ullendorff, JSS 7, 1962, 344).

2. Die Frage nach möglichen homonymen Wurzeln ist für Lexikographie, Semantik und Exegese wichtig und stark umstritten (Williamson). Von Neh 3, 8 leitet man *ʿzb* II 'pflastern, bauen' her, das durch mhebr. *maʿazîḇāh* 'Estrich' gedeckt sein soll. Ob ugar. *ʿdb* dahinterstehen kann, ist ebenso fraglich (KBL³ 763; B. Margalit, UF 16, 1984, 157f. bejahen; Williamson 77; O. Loretz, UF 13, 1981, 131–134 verneinen). Weil in keiner der Vergleichssprachen homonyme Wurzeln nebeneinander auftauchen (anders Margalit, a.a.O.) und die Lautgleichheit von *d* und *z* in diesem Fall zweifelhaft ist, sollte man im Hebr. nicht mit zwei verschiedenen Wur-

zeln rechnen. Strittige Vorkommen lassen sich von *ʿzb* I her erklären (Ex 23, 5b; Ijob 9, 27; 10, 1; 18, 4; 20, 13; 30, 14; 1 Chr 16, 37). In Neh 3, 8 könnte man entweder „liegenlassen" übersetzen oder einen lokalen Sondergebrauch von *ʿzb* annehmen; vgl. Neh 3, 34: 'gewähren lassen'.

3. Die Zahl der Derivate ist erstaunlich gering (vgl. das Akk.). *ʿizzeḇônîm* 'Ware' ist vom „gesteigerten Stamm" abgeleitet (GKa § 84b), jedoch möglicherweise mit passiver Bedeutung. *ʿazûḇāh* kommt als PN vor und ist ein Ptz. pass. *qal* (vgl. M. Noth, IPN 231).

4. Im bibl. Aram. erscheint als Äquivalent *šbq* (Dan 2, 44; 4, 12. 20. 23; Esra 6, 7) in der Bedeutung 'überlassen', 'zurück-, gewährenlassen'. Stammverwandt ist *šêziḇ* 'retten' (Dan 3, 15–28; 6, 15–28; vgl. akk. *šūzubu*). Die griech. Übersetzungen gebrauchen allein für *ʿzb qal* 19 verschiedene Ausdrücke. Der Schwerpunkt liegt auf ἐγκαταλείπειν 'verlassen, verraten' (etwa 140mal) und καταλείπειν 'verlassen, weggehen' (47mal). Im NT werden diese Wörter nur 10- bzw. 25mal verwendet; ἀφιέναι dagegen erscheint 126mal in den Bedeutungsnuancen: 'entlassen, erlassen, verlassen, gewähren'. Die LXX hat 6mal ἀφιέναι für *ʿzb* (vgl. R. Bultmann, ThWNT I 506–509).

II. 1. Der Wortstamm kommt im hebr. Kanon ganz überwiegend in seinen verbalen Formen und recht breit gestreut vor. In Joël, Am, Obd, Mi, Nah, Hab, Hag, Hld, Koh, Est findet er sich nicht, wohl wegen mangelnder Textmasse. Konzentrationen unseres Wortes im dtr und chr Geschichtswerk sowie in den Ps lassen spezifischen Gebrauch vermuten.
Die Statistik ergibt folgendes Bild: *qal*-Formen einschließlich *ʿzb* II kommen nach Lisowski 204mal vor. Das *niph* schlägt mit 9, das *pu* mit 2 Stellen zu Buch. Vom abgeleiteten Nomen *ʿizzeḇônîm* gibt es 7 Belege, sämtlich in Ez 27; der weibliche PN *ʿazûḇāh*, „Verlassene", kommt 4mal vor (1 Kön 22, 42 = 2 Chr 20, 31; 1 Chr 2, 18. 19).

Im *qal* sind nach A. Eben-Shoshan insgesamt 32 Erzähltempora (impf. consec.), 74 perfecta, 55 imperfecta, 13 aktive und 12 passive Ptz. und 5 Imperative festzustellen. Die restlichen 13 Vorkommen sind Infinitive, davon inf. abs. nur Jer 14, 5; Ex 23, 5.

2. Die Grundbedeutung ist mit deutschem „lassen" gut getroffen. Eine Person oder ein mit personhaften Eigenschaften gedachtes Wesen entfernt sich von einem Objekt, löst dabei seine Bindungen zu diesem Gegenstand. Auch im Deutschen wird „lassen" überwiegend transitiv gebraucht, Zeichen dafür, daß es beim Ab-, Zurück-, Ent-, Verlassen nicht nur um eine Absetzbewegung, sondern primär um die Herstellung eines neuen Zustandes geht. Vorher Zusammengehöriges wird getrennt. Der Lassende setzt das Gelassene von sich frei; hier liegt das Wahrheitsmoment bei T. Willi (*ʿzb* in Rechtstexten = Emanzipation). Jemand läßt etwas übrig (Mal 3, 19; vgl. Dan 4, 12. 20. 23). Erntereste sollen dem Armen und Fremden gelassen werden (Lev 19, 10; 23, 22; vgl. Rut 2, 16) – Verzicht auf Eigentumsansprüche. Potifar übergibt „alles" seinem neuen Wesir (Gen 39, 6; vgl. 1 Chr 16, 37) – Übertragung von Verfügungsgewalt. Josef seinerseits muß einen Kleiderfetzen zurücklassen (Gen 39, 12. 15. 18) – Zedieren eines Beweisstückes. Der gleiche Zwangscharakter liegt vor, wenn Einwohner ihre Stadt (1 Sam 31, 7 = 1 Chr 10, 7), ihr Land (2 Kön 8, 6; Rut 2, 11; vgl. Ez 8, 12; 9, 9), wenn Menschen ihr Gut (Jer 7, 11; Ps 49, 11; Ijob 39, 11), wenn Unterlegene ihren Besitz (2 Kön 7, 7; 2 Chr 28, 14, vgl. 2 Chr 11, 14) oder gar ihre Götterbilder (2 Sam 5, 21 = 1 Chr 14, 12) aufgeben müssen. Die Vorfälle werden erzählt (impf. cons.). Daß auch Tiere Trennung erfahren können, ergibt sich aus der kreatürlichen Verwandtschaft (Jer 14, 5; 25, 38; Ijob 39, 14). Intransitiver Gebrauch von *ʿzb* ist selten (vgl. Jer 14, 5; Spr 28, 13; Rut 2, 16; Gen 44, 22); immerhin zeigen diese Stellen eine starke, vom Objekt gelöste Betonung der Handlung. Der Objektbezug wird durch den Kontext hergestellt.

3. Im Blick auf Personen kommen bei Abwendung oder Trennung juridische, wirtschaftliche, politische, emotionale Aspekte ins Spiel. Die Solidarität der Kleingruppe verpflichtet zum „Mitsein", zur gegenseitigen Lebenshilfe. Das „Verlassen" des Sippenangehörigen, im Extremfall auch des Fremden oder gar des Feindes (Ex 23, 5; Lev 19, 10), ist ein Bruch elementarer Gemeinschaftsbindungen und stellt das Leben in Frage. Da wird ein kranker Sklave dem Hungertod überlassen (1 Sam 30, 13; vgl. 2 Chr 24, 25), David überläßt zehn Nebenfrauen einem ungewissen Schicksal (2 Sam 15, 16). Rut hat alle Sicherheit aufgegeben (Rut 2, 11), als sie ihrer Schwiegermutter folgte. „Gebären und liegenlassen" (Jer 14, 5; vgl. Jes 49, 15) – ein Bild äußerster Not – zeigt: Wem die familiäre Geborgenheit entzogen wird, ist nicht mehr lebensfähig. Verlassensein (s.u. 4.) bedeutet den sicheren Tod. (Sterben [→ מות *mûṯ*] allerdings ist selten = „Verlassen" oder „Verlassensein": vgl. Jer 17, 11; Ps 88.) Darum drängen Weisheitslehre und Gesetz auf Einhaltung der Solidaritätspflicht (Spr 27, 10; Ex 23, 5; Dtn 12, 19; 14, 27; vgl. Jos 22, 3). Der Gottlose genießt das Unrecht und kann sich nicht von ihm lösen (Ijob 20, 13), verläßt dagegen den Armen, um ihn auszubeuten (Ijob 20, 19: textlich unsicher). In Klage und Bitte wird die Sehnsucht nach Überwindung der Verlassenheit und Wiederherstellung der Gemeinschaft laut (Ps 22, 2; 27, 9f.; Num 10, 31; Jes 49, 14). Die Beteuerung, oft in Schwurform, jemanden nicht zu verlassen, stabilisiert den status quo (Rut 1, 16; 2 Kön 2, 2. 4. 6; 4, 30; Jos 24, 16; Jes 41, 17; Ps 119, 87; vgl. Gen 32, 27: *šlḥ*). Die zahlreichen Stellen, in denen JHWH und Israel Subjekt oder Objekt des Verlassens sind, gehören sämtlich zum personalen Wortgebrauch. Das zeigt schon die Übernahme von Familienbegriffen: „... verdorbene Söhne: sie haben JHWH verlassen ..." (Jes 1, 4; vgl. Jer 5, 7). So-

wenig wie eine Frau ihr Kind aufgibt, kann JHWH sein Volk verlassen (Jes 49, 14f.). JHWH ist der Ehemann Israels (Jes 54, 5f.). Immer ist das zweiseitige, persönliche Verhältnis zwischen JHWH und Menschen vorausgesetzt: „Wenn ihr JHWH verlaßt, wird er euch verlassen" (2 Chr 24, 20; vgl. Dtn 31, 16f.; 1 Chr 28, 9). Diese gesellschaftlichen Implikationen müssen theologisch mitbedacht werden.

4. Über Sachen und Personen hinaus können abstrakte Größen Objekte des Verlassens sein. Denn Abstrakta stehen für Verhältnisse, Werte, Wesenheiten, die sich sachlich und/oder personal realisieren. Außerdem sind die Grenzen zwischen Abstrakt- und Personbegriffen im AT oft fließend. Es tauchen folgende Abstrakta auf: Gebote/Gesetz/Recht (2 Kön 17, 16; Jes 58, 2; Jer 9, 12; Ps 119, 53. 87; Spr 4, 2; 4, 5f.: hier von der Weisheit: „Verlaß sie nicht, so wird sie dich bewahren; liebe sie, so wird sie dich behüten"); Gottesfurcht (Ijob 6, 14); Treue/Gnade JHWHs (Gen 24, 27; Jona 2, 9; Spr 3, 3); Wundertaten (Jes 42, 16); Rat/Weg (1 Kön 12, 8. 13 = 2 Chr 10, 8. 13; Jes 55, 7; Spr 2, 13); Hurerei/Böses (Ez 23, 8; Ijob 20, 13); Kraft/Herz/Geist (Ps 38, 11; 40, 13; Jes 54, 6: *ʿaᵃzûḇat rûaḥ*). Eigenartig: „Wo laßt ihr eure *kāḇôḏ*, Herrlichkeit?" (Jes 10, 3 = Wo könntet ihr euren Besitz verstecken? → IV 26); „Ich möchte mein (trauriges) Gesicht lassen und mich erheitern" (Ijob 9, 27). Die Bedeutungspalette von *ʿzb* wird so erheblich erweitert. Wie kann man eine Ordnung oder Norm, einen Ratschlag oder die Solidarität des anderen „verlassen"? Indem man sie mißachtet? JHWH will seine angekündigten Taten nicht unterlassen (Jes 42, 16 = er tritt nicht von ihrer Ausführung zurück: Zukunftsbezug). Eigene Kraft oder Willensregung sind zum Objekt geworden: Ich nehme in mir selbst Verlust wahr.

5. Vorstellungen vom Verlassensein sind im AT weit verbreitet. Verliert jemand die lebenswichtigen Bindungen zur Umwelt, ist seine Existenz in Frage gestellt (s.o. 3.). Soweit unsere Wurzel direkt zur Beschreibung dieses Sachverhaltes dienen kann, werden vornehmlich die passiven Ptz.-Formen aus dem *qal* und das *niph* und *pu* verwendet. Die Passiva sind negativ besetzt: Opfer werden so bezeichnet, oft Frauen (Jes 54, 6) oder weiblich gedachte(s) Stadt (Jes 17, 2. 9; 32, 14; 60, 15; 62, 4. 12; Jer 4, 29; Ez 36, 4; Zef 2, 4; vgl. Jos 8, 17) oder Land (Jes 6, 12; 7, 16; Lev 26, 43; Ijob 18, 4). Weibliche Verlassenheit bedeutet Witwenschaft (→ אלמנה *'almānāh*), Verstoßung (→ שלח *šlḥ* → נדח *ndḥ*), Scheitern (→ בוש *bôš*). Das feminine Ptz. pass. *qal* von *ʿzb* scheint diese Bedeutungen in weit höherem Grade aufgenommen zu haben als die maskuline Form (vgl. den Namen: *ʿᵃzûḇāh*). Doch erinnert männliche Verlassenheit ähnlich an Verwaisung (→ יתום *jāṯôm*), Unterdrükkung (→ ענה *ʿnh* II) und Tod (→ מות *mûṯ*), „Ich habe noch nie den Gerechten verlassen (*næʿæzāḇ*) gesehen" (Ps 37, 25): ein weisheitlicher Lehrsatz. Das Buch Ijob liefert den Gegenkommentar, obwohl die Bezeichnung *ʿāzûḇ* nicht vorkommt, vgl. z. B. Ijob 19, 6–22: In der Sprache der Individualklage wird Entfremdung, Verlassenheit glühend geschildert; aber auch die Klagelieder des einzelnen (s.u. III. 3.) vermeiden das mask. Ptz. passiv von *ʿzb*. Die enigmatische Redewendung schließlich *ʿāṣûr weʿāzûḇ* (vgl. E. Kutsch, VT 2, 1952, 57–69; Vinnikov; 5mal formelhaft: Dtn 32, 36; 1 Kön 14, 10; 21, 21; 2 Kön 9, 8; 14, 26) hat nicht die Klage zum Hintergrund. Sie bezeichnet alliterierend die Gesamtheit einer Bevölkerung. Unklar bleibt: Ist „Gebundener" und „Entlassener" auf Minder- und Volljährige, Sklaven und Freie, Unreine und Reine zu beziehen? → עצר *ʿāṣar*.

Mit in den Zusammenhang der passiven Ausdrücke gehört das nur in Ez 27 auftauchende *ʿizzāḇôn* 'Ware'. Vermutlich ist die Grundbedeutung „Dagelassenes, in Kommission Übergebenes" (Willi 541f.). Sonst wird Handelsware eher nach ihrem Wert bzw. dem Produktions- oder Tauschvorgang bezeichnet (→ טוב *ṭôḇ*; → ערב *ʿrb* I; anders Margalit).

6. Einige wenige Stellen wollen sich nicht in das Schema des lassenden Subjekts und des gelassenen Objektes fügen. Es handelt sich syntaktisch um präpositionale Ausdrücke. Einfach sind die Vorkommen, in denen zum direkten Objekt eine lokale/finale Ergänzung tritt. Ein Objekt wird „jemandem" gelassen (Lev 19, 10; 23, 22; Ps 16, 10; 49, 11; Ijob 39, 14; in diesen Zusammenhang gehört auch Ijob 39, 11: *ʿzb 'æl*: „Überläßt du ihm das Erarbeitete?"). Ähnlich geht es mit Ortsbestimmungen wie *beǰaḏ*, *'æṣæl*, *lipnê*, „bei, vor" (Gen 39, 6. 12. 13. 15. 18; Ps 37, 33; Neh 9, 28; 1 Chr 16, 37; 2 Chr 12, 5). Das Objekt bleibt an dem bestimmten Ort, während sein Eigentümer davongeht.

Ein Problemfall ist Ex 23, 5 (vgl. Dtn 22, 4; heth. Gesetz §§ 45; 60–62; 71–73 [TUAT I 104. 107–109]), wirkt überladen und widersprüchlich. Hat *ʿzb* zwei verschiedene Bedeutungen: 'verlassen' und 'aufrichten' (so sinngemäß Dtn 22, 4!)? Die LXX scheint vorauszusetzen: *'al taʿazḇehû ûṯeqîmehû ʿimmô* = „verlaß ihn nicht, sondern richte ihn (den Esel) mit ihm (dem Feind) auf". J. Halbe (FRLANT 114, 1975, 430 Anm. 26) vermutet, ursprüngliches *ʿzb* II 'aufrichten' sei in Vergessenheit geraten und – weil mißverständlich – durch „höre auf, ihn liegenzulassen" korrigiert worden. Vielleicht liegt absolut gebrauchtes *ʿzb* vor (vgl. o. II. 2.). Die präpositionalen Objekte *lô* und *ʿimmô* meinen den Eigentümer des Esels. „Geh nicht weg seinetwegen (von ihm? KBL³ 483, Nr. 5), sondern laß (den Esel) bei ihm". Dtn 22, 4 wäre dann eine interpretierende Klarstellung. – Zweimal erscheint das Verb mit *ʿal* 'über, auf' (Ps 10, 14; Ijob 10, 1). Die Kommentare nehmen gerne Ijob 10, 1 zum Musterfall: „Ich lasse meinen Kummer auf mir" = „Ich trage meinen Kummer". Das „Lassen" wird zu einer innerpersönlichen Zwiespaltserfahrung. Ähnlich Ijob 9, 27: „Ich lasse mein (trauriges) Gesicht und will mich erheitern" (anders G. Fohrer, KAT XVI 199 nach M. Dahood, JBL 78, 1959, 304f.: „machen"). Ps 10, 14 würde dann den Sinn haben: „Der Arme (?) läßt (seinen Kummer) auf dir." Auch diese dunklen Stellen sprechen dann für eine grundsätzlich transitive Verwendung des Verbs.

7. Die Wortfelder mit Synonymen und Antonymen, in denen sich die Wurzel *ʿzb* vorfindet, können in drei große Gruppen gefaßt werden.

Es geht a) um räumlich-geographische Kontexte: „weggehen" und „dableiben" (Num 10, 31; vgl. 1 Kön 6, 13; Jer 9, 1; 48, 28), „gehen" und „wiederkommen" (Jer 9, 18; 17, 11; 28, 38; vgl. Rut 1, 16; Klgl 5, 20), „fliehen und standhaft sein" (Gen 39, 12. 15; 1 Sam 31, 7; 2 Kön 7, 7; Jes 10, 3), „verlassen und sterben" (Jer 9, 18; 17, 11; Ps 16, 10), „entlassen und zurückholen" (Jes 54, 7), „sich abwenden und zuwenden" (1 Kön 9, 6. 9; 2 Chr 7, 19), „zurücklassen und mitnehmen" (Gen 50, 8; 1 Sam 30, 13; 2 Sam 5, 21; Ps 49, 11; 2 Chr 11, 14. 24. 25), „draußen lassen und hereinnehmen" (Ex 2, 20; 9, 21), „liegenlassen und wegnehmen" (Lev 19, 10; 23, 22), „freilassen und festhalten" (2 Chr 28, 14); b) um den sozialen Bereich: „verlassen und bei jemandem bleiben" (Gen 28, 15; 2 Kön 2, 2ff.; Ps 22, 2; 38, 22; 2 Chr 12, 5), „loslassen und beistehen" (Dtn 31, 6. 8; Jos 1, 5), „verwerfen und aufnehmen" (1 Kön 8, 57; Ps 27, 9; 94, 14; vgl. Ps 71, 9); „vergessen und denken an" (Jes 49, 14; 65, 11; Ijob 39, 14f.; Spr 2, 17), „sich loslösen und neu binden" (Gen 2, 24; vgl. 1 Kön 9, 9; Spr 27, 10), „unversorgt lassen und versorgen" (Gen 28, 15; Dtn 12, 19; Jos 22, 3; 2 Chr 13, 10; vgl. Jer 49, 10; Neh 10, 40), „eine Ordnung mißachten und einhalten" (Dtn 31, 16f.; Spr 10, 17; 28, 4), „abtrünnig werden und dienen" (Jos 24, 16; Ri 2, 12f.; 10, 6ff.), „zurücklassen und nachfolgen" (1 Kön 19, 20), „verlassen und erhören" (Jes 41, 17); c) um emotionale Tatbestände: „verachten und wertschätzen" (Ijob 6, 14), „verschmähen und lieben" (Spr 4, 5f.), „abfallen und sündigen/huren" (Ri 10, 10; Jes 1, 28; Jer 5, 7; Esra 8, 22), „verhöhnen und respektieren" (Jes 1, 4); „Böses lassen und gerecht sein" (Ez 20, 8; 23, 8; Spr 9, 6), „überlassen und vertrauen" (Ijob 39, 11), „ignorieren und achtgeben" (Spr 4, 2).

Unser Wort reicht in sehr viele Bedeutungsfelder; es wird jedoch nirgends terminus technicus, sondern bleibt auch bei konzentrierter Verwendung auswechselbar: ein diffuses Verb der Wegbewegung, so scheint es. Doch setzen einige Textgattungen spezifische Akzente.

III. 1. In Rechtstexten bedeutet *ʿzb* das Ende einer Solidaritätsbindung zwischen Mitgliedern einer Gemeinschaft. Dabei sind die rechtlichen Folgen des „Verlassens" verschieden. Söhne verlassen ihre Eltern, um einen Hausstand zu gründen (Gen 2, 24; *ʿzb* – *dbq* = anhängen). Wenn Eltern ihre Kinder im Stich lassen, kann die Grenze des Kriminellen erreicht sein (vgl. Ps 27, 10 – dazu BWL 70, 11! – Jes 49, 14f.; Jer 14, 5 und CH §§ 170f.; 191 [= TUAT I 63f. 67]: Erbschafts- und Adoptionsrecht). Der Mann kann nach patriarchalem Recht seine Frau entlassen (→ *šālaḥ* Dtn 24, 1; Jer 3, 1), sie darf ihn nicht verlassen (Spr 2, 17; vgl. Mal 2, 16: *šlḥ*). Im Akk. ist *ezēbu* rechtlicher Terminus für beiderseitiges Aufkündigen des Ehekontraktes (vgl. CH §§ 138; 141 [= TUAT I 59f.]). Da die Geschiedene oder Verwitwete auch im AT *ʿazûḇāh* genannt wird (s.o. II. 5.), ist vielleicht auch im Juristen-Hebr. *ʿzb* synonym zu *šlḥ* gebraucht worden. Die Übergabe von Besitz an einen Bevollmächtigten (Verwalter) ist Gen 39, 6 als Rechtsakt gemeint (vgl. CH § 172 [= TUAT I 64]: Mutter übergibt Kindern ihren Brautbesitz). Deswegen bedeutet die „Thora/Gebote verlassen" (z. B. Jer 9, 12; Ps 89, 31; 2 Kön 17, 16; Esra 9, 10 usw.) aber nicht, „anvertrautes Gut mißachten" (gegen Willi). Die vielfältige Verwendung von *ʿzb* im Rechtsbereich läßt erkennen: Das Wort meint wertneutral das Verlassen eines Solidarverhältnisses; der Kontext bestimmt die Einschätzung des Falles.

2. Die Gebetssprache besonders der Psalmen verwendet *ʿzb* in Klage, Bitte und Vertrauensäußerung. Der persönliche Gott hat den Beter verlassen (Ps 22, 2; 71, 11; vgl. Jes 49, 14; Klgl 5, 20; KAR 148, 28; BWL 253, 4), oder er wird in höchster Not (liturgisch/gottesdienstlich) angerufen: „Verlaß mich nicht!" (Ps 27, 9; 38, 22; 71, 9. 18; 119, 8). Das Vertrauensbekenntnis stellt dem entgegen: Gott verläßt seinen Getreuen nicht (vgl. Ps 9, 11; 37, 28. 33; 94, 14). Alle Stellen zeigen geprägten, manchmal formelhaften Gebrauch des Verbs in einem Wortfeld, das die Zerstörung der persönlichen Bindungen beschreibt (→ רחק *rḥq*; → נטש *nṭš*; → שכח *škḥ*). Also ist das persönliche Schutz- und Solidarverhältnis des Beters zu seinem Gott vorausgesetzt (vgl. H. Vorländer, Mein Gott, AOAT 23, 1975; R. Albertz, Persönliche Frömmigkeit und offizielle Religion, 1978, 38–43). Die Gebetssprache schließt sich damit an den familien-/sippenrechtlichen Gebrauch an. In der Klage des einzelnen ist Gott derjenige, der unerklärlicher- oder gar fahrlässigerweise den Leidenden verlassen und sich seiner Solidarpflicht gegenüber dem Beter entzogen hat.

3. Die meisten Belege für *ʿzb* erscheinen in exil.-nachexil. theologischen Geschichtsbetrachtungen. Die Texte zeigen oft *ʿzb* in leitmotivischer Verwendung. Das gilt sowohl für Abschnitte aus dem dtr wie dem chr Werk und für beiden nahestehende Überlieferungen.

Jetzt redet nicht mehr der Einzelbeter mit seinem persönlichen Schutzgott, sondern es stehen sich Gemeinde/Volk und JHWH, der Gott Israels, gegenüber. Das Volk hat JHWH schuldhaft verlassen (Dtn 28, 20; 31, 16; Ri 2, 12f.; 10, 6. 13; 1 Sam 8, 8; 2 Kön 21, 22; 22, 17; Jes 65, 11; Jer 2, 13. 17. 19; 5, 7. 19; 16, 11; 19, 4; Hos 4, 10; über Kön hinaus verwendet Chr *ʿzb*: 2 Chr 7, 19. 22; 12, 1. 5; 13, 10f.; 15, 2; 21, 10; 24, 18. 20. 24; 28, 6; 29, 6). Die Stellen, in denen statt JHWH das Gesetz, der Bund, die Gebote verlassen werden, sind völlig sinngleich (analoge Redeformen! identische Inhalte!) und darum als Treubruch gegenüber einer Person zu verstehen (1 Kön 18, 18; 2 Kön 17, 16; Jer 9, 12; 22, 9; Ps 89, 31; Dan 11, 30; Esra 9, 10). Typische Redewendungen, die sich auf den Abfall Israels von JHWH, dem in Exil und Zerstreuung eine so harte Strafe gefolgt war, beziehen: Das Sündenbekenntnis der Gemeinde (Ri 10, 10; 12, 10; Esra 9, 10); die Unheilsbegründung im Frage-Antwort-Stil (vgl. W. Thiel, WMANT 41, 1973, 295–300; 1 Kön 9, 8f.; Jer 5, 19; 9, 11–15; 16, 10f.; 22, 8f.; vgl. weitere stereotype Begründungen: 1 Kön 11, 33; Jer 19, 4); die Vergeltungsformel: Weil Israel

JHWH ..., darum hat JHWH Israel verlassen (Neh 9, 17. 19. 28; 1 Chr 28, 9; 2 Chr 12, 5; 15, 2; 24, 20; 32, 31); predigtartige Ermahnungen, JHWH nicht zu verlassen (damit sich die furchtbare Strafe nicht wiederholt! Jos 24, 20; 1 Chr 28, 9; Jer 19, 4); Verheißungen an die Gemeinde, daß JHWH sich nicht mehr wegwendet (1 Kön 6, 13; Jes 41, 17; 1 Chr 28, 20); Selbstverpflichtungen des Volkes, nicht (mehr) abtrünnig zu werden (1 Kön 8, 57; Jos 24, 16).

Zusammen mit dem umfangreichen Vokabular des Abtrünnigwerdens (vgl. M. Weinfeld, Deuteronomy and the Deuteronomic School, Oxford 1972, 339–341: *prr*; *hlk*; *znh*; *sûr*; *ʿbd*; *šḥh*; *bgd* usw.) hat *ʿzb* in diesen exil.-nachexil. Texten eine besondere theologische und ekklesiale Funktion. Es dient zunehmend (Chr!) der Schuldzuweisung an das Volk, als Mittel, Sündenbewußtsein zu erzeugen, und zwar im Gottesdienst. Der Sprachgebrauch ist stark schematisiert, wir können nicht mehr feststellen, aus welchen Quellen die Theologen der Zeit schöpften (Rechts-/Gebetsprache?). Sie predigen wohl von einer Bundestheologie her (vgl. Jer 22, 9; Dan 11, 30; L. Perlitt, Bundestheologie, WMANT 36, 1969), die nur entfernt mit der Väter- und der frühen JHWH-Religion verwandt ist. JHWH verlassen war jetzt die Ursünde, ein Zeichen für die konfessionelle Strukturierung der israelitischen Gesellschaft.

4. Mitten in den festgeprägten Reden der Geschichtstheologen tauchen Sätze auf, in denen *ʿzb* noch unbefangen und neutral „lassen" bedeutet (vgl. Neh 10, 40; 2 Chr 24, 25; 28, 14; 1 Chr 16, 37). Das Wort ist nie im Theologenjargon aufgegangen, auch nicht in den Weisheitsschriften. Sie warnen vor dem Verlassen des rechten Weges, der guten Ordnung (Spr 2, 13; 10, 17; 15, 10; vgl. Ijob 20, 13; Ez 20, 8; 23, 8; 1 Kön 12, 8), der Weisheit (Spr 4, 5f.) und fordern die Abkehr von Torheit und Bosheit (Spr 9, 6; 28, 13). Das zweipolige theologische Schema „Meide das Böse, verlaß nicht das Gute" ist also pädagogisch vorgebildet.

IV. In der außer- und nachkanonischen hebräischen Literatur wird *ʿzb* selten und nicht-technisch verwendet. Die Qumran-Schriften enthalten 27 Stellen, davon 14 in den Hodajot (Bedeutungen wie in Ps, doch 1 QH 8, 27: *keʾîš næʿæzāḇ* „wie ein Verlassener"). Die rabbinische Literatur kennt im Gefolge von Ex 23, 5 die Wortbedeutung „erleichtern, helfen" und das traditionelle „lassen" in seinen Spielarten (M. Jastrow, A Dictionary of the Targumim, the Talmud Babli, and Yerushalmi, and the Midrashic Literature, Bd. II, New York 1950, 1060f.). Im NT spielt das Wort eine größere (im ThWNT jedoch fast unbeachtete) Rolle (vgl. Mk 10, 28; Mt 8, 22; 16, 24; 19, 21. 27; Lk 5, 28; 18, 28). „Wir haben alles verlassen und sind dir nachgefolgt" ist ein frühchristliches Bekenntnis (Mk 10, 28), an das asketische Strömungen im Laufe der Kirchengeschichte immer wieder angeknüpft haben.

Gerstenberger

Verzeichnis der deutschen Stichwörter

(*Kursiv* gesetzte Zahlen verweisen auf den Gesamtartikel, in dem das Stichwort eingehend behandelt wird)

Stellenregister
(Auswahl)

Leviticus

Numeri

Deuteronomium

2 Samuel

1 Könige

2 Könige

Psalmen

Sprüche

Kohelet

Hoheslied

Klagelieder

Ezechiel

Daniel

Hosea

Joël

34, 20: 246
36, 22: 1157
37, 26: 1157
37, 27: 475
38, 24–39, 11: 928
39, 24: 870
40, 13: 363
40, 27: 1099
42, 21: 1147, 1157
43, 9: 1077f.
43, 12: 616
43, 17: 801
44, 20: 482
45, 15: 1157
45, 25: 345
46, 1: 603f.
46, 19: 1118
49, 5: 180f.
50, 26: 181
51, 8: 1147

Korrigenda zu Bd. V

Sp. 18, Z. 34: einfügen (Ez 3, 14)

Sp. 23, Z. 29 v.u.: statt Ex 20, 40 lies: Ez 20, 40

Sp. 166, Z. 14 v.u.: lies d. h.

Sp. 201, Z. 30: lies E. L. Diettrich

Sp. 229, Z. 17 v.u.: statt 2 Chr 21, 21 lies 2 Chr 21, 14

Sp. 229, Z. 2 v.u.: statt Ez 24, 26 lies Ez 24, 16

Sp. 230, Z. 1: statt 2 Sam 6, 4 lies 1 Sam 6, 4

Sp. 445, Z. 23: statt 4, 18 lies Phil 4,18

Sp. 610, Z. 2 v.u.: statt *Ḫaddu* lies *Haddu*

Sp. 611, Z. 16. 39: statt *Ḫaddu* lies *Haddu*

Sp. 748, Z. 3: statt Steinbrucharbeiten lies Steinbrucharbeitern

Zusätzliche Korrigenda zu Bd. III

Sp. 659, Z. 15 v.u.: Jaël statt Sisera

Zusätzliche Korrigenda zu Bd. IV

Sp. 341, Z. 37: statt R. P. de Vaux lies R. de Vaux

Sp. 460, Z. 14: statt offiziell lies offizinell

Sp. 499, Z. 13 v.u.: statt A. Hillel-Silver lies A. H. Silver

Sp. 764, Z. 8: Die Literaturangabe Ogushi ist zu streichen!

Sp. 1064, Z. 19: statt W. Boyd Barrik lies W. B. Barrik

Sp. 1085, Z. 9: statt L. M. Pasinya lies L. Mosengwo-Pasinya

3698B